LAROUSSE

DICCIONARIO
Pocket

T0047839

LAROUSSE

DICCIONARIO
Pocket

**ESPAÑOL
INGLÉS**

■

**ENGLISH
SPANISH**

Dirección editorial
Tomás García Cerezo

Coordinación técnica
Jesús Garduño Lamadrid

Coordinación lexicográfica
Ivor Williams

Formación
María Eugenia Blanco Cabello

Corrección
Alfredo Rivera Ayala
Adolfo Tomás López Sánchez
Joel Arturo Serrano Calzado

Diseño de portada
Ediciones Larousse, S.A. de C.V.
con la colaboración de Rocío González del Valle

En Hachette Livre México usamos
materias primas de procedencia
100% sustentable

NI UNA FOTOCOPIA MÁS

D.R. © MMXV Ediciones Larousse, S.A. de C.V.
Renacimiento 180, Col. San Juan Tlihuaca.
Delegación Azcapotzalco, C.P. 02400, Ciudad de México

ISBN 978-607-21-1071-7

PRIMERA EDICIÓN - Novena reimpresión

Impreso en México — Printed in Mexico

Presentación

El diccionario bilingüe representa una herramienta cuya utilidad está fuera de duda. Aún mucho más en épocas, como ésta en la que vivimos, en la que resulta prácticamente indispensable entenderse y comunicarse en más de una lengua. Entre sus virtudes, por mencionar sólo algunas, podemos mencionar las siguientes:

- Principalmente son una fuente para ampliar el conocimiento de otra lengua.

- Contienen el acervo necesario para enriquecer el léxico de cada una de las lenguas incluidas.

- Permiten establecer paralelismos y divergencias entre dos idiomas.

- Permiten adentrarse en formas de expresión características.

- Constituyen una ventana para asomarse a la visión de mundo y la cultura particular de cada una de las lenguas tratadas.

Desde un punto de vista más puntual, también señalan pronunciaciones, variantes geográficas, particularidades gramaticales, formas y combinaciones específicas, ciertas anomalías, locuciones y frases hechas.

El diccionario que el lector tiene en las manos abarca todo lo anteriormente mencionado.

Incluye, además, algunos aspectos que van más allá: topónimos, sustantivos compuestos, marca de tipo en los verbos preposicionales del inglés, plurales irregulares, formas comparativas y superlativas, abreviaturas y siglas.

Por ello, puede considerarse una obra de consulta muy útil tanto el hogar, como en la oficina o la escuela.

Presentation

A bilingual dictionary is a tool of undoubted usefulness. In the present day, it is practically indispensable for understanding and communicating in another language. Among the virtues of a bilingual dictionary, we can cite the following, to name just a few:

- Principally it is an invaluable way to widen one's knowledge of another language.

- It contains the stock of words needed to enrich one's vocabulary in the language being studied.

- It allows the student to draw parallels and observe differences between the two languages.

- It teaches the student about forms of expression that are characteristic of one language.

- It offers a window into the worldview and culture of the languages in question.

In more precise terms, a bilingual dictionary also highlights pronunciation, some geographical variations, certain grammatical peculiarities, specific forms and combinations, certain anomalies, along with phrases and idioms.

This current dictionary covers everything mentioned above.

Furthermore, it also includes place names, compound nouns, prepositional verbs, irregular plurals, comparative and superlative forms, abbreviations, and acronyms.

Therefore, it can be considered an extremely useful reference work, be it in the home, at work, or at school.

Guía para el uso de este diccionario

Hyphenation →

ca·den·cia f. cadence, rhythm.

ca·den·cio·so, sa adj. 1 rhythmic, rhythmical 2 fig. measured, even.

ca·de·ra f. hip.

ca·de·te m. cadet.

Adjetive gender →

ca·du·ca·do, da adj. out of date, no longer valid.

ca·du·car (see model 1) intr. 1 documento, etc. to expire 2 alimento to pass its sell-by date medicina to expire.

ca·len·tar (see model 27) ← **Part of speech** tr. 1 comida, habitación, cuerpo to warm up agua, horno to heat 2 DEP to warm up, tone up ⬦ prnl. calentarse 1 to get hot, get warm 2 fig. enfadarse to get heated, get annoyed.

ca·len·tu·ra f. fever, temperature.

ca·len·tu·rien·to, ta adj. feverish.

Conjugation model →

car·gar (see model 7) tr. 1 poner peso to load 2 precio to charge en cuenta to debit ⬦ intr. 1 gen. to load 2 batería to charge 3 toro, elefante, etc. to charge ⬦ prnl. cargarse 1 llenarse to load oneself (de, with) 2 el cielo to get cloudy, become overcast.

car·go m. 1 peso load, weight 2 empleo post, position **correr a cargo de alguien** to be the responsibility of somebody.

car·ne f. 1 ANAT flesh 2 CULIN meat 3 de fruta pulp 4 fig. cuerpo flesh **la carne es débil** the flesh is weak **echar toda la carne en el asador** fig. to ← **Idiomatic expressions** go in for everything.

car·ni·ce·rí·a f. 1 butcher's, butcher's shop 2 fig. carnage, slaughter.

ca·rre·ra f. 1 acción run 2 DEP race 3 estudios degree course, university education. **carrera contra reloj** race against the clock **carrera armamentística** arms race **carrera de caballos** horse race **carrera de coches** car race.

ca·rre·ta f. cart.

ca·rre·te m. de hilo bobbin, reel.

ca·rre·te·ra f. road.

ce·pi·llo m. brush **cepillo de dientes** toothbrush **cepillo de ropa** clothes brush **cepillo del pelo** ← **Noun compounds** hairbrush.

ce·po m. 1 rama bough, branch 2 de yunque stock 3 de reo pillory, stocks.

ce·ra f. wax 1 de abeja beeswax 2 de la oreja earwax, cerumen 3 pulimento wax, polish. ← **Context**

cie·lo m. 1 gen. sky 2 clima weather, climate 3 REL heaven 4 fig. Dios God ⬦ interj. cielos good heavens! ← **New part of speech**

ciem·piés m. inv. centipede.

cien·cia f. 1 disciplina science 2 saber knowledge, learning **saber algo a ciencia cierta** fig. to know something for certain **ciencias exactas** mathematics sing. **ciencias naturales** natural sciences **ciencias ocultas** the occult sing. ← **Linguistic register**

ci·nis·mo m. cynicism.

cin·ta f. gen. 1 band, strip decorativa ribbon 2 COST braid, edging 3 para el pelo headband 4 TÉC tape **cinta adhesiva** adhesive tape **cinta aislante** insulating tape **cinta de video** video tape **cinta magnética** magnetic tape.

con·duc·to m. 1 tubería pipe, conduit 2 ANAT duct, canal **por conducto de** through.

con·duc·tor, ra adj. FÍS conductive ⬦ s. AUTO driver ⬦ m. conductor FÍS conductor. ← **Fields**

co·nec·tar tr. gen. to connect (up) ⬦ intr. RAD TV coger to tune in (con, to) dar conexión to tune in (con, with).

Guide to the dictionary

División silábica — **ab·do·men** ['æbdəmən] *n.* abdomen *m.*
ab·dom·i·nal [æb'dɒmɪnəl] *adj.* abdominal.
ab·duct [æb'dʌkt] *tr.* raptar, secuestrar. → Categoría gramatical
ac·count [ə'kaʊnt] *n.* **1** *(in bank)* cuenta **2** *(report)* → Contextos
relación *f.* relato, informe *m.* **3** *(importance)* importancia *npl.* **accounts** cuentas *fpl.* **by all accounts** al decir de todos **on account** a cuenta
on account of por a causa de **on no account**
bajo ningún concepto **there's no accounting
Frases — **for tastes** sobre gustos no hay nada escrito
**to bring somebody to account to call some-
body to account** pedir cuentas a alguien **to
take into account** tener en cuenta **to turn
something to (good) account** sacar (buen)
provecho de algo **accounts department** sección *f.* de contabilidad. **to account for** ◇ *intr.*
explicar.
ach·ing ['eɪkɪŋ] *adj.* dolorido.
ach·y ['eɪki] *adj. comp.* **achier**, *superl.* **achiest**
[fam. use] dolorido. → Registro lingüístico
add [æd] *tr.* **1** *(gen)* añadir, agregar **2** *(numbers)* su-
Verbos preposicionales — **mar to add to** ◇ *tr. insep* aumentar **to add up**
tr. sep. (numbers) sumar ◇ *intr. fig. use* cuadrar.
air [eəʳ] *n.* **1** aire **2** *(feeling)* aire *m.* **3** *(affectation)*
afectación *f.* **4** MUS aire *m.* tonada ◇ *tr.* **1**
(clothes) airear, orear **2** *(room)* ventilar **3** *(opinions)*
airear **4** *(knowledge)* hacer alarde de **by air** *(send
letter)* por avión *(travel)* en avión **(up) in the air**
sin decidir **in the air** en el ambiente **to be
walking on air** estar en *la gloria* **to clear the
air** aclarar una situación **to put on airs** pre- → Formas compuestas
sumir **air brake** freno neumático **air hostess**
azafata **air pressure** presión *f.* atmosférica
air raid ataque *m.* aéreo **air rifle** escopeta de
aire comprimido, escopeta de balines **airs and
graces** presunción *f.* **air terminal** terminal *f.*
aérea **air traffic control** control *m.* aéreo **air
traffic controller** controlador aéreo **fresh air**
aire *m.* fresco.
air·bag ['eəbæg] *n.* airbag *m.*
air·base ['eəbeɪs] *n.* base *f.* aérea.
air·borne ['eəbɔːn] *adj.* **1** *(troops)* aerotransportado
2 *(aircraft)* en el aire.
Palabras derivadas — **air·brush** ['eəbrʌʃ] *n.* aerógrafo.
air-con·di·tion·ed [eəkən'dɪʃənd] *adj.* con aire acondicionado, refrigerado.
air-con·di·tion·ing [eəkən'dɪʃənɪŋ] *n.* aire *m.* acondicionado.
Topónimos — **Al·ba·ni·a** [æl'beɪnɪə] *n.* Albania.
Al·ba·ni·an [æl'beɪnɪən] *adj.* albanés ◇ *n.* **1** *(person)*
albanés **2** *(language)* albanés *m.* → Cambios de categoría gramatical
a·lert [ə'lɜːt] *adj.* **1** *(quick to act)* alerta, vigilante **2**
(lively) vivo ◇ *n.* alarma ◇ *tr.* alertar, avisar **to
be on the alert for something** estar alerta por
algo **to be alert to something** ser consciente
de algo.
am [æm] *pres.* VER: be.
AM ['eɪ'em] *abbr.* RAD *(amplitude modulation)* amplitud → Formas irregulares
modulada *f. (abbreviation)* AM *f.*
Abreviaturas y siglas — **a.m.** ['eɪ'em] *abbr. (ante meridiem)* de la mañana.
an [ən, æn] *indef. art.* **1** un, una **2** *(per)* por NOTA: Ver
también a. → Remisiones
Plurales — **a·nal·y·sis** [ə'nælɪsɪs] *n. pl.* **analyses** análisis *m.*
as·sem·ble [ə'sembəl] *tr.* **1** *(bring together - people)* reunir *(- things)* reunir, juntar *(- facts, etc.)* recopilar, recoger **2** *(put together)* montar **3** COMPUT ensam- → Dominios
blar ◇ *intr.* reunirse.

Abreviaturas

abr.	abreviatura	*imperat.*	imperativo
adj.	adjetivo	*imperf.*	imperfecto
adv.	adverbio	*indic.*	indicativo
AER	aeronáutica	*inf.*	infinitivo
AGR	agricultura	INFO	informática
algn.	alguien	*interj.*	interjección
ANAT	anatomía	*irón.*	irónico
arc.	arcaísmo	*inv.*	invariable
ARQ	arquitectura	JUR	jurídico
ART	arte	LING	lingüística
art.	artículo	LIT	literatura
art. def.	artículo defectivo	*loc.*	locución
art. indef.	artículo indefinido	*loc. adv.*	locución adverbial
ASTROL	astrología	*m.*	sustantivo masculino
ASTRON	astronomía	*m. & f.*	género ambiguo
AUTO	automotriz	MAR	marítimo
aux.	verbo auxiliar	MAT	matemáticas
AV	aviación	MED	medicina
BIOL	biología	METEOR	meteorología
BOT	botánica	MIL	milicia
CINE	cinematografía	*mpl.*	sustantivo masculino plural
com.	género común	MÚS	música
COMM	comercio	*neut.*	neutro
conj.	conjunción	ORN	ornitología
contr.	contracción	*prnl.*	verbo pronominal
COST	costura	*pers.*	persona
CULIN	culinario	*pey.*	peyorativo
DEP	deporte	*pl.*	plural
ECON	economía	POL	política
EDUC	educación	pp	participio pasado
ELEC	electricidad	*pref.*	prefijo
etc.	etcétera	*prep.*	preposición
euf.	eufemístico	*pres.*	presente
f.	sustantivo femenino	*pron.*	pronombre
fam.	familiar	*pt.*	pretérito indefinido
fig.	figurado	QUÍM	química
FIN	finanzas	RAD	radio
FÍS	física	REL	religión
fml.	formal	*relt.*	relativo
fpl.	sustantivo femenino plural	*símb.*	símbolo
fut.	futuro	*sing.*	singular
gen.	general	*subj.*	subjuntivo
GEOG	geografía	*tr.*	verbo transitivo
GEOL	geología	TEAT	teatro
ger.	gerundio	TÉC	técnica
GRAM	gramática	TV	televisión
HIST	historia	US	inglés estadounidense
intr.	verbo intransitivo	ZOOL	zoología

A, a *la letra* A, a.
a *prep.* 1 *dirección* to **girar a la derecha** to turn (to the) right 2 *destino* to, towards 3 *distancia* away 4 *lugar* at, on 5 *tiempo* at 6 *modo* by, in **a ciegas** blindly 7 *medida* at.
A *símb.* **amperio** ampere, amp *símbolo* A.
á·ba·co *m.* abacus.
a·bad *m.* abbot.
a·ba·de·sa *f.* abbess.
a·ba·jo *adv.* 1 *lugar* below, down 2 *en una casa* downstairs 3 *dirección* down, downward.
a·ba·lan·zar·se *(see model 4) prnl. lanzarse* to rush forward, spring forward.
a·ban·de·ra·do, da *pp. de* abanderar *s.* 1 *porta-estandarte* standard bearer 2 *fig.* leader.
a·ban·de·rar *tr.* 1 *un barco* to register 2 *una causa* to defend.
a·ban·do·na·do, da *pp.* abandonar *adj.* 1 abandoned 2 *descuidado* neglected.
a·ban·do·nar *tr.* 1 *desamparar* to abandon, forsake 2 *lugar* to leave, quit **abandonar el barco** to abandon ship. 3 *actividad* to give up.
a·ban·do·no *m.* 1 *acción* abandoning, desertion 2 *idea, actividad* giving up 3 *descuido* neglect, lack of care 4 *dejadez* apathy, carelessness.
a·ba·ni·co *m.* 1 fan 2 *fig.* range.
a·bar·car *(see model 1) tr.* 1 *englobar* to cover, embrace 2 *abrazar* to embrace, get one's arms around.
a·bar·qui·llar *tr. madera* to warp, *cartón* to curl up ◇ *prnl.* **abarquillarse** *madera* to warp *cartón* to curl up.
a·ba·rro·ta·do, da *pp. de* abarrotar *adj. cosas* packed (*de*, with), crammed (*de*, with) *personas* jam-packed (*de*, with), packed (*de*, with).
a·ba·rro·tar *tr. cosas* to pack (*de*, with), cram (*de*, with), fill up (*de*, with) *personas* to pack (*de*, with), jam (*de*, with).
a·bas·te·cer *(see model 43) tr.* to supply, provide ◇ *prnl.* **abastecerse** *uso reflexivo* to stock up (*de/con*, with), lay in supplies (*de/con*, of).
a·bas·to *m.* 1 *abastecimiento* supplying, provision 2 *abundancia* abundance. ◇ *mpl.* **abastos** provisions, supplies **dar abasto** *fam.* to be sufficient for.
a·ba·ti·ble *adj.* folding, collapsible.
a·ba·ti·do, da *pp. de* abatir *adj.* 1 *deprimido* dejected, depressed 2 *despreciable* despicable, low 3 *fruta* fallen, drooping.
a·ba·tir *tr.* 1 *derribar* to knock down, pull down 2 *matar* to kill *herir* to wound *a tiros* to shoot down.
ab·di·car *(see model 1) tr.* 1 *soberanía* to abdicate, renounce 2 *ideales, ideas* to give up, renounce.
ab·do·men *m.* abdomen.
ab·do·mi·nal *adj.* abdominal ◇ *mpl.* **abdominales** *ejercicios* sit-ups.
ab·duc·ción *f.* abduction.
ab·duc·tor *adj.* abductor.
a·be·ce·da·rio *m.* 1 *alfabeto* alphabet 2 *libro* spelling book 3 *nociones* rudiments ◇ *pl.* basics *pl.*
a·be·ja *f.* 1 *animal* bee 2 *fig. persona* busy bee **abeja obrera** worker bee **abeja reina** queen bee.
a·be·rra·ción *f.* aberration.

a·ber·tu·ra *f.* 1 *agujero* opening, gap *grieta* crack, slit 2 *valle* pass 3 *ensenada* cove, creek.
a·bier·to, ta *pp. de* abrir *adj.* 1 open, unlocked 2 *grifo* (turned) on 3 *fig. sincero* open, frank. 4 *tolerante* open-minded.
a·bi·sal *adj.* abyssal.
a·bis·mal *adj.* abysmal.
a·bis·mar *tr.* 1 *hundir* to plunge (*en*, into) 2 *confundir* to confuse, bewilder ◇ *prnl.* **abismarse** 1 *sumirse* to be engrossed (*en*, in), become absorbed (*en*, in).
a·bis·mo *m.* abyss **estar al borde del abismo** *fig.* to be on the brink of ruin.
ab·ju·rar *tr.* to abjure, forswear ◇ *intr.* to abjure (*de*, -), renounce (*de*, -).
a·bla·ción *f.* 1 *acción geológica* ablation 2 *cirugía* surgcal removal, ablation.
a·blan·dar *tr.* 1 to soften 2 *fig. persona* to soothe, soften up, appease ◇ *intr. frío* to get warmer, get milder ◇ *prnl.* **ablandarse** 1 to soften, get softer 2 *persona* to soften up.
a·blu·ción *f. Also used in plural with the same meaning.* ablution ◇ *fpl.* **abluciones** water and wine sing.
ab·ne·ga·ción *f.* abnegation, self-denial.
ab·ne·ga·do, da *pp. de* abnegar *adj.* selfless, self-sacrificing.
a·bo·bar *tr.* 1 *atontar* to make stupid 2 *embobar* to fascinate, amaze.
a·bo·car *(see model 1) tr.* 1 *verter* to pour out 2 *asir* to catch in one's mouth.
a·bo·chor·na·do, da *pp. de* abochornar *adj.* ashamed, embarrassed.
a·bo·chor·nar *tr.* 1 *avergonzar* to shame 2 *acalorar* to make flushed ◇ *prnl.* **abochornarse** 1 *avergonzarse* to become embarrassed 2 *planta* to wilt.
a·bo·ci·nar *tr.* 1 to shape like a trumpet 2 ARQ to splay.
a·bo·fe·te·ar *tr.* to slap.
a·bo·ga·do, da *s.* 1 lawyer, solicitor *tribunal supremo* barrister 2 *fig.* advocate, champion .
a·bo·gar *(see model 7) intr.* 1 to plead 2 *fig.* to intercede **abogar a favor de** to plead for.
a·bo·len·go *m.* ancestry, lineage **de rancio abolengo** of ancient lineage.
a·bo·li·ción *f.* abolition.
a·bo·lir *tr.* to abolish.
a·bo·lla·du·ra *f. hundimiento* dent *bollo* bump.
a·bo·llar *tr.* 1 to dent 2 ART to emboss ◇ *prnl.* **abollarse** to get dented.
a·bo·mi·na·ble *adj.* abominable, loathsome.
a·bo·mi·na·ción *f.* abomination.
a·bo·mi·nar *tr.* to abominate, loathe ◇ *intr.* to abominate (*de*, -), loathe (*de*, -).
a·bo·nar *tr.* 1 FIN to pay 2 *avalar* to guarantee, answer for ◇ *prnl.* **abonarse** *a revista* to subscribe (*a*, to) *a teatro, tren, etc.*
a·bo·no *m.* 1 *pago* payment 2 *aval* guarantee 3 *fertilizante* fertilizer *acción* fertilizing.
a·bor·da·ble *adj. lugar* accessible *persona* approachable *asunto* manageable .
a·bor·dar *tr.* 1 MAR *chocar* to run foul of, collide with *atacar* to board 2 MAR *arribar* to reach

port 3 *fig. persona* to approach *asunto, tema* to tackle.

a·bo·ri·gen *adj.* aboriginal, native ◇ *m.* aborigine, native.

a·bo·rre·cer *(see model 43)* tr. 1 to abhor, hate, detest 2 *aves* to abandon.

a·bo·rre·ci·ble *adj.* hateful, detestable, loathsome.

a·bor·tar *intr.* 1 *voluntariamente* to abort, have an abortion *involuntariamente* to miscarry, have a miscarriage 2 *fracasar* to fail, fall through ◇ *tr. interrumpir* to stop *frustrar* to foil, thwart.

a·bor·to *m.* 1 *provocado* abortion, *espontáneo* miscarriage 2 *pey. persona* ugly person, freak *cosa* abortion.

a·bo·ta·gar·se *prnl.* to swell up.

a·bo·to·nar *tr. ropa* to button, button up ◇ *intr. planta* to bud ◇ *prnl.* **abotonarse** to do one's buttons up.

a·bra·sa·do, da *pp. de* abrasar *adj.* burnt.

a·bra·sa·dor, ra *adj.* 1 burning, scorching 2 *fig.* consuming.

a·bra·sar *tr.* 1 *quemar* to burn, scorch 2 *calentar* overheat ◇ *intr.* to burn (up).

a·bra·sión *f.* abrasion.

a·bra·zar *(see model 4)* tr. 1 to embrace, hug 2 *ceñir* to clasp 3 *incluir* to include, comprise 4 *adoptar* to adopt 5 *fig. adherirse* to embrace.

a·bra·zo *m.* hug, embrace.

a·bre·la·tas *m. inv.* can-opener.

a·bre·var *tr.* to water, give water to.

a·bre·via·do, da *pp. de* abreviar *adj.* concise.

a·bre·viar *(see model 12)* tr. 1 *acortar* to shorten, cut short 2 *texto* to abridge *palabra* to abbreviate.

a·bri·ga·do, da *pp. de* abrigar *adj. lugar* sheltered, protected *persona* wrapped up.

a·bri·gar *(see model 7)* tr. *contra el frío* to wrap up *ropa* to be warm.

a·bri·go *m.* 1 *prenda* coat, overcoat 2 *refugio* shelter.

a·bril *m.* 1 April 2 *fig.* springtime ◇ *mpl.* abriles.

a·bri·llan·ta·dor, ra *s. persona* polisher ◇ *m.* **abrillantador** 1 *producto* polish 2 *instrumento* polishing tool, polisher.

a·bri·llan·tar *tr.* 1 to polish, make shine, burnish 2 *fig.* to enhance.

a·brir *pp.* abierto *tr.* 1 *gen.* to open **abre la ventana** open the window 2 *con llave* to unlock 3 *negocio* to open.

a·bro·char *tr.* 1 *camisa* to button, button up *zapato* to tie up, do up 2 *botones* to do up *broche, corchete* to fasten.

a·bro·gar *(see model 7)* tr. to abrogate.

a·bru·ma·do, da *pp. de* abrumar *adj.* overwhelmed.

a·bru·mar *tr.* to overwhelm, crush **la abrumó con sus atenciones** his attentions made her feel uncomfortable ◇ *prnl.* **abrumarse** to become misty.

a·brup·to, ta *adj.* 1 *terreno* rugged *pendiente* steep, abrupt 2 *persona* abrupt, sudden.

abs·ce·so *m.* abscess.

abs·ci·sa *f.* abscissa.

ab·sen·tis·mo *m.* 1 *laboral* absenteeism 2 *del terrateniente* absentee landlordism.

ab·so·lu·ción *f.* 1 REL absolution 2 JUR acquittal.

ab·so·lu·ta·men·te *adv.* absolutely, completely.

ab·so·lu·tis·mo *m.* absolutism.

ab·so·lu·to, ta *adj.* absolute **en absoluto** not at all, by no means **estar prohibido en absoluto** to be absolutely forbidden.

ab·sol·ver *(see model 32)* tr. pp. absuelto 1 REL to absolve 2 JUR to acquit.

ab·sor·ben·te *adj.* 1 absorbent 2 *fig. trabajo* absorbing, engrossing *exigente* demanding 3 *fig. persona* overbearing, domineering ◇ *m.* absorbent.

ab·sor·ber *tr.* 1 *líquidos* to absorb, soak up 2 *fig. conocimientos* to absorb 3 *fig. consumir* to use up 4 *fig. cautivar* to captivate.

ab·sor·ción *f.* absorption.

ab·sor·to, ta *adj.* 1 *pasmado* amazed, bewildered 2 *ensimismado* absorbed (**en**, in), engrossed (**en**, in).

abs·te·mio, mia *adj.* abstemious, teetotal ◇ *s.* teetotaller.

abs·ten·ción *f.* abstention.

abs·te·ner·se *(see model 87)* prnl. to abstain (**de**, from), refrain (**de**, from) **ante la duda, abstenerse** when in doubt, don't.

abs·ti·nen·cia *f.* abstinence **síndrome de abstinencia** withdrawal symptoms *pl.*

abs·trac·ción *f.* 1 abstraction 2 *concentración* concentration.

abs·trac·to, ta *adj.* abstract.

abs·tra·er *(see model 88)* tr. to abstract ◇ *intr. prescindir* to leave aside (**de**, -) ◇ *prnl.* **abstraerse.** 1 *ensimismarse* to become lost in thought 2 *concentrarse* to engross oneself (**en**, in).

abs·tra·í·do, da *pp. de* abstraer *adj.* 1 *absorto* absorbed, engrossed 2 *distraído* absent-minded.

abs·tru·so, sa *adj.* abstruse.

ab·suel·to, ta *pp. de* absolver *adj.* 1 REL absolved 2 JUR acquitted.

ab·sur·do, da *adj.* absurd ◇ *m.* **absurdo** absurdity, nonsense.

a·bu·che·ar *tr.* to boo, jeer at.

a·bu·che·o *m.* booing, jeering.

a·bue·la *f.* 1 grandmother *familiarmente* grandma, granny 2 *vieja* old woman.

a·bue·lo *m.* 1 grandfather *familiarmente* granddad, grandpa 2 *viejo* old man ◇ *mpl.* abuelos grandparents 2 *fig.* ancestors, forbears.

a·bu·lia *f.* apathy, lack of willpower.

a·bú·li·co, ca *adj.* apathetic, lacking in willpower.

a·bul·ta·do, da *pp. de* abultar *adj.* bulky, big.

a·bul·ta·mien·to *m.* 1 *hinchazón* swelling, protuberance 2 *bulto* bulkiness.

a·bul·tar *tr.* 1 to enlarge, increase 2 *fig.* to exaggerate ◇ *intr.* to be bulky.

a·bun·dan·cia *f.* abundance, plenty.

a·bun·dan·te *adj.* abundant, plentiful.

a·bun·dar *intr.* 1 *haber en cantidad* to abound, be plentiful 2 *abundar en tener en cantidad* to be rich in, abound in 3 *fig. adherirse* to share, support.

a·bu·rri·do, da *pp. de* aburrir *adj.* 1 *ser aburrido* boring, tedious, *monótono* dull, dreary 2 *estar aburrido* bored, weary *cansado* tired of.

a·bu·rrir *tr.* 1 to bore 2 *cansar* to tire ◇ *prnl.* **aburrirse** to get bored (**con/de/por**, with).

a·bu·sar *intr.* 1 *propasarse* to go too far, abuse (**de**, -) 2 *usar mal* to misuse (**de**, -) **abusar de la bebida** to drink too much.

a·bu·si·vo, va *adj.* excessive, exorbitant.

a·bu·so *m.* 1 abuse, misuse 2 *injusticia* injustice **abuso de confianza** betrayal of trust, breach of faith.

a·bu·són, so·na *adj.* 1 *fam. fresco* shameless 2 *fam. gorrón* sponging, scrounging 3 *fam. injusto* unfair. *s.* 1 *gorrón* sponger, scrounger 2 *injusto* unfair person.

ab·yec·to, ta *adj.* abject, wretched.

a.C. *abr. antes de Cristo* before Christ *abreviatura* BC.

a·cá *adv.* **1** *lugar* here, over here **2** *tiempo* now, at this time **acá y allá** here and there **de acá para allá**.

a·ca·ba·do, da *pp. de* **acabar** *adj.* **1** *terminado* finished *perfecto* perfect, complete **2** *fig. malparado* worn-out, spent.

a·ca·bar *tr.* **1** *gen.* to finish, finish off *completar* to complete ◇ *intr.* **1** *gen.* to finish, end *pareja* to split up **2** *acabar por* + gerundio to end up + -ing ◇ *prnl.* **acabarse 1** to end, finish, come to an end *no quedar* to run out **2** *terminar* to finish, finish off *acabar de* + *inf.* **1** to have just + *pp.* **acabar mal** *cosa* to end badly **2** *persona* to come to a bad end.

a·ca·cia *f.* acacia.

a·ca·de·mia *f.* **1** *institución* academy **2** *escuela* school, academy.

a·ca·dé·mi·co, ca *adj.* academic ◇ *s.* academician, member of an academy.

a·ca·e·cer *(see model 43) intr.* Used only in the 3rd person *to happen, come to pass, occur.

a·ca·llar *tr.* **1** to silence, hush. **2** *fig. persona* to pacify *críticas* to silence.

a·ca·lo·ra·do, da *pp. de* **acalorar** *adj.* **1** *hot cara* flushed **2** *fig. persona* excited, worked up *debate* heated, angry.

a·ca·lo·rar *tr.* **1** to warm up, heat up **2** *fig.* to excite *pasiones* to inflame, arouse ◇ *prnl.* **acalorarse** to warm up, heat up, get warm, get hot **2** *fig. persona* to get excited, get worked up *debate, etc.* to become heated.

a·cam·par *intr.* to camp ◇ *tr.* to camp.

a·ca·na·lar *tr.* **1** to groove **2** ARQ to flute.

a·can·ti·la·do, da *adj.* **1** *costa* steep, sheer *rocoso* rocky, craggy **2** *fondo del mar* shelving. *m.* **acantilado** cliff.

a·can·to *m.* acanthus.

a·ca·pa·ra·dor, ra *adj.* **1** hoarding **2** *instinto* acquisitive *tendencia* monopolizing ◇ *s.* **1** hoarder **2** *monopolizador* monopolizer.

a·ca·pa·rar *tr.* **1** *productos* to hoard *mercado* to corner, buy up **2** *monopolizar* to monopolize, keep for oneself.

a·ca·ra·me·la·do, da *pp. de* **acaramelar** *adj.* **1** *sabor* oversweet **2** *color* caramel-colored **3** *fig. pareja* lovey-dovey, starry-eyed *voz* syrupy, sugary.

a·ca·ra·me·lar *tr.* to coat with caramel ◇ *prnl.* **acaramelarse** to become lovey-dovey, become starry-eyed.

a·ca·ri·ciar *(see model 12) tr.* **1** to caress, fondle **2** *pelo, animal* to stroke **3** *fig. esperanzas, etc.* to cherish *idea, plan* to have in mind ◇ *prnl.* **acariciarse** *uso recíproco* to caress each other.

á·ca·ro *m.* mite.

a·ca·rre·ar *tr.* **1** *transportar* to carry, transport **2** *fig. producir* to cause, bring, give rise to.

a·ca·rre·o *m.* carriage, transport.

a·car·to·na·do, da *pp. de* **acartonarse** *adj.* **1** cardboard-like, stiff **2** *piel* wizened, shrivelled up.

a·ca·so *adv.* perhaps, maybe ◇ *m. suerte* chance **por si acaso** just in case **si acaso** *en todo caso* if anything **2** *hipótesis* if **si acaso lo ves** if you see him.

a·ca·ta·mien·to *m.* **1** *respeto* respect **2** *de la ley* observance.

a·ca·tar *tr.* **1** *leyes, etc.* to obey, observe, comply with **2** *respetar* to respect.

a·cau·da·la·do, da *pp. de* **acaudalar** *adj.* wealthy, rich, well-off.

a·cau·da·lar *tr. reunir* to accumulate *dinero* to amass.

ac·ce·der *intr.* **1** *consentir* to consent (*a*, to), agree (*a*, to) **2** *tener entrada* to enter **3** *alcanzar* to accede (*a*, to).

ac·ce·si·bi·li·dad *f.* accessibility.

ac·ce·si·ble *adj.* accessible *persona* approachable.

ac·cé·sit *m. inv.* **1** *premio* consolation prize **2** *mención* honorable mention.

ac·ce·so *m.* **1** *entrada* access, entry *a una ciudad* approach **2** *de tos* fit *de fiebre* attack, bout **3** *fig. ataque* fit, outburst **4** INFO access.

ac·ce·so·rio, ria *adj.* accessory *gasto* incidental ◇ *m.* **accesorio** accessory, extra.

ac·ci·den·ta·do, da *pp. de* **accidentarse** *adj.* **1** *persona* injured **2** *con incidentes* eventful, agitated **3** *terreno* uneven, rough, bumpy ◇ *s.* casualty, accident victim.

ac·ci·den·tal *adj.* accidental.

ac·ci·den·tar·se *prnl.* to have an accident.

ac·ci·den·te *m.* **1** accident **2** *terreno* unevenness, irregularity.

ac·ción *f.* **1** action *acto* act, deed **2** *efecto* effect **3** COMM share **4** JUR action, lawsuit.

ac·cio·nar *tr.* **1** *máquina* to drive, work, activate ◇ *intr.* to gesticulate.

ac·cio·nis·ta *com.* shareholder, stockholder.

a·ce·char *tr.* **1** *vigilar* to watch, spy on *esperar* to lie in wait for **2** *caza* to stalk **3** *amenazar* to threaten, lurk.

a·ce·cho *m.* **1** watching **estar al acecho de** *vigilar* to be on the lookout for **2** *esperar* to lie in wait for.

a·ce·dí·a *f.* **1** *acidez* sourness, acidity **2** MED heartburn.

a·cé·fa·lo, la *adj.* **1** acephalous **2** *sin jefe* leaderless.

a·cei·tar *tr.* to oil.

a·cei·te *m.* oil. **aceite de girasol** sunflower oil **aceite de maíz** corn oil **aceite de oliva** olive oil **aceite de ricino** castor oil.

a·cei·tu·na *f.* olive **aceituna rellena** stuffed olive.

a·ce·le·ra·ción *f.* acceleration.

a·ce·le·ra·da·men·te *adv.* quickly.

a·ce·le·ra·do, da *pp. de* **acelerar** *adj.* accelerated, fast, quick.

a·ce·le·ra·dor, ra *adj.* accelerating ◇ *m.* **acelerador** AUTO accelerator.

a·ce·le·rar *tr.* **1** to accelerate *paso* to quicken **2** *fig.* to speed up ◇ *prnl.* **1** **acelerarse** *fig. azorarse* to be embarrassed **2** *fig. apresurarse* to hasten, hurry up.

a·cel·ga *f.* chard.

a·cé·mi·la *f.* **1** *mulo* mule *bestia de carga* packhorse **2** *fig. persona* clumsy idiot.

a·cen·dra·do, da *pp. de* **acendrar** *adj.* pure, unblemished.

a·cen·drar *tr.* to purify.

a·cen·to *m.* **1** *tilde* accent (mark) **2** *tónico* stress **3** *pronunciación* accent *acento andaluz* Andalusian accent.

a·cen·tua·ción *f.* accentuation.

a·cen·tua·do, da *pp. de* **acentuar** *adj.* **1** *con tilde* accentuated *tónico* stressed **2** *fig. marcado* strong, marked.

a·cen·tuar *(see model 11) tr.* **1** *tilde* to accentuate *tónico* to stress **2** *resaltar* to emphasize, stress. ◇ *prnl.* **acentuarse** to become more pronounced, become more marked.

a·cep·ción f. meaning, sense.

a·cep·ta·ble adj. acceptable.

a·cep·ta·ción f. 1 acceptance 2 *aprobación* approval *éxito* success.

a·cep·tar tr. 1 to accept, receive 2 *aprobar* to approve of.

a·ce·quia f. irrigation channel, ditch.

a·ce·ra f. 1 pavement, sidewalk **ser de la acera de enfrente** 2 *fam.* to be gay, be queer.

a·ce·rar tr. 1 *recubrir de acero* to steel 2 *fig. hacer fuerte* to strengthen.

a·cer·ca·mien·to m. 1 *acción* coming together, bringing together 2 *fig. reconciliación* bringing together, reconciliation *en política* rapprochement.

a·cer·car *(see model 1)* tr. 1 to bring near, bring nearer, draw up 2 *fig.* to bring together ◇ prnl. **acercarse** 1 *aproximarse* to be near *se acerca el verano* summer is near 2 *ir* to go **acércate a la esquina** go to the corner.

a·ce·ro m. 1 steel 2 *espada* sword, steel ◇ mpl. *aceros* 1 *valor* courage. *sing.* bravery *sing.* **tener (los) nervios de acero** to have nerves of steel **acero fundido** cast steel **acero inoxidable** stainless steel.

a·cé·rri·mo, ma adj. *seguidor* staunch, steadfast *enemigo* bitter.

a·cer·ta·da·men·te adv. rightly, correctly.

a·cer·ta·do, da pp. de acertar adj. 1 *opinión, etc.* right, correct *comentario* fitting *idea, decisión* clever *color* well-chosen *palabra* exact 2 *conveniente* suitable **estar acertado** to be wise.

a·cer·tar *(see model 27)* tr. 1 *en un objetivo* to hit 2 *dar con lo cierto* to get right 3 *por azar* to guess correctly *concurso, quinielas* to win 4 *encontrar* to find.

a·cer·ti·jo m. riddle.

a·cer·vo m. 1 *montón* heap 2 *haber común* common property.

a·ce·ta·to m. acetate.

a·cé·ti·co, ca adj. acetic.

a·ce·ti·le·no m. acetylene.

a·ce·to·na f. acetone.

a·cha·car *(see model 1)* tr. to impute, attribute.

a·cha·co·so, sa adj. ailing, unwell.

a·cha·que m. ailment, complaint.

a·cha·ta·do, da pp. de achatar adj. flattened.

a·cha·tar tr. to flatten ◇ prnl. **achatarse** to become flat, go flat.

a·chi·car *(see model 1)* tr. 1 *amenguar* to diminish, reduce, make smaller 2 *amilanar* to intimidate 3 *agua* to drain *en barco* to bale out ◇ prnl. **achicarse** *amenguarse* to get smaller 2 *amilanarse* to lose heart.

a·chis·pa·do, da pp. de achispar adj. tipsy.

a·chis·par tr. to make tipsy ◇ prnl. **achisparse** to get tipsy/tight.

a·cia·go adj. ill-fated, fateful.

a·cí·bar m. 1 *planta* aloe, *jugo* aloe, bitter aloes ◇ pl. *fig.* amargura bitterness, sorrow.

a·ci·ba·rar tr. to embitter.

a·ci·ca·la·do, da pp. de acicalar adj. well-dressed, smart.

a·ci·ca·la·mien·to m. smartening up.

a·ci·ca·lar tr. to smarten up ◇ prnl. **acicalarse** to dress up, smarten up.

a·ci·ca·te m. 1 *espuela* spur 2 *fig. incentivo* spur, incentive, stimulus.

a·ci·dez f. 1 *sabor* sourness, sharpness 2 QUÍM acidity **acidez de estómago** heartburn.

a·ci·di·fi·car *(see model 1)* tr. to acidify.

á·ci·do, da adj. 1 *sabor* sharp, tart 2 QUÍM acidic 3 *tono* harsh ◇ m. *ácido* QUÍM acid.

a·cier·to m. 1 *adivinación* correct guess, right answer 2 *buena idea* good choice/idea 3 *logro* good shot 4 *tino* wisdom, good judgement **con gran acierto** very wisely 5 *casualidad* chance 6 *éxito* success 7 *habilidad* skill.

á·ci·mo, ma adj. unleavened.

a·ci·mut m. azimuth.

a·cla·ma·ción f. acclamation, acclaim.

a·cla·mar tr. to acclaim.

a·cla·ra·ción f. explanation.

a·cla·rar tr. 1 *cabello, color* to lighten, make lighter 2 *líquido* to thin (down) 3 *enjuagar* to rinse 4 *explicar* to explain **poner en claro** to make clear, clarify 5 *fig. mejorar* to improve ◇ intr. *mejorar el tiempo* to clear (up) ◇ prnl. **aclararse** 1 *entender* to understand 2 *explicarse* to explain oneself 3 *decidirse* to make up one's mind.

a·cla·ra·to·rio, ria adj. explanatory.

a·cli·ma·ta·ción f. acclimatation.

a·cli·ma·tar tr. acclimate (a, to) ◇ prnl. **aclimatarse** to become acclimatized (a, to), become acclimated (a, to) 2 *fig.* to get used to.

ac·né f. acne.

a·co·ge·dor, ra adj. 1 *persona* welcoming, friendly 2 *lugar* cosy, warm.

a·co·ger *(see model 5)* tr. 1 *recibir* to receive *a invitado* to welcome 2 *admitir* to admit, accept 3 *proteger* to shelter, protect 4 *ideas, etc.* to accept, take to ◇ prnl. **acogerse** 1 *refugiarse* to take refuge (a, in) 2 *a una ley, etc.* to have recourse to, *amnistía, promesa* to avail oneself of.

a·co·gi·da f. 1 reception, welcome 2 *fig.* shelter 3 *aceptación* popularity **tener buena acogida** to be welcomed.

a·co·gi·do, da pp. de acoger s. *en beneficencia* inmate, resident.

a·col·cha·do, da pp. de acolchar adj. *superficie* padded *prenda* quilted ◇ m. *acolchado* padding, quilting.

a·col·char tr. 1 *prenda* to quilt 2 *superficie* to pad.

a·có·li·to m. 1 *eclesiástico* acolyte *monaguillo* altar boy 2 *fig. seguidor* acolyte 3 *irón.* minion.

a·co·me·ter tr. 1 *embestir* to attack 2 *emprender* to undertake 3 *empezar repentinamente* to be seized by.

a·co·me·ti·da f. 1 *ataque* attack, assault 2 *derivación* connection.

a·co·mo·da·do, da pp. de acomodar adj. 1 *conveniente* suitable 2 *rico* well-to-do, well off 3 *precio* reasonable, moderate 4 *ordenado* arranged 5 *adaptado* adapted.

a·co·mo·da·dor, ra s. *hombre* usher *mujer* usherette.

a·co·mo·dar tr. 1 *colocar* to arrange, fit in, find room for 2 *adaptar* to apply, adapt 3 *alojar* to lodge, accommodate 4 *conseguir empleo* to provide with a job, find a job for.

a·co·mo·do m. 1 *empleo* job, employment 2 *alojamiento* accommodation, lodging.

a·com·pa·ña·do, da pp. de acompañar adj. *persona* accompanied *lugar* busy, frequented.

a·com·pa·ñan·te adj. accompanying ◇ com. 1 companion, escort 2 MÚS accompanist.

a·com·pa·ñar tr. 1 to accompany, go with 2 *adjuntar* to enclose, attach 3 MÚS to accompany ◇ prnl. **acompañarse** 1 MÚS to accompany oneself (a, on) **acompañar en el sentimiento** to express one's condolences to.

a·com·pa·sa·do, da *pp. de* **acompasar** *adj.* 1 *rítmico* rhythmic 2 *pausado* slow, measured.

a·com·ple·ja·do, da *pp. de* **acomplejar** *adj.* with a complex ◇ *s.* person with a complex.

a·com·ple·jar *intr.* to give a complex ◇ *prnl.* **acomplejarse** to develop a complex (*por*, about).

a·con·di·cio·na·do, da *pp. de* **acondicionar** *adj.* equipped, fitted-out.

a·con·di·cio·na·dor *m.* conditioner.

a·con·di·cio·nar *tr.* 1 to fit up, set up 2 *mejorar* to improve.

a·con·go·ja·do, da *pp. de* **acongojar** *adj.* distressed, anguished, afflicted.

a·con·go·jar *tr.* to distress, grieve, make suffer ◇ *prnl.* **acongojarse** to be distressed.

a·con·se·jar *tr.* to advise ◇ *prnl.* **aconsejarse** to seek advice.

a·con·te·cer (*see model 43*) *intr.* Used only in the 3rd person to happen, take place.

a·con·te·ci·mien·to *m.* event, happening.

a·co·pio *m.* 1 *acción* storing 2 *cosa* store, stock **hacer acopio** to store up.

a·co·pla·dor *m.* coupler, adapter.

a·co·pla·mien·to *m.* 1 fitting, adaptation 2 TÉC *acción* coupling, connection *junta* joint 3 *de naves espaciales* docking 4 INFO handshaking.

a·co·plar *tr.* 1 *juntar* to fit (together), join, adjust 2 TÉC to couple, connect 3 *aparear* to mate, pair ◇ *prnl.* **acoplarse** 1 to fit, join 2 *aparearse* to mate, pair 3 *naves espaciales* to dock.

a·cor·da·do, da *pp. de* **acordar** *adj.* agreed.

a·cor·dar (*see model 31*) *tr.* 1 to agree 2 *decidir* to decide 3 *conciliar* to reconcile 4 MÚS to tune ◇ *prnl.* **acordarse** to remember (*de*, -).

a·cos·ta·do, da *pp. de* **acordar** *adj.* 1 *tumbado* lying down 2 *en la cama* in bed.

a·cor·de *adj.* in agreement, agreed ◇ *m.* MÚS chord.

a·cor·de·ón *m.* accordion.

a·cor·do·na·do, da *pp. de* **acordonar** *adj.* cordoned off, sealed off.

a·cor·do·nar *tr.* 1 *atar* to lace, tie 2 *rodear* to surround, draw a cordon around, cordon off.

a·co·rra·la·do, da *pp. de* **acorralar** *adj.* cornered *ganado* penned in, rounded up.

a·co·rra·lar *tr.* to corner *ganado* to pen in, round up.

a·cor·tar *tr.* to shorten, make shorter ◇ *intr.* to shorten ◇ *prnl.* **acortarse** *fig.* to be shy.

a·co·sar *tr.* to pursue, chase.

a·co·so *m.* 1 pursuit, chase 2 *fig.* hounding **acoso sexual** sexual harassment.

a·cos·tar (*see model 31*) *tr.* 1 *en cama* to put to bed 2 *estirar* to lay down 3 MAR to bring alongside ◇ *prnl.* **acostarse** 1 *estirarse* to lie down 2 *irse a dormir* to go to bed.

a·cos·tum·bra·do, da *pp. de* **acostumbrar** *adj.* 1 *persona* accustomed (*a*, to), used (*a*, to) 2 *hecho* usual, customary.

a·cos·tum·brar *tr.* 1 *habituar* to accustom to 2 *soler* to be in the habit of ◇ *prnl.* **acostumbrarse** *habituarse* to become accustomed (*a*, to), get used (*a*, to).

a·co·ta·ción *f.* 1 *en escrito* marginal note 2 TEAT stage direction 3 *topográfica* elevation mark.

a·co·ta·do, da *pp. de* **acotar** *adj.* *texto* annotated.

a·co·ta·mien·to *m.* enclosing, demarcation.

a·co·tar 1 *poner notas* to add notes *texto* to annotate 2 *topografía* to mark with elevations.

a·cre[1] *adj.* 1 *sabor, olor* acrid 2 *fig. lenguaje* bitter, harsh *crítica* biting.

a·cre[2] *m. medida* acre.

a·cre·cen·tar (*see model 27*) *tr.* to increase ◇ *prnl.* **acrecentarse** to increase.

a·cre·di·ta·ción *f.* accreditation.

a·cre·di·ta·do, da *pp. de* **acreditar** *adj.* 1 *prestigioso* reputable, well-known, prestigious 2 *representante, embajador* accredited.

a·cre·di·tar *tr.* 1 *probar* to prove 2 FIN to credit 3 *embajador* to accredit ◇ *prnl.* **acreditarse** to gain a reputation, make one's name, become famous.

a·cre·e·dor, ra *adj.* deserving ◇ *s.* FIN creditor.

a·cri·bi·llar *tr.* 1 to riddle, pepper 2 *fig.* to harass, pester.

a·crí·li·co, ca *adj.* acrylic.

a·cri·so·la·do, da *pp. de* **acrisolar** *adj. fig. puro* pure *probado* tested.

a·cri·so·lar *tr.* 1 *metal* to purify 2 *fig.* purificar to perfect 3 *fig. probar* to prove, show.

a·cro·ba·cia *f.* 1 acrobatics. 2 *Also used in plural with the same meaning fig.* equilibrios maneuver.

a·cró·ba·ta *com.* acrobat.

a·cro·bá·ti·co, ca *adj.* acrobatic.

a·cro·fo·bia *f.* vertigo.

a·cro·má·ti·co, ca *adj.* achromatic.

a·cró·ni·mo *m.* acronym.

a·cró·po·lis *f. inv.* acropolis.

a·crós·ti·co *adj.* acrostic.

ac·ta *f.* 1 *Also used in plural with the same meaning. relación* minutes ◇ *pl.* record (of proceedings) *publicación* transactions ◇ *pl. certificado* certificate, official document.

ac·ti·nio *m.* actinium.

ac·ti·tud *f. disposición* attitude *postura* position **estar en actitud de** + *inf.* to be getting ready to + *inf.*

ac·ti·va·men·te *adv.* actively.

ac·ti·var *tr.* 1 TÉC to activate *acelerar* to expedite 2 INFO to enable 3 *fig. avivar* to liven up, quicken ◇ *prnl.* **activarse** to become activated.

ac·ti·vi·dad *f.* activity **estar en plena actividad** to be in full swing.

ac·ti·vis·ta *adj.* POL activist ◇ *com.* POL activist.

ac·ti·vo, va *adj.* active ◇ *m. activo* FIN asset, assets ◇ *pl.* **activo disponible** liquid assets ◇ *pl.* **activo y pasivo** assets and liabilities.

ac·to *m.* 1 act, action 2 *ceremonia* ceremony, meeting, public function 3 TEAT act 4 REL Act **acto seguido** immediately afterwards .

ac·tor *m.* actor.

ac·triz *f.* actress *primera actriz* leading lady.

ac·tua·ción *f.* 1 *en cine, teatro* performance 2 *intervención* intervention, action 3 JUR legal proceedings *pl.*

ac·tual *adj.* 1 present, current 2 *actualizado* up-to-date ◇ *m.* this month.

ac·tua·li·dad *f.* 1 present (time) 2 *hechos* current affairs ◇ *pl. estado* the current state of things **en la actualidad** at present **estar de actualidad** to be fashionable.

ac·tua·li·za·ción *f.* 1 *puesta al día* updating, bringing up to date 2 *en filosofía* actualization.

ac·tua·li·za·do, da *pp. de* **actualizar** *adj.* up-to-date.

ac·tua·li·zar (*see model 4*) *tr.* 1 *poner al día* to bring up to date, update 2 *filosofía* to actualize.

ac·tual·men·te adv. hoy en día nowadays, these days ahora at present, at the moment.

ac·tuar (see model 11) intr. 1 ejercer to act (como/de, as) 2 comportarse to act 3 en obra, película to perform, act ◇ tr. poner en acto to actuate, work.

ac·tua·rio m. 1 JUR clerk 2 FIN actuary.

a·cua·re·la f. watercolor.

a·cua·re·lis·ta com. watercolorist.

a·cua·rio m. aquarium.

a·cuar·te·lar tr. 1 MIL alojar to quarter 2 retener to confine to barracks.

a·cuá·ti·co, ca adj. aquatic, water.

a·cu·cio·so, sa adj. 1 urgente urgent 2 diligente diligent.

a·cu·dir intr. 1 ir to go venir to come, arrive 2 presentarse to come back 3 ir a socorrer to help, come forward 4 recurrir to call on, turn to.

a·cue·duc·to m. aqueduct.

a·cuer·do m. agreement ¡de acuerdo! all right!, O.K.! de acuerdo con in accordance with, de común acuerdo by mutual agreement, by common consent.

a·cuí·fe·ro, ra adj. aquiferous ◇ m. acuífero aquifer.

a·cu·mu·la·ble adj. accumulable.

a·cu·mu·la·ción f. accumulation.

a·cu·mu·la·dor, ra adj. accumulative ◇ m. acumulador FIS accumulator, storage battery.

a·cu·mu·lar tr. to accumulate datos to gather dinero to amass ◇ prnl. acumularse 1 to accumulate, pile up, build up 2 gente to gather.

a·cu·mu·la·ti·vo, va adj. accumulative.

a·cu·ña·ción f. striking, minting.

a·cu·ñar tr. 1 monedas to strike, coin, mint 2 una frase to coin 3 poner cuñas to wedge.

a·cuo·so, sa adj. 1 watery 2 jugoso juicy.

a·cu·pun·tu·ra f. acupuncture.

a·cu·sa·ción f. 1 accusation 2 JUR charge acta de acusación indictment.

a·cu·sa·do, da pp. de acusar adj. 1 accused 2 marcado marked, noticeable ◇ s. accused, defendant.

a·cu·sar tr. 1 echar la culpa to accuse (de, of) 2 JUR to charge (de, with) 3 manifestar to give away prnl. acusarse 1 confesarse to confess 2 acentuarse to become more pronounced acusar recibo de to acknowledge receipt of.

a·cu·sa·ti·vo m. accusative.

a·cu·sa·to·rio, ria adj. accusatory.

a·cús·ti·ca f. acoustics.

a·cús·ti·co, ca adj. acoustic.

a·da·gio m. 1 aforismo proverb 2 MÚS adagio.

a·dap·ta·bi·li·dad f. adaptability.

a·dap·ta·ción f. adaptation.

a·dap·ta·do, da pp. de adaptar adj. adapted.

a·dap·ta·dor m. adapter.

a·dap·tar tr. 1 acomodar to adapt 2 ajustar to adjust, fit ◇ prnl. adaptarse persona to adapt oneself (a, to) cosa to fit, adjust.

a·de·cua·ción f. adaptation.

a·de·cua·do, da pp. de adecuar adj. adequate, suitable, appropriate.

a·de·cuar (see model 10) tr. to adapt, make suitable.

a·de·fe·sio m. 1 persona freak 2 cosa monstrosity.

a. de J.C. abr. antes de Jesucristo before Christ abreviatura BC.

a·de·lan·ta·do, da pp. de adelantado adj. 1 precoz precocious 2 aventajado advanced 3 desarrollado developed 4 reloj fast 5 atrevido bold, forward por adelantado in advance.

a·de·lan·ta·mien·to m. overtaking hacer un adelantamiento to overtake.

a·de·lan·tar tr. 1 to move forward 2 reloj to put forward 3 pasar delante to pass 4 AUTO to overtake. 5 dinero to pay in advance ◇ intr. 1 progresar to make progress 2 reloj to be fast ◇ prnl. adelantarse 1 ir delante to go ahead 2 llegar temprano to be early 3 anticiparse to get ahead (a, of) 4 reloj to gain, be fast.

a·de·lan·te adv. forward, further ◇ interj. 1 pase come in! 2 siga go ahead!, carry on! de aquí en adelante from here on en adelante henceforth más adelante tiempo later on 3 espacio further on seguir adelante to keep going, carry on.

a·de·lan·to m. 1 avance advance 2 tiempo advance 3 pago advance técnicamente advance payment.

a·del·ga·zar (see model 4) tr. afinar to make slim ◇ intr. perder peso to slim, lose weight ◇ prnl. adelgazarse to slim, lose weight.

a·de·mán m. gesto gesture, movement ◇ mpl. ademanes manners. hacer ademanes to gesture, make signs.

a·de·más adv. 1 también also, as well 2 es más furthermore, what is more además de as well as, in addition to.

a·den·da f. addendum.

a·den·tro adv. inside ◇ mpl. adentros inward mind. sing. mar adentro out to sea.

a·dep·to, ta adj. who follows, who supports ◇ s. follower, supporter.

a·de·re·zar (see model 4) tr. 1 condimentar to season, ensalada to dress, bebida to prepare, mix 2 preparar to prepare 3 fig. personas to make beautiful cosas to embellish ◇ prnl. aderezarse to dress up, get ready.

a·de·re·zo m. 1 condimento seasoning de ensalada dressing 2 preparación preparation, disposition 3 joyas set of jewellery 4 arreos harness, trappings pl.

a·deu·do m. 1 deuda debt 2 FIN debit, charge.

ad·he·rir (see model 35) tr. 1 pegar to stick on ◇ intr. 1 pegarse to stick (a, to) ◇ prnl. adherirse 1 pegarse to stick (a, to) 2 fig. unirse to adhere to, follow.

ad·he·sión f. 1 adhesion, adherence 2 apoyo support.

a·dic·ción f. addiction crear adicción to be addictive.

a·di·ción f. addition.

a·di·cio·nal adj. additional.

a·dic·ti·vo, va adj. addictive.

a·dic·to, ta adj. 1 drogas addicted (a, to) 2 dedicado fond (a, of), keen (a, on). 3 partidario supporting s. 1 drogas addict 2 partidario supporter, follower.

a·dies·tra·mien·to m. training, instruction.

a·dies·trar tr. to train, instruct.

a·di·ne·ra·do, da pp. de adinerarse adj. rich, wealthy ◇ s. rich person.

a·diós interj. 1 gen. goodbye! familiarmente bye!, bye-bye! 2 al cruzarse con alguien hello! ◇ m. pl. adioses goodbye.

a·di·po·sis f. obesity.

a·di·po·so, sa adj. adipose.

a·di·ta·men·to m. 1 añadido added piece, addition 2 complemento accessory.

a·di·ti·vo, va adj. additive ◇ m. aditivo additive.

a·di·vi·na·ción f. 1 guessing 2 predicción divination, forecast.

a·di·vi·nan·za f. riddle, puzzle.

a·di·vi·nar *tr.* **1** *descubrir* to guess **2** *predecir* to forecast, foretell **3** *enigma* to solve.

a·di·vi·na·to·rio, ria *adj.* divinatory.

a·di·vi·no, na *s.* fortune-teller.

ad·je·ti·vo, va *adj.* adjective, adjectival ◇ *m.* adjetivo adjective.

ad·ju·di·ca·ción *f.* **1** award, awarding **2** *en subasta* sale.

ad·ju·di·car *(see model 1) tr.* **1** *premio* to award **2** *venta* to sell, knock down *¡adjudicado!* sold! **3** *obras* to award a contract to ◇ *prnl.* **adjudicarse 1** *apropiarse* to appropriate, take over **2** *obtener* to win.

ad·jun·tar *tr.* to enclose, attach *adjunto un folleto* leaflet enclosed.

ad·jun·to, ta *adj.* **1** *en carta* enclosed **2** *asistente* assistant ◇ *s.* assistant teacher.

ad·lá·te·re *m.* henchman, follower.

ad·mi·ní·cu·lo *m.* accessory, gadget.

ad·mi·nis·tra·ción *f.* **1** *gobierno* administration, authorities ◇ *pl.* **1** *empresa* administration, management **2** *cargo* post of administrator, post of manager.

ad·mi·nis·tra·dor, ra *adj.* administrating ◇ *s.* **1** administrator **2** *manager* manager.

ad·mi·nis·trar *tr.* **1** *bienes, justicia* to administer **2** *dirigir* to manage, run **3** *suministrar* to give ◇ *prnl.* **administrarse** *manejarse* to manage one's own money, manage one's own affairs.

ad·mi·nis·tra·ti·vo, va *adj.* administrative ◇ *s. funcionario* official, civil servant *de empresa, banco* office worker.

ad·mi·ra·ble *adj.* admirable.

ad·mi·ra·ción *f.* **1** admiration **2** *signo* exclamation mark.

ad·mi·rar *tr.* **1** *estimar* to admire **2** *sorprender* to amaze, surprise, astonish ◇ *prnl.* **admirarse** *asombrarse* to be astonished (**de**, at), be amazed (**de**, at).

ad·mi·ra·ti·vo, va *adj.* admiring.

ad·mi·si·ble *adj.* admissible, acceptable.

ad·mi·sión *f.* **1** admission **2** *aceptación* acceptance **3** TÉC inlet, intake.

ad·mi·tir *tr.* **1** *dar entrada* to admit, let in **2** *aceptar* to accept, admit **3** *permitir* to allow **4** *reconocer* to admit **5** *tener capacidad* to hold.

ad·mo·ni·ción *f.* warning, reproof.

ad·mo·ni·to·rio, ria *adj.* warning.

ADN *abr.* MED *ácido desoxirribonucleico* desoxyribonucleic acid *abreviatura* DNA.

a·do·bo *m.* **1** *acción* marinating, marinading **2** *salsa* marinade.

a·doc·tri·na·mien·to *m.* indoctrination.

a·doc·tri·nar *tr.* to indoctrinate.

a·do·le·cer *(see model 43) intr.* **1** *padecer* to suffer (*de*, from) **2** *tener un defecto* to have a fault.

a·do·les·cen·cia *f.* adolescence.

a·do·les·cen·te *adj.* adolescent ◇ *com.* adolescent.

a·don·de *adv.* where.

a·dón·de *adv.* where.

a·don·de·quie·ra *adv.* wherever.

a·dop·tar *tr.* to adopt.

a·dop·ti·vo, va *adj. hijo* adopted, adoptive *padres* adoptive *patria adoptiva* country of adoption.

a·do·quín *m.* cobble, paving stone **2** *fam. persona* idiot, clod.

a·do·ra·ble *adj.* adorable.

a·do·ra·ción *f.* REL adoration, worship **2** *fig.* adoration, worshipping.

a·do·ra·dor, ra *adj.* **1** REL worshipping **2** *fig.* adoring ◇ *s.* **1** REL worshipper **2** *fig.* adorer, worshipper.

a·do·rar *tr.* REL to worship **2** *fig.* to adore.

a·dor·me·ce·dor, ra *adj.* sleep-inducing, soporific.

a·dor·me·cer *(see model 43) tr.* **1** to make sleepy **2** *calmar* to soothe ◇ *prnl.* **adormecerse 1** *dormirse* to doze off **2** *entumecerse* to go to sleep, go numb.

a·dor·me·ci·do, da *pp. de* **adormecer** *adj.* sleepy, drowsy.

a·dor·nar *tr.* **1** to adorn, decorate **2** *fig.* to embellish.

a·dor·no *m.* **1** decoration, adornment **2** COST trimming **3** CULIN garnish *de adorno* decorative.

a·do·sa·do, da *pp. de* **adosar** *adj.* semidetached.

a·do·sar *tr.* to lean (*a*, against).

ad·qui·rir *(see model 30) tr.* to acquire *comprar* to buy.

ad·qui·si·ción *f.* acquisition *compra* buy, purchase.

ad·qui·si·ti·vo, va *adj.* acquisitive *poder adquisitivo* buying power, purchasing power.

a·dre·na·li·na *f.* adrenalin.

ads·cri·bir *pp.* **adscrito** *tr.* **1** *atribuir* to attribute **2** *destinar* to appoint to ◇ *prnl.* **adscribirse** *afiliarse* to affiliate (*a*, to).

ads·crip·ción *f.* **1** *atribución* ascription **2** *destino* appointment.

ad·sor·ber *tr.* to adsorb.

ad·sor·ción *f.* adsorption.

a·dua·na *f.* customs.

a·dua·ne·ro, ra *adj.* customs ◇ *s.* customs officer.

a·duc·tor *adj.* adductive ◇ *m.* adductor.

a·du·la·ción *f.* adulation, flattery.

a·du·la·dor, ra *adj.* adulating, flattering ◇ *s.* adulator, flatterer.

a·du·lar *tr.* to adulate, flatter, soft-soap.

a·dul·te·ra·ción *f.* adulteration.

a·dul·te·ra·do, da *pp. de* **adulterar** *adj.* adulterated.

a·dul·te·rar *tr.* to adulterate.

a·dul·te·rio *m.* adultery.

a·dúl·te·ro, ra *adj.* adulterous ◇ *s. hombre* adulterer *mujer* adulteress.

a·dul·to, ta *adj.* adult.

a·dus·to, ta *adj.* **1** scorched, burnt, charred **2** *fig. seco* harsh, stern, severe.

ad·ve·ne·di·zo, za *adj.* parvenu ◇ *s.* parvenu, upstart.

ad·ve·ni·mien·to *m.* **1** advent, coming **2** *al trono* accession.

ad·ven·tis·ta *adj.* Adventist ◇ *s.* Adventist.

ad·ver·bial *adj.* adverbial.

ad·ver·bio *m.* adverb.

ad·ver·sa·rio, ria *adj.* opposing ◇ *s.* adversary, opponent.

ad·ver·sa·ti·vo, va *adj.* adversative.

ad·ver·si·dad *f.* adversity, misfortune, setback.

ad·ver·so, sa *adj.* **1** adverse, unfavorable **2** *opuesto* opposite **3** *adversario* opposing.

ad·ver·ten·cia *f.* **1** warning **2** *consejo* piece of advice **3** *nota* notice.

ad·ver·tir *(see model 35) tr.* **1** *darse cuenta* to notice, realize **2** *llamar la atención* to warn **3** *aconsejar* to advise **4** *informar* to inform.

ad·vo·ca·ción *f.* invocation *bajo la advocación de* under the protection of.

ad·ya·cen·te *adj.* adjacent.

a·é·re·o, a *adj.* 1 aerial 2 AV air **tráfico aéreo** air traffic.

a·e·ró·bic *m.* aerobics.

a·e·ro·bio, bia *adj.* aerobic ⬦ *m.* **aerobio** aerobe.

a·e·ro·di·ná·mi·ca *f.* aerodynamics.

a·e·ro·di·ná·mi·co, ca *adj.* aerodynamic **línea aerodinámica** streamlined.

a·e·ró·dro·mo *m.* airfield.

a·e·ro·es·pa·cial *adj.* aerospace.

a·e·ró·gra·fo *m.* airbrush.

a·e·ro·lí·ne·a *f.* airline.

a·e·ro·li·to *m.* meteorite.

a·e·ro·mo·de·lis·mo *m.* aeroplane modelling.

a·e·ro·náu·ti·co, ca *adj.* aeronautic, aeronautical.

a·e·ro·na·ve *f.* airship **aeronave espacial** spaceship.

a·e·ro·pla·no *m.* airplane.

a·e·ro·puer·to *m.* airport.

a·e·ro·sol *m.* aerosol, spray.

a·e·ros·tá·ti·co, ca *adj.* aerostatic.

a·fa·bi·li·dad *f.* affability.

a·fa·ble *adj.* affable, kind.

a·fán *m.* 1 *celo* zeal *interés* keenness, eagerness 2 *esfuerzo* effort.

a·fa·na·dor, ra *adj.* zealous, eager ⬦ *s.* zealous person, eager person 2 *fam.* ladrón thief.

a·fa·nar *tr.* *fam.* robar to nick, pinch ⬦ *prnl.* **afanarse** to work with zeal **afanarse en** to work hard at **afanarse por** to strive to, do one's best to.

a·fa·no·sa·men·te *adv.* keenly, zealously.

a·fa·no·so, sa *adj.* 1 *persona* eager, keen, zealous 2 *tarea* hard, laborious, tough.

a·fe·ar *tr.* 1 to make ugly, disfigure 2 *fig. vituperar* to reproach.

a·fec·ción *f.* 1 *enfermedad* complaint, disease 2 *afición* fondness.

a·fec·ta·do, da *pp. de* afectar *adj.* 1 *gen.* affected 2 *emocionado* affected, upset **estar afectado de** to be suffering from.

a·fec·tar *tr.* 1 *aparentar* to affect 2 *impresionar* to move 3 *dañar* to damage 4 *concernir* to concern ⬦ *prnl.* **afectarse** *impresionarse* to be affected, be moved.

a·fec·ti·vo, va *adj.* 1 *sensible* sensitive 2 *psicología* affective.

a·fec·to, ta *adj.* 1 *aficionado* fond (*a*, of) 2 *enfermo* suffering (*de*, from) ⬦ *m.* **afecto** affection.

a·fec·tuo·so, sa *adj.* affectionate.

a·fei·tar *tr.* 1 *pelo* to shave 2 *toro* to blunt the horns of.

a·fel·pa·do, da *adj.* velvety.

a·fe·mi·na·do, da *pp. de* afeminar *adj.* effeminate ⬦ *m.* effeminate man *familiarmente* sissy.

a·fe·mi·nar *tr.* to make effeminate ⬦ *prnl.* **afeminarse** to become effeminate.

a·fé·re·sis *f. inv.* aphaeresis.

a·fe·rra·do, da *pp. de* aferrar *adj.* 1 *fig.* clutching, clinging, holding on to.

a·fe·rrar *tr.* to clutch, grasp ⬦ *intr.* to cling, clutch, grasp ⬦ *prnl.* **aferrarse a** to clutch to, cling to.

a·fian·zar *(see model 4) tr.* 1 *sujetar* to strengthen, reinforce 2 *fig.* to support, back 3 *dar fianza* to stand bail for ⬦ *prnl.* **afianzarse** 1 *estabilizarse* to steady oneself 2 *convencerse* to become surer, become more convinced.

a·fi·che *m.* poster.

a·fi·ción *f.* 1 *inclinación* liking, penchant 2 *ahínco* interest, zeal 3 **la afición** the fans ⬦ *pl.* the supporters.

a·fi·cio·na·do, da *pp. de* aficionar *adj.* 1 keen, fond 2 *no profesional* amateur ⬦ *s.* 1 fan, enthusiast 2 *no profesional* amateur.

a·fi·cio·nar *tr.* to make fond (*a*, of) ⬦ *prnl.* **aficionarse** to become fond (*a*, of), take a liking (*a*, to).

a·fi·la·do, da *pp. de* afilar *adj.* 1 sharp 2 *con punta* pointed 3 *fig. cara, nariz* long and thin *m.* **afilado** sharpening.

a·fi·lar *tr.* to sharpen ⬦ *prnl.* **afilarse** to grow sharp.

a·fi·lia·ción *f.* affiliation.

a·fi·lia·do, da *pp. de* afiliar *adj.* affiliated, member ⬦ *s.* affiliate, member.

a·fi·liar *(see model 12) tr.* to affiliate ⬦ *prnl.* **afiliarse** *uso reflexivo* to join (*a*, to), become affiliated (*a*, to).

a·fín *adj.* 1 *semejante* similar, kindred 2 *relacionado* related 3 *próximo* adjacent, next.

a·fi·na·ción *f.* 1 polishing, refining 2 MÚS tuning.

a·fi·na·do, da *pp. de* afinar *adj.* 1 *fino* polished, refined 2 MÚS in tune, tuned.

a·fi·nar *tr.* 1 to perfect, polish. 2 MÚS to tune 3 *puntería* to sharpen 4 *metales* to purify, refine.

a·fi·ni·dad *f.* 1 affinity 2 QUÍM similarity.

a·fir·ma·ción *f.* 1 *aseveración* statement, assertion 2 *afianzamiento* strengthening.

a·fir·mar *tr.* 1 *afianzar* to strengthen, reinforce 2 *aseverar* to state, say, declare ⬦ *intr. asentir* to assent ⬦ *prnl.* **afirmarse** *ratificarse* to maintain (*en*, -).

a·fir·ma·ti·va·men·te *adv.* affirmatively.

a·fir·ma·ti·vo, va *adj.* affirmative **en caso afirmativo** if the answer is yes.

a·flic·ción *f.* affliction, grief, suffering.

a·fli·gi·do, da *pp. de* afligir *adj.* afflicted, grieved, troubled.

a·fli·gir *(see model 6) tr.* to afflict, grieve, trouble ⬦ *prnl.* **afligirse** to grieve, be distressed.

a·flo·jar *tr.* 1 *soltar* to loosen 2 *fig. esfuerzo* to relax 3 *fam. fig. dinero* to pay up ⬦ *intr. disminuir* to let up ⬦ *prnl.* **aflojarse**.

a·flo·rar *intr.* 1 *mineral* to crop out/up, outcrop 2 *fig. aparecer* to come up to the surface, appear.

a·fluen·cia *f.* 1 inflow, influx 2 *abundancia* affluence.

a·fluen·te *adj. caudaloso* flowing, inflowing ⬦ *m. río* tributary.

a·fluir *(see model 62) intr.* to flow (*a*, into).

a·fo·ní·a *f.* loss of voice.

a·fó·ni·co, ca *adj.* hoarse, voiceless **estar afónico** to have lost one's voice.

a·fo·ris·mo *m.* aphorism.

a·fo·ro *m.* 1 *capacidad* seating capacity 2 TÉC gauging.

a·for·tu·na·da·men·te *adv.* luckily, fortunately.

a·for·tu·na·do, da *adj.* 1 lucky, fortunate 2 *dichoso* happy.

a·fren·ta *f.* affront, outrage **hacerle una afrenta a alguien** to affront somebody.

a·fren·tar *tr.* to affront, outrage ⬦ *prnl.* **afrentarse** to be ashamed of.

a·fri·ca·nis·mo *m.* Africanism.

a·fri·ca·no, na *adj.* African ⬦ *s.* African.

a·fro·a·me·ri·ca·no, na *adj.* African-American, Afro-American ⬦ *s.* African-American, Afro-American.

a·fro·di·sia·co, ca *adj.* aphrodisiac ⬦ *m.* **afrodisiaco** aphrodisiac.

a·fron·tar *tr.* 1 to face, confront 2 *poner enfrente to* face 3 JUR to confront, bring face to face.

a·fru·ta·do, da *adj.* fruity.

a·fue·ra adv. outside interj. out of the way! ◇ mpl. **afueras** outskirts **más afuera** further out.

a·ga·char tr. to lower, bow ◇ prnl. **agacharse** 1 encogerse to cower 2 protegerse to duck (down) 3 agazaparse to crouch (down), squat.

a·ga·lla f. 1 de pez gill 2 de ave temple 3 BOT gall, oak apple ◇ fpl. **agallas** 1 fam. courage sing, guts, pluck sing. 2 anginas sore throat sing.

á·ga·pe m. 1 feast, banquet 2 HIST agape.

a·ga·rrar tr. 1 con la mano to clutch, seize, grasp 2 fam. pillar to catch 3 fam. conseguir to take advantage of.

a·ga·sa·jar tr. 1 obsequiar to smother with attention, treat well 2 dar agasajo to wine and dine.

a·ga·sa·jo m. 1 acogida warm welcome trato kindness 2 regalo gift 3 comida reception, banquet.

a·ga·za·par tr. to grab (hold of) ◇ prnl. **agazaparse** 1 esconderse to hide 2 agacharse to crouch (down), squat.

a·gen·cia f. agency sucursal branch **agencia de transportes** carriers ◇ pl. **agencia inmobiliaria** estate office, **agencia de turismo** tourist office, **agencia de viajes** travel agency.

a·gen·da f. 1 libro diary 2 orden del día agenda.

a·gen·te adj. agent. com. agent ◇ m. agent. **agente de cambio y bolsa** stockbroker **agente de policía** hombre policeman 2 mujer policewoman.

á·gil adj. agile.

a·gi·li·dad f. agility.

a·gi·li·zar (see model 4) tr. 1 to make agile 2 fig. to speed up.

a·gio·tis·ta com. speculator.

a·gi·ta·ción f. 1 agitation 2 fig. excitement, restlessness.

a·gi·ta·do, da pp. de agitar adj. 1 movido agitated, shaken mar rough, choppy 2 ansioso anxious 3 ajetreado hectic.

a·gi·tar tr. 1 mover to agitate, shake, pañuelo to wave 2 intranquilizar agitate, excite ◇ prnl. **agitarse** 1 moverse to move restlessly 2 inquietarse to become agitated/disturbed 3 mar to become rough.

a·glo·me·ra·ción f. 1 agglomeration 2 de gente crowd.

a·glo·me·rar tr. acumular to agglomerate, amass ◇ prnl. **aglomerarse** 1 acumularse to agglomerate, amass 2 gente to crowd.

a·glu·ti·na·ción f. agglutination.

a·glu·ti·nar tr. 1 to agglutinate, bind 2 fig. to bring together ◇ prnl. **aglutinarse** 1 to agglutinate 2 fig. to come together.

a·gnós·ti·co, ca adj. agnostic ◇ s. agnostic.

a·go·bian·te adj. 1 cansado backbreaking, exhausting 2 abrumado overwhelming 3 lugar claustrophobic calor oppressive 4 persona tiresome, tiring.

a·go·biar (see model 12) tr. 1 doblar to weigh/bend down 2 abrumar to overwhelm ◇ prnl. **agobiarse** angustiarse to worry too much, get worked up.

a·go·ní·a f. 1 dying breath, last gasp 2 sufrimiento agony, grief, sorrow ◇ com. **agonías** fam. quejica moaner pesimista pessimist.

a·gó·ni·co, ca adj. 1 dying, death **estar en estado agónico** to be at death's door **estertores agónicos** death rattle.

a·go·ni·zar (see model 4) intr. 1 to be dying 2 acabarse to fail, fade away 3 sufrir to suffer.

a·go·re·ro, ra adj. ominous ◇ s. fortune-teller **ave agorera** fig. bird of ill omen.

a·gos·to m. August **hacer su agosto** fig. to make a packet/pile, feather one's nest.

a·go·ta·do, da pp. de agotar adj. 1 cansado exhausted, wornout 2 libros out of print mercancías sold out.

a·go·ta·dor, ra adj. exhausting.

a·go·ta·mien·to m. exhaustion **agotamiento físico** physical strain.

a·go·tar tr. 1 cansar to exhaust, tire/wear out 2 gastar to exhaust, use up ◇ prnl. **agotarse** 1 cansarse to become exhausted, become tired out 2 gastarse to run out 3 COMM to be sold out.

a·gra·cia·do, da pp. de agraciar adj. 1 bello attractive, beautiful 2 ganador winning ◇ s. lucky winner **ser poco agraciado, -a** to be unattractive/plain.

a·gra·da·ble adj. nice, pleasant.

a·gra·dar intr. to please.

a·gra·de·cer (see model 43) tr. 1 to thank for, be grateful for 2 uso impersonal to be welcome.

a·gra·de·ci·do, da pp. de agradecer adj. grateful, thankful.

a·gra·de·ci·mien·to m. gratefulness, gratitude, thankfulness.

a·gra·do m. pleasure.

a·gran·dar tr. 1 hacer grande to enlarge, make larger 2 exagerar to exaggerate ◇ prnl. **agrandarse** 1 hacerse grande to enlarge, become larger 2 acentuarse to become more intense.

a·gra·rio, ria adj. agrarian, land, agricultural.

a·gra·van·te adj. aggravating ◇ amb. 1 added difficulty 2 JUR aggravating circumstance.

a·gra·var tr. to aggravate, worsen ◇ prnl. **agravarse** to get worse, worsen.

a·gra·viar (see model 12) tr. to offend, insult.

a·gra·vio m. offence, insult.

a·gre·dir tr. to attack.

a·gre·ga·do, da pp. de agregar adj. aggregate ◇ s. 1 de instituto senior teacher de universidad senior lecturer 2 POL attaché.

a·gre·gar (see model 7) tr. 1 añadir to add 2 unir to gather 3 destinar to appoint ◇ prnl. **agregarse** unirse to join.

a·gre·sión f. aggression, attack.

a·gre·si·vi·dad f. agressiveness.

a·gre·si·vo, va adj. aggressive.

a·gre·sor, ra adj. attacking ◇ s. aggressor, attacker.

a·gres·te adj. 1 salvaje wild 2 abrupto rugged, rocoso rocky 3 sin cultivar uncultivated 4 fig. rudo uncouth, coarse.

a·griar (see model 12) tr. 1 to sour 2 fig. persona to embitter ◇ prnl. **agriarse** to turn sour.

a·grí·co·la adj. agricultural, farming.

a·gri·cul·tor, ra s. farmer.

a·gri·cul·tu·ra f. agriculture, farming.

a·gri·dul·ce adj. 1 bittersweet 2 CULIN sweet and sour.

a·grie·tar tr. to crack, piel to chap ◇ prnl. **agrietarse** to crack piel to get chapped.

a·grio, gria adj. sour ◇ mpl. **agrios** citrus fruits.

a·gro·no·mí·a f. agronomy.

a·gró·no·mo, ma adj. farming ◇ s. agronomist.

a·gro·pe·cua·rio, ria adj. agricultural, farming.

a·gru·pa·ción f. 1 grouping, group 2 asociación association.

a·gru·pa·mien·to f. 1 grouping, group 2 asociación association.

a·gru·par tr. to group, put into groups ◇ prnl. **agruparse** 1 to group together, form a group 2 asociarse to associate.

A

a·gua f. 1 water echarse al agua to dive in 2 lluvia rain 3 ARQ slope of a roof tejado a dos aguas pitched roof ◇ fpl. aguas 1 del mar, río waters aguas arriba upstream 2 de brillante water sing. sparkle.

a·gua·ca·te m. árbol avocado fruto avocado (pear).

a·gua·ce·ro m. heavy shower, downpour.

a·gua·do, da pp. de aguar adj. watered down, wishy-washy.

a·gua·dor, ra s. water carrier.

a·gua·fies·tas com. inv. killjoy, spoilsport, wet blanket.

a·gua·ma·ri·na f. aquamarine.

a·gua·nie·ve f. sleet.

a·guan·tar tr. 1 contener to hold (back) 2 sostener to hold, support 3 soportar to tolerate ◇ prnl. aguantarse 1 contenerse to keep back, risa, lágrimas to hold back 2 resignarse to resign oneself ¡que se aguante! fam. that's her/his tough luck!

a·guan·te m. 1 paciencia patience, endurance 2 fuerza strength tener mucho aguante paciente to be very patient 2 resistente to be strong, have a lot of stamina.

a·guar·dar tr. to wait (for), await ◇ intr. to wait.

a·guar·dien·te m. eau de vie, spirit, liquor aguardiente de caña sugar cane liquor.

a·gu·de·za f. 1 sharpness, keenness dolor acuteness 2 fig. viveza wit, wittiness 3 fig. ingenio witticism, witty saying.

a·gu·di·za·ción f. 1 sharpening 2 empeoramiento worsening.

a·gu·di·zar (see model 4) tr. 1 afilar to sharpen 2 empeorar to worsen, intensify, make more acute ◇ prnl. agudizarse 1 afilarse to become sharper 2 empeorar to worsen, intensify, become more acute.

a·gu·do, da adj. 1 afilado sharp 2 dolor acute 3 fig. ingenioso witty, mordaz sharp 4 fig. sentido sharp, keen 5 voz high-pitched 6 sonido treble, high 7 LING palabra oxytone acento acute.

a·güe·ro m. omen, presage ser de mal agüero to be ill-omened ser pájaro de mal agüero fig. to be a bird of ill omen.

a·gue·rri·do, da pp. de aguerrir adj. hardened.

a·gui·jón m. 1 ZOOL sting 2 BOT thorn, prickle 3 fig. estímulo sting, spur 4 espuela spur.

á·gui·la f. 1 eagle ser un águila 2 fig. to be a genius tener vista de águila to be eagle-eyed, águila caudal golden eagle.

a·gui·nal·do m. 1 de Navidad Christmas bonus/box 2 paga extra bonus 3 villancico Christmas carol.

a·gu·ja f. 1 needle de tricotar knitting needle 2 de reloj hand, de tocadiscos stylus 3 de arma firing pin 4 obelisco obelisk, capitel spire, steeple 5 de tren point, switch 6 pez garfish 7 ave godwit 8 pastel dulce sweet pastry pastel salado meat/fish pastry ◇ fpl. agujas ribs.

a·gu·je·re·ar tr. to pierce, perforate, make holes in.

a·gu·je·ro m. 1 hole 2 fig. falta de dinero shortfall agujero negro black hole.

a·gu·je·tas fpl. stiffness sing. tener agujetas to be stiff.

a·gu·sa·na·do, da pp. de agusanarse adj. maggoty, wormy.

a·gu·zar (see model 4) tr. 1 afilar to sharpen 2 estimular to spur on, prick ◇ prnl. aguzarse to become sharper aguzar el oído to prick up

one's ears aguzar la vista to look attentively la necesidad aguza el ingenio necessity is the mother of invention.

ah interj. 1 caer en la cuenta ah!, oh! 2 sorpresa, admiración oh!

a·hí there, in that place de ahí que hence, therefore por ahí 2 lugar round there 3 aproximadamente more or less.

a·hi·ja·do, da pp. de ahijar s. 1 godchild chico godson chica goddaughter 2 adoptivo adopted child.

a·hín·co m. eagerness, keenness, enthusiasm.

a·hí·to, ta adj. 1 de comida stuffed, full 2 harto fed up ◇ m. ahíto indigestion.

a·ho·ga·do, da pp. de ahogar adj. 1 drowned 2 asfixiado asphyxiated, suffocated 3 fig. deudas, etc. up to one's neck 4 sitio stuffy, close ◇ s. drowned person.

a·ho·gar (see model 7) tr. 1 asfixiar to choke, suffocate 2 en el agua to drown 3 plantas to overwater 4 motor to flood ◇ prnl. ahogarse 1 to be drowned, drown 2 sofocarse to choke, suffocate.

a·hon·dar tr. 1 hacer profundo to deepen, make deeper 2 meter en profundidad to go deep ◇ intr. 1 to go deep 2 investigar to examine.

a·ho·ra adv. 1 en este momento now 2 hace un momento just a moment ago 3 dentro de un momento in a minute, shortly conj. 1 adversativa however.

a·hor·car (see model 1) tr. to hang se ahorcó con el cinturón he hanged himself with his belt.

a·ho·rra·dor, ra adj. thrifty ◇ s. thrifty person.

a·ho·rrar tr. 1 dinero, energía, etc. to save 2 molestia, problema to save, spare ◇ prnl. ahorrarse to save oneself.

a·ho·rro m. 1 saving 2 cualidad thrift ◇ mpl. ahorros savings caja de ahorros savings bank.

a·hue·car (see model 1) tr. 1 to hollow out 2 esponjar to fluff up tierra to loosen 3 voz to deepen ◇ prnl. ahuecarse engreírse to become conceited, give oneself airs.

a·hu·mar (see model 16) tr. 1 tratar con humo to smoke 2 llenar de humo to fill with smoke, smoke out ◇ intr. echar humo to give off smoke, smoke ◇ prnl. ahumarse 1 adquirir color to blacken, turn black, adquirir olor to develop a smoky smell, adquirir sabor to acquire a smoky taste 2 fam. emborracharse to get drunk.

a·hu·yen·tar tr. 1 to drive away, scare away 2 fig. to dismiss.

ai·ra·do, da pp. de airarse adj. angry, furious, irate.

ai·rar (see model 15) tr. to anger, make furious ◇ prnl. airarse to get angry.

ai·re m. 1 air 2 viento wind, corriente draught 3 fig. aspecto air, appearance 4 fig. parecido resemblance, likeness.

ai·ro·sa·men·te adv. successfully, well.

ai·ro·so, sa adj. 1 lugar windy 2 persona graceful, elegant salir airoso to do well, be successful.

ais·la·do, da pp. de aislar adj. 1 suelto isolated 2 TÉC insulated.

ais·la·mien·to m. 1 acción isolation 2 TÉC insulation.

ais·lan·te adj. insulating m. insulator.

ais·lar (see model 15) tr. 1 dejar separado to isolate 2 TÉC to insulate ◇ prnl. aislarse uso reflexivo to isolate oneself (de, from).

a. J.C. *abr.* a. de J.C.

a·je·drez *m.* 1 *juego* chess 2 *tablero y piezas* chess set.

a·je·no, na *adj.* 1 *de otro* another's, belonging to other people 2 *distante* detached 3 *impropio* inappropriate, unsuitable 4 *extraño* not involved.

a·je·tre·a·do, da *pp. de* ajetrearse *adj.* busy, hectic.

a·jo *m.* 1 garlic **estar en el ajo** 2 *fam. fig.* to be involved, be in the thick of it **ajo tierno** young garlic.

a·jon·jo·lí *m. pl.* ajonjolíes sesame.

a·juar *m.* 1 *de novia* trousseau 2 *de bebé* layette 3 *muebles* household furniture, household furnishings ◇ *pl.* bienes property, goods *pl.*

a·jus·ta·ble *adj.* sábana fitted.

a·jus·ta·do, da *pp. de* ajustar *adj.* 1 *precio* very low, rock-bottom *presupuesto* tight 2 *apretado* tight-fitting, tight.

a·jus·ta·dor, ra *adj.* adjusting, fitting ◇ *s.* fitter.

a·jus·tar *tr.* 1 *adaptar* to adjust, regulate 2 *apretar* to tighten 3 *encajar* to fit, fit tight ◇ *prnl.* ajustarse 1 *ceñirse* to fit 2 *ponerse de acuerdo* to come to an agreement *estar de acuerdo* to agree with, fit in with.

a·jus·te *m.* 1 *unión* adjustment, fitting 2 TÉC assembly 3 COMM settlement, fixing 4 *tipografía* make-up, composition **ajuste de cuentas** *fig.* settling of scores.

a·jus·ti·ciar *(see model 12) tr.* to execute.

al *Contraction of a + el contr.* a al + *inf.* on + *ger.* **está al caer** it's about to happen.

a·la *f.* wing.

a·la·ban·za *f.* 1 *elogio* praise 2 *jactancia* boasting, bragging.

a·la·bar *tr. elogiar* to praise ◇ *prnl.* alabarse *jactarse* to boast.

a·la·ce·na *f.* cupboard.

a·la·crán *m.* scorpion.

a·lam·bi·que *m.* still.

a·lam·bre *m.* wire **estar como un alambre** to be as thin as a rake **alambre de púas** barbed wire.

a·la·me·da *f.* 1 *poplar grove* 2 *paseo* avenue, promenade, boulevard.

á·la·mo *m.* poplar.

a·lar·de *m.* display, bragging, boasting **hacer alarde de** to flaunt, show off, parade.

a·lar·de·ar *intr.* to boast, brag, show off.

a·lar·ga·do, da *pp. de* alargar *adj.* long, elongated.

a·lar·ga·dor, ra *adj.* lengthening, extending *m.* *alargador* extension lead.

a·lar·ga·mien·to *m.* 1 lengthening *estirado* stretching 2 *prolongación* prolongation, extension.

a·lar·gar *(see model 7) tr.* 1 to lengthen 2 *estirar* to stretch 3 *prolongar* to prolong 4 *dar* to hand, pass ◇ *prnl.* alargarse to lengthen.

a·la·ri·do *m.* screech, yell, shriek.

a·lar·ma *f.* alarm.

a·lar·mar *tr.* to alarm ◇ *prnl.* alarmarse to be alarmed, alarm oneself.

al·ba *f.* 1 dawn, daybreak 2 REL alb.

al·ba·ñal *m.* 1 sewer, drain 2 *fig.* mess.

al·ba·ñil *m. de ladrillos* bricklayer *en general* building worker.

al·ba·tros *m. inv.* albatross.

al·be·drí·o *m.* will **libre albedrío** free will.

al·ber·ca *f.* reservoir.

al·ber·gar *(see model 7) tr.* 1 *alojar* to lodge, house, accommodate 2 *fig. sentimientos* to cherish, harbor ◇ *prnl.* albergarse to stay.

al·ber·gue *m.* 1 *hostal* hostel 2 *refugio* shelter, refuge **dar albergue** to take in, put up **albergue juvenil** youth hostel.

al·bi·no, na *adj.* albino ◇ *s.* albino.

al·bón·di·ga *f.* meatball.

al·bo·ra·da *f.* 1 *alba* dawn, break of day 2 *música* dawn song 3 *toque militar* reveille.

al·bo·ro·tar *tr.* 1 *agitar* to agitate, excite 2 *desordenar* to make untidy, turn upside down 3 *sublevar* to incite to rebel ◇ *intr.* to make a racket ◇ *prnl.* alborotarse 1 *excitarse* to get excited 2 *el mar* to get rough 3 *alarmarse* to be alarmed.

al·bo·ro·to *m.* 1 *gritería* din, racket, row 2 *desorden* uproar, commotion, disturbance 3 *sobresalto* shock, alarm.

al·bo·ro·zar *(see model 4) tr.* to delight, fill with joy ◇ *prnl.* alborozarse to be overjoyed.

al·bo·ro·zo *m.* joy, merriment, gaiety.

al·bri·cias *fpl. regalo* present *sing.* gift *sing.* ◇ *interj.* great!, smashing!

ál·bum *m. pl.* álbumes album.

al·bú·mi·na *f.* albumin.

al·bu·ra *f.* whiteness.

al·ca·cho·fa *f.* 1 *planta* artichoke 2 *pieza* rose, sprinkler.

al·ca·hue·te, ta *s. hombre* procurer *mujer* procuress, go-between 2 *cotilla* gossipmonger.

al·cai·de *m.* warder, jailer.

al·cal·de *m.* mayor.

al·cal·de·sa *f.* 1 *cargo* lady mayor, mayoress 2 *mujer del alcalde* mayoress.

al·cal·dí·a *f.* 1 *cargo* mayorship 2 *oficina* mayor's office, mayoralty 3 *territorio* land under the jurisdiction of a mayor.

al·ca·li·no, na *adj.* alkaline.

al·ca·loi·de *m.* alkaloid.

al·can·ce *m.* 1 reach, grasp 2 *de arma* range 3 *trascendencia* scope, importance 4 *inteligencia* intelligence.

al·can·cí·a *f.* moneybox.

al·can·for *m.* camphor.

al·can·ta·ri·lla *f.* 1 *conducto* sewer 2 *boca* drain.

al·can·ta·ri·lla·do *m.* sewer system.

al·can·zar *(see model 4) tr.* 1 *gen.* to reach 2 *persona* to catch up, catch up with ◇ *intr.* 1 *ser suficiente* to be sufficient (**para**, for), be enough (**para**, for), suffice (**para**, for) 2 *ser capaz* to manage, succeed.

al·ca·pa·rra *f.* 1 *fruto* caper 2 *planta* caper bush.

al·ca·traz *m. pl.* alcatraces gannet.

al·ca·ya·ta *f.* hook.

al·cá·zar *m.* 1 *fortaleza* fortress, citadel 2 *palacio* palace, castle.

al·ce *m.* elk, moose.

al·co·ba *f.* 1 bedroom **secretos de alcoba** 2 *fig.* intimacies.

al·co·hol *m.* 1 *sustancia* alcohol 2 *bebida* alcohol, spirits ◇ *pl.* alcohol desnaturalizado/metílico/ de quemar methylated spirits, methylated spirit.

al·co·hó·li·co, ca *adj.* alcoholic ◇ *s.* alcoholic. **Alcohólicos Anónimos** Alcoholics Anonymous.

al·co·ho·lí·me·tro *m.* breathalyzer.

al·co·ho·lis·mo *m.* alcoholism.

al·co·ho·li·zar *(see model 4) tr.* to alcoholize, make alcoholic ◇ *prnl.* alcoholizarse to become an alcoholic.

al·cur·nia *f.* lineage, ancestry **de alta alcurnia** of noble lineage.

al·da·ba *f.* 1 *llamador* door knocker 2 *barra* bar 3 *pestillo* bolt **tener buenas aldabas** *fig.* to know the right people, have influence.

al·de·a f. hamlet, small village.

al·de·a·no, na adj. **1** de aldea village **2** fig. rústico rustic ◇ s. villager.

al·de·hí·do m. aldehyde.

a·le·a·ción f. alloy.

a·le·a·to·rio, ria adj. random, chance, fortuitous.

a·lec·cio·na·dor, ra adj. **1** instructivo instructive, enlightening **2** ejemplar exemplary.

a·lec·cio·nar tr. **1** instruir to teach, instruct **2** adiestrar to train.

a·le·da·ño, ña adj. neighboring, bordering ◇ mpl. aledaños de una ciudad outskirts **en los aledaños** in the surrounding area.

a·le·gar (see model 7) tr. to allege, plead, claim.

a·le·ga·to m. **1** argumento claim, plea **2** razonamiento reasoned allegation.

a·le·gó·ri·co, ca adj. allegorical, allegoric.

a·le·grar tr. **1** causar alegría to make happy, make glad, cheer up **2** fig. avivar to brighten (up), enliven **3** fam. achispar to make tipsy ◇ prnl. alegrarse to be pleased, be glad **2** fam. achisparse to get tipsy.

a·le·gre adj. **1** contento happy, glad **2** color bright **3** música lively **4** espacio cheerful, pleasant **5** fam. achispado tipsy **6** euf. irreflexivo thoughtless, irresponsible, rash **alegre de cascos** fam. scatterbrained.

a·le·gre·men·te adv. **1** con alegría happily, cheerfully **2** frívolamente gaily.

a·le·grí·a f. felicidad happiness, joy.

a·le·ja·do, da pp. de alejar adj. **1** lejano far away, remote **2** separado aloof, apart.

a·le·ja·mien·to m. **1** separación distance, separation **2** enajenación estrangement.

a·le·jar tr. **1** llevar lejos to remove, move away **2** fig. ahuyentar to keep away ◇ prnl. alejarse to go/move away.

a·le·la·do, da pp. de alelar adj. **1** atontado dazed **2** asombrado astonished, amazed.

a·le·lu·ya amb. hallelujah, alleluia. ◇ f. fam. pareado couplet ◇ interj. hallelujah!

a·le·mán, ma·na adj. German ◇ s. persona German ◇ m. alemán idioma German.

A·le·ma·nia f. Germany.

a·len·ta·dor, ra adj. encouraging.

a·len·tar (see model 27) intr. **1** arc. respirar to breathe **2** fig. existir to exist, live on ◇ tr. **1** animar to encourage **2** tener to harbor, cherish.

a·ler·gia f. allergy.

a·lér·gi·co, ca adj. allergic (a, to).

a·ler·ta adv. vigilante on the alert f. atención alert ◇ m. señal alert, warning interj. look/watch out! **dar la (voz de) alerta** to give the alert **en estado de alerta** on the alert.

a·ler·tar tr. to alert (de, to) ◇ intr. to be alert.

a·le·ta f. **1** de pez fin de mamífero, de nadador flipper **2** de nariz wing, ala **3** de avión aileron, de coche wing.

a·le·tar·ga·do, da pp. de aletargar adj. **1** dormido lethargic **2** amodorrado drowsy.

a·le·tar·gar (see model 7) tr. to make drowsy/sleepy ◇ prnl. aletargarse to become drowsy/sleepy.

a·le·te·ar intr. **1** ave to flutter, flap its wings **2** pez to move its fins **3** persona to wave one's arms about.

a·le·vo·sí·a f. **1** premeditación premeditation **2** traición treachery, perfidy.

a·le·vo·so, sa adj. **1** premeditado premeditated **2** traidor treacherous.

al·fa f. **1** alpha alfa y omega **1** fig. alpha and omega, the beginning and the end.

al·fa·bé·ti·co, ca adj. alphabetic, alphabetical.

al·fa·be·ti·zar (see model 4) tr. **1** enseñar to teach to read and write **2** ordenar to alphabetize, put in alphabetic order.

al·fa·be·to m. **1** abecedario alphabet **2** código code **alfabeto Morse** Morse code.

al·fa·nu·mé·ri·co, ca adj. alphanumeric.

al·fa·re·rí·a f. **1** arte pottery **2** taller potter's workshop **3** tienda pottery shop.

al·fa·re·ro, ra s. potter.

al·féi·zar m. sill, windowsill.

al·fe·ñi·que m. **1** pasta sugar paste **2** fig. persona weakling **3** fig. remilgo primness, affectation.

al·fé·rez m. pl. **alféreces** second lieutenant.

al·fil m. bishop.

al·fi·ler m. **1** costura pin **2** joya brooch, pin **3** del pelo clip de tender ropa peg **4** de corbata tiepin **no caber ni un alfiler** to be crammed full, be absolutely packed **prendido con alfileres** fig. shaky.

al·fom·bra f. **1** carpet, rug **2** de baño bathmat **3** alfombrilla rug, mat.

al·fom·bra·do, da pp. de alfombrar adj. carpeted ◇ m. **alfombrado** accarpeting **2** conjunto de alfombras carpets pl.

al·for·ja f. **1** para caballerías saddlebag **2** para el hombro knapsack **3** fig. provisions pl.

al·ga f. alga marina seaweed.

al·ga·ra·bí·a f. din, racket, noise.

al·ga·rro·ba f. **1** fruto carob bean **2** planta vetch.

ál·ge·bra f. algebra.

al·ge·brai·co, ca adj. algebraic.

al·gi·do, da adj. **1** frío icy, very cold **2** fig. culminating.

al·go pron. afirmación something negación, interrogación anything ◇ adv. un poco a bit, a little, somewhat **algo así** something like that **algo es algo** something is better than nothing.

al·go·dón m. cotton.

al·go·rit·mo m. algorithm.

al·guien pron. afirmativo somebody, someone interrogativo, negativo anybody, anyone.

al·gún Used before singular masculine nouns. adj. alguno.

al·gu·no, na adj. afirmativo some interrogativo, negativo any **¿ha habido alguna llamada?** has anyone phoned? ◇ pron. afirmativo someone, somebody interrogativo, negativo anybody.

al·ha·ja f. **1** jewel, gem **2** fig. cosa, persona gem, treasure.

al·ha·ra·ca f. fuss **hacer alharacas** to make a fuss.

al·hón·di·ga f. corn exchange.

a·lia·do, da pp. de aliar adj. allied.

a·lian·za f. **1** pacto alliance **2** anillo wedding ring.

a·li·cai·do, da adj. **1** fig. débil weak, feeble **2** fig. deprimido depressed, down.

a·li·cien·te m. **1** incentivo incentive, inducement **2** atractivo attraction, lure, charm.

a·lie·na·ción f. **1** gen. alienation **2** MED derangement, madness.

a·lie·na·do, da pp. de alienar adj. loco insane, deranged ◇ s. lunatic.

a·lie·nar tr. to alienate **2** MED to derange, drive mad ◇ prnl. alienarse to become alienated.

a·lie·ní·ge·na com. alien.

a·lien·to m. **1** respiración breath, breathing **2** fig. ánimo spirit, courage **cobrar aliento** to get one's breath back **dar aliento a alguien**

to encourage somebody **quedarse sin alien-**
to *respirando mal* to be breathless, be out of
breath **3** *sorprendido* to gasp.

a·li·ge·rar *tr.* **1** *descargar* to lighten, make lighter
2 *aliviar* to relieve, ease, soothe **3** *apresurar* to
speed up ◇ *intr. apresurar* to speed up **¡alige-**
ra! *fam.* hurry up! **aligerar el paso** to quicken
one's pace.

a·li·ma·ña *f.* pest ◇ *fpl. alimañas* vermin.

a·li·men·ta·ción *f.* **1** *acción* feeding **2** *alimento*
food *dieta* diet.

a·li·men·tar *tr.* **1** *dar alimento* to feed **2** *mante-*
ner to keep, support ◇ *intr. servir de alimento*
to nourish, be nutritious ◇ *prnl. alimentarse* to
live (*de/con*, on).

a·li·men·ta·rio, ria *adj.* food.

a·li·men·ti·cio, cia *adj.* **1** *nutritivo* nutritious, nu-
tritive **2** *de la comida* food **hábitos alimenti-**
cios eating habits **productos alimenticios**
foodstuffs, food products.

a·li·men·to *m.* **1** *comida* food **2** *valor nutritivo* nutritional value, nourishment.

a·li·ne·a·ción *f.* **1** *colocación* alignment, lining up
2 *equipo* line-up **3** POL alignment **política de**
no alineación non-alignment policy.

a·li·ne·a·do, da *pp. de alinear adj.* aligned,
lined-up **países no alineados** non-aligned
countries.

a·li·ne·ar *tr.* **1** *poner en línea* to align, line up **2**
DEP to pick, select. **3** MIL to form up ◇ *prnl.*
alinearse **1** *unirse* to become aligned, align
oneself (**con**, with) **2** MIL to fall in.

a·li·ñar *tr.* **1** *gen.* to season, flavor *ensalada* to
dress.

a·li·ño *m.* **1** *gen.* seasoning *para ensalada* dressing.

a·li·sar *tr.* to smooth ◇ *prnl. alisarse* to smooth.

a·li·sios *mpl.* trade winds.

a·lis·tar *tr.* to enlist, recruit ◇ *prnl. alistarse* to
enlist, join up, enroll.

a·li·te·ra·ción *f.* alliteration.

a·li·viar (*see model 12*) *tr.* **1** *aligerar* to lighten, make
lighter **2** *fig. enfermedad, dolor* to relieve, ease,
alleviate, soothe **3** *consolar* to comfort, console
4 *apresurar* to hurry ◇ *prnl. aliviarse dolor* to
get better, diminish.

a·li·vio *m.* **1** *aligeramiento* lightening **2** *mejoría*
relief **3** *consuelo* comfort, consolation **ser de**
alivio 1 *fam. persona* to be a fine one **2** *cosa*
to be awful.

al·ja·ba *f.* quiver.

al·ji·be *m.* cistern, tank.

a·llá *adv.* **1** *lugar* there, over there **2** *tiempo* back
allá se las componga that's his problem **allá**
tú/ustedes that's your problem **no muy allá**
not very good.

a·lla·nar *tr.* **1** *aplanar* to level, flatten **2** *dificultad,*
etc. to smooth out, solve, resolve **3** *pacificar*
to pacify, subdue **4** *entrar a la fuerza* to break
into.

a·lle·ga·do, da *pp. de allegar adj.* close, related
◇ *s. familia* relative *amigo* close friend.

a·llí *adv.* **1** *lugar* there, over there **allí abajo/arri-**
ba down/up there **por allí** over there, round
there **2** *tiempo* then, at that moment.

al·ma *f.* soul.

al·ma·cén *m.* **1** *local* warehouse, storehouse **2**
habitación storeroom ◇ *mpl. almacenes* department store.

al·ma·ce·na·mien·to *m.* **1** *acción* storage, ware-
housing **2** *mercancías* stock **3** INFO storage.

al·ma·ce·nar *tr.* **1** to store, warehouse **2** *acumu-*
lar to store up, keep.

al·ma·na·que *m.* almanac.

al·me·ja *f.* clam.

al·men·dra *f.* **1** almond **2** *semilla* kernel, stone.

al·men·dra·do, da *adj.* almond-shaped ◇ *m.*
almendrado **1** *pasta* almond paste **2** *helado*
chocolate and nut-covered ice cream.

al·men·dro *m.* almond tree.

al·mí·bar *m.* syrup.

al·mi·ba·rar *tr.* **1** to preserve in syrup, cover in
syrup **2** *fig.* to sweeten.

al·mi·dón *m.* starch.

al·mi·do·na·do, da *pp. de almidonar adj.* **1** *fam.*
demasiado acicalado dressed up to the nines **2**
fam. estirado stuffy, starchy, uptight.

al·mi·do·nar *tr.* to starch..

al·mi·ran·te *m.* admiral.

al·miz·cle *m.* musk.

al·mo·ha·da *f.* **1** pillow **consultar algo con la al-**
mohada 2 *fam.* to sleep on something.

al·mo·ha·za·o *m.* blow with a pillow.

al·mo·ha·di·lla *f.* **1** *gen.* small cushion **2** COST
para coser sewing cushion *para alfileres* pin-
cushion **3** *tampón* inkpad **4** *de animal* pad **5**
ARQ *de capitel* volute cushion.

al·mo·ha·di·llar *tr.* **1** *forrar* to pad **2** *labrar* to
rusticate.

al·mo·rra·na *f. fam.* pile.

al·mor·zar (*see model 50*) *intr. al mediodía* to have
lunch *de desayuno* to have breakfast *a media*
mañana to have elevenses, have a mid-morning snack ◇ *tr. al mediodía* to have for lunch *de*
desayuno to have for breakfast *a media maña-*
na to have for elevenses, have for a mid-morning snack.

al·mué·da·no *m.* muezzin.

al·muer·zo *m.* **1** *a mediodía* lunch **2** *a media*
mañana mid-morning snack, elevenses ◇ *pl.*
desayuno breakfast.

a·lo·ca·do, da *adj.* **1** *distraído* scatterbrained **2**
loco crazy, wild, reckless **3** *irreflexivo* thoughtless, rash, impetuous ◇ *s. despistado* scatterbrain *loco* fool.

a·lo·cu·ción *f.* address, speech.

á·lo·e *m.* **1** *planta* aloe **2** *jugo* aloes.

a·lo·ja·mien·to *m.* lodging, accommodation.

a·lo·jar *tr.* **1** *hospedar* to lodge, put up, accommodate *dar vivienda a* to house **2** *meter* to put,
place ◇ *prnl. alojarse persona* to stay, *bala,*
etc. to be lodged.

a·lon·dra *f.* lark **alondra común** skylark.

a·lo·pa·tí·a *f.* allopathy.

a·lo·pe·cia *f.* alopecia.

al·pi·nis·mo *m.* mountaineering, mountain climbing.

al·pi·nis·ta *com.* mountaineer, mountain climber.

al·qui·lar *tr.* **1** *dar en alquiler - periodo largo* to
rent, rent out, let - *periodo corto* to hire out **2** *re-*
cibir en alquiler - periodo largo to rent - *periodo*
corto to hire **"Se alquila"** "To let".

al·qui·ler *m.* **1** *acción - de casa* renting, letting,
de coche hire **2** *cuota, de casa* rent *de TV,*
etc. rental **"En alquiler"** "For rent" **alquiler de**
úteros surrogacy.

al·qui·mia *f.* alchemy.

al·qui·mis·ta *com.* alchemist.

al·qui·trán *m.* tar **alquitrán de hulla** coal tar.

al·re·de·dor *adv.* **1** *lugar* round, around **mira alrede-**
dor look around **2** **alrededor de** *tiempo* around,
alrededor de las cuatro around four o'clock.

al·ta f. 1 de un enfermo discharge 2 entrada, admisión admission ingreso membership.

al·ta·ne·rí·a f. arrogance, haughtiness, conceit.

al·ta·ne·ro, ra adj. arrogant, haughty, conceited.

al·tar m. altar **elevar a los altares** to canonize.

al·ta·voz m. loudspeaker.

al·te·ra·ción f. 1 cambio alteration, change 2 excitación agitation, uneasiness, restlessness 3 alboroto disturbance, quarrel, row.

al·te·ra·do, da pp. de alterar adj. upset, shaken.

al·te·rar tr. 1 cambiar to change, modify, alter 2 estropear to spoil, upset comida to make go off, turn bad 3 enfadar to annoy, upset 4 inquietar to unnerve, make feel restless ⋄ prnl. **alterarse** 1 cambiar to change 2 deteriorarse to go bad, go off 3 enfadarse to lose one's temper.

al·ter·ca·do m. argument, quarrel.

al·ter·nan·cia f. alternation.

al·ter·nar tr. 1 gen. to alternate ⋄ intr. 1 turnar to alternate 2 relacionarse to meet people, socialize (**con**, with), mix (**con**, with) 3 en salas de fiesta, bar to entertain ⋄ prnl. **alternarse** turnarse to take turns.

al·ter·na·ti·va f. alternative, option, choice.

al·ter·na·ti·vo, va adj. alternative.

al·ter·no, na adj. alternate, alternating.

al·ti·ba·jos mpl. ups and downs.

al·tí·me·tro m. altimeter.

al·ti·pla·ni·cie f. high plateau.

al·ti·pla·no m. high plateau.

al·tí·si·mo, ma adj. very high ⋄ m. **El Altísimo** REL the Almighty.

al·ti·so·nan·te adj. grandiloquent, pompous.

al·ti·tud f. height, altitude.

al·ti·vez f. haughtiness, arrogance, conceit.

al·ti·vo, va adj. haughty, arrogant, conceited.

al·to¹ m. parada stop ⋄ interj. halt! policía stop! **dar el alto a alguien** MIL to order somebody to halt **alto el fuego** cease-fire.

al·to, ta² adj. 1 persona, edificio, árbol tall 2 montaña, pared, techo, precio high 3 elevado top, upper 4 importancia high, top 5 voz, sonido loud ⋄ adv. **alto** 1 high (up) 2 voz loud, loudly ⋄ m. 1 altura height 2 elevación hill, high ground 3 fig. in a grand way **tirando alto** 2 fig. at the most **alta sociedad** high society sing. **alto horno** blast furnace.

al·truis·mo m. altruism.

al·truis·ta adj. altruistic ⋄ com. altruist.

al·tu·ra f. 1 gen. height. 2 altitud altitude 3 nivel level, par punto point 4 fig. mérito, valía, calidad merit, worth dignidad dignity, excellence ⋄ fpl. **alturas** REL heavens **a estas alturas** by now, at this stage **estar a la altura de** to measure up to, match up to, to be on a par with.

a·lu·bia f. bean.

a·lu·ci·na·ción f. hallucination.

a·lu·ci·na·do, da pp. de alucinar adj. argot. amazed, stunned, gobsmacked.

a·lu·ci·nan·te adj. 1 hallucinatory 2 argot. extraordinario brilliant, fantastic, amazing, incredible, mind-blowing.

a·lu·ci·nar tr. 1 producir sensaciones to hallucinate 2 fig. cautivar to fascinate, amaze, astound, flip out, stun ⋄ intr. argot. to be amazed, be gobsmacked.

a·lu·ci·nó·ge·no, na adj. hallucinogenic ⋄ m. **alucinógeno** hallucinogen.

a·lud m. avalanche.

a·lu·di·do, da pp. de aludir adj. above-mentioned, in question **darse por aludido** to take the hint.

a·lu·dir intr. to allude (**a**, to), mention (**a**, -), refer (**a**, to).

a·lum·bra·mien·to m. 1 eléctrico lighting 2 nacimiento childbirth.

a·lum·brar tr. 1 iluminar to light, give light to, illuminate 2 fig. enseñar to enlighten ⋄ intr. 1 iluminar to give light 2 parir to give birth to ⋄ prnl. **alumbrarse** fam. embriagarse to get tipsy.

a·lu·mi·nio m. aluminum.

a·lum·no, na s. de colegio student.

a·lu·ni·zar (see model 4) intr. to land on the moon.

a·lu·sión f. allusion, reference.

a·lu·si·vo, va adj. allusive (**a**, to), referring (**a**, to).

a·lu·vial adj. alluvial.

a·lu·vión m. 1 alluvion 2 fig. flood .

al·ve·o·lo m. 1 ANAT alveolus 2 de panal cell.

al·za·cue·llo m. clerical collar, dog collar.

al·za·do, da pp. de alzar adj. 1 raised, lifted 2 persona fraudulently bankrupt ⋄ m. **alzado** 1 ARQ elevation 2 diseño design, sketch 3 impresión gathering 4 robo theft **a mano alzada** by a show of hands.

al·za·mien·to m. 1 aumento raising, lifting 2 rebelión uprising, insurrection.

al·zar (see model 4) tr. 1 levantar to raise, lift **alzó la mano** he raised his hand 2 REL to elevate 3 en impresión to gather ⋄ prnl. **alzarse** 1 levantarse to rise up, get up 2 sublevarse to rise, rebel.

a.m. abr. **ante meridiem** ante meridiem abreviatura a.m.

AM abr. RAD **modulación de amplitud** amplitude modulation abreviatura AM.

a·ma·bi·li·dad f. kindness, affability.

a·ma·ble adj. kind, nice.

a·ma·do, da pp. de amar adj. loved, beloved ⋄ s. love, sweetheart.

a·ma·es·trar tr. adiestrar to train domar to tame.

a·ma·gar (see model 7) tr. 1 dejar ver to show signs of 2 amenazar to threaten 3 fingir to simulate ⋄ intr. 1 ser inminente to threaten, be imminent 2 enfermedad to show the first signs ⋄ prnl. **amagarse** to hide **amagar y no dar** to be all bark and no bite.

a·mai·nar intr. 1 viento to die down, drop 2 fig. calmarse to calm down.

a·mal·ga·ma f. amalgam.

a·ma·man·tar tr. to breast-feed, suckle.

a·ma·ne·cer (see model 43) intr. 1 Used only in the 3rd person; it does not take a subject. to dawn, get light 2 estar to be at dawn, be at daybreak 3 despertar to wake up ⋄ m. dawn, daybreak **al amanecer** at daybreak.

a·ma·ne·ra·do, da pp. de amanerar adj. affected, mannered.

a·ma·ne·rar tr. to affect ⋄ prnl. 1 **amanerarse** to become affected 2 afeminarse to become effeminate.

a·man·sar tr. 1 animal to tame caballo to break in 2 fig. persona to tame, calm down pasión, etc. to soothe, appease ⋄ prnl. **amansarse** to become tame.

a·man·te adj. loving, fond (**de**, of) ⋄ com. lover.

a·ma·po·la f. poppy.

a·mar tr. to love ⋄ prnl. **amarse** uso recíproco to love each other, be in love (with each other).

a·ma·ran·to m. amaranth.

a·mar·ga·do, da pp. de amargar adj. embittered, resentful ⋄ s. bitter person.

a·mar·gar (see model 7) intr. tener sabor amargo to taste bitter ⋄ tr. 1 hacer amargo to make bitter 2 fig. disgustos, etc. to embitter, make bitter 3

fig. estropear to spoil, ruin ◇ *prnl.* **amargarse**
1 *volverse amargo* to become bitter 2 *fig.* to become embittered, become bitter.

a·mar·go, ga *adj.* 1 *sabor* bitter 2 *fig. carácter* sour, *experiencia* bitter, sour, painful ◇ *m.* **amargo** bitterness.

a·mar·gu·ra *f.* 1 bitterness 2 *dolor* sorrow, grief, sadness.

a·ma·ri·llen·to, ta *adj.* yellowish.

a·ma·ri·llis·ta *adj.* sensationalist.

a·ma·ri·llo, lla *adj.* yellow ◇ *m.* **amarillo** yellow **prensa amarilla** sensationalist press.

a·ma·rrar *tr.* 1 *atar* to tie (up), fasten 2 MAR to moor, tie up.

a·ma·rre *m.* mooring.

a·mar·te·lar *tr.* to drive crazy with jealousy ◇ *prnl.* **amartelarse** *enamorarse* to fall in love, *acariciarse* to be all over one another.

a·ma·sar *tr.* 1 CULIN to knead *cemento* to mix 2 *fig. reunir* to amass 3 *fam. urdir* to cook up.

a·ma·teur *adj.* amateur ◇ *com.* amateur.

a·ma·zo·na *f.* 1 *mitología* Amazon 2 *jinete* horsewoman.

am·ba·ges *mpl.* circumlocution *sing.* **hablar sin ambages** to speak plainly.

ám·bar *m.* amber.

am·bi·ción *f.* ambition, aspiration.

am·bi·cio·nar *tr.* to want.

am·bi·cio·so, sa *adj. plan, etc.* ambitious *persona* ambitious, enterprising ◇ *s.* ambitious person, go-getter.

am·bi·dies·tro, tra *adj.* ambidextrous ◇ *s.* ambidextrous person.

am·bien·tal *adj.* 1 *del ambiente* environmental 2 *de fondo* background.

am·bien·tar *tr.* 1 *dar ambiente* to give atmosphere to 2 *localizar* to set ◇ *prnl.* **ambientarse** to adapt, get used (*a*, to).

am·bien·te *m.* 1 *aire* air, atmosphere 2 *entorno* environment, atmosphere **cambiar de ambiente** to have a change of scene.

am·bi·güe·dad *f.* ambiguity.

am·bi·guo, gua *adj.* ambiguous.

ám·bi·to *m.* 1 *espacio* sphere, space 2 *marco* field .

am·bi·va·len·cia *f.* ambivalence.

am·bi·va·len·te *adj.* ambivalent.

am·bos, bas *adj.* both ◇ *pron.* both.

am·bu·lan·cia *f.* ambulance.

am·bu·lan·te *adj.* itinerant, travelling .

am·bu·la·to·rio, ria *adj.* 1 ambulatory 2 *ambulatorio* surgery, clinic.

a·me·dren·tar *tr.* to frighten, scare ◇ *prnl.* **amedrentarse** *asustarse* to be frightened, be scared, *acobardarse* to become intimidated.

a·mén *m.* REL amen **decir amén a todo/todos** *fam.* to agree with everything/everybody **en un decir amén** *fam.* in the twinkling of an eye.

a·me·na·za *f.* threat, menace.

a·me·na·za·dor, ra *adj.* threatening, menacing.

a·me·na·zan·te *adj.* threatening, menacing.

a·me·na·zar *(see model 4) tr.* 1 *coaccionar* to threaten 2 *presagiar* to threaten ◇ *intr.* 1 *coaccionar* to threaten 2 *fig. presagiar* to threaten.

a·me·ni·zar *(see model 4) tr.* to liven up, make entertaining, make enjoyable.

a·me·no, na *adj.* lively, entertaining, enjoyable.

A·mé·ri·ca *f.* America **América Central** Central America **América del Norte** North America **América del Sur** South America **América Latina** Latin America.

a·me·ri·ca·nis·mo *m. palabra* Spanish-American word *expresión* Spanish-American expression.

a·me·ri·ca·no, na *adj.* American ◇ *s.* American.

a·me·tra·lla·do·ra *f.* machine-gun.

a·me·tra·llar *tr.* 1 to machine-gun 2 *fig. acosar* to chase, pursue, besiege.

a·mi·ga·ble *adj.* amicable, friendly.

a·míg·da·la *f.* tonsil.

a·míg·da·li·tis *f. inv.* tonsillitis.

a·mi·go, ga *adj.* 1 *amigable* friendly 2 *aficionado* fond (*de*, of) ◇ *s.* 1 friend 2 *novio* boyfriend *novia* girlfriend 3 *amante* lover **hacerse amigo de** to make friends with.

a·mi·la·nar *tr.* 1 *asustar* to frighten 2 *desanimar* to discourage, depress, daunt ◇ *prnl.* **amilanarse** 1 *asustarse* to be frightened 2 *desanimarse* to be discouraged, be daunted, become depressed.

a·mi·no·á·ci·do *m.* amino acid.

a·mi·no·rar *tr.* to reduce, decrease **aminorar el paso** to slow down.

a·mis·tad *f.* friendship ◇ *fpl.* **amistades** friends **trabar amistad con alguien** to make friends with somebody **hacer amistades** to make friends.

a·mis·to·so, sa *adj.* friendly.

am·ne·sia *f.* amnesia, loss of memory.

am·né·si·co, ca *adj.* amnesiac, amnesic ◇ *s.* amnesiac, amnesic.

am·nió·ti·co, ca *adj.* amniotic.

am·nis·tí·a *f.* amnesty.

a·mo·do·rra·do, da *pp. de* amodorrarse *adj.* sleepy, drowsy.

a·mo·do·rrar *tr.* to make drowsy, make sleepy ◇ *prnl.* **amodorrarse** *adormecerse* to feel drowsy, feel sleepy *dormirse* to fall into a stupor.

a·mo·la·do, da *pp. de* amolar *adj.* sharpened, ground ◇ *m.* **amolado** sharpening, grinding.

a·mo·lar *(see model 31) tr.* 1 to sharpen, grind 2 *fam. molestar* to bother, annoy.

a·mol·da·ble *adj.* adaptable.

a·mol·dar *tr.* to adapt, adjust ◇ *prnl.* **amoldarse** to adapt, adjust (*a*, to).

a·mo·nes·ta·ción *f.* 1 *reprensión* reprimand, admonition, admonishment 2 *advertencia* warning 3 DEP caution, booking.

a·mo·nes·tar *tr.* 1 *reprender* to reprimand, admonish 2 *advertir* to warn 3 DEP to caution, book 4 *en una boda* to publish the banns of.

a·mo·nia·co *m.* ammonia.

a·mo·nio *m.* ammonium.

a·mon·to·na·do, da *pp. de* amontonar *adj.* heaped up, piled up.

a·mon·to·na·mien·to *m.* 1 *acción* heaping, piling 2 *montón* heap, pile, stack.

a·mon·to·nar *tr.* 1 to heap up, pile up 2 *juntar* to collect, gather, accumulate ◇ *prnl.* 1 *amontonarse* to heap up, pile up 2 *gente* to crowd together 3 *fam.* to live together.

a·mor *m.* 1 *gen.* love 2 *cuidado* loving care *devoción* devotion **lo arregló con mucho amor** she mended it lovingly ◇ *mpl.* **amores** *asuntos* love affairs, loves **amor con amor se paga** one good turn deserves another **hacer el amor** to make love.

a·mo·ra·ta·do, da *pp. de* amoratarse *adj.* 1 *de frío* blue with cold 2 *de un golpe* bruised, black and blue.

a·mor·da·zar *(see model 4) tr. persona* to gag *perro* to muzzle.

A

a·mor·fo, fa adj. 1 amorphous 2 fig. persona characterless, insipid, weak.

a·mo·ro·so, sa adj. loving, affectionate.

a·mor·ti·gua·dor, ra adj. de golpe cushioning, softening de dolor alleviating, mitigating de ruido muffling de luz subduing ◇ m. amortiguador 1 AUTO shock absorber 2 TÉC damper.

a·mor·ti·guar (see model 22) tr. golpe to cushion dolor to alleviate, ease, soothe ruido to muffle luz to subdue, dim.

a·mor·ti·za·ción f. 1 pago redemption 2 recuperación amortization, depreciation, writing off.

a·mor·ti·zar (see model 4) tr. 1 pagar to repay, pay off 2 recuperar, lo pagado to get one's money's worth out of lo invertido to get a return on, recoup.

a·mo·ti·na·do, da pp. de amotinar adj. 1 rebel, riotous, insurgent 2 MIL mutinous ◇ s. 1 rioter, insurgent 2 MIL mutineer.

a·mo·ti·nar tr. 1 to incite to rebellion 2 MIL to incite to mutiny ◇ prnl. 1 amotinarse to rebel, rise up, riot 2 MIL to mutiny.

am·pa·ro m. protection, shelter al amparo de under the protection of.

am·pe·rí·me·tro m. ammeter.

am·pe·rio m. ampere.

am·plia·ción f. 1 enlargement, extension 2 ARQ extension 3 fotografía enlargement.

am·pliar (see model 13) tr. 1 to enlarge, extend 2 ARQ to build an extension onto 3 fotografía to enlarge 4 capital to increase 5 estudios to further 6 tema, idea to develop, expand on.

am·pli·fi·ca·dor, ra adj. amplifying ◇ m. amplificador amplifier.

am·pli·fi·car (see model 1) tr. to amplify.

am·plio, plia adj. 1 extenso large 2 espacioso roomy, spacious 3 ancho wide, broad 4 holgado loose.

am·pli·tud f. 1 extensión extent, range 2 espacio room, space, spaciousness 3 anchura width 4 holgadura looseness 5 FÍS amplitude de gran amplitud 1 fig. far-reaching amplitud de miras broad-mindedness.

am·po·lla f. 1 MED blister 2 burbuja bubble 3 vasija flask, bottle 4 tubito ampoule, phial.

am·pu·ta·ción f. 1 amputation 2 fig. cutting out.

am·pu·tar tr. 1 to amputate 2 fig. to cut out.

a·mue·bla·do, da pp. de amueblar adj. furnished.

a·mue·blar tr. to furnish sin amueblar unfurnished.

a·mu·le·to m. amulet, charm amuleto de la suerte lucky charm.

a·mu·ra·lla·do, da pp. de amurallar adj. walled.

a·mu·ra·llar tr. to wall.

a·na·bó·li·co, ca adj. anabolic.

a·na·con·da f. anaconda.

a·na·co·re·ta com. anchorite.

a·na·cró·ni·co, ca adj. anachronistic, anachronic.

a·na·cro·nis·mo m. anachronism.

a·na·e·ro·bio, bia adj. anaerobic ◇ m. anaerobio anaerobe, anaerobium.

a·nal adj. anal.

a·nal·fa·be·tis·mo m. illiteracy.

a·nal·fa·be·to, ta adj. 1 illiterate 2 fig. stupid ◇ s. 1 illiterate person 2 fig. stupid person, ignoramus es una analfabeta she's stupid.

a·nal·gé·si·co, ca adj. analgesic ◇ m. analgésico analgesic, painkiller.

a·ná·li·sis m. inv. analysis.

a·na·lis·ta com. analyst.

a·na·lí·ti·co, ca adj. analytic, analytical.

a·na·li·zar (see model 4) tr. to analyze.

a·na·lo·gí·a f. analogy.

a·na·ló·gi·co, ca adj. analogical.

a·ná·lo·go, ga adj. analogous, similar.

a·na·quel m. shelf.

a·na·ran·ja·do, da adj. orangey ◇ m. anaranjado orangey color.

a·nar·co com. fam. anarchist.

a·nar·quí·a f. anarchy.

a·nar·quis·ta adj. anarchist ◇ com. anarchist.

a·na·to·mí·a f. anatomy.

a·na·tó·mi·co, ca adj. anatomical.

an·ces·tral adj. ancestral, ancient.

an·ces·tro m. ancestor.

an·cho, cha adj. 1 gen. broad, wide 2 prenda holgada loose-fitting, grande too big ◇ m. 1 ancho anchura breadth, width 2 en costura width a sus anchas fam. comfortable, at ease a lo ancho breadthwise, across.

an·cia·no, na adj. very old, elderly, aged ◇ s. old person, elderly person ◇ mpl. los ancianos old people, the elderly.

an·cla f. anchor echar anclas to drop anchor.

an·clar intr. MAR to anchor ◇ tr. TÉC to anchor.

an·da·dor, ra adj. aficionado fond of walking, rápido fast-walking ◇ s. bueno good walker, rápido fast walker ◇ m. andador para niños baby-walker para viejos walking frame.

an·da·mio m. scaffold.

an·dan·te adj. 1 walking 2 MÚS andante ◇ adv. MÚS andante ◇ m. MÚS andante caballero andante knight errant.

an·dar (see model 64) intr. 1 moverse to walk 2 trasladarse to move 3 funcionar to work, run, go 4 estar to be 5 juntarse to mix (con, with) ◇ tr. to walk ◇ m. walk, gait interj. ¡anda! well!, oh! andarse por las ramas fig. to beat about the bush.

an·da·rie·go, ga adj. 1 que anda fond of walking 2 que viaja fond of traveling ◇ s. 1 andador good walker 2 viajero person who likes traveling.

an·dén m. platform.

an·di·no, na adj. Andean ◇ s. Andean.

an·dra·jo m. rag, tatter.

an·dra·jo·so, sa adj. ragged, in tatters.

an·dró·ge·no m. androgen.

an·dró·gi·no, na adj. androgynous.

an·droi·de m. android.

a·néc·do·ta f. anecdote.

a·nec·do·ta·rio m. collection of anecdotes.

a·nec·dó·ti·co, ca adj. anecdotic, anecdotal.

a·ne·ga·ción f. flooding.

a·ne·gar (see model 7) tr. 1 inundar to flood 2 ahogar to drown ◇ prnl. anegarse 1 inundarse to be flooded, flood 2 ahogarse to be drowned.

a·né·li·do m. annelid.

a·ne·mia f. anemia.

a·né·mi·co, ca adj. anemic ◇ s. anemia sufferer, anemic person.

a·ne·mó·me·tro m. anemometer.

a·nes·te·sia f. anesthesia.

a·nes·te·siar (see model 12) tr. to anesthetize.

a·nes·té·si·co, ca adj. anesthetic ◇ m. anestésico anesthetic.

a·neu·ris·ma m. aneurysm.

a·ne·xar tr. to annex.

a·ne·xo, xa adj. adjoining, attached (a, to) ◇ m. anexo annex.

an·fe·ta·mi·na f. amphetamine.

an·fi·bio, bia *adj.* amphibious. *m.* **anfibio** amphibian ◇ *mpl.* **los anfibios** amphibia *pl.*

an·fi·bo·lo·gí·a *f.* amphibology.

an·fi·te·a·tro *m.* **1** amphitheater **2** *en universidad* lecture theater **3** *en teatro, cine* circle.

an·fi·trión, trio·na *s. hombre* host *mujer* hostess.

án·fo·ra *f.* amphora.

án·gel *m.* angel **tener ángel** to be charming **ángel de la guarda** guardian angel.

an·gé·li·ca *f.* angelica.

an·gé·li·cal *adj.* angelic, angelical.

an·gé·li·co, ca *adj.* angelic, angelical.

an·gi·na *f.* angina.

an·gio·ma *m.* angioma.

an·glo, gla *adj.* Anglian ◇ *s.* Angle, Anglian.

an·glo·a·me·ri·ca·no, na *adj.* Anglo-American ◇ *s.* Anglo-American.

an·gló·fo·no, na *adj.* English-speaking ◇ *s.* English speaker.

an·glo·sa·jón, jo·na *adj.* Anglo-Saxon ◇ *s. persona* Anglo-Saxon ◇ *m.* **anglosajón** *idioma* Anglo-Saxon.

an·gos·to, ta *adj.* narrow.

an·gos·tu·ra *f.* **1** *estrechez* narrowness **2** *bebida* angostura.

ángs·trom *m.* angstrom.

an·gui·la *f.* eel **anguila de mar** conger eel.

an·gu·lar *adj.* **1** angular (objetivo) **gran angular 2** *fotografía* wide-angle lens.

án·gu·lo *m.* **1** angle **2** *rincón* corner.

an·gus·tia *f.* **1** anguish, affliction, distress **2** *física* sickness, nausea.

an·gus·tia·do, da *pp. de* **angustiar** *adj.* afligido distressed, upset *preocupado* worried, anxious.

an·gus·tiar *(see model 12) tr.* **1** *afligir* to distress, upset **2** *preocupar* to worry, make anxious ◇ *prnl.* **angustiarse 1** *afligirse* to become distressed, get upset **2** *preocuparse* to worry, get anxious.

an·he·lar *tr.* to long for, yearn for.

an·he·lo *m.* longing, yearning.

an·hí·dri·do *m.* anhydride.

an·hí·dro *adj.* anhydrous.

a·ni·dar *intr.* **1** *pájaro* to nest, make one's nest **2** *fig.* to live, dwell ◇ *tr. fig.* to shelter.

a·ni·li·na *f.* aniline.

a·ni·lla·do, da *pp. de* **anillar** *adj.* **1** *con anillos* ringed **2** *con forma de anillos* annular, ring-shaped **3** *ave* ringed ◇ *m.* **anillado** *ave* ringing.

a·ni·llar *tr.* **1** *dar forma* to make into a ring **2** *sujetar* to ring **3** *ave* to ring.

a·ni·llo *m.* **1** ring **2** *de planeta* ring **3** ARQ annulet **4** *de gusano* annulus *de culebra* coil **anillo de boda** wedding ring.

á·ni·ma *f.* **1** soul **2** *de arma* bore ◇ *fpl.* **ánimas** *toque* evening bell *sing.* **ánima bendita** soul in purgatory.

a·ni·ma·ción *f.* **1** *actividad* activity, movement, bustle **2** *viveza* liveliness **3** CINE animation.

a·ni·ma·do, da *pp. de* **animar** *adj.* **1** *movido* animated, lively, jolly **2** *concurrido* bustling, full of people **3** *alegre* cheerful, in high spirits, excited.

a·ni·ma·dor, ra *adj.* cheering, encouraging ◇ *s. artista* entertainer **2** *de un equipo* cheerleader.

a·ni·mad·ver·sión *f.* antagonism, hostility, ill will, animosity **sentir animadversión por alguien** to feel hostile towards somebody.

a·ni·mal *adj.* **1** animal **2** *fig. basto* rough, *necio* ignorant, stupid, *grosero* rude, coarse, uncouth *m.* **1** animal **2** *fig. basto* rough person, brute,

lout *necio* dunce *grosero* rude person **animal de carga** beast of burden **reino animal** animal kingdom.

a·ni·mar *tr.* **1** *alegrar a alguien* to cheer up **2** *alegrar algo* to brighten up, liven up **3** *alentar* to encourage ◇ *prnl.* **animarse 1** *persona* to cheer up **2** *fiesta, etc.* to brighten up, liven up **3** *decidirse* to make up one's mind.

a·ní·mi·co, ca *adj.* estado anímico frame of mind, state of mind.

á·ni·mo *m.* **1** *espíritu* spirit, *mente* mind, *alma* soul **2** *intención* intention, purpose **3** *valor* courage **4** *aliento* encouragement ◇ *interj.* cheer up! **con ánimo de** with the intention of.

a·ni·mo·si·dad *f.* animosity, ill will, hostility.

a·ni·mo·so, sa *adj.* *atrevido* brave, courageous *decidido* determined.

a·ni·ña·do, da *pp. de* **aniñarse** *adj.* **1** childlike **2** *pey.* childish.

a·ni·qui·la·ción *f.* annihilation, destruction.

a·ni·qui·lar *tr.* to annihilate, destroy.

a·nís *m.* **1** *planta* anise *grano* aniseed **2** *bebida* anisette **3** *confite* aniseed ball **no ser grano de anís 1** *fam.* to be no trifle.

a·ni·ver·sa·rio *m.* anniversary.

a·no *m.* anus.

a·no·che *adv.* late last night, early yesterday evening **antes de anoche** the night before last.

a·no·che·cer *(see model 43) intr.* Used only in the 3rd person; *it does not take a subject* to get dark to be at nightfall, reach at nightfall ◇ *m.* nightfall, dusk, evening.

a·no·di·no, na *adj.* **1** MED anodyne **2** *ineficaz* ineffective, inefficient **3** *soso* insipid, dull ◇ *m.* **anodino** MED anodyne.

á·no·do *m.* anode.

a·nó·fe·les *m. inv.* anopheles.

a·no·ma·lí·a *f.* anomaly.

a·nó·ma·lo, la *adj.* anomalous.

a·no·na·da·do, da *pp. de* **anonadar** *adj.* dumbfounded, speechless.

a·no·na·dar *tr.* *sorprender* to amaze, astonish, astound, dumbfound, take aback, leave speechless.

a·nó·ni·mo, ma *adj.* **1** *desconocido* anonymous **2** *sociedad* incorporated ◇ *m.* **anónimo** *carta* anonymous letter, *obra* anonymous work **2** *anonimato* anonymity.

a·no·re·xia *f.* anorexia.

a·no·ré·xi·co, ca *adj.* anorexic.

a·nor·mal *adj.* **1** *no normal* abnormal **2** *inhabitual* unusual **3** MED subnormal ◇ *com.* MED subnormal person.

a·nor·ma·li·dad *f.* abnormality.

a·no·ta·ción *f.* **1** *acotación* annotation **2** *nota* note **3** *apunte* noting.

a·no·tar *tr.* **1** *acotar* to annotate, add notes to **2** *apuntar* to take down, jot down, make a note of.

an·qui·lo·sar *tr.* to ankylose, anchylose ◇ *prnl.* **anquilosarse 1** to ankylose, anchylose **2** *fig.* to stagnate, be paralysed.

án·sar *m.* goose **ánsar común** greylag goose.

an·sia *f.* **1** *ansiedad* anxiety, *angustia* anguish **2** *deseo* eagerness, longing, yearning **3** MED sick feeling.

an·siar *(see model 13) tr.* to long for, yearn for.

an·sie·dad *f.* **1** anxiety **2** MED nervous tension **con ansiedad** anxiously.

an·sio·so, sa *adj.* **1** *desasosegado* anguished, anxious, *desperate* **2** *deseoso* eager, longing (*por/de*, to) **3** *avaricioso* greedy, covetous.

A

an·ta·gó·ni·co, ca *adj.* antagonistic.

an·ta·go·nis·mo *m.* antagonism.

an·ta·go·nis·ta *adj.* antagonistic ◇ *com.* antagonist.

an·ta·ño *adv.* formerly, in olden times, long ago.

an·tár·ti·co, ca *adj.* Antarctic.

An·tár·ti·da *f.* Antarctica.

an·te *prep.* 1 before, in the presence of 2 *considerando* in the face of **ante todo** *primero* first of all 2 *por encima de* above all.

an·te·a·no·che *adv.* the night before last.

an·te·a·yer *adv.* the day before yesterday.

an·te·bra·zo *m.* forearm.

an·te·ce·den·te *adj.* 1 previous, preceding ◇ *m.* 1 precedent 2 GRAM antecedent 3 MED history ◇ *mpl.* **antecedentes** record *sing.* **estar en antecedentes** to be well informed **poner en antecedentes** to put in the picture **tener malos antecedentes** to have a bad record **antecedentes penales** criminal record *sing.* police record *sing.* record *sing.*

an·te·ce·der *tr.* to precede, come before.

an·te·ce·sor, ra *s.* 1 *en un cargo* predecessor 2 *antepasado* ancestor.

an·te·di·cho, cha *adj.* aforesaid, aforementioned ◇ *s.* person mentioned before, aforementioned person.

an·te·di·lu·via·no, na *adj.* 1 antediluvian 2 *fig.* as old as the hills.

an·te·la·ción *f.* precedence **con antelación** in advance **con poca antelación** at short notice.

an·te·me·ri·dia·no, na *adj.* ante meridiem.

an·te·na *f.* 1 RAD TV aerial, antenna 2 ANAT antenna, feeler **estar en antena** to be on the air **antena parabólica** satellite dish.

an·te·o·jo *m.* telescope ◇ *mpl.* **anteojos** 1 *binóculos* binoculars, field glasses 2 *gafas* glasses, spectacles.

an·te·pa·sa·do, da *adj.* previous, prior ◇ *m.* **antepasado** ancestor ◇ *mpl.* **antepasados** forefathers, forebears.

an·te·po·ner *(see model 78) tr. pp.* **antepuesto** 1 *poner delante* to place in front (*a*, of), put in front (*a*, of) *poner antes* to put before 2 *preferir* to prefer (*a*, to).

an·te·pro·yec·to *m.* 1 preliminary plan, draft 2 JUR first draft, discussion document **anteproyecto de ley** draft bill.

an·te·rior *adj.* 1 *tiempo* previous, preceding, before 2 *lugar* front ◇ *com.* the previous one.

an·te·rior·men·te *adv.* previously, before.

an·tes *adv.* 1 *tiempo* before, earlier 2 *en el pasado* before, in the past 3 *lugar* in front, before *conj.* on the contrary, quite the opposite, rather ◇ *adj.* before **antes bien** on the contrary, **antes de J.C.** before Christ.

an·te·sa·la *f.* anteroom, antechamber **hacer antesala** to wait **en la antesala de** *fig.* on the verge of.

an·ti·á·ci·do, da *adj.* antacid ◇ *m.* **antiácido** antacid.

an·ti·ad·he·ren·te *adj.* nonstick.

an·ti·a·é·re·o, a *adj.* anti-aircraft.

an·ti·ba·las *adj.* bullet-proof.

an·ti·bió·ti·co, ca *adj.* antibiotic ◇ *m.* **antibiótico** antibiotic.

an·ti·can·ce·ro·so, sa *adj.* anti-cancer.

an·ti·cas·pa *adj.* anti-dandruff.

an·ti·ci·clón *m.* anticyclone, high pressure area.

an·ti·ci·pa·ción *f.* anticipation, advance **con anticipación** in advance.

an·ti·ci·pa·do, da *pp. de* **anticipar** *adj.* brought forward *temprano* early **por anticipado** in advance.

an·ti·ci·par *tr.* 1 to anticipate, advance, bring forward 2 *dinero* to advance ◇ *prnl.* **anticiparse** 1 *llegar antes* to come early 2 *adelantarse* to beat to it.

an·ti·ci·po *m.* 1 *gen.* foretaste, preview 2 *pago* advance, advance payment.

an·ti·cle·ri·cal *adj.* anticlerical ◇ *com.* anticlerical.

an·ti·co·a·gu·lan·te *adj.* anticoagulant ◇ *m.* anticoagulant.

an·ti·con·cep·ción *f.* contraception.

an·ti·con·cep·ti·vo, va *adj.* contraceptive ◇ *m.* **anticonceptivo** contraceptive.

an·ti·con·ge·lan·te *adj.* antifreeze ◇ *m.* **anticongelante** antifreeze.

an·ti·cons·ti·tu·cio·nal *adj.* unconstitutional.

an·ti·co·rro·si·vo, va *adj.* anticorrosive ◇ *m.* **anticorrosivo** anticorrosive.

an·ti·cris·to *m.* Antichrist.

an·ti·cua·do, da *adj.* antiquated, old-fashioned, obsolete, out-of-date.

an·ti·cua·rio *m. conocedor* antiquary, antiquarian, *comerciante* antique dealer.

an·ti·cuer·po *m.* antibody.

an·ti·de·mo·crá·ti·co, ca *adj. no democrático* undemocratic, *que ataca la democracia* antidemocratic.

an·ti·de·pre·si·vo, va *adj.* antidepressant ◇ *m.* **antidepresivo** antidepressant.

an·ti·de·rra·pan·te *adj.* nonskid.

an·ti·dia·bé·ti·co, ca *adj.* antidiabetic ◇ *m.* **antidiabético** antidiabetic.

an·ti·do·ping *adj.* anti-doping, anti-drug.

an·ti·do·to *m.* antidote.

an·ties·tá·ti·co, ca *adj.* antistatic.

an·ties·té·ti·co, ca *adj.* ugly, unsightly, unattractive.

an·ti·faz *m.* mask.

an·ti·fo·na *f.* antiphon.

an·tí·ge·no, na *adj.* antigenic ◇ *m.* **antígeno** antigen.

an·ti·gri·pal *adj.* flu. *m.* flu remedy.

an·ti·gua·men·te *adv.* in the old days, in the past.

an·ti·güe·dad *f.* 1 *periodo* antiquity 2 *en empleo* seniority 3 *objeto* antique **en la antigüedad** in olden days, in former times **tienda de antigüedades** antique shop.

an·ti·guo, gua *adj.* 1 *gen.* ancient, old *coche* vintage, old 2 *en empleo* senior 3 *pasado* old-fashioned 4 *anterior* former ◇ *mpl.* **los antiguos** the ancients **a la antigua** in an old-fashioned way.

an·ti·hé·ro·e *m.* antihero.

an·ti·hi·gié·ni·co, ca *adj.* unhygienic, unhealthy.

an·ti·im·pe·ria·lis·mo *m.* anti-imperialism.

an·ti·in·fla·ma·to·rio, ria *adj.* anti-inflammatory ◇ *m.* **antiinflamatorio** anti-inflammatory.

an·ti·lla·no, na *adj.* West Indian ◇ *s.* West Indian.

an·tí·lo·pe *m.* antelope.

an·ti·mo·nio *m.* antimony.

an·ti·na·tu·ral *adj.* unnatural, contrary to nature.

an·ti·nu·cle·ar *adj.* antinuclear.

an·tio·xi·dan·te *adj. para alimentos* antioxidant *para metales* antirust ◇ *m. para alimentos* antioxidant, *para metales* antirust substance.

an·ti·pa·tí·a *f.* antipathy, dislike, aversion.

an·ti·pá·ti·co, ca adj. unfriendly, unpleasant, unkind ◇ s. unpleasant person.

an·ti·pi·ré·ti·co, ca adj. antipyretic ◇ m. **antipirético** antipyretic.

an·ti·po·da adj. antipodean, antipodal ◇ com. persona antipodean ◇ amb. Also used in plural with the same meaning. punto antipode, antipodes pl.

an·ti·rrá·bi·co, ca adj. anti-rabies, anti-rabic.

an·ti·se·mi·ta adj. anti-Semitic ◇ com. anti-Semite.

an·ti·se·mi·tis·mo m. anti-Semitism.

an·ti·sép·ti·co, ca adj. antiseptic ◇ m. **antiséptico** antiseptic.

an·ti·sís·mi·co, ca adj. earthquake-proof.

an·tí·te·sis f. inv. antithesis.

an·ti·to·xi·na f. antitoxin.

an·ti·trans·pi·ran·te adj. antiperspirant m. antiperspirant.

an·ti·vi·rus m. 1 fármaco antivirus drug 2 INFO antivirus.

an·to·jo m. 1 capricho whim, fancy, de embarazada craving 2 en la piel birthmark **a su** (mi, tu, etc.) antojo arbitrarily.

an·to·lo·gí·a f. 1 anthology. **de antología** 2 fig. remarkable, outstanding.

an·to·ló·gi·co, ca adj. anthological.

an·tó·ni·mo, ma adj. antonymous ◇ m. **antónimo** antonym.

an·to·no·ma·sia f. antonomasia **por antonomasia** par excellence.

an·tor·cha f. 1 torch 2 fig. guiding light.

án·trax m. inv. anthrax.

an·tro·pó·fa·go, ga adj. cannibalistic ◇ s. cannibal.

an·tro·poi·de adj. anthropoid, anthropoidal ◇ com. anthropoid.

an·tro·po·lo·gí·a f. anthropology.

an·tro·po·mor·fo, fa adj. anthropomorphic ◇ s. anthropomorphist.

a·nual adj. annual, yearly.

a·nua·li·dad f. annual payment, annuity.

a·nual·men·te adv. annually, yearly.

a·nua·rio m. yearbook.

a·nu·dar tr. 1 atar to knot, tie, fasten 2 fig. to join, tie together ◇ prnl. **anudarse** to tie, knot. **anudarse la voz/lengua** to become tongue-tied.

a·nuen·cia f. consent, approval.

a·nu·la·ción f. 1 gen. annulment, cancellation de ley repeal de sentencia quashing, overturning 2 DEP de gol disallowing.

a·nu·lar¹ adj. ring-shaped ◇ m. ring finger.

a·nu·lar² tr. 1 matrimonio to annul una ley to repeal una sentencia to quash 2 un pedido, viaje to cancel un contrato to invalidate, cancel 3 DEP un gol to disallow 4 fig. desautorizar to deprive of authority.

a·nun·ciar (see model 12) tr. 1 avisar to announce, make public 2 hacer publicidad to advertise ◇ prnl. **anunciarse** to put an advert (**en**, in).

a·nun·cio m. 1 aviso announcement signo sign 2 publicidad advertisement, advert, ad 3 valla publicitaria billboard 4 cartel poster, notice.

an·ver·so m. 1 de moneda obverse 2 de página recto.

an·zue·lo m. 1 fish-hook 2 fig. lure, bait **echar el anzuelo** to try to hook **tragar/morder/picar el anzuelo** to swallow the bait.

a·ña·di·do, da pp. de añadir adj. added ◇ m. añadido 1 postizo switch, hairpiece 2 añadidura addition, addendum.

a·ña·dir tr. to add (**a**, to).

a·ñe·jar tr. 1 envejecer to age 2 vino, queso to mature, jamón to cure ◇ prnl. **añejarse** 1 mejorar to improve with age, mature 2 estropearse to deteriorate.

a·ñe·jo, ja adj. 1 vino, queso mature jamón cured 2 viejo old.

a·ñi·cos mpl. bits, pieces **hacer añicos** to smash to pieces **hacerse añicos** to shatter, smash to bits.

a·ñil adj. indigo, blue ◇ m. 1 arbusto indigo plant 2 color indigo 3 sustancia blue.

a·ño m. year ◇ mpl. years, age sing. **año civil** calendar year **año escolar** school year **año luz** light year.

a·ño·ran·za f. longing (**de**, for), yearning (**de**, for), nostalgia (**de**, for).

a·ño·rar tr. 1 gen. to long for, miss, yearn for 2 país to be homesick for, miss 3 persona fallecida to mourn ◇ intr. to pine.

a·or·ta f. aorta.

a·o·va·do, da pp. de aovar adj. egg-shaped, oval.

a·o·var intr. to lay eggs.

a·o·vi·llar·se prnl. to curl up.

a·pa·bu·llan·te adj. victoria, éxito resounding, overwhelming, persona overpowering.

a·pa·bu·llar tr. 1 dejar confuso to bewilder, confuse 2 abrumar to overwhelm.

a·pa·cen·ta·de·ro m. pasture.

a·pa·cen·ta·mien·to m. pasturing, grazing.

a·pa·cen·tar (see model 27) tr. 1 pacer to graze, put out to pasture 2 alimentar to feed 3 fig. instruir to teach 4 fig. alimentar pasiones, etc. to gratify ◇ prnl. **apacentarse** to pasture, graze.

a·pa·ci·bi·li·dad f. gentleness, calmness, mildness.

a·pa·ci·ble adj. persona gentle, calm, placid vida quiet, peaceful clima, tiempo mild mar calm.

a·pa·ci·gua·dor, ra adj. pacifying ◇ s. pacifier.

a·pa·ci·guar (see model 22) tr. to pacify, appease, placate, calm down ◇ prnl. **apaciguarse** persona to calm down tormenta to abate mar to become calm.

a·pa·dri·nar tr. 1 en bautizo to act as godfather to 2 en boda to be the best man for 3 en duelo to act as second to 4 artista to sponsor.

a·pa·ga·do, da pp. de apagar adj. 1 luz, etc. out, off 2 persona spiritless, lifeless 3 voz sad mirada expressionless, lifeless 4 color dull 5 volcán extinct.

a·pa·gar (see model 7) tr. 1 fuego to extinguish, put out 2 luz to turn out, turn off, put out 3 televisión, etc. to switch off, turn off **apaga la radio** turn the radio off 4 color to soften 5 fig. dolor to soothe, pena to heal 6 fig. sed to quench ◇ prnl. **apagarse** 1 luz to go out televisión to go off 2 emoción to fade, wane 3 fig. morirse to pass away **apaga y vámonos** fig. let's call it a day.

a·pa·gón m. power cut, blackout.

a·pai·sa·do, da adj. 1 oblong 2 INFO landscape.

a·pa·lan·car (see model 1) tr. levantar to lever up, abrir to lever open ◇ prnl. **apalancarse** 1 argot. to settle oneself, settle down 2 argot. to get stuck in a rut.

a·pa·le·ar tr. pegar to beat, cane, thrash.

a·pa·ra·dor m. 1 escaparate shop window 2 mueble sideboard, cupboard, buffet.

a·pa·ra·to m. 1 mecanismo (piece of) apparatus, set eléctrico appliance 2 dispositivo device in-

A

strumento instrument **aparato digestivo** ANAT digestive system **aparato ortopédico** orthopedic aid.

a·pa·ra·to·so, sa *adj.* 1 *ostentoso* pompous, showy, ostentatious 2 *exagerado* exaggerated 3 *caída, accidente* spectacular.

a·par·car *(see model 1) tr.* 1 to park 2 *fig. tema* to put on one side ◇ *intr.* to park. "**Prohibido aparcar**" "No parking".

a·pa·rea·mien·to *m.* 1 *de cosas* pairing off, matching up 2 *de animales* mating.

a·pa·re·ar *tr.* 1 *cosas* to pair off, match up 2 *animales* to mate ◇ *prnl.* **aparearse** uso recíproco to mate.

a·pa·re·cer *(see model 43) intr.* 1 to appear 2 *dejarse ver* to show up, turn up 3 *en el mercado* to come out (*en*, onto) ◇ *prnl.* **aparecerse** to appear.

a·pa·re·ja·do, da *pp. de* **aparejar** *adj.* suitable, fit **ir aparejado con** to go along with, **llevar/traer aparejado** to entail.

a·pa·re·jar *tr.* 1 *preparar* to prepare, get ready 2 *caballos* to harness 3 *barcos* to rig out.

a·pa·re·jo *m.* 1 *equipo* gear, equipment 2 *arreos* harness 3 *jarcias, velas* rigging 4 *polea* block and tackle 5 *en construcción* bond **aparejo de pesca** fishing tackle.

a·pa·ren·tar *tr.* 1 *simular* to pretend, affect 2 *tener aspecto de* to look ◇ *intr.* to show off.

a·pa·ren·te *adj.* 1 apparent 2 *conveniente* suitable 3 *lucido* showy, smart.

a·pa·ren·te·men·te *adv.* apparently.

a·pa·ri·ción *f.* 1 appearance 2 *visión* apparition.

a·pa·rien·cia *f.* 1 appearance, aspect **en apariencia** apparently, by all appearances, **guardar las apariencias** 2 *fig.* to keep up appearances.

a·par·ta·do, da *pp. de* **apartar** *adj.* 1 *alejado* remote, distant *aislado* isolated, cut off 2 *retirado* retired ◇ *m.* 1 *apartado* post office box 2 *párrafo* section **mantenerse apartado de algo/alguien** to keep away from something/somebody.

a·par·ta·men·to *m.* small flat, apartment.

a·par·tar *tr.* 1 *alejar* to move away 2 *separar* to separate *preservar de* to protect from, keep away from 3 *reservar* to put aside, set aside 4 *de un cargo* to remove ◇ *prnl.* **apartarse** 1 *alejarse* to move away 2 *separarse* to withdraw, move away.

a·par·te *adv.* apart, aside, separately ◇ *adj.* distinto* special ◇ *m.* 1 TEAT aside 2 LING paragraph **aparte de** *excepto* apart from 2 *además de* as well as, besides.

a·part·heid *m.* apartheid.

a·pa·sio·na·do, da *pp. de* **apasionar** *adj.* passionate, enthusiastic, fervent ◇ *s.* lover, enthusiast **apasionado por** very fond of.

a·pa·sio·nan·te *adj.* exciting, fascinating.

a·pa·tí·a *f.* apathy.

a·pe·dre·ar *tr.* 1 *tirar piedras* to throw stones at 2 *matar a pedradas* to stone (to death) ◇ *intr. Used only in the 3rd person; it does not take a subject.*

a·pe·ga·do, da *pp. de* **apegarse** *adj.* attached (*a*, to).

a·pe·go *m.* attachment, affection, liking, fondness **tomar apego a** to become attached to.

a·pe·la·ble *adj.* appealable.

a·pe·la·ción *f.* 1 JUR appeal 2 *llamamiento* appeal, call 3 *fig.* help **interponer apelación** to appeal **no tener apelación** to be helpless.

a·pe·lar *intr.* 1 JUR to appeal 2 *fig. recurrir* to resort to.

a·pe·la·ti·vo, va *adj.* appellative ◇ *m.* **apelativo** appellative, name.

a·pe·lli·do *m.* family name, surname, last name **con nombre y apellidos** *fig.* with all the details.

a·pe·na·do, da *pp. de* **apenar** *adj.* troubled.

a·pe·nar *tr.* to make sad, sadden, grieve ◇ *prnl.* **apenarse** to be grieved, be upset.

a·pe·nas *adv.* 1 *casi no* scarcely, hardly 2 *con dificultad* only just 3 *tan pronto como* as soon as, no sooner .

a·pén·di·ce *m.* 1 *órgano interno* appendix 2 *de libro* appendix 3 *parte unida* appendage.

a·pen·di·ci·tis *f. inv.* appendicitis.

a·per·ci·bi·mien·to *m.* 1 *preparación* preparation 2 JUR warning.

a·per·ci·bir *tr.* 1 *preparar* to prepare, get ready 2 *avisar* to warn ◇ *prnl.* **apercibirse** *darse cuenta* to notice (*de*, -).

a·pe·ri·ti·vo, va *adj.* appetizing. *m.* **aperitivo** 1 *bebida* apéritif 2 *comida* appetizer, snack.

a·per·tu·ra *f.* 1 *comienzo* opening, beginning 2 POL liberalization **sesión de apertura** opening session.

a·pe·sa·dum·bra·do, dà *pp. de* **apesadumbrar** *adj.* sad, distressed.

a·pe·sa·dum·brar *tr.* to sadden, distress.

a·pes·tar *intr. oler mal* to stink ◇ *tr. causar la peste* to infect with the plague.

a·pes·to·so, sa *adj.* 1 stinking *un olor apestoso* a foul smell 2 *fam.* fastidioso annoying.

a·pe·te·cer *(see model 43) intr. agradar* to feel like, fancy ◇ *tr. fig. desear* to long for, yearn for **apetecer la fama** to long for fame.

a·pe·te·ci·ble *adj.* 1 *empleo* desirable, *idea* appealing 2 *comida* tasty, appetizing.

a·pe·ti·to *m.* appetite **abrir el apetito** to whet one's appetite. **tener apetito** to be hungry **apetito carnal/sexual** sexual appetite.

a·pe·ti·to·so, sa *adj.* 1 *aspecto de comida* appetizing *comida* tasty, delicious 2 *oferta* tempting.

á·pi·ce *m.* 1 *punta* apex 2 *fig.* tiny bit, speck, iota **ni un ápice** not one bit.

a·pi·cul·tor, ra *s.* beekeeper, apiculturist, apiarist.

a·pi·cul·tu·ra *f.* beekeeping, apiculture.

a·pi·lar *tr.* to pile up, heap up ◇ *prnl.* **apilarse** to pile up, heap up.

a·pi·ñar *tr. apretar* to pack, press together, jam ◇ *prnl.* **apiñarse** to crowd (*en*, into).

a·pio *m.* celery.

a·pi·so·nar *tr.* to roll.

a·pla·car *(see model 1) tr.* to placate, calm, soothe ◇ *prnl.* **aplacarse** *persona* to calm down *viento* to abate, die down.

a·pla·nar *tr.* 1 *igualar* to smooth, level, make even 2 *fig. deprimir* to depress, dishearten ◇ *prnl.* **aplanarse** *desanimarse* to become depressed, become disheartened.

a·plas·tan·te *adj.* 1 crushing, overwhelming **triunfo/victoria aplastante** *electoral* landslide victory.

a·plas·tar *tr.* 1 *gen.* to flatten, squash, crush 2 *fig. destruir* to crush, destroy ◇ *prnl.* **aplastarse** to be flattened, be squashed, be crushed.

a·plau·dir *tr.* 1 to clap, applaud 2 *fig. aprobar* to applaud, approve.

a·plau·so *m.* 1 applause 2 *fig.' aprobación* applause, praise, acclaim.

a·pla·za·mien·to *m.* 1 *gen.* adjournment, postponement *de pago* deferment.

a·pla·zar (see model 4) tr. **1** gen. to adjourn, postpone, put off un pago to defer.

a·pli·ca·ble adj. applicable.

a·pli·ca·ción f. **1** gen. application **2** adorno appliqué.

a·pli·ca·do, da pp. de aplicar adj. **1** estudioso studious, diligent, hard-working **ciencias aplicadas 1** applied sciences.

a·pli·car (see model 1) tr. **1** gen. to apply **2** destinar to assign ◇ prnl. **aplicarse** esforzarse to apply oneself, work hard.

a·plo·mo m. composure, aplomb, self-possession.

a·po·ca·do, da pp. de apocar adj. **1** intimidado intimidated, frightened **2** tímido shy, timid.

a·po·ca·lip·sis m. inv. apocalypse.

a·po·ca·líp·ti·co, ca adj. apocalyptic.

a·po·car (see model 1) tr. **1** intimidar to intimidate, frighten **2** humillar to humiliate, belittle ◇ prnl. **apocarse** intimidarse to be intimidated.

a·pó·co·pe m. apocope, apocopation.

a·pó·cri·fo, fa adj. apocryphal.

a·po·dar tr. to call, nickname ◇ prnl. **apodarse** to be nicknamed.

a·po·de·ra·do, da pp. de apoderar adj. **1** authorized **2** JUR with power of attorney (**para**, to) ◇ s. **1** agent, representative **2** de torero, deportista manager.

a·po·de·rar tr. **1** to authorize, empower **2** JUR to grant power of attorney ◇ prnl. **apoderarse** to take possession (**de**, of), seize (**de**, -).

a·po·do m. nickname.

a·pó·fi·sis f. inv. apophysis.

a·po·ge·o m. **1** de órbita apogee **2** fig. punto culminante summit, height, climax, peak **estar en pleno apogeo** to be at its height.

a·po·li·llar tr. to eat away at, make holes in ◇ prnl. **apolillarse** to become moth-eaten.

a·po·lí·ti·co, ca adj. apolitical.

a·po·lo·gé·ti·co, ca adj. apologetic.

a·po·lo·gí·a f. apology, defense.

a·pol·tro·na·do, da pp. de apoltronarse adj. lazy, idle.

a·pol·tro·nar·se prnl. **1** vegetar to grow lazy, get lazy, become idle **2** sentarse to sit back, lounge about.

a·po·ple·jí·a f. apoplexy, stroke.

a·po·rre·a·do, da pp. de aporrear adj. pobre hard up for money.

a·po·rre·ar tr. **1** persona to beat, hit, thrash puerta to bang on piano to bang (away) on.

a·por·ta·ción f. contribution.

a·por·tar tr. **1** contribuir to contribute **2** proporcionar to give, provide **aportar su granito de arena** to do one's bit.

a·por·te m. contribution.

a·po·sen·to m. **1** cuarto room **2** hospedaje lodgings ◇ pl. **tomar aposento en** to put up at.

a·pó·si·to m. dressing.

a·pos·ta·dor, ra adj. betting ◇ s. punter, person who places a bet.

a·pos·tar¹ (see model 31) tr. to bet (**por**, on) ◇ intr. **1** to bet (**por**, on) ◇ prnl. **apostarse** to bet.

a·pos·tar² tr. situar to post, station.

a·pos·ta·si·a f. apostasy.

a·pós·ta·ta com. apostate.

a·pos·ta·tar intr. to apostatize.

a·pós·tol m. **1** apostle **2** fig. defensor apostle, champion.

a·pos·tó·li·co, ca adj. **1** de los apóstoles apostolic **2** del papa apostolic, papal.

a·pós·tro·fe amb. **1** GRAM apostrophe **2** reprimenda reprimand, rebuke.

a·pós·tro·fo m. apostrophe.

a·po·teg·ma m. apothegm, maxim.

a·po·te·ma f. apothem.

a·po·te·ó·si·co, ca adj. enormous, tremendous.

a·po·te·o·sis f. inv. **1** apotheosis **2** de un espectáculo grand finale.

a·po·yar tr. **1** to lean, rest **2** fundar to base, found **3** fig. defender algo to support defender a alguien to back, support ◇ prnl. **apoyarse 1** descansar to lean (**en**, on), rest (**en**, on), stand (**en**, on) **apóyate en mí** lean on me **2** dar el brazo to hold on (**en**, to) **3** fig. basarse to be based (**en**, on).

a·po·yo m. **1** support **2** fig. support, backing, help.

a·pre·cia·ble adj. **1** perceptible appreciable, noticeable **2** estimable valuable, precious.

a·pre·cia·ción f. **1** valorización appreciation, appraisal, evaluation **2** juicio appraisal, assessment, percepción perception **3** opinión view, opinion **4** en valor appreciation.

a·pre·cia·do, da adj. valued, appreciated.

a·pre·ciar (see model 12) tr. **1** valorar to appraise (**en**, at) **2** sentir aprecio to regard highly, hold in high esteem **3** reconocer valor to appreciate **4** percibir to notice, see, perceive ◇ prnl. **apreciarse** notarse to be noticed, be noticeable.

a·pre·cia·ti·vo, va adj. appreciative.

a·pre·cio m. esteem, regard **sentir aprecio por alguien** to be fond of somebody.

a·pre·hen·der tr. **1** apresar to apprehend **2** confiscar to seize **3** percibir to understand.

a·pre·hen·sión f. **1** captura apprehension, arrest **2** de contrabando seizure **3** percepción comprehension, understanding.

a·pre·mian·te adj. urgent, pressing.

a·pre·miar (see model 12) tr. **1** compeler to urge, press, compel, put pressure on **2** dar prisa to hurry, rush **3** JUR to compel, constrain ◇ intr. to be urgent.

a·pre·mio m. **1** pressure, urgency **2** JUR writ **apremio de pago** demand for payment.

a·pren·der tr. **1** to learn **2** memorizar to learn by heart ◇ prnl. **aprenderse** to learn, learn by heart.

a·pren·di·za·je m. **1** situación apprenticeship **2** tiempo training period **3** en pedagogía learning.

a·pren·sión f. miedo apprehension asco squeamishness **con aprensión** apprehensively, nervously **sentir aprensión** to feel apprehensive.

a·pren·si·vo, va adj. apprehensive ◇ s. apprehensive.

a·pre·sar tr. **1** tomar por fuerza to seize, capture **2** asir to clutch.

a·pre·su·ra·da·men·te adv. hurriedly, in a hurry, in great haste.

a·pre·su·ra·do, da pp. de apresurar adj. **1** persona in a hurry **2** cosa hurried, rushed, quick.

a·pre·su·ra·mien·to m. haste, hurry.

a·pre·su·rar tr. to hurry up, speed up, accelerate ◇ prnl. **apresurarse** to hurry, hurry up **apresurar el paso** to quicken one's pace.

a·pre·ta·da·men·te adv. closely.

a·pre·ta·do, da pp. de apretar adj. **1** objeto tight **2** en un espacio jammed personas crowded, cramped **3** ocupado busy **4** difícil tight, difficult **estar/ir apretado de dinero** to be short of money.

a·pre·tar (see model 27) tr. **1** estrechar to squeeze, hug **2** tornillo to tighten cordones, nudo to do up tight **3** comprimir to compress, press together, pack tight 4 *activar* to press, push 5 *fig. acosar* to keep on at, *presionar* to put pressure on, pressurize ◇ *intr.* 1 *fig. aumentar* to increase, get worse 2 *prendas* to fit tight, be tight on ◇ *prnl.* **apretarse** 1 *apiñar* to narrow, tighten 2 *agolparse* to crowd together *acercarse* to squeeze up.

a·pre·tón *m.* squeeze ◇ *mpl.* **apretones** crush *sing.* apretón de manos handshake.

a·pre·tu·ja·do, da *adj.* squashed, cramped.

a·pre·tu·jar *tr.* to squeeze, crush ◇ *prnl.* **apretujarse** to squeeze together, cram together.

a·prie·to *m.* tight spot, difficulty, scrape, fix salir del aprieto to get out of trouble.

a·pri·sa *adv.* quickly.

a·pri·sio·nar *tr.* 1 *encarcelar* to imprison, put in prison 2 *sujetar* to hold tight.

a·pro·ba·ción *f.* 1 *gen.* approval *ley* passing dar su (*mi, tu, etc.*) aprobación to give one's consent, approve.

a·pro·ba·do, da *pp. de* aprobar *adj.* approved, passed ◇ *m.* **aprobado** EDUC pass (mark) sacar/tener un aprobado to get a pass.

a·pro·bar *(see model 31) tr.* 1 *gen.* to approve *ley* to pass 2 *estar de acuerdo* to approve of 3 EDUC *examen, asignatura* to pass ◇ *intr.* to pass.

a·pro·ba·to·rio, ria *adj.* approving, approbatory.

a·pro·pia·ción *f.* appropriation **apropiación indebida** JUR theft.

a·pro·pia·da·men·te *adv.* suitably, appropriately.

a·pro·pia·do, da *pp. de* apropiar *adj.* suitable, fitting, appropriate.

a·pro·piar *(see model 12) tr. acomodar* to make suitable, adapt ◇ *prnl.* **apropiarse** to appropriate (*de*, -), take possession (*de*, of).

a·pro·ve·cha·ble *adj.* usable.

a·pro·ve·cha·do, da *pp. de* aprovechar *adj.* 1 *tiempo* well used, well spent 2 *espacio* well-planned 3 *diligente* diligent, studious, hard-working 4 *que saca provecho de todo* thrifty, economical, resourceful 5 *pey. egoísta* selfish *gorrón* sponging, scrounging ◇ *s. fam. gorrón* sponger, scrounger *oportunista* opportunist mal aprovechado wasted.

a·pro·ve·cha·mien·to *m.* 1 *uso* use, exploitation 2 *provecho* improvement, progress.

a·pro·ve·char *tr.* 1 *emplear útilmente* to make good use of, make the most of 2 *sacar provecho* to benefit from, take advantage of ◇ *intr.* 1 to be useful, make the most of it 2 *avanzar* to improve, progress ◇ *prnl.* **aprovecharse** *de alguien* to take advantage (*de*, of), *de algo* to make the most (*de*, of).

a·pro·xi·ma·da·men·te *adv.* approximately, roughly, around, about.

a·pro·xi·ma·do, da *pp. de* aproximar *adj.* approximate, estimated cálculo aproximado rough estimate.

a·pro·xi·mar *tr.* to bring near, put near ◇ *prnl.* **aproximarse** to come near, come closer.

ap·ti·tud *f.* 1 *habilidad* aptitude, ability 2 *idoneidad* suitability, aptness.

ap·to, ta *adj.* 1 *apropiado* suitable, appropriate 2 *capaz* capable, able 3 *físicamente* fit.

a·pues·ta *f.* bet, wager.

a·pues·to, ta *adj. gen.* good-looking, *hombre* handsome.

a·pun·ta·dor, ra *s.* TEAT prompter.

a·pun·ta·lar *tr.* to prop (up), shore up, underpin.

a·pun·tar *tr.* 1 *señalar* to point (*a*, at) 2 *arma* to aim *¡apunten!* take aim! 3 *anotar* to note down, make a note of 4 *estar encaminado a* to be

aimed (*a*, at), be designed (*a*, to) ◇ *intr.* TEAT to prompt ◇ *prnl.* **apuntarse** 1 *inscribirse* to enrol 2 *fam. participar* to take part (*a*, in).

a·pun·te *m.* 1 note 2 *dibujo* sketch 3 *apuntador* prompter *voz del apuntador* prompt *libreto del apuntador* prompt book ◇ *mpl.* **apuntes** de clase notes sacar un apunte to do a sketch tomar apuntes to take notes.

a·pu·ña·lar *tr.* to stab.

a·pu·ra·do, da *pp. de* apurar *adj.* 1 *avergonzado* embarrassed 2 *necesitado* in need 3 *dificultoso* awkward, difficult 4 *exacto* accurate, precise.

a·pu·rar *tr.* 1 *terminar* to finish up 2 *apremiar* to urge, put pressure on 3 *dar prisa* to hurry, rush ◇ *prnl.* **apurarse** 1 *preocuparse* to get worried, be worried 2 AM *darse prisa* to hurry, rush.

a·pu·ro *m.* 1 fix, tight spot *de dinero* hardship 2 *vergüenza* embarrassment estar/encontrarse en un apuro to be in a tight spot.

a·que·ja·do, da *pp. de* aquejar *adj.* suffering (*de*, from).

a·que·jar *tr.* to afflict, affect.

a·quel, lla *adj.* 1 that *aquel coche* that car 2 *aquellos* those *aquellas casas* those houses.

a·quél, lla *pron.* 1 that one *el anterior* the former *aquél es el mío* that one is mine 2 *aquéllos* those *los anteriores* the former ◇ *m.* **aquél** *fam. donaire* something.

a·que·la·rre *m.* witches' sabbath.

a·que·lla *adj.* aquel.

a·qué·lla *pron.* aquél.

a·que·llo *pron.* that, it *aquello fue impresionante* that was great por aquello de so as not to.

a·que·llos, llas *adj.* aquel, aquella.

a·qué·llos, llas *pron.* aquél, aquéllas.

a·quí *adv.* 1 *lugar* here *por aquí por favor* this way please 2 *tiempo* now de aquí para allá back and forth, to and fro.

a·quies·cen·cia *f.* acquiescence.

a·quie·tar *tr.* to calm down, pacify.

a·qui·la·tar *tr.* 1 *oro, perlas, etc.* to assay 2 *fig. evaluar* to assess.

a·ra *f. altar* altar *piedra* altar stone en aras de for the sake of.

á·ra·be *adj. gen.* Arab *de Arabia* Arabian.

a·ra·bes·co *m.* arabesque.

a·rá·bi·go, ga *adj.* Arabic, Arabian ◇ *m. arábigo* Arabic números arábigos arabic numerals.

a·rác·ni·do *m.* arachnid.

a·ra·do *m.* plow.

a·ra·me·o, a *adj.* Aramaean, Aramean ◇ *s. persona* Aramaean, Aramean ◇ *m. arameo idioma* Aramaic.

a·ran·cel *m.* tariff, customs duty.

a·ran·ce·la·rio, ria *adj.* tariff, duty derechos arancelarios customs duties.

a·rán·da·no *m.* bilberry, blueberry.

a·ran·de·la *f.* washer.

a·ra·ña *f.* 1 *arácnido* spider 2 *pez* weever 3 *planta* love-in-a-mist 4 *lámpara* chandelier araña de mar spider crab tela de araña spider's web.

a·ra·ñar *tr.* 1 *raspar* to scratch 2 *fig. recoger* to scrape together ◇ *prnl.* **arañarse** to scratch.

a·ra·ña·zo *m.* scratch.

a·rar *tr.* to plow.

a·rau·ca·ria *f.* araucaria, monkey puzzle tree.

ar·bi·tra·je *m.* 1 *desacuerdo* arbitration 2 DEP *futbol, boxeo* refereeing *cricket, tenis* umpiring.

ar·bi·tral *adj.* 1 of the referee sentencia arbitral 2 JUR judgement by arbitration.

ar·bi·trar tr. 1 to arbitrate 2 DEP en futbol, boxeo to referee en cricket, .tenis to umpire 3 obtener to contrive reunir to collect.

ar·bi·tra·ria·men·te adv. arbitrarily.

ar·bi·tra·rie·dad f. 1 acción arbitrary act 2 condición arbitrariness.

ar·bi·tra·rio, ria adj. arbitrary.

ár·bi·tro, tra s. 1 arbiter, arbitrator 2 DEP futbol, boxeo referee cricket, tenis umpire.

ár·bol m. 1 BOT tree 2 TÉC axle, shaft 3 MAR mast 4 gráfico tree (diagram) **los árboles no dejan ver el bosque** you can't see the wood for the trees.

ar·bo·le·da f. grove, wood, copse, spinney.

ar·bo·re·cer (see model 43) intr. to grow.

ar·bó·re·o, a adj. arboreal **vegetación arbórea** trees pl.

ar·bo·res·cen·te adj. arborescent.

ar·bo·rí·co·la adj. arboreal.

ar·bo·tan·te m. flying buttress.

ar·bus·to m. shrub, bush.

ar·ca f. 1 chest 2 caja de caudales strongbox, safe **arca de Noé** Noah's ark.

ar·cai·co, ca adj. archaic.

ar·ca·ís·mo m. archaism.

ar·cán·gel m. archangel.

ar·chi- pref. really, very, extremely **un archimillonario** a multimillionaire.

ar·chi·du·que, sa s. hombre archduke mujer archduchess.

ar·chi·pié·la·go m. archipelago.

ar·chi·var tr. 1 ordenar to file (away) 2 INFO to save 3 arrinconar to shelve 4 fam. guardar to put (away).

ar·chi·ve·ro, ra s. archivist.

ar·chi·vo m. 1 informe, ficha file 2 documentos files ◇ pl. archives ◇ pl. 1 INFO file 2 lugar archive 3 archivador filing cabinet 4 fig. modelo model, example.

ar·ci·lla f. clay.

ar·ci·llo·so, sa adj. clayey, clayish, clay-like.

ar·co m. 1 ARQ arch 2 en geometría arc 3 arma bow 4 de violín, etc. bow **arco apuntado** lancet arch, pointed arch **arco de triunfo** triumphal arch **arcoiris** rainbow.

ar·cón m. large chest.

ar·der intr. 1 to burn completamente to burn down sin llama to smoulder 2 resplandecer to glow 3 fig. to burn ◇ tr. 1 to burn **arder de pasión** 2 fig. to burn with passion.

ar·did m. scheme, trick.

ar·dien·te adj. 1 encendido burning, hot, scalding 2 fig. intenso passionate, ardent fervoroso eager.

ar·dien·te·men·te adv. ardently, fervently.

ar·di·lla f. squirrel.

ar·dor m. 1 burning sensation, burn calor heat 2 fig. ansia ardor, fervor **con ardor** passionately **ardor de estómago** heartburn.

ar·duo, dua adj. arduous, very difficult, awkward.

á·re·a f. 1 zona area, zone 2 medida are 3 superficie area, area 4 DEP penalty area **área de castigo** 4 DEP penalty area **área de gol** 5 DEP goal area **área de servicio** en autopista service area.

a·re·na f. 1 sand 2 de circo romano arena 3 plaza de toros bullring **arenas movedizas** quicksand sing.

a·re·nal m. sands ◇ pl. sandy area.

a·ren·ga f. harangue **echar/dirigir/pronunciar una arenga** to harangue.

a·ren·gar (see model 7) tr. to harangue.

a·re·ni·lla f. fine sand ◇ fpl. **arenillas** cálculos stones.

a·re·nis·ca f. sandstone.

a·re·no·so, sa adj. sandy.

a·ren·que m. herring **arenque ahumado** kipper, kippered herring.

a·ré·o·la f. areola.

a·re·ó·me·tro m. hydrometer.

a·re·te m. 1 anillo small ring 2 pendiente earring 3 pez red gurnard.

ar·ga·ma·sa f. mortar.

ar·ge·li·no, na adj. Algerian ◇ s. Algerian.

ar·gen·tí·fe·ro, ra adj. argentiferous.

ar·gen·ti·nis·mo m. Argentinian expression.

ar·gen·ti·no, na adj. Argentinian ◇ s. Argentinian.

ar·go·lla f. 1 aro (large) ring 2 fig. shackles pl.

ar·gón m. argon.

ar·got m. 1 popular slang 2 técnico jargon.

ar·gu·cia f. sophism, subtlety.

ar·güir (see model 63) tr. 1 deducir to deduce, conclude 2 probar to prove 3 reprochar to reproach ◇ intr. discutir to argue (**contra**, with).

ar·gu·men·ta·ción f. 1 proceso arguing, argument 2 argumento argument.

ar·gu·men·tar tr. deducir to deduce ◇ intr. discutir to argue (**contra**, with).

ar·gu·men·tis·ta com. scriptwriter.

ar·gu·men·to m. 1 argument 2 de novela, obra, etc. plot.

a·ria f. aria.

a·ri·dez f. 1 aridity 2 fig. dryness.

á·ri·do, da adj. 1 arid 2 fig. dry ◇ mpl. **áridos** dry goods.

a·rie·te m. 1 futbol center forward 2 máquina battering ram.

a·rio, ria adj. Aryan.

a·ris·co, ca adj. 1 persona, altiva unsociable, unfriendly áspera surly, gruff huidiza shy 2 animal unfriendly.

a·ris·ta f. 1 línea edge 2 filamento del trigo beard 3 ARQ de viga arris 4 de bóveda groin 4 de montaña arête ◇ fpl. **aristas** fig. dificultades difficulties.

a·ris·to·cra·cia f. aristocracy.

a·ris·tó·cra·ta com. aristocrat.

a·ris·to·crá·ti·co, ca adj. aristocratic.

a·ris·to·té·li·co, ca adj. Aristotelian.

a·rit·mé·ti·ca f. arithmetic.

a·rit·mé·ti·co, ca adj. arithmetical, arithmetic.

ar·le·quín m. harlequin.

ar·ma f. weapon, arm ◇ fpl. **armas** profesión army sing. **fuerzas armadas** armed forces, empresa militar military combat sing. heráldica arms, armorial bearings **alzarse en armas** to rise up in arms.

ar·ma·di·llo m. armadillo.

ar·ma·do, da pp. de armar adj. 1 armed **ir armado** to be armed 2 en mecánica mounted, assembled.

ar·ma·dor, ra s. shipowner.

ar·ma·du·ra f. 1 traje suit of armor 2 armazón frame 3 ARQ framework.

ar·ma·men·tis·ta adj. arms ◇ com. 1 partidario rearmament supporter 2 fabricante arms manufacturer **la carrera armamentista** the arms race.

ar·ma·men·to m. acción armament, arming ◇ mpl. **armamentos** armas armaments, arms.

ar·mar tr. 1 dar armas to arm 2 cargar to load bayoneta to fix 3 montar, mueble to assemble tienda to pitch, put up trampa to set 4 prepa-

rar to arrange, prepare *organizar* to organize 5 *fam. causar, originar* to cause, kick up, create 6 *embarcación* to fit out 7 *tela* to stiffen 8 TÉC to reinforce ◇ *prnl.* **armarse** 1 *proveerse* to provide oneself (*de,* with), arm oneself (*de,* with) 2 *producirse* to be, break out **armarla** *fam.* to cause trouble, kick up a fuss **armarse de valor** to pluck up courage.

ar·ma·rio *m. para ropa* closet, *de cocina* cupboard **armario empotrado** built-in wardrobe, built-in cupboard.

ar·ma·zón *amb.* 1 frame, framework *de madera* timberwork 2 ARQ shell *de escultura* armature.

ar·me·lla *f.* eyebolt.

ar·me·nio, nia *adj.* Armenian ◇ *s. persona* Armenian ◇ *m. armenio idioma* Armenian.

ar·me·rí·a *f.* 1 *tienda* gunsmith's (shop) 2 *oficio* gunsmith's craft 3 *museo* armory, museum of arms.

ar·me·ro, ra *s.* armorer *de armas de fuego* gunsmith **maestro armero** armorer.

ar·mis·ti·cio *m.* armistice.

ar·mo·ní·a *f.* harmony.

ar·mó·ni·ca *f.* harmonica, mouth organ.

ar·mó·ni·co, ca *adj.* harmonic ◇ *m. armónico* MÚS harmonic.

ar·mo·nio·so, sa *adj.* harmonious.

ar·mo·ni·za·ción *f.* harmonizing.

ar·mo·ni·zar *(see model 4) tr.* to harmonize ◇ *intr.* to harmonize.

ARN *abr.* MED *ácido ribonucleico* ribonucleic acid *abreviatura* RNA.

ar·nés *m. armadura* armor ◇ *mpl. arneses* harness *sing.* trappings.

ár·ni·ca *f.* arnica.

a·ro *m.* 1 hoop, ring 2 *juego* hoop 3 *servilletero* napkin ring 4 *sortija* ring 5 *pendiente* earring, sleeper **entrar/pasar por el aro** to knuckle under.

a·ro·ma *m. aroma* fine bouquet.

a·ro·ma·te·ra·pia *f.* aromatherapy.

a·ro·má·ti·co, ca *adj.* aromatic, fragrant.

a·ro·ma·ti·za·ción *f.* scenting, perfuming.

a·ro·ma·ti·zan·te *adj.* scenting, perfuming.

a·ro·ma·ti·zar *(see model 4) tr.* to scent, perfume.

ar·pa *f.* harp.

ar·pe·gio *m.* arpeggio.

ar·pí·a *f.* 1 harpy 2 *fam. fig.* dragon, old witch, harpy.

ar·pón *m.* harpoon.

ar·que·ar¹ *tr. doblar* to arch, bend, curve ◇ *prnl.* **arquearse** to arch, bend, curve.

ar·que·ar² *tr. pesar* to measure the tonnage of.

ar·que·o¹ *m. curvatura* bending, curving.

ar·que·o² COMM checking, cashing up **hacer el arqueo** to cash up.

ar·que·o·lo·gí·a *f.* archeology.

ar·que·o·ló·gi·co, ca *adj.* archeological.

ar·que·ó·lo·go, ga *s.* archeologist.

ar·que·ro, ra *s.* archer.

ar·que·ti·po *m.* archetype.

ar·qui·tec·to, ta *s.* architect.

ar·qui·tec·tó·ni·co, ca *adj.* architectural, architectonic.

ar·qui·tec·tu·ra *f.* architecture.

a·rra·bal *m.* poor area, working-class area *(on the edge of town)* ◇ *mpl.* **arrabales** outskirts.

a·rra·ba·le·ro, ra *adj.* 1 *del arrabal* of or from a poor area 2 *pey. grosero* vulgar, common, ill-bred ◇ *s. pey. grosero* vulgar person, common person, ill-bred person.

a·rra·ca·da *f.* dangly earring.

a·rrai·ga·do, da *pp. de* **arraigar** *adj.* (deeply) rooted.

a·rrai·gar *(see model 7) intr.* to take root ◇ *tr. fijar* to establish, strengthen ◇ *prnl.* **arraigarse** *establecerse* to settle down.

a·rrai·go *m.* 1 *acción* act of taking root 2 *fig. raíces* roots.

a·rran·car *(see model 1) tr.* 1 *árbol* to uproot *flor* to pull up 2 *plumas, cejas* to pluck *cabello, diente* to pull out *con violencia, página* to tear out 3 *arrebatar* to snatch, grab *fig. rescatar* to rescue, save.

a·rran·que *m.* 1 TÉC starting mechanism 2 *comienzo* start 3 *fig. arrebato* outburst, fit.

a·rra·sar *tr.* 1 *destruir* to raze, destroy 2 *allanar* to level, smooth ◇ *intr. disco, libro, película* to be a smash hit, sweep the board *deportista* to sweep to victory.

a·rras·trar *tr. gen.* to drag, pull ◇ *prnl.* **arrastrarse** 1 to drag oneself, crawl 2 *fig. humillarse* to creep, crawl.

a·rre·ar *tr.* 1 *animales* to spur on, urge on 2 *apresurar* to hurry up.

a·rre·ba·ta·do, da *pp. de* **arrebatar** *adj.* 1 *impetuoso* rash, impetuous 2 *encolerizado* furious, enraged 3 *ruborizado* blushing, flushed.

a·rre·ba·ta·dor, ra *adj. fig.* captivating, fascinating.

a·rre·ba·tar *tr. quitar* to grab, snatch 2 *fig. cautivar* to captivate, fascinate 3 *agostar* to wither ◇ *prnl.* **arrebatarse** *enfurecerse* to become furious *exaltarse* to get carried away 2 *agostarse* to wither 3 *cocer muy deprisa* to burn, overcook.

a·rre·ba·to *m. arranque* fit, outburst.

a·rre·bo·lar *tr.* 1 *enrojecer* to give a red glow to 2 *persona* to make turn red ◇ *prnl.* **arrebolarse** 1 *enrojecer* to glow red 2 *persona* to blush.

a·rre·ciar *(see model 12) intr.* to get stronger, get worse.

a·rre·ci·fe *m.* reef.

a·rre·gla·do, da *pp. de* **arreglar** *adj.* 1 *solucionado* settled, fixed, sorted out 2 *ordenado* tidy, neat, arranged, orderly.

a·rre·glar *tr.* 1 *gen.* to settle, sort out, fix 2 *ordenar* to tidy up, clear up 3 *reparar* to mend, fix, repair 4 MÚS to arrange 5 *fam.* to sort out ◇ *prnl.* **arreglarse** 1 *componerse* to get ready, dress up *cabello* to do. **arréglate el pelo** do your hair 2 *solucionarse* to get sorted out, work out *pareja* to get back together again **arreglárselas** to manage, cope **arréglatelas como puedas** do the best you can.

a·rre·glis·ta *com.* arranger.

a·rre·glo *m.* 1 *acuerdo* arrangement, agreement, settlement 2 *reparación* repair 3 *orden* order, tidiness 4 *limpieza* cleaning, tidying *personal* cleanliness 5 MÚS arrangement **con arreglo a** according to, in accordance with.

a·rre·man·gar *(see model 7) tr.* to roll up ◇ *prnl.* **arremangarse** 1 to roll up one's sleeves 2 *fig.* to get serious, get down to it.

a·rre·me·ter *intr.* 1 *gen.* to attack, charge *el toro* to charge 2 *verbalmente* to attack.

a·rren·da·dor, ra *adj.* renting, leasing ◇ *s. lessor hombre* landlord *mujer* landlady.

a·rren·da·mien·to *m.* 1 renting, leasing, letting 2 *precio* rent.

a·rren·dar *(see model 27) tr.* 1 *dar en alquiler* to let, lease *tomar en alquiler* to rent, lease.

a·rren·da·ta·rio, ria adj. renting, leasing ◇ s. 1 *que da en arriendo* leaseholder, lessee 2 *inquilino* tenant.

a·rre·os mpl. 1 *de caballerías* harness sing. trappings 2 *adornos* adornment sing.

a·rre·pen·ti·do, da pp. de **arrepentirse** adj. regretful, repentant ◇ s. penitent.

a·rre·pen·ti·mien·to m. regret, repentance.

a·rre·pen·tir·se *(see model 35)* prnl. 1 gen. to regret (*de*, -) 2 REL to repent (*de*, of).

a·rres·tar tr. 1 to arrest, detain 2 *poner en prisión* to imprison, jail, put in prison.

a·rres·to m. arrest ◇ mpl. **arrestos** *ímpetu* daring sing. guts **tener arrestos** to be bold, be daring **estar bajo arresto** to be under arrest **arresto mayor** close arrest **arresto menor** open arrest.

a·rri·ba adv. 1 *up encima* on (the) top 2 *piso* upstairs 3 *en escritos* above interj. up!

a·rri·bar intr. gen. to arrive *barco* to reach port, dock.

a·rri·bis·mo m. arrivisme, social climbing.

a·rri·bis·ta adj. ambitious, self-seeking ◇ com. arriviste, social climber, parvenu.

a·rri·bo m. arrival.

a·rrien·do m. léase *de un piso* renting.

a·rrie·ro m. muleteer.

a·rries·ga·do, da pp. de **arriesgar** adj. 1 *peligroso* risky, dangerous 2 *temerario* bold, daring, fearless.

a·rries·gar *(see model 7)* tr. 1 to risk *dinero* to stake 2 *aventurar* to venture ◇ prnl. **arriesgarse** *uso reflexivo* to risk.

a·rri·mar tr. *acercar* to move closer ◇ prnl. **arrimarse** 1 to move close, get close 2 fam. to cohabit, live together *arrimar a alguien* fig. to seek somebody's protection.

a·rrin·co·na·do, da pp. de **arrinconar** adj. 1 put away, laid aside, forgotten 2 *persona* forsaken.

a·rrin·co·nar tr. 1 *poner en un rincón* to put in a corner 2 *retirar* to lay aside, put away 3 *acorralar* to corner 4 fig. *desatender* to neglect.

a·rrit·mia f. arrhythmia.

a·rro·ba f. 1 *medida de peso* measure of weight equal to 11.502 kg, 25.3 lbs *medida de capacidad* variable liquid measure 2 *Internet* at, @ **por arrobas** heaps of, stacks of, loads of.

a·rro·ba·mien·to m. rapture, ecstasy, enthrallment.

a·rro·bar tr. to rapture, enthrall ◇ prnl. **arrobarse** to go into raptures, be enthralled.

a·rro·di·lla·do, da pp. de **arrodillarse** adj. on one's knees, kneeling down.

a·rro·di·llar·se prnl. to kneel down, get down on one's knees.

a·rro·gan·cia f. 1 *orgullo* arrogance 2 *gallardía* gallantry, valor, bravery.

a·rro·gan·te adj. 1 *orgulloso* arrogant 2 *gallardo* gallant, valiant, brave.

a·rro·gan·te·men·te adv. arrogantly, proudly.

a·rro·ja·do, da pp. de **arrojar** adj. 1 thrown, thrown out 2 *osado* bold, fearless, daring.

a·rro·jar tr. 1 *tirar* to throw, fling 2 *echar con violencia* to throw out, kick out ◇ intr. to vomit ◇ prnl. **arrojarse** to throw oneself.

a·rro·jo m. boldness, dash, bravery, daring.

a·rro·lla·dor, ra adj. overwhelming, irresistible *fue un éxito arrollador* it was a resounding success.

a·rro·llar tr. 1 *envolver* to roll (up) 2 *el viento* to sweep away 3 *al enemigo* to crush, rout 4 *atropellar* to run over.

a·rro·pa·mien·to m. wrapping up.

a·rro·par tr. to wrap up.

a·rros·trar tr. 1 *afrontar* to face 2 *emprender* to brave.

a·rro·yo m. 1 *corriente de agua* stream, brook 2 *en la calle* gutter 3 fig. *corriente* flood, stream.

a·rro·yue·lo m. small stream, brook.

a·rroz m. pl. **arroces** 1 rice *arroz blanco seco* white rice 2 *hervido* boiled rice.

a·rro·zal m. rice field, rice plantation.

a·rru·ga f. *piel* wrinkle, *ropa* crease.

a·rru·gar *(see model 7)* tr. *piel* to wrinkle *ropa* to crease *papel* to crumple (up) ◇ prnl. **arrugarse** *piel* to wrinkle, *ropa* to crease *papel* to crumple (up) 2 fam. *acobardarse* to get the wind up **arrugar el ceño/entrecejo** to frown.

a·rrui·na·do, da pp. de **arruinar** adj. 1 bankrupt, broke 2 *estropeado* ruined.

a·rrui·nar tr. 1 to bankrupt, ruin 2 *estropear* to damage ◇ prnl. **arruinarse** to be bankrupt, be ruined.

a·rru·llar tr. 1 *ave* to coo 2 *adormecer* to lull ◇ prnl. **arrullarse** fig. *acariciarse* to bill and coo.

a·rru·llo m. 1 *de ave* cooing 2 *nana* lullaby 3 *ropa bebé* baby wrap 4 *de enamorados* billing and cooing.

a·rru·ma·co m. fam. *caricia* caress *palabra cariñosa* sweet nothing **hacerse arrumacos** to pet.

a·rrum·bar tr. 1 *apartar* to put away, lay aside 2 fig. *persona* to neglect, ignore.

ar·se·nal m. 1 MAR shipyard 2 *de armas* arsenal 3 fig. *cantidad* storehouse, mine.

ar·sé·ni·co m. arsenic.

ar·te m. 1 art 2 *habilidad* craft, skill 3 *astucia* cunning 4 *pesca* fishing gear **con malas artes** by evil means.

ar·te·fac·to m. 1 device, appliance *explosivo* explosive device 2 *en arqueología* artefact.

ar·te·ria f. artery **arteria carótida** carotid artery **arteria coronaria** coronary artery.

ar·te·rial adj. arterial.

ar·te·rios·cle·ro·sis f. inv. arteriosclerosis.

ar·te·ro, ra adj. artful, crafty.

ar·te·sa f. trough.

ar·te·sa·nal adj. *objeto* handmade *comida* homemade **actividades artesanales** arts and crafts **industria artesanal** craft industry.

ar·te·sa·ní·a f. 1 *calidad* craftsmanship 2 *arte, obra* crafts ◇ pl. handicrafts.

ar·te·sa·no, na adj. handmade ◇ s. *hombre* craftsman *mujer* craftswoman.

ar·te·sia·no, na adj. artesian **pozo artesiano** artesian well.

ar·te·so·na·do, da adj. panelled, coffered ◇ m. *artesonado* panelled ceiling, coffered ceiling.

ár·ti·co, ca adj. Arctic ◇ m. **el Ártico** the Arctic **el Círculo Ártico** the Arctic Circle **el océano Ártico** the Arctic Ocean.

ar·ti·cu·la·ción f. 1 LING articulation 2 ANAT joint, articulation 3 TÉC joint.

ar·ti·cu·la·do, da pp. de **articular** adj. 1 *lenguaje* articulate 2 *objeto* articulated ◇ m. **articulado** articles pl.

ar·ti·cu·lar adj. articulated ◇ tr. to articulate 2 JUR to article.

ar·ti·cu·lis·ta com. columnist.

ar·tí·cu·lo m. 1 article 2 *mercancía* article, product **hacer el artículo** fam. to plug something, **in artículo mortis** in articulo mortis **artículo definido/determinado** LING definite article, **artículo indefinido/indeterminado** LING indefinite article **artículos de limpieza** cleaning products.

ar·ti·fi·ce *com. artista* craftsman, artist **2** *autor* author ◇ *m. fig.* architect.

ar·ti·fi·cial *adj.* artificial.

ar·ti·fi·cial·men·te *adv.* artificially.

ar·ti·fi·cio *m.* **1** *habilidad* skill, dexterity **2** *mecanismo* device **3** *falta de naturalidad* affectation.

ar·ti·fi·cio·so, sa *adj.* **1** *hábil* skillful, dexterous **2** *afectado* affected **3** *fig. disimulado* sly, crafty.

ar·ti·lle·ri·a *f.* artillery **artillería antiaérea** anti-aircraft guns ◇ *pl.* **artillería de campaña** field guns ◇ *pl.* **artillería pesada** heavy artillery.

ar·ti·lle·ro *m.* artilleryman.

ar·ti·lu·gio *m.* **1** *mecanismo* device, gadget **2** *fig. trampa* trick, scheme.

ar·ti·ma·ña *f.* artifice, trick, ruse.

ar·tis·ta *com.* artist **artista de cine** film star.

ar·tís·ti·co, ca *adj.* artistic.

ar·trí·ti·co, ca *adj.* arthritic.

ar·tri·tis *f. inv.* arthritis.

ar·tró·po·do *m.* arthropod.

ar·tro·sis *f. inv.* arthrosis.

ar·zo·bis·po *m.* archbishop.

as *m.* **1** *naipes* ace **2** *dados* one **3** *fig.* ace, star, wizard.

a·sa *f.* handle.

a·sa·de·ro, ra *adj.* (for) roasting ◇ *m. asadero fig.* oven.

a·sa·do, da *pp. de asar adj.* roast, roasted ◇ *m. asado* roast. **asado de calor** *fig.* roasting, boiling hot **bien asado** well done **poco asado** underdone, rare.

a·sa·dor *m.* **1** *utensilio* roaster **2** *establecimiento* grill room, grill house.

a·sa·la·ria·do, da *pp. de asalariar adj.* salaried ◇ *s.* wage earner, salaried worker.

a·sal·tan·te *adj.* assaulting, attacker ◇ *com.* attacker *en robo* raider, robber.

a·sal·tar *tr.* **1** to assault, attack *para robar* to raid, rob **2** *abordar* to approach, come up to **3** *fig. surgir* to assail.

a·sal·to *m.* **1** assault, attack *con robo* raid, robbery **2** *boxeo* round.

a·sam·ble·a *f.* assembly, meeting **asamblea general** general meeting.

a·sam·ble·is·ta *com.* member of an assembly, member of a meeting.

a·sar *tr.* **1** *cocer* to roast **2** *fig. importunar* to annoy, pester ◇ *prnl.* **1** *asarse cocerse* to roast **2** *fig. pasar calor* to be roasting, be boiling hot.

as·bes·to *m.* asbestos.

as·cen·den·cia *f.* **1** ancestry, ancestors ◇ *pl.* **2** *influencia* ascendancy.

as·cen·den·te *adj.* ascending, ascendant ◇ *m.* ascendant.

as·cen·der *(see model 28) tr.* to promote ◇ *intr.* **1** *subir* to climb **2** *de categoría* to be promoted (*a, to*) **3** *sumar* to amount (*a, to*).

as·cen·dien·te *adj.* ascending, ascendant ◇ *com. antepasado* ancestor ◇ *m. influencia* ascendancy, power.

as·cen·sión *f. subida* climb, climbing.

as·cen·so *m.* **1** *subida* climb, ascent **2** *aumento* rise (*de*, in) **3** *promoción* promotion.

as·cen·sor *m.* elevator.

as·ce·ta *com.* ascetic.

as·ce·ti·cis·mo *m.* asceticism.

as·cé·ti·co, ca *adj.* ascetic.

as·co *m.* **1** disgust, repugnance **dar asco** to be disgusting **estar hecho un asco** *cosa* to be filthy, look a real mess **2** *persona* to be filthy, be in a right state.

as·cór·bi·co, ca *adj.* ascorbic **ácido ascórbico** ascorbic acid.

a·se·ar *tr. adecentar* to clean, tidy up ◇ *prnl. asearse arreglarse* to wash, get washed.

a·se·chan·za *f.* trap.

a·se·diar *(see model 12) tr.* **1** to besiege, lay siege to **2** *fig.* to besiege, pester, harass.

a·se·dio *m.* **1** siege **2** *fig.* harassment.

a·se·gu·ra·do, da *pp. de asegurar adj.* **1** *con seguro* insured **2** *garantizado* secure **3** *seguro* secured, tightened ◇ *s. tomador de un seguro* the insured person.

a·se·gu·ra·dor, ra *adj.* insuring, insurance ◇ *s.* insurer.

a·se·gu·rar *tr.* **1** *fijar* to secure **2** COMM to insure **3** *garantizar* to assure, guarantee ◇ *prnl. asegurarse* **1** *cerciorarse* to make sure **2** COMM to insure oneself.

a·se·me·jar *tr.* to make alike, make similar ◇ *prnl. asemejarse a* to look like, be like.

a·sen·ta·de·ras *fpl. fam.* bottom *sing.* buttocks.

a·sen·ta·do, da *pp. de asentar adj.* **1** *situado* placed, situated **2** *firme* firm, secure.

a·sen·ta·mien·to *m.* **1** *poblado* settlement **2** MIL emplacement.

a·sen·tar *(see model 27) tr.* **1** *establecer* to establish, *apoyar* to base **2** *colocar gen.* to locate - *colonos* to settle **3** *fijar* to fix, set **4** *calmar* to calm, settle ◇ *prnl. asentarse* **1** *establecerse* to settle **2** *aves* to perch **asentar las bases** to lay the foundations.

a·sen·ti·mien·to *m.* assent, consent, acquiescence.

a·sen·tir *(see model 35) intr.* to assent, agree *con la cabeza* to nod.

a·se·o *m.* **1** *acción* cleaning, tidying up **2** *limpieza* cleanliness, tidiness **3** *habitación* bathroom, restroom **aseo personal** personal cleanliness, personal hygiene **cuarto de aseo** bathroom.

a·sep·sia *f.* **1** asepsis **2** *fig. frialdad* coldness, indifference.

a·sép·ti·co, ca *adj.* **1** aseptic **2** *fig.* cold, indifferent.

a·se·qui·ble *adj.* accessible .

a·se·rra·de·ro *m.* sawmill.

a·se·rrar *(see model 27) tr.* to saw (up).

a·se·rrín *m.* sawdust.

a·ser·ti·va·men·te *adv.* assertively.

a·ser·ti·vo, va *adj.* assertive.

a·se·si·nar *tr.* **1** to kill, murder **2** *magnicidio* to assassinate.

a·se·si·na·to *m.* **1** killing, murder **2** *magnicidio* assassination.

a·se·si·no, na *adj.* murderous ◇ *s.* killer *hombre* murderer *mujer* murderess.

a·se·sor, ra *adj.* advisory ◇ *s.* adviser, consultant **asesor de imagen** image consultant **asesor fiscal** tax advisor.

a·se·so·ra·mien·to *m.* **1** *acción* advising **2** *consejo* advice.

a·se·so·rar *tr.* **1** *dar consejo* to advise, give advice **2** COMM to act as a consultant to ◇ *prnl. asesorarse tomar consejo* to take advice, consult (*de, -*).

a·se·so·rí·a *f.* **1** *cargo* consultancy **2** *oficina* consultant's office.

a·ses·tar *tr.* **1** *arma* to aim **2** *golpe* to deal, give **3** *tiro* to fire **asestar una puñalada** to stab **asestar un puñetazo** to punch.

a·se·ve·ra·ción *f.* asseveration, assertion.

a·se·ve·rar *tr.* to asseverate, affirm.

a·se·xua·do, da *adj.* asexual.

a·se·xual *adj.* asexual.

as·fal·ta·do, da *pp. de* asfaltar *m.* **asfaltado 1** *acción* asphalting **2** *pavimento* asphalt, asphalted surface.

as·fal·tar *tr.* to asphalt.

as·fal·to *m.* **1** asphalt **en el asfalto 2** *fig.* on the road.

as·fi·xia *f.* asphyxia, suffocation, asphyxiation.

as·fi·xia·do, da *pp. de* asfixiar *adj. fam.* broke, up to one's neck.

as·fi·xian·te *adj.* asphyxiating, suffocating.

as·fi·xiar *(see model 12) tr.* to asphyxiate, suffocate ◇ *prnl.* **asfixiarse** to asphyxiate, suffocate.

a·sí *adv.* **1** *de esta anera* thus, (in) this way **2** *de esa manera* (in) that way **3** *tanto* as **4** *por tanto* therefore **5** *tan pronto como* as soon as ◇ *adj.* **1** such.

a·siá·ti·co, ca *adj.* Asian ◇ *s.* Asian.

a·si·dui·dad *f.* assiduity, frequency **con asiduidad** frequently, regularly.

a·si·duo, dua *adj.* assiduous, frequent, regular ◇ *s.* regular.

a·sien·to *m.* **1** *silla, etc.* seat **2** *emplazamiento* site **3** *sedimento* sediment **4** *fig. orden* establishment **5** COMM entry, registry **6** *de vasija* bottom **7** ARQ settling **tomar asiento** to take a seat **asiento abatible** reclining seat **asiento delantero** front seat **asiento trasero** rear seat, back seat.

a·sig·na·ción *f.* **1** *acción* assignment, allocation **2** *nombramiento* appointment, assignment **3** *remuneración* allocation, allowance *sueldo* wage, salary.

a·sig·nar *tr.* **1** to assign, allot, allocate **2** *nombrar* to appoint, assign.

a·sig·na·tu·ra *f.* **1** subject **asignatura pendiente 2** *en el colegio* subject which has to be retaken **3** *en la política, etc.* unresolved issue, issue which still has to be tackled, unfinished business.

a·si·la·do, da *pp. de* asilar *s. person who lives in a home or in care.*

a·si·lar *tr.* **1** POL to give political asylum to, grant political asylum to **2** *recoger* to give shelter to, take in **3** *internar* to put in a home, take into care.

a·si·lo *m.* **1** *institución* asylum, home, institution **2** *fig. protección* protection, assistance **dar asilo** to shelter **asilo de ancianos** old people's home.

a·si·me·tría *f.* asymmetry.

a·si·mé·tri·co, ca *adj.* asymmetric, asymmetrical.

a·si·mi·la·ble *adj.* assimilable.

a·si·mi·la·ción *f.* assimilation.

a·si·mi·lar *tr.* to assimilate.

a·si·mis·mo *adv.* **1** *también* also, as well **2** *de esta manera* likewise **3** *además* moreover.

a·sir *(see model 65) tr.* agarrar to grab, seize, grasp, take hold of ◇ *intr.* arraigar to take root ◇ *prnl.* **asirse** agarrarse to hold on (*a*, to), cling (*a*, to) **asirse a una idea** *fam.* to cling to an idea.

a·si·rio, ria *adj.* Assyrian ◇ *s.* Assyrian ◇ *m. asirio idioma* Assyrian.

a·sis·ten·cia *f.* **1** *presencia* attendance, presence **2** *público* audience **3** *ayuda* assistance, help, aid **4** DEP *en baloncesto, fútbol* pass ◇ *fpl.* **asistencias** *conjunto de personas* assistants, helpers.

a·sis·ten·te *adj.* **1** *que está* attending **2** *que ayuda* assistant ◇ *com. que está* member of the audience.

a·sis·ti·do, da *pp. de* asistir *adj.* assisted **asistido por ordenador** computer-assisted.

a·sis·tir *intr.* to attend, be present ◇ *tr. servir* to serve, wait on.

as·ma *f.* asthma.

as·má·ti·co, ca *adj.* asthmatic ◇ *s.* asthmatic person, person suffering from asthma.

as·no *m.* **1** ass, donkey **2** *fam. persona* ass, idiot.

a·so·cia·ción *f.* association **asociación de vecinos** residents' association.

a·so·cia·do, da *pp. de* asociar *adj.* associated, associate ◇ *s.* associate, partner.

a·so·ciar *(see model 12) tr.* **1** to associate (*a/con*, with), connect, link **2** COMM to take into partnership ◇ *prnl.* **asociarse** relacionarse (*a/con*, with) to be associated (*a/con*, with).

a·so·lar *(see model 31) tr. epidemia* to ravage *ejército* to lay waste to, raze *incendio, tempestad* to devastate.

a·so·le·ar *tr.* to expose to the sun, put in the sun ◇ *prnl.* **asolearse** *persona* to sunbathe, expose oneself to the sun *objeto* to be exposed to sunlight.

a·so·mar *intr. empezar a aparecer* to appear, begin to show, come out ◇ *tr. mostrar* to show, put out, stick out ◇ *prnl.* **asomarse 1** *a ventana* to stick one's head out (*a*, of), lean out (*a*, of) *a balcón* to come out (*a*, onto) **2** *aparecer* to appear .

a·som·bra·do, da *pp. de* asombrar *adj.* amazed, astonished, surprised.

a·som·brar *tr.* to amaze, astonish, surprise ◇ *prnl.* **asombrarse** to be astonished, be amazed, be surprised.

a·som·bro *m.* amazement, astonishment, surprise.

a·som·bro·so, sa *adj.* amazing, astonishing, surprising.

a·so·na·da *f.* putsch.

a·so·nan·te *adj.* assonant.

as·pa *f.* **1** *cruz* cross **2** *de molino* sail *de ventilador blade armazón* arms ◇ *pl.* **en forma de aspa** X-shaped.

as·pa·vien·to *m.* fuss. **hacer aspavientos** to make a great fuss.

as·pec·to *m.* **1** *faceta* aspect, side, angle **2** *apariencia* look, appearance.

as·pe·re·za *f.* roughness, coarseness, asperity.

ás·pe·ro, ra *adj.* **1** *cosa* rough, coarse **2** *fig. persona* surly **3** *clima, tiempo* harsh.

as·per·sión *f.* sprinkling.

as·per·sor *m.* sprinkler.

ás·pid *m.* asp.

ás·pi·de *m.* asp.

as·pi·ra·ción *f.* **1** *al respirar* inhalation, breathing in **2** LING aspiration **3** TÉC intake **4** *fig. ambición* aspiration, ambition.

as·pi·ra·do, da *pp. de* aspirar *adj.* aspirated.

as·pi·ra·dor, ra *adj.* sucking ◇ *m.* **aspirador** vacuum cleaner, Hoover.

as·pi·ra·do·ra *f.* vacuum cleaner, Hoover.

as·pi·ran·te *adj.* suction ◇ *com.* candidate, applicant.

as·pi·rar *tr.* **1** *al respirar* to inhale, breathe in **2** *absorber* to suck in, draw in **3** LING to aspirate ◇ *intr. fig. desear* to aspire (*a*, to).

as·que·ar *tr.* to disgust, revolt, make sick.

as·que·ro·sa·men·te *adv.* **1** *desagradablemente* disgustingly **2** *suciamente* filthily.

as·que·ro·si·dad *f.* filthy thing, revolting thing.

as·que·ro·so, sa *adj.* **1** *sucio* dirty, filthy **2** *desagradable* disgusting, revolting, foul **3** *que siente*

A

asco squeamish ◇ *s.* 1 *sucio* filthy person, revolting person 2 *que siente asco* squeamish person.

as·ta *f.* 1 *de bandera* staff, pole 2 *de lanza* shaft *pica* lance, pike 3 *cuerno* horn **a media asta** at half-mast.

as·ta·do, da *adj.* horned ◇ *m. astado* bull.

as·te·nia *f.* asthenia.

as·té·ni·co, ca *adj.* asthenic ◇ *s.* asthenic.

as·te·ris·co *m.* asterisk.

as·te·roi·de *adj.* asteroid ◇ *m.* asteroid.

as·tig·ma·tis·mo *m.* astigmatism.

as·ti·lla *f.* 1 splinter, chip **de tal palo, tal astilla** like father, like son **hacer astillas** 2 *fig.* to smash to smithereens.

as·ti·llar *tr.* to splinter.

as·ti·lle·ro *m.* shipyard, dockyard.

as·tral *adj.* astral **carta astral** birth chart, individual horoscope.

as·trin·gen·cia *f.* astringency.

as·trin·gen·te *adj.* astringent ◇ *m.* astringent.

as·trin·gir *(see model 6) tr.* to astringe, constrict.

as·tro *m.* star **el astro rey** the sun **astro de la pantalla** *fig.* film star.

as·tro·fí·si·ca *f.* astrophysics.

as·tro·fí·si·co, ca *adj.* astrophysical.

as·tro·la·bio *m.* astrolabe.

as·tro·lo·gí·a *f.* astrology.

as·tro·ló·gi·co, ca *adj.* astrological.

as·tró·lo·go, ga *s.* astrologer.

as·tro·nau·ta *com.* astronaut.

as·tro·náu·ti·ca *f.* astronautics.

as·tro·náu·ti·co, ca *adj.* astronautical.

as·tro·no·mí·a *f.* astronomy.

as·tro·nó·mi·co, ca *adj.* 1 astronomical, astronomic 2 *fig.* astronomical.

as·tró·no·mo, ma *s.* astronomer.

as·tro·so, sa *adj.* 1 *desastrado* shabby, ragged, untidy 2 *despreciable* contemptible 3 *desdichado* unfortunate.

as·tu·cia *f.* 1 astuteness, cunning, shrewdness 2 *treta* trick, ruše.

as·tu·to, ta *adj.* astute, cunning, shrewd.

a·sue·to *m.* time off, free time, rest.

a·su·mir *tr.* to assume, take on, take upon oneself.

a·sun·ción *f.* assumption, taking on.

a·sun·to *m.* 1 *cuestión* matter, issue *tema* subject *de obra* theme 2 *negocio* affair, business. 3 *aventura* affair, love affair .

a·sus·ta·di·zo, za *adj.* easily frightened, easily scared.

a·sus·ta·do, da *adj.* frightened, scared.

a·sus·tar *tr.* to frighten, scare ◇ *prnl. asustarse* to be frightened, be scared.

a·ta·can·te *adj.* attacking, assailing ◇ *com.* attacker, assailant.

a·ta·car *(see model 1) tr.* 1 *gen.* to attack 2 *criticar* to attack, criticize 3 *afectar* to attack, affect.

a·ta·do, da *pp. de atar adj. tímido* shy, timid ◇ *m. atado* bundle.

a·ta·dor, ra *adj.* binding.

a·ta·du·ra *f.* 1 *acción* tying, binding, fastening 2 *cosa* binding, string, cord 3 *fig. unión* tie 4 *fig. impedimento* tie, hindrance.

a·ta·jar *intr.* to take a short cut ◇ *tr.* 1 *interrumpir* to interrupt 2 *entorpecer el paso* to halt.

a·ta·jo *m.* 1 *camino* short cut 2 *rebaño* herd 3 *fig. grupo* bunch.

a·ta·la·ya *f.* 1 *torre* watchtower, lookout *mirador* vantage point ◇ *m. persona* watcher, lookout.

a·ta·ñer *(see model 38)* used only in the 3rd person *intr.* to concern (**a**, -).

a·ta·que *m.* 1 attack 2 MED fit **ataque aéreo** air raid **ataque de nervios** nervous breakdown.

a·tar *tr.* 1 to tie 2 *fig.* to tie down .

a·ta·ran·ta·do, da *adj.* 1 *aturdido* stunned, dazed 2 *inquieto* restless.

a·tar·de·cer *(see model 43) intr.* it does not take a subject to get dark, grow dark ◇ *m.* evening, dusk.

a·ta·re·a·do, da *pp. de atarear adj.* busy, occupied.

a·ta·re·ar *tr.* to keep busy, assign a task to ◇ *prnl. atarearse* to be busy, work hard.

a·tas·car *(see model 1) tr.* 1 *bloquear* to block up, clog 2 *fig. obstaculizar* to hamper, hinder, obstruct ◇ *prnl. atascarse* *bloquearse* to get blocked, get blocked up, get clogged 2 *mecanismo* to jam, get jammed, get stuck 3 *fig. estancarse* to get tangled up, get bogged down.

a·tas·co *m.* 1 *acción* obstruction, blockage 2 *de tráfico* traffic jam.

a·ta·úd *m.* coffin.

a·ta·viar *(see model 13) tr.* 1 *arreglar* to dress up 2 *adornar* to adorn, deck.

a·tá·vi·co, ca *adj.* atavistic.

a·ta·vis·mo *m.* atavism.

a·te·ís·mo *m.* atheism.

a·te·mo·ri·zar *(see model 4) tr.* to frighten, scare ◇ *prnl. atemorizarse* to be frightened, be scared.

a·tem·pe·rar *tr.* 1 *moderar* to moderate, temper 2 *acomodar* to adjust (**a**, to), accommodate (**a**, to).

a·te·na·za·do, da *pp. de atenazar adj. fig.* gripped, tormented.

a·te·na·zar *(see model 4) tr. fig.* to torture, torment.

a·ten·ción *f.* 1 *gen.* attention 2 *detalle* nice thought *interj.* **¡atención!** *gen.* your attention please! *cuidado* watch out!, look out!

a·ten·der *(see model 28) tr.* 1 *servir - cliente* to serve, attend to, see to 2 *cuidar* to take care of, look after.

a·ten·di·ble *adj.* worthy of attention, worthy of consideration.

a·te·ner·se *(see model 87) prnl.* 1 *ajustarse* to abide (**a**, by), comply (**a**, with) 2 *acogerse* to rely (**a**, on).

a·te·nien·se *adj.* Athenian ◇ *s.* Athenian.

a·ten·ta·do *m.* 1 *ataque* attack, assault 2 *afrenta* affront **atentado terrorista** terrorist attack.

a·ten·ta·men·te *adv.* 1 attentively, carefully 2 *amablemente* politely *en carta* sincerely, faithfully.

a·ten·tar *(see model 27) intr. físicamente a una institución* to attack (*a/contra*, -), make an attack (*a/contra*, on) *a una persona* to attempt to kill, make an attempt on somebody's life .

a·ten·to, ta *adj.* 1 attentive 2 *amable* polite, courteous **estar atento a algo** *prestar atención* to pay attention to something 2 *estar alerta* to be on the alert for something, keep an eye out for something, be on the lookout for.

a·te·nuan·te *adj.* 1 attenuating 2 JUR extenuating ◇ *m.* JUR extenuating circumstance.

a·te·nuar *(see model 11) tr.* 1 to attenuate 2 JUR to extenuate.

a·te·o, a *adj.* atheistic ◇ *s.* atheist.

a·ter·cio·pe·la·do, da *adj.* velvety, velvet.

a·ter·cio·pe·lar *tr.* to buff.

a·te·ri·do, da *pp. de aterirse adj.* stiff with cold, numb.

a·te·rir·se *prnl.* to be stiff with cold, be numb with cold.

a·te·rra·dor, ra *adj.* terrifying, frightful.

a·te·rrar¹ *tr. asustar* to terrify ◇ *prnl.* **aterrarse** to be terrified.

a·te·rrar² *(see model 27) tr.* **1** *derribar* to pull down, demolish **2** *cubrir de tierra* to cover with earth ◇ *intr.* **1** *avión* to land **2** *barco* to stand inshore.

a·te·rri·za·je *m.* landing **aterrizaje forzoso** emergency landing **aterrizaje violento** crash landing.

a·te·rri·zar *(see model 4) intr.* **1** to land **2** *fig.* to show up, arrive.

a·te·rro·ri·zar *(see model 4) tr.* **1** *gen.* to terrify *terrorista* to terrorize ◇ *prnl.* **aterrorizarse** to be terrified.

a·te·so·rar *tr.* **1** *acumular* to hoard, accumulate, store up **2** *fig.* to possess.

a·tes·ta·do¹ *m.* JUR affidavit, statement ◇ *mpl.* **atestados** testimonials.

a·tes·ta·do, da² *pp. de atestar 2 adj.* packed (*de*, with), crammed (*de*, with).

a·tes·tar¹ *tr.* JUR to testify.

a·tes·tar² *(see model 27) tr. atiborrar* to cram (*de*, with), pack (*de*, with) ◇ *prnl.* **atestarse** *de comida* to stuff oneself (*de*, with).

a·tes·ti·guar *(see model 22) tr.* JUR to testify to, bear witness to, give evidence of .

a·te·zar *(see model 4) tr.* **1** *broncear* to tan, burn **2** *ennegrecer* to blacken, turn black ◇ *prnl.* **atezarse** *broncearse* to get tanned.

a·ti·bo·rra·do, da *pp. de atiborrar adj.* full (*de*, of), stuffed (*de*, with), packed (*de*, with).

a·ti·bo·rrar *tr. llenar* to pack, cram, stuff (*de*, with) ◇ *prnl.* **atiborrarse** *de comida* to stuff oneself (*de*, with).

á·ti·co *m.* **1** *vivienda* penthouse, attic flat **2** ARQ attic, loft.

a·tie·sar *tr.* to stiffen, tighten, stretch taut.

a·ti·gra·do, da *adj. con rayas* striped *gato* tabby.

a·til·da·do, da *pp. de atildar adj.* smart, neat, spruce.

a·til·da·mien·to *m.* **1** *acicalamiento* elegance, tidiness **2** *fig. crítica* censure.

a·til·dar *tr.* **1** *tipografía* to mark with a tilde **2** *acicalar* to tidy, clean up *persona* to dress up **3** *fig. criticar* to criticize, censure, find fault with ◇ *prnl.* **atildarse** *uso reflexivo* to spruce oneself up, smarten oneself up, get dressed up.

a·ti·na·do, da *pp. de atinar adj.* **1** *correcto* right, accurate, correct, *pertinente* pertinent **2** *persona* sensible.

a·ti·nar *intr.* **1** *dar con* to hit upon, find **2** *acertar* to get it right, be right, succeed.

a·ti·pi·co, ca *adj.* atypical.

a·ti·pla·do, da *pp. de atiplar adj.* high-pitched.

a·ti·plar *tr. subir el tono* to raise the pitch of ◇ *prnl.* **atiplarse** to go squeaky.

a·ti·ran·tar *tr. poner tirante* to tighten, tauten.

a·ti·ri·ciar·se *prnl.* to contract jaundice.

a·tis·bar *tr.* **1** *observar* to spy on, observe, watch **2** *fig. vislumbrar* to make out, discern.

a·tis·bo *m.* **1** *acción* spying, watching **2** *fig. indicio* inkling, slight sign.

a·ti·zar *(see model 4) tr.* **1** *fuego* to poke *vela* to snuff **2** *fig. pasiones* to rouse, excite *rebelión* to stir up **3** *dar, golpe* give, deal ◇ *prnl.* **atizarse** *fam. zamparse, comida* to put away - *bebida* to knock back. ¡atiza! wow!

a·tlan·te *m.* Atlas.

a·tlán·ti·co, ca *adj.* Atlantic **el (océano) Atlántico** the Atlantic (Ocean).

a·tlas *m. inv.* atlas.

a·tle·ta *com.* athlete.

a·tlé·ti·co, ca *adj.* athletic.

a·tle·tis·mo *m.* athletics.

at·mós·fe·ra *f.* atmosphere.

at·mos·fé·ri·co, ca *adj.* atmospheric, atmospherical.

a·to·ci·nar *tr.* **1** *abrir* to slice up **2** *fam. asesinar* to do in, carve up ◇ *prnl.* **atocinarse** **1** *fam. enfadarse* to get het up **2** *fam. enamorarse* to fall madly in love.

a·to·lla·de·ro *m.* **1** *atascadero* morass, quagmire **2** *fig. aprieto* fix, jam **estar en un atolladero** to be in a jam.

a·to·llar *tr.* to obstruct, block up.

a·to·lón *m.* atoll.

a·to·lon·dra·do, da *pp. de atolondrar adj.* **1** *desatinado* scatterbrained, reckless, silly **2** *aturdido* stunned, bewildered.

a·to·lon·drar *tr.* to confuse, stun, bewilder ◇ *prnl.* **atolondrarse** to be confused, be stunned, be bewildered.

a·tó·mi·co, ca *adj.* atomic.

a·to·mi·za·ción *f.* atomization, spraying.

a·to·mi·za·dor *m.* atomizer, spray, scent spray.

a·to·mi·zar *(see model 4) tr.* to atomize, spray.

á·to·mo *m.* **1** atom **2** *fig.* atom, particle, speck **ni un átomo de** not a trace of **átomo de vida** spark of life.

a·to·nal *adj.* atonal.

a·to·ní·a *f.* **1** MED atony **2** *apatía* apathy, lethargy.

a·tó·ni·to, ta *adj.* astonished, amazed **escuchó las noticias atónito** he listened to the news in amazement.

á·to·no, na *adj.* atonic, unstressed.

a·ton·ta·do, da *pp. de atontar adj.* **1** *aturdido* stunned, confused, bewildered **2** *tonto* stupid, silly, foolish.

a·ton·ta·mien·to *m.* bewilderment, stupefaction.

a·ton·tar *tr.* **1** *volver tonto* to make stupid, stupefy, turn into a vegetable **2** *aturdir* to confuse, bewilder, stun *con un golpe* to stun, daze *marear* to make dopey ◇ *prnl.* **atontarse** **1** *volverse tonto* to go stupid, turn into a vegetable **2** *aturdirse* to get confused, be bewildered; to become groggy, begin to feel groggy.

a·to·rar *tr. obstruir* to obstruct, block ◇ *prnl.* **atorarse** *atascarse* to get stuck, get jammed.

a·tor·men·tar *tr.* **1** *torturar* to torture **2** *fig. causar disgusto* to torment, harass ◇ *prnl.* **atormentarse** *sufrir* to torment oneself.

a·tor·ni·llar *tr.* to screw on, screw down, screw together.

a·to·si·gar *(see model 4) tr.* to harass, pester.

a·tra·ban·car *(see model 1) tr.* to rush over, hurry over ◇ *prnl.* **atrabancarse** to get into a jam.

a·tra·bi·lia·rio, ria *adj.* bad-tempered, moody ◇ *s.* bad-tempered person, moody person.

a·tra·bi·lis *f. inv. fig.* bad temper, moodiness.

a·tra·ca·de·ro *m.* landing place, wharf, berth.

a·tra·ca·dor, ra *s.* **1** *de banco* (bank) robber **2** *en la calle* attacker, mugger, thief.

a·tra·car *(see model 1) tr.* **1** *robar banco, tienda* to hold up, rob *persona* to mug **2** *de comida* to stuff, fill ◇ *intr.* MAR *a otra nave* to come alongside *a tierra* to tie up, dock, berth ◇ *prnl.* **atracarse** *de comida* to gorge oneself (*de*, on), stuff oneself (*de*, with) *de bebida* to guzzle (*de*, -).

a·trac·ción *f. gen.* attraction **sentía atracción por él** she felt attracted to him ◇ *fpl.* **atracciones** *de feria* rides *pl.*

a·tra·co *m.* **1** hold-up, robbery ¡esto es un atraco! **2** *fig.* this is daylight robbery!

a·tra·cón *m. fam.* binge, blowout **darse/pegarse un atracón** to make a pig of oneself.

a·trac·ti·vo, va *adj.* attractive, charming, appealing ◇ *m.* **atractivo** attraction, charm, appeal **el nuevo modelo tiene mucho atractivo** the new model is very attractive.

a·tra·er *(see model 88) tr.* **1** *gen.* to attract **2** *captivar* to captivate, charm.

a·tra·gan·tar·se *prnl. no poder tragar* to choke (**con**, on), swallow the wrong way.

a·tran·car *(see model 1) tr.* **1** *puerta* to bar, bolt **2** *obstruir* to obstruct, block up ◇ *prnl.* **atrancarse 1** *atascarse* to get stuck **2** *al leer* to stumble over one's words.

a·tra·par *tr.* to seize, capture, catch.

a·tra·que *m.* **1** *acción* mooring **2** *muelle* mooring place, berth *de nave espacial* link-up.

a·trás *adv.* **1** *back* **2** *tiempo* ago ◇ *interj.* stand back!, move back!

a·tra·sa·do, da *pp. de atrasar adj.* **1** *desfasado* outdated **2** *pago* overdue **3** *reloj* slow.

a·tra·sar *tr. gen.* to delay, postpone, put back *reloj* to put back ◇ *intr. reloj* to be slow ◇ *prnl.* **atrasarse 1** *tren, etc.* to be late **2** *quedarse atrás* to fall behind.

a·tra·so *m.* **1** delay **2** *de reloj* slowness **3** *de un país* backwardness ◇ *mpl.* **atrasos** COMM arrears.

a·tra·ve·sa·do, da *pp. de atravesar adj.* **1** *cruzado* crossed, laid across **2** *algo bizco* cross-eyed **3** *animal cruzado* mongrel, crossbred **4** *fig. maligno* wicked, bloody-minded.

a·tra·ve·sar *(see model 27) tr.* **1** *cruzar* to cross, go across, go over *pasar por* to go through, pass through **2** *experimentar gen.* to go through, experience *enfermedad, etc.* to suffer **3** *poner oblicuamente* to put across, lay across **4** *con bala, etc.* to go through *con espada* to run through **5** *situación* to go through ◇ *prnl.* **atravesarse 1** *estar atravesado* to be in the way, be across **2** *inmiscuirse* to interfere, meddle.

a·tra·yen·te *adj.* attractive.

a·tre·ver·se *prnl.* to dare, venture **atreverse a hacer algo** to dare to do something.

a·tre·vi·do, da *pp. de atreverse adj.* **1** *osado* daring, bold **2** *insolente* insolent, impudent **3** *indecoroso* daring, risqué.

a·tre·vi·mien·to *m.* **1** *osadía* daring, boldness **2** *insolencia* effrontery, insolence, impudence.

a·tri·bu·ción *f.* **1** *acción* attribution **2** *poder* power, authority.

a·tri·bui·ble *adj.* attributable (**a**, to).

a·tri·buir *(see model 62) tr.* to attribute (**a**, to), ascribe ◇ *prnl.* **atribuirse** to assume.

a·tri·bu·la·do, da *pp. de atribular adj.* sad, distressed.

a·tri·bu·lar *tr.* to grieve, afflict, distress ◇ *prnl.* **atribularse** to be grieved, be afflicted, be distressed.

a·tri·bu·to *m.* attribute, quality.

a·tril *m. para libros* lectern, bookrest *para música* music stand.

a·trin·che·rar *tr.* to entrench, dig a trench ◇ *prnl.* **atrincherarse** to entrench os.

a·trio *m.* **1** *patio* atrium **2** *vestíbulo* vestibule, entrance hall.

a·tro·ci·dad *f.* **1** *barbaridad* atrocity, outrage **2** *disparate, acción* something stupid, foolish thing *dicho* silly remark, stupid remark.

a·tro·fia *f.* atrophy.

a·tro·fiar *(see model 12) tr.* to atrophy ◇ *prnl.* **atrofiarse** to atrophy.

a·tro·nar *tr.* **1** *asordar* to deafen **2** *aturdir* to stun, daze.

a·tro·pe·lla·da·men·te *adv.* hastily, hurriedly.

a·tro·pe·lla·do, da *pp. de atropellar adj.* **1** *persona* hasty, rash **2** *comportamiento* abrupt, brusque.

a·tro·pe·llar *tr.* **1** AUTO to knock down, run over **2** *arrollar* to trample over **3** *empujar* to push, jostle **4** *fig. oprimir* to oppress *sentimientos* to outrage, offend, affront *derechos* to disregard, violate ◇ *prnl.* **atropellarse** to rush, hurry.

a·tro·pe·llo *m.* **1** *accidente* accident, collision *de coche* knocking down, running over **2** *apresuramiento* haste **3** *fig. agravio* outrage, abuse *de derecho* violation ◇ *mpl.* **atropellos** pushing and shoving *sing.* **con atropello** in a hurry, in a rush.

a·troz *adj. pl.* **atroces 1** *bárbaro* atrocious, outrageous **2** *fam. enorme* enormous, huge, awful.

a·tuen·do *m.* attire, dress, outfit.

a·tu·far *intr. apestar* to stink, smell awful ◇ *tr.* **1** *asfixiar* to choke **2** *fig. enojar* to annoy ◇ *prnl.* **atufarse 1** *vino* to turn sour **2** *marearse* to feel sick *asfixiarse* to choke **3** *fig. enojarse* to get angry, get annoyed.

a·tún *m.* tuna, tuna fish, tunny.

a·tu·ne·ro, ra *adj.* tuna ◇ *m.* **atunero** tuna fisherman.

a·tur·di·do, da *pp. de aturdir adj.* **1** *confundido* stunned, dazed, bewildered **2** *atolondrado* reckless, harebrained.

a·tur·di·mien·to *m.* **1** *confusión* confusion, bewilderment **2** *por un golpe* daze **3** *atolondramiento* recklessness, thoughtlessness **4** *torpeza* clumsiness, awkwardness.

a·tur·dir *tr.* **1** *por golpe* to stun, daze *por ruido* to deafen *por droga* to stupefy **2** *fig. atolondrar* to stun, dumbfound *confundir* to bewilder, confuse ◇ *prnl.* **aturdirse** *atolondrarse* to be stunned, be confused, be bewildered.

a·tu·rru·llar *tr.* to confuse, bewilder ◇ *prnl.* **aturrullarse** to get confused, get bewildered.

a·tu·sar *tr.* **1** *recortar* to trim **2** *alisar* to smooth (down), comb ◇ *prnl.* **atusarse** *acicalarse* to overdress.

au·da·cia *f.* audacity, boldness, daring.

au·daz *adj. pl.* **audaces** audacious, bold, daring.

au·daz·men·te *adv.* audaciously, boldly.

au·di·ble *adj.* audible.

au·di·ción *f.* **1** *acción* hearing *radio, televisión* reception **2** TEAT audition **3** MÚS concert.

au·dien·cia *f.* **1** *recepción* audience, hearing **2** *entrevista* formal interview **3** JUR high court **4** *público* audience **índice de audiencia** ratings *pl.*

au·dí·fo·no *m.* hearing aid, deaf aid.

au·dí·me·tro *m.* audience-monitoring device.

au·dio·me·trí·a *f.* audiometry.

au·dió·me·tro *m.* audiometer.

au·dio·vi·sual *adj.* audio-visual ◇ *m.* audio-visual.

au·di·tar *tr.* to audit.

au·di·ti·vo, va *adj.* auditory ◇ *m.* **auditivo** auricular earpiece, receiver.

au·di·tor, ra *s.* FIN auditor ◇ *adj.* auditing ◇ *m.* **auditor** MIL legal adviser.

au·di·to·rí·a *f.* **1** *proceso* auditing, audit **2** *empleo de auditor* auditorship.

au·di·to·rio *m.* **1** *público* audience **2** *lugar* auditorium, hall.

au·ge *m.* 1 *del mercado* boom 2 *de precios* boost 3 *de fama, etc.* peak, summit 4 *de órbita* apogee **cobrar auge** to gain importance, become important **estar en auge** to be on the increase, be thriving, be booming.

au·gu·rar *tr.* to augur.

au·gu·rio *m.* augury.

au·gus·to, ta *adj.* august, magnificent, majestic.

au·la *f. en escuela* classroom *en universidad* lecture room.

áu·li·co, ca *adj.* court, courtly ⋄ *s.* courtier.

au·lla·dor, ra *adj.* howling, yelling, baying.

au·llar *(see model 16) intr.* to howl, yell, bay.

au·lli·do *m.* howl, yell.

aú·llo *m.* howl, yell.

au·men·tar *tr.* 1 to augment, increase, *precios* to put up, *producción* to step up 2 *óptica* to magnify 3 *fotos* to enlarge 4 *sonido* to amplify ⋄ *intr.* to rise, go up ⋄ *prnl.* **aumentarse** to increase, be on the increase *precios* to go up, rise.

au·men·ta·ti·vo, va *adj.* augmentative.

au·men·to *m.* 1 increase, growth 2 *óptica* magnification 3 *fotos* enlargement 4 *sonido* amplification 5 *salario* raise **ir en aumento** to be on the increase **aumento de precios** rise in prices.

aun *adv.* even *conj.* + *gerundio o participio* although, even though.

a·ún *adv. afirmación* still *negación, interrogación* yet.

aun·que *conj.* 1 *valor concesivo* although, though *con énfasis* even if, even though 2 *valor adversativo* but.

aú·pa *interj.* up!, get up!

au·par *(see model 16) tr.* 1 *levantar* to help up 2 *fig. alabar* to praise.

au·ra *f.* 1 *aire* gentle breeze 2 *halo* aura 3 *fig. aplauso* applause, acclamation.

áu·re·o, a *adj.* golden.

au·re·o·la *f.* aureole, halo.

au·rí·cu·la *f.* auricle.

au·ri·cu·lar *adj.* 1 auricular, of the ear ⋄ *m.* 1 *teléfono* receiver, earpiece 2 *dedo* little finger ⋄ *mpl.* **auriculares** earphones, headphones.

au·rí·fe·ro, ra *adj.* auriferous.

au·ro·ra *f.* dawn, daybreak **aurora boreal/borealis** aurora borealis, northern lights *pl.*

aus·cul·ta·ción *f.* sounding, auscultation.

aus·cul·tar *tr.* to sound (with a stethoscope).

au·sen·cia *f.* absence **brillar por su ausencia** to be conspicuous by one's absence.

au·sen·te *adj.* 1 absent 2 *distraído* lost in thought ⋄ *com.* 1 absentee 2 JUR missing person.

au·sen·tis·mo *m.* absenteeism.

aus·pi·ciar *(see model 12) tr.* 1 *proteger* to protect 2 *augurar* to augur.

aus·pi·cio *m.* auspice.

aus·te·ri·dad *f.* 1 *sobriedad* austerity 2 *severidad* severity.

aus·te·ro, ra *adj.* 1 *sobrio* austere 2 *severo* severe, stern.

aus·tral *adj.* south, southern ⋄ *m. moneda* austral *(monetary unit of Argentina)*.

aus·tra·lia·no, na *adj.* Australian ⋄ *s. persona* Australian.

aus·tra·lo·pi·te·co *m.* australopithecine.

aus·tria·co, ca *adj.* austriaco ⋄ *s. persona* Austriaco.

au·ten·ti·ca *f. certificado* certificate *copia legalizada* certified copy.

au·ten·ti·ci·dad *f.* authenticity.

au·tén·ti·co, ca *adj.* authentic, genuine, real.

au·tis·mo *m.* autism.

au·tis·ta *com.* autistic person.

au·to *m.* 1 JUR decree, writ 2 LIT mystery play, religious play ⋄ *mpl. autos* papers, documents **estar en autos** *fam.* to be in the know **auto de prisión** arrest warrant.

au·to·ad·he·si·vo, va *adj.* self-adhesive.

au·to·a·ná·li·sis *m. inv.* self-analysis.

au·to·a·yu·da *f.* self-help.

au·to·bio·gra·fí·a *f.* autobiography.

au·to·bio·grá·fi·co, ca *adj.* autobiographical.

au·to·bús *m.* bus.

au·to·com·pa·sión *f.* self-pity.

au·to·com·pla·cen·cia *f.* complacency.

au·to·con·trol *m.* self-control.

au·to·cra·cia *f.* autocracy.

au·tó·cra·ta *com.* autocrat.

au·to·crí·ti·ca *f.* self-criticism.

au·tóc·to·no, na *adj.* indigenous.

au·to·de·fen·sa *f.* self-defense.

au·to·des·truir·se *(see model 62) prnl.* to self-destruct.

au·to·de·ter·mi·na·ción *f.* self-determination.

au·to·di·dac·ta *com.* self-taught person.

au·to·dis·ci·pli·na *f.* self-discipline.

au·to·do·mi·nio *m.* self-control.

au·tó·dro·mo *m.* motor racing track.

au·to·es·ti·ma *f.* self-esteem, self-respect.

au·tó·ge·no, na *adj.* autogenous.

au·to·ges·tión *f.* self-management.

au·tó·gra·fo, fa *adj.* autographic ⋄ *m.* **autógrafo** autograph.

au·to·ma·ta *m.* automaton.

au·to·má·ti·ca·men·te *adv.* automatically.

au·to·má·ti·co, ca *adj.* automatic.

au·to·ma·ti·zar *(see model 4) tr.* to automate.

au·to·mo·tor *adj.* self-propelled ⋄ *m.* **automotor** diesel railcar.

au·to·mó·vil *m.* automobile, car.

au·to·mo·vi·lis·mo *m.* 1 motoring 2 DEP motor racing.

au·to·mo·vi·lis·ta *com.* motorist, driver.

au·to·no·mí·a *f.* 1 *gen.* autonomy 2 *capacidad para funcionar sin recargar* range .

au·tó·no·mo, ma *adj.* 1 *región* autonomous 2 *trabajador* self-employed ⋄ *s.* COMM self-employed person.

au·to·pis·ta *f.* highway.

au·top·sia *f.* 1 autopsy, postmortem 2 *fig.* postmortem.

au·tor, ra *s.* 1 *escritor* writer, author *hombre* author *mujer* authoress 2 *inventor* inventor 3 *responsable gen.* person responsible *de delito* perpetrator **autor de teatro** playwright.

au·to·rí·a *f.* 1 *de obra* authorship 2 *de delito* responsibility.

au·to·ri·dad *f.* authority.

au·to·ri·ta·rio, ria *adj.* authoritarian.

au·to·ri·ta·ris·mo *m.* authoritarianism.

au·to·ri·ta·ti·vo, va *adj.* authoritative.

au·to·ri·za·ción *f.* authorization.

au·to·ri·za·do, da *pp. de autorizar adj.* 1 *oficial* authorized, official 2 *experto* authoritative, expert.

au·to·ri·zar *(see model 4) tr.* 1 to authorize 2 JUR to legalize 3 *aprobar* to approve of, give authority to.

au·to·rre·tra·to *m.* self-portrait.

au·to·ser·vi·cio *m.* 1 *restaurante* self-service restaurant, cafeteria 2 *supermercado* supermarket.

au·to·su·fi·cien·cia f. self-sufficiency.

au·to·su·fi·cien·te adj. self-sufficient.

au·xi·liar (see model 14) adj. auxiliary, assistant ◇ m. **1** persona auxiliary, assistant **2** GRAM verbo auxilliary ◇ tr. ayudar to help, assist a un enfermo to attend a un país to give aid to **auxiliar administrativo** administrative assistant, **auxiliar de vuelo** flight attendant.

au·xi·lio m. help, aid, assistance, relief interj. help! **primeros auxilios** first aid sing.

a·val m. endorsement, guarantee.

a·va·lan·cha f. avalanche.

a·va·lar tr. to guarantee, endorse.

a·van·ce m. **1** acción advance **2** pago advance payment balance balancing presupuesto estimate **3** de película trailer **avance informativo** TV news brief.

a·van·te adv. ahead, forward.

a·van·za·da f. advance guard.

a·van·za·do, da pp. de avanzar adj. **1** advanced **de avanzada edad** advanced in years, elderly.

a·van·zar (see model 4) intr. to advance, go forward ◇ tr. **1** mover adelante to advance, move forward **2** dinero to advance **3** promover to promote **4** una propuesta to put forward ◇ prnl. **avanzarse** adelantarse to go forward, advance día, noche to draw in.

a·va·ri·cia f. **1** tacañería avarice, meanness, miserliness codicia greed, avarice **con avaricia 2** fam. extremely **es feo con avaricia** he's as ugly as sin.

a·va·rien·to, ta adj. tacaño avaricious, mean, miserly codicioso greedy, avaricious.

a·va·ro, ra adj. tacaño avaricious, miserly, mean codicioso greedy, avaricious ◇ s. tacaño miser codicioso greedy person.

a·va·sa·lla·mien·to m. subjection, subjugation, domination.

a·va·sa·llar tr. to subjugate, subdue.

a·ve f. bird **ave de paso** bird of passage **ave de rapiña** bird of prey **aves de corral** poultry sing. **ave nocturna** night-bird, night owl, nighthawk.

a·ve·jen·tar·se prnl. to age (prematurely).

a·ve·lla·na f. hazelnut.

a·ve·na f. oats pl.

a·ve·nen·cia f. agreement, accord comercial deal.

a·ve·ni·da f. **1** calle avenue **2** riada flood, spate **3** concurrencia gathering, meeting.

a·ve·ni·do, da pp. de avenir **bien avenidos** in agreement, on good terms **mal avenidos** in disagreement, on bad terms.

a·ven·ta·ja·do, da pp. de aventajar adj. **1** sobresaliente outstanding, exceptional en cabeza in the lead **2** provechoso advantageous, favorable.

a·ven·ta·jar tr. **1** exceder to surpass, beat **2** ir en cabeza to lead, be ahead llegar to come first, come ahead (a, of).

a·ven·tar (see model 27) tr. **1** AGR to winnow **2** viento to blow away el fuego to blow (on), fan cenizas to cast to the wind.

a·ven·tu·ra f. **1** adventure **2** riesgo hazard, risk **3** relación amorosa (love) affair.

a·ven·tu·ra·do, da pp. de aventurar adj. **1** arriesgado dangerous, risky **2** atrevido daring, bold.

a·ven·tu·rar tr. **1** poner en peligro to venture, risk **2** idea, opinión, etc. to venture, dare, hazard ◇ prnl. **aventurarse** to venture, dare.

a·ven·tu·re·ro, ra adj. adventurous ◇ s. hombre adventurer mujer adventuress **de espíritu aventurero** adventurous, venturesome.

a·ver·gon·za·do, da pp. de avergonzar adj. embarrassed, ashamed.

a·ver·gon·zar (see model 51) tr. causar vergüenza to shame, put to shame turbar to embarrass ◇ prnl. **avergonzarse** to be ashamed (de, of), be embarrassed (de, about).

a·ve·rí·a f. **1** en productos damage **2** TÉC failure **3** AUTO breakdown.

a·ve·ria·do, da pp. de averiar adj. **1** en productos damaged **2** TÉC faulty, not working, out of order **3** AUTO broken down.

a·ve·riar (see model 13) tr. **1** productos to damage, spoil. **2** TÉC to cause to malfunction **3** AUTO to cause a breakdown to ◇ prnl. **averiarse 1** productos to get damaged **2** TÉC to malfunction **3** AUTO to break down.

a·ve·ri·gua·ción f. inquiry, investigation.

a·ve·ri·guar (see model 22) tr. to inquire, investigate, find out about.

a·ver·no m. litr. Hades.

a·ver·sión f. aversion **sentir aversión por** to loathe.

a·ves·truz m. pl. avestruces ostrich.

a·ve·za·do, da pp. de avezar adj. seasoned, experienced.

a·ve·zar (see model 4) tr. to accustom, familiarize ◇ prnl. **avezarse** acostumbrarse to get used (a, to), get accustomed (a, to).

a·via·ción f. **1** aviation **2** MIL air force **accidente de aviación** air crash.

a·via·dor, ra s. aviator, flier, hombre airman mujer airwoman.

a·viar (see model 13) tr. **1** proveer to provide (de, with), supply **2** arreglar to tidy ordenar to put in order **3** apresurar to hurry up **4** preparar to prepare, get ready ◇ prnl. **aviarse 1** prepararse to prepare oneself **2** arreglárselas to manage, get by.

a·ví·co·la adj. poultry.

a·vi·cul·tor, ra s. poultry keeper, poultry farmer.

a·vi·cul·tu·ra f. aviculture **de aves de corral** poultry keeping, poultry farming.

a·vi·dez f. avidity, eagerness.

á·vi·do, da adj. avid, eager.

a·vie·so, sa adj. perverse, evil, wicked.

a·ví·o m. **1** arreglo preparation, tidying **2** comida provisions ◇ pl. provecho profit, benefit ◇ mpl. **avíos** instrumentos gear sing. tackle sing, equipment sing.

a·vión m. airplane, plane, aircraft **ir/viajar en avión** to fly, go by plane **por avión** correo airmail **avión a reacción** jet (plane).

a·vio·ne·ta f. light plane, light aircraft.

a·vi·sar tr. **1** informar to inform, notify, announce **2** advertir to warn **3** mandar llamar to call for **"Se avisa grúa"** "Cars will be towed away".

a·vi·so m. **1** información notice **2** advertencia warning **andar/estar sobre aviso** estar atento to be on the alert, keep one's eyes open **2** estar enterado to know what's going on, be in on it.

a·vis·pa f. wasp.

a·vis·pa·do, da pp. de avispar adj. clever, smart, sharp.

a·vis·pe·ro m. **1** conjunto de avispas swarm of wasps **2** nido de avispas wasp's nest **3** fig. lío tight spot, mess **4** MED carbuncle.

a·vis·pón m. hornet.

a·vis·tar tr. to see, sight.

a·vi·tua·lla·mien·to m. provisioning.

a·vi·tua·llar tr. to provision (de, with), supply with food.

a·vi·var *tr.* **1** *fuego* to stoke (up) **2** *anhelos, deseos* to enliven **3** *pasiones, dolor* to intensify **4** *paso* to quicken **5** *colores, luz* to brighten up ◇ *intr.* to become brighter, become livelier ◇ *prnl.* **avivarse** to become brighter, become livelier.

a·vi·zo·rar *tr.* to watch, spy on.

a·xial *adj.* axial.

a·xi·la *f.* **1** *del cuerpo* armpit, underarm **2** MED axilla **3** *de planta* axil.

a·xio·lo·gí·a *f.* axiology.

a·xio·ma *m.* axiom.

a·xio·má·ti·co, ca *adj.* axiomatic.

ay *interj.* **1** *dolor* ouch!, ow! **2** *pena* alas! **3** *temor* oh! ◇ *m. quejido* moan, groan *suspiro* sigh. **¡ay de mí!** woe is me! **¡ay de ti** *(si etc.)* **como...!** *amenaza* I'll give it to you *(him etc.)* if...!, you're *(he's etc.)* in for it if...!

a·yer *adv.* **1** *el día anterior* yesterday **2** *en el pasado* in the past, formerly ◇ *m.* past.

a·yu·da *f.* **1** help, aid, assistance **2** *lavativa* enema **ir en ayuda de alguien** to come to somebody's assistance.

a·yu·dan·te *com.* **1** assistant **2** MIL adjutant **ayudante de dirección** *en teatro, cine* production assistant **ayudante técnico sanitario** nurse.

a·yu·dar *tr.* to help, aid, assist ◇ *prnl.* **ayudarse** *apoyarse* to make use (**de/con**, of).

a·yu·nar *intr.* to fast.

a·yu·nas en ayunas 1 on an empty stomach **2** *fig.* in the dark.

a·yu·no *m.* fast, fasting **guardar ayuno** to fast.

a·yun·ta·mien·to *m.* **1** *corporación* town council, city council **2** *edificio* town hall, city hall **ayuntamiento carnal** sexual intercourse.

a·za·ba·che *m.* jet **negro como el azabache** jet-black.

a·za·dón *m.* mattock.

a·za·fa·ta *f.* **1** *de avión* air hostess, stewardess **2** *de congresos* hostess.

a·za·frán *m.* saffron.

a·za·har *m. de naranjo* orange blossom *de limonero* lemon blossom **agua de azahar** orange flower water.

a·za·lea *f.* azalea.

a·zar *m.* **1** chance **2** *percance* misfortune, accident **al azar** at random, **por puro azar** by pure chance **juegos de azar** games of chance **los azares de la vida** the ups and downs of life.

a·za·ro·so, sa *adj.* risky, hazardous, dangerous.

a·zer·bai·ya·no, na *adj.* Azerbaijani ◇ *s. persona* Azerbaijani ◇ *m.* **azerbaiyano** *idioma* Azerbaijani.

á·zi·mo, ma *adj.* unleavened **pan ázimo** unleavened bread.

a·zo·ga·do, da *pp. de* azogar *adj.* restless.

a·zo·gar *tr.* to quicksilver, coat with quicksilver *espejos* to silver ◇ *prnl.* **azogarse** *contraer la enfermedad* to suffer from mercurialism **2** *fig. agitarse* to move restlessly.

a·zo·gue *m.* mercury, quicksilver.

a·zol·var *tr.* to block, obstruct.

a·zo·ra·do, da *pp. de* azorar *adj.* embarrassed.

a·zo·rar *tr.* to embarrass ◇ *prnl.* **azorarse** to be embarrassed.

a·zo·ta·do, da *pp. de* azotar *adj.* **1** whipped, flogged **2** *fig.* whipped, lashed.

a·zo·tar *tr.* **1** *con látigo* to whip, flog **2** *golpear* to beat down on **3** *viento, olas* to lash **4** *fig. peste, hambre, etc.* to ravage.

a·zo·te *m.* **1** *instrumento* whip, scourge **2** *golpe* lash, stroke (of the whip) **3** *manotada* smack **4** *del viento, del agua* lashing **5** *fig.* scourge.

a·zo·te·a *f.* **1** flat roof **estar mal de la azotea** *fam.* to have a screw loose.

az·te·ca *adj.* Aztec ◇ *com.* Aztec.

a·zú·car *amb.* sugar. **azúcar blanco** refined sugar **azúcar cande/candi** sugar candy, rock candy **azúcar de caña** cane sugar **azúcar glas** icing sugar **terrón de azúcar** lump of sugar.

a·zu·ca·ra·do, da *pp. de* azucarar *adj.* **1** *con azúcar* sugared, sweetened **2** *como el azúcar* sugar-like *dulce* sweet **3** *fig.* sugary.

a·zu·ca·rar *tr.* **1** to sugar, sweeten **2** *bañar* to dust with sugar, coat with sugar.

a·zu·ca·re·ra *f.* **1** *vasija* sugarbowl **2** *fábrica* sugar factory.

a·zu·ca·re·ro, ra *adj.* sugar ◇ *m.* **azucarero** *vasija* sugar bowl.

a·zu·ce·na *f.* white lily.

a·zu·frar *tr.* to sulfurate.

a·zu·fre *m.* sulfur.

a·zul *adj.* blue ◇ *m.* blue **azul celeste** sky blue, light blue **azul cielo** sky blue, light blue **azul eléctrico** electric blue **azul marino** navy blue.

a·zu·la·do, da *pp. de* azular *adj.* blue, bluish.

a·zu·lar *tr.* to blue.

a·zu·le·je·ro, ra *s.* tiler.

a·zu·le·jo *m. baldosa* tile, glazed tile.

a·zu·zar *tr.* to egg on **azuzar los perros a alguien** to set the dogs on somebody.

B, b *f. la letra* B, b.

ba·ba *f. de animal, adulto* spittle, saliva *de niño* dribble.

ba·be·ar *intr. adulto, animal* to slobber, slaver *niño* to dribble.

ba·be·ro *m.* 1 bib 2 *babi* child's overall.

ba·bi·ló·ni·co, ca *adj.* Babylonian ◇ *m. f.* Babylonian.

ba·bo·se·ar *tr.* to dribble over, slobber over.

ba·bo·so, sa *adj. adulto, animal* slobbering, slavering *niño* dribbling, dribbly.

ba·bu·cha *f.* slipper.

ba·bui·no *m.* baboon.

ba·ca·lao *m.* cod.

ba·che *m.* 1 *en carretera* pothole 2 *de aire* air pocket 3 *fig.* bad patch.

ba·ci·lo *m.* bacillus.

bac·te·ria *f.* bacterium.

bac·te·rio·ló·gi·co, ca *adj.* bacteriological.

bac·te·rió·lo·go, ga *m. f.* bacteriologist.

bá·cu·lo *m. palo* staff.

ba·da·jo *m.* clapper.

ba·fle *m.* loudspeaker.

ba·ga·je *m.* 1 baggage **bagaje cultural** 2 experience, background.

ba·ga·te·la *f.* bagatelle, trifle.

ba·gre *m.* catfish.

bah *interj.* bah!

bai·la·ble *adj.* danceable.

bai·lar *(see model 15) tr.* to dance.

bai·la·rín, ri·na *adj. que baila* dancing ◇ *m. f.* dancer.

bai·le *m.* dance.

bai·lo·te·ar *intr. fam.* to bop, jig about.

ba·ja·mar *f.* low tide.

ba·jar *tr.* 1 *coger algo de un lugar alto* to get down, take down 2 *reducir* to lower, reduce, bring down ◇ *intr.* 1 *ir abajo, acercándose* to come down 2 *reducirse* to fall, drop, come down ◇ *prnl.* **bajarse** *ir abajo, acercándose* to come down *alejándose* to go down.

ba·je·za *f.* 1 *acción* base action, despicable act, vile deed 2 *fig.* baseness.

ba·ji·o *m.* sandbank.

ba·jis·ta *com. músico* bass player.

ba·jo, ja *adj. gen.* low 1 *persona* short, not tall 2 *inferior* poor, low.

ba·jo *m.* 1 *piso* first floor 2 MÚS *instrumento* bass *contrabajo* double bass ◇ *com.* MÚS *músico* bass player *cantante* bass ◇ *adv. voz* softly, quietly, in a low voice ◇ *prep.* 1 *under* 2 *temperatura* below ◇ *mpl.* **bajos** 1 *planta baja* ground floor *sótano* basement 2 *en voz baja* in a low voice.

ba·jón *m.* 1 *de ánimos* depression 2 *de salud* relapse.

ba·jo·rre·lie·ve *m.* bas-relief.

ba·la *f.* bullet.

ba·la·ce·ra *f.* AM shoot-out.

ba·la·da *f.* ballad.

ba·la·dí *adj. inv.* trivial.

ba·la·dro·na·da *f.* piece of bravado.

ba·lan·ce *m.* 1 *movimiento* rocking 2 COMM *operación* balance *hoja* balance sheet 3 *cálculo total* 4 *resultado* outcome, result 5 *equilibrio* balance.

ba·lan·ce·ar *tr. mecer* to rock *columpio, brazo* to swing ◇ *intr. mecer* to rock *columpio, brazo* to swing ◇ *prnl.* **balancearse** *mecerse* to rock *columpio, brazo* to swing.

bá·la·no *m.* glans penis.

ba·lan·za *f. aparato* scales ◇ *pl.* COMM balance **balanza de pagos** balance of payments.

ba·lar *intr.* to bleat, baa.

ba·laus·tra·da *f.* balustrade *en escalera* banister.

ba·la·zo *m.* 1 shot 2 *herida* bullet wound.

bal·bu·ce·ar *intr.* to babble ◇ *tr.* to babble.

bal·bu·cien·te *adj.* 1 stammering 2 *fig.* tentative, uncertain, hesitant.

bal·cón *m.* 1 *en edificio* balcony 2 *mirador* vantage point.

bal·da·do, da *adj.* 1 *inválido* crippled 2 *fam. cansado* shattered.

bal·dar *tr.* 1 *lisiar* to cripple 2 *fam. cansar* to wear out.

bal·de *m.* 1 bucket, pail **de balde** 2 free, for nothing **en balde** in vain.

bal·de·o *m.* washing down, swilling down, sluicing down.

bal·dí·o, a *adj.* 1 *tierra sin cultivar* uncultivated *estéril* barren 2 *vano* vain, useless ◇ *m.* **baldío** wasteland.

bal·do·sa *f.* floor tile.

ba·li·do *m.* bleat, baa.

ba·lín *m.* pellet.

ba·lís·ti·co, ca *adj.* ballistic.

ba·li·za *f.* 1 *de mar* buoy 2 *de tierra* beacon.

ba·li·zar *(see model 4) tr.* to mark.

ba·lle·na *f.* 1 *animal* whale 2 *material* whalebone *tira de corsé* stay **ballena azul** blue whale.

ba·lle·na·to *m.* whale calf.

ba·lle·ne·ro, ra *adj.* whaling ◇ *m. f. persona* whaler ◇ *m.* **ballenero** *barco* whaling ship, whaler, whaleboat.

ba·llet *m. pl.* **ballets** ballet.

bal·nea·rio, ria *adj.* spa ◇ *m.* **balneario** spa, health resort.

ba·lom·pié *m.* football, soccer.

ba·lón *m.* DEP ball *de futbol* ball, football *de voleibol* ball, volleyball *de rugby* ball, rugby ball *de baloncesto* ball, basketball.

ba·lon·ces·to *m.* basketball.

bal·sa *f.* pool.

bal·sá·mi·co, ca *adj.* balsamic.

bál·sa·mo *m.* 1 balsam, balm 2 *fig.* comfort.

ba·luar·te *m.* 1 *fortificación* bastion 2 *fig.* bastion, stronghold.

bam·ba *f.* 1 *baile* bamba 2 *pastel* cream bun 3 *zapato* pump, sneaker.

bam·ba·li·na *f.* drop cloth, drop **entre bambalinas** in the wings.

bam·bo·le·ar *intr.* to sway ◇ *prnl.* **bambolearse** to sway.

bam·bo·le·o *m.* swaying.

bam·bú *m.* bamboo.

ba·nal *adj.* trivial.

ba·na·li·dad *f.* triviality.

ba·na·li·za·ción *f.* trivialization.

ba·na·na f. banana.

ban·ca f. COMM banking, *bancos* (the) banks ◇ pl. **1** *asiento* bench **2** *en juego* bank.

ban·ca·da f. **1** *banco* long bench **2** *superficie* work surface.

ban·ca·rio, ria adj. *de un banco bank de los bancos* banking sing. **sistema bancario** banking system.

ban·ca·rro·ta f. bankruptcy **estar en bancarrota** to be bankrupt.

ban·co m. **1** bank **2** *asiento* bench *de iglesia* pew **3** *mesa* bench, work bench **4** *de peces* shoal.

ban·da¹ f. **1** *faja* sash **2** *lista* band **3** *tira* strip **4** *lado* side.

ban·da² f. **1** *músicos* band **2** *maleantes* gang **3** *pájaros* flock.

ban·da·da f. **1** *de pájaros* flock *de insectos* swarm *de peces* shoal **2** *de personas* horde.

ban·de·ja f. gen. tray *para diapositivas* magazine.

ban·de·ra f. flag.

ban·de·ri·lla f. **1** *tauromaquia* banderilla *(barbed dart stuck into the bull's back)* **2** *tapa* pickled onion, carrot, gherkin, pepper, etc. on a cocktail stick.

ban·de·rín m. pennant **banderín de córner** corner flag.

ban·di·do, da m. f. bandit.

ban·do¹ m. **1** *facción* faction, party, camp **2** *de aves* flock *de insectos* swarm *de peces* shoal **pasarse al otro bando** to go over to the other side.

ban·do² m. *edicto* edict, proclamation.

ban·do·le·ra f. bandolier **en bandolera** slung crossways over the shoulder.

ban·do·le·ro m. bandit.

ban·jo m. banjo.

ban·que·ro, ra m. f. banker.

ban·que·ta f. **1** *taburete* stool *para los pies* footstool **2** *banco* little bench.

ban·que·te m. banquet, feast **banquete de bodas** wedding reception.

ban·que·te·ar intr. to banquet.

ban·qui·llo m. **1** *en tribunal* dock **2** *en deporte* bench.

ban·qui·sa f. ice field.

ba·ña·dor m. gen. swimsuit *de mujer* swimming costume, bathing costume *de hombre* swimming trunks pl.

ba·ñar tr. gen. **1** to bathe **2** *lavar* to bath **3** *cubrir* to coat *en oro, etc.* to plate ◇ prnl. **bañarse** to bathe *nadar* to have a swim, go for a swim.

ba·ñis·ta com. bather, swimmer.

ba·ño m. gen. bath *en piscina, mar* dip, swim **2** *cuarto* bathroom *servicio* toilet **3** *bañera* bath, bathtub **4** *capa* coat, coating *de oro, etc.* plating.

bap·tis·ta adj. Baptist ◇ com. Baptist.

bap·tis·te·rio m. baptistry.

ba·que·li·ta *Registered trademark* f. bakelite.

ba·que·ta f. **1** *de arma* ramrod **2** *de tambor* drumstick.

ba·que·tea·do, da pp. de **baquetear** adj. **1** *experimentado* experienced **2** *maltratado* abused, mistreated, ill-treated.

ba·que·te·ar tr. to mistreat, ill-treat, abuse.

ba·que·te·o m. ill-treatment, mistreatment.

bar m. pl. **bares 1** *cafetería* café, snack bar *de bebidas alcohólicas* bar **2** FÍS bar.

ba·ra·hún·da f. *ruido* racket, din *caos* chaos, pandemonium.

ba·ra·ja f. **1** *naipes* pack, deck **2** *gama* range **jugar con dos barajas** to be a double-dealer.

ba·ra·jar tr. **1** *naipes* to shuffle ◇ fig. *considerar, posibilidades, etc.* to consider *cifra* to talk about **3** *problema* to solve *obstáculo* to overcome.

ba·ran·da f. handrail, banister.

ba·ran·dal m. handrail.

ba·ran·di·lla f. handrail, banister.

ba·ra·to, ta adj. cheap ◇ adv. **barato** cheaply, cheap.

bar·ba f. **1** ANAT chin **2** *pelo* beard **con toda la barba** true real **dejarse la barba** to grow a beard **en las barbas de alguien** right under somebody's nose **hacer la barba a alguien** *afeitar* **1** to shave somebody **2** *adular* to fawn on.

bar·ba·coa f. barbecue.

bar·ba·do, da adj. bearded, with a beard.

bar·ba·ri·dad f. *crueldad, cualidad* cruelty *acto* atrocity, act of cruelty.

bar·ba·rie f. **1** *rusticidad* ignorance **2** *crueldad, cualidad* cruelty, savagery, brutality *acto* atrocity, act of cruelty.

bar·ba·ris·mo m. barbarism.

bár·ba·ro, ra adj. **1** HIST barbarian **2** *cruel* barbaric, savage, cruel **3** *temerario* daring fam. **4** *grande* enormous, tremendous **5** *espléndido* fantastic, terrific ◇ m. f. HIST barbarian.

bar·be·char tr. to plough.

bar·be·ro m. barber.

bar·bi·lam·pi·ño, ña adj. beardless.

bar·bi·lla f. chin.

bar·bi·tú·ri·co m. barbiturate.

bar·bo·que·jo m. chin strap.

bar·bo·tar tr. to splutter.

bar·bo·teo m. spluttering.

bar·bu·do, da adj. bearded ◇ m. f. *hombre* bearded man *mujer* bearded lady.

bar·ca f. boat, small boat **en la misma barca** in the same boat.

bar·ca·za f. lighter.

bar·co m. gen. boat.

bar·do m. bard.

ba·rio m. barium.

ba·rí·to·no m. baritone.

bar·man m. barman, bartender.

bar·niz m. **1** *para madera* varnish *para cerámica* glaze **2** *noción* smattering, general idea.

bar·ni·za·do, da adj. pp. de **barnizar** adj. varnished.

bar·ni·za·dor, ra adj. varnishing ◇ m. f. varnisher.

bar·ni·zar *(see model 4)* tr. *madera* to varnish, *cerámica* to glaze.

ba·ro·mé·tri·co, ca adj. barometric.

ba·ró·me·tro m. barometer.

ba·rón m. baron.

ba·ro·ne·sa f. baroness.

bar·que·ro, ra m. f. *hombre* boatman *mujer* boatwoman.

bar·qui·lla f. basket, gondola.

bar·qui·lle·ro, ra m. f. **1** *fabricante* wafer maker **2** *vendedor* wafer seller.

bar·qui·llo m. gen. wafer *cucurucho* cornet.

ba·rra f. **1** *en bar, cafetería* bar **2** *vara* bar *para cortinas* rod *de bicicleta* crossbar **3** *de helado* block **4** *de pan* loaf **5** *signo de puntuación* slash, solidus.

ba·rra·ga·na f. mistress.

ba·rran·co m. **1** *precipicio* precipice **2** *torrentera* gully *más profunda* ravine.

ba·rre·dor m. sweeper.

ba·rre·na f. gen. drill *manual* gimlet **entrar en barrena** to go into a spin.

B

ba·rre·nar tr. 1 to drill 2 desbaratar to foil, thwart.

ba·rren·de·ro, ra m. f. road sweeper.

ba·rre·ño m. large bowl.

ba·rrer tr. 1 suelo to sweep hojas, migas, etc. to sweep up 2 dejar sin nada to clean out 3 limpiar to sweep away 4 derrotar to trounce, wipe the floor with ◇ intr. arrasar to sweep the board.

ba·rre·ra f. gen. barrier.

ba·rria·da f. area.

ba·rri·ca·da f. barricade.

ba·rri·do m. 1 limpieza sweep, sweeping 2 exploración automática scan, scanning 3 con cámara pan, panning.

ba·rri·ga f. belly, stomach, tummy.

ba·rri·gón, go·na adj. big-bellied.

ba·rril m. barrel, keg de barril draught.

ba·rrio m. neighborhood zona district, area.

ba·rrio·ba·je·ro, ra adj. common, vulgar, low ◇ m. f. common person.

ba·rri·tar intr. to trumpet.

ba·rro[1] m. 1 lodo mud 2 arcilla clay sing. objeto earthenware object de barro earthenware.

ba·rro[2] m. grano spot, pimple.

ba·rro·co, ca adj. ART baroque fig. ornate ◇ m. barroco baroque.

ba·rro·te m. 1 bar 2 de escalera, silla rung.

ba·rrun·tar tr. sospechar to suspect presentir to sense, have a feeling.

ba·ru·llo m. noise, din, racket.

ba·sa f. base.

ba·sal·to m. basalt.

ba·sa·men·to m. base, plinth.

ba·sar tr. to base (en, on) ◇ prnl. basarse cosa to be based (en, on) persona to base oneself on.

bás·cu·la f. gen. scales ◇ pl. de farmacia weighing machine para vehículos weighbridge.

ba·se f. gen. base fig. basis 1 QUÍM base, alkali 2 MAT base 3 en beisbol base ◇ fpl. bases 1 de concurso rules 2 las bases de partido, etc. grass roots, rank and file a base de por through, by means of, using de consisting of.

bá·si·ca·men·te adv. basically.

bá·si·co, ca adj. gen. basic imprescindible essential, indispensable.

ba·sí·li·ca f. basilica.

bas·ta[1] f. tacking stitch.

bas·ta[2] interj. enough!, stop it! ¡basta de…! that's enough…!, no more…!

bas·tan·te adj. 1 enough, sufficient 2 abundante quite a lot of ◇ adv. 1 enough 2 un poco fairly, quite 3 tiempo some time, quite a while.

bas·tar intr. to be enough, be sufficient, suffice bastar con to be enough bastarse a sí mismo to be self-sufficient.

bas·tar·di·llo, lla adj. italic en bastardilla in italics letra bastardilla italic type.

bas·tar·do, da adj. 1 illegitimate, bastard 2 despreciable base, mean ◇ m. f. bastard.

bas·ti·dor m. 1 frame 2 de lienzo stretcher 3 de coche chassis 4 TEAT 1 wing entre bastidores in the wings 2 fig. behind the scenes.

bas·ti·lla f. tacked hem.

bas·ti·men·to m. supplies ◇ pl. provisions.

bas·tión m. bastion.

bas·to[1] m. ◇ club. mpl. bastos clubs pintan bastos things are getting tough.

bas·to, ta[2] adj. 1 grosero coarse, rough 2 sin pulimentar rough, unpolished.

bas·tón m. 1 stick, walking stick, cane 2 de esquí stick, ski stick 3 insignia baton empuñar el bastón to take charge.

bas·to·ne·ra f. umbrella stand.

ba·su·ra f. 1 cosa garbage 2 persona despreciable swine bajar la basura/sacar la basura to put the rubbish out tirar a la basura to throw away.

ba·su·re·ro m. 1 persona dustman, garbage man 2 lugar tip, rubbish dump.

ba·ta f. 1 prenda ligera housecoat albornoz dressing gown, robe 2 de trabajo overall de médicos, etc. white coat.

ba·ta·lla f. 1 battle de batalla 2 fam. ordinary, everyday batalla campal pitched battle.

ba·ta·llar intr. to battle, fight.

ba·ta·llón m. 1 MIL battalion 2 multitud horde.

ba·te m. bat.

ba·tea f. 1 barco flat-bottomed boat 2 bandeja tray 3 artesa trough.

ba·te·a·dor, ra m. f. 1 en beisbol batter 2 en cricket, hombre batsman mujer batswoman.

ba·te·ar intr. to bat ◇ tr. to hit.

ba·te·rí·a f. 1 eléctrica battery 2 MIL battery 3 TEAT footlights.

ba·ti·do, da pp. de batir. adj. 1 camino wellworn, well-trodden, beaten 2 seda shot ◇ m. batido CULIN beaten eggs 2 bebida milk shake.

ba·ti·do·ra f. blender, mixer.

ba·tien·te adj. beating ◇ m. marco, de puerta jamb de ventana frame 2 hoja de puerta leaf.

ba·tir tr. 1 huevos to beat, nata, claras to whip 2 palmas to clap 3 metales to beat 4 alas to flap, beat 5 derribar to knock down 6 vencer to beat, defeat.

ba·tis·ca·fo m. bathyscaphe, bathyscaph.

ba·tra·cio, cia adj. batrachian ◇ m. batracio batrachian.

ba·tu·ta f. baton bajo la batuta de… conducted by…, llevar la batuta to be the boss.

ba·úl m. cofre chest de viaje trunk.

bau·tis·mo m. 1 de niño baptism, christening 2 de barco naming bautismo de fuego baptism of fire.

bau·tis·ta com. Baptist.

bau·tis·te·rio m. baptistery, baptistry.

bau·ti·zar (see model 4) tr. 1 to baptize, christen 2 poner nombre a to name 3 el vino to water down.

bau·ti·zo m. de niño baptism, christening de barco naming.

ba·ya f. berry.

ba·yo, ya adj. bay, whitish yellow ◇ m. bayo caballo bay.

ba·yo·ne·ta f. bayonet calar las bayonetas to fix bayonets.

ba·zar m. 1 oriental bazaar 2 tienda electrical goods and hardware shop.

ba·zo m. spleen.

ba·zo·fia f. restos de comida scraps ◇ pl. leftovers ◇ pl. comida mala pigswill basura rubbish.

bea·ti·fi·ca·ción f. beatification.

bea·ti·fi·car (see model 1) tr. to beatify.

bea·to, ta adj. 1 beatificado blessed 2 devoto devout pey. 1 sanctimonious 2 feliz happy ◇ m. f. persona beatificada beatified person.

be·bé m. baby bebé probeta test-tube baby.

be·be·de·ro, ra adj. drinkable ◇ m. bebedero 1 abrevadero water trough 2 pico de vasija spout 3 vasija drinking dish.

be·be·dor, ra adj. hard-drinking ◇ m. f. hard drinker.

be·ber tr. to drink ◇ intr. 1 to drink 2 emborracharse to drink, drink heavily.

be·bi·da f. drink, beverage **darse a la bebida** to take to drink, hit the bottle **bebida alcohólica** alcoholic drink **bebida no alcohólica** nonalcoholic drink.

be·ca f. gen. grant *concedida por méritos* scholarship, award.

be·car *(see model 1)* tr. gen. to award a grant to *por méritos* to award a scholarship to.

be·ca·rio, ria m. f. grant holder, scholarship holder.

be·ce·rro, rra m. f. calf *(up to one year old)* ◇ m. **becerro 1** *en tauromaquia* young bull *(up to four years old)* **2** *piel* calfskin.

be·del, la m. f. porter.

be·dui·no, na adj. Bedouin ◇ m. f. Bedouin.

be·go·nia f. begonia.

bei·ge adj. beige ◇ m. beige.

beis·bol m. baseball.

bel·dad f. beauty.

bel·fo, fa adj. thick-lipped ◇ m. **belfo** thick lip.

bel·ga adj. Belgian ◇ m. f. Belgian.

bé·li·co, ca adj. military *conflicto bélico* armed conflict, war *material bélico* military equipment.

be·li·ge·ran·cia f. belligerence.

be·lle·za f. beauty.

be·llo, lla adj. **1** beautiful **2** *bueno* fine, noble **bellas artes** fine arts.

be·llo·ta f. acorn.

ben·de·cir *(see model 9)* tr. **1** to bless **2** *alabar* to praise **bendecir la mesa** to say grace.

ben·di·ción f. blessing ◇ fpl. **bendiciones** wedding ceremony *sing.* **bendición de la mesa** grace.

ben·di·to, ta adj. *bienaventurado* blessed *irón.* **1** *maldito* damned, blessed **2** *feliz* happy **3** *poco inteligente* simple ◇ m. f. **1** simple soul **¡bendito sea Dios! 1** *fam.* thank goodness!

be·ne·fac·tor, ra adj. beneficent ◇ m. f. *hombre* benefactor *mujer* benefactress.

be·ne·fi·cen·cia f. beneficence, charity.

be·ne·fi·ciar *(see model 12)* tr. **1** to benefit, favor **2** *mina* to work **3** COMM to sell below par ◇ prnl. **beneficiarse** to benefit COMM to profit **beneficiarse a alguien** to have it off with somebody **beneficiarse de algo** to get well out of something, benefit from something.

be·ne·fi·cia·rio, ria m. f. beneficiary.

be·ne·fi·cio m. **1** *ganancia* profit **2** *bien* benefit **en beneficio de** for the good of, for the benefit of, in the interest of **a beneficio de** in aid of **sacar beneficio de** to profit from **beneficio bruto** gross profit **beneficio neto** clear profit.

be·né·fi·co, ca adj. charitable *causa benéfica* charitable cause, charity *función benéfica* charity performance.

be·ne·mé·ri·to, ta adj. worthy, distinguished **la Benemérita** the Spanish Civil Guard.

be·ne·plá·ci·to m. approval.

be·ne·vo·len·cia f. **1** benevolence, kindness **2** *comprensión* understanding.

be·né·vo·lo, la adj. **1** benevolent, kind **2** *comprensivo* understanding.

ben·ga·la f. **1** *de aviso, etc.* flare **2** *para fiestas, etc.* sparkler.

be·nig·ni·dad f. *del clima* mildness, clemency.

be·nig·no, na adj. **1** *persona* benign, gentle **2** *tumor* benign **3** *clima* mild.

be·o·do, da adj. drunk ◇ m. f. drunk, drunkard.

be·ren·je·na f. aubergine, eggplant.

ber·gan·te m. scoundrel, rascal.

be·ri·lio m. beryllium.

ber·me·jo, ja adj. reddish.

ber·me·llón m. vermilion.

ber·mu·das mpl. Bermudas, Bermuda shorts.

be·rre·ar intr. **1** *becerro* to bellow **2** *persona* to bawl *niño* to howl, bawl.

be·rri·do m. **1** *de becerro* bellow **2** *de persona* howl.

be·rrin·che m. rage, tantrum, anger **coger un berrinche** to throw a tantrum.

be·rro m. watercress.

be·sar tr. to kiss ◇ prnl. **1** *besarse* uso recíproco to kiss **2** *fam.* *chocar* to collide.

be·so m. kiss ◇ *fam.* *choque* bump **comerse a besos** to smother with kisses **dar un beso a** to kiss, give a kiss.

bes·tia f. *animal* beast ◇ com. *persona, bruto* brute *ignorante* ignorant fool *torpe* clumsy oaf ◇ adj. **1** *bruto* brutish **2** *ignorante* ignorant *grosero* rude, *torpe* clumsy.

bes·tial adj. brutal **2** *beastly, bestial *fam.* *enorme* enormous *extraordinario* great, fantastic.

bes·tia·li·dad f. **1** bestiality, brutality **2** *tontería* stupidity **3** *fam.* *gran cantidad* tons ◇ pl. loads, stacks.

best-seller m. best-seller.

be·su·cón, co·na adj. fond of kissing ◇ m. f. person who's always kissing.

be·su·que·ar tr. to kiss again and again ◇ prnl. **besuquearse** uso recíproco to smooch, neck, snog.

be·ta f. beta *rayo beta* beta ray.

be·tún m. **1** *para zapatos* shoe polish **2** QUÍM bitumen.

be·zo m. **1** *labio* thick lip **2** *de herida* edge.

bia·nual adj. biannual.

bi·be·rón m. baby's bottle, feeding bottle.

Bi·blia f. Bible.

bí·bli·co, ca adj. biblical.

bi·blio·gra·fí·a f. bibliography.

bi·blio·grá·fi·co, ca adj. bibliographic, bibliographical.

bi·blio·te·ca f. **1** library **2** *mueble* bookcase, bookshelf.

bi·blio·te·ca·rio, ria m. f. librarian.

bi·car·bo·na·to m. bicarbonate *bicarbonato sódico* bicarbonate of soda.

bi·cé·fa·lo, la adj. two-headed, bicephalous.

bi·cen·te·na·rio, ria adj. two-hundred-year-old ◇ m. *bicentenario* bicentennial.

bí·ceps m. inv. biceps.

bi·cho m. **1** *animal* animal, creature *insecto* bug, creepy-crawly **2** *persona* odd character, *niño* little devil, little monkey **bicho raro** oddball, weirdo.

bi·ci·cle·ta f. bicycle **bicicleta de carreras** racing bike **bicicleta de montaña** mountain bike.

bi·co·ca f. *fam.* *ganga* bargain *chollo* cushy number.

bi·co·lor adj. two- colored.

bie·la f. AUTO connecting rod.

biel·do m. hayfork.

bien adv. gen. well **1** *acertadamente* right, correctly **2** *de acuerdo* O.K., all right ◇ adj. *acomodado* well-off ◇ m. **1** good **2** *bienestar* benefit ◇ mpl. **bienes** property *sing.* possessions *conj.* **bien… bien** either… or **en bien de** for the sake of.

bie·nal adj. biennial ◇ f. biennial exhibition, biennial festival.

bien·a·ven·tu·ran·za f. happiness, bliss ◇ pl. **Bienaventuranzas** REL Beatitudes.

bien·es·tar *m.* wellbeing, welfare.

bien·he·chor, ra *adj.* beneficent, beneficial ◇ *m. f. hombre* benefactor *mujer* benefactress.

bien·in·ten·cio·na·do, da *adj.* well-intentioned.

bie·nio *m.* **1** *periodo* two-year period, biennium **2** *aumento* two-yearly increment.

bien·ve·ni·da *f.* welcome **dar la bienvenida a** to welcome.

bien·ve·ni·do, da *adj.* welcome.

bí·fi·do, da *adj.* forked.

bi·fo·cal *adj.* bifocal **gafas bifocales** bifocals.

bi·fur·ca·ción *f.* bifurcation *de la carretera* fork *de ferrocarril* junction.

bi·fur·ca·do, da *pp. de* **bifurcarse** *adj.* forked.

bi·ga·mia *f.* bigamy.

bí·ga·mo, ma *adj.* bigamous ◇ *m. f.* bigamist.

bi·go·te *m.* **1** mustache **2** *de gato* whiskers *pl.*

bi·la·te·ral *adj.* bilateral.

bi·liar *adj.* biliary, bile.

bi·lin·güe *adj.* bilingual.

bi·li·rru·bi·na *f.* bilirubin.

bi·lis *f. inv.* **1** bile **2** *fig.* spleen **descargar la bilis contra 3** *fig.* to vent one's spleen on.

bi·llar *m.* **1** billiards **2** *mesa* billiard table ◇ *mpl.* **billares** billiard room **billar americano** pool.

bi·lle·te *m. moneda* bill.

bi·lle·te·ra *f.* billfold.

bi·men·sual *adj.* twice-monthly.

bi·mes·tral *adj.* every two months, bimonthly.

bi·mes·tre *m.* period of two months.

bi·na·rio, ria *adj.* binary.

bi·no·cu·lar *adj.* binocular ◇ *mpl.* **binoculares** field glasses, binoculars.

bi·no·mio *m.* binomial.

bio·de·gra·da·ble *adj.* biodegradable.

bio·fí·si·ca *f.* biophysics.

bio·fí·si·co, ca *adj.* biophysical ◇ *m. f. persona* biophysicist.

bio·gra·fí·a *f.* biography.

bio·grá·fi·co, ca *adj.* biographical.

bió·gra·fo, fa *m. f.* biographer.

bio·lo·gí·a *f.* biology.

bio·ló·gi·co, ca *adj.* biological.

bió·lo·go, ga *m. f.* biologist.

biom·bo *m.* screen, folding screen.

bió·ni·co, ca *adj.* bionic.

biop·sia *f.* biopsy.

bio·quí·mi·co, ca *adj.* biochemical ◇ *m. f. persona* biochemist.

bios·fe·ra *f.* biosphere.

bió·xi·do *m.* dioxide.

bí·pe·do, da *adj.* biped ◇ *m. bípedo* biped.

bi·po·lar *adj.* bipolar.

bir·lar *tr. fam.* to pinch, nick.

bi·rre·te *m.* **1** birreta **2** *tasselled* cap *worn by judges, lawyers or professors.*

bi·rria *f. fam. cosa fea* monstrosity **2** *cosa mala* rubbish.

bi·sa·bue·lo, la *m. f.* great-grandparent *hombre* great-grandfather *mujer* great-grandmother.

bi·sa·gra *f.* hinge.

bi·se·car *(see model 1) tr.* to bisect.

bi·se·lar *tr.* to bevel.

bi·se·xual *adj.* bisexual ◇ *com.* bisexual.

bi·sies·to *adj.* leap, bissextile **año bisiesto** leap year.

bis·nie·to, ta *m. f.* great-grandchild, *chico* great-grandson *chica* great-granddaughter.

bi·son·te *m.* bison.

bi·so·ñé *m.* toupee, hairpiece.

bi·so·ño, ña *adj.* inexperienced ◇ *m. f.* novice.

bis·tec *m.* steak.

bis·tu·rí *m.* scalpel.

bi·su·te·rí·a *f.* costume jewelry.

bit *m.* bit.

bi·tá·co·ra *f.* binnacle.

bi·val·vo, va *adj.* bivalve, bivalvular ◇ *m. bivalvo* bivalve.

bi·zan·ti·no, na *adj.* **1** Byzantine **2** *fig. discusión* idle **3** *decadente* decadent.

bi·za·rro, rra *adj.* **1** *valiente* courageous **2** *generoso* generous.

biz·co, ca *adj.* cross-eyed ◇ *m. f.* cross-eyed person.

biz·co·cho *m.* sponge, sponge cake.

blan·co, ca *adj.* **1** white. **2** *complexión* fair-skinned ◇ *m. f. gen.* white *hombre* white man, *mujer* white woman ◇ *m. blanco* **1** *color* white **2** *objetivo* target, mark **3** *fig.* object.

blan·cu·ra *f.* whiteness.

blan·den·gue *adj.* **1** *débil* weak, feeble **2** *fofo* flabby.

blan·dir *tr.* to brandish, wave.

blan·do a *adj. gen.* **1** soft **2** *poco severo* soft, lenient **3** *fig. benigno* gentle, mild **4** *cobarde* cowardly.

blan·que·a·dor, ra *adj.* whitening ◇ *m. blanqueador cal* whitewash *para la ropa* whitener.

blan·que·ar *tr.* **1** to whiten, make white *con cal* to whitewash *con lejía* to bleach **2** *dinero* to launder **3** *verduras* to blanch **4** *pulir* to polish ◇ *intr.* to whiten, turn white.

blas·fe·mar *intr.* **1** *contra Dios* to blaspheme **(contra, against) 2** *decir palabrotas* to swear, curse.

blas·fe·mia *f.* **1** *contra Dios* blasphemy **2** *palabrota* curse.

blas·fe·mo, ma *adj.* blasphemous ◇ *m. f.* blasphemer.

bla·són *m.* **1** *heráldica* heraldry **2** *escudo* coat of arms **3** *figura* blazon, device **4** *fig.* honor, glory **hacer blasón de** to boast about, vaunt.

ble·do *m.* **1** *common amaranth* **me importa un bledo 2** *fam.* I don't care less, I couldn't give a damn.

blin·da·do, da *pp. de* **blindar** *adj.* armored, armor-plated **coche blindado** bullet-proof car, *furgoneta* security van.

blin·da·je *m.* **1** armor, armor-plating **2** *de puerta* reinforcing.

blin·dar *tr.* **1** to armor-plate **2** *puerta* to reinforce.

blon·do, da *adj. rubio* blond.

blo·que *m.* **1** block **2** *papel* pad, notepad **3** POL bloc **en bloque** en bloc **bloque de pisos** block of flats.

blo·que·ar *tr. gen.* **1** to block **2** MIL to blockade **3** *precios, cuentas* to freeze **4** *mecanismo* to jam *coche, etc.* to immobilize ◇ *prnl.* **bloquearse** *persona* to have a mental block.

blo·que·o *m. gen.* **1** blocking **2** MIL blockade **3** *precios, cuenta* freezing **bloqueo económico** trade boycott, economic boycott.

blues *m. inv.* blues.

blu·sa *f.* blouse.

blu·són *m.* loose blouse, smock.

bo·a *f. serpiente* boa ◇ *m. prenda* boa, feather boa **boa constrictor** boa constrictor.

bo·a·to *m.* pomp, ostentation.

bo·ba·li·cón, co·na *adj.* simple ◇ *m. f.* simpleton.

bo·bi·na *f.* **1** reel, bobbin **2** ELEC coil.

bo·bo, ba *adj.* silly, foolish ◇ *m. f.* fool.

bo·ca *f.* ANAT mouth **andar en boca de todos** to be the talk of the town, be on everyone's lips.

bo·ca·di·llo *m.* **1** sandwich **2** *en cómics* speech balloon.

bo·ca·do *m.* **1** mouthful **2** *piscolabis* snack, bite to eat **3** *mordedura* bite **4** *de caballo* bit **no probar bocado** not to eat a thing.

bo·ca·na *f.* entrance.

bo·ca·na·da *f.* **1** *de humo* puff *de aire* breath *de viento* gust *de frío* blast **2** *de líquido* mouthful.

bo·ce·ra *f.* **1** *escoriación* crack *in the lips* **2** *mancha* mustache ◇ *com. inv.* **boceras** bigmouth.

bo·ce·to *m.* sketch *proyecto* outline.

bo·chor·no *m.* *calor* sultry weather, close weather, muggy weather, stifling heat *viento* hot wind ◇ *fig. rubor* embarrassment, shame.

bo·ci·na *f.* **1** *de coche* horn *de fábrica* siren **2** *instrumento músico* horn **3** *para ampliar la voz* megaphone **4** *de gramófono* horn **tocar la bocina** to blow one's horn, sound one's horn.

bo·cio *m.* goitre.

bo·da *f.* marriage, wedding **bodas de plata** *de matrimonio* silver wedding *sing. de ente* twenty-fifth anniversary, silver jubilee **bodas de oro** *de matrimonio* golden wedding *sing. de ente* fiftieth anniversary, golden jubilee.

bo·de·ga *f.* **1** *almacén* wine cellar **2** *tienda* wine shop **3** *fábrica* winery **4** *de barco* hold.

bo·de·gue·ro, ra *m. f.* **1** *de almacén* cellarman **2** *vendedor* wine merchant **3** *productor* wine maker, wine producer.

bo·drio *m. fam.* rubbish, trash.

bo·dy *m.* body.

bo·fe·ta·da *f.* slap, slap in the face.

bo·ga *f.* vogue. **estar en boga** to be in fashion.

bo·gar *(see model 7)* *intr.* **1** to row **2** *navegar* to sail.

bo·gie *m.* bogie.

bo·he·mio, mia *adj.* **1** *vida, etc.* bohemian **2** *de Bohemia* Bohemian ◇ *m. f.* **1** *artista, etc.* bohemian **2** *persona de Bohemia* Bohemian *f.* **la bohemia** life style.

boi·cot *m.* **1** *no participación* boycott *sabotaje* sabotage.

boi·co·te·ar *tr.* **1** *no participar* to boycott **2** *sabotear* to sabotage.

boi·na *f.* beret.

bo·la *f. gen.* ball *fam.* fib, lie **no rascar bola** *incompetente* to make a mess of everything **2** *gandul* not to do a stroke **bola de nieve** snowball **bola de cristal** crystal ball.

bo·le·ta *f.* AM ticket.

bo·le·te·ro, ra *m. f.* AM ticket seller.

bo·le·tín *m.* **1** *revista* periodical **2** *de noticias* bulletin, news bulletin **3** *impreso* form.

bo·le·to *m.* **1** ticket **2** *quiniela* coupon.

bo·li·che *m.* **1** *bola pequeña* jack *juego de bolos* bowling, skittles ◇ *pl.* **1** *bolera* bowling alley **2** *juguete* cup-and-ball game.

bó·li·do *m.* **1** *en el espacio* meteor, fireball **2** *fam. coche* racing car **ir de bólido** to be rushed off one's feet.

bo·li·gra·fo *m.* ballpoint pen, ballpoint, biro.

bo·li·llo *m.* bobbin.

bo·llo *m.* **1** *de pan* bread roll, roll, breadbun *dulce* pastry, bun **2** *abolladura* dent **3** *chichón* bump **no está el horno para bollos** this is not the right time.

bol·sa *f.* **1** *gen.* bag **2** *bajo los ojos* bag **3** *beca* grant, scholarship **4** *en prenda* bag **5** *de pobreza, fraude, etc.* pocket **6** *premio* purse.

bol·si·llo *m.* pocket **de bolsillo** pocket.

bol·so *m. gen.* bag *de señora* handbag, purse **bolso de mano** bag.

bom·ba *f.* **1** *explosivo* bomb. **2** *noticia* bombshell. **pasarlo bomba** to have a whale of a time, **bomba atómica** atomic bomb, **bomba nuclear** nuclear bomb pump, **bomba de agua** water pump, **bomba de gasolina** fuel pump.

bom·bar·de·ar *tr.* **1** *con artillería* to bombard, shell *desde el aire* to bomb **2** *fig.* to bombard.

bom·be·ar *tr.* *agua* to pump.

bom·be·ro, ra *m. gen.* firefighter *hombre* fireman *mujer* firewoman.

bom·bi·lla *f.* light bulb, bulb.

bom·bo *m.* *tambor* bass drum.

bo·na·chón, cho·na *adj.* kind, good-natured ◇ *m. f.* kind soul.

bo·nan·za *f.* **1** *mar* calm sea **2** *tiempo* fair weather **3** *fig.* prosperity.

bon·dad *f.* **1** goodness **2** *afabilidad* kindness **3** *amabilidad* kindness **tener la bondad de** *inf.* to be kind enough to.

bon·da·do·so, sa *adj.* kind, good, good-natured.

bon·gó *m.* bongo.

bo·nia·to *m.* sweet potato.

bo·ni·fi·ca·ción *f.* **1** *descuento* discount **2** *cosa extra* bonus **3** *mejoría* improvement.

bo·ni·fi·car *(see model 1)* *tr.* **1** COMM to allow, discount **2** *mejorar* to improve.

bo·ni·to, ta *adj.* lovely, nice.

bo·no *m.* **1** FIN bond **2** *vale* voucher.

bo·ñi·ga *f.* cow dung.

boom *m.* boom.

bo·que·te *m.* hole **abrir un boquete en** to make a hole in.

bo·qui·a·bier·to, ta *adj.* **1** open-mouthed, agape **2** *embobado* dumbfounded, flabbergasted, agape **3** *sin poder hablar* speechless.

bo·qui·lla *f.* **1** *de pipa, instrumento* mouthpiece **2** *de tabaco* nozzle **3** *sujetacigarrillos* cigarette holder **4** *filtro de cigarrillo* tip.

bor·bo·te·ar *intr.* to bubble.

bor·da *f.* **1** MAR gunwale **tirar por la borda** to throw overboard **2** *fig.* to throw away.

bor·da·do, da *pp. de* **bordar** *adj.* embroidered ◇ *m. bordado* embroidering, embroidery.

bor·da·dor, ra *m. f.* embroiderer.

bor·da·du·ra *f.* embroidery.

bor·dar *tr.* **1** to embroider **2** *fig.* to perform exquisitely.

bor·de *m.* **1** *extremo* edge **2** *de vaso, copa* rim **3** *de barco, carretera* side *de río* bank *de mar* shore **4** *de prenda* hem **estar al borde de** to be on the verge of.

bor·de·ar *tr.* **1** to skirt, go round **2** *aproximarse* to border on, verge on.

bor·do *m.* MAR board **a bordo** on board.

bor·dón *m.* **1** *palo* staff **2** *cuerda* bass string **3** *verso* refrain.

bo·real *adj.* boreal, northern.

bó·ri·co, ca *adj.* boric.

bor·la *f.* **1** tassel **2** *de gorra* pompom **3** *para polvos* powder puff.

bor·ne *m.* terminal.

bo·rra *f.* **1** *pelusa* fluff **2** *para cojines, etc.* flock **3** *palabras de relleno* waffle, padding.

bo·rra·che·ra *f.* drunken state **agarrar una borrachera** to get drunk.

bo·rra·cho, cha *adj.* **1** *persona* drunk **2** *pastel soaked in alcoholic syrup* ◇ *m. f.* **1** drunkard, drunk ◇ *m.* **borracho** sponge cake soaked in alcoholic syrup.

bo·rra·dor m. 1 *escrito* rough version, first draft. 2 *croquis* rough sketch 3 *de pizarra* duster. 4 *goma* eraser, 5 *libro* rough book.

bo·rrar tr. 1 *lo escrito* to erase, rub out *superficie* to clean 2 *cinta* to erase 3 INFO to delete 4 *tachar* to cross out, cross off ◇ prnl. *borrarse* to disappear.

bo·rras·ca f. 1 *ciclón* depression, low-presssure area 2 *tormenta* storm 3 *en un negocio, etc.* bad spell, bad patch.

bo·rre·go, ga m. f. 1 lamb 2 *ignorante* moron **como borregos** like sheep.

bo·rrón m. 1 *mancha* blot, ink blot 2 *fig.* 1 blemish 2 *boceto* rough sketch **hacer borrón y cuenta nueva** to wipe the slate clean.

bo·rro·so, sa adj. *visión* blurred, hazy *foto* blurred *idea, etc.* vague, hazy.

bos·co·so, sa adj. wooded.

bos·que m. pequeño wood *grande* forest.

bos·que·jar tr. 1 *trazar rasgos* to sketch, outline 2 *explicar sin detalles* to outline, give an outline of.

bos·que·jo m. *dibujo* sketch *plan, etc.* outline.

bos·te·zar *(see model 4)* intr. to yawn.

bos·te·zo m. yawn.

bo·ta f. boot.

bo·ta·du·ra f. launch, launching.

bo·ta·na f. AM snack.

bo·tá·ni·co, ca adj. botanical ◇ m. f. botanist.

bo·tar intr. *pelota* to bounce 2 *persona* to jump, jump up and down ◇ tr. 1 *pelota* to bounce 2 *barco* to launch 3 *fam. persona, del trabajo* to fire, sack *de un local* to throw out, kick out, boot out **está que bota** he's hopping mad.

bo·te¹ m. MAR small boat **bote salvavidas** lifeboat.

bo·te² m. 1 *salto* bounce **a bote pronto** off the top of one's head **dar botes** 2 *persona* to jump up and down ◇ *pelota* to bounce **dar botes de alegría** to jump for joy.

bo·te³ m. 1 *lata* tin, can 2 *tarro* jar 3 *para propinas* jar for tips, box for tips 4 *fondo* kitty 5 *premio* jackpot.

bo·te·lla f. 1 bottle 2 *de gas* cylinder.

bo·ti·ca f. pharmacy, chemist's **hay de todo, como en botica** there's everything imaginable.

bo·ti·ca·rio, ria m. f. pharmacist, chemist, druggist.

bo·tín m. *de guerra* spoils ◇ pl. booty *de robo* haul **botín de guerra** spoils ◇ pl. of war.

bo·ti·quín m. first-aid kit.

bo·tón m. gen. button 1 *tirador* knob 2 BOT bud ◇ com. **botones**, *de hotel* bellhop *recadero, chico* errand boy *chica* errand girl **botón de muestra** sample **botón de oro** buttercup.

bo·tu·lis·mo m. botulism.

bou·ti·que f. boutique.

bó·ve·da f. vault **bóveda celeste** vault of heaven.

bo·vi·no, na adj. bovine ◇ m. **bovino** bovine ◇ mpl. **bovinos** cattle.

bo·xea·dor, ra m. f. boxer.

bo·xe·ar intr. to box.

bo·xe·o m. boxing.

bo·ya f. 1 MAR buoy 2 *corcho* float.

bo·yan·te adj. 1 MAR buoyant 2 *fig.* prosperous, successful, flourishing.

bo·yar tr. to float.

boy scout m. boy scout.

bo·zal m. muzzle.

bo·zo m. fuzz.

bra·ce·ar intr. 1 to wave one's arms about 2 *nadar* to swim 3 *fig.* forcejear to struggle.

bra·ce·ro m. laborer.

bra·ga f. 1 *prenda* panties. pl. 1 knickers 2 pl. *fam.* rubbish.

bra·ga·do, da adj. 1 *malintencionado* malicious. 2 *firme* determined.

bra·gue·ta f. fly, flies pl.

brai·lle m. Braille.

bra·man·te m. string.

bra·mar intr. 1 *toro, ciervo* to bellow 2 *persona, de cólera* to roar, bellow *de dolor* to howl.

bra·mi·do m. 1 *de toro, ciervo* bellow 2 *de persona, de cólera* bellow, roar *de dolor* howl.

bran·quia f. gill.

bran·quial adj. branchial.

bra·quial adj. brachial.

bra·sa f. ember, live coal **a la brasa** barbecued.

bra·va·ta f. 1 *amenaza* threat 2 *fanfarronada* boast.

bra·ví·o, ví·a adj. 1 *animal* wild, fierce 2 *planta* wild 3 *persona* uncouth 4 *aguas* rough, wild.

bra·vo, va adj. 1 *valiente* brave, courageous 2 *fiero* fierce, ferocious 3 *bueno* fine, excellent 4 *mar* rough 5 *enojado* angry, violent ◇ interj. **¡bravo!** well done!, bravo!

bra·vu·cón, co·na adj. bragging ◇ m. f. braggart.

bra·za f. 1 *medida* fathom 2 *natación* breaststroke.

bra·za·da f. 1 *natación* stroke 2 *cantidad* armful.

bra·zal m. armband.

bra·za·le·te m. bracelet, bangle.

bra·zo m. 1 *de persona* arm 2 *de vestido* arm, sleeve 3 *de silla, cruz, balanza* arm 4 *de animal* foreleg 5 *de río, candelabro, árbol* branch 6 *de grúa* jib.

brea f. tar, pitch.

bre·ba·je m. brew, potion.

bre·cha f. 1 break, opening 2 *fig.* breach **abrir una brecha** en to break through.

bre·ga f. 1 *lucha* struggle, fight. 2 *riña* quarrel.

bre·gar *(see model 7)* intr. 1 *luchar* to fight (**con**, against), struggle (**con**, against) 2 *ajetrearse* to work hard (**con**, at) ◇ tr. *amasar* to knead.

Bre·ta·ña f. 1 *británica* Britain 2 *francesa* Brittany **Gran Bretaña** Great Britain.

bre·te m. difficult position, tight spot, fix, jam **estar en un brete** to be in a fix, be in a tight spot **poner a alguien en un brete** to put somebody in a difficult position, put somebody on the spot.

bre·tón, to·na adj. Breton ◇ m. f. *persona* Breton ◇ m. **bretón.** *idioma* Breton.

bre·va f. 1 *higo* early 2 *fig.* cigarro flat cigar. **¡no caerá esa breva!** fat chance!, I should be so lucky!

bre·ve adj. short, brief f. MÚS breve ◇ fpl. **breves** *en periódico* news-in-brief section *sing.* **en breve** soon, shortly **en breves momentos** soon, shortly.

bre·ve·dad f. brevity, briefness.

bre·via·rio m. 1 REL breviary 2 *compendio* compendium.

bri·bón, bo·na m. f. 1 *sinvergüenza* rotter 2 *niño* rascal, little rascal.

bri·bo·na·da f. dirty trick.

bri·co·la·je m. do-it-yourself, DIY.

bri·da f. 1 *de caballo* bridle 2 TÉC flange.

brid·ge m. bridge.

bri·ga·da f. 1 *unidad militar* brigade 2 *de policía* squad *de otros efectivos* team ◇ m. *soldado* warrant officer.

bri·ga·dier m. brigadier.

bri·llan·te adj. 1 extraordinario brilliant un alumno brillante a brilliant student 2 pelo, metal, zapatos shiny ojos sparkling luz, color bright pintura gloss ⋄ m. diamante diamond.

bri·llan·te·men·te adv. brilliantly.

bri·llan·tez f. brillianoo.

bri·llan·ti·na f. brilliantine.

bri·llar intr. 1 luz, sol, luna, pelo, zapatos to shine 2 ojos to sparkle estrella to twinkle metal, dientes to gleam cosa húmeda to glisten 3 fig. to be outstanding.

bri·llo m. gen. shine 2 de estrella twinkling de ojos sparkle de pelo, zapatos shine de cosa húmeda glistening 3 en televisor brightness 4 fig. brilliance.

brin·car (see model 1) intr. cabra, etc. to skip pájaro to hop persona to leap, bound brincar de alegría to jump for joy estar alguien que brinca to be hopping mad.

brin·co m. de cabra skip, hop de pájaro, hop de persona, leap, bound dar un brinco to skip, hop dar brincos to jump up and down.

brin·dar intr. to toast (por, to), drink (por, to) ⋄ tr. ofrecer to offer, provide ⋄ prnl. brindarse to offer (a, to), volunteer (a, to).

brin·dis m. inv. toast.

brí·o m. 1 espíritu spirit, verve de motor go 2 pujanza strength 3 resolución determination 4 valentía courage.

brio·che m. brioche.

brio·so, sa adj. gen. spirited motor lively.

bri·que·ta f. briquette.

bri·sa f. breeze brisa marina sea breeze.

bris·ca f. Spanish card game.

bri·tá·ni·co, ca adj. British ⋄ m. f. British person, Briton, Britisher.

briz·na f. gen. bit hebra strand de hierba blade.

bro·ca f. barrena drill, bit.

bro·ca·do m. brocade.

bro·cal m. de pozo parapet.

bro·cha f. brush, paintbrush.

bro·che m. 1 cierre fastener 2 joya brooch.

bro·che·ta f. skewer.

bró·co·li m. broccoli.

bro·ma f. joke broma de mal gusto sick joke broma pesada practical joke.

bro·me·ar intr. to joke.

bro·mis·ta adj. fond of joking ⋄ com. joker.

bro·mo m. bromine.

bro·mu·ro m. bromide.

bron·ca f. 1 lío row 2 riña quarrel discusión argument pelea fight 3 reprimenda telling-off ⋄ pl. jeers, jeering.

bron·ce m. 1 bronze 2 medalla bronze, bronze medal.

bron·ce·a·do, da pp. de broncear adj. 1 bronzed 2 piel tanned ⋄ m. bronceado tan, suntan.

bron·ce·a·dor, ra adj. tanning ⋄ m. bronceador crema suntan cream, suntan lotion aceite suntan oil.

bron·ce·ar tr. 1 metal to bronze 2 persona to tan, suntan ⋄ prnl. broncearse to tan, get a tan.

bron·co, ca adj. 1 superficie rough, terreno rugged 2 voz rough, gruff tos rasping sonido harsh 3 persona rude, surly.

bron·quial adj. bronchial.

bron·quio m. bronchus.

bron·quí·ti·co, ca adj. bronchitic.

bron·qui·tis f. inv. bronchitis.

bron·to·sau·rio m. brontosaurus.

bro·quel m. shield.

bro·que·ta f. skewer.

bro·tar intr. 1 plantas nacer to sprout echar brotes to come into bud 2 agua to spring sangre, to flow lágrimas to well up 3 estallar to break out 4 fig. to spring.

bro·te m. 1 renuevo shoot, sprout 2 estallido outbreak.

bro·za f. 1 hojas dead leaves ramitas dead twigs 2 maleza scrub, brush 3 suciedad dirt 4 desperdicios rubbish 5 palabras, paja waffle.

bru·ce·lo·sis f. inv. brucellosis.

bru·ces de bruces face downwards, caerse de bruces to fall flat on one's face.

bru·ja f. 1 hechicera witch 2 mujer fea old hag malintencionada witch.

bru·je·rí·a f. witchcraft, sorcery.

bru·jo, ja adj. enchanting ⋄ m. brujo wizard, sorcerer.

brú·ju·la f. compass.

bru·ma f. mist.

bru·mo·so, sa adj. misty.

bru·no, na adj. dark brown.

bru·ñi·do, da pp. de bruñir. adj. burnished ⋄ m. bruñido. burnishing.

bru·ñir (see model 40) tr. to burnish, polish.

brus·ca·men·te adv. sharply.

brus·co, ca adj. 1 repentino sudden 2 persona brusque, abrupt.

brus·que·dad f. de carácter brusqueness, abruptness.

bru·tal adj. 1 cruel brutal, savage 2 fig. enorme enormous, colossal magnífico terrific, fantastic.

bru·ta·li·dad f. 1 crueldad brutality 2 necedad stupid thing 3 cantidad tremendous amount.

bru·to, ta adj. 1 cruel brutal 2 necio stupid, thick 3 tosco rough, coarse 4 torpe clumsy 5 grosero rude ⋄ m. f. persona violenta brute, beast necio ignoramus grosero rude person ⋄ m. bruto animal beast.

bu·bó·ni·co, ca adj. bubonic.

bu·cal adj. oral, mouth.

bu·ca·ne·ro m. buccaneer.

bu·ce·a·dor, ra m. f. diver.

bu·ce·ar intr. 1 en el agua to dive 2 fig. investigar to delve into.

bu·ce·o m. diving.

bu·che m. 1 de aves crow, crop 2 fam. del hombre belly pecho bosom lo que cabe en la boca mouthful.

bu·ci·no m. whelk.

bu·cle m. 1 curl, ringlet 2 INFO loop.

bu·có·li·co, ca adj. bucolic.

Bu·da m. Buddha.

bu·dín m. pudding.

bu·dis·mo m. Buddhism.

bu·dis·ta adj. Buddhist ⋄ com. Buddhist.

buen adj. bueno.

bue·na·men·te adv. haz lo que buenamente puedas just do what you can, do as much as you can, do the best you can.

bue·na·ven·tu·ra f. 1 futuro fortune, future 2 buena suerte good fortune decirle a alguien la buenaventura to tell somebody's fortune.

bue·no, na adj. gen. 1 good. 2 persona amable kind, agradable nice, polite 3 tiempo good, nice 4 apropiado right, suitable correcto right 5 de salud well 6 grande big, considerable considerable ⋄ interj. ¡bueno! 1 sorpresa well, very well de acuerdo all right! de buenas a primeras 2 fam. all of a sudden, just like that.

buey m. ox, bullock.

bú·fa·lo m. buffalo.

bu·fan·da f. scarf.

bu·far intr. **1** toro to snort **2** persona to be fuming.

bu·fé m. pl. bufés buffet **bufé libre** self-service buffet meal.

bu·fet m. bufé.

bu·fe·te m. **1** mesa writing desk **2** de abogado lawyer's office.

bu·fi·do m. snort.

bu·fo, fa adj. comic, farcical, clownish **hacer bufa de** to make fun of.

bu·fón, fo·na adj. buffoon ⬦ m. f. buffoon, jester.

bu·fo·na·da f. piece of buffoonery **hacer bufonadas** to clown around.

bu·fo·nes·co, ca adj. comical, clownish.

bu·gan·vi·lla f. bougainvillaea.

bu·har·da f. **1** ventana dormer window **2** desván attic.

bú·ho m. owl **búho real** eagle owl.

bu·ho·ne·rí·a f. **1** actividad peddling, hawking **2** mercancías wares.

bu·ho·ne·ro, ra m. f. pedlar, hawker.

bui·tre m. ave y persona vulture.

bu·jí·a f. **1** de motor spark plug **2** vela candle **3** candelero candlestick.

bu·la f. documento bull, papal bull.

bul·bo m. bulb **bulbo raquídeo** medulla oblongata.

bul·bo·so, sa adj. bulbous.

bul·dog m. bulldog.

bu·le·var m. boulevard.

búl·ga·ro, ra adj. Bulgarian ⬦ m. f. persona Bulgarian ⬦ m. **búlgaro** idioma Bulgarian.

bu·li·mia f. bulimia.

bu·lla f. **1** ruido din, uproar, racket, row **2** multitud crowd.

bu·llan·gue·ro, ra adj. **1** alborotador noisy, rowdy **2** juerguista fun-loving ⬦ m. f. alborotador rowdy **2** juerguista fun-lover.

bull·do·zer m. bulldozer.

bu·lli·cio m. **1** ruido noise, racket **2** tumulto bustle, hustle and bustle, hurly-burly.

bu·lli·cio·so, sa adj. **1** ruidoso noisy **2** animado lively con ajetreo busy.

bu·llir (see model 41) intr. líquido hervir to boil agitarse to bubble up mar to seethe calle, etc. to swarm with, seethe with **2** insectos to swarm gente to bustle about.

bu·lo m. false rumor, unfounded rumor.

bul·to m. **1** tamaño volume, size, bulk **2** forma shape, form.

bum interj. boom!

bu·me·rán m. boomerang.

bun·ga·low m. pl. bungalows bungalow.

bún·ker m. bunker.

bu·ñue·lo m. fritter.

bu·que m. MAR ship, vessel **buque cisterna** tanker **buque de carga** cargo ship.

bu·qué m. bouquet.

bur·bu·ja f. **1** bubble con burbujas **2** bebida fizzy **sin burbujas 3** bebida still.

bur·bu·je·an·te adj. bubbling.

bur·bu·je·ar intr. to bubble.

bur·bu·je·o m. bubbling.

bur·dé·ga·no m. hinny.

bur·del m. brothel.

bur·deos adj. maroon, burgundy ⬦ m. **1** color maroon, burgundy **2** vino, en general, Bordeaux, tinto claret.

bur·do, da adj. **1** tejido coarse, rough **2** persona coarse, crude.

bur·go m. walled town.

bur·go·ma·es·tre m. burgomaster.

bur·gués, gue·sa m. f. **1** bourgeois, middle-class **2** member of the middle-class.

bur·gue·sí·a f. bourgeoisie, middle class **alta burguesía** upper middle-class.

bu·ril m. burin.

bu·ri·lar tr. to engrave.

bur·la f. mofa mockery, gibe **2** broma joke **3** engaño deception, trick **en son de burla** in fun, tongue in cheek **entre burlas y veras** half-jokingly.

bur·la·de·ro m. barrier behind which a bullfighter may take refuge from the bull.

bur·la·dor, ra adj. mocking, deceiving ⬦ m. **burlador** ladies' man.

bur·lar tr. **1** to deceive, trick **2** eludir to dodge, evade ⬦ prnl. **burlarse** to mock (de, -), make fun (de, of), laugh (de, at).

bur·les·co, ca adj. burlesque, comical.

bur·le·te m. draught excluder.

bur·lón, lo·na adj. mocking ⬦ m. f. joker.

bu·ró m. writing desk, bureau.

bu·ro·cra·cia f. bureaucracy pey. red tape.

bu·ro·crá·ti·co, ca adj. bureaucratic.

bu·rro, rra adj. stupid ⬦ m. f. **1** animal donkey, ass **2** persona ignorante ass ⬦ m. **burro de carpintero** sawhorse.

bur·sá·til adj. stock-exchange.

bus m. pl. buses **1** AUTO bus **2** INFO bus.

bus·ca f. search, hunt ⬦ m. fam. bleeper, pager **ir en busca de** to search for, hunt for.

bus·ca·dor, ra [1] adj. searching ⬦ m. f. searcher, seeker ⬦ m. **buscador** anteojo finder **2** INFO search engine.

bus·ca·dor [2] f. search engine.

bus·ca·per·so·nas m. bleeper, pager.

bus·ca·piés m. inv. jumping jack, cracker.

bus·ca·plei·tos com. inv. troublemaker.

bus·car (see model 1) tr. **1** gen. to look for, search for **2** en lista, índice, etc. to look up **3** ir a coger to go and get, fetch **4** recoger to pick up **5** intentar conseguir to try to achieve ⬦ intr. mirar to look.

bus·ca·vi·das com. inv. **1** go-getter **2** chismoso snooper, busybody.

bus·cón, co·na m. f. ladrón petty thief.

bus·co·na f. whore.

bús·que·da f. search.

bus·to m. **1** figura bust **2** pecho de mujer bust de hombre chest.

bu·ta·ca f. **1** sillón armchair **2** TEAT seat.

bu·ta·cón m. easy chair.

bu·ta·no m. butane.

bu·ten de buten great, fantastic.

bu·zo m. diver.

bu·zón m. letter box, mailbox.

byte m. INFO byte.

C, c *f. la letra* C, c.

C¹ *sím.* **Celsius** Celsius *símbolo* C.

C² *sím.* **centígrado** centigrade *símbolo* C.

ca·bal *adj.* **1** *exacto* exact, precise **2** *completo* complete **3** *fig. persona* honest, upright.

cá·ba·la *f. ciencia oculta* cabala, cabbala.

ca·bal·gar *(see model 7) intr.* **1** *sobre un animal* to ride (**en/sobre**, -) **2** *sobre otra cosa* to straddle (**sobre**, -), sit astride (**sobre**, -) ⋄ *tr.* **1** to ride **2** *cubrir a una hembra* to cover, mount.

ca·ba·lís·ti·co, ca *adj.* **1** cabalist, cabbalistic **2** *fig.* hidden, occult.

ca·ba·lle·ro, ra *adj.* riding, mounted ⋄ *m.* **caballero** gentleman, sir.

ca·ba·llo *m.* ZOOL horse.

ca·bal·men·te *adv.* exactly.

ca·ba·ña *f. choza* cabin, hut, shack.

ca·be·ce·ra *f.* **1** *gen.* top, head **2** *de cama* headboard **3** *de mesa* head.

ca·be·ci·lla *com.* leader.

ca·be·lle·ra *f.* **1** hair, head of hair. **2** *de cometa* tail.

ca·be·llo *m.* hair.

ca·ber *(see model 66) intr.* **1** *encajar* to fit (**en**, into) **2** *pasar* to fit, go **3** *ser posible* to be possible.

ca·bes·tri·llo *m.* sling.

ca·be·za *f. gen.* **1** head ⋄ *m.* **2** *jefe* head, leader.

ca·be·zón, zo·na *adj.* **1** *fam. de cabeza grande* with a big head **2** *fam. fig. terco* pig-headed, stubborn *s. fam. de cabeza grande* person with a big head.

ca·bi·da *f.* capacity, room, space.

ca·bil·do *m.* **1** *de iglesia* chapter **2** *ayuntamiento* town council.

ca·bi·na *f.* **1** *gen.* cabin, booth **2** *de barco, avión* cabin.

ca·biz·ba·jo, ja *adj.* crestfallen.

ca·bo *m.* **1** *extremo* end, stub **2** *parte pequeña* bit, piece.

ca·bra *f.* goat.

ca·bres·tan·te *m.* capstan.

ca·brí·o, a *adj.* caprine, goatish ⋄ *m.* **cabrío** *rebaño* herd of goats.

ca·ca *f. fam. euf.* excremento pooh.

ca·ca·huа·te *m.* **1** *planta* groundnut **2** *fruto* peanut.

ca·ca·o *m.* **1** BOT cacao **2** *polvo, bebida* cocoa.

ca·ca·re·ar *intr. gallina* to cluck *gallo* to crow ⋄ *tr. fam. fig.* to crow about, brag about.

ca·ca·tú·a *f.* **1** *ave* cockatoo **2** *fam. fig. mujer fea, vieja* old hag, old bag.

ca·ce·rí·a *f.* hunting, hunt.

ca·ce·ro·la *f.* saucepan, casserole.

ca·cha *f.* **1** *de un arma* butt **2** *fam.* thigh.

ca·che·ta·da *f.* slap.

ca·chon·de·o *m.* **1** *fam. jarana* messing about **2** *fam. burla* joke.

ca·chon·do, da *adj. excitado* hot, randy, horny.

ca·cho·rro, rra *s. de perro* pup, puppy *de gato* kitten *de león, oso, zorro, tigre* cub.

ca·co·fo·ní·a *f.* cacophony.

ca·co·fó·ni·co, ca *adj.* cacophonous, cacophonic.

cac·tus *m. inv.* cactus.

ca·cu·men *m. fam. fig.* brains *pl.*

ca·da *adj. de dos* each *de varios* every.

ca·dal·so *m.* **1** *patíbulo* scaffold **2** *plataforma* platform.

ca·dá·ver *m.* **1** *de persona* corpse, cadaver, body, dead body **2** *de animal* body, carcass.

ca·da·vé·ri·co, ca *adj.* **1** cadaverous **2** *fig.* deathly pale, cadaverous.

ca·de·na *f.* **1** *gen.* chain *de perro* leash, lead **2** *grupo de empresas* chain.

ca·den·cia *f.* cadence, rhythm.

ca·den·cio·so, sa *adj.* **1** rhythmic, rhythmical **2** *fig.* measured, even.

ca·de·ra *f.* hip.

ca·de·te *m.* cadet.

ca·du·ca·do, da *adj.* out of date, no longer valid.

ca·du·car *(see model 1) intr.* **1** *documento, etc.* to expire **2** *alimento* to pass its sell-by date *medicina* to expire.

ca·du·ce·o *m.* caduceus.

ca·du·ci·dad *f.* expiry.

ca·du·co, ca *adj. pasado* past its sell-by date, out-of-date.

ca·er *(see model 67) intr.* **1** *gen.* to fall **2** *derrumbarse* to fall down, collapse ⋄ *prnl.* **caerse** ⋄ *gen.* to fall, fall down.

ca·fé *m. gen.* coffee.

ca·feí·na *f.* caffeine.

ca·fe·te·ra *f.* **1** *para hacer café* coffee-maker **2** *para servir café* coffeepot.

ca·fe·te·rí·a *f. gen.* snack bar, coffee bar *en un tren* buffet car.

ca·fre *adj.* **1** *fig. bárbaro* brutal, barbarous **2** *fig. rústico* rough, coarse.

caf·tán *m.* caftan, kaftan.

ca·gar *(see model 7) intr. vulg.* to shit, have a crap ⋄ *tr.* **1** *vulg.* to shit **2** *vulg. echar a perder* to ruin, spoil, mess up, muck up, cock up.

ca·í·da *f.* **1** *acción de caer* fall, falling **2** *pérdida* loss.

ca·í·do, da *pp. de caer adj.* **1** *gen.* fallen **2** *hombros* sloping.

cai·rel *m.* **1** *postizo* wig **2** *pasamanería* fringe.

ca·ja *f.* **1** *gen.* box **2** *de madera* chest *grande* crate.

ca·je·ro, ra *s.* cashier **cajero automático** cash point, automatic cash dispenser.

ca·je·ti·lla *f. de tabaco* packet.

ca·jón *m.* **1** *en mueble* drawer **2** *caja grande* crate **3** *casilla* stall.

ca·la·ba·za *f.* **1** gourd, pumpkin **2** *fig. cabeza humana* hard nut, bonce.

ca·la·bo·zo *m.* **1** *prisión* jail, prison **2** *celda* cell.

ca·la·do, da *pp. de calar adj. fam.* soaked ⋄ *m.* **calado** **1** *de un barco* draft **2** *del agua sobre el fondo* depth.

ca·lam·bre *m.* **1** *contracción* cramp **2** *descarga eléctrica* electric shock.

ca·la·mi·dad *f.* **1** *desgracia* calamity, disaster **2** *fig. persona* dead loss, good-for-nothing.

ca·la·mi·to·so, sa *adj.* calamitous, disastrous.

ca·lan·dria *f. ave* calandra lark.

ca·la·ve·ra *f.* **1** *cabeza del esqueleto* skull ⋄ *m. fig. hombre* madcap, tearaway, reckless fellow.

cal·cá·ne·o *m.* calcaneus.

cal·ca·ñar *m.* heel.

cal·car *(see model 1) tr.* **1** to trace **2** *fig. imitar* to copy, imitate.

cal·cá·re·o, a *adj.* calcareous.

cal·ce·tín *m.* sock.

cal·ci·fi·ca·ción *f.* calcification.

cal·ci·fi·car *(see model 1) tr.* to calcify ◇ *prnl. calcificarse* to calcify.

cal·ci·na·ción *f.* calcination.

cal·ci·nar *tr.* **1** to calcine **2** *fig.* to burn ◇ *prnl. calcinarse* to calcine.

cal·co·gra·fí·a *f.* chalcography.

cal·co·ma·ní·a *f.* transfer.

cal·cu·la·dor, ra *adj.* calculating ◇ *s.* calculator.

cal·cu·lar *tr.* **1** to calculate, work out *calcular una suma* to calculate a figure **2** *evaluar* to estimate, calculate.

cál·cu·lo *m.* **1** calculation, estimate **2** *conjetura* conjecture, reckoning **3** MAT calculus.

cal·de·ra *f.* **1** boiler **2** *caldero* cauldron.

cal·de·rón *m.* in *imprenta* paragraph mark.

cal·do *m.* **1** CULIN stock, broth **2** *sopa* consomme.

ca·le·fac·ción *f.* heating.

ca·le·fac·tor *m.* **1** *persona* heating engineer **2** *máquina* heater.

ca·lei·dos·co·pio *m.* kaleidoscope.

ca·len·da·rio *m.* calendar.

ca·len·das *fpl.* calends, kalends.

ca·lén·du·la *f.* calendula.

ca·len·ta·dor, ra *adj.* heating ◇ *m. calentador* heater.

ca·len·ta·mien·to *m.* **1** heating **2** DEP warm-up *calentamiento global* global warming.

ca·len·tar *(see model 27) tr.* **1** *comida, habitación, cuerpo* to warm up *agua, horno* to heat **2** DEP to warm up, tone up ◇ *prnl. calentarse* **1** to get hot, get warm **2** *fig. enfadarse* to get heated, get annoyed.

ca·len·tu·ra *f.* fever, temperature.

ca·len·tu·rien·to, ta *adj.* feverish.

ca·li·bra·do *m.* boring, gaging.

ca·li·brar *tr.* graduar to calibrate.

ca·li·bre *m.* **1** *de arma* calibre **2** TÉC bore, gauge.

ca·li·dad *f.* quality.

cá·li·do, da *adj.* warm.

ca·lien·te *adj.* **1** *mayor intensidad* hot *menor intensidad* warm **2** *fig. acalorado* heated, spirited.

ca·li·fi·ca·ción *f.* **1** *gen.* qualification **2** *nota* mark *libro de calificaciones* school report.

ca·li·fi·ca·do, da *pp. de calificar adj.* **1** *con los requisitos necesarios* qualified **2** *de autoridad, mérito* eminent, well-known.

ca·li·fi·car *(see model 1) tr. determinar las cualidades* to describe, qualify.

ca·li·fi·ca·ti·vo, va *adj.* GRAM qualifying *adjetivo calificativo* qualifying adjective ◇ *m. calificativo* epithet.

ca·li·for·nia·no, na *adj.* Californian ◇ *s.* Californian.

ca·lí·gi·ne *f.* **1** LIT *oscuridad* darkness **2** LIT *bochorno* stifling heat.

ca·li·gra·fí·a *f. arte* calligraphy.

ca·lis·te·nia *f.* callisthenics.

cá·liz *m.* **1** REL chalice **2** BOT calyx.

ca·li·za *f.* limestone.

ca·lla·da·men·te *adv.* silently.

ca·lla·do, da *pp. de callar adj.* **1** *silencioso* silent, quiet **2** *reservado* reserved, quiet.

ca·llar *intr. no hablar* to be quiet, keep quiet.

ca·lle *f.* street, road *quedarse en la calle* **1** *sin trabajo* to be left jobless **2** *sin casa* to be homeless.

ca·lle·je·ro, ra *adj.* **1** *que gusta de callejear* fond of wandering about **2** *relativo a la calle* street, in the street *m. callejero de calles* street directory.

ca·lle·jón *m.* back street, back alley.

ca·lle·jue·la *f.* narrow street, lane.

ca·llo *m.* MED callus, corn.

cal·ma *f.* calmness, calm, tranquility.

cal·man·te *adj.* soothing, sedative, tranquilizing ◇ *m.* **1** sedative, tranquilizer.

cal·mar *tr.* **1** *persona* to calm (down) **2** *dolor* to relieve, soothe ◇ *intr. estar en calma* to fall calm ◇ *prnl. calmarse* **1** *persona* to calm down **2** *dolor, etc.* to abate, ease off.

ca·lor *m.* heat, warmth.

ca·lo·rí·a *f.* calorie.

ca·ló·ri·co, ca *adj.* caloric, calorific.

ca·lo·rí·me·tro *m.* calorimeter.

ca·los·tro *m.* colostrum.

ca·lum·nia *f.* **1** *calumny* **2** JUR slander.

ca·lum·nia·dor, ra *adj.* **1** calumnious, calumniatory **2** JUR slanderous ◇ *s.* **1** calumniator **2** JUR slanderer.

ca·lum·niar *(see model 12) tr.* **1** to calumniate **2** JUR to slander.

ca·lu·ro·sa·men·te *adv.* warmly.

ca·lu·ro·so, sa *adj. tiempo* warm, hot.

cal·va *f.* **1** *de la cabeza* bald patch **2** *de un bosque* clearing.

cal·vi·cie *f.* baldness.

cal·vo, va *adj. persona* bald ◇ *s.* bald person.

cal·za·da *f.* road, roadway, pavement.

cal·za·do, da *pp. de calzar adj.* wearing shoes, with shoes on ◇ *m. calzado* footwear, shoes.

cal·za·dor *m.* shoehorn.

cal·zar *(see model 4) tr.* **1** *poner calzado* to put shoes on **2** *llevar calzado* to wear ◇ *prnl. calzarse forma reflexiva* to put (one's shoes) on.

cal·zón *m.* trousers *pl.*

ca·ma *f.* bed.

ca·ma·le·ón *m.* chameleon.

ca·ma·le·ó·ni·co, ca *adj. fig.* chameleon-like.

ca·mán·du·la *f.* **1** *rosario* rosary **2** *fig. marrullería* trick.

ca·man·du·le·ro, ra *adj. fam.* hypocritical ◇ *s. fam.* hypocrite.

cá·ma·ra *f.* **1** *sala, pieza* chamber, room ◇ *com. hombre* cameraman *mujer* camerawoman.

ca·ma·ra·da *com.* **1** *de trabajo* colleague, fellow worker, workmate **2** POL comrade.

ca·ma·ra·de·rí·a *f.* **1** *gen.* companionship, friendship, camaraderie **2** POL comradeship.

ca·ma·re·ro, ra *s.* **1** *de bar, restaurante - hombre* waiter *mujer* waitress **2** *detrás de la barra - hombre* barman *mujer* barmaid.

ca·ma·ri·lla *f.* **1** clique **2** POL pressure group, lobby.

ca·mar·len·go *m.* camerlengo, camerlingo.

ca·ma·rón *m.* prawn, common prawn.

ca·ma·ro·te *m.* cabin.

ca·mas·tro *m.* rickety old bed.

cam·bian·te *adj.* **1** *gen.* changing **2** *carácter* moody.

cam·biar *(see model 12) tr.* **1** *gen.* to change **2** *intercambiar* to exchange **3** *de sitio* to shift, move **4** *dar cambio de moneda* to change, give change for ◇ *intr. gen.* to change *has cambiado mucho* you have changed a lot ◇ *prnl. cambiarse* **1** *mudarse de ropa* to change, get changed **2** *mudarse de casa* to move.

cam·bio m. 1 change, changing 2 *intercambio* exchange, exchanging 3 *dinero suelto* change, loose change.

cam·bis·ta com. moneychanger.

ca·me·lle·ro m. cameleer, camel-driver.

ca·me·llo m. ZOOL camel.

ca·me·ri·no m. dressing room.

ca·mi·lla f. 1 *para enfermos* stretcher 2 *cama* small bed.

ca·mi·lle·ro, ra s. stretcher-bearer.

ca·mi·nan·te com. traveler, walker.

ca·mi·nar intr. *andar* to walk ◇ tr. *recorrer* to cover, travel.

ca·mi·na·ta f. long walk, trek.

ca·mi·no m. 1 *vía* path, track 2 *ruta* way, route 3 *viaje* journey.

ca·mión m. truck fam. **camión cisterna** tanker **camión de la basura** dustcart.

ca·mio·ne·ro, ra s. truck driver.

ca·mio·ne·ta f. van.

ca·mi·sa f. shirt.

ca·mi·se·ría f. 1 *tienda* shirt shop, outfitters 2 *industria* shirt industry.

ca·mi·se·ta f. *ropa interior* undershirt.

ca·mi·són m. nightdress, nightgown, nightie.

ca·mo·mi·la f. camomile.

cam·pa·men·to m. 1 *acción de acampar* camping 2 *lugar* camp **campamento de verano** summer camp.

cam·pa·na f. gen. bell.

cam·pa·na·rio m. belfry, bell tower.

cam·pan·te adj. fam. 1 *despreocupado* cool, unconcerned 2 fam. *ufano* proud, self-satisfied.

cam·pa·ña f. *conjunto de actividades* campaign **campaña electoral** election campaign **campaña publicitaria** advertising campaign.

cam·pe·cha·no, na adj. 1 fam. *franco, alegre* frank, open, good-humored 2 fam. *sencillo* unaffected, natural.

cam·pe·ón, o·na s. champion.

cam·pe·o·na·to m. 1 championship **de campeonato** 2 fam. great, fantastic.

cam·pe·si·no, na adj. country, rural ◇ s. gen. peasant *hombre* countryman *mujer* countrywoman.

cam·pes·tre adj. country, rural.

cam·pi·ña f. 1 *campo* countryside 2 *cultivo* stretch of cultivated land.

cam·po m. 1 *campiña* country, countryside 2 *agricultura* field 3 *de deportes* field, pitch.

cam·pus m. inv. campus **campus universitario** university campus.

ca·mu·fla·je m. camouflage.

ca·mu·flar tr. 1 to camouflage 2 fig. to hide, cover up.

can m. LIT dog.

ca·na f. grey hair, white hair **echar una cana al aire** fam. to let one's hair down.

ca·na·dien·se adj. Canadian ◇ s. Canadian.

ca·nal m. 1 *artificial* canal 2 *natural* channel.

ca·na·li·zar *(see model 4)* tr. 1 *agua, área* to canalize 2 *riego* to channel.

ca·na·lla f. pey. *chusma* riffraff, mob, rabble ◇ m. pey. *hombre ruin* rascal, scoundrel, swine, rotter.

ca·na·lla·da f. dirty trick.

ca·na·pé m. 1 *sofá* couch, sofa 2 CULIN canapé.

ca·nas·ta f. 1 *cesto* basket 2 *juego de cartas* canasta 3 *en baloncesto* basket.

ca·nas·ti·lla f. 1 *cestilla* small basket 2 *de bebé* layette.

ca·nas·to m. 1 *cesto* basket, hamper ◇ interj. **¡canastos!** good heavens!

can·cel m. 1 *contrapuerta* storm door 2 *construcción* screen.

can·ce·la·ción f. cancellation.

can·ce·lar tr. 1 *anular* to cancel 2 *saldar una deuda* to settle, pay.

cán·cer m. enfermedad cancer.

can·ce·rí·ge·no, na adj. carcinogenic.

can·ce·ro·so, sa adj. cancerous.

can·cha f. gen. ground.

can·ci·ller m. chancellor.

can·ci·lle·rí·a f. chancellery, chancellory.

can·ción f. song.

can·cio·ne·ro m. 1 *poemas* collection of poems 2 MÚS songbook.

can·da·do m. padlock.

can·de·la f. 1 *vela* candle 2 *lumbre* fire.

can·de·la·bro m. candelabrum.

can·den·te adj. 1 *enrojecido por el fuego* incandescent, red-hot 2 fig. *cuestión, tema* burning, pressing.

can·di·da·to, ta s. candidate.

can·di·da·tu·ra f. *aspiración* candidacy, candidature.

can·di·dez f. ingenuousness, innocence.

cán·di·do, da adj. 1 ingenuous, innocent 2 LIT níveo white, snowy.

can·dil m. oil lamp.

can·dor m. 1 LIT *suma blancura* whiteness 2 fig. innocence.

can·do·ro·so, sa adj. innocent, pure.

ca·ne·la f. cinnamon.

can·gre·jo m. *de mar* crab **andar como los cangrejos** fam. to take one step forward and two steps back.

can·gu·ro m. ZOOL kangaroo ◇ com. fam. baby-sitter.

ca·ní·bal adj. cannibal.

ca·ni·ba·lis·mo m. cannibalism.

ca·ni·ca f. marble.

ca·ni·cie f. whiteness, greyness.

ca·ní·cu·la f. dog days pl.

ca·ni·no, na adj. canine ◇ m. **canino** canine tener **hambre canina** fam. to be starving.

can·je m. exchange.

can·je·a·ble adj. exchangeable.

can·je·ar tr. to exchange.

ca·no·a f. canoe *bote* boat.

ca·non m. *regla* canon, norm ◇ mpl. **cánones** rules.

ca·nó·ni·co, ca adj. canonical.

ca·no·ni·za·ción f. canonization.

ca·no·ni·zar *(see model 4)* tr. to canonize.

ca·non·ji·a f. 1 canonry 2 fig. sinecure.

ca·no·so, sa adj. gray-haired, white-haired.

can·sa·do, da pp. de cansar adj. 1 gen. tired, weary **estoy cansada** I'm tired 2 *que fatiga* tiring **tener la vista cansada** to have eyestrain.

can·san·cio m. tiredness, weariness **estar muerto de cansancio** fig. to be dead tired, be exhausted.

can·sar tr. *causar cansancio* to tire, tire out, make tired ◇ intr. 1 *causar cansancio* to be tiring 2 *aburrir* to be boring prnl. **cansarse** *padecer cansancio* to get tired, tire.

can·tan·te adj. singing ◇ com. singer.

can·tar tr. to sing ◇ intr. to sing ◇ m. song.

cán·ta·ro m. *vasija* pitcher **llover a cántaros** fig. to rain cats and dogs.

can·te·ra f. 1 *de piedra* quarry 2 fig. breeding ground 3 DEP fig. young players pl.

cán·ti·co m. canticle.

can·ti·dad f. gen. quantity de dinero amount, sum ◇ adv. fam. a lot **cantidad de** fam. lots of, loads of.

can·tim·plo·ra f. water bottle.

can·ti·ne·ro, ra s. bar attendant.

can·to[1] m. 1 arte singing 2 canción song 3 LIT canto.

can·to[2] m. 1 extremo edge 2 de cuchillo blunt edge 3 esquina corner.

cá·nu·la f. cannula.

ca·nu·to m. 1 tubo tube 2 BOT internode 3 argot porro joint.

ca·ña f. 1 planta reed 2 tallo cane, stem 3 ANAT bone marrow.

ca·ña·da f. 1 GEOG glen, dell, hollow 2 sendero cattle track.

cá·ña·mo m. 1 BOT hemp 2 tela hempen cloth.

ca·ña·ve·ral m. cane plantation.

ca·ñe·rí·a f. piping.

ca·ño m. tubo tube.

ca·ñón m. de artillería gun.

ca·o·ba f. mahogany.

ca·o·lín m. kaolin.

ca·os m. inv. chaos.

ca·ó·ti·co, ca adj. chaotic.

ca·pa f. 1 prenda cloak, cape 2 GEOL stratum, layer 3 de pintura coat de polvo layer.

ca·pa·ci·dad f. 1 gen. capacity 2 fig. habilidad capability, ability.

ca·pa·ci·ta·ción f. training.

ca·pa·ci·ta·do, da pp. de **capacitar** adj. 1 qualified 2 JUR qualified, competent.

ca·pa·ci·tar tr. 1 instruir to train, qualify 2 autorizar to qualify, entitle.

ca·par tr. 1 to geld, castrate 2 fam. fig. to curtail.

ca·pa·ra·zón m. 1 shell, carapace 2 fig. cover, protection.

ca·pa·taz, za s. hombre foreman mujer forewoman.

ca·paz adj. 1 competente capable, able 2 cualificado qualified 3 capaz capable.

cap·cio·so, sa adj. pey. cunning, insidious, artful.

ca·pe·llán m. chaplain.

ca·pi·cú·a adj. reversible ◇ m. número reversible number palabra palindrome **424 es capicúa** 424 is a reversible number.

ca·pi·lar adj. 1 del cabello hair 2 FIS capillary m. capillary.

ca·pi·la·ri·dad f. capillarity.

ca·pi·lla f. iglesia chapel **capilla ardiente** funeral chapel, mortuary chapel.

ca·pi·ta·ción f. capitation.

ca·pi·tal adj. 1 principal capital, principal, main, chief 2 ciudad capital ◇ m. FIN capital ◇ f. capital, chief town.

ca·pi·ta·lis·mo m. capitalism.

ca·pi·ta·lis·ta adj. capitalist, capitalistic ◇ com. capitalist.

ca·pi·ta·li·za·ción f. capitalization.

ca·pi·ta·li·zar (see model 4) tr. to capitalize.

ca·pi·tán, ta·na s. 1 oficial captain 2 jefe leader, chief 3 DEP captain.

ca·pi·ta·ne·ar tr. 1 gen. to lead tropas to command 2 equipo to captain.

ca·pi·tel m. capital, chapiter.

ca·pi·to·lio m. capitol.

ca·pi·tu·la·ción f. 1 MIL capitulation 2 acuerdo agreement.

ca·pi·tu·lar adj. capitular, capitulary **sala capitular** chapter house ◇ m. individuo de alguna comunidad eclesiástica capitular ◇ intr. 1 MIL rendirse to capitulate 2 pactar to come to an agreement, reach an agreement ◇ tr. pactar to agree to.

ca·pí·tu·lo m. 1 gen. chapter 2 fig. tema subject, matter.

ca·po m. fam. boss.

ca·po·ral m. 1 jefe head, leader 2 en una granja farm manager.

ca·po·ta f. 1 sombrero femenino bonnet 2 cubierta plegadiza folding hood, folding top.

ca·po·te m. 1 capa con mangas cloak with sleeves, cape 2 prenda militar greatcoat 3 capa de torero cape.

ca·po·te·ar tr. 1 capear al toro to make passes using the cape 2 fig. evadir las dificultades to dodge.

ca·pri·cho m. 1 deseo caprice, whim, fancy 2 MÚS caprice, capriccio.

ca·pri·cho·so, sa adj. capricious, whimsical, fanciful ◇ s. whimsical person.

ca·pri·no, na adj. goat.

cáp·su·la f. gen. capsule.

cap·ta·ción f. 1 de agua reception de agua harnessing 2 comprensión understanding, comprehension, grasping.

cap·tar tr. 1 ondas to receive, pick up agua to harness 2 entender to understand, grasp ◇ prnl. **captarse** to draw, attract, win over.

cap·tor, ra s. captor, kidnapper.

cap·tu·ra f. capture.

cap·tu·rar tr. to capture, seize.

ca·pu·cha f. hood.

ca·pu·chi·no, na adj. Capuchin ◇ s. monje Capuchin monk monja Capuchin nun ◇ m. **capuchino** café cappuccino, frothy white coffee.

ca·pu·llo m. 1 de insectos cocoon 2 BOT bud.

ca·ra f. 1 rostro face 2 expresión face, expression 3 lado side de moneda right side ◇ com. fam. **caradura** cheeky person.

ca·ra·be·la f. caravel.

ca·ra·bi·na f. arma carbine, rifle.

ca·ra·col m. 1 de tierra snail 2 de mar winkle 3 concha sea shell interj. **caracoles** good heavens!

ca·rác·ter m. 1 personalidad character 2 condición nature, kind 3 imprenta letter.

ca·rac·te·rís·ti·ca f. characteristic.

ca·rac·te·rís·ti·co, ca adj. characteristic ◇ s. actor character actor actriz character actress.

ca·rac·te·ri·za·ción f. characterization.

ca·rac·te·ri·za·do, da pp. de **caracterizar** adj. distinguido distinguished.

ca·rac·te·ri·zar (see model 4) tr. 1 determinar to characterize, portray 2 enaltecer to characterize 3 representar to play well ◇ prnl. **caracterizarse** 1 distinguirse to be characterized 2 vestirse, arreglarse to dress up.

ca·ra·jo m. interj. 1 shit! **irse algo al carajo** planes to fall through, go to pot 2 empresa to go bust **¡vete al carajo!** go to hell!

ca·ram·ba interj. 1 extrañeza good heavens!, my God! 2 enfado damn it!

ca·ram·bo·la f. billar carom.

ca·ra·me·lo m. dulce candy.

ca·ra·mi·llo m. flautilla pipe.

ca·ra·pa·cho m. caparazón carapace.

ca·rá·tu·la f. cubierta cover.

ca·ra·va·na f. expedición caravan.

ca·ray interj. good heavens!, God!

car·bo·hi·dra·to m. carbohydrate.

car·bón m. 1 gen. coal 2 carboncillo charcoal.

car·bo·na·to *m.* carbonate.

car·bon·ci·llo *m.* charcoal.

car·bo·ní·fe·ro, ra *adj.* carboniferous ⬥ *m.* **el carbonífero** *periodo geológico* the Carboniferous, the Carboniferous period.

car·bo·ni·za·ción *f. reducción a carbón* carbonization.

car·bo·ni·zar *(see model 4) tr.* 1 *reducir a carbón* to carbonize 2 *quemar* to burn, char ⬥ *prnl.* **carbonizarse** to carbonize.

car·bo·no *m.* carbon **dióxido de carbono** carbon dioxide.

car·bun·co *m.* anthrax.

car·bu·ra·ción *f.* carburation.

car·bu·ra·dor *m.* carburetor.

car·bu·ran·te *m.* fuel.

car·bu·rar *tr. quemar* to carburet ⬥ *intr. fam. fig. funcionar* to work properly.

car·bu·ro *m.* carbide.

car·ca·ja·da *f.* burst of laughter, guffaw **reír(se) a carcajadas** to laugh one's head off, roar with laughter.

car·ca·je·ar *intr.* to laugh heartily ⬥ *prnl.* **carcajearse** 1 *reírse* to laugh heartily 2 *burlarse* to laugh (*de*, at).

car·ca·mal *m. fam. pey.* old fogey.

car·ca·sa *f. armazón* frame, framework.

cár·cel *f.* jail, gaol, prison.

car·ce·la·rio, ria *adj.* prison, goal, jail.

car·ce·le·ro, ra *adj.* prison, goal, jail ⬥ *s.* jailer, gaoler, warden.

car·ci·nó·ge·no, na *adj.* carcinogenic ⬥ *m.* **carcinógeno** carcinogen.

car·ci·no·ma *m.* carcinoma, cancer.

car·co·mer *tr.* 1 *roer* to eat away 2 *fig. salud* to undermine, eat away at ⬥ *prnl.* **carcomerse** *fig.* to be consumed (*de*, with), be eaten up (*de*, with).

car·co·mi·do, da *pp. de* carcomer *adj.* 1 *roído* worm-eaten, riddled with woodworm 2 *fig. salud* undermined.

car·da *f.* 1 *acción de cardar* carding 2 *instrumento* card, teasel.

car·da·do, da *pp. de* cardar *m.* **cardado** 1 *carda* carding 2 *del cabello* backcombing.

car·da·dor, ra *s. persona* carder ⬥ *m.* **cardador** *miriápodo* millipede.

car·dar *tr.* 1 *lana, etc.* to card 2 *cabello* to backcomb.

car·de·na·li·cio, cia *adj.* of a cardinal, related to a cardinal, cardinal's.

car·den·cha *f.* 1 *planta* card thistle 2 *instrumento* card, teasel.

cár·de·no, na *adj.* purple, violet.

car·dia·co, ca *adj.* cardiac, heart **ataque cardiaco** heart attack ⬥ *s.* person with a heart condition, person with heart disease.

car·di·nal *adj.* cardinal **número cardinal** cardinal number.

car·dio·lo·gí·a *f.* cardiology.

car·dió·lo·go, ga *s.* cardiologist.

car·dio·pa·tí·a *f.* heart condition, heart disease.

car·dio·vas·cu·lar *adj.* cardiovascular.

car·du·men *m.* shoal of fish.

ca·re·ar *tr.* JUR to confront, bring face to face ⬥ *prnl.* **carearse** *enfrentarse* to meet face to face.

ca·re·cer *(see model 43) intr.* to lack (*de*, -).

ca·ren·cia *f.* lack (*de*, of).

ca·ren·te *adj.* lacking (*de*, -).

ca·re·o *m.* confrontation.

ca·res·tí·a *f.* 1 *falta* lack, shortage 2 *precio alto* high cost, high price.

ca·re·ta *f. máscara* mask **quitarle la careta a alguien** *fig.* to unmask somebody.

ca·rey *m.* 1 *animal* sea turtle 2 *concha* tortoiseshell.

car·ga *f.* 1 *acción* loading 2 *lo cargado* load *de avión, barco,* cargo, freight 3 *peso* weight.

car·ga·dor, ra *adj.* loading ⬥ *s. gen.* loader *de muelle* stevedore *de alto horno* stoker ⬥ *m.* **cargador** 1 *de arma* magazine 2 *de batería* battery charger.

car·ga·men·to *m. gen.* load *de avión, barco* cargo, freight.

car·gar *(see model 7) tr.* 1 *poner peso* to load 2 *precio* to charge *en cuenta* to debit ⬥ *intr.* 1 *gen.* to load 2 *batería* to charge 3 *toro, elefante, etc.* to charge ⬥ *prnl.* **cargarse** 1 *llenarse* to load oneself (*de*, with) 2 *el cielo* to get cloudy, become overcast.

car·go *m.* 1 *peso* load, weight 2 *empleo* post, position **correr a cargo de alguien** to be the responsibility of somebody.

car·gue·ro *m.* 1 *embarcación* freighter 2 *avión* transport plane.

ca·ria·con·te·ci·do, da *adj.* down in the mouth, crestfallen.

ca·ria·do, da *adj.* decayed, carious.

ca·riar *(see model 12) tr.* to cause to decay ⬥ *prnl.* **cariarse** to decay.

Ca·ri·be *m.* **el Caribe** the Caribbean.

ca·ri·be·ño, ña *adj.* Caribbean.

ca·ri·ca·tu·ra *f.* caricature.

ca·ri·ca·tu·ris·ta *com.* caricaturist.

ca·ri·cia *f.* caress, stroke.

ca·ri·dad *f.* charity **¡por caridad!** for pity's sake!

ca·ries *f. inv. enfermedad* tooth decay, caries ⬥ *pl. lesión* cavity.

ca·ri·ño *m.* 1 *amor* love, affection 2 *esmero* loving care 3 *apelativo* darling, love, honey ⬥ *mpl.* **cariños** *recuerdos, saludos* love *sing.*

ca·ri·ño·sa·men·te *adv.* affectionately.

ca·ri·ño·so, sa *adj.* loving, affectionate.

ca·rio·ca *adj.* of Rio de Janeiro, from Rio de Janeiro ⬥ *com.* person from Rio de Janeiro, inhabitant of Rio de Janeiro.

ca·ris·ma *m.* charisma.

ca·ris·má·ti·co, ca *adj.* charismatic.

ca·ri·ta·ti·vo, va *adj.* charitable.

ca·riz *m.* aspect, look.

car·me·sí *adj.* crimson ⬥ *m.* crimson.

car·mín *adj. color* carmine ⬥ *m.* 1 *color* carmine 2 *rosal* wild rose.

car·na·da *f.* bait.

car·na·val *m.* carnival.

car·na·za *f.* 1 *carnada* bait 2 *carne abundante y mala* low-grade meat, bad-quality meat.

car·ne *f.* 1 ANAT flesh 2 CULIN meat 3 *de fruta* pulp 4 *fig. cuerpo* flesh **la carne es débil** the flesh is weak **echar toda la carne en el asador** *fig.* to go in for everything.

car·ne·ro *m.* 1 *animal* ram 2 *carne* mutton.

car·nes·to·len·das *fpl.* Carnival.

car·ni·ce·rí·a *f.* 1 butcher's, butcher's shop 2 *fig.* carnage, slaughter.

car·ni·ce·ro, ra *adj.* 1 *animal* carnivorous 2 *fam. que le gusta la carne* fond of meat ⬥ *m. animal* carnivore.

cár·ni·co, ca *adj.* meat.

car·ní·vo·ro, ra *adj.* carnivorous ⬥ *s.* carnivore.

car·no·si·dad *f.* fleshy part.

car·no·so, sa *adj.* fleshy.

ca·ro, ra *adj.* 1 *costoso* expensive, dear 2 *difícil* difficult ⬥ *adv.* **caro** at a high price **costar caro** *ser costoso* to cost a lot.

ca·ró·ti·da *f.* carotid.

car·pa *f.* 1 *de circo* big top, marquee 2 *tenderete* stall.

car·pe·ta *f.* 1 *archivador* folder, file *informática* folder 2 *de escritorio* table cover.

car·pin·te·rí·a *f. establecimiento* carpenter's shop.

car·pin·te·ro, ra *adj.* carpenter ◇ *s.* carpenter.

ca·rras·pe·ar *intr.* to clear one's throat.

ca·rras·pe·ra *f. fam.* hoarseness.

ca·rre·ra *f.* 1 *acción* run 2 DEP race 3 *estudios* degree course, university education. **carrera contra reloj** race against the clock **carrera armamentística** arms race **carrera de caballos** horse race **carrera de coches** car race.

ca·rre·ta *f.* cart.

ca·rre·te *m. de hilo* bobbin, reel.

ca·rre·te·ra *f.* road.

ca·rre·ti·lla *f.* wheelbarrow.

ca·rril *m. de carretera* lane.

ca·rri·lle·ra *f.* jaw.

ca·rro *m.* 1 *vehículo* cart 2 *de supermercado, aeropuerto* cart.

ca·rro·ce·rí·a *f.* body, bodywork.

ca·rro·ña *f.* carrion.

ca·rro·ñe·ro, ra *adj.* carrion-eating ◇ *s.* scavenger.

ca·rrua·je *m.* carriage, coach.

ca·rru·sel *m.* tiovivo carrousel.

car·ta *f.* 1 *misiva* letter 2 *naipe* card 3 *minuta* menu.

car·ta·bón *m.* set square, triangle.

car·ta·pa·cio *m.* 1 *cuaderno* notebook 2 *carpeta* folder, file.

car·tel *m.* poster, bill.

cár·tel *m.* cartel, trust.

car·te·le·ra *f. para carteles* billboard 2 *en periódicos* entertainment section **en cartelera** running, on.

car·te·ra *f. monedero* wallet.

car·te·ris·ta *com.* pickpocket.

car·te·ro, ra *s. hombre* postman *mujer* postwoman.

car·te·sia·no, na *adj.* Cartesian ◇ *s.* Cartesian.

car·ti·la·gi·no·so, sa *adj.* cartilaginous.

car·tí·la·go *m.* cartilage.

car·ti·lla *f.* 1 *para aprender* first reader 2 *tratado breve* primer 3 *cuaderno* book **cartilla militar** military record.

car·to·gra·fí·a *f.* cartography.

car·tó·gra·fo, fa *s.* cartographer.

car·to·man·cia *f.* cartomancy.

car·tón *m. material* cardboard.

car·tu·cho *m. de explosivo* cartridge **quemar el último cartucho** *fig.* to play one's last card.

car·tu·li·na *f.* thin cardboard.

ca·sa *f.* 1 *vivienda* house 2 *piso* flat 3 *edificio* building 4 *hogar* home.

ca·sa·ca *f.* fitted short coat.

ca·sa·do, da *pp. de* **casar** *adj.* married ◇ *s. hombre* married man *mujer* married woman **los recién casados** the newly-weds.

ca·sa·mien·to *m.* 1 *contrato* marriage 2 *ceremonia* wedding.

ca·sar *tr.* 1 *disponer matrimonio* to marry 2 *unir* to join, fit ◇ *intr. casarse* to marry (**con**, -), get married (**con**, to) ◇ *prnl.* **casarse** to get married (**con**, to) marry (**con**, -).

cas·ca·bel *m.* bell **ponerle el cascabel al gato** *fig.* to bell the cat.

cas·ca·da *f.* cascade, waterfall.

cas·ca·jo *m. guijo* gravel, rubble.

cas·ca·nue·ces *m. inv.* nutcrackers *pl.*

cás·ca·ra *f.* 1 *de huevo, nuez* shell 2 *de fruta* skin, peel 3 *de grano* husk.

cas·ca·rón *m.* eggshell **recién salido del cascarón** *fam.* wet behind the ears.

cas·ca·rra·bias *com. inv. fam.* grumpy person, bad-tempered person.

cas·co *m.* 1 *para la cabeza* helmet 2 *de barco* hull **ser ligero de cascos** *fam.* to be scatterbrained.

ca·se·í·na *f.* casein.

ca·se·rí·o *m.* 1 *casa* country house 2 *pueblo* hamlet, small village.

ca·se·ro, ra *adj.* 1 *persona* home-loving 2 *productos* home-made **pan casero** home-made bread ◇ *s. dueño - hombre* landlord *mujer* landlady.

ca·se·te *m. magnetófono* cassette player, cassette recorder ◇ *f. cinta* cassette, cassette tape.

ca·si *adv.* almost, nearly **casi, casi** *fam.* just about.

ca·si·lla *f.* 1 *casita* hut, lodge 2 *de casillero* pigeonhole 3 *cuadrícula* square **sacar a alguien de sus casillas** *fig.* to drive somebody mad.

ca·si·lle·ro *m.* pigeonholes *pl.*

ca·si·no *m.* casino.

ca·so *m. ocasión* case, occasion 2 *suceso* event, happening 3 *asunto* affair.

ca·so·na *f.* large house.

cas·pa *f.* dandruff.

cás·pi·ta *interj.* dear me!, goodness gracious!

cas·qui·llo *m.* TÉC 1 ferrule, metal tip 2 *de cartucho* case 3 *de flecha* head.

cas·qui·va·no, na *adj. fam.* scatterbrained.

cas·ta *f.* 1 *grupo social* caste 2 *linaje* lineage, descent **de casta** *persona* of breeding, of good stock.

cas·ta·ña *f.* BOT chestnut.

cas·ta·ñe·te·ar *tr. tocar castañuelas* to play castanets ◇ *intr.* 1 *dientes* to chatter 2 *los dedos* to snap one's fingers.

cas·ta·ño, ña *adj.* chestnut-brown, chestnut *pelo* brown ◇ *m.* **castaño** BOT 1 *árbol* chestnut tree 2 *madera* chestnut.

cas·ta·ñue·la *f.* castanet.

cas·te·lla·no, na *adj.* Castilian ◇ *s. persona* Castilian ◇ *m.* **castellano** *idioma* Castilian, Spanish.

cas·ti·dad *f.* chastity.

cas·ti·gar *(see model 7) tr.* 1 *aplicar una pena* to punish 2 *dañar* to damage, ruin.

cas·ti·go *m. gen.* 1 punishment 2 *en deporte* penalty **levantar un castigo** to lift a punishment.

cas·ti·llo *m.* castle **hacer castillos en el aire** *fig.* to build castles in the air.

cas·to, ta *adj.* chaste.

cas·tor *m.* beaver.

cas·tra·ción *f.* castration.

cas·tra·do, da *pp. de* **castrar** *m.* **castrado** eunuch.

cas·trar *tr. capar* to castrate.

cas·tren·se *adj.* military.

ca·sual *adj.* accidental, chance.

ca·sua·li·dad *f.* 1 chance, accident 2 *coincidencia* coincidence **dar la casualidad** to just happen.

ca·sual·men·te *adv.* by chance, by accident.

ca·su·cha *f. pey.* hovel.

ca·suís·ti·co, ca *adj.* casuistic, casuistical.

ca·ta *f. degustación* tasting.

ca·ta·clis·mo *m.* cataclysm.

ca·ta·cum·bas *fpl.* catacombs.

ca·ta·dor, ra *s.* taster **catador de vinos** wine taster.

ca·ta·du·ra *f. pey.* looks *pl.*

ca·ta·le·jo *m.* telescope.

ca·ta·lep·sia *f.* catalepsy.

ca·tá·li·sis *f. inv.* catalysis.

ca·ta·li·za·dor, ra *adj.* catalytic ◇ *m.* **catalizador** 1 catalyst 2 AUTO catalytic converter, catalyzer.

ca·ta·li·zar *(see model 4) tr.* QUÍM **1** to catalyze **2** *fig.* to act as a catalyst for.

ca·ta·lo·gar *(see model 7) tr.* **1** to catalog **2** *fig.* to classify, class.

ca·tá·lo·go *m.* catalog.

ca·ta·plas·ma *f.* **1** poultice, cataplasm **2** *fam. fig. pelma* bore.

ca·ta·pul·ta *f.* catapult.

ca·ta·pul·tar *tr.* to catapult.

ca·tar *tr.* **1** *probar* to taste **2** *examinar* to examine, inspect.

ca·ta·rro *m.* cold, catarrh.

ca·tar·sis *f. inv.* catharsis.

ca·tas·tral *adj.* cadastral.

ca·tas·tro *m.* cadastre, cadaster, official register.

ca·tás·tro·fe *f.* catastrophe.

ca·tas·tró·fi·co, ca *adj.* catastrophic.

ca·tas·tro·fis·mo *m.* **1** *teoría* catastrophism **2** *pesimismo* pessimism.

cát·cher *com.* catcher.

ca·te·ar *tr.* EDUC *fam.* to fail, flunk.

ca·te·cis·mo *m.* catechism.

cá·te·dra *f. cargo de universidad* professorship.

ca·te·dral *adj.* cathedral ⬦ *f.* cathedral.

ca·te·drá·ti·co, ca *s. de universidad* professor.

ca·te·go·rí·a *f.* category, class *social* class.

ca·te·gó·ri·ca·men·te *adv.* categorically.

ca·te·gó·ri·co, ca *adj.* categoric, categorical **un no categórico** a flat refusal.

ca·te·quis·mo *m.* catechism.

ca·te·qui·zar *(see model 4) tr.* REL to catechize.

ca·té·ter *m.* catheter.

ca·te·to *m. de triángulo* side of a right-angled triangle forming the right angle.

ca·tó·di·co, ca *adj.* cathodic **rayo catódico** cathode ray.

cá·to·do *m.* cathode.

ca·to·li·cis·mo *m.* Catholicism.

ca·tó·li·co, ca *adj.* Catholic ⬦ *s.* Catholic.

ca·tor·ce *adj. cardinal* fourteen *ordinal* fourteenth ⬦ *m. número* fourteen.

ca·tor·ce·a·vo, va *adj.* fourteenth ⬦ *s.* fourteenth.

ca·tre *m. plegable* folding bed *de campaña* camp bed.

cau·cá·si·co, ca *adj.* Caucasian ⬦ *s.* Caucasian.

cau·ce *m.* **1** *de río* bed **2** *conducto descubierto* ditch, trench.

cau·cho *m.* rubber.

cau·ción *f.* guarantee.

cau·dal¹ *adj. de la cola* caudal.

cau·dal² *m.* **1** *de río* flow **2** *bienes* wealth, riches.

cau·da·lo·so, sa *adj. río* deep, plentiful.

cau·di·llo *m.* leader, head.

cau·sa *f. gen.* **1** cause **2** *motivo* cause, reason, motive **3** JUR *caso* case, lawsuit *juicio* trial.

cau·sal *adj.* causal.

cau·sa·li·dad *f.* causality.

cau·san·te *adj.* causal, causing ⬦ *com. persona* person who is the cause, causer.

cau·sar *tr. provocar* to cause, bring about.

cáus·ti·co, ca *adj.* caustic.

cau·te·la *f.* caution, cautiousness **con cautela** cautiously.

cau·te·lo·so, sa *adj.* cautious, wary.

cau·te·ri·za·ción *f.* cauterization.

cau·te·ri·zar *(see model 4) tr.* to cauterize, fire.

cau·ti·va·dor, ra *adj.* **1** captivating **2** *encantador* charming.

cau·ti·var *tr.* **1** to take prisoner, capture **2** *fig. atraer* to captivate, charm.

cau·ti·ve·rio *m.* captivity.

cau·ti·vo, va *adj.* captive ⬦ *s.* captive.

cau·to, ta *adj.* cautious, wary.

ca·va *m. bebida* cava, champagne ⬦ *f. bodega* wine cellar.

ca·var *tr.* to dig ⬦ *intr. ahondar* to go deep **cavar su propia tumba** *fig.* to dig one's own grave.

ca·ver·na *f.* cavern, cave.

ca·ver·ní·co·la *adj.* cave dwelling.

ca·ver·no·so, sa *adj.* **1** cavernous **2** *voz, etc.* hollow, deep.

ca·viar *m.* caviar.

ca·vi·dad *f.* cavity.

ca·vi·la·ción *f.* pondering, musing.

ca·vi·lar *intr.* to ponder, think about, brood over.

ca·ya·do *m.* **1** *de pastor* shepherd's crook **2** *de obispo* crozier.

ca·yo *m.* key.

ca·za *f.* **1** *acción* hunting **2** *de animales* game ⬦ *m.* AV fighter, fighter plane.

ca·za·dor, ra *adj.* hunting ⬦ *s.* hunter.

ca·zar *(see model 4) tr.* **1** to hunt **2** *fam. conseguir* to catch, land **cazar furtivamente** to poach.

ca·zo *m.* cacerola saucepan.

ca·zón *m.* dogfish.

ca·zue·la *f. utensilio* casserole, saucepan.

ce·ba·da *f.* barley.

ce·bar *tr.* **1** *animal* to fatten, fatten up **2** *poner cebo* to bait ⬦ *prnl.* **cebarse** *fig.* dedicarse to devote oneself (**en**, to).

ce·bo *m.* **1** *para animales* food **2** *para pescar* bait **3** *fig. señuelo* bait, lure.

ce·bo·lla *f.* **1** onion **2** *bulbo* bulb.

ce·bra *f.* zebra.

ce·bú *m.* zebu.

ce·ce·ar *intr.* to lisp.

ce·ce·o *m.* lisp.

ce·ci·na *f.* cured meat.

ce·da·zo *m.* sieve.

ce·der *tr. dar* to cede, give ⬦ *intr. rendirse* to yield (**a**, to), give way (**a**, to).

ce·dro *m.* cedar.

cé·du·la *f.* document, certificate.

ce·fa·le·a *f.* migraine.

ce·fa·ló·po·do, da *adj.* cephalopod ⬦ *m.* **cefalópodo** cephalopod.

ce·gar *(see model 48) tr. gen.* to blind ⬦ *intr. volverse ciego* to go blind ⬦ *prnl.* **cegarse** *fig.* to become blind, be blinded.

ce·gue·ra *f.* **1** blindness **2** *fig.* obsession, blindness.

ce·ja *f.* **1** eyebrow **2** *fig. parte saliente* projecting edge **tener algo entre ceja y ceja** *fig.* to have something in one's head.

ce·jar *intr. retroceder* to back up.

ce·la·dor, ra *s.* **1** *gen.* attendant **2** *de colegio* monitor *de cárcel* warden.

cel·da *f.* cell **celda de castigo** punishment cell.

ce·le·bé·rri·mo, ma *adj.* most famous, well-known.

ce·le·bra·ción *f.* **1** *fiesta* celebration **2** *de una reunión, etc.* holding **3** *aplauso* praise, applause.

ce·le·brar *tr.* **1** *festejar* to celebrate **2** *estar contento* to be happy about ⬦ *intr. misa* to say Mass ⬦ *prnl.* **celebrarse** *tener lugar* to take place, be held.

cé·le·bre *adj.* well-known, famous, celebrated.

ce·le·bri·dad *f.* celebrity, fame.

ce·le·ri·dad *f.* celerity, speed **con celeridad** quickly.

ce·les·te *adj.* celestial **2** *color* sky-blue ⬦ *m. color* sky blue.

ce·les·tial *adj.* celestial, heavenly.

ce·les·ti·na *f.* procuress, bawd.

ce·li·ba·to m. celibacy.

cé·li·be adj. celibate ◇ com. celibate.

ce·lo m. 1 cuidado zeal, fervor 2 BIOL macho rut hembra heat **estar en celo** macho to be in rut hembra heat to be on heat.

ce·lo·sí·a f. 1 reja lattice 2 ventana lattice window.

ce·lo·so, sa adj. 1 cuidadoso zealous, conscientious 2 envidioso jealous 3 receloso suspicious.

Cel·sius m. Celsius.

cél·ti·co, ca adj. Celtic.

cé·lu·la f. cell.

ce·lu·lar adj. cell, cellular.

ce·lu·li·tis f. inv. 1 grasa cellulite 2 inflamación cellulitis.

ce·lu·lo·sa f. cellulose.

ce·men·te·rio m. cemetery, graveyard **cementerio de coches** scrapyard.

ce·men·to m. gen. concrete, cement **cemento armado** reinforced concrete.

ce·na f. gen. supper formal dinner.

ce·ná·cu·lo m. HIST cenacle.

ce·na·gal m. 1 marsh, swamp 2 fig. jam, tight spot.

ce·na·go·so, sa adj. muddy.

ce·nar intr. to have supper, have dinner ◇ tr. to have for supper, have for dinner.

cen·ce·rro m. cowbell.

ce·ne·fa f. 1 sobre tejido edging, trimming 2 sobre muro, pavimento, etc. ornamental border, frieze.

ce·ni·ce·ro m. ashtray.

ce·ni·cien·to, ta adj. ashen, ash-grey.

ce·nit m. zenith.

ce·ni·za f. ash, ashes ◇ pl. fpl. cenizas restos ashes.

ce·no·ta·fio m. cenotaph.

cen·sar tr. 1 hacer el censo to take a census of 2 registrar en el censo to register (in a census) intr. hacer el censo to take a census.

cen·so m. padrón census.

cen·sor m. 1 censor 2 fig. crítico critic.

cen·su·ra f. 1 censorship 2 crítica censure, criticism, condemnation.

cen·su·ra·ble adj. censurable.

cen·su·rar tr. 1 to censor 2 criticar to censure, criticize.

cen·ta·vo, va adj. hundredth ◇ m. **centavo** moneda cent, centavo.

cen·te·lla f. 1 rayo lightning 2 chispa spark, flash **ser rápido como una centella** fig. to be as quick as a flash.

cen·te·lle·ar intr. 1 gen. to sparkle, flash 2 estrellas to twinkle.

cen·te·na f. hundred.

cen·te·nar m. hundred.

cen·te·na·rio, ria adj. 1 persona hundred-year-old, centenarian 2 periodo, fecha centenary, centennial s. persona centenarian ◇ m. **centenario** aniversario centenary, centennial, hundredth anniversary.

cen·te·si·mal adj. centesimal.

cen·té·si·mo, ma adj. hundredth ◇ s. hundredth ◇ m. **centésimo** moneda cent, centesimo.

cen·tí·gra·do, da adj. centigrade.

cen·ti·gra·mo m. centigram, centigramme.

cen·ti·li·tro m. centiliter.

cen·tí·me·tro m. centimeter.

cén·ti·mo m. cent, centime.

cen·ti·ne·la amb. 1 MIL sentry 2 guardián watch, lookout.

cen·tra·do, da pp. de **centrar** adj. 1 centered (en, on) 2 fig. equilibrado balanced 3 fig. atento devoted (en, to).

cen·tral adj. central ◇ f. oficina principal head office, headquarters.

cen·trar tr. 1 gen. to center 2 fig. atención, etc. to center, focus ◇ intr. DEP to center ◇ prnl. **centrarse** 1 to center (en, on), focus (en, on) 2 concentrarse to concentrate (en, on).

cén·tri·co, ca adj. downtown.

cen·tri·fu·gar (see model 7) tr. to centrifuge.

cen·trí·fu·go, ga adj. centrifugal.

cen·tro m. 1 center, middle 2 de ciudad downtown area **centro comercial** mall **centro cultural** cultural center.

Cen·tro·a·mé·ri·ca f. Central America.

cen·tro·a·me·ri·ca·no, na adj. Central American ◇ s. Central American.

cen·tu·ria f. century.

cen·tu·rión m. centurion.

ce·ñi·do, da pp. de **ceñir** adj. ropa close-fitting, tight-fitting, clinging.

ce·ñir (see model 36) tr. estrechar to cling to, be tight on ◇ prnl. **ceñirse** atenerse to keep (a, to), limit oneself (a, to).

ce·pa f. 1 de vid vine 2 tronco stump de vid stock, rootstock.

ce·pi·llar tr. gen. to brush ◇ prnl. **cepillarse** gen. to brush.

ce·pi·llo m. brush **cepillo de dientes** toothbrush **cepillo de ropa** clothes brush **cepillo del pelo** hairbrush.

ce·po m. 1 rama bough, branch 2 de yunque stock 3 de reo pillory, stocks.

ce·ra f. wax 1 de abeja beeswax 2 de la oreja earwax, cerumen 3 pulimento wax, polish.

ce·rá·mi·co, ca adj. ceramic.

cer·ba·ta·na f. blowpipe.

cer·ca¹ f. 1 vallado fence, wall.

cer·ca² adv. 1 lugar y tiempo near, close **cerca de** cercano 1 near, close 2 aproximadamente nearly, about, around.

cer·ca·ní·a f. proximity, nearness.

cer·car (see model 1) tr. 1 poner una cerca to fence in, enclose 2 rodear to surround, encircle.

cer·ce·nar tr. cortar to cut, trim amputar to amputate, cut off.

cer·cio·rar tr. to assure, affirm ◇ prnl. **cerciorarse** to make sure (de, of).

cer·co m. 1 lo que rodea circle, ring 2 aureola halo 3 marco frame 4 asedio siege **poner el cerco** to besiege (a, -) **cerco policíaco** police cordon.

cer·da f. 1 animal sow 2 pelo - de cerdo bristle - de caballo horsehair.

cer·do, da s. fam. pey. persona sucia pig, slob persona despreciable pig, swine, bastard ◇ m. **cerdo** 1 animal pig 2 carne pork.

ce·re·al adj. cereal ◇ m. cereal.

ce·re·be·lo m. cerebellum.

ce·re·bral adj. 1 cerebral, brain 2 fig. calculating.

ce·re·bro m. ANAT brain.

ce·re·mo·nia f. ceremony **con gran ceremonia** with great pomp.

ce·re·za f. cherry.

ce·ri·lla f. 1 fósforo match 2 de los oídos earwax.

ce·ri·lle·ro, ra s. match seller.

cer·ner (see model 28) tr. harina to sift ◇ intr. llover to drizzle ◇ prnl. **cernerse** pájaro to hover 2 amenazar to threaten, loom, hang.

ce·ro m. 1 MAT zero 2 cifra nought, zero **partir de cero** fig. to start from scratch **ser un cero a la izquierda** fig. to be useless, be a good-for-nothing.

ce·rra·do, da pp. de **cerrar** adj. shut, closed.

ce·rra·du·ra f. lock **cerradura de seguridad** security lock.

ce·rra·je·rí·a f. oficio locksmith's trade.

ce·rra·je·ro, ra s. locksmith.

ce·rrar (see model 27) tr. to close, shut ◇ intr. to close, shut ◇ prnl. **cerrarse** to close, shut.

ce·rro m. hill.

ce·rro·jo m. bolt.

cer·ta·men m. competition, contest.

cer·te·ro, ra adj. accurate, good.

cer·te·za f. certainty **tener la certeza de que...** to be sure that..., be certain that...

cer·ti·dum·bre f. certainty.

cer·ti·fi·ca·ción f. 1 documento certificate 2 confirmación certification.

cer·ti·fi·ca·do, da pp. de **certificar** ◇ adj. envío registered ◇ m. **certificado** documento certificate **certificado médico** medical certificate.

cer·ti·fi·car (see model 1) tr. 1 gen. to certify 2 carta, paquete to register.

ce·ru·men m. earwax, cerumen.

cer·van·ti·no, na adj. of Cervantes, relating to Cervantes, Cervantine.

cer·ve·ce·rí·a f. 1 bar pub, bar 2 destilería brewery.

cer·ve·za f. beer, ale **cerveza de barril** draft beer.

cer·vi·cal adj. cervical, neck.

cer·viz f. cervix, nape of the neck **ser duro de cerviz** fig. to be pig-headed, be stubborn.

ce·sar intr. 1 to cease, stop 2 en un empleo to leave, quit **sin cesar** incessantly.

ce·sión f. 1 cession 2 JUR assignment, transfer.

cés·ped m. lawn, grass.

ces·ta f. 1 basket 2 DEP baloncesto basket **pelota pelota** basket, jai-alai basket.

ces·te·rí·a f. arte basketwork, basket making.

ces·to m. basket **cesto de los papeles** wastepaper basket.

ce·tá·ce·o, a adj. cetacean ◇ m. **cetáceo** cetacean.

ce·tre·rí·a f. falconry.

ce·tro m. scepter **empuñar el cetro** to ascend the throne.

cha·cal m. jackal.

cha·co·ta f. joking, banter **hacer chacota de algo** to make a joke of something **tomar algo a chacota** to take something as a joke.

cha·co·te·ar intr. burlarse to poke fun, make fun ◇ prnl. **chacotearse** to poke fun (de, at), make fun (de, of).

cha·far tr. 1 aplastar to squash, crush, flatten 2 arrugar to crumple, crease ◇ prnl. **chafarse** aplastarse to be squashed, be crushed, be flattened.

chal m. shawl.

cha·le·co m. vest de punto sleeveless pullover, tank top **chaleco antibalas** bullet-proof vest **chaleco salvavidas** life jacket.

cha·li·na f. corbata cravat.

cha·lu·pa f. embarcación boat, launch ◇ adj. fam. fig. chalado nuts, crazy.

cha·mán m. sorcerer, wizard, shaman.

cha·ma·rra f. zamarra sheepskin jacket.

cham·be·lán m. chamberlain.

cham·bra f. housecoat.

cham·pa·ña m. champagne.

cham·pi·ñón m. mushroom.

cham·pú m. shampoo **champú anticaspa** dandruff shampoo.

cha·mus·car (see model 1) tr. to singe, scorch ◇ prnl. **chamuscarse** to be singed, get scorched.

chan·chu·llo m. fam. fiddle, wangle, racket **hacer chanchullo** fam. to be on the fiddle.

chan·cla f. 1 zapato viejo old shoe 2 chancleta flip-flop.

chan·ta·je·ar tr. to blackmail.

chan·ta·jis·ta com. blackmailer.

chan·za f. joke.

cha·pa f. 1 de metal sheet, plate 2 de madera panel, sheet **enchapado** veneer.

cha·pa·do, da pp. de **chapar** adj. 1 metal plated **chapado en plata** silver-plated 2 madera veneered, finished **estar chapado a la antigua** fig. to be old-fashioned.

cha·pa·le·ar intr. to splash about.

cha·pa·le·o m. splash, splashing.

cha·pa·rro, rra adj. fig. tubby, chubby ◇ s. fig. tubby person, chubby person.

cha·pe·ar tr. 1 metal to plate 2 madera to veneer, finish.

cha·po·te·ar intr. agitar en el agua to splash about ◇ tr. humedecer to moisten, dampen, sponge.

cha·po·te·o m. agitación en el agua splashing, paddling.

cha·pu·ce·ar tr. to botch, bungle.

cha·pu·ce·rí·a f. 1 tosquedad shoddiness 2 chapuza botched job, shoddy piece of work.

cha·pu·ce·ro, ra adj. trabajo botched, slapdash, shoddy ◇ s. 1 que trabaja mal bungler, botcher, shoddy worker 2 embustero con artist, trickster.

cha·pu·za f. 1 trabajo sin importancia odd job 2 trabajo mal hecho botched job, shoddy piece of work **hacer una chapuza** to botch up.

cha·pu·zón m. 1 zambullida duck, dive 2 baño dip **darse un chapuzón** to have a dip.

cha·que·ta f. jacket.

cha·ra·da f. charade.

char·co m. puddle, pond.

char·cu·te·rí·a f. pork butcher's shop, delicatessen.

char·la f. 1 conversación talk, chat 2 conferencia talk, informal lecture.

char·lar intr. to chat, talk.

char·la·tán, ta·na adj. 1 hablador talkative 2 chismoso gossipy ◇ s. 1 parlanchín chatterbox 2 chismoso gossip.

char·la·ta·ne·rí·a f. palabrería verbosity, talkativeness.

cha·rol m. 1 barniz varnish 2 cuero patent leather.

chas·ca·rri·llo m. fam. chiste crack, joke anécdota witty anecdote.

chas·co m. engaño trick broma joke **llevarse un chasco** to be disappointed.

chas·que·ar intr. 1 lengua to click dedos to snap 2 látigo, madera to crack.

chas·qui·do m. 1 de la lengua click de los dedos snap 2 látigo, madera.

chat m. INFO chat **sala de chat** chat room.

cha·ta·rra f. 1 escoria slag 2 hierro viejo scrap iron, scrap.

cha·te·ar intr. fam. to have a few wines.

chau·vi·nis·mo m. chauvinism.

chau·vi·nis·ta adj. chauvinist ◇ com. chauvinist.

cha·yo·te m. chayote.

chef m. chef.

che·que m. check **cobrar un cheque** to cash a check **extender un cheque** to write a check.

chi·ca f. muchacha girl.

chi·ca·no, na adj. chicano ◇ s. hombre chicano mujer chicana.

chí·cha·ro m. AM guisante pea.

chi·cha·rrón m. de cerdo pork crackling, fried pork rind.

chi·chón m. bump, lump.

chi·cle m. chewing gum.

chi·co, ca adj. pequeño small, little ◇ s. gen. kid, youngster ◇ m. chico muchacho boy es buen chico he's a good boy.

chi·flar intr. silbar to hiss, whistle ◇ tr. silbar to hiss, boo.

chi·le m. pimiento chili, chili pepper.

chi·le·no, na adj. Chilean ◇ s. Chilean.

chi·lli·do m. de persona shriek, scream, cry.

chi·llón, llo·na adj. que chilla mucho screaming, loud ◇ s. loudmouth.

chi·me·ne·a f. 1 chimney 2 hogar fireplace, hearth.

chim·pan·cé m. chimpanzee.

chin·che amb. ZOOL bedbug, bug ◇ com. fam. fig. persona bore, nuisance, pest.

chin·cho·rro m. 1 red dragnet 2 embarcación dinghy.

chin·gar (see model 7) tr. 1 vulg. to fuck, screw 2 vulg. robar to pinch.

chi·no, na adj. Chinese ◇ s. persona Chinese person ◇ m. chino idioma Chinese.

chip m. INFO chip.

chi·qui·lla·da f. 1 travesura childish prank 2 niñería childish thing.

chi·qui·llo, lla s. kid, youngster.

chi·ri·mo·ya f. custard apple.

chir·le adj. fam. insipid, wishy-washy.

chi·rri·do m de rueda, frenos screech de puerta creak, creaking.

chi·rrión m. carro cart.

chis·me m. comentario piece of gossip andar con chismes fam. to gossip.

chis·me·ar intr. to gossip.

chis·mo·so, sa adj. gossipy, gossiping ◇ s. gossip.

chis·pa f. 1 de lumbre, eléctrica, etc. spark 2 brillo sparkle, glitter 3 de lluvia drop, droplet.

chis·tar intr. to speak no chistar not to say a word sin chistar without saying a word.

chis·te m. dicho joke, funny story contar un chiste to tell a joke.

chis·te·ra f. 1 de pescador fish basket, angler's basket 2 fig. sombrero top hat 3 DEP pelota basket.

chis·to·so, sa adj. 1 gracioso witty, funny, fond of joking 2 suceso funny, amusing ◇ s. persona joker, comic, comedian.

chi·vo, va m. s. cría macho kid, young goat cría hembra kid, young she-goat chivo expiatorio fig. scapegoat.

cho·can·te adj. 1 divertido funny 2 sorprendente surprising, striking, startling.

cho·car (see model 1) intr. 1 colisionar con algo to collide (contra/con, with), crash (contra/con, into), run (contra/con, into) el coche chocó con la pared the car crashed into the wall 2 colisionar entre sí to collide (with each other), crash (into each other).

cho·che·ar intr. 1 to dodder, be senile 2 fig. de cariño to be tender, be soft.

cho·co·la·te m. 1 sólido chocolate 2 líquido drinking chocolate, cocoa.

cho·que m. 1 gen. collision, impact de coche, tren, etc. crash, smash, collision 2 fig. enfrentamiento clash.

cho·rre·ar intr. 1 caer a chorro to spout, gush, spurt 2 gotear to drip.

cho·te·o m. fam. fun, joking ¡ya basta de choteo! stop joking!

cho·za f. hut, shack.

chu·bas·co m. 1 chaparrón heavy shower, downpour 2 fig. adversidad setback, adversity.

chu·che·rí·a f. 1 fam. golosina candy 2 fam. fruslería trinket, knick-knack.

chu·le·ta f. costilla chop, cutlet.

chu·par tr. 1 to suck 2 absorber to absorb, soak up, suck up prnl. chuparse consumirse to grow thin, waste away está para chuparse los dedos fam. it's really mouthwatering, it's finger-licking good.

chu·pe·te·ar tr. to suck at ◇ intr. to suck.

chu·rri·gue·res·co, ca adj. 1 ARQ Churrigueresque, Spanish baroque 2 fig. excessively ornate, loud, flashy, tawdry.

chu·rro m. 1 dulce cruller 2 fam. malo rubbish, mess.

chus·co, ca adj. divertido funny, witty.

chus·ma f. riffraff, rabble, mob.

chu·tar intr. DEP to shoot, kick.

cia·nu·ro m. cyanide cianuro potásico potassium cyanide.

ciá·ti·ca f. sciatica.

ci·ber·es·pa·cio m. cyberspace.

ci·ber·nau·ta com. Net user.

ci·ber·né·ti·co, ca adj. cybernetic.

ci·ber·se·xo m. cybersex.

ci·ca·tri·za·ción f. healing, cicatrization.

ci·ca·tri·zar (see model 4) tr. to heal, cicatrize ◇ intr. to heal, cicatrize ◇ prnl. cicatrizarse to heal, cicatrize.

cí·cli·co, ca adj. cyclic, cyclical.

ci·clis·mo m. cycling.

ci·clis·ta adj. cycle, cycling ◇ com. cyclist.

ci·clo m. gen. cycle de conferencias, etc. course, series.

ci·clón m. cyclone como un ciclón fig. like a whirlwind.

cie·go, ga adj. 1 persona blind 2 conducto blocked up ◇ s. persona blind person ◇ m. ciego ANAT cecum, blind gut a ciegas sin ver blindly quedarse ciego to go blind.

cie·lo m. 1 gen. sky 2 clima weather, climate 3 REL heaven 4 fig. Dios God ◇ interj. cielos good heavens!

ciem·piés m. inv. centipede.

cien adj. one hundred, a hundred.

cié·na·ga f. marsh, bog.

cien·cia f. 1 disciplina science 2 saber knowledge, learning saber algo a ciencia cierta fig. to know something for certain ciencias exactas mathematics sing. ciencias naturales natural sciences ciencias ocultas the occult sing.

cien·cio·lo·gí·a f. Scientology.

cien·tí·fi·co, ca adj. scientific ◇ s. scientist.

cien·to adj. one hundred, a hundred m. 1 número hundred 2 un ciento centena about a hundred por ciento per cent.

cie·rre m. 1 acción closing, shutting de fábrica shutdown 2 de prenda fastener de bolso clasp de cinturón buckle, clasp.

cier·ta·men·te adv. certainly.

cier·to, ta adj. 1 seguro certain, sure 2 verdadero true ◇ adv. cierto certainly en ciertos casos in certain cases, in some cases estar en lo cierto to be right lo cierto es que... the fact is that... por cierto by the way.

ci·fra·do, da pp. de cifrar adj. codificado coded, in code ◇ m. cifrado de fichero electrónico encryption.

ci·frar tr. 1 codificar to encode en informática to encrypt 2 compendiar to summarize ◇ prnl. cifrarse valorar to come (en, to).

ci·ga·rra f. cicada.

ci·ga·rro m. 1 puro cigar 2 cigarrillo cigarette.

ci·go·to m. zygote.

ci·güe·ña f. 1 ave stork 2 TÉC crank.
ci·lín·dri·co, ca adj. cylindric, cylindrical.
ci·lin·dro m. cylinder.
ci·ma f. de montaña summit, top.
cim·bo·rio m. dome.
cim·bra f. armazón centering.
ci·men·ta·ción f. 1 acción laying of foundations 2 cimientos foundation, foundations pl.
ci·men·tar (see model 27) tr. ARQ to lay the foundations of.
ci·mien·to m. 1 ARQ foundation, foundations pl. 2 fig. basis, origin.
cin·ce·la·do m. chiseling.
cin·ce·lar tr. to chisel, engrave.
cin·cha f. 1 de caballo cinch 2 de silla, etc. webbing.
cin·cho m. 1 cinturón belt 2 aro hoop.
cin·co adj. cardinal five ordinal fifth ◇ m. número five.
cin·cuen·ta adj. cardinal fifty ordinal fiftieth ◇ m. número fifty.
cin·cuen·ta·vo, va adj. fiftieth ◇ s. fiftieth.
ci·ne m. local movie theater.
ci·né·fi·lo, la s. movie buff.
ci·ne·gé·ti·co, ca adj. of hunting, related to hunting, cynegetic.
ci·ne·ma·to·gra·fí·a f. film-making, cinematography, movie-making.
ci·ne·ma·to·grá·fi·co, ca adj. cinematographic.
ci·ne·ma·tó·gra·fo m. film projector, movie projector.
ci·né·ti·co, ca adj. kinetic.
cí·ni·co, ca adj. cynical ◇ s. cynic.
ci·nis·mo m. cynicism.
cin·ta f. gen. 1 band, strip decorativa ribbon 2 COST braid, edging 3 para el pelo headband 4 TÉC tape **cinta adhesiva** adhesive tape **cinta aislante** insulating tape **cinta de video** video tape **cinta magnética** magnetic tape.
cin·to m. cinturón belt de sable sword belt.
cin·tu·ra f. waist.
cin·tu·rón m. belt **apretarse el cinturón** fig. to tighten one's belt **cinturón de seguridad** safety belt, seat belt.
ci·po m. cippus.
ci·prés m. cypress.
cir·cen·se adj. circus.
cir·co m. 1 gen. circus 2 GEOG cirque.
cir·cui·to m. 1 eléctrico circuit 2 contorno circumference 3 recorrido tour, circuit **circuito cerrado de televisión** closed-circuit television **corto circuito** short circuit.
cir·cu·la·ción f. 1 gen. circulation 2 de vehículos traffic **estar fuera de circulación** to be out of circulation **poner en circulación** to put into circulation.
cir·cu·lar adj. circular ◇ f. carta circular, circular letter ◇ intr. gen. to circulate, move, go round "Circule por la derecha" "Keep to the right" **¡circulen!** move along!
cir·cu·la·to·rio, ria adj. circulatory.
cír·cu·lo m. 1 gen. circle 2 asociación club, circle **círculo familiar** family circle **círculo polar antártico** Antarctic Circle **círculo polar ártico** Arctic Circle **círculo vicioso** vicious circle.
cir·cun·ci·dar tr. to circumcise.
cir·cun·ci·sión f. circumcision.
cir·cun·dan·te adj. surrounding.
cir·cun·dar tr. to surround.
cir·cun·fe·ren·cia f. circumference.
cir·cun·fle·jo, ja adj. circumflex ◇ m. **circunflejo** circumflex.

cir·cun·lo·quio m. circumlocution.
cir·cun·na·ve·gar (see model 7) tr. to circumnavigate.
cir·cuns·cri·bir pp. **circunscrito** tr. to circumscribe ◇ prnl. **circunscribirse** ceñirse to confine oneself (a, to), limit oneself (a, to).
cir·cuns·crip·ción f. distrlct, area **circunscripción electoral** constituency.
cir·cuns·pec·ción f. circumspection.
cir·cuns·pec·to, ta adj. circumspect, serious, grave.
cir·cuns·tan·cia f. circumstance **en estas circunstancias** under the circumstances.
cir·cuns·tan·cial adj. circumstantial.
cir·cun·va·la·ción f. carretera ring road.
ci·rio m. long wax candle.
ci·rro·sis f. inv. cirrhosis.
ci·rue·la f. plum **ciruela pasa** prune.
ci·ru·gí·a f. surgery **cirugía plástica** plastic surgery.
ci·ru·ja·no, na s. surgeon.
cis·ma m. 1 REL schism 2 desacuerdo discord, split.
cis·ne m. swan **canto del cisne** swan song.
cis·ter·na f. cistern, tank.
ci·ta f. 1 para negocios, médico, etc. appointment 2 amorosa date 3 mención quotation **cita a ciegas** blind date.
ci·tar tr. 1 dar cita to make an appointment with, arrange to meet 2 mencionar to quote ◇ prnl. **citarse** to arrange to meet (con, -) **citar a alguien a juicio** to call somebody as a witness.
cí·tri·co, ca adj. citric.
ciu·dad f. city, town **ciudad universitaria** university campus.
ciu·da·da·ní·a f. citizenship.
ciu·da·da·no, na adj. civic ◇ s. citizen.
ciu·da·de·la f. citadel, fortress.
cí·vi·co, za adj. civic.
ci·vil adj. civil.
ci·vi·li·za·ción f. civilization.
ci·vi·li·za·do, da pp. de **civilizar** ◇ adj. civilized.
ci·vis·mo m. good citizenship, community spirit.
ci·za·lla f. tijeras metal shears ◇ pl., wire cutters.
ci·za·ña f. BOT bearded darnel **meter cizaña** fig. to cause trouble, stir up trouble.
cla·mor m. griterío shouting, din, noise.
clan·des·ti·ni·dad f. secrecy **en la clandestinidad** in secret, underground.
clan·des·ti·no, na adj. clandestine, underground, secret.
cla·ra·bo·ya f. skylight.
cla·ra·men·te adv. clearly.
cla·re·ar tr. 1 dar claridad to light up, illuminate 2 aclarar un color to make lighter ◇ intr. amanecer to dawn ◇ prnl. **clarearse** transparentarse to let the light through, be transparent.
cla·ri·dad f. 1 luminosidad light, brightness 2 del agua, voz, etc. clearness.
cla·ri·fi·car (see model 1) tr. to clarify, clear up ◇ prnl. **clarificarse** to become clear, be cleared up.
cla·ri·ne·tis·ta com. clarinettist, clarinetist.
cla·ri·vi·den·te adj. adivino clairvoyant ◇ com. clairvoyant.
cla·ro, ra adj. 1 gen. clear 2 iluminado bright, well-lit ◇ adv. clearly ◇ m. claro gen. gap, space interj. **¡claro!** of course! **claro de luna** moonlight.
cla·ros·cu·ro m. chiaroscuro.
cla·se f. 1 grupo, categoría class 2 aula classroom **asistir a clase** to attend class **dar clase** to teach class **clase baja** lower class **clase media** middle class **primera clase** first class.

clá·si·co, ca adj. de los clásicos classical ◇ m. **clásico** classic.

cla·si·fi·ca·ción f. 1 gen. classification 2 distribución sorting, filing.

cla·si·fi·ca·dor, ra adj. classifying ◇ s. classifier ◇ m. **clasificador** mueble filing cabinet.

cla·si·fi·car (see model 1) tr. 1 to class, classify 2 distribuir to sort, file ◇ prnl. **clasificarse** DEP to qualify.

clau·di·ca·ción f. submission, yielding.

clau·di·car (see model 1) intr. to yield, give in.

claus·tro m. 1 ARQ cloister 2 estado monástico monastic life.

claus·tro·fo·bia f. claustrophobia.

claus·tro·fó·bi·co, ca adj. claustrophobic.

cláu·su·la f. clause.

clau·su·ra f. 1 cierre closure 2 acto closing ceremony, closing session.

clau·su·rar tr. 1 poner fin to close, conclude 2 cerrar to close (down).

cla·va·do, da pp. de clavar adj. con clavos nailed, nail-studded.

cla·var tr. 1 con clavos to nail 2 un clavo to bang, hammer in estaca to drive ◇ prnl. **clavarse** gen. to stick.

cla·ve f. 1 de un enigma, etc. key, clue 2 de signos code, key, cipher ◇ adj. importante key.

cla·vel m. carnation.

cla·ví·cu·la f. clavicle, collarbone.

cla·vi·ja f. 1 TÉC peg 2 ELEC de enchufe pin.

cla·vo m. 1 nail 2 BOT clove.

cle·men·cia f. clemency, mercy.

cle·men·te adj. forgiving, merciful.

clep·to·ma·ní·a f. kleptomania.

clep·tó·ma·no, na adj. kleptomaniac ◇ s. kleptomaniac.

cle·re·cí·a f. clergy.

cle·ri·cal adj. clerical.

clé·ri·go m. priest.

cle·ro m. clergy.

clien·te com. client, customer.

clien·te·la f. customers pl.

cli·ma m. 1 climate 2 fig. atmosphere, climate.

cli·ma·te·rio m. climacteric.

cli·má·ti·co, ca adj. climatic, climatical.

cli·ma·ti·za·do, da pp. de climatizar adj. air-conditioned.

cli·ma·ti·zar (see model 4) tr. to air-condition.

cli·ma·to·lo·gí·a f. climatology.

cli·ma·to·ló·gi·co, ca adj. climatological.

clí·max m. inv. climax.

clí·ni·ca f. 1 departamento clinic 2 hospital clinic, private hospital.

clí·ni·co, ca adj. clinical ◇ s. médico clinician, physician.

clí·to·ris m. inv. clitoris.

clo·a·ca f. sewer, drain.

clon m. 1 clone.

clo·na·ción f. cloning.

clo·nar tr. to clone.

clo·ro m. chlorine.

clo·ro·fi·la f. chlorophyll.

clo·ro·for·mo m. chloroform.

clo·ru·ro m. chloride **cloruro sódico** sodium chloride.

club m. club, society.

co·ac·ción f. coercion, compulsion.

co·ac·cio·nar tr. to coerce, compel.

co·ad·yu·var tr. to contribute, help.

co·a·gu·lar tr. gen. to coagulate, clot leche to curdle ◇ prnl. **coagularse** to coagulate, clot leche to curdle.

co·á·gu·lo m. coagulum, clot.

co·a·li·ción f. coalition.

co·a·li·gar·se prnl. to ally.

co·ar·ta·da f. alibi.

co·ar·tar tr. to limit, restrict.

co·bar·de adj. cowardly ◇ com. coward.

co·bar·dí·a f. cowardice.

co·ber·ti·zo m. shed, shack.

co·ber·tor m. 1 colcha bedspread 2 manta blanket.

co·ber·tu·ra f. gen. 1 cover 2 de una red, servicio coverage **cobertura de seguros** insurance cover.

co·bi·jar tr. cubrir to cover ◇ prnl. **cobijarse** to take shelter.

co·bra f. serpiente cobra.

co·brar tr. fijar precio por to charge cheques to cash salario to earn intr. to be in for it ◇ prnl. **cobrarse** dinero to take, collect.

co·bre m. metal copper.

co·bri·zo, za adj. copper, copper-colored, coppery.

co·bro m. 1 pago payment 2 cobranza collection.

co·ca·í·na f. cocaine.

co·cai·nó·ma·no, na s. cocaine addict.

coc·ción f. gen. cooking en agua boiling en horno baking.

co·cer (see model 54) tr. gen. to cook hervir to boil al horno to bake ◇ intr. hervir to boil prnl. **cocerse** gen. to cook hervir to boil al horno to bake.

co·cham·bre amb. fam. porquería filth, muck.

co·cham·bro·so, sa adj. fam. filthy, dirty.

co·che m. 1 automóvil car, automobile, motorcar 2 de niño baby carriage **coche bomba** car bomb.

co·chi·na·da f. fam. porquería dirty thing, filthy thing hacer una cochinada a alguien fam. to play a dirty trick on somebody.

co·chi·no, na adj. 1 sucio filthy, disgusting 2 miserable damn, bloody, lousy s. 1 ZOOL gen. pig macho swine hembra sow.

co·ci·do, da pp. de cocer adj. cooked en agua boiled al horno baked ◇ m. **cocido** CULIN stew **estar cocido** fam. to be sloshed.

co·cien·te m. quotient.

co·ci·na f. kitchen.

co·ci·nar tr. to cook ◇ intr. to cook.

co·ci·ne·ro, ra s. cook **primer cocinero** chef.

co·co m. 1 BOT árbol coconut palm 2 fruta coconut **coco rallado** desiccated coconut.

co·co·dri·lo m. crocodile.

co·co·te·ro m. coconut palm.

coc·tel m. 1 bebida cocktail 2 fiesta cocktail party.

coc·te·le·ra f. cocktail shaker.

có·di·ce m. codex.

co·di·cia f. greed, covetousness, coveting.

co·di·ciar (see model 12) tr. to covet, desire, crave for.

co·di·cio·so, sa adj. covetous, greedy ◇ s. covetous person, greedy person.

co·di·fi·ca·ción f. 1 de leyes codification 2 de mensajes encoding 3 INFO coding, code.

co·di·fi·ca·dor, ra adj. 1 JUR codifying 2 de mensajes encoding ◇ s. 1 JUR codifier 2 de mensajes encoder ◇ m. **codificador** INFO encoder.

co·di·fi·car tr. 1 leyes to codify 2 mensajes to encode 3 INFO to code.

có·di·go m. code **código de barras** bar code.

co·do m. ANAT elbow.

co·dor·niz f. quail.

co·e·fi·cien·te m. 1 MAT coefficient 2 grado degree, rate **coeficiente de inteligencia** intelligence quotient, IQ.

co·er·ción f. coercion, restraint.

co·er·ci·ti·vo, va adj. coercive.

co·e·tá·ne·o, a *adj.* contemporary ◇ *s.* contemporary.

co·e·xis·tir *intr.* to coexist.

co·fia *f.* bonnet.

co·fra·dí·a f. 1 *hermandad* brotherhood 2 *asociación* association 3 *gremio* guild.

co·fre *m. grande* trunk, chest *pequeño* box, casket.

co·ger *(see model 5) tr.* 1 *asir* to seize, take hold of 2 *apresar* to capture, catch 3 *tomar* to take 4 AM *vulg.* to fuck ◇ *intr.* 1 *plantas, colores* to take 2 *ir* to turn, take, go ◇ *prnl.* **cogerse** *agarrarse* to hold on.

cog·ni·ción *f.* cognition.

cog·nos·ci·ti·vo, va *adj.* cognitive.

co·go·te *m.* back of the neck, nape of the neck.

co·ha·bi·tar *intr.* to cohabit, live together.

co·he·cho *m.* JUR bribery.

co·he·ren·cia *f.* coherence, coherency.

co·he·ren·te *adj.* coherent, connected.

co·he·sión *f.* cohesion.

co·he·te *m.* rocket.

co·hi·bi·do, da *pp. de* **cohibir** *adj.* inhibited, restrained.

co·hi·bir *(see model 21) tr.* to inhibit, restrain ◇ *prnl.* **cohibirse** to feel inhibited, feel embarrassed.

co·hor·te f. 1 MIL cohort 2 *fig.* collection, group.

co·in·ci·den·cia *f. gen.* coincidence ◇ *m. acuerdo* agreement.

co·in·ci·den·te *adj.* coincident, coinciding.

co·in·ci·dir *intr.* 1 *estar de acuerdo* to agree (**en**, on), coincide (**en**, in) 2 *ocurrir al mismo tiempo* to be at the same time (**con**, as), coincide (**con**, with) *en el mismo lugar* to meet.

coi·to *m.* coitus, intercourse.

co·je·ar *intr. persona* to limp, hobble **cojear del mismo pie** *fam.* to have the same faults.

co·jín *m.* cushion.

co·jo, ja *adj.* 1 *persona* lame, crippled 2 *mueble* wobbly ◇ *s.* lame person, cripple.

co·jón *m.* ANAT *vulg.* ball, bollock *interj.* ¡**cojones**! *vulg.* fuck it! **por cojones** *vulg.* like it or not **tener cojones** *vulg.* to have balls.

col *f.* cabbage **col de Bruselas** Brussels sprout **col rizada** curly kale.

co·la¹ f. 1 *gen.* tail 2 *de vestido* train *de chaqueta* tail 3 *fila* line **a la cola** at the back, at the rear **traer cola** *fam.* to have serious consequences **cola de caballo** 1 *planta* horsetail 2 *peinado* ponytail.

co·la² *f. pegamento* glue **no pega ni con cola** *fam.* it doesn't match at all.

co·la·bo·ra·ción f. 1 collaboration 2 *prensa* contribution.

co·la·bo·ra·dor, ra *adj.* collaborating ◇ *s.* 1 collaborator 2 *prensa* contributor.

co·la·bo·rar *intr.* 1 to collaborate (**con**, with) 2 *prensa* to contribute (**en**, to).

co·la·ción f. 1 *comparación* collation 2 *refrigerio* light meal, snack, collation **sacar a colación / traer a colación** to mention, bring up.

co·la·do, da *pp. de* **colar** *adj. fam. fig. enamorado* madly in love, head over heels in love.

co·la·dor *m.* 1 *de té, café* strainer 2 *de caldo, alimentos* colander, sieve **dejar como un colador** *fam.* to riddle with bullets.

co·lá·ge·no *m.* collagen.

co·lap·sar *tr. ciudad, aeropuerto, etc.* to paralyse *tráfico* to bring to a standstill, bring to a halt ◇ *intr.* to collapse ◇ *prnl.* **colapsarse** to collapse.

co·lap·so *m.* 1 MED collapse 2 *fig.* breakdown.

co·lar *(see model 31) tr.* 1 *líquido* to strain, filter 2 *lavar* to wash **con lejía** to bleach ◇ *intr. fam.* to wash ◇ *prnl.* **colarse** *escabullirse* to slip in, gatecrash.

co·la·te·ral *adj.* collateral.

col·cha *f.* bedspread.

col·chón *m.* mattress **colchón de aire** air cushion.

col·cho·ne·ta *f.* small mattress.

co·lec·ción *f.* collection.

co·lec·cio·nar *tr.* to collect.

co·lec·cio·nis·ta *com.* collector.

co·lec·ta *f.* collection.

co·lec·ti·vi·dad *f.* community **en colectividad** communally.

co·lec·ti·vo, va *adj.* collective, group ◇ *m.* **colectivo** *asociación* association, guild.

co·lec·tor, ra *adj.* collecting *m.* **colector** *caño* water pipe.

co·le·ga *com.* 1 colleague 2 *argot amigo* chum, buddy.

co·le·gia·do, da *pp. de* **colegiarse** *adj.* collegiate ◇ *s.* collegian ◇ *m.* **colegiado** DEP referee.

co·le·gial, la *adj.* 1 collegial, collegiate 2 *escolar* school ◇ *s. gen.* schoolchild *chico* schoolboy *chica* schoolgirl.

co·le·gio *m.* 1 *escuela* school 2 *asociación* college, association **colegio de abogados** the Bar **colegio electoral** *votantes* electoral college.

co·le·gir *(see model 55) tr.* to infer, conclude.

co·le·óp·te·ro *m.* coleopteron.

có·le·ra¹ f. 1 *bilis* bile 2 *fig. ira* anger, rage.

có·le·ra² *m.* MED cholera.

co·lé·ri·co, ca *adj.* furious, irascible.

co·les·te·rol *m.* cholesterol.

col·gan·te *adj.* hanging ◇ *m.* 1 ARQ festoon 2 *joya* pendant.

col·gar *(see model 52) tr.* 1 *gen.* to hang (up) 2 *ahorcar* to hang ◇ *intr.* 1 *estar colgado* to hang (**de**, from) 2 *una prenda* to hang down, be crooked ◇ *prnl.* **colgarse** *ahorcarse* to hang oneself **colgar de un hilo** *fig.* to hang by a thread.

co·li·brí *m.* humming bird.

có·li·co *m.* colic.

co·li·flor *f.* cauliflower.

co·li·gar·se *prnl.* to associate (**con**, with), ally (**con**, with).

co·li·lla *f.* cigarette end, cigarette butt, butt.

co·li·na *f.* hill, slope.

co·lin·dan·te *adj.* adjacent, adjoining.

co·lin·dar *intr.* to be adjacent (**con**, to).

co·li·se·o *m.* coliseum, colosseum.

co·li·sión f. 1 *de vehículos* collision, crash 2 *fig. conflicto* clash, conflict.

co·li·sio·nar *intr.* 1 *chocar* to collide (**con/contra**, with), crash (**con/contra**, into) 2 *enfrentarse* to clash.

co·llar *m.* 1 *adorno* necklace 2 *de animal* collar 3 TÉC collar, ring.

co·lla·rín *m.* 1 *alzacuello* bands *pl.* 2 *aparato ortopédico* surgical collar.

col·mar *tr. gen.* to fill (**de**, with) *vaso, copa* to fill to the brim.

col·me·na *f.* beehive.

col·mi·llo *m.* 1 eye tooth, canine tooth 2 *de carnívoro* fang.

col·mo *m.* height, summit ¡**esto es el colmo**! this is the last straw!, this is the limit!

co·lo·ca·ción f. 1 *situación* positioning 2 *de una alfombra, moqueta* laying *de un cuadro* hanging.

co·lo·ca·do, da *pp. de* **colocar** *adj. empleado* employed.

co·lo·car *(see model 1) tr.* 1 *gen.* to place, put *alfombra* to lay *cuadro* to hang 2 *dar empleo* to get

C

a job for ◇ *prnl.* **colocarse** *situarse* to place oneself, put oneself, find oneself a place.

co·lo·fón *m.* 1 *apéndice* colophon 2 *fig. remate* crowning, climax, culmination.

co·loi·de *m.* colloid.

co·lom·bia·no, na *adj.* Colombian ◇ *s.* Colombian.

co·lo·nial *adj.* 1 POL colonial 2 *importado* imported.

co·lo·ni·za·ción *f.* colonization.

co·lo·ni·za·dor, ra *adj.* colonizing ◇ *s.* colonizer, colonist.

co·lo·ni·zar *(see model 4) tr.* to colonize, settle.

co·lo·no *m. habitante* colonist, settler.

co·lo·quial *adj.* colloquial.

co·lo·quio *m.* talk, discussion.

co·lor *m.* 1 color **es de color verde** it's green 2 *fig. tendencia* tendency ◇ *amb. del rostro* color, complexion.

co·lo·ra·ción *f.* coloration, colouring.

co·lo·ran·te *adj.* colouring ◇ *m.* colouring, dye.

co·lo·re·ar *tr.* to colour **ella coloreó el dibujo** she coloured in the drawing.

co·lo·re·te *m.* rouge, blusher.

co·lo·ri·do *m.* colour.

co·lo·sal *adj.* 1 colossal, giant, huge 2 *fig.* splendid, excellent.

co·lo·so *m.* colossus.

co·lu·dir *intr.* to collude.

co·lum·ba·rio *m.* columbarium.

co·lum·brar *tr. vislumbrar* to see, make out.

co·lum·na *f.* 1 *gen.* column 2 ANAT spine 3 *elemento central* backbone **columna vertebral** *de un cuerpo* vertebral column, spinal column.

co·lum·na·ta *f.* colonnade.

co·lum·nis·ta *com.* columnist.

co·lum·piar *(see model 12) tr.* to swing ◇ *prnl.* **columpiarse** to swing (**de**, on).

co·lum·pio *m.* swing.

co·lu·sión *f.* collusion.

co·ma[1] *f.* 1 *puntuación* comma 2 *en música* comma 3 MAT point **sin faltar ni una coma** *fig.* down to the last detail.

co·ma[2] *m.* MED coma **entrar en coma** to go into a coma **coma profundo** deep coma.

co·ma·dre·ja *f.* weasel.

co·ma·dro·na *s.* midwife.

co·man·dan·cia *f.* 1 *grado* command 2 *edificio* headquarters.

co·man·dan·te *m.* 1 *oficial* commander, commanding officer 2 *graduación* major **comandante en jefe** commander-in-chief.

co·man·dar *tr.* to command.

co·man·do *m.* 1 MIL commando 2 INFO command.

co·mar·ca *f.* area, region.

com·ba·du·ra *f.* 1 *de cuerda, cable* bend, curve 2 *de viga, pared* sag, bulge.

com·bar *tr.* to bend ◇ *prnl.* **combarse** *una cuerda* to bend *viga, pared* to sag, bulge.

com·ba·te *m. gen.* combat, battle **fuera de combate** *gen.* out of action.

com·ba·tien·te *adj.* fighting ◇ *com.* fighter, combatant ◇ *m.* ave ruff.

com·ba·tir *intr.* to fight (**contra**, against /-), struggle (**contra**, against) ◇ *tr.* 1 *luchar contra* to fight 2 *fig.* to combat, fight.

com·ba·ti·vo, va *adj.* spirited, aggressive.

com·bi·na·ción *f.* 1 combination 2 *prenda* slip.

com·bi·na·do, da *pp. de* **combinar** *adj.* MIL combined ◇ *m.* **combinado** DEP all-star team.

com·bi·nar *tr.* 1 *gen.* to combine 2 *disponer* to arrange, plan ◇ *prnl.* **combinarse** *ponerse de acuerdo* to get together.

com·bus·ti·ble *adj.* combustible ◇ *m.* fuel.

com·bus·tión *f.* combustion, burning.

co·me·dia *f.* TEAT comedy, play.

co·me·dian·te, ta *s. hombre* actor *mujer* actress.

co·me·di·do, da *pp. de* **comedirse** *adj.* 1 *cortés* courteous, polite 2 *moderado* moderate, restrained, reserved.

co·me·dir·se *(see model 34) prnl.* to restrain oneself.

co·me·dor, ra *adj.* with a huge appetite ◇ *s. persona* big eater ◇ *m.* **comedor** *sala* dining room **en una fábrica** canteen *en universidad* refectory, dining hall.

co·men·sal *com.* person at the table, diner.

co·men·tar *tr.* 1 *texto* to comment on 2 *expresar una opinión* to talk about, discuss.

co·men·ta·rio *m.* 1 *observación* remark, comment 2 *explicación, narración* commentary **dar lugar a comentarios** to cause gossip **sin comentario** no comment.

co·men·ta·ris·ta *com.* commentator.

co·men·zar *(see model 47) tr.* to begin, start ◇ *intr.* to begin, start.

co·mer *tr.* 1 to eat 2 *tomar* to have ◇ *intr. gen.* to eat ◇ *m.* eating ◇ *prnl.* **comerse** to eat **se lo comió todo** he ate all of it **comerse a alguien a besos** *fig.* to smother somebody with kisses.

co·mer·cial *adj. del comercio* commercial ◇ *com. vendedor hombre* salesman *mujer* saleswoman **tratado comercial** commercial treaty.

co·mer·cia·li·za·ción *f.* commercialization, marketing.

co·mer·cia·li·zar *(see model 4) tr.* to commercialize, market.

co·mer·cian·te *adj.* business-minded ◇ *com.* 1 merchant 2 *interesado* moneymaker.

co·mer·ciar *(see model 12) intr.* 1 *comprar y vender* to trade, deal, buy and sell 2 *hacer negocios* to do business (**con**, with).

co·mer·cio *m.* 1 *ocupación* commerce, trade 2 *tienda* shop, store **comercio exterior** foreign trade **libre comercio** free trade.

co·mes·ti·ble *adj.* edible, eatable.

co·me·ta *m. cuerpo celeste* comet ◇ *f. juguete* kite.

co·me·ter *tr. crimen* to commit *falta, error* to make.

co·me·ti·do *m. encargo* task, assignment.

co·me·zón *f.* itch, itching **sentir comezón** *tener picor* to have an itch.

có·mic *m.* comic.

co·mi·cios *mpl.* POL elections.

có·mi·co, ca *adj. divertido* comic, comical, funny ◇ *s. actor* comedian, comic **actor cómico** comedian.

co·mi·da *f.* 1 *alimento* food 2 *desayuno, etc.* meal 3 *almuerzo* lunch **comida chatarra** junk food **comida campestre** picnic **comida casera** home cooking **comida rápida** fast food.

co·mi·di·lla *f. fam. fig.* gossip, talk.

co·mien·zo *m.* start, beginning **dar comienzo** to begin, start.

co·mi·llas *fpl.* inverted commas, quotation marks **entre comillas** in inverted commas.

co·mi·lón, lo·na *adj.* greedy, gluttonous ◇ *s.* big eater, glutton.

co·mi·no *m.* BOT cumin, cummin **me importa un comino** *fam.* I don't give a damn.

co·mi·sa·rí·a *f.* 1 commissariat 2 *de policía* police station.

co·mi·sa·rio *m.* 1 commissioner, delegate 2 *de policía* police inspector.

co·mi·sión f. 1 retribución commission 2 comité committee.

co·mi·sio·na·do, da pp. de comisionar adj. commissioned ⋄ s. commissioner.

co·mi·sio·nar tr. to commission.

co·mi·su·ra f. corner, angle.

co·mi·té m. committee.

co·mi·ti·va f. suite, retinue.

co·mo adv. 1 modo how 2 comparación as, like negro como la noche as dark as night 3 en calidad de as como director as director 4 según as como dice tu amigo as your friend says conj. 1 así que as como llegaban se presentaban they introduced themselves as they arrived 2 si if como lo vuelvas a hacer... if you do it again... como quiera que no importa cómo however como sea whatever happens, no matter what.

có·mo adv. 1 interrogativo how ¿cómo está usted? how do you do? 2 por qué why ¿cómo no viniste? why didn't you come? 3 admiración how ¡cómo corre el tiempo! how time flies!

co·mo·di·dad f. 1 confort comfort 2 facilidad conveniencia con comodidad comfortably.

có·mo·do, da adj. 1 comfortable, cosy 2 útil conveniente, handy ponerse cómodo to make oneself comfortable.

com·pac·to, ta adj. 1 gen. compact 2 denso dense ⋄ m. compacto compact disc.

com·pa·de·cer (see model 43) tr. to pity, feel sorry for ⋄ prnl. compadecerse to take pity (de, on), pity (prnl. -), feel sorry (de, for).

com·pa·gi·nar tr. 1 combinar to combine, make compatible 2 en impresión to make up prnl. compaginarse to go together, be compatible.

com·pa·ñe·ris·mo m. companionship, fellowship, comradeship.

com·pa·ñe·ro, ra s. 1 sentimental, pareja partner 2 colega companion, mate compañero de equipo team-mate.

com·pa·ñí·a f. company en compañía de in the company of compañía de seguros insurance company malas compañías bad company sing.

com·pa·ra·ble adj. comparable.

com·pa·ra·ción f. comparison en comparación con compared to, in comparison to sin comparación beyond compare.

com·pa·ra·do, da pp. de comparar adj. 1 compared (con, to) 2 gramática, lingüística comparative.

com·pa·rar tr. to compare ¡no compares! fam. far from it!

com·pa·ra·ti·vo, va adj. comparative ⋄ m. comparativo comparative.

com·pa·re·cen·cia f. appearance.

com·pa·re·cer (see model 43) intr. 1 JUR to appear (ante, before) 2 presentarse to show up.

com·par·sa f. 1 de teatro extras pl. 2 de carnaval masquerade ⋄ com. walk-on, extra.

com·par·ti·mien·to m. compartment.

com·par·tir tr. dividir to divide (up), split, share (out).

com·pás m. instrumento compass, compasses al compás de in time to compás de espera MÚS bar rest pausa pause.

com·pa·sión f. compassion, pity sin compasión mercilessly.

com·pa·si·vo, va adj. compassionate, sympathetic.

com·pa·ti·bi·li·dad f. compatibility.

com·pa·ti·ble adj. compatible.

com·pa·trio·ta com. compatriot hombre fellow countryman mujer fellow countrywoman.

com·pe·ler tr. to compel, force.

com·pen·diar (see model 12) tr. to summarize, abridge, sum up.

com·pen·dio m. summary, digest, précis, synopsis.

com·pe·ne·tra·ción f. fig. mutual understanding.

com·pe·ne·trar·se prnl. uso recíproco to understand each other.

com·pen·sa·ción f. compensation, indemnity.

com·pen·sa·dor, ra adj. compensating ⋄ m. compensador compensator.

com·pen·sar tr. 1 pérdida, error to make up for 2 indemnizar to compensate, indemnify.

com·pen·sa·to·rio, ria adj. compensatory.

com·pe·ten·cia f. rivalidad competition, rivalry.

com·pe·ten·te adj. 1 capaz competent, capable, proficient 2 adecuado adequate.

com·pe·ter intr. 1 corresponder to be incumbent (a, on), be the responsibility (de, of) 2 incumbir to come under the jurisdiction (a, of).

com·pe·ti·ción f. competition, contest.

com·pe·ti·dor, ra adj. 1 que compite competing 2 rival rival ⋄ s. 1 rival competitor 2 en competición deportiva competitor.

com·pe·tir (see model 34) intr. to compete.

com·pe·ti·ti·vi·dad f. competitiveness.

com·pe·ti·ti·vo, va adj. competitive.

com·pi·la·ción f. 1 acción compiling 2 obra compilation.

com·pi·la·dor, ra s. compiler.

com·pi·lar tr. to compile.

com·pin·che com. fam. amigo chum, pal, buddy.

com·pla·cen·cia f. 1 placer pleasure, satisfaction 2 indulgencia indulgence.

com·pla·cer (see model 76) tr. satisfacer to satisfy, gratify, oblige ⋄ prnl. complacerse to take pleasure (en, in).

com·pla·cien·te adj. 1 obliging, helpful 2 marido complaisant.

com·ple·ji·dad f. complexity.

com·ple·jo, ja adj. complex ⋄ m. complejo complex complejo industrial industrial complex complejo turístico tourist resort.

com·ple·men·tar tr. to complement ⋄ prnl. complementarse to complement each other, be complementary to each other.

com·ple·men·ta·rio, ria adj. complementary.

com·ple·men·to m. 1 gen. complement 2 GRAM object, complement complemento circunstancial adverbial complement complemento directo direct object complemento indirecto indirect object.

com·ple·ta·men·te adv. completely.

com·ple·tar tr. 1 gen. to complete 2 acabar to finish.

com·ple·ti·vo, va adj. LING object.

com·ple·to, ta adj. 1 terminado finished, completed 2 lleno full por completo completely.

com·ple·xión f. constitution, build.

com·pli·ca·ción f. complication.

com·pli·ca·do, da pp. de complicar adj. gen. complicated, complex.

com·pli·car (see model 1) tr. gen. to complicate, make complicated ⋄ prnl. complicarse gen. to make difficult for oneself complicarse la vida to make life difficult for oneself.

cóm·pli·ce com. accomplice.

com·pli·ci·dad f. complicity.

com·plot m. plot, conspiracy.

com·po·nen·da f. shady deal, trick.

com·po·nen·te *adj.* component, constituent ◇ *m. pieza* component, constituent.

com·po·ner *(see model 78) pp.* **compuesto** *tr.* **1** *formar* to compose, make up, form **2** *reparar* to fix, repair, mend **3** *música, versos* to compose ◇ *prnl.* **componerse** *consistir* to consist (*de*, of), be made up (*de*, of).

com·por·ta·mien·to *m.* behavior, conduct.

com·por·tar *tr. implica* to involve, entail ◇ *prnl.* **comportarse** *portarse* to behave.

com·po·si·ción *f.* **1** *gen.* composition **2** *arreglo* arrangement.

com·po·si·tor, ra *s.* composer.

com·pos·tu·ra *f.* **1** *composición* composition **2** *reparación* repair, mending.

com·pra *f.* purchase, buy **ir de compras** to go shopping **compra a crédito** credit purchase **compra al contado** cash purchase.

com·pra·dor, ra *s.* purchaser, buyer, shopper.

com·prar *tr.* **1** to buy **2** *fig. sobornar* to bribe, buy off.

com·pren·der *tr.* **1** *entender* to understand **2** *contener* to comprise, include **¿comprendes?** *en conversación* you see?

com·pren·si·ble *adj.* understandable.

com·pren·sión *f.* understanding.

com·pren·si·vo, va *adj.* **1** *tolerante* understanding **2** *que comprende o incluye* comprehensive.

com·pre·sa *f.* **1** *higiénica* sanitary towel **2** *vendaje* compress.

com·pre·si·ble *adj.* compressible.

com·pre·sión *f.* compression.

com·pre·sor, ra *adj.* compressing ◇ *m.* **compresor** compressor.

com·pri·mi·do, da *pp. de* **comprimir** *adj.* compressed ◇ *m.* **comprimido** tablet.

com·pri·mir *tr. apretar* to compress *gente* to cram together ◇ *prnl.* **comprimirse** *apretarse* to get compressed.

com·pro·ba·ble *adj.* verifiable, provable.

com·pro·ba·ción *f.* verification, check, checking.

com·pro·ban·te *m.* **1** *recibo* receipt, voucher **2** JUR document in proof.

com·pro·bar *(see model 31) tr.* **1** *verificar* to verify, check **2** *demostrar* to prove **3** *confirmar* to confirm.

com·pro·me·te·dor, ra *adj.* **1** *situación, etc.* compromising **2** *persona* troublemaking.

com·pro·me·ter *tr.* **1** *exponer a riesgo* to endanger, jeopardize, risk *a una persona* to compromise **2** *implicar* to involve, implicate ◇ *prnl.* **comprometerse** **1** *contraer una obligación* to commit oneself, pledge **2** *involucrarse* to get involved.

com·pro·me·ti·do, da *pp. de* **comprometer** *adj. difícil, arriesgado* difficult, in jeopardy.

com·pro·mi·so *m.* **1** *obligación* commitment, obligation **cumplió sus compromisos** she fulfilled her obligations **2** *acuerdo* agreement **3** *cita* appointment *amorosa* date **compromiso matrimonial** engagement **compromiso verbal** verbal agreement.

com·puer·ta *f.* sluice, floodgate.

com·pues·to, ta *pp. de* **componer** *adj.* **1** *gen.* compound **2** *reparado* repaired, mended ◇ *m.* **compuesto** *químico, farmacéutico, etc.* compound.

com·pul·sión *f.* compulsion.

com·pul·si·vo, va *adj.* compelling, compulsive.

com·pun·gi·do, da *pp. de* **compungir** *adj.* arrepentido remorseful.

com·pun·gir *(see model 6) tr. entristecer* to sadden, make sad ◇ *prnl.* **compungirse** *entristecerse* to be saddened, feel sad.

com·pu·ta·ción *f.* computing.

com·pu·ta·do·ra *f.* computer.

com·pu·ta·ri·zar *(see model 4) tr.* to computerize.

cóm·pu·to *m.* computation, calculation.

co·mul·gan·te *adj.* communicant ◇ *com.* communicant.

co·mul·gar *(see model 7) intr.* **1** REL to receive Holy Communion **2** *fig. compartir ideas, etc.* to share (*con*, -), agree (*con*, with) ◇ *tr. administrar comunión* to administer Holy Communion.

co·mún *adj.* **1** *gen.* common **2** *compartido* shared, communal **3** *amigos* mutual ◇ *m.* **el común** the community.

co·mu·na *f.* commune.

co·mu·ni·ca·ción *f.* **1** *gen.* communication **2** *comunicado* communication **ponerse en comunicación con alguien** to get in touch with somebody.

co·mu·ni·ca·dor, ra *adj.* transmitting ◇ *s.* RAD TV *persona* communicator.

co·mu·ni·car *(see model 1) tr.* **1** *hacer partícipe* to communicate, convey, transmit **2** *hacer saber* to communicate, make known, tell ◇ *intr. ponerse en comunicación* to communicate *por carta* to correspond ◇ *prnl.* **comunicarse** *tener relación* to communicate *ponerse en contacto* to get in touch, get in contact (*con*, with).

co·mu·ni·ca·ti·vo, va *adj.* **1** *actitud, sentimiento* catching, infectious **2** *persona* communicative, sociable, open.

co·mu·ni·dad *f.* community **en comunidad** together **Comunidad Económica Europea** European Economic Community.

co·mu·nión *f.* **1** communion, fellowship **2** REL Holy Communion **hacer la primera comunión** to make one's First Communion.

co·mu·nis·mo *m.* communism.

co·mu·nis·ta *adj.* communist ◇ *com.* communist.

co·mu·ni·ta·rio, ria *adj. gen.* of the community, relating to the community.

co·mún·men·te *adv. normalmente* commonly, usually, generally *frecuentemente* often.

con *prep.* **1** *instrumento, medio* with **se defendió con un puñal** he defended herself with a knife **2** *modo, circunstancia* in, with **¿vas a salir con este frío?** are you going out in this cold? **3** *juntamente, en compañía* with **Juan se quedó con las maletas** Juan was left with the suitcases.

co·na·to *m. intento* attempt.

con·ca·te·na·ción *f.* concatenation.

con·ca·te·nar *tr.* to concatenate, link together ◇ *prnl.* **concatenarse** to concatenate, link together.

cón·ca·vo, va *adj.* concave.

con·ce·bir *(see model 34) tr.* **1** *engendrar* to conceive **2** *fig. comprender* to understand **no concibo tanta crueldad** I can't understand so much cruelty ◇ *intr. quedarse embarazada* to become pregnant, conceive.

con·ce·der *tr. otorgar* to grant, concede *premio* to award.

con·ce·jo *m.* town council, council.

con·cen·tra·ción *f.* **1** *gen.* concentration **2** *de gente* gathering, rally.

con·cen·tra·do, da *pp. de* concentrar *adj.* **1** concentrated **2** *fig. persona* absorbed ◇ *m.* **concentrado** concentrate, extract.

con·cen·trar *tr.* to concentrate ◇ *prnl.* **concentrarse** *reunirse* to concentrate.

con·cén·tri·co, ca *adj.* concentric.

con·cep·ción *f.* conception.

con·cep·to *m.* *idea* concept, conception, idea **formarse un concepto de algo/alguien** to form an opinion of something/somebody.

con·cep·tual *adj.* conceptual.

con·cep·tua·li·zar *(see model 4) tr.* to conceptualize.

con·cep·tuar *(see model 11) tr.* to deem, think, consider.

con·cer·nien·te *adj.* concerning, relating **en lo concerniente a** with regard to.

con·cer·nir *(see model 29) intr.* 1 *afectar* to concern, touch 2 *corresponder* to be up to **en lo que a mí (ti, él, etc.) concierne** as far as I am.

con·cer·tar *(see model 27) tr.* 1 *planear* to plan, coordinate 2 *entrevista* to arrange *acuerdo* to reach ◇ *intr.* 1 *concordar* to agree, match up *números* to tally 2 LING to agree *prnl.* **concertarse** *ponerse de acuerdo* to reach an agreement, get together.

con·cer·tis·ta *com.* soloist.

con·ce·sión *f.* 1 concession, granting 2 *de premio* awarding **hacer concesiones** to make concessions.

con·ce·sio·na·rio, ria *adj.* concessionary ◇ *s.* concessionaire, licence holder, licensee *m.* **concesionario de coches** dealer.

con·cha·bar *tr.* *unir* to blend ◇ *prnl.* **conchabarse** *fam.* confabularse to plot, scheme.

con·cien·cia *f.* 1 *moral* conscience 2 *conocimiento* consciousness, awareness **a conciencia** conscientiously.

con·cien·zu·do, da *adj.* conscientious.

con·cier·to *m.* 1 MÚS *sesión* concert *composición* concerto 2 *acuerdo* agreement.

con·ci·lia·ción *f.* conciliation, reconciliation.

con·ci·lia·dor, ra *adj.* conciliatory, conciliating.

con·ci·liar *(see model 12) adj.* conciliar ◇ *tr. gen.* to conciliate, bring together ◇ *prnl.* **conciliarse** to win.

con·ci·lio *m.* council **el Concilio de Trento** the Council of Trent **el Concilio Vaticano Segundo** the Second Vatican Council.

con·ci·sión *f.* concision, conciseness.

con·ci·so, sa *adj.* concise, brief.

con·ci·tar *tr.* to excite, incite, stir up, raise.

con·ciu·da·da·no, na *s.* fellow citizen.

cón·cla·ve *m.* 1 REL conclave 2 *fig. reunión* private meeting **tener un conclave** to sit in conclave.

con·cluir *(see model 62) tr.* 1 *terminar* to finish 2 *trato, negocio* to close ◇ *intr. finalizar* to finish, come to an end, conclude.

con·clu·sión *f.* 1 *final* conclusion, end 2 *deducción* conclusion **en conclusión** in conclusion **llegar a una conclusión** to come to a conclusion.

con·clu·yen·te *adj.* conclusive, decisive.

con·co·mi·tan·te *adj.* concomitant.

con·cor·dan·cia *f.* 1 concordance, agreement 2 LING agreement.

con·cor·dar *(see model 31) tr.* 1 *poner de acuerdo* to bring into agreement, reconcile 2 LING to make agree ◇ *intr. convenir* to agree, coincide, match.

con·cor·da·to *m.* concordat.

con·cor·dia *f.* concord, harmony.

con·cre·ción *f.* *concisión* concision, conciseness.

con·cre·tar *tr.* 1 *precisar* to specify, state explicitly 2 *hora, precio* to fix, set ◇ *prnl.* **concretarse** *limitarse* to limit oneself (*a*, to), confine oneself (*a*, to), keep (*a*, to).

con·cre·to, ta *adj.* 1 *real* concrete, real 2 *particular* particular, specific **en concreto** *en particular* in particular, specifically.

con·cu·bi·na *f.* concubine.

con·cul·car *(see model 1) tr.* to infringe, break, violate.

con·cu·pis·cen·cia *f.* concupiscence, lustfulness.

con·cu·rri·do, da *pp. de* **concurrir** *adj.* 1 *lugar público* busy, crowded 2 *espectáculo* well-attended, popular.

con·cu·rrir *intr.* 1 *juntarse en un lugar - gente* to gather, come together, meet 2 *asistir* to attend, be present.

con·cur·san·te *com.* 1 *a concurso* contestant, participant, competitor 2 *a empleo* candidate.

con·cur·sar *intr.* 1 *competir* to compete, take part 2 *para un empleo* to be a candidate.

con·cur·so *m. gen.* competition.

con·de·co·ra·ción *f.* decoration, medal.

con·de·co·rar *tr.* to decorate.

con·de·na *f.* 1 JUR sentence, conviction 2 *desaprobación* condemnation, disapproval **cumplir una condena** to serve a sentence.

con·de·na·do, da *pp. de* **condenar** *adj.* 1 JUR convicted 2 *cegado* condemned.

con·de·nar *tr.* 1 JUR *declarar culpable* to convict, find guilty 2 JUR *decretar condena* to sentence, condemn *prnl.* **condenarse** to be damned, condemn oneself.

con·den·sa·ción *f.* 1 *acción* condensing 2 *efecto* condensation.

con·den·sa·do, da *pp. de* **condensar** *adj.* condensed.

con·den·sa·dor, ra *adj.* condensing ◇ *m.* **condensador** ELEC condenser.

con·den·sar *tr.* to condense ◇ *prnl.* **condensarse** to condense.

con·des·cen·den·cia *f.* *deferencia* condescension.

con·des·cen·der *(see model 28) intr.* *adaptarse* to comply (*a*, with), consent (*a*, to).

con·des·cen·dien·te *adj.* 1 *transigente* condescending 2 *complaciente* obliging, helpful.

con·di·ción *f.* 1 *naturaleza* nature, condition 2 *carácter* nature, character 3 *circunstancia* circumstance, condition 4 *estado social* status, position.

con·di·cio·na·do, da *pp. de* **condicionar** *adj.* conditioned.

con·di·cio·nal *adj.* conditional ◇ *m.* conditional.

con·di·cio·nar *tr.* 1 *influir en* to condition, determine 2 *supeditar* to make conditional.

con·di·men·tar *tr.* to season, flavor.

con·di·men·to *m.* seasoning, flavoring.

con·dis·cí·pu·lo, la *s.* fellow pupil, fellow student, schoolmate.

con·do·len·cia *f.* condolence, sympathy.

con·do·ler·se *(see model 32) prnl.* to sympathize (*de*, with), feel sorry (*de*, for), feel pity (*de*, for).

con·do·mi·nio *m.* 1 *copropiedad* joint ownership 2 *de un territorio* condominium.

con·dón *m.* condom.

con·do·na·ción *f.* condonation, remission.

con·do·nar *tr.* 1 *perdonar* to condone 2 *una deuda* to cancel, remit.

con·duc·ción *f.* 1 FÍS conduction 2 *transporte* transportation.

con·du·cir *(see model 46) tr.* 1 *guiar* to lead, take, show 2 *coche, animales* to drive 3 *negocio* to manage ◇ *intr. un coche* to drive ◇ *prnl.* **conducirse** *comportarse* to behave, conduct oneself.

con·duc·ta *f.* conduct, behavior **mala conducta** misconduct, misbehavior.

con·duc·tan·cia f. conductance.
con·duc·ti·bi·li·dad f. conductivity.
con·duc·ti·vi·dad f. conductivity.
con·duc·ti·vo, va adj. conductive.
con·duc·to m. 1 tubería pipe, conduit 2 ANAT duct, canal por conducto de through.
con·duc·tor, ra adj. FÍS conductive ⬦ s. AUTO driver ⬦ m. conductor FÍS conductor.
con·du·mio m. fam. grub, nosh, food.
co·nec·tar tr. gen. to connect (up) ⬦ intr. RAD TV coger to tune in (con, to) dar conexión to tune in (con, with).
co·ne·jo, ja s. gen. rabbit macho buck hembra doe ⬦ m. conejo vulg. coño cunt, pussy cone-jo de Indias guinea pig.
co·ne·xión f. 1 TÉC connection 2 fig. relationship, connection.
co·ne·xo, xa adj. connected, related.
con·fa·bu·la·ción f. conspiracy, plot.
con·fa·bu·la·dor, ra s. conspirator, plotter.
con·fa·bu·lar intr. to confabulate, discuss ⬦ prnl. confabularse to conspire, plot.
con·fec·cio·nar tr. vestido to make, make up list to draw up plato to prepare.
con·fe·de·ra·ción f. confederation, confederacy.
con·fe·de·rar tr. to confederate ⬦ prnl. confede-rarse to become a confederation.
con·fe·ren·cia f. 1 charla talk, lecture 2 POL conference, meeting conferencia de prensa press conference.
con·fe·ren·ciar (see model 12) intr. to confer.
con·fe·rir (see model 35) tr. 1 conceder to confer, bestow, award 2 dar to give.
con·fe·sar (see model 27) tr. 1 reconocer to confess, admit 2 un crimen to own up to 3 pecados to confess ⬦ intr. JUR to own up ⬦ prnl. confe-sarse to go to confession, confess confesarse culpable to admit one's guilt, plead guilty.
con·fe·sión f. 1 expresión confession, admission 2 REL confession 3 credo confession, faith.
con·fe·sio·nal adj. denominational.
con·fe·sio·na·rio m. confessional.
con·fe·so, sa adj. 1 JUR self-confessed 2 judío converted ⬦ s. judío converted Jew.
con·fe·sor m. confessor.
con·fe·ti m. confetti.
con·fia·do, da pp. de confiar adj. 1 crédulo un-suspecting, gullible 2 seguro confident, self-con-fident.
con·fian·za f. 1 seguridad confidence 2 fe trust 3 familiaridad familiarity, intimacy estar con fian-rios, etc. freeze. fianza to be among friends tener confianza en uno mismo to be self-confident.
con·fiar (see model 13) intr. 1 tener fe to trust (en, -), confíde (en, in) 2 estar seguro to be confident, trust ⬦ tr. depositar to entrust 2 secretos, problemas, etc. to confide ⬦ prnl. confiarse entregarse to entrust oneself.
con·fi·den·cia f. confidence, secret.
con·fi·den·cial adj. confidential.
con·fi·den·te, ta adj. trustworthy, reliable ⬦ s. hombre confidant mujer confidante.
con·fi·gu·ra·ción f. configuration, shape 2 INFO configuration.
con·fi·gu·rar tr. 1 to form, shape 2 INFO to con-figure.
con·fín adj. bordering ⬦ m. limit, boundary.
con·fi·na·mien·to m. 1 encarcelamiento confine-ment 2 exilio exile, banishment.
con·fi·nar intr. limitar to border. ⬦ tr. recluir to con-fine. ⬦ prnl. confinarse to shut oneself away.

con·fir·ma·ción f. confirmation.
con·fir·mar tr. to confirm ⬦ prnl. confirmarse to be confirmed.
con·fis·car (see model 1) tr. to confiscate.
con·fla·gra·ción f. 1 incendio conflagration 2 de guerra flare-up.
con·flic·to m. 1 choque conflict 2 fig. apuro di-lemma conflicto laboral industrial dispute.
con·fluen·cia f. confluence punto de confluen-cia fig. meeting point.
con·fluir (see model 62) intr. personas to converge, come together.
con·for·mar tr. 1 dar forma to shape 2 adaptar to conform, adjust ⬦ intr. concordar to agree (con, with) ⬦ prnl. conformarse contentarse to resign oneself (con, to), be content (con, with), make do (con, with).
con·for·me adj. 1 satisfecho satisfied 2 de acuer-do in accordance with, in keeping with ⬦ adv. 1 según, como as 2 en cuanto as soon as interj. all right! conforme a in accordance with, according to.
con·for·mi·dad f. 1 acuerdo agreement 2 apro-bación approval, consent en conformidad con algo in conformity with something.
con·for·mis·mo m. conformism.
con·for·mis·ta adj. conformist ⬦ com. conformist.
con·fort m. comfort.
con·for·ta·ble adj. comfortable.
con·for·tan·te adj. que fortalece invigorating.
con·for·tar tr. 1 dar vigor to invigorate 2 fig. con-solar to comfort.
con·fra·ter·ni·dad f. confraternity, brotherhood.
con·fron·ta·ción f. 1 enfrentamiento confronta-tion 2 comparación comparison, collation.
con·fron·tar tr. 1 gen. to confront carear to bring face to face 2 cotejar to compare (con, with), collate (con, with) ⬦ intr. lindar to border (con, on) ⬦ prnl. confrontarse to face (con, -), con-front (con, -).
con·fun·dir tr. 1 mezclar to mix up 2 equivocar to confuse (con, with), mistake (con, for) ⬦ prnl. confundirse 1 mezclarse to mingle colores, formas to blend 2 equivocarse to get mixed up, make a mistake.
con·fu·sión f. 1 desorden confusion, chaos 2 equivocación mistake, confusion.
con·fu·so, sa adj. 1 ideas confused 2 estilo, etc. obscure, confused.
con·ge·la·ción f. 1 gen. freezing 2 precios, sala-rios, etc. freeze.
con·ge·la·do, da pp. de congelar adj. gen. frozen.
con·ge·la·dor m. freezer.
con·ge·lar tr. 1 gen. to freeze MED to cause frostbite on ⬦ prnl. congelarse to freeze 2 MED to get frostbite.
con·gé·ne·re adj. congeneric, congenerous ⬦ com. sort, kind.
con·ge·niar (see model 12) intr. to get on.
con·gé·ni·to, ta adj. 1 congenital 2 fig. innate.
con·ges·tión f. congestion congestión cerebral stroke.
con·ges·tio·nar tr. to congest ⬦ prnl. congestio-narse to become congested.
con·glo·me·ra·ción f. conglomeration.
con·glo·me·rar tr. to conglomerate ⬦ prnl. con-glomerarse to conglomerate.
con·go·ja f. 1 angustia anguish, distress 2 pena grief, sorrow.
con·gra·ciar (see model 12) tr. to win over ⬦ prnl. congraciarse to ingratiate oneself (con, with).

con·gra·tu·la·ción f. congratulation.

con·gra·tu·lar tr. to congratulate on prnl. **congratularse** to congratulate oneself (*de/por*, on).

con·gre·ga·ción f. 1 *reunión* assembly 2 REL congregation.

con·gre·gar *(see model 7)* tr. to congregate, assemble ◇ prnl. **congregarse** to congregate, assemble.

con·gre·sis·ta com. 1 *que asiste a un congreso* congress participant 2 *diputado* member of congress *hombre* congressman *mujer* congresswoman.

con·gre·so m. congress.

con·gruen·cia f. 1 *conveniencia* congruity 2 MAT congruence.

con·gruen·te adj. 1 *coherente* coherent, suitable 2 MAT congruent.

có·ni·co, ca adj. 1 conical 2 *en geometría* conic.

co·ní·fe·ro, ra adj. coniferous.

con·je·tu·ra f. conjecture **hacer conjeturas** to make conjectures.

con·je·tu·rar tr. to conjecture.

con·ju·ga·ble adj. conjugable.

con·ju·ga·ción f. conjugation.

con·ju·ga·do, da pp. de **conjugar** adj. *enlazado* combined.

con·ju·gar *(see model 7)* tr. 1 to conjugate 2 *fig.* to join, combine, bring together ◇ prnl. 1 **conjugarse** to conjugate, be conjugated 2 *fig.* to fit together.

con·jun·ción f. conjunction.

con·jun·ti·va f. conjunctiva.

con·jun·ti·vi·tis f. *inv.* conjunctivitis.

con·jun·ti·vo, va adj. conjunctive.

con·jun·to, ta adj. 1 *compartido* joint 2 *combinado* combined ◇ m. **conjunto** *grupo* group, collection **de conjunto** overall **en conjunto** altogether, on the whole.

con·ju·ra f. plot, conspiracy.

con·ju·rar tr. 1 *evocar* to exorcise *peligro* to avert, stave off, ward off 2 LIT *rogar* to beseech ◇ intr. *conspirar* to conspire (**contra**, against) ◇ prnl. **conjurarse** to conspire (**contra**, against).

con·ju·ro m. 1 *exorcismo* exorcism 2 *encantamiento* spell, incantation.

con·lle·var tr. *implicar* to involve, entail *acarrear* to imply, bring in its wake.

con·me·mo·ra·ción f. commemoration.

con·me·mo·rar tr. to commemorate.

con·me·mo·ra·ti·vo, va adj. commemorative.

con·mi·go pron. with me, to me.

con·mi·nar tr. to threaten, menace.

con·mi·se·ra·ción f. commiseration, pity.

con·mo·ción f. 1 commotion, shock 2 MED concussion **conmoción cerebral** concussion.

con·mo·ver *(see model 32)* tr. 1 *persona* to move, touch 2 *cosa* to shake ◇ prnl. **conmoverse** *persona* to be moved, be touched.

con·mu·ta·ción f. commutation **conmutación de pena** commutation of sentence.

con·mu·ta·dor m. switch.

con·mu·tar tr. 1 *cambiar* to exchange 2 JUR to commute.

con·ni·ven·cia f. connivance, collusion.

con·no·ta·ción f. connotation.

con·no·tar tr. to connote.

con·nu·bio m. LIT matrimony, marriage.

co·no m. cone.

co·no·cer *(see model 44)* tr. 1 *gen.* to know *noticia* to hear 2 *persona* to meet, get to know ◇ intr. 1 *saber* to know (**de**, about) 2 JUR to hear (**de**, -) ◇ prnl. **conocerse** *a sí mismo* to know oneself **dar a conocer** to make known.

co·no·ci·mien·to m. 1 knowledge 2 *sensatez* good sense 3 *conciencia* consciousness **perder el conocimiento** to lose consciousness.

con·quis·ta f. conquest **hacer una conquista** *amorosa* to make a conquest.

con·quis·ta·dor, ra adj. conquering ◇ s. conqueror ◇ m. **conquistador** *de América* conquistador.

con·quis·tar tr. 1 *con las armas* to conquer 2 *fig. título, etc.* to win.

con·sa·bi·do, da adj. 1 *usual* usual, familiar 2 *ya sabido* well-known.

con·sa·gra·ción f. 1 REL consecration 2 *artista, etc.* recognition.

con·sa·gra·do, da adj. 1 REL consecrated 2 *reconocido* recognized, established.

con·sa·grar tr. 1 REL to consecrate 2 *palabra, expresión* to establish ◇ prnl. **consagrarse** *dedicarse* to devote oneself (**a**, to), dedicate oneself (**a**, to).

con·san·guí·ne·o, a adj. consanguineous ◇ s. blood relation.

con·san·gui·ni·dad f. consanguinity, blood relationship.

cons·cien·te adj. 1 conscious, aware 2 MED conscious 3 *responsable* reliable, responsible **estar consciente** to be conscious.

con·se·cu·ción f. 1 *objetivo* attainment, achievement *deseo* realization 2 *obtención* obtaining, obtainment.

con·se·cuen·cia f. 1 consequence, result 2 *coherencia* consistency **a consecuencia de** as a consequence of, as a result of **atenerse a las consecuencias** to suffer the consequences.

con·se·cuen·te adj. 1 *siguiente* consequent 2 *resultante* resulting 3 *coherente* consistent.

con·se·cu·ti·va·men·te adv. consecutively.

con·se·cu·ti·vo, va adj. consecutive.

con·se·guir *(see model 56)* tr. 1 *cosa* to obtain, get *objetivo* to attain, achieve 2 *lograr* to manage, succeed in.

con·se·je·ro, ra s. 1 *asesor* adviser, advisor, counsellor 2 POL councillor **ser buen consejero** *fam.* to give sound advice.

con·se·jo m. 1 *recomendación* advice 2 *junta* council, board **pedir consejo a alguien** to ask somebody for advice.

con·sen·so m. 1 *acuerdo* consensus 2 *consentimiento* consent, assent.

con·sen·sual adj. consensual.

con·sen·suar *(see model 11)* tr. to reach a consensus on.

con·sen·ti·do, da pp. de **consentir** adj. *mimado* spoiled, spoilt ◇ s. *persona* spoiled person, spoilt person *niño* spoiled child, spoilt child.

con·sen·ti·mien·to m. consent.

con·sen·tir *(see model 35)* tr. 1 *tolerar* to allow, permit, tolerate 2 *mimar* to spoil ◇ intr. *admitir* to consent (**en**, to), agree (**en**, to) ◇ prnl. **consentirse** *rajarse* to crack, break.

con·ser·je m. *portero* porter **de hotel** hall porter.

con·ser·va·ción f. 1 *de alimentos* preservation 2 *calor, etc.* conservation **instinto de conservación** instinct of self-preservation.

con·ser·va·dor, ra adj. POL conservative ◇ s. POL conservative.

con·ser·var tr. 1 *alimentos* to preserve 2 *mantener* to keep in, maintain ◇ prnl. **conservarse** 1 *tradición, etc.* to survive 2 *fig. mantenerse* to keep well **conservarse con salud** to keep fit and well.

con·ser·va·to·rio m. conservatory, conservatoire, school of music.

con·si·de·ra·ble adj. considerable.

con·si·de·ra·ción f. 1 reflexión consideration, attention 2 respeto regard **con consideración** respeto respectfully 2 cuidado carefully **de consideración** important, serious **tomar algo en consideración** to take something into account.

con·si·de·ra·do, da pp. de considerar adj. 1 atento considerate, thoughtful 2 apreciado respected.

con·si·de·rar tr. 1 reflexionar to consider, think over, think about 2 tomar en consideración to take into account ◇ prnl. **considerarse** to consider oneself.

con·sig·na f. en estación, etc. left-luggage office 2 MIL orders pl., instructions pl.

con·sig·na·ción f. 1 asignación allocation 2 de mercancías consignment.

con·sig·nar tr. 1 mercancías to consign, ship, dispatch 2 destinar - dinero, etc. to allocate - cantidad to assign.

con·si·go pron. 1 3ª persona singular - hombre with him - mujer with her - cosa, animal with it 2 usted with you ¿lo lleva consigo? have you got it with you? 3 3ª persona plural with them 4 ustedes with you **no tenerlas todas consigo** fam. not to rate one's chances highly.

con·si·guien·te adj. consequent, resulting, resultant **por consiguiente** therefore, consequently.

con·sis·ten·cia f. 1 dureza consistency, firmness, solidness 2 coherencia coherence, soundness **sin consistencia** sin coherencia insubstantial.

con·sis·ten·te adj. 1 firme firm, solid 2 fig. sound, solid **un argumento consistente** a sound argument.

con·sis·tir intr. 1 estribar to lie (en, in), consist (en, in) 2 estar formado to consist (en, of).

con·sis·to·rio m. 1 ayuntamiento town council 2 REL consistory.

con·so·la f. 1 mueble console table 2 de ordenador, etc. console **consola de videojuegos** games console.

con·so·la·ción f. consolation, comfort **premio de consolación** consolation prize.

con·so·la·dor, ra adj. consoling, comforting ◇ m. consolador dildo.

con·so·lar (see model 31) tr. to console, comfort ◇ prnl. **consolarse** to take comfort (con, from).

con·so·li·da·ción f. consolidation.

con·so·li·dar tr. to consolidate ◇ prnl. **consolidarse** to consolidate.

con·so·mé m. clear soup, consommé.

con·so·nan·cia f. 1 LIT consonance, rhyme 2 fig. harmony **en consonancia con** in harmony with.

con·so·nan·te adj. consonant ◇ f. consonant.

con·sor·cio m. consortium, partnership, association.

con·sor·te com. cónyuge spouse ◇ mpl. **consortes** JUR accomplices, joint partners **príncipe consorte** prince consort.

cons·pi·cuo, cua adj. conspicuous, outstanding.

cons·pi·ra·ción f. conspiracy, plot.

cons·pi·ra·dor, ra s. conspirator, plotter.

cons·pi·rar intr. to conspire, plot.

cons·tan·cia f. 1 perseverancia constancy, perseverance 2 evidencia evidence, proof **dejar constancia de algo** registrar to put something on record.

cons·tan·te adj. 1 invariable constant 2 persona steadfast ◇ f. MAT constant **constantes vitales** vital signs.

cons·tar intr. 1 consistir en to consist (de, of), be made up (de, of), comprise (de, -) 2 figurar to figure, be included, appear 3 ser cierto to be a fact **hacer constar 1** señalar to point out, state 2 escribir to put down, include **para que así conste** for the record.

cons·te·la·ción f. constellation.

cons·ter·na·ción f. consternation, dismay.

cons·ter·nar tr. to dismay, shatter ◇ prnl. **consternarse** to be dismayed, be aghast.

cons·ti·pa·ción f. cold.

cons·ti·tu·ción f. constitution.

cons·ti·tu·cio·nal adj. constitutional ◇ com. constitutionalist.

cons·ti·tu·ir (see model 62) tr. formar to comprise, make up, constitute ◇ prnl. **constituirse** to set oneself up as, become.

cons·tre·ñir (see model 36) tr. 1 forzar to constrain, compel, force 2 limitar to limit, restrict.

cons·tric·ción f. constriction.

cons·truc·ción f. 1 construction 2 edificio building **en construcción** under construction.

cons·truc·ti·vo, va adj. constructive.

cons·truc·tor, ra adj. construction, building ◇ s. de edificios builder de barcos shipbuilder **empresa constructora** construction company, builders pl.

cons·truir (see model 62) tr. to construct, build.

con·sue·lo m. consolation, comfort **sin consuelo** inconsolably.

con·sue·tu·di·na·rio, ria adj. habitual, customary.

cón·sul com. consul.

con·su·la·do m. 1 oficina consulate 2 cargo consulship.

con·sul·ta f. 1 acción consultation 2 consejo advice, opinion 3 MED doctor's office consultorio consulting room **obra de consulta** reference book.

con·sul·tar tr. 1 pedir opinión to consult (con, with/-), seek advice (con, from) 2 buscar en un libro to look up.

con·sul·to·rio m. 1 MED consulta doctor's office habitación consulting room 2 ambulatorio outpatients' (department).

con·su·ma·ción f. consummation, completion de un crimen perpetration.

con·su·mar tr. 1 terminar to complete, carry out 2 crimen to commit 3 matrimonio to consummate.

con·su·mi·do, da pp. de consumir adj. fig. muy flaco thin, emaciated **estar consumido por algo** fig. to be consumed with something.

con·su·mi·dor, ra adj. consuming ◇ s. consumer.

con·su·mir tr. 1 gastar, usar to consume, use 2 destruir to destroy, consume ◇ prnl. **consumirse** 1 extinguirse to burn out 2 destruirse to be destroyed.

con·su·mis·mo m. consumerism.

con·su·mis·ta adj. consumerist ◇ com. consumerist.

con·su·mo m. consumption.

con·ta·bi·li·dad f. 1 profesión accountancy carrera accounting 2 de empresa, etc. accounting, bookkeeping **llevar la contabilidad** to keep the books.

con·tac·tar tr. to contact, get in touch (con, with).

con·tac·to m. contact **establecer contacto con** to make contact with, get in contact with **mantenerse en contacto con** to keep in touch with, keep in contact with.

con·ta·dor, ra adj. counting ◇ s. **contable** accountant, bookkeeper ◇ m. **contador** meter.

con·ta·giar (see model 12) tr. **1** enfermedad to transmit, pass on **2** fig. to infect, pass on, give ◇ prnl. **contagiarse** enfermar to get infected.

con·ta·gio m. MED contagion, infection.

con·ta·gio·so, sa adj. infectious, contagious.

con·ta·mi·na·ción f. contamination de agua, aire pollution.

con·ta·mi·nan·te adj. polluting ◇ m. polluting agent.

con·ta·mi·nar tr. **1** to contaminate agua, aire to pollute **2** fig. to contaminate, corrupt ◇ prnl. **contaminarse** to become contaminated.

con·tar (see model 31) tr. **1** calcular to count **2** considerar to count, consider **3** incluir to count, include **4** tener to have ◇ intr. **1** to count **2** contar con confiar en to rely on, count on ◇ prnl. **contarse** incluirse to be included **contar con los dedos** to count on one's fingers.

con·tem·pla·ción f. acción contemplation ◇ fpl. **contemplaciones** miramientos indulgence.

con·tem·plar tr. **1** mirar to contemplate, look at **2** pensar to contemplate, consider ◇ intr. to contemplate.

con·tem·po·rá·ne·o, a adj. contemporary ◇ s. contemporary.

con·ten·cio·so, sa adj. **1** contentious **2** JUR litigious ◇ m. **contencioso** legal action, case asunto contencioso judicial matter.

con·ten·der (see model 28) intr. **1** pelear to contend, fight **2** competir to contest.

con·ten·dien·te adj. contending, competing ◇ com. contender, contestant.

con·te·ne·dor, ra adj. containing ◇ m. **contenedor** container **contenedor de basura** rubbish skip.

con·te·ner (see model 87) tr. incluir to contain, hold ◇ prnl. **contenerse** to control oneself, contain oneself, keep a hold on oneself.

con·te·ni·do, da pp. de **contener** adj. moderado moderate, reserved ◇ m. **contenido** content, contents pl.

con·ten·tar tr. satisfacer to please, content ◇ prnl. **contentarse** conformarse to make do (con, with), be satisfied (con, with).

con·ten·to, ta adj. happy, pleased ◇ m. **contento** happiness, joy, contentment.

con·tes·ta·ción f. respuesta answer, reply **dar contestación a** to answer **mala contestación** errónea wrong answer.

con·tes·tar tr. responder to answer ◇ intr. responder to answer replicar to answer back.

con·tex·to m. **1** context **2** fig. environment.

con·tex·tua·li·zar (see model 4) tr. to put into context, contextualize.

con·tien·da f. contest, dispute, struggle.

con·ti·go pron. with you.

con·ti·guo, gua adj. contiguous (a, to), adjoining, adjacent (a, to).

con·ti·nen·tal adj. continental.

con·ti·nen·te m. **1** GEOG continent **2** recipiente container.

con·ti·nua·ción f. continuation, follow-up **a con·tinuación** next.

con·ti·nua·men·te adv. continuously.

con·ti·nuar (see model 11) tr. proseguir to continue, carry on ◇ intr. permanecer, durar to continue, go on ◇ prnl. **continuarse** extenderse to extend, run.

con·ti·nuo, nua adj. seguido continuous ◇ m. **continuo** todo continuum **corriente continua** direct current.

con·to·ne·ar·se prnl. mujer to swing one's hips, wiggle hombre to swagger.

con·tor·no m. **1** perfil outline perímetro perimeter **2** canto rim, edge.

con·tor·sión f. contortion.

con·tor·sio·nis·ta com. contortionist.

con·tra prep. **1** against juegan contra nosotros they're playing against us **2** for un producto contra las picaduras de mosquitos a product for mosquito bites **opinar en contra** to disagree.

con·tra·ba·jo m. **1** instrumento double bass **2** voz low bass.

con·tra·ban·do m. **1** smuggling, contraband de armas gunrunning **2** mercancías smuggled goods **pasar algo de contrabando** to smuggle something in.

con·trac·ción f. contraction.

con·tra·co·rrien·te f. crosscurrent **ir a contracorriente** to go against the tide.

con·trac·tual adj. contractual.

con·trac·tu·ra f. contracture.

con·tra·de·cir (see model 69) pp. **contradicho** tr. decir lo contrario to contradict ◇ prnl. **contradecirse** decir lo contrario to contradict oneself.

con·tra·dic·ción f. contradiction **estar en contradicción con** to be inconsistent with, contradictory to.

con·tra·dic·to·rio, ria adj. contradictory.

con·tra·er (see model 88) tr. **1** encoger to contract **contraer un músculo** to contract a muscle **2** enfermedad to catch ◇ prnl. **contraerse** encogerse to contract **contraer matrimonio con alguien** to marry somebody **contraer obligaciones** to enter into obligations.

con·tra·gol·pe m. **1** MED efecto counterstroke **2** golpe counterblow.

con·tra·or·den f. countermand.

con·tra·pe·so m. **1** counterweight **2** fig. counterbalance.

con·tra·por·ta·da f. back page.

con·tra·pro·du·cen·te adj. counterproductive.

con·tra·ria·do, da pp. de **contrariar** adj. disgustado upset, cross.

con·tra·riar (see model 13) intr. **1** oponerse to oppose, go against **2** disgustar to annoy, upset.

con·tra·rie·dad f. **1** oposición opposition **2** disgusto annoyance **3** dificultad setback, obstacle.

con·tra·rio, ria adj. **1** opuesto contrary, opposite **2** perjudicial harmful (a, to), bad (a, for) ◇ s. opponent, adversary, rival **al contrario** on the contrary.

con·tra·rres·tar tr. hacer frente to resist, oppose.

con·tra·sen·ti·do m. **1** contradicción contradiction **2** disparate piece of nonsense.

con·tra·se·ña f. seña secret sign palabra password.

con·tras·te m. oposición contrast.

con·tra·tar tr. servicio, etc. to sign a contract for.

con·tra·tis·ta com. contractor.

con·tra·to m. contract contrato de compraventa contract of sale **contrato de trabajo** work contract.

con·tra·yen·te adj. contracting ◇ com. en matrimonio contracting party.

con·tri·bu·ción f. **1** contribution **2** impuesto tax.

con·tri·buir (see model 62) tr. pagar to pay ◇ intr. aportar to contribute.

con·tri·bu·yen·te *adj.* taxpaying ◇ *com.* taxpayer.

con·tri·ción *f.* contrition **hacer un acto de contrición** to repent.

con·trin·can·te *m.* opponent, rival.

con·tris·tar *tr.* to make sad ◇ *prnl.* **contristarse** to become sad.

con·trol *m.* 1 *gen.* control 2 *comprobación* check **bajo el control de** under the supervision of **estar fuera de control** to be out of control **control de calidad** quality control **control de sí mismo** self-control.

con·tro·lar *tr. gen.* to control ◇ *prnl.* **controlarse** *moderarse* to control oneself.

con·tro·ver·sia *f.* controversy, argument.

con·tu·ber·nio *m.* 1 *cohabitación* cohabitation 2 *fig. confabulación* conspiracy, collusion.

con·tun·den·cia *f.* *de arma* contusive properties ◇ *pl. fig. convicción* weight.

con·tun·den·te *adj.* 1 *arma* blunt 2 *fig. categórico* convincing, overwhelming, weighty.

con·tu·sión *f.* contusion, bruise.

con·va·le·cen·cia *f.* convalescence.

con·va·le·cer *(see model 43) intr.* to convalesce (**de**, after), recover (**de**, from).

con·va·li·dar *tr.* 1 EDUC to validate 2 *documentos* to ratify, authenticate.

con·ven·cer *(see model 2) tr. de algo* to convince *para hacer algo* to persuade ◇ *intr.* 1 to be convincing ◇ *prnl.* **convencerse** to become convinced, be convinced, convince oneself.

con·ven·ción *f.* 1 *congreso* convention, congress 2 *acuerdo* convention, treaty.

con·ven·cio·nal *adj.* conventional.

con·ve·nien·cia *f.* 1 *utilidad* usefulness 2 *oportunidad* suitability, advisability **conveniencias sociales** social conventions **matrimonio de conveniencia** marriage of convenience.

con·ve·nien·te *adj.* 1 *útil* useful 2 *oportuno* suitable, convenient.

con·ve·nio *m.* agreement, treaty.

con·ve·nir *(see model 90) tr. acordar* to agree, arrange ◇ *intr. acordar* to agree.

con·ven·to *m. de monjas* convent *de monjes* monastery.

con·ver·gen·cia *f.* convergence.

con·ver·sa·ción *f.* conversation, talk **entablar conversación con alguien** to get into conversation with somebody.

con·ver·sar *intr.* to converse (**con**, with), talk (**con**, to).

con·ver·sión *f.* conversion.

con·ver·so, sa *adj.* converted ◇ *s.* convert.

con·ver·ti·ble *adj.* convertible.

con·ver·ti·dor *m.* converter.

con·ver·tir *(see model 29) tr. transformar* to change, turn, transform, convert ◇ *prnl.* **convertirse** 1 *transformarse* to turn (**en**, into), change (**en**, into) 2 *volverse* to become (**en**, -), turn (**en**, into).

con·ve·xi·dad *f.* convexity.

con·ve·xo, xa *adj.* convex.

con·vic·ción *f.* conviction.

con·vic·to, ta *adj.* guilty, convicted.

con·vin·cen·te *adj.* convincing.

con·vi·te *m.* 1 *invitación* invitation 2 *comida* meal *fiesta* party.

con·vi·ven·cia *f.* 1 living together 2 *fig.* coexistence.

con·vi·vir *intr.* 1 to live together 2 *fig.* to coexist **saber convivir** to give and take.

con·vo·ca·ción *f.* calling.

con·vo·car *(see model 1) tr.* to convoke, summon, call together **convocar una reunión** to call a meeting.

con·vo·ca·to·ria *f. citación* convocation, summons.

con·voy *m.* 1 *escolta* convoy 2 *tren* train.

con·vul·sión *f.* 1 MED convulsion 2 *fig.* upheaval.

con·vul·so, sa *adj.* convulsed (**de**, with).

con·yu·gal *adj.* conjugal **vida conyugal** married life.

cón·yu·ge *com. gen.* spouse, partner *marido* husband *mujer* wife.

co·ñac *m.* cognac, brandy.

co·o·pe·ra·ción *f.* cooperation.

co·o·pe·rar *intr.* to cooperate.

co·o·pe·ra·ti·va *f.* cooperative **cooperativa agrícola** farming cooperative.

co·or·de·na·da *f.* coordinate.

co·or·di·na·ción *f.* coordination.

co·or·di·na·do, da *pp. de* **coordinar** *adj.* coordinated ◇ *m.* **coordinado** *conjunto de ropa* outfit, ensemble.

co·or·di·na·dor, ra *adj.* coordinating ◇ *s.* coordinator.

co·or·di·nar *tr.* to coordinate.

co·pa *f. vaso* glass *bebida* drink.

co·pia *f.* 1 *gen.* copy 2 *de fotografía* print **sacar una copia** to make a copy.

co·pia·dor, ra *adj. máquina* ◇ *f.* photocopier.

co·piar *(see model 12) tr. gen.* to copy **copiar al pie de la letra** to copy word for word.

co·pi·lo·to *m.* 1 AV copilot 2 AUTO co-driver.

co·pla *f.* 1 *verso, estrofa* verse, stanza 2 *canción popular* folk song.

co·po *m. gen.* flake *de nieve* snowflake *de algodón* ball (of cotton).

có·pu·la *f.* 1 *nexo* link 2 *coito* copulation, intercourse 3 LING conjunction.

co·pu·lar *intr.* to copulate (**con**, with).

co·pu·la·ti·vo, va *adj.* copulative.

co·que·ta *f. mujer* flirt, coquette.

co·que·te·ar *intr.* to flirt.

co·que·te·o *m.* flirtation.

co·ra·je *m.* 1 *valor* courage, toughness 2 *ira* anger **dar coraje**.

co·ra·za *f.* 1 *armadura* armor, cuirass 2 *caparazón* shell, carapace.

co·ra·zón *m.* 1 ANAT heart 2 *fig. parte central* heart, core **de todo corazón** *fig.* sincerely, in all sincerity **ser duro de corazón** to be hard-hearted.

cor·ba·ta *f.* necktie.

cor·cel *m.* LIT steed, charger.

cor·che·te *m. signo impreso* square bracket ([ ]).

cor·cho *m.* 1 *corteza* cork bark 2 *tapón* cork.

cor·del *m.* rope, cord **a cordel** in a straight line.

cor·de·ro, ra *s.* 1 *lamb* 2 *fig. persona dócil* lamb, angel ◇ *m.* **cordero** 1 *piel* lambskin 2 *carne - joven* lamb - *crecido* mutton **ser manso como un cordero** to be as gentle as a lamb.

cor·dial *adj. afectuoso* cordial, friendly, warm.

cor·dia·li·dad *f.* cordiality, warmth, friendliness.

cor·di·lle·ra *f.* mountain range, mountain chain.

cor·dón *m.* 1 *cuerda* string 2 *de zapatos* shoelace, shoestring **cordón umbilical** umbilical cord.

cor·du·ra *f.* good sense **con cordura** sensibly, prudently, wisely.

co·re·ar *tr.* 1 *cantar* to chorus, sing in chorus 2 *hablar* to chorus, speak in chorus.

co·re·o·gra·fí·a *f.* choreography.

co·re·ó·gra·fo, fa *s.* choreographer.

co·ris·ta *f.* chorus girl.

cor·na·men·ta *f. gen.* horns ◇ *pl. del ciervo* antlers.

cór·ne·a f. cornea.

cór·ne·o, a adj. hornlike, corneous.

co·ro m. **1** MÚS choir **2** TEAT chorus **·a coro** fig. all together.

co·ro·na f. **1** aro, cerco crown **2** de flores, etc. wreath, garland, crown.

co·ro·na·ción f. **1** coronation **2** fig. culminación crowning.

co·ro·nar tr. to crown ⋄ intr. to crown.

co·ro·ni·lla f. **1** parte de la cabeza crown of the head **2** tonsura tonsure **estar hasta la coroni·lla** fam. to be fed up (**de**, with).

cor·po·ra·ción f. corporation.

cor·po·ral adj. corporal, body ⋄ m. REL corporal, corporale.

cor·po·ra·ti·vo, va adj. corporative, corporate.

cor·pó·re·o, a adj. corporeal, bodily.

cor·pu·len·cia f. corpulence, stoutness.

co·rral m. **1** de casa yard, courtyard **2** de granja corral.

co·rre·a f. **1** tira de piel strap, leather strip **2** de perro lead, leash.

co·rrec·ción f. **1** rectificación correction **2** edu·cación courtesy, correctness, politeness, good manners **corrección de pruebas** proofreading.

co·rrec·cio·nal adj. correctional ⋄ m. detention centre, reformatory.

co·rrec·ta·men·te adv. **1** sin errores correctly, accurately **2** con educación correctly, politely, properly.

co·rrec·ti·vo, va adj. corrective ⋄ m. corrective.

co·rrec·to, ta adj. **1** sin errores correct, accurate **2** adecuado suitable **3** educado polite, courteous.

co·rrec·tor, ra adj. corrective ⋄ s. de pruebas impresas proofreader.

co·rre·di·zo, za adj. sliding.

co·rre·dor, ra adj. running ⋄ s. **1** DEP runner de coches driver **2** FIN broker ⋄ m. **corredor** pa·sillo corridor, gallery.

co·rre·gir (see model 55) tr. **1** amendar to correct, rectify **2** reprender to reprimand, scold, tell off **3** en impresión to read, proofread ⋄ prnl. **corre·girse** persona to mend one's ways.

co·rre·li·gio·na·rio, ria s. coreligionist.

co·rre·o m. **1** servicio, correspondencia mail **2** persona courier **correo electrónico** electronic mail, e-mail.

co·rre·o·so, sa adj. **1** flexible flexible **2** fig. ali·mento tough, leathery.

co·rrer intr. **1** gen. to run **2** darse prisa to rush, hurry **¡corre, es tarde!** hurry up, it's late! **3** agua to flow, run ⋄ tr. **1** distancia to cover país to trav·el through **2** carrera to run caballo to race, run ⋄ prnl. **correrse** persona to move over objeto to shift, slide **correr con los gastos** to foot the bill **corre la voz de que…** rumour has it that…

co·rres·pon·den·cia f. **1** gen. correspondence **2** cartas mail **curso por correspondencia** cor·respondence course.

co·rres·pon·der intr. **1** ser adecuado to become, befit color, aspecto to match, go with **2** encajar to correspond (**a**, to), tally (**a**, with) descripción to fit ⋄ prnl. **corresponderse** ajustarse to cor·respond cifras to tally.

co·rres·pon·dien·te adj. que corresponde corre·sponding (**a**, to).

co·rre·te·ar intr. **1** fam. correr to run about **2** fam. vagar to hang about.

co·rre·te·o m. running about, hustle and bustle.

co·rrien·te adj. **1** común ordinary, average **2** agua running **3** fecha current, present ⋄ m. mes current month, this month f. masa de agua current, stream, flow **al corriente** actualizado up to date.

co·rro·bo·rar tr. to corroborate.

co·rro·er (see model 82) tr. **1** desgastar to corrode **2** GEOL to erode **3** fig. perturbar to corrode, eat away, eat up ⋄ prnl. **corroerse** desgastarse to become corroded.

co·rrom·per tr. **1** pudrir to turn bad **2** pervertir to corrupt, pervert **3** sobornar to bribe ⋄ prnl. **corromperse 1** pudrirse to go bad, rot **2** per·vertirse to become corrupted.

co·rro·sión f. **1** corrosion, rust **2** GEOL erosion.

co·rro·si·vo, va adj. **1** corrosive **2** fig. caustic ⋄ m. **corrosivo** corrosive.

co·rrup·ción f. **1** putrefacción rot, decay **2** fig. corruption, degradation **3** fig. soborno bribery **corrupción de menores** corruption of minors.

co·rrup·to, ta adj. corrupt.

cor·ta·dor, ra adj. cutting ⋄ s. sastre, zapatero cutter.

cor·ta·du·ra f. **1** corte cut **2** paso gorge.

cor·tan·te adj. **1** que corta cutting, sharp **2** fig. aire biting **3** fig. persona, estilo sharp, brusque.

cor·ta·pi·sa f. **1** condición condition, restriction **2** dificultad difficulty, obstacle **poner cortapisas** to impose conditions **sin cortapisas** with no strings attached.

cor·tar tr. **1** gen. to cut **2** pelo to cut, trim **3** árbol to cut down **4** carne to carve ⋄ intr. to cut ⋄ prnl. **cortarse 1** to cut **2** herirse to cut, cut oneself **cor·tar por la mitad** to split down the middle **cortar por lo sano** fam. to take drastic measures.

cor·ta·ú·ñas m. inv. nail clippers.

cor·te¹ f. **1** del rey, etc. court **2** séquito retinue **3** AM tribunal court **hacer la corte a** to court, pay court to.

cor·te² m. **1** gen. cut **2** filo edge **3** sección section **corte horizontal** horizontal section.

cor·te·jar tr. to court.

cor·te·jo m. **1** acompañantes entourage, retinue **2** galanteo courting **cortejo fúnebre** funeral cortège **cortejo nupcial** wedding party.

cor·tés adj. courteous, polite **lo cortés no quita lo valiente** fam. you can be polite but brave at the same time.

cor·te·si·a f. **1** educación courtesy, politeness **2** reverencia bow, curtsy.

cor·tés·men·te adv. courteously, politely.

cor·te·za f. **1** de árbol bark **2** de pan crust **3** de fruta peel, skin **corteza cerebral** cerebral cor·tex **la corteza terrestre** the earth's crust.

cor·ti·na f. **1** curtain **2** fig. screen **cortina de humo** fig. smoke screen.

cor·ti·so·na f. cortisone.

cor·to, ta adj. **1** extensión short **2** duración short, brief **3** escaso scant, meager ⋄ m. **corto** short film, short **corto de miras** fam. narrow-minded **quedarse corto** ropa to become too short.

cor·va f. back of the knee.

co·sa f. **1** gen. thing **2** asunto matter, business **es cosa tuya** it's your business **3** nada nothing, not anything **no hay cosa igual** there's nothing like it **cosas de la vida** that's life.

co·se·cha f. **1** harvest, crop **2** tiempo harvest time.

co·se·char intr. **1** to harvest, reap ⋄ tr. **1** recoger to harvest **2** cultivar to grow.

co·se·no m. cosine.

co·ser tr. unir to sew **un botón** to sew on pespun·tes, etc. to stitch.

co·si·fi·car (see model 1) tr. to trivialize, belittle.

cos·mé·ti·co, ca *adj.* cosmetic ◇ *m.* **cosmético** cosmetic.

cós·mi·co, ca *adj.* cosmic.

cos·mo·gra·fí·a *f.* cosmography.

cos·mo·po·li·ta *adj.* cosmopolitan ◇ *com.* cosmopolitan.

cos·mos *m. inv.* cosmos.

cos·qui·llas *fpl.* tickling.

cos·ta *f.* 1 *litoral* coast, coastline *playa* beach, shore.

cos·ta·do *m.* 1 side 2 MIL flank.

cos·tal *m.* sack.

cos·tar *(see model 31) intr.* 1 *valer* to cost *¿cuánto costó?* how much was it? 2 *ser difícil* to be hard, be difficult *resultar difícil* to be difficult for **costar barato** to be cheap **costar caro** to be expensive.

cos·te·ar *tr. pagar* to pay for, afford ◇ *prnl.* **costearse** to pay one's way.

cos·te·ro, ra *adj.* coastal, coast ◇ *m.* **costero** *barco* coasting vessel, coaster.

cos·ti·lla *f.* 1 ANAT rib 2 CULIN cutlet.

cos·to *m.* cost, price.

cos·to·so, sa *adj.* 1 *caro* costly, expensive 2 *difícil* hard, difficult.

cos·tra *f.* 1 crust 2 MED scab.

cos·tum·bre *f.* 1 *hábito* habit 2 *tradición* custom **tener por costumbre + inf.** to be in the habit of + *ger.* **persona de buenas costumbres** respectable person.

cos·tu·ra *f.* 1 *cosido* sewing 2 *línea de puntadas* seam **alta costura** haute couture.

cos·tu·re·ra *f.* seamstress.

cos·tu·re·ro *m.* 1 *estuche* sewing basket, sewing kit 2 *mueble* workbox.

co·tan·gen·te *f.* cotangent.

co·te·jar *tr. gen.* to compare *textos* to collate, compare.

co·te·jo *m. gen.* comparison *textos* collation, comparison.

co·te·rrá·ne·o, a *adj.* compatriot, from the same country, from the same region ◇ *s. hombre* fellow countryman *mujer* fellow countrywoman.

co·ti·dia·na·men·te *adv.* daily, everyday.

co·ti·dia·no, na *adj.* daily, everyday.

co·ti·za·ción *f.* 1 FIN quotation, market price 2 *cuota* membership fee, subscription.

co·ti·zar *(see model 4)* ◇ *tr.* FIN to quote, price ◇ *intr. pagar cuota* to pay a subscription ◇ *prnl.* **cotizarse** 1 *acciones* to sell *(a,,at)* 2 *fig. valorarse* to be valued, be in demand.

co·to *m.* 1 *terreno* enclosure, reserve 2 *poste* boundary mark 3 *límite* restriction **poner coto a algo** to put a stop to something.

co·xis *m. inv.* coccyx.

co·yo·te *m.* coyote.

co·yun·tu·ra *f.* 1 ANAT joint, articulation 2 *fig. circunstancia* moment, juncture.

coz *f.* kick.

crá·ne·o *m.* cranium, skull.

cra·so, sa *adj.* 1 *gordo* fat, gross 2 *fig. error* gross, crass.

crá·ter *m.* crater.

cre·a·ción *f.* 1 *gen.* creation 2 *fundación* foundation, establishment, setting up.

cre·a·dor, ra *adj.* creative ◇ *s.* creator, maker.

cre·ar *tr. gen.* to create.

cre·a·ti·vi·dad *f.* creativity.

cre·a·ti·vo, va *adj.* creative.

cre·cer *(see model 43) intr.* to grow ◇ *prnl.* **crecerse** to grow in confidence.

cre·ci·do, da *adj.* 1 *persona* grown, grown-up 2 *cantidad* big, large.

cre·cien·te *adj. que crece* growing *que aumenta* increasing.

cre·ci·mien·to *m. desarrollo* growth, increase.

cre·den·cial *adj.* credential.

cre·di·bi·li·dad *f.* credibility.

cre·di·ti·cio, cia *adj.* credit.

cré·di·to *m.* 1 COMM credit 2 *confianza* credit, belief, credence 3 *fama* reputation, standing **crédito hipotecario** debt secured by a mortgage.

cre·do *m.* REL creed.

cre·er *(see model 61) tr.* 1 *dar por cierto* to believe 2 *suponer, opinar* to think, suppose 3 *tener fe* to believe ◇ *intr.* 1 *tener fe* to believe *creo en Dios* I believe in God ◇ *prnl.* **creerse** 1 *aceptar* to believe 2 *considerarse* to think **¡ya lo creo!** of course!

cre·í·ble *adj.* credible, believable.

cre·ma *f.* 1 *de leche, licor, ungüento* cream 2 *natillas* custard ◇ *adj.* cream, cream colored **crema bronceadora** suntan cream **crema catalana** type of crème brûlée **crema de afeitar** shaving cream.

cre·ma·ción *f.* cremation.

cre·ma·to·rio *m.* crematorium.

cre·pi·tan·te *adj.* crackling.

cre·pi·tar *intr.* to crackle.

cre·pus·cu·lar *adj.* twilight.

cre·pús·cu·lo *m.* twilight.

cre·sa *f.* maggot.

cres·po, pa *adj.* 1 *pelo* frizzy 2 *estilo* obscure.

cres·pón *m.* crepe.

cres·ta *f.* 1 *de ave* crest *de gallo* comb 2 *de pelo* toupée 3 *de montaña, ola* crest **dar a alguien en la cresta** *fam.* to deflate somebody, bring somebody down to earth.

cres·to·ma·tí·a *f.* chrestomathy, anthology.

cre·ti·no, na *adj.* stupid, cretinous ◇ *s.* cretin, idiot.

cre·yen·te *adj.* believing ◇ *com.* believer.

cria·de·ro *m. de plantas* nursery *de animales* breeding farm *de peces* hatchery.

cria·do, da *pp. de criar adj. animal* reared, raised *persona* bred, brought up ◇ *s.* servant.

crian·za *f.* 1 *de animales* breeding 2 *lactancia* nursing.

criar *(see model 13) tr.* 1 *educar niños* to bring up, rear, care for 2 *nutrir* to feed *(con, -)* *con pecho* to suckle, nurse, breast-feed ◇ *intr. engendrar* to give birth ◇ *prnl.* **criarse** *crecer* to grow *formarse* to be brought up.

cria·tu·ra *f.* 1 creature *niño* baby, child 3 *fig.* baby.

cri·ba *f.* 1 *tamiz* sieve 2 *fig. selección* screening **pasar por la criba** *fig.* to screen.

cri·men *m.* 1 *delito* crime 2 *asesinato* murder **crimen pasional** crime of passion.

cri·mi·nal *adj.* 1 criminal 2 *fam. muy malo* awful, criminal, appalling ◇ *com.* criminal **criminal de guerra** war criminal.

cri·mi·na·li·dad *f.* criminality **índice de criminalidad** crime rate.

crí·o, a *s. fam.* kid, child ◇ *adj. fam.* young.

crio·llo, lla *adj.* Creole ◇ *s. persona* Creole ◇ *m. idioma* Creole.

crip·ta *f.* crypt.

cri·sá·li·da *f.* chrysalis.

cri·sis *f. inv.* 1 *dificultad* crisis 2 *ataque* fit, attack **crisis de gobierno** cabinet crisis **crisis financiera** financial crisis **crisis nerviosa** nervous breakdown.

cris·par tr. 1 ANAT to contract, tense 2 fig. irritar to irritate, annoy, infuriate ◇ prnl. **crisparse** ANAT to contract, tense.

cris·tal m. 1 mineral crystal 2 vidrio glass 3 de ventana window pane, pane 4 de lente lens **vaso de cristal** drinking glass.

cris·ta·li·no, na adj. transparent, crystal-clear ◇ m. **cristalino** crystalline lens.

cris·ta·li·zar (see model 4) tr. to crystallize ◇ intr. to crystallize ◇ prnl. **cristalizarse** to crystallize.

cris·tian·dad f. Christendom.

cris·tia·nis·mo m. Christianity.

cris·tia·no, na adj. REL Christian ◇ s. REL Christian ◇ m. **cristiano** fam. person, soul **cualquier cristiano lo entendería** anybody would understand it.

Cris·to m. 1 REL Christ 2 crucifijo crucifix **antes de Cristo** before Christ **después de Cristo** anno Domini.

cri·te·rio m. 1 en lógica criterion 2 juicio judgement, discernment 3 opinión opinion, point of view.

crí·ti·ca f. 1 juicio, censura criticism 2 prensa review, write-up.

cri·ti·car (see model 1) tr. to criticize ◇ intr. murmurar to gossip.

cro·ar intr. to croak.

cro·can·te m. almond brittle.

cro·mar tr. to chrome.

cro·má·ti·co, ca adj. chromatic.

cro·mo m. metal chromium, chrome.

cro·mo·so·ma m. chromosome.

cró·ni·ca f. 1 gen. account, chronicle 2 en periódico article, column, feature.

cró·ni·co, ca adj. 1 chronic 2 fig. deeply rooted.

cro·nis·ta com. 1 HIST chronicler 2 de prensa columnist, feature writer.

cro·no·lo·gí·a f. chronology.

cro·nó·me·tro m. 1 chronometer 2 DEP stopwatch.

cro·quis m. inv. sketch, outline.

cru·ce m. 1 cross, crossing 2 AUTO crossroads.

cru·ce·rí·a f. ARQ ogives ◇ pl., ribs pl.

cru·ce·ro m. 1 buque cruiser 2 viaje cruise.

cru·cial adj. 1 crucial 2 fig. crucial, critical.

cru·ci·fi·ca·do, da pp. de crucificar adj. crucified.

cru·ci·fi·car (see model 1) tr. 1 to crucify 2 fam. fig. to torture.

cru·ci·fi·jo m. crucifix.

cru·ci·gra·ma m. crossword (puzzle).

cru·do, da adj. 1 sin cocer raw poco hecho underdone 2 fig. duro crude, coarse ◇ m. **crudo** petróleo crude oil, crude.

cruel adj. persona cruel (con/para, to).

cruel·dad f. 1 cruelty 2 dureza harshness, severity.

cruen·to, ta adj. bloody.

cru·ji·do m. 1 de puerta creak, creaking 2 de patatas fritas crunching 3 de dientes grinding.

cru·jir intr. 1 puerta to creak 2 patatas fritas to crunch 3 dientes to grind.

crus·tá·ce·o m. crustacean.

cruz f. 1 gen. cross 2 de moneda tails pl. ¿cara o cruz? heads or tails? **cruz gamada** swastika **Cruz Roja** Red Cross **la señal de la cruz** the sign of the cross.

cru·za·da f. 1 HIST crusade 2 campaña campaign.

cru·za·do, da pp. de cruzar adj. 1 gen. crossed 2 animal, planta crossbred 3 brazos folded ◇ m. **cruzado** HIST crusader.

cru·zar (see model 4) tr. 1 gen. to cross 2 poner atravesado to lay across **estar atravesado** to lie

across 3 en geometría to intersect 4 animales to cross ◇ prnl. **cruzarse** encontrarse to cross, pass each other **cruzar apuestas** to make bets **cruzar los brazos** to fold one's arms.

cua·der·no m. libreta notebook, journal escolar exercise book.

cua·dra·do, da pp. de cuadrar adj. 1 forma square 2 fam. persona broad, stocky ◇ m. **cuadrado** square **elevar al cuadrado** to square.

cua·dra·gé·si·mo, ma adj. fortieth ◇ s. fortieth.

cua·dran·gu·lar adj. quadrangular.

cua·dran·te m. 1 reloj sundial 2 instrumento quadrant.

cua·drar tr. 1 dar figura cuadrada to square, make square 2 geometría, matemáticas to square 3 COMM to balance ◇ intr. 1 coincidir to square, agree 2 COMM to tally, add up ◇ prnl. **cuadrarse** MIL to stand to attention.

cuá·dri·ceps m. inv. quadriceps.

cua·dri·cu·lar tr. to square, divide into squares ◇ adj. squared.

cua·dri·lá·te·ro, ra adj. quadrilateral, four-sided ◇ m. **cuadrilátero** boxeo ring.

cua·dri·pli·car (see model 1) tr. to quadruple ◇ intr. to quadruple.

cua·dro m. 1 cuadrado square 2 pintura painting, picture **cuadro clínico** clinical pattern **cuadro sinóptico** diagram, chart.

cua·drú·pe·do, da adj. quadruped ◇ m. **cuadrúpedo** quadruped.

cuá·dru·ple adj. quadruple, fourfold.

cua·jar tr. gen. to coagulate leche to curdle sangre to clot ◇ intr. nieve to lie ◇ prnl. **cuajarse** to coagulate leche to curdle sangre clot.

cual pron. 1 precedido de artículo - persona who, whom la gente a la cual preguntamos the people whom we asked 2 precedido de artículo - cosa which la ciudad en la cual nací the city where I was born 3 correlativo such as ◇ adv. as, like se enamoró cual si tuviese quince años he fell in love like a teenager **cada cual** everyone, everybody.

cuál pron. 1 interrogativo which, which one, what ¿cuáles son tus maletas? which suitcases are yours? 2 valor distributivo some tiene muchos libros, cuáles de historia, cuáles de arte he's got a lot of books, some on history, some on art 3 exclamativo how, what ¡cuál no sería mi asombro! imagine my amazement! ◇ adj. interrogativo which **a cuál más** equally cuál más, cuál menos some more than others, to a greater or lesser degree.

cua·li·dad f. 1 de persona quality, attribute 2 de cosa quality, property.

cua·li·fi·car (see model 1) tr. to qualify ◇ prnl. **cualificarse** to become qualified, complete one's training.

cua·li·ta·ti·vo, va adj. qualitative.

cual·quier adj. indefinido any **cualquier otro día** any other day.

cual·quie·ra adj. 1 indefinido any una página cualquiera any page 2 ordinario ordinary **no es una corbata cualquiera** it's not an ordinary tie pron. 1 persona indeterminada anybody, anyone cosa indeterminada any, any one 2 nadie nobody ◇ com. pey. nobody **ser un cualquiera** to be a nobody ◇ f. pey. prostitute hussy, floozy, tart.

cuan adv. as cayó cuan largo era he fell flat on the floor.

cuán adv. interrogativo how ¡cuán idiota! how stupid!

cuan·do *adv. tiempo* when *cuando tenía diez años* when he was ten conj. 1 *temporal* when, whenever *ven a verme cuando quieras* come and see me whenever you want 2 *condicional* if *cuando él lo dice* if he says so ◇ *prep.* during, at the time of *cuando la guerra* during the war *cuando más* at the most *cuando menos* at least *cuando mucho* at the most.

cuán·do *adv. interrogativo* when *¿cuándo es tu cumpleaños?* when is your birthday? ◇ *m.* when *no sé el cómo ni el cuándo* I don't know how or when *¿de cuándo acá?* since when?

cuán·to, ta *adj.* 1 *pregunta - singular* how much - *plural* how many *¿cuánto cuesta?* how much does it cost? *¿cuántos años tienes?* how old are you? 2 *exclamación* what a lot of, so many, so much *¡cuánta gente! ¡cuánto tiempo! pron. singular* how much *plural* how many *¿cuánto es?* how much is it? *¿cuánto pesas?* how much do you weigh? ◇ *adv.* how, how much *¡cuánto me alegro!* I'm so glad!

cuan·to, ta *adj. singular* as much as *plural* as many as *pron.* 1 *singular* everything, all 2 *plural* all who, everybody who *cuanto antes* as soon as possible *en cuanto a* with respect to, regarding, as for *unos cuantos* some, a few.

cua·ren·ta *adj. cardinal* forty *ordinal* fortieth ◇ *m. número* forty.

cua·ren·ta·vo, va *adj.* fortieth ◇ *s.* fortieth.

cua·ren·te·na *f.* 1 *exacto* forty *aproximado* about forty 2 MED quarantine **poner a alguien en cuarentena** MED to quarantine somebody, put somebody in quarantine.

cua·res·ma *f.* Lent.

cuar·ta *f.* 1 *palmo* span 2 *cuadrante* quadrant.

cuar·tel *m.* MIL barracks **no dar cuartel** *fig.* to show no mercy **cuartel general** headquarters *sing.* **lucha sin cuartel** merciless fight, fight to the end.

cuar·te·to *m.* quartet.

cuar·to *m.* 1 *parte* quarter *un cuarto de hora* a quarter of an hour 2 *de animal* quarter 3 *habitación* room **cuarto de baño** bathroom **cuarto menguante** last quarter.

cuar·to, ta *adj. ordinal* fourth *llegó cuarto* he arrived in fourth place, he came fourth ◇ *s.* fourth.

cua·tro *adj. cardinal* four *ordinal* fourth ◇ *m. número* four.

cua·tro·cien·tos, tas *adj.* four hundred ◇ *m. cuatrocientos número* four hundred.

cu·ba·no, na *adj.* Cuban ◇ *s.* Cuban.

cu·be·ta *f.* 1 *rectangular* tray, tank, dish 2 *cubo* bucket 3 *de barómetro* bulb.

cú·bi·co, ca *adj.* cubic *raíz cúbica* cube root.

cu·bí·cu·lo *m.* cubicle.

cu·bier·ta *f.* 1 *gen.* cover, covering 2 *de libro* cover.

cu·bier·to, ta *pp. de* cubrir *adj.* 1 *gen.* covered 2 *cielo* overcast ◇ *m.* **cubierto** 1 *techumbre* cover 2 *en la mesa* place setting 3 *menú* meal at a fixed price ◇ *mpl.* **cubiertos** cutlery.

cú·bi·to *m.* cubitus.

cu·bo¹ *m.* 1 *recipiente* bucket 2 *de rueda* hub **cubo de la basura** garbage can.

cu·bo² *m.* MAT cube **elevar al cubo** to cube.

cu·brir *pp.* cubierto *tr.* 1 *gen.* to cover 2 CULIN to coat (*de*, with) 3 *poner tejado* to put a roof on 4 *niebla, etc.* to shroud (*de*, in), cloak ◇ *prnl.* **cubrirse** 1 *abrigarse* to cover oneself 2 *la cabeza* to put one's hat on 3 *fig. protegerse* to protect oneself.

cu·ca·ra·cha *f.* cockroach.

cu·cha·ra *f.* spoon **meter cuchara** *fam.* to butt in **cuchara sopera** soup spoon.

cu·cha·ra·da *f.* spoonful **cucharada colmada** heaped spoonful **cucharada rasa** level spoonful.

cu·chi·che·ar *intr.* to whisper.

cu·chi·lla *f. hoja* blade **cuchilla de afeitar** razor blade.

cu·chi·llo *m.* 1 knife 2 ARQ support **pasar a alguien a cuchillo** to put somebody to the sword.

cu·cli·llas *loc. en cuclillas* crouching **ponerse en cuclillas** to crouch down.

cue·llo *m.* 1 ANAT neck 2 *de camisa, vestido, abrigo* collar *de jersey* neck **estar con el agua al cuello** *fig.* to be in a tight spot **estar metido hasta el cuello** *fam.* to be up to one's neck in it.

cuen·ca *f.* 1 *escudilla* wooden bowl 2 ANAT socket 3 GEOG basin.

cuen·ta *f.* 1 *bancaria* account 2 *factura* bill 3 *cálculo* count, counting **caer en la cuenta** to realize **en resumidas cuentas** in short **habida cuenta de** taking into account **más de la cuenta** too much, too many **cuenta de correo electrónico** e-mail account.

cuen·to *m.* 1 *relato* story, tale 2 LIT short story 3 *fam. chisme* gossip **dejarse de cuentos** *fam.* **ir al grano** to get to the point **venir a cuento** to be pertinent.

cuer·da *f.* 1 *cordel* rope, string 2 *instrumento* string, cord **cuerdas vocales** vocal chords.

cuer·do, da *adj.* 1 *persona* sane 2 *acción* prudent, sensible ◇ *s. persona* sane person, person in one's right mind.

cuer·no *m.* 1 *horn de ciervo* antlers *pl.* 2 *de antena* antlers *pl.* 3 MIL wing **¡vete al cuerno!** *fam.* get lost!

cue·ro *m.* 1 *de animal* skin, hide 2 *curtido* leather.

cuer·po *m.* 1 ANAT body 2 *constitución* build 3 *figura* figure *tronco* trunk **tener buen cuerpo** to have a good figure **cuerpo del delito** JUR evidence, corpus delicti.

cuer·vo *m. córvido en general* crow *específico* raven **cría cuervos y te sacarán los ojos** don't bite the hand that feeds you.

cues·ta *f. pendiente* slope **a cuestas** on one's back, on one's shoulders **cuesta abajo** downhill **cuesta arriba** uphill.

cues·tión *f.* 1 *pregunta* question 2 *asunto* business, matter, question.

cues·tio·na·ble *adj.* questionable.

cues·tio·nar *tr.* to question.

cues·tio·na·rio *m.* questionnaire.

cue·va *f.* cave **cueva de ladrones** *fig.* den of thieves.

cui·da·do *m.* 1 *atención* care, carefulness 2 *recelo* worry ◇ *interj.* 1 look out!, watch out! **"Cuidado con el perro"** "Beware of the dog" **con cuidado** carefully.

cui·da·dor, ra *s.* keeper.

cui·da·do·so, sa *adj.* 1 *atento* careful 2 *celoso* cautious.

cui·dar *tr.* to look after, take care of, care for ◇ *prnl.* **cuidarse** to take care of oneself, look after oneself **cuidar una herida** to dress a wound.

cu·le·bra *f.* snake.

cu·li·na·rio, ria *adj.* culinary, cooking.

cul·mi·na·ción *f.* culmination, climax.

cul·mi·nar *intr.* 1 to reach a peak 2 *fig. acabar* to finish, end.

cu·lo *m.* 1 *fam.* bottom, bum, ass 2 *fam. ano* ass **con el culo al aire** *fig.* in a fix, in a tight spot.

cul·pa f. 1 *culpabilidad* guilt, blame 2 *falta* fault **tener la culpa** to be to blame (*de*, for).

cul·pa·bi·li·dad f. guilt, culpabilility.

cul·pa·ble adj. guilty ◇ com. offender, culprit **declararse culpable** to plead guilty.

cul·par tr. 1 *gen.* to blame (*de*, for) 2 *de un delito* to accuse (*de*, of).

cul·tl·var tr. 1 to cultivate, farm 2 *ejercitar facultades* to work at, practice, improve.

cul·ti·vo m. 1 *acción* cultivation, farming 2 *cosecha* crop 3 BIOL culture.

cul·to, ta adj. 1 *persona* cultured, educated 2 *estilo* refined ◇ m. *culto* worship **rendir culto a** to pay homage to, worship.

cul·tu·ra f. culture.

cul·tu·ral adj. cultural.

cum·bre f. 1 *de montaña* summit, top 2 *fig.* culminación pinnacle.

cum·ple·a·ños m. inv. birthday.

cum·pli·do, da pp. de **cumplir** adj. 1 *completo* complete, full 2 *abundante* large, ample ◇ m. *cumplido* compliment **deshacerse en cumplidos** to be profuse in attentions.

cum·pli·mien·to m. *orden* carrying out, execution *deber, deseo* fulfillment.

cum·plir tr. 1 *orden* to carry out *deseo* to fulfill *deber* to do 2 *promesa* to keep ◇ intr. 1 *plazo* to expire, end 2 *deuda, pago* to fall due ◇ prnl. *cumplirse realizarse* to be fulfilled, come true.

cú·mu·lo m. *montón* load, pile, heap *cantidad* series, host, string.

cu·na f. 1 *cama* cradle 2 *linaje* birth, lineage, stock 3 *lugar de nacimiento* birthplace.

cun·dir intr. *extenderse* to spread **cundió el pánico** panic spread **cundió la voz de que...** rumor had it that...

cu·nei·for·me adj. cuneiform.

cu·ne·ta f. 1 *de carretera* verge 2 *zanja* ditch.

cu·ña f. 1 *pieza* wedge 2 *fig. influencia* influence **meter cuña** fig. to stir up trouble.

cu·ña·do, da s. *hombre* brother-in-law *mujer* sister-in-law.

cuo·ta f. 1 *pago* membership fee, dues pl. 2 *porción* quota, share.

cu·pi·do m. Cupid.

cu·po m. 1 *cuota* quota 2 MIL contingent.

cu·pón m. 1 *vale* coupon, voucher 2 COMM trading stamp.

cú·pu·la f. cupola, dome.

cu·ra m. REL priest ◇ f. 1 cure, healing 2 *tratamiento* treatment.

cu·ra·ble adj. curable.

cu·ra·ción f. 1 *gen.* cure 2 *de herida* healing 3 *recuperación* recovery.

cu·ran·de·ro, ra s. 1 *charlatán* quack 2 *curador* folk healer.

cu·rar tr. 1 *sanar* to cure 2 *herida* to dress *enfermedad* to treat ◇ intr. 1 *cuidar* to take care (*de*, of) 2 *recuperarse* to recover, get well ◇ prnl. *curarse recuperarse* to recover (*de*, from), get well.

cu·ra·ti·vo, va adj. curative.

cu·ra·to m. 1 *cargo* curacy 2 *parroquia* parish.

cu·ria f. REL curia.

cu·rio·sa·men·te adv. *con curiosidad* curiously, strangely.

cu·rio·se·ar intr. 1 *fisgar* to pry, nose around 2 *mirar* to look around ◇ tr. 1 *fisgar* to pry into.

cu·rio·si·dad f. 1 *gen.* curiosity 2 *aseo* cleanliness, tidiness **despertar la curiosidad de alguien** to arouse somebody's curiosity.

cu·rio·so, sa adj. 1 curious 2 *indiscreto* inquisitive ◇ s. 1 *mirón* onlooker 2 *pey. indiscreto* nosy parker, busybody.

cu·rrí·cu·lo m. curriculum, curriculum vitae.

cu·rrí·cu·lum m. curriculum, curriculum vitae.

cur·sar tr. 1 *estudiar* to study 2 *enviar* to send, dispatch.

cur·si·va f. *escritura* cursive *tipografía* italics pl.

cur·si·vo, va adj. cursive *letra cursiva* italics pl.

cur·so m. 1 *dirección* course, direction 2 EDUC *nivel* year, class *materia* course *escolar* school year 3 *río* flow, current.

cur·sor m. 1 INFO cursor 2 TÉC slide.

cur·ti·do, da pp. de **curtir** adj. 1 *por el sol* tanned, sunburnt 2 *cuero* tanned ◇ m. *curtido* operación tanning.

cur·ti·dor, ra s. tanner.

cur·tir tr. 1 *piel* to tan 2 *fig. acostumbrar* to harden, toughen ◇ prnl. *curtirse por el sol* to get tanned.

cur·va f. 1 *gen.* curve 2 *de carretera* bend 3 *gráfico* curve, graph ◇ fpl. *curvas fam. cuerpo de mujer* curves, curvy figure.

cur·va·tu·ra f. curvature.

cur·vi·lí·ne·o, a adj. curvilinear, curvilineal.

cur·vo, va adj. curved, bent.

cús·pi·de f. 1 *cumbre* summit, peak 2 *en geometría* apex.

cus·to·dia f. 1 custody, care 2 REL monstrance.

cus·to·diar *(see model 12)* tr. 1 *proteger* to keep, take care of 2 *vigilar* to guard, watch over.

cus·to·dio m. custodian, guard, keeper.

cú·ter m. 1 *barco* cutter 2 *cuchillo* cutter.

cu·tí·cu·la f. cuticle.

cu·tis m. inv. skin, complexion.

cu·yo, ya pron. 1 *personas* whose, of whom *el hombre cuya casa vimos* the man whose house we saw 2 *cosas* whose, of which *a cuyo efecto* to which end.

C

D, d *f. la letra* D, d.

da·ble *adj.* feasible, possible.

dac·ti·lar *adj.* digital **huellas dactilares** fingerprints.

dac·ti·lo·gra·fi·a *f.* typing, typewriting.

dac·ti·ló·gra·fo, fa *s.* typist.

da·da·is·mo *m.* Dadaism.

dá·di·va *f.* 1 *regalo* gift, present 2 *donación* donation.

da·di·vo·so, sa *adj.* generous.

da·do¹ *m.* 1 *para jugar* die 2 TÉC block 3 ARQ dado **echar los dados** to throw the dice.

da·do, da² *pp. de dar adj.* 1 given 2 *en vista de* in view of **dado que** since, as, given that.

da·dor, ra *s.* 1 *que da* giver 2 *una carta* bearer 3 COMM drawer.

da·ga *f.* dagger.

da·gue·rro·ti·po *m.* 1 *arte* daguerrotypy 2 *aparato, retrato* daguerreotype.

da·lia *f.* dahlia.

dál·ma·ta *adj.* Dalmatian ◇ *m.* Dalmatian.

dal·to·nia·no, na *adj.* color-blind, daltonic ◇ *s.* person who is color-blind.

dal·tó·ni·co, ca *adj.* color-blind, daltonic.

dal·to·nis·mo *m.* color blindness, daltonism.

da·ma *f.* 1 *señora* lady 2 *en el juego de damas* king *en ajedrez* queen **dama de honor** *de novia* bridesmaid *de reina* lady-in-waiting **primera dama** *actriz* leading lady.

da·mas·co *m.* 1 *tejido* damask 2 *árbol, fruto* damson.

da·mas·qui·na *f.* French marigold.

da·mas·qui·na·do, da *adj.* damascene.

da·mi·se·la *f. irón.* young lady, damsel.

dam·ni·fi·ca·do, da *pp. de damnificar adj.* 1 *persona* injured, harmed 2 *cosa* damaged. ◇ *s.* victim.

dam·ni·fi·car *(see model 1) tr.* 1 *a una persona* to injure, harm 2 *cosa* to damage.

dan·di *m.* dandy.

da·nés, ne·sa *adj.* Danish ◇ *s. persona* Dane ◇ *m.* **danés** *idioma* Danish.

dan·tes·co, ca *adj.* Dantesque.

dan·za *f. baile* dance.

dan·zan·te *adj.* dancing *com.* 1 dancer 2 *fam. fig. intrigante* busybody, meddler.

dan·zar *(see model 4) tr. bailar* to dance ◇ *intr. bailar* to dance (**con**, with).

dan·za·rín, ri·na *s.* dancer.

da·ña·do, da *pp. de dañar adj.* damaged, spoiled.

da·ñar *tr.* 1 *causar dolor* to hurt, harm 2 *estropear* to damage, spoil 3 *fig.* to damage, stain. ◇ *prnl.* **dañarse** *estropearse* to get damaged, spoil *alimentos* to go bad, go off.

da·ñi·no, na *adj.* harmful (**para**, to), damaging (**para**, to).

da·ño *m. a persona* harm, injury *a cosa* damage *perjuicio* wrong **hacer daño** *doler* to hurt **hacerse daño** to hurt oneself.

dar *(see model 68) tr.* 1 *gen.* to give 2 *poner en las manos, entregar* to deliver, hand over 3 *proporcionar, ofrecer, procurar algo* no *material a una persona - noticia* to tell, announce, report ◇ *intr.* 1 *pegar, golpear* to hit 2 *en naipes* to deal ◇ *prnl.* **darse** 1 *entregarse* to give in, surrender 2 *suceder, existir* to happen, occur *se da el caso que... the thing is that...* ◇ ¡**dale**! *fam.* 1 *seguir* go on! 2 *venga* come on! **dar a entender que...** to give to understand that..., imply that..., **dar a luz** to give birth (*a*, to).

dar·do *m.* 1 *arma* dart, arrow 2 *fig. dicho* cutting remark, caustic remark.

dár·se·na *f.* dock, basin.

dar·vi·nis·mo *m.* Darwinism.

da·ta *f.* 1 *fecha* date 2 COMM item.

da·tar *tr.* 1 *poner la data* to date, put a date on 2 COMM to credit, enter ◇ *intr. tener origen* to date (**de**, from), date back (**de**, to).

dá·til *m.* 1 date 2 *fam. dedo* finger **dátil de mar** date shell.

da·to *m. información* fact, piece of information, datum **datos personales** personal details.

dB *sím.* **decibelio** decibel *símbolo* dB.

d.C. *abr. después de Cristo* Anno Domini *abreviatura* AD.

de¹ *f. name of the letter d.*

de² *prep.* 1 *posesión, pertenencia* of **el libro de Juan** Juan's book 2 *procedencia, origen* from **soy de Córdoba** I'm from Córdoba 3 *descripción* with **el señor del abrigo azul** the man in the blue coat 4 *tema* of, on, about **hablaron del tiempo** they talked about the weather.

de·am·bu·lar *intr.* to saunter, stroll.

de·am·bu·la·to·rio *m.* ambulatory.

de·ba·cle *f.* disaster, downfall.

de·ba·jo *adv. below*, underneath **el libro verde está debajo** the green book is underneath **debajo de** under, below, underneath **por debajo** underneath **por debajo de** below, under.

de·ba·te *m.* debate, discussion.

de·ba·tir *tr.* to debate, discuss ◇ *prnl.* **debatirse** forcejear to struggle.

de·ber *tr.* 1 *estar obligado a algo* to owe 2 *dinero, cosa* to owe *aux.* 1 *obligación presente* must, have to, have got to **debo ir a comprar** I must go shopping 2 *obligación pasada* should, ought to 3 *obligación futura* must, have to, have got to 4 *deber de probabilidad* must *negativa* can't **deben de ser las seis** it must be six o'clock ◇ *prnl.* **deberse** *ser consecuencia* to be due (*a*, to) 2 *tener una obligación* to have a duty (*a*, to) ◇ *m.* **deber** *obligación* duty, obligation **cumplir con su deber** to do one's duty.

de·bi·do, da *pp. de deber adj.* 1 *merecido* due 2 *conveniente* right 3 *adecuado* proper, necessary **debido a** due to, owing to, because of.

dé·bil *adj.* 1 *persona* weak, feeble 2 *ruido* faint *luz* dim, feeble 3 LING weak ◇ *com.* weak person **débil mental** mentally retarded person.

de·bi·li·dad *f.* 1 *de una persona* weakness, feebleness *de un sonido* faintness 2 *fig.* weakness **tener debilidad por** 1 *algo* to have a weakness for 2 *alguien* to have a soft spot for.

de·bi·li·ta·mien·to *m.* weakening.

de·bi·li·tan·te *adj.* debilitating.

de·bi·li·tar *tr.* to weaken, debilitate ◇ *prnl.* **debilitarse** to weaken, get weak, become weak.

de·bi·lu·cho, cha *adj. pey.* weak, frail, delicate ◇ *s.* weakling.

dé·bi·to *m.* 1 *deuda* debt 2 *debe* debit.

de·but *m.* debut.

de·bu·tan·te *com. actor* first-time actor *actriz* first-time actress *f. en sociedad* debutante.

de·bu·tar *intr.* to make one's debut, make one's début.

dé·ca·da *f.* decade.

de·ca·den·cia *f.* decadence, decline, decay **estar en (franca) decadencia** to be in (full) decline.

de·ca·den·te *adj.* decadent ⬦ *com.* decadent.

de·ca·e·dro *m.* decahedron.

de·ca·er *(see model 67) intr. perder fuerzas* to weaken *entusiasmo, interés* to flag *salud* to go down, deteriorate, decay *belleza, etc.* to lose.

de·cá·go·no *m.* decagon.

de·ca·í·do, da *pp. de* decaer *adj.* 1 *débil* weak 2 *triste* sad, depressed, low.

de·cai·mien·to *m.* 1 *debilidad* weakness, weakening 2 *tristeza* sadness.

de·cal·ci·fi·car *tr.* descalcificar.

de·ca·li·tro *m.* decaliter.

de·cá·lo·go *m.* Decalogue.

de·ca·me·tro *m.* decameter.

de·ca·no, na *s.* 1 *cargo* dean 2 *miembro más antiguo* senior member *hombre* doyen *mujer* doyenne.

de·can·ta·ción *f.* decanting.

de·can·tar¹ *tr. verter* to decant, pour off.

de·can·tar² *tr. alabar* to praise, laud ⬦ *prnl. decantarse preferir* to prefer (*hacia/por*, -).

de·ca·pi·ta·ción *f.* beheading, decapitation.

de·ca·pi·tar *tr.* to behead, decapitate.

de·cá·po·do *m.* decapod.

de·ca·sí·la·bo, ba *adj.* decasyllabic ⬦ *m.* **decasílabo** decasyllable.

de·ca·tlón *m.* decathlon.

de·ce·na *f.* 1 *exacto* ten 2 *aproximado* about ten **por decenas** in tens.

de·cen·cia *f.* 1 *decoro* decency, propriety 2 *honestidad* honesty **con decencia** decently.

de·ce·nio *m.* decade.

de·cen·te *adj.* 1 *decoroso* decent, proper 2 *honesto* honest, upright *respetable* decent, respectable 3 *limpio* tidy, clean 4 *adecuado* suitable, right.

de·cep·ción *f.* disappointment, disenchantment.

de·cep·cio·na·do, da *pp. de* decepcionar *adj.* disappointed.

de·cep·cio·nan·te *adj.* disappointing.

de·cep·cio·nar *tr.* to disappoint, let down.

de·ce·so *m.* decease.

de·cha·do *m.* model, example.

de·ci·bel *m.* decibel.

de·ci·di·da·men·te *adv.* 1 *con determinación* resolutely, with determination 2 *definitivamente* definitely.

de·ci·di·do, da *pp. de* decidir *adj.* determined, resolute.

de·ci·dir *tr.* 1 *gen.* tó decide *asunto* to settle 2 *convencer* to persuade, convince 3 *resolver* to resolve, decide ⬦ *intr.* to decide, choose ⬦ *prnl. decidirse* to make up one's mind **decidirse por** to decide on.

de·ci·gra·mo *m.* decigram, decigramme.

de·ci·li·tro *m.* deciliter.

dé·ci·ma *f.* LIT stanza of ten octosyllabic lines.

de·ci·mal *adj.* decimal ⬦ *m.* decimal.

de·ci·me·tro *m.* decimeter.

dé·ci·mo, ma *adj.* tenth ⬦ *s.* tenth ⬦ *m. décimo* tenth part of a lottery ticket.

de·ci·moc·ta·vo, va *adj.* eighteenth ⬦ *s.* eighteenth.

de·ci·mo·cuar·to, ta *adj.* fourteenth ⬦ *s.* fourteenth.

de·ci·mo·nó·ni·co, ca *adj.* nineteenth-century.

de·ci·mo·quin·to, ta *adj.* fifteenth ⬦ *s.* fifteenth.

de·ci·mo·sép·ti·mo, ma *adj.* seventeenth ⬦ *s.* seventeenth.

de·ci·mo·sex·to, ta *adj.* sixteenth ⬦ *s.* sixteenth.

de·ci·mo·ter·ce·ro, ra *adj.* thirteenth ⬦ *s.* thirteenth.

de·cir *(see model 69) tr. gen.* to say 2 *contar, revelar* to tell 3 *nombrar, llamar* to call 4 *opinar* to have to say 5 *denotar* to tell, show 6 *sugerir* to mean 7 *recitar* to recite 8 *un texto* to read, say ⬦ *prnl. decirse reflexionar* to say to oneself 2 *llamarse* to say ⬦ *m.* **decir** saying **¿cómo diría yo?** how shall I put it? **como quien dice** so to speak, as it were **digamos que...** 1 let's say that...

de·ci·sión *f.* 1 *resolución* decision 2 *determinación* determination, resolution.

de·ci·si·vo, va *adj.* 1 *importante* decisive 2 *concluyente* decisive, final.

de·cla·ma·ción *f.* 1 *acción* recitation 2 *arte* declamation.

de·cla·mar *intr.* to declaim, recite ⬦ *tr.* to declaim, recite.

de·cla·ra·ción *f. gen.* declaration **prestar declaración** JUR to give evidence.

de·cla·ra·do, da *adj.* open, professed.

de·cla·ran·te *adj.* 1 declaring, who declares 2 JUR who gives evidence ⬦ *s.* 1 declarer, declarant 2 JUR witness.

de·cla·rar *tr. gen.* to declare *manifestar* to state 2 JUR to find 3 *en bridge* to bid, declare ⬦ *intr.* 1 to declare 2 JUR to testify ⬦ *prnl. declararse amor* to declare one's love (*a*, for) **declarar la guerra a un país** to declare war on a country **declararse a favor de** to declare oneself in favour of.

de·cla·ra·ti·vo, va *adj.* declarative.

de·cli·na·ble *adj.* declinable.

de·cli·na·ción *f.* 1 *gramatical* declension 2 *astronómica* declination.

de·cli·nar *intr.* 1 *brújula* to decline 2 *disminuir* to decline, come down 3 *acercarse al fin* to end, draw to an end *tr.* 1 *rechazar* to decline, refuse 2 GRAM to decline.

de·cli·ve *m.* 1 *inclinación* slope, incline 2 *fig. decadencia* decline **en declive** *fig.* on the decline.

de·co·di·fi·ca·ción *f.* decoding.

de·co·di·fi·ca·dor *m.* decoder.

de·co·di·fi·car *tr.* to decode.

de·co·lo·ra·ción *f. pérdida del color* fading, discoloring, discoloration *blanqueo* bleaching.

de·co·lo·ran·te *adj.* bleaching agent.

de·co·lo·rar *tr.* 1 *perder el color* to discolor 2 *blanquear* to bleach ⬦ *prnl. decolorarse* 1 *perder el color* to fade, become discolored 2 *blanquearse* to be bleached.

de·co·mi·sar *tr.* to confiscate, seize.

de·co·mi·so *m.* 1 *acción* confiscation, seizure 2 *lo confiscado* confiscated article, confiscated goods *pl.*

de·co·ra·ción *f.* 1 *gen.* decoration 2 TEAT scenery, set.

de·co·ra·do *m.* 1 *efecto* decoration 2 TEAT scenery, set.

de·co·ra·dor, ra *adj.* decorating ⬦ *s.* 1 decorator 2 TEAT set designer.

de·co·rar *tr. gen.* to decorate, adorn, embellish *una casa* to decorate.

de·co·ra·ti·vo, va adj. decorative, ornamental **ser una figura decorativa** fam. to be mere decoration.

de·co·ro m. **1** honor decorum *respeto* respect **2** *pudor* modesty, decency ◇ adj. decent/indecent ◇ adv. decently/indecently **vivir con decoro** to live decently.

de·co·ro·sa·men·te adv. **1** *como se debe* with decorum **2** *con dignidad* with dignity **3** *con decencia* decently.

de·co·ro·so, sa adj. **1** *apropiado* decorous, proper **2** *digno* decent, respectable **3** *respetable* respectable, honorable.

de·cre·cer *(see model 43)* intr. gen. to decrease, diminish *aguas* to subside, go down *días* to get shorter, draw in *interés* to decline.

de·cre·cien·te adj. decreasing, diminishing.

de·cre·ci·mien·to m. decrease, drop.

de·cre·pi·tar intr. to crackle.

de·cré·pi·to, ta adj. decrepit.

de·cre·pi·tud f. decrepitude.

de·cre·tar tr. **1** *con decreto* to decree **2** *ordenar* to ordain, order.

de·cre·to m. decree, order **decreto ley** decree.

de·cú·bi·to m. position **decúbito prono/supino** prone/supine position.

dé·cu·plo, pla adj. tenfold ◇ m. *décuplo* ten times.

de·cur·so m. course.

de·dal m. thimble.

de·da·le·ra f. foxglove.

dé·da·lo m. labyrinth.

de·di·ca·ción f. **1** dedication, devotion **2** REL dedication, consecration **de dedicación exclusiva** full-time.

de·di·ca·do, da pp. de dedicar adj. **1** dedicated **2** *foto, etc.* signed.

de·di·car *(see model 1)* tr. **1** *una dedicatoria* to dedicate, inscribe **2** *tiempo, dinero* to devote (*a*, to) **3** *palabras* to address ◇ prnl. **dedicarse** to devote oneself (*a*, to), dedicate oneself (*a*, to).

de·di·ca·to·ria f. dedication, inscription.

de·do m. **1** *de la mano* finger *del pie* toe **2** *medida* finger, digit. **chuparse el dedo** *un niño* to suck one's thumb **dedo anular** ring finger, third finger, **dedo gordo** *de la mano* thumb **2** *del pie* big toe **dedo índice** forefinger, index finger **dedo meñique** little finger **dedo pulgar** thumb **yema del dedo** fingertip.

de·duc·ción f. deduction.

de·du·ci·ble adj. **1** deducible, inferable **2** COMM deductible.

de·du·cir *(see model 46)* tr. **1** to deduce, infer **2** *dinero* to deduct, subtract ◇ prnl. **deducirse** to follow **de aquí se deduce que...** from this it follows that...

de·duc·ti·vo, va adj. deductive.

de·fe·car *(see model 1)* intr. to defecate.

de·fec·ción f. defection, desertion.

de·fec·ti·vo, va adj. defective.

de·fec·to m. **1** gen. defect, fault *de una joya* imperfection, flaw **2** *de persona* moral fault, shortcoming *física* handicap **por defecto** INFO default **defecto de fábrica** manufacturing fault.

de·fec·tuo·so, sa adj. defective, faulty.

de·fen·der *(see model 28)* tr. **1** gen. to defend (*contra/de*, against) **2** *mantener una opinión, afirmación* to defend, uphold *respaldar a alguien* to stand up for, support **3** *proteger* to protect (*contra/de*, against/from) ◇ prnl. **defenderse** *espabilarse* to manage, get by, get along **defender una causa** JUR to argue a case.

de·fen·di·ble adj. **1** *que se puede defender* defensible **2** *que se puede justificar* justifiable.

de·fen·di·do, da pp. de defender adj. JUR defendant ◇ s. JUR defendant.

de·fe·nes·tra·ción f. defenestration.

de·fe·nes·trar tr. to throw out the window.

de·fen·sa f. defense ◇ com. DEP *jugador* back, defender *conjunto de jugadores* defense, defenders **en defensa propia** in self-defense, **en legítima defensa** in self-defense.

de·fen·si·va f. defensive.

de·fen·si·vo, va adj. defensive.

de·fen·sor, ra adj. defending ◇ s. **1** defender **2** JUR counsel for the defense.

de·fe·ren·cia f. deference **en/por deferencia a** in deference to.

de·fe·rir *(see model 35)* intr. to defer (*a*, to) ◇ tr. JUR to delegate (*a*, to), transfer (*a*, to).

de·fi·cien·cia f. **1** *defecto* deficiency, defect, shortcoming **2** *insuficiencia* lack **deficiencia mental** mental deficiency.

de·fi·cien·te adj. *defectuoso* deficient, faulty **2** *insuficiente* lacking, insufficient ◇ com. mentally retarded person **deficiente mental** mentally retarded person.

dé·fi·cit m. inv. **1** COMM deficit **2** fig. shortage.

de·fi·ci·ta·rio, ria adj. showing a deficit **balance deficitario** balance showing a deficit.

de·fi·ni·ción f. definition **por definición** by definition.

de·fi·ni·do, da pp. de definir adj. defined, definite.

de·fi·nir tr. to define ◇ prnl. **definirse** **1** to be defined **2** *explicarse* to make oneself clear, define one's position.

de·fi·ni·ti·va·men·te adv. *para siempre* for good, once and for all **2** *finalmente* finally.

de·fi·ni·ti·vo, va adj. definitive, final **en definitiva** finally, in short, all in all.

de·fla·ción f. deflation.

de·fla·cio·na·rio, rio adj. deflationary.

de·fla·gra·ción f. deflagration.

de·fo·lian·te adj. defoliant ◇ m. defoliant.

de·fo·liar tr. to defoliate.

de·fo·res·ta·ción f. deforestation.

de·fo·res·tar tr. to deforest.

de·for·ma·ción f. deformation, distortion.

de·for·ma·do, da pp. de deformar adj. **deforme**.

de·for·mar tr. gen. to deform, put out of shape *cara* to disfigure *realidad, imagen, etc.* to distort ◇ prnl. **deformarse** to become distorted, go out of shape.

de·for·me adj. *persona* deformed *cosa* misshapen, out of shape *imagen, cara* distorted.

de·for·mi·dad f. **1** deformity, malformation **2** fig. fault, shortcoming.

de·frau·da·ción f. **1** *estafa* fraud, cheating **2** *decepción* disappointment **defraudación fiscal** tax evasion.

de·frau·da·do, da pp. de defraudar adj. decepcionado disappointed.

de·frau·da·dor, ra adj. **1** *decepcionante* disappointing **2** *engañoso* deceiving, cheating ◇ s. person who commits fraud **defraudador fiscal** tax evader.

de·frau·dar tr. **1** *estafar* to defraud, cheat **2** *decepcionar* to disappoint, deceive **3** fig. *frustrar* to betray.

de·fun·ción f. death, decease.

de·ge·ne·ra·ción f. degeneration.

de·ge·ne·ra·do, da pp. de degenerar adj. degenerate s. degenerate.

de·ge·ne·rar *intr.* to degenerate.

de·ge·ne·ra·ti·vo, va *adj.* degenerative.

de·glu·ción *f.* swallow, swallowing.

de·glu·tir *tr.* to swallow ◇ *intr.* to swallow.

de·go·lla·ción *f.* 1 *degüello* throat cutting 2 *decapitación* beheading, decapitation 3 *matanza* slaughter, massacre.

de·go·lla·du·ra *f.* cut in the throat.

de·go·llar *(see model 58) tr.* 1 *cortar la garganta* to slit the throat of 2 *decapitar* to behead, decapitate 3 *fig. arruinar* to ruin, spoil.

de·gra·da·ción *f.* 1 degradation, debasement 2 MIL demotion 3 ART gradation.

de·gra·dan·te *adj.* degrading, humiliating.

de·gra·dar *tr.* 1 to degrade, debase 2 MIL to demote ◇ *prnl.* **degradarse** to demean oneself, degrade oneself.

de·güe·llo *m.* 1 *degolladura* throat cutting 2 *decapitación* beheading, decapitation.

de·gus·ta·ción *f.* tasting.

de·gus·tar *tr.* to taste, sample, try.

de·he·sa *f.* pasture, meadow.

dei·dad *f.* deity, divinity.

dei·fi·ca·ción *f.* deification.

dei·fi·car *(see model 1) tr.* 1 to deify 2 *fig.* to glorify.

de·ís·mo *m.* deism.

de·ís·ta *adj.* deistic ◇ *com.* deist.

de·ja·do, da *pp. de dejar adj.* 1 *descuidado* untidy, slovenly. 2 *negligente* negligent.

de·jar *tr.* 1 *colocar* to leave, put 2 *abandonar persona, lugar* to leave *hábito, cosa, actividad* to give up 3 *permitir* to allow, let ◇ *aux.* 1 *dejar de* + *inf. cesar voluntariamente* to stop + *ger,* give up + *ger involuntariamente* to stop + *ger dejó de fumar* he gave up smoking 2 *no dejar de* + *inf.* not to fail *to* + *inf. no deja de sorprenderme* she never fails to surprise me 3 *dejar* + *pp. lo dejó escrito en su agenda* he wrote it down in his diary ◇ *prnl.* **dejarse** *abandonarse* to neglect oneself, let oneself go 2 *olvidar* to forget, leave behind ◇ *prnl. dejarse de cesar* to stop *dejar en paz* to leave alone *dejar plantado a alguien* to stand somebody up.

del *contr.* 1 *de* + *el.*

de·la·ción *f.* denunciation, accusation.

de·lan·tal *m.* apron, pinafore.

de·lan·te *adv.* 1 *enfrente* in front *adelantado* in front, ahead *él iba delante* he was ahead 2 *de delante* in front 3 *delante de* in front of, ahead of, before *delante de mis ojos* before my eyes 4 *por delante* in front, ahead.

de·lan·te·ra *f.* 1 *frente* front (part) 2 DEP forward line, forwards *pl.* 3 *ventaja* lead, advantage.

de·lan·te·ro, ra *adj.* front, front part 2 MAR fore ◇ *m. delantero* DEP forward *delantero centro* center forward.

de·la·tar *tr.* 1 to inform on. 2 *revelar* to give away, reveal ◇ *prnl.* **delatarse** to give oneself away.

de·la·tor, ra *adj.* 1 accusing, denouncing 2 *reveladora* which gives away ◇ *s.* accuser, denouncer.

de·lec·ta·ción *f.* delight, delectation.

de·le·ga·ción *f.* 1 *gen.* delegation 2 *cargo* office 3 *oficina* branch, local office.

de·le·ga·do, da *pp. de delegar adj.* delegated ◇ *s.* 1 delegate 2 COMM representative.

de·le·gar *(see model 7) tr.* to delegate.

de·lei·tar *tr.* 1 to delight, please ◇ *prnl* **deleitarse** to delight (*con/en*), take delight (*con/en*).

de·lei·te *m.* pleasure, delight.

de·le·té·re·o, a *adj.* poisonous, deadly.

de·le·tre·ar *tr.* 1 to spell, spell out 2 *fig. descifrar* to decipher.

de·lez·na·ble *adj.* 1 *que se rompe fácilmente* fragile, crumbly 2 *resbaladizo* slippery 3 *fig. inconsistente* weak 4 *fig. despreciable* despicable, contemptible.

del·fín *m. animal* dolphin.

del·ga·do, da *adj.* 1 *poco ancho* thin 2 *esbelto* slim, slender 3 *flaco* thin 4 *fig. voz* soft **ponerse delgado** to slim, get thin.

de·li·be·ra·ción *f.* deliberation.

de·li·be·ra·da·men·te *adv.* deliberately.

de·li·be·ra·do, da *pp. de deliberar adj.* deliberate, intentional.

de·li·be·rar *tr.* to decide ◇ *intr.* to deliberate (*sobre,* on).

de·li·be·ra·ti·vo, va *adj.* deliberative.

de·li·ca·da·men·te *adv.* delicately.

de·li·ca·de·za *f.* 1 *finura* delicacy, daintiness 2 *tacto* thoughtfulness *refinamiento* refinement 3 *de salud* frailty, delicacy.

de·li·ca·do, da *adj.* 1 *fino* delicate *exquisito* exquisite *refinado* refined 2 *difícil* delicate, difficult.

de·li·cia *f.* delight, pleasure.

de·li·cio·so, sa *adj.* delightful, charming *una comida* delicious.

de·lic·ti·vo, va *adj.* criminal, punishable **hecho delíctivo** crime.

de·li·mi·tar *tr.* 1 *terreno* to delimit, mark off 2 *definir* to define, specify.

de·lin·cuen·cia *f.* delinquency.

de·lin·cuen·te *adj.* delinquent ◇ *com.* delinquent **delincuente habitual** offender **delincuente sin antecedentes penales** first offender.

de·li·ne·ar *tr.* to delineate, outline, sketch.

de·lin·quir *(see model 9) intr.* to break the law, commit an offense.

de·li·ran·te *adj.* delirious, frenzied.

de·li·rar *intr.* 1 to be delirious 2 *fig. decir despropósitos* to talk nonsense.

de·li·rio *m.* 1 *desvarío* delirium 2 *fig. disparate* nonsense **con delirio** madly **tener delirio por algo** to be crazy about something **delirios de grandeza** delusions of grandeur.

de·li·to *m.* offense, crime **el cuerpo del delito** the corpus delicti **delito común** common offence.

del·toi·des *adj. inv.* deltoid ◇ *m.* deltoid.

de·ma·cra·do, da *pp. de demacrar adj. gen.* emaciated *cara* haggard, drawn.

de·ma·go·gia *f.* demagoguery, demagogy.

de·ma·gó·gi·co, ca *adj.* demagogic, demagogical.

de·man·da *f.* 1 *petición* petition, request 2 *pregunta* inquiry COMM *pedido de mercancías* demand 4 JUR lawsuit.

de·man·da·do, da *pp. de demandar s.* defendant **parte demandada** defendant.

de·man·dan·te *com.* JUR plaintiff ◇ *adj.* pleading, begging **parte demandante** plaintiff **demandante de empleo** job hunter.

de·man·dar *tr.* 1 *pedir* to request, ask for *desear* to desire 2 JUR to sue.

de·mar·ca·ción *f.* 1 *separación* demarcation 2 *territorio* district, zone.

de·mar·car *(see model 1) tr.* to demarcate.

de·más *adj.* other, rest of ◇ *pron.* the other, the rest *los demás llegaron tarde* the others arrived late ◇ *adv.* besides, moreover **por demás** *inútil* in vain, useless **todo lo demás** everything else.

de·ma·sí·a *f.* 1 *exceso* excess, surplus 2 *abuso* abuse, outrage 3 *descaro* insolence, impudence **en demasía** excessively, in excess.

D

de·ma·sia·do, da *adj. singular* too much *plural* too many ◇ *adv. modificador de adjetivo* too *modificador de verbo* too much.

de·men·cia *f.* **1** insanity, madness, dementia **2** *fig. disparate* silly thing **demencia senil** senile dementia.

de·men·cial *adj.* chaotic.

de·men·te *adj.* mad, insane ◇ *com.* **1** *persona enferma* mental patient **2** *loco, chalado* lunatic.

de·mo·cra·cia *f.* democracy.

de·mó·cra·ta *adj.* democratic ◇ *com.* democrat.

de·mo·crá·ti·co, ca *adj.* democratic.

de·mo·cra·ti·za·ción *f.* democratization.

de·mo·cra·ti·zar *(see model 4) tr.* to democratize ◇ *prnl.* **democratizarse** to democratize.

de·mo·gra·fí·a *f.* demography.

de·mo·grá·fi·co, ca *adj.* demographic.

de·mo·le·dor, ra *adj.* **1** demolishing **2** *fig.* devastating.

de·mo·ler *(see model 32) tr.* **1** to demolish, pull down, tear down **2** *fig.* to demolish, tear to pieces.

de·mo·li·ción *f.* demolition.

de·mo·nia·co, ca *adj.* demoniacal, demonic, possessed by the devil.

de·mo·nio *m.* demon, devil. ¿**cómo/dónde/quién/ qué demonios…?** *fam.* how/where/who/what the hell…? ¿**qué demonios haces aquí?** *fam.* what the hell are you doing here? ¡**demonios!** *fam.* hell!, damn!

de·mo·ra *f.* delay **sin demora** without delay.

de·mo·rar *tr. retrasar* to delay, hold up ◇ *intr. detenerse* to stop ◇ *prnl.* **demorarse** **1** *retrasarse* to be delayed, be held up **2** *detenerse en alguna parte* to stop, linger.

de·mos·tra·ble *adj.* demonstrable.

de·mos·tra·ción *f.* **1** *gen.* demonstration **2** *manifestación* show, display **3** MAT proof.

de·mos·tra·dor, ra *s.* demonstrator.

de·mos·trar *(see model 31) tr.* **1** *probar* to prove, show **2** *hacer una demostración* to demonstrate, show.

de·mos·tra·ti·vo, va *adj.* demonstrative ◇ *m.* demonstrative.

de·mu·da·do, da *pp. de* demudar *adj.* **1** *pálido* pale **2** *alterado* changed, distorted.

de·mu·dar *tr. gen.* to change, alter *el susto le demudó el color de la cara* her face turned pale with fright ◇ *prnl.* **demudarse** **1** *palidecer* to turn pale **2** *alterarse* to change one's expression.

den·dri·ta *f.* dendrite.

de·ne·ga·ción *f. rechazo* refusal *negación* denial **denegación de demanda** JUR dismissal.

de·ne·gar *(see model 7) tr. desestimar* to refuse *negar* to deny **denegar una demanda** JUR to dismiss a claim.

den·gue *m.* **1** *melindre* affectation, fussiness **2** *enfermedad* dengue fever **hacer dengues** to be fussy, be finicky.

de·ni·gra·ción *f.* denigration, disparagement.

de·ni·gran·te *adj.* denigrating, disparaging.

de·ni·grar *tr.* **1** to denigrate, disparage, run down **2** *insultar* to insult, revile.

de·no·da·da·men·te *adv. con valentía* bravely, courageously *con resolución* determinedly, resolutely.

de·no·da·do, da *adj.* **1** *valiente* bold, brave **2** *decidido* determined, resolute.

de·no·mi·na·ción *f.* **1** *acción* denomination, naming **2** *nombre* denomination, name.

de·no·mi·na·dor, ra *adj.* denominative ◇ *m.* **denominador** MAT denominator **mínimo común denominador** lowest common denominator.

de·no·mi·nar *tr.* to denominate, name.

de·nos·tar *(see model 31) tr.* to insult.

de·no·tar *tr.* to denote, indicate, show.

den·si·dad *f.* **1** *gen.* density. **2** *fig. espesura* thickness, denseness **3** *fig. oscuridad* darkness.

den·si·fi·car *(see model 1) tr.* **1** to make dense, densify **2** *espesar* to thicken.

den·so, sa *adj.* **1** *gen.* dense *espeso* dense, thick **2** *fig. oscuro* dark.

den·ta·do, da *pp. de* dentar *adj.* **1** *con dientes* toothed **2** *cuchillo* serrated **3** BOT dentate ◇ *m. dentado* perforation.

den·ta·du·ra *f.* teeth *pl.* set of teeth **dentadura postiza** false teeth, dentures *pl.*

den·tal *adj.* dental ◇ *m.* LING dental **cepillo dental** toothbrush **crema dental** toothpaste.

den·te·lla·da *f.* **1** *movimiento* snap of the jaws **2** *mordisco* bite **3** *señal* tooth mark.

den·te·llar *intr.* to chatter.

den·ti·ción *f.* **1** *acción de dentar* teething, dentition, cutting of the teeth **2** *época en que dentan los niños* dentition **3** *serie de dientes* set of teeth.

den·tí·fri·co, ca *adj.* tooth ◇ *m. dentífrico* toothpaste **pasta dentífrica** toothpaste.

den·tis·ta *com.* dentist **ir al dentista** to go to the dentist's.

den·tón, to·na *adj.* toothy, bucktoothed, goofy ◇ *s.* toothy person ◇ *m.* **dentón** *pez* dentex.

den·tro *adv.* **1** inside *de edificio* indoors, inside *lo puse dentro* I put it inside *dentro de lugar* in, inside **2** *tiempo* in **dentro de una semana** in a week's time **dentro de lo posible** as far as possible.

de·nu·dar *tr.* to denude.

de·nue·do *m.* bravery, courage.

de·nues·to *m.* insult, affront.

de·nun·cia *f.* **1** *acusación* accusation, formal complaint, report *delación* denunciation **2** JUR *acción reporting documento* report.

de·nun·cian·te *s.* person who reports a crime.

de·nun·ciar *(see model 12) tr.* **1** *poner una denuncia* to report **2** *dar noticia* to denounce **3** *indicar* to indicate.

deon·to·lo·gí·a *f.* deontology.

de·pa·rar *tr.* **1** *presentar* to bring, hold in store **2** *proporcionar* to give, afford.

de·par·ta·men·tal *adj.* departmental.

de·par·ta·men·to *m.* **1** *sección* department, section **2** *provincia* district, province **3** *de tren* compartment **4** *de un objeto* compartment, section.

de·par·tir *intr.* to talk, converse.

de·pau·pe·ra·ción *f. empobrecimiento* impoverishment **2** MED *debilitamiento* weakening.

de·pau·pe·rar *tr.* **1** *empobrecer* to impoverish **2** MED *debilitar* to weaken ◇ *prnl.* **depauperarse** **1** *empobrecerse* to impoverish **2** MED *debilitarse* to weaken.

de·pen·den·cia *f.* **1** *hecho de depender* dependence **2** *política* dependency **3** *departamento* department, section **4** *habitación* room, outbuilding **estar bajo la dependencia de** to be dependent on.

de·pen·der *intr.* **1** to depend (*de*, on) *depende de ti* it's up to you **2** *estar bajo el mando o autoridad* to be under, be answerable to *necesitar* to be dependent on.

de·pen·dien·te *adj.* dependent (*de*, on) ◇ *com.* shop assistant, salesman.

de·pi·la·ción *f.* depilation, hair removal.

de·pi·lar *tr.* to depilate, remove the hair from *cejas* to pluck.

de·pi·la·to·rio, ria *adj.* depilatory ◇ *m.* **depilatorio** depilatory **crema depilatoria** hair-removing cream.

de·plo·ra·ble *adj.* deplorable, regrettable.

de·plo·rar *tr.* to deplore, lament, regret deeply.

de·po·ner *(see model 78)* pp. **depuesto** *tr.* 1 *dejar* to lay down, set aside *las armas* to lay down 2 *destituir* to remove from office *a un rey* to depose 3 JUR *exponer* to declare, testify, give evidence about ◇ *intr. defecar* to defecate.

de·por·ta·ción *f.* deportation.

de·por·ta·do, da pp. de *deportar adj.* deported ◇ *s.* deportee, deported person.

de·por·tar *tr.* to deport.

de·por·te *m.* sport **hacer algo por deporte** to do something as a hobby **hacer deporte** to do some sport **deportes de invierno** winter sports.

de·por·tis·ta *adj.* sporty, keen on sport ◇ *com.* hombre sportsman *mujer* sportswoman.

de·por·ti·vo, va *adj.* 1 *aficionado al deporte* sporting, sporty 2 *relacionado con el deporte* sports 3 *informal* casual 4 *fig. correcto* sportsmanlike, sporting.

de·po·si·ción *f.* 1 *destitución* removal from office *de un rey* deposition, deposal 2 JUR testimony, deposition, evidence 3 *defecación* defecation.

de·po·si·tan·te *adj.* who deposits ◇ *s.* depositor.

de·po·si·tar *tr. dinero, joyas* to deposit 2 *colocar* to place, put 3 *fig. dar, conceder* to place 4 *almacenar* to store 5 *sedimentar* to deposit ◇ *prnl.* **depositarse** caer en el fondo to settle.

de·po·si·ta·rio, ria *s.* 1 *de algo material* depositary, trustee *de algo inmaterial* repository 2 *tesorero* treasurer ◇ *m.* **depositario** cajero cashier *tesorero* treasurer.

de·pó·si·to *m.* 1 *recipiente* tank 2 *almacén* store, warehouse, depot 3 *financiero* deposit.

de·pra·va·ción *f.* depravity, depravation.

de·pra·va·do, da pp. de *depravar adj.* depraved ◇ *s.* depraved person, degenerate.

de·pre·ca·ción *f.* deprecation.

de·pre·ciar *(see model 12) tr.* to depreciate ◇ *prnl.* **depreciarse** to depreciate.

de·pre·da·ción *f.* 1 *saqueo* pillaging, plundering 2 *malversación* misappropriation (of funds), embezzlement.

de·pre·da·dor, ra *adj.* depredatory ◇ *s.* depredator, pillager.

de·pre·dar *tr.* to depredate, pillage.

de·pre·sión *f.* depression.

de·pre·si·vo, va *adj.* 1 *deprimente* depressing 2 MED depressive.

de·pre·sor, ra *adj.* depressing ◇ *m.* **depresor** MED depressor.

de·pri·men·te *adj.* depressing.

de·pri·mi·do, da pp. de *deprimir adj.* depressed.

de·pri·mir *tr.* to depress ◇ *prnl.* **deprimirse** to get depressed.

de·pu·ra·ción *f.* 1 *del agua* purification *de la sangre* cleansing 2 *fig. purga* purge, purging.

de·pu·ra·do, da pp. de *depurar adj.* pulido elaborate, carefully worked.

de·pu·rar *tr.* 1 *purificar agua* to purify, depurate *sangre* to cleanse 2 POL to purge 3 *fig. perfeccionar* to purify, refine.

de·re·cha *f.* 1 *mano* right hand 2 *lugar* right 3 *la* **derecha** POL the right, the right wing.

de·re·cho, cha *adj.* 1 right 2 *recto* straight, upright ◇ *adv.* **derecho** straight ◇ *m.* **derecho**
1 *leyes* law 2 *privilegio* right 3 *de una tela, calcetín, etc.* right side.

de·ri·va *f.* drift **a la deriva** adrift **ir a la deriva** to drift.

de·ri·va·ción *f.* derivation.

de·ri·va·da *f.* MAT derivative.

de·ri·va·do, da pp. de *derivar adj.* derived, derivative ◇ *m.* **derivado** 1 LING derivative 2 *subproducto* derivative, byproduct.

de·ri·var *intr.* 1 *proceder* to spring, arise, come, stem 2 MAR to drift 3 LING to be derived (*de*, from), derive (*de*, from) 4 *conducir* to drift ◇ *tr.* 1 *dirigir* to direct, direct 2 LING to derive 3 MAT to derive ◇ *prnl.* **derivarse** *proceder* to result (*de*, from), stem (*de*, from).

de·ri·va·ti·vo, va *adj.* derivative ◇ *m.* **derivativo** derivative.

der·ma·ti·tis *f. inv.* dermatitis.

der·ma·to·lo·gí·a *f.* dermatology.

der·ma·tó·lo·go, ga *s.* dermatologist.

dér·mi·co, ca *adj.* dermal, dermic, skin.

der·mis *f. inv.* dermis.

de·ro·ga·ción *f.* abolition, repeal.

de·ro·gar *(see model 7) tr.* 1 JUR to abolish, repeal 2 *contrato* to rescind, cancel.

de·ro·ga·to·rio, ria *adj.* repealing, abolishing, annulling.

de·rra·ma *f.* 1 *repartimiento* apportionment of taxes 2 *contribución* special levy.

de·rra·ma·mien·to *m.* 1 spilling *rebosamiento* overflowing 2 *dispersión de gente* scattering.

de·rra·mar *tr.* 1 to pour out, spill 2 *sangre, lágrimas* to shed ◇ *prnl.* **derramarse** 1 to spill, pour out 2 *divulgarse* to spread.

de·rra·me *m.* 1 pouring out, spilling 2 *de sangre, lágrimas* shedding 3 *pérdida* leak, leakage.

de·rra·par *intr.* to skid.

de·rre·dor *m.* surroundings ◇ *pl.* **al/en derredor** round, around.

de·rre·ti·do, da pp. de *derretir adj. gen.* melted *metales* molten.

de·rre·tir *(see model 34) tr.* 1 *gen.* to melt *hielo, nieve* to melt, thaw *metal* to melt down 2 *dilapidar* to waste, squander ◇ *prnl.* **derretirse** 1 *fundirse* to melt *hielo, nieve* to melt, thaw 2 *fig. de amor* to burn (*de*, with) 3 *inquietarse* to worry, fret.

de·rri·bar *tr.* 1 *demoler* to pull down, demolish, knock down 2 *hacer caer a una persona* to knock over.

de·rro·ca·mien·to *m.* 1 *demolición* demolition, knocking down, pulling down 2 *fig. gobierno* overthrow *ministro* toppling.

de·rro·car *(see model 1) tr.* 1 *demoler* to pull down, demolish, knock down 2 *gobierno* to overthrow, bring down *ministro* to oust from office, topple.

de·rro·cha·dor, ra *adj.* wasteful, squandering, spendthrift ◇ *s.* squanderer, wasteful person, spendthrift.

de·rro·char *tr.* 1 *dilapidar* to waste, squander 2 *fig. rebosar* to be full of.

de·rro·che *m.* 1 *despilfarro* waste, squandering 2 *abundancia* profusion, abundance *un derroche de energía* a burst of energy **hacer un derroche de energía** *fig.* to put a lot of energy (*en*, into).

de·rro·ta *f.* 1 *de un ejército* defeat. 2 *fracaso* failure, setback **sufrir una derrota** to suffer a defeat.

de·rro·ta·do, da pp. de *derrotar adj.* 1 defeated 2 *ropa* worn out 3 *andrajoso* in tatters, ragged

4 *fam. cansado* tired, bushed, whacked *deprimido* depressed.

de·rro·tar *tr.* to defeat, beat.

de·rro·te·ro *m.* 1 MAR *rumbo* course *dirección* direction 2 MAR *libro* book of charts.

de·rrui·do, da *pp. de* derruir *adj.* in ruins.

de·rruir *(see model 62) tr.* to pull down, demolish, knock down.

de·rrum·ba·mien·to *m.* 1 falling down, collapse 2 *techo* caving in 3 *de tierras* landslide.

de·rrum·bar *tr.* 1 *demoler* to pull down, demolish, knock down 2 *despeñar* to throw down, hurl down *prnl.* **derrumbarse** *un edificio* to collapse, fall down *un techo* to fall in, cave in.

de·sa·bo·to·nar *tr.* desabrochar to unbutton, undo ⋄ *intr. abrirse las flores* to open out, bloom, blossom.

de·sa·bri·do, da *adj.* 1 *comida* tasteless, insipid 2 *fig. persona* surly *tono* harsh, sharp 3 *tiempo* unpleasant.

de·sa·bri·ga·do, da *pp. de* desabrigar *adj.* 1 *lugar* open, exposed 2 *fig. sin protección* unprotected, defenceless.

de·sa·bri·gar *(see model 7) tr. ropa* to take someone's coat off ⋄ *prnl.* **desabrigarse** *uso reflexivo* to take off one's coat *en la cama* to throw off the bedclothes.

de·sa·bro·char *tr.* to undo, unfasten ⋄ *prnl.* **desabrocharse** *una prenda* to come undone, come unfastened.

de·sa·ca·tar *tr.* 1 *faltar al respeto* to show no respect towards, be disrespectful 2 *desobedecer* to disobey, not observe, defy.

de·sa·ca·to *m.* 1 *falta de respeto* lack of respect (*a*, for), disrespect (*a*, for) 2 JUR contempt (*a*, for).

de·sa·ce·le·ra·ción *f.* deceleration.

de·sa·ce·le·rar *intr.* to decelerate.

de·sa·cer·ta·da·men·te *adv.* 1 *erróneamente* wrongly, mistakenly 2 *inadecuadamente* unfortunately, unwisely *sin tacto* tactlessly.

de·sa·cer·ta·do, da *pp. de* desacertar *adj.* 1 *erróneo* wrong, mistaken 2 *inadecuado* unfortunate, unwise, inappropriate *sin tacto* tactless.

de·sa·cer·tar *(see model 27) tr.* 1 *fallar* to be wrong, be mistaken 2 *faltar de tacto* to lack tact, be tactless.

de·sa·cier·to *m.* 1 *error* mistake 2 *falta de tacto* lack of tact.

de·sa·co·mo·da·do, da *pp. de* desacomodar *adj.* 1 *sin empleo* unemployed 2 *falto de medios económicos* badly off, poor.

de·sa·co·mo·dar *tr.* 1 *privar de comodidad* to inconvenience 2 *dejar sin empleo* to dismiss ⋄ *prnl.* **desacomodarse** *perder el trabajo* to lose one's job.

de·sa·con·se·jar *tr.* to advise against.

de·sa·co·plar *tr.* 1 TÉC to uncouple, remove 2 ELEC to disconnect.

de·sa·cos·tum·brar *tr. hacer perder un uso* to break of a habit, get out of a habit ⋄ *prnl.* **desacostumbrarse** *perder la costumbre* to get out of the habit (*de*, of), lose the habit (*de*, of), give up (*de*, -) 2 *perder la tolerancia* to be no longer used (*a*, to).

de·sa·cre·di·tar *tr.* to discredit, bring discredit on, bring into discredit.

de·sac·ti·va·ción *f.* deactivation **desactivación de explosivos** bomb disposal.

de·sac·ti·var *tr.* to defuse.

de·sa·cuer·do *m.* disagreement **estar en desacuerdo con** to be in disagreement with.

de·sa·fian·te *adj.* challenging, defiant.

de·sa·fiar *(see model 13) tr.* 1 *gen.* to defy 2 *no hacer caso a* to flout *no obedecer* to defy 3 *plantar cara a - persona* to defy, stand up to - *dificultad* to brave **desafiar a alguien a hacer algo** to challenge somebody to do something, dare somebody to do something.

de·sa·fi·la·do, da *adj.* blunt.

de·sa·fi·na·do, da *pp. de* desafinar *adj.* out of tune.

de·sa·fi·nar *intr. gen.* to be out of tune *cantar* to sing out of tune *tocar* to play out of tune ⋄ *tr.* to put out of tune ⋄ *prnl.* **desafinarse** to go out of tune.

de·sa·fí·o *m.* 1 *reto* challenge 2 *duelo* duel 3 *provocación* provocation, defiance.

de·sa·fo·ra·da·men·te *adv.* 1 *con exceso* excessively 2 *de forma escandalosa* outrageously.

de·sa·fo·ra·do, da *adj.* 1 *exagerado* huge, enormous, terrible 2 *escandaloso* outrageous 3 *fuera de la ley* lawless.

de·sa·fo·rar *(see model 31) tr.* 1 *quebrantar los fueros* to encroach on the rights of 2 *privar del fuero* to deprive of one's rights ⋄ *prnl.* **desaforarse** *descomedirse* to be disrespectful, be rude.

de·sa·for·tu·na·da·men·te *adv.* unfortunately.

de·sa·for·tu·na·do, da *adj.* 1 *sin suerte* unlucky, unfortunate 2 *sin tino* unfortunate.

de·sa·fue·ro *m.* 1 JUR infringement of the law 2 *abuso* outrage, excess.

de·sa·gra·da·ble *adj.* disagreeable, unpleasant.

de·sa·gra·dar *intr.* to displease.

de·sa·gra·de·cer *(see model 43) tr.* to be ungrateful for, show ingratitude for.

de·sa·gra·de·ci·do, da *pp. de* desagradecer *adj.* ungrateful ⋄ *s.* ungrateful person. **mostrarse desagradecido** to be ungrateful, show ingratitude.

de·sa·gra·de·ci·mien·to *m.* ingratitude, ungratefulness.

de·sa·gra·viar *(see model 12) tr.* 1 *reparar el agravio* to make amends for, make up for 2 *compensar el agravio* to indemnify, compensate.

de·sa·gra·vio *m.* amends ⋄ *pl.* compensation.

de·sa·güe *m.* 1 *acción* draining, drainage 2 *agujero* drain, outlet 3 *cañería* waste pipe, drainpipe.

de·sa·gui·sa·do, da *adj.* 1 *contra la ley* illegal, unlawful 2 *contra la razón* outrageous ⋄ *m.* **desaguisado** 1 *delito* offense *atropello* outrage 2 *fig. destrozo* damage *fechoría* mischief.

de·sa·ho·ga·da·men·te *adv.* 1 *con holgura* comfortable, with room to spare 2 *con dinero* comfortably 3 *con descaro* insolently.

de·sa·ho·ga·do, da *pp. de* desahogar *adj.* 1 *espacioso* roomy, spacious 2 *con dinero* well-off, well-to-do, comfortable. 3 *fig. descarado* cheeky, shameless, insolent.

de·sa·ho·gar *(see model 7) tr.* 1 *consolar* to comfort *aliviar* to relieve 2 *fig. mostrar* to vent, pour out ⋄ *prnl.* **desahogarse** *desfogarse* to let off steam 2 *confiarse* to open one's heart (*con*, to).

de·sa·ho·go *m.* 1 *alivio* relief 2 *esparcimiento* amusement, relaxation.

de·sa·hu·cia·do, da *pp. de* desahuciar *adj.* 1 *enfermo* hopeless 2 *inquilino* evicted.

de·sa·hu·ciar *(see model 12) tr.* 1 to deprive of all hope 2 JUR *inquilino* to evict.

de·sa·hu·cio *m.* eviction.

de·sai·ra·do, da *pp. de* desairar *adj.* 1 *sin gracia* ungraceful *sin éxito* unsuccessful *desagradable* awkward 2 *humillante* humiliating.

de·sai·rar *tr.* **1** *desatender* to slight, snub **2** *desestimar* to reject.

de·sai·re *m.* **1** *menosprecio* slight, rebuff **2** *falta de gracia* lack of charm.

de·sa·jus·tar *tr.* **1** *máquina* to put out of order **2** *fig. planes, etc.* to upset, spoil ◇ *prnl.* **desajustarse** *máquina* to go wrong, break down *piezas* to come apart, pull apart.

de·sa·jus·te *m.* **1** *mal funcionamiento* maladjustment *avería* breakdown **2** *fig. planes, etc.* upsetting **desajuste económico** economic imbalance.

de·sa·lar *tr.* to desalt, remove the salt from.

de·sa·len·ta·dor, ra *adj.* discouraging, disheartening.

de·sa·len·tar *(see model 27) tr.* **1** *dificultar el aliento* to leave breathless, make get out of breath **2** *fig. quitar el ánimo* to discourage, dishearten ◇ *prnl.* **desalentarse** to lose heart, get discouraged.

de·sa·lien·to *m.* discouragement.

de·sa·li·ne·ar *tr.* to put out of line.

de·sa·li·ña·do, da *pp. de* desaliñar *adj.* untidy, unkempt, scruffy.

de·sa·li·ñar *tr.* to make untidy, make scruffy.

de·sa·li·ño *m.* untidiness, scruffiness.

de·sal·ma·do, da *adj.* **1** *malvado* wicked **2** *cruel* cruel, heartless ◇ *s. malvado* wicked person **2** *cruel* cruel person, heartless person.

de·sa·lo·ja·mien·to *m.* **1** *expulsión* eviction, ejection **2** *marcha de un lugar* evacuation, clearing.

de·sa·lo·jar *tr.* **1** *marcharse* to evacuate, clear, move out of **2** *inquilino* to evict (*de*, from) **3** MAR to displace *intr. mudarse* to move house, move out.

de·sa·ma·rrar *tr.* **1** *desatar* to untie. **2** MAR to unmoor, cast off.

de·sa·mor *m.* **1** *desafecto* lack of affection **2** *frialdad* coldness, indifference **3** *antipatía* dislike.

de·sa·mor·ti·za·ción *f.* disentailment.

de·sa·mor·ti·zar *(see model 4) tr.* to disentail.

de·sam·pa·ra·do, da *pp. de* desamparar *adj.* **1** *persona* helpless, unprotected **2** *lugar* abandoned, forsaken.

de·sam·pa·rar *tr.* **1** to abandon, desert, leave helpless **2** JUR to renounce, relinquish.

de·sam·pa·ro *m.* **1** *abandono* abandonment, desertion **2** *falta de ayuda* helplessness **en desamparo** abandoned, helpless.

de·sa·mue·blar *tr.* to remove the furniture from, clear the furniture from.

de·san·ge·la·do, da *adj.* insipid, lacking in charm.

de·san·gra·mien·to *m.* bleeding.

de·san·grar *tr.* **1** *sangrar* to bleed. **2** *desaguar* to drain **3** *fig. empobrecer* to bleed dry ◇ *prnl.* **desangrarse** to bleed heavily, lose blood.

de·sa·ni·ma·do, da *pp. de* desanimar *adj.* **1** *decaído* dejected, downhearted **2** *espectáculo, etc.* dull, lifeless.

de·sa·ni·mar *tr.* to discourage, dishearten ◇ *prnl.* **desanimarse** to be discouraged, be disheartened, lose heart.

de·sá·ni·mo *m.* despondency, discouragement, dejection.

de·sa·nu·dar *tr.* **1** *nudo* to untie *corbata, paquete* to undo **2** *fig. desenmarañar* to straighten out, sort out.

de·sa·pa·ci·ble *adj. gen.* unpleasant, disagreeable *tiempo* nasty, unpleasant *sonido, tono* harsh, unpleasant.

de·sa·pa·re·cer *(see model 43) intr.* **1** *dejar de estar* to disappear **desaparecer del mapa** *fig.* to

vanish off the face of the earth **hacer desaparecer** to cause to disappear, hide **2** *quitar* to get rid of.

de·sa·pa·re·ci·do, da *pp. de* desaparecer *adj.* missing ◇ *s.* missing person *había diez desaparecidos* there were ten missing.

de·sa·pa·ri·ción *f.* disappearance.

de·sa·pa·sio·na·do, da *pp. de* desapasionar *adj.* dispassionate, objective, impartial.

de·sa·pa·sio·nar *tr.* to make lose interest ◇ *prnl.* **desapasionarse** to lose interest.

de·sa·pe·gar *(see model 7) tr.* to estrange ◇ *prnl.* **desapegarse** to become estranged (*de*, from), distance oneself (*de*, from).

de·sa·pe·go *m.* **1** *indiferencia* indifference **2** *distanciamiento* distancing.

de·sa·per·ci·bi·do, da *adj.* **1** *inadvertido* unnoticed **2** *desprevenido* unprepared, unready.

de·sa·pro·ba·ción *f.* disapproval.

de·sa·pro·bar *(see model 31) tr.* to disapprove of.

de·sa·pro·ba·to·rio, ria *adj.* deprecatory, depreciatory.

de·sa·pro·ve·cha·do, da *pp. de* desaprovechar *adj.* **1** *falto de rendimiento* unused **2** *desperdiciado* wasted.

de·sa·pro·ve·char *tr.* **1** *no sacar suficiente provecho* not to take advantage of **2** *desperdiciar* to waste **desaprovechar una ocasión** to miss an opportunity, waste an opportunity.

de·sar·ma·ble *adj.* that can be taken to pieces.

de·sar·ma·do, da *pp. de* desarmar *adj.* **1** *sin armas* unarmed **2** *desmontado* dismantled, taken to pieces.

de·sar·mar *tr.* **1** *quitar las armas* to disarm **2** *desmontar* to dismantle, take apart, take to pieces.

de·sar·me *m.* **1** disarmament **2** *de una máquina* dismantling **desarme nuclear** nuclear disarmament.

de·sa·rrai·ga·do, da *pp. de* desarraigar *adj.* **1** *árbol* uprooted **2** *fig. persona* rootless, without roots, uprooted **3** *fig. eliminado* eradicated.

de·sa·rrai·gar *(see model 7) tr.* **1** *árbol, persona* to uproot **2** *fig. eliminar* to eradicate, wipe out ◇ *prnl.* **desarraigarse** **1** *árbol* to become uprooted **2** *fig. persona* to pull up one's roots.

de·sa·rrai·go *m.* **1** *de árbol, persona* uprooting **2** *fig. de hábito, etc.* eradication.

de·sa·rre·gla·do, da *pp. de* desarreglar *adj.* **1** *lugar* untidy, messy **2** *persona* untidy, slovenly, unkempt **3** *vida, costumbres* disorderly, irregular, disorganized.

de·sa·rre·glar *tr.* **1** *desordenar* make untidy, mess up, untidy **2** *estropear* to spoil, upset.

de·sa·rro·lla·do, da *pp. de* desarrollar *adj.* developed.

de·sa·rro·llar *tr.* **1** *gen.* to develop **2** *deshacer un rollo* to unroll, unfold **3** *exponer* to expound, explain *llevar a cabo* to carry out. **desarrollar un proyecto** to carry out a project **5** MAT to expand, develop ◇ *prnl.* **desarrollarse 1** *crecer* to develop **2** *transcurrir* to take place.

de·sa·rro·llo *m.* **1** *gen.* development **2** DEP run, course.

de·sa·rro·par *tr.* **1** *ropa* to take some clothes off **2** *destapar* to uncover ◇ *prnl.* **desarroparse** *en la cama* to throw off one's bedclothes.

de·sa·rru·gar *(see model 7) tr.* **1** *alisar* to smooth out **2** *quitar las arrugas* to get the creases out of **desarrugar el entrecejo** to stop frowning **desarrugar la frente** to stop frowning.

de·sar·ti·cu·la·do, da pp. de **desarticular** adj. disjointed.

de·sar·ti·cu·lar tr. **1** MED to disarticulate, put out of joint, dislocate **2** un mecanismo to take to pieces **3** fig. organización, banda, plan, etc. to break up, dismantle.

de·sa·se·a·do, da adj. **1** sucio untidy, dirty **2** dejado untidy, slovenly, unkempt, scruffy ◇ s. untidy person, scruff.

de·sa·se·ar tr. **1** ensuciar to dirty **2** desordenar to mess up.

de·sa·se·o m. untidiness, scruffiness, dirtiness, slovenliness.

de·sa·so·se·ga·do, da pp. de **desasosegar** adj. restless, anxious.

de·sa·so·sie·go m. uneasiness, anxiety, restlessness.

de·sas·tra·do, da adj. **1** desgraciado unfortunate **2** desaseado untidy, slovenly, unkempt, scruffy ◇ s. untidy person, scruff.

de·sas·tre m. **1** catástrofe disaster, catastrophe **2** fam. calamidad disaster, flop.

de·sas·tro·so, sa adj. disastrous.

de·sa·ta·do, da pp. de **desatar** adj. **1** loose, undone **2** fig. wild, uncontrolled.

de·sa·tar tr. **1** soltar gen. to untie, undo, unfasten perro, etc. to let loose **2** fig. desencadenar to spark off, give rise to pasiones to unleash ◇ prnl. **desatarse 1** soltarse to come untied, come undone, come unfastened **2** fig. desencadenarse to break, explode **desatarse la lengua** to loosen one's tongue.

de·sa·tas·car (see model 1) tr. to unblock, clear.

de·sa·ten·ción f. **1** falta de atención lack of attention **2** descortesía impoliteness, discourtesy, disrespect.

de·sa·ten·der (see model 28) tr. **1** no prestar atención to pay no attention to **2** no hacer caso to neglect, disregard.

de·sa·ti·na·do, da pp. de **desatinar** adj. **1** imprudente rash, reckless **2** tonto foolish, silly.

de·sa·ti·nar intr. hacer to act foolishly decir to talk nonsense ◇ tr. to make act foolishly.

de·sa·ti·no m. **1** error mistake, blunder **2** locura foolishness tontería nonsense, silly thing.

de·sa·tor·ni·lla·dor m. screwdriver.

de·sa·tor·ni·llar tr. to unscrew.

de·sa·tran·car tr. **1** una puerta con tranca to unbar con cerrojo to unbolt **2** un conducto to unblock, clear.

de·sau·to·ri·za·ción f. **1** disapproval **2** mentís denial **3** descrédito discredit.

de·sau·to·ri·zar (see model 4) tr. **1** desaprobar to disapprove of **2** prohibir to ban, forbid **3** desmentir to deny **4** desacreditar to discredit.

de·sa·ve·nen·cia f. **1** desacuerdo disagreement, discord **2** riña quarrel, row.

de·sa·ve·ni·do, da pp. de **desavenir** adj. **1** en desacuerdo in disagreement **2** reñido on bad terms.

de·sa·ve·nir (see model 90) tr. to cause to quarrel ◇ prnl. **desavenirse** to quarrel.

de·sa·ven·ta·ja·do, da adj. **1** persona at a disadvantage, underprivileged **2** situación disadvantageous, unfavorable.

de·sa·yu·nar intr. to have breakfast, breakfast ◇ tr. to have for breakfast ◇ prnl. **desayunarse** to have breakfast **ahora me desayuno enterarse** that's the first I've heard of it.

de·sa·yu·no m. breakfast.

de·sa·zón f. **1** desabrimiento lack of flavor, tastelessness **2** fig. disgusto grief, affliction, worry.

de·sa·zo·na·do, da pp. de **desazonar** adj. **1** fig. disgustado upset **2** fig. inquieto anxious, uneasy **3** soso tasteless, insipid.

de·sa·zo·nar tr. **1** quitar el sabor to make tasteless. **2** fig. disgustar to annoy, upset **3** fig. inquietar to make uneasy, worry ◇ prnl. **desazonarse 1** fig. disgustarse to get upsetl **2** fig. inquietarse to worryl **3** fig. sentirse indispuesto to feel unwell, feel off-color.

des·ban·car (see model 1) tr. **1** en el juego to clean outl **2** fig. suplantar to supplant, replace, take the place of.

des·ban·da·da f. scattering.

des·ba·ra·jus·te m. disorder, confusion, mess.

des·ba·ra·ta·do, da adj. fig. debauched, dissolute.

des·ba·ra·tar tr. **1** desarreglar to spoil, ruin, wreckl **2** frustrar to spoil, ruinl **nos desbarató los planes** she spoilt our plans **3** malgastar to waste, squander **4** MIL to rout, throw into confusion ◇ intr. disparatar to talk nonsense ◇ prnl. **desbaratarse** actuar to act foolishly hablar to talk nonsense.

des·ba·rrar intr. **1** fig. hablar to talk nonsense **2** fig. actuar to act foolishly, do silly things.

des·bas·tar tr. **1** madera to rough plane piedra to smooth down metal to rough down **2** fig. to refine, polish.

des·blo·que·ar tr. **1** TÉC to free **2** FIN to unfreeze **3** un sitio to lift the blockade on.

des·blo·que·o m. **1** TÉC freeing **2** FIN unfreezing **3** de un sitio lifting of the blockade.

des·bo·ca·do, da pp. de **desbocar** adj. **1** arma wide-mouthed, bell-mouthed **2** jarra with a chipped mouth **3** caballo runaway **4** una prenda loose-fitting **5** río overflowing **6** fig. imaginación wild **7** fig. mal hablado foul-mouthed ◇ s. fig. foul-mouthed person.

des·bo·car (see model 1) tr. **1** jarra to break the mouth of. **2** una prenda to tear open, rip open ◇ intr. desembocar to flow (en, into) ◇ prnl. **desbocarse 1** caballo to run away, bolt **2** una prenda to tear open **3** fig. persona to blow up, let out a stream of abuse.

des·bor·da·mien·to m. **1** overflowing **2** fig. outbreak, outburst, explosion.

des·bor·dan·te adj. **1** overflowing, bursting **2** sin límite unrestrained, unbounded.

des·bor·dar tr. **1** sobrepasar to overflow **2** fig. exceder to surpass, exceed ◇ intr. salirse to overflow ◇ prnl. **desbordarse 1** salirse to overflow, flood **2** fig. to burst.

des·bra·var tr. animal to tame caballo to break in ◇ intr. **1** perder braveza to become less wild, become less fierce **2** calmarse to calm down **3** licor to lose its strength ◇ prnl. **desbravarse 1** perder braveza to become less wild, become less fierce **2** calmarse to calm down **3** un licor to lose its strength.

des·bro·zar (see model 4) tr. terreno to clear of weeds, clear of undergrowth paso to clear.

des·bro·zo m. **1** acción clearing, clearing of weeds, clearing of undergrowth **2** broza twigs ◇ pl. cuttings ◇ pl. undergrowth.

des·ca·be·lla·do, da pp. de **descabellar** adj. fig. wild, crazy **una idea descabellada** a crackpot idea.

des·ca·be·llar tr. despeinar to ruffle.

des·ca·be·za·do, da pp. de **descabezar** adj. fig. wild, reckless, crazy ◇ s. fig. wild person, reckless person.

des·ca·be·zar *(see model 4) tr.* **1** *quitar la cabeza* to behead, decapitate **2** *planta* to top *árbol* to cut the top off ◇ *prnl.* **descabezarse 1** *desgranarse* to shed grain **2** *fam. fig.* to rack one's brains **descabezar un sueño** *fam.* to take a nap.

des·ca·fei·na·do, da *adj.* **1** decaffeinated **2** *fam. fig.* watered-down ◇ *m.* **descafeinado** decaffeinated coffee **café descafeinado** decaffeinated coffee.

des·ca·la·bra·do, da *pp. de* **descalabrar** *adj.* **1** *herido* wounded, injured *en la cabeza* wounded in the head, injured in the head **2** *fig.* damaged, ruined.

des·ca·la·brar *tr.* **1** *herir* to injure *en la cabeza* to injure in the head **2** *fig. causar daño* to ruin, damage ◇ *prnl.* **descalabrarse** to injure one's head.

des·ca·la·bro *m.* misfortune, damage, loss.

des·cal·ci·fi·ca·ción *f.* decalcification.

des·cal·ci·fi·car *(see model 1) tr.* to decalcify ◇ *prnl.* **descalcificarse** to become decalcified.

des·ca·li·fi·ca·ción *f.* **1** disqualification **2** *descrédito* discredit.

des·ca·li·fi·car *(see model 1) tr.* **1** to disqualify **2** *desacreditar* to discredit.

des·cal·zar *(see model 4) tr.* **1** *zapatos* to take off somebody's shoes **2** *calzos* to remove the chocks from *prnl.* **descalzarse** *persona* to take off one's shoes **2** *caballo* to lose a shoe.

des·cal·zo, za *adj.* **1** barefoot, barefooted **2** REL barefoot **3** *fig. pobre* poor ◇ *s.* REL *hombre* barefoot monk *mujer* barefoot nun.

des·ca·ma·ción *f.* desquamation, flaking, flakiness.

des·cam·pa·do, da *adj.* open ◇ *m.* **descampado** open space, open field **al/en descampado** in the open country.

des·can·sa·do, da *pp. de* **descansar** *adj.* **1** rested, refreshed **2** *tranquilo* easy, effortless.

des·can·sar *intr.* **1** *gen.* to rest, have a rest *un momento* to take a break **2** *dormir* to sleep **¡que descanses!** *sleep well!* **3** *confiar* to rely (*en,* on) **4** *apoyarse* to rest (*sobre,* on), be supported (*sobre,* by) **5** *basarse* to be based (*en,* on) **6** *estar enterrado* to lie, rest **7** *terreno* to lie fallow ◇ *tr.* **1** *aliviar* to rest **2** MIL to order **descansar en paz** to rest in peace **que en paz descanse** may he rest in peace.

des·can·so *m.* **1** rest, break **2** *en un espectáculo* interval *en un partido* interval, half-time **3** *alivio* relief, comfort **4** *rellano* landing.

des·ca·pi·ta·li·zar *(see model 4) tr. perder el capital* to undercapitalize.

des·ca·po·ta·ble *adj.* convertible ◇ *m.* convertible.

des·ca·ra·da·men·te *adv.* impudently, cheekily.

des·ca·ra·do, da *adj.* **1** *actitud* shameless, brazen, insolent *persona* cheeky **2** *patente* blatant ◇ *s.* shameless person; cheeky person.

des·ca·rar·se *prnl.* to behave insolently, be cheeky.

des·car·ga *f.* **1** *acción* unloading **2** *eléctrica* discharge **3** *de fuego* discharge, firing INFO download **descarga cerrada** volley.

des·car·ga·dor *m.* **1** *gen.* unloader **2** *estibador* docker, stevedore.

des·car·gar *(see model 7) tr.* **1** *quitar una carga* to unload **2** *disparar una arma* to fire, discharge, shoot *vaciar una arma* to unload **3** *dar un golpe* to deal ◇ *intr.* **1** ELEC to discharge **2** *tormenta* to break *nubes* to burst **3** *desembocar* to flow ◇ *prnl.* **descargarse 1** *pilas, baterías* to discharge. **2** *desahogarse* to blow up **3** JUR to clear oneself.

des·car·na·do, da *pp. de* **descarnar** *adj. fig.* straightforward, plain.

des·car·nar *tr.* **1** *quitar la carne* to strip the flesh from **2** *poner al descubierto* to lay bare.

des·ca·ro *m.* **1** impudence, cheek, nerve **¡qué descaro!** what a cheek!, what a nerve!, of all the cheek!

des·ca·rri·a·do, da *pp. de* **descarriar** *adj. fig.* lost.

des·ca·rriar *(see model 13) tr.* **1** *apartar del camino* to send the wrong way, put on the wrong road, misdirect **2** *fig.* to lead astray ◇ *prnl.* **descarriarse 1** *perderse* to lose one's way, get lost, go the wrong way **2** *fig.* to go astray.

des·ca·rri·la·mien·to *m.* derailment.

des·ca·rri·lar *intr.* to be derailed, run off the rails, go off the rails.

des·ca·rrí·o *m. fig.* deviation.

des·car·tar *tr.* to discard, reject, rule out ◇ *prnl.* **descartarse de** *cartas* to discard, throw away **quedar descartado** to be left out, be ruled out.

des·cas·ca·rar *tr.* to shell.

des·cas·ta·do, da *adj.* **1** *poco cariñoso* unaffectionate, cold **2** *desagradecido* ungrateful ◇ *s.* **1** *poco cariñoso* unaffectionate person **2** *desagradecido* ungrateful person.

des·cen·den·cia *f.* offspring, descendants ◇ *pl.* **morir sin descendencia** to die without issue, leave no children.

des·cen·den·te *adj.* descending, downward.

des·cen·der *(see model 28) intr.* **1** to descend, go down, come down **2** *temperatura, nivel, etc.* to drop, fall, go down **3** *ser descendiente* to descend (*de,* from), issue (*de,* from) **4** *provenir* to come (*de,* from) ◇ *tr.* **1** *llevar más bajo* to take down, bring down, lower **2** *bajar* to go down.

des·cen·dien·te *com.* descendant *hijos* offspring. **ser descendiente de** to be a descendant of.

des·cen·so *m.* **1** *acción* descent, lowering **2** *de temperatura* drop, fall **3** *fig.* decline, fall **4** DEP *de división* relegation *en esquí* downhill race.

des·cen·tra·li·za·ción *f.* decentralization.

des·cen·tra·li·zar *(see model 4) tr.* to decentralize.

des·ce·rra·jar *tr.* **1** to force, break open **2** *fam. fig. un tiro* to fire.

des·ci·fra·ble *adj.* **1** decipherable **2** *letra* legible.

des·ci·frar *tr.* **1** to decipher, decode **2** *fig. llegar a comprender* to solve, figure out.

des·cla·var *tr.* **1** *quitar los clavos* to remove the nails from **2** *desprender* to take off.

des·coa·gu·lar *tr.* to dissolve, liquefy.

des·co·di·fi·ca·dor *m.* decoder.

des·co·di·fi·car *(see model 1) tr.* to decode.

des·col·ga·do, da *pp. de* **descolgar** *adj.* cut off from one's friends ◇ *s.* loner.

des·col·gar *(see model 52) tr.* **1** *cuadro, etc.* to take down **2** *bajar* to lower, let down **3** *el teléfono* to pick up, lift ◇ *prnl.* **descolgarse 1** *escurrirse* to slip down, slide down **2** *fam. fig. dejarse caer* to drop in, turn up **3** *fam. fig. separarse* to break away *quedarse rezagado* to fall behind **4** *fam. fig. decir* to come out (*con,* with) *hacer* to do unexpectedly, surprise.

des·co·llan·te *adj.* outstanding.

des·co·llar *(see model 31) intr.* to stand out, excel.

des·co·lo·ri·do, da *pp. de* **descolorir** *adj.* **1** discolored, faded **2** *fig.* dull, lifeless.

des·co·me·di·do, da *adj. pp. de* **descomedirse** *adj.* **1** *excesivo* excessive, immoderate **2** *descortés* rude, impolite ◇ *s.* rude person, impolite person.

des·co·me·dir·se *(see model 34)* prnl. to be rude, be disrespectful.

des·com·pa·sar tr. *hacer perder el compás* to make, lose the beat ◇ prnl. *descompasarse* to be rude.

des·com·pen·sa·do, da adj. unbalanced.

des·com·pen·sar tr. to unbalance, upset, throw out of kilter.

des·com·po·ner *(see model 78)* pp. *descompuesto* tr. 1 *separar* to break down, split up 2 *estropear* to break 3 *desorganizar* to mess up, upset 4 *desordenar* to mess up 5 FÍS to resolve 6 QUÍM to decompose 7 MAT to split up.

des·com·po·si·ción f. 1 *pudrimiento* decomposition, decay 2 fig. *decadencia* decline, decadence 3 fam. *diarrea* diarrhea.

des·com·pos·tu·ra f. 1 *desaliño* untidiness, slovenliness 2 fig. *descaro* insolence, cheek.

des·com·pre·sión f. decompression.

des·com·pre·sor m. decompression valve.

des·com·pri·mir tr. to decompress, depressurize.

des·com·pues·to, ta pp. de *descomponer* adj. 1 *podrido* decomposed, decayed, rotten 2 *estropeado* out of order, broken down 3 fig. *alterado* upset 4 fig. *atrevido* insolent, impudent estar descompuesto to have diarrhea.

des·co·mu·nal adj. huge, enormous.

des·con·cep·tuar *(see model 11)* tr. to discredit.

des·con·cer·ta·do, da adj. disconcerted, confused, upset.

des·con·cer·tan·te adj. disconcerting, upsetting.

des·con·cer·tar *(see model 27)* tr. 1 *perturbar* to disconcert, upset, disturb 2 *desorientar* to confuse 3 MED to dislocate ◇ prnl. *desconcertarse* 1 *perturbarse* to be disconcerted 2 *desorientarse* to be bewildered, be confused 3 MED to be dislocated.

des·con·cier·to m. disorder, confusion, chaos.

des·co·nec·ta·do, da pp. de *desconectar* adj. fig. cut off (*de*, from).

des·co·nec·tar tr. 1 ELEC to disconnect 2 *un aparato* to switch off, turn off 3 *desenchufar* to unplug 4 fam. fig. to turn off, switch off ◇ prnl. *desconectarse* fam. fig. *separarse* to cut oneself off (*de*, from) me desconecté de mis amigos I lost touch with my friends.

des·co·ne·xión f. disconnection.

des·con·fia·do, da pp. de *desconfiar* adj. distrustful, suspicious, wary ◇ s. distrustful person, suspicious person, wary person.

des·con·fian·za f. distrust, mistrust, suspicion.

des·con·fiar *(see model 13)* intr. 1 *faltar la confianza* to distrust (*de*, -), mistrust (*de*, -), be suspicious (*de*, of) 2 *dudar* to doubt (*de*, -) 3 *tener cuidado* to beware (*de*, of).

des·con·ge·lan·te m. de-icer.

des·con·ge·lar tr. 1 *comida* to thaw, thaw out 2 *nevera* to defrost 3 FIN to unfreeze.

des·con·ges·tión f. *nasal* unblocking, clearing, decongestion *del tráfico* easing of congestion.

des·con·ges·tio·nar tr. to clear.

des·con·ges·tio·nan·te m. decongestant.

des·co·no·cer *(see model 44)* tr. 1 not to know, be unaware of 2 *no reconocer* not to recognize 3 *rechazar* to disown 4 *no prestar atención* not to pay attention to, ignore.

des·co·no·ci·do, da pp. de *desconocer* adj. 1 *no conocido* unknown 2 *no reconocido* unrecognized. 3 *extraño* strange, unfamiliar ◇ s. stranger, unknown person ◇ m. lo desco-no-

cido the unknown estar desconocido to be unrecognizable.

des·co·no·ci·mien·to m. ignorance (*de*, of).

des·con·si·de·ra·ción f. lack of consideration, inconsiderateness, thoughtlessness.

des·con·si·de·ra·do, da pp. de *desconsiderar* adj. inconsiderate, thoughtless ◇ s. inconsiderate person, thoughtless person.

des·con·si·de·rar tr. to lack consideration for.

des·con·so·la·da·men·te adv. inconsolably.

des·con·so·la·do, da pp. de *desconsolar* adj. disconsolate, grief-stricken, inconsolable.

des·con·so·lar *(see model 31)* tr. to distress, grieve ◇ prnl. *desconsolarse* to be distressed.

des·con·sue·lo m. affliction, grief, sorrow.

des·con·ta·mi·na·ción f. decontamination.

des·con·ta·mi·nar tr. to decontaminate.

des·con·tar *(see model 31)* tr. 1 *restar* to deduct, take off, knock off 2 *excluir* to leave out, exclude 3 fig. to discount 4 DEP to add on.

des·con·ten·to, ta adj. displeased, unhappy, dissatisfied, discontented ◇ s. malcontent ◇ m. *descontento* discontent, dissatisfaction.

des·con·trol m. fam. lack of control, chaos.

des·con·tro·la·do, da pp. de *descontrolarse* adj. 1 uncontrolled, out of control 2 fam. fig. out of control, wild.

des·con·tro·lar·se prnl. *persona* to lose control *avión, etc.* to go out of control.

des·con·ve·nir *(see model 90)* intr. to disagree.

des·co·ra·zo·nar tr. to dishearten, discourage ◇ prnl. *descorazonarse* to lose heart, get discouraged.

des·cor·char tr. to uncork.

des·cor·tés adj. impolite, rude, discourteous.

des·cor·te·sí·a f. impoliteness, rudeness, discourtesy.

des·co·ser tr. to unpick ◇ prnl. *descoserse* to come unstitched.

des·co·si·do, da pp. de *descoser* adj. 1 fig. *hablador* talkative 2 fig. *incoherente* disconnected.

des·co·yun·tar tr. 1 *hueso* to dislocate, disjoint 2 fig. *cansar* to exhaust, tire out ◇ prnl. *descoyuntarse* to become dislocated descoyuntarse de risa fam. to split one's sides laughing.

des·cré·di·to m. discredit, disrepute ir en descrédito de to be to the discredit of.

des·cre·ma·do, da pp. de *descremar* adj. skimmed.

des·cre·mar tr. to skim.

des·cri·bir pp. *descrito* tr. 1 to describe 2 *trazar* to trace, describe.

des·crip·ción f. 1 description 2 *acción de trazar* tracing, describing, description.

des·crip·ti·vo, va adj. descriptive.

des·cri·to, ta pp. de *describir* adj. 1 described 2 *trazado* traced, described.

des·cuar·ti·za·mien·to m. de *persona* quartering *de animal* quartering, cutting up.

des·cuar·ti·zar *(see model 4)* tr. 1 *persona* to quarter *animal* to quarter, cut up 2 fam. fig. to pull to pieces, tear apart.

des·cu·bier·ta f. MIL reconnaissance, reconnoitring, scouting.

des·cu·bier·to, ta pp. de *descubrir* adj. 1 open, uncovered el *cielo está descubierto* the sky is clear 2 *sin sombrero* bareheaded ◇ m. *descubierto* FIN overdraft al descubierto in the open poner al descubierto to expose, bring out into the open quedar al descubierto to be exposed, come out into the open, come to light.

des·cu·bri·dor, ra s. discoverer.

des·cu·bri·mien·to m. discovery.

des·cu·brir pp. **descubierto** tr. 1 gen. to discover *petróleo, oro, minas* to find *conspiración* to uncover *crimen* to bring to light 2 *revelar* to reveal 3 *averiguar* to find out, discover 4 *delatar* to give away 5 *divisar* to make out, see 6 *destapar* to uncover ◇ prnl. **descubrirse** 1 *la cabeza* to take off one's hat 2 fig. *abrirse* to open one's heart (*a/con*, to) 3 *en boxeo* to lower one's guard.

des·cuen·to m. 1 discount, reduction, deduction 2 DEP injury time **con descuento** at a discount, on offer **descuento por pronto pago** cash discount.

des·cui·da·do, da pp. de **descuidar** adj. 1 *negligente* careless, negligent 2 *desaseado* slovenly, untidy, neglected 3 *desprevenido* unprepared.

des·cui·dar tr. 1 to neglect, overlook 2 *distraer* to distract 3 *liberar* to free, release ◇ prnl. **descuidarse** 1 *no tener cuidado* to be careless. 2 *no arreglarse* to neglect oneself, let oneself go. **¡descuida / descuidad / descuiden!** don't worry!

des·cui·do m. 1 *negligencia* negligence, carelessness, neglect 2 *distracción* oversight, slip, mistake 3 *desaliño* slovenliness, untidiness.

des·de prep. 1 *tiempo* since. **desde 1992** since 1992 **¿desde cuándo?** since when? 2 *lugar* from. **desde allí** from there **desde lo alto** from the top of **desde ahora** from now on **desde hace mucho tiempo** for a long time **desde luego** in reality really **desde que** since.

des·de·cir (see model 79) pp. **desdicho** intr. 1 *no ser igual* not to be equal (*de*, to), not live up (*de*, to) 2 *no armonizar* not to match (*de*, -), not to go (*de*, with) 3 *orígenes, familia, raza* to be unworthy (*de*, of) ◇ prnl. **desdecirse** to go back on one's word, recant.

des·dén m. disdain, scorn, contempt **con desdén** scornfully, disdainfully.

des·den·ta·do, da pp. de **desdentar** adj. toothless ◇ m. **desdentado** ZOOL edentate.

des·de·ña·ble adj. 1 *despreciable* contemptible, despicable 2 *insignificante* negligible, insignificant.

des·de·ñar tr. 1 *despreciar* to disdain, scorn 2 *rechazar* to turn down ◇ prnl. **desdeñarse** not to deign (*a*, to).

des·di·bu·ja·do, da pp. de **desdibujar** adj. blurred, faint.

des·di·bu·jar tr. to blur ◇ prnl. **desdibujarse** to become blurred, become faint.

des·di·cha f. misfortune, misery, adversity **para colmo de desdichas** to top it all **por desdicha** unfortunately.

des·di·cha·do, da adj. unfortunate, wretched, unlucky ◇ s. poor devil, wretch.

des·do·bla·mien·to m. 1 unfolding 2 *duplicación* splitting **desdoblamiento de personalidad** split personality.

des·do·blar tr. 1 to unfold 2 fig. *duplicar* to split.

des·do·ro m. tarnishing.

de·se·a·ble adj. desirable.

de·se·a·do, da pp. de **desear** adj. desired **en el momento deseado** at the right time.

de·se·ar tr. 1 *querer* to want 2 *anhelar* to long for, wish for, desire *para alguien* to wish **le deseó la mejor suerte** she wished him good luck 3 *sexualmente* to desire **dejar mucho que desear** to leave a lot to be desired **es de desear que** it is to be hoped that.

de·se·ca·ción f. 1 gen. drying *plantas* withering *pantano* draining, drainage 2 QUÍM desiccation.

de·se·car (see model 1) tr. 1 gen. to dry up 2 *pantano, laguna, etc.* to drain ◇ prnl. **desecarse** to dry up.

de·se·cha·ble adj. disposable, throw-away.

de·se·char tr. 1 *tirar* to discard, throw out, throw away 2 *rechazar* to refuse, reject *proyecto, idea* to drop, discard 3 *apartar de sí* to put aside, cast aside.

de·se·cho m. 1 *residuo* reject 2 *ropa* castoff ◇ mpl. **desechos** waste *sing.* rubbish *sing.* **de desecho** *ropa* cast-off 2 *material* waste.

de·sem·ba·lar tr. to unpack.

de·sem·ba·ra·zar (see model 4) tr. 1 *dejar libre* to free 2 *desocupar* to empty, clear ◇ prnl. **desembarazarse** *librarse* to rid oneself (*de*, of), get rid (*de*, of).

de·sem·bar·car (see model 1) intr. to disembark, land, go ashore ◇ tr. *mercancías* to unload *personas* to disembark, put ashore ◇ prnl. **desembarcarse** to disembark, land, go ashore.

de·sem·bar·co m. *mercancías* landing, unloading *personas* disembarkation, landing *tropas* landing.

de·sem·bo·ca·du·ra f. 1 *de río* mouth, outlet 2 *salida* way out, exit.

de·sem·bo·car (see model 1) intr. 1 *río* to flow (*en*, into) 2 *calle* to end (*en*, at), lead (*en*, into) 3 fig. to lead (*en*, to), end (*en*, in).

de·sem·bol·sar tr. to pay out.

de·sem·bol·so m. 1 *entrega de dinero* payment *plazo* installment 2 *gasto* expense, outlay, expenditure **desembolso inicial** down payment.

de·sem·bu·char tr. 1 *aves* to disgorge 2 fam. fig. to let out, come clean about ◇ intr. to come clean, spill the beans.

de·sem·pa·car (see model 1) tr. to unpack.

de·sem·pa·char tr. to relieve from indigestion ◇ prnl. **desempacharse** to be relieved from indigestion.

de·sem·pal·mar tr. to disconnect.

de·sem·pa·ñar tr. to wipe the steam from, demist.

de·sem·pa·pe·lar tr. to strip.

de·sem·pa·que·tar tr. to unpack, unwrap.

de·sem·pa·re·ja·do, da pp. de **desemparejar** adj. 1 *sin pareja* without a partner 2 *suelto* odd.

de·sem·pa·tar tr. to break a tie between ◇ intr. DEP *desempatar un resultado* to break the deadlock *jugar un partido de desempate* to play a deciding match, play off.

de·sem·pe·ñar tr. 1 *sacar lo empeñado* to redeem, take out of pawn 2 *liberar a una persona de deudas* to pay the debts of 3 *cumplir una obligación* to discharge, fulfill, carry out *un cargo* to fill, hold, occupy 4 *papel* to play.

de·sem·pe·ño m. 1 *de algo empeñado* redeeming *deuda* payment 2 *obligaciones, cargo* carrying out, fulfillment 3 TEAT performance, acting.

de·sem·ple·a·do, da adj. unemployed, out of work ◇ s. unemployed person.

de·sem·ple·o m. unemployment.

de·sem·pol·var tr. 1 *quitar el polvo* to dust 2 fig. *volver a usar* to unearth.

de·sen·ca·de·nar tr. 1 *quitar la cadena* to unchain 2 *pasiones* to unleash 3 fig. *producir* to spark off, give rise to ◇ prnl. **desencadenarse** 1 *desatarse* to break loose 2 *guerra, tormenta* to break out 3 *acontecimientos* to start.

de·sen·ca·ja·do, da pp. de **desencajar** adj. 1 *desunido* out of place, out of joint 2 fig. *rostro* distorted *ojos* wild.

de·sen·ca·jar tr. *desunir* to take apart, disjoint ◇ prnl. **desencajarse** 1 *desunirse* to come apart, come loose 2 fig. *rostro* to become distorted, become twisted *ojos* to look wild.

de·sen·can·ta·mien·to m. disenchantment.

de·sen·can·tar tr. 1 *deshacer el encantamiento* to disenchant 2 *desilusionar* to disillusion, disappoint ◇ prnl. **desencantarse** to be disappointed, be disillusioned.

de·sen·can·to m. 1 *pérdida del encantamiento* disenchantment 2 *desilusión* disillusionment, disappointment.

de·sen·car·ce·lar tr. to release from prison, free.

de·sen·chu·far tr. to unplug, disconnect.

de·sen·cua·der·nar tr. to unbind ◇ prnl. **desencuadernarse** to come unbound.

de·sen·fa·da·da·men·te adv. 1 *con desenvoltura* casually, with ease, confidently 2 *con humor* light-heartedly.

de·sen·fa·da·do, da pp. de **desenfadar** adj. 1 *despreocupado* free and easy, carefree 2 *cómico* light-hearted 3 *ropa* casual.

de·sen·fa·dar tr. to calm down ◇ prnl. **desenfadarse** to calm down.

de·sen·fa·do m. 1 *soltura* self-confidence, assurance 2 *franqueza* frankness, openness 3 *facilidad* ease.

de·sen·fo·ca·do, da pp. de **desenfocar** adj. 1 out of focus 2 fig. wrongly approached.

de·sen·fre·na·do, da pp. de **desenfrenar** adj. 1 gen. frantic, uncontrolled, wild 2 *pasiones, vicios* unbridled, uncontrolled.

de·sen·fre·nar tr. to unbridle ◇ prnl. **desenfrenarse** fig. to let loose, go wild.

de·sen·fre·no m. *vicio* licentiousness, debauchery *falta de control* lack of control, wild abandon.

de·sen·fun·dar tr. 1 *quitar* to draw out, pull out 2 *destapar* to uncover.

de·sen·gan·char tr. 1 gen. to unhook, unfasten *despegar* to unstick 2 *caballerías* to uncouple, unhitch.

de·sen·ga·ña·do, da pp. de **desengañar** adj. 1 *desilusionado* disillusioned 2 *decepcionado* disappointed, let down.

de·sen·ga·ñar tr. 1 *hacer conocer la verdad* to open the eyes of, put in the know 2 *decepcionar* to disappoint 3 *desilusionar* to disillusion ◇ prnl. **desengañarse** *ver la verdad* to have one's eyes opened (de, about) 2 *tener una decepción* to be disappointed.

de·sen·ga·ño m. 1 *conocimiento de la verdad* eye-opener 2 *desilusión* disillusion *decepción* disappointment **sufrir un desengaño** to be disappointed.

de·sen·gar·zar (see model 4) tr. to unravel.

de·sen·gas·tar tr. to remove from its setting.

de·sen·la·ce m. 1 *resultado* outcome, result 2 *de una obra* ending, denouement 3 *final* end.

de·sen·la·zar (see model 43) tr. 1 *desatar* to untie, undo 2 fig. to unravel, solve ◇ prnl. **desenlazarse** 1 *desatarse* to come undone 2 fig. *resolverse una acción* to unfold, turn out.

de·sen·ma·ra·ñar tr. 1 *desenredar* to untangle, unravel 2 fig. *poner en claro* to unravel, clear up *un asunto* to sort out.

de·sen·mas·ca·rar tr. to unmask.

de·sen·mu·de·cer (see model 43) tr. to give back the power of speech to ◇ intr. 1 to recover one's power of speech 2 fig. *romper el silencio* to break one's silence.

de·sen·re·dar tr. to untangle, disentangle ◇ prnl. **desenredarse** to get out (de, of), extricate oneself (de, from).

de·sen·ro·llar tr. to unroll, unwind.

de·sen·ros·car (see model 1) tr. to unscrew, uncoil ◇ prnl. **desenroscarse** to unscrew, uncoil.

de·sen·sam·blar tr. to separate.

de·sen·te·rrar (see model 27) tr. 1 *un objeto* to unearth, dig up *cadáver* to disinter, exhume 2 fig. *recuerdos* to recall, revive.

de·sen·to·nar intr. 1 MÚS *instrumento* to be out of tune *cantante* to sing out of tune 2 fig. *combinar* not to match (con, -) 3 fig. *estar fuera de lugar* to be out of place, not to fit in (con, with).

de·sen·tra·ñar tr. 1 *sacar las entrañas* to disembowel 2 fig. to find out, solve, unravel ◇ prnl. **desentrañarse** fig. *darlo todo* to give one's all.

de·sen·vai·nar tr. to unsheathe, draw.

de·sen·vol·tu·ra f. 1 fig. *soltura* confidence, assurance 2 fig. *gracia* grace, ease 3 fig. *atrevimiento* boldness, forwardness.

de·sen·vol·ver (see model 32) pp. **desenvuelto** tr. 1 *quitar lo que envuelve* to unwrap 2 *aclarar* to clear up ◇ prnl. **desenvolverse** 1 *desembalarse* to come unwrapped 2 *transcurrir* to develop, go 3 *manejarse* to manage, cope.

de·sen·vuel·to, ta pp. de **desenvolver** adj. 1 *seguro* confident, self-assured 2 *natural* easy-going, natural, relaxed 3 *hábil* graceful, natural. 4 *descarado* bold, forward.

de·se·o m. wish, desire **formular un deseo** to make a wish **tener deseo de algo** to wish something, desire something **buenos deseos** good intentions.

de·se·o·so, sa adj. desirous, eager, anxious **estar deseoso de algo** to long for something, yearn for something.

de·se·qui·li·bra·do, da pp. de **desequilibrar** adj. 1 unbalanced, out of balance 2 *persona mentalmente* unbalanced ◇ s. unbalanced person.

de·se·qui·li·brar tr. 1 to unbalance, throw off balance 2 fig. to unbalance ◇ prnl. **desequilibrarse** fig. to become unbalanced, become mentally disturbed.

de·se·qui·li·brio m. 1 lack of balance, imbalance 2 fig. *mental* unbalanced state of mind **desequilibrio mental** mental imbalance.

de·ser·ción f. 1 MIL desertion 2 fig. *abandono* abandonment, desertion.

de·ser·tar intr. 1 MIL to desert 2 fig. *abandonar* to abandon, desert.

de·sér·ti·co, ca adj. desert.

de·ser·tor, ra s. deserter.

de·ses·pe·ra·ción f. 1 despair, desperation 2 *irritación* exasperation.

de·ses·pe·ra·da·men·te adv. desperately, frantically.

de·ses·pe·ra·do, da pp. de **desesperar** adj. 1 *sin esperanza* hopeless, desperate 2 *irritado* exasperated, infuriated ◇ s. desperate person **a la desesperada** fig. as a last hope, in desperation.

de·ses·pe·ran·za f. despair, desperation, hopelessness.

de·ses·pe·rar tr. 1 *hacer perder la paciencia* to drive to despair, make lose one's patience 2 *exasperar* to exasperate ◇ intr. *desesperanzar* to lose hope, despair ◇ prnl. **desesperarse** 1 *desesperanzar* to lose hope, despair 2 *irritarse* to get irritated, become exasperated.

de·ses·ta·bi·li·za·ción f. destabilization.

de·ses·ta·bi·li·za·dor, ra adj. destabilizing.

de·ses·ta·bi·li·zar (see model 4) tr. to destabilize.

de·ses·ti·mar tr. 1 to disregard, underestimate 2 JUR to reject, refuse.

des·fa·cha·tez f. cheek, nerve.

des·fal·car (see model 1) tr. FIN to embezzle.

des·fal·co m. embezzlement.

des·fa·lle·cer (see model 43) tr. disminuir las fuerzas to weaken ⬦ intr. 1 debilitar to weaken, lose strength 2 decaer to lose heart.

des·fa·lle·ci·do, da pp. de desfallecer adj. weak, faint.

des·fa·lle·ci·mien·to m. faintness.

des·fa·sa·do, da pp. de desfasar adj. outdated, out of date persona old-fashioned, behind the times.

des·fa·sar tr. TÉC to phase out ⬦ prnl. desfasarse 1 TÉC to change phase 2 persona to be out of synch.

des·fa·se m. 1 diferencia imbalance, gap 2 TÉC phase difference **desfase horario** 1 entre países time difference. 2 al volar en avión jet lag.

des·fa·vo·ra·ble adj. unfavorable.

des·fa·vo·ra·ble·men·te adv. unfavourably, adversely.

des·fa·vo·re·cer (see model 43) tr. 1 perjudicar to disadvantage, put at a disadvantage 2 afear not to suit, not flatter.

des·fi·gu·ra·ción f. disfigurement.

des·fi·gu·ra·do, da pp. de desfigurar adj. 1 persona disfigured 2 estatua, etc. defaced 3 fig. hecho distorted.

des·fi·gu·rar tr. 1 cara to disfigure 2 estatua, etc. to deface 3 fig. realidad, hechos, etc. to distort ⬦ prnl. desfigurarse descomponerse to become distorted.

des·fi·la·de·ro m. defile, gorge, narrow pass.

des·fi·lar intr. 1 gen. to march 2 MIL to march, march past, parade 3 moda to parade, walk up and down 4 fam. dejarse caer to pass, drop in 5 fam. irse to file out, leave.

des·fi·le m. 1 gen. parade, procession 2 MIL parade 3 moda fashion show.

des·flo·rar tr. 1 ajar to spoil, ruin 2 desvirgar to deflower 3 un tema to touch on, skim over.

des·fo·gar (see model 7) tr. 1 descargar to give vent to, vent 2 la cal to slake 3 dar salida al fuego to vent ⬦ intr. MAR tormenta to burst, break ⬦ prnl. desfogarse to let off steam, vent one's anger.

des·fon·dar tr. 1 romper el fondo to break the bottom of 2 MAR to damage the bottom of 3 fig. perder fuerza to wear out, tire out 4 la tierra to plough deeply ⬦ prnl. desfondarse 1 romperse el fondo to cave in, collapse, give way 2 fig. perder fuerzas to get exhausted, run out of steam.

des·ga·jar tr. 1 rama to tear off página to rip out, tear out 2 romper to break 3 despedazar to tear to pieces ⬦ prnl. desgajarse to break off, come off.

des·ga·na f. 1 inapetencia lack of appetite 2 tedio boredom, weariness **con desgana** reluctantly.

des·ga·na·do, da pp. de desganar adj. 1 sin gana not hungry 2 apático apathetic, half-hearted.

des·ga·nar tr. 1 quitar el apetito to spoil the appetite of 2 quitar las ganas to turn off ⬦ prnl. desganarse perder el apetito to lose one's appetite 2 perder el interés to lose interest (de, in), go off (de, -).

des·ga·ñi·tar·se prnl. fam. to shout oneself hoarse, shout one's head off.

des·gar·ba·do, da adj. ungainly, ungraceful, clumsy.

des·ga·rra·dor, ra adj. 1 heartbreaking, heart-rending 2 aterrador bloodcurdling.

des·ga·rrar tr. 1 rasgar to tear, rip 2 fig. herir los sentimientos to break, rend ⬦ prnl. desgarrarse rasgarse to tear, rip.

des·gas·tar tr. 1 ropa to wear out, wear away tacones to wear down 2 erosionar to erode 3 fig. debilitar to weaken ⬦ prnl. desgastarse 1 gastarse to wear out, get worn 2 fig. debilitarse to weaken 3 fig. persona to wear oneself out.

des·gas·te m. 1 gen. wear metal corrosion cuerda fraying piedra erosion 2 deterioro damage, deterioration 3 fig. debilitamiento weakening **desgaste natural** wear and tear.

des·glo·sar tr. 1 escrito to detach 2 gastos to break down.

des·glo·se m. breakdown, separation.

des·go·ber·nar (see model 27) tr. 1 perturbar el gobierno to disturb gobernar sin tino to misgovern, misrule 2 MAR to steer badly 3 perturbar to disturb, upset.

des·go·bier·no m. misgovernment, mishandling, mismanagement.

des·gra·cia f. 1 desdicha misfortune 2 mala suerte bad luck, mischance 3 pérdida de favor disfavor 4 accidente mishap, accident **caer en desgracia** to lose favor, fall from grace **para mayor desgracia** to top it all, to top everything **por desgracia** unfortunately ¡qué desgracia! how awful!

des·gra·cia·da·men·te adv. unfortunately.

des·gra·cia·do, da pp. de desgraciar adj. 1 sin suerte unfortunate, unlucky 2 infeliz unhappy ⬦ s. wretch, unfortunate person.

des·gra·ciar (see model 12) tr. 1 echar a perder to spoil 2 herir to injure 3 fam. deshonrar a una mujer to dishonor, disgrace ⬦ prnl. desgraciarse malograrse to fail, be spoiled plan, proyecto to fall through.

des·gra·nar tr. 1 guisante, maíz to shell trigo to thresh un racimo de uvas to pick the grapes from 2 soltar to reel off ⬦ prnl. desgranarse soltarse to come apart, come unstrung.

des·gra·var tr. to deduct.

des·gre·ña·do, da pp. de desgreñar adj. dishevelled, ruffled, tousled.

des·gre·ñar tr. to dishevel, ruffle, tousle.

des·gua·ce m. 1 de barco breaking up coche car breaking, scrapping 2 lugar breaker's yard, scrapyard.

des·gua·zar (see model 4) tr. 1 barco to break up coche to scrap 2 madera to rough-hew.

des·ha·bi·ta·do, da pp. de deshabitar adj. pueblo, lugar uninhabited casa, piso unoccupied.

des·ha·bi·tar tr. 1 to leave, abandon, vacate.

des·ha·cer (see model 73) pp. deshecho tr. 1 destruir to destroy 2 estropear to ruin, damage romper to break desordenar to upset 3 nudo to untie, loosen paquete to undo, unwrap ⬦ prnl. deshacerse 1 nudo to come undone puntada to come unsewn 2 disolverse to dissolve derretirse to melt 3 desaparecer to disappear, fade away.

des·ha·rra·pa·do, da adj. ragged, in tatters ⬦ s. person dressed in rags.

des·he·brar tr. 1 sacar las hebras to ravel out, undo 2 deshacer en partes delgadas to tear into shreds.

des·he·cho, cha pp. de deshacer adj. 1 destruido destroyed 2 estropeado damaged, ruined 3 nudo untied, undone.

des·he·lar (see model 27) tr. **1** to thaw, melt. **2** congelador to defrost **3** coche to de-ice ⋄ prnl. deshelarse to thaw out, melt.

des·he·re·da·do, da pp. de desheredar adj. **1** disinherited **2** fig. deprived, underprivileged ⋄ s. **1** disinherited person **2** fig. deprived person, underprivileged person.

des·he·re·dar tr. to disinherit.

des·hi·dra·ta·ción f. dehydration.

des·hi·dra·ta·do, da pp. de deshidratar adj. dehydrated.

des·hi·dra·tar tr. to dehydrate ⋄ prnl. deshidratarse to become dehydrated.

des·hie·lo m. **1** thaw de congelador defrosting de parabrisas de-icing **2** fig. thaw.

des·hi·la·char tr. to fray.

des·hi·la·do m. openwork.

des·hil·va·nar tr. to untack.

des·hin·char tr. **1** neumático, etc. to deflate, let down **2** reducir la hinchazón to reduce the swelling **2** prnl. deshincharse **1** to deflate, go down **2** reducirse la hinchazón to go down.

des·ho·jar tr. **1** flor to strip the petals off árbol to strip the leaves off **2** libro to tear the pages out of. ⋄ prnl. deshojarse flor to lose its petals árbol to lose its leaves.

des·ho·lli·nar tr. to sweep.

des·ho·nes·ta·men·te adv. dishonestly.

des·ho·nes·ti·dad f. **1** sin honestidad dishonesty **2** impudor indecency, immodesty.

des·ho·nes·to, ta adj. **1** sin honestidad dishonest **2** inmoral immodest, indecent.

des·ho·nor m. dishonor, disgrace.

des·hon·ra f. dishonor, disgrace.

des·hon·rar tr. **1** gen. to dishonor, disgrace **2** injuriar to insult, defame **3** a una mujer to dishonor.

des·hon·ro·so, sa adj. dishonorable, shameful, disgraceful.

des·ho·ra f. **1** inconvenient time a deshora inoportuno at an inconvenient time **2** muy tarde very late.

des·hue·sa·do·ra f. de fruta stoning machine de carne boning machine.

des·hue·sar tr. fruta to stone carne to bone.

des·hu·ma·ni·za·ción f. dehumanization.

des·hu·ma·ni·za·do, da pp. de deshumanizar adj. dehumanized.

des·hu·ma·ni·zar (see model 4) tr. to dehumanize.

de·si·de·ra·ta f. desiderata pl.

de·si·de·ra·ti·vo, va adj. desiderative.

de·si·de·rá·tum m. desideratum.

de·si·dia f. negligence.

de·si·dio·so, sa adj. negligent, lazy, slovenly.

de·sier·to, ta adj. **1** sin habitantes uninhabited, deserted **2** vacío deserted, empty **3** no adjudicado void m. **desierto** desert clamar en el desierto fig. to cry in the desert predicar en el desierto fig. to preach in the desert.

de·sig·na·ción f. **1** nombre name, designation **2** nombramiento designation, appointment.

de·sig·nar tr. **1** denominar to designate **2** nombrar para un cargo to appoint, name, assign **3** fijar to set, arrange, fix.

de·sig·nio m. intention, plan los designios del Señor God's will sing.

de·si·gual adj. **1** gen. unequal, uneven **2** diferente different, unequal **3** irregular uneven, irregular **4** no liso uneven, rough **5** variable changeable.

de·si·gual·dad f. **1** gen. inequality, difference **2** irregularidad unevenness **3** terreno unevenness, roughness **4** inconstancia changeability.

de·si·lu·sión f. disappointment, disillusion, disillusionment.

de·si·lu·sio·na·do, da pp. de desilusionar adj. disappointed, disillusioned, disheartened.

de·si·lu·sio·nar tr. to disappoint, disillusion, dishearten ⋄ prnl. desilusionarse to be disappointed, become disillusioned.

de·si·nen·cia f. ending, desinence.

de·sin·fec·ción f. disinfection.

de·sin·fec·tan·te adj. disinfectant ⋄ m. disinfectant.

de·sin·fec·tar tr. to disinfect.

de·sin·fla·ma·ción f. reduction of inflammation.

de·sin·fla·mar tr. to reduce the inflammation in, reduce the swelling in ⋄ prnl. desinflamarse to go down, become less swollen.

de·sin·flar tr. **1** gen. to deflate una rueda to let down ⋄ prnl. desinflarse **1** to go down, deflate **2** fam. fig. desanimarse to lose heart, become disheartened.

de·sin·for·mar intr. to misinform.

de·sin·te·gra·ción f. **1** disintegration **2** fig. disintegration, break-up.

de·sin·te·grar tr. **1** to disintegrate **2** fig. to disintegrate, break up **3** FÍS to split ⋄ prnl. desintegrarse **1** to disintegrate **2** fig. to break up **3** FÍS to split.

de·sin·te·rés m. **1** generosidad unselfishness, generosity **2** falta de interés lack of interest.

de·sin·te·re·sa·do, da pp. de desinteresarse adj. disinterested, unselfish.

de·sin·to·xi·ca·ción f. detoxication, detoxification.

de·sin·to·xi·car (see model 1) tr. **1** to detoxify, detoxify **2** alcohol to dry out.

de·sis·tir intr. **1** gen. to desist, give up **2** de una querella, etc. to abandon, relinquish.

des·ja·rre·tar tr. to hamstring.

des·la·var tr. to half-wash.

des·le·al adj. disloyal.

des·le·al·tad f. disloyalty.

des·le·ír (see model 37) tr. **1** sólido to dissolve líquido to dilute **2** fig. to dilute ⋄ prnl. desleírse sólido to dissolve líquido to be diluted.

des·len·gua·do, da pp. de deslenguarse adj. fig. descarado insolent, cheeky grosero coarse, foul-mouthed.

des·len·guar·se (see model 22) prnl. to be rude.

des·liar (see model 13) tr. **1** desatar to undo, untie **2** un paquete to unwrap, open ⋄ prnl. desliarse desatarse to come undone, come untied.

des·li·gar (see model 7) tr. **1** desatar to untie, unfasten **2** fig. separar to separate (de, from) **3** fig. librar de una obligación to release (de, from), free (de, from) ⋄ prnl. desligarse **1** desatarse to break away (de, from) **2** librarse to release oneself (de, from), free oneself (de, from).

des·lin·dar tr. **1** to delimit, mark the boundaries of **2** fig. to clarify, define, outline.

des·lin·de m. **1** delimitation, demarcation **2** fig. definition.

des·liz m. **1** resbalón slide, slip **2** fig. error slip, mistake error.

des·li·za·mien·to m. slipping, slip deslizamiento de tierra landslide.

des·li·zan·te adj. sliding.

des·li·zar (see model 4) tr. **1** pasar to slide, slip **2** decir o hacer por descuido to slip ⋄ intr. resbalar to slide, slip ⋄ prnl. deslizarse **1** gen. to slide sobre agua to glide **2** salir to slip out (de, of) entrar to slip (en, into).

des·lu·ci·do, da *pp. de* **deslucir** *adj.* **1** *sin brillantez* faded, dull **2** *sin gracia* unimpressive, unexciting, dull, lackluster.

des·lu·cir *(see model 45)* *tr.* **1** *quitar la brillantez* to tarnish, take the shine off *descolorar* to fade **2** *fig. quitar la gracia* to mar, spoil *desacreditar* to discredit.

dés·lum·bra·dor, ra *adj.* **1** dazzling **2** *que impresiona* dazzling, impressive.

des·lum·bra·mien·to *m.* dazzle, dazzling.

des·lum·brar *tr.* to dazzle.

des·lus·trar *tr.* **1** *telas* to take the shine off, dull **2** *vidrio* to grind, frost **3** *metal* to tarnish **4** *fig. desacreditar* to tarnish ◇ *prnl.* **deslustrarse** *metal* to become dull.

des·lus·tre *m.* **1** *falta de lustre* lack of shine **2** *fig. descrédito* discredit.

des·ma·de·ja·do, da *pp. de* **desmadejar** *adj. fig.* tired out, exhausted.

des·ma·de·jar *tr. fig.* to tire out, exhaust.

des·ma·dra·do, da *pp. de* **desmadrar** *adj. fam. fig.* wild, unruly.

des·ma·drar *tr.* to take from its mother ◇ *prnl.* **desmadrarse** *fam. fig.* to go wild.

des·mán *m.* **1** *exceso* outrage, excess, abuse **2** *desgracia* misfortune.

des·man·te·la·do, da *pp. de* **desmantelar** *adj.* **1** dismantled **2** MAR dismasted, unrigged.

des·man·te·la·mien·to *m.* **1** dismantling **2** MAR dismasting, unrigging.

des·man·te·lar *tr.* **1** to dismantle **2** MAR to dismast, unrig.

des·ma·ña·do, da *adj.* clumsy, awkward.

des·ma·qui·lla·dor, ra *adj.* cleansing ◇ *m.* **desmaquillador** make-up remover.

des·ma·qui·llar *tr.* to remove make-up from ◇ *prnl.* **desmaquillarse** to remove one's make-up.

des·ma·ya·do, da *pp. de* **desmayar** *adj.* **1** *color* dull, washed-out **2** *inconsciente* unconscious **3** *cansado* exhausted, worn-out.

des·ma·yar *tr. causar desmayo* to make faint. ◇ *intr. acobardarse* to lose heart ◇ *prnl.* **desmayarse** *perder el sentido* to faint, lose consciousness.

des·ma·yo *m.* **1** *desaliento* discouragement **2** *pérdida del conocimiento* faint, fainting fit **sin desmayo** unfaltering, **sufrir un desmayo** to faint.

des·me·di·do, da *pp. de* **desmedirse** *adj.* **1** *desproporcionado* excessive, disproportionate, out of all proportion **2** *sin límite* boundless, infinite.

des·me·dra·do, da *pp. de* **desmedrar** *adj.* puny, emaciated, tiny.

des·me·drar *tr.* **1** *deteriorar* to deteriorate ◇ *intr. decaer* to decline, deteriorate, go down.

des·me·jo·rar *tr.* **1** to spoil, make worse, damage ◇ *intr.* to deteriorate, get worse, go downhill ◇ *prnl.* **desmejorarse** to deteriorate, get worse, go downhill **estar desmejorado** to look unwell, look worse.

des·me·le·nar *tr. desgreñar* to tousle, dishevel ◇ *prnl.* **desmelenarse** *fam. desmadrarse* to let one's hair down.

des·mem·bra·ción *f.* **1** dismemberment **2** *fig.* separation, division.

des·mem·brar *(see model 3)* *tr.* **1** to dismember **2** *fig.* to split up, break up, divide.

des·me·mo·ria·do, da *adj.* forgetful, absent-minded ◇ *s.* forgetful person, absent-minded person.

des·men·tir *(see model 35)* *tr.* **1** *negar* to deny **2** *contradecir* to contradict, belie **3** *desmerecer* not to live up to.

des·me·nu·zar *(see model 4)* *tr.* **1** *gen.* to break into little pieces *carne* to chop up *pan* to crumble *pescado* to flake **2** *fig. examinar* to examine, look into, analyze.

des·me·su·ra *f.* immoderation, disproportion.

des·me·su·ra·da·men·te *adv.* extremely, excessively, disproportionately.

des·me·su·ra·do, da *pp. de* **desmesurarse** *adj.* **1** *excesivo* excessive, disproportionate **2** *descortés* insolent, discourteous, rude.

des·mi·li·ta·ri·za·ción *f.* demilitarization.

des·mi·li·ta·ri·zar *(see model 4)* *tr.* to demilitarize.

des·mi·ne·ra·li·za·ción *f.* demineralization.

des·mi·ne·ra·li·zar *(see model 4)* *tr.* to demineralize.

des·mi·ti·fi·car *(see model 1)* *tr.* to demystify.

des·mol·dar *tr.* to remove from a mould, turn out.

des·mon·ta·ble *adj.* that can be taken to pieces.

des·mon·tar *tr.* **1** *desarmar* to take to pieces, take down, dismantle **2** *edificio* to knock down. **3** *arma* to uncock ◇ *intr. del caballo* to dismount *(de, -)*.

des·mo·ra·li·za·ción *f.* demoralization.

des·mo·ra·li·za·dor, ra *adj.* demoralizing.

des·mo·ra·li·zar *(see model 4)* *tr.* to demoralize ◇ *prnl.* **desmoralizarse** to become demoralized.

des·mo·ro·nar *tr.* to crumble, destroy ◇ *prnl.* **desmoronarse 1** to crumble, collapse, fall to pieces **2** *venir a menos* to crumble, collapse **3** *fig. decaer el ánimo* to lose heart, fall apart.

des·mo·vi·li·za·ción *f.* demobilization.

des·mo·vi·li·zar *(see model 4)* *tr.* to demobilize.

des·na·cio·na·li·za·ción *f.* denationalization, privatization.

des·na·tu·ra·li·zar *(see model 4)* *tr.* **1** *adulterar* to adulterate **2** QUÍM to denature, denaturize **3** *desterrar* to banish.

des·ni·vel *m.* **1** unevenness **2** *cuesta* slope, drop **3** *fig.* difference.

des·ni·ve·la·do, da *pp. de* **desnivelar** *adj.* **1** *desigual* uneven, not level, unequal **2** *desequilibrado* out of balance.

des·ni·ve·lar *tr.* **1** *sacar de nivel* to make uneven, put on a different level **2** *desequilibrar* to throw out of balance *balanza* to tip ◇ *prnl.* **desnivelarse** to become uneven.

des·nu·car *(see model 1)* *tr.* to break the neck of ◇ *prnl.* **desnucarse** to break one's neck.

des·nu·dar *tr.* **1** to undress **2** *fig. despojar* to strip **3** *fig. desenvainar* to unsheathe ◇ *prnl.* **desnudarse** *persona* to get undressed, take one's clothes off.

des·nu·dez *f.* nudity, nakedness.

des·nu·dis·ta *adj.* nudist ◇ *com.* nudist.

des·nu·do, da *adj.* **1** *persona* naked, nude *parte del cuerpo* bare **2** *falto de lo que cubre o adorna* plain, bare **3** *fig. falto de fortuna* destitute ◇ *m.* **desnudo** ART nude **al desnudo** *sin ropa* naked **2** *sin protección* unprotected, exposed **poner al desnudo** to lay bare, expose.

des·nu·tri·ción *f.* malnutrition, undernourishment.

des·nu·tri·do, da *pp. de* **desnutrir** *adj.* undernourished.

de·so·be·de·cer *(see model 43)* *tr.* to disobey.

de·so·be·dien·cia *f.* disobedience.

de·so·be·dien·te *adj.* disobedient ◇ *com.* disobedient person.

de·so·bli·gar *(see model 7)* *tr.* **1** *librar de una obligación* to free from an obligation **2** *fig. disgustar* to disoblige.

de·so·cu·pa·ción *f.* **1** *ociosidad* leisure **2** *desempleo* unemployment.

de·so·cu·pa·do, da *pp. de* desocupar *adj.* 1 *libre* free, vacant **esta mesa está desocupada** this table is free. 2 *ocioso* free, not busy 3 *desempleado* unemployed, out of work.

de·so·cu·par *tr.* 1 to vacate, leave, empty. 2 MIL to evacuate ◇ *prnl.* **desocuparse** 1 *casa, habitación, etc.* to become empty, become vacant 2 *perder el empleo* to become unemployed **quedarse libre** to be free.

de·so·do·ran·te *adj.* deodorant ◇ *m.* deodorant.

de·so·do·rar *tr.* to deodorize.

de·so·do·ri·zar *(see model 4) tr.* to deodorize.

de·so·ír *(see model 75) tr.* to ignore, take no notice of, turn a deaf ear to.

de·so·jar *tr. una aguja* to break the eye of ◇ *prnl.* **desojarse** *fig. estropearse la vista* to strain one's eyes.

de·so·la·ción *f.* 1 desolation. 2 *tristeza* affliction, grief.

de·so·la·do, da *pp. de* desolar *adj.* 1 *devastado* desolated, devastated 2 *triste* distressed, heartbroken.

de·so·la·dor, ra *adj.* 1 *devastador* devastating, ravaging 2 *desconsolador* heartbreaking, devastating.

de·so·lar *(see model 31) tr.* 1 *devastar* to devastate 2 *desconsolar* to desolate, distress. ◇ *prnl.* **desolarse** to be grieved.

de·so·llar *(see model 31) tr.* 1 to skin, flay 2 *fig. persona* to injure **desollar vivo** *fig.* to skin alive.

de·sor·bi·ta·do, da *pp. de* desorbitar *adj.* 1 exorbitant, exaggerated, disproportionate **tener los ojos desorbitados** to be wide-eyed.

de·sor·bi·tar *tr.* to exaggerate, blow out of proportion.

de·sor·den *m.* 1 disorder, disarray, mess, untidiness 2 *irregularidad* irregularity ◇ *mpl.* **desórdenes** 1 *disturbios* riots, disturbances, disorder *sing.* 2 *excesos* excesses 3 *malestar* disorders.

de·sor·de·na·da·men·te *adv.* pell-mell, in a disorderly fashion.

de·sor·de·na·do, da *pp. de* desordenar *adj.* 1 *habitación, etc.* untidy, messy 2 *persona* slovenly 3 *ideas* confused 4 *fig. vida* licentious.

de·sor·de·nar *tr.* to untidy, disarrange, mess up *alterar* to disturb ◇ *prnl.* **desordenarse** to get untidy, become untidy, get messed up.

de·sor·ga·ni·za·ción *f.* disorganization.

de·sor·ga·ni·za·do, da *adj.* disorganized.

de·sor·ga·ni·zar *(see model 4) tr.* to disorganize, disrupt.

de·so·rien·ta·ción *f.* 1 disorientation 2 *fig.* confusion.

de·so·rien·ta·do, da *pp. de* desorientar *adj.* 1 disorientated 2 *fig.* confused.

de·so·rien·tar *tr.* 1 to disorientate 2 *fig. confundir* to confuse ◇ *prnl.* **desorientarse** to lose one's bearings, lose one's sense of direction, get lost 2 *fig. confundirse* to get confused.

de·so·var *intr. insectos* to lay eggs *peces* to spawn.

de·so·ve *m. insectos* egg-laying *peces* spawning.

de·so·xi·dan·te *adj.* deoxidizing ◇ *m.* deoxidizer.

de·so·xi·dar *tr.* to deoxidize.

de·so·xi·rri·bo·nu·clei·co, ca *adj.* deoxyribonucleic.

des·pa·bi·la·do, da *pp. de* despabilar *adj.* 1 *desvelado* wide-awake 2 *fig. listo* smart, sharp, quick. **ser despabilado** *fig.* to be quick on the uptake, have one's wits about one.

des·pa·bi·lar *tr.* 1 *quitar el pábilo* to snuff 2 *fig. despertar* to wake up 3 *fig. despertar el ingenio*

to make get one's act together ◇ *intr. darse prisa* to hurry up ◇ *prnl.* **despabilarse** 1 *despertarse* to wake up 2 *avivarse* to get one's act together.

des·pa·char *tr.* 1 *terminar* to finish, dispatch 2 *resolver* to resolve, get through *tratar un asunto* to deal with, attend 3 *enviar* to send, dispatch 4 *en tienda* to serve *vender* to sell ◇ *prnl.* **despacharse** 1 *desembarazarse* to get rid (*de*, of) 2 *fam. fig. comer o beber* to put away, polish off **despacharse a gusto con alguien** to give somebody a piece of one's mind.

des·pa·cho *m.* 1 *envío* sending, dispatch 2 *oficina* office *estudio* study 3 *venta* sale, selling.

des·pa·cio *adv.* 1 *gen.* slowly 2 *silenciosamente* quietly ◇ *interj.* slow down!, take it easy!

des·pam·pa·nan·te *adj. fam.* stunning.

des·pa·ra·si·tar *tr. piojos* to delouse *lombrices* to worm.

des·pa·re·jar *tr.* to separate.

des·par·pa·jo *m.* 1 *desenvoltura* ease, self-assurance 2 *descaro* nerve, impudence. **con desparpajo** in a carefree way, confidently.

des·pa·rra·mar *tr.* 1 to spread, scatter *un líquido* to spill 2 *divulgar* to spread ◇ *prnl.* **desparramarse** 1 to spread, scatter *líquido* to spill 2 *divulgar* to spread.

des·pa·ta·rra·do, da *pp. de* despatarrar *adj.* with one's legs wide open, with one's legs wide apart.

des·pa·ta·rrar *tr.* 1 *asombrar* to astonish, amaze 2 *fam. abrir las piernas* to send sprawling ◇ *prnl.* **despatarrarse** *asombrarse* to be astonished 2 *abrirse de piernas* to open one's legs wide 3 *caer* to go sprawling.

des·pa·vo·ri·do, da *adj.* terrified.

des·pe·cha·do, da *pp. de* despechar *adj.* bearing a grudge, spiteful.

des·pe·char *tr.* to vex *prnl.* **despecharse** to become vexed.

des·pe·cho *m.* spite **a despecho de** in spite of, despite *por despecho* out of spite.

des·pe·chu·gar *(see model 7) tr.* to cut the breast off ◇ *prnl.* **despechugarse** *fam. fig.* to show one's breast, bare one's breast.

des·pec·ti·va·men·te *adv.* contemptuously, disparagingly.

des·pec·ti·vo, va *adj.* 1 contemptuous, disparaging 2 GRAM pejorative, derogatory.

des·pe·da·zar *(see model 4) tr.* 1 to tear to pieces, cut to pieces 2 *fig. maltratar* to break.

des·pe·di·da *f.* 1 farewell, goodbye 2 *en una carta* closing formula 3 MÚS last verse.

des·pe·di·do, da *pp. de* despedir *adj. sin empleo* dismissed, sacked, fired.

des·pe·dir *(see model 34) tr.* 1 *lanzar* to shoot, fire 2 *echar* to throw out 3 *emitir* to emit, give off 4 *del trabajo* to dismiss, fire, sack 5 *decir adiós* to see off, say goodbye to ◇ *prnl.* **despedirse** 1 *decirse adiós* to say goodbye (*de*, to) 2 *de un empleo* to leave (*de*, -) 3 *fig. olvidarse, renunciar* to forget (*de*, -), give up (*de*, -).

des·pe·ga·do, da *pp. de* despegar *adj.* 1 detached, unstuck 2 *fig.* cool, indifferent, distant.

des·pe·gar *(see model 7) tr. desenganchar* to unstick, take off, detach ◇ *intr.* 1 *avión* to take off *nave espacial* to lift off, blast off. 2 *comenzar el desarrollo* to take off ◇ *prnl.* **despegarse** *separarse* to come unstuck. **no despegar los labios** *fig.* not to say a word.

des·pe·gue *m.* **1** avión takeoff nave espacial lift-off, blast-off **2** *fig.* desarrollo takeoff, launching. **pista de despegue** runway.

des·pei·na·do, da *pp. de* **despeinar** *adj.* disheveled, unkempt, tousled.

des·pei·nar *tr.* to dishevel, ruffle ◇ *prnl.* **despeinarse** to mess up one's hair.

des·pe·ja·do, da *pp. de* **despejar** *adj.* **1** *seguro* assured, self-confident **2** *sin sueño* wide awake *listo* bright, smart clever *lúcido* clear-headed.

des·pe·jar *tr.* **1** desalojar to clear **2** espabilar to wake up, clear the head of **3** *fig.* aclarar to clarify, clear up ◇ *prnl.* **despejarse 1** METEOR to clear up **2** espabilarse to wake oneself up, clear one's head.

des·pe·lle·jar *tr.* **1** quitar la piel to skin **2** *fig.* criticar to pull to pieces ◇ *prnl.* **despellejarse** to peel.

des·pe·na·li·za·ción *f.* legalization, decriminalization.

des·pe·na·li·zar *(see model 4) tr.* to legalize, decriminalize.

des·pen·sa *f.* **1** lugar pantry, larder. **2** víveres provisions ◇ *pl.* stock of food.

des·pe·ña·de·ro *m.* cliff, precipice.

des·pe·ñar *tr.* to throw over a cliff ◇ *prnl.* **despeñarse 1** caer to fall over a cliff **2** *fig.* perderse to go off the straight and narrow.

des·per·di·ciar *(see model 12) tr.* to waste, squander oportunidad to throw away.

des·per·di·cio *m.* waste ◇ *mpl.* **desperdicios** basura rubbish **no tener desperdicio** *fig.* to be good from start to finish.

des·per·di·gar *(see model 7) tr.* to scatter, disperse ◇ *prnl.* **desperdigarse** to scatter, disperse.

des·per·fec·to *m.* **1** daño damage **2** defecto flaw, defect **causar desperfectos** to damage, cause damage, **sufrir desperfectos** to get damaged.

des·per·so·na·li·zar *(see model 4) tr.* to depersonalize.

des·per·ta·dor *adj.* awakening *m.* **despertador** alarm clock.

des·per·tar *(see model 27) tr.* **1** to wake, wake up, awaken **2** apetito to whet **3** *fig.* pasiones, deseos, etc. to arouse ◇ *intr.* to wake up, awake ◇ *prnl.* **despertarse** to wake up, awake.

des·pia·da·da·men·te *adv.* ruthlessly.

des·pia·da·do, da *adj.* ruthless, merciless.

des·pi·do *m.* dismissal, sacking **despido improcedente** wrongful dismissal, unfair dismissal.

des·pier·to, ta *adj.* **1** awake. **2** espabilado lively, smart, sharp, bright.

des·pil·fa·rra·dor, ra *adj.* spendthrift, wasteful ◇ *s.* spendthrift, waster, squanderer.

des·pil·fa·rrar *tr.* to waste, squander.

des·pil·fa·rro *m.* waste.

des·pin·tar *tr.* **1** to take the paint off **2** *fig.* desfigurar to distort ◇ *prnl.* **despintarse 1** borrarse los colores to fade **2** olvidar to forget.

des·pis·ta·do, da *pp. de* **despistar** *adj.* **1** distraído absent-minded **2** confundido confused **3** desorientado lost ◇ *s.* absent-minded person, scatterbrain.

des·pis·tar *tr.* **1** hacer perder la pista to lose, give the slip **2** *fig.* desorientar to mislead, confuse. **3** *fig.* distraer la atención to distract ◇ *intr.* disimular to mess about ◇ *prnl.* **despistarse** perderse to get lost, lose one's way.

des·pis·te *m.* **1** distracción absent-mindedness **2** error mistake, slip. **tener un despiste** to be absent-minded.

des·plan·te *m. fig.* impudent remark, impudent act.

des·pla·za·mien·to *m.* **1** traslado moving, removal **2** viaje trip, journey.

des·pla·zar *(see model 4) tr.* **1** mover to move, shift **2** MAR to displace **3** *fig.* sustituir to replace, take over from ◇ *prnl.* **desplazarse** to travel.

des·ple·gar *(see model 48) tr.* **1** extender to unfold, spread (out), open (out) alas to spread **2** MIL to deploy **3** *fig.* aclarar to clarify ◇ *prnl.* **desplegarse** MIL to deploy.

des·plie·gue *m.* **1** MIL deployment **2** *fig.* exhibición display, show, manifestation.

des·plo·mar *tr.* **1** hacer perder la verticalidad to put out of plumb ◇ *prnl.* **desplomarse 1** caer una pared to tumble down **2** caer algo de peso to fall down, collapse, topple over.

des·plu·mar *tr.* **1** quitar las plumas to pluck **2** *fig.* estafar to fleece, swindle ◇ *prnl.* **desplumarse** to moult.

des·po·bla·do *m.* deserted place.

des·po·blar *(see model 31) tr.* **1** to depopulate **2** *fig.* despojar to clear de árboles to deforest ◇ *prnl.* **despoblarse** to become depopulated, become deserted.

des·po·jar *tr.* **1** quitar to deprive (de, of), strip **2** JUR to dispossess ◇ *prnl.* **despojarse 1** quitarse ropa to take off (de, -) **2** desposeerse voluntariamente to forsake (de, -), give up (de, -).

des·po·jo *m.* botín plunder, booty ◇ *mpl.* **despojos 1** sobras leavings, scraps, leftovers **2** de un animal offal *sing.* **3** restos mortales mortal remains.

des·po·li·ti·za·ción *f.* depoliticization.

des·po·li·ti·zar *(see model 4) tr.* depoliticize.

des·por·ti·llar *tr.* to chip *prnl.* **desportillarse** to chip.

des·po·sa·do, da *pp. de* **desposar** *adj.* newly wed ◇ *s.* newlywed ◇ *mpl.* **los desposados** the newlyweds.

des·po·sar *tr.* to marry. ◇ *prnl.* **desposarse 1** prometerse to get engaged (con, to) **2** casarse to get married (con, to).

des·po·se·er *(see model 61) tr.* **1** gen. to dispossess **2** autoridad to remove ◇ *prnl.* **desposeerse** renunciar to give up (de, -).

dés·po·ta *com.* despot, tyrant.

des·pó·ti·co, ca *adj.* despotic.

des·po·tis·mo *m.* despotism **despotismo ilustrado** enlightened despotism.

des·po·tri·car *(see model 1) intr.* to rave, rant on (contra, about).

des·pre·cia·ble *adj.* **1** despicable, contemptible **es un hombre despreciable** he's a despicable man. **2** sin importancia negligible.

des·pre·ciar *(see model 12) tr.* **1** desdeñar to despise, scorn, look down on **2** desestimar to reject ignorar to disregard, ignore.

des·pre·cia·ti·vo, va *adj.* scornful, contemptuous.

des·pre·cio *m.* **1** desestima contempt, scorn, disdain **2** desaire slight, snub.

des·pren·der *tr.* **1** separar to detach, remove **2** soltar to release **3** emanar to give off ◇ *prnl.* **desprenderse 1** soltarse to come off, come away **2** emanar to emanate, be given off **3** deducirse to follow, be inferred, be implied **de aquí se desprende que no quiere volver a verte** from this it follows that she doesn't want to see you again.

des·pren·di·do, da *pp. de* **desprender** *adj. fig.* generous, disinterested, unselfish.

des·pre·o·cu·pa·ción f. 1 *tranquilidad* nonchalance, unconcern 2 *negligencia* negligence, carelessness. 3 *indiferencia* indifference.

des·pre·o·cu·pa·do, da pp. de **despreocuparse** adj. 1 *tranquilo* unconcerned, unworried 2 *negligente* negligent, careless, sloppy 3 *indiferente* indifferent.

des·pre·o·cu·par·se prnl. 1 *dejar de preocuparse* to stop worrying 2 *desentenderse* to be unconcerned (*de*, about), be indifferent (*de*, to).

des·pres·ti·giar *(see model 12)* tr. 1 to discredit, ruin the reputation of ◇ prnl. **desprestigiarse** to lose one's prestige, lose one's good reputation.

des·pres·ti·gio m. discredit, loss of prestige, loss of reputation *campaña de desprestigio* smear campaign.

des·pre·su·ri·zar *(see model 4)* tr. to depressurize.

des·pre·ve·ni·do, da adj. unprepared, unready.

des·pro·por·ción f. disproportion, lack of proportion.

des·pro·por·cio·na·do, da pp. de **desproporcionar** adj. disproportionate, out of proportion.

des·pro·por·cio·nar tr. to disproportion.

des·pro·pó·si·to m. absurdity, nonsense *decir despropósitos* to talk nonsense.

des·pro·vis·to, ta pp. de **desproveer** adj. lacking (*de*, -), devoid (*de*, of), without (*de*, -) *estar desprovisto de* to be lacking, lack.

des·pués adv. 1 afterwards, later *iremos después* we'll go later 2 *entonces* then *y después dijo que sí* and then he said yes 3 *luego* next **después de** *tiempo* after **después de todo** after all **después que** after, when.

des·pun·ta·do, da pp. de **despuntar** adj. blunt.

des·pun·tar tr. 1 *quitar la punta* to blunt, make blunt. 2 MAR to round ◇ intr. *planta* to sprout *flor* to bud 2 *destacar* to excel, stand out. **al despuntar el alba/día** at dawn, at daybreak.

des·qui·ciar *(see model 12)* tr. 1 *desencajar* to unhinge, take off its hinges 2 fig. *descomponer una cosa* to upset, unsettle ◇ prnl. **desquiciarse** *desencajarse* to come off its hinges.

des·qui·tar tr. 1 *compensar un mal* to compensate 2 *vengar* to avenge ◇ prnl. **desquitarse** *compensar de un mal* to make good.

des·re·gu·la·ción f. deregulation.

des·re·gu·lar tr. to deregulate.

des·ta·ca·do, da pp. de **destacar** adj. *persona* outstanding, distinguished, prominent, leading *actuación* outstanding.

des·ta·ca·men·to m. detachment.

des·ta·car *(see model 1)* intr. *despuntar* to stand out ◇ tr. 1 MIL to detach 2 *en pintura* to highlight, make stand out ◇ prnl. **destacarse** to stand out.

des·ta·jo m. piecework.

des·ta·par tr. 1 *gen.* to open 2 *tapón* to uncork *tapa* to take the lid off 3 *en la cama* to uncover ◇ prnl. **destaparse** 1 *en la cama* to take the bedclothes off, take the covers off 2 fig. *darse a conocer* to open up.

des·ta·pe m. fam. striptease *película de destape* fam. blue movie.

des·tar·ta·la·do, da adj. *casa, etc.* tumbledown, ramshackle *coche, etc.* clapped-out, rickety *mueble* dilapidated, shabby.

des·te·jer tr. 1 *deshacer lo tejido* to unweave *punto* to undo 2 fig. *desbaratar* to mess up, take apart.

des·te·llar intr. *gen.* to sparkle, glitter *estrella* to twinkle.

des·te·llo m. 1 *resplandor* sparkle, flash *brillo* gleam, shine 2 fig. *atisbo* glimmer, flash.

des·tem·pla·do, da pp. de **destemplar** adj. 1 MÚS out of tune 2 *voz, gesto* sharp, snappy 3 *carácter* irritable, tetchy **con cajas destempladas** rudely, brusquely.

des·tem·plan·za f. 1 *falta de sobriedad* intemperance 2 *del clima* unsettledness 3 *malestar general* indisposition.

des·tem·plar tr. 1 *alterar* to disturb, upset 2 *poner en infusión* to infuse 3 MÚS to make go out of tune 4 *un metal* to untemper ◇ prnl. **destemplarse** MED to feel indisposed, feel unwell.

des·te·ñir *36 (ceñir)* tr. to discolor, fade ◇ intr. to lose color, fade, run ◇ prnl. **desteñirse** to lose color, fade.

des·te·rra·do, da pp. de **desterrar** adj. exiled, banished ◇ s. exile, outcast.

des·te·rrar *(see model 27)* tr. 1 to exile, banish 2 fig. to banish.

des·te·tar tr. to wean.

des·te·te m. weaning.

des·tie·rro m. 1 *pena* banishment, exile 2 *lugar* place of exile 3 fig. *lugar muy apartado* back of beyond.

des·ti·la·ción f. distillation.

des·ti·la·do, da pp. de **destilado** adj. distilled ◇ m. destilado distillate.

des·ti·la·dor, ra adj. distilling ◇ s. persona distiller ◇ m. destilador alambique still.

des·ti·lar tr. 1 to distill 2 *pus, sangre* to exude *la herida destilaba pus* pus oozed from the wound 3 *filtrar* to filter ◇ intr. *gotear* to drip.

des·ti·le·rí·a f. distillery.

des·ti·na·do, da pp. de **destinar** adj. destined (*a*, to), bound (*a*, for) **estar destinado al fracaso** to be doomed to failure.

des·ti·nar tr. 1 *asignar* to assign, set aside, destine *dinero* to allocate, set aside 2 *persona* to appoint, assign, send, post 3 MIL to post.

des·ti·na·ta·rio, ria s. 1 *de carta* addressee 2 *de mercancías* consignee.

des·ti·no m. 1 *sino* destiny, fate 2 *uso* purpose, use 3 *lugar* destination.

des·ti·tu·ción f. dismissal, removal.

des·ti·tuir *(see model 62)* tr. to dismiss, remove from office.

des·tor·ni·lla·dor m. screwdriver.

des·tor·ni·llar tr. to unscrew ◇ prnl. **destornillarse** 1 to come unscrewed 2 fig. to go crazy.

des·tra·bar tr. 1 *quitar las trabas* to unfetter 2 *desprender* to remove, detach.

des·tre·za f. skill, dexterity.

des·tri·par tr. 1 *quitar las tripas* to disembowel *pescado* to gut 2 *cosa* to tear open, cut open 3 fig. *despachurrar* to crush, squash.

des·tro·nar tr. 1 to dethrone 2 fig. to overthrow, unseat.

des·tro·za·do, da pp. de **destrozar** adj. 1 *objeto* smashed, broken, ruined 2 *persona - moralmente* devastated, shattered - *físicamente* exhausted, done in, worn out.

des·tro·zar *(see model 4)* tr. 1 *romper* to destroy, shatter, wreck *despedazar* to tear to pieces, tear to shreds 2 fig. *gastar* to wear out 3 fig. *estropear* to ruin, spoil *corazón* to break.

des·tro·zo m. *acción* destruction.

des·truc·ción f. destruction.

des·truc·ti·vo, va adj. destructive.

des·truc·tor, ra adj. destructive ◇ m. **destructor** MAR destroyer.

des·truir *(see model 62)* tr. **1** to destroy **2** *fig.* to destroy, ruin, wreck.

de·su·nión f. **1** *separación* separation, division **2** *fig. discordia* discord, feud, dissension.

de·su·nir tr. **1** *separar* to divide, separate **2** *fig.* to cause discord, disunite.

de·su·sa·do, da pp. *de desusar* adj. **1** *insólito* unusual, strange **2** *anticuado* old-fashioned.

de·su·so m. disuse **caer en desuso** to fall into disuse.

des·va·í·do, da adj. **1** *color disipado* faded, pale *borroso* blurred **2** *persona* tall and lanky.

des·va·li·do, da adj. needy, destitute ◇ s. needy person, destitute person ◇ mpl. **los desvalidos** the needy, the destitute.

des·va·li·ja·mien·to m. theft, robbery.

des·va·li·jar tr. **1** *a alguien* to rob **me desvalijaron** I was robbed **2** *un lugar* to burgle.

des·va·lo·ri·za·ción f. devaluation, depreciation.

des·ván m. loft, attic.

des·va·ne·cer *(see model 43)* tr. **1** *hacer desaparecer* to clear, dispel, disperse **2** *color* to fade *contorno* to blur **3** *fig. recuerdo, etc.* to dispel, banish ◇ prnl. **desvanecerse 1** *disiparse* to disperse, clear **2** *fig. desaparecer* to vanish, disappear.

des·va·ne·ci·mien·to m. **1** *desaparición* disappearance, dispelling **2** *desmayo* faint, fainting fit.

des·va·riar *(see model 13)* intr. to be delirious, rave, talk nonsense.

des·va·rí·o m. **1** *delirio* delirium, raving **2** *disparate* nonsense, act of madness.

des·ve·la·do, da pp. *de desvelar* adj. awake, wide awake.

des·ve·lar tr. **1** *quitar el sueño* to keep awake **2** *fig. revelar* to reveal, disclose ◇ prnl. **desvelarse 1** to be unable to sleep **2** *fig. dedicarse* to devote oneself *(por,* to).

des·ve·lo m. **1** *insomnio* sleeplessness, insomnia **2** *dedicación* devotion, dedication ◇ mpl. **desvelos** efforts, pains.

des·ve·nar tr. **1** *quitar las venas a la carne, los nervios de las hojas del tabaco* to remove the veins from **2** *sacar del filón* to extract from a vein.

des·ven·ci·ja·do, da pp. *de desvencijar* adj. rickety, broken-down, dilapidated.

des·ven·ci·jar tr. to break, ruin ◇ prnl. **desvencijarse** to fall apart, fall to pieces.

des·ven·ta·ja f. **1** disadvantage, drawback **2** *problema* problem.

des·ven·tu·ra f. misfortune, bad luck.

des·ven·tu·ra·do, da adj. unfortunate, unlucky ◇ s. unfortunate person, wretch.

des·ver·gon·za·do, da adj. **1** *sinvergüenza* shameless, brazen **2** *descarado* cheeky, rude, impudent ◇ s. **1** *sinvergüenza* shameless person **2** *descarado* cheeky person.

des·ver·güen·za f. **1** *falta de decoro* shamelessness **2** *descaro* cheek, nerve, impudence **3** *impertinencia* insolent remark, rude remark.

des·ves·tir *(see model 34)* tr. to undress ◇ prnl. **desvestirse** to undress, get undressed.

des·via·ción f. **1** deviation **2** *de carretera* diversion, detour **desviación de columna** MED slipped disc.

des·viar *(see model 13)* tr. **1** *gen.* to deviate, change the course of **2** *golpe, balón* to deflect **3** *carretera, río, barco, avión* to divert ◇ prnl. **desviarse 1** *avión, barco* to go off course *coche* to make a detour **2** *golpe, balón* to be deflected.

des·vin·cu·la·ción f. releasing, freeing.

des·vin·cu·lar tr. **1** *gen.* to separate, detach, dissociate **2** *de la familia* to cut off *(de,* from) prnl. **desvincularse** to cut oneself off *(de,* from), break away *(de,* from), dissociate oneself *(de,* from).

des·vir·gar *(see model 7)* tr. to deflower.

des·vir·tuar *(see model 11)* tr. **1** to impair, spoil, distort **2** *fig.* to contradict, belie.

de·ta·lla·do, da pp. *de detallar* adj. detailed, thorough.

de·ta·llar tr. **1** to detail, give the details of, tell in detail **2** *especificar* to specify.

de·ta·lle m. **1** *pormenor* detail, particular **2** *delicadeza* nice gesture, nice thought **contar algo con detalle** to tell something in (great) detail **¡qué detalle!** how nice! how sweet!

de·ta·llis·ta adj. **1** *perfeccionista* perfectionist **2** *que piensa en los demás* thoughtful, considerate.

de·tec·ción f. detection.

de·tec·tar tr. to detect.

de·tec·ti·ve com. detective.

de·tec·tor, ra adj. detecting ◇ m. **detector** detector **detector de incendios** fire detector **detector de mentiras** lie detector.

de·ten·ción f. **1** *paro* stopping, halting *interrupción* stoppage, stop, halt **2** JUR detention, arrest. **3** *atención* care.

de·te·ner *(see model 87)* tr. **1** *parar* to stop, halt *proceso, negociación* to hold up **2** *retener* to keep, delay, detain **3** JUR to detain, arrest ◇ prnl. **detenerse 1** *pararse* to stop, halt **2** *entretenerse* to hang about, linger **3** *pararse a considerar algo* to dwell.

de·te·ni·da·men·te adv. carefully, thoroughly.

de·te·ni·do, da pp. *de detener* adj. **1** *parado* held up **2** *minucioso* detailed, thorough, careful. **3** JUR under arrest s. **1** JUR prisoner.

de·ten·tar tr. JUR to hold unlawfully.

de·ter·gen·te adj. detergent ◇ m. detergent.

de·te·rio·ra·do, da pp. *de deteriorar* adj. damaged, worn.

de·te·rio·rar tr. *estropear* to damage, spoil *gastar* to wear out ◇ prnl. **deteriorarse** *estropearse* to get damaged *gastarse* to wear out.

de·te·rio·ro m. **1** *daño* damage, deterioration *desgaste* wear and tear **2** *fig. empeoramiento* deterioration, worsening.

de·ter·mi·na·ble adj. determinable.

de·ter·mi·na·ción f. **1** *valor* determination, resolution **2** *decisión* decision **3** *firmeza* firmness **con determinación** determinedly.

de·ter·mi·na·do, da pp. *de determinar* adj. **1** *preciso* definite, precise, certain, given, particular. **2** *día, hora, etc.* fixed, set, appointed **3** *resuelto* determined, decisive, resolute.

de·ter·mi·nan·te adj. decisive, determinant ◇ m. MAT determinant.

de·ter·mi·nar tr. **1** *decidir* to resolve, decide, determine **2** *señalar* to determine **3** *fijar* to fix, set, appoint ◇ prnl. **determinarse** *decidirse* to make up one's mind, decide.

de·ter·mi·nis·mo m. determinism.

de·tes·ta·ble adj. detestable, hateful, repulsive.

de·tes·tar tr. to detest, hate, abhor.

de·to·na·ción f. detonation.

de·to·na·dor m. detonator.

de·to·nan·te adj. detonating, explosive ◇ m. detonator.

de·to·nar intr. to detonate, explode ◇ tr. to detonate, set off.

de·trac·tor, ra s. critic, detractor.

de·tra·er tr. substraer to withdraw f. fig. denigrar to denigrate.

de·trás adv. **1** behind. **detrás de la puerta** behind the door **2** en la parte posterior at the back, in the back **3** después then, afterwards **ir detrás de** to go after.

de·tri·men·to m. **1** detriment **2** fig. daño moral harm, damage **en detrimento de** to the detriment of.

de·tri·to m. detritus.

deu·da f. debt.

deu·do, da s. AM relative.

deu·dor, ra adj. debtor ⋄ s. debtor.

de·va·lua·ción f. devaluation.

de·va·luar (see model 11) tr. to devalue.

de·va·nar tr. hilo to wind, reel alambre to coil **devanarse los sesos** fam. to rack one's brains.

de·va·ne·o m. **1** delirio delirium, nonsense **2** pasatiempo vano waste of time, frivolity.

de·vas·ta·ción f. devastation, destruction.

de·vas·ta·dor, ra adj. devastating ⋄ s. devastator.

de·vas·tar tr. to devastate, ravage, lay waste.

de·ven·gar (see model 7) tr. **1** sueldo to earn **2** interés to earn, accrue.

de·ve·nir¹ (see model 90) intr. to happen, occur.

de·ve·nir² m. flux.

de·vo·ción f. **1** devotion, devoutness **2** afición devotion, dedication **con devoción** devoutly.

de·vo·lu·ción f. **1** acción return, giving back dinero repayment, refund **2** JUR devolution.

de·vol·ver (see model 32) pp. **devuelto** tr. **1** volver algo a un estado anterior to put back, return **2** por correo to send back, return **3** restituir un dinero to refund, return ⋄ intr. fam. vomitar to throw up, be sick.

de·vo·rar tr. **1** to devour p. engullir to eat up, gobble up **3** fig. consumir to devour, consume. **4** fig. corroer to eat up.

de·vo·to, ta adj. **1** piadoso devout, pious **2** digno de devoción devotional **3** fig. dedicado devoted s. **1** REL pious person, devout person **2** fig. seguidor devoted follower, devotee.

de·vuel·to, ta pp. de **devolver** m. **devuelto** vómito vomit.

dex·tri·na f. dextrin, dextrine.

dex·tro·sa f. dextrose.

de·yec·ción f. de volcán ejecta ⋄ pl. MED defecación defecation excremento dejecta ⋄ pl. faeces.

dí·a m. **1** day **2** con luz daylight, daytime **3** tiempo day, weather ⋄ mpl. **días** vida days **a la luz del día** in daylight **a los pocos días** a few days later **al despuntar el día** at dawn, at daybreak **al día siguiente/al otro día** the following day **¡buenos días!** good morning!

dia·be·tes f. inv. diabetes.

dia·bé·ti·co, ca adj. diabetic ⋄ s. diabetic.

dia·blo m. **1** devil, demon **2** fig. niño little devil **3** malvado wicked person, **¡al diablo con...!** fam. to hell with... **| el abogado del diablo** the devil's advocate **un pobre diablo** a poor devil.

dia·blu·ra f. mischief, naughtiness **hacer diabluras** to get up to mischief.

dia·bó·li·co, ca adj. diabolic, devilish, diabolical.

diá·bo·lo m. diabolo.

dia·co·ni·sa f. deaconess.

diá·co·no m. deacon.

dia·crí·ti·co, ca adj. diacritic, diacritical.

dia·cró·ni·co, ca adj. diachronic.

dia·de·ma f. **1** joya diadem **2** adorno para el pelo hairband.

diá·fa·no, na adj. **1** diaphanous, translucent transparente transparent **2** claro clear, bright **3** fig. explicación clear conducta impeccable.

dia·frag·ma m. **1** ANAT diaphragm **2** en fotografía aperture **3** MED diaphragm, cap.

diag·no·sis f. inv. diagnosis.

diag·nos·ti·car (see model 1) tr. to diagnose.

diag·nós·ti·co, ca adj. diagnostic ⋄ m. **diagnóstico** diagnosis.

dia·go·nal adj. diagonal ⋄ f. diagonal **en diagonal** diagonally.

dia·gra·ma m. diagram **diagrama de flujo** INFO flow chart.

dial m. dial.

dia·lec·tal adj. dialectal.

dia·léc·ti·ca f. dialectic, dialectics.

dia·léc·ti·co, ca adj. dialectical.

dia·lec·to m. dialect.

diá·li·sis f. inv. dialysis.

dia·li·za·dor m. dialysis machine.

dia·lo·gar (see model 7) intr. **1** conversar to talk, have a conversation **2** fig. negociar to negotiate, hold talks (sobre, on) ⋄ tr. escribir en forma de diálogo to write in dialogue form.

diá·lo·go m. dialogue, conversation.

dia·man·te m. diamond **diamante en bruto** uncut diamond.

dia·me·tral adj. diametrical, diametral.

diá·me·tro m. diameter.

dia·na f. **1** MIL reveille **2** DEP objeto target para dardos dartboard blanco bull's eye.

dia·pa·són m. **1** MÚS instrumento tuning fork **2** MÚS trozo de madera fingerboard **3** MÚS escala diapason, scale, range.

dia·po·si·ti·va f. slide.

dia·ria·men·te adv. daily, every day.

dia·rio, ria adj. daily, everyday ⋄ m. **diario 1** prensa daily, paper, daily newspaper **2** íntimo diary, journal **a diario** daily, every day.

dia·rre·a f. diarrhea **diarrea verbal** fam. verbal diarrhea.

dia·tri·ba f. diatribe **lanzar una diatriba** to launch a diatribe.

di·bu·jan·te com. **1** artist, drawer **2** de dibujos animados cartoonist **3** TÉC hombre draftsman mujer draftswoman.

di·bu·jar tr. **1** to draw, sketch **2** TÉC to design **3** fig. describir to describe ⋄ prnl. **dibujarse** mostrarse to appear, be outlined.

di·bu·jo m. **1** arte drawing, sketching **2** imagen drawing **3** motivo pattern, design **dibujo artístico** artistic drawing **dibujo lineal** draftsmanship **dibujos animados** cartoons.

dic·ción f. diction.

dic·cio·na·rio m. dictionary.

di·cha f. **1** alegría happiness **2** suerte fortune, good luck.

di·cha·ra·che·ro, ra adj. talkative and funny, witty.

di·cho, cha pp. de **decir** adj. said, mentioned m. **dicho** saying, proverb ⋄ mpl. **dichos** dicho de otro modo to put it another way, in other words **dicho sea de paso** let it be said in passing **dicho y hecho** no sooner said than done.

di·cho·so, sa adj. **1** happy **2** con suerte lucky, fortunate **3** fam. molesto damn, damned, bloody.

di·ciem·bre m. December.

di·co·to·mí·a f. dichotomy.

dic·ta·do, da pp. de **dictar** m. **dictado** dictation ⋄ mpl. **dictados** fig. dictates.

dic·ta·dor, ra s. dictator.

dic·ta·du·ra f. dictatorship.

dic·ta·men m. 1 *opinión* opinion 2 *informe* report.

dic·ta·mi·nar intr. to give an opinion (*sobre*, on).

dic·tar tr. 1 to dictate 2 JUR *ley* to enact, decree, announce *sentencia* to pronounce, pass 3 *fig. sugerir* to suggest, say

dic·ta·to·rial adj. dictatorial.

dic·te·rio m. insult.

di·dác·ti·ca f. didactics.

di·dác·ti·co, ca adj. didactic.

die·ci·nue·ve adj. cardinal nineteen *ordinal* nineteenth ◇ m. 1 *número* nineteen 2 *fecha* nineteenth.

die·cio·cho adj. cardinal eighteen *ordinal* eighteenth ◇ m. 1 *número* eighteen 2 *fecha* eighteenth.

die·ci·sé·is adj. cardinal sixteen *ordinal* sixteenth ◇ m. 1 *número* sixteen 2 *fecha* sixteenth.

die·ci·sie·te adj. cardinal seventeen *ordinal* seventeenth ◇ m. 1 *número* seventeen 2 *fecha* seventeenth.

dien·te m. 1 *gen.* tooth 2 *de ajo* clove 3 *de rueda de engranaje* cog, tooth *de sierra* tooth **apretar los dientes** to grit one's teeth **hablar entre dientes** fig. to mumble, mutter **dientes postizos** false teeth.

dié·re·sis f. inv. diaeresis, dieresis.

dié·sel adj. diesel ◇ m. diesel engine.

dies·tra f. right hand **a la diestra** on the right.

dies·tro, tra adj. 1 LIT right 2 *hábil* skillful ◇ m. *diestro* bullfighter **a diestro y siniestro** left, right and center.

die·ta¹ f. *régimen, alimentación* diet. **estar a dieta** to be on a diet.

die·ta² f. 1 *asamblea* diet, assembly ◇ fpl. *dietas* 1 *expenses, allowance sing.* 2 *de médico* doctor's fees 3 *de diputado* emoluments.

die·té·ti·co, ca adj. dietary, dietetic f. dietetics.

diez adj. cardinal ten *ordinal* tenth ◇ m. 1 *número* ten 2 *fecha* tenth.

diez·mar tr. to decimate.

diez·mi·lé·si·mo, ma adj. ten-thousandth ◇ s. ten-thousandth.

diez·mo m. tithe.

di·fa·ma·ción f. 1 defamation, slander 2 *por escrito* libel.

di·fa·ma·dor, ra adj. 1 defamatory, slanderous 2 *por escrito* libelous ◇ s. defamer, slanderer.

di·fa·mar tr. 1 to defame, slander 2 *por escrito* to libel.

di·fa·ma·to·rio, ria adj. 1 defamatory, slanderous 2 *por escrito* libelous.

di·fe·ren·cia f. 1 difference 2 *de opinión* difference, disagreement **a diferencia de** unlike.

di·fe·ren·cia·ción f. differentiation.

di·fe·ren·cial adj. distinguishing m. differential.

di·fe·ren·ciar (*see model 12*) tr. 1 *distinguir* to differentiate, distinguish (*entre*, between) 2 *hacer diferente* to make different ◇ prnl. *diferenciarse* 1 to differ, be different (*por*, because of) 2 *destacarse* to distinguish oneself, stand out (*por*, because of).

di·fe·ren·te adj. different.

di·fe·rir (*see model 35*) tr. to defer, postpone, put off ◇ intr. to differ, be different (*de/entre*, from).

di·fí·cil adj. 1 difficult, hard 2 *improbable* unlikely.

di·fí·cil·men·te adv. 1 *apenas* hardly 2 *con dificultad* with difficulty.

di·fi·cul·tad f. 1 difficulty 2 *obstáculo* obstacle *problema* trouble, problem.

di·fi·cul·tar tr. to make difficult, hinder, obstruct.

di·fi·cul·to·so, sa adj. difficult, hard.

dif·te·ria f. diphtheria.

di·fu·mi·nar tr. to blur, soften.

di·fun·dir tr. 1 *luz, calor* to diffuse 2 *fig. noticia, enfermedad* to spread 3 RAD TV to broadcast. ◇ prnl. *difundirse* *luz, calor* to be diffused.

di·fun·to, ta adj. deceased, late ◇ s. deceased **día de los difuntos** All Souls' Day, All Saints' Day.

di·fu·sión f. 1 *de luz, calor* diffusion 2 *de noticia, enfermedad, etc.* spreading **tener gran difusión** to be widely known, be widespread.

di·fu·so, sa adj. 1 diffuse 2 *fig.* diffuse, wordy.

di·fu·sor, ra adj. 1 spreading, propagating 2 RAD TV broadcasting ◇ m. *difusor* *de secador* diffuser.

di·ge·ri·ble adj. digestible.

di·ge·rir (*see model 35*) tr. 1 to digest 2 *fig. asimilar* to assimilate, absorb, digest, take in.

di·ges·tión f. digestion **corte de digestión** stomach cramp.

di·ges·ti·vo, va adj. digestive ◇ m. *digestivo* after dinner drink.

di·gi·tal adj. digital **huellas digitales** fingerprints.

di·gi·ta·li·za·ción f. digitizing.

di·gi·ta·li·zar tr. to digitize.

dí·gi·to m. digit.

dig·na·men·te adv. *con dignidad* with dignity *decentemente* decently *merecidamente* worthily.

dig·na·ta·rio, ria s. dignitary.

dig·ni·dad f. 1 *cualidad* dignity 2 *cargo* rank, office, post.

dig·ni·fi·can·te adj. dignifying.

dig·ni·fi·car (*see model 1*) tr. to dignify.

dig·no, na adj. 1 *merecedor* worthy, deserving *digno de confianza* trustworthy 2 *adecuado* fitting, appropiate 3 *respetable* worthy, honorable 4 *decente* decent.

di·gre·sión f. digression.

di·je m. *alhaja* trinket, charm.

di·la·ción f. delay **sin dilación** without delay.

di·la·pi·da·ción f. wasting, squandering.

di·la·pi·dar tr. to waste, squander.

di·la·ta·ción f. 1 dilation 2 FÍS expansion.

di·la·ta·do, da pp. of *dilatar* adj. 1 dilated 2 *vasto* vast, extensive, large 3 FÍS expanded.

di·la·tar tr. 1 to dilate 2 FÍS to expand 3 *prolongar* to prolong, extend 4 *retrasar* to put off, delay, postpone ◇ prnl. *dilatarse* 1 to dilate 2 FÍS to expand 3 *prolongarse* to be prolonged, drag on.

di·la·to·rio, ria adj. delaying.

di·lec·to, ta adj. beloved, dearly beloved.

di·le·ma m. dilemma.

di·le·tan·te com. dilettante.

di·li·gen·cia f. 1 *cuidado* diligence, care 2 *rapidez* rapidity, speed 3 *carreta* stagecoach ◇ fpl. *diligencias* JUR *trámites* steps, measures *investigaciones* investigations *resultados* results of the investigations, findings.

di·li·gen·te adj. 1 *cuidadoso* diligent 2 *rápido* quick.

di·lu·ci·dar tr. to elucidate, clear up, throw light on.

di·luir (*see model 62*) tr. 1 *un sólido* to dissolve 2 *un líquido* to dilute 3 *hacer más débil* to tone down 4 *fig. repartir* to spread out ◇ prnl. *diluirse* 1 *un sólido* to dissolve 2 *un líquido* to dilute.

di·lu·vial adj. diluvial.

di·lu·viar (*see model 12*) intr. to pour with rain, pour down.

di·lu·vio m. 1 flood 2 *fig.* torrent, deluge, flood **el Diluvio (Universal)** the Flood.

di·ma·nar intr. 1 to emanate (de, from) 2 fig. proceder to emanate, come (de, from), proceed (de, from).

di·men·sión f. 1 dimension, size 2 fig. importancia importance.

di·men·sio·nar tr. to measure, take the measurements of.

di·mi·nu·ti·vo, va adj. diminutive ⬦ m. diminutivo diminutive.

di·mi·nu·to, ta adj. tiny, minute.

di·mi·sión f. resignation **presentar una dimisión** to hand in one's resignation.

di·mi·tir tr. to resign ⬦ intr. to resign (de, from).

di·mor·fis·mo m. dimorphism.

di·mor·fo, fa adj. dimorphous, dimorphic.

di·na·mar·qués, que·sa adj. m. f. danés.

di·ná·mi·co, ca adj. dynamic.

di·na·mis·mo m. dynamism.

di·na·mi·ta f. 1 dynamite 2 fig. dynamite.

di·na·mo f. dynamo.

di·na·mó·me·tro m. dynamometer.

di·nas·tí·a f. dynasty.

di·ne·ral m. fortune **ese coche cuesta un dineral** that car costs a fortune.

di·ne·ro m. 1 money 2 fortuna wealth **andar bien de dinero** to have plenty of money **dinero llama dinero** money makes money.

din·go m. dingo.

di·no·sau·rio m. dinosaur.

din·tel m. lintel.

dió·ce·sis f. inv. diocese.

dio·do m. diode.

diop·trí·a f. diopter.

dios m. god **¡a Dios gracias!**, thank God! fam. to raise hell, make an almighty racket **¡Dios le bendiga!** God bless you! **¡Dios me libre!** God forbid!, **Dios mediante** God willing.

dio·sa f. goddess.

dió·xi·do m. dioxide.

di·plo·do·co m. diplodocus.

di·plo·ma m. diploma.

di·plo·ma·cia f. diplomacy.

di·plo·ma·do, da pp. de **diplomarse** adj. qualified, having a diploma ⬦ s. 1 qualified person 2 universitario graduate.

di·plo·má·ti·co, ca adj. 1 diplomatic 2 fig. diplomatic, tactful ⬦ s. diplomat.

dip·so·ma·ní·a f. dipsomania.

dip·so·ma·ní·a·co, ca adj. dipsomaniac ⬦ s. dipsomaniac.

dip·só·ma·no, na s. dipsomaniac.

díp·te·ro, ra adj. 1 ZOOL dipterous 2 ARQ dipteral ⬦ m. díptero dipteran.

díp·ti·co m. diptych.

dip·ton·gar tr. to diphthongize.

dip·ton·go m. diphthong.

di·pu·ta·do, da s. 1 miembro del Congreso deputy 2 miembro de una diputación county councillor.

di·que m. 1 muro dike, breakwater 2 fig. barrier, obstacle, check **dique de contención** dam **dique seco** dry dock.

di·rec·ción f. 1 acción de dirigir management, running 2 cargo directorship, position of manager de un partido leadership de un colegio headship de editorial position of editor junta board of directors, management **dirección general** head office.

di·rec·cio·nal adj. directional.

di·rec·ta·men·te adv. 1 en seguida directly, straight away 2 derecho straight, directly.

di·rec·ti·vo, va adj. directive, managing ⬦ s. director, manager, board member.

di·rec·to, ta adj. direct, straight ⬦ m. **directo** DEP straight hit.

di·rec·tor, ra adj. directing, managing ⬦ s. director, manager.

di·rec·to·rio, ria adj. directional, directive ⬦ m. **directorio** gobierno governing body.

di·rec·triz adj. guiding f. MAT directrix ⬦ fpl. **directrices** instructions **líneas directrices** guidelines.

di·ri·gen·te adj. leading, directing ⬦ com. 1 leader 2 de empresa manager.

di·ri·gi·ble adj. dirigible ⬦ m. dirigible, airship.

di·ri·gir (see model 6) tr. 1 empresa to manage negocio, escuela to run un periódico to edit 2 orquesta to conduct película to direct obra de teatro to direct, produce ⬦ prnl. **dirigirse** 1 ir to go (a, to), make one's way (a, to), make (a, for) 2 hablar to address (a, -), speak (a, to) 3 escribir to write.

di·ri·mir tr. 1 anular to annul, nullify, declare void 2 resolver to solve, end.

dis·ca·pa·ci·dad f. disability, handicap **discapacidad física** physical disability.

dis·ca·pa·ci·ta·do, da adj. handicapped, disabled.

dis·cer·ni·mien·to m. discernment, judgement.

dis·cer·nir (see model 29) tr. to discern, distinguish, tell.

dis·ci·pli·na f. 1 conjunto de reglas discipline 2 doctrina doctrine 3 asignatura subject 4 azote scourge, disciplines.

dis·ci·pli·na·da·men·te adv. with discipline.

dis·ci·pli·na·do, da adj. disciplined.

dis·ci·pli·nar tr. 1 imponer disciplina to discipline 2 enseñar to instruct, teach.

dis·ci·pli·na·rio, ria adj. disciplinary.

dis·cí·pu·lo, la s. 1 seguidor disciple, follower 2 alumno pupil, student.

dis·co m. 1 disc 2 DEP discus 3 de música record 4 INFO disk **disco duro** hard disk.

dis·co·gra·fí·a f. lista discography conjunto records pl.

dis·co·grá·fi·co, ca adj. record **casa discográfica** record company.

dis·coi·dal adj. discoid, discoidal.

dis·coi·de·o adj. discoid, discoidal.

dís·co·lo, la adj. ungovernable, disobedient, unruly.

dis·con·for·mi·dad f. disagreement, disconformity.

dis·con·ti·nuo, nua adj. discontinuous.

dis·cor·dan·cia f. 1 disconformidad disagreement, conflict 2 diversidad difference, divergence.

dis·cor·dan·te adj. 1 en desacuerdo discordant, conflicting. 2 diferente divergent, clashing 3 estilo, color clashing **dar (o ser) la nota discordante** fig. to clash, hold a conflicting opinion.

dis·cor·dar intr. 1 no convenir to disagree, not to agree 2 diferir to differ.

dis·cor·dia f. discord **ser el tercero en discordia** to be awkward, complicate things.

dis·co·te·ca f. 1 local discotheque, nightclub 2 colección de discos record collection, record library.

dis·cre·ción f. 1 sensatez discretion, tact 2 agudeza wit **a discreción** a voluntad at one's discretion 2 sin límite in great amounts.

dis·cre·cio·nal adj. optional **servicio discrecional** autobuses special bus service.

dis·cre·cio·nal·men·te adv. at one's discretion.

dis·cre·pan·cia f. 1 diferencia discrepancy 2 desacuerdo dissent, disagreement.

dis·cre·pan·te adj. 1 diferente discrepant 2 en desacuerdo differing, dissenting.

dis·cre·par intr. 1 diferenciarse to differ (de, from) 2 disentir to disagree (de, with).

dis·cre·to, ta adj. 1 prudente discreet, prudent, tactful 2 sobrio sober, discreet 3 moderado moderate, average, reasonable ◇ s. discreet person.

dis·cri·mi·na·ción f. discrimination **discriminación racial** racial discrimination.

dis·cri·mi·nar tr. 1 diferenciar to discriminate, distinguish 2 por raza, religión, etc. to discriminate against.

dis·cri·mi·na·to·rio, ria adj. discriminatory.

dis·cul·pa f. excuse, apology **dar (o pedir) disculpas a alguien** to apologize to somebody.

dis·cul·par tr. 1 descargar de culpa to excuse 2 perdonar to excuse, forgive ◇ prnl. **disculparse** to apologize (**por**, for), excuse oneself.

dis·cu·rrir intr. 1 andar to walk, wander 2 fluir to flow, run 3 transcurrir to pass, go by ◇ tr. idear to invent, think up.

dis·cur·si·vo, va adj. discursive.

dis·cur·so m. 1 conferencia speech, lecture, discourse 2 razonamiento reasoning 3 escrito, tratado discourse, dissertation 4 expresión de lo que se piensa discourse.

dis·cu·sión f. 1 charla discussion 2 disputa argument **tener una discusión** to argue, have an argument, quarrel.

dis·cu·ti·ble adj. debatable, questionable.

dis·cu·tir tr. 1 examinar to discuss 2 contender to dispute, question, argue ◇ intr. 1 examinar to discuss (de, -) 2 contender to argue.

di·se·car (see model 1) tr. 1 dividir en partes to dissect 2 rellenar animales to stuff 3 planta to dry. 4 fig. to dissect.

di·sec·cio·nar tr. to dissect.

di·se·mi·na·ción f. dissemination, spreading.

di·se·mi·nar tr. to disseminate, scatter, spread ◇ prnl. **diseminarse** to spread.

di·sen·sión f. 1 dissension, disagreement 2 fig. quarrel.

di·sen·te·rí·a f. dysentery.

di·sen·tir (see model 35) intr. to dissent, disagree (de, with).

di·se·ña·dor, ra s. designer.

di·se·ñar tr. to design.

di·se·ño m. 1 design 2 descripción con palabras description.

di·ser·ta·ción f. dissertation, discourse.

di·ser·tar tr. to discourse (**sobre**, on/upon), lecture (**sobre**, on).

dis·fraz m. 1 para engañar disguise 2 para una fiesta, etc. fancy dress outfit, fancy dress costume 3 fig. simulación simulation, pretense.

dis·fra·zar (see model 4) tr. 1 persona to disguise, dress up 2 emoción hide, conceal voz disguise ◇ prnl. **disfrazarse** 1 para engañar to disguise oneself (de, as) 2 para una fiesta, etc. to dress up (de, as).

dis·fru·tar tr. 1 poseer to own, enjoy, possess pensión, renta to receive 2 aprovechar to make the most of ◇ intr. 1 poseer to enjoy (de, -), have (de, -), possess (de, -) **disfruta de buena salud** he enjoys good health 2 gozar to enjoy, enjoy oneself **disfruté mucho en el cine** I enjoyed myself very much at the cinema.

dis·fru·te m. 1 aprovechamiento benefit 2 goce enjoyment.

dis·fun·ción f. dysfunction.

dis·gre·ga·ción f. 1 separación disintegration 2 dispersión break-up.

dis·gre·gar (see model 7) tr. 1 separar to disintegrate 2 dispersar to disperse, break up.

dis·gus·ta·do, da pp. de disgustar adj. angry, displeased, upset.

dis·gus·tar tr. 1 molestar to displease, annoy, upset 2 desagradar to dislike ◇ prnl. 1 **disgustarse** enfadarse to get angry, get upset 2 pelearse to quarrel (con, with).

dis·gus·to m. 1 enfado displeasure, annoyance, anger 2 desgracia misfortune, problem 3 fig. pesadumbre sorrow, grief, pain 4 fig. pelea argument, quarrel **a disgusto** against one's will, reluctantly, unwillingly.

di·si·den·cia f. dissidence, disagreement.

di·si·den·te adj. dissident ◇ com. dissident.

di·si·mi·lar tr. to dissimilate.

di·si·mu·la·da·men·te adv. 1 furtivamente without being seen, furtively 2 astutamente craftily.

di·si·mu·la·do, da pp. de disimular adj. 1 oculto hidden, concealed 2 persona sly, crafty.

di·si·mu·lar tr. 1 ocultar to hide, conceal 2 disculpar to excuse, overlook 3 disfrazar to disguise, hide ◇ intr. to pretend, dissemble.

di·si·mu·lo m. pretense, dissemblance.

di·si·pa·ción f. dissipation.

di·si·pa·do, da pp. de disipar adj. dissipated, wasted, debauched **vida disipada** life of debauchery.

di·si·par tr. 1 desvanecer to disperse, dissipate 2 derrochar to squander, dissipate ◇ prnl. **disiparse** 1 desvanecerse to clear, disperse, dissipate 2 evaporarse to evaporate.

dis·la·te m. absurdity, nonsense.

dis·le·xia f. dyslexia.

dis·lé·xi·co, ca adj. dyslexic ◇ s. dyslexic person.

dis·lo·ca·ción f. 1 de huesos dislocation 2 fig. dismembering.

dis·lo·car (see model 1) tr. 1 sacar de lugar to dislocate 2 dispersar to disperse.

dis·mi·nu·ción f. decrease, reduction **ir en disminución** to diminish, decrease.

dis·mi·nui·do, da pp. de disminuir adj. disabled ◇ s. disabled person.

dis·mi·nuir (see model 62) tr. 1 gen. to decrease 2 medidas, velocidad to reduce ◇ intr. 1 gen. to diminish 2 temperatura, precios to drop, fall.

di·so·cia·ble adj. dissociable.

di·so·cia·ción f. dissociation.

di·so·ciar (see model 12) tr. to dissociate.

di·so·lu·bi·li·dad f. solubility.

di·so·lu·ble adj. soluble, dissolvable.

di·so·lu·ción f. 1 gen. dissolution 2 anulación invalidation 3 fig. relajación looseness, dissoluteness 4 QUÍM solution, dissolution.

di·so·lu·to, ta adj. dissolute ◇ s. dissolute person, libertine, debauchee.

di·sol·ven·te adj. solvent, dissolvent ◇ m. solvent, dissolvent.

di·sol·ver (see model 32) pp. **disuelto** tr. 1 gen. to dissolve 2 anular to annul 3 destruir to destroy. ◇ prnl. **disolverse** 1 gen. to dissolve 2 fig. to be dissolved.

di·so·nan·cia f. 1 MÚS dissonance 2 fig. disharmony, dissonance.

di·so·nan·te adj. 1 MÚS dissonant, discordant 2 fig. discordant.

di·so·nar (see model 31) intr. 1 MÚS to be dissonant, be discordant 2 fig. discrepar to disagree.

dis·par *adj.* unlike, different, disparate.

dis·pa·ra·dor *m.* 1 *de arma* trigger 2 *de cámara* shutter release 3 *de reloj* escapement.

dis·pa·rar *tr.* 1 *arma* to fire *bala, flecha* to shoot 2 *lanzar* to hurl, throw 3 DEP to shoot ◇ *intr. fig. disparatar* to talk nonsense ◇ *prnl.* **dispararse** 1 *arma* to go off, fire *despertador* to go off 2 *fig. correr* to dash off, rush off.

dis·pa·ra·ta·do, da *pp. de* disparatar *adj.* absurd, foolish, ridiculous.

dis·pa·ra·te *m.* 1 *hecho* foolish act, silly thing 2 *dicho* nonsense 3 *error* blunder, mistake.

dis·pa·re·jo, ja *adj.* different, unequal, uneven.

dis·pa·ri·dad *f.* disparity, difference.

dis·pa·ro *m.* 1 *acción* firing 2 *efecto* shot 3 DEP shot.

dis·pen·dio *m.* squandering, waste.

dis·pen·sa *f.* dispensation, exemption.

dis·pen·sar *tr.* 1 *conceder* to give, grant *elogios* to confer 2 *medicamentos* to dispense 3 *eximir* to exempt, free 4 *disculpar* to forgive, pardon.

dis·pen·sa·rio *m.* dispensary, clinic.

dis·per·sar *tr.* 1 *gen.* to disperse, scatter 2 *manifestantes* to break up 3 *fig. esfuerzos, atención, etc.* to spread, divide ◇ *prnl.* **dispersarse** 1 *gen.* to disperse, scatter 2 *manifestantes* to disperse, break up.

dis·per·sión *f. separación* dispersion *esparcimiento* scattering.

dis·per·so, sa *adj. separado* dispersed *esparcido* scattered.

dis·pla·sia *f.* dysplasia.

dis·play *m.* display.

dis·pli·cen·cia *f.* 1 *indiferencia en el trato* coolness, indifference 2 *desaliento* discouragement.

dis·pli·cen·te *adj.* 1 *indiferente* indifferent *que desagrada* awkward, unpleasant 2 *descontento* unhappy, discontented ◇ *com.* discontent.

dis·po·ner *(see model 78) pp.* **dispuesto** *tr.* 1 *colocar* to dispose, arrange, set out 2 *preparar* to prepare, get ready 3 *ordenar* to order, decree 4 JUR to provide, stipulate ◇ *intr.* 1 *tener* to have *(de, -)* 2 *hacer uso* to make use *(de,* of), have the use *(de,* of) ◇ *prnl.* **disponerse** prepararse to get ready *(a,* to), prepare *(a,* to) *me dispongo a salir* I'm getting ready to go out.

dis·po·ni·bi·li·dad *f.* 1 availability. 2 financial assets ◇ *pl.* available funds ◇ *pl. mercancía* available stock.

dis·po·ni·ble *adj.* 1 *gen.* available 2 *tiempo* spare, free 3 *a mano* on hand.

dis·po·si·ción *f.* 1 *capacidad* disposal 2 *estado de ánimo* disposition, frame of mind 3 *colocación* arrangement, layout.

dis·po·si·ti·vo *m.* device, gadget.

dis·pues·to, ta *pp. de* disponer *adj.* 1 *decidido* determined 2 *preparado* prepared, ready, willing 3 *arreglado* arranged, settled, ready.

dis·pu·ta *f.* 1 *discusión* dispute, argument, quarrel 2 *enfrentamiento* clash, struggle.

dis·pu·tar *intr. discutir* to dispute, argue ◇ *tr.* 1 *competir* to compete for, contend for 2 DEP to play ◇ *prnl.* **disputarse** *competir* to compete for, contend for.

dis·qui·si·ción *f.* disquisition ◇ *fpl.* **disquisiciones** digressions.

dis·tan·cia *f.* 1 distance 2 *fig. diferencia* difference, gap **a distancia** from a distance, **acortar distancias** to bridge the gap.

dis·tan·cia·do, da *pp. de* distanciar *adj.* distant, separated.

dis·tan·cia·mien·to *m.* distancing, separation.

dis·tan·ciar *(see model 12) tr.* to distance, separate ◇ *prnl.* **distanciarse** to move away, become separated 2 *fig. desvincularse* to distance oneself, disassociate oneself.

dis·tan·te *adj.* 1 *en el espacio* distant, far *en el tiempo* distant, remote 2 *fig.* distant.

dis·tar *intr.* 1 to be distant, be away 2 *ser diferente* to be different **distar mucho de** *fig.* to be far from.

dis·ten·der *(see model 28) tr.* 1 *aflojar* to loosen 2 MED to strain, pull 3 *fig.* to ease ◇ *prnl.* **distenderse** 1 *aflojarse* to slacken 2 MED to be strained 3 *fig.* to ease.

dis·ten·di·do, da *adj.* 1 *en medicina* distended 2 *ambiente, etc.* relaxed.

dis·ten·sión *f.* 1 *acción* slackening 2 MED strain 3 *fig.* easing.

dis·tin·ción *f.* 1 *gen.* distinction 2 *elegancia* distinction, elegance, refinement 3 *deferencia* deference, respect, consideration.

dis·tin·gui·do, da *pp. de* distinguir *adj.* 1 distinguished 2 *elegante* elegant.

dis·tin·guir *(see model 8) tr.* 1 *diferenciar* to distinguish 2 *caracterizar* to mark, distinguish 3 *ver* to see, make out 4 *preferir* to single out ◇ *prnl.* **distinguirse** 1 *destacar* to stand out, distinguish oneself 2 *diferenciarse* to differ *(por,* in), be distinguished.

dis·tin·ti·vo, va *adj.* distinctive, distinguishing ◇ *m.* **distintivo** *insignia* badge, emblem.

dis·tin·to, ta *adj.* 1 *diferente* different 2 *claro* distinct.

dis·tor·sión *f.* distortion.

dis·tor·sio·nar *tr.* to distort.

dis·trac·ción *f.* 1 *divertimiento* amusement, pastime, recreation, entertainment 2 *despiste* distraction, absent-mindedness.

dis·tra·er *(see model 88) tr.* 1 *divertir* to amuse, entertain 2 *atención* to distract *pena, dolor, preocupaciones* to take one's mind off 3 *euf. dinero* to embezzle ◇ *prnl.* **distraerse** 1 *divertirse* to amuse oneself, enjoy oneself 2 *entretenerse* to relax, pass the time.

dis·tra·í·do, da *pp. de* distraer *adj.* 1 *desatento* absent-minded 2 *entretenido* entertaining, fun ◇ *s.* absent-minded person.

dis·tri·bu·ción *f.* 1 distribution 2 *colocación* arrangement 3 *reparto* delivery.

dis·tri·bui·dor, ra *adj.* distributing, distributive ◇ *s.* 1 distributor 2 COMM wholesaler ◇ *m.* **distribuidor** AUTO distributor.

dis·tri·buir *(see model 62) tr.* 1 *repartir* to distribute 2 *correo* to deliver *trabajo* to share, allot *agua, gas, etc.* to supply.

dis·tri·bu·ti·vo, va *adj.* distributive.

dis·tri·to *m.* district.

dis·tro·fia *f.* dystrophy.

dis·tur·bio *m.* disturbance, riot.

di·sua·dir *tr.* to dissuade *(de,* from).

di·sua·sión *f.* dissuasion.

di·sua·si·vo, va *adj.* dissuasive, deterrent.

di·sua·so·rio, ria *adj.* dissuasive, deterrent.

dis·yun·ción *f.* disjunction.

dis·yun·ti·va *f.* alternative.

di·ti·ram·bo *m.* dithyramb.

diu·re·sis *f. inv.* diuresis.

diu·ré·ti·co, ca *adj.* diuretic ◇ *m.* **diurético** diuretic.

diur·no, na *adj.* daily, daytime.

di·va·ga·ción *f.* digression.

di·va·gar *(see model 7) intr.* to digress, ramble.

D

di·ván *m.* divan, couch.

di·ver·gen·cia *f.* divergence **divergencia de opiniones** diverging opinions *pl.*

di·ver·gen·te *adj.* divergent, diverging.

di·ver·gir *(see model 6)* *intr.* to diverge.

di·ver·si·dad *f.* diversity, variety.

di·ver·si·fi·ca·ción *f.* diversification.

di·ver·si·fi·car *(see model 1)* *tr.* to diversify, vary ◇ *prnl.* **diversificarse** to be diversified, diversify.

di·ver·sión *f.* fun, amusement, entertainment.

di·ver·so, sa *adj.* different.

di·ver·ti·do, da *pp.* de **divertir** *adj.* **1** *gracioso* funny, amusing **2** *entretenido* fun, entertaining, enjoyable.

di·ver·ti·mien·to *m.* **1** *entretenimiento* amusement, fun, entertainment **2** MÚS divertimento.

di·ver·tir *(see model 35)* *tr.* to amuse, entertain ◇ *prnl.* **divertirse** to enjoy oneself, have a good time.

di·vi·den·do *m.* dividend.

di·vi·dir *tr.* **1** to divide. **2** *separar* to divide, separate **3** *repartir* to divide, split ◇ *prnl.* **dividirse** *separarse* to divide, split up **divide y vencerás** divide and conquer, divide and rule.

di·vie·so *m.* boil.

di·vi·ni·dad *f.* **1** divinity, God **2** *deidad pagana* deity **3** *maravilla* delight, wonderful thing.

di·vi·ni·za·ción *f.* deification.

di·vi·ni·zar *(see model 4)* *tr.* to deify.

di·vi·no, na *adj.* **1** divine **2** *fam. bonito* beautiful, gorgeous *extraordinario* wonderful, fantastic.

di·vi·sa *f.* **1** *emblema* badge, emblem **2** *en heráldica* device *moneda* currency, foreign currency.

di·vi·sar *tr.* to discern, make out, distinguish.

di·vi·si·bi·li·dad *f.* divisibility.

di·vi·si·ble *adj.* **1** dividable **2** MAT divisible.

di·vi·sión *f.* **1** division **2** *fig.* division, divergence.

di·vi·sor, ra *adj.* dividing *m.* **divisor 1** divider **2** MAT divisor **máximo común divisor** MAT highest common denominator **mínimo común divisor** MAT lowest common denominator.

di·vi·so·rio, ria *adj.* dividing.

di·vor·cia·do, da *pp.* de **divorciar** *adj.* divorced.

di·vor·ciar *(see model 12)* *tr.* to divorce ◇ *prnl.* **divorciarse** to get divorced (**de**, from).

di·vor·cio *m.* **1** divorce **2** *fig.* discrepancy.

di·vul·ga·ción *f.* **1** *difusión* spreading **2** *de conocimientos* popularization.

di·vul·ga·dor, ra *adj.* divulging, revealing ◇ *s.* popularizer.

di·vul·gar *(see model 7)* *tr.* **1** *difundir* to divulge, spread, disclose **2** *por radio* to broadcast **3** *propagar* to popularize ◇ *prnl.* **divulgarse** to become known, spread.

do *m.* de solfa doh, do de escala diatónica **dar el do de pecho** *fam.* to surpass oneself.

do·bla·di·llo *m.* **1** de vestido, etc. hem **2** de pantalones turn-up, cuff.

do·bla·do, da *pp.* de **doblar** *adj.* **1** *mediana estatura y recio* thickset **2** *curvo* bent **3** *película* dubbed.

do·bla·je *m.* dubbing.

do·blar *tr.* **1** *duplicar* to double **2** *plegar* to fold **3** *torcer* to bend **4** *esquina* to turn, go round **5** *película* to dub **6** *a un actor* to stand in (**a**, for), double (**a**, for) ◇ *intr.* **1** *girar* to turn **doblar a la derecha** to turn right **2** *campana* to toll **3** CINE to play two parts, double ◇ *prnl.* **doblarse 1** *plegarse* to fold **2** *torcerse* to bend **3** *rendirse* to give in.

do·ble *adj.* double *m.* **1** double **2** *duplicado* duplicate **3** *dobladillo* hem **4** *de campana* toll *com.*

CINE stand-in, double *hombre* stunt man *mujer* stunt woman ◇ *adv.* double **ver doble** to see double **doble fondo** false bottom.

do·ble·gar *(see model 7)* *tr.* **1** *doblar* to bend, fold **2** *vencer* to force to yield, subdue ◇ *prnl.* **doblegarse 1** *inclinarse* to bend over, stoop **2** *rendirse* to give in.

do·ble·te *m.* **1** *gen.* double **2** *serie de victorias* series of wins, run of wins **3** LING doublet ◇ *adj.* medium **hacer doblete** *gen.* to do something twice.

do·blez *m.* *pliegue* fold ◇ *amb. fig.* duplicidad duplicity, deceitfulness.

do·ce *adj.* *cardinal* twelve *ordinal* twelfth ◇ *m.* **1** *número* twelve **2** *fecha* twelfth.

do·ce·a·vo, a *adj.* twelfth ◇ *s.* twelfth.

do·ce·na *f.* dozen.

do·cen·cia *f.* teaching.

do·cen·te *adj.* teaching ◇ *com.* teacher.

dó·cil *adj.* docile, obedient.

do·ci·li·dad *f.* docility obedience.

doc·to, ta *adj.* learned ◇ *s.* learned person, expert.

doc·tor, ra *s.* doctor **doctor honoris causa** honorary doctor.

doc·to·ra·do *m.* doctorate PhD.

doc·to·ral *adj.* **1** doctoral **2** *fam.* pedante pedantic, pompous.

doc·to·rar *tr.* to confer a doctorate on ◇ *prnl.* **doctorarse** to get one's doctorate, get one's PhD.

doc·tri·na *f.* **1** doctrine **2** *enseñanza* teachings *pl.*

doc·tri·nal *adj.* doctrinal.

doc·tri·na·rio, ria *adj.* doctrinaire ◇ *s.* doctrinaire.

do·cu·men·ta·ción *f.* documentation, documents ◇ *pl. para identificar* papers *pl.* identification.

do·cu·men·ta·do, da *pp.* de **documentar** *adj.* **1** documented, researched **2** *fam.* enterado informed.

do·cu·men·tal *adj.* documentary ◇ *m.* documentary.

do·cu·men·ta·lis·ta *com.* **1** *cineasta* documentary maker **2** *investigador* researcher.

do·cu·men·tar *tr.* **1** to document **2** *a una persona* to give information ◇ *prnl.* **documentarse** to research (**sobre**, -), get information (**sobre**, about/on).

do·cu·men·to *m.* document.

do·de·cae·dro *m.* dodecahedron.

do·de·cá·go·no, na *adj.* dodecagonal ◇ *m.* **dodecágono** dodecagon.

do·de·ca·sí·la·bo, ba *adj.* dodecasyllabic, Alexandrine ◇ *m.* **dodecasílabo** dodecasyllable, Alexandrine.

dog·ma *m.* dogma.

dog·má·ti·co, ca *adj.* dogmatic ◇ *s.* dogmatic.

dog·ma·tis·mo *m.* dogmatism.

dog·ma·ti·zar *(see model 4)* *intr.* to dogmatize.

dó·lar *m.* dollar.

do·len·cia *f.* ailment, illness.

do·ler *(see model 32)* *intr.* **1** to ache, hurt **2** *afligir* to distress, sadden, upset, hurt **3** *sentir* to be sorry, be sad ◇ *prnl.* **dolerse 1** *arrepentirse* to repent (**de**, of), feel sorry (**de**, for) **2** *lamentarse* to complain (**de**, of) **3** *notar el efecto* to feel the effects (**de**, of).

do·li·do, da *pp.* de **doler** *adj. fig.* hurt.

do·lien·te *com.* mourner.

do·lor *m.* **1** pain, ache **2** *fig.* pain, sorrow, grief **causar dolor** *fig.* to sadden, hurt, upset **dolor de cabeza** headache **dolor de muelas** toothache.

do·lo·ri·do, da *adj.* 1 sore, aching 2 *fig.* sorrowful, sad, hurt.

do·lo·ro·sa·men·te *adv.* painfully.

do·lo·ro·so, sa *adj.* 1 painful 2 *fig.* painful, distressing.

do·lo·so, sa *adj.* fraudulent.

do·ma *f.* taming *de caballos* breaking in.

do·ma·dor, ra *s.* tamer *de caballos* horse breaker.

do·mar *tr.* 1 to tame *caballos* to break in 2 *fig.* to tame, control.

do·me·ñar *tr.* to subdue.

do·mes·ti·ca·ble *adj.* 1 *que se puede domesticar* tameable, domesticable 2 *que se puede enseñar* trainable.

do·mes·ti·ca·ción *f.* 1 domestication, taming 2 *adiestramiento* training.

do·mes·ti·car *(see model 1) tr.* 1 to domesticate, tame 2 *adiestrar* to train 3 *fig.* to subdue.

do·més·ti·co, ca *adj.* domestic ◇ *s.* domestic, servant **servicio doméstico** domestic help.

do·mi·ci·lia·ción *f.* payment by direct debit.

do·mi·ci·liar *(see model 12) tr.* 1 *dar domicilio* to house, lodge 2 FIN to pay by direct debit ◇ *prnl.* **domiciliarse** *fijar domicilio* to take up residence.

do·mi·ci·lio *m.* 1 residence, home, abode 2 *dirección* address **domicilio fiscal** registered office.

do·mi·na·ción *f.* domination, dominion.

do·mi·nan·te *adj.* 1 dominant, dominating 2 *que prevalece* prevailing, predominating 3 *que avasalla* domineering.

do·mi·nar *tr.* 1 *tener bajo dominio* to dominate. 2 *avasallar* to domineer 3 *controlar* to control, restrain 4 *conocer a fondo* to master 5 *ver* to overlook, dominate ◇ *intr.* 1 *ser superior* to dominate 2 *destacar* to stand out 3 *predominar* to predominate ◇ *prnl.* **dominarse** *controlarse* to control oneself, restrain oneself.

do·min·go *m.* Sunday.

do·mi·ni·cal *adj.* Sunday *m. periódico* Sunday newspaper *suplemento* Sunday supplement.

do·mi·ni·ca·no, na *adj.* Dominican ◇ *s.* Dominican.

do·mi·nio *m.* 1 *soberanía* dominion 2 *poder* power, control 3 *supremacía* supremacy 4 *de conocimientos* mastery, good knowledge *de un idioma* good command 5 *territorio* domain. 6 INFO domain.

do·mi·nó *m.* 1 *juego* dominoes *pl.* 2 *fichas* set of dominoes 3 *disfraz* domino.

don¹ *m.* 1 *regalo* gift, present. 2 *talento* talent, natural gift **don de gentes** natural ability to get on well with people.

don² *m.* Mr *Señor Don Juan Pérez* Mr Juan Pérez **un don nadie** a nobody.

do·na·ción *f.* donation.

do·nai·re *m.* 1 *gracia* grace, elegance 2 *soltura de cuerpo* poise 3 *chiste* wisecrack, witticism.

do·nan·te *com.* donor **donante de sangre** blood donor.

do·nar *tr.* to donate, give.

do·na·ti·vo *m.* donation.

don·cel *m.* 1 *noble* young nobleman 2 *paje* pageboy.

don·ce·lla *f.* 1 *joven* maiden, damsel 2 *criada* maid, maidservant.

don·de *adv.* 1 where, in which *de donde/desde donde* from where, whence **donde las dan las toman** *fam.* tit for tat.

dón·de *pron.* where *¿dónde está?* where is it?

don·de·quie·ra *adv.* *en cualquier parte* anywhere *en todas partes* everywhere.

do·no·su·ra *f.* 1 *gracia* elegance, grace, poise 2 *humor* wit.

do·par *tr.* to dope, drug.

do·ping *m.* doping, drug-taking.

do·quier *adv.* anywhere **por doquier** everywhere.

do·ra·do, da *pp. de dorar adj.* golden *cubierto de oro* gold-plated, gilt ◇ *m.* **dorado** TÉC gilding.

do·rar *tr.* 1 *cubrir con oro* to gild 2 *dar un baño de oro* to gold-plate 3 CULIN to brown.

dor·mi·da *f.* sleep, nap.

dor·mi·do, da *adj.* 1 asleep 2 *soñoliento* sleepy **quedarse dormido** *dormir* to fall asleep 2 *dormirse más de la cuenta* to oversleep.

dor·mi·lón, lo·na *adj. fam.* fond of sleeping ◇ *s. fam.* sleepyhead.

dor·mir *(see model 33) intr.* 1 to sleep 2 *pernoctar* to spend the night ◇ *tr.* to put to sleep ◇ *prnl.* **dormirse** 1 to fall asleep, nod off 2 *fig.* to go to sleep. **¡a dormir!** to bed! **dormir la siesta** to have a nap **dormirse en sus laureles** *fig.* to rest on one's laurels.

dor·mi·tar *intr.* to doze, snooze.

dor·mi·to·rio *m.* 1 *en una casa* bedroom 2 *colectivo* dormitory 3 *muebles* bedroom suite.

dor·sal *adj.* dorsal, back 2 LING dorsal ◇ *m.* DEP number.

dor·so *m.* back, reverse **"Véase al dorso"** "See overleaf".

dos *adj.* cardinal two *ordinal* second ◇ *m.* número two *fecha* second **de dos en dos** in twos, in pairs **en un dos por tres** *fam.* in a flash.

dos·cien·tos, tas *adj. numeral* two hundred *cardinal* two-hundredth ◇ *s.* two hundred.

do·si·fi·ca·ción *f.* dosage.

do·si·fi·ca·dor *m.* dispenser.

do·si·fi·car *(see model 1) tr.* 1 *gen.* to dose 2 *esfuerzos, etc.* to measure.

do·sis *f. inv.* dose *a/en pequeñas dosis* in small doses.

dos·sier *m.* dossier.

do·ta·ción *f.* 1 *con lo que se dota* endowment 2 *tripulación* complement, crew 3 *personal* staff, personnel.

do·ta·do, da *pp. de dotar adj.* 1 *equipado* equipped, provided 2 *con dotes* gifted 3 *argot genitales* well-hung.

do·tar *tr.* 1 *dar dote* to give a dowry 2 *proveer de personal* to staff (*de*, with) *de material* to equip (*de*, with) 3 *bienes, dinero* to assign 4 *fig. dones y cualidades* to endow (*de*, with), provide (*de*, with).

do·te *amb.* dowry, talent.

do·ve·lar *tr.* to make wedge-shaped.

dra·ga *f.* 1 *máquina* dredge 2 *barco* dredger.

dra·ga·do *m.* dredging.

dra·ga·dor *m.* dredger.

dra·ga·mi·nas *m. inv.* minesweeper.

dra·gar *(see model 7) tr.* to dredge.

dra·gón *m.* 1 *reptil* flying dragon 2 *animal fabuloso* dragon 3 *planta* snapdragon 4 *pez* greater weever 5 *soldado* dragoon.

dra·ma *m.* drama.

dra·má·ti·co, ca *adj.* dramatic ◇ *s.* dramatist.

dra·ma·tis·mo *m.* dramatism, drama.

dra·ma·ti·za·ción *f.* dramatization.

dra·ma·ti·zar *(see model 4) tr.* to dramatize.

dra·ma·tur·gia *f.* dramatics.

dra·ma·tur·go, ga *s.* playwright, dramatist.

dra·pe·ar *tr.* to drape.

drás·ti·ca·men·te *adv.* drastically.
drás·ti·co, ca *adj.* drastic.
dre·na·je *m.* drainage.
dre·nar *tr.* to drain.
dri·blar *intr.* to dribble.
dri·ve *m.* drive.
dro·ga *f.* 1 drug 2 *fig. cosa desagradable* nuisance.
dro·ga·dic·ción *f.* drug addiction.
dro·ga·dic·to, ta *adj.* addicted to drugs ◇ *s.* drug addict.
dro·ga·do, da *pp. de* drogar *adj.* drugged (up) ◇ *s.* drug addict.
dro·gar *(see model 7) tr.* to drug ◇ *prnl.* **drogarse** to take drugs.
dro·gue·rí·a *f.* hardware shop.
dro·me·da·rio *m.* dromedary.
dual *adj.* dual ◇ *m.* dual **emisión en dual** bilingual broadcast.
dua·li·dad *f.* duality.
dua·lis·mo *m.* dualism.
dua·lis·ta *adj.* dualistic.
du·bi·ta·ti·va·men·te *adv.* tentatively.
du·bi·ta·ti·vo, va *adj.* doubtful.
du·ca·do *m.* 1 dukedom, duchy 2 *antigua moneda* ducat.
du·cal *adj.* duke's, ducal.
du·cha *f.* shower **darse/tomar una ducha** to take a shower, have a shower **una ducha de agua fría** *fam.* a blow, a shock.
du·char *tr.* to give a shower ◇ *prnl.* **ducharse** to take a shower, have a shower.
du·cho, cha *adj.* knowledgeable **estar ducho en la materia** to be well versed in the subject, be an expert on the subject.
dúc·til *adj.* ductile.
duc·ti·li·dad *f.* ductility.
du·da *f.* doubt **no hay duda** there is no doubt **poner algo en duda** to question something **sacar a alguien de dudas** to dispel somebody's doubts **sin duda** no doubt, without a doubt **sin la menor duda** without the slightest doubt.
du·dar *intr.* 1 to doubt, have doubts 2 *titubear* to hesitate ◇ *tr.* to doubt **dudar de alguien** to doubt somebody, mistrust somebody.
du·do·so, sa *adj.* 1 *incierto* doubtful, uncertain 2 *vacilante* hesitant, undecided 3 *sospechoso* suspicious, dubious 4 *poco seguro* questionable.
due·la *f.* stave.
due·lo *m.* 1 *dolor* grief, affliction 2 *luto* mourning *reunión de parientes* wake *cortejo* cortege, funeral procession **sin duelo** regardless.
duen·de *m.* 1 *espíritu travieso* goblin, elf 2 *encanto* charm, magic.
due·ño, ña *s.* 1 *propietario* owner 2 *de casa, piso - hombre* landlord *mujer* landlady.

due·to *m.* short duet.
dul·ce *adj.* 1 *gen.* sweet 2 *clima* mild 3 *fig.* soft, gentle ◇ *m.* CULIN *caramelo* sweet *pastel* cake.
dul·ce·rí·a *f.* 1 confectionery 2 *tienda* candy store.
dul·ce·ro, ra *adj.* sweet-toothed ◇ *s.* confectioner.
dul·ci·fi·car *(see model 1) tr.* 1 to sweeten 2 *fig.* to soften.
dul·zón, zo·na *adj.* sickly sweet, oversweet.
dul·zor *m.* 1 sweetness 2 *fig.* gentleness, sweetness, softness.
dul·zu·ra *f.* 1 sweetness 2 *fig.* softness, gentleness, sweetness 3 *fig. clima* mildness.
du·na *f.* dune.
dú·o *m.* duet.
duo·dé·ci·mo, ma *adj.* twelfth ◇ *s.* twelfth.
duo·de·nal *adj.* duodenal.
duo·de·no *m.* duodenum.
dú·plex *adj. inv.* duplex *m.* 1 *casa* duplex, duplex apartment 2 TÉC duplex.
du·pli·ca·ción *f.* duplication, doubling.
du·pli·ca·do, da *pp. de* duplicar *adj.* duplicate ◇ *m.* *duplicado* duplicate, copy **por duplicado** in duplicate.
du·pli·car *(see model 1) tr. gen.* to duplicate *cantidad* to double ◇ *prnl.* **duplicarse** to double.
du·pli·ci·dad *f.* 1 duplicity 2 *fig.* duplicity, falseness.
du·plo, pla *adj.* double ◇ *s.* double.
du·que *m.* duke.
du·que·sa *f.* duchess.
du·ra·bi·li·dad *f.* durability.
du·ra·ble *adj.* durable, lasting.
du·ra·ción *f.* 1 duration, length 2 *coche, máquina, etc.* life **de larga duración** 1 *periodo de tiempo* long, long-term 2 *bombilla, etc.* long-life.
du·ra·de·ro, ra *adj.* durable, lasting.
du·ra·men·te *adv.* 1 *con dificultad* hard 2 *con severidad* harshly.
du·ran·te *adv.* during, in, for **durante todo el día** all day long.
du·rar *intr.* 1 to last, go on for 2 *ropa, calzado* to wear well, last.
du·raz·no *m.* 1 *fruto* peach 2 *árbol* peach tree.
du·re·za *f.* 1 hardness, toughness 2 *fig. de carácter* toughness, harshness, severity 3 *callosidad* corn **dureza de corazón** hardheartedness, callousness.
dur·mien·te *adj.* sleeping ◇ *m.* sleeper **la Bella Durmiente** Sleeping Beauty.
du·ro, ra *adj.* 1 hard 2 *carne* tough *pan* stale 3 *difícil* hard, difficult 4 *cruel* tough, hardhearted, callous 5 *resistente* strong, tough 6 *obstinado* obstinate, stubborn ◇ *m.* *duro* 1 *antiguamente* five pesetas *moneda* five-peseta coin 2 *fam.* tough guy ◇ *adv.* hard.
DVD *m.* *Disco Versátil Digital* DVD.

E, e *f. la letra* E, e.

e *conj.* and.

E *símb.* **1** *este* east *símbolo* E.

ea *interj.* **1** *ánimo* come on! **2** *resolución* so there!

e·ba·nis·ta *com.* cabinet-maker.

e·ba·nis·te·ri·a *f.* **1** *oficio* cabinet-making **2** *taller* cabinet-maker's.

é·ba·no *m.* ebony.

e·bo·ni·ta *f.* ebonite.

e·brie·dad *f.* drunkenness, intoxication, inebriation.

e·brio, bria *adj.* **1** drunk, intoxicated, inebriated **2** *fig.* blind.

e·bu·lli·ción *f.* **1** *hervor* boil, boiling **2** *fig. agitación* excitement, turmoil, ebullience.

e·búr·ne·o, a *adj.* eburnean.

e·char *tr.* **1** *lanzar* to throw **2** *dejar caer* to put, drop **3** *líquido* to pour *comida* to give *sal* to add, put in ◇ *intr.* **1** *echar a + inf. empezar* to begin to **2** *echar de + inf. dar* ◇ *prnl.* **echarse 1** *arrojarse* to throw oneself **2** *tenderse* to lie down.

e·clamp·sia *f.* eclampsia.

e·clec·ti·cis·mo *m.* eclecticism.

e·cléc·ti·co, ca *adj.* eclectic ◇ *s.* eclectic.

e·cle·sial *adj.* ecclesiastic, ecclesiastical, church.

e·cle·siás·ti·co, ca *adj.* ecclesiastic, ecclesiastical, church ◇ *m.* **eclesiástico** *clérigo* clergyman.

e·cli·psar *tr.* **1** *astro* to eclipse **2** *fig.* to eclipse, outshine ◇ *prnl.* **eclipsarse 1** *astro* to be eclipsed **2** *fig. desaparecer* to disappear, vanish.

e·clip·se *m.* eclipse.

e·clo·sión *f.* **1** ZOOL hatching, emergence **2** BOT blossoming.

e·clo·sio·nar *intr.* to break out, emerge, burst out.

e·co *m.* **1** echo **2** *fig.* echo, response.

e·co·gra·fi·a *f.* ultrasound scan.

e·co·lo·gi·a *f.* ecology.

e·co·ló·gi·co, ca *adj.* ecological.

e·co·lo·gis·ta *adj.* ecological *partido ecologista* ecology party ◇ *com.* ecologist.

e·co·no·me·tri·a *f.* econometrics.

e·co·no·mi·a *f.* **1** *administración* economy **2** *ciencia* economics **3** *ahorro* economy, saving **4** *moderación* economy, thrift, thriftiness **economía de mercado** market economy.

e·co·nó·mi·co, ca *adj.* **1** *gen.* economic **2** *barato* cheap, economical, inexpensive **3** *persona* thrifty, careful with money.

e·co·no·mis·ta *com.* economist.

e·co·no·mi·zar *(see model 1) tr.* **1** *ahorrar* to economize, save **2** *usar con cuidado* to use sparingly ◇ *intr.* to economize, save.

e·co·sis·te·ma *m.* ecosystem.

ec·to·plas·ma *m.* ectoplasm.

e·cua·ción *f.* **1** equation *ecuación de primer grado* simple equation **ecuación de segundo grado** quadratic equation.

e·cua·dor *m.* **1** GEOG equator **2** EDUC half-way point.

e·cua·li·za·dor *m.* **1** equalizer.

e·cuá·ni·me *adj.* **1** *temperamento* calm, placid, equable **2** *juicio, opinión* fair, impartial.

e·cua·ni·mi·dad *f.* **1** *temperamento* equanimity **2** *juicio* impartiality, fairness.

e·cua·to·rial *adj.* equatorial.

e·cua·to·ria·no, na *adj.* Ecuadorian ◇ *s.* Ecuadorian.

e·cues·tre *adj.* equestrian.

e·cu·mé·ni·co, ca *adj.* ecumenical, ecumenic.

e·dad *f.* **1** age *a la edad de 20 años* at the age of 20 **2** *tiempo, época* time, period **Edad Media** Middle Ages.

e·de·cán *m.* aide-de-camp.

e·de·ma *m.* edema.

e·dén *m.* **1** Eden **2** *fig.* paradise, heaven.

e·di·ción *f.* **1** *ejemplares* edition **2** *publicación* publication *de sellos* issue **3** INFO editing.

e·dic·to *m.* edict, proclamation.

e·di·fi·ca·ción *f.* building, construction.

e·di·fi·can·te *adj.* edifying, uplifting.

e·di·fi·car *(see model 1) tr.* **1** *construir* to build, construct **2** *fig. crear* to build, create **3** *fig. dar ejemplo* to edify, uplift.

e·di·fi·cio *m.* building.

e·di·tar *tr.* **1** *libros, revistas* to publish *discos* to release **2** INFO to edit.

e·di·tor, ra *adj.* publishing ◇ *s. que edita* publisher *que prepara* editor ◇ *m.* **editor 1** INFO editor.

e·di·to·rial *adj.* publishing ◇ *m. artículo* editorial, leading article, leader ◇ *f.* publishing house, publisher.

e·di·to·ria·lis·ta *com.* leader writer.

e·dre·dón *m.* comforter.

e·du·ca·ción *f.* **1** *preparación* education **2** *crianza* upbringing, breeding **3** *modales* manners *pl.*

e·du·ca·do, da *adj.* polite.

e·du·ca·dor, ra *adj.* educating ◇ *s.* educator, teacher.

e·du·can·do, da *s.* pupil, student.

e·du·car *(see model 1) tr.* **1** *enseñar* to educate, teach **2** *criar* to bring up **3** *en la cortesía, etc.* to teach manners **4** *sentidos* to educate, train.

e·du·ca·ti·vo, va *adj.* educational *sistema educativo* education system.

e·dul·co·ran·te *m.* sweetener.

EE UU *abr. Estados Unidos* the United States of America *abreviatura* USA.

e·fec·ti·va·men·te *adv.* **1** *realmente* in fact, actually **2** *de verdad* indeed.

e·fec·ti·vi·dad *f.* effectiveness.

e·fec·ti·vo, va *adj.* **1** *real* real, true, actual **2** *que tiene efecto* effective **3** *empleo* permanent *m.* **efectivo** *dinero* cash **efectivo en caja** petty cash en efectivo *dinero* in cash **pagar en efectivo** to pay cash.

e·fec·to *m.* **1** *resultado* effect, result, end **2** *impresión* impression **3** *fin* aim, object **4** DEP spin **5** COMM bill, draft.

e·fec·tuar *(see model 1) tr.* **1** *gen.* to carry out, perform, make, do **2** *pago* to make *pedido* to place **3** *suma, etc.* to do ◇ *prnl.* **efectuarse** *realizarse* to be carried out.

e·fe·mé·ri·de *f. aniversario* anniversary *conmemoración* commemoration.

e·fer·ves·cen·cia *f.* **1** *gen.* effervescence **2** *de bebida* fizziness.

e·fer·ves·cen·te *adj.* **1** *gen.* effervescent **2** *bebida* sparkling, fizzy.

e·fi·ca·cia f. 1 *persona* efficiency, effectiveness *cosas* efficacy, effectiveness 2 *rendimiento* efficiency.

e·fi·caz adj. 1 *eficiente* efficient 2 *cosa* efficacious, effective.

e·fi·caz·men·te adv. effectively.

e·fi·cien·cia f. efficiency.

e·fi·cien·te adj. efficient.

e·fi·gie f. effigy.

e·fí·me·ro, ra adj. ephemeral, brief.

e·flo·res·cen·cia f. efflorescence.

e·fu·si·va·men·te adv. effusively, warmly.

e·fu·si·vi·dad f. effusiveness.

e·fu·si·vo, va adj. effusive, warm.

e·gip·cio, cia adj. Egyptian ◇ s. *persona* Egyptian ◇ m. *egipcio idioma* Egyptian.

E·gip·to m. Egypt.

e·gip·to·lo·gí·a f. Egyptology.

e·gip·tó·lo·go, ga s. Egyptologist.

e·go m. ego.

e·go·cén·tri·co, ca adj. egocentric, self-centered.

e·go·ís·mo m. selfishness, egoism.

e·go·ís·ta adj. selfish, egoistic, egoistical ◇ com. egoist, selfish person.

e·go·la·trí·a f. egomania, self-worship.

e·go·tis·ta adj. egotistic, egotistical ◇ com. egotist.

e·gre·gio, gia adj. eminent, renowned, illustrious.

eh interj. 1 fam. *para llamar* hey!, hey you! 2 fam. *pregunta* you what? 3 fam. *al final de frase* OK?, right? **no te quiero volver a ver, ¿eh?** I don't want to see you again, OK?

e·je m. 1 *linea, recta* axis 2 TÉC shaft, spindle 3 AUTO axle.

e·je·cu·ción f. 1 *de una orden, etc.* carrying out, execution 2 MÚS performance 3 *ajusticiamiento* execution.

e·je·cu·tan·te com. performer.

e·je·cu·tar tr. 1 *una orden, etc.* to carry out 2 MÚS to perform, play 3 *ajusticiar* to execute 4 JUR to seize 5 INFO to run.

e·je·cu·ti·vo, va adj. executive ◇ s. executive ◇ m. **el ejecutivo** *gobierno* the government **las propuestas del Ejecutivo fueron rechazadas por los sindicatos** the Government's proposals have been rejected by the unions **poder ejecutivo** the executive.

e·je·cu·tor, ra s. 1 executor 2 *verdugo* executioner.

e·jem·plar adj. exemplary, model **un ciudadano ejemplar** a model citizen ◇ m. 1 *copia* copy, number, issue **ejemplar gratuito** free copy 2 *prototipo* specimen.

e·jem·pli·fi·ca·ción f. exemplification, illustration.

e·jem·pli·fi·car *(see model 1)* tr. to illustrate, exemplify.

e·jem·plo m. 1 example 2 *modelo* model **por ejemplo** for example, for instance **servir de ejemplo** to serve as an example.

e·jer·cer *(see model 2)* tr. 1 *profesión, etc.* to practice, be in practice as **ejerce la abogacía** she's in practice as a lawyer 2 *usar* to exercise *influencia* to exert ◇ intr. to practice, work **ejerce de médico** he works as a doctor.

e·jer·ci·cio m. 1 *de profesión* practice *de derecho* use, exercise *de función* performance 2 EDUC exercise *examen* test *pregunta de examen* question **hacer ejercicio** to do exercise, take exercise.

e·jer·ci·tar tr. 1 *profesión* to practice 2 *enseñar* to train ◇ prnl. **ejercitarse** 1 *aprender* to train 2 MIL to exercise.

e·jér·ci·to m. army.

e·ji·do m. common land.

el *determinante* 1 the **llegó el martes** he arrived on Tuesday 2 **el de** the one **el del traje azul** the one in the blue suit 3 **el que** *persona - sujeto* the one who - *objeto* the one, the one that, the one whom **el que vino ayer** the one who came yesterday 4 *cosa* the one, the one that, the one which **el que me diste** the one (that) you gave me.

él pron. 1 *sujeto - persona* he - *cosa, animal* it **él vive aquí** he lives here 2 *objeto - persona* him - *cosa, animal* it **no puedo vivir sin él** I can't live without him **de él** *posesivo* his **es de él** it's his **él mismo** himself.

e·la·bo·ra·ción f. 1 *producto* manufacture, production 2 *madera, metal, etc.* working.

e·la·bo·rar tr. 1 *producto* to make, manufacture, produce 2 *madera, metal, etc.* to work 3 *idea* to work out, develop.

e·las·ti·ci·dad f. 1 gen. elasticity 2 *tela* stretch 3 fig. flexibility.

e·lás·ti·co, ca adj. 1 elastic 2 *telas* elastic, stretch ◇ m. **elástico** elastic suspenders **ser algo muy elástico** fig. to be open to a number of interpretations.

e·lec·ción f. 1 *nombramiento* election 2 *opción* choice **lo dejamos a tu elección** we'll leave it up to you ◇ fpl. **elecciones** elections **convocar elecciones** to call an election.

e·lec·tor, ra s. voter, elector.

e·lec·to·ra·do m. electorate, voters pl.

e·lec·to·ral adj. electoral.

e·lec·tri·ci·dad f. electricity.

e·lec·tri·cis·ta adj. electrical ◇ com. electrician **ingeniero electricista** electrical engineer.

e·léc·tri·co, ca adj. electric, electrical.

e·lec·tri·fi·car *(see model 1)* tr. to electrify.

e·lec·tri·zar *(see model 4)* tr. 1 to electrify 2 fig. to electrify, thrill, excite.

e·lec·tro·cu·tar tr. to electrocute ◇ prnl. **electrocutarse** to be electrocuted, electrocute oneself.

e·lec·tro·di·ná·mi·co, ca adj. electrodynamic.

e·lec·tro·do m. electrode.

e·lec·tro·do·més·ti·co m. electrical appliance.

e·lec·tró·li·sis f. inv. electrolysis.

e·lec·tró·li·to m. electrolyte.

e·lec·tro·mag·né·ti·co, ca adj. electromagnetic.

e·lec·tro·me·cá·ni·co, ca adj. electromechanical.

e·lec·trón m. electron.

e·lec·tró·ni·ca f. electronics.

e·lec·tró·ni·co, ca adj. electronic.

e·lec·tro·quí·mi·co, ca adj. electrochemical.

e·lec·tros·tá·ti·ca f. electrostatics.

e·lec·tros·tá·ti·co, ca adj. electrostatic.

e·lec·tro·te·ra·pia f. electrotherapy.

e·le·fan·te, ta s. *macho* elephant *hembra* cow elephant, female elephant.

e·le·gan·cia f. elegance, smartness, style.

e·le·gan·te adj. elegant, smart, stylish.

e·le·gí·a f. elegy.

e·le·gi·a·co, ca adj. 1 elegiac 2 fig. elegiac, plaintive.

e·le·gi·bi·li·dad f. eligibility.

e·le·gi·ble adj. eligible.

e·le·gi·do, da pp. de **elegir** adj. 1 *escogido* chosen 2 *predilecto* preferred 3 POL elected ◇ s. 1 chosen one 2 POL elected person.

e·le·gir *(see model 55)* tr. 1 *escoger* to choose 2 POL to elect.

e·le·men·tal adj. 1 *del elemento* elemental 2 *obvio* elementary, basic.

e·le·men·to m. 1 gen. element 2 *parte* component, part 3 *individuo* type, sort **elementos de juicio** facts of the case.

e·len·co m. 1 catálogo index, catalog 2 actores cast 3 personal staff.

e·le·va·ción f. 1 de terreno elevation, rise 2 precios rise, raising, increasing voz, tono raising peso raising, lifting 3 MAT raising.

e·le·va·do, da pp. de elevar adj. 1 gen. high 2 fig. lofty, noble.

e·le·va·dor, ra adj. elevating ⬦ m. elevador elevator.

e·le·var tr. 1 peso, etc. to elevate, raise, lift 2 precios to raise, increase, put up tono, voz to raise 3 MAT to raise ⬦ prnl. elevarse 1 subir to rise (up) el humo se elevaba the smoke was rising up 2 alcanzar to reach se eleva hasta el techo it reaches the ceiling 3 erguirse, levantarse to stand.

el·fo m. elf.

e·li·mi·na·ción f. elimination.

e·li·mi·na·dor, ra adj. eliminating ⬦ s. eliminator.

e·li·mi·nar tr. 1 gen. to eliminate, exclude 2 fam. matar to kill, eliminate.

e·li·mi·na·to·rio, ria adj. eliminatory.

e·lip·se f. ellipse.

e·lip·soi·de m. ellipsoid.

e·líp·ti·co, ca adj. elliptic, elliptical.

e·li·te f. elite.

e·li·xir m. elixir.

e·lla pron. 1 sujeto - persona she - cosa, animal it ella vive aquí she lives here 2 objeto - persona her - cosa, animal it vino con ella he came with her de ella posesivo hers es de ella it's hers.

e·llo pron. it no me digas nada de ello don't tell me anything about it por ello that's why.

e·llos, llas pron. 1 sujeto they ellas lo dijeron they said so 2 objeto them ella vino con ellos she came with them.

e·lo·cuen·cia f. eloquence.

e·lo·cuen·te adj. eloquent.

e·lo·giar (see model 12) tr. to praise, eulogize.

e·lo·gio m. praise, eulogy digno de elogio praiseworthy.

e·lo·gio·sa·men·te adv. eulogistically, admiringly.

e·lu·ci·dar tr. to elucidate, explain.

e·lu·cu·bra·ción f. lucubration.

e·lu·cu·brar tr. to lucubrate.

e·lu·dir tr. 1 responsabilidad, justicia, etc. to evade 2 pregunta to avoid, evade persona to avoid.

e·ma·nar intr. 1 olor, etc. to emanate 2 derivar to derive (de, from), come (de, from).

e·man·ci·pa·ción f. emancipation.

e·man·ci·par tr. to emancipate, free ⬦ prnl. emanciparse to become emancipated, become free.

e·mas·cu·lar tr. to emasculate, castrate.

em·ba·dur·nar tr. to daub, smear.

em·ba·ja·da f. 1 cargo ambassadorship, post of ambassador 2 edificio embassy.

em·ba·ja·dor, ra s. ambassador.

em·ba·la·je m. packing, packaging.

em·ba·lar tr. empaquetar to pack, wrap ⬦ intr. acelerar to speed up ⬦ prnl. embalarse acelerar to speed up.

em·bal·do·sar tr. to tile.

em·bal·sa·mar tr. to embalm.

em·bal·sar tr. 1 agua to dam up 2 MAR to hoist, lift ⬦ prnl. embalsarse to be dammed up.

em·bal·se m. 1 acción damming 2 presa dam, reservoir.

em·ba·ra·za·da adj.-f. pregnant woman, expectant mother.

em·ba·ra·zar (see model 4) tr. 1 mujer to make pregnant 2 estorbar to hinder 3 turbar to embarrass

⬦ prnl. embarazarse quedarse encinta to become pregnant.

em·ba·ra·zo m. 1 preñez pregnancy 2 obstáculo obstruction, obstacle 3 turbación embarrassment.

em·ba·ra·zo·so, sa adj. embarrassing, awkward, troublesome.

em·bar·ca·ción f. 1 nave boat, vessel, craft 2 embarco embarkation.

em·bar·car (see model 1) tr. 1 personas to embark, put on board mercancías to load 2 fig. to involve, implicate ⬦ prnl. embarcarse en barco to embark, go on board en avión to board.

em·bar·gar (see model 7) tr. 1 JUR to seize, sequestrate, impound 2 emociones to overcome.

em·bar·go m. 1 de bienes seizure of property, sequestration 2 prohibición embargo sin embargo nevertheless, however.

em·ba·rrar tr. 1 untar de barro to cover with mud 2 embadurnar to daub, smear ⬦ prnl. embarrarse to get covered in mud.

em·ba·ru·llar tr. 1 mezclar to muddle 2 hacer mal to bungle 3 fam. liar to confuse ⬦ prnl. embarullarse liarse to get muddled up, get confused.

em·ba·te m. 1 de olas dashing, breaking 2 viento summer sea breeze 3 fig. acometida outburst.

em·bau·car (see model 1) tr. to deceive, trick, dupe, cheat, swindle.

em·be·ber tr. 1 absorber to soak up 2 empapar to soak, drench 3 COST to take in ⬦ intr. encogerse to shrink la lana embebe wool shrinks ⬦ prnl. embeberse to become absorbed (en, in).

em·be·le·sar tr. to charm, delight, fascinate.

em·be·lle·cer (see model 43) tr. to make beautiful, beautify ⬦ prnl. embellecerse to make oneself beautiful, beautify oneself.

em·be·lle·ci·mien·to m. beautification.

em·bes·ti·da f. 1 gen. onslaught, attack 2 de toro charge.

em·bes·tir (see model 34) tr. 1 atacar to assault, attack 2 toro to charge 3 COST to smash (into).

em·blan·que·cer (see model 43) tr. to whiten, bleach ⬦ prnl. emblanquecerse to go white, bleach.

em·ble·ma m. 1 emblem, badge 2 de marca logo.

em·ble·má·ti·co, ca adj. emblematic.

em·bo·ba·do, da pp. de embobar adj. fascinated, entranced.

em·bo·bar tr. to fascinate, amaze, entrance ⬦ prnl. embobarse to be fascinated, be entranced.

em·bo·car (see model 1) tr. 1 en la boca to put into the mouth 2 calle, canal to enter 3 engullir to guzzle.

em·bo·lia f. embolism, clot.

ém·bo·lo m. TÉC piston de cafetera plunger.

em·bol·sar tr. 1 to pocket 2 cobrar to collect ⬦ prnl. embolsarse cobrar to make, earn ganar win.

em·bo·qui·llar tr. 1 cigarrillos to tip 2 túnel, galería to open up.

em·bo·rra·char tr. to make drunk ⬦ prnl. emborracharse to get drunk.

em·bo·rre·ga·do, da adj. cloudy.

em·bos·ca·da f. ambush tender una emboscada to lay an ambush.

em·bos·car (see model 1) tr. to ambush.

em·bo·ta·do, da pp. de embotar adj. 1 sentidos dull 2 desafilado blunt.

em·bo·tar tr. 1 arma, etc. to blunt 2 fig. sentidos to dull mente to numb, fuddle ⬦ prnl. embotarse 1 arma, etc. to become blunt 2 fig. sentidos to be dulled mente to become numb.

em·bo·te·lla·do, da pp. de embotellar adj. bottled ⬦ m. embotellado bottling.

em·bo·te·lla·mien·to m. 1 acción de embotellar bottling 2 AUTO fig. traffic jam.

em·bo·te·llar tr. 1 meter en botella to bottle 2 AUTO fig. to block, jam.

em·bo·zar tr. 1 el rostro to muffle 2 animales to muzzle 3 fig. ocultar to disguise, conceal ◇ prnl. embozarse el rostro to muffle oneself up.

em·bra·gue m. clutch.

em·bria·ga·do, da pp. de embriagar adj. intoxicated, drunk.

em·bria·gar (see model 7) tr. to make drunk, intoxicate ◇ prnl. embriagarse to get drunk.

em·bria·guez f. intoxication, drunkenness.

em·brio·lo·gí·a f. embryology.

em·brión m. 1 embryo 2 fig. idea, etc. beginnings pl., embryo revolución seeds pl.

em·brio·na·rio, ria adj. embryonic, embryonal.

em·bro·lla·dor, ra adj. confusing, muddling ◇ s. troublemaker.

em·bro·llar tr. to confuse, muddle ◇ prnl. embrollarse to get confused, get muddled.

em·bro·llo m. 1 confusión muddle, mess 2 mentira lie.

em·bru·ja·do, da pp. de embrujar adj. persona bewitched lugar haunted.

em·bru·jar tr. 1 persona to bewitch lugar to haunt 2 fig. fascinar to bewitch, enchant.

em·bru·jo m. 1 spell, charm 2 fig. fascinación fascination, attraction.

em·bru·te·cer (see model 43) tr. facultades, etc. to dull, deaden ◇ prnl. embrutecerse to become dull, become stupefied.

em·bu·do m. 1 funnel 2 fig. trick.

em·bus·te m. mentira lie engaño trick.

em·bus·te·ro, ra adj. lying, deceitful ◇ s. liar.

em·bu·ti·do m. alimento processed cold meat, cold cut.

em·bu·tir tr. 1 llenar to stuff, cram, squeeze 2 carne to stuff ◇ prnl. embutirse fig. atiborrarse to stuff oneself (de, with).

e·mer·gen·cia f. 1 imprevisto emergency 2 salida emergence.

e·mer·gen·te adj. 1 emerging, emergent 2 fig. resulting, consequent.

e·mé·ri·to, ta adj. emeritus.

e·mi·gra·ción f. 1 emigration 2 aves, pueblo migration.

e·mi·gran·te adj. emigrant com. emigrant.

e·mi·grar intr. to emigrate aves, pueblo to migrate.

e·mi·nen·cia f. 1 elevación height, elevation, hill 2 fig. persona eminence, eminency.

e·mi·nen·te adj. 1 elevado high 2 fig. eminent, distinguished.

e·mir m. emir.

e·mi·ra·to m. emirate.

e·mi·sa·rio, ria s. emissary.

e·mi·sión f. 1 gen. emission 2 bonos, sellos, monedas issue 3 RAD TV programa broadcast transmisión transmission.

e·mi·sor, ra adj. 1 banco, etc. issuing 2 RAD TV broadcasting, transmitter ◇ s. banco, etc. issuer ◇ m. emisor RAD radio transmitter.

e·mi·so·ra f. broadcasting station, radio station.

e·mi·tir tr. 1 sonido, luz to emit olor to give off 2 manifestar to express 3 bonos, monedas, sellos to issue 4 RAD TV to broadcast, transmit ◇ intr. RAD TV to transmit.

e·mo·ción f. 1 sentimiento emotion, feeling 2 excitación excitement.

e·mo·cio·na·do, da pp. de emocionar adj. (deeply) moved, (deeply) touched.

e·mo·cio·nal adj. emotional.

e·mo·cio·nan·te adj. 1 conmovedor moving, touching 2 excitante exciting, thrilling.

e·mo·cio·nar tr. 1 conmover to move, touch 2 excitar to excite, thrill ◇ prnl. emocionarse conmoverse to be moved, be touched.

e·mo·lien·te adj. emollient ◇ m. emollient.

e·mo·lu·men·to m. emolument.

e·mo·ti·cón m. INFO emoticon.

e·mo·ti·vi·dad f. emotiveness.

e·mo·ti·vo, va adj. persona emotional acto, etc. moving, touching palabras emotive, stirring, rousing.

em·pa·ca·do·ra f. de cajas, etc. packing machine de pacas baling machine, baler.

em·pa·car (see model 1) tr. empaquetar - cajas, etc. to pack - pacas to bale.

em·pa·char tr. comer demasiado to give indigestion ◇ prnl. empacharse de comer to have indigestion, get indigestion, get an upset stomach.

em·pa·dro·na·mien·to m. 1 acción census taking 2 padrón census.

em·pa·dro·nar tr. 1 hacer el censo to take a census of 2 apuntar to register in a census ◇ prnl. empadronarse to register.

em·pa·la·gar (see model 7) intr. 1 dulces to be too sweet, be sickly 2 fig. to be cloying, pall.

em·pa·la·go·so, sa adj. 1 dulces too sweet, sickly 2 fig. persona sickly sweet, cloying.

em·pa·lar tr. to impale.

em·pa·li·zar (see model 4) tr. to palisade.

em·pal·mar tr. 1 unir to join, connect 2 cinta, cuerda, película to splice ◇ intr. 1 enlazar to join, connect 2 seguir to follow on from ◇ prnl. empalmarse vulg. to get a hard-on.

em·pal·me m. 1 gen. connection 2 cinta, cuerda, película splice 3 carpintería joint.

em·pa·na·da f. pasty, pie.

em·pan·ta·na·do, da pp. de empantanar adj. 1 inundado flooded 2 fig. atascado bogged down.

em·pan·ta·nar tr. 1 inundar to flood 2 fig. detener to bring to a standstill ◇ prnl. empantanarse inundarse to become flooded.

em·pa·ñar tr. 1 bebés to put a nappy on 2 cristal to steam up 3 fig. honor, etc. to taint, tarnish prnl. empañarse cristal to steam up.

em·pa·par tr. humedecer to soak penetrar to soak, drench ◇ prnl. empaparse 1 humedecerse to get soaked 2 persona to get soaked, get drenched, be drenched.

em·pa·pe·la·do m. 1 acción wallpapering 2 papel wallpaper.

em·pa·pe·lar tr. 1 envolver to wrap up in paper 2 una pared to wallpaper, paper.

em·pa·que¹ m. 1 de paquete packing.

em·pa·que² m. 1 de una persona presence, bearing.

em·pa·que·tar tr. hacer paquetes to pack (up), wrap (up).

em·pa·re·da·do m. sandwich.

em·pa·re·jar tr. 1 cosas to put into pairs, match personas to pair off 2 nivelar to make level comparar to put on a par (con, with) 3 cuadrar to match (con, with) ◇ intr. 1 ser parejo to be even (con, with) 2 alcanzar to catch up (con, with) ◇ prnl. emparejarse personas to pair up, pair off 2 alcanzar nivel to catch up.

em·pa·ren·ta·do, da pp. de emparentar adj. related (con, to).

em·pa·ren·tar (see model 31) intr. to become related by marriage (con, to) emparentar con una familia to marry into a family.

em·pa·rri·llar tr. to grill.

em·pas·tar tr. 1 *diente* to fill, put a filling in 2 *encuadernar* to bind 3 *pintura* to impaste.

em·pa·tar tr. *acabar igualados* to tie, draw *igualar* to equalize.

em·pa·te m. *en futbol, rugby* draw, tie *en carrera, votación* tie.

em·pa·tí·a f. empathy.

em·pa·ve·sar tr. 1 *engalanar* to decorate with bunting, deck out with bunting 2 *cubrir con empavesados* to tarpaulin.

em·pe·ci·na·do, da pp. de empecinarse adj. stubborn, pig-headed.

em·pe·ci·nar·se prnl. to be stubborn (*en*, about), be pig-headed (*en*, about) **empecinarse en hacer algo** to be set on doing something.

em·pe·der·ni·do, da adj. confirmed, inveterate, hardened **un fumador/bebedor empedernido** a hardened smoker/drinker.

em·pe·dra·do, da pp. de empedrar adj. 1 *calle* cobbled 2 *cielo* cloudy ◇ m. **empedrado** *adoquines* 1 cobbles pl., cobblestones pl. 2 *acción* cobbling, paving 3 dish of rice with beans, lentils, etc.

em·pe·drar (see model 27) tr. to cobble, pave.

em·pei·ne m. 1 *pie, zapato* instep 2 *pubis* groin.

em·pe·llón m. push, shove **abrirse paso a empellones** to push one's way through.

em·pe·ñar tr. 1 *objetos* to pawn, hock 2 *palabra* to pledge ◇ prnl. **empeñarse** 1 *endeudarse* to get into debt 2 *insistir* to insist (*en*, on) **estar empeñado** to be in debt.

em·pe·ño m. 1 *insistencia* determination 2 *deuda* pawn.

em·pe·o·rar intr. to worsen, deteriorate ◇ tr. to make worse ◇ prnl. **empeorarse** to get worse.

em·pe·que·ñe·cer (see model 43) tr. 1 to diminish, make smaller 2 *fig. persona* to put in the shade, belittle.

em·pe·ra·dor m. emperor.

em·pe·ra·triz f. empress.

em·pe·ri·fo·llar·se prnl. fam. to get dolled up.

em·pe·ro conj. LIT yet, however.

em·pe·zar (see model 47) tr. to begin, start ◇ intr. to begin, start.

em·pi·na·do, da pp. de empinar adj. 1 *alto* very high 2 *fig. inclinado* steep *vertical* upright.

em·pi·nar tr. 1 *levantar* to raise, lift 2 *recipiente* to raise, tip up ◇ intr. fam. beber mucho to drink a lot ◇ prnl. **empinarse** 1 *persona* to stand on tiptoe *animal* to rear up 2 *alcanzar altura* to tower.

em·pí·ri·co, ca adj. empirical ◇ s. empiricist.

em·pi·ris·mo m. empiricism.

em·plas·tar tr. to apply a poultice to, put a poultice on.

em·plas·to m. 1 MED poultice 2 *fig. componenda* botched job, bad job.

em·pla·za·mien·to[1] m. JUR summons.

em·pla·za·mien·to[2] m. *localización* location, site.

em·pla·zar (see model 4) tr. *citar* to call together a *juicio* to summons.

em·ple·a·do, da s. employee, clerk.

em·ple·ar tr. 1 *dar empleo* to employ 2 *usar* to use 3 *dinero* to spend 4 *tiempo* to invest, spend ◇ prnl. **emplearse** 1 *usarse* to be used 2 *tener trabajo* to be employed.

em·ple·o m. 1 *trabajo* occupation, job 2 POL employment 3 *uso* use.

em·plo·mar tr. 1 *cubrir* to cover with lead 2 *soldar* to join with lead, seal with lead 3 *sellar* to seal with lead.

em·po·bre·cer (see model 43) intr. to impoverish ◇ prnl. **empobrecerse** to become poor, become impoverished.

em·po·bre·ci·mien·to m. impoverishment.

em·po·llar tr. *huevos* to hatch.

em·pol·va·do, da pp. de empolvar adj. dusty.

em·pol·var tr. to cover with dust ◇ prnl. **empolvarse** *la cara* to powder one's face.

em·pon·zo·ñar tr. 1 to poison 2 *fig.* to corrupt.

em·por·car tr. to foul, dirty.

em·po·tra·do, da pp. de empotrar adj. fitted, built-in.

em·po·trar tr. 1 *armario, etc.* to fit, build in 2 *de golpe, etc.* to embed ◇ prnl. **empotrarse** *de golpe, etc.* to crash.

em·pren·de·dor, ra adj. enterprising, resourceful.

em·pren·der tr. 1 *gen.* to start 2 *misión* to tackle *viaje* to set off on *tarea* to undertake **emprender el vuelo** to take flight **emprender la marcha** to start out.

em·pre·sa f. 1 *compañía* firm, company 2 *dirección* management 3 *acción* undertaking, venture.

em·pre·sa·rial adj. managerial, management.

em·pre·sa·rio, ria s. gen. employer, manager *hombre* businessman, manager *mujer* businesswoman, manageress.

em·prés·ti·to m. loan.

em·pu·jar tr. 1 to push, shove, thrust 2 *fig.* to force, urge, press.

em·pu·je m. 1 push, thrust, drive 2 *presión* pressure 3 *fig. energía* energy, drive.

em·pu·jón m. push, shove **a empujones** *irregularmente* by/in fits and starts.

em·pu·ñar tr. 1 *asir* to grasp, seize 2 *fig.* to take up.

e·mu·lar tr. to emulate.

e·mul·sión f. emulsion.

e·mul·sio·nan·te adj. emulsifying ◇ m. emulsifier.

e·mul·sio·nar tr. to emulsify.

en prep. 1 *lugar - gen.* in, at **en casa** at home 2 - *en el interior* in, inside **en el cajón** in the drawer 3 *lugar - sobre* on **en la mesa** on the table 4 *año, mes, estación* in *día* on *época, momento* at **en 1994** in 1994 **en aquel momento** at that moment 5 *dirección* into **él entró en su casa** he went into his house 6 *transporte* by **ir en coche** to go by car 7 *tema, materia* at, in **experto en economía** expert in economics 8 *modo, manera* in **en voz baja** in a low voice .

e·na·je·na·ción f. 1 *distracción* distraction, absent-mindedness 2 *transferencia* transfer, alienation **enajenación mental** insanity, mental derangement.

e·na·je·nar tr. 1 *propiedad* to alienate 2 *fig. sacar de sí* to drive mad, drive to distraction 3 *fig. extasiar* to enrapture ◇ prnl. **enajenarse** 1 *desposeerse* to deprive oneself (*de*, of) 2 *apartarse del trato* to become estranged, become alienated.

e·nal·te·cer (see model 43) tr. 1 *ennoblecer* to ennoble, ennoble 2 *alabar* to praise, extol.

e·na·mo·ra·do, da adj. in love, lovesick ◇ s. lover, sweetheart.

e·na·mo·ra·mien·to m. infatuation, falling in love.

e·na·mo·rar tr. to win the heart of ◇ prnl. **enamorarse** to fall in love (*de*, with).

e·na·nis·mo m. dwarfism.

e·na·no, na adj. dwarf ◇ s. dwarf **divertirse como enano** fam. to have a whale of a time.

e·nar·bo·lar tr. 1 *bandera* to hoist 2 *arma* to brandish 3 *fig. defender* to defend ◇ prnl. **enarbolarse** *caballo* to rear up.

e·nar·de·cer *(see model 43)* tr. *fig. excitar* to excite, inflame, kindle ⋄ prnl. **enardecerse** *fig.* to get worked up

en·ca·be·za·mien·to m. 1 *gen.* heading 2 *fórmula* form of address 3 *preámbulo* preamble.

en·ca·be·zar *(see model 4)* tr. 1 *carta, lista* to head 2 *acaudillar* to lead 3 DEP *carrera* to lead *clasificación* to head, top.

en·ca·bri·tar·se prnl. *caballo* to rear up.

en·ca·de·nar tr. 1 *poner cadenas* to chain (up) 2 *fig. enlazar* to connect, link up 3 *fig. atar* to tie down.

en·ca·jar tr. 1 *ajustar* to fit 2 *hueso* to set 3 *recibir* to take, withstand 4 *soportar* to bear *hacer aguantar* to force to sit through, force to listen to ⋄ prnl. **encajarse** *atascarse* to get stuck, stick 2 *fig. vestido* to slip on *sombrero* to put on.

en·ca·je m. 1 *acto* fit, fitting 2 *hueco* socket *caja* housing 3 COST lace.

en·ca·jo·nar tr. 1 *poner en cajas* to put in a box, box up 2 *en un espacio* to squeeze ⋄ prnl. **encajonarse** 1 *en un sitio* to squeeze in 2 *río* to narrow.

en·ca·lar tr. to whitewash.

en·ca·llar intr. 1 MAR to run aground 2 *fig.* to flounder, fail.

en·ca·lle·cer *(see model 43)* intr. *piel* to harden, become callused ⋄ prnl. **encallecerse** *fig. persona* to become hardened.

en·ca·mi·nar tr. *guiar, orientar* to direct, guide, set on the right road, put on the right road ⋄ prnl. **encaminarse** *dirigirse* to head (*a*, for) (*hacia*, towards).

en·ca·mi·sar tr. 1 *camisa* to put a shirt on 2 *funda* to cover up 3 *fig. encubrir* to conceal.

en·can·di·la·do, da pp. de encandilar adj. *deslumbrado* starry-eyed.

en·can·di·lar tr. 1 *deslumbrar* to dazzle 2 *el fuego* to poke ⋄ prnl. **encandilarse** *ojos, rostro* to light up.

en·ca·ne·cer *(see model 43)* intr. 1 *pelo* to go gray 2 *fig. persona* to grow old ⋄ prnl. **encanecerse** *pelo* to go gray 2 *fig. persona* to grow old.

en·can·ta·do, da pp. de encantar adj. 1 *contento* pleased, delighted 2 *fig. embrujado* haunted, enchanted.

en·can·ta·dor, ra adj. enchanting, charming, delightful ⋄ s. *hombre* charmer *mujer* enchantress, charmer.

en·can·ta·mien·to m. spell, charm, enchantment.

en·can·tar tr. 1 *hechizar* to cast a spell on, bewitch 2 *fam. gustar* to delight, love.

en·can·to m. 1 *hechizo* spell, enchantment, charm 2 *fig. cosa* delight, enchantment 3 *fam. apelativo* love, darling, sweetheart.

en·ca·po·ta·do, da pp. de encapotar adj. overcast, cloudy.

en·ca·po·tar tr. *cubrir* to put a cloak on ⋄ prnl. **encapotarse** 1 *persona* to frown, look grim 2 *cielo* to become overcast, become cloudy.

en·ca·pri·cha·mien·to m. infatuation.

en·ca·pri·char·se prnl. 1 *empeñarse* to set one's mind (*con/en*, on) 2 *encariñarse* to take a fancy (*con*, to) *enamorarse* to get a crush (*con*, on).

en·cap·su·lar tr. to encapsulate.

en·ca·pu·cha·do, da adj. hooded.

en·ca·ra·mar tr. 1 *levantar* to raise, lift up 2 *elevar* to promote to a high position ⋄ prnl. **encaramarse** *subirse* to climb up, get high up.

en·ca·rar tr. 1 *afrontar* to face, face up to, confront 2 *poner cara a cara* to face, face up to, confront ⋄ prnl. **encararse** *situación, proble-*

ma to face up (*a/con*, to) 2 *persona* to stand up (*a/con*, to).

en·car·ce·la·ción f. imprisonment, incarceration.

en·car·ce·lar tr. to imprison, jail, incarcerate.

en·ca·re·cer *(see model 43)* tr. 1 *precios* to put up the price of 2 *fig. elogiar* to praise 3 *fig. recomendar* to urge, strongly recommend ⋄ prnl. **encarecerse** *precio* to become more expensive, go up in price.

en·ca·re·ci·da·men·te adv. earnestly, insistently.

en·ca·re·ci·mien·to m. 1 *precio* increase in price, rise in price 2 *insistencia* insistence 3 *alabanza* praising, extolling.

en·car·ga·do, da pp. de encargar adj. in charge ⋄ s. 1 COMM *hombre* manager *mujer* manageress 2 *empleado* person in charge.

en·car·gar *(see model 7)* tr. 1 *encomendar* to entrust, put in charge of 2 *recomendar* to recommend, advise 3 COMM *pedir* to order, place an order for ⋄ prnl. **encargarse de** to take charge of, look after, see to, deal with.

en·car·go m. 1 *recado* errand 2 *empleo* job, assignment 3 *responsabilidad* responsibility 4 *pedido* to place an order.

en·ca·ri·ña·do, da pp. de encariñarse adj. attached (*con*, to), fond (*con*, of).

en·car·na·ción f. 1 REL incarnation 2 *fig.* embodiment, incarnation.

en·car·nar intr. REL to become incarnate 2 MED to heal ⋄ tr. 1 *fig. personificar* to embody, personify 2 TEAT *fig.* to play.

en·car·ni·za·do, da pp. de encarnizar adj. bloody, fierce.

en·car·ni·za·mien·to m. fierceness, savagery, cruelty.

en·car·ni·zar *(see model 4)* tr. 1 *perro* to flesh, blood 2 *fig. enfurecer* to enrage ⋄ prnl. **encarnizarse** *fig.* to be cruel (*con/en*, to), be brutal (*con/en*, to).

en·car·pe·tar tr. to file (away).

en·ca·rri·lar tr. 1 *vehículo* to put on the road, put on the rails 2 *fig. encaminar* to direct, guide, put on the right track.

en·car·tar tr. *incluir en libro* to insert.

en·car·te m. 1 *naipes* lead 2 *folleto* free leaflet, booklet *hoja intercalada* insert.

en·ca·si·lla·do, da pp. de encasillar adj. *actor* typecast ⋄ m. **encasillado** *casillero* pigeonholes pl.

en·ca·si·llar tr. 1 *poner en casillas* to pigeonhole 2 *clasificar* to classify, class 3 *actor, actriz* to typecast ⋄ prnl. **encasillarse** *fig.* to limit oneself.

en·cau·sar tr. to prosecute.

en·caús·tico m. protective polish.

en·cau·za·mien·to m. 1 channelling 2 *fig.* orientation, guidance.

en·cau·zar *(see model 4)* tr. 1 to channel 2 *fig.* to direct, guide.

en·ce·bo·lla·do, da pp. de encebollar adj. with onion.

en·ce·bo·llar tr. to cook with onions.

en·ce·fa·li·tis f. inv. encephalitis.

en·cé·fa·lo m. encephalon.

en·ce·fa·lo·gra·ma m. encephalogram.

en·ce·lar tr. *dar celos* to make jealous ⋄ prnl. **encelarse** 1 *tener celos* to be jealous 2 *estar en celo - ciervo* to be in rut - *perro, gato* to be on heat.

en·ce·na·gar·se *(see model 7)* prnl. 1 to get covered in mud 2 *fig. en el vicio* to wallow.

en·cen·de·dor m. lighter.

en·cen·der *(see model 28)* tr. 1 *hacer arder* to light, set fire to *cerilla* to strike, light *vela* to light 2 *luz,* *radio, tv* to turn on, switch on, put on *gas* to turn on, light **3** *fig. excitar* to inflame, stir up ⬦ *prnl.* **encenderse 1** *incendiarse* to catch fire, ignite **2** *luz* to go on, come on *llama* to flare up **3** *fig. excitarse* to flare up.

en·cen·di·da·men·te *adv. fig.* passionately, ardently.

en·cen·di·do, da *pp. de* encender *adj.* **1** *incendiado* on fire, burning **2** *cigarrillo, etc.* LIT **3** *luz, etc.* on ⬦ *m.* **encendido 1** *gen.* lighting **2** AUTO ignition.

en·ce·ra·do *m.* **1** *lienzo* tarpaulin **2** *capa de cera* wax coating **3** *pizarra* blackboard.

en·ce·rar *tr.* to wax, polish.

en·ce·rrar *(see model 27) tr.* **1** *gen.* to shut in, shut up **2** *con llave* to lock in, lock up **3** *palabras, frases, etc.* to put ⬦ *prnl.* **encerrarse** *recogerse* to go into retreat *en sí mismo* to become withdrawn.

en·ces·tar *tr.* to score a basket.

en·ces·te *m.* basket.

en·char·car *(see model 1) tr.* to flood, swamp ⬦ *prnl.* **encharcarse** *terreno* to swamp, get flooded.

en·chi·nar *tr.* to pave with pebbles.

en·chu·far *tr.* **1** ELEC to connect, plug in **2** *unir* to join, connect, fit ⬦ *prnl.* **enchufarse** *fam. fig.* to get a job.

en·chu·fe *m.* **1** ELEC *hembra* socket *macho* plug **2** *fam. fig. trabajo* easy job *influencias* contacts *pl.,* friends *fig.* in high places.

en·cí·a *f.* gum.

en·cí·cli·ca *f.* encyclical.

en·ci·clo·pe·dia *f.* encyclopaedia, encyclopedia.

en·cie·rro *m.* **1** *toril* bull pen *recorrido* bull-running **2** *prisión* locking up, confinement.

en·ci·ma *adv.* **1** *más arriba* above, overhead *sobre* on top **2** *ropa, etc.* on, on top **3** *consigo* on you *(him etc.)* **4** *además* in addition, besides **5** *fam. por si fuera poco* what's more, on top of that, besides **por encima** *a más altura* above **por encima de 1** *más importante* above **2** *más allá* beyond **por encima de todo** above all.

en·cin·ta *adj.* pregnant.

en·cin·tar *tr.* to decorate with ribbons.

en·claus·trar *tr.* **1** to cloister, shut up in a convent, shut up in a monastery **2** *fig.* to cloister, shut up ⬦ *prnl.* **enclaustrarse** to shut oneself up.

en·cla·var *tr.* **1** *clavar* to nail **2** *atravesar* to pierce, transfix **3** *ubicar* to locate, place.

en·cla·ve *m.* enclave.

en·clen·que *adj.* **1** *flaco* skinny **2** *débil* weak, puny *enfermizo* sickly ⬦ *com.* **1** *flaco* skinny person *débil* weak person, puny person *enfermizo* sickly person.

en·clí·ti·co, ca *adj.* enclitic ⬦ *s.* enclitic.

en·co·ger *(see model 5) tr.* **1** *contraer* to contract **2** *tejido* to shrink **3** *asustar* to intimidate, frighten *intr. tejido* to shrink ⬦ *prnl.* **encogerse 1** *contraerse* to contract **2** *tejido* to shrink **encogerse de hombros** to shrug one's shoulders.

en·co·le·ri·zar *(see model 4) tr.* to anger, irritate, infuriate, exasperate ⬦ *prnl.* **encolerizarse** to get angry, lose one's temper.

en·co·men·dar *(see model 27) tr.* to entrust, commend, put in charge ⬦ *prnl.* **encomendarse** to entrust oneself (*a,* to) **encomendarse a Dios** to put one's trust in God, commend one's soul to God.

en·co·mia·ble *adj.* commendable, creditable, praiseworthy.

en·co·miar *(see model 12) tr.* to extol, laud.

en·co·mien·da *f.* **1** *encargo* assignment, mission **2** HIST estate.

en·co·mio *m.* **1** praise, tribute, eulogy **digno de encomio** praiseworthy.

en·co·nar *tr.* **1** MED to inflame **2** *fig.* to anger ⬦ *prnl.* **enconarse 1** MED to become inflamed **2** *fig. exasperarse* to get irritated, get angry.

en·co·no *m.* ill feeling, rancor.

en·con·trar *(see model 31) tr.* **1** *gen.* to find **2** *una persona sin buscar* to come across, meet, bump into **3** *dificultades* to run into, come up against **4** *creer* to think, find ⬦ *prnl.* **encontrarse** *estar* to be *se encuentra enfermo* he's ill **2** *persona* to meet *por casualidad* to bump into, run into, meet.

en·con·tro·na·zo *m.* **1** *choque* collision, crash **2** *riña* quarrel **3** *fig. ideas, etc.* clash.

en·co·pe·ta·do, da *adj.* **1** *fig. presumido* conceited, haughty, stuck-up **2** *fig. de clase alta* upper-class.

en·co·ra·ji·nar *tr. fam.* to make angry ⬦ *prnl.* **encorajinarse** *fam.* to get angry, lose one's temper.

en·cor·char *tr.* to cork.

en·cor·dar *(see model 31) tr.* **1** *instrumento* to string **2** *rodear* to tie with a rope ⬦ *prnl.* **encordarse** *alpinistas* to rope up.

en·cor·va·do, da *pp. de* encorvar *adj.* *cosa* bent, curved *persona* bent, stooping.

en·cor·va·du·ra *f.* **1** *acción* bending **2** *de persona* stoop, curvature **3** *curva* bend, curve.

en·cor·var *tr.* to bend, curve ⬦ *prnl.* **encorvarse 1** to bend, curve **2** *persona* to become round-shouldered.

en·cres·pa·do, da *pp. de* encrespar *adj.* **1** *pelo* curly **2** *mar* rough, choppy.

en·cres·par *tr.* **1** *pelo* to curl, frizz **2** *mar* to make choppy, make rough **3** *fig. enfurecer* to infuriate ⬦ *prnl.* **encresparse 1** *pelo* to stand on end **2** *mar* to get rough.

en·cru·ci·ja·da *f.* **1** crossroads, intersection **2** *fig.* crossroads.

en·cua·der·na·ción *f.* **1** *arte* bookbinding **2** *cubierta* binding.

en·cua·der·nar *tr.* to bind.

en·cua·drar *tr.* **1** *cuadro, etc.* to frame **2** *fig. encajar* to fit in, insert **3** *fig. servir de límite* to frame ⬦ *prnl.* **encuadrarse** *incorporarse* to join.

en·cu·bier·to, ta *pp. de* fraud *adj.* **1** *secreto* secret, hidden, concealed **2** *fraudulento* fraudulent, underhand.

en·cu·bri·dor, ra *s.* accessory, abettor.

en·cu·bri·mien·to *m.* **1** concealment, hiding **2** JUR cover-up.

en·cu·brir *pp. de* encubierto *tr.* **1** *ocultar* to conceal, hide **2** JUR *delito* to cover up *criminal* to cover up for.

en·cuen·tro *m.* **1** *de personas* meeting **2** DEP meeting, clash *partido* match, game **3** *choque* collision **ir al encuentro de alguien** to go to meet somebody.

en·cues·ta *f.* **1** *sondeo* poll, survey **2** *pesquisa* inquiry, investigation.

en·cues·ta·dor, ra *s.* pollster.

en·cues·tar *tr.* to poll.

en·cum·bra·do, da *pp. de* encumbrar *adj.* **1** *eminente* distinguished, eminent **2** *socialmente* upper-class.

en·cum·brar *tr. fig.* to exalt, elevate ⬦ *prnl.* **encumbrarse** *fig. envanecerse* to grow proud, become haughty.

en·cur·tir *tr.* to pickle.

en·de·ble *adj.* feeble, weak, puny.

en·de·ca·sí·la·bo, ba *adj.* hendecasyllabic ◇ *m. endecasílabo* hendecasyllable.

en·de·cha *f.* lament.

en·dé·mi·co, ca *adj.* **1** MED endemic **2** *fig.* endemic, inherent.

en·de·mo·nia·do, da *adj.* **1** *poseso* possessed **2** *fig.* diabólico diabolical.

en·de·re·zar *(see model 4) tr.* **1** *poner derecho* to straighten out **2** *poner vertical* to set upright ◇ *prnl. enderezarse ponerse recto* to straighten up.

en·deu·da·mien·to *m.* borrowing, state of indebtedness.

en·deu·dar·se *prnl.* to get into debt, fall into debt.

en·dia·bla·do, da *adj.* **1** *poseso* possessed **2** *fig. malo* evil, wicked.

en·dil·gar *(see model 7) tr.* **1** *fam. trabajo, etc.* to palm off onto, lumber with **2** *fam. hacer aguantar* to make sit through, make listen to.

en·dio·sar *tr.* to deify ◇ *prnl. endiosarse fig.* to become conceited, become proud, become vain.

en·do·cri·no, na *adj.* endocrine, endocrinal ◇ *s. fam.* endocrinologist.

en·do·cri·no·lo·gí·a *f.* endocrinology.

en·do·cri·nó·lo·go, ga *s.* endocrinologist.

en·do·gá·mi·co, ca *adj.* endogamic.

en·do·sar *tr.* **1** to endorse **2** *fam. fig.* to lumber with.

en·dos·co·pio *m.* endoscope.

en·do·so *m.* endorsement.

en·dul·zar *(see model 4) tr.* **1** to sweeten **2** *fig. suavizar* to alleviate, soften, ease.

en·du·re·cer *(see model 43) tr.* **1** to harden, make hard **2** *fig.* to harden, toughen ◇ *prnl. endurecerse* to become hardened, harden.

e·ne·bro *m.* juniper.

e·nel·do *m.* dill.

e·ne·ma *m.* enema.

e·ne·mi·go, ga *adj.* enemy, hostile ◇ *s.* enemy, foe.

e·ne·mis·tad *f.* hostility, enmity, hatred.

e·ne·mis·tar *tr.* to make enemies of, set at odds, cause a rift between ◇ *prnl. enemistarse* to become enemies.

e·ner·gé·ti·ca *f.* energetics.

e·ner·gé·ti·co, ca *adj.* energy, power.

e·ner·gí·a *f.* **1** energy, power **2** *fig.* vigor **energía cinética** kinetic energy **energía eléctrica** electric power **energía nuclear** nuclear power.

e·nér·gi·co, ca *adj.* **1** energetic, vigorous **2** *fig. decisión* firm *palabra* strong.

e·ner·gú·me·no, na *s.* **1** energumen **2** *fam. fig. hombre* madman *mujer* mad woman.

e·ne·ro *m.* January.

e·ner·van·te *adj.* **1** MED enervating **2** *fam.* irritante irritating, exasperating.

e·ner·var *tr.* **1** MED to enervate **2** *fam. irritar* to irritate, exasperate ◇ *prnl. enervarse fam.* to get flustered, get worked up.

e·né·si·mo, ma *adj.* **1** nth *a la enésima potencia* to the nth power **2** *fam.* umpteenth *te lo digo por enésima vez* this is the umpteenth time I've told you.

en·fa·dar *tr.* to make angry, make cross, annoy ◇ *prnl. enfadarse* to get angry (*con*, with), get cross (*con*, with).

én·fa·sis *amb. inv.* emphasis, stress **dar énfasis a algo** to emphasize something **poner énfasis en algo** to place emphasis on something.

en·fá·ti·co, ca *adj.* emphatic.

en·fa·ti·zar *(see model 4) tr.* to emphasize, stress.

en·fer·mar *intr.* **1** to fall ill, become ill, be taken ill *enfermar del corazón* to have heart trouble.

en·fer·me·dad *f.* **1** illness, disease, sickness **2** *fig.* malaise, sickness.

en·fer·me·rí·a *f.* infirmary, sick bay.

en·fer·me·ro, ra *s. hombre* male nurse *mujer* nurse.

en·fer·mi·zo, za *adj.* **1** sickly, unhealthy **2** *fig.* morbid, unhealthy.

en·fer·mo, ma *adj.* sick, ill *María está enferma María's ill* ◇ *s.* **1** sick person **2** *paciente* patient.

en·fi·lar *tr.* **1** *poner en fila* to line up **2** *una calle* to go along, go down *túnel* to go through ◇ *intr.* **1** *tomar dirección* to head for, head towards, make for.

en·fi·se·ma *m.* emphysema.

en·fla·que·cer *(see model 43) tr.* **1** *poner flaco* to make thin **2** *fig. debilitar* to weaken ◇ *intr. adelgazar* to lose weight, get thin ◇ *prnl. enflaquecerse adelgazar* to lose weight.

en·fo·car *(see model 1) tr.* **1** to focus, focus on, get into focus **2** *luz* to shine a light on **3** *fig. problema, etc.* to focus on, approach, look at.

en·fo·que *m.* **1** *acción* focus, focusing **2** *fig.* focus, approach, angle.

en·fras·car·se *(see model 1) prnl. fig.* to become absorbed (*en*, in), become engrossed (*en*, in).

en·fre·nar *tr.* to brake, slow down.

en·fren·ta·mien·to *m.* confrontation.

en·fren·tar *tr.* **1** *poner frente a frente* to bring face to face, confront **2** *encarar* to face, confront *prnl. enfrentarse hacer frente* to face (*a/con*, -), confront (*a/con*, -).

en·fren·te *adv.* **1** opposite, in front, facing **2** *fig.* opposed to, against.

en·fria·dor, ra *adj.* cooling ◇ *m. enfriador* cooler.

en·fria·mien·to *m.* **1** *acción* cooling **2** MED cold, chill.

en·friar *(see model 13) tr.* **1** to cool (down), chill **2** *fig.* to cool down ◇ *intr.* **1** *clima* to get cold, get colder **2** *ponerse frío* to cool, cool down ◇ *prnl. enfriarse lo demasiado caliente* to cool down *ponerse demasiado frío* to go cold, get cold.

en·fun·dar *tr.* **1** *espada* to sheathe *pistola* to put into one's holster ◇ *prnl. enfundarse ponerse* to put on *abrigarse* to wrap oneself up.

en·fu·re·cer *(see model 43) tr.* to infuriate, enrage ◇ *prnl. enfurecerse* to get furious, lose one's temper.

en·ga·la·na·do, da *pp. de engalanar adj.* decked out, festooned.

en·ga·la·nar *tr. cosa* to festoon, deck out ◇ *prnl. engalanarse persona* to dress up, get dressed up.

en·gan·cha·do, da *pp. de enganchar adj. argot drogas* hooked.

en·gan·char *tr.* **1** *agarrar con gancho* to hook **2** *colgar* to hang, hang up **3** *animales* to harness ◇ *prnl. engancharse* to get caught (*en*, on), snag (*en*, on).

en·gan·che *m.* **1** *gancho* hook **2** *de animales* hitching, harnessing **3** *de vagones* coupling.

en·ga·ñar *tr.* **1** *gen.* to deceive, mislead, fool, take in **2** *estafar* to cheat, trick **3** *ser infiel* to be unfaithful to ◇ *intr.* to be deceptive ◇ *prnl. engañarse* **1** *ilusionarse* to deceive oneself **2** *equivocarse* to be mistaken, be wrong *las apariencias engañan* appearances can be deceptive.

en·ga·ño *m.* **1** deceit, deception **2** *estafa* fraud, trick, swindle **3** *mentira* lie **4** *error* mistake.

en·ga·ño·so, sa *adj.* **1** *gen.* deceptive **2** *palabras* deceitful *consejo* misleading.

en·gar·ce *m.* **1** *de perlas, etc.* threading, stringing **2** *de piedra* setting, mounting.

en·gar·zar (see model 4) tr. 1 *perlas, etc.* to string, thread 2 *piedras* to mount, set.

en·gas·tar tr. to set, mount.

en·gas·te m. setting, mounting.

en·ga·tu·sar tr. fam. to get round, coax, cajole.

en·gen·drar tr. 1 to engender, beget 2 fig. to generate, give rise to.

en·gen·dro m. 1 *feto* fetus 2 *ser informe* malformed child 3 fam. fig. *persona* freak 4 fig. *cosa* monstrosity.

en·glo·bar tr. 1 *incluir* to include, comprise 2 *reunir* to bring together, lump together.

en·go·la·do, da adj. 1 *persona* arrogant, pompous 2 *estilo, etc.* high-flown.

en·go·lo·si·nar tr. to tempt, entice ◇ prnl. **engolosinarse** to become fond (**con**, of), develop a taste (**con**, for).

en·go·mi·nar·se prnl. *brillantina* to put hair cream on *fijador* to gel one's hair, put hair gel on.

en·gor·dar tr. to fatten, fatten up, make fat ◇ intr. *persona* to put on weight, get fatter.

en·go·rro·so, sa adj. fam. bothersome, annoying, awkward.

en·gra·nar tr. 1 TÉC to engage, mesh 2 fig. *enlazar* to connect, link.

en·gran·de·cer (see model 43) tr. 1 *hacer grande* to enlarge, magnify 2 *exaltar* to extol, exalt 3 fig. *enaltecer* to enhance 4 fig. *mente, espíritu* to widen, broaden.

en·gra·sar tr. 1 *dar grasa* to grease, oil, lubricate 2 *manchar* to make greasy, stain with grease.

en·gre·í·do, da adj. vain, conceited, stuck-up.

en·grei·mien·to m. vanity, conceit.

en·gre·ír (see model 37) tr. *envanecer* to make vain, make conceited ◇ prnl. **engreírse** to become vain, become conceited.

en·gro·sar (see model 31) tr. 1 *hacer grueso* to thicken 2 fig. *aumentar* to increase, swell intr. *engordar* to get fat.

en·gru·do m. paste, flour and water paste.

en·gu·llir (see model 41) tr. to swallow.

en·ha·ri·nar tr. 1 *cubrir* to flour *manchar* to sprinkle with flour 2 *la cara* to whiten.

en·he·brar tr. 1 to thread 2 fig. to connect, link.

en·hies·to, ta adj. erect, upright.

en·ho·ra·bue·na f. congratulations pl. ◇ adv. thank God **dar la enhorabuena a** to congratulate.

e·nig·ma m. enigma, puzzle, mystery.

e·nig·má·ti·co, ca adj. enigmatic, mysterious, puzzling.

en·ja·bo·nar tr. 1 to soap 2 fig. to soft-soap, butter-up.

en·ja·e·zar (see model 4) tr. to harness.

en·jam·bre m. 1 swarm 2 fig. swarm, throng, crowd.

en·ja·re·ta·do m. latticework.

en·ja·re·tar tr. 1 fam. fig. *discurso, etc.* to reel off 2 fam. fig. *trabajo, etc.* to palm off.

en·jau·lar tr. 1 to cage 2 fam. fig. to put in jail, put inside.

en·jua·gar (see model 7) tr. to rinse ◇ prnl. **enjuagarse** to rinse one's mouth out.

en·jua·gue m. 1 *acción* rinse 2 *líquido* mouthwash 3 fig. *intriga* scheme, plot.

en·ju·gar tr. 1 *secar* to dry, wipe (away), mop up 2 FIN to clear, wipe out.

en·jui·ciar (see model 12) tr. 1 *juzgar* to judge *examinar* to examine 2 JUR *civil* to sue *criminal* to indict, prosecute.

en·jun·dia f. 1 *grasa* fat 2 fig. *sustancia* substance *importancia* importance 3 fig. *fuerza* force, vitality 4 fig. *carácter* character.

en·ju·to, ta adj. thin, skinny, lean.

en·la·ce m. 1 *conexión* link, connection 2 *boda* marriage 3 *tren, etc.* connection 4 *intermediario* liaison, link **servir de enlace** to provide a link.

en·la·dri·llar tr. to pave with bricks.

en·la·ta·do, da pp. de **enlatar** adj. canned, tinned ◇ m. **enlatado** canning, tinning.

en·la·tar tr. to can, tin.

en·la·zar (see model 4) tr. 1 *unir* to link, connect, tie (together) 2 *ideas, etc.* to link, connect, relate 3 *carreteras, etc.* to connect ◇ intr. *trenes, etc.* to connect (**con**, with) ◇ prnl. **enlazarse** *unirse* to be linked, be connected 2 *casarse* to get married, marry.

en·lo·dar tr. 1 to muddy, cover with mud 2 fig. to stain, besmirch, sully ◇ prnl. **enlodarse** to get muddy.

en·lo·que·cer (see model 43) tr. 1 *volver loco* to drive mad 2 fam. *gustar* to be mad/crazy about, be wild about ◇ intr. *volverse loco* to go mad/crazy, go out of one's mind ◇ prnl. **enloquecerse** to go mad/crazy, go out of one's mind.

en·lu·ci·do m. plaster.

en·lu·cir tr. 1 *paredes, etc.* to plaster 2 *metales* to polish.

en·lu·tar tr. 1 to cast a pall over, plunge into mourning 2 fig. *oscurecer* to darken 3 fig. *entristecer* to sadden ◇ prnl. **enlutarse** to dress in mourning, go into mourning.

en·ma·ra·ñar tr. 1 *enredar* to tangle 2 fig. to embroil, muddle up, confuse ◇ prnl. **enmarañarse** 1 *enredarse* to get tangled 2 fig. to get into a muddle, get confused.

en·mas·ca·rar tr. 1 to mask 2 fig. to mask, disguise, conceal ◇ prnl. **enmascararse** uso reflexivo to put on a mask.

en·men·da·du·ra f. correction, amendment.

en·men·dar (see model 27) tr. 1 to correct, put right 2 *un daño* to repair, put right ◇ prnl. **enmendarse** to reform, mend one's ways.

en·mien·da f. 1 correction 2 *de daño* repair, indemnity, compensation **no tener enmienda** to be incorrigible.

en·mo·he·cer (see model 43) tr. 1 *pan, queso, etc.* to make moldy *metal* to rust 2 fig. to make rusty ◇ prnl. **enmohecerse** *pan, queso, etc.* to go moldy *metal* to rust, go rusty 2 fig. to go rusty.

en·mu·de·cer (see model 43) tr. *hacer callar* to silence ◇ intr. 1 *quedar mudo* to be struck dumb *perder la voz* to lose one's voice 2 *callar* to fall silent, keep quiet.

en·no·ble·cer (see model 43) tr. 1 to ennoble 2 fig. *dignificar* to do honor to, be a credit to ◇ prnl. **ennoblecerse** to become noble.

e·no·ja·di·zo, za adj. irritable, touchy, quick-tempered.

e·no·ja·do, da pp. de **enojar** adj. angry, cross.

e·no·jar tr. to anger, annoy, make angry ◇ prnl. **enojarse** to get angry (**con**, with), get annoyed (**con**, with), lose one's temper (**con**, with).

e·no·jo m. anger, annoyance, irritation.

e·no·lo·gí·a f. enology.

e·nor·gu·lle·cer (see model 43) tr. to fill with pride ◇ prnl. **enorgullecerse** to be proud (**de**, of), pride oneself (**de**, on).

e·nor·me adj. 1 *grande* enormous, huge, vast 2 *desmedido* tremendous, great.

en·quis·tar·se prnl. to encyst.

en·rai·zar (see model 24) intr. 1 BOT to take root 2 fig. *persona* to put down roots ◇ prnl. **enraizarse** *planta, árbol* to take root *persona* to put down roots.

en·ra·ma·da f. 1 *ramas* branches *pl.* 2 *adorno* decoration made of branches.

en·ra·re·cer *(see model 43)* tr. 1 *aire* to rarefy 2 *hacer escaso* to make scarce ◇ intr. *escasear* to become scarce ◇ prnl. **enrarecerse** 1 *aire* to rarefy 2 *escasear* to booome scarce.

en·ra·re·ci·do, da *pp. de* **enrarecer** adj. 1 *aire* rarefied 2 *fig. situación, ambiente* tense, strained.

en·re·da·de·ra f. creeper, climbing plant.

en·re·dar tr. 1 *prender con red* to catch in a net, net 2 *para cazar* to set 3 *engatusar* to involve, implicate ◇ intr. *travesear* to be mischievous ◇ prnl. **enredarse** *hacerse un llo* to get tangled up, get entangled, get into a tangle 2 *complicarse* to get complicated, get confused.

en·re·do m. 1 *maraña* tangle 2 *confusión* mess, muddle, confusion, mix-up.

en·re·jar tr. 1 *puerta, ventana* to put a grating on 2 *vallar* to fence, put railings round.

en·ri·que·cer *(see model 43)* tr. *hacer rico* to make rich 2 *fig.* to enrich ◇ prnl. **enriquecerse** to become rich, get rich.

en·ri·que·ci·mien·to m. enrichment, enhancement.

en·ro·je·cer *(see model 43)* tr. 1 *volver rojo* to redden, turn red *metal* to make red-hot 2 *fig. ruborizar* to make blush, make turn red ◇ intr. 1 *ponerse rojo* to redden, turn red 2 *fig. ruborizarse* to blush, turn red ◇ prnl. **enrojecerse** *volverse rojo* to turn red.

en·ro·lar tr. 1 to enroll, sign on, sign up 2 MIL to enlist ◇ prnl. **enrolarse** to enroll.

en·ro·lla·do, da *pp. de* **enrollar** adj. 1 *papel* rolled up *cable* coiled 2 *fam. guay* cool, great 3 *ocupado* busy, wrapped up (**con**, in), engrossed (**con**, in).

en·ro·llar tr. 1 *papel* to roll up *hilo* to wind up *cable* to coil 2 *a alguien* to involve, mix up ◇ prnl. **enrollarse** *fam. fig. hablar* to go on and on (**con**, to), chatter (**con**, to) 2 *fam. fig. liarse* to get involved (**con**, with).

en·ron·que·cer *(see model 43)* tr. to make hoarse ◇ intr. to go hoarse, become hoarse ◇ prnl. **enronquecerse** to go hoarse, become hoarse.

en·ro·que m. castling.

en·ros·car *(see model 1)* tr. 1 *gen.* to wind, coil (round) *cable* to twist 2 *tornillo* to screw in ◇ prnl. **enroscarse** to wind, coil *cable* to roll up *serpiente* to coil itself (up).

en·ru·ta·dor m. router.

en·sa·la·da f. 1 salad 2 *fig.* mix-up, mess **ensalada de frutas** fruit salad.

en·sa·la·de·ra f. salad bowl.

en·sa·li·var tr. to moisten with saliva.

en·sal·za·mien·to m. 1 *enaltecimiento* exaltation 2 *elogio* praise.

en·sal·zar *(see model 4)* tr. 1 *enaltecer* to exalt 2 *elogiar* to praise, extoll.

en·sam·bla·dor m. 1 *carpintería* joiner 2 INFO assembler.

en·sam·bla·je m. assembly, joining.

en·sam·blar tr. to join, assemble.

en·san·cha·mien·to m. widening, broadening.

en·san·char tr. 1 *gen.* to widen, enlarge, extend 2 COST to let out ◇ prnl. **ensancharse** to get wider, expand, spread, stretch.

en·san·gren·tar *(see model 27)* tr. to stain with blood, cover in blood ◇ prnl. **ensangrentarse** to get stained with blood, be covered with blood.

en·sa·ñar tr. to enrage ◇ prnl. **ensañarse** to be cruel (**con**, to), be brutal (**con**, with).

en·sar·tar tr. *cuentas* to string (together), thread *aguja* to thread.

en·sa·yar tr. 1 TEAT to rehearse 2 MÚS to practice 3 *probar* to try out, test.

en·sa·yo m. 1 TEAT rehearsal 2 MÚS practice 3 *prueba* test, experiment, trial, attempt.

en·se·gui·da adv. at once, straight away, immediately.

en·se·na·da f. cove, inlet.

en·se·ña f. ensign, standard.

en·se·ñan·za f. 1 *educación* education, teaching 2 *doctrina* teaching, doctrine.

en·se·ñar tr. 1 *en escuela, etc.* to teach, train, instruct 2 *educar* to educate 3 *mostrar, dejar ver* to show 4 *señalar* to point out **enseñar los dientes** *fig.* to bare one's teeth.

en·se·ño·re·ar·se prnl. to take over (**de**, -), take possession (**de**, of).

en·se·res mpl. *bienes* belongings, goods *material equipment* sing. *herramientas* tools.

en·si·llar tr. to saddle (up), put a saddle on.

en·si·mis·mar·se prnl. 1 *absorberse* to become engrossed 2 *abstraerse* to become lost in thought.

en·so·ber·be·cer *(see model 43)* tr. to make arrogant, make conceited ◇ prnl. **ensoberbecerse** to become arrogant.

en·som·bre·cer *(see model 43)* tr. to cast a shadow over ◇ prnl. **ensombrecerse** to darken.

en·so·ña·dor, ra adj. dreamy ◇ s. dreamer.

en·so·ñar *(see model 31)* tr. to daydream about.

en·sor·de·ce·dor, ra adj. deafening.

en·sor·de·cer *(see model 43)* tr. to deafen ◇ intr. to go deaf.

en·sor·ti·jar tr. *gen.* to wind *cabello* to curl ◇ prnl. **ensortijarse** 1 *cabello* to curl 2 *ponerse sortijas* to put rings on.

en·su·ciar *(see model 12)* tr. 1 to dirty, make dirty 2 *fig. reputación, etc.* to tarnish, sully ◇ intr. *fam. evacuar* to mess oneself, soil oneself ◇ prnl. **ensuciarse** *mancharse* to get dirty.

en·sue·ño m. dream, fantasy **de ensueño** dream.

en·ta·blar tr. 1 *poner tablas* to plank, board 2 *conversación* to begin, start, open *amistad* to strike up *negocio* to start *relaciones* to establish.

en·ta·bli·lla·do, do m. splint.

en·ta·bli·llar tr. to splint, put in a splint.

en·ta·llar tr. 1 *esculpir* to carve 2 COST to take in at the waist ◇ intr. COST to fit.

en·ta·ri·mar tr. to cover with parquet.

en·te m. 1 *ser* being 2 *institución* entity, body, organization 3 *fig.* oddball.

en·te·co, ca adj. weak, puny, frail.

en·te·le·quia f. entelechy.

en·ten·de·dor, ra adj. knowledgeable s. expert.

en·ten·der *(see model 28)* m. *opinión* understanding, opinion ◇ tr. 1 *comprender* to understand 2 *darse cuenta* to realize 3 *discurrir* to think, believe 4 *conocer a alguien* to know 5 *interpretar* to understand, take it ◇ intr. 1 *tener conocimiento* to know (**de**, about) 2 *ser autoridad* to be an expert (**en**, in) *encargarse* to deal (**en**, with) ◇ prnl. **entenderse** 1 *comprenderse* 2 *fam. conocerse* to know what one is doing **dar a entender que...** to imply that...

en·ten·di·do, da *pp. de* **entender** s. expert.

en·ten·di·mien·to m. 1 *comprensión* understanding, comprehension 2 *sentido común* understanding, sense, judgement 3 *inteligencia* intelligence.

en·te·ne·bre·cer *(see model 43)* tr. to darken, obscure ◇ prnl. **entenebrecerse** to become dark, get dark.

en·te·ra·do, da pp. de **enterar** adj. knowledgeable, well-informed ⋄ s. fam. expert, authority **estar enterado** to be in the know.

en·te·rar tr. to inform (de, about/of) poner al corriente to acquaint (de, with), tell (de, about) ⋄ prnl. **enterarse** 1 averiguar to find out (de, about) 2 tener conocimiento to learn, hear 3 darse cuenta to realize.

en·te·re·za f. 1 entirety, wholeness 2 fig. de carácter, etc. integrity, strength.

en·ter·ne·cer (see model 43) tr. 1 ablandar to soften 2 conmover to move, touch ⋄ prnl. **enternecerse** to be moved, to be touched.

en·ter·ne·cer (see model 43) tr. 1 ablandar to soften 2 conmover to move, touch ⋄ prnl. **enternecerse** to be moved, to be touched.

en·te·ro, ra adj. 1 completo entire, whole, complete 2 fig. recto honest, upright 3 fig. firme firm, resolute 4 robusto robust ⋄ m. **entero** FIN point 2 MAT whole number.

en·te·rra·dor m. gravedigger.

en·te·rrar (see model 27) tr. 1 to bury, inter 2 fig. olvidar to forget, give up ⋄ prnl. **enterrarse** fig. to bury oneself.

en·ti·biar (see model 12) tr. 1 to cool, make lukewarm 2 fig. to cool down, temper ⋄ prnl. **entibiarse** 1 to become lukewarm 2 fig. to cool off.

en·ti·dad f. 1 esencia entity 2 asociación, etc. firm, company 3 fig. importancia importance, significance.

en·tie·rro m. 1 acción burial 2 ceremonia funeral.

en·tin·tar tr. 1 manchar to stain with ink 2 en impresión to ink 3 fig. teñir to dye.

en·tol·dar tr. to put an awning over ⋄ prnl. **entoldarse** el tiempo to become overcast, cloud over.

en·to·mo·lo·gí·a f. entomology.

en·to·na·ción f. intonation.

en·to·na·do, da pp. de **entonar** adj. arrogant, conceited.

en·to·nar tr. 1 nota to pitch canción to sing, intone 2 organismo to tone up 3 colores to match ⋄ intr. 1 MÚS to intone 2 colores to match 3 fig. armonizar to be in harmony (con, with), be in tune (con, with) ⋄ prnl. **entonarse** engreírse to give oneself airs, be conceited.

en·ton·ces adv. 1 en aquel momento then 2 en tal caso so, then **en aquel entonces** at that time.

en·tor·nar tr. 1 ojos, etc. to half-close 2 puerta to leave ajar.

en·tor·no m. 1 environment, surroundings pl. 2 INFO environment.

en·tor·pe·cer (see model 43) tr. 1 to make numb, make dull 2 fig. dificultar to obstruct, impede, hinder retardar to delay.

en·tra·da f. 1 gen. entrance, entry 2 vestíbulo hall, entrance 3 público audience **dar entrada a** to let in, allow in **"Prohibida la entrada"** "No admittance".

en·tra·mar tr. 1 to make a framework for.

en·tram·par tr. 1 animal to trap 2 fig. engañar to trick 3 fig. enredar to mess up, muddle ⋄ prnl. **entramparse** 1 enredarse to get into a mess 2 endeudarse to get into debt.

en·tran·te adj. entering, coming, incoming ⋄ m. CULIN starter.

en·tra·ña·ble adj. 1 amistad intimate, close 2 amigo dear 3 recuerdo fond.

en·tra·ñar tr. 1 introducir to bury deep 2 contener to contain implicar to involve, entail ⋄ prnl. **entrañarse** to get deeply attached (con, to).

en·tra·ñas fpl. 1 órgano entrails pl. bowels pl. 2 fig. parte importante core, heart 3 fig. parte oculta bowels **de malas entrañas** heartless.

en·trar intr. 1 ir adentro to come in, go in 2 tener entrada to be welcome 3 en una sociedad, etc. to join en una profesión to take up, join ⋄ tr. 1 meter to put 2 de contrabando to smuggle ⋄ prnl. **entrarse** to get in **entrar a trabajar** to begin work **entrar en detalles** to go into details.

en·tre prep. 1 dos términos between **entre tú y yo** between the two of us 2 varios among, amongst 3 sumando counting 4 en in **entre la lluvia** in the rain **entretanto** meanwhile, in the meantime.

en·tre·a·brir pp. **entreabierto** tr. 1 ojos to half open 2 puerta, etc. to leave ajar.

en·tre·ca·no, na adj. greying, greyish.

en·tre·ce·jo m. space between the eyebrows **fruncir el entrecejo** to frown.

en·tre·ce·rrar (see model 27) tr. to half close.

en·tre·co·mi·lla·do, da pp. de **entrecomillar** adj. in inverted commas, in quotation marks.

en·tre·co·mi·llar tr. to put in inverted commas, put in quotation marks.

en·tre·cor·ta·do, da pp. de **entrecortar** adj. voz faltering, hesitant respiración labored, difficult.

en·tre·cor·tar tr. 1 to cut partially 2 fig. to cut off, interrupt.

en·tre·cru·zar (see model 4) tr. to interweave.

en·tre·di·cho m. 1 prohibición prohibition, ban 2 REL interdict 3 duda doubt, question **estar en entredicho** to be in doubt, be in question.

en·tre·ga f. 1 gen. handing over 2 de premios presentation 3 COMM delivery 4 de posesiones surrender **hacer entrega de algo 1** dar to hand over 2 repartir to deliver **entrega a domicilio** home delivery.

en·tre·gar (see model 7) tr. 1 dar to hand over 2 deberes, ejercicios to hand in, give in premios to present, award 3 COMM to deliver 4 MIL to surrender ⋄ prnl. **entregarse** 1 rendirse to give in (a, to), surrender 2 dedicarse to devote oneself (a, to), be devoted (a, to).

en·tre·la·zar (see model 4) tr. to entwine, interweave, interlace **entrelazar las manos** to join one's hands, hold hands.

en·tre·lí·ne·a f. interlineation.

en·tre·més m. 1 entremeses entrante hors d'oeuvre 2 obra corta interlude, short play, short farce.

en·tre·me·ter tr. to insert, place between ⋄ prnl. **entremeterse** entrometerse.

en·tre·na·dor, ra s. trainer, coach.

en·tre·na·mien·to m. training.

en·tre·nar tr. to train, coach ⋄ prnl. **entrenarse** to train.

en·tre·pa·ño m. 1 de puerta, etc. panel 2 entre columnas, etc. alcove, bay 3 de estante shelf.

en·tre·pier·na f. crotch, crutch **pasarse algo por la entrepierna** not to give a toss about something.

en·tre·sa·car (see model 1) tr. 1 elegir to select, pick out 2 pelo, plantas to thin out.

en·tre·si·jo m. fig. secret, mystery **conocer todos los entresijos** fig. to know all the ins and outs.

en·tre·tan·to adv. meanwhile, for the time being **en el entretanto** in the meantime.

en·tre·te·jer tr. to interweave, intertwine.

en·tre·te·la f. COST interfacing, interlining.

en·tre·te·ner (see model 87) tr. 1 detener to hold up, detain retrasar to delay 2 ocupar to keep busy 3 distraer to occupy, keep occupied ⋄ prnl. **entretenerse** 1 retrasarse to be delayed, be held up 2 distraerse to keep oneself occupied divertirse to amuse oneself.

en·tre·te·ni·do, da *pp. de* entretener *adj.* 1 *divertido* entertaining, amusing 2 *complicado* time-consuming.

en·tre·te·ni·mien·to *m.* 1 *distracción* entertainment, distraction, amusement 2 *mantenimiento* maintonanoo, upkcop.

en·tre·ve·ra·do, da *pp. de* entreverar *adj.* 1 mixed, patchy 2 CULIN streaky.

en·tre·ve·rar *tr.* to mix, mix up.

en·tre·vis·ta *f.* 1 *prensa* interview 2 *reunión* meeting.

en·tre·vis·tar *tr.* to interview ◇ *prnl.* entrevistarse 1 *prensa* to have an interview (con, with) 2 *reunirse* to have a meeting (con, with).

en·tris·te·cer *(see model 43) tr.* to sadden, make sad ◇ *prnl.* entristecerse to be sad (por, about).

en·tro·me·ter·se *prnl.* to meddle, interfere.

en·tro·me·ti·do, da *pp. de* entrometerse *adj.* interfering, nosy ◇ *s.* meddler, busybody, nosy parker.

en·tron·car *(see model 1) tr.* to relate, link, connect ◇ *intr. parentesco* to be related *por matrimonio* to be related by marriage.

en·tro·ni·za·ción *f.* enthronement.

en·tro·ni·zar *(see model 4) tr.* 1 to enthrone, put on the throne 2 *fig.* to worship, put on a pedestal.

en·tu·bar *tr.* 1 to tube, put in a tube 2 MIL *argot* to punish.

en·tuer·to *m.* 1 *agravio* wrong, injustice ◇ *mpl.* entuertos afterpains.

en·tu·me·cer *(see model 43) tr.* to numb, make numb ◇ *prnl.* entumecerse 1 to go numb, go to sleep 2 *fig.* mar, río to swell.

en·tu·mi·do, da *adj.* numb.

en·tu·mir·se *prnl.* to go numb.

en·tur·biar *tr.* 1 to make muddy, make cloudy, cloud 2 *fig.* to cloud, muddle, obscure *prnl.* enturbiarse 1 to get muddy, become cloudy 2 *fig.* to get confused, get muddled.

en·tu·sias·ma·do, da *pp. de* entusiasmar *adj.* excited.

en·tu·sias·mar *tr.* 1 *causar entusiasmo* to fill with enthusiasm, excite 2 *gustar* to like, love ◇ *prnl.* entusiasmarse 1 to get enthusiastic (con, about), get excited (con, about) 2 *gustar* to love (con, -), like (con, -).

en·tu·sias·mo *m.* enthusiasm *con entusiasmo* keenly, enthusiastically.

en·tu·sias·ta *adj.* enthusiastic ◇ *com.* lover, fan.

e·nu·me·ra·ción *f. cómputo* enumeration, count, reckoning *relación* listing, enumeration.

e·nu·me·rar *tr.* to enumerate.

e·nun·cia·do *m.* 1 *teoría, etc.* enunciation 2 LING statement 3 *problema, etc.* wording.

e·nun·ciar *(see model 12) tr.* 1 *teoría* to enunciate 2 *expresar* to express, state, word.

e·nun·cia·ti·vo, va *adj.* enunciative oración enunciativa statement.

e·nu·re·sis *f.* bed-wetting.

en·va·len·to·na·mien·to *m.* arrogance, boldness.

en·va·len·to·nar *tr.* to make bold, make daring ◇ *prnl.* envalentonarse 1 *volverse valiente* to become bold, become daring 2 *insolentarse* to become arrogant, become aggressive.

en·va·ne·cer *(see model 43) tr.* to make vain, make proud ◇ *prnl.* envanecerse to become conceited (de/por, about), become vain (de/por, about).

en·va·ne·ci·mien·to *m.* vanity, conceit.

en·va·rar *tr. entumecer* to numb, make numb ◇ *prnl.* envararse *entumecerse* to go numb.

en·va·sa·do, da *pp. de* envasar *adj.* bebidas bottled *conservas* canned, tinned *paquetes* packed ◇ *m.* envasado *bebidas* bottling *conservas* canning *paquetes* packing.

en·va·sar *tr. botellas* to bottle *latas* to can, tin *paquetes* to pack.

en·va·se *m.* 1 *acción - paquetes* packing - *botellas* bottling - *latas* canning 2 *recipiente* container 3 *botella vacía* empty.

en·ve·je·cer *(see model 43) tr.* 1 to age, make look old ◇ *intr.* to get old, grow old ◇ *prnl.* envejecerse to get old, grow old.

en·ve·je·ci·do, da *pp. de* envejecer *adj.* aged, old, old-looking.

en·ve·je·ci·mien·to *m.* ageing, growing old.

en·ve·ne·na·mien·to *m.* poisoning.

en·ve·ne·nar *tr.* 1 to poison 2 *fig. palabras, acciones* to interpret wrongly.

en·ver·ga·du·ra *f.* 1 *de pájaro* spread, span, wingspan 2 MAR breadth (of sail).

en·vés *m. inv.* 1 *de página* back, reverse 2 *de tela* wrong side 3 BOT reverse.

en·via·do, da *pp. de* enviar *s.* messenger, envoy enviado especial special correspondent.

en·viar *(see model 13) tr.* 1 *gen.* to send 2 COMM to dispatch, remit *por barco* to ship.

en·vi·ciar *(see model 12) tr.* to pervert, to corrupt, pervert ◇ *intr.* 1 BOT to produce too many leaves and not enough fruit 2 *fig. deformarse* to become distorted ◇ *prnl.* enviciarse pervertirse to become corrupted, fall into bad habits.

en·vi·dia *f.* envy.

en·vi·dia·ble *adj.* enviable.

en·vi·diar *(see model 12) tr.* to envy, be envious of.

en·vi·dio·so, sa *adj.* envious.

en·vi·le·cer *(see model 43) tr.* to debase, degrade ◇ *intr.* to lose value, be debased ◇ *prnl.* envilecerse to debase oneself, degrade oneself.

en·vi·le·ci·mien·to *m.* degradation, debasement.

en·ví·o *m.* 1 *acción* sending, dispatch 2 COMM dispatch, shipment 3 *remesa* consignment *paquete* parcel.

en·viu·dar *intr. hombre* to become a widower, lose one's wife *mujer* to become a widow, lose one's husband.

en·vol·to·rio *m.* 1 *de caramelo, etc.* wrapper 2 *lío* bundle.

en·vol·tu·ra *f.* wrapping, wrapper.

en·vol·ven·te *adj.* enveloping.

en·vol·ver *(see model 32) tr.* envuelto 1 *con papel* to wrap, wrap up 2 *con ropa* to wrap, wrap up 3 *hilo, cinta* to wind ◇ *prnl.* envolverse 1 *uso reflexivo* to wrap oneself up (en, in) 2 *fig. implicarse* to become involved (en, in).

en·ye·sa·do *m.* 1 plastering 2 MED plaster cast.

en·ye·sar *tr.* 1 to plaster 2 MED to put in plaster.

en·zar·zar *(see model 4) tr.* 1 *de zarzas* to cover with brambles 2 *fig. engrescar* to sow discord among, set at odds ◇ *prnl.* enzarzarse 1 *enredarse en zarzas* to get entangled in brambles 2 *fig. discusión, asunto* to get involved (en, in).

en·zi·ma *amb.* enzyme.

e·ó·li·co, ca *adj.* wind energía eólica wind power.

e·ón *m.* eon.

é·pi·ca *f.* epic poetry.

e·pi·cen·tro *m.* epicenter.

é·pi·co, ca *adj.* epic, heroic.

e·pi·cú·re·o, a *adj.* Epicurean.

e·pi·de·mia *f.* epidemic.

e·pi·dé·mi·co, ca *adj.* epidemic.

e·pi·dér·mi·co, ca *adj.* epidermic, skin.

e·pi·der·mis *f. inv.* epidermis, skin.

e·pi·fa·ní·a *f.* Epiphany, Twelfth Night.

e·pi·glo·tis f. inv. epiglottis.
e·pi·gra·fe m. 1 cita epigraph 2 título title, heading.
e·pi·gra·ma m. epigram, satirical poem.
e·pi·lep·sia f. epilepsy.
e·pi·lép·ti·co, ca adj. epileptic ◇ s. epileptic.
e·pí·lo·go m. 1 parte final epilog 2 resumen summary.
e·pis·co·pal adj. episcopal.
e·pi·so·dio m. 1 literario episode 2 suceso incident, event.
e·pís·to·la f. epistle, letter.
e·pi·ta·fio m. epitaph.
e·pi·te·lio m. epithelium.
e·pí·te·to m. epithet.
e·pí·to·me m. epitome, abstract, summary.
é·po·ca f. 1 time, age 2 HIST period, epoch 3 AGR season, time.
e·pó·ni·mo, ma adj. eponymous ◇ m. **epónimo** eponym.
e·po·pe·ya f. 1 LIT epic poem 2 hecho heroic deed.
é·psi·lon f. epsilon.
e·qui·dad f. 1 JUR equity 2 moderación fairness, reasonableness.
e·qui·dis·tan·te adj. equidistant.
e·qui·dis·tar intr. to be equidistant (de, from).
e·qui·lá·te·ro, ra adj. equilateral.
e·qui·li·bra·do, da pp. de **equilibrar** adj. 1 balanced 2 persona sensible, well-balanced.
e·qui·li·brar tr. 1 to balance, poise 2 fig. to balance, adjust ◇ prnl. **equilibrarse** 1 to balance (en, on) 2 fig. to recover one's balance.
e·qui·li·brio m. 1 estabilidad balance 2 FIS equilibrium 3 fig. armonía balance, harmony **mantener el equilibrio** to keep one's balance.
e·qui·li·bris·ta com. funámbulo tightrope walker.
e·qui·no, na adj. equine, horse.
e·qui·noc·cio m. equinox.
e·qui·pa·je m. 1 luggage, baggage 2 instrumental equipment, outfit 3 tripulación crew.
e·qui·par tr. 1 to equip, furnish 2 barco to fit out ◇ prnl. **equiparse** uso reflexivo to kit oneself out (con/de, with), equip oneself (con/de, with).
e·qui·pa·ra·ble adj. comparable (a/con, to/with).
e·qui·pa·rar tr. to compare (a/con, with), liken (a/con, to).
e·qui·po m. 1 prestaciones equipment 2 ropas, utensilios outfit, kit 3 de personas team.
e·qui·ta·ción f. horsemanship, horseback riding.
e·qui·ta·ti·vo, va adj. equitable, fair.
e·qui·va·len·te adj. 1 igual equivalent 2 que sustituye compensatory ◇ m. equivalent.
e·qui·va·ler (see model 89) intr. 1 ser igual to be equivalent (a, to), be equal (a, to) 2 significar to be tantamount (a, to), amount (a, to), mean (a, -).
e·qui·vo·ca·ción f. 1 error mistake, error 2 malentendido misunderstanding.
e·qui·vo·ca·do, da pp. de **equivocar** adj. mistaken, wrong.
e·qui·vo·car (see model 1) tr. 1 to mistake, get wrong 2 cambiar to get mixed up ◇ prnl. **equivocarse** to make a mistake, be mistaken, be wrong de dirección, camino, etc. to go wrong, get wrong.
e·qui·vo·co, ca adj. equivocal, misleading, ambiguous ◇ m. **equívoco** 1 ambiguity, double meaning 2 malentendido misunderstanding.
e·ra¹ f. tiempo era, age **era cristiana** Christian era.
e·ra² f. AGR threshing floor.
e·ra·rio m. exchequer, treasury.
e·rec·ción f. 1 levantamiento erection, raising 2 órgano erection.
e·réc·til adj. erectile.

e·rec·to, ta adj. erect.
e·re·mi·ta m. hermit, eremite.
er·go·no·mí·a f. ergonomics.
er·go·nó·mi·co, ca adj. ergonomic.
er·guir (see model 70) tr. to raise (up straight), erect, lift up ◇ prnl. **erguirse** 1 ponerse derecho to straighten up, stand up straight 2 alzarse to rise.
e·ri·gir (see model 6) tr. 1 alzar to erect, build 2 instituir to establish, found ◇ intr. elevar de categoría to promote (en, to) ◇ prnl. **erigirse** atribuirse to set oneself up (en, as).
e·ri·tro·po·ye·ti·na abr. erythropoietin.
e·ri·za·do, da pp. de **erizar** adj. 1 bristly, prickly 2 fig. fraught (de, with), full (de, of).
e·ri·zar (see model 4) tr. pelo - animal to bristle - persona make stand on end ◇ prnl. **erizarse** pelo - de animal to bristle - de persona to stand on end.
e·ri·zo m. 1 animal hedgehog 2 planta burr.
er·mi·ta f. hermitage, shrine.
er·mi·ta·ño, ña adj. recluse ◇ s. persona solitaria hermit ◇ m. **ermitaño** ZOOL hermit crab.
e·ro·ga·ción f. distribution, division, apportionment.
e·ro·gar (see model 7) tr. to distribute, divide, apportion.
e·ró·ge·no, na adj. erogenous, erogenic.
e·ro·sión f. 1 erosion, wearing away 2 fig. wear and tear.
e·ro·sio·nar tr. 1 to erode 2 gastar to wear away.
e·ró·ti·co, ca adj. erotic.
e·ro·tis·mo m. eroticism.
e·rra·di·ca·ción f. 1 eradication 2 de enfermedad stamping out.
e·rra·di·car (see model 1) tr. 1 to eradicate 2 enfermedad to stamp out.
e·rra·do, da pp. de **errar** adj. mistaken, wrong, erroneous.
e·rran·te adj. wandering, vagrant, errant.
e·rrar (see model 57) tr. objetivo to miss, get wrong ◇ intr. 1 vagar to wander, rove, roam 2 equivocarse to be mistaken, be wrong.
e·rra·ta f. erratum, misprint.
e·rrá·ti·co, ca adj. erratic.
e·rró·nea·men·te adv. wrongly, erroneously.
e·rró·ne·o, a adj. erroneous, wrong, mistaken, unsound.
e·rror m. error, mistake **estar en un error** to be mistaken.
e·ruc·tar intr. to belch, burp.
e·ruc·to m. belch, burp.
e·ru·di·ción f. erudition, learning, scholarship.
e·ru·di·to, ta adj. erudite, learned, scholarly ◇ s. scholar, expert.
e·rup·ción f. 1 volcánica eruption 2 cutánea rash.
e·rup·ti·vo, va adj. eruptive.
es·bel·to, ta adj. 1 slim, slender, willowy 2 elegante graceful.
es·bi·rro m. 1 HIST bailiff 2 ayudante henchman.
es·bo·zar (see model 4) tr. to sketch, outline **esbozar una sonrisa** fig. to force a smile, smile weakly.
es·bo·zo m. sketch, outline, rough draft.
es·ca·be·char tr. 1 to pickle, preserve in brine arenque to souse, pickle 2 fam. fig. matar to do in, bump off.
es·ca·be·che m. brine, pickle.
es·ca·bel m. low stool, footstool.
es·ca·bro·so, sa adj. 1 desigual uneven, rough 2 fig. carácter harsh, rude.
es·ca·bu·llir·se (see model 41) prnl. 1 entre las manos to slip through 2 fig. persona to slip away, sneak off, disappear.
es·ca·fan·dra f. diving suit.

es·ca·la *f.* 1 *escalera - de mano* ladder - *de tijera* stepladder 2 *graduación* scale *de colores* range 3 *mapa, plano, etc.* scale 4 *puerto* port of call *aeropuerto* stopover **a gran escala** on a large scale **en pequeña escala** on a small scale **escala de valores** scale of values.

es·ca·la·da *f.* 1 *montaña* climb, climbing *pendiente* scaling 2 *fig. precios, etc.* rise, increase *armas* escalation.

es·ca·la·dor, ra *s.* climber, mountaineer.

es·ca·la·fón *m.* 1 *de personas* roll, promotion list 2 *graduación* ladder *de salarios* salary scale, wage scale.

es·ca·lar *tr.* 1 *montaña* to climb *pendiente* to scale 2 *asaltar* to burgle 3 *fig. subir* to climb *armas, guerra* to escalate.

es·cal·dar *tr.* to scald ⬦ *prnl.* **escaldarse** to get scalded.

es·ca·le·no *adj.* scalene ⬦ *m.* scalene.

es·ca·le·ra *f.* 1 *stairs pl.* staircase 2 *escala* ladder **escalera de incendios** fire escape **escalera de servicio** back stairs *pl.*

es·ca·le·ri·lla *f.* 1 *de barco* gangway *de avión* steps *pl.* 2 *en naipes* run of three cards.

es·cal·far *tr.* to poach **huevos escalfados** poached eggs.

es·ca·li·na·ta *f.* outside steps *pl.*

es·ca·lo·fri·an·te *adj.* chilling, bloodcurdling, hair-raising.

es·ca·lo·frí·o *m. de frío* shiver *de miedo* shudder, shiver *de fiebre* chill, shiver **tener escalofríos** to shiver.

es·ca·lón *m.* 1 *peldaño* step, stair *de escala* rung 2 *fig. grado* degree, level, grade 3 *fig. paso, medio* stepping stone.

es·ca·lo·na·do, da *pp. de escalonar adj.* 1 *espaciado* spaced out, at regular intervals 2 *graduado* graded.

es·ca·lo·nar *tr.* 1 *espaciar* to place at intervals, space out 2 *graduar* to grade 3 *cabello* to layer, cut in layers.

es·ca·lo·pe *m.* escalope.

es·cal·pe·lo *m.* scalpel.

es·ca·ma *f.* 1 scale 2 *fig. de piel, de jabón* flake 3 *fig. recelo* suspicion, resentment.

es·ca·ma·do, da *pp. de escamar adj. fam. fig.* wary, suspicious.

es·ca·mar *tr.* 1 *quitar escamas* to scale, remove the scales from 2 *fam. fig.* to make suspicious, make wary ⬦ *prnl.* **escamarse** *fam. fig.* to become suspicious, become wary, smell a rat.

es·ca·mo·so, sa *adj.* scaly 2 *piel* dry, flaky.

es·ca·mo·te·ar *tr.* 1 *hacer desaparecer* to make vanish, make disappear 2 *fam. robar* to pinch, lift *quitar* to take, withhold, keep back.

es·cam·par *tr.* to clear out ⬦ *intr.* METEOR to stop raining, clear up.

es·can·ciar *(see model 12) tr. servir* to pour, serve ⬦ *intr.* to drink.

es·can·da·li·zar *(see model 4) tr.* to scandalize, shock ⬦ *intr.* to make a racket, make a fuss, make a din ⬦ *prnl.* **escandalizarse** to be shocked (*de/por*, at), be scandalized (*de/por*, by).

es·cán·da·lo *m.* 1 *alboroto* racket, fuss, din, uproar **armar un escándalo** to kick up a fuss.

es·can·da·lo·so, sa *adj.* 1 scandalous, shocking, outrageous 2 *alborotado* noisy, rowdy.

es·ca·ne·ar *tr.* to scan.

es·cá·ner *m.* scanner.

es·ca·ño *m.* 1 *banco* bench 2 POL seat.

es·ca·pa·da *f.* 1 *fam. salida* quick trip 2 DEP breakaway 3 *huida* escape.

es·ca·par *intr. huir* to escape, get away, run away 2 *librarse* to escape 3 *quedar fuera del alcance* to be beyond ⬦ *prnl.* **escaparse** 1 *huir* to escape, run away, get away 2 *librarse* to escape, avoid.

es·ca·pa·ra·te *m.* shop window.

es·ca·pa·to·ria *f.* 1 *huida* escape, flight 2 *excusa* excuse, way out 3 *fam. escapada* quick trip.

es·ca·pe *m.* 1 *huida* escape, flight, getaway 2 *de gas, etc.* leak 3 TÉC exhaust.

es·cá·pu·la *f.* scapula, shoulder blade.

es·ca·pu·la·rio *m.* scapulary, scapular.

es·ca·que *m.* square.

es·ca·ra *f.* eschar.

es·ca·ra·ba·jo *m.* beetle.

es·ca·ra·mu·za *f.* 1 MIL skirmish 2 *riña* run-in, squabble.

es·ca·ra·pe·la *f.* cockade, rosette.

es·car·bar *tr.* 1 *suelo* to scratch 2 *dientes, orejas* to pick 3 *fuego* to poke.

es·car·ce·o *m.* 1 small wave, ripple 2 *prueba* attempt, foray 3 *aventura amorosa* flirtation, start of a love affair ⬦ *mpl.* **escarceos del caballo** prancing.

es·car·cha *f.* frost, hoarfrost.

es·car·char *intr.* METEOR to be frosty, be freezing ⬦ *tr.* CULIN to crystallize.

es·car·da *f.* weeding hoe.

es·car·dar *tr.* 1 to weed 2 *fig.* to weed out.

es·ca·riar *(see model 2) tr.* to ream.

es·ca·ri·fi·car *(see model 1) tr.* to scarify.

es·car·la·ta *adj.* scarlet ⬦ *m. color* scarlet ⬦ *f.* 1 *tela* scarlet 2 MED scarlet fever.

es·car·la·ti·na *f.* scarlet fever.

es·car·men·tar *(see model 27) tr.* to punish severely, teach a lesson to ⬦ *intr.* to learn one's lesson.

es·car·mien·to *m.* punishment, lesson.

es·car·ne·cer *(see model 43) tr.* to scoff at, mock, ridicule.

es·car·nio *m.* derision, mockery, ridicule.

es·car·pa *f.* 1 *declive* escarpment, scarp, slope 2 MIL escarpment, scarp.

es·car·pa·do, da *adj.* 1 *inclinado* steep, sheer 2 *abrupto* craggy.

es·car·pín *m.* 1 *zapato* pump 2 *calzado interior* slipper.

es·ca·se·ar *intr. faltar* to be scarce, get scarce ⬦ *tr. dar poco* to be sparing with, skimp on.

es·ca·sez *f.* 1 *carencia* scarcity, lack, shortage 2 *mezquindad* meanness, stinginess.

es·ca·so, sa *adj.* 1 *insuficiente* scarce, scant, very little, small 2 *recursos* slender *dinero* tight *público* small *lluvias, salario* low *tiempo* very little 3 *mezquino* miserly, mean **andar escaso de algo** to be short of something.

es·ca·ti·mar *tr.* 1 *escasear* to stint, skimp on 2 *ahorrar* to save, spare.

es·ca·to·lo·gí·a¹ *f.* REL eschatology.

es·ca·to·lo·gí·a² *f. de excrementos* scatology.

es·ca·to·ló·gi·co, ca¹ *adj.* REL eschatological.

es·ca·to·ló·gi·co, ca² *adj. de excrementos* scatological.

es·ce·na *f.* 1 TEAT *parte* scene *lugar* stage 2 *fig.* scene **entrar en escena** to go on stage.

es·ce·na·rio *m.* 1 TEAT stage 2 CINE scenario 3 *fig.* scene, setting.

es·cé·ni·co, ca *adj.* scenic.

es·ce·ni·fi·ca·ción *f.* 1 *de novela* to dramatize 2 *de obra de teatro* to stage.

es·ce·ni·fi·car tr. 1 novela to dramatize 2 obra de teatro to stage.

es·ce·no·gra·fí·a m. 1 CINE set design 2 TEAT stage design.

es·ce·nó·gra·fo, fa s. 1 CINE set designer 2 TEAT stage designer.

es·cep·ti·cis·mo m. skepticism.

es·cép·ti·co, ca adj. skeptic ◇ s. skeptic.

es·cin·dir tr. to split, divide ◇ prnl. **escindirse** to split (off) (en, into).

es·ci·sión f. 1 split, division 2 FÍS fission 3 MED excision.

es·cla·re·cer (see model 43) tr. 1 iluminar to light up, illuminate 2 fig. poner en claro to clear up, make clear, shed light on 3 fig. entendimiento to enlighten ◇ intr. amanecer to dawn.

es·cla·re·ci·mien·to m. 1 explicación explanation, clarification 2 entendimiento enlightenment.

es·cla·va f. 1 mujer slave muchacha slave girl 2 brazalete bangle.

es·cla·vi·tud f. slavery, servitude.

es·cla·vi·zar (see model 4) tr. to enslave.

es·cla·vo, va adj. literalmente enslaved uso figurado ◇ s. gen. slave ◇ m. **esclavo** hombre slave muchacho slave boy **trabajar como un esclavo** to work like a slave.

es·cle·ro·sis f. inv. sclerosis **esclerosis múltiple** multiple sclerosis.

es·clu·sa f. lock, sluicegate, floodgate.

es·co·ba f. brush, broom.

es·co·ba·zo m. 1 golpe blow with a brush, blow with a broom 2 barredura quick sweep (round).

es·co·bi·lla f. 1 small brush 2 AUTO windscreen-wiper blade.

es·co·cer (see model 54) intr. 1 to smart, sting 2 fig. to hurt ◇ prnl. **escocerse** irritarse to become sore, become chapped estar irritado to be sore, be chapped.

es·co·cés, ce·sa adj. Scottish ◇ s. persona Scot hombre Scotsman mujer Scotswoman ◇ m. **escocés** idioma Scottish Gaelic.

es·co·fi·na f. rasp.

es·co·ger (see model 5) tr. to choose, pick out, select **escogió entre cuatro libros** he chose between four books.

es·co·gi·do, da pp. de escoger adj. chosen, selected selecto choice, select.

es·co·lar adj. school, scholastic ◇ com. chico schoolboy chica schoolgirl.

es·co·la·ri·dad f. schooling.

es·co·lás·ti·co, ca adj. scholastic.

es·co·lio·sis f. inv. scoliosis.

es·co·lle·ra f. breakwater, jetty.

es·co·llo m. 1 MAR reef, rock 2 fig. difficulty, pitfall, snag.

es·col·ta f. 1 escort 2 MAR convoy **escolta personal** bodyguard.

es·col·tar tr. 1 to escort 2 MAR to convoy.

es·com·brar tr. to clear (out).

es·con·der tr. to hide, conceal ◇ prnl. **esconderse** to hide.

es·con·di·te m. 1 lugar hiding place 2 juego hide-and-seek.

es·con·dri·jo m. hiding place.

es·co·pe·ta f. shotgun.

es·co·pe·ta·zo m. 1 tiro gunshot 2 herida gunshot wound 3 fig. noticia bombshell.

es·co·plo m. chisel.

es·co·ra f. 1 línea load line 2 puntal stanchion 3 inclinación list.

es·cor·bu·to m. scurvy.

es·co·ria f. 1 metal slag, dross carbón slag 2 de volcán scoria 3 fig. dregs pl. scum.

es·co·ria·ción f. scraping.

es·co·riar (see model 12) tr. rozar to chafe, scrape raspar to graze ◇ prnl. **escoriarse** roce to be chafed raspadura to be grazed.

es·co·ri·fi·car (see model 1) tr. to scorify.

es·cor·pión m. scorpion.

es·co·ta·do, da pp. de escotar adj. COST low-necked, low-cut ◇ m. **escotado** low neckline.

es·co·te m. COST low neckline.

es·co·ti·lla f. hatchway, hatch.

es·co·zor m. 1 stinging, smarting 2 fig. pain, grief.

es·cri·ba m. scribe.

es·cri·ba·no, na m. 1 clerk 2 JUR clerk of court 3 ave bunting.

es·cri·bir pp. **escrito** tr. 1 gen. to write 2 deletrear to spell, write ◇ intr. to write ◇ prnl. **escribirse** 1 deletrear to spell, be spelt 2 uso recíproco to write to each other **escribir a máquina** to type.

es·cri·to, ta pp. de escribir adj. written mencionado stated ◇ m. **escrito** 1 documento writing, document, text 2 obra work, writing **escrito a máquina** typewritten, typed.

es·cri·tor, ra s. writer.

es·cri·to·rio m. 1 mueble writing desk, bureau 2 oficina office.

es·cri·tu·ra f. 1 gen. writing **escritura fonética** phonetic script 2 caligrafía handwriting, writing.

es·cri·tu·rar tr. 1 hacer constar to formalize legally una propiedad to register 2 contratar to engage.

es·cro·to m. scrotum.

es·crú·pu·lo m. 1 recelo scruple, doubt, qualm **no tuvo escrúpulos en decírselo** he had no qualms about telling her 2 aprensión fussiness **eso me da escrúpulos** I'm finicky about it, I'm fussy about it 3 fig. cuidado extreme care **sin escrúpulos** unscrupulous.

es·cru·pu·lo·si·dad f. scrupulousness, extreme care.

es·cru·pu·lo·so, sa adj. 1 scrupulous 2 aprensivo finicky, fussy 3 fig. exacto scrupulous, meticulous.

es·cru·ta·dor, ra adj. scrutinizing, searching, penetrating.

es·cru·tar tr. 1 examinar to scrutinize, examine carefully 2 votos to count.

es·cru·ti·nio m. 1 examen scrutiny, examination 2 de votos count.

es·cua·dra f. 1 instrumento -de dibujo set square -de carpintería square pieza de metal bracket 2 de tropas squad de buques squadron, fleet 3 futbol angle.

es·cuá·li·do, da adj. 1 delgado emaciated, extremely thin, skinny 2 sucio squalid, filthy.

es·cua·lo m. (spiny) shark.

es·cu·char tr. 1 to listen to oír to hear **escuchar ópera** to listen to opera 2 atender to listen to, pay attention to **no escuchaba mis consejos** he didn't listen to my advice ◇ prnl. **escucharse** to speak in an affected way.

es·cu·chi·mi·zar·se (see model 4) prnl. fam. to get thin, become scrawny.

es·cu·dar tr. 1 to shield 2 fig. to shield, protect, defend ◇ prnl. **escudarse** fig. ampararse to hide behind, use as an excuse.

es·cu·de·rí·a f. racing team.

es·cu·do m. 1 arma shield 2 de armas coat of arms 3 moneda escudo.

es·cu·dri·ñar tr. examinar to scrutinize, examine inquirir to inquire into, investigate.

es·cue·la f. 1 gen. school 2 experiencia experience, instruction.

es·cue·to, ta adj. 1 sin adornos bare, plain, unadorned 2 conciso concise, brief, succinct.

es·cul·car (see model 1) tr. espiar to spy on.

es·cul·pir tr. gen. to sculpt, sculpture madera to carve metal to engrave.

es·cul·tor, ra s. 1 hombre sculptor mujer sculptress 2 en madera carver en metal engraver.

es·cul·tó·ri·co, ca adj. sculptural.

es·cul·tu·ra f. gen. sculpture en madera carving en metal engraving.

es·cul·tu·ral adj. 1 sculptural 2 fig. mujer statuesque.

es·cu·pir intr. to spit ◇ tr. 1 to spit out 2 fig. despedir to belch out.

es·cu·pi·ta·jo m. fam. gob, spit.

es·cu·rri·do, da pp. de escurrir adj. 1 seco drained 2 persona thin, slim mujer slim-hipped.

es·cu·rri·dor m. colador strainer, colander 2 de platos plate rack.

es·cu·rrir tr. platos, etc. to drain ropa to wring out comida to strain ◇ intr. 1 destilar to drip, trickle 2 deslizar to slip, slide ◇ prnl. escurrirse 1 platos, etc. to drain 2 líquido to drip, trickle.

es·drú·ju·lo, la adj. proparoxytone, stressed on the antepenultimate syllable.

e·se, sa adj. that plural those ese coche that car esas casas those houses.

é·se, sa pron. 1 cosa that one dame ése give me that one tiene una casa como ésa she's got a house like that one 2 hombre - sujeto he mujer - sujeto she ése me lo dijo he told me 3 hombre - complemento him mujer - complemento her se lo dio a ésa he gave it to her 4 anterior the former ¡conque ésas tenemos! fam. so that's the way things are!

e·sen·cia f. 1 essence 2 perfume essence, perfume, scent en esencia 1 brevemente briefly 2 esencialmente in essence.

e·sen·cial adj. 1 essential.

es·fe·ra f. 1 sphere, globe 2 de reloj dial, face.

es·fé·ri·co, ca adj. spherical ◇ m. esférico balón ball.

es·fin·ge f. sphinx.

es·fín·ter m. sphincter.

es·for·zar (see model 50) tr. 1 forzar to strain 2 animar to encourage, spur on ◇ prnl. esforzarse 1 físicamente to make an effort, exert oneself moralmente to try hard, strive.

es·fuer·zo m. 1 effort, endeavor 2 valor courage, spirit hacer un esfuerzo físico to make an effort, exert oneself 2 moral to try hard, strive sin esfuerzo effortlessly.

es·fu·mar tr. 1 esfuminar to stump, blend 2 colores to tone down ◇ prnl. esfumarse fam. largarse to disappear, fade away.

es·fu·mi·nar tr. to stump.

es·gri·ma f. fencing.

es·gri·mir tr. 1 arma to wield, brandish 2 fig. argumento to put forward ◇ intr. to fence.

es·guin·ce m. 1 MED sprain 2 gesto swerve, dodge 3 gesto de disgusto frown.

es·la·bón m. 1 link 2 para sacar fuego steel 3 alacrán scorpion.

es·la·bo·na·mien·to m. linking.

es·la·bo·nar tr. 1 to link together, join 2 fig. to link, connect ◇ prnl. eslabonarse fig. to link together.

es·lo·gan m. slogan eslogan publicitario advertising slogan.

es·lo·ra f. length.

es·lo·ve·no, na adj. Slovene ◇ s. persona Slovene ◇ m. esloveno idioma Slovene.

es·mal·tar tr. 1 to enamel 2 de uñas to varnish 3 fig. adornar to decorate, adorn.

es·mal·te m. 1 gen. enamel 2 de uñas nail varnish, nail polish 3 objeto esmaltado enamelled object 4 color smalt esmalte de uñas nail polish, nail varnish.

es·me·ra·do, da pp. de esmerar adj. 1 trabajo careful, neat 2 persona careful, painstaking.

es·me·ral·da f. emerald.

es·me·rar tr. pulir to polish ◇ prnl. esmerarse to do one's best (en/por, to), take great pains (en/por, over).

es·me·ril m. emery.

es·me·ri·lar tr. to polish with emery paper.

es·me·ro m. great care, neatness.

es·mi·rria·do, da adj. fam. puny, scraggy.

es·mo·quin f. dinner jacket, tuxedo.

es·ni·fa·da f. argot sniff, snort.

es·ni·far tr. argot to sniff, snort.

e·so pron. 1 that eso es lo que dijo that's what she said llegaron a eso de las tres they arrived around three ¿cómo es eso? how come? ¡eso es! that's it! ¡eso sí que no! certainly not!

e·só·fa·go m. esophagus, gullet.

e·sos, sas adj. those.

é·sos, sas pron. those (ones).

e·so·té·ri·co, ca adj. esoteric.

es·pa·bi·la·do, da pp. de espabilar adj. despabilado.

es·pa·bi·lar tr.-intr.-prnl. despabilar.

es·pa·cia·dor m. space-bar.

es·pa·cial adj. 1 MAT spatial, spacial 2 del cosmos space.

es·pa·cio m. 1 gen. space la exploración del espacio the exploration of space 2 que se ocupa space, room necesitamos más espacio we need more room 3 de tiempo period, space 4 programa program espacio aéreo air space.

es·pa·cio·so, sa adj. 1 ancho spacious, roomy 2 lento slow.

es·pa·da f. 1 arma sword 2 naipe spade ◇ m. torero matador ◇ fpl. espadas palo de baraja spades estar entre la espada y la pared fig. to be between the devil and the deep blue sea.

es·pa·gue·tis mpl. spaghetti.

es·pal·da f. 1 back 2 natación backstroke a espaldas de alguien fig. behind somebody's back dar la espalda fig. to turn one's back on.

es·pal·dar m. 1 de silla back 2 para plantas trellis.

es·pal·da·ra·zo m. 1 golpe slap on the back 2 fig. accolade.

es·pal·de·ra f. para plantas trellis ◇ fpl. espalderas DEP wall bars.

es·pal·di·lla f. 1 ANAT shoulder-blade 2 CULIN shoulder.

es·pan·ta·da f. 1 animales stampede 2 personas withdrawal.

es·pan·ta·di·zo, za adj. easily frightened.

es·pan·ta·pá·ja·ros m. inv. scarecrow.

es·pan·tar tr. 1 asustar to frighten, scare, scare off 2 ahuyentar to frighten away ◇ prnl. espantarse asustarse to be frightened, be scared 2 asombrarse to be amazed, be astonished.

es·pan·to m. 1 miedo fright, dread, terror 2 asombro astonishment, amazement ¡qué espanto! how awful!

es·pan·to·so, sa adj. 1 terrible frightful, dreadful 2 asombroso astonishing, amazing 3 desmesurado dreadful, terrible.

es·pa·ña f. Spain.

es·pa·ñol, la adj. Spanish ◇ s. persona Spaniard ◇ m. español idioma Spanish, Castilian.

es·pa·ño·li·zar tr. to Hispanicize, make Spanish ◇ prnl. españolizarse to adopt Spanish ways.

es·pa·ra·dra·po m. sticking plaster.

es·par·ci·do, da pp. de esparcir adj. 1 desparramado scattered 2 rumor widespread 3 divertido cheerful, gay franco frank, open.

es·par·ci·mien·to m. 1 franqueza frankness, openness alegría cheerfulness, gaiety 2 recreo amusement, diversion.

es·par·cir (see model 3) tr. 1 desparramar to scatter 2 fig. divulgar to spread ◇ prnl. esparcirse 1 desparramarse to scatter, be scattered 2 fig. divulgarse to spread out.

es·pá·rra·go m. asparagus ¡vete a freír espárragos! fam. get lost!

es·par·te·ro, ra s. esparto worker.

es·par·to m. esparto (grass).

es·pas·mo m. spasm.

es·pas·mó·di·co, ca adj. spasmodic, jerky.

es·pa·ta·rrar·se prnl. 1 fam. abrir to open one's legs wide, sprawl 2 fam. al caer to go sprawling.

es·pá·tu·la f. 1 gen. spatula 2 de pintor palette knife de cristalero putty knife 3 TÉC stripping knife.

es·pe·cia f. spice.

es·pe·cial adj. 1 gen. special 2 remilgado fussy (para, about), finicky (para, about) en especial especially.

es·pe·cia·li·dad f. gen. specialty.

es·pe·cia·lis·ta adj. specialist ◇ com. specialist CINE stand-in hombre stunt man mujer stunt woman.

es·pe·cia·li·za·ción f. specialization.

es·pe·cia·li·za·do, da pp. de especializar adj. specialized.

es·pe·cia·li·zar (see model 4) intr. to specialize tr. to specialize ◇ prnl. especializarse to specialize (en, in).

es·pe·cial·men·te adv. 1 exclusivamente specially 2 particularmente especially.

es·pe·cie f. 1 de animales, plantas species 2 tipo kind, sort 3 tema matter, notion, idea noticia piece of news en especie in kind.

es·pe·cie·ro, ra s. grocer ◇ m. especiero spice rack.

es·pe·ci·fi·ca·ción f. specification.

es·pe·ci·fi·car (see model 1) tr. to specify.

es·pe·cí·fi·co, ca adj. specific ◇ m. específico medicamento specific especialidad patent medicine.

es·pé·ci·men m. specimen.

es·pec·ta·cu·lar adj. spectacular.

es·pec·ta·cu·la·ri·dad f. spectacular nature.

es·pec·tá·cu·lo m. 1 spectacle, sight 2 diversión entertainment 3 TV, radio, etc. performance, show montar un espectáculo to put on a show.

es·pec·ta·dor, ra s. 1 de deportes spectator 2 de obra, película member of the audience de televisión viewer 3 de accidente, etc. onlooker ◇ mpl. espectadores de obra, película audience sing. de programa televisivo viewers.

es·pec·tral adj. spectral, ghostly.

es·pec·tro m. 1 FÍS spectrum 2 fantasma specter, ghost, apparition 3 fig. persona ghost.

es·pec·tro·gra·fí·a f. spectrography.

es·pec·tro·gra·ma m. spectrogram.

es·pec·tros·co·pio m. spectroscope.

es·pe·cu·la·ción f. speculation.

es·pe·cu·lar tr. fig. reflexionar to speculate about ◇ intr. 1 comerciar to speculate (en, in) en bolsa to speculate (en, on) 2 conjeturar to speculate (sobre, about).

es·pe·cu·la·ti·vo, va adj. speculative, theoretical.

es·pe·jis·mo m. 1 mirage 2 fig. mirage, illusion.

es·pe·jo m. 1 mirror 2 fig. imagen mirror, reflection 3 fig. modelo model espejo retrovisor rear-view mirror.

es·pe·le·ó·lo·go, ga s. potholer, speleologist.

es·pe·luz·nan·te adj. hair-raising, terrifying, horrifying.

es·pe·luz·no m. shiver, shudder.

es·pe·ra f. 1 wait, waiting 2 paciencia patience en espera de... waiting for...

es·pe·ran·za f. hope, expectance abrigar esperanzas to foster hopes estar en estado de buena esperanza to be pregnant, be expecting esperanza de vida life expectancy.

es·pe·ran·za·dor, ra adj. encouraging.

es·pe·ran·zar (see model 4) tr. to give hope to ◇ intr. to have hope ◇ prnl. esperanzarse to have hope.

es·pe·rar tr. 1 tener esperanza to hope for, expect 2 contar, creer to expect 3 aguardar to wait for, await 4 desear to hope ◇ prnl. esperarse 1 aguardar to wait 2 creer, contar to expect 3 desear to hope.

es·per·ma m. sperm.

es·per·ma·ti·ci·da adj. spermicidal ◇ m. spermicide.

es·per·ma·to·zoi·de m. spermatozoon, sperm.

es·per·mi·ci·da adj. spermicidal ◇ m. spermicide.

es·per·pén·ti·co, ca adj. 1 fam. grotesco grotesque, macabre 2 fam. ridículo ridiculous, absurd.

es·per·pen·to m. 1 fam. cosa, persona fright, sight 2 fam. absurdo absurdity, piece of nonsense.

es·pe·sar tr. salsa, etc. to thicken tejido, etc. to make thicker ◇ prnl. espesarse 1 gen. to get thicker 2 salsa, etc. to thicken.

es·pe·so, sa adj. 1 líquido, sustancia, objeto thick 2 bosque, niebla thick, dense 3 pasta, masa stiff.

es·pe·sor m. thickness.

es·pe·su·ra f. 1 de líquido, objeto thickness 2 de niebla, etc. denseness 3 fig. en bosque thicket, dense wood.

es·pe·tar tr. 1 carne, etc. to skewer 2 clavar to stab 3 fig. decir to blurt out.

es·pí·a com. spy.

es·piar (see model 13) tr. to spy on, watch.

es·pi·char tr. pinchar to stab ◇ intr. fam. morir to snuff it, kick the bucket.

es·pi·ga f. 1 gen. spike de trigo ear 2 de tejido herringbone 3 clavija peg, pin.

es·pi·ga·do, da pp. de espigar adj. 1 BOT ripe 2 en forma de espiga ear-shaped 3 fig. persona tall, lanky.

es·pi·gar (see model 7) tr. 1 AGR to glean 2 fig. datos to glean, collect ◇ intr. AGR to ear ◇ prnl. espigarse persona to shoot up.

es·pi·na f. 1 de planta thorn 2 de pez fishbone 3 columna vertebral spine, backbone 4 fig. pesar sadness, sorrow, grief 5 fig. duda suspicion, doubt dar mala espina fig. to arouse one's suspicions, not to like the look of something sacarse la espina fig. to get even, get one's own back espina dorsal spinal column, spine, backbone.

es·pi·na·ca f. spinach.

es·pi·nal adj. spinal médula espinal spinal marrow.

es·pi·nar tr. 1 punzar to prick 2 fig. herir to offend, hurt ◇ prnl. espinarse punzarse to prick.

es·pi·ni·lla f. 1 de la pierna shinbone 2 grano blackhead.

es·pi·ni·lle·ra f. shinpad.

es·pi·no m. 1 *árbol* hawthorn 2 *alambre* barbed wire.

es·pi·no·so, sa adj. 1 *planta* thorny 2 *pez* spiny 3 fig. thorny, prickly, difficult, tricky.

es·pio·na·je m. spying, espionage *película de espionaje* spy film.

es·pi·ral adj. 1 spiral *escalera espiral* spiral staircase ◇ f. 1 spiral 2 *de reloj* hairspring.

es·pi·rar tr. to exhale, breathe out ◇ intr. to breathe.

es·pi·ri·tis·mo m. spiritualism.

es·pi·ri·tis·ta adj. spiritualistic ◇ com. spiritualist.

es·pí·ri·tu m. 1 gen. spirit 2 *alma* soul, spirit 3 *fantasma* ghost, spirit 4 *licores* spirits pl. **espíritu deportivo** sportsmanship **grandeza de espíritu** noble-heartedness.

es·pi·ri·tual adj. spiritual.

es·pi·ri·tua·li·dad f. spirituality.

es·pi·ri·tual·men·te adv. spiritually.

es·pi·ró·me·tro m. spirometer.

es·plén·di·da·men·te adv. 1 *con magnificencia* splendidly, magnificently 2 *con generosidad* generously, lavishly.

es·plén·di·do, da adj. 1 *magnífico* splendid, magnificent 2 *generoso* generous, lavish.

es·plen·dor m. 1 *resplandor* brilliance, shining 2 fig. *magnificencia* magnificence, splendor 3 *auge* glory.

es·plen·do·ro·so, sa adj. 1 *resplandeciente* brilliant, radiant, shining 2 *grandioso* magnificent, lavish.

es·plie·go m. lavender.

es·plín m. melancholy, spleen.

es·po·le·ar tr. 1 to spur on 2 fig. to spur on, encourage.

es·po·le·ta¹ f. *de bomba, etc.* fuse.

es·po·le·ta² f. *de ave* wishbone.

es·po·lón m. 1 *de ave* spur 2 *de caballería* fetlock 3 *de nave* ram 4 *malecón* sea wall.

es·pol·vo·re·ar tr. 1 *despolvorear* to dust 2 *esparcir* to powder, sprinkle.

es·pon·ja f. 1 sponge 2 fig. *gorrón* sponger 3 fig. *bebedor* hard drinker **beber como una esponja** fig. to drink like a fish.

es·pon·jar tr. *ahuecar* to fluff up *tierra* to loosen ◇ prnl. **esponjarse** 1 fig. *envanecerse* to swell with pride 2 fig. *físicamente* to glow with health.

es·pon·jo·so, sa adj. gen. spongy *bizcocho* light.

es·pon·sa·les mpl. betrothal sing. engagement sing.

es·pon·tá·nea·men·te adv. spontaneously.

es·pon·ta·nei·dad f. spontaneity **con espontaneidad** naturally.

es·pon·tá·ne·o, a adj. 1 *cosa* spontaneous *discurso* impromptu, unprepared 2 *persona* natural, unaffected ◇ s. spectator who spontaneously joins in the bullfight.

es·po·ra f. spore.

es·po·rá·di·ca·men·te adv. sporadically.

es·po·rá·di·co, ca adj. sporadic.

es·po·sa f. wife.

es·po·sa·do, da pp. de **esposar** adj. 1 *casado* married 2 *con esposas* handcuffed.

es·po·sar tr. to handcuff, put handcuffs on.

es·po·sas fpl. handcuffs **poner las esposas** to put handcuffs on.

es·po·so m. husband ◇ mpl. **esposos** husband and wife.

es·pue·la f. 1 spur 2 fig. spur, stimulus.

es·pul·gar (see model 7) tr. 1 *desparasitar* to delouse 2 fig. *examinar* to examine, scrutinize.

es·pu·ma f. 1 gen. foam *de jabón* lather *de cerveza* froth, head *olas* surf 2 *impurezas* scum 3 *tejido* foam **crecer como la espuma** fig. to shoot up.

es·pu·ma·de·ra f. skimmer.

es·pu·mar tr. *quitar espuma* to skim ◇ intr. *hacer espuma* - *jabón* to lather - *cerveza* to froth - *vino* to sparkle - *olas* to foam.

es·pu·ma·ra·jo m. foam, froth **echar espumarajos** fig. to foam at the mouth.

es·pu·mo·so, sa adj. *ola* foamy, frothy *jabón* lathery *vino* sparkling.

es·pu·rio, ria adj. 1 *bastardo* illegitimate 2 fig. *falso* spurious, false.

es·pu·to m. sputum, spit.

es·que·la f. 1 *carta* short letter 2 *mortuoria* obituary notice.

es·que·lé·ti·co, ca adj. 1 *del esqueleto* skeletal 2 fam. *delgado* skinny, bony.

es·que·le·to m. 1 ANAT skeleton 2 ARQ framework.

es·que·ma m. 1 *gráfica* diagram 2 *plan* outline, plan.

es·que·má·ti·co, ca adj. schematic, diagrammatic.

es·que·ma·ti·zar (see model 4) tr. 1 *plan, idea* to outline 2 *plano, etc.* to sketch.

es·quí m. 1 *tabla* ski 2 DEP skiing **esquí acuático** water-skiing.

es·quia·dor, ra s. skier **esquiador de fondo** cross-country skier.

es·quiar (see model 13) intr. to ski.

es·qui·la f. 1 *campanilla* small bell, handbell, cow-bell.

es·qui·la·dor, ra s. sheepshearer.

es·qui·lar tr. *pelo* to clip *ovejas* to shear.

es·qui·le·o m. 1 *acción* sheep-shearing 2 *época* shearing time.

es·quil·mar tr. 1 *cosecha, etc.* to harvest 2 fig. *agotar* to exhaust 3 fig. *abusar* to fleece.

es·qui·mal adj. Eskimo ◇ com. Eskimo m. *idioma* Eskimo.

es·qui·na f. corner **a la vuelta de la esquina** just round the corner.

es·qui·nar tr. 1 *hacer esquina* to form a corner with, be on the corner of 2 *poner en esquina* to put in a corner 3 *madero* to square ◇ intr. *hacer esquina* to form a corner with ◇ prnl. **esquinarse** fig. *enemistarse* to fall out.

es·qui·na·zo m. corner **dar el esquinazo a alguien** fam. to give somebody the slip.

es·quir·la f. splinter.

es·qui·rol m. blackleg, scab.

es·qui·var tr. 1 *persona* to avoid, shun 2 *golpe* to dodge, elude.

es·qui·vo, va adj. cold, aloof.

es·qui·zo·fre·nia f. schizophrenia.

es·ta·bi·li·dad f. stability.

es·ta·bi·li·za·ción f. stabilization.

es·ta·bi·li·za·dor, ra adj. stabilizing ◇ m. **estabilizador** stabilizer.

es·ta·bi·li·zan·te m. stabilizer.

es·ta·bi·li·zar (see model 4) tr. to stabilize, make stable ◇ prnl. **estabilizarse** to become stable, become stabilized.

es·ta·ble adj. stable, steady.

es·ta·ble·cer (see model 43) tr. 1 gen. to establish *fundar* to found, set up 2 *récord* to set 3 *ordenar* to state, lay down, establish ◇ prnl. **establecerse** *en un lugar* to settle *en un negocio* to set up in business.

es·ta·ble·ci·mien·to *m.* **1** *acto* establishment, founding, setting-up **2** *de gente* settlement **3** *local* establishment, shop, store.

es·ta·blo *m.* **1** stable, cowshed, stall **2** *fig.* filthy place, pigsty.

es·ta·ca *f.* **1** *palo con punta* stake, post *para tienda de campaña* peg **2** *garrote* stick, cudgel **3** *rama* cutting **4** *clavo* spike.

es·ta·ca·da *f. obra* fence, fencing.

es·ta·ción *f.* **1** *del año, temporada* season **2** *de tren, radio* station **estación de servicio** service station.

es·ta·cio·nal *adj.* seasonal.

es·ta·cio·na·mien·to *m.* **1** AUTO *acción* parking *lugar* parking lot.

es·ta·cio·nar *tr.* **1** *colocar* to position, place **2** AUTO to park ◇ *prnl.* **estacionarse 1** *estancarse* to be stationary, remain in the same place **2** AUTO to park.

es·ta·cio·na·rio, ria *adj.* stationary, stable.

es·ta·dio *m.* **1** *lugar* stadium **2** *fase* stage, phase.

es·ta·dis·ta *com.* **1** POL *hombre* statesman *mujer* stateswoman **2** MAT statistician.

es·ta·dís·ti·ca *f.* **1** *ciencia* statistics **2** *dato* statistic, figure.

es·ta·dís·ti·co, ca *adj.* statistical ◇ *s.* statistician.

es·ta·do *m.* **1** *situación* state, condition **2** *en orden social* status **3** HIST estate **4** POL state **estar en buen estado** to be in good condition **estado civil** marital status **estado de salud** state of health.

Es·ta·dos Uni·dos *mpl.* The United States.

es·ta·dou·ni·den·se *adj.* American, from the United States ◇ *com.* American, person from the United States.

es·ta·fa *f.* fraud, swindle.

es·ta·fa·dor, ra *s.* racketeer, swindler, trickster.

es·ta·far *tr.* to swindle, trick, cheat, defraud.

es·ta·fe·ta *f.* branch post office.

es·ta·fi·lo·co·co *m.* staphylococcus.

es·ta·lac·ti·ta *f.* stalactite.

es·ta·lag·mi·ta *m.* stalagmite.

es·ta·li·nis·mo *m.* Stalinism.

es·ta·llar *intr.* **1** *reventar* to explode, blow up **2** *neumático* to burst *bomba* to explode, go off *cristal* to shatter **3** *fig. pasión, sentimientos* to burst **estallar en lágrimas** to burst into tears.

es·ta·lli·do *m.* **1** *explosión* explosion **2** *de trueno* crash *de látigo* crack.

es·tam·bre *m.* **1** COST worsted, woolen yarn **2** BOT stamen.

es·ta·men·to *m.* class, stratum.

es·tam·pa *f.* **1** *imagen* picture **2** *escena* scene **3** *impresión* print *proceso* printing **4** *marca* hallmark **ser la viva estampa de...** to be the spitting image of...

es·tam·pa·do, da *pp. de* estampar *adj. gen.* patterned, print *tela* printed *metal* stamped ◇ *m.* **estampado 1** *tela* print **2** *proceso - tela* printing *- metal* stamping.

es·tam·par *tr.* **1** *imprimir* to print **2** *metales* to stamp **3** *dejar huella* to stamp ◇ *prnl.* **estamparse** *fam.* estrellarse to crash.

es·tam·pi·da *f.* **1** *ruido* bang **2** *de animales* stampede.

es·tam·pi·lla *f.* stamp, rubber stamp.

es·tam·pi·llar *tr. gen.* to stamp *documento* to rubber-stamp.

es·tan·ca·do, da *pp. de* estancar *adj.* **1** *agua* stagnant **2** *fig. asunto, negocio* at a standstill *negociaciones* deadlocked *persona* stuck, bogged down.

es·tan·ca·mien·to *m.* **1** stagnation **2** *fig.* deadlock, standstill.

es·tan·car *(see model 1) tr.* **1** *aguas* to hold up, hold back, dam *flujo* to check **2** *fig. progreso* to check, block, hold up *negociaciones* to bring to a standstill ◇ *prnl.* **estancarse** *líquido* to stagnate, become stagnant.

es·tan·cia *f.* **1** *permanencia* stay **2** *aposento* room **3** *estrofa* stanza.

es·tán·dar *adj.* standard, standardized ◇ *m.* standard.

es·tan·da·ri·za·ción *f.* standardization.

es·tan·da·ri·zar *(see model 4) tr.* to standardize.

es·tan·dar·te *m.* standard, banner.

es·tan·que *m.* **1** *de peces, etc.* pool, pond **2** *para proveer agua* reservoir, tank.

es·tan·te *m.* **1** *anaquel* shelf *para libros* bookcase **2** *de máquina* stand.

es·tan·te·rí·a *f.* shelving, shelves *pl.*

es·ta·ñar *tr.* **1** *con estaño* to tin-plate **2** *soldar* to solder.

es·ta·ño *m.* tin.

es·ta·qui·lla *f.* **1** *de madera* peg, pin *de tienda de campaña* tent peg **2** *clavo* tack, spike.

es·tar *(see model 71) intr.* **1** *lugar, posición* to be **2** *permanecer* to be, stay **3** *cualidades transitorias* to be ◇ *prnl.* **estarse** *permanecer* to spend, stay **estuvo todo el día leyendo** she spent all day reading.

es·ta·tal *adj.* state.

es·tá·ti·ca *f.* statics.

es·tá·ti·co, ca *adj.* static.

es·ta·ti·fi·car *(see model 1) tr.* to nationalize.

es·ta·tua *f.* statue.

es·ta·tui·lla *f.* statuette, figurine.

es·ta·tuir *(see model 62) tr.* to establish, state.

es·ta·tu·ra *f.* height, stature.

es·ta·tu·ta·rio, ria *adj.* statutory.

es·ta·tu·to *m.* statute.

es·te¹ *adj.* **1** east, eastern **2** *dirección* easterly *viento* east, easterly ◇ *m.* **1** east **2** *viento* east wind.

es·te, ta² *adj. pl.* **estos 1** this *plural* these **este libro** this book **estas manzanas** these apples.

és·te, ta *pron.* **1** *cosa* this one **dame éste** give me this one **2** *hombre - sujeto* he *mujer - sujeto* she **ésta me lo dijo** she told me **3** *hombre - complemento* him *mujer - complemento* her **se lo dio a éste** she gave it to him **4** *este último* the latter **5** *pey.* this one **y en éstas... 1** *fam.* and then..., and suddenly...

es·tea·ri·na *f.* stearin.

es·te·la¹ *f.* **1** *de barco* wake, wash *de avión* vapor trail *de cometa* tail **2** *fig.* trail.

es·te·la² *f. monumento* stela, stele.

es·te·lar *adj.* **1** *sideral* stellar **2** *fig.* star.

es·te·no·gra·fí·a *f.* shorthand, stenography.

es·te·no·grá·fi·co, ca *adj.* (in) shorthand, stenographic.

es·te·nó·gra·fo, fa *s.* shorthand writer, shorthand typist, stenographer.

es·ten·tó·re·o, a *adj.* stentorian, thundering, booming.

es·te·pa¹ *f. llanura* steppe.

es·te·pa² *f. planta* rockrose.

es·te·ra *f.* rush mat.

es·ter·co·lar *tr. abonar* to manure ◇ *intr. excremento* to dung.

es·té·re·o *m.* stereo.

es·te·re·o·fó·ni·co, ca *adj.* stereo, stereophonic.

es·te·re·os·co·pio *m.* stereoscope.

es·te·re·o·ti·pa·do, da *pp. de* **estereotipar** *adj.* *fig.* stereotyped, standard, set **frase estereotipada** hackneyed phrase, cliché.

es·te·re·o·ti·po *m.* stereotype.

es·té·ril *adj.* **1** *tierra* sterile, barren **2** *hombre* sterile *mujer* sterile, infertile **3** *aséptico* sterile **4** *fig.* futile, useless.

es·te·ri·li·dad *f.* **1** *de terreno* sterility, barrenness **2** *de hombre* sterility *de mujer* sterility, infertility **3** *fig.* futility, uselessness.

es·te·ri·li·za·ción *f.* sterilization.

es·te·ri·li·za·dor, ra *adj.* sterilizing ◇ *m.* **esterilizador** sterilizer.

es·te·ri·li·zar *(see model 4) tr.* to sterilize.

es·te·ri·lla *f.* **1** *felpudo* small mat **2** *de cañamazo* rush matting, wickerwork **3** *trencilla* gold braid, silver braid **esterilla de playa** beach mat.

es·ter·nón *m.* sternum, breastbone.

es·te·ro *m.* estuary, inlet.

es·te·roi·de *m.* steroid.

es·ter·tor *m.* death-rattle.

es·té·ti·ca *f.* esthetics.

es·té·ti·co, ca *adj.* esthetic.

es·te·tos·co·pia *f.* stethoscopy.

es·te·tos·co·pio *m.* stethoscope.

es·tia·je *m.* low water level.

es·ti·ba *f.* MAR stowing, loading.

es·ti·ba·dor *m.* docker, stevedore.

es·tiér·col *m.* dung, manure.

es·tig·ma *m.* **1** *gen.* stigma **2** *marca* brand, mark *de nacimiento* birthmark **3** REL stigma.

es·tig·ma·ti·zar *(see model 4) tr.* **1** *marcar con hierro* to brand **2** REL to stigmatize **3** *fig. afrentar* to stigmatize, brand.

es·ti·lar *tr.* JUR to draw up ◇ *intr. acostumbrar* to be in the habit of ◇ *prnl.* **estilarse** *ser costumbre* to be customary *estar de moda* to be fashionable, be in vogue, be in fashion.

es·ti·le·te *m.* **1** *punzón* stylus **2** *puñal* stiletto **3** MED probe.

es·ti·lis·ta *com.* **1** *escritor* stylist **2** *diseñador* stylist, designer.

es·ti·li·zar *(see model 4) tr.* **1** to stylize **2** *hacer delgado* to make thinner.

es·ti·lo *m.* **1** *gen.* style **2** *modo* manner, fashion **3** GRAM speech **4** *natación* stroke **algo por el estilo** something like that **estilo de vida** way of life.

es·ti·lo·grá·fi·co, ca *adj.* stylographic.

es·ti·ma *f.* **1** esteem, respect **2** MAR dead reckoning.

es·ti·ma·ble *adj.* **1** esteemed, reputable, worthy **2** *cantidad* considerable.

es·ti·ma·ción *f.* **1** *afecto* esteem, respect **2** *valoración* estimation, evaluation **3** *cálculo* estimate.

es·ti·ma·do, da *pp. de* **estimar** *adj.* **1** *apreciado* esteemed, respected **2** *valorado* valued, estimated.

es·ti·mar *tr.* **1** *apreciar* to esteem, respect, hold in esteem, admire **2** *valorar* to value **3** *juzgar, creer* to consider, think, reckon **4** *calcular* to estimate.

es·ti·mu·la·ción *f.* stimulation.

es·ti·mu·lan·te *adj.* stimulating, encouraging ◇ *m.* stimulant.

es·ti·mu·lar *tr.* **1** *animar* to encourage, stimulate **2** *apetito, pasiones* to whet.

es·tí·mu·lo *m.* **1** stimulus, stimulation **2** *fig.* encouragement **3** COMM incentive.

es·tí·o *m.* summer.

es·ti·pen·dio *m.* stipend, fee, remuneration.

es·ti·pu·la·ción *f.* **1** JUR stipulation, condition, proviso **2** *acuerdo* agreement.

es·ti·pu·lar *tr.* to stipulate.

es·ti·ra·da *f.* DEP dive.

es·ti·ra·do, da *pp. de* **estirar** *adj.* **1** *fig. en el vestir* stiff, formal, starchy **2** *fig. orgulloso* stiff, conceited, haughty ◇ *m.* **estirado** **1** *textil* drawing **2** *del pelo* straightening *de la piel* lift.

es·ti·ra·mien·to *m.* stretch **estiramiento facial** facelift.

es·ti·rar *tr.* **1** *gen.* to stretch **2** *cuello* to crane **3** *medias* to pull up *falda* to pull down **4** *planchar ligeramente* to iron out the creases, give a quick iron *alisar* to smooth out ◇ *intr. crecer* to shoot up ◇ *prnl.* **estirarse** **1** *crecer* to shoot up **2** *desperezarse* to stretch **estirar las piernas** *fam.* to stretch one's legs.

es·ti·rón *m.* pull, jerk, tug **dar un estirón** *fam.* to shoot up, grow up quickly.

es·tir·pe *f.* stock, lineage, race.

es·ti·val *adj.* summer **época estival** summertime.

es·to *pron.* this **esto me gusta** I like this **a todo esto** by the way.

es·to·ca·da *f.* stab, thrust **estocada final** *fig.* coup de grâce.

es·to·fa *f.* *fig.* class, type.

es·to·fa·do¹ *m.* CULIN stew.

es·to·fa·do² *m.* COST quilting.

es·to·far¹ *tr.* CULIN to stew.

es·to·far² *tr.* *acolchar* to quilt.

es·toi·co, ca *adj.* stoic, stoical ◇ *s.* stoic.

es·to·la *f.* stole.

es·tó·li·do, da *adj.* stupid, thick, dense.

es·to·ma *m.* stoma.

es·to·ma·cal *adj.* **1** *del estómago* stomach, of the stomach **2** *digestivo* digestive ◇ *m. bebida* digestive liqueur.

es·tó·ma·go *m.* stomach **dolor de estómago** stomachache.

es·to·ma·tó·lo·go, ga *s.* stomatologist.

es·to·nio, nia *adj.* Estonian ◇ *s. persona* Estonian ◇ *m.* **estonio** *idioma* Estonian.

es·to·pa *f.* **1** *fibra* tow **2** *tela* burlap.

es·to·que *m.* **1** *espada* sword **2** BOT gladiolus.

es·tor·bar *tr.* **1** *dificultar* to hinder, get in the way *obstruir* to obstruct, block, hold up **2** *fig. molestar* to annoy, bother, disturb ◇ *intr.* **1** *ser obstáculo* to be in the way **2** *fig. molestar* to be a nuisance.

es·tor·bo *m.* **1** *obstáculo* obstruction, obstacle **2** *molestia* hindrance, encumbrance *persona* nuisance.

es·tor·nu·dar *intr.* to sneeze.

es·tor·nu·do *m.* sneeze.

es·tra·bis·mo *m.* strabismus, squint **tengo estrabismo** I have a squint.

es·tra·do *m.* stage, platform *tarima* dais ◇ *mpl.* **estrados** JUR courtrooms.

es·tra·fa·la·rio, ria *adj.* **1** *fam. desaliñado* slovenly **2** *fam. fig. extravagante* eccentric, weird, outlandish.

es·tra·go *m.* havoc, ruin, ravage **causar estragos en** to play havoc with, badly damage.

es·tram·bó·ti·co, ca *adj. fam.* outlandish, eccentric, weird.

es·tran·gu·la·ción *f.* **1** strangling **2** MED strangulation.

es·tran·gu·la·dor, ra *adj.* **1** strangling **2** MED strangulating ◇ *s.* strangler ◇ *m.* **estrangulador** AUTO choke.

es·tran·gu·lar *tr.* **1** *ahogar* to strangle **2** MED to strangulate **3** AUTO to throttle.

es·tra·ta·ge·ma *f.* **1** MIL stratagem **2** *fam. fig.* trick.

E

es·tra·te·ga com. strategist.

es·tra·te·gia f. strategy.

es·tra·té·gi·co, ca adj. strategic.

es·tra·ti·fi·ca·ción f. stratification.

es·tra·ti·fi·car (see model 1) tr. to stratify ⬦ prnl. **estratificarse** to be stratified.

es·tra·to m. 1 GEOL stratum 2 capa stratum 3 nivel social stratum, class 4 nube stratus.

es·tra·to·cú·mu·lo m. stratocumulus.

es·tra·tos·fe·ra f. stratosphere.

es·tra·za f. rag, piece of cloth.

es·tre·cha·mien·to m. 1 de valle, carretera, etc. narrowing 2 de prenda taking in 3 lugar estrecho narrow point.

es·tre·char tr. 1 carretera to make narrower 2 prenda to take in 3 abrazar to squeeze, hug mano to shake **nos estrechamos las manos** we shook hands ⬦ prnl. **estrecharse** 1 valle, etc. to narrow, become narrower 2 apretarse to squeeze together, squeeze up 3 fig. relaciones, etc. to strengthen, get stronger.

es·tre·chez f. 1 poco ancho narrowness 2 falta espacio lack of space 3 prendas tightness **pasar estrecheces** fig. to be hard up **estrechez de miras** fig. narrow-mindedness.

es·tre·cho, cha adj. 1 poco ancho narrow 2 ropa tight calzado tight 3 small 3 habitación cramped, poky, small 4 sin espacio packed, jam-packed ⬦ m. **estrecho** GEOG strait, straits pl. **ser estrecho de miras** fig. to be narrow-minded.

es·tre·gar (see model 48) tr. con paño to rub con cepillo to scrub.

es·tre·lla f. 1 gen. star **hotel de cuatro estrellas** four-star hotel 2 fig. destino destiny, fate **haber nacido con buena estrella** fig. to be born under a lucky star **ver las estrellas** fig. to see stars.

es·tre·lla·do, da pp. de estrellar adj. 1 cielo starry, star-spangled, full of stars 2 forma star-shaped 3 hecho pedazos smashed, shattered 4 huevo fried.

es·tre·llar tr. 1 llenar de estrellas to cover with stars 2 fam. hacer pedazos to smash (to pieces), shatter 3 freír to fry ⬦ prnl. **estrellarse** 1 llenarse de estrellas to be full of stars 2 hacerse pedazos to smash, shatter.

es·tre·me·ce·dor, ra adj. 1 startling 2 grito bloodcurdling.

es·tre·me·cer (see model 43) tr. 1 gen. to shake 2 fig. asustar to startle, frighten ⬦ prnl. **estremecerse** 1 temblar to shake 2 de miedo to tremble, shudder de frío to shiver, tremble.

es·tre·me·ci·do, da pp. de estremecer adj. shaking, trembling.

es·tre·me·ci·mien·to m. 1 movimiento tremor, vibration 2 de miedo trembling, shuddering de frío shiver, trembling.

es·tre·nar tr. 1 gen. to use for the first time ropa to wear for the first time 2 obra to perform for the first time, give the first performance of película to release, put on release ⬦ prnl. **estrenarse** to make one's debut.

es·tre·no m. 1 de algo first use 2 persona début, first appearance 3 de obra first performance of película new release, premiere.

es·tre·ñi·do, da pp. de estreñir adj. 1 constipated 2 fig. mean, stingy.

es·tre·ñir 36 (ceñir) tr. to constipate, make constipated ⬦ prnl. **estreñirse** to become constipated.

es·tré·pi·to m. 1 din, racket, clatter 2 fig. ostentation, fuss.

es·tre·pi·to·so, sa adj. 1 noisy, clamorous 2 ruido deafening 3 fig. éxito resounding fracaso spectacular.

es·trep·to·co·co m. streptococcus.

es·trés m. stress.

es·tre·sa·do, da adj. under stress.

es·tre·san·te adj. stressful.

es·trí·a f. 1 ranura groove 2 ARQ flute 3 en la piel stretch mark.

es·triar (see model 13) tr. 1 hacer ranuras to groove 2 ARQ to flute 3 piel to give stretch marks ⬦ prnl. **estriarse** piel to get stretch marks.

es·tri·bi·llo m. 1 de poesía refrain de canción chorus 2 muletilla pet phrase, pet saying.

es·tri·bo m. 1 de jinete stirrup 2 de carruaje, tren step 3 AUTO running board de moto footrest 4 ARQ buttress de puente pier, support 5 del oído stirrup bone 6 de alpinista rope ladder.

es·tri·bor m. starboard.

es·tric·ni·na f. strychnine.

es·tric·to, ta adj. strict, rigorous.

es·tri·den·cia f. 1 ruido stridency, shrillness 2 color, etc. loudness, garishness, gaudiness.

es·tri·den·te adj. 1 ruido strident, shrill 2 color, etc. loud, garish, gaudy.

es·tro·bos·co·pio m. stroboscope, strobe.

es·tro·fa f. stanza, verse.

es·tró·ge·no, na adj. estrogenic ⬦ m. **estrógeno** estrogen.

es·tron·cio m. strontium.

es·tro·pa·jo m. 1 para fregar scourer 2 planta loofah 3 fig. desecho useless thing.

es·tro·pe·ar tr. 1 máquina to damage, break, ruin 2 cosecha to spoil, ruin 3 plan, etc. to spoil, ruin ⬦ prnl. **estropearse** 1 máquina to break down 2 cosecha to be spoiled, get damaged 3 plan, etc. to fail, fall through, go wrong.

es·tro·pi·cio m. 1 fam. rotura breakage, damage ruido producido crash, clatter, smash 2 fam. desorden mess jaleo fuss, rumpus.

es·truc·tu·ra f. 1 gen. structure 2 armazón frame, framework.

es·truc·tu·ra·do, da pp. de estructurar adj. structured, organized.

es·truc·tu·ral adj. structural.

es·truc·tu·rar tr. to structure, organize ⬦ prnl. **estructurarse** to be structured, be organized.

es·truen·do m. 1 ruido great noise, din 2 confusión uproar, tumult 3 fig. pompa pomp, ostentation.

es·truen·do·so, sa adj. ruido noisy, deafening aplauso thunderous.

es·tru·jar tr. 1 exprimir to squeeze 2 apretar - alguien to crush - algo to screw up ⬦ prnl. **estrujarse** apretujarse to crowd, throng.

es·tru·jón m. tight squeeze, big hug.

es·tua·rio m. estuary.

es·tu·che m. 1 caja case, box 2 vaina sheath 3 conjunto set **estuche de aseo** toilet bag.

es·tu·co m. stucco.

es·tu·dian·te com. student.

es·tu·dian·til adj. student, of students.

es·tu·dian·ti·na f. student band.

es·tu·diar (see model 12) tr. 1 gen. to study, learn 2 observar to examine, observe ⬦ intr. to study **estudia para maestro** he's training to be a teacher ⬦ prnl. **estudiarse** to consider.

es·tu·dio m. 1 gen. study 2 encuesta survey, study investigación research 3 apartamento studio apartment, bedsit 4 sala studio ⬦ mpl. **estudios** conocimientos studies, education *sing.* **estudio de mercado** market research **estudio de televisión** television studio.

es·tu·dio·so, sa *adj.* studious ◇ *s.* student, scholar.

es·tu·fa *f.* 1 *calentador* heater, stove *de gas, eléctrica* fire 2 *invernadero* greenhouse, hothouse.

es·tul·ti·cia *f.* LIT stupidity, foolishness.

es·tul·to, ta *adj.* LIT stupid, foolish.

es·tu·pe·fa·cien·te *adj.* stupefying ◇ *m.* drug, narcotic.

es·tu·pe·fac·to, ta *adj.* astounded, dumbfounded, flabbergasted.

es·tu·pen·do, da *adj.* marvelous, wonderful, super ¡estupendo! *fam.* great!

es·tu·pi·dez *f.* stupidity, stupid thing **cometer una estupidez** to do something stupid, do something silly.

es·tú·pi·do, da *adj.* stupid, silly ◇ *s.* berk, idiot.

es·tu·por *m.* stupor, amazement, astonishment **causar estupor** to astonish.

es·tu·pro *m.* rape.

es·tu·rión *m.* sturgeon.

es·vás·ti·ca *f.* swastika.

e·ta·no *m.* ethane.

e·ta·pa *f.* period, stage **por etapas** in stages.

et·cé·te·ra *f.* etcetera, and so on **y un largo etcétera** and much/many more besides.

é·ter *m.* 1 QUÍM ether 2 *celestial* ether, heavens *pl.* sky.

e·té·re·o, a *adj.* ethereal.

e·ter·ni·dad *f.* 1 eternity 2 *fam.* ages *pl.* **te esperé una eternidad** I waited for you for ages.

e·ter·ni·zar *(see model 4) tr.* 1 to eternize, eternalize 2 *fam.* to prolong endlessly ◇ *prnl.* **eternizarse** *fam.* ser interminable to be interminable, be endless *discusión* to drag on.

e·ter·no, na *adj.* eternal, everlasting, endless.

é·ti·ca *f.* ethics ◇ *pl.* ethic **ética del trabajo** work ethic.

é·ti·ca·men·te *adv.* ethically.

é·ti·co, ca *adj.* ethical ◇ *s.* ethicist.

e·tí·li·co, ca *adj.* ethylic **en estado etílico** intoxicated.

e·ti·lo *m.* ethyl.

e·ti·mo·lo·gía *f.* etymology.

e·ti·mo·ló·gi·co, ca *adj.* etymological.

e·tio·lo·gía *f.* etiology.

e·tío·pe *adj. adj.* Ethiopian ◇ *com.* persona Ethiopian ◇ *m.* **etíope** *idioma* Ethiopian, Ethiopic.

e·ti·que·ta *f.* 1 *rótulo* label, tag 2 *formalidad* etiquette, formality, ceremony **de etiqueta** formal.

e·ti·que·tar *tr.* to label, put a label on.

et·nia *f.* ethnic group.

ét·ni·co, ca *adj.* ethnic.

et·no·gra·fía *f.* ethnography.

et·no·grá·fi·co, ca *adj.* ethnographic, ethnographical.

et·no·lo·gía *f.* ethnology.

et·no·ló·gi·co, ca *adj.* ethnologic, ethnological.

eu·ca·lip·to *m.* eucalyptus.

eu·ca·ris·tí·a *f.* Eucharist.

eu·ca·rís·ti·co, ca *adj.* Eucharistic.

eu·fe·mis·mo *m.* euphemism.

eu·fe·mís·ti·co, ca *adj.* euphemistic.

eu·fó·ni·co, ca *adj.* euphonic, euphonious.

eu·fo·ria *f.* euphoria, elation.

eu·fó·ri·co, ca *adj.* euphoric, elated.

eu·nu·co *m.* eunuch.

eu·re·ka *interj.* eureka!

eu·rit·mia *f.* eurythmics.

eu·ro *m.* euro.

eu·ro·pe·o, a *adj.* European.

eu·ta·na·sia *f.* euthanasia.

e·va·cua·ción *f.* evacuation.

e·va·cuar *(see model 10) tr.* 1 *lugar* to evacuate 2 JUR to issue 3 ANAT to empty.

e·va·dir *tr.* 1 *peligro, respuesta* to avoid *responsabilidad* to shirk 2 *capital, impuestos* to evade ◇ *prnl.* **evadirse** *escaparse* to escape.

e·va·lua·ción *f.* 1 evaluation, assessment 2 EDUC *acción* assessment *examen* exam.

e·va·lua·dor, ra *s.* assessor.

e·va·luar *(see model 11) tr.* to evaluate, assess.

e·va·nes·cen·te *adj.* evanescent.

e·van·gé·li·co, ca *adj.* evangelical.

e·van·ge·lio *m.* gospel.

e·van·ge·li·za·ción *f.* evangelization, evangelizing.

e·van·ge·li·za·dor, ra *adj.* evangelizing ◇ *s.* evangelist.

e·van·ge·li·zar *(see model 4) tr.* to evangelize, preach the gospel to.

e·va·po·ra·ción *f.* evaporation.

e·va·po·rar *tr.* to evaporate ◇ *prnl.* **evaporarse** 1 to evaporate 2 *fig.* to vanish, disappear.

e·va·sión *f.* 1 *fuga* escape, flight 2 *fig.* escape, escapism **evasión de impuestos** tax evasion.

e·va·si·va *f.* evasive answer **contestar con una evasiva** not to give a straight answer.

e·va·si·vo, va *adj.* evasive.

e·vec·ción *f.* evection.

e·ven·to *m.* 1 *acontecimiento* event 2 *imprevisto* eventuality, contingency.

e·ven·tual *adj.* 1 *casual* chance *probable* possible 2 *trabajo* casual, temporary, provisional 3 *ingresos, gastos* incidental ◇ *com.* casual worker, temporary worker.

e·ven·tua·li·dad *f.* eventuality, contingency.

e·vic·ción *f.* eviction.

e·vi·den·cia *f.* claridad obviousness, clearness *certeza* certainty **poner a alguien en evidencia** to make a fool of somebody.

e·vi·den·ciar *(see model 12) tr.* to show, make evident, prove, make obvious.

e·vi·den·te *adj.* evident, obvious.

e·vi·tar *tr.* 1 *gen.* to avoid 2 *impedir* to prevent, avoid 3 *ahorrar* to spare, save.

e·vo·ca·ción *f.* evocation, recollection, recalling.

e·vo·ca·dor, ra *adj.* evocative.

e·vo·car *(see model 1) tr.* 1 *recuerdo* to evoke, call up *pasado* to recall 2 *recordar* to evoke, bring to mind.

e·vo·lu·ción *f.* 1 *cambio* evolution *desarrollo* development 2 *vuelta* turn.

e·vo·lu·cio·nar *intr.* 1 *gen.* to evolve, develop 2 *dar vueltas* to turn.

e·vo·lu·cio·nis·mo *m.* evolutionism.

ex- *pref.* ex-, former **el ex primer ministro** the former prime minister **ex alumno** *colegio - chico* old boy 2 - *chica* old girl 3 *universidad* former student, ex-student.

e·xa·brup·to *m.* sharp comment, sudden outburst.

e·xa·cer·ba·ción *f.* 1 *agravamiento* exacerbation, aggravation 2 *irritación* exacerbation, exasperation.

e·xa·cer·bar *tr.* 1 *agravar* to exacerbate, aggravate, make worse 2 *irritar* to exacerbate, exasperate, irritate ◇ *prnl.* **exacerbarse** *agravarse* to be exacerbated, worsen.

e·xac·ta·men·te *adv.* exactly, precisely.

e·xac·ti·tud *f.* fidelidad exactness *precisión* accuracy.

e·xac·to, ta *adj.* 1 *fiel* faithful, true *preciso* accurate, exact 2 *verdad* true.

e·xa·ge·ra·ción f. exaggeration.

e·xa·ge·ra·do, da pp. de exagerar adj. 1 gen. exaggerated historia far-fetched 2 excesivo excessive 3 precio exorbitant.

e·xa·ge·rar tr. to exaggerate ⬦ intr. 1 to exaggerate 2 abusar to overdo it, do too much.

e·xal·ta·ción f. 1 gloria exaltation, praise 2 júbilo exaltation, elation 3 excitación overexcitement.

e·xal·ta·do, da pp. de exaltar adj. 1 discusión, etc. heated, impassioned 2 persona hot-headed, worked up ⬦ s. fam. hothead.

e·xal·tar tr. 1 elevar to raise, promote 2 fig. alabar to exalt, praise, extol ⬦ prnl. exaltarse excitarse to get overexcited, get worked up, get carried away.

e·xa·men m. examination, exam aprobar un examen to pass an exam hacer un examen to do an exam examen de conciencia soul-searching.

e·xa·mi·na·dor, ra adj. examining ⬦ s. examiner.

e·xa·mi·nar tr. 1 gen. to examine 2 investigar to consider, inspect, go over ⬦ prnl. examinarse to take an examination, sit an examination.

e·xan·güe adj. 1 desangrado bloodless 2 fig. débil weak, lifeless.

e·xá·ni·me adj. 1 muerto dead 2 fig. débil worn-out, exhausted desmayado lifeless.

e·xas·pe·ra·ción f. exasperation.

e·xas·pe·ran·te adj. exasperating.

e·xas·pe·rar tr. to exasperate ⬦ prnl. exasperarse to get exasperated.

ex·car·ce·lar tr. to release (from prison).

ex·ca·va·ción f. 1 excavation, digging 2 arqueológica dig.

ex·ca·va·dor, ra adj. excavating, digging ⬦ s. persona excavator, digger.

ex·ca·va·do·ra f. máquina digger.

ex·ca·var tr. to excavate, dig.

ex·ce·den·te adj. 1 excesivo excessive 2 sobrante excess, surplus ⬦ m. COMM surplus, excess.

ex·ce·der tr. 1 superar to excel, surpass 2 sobrepasar to exceed, be in excess of ⬦ intr. 1 sobrar to be surplus, be left over 2 ser demasiado to be beyond, the outside ⬦ prnl. excederse pasarse to overdo it, go too far.

ex·ce·len·cia f. excellence.

ex·ce·len·te adj. excellent, first-rate.

ex·cel·so, sa adj. lofty, sublime.

ex·cen·tri·ci·dad f. eccentricity.

ex·cén·tri·co, ca adj. eccentric.

ex·cep·ción f. exception a excepción de with the exception of hacer una excepción to make an exception.

ex·cep·cio·nal adj. 1 extraordinario exceptional, outstanding 2 raro exceptional, unusual.

ex·cep·to adv. except (for), apart from, excepting.

ex·cep·tuar (see model 11) tr. to except, leave out exclude ⬦ prnl. exceptuarse to be excepted, be excluded.

ex·ce·si·va·men·te adv. excessively, too.

ex·ce·si·vo, va adj. excessive.

ex·ce·so m. excess en exceso too much, in excess, excessively exceso de peso excess weight exceso de velocidad speeding, exceeding the speed limit.

ex·ci·pien·te m. excipient.

ex·ci·ta·ción f. 1 acción excitation 2 sentimiento excitement.

ex·ci·tan·te adj. exciting 2 MED stimulating ⬦ m. stimulant.

ex·ci·tar tr. 1 to excite 2 emociones to stimulate, arouse ⬦ prnl. excitarse to get excited, get worked up, get carried away.

ex·cla·ma·ción f. 1 exclamation grito cry 2 signo exclamation mark lanzar una exclamación to cry out signo de exclamación exclamation mark.

ex·cla·mar tr. to exclaim, cry out ⬦ intr. to exclaim, cry out.

ex·cla·ma·ti·vo, va adj. exclamatory.

ex·claus·trar tr. to secularize ⬦ prnl. exclaustrarse to secularize.

ex·cluir (see model 62) tr. 1 to exclude, shut out 2 rechazar to reject descartar to rule out expulsar to throw out.

ex·clu·sión f. exclusion, shutting out.

ex·clu·si·va f. 1 COMM sole right 2 prensa exclusive, scoop en exclusiva exclusively.

ex·clu·si·vi·dad f. exclusiveness, exclusivity.

ex·clu·si·vo, va adj. exclusive.

ex·clu·yen·te adj. exclusive.

ex·co·mul·gar (see model 7) tr. to excommunicate.

ex·co·mu·nión f. excommunication.

ex·co·ria·ción f. 1 excoriation, chafing 2 raspadura graze.

ex·co·riar (see model 12) tr. 1 rozar to chafe 2 raspar to graze ⬦ prnl. excoriarse roce to be chafed.

ex·cre·ción f. excretion.

ex·cre·men·to m. excrement.

ex·cre·tar intr. to excrete.

ex·cul·par tr. 1 to exonerate 2 JUR to acquit.

ex·cur·sión f. excursion, trip ir de excursión to go on an excursion, go on a trip.

ex·cur·sio·nis·ta com. tripper a pie hiker, rambler.

ex·cu·sa f. 1 pretexto excuse 2 disculpa excuse, apology dar excusas to make excuses.

ex·cu·sa·do[1] m. toilet.

ex·cu·sa·do, da[2] pp. de excusar adj. 1 perdonado excused, forgiven, pardoned 2 exento excused, exempt.

ex·cu·sar tr. 1 justificar to excuse 2 disculpar to pardon, forgive, excuse 3 eximir to exempt (de, from) prnl. excusarse justificarse to excuse oneself disculparse to apologize.

e·xe·cra·ble adj. execrable, abominable.

e·xe·cra·ción f. execration.

e·xe·crar tr. to execrate, abhor, deplore.

e·xé·ge·sis f. inv. exegesis.

e·xen·ción f. exemption exención de impuestos tax exemption.

e·xen·to, ta pp. de eximir adj. 1 free (de, from), exempt (de, from) 2 JUR exempt 3 descubierto open.

e·xe·quias fpl. obsequies, funeral rites.

ex·fo·lia·ción f. exfoliation.

ex·fo·liar (see model 12) tr. to exfoliate ⬦ prnl. exfoliarse to exfoliate.

ex·ha·la·ción f. 1 exhalation 2 estrella shooting star rayo flash of lightning.

ex·ha·lar tr. 1 gases, vapores, etc. to give off aire to exhale, breathe out 2 fig. suspiros, etc. to heave, let out quejas to utter ⬦ prnl. exhalarse fig. persona to rush.

ex·haus·ti·va·men·te adv. exhaustively, thoroughly, comprehensively.

ex·haus·to, ta adj. exhausted.

ex·hi·bi·ción f. 1 exposición exhibition, show 2 CINE showing.

ex·hi·bi·cio·nis·ta com. exhibitionist.

ex·hi·bir tr. 1 to exhibit, show, display 2 ostentar to show off 3 JUR to produce ⬦ prnl. exhibirse *ostentar* to show off, make an exhibition of oneself.

ex·hor·ta·ción *f.* exhortation.

ex·hor·tar *tr.* to exhort.

ex·hu·ma·ción *f.* exhumation.

ex·hu·mar *tr.* 1 to exhume 2 *fig.* to revive, recall.

e·xi·gen·cia *f.* 1 demand, exigency 2 *requisito* requirement.

e·xi·gen·te *adj.* demanding, exacting.

e·xi·gir *(see model 6) tr.* 1 *pedir por derecho* to demand 2 *pedir con energía* to insist on, demand **exigir demasiado** to be very demanding.

e·xi·guo, gua *adj.* 1 *pequeño* small, tiny, slight 2 *escaso* scanty, meager.

e·xi·liar *(see model 12) tr.* to exile, send into exile ◇ *prnl.* **exiliarse** to go into exile.

e·xi·lio *m.* 1 *acción* exile, banishment 2 *lugar* exile, place of exile **enviar al exilio** to send into exile.

e·xi·mio, mia *adj.* distinguished, renowned, eminent.

e·xi·mir *pp.* **exento o eximido** *tr.* to exempt (*de*, from), free (*de*, from), excuse (*de*, from) ◇ *prnl.* **eximirse** to free oneself (*de*, from).

e·xis·ten·cia *f.* *vida* existence, life ◇ *fpl.* **existencias** stock *sing.* stocks **en existencia** in stock **renovar las existencias** to restock.

e·xis·ten·cial *adj.* existential.

e·xis·ten·cia·lis·mo *m.* existentialism.

e·xis·tir *intr.* to exist, be **dejar de existir** *empresa* to fold.

é·xi·to *m.* success **tener éxito** to be successful.

e·xi·to·so, sa *adj.* successful.

é·xo·do *m.* exodus.

e·xó·ga·mia *f.* exogamy.

e·xó·ge·no, na *adj.* exogenous.

e·xo·ne·ra·ción *f.* exoneration.

e·xo·ne·rar *tr.* 1 to exonerate 2 *despedir* to dismiss.

e·xor·bi·tan·te *adj.* exorbitant, excessive.

e·xor·bi·tar *tr.* to exaggerate.

e·xor·cis·mo *m.* exorcism.

e·xor·ci·zar *(see model 4) tr.* to exorcise.

e·xor·dio *m.* foreword, exordium.

e·xó·ti·co, ca *adj.* exotic.

ex·pan·dir *tr.* 1 *dilatar* to expand 2 *fig. divulgar* to spread ◇ *prnl.* **expandirse** *dilatarse* to expand.

ex·pan·sión *f.* 1 *dilatación* expansion 2 *difusión* spreading.

ex·pan·sio·nis·ta *adj.* expansionist.

ex·pan·si·vo, va *adj.* 1 *gas, etc.* expansive 2 *fig. franco* expansive, open, frank.

ex·pa·tria·ción *f.* *exilio* expatriation *emigración* emigration.

ex·pa·tria·do, da *pp. de* **expatriar** *s.* expatriate.

ex·pa·triar *(see model 14) tr.* to expatriate, banish ◇ *prnl.* **expatriarse** *emigrar* to emigrate, become an expatriate *exiliarse* to go into exile.

ex·pec·ta·ción *f.* 1 *esperanza* expectation, expectancy, anticipation 2 *emoción* excitement.

ex·pec·tan·te *adj.* expectant.

ex·pec·ta·ti·va *f.* *esperanza* expectation, hope 2 *posibilidad* prospect **expectativa de vida** life expectancy.

ex·pec·to·ra·ción *f.* 1 *acción* expectoration 2 *flema* sputum, phlegm.

ex·pec·to·ran·te *adj.* expectorant ◇ *m.* expectorant.

ex·pec·to·rar *tr.* to expectorate ◇ *intr.* to expectorate.

ex·pe·di·ción *f.* 1 *gen.* expedition 2 *grupo de personas* expedition, party 3 *acción de expedir* dispatch, shipping *remesa* shipment.

ex·pe·di·cio·na·rio, ria *adj.* expeditionary ◇ *s.* member of an expedition.

ex·pe·dien·te *m.* 1 JUR proceedings *pl.* action **expediente judicial** legal proceedings 2 *informe* dossier, record *ficha* file 3 *recurso* expedient.

ex·pe·dir *(see model 34) tr.* 1 *mercancías* to send, dispatch, ship *correo* to send, dispatch 2 *pasaporte, título* to issue 3 *contrato, documento* to draw up.

ex·pe·di·to, ta *adj.* 1 *libre* free, clear 2 *rápido* expeditious, speedy, prompt.

ex·pe·len·te *adj.* expelling.

ex·pe·ler *pp.* **expulso o expelido** *tr.* to expel, eject, throw out.

ex·pen·de·dor, ra *adj.* selling, retailing, retail ◇ *s.* dealer, retailer, seller **máquina expendedora** vending machine.

ex·pen·der *tr.* 1 *gastar* to spend 2 *vender* to sell 3 *vender al menudeo* to retail, sell.

ex·pen·sas *fpl.* expenses, charges, costs **a expensas de** at the expense of.

ex·pe·rien·cia *f.* 1 *gen.* experience 2 *experimento* experiment.

ex·pe·ri·men·ta·ción *f.* experimentation, experimenting, testing.

ex·pe·ri·men·ta·do, da *pp. de* **experimentar** *adj.* 1 *persona* experienced 2 *método* tested, tried.

ex·pe·ri·men·tal *adj.* experimental.

ex·pe·ri·men·tar *tr.* 1 *hacer experimentos* to experiment, test 2 *probar* to test, try out 3 *sentir, notar* to experience, feel - *cambio* to undergo - *aumento* to show - *pérdida, derrota* to suffer.

ex·pe·ri·men·to *m.* experiment, test **hacer experimentos de** to perform experiments on.

ex·per·to, ta *adj.* expert ◇ *s.* expert.

ex·pia·ción *f.* expiation, atonement.

ex·piar *(see model 13) tr.* to expiate, atone for.

ex·pia·to·rio, ria *adj.* sacrificial.

ex·pi·ra·ción *f.* expiration *mes, plazo* expiry **fecha de expiración** expiry date.

ex·pi·rar *intr.* to expire.

ex·pla·na·da *f.* esplanade.

ex·pla·yar *tr.* *extender* to extend, spread out ◇ *prnl.* **explayarse** *dilatarse al hablar* to dwell (*en*, on), talk at length (*en*, about) 2 *confiarse* to confide (*con*, in), open one's heart (*con*, to).

ex·pli·ca·ción *f.* 1 explanation 2 *motivo* reason **sin dar explicaciones** without giving any reason.

ex·pli·car *(see model 1) tr.* 1 *gen.* to explain, expound, tell 2 *justificar* to justify ◇ *prnl.* **explicarse** 1 *expresarse* to explain oneself, make oneself understood, make oneself clear 2 *comprender* to understand, make out **¿me explico?** do you understand?

ex·plí·ci·ta·men·te *adv.* explicitly.

ex·pli·ci·tar *tr.* to state explicitly.

ex·plí·ci·to, ta *adj.* explicit.

ex·plo·ra·ción *f.* 1 *gen.* exploration 2 TÉC scanning 3 MIL reconnaissance.

ex·plo·ra·dor, ra *adj.* 1 exploring, exploratory 2 MIL scouting ◇ *s.* 1 *persona* explorer 2 *niño* boy scout *niña* girl scout ◇ *m.* **explorador** 1 MED probe 2 TÉC scanner 3 *de internet* browser 4 MIL scout.

ex·plo·rar *tr.* 1 *gen.* to explore 2 MED to probe 3 MIL to reconnoitre 4 TÉC to scan 5 *de mina* to drill, prospect.

ex·plo·ra·to·rio, ria *adj.* 1 exploratory 2 MED exploratory, probing.

ex·plo·sión *f.* 1 explosion, blast, blowing up 2 *fig.* outburst **explosión demográfica** population explosion.

ex·plo·si·va f. LING plosive.

ex·plo·si·vo, va adj. 1 explosive 2 LING plosive ⋄ m. *explosivo* explosive.

ex·plo·ta·ción f. 1 gen. exploitation 2 de terreno cultivation, farming 3 de industria running, operating 4 de recursos tapping, exploitation 5 pey. abuso exploitation.

ex·plo·ta·dor, ra s. pey. exploiter.

ex·plo·tar tr. 1 sacar provecho to exploit mina to work tierra to cultivate industria to operate, run recursos to tap, exploit 2 pey. personas to exploit 3 bomba to explode ⋄ intr. explosionar to explode, blow up.

ex·po·lia·ción f. plundering, pillaging, despoiling.

ex·po·liar (see model 12) tr. to plunder, pillage, despoil.

ex·po·lio m. 1 acción plundering, pillaging, despoiling 2 botín loot, booty 3 fam. alboroto din, racket, row.

ex·po·nen·cial adj. exponential.

ex·po·nen·te adj. exponent, expounding ⋄ m. 1 MAT index, exponent 2 prototipo exponent.

ex·po·ner (see model 78) pp. **expuesto** tr. 1 explicar to expound, explain propuesta to put forward hechos to state, set out 2 mostrar to show, exhibit mercancías to display 3 arriesgar to expose, risk, endanger ⋄ prnl. **exponerse** arriesgarse to expose oneself (a, to), run the risk (a, of).

ex·por·ta·ción f. export, exportation **artículos de exportación** export items.

ex·por·ta·dor, ra adj. exporting ⋄ s. exporter.

ex·por·tar tr. to export.

ex·po·si·ción f. 1 de arte exhibition, show de mercancías display 2 explicación account, explanation hechos, ideas exposé 3 al sol, etc. exposure.

ex·po·si·ti·vo, va adj. explanatory.

ex·pó·si·to, ta adj. abandoned ⋄ s. foundling.

ex·po·si·tor, ra adj. exponent ⋄ s. de teoría exponent de arte exhibitor ⋄ m. *expositor* objeto display stand.

ex·prés adj. 1 tren express 2 café expresso, espresso 3 olla pressure.

ex·pre·sa·do, da pp. de expresar adj. mencionado aforesaid, above-mentioned.

ex·pre·sa·men·te adv. 1 específicamente specifically, expressly 2 deliberadamente on purpose, deliberately.

ex·pre·sar tr. 1 gen. to express 2 manifestar to state comunicar to convey ⋄ prnl. **expresarse** to express oneself.

ex·pre·sión f. expression ⋄ fpl. **expresiones** greetings, regards **perdone la expresión** pardon the expression **expresión corporal** free expression.

ex·pre·sio·nis·mo m. expressionism.

ex·pre·si·vi·dad f. expressivity.

ex·pre·si·vo, va adj. 1 elocuente expressive 2 mirada meaningful silencio eloquent 3 afectuoso affectionate, warm **ser poco expresivo** not to show one's feelings.

ex·pre·so, sa adj. especificado express ⋄ m. *expreso* tren express, express train ⋄ adv. expresamente on purpose, deliberately.

ex·pri·mi·dor m. juicer.

ex·pri·mir tr. 1 fruto to squeeze zumo to squeeze out 2 fig. persona to exploit, bleed dry.

ex·pro·pia·ción f. expropriation.

ex·pro·piar (see model 12) tr. to expropriate.

ex·pues·to, ta pp. de exponer adj. peligroso dangerous, risky sin protección exposed.

ex·pul·sar tr. 1 expeler to expel, eject, throw out humo, etc. to belch out 2 DEP to send off 3 alumno to expel.

ex·pul·sión f. 1 expulsion, ejection 2 DEP sending off 3 alumno expulsion.

ex·pul·sor, ra adj. ejecting ⋄ m. *expulsor* TÉC ejector.

ex·pur·gar (see model 7) tr. 1 to expurgate 2 fig. to purge.

ex·qui·si·tez f. 1 exquisiteness 2 manjar delicacy.

ex·qui·si·to, ta adj. 1 gen. exquisite 2 gusto refined sabor delicious, exquisite lugar delightful, exquisite.

ex·ta·sia·do, da pp. de extasiar adj. ecstatic **quedarse extasiado** to go into ecstasies, go into raptures.

ex·ta·siar (see model 13) tr. to enrapture ⋄ prnl. **extasiarse** to go into ecstasies, go into raptures.

éx·ta·sis m. inv. ecstasy, rapture.

ex·tem·po·rá·ne·o, a adj. 1 lluvia, etc. unseasonable 2 inconveniente inappropriate, untimely, unfortunate.

ex·ten·der (see model 28) tr. 1 mapa, papel to spread (out), open (out) 2 brazo, etc. to stretch (out) alas to spread 3 mantequilla, etc. to spread ⋄ prnl. **extenderse** 1 durar to extend, last 2 terreno to stretch 3 fig. difundirse to spread, extend.

ex·ten·di·do, da pp. de extender adj. 1 difundido widespread 2 mano, etc. outstretched.

ex·ten·sa·men·te adv. 1 at length, extensively 2 ampliamente widely.

ex·ten·si·ble adj. extendable.

ex·ten·sión f. 1 gen. extension 2 dimensión extent, size superficie area, expanse 3 duración duration, length 4 de un escrito, discurso length.

ex·ten·si·vo, va adj. extendable, extensive **hacer algo extensivo a alguien** to extend something to somebody.

ex·ten·so, sa adj. 1 amplio extensive, vast grande large 2 largo lengthy, long.

ex·ten·sor, ra adj. extending ⋄ m. *extensor* DEP chest expander.

ex·te·nua·ción f. 1 agotamiento exhaustion 2 debilidad weakening 3 enflaquecimiento emaciation.

ex·te·nua·do, da pp. de extenuar adj. 1 agotado exhausted 2 débil weak 3 flaco emaciated.

ex·te·nuan·te adj. exhausting.

ex·te·nuar (see model 11) tr. 1 agotar to exhaust 2 debilitar to weaken ⋄ prnl. **extenuarse** agotarse to exhaust oneself, wear oneself out.

ex·te·rior adj. 1 gen. exterior, outer, external 2 ventana, puerta outside pared outer 3 aspecto outward 4 extranjero foreign ⋄ m. 1 superficie externa exterior, outside 2 extranjero abroad, overseas 3 de una persona appearance.

ex·te·rio·ri·dad f. outward appearance, external appearance.

ex·te·rio·ri·za·ción f. manifestation, externalization.

ex·te·rio·ri·zar (see model 4) tr. to show, reveal, express outwardly.

ex·ter·mi·na·dor, ra adj. exterminating ⋄ s. exterminator.

ex·ter·mi·nar tr. suprimir to exterminate, wipe out destruir to destroy.

ex·ter·mi·nio m. extermination, wiping out destrucción destruction.

ex·ter·na·men·te adv. externally, outwardly.

ex·ter·no, na adj. external, outward ⋄ s. alumno day pupil **"Uso externo"** medicamentos "External use only".

ex·tin·ción f. extinction.

ex·tin·guir *(see model 8)* tr. **1** *fuego, etc.* to extinguish, put out **2** *especie, deuda, epidemia* to wipe out ◇ prnl. **extinguirse 1** *fuego, etc.* to go out **2** *especie, etc.* to become extinct, die out **3** *amor* to die away.

ex·tin·to, ta adj. **1** *fuego, etc.* extinguished, out **2** *raza, etc.* extinct.

ex·tin·tor m. fire extinguisher.

ex·tir·pa·ción f. **1** MED removal, extraction **2** *fig.* eradication, wiping out, stamping out.

ex·tir·par tr. MED to remove, extract **2** *fig.* to eradicate, wipe out, stamp out.

ex·tor·sión f. **1** *usurpación* extortion **2** *fig.* molestia inconvenience, trouble.

ex·tor·sio·nar tr. *usurpar* to extort, exact.

ex·tra adj. **1** *fam.* extra **2** *fam. superior* top-quality, best-quality **3** *paga* bonus ◇ com. CINE extra m. **1** *fam. gasto* additional expense **2** *fam. plus* bonus ◇ f. **la extra** *fam. paga* bonus payment.

ex·trac·ción f. **1** *gen.* extraction *de lotería* draw **2** *origen* descent, extraction.

ex·trac·tar tr. to summarize.

ex·trac·to m. **1** *sustancia* extract **2** *trozo* extract, excerpt **3** *resumen* summary.

ex·trac·tor m. extractor.

ex·tra·di·ción f. extradition **otorgar la extradición de alguien** to extradite somebody.

ex·tra·di·tar tr. to extradite.

ex·tra·er *(see model 88)* tr. **1** *gen.* to extract **2** *muelas* to extract, take out **3** *conclusión* to draw.

ex·tra·lar·go, ga adj. king-size.

ex·tra·li·mi·ta·ción f. abuse.

ex·tra·mu·ros adv. outside the city.

ex·tran·je·ri·zar *(see model 4)* tr. to introduce foreign customs into, make foreign.

ex·tran·je·ro, ra adj. foreign, alien ◇ s. foreigner ◇ m. **extranjero** foreign countries pl. abroad.

ex·tra·ña·mien·to m. **1** *destierro* banishment, exile **2** *sorpresa* surprise, astonishment.

ex·tra·ñar tr. **1** *sorprender* to surprise **2** *notar extraño* to find strange, not to be used to **3** *desterrar* to banish, exile ◇ prnl. **extrañarse 1** *desterrarse* to go into exile **2** *sorprenderse* to be surprised (**de/por,** at).

ex·tra·ñe·za f. **1** strangeness **2** *sorpresa* surprise, wonder, astonishment **causar extrañeza** to surprise.

ex·tra·ño, ña adj. **1** *no conocido* alien, foreign **2** *particular* strange, peculiar, odd, funny ◇ s. stranger.

ex·tra·o·fi·cial adj. **1** unofficial, informal **2** *declaración, etc.* off-the-record.

ex·tra·or·di·na·ria f. *paga* bonus payment.

ex·tra·or·di·na·ria·men·te adv. extraordinarily, unusually.

ex·tra·or·di·na·rio, ria adj. **1** *fuera de lo común* extraordinary, unusual *sorprendente* surprising *admirable* outstanding, exceptional **2** *raro* queer, odd **3** *gastos, etc.* additional, extra *paga* bonus ◇ m. **extraordinario 1** *correo* special delivery **2** *revista, etc.* special issue.

ex·tra·po·lar tr. to extrapolate.

ex·tra·sen·so·rial adj. extrasensory.

ex·tra·te·rres·tre adj. extramundane, extraterrestrial ◇ com. alien.

ex·tra·va·gan·cia f. extravagance, eccentricity.

ex·tra·va·gan·te adj. *comportamiento* extravagant *outrageous persona, ropa* flamboyant ◇ com. flamboyant person.

ex·tra·va·sar tr. to extravasate ◇ prnl. **extravasarse** to extravasate.

ex·tra·via·do, da pp. de extraviar adj. **1** *disoluto* dissolute **2** *perdido - persona, objeto* missing, lost - *perro, niño* stray **3** *lugar* out-of-the-way **4** *vista* vacant.

ex·tra·viar *(see model 13)* tr. **1** *persona* to mislead **2** *objeto* to mislay, lose **3** *desorientar* to make get lost ◇ prnl. **extraviarse 1** *persona* to get lost, lose one's way **2** *objeto* to get mislaid **3** *fig. descarriarse* to go astray.

ex·tra·ví·o m. **1** *persona* misleading *cosa* loss, mislaying **2** *fig. perversión* deviation, leading astray **3** *fig. error* mistake, error.

ex·tre·ma·da·men·te adv. extremely.

ex·tre·mar tr. to carry to extremes, carry to the limit, overdo ◇ prnl. **extremarse** to do one's best, do one's utmost, take great pains.

ex·tre·maun·ción f. extreme unction.

ex·tre·mi·dad f. **1** *parte extrema* extremity *punta* end, tip **2** ANAT limb, extremity.

ex·tre·mis·mo m. extremism.

ex·tre·mo, ma adj. **1** *exagerado* extreme **2** *distante* further **3** *fig. intenso* utmost ◇ m. **extremo 1** *punta* extreme, end **2** *punto último* point, extreme **3** *asunto, materia* matter, question **4** DEP wing.

ex·trín·se·co, ca adj. extrinsic.

ex·tro·ver·sión f. extroversion.

ex·tro·ver·ti·do, da adj. extroverted ◇ s. extrovert.

ex·tru·sión f. extrusion.

e·xu·be·ran·cia f. exuberance.

e·xu·be·ran·te adj. **1** exuberant **2** *vegetación* lush, abundant.

e·xu·dar intr. to exude, ooze (out) ◇ tr. to exude, ooze (out).

e·xul·ta·ción f. exultation.

e·xul·tar intr. to rejoice, exult **exultar de alegría** to jump for joy.

e·ya·cu·la·ción f. ejaculation **eyaculación precoz** premature ejaculation.

e·ya·cu·lar intr. to ejaculate.

e·yec·ción f. ejection.

Ff

F, f *f. la letra* F, f.

F *símb. Fahrenheit* Fahrenheit *símbolo* F.

fá·bri·ca *f.* **1** *industria* factory, plant **2** *fabricación* manufacture.

fa·bri·can·te *com.* manufacturer, maker.

fa·bri·car *(see model 1) tr.* **1** *producir* to make, manufacture, produce **2** *fig. inventar* to fabricate, invent.

fa·bril *adj.* manufacturing.

fá·bu·la *f.* **1** LIT fable **2** *mito* myth, legend **3** *mentira* invention.

fa·bu·lo·so, sa *adj.* **1** *fantástico* fabulous, fantastic **2** LIT fabulous, mythical.

fac·ción *f.* **1** POL faction *fpl.* **facciones** *rasgos faciales* features, features.

fac·cio·so, sa *adj.* factious, seditious ◇ *s.* rebel.

fa·ce·ta *f.* facet.

fa·cha *f.* **1** *fam. aspecto* appearance, look **2** *mamarracho* mess, sight.

fa·cha·da *f.* **1** ARQ façade, front **2** *fam. apariencia* outward show.

fa·chen·da *f. actitud* swankiness, conceit ◇ *com. persona* swank, show-off.

fa·cho·so, sa *adj. fam.* odd-looking.

fá·cil *adj.* **1** easy **2** *probable* probable, likely **3** *pey. mujer* loose.

fa·ci·li·dad *f.* **1** *simplicidad* ease, facility **2** *aptitud* talent, gift.

fa·ci·li·tar *tr. simplificar* to make easy, make easier, facilitate.

fá·cil·men·te *adv.* easily.

fa·ci·ne·ro·so, sa *s.* criminal.

fa·cis·tol *m. atril* lectern.

fac·sí·mil *m.* facsimile.

fac·sí·mi·le *m.* facsimile.

fac·ti·bi·li·dad *f.* practicability.

fac·ti·ble *adj.* feasible, practicable, workable.

fác·ti·co, ca *adj.* **1** *relativo a hechos* factual, of fact **2** *basado en hechos* factual, real, actual **poderes fácticos** extraparlamentary political powers.

fac·tor *m. gen.* factor.

fac·to·rí·a *f.* **1** COMM trading post **2** *fábrica* factory, mill.

fac·tó·tum *m.* **1** *empleado* factotum **2** *persona entremetida* busybody.

fac·tu·ra *f.* **1** invoice, bill **2** *traer consecuencias* to take its toll **beber mucho acaba pasando factura** heavy drinking takes its toll.

fac·tu·rar *tr.* **1** COMM to invoice, charge for **2** *equipaje* to register, check in.

fa·cul·tad *f.* **1** *capacidad* faculty, ability **2** *poder* faculty, power **3** *universitaria* faculty, school.

fa·cul·tar *tr.* to empower, authorize.

fa·cul·ta·ti·vo, va *adj.* **1** *opcional* optional **2** *profesional* professional ◇ *s.* doctor, physician.

fa·cun·do, da *adj. locuaz* verbose, wordy, long-winded *parlanchín* talkative.

fa·e·na *f. tarea* task, job.

fa·go·ci·to *m.* phagocyte.

fa·got *m. instrumento* bassoon ◇ *com. músico* bassoonist.

fai·sán *m.* pheasant.

fa·ja *f.* **1** *cinturón* band, belt **2** *ropa interior* corset, girdle **3** *banda* sash.

fa·jar *tr.* to bind, wrap.

fa·jín *m.* sash.

fa·jo *m.* bundle *de billetes* wad.

fa·la·cia *f.* **1** *error* fallacy **2** *engaño* deceit, trick **3** *hábito de engañar* deceitfulness.

fa·lan·ge *f.* ANAT phalange, phalanx.

fa·laz *adj.* **1** *erróneo* fallacious **2** *engañoso* deceitful, false.

fal·da *f.* **1** *prenda* skirt **2** *regazo* lap **3** *ladera* slope ◇ *fpl.* **faldas** *fam. fig. mujeres* women, girls **andar pegado a las faldas de la madre** to be tied to one's mother's apron strings.

fal·de·ro, ra *adj. mujeriego* fond of women.

fal·dón *m.* **1** *de traje* coat-tail *de camisa* shirt-tail **2** *prenda de bebé* wraparound skirt **3** *de tejado* gable.

fa·li·bi·li·dad *f.* fallibility.

fa·li·ble *adj.* fallible.

fá·li·co, ca *adj.* phallic.

fa·lla *f.* **1** *defecto* defect, fault **2** GEOG fault.

fa·llar¹ *intr.* **1** JUR to pass sentence, pass judgement **2** *premio* to award a prize ◇ *tr.* **1** JUR to pass, pronounce **2** *premio* to award.

fa·llar² *intr.* **1** *fracasar, no funcionar* to fail **2** *puntería* to miss *plan* to go wrong ◇ *tr. en naipes* to trump.

fa·lle·cer *(see model 43) intr.* to pass away, die.

fa·lle·ci·mien·to *m.* decease, demise.

fa·lli·do, da *adj.* unsuccessful, frustrated **deuda fallida** COMM bad debt.

fa·llo¹ *m.* **1** JUR judgement, ruling **2** *en concurso* decision.

fa·llo² *m.* **1** *error* mistake, blunder *fracaso* failure **2** *defecto* fault, defect.

fa·lo *m.* phallus.

fal·sa·men·te *adv.* falsely.

fal·se·ar *tr.* **1** *deformar un informe, etc.* to falsify *unos hechos, la verdad* to distort **2** *falsificar* to counterfeit, forge ◇ *intr. perder consistencia* to sag.

fal·se·dad *f.* **1** *hipocresía* falseness, hypocrisy *doblez* duplicity **2** *mentira* falsehood, lie.

fal·si·fi·ca·ción *f.* **1** *acto* falsification *de firma, cuadro* forging, forgery *de dinero* counterfeiting **2** *objeto* forgery.

fal·si·fi·car *(see model 1) tr.* **1** *gen.* to falsify **2** *firma, cuadro* to forge *dinero* to counterfeit.

fal·so, sa *adj.* **1** *no verdadero* false, untrue **2** *moneda* false, counterfeit ◇ *s.* **1** *persona* insincere person **dar un paso en falso** *tropezar* to trip, stumble **2** *cometer un error* to make a mistake, make a wrong move.

fal·ta *f.* **1** *carencia* lack **2** *escasez* shortage **3** *ausencia* absence **4** *error* mistake **5** *defecto* fault, defect **6** *mala acción* misdeed.

fal·tar *intr.* **1** *no estar una cosa* to be missing *una persona* to be absent **2** *haber poco* to be lacking, be needed.

fa·ma *f.* **1** *renombre* fame, renown **2** *reputación* reputation **de fama** famous.

fa·mé·li·co, ca *adj.* starving, famished.

fa·mi·lia *f.* **1** family **2** *prole* children *pl.*, family **en familia** *con la familia* with the family **familia numerosa** large family.

fa·mi·liar *adj.* 1 *de la familia* family, of the family 2 *conocido* familiar, well-known ◇ *com.* relation, relative.

fa·mi·lia·ri·zar *(see model 4) tr.* to familiarize (**con**, with), make familiar (**con**, with) ◇ *prnl.* **familiarizarse** to get to know, familiarize oneself.

fa·mo·so, sa *adj.* famous, well-known ◇ *mpl. los famosos* the famous.

fan *com.* fan, admirer **ser un fan de algo** to be mad about something.

fa·ná·ti·co, ca *adj.* fanatic, fanatical ◇ *s.* fanatic.

fa·na·tis·mo *m.* fanaticism.

fa·na·ti·zar *(see model 4) tr.* to make a fanatic.

fan·dan·go *m.* 1 MÚS fandango 2 *fam. jaleo* row, rumpus.

fa·ne·ró·ga·mo, ma *adj.* phanerogamic, phanerogamous ◇ *m. fanerógamo* phanerogam.

fan·fa·rria *f.* 1 MÚS fanfare 2 *fam. bravata* boasting, bragging, showing-off.

fan·fa·rrón, rro·na *adj. fam.* swanky, boastful ◇ *s.* show-off, swank, braggart.

fan·fa·rro·ne·ar *intr.* 1 *fam. chulear* to show off, swank 2 *bravear* to brag, boast.

fan·gal *m.* mire, quagmire, bog.

fan·go *m.* 1 *barro* mud, mire 2 *fig.* degradation.

fan·go·so, sa *adj.* muddy.

fan·ta·se·ar *intr.* 1 *forjar en la imaginación* to daydream, dream 2 *presumir* to boast, show off *tr. imaginar* dream.

fan·ta·sí·a *f.* 1 *imaginación* fantasy 2 *irrealidad* fancy *de fantasía* 1 *gen.* fancy 2 *joya* imitation.

fan·tas·ma *m.* 1 *espectro* phantom, ghost 2 *fam. fanfarrón* braggart, show-off.

fan·tas·ma·go·rí·a *f.* phantasmagoria.

fan·tas·mal *adj.* ghostly.

fan·tás·ti·co, ca *adj.* 1 fantastic 2 *estupendo* wonderful.

fan·to·che *m.* 1 *títere* puppet, marionette 2 *pey. fanfarrón* braggart, show-off.

fa·quir *m.* fakir.

fa·ra·dio *m.* farad.

fa·ra·llón *m.* crag, rock.

fa·ra·ma·lla *f.* 1 *charla* blarney, patter 2 *farfolla* bauble.

fa·rán·du·la *f.* 1 *compañía de teatro* group of strolling players 2 *profesión, mundo del teatro* acting, the theater, the stage.

fa·ran·du·le·ro, ra *s.* 1 *actor* strolling player 2 *hablador y engañador* confidence trickster, con man.

fa·ra·ón *m.* Pharaoh.

fa·ra·ó·ni·co, ca *adj.* Pharaonic.

far·do *m. paquete* bundle, pack **estar hecho un fardo** *fam.* to be really fat.

far·fu·lla *f.* gabble.

far·fu·llar *tr.* to gabble, jabber.

fa·ri·ná·ce·o, a *adj.* starchy, farinaceous.

fa·rin·ge *f.* pharynx.

fa·rin·gi·tis *f. inv.* pharyngitis.

fa·ri·sai·co, ca *adj.* 1 Pharisaic, Pharisaical 2 *fig. falso* hypocritical.

fa·ri·se·o, a *s.* 1 Pharisee 2 *fig. falso* hypocrite.

far·ma·céu·ti·co, ca *adj.* pharmaceutical ◇ *s.* 1 *licenciado* pharmacist 2 *en una farmacia* druggist, pharmacist.

far·ma·cia *f.* 1 *estudios* pharmacy 2 *tienda* drugstore, pharmacy.

fár·ma·co *m.* medicine, medication.

far·ma·co·lo·gí·a *f.* pharmacology.

far·ma·có·lo·go, ga *s.* pharmacologist, pharmacist.

fa·ro *m.* 1 *torre* lighthouse, beacon 2 *coche* headlight 3 *fig. guía* guiding light, guide.

fa·rol *m.* 1 *luz* lantern *farola* streetlamp, streetlight 2 *argot fardada* bragging, swank *engaño* bluff 3 *argot en juegos de naipes* bluff.

fa·rra *f. fam.* binge, spree **ir de farra** to go out on the town.

fá·rra·go *m.* hotch-potch, jumble.

fa·rra·go·so, sa *adj.* confused, rambling.

far·sa *f.* 1 TEAT farce 2 *enredo* sham, farce.

far·san·te *adj.* lying, deceitful ◇ *com.* fake, impostor.

fas·cí·cu·lo *m.* installment, fascicule, fascicle.

fas·ci·na·ción *f.* fascination.

fas·ci·nan·te *adj.* fascinating.

fas·ci·nar *tr.* to fascinate, captivate.

fas·cis·mo *m.* fascism.

fas·cis·ta *adj.* fascist ◇ *com.* fascist.

fa·se *f.* 1 *etapa* phase, stage 2 *en electricidad* phase.

fas·ti·dia·do, da *adj.* 1 *hastiado* sickened, disgusted 2 *molesto* annoyed 3 *dañado* damaged, in bad condition.

fas·ti·diar *(see model 12) tr.* 1 *hastiar* to sicken, disgust 2 *molestar* to annoy, bother 3 *fam. estropear* to damage, ruin *planes* to spoil, upset, mess up ◇ *prnl.* **fastidiarse** *aguantarse* to put up with, grin and bear it.

fas·ti·dio *m.* 1 *molestia* bother, nuisance 2 *aburrimiento* boredom 3 *repugnancia* repugnance, revulsion.

fas·ti·dio·so, sa *adj.* 1 *molesto* annoying, irksome 2 *aburrido* boring, tedious.

fas·tuo·si·dad *f.* pomp, lavishness.

fas·tuo·so, sa *adj.* 1 *cosa* splendid, lavish 2 *persona* lavish, ostentatious.

fa·tal *adj.* 1 *inexorable* fateful 2 *mortal* deadly, fatal 3 *fam. muy malo* awful, horrible, terrible *adv. fam.* awfully, terribly.

fa·ta·li·dad *f.* 1 *destino* fate 2 *desgracia* misfortune.

fa·ta·lis·ta *adj.* fatalistic *com.* fatalist.

fa·tí·di·co, ca *adj.* 1 *desastroso* disastrous, calamitous 2 *profético* fateful, ominous.

fa·ti·ga *f.* 1 *cansancio* fatigue ◇ *fpl. fatigas* *penalidades* troubles, difficulties.

fa·ti·gar *(see model 7) tr.* 1 *cansar* to wear out, tire 2 *molestar* to annoy ◇ *prnl.* **fatigarse** to tire, get tired.

fa·ti·go·so, sa *adj.* 1 *cansado* tiring, exhausting 2 *respiración* labored.

fa·tuo, tua *adj.* 1 *necio* fatuous 2 *vano* vain, conceited.

fau·ces *fpl.* 1 *en anatomía* fauces, gullet *sing.* 2 *fig.* jaws.

fau·na *f.* fauna.

faus·to *m.* pomp, splendor.

fau·vis·mo *m.* fauvism.

fa·vor *m.* favor **a favor de** in favor of **hacer un favor** to do a favor **por favor** please.

fa·vo·ra·ble *adj.* favorable *condiciones* suitable **mostrarse favorable a algo** to be in favor of something.

fa·vo·re·cer *(see model 43) tr.* 1 *ayudar* to favor, help 2 *agraciar* to flatter, suit.

fa·vo·re·ci·do, da *adj.* 1 *atractivo* well-favored 2 *afortunado* lucky, fortunate.

fa·vo·ri·tis·mo *m.* favoritism.

fa·vo·ri·to, ta *adj.* favorite ◇ *s.* favorite.

fax *m.* 1 *sistema, documento* fax 2 *aparato* fax machine, fax.

faz *f.* 1 LIT *cara* face 2 *de moneda, medalla* obverse.

fe *f.* 1 faith 2 JUR *certificado* certificate **de buena fe** in good faith, with good intentions **de mala**

fe dishonestly, with dishonest intentions **fe de erratas** errata pl.

fe·al·dad f. ugliness.

fe·bre·ro m. February.

fe·brí·fu·go, ga adj. febrifuge ◇ m. febrifuge.

fe·bril adj. 1 MED feverish 2 muy intenso hectic, restless.

fe·cal adj. faecal.

fe·cha f. 1 date 2 día day ◇ fpl. **fechas** época time sing. **fijar la fecha** to fix a date **fecha de caducidad** expiry date **fecha de nacimiento** date of birth.

fe·char tr. to date, put the date on.

fe·cho·rí·a f. misdeed, misdemeanor de niño mischief.

fé·cu·la f. starch.

fe·cu·len·to, ta adj. starchy.

fe·cun·da·ción f. fertilization.

fe·cun·dar tr. to fertilize.

fe·cun·di·dad f. 1 fertilidad fertility 2 productividad productivity, fruitfulness.

fe·cun·di·zar (see model 4) tr. to make fertile.

fe·cun·do, da adj. fertile, fecund.

fe·de·ra·ción f. federation.

fe·de·ra·do, da adj. federated.

fe·de·ral adj. federal ◇ com. federal.

fe·de·ra·lis·mo m. federalism.

fe·de·ra·ti·vo, va adj. federative ◇ m. **federativo** federation member.

fe·ha·cien·te adj. irrefutable incontrovertible, irrefutable fiable reliable.

fe·la·ción f. fellatio.

fel·des·pa·to m. feldspar, felspar.

fe·li·ci·dad f. happiness ¡(muchas) felicidades! 1 éxitos congratulations! 2 cumpleaños happy birthday! 3 Navidad Merry Christmas!

fe·li·ci·ta·ción f. 1 acción congratulation 2 tarjeta greetings card ◇ fpl. **felicitaciones** congratulations.

fe·li·ci·tar tr. 1 to congratulate (por, on) 2 Navidades, Santo, cumpleaños to wish somebody... ◇ prnl. **felicitarse** to be glad, be pleased ¡te felicito! congratulations!

fe·li·grés, gre·sa s. parishioner.

fe·li·gre·sí·a f. parish, parishioners pl.

fe·li·no, na adj. feline ◇ m. **felino** feline.

fe·liz adj. 1 happy 2 acertado fortunate ¡feliz Navidad!, Happy Christmas, Merry Christmas!

fe·liz·men·te adv. 1 con felicidad happily 2 por suerte fortunately.

fe·lón, lo·na adj. treacherous, villainous, wicked ◇ s. traitor, villain.

fe·lo·ní·a f. treachery, villainy.

fel·pa f. plush osito de felpa teddy bear.

fe·me·ni·no, na adj. 1 feminine 2 sexo female equipo, asociación women's.

fe·mi·ni·dad f. femininity.

fe·mi·nis·ta adj. feminist ◇ com. feminist.

fe·mo·ral adj. femoral.

fé·mur m. femur.

fe·ne·cer (see model 43) intr. 1 arc. terminar to come to an end, expire 2 euf. morir to pass away, die.

fe·ni·cio, cia adj. Phoenician ◇ s. persona Phoenician ◇ m. **fenicio** idioma Phoenician.

fé·nix m. inv. 1 mitología phoenix 2 genio genius, prodigy.

fe·no·me·nal adj. 1 relativo al fenómeno phenomenal 2 fam. fantástico great, terrific 3 fam. enorme colossal, huge adv. wonderfully, marvellously.

fe·nó·me·no m. 1 manifestación phenomenon 2 prodigio genius ◇ adj. fam. fantástico fantastic, terrific interj. terrific!, fantastic!

fe·no·ti·po m. phenotype.

fe·o, a adj. 1 persona - nada atractiva ugly - poco atractiva plain 2 aspecto, situación, tiempo, etc. nasty, horrible, unpleasant, awful 3 acción horrible, awful 4 indigno rude, not nice, improper ◇ s. ugly person ◇ m. **feo** ofensa slight, snub **hacerle un feo a alguien** to slight somebody, snub somebody.

fé·re·tro m. coffin.

fe·ria f. 1 COMM fair 2 fiesta fair, festival **feria de ganado** livestock fair.

fe·ria·do, da día feriado holiday.

fe·rial adj. fair ◇ m. fair.

fe·riar (see model 12) tr. to trade at a fair.

fer·men·ta·ción f. fermentation.

fer·men·tar intr. to ferment.

fe·ro·ci·dad f. ferocity, fierceness.

fe·roz adj. fierce, ferocious.

fe·roz·men·te adv. fiercely, ferociously.

fé·rre·o, a adj. 1 ferreous 2 fig. tenaz iron.

fe·rre·rí·a f. ironworks, foundry.

fe·rre·te·rí·a f. 1 tienda ironmonger's (shop), hardware store 2 género ironmongery, hardware 3 ferrería forge.

fe·rre·te·ro, ra s. ironmonger, hardware dealer.

fe·rri·ta f. ferrite.

fe·rro·ca·rril m. railroad.

fe·rro·so, sa adj. ferrous.

fe·rro·via·rio, ria adj. railway, railroad ◇ s. trabajador railroad worker.

fe·rru·gi·no·so, sa adj. ferruginous.

fér·til adj. fertile, rich.

fer·ti·li·dad f. fertility, fecundity.

fer·ti·li·zan·te adj. fertilizing ◇ m. abono fertilizer.

fer·ti·li·zar (see model 4) tr. to fertilize.

fé·ru·la f. ferule, rod **bajo la férula de alguien** fig. under the rule of somebody.

fer·vien·te adj. fervent, passionate.

fer·vor m. fervor.

fer·vo·ro·so, sa adj. fervent, passionate.

fes·te·jar tr. 1 celebrar to celebrate 2 agasajar to wine and dine, entertain 3 cortejar to court, woo.

fes·te·jo m. 1 feast, entertainment 2 galanteo courting, courtship ◇ mpl. **festejos** festivities.

fes·tín m. feast, banquet.

fes·ti·val m. festival.

fes·ti·vo, va adj. 1 alegre festive, merry 2 humorístico witty.

fes·tón m. 1 COST festoon 2 adorno floral garland.

fe·tal adj. fetal **posición fetal** foetal position.

fe·ti·che m. fetish.

fe·ti·chis·mo m. fetishism.

fe·ti·dez f. stink, stench, fetidness.

fé·ti·do, da adj. stinking, fetid.

fe·to m. fetus.

feu·dal adj. feudal.

feu·da·lis·mo m. feudalism.

feu·do m. fief, feud.

fia·bi·li·dad f. reliability, trustworthiness.

fia·do, da adj. 1 COMM on credit 2 confiado trusting.

fia·dor, ra s. person who sells on credit.

fiam·bre adj. 1 served cold, cold 2 irón. noticia, etc. stale, old ◇ m. 1 CULIN cold meat, cold cut 2 fam. cadáver stiff, corpse.

fian·za f. 1 depósito deposit, security 2 JUR bail **bajo fianza** on bail.

fiar (see model 13) tr. 1 asegurar to vouch for 2 vender to sell on credit 3 confiar to confide, entrust

◇ *prnl.* **fiarse** *confiarse* to trust (*de*, -) de fiar 1 *persona* trustworthy, reliable 2 *cosa* reliable "**No se fía**" "No credit given".

fias·co *m.* fiasco, failure.

fi·bra *f.* 1 *filamento* fiber *de madera* grain 2 *fig. carácter* push, go **fibra de vidrio** fiberglass **fibra óptica** optical fiber.

fi·bro·si·tis *f. inv.* fibrositis.

fi·bro·so, sa *adj.* fibrous.

fí·bu·la *f.* fibula.

fic·ción *f.* fiction.

fi·cha *f.* 1 *tarjeta* index card, file card 2 *en juegos* counter *naipes* chip *ajedrez* piece, man *dominó* domino **ficha técnica** technical specifications.

fi·char *tr.* 1 *anotar* to put on an index card *registrar* to open a file on 2 *fam. conocer* to size up 3 DEP to sign up, sign on ◇ *intr.* 1 *al entrar* to clock in *al salir* to clock out 2 DEP to sign up (*por*, with).

fi·che·ro *m.* 1 *archivo* card index 2 *mueble* filing cabinet, file 3 INFO file.

fic·ti·cio, cia *adj.* fictitious.

fi·de·dig·no, na *adj.* trustworthy, reliable.

fi·dei·co·mi·so *m.* trusteeship.

fi·de·li·dad *f.* 1 *lealtad* fidelity, faithfulness 2 *exactitud* accuracy **alta fidelidad** high fidelity, hi-fi.

fi·de·o *m.* noodle **estar como un fideo** *fam.* to be as thin as a rake.

fi·du·cia·rio, ria *adj.* fiduciary ◇ *s.* fiduciary.

fie·bre *f.* 1 *enfermedad* fever, temperature 2 *agitación* fever, excitement **tener fiebre** to have a temperature **fiebre amarilla** yellow fever.

fiel *adj.* 1 *leal* faithful, loyal 2 *exacto* accurate *memoria* reliable ◇ *m. de balanza* needle, pointer ◇ *mpl.* **los fieles** the faithful.

fiel·tro *m.* felt.

fie·ra *f.* 1 *animal* wild animal, wild beast 2 *fig. persona* beast, brute 3 *fig. genio* wizard 4 *toro* bull **estar hecho una fiera** *fam.* to be in a rage.

fie·re·za *f.* 1 *ferocidad* ferocity, ferociousness *crueldad* cruelty.

fie·ro, ra *adj.* 1 *animal salvaje* wild *feroz* fierce, ferocious 2 *persona* cruel.

fies·ta *f. día no laborable* holiday 2 *reunión* party 3 REL feast ◇ *fpl.* **fiestas** 1 *festividades* festivity, fiesta 2 *navidad* Christmas **fiesta de cumpleaños** birthday party.

fi·gu·ra *f.* 1 *gen.* figure 2 *forma* shape 3 *en obra, película* character **figura decorativa** figurehead **figura geométrica** geometrical figure.

fi·gu·ra·ción *f.* imagination **son figuraciones mías** (*tuyas, suyas, etc.*) it's just my (*your, his, etc.*) imagination.

fi·gu·ra·do, da *adj.* figurative **en sentido figurado** figuratively.

fi·gu·rar *tr.* 1 *representar* to represent 2 *simular* to simulate, feign ◇ *intr.* 1 *encontrarse* to appear, be, figure 2 *destacar* to stand out, be important ◇ *prnl.* **figurarse** *imaginarse* to imagine, suppose **¡figúrate!** just imagine!

fi·gu·ra·ti·vo, va *adj.* figurative.

fi·gu·ri·lla *f.* statuette.

fi·gu·rín *m.* 1 *dibujo* sketch 2 *revista* fashion magazine **ir hecho un figurín** to be dressed up to the nines.

fi·ja·ción *f.* 1 *colocación* setting, fixing 2 *sujeción* fastening 3 *obsesión* obsession ◇ *fpl.* **fijaciones** esquí bindings.

fi·ja·dor, ra *adj.* fixing ◇ *m.* **fijador** 1 *para pelo* hairspray, hair gel 2 *para dibujo, etc.* fixative *para foto* fixer.

fi·ja·men·te *adv.* fixedly.

fi·jar *tr.* 1 *sujetar* to fix, fasten *puerta* to hang *ventana* to put in 2 *pegar* to stick 3 *establecer* to set, determine, fix 4 *en fotografía, química* to fix ◇ *prnl.* **fijarse** 1 *hacerse fijo* to settle 2 *darse cuenta* to notice 3 *poner atención* to pay attention, watch **fijar la vista** to stare (*en*, at).

fi·jo, ja *adj.* 1 *sujeto* fixed, fastened 2 *establecido* set, definite, firm 3 *firme* steady, stable, firm.

fi·la *f.* 1 *línea* file, line 2 *de local* row ◇ *fpl.* **filas** *de ejército, partido* ranks **en primera fila** in the front row.

fi·la·men·to *m.* filament.

fi·lan·tro·pí·a *f.* philanthropy.

fi·lán·tro·po, pa *s.* philanthropist.

fi·lar·mó·ni·co, ca *adj.* philharmonic.

fi·la·te·lia *f.* philately, stamp collecting.

fi·la·té·li·co, ca *adj.* philatelic.

fi·la·te·lis·ta *com.* philatelist, stamp collector.

fi·le·te *m.* 1 *de carne, pescado* filet *solomillo* sirloin steak 2 *encuadernación, moldura* fillet 3 *de tornillo* thread.

fi·le·te·ar *tr.* to fillet.

fi·lia·ción *f.* 1 *datos personales* particulars *pl.* 2 POL affiliation.

fi·lial *adj.* 1 *del hijo* filial 2 COMM subsidiary ◇ *f.* COMM subsidiary, branch.

fi·li·gra·na *f.* 1 *orfebrería* filigree 2 *papel* watermark 3 *cosa delicada* delicate piece of work.

fi·lí·pi·ca *f.* philippic, tirade.

fi·li·pi·no, na *adj.* Filipino ◇ *s. persona* Filipino ◇ *m. filipino idioma* Filipino.

fi·lis·te·o, a *adj.* Philistine ◇ *s.* Philistine.

film *m.* movie.

fil·ma·ción *f.* filming, shooting.

fil·mar *tr.* to film, shoot.

fíl·mi·co, ca *adj.* film, cinema.

fil·mo·gra·fí·a *f.* filmography, films *pl.*

fil·mo·te·ca *f.* 1 *archivo* film library 2 *sala de proyección* film institute 3 *colección* film collection.

fi·lo *m.* cutting edge, edge **sacar filo a algo** to sharpen something **al filo de** *fig.* on the stroke of.

fi·lo- *pref.* philo-.

fi·lo·lo·gí·a *f.* philology.

fi·lo·ló·gi·co, ca *adj.* philological.

fi·lón *m.* 1 *mineral* seam, vein 2 *buen negocio* gold mine.

fi·lo·so·fal **piedra filosofal** philosopher's stone.

fi·lo·so·far *intr.* to philosophize.

fi·lo·so·fí·a *f.* philosophy **tomarse algo con filosofía** to take something philosophically.

fi·lo·só·fi·co, ca *adj.* philosophical.

fi·ló·so·fo, fa *s.* philosopher.

fil·tra·ción *f.* 1 filtration 2 *de información* leak.

fil·tra·dor, ra *adj.* filtering ◇ *m.* **filtrador** filter.

fil·trar *tr.* 1 *hacer pasar* to filter 2 *seleccionar* to filter 3 *divulgar* to leak ◇ *prnl.* **filtrarse** *pasar a través* to filter.

fil·tro¹ *m. material* filter.

fil·tro² *m. poción* philtre, love potion.

fin *m.* 1 *final* end 2 *objetivo* purpose, aim **a fin de** in order to, so as to **a fin de que** so that.

fi·na·do, da *s.* deceased.

fi·nal *adj. último* final, last ◇ *m.* 1 end 2 MÚS finale ◇ *f.* DEP final.

fi·na·li·dad *f.* purpose, aim.

fi·na·lis·ta *adj.* in the final ◇ *com.* finalist.

fi·na·li·zar (*see model 4*) *tr.* to end, finish ◇ *intr.* to end, finish.

fi·nan·cia·mien·to *m.* financing.

fi·nan·ciar (*see model 12*) *tr.* to finance.

fi·nan·cie·ro, ra *adj.* financial ◇ *s.* financier.

fi·nan·zas *fpl.* finances.

fi·nar *intr. morir* to pass away, die ◇ *prnl.* **finarse** *desear* to yearn (*por*, for).

fin·ca *f.* property, estate **finca rústica** country property **finca urbana** building.

fi·nés, ne·sa *adj.* Finnish ◇ *s. persona* Finn ◇ *m. finés idioma* Finnish.

fi·ne·za *f.* 1 delicacy, daintiness 2 *cumplido* courtesy, compliment.

fin·gi·do, da *pp. de* fingir *adj.* 1 feigned, false 2 *hipócrita* hypocritical.

fin·gi·mien·to *m.* pretense, simulation.

fin·gir *(see model 6) tr.* to feign, pretend ◇ *prnl.* **fingirse** to pretend to be.

fi·ni·qui·tar *tr.* 1 *saldar una cuenta* to settle *saldar una deuda* to discharge 2 *fam. acabar* to finish, end.

fi·ni·qui·to *m.* 1 *acción* settlement 2 *documento* final discharge.

fi·ni·to, ta *adj.* finite.

fin·lan·dés, de·sa *adj.* Finnish ◇ *s. persona* Finn ◇ *m. finlandés idioma* Finnish.

fi·no, na *adj.* 1 *delicado* fine, delicate 2 *alimentos* choice, select 3 *sentidos* sharp, acute ◇ *m. fino vino* dry sherry.

fin·ta *f.* feint.

fin·tar *intr.* to feint.

fi·nu·ra *f.* 1 *calidad* fineness 2 *agudeza* sharpness, acuteness 3 *refinamiento* refinement.

fior·do *m.* fiord, fjord.

fir·ma *f.* 1 *autógrafo* signature 2 *acto* signing 3 *empresa* firm.

fir·ma·men·to *m.* firmament.

fir·mar *tr.* to sign.

fir·me *adj.* 1 *estable* firm, steady 2 *color* fast ◇ *m. pavimento* road surface ◇ *adv.* hard **de firme** hard **en firme** firm **¡firmes!** MIL attention!

fir·me·men·te *adv.* firmly.

fir·me·za *f.* firmness, steadiness.

fis·cal *adj.* fiscal, tax ◇ *com.* 1 JUR district attorney 2 *fig.* snooper, informer.

fis·ca·lí·a *f.* district attorney's office.

fis·ca·li·za·ción *f.* supervision, inspection.

fis·ca·li·zar *(see model 4) tr.* to supervise, inspect.

fis·co *m.* exchequer, treasury.

fis·gar *(see model 7) tr. fam.* to pry, snoop.

fis·gón, go·na *adj. espía* snooper *curioso* busybody.

fis·go·ne·ar *tr. fam.* to pry, snoop.

fí·si·ca *f.* physics.

fí·si·co, ca *adj.* physical ◇ *s. profesión* physicist ◇ *m. físico aspecto* physique.

fi·sio·lo·gí·a *f.* physiology.

fi·sio·ló·gi·co, ca *adj.* physiological.

fi·sión *f.* fission.

fi·sio·te·ra·pia *f.* physiotherapy.

fi·so·no·mí·a *f.* physiognomy, appearance.

fís·tu·la *f.* fistula.

fi·su·ra *f.* fissure.

fi·to- *pref.* phyto-.

flac·ci·dez *f.* flaccidity, flabbiness, flaccidness.

flác·ci·do, da *adj.* flaccid, flabby.

fla·co, ca *adj.* 1 *delgado* thin, skinny 2 *débil* weak, frail ◇ *m. flaco debilidad* weak point, weak spot *vicio* bad habit.

fla·cu·cho, cha *adj. pey.* skinny.

fla·ge·la·ción *f.* flagellation, whipping.

fla·ge·lar *tr.* 1 *azotar* to flagellate, whip 2 *fig. censurar* to flay, criticize.

fla·ge·lo *m.* 1 *objeto* whip 2 *calamidad* calamity 3 BIOL flagellum.

fla·gran·te *adj.* flagrant **en flagrante delito** red-handed.

fla·man·te *adj.* 1 *vistoso* splendid, brilliant 2 *nuevo* brand-new.

fla·mea·do, da *adj.* flambé.

fla·me·ar *intr.* 1 *llamear* to flame, blaze 2 *ondear* to flutter, flap ◇ *tr.* CULIN to flambé.

flan *m.* 1 *dulce* crème caramel 2 *de arena, arroz, etc.* pie.

flan·co *m.* flank, side.

fla·ne·ra *f.* mold.

fla·que·ar *intr.* 1 *ceder* to weaken, give in 2 *fallar* to fail 3 *desalentarse* to lose heart 4 *disminuir* to decrease.

fla·que·za *f.* weakness, frailty.

flash *m.* 1 *fotografía* flash, flashlight 2 *noticia breve* newsflash.

fla·to *m. dolor* stitch.

fla·tu·len·cia *f.* flatulence, wind.

flau·ta *f. instrumento* flute ◇ *com. músico* flutist, flute player **flauta de Pan** pipes *pl.* of Pan.

flau·tín *m. instrumento* piccolo ◇ *com. músico* piccolo player.

flau·tis·ta *com.* flute player, flutist.

fle·bi·tis *f. inv.* phlebitis.

fle·cha *f.* 1 *arma* arrow *dardo* dart 2 ARQ spire, flèche 3 *indicación* arrow **"Siga la flecha"** "Follow the arrow".

fle·char *tr.* to sweep off one's feet.

fle·cha·zo *m.* 1 *disparo* arrow shot 2 *herida* arrow wound 3 *fig. enamoramiento* love at first sight.

fle·co *m.* 1 *adorno* fringe 2 *borde deshilachado* frayed edge 3 *asunto pendiente menor* minor point, final detail.

fle·je *m.* 1 TÉC metal strip, metal band 2 *de tonel* hoop.

fle·ma *f.* phlegm.

fle·má·ti·co, ca *adj.* phlegmatic.

fle·qui·llo *m.* bangs *pl.*

fle·tar *tr.* to charter, freight.

fle·te *m.* 1 *alquiler* freightage 2 *carga* cargo.

fle·xi·bi·li·dad *f.* flexibility.

fle·xi·ble *adj.* flexible.

fle·xión *f.* 1 *doblegamiento* flexion, bending 2 LING inflection.

fle·xio·nar *tr. músculo* to flex *cuerpo* to bend.

fle·xo *m.* adjustable table lamp, anglepoise lamp.

flir·te·ar *intr.* to flirt.

flir·te·o *m.* flirtation, flirting.

flo·je·ar *intr.* 1 *disminuir* to fall off, go down 2 *debilitarse* to weaken, grow weak.

flo·je·ra *f. fam.* weakness, faintness.

flo·jo, ja *adj.* 1 *suelto* loose *no tensado* slack 2 *débil* weak 3 *perezoso* lazy, idle 4 *mediocre* poor ◇ *s.* lazybones, idler.

flor *f.* 1 BOT flower 2 *piropo* compliment **a flor de piel** skin-deep **echar flores a alguien** to pay somebody compliments.

flo·ral *adj.* floral.

flo·rar *intr. plantas* to flower, bloom *árboles* to blossom.

flo·rea·do, da *adj.* flowered, flowery.

flo·re·ar *tr.* 1 *adornar* to adorn with flowers 2 *fam. piropear* to pay compliments to ◇ *intr.* 1 *guitarra* to play in arpeggio 2 *esgrima* to flourish.

flo·re·cer *(see model 43) intr.* 1 *plantas* to flower, bloom *árboles* to blossom 2 *prosperar* to flourish, thrive.

flo·re·cien·te *adj.* flourishing, prosperous.

flo·re·o *m.* flourish.

flo·re·rí·a *f.* florist's (shop).

flo·re·ro m. vase.

flo·res·cen·cia f. florescence.

flo·res·ta f. wood, thicket.

flo·re·te m. foil.

flo·ri·cul·tor, ra s. flower grower.

flo·ri·do, da adj. 1 con flores flowery 2 selecto choice, select 3 lenguaje, estilo florid.

flo·ri·le·gio m. anthology.

flo·rín m. florin.

flo·ris·te·rí·a f. florist's (shop).

flo·ta f. fleet **flota de guerra** war fleet **flota pesquera** fishing fleet.

flo·ta·bi·li·dad f. buoyancy.

flo·ta·ción f. flotation, floating.

flo·ta·dor m. 1 float 2 de niño rubber ring 3 de cisterna float, ballcock.

flo·tan·te adj. floating.

flo·tar intr. 1 to float 2 ondear to wave, flutter.

flo·ti·lla f. flotilla.

fluc·tua·ción f. fluctuation.

fluc·tuan·te adj. fluctuating, subject to fluctuation.

fluc·tuar (see model 11) intr. 1 variar to fluctuate 2 vacilar to hesitate.

flui·dez f. 1 facilidad de paso fluidity 2 facilidad de expresión fluency.

flui·do, da adj. 1 sin obstáculos fluid 2 lenguaje, estilo fluent ◇ m. **fluido** FÍS fluid **fluido eléctrico** current, power.

flu·ir (see model 62) intr. to flow.

flu·jo m. 1 brote flow 2 marea rising tide 3 FÍS flux 4 MED discharge 5 INFO discharge.

flú·or m. fluorine.

fluo·res·cen·te adj. fluorescent ◇ m. fluorescent light.

fluo·ru·ro m. fluoride.

flu·vial adj. fluvial, river.

flux m. flush.

fo·bia f. phobia.

fo·ca f. 1 seal 2 fam. persona fat lump **piel de foca** sealskin.

fo·cal adj. focal.

fo·co m. 1 centro center, focal point 2 en física focus 3 lámpara spotlight, floodlight 4 fig. lugar center.

fo·fo, fa adj. 1 material soft, spongy 2 persona flabby.

fo·ga·ta f. bonfire.

fo·gón m. 1 de cocina kitchen range, stove 2 de máquina de vapor firebox.

fo·go·na·zo m. flash.

fo·go·ne·ro m. stoker.

fo·go·si·dad f. persona ardor fire.

fo·go·so, sa adj. fiery, spirited.

fo·gue·ar tr. 1 MIL to accustom to gunfire 2 fig. to harden.

fo·ja f. coot.

folc·lor m. 1 folklore 2 juerga, jaleo binge.

folc·ló·ri·co, ca adj. 1 popular folkloric, popular, traditional 2 fam. pey. quaint.

fo·lia·ción f. foliation.

fo·liar (see model 12) tr. to foliate, folio, number.

fo·li·cu·lar adj. follicular.

fo·lí·cu·lo m. follicle.

fo·lio m. folio, leaf **en folio** in folio, folio.

fo·lio·lo m. leaflet.

fo·lla·je m. 1 BOT foliage, leaves pl. 2 palabrería verbiage, verbosity.

fo·llar intr. 1 vulg. copular to fuck (**con**, with), screw (**con**, -) ◇ prnl. **follarse** vulg. copular to fuck (**a**, -), screw (**a**, -).

fo·lle·to m. prospecto pamphlet, leaflet, brochure explicativo instruction leaflet turístico brochure.

fo·men·tar tr. to promote, encourage, foster.

fo·men·to m. 1 promoción promotion, encouragement 2 MED fomentation.

fon·da f. mesón inn.

fon·de·ar tr. 1 sondear to sound 2 registrar to search 3 fig. examinar to get to the bottom of, delve into ◇ intr. to anchor.

fon·de·o m. 1 sondeo sounding 2 registro searching 3 acto de anclar anchoring.

fon·dis·ta com. 1 de mesón innkeeper 2 DEP long-distance runner.

fon·do m. 1 parte más baja bottom 2 parte más lejana end, back 3 profundidad depth ◇ mpl. **fondos** dinero funds, money **reunir fondos** to raise funds **tocar fondo** barco to touch bottom 2 fig. to reach rock bottom.

fo·ne·ma m. phoneme.

fo·né·ti·co, ca adj. phonetic.

fo·nia·trí·a f. speech therapy.

fó·ni·co, ca adj. phonic.

fo·no- pref. phono-.

fo·no·grá·fi·co, ca adj. phonographic.

fo·nó·gra·fo m. phonograph.

fo·no·lo·gí·a f. phonology.

fo·no·ló·gi·co, ca adj. phonological.

fo·no·te·ca f. record library.

fon·ta·na f. LIT fountain, spring.

fon·ta·ne·ro, ra s. plumber.

foot·ing m. jogging.

fo·ra·ji·do, da s. outlaw, desperado.

fo·rá·ne·o, a adj. alien, foreign.

fo·ras·te·ro, ra adj. foreign, alien ◇ s. stranger, outsider.

for·ce·je·ar intr. to wrestle, struggle.

fór·ceps m. inv. forceps pl.

fo·ren·se adj. forensic, legal ◇ com. forensic surgeon **médico forense** forensic surgeon.

fo·res·tal adj. forest.

for·ja f. 1 fragua forge 2 forjado forging 3 ferrería ironworks, foundry.

for·ja·do, da adj. forging ◇ m. **forjado** ARQ entramado framework.

for·jar tr. 1 metales to forge 2 fig. crear to create, make 3 fig. imaginar to imagine **forjar sueños** to dream ◇ prnl. **forjarse** crearse to forge for oneself.

for·ma f. gen. form, shape 2 manera way 3 DEP form ◇ fpl. **formas** modales manners, social conventions **estar en forma** to be in shape, be fit.

for·ma·ción f. 1 gen. formation 2 educación upbringing 3 enseñanza education, training.

for·mal adj. 1 con los requisitos necesarios formal 2 serio serious, serious-minded.

for·ma·li·dad f. 1 norma de comportamiento formality 2 seriedad seriousness 3 fiabilidad reliability **una mera formalidad** a mere formality.

for·ma·lis·mo m. formalism.

for·ma·li·zar (see model 4) tr. 1 hacer formal to make formal 2 legalizar to formalize, legalize ◇ prnl. **formalizarse** hacerse serio to become serious, grow serious.

for·mal·men·te adv. 1 con formalidad formally 2 con seriedad seriously.

for·mar tr. 1 gen. to form 2 integrar, constituir to form, constitute 3 educar to bring up 4 enseñar to educate ◇ intr. MIL colocarse to form up ◇ prnl. **formarse** 1 desarrollarse to grow, develop 2 educarse to be educated, be trained.

for·ma·te·ar tr. to format.

for·ma·to m. 1 gen. format 2 del papel size.

for·mi·da·ble adj. 1 tremendo tremendous, formidable 2 maravilloso wonderful, terrific ◇ interj. great!

for·mol m. formol.

for·món m. firmer chisel.

fór·mu·la f. 1 gen. formula 2 receta recipe 3 AUTO categoría formula.

for·mu·la·ción f. formulation.

for·mu·lar tr. 1 una teoría to formulate 2 quejas, peticiones to express, make ◇ intr. QUÍM to write formulae.

for·mu·la·rio, ria adj. 1 rutinario routine ◇ m. formulario 1 documento form 2 recetario formulary, collection of formulae.

for·mu·lis·mo m. formulism.

for·ni·ca·ción f. fornication.

for·ni·ca·dor, ra adj. fornicating ◇ s. fornicator.

for·ni·car (see model 1) intr. to fornicate.

for·ni·do, da adj. strapping, hefty.

fo·ro m. 1 HIST forum 2 tribunal law court, court of justice 3 abogacía bar, legal profession.

fo·rra·do, da adj. 1 COST lined 2 tapizado upholstered 3 fam. rico well-heeled, well-off.

fo·rra·je m. 1 pienso fodder, forage 2 fam. mezcla hotch-potch.

fo·rra·je·ro, ra adj. fodder **plantas forrajeras** fodder crops.

fo·rrar tr. 1 por dentro to line 2 por fuera to cover 3 tapizar to upholster ◇ prnl. **forrarse** fam. de dinero to make a fortune, make a packet.

fo·rro m. 1 interior lining 2 funda cover, case 3 tapizado upholstery.

for·ta·che·ho, cho·na adj. fam. strong, strapping.

for·ta·le·cer (see model 43) tr. to fortify, strengthen ◇ prnl. **fortalecerse** to strengthen, become stronger.

for·ta·le·za f. 1 vigor strength, vigor 2 de espíritu fortitude 3 recinto fortificado fortress, stronghold.

for·ti·fi·ca·ción f. fortification, fortifying.

for·ti·fi·can·te adj. fortifying ◇ m. fortifier, tonic.

for·ti·fi·car (see model 1) tr. to fortify, strengthen.

for·tui·to, ta adj. chance, fortuitous.

for·tu·na f. 1 destino fortune, fate 2 suerte luck 3 capital fortune 4 éxito, aceptación success.

fo·rún·cu·lo m. boil, furuncle.

for·za·do, da adj. 1 obligado forced 2 rebuscado forced, strained.

for·zar (see model 50) tr. 1 persona to force, compel 2 cosa to force open, break open 3 violar to rape.

for·zo·sa·men·te adv. necessarily.

for·zo·so, sa adj. 1 inevitable inevitable, unavoidable 2 obligatorio obligatory, compulsory.

for·zu·do, da adj. strong, brawny.

fo·sa f. 1 sepultura grave 2 hoyo pit, hollow 3 ANAT cavity, fossa **fosa común** common grave **fosas nasales** nostrils **fosa séptica** septic tank.

fos·fo·res·cen·cia f. phosphorescence.

fos·fo·res·cen·te adj. phosphorescent.

fós·fo·ro m. 1 QUÍM phosphorus 2 cerilla match.

fó·sil adj. fossil ◇ m. fossil.

fo·si·li·za·ción f. fossilization.

fo·si·li·za·do, da adj. fossilized.

fo·si·li·zar·se (see model 4) prnl. to fossilize, become fossilized.

fo·so m. 1 hoyo hole, pit 2 de fortaleza moat 3 en teatro, deportes pit 4 en un garaje inspection pit.

fo·to f. fam. photo, picture.

fo·to- pref. photo-.

fo·to·com·po·si·ción f. photosetting.

fo·to·co·pia f. photocopy.

fo·to·co·piar (see model 12) tr. to photocopy.

fo·to·gé·ni·co, ca adj. photogenic.

fo·to·gra·fí·a f. 1 proceso photography 2 retrato photograph.

fo·to·gra·fiar (see model 13) tr. to photograph, take a photograph of ◇ prnl. **fotografiarse** to have one's photograph taken.

fo·to·grá·fi·co, ca adj. photographic.

fo·tó·gra·fo, fa s. photographer.

fo·to·li·to m. film.

fo·to·me·cá·ni·ca f. process engraving.

fo·to·mon·ta·je m. photomontage.

fo·tón m. photon.

fo·to·sín·te·sis f. inv. photosynthesis.

fo·tos·ta·to m. photostat.

fo·to·te·ca f. photograph library.

frac m. dress coat, tails pl.

fra·ca·sa·do, da adj. fallido unsuccessful ◇ s. persona failure.

fra·ca·sar intr. to fail, be unsuccessful, fall through.

fra·ca·so m. failure.

frac·ción f. 1 gen. fraction 2 POL faction.

frac·cio·na·mien·to m. breaking up, splitting up, division of petróleo cracking.

frac·cio·nar tr. to divide, break up, split up ◇ prnl. **fraccionarse** to break up, split up.

frac·cio·na·rio, ria adj. fractional.

frac·tu·ra f. fracture.

frac·tu·rar tr. to fracture, break.

fra·gan·cia f. fragrance.

frá·gil adj. 1 quebradizo fragile, breakable 2 débil frail, weak.

fra·gi·li·dad f. 1 cualidad fragility 2 debilidad frailty, weakness.

frag·men·ta·ción f. fragmentation.

frag·men·tar tr. 1 partir to fragment 2 dividir to divide up ◇ prnl. **fragmentarse** to break up, break into pieces.

frag·men·to m. 1 pedazo fragment, piece 2 literario passage.

fra·gua f. forge.

fra·gua·do m. setting, hardening.

fra·guar (see model 22) tr. 1 metal to forge 2 fig. plan to dream up, fabricate conspiración to hatch ◇ intr. endurecerse to set, harden.

frai·le m. friar, monk.

fram·bue·sa f. raspberry.

fran·ca·che·la f. fam. feast.

fran·ca·men·te adv. 1 con franqueza frankly 2 claramente clearly.

fran·cés, ce·sa adj. French ◇ s. persona French person hombre Frenchman mujer Frenchwoman ◇ m. francés idioma French.

fran·cis·ca·no, na adj. Franciscan ◇ s. Franciscan.

fran·co¹ m. franc.

fran·co, ca² adj. 1 persona frank, open 2 cosa clear, obvious 3 COMM free.

fran·có·fo·no, na adj. French-speaking, francophone ◇ s. French speaker, francophone.

fran·co·ti·ra·dor, ra s. sniper.

fra·ne·la f. flannel.

fran·ja f. 1 banda band, strip 2 de tierra strip 3 COST fringe, border.

fran·que·a·ble adj. 1 crossable, which can be crossed 2 obstáculo surmountable.

fran·que·ar tr. 1 dejar libre to free, clear 2 atravesar to cross superar to overcome 3 carta to frank ◇ prnl. **franquearse** to unbosom oneself, open up one's heart.

fran·que·o m. postage.

fran·que·za f. 1 *sinceridad* frankness, openness 2 *confianza* familiarity, intimacy.

fran·qui·cia f. 1 exemption 2 COMM franchise.

fras·co m. flask.

fra·se f. 1 *oración* sentence 2 *expresión* phrase.

fra·se·o m. phrasing.

fra·ter·nal adj. fraternal, brotherly,

tra·ter·ni·dad f. fraternity, brotherhood.

fra·ter·ni·zar *(see model 4)* intr. to fraternize.

fra·ter·no, na adj. fraternal, brotherly.

fra·tri·ci·da adj. fratricidal ⬦ com. fratricide.

fra·tri·ci·dio m. fratricide.

frau·de m. fraud.

frau·du·len·to, ta adj. fraudulent.

fra·za·da f. AM blanket.

fre·á·ti·co, ca adj. phreatic **nivel freático** water table.

fre·cuen·cia f. frequency **con frecuencia** frequently, often **frecuencia modulada** frequency modulation.

fre·cuen·tar tr. to frequent, visit.

fre·cuen·te adj. 1 *repetido* frequent 2 *usual* common.

fre·ga·de·ro m. kitchen sink.

fre·gar *(see model 48)* tr. 1 *lavar* to wash 2 *frotar* to scrub 3 *el suelo* to mop.

frei·do·ra f. fryer, deep fryer.

fre·ír *(see model 37)* pp. *frito* tr. 1 *guisar* to fry 2 *fig.* to annoy, exasperate ⬦ prnl. **freírse** 1 *comida* to fry 2 *fig. pasar mucho calor* to be roasting, be boiling hot.

fre·na·do m. braking.

fre·nar tr. 1 to brake 2 *fig.* to restrain, check ⬦ intr. to brake.

fre·ne·sí m. frenzy.

fre·né·ti·ca·men·te adv. 1 *exaltadamente* frantically 2 *con cólera* wildly.

fre·né·ti·co, ca adj. 1 *exaltado* frenzied, frantic 2 *colérico* wild, mad.

fre·ni·llo m. frenum.

fre·no m. 1 *de auto* brake 2 *de caballería* bit 3 *fig. contención* curb, check **freno de disco** disc brake **freno de mano** handbrake.

fren·te m. 1 *gen.* front 2 MIL front, front line ⬦ f. ANAT forehead.

fre·sa f. 1 *planta* strawberry plant 2 *fruto* strawberry 3 TÉC milling cutter 4 *del dentista* drill adj. strawberry.

fre·sa·do·ra f. 1 TÉC milling machine 2 *del dentista* drill.

fre·sar tr. 1 TÉC to mill 2 *dentista* to drill.

fres·ca f. 1 *de la mañana* cool of the morning *del atardecer* cool of the evening 2 *fam.* impertinencia cheeky remark.

fres·co, ca adj. 1 *temperatura* cool, cold 2 *tela, vestido* light, cool 3 *aspecto* healthy, fresh 4 *comida* fresh 5 *reciente* fresh, new ⬦ m. **fresco** 1 *frescor* fresh air, cool air 2 ART fresco **tomar el fresco** to get some fresh air.

fres·cu·ra f. 1 *frescor* freshness, coolness 2 *desvergüenza* cheek, nerve 3 *calma* coolness, calmness.

fres·no m. ash tree.

freu·dia·no, na adj. Freudian ⬦ s. Freudian.

frial·dad f. 1 *frío* coldness 2 *indiferencia* coldness, indifference 3 *frigidez* frigidity.

fri·a·men·te adv. coldly, coolly.

fri·ca·ti·vo, va adj. fricative.

fric·ción f. 1 *roce* friction 2 *friega* rub, rubbing.

fric·cio·nar tr. to rub, massage.

frie·ga f. rub, rubbing.

fri·gi·dez f. frigidity.

fri·go·rí·fi·co, ca adj. refrigerating ⬦ m. **frigorífico** 1 *electrodoméstico* refrigerator, fridge 2 *cámara frigorífica* cold store.

fri·jol m. bean, kidney bean.

frí·o, a adj. 1 *gen.* cold 2 *indiferente* cold, cool, indifferent *pasmado* stunned ⬥ m. **frío** cold.

frio·le·ra f. 1 *chuchería* trifle, trinket 2 *fam. gran cantidad* fortune.

fri·sar[1] intr. *acercarse* to approach, border (**con/en**, on).

fri·sar[2] tr. *refregar* to rub.

fri·so m. 1 ARQ frieze 2 *zócalo* skirting board.

fri·tan·ga f. *pey.* greasy food, greasy dish.

fri·to, ta adj. 1 CULIN fried 2 *fam.* fed up, sick ⬦ m. **frito** piece of fried food.

fri·tu·ra f. fried dish.

fri·vo·li·dad f. frivolity.

frí·vo·lo, la adj. frivolous.

fron·da f. foliage.

fron·do·so, sa adj. leafy, luxuriant.

fron·tal adj. 1 ANAT frontal 2 *choque, etc.* head-on 3 *delantero* front ⬦ m. ANAT frontal bone.

fron·te·ra f. 1 frontier, border 2 *fig.* limit, bounds pl.

fron·te·ri·zo, za adj. 1 border, frontier 2 *fig.* borderline.

fron·tis m. inv. 1 *fachada* façade, front 2 *frontón* pediment 3 *en artes gráficas* frontispiece.

fron·tón m. 1 *juego* pelota 2 *edificio* pelota court 3 ARQ pediment.

fro·tar tr. to rub **frotarse las manos** to rub one's hands together.

fruc·tí·fe·ro, ra adj. 1 BOT fruit-bearing 2 *fig.* fruitful.

fruc·ti·fi·car *(see model 1)* intr. 1 *dar fruto* to bear fruit, produce a crop 2 *fig. ser provechoso* to be fruitful.

fruc·to·sa f. fructose.

fru·gal adj. frugal.

fru·ga·li·dad f. frugality, frugalness.

fru·gí·vo·ro, ra adj. frugivorous.

frui·ción f. pleasure, delight, enjoyment.

frun·ci·do, da pp. *de fruncir* adj. gathered ⬦ m. **fruncido** frunces gathers *acción* gathering.

frun·cir *(see model 3)* tr. 1 COST to gather 2 *los labios* to purse, pucker **fruncir el ceño** to frown, knit one's brow.

frus·le·rí·a f. 1 *chuchería* trinket 2 *fam.* tontería trifle.

frus·tra·ción f. frustration.

frus·tra·do, da adj. 1 *persona* frustrated 2 *hechos* frustrated, unsuccessful.

frus·tran·te adj. frustrating.

frus·trar tr. 1 *cosa* to frustrate, thwart 2 *persona* to disappoint ⬦ prnl. **frustrarse** 1 *proyectos, planes* to fail, come to nothing 2 *persona* to get frustrated, get disappointed.

fru·ta f. fruit.

fru·tal adj. fruit ⬦ m. fruit tree.

fru·te·rí·a f. fruit shop.

fru·te·ro, ra adj. fruit ⬦ s. fruit seller, fruiterer ⬦ m. **frutero** fruit dish, fruit bowl.

fru·ti·cul·tu·ra f. fruit farming.

fru·to m. 1 *fruta* fruit 2 *resultado* fruit, result, product.

fuc·sia f. fuchsia ⬦ adj. fuchsia.

fue·go m. 1 fire 2 *lumbre* light 3 *cocina* burner, ring 4 *ardor* ardor, zeal **a fuego lento** on a low flame **poner las manos en el fuego por algo/alguien** to stake one's life on something/somebody.

fue·lle m. 1 aparato bellows pl. 2 de flauta bag 3 de bolso accordion pleats pl. 4 de cámara fotográfica bellows pl.

fuen·te f. 1 manantial spring 2 artificial fountain 3 recipiente serving dish, dish 4 fig. source.

fue·ra adv. 1 exterior out, outside 2 alejado away en el extranjero abroad interj. get out! ◇ prep. fuera de un lugar out of más allá de outside, beyond excepto except for, apart from.

fue·ro m. 1 ley code of laws 2 privilegio privilege exención exemption 3 jurisdicción jurisdiction ◇ mpl. fueros presunción arrogance.

fuer·te adj. 1 gen. strong 2 en asignatura strong, good 3 viento strong lluvia, nevada heavy tormenta, seísmo severe calor intense 4 dolor, enfermedad severe, bad ◇ m. 1 fortificación fort 2 punto fuerte forte, strong point ◇ adv. 1 mucho a lot 2 con fuerza hard 3 volumen loud.

fuer·za f. 1 gen. strength 2 violencia force, violence 3 militar force 4 en física force ◇ fpl. fuerzas el poder authorities a fuerza de by dint of, by force of.

fu·ga f. 1 huida flight, escape 2 escape leak 3 MÚS fugue.

fu·ga·ci·dad f. fleetingness.

fu·gaz adj. pl. fugaces fleeting, brief.

fu·gaz·men·te adv. fleetingly.

fu·gi·ti·vo, va adj. 1 en fuga fleeing 2 fig. efímero ephemeral, fleeting ◇ s. fugitive, runaway.

fu·la·no, na s. so-and-so hombre what's his name mujer what's her name ◇ m. fulano fam. pey. guy.

ful·cro m. fulcrum.

ful·gor m. 1 resplandor brilliance, glow 2 fig. esplendor splendor.

ful·gu·ran·te adj. 1 brillante brilliant, shining 2 fig. rápido rapid.

ful·gu·rar intr. to shine, glow.

fu·lle·rí·a f. 1 trampa cheating 2 en los naipes cardsharping.

fu·lle·ro, ra adj. tramposo cheating ◇ s. en los naipes cheat, cardsharp, cardsharper.

ful·mi·na·ción f. fulmination.

ful·mi·na·do, da adj. struck by lightning.

ful·mi·nan·te adj. 1 que arroja rayos fulminating 2 fig. instantáneo instantaneous rápido swift súbito sudden 3 enfermedad sudden ◇ m. materia explosiva fuse, detonator.

ful·mi·nar tr. 1 to strike with lightning 2 fig. to strike dead.

fu·ma·dor, ra adj. smoking s. smoker.

fu·mar tr. to smoke ◇ intr. to smoke ◇ prnl. fumarse to smoke "No fumar" "No smoking".

fu·mi·ga·ción f. fumigation.

fu·mi·gar (see model 7) tr. to fumigate.

fu·nám·bu·lo, la s. tightrope walker.

fun·ción f. 1 gen. function 2 cargo duty 3 espectáculo performance, show.

fun·cio·nal adj. functional.

fun·cio·na·li·dad f. functionality.

fun·cio·na·mien·to m. operation, working poner en funcionamiento to put into operation.

fun·cio·nar intr. desempeñar una función to work, function hacer funcionar algo to operate something.

fun·cio·na·rio, ria s. functionary, employee funcionario público civil servant, government employee.

fun·da f. 1 flexible cover 2 rígida case 3 de arma blanca sheath 4 de disco sleeve.

fun·da·ción f. foundation.

fun·da·do, da adj. firm, well-founded, justified.

fun·da·dor, ra s. founder.

fun·da·men·tal adj. fundamental.

fun·da·men·tar tr. 1 fig. to base (en, on) 2 construcción to lay the foundations of.

fun·da·men·to m. 1 base basis, grounds pl. 2 seriedad seriousness confianza reliability ◇ mpl. fundamentos construcción foundations.

fun·dar tr. 1 crear to found erigir to raise 2 basar to base, found ◇ prnl. fundarse crearse to be founded.

fun·di·ción f. 1 derretimiento melting 2 de metales smelting 3 acción de dar forma casting.

fun·di·do m. entrando fade-in saliendo fade-out.

fun·dir tr. 1 derretir to melt 2 separar mena y metal to smelt 3 dar forma to cast 4 bombilla, plomos to blow ◇ prnl. fundirse derretirse to melt.

fú·ne·bre adj. 1 mortuorio funeral 2 lúgubre mournful, lugubrious.

fu·ne·ral adj. funeral ◇ m. 1 entierro funeral 2 conmemoración memorial service.

fu·ne·ra·ria f. funeral parlor.

fu·ne·ra·rio, ria adj. funerary, funeral.

fu·nes·to, ta adj. ill-fated, fatal.

fun·gi·ci·da adj. fungicidal ◇ m. fungicide.

fu·ni·cu·lar m. funicular, funicular railway.

fu·ria f. fury, rage ponerse hecho una furia to get furious, fly into a rage.

fu·ri·bun·do, da adj. furious, enraged.

fu·rio·so, sa adj. 1 colérico furious 2 tempestad, vendaval raging ponerse furioso to get angry.

fu·ror m. fury, rage hacer furor fig. to be all the rage.

fur·ti·vo, va adj. furtive caza furtiva poaching.

fu·rún·cu·lo m. boil.

fu·se·la·je m. fuselage.

fu·si·ble adj. fusible ◇ m. fuse.

fu·sil m. rifle, gun fusil de juguete popgun, toy gun.

fu·si·la·mien·to m. shooting, execution.

fu·si·lar tr. 1 ejecutar to shoot, execute 2 plagiar to plagiarize.

fu·sión f. 1 de metales fusion, melting de hielo thawing, melting 2 de intereses, partidos, ideas fusion 3 de empresas merger, amalgamation.

fu·sio·nar tr. 1 fundir to fuse 2 unir to join, unite 3 COMM to merge ◇ prnl. fusionarse unir to join, unite empresas to merge.

fus·te m. 1 palo stick 2 de columna shaft 3 importancia importance.

fus·ti·gar (see model 7) tr. 1 al caballo to whip, lash 2 censurar, criticar to criticize severely.

fut·bol m. 1 football, soccer futbol americano American football.

fut·bo·lis·ta com. footballer, football player, soccer player.

fú·til adj. unimportant, trivial.

fu·ti·li·dad f. triviality hablar de futilidades to talk about trivialities.

fu·tu·ris·mo m. futurism.

fu·tu·ris·ta adj. futuristic ◇ com. futurist.

fu·tu·ro, ra adj. future ◇ s. prometido fiancé, intended prometida fiancée, intended ◇ m. futuro future ◇ mpl. futuros financieros futures en un futuro próximo in the near future futuro imperfecto future futuro perfecto future perfect.

G

G, g *f. la letra* G, g.

g *símb.* **gramo** gram, gramme *símbolo* g.

ga·bán *m.* overcoat.

ga·bar·di·na *f.* 1 *impermeable* raincoat 2 *tela* gabardine.

ga·bo·nés, ne·sa *adj.* Gabonese ◇ *s.* Gabonese.

ga·ce·la *f.* gazelle.

ga·ce·ta *f.* 1 *publicación* gazette 2 *fam. persona* gossip.

ga·ce·ti·lla *f.* 1 *sección de noticias* "news in brief" section 2 *boletín informativo* newssheet.

ga·cho, cha *adj.* drooping, bent **con la cabeza gacha** with one's head bowed **con las orejas gachas** *fig.* with one's tail between one's legs.

ga·fa *f. grapa* clamp ◇ *fpl.* **gafas** 1 spectacles, glasses 2 *de motorista, esquí, natación* goggles **gafas de sol** sunglasses.

ga·fe·te *m.* hook and eye.

gai·ta *f.* 1 bagpipes *pl.*, pipes *pl.* 2 *fam.* bother, drag, pain.

ga·jes *mpl. dietas* allowance *sing*, expenses **gajes del oficio** *irón.* occupational hazards.

ga·jo *m.* 1 *de fruta* segment 2 *racimo* bunch 3 *rama* torn-off branch.

ga·la *f.* 1 *espectáculo* gala 2 *vestido* best dress ◇ *fpl.* **galas** adorno finery *sing*. **se pusieron sus mejores galas** they dressed up in their best clothes **cena de gala** gala dinner.

ga·lác·ti·co, ca *adj.* galactic.

ga·lán *m.* 1 *atractivo* handsome young man *mujeriego* ladies' man 2 *pretendiente* suitor 3 TEAT hero ◇ *adj.* smart, handsome.

ga·la·no, na *adj.* smart, elegant.

ga·lan·te *adj.* courteous, gallant, chivalrous.

ga·lan·te·ar *tr.* to court, woo.

ga·lan·te·rí·a *f.* 1 *caballerosidad* gallantry, chivalry 2 *piropo* compliment.

ga·lá·pa·go *m.* 1 *animal* turtle 2 *lingote* ingot 3 *silla de montar* light saddle.

ga·lar·dón *m.* prize.

ga·lar·do·na·do, da *pp. de* **galardonar** *adj.* prize-winning ◇ *s.* prizewinner.

ga·lar·do·nar *tr. premio* to award a prize to *medalla* to award a medal to.

ga·la·xia *f.* galaxy.

ga·le·no *m. fam.* doctor.

ga·le·ón *m.* galleon.

ga·le·ra *f.* 1 *mar* galley 2 *crustáceo* squilla 3 *imprenta* galley.

ga·le·rí·a *f.* 1 *gen.* gallery 2 *corredor descubierto* balcony, verandah 3 TEAT gallery, balcony 4 *para cortinas* cornice **galería comercial** shopping centre *sing.*

ga·lés, le·sa *adj.* Welsh ◇ *s. persona* Welsh person *hombre* Welshman *mujer* Welshwoman ◇ *m.* **galés** *idioma* Welsh.

gal·go, ga *s.* greyhound **¡échale un galgo!** *fam.* don't count on it.

ga·li·cis·mo *m.* Gallicism.

ga·li·ma·tí·as *m. inv. fam.* gibberish, double Dutch.

ga·llar·dí·a *f.* 1 *elegancia* elegance, poise 2 *arresto* gallantry, bravery.

ga·lle·ta *f.* 1 CULIN cookie 2 *fam. cachete* slap, smack 3 *fam. golpe* crash.

ga·lli·na *f.* hen ◇ *com. fam.* chicken, coward **matar la gallina de los huevos de oro** *fam.* to kill the goose that lays the golden eggs.

ga·lli·to *m.* 1 *fam. presumido* cock of the walk, show-off 2 *fam. bravucón* bully, troublemaker.

ga·llo *m.* 1 cock, rooster 2 *pez* John Dory 3 *fig. al cantar* false note *al hablar* squeak 4 *fam. fig. mandón* cock of the walk.

ga·lo, la *adj.* 1 HIST Gaulish 2 *irón.* French ◇ *s.* HIST *persona* Gaul ◇ *m.* **galo** HIST *idioma* Gaulish.

ga·lón *m. medida* gallon.

ga·lo·pan·te *adj.* 1 *equitación* galloping 2 *fig.* galloping.

ga·lo·par *intr.* to gallop.

ga·lo·pe *m.* gallop **al galope** at a gallop.

gal·va·nis·mo *m.* galvanism.

gal·va·ni·za·ción *f.* galvanization.

gal·va·ni·zar *(see model 4) tr.* to galvanize.

gal·va·nó·me·tro *m.* galvanometer.

ga·ma *f.* 1 MÚS scale 2 *gradación, variedad* range.

gam·be·rra·da *f.* act of hooliganism, act of vandalism.

gam·be·rro, rra *adj.* loutish, rowdy ◇ *s.* vandal, hooligan, lout.

gam·be·ta *f.* 1 *en danza* cross-step 2 *equitación* curvet, prance.

gam·bia·no, na *adj.* Gambian ◇ *s.* Gambian.

ga·me·to *m.* gamete.

gam·ma *f.* gamma **rayos gamma** gamma rays.

ga·mo *m.* fallow deer.

ga·mu·za *f.* 1 ZOOL chamois 2 *piel* chamois leather 3 *paño* duster.

ga·na *f.* 1 *deseo* wish (*de*, for), desire 2 *apetito* appetite *hambre* hunger **de buena gana** willingly **de mala gana** reluctantly **hacer algo con ganas** *fam.* to really enjoy doing something.

ga·na·de·rí·a *f.* 1 *crianza* cattle raising, stockbreeding 2 *ganado* cattle, livestock 3 *raza particular* herd.

ga·na·de·ro, ra *adj.* cattle ◇ *s.* 1 *propietario* cattle breeder, stockbreeder 2 *cuidador de ganado* herder.

ga·na·do *m.* 1 livestock, stock *vacas* cattle 2 *fam. gente* crowd **ganado bovino** cattle *pl.* **ganado caprino** goats *pl.* **ganado vacuno** cattle *pl.*

ga·na·dor, ra *adj.* winning ◇ *s.* winner.

ga·nan·cia *f.* gain, profit **margen de ganancia** COMM profit margin.

ga·na·pán *m.* 1 *recadero, botones* odd-jobman, dogsbody 2 *hombre tosco* lout.

ga·nar *tr.* 1 *partido, concurso, premio* to win 2 *dinero* to earn **¿cuánto ganas al año?** how much do you earn a year? 3 *lograr* to win ◇ *intr.* 1 *mejorar* to improve 2 *cambiar favorablemente* to gain ◇ *prnl.* **ganarse** 1 to earn **se gana bien la vida** he makes a good living 2 *ser merecedor* to deserve.

gan·chi·llo *m.* 1 *aguja* crochet hook 2 *labor* crochet work.

gan·cho *m.* 1 hook 2 *para ropa* peg 3 *cayado* shepherd's crook.

gan·dul, la *adj.* lazy, idle ◇ *s.* idler, loafer, lazybones, slacker.

gan·ga f. 1 *algo barato* bargain, good buy 2 *fam. algo fácil* gift, cinch, piece of cake **precio de ganga** bargain price.

gan·glio m. ganglion.

gan·go·so, sa adj. nasal, twanging.

gan·gre·na f. gangrene.

gán·gster m. gangster.

gan·so, sa s. ZOOL goose *macho* gander.

gan·zú·a f. 1 *garfio* picklock 2 *ladrón* burglar 3 *sonsacador* coaxer, wheedler.

ga·ñán m. 1 *mozo de labranza* farm hand 2 *hombre tosco* big brute.

ga·ñi·do m. yelp.

ga·ñir *(see model 40)* intr. 1 *aullar* to yelp *aves* to caw, croak 2 *fig. resollar* to scream, shriek.

ga·ño·te m. *fam.* throat, gullet.

ga·ra·ba·to m. 1 *gancho* hook 2 *dibujo* doodle *escritura* scrawl, scribble.

ga·ra·je m. garage.

ga·ran·te adj. responsible, acting as guarantor ◇ com. guarantor.

ga·ran·tí·a f. 1 *seguridad* guarantee, security 2 COMM guarantee, warranty 3 JUR bond, warranty, security **certificado de garantía** guarantee.

ga·ran·ti·za·do, da pp. de **garantizar** adj. 1 guaranteed 2 JUR secured.

ga·ran·ti·zar *(see model 4)* tr. 1 to guarantee 2 COMM to warrant 3 *responder por* to vouch for, stand as guarantor for.

ga·ra·ñón m. stud donkey.

ga·ra·pi·ñar tr. 1 *gen.* to coat with sugar 2 *fruta* to candy.

gar·ban·zo m. chickpea.

gar·bo m. 1 *airosidad al andar* gracefulness, poise 2 *gracia* grace, stylishness 3 *generosidad* generosity, unselfishness.

gar·de·nia f. gardenia.

gar·du·ño, ña adj. thieving ◇ s. sneak thief.

gar·fio m. hook, grapple.

gar·ga·jo m. spit, phlegm.

gar·gan·ta f. 1 *cuello* throat 2 *desfiladero* gorge, narrow pass 3 *voz* voice **tener un nudo en la garganta** fig. to have a lump in one's throat.

gar·gan·ti·lla f. short necklace, choker.

gár·ga·ras mpl. gargles pl., gargling sing. **hacer gárgaras** to gargle.

gár·go·la f. gargoyle.

ga·ri·ta f. 1 *caseta* box, cabin, hut *de centinela* sentry box 2 *portería* porter's lodge.

ga·ri·to m. 1 *casa de juego* gambling den, gaming house 2 *antro de diversión* dive, joint.

gar·li·to m. 1 red net 2 *fig. trampa* trap.

gar·lo·pa f. jack plane.

gar·na·cha f. 1 *uva* sweet reddish-black grape 2 *vino* wine made from this grape.

ga·rra f. 1 *de mamífero* paw, claw *de ave* talon 2 *fig. fuerza* personality, character **es una persona con mucha garra** she has a lot of character 3 *fam. pey. de persona* hand, paw.

ga·rra·fal adj. monumental, huge, terrible.

ga·rra·fón m. demijohn, large carafe.

ga·rra·pa·ta f. tick.

ga·rri·do, da adj. 1 *hombre* handsome *mujer* pretty 2 *elegante* smart.

ga·rro·cha f. 1 *gen.* goad stick 2 *en tauromaquia* pike, lance.

ga·rro·ta·zo m. blow with a stick.

ga·rro·te m. 1 thick stick, cudgel, club 2 *pena capital* garrotte.

ga·rro·ti·llo m. croup.

ga·rru·cha f. pulley.

gar·za f. heron.

gas m. 1 *gen.* gas 2 *flatulencias* wind sing, flatulence sing, **tener gases** to have wind **gas butano** butane gas **gas mostaza** mustard gas **gas natural** natural gas.

ga·sa f. 1 gauze 2 *pañal* gauze diaper.

ga·se·o·sa f. soda, pop.

ga·se·o·so, sa adj. 1 gaseous, gassy 2 *bebida* carbonated, fizzy.

ga·si·fi·ca·ción f. gasification.

ga·si·fi·car *(see model 1)* tr. to gasify.

ga·so·duc·to m. gas pipeline.

ga·só·le·o m. diesel oil.

ga·so·li·na f. gasoline, gas.

ga·so·li·ne·ra f. gas station.

gas·ta·do, da pp. de **gastar** adj. 1 *desgastado* worn-out 2 *acabado* finished, empty, used up 3 *manido* hackneyed, well-worn.

gas·ta·dor, ra adj. *derrochador* spendthrift ◇ s. *derrochador* spendthrift, spender ◇ m. **gastador** *zapador* sapper.

gas·tar tr. 1 *consumir dinero, tiempo* to spend *gasolina, electricidad* to use (up), consume 2 *malgastar* to waste ◇ prnl. **gastarse** 1 *desgastarse* to wear out 2 *consumirse* to run out.

gas·te·ró·po·do m. gastropod.

gas·to m. expenditure, expense **gastos de mantenimiento** running costs, maintenance costs.

gás·tri·co, ca adj. gastric.

gas·tri·tis f. inv. gastritis.

gas·tro·no·mí·a f. gastronomy.

gas·tro·nó·mi·co, ca adj. gastronomic, gastronomical.

ga·te·ar intr. 1 *andar a gatas* to crawl 2 *trepar* to climb.

ga·ti·llo m. trigger.

ga·ti·to, ta s. *fam.* kitty, pusy.

ga·to, ta s. 1 cat, tomcat 2 *de coche* jack.

ga·ve·ta f. 1 *cajón* drawer 2 *mueble* chest of drawers.

ga·via f. topsail.

ga·vi·lán m. sparrowhawk.

ga·vi·lla f. 1 *de ramas, etc.* sheaf 2 *pey. de gente* gang, band.

ga·vio·ta f. seagull, gull.

gay adj. gay, homosexual ◇ m. gay, homosexual.

ga·yo, ya adj. LIT gay, cheerful.

ga·yo·la f. *argot* nick, clink.

ga·za·po m. 1 *mentira* lie 2 *error* blunder, slip.

gaz·mo·ño, ña adj. prudish.

gaz·ná·pi·ro, ra adj. *fam.* dim, thick ◇ s. *fam.* dolt, dimwit.

gaz·na·te m. gullet.

géi·ser m. geyser.

gei·sha f. geisha.

gel m. gel.

ge·la·ti·na f. 1 *sustancia* gelatine 2 *preparado alimenticio* jelly.

ge·la·ti·no·so, sa adj. gelatinous, jelly-like.

gé·li·do, da adj. icy, icy cold.

ge·ma f. 1 BOT bud 2 *piedra* gem.

ge·me·bun·do, da adj. grumbling, complaining.

ge·me·lo, la adj. twin ◇ s. twin ◇ m. **gemelo** *músculo* calf muscle ◇ mpl. **gemelos** 1 *botones* cufflinks 2 *anteojos* binoculars.

ge·mi·do m. 1 *quejido* groan, moan 2 *gimoteo* whimper.

ge·mi·na·do, da adj. geminate.

ge·mir *(see model 34)* intr. 1 *quejarse* to moan, groan 2 *fig. aullar* to whimper.

gen m. gene.

gen·cia·na f. gentian.

gen·dar·me m. gendarme.

gen·dar·me·rí·a f. gendarmerie.

ge·ne m. gene.

ge·ne·a·lo·gí·a f. genealogy.

ge·ne·a·ló·gi·co, ca adj. genealogical **árbol genealógico** family tree.

ge·ne·ra·ción f. generation.

ge·ne·ra·cio·nal adj. generation, generational **la barrera generacional** the generation gap.

ge·ne·ra·dor, ra adj. generating ⬦ m. *generador* **máquina** generator.

ge·ne·ral adj. 1 general 2 *común* common, usual, widespread ⬦ m. *oficial* general **en general** in general, generally **por lo general** in general, generally.

ge·ne·ra·li·dad f. 1 *gen.* generality 2 *mayoría* majority 3 *generalización* general statement ⬦ *fpl.* **generalidades** nociones basic knowledge *sing.* **sólo sabe generalidades** his knowledge is very general.

ge·ne·ra·lí·si·mo m. generalissimo, supreme commander.

ge·ne·ra·li·za·ción f. 1 *gen.* generalization 2 *extensión* spread, spreading.

ge·ne·ra·li·za·do, da pp. de generalizar adj. widespread, common.

ge·ne·ra·li·zar *(see model 4)* tr. 1 *gen.* to generalize 2 *extender* to spread, popularize ⬦ *prnl.* **generalizarse** to spread, become widespread, become common.

ge·ne·ral·men·te adv. generally, usually.

ge·ne·rar tr. to generate.

ge·ne·ra·ti·vo, va adj. generative.

ge·né·ri·ca·men·te adv. generically.

ge·né·ri·co, ca adj. generic.

gé·ne·ro m. 1 *clase* kind, sort 2 *tela* cloth 3 *mercancía* article, piece of merchandise 4 GRAM gender 5 BIOL genus 6 *literario* genre ⬦ *mpl.* **géneros** mercancías goods **género dramático** drama **género lírico** opera.

ge·ne·ro·si·dad f. generosity, unselfishness.

ge·ne·ro·so, sa adj. generous (**con/para**) to).

gé·ne·sis f. inv. genesis ⬦ m. **el Génesis** Genesis.

ge·né·ti·ca f. genetics *sing.*

ge·né·ti·co, ca adj. genetic.

ge·nial adj. 1 brilliant, inspired 2 *fam.* terrific, great, smashing.

ge·nia·li·dad f. 1 *idea* brilliant idea, stroke of genius 2 *acción* peculiarity 3 *cualidad* genius.

ge·nio m. 1 *carácter* temper, disposition 2 *facultad* genius **Einstein fue un genio** Einstein was a genius 3 *espíritu* spirit 4 *ser fantástico* genie.

ge·ni·tal adj. genital ⬦ *mpl.* **genitales** genitals.

ge·ni·ti·vo m. genitive.

ge·no·ci·dio m. genocide.

ge·no·ma m. genome, genom.

ge·no·ti·po m. genotype.

ge·no·vés, ve·sa adj. Genoese ⬦ s. Genoese.

gen·te f. 1 people *pl.* 2 *familia* family, folks *pl.*, people *pl.* 3 *personal* staff 4 MIL troops *pl.* **gente de bien** honest people.

gen·til adj. 1 *amable* kind 2 *apuesto* charming 3 *pagano* heathen, pagan *no judío* gentile ⬦ *com.* Gentile.

gen·ti·le·za f. 1 *gracia* grace, elegance, poise 2 *cortesía* politeness, kindness.

gen·ti·li·cio adj. gentile ⬦ m. gentile.

gen·til·men·te adv. gracefully.

gen·tí·o m. crowd **¡qué gentío!** what a crowd!

ge·nu·fle·xión f. genuflexion.

ge·nui·na·men·te adv. genuinely.

ge·nui·no, na adj. genuine, authentic.

ge·o·cén·tri·co, ca adj. geocentric.

ge·o·de·sia f. geodesy.

ge·o·fí·si·ca adj. geophysical ⬦ s. geophysicist.

ge·o·gra·fí·a f. geography **geografía física** physical geography **geografía política** political geography **geografía social** social geography.

ge·o·grá·fi·co, ca adj. geographic, geographical.

ge·ó·gra·fo, fa s. geographer.

ge·o·lo·gí·a f. geology.

ge·o·ló·gi·co, ca adj. geologic, geological.

ge·ó·lo·go, ga s. geologist.

ge·o·mag·ne·tis·mo m. geomagnetism.

ge·ó·me·tra com. geometer, geometrician.

ge·o·me·trí·a f. geometry **geometría descriptiva** descriptive geometry.

ge·o·mé·tri·co, ca adj. geometric, geometrical.

ge·o·mór·fi·co, ca adj. geomorphic.

ge·o·po·lí·ti·co, ca adj. geopolitical.

ge·o·quí·mi·ca f. geochemistry.

ge·or·gia·no, na adj. Georgian ⬦ s. *persona* Georgian ⬦ m. **georgiano** idioma Georgian.

ge·ra·nio f. geranium.

ge·ren·cia f. 1 *actividad* management, administration 2 *oficina* manager's office.

ge·ren·te com. *hombre* manager *mujer* manageress.

ge·ria·tra com. geriatrician.

ge·ria·trí·a f. geriatrics *sing.*

ge·riá·tri·co, ca adj. geriatric ⬦ m. **geriátrico** *sanatorio* geriatric hospital *residencia* old people's home.

ge·ri·fal·te m. 1 *ave* gerfalcon, gyrfalcon 2 *fam. persona sobresaliente* bigwig **estar/vivir como un gerifalte** to live like a lord.

ger·má·ni·co, ca adj. Germanic.

ger·ma·nio m. germanium.

ger·ma·nis·mo m. Germanism.

ger·ma·no, na adj. Germanic.

ger·men m. germ **germen de trigo** wheat germ.

ger·mi·ci·da adj. germicidal ⬦ m. germicide.

ger·mi·na·ción f. germination.

ger·mi·nal adj. germinal.

ger·mi·nar intr. to germinate.

ge·ron·to·cra·cia f. gerontocracy.

ge·ron·to·lo·gí·a f. gerontology.

ge·run·dio m. gerund.

ges·ta f. *arc.* heroic deed, exploit.

ges·ta·ción f. 1 gestation 2 *período* gestation period **en gestación** *fig.* in preparation, in the pipeline **estado de gestación** state of pregnancy.

ges·tan·te adj. gestating ⬦ f. expectant mother.

ges·tar tr. to gestate ⬦ *prnl.* **gestarse** *fig. sentimiento* to grow *idea* to develop *plan* to be under way, be in the pipeline.

ges·ti·cu·la·ción f. gesticulation, gestures *pl.*

ges·ti·cu·lar intr. to gesticulate.

ges·tión f. 1 step, measure, move 2 *comercial* administration, management.

ges·tio·nar tr. 1 *negociar* to negotiate 2 *administrar* to manage, run 3 *hacer diligencias* to take steps to, arrange.

ges·to m. 1 *movimiento* gesture 2 *mueca* grimace 3 *rostro* face 4 *acción* gesture, sign **hacer gestos a...** *fam.* to make gestures at...

ges·tor, ra adj. managing ⬦ s. administrador manager, director.

ges·tual adj. using gestures.

gha·nés, ne·sa adj. Ghanaian ⬦ s. Ghanaian.

gi·ba f. hump, hunch.

gi·ga f. gigabyte giga, gigabyte.
gi·ga·by·te m. gigabyte.
gi·gan·te adj. giant, gigantic, huge.
gi·gan·te, ta s. hombre giant mujer giantess.
gi·gan·tes·co, ca adj. giant, gigantic, giant-size.
gi·go·ló m. gigolo.
gim·na·sia f. gymnastics sing. **confundir la gimnasia con la magnesia** fam. to confuse two totally different things.
gim·na·sio m. gymnasium, gym.
gim·nas·ta com. gymnast.
gim·nás·ti·co, ca adj. gymnastic.
gim·nos·per·mo, ma adj. gymnospermous.
gi·mo·te·ar intr. to whine, whimper.
gi·mo·te·o m. whining, whimpering.
gi·ne·bra f. gin.
gi·ne·ce·o m. 1 BOT gynoecium 2 lugar gynaecium.
gi·ne·co·lo·gí·a f. gynecology.
gi·ne·co·ló·gi·co, ca adj. gynecological.
gi·ne·có·lo·go, ga s. gynecologist.
gin·gi·val adj. gingival, gum.
gin·gi·vi·tis f. inv. gingivitis.
gi·ra f. 1 artística tour 2 excursión trip, excursion **estar de gira** to be on tour.
gi·rar intr. 1 dar vueltas to rotate, whirl, spin 2 torcer to turn 3 fig. versar to deal with tr. cambiar de sentido to turn, turn around.
gi·ra·sol m. sunflower.
gi·ra·to·rio, ria adj. rotating, gyratory **silla giratoria** swivel chair.
gi·ro m. 1 vuelta turn, turning 2 dirección course, direction 3 COMM draft 4 frase turn of phrase, expression.
gi·ros·có·pi·co, ca adj. gyroscopic.
gi·ros·co·pio m. gyroscope.
gi·ta·no, na adj. 1 gypsy, gipsy 2 fig. zalamero flattering ⋄ s. 1 gypsy, gipsy 2 fig. zalamero flatterer 3 fam. estafador fiddler, swindler.
gla·cia·ción f. glaciation.
gla·cial adj. 1 glacial 2 fig. glacial, icy.
gla·ciar m. glacier.
gla·dia·dor m. gladiator.
gla·dio·lo m. gladiolus.
gla·mour m. charm, glamour.
glan·de m. glans penis.
glán·du·la f. gland **glándula pineal** pineal body, pineal gland **glándula pituitaria** pituitary gland.
glan·du·lar adj. glandular.
gla·sé adj. glacé ⋄ m. tafetán glacé silk.
gla·se·a·do m. glacé.
gla·se·ar tr. to glaze.
glau·co·ma m. glaucoma.
gli·ce·ri·na f. glycerin, glycerine.
glo·bal adj. global, comprehensive, overall.
glo·bal·men·te adv. globally, as a whole.
glo·bo m. 1 esfera globe, sphere 2 tierra globe 3 de aire balloon **globo aerostático** hot air balloon, hydrogen balloon **globo terráqueo** globe.
glo·bo·so, sa adj. globular.
glo·bu·lar adj. globular.
glo·bu·li·na f. globulin.
gló·bu·lo m. globule **glóbulo blanco** white corpuscle **glóbulo rojo** red corpuscle.
glo·ria f. 1 bienaventuranza glory 2 fama fame, honor 3 cielo heaven 4 esplendor boast 5 **cubrirse de gloria** irón. to make a fool of oneself.
glo·rie·ta f. 1 en un jardín arbor 2 plazoleta small square 3 cruce de calles traffic circle.
glo·ri·fi·car (see model 1) tr. to glorify.
glo·rio·so, sa adj. glorious.

glo·sa f. 1 explicación, comentario gloss, comment note 2 poema gloss.
glo·sa·rio m. glossary.
glo·tis f. inv. glottis.
glo·tón, to·na adj. greedy, gluttonous ⋄ s. glutton ⋄ m. **glotón** ZOOL wolverine, glutton.
glu·ce·mia f. glycemia.
glú·ci·do m. glucide.
glu·co·sa f. glucose.
glu·ten m. gluten.
glú·te·o, a adj. gluteal ⋄ m. **glúteo** gluteus.
glu·ti·no·so, sa adj. glutinous.
gno·mo m. gnome.
gno·sis f. inv. gnosis.
gnos·ti·cis·mo m. Gnosticism.
gnós·ti·co, ca adj. Gnostic ⋄ s. Gnostic.
go·ber·na·ción f. government.
go·ber·na·dor, ra adj. governing ⋄ s. governor.
go·ber·nan·te adj. ruling, governing ⋄ com. ruler, leader **la clase gobernante** the ruling class.
go·ber·nar (see model 27) tr. 1 gen. to govern 2 un país to rule 3 una familia to run ⋄ intr. un barco to steer ⋄ prnl. **gobernarse** to manage one's own affairs, manage by oneself, look after oneself.
go·bier·no m. 1 POL government 2 mando command, running, handling 3 conducción direction, control de un barco steering de timón rudder.
go·ce m. pleasure, enjoyment.
gol m. goal **marcar un gol** to score a goal **tiro a gol** shot at goal.
go·le·a·dor, ra s. scorer.
go·le·ar tr. to hammer.
golf m. 1 deporte golf 2 terreno golf course.
gol·fa f. fam. prostituta slut, tart, hussy.
gol·fe·ar intr. 1 vagabundear to loaf around 2 hacer gamberradas to get up to no good.
gol·fis·ta com. golfer.
gol·fo¹ m. gulf, large bay.
gol·fo, fa² adj. niño naughty joven idle, lazy ⋄ s. holgazán good-for-nothing, layabout.
go·lon·dri·na f. ave swallow.
go·lon·dri·no m. ave young swallow.
go·lo·si·na f. candy.
go·lo·so, sa adj. 1 sweet-toothed 2 fig. apetecible mouthwatering, inviting ⋄ s. candy lover **ser un goloso** que le gustan los dulces to have a sweet tooth.
gol·pa·zo m. heavy blow, bang.
gol·pe m. 1 blow, knock puñetazo punch 2 de coche collision fuerte bang ligero bump 3 fig. desgracia blow, misfortune **de un golpe** all at once, in one go **golpe bajo** fig. punch below the belt **golpe de Estado** coup, coup d'état.
gol·pe·ar tr. gen. to hit, strike personas to thump, hit, punch puerta to knock on.
gol·pe·ci·to m. fam. tap.
gol·pe·te·ar tr. to bang ⋄ intr. to bang.
gol·pe·te·o m. banging, hammering.
gol·pis·ta com. person involved in a coup d'état ⋄ adj. relating to coups d'état.
go·ma f. 1 material gum, rubber 2 de borrar eraser 3 de pegar glue, gum **goma de mascar** chewing gum.
go·mi·no·la f. jelly bean, jelly.
go·mo·so, sa adj. sticky ⋄ m. **gomoso** pey. fop.
gó·na·da f. gonad.
gón·do·la f. 1 embarcación gondola 2 carruaje carriage.
gon·do·le·ro, ra s. gondolier.
go·nió·me·tro m. goniometer.
go·no·co·co m. gonococcus.

go·no·rre·a f. gonorrhea.

gor·din·flón, flo·na adj. chubby, fat ⬦ s. chubby person, fatty.

gor·do, da adj. 1 carnoso fat *se puso gordo* he got fat 2 grueso thick 3 grave serious ⬦ s. fat person familiarmente fatty ⬦ m. **gordo** fam. grasa fat *caer gordo* fam. not to stand somebody *hacer la vista gorda* fam. to turn a blind eye.

gor·du·ra f. fatness.

gor·go·jo m. 1 insecto weevil 2 fam. fig. dwarf, small person.

gor·go·te·ar intr. to gurgle.

go·ri·la m. 1 animal gorilla 2 fam. guardaespaldas bodyguard.

gor·je·ar intr. to chirp, twitter.

gor·je·o m. 1 ave chirping, twittering 2 bebé gurgling.

go·rra f. 1 gen. cap 2 con visera peaked cap *de gorra* fam. free, for nothing.

go·rre·ar intr. to scrounge, be a parasite.

go·rrión, rrio·na s. sparrow.

go·rro m. 1 cap 2 de bebé bonnet 3 de cocinero chef's hat *estar hasta el gorro* fam. to have had enough (de, of), be fed up (de, with).

go·rrón, rro·na adj. fam. scrounging, sponging ⬦ s. sponger, scrounger.

go·ta f. 1 drop 2 de sudor bead 3 de aire breath 4 MED gout *ser la gota que derrama el vaso* to be the straw that broke the camel's back *sudar la gota gorda* to sweat blood.

go·te·ar intr. 1 grifo to drip tejado to leak 2 lluvia to drizzle.

go·te·ra f. 1 agujero leak 2 agua drip 3 mancha drip mark.

gó·ti·co, ca adj. Gothic ⬦ m. **gótico** idioma Gothic.

go·zar (see model 4) tr. 1 poseer, disfrutar to enjoy 2 trato carnal take advantage of ⬦ intr. 1 poseer, disfrutar to enjoy (de, -) 2 sentir placer to enjoy oneself.

goz·ne m. hinge.

go·zo m. joy, delight, pleasure.

go·zo·so, sa adj. 1 contento delighted 2 que produce alegría joyful, happy.

gra·ba·ción f. recording.

gra·ba·do, dá pp. de grabar adj. engraved ⬦ m. grabado 1 arte engraving 2 dibujo picture, drawing.

gra·ba·dor, ra adj. recording ⬦ s. engraver.

gra·bar tr. 1 ARTE to engrave 2 registrar to record 3 INFO to save *quedarse algo muy grabado* fig. to stick in one's mind.

gra·ce·jo m. charm, winsomeness.

gra·cia f. 1 REL grace 2 favor favor 3 clemencia pardon 4 buen trato graciousness 5 atractivo grace, charm 6 garbo grace 7 chiste joke ⬦ fpl. **gracias** thank you, thanks *gracias a Dios* thank God, thank goodness.

grá·cil adj. lissom, gracile.

gra·cio·so, sa adj. 1 atractivo graceful, charming 2 bromista witty, facetious 3 divertido funny, amusing ⬦ s. TEAT jester, clown, fool.

gra·da f. 1 peldaño step, stair 2 graderia tier 3 tarima stand ⬦ fpl. **gradas** stands, terraces.

gra·da·ción f. 1 gradation 2 MÚS scale 3 retórica climax.

gra·de·ría f. stands pl., terraces pl.

gra·dien·te m. grade.

gra·do m. 1 gen. degree 2 estado stage 3 EDUC curso class, grade 4 EDUC título degree 5 peldaño step.

gra·dua·ble adj. adjustable.

gra·dua·ción f. 1 gen. graduation 2 de alcohol strength 3 MIL rank, degree of rank 4 EDUC graduation.

gra·dua·do, da pp. de graduar adj. graduated ⬦ s. EDUC graduate.

gra·dual adj. gradual.

gra·duar (see model 11) tr. 1 termómetro to graduate, calibrate 2 regular to adjust, regulate 3 conceder un diploma graduate 4 medir to gauge, measure ⬦ prnl. **graduarse** to graduate, get one's degree.

gra·fe·ma m. grapheme.

gra·fi·a f. 1 signo graphic symbol 2 escritura writing 3 ortografía spelling.

gra·fi·ca·men·te adv. graphically.

grá·fi·ca f. graph, diagram.

grá·fi·co, ca adj. 1 graphic 2 fig. vívido vivid, graphic ⬦ m. **gráfico** dibujo sketch, chart **artes gráficas** graphic arts.

gra·fi·ti mpl. graffiti.

gra·fi·to m. graphite.

gra·fo·lo·gí·a f. graphology.

gra·ge·a f. pill, tablet.

gra·ma f. Bermuda grass.

gra·má·ti·ca f. grammar.

gra·ma·ti·cal adj. grammatical.

gra·má·ti·co, ca adj. grammatical ⬦ s. grammarian.

gra·mí·ne·o, a adj. gramineous.

gra·mi·ne·o, a adj. gramineous, graminaceous ⬦ fpl. **gramíneas** grasses, the grass family sing.

gra·mo m. gram, gramme.

gra·mó·fo·no m. gramophone.

gran adj. 1 fuerte, intenso great *se llevaron un gran susto* they were terribly shocked 2 excelente great.

gra·na[1] f. 1 semilla seed 2 acción seeding.

gra·na[2] f. 1 insecto cochineal 2 sustancia cochineal 3 color maroon, claret ⬦ adj. maroon, claret.

gra·na·da f. 1 BOT pomegranate 2 MIL grenade, shell.

gra·na·de·ro m. grenadier.

gra·na·do, da pp. de granar adj. 1 maduro mature, ripened, of a certain age 2 ilustre illustrious ⬦ m. **granado** pomegranate tree.

gra·nar intr. to seed.

gra·na·te adj. maroon, claret ⬦ m. 1 color maroon, claret 2 mineral garnet.

gran·de adj. 1 tamaño large, big 2 fuerte, intenso great 3 mayor grown-up, old, big ⬦ m. de elevada jerarquía great *a lo grande* on a grand scale, in a big way.

gran·de·za f. 1 tamaño size 2 importancia greatness 3 generosidad generosity 4 dignidad nobiliaria nobility.

gran·di·lo·cuen·cia f. grandiloquence, pomp.

gran·dio·si·dad f. grandeur, magnificence, splendor.

gran·dio·so, sa adj. grandiose, grand, magnificent.

gran·du·llón, llo·na adj. fam. pey. great big ⬦ s. fam. pey. chico oversized boy chica oversized girl.

gra·ne·ro m. granary, barn.

gra·ni·to m. granite.

gra·ni·za·da f. 1 hailstorm 2 fig. lluvia hail, shower.

gra·ni·za·do, da pp. de granizar m. **granizado** iced drink.

gra·ni·zar (see model 4) intr. to hail.

gra·ni·zo m. hail, hailstone.

gran·ja f. farm.

gran·je·ar·se prnl. to win, obtain, earn.

gran·je·ro, ra s. farmer.

gra·no *m.* **1** grain *de café* bean **2** MED pimple, spot ◇ *mpl.* **granos** cereals **ir al grano** *fam.* to come to the point, get to the point.

gra·nu·ja *f.* *uva* grapes *pl.* ◇ *m.* *pilluelo* ragamuffin, urchin.

gra·nu·la·ción *f.* granulation.

gra·nu·la·do, da *pp. de* **granular** *adj.* granulated ◇ *m.* **granulado** *en farmacia* powder.

gra·nu·lar *adj.* granular ◇ *tr.* to granulate.

grá·nu·lo *m.* **1** granule **2** *en farmacia* small pill.

gra·nu·lo·so, sa *adj.* **1** *superficie* granular **2** *piel* pimply.

gra·pa *f.* **1** *para papel* staple **2** *en construcción* cramp iron **3** *de uvas* bunch, bunch of grapes.

gra·par *tr.* to staple.

gra·sa *f.* grease, fat.

gra·sien·to, ta *adj.* greasy, oily.

gra·so, sa *adj.* greasy, oily, fatty.

gra·so·so, sa *adj.* greasy, oily.

gra·ti·fi·ca·ción *f.* **1** *satisfacción* gratification **2** *recompensa* reward **3** *extra* bonus.

gra·ti·fi·ca·dor, ra *adj.* gratifying, rewarding.

gra·ti·fi·can·te *adj.* gratifying, rewarding.

gra·ti·fi·car *(see model 1) tr.* **1** *satisfacer* to gratify **2** *recompensar* to reward, tip.

gra·ti·na·dor *m.* grill.

gra·ti·nar *tr.* to cook under the grill, brown under the grill.

gra·tis *adv.* free.

gra·ti·tud *f.* gratitude.

gra·to, ta *adj.* pleasant, pleasing (*para*, to).

gra·tui·to, ta *adj.* *de balde* free **muestra gratuita** free sample.

gra·va *f.* **1** *guijas* gravel **2** *piedra machacada* crushed stone.

gra·va·ble *adj.* taxable.

gra·va·men *m.* **1** *carga* burden, obligation **2** *impuesto* tax, duty.

gra·var *tr.* to tax.

gra·ve *adj.* **1** *pesado* heavy **2** *serio* grave, serious **3** *difícil* difficult **4** *solemne* solemn **5** *voz, nota* deep, low **estar grave** to be seriously ill.

gra·ve·dad *f.* **1** FÍS gravity **2** *importancia* gravity, seriousness **3** *seriedad* solemnity, gravity **4** *de sonido* depth.

gra·vi·dez *f.* pregnancy **en estado de gravidez** pregnant.

grá·vi·do, da *adj.* **1** *lleno* full **2** *embarazada* pregnant, gravid.

gra·vi·lla *f.* fine gravel.

gra·vi·ta·ción *f.* gravitation.

gra·vi·tar *intr.* **1** FÍS to gravitate **2** *apoyarse en* to rest (*sobre*, on) **3** *fig. amenazar* to loom (*sobre*, over).

gra·vi·ta·to·rio, ria *adj.* gravitational.

gra·vo·so, sa *adj.* **1** *costoso* costly, expensive **2** *molesto* burdensome.

graz·nar *intr.* **1** *cuervo* to caw, croak **2** *oca* to honk **3** *pato* to quack.

graz·ni·do *m.* **1** *de cuervo* caw, croak **2** *de oca* honk **3** *de pato* quack.

gre·ca *f.* fret, fretwork.

gre·co·la·ti·no, na *adj.* Graeco-Latin.

gre·co·rro·ma·no, na *adj.* Graeco-Roman.

gre·da *f.* fuller's earth, clay.

gre·ga·rio, ria *adj.* gregarious **instinto gregario** herd instinct.

gre·go·ria·no, na *adj.* Gregorian **canto gregoriano** Gregorian chant.

gre·güe·rí·a *f.* **1** *algarabía* hubbub **2** LIT *type of* aphorism.

gre·mial *adj.* **1** trade union, union **2** HIST guild.

gre·mio *m.* **1** HIST guild, corporation **2** *sindicato* union **3** *profesión* profession.

gres·ca *f.* **1** *bulla* racket **2** *riña* row.

grey *f.* **1** *rebaño* flock, herd **2** *de personas* group, bunch *en religión* flock.

grial *m.* Grail **el Santo Grial** the Holy Grail.

grie·go, ga *adj.* Greek ◇ *s. persona* Greek ◇ *m. griego idioma* Greek.

grie·ta *f.* **1** crack, crevice **2** *en la piel* chap, crack.

gri·fo *m.* **1** *llave* faucet **2** *animal* griffin, gryphon, griffon **abrir el grifo** to turn the tap on.

gri·lla *f.* female cricket.

gri·lle·te *m.* shackle.

gri·llo¹ *m.* ZOOL cricket **andar a grillos** *fam.* to potter about.

gri·llo² *m.* *tallo* sprout.

gri·ma *f.* displeasure, disgust, annoyance.

grím·po·la *f.* pennant.

grin·go, ga *adj. fam.* Yankee ◇ *s. fam.* Yankee.

gri·pal *adj.* related to flu **síntomas gripales** flu symptoms **afección gripal** flu.

gri·pe *f.* flu, influenza **estar con gripe** to have (the) flu.

gris *adj.* **1** gray **2** *fig. mediocre* mediocre, third-rate **3** *fig. triste* gray, gloomy ◇ *m. color* gray **gris perla** pearl grey.

gri·sá·ce·o, a *adj.* greyish.

gri·sú *m.* firedamp.

gri·tar *intr. gen.* to shout *chillar* cry out, scream.

gri·te·rí·o *m.* shouting, uproar.

gri·to *m.* **1** shout *chillido* cry, scream **a grito pelado** at the top of one's voice **dar un grito** to shout **2** *chillar* to scream **el último grito** *fig.* the latest thing, the last word **poner el grito en el cielo** *fig.* to hit the ceiling, hit the roof.

gri·tón, to·na *adj.* noisy, loudmouthed ◇ *s.* loudmouth.

gro·en·lan·dés, de·sa *adj.* Greenlandic ◇ *s. persona* Greenlander ◇ *m. groenlandés idioma* Greenlandic.

gro·se·lla *f.* redcurrant **grosella roja** redcurrant.

gro·se·rí·a *f.* **1** *ordinariez* rude word, rude expression **2** *rusticidad* rudeness, coarseness **decir una grosería** to say something rude.

gro·se·ro, ra *adj.* **1** *tosco* coarse, crude **2** *maleducado* rude ◇ *s.* rude person.

gro·sor *m.* thickness.

gro·su·ra *f.* fat, suet.

gro·tes·co, ca *adj.* grotesque, ridiculous.

grú·a *f.* **1** *construcción* crane, derrick **2** AUTO tow truck.

grue·sa *f.* *doce docenas* gross.

grue·so, sa *adj.* **1** *objeto* thick **2** *persona* fat, stout ◇ *m. grueso* **1** *grosor* thickness **2** *parte principal* bulk.

gru·llo, lla *adj.* scrounging.

gru·me·te *m.* cabin boy.

gru·mo *m.* lump *de sangre* clot *de leche* curd.

gru·mo·so, sa *adj.* lumpy, clotted.

gru·ñi·do *m.* grunt, growl.

gru·ñir *(see model 40) intr.* to grunt.

gru·ñón, ño·na *adj.* grumbling, grumpy ◇ *s.* grumbler, grouch.

gru·pa *f.* croup, hindquarters *pl.* **montar a la grupa** to ride pillion.

gru·po *m.* **1** group **2** TÉC unit, set **en grupo** together, en masse **grupo sanguíneo** blood group.

gru·ta *f.* cavern, grotto, cave.

gru·ye·re *m.* gruyère.

gua·ca·ma·yo *m.* macaw.

gua·che *m.* gouache.

gua·da·ña *f.* scythe.

gua·gua *f.* worthless thing.

gua·na·co *m.* guanaco.

gua·no *m.* 1 *abono natural* guano 2 *abono artificial* manure, fertilizer.

guan·te *m.* glove **colgar los guantes** *en boxeo* to give up boxing **echar el guante a alguien** *fam.* to catch somebody.

guan·te·ra *f.* glove compartment.

gua·po, pa *adj.* 1 *cute hombre* handsome *mujer* beautiful, pretty 2 *argot bonito* nice, smart ◇ *s.* 1 good-looking person, good-looker 2 *fam.* decidido daredevil ◇ *m.* **guapo** *galán* ladies' man.

guar·da *com.* persona guard, keeper ◇ *f.* 1 *custodia* custody, care 2 *de la ley, etc.* observance **ángel de la guarda** guardian angel.

guar·da·bos·que *m.* forester.

guar·da·cos·tas *com. inv.* persona coastguard ◇ *m.* coastguard vessel.

guar·da·es·pal·das *com. inv.* bodyguard.

guar·da·gu·jas *com. inv. hombre* switchman *mujer* switchwoman.

guar·da·me·ta *com.* goalkeeper.

guar·da·pol·vo *m.* 1 *cubierta* dust cover 2 *mono* overalls *pl.*

guar·dar *tr.* 1 *cuidar* to keep, watch over, keep an eye on 2 *conservar* to keep, hold 3 *la ley* to observe, obey *un secreto* to keep 4 *proteger* to protect, save **¡Dios salve al rey!** God save the King! 5 INFO to save **guardar rencor** to harbour resentment (*a*, against).

guar·da·rro·pa *m.* 1 *armario* wardrobe 2 *cuarto* cloakroom ◇ *com.* cloakroom attendant.

guar·da·ví·a *m. hombre* signalman.

guar·de·rí·a *f.* 1 crèche, nursery 2 *oficio de guarda* keeping **guardería infantil** nursery, nursery school.

guar·dia *f.* 1 *vigilancia* watch, lookout 2 *servicio* duty, call 3 *tropa* guard ◇ *com.* 1 *hombre* policeman *mujer* policewoman 2 *soldado* to be on guard duty.

guar·dia·ma·ri·na *m.* midshipman.

guar·dián, dia·na *s.* guardian, keeper, custodian.

gua·re·cer *(see model 43) tr.* to take shelter (*de*, from), shelter (*de*, from).

gua·ri·da *f.* 1 ZOOL haunt, den, lair 2 *pey. refugio* hide-out.

gua·ris·mo *m.* cipher, figure.

guar·ne·cer *(see model 43) tr.* 1 *decorar* to adorn, decorate *en cocina* to garnish 2 *proveer* to provide (*de*, with).

guar·ne·ci·do, da *pp. de* guarnecer *adj.* 1 *gen.* decorated, trimmed *en cocina* garnished (*de*, with) 2 *dotado* equipped ◇ *m.* **guarnecido** *en construcción* plaster.

guar·ni·ción *f.* 1 *gen.* decoration, trimmings *pl.* 2 *de joya* setting ◇ *fpl.* **guarniciones** *en equitación* harness *sing.*

gua·rra·da *f.* 1 *something dirty, disgusting thing* **¡no hagas guarradas!** don't do such filthy things! 2 *fam. mala pasada* dirty trick **decir guarradas** to have a foul mouth.

gua·rro, rra *adj.* dirty, filthy ◇ *s.* pig, dirty pig.

gua·sa *f.* jest, fun, mockery **con guasa** jokingly **estar de guasa** to be joking.

gua·són, so·na *adj.* funny, joking ◇ *s.* jester, joker.

gua·ta *f.* 1 *algodón* raw cotton 2 *relleno* padding.

gua·te·mal·te·co, ca *adj.* Guatemalan ◇ *s.* Guatemalan.

gua·te·que *m.* party.

gua·ya·ba *f.* guava.

gua·ya·be·ra *f.* summer shirt *for men.*

gua·ya·bo *m.* guava tree.

gua·ya·nés, ne·sa *adj.* Guianese ◇ *s.* Guianese.

gu·ber·na·men·tal *adj.* government, governmental.

gu·ber·na·ti·vo, va *adj.* government, governmental.

gu·bia *f.* gouge.

gue·par·do *m.* cheetah.

gue·rra *f.* war **Primera Guerra Mundial** World War I, the First World War **Segunda Guerra Mundial** World War II, the Second World War.

gue·rre·ar *intr.* to war.

gue·rre·ra *f. chaqueta* army jacket.

gue·rre·ro, ra *adj.* 1 warlike 2 *fam. niño* difficult ◇ *s.* warrior, soldier.

gue·rri·lla *f.* 1 *guerra* guerrilla warfare 2 *banda* guerrilla band.

gue·rri·lle·ro, ra *s.* guerrilla.

gue·to *m.* ghetto.

guí·a *com. persona* guide, leader ◇ *f.* 1 *norma* guidance, guideline 2 *libro* guidebook.

gui·ar *(see model 13) tr.* 1 to guide, lead 2 *conducir automóvil* to drive *barco* to steer *avión* to pilot *caballo, bici* to ride ◇ *prnl.* **guiarse** to be guided.

gui·ja·rro *m.* pebble, stone.

gui·llo·ti·na *f.* guillotine.

gui·ne·a·no, na *adj.* Guinean ◇ *s.* Guinean.

gui·ña·po *m.* 1 *andrajo* rag, tatter 2 *fig. persona* wreck **poner a alguien como un guiñapo** to pull somebody to pieces.

gui·ñar *tr.* to wink **me guiñó un ojo** he winked at me.

gui·ño *m.* wink.

gui·ñol *m.* puppet theatre.

gui·ón *m.* 1 *esquema* notes *pl.*, sketch, outline 2 GRAM hyphen, dash 3 CINE script 4 *estandarte* standard, banner **guión bajo** underscore.

guio·nis·ta *com.* scriptwriter.

guir·la·che *m.* almond brittle.

guir·nal·da *f.* garland, wreath.

gui·sa *f.* manner, way **a guisa de** by way of, as, like **se puso la caja a guisa de sombrero** he put the box on his head like a hat.

gui·sa·do, da *pp. de* guisar *adj.* cooked, stewed ◇ *m.* **guisado** stew.

gui·san·te *m.* pea.

gui·sar *tr.* to cook, stew ◇ *prnl.* **guisarse** to cook, stew.

gui·so *m.* stew.

gui·ta·rra *f.* guitar ◇ *com.* guitarist.

gui·ta·rris·ta *com.* guitarist.

gu·la *f.* gluttony.

gur·met *com.* gourmet.

gu·rú *m.* guru.

gu·sa·no *m.* 1 worm *oruga* caterpillar 2 *fig. persona* worm **gusano de seda** silkworm.

gus·tar *tr.* 1 *agradar* to like **me gusta el vino** I like wine 2 *probar* to taste, try ◇ *intr. tener complacencia* to enjoy (*de*, -).

gus·ta·ti·vo, va *adj.* gustative **papila gustativa** taste bud.

gus·to *m.* 1 *sentido, sabor* taste 2 *inclinación* liking, taste 3 *placer* pleasure 4 *capricho* whim, fancy **con mucho gusto** with pleasure **darse el gusto de** to treat oneself to.

gus·to·so, sa *adj.* 1 *sabroso* tasty, savoury, palatable 2 *agradable* agreeable, pleasant 3 *con gusto* glad, willing, ready.

gu·tu·ral *adj.* guttural.

gu·ya·nés, ne·sa *adj.* Guyanese ◇ *s.* Guyanese.

G

H, h *f. la letra* H, h.

ha·ba *f.* **1** *legumbre* broad bean **2** *café, cacao bean* **en todas partes cuecen habas** *fig.* it's the same the whole world over.

ha·ba·ne·ro, ra *adj.* of Havana, from Havana ◇ *s.* person from Havana, inhabitant of Havana.

ha·ba·no *m.* Havana cigar.

há·be·as hábeas corpus JUR habeas corpus.

ha·ber *(see model 72) intr. impersonal* to be **hay un coche** there's a car aux. **1** *en tiempos compuestos* to have **lo has hecho** you have done it **3** **haber de + infin.** *obligación* to have to, must, should **has de pedirlo** you have to ask for it **3** **haber que + infin.** *obligación* must, have to **hay que decírselo** we have to tell her ◇ *m.* COMM credit, assets ◇ *pl.* **1** *posesiones* property *sing,* assets **2** *sueldo* salary *sing,* pay *sing,* wages.

ha·bi·chue·la *f. gen.* bean *judía blanca* haricot bean *judía verde* French bean, green bean.

ha·bi·do, da *adj.* that is, that are **los hijos habidos en el matrimonio** *the children of the marriage* **habida cuenta de…** taking into account…, bearing in mind that…

há·bil *adj.* **1** *diestro* skillful **2** *despabilado* clever, smart **ser hábil en algo** *persona* to be good at something.

ha·bi·li·dad *f.* **1** *aptitud* skill **2** *astucia* cleverness, smartness.

ha·bi·li·do·so, sa *adj.* skillful, clever.

ha·bi·li·ta·do, da *pp. de* habilitar *s. hombre* paymaster *mujer* paymistress.

ha·bi·li·tar *tr.* **1** *espacio* to fit out *tiempo* to set aside **2** *capacitar* to entitle, qualify *autorizar* to empower, authorize.

há·bil·men·te *adv.* skillfully.

ha·bi·ta·ción *f.* **1** *gen.* room **2** *dormitorio* bedroom **3** BIOL habitat.

ha·bi·tan·te *com.* inhabitant.

ha·bi·tar *tr.* to live in, inhabit ◇ *intr.* to live.

há·bi·tat *m.* habitat.

há·bi·to *m.* **1** *costumbre* habit, custom **2** *vestido* habit *tener malos hábitos* to have bad habits.

ha·bi·tual *adj.* **1** usual, habitual, customary **2** *asiduo* regular.

ha·bi·tual·men·te *adv. repetidamente* usually *regularmente* regularly.

ha·bi·tuar *(see model 11) tr.* to accustom (*a,* to) ◇ *prnl.* **habituarse** to become accustomed (*a,* to), get used (*a,* to).

ha·bla *f.* **1** *facultad* speech **2** *idioma* language **de habla española** Spanish-speaking.

ha·bla·dor, ra *adj.* **1** *parlanchín* talkative **2** *chismoso* gossipy ◇ *s.* **1** *parlanchín* talker, chatterbox **2** *chismoso* gossip.

ha·bla·du·rí·a *f. chisme* piece of gossip *rumor* rumor.

ha·blan·te *adj.* speaking ◇ *com.* speaker.

ha·blar *intr.* **1** *gen.* to speak, talk **2** *mencionar* to talk, mention **3** *murmurar* to talk **4** *dar un tratamiento* to call (*de, -*) **háblame de tú** call me by my first name ◇ *tr.* **1** *idioma* to speak **habla francés** he speaks French **2** *tratar* to talk over, discuss **ya hablaremos después** we'll discuss it later ◇ *prnl.* **hablarse** *uso recíproco* to speak, talk **ayer nos hablamos por teléfono** we spoke on the 'phone yesterday.

ha·bli·lla *f. rumor* rumor *chisme* piece of gossip.

ha·ce·dor, ra *s.* maker **el Supremo Hacedor** the Maker.

ha·cen·da·do, da *pp. de* hacendar *adj.* landed ◇ *s.* landowner.

ha·cen·do·so, sa *adj.* house-proud, hard-working.

ha·cer *(see model 73) pp.* hecho *tr.* **1** *producir, fabricar, crear* to make **haz un esfuerzo** make an effort **2** *arreglar, disponer - uñas* to do - *barba* to trim - *cama* to make - *maleta* to pack **3** *obrar, ejecutar* to do **haz lo que quieras** do what you want ◇ *intr.* **1** *actuar* to play (*de, -*) *representar* to act **2** *comportarse* to pretend to be, act **3** *clima* to be **4** *tiempo pasado* ago **hace tres años** three years ago ◇ *prnl.* **hacerse 1** *volverse* to become, get **2** *crecer* to grow **se ha hecho mucho** he's grown a lot .

ha·cha *f. instrumento* ax.

ha·cha·zo *m.* blow with an ax, hack.

ha·cia *prep.* **1** *dirección* towards, to **hacia la inmortalidad** towards immortality **2** *tiempo* at about, at around **estaremos ahí hacia las dos** we'll be there at about two.

ha·cien·da *f.* **1** *bienes* property, wealth, possessions *pl.* **2** *finca* estate, ranch.

ha·ci·na·mien·to *m. de cosas* piling, heaping *de personas* overcrowding.

ha·ci·nar *tr.* **1** AGR to stack **2** *fig. amontonar* to pile up, heap up ◇ *prnl.* **hacinarse** *fig. personas* to be packed, be crowded.

ha·do *m.* destiny, fate.

ha·gio·gra·fí·a *f.* hagiography.

ha·gió·gra·fo, fa *s.* hagiographer, hagiographist.

hai·tia·no, na *adj.* Haitian ◇ *s.* Haitian.

ha·la·ga·dor, ra *adj.* flattering.

ha·la·gar *(see model 7) tr.* **1** *lisonjear* to flatter **2** *satisfacer* to please.

ha·la·go *m.* compliment, flattery.

ha·la·güe·ño, ña *adj.* **1** *adulador* flattering **2** *promesa, futuro* promising.

ha·lar *tr.* to haul, pull.

hal·cón *m.* falcon.

hal·da *f.* **1** *falda* skirt **2** *arpillera* sackcloth, sacking.

há·li·to *m.* **1** *aliento* breath **2** *vapor* vapor **3** LIT gentle breeze.

ha·li·to·sis *f. inv.* halitosis, bad breath.

ha·llar *tr.* **1** *encontrar* to find **2** *averiguar* to find out *descubrir* to discover **3** *ver, notar* to see, observe ◇ *prnl.* **hallarse** *estar* to be **él se hallaba enfermo** he was ill.

ha·llaz·go *m.* **1** *descubrimiento* finding, discovery **2** *cosa descubierta* find.

ha·lo *m.* halo, aura.

ha·ló·ge·no, na *adj.* halogenous ◇ *m.* **halógeno** halogen.

ha·loi·de·o *m.* haloid.

hal·te·ro·fi·lia *f.* weightlifting.

ha·ma·ca *f.* **1** *de red* hammock **2** *tumbona* deck chair.

ham·bre *f.* hunger, starvation, famine.

ham·brien·to, ta *adj.* **1** hungry, starving **2** *fig.* hungry, longing ◇ *s.* hungry person, starving person.

ham·bru·na f. famine.

ham·bur·gue·sa f. hamburger, beefburger.

ham·pa f. underworld.

ham·pón, po·na adj. tough, rowdy ◇ s. thug, criminal.

háms·ter m. hamster.

han·di·cap m. handicap.

han·gar m. hangar.

ha·ra·gán, ga·na adj. lazy, idle ◇ s. lazybones, idler.

ha·ra·ga·ne·ar intr. to idle, loaf around.

ha·ra·pien·to, ta adj. ragged, tattered, in rags.

ha·ra·po m. rag, tatter **hecho un harapo** in tatters.

ha·ra·qui·ri m. hara-kiri.

hard·ware m. hardware.

ha·rem m. harem.

ha·ri·na f. flour.

har·pi·lle·ra f. burlap.

har·tar tr. 1 atiborrar to satiate, fill up 2 fig. deseo, etc. to satisfy 3 fastidiar to annoy, irritate 4 cansar to tire, bore ◇ prnl. **hartarse** 1 atiborrarse to eat one's fill, stuff oneself 2 cansarse to get fed up (de, with), get tired (de, of) **me harté de esperarla** I got tired of waiting for her.

har·taz·go m. bellyful.

har·to, ta adj. 1 repleto full, satiated 2 fam. cansado tired (de, of), fed up (de, with) **¡me tienes harto!** I'm fed up with you! **¡ya estoy harto!** I'm fed up!, I'm sick and tired of it!

has·ta prep. 1 tiempo until, till, up to **hasta enero** until January 2 lugar as far as, up to, down to 3 cantidad up to, as many as 4 como despedida **see you ¡hasta el lunes!** see you on Monday! **¿hasta cuándo?** until when?, how long? **¡hasta luego!** see you later!

has·tia·do, da pp. de hastiar adj. disgusted (de, with), sick (de, of).

has·tial m. gable (end).

has·tiar (see model 13) tr. to bore ◇ prnl. **hastiarse** to get sick (de, of), get tired (de, of).

has·tí·o m. 1 repugnancia disgust, loathing 2 fig. aburrimiento boredom, weariness.

ha·ta·jo m. 1 small herd, small flock 2 fig. heap, lot, bunch.

ha·to m. 1 rebaño herd, flock 2 de ropa, etc. bundle.

ha·ya f. 1 BOT beech 2 madera beech, beech wood.

haz m. 1 de cosas bundle 2 de mieses, etc. sheaf 3 de luz shaft, beam.

ha·za f. piece of arable land.

ha·za·ña f. deed, exploit, heroic feat.

haz·me·rre·ir m. laughing stock.

he adv. **he aquí un ejemplo** here is an example **he ahí la cuestión** that's the question.

heb·do·ma·da·rio, ria adj. weekly.

he·bi·lla f. buckle.

he·bra f. 1 de hilo thread, piece of thread 2 de carne sinew de legumbre string de madera grain de planta strand.

he·bra·is·ta com. Hebraist.

he·bre·o, a adj. Hebrew ◇ s. persona Hebrew ◇ m. hebreo idioma Hebrew.

he·ca·tom·be f. 1 HIST hecatomb 2 desgracia disaster, catastrophe.

he·chi·ce·rí·a f. 1 arte sorcery, witchcraft 2 hechizo spell, charm.

he·chi·ce·ro, ra adj. bewitching, charming ◇ s. hombre sorcerer, wizard mujer sorceress, witch.

he·chi·zar (see model 4) tr. 1 embrujar to bewitch, cast a spell on 2 fig. cautivar to charm, bewitch.

he·chi·zo m. 1 embrujo charm, spell 2 fig. embelesamiento fascination, charm.

he·cho, cha pp. de hacer adj. 1 carne done 2 persona mature 3 frase, expresión set 4 ropa ready-made ◇ m. **hecho** 1 realidad fact 2 suceso event, incident interj. **¡hecho!** done!, agreed! **¡bien hecho!** well done! **de hecho** in fact **lo hecho hecho está** what's done is done.

he·chu·ra f. 1 forma shape 2 COST cut 3 elaboración making.

hec·tá·re·a f. hectare.

hec·to·gra·mo m. hectogram.

hec·to·li·tro m. hectoliter.

hec·tó·me·tro m. hectometer.

he·der (see model 28) intr. 1 apestar to stink (a, of) 2 fig. cansar to annoy, pester.

he·dion·dez f. stink, stench.

he·dion·do, da adj. 1 apestoso stinking, foul-smelling, smelly 2 fig. asqueroso filthy, repulsive 3 fig. molesto annoying.

he·do·nis·mo m. hedonism.

he·do·nis·ta adj. hedonistic, hedonic ◇ com. hedonist.

he·dor m. stink, stench.

he·ge·mo·ní·a f. hegemony.

hé·gi·ra f. Hegira, Hejira.

he·la·da f. METEOR frost.

he·la·de·ra f. 1 nevera refrigerator 2 máquina de helados ice-cream maker.

he·la·do, da pp. de helar adj. 1 gen. frozen **estoy helado** I'm frozen 2 muy frío icy, freezing cold 3 café, té iced 4 fig. pasmado dumbfounded ◇ m. **helado** ice-cream.

he·la·dor, ra adj. icy, freezing.

he·la·do·ra f. ice-cream maker.

he·lar (see model 27) tr. 1 congelar to freeze 2 plantas to kill, freeze ◇ intr. 1 METEOR to freeze ◇ prnl. **helarse** 1 congelarse to freeze 2 planta to be killed by frost 3 persona to freeze, freeze to death.

he·le·cho m. fern.

he·lé·ni·co, ca adj. Hellenic, Greek.

he·le·nio m. elecampane.

he·le·nis·mo m. Hellenism.

he·le·ni·zar tr. to Hellenize.

he·le·no, na adj. Hellene, Hellenian, Greek ◇ s. Hellene, Greek.

hé·li·ce f. 1 espiral helix 2 propulsor propeller.

he·li·coi·dal adj. helicoidal.

he·li·cóp·te·ro m. helicopter.

he·lio m. helium.

he·lio·cén·tri·co, ca adj. heliocentric.

he·lio·gra·fí·a f. heliography.

he·li·puer·to m. heliport.

hel·min·to m. helminth.

he·ma·tí·e m. red blood corpuscle.

he·ma·to·lo·gí·a f. hematology.

he·ma·tó·lo·go, ga s. hematologist.

he·ma·to·ma m. hematoma, bruise.

hem·bra f. 1 animal female 2 mujer woman 3 TÉC female 4 de tornillo nut 5 de enchufe socket 6 corchete eye.

he·me·ro·te·ca f. newspaper library.

he·mi·ci·clo m. 1 semicírculo hemicycle 2 parlamento floor.

he·mi·ple·jia f. hemiplegia.

he·mi·plé·ji·co, ca adj. hemiplegic.

he·míp·te·ro m. hemipteran.

he·mis·fé·ri·co, ca adj. hemispheric, hemispherical.

he·mis·fe·rio m. hemisphere **hemisferio cerebral** cerebral hemisphere **hemisferio norte** northern hemisphere **hemisferio sur** southern hemisphere.

he·mo·diá·li·sis *f. inv.* hemodialysis.
he·mo·fi·lia *f.* hemophilia.
he·mo·fí·li·co, ca *adj.* hemophilic ◇ *s.* hemophiliac.
he·mo·glo·bi·na *f.* hemoglobin.
he·mo·rra·gia *f.* hemorrhage **hemorragia cerebral** cerebral hemorrhage **hemorragia nasal** nosebleed.
he·mo·rroi·de *f.* hemorrhoid ◇ *fpl.* **hemorroides** piles, hemorrhoids.
hen·chir *(see model 34) tr.* llenar to fill (*de*, with), stuff (*de*, with), cram (*de*, with) ◇ *prnl.* **henchirse** atiborrarse to stuff oneself (*de*, with).
hen·der *(see model 28) tr.* **1** *cortar* to cleave, split, crack **2** *fig. agua, olas* to cut ◇ *prnl.* **henderse** to split, crack.
hen·di·du·ra *f.* cleft, crack.
hen·dir *(see model 29) tr.-prnl.* **hender**.
he·no *m.* hay.
he·pá·ti·co, ca *adj.* hepatic, liver.
he·pa·to·lo·gí·a *f.* hepatology.
hep·ta·e·dro *m.* heptahedron.
hep·ta·go·nal *adj.* heptagonal.
hep·tá·go·no, na *adj.* heptagonal ◇ *m.* **heptágono** heptagon.
hep·ta·sí·la·bo, ba *adj.* heptasyllabic ◇ *m.* **heptasílabo** heptasyllable.
he·rál·di·ca *f.* heraldry.
he·rál·di·co, ca *adj.* heraldic.
he·ral·do *m.* herald.
her·bá·ce·o, a *adj.* herbaceous.
her·ba·rio, ria *adj.* herbal ◇ *s. botánico* botanist ◇ *m.* **herbario** colección herbarium.
her·be·cer *(see model 43) intr.* to begin to grow.
her·bi·ci·da *m.* weedkiller, herbicide.
her·bí·vo·ro, ra *adj.* herbivorous, grass-eating ◇ *s.* herbivore.
her·bo·la·rio, ria *s. persona* herbalist ◇ *adj. fig.* botarate crazy, foolish ◇ *m.* **herbolario** tienda herbalist's (shop).
her·cio *m.* hertz.
hér·cu·les *m. fig.* Hercules.
he·re·dad *f.* **1** terreno country estate **2** bienes private estate, property.
he·re·da·do, da *pp. de* **heredar** *adj.* inherited.
he·re·dar *tr.* **1** to inherit **2** *fig.* to inherit.
he·re·di·ta·rio, ria *adj.* hereditary.
he·re·di·ta·rio, ria *s. hombre* heir *mujer* heiress **nombrar heredero a alguien** to make somebody one's heir/heiress.
he·re·je *com.* **1** heretic **2** *fig. descarado* rascal.
he·ren·cia *f.* **1** inheritance, legacy **2** genética heredity.
he·ré·ti·co, ca *adj.* heretical.
he·ri·da *f.* **1** wound **2** *fig.* wound, outrage.
he·ri·do, da *pp. de* **herir** *adj.* **1** físicamente wounded, injured, hurt **2** *fig. emocionalmente* hurt, wounded ◇ *s.* wounded person, injured person **herido de muerte** mortally wounded.
he·rir *(see model 35) tr.* **1** dañar to wound, injure, hurt **2** golpear to beat, hit **3** un instrumento to pluck **4** la vista to offend, hurt el oído to hurt, offend ◇ *prnl.* **herirse** uso reflexivo to injure oneself, hurt oneself **se hirió en la mano** he injured his hand.
her·ma·fro·di·ta *adj.* hermaphrodite ◇ *com.* hermaphrodite.
her·ma·na·ble *adj.* **1** compatible compatible *a* **2** a juego matching (*con*, -).
her·ma·nar *tr.* **1** unir to unite, join **2** combinar to combine **3** personas to unite spiritually **4** ciudades to twin ◇ *prnl.* **hermanarse 1** combinarse to combine **2** hombres to become brothers in spirit mujeres to become sisters in spirit.
her·ma·nas·tro, tra *s. hombre* stepbrother mujer stepsister.
her·man·dad *f.* **1** de hermanos fraternity, brotherhood de hermanas fraternity, sisterhood **2** *fig. cofradía* brotherhood grupo association.
her·ma·no, na *adj.* **1** gen. related, similar **2** ciudades twin lenguas, países sister ◇ *s. hombre* brother mujer sister.
her·me·néu·ti·ca *f.* hermeneutics sing.
her·mé·ti·co, ca *adj.* **1** hermetic, hermetical, airtight **2** *fig.* impenetrable, secretive.
her·me·tis·mo *m.* **1** hermetism **2** *fig.* impenetrability, secrecy, secretiveness.
her·mo·so, sa *adj.* **1** gen. beautiful, lovely **2** hombre handsome.
her·mo·su·ra *adj. cualidad - de mujer, lugar* beauty, loveliness - de hombre handsomeness *f.* **1** mujer hermosa beautiful woman, beauty **2** persona, cosa beautiful thing.
her·nia *f.* hernia, rupture.
her·niar·se *(see model 12) prnl.* to rupture oneself.
hé·ro·e *m.* hero.
he·roi·co, ca *adj.* heroic.
he·ro·í·na *f.* **1** mujer heroine **2** droga heroin.
he·ro·ís·mo *m.* heroism.
her·pes *m. inv.* herpes, shingles.
he·rra·de·ro *m. acción* branding.
he·rra·du·ra *f.* horseshoe **en forma de herradura** horseshoe-shaped.
he·rra·je *m.* iron fittings *pl.*, ironwork.
he·rra·mien·ta *f.* tool.
he·rrar *(see model 27) tr.* **1** caballo to shoe **2** ganado to brand.
he·rre·rí·a *f.* **1** fábrica ironworks *pl.* **2** taller forge, smithy, blacksmith's **3** oficio smithery **4** *fig. alboroto* racket.
he·rre·ro *m.* blacksmith, smith.
he·rrum·bre *f.* **1** óxido rust **2** sabor rusty taste.
he·rrum·bro·so, sa *adj.* rusty.
hertz *m. inv.* hertz.
her·tzia·no, na *adj.* Hertzian.
her·vi·de·ro *m.* **1** ebullición boiling, bubbling **2** manantial hot spring **3** *fig. multitud* swarm, throng.
her·vir *(se model 35) tr.* to boil ◇ *intr.* **1** to boil **2** *fig.* el mar to surge **3** *fig. excitarse* to boil, seethe **4** *fig. abundar* to swarm (*de/en*, with), seethe (*de/en*, with).
he·tai·ra *f.* hetaera.
he·te·ro·do·xia *f.* heterodoxy.
he·te·ro·ga·mia *f.* heterogamy.
he·te·ro·gé·ne·o, a *adj.* heterogeneous.
he·te·ro·se·xual *adj.* heterosexual ◇ *com.* heterosexual.
heu·rís·ti·ca *f.* heuristics sing.
he·xa·e·dro *m.* hexahedron.
he·xa·go·nal *adj.* hexagonal.
he·xá·go·no *m.* hexagon.
he·xá·me·tro *m.* hexameter.
hez *f.* **1** poso sediment, dregs *pl.* **2** *fig. lo más vil* scum, dregs *pl.* ◇ *fpl.* **heces** feces, excrement.
hia·li·no, na *adj.* hyaline.
hia·to *m.* hiatus.
hi·ber·na·ción *f.* hibernation.
hi·ber·nar *intr.* to hibernate.
hi·bis·co *m.* hibiscus.
hí·bri·do, da *adj.* hybrid ◇ *s.* hybrid.

hi·dal·go, ga *adj.* **1** *desus.* noble **2** *fig. noble* noble, generous **3** *fig. caballeroso* gentlemanly *m.* *hidalgo* nobleman, gentleman.

hi·dra *f.* **1** *culebra* sea snake **2** *pólipo* hydra.

hi·dra·ta·ción *f.* **1** hydration **2** *de la piel* moisturizing.

hi·dra·tar *tr.* **1** to hydrate **2** *piel* to moisturize.

hi·dra·to *m.* hydrate.

hi·dráu·li·co, ca *adj.* hydraulic.

hi·dri·co, ca *adj.* hydric.

hi·dro·a·vión *m.* hydroplane.

hi·dro·car·bu·ro *m.* hydrocarbon.

hi·dro·ce·fa·lia *f.* hydrocephalus, hydrocephaly.

hi·dro·di·ná·mi·ca *f.* hydrodynamics *sing.*

hi·dro·e·léc·tri·co, ca *adj.* hydroelectric.

hi·dró·fi·lo, la *adj.* **1** *organismo* hydrophilous **2** *absorbente* absorbent.

hi·dro·fo·bia *f.* hydrophobia, rabies.

hi·dro·ge·nar *tr.* to hydrogenate.

hi·dró·ge·no *m.* hydrogen.

hi·dro·gra·fí·a *f.* hydrography.

hi·dro·grá·fi·co, ca *adj.* hydrographic.

hi·dró·li·sis *f. inv.* hydrolysis.

hi·dro·li·zar *(see model 4) tr.* to hydrolyse.

hi·dro·ma·sa·je Jacuzzi®, whirlpool bath.

hi·dro·pe·sí·a *f.* dropsy.

hi·dro·pla·no *m. hidroavión* hydroplane.

hi·dro·po·ni·a *f.* hydroponics *sing.*

hi·dros·tá·ti·ca *f.* hydrostatics *sing.*

hi·dro·te·ra·pia *f.* hydrotherapy.

hi·dró·xi·do *m.* hydroxide.

hie·dra *f.* ivy.

hiel *f.* **1** bile **2** *fig.* bitterness, gall.

hie·lo *m.* **1** ice **2** *fig. frialdad* coldness.

hie·na *f.* hyaena, hyena.

hie·rá·ti·co, ca *adj.* **1** REL hieratic, hieratical **2** *rígido* rigid.

hier·ba *f.* **1** grass **2** CULIN herb **3** *argot marihuana* grass ◇ *fpl. hierbas* **1** *veneno* poison *sing,* potion *sing.* **2** *pastos* grass *sing,*

hier·ba·bue·na *f.* mint.

hie·rro *m.* **1** *metal* iron **2** *punta* head, point **3** *marca* brand **4** *fig. arma* steel, weapon **hierro forjado** wrought iron **hierro fundido** cast iron.

hi·fi *adj.* hi-fi.

hí·ga·do *m.* liver *euf.* guts **tener hígados** *fam.* to have guts.

hi·gie·ne *f.* hygiene.

hi·gié·ni·co, ca *adj.* hygienic.

hi·gie·ni·zar *(see model 4) tr.* to make hygienic.

hi·go *m.* fig.

hi·gros·co·pio *m.* hygroscope.

hi·gue·ra *f.* fig tree.

hi·jas·tro, tra *s. niño, niña* stepchild **hijo** stepson **hija** stepdaughter.

hi·jo, ja *s.* **1** *niño, niña* child *chico* son *chica* daughter **2** *aposición* junior **hijo adoptivo** *niño, niña* adopted child **hijo único** *niño, niña* only child.

hi·la·cho *m.* loose thread.

hi·la·da *f.* **1** *hilacho* loose thread **2** *de ladrillos* course.

hi·la·do, da *pp. de hilar adj.* spun ◇ *m. hilado* **1** *operación* spinning **2** *hilo* thread.

hi·la·dor, ra *s.* spinner.

hi·lar *tr.* **1** to spin **2** *fig.* to work out.

hi·la·ran·te *adj.* hilarious.

hi·la·ri·dad *f.* hilarity, mirth.

hi·le·ra *f.* **1** *línea* line, row **2** *hilo* thread **3** *viga* ridgepole.

hi·lo *m.* **1** thread *grueso* yarn **2** *lino* linen **3** *alambre, cable* wire **4** *fig. de luz* thread, thin beam *de líquido* trickle, thin stream **mover los hilos** *fig.* to pull the strings **perder el hilo** *fig.* to lose the thread **seguir el hilo** *fig.* to follow.

hil·ván *m.* **1** *costura* tacking, basting **2** *punto* tack, tacking stitch, basting stitch.

hil·va·nar *tr.* **1** to tack, baste **2** *fig.* to put together, outline.

hi·men *m.* hymen.

hi·me·ne·o *m.* **1** LIT *casamiento* wedding, marriage **2** *epitalamio* epithalamium.

him·no *m.* hymn **himno nacional** national anthem.

hin·car *(see model 1) tr.* **1** *clavar* to drive (in) **2** *apoyar* to set firmly.

hin·cha *f. antipatía* dislike, grudge ◇ *com.* DEP fan, supporter.

hin·cha·da *f.* DEP *fam.* fans *pl.,* supporters *pl.*

hin·cha·do, da *pp. de hinchar adj.* **1** *inflado* inflated, blown up **2** *piel* swollen, puffed up *estómago* bloated.

hin·char *tr.* **1** *inflar* to inflate, blow up *con bomba* to pump up **2** *fig. exagerar* to inflate, blow up, exaggerate ◇ *prnl.* **1** *hincharse* MED to swell (up) **2** *engreírse* to become conceited, become bigheaded.

hin·cha·zón *f.* **1** swelling, inflation **2** *fig. presunción* vanity, conceit *pomposidad* pomposity, pompousness.

hin·dú *adj.* Hindu ◇ *com.* Hindu.

hin·duis·mo *m.* Hinduism.

hi·par *intr.* **1** *tener hipo* to hiccup, hiccough, have the hiccups **2** *gimotear* to whine, whimper.

hi·pe·rac·ti·vo, va *adj.* hyperactive.

hi·pér·ba·ton *m.* hyperbaton.

hi·pér·bo·le *f.* hyperbole.

hi·per·glu·ce·mia *f.* hyperglycemia.

hi·per·me·dia *f.* hypermedia.

hi·per·mer·ca·do *m.* hypermarket, superstore.

hi·per·me·tro·pí·a *f.* long-sightedness.

hi·per·ten·sión *f.* high blood pressure, hypertension.

hi·per·tex·to *m.* hypertext.

hi·per·tro·fia *f.* hypertrophy.

hí·pi·co, ca *adj.* horse, equestrian **club hípico** riding club.

hip·no·sis *f. inv.* hypnosis.

hip·no·tis·mo *m.* hypnotism.

hip·no·ti·za·dor, ra *adj.* hypnotizing ◇ *s.* hypnotist.

hip·no·ti·zar *(see model 4) tr.* to hypnotize.

hi·po *m.* hiccup, hiccough *tengo hipo* I've got the hiccups **quitar el hipo** to cure hiccups.

hi·po·a·ler·gé·ni·co, ca *adj.* hypoallergenic.

hi·po·cam·po *m.* sea horse.

hi·po·con·dri·a·co, ca *adj.* hypochondriac ◇ *s.* hypochondriac.

hi·po·con·drio *m.* hypochondrium.

hi·po·co·ris·ti·co *m.* pet name, nickname.

hi·po·cre·sí·a *f.* hypocrisy.

hi·pó·cri·ta *adj.* hypocritical ◇ *com.* hypocrite.

hi·po·der·mis *f. inv.* hypodermis.

hi·pó·dro·mo *m.* racetrack, racecourse.

hi·pó·fi·sis *f. inv.* hypophysis.

hi·po·pó·ta·mo *m.* hippopotamus.

hi·po·tá·la·mo *m.* hypothalamus.

hi·po·te·ca *f.* **1** mortgage **2** *fig.* drawback.

hi·po·te·car *(see model 1) tr.* **1** to mortgage **2** *fig.* to jeopardize.

hi·po·te·ca·rio, ria *adj.* mortgage.

hi·po·ten·sión *f.* low blood pressure, hypotension.

hi·po·te·nu·sa *f.* hypotenuse.

hi·po·ter·mia *f.* hypothermia.

hi·pó·te·sis *f. inv.* hypothesis.
hip·pie *adj.* hippy ◇ *com.* hippy.
hir·su·to, ta *adj.* **1** hirsute, hairy *cerdoso* bristly **2** *fig. persona* rough, brusque, surly.
hir·vien·te *adj.* boiling, seething.
hi·so·po *m.* **1** BOT hyssop **2** REL aspergillum, sprinkler.
his·pá·ni·co, ca *adj.* Hispanic, Spanish.
his·pa·ni·zar *(see model 4) tr.* to Hispanicize.
his·pa·no, na *adj.* **1** *de España* Spanish, Hispanic **2** *de América* Spanish-American ◇ *s.* **1** *de España* Spaniard **2** *de América* Hispanic.
his·pa·no·a·me·ri·ca·no, na *adj.* Spanish American, Latin American.
His·pa·no·a·mé·ri·ca *f.* Spanish America, Latin America.
his·pa·no·ha·blan·te *adj.* Spanish-speaking ◇ *com.* Spanish speaker.
hís·pi·do, da *adj.* hispid.
his·ta·mi·na *f.* histamine.
his·te·rec·to·mi·a *f.* hysterectomy.
his·te·ria *f.* hysteria.
his·té·ri·co, ca *adj.* hysterical ◇ *s.* hysteric.
his·to·lo·gi·a *f.* histology.
his·to·ló·gi·co, ca *adj.* histological.
his·to·ria *f.* **1** *estudio* history **2** *narración* story, tale **3** *fig. cuento* story, take, excuse *pasar a la* **historia** to go down in history **historia univer·sal** world history.
his·to·ria·do, da *pp. de* **historiar** *adj. fig.* overelaborate, florid.
his·to·ria·dor, ra *s.* historian.
his·to·rial *m.* **1** MED medical record, case history **2** *curriculo* curriculum vitae **3** *antecedentes* background **4** INFO history.
his·to·riar *(see model 13) tr.* **1** *contar* to tell the story of *acontecimientos* to recount **2** *escribir* to write the history of *acontecimientos* to chronicle **3** *en pintura* to depict.
his·tó·ri·ca·men·te *adv.* historically.
his·tó·ri·co, ca *adj.* **1** *relativo a la historia* historical **2** *importante* historic, memorable.
his·to·rie·ta *f.* **1** *cuento* short story, tale, anecdote **2** *viñetas* comic strip, cartoon.
his·to·rió·gra·fo, fa *s.* **1** *historiador* historian **2** *cronista* chronicler.
his·trión *m.* **1** *actor* player, actor **2** *fig.* clown, buffoon.
hi·tle·ria·no, na *adj.* Hitler, Hitlerite.
hi·to *m.* **1** *mojón - para distancias* milestone - *para límites* boundary stone **2** *juego* quoits *pl.* **3** *blanco* bull's eye **4** *fig. objetivo* target, aim, goal **5** *fig. hecho importante* milestone, landmark.
hobby *m.* hobby.
ho·ci·co *m.* **1** *de animal* snout, muzzle **2** *pey. de persona* nose, snout.
ho·ci·cón, co·na *adj.* **1** *animal* big-snouted **2** *persona* big-mouthed.
hoc·key *m.* hockey **hockey sobre hielo** ice hockey **hockey sobre hierba** (field) hockey.
ho·ga·ño *adv.* **1** *this* present year **2** LIT these days, in this day and age.
ho·gar *m.* **1** *de chimenea* hearth, fireplace **2** *fig. casa* home **3** *fig. familia* family.
ho·ga·re·ño, ña *adj.* **1** *vida* home, family **2** *persona* home-loving, stay-at-home.
ho·ga·za *f.* large loaf (of bread).
ho·gue·ra *f.* **1** bonfire **2** *fig.* blaze.
ho·ja *f.* **1** *gen.* leaf **2** *pétalo* petal **3** *de papel* sheet *impreso* handout, printed sheet **4** *de libro* leaf, page **5** *de metal* sheet **6** *de cuchillo, etc.* blade.

ho·ja·la·ta *f.* tin, tin plate.
ho·ja·la·te·ro *m.* tinsmith.
ho·jal·drar *tr.* to make into puff pastry.
ho·jal·dre *amb.* puff pastry.
ho·ja·ras·ca *f.* **1** *hojas caídas* fallen leaves *pl.*, dead leaves *pl.* **2** *frondosidad* foliage.
ho·je·a·da *f.* flick.
ho·je·ar *tr.* to leaf through, flick through.
ho·jue·la *f.* **1** CULIN pancake **2** *de la aceituna* pressed olive skins *pl.* **3** *hoja de metal* foil.
ho·la *interj. fam.* hello!, hi!
ho·lan·dés, de·sa *adj.* Dutch ◇ *s. persona* Dutch person *hombre* Dutchman *mujer* Dutchwoman *m.* **holandés** *idioma* Dutch.
hol·ga·da·men·te *adv.* **1** *con amplio margen* easily **2** *con comodidad* comfortably.
hol·ga·do, da *pp. de* holgar *adj.* **1** *desocupado* idle **2** *ropa* loose, baggy *un jersey holgado* a loose-fitting jumper **3** *espacio* roomy *estar hol·gado de tiempo* to have plenty of time.
hol·gan·za *f.* **1** *ocio* leisure, idleness **2** *diversión* pleasure.
hol·gar *(see model 52) intr.* **1** *descansar* to rest **2** *estar ocioso* to be idle ◇ *prnl.* **holgarse 1** *alegrarse* to be pleased *(con/de,* with) **2** *divertirse* to enjoy oneself **huelga decir que...** needless to say (that)...
hol·ga·zán, za·na *adj.* idle, lazy ◇ *s.* lazybones, layabout.
hol·ga·za·ne·ar *intr.* to laze around, loaf around, idle.
hol·ga·za·ne·rí·a *f.* idleness, laziness.
hol·go·rio *m.* revelry, merriment.
hol·gu·ra *f.* **1** *ropa* looseness **2** *espacio* room, spaciousness **3** TÉC play **4** *fig. bienestar* affluence, comfort.
ho·lís·ti·co, ca *adj.* holistic.
ho·llar *(see model 31) tr.* **1** *comprimir* to tread (on), set foot on **2** *pisar* to trample on.
ho·lle·jo *m.* skin, peel.
ho·llín *m.* soot.
ho·lo·caus·to *m.* holocaust.
ho·lo·gra·fí·a *f.* holography.
ho·ló·gra·fo *m.* holograph.
ho·lo·gra·ma *m.* hologram.
hom·bre *m.* **1** *individuo* man *el hombre y la mujer* man and woman **2** *especie* man, mankind **3** *fam. marido* husband ◇ *interj.* **1** *asombro* hey!, hey there!, well! **2** *enfático* sure! **3** *enfado* but really! *¡pero hombre!* but really! **hombre de bien** good man, honest man **hombre de ne·gocios** businessman.
hom·bre·ra *f.* **1** *almohadilla* shoulder pad **2** *tirante* shoulder strap **3** MIL epaulette.
hom·brí·a *f.* manliness, virility.
hom·bro *m.* shoulder.
hom·bru·no, na *adj.* mannish, manly.
ho·me·na·je *m.* homage, tribute *rendir homena·je a alguien* to pay homage to somebody.
ho·me·na·je·ar *tr.* to pay tribute to.
ho·me·o·pa·tí·a *f.* homeopathy.
ho·me·o·pá·ti·co, ca *adj.* homeopathic.
ho·mi·ci·da *adj.* homicidal, murder ◇ *com. hom·bre* murderer *mujer* murderess.
ho·mi·ci·dio *m.* *voluntario* homicide, murder *in·voluntario* manslaughter.
ho·mi·lí·a *f.* homily, sermon.
ho·mi·ni·do *adj.* hominoid ◇ *m.* hominid, hominoid.
ho·mó·fo·no, na *adj.* homophonous, homopho·nic ◇ *m.* **homófono** homophone.
ho·mo·ge·nei·za·ción *f.* homogenization.

ho·mo·ge·nei·zar *(see model 26)* tr. to homogenize, make homogeneous.

ho·mo·gé·ne·o, a *adj.* homogeneous, uniform.

ho·mo·lo·ga·ción *f.* 1 *registro* official approval, official recognition 2 DEP ratification 3 *equiparación* parity.

ho·mo·lo·gar *(see model 7)* tr. 1 *comprobar* to approve, recognize, authorize 2 DEP to ratify.

ho·mó·ni·mo, ma *adj.* homonymous ◇ *m.* *homónimo* homonym.

ho·mo·se·xual *adj.* homosexual ◇ *com.* homosexual.

ho·mo·se·xua·li·dad *f.* homosexuality.

hon·da *f.* sling.

hon·do, da *adj.* 1 deep 2 *fig.* profound, deep ◇ *m.* *hondo* 1 *fondo* bottom, depths 2 *medida* depth.

hon·do·na·da *f.* hollow, depression.

hon·du·ra *f.* depth **meterse en honduras** *profundizar* to go into too much detail.

hon·du·re·ño, ña *adj.* Honduran ◇ *s.* Honduran.

ho·nes·ti·dad *f.* 1 *honradez* honesty, uprightness 2 *decencia* decency 3 *recato* modesty.

ho·nes·to, ta *adj.* 1 *honrado* honest, upright 2 *decente* decent 3 *recatado* modest.

hon·go *m.* 1 *gen.* fungus *comestible* mushroom *venenoso* toadstool 2 *sombrero* bowler, bowler hat.

ho·nor *m.* 1 *virtud* honor 2 *reputación* reputation, honor, good name 3 *de la mujer* virtue **en honor a la verdad** to be fair, in all fairness **es un honor para mí** it's an honor for me.

ho·no·ra·bi·li·dad *f.* honorableness.

ho·no·ra·ble *adj.* honorable.

ho·no·ra·rio, ria *adj.* honorary ◇ *mpl.* **honorarios** fee *sing,* fees, emoluments.

ho·no·rí·fi·co, ca *adj.* honorary **cargo honorífico** unpaid post.

hon·ra *f.* 1 *dignidad propia* dignity 2 *honor* honor 3 *buena reputación* reputation, good name 4 *de la mujer* virtue **¡a mucha honra!** and (I'm) proud of it!

hon·ra·dez *f.* honesty, integrity.

hon·ra·do, da *pp. de* **honrar** *adj.* 1 *honesto* honest 2 *decente* upright, respectable 3 *honorable* honorable.

hon·rar tr. 1 *gen.* to honor 2 *enaltecer* to do credit to ◇ *prnl.* **honrarse** to be honored.

hon·ri·lla *f.* self-respect, pride.

hon·ro·so, sa *adj.* 1 *que honra* honorable 2 *decoroso* respectable, reputable.

hon·ta·nar *m.* spring.

ho·ra *f.* 1 *unidad de tiempo* hour 2 *tiempo* time 3 *cita* appointment **¡ya era hora!** and about time too! **hora de comer** lunch time, dinner time **hora pico** rush hour.

ho·ra·dar tr. 1 *perforar* to pierce 2 *taladrar* to drill (through), bore (through).

ho·ra·rio, ria *adj.* time ◇ *m.* **horario** 1 schedule 2 *jornada laboral* hours *pl.,* timetable.

hor·ca *f.* 1 *patíbulo* gallows *pl.,* gibbet 2 AGR hayfork, pitchfork.

hor·da *f.* 1 horde, mob 2 *fig.* gang.

ho·ri·zon·tal *adj.* horizontal.

ho·ri·zon·te *m.* horizon.

hor·ma *f.* 1 mold, form 2 *de zapato* last.

hor·mi·ga *f.* ant.

hor·mi·gón *m.* concrete.

hor·mi·gue·o *m.* pins and needles *pl.,* tingling sensation, itching sensation.

hor·mi·gue·ro *m.* ant hill, ant's nest.

hor·mo·na *f.* hormone.

hor·mo·nal *adj.* hormonal.

hor·na·ci·na *f.* niche.

hor·na·da *f.* 1 batch 2 *fig.* set, batch.

hor·na·za *f.* 1 *horno* silversmith's crucible 2 *color amarillo* light yellow glazing.

hor·ne·ar *intr.* to bake ◇ tr. to bake.

hor·no *m.* 1 *de cocina* oven 2 TÉC furnace 3 *cerámica, ladrillos* kiln 4 *panadería* bakery **horno crematorio** crematorium **horno de fundición** smelting furnace **horno de microondas** microwave oven **horno eléctrico** electric oven.

ho·rós·co·po *m.* horoscope.

hor·qui·lla *f.* 1 *de pelo* hairgrip, bobby pin 2 AGR pitchfork 3 *de bicicleta* fork.

ho·rren·do, da *adj.* horrible, horrifying, awful, frightful.

ho·rri·ble *adj.* horrible, dreadful, awful.

ho·rri·pi·lan·te *adj.* hair-raising, horrifying, terrifying.

ho·rri·pi·lar tr. to horrify, scare stiff, give the creeps.

ho·rri·so·no, na *adj.* terrible.

ho·rror *m.* 1 *repulsión* horror, terror 2 *temor* hate 3 *fig. atrocidad* atrocity **¡qué horror!** how awful!

ho·rro·ri·zar *(see model 4)* tr. 1 *causar horror* to horrify, terrify 2 *fam. disgustar* to disgust, turn off ◇ *prnl.* **horrorizarse** to be horrified.

ho·rro·ro·so, sa *adj.* 1 *que causa miedo* horrifying, terrifying 2 *fam. feo* ghastly, hideous 3 *fam. malísimo* dreadful, awful.

hor·ta·li·za *f.* vegetable.

hor·te·la·no, na *adj.* truck-farming ◇ *s.* truck farmer **como el perro del hortelano** *fig.* dog in the manger.

hor·tí·co·la *adj.* horticultural.

hor·ti·cul·tor, ra *s.* horticulturist.

hor·ti·cul·tu·ra *f.* horticulture.

hos·co, ca *adj.* 1 *insociable* sullen, surly 2 *lugar* gloomy, dark.

hos·pe·da·je *m.* 1 *acción* lodging *precio* cost of lodging 2 *lugar* lodgings *pl.,* accommodation.

hos·pe·dar tr. to lodge, put up ◇ *prnl.* **hospedarse** to stay (en, at).

hos·pi·cio *m.* 1 *de huérfanos* orphanage 2 *de peregrinos* hospice 3 *de pobres* poorhouse.

hos·pi·tal *m.* hospital, infirmary.

hos·pi·ta·la·rio, ria *adj.* 1 *acogedor* hospitable 2 MED hospital.

hos·pi·ta·li·dad *f.* hospitality.

hos·pi·ta·li·zar *(see model 4)* tr. to send into hospital, hospitalize.

hos·tal *m.* hostel, hotel.

hos·te·le·rí·a *f.* 1 *actividad* catering business 2 *estudios* hotel management.

hos·te·rí·a *f.* inn, lodging house.

hos·tia *f.* REL host, Eucharistic wafer.

hos·ti·ga·mien·to *m.* harassment.

hos·ti·gar *(see model 7)* tr. 1 *azotar* to whip 2 *fig. perseguir* to plague, persecute *al enemigo* to harass 3 *fig. molestar* to pester.

hos·til *adj.* hostile.

hos·ti·li·dad *f.* hostility ◇ *fpl.* **hostilidades** hostilities.

hos·ti·li·zar tr. to harass.

ho·tel *m.* 1 *establecimiento* hotel 2 *casa* villa, mansion.

hoy *adv.* 1 *día* today 2 *fig. actualmente* now, nowadays **de hoy en adelante** from now on **hoy en día** nowadays, today, these days **hoy por hoy** at the present time, right now.

ho·ya f. 1 hoyo hole, pit 2 sepultura grave 3 GEOG valley, dale.

ho·yo m. 1 agujero hole, pit 2 sepultura grave 3 hoyuelo dimple 4 golf hole.

ho·yue·lo m. dimple.

hoz f. AGR sickle.

hue·co, ca adj. 1 hollow 2 vacío empty 3 cóncavo concave 4 sonido hollow voz deep 5 mullido spongy, soft 6 fig. presumido vain, conceited ⬦ m. hueco 1 cavidad hollow, hole 2 de tiempo slot, free time de espacio empty space.

hue·co·gra·ba·do m. photogravure.

huel·ga f. strike estar en huelga to be on strike huelga de hambre hunger strike.

huel·guis·ta com. striker.

hue·lla f. 1 de pie footprint de ruedas track 2 fig. vestigio trace, sign dejar huella to leave one's mark (en, on) huella dactilar fingerprint.

huér·fa·no, na adj. 1 orphan, orphaned 2 fig. carente lacking, devoid ⬦ s. orphan huérfano de madre motherless huérfano de padre fatherless.

huer·ta f. 1 terreno truck garden 2 zona irrigated agricultural and market-gardening region.

hue·so m. 1 ANAT bone 2 de fruta pit estar en los huesos fig. to be all skin and bone romperle los huesos a alguien fig. to beat somebody up.

hués·ped, da s. 1 invitado guest 2 en hotel lodger, boarder 3 anfitrión host anfitriona hostess.

hues·te f. MILITAR army, host ⬦ fpl. huestes fig. seguidores followers, supporters, fans.

hue·va f. roe, spawn.

hue·va·zos m. inv. vulg. asshole.

hue·ve·ra f. 1 copa egg cup 2 cartón egg box.

hue·ve·ro, ra s. persona egg seller.

hue·vo m. egg.

hue·vón, vo·na adj. sluggish.

hui·da f. 1 flight, escape 2 de caballo shying, bolting.

hui·di·zo, za adj. 1 esquivo fleeting, elusive 2 tímido shy.

huir (see model 62) intr. 1 escapar to flee, run away 2 evitar to avoid (de, -), keep away (de, from), shun (de, -) 3 el tiempo to fly ⬦ tr. evitar to avoid.

hu·le m. oilcloth, oilskin.

hu·lla f. coal hulla blanca white coal.

hu·ma·ni·dad f. 1 género humano humanity, mankind 2 cualidad humanity, humaneness 3 benignidad compassion, benevolence, kindness.

hu·ma·nis·mo m. humanism.

hu·ma·nis·ta com. humanist.

hu·ma·nís·ti·co, ca adj. humanistic.

hu·ma·ni·za·ción f. humanization.

hu·ma·ni·zar (see model 4) tr. to humanize ⬦ prnl. humanizarse to become more human.

hu·ma·no, na adj. 1 human 2 benigno humane ⬦ m. humano human (being).

hu·ma·noi·de adj. humanoid ⬦ com. humanoid.

hu·ma·re·da f. cloud of smoke.

hu·me·ar intr. 1 humo to smoke, give off smoke 2 vaho to steam, give off steam.

hu·mec·ta·dor m. humidifier.

hu·me·dad f. 1 humidity 2 de vapor moisture 3 sensación dampness.

hu·me·de·cer (see model 43) tr. to moisten, dampen ⬦ prnl. humedecerse to become damp, become wet, become moist.

hú·me·do, da adj. 1 clima humid, damp 2 impregnado damp, moist, wet.

hú·me·ro m. humerus.

hu·mi·di·fi·car tr. to humidify.

hu·mil·dad f. humility, humbleness.

hu·mil·de adj. humble, modest de humilde cuna of humble birth.

hu·mi·lla·ción f. humiliation, humbling.

hu·mi·llan·te adj. humiliating, humbling.

hu·mi·llar tr. 1 to humiliate, humble 2 bajar - la cabeza to bow - la rodilla to bend ⬦ prnl. humillarse to humble oneself, lower oneself se humilló ante el jefe he humbled himself before his boss.

hu·mo m. 1 smoke 2 gas fumes pl. 3 vapor steam, vapor subírsele los humos a uno fig. to become conceited, get on one's high horse.

hu·mor m. 1 ánimo mood 2 carácter temper 3 gracia humor 4 líquido humor estar de buen humor / estar de mal humor to be in a good mood / to be in a bad mood tener un humor de perros fam. to be in a foul mood humor negro black comedy.

hu·mo·ris·mo m. humor.

hu·mo·ris·ta adj. humorous ⬦ com. autor humorist cómico comedian.

hu·mo·rís·ti·co, ca adj. humorous, funny, amusing.

hu·mus m. inv. humus.

hun·di·do, da pp. de hundir adj. 1 barco, etc. sunken 2 ojos deep-set mejillas hollow 3 fig. abrumado demoralized.

hun·di·mien·to m. 1 barco sinking 2 tierra subsidence 3 edificio collapse 4 FIN *fig. crash, slump.

hun·dir tr. 1 sumir to submerge, plunge 2 barco to sink 3 cuchillo, etc. to drive, thrust ⬦ prnl. hundirse 1 barco to sink 2 derrumbarse to collapse, fall down 3 arruinarse to be ruined, collapse.

hún·ga·ro, ra adj. Hungarian ⬦ s. persona Hungarian ⬦ m. húngaro idioma Hungarian.

hu·no, na adj. Hunnish ⬦ s. Hun.

hu·ra·cán m. hurricane.

hu·ra·ño, ña adj. sullen, unsociable.

hur·gar (see model 7) tr. 1 remover to poke, rake 2 bolsillo, bolso, etc. to rummage in, go through 3 fisgar to stir up ⬦ prnl. hurgarse to pick hurgarse las narices to pick one's nose.

hur·gón m. poker de fuego rake.

hur·go·ne·ar tr. to poke, rake.

hu·rí f. houri.

hu·rón, ro·na s. 1 fam. fig. fisgón busybody, nosy parker 2 fam. fig. huraño unsociable person m. hurón animal ferret.

hu·rra interj. hurray!, hurrah!

hu·rra·ca f. magpie.

hur·tar tr. 1 robar to steal, pilfer 2 no dar el peso to cheat on the weight 3 fig. plagiar to plagiarize.

hur·to m. petty theft, pilfering.

hus·me·ar tr. 1 con el olfato to sniff, scent 2 fig. indagar to pry (en, into), snoop (en, into) ⬦ intr. 1 to sniff 2 fig. to snoop around.

hu·so m. para hilar spindle, bobbin huso horario time zone.

huy interj. 1 sorpresa well!, wow! ¡huy qué grande! wow! it's huge! 2 dolor ouch!, ow! 3 miedo argh!, aah!

I, i *f.* la letra I, i **I latina** *name of the letter I.*

ib. *abr.* **ibídem** ibidem *abreviatura* ibíd., ib.

i·bé·ri·co, ca *adj.* Iberian **Península Ibérica** Iberian Peninsula.

i·be·ro, ra *adj.* Iberian ◇ *s. persona* Iberian ◇ *m.* **íbero** *idioma* Iberian.

i·be·ro·a·me·ri·ca·no, na *adj.* Latin American ◇ *s.* Latin American.

i·bi·ce *m.* ibex.

i·bíd. *abr.* 1 **ibídem** ibidem *abreviatura* ibíd., ib.

i·ce·berg *m.* iceberg.

i·co·no *m.* icon.

i·co·no·clas·ta *adj.* iconoclastic ◇ *com.* iconoclast.

i·co·no·gra·fí·a *f.* iconography.

ic·te·ri·cia *f.* jaundice.

i·de·a *f.* 1 idea 2 *noción* notion 3 *ingenio* imagination **¡ni idea!** no idea!, not a clue!

i·de·al *adj.* 1 ideal 2 *fam. perfecto* marvellous ◇ *m.* ideal.

i·de·a·lis·ta *adj.* idealistic ◇ *com.* idealist.

i·de·a·li·zar *(see model 4) tr.* to idealize.

i·de·ar *tr.* 1 *concebir* to conceive 2 *inventar* to design.

í·dem *adv.* ditto, idem.

i·dén·ti·co, ca *adj.* identical **es idéntico a su padre** he's the (spitting) image of his father.

i·den·ti·dad *f.* identity **carnet de identidad** identity card.

i·den·ti·fi·ca·ción *f.* identification.

i·den·ti·fi·car *(see model 1) tr.* to identify ◇ *prnl.* **identificarse** 1 *mostrar la documentación* to identify oneself 2 *solidarizarse* to identify (**con**, with).

i·de·o·gra·ma *m.* ideogram.

i·de·o·lo·gí·a *f.* ideology.

i·de·o·ló·gi·co, ca *adj.* ideological.

i·dí·li·co, ca *adj.* idyllic.

i·di·lio *m.* 1 LIT idyll 2 *fam.* romance.

i·dio·ma *m.* language.

i·dio·má·ti·co, ca *adj.* idiomatic **expresión idiomática** idiom.

i·dio·sin·cra·sia *f.* idiosyncrasy.

i·dio·ta *adj.* 1 MED idiotic 2 *fam. tonto* stupid ◇ *com.* idiot.

i·dio·ti·zar *(see model 2) tr.* to turn into an idiot.

i·do, da *adj.* 1 *loco* mad 2 *despistado* absent-minded 3 **estar ido** *fam. loco* to be mad 4 *despistado* to be miles away.

i·dó·la·tra *adj.* idolatrous ◇ *com. hombre* idolater *mujer* idolatress.

i·do·la·trí·a *f.* idolatry.

í·do·lo *m.* idol.

i·dó·ne·o, a *adj.* suitable.

i.e. *abr.* **id est, esto es** that is to say *abreviatura* i.e.

i·gle·sia *f.* 1 *edificio* church 2 *institución* Church **la Iglesia Católica** the Catholic Church.

i·glú *m.* igloo.

íg·ne·o, a *adj.* igneous.

ig·ni·ción *f.* ignition.

ig·no·mi·nia *f.* ignominy, public shame.

ig·no·ran·cia *f.* ignorance.

ig·no·rar *tr.* 1 *desconocer* not to know, not be aware of, be unaware of 2 *no hacer caso* to ignore.

ig·no·to, ta *adj.* unknown.

i·gual *adj.* 1 *parte* equal 2 *lo mismo* the same 3 *muy parecido* just like 4 MAT equal **A es igual a B** A equals B ◇ *m.* 1 *persona* equal 2 MAT *signo* equals sign ◇ *adv.* 1 *en comparativas* the same 2 *fam.* maybe, perhaps.

i·gua·la·ción *f.* 1 *de cantidades* equalization *del marcador* levelling 2 *de un terreno* levelling 3 *igualdad* equality.

i·gua·la·do, da *pp. de* **igualar** *adj.* 1 *allanado* level *pulido* smooth 2 DEP evenly matched, closely fought.

i·gua·lar *tr.* 1 to make equal 2 *allanar* to level *pulir* to smooth 3 *comparar* to match ◇ *prnl.* **igualarse** 1 *ser iguales* to be equal 2 *compararse* to be compared.

i·gual·dad *f.* 1 equality 2 *de superficie* levelness **estar en igualdad de condiciones** to be on equal terms.

i·gua·li·ta·rio, ria *adj.* egalitarian.

i·gual·men·te *adv.* 1 *del mismo modo* equally 2 *también* likewise *a pesar de ello* all the same, still.

i·gua·na *f.* iguana.

i·la·ción *f.* cohesion.

i·le·gal *adj.* illegal.

i·le·gal·men·te *adv.* illegally.

i·le·gi·ble *adj.* unreadable, illegible.

i·le·gí·ti·mo, ma *adj.* illegitimate.

í·le·on *m.* 1 *intestino* ileum 2 *hueso* ilium.

i·le·so, sa *adj.* unharmed, unhurt **resultar ileso** to be unhurt **salir ileso** to escape unhurt.

i·le·tra·do, da *adj.* illiterate.

i·lí·ci·to, ta *adj.* unlawful, illicit.

i·li·mi·ta·do, da *adj.* unlimited.

í·lion *m.* ilium.

i·ló·gi·co, ca *adj.* illogical.

i·lu·mi·na·ción *f. de una sala* lighting *de una feria* illumination *de una película* lighting.

i·lu·mi·na·do, da *pp. de* **iluminar** *adj. habitación* LIT *calles* lit up ◇ *s.* illuminate.

i·lu·mi·nar *tr.* 1 to light, light up 2 *manuscrito* to illuminate 3 *fig.* to enlighten.

i·lu·sión *f.* 1 *no real* illusion, illusory hope 2 *esperanza* hope 3 *sueño* dream 4 *emoción* excitement **hacerse ilusiones** to raise one's hopes.

i·lu·sio·nar *tr.* 1 *crear ilusiones* to raise hopes 2 *entusiasmar* to excite ◇ *prnl.* **ilusionarse** 1 *esperanzarse* to build up one's hopes 2 *entusiasmarse* to be excited (**con**, about).

i·lu·sio·nis·ta *adj.* illusionistic ◇ *com.* conjurer, illusionist.

i·lu·so, sa *adj.* naive, gullible ◇ *s.* naive person, gullible person.

i·lus·tra·ción *f.* 1 *de un texto* illustration 2 *erudición* learning, erudition.

i·lus·tra·dor, ra *adj.* illustrative ◇ *s.* illustrator.

i·lus·trar *tr.* 1 *texto* to illustrate 2 *aclarar* to explain 3 *instruir* to enlighten ◇ *prnl.* **ilustrarse** to learn.

i·lus·tra·ti·vo, va *adj.* illustrative.

i·lus·tre *adj.* 1 *célebre* renowned, illustrious 2 *distinguido* distinguished.

i·ma·gen *f.* 1 image 2 TV picture **ser la viva imagen de alguien** to be the spitting image of somebody.

i·ma·gi·na·ción *f.* imagination, fantasy **son imaginaciones tuyas** you're imagining things.

i·ma·gi·nar *tr.* 1 *gen.* to imagine 2 *pensar* to think, imagine 3 *idear* to devise, think up.

i·ma·gi·na·ti·vo, va *adj.* imaginative.

i·ma·gi·ne·rí·a *f.* religious images *pl.*

i·mán *m.* magnet.

i·man·tar *tr.* to magnetize.

im·ba·ti·ble *adj.* unbeatable.

im·bé·cil *adj.* 1 MED *retrasado* imbecile 2 *fam.* stupid, imbecile ◇ *com.* 1 MED imbecile 2 *fam.* idiot, imbecile.

im·ber·be *adj.* beardless.

im·bo·rra·ble *adj.* indelible.

im·bri·ca·ción *f.* interweaving.

im·buir *tr.* to imbue ◇ *prnl. imbuirse* to become imbued (*de*, with).

i·mi·ta·ción *f.* 1 *copia* imitation 2 *parodia* impression.

i·mi·ta·dor, ra *adj.* imitative ◇ *s.* 1 imitator 2 *cómico* impressionist.

i·mi·tar *tr.* to copy, imitate *gestos* to mimic *persona* to mimic, do an impression of.

im·pa·cien·cia *f.* impatience.

im·pa·cien·te *adj.* impatient, anxious.

im·pac·tan·te *adj.* striking, powerful.

im·pac·tar *tr. fisicamente* to hit 2 *impresionar* to make an impression on 3 *influir, afectar* to affect.

im·pac·to *m.* 1 *choque* impact 2 *marca* mark *agujero* hole.

im·pa·go *m.* nonpayment.

im·par *adj.* odd ◇ *m.* odd number.

im·pa·ra·ble *adj.* unstoppable.

im·par·cial *adj.* impartial, fair.

im·par·cia·li·dad *f.* impartiality.

im·par·tir *tr. justicia* to administer *lección* to give **impartir clases** 1 *en colegio* to teach 2 *en universidad* to lecture.

im·pa·si·ble *adj.* impassive **quedarse impasible** to remain impassive.

im·pas·se *m.* impasse.

im·pa·vi·dez *f.* dauntlessness.

im·pe·ca·ble *adj.* impeccable, faultless.

im·pe·di·men·to *m.* 1 *gen.* impediment *obstáculo* hindrance, obstacle *problema* hitch 2 JUR *a un matrimonio* impediment.

im·pe·dir *(see model 34) tr.* 1 *hacer imposible* to prevent, stop 2 *obstaculizar* to hinder, impede.

im·pe·ler *tr.* 1 to drive forward, propel 2 *fig. incitar* to impel, incite.

im·pe·ne·tra·ble *adj.* 1 *bosque* impenetrable 2 *fig. misterio* impenetrable, unfathomable 3 *persona, actitud* inscrutable.

im·pe·ni·ten·te *adj.* 1 *pecador* impenitent, unrepentant 2 *fig. lector, bebedor* inveterate.

im·pen·sa·ble *adj.* unthinkable.

im·pe·ran·te *adj.* prevailing.

im·pe·rar *intr.* to rule, prevail.

im·pe·ra·ti·vo, va *adj.* imperative ◇ *m. imperativo* LING imperative.

im·per·cep·ti·ble *adj.* imperceptible.

im·per·di·ble *m.* safety pin.

im·per·do·na·ble *adj.* unforgivable, inexcusable.

im·pe·re·ce·de·ro, ra *adj.* 1 *producto* imperishable 2 *fig.* everlasting.

im·per·fec·to, ta *adj.* 1 imperfect 2 LING imperfect ◇ *m. imperfecto* imperfect, imperfect tense.

im·pe·rial *adj.* imperial.

im·pe·ria·lis·mo *m.* imperialism.

im·pe·ri·cia *f.* inexperience.

im·pe·rio *m.* empire **valer un imperio** *fam.* to be priceless, be worth a fortune.

im·pe·rio·so, sa *adj.* 1 *autoritario* imperious 2 *necesario* urgent, pressing **necesidad imperiosa** pressing need.

im·per·me·a·bi·li·za·ción *f.* 1 *de un tejido* waterproofing 2 *de un suelo* sealing 3 *fig. de una frontera* sealing.

im·per·me·a·bi·li·zar *(see model 4) tr.* to waterproof.

im·per·me·a·ble *adj.* 1 *gen.* impermeable, impervious *tejido, ropa* waterproof 2 *fig.* impervious ◇ *m.* raincoat.

im·per·so·nal *adj.* impersonal.

im·per·té·rri·to, ta *adj.* imperturbable, undaunted.

im·per·ti·nen·cia *f.* 1 impertinence 2 *palabras* impertinent remark **decir impertinencias** to be impertinent.

im·per·ti·nen·te *adj.* impertinent.

im·per·tur·ba·ble *adj.* imperturbable.

im·pe·tu *m.* 1 *fuerza* vigor *entusiasmo* energy *energía* energy 2 *impulso* impetus *fuerza* force.

im·pe·tuo·si·dad *f.* impetuosity.

im·pe·tuo·so, sa *adj.* 1 *persona* impetuous 2 *viento* violent.

im·pie·dad *f.* impiety.

im·pí·o, a *adj.* impious ◇ *s.* infidel.

im·pla·ca·ble *adj.* implacable, relentless.

im·plan·tar *tr.* 1 to introduce 2 MED to implant.

im·plan·te *m.* implant **implante de cabello** hair transplant.

im·pli·ca·ción *f.* implication.

im·pli·car *(see model 1) tr.* 1 *conllevar* to imply 2 *involucrar* to implicate, involve (*en*, in).

im·plí·ci·to, ta *adj.* implicit **llevar implícito algo** to imply something.

im·plo·rar *tr.* to implore, entreat, beg.

im·plo·sión *f.* implosion.

im·po·lu·to, ta *adj.* immaculate, spotless.

im·pon·de·ra·ble *adj.* factor imponderable *valor* incalculable ◇ *m.* imponderable.

im·po·nen·te *adj.* impressive ◇ *adv. fam.* buenísimo terrific.

im·po·ner *(see model 78) pp. impuesto tr.* 1 *ley, límite, sanción* to impose 2 *obediencia* to exact 3 *respeto* to inspire 4 FIN *cantidad* to deposit ◇ *prnl.* 1 *imponerse* to impose one's authority (*a, on*) 2 *obligarse* to force oneself to 3 *prevalecer* to prevail.

im·po·pu·lar *adj.* unpopular.

im·por·ta·ción *f.* 1 *acción* importation, import 2 *productos* imports *pl.*

im·por·ta·dor, ra *adj.* importing ◇ *s.* importer.

im·por·tan·cia *f.* importance *gen.* important 2 *herida, lesión* serious.

im·por·tan·te *adj.* 1 *gen.* important *por su gravedad* serious *por su cantidad* considerable 2 *influyente* important.

im·por·tar *tr.* 1 COMM *traer de fuera* to import 2 *valer* to amount to ◇ *intr.* 1 *tener importancia* to matter 2 *molestar* to mind **no importa** it doesn't matter.

im·por·te *m. gen.* price, cost *cantidad* amount *tarifa* fare.

im·por·tu·nar *tr. molestar* to pester *uso formal* to importune.

im·por·tu·no, na *adj.* importunate.

im·po·si·bi·li·dad *f.* impossibility.

im·po·si·ble *adj.* impossible **hacer lo imposible** to do the impossible, do one's utmost.

im·po·si·ción *f.* 1 *gen.* imposition 2 FIN *cantidad* deposit *impuesto* tax.

im·po·si·ti·vo, va *adj.* tax.

im·pos·tor, ra *s.* 1 *farsante* impostor 2 *difamador* slanderer.

im·pos·tu·ra f. 1 trampa imposture, fraud 2 calumnia slander.

im·po·ten·te adj. impotent.

im·pre·ca·ción f. imprecation, curse.

im·pre·car tr. to imprecate.

im·pre·ci·sión f. imprecision, lack of precision.

im·pre·ci·so, sa adj. imprecise, vague.

im·pre·de·ci·ble adj. persona unpredictable circunstancia unforeseeable.

im·preg·na·ción f. impregnation.

im·preg·nar tr. to impregnate (de, with) ◇ prnl. impregnarse to become impregnated.

im·pren·ta f. 1 arte printing 2 taller printer's, printing house.

im·pres·cin·di·ble adj. essential, indispensable.

im·pre·sión f. 1 en imprenta printing 2 huella impression, imprint 3 fig. efecto impression negativo shock 4 opinión impression cambiar impresiones to compare notes.

im·pre·sio·na·ble adj. impressionable.

im·pre·sio·nan·te adj. 1 admirable impressive 2 impactante powerful inquietante disturbing 3 sorprendente astonishing, amazing.

im·pre·sio·nar tr. 1 causar admiración to impress 2 afectar to affect inquietar to disturb 3 película to expose.

im·pre·sio·nis·ta adj. impressionist ◇ com. impressionist.

im·pre·so, sa pp. de imprimir adj. printed ◇ m. impreso formulario form.

im·pre·sor, ra adj. printing ◇ s. persona printer.

im·pre·so·ra f. máquina printer.

im·pre·vi·si·ble adj. hecho unforeseeable persona unpredictable.

im·pre·vis·to, ta adj. circunstancia unforeseen visita unexpected ◇ m. incidente unforeseen event ◇ mpl. imprevistos gastos incidental expenses.

im·pri·má·tur m. inv. imprimatur.

im·pri·mir pp. imprimido o impreso tr. 1 gen. to print 2 dejar huella to stamp 3 fig. grabar to fix 4 dar to give imprimir un ritmo to set the pace.

im·pro·ba·ble adj. improbable, unlikely.

im·pro·bo, ba adj. 1 trabajo arduous, laborious 2 deshonesto dishonest.

im·pro·ce·den·cia f. 1 inappropriateness 2 JUR inadmissibility.

im·pro·ce·den·te adj. 1 inappropriate 2 JUR inadmissible.

im·pro·duc·ti·vo, va adj. unproductive.

im·pron·ta f. mark.

im·pro·nun·cia·ble adj. unpronounceable.

im·pro·pe·rio m. insult.

im·pro·pie·dad f. gen. unsuitability, inappropriateness del lenguaje impropriety.

im·pro·pio, pia adj. 1 inadecuado unsuitable, inappropriate 2 incorrecto improper.

im·pro·rro·ga·ble adj. gen. that can not be extended plazo final.

im·pro·vi·sa·ción f. improvisation.

im·pro·vi·sa·do, da adj. gen. improvised discurso impromptu.

im·pro·vi·sar tr. to improvise ◇ intr. to improvise.

im·pro·vi·so de improviso repentinamente suddenly, all of a sudden inesperadamente unexpectedly.

im·pru·den·cia f. 1 falta de prudencia imprudence, carelessness en la carretera dangerous driving 2 acción imprudente rash move, reckless move indiscreción indiscretion.

im·pru·den·te adj. imprudent, careless ◇ com. imprudente imprudent person, careless person indiscreto indiscreet person.

im·pu·di·cia f. immodesty.

im·pú·di·co, ca adj. 1 indecente immodest, indecent 2 desvergonzado shameless.

im·pues·to, ta pp. de imponer m. impuesto tax, duty impuesto sobre el valor agregado (IVA) value added tax impuesto sobre la renta income tax.

im·pug·na·ción f. 1 de lo reglamentado contestation 2 de una teoría refutation.

im·pug·nar tr. 1 resultado to contest 2 teoría to refute.

im·pul·sar tr. 1 to impel 2 TÉC to drive forward 3 potenciar to promote 4 incitar to drive.

im·pul·si·vo, va adj. impulsive ◇ s. impulsive person.

im·pul·so m. 1 impulse 2 fuerza, velocidad momentum.

im·pul·sor, ra adj. driving ◇ s. promoter, driving force.

im·pu·ne adj. unpunished quedar impune to go unpunished salir impune to go unpunished.

im·pu·ni·dad f. impunity.

im·pun·tua·li·dad f. unpunctuality.

im·pu·re·za f. impurity.

im·pu·ro, ra adj. impure.

im·pu·ta·ción f. imputation, accusation.

im·pu·tar tr. to impute imputar algo a alguien to impute something to somebody.

i·nac·ce·si·ble adj. inaccessible.

i·nac·ción f. inaction, inactivity.

i·na·cep·ta·ble adj. unacceptable.

i·nac·ti·vi·dad f. inactivity.

i·nac·ti·vo, va adj. inactive.

i·na·dap·ta·do, da adj. maladjusted ◇ s. misfit.

i·na·de·cua·do, da adj. 1 unsuitable 2 inapropiado inappropriate.

i·nad·mi·si·ble adj. unacceptable, inadmissible.

i·nad·ver·ti·do, da adj. 1 no visto unseen, unnoticed 2 distraído inattentive pasar inadvertido to go unnoticed.

i·na·go·ta·ble adj. 1 cantidad inexhaustible 2 persona tireless.

i·na·lám·bri·co, ca adj. cordless ◇ m. inalámbrico teléfono cordless phone.

i·nal·can·za·ble adj. unattainable, unreachable.

i·na·lie·na·ble adj. inalienable derecho inalienable inalienable right.

i·nal·te·ra·ble adj. 1 propiedad unchanging 2 color fast 3 persona, vida impassive, imperturbable.

i·na·mo·vi·ble adj. 1 gen. immovable permanente permanent no cambiable unchangeable 2 decisión final, irrevocable.

i·na·ne adj. pointless, futile.

i·na·ni·ción f. starvation.

i·na·ni·ma·do, da adj. inanimate, lifeless.

i·na·pe·la·ble adj. sentencia unappealable.

i·na·pe·ten·te adj. lacking in appetite.

i·na·pla·za·ble adj. which cannot be postponed.

i·na·pli·ca·ble adj. inapplicable.

i·na·pre·cia·ble adj. 1 insignificante imperceptible, insignificant 2 valioso invaluable, priceless.

i·na·pro·pia·do adj. inappropriate.

i·na·sis·ten·cia f. non-attendance, absence.

i·nas·ti·lla·ble adj. vidrio shatterproof.

i·na·ta·ca·ble adj. 1 posición, fortaleza unassailable 2 idea, postura irrefutable.

i·nau·di·ble adj. inaudible.

i·nau·di·to, ta adj. 1 nunca oído unheard-of 2 monstruoso outrageous.

i·nau·gu·ra·ción f. opening, inauguration.

i·nau·gu·ral adj. inaugural, opening.

i·nau·gu·rar tr. to inaugurate, open.

in·ca adj. Inca ◇ com. Inca.

in·cal·cu·la·ble adj. incalculable.

in·ca·li·fi·ca·ble adj. intolerable unspeakable.

in·can·des·cen·te adj. incandescent.

in·can·sa·ble adj. tireless.

in·ca·pa·ci·dad f. 1 gen. incapacity, inability 2 insuficiencia disability 3 JUR incapacity.

in·ca·pa·ci·ta·do, da adj. físicamente incapacitated, handicapped, disabled mentalmente incapacitated, unfit.

in·ca·paz adj. 1 incapable (de, of) 2 incompetente incompetent.

in·cau·ta·ción f. seizure.

in·cau·to, ta adj. crédulo gullible ◇ s. gullible person.

in·cen·diar (see model 12) tr. to set on fire, set fire to ◇ prnl. **incendiarse** to catch fire.

in·cen·dia·rio, ria adj. 1 bomba incendiary 2 fig. escrito inflammatory ◇ s. arsonist.

in·cen·dio m. fire **incendio provocado** arson.

in·cen·sa·rio m. censer, thurible.

in·cen·ti·var tr. 1 persona to motivate, encourage 2 producción to boost, encourage.

in·cen·ti·vo m. incentive.

in·cer·ti·dum·bre f. uncertainty.

in·ce·san·te adj. incessant, unceasing.

in·ces·to m. incest.

in·ces·tuo·so, sa adj. incestuous.

in·ci·den·cia f. 1 repercusión repercussion, consequence efecto effect, impact 2 frecuencia incidence.

in·ci·den·tal adj. incidental.

in·ci·den·te adj. incidental ◇ m. incident, event.

in·ci·dir intr. incidir en 1 repercutir to have an effect on, affect 2 incurrir en to fall into 3 tratar to touch upon insistir en to stress 4 luz, rayo to fall on 5 MED to incise in, incise into. .

in·cien·so m. incense.

in·cier·to, ta adj. 1 poco seguro uncertain, doubtful 2 desconocido unknown.

in·ci·ne·ra·ción f. de basuras incineration de cadáveres cremation.

in·ci·ne·rar tr. basura to incinerate cadáveres to cremate.

in·ci·pien·te adj. incipient.

in·ci·sión f. incision.

in·ci·si·vo, va adj. 1 instrumento cutting, sharp 2 fig. persona, humor incisive, mordant ◇ m. diente incisor.

in·ci·so, sa adj. estilo jerky ◇ m. **inciso** 1 comentario comment, passing remark de un artículo subsection 2 LING interpolated clause.

in·ci·ta·ción f. incitement (a, to).

in·ci·tan·te adj. 1 estimulante inciting 2 provocativo provocative.

in·ci·tar tr. to incite (a, to).

in·ci·vi·li·za·do, da adj. uncivilized.

in·cle·men·cia f. inclemency, harshness.

in·cli·na·ción f. 1 desviación slant 2 tendencia leaning 3 afición, cariño penchant 4 saludo bow asentimiento nod **sentir inclinación por...** to have a penchant for...

in·cli·na·do, da adj. terreno sloping edificio leaning, tilting.

in·cli·nar tr. 1 ladear to tilt 2 fig. persuadir to dispose, move ◇ prnl. **inclinarse** 1 doblarse to bend, lean como saludo to bow 2 **inclinarse a** fig. propender a to incline to, incline towards 3 **inclinarse por** escoger to choose, opt for **inclinar la cabeza** to bow.

in·cli·to, ta adj. LIT illustrious.

in·cluir (see model 62) tr. 1 to include 2 contener to contain, comprise 3 adjuntar - en carta, etc. to enclose.

in·clu·sa f. foundling home.

in·clu·si·ve adv. inclusive **Del 1 al 8 de febrero inclusive** From 1st to 8th february inclusive.

in·clu·so adv. even ◇ prep. even.

in·co·ar tr. to initiate.

in·co·bra·ble adj. irrecoverable **deuda incobrable** bad debt, irrecoverable debt.

in·cóg·ni·ta f. 1 MAT unknown quantity 2 fig. misterio mystery.

in·cóg·ni·to, ta adj. unknown **de incógnito** incognito.

in·co·he·ren·cia f. falta de coherencia incoherence.

in·co·lo·ro, ra adj. colourless.

in·có·lu·me adj. unscathed, unharmed.

in·co·mo·di·dad f. 1 discomfort 2 molestia inconvenience 3 malestar unrest, uneasiness.

in·có·mo·do, da adj. uncomfortable **sentirse incómodo** to feel uncomfortable, feel awkward.

in·com·pa·ra·ble adj. incomparable.

in·com·pa·ti·bi·li·dad f. incompatibility **incompatibilidad de caracteres** mutual incompatibility.

in·com·pa·ti·ble adj. incompatible.

in·com·pe·ten·te adj. incompetent.

in·com·ple·to, ta adj. 1 incomplete 2 inacabado unfinished.

in·com·pren·di·do, da adj. misunderstood **ser un incomprendido** to be misunderstood.

in·com·pren·si·ble adj. incomprehensible.

in·co·mu·ni·ca·do, da adj. 1 aislado isolated 2 por la nieve cut off **nos quedamos incomunicados** we are cut off 3 preso in solitary confinement.

in·co·mu·ni·car (see model 1) tr. 1 lugar to isolate, cut off 2 habitación to shut off 3 preso to hold in solitary confinement.

in·con·ce·bi·ble adj. inconceivable, unthinkable.

in·con·clu·so, sa adj. unfinished.

in·con·cre·to, ta adj. vague.

in·con·di·cio·nal adj. 1 rendición unconditional 2 amistad, admiración unquestioning ◇ com. staunch supporter.

in·co·ne·xión f. lack of connection.

in·con·fe·sa·ble adj. shameful.

in·con·for·mis·ta adj. nonconformist ◇ com. nonconformist.

in·con·fun·di·ble adj. unmistakable.

in·con·gruen·cia f. incongruity.

in·con·men·su·ra·ble adj. immeasurable.

in·cons·cien·cia f. 1 MED unconsciousness 2 irreflexión thoughtlessness.

in·cons·cien·te adj. 1 MED unconscious 2 irreflexivo thoughtless ◇ com. persona thoughtless person ◇ m. **el inconsciente** en psicoanálisis the unconscious.

in·cons·cien·te·men·te adv. inadvertently, unknowingly, unwittingly.

in·con·se·cuen·cia f. inconsistency, inconsequence.

in·con·sis·ten·cia f. 1 de un terreno softness 2 de una teoría insubstantiality, lack of substance de una investigación lack of substantial evidence.

in·con·sis·ten·te adj. 1 sin firmeza flimsy 2 sin rigor weak.

in·con·so·la·ble adj. inconsolable, disconsolate.

in·cons·tan·cia f. 1 indolencia lack of discipline 2 variabilidad inconstancy, changeability.

in·cons·ti·tu·cio·nal *adj.* unconstitutional.

in·con·ta·ble *adj.* countless, uncountable.

in·con·ta·mi·na·do, da *adj.* unpolluted.

in·con·te·ni·ble *adj.* uncontrollable.

in·con·ti·nen·cia *f.* incontinence.

in·con·tro·la·ble *adj.* uncontrollable.

in·con·tro·ver·ti·ble *adj.* incontrovertible, indisputable.

in·con·tro·ver·ti·do, da *adj.* unquestioned.

in·con·ve·nien·te *adj. gen.* inconvenient *inapropiado* inappropriate **2** *m. desventaja* drawback *dificultad* problem **no tener inconveniente en hacer algo** to have no objection to doing something.

in·cor·diar *(see model 12) tr.* to pester, bother.

in·cor·dio *m. fam.* nuisance.

in·cor·po·ra·ción *f.* **1** *llegada* arrival *inclusión* inclusion *unión* joining **2** *del cuerpo* sitting-up.

in·cor·po·rar *tr.* **1** *añadir* to incorporate, include **2** CULIN *añadir* to add *salsa* to blend in ◇ *prnl.* **incorporarse 1** *levantarse* to sit up **2** *a un trabajo* to start a *una empresa, equipo, etc.* to join.

in·cor·pó·re·o, a *adj.* incorporeal.

in·co·rrec·ción *f.* **1** *falta de corrección* incorrectness **2** *error* mistake **3** *descortesía* impoliteness *palabra descortés* impolite remark.

in·co·rrec·to, ta *adj.* **1** *inexacto* incorrect **2** *descortés* impolite.

in·co·rre·gi·ble *adj.* incorrigible.

in·co·rrup·ti·ble *adj.* incorruptible.

in·cre·du·li·dad *f.* incredulity.

in·cré·du·lo, la *adj.* **1** incredulous **2** REL unbelieving ◇ *s.* **1** disbeliever, incredulous person **2** REL unbeliever.

in·cre·í·ble *adj.* incredible, unbelievable.

in·cre·men·tar *tr.* to increase.

in·cre·men·to *m.* increase, rise **incremento salarial** wage raise.

in·cre·par *tr.* **1** *reprender* to rebuke **2** *insultar* to abuse.

in·cri·mi·nar *tr.* to incriminate.

in·cri·mi·na·to·rio, ria *adj. testimonio* incriminatory.

in·cruen·to, ta *adj.* bloodless.

in·crus·ta·ción *f.* **1** incrustation, encrustation **2** *artística* inlaying, inlay.

in·crus·tar *tr.* **1** to incrust, encrust **2** *arte* to inlay ◇ *prnl.* **incrustarse** to become embedded (**en**, in).

in·cu·ba·ción *f.* incubation.

in·cu·ba·do·ra *f.* incubator.

in·cu·bar *tr.* to incubate.

in·cues·tio·na·ble *adj.* unquestionable.

in·cul·car *(see model 1) tr.* to inculcate, instil.

in·cul·pa·do, da *adj.* accused ◇ *s.* accused.

in·cul·par *tr.* to accuse (**de**, of).

in·cul·to, ta *adj.* **1** *persona* uneducated **2** *terreno* uncultivated, untilled ◇ *s. persona* ignorant person, ignoramus.

in·cum·ben·cia *f.* duty, concern.

in·cum·bir *intr.* to be incumbent (**a**, upon), be the responsibility (**a**, of).

in·cum·pli·do, da *adj. promesa* broken.

in·cum·plir *tr. promesa* to break *deber* to fail to fulfil *contrato* to break *orden* to disobey, fail to comply with.

in·cu·na·ble *adj.* incunabular ◇ *m.* incunabulum.

in·cu·ra·ble *adj.* incurable.

in·cu·rrir *intr. incurrir en* **1** *error* to fall into *delito* to commit **2** *ira, etc.* to incur.

in·cur·sión *f.* incursion.

in·da·gar *(see model 7) tr.* to investigate, inquire into.

in·de·bi·do, da *adj.* **1** *injusto* unfair *injustificado* unjustified *ilegal* wrongful, unlawful, illegal **2** *excesivo* excessive *inapropiado* inappropriate *impropio* improper.

in·de·cen·cia *f.* **1** indecency **2** *acción indecente* scandal, outrage.

in·de·cen·te *adj.* **1** *impúdico* indecent *indecoroso* improper **2** *indigno* miserable *cochambroso* filthy **3** *vil* wretched.

in·de·ci·ble *adj.* indescribable **sufrir lo indecible** to suffer unspeakably.

in·de·ci·sión *f.* indecision.

in·de·ci·so, sa *adj.* **1** *persona - por naturaleza* indecisive - *puntualmente* undecided **2** *asunto - no resuelto* undecided - *que no resuelve* inconclusive ◇ *s. persona* ditherer.

in·de·cli·na·ble *adj.* **1** LING *sin declinación* indeclinable **2** *ineludible* unavoidable.

in·de·co·ro·so, sa *adj.* indecorous.

in·de·fec·ti·ble *adj.* inevitable, unavoidable.

in·de·fen·di·ble *adj.* indefensible.

in·de·fen·sión *f.* defencelessness.

in·de·fen·so, sa *adj.* defenceless, helpless.

in·de·fi·ni·da·men·te *adv.* indefinitely.

in·de·fi·ni·do, da *adj.* **1** *periodo de tiempo* indefinite *contrato* open-ended **2** *impreciso* indefinite, indefinable **3** LING indefinite.

in·de·le·ble *adj.* indelible.

in·dem·ne *adj. persona* unharmed, unhurt *cosa* undamaged.

in·dem·ni·za·ción *f.* **1** *compensación* compensation, indemnity **2** *acción* indemnification.

in·dem·ni·zar *(see model 4) tr.* to compensate (**de/por**, for), indemnify (**de/por**, tor).

in·de·pen·den·cia *f.* independence **con independencia de** independently of.

in·de·pen·dien·te *adj.* **1** independent **2** *individualista* self-sufficient.

in·de·pen·dien·te·men·te *adv.* **1** independently (**de**, of) **2** *sin tener en cuenta* regardless (**de**, of), irrespective (**de**, of) *aparte de* leaving aside.

in·de·pen·di·zar *(see model 4) tr.* to make independent ◇ *prnl.* **independizarse** to become independent (**de**, of).

in·des·ci·fra·ble *adj.* indecipherable.

in·des·crip·ti·ble *adj.* indescribable.

in·de·se·a·ble *adj.* undesirable.

in·des·truc·ti·ble *adj.* indestructible.

in·de·ter·mi·na·do, da *adj.* **1** *gen.* indeterminate *en tiempo, número* indefinite **2** *impreciso* vague **3** LING *artículo* indefinite **por tiempo indeterminado** indefinitely.

in·de·xar *tr.* to index.

in·di·ca·ción *f.* **1** *indicio* indication, mention **2** *gesto, señal* sign **3** *instrucción* instruction *recomendación* recommendation *sugerencia* suggestion **"Indicaciones"** *en prospecto médico* "Recommended uses".

in·di·ca·do, da *adj.* appropriate, suitable.

in·di·ca·dor, ra *adj. gen.* which indicates, indicating ◇ *m. gen.* indicator *señal de tráfico* sign, traffic sign, road sign *con aguja, escala* gauge **indicador económico** economic indicator.

in·di·car *(see model 1) tr.* **1** to indicate, point out **2** *aconsejar* to advise **indicarle el camino a alguien** to show somebody the way.

in·di·ca·ti·vo, va *adj.* indicative ◇ *m.* **indicativo** LING indicative.

in·di·ce *m.* **1** *gen.* index *indicio* sign, indicator **2** *de un libro* index, table of contents *catálogo* catalogue 3 *dedo* index finger, forefinger **índice de mortalidad** death rate **índice de natalidad** birth rate **índice de precios al consumo** retail price index.

in·di·cio m. 1 *señal* sign 2 *resto* trace.

in·di·fe·ren·cia f. indifference.

in·di·fe·ren·te adj. indifferent **me es indiferente** I don't care.

in·dí·ge·na adj. indigenous, native ◇ com. native.

in·di·gen·cia f. extreme poverty, indigence.

in·di·gen·te adj. indigent, poverty-stricken ◇ com. poor person.

in·di·ges·tar·se prnl. 1 *comida* to give indigestion 2 *fam. fig. no agradar* to be hard to stomach.

in·di·ges·tión f. indigestion.

in·di·ges·to, ta adj. *alimento* hard to digest, indigestible **estar indigesto** to have indigestion.

in·dig·na·ción f. indignation.

in·dig·na·do, da adj. indignant (*por*, at/about).

in·dig·nan·te adj. outrageous.

in·dig·nar tr. to infuriate ◇ prnl. **indignarse** to become indignant (*por*, at/about).

in·dig·no, na adj. unworthy (*de*, of) 2 *vil* low, contemptible.

in·dio, dia adj. Indian ◇ s. Indian **en fila india** in single file.

in·di·rec·ta f. hint, insinuation **lanzar una indirecta** to drop a hint.

in·di·rec·ta·men·te adv. indirectly.

in·di·rec·to, ta adj. indirect.

in·dis·ci·pli·na f. indiscipline, lack of discipline.

in·dis·cre·ción f. indiscretion.

in·dis·cre·ta·men·te adv. indiscreetly, tactlessly.

in·dis·cre·to, ta adj. indiscreet ◇ s. indiscreet person.

in·dis·cri·mi·na·do, da adj. indiscriminate.

in·dis·cu·ti·ble adj. indisputable, unquestionable.

in·di·so·lu·bi·li·dad f. indissolubility.

in·di·so·lu·ble adj. *sustancia* indissoluble.

in·dis·pen·sa·ble adj. indispensable, essential.

in·dis·po·ner (*see model 78*) pp. **indispuesto** tr. 1 *enemistar* to set (*contra*, against) 2 MED to upset, make unwell 3 *plan, proyecto* to upset, spoil ◇ prnl. **indisponerse** 1 *enemistarse* to fall out (*con*, with) 2 *enfermarse* to be unwell.

in·dis·po·si·ción f. 1 MED indisposition 2 *reticencia* indisposition, unwillingness.

in·dis·pues·to, ta pp. de indisponer adj. 1 MED indisposed, unwell 2 *enemistado* on bad terms (*con*, with).

in·dis·pu·ta·ble adj. indisputable.

in·dis·tin·ta·men·te adv. 1 *por igual* equally 2 *con imprecisión* indistinctly.

in·dis·tin·to, ta adj. 1 *indiferente* immaterial 2 *difuso, impreciso* indistinct 3 *indiferenciado* not differentiated.

in·di·vi·dual adj. individual ◇ mpl. **individuales** DEP singles.

in·di·vi·dua·li·zar (*see model 4*) tr. 1 *hacer individual* to individualize 2 *diferenciar* to single out.

in·di·vi·duo, dua s. *individuo* pey. gen. character, individual *hombre* bloke, guy, chap *mujer* woman ◇ m. **individuo** person.

in·di·vi·si·ble adj. indivisible.

in·do·cu·men·ta·do, da adj. *sin documentación* without means of identification ◇ s. *sin documentación* person not carrying identity papers.

ín·do·le f. 1 *carácter* disposition, nature 2 *tipo* type, kind.

in·do·len·te adj. indolent.

in·do·lo·ro, ra adj. painless.

in·do·ma·ble adj. 1 *animal* untamable 2 *fig. valor, heroísmo* indomitable *carácter* unruly.

in·dó·mi·to, ta adj. indomitable.

in·do·ne·sio, sia adj. Indonesian ◇ s. Indonesian.

in·du·bi·ta·ble adj. indubitable.

in·duc·ción f. induction.

in·du·cir (*see model 46*) tr. 1 *incitar* to induce 2 *inferir* to infer, deduce 3 ELEC to induce **inducir a error** to mislead.

in·duc·ti·vo, va adj. inductive.

in·duc·tor, ra adj. 1 *instigador* instigating 2 FÍS inductive ◇ s. instigator ◇ m. **inductor** inductor.

in·du·da·ble adj. unquestionable **es indudable que...** there is no doubt that...

in·dul·gen·te adj. indulgent, lenient.

in·dul·tar tr. 1 JUR to pardon 2 *eximir* to exempt.

in·dul·to m. pardon, amnesty.

in·du·men·ta·ria f. clothing, clothes pl.

in·dus·tria f. 1 *gen.* industry 2 *fábrica* factory.

in·dus·trial adj. industrial ◇ com. industrialist, manufacturer.

in·dus·tria·li·za·ción f. industrialization.

in·dus·tria·li·zar (*see model 4*) tr. to industrialize prnl. **industrializarse** to become industrialized.

in·dus·trio·so, sa adj. industrious.

in·é·di·to, ta adj. 1 *libro* unpublished 2 *nuevo* new, unheard of 3 *desconocido* unknown.

in·e·fa·ble adj. ineffable.

in·e·fi·ca·cia f. 1 *falta de eficàcia* inefficiency 2 *falta de efectividad* ineffectiveness.

in·e·fi·caz adj. pl. **ineficaces** 1 *incompetente* inefficient 2 *improductivo* ineffective.

in·e·fi·cien·te adj. inefficient.

in·e·luc·ta·ble adj. inescapable.

in·e·lu·di·ble adj. unavoidable, inevitable.

i·ne·na·rra·ble adj. indescribable.

i·nep·ti·tud f. incompetence, ineptitude.

i·nep·to, ta adj. *persona* incompetent, inept ◇ s. incompetent person.

i·ne·qui·vo·co, ca adj. unmistakable.

i·ner·cia f. 1 inertia 2 *pasividad* apathy.

i·ner·me adj. 1 *desarmado* unarmed 2 *indefenso* defenceless.

i·ner·te adj. 1 *materia, gas* inert 2 *cadáver* lifeless.

in·es·cru·ta·ble adj. inscrutable, impenetrable.

in·es·pe·ra·do, da adj. unexpected.

in·es·ta·ble adj. unstable, unsteady.

in·es·ti·ma·ble adj. inestimable, invaluable.

in·e·vi·ta·ble adj. inevitable, unavoidable.

in·e·xac·to, ta adj. inexact, inaccurate.

in·ex·cu·sa·ble adj. 1 *imperdonable* inexcusable 2 *obligatorio* unavoidable.

in·e·xis·ten·cia f. nonexistence.

in·e·xis·ten·te adj. nonexistent.

in·e·xo·ra·ble adj. inexorable.

in·ex·pe·rien·cia f. inexperience.

in·ex·per·to, ta adj. inexperienced.

in·ex·pli·ca·ble adj. inexplicable.

in·ex·plo·ra·do, da adj. unexplored.

in·ex·pre·si·vo, va adj. *cara, persona* inexpressive, expressionless.

in·ex·pug·na·ble adj. 1 *fortaleza* unassailable, impregnable 2 *persona* hard-headed, stubborn.

in·ex·tin·gui·ble adj. inextinguishable.

in·ex·tri·ca·ble adj. inextricable.

in·fa·li·bi·li·dad f. infallibility.

in·fa·li·ble adj. infallible.

in·fa·me adj. 1 *vil* despicable, vile 2 *muy malo* awful, terrible.

in·fa·mia f. *deshonra* disgrace *hecho vil* disgraceful thing to do, despicable thing to do.

in·fan·cia f. 1 *de una persona* - gen. childhood - *primera parte* infancy 2 *de un proyecto, etc.* infancy 3 *los niños* children pl. **primera infancia** infancy.

in·fan·te, ta s. *hombre* infante, *príncipe* **mujer** infanta, princess ◇ m. **infante** niño infant.

in·fan·te·ría f. infantry.

in·fan·ti·ci·da adj. infanticidal ◇ com. infanticide, child-murderer.

in·fan·ti·ci·dio m. infanticide.

in·fan·til adj. 1 *literatura, juego* children's *equipo* junior *parálisis infantil* 2 *aniñado* childlike 3 *inmaduro* childish.

in·far·to m. 1 *de miocardio* heart attack 2 *de otros órganos* infarction, infarct.

in·faus·to, ta adj. LIT ill-starred.

in·fec·ción f. infection.

in·fec·tar tr. to infect (*de*, with) ◇ prnl. **infectarse** to become infected (*de*, with).

in·fe·cun·do, da adj. infertile.

in·fe·liz pl. **infelices** adj. 1 *desdichado* unhappy 2 *ingenuo* ingenuous ◇ com. *ingenuo* poor soul.

in·fe·ren·cia f. inference.

in·fe·rior adj. 1 *situado debajo* lower 2 *cantidad* less, lower 3 *en calidad* inferior (*a*, to) ◇ com. *en rango* subordinate *en calidad* inferior.

in·fe·rio·ri·dad f. inferiority **estar en inferioridad de condiciones** to be at a disadvantage.

in·fe·rir (*see model 35*) tr. 1 *deducir* to infer (*de*, from), conclude 2 *daño físico* to inflict *daño moral* to cause.

in·fer·nal adj. 1 *del infierno* infernal 2 *fam. fig.* hellish.

in·fes·tar tr. *invadir* to infest.

in·fi·de·li·dad f. 1 *sexual* infidelity, unfaithfulness 2 *de un amigo* disloyalty 3 *inexactitud* inaccuracy.

in·fiel adj. 1 *esposo* unfaithful (*a/con/para*, to) *amigo* disloyal (*a*, to) 2 *inexacto* inaccurate 3 REL unbelieving, infidel ◇ com. REL unbeliever, nonbeliever, infidel.

in·fier·ni·llo m. portable stove.

in·fier·no m. hell **estar en el quinto infierno** to be in the back of beyond **¡vete al infierno!** go to hell!, get lost!

in·fil·tra·ción f. 1 *de un espía, una idea* infiltration 2 *de un líquido* seepage.

in·fil·trar tr. to infiltrate ◇ prnl. **infiltrarse** 1 to infiltrate (*en*, -) 2 *líquido* to seep (*en*, into) *luz* to filter (*en*, into).

ín·fi·mo, ma adj. *en calidad* lowest, poorest *precio* ridiculous.

in·fi·ni·dad f. 1 *infinito* infinity 2 *gran cantidad* great number, infinite number.

in·fi·ni·te·si·mal adj. infinitesimal.

in·fi·ni·ti·vo, va adj. infinitive ◇ m. **infinitivo** infinitive.

in·fi·ni·to, ta adj. infinite ◇ m. **el infinito** the infinite, infinity ◇ adv. *infinito* muchísimo infinitely.

in·fla·ble adj. inflatable.

in·fla·ción f. inflation.

in·fla·cio·na·rio, ria adj. inflationary.

in·fla·ma·ble adj. inflammable.

in·fla·mar tr. 1 *encender* to ignite, set on fire 2 *fig. pasiones, etc.* to excite, arouse, stir 3 MED to inflame ◇ prnl. **inflamarse** MED to become inflamed.

in·fla·ma·to·rio, ria adj. inflammatory.

in·flar tr. 1 *balón* to blow up, inflate 2 *fig. hechos, noticias* to exaggerate 3 *precios* to inflate ◇ prnl. **inflarse** 1 to inflate one's opinion of oneself 2 *fam. hartarse de comer* to stuff oneself (*de*, with).

in·fle·xi·ble adj. inflexible.

in·fle·xión f. inflection.

in·fli·gir (*see model 6*) tr. *castigo* to inflict, impose *pena* to cause **infligir daños** to cause damage **infligir una derrota a** to defeat.

in·flo·res·cen·cia f. inflorescence.

in·fluen·cia f. influence **tener influencia sobre alguien** to have an influence on somebody **tener influencias** to be influential.

in·fluen·ciar (*see model 12*) tr. to influence.

in·fluir (*see model 62*) tr. to influence ◇ intr. to have influence **influir en algo** to have influence on something.

in·flu·jo m. influence.

in·flu·yen·te adj. influential.

in·for·ma·ción f. 1 *conocimiento* information 2 *noticia* piece of news *conjunto de noticias* news 3 *oficina* information department *mesa* information desk **oficina de información** information bureau.

in·for·mal adj. 1 *desenfadado* informal 2 *persona* unreliable.

in·for·ma·li·dad f. 1 *desenfado* informality 2 *en persona* unreliability.

in·for·man·te adj. providing information, informing ◇ com. *en encuesta* informant.

in·for·mar tr. *dar noticia* to inform (*de*, about) ◇ intr. to inform (*de*, about), tell (*de*, about) ◇ prnl. **informarse** to find out (*de*, about).

in·for·má·ti·co, ca adj. computer, computing ◇ s. computer expert.

in·for·me adj. *sin forma* shapeless, formless ◇ m. report ◇ mpl. **informes** references **dar informes sobre alguien** *referencias* to provide references for somebody.

in·for·tu·na·do, da adj. unfortunate.

in·for·tu·nio f. misfortune.

in·frac·ción f. infraction, infringement.

in·frac·tor, ra adj. offending ◇ s. offender.

in·fra·es·truc·tu·ra f. 1 *de una organización* infrastructure 2 *de una edificación* foundations pl.

in·fra·hu·ma·no, na adj. subhuman.

in·fra·mun·do m. underworld.

in·fra·rro·jo, ja adj. infrared.

in·frin·gir (*see model 6*) tr. gen. to infringe *ley* to break.

in·fruc·tuo·so, sa adj. fruitless, unsuccessful.

ín·fu·las fpl. pretensions **darse ínfulas** to put on airs.

in·fun·da·do, da adj. unfounded, groundless.

in·fun·dio m. untruth.

in·fun·dir pp. **infundido** o **infuso** tr. *respeto* to command *miedo* to fill with *valor* to instil *deseo* to infuse with.

in·fu·sión f. *acción* infusion *bebida* herbal tea, infusion.

in·ge·niar (*see model 12*) tr. to devise ◇ prnl. **ingeniárselas** to manage, find a way, contrive.

in·ge·nie·rí·a f. engineering.

in·ge·nie·ro, ra s. engineer.

in·ge·nio m. 1 *talento* talent *chispa* wit 2 *habilidad* ingenuity 3 *individuo* genius 4 *aparato* device **aguzar el ingenio** to sharpen one's wits.

in·ge·nio·so, sa adj. *inteligente* ingenious, clever *con chispa* witty.

in·gen·te adj. enormous.

in·ge·nui·dad f. ingenuousness, naivety.

in·ge·nuo, nua adj. naive, ingenuous ◇ s. naive person.

in·ge·rir (*see model 35*) tr. *alimentos* to eat *bebida* to drink **ingerir alimentos** to eat **ingerir bebidas alcohólicas** to drink alcohol.

in·ges·tión f. ingestion, consumption, swallowing.
in·gle f. groin.
in·glés, gle·sa adj. English ◇ s. persona English person *hombre* Englishman *mujer* Englishwoman ◇ m. **inglés** idioma English **los ingleses** the English.
in·go·ber·na·ble adj. **1** *nación* ungovernable **2** *nave* unsteerable.
in·gra·ti·tud f. ingratitude, ungratefulness.
in·gra·to, ta adj. **1** *persona* ungrateful **2** *trabajo, tarea* thankless **3** *tiempo* unpleasant.
in·gra·vi·dez f. weightlessness.
in·gre·dien·te m. ingredient.
in·gre·sar tr. *dinero* to pay in, deposit ◇ intr. **ingresar en 1** *entrar* to join **2** *hospital* to be admitted to.
in·gre·so m. **1** *en club, ejército* joining *en hospital* admission *en prisión* entrance *en universidad* entrance **2** *entrada* entry **3** FIN deposit ◇ mpl. **ingresos** *sueldo, renta* income sing. *beneficios* revenue sing.
in·gui·nal adj. inguinal.
in·há·bil adj. *poco habilidoso* unskillful.
in·ha·bi·li·tar tr. JUR to disqualify.
in·ha·la·ción f. inhalation.
in·ha·lar tr. to inhale, breathe in.
in·he·ren·te adj. inherent (*a*, in).
in·hi·bi·ción f. inhibition.
in·hi·bi·do pp. de inhibir adj. inhibited.
in·hi·bir tr. **1** *reprimir* to inhibit **2** MED to inhibit ◇ prnl. **inhibirse 1** *reprimirse* to be inhibited **2** *abstenerse* to refrain (*de*, from) *negarse* to refuse (*de*, to).
in·hós·pi·to, ta adj. inhospitable.
in·hu·ma·ción f. burial.
in·hu·ma·no, na adj. **1** *persona* inhuman, cruel **2** *dolor, sufrimiento* inhuman.
in·hu·mar tr. to bury.
i·ni·cia·ción f. **1** *comienzo* start, beginning **2** *de una persona* initiation, introduction (*a*, to).
i·ni·cial adj. initial ◇ f. initial.
i·ni·cia·li·za·ción f. INFO initialization.
i·ni·cia·li·zar tr. INFO to initialize.
i·ni·ciar *(see model 12)* tr. **1** *empezar* to start, begin **2** *introducir* to initiate (*en*, in) ◇ prnl. **iniciarse** *empezar* to start, begin **iniciarse en** to start to learn about.
i·ni·cia·ti·va f. initiative **tomar la iniciativa** to take the initiative **iniciativa privada** private enterprise.
i·ni·cio m. beginning, start.
i·ni·cuo, cua adj. iniquitous.
in·in·te·li·gi·ble adj. unintelligible.
in·in·te·rrum·pi·do, da adj. uninterrupted.
i·ni·qui·dad f. iniquity.
in·je·ren·cia f. interference.
in·je·rir·se prnl. to interfere (*en*, in).
in·jer·tar tr. to graft.
in·ju·ria f. **1** insult, affront **2** JUR slander.
in·ju·riar *(see model 12)* tr. **1** *insultar* to insult **2** JUR to slander.
in·ju·rio·so, sa adj. **1** offensive **2** JUR slanderous.
in·jus·ta·men·te adv. unjustly, unfairly.
in·jus·ti·cia f. injustice, unfairness.
in·jus·ti·fi·ca·ble adj. unjustifiable, indefensible.
in·jus·ti·fi·ca·do, da adj. unjustified.
in·jus·to, ta adj. unfair, unjust **ser injusto con alguien** to do somebody an injustice.
in·ma·cu·la·do, da adj. immaculate **la Inmaculada** the Virgin Mary.
in·ma·du·rez f. immaturity.
in·ma·ne·ja·ble adj. unmanageable.
in·ma·nen·cia f. immanency.

in·mar·ce·si·ble adj. LIT unfading.
in·ma·te·rial adj. immaterial.
in·me·dia·cio·nes fpl. de una zona surrounding area sing. de una casa vicinity sing.
in·me·dia·ta·men·te adv. immediately.
in·me·dia·to, ta adj. **1** *poco después* immediate **2** *contiguo* next (*a*, to), adjoining (*a*, -) **de inmediato** immediately.
in·me·jo·ra·ble adj. gen. unbeatable, unsurpassable calidad excellent.
in·me·mo·rial adj. immemorial **desde tiempos inmemoriales** from time immemorial.
in·men·si·dad f. **1** immensity **2** gran cantidad great number.
in·men·so, sa adj. immense, vast.
in·me·re·ci·do, da adj. undeserved.
in·mer·sión f. gen. immersion de un buceador, submarino dive.
in·mer·so, sa adj. immersed (*en*, in).
in·mi·gra·ción f. immigration.
in·mi·gran·te adj. immigrant ◇ com. immigrant.
in·mi·grar intr. to immigrate.
in·mi·nen·te adj. imminent.
in·mis·cuir·se *(see model 62)* prnl. to interfere, meddle (*en*, in).
in·mo·bi·lia·rio, ria adj. real estate ◇ f. **(agencia) inmobiliaria** dedicada a la compraventa real estate company dedicada a la construcción construction company.
in·mo·lar tr. to immolate, sacrifice.
in·mo·ral adj. immoral.
in·mo·ra·li·dad f. immorality.
in·mor·tal adj. immortal ◇ com. immortal.
in·mor·ta·li·dad f. immortality.
in·mor·ta·li·zar *(see model 4)* tr. to immortalize.
in·mó·vil adj. **1** still, motionless **2** fig. constante determined, steadfast **estar inmóvil** to stand still **quedarse inmóvil** to remain still, keep still.
in·mo·vi·li·dad f. immobility.
in·mo·vi·li·zar *(see model 4)* tr. to immobilize.
in·mue·ble m. building **bienes inmuebles** real estate sing.
in·mun·di·cia f. **1** suciedad dirt **2** basura rubbish.
in·mun·do, da adj. **1** sucio dirty, filthy asqueroso disgusting **2** fig. dirty.
in·mu·ne adj. **1** MED immune (*a*, to) **2** exento exempt (*de*, from).
in·mu·ni·dad f. immunity **inmunidad diplomática** diplomatic immunity **inmunidad parlamentaria** parliamentary immunity.
in·mu·ni·za·ción f. immunization.
in·mu·ni·zar *(see model 4)* tr. to immunize.
in·mu·no·de·fi·cien·te adj. immunodeficient ◇ com. immunodeficient.
in·mu·no·de·pre·sor, ra adj. immunosuppressive ◇ m. **inmunodepresor** immunosuppressant.
in·mu·no·lo·gí·a f. immunology.
in·mu·ta·ble adj. unchangeable, immutable.
in·mu·tar tr. to change ◇ prnl. **inmutarse** to react **no inmutarse** not to bat an eyelid **sin inmutarse** without batting an eyelid.
in·na·to, ta adj. innate, inborn.
in·ne·ce·sa·rio, ria adj. unnecessary.
in·ne·ga·ble adj. undeniable.
in·nom·bra·ble adj. unmentionable.
in·no·va·ción f. innovation.
in·no·va·dor, ra adj. innovatory ◇ s. innovator.
in·no·var intr. to innovate.
in·nu·me·ra·ble adj. innumerable, countless.
i·no·cen·cia f. **1** innocence **2** ingenuidad naivety, innocence.

i·no·cen·te adj. 1 innocent 2 *ingenuo* naive, innocent ◇ com. 1 innocent person 2 naive person, innocent person **hacerse el inocente** to play the innocent **los Santos Inocentes** the Holy Innocents.

i·no·cui·dad f. harmlessness, innocuousness.

i·no·cu·lar tr. to inoculate.

i·no·cuo, cua adj. innocuous, harmless.

i·no·do·ro, ra adj. odourless ◇ m. **inodoro** toilet.

in·o·fen·si·vo, va adj. harmless, inoffensive.

in·ol·vi·da·ble adj. unforgettable.

in·o·pe·ran·te adj. ineffective, inoperative.

i·no·pia estar en la inopia 1 *fam. distraído* to have one's head in the clouds 2 *ignorante* to be in the dark.

in·o·por·tu·no, na adj. *visita, etc.* inopportune, untimely *comentario, etc.* inopportune, ill-timed.

in·or·gá·ni·co, ca adj. inorganic.

in·o·xi·da·ble adj. rustproof.

in·que·bran·ta·ble adj. *promesa* unbreakable *fe* unshakeable, unwavering *fidelidad* unswerving.

in·quie·tar tr. to worry ◇ prnl. **inquietarse** to worry (*por*, about).

in·quie·to, ta adj. 1 *agitado* restless 2 *preocupado* worried, anxious 3 *interesado* eager, interested.

in·quie·tud f. 1 *agitación* restlessness 2 *preocupación* worry, anxiety 3 *interés* interest **tener inquietudes** to have many interests.

in·qui·li·no, na s. tenant.

in·qui·na f. animosity, antipathy **tener inquina a alguien** to feel animosity towards somebody.

in·qui·rir *(see model 30)* tr. to inquire, investigate.

in·qui·si·ción f. 1 inquiry 2 *la (Santa) Inquisición* HIST the Inquisition, the Spanish Inquisition.

in·qui·si·ti·vo, va adj. inquisitive.

in·sa·cia·ble adj. insatiable.

in·sa·lu·bre adj. insalubrious, unhealthy.

in·sa·lu·bri·dad f. insalubrity.

in·sa·no, na adj. 1 *no sano* unhealthy 2 *loco* insane.

in·sa·tis·fac·ción f. dissatisfaction.

ins·cri·bir pp. **inscrito** tr. 1 *grabar* to inscribe 2 *apuntar* to register *en un concurso* to enter *en un curso* to enroll ◇ prnl. **inscribirse** *gen.* to register *para un concurso* to enter *para un curso* to enroll.

ins·crip·ción f. 1 *grabado* inscription 2 *registro* registration *en un concurso* entry *en un curso* enrollment.

in·sec·ti·ci·da adj. insecticidal ◇ m. insecticide.

in·sec·tí·vo·ro, ra adj. insectivorous ◇ m. **insectívoro** insectivore.

in·sec·to m. insect.

in·se·gu·ri·dad f. 1 *falta de confianza* insecurity 2 *duda* uncertainty 3 *peligro* lack of safety **inseguridad ciudadana** lack of safety on the streets.

in·se·gu·ro, ra adj. 1 *sin confianza* insecure 2 *que duda* uncertain 3 *peligroso* unsafe.

in·se·mi·na·ción f. insemination **inseminación artificial** artificial insemination.

in·se·mi·nar tr. to inseminate.

in·sen·sa·to, ta adj. foolish ◇ s. fool.

in·sen·si·bi·li·zar tr. 1 MED to desensitize 2 to make insensitive.

in·sen·si·ble adj. 1 insensitive, unfeeling, thoughtless 2 MED *insensible* 3 *imperceptible* insensible, imperceptible.

in·se·pa·ra·ble adj. inseparable.

in·se·pul·to, ta adj. unburied.

in·ser·ción f. insertion.

in·ser·tar tr. to insert (*en*, into).

in·ser·vi·ble adj. useless.

in·si·dia f. 1 *palabra* malicious remark *acto* act of malice, malicious deed 2 *maldad* maliciousness.

in·sig·ne adj. distinguished, eminent.

in·sig·nia f. 1 *distintivo* badge 2 *bandera* flag *estandarte* banner.

in·sig·ni·fi·can·cia f. 1 *cualidad* insignificance 2 *pequeñez* trifle.

in·si·nua·ción f. 1 *indicación* insinuation, hint 2 *fam. amorosa* overture **hacerle insinuaciones a alguien** insinuarse to make a pass at somebody.

in·si·nuar *(see model 11)* tr. to insinuate, hint ◇ prnl. **insinuarse** *amorosamente* to a pass (*a*, at).

in·sí·pi·do, da adj. 1 *comida* tasteless, insipid 2 *fig.* insipid.

in·sis·ten·cia f. 1 *acción* insistence, persistence *cualidad* insistency.

in·sis·ten·te adj. insistent.

in·sis·tir intr. 1 to insist (*en*, on) 2 *enfatizar* to stress (*en*, -), emphasize (*en*, -).

in·so·bor·na·ble adj. incorruptible.

in·so·la·ción f. 1 MED sunstroke 2 *en meteorología* sunshine, sunlight.

in·so·len·cia f. 1 *atrevimiento* insolence 2 *palabra* cheeky remark *acción* cheeky thing to do **decir insolencias** to be insolent, be cheeky.

in·so·len·te adj. *descarado* insolent 2 *soberbio* haughty ◇ s. 1 *descarado* insolent person 2 *soberbio* haughty person.

in·só·li·to, ta adj. extremely unusual.

in·so·lu·ble adj. insoluble.

in·sol·ven·cia f. insolvency.

in·som·nio m. insomnia **tener insomnio** to suffer from insomnia **noches de insomnio** sleepless nights.

in·son·da·ble adj. unfathomable.

in·so·no·ri·za·ción f. soundproofing.

in·so·no·ri·zar *(see model 4)* tr. to soundproof.

in·so·por·ta·ble adj. unbearable.

in·sos·la·ya·ble adj. unavoidable.

in·sos·pe·cha·do, da adj. 1 *no sospechado* unsuspected 2 *inesperado* unexpected.

in·sos·te·ni·ble adj. untenable.

ins·pec·ción f. *gen.* examination, inspection *policial* search **inspección sanitaria** health inspection.

ins·pec·cio·nar tr. *gen.* to inspect *zona, lugar del crimen* to search.

ins·pec·tor, ra s. inspector.

ins·pi·ra·dor, ra adj. inspiring, stimulating ◇ s. inspirer.

ins·pi·rar tr. 1 *aspirar* to inhale, breathe in 2 *infundir* to inspire ◇ prnl. **inspirarse** to be inspired (*en*, by).

ins·ta·la·ción f. 1 *de un aparato* installation 2 *de personas* settling in *de empresas* establishment, setting up ◇ fpl. **instalaciones** *de un servicio* facilities **instalación deportiva** sports centre **instalación eléctrica** electrical system, electrics.

ins·ta·la·dor, ra s. installer, fitter.

ins·ta·lar tr. 1 *colocar* to install 2 *equipar* to fit out 3 *acomodar* to put, put up, house ◇ prnl. **instalarse** *persona* to settle *empresa* to set up.

ins·tan·cia f. 1 *petición* request *solicitud* form 2 JUR instance **a instancias de** at the request of **en última instancia** as a last resort.

ins·tan·tá·ne·o, a adj. 1 *inmediato* instantaneous, immediate 2 *momentáneo* brief, fleeting **café**

instantáneo instant coffee **muerte instantánea** instantaneous death.

ins·tan·te *m.* moment, instant **a cada instante** all the time **al instante** instantly, immediately **en un instante** in a minute.

ins·tar *intr. insistir* to press, urge **instar a alguien a que haga algo** to urge somebody to do something.

ins·tau·ra·ción *f.* establishment.

ins·tau·rar *tr.* to establish.

ins·ti·ga·ción *f.* instigation.

ins·ti·gar *(see model 7) tr. a una persona* to instigate *a una acción* to incite.

ins·tin·ti·va·men·te *adv.* instinctively.

ins·tin·to *m.* instinct *por instinto* instinctively.

ins·ti·tu·ción *f.* 1 *organismo* institution 2 *creación* establishment, institution *introducción* introduction **ser una institución** to be an institution **institución benéfica** charitable organization.

ins·ti·tu·cio·nal *adj.* institutional.

ins·ti·tu·cio·na·li·zar *tr.* to institutionalize.

ins·ti·tuir *(see model 62) tr.* 1 *crear* to institute, establish 2 *nombrar* to appoint.

ins·ti·tu·to *m. asociación* institute.

ins·ti·tu·triz *f. pl. institutrices* governess.

ins·truc·ción *f.* 1 *enseñanza* instruction *cultura* education 2 MIL military training 3 JUR *de un expediente* preliminary investigation 4 *orden* instruction ◇ *fpl.* **instrucciones** *indicaciones* instructions **manual de instrucciones** instruction manual.

ins·truc·ti·vo, va *adj. conferencia* instructive *juguete* educational.

ins·truc·tor, ra *adj.* 1 *gen.* instructing 2 JUR *juez* examining, investigating ◇ *s.* instructor **instructor de vuelo** flying instructor **juez instructor** examining magistrate.

ins·truir *(see model 62) tr.* 1 *enseñar* to instruct 2 MIL to train 3 JUR to examine, investigate.

ins·tru·men·ta·ción *f.* instrumentation.

ins·tru·men·tal *adj. música* instrumental ◇ *m.* instruments *pl.*, instrumentation.

ins·tru·men·tar *tr. gen.* to arrange *para orquesta* to orchestrate.

ins·tru·men·tis·ta *com.* 1 *músico* instrumentalist 2 *fabricante* instrument maker.

ins·tru·men·to *m.* instrument **instrumento de cuerda** stringed instrument **instrumento de percusión** percussion instrument **instrumento de viento** wind instrument.

in·su·bor·di·na·ción *f.* insubordination.

in·su·bor·di·nar *tr.* to stir up ◇ *prnl.* **insubordinarse** to rebel.

in·su·fi·cien·te *adj.* insufficient ◇ *m.* EDUC fail.

in·su·fri·ble *adj.* insufferable.

in·su·lar *adj.* insular ◇ *com.* islander.

in·su·li·na *f.* insulin.

in·sul·so, sa *adj.* 1 *comida* insipid, tasteless 2 *persona* dull.

in·sul·tan·te *adj.* insulting.

in·sul·tar *tr.* to insult.

in·sul·to *m.* insult.

in·su·pe·ra·ble *adj. calidad, capacidad* unbeatable *obstáculo, miedo, complejo* unsurmountable, insuperable *maestro* unparalleled, unrivalled.

in·sur·gen·te *adj.* insurgent ◇ *com.* insurgent.

in·su·rrec·ción *f.* insurrection, uprising.

in·sus·tan·cial *adj.* insubstantial.

in·ta·cha·ble *adj.* irreproachable.

in·tac·to, ta *adj.* intact.

in·tan·gi·ble *adj.* intangible.

in·te·gra·ción *f.* integration.

in·te·gral *adj.* 1 *intrínseco* integral *completo* full 2 *pan, pasta* wholemeal *arroz* brown ◇ *f.* MAT integral.

in·te·gran·te *adj.* integral ◇ *com.* member **parte integrante** integral part.

in·te·grar *tr.* 1 *formar* to make up 2 *ayudar a la integración* to integrate, fit in ◇ *prnl.* **integrarse** to integrate.

in·te·gri·dad *f.* integrity.

in·te·gris·mo *m. gen.* reaction *religioso* fundamentalism.

ín·te·gro, gra *adj.* 1 *completo* whole, entire *versión* unabridged 2 *honrado* honest, upright.

in·te·lec·to *m.* intellect.

in·te·lec·tual *adj.* intellectual ◇ *com.* intellectual.

in·te·li·gen·cia *f.* intelligence **inteligencia artificial** artificial intelligence.

in·te·li·gen·te *adj.* 1 intelligent 2 *edificio* smart.

in·te·li·gi·bi·li·dad *f.* intelligibility.

in·te·li·gi·ble *adj.* intelligible.

in·tem·pe·ran·te *adj.* intolerant.

in·tem·pe·rie *f.* bad weather **a la intemperie** in the open (air), outdoors.

in·tem·pes·ti·vo, va *adj.* untimely, inopportune.

in·tem·po·ral *adj.* timeless.

in·ten·ción *f.* 1 *propósito* intention 2 *malicia* maliciousness **con doble intención** with double meaning **con intención** deliberately, intentionally **tener buenas intenciones** to mean well, be well-intentioned.

in·ten·cio·na·do, da *adj.* deliberate, intentional **bien intencionado** *acción* well-meant.

in·ten·cio·nal *adj.* intentional.

in·ten·cio·na·li·dad *f.* intent, intention.

in·ten·sa·men·te *adv.* intensely.

in·ten·si·dad *f.* 1 *gen.* intensity 2 *del viento* force *de un ruido* loudness, high volume 3 *de una enfermedad* severity *del dolor* acuteness 4 *de la luz, del color* brightness, intensity *del amor, de la fe* strength.

in·ten·si·fi·car *(see model 1) tr.* to intensify.

in·ten·si·va·men·te *adv.* intensively.

in·ten·si·vo, va *adj.* intensive **curso intensivo** crash course.

in·ten·so, sa *adj.* 1 *gen.* intense 2 *dolor* acute 3 *luz, color* bright, intense 4 *amor* passionate.

in·ten·tar *tr.* to try.

in·ten·to *m.* attempt, try **al primer intento** at the first attempt.

in·te·rac·ción *f.* interaction.

in·te·rac·ti·vo, va *adj.* interactive.

in·ter·ban·ca·rio, ria *adj.* interbank.

in·ter·ca·lar *tr.* to insert.

in·ter·cam·bia·ble *adj.* interchangeable.

in·ter·cam·biar *(see model 12) tr.* to exchange.

in·ter·cam·bio *m.* exchange, interchange.

in·ter·ce·der *intr.* to intercede **interceder ante alguien por alguien** to intercede with somebody on somebody's behalf.

in·ter·cep·tar *tr.* 1 *mensaje, correspondencia* to intercept 2 *obstruir* to block *tráfico* to hold up.

in·ter·ce·sión *f.* intercession, mediation.

in·ter·ce·sor, ra *adj.* interceding ◇ *s.* intercessor.

in·ter·co·mu·ni·ca·ción *f.* intercommunication.

in·ter·co·nec·tar *tr.* to interconnect.

in·ter·co·ne·xión *f.* interconnection.

in·ter·cos·tal *adj.* intercostal.

in·ter·cul·tu·ral *adj.* cross-cultural.

in·ter·de·pen·dien·te *adj.* interdependent.

in·ter·dic·ción *f.* interdiction.

in·ter·dic·to *m.* interdict.
in·ter·dis·ci·pli·na·ria, ria *adj.* interdisciplinary.
in·te·rés *m.* 1 *gen.* interest *propio* self-interest 2 FIN interest **poner interés en algo** to take an interest in something, put effort into something **interés compuesto** compound interest **interés simple** simple interest.
in·te·re·sa·do, da *adj.* 1 *gen.* interested 2 *egoísta* selfish, self-interested ◇ *s.* 1 *gen.* interested party 2 *egoísta* selfish person **estar interesado en algo** to be interested in something **estar interesado en alguien** to take an interest in somebody.
in·te·re·san·te *adj.* interesting.
in·te·re·sar *tr.* 1 to interest 2 *despertar interés* to interest 3 *afectar* to concern 4 *ser útil* to be in somebody's interest ◇ *prnl.* **interesarse** to take an interest (*por*, in) **interesarse por la salud de alguien** to ask after somebody's health.
in·te·res·ta·tal *adj.* interstate.
in·ter·faz *f. pl.* **interfaces** interface.
in·ter·fec·to, ta *s.* 1 JUR victim 2 *fam.* person in question.
in·ter·fe·ren·cia *f.* 1 *gen.* interference *intencionada* jamming 2 *fig.* interference.
in·ter·fe·rir *(see model 35) tr.* 1 *transmisión, programa* to jam 2 *obstaculizar* to interfere in ◇ *intr.* 1 to meddle, interfere.
in·ter·fo·no *m.* intercom.
ín·te·rin en el ínterin meanwhile.
in·te·ri·no, na *adj.* 1 temporary, provisional 2 *director, presidente* acting ◇ *s. sustituto* stand-in.
in·te·rior *adj.* 1 *bolsillo* inside *habitación* without a view, interior *jardín* interior 2 *del país* domestic, internal 3 GEOG inland ◇ *m.* 1 *en una vivienda* inside 2 *conciencia* inside 3 GEOG interior ◇ *mpl.* **interiores** *en cine* interiors, interior shots.
in·te·rio·ri·dad *f.* inside, heart of hearts ◇ *fpl.* **interioridades** private affairs.
in·te·rio·ri·za·ción *f.* 1 *de una creencia* internalization 2 *de sentimientos* suppression, repression.
in·te·rio·ri·zar *(see model 4) tr.* 1 *creencia, principio* to internalize 2 *sentimiento* to suppress, repress.
in·ter·jec·ción *f.* interjection.
in·ter·lo·cu·tor, ra *s.* speaker, interlocutor.
in·ter·lu·dio *m.* interlude.
in·ter·me·dia·rio, ria *adj.* intermediary ◇ *s. gen.* intermediary *en disputas* mediator ◇ *m.* **intermediario** *en negocios* middleman **servir de intermediario** to act as an intermediary.
in·ter·me·dio, dia *adj. gen.* intermediate *tamaño* medium *calidad* average, medium *tiempo* transitional, intervening *espacio* between ◇ *m.* **intermedio** *de un espectáculo* interval, intermission.
in·ter·mi·na·ble *adj.* endless, interminable.
in·ter·mi·ten·te *adj.* intermittent *luz, destello* flashing ◇ *m.* AUTO blinker.
in·ter·na·cio·nal *adj.* international ◇ *f.* **La Internacional** POL the Internationale.
in·ter·na·cio·na·li·zar *tr.* to internationalize ◇ *prnl.* **internacionalizarse** to become international.
in·ter·na·do, da *pp. de* **internar** *m.* **internado** boarding school.
in·ter·na·men·te *adv.* internally.
in·ter·na·mien·to *m. en un hospital* confinement.
in·ter·nar *tr. en un colegio* to send to boarding school *en un hospital* to confine (*en*, to) ◇ *prnl.* **internarse** *penetrar* to penetrate **se internaron en la selva** they went deep into the jungle.

in·ter·nau·ta *com.* internaut, netsurfer.
in·ter·nis·ta *com.* internist.
in·ter·no, na *adj.* 1 *órgano* internal 2 *política* domestic, home 3 *alumno* boarding ◇ *s.* 1 *alumno* boarder 2 *médico* intern 3 *preso* prisoner **medicina interna** internal medicine.
in·ter·pe·lar *tr.* POL to interpellate.
in·ter·per·so·nal *adj.* interpersonal.
in·ter·pla·ne·ta·rio, ria *adj.* interplanetary.
in·ter·po·la·ción *f.* interpolation.
in·ter·po·lar *tr.* to interpolate.
in·ter·po·ner *(see model 78) pp.* **interpuesto** *tr.* 1 to interpose 2 JUR to lodge ◇ *prnl.* **interponerse** 1 *físicamente* to interpose oneself 2 *fig.* to intervene **interponerse en el camino de alguien** to stand in somebody's way.
in·ter·po·si·ción *f.* 1 interposition 2 JUR lodging.
in·ter·pre·ta·ción *f.* 1 *gen.* interpretation 2 *de pieza, obra* performance 3 *de idiomas* interpreting.
in·ter·pre·tar *tr.* 1 to interpret 2 *obra, pieza* to perform *papel* to play *canción* to sing.
in·ter·pre·ta·ti·vo, va *adj.* interpretative.
in·tér·pre·te *com.* 1 *traductor* interpreter 2 *actor, músico* performer.
in·te·rra·cial *adj.* interracial.
in·te·rreg·no *m.* interregnum.
in·te·rre·la·ción *f.* interrelation.
in·te·rre·la·cio·nar *tr.* to interrelate.
in·te·rro·ga·ción *f.* 1 *acción* interrogation, questioning 2 *signo* question mark, interrogation mark 3 *pregunta* question.
in·te·rro·ga·dor, ra *s.* interrogator.
in·te·rro·gan·te *adj. mirada, gesto* interrogating, questioning ◇ *m.* **incógnita** question mark.
in·te·rro·gar *(see model 7) tr.* 1 to question 2 *a testigo, etc.* to interrogate.
in·te·rro·ga·to·rio *m.* interrogation **someter a alguien a un interrogatorio** to interrogate somebody.
in·te·rrum·pir *tr.* 1 *gen.* to interrupt **no me interrumpas** don't interrupt me 2 *obras* to stop, halt *discurso* to break off *vacaciones* to cut short *tráfico* to block.
in·te·rrup·ción *f.* interruption **sin interrupción** uninterruptedly **interrupción del embarazo** termination of pregnancy.
in·te·rrup·tor *m.* switch.
in·ter·sec·ción *f.* intersection.
in·ters·ti·cio *m.* interstice.
in·ter·va·lo *m.* 1 *de tiempo* interval 2 *de espacio* gap.
in·ter·ven·ción *f.* 1 *gen.* intervention 2 *discurso* speech 3 MED operation 4 *de una empresa* auditing 5 *de un teléfono* tapping **intervención quirúrgica** surgical operation.
in·ter·ve·nir *(see model 90) intr.* 1 *tomar parte* to take part (*en*, in) *mediar* to intervene 2 *interrumpir* to intervene 3 *hablar* to speak (*en*, at) ◇ *tr.* 1 MED to operate on 2 *alijo, mercancía* to seize 3 *teléfono* to tap 4 *cuentas* to audit.
in·ter·ven·tor, ra *s.* 1 *gen.* inspector, auditor *de ayuntamiento* treasurer 2 *en elecciones* scrutineer.
in·tes·ta·do, da *adj.* intestate.
in·tes·ti·nal *adj.* intestinal.
in·tes·ti·no, na *adj. lucha* internecine ◇ *m.* **intestino** intestine **intestino ciego** cecum **intestino delgado** small intestine **intestino grueso** large intestine.
in·ti·mar *intr.* to become close (*con*, to).

in·ti·mi·dad *f.* **1** *amistad* intimacy **2** *vida privada* privacy, private life ◇ *fpl.* **intimidades** *asuntos privados* private matters, personal affairs **en la intimidad** in private.

in·ti·mi·dar *tr.* to intimidate.

in·ti·mi·da·to·rio, ria *adj.* intimidating, threatening.

in·ti·mo, ma *adj.* **1** *vida* private **2** *amigo, relación* close **3** *sentimiento, emoción* most intimate **4** *higiene* personal **5** *ambiente, decoración* intimate ◇ *s. amigo* close friend.

in·to·ca·ble *adj.* untouchable.

in·to·le·ra·ble *adj.* intolerable, unbearable.

in·to·le·ran·cia *f.* intolerance.

in·to·xi·ca·ción *f.* poisoning **intoxicación alimenticia** food poisoning.

in·to·xi·car *(see model 1) tr.* to poison ◇ *prnl.* **intoxicarse** to poison oneself.

in·tra·mu·ros *adv.* within the city walls.

in·tra·mus·cu·lar *adj.* intramuscular.

in·tran·qui·li·dad *f.* worry, uneasiness.

in·tran·qui·lo, la *adj.* worried, uneasy.

in·trans·fe·ri·ble *adj.* nontransferable.

in·tran·si·gen·cia *f.* intransigence.

in·tran·si·gen·te *adj.* intransigent.

in·tran·si·ta·ble *adj.* impassable.

in·tran·si·ti·vo, va *adj.* intransitive.

in·tras·cen·den·cia *f.* unimportance, insignificance.

in·tra·ta·ble *adj.* **1** *persona* bad-tempered, unsociable **2** *asunto* intractable.

in·tra·u·te·ri·no, na *adj.* intrauterine.

in·tra·ve·no·so, sa *adj.* intravenous.

in·tre·pi·dez *f.* fearlessness, courage.

in·tré·pi·do, da *adj.* intrepid.

in·tri·ga *f.* **1** *maquinación secreta* intrigue **2** *curiosidad* curiosity **3** *de una narración, película* intrigue.

in·tri·ga·do, da *adj.* intrigued.

in·tri·gan·te *adj.* **1** *curioso, interesante* intriguing **2** *pey.* scheming ◇ *com. persona* intriguer, schemer.

in·tri·gar *(see model 7) tr. interesar* to intrigue ◇ *intr. maquinar* to intrigue, plot, scheme.

in·trin·ca·do, da *adj.* **1** *asunto* intricate, complicate **2** *camino* winding, roundabout.

in·trín·gu·lis *m. inv. fam. dificultad* snag, catch **tener intríngulis** to be tricky, be difficult.

in·trín·se·co, ca *adj.* intrinsic.

in·tro·duc·ción *f.* introduction.

in·tro·du·cir *(see model 46) tr.* **1** *gen.* to introduce *legislación* to introduce, bring in *cambios* to make *(en, to)* **2** *meter* to put, place *insertar* insert **3** *importar* to bring in, import *clandestinamente* to smuggle in ◇ *prnl.* **introducirse** *entrar* to go in, get in, enter.

in·tro·duc·tor, ra *adj.* introductory ◇ *s.* introducer.

in·tro·duc·to·rio, ria *adj.* introductory.

in·tro·mi·sión *f.* interference, meddling.

in·tros·pec·ción *f.* introspection.

in·tro·ver·ti·do, da *adj.* introverted ◇ *s.* introvert.

in·tru·sión *f.* intrusion.

in·tru·so, sa *adj.* intrusive ◇ *s.* intruder.

in·tu·ba·ción *f.* intubation.

in·tu·bar *tr.* to intubate.

in·tui·ción *f.* intuition.

in·tuir *(see model 62) tr.* to sense, feel.

in·tui·ti·vo, va *adj.* intuitive.

i·nun·da·ción *f.* flood, flooding.

i·nun·dar *tr.* **1** to flood **2** *fig.* to inundate.

i·nu·si·ta·do, da *adj.* uncommon, rare.

i·nu·sual *adj.* unusual.

i·nú·til *adj.* **1** *gen.* useless **2** *intento* vain, futile **3** MED disabled **4** MIL unfit ◇ *com. fam. persona* hopeless case **es inútil que** + *subj.* **1** there is no point in + *ger.*

i·nu·ti·li·dad *f.* uselessness.

i·nu·ti·li·za·ble *adj.* unusable.

i·nu·ti·li·zar *(see model 4) tr.* **1** to render useless **2** *máquina* to put out of action.

in·va·dir *tr.* to invade.

in·va·li·dar *tr.* to invalidate.

in·va·li·dez *f.* **1** JUR *nulidad* invalidity **2** MED *incapacidad* disablement, disability.

in·vá·li·do, da *adj.* **1** JUR *nulo* invalid **2** *persona* disabled, handicapped ◇ *s.* disabled person, handicapped person.

in·va·ria·ble *adj.* invariable.

in·va·sión *f.* invasion.

in·va·si·vo, va *adj.* invasive.

in·va·sor, ra *adj.* invading ◇ *s.* invader.

in·vec·ti·va *f.* invective.

in·ven·ci·ble *adj. ejército* invincible *obstáculo* unsurmountable.

in·ven·ción *f.* **1** *invento* invention **2** *mentira* fabrication.

in·ven·tar *tr.* **1** *crear* to invent **2** *imaginar* to imagine **3** *mentir* to make up, fabricate **inventar excusas** to make up excuses.

in·ven·ta·rio *m.* inventory **hacer inventario** to do the stocktaking.

in·ven·ti·vo, va *adj.* inventive.

in·ven·to *m.* invention.

in·ven·tor, ra *s.* inventor.

in·ver·ná·cu·lo *m.* greenhouse, hothouse.

in·ver·na·de·ro *m.* greenhouse, hothouse **efecto invernadero** greenhouse effect.

in·ver·nal *adj.* winter, wintry.

in·ver·nar *(see model 27) intr.* **1** to (spend the) winter *(en, in)* **2** *animales* to hibernate.

in·ve·ro·si·mil *adj.* unlikely.

in·ver·sión *f.* **1** *gen.* inversion **2** FIN investment.

in·ver·sio·nis·ta *com.* investor.

in·ver·so, sa *adj.* inverse, opposite **a la inversa** **1** *al contrario* on the contrary **2** *en el otro sentido* the other way round **en orden inverso** in reverse order.

in·ver·sor, ra *s.* investor.

in·ver·te·bra·do, da *adj.* invertebrate ◇ *m.* invertebrate.

in·ver·ti·do, da *pp. de* **invertir** *adj.* **1** reversed, inverted **2** *homosexual* ◇ *s.* homosexual.

in·ver·tir *(see model 35) tr.* **1** *orden* to invert, reverse **2** *dirección* to reverse **3** *tiempo* to spend *(en, on)* **4** FIN to invest *(en, in)*.

in·ves·ti·du·ra *f.* investiture.

in·ves·ti·ga·ción *f.* **1** *indagación* investigation, enquiry **2** *estudio* research.

in·ves·ti·ga·dor, ra *adj.* **1** *que indaga* investigating **2** *que estudia* research ◇ *s.* **1** *científico* researcher **2** *detective* investigator **investigador privado** private investigator.

in·ves·ti·gar *(see model 7) tr.* **1** *indagar* to investigate **2** *campo* to do research on.

in·via·ble *adj.* non-viable, unfeasible.

in·vic·to, ta *adj.* unconquered.

in·vi·den·te *adj.* blind ◇ *com.* blind person.

in·vier·no *m.* winter.

in·vio·la·bi·li·dad *f.* inviolability.

in·vio·la·do, da *adj.* inviolate.

in·vi·ta·ción *f.* invitation.

in·vi·ta·do, da *adj.* invited ◇ *s.* guest.

in·vi·tar *tr.* to invite **invita la casa** *it's on the house* ◇ *intr. incitar* to encourage *a la violencia* to incite.

in·vi·tro *loc.* in vitro.

in·vo·car *(see model 1) tr.* to invoke.

in·vo·lu·ción *f.* 1 BIOL involution 2 POL regression, reaction.

in·vo·lu·crar *tr.* to involve (**en**, in).

in·vo·lun·ta·rio, ria *adj. reflejo, movimiento* involuntary *error* unintentional.

In·vo·lu·ti·vo, va *adj.* 1 BIOL involutional 2 POL regressive.

in·vul·ne·ra·ble *adj.* invulnerable.

in·yec·ción *f.* injection **poner una inyección** to give an injection.

in·yec·ta·ble *adj.* injectable ◇ *m.* injection.

in·yec·tar *tr.* to inject (**en**, into) **le inyectaron morfina** he was injected with morphine.

in·yec·tor *m.* injector.

io·do *m.* iodine.

ion *m.* ion.

ió·ni·co, ca *adj.* ionic.

io·ni·za·ción *f.* ionization.

io·ni·za·dor *m.* ionizer.

io·ni·zar *tr.* to ionize.

io·nos·fe·ra *f.* ionosphere.

ir *(see model 74) intr.* 1 *gen.* to go *acudir* to come *¿adónde vas?* where are you going? 2 *camino, etc.* to lead 3 *funcionar* to work, go 4 *sentar bien* to suit *agradar* to like ◇ *prnl. irse* 1 *marcharse* to go away, leave 2 *deslizarse* to slip 3 *gastarse* to go, disappear **irse de vacaciones** to go on holiday.

i·ra *f.* wrath, rage.

i·ra·cun·do, da *adj.* irritable, irate.

i·ra·ní *pl. iranies adj.* Iranian ◇ *com.* Iranian.

i·ra·quí *pl. iraquies adj.* Iraqi ◇ *com. persona* Iraqi ◇ *m. idioma* Iraqi.

i·ras·ci·ble *adj.* irascible, irritable.

i·ri·dis·cen·cia *f.* iridescence.

i·ris *m. inv.* iris.

i·ri·sa·ción *f.* iridescence.

ir·lan·dés, de·sa *adj.* Irish ◇ *s. persona - hombre* Irishman - *mujer* Irish woman ◇ *m. irlandés idioma* Irish.

i·ro·ní·a *f.* irony **con ironía** ironically **ironías del destino** quirks of fate.

i·ró·ni·co, ca *adj.* 1 ironic 2 *burlón* mocking.

i·ro·ni·zar *(see model 4) tr.* to make fun of.

i·rra·cio·nal *adj.* irrational.

i·rra·dia·ción *f.* irradiation.

i·rra·diar *(see model 12) tr.* to irradiate, radiate.

i·rra·zo·na·ble *adj.* unreasonable.

i·rre·al *adj.* unreal.

i·rre·a·li·za·ble *adj.* unfeasible.

i·rre·ba·ti·ble *adj.* irrefutable.

i·rre·con·ci·lia·ble *adj.* irreconcilable.

i·rre·co·no·ci·ble *adj.* unrecognizable.

i·rre·cu·pe·ra·ble *adj.* irretrievable.

i·rre·di·mi·ble *adj.* irredeemable, beyond redemption.

i·rre·duc·ti·ble *adj.* irreducible.

i·rre·em·pla·za·ble *adj.* irreplaceable.

i·rre·fle·xi·vo, va *adj. acto* rash *persona* impetuous.

i·rre·fre·na·ble *adj.* uncontrollable.

i·rre·fu·ta·ble *adj.* irrefutable.

i·rre·gu·lar *adj.* irregular.

i·rre·gu·la·ri·dad *f.* irregularity.

i·rre·le·van·te *adj.* irrelevant.

i·rre·me·dia·ble *adj. daño* irremediable *pérdida* irreplaceable *vicio* incurable.

i·rre·mi·si·ble *adj.* unpardonable, unforgivable.

i·rrem·pla·za·ble *adj.* irreplaceable.

i·rre·pa·ra·ble *adj.* irreparable.

i·rre·pe·ti·ble *adj.* unrepeatable.

i·rre·pro·cha·ble *adj.* irreproachable.

i·rre·sis·ti·ble *adj.* 1 irresistible 2 *pey. insoportable* unbearable.

i·rre·so·lu·to, ta *adj.* indecisive, irresolute.

i·rres·pe·tuo·so, sa *adj.* disrespectful.

i·rres·pon·sa·ble *adj.* irresponsible ◇ *com.* irresponsible person.

i·rre·ve·ren·te *adj.* irreverent.

i·rre·ver·si·ble *adj.* irreversible.

i·rre·vo·ca·ble *adj.* irrevocable.

i·rri·ga·ción *f.* irrigation.

i·rri·gar *tr.* to irrigate.

i·rri·sión *f.* derision.

i·rri·so·rio, ria *adj.* 1 derisory, ridiculous 2 *insignificante* insignificant.

i·rri·ta·ble *adj.* irritable.

i·rri·ta·ción *f.* irritation.

i·rri·tan·te *adj.* irritating, aggravating, annoying.

i·rri·tar *tr.* to irritate ◇ *prnl. irritarse* to lose one's temper, get annoyed.

i·rrom·pi·ble *adj.* unbreakable.

i·rrum·pir *intr.* to burst (**en**, into).

i·rrup·ción *f.* irruption.

is·la *f.* island.

is·lam *m.* Islam.

is·lá·mi·co, ca *adj.* Islamic.

is·la·mis·ta *adj.* 1 *estudioso* Islamist 2 *fundamentalista* Islamic fundamentalist ◇ *com.* 1 *estudioso* Islamist 2 *fundamentalista* Islamic fundamentalist.

is·lan·dés, de·sa *adj.* Icelandic ◇ *s. persona* Icelander ◇ *m. islandés idioma* Icelandic.

is·le·ño, ña *adj.* island ◇ *s.* islander.

is·lo·te *m.* small uninhabited island.

i·so·ba·ra *f.* isobar.

i·so·mé·tri·co, ca *adj.* isometric.

i·sós·ce·les *adj.* isosceles.

i·so·tér·mi·co, ca *adj.* isothermal.

i·só·to·po *m.* isotope.

is·ra·e·lí *adj.* Israeli ◇ *com.* Israeli.

ist·mo *m.* isthmus.

i·ta·lia·no, na *adj.* Italian ◇ *s. persona* Italian ◇ *m. italiano idioma* Italian.

i·tá·li·co, ca *adj.* Italic.

i·te·rar *tr.* to iterate.

i·ti·ne·ran·te *adj.* itinerant.

i·ti·ne·ra·rio *m.* itinerary.

iz·ar *(see model 4) tr.* to hoist.

iz·quier·da *f.* 1 *mano* left hand *pierna* left leg 2 POL the left **girar a la izquierda** to turn left.

iz·quier·do, da *adj.* left.

J

J, j *f. la letra* J, j.

ja·ba·lí *m.* wild boar.

ja·ba·li·na *f.* DEP javelin.

ja·bón *m.* soap **jabón de tocador** toilet soap.

ja·bo·ne·ra *f.* 1 soap dish 2 BOT soapwort.

ja·ca *f.* cob, small horse.

ja·ca·ran·do·so, sa *adj.* jolly, merry.

ja·co·bi·nis·mo *m.* Jacobinism.

jac·tan·cia *f.* boastfulness, boasting, bragging.

jac·tan·cio·so, sa *adj.* boastful ⬦ *s.* braggart.

jac·tar·se *prnl.* to boast, brag (*de*, about).

ja·cu·la·to·ria *f.* short prayer.

ja·de *m.* jade.

ja·de·ar *intr.* to pant.

ja·de·o *m.* panting.

ja·guar *m.* jaguar.

ja·lar *tr.* 1 *tirar de* to pull, heave 2 *fam. comer* to wolf down.

jal·be·gar *tr. pared* to whitewash.

ja·le·a *f.* jelly **jalea real** royal jelly.

ja·lón *m. tirón* pull.

ja·lo·nar *tr.* 1 *con estacas* to stake out 2 *fig.* to mark.

ja·mai·ca·no, na *adj.* Jamaican ⬦ *s.* Jamaican.

ja·más *adv.* + *indic* never + *subj* ever **por siempre jamás** for ever (and ever).

jam·ba *f.* jamb.

ja·mel·go *m. pey.* nag, hack.

ja·món *m.* 1 *curado* cured ham *pata del cerdo* leg of ham 2 *fam. muslo* thigh.

ja·po·nés, ne·sa *adj.* Japanese ⬦ *s. persona* Japanese ⬦ *m. japonés idioma* Japanese.

ja·que *m.* check **tener en jaque a alguien** to have somebody on the rack **jaque mate** checkmate.

ja·que·ca *f.* migraine, headache.

ja·ra·be *m.* 1 CULIN syrup 2 MED syrup, mixture, medicine **jarabe para la tos** cough syrup.

jar·cia *f.* 1 *náutica* rigging, ropes *pl.* 2 *pesca* fishing tackle.

jar·dín *m. garden* **jardín botánico** botanical garden.

jar·di·ne·rí·a *f.* gardening.

jar·di·ne·ro, ra *s.* gardener.

ja·re·ta *f. de adorno* tuck *dobladillo hueco* casing.

ja·rra *f.* 1 *para servir* pitcher 2 *para beber* tankard, beer mug **con los brazos en jarras** arms akimbo, hands on hips.

ja·rro *m.* 1 *recipiente* jug 2 *contenido* jugful.

ja·rrón *m.* 1 vase 2 ART urn.

jas·pe *m.* jasper.

jas·pe·ar *tr.* to speckle.

jau·la *f.* 1 *para animales* cage 2 *embalaje* crate 3 *niños* playpen.

jau·rí·a *f.* 1 pack of hounds 2 *fig.* gang.

ja·va·nés, ne·sa *adj.* Javanese ⬦ *s.* Javanese.

jaz·mín *m.* jasmine.

jazz *m.* jazz.

J.C. *abr.* **Jesucristo** Jesus Christ *abreviatura* J.C.

je·fa·tu·ra *f.* 1 *sede* central office *militar* headquarters 2 *cargo, dirección* leadership.

je·fe, fa *s.* 1 boss, head, chief 2 COMM *hombre* manager *mujer* manageress 3 POL leader 4 *de una tribu* chief ⬦ *interj.* **jefe!** *fam.* waiter! ⬦ *f.* **la jefa** *fam.* the old lady, the wife **jefe de Estado** Head of State **jefe de redacción** editor in chief.

Je·ho·vá *m.* Jehovah **testigos de Jehová** Jehovah's Witnesses.

jen·gi·bre *m.* ginger.

je·que *m.* sheik, sheikh.

je·rar·quí·a *f.* 1 hierarchy 2 *grado* scale 3 *categoría* rank 4 *persona* high-ranking person.

je·rár·qui·co, ca *adj.* hierarchical, hierarchic.

je·rar·qui·zar *tr.* to organize into hierarchies.

je·rez *m.* sherry.

jer·ga *f. tela* serge.

je·ri·gon·za *f.* 1 *pey.* gibberish, jargon 2 *argot* slang.

je·rin·ga *f.* syringe.

je·ro·glí·fi·co, ca *adj.* hieroglyphic ⬦ *m.* **jeroglífico** 1 hieroglyph, hieroglyphic 2 *juego* rebus.

jer·sey *m.* sweater, pullover, jumper.

Je·su·cris·to *m.* Jesus Christ.

je·sui·ta *adj.* Jesuit ⬦ *com.* Jesuit.

Je·sús *m.* Jesus ⬦ *interj.* 1 **¡Jesús!** *al estornudar* bless you! 2 **¡Jesús, (por Dios)!** *fam. como queja* for God's sake!, for goodness' sake! *con sorpresa* oh my God!

jet *m.* jet ⬦ *f famosos* the jet set.

jí·ba·ro, ra *adj. indígena* Jivaro ⬦ *s.* peasant.

ji·bia *f.* cuttlefish.

jil·gue·ro *m.* goldfinch.

ji·ne·te *m.* rider, horseman.

ji·ra·fa *f.* 1 giraffe 2 *fam. persona* beanpole 3 *de micrófono* boom.

ji·rón *m.* 1 shred 2 LIT fragment **hacer algo jirones** to tear something to shreds.

ji·to·ma·te *m.* tomato.

jiu·jit·su *m.* jujitsu, jiujitsu.

joc·key *m.* jockey.

jo·co·so, sa *adj. persona* jocular *tono* humorous, jokey.

jo·der *tr.* 1 *vulg. copular* to fuck, screw 2 *vulg. fastidiar* to pester, annoy, piss off 3 *vulg. estropear* to do in 4 *vulg. lastimar* to do in, bugger up. ⬦ *prnl.* **joderse** 1 *vulg. aguantarse* to lump it, put up with it 2 *vulg. echarse a perder* to get fucked up 3 *vulg. estropearse* to go bust.

jo·di·do, da *pp. de joder adj.* 1 *vulg. enfermo* in a bad way *cansado* knackered, fucked 2 *vulg. maldito, molesto* bloody, fucking, sodding.

jo·fai·na *f.* washbasin.

jog·ging *m.* jogging **practican el jogging** they go jogging.

jol·go·rio *m.* 1 *juerga* binge 2 *algazara* party.

jó·ni·co, ca *adj.* 1 *mar* Ionian *pueblo, dialecto* Ionian, Ionic 2 *orden, capitel* Ionic ⬦ *s.* Ionian ⬦ *m. jónico dialecto* Ionian.

jor·da·no, na *adj.* Jordanian ⬦ *s.* Jordanian.

jor·na·da *f.* 1 *día de trabajo* working day 2 *camino recorrido* day's journey 3 *en periodismo* day.

jor·nal *m.* day's wage.

jor·na·le·ro, ra *s.* day labourer.

jo·ro·ba *f.* 1 *deformidad* hump 2 *fam. fastidio* nuisance, drag ⬦ *interj.* **joroba!** *fam. sorpresa, admiración* wow! *disgusto* damn!, blast!

jo·ro·ba·do, da *adj.* hunchbacked, humpbacked ⬦ *s.* hunchback, humpback.

jo·ro·bar *tr.* 1 *fam. fastidiar* to bother, pester, annoy 2 *fam. romper* to smash up, break 3 *fam. estropear* to ruin, wreck ◇ *prnl.* **jorobarse** *fam. aguantarse* to put up with it.

jou·le *m.* joule.

jo·ven *adj.* 1 *young com.* 1 *hombre* youth, young man *mujer* young lady, girl.

jo·vial *adj.* jovial, cheerful, good-humoured.

jo·ya *f.* jewel, piece of jewelry.

jo·ye·rí·a *f.* 1 *tienda* jewelry shop, jeweler's store 2 *comercio* jewelry trade.

joy·stick *m.* joystick.

jua·ne·te *m.* 1 *en el pie* bunion 2 *en un barco* topgallant.

ju·bi·la·ción *f.* 1 *acción* retirement 2 *dinero* pension.

ju·bi·lar *tr.* 1 *retirar* to retire 2 *persona* to pension off *objeto* to get rid of, ditch ◇ *prnl.* **jubilarse** *retirarse* to retire.

ju·bi·le·o *m. perdón* indulgence.

jú·bi·lo *m.* jubilation, joy.

ju·bi·lo·so, sa *adj.* jubilant, joyful.

ju·da·ís·mo *m.* Judaism.

ju·dí·a *f. planta* bean.

ju·di·ca·tu·ra *f.* 1 *profesión* judgeship 2 *cuerpo* judiciary, judicature 3 *duración del cargo* term of office *as a judge.*

ju·di·cial *adj.* judicial.

ju·dí·o, a *adj.* 1 *gen.* Jewish 2 HIST *de Judá* Judaean.

ju·do *m.* judo.

jue·go *m.* 1 *actividad recreativa* game *actividad deportiva* sport 2 *con dinero* gambling 3 *acción de jugar* playing 4 *conjunto de piezas* set *un juego de llaves* a set of keys.

juer·ga *f. fam.* rave-up, bash *irse de juerga* to go out on the town.

juer·guis·ta *adj.* fun-loving ◇ *com.* raver.

jue·ves *m. inv.* Thursday.

juez, za *s.* judge **juez de paz** justice of the peace **juez de primera instancia** examining magistrate.

ju·ga·da *f.* 1 *en ajedrez* move *en billar* shot *en dardos* throw 2 *momento del juego* move, piece of play.

ju·ga·dor, ra *s.* 1 player 2 *apostador* gambler.

ju·gar *(see model 53) intr.* 1 to play 2 *burlarse* to play ◇ *tr.* 1 *intervenir* to play, go 2 *hacer uso - una pieza* to move - *una carta* to play ◇ *prnl.* **jugarse** 1 *arriesgar* to risk *se jugó la vida por mí* he risked his life for me 2 *apostar* to bet.

ju·ga·rre·ta *f. fam.* dirty trick.

ju·glar *m.* minstrel.

ju·go *m.* 1 *gen.* juice 2 *interés* substance.

ju·go·so, sa *adj.* 1 *fruta, carne* juicy 2 *negocio* substantial, lucrative.

ju·gue·te *m.* 1 toy 2 *fig.* plaything.

ju·gue·te·ar *intr.* to play (**con**, with).

ju·gue·te·rí·a *f.* 1 *tienda* toy shop 2 *industria* toy business.

ju·gue·tón, to·na *adj.* playful, frolicsome.

jui·cio *m.* 1 *gen.* judgement 2 *sensatez* reason, common sense 3 JUR trial, lawsuit **emitir un juicio sobre algo** to express an opinion about something **perder el juicio** to go mad.

jui·cio·so, sa *adj. persona* sensible, wise *decisión* judicious.

ju·lio¹ *m.* July.

ju·lio² *m.* FIS joule.

jum·bo *m.* jumbo jet.

ju·men·to *m.* ass, donkey.

jun·cal *adj.* 1 BOT rushlike 2 LIT graceful ◇ *m.* BOT reedbed.

jun·cia *f.* sedge.

jun·co *m.* MAR junk.

jun·gla *f.* jungle.

ju·nio *m.* June.

jú·nior *adj.* DEP junior ◇ *com.* DEP junior.

jun·ta *f.* 1 *reunión* meeting, assembly, conference 2 *conjunto de personas* board, council, committee 3 *sesión* session, sitting.

jun·tar *tr.* 1 *unir* to join together, put together *piezas* to assemble 2 *fam. coleccionar* to collect 3 *reunir - dinero* to raise - *gente* to gather together ◇ *prnl.* **juntarse** *unirse* to join, get together *ríos, caminos* to meet.

jun·to, ta *adj.* together **junto a** next to **junto con** along with, together with.

ju·ra *f. acción* oath *ceremonia* swearing-in, pledge **jura de bandera** oath of allegiance to the flag.

ju·ra·do, da *pp. de* jurar *adj.* sworn ◇ *m.* **jurado** JUR *tribunal* jury *miembro del tribunal* juror, member of the jury.

ju·ra·men·tar *tr.* to swear in ◇ *prnl.* **juramentarse** to take the oath.

ju·ra·men·to *m.* 1 JUR oath 2 *blasfemia* swearword **tomar juramento a alguien** to swear somebody in.

ju·rar *tr.* to swear, take an oath ◇ *intr. blasfemar* to curse, swear **jurar en falso** to commit perjury **jurar en vano** to take the name of the Lord in vain.

ju·rá·si·co, ca *adj.* Jurassic ◇ *m.* **el jurásico** the Jurassic.

ju·rí·di·co, ca *adj.* legal, juridical.

ju·ris·dic·ción *f.* jurisdiction.

ju·ris·dic·cio·nal *adj.* jurisdictional.

ju·ris·pru·den·cia *f.* jurisprudence.

ju·ris·ta *com.* jurist, lawyer.

jus·ta *f.* 1 HIST *certamen* competition.

jus·ti·cia *f.* 1 *equidad, derecho* justice, fairness 2 *la justicia organismo* the law **administrar justicia** to administer justice **hacer justicia** to do justice.

jus·ti·cie·ro, ra *adj.* avenging.

jus·ti·fi·ca·ción *f.* justification.

jus·ti·fi·can·te *adj.* justifying ◇ *m. prueba* written proof.

jus·ti·fi·car *(see model 1) tr.* 1 *acción* to justify 2 *persona* to excuse ◇ *prnl.* **justificarse** *persona* to justify oneself *acción* to be justified **justificarse con alguien** to apologize to somebody.

jus·ti·pre·ciar *tr.* to value.

jus·ti·pre·cio *m.* valuation.

jus·to, ta *adj.* 1 *persona, decisión* just, fair *sentencia* just 2 *ropa* tight 3 *exacto* exact 4 *escaso* just enough 5 *preciso* exact, precise ◇ *s.* just person, fair person ◇ *adv.* **justo** *en el preciso momento* just *en el preciso lugar* right.

ju·ve·nil *adj.* 1 young, youthful 2 DEP junior, youth ◇ *com.* DEP junior, youth *moda juvenil* teenage fashion.

ju·ven·tud *f.* 1 *periodo* youth 2 *aspecto joven* youthfulness 3 *los jóvenes* young people *pl.*, youth *pl.* **la juventud actual** the youth of today.

juz·ga·do *m. local* court **juzgado de primera instancia** court of first instance **juzgado municipal** town court, city court.

juz·gar *(see model 7) tr.* 1 *formar juicio* to judge 2 *considerar* to consider, think **a juzgar por** judging by.

K, k *f. la letra* K, k.
kaf·kia·no, na *adj.* Kafkaesque.
ka·mi·ka·ze *m.* kamikaze.
ka·ra·o·ke *m.* **1** *práctica* karaoke **2** *aparato* karaoke machine **3** *local* karaoke bar.
ka·ra·te·ca *com.* karateist.
kar·ma *f.* karma.
kart·ing *m.* go-kart racing, karting.
ka·yak *m.* kayak.
ken·do *m.* kendo.
ke·nia·no, na *adj.* Kenyan ◇ *s.* Kenyan.
ke·ro·se·no *m.* kerosene.
ket·chup *m.* ketchup.
ki·lo *m.* kilogram.
ki·lo·by·te *m.* kilobyte.

ki·lo·ca·lo·rí·a *f.* kilocalorie.
ki·lo·gra·mo *m.* kilogram.
ki·lo·hertz *m. inv.* kilohertz.
ki·lo·mé·tri·co, ca *adj.* **1** kilometric **2** *fam. larguísimo* endless ◇ *m.* **kilométrico** runabout ticket.
ki·ló·me·tro *m.* kilometer.
ki·lo·watt *m.* kilowatt.
kit *m.* kit.
ki·wi *m.* **1** *ave* kiwi **2** *fruta* kiwi, kiwi fruit.
knock-out *m.* knockout.
ko·a·la *m.* koala.
kung-fu *m.* kung-fu.
kur·do, da *adj.* Kurdish ◇ *s. persona* Kurd ◇ *m.*
  kurdo *idioma* Kurdish.
ku·wai·ti *adj.* Kuwaiti ◇ *s.* Kuwaiti.

K

L, l *f. la letra* L, l.

l *símb. litro* liter *símbolo* l.

la¹ *art. def.* the **la de** the amount of, the number of.

la² *pron. persona* her *cosa* it.

la·be·rín·ti·co, ca *adj.* labyrinthic, labyrinthine.

la·be·rin·to *m.* labyrinth, maze.

la·bia *f. fam.* loquacity **tener labia** *fam.* to have the gift of the gab.

la·bial *adj. gen.* labial ◇ *f.* LING labial.

lá·bil *adj.* **1** *no estable* unstable *frágile* fragile **2** QUÍM labile.

la·bio *m.* lip **labio leporino** harelip.

la·bio·den·tal *adj.* labiodental ◇ *f.* labiodental.

la·bor *f. gen.* work.

la·bo·ra·ble *adj.* **1** *de trabajo* working **2** AGR arable **día laborable** working day, workday.

la·bo·ral *adj.* labor **accidente laboral** industrial accident, accident in the workplace.

la·bo·ra·to·rio *m.* laboratory.

la·bo·rio·si·dad *f.* laboriousness.

la·bo·rio·so, sa *adj.* **1** *trabajador* industrious, diligent **2** *trabajoso* laborious.

la·bra·do, da *pp. de* labrar *m.* **labrado de piedra, mármol** carving.

la·bra·dor, ra *s.* farmer.

la·brar *tr.* **1** AGR *campo* to work *con arado* to plow **2** *metal* to work *madera* to carve *piedra* to cut **labrarse un futuro** to make a future for oneself.

la·brie·go, ga *s.* farm worker.

la·ca *f.* **1** *en arte* lacquer *resina* shellac **2** *para pelo* hair spray.

la·ca·yo *m.* lackey, footman.

la·ce·ra·ción *f.* laceration.

la·ce·rar *tr.* **1** to lacerate, tear **2** *fig.* to harm, damage.

la·cio, cia *adj.* **1** *cabello* straight **2** *marchito* withered **3** *sin vigor* limp.

la·có·ni·co, ca *adj.* laconic.

la·cra *f.* **1** *señal* mark, scar **2** *mal* evil, scourge **3** *defecto* fault.

la·cri·mal *adj.* tear, lacrimal, lachrymal.

la·cri·mó·ge·no, na *adj.* tearful *una historia lacrimógena* a tear-jerker *gas lacrimógeno* tear-gas.

lac·tan·cia *f. acción* lactation *periodo* breast-feeding.

lac·tan·te *adj.* lactational ◇ *com.* unweaned baby.

lác·te·o, a *adj.* milk, milky **productos lácteos** dairy products.

lac·to·sa *f.* lactose.

la·cus·tre *adj.* lake.

la·de·ra *f.* hillside.

la·di·lla *f.* crab louse.

la·do *m. gen.* side **al lado de alguien** next to somebody **de un lado para otro** about, all over the place, to and fro, backwards and forwards.

la·drar *intr.* to bark.

la·dri·llo *m.* **1** *en construcción* brick **2** *fam.* pain, bore.

la·drón, dro·na *adj.* thieving ◇ *s. persona - que roba* thief - *que tima, engaña* crook ◇ *m.* **ladrón** *enchufe* adaptor.

la·gar *m.* press.

la·gar·ti·ja *f.* small lizard.

la·gar·to, ta *s.* **1** *animal* lizard **2** *fam.* pícaro sly devil.

la·go *m.* lake.

lá·gri·ma *f.* **1** *ocular* tear **2** *de lámpara, pendiente* teardrop.

la·gri·mal *adj.* tear, lachrymal ◇ *m.* corner of the eye.

la·gri·me·o *m.* **1** *del ojo* watering **2** *llanto* weeping, shedding of tears.

la·gri·mo·so, sa *adj.* tearful.

la·gu·na *f.* **1** *small* lake, lagoon **2** *fig. de conocimiento* gap *de la memoria* memory lapse.

lai·co, ca *adj.* lay, secular ◇ *s. hombre* layman *mujer* laywoman.

la·ja *f.* slab.

la·me·du·ra *f.* licking.

la·men·ta·ble *adj. injusticia* regrettable, deplorable *estado* sorry, pitiful.

la·men·ta·ción *f.* wail, wailing, lamentation.

la·men·tar *tr.* to regret ◇ *prnl.* **lamentarse** to complain.

la·men·to *m.* moan, cry.

la·mer *tr.* to lick.

la·mi·do, da *adj.* **1** *relamido* prissy **2** *flaco* scrawny **3** *desgastado* worn.

lá·mi·na *f.* **1** *gen.* sheet, plate **2** *ilustración* illustration *grabado* engraving.

la·mi·na·do, da *pp. de* laminar *adj.* laminated ◇ *m.* **laminado** lamination.

la·mi·nar *adj.* laminar ◇ *tr.* to laminate.

lám·pa·ra *f.* **1** lamp **2** RAD valve.

lam·pi·ño, ña *adj.* hairless.

lam·prea *f.* lamprey.

la·na *f.* wool.

lan·ce *m.* **1** *suceso* event **2** *infortunio* incident **3** *pelea* quarrel **4** DEP move.

lan·cha *f. bote* launch, boat *a motor* speedboat, motorboat.

lan·che·ro *m.* boatman.

la·ne·ro, ra *adj.* wool.

lan·gos·ta *f.* **1** *crustáceo* crawfish, spiny lobster **2** *insecto* locust.

lan·gui·de·cer *(see model 43) intr.* to languish.

lan·gui·dez *f.* **1** *falta de vigor* languor **2** *flaqueza* listlessness.

lán·gui·do, da *adj.* **1** *falto de vigor* languid, languorous **2** *débil* listless.

la·no·li·na *f.* lanolin, lanoline.

la·nu·do, da *adj.* wooly.

lan·za *f.* **1** lance, spear **2** *de carro* shaft.

lan·za·co·he·tes *m. inv.* rocket launcher.

lan·za·do, da *pp. de* lanzar *adj. impetuoso* impetuous *decidido* determined.

lan·za·dor, ra *s. de jabalina* thrower *de beisbol* pitcher *de cricket* bowler.

lan·za·lla·mas *m. inv.* flame-thrower.

lan·za·mien·to *m.* **1** *acción de lanzar* throwing **2** *de cohete* launching *de proyectil* firing *de bomba* dropping.

lan·za·mi·si·les *m. inv.* missile launcher.

lan·zar *(see model 4) tr.* **1** *gen.* to throw **2** *cohete* to launch **3** *fig. grito* to let out *insulto* to fire *mirada* to gave **4** *producto* to launch ◇ *prnl.* **lanzarse** *actuar decididamente* to throw oneself, launch oneself into **lanzarse contra alguien** to attack somebody.

la·pa f. 1 molusco limpet 2 pey. persona bore **pegarse como una lapa** fam. to cling like a leech.

la·pa·ros·co·pia f. laparoscopy.

lá·pi·ce·ro m. pencil.

lá·pi·da f. sepulcral tombstone, slab conmemorativa plaque.

la·pi·dar tr. to stone.

la·pi·da·rio, ria adj. frase - concisa terse, concise - contundente categorical ◇ s. 1 de piedras preciosas lapidary 2 de lápidas monumental mason.

lá·piz m. pencil.

lap·so m. de tiempo period of time, lapse.

lap·sus m. inv. error slip de memoria memory lapse, lapse of memory **lapsus linguae** slip of the tongue.

lar·go, ga adj. 1 en longitud long 2 en extensión long ◇ m. largo length interj. ¡largo! fam. get out!

lar·go·me·tra·je m. feature film, full-length film.

la·rin·ge f. larynx.

la·rin·gi·tis f. inv. laryngitis.

la·rin·go·lo·gí·a f. laryngology.

lar·va f. larva.

las art. def. the **las casas** the houses ◇ pron. objeto directo them **las vi** I saw them See also **la.**

la·sa·ña f. lasagna, lasagne.

las·ci·vo, va adj. lascivious, lewd.

lá·ser m. inv. laser.

la·si·tud f. lassitude, weariness.

lás·ti·ma f. pity ¡qué lástima! what a pity!

las·ti·mo·so, sa adj. pitiful, sorry.

las·tre m. 1 MAR ballast 2 fig. dead weight, burden.

la·ta f. 1 hojalata tin plate 2 envase tin, can 3 fastidio bore, drag.

la·ten·te adj. latent.

la·te·ral adj. 1 gen. side 2 parentesco lateral ◇ m. de carretera service lane de avenida side lane.

lá·tex m. inv. latex.

la·ti·do m. beat.

la·ti·fun·dio m. finca latifundium (large estate).

la·ti·ga·zo m. 1 golpe de látigo lash herida whiplash injury 2 sonido crack.

lá·ti·go m. whip.

la·tín m. Latin.

la·ti·no, na adj. Latin ◇ s. Latin.

La·ti·no·a·mé·ri·ca f. Latin America.

la·ti·no·a·me·ri·ca·no, na adj. Latin American ◇ s. Latin American.

la·tir intr. to beat.

la·ti·tud f. latitude.

la·to, ta adj. broad, wide.

la·tón m. brass.

la·to·so, sa adj. fam. annoying, boring ◇ s. fam. bore.

la·tro·ci·nio m. theft, robbery.

la·úd m. lute.

lau·da·to·rio, ria adj. laudatory.

lau·re·a·do, da adj. prizewinning.

lau·re·ar tr. 1 to award a prize to 2 militar to decorate.

lau·rel m. árbol bay **hoja de laurel** bay leaf.

la·va f. lava.

la·va·bo m. 1 pila washbasin 2 cuarto de baño washroom 3 público toilet.

la·va·de·ro m. 1 en casa laundry room 2 público public washing place 3 pila sink 4 de una mina washery.

la·va·do, da pp. de lavar adj. washed ◇ m. lavado wash **lavado de cerebro** brainwashing.

la·va·do·ra f. washing machine.

la·va·ma·nos m. inv. washbasin.

la·van·de·rí·a f. automática laundromat con servicio completo laundry **servicio de lavandería** laundry service.

la·va·o·jos m. inv. eyebath.

la·va·pla·tos m. inv. dishwasher.

la·var tr. 1 ropa, cuerpo, etc. to wash 2 platos to wash up 3 fig. conciencia, honor to clean ◇ prnl. **lavarse** to wash oneself, have a wash.

la·va·ti·va f. enema.

la·va·va·ji·llas m. inv. dishwasher.

la·xan·te adj. laxative ◇ m. laxative.

la·xo, xa adj. 1 sin tensión slack 2 poco estricto lax.

la·za·da f. 1 nudo knot 2 lazo bow.

la·zar (see model 4) tr. to lasso.

la·za·ri·llo m. guide **perro lazarillo** guide dog.

la·zo m. 1 cinta ribbon de adorno bow 2 fig. vínculo tie, bond 3 trampa snare, trap.

le pron. 1 objeto directo him usted you 2 objeto indirecto - a él him - a ella her - a usted you.

le·al adj. 1 loyal, faithful 2 justo fair.

le·al·tad f. loyalty, faithfulness.

le·brel m. greyhound.

lec·ción f. lesson.

le·cha·da f. whitewash.

le·che f. milk **leche entera** whole milk **leche en polvo** powdered milk.

le·che·ra f. 1 persona milkmaid, dairymaid 2 recipiente - de mesa milk jug - para llevar leche milk churn.

le·che·rí·a f. dairy.

le·che·ro, ra adj. milk ◇ m. lechero milkman, dairyman.

le·cho m. gen. bed de un río river bed.

le·chón m. animal piglet en cocina sucking pig.

le·chu·ga f. lettuce.

le·chu·za f. owl.

le·ci·ti·na f. lecithin.

lec·ti·vo, va adj. school.

lec·tor, ra adj. reading ◇ s. 1 reader 2 EDUC foreign language assistant ◇ m. lector TÉC scanner.

lec·tu·ra f. 1 reading 2 material de lectura reading matter 3 interpretación interpretation, reading.

le·er (see model 61) tr. 1 gen. to read 2 tesis to defend ◇ intr. to read **leer entre líneas** to read between the lines.

le·ga·ción f. legation.

le·ga·do, da pp. de legar m. legado 1 herencia legacy, bequest 2 persona legate, representative.

le·ga·jo m. dossier.

le·gal adj. 1 gen. legal 2 argot persona aboveboard, upfront.

le·ga·li·dad f. 1 de una acción, etc. legality, lawfulness 2 sistema de leyes law.

le·ga·li·za·ción f. 1 de una situación, unión legalization 2 de documento, firma to authenticate.

le·ga·li·zar (see model 4) tr. 1 situación, unión to legalize 2 documento, firma to authenticate ◇ prnl. **legalizarse** to become legal.

le·ga·ña f. sleep.

le·ga·ño·so, sa adj. bleary-eyed.

le·gar (see model 7) tr. 1 to bequeath 2 fig. to hand down, pass on.

le·ga·ta·rio, ria s. legatee.

le·gen·da·rio, ria adj. legendary.

le·gi·bi·li·dad f. legibility.

le·gi·ble adj. legible.

le·gión f. 1 MIL legion 2 fig. crowd.

le·gis·la·ción f. legislation.

le·gis·la·dor, ra adj. legislative ◇ s. legislator.

le·gis·lar intr. to legislate.

le·gis·la·ti·vo, va adj. legislative.

le·gi·ti·ma·ción f. legitimization.

le·gi·ti·mar tr. to legitimate.

le·gi·ti·mi·dad f. legitimacy.

le·gí·ti·mo, ma adj. 1 JUR legitimate 2 genuino real, authentic.

le·go, ga adj. 1 lay, secular 2 ignorante ignorant ◇ s. REL hermano lay brother hermana lay sister.

le·gra·do m. 1 de matriz curettage 2 de huesos scraping.

le·grar tr. matriz to curette hueso to scrape.

le·gua f. medida league.

le·gum·bre f. 1 planta legume 2 fruto pulse.

le·gu·mi·no·so, sa adj. leguminous ◇ fpl. **leguminosas** leguminous plants.

le·í·do, da pp. de leer adj. well-read.

le·ja·ní·a f. distance.

le·ja·no, na adj. tierra, país distant, far-off, far-away pariente, familia distant.

le·jí·a f. bleach.

le·jos adv. far, far away, far off **a lo lejos** in the distance, far away.

le·lo, la adj. fam. gormless, stupid.

le·ma m. gen. motto en publicidad slogan.

len·ce·rí·a f. 1 ropa interior lingerie 2 ropa blanca linen 3 tienda - de ropa interior lingerie shop - de ropa blanca linen shop.

len·gua f. 1 ANAT tongue 2 idioma language **dicen las malas lenguas que…** gossip has it that…

len·gua·do m. sole.

len·gua·je m. 1 gen. language 2 habla speech.

len·güe·ta f. 1 MÚS reed 2 de zapato tongue.

len·güe·ta·zo m. lick.

le·ni·dad f. leniency.

le·ni·nis·mo m. Leninism.

le·ni·ti·vo, va adj. soothing, lenitive ◇ m. **lenitivo** lenitive.

le·no·ci·nio m. procuring.

len·te amb. lens ◇ mpl. **lentes** glasses, spectacles **lente de aumento** magnifying glass **lentes de contacto** contact lenses.

len·te·ja f. lentil.

len·te·jue·la f. sequin.

len·ti·tud f. slowness **con lentitud** slowly.

len·to, ta adj. slow ◇ adv. **lento** slowly.

le·ña f. 1 wood, firewood 2 fam. fig. paliza hiding violencia trouble.

le·ña·dor, ra s. woodcutter, lumberjack.

le·ño m. 1 log 2 fig. tonto blockhead, thickhead.

le·ón, o·na s. 1 animal - macho lion - hembra lioness 2 persona lion-hearted person.

le·o·na·do, da adj. tawny.

le·o·ni·no, na adj. 1 de león lion-like, leonine 2 contrato unfair.

le·o·par·do m. leopard.

le·o·tar·dos mpl. thick woollen tights.

le·pi·dóp·te·ro, ra adj. lepidopterous ◇ m. **lepidóptero** lepidopteran.

le·pra f. leprosy.

le·pro·so, sa adj. leprous ◇ s. leper.

ler·do, da adj. fam. slow-witted.

les·bia·na f. lesbian.

les·bia·nis·mo m. lesbianism.

lés·bi·co, ca adj. lesbian.

le·sión f. 1 daño físico wound, injury 2 perjuicio harm.

le·sio·nar tr. 1 herir to injure 2 perjudicar to harm ◇ prnl. **lesionarse** to get injured.

le·si·vo, va adj. damaging, injurious.

le·tal adj. lethal, deadly.

le·ta·ní·a f. 1 REL litany 2 fam. lista long list sermón spiel.

le·tar·go m. lethargy.

le·tra f. 1 del alfabeto letter 2 de imprenta character 3 escritura handwriting 4 de canción lyrics pl., words pl..

le·tra·do, da adj. learned, erudite ◇ s. lawyer.

le·tre·ro m. sign, notice.

le·tri·na f. latrine.

leu·ce·mia f. leukemia.

leu·co·ci·to m. leucocyte, white blood cell.

le·va f. 1 MIL levy 2 MAR weighing anchor.

le·va·di·zo, za adj. which can be raised.

le·va·du·ra f. yeast.

le·van·ta·mien·to m. 1 de objeto, peso lifting 2 de una sanción lifting, raising 3 de un ejército, etc. uprising, revolt **levantamiento de pesas** weightlifting.

le·van·tar tr. 1 alzar to raise, lift 2 construir to erect, build 3 empresa - hacer rentable to get off the ground - establecer to set up ◇ intr. día to brighten up nubes to clear ◇ prnl. **levantarse** 1 alzarse to rise 2 ponerse de pie to stand up 3 dejar la cama to get up, get out of bed.

le·van·tis·co, ca adj. persona rebellious momento turbulent.

le·var tr. ancla to weigh **levar anclas** acción to weigh anchor, set sail.

le·ve adj. 1 ligero, suave slight de poco peso light 2 poco importante slight, trifling poco grave minor.

le·ve·dad f. 1 ligereza lightness 2 poca importancia insignificance.

le·via·tán m. leviathan.

le·vi·ta f. abrigo frock coat ◇ com. de Leví Levite.

le·vi·tar intr. to levitate.

le·xe·ma m. lexeme.

lé·xi·co, ca adj. lexical ◇ m. **léxico** 1 diccionario lexicon 2 vocabulario vocabulary.

le·xi·co·gra·fí·a f. lexicography.

le·xi·có·gra·fo, fa s. lexicographer.

le·xi·co·lo·gí·a f. lexicology.

le·xi·có·lo·go, ga s. lexicologist.

le·xi·cón m. lexicon.

ley f. 1 gen. law proyecto de ley bill, act regla rule 2 de metal purity aprobar una ley to pass a bill **estar fuera de la ley** to be outside the law.

le·yen·da f. 1 narración legend 2 inscripción inscription.

li·a f. cuerda thick rope.

lia·na f. liana.

li·ar (see model 13) tr. 1 atar to tie up, bind envolver to wrap up 2 cigarrillo to roll 3 lana to wind 4 fam. complicar to mix up, make a mess of ◇ prnl. **liarse** a + infin. to start + ger. **liarse con alguien** to have an affair with somebody.

li·ba·ción f. libation.

li·ba·nés, ne·sa adj. Lebanese ◇ s. Lebanese.

li·bar tr. 1 néctar to suck 2 LIT bebida to imbibe.

li·be·lo m. libel.

li·bé·lu·la f. dragonfly.

li·be·ra·ción f. 1 de una dependencia liberation de una persona freeing, release 2 de hipoteca redemption.

li·be·ra·do, da pp. de liberar adj. liberated.

li·be·ra·lis·mo m. liberalism.

li·be·ra·li·zar tr. país, política to liberalize mercado to relax restrictions on ◇ prnl. **liberalizarse** to become more liberal.

li·be·rar tr. 1 persona, animal to free país, ciudad to liberate 2 energía to release.

li·be·ria·no, na adj. Liberian ◇ s. Liberian.

li·ber·tad *f.* 1 *gen.* freedom, liberty 2 *confianza* freedom **dejar en libertad** to free, release **libertad de expresión** freedom of expression.

li·ber·ta·dor, ra *adj.* liberating ⋄ *s.* liberator.

li·ber·tar *tr.* to liberate.

li·ber·ti·na·je *m.* licentiousness.

li·ber·ti·no, na *adj.* licentious ⋄ *s.* libertine.

li·bi·di·no·so, sa *adj.* libidinous, lustful.

li·bio, bia *adj.* Libyan ⋄ *s.* Libyan.

li·bra *f.* 1 *moneda, medida* pound 2 *argot anti-guamente* a hundred pesetas.

li·bra·do, da *pp.* de *librar* ⋄ *s.* drawee.

li·bra·dor, ra *s.* drawer.

li·bra·mien·to *m.* order of payment.

li·brar *tr.* 1 to save (*de*, from) 2 *batalla* to fight, wage ⋄ *intr. fam.* tener libre to be off, not to work ⋄ *prnl.* **librarse** to escape (*de*, from) **¡Dios me (nos, etc.) libre!** Heaven forbid!, God forbid!

li·bre *adj.* 1 *gen.* free 2 *asiento* free, vacant 3 *sin ocupación* free 4 *exento* free.

li·bre·cam·bio *m.* free trade.

li·bre·men·te *adv.* freely.

li·bre·rí·a *f.* 1 *tienda* bookshop, bookstore 2 *mueble* bookcase *estantería* bookshelf.

li·bre·ro, ra *s.* bookseller.

li·bre·ta *f.* 1 *para anotar* notebook 2 *de ahorros* savings book.

li·bre·tis·ta *com.* librettist.

li·bre·to *m.* libretto.

li·bro *m. gen.* book **libro de texto** textbook **libro de visitas** visitors' book.

li·can·tro·pí·a *f.* lycanthropy.

li·cán·tro·po *m.* lycanthrope.

li·cen·cia *f.* 1 *permiso* license, permission 2 *documento* license, permit.

li·cen·cia·do, da *pp.* de *licenciar* *s.* 1 EDUC graduate 2 *abogado* lawyer ⋄ *m.* **licenciado** MIL discharged soldier.

li·cen·ciar *tr.* 1 EDUC to award a degree to 2 MIL to discharge ⋄ *prnl.* **licenciarse** to graduate.

li·cen·cio·so, sa *adj.* licentious, dissolute.

li·ce·o *m.* 1 *colegio* secondary school 2 *sociedad* literary society, recreational society.

li·ci·ta·ción *f.* bid.

li·ci·tar *tr.* to bid.

lí·ci·to, ta *adj.* 1 *legal* licit, lawful 2 *justo* fair.

li·cor *m. dulce* liqueur *bebida alcohólica* liquor, spirits *pl.*

li·cua·do·ra *f.* juice extractor.

li·cuar *(see model 10) tr.* to liquefy.

li·cue·fac·ción *f.* liquefaction.

lid *f.* 1 *contest*, fight 2 *fig. controversia* dispute **en buena lid** fair and square.

lí·der *com.* leader.

li·de·raz·go *m.* leadership.

li·diar *(see model 12) tr. toro* to fight ⋄ *intr.* **lidiar con** *fig.* luchar con to battle with, struggle against.

lie·bre *f. animal* hare.

lien·dre *f.* nit.

lien·zo *m.* 1 ART *tela* canvas *cuadro* painting 2 *tejido* linen.

li·ga *f.* 1 *para media* garter 2 *asociación* league, alliance 3 DEP league.

li·ga·do, da *pp.* de *ligar adj.* linked ⋄ *m.* **ligado** al escribir ligature.

li·ga·du·ra *f.* 1 *atadura* tie, bond 2 MED ligature **ligadura de trompas** sterilization.

li·ga·men·to *m.* ligament.

li·gar *(see model 12) tr.* 1 *unir* to link, connect 2 *atar* to bind ⋄ *intr. fam. conquistar* to score **ligarse a alguien** *fam.* to pick somebody up, get off with somebody.

li·ge·ra·men·te *adv. por encima* lightly *un poco* slightly *con ligereza* superficially.

li·ge·re·za *f.* 1 *poco peso* lightness 2 *prontitud* swiftness 3 *agilidad* agility 4 *fig. frivolidad* flippancy, frivolity.

li·ge·ro, ra *adj.* 1 *liviano* light 2 *sin importancia* minor, light 3 *rápido* swift 4 *ágil* agile 5 *frívolo* flippant.

light *adj.* 1 *comida* low-calorie *refresco* diet 2 *cigarrillo* light 3 *ideología* watered-down.

li·gue *m. fam.* pick-up, date.

li·gue·ro, ra *adj. de la liga* league ⋄ *m.* **liguero** de las medias suspender belt.

li·ja *f.* 1 *papel* sandpaper 2 *pez* dogfish.

li·ja·do·ra *f.* sanding machine.

li·jar *tr.* to sand.

li·la¹ *adj. color* lilac ⋄ *f. flor* lilac.

li·la² *adj. fam. tonto* dim ⋄ *com. fam.* nitwit.

li·li·pu·tien·se *adj.* 1 Lilliputian 2 *fig.* Lilliputian ⋄ *com.* Lilliputian.

li·ma *f.* 1 *herramienta* file *para uñas* nail file 2 *acabado* final polish.

li·ma·du·ra *f.* filing.

li·mar *tr.* 1 *pulir* to file 2 *fig. perfeccionar* to polish up.

li·me·ño, ña *adj. of* Lima, from Lima ⋄ *s.* person from Lima, inhabitant of Lima.

li·mi·ta·ción *f.* limitation.

li·mi·ta·do, da *pp.* de *limitar adj.* limited.

li·mi·tar *tr. gen.* to limit *intr.* **limitar con** 1 to border with **limitarse a +** *inf.* to restrict oneself to + *ger.,* no more than + *inf.*

lí·mi·te *m.* 1 *extremo* limit *en un terreno* boundary 2 *frontera* boundary **sin límites** boundless **límite de velocidad** speed limit.

li·mí·tro·fe *adj.* bordering.

li·món *m.* lemon.

li·mo·na·da *f.* lemonade.

li·mo·ne·ro, ra *adj. del limón* lemon ⋄ *m.* **limonero** lemon tree.

li·mos·na *f.* alms *pl.,* charity **pedir limosna** to beg.

li·mos·ne·ro, ra *s.* almoner.

lim·pia·dor, ra *adj.* cleaning ⋄ *s. persona* cleaner ⋄ *m.* **limpiador** *producto* cleaning product.

lim·pia·pa·ra·bri·sas *m. inv.* windshield wiper.

lim·piar *tr.* 1 *gen.* to clean, cleanse 2 *con paño* to wipe 3 *fig. purificar* to purify 4 *fam. robar* to pinch, nick.

lim·pi·dez *f.* limpidity.

lím·pi·do, da *adj.* limpid.

lim·pie·za *f.* 1 *ausencia de suciedad* cleanliness 2 *acción de limpiar* cleaning 3 *pureza* purity 4 *honradez* honesty, fairness **hacer limpieza general** do a spring-cleaning.

lim·pio, pia *adj.* 1 *sin suciedad* clean 2 *claro* neat, tidy 3 *puro* pure 4 *honesto* honest, fair 5 *juego* fair 6 *f. fam. eliminación* clearing-out ⋄ *adv.* fairly **dejar limpio a alguien** *fam.* to clean somebody out.

li·mu·si·na *f.* limousine.

li·na·je *m.* 1 *ascendencia* lineage 2 *fig. clase* kind, sort.

li·na·za *f.* linseed.

lin·ce *m.* 1 ZOOL lynx 2 *fig. persona* sharp-eyed person.

lin·char *tr.* to lynch.

lin·dar *intr.* to border (*con*, on), adjoin (*con*, -).

lin·de·ro, ra *adj.* bordering, adjoining ⋄ *m.* **lindero** linde.

lin·de·za *f.* 1 *belleza* prettiness 2 *piropo* flattering remark.

lin·do, da adj. pretty, nice, lovely.

lí·ne·a f. 1 gen. line 2 tipo figure.

li·ne·al adj. linear.

lin·fá·ti·co, ca adj. lymphatic.

lin·go·te m. ingot.

lin·güis·ta com. linguist.

lin·güis·ti·co, ca adj. linguistic.

li·nier m. linesman.

li·ni·men·to m. liniment.

li·no m. 1 tela linen 2 BOT flax.

li·nó·le·o m. linoleum.

li·no·ti·pia f. Linotype.

li·no·ti·po m. Linotype.

lin·ter·na f. 1 de pilas torch 2 farol lantern, lamp 3 ARQ lantern.

lí·o m. 1 embrollo mess 2 aventura amorosa affair 3 fardo bundle **armar un lío** to make a fuss.

lio·fi·li·zar tr. to freeze-dry.

lí·pi·do m. lipid.

li·po·so·ma m. liposome.

li·quen m. lichen.

li·qui·da·ción f. 1 venta sale 2 pago settlement 3 de activos liquidation 4 fin end.

li·qui·dar tr. 1 deuda to settle, liquidate 2 mercancías to sell off 3 fam. dinero to spend, blow 4 fam. matar to knock off.

li·qui·dez f. liquidity.

li·qui·do, da adj. 1 gen. liquid 2 neto net 3 en metálico in cash ⋄ m. líquido liquid.

lí·ri·co, ca adj. lyric, lyrical ⋄ s. lyric poet.

li·rio m. lily **lirio de agua** calla lily.

lis f. planta lily.

li·sér·gi·co, ca adj. lysergic.

li·sia·do, da adj. crippled ⋄ s. cripple.

li·siar tr. to cripple.

li·so, sa adj. 1 sin desigualdades smooth, even 2 sin desniveles flat 3 sin arrugas smooth **lisa y llanamente** purely and simply.

li·son·ja f. flattering remark.

li·son·je·ar tr. to flatter.

lis·ta f. 1 relación list 2 raya stripe 3 tira strip, slip **pasar lista** to call the roll.

lis·ta·do, da pp. de listar adj. a rayas striped ⋄ m. listado lista list.

lis·to, ta adj. 1 inteligente clever, smart 2 preparado ready 3 acabado finished 4 diligente quick, prompt ⋄ s. clever person **pasarse de listo** fam. to be too clever by half.

lis·tón m. 1 de madera lath, strip 2 DEP bar.

li·te·ra f. bunk bed en barco bunk tren couchette.

li·te·ral adj. literal.

li·te·ra·rio, ria adj. literary.

li·te·ra·tu·ra f. literature.

li·ti·gan·te adj. litigant ⋄ com. litigant.

li·ti·gar (see model 7) intr. 1 JUR to litigate 2 disputar to argue, dispute.

li·ti·gio m. 1 JUR litigation, lawsuit 2 disputa dispute.

li·to·gra·fi·a f. 1 arte lithography 2 reproducción lithograph.

li·to·ral adj. coastal ⋄ m. coast.

li·tro m. liter.

li·tua·no, na adj. Lithuanian ⋄ s. persona Lithuanian ⋄ m. lituano idioma Lithuanian.

li·tur·gia f. liturgy.

li·túr·gi·co, ca adj. liturgical.

li·via·no, na adj. 1 ligero light 2 fig. inconstante frivolous 3 fig. lascivo lewd.

lí·vi·do, da adj. livid.

li·xi·viar tr. to leach.

lla·ga f. gen. sore en la boca ulcer **poner el dedo en la llaga** to touch a sore spot.

lla·ma¹ f. de fuego flame.

lla·ma² f. ZOOL llama.

lla·ma·da f. 1 gen. call 2 a la puerta knock, ring 3 en texto reference mark.

lla·ma·mien·to m. 1 petición appeal 2 convocatoria call.

lla·mar tr. 1 gen. to call 2 convocar to summon 3 dar nombre to name 4 atraer to appeal to intr. 1 a la puerta to knock al timbre to ring al teléfono to ring, call, phone ⋄ prnl. **llamarse** tener nombre to be called.

lla·ma·ti·vo, va adj. showy, flashy.

lla·na f. herramienta float.

lla·ne·ro, ra adj. hombre plainsman mujer plainswoman.

lla·no, na adj. 1 plano flat, even, level 2 franco open, frank 3 sencillo simple ⋄ m. llano llanura plain.

llan·ta f. wheel rim, rim.

llan·to m. crying, weeping.

lla·nu·ra f. 1 llano plain 2 igualdad plainness.

lla·ve f. 1 de puerta, etc. key 2 TÉC wrench 3 en judo lock 4 en texto bracket 5 MÚS key **cerrar con llave** to lock.

lla·ve·ro m. key ring.

lle·gar (see model 32) intr. 1 to arrive (a, at/in), get (a, at), reach (a, -) 2 alcanzar to reach 3 to amount (a, to) ⋄ prnl. **llegarse a** fam. ir a to go over to, nip over to, slip over to, hop over to.

lle·nar tr. 1 espacio, recipiente to fill 2 formulario to fill in 3 tiempo to fill, occupy 4 satisfacer to fulfil, please ⋄ prnl. **llenarse** 1 gen. to fill 2 de gente to fill up 3 de comida to get full, overeat.

lle·no, na adj. 1 full (de, of) 2 cubierto covered (de, with) ⋄ m. lleno 1 TEAT full house de lleno smack, right.

lle·var tr. 1 gen. to take 2 tener to have tener encima to have, carry 3 prenda to wear, have on ⋄ intr. 1 **llevar a** conducir to take, lead **y esto, ¿adónde nos lleva?** and where will this lead us? 2 **llevar a + inf.** inducir to lead to, make **esto me lleva a pensar que…** this leads me to think that… ⋄ prnl. **llevarse** 1 obtener to get ganar to win 2 recibir to get 3 estar de moda to be fashionable.

llo·rar intr. 1 to cry, weep 2 fam. quejarse to moan ⋄ tr. to mourn.

llo·ri·que·ar intr. to whimper, weep.

llo·ri·que·o m. whimpering.

llo·ver (see model 32) intr. to rain **parece que va a llover** it looks like rain.

llo·viz·na f. drizzle.

llu·via f. 1 rain 2 fig. shower, barrage.

llu·vio·so, sa adj. rainy, wet.

lo art. neut. the **lo mismo me pasó a mí** the same thing happened to me ⋄ pron. 1 objeto directo - él him - usted you 2 objeto directo - cosa, animal it.

lo·a f. praise.

lo·a·ble adj. laudable, praiseworthy.

lo·ar tr. to praise, extol.

lo·bo, ba s. macho wolf hembra she-wolf.

lo·bo·to·mí·a f. lobotomy.

ló·bre·go, ga adj. bleak, gloomy.

ló·bu·lo m. lobe.

lo·cal adj. local ⋄ m. para negocio premises.

lo·ca·li·dad f. 1 ciudad town 2 TEAT asiento seat billete ticket.

lo·ca·li·za·ción f. 1 determinación del lugar localization 2 limitación restriction.

lo·ca·li·zar tr. 1 encontrar to locate, find 2 infección, incendio to localize.

lo·ción f. lotion.

lo·co, ca adj. 1 gen. mad, crazy, insane 2 muy ocupado terribly busy 3 fam. asombroso amazing ◇ s. lunatic, insane person **estar loco por alguien** to be mad about somebody **volverse loco** to go mad.

lo·co·mo·tor, ra adj. locomotive.

lo·cu·ción f. phrase, locution.

lo·cu·ra f. 1 perturbación madness, insanity 2 insensatez folly.

lo·cu·tor, ra s. gen. announcer de noticias news reader.

lo·da·zal m. mire.

lo·do m. mud.

lo·ga·rit·mo m. logarithm.

lo·gia f. 1 masónica lodge 2 ARQ loggia.

ló·gi·co, ca adj. 1 de la lógica logical 2 natural normal, to be expected ◇ s. logician.

lo·gís·ti·co, ca adj. logistic.

lo·go m. logo.

lo·go·pe·dia f. speech therapy.

lo·go·ti·po m. logo, logotype.

lo·grar tr. conseguir to manage to get, achieve sueño to fulfil victoria, premio to win **logré hacerlo** I managed to do it.

lo·gro m. 1 éxito success, achievement 2 beneficio gain, profit.

lo·ma f. hill.

lom·bar·da f. red cabbage.

lom·briz f. de tierra earthworm intestinal worm.

lo·mo m. 1 CULIN de cerdo loin de ternera sirloin 2 ANAT back 3 de libro spine.

lo·na f. canvas.

lon·di·nen·se adj. of London, from London ◇ com. Londoner.

lon·ge·vo, va adj. long-lived.

lon·gi·tud f. 1 length 2 GEOG longitude **longitud de onda** wavelength.

lon·gi·tu·di·nal adj. longitudinal, lengthwise.

lon·ja f. mercado exchange, market.

lon·ta·nan·za f. fondo background **en lontananza** in the distance.

lo·or m. LIT praise.

lord m. lord.

lo·ro m. pájaro parrot.

los art. def. the **los niños** the boys ◇ pron. objeto directo them ustedes you **los vi** I saw them.

lo·sa f. 1 flagstone, slab 2 de sepulcro gravestone.

lo·se·ta f. floor tile.

lo·te m. 1 parte share, portion 2 COMM lot, batch.

lo·te·rí·a f. lottery.

lo·to m. flor lotus.

lo·za f. 1 cerámica china 2 de cocina crockery.

lo·za·no, na adj. 1 persona healthy, lusty 2 planta fresh vegetación lush, luxuriant.

lu·bri·ca·ción f. lubrication.

lu·bri·can·te adj. lubricating ◇ m. lubricant.

lu·bri·car (see model 1) tr. to lubricate.

lu·ce·ro m. bright star **lucero del alba** morning star.

lu·cha f. 1 gen. fight, struggle 2 DEP wrestling **lucha de clases** class struggle **lucha libre** free-style wrestling.

lu·cha·dor, ra s. 1 gen. fighter 2 DEP wrestler.

lu·char intr. 1 gen. to fight 2 DEP to wrestle.

lu·ci·dez f. lucidity.

lú·ci·do, da adj. lucid, clear-headed.

lu·cié·na·ga f. glow-worm.

lu·ci·mien·to m. 1 oportunidad de lucirse showing off 2 brillo brilliance.

lu·cir (see model 45) tr. 1 mostrar to show, display ropa to wear, sport 2 presumir de to show off ◇ intr. 1 tener buen aspecto to look good 2 rendir resultado to pay off, do good 3 sobresalir to excel ◇ prnl. **lucirse** 1 sobresalir to be brilliant 2 presumir to show off.

lu·cra·ti·vo, va adj. lucrative, profitable.

lu·cro m. gain, profit **afán de lucro** profit motive.

luc·tuo·so, sa adj. LIT mournful, sorrowful.

lú·di·co, ca adj. recreational.

lu·do·pa·tí·a f. compulsive gambling.

lue·go adv. 1 después then, afterwards, next 2 más tarde later 3 prontamente presently, immediately ◇ conj. so, therefore **hasta luego** see you, see you later, so long.

lu·gar m. 1 sitio, ciudad place 2 posición, situación place, position 3 espacio room, space **dar lugar a** to give rise to **en lugar de** instead of **en primer lugar** firstly.

lu·ga·re·ño, ña adj. local ◇ s. local.

lú·gu·bre adj. triste bleak, lugubrious fúnebre somber, mournful.

lu·jo m. luxury **con todo lujo de detalles** in great detail.

lu·jo·so, sa adj. luxurious.

lu·ju·ria f. lewdness, lust, lechery.

lu·ju·rio·so, sa adj. lustful, lecherous ◇ s. lecher.

lum·ba·go m. lumbago.

lum·bar adj. lumbar.

lum·bre f. 1 fuego fire candela light 2 para cigarrillo light, luminous.

lum·bre·ra f. persona genius, luminary **con ironía** bright spark.

lu·mi·na·ria f. 1 en iglesia altar lamp 2 en fiestas light.

lu·mí·ni·co, ca adj. light.

lu·mi·nis·cen·cia f. luminiscence.

lu·mi·no·si·dad f. brightness, luminosity.

lu·mi·no·so, sa adj. bright, luminous.

lu·na f. 1 satélite moon 2 cristal window pane de coche window de ventana glass 3 espejo mirror 4 de uña half-moon **luna creciente** waxing moon **luna llena** full moon **luna menguante** waning moon **luna nueva** new moon **luna de miel** honey moon.

lu·nar adj. lunar, moon ◇ m. en la piel beauty spot.

lu·ná·ti·co, ca adj. lunatic ◇ s. lunatic.

lu·nes m. inv. Monday.

lu·ne·ta f. car. window.

lu·pa f. magnifying glass **con lupa** meticulously.

lú·pu·lo m. hop.

lus·trar tr. to polish.

lus·tre m. brillo polish, shine, luster 2 fig. esplendor glory.

lus·tro m. five years pl.

lu·te·ra·no, na adj. Lutheran ◇ s. Lutheran.

lu·to m. 1 mourning 2 fig. grief **estar de luto** to mourn **ir de luto** to be in mourning **luto oficial** official mourning **medio luto** half-mourning.

lu·xa·ción f. dislocation.

lu·xem·bur·gués, gue·sa adj. of Luxembourg, from Luxembourg ◇ s. Luxembourger, person from Luxembourg.

luz f. 1 gen. light 2 fam. electricidad electricity 3 iluminación lighting ◇ fpl. **luces** fam. intelligence sing. **es un hombre de pocas luces** he's not very bright **a plena luz del día** in broad daylight **a todas luces** obviously, clearly **dar a luz** to give birth.

m

M, m *f. la letra* M, m.

ma·ca·bro, bra *adj.* macabre.

ma·ca·rrón *m.* 1 *pasta italiana* piece of macaroni 2 *dulce* macaroon 3 TÉC *de cable* sheath, sheathing ◇ *mpl.* **macarrones** macaroni.

ma·ce·ra·ción *f.* 1 *remojo, - de fruta* maceration, soaking - *de carne, pescado* marinading 2 *a golpes* pounding, tenderizing.

ma·ce·rar *tr.* 1 *poner en remojo - fruta* to macerate, soak - *carne, pescado* to marinade 2 *a golpeando* to pound, tenderize.

ma·ce·ta *f.* flowerpot.

ma·cha·car *(see model 1) tr.* 1 *triturar* to crush 2 *fam. dañar* to kill *cansar, agotar* to wear out, kill 3 *fam. estudiar* grind away at 4 *fam. insistir en* to harp on about, go on about ◇ *intr.* 1 *estudiar* grind 2 *insistir en* to go on (**con**, about), harp on (**con**, about).

ma·che·te *m.* machete.

ma·chis·mo *m.* male chauvinism.

ma·chis·ta *adj.* male chauvinist ◇ *com.* male chauvinist.

ma·cho *adj.* 1 *animal, planta* male 2 *persona* macho, tough ◇ *m.* 1 *animal, planta* male 2 *del enchufe* plug *del corchete* hook 3 *mula* mule 4 *fam. hombre* macho man, tough guy.

ma·cho·te, ta *adj. valiente* tough ◇ *m.* **machote** *fam.* he-man, tough guy.

ma·ci·zo, za *adj. plata* solid 2 *fuerte* solid, well-built ◇ *m.* **macizo** 1 *montañoso* massif, mountain mass 2 *de una pared* section.

ma·cro *f.* INFO macro.

ma·cro·bió·ti·co, ca *adj.* macrobiotic ◇ *s.* macrobiotic.

ma·cros·có·pi·co, ca *adj.* macroscopic.

má·cu·la *f.* LIT blemish **sin mácula** unblemished, flawless.

ma·de·ja *f. de lana* skein, hank.

ma·de·ra *f.* 1 *en el árbol* wood *cortada* lumber 2 *fig. aptitudes* talent **tener madera de...** to have the makings of a...

ma·de·re·ro, ra *adj. industria* timber.

ma·dras·tra *f.* stepmother.

ma·dre *f.* 1 *mother* 2 *causa* root *la madre de todos los vicios* the root of all evil 3 *monja* sister.

ma·dre·sel·va *f.* honeysuckle.

ma·dri·gal *m.* madrigal.

ma·dri·gue·ra *f.* 1 *de conejo* burrow, warren *de zorro* den, lair *de tejón* set 2 *de gente* den, lair, hide-out.

ma·dri·le·ño, ña *adj.* of Madrid, from Madrid *s.* person from Madrid, inhabitant of Madrid.

ma·dri·na *f.* 1 *de bautizo* godmother 2 *de boda* matron of honour.

ma·dru·ga·da *f.* 1 *alba* dawn, daybreak 2 *después de medianoche* early morning.

ma·dru·ga·dor, ra *s.* early riser ◇ *adj.* who gets up early.

ma·dru·gar *(see model 7) intr.* 1 *levantarse pronto* to get up early 2 *adelantarse* to get there first 3 *ocurrir pronto* to come out early.

ma·du·rar *intr.* 1 *fruto* to ripen 2 *persona* to mature ◇ *tr.* 1 *fruto* to ripen 2 *plan, proyecto* to think about carefully, develop fully.

ma·du·rez *f.* 1 *de la persona* maturity 2 *de la fruta* ripeness.

ma·du·ro, ra *adj.* 1 *persona* mature 2 *fruta* ripe.

ma·es·trí·a *f.* 1 *destreza* mastery, skill 2 *título* mastership.

ma·es·tro, tra *adj. principal* master *pared, viga* main, supporting ◇ *s.* 1 *de primaria - hombre* schoolmaster - *mujer* schoolmistress 2 *instructor* teacher 3 *experto* master ◇ *m.* **maestro** 1 *compositor* composer *director* conductor 2 *de un oficio* master.

ma·fia *f.* mafia.

ma·fio·so, sa *adj.* mafia ◇ *s. de la mafia siciliana* mafioso *criminal* gangster.

mag·da·le·na *f.* small sponge cake.

ma·gen·ta *f.* magenta.

ma·gia *f.* magic.

má·gi·co, ca *adj.* 1 *pócima, palabra* magic *ritual* magical 2 *maravilloso* magical, wonderful.

ma·gis·te·rio *m.* 1 *estudios* teacher training 2 *profesión* teaching profession 3 *profesores* teachers.

ma·gis·tra·do, da *s.* 1 *juez* judge 2 *miembro del Tribunal Supremo* Supreme Court judge.

ma·gis·tral *adj.* 1 EDUC magisterial 2 *interpretación* masterly, masterful.

ma·gis·tra·tu·ra *f.* 1 *cuerpo* judges *pl.* 2 *profesión* judgeship.

mag·ma *f.* magma.

mag·na·ni·mi·dad *f.* magnanimity.

mag·ná·ni·mo, ma *adj.* magnanimous.

mag·na·te *m.* tycoon, magnate.

mag·ne·sia *f.* magnesia.

mag·ne·sio *m.* magnesium.

mag·ne·tis·mo *m.* magnetism.

mag·ne·ti·zar *(see model 4) tr.* 1 *cuerpo* to magnetize 2 *fig. persona* to hypnotize, captivate.

mag·ne·to *m.* magneto.

mag·ne·to·fó·ni·co, ca *adj.* sound recording.

mag·ne·tó·fo·no *m.* tape recorder.

mag·ni·ci·da *com.* assassin.

mag·ni·ci·dio *m.* assassination.

mag·ni·fi·car *(see model 1) tr.* 1 *ensalzar* to praise, extol 2 *exagerar* to exaggerate, magnify.

mag·ní·fi·co, ca *adj.* 1 magnificent, splendid.

mag·ni·tud *f.* 1 FÍS magnitude 2 *fig. importancia* magnitude, extent, size.

mag·no, na *adj.* great **Alejandro Magno** Alexander the Great.

mag·no·lia *f. árbol, flor* magnolia.

ma·go, ga *s. gen.* magician, conjurer *de los cuentos* wizard.

ma·gro, gra *adj.* lean ◇ *m.* **magro** *de carne de cerdo* loin of pork.

ma·gu·lla·du·ra *f.* bruise, contusion.

ma·gu·llar *tr.* to bruise ◇ *prnl.* **magullarse** *fruta* to bruise *persona* to bruise oneself, be bruised.

ma·ho·me·ta·no, na *adj.* Muslim ◇ *s.* Muslim.

mai·ce·na *f.* cornflour.

mai·tre *com.* head waiter, maître d'hôtel.

ma·íz *m.* 1 *planta* corn 2 *grano* corn.

mai·zal *m.* corn field.

ma·ja·de·rí·a *f.* nonsense, balderdash.

ma·ja·de·ro, ra *adj.* stupid, dim-witted ◇ *s.* idiot, dimwit.

ma·jes·tad f. 1 *distinción* majesty 2 *tratamiento* Majesty.

ma·jes·tuo·so, sa adj. majestic.

mal m. 1 evil *el bien y el mal* good and evil 2 *daño* harm 3 *enfermedad* sickness ◇ adj. *forma apocopada de malo* bad **este ha sido mal año** this has been a bad year ◇ adv. 1 *no adecuadamente* badly **se portó mal con nosotros** he treated us badly 2 *enfermo* ill, sick **me encuentro mal** I feel ill 3 *incorrectamente* wrong **hiciste mal** you've done it wrong 4 *desagradablemente* bad *it smells bad in here* 5 *en frases negativas* bad, badly *la película no está mal* the film's not bad.

ma·la·ba·ris·mo m. juggling **hacer malabarismos** to juggle.

ma·la·ba·ris·ta com. juggler.

ma·la·cos·tum·brar tr. 1 *malcriar* to spoil 2 *viciar* to get into bad habits.

ma·la·gue·ño, ña adj. of Málaga, from Málaga ◇ s. person from Málaga, inhabitant of Málaga.

ma·lan·drín, dri·na adj. roguish ◇ s. rogue.

ma·la·ria f. malaria.

ma·la·sio, sia adj. Malaysian ◇ s. Malaysian.

ma·la·wia·no, na adj. Malawian ◇ s. Malawian.

ma·la·yo, ya adj. Malay ◇ s. *persona* Malay ◇ m. *malayo idioma* Malay.

mal·ba·ra·tar tr. 1 *derrochar* to waste, squander 2 *malvender* to undersell.

mal·co·mer intr. not to eat enough.

mal·cria·do, da adj. *maleducado* ill-mannered *mimado* spoilt ◇ s. spoilt child.

mal·criar *(see model 13)* tr. to spoil.

mal·dad f. 1 *cualidad* evil, wickedness 2 *acto* evil thing, wicked thing.

mal·de·cir *(see model 79)* tr. to curse, damn ◇ intr. to curse.

mal·di·cien·te adj. 1 *que difama* slanderous, defamatory 2 *que blasfema* foul-mouthed ◇ com. 1 *difamador* slanderer 2 *blasfemo* foul-mouthed person.

mal·di·ción f. curse ◇ interj. damnation!, damn it!

mal·di·to, ta pp. de *maldecir* adj. 1 *no bendito* damned 2 *fam. que causa molestia* damned, wretched, bloody, damn ¡*maldita sea!* *fam.* damn it!

mal·di·vo, va adj. Maldivian ◇ s. Maldivian.

ma·le·a·ble adj. malleable.

ma·le·an·te com. delinquent, criminal.

ma·le·ar tr. 1 *dañar* to spoil, damage 2. *pervertir* to corrupt, lead astray ◇ prnl. *malearse* 1 *cosecha, producto* to go bad 2 *pervertirse* to go astray.

mal·e·du·car tr. *niño* to spoil.

ma·le·fi·cio m. curse, evil spell.

mal·en·ten·di·do m. misunderstanding.

ma·les·tar m. 1 *incomodidad* discomfort 2 *fig. inquietud* unease, unrest.

ma·le·ta f. suitcase, case ◇ com. fam. useless person.

ma·le·te·ro m. 1 AUTO trunk 2 *mozo* porter *en aeropuerto* baggage handler.

ma·le·tín m. 1 *de ejecutivo* briefcase 2 *maleta* small case.

ma·lé·vo·lo, la adj. malevolent.

ma·le·za f. 1 *malas hierbas* weeds ◇ pl. 2 *arbustos* undergrowth, scrub.

mal·for·ma·ción f. malformation.

mal·gas·tar tr. to waste, squander.

mal·ha·bla·do, da adj. foul-mouthed ◇ s. foul-mouthed person.

mal·he·cho, cha adj. *cuerpo, persona* deformed.

mal·he·chor, ra adj. criminal ◇ s. wrongdoer, criminal.

mal·he·rir *(see model 35)* tr. to wound badly.

mal·hu·mor m. bad temper **estar de malhumor** to be in a bad mood.

ma·li·cia f. 1 *mala intención* malice 2 *maldad* evil, maliciousness 3 *astucia* slyness, craftiness, cunning 4 *sospecha* suspicion.

ma·li·ciar tr. to suspect ◇ prnl. *maliciarse* to suspect.

ma·li·cio·so, sa adj. 1 *malintencionado* malicious, spiteful 2 *malpensado* suspicious-minded ◇ s. 1 *malicioso* malicious person 2 *malpensado* person with a suspicious mind.

ma·lig·ni·dad f. 1 *de un tumor* malignancy 2 *de una persona* malignity, evil nature.

ma·lig·no, na adj. 1 *tumor* malignant 2 *persona, intención* evil, malicious ◇ m. **el Maligno** the Evil One.

mal·in·ten·cio·na·do, da adj. malicious, spiteful ◇ s. malicious person.

mal·in·ter·pre·tar tr. to misinterpret.

ma·lla f. 1 *red* mesh 2 *prenda* leotard ◇ fpl. **mallas** *medias sin pie* leggings.

mal·na·ci·do, da adj. despicable ◇ s. despicable person.

mal·nu·tri·do, da adj. malnourished.

ma·lo, la adj. 1 bad 2 *malvado* wicked, evil 3 *travieso* naughty 4 *nocivo* harmful 5 *enfermo* ill, sick ◇ s. *en la ficción* baddy, villain.

ma·lo·lien·te adj. foul-smelling, stinking.

mal·pen·sa·do, da adj. nasty-minded ◇ s. nasty-minded person.

mal·sa·no, na adj. *ambiente, vida* unhealthy *curiosidad* morbid, unhealthy *mente* sick.

mal·so·nan·te adj. *grosero* offensive, rude.

mal·ta f. malt.

mal·te·ar tr. to malt.

mal·tra·tar tr. *tratar mal* to ill-treat, mistreat *pegar* to batter.

mal·tra·to m. mistreatment, ill-treatment.

mal·va·do, da adj. wicked, evil ◇ s. villain, evil person.

mal·ver·sa·ción f. misappropriation, embezzlement.

mal·ver·sar tr. to embezzle, misappropriate.

ma·ma f. 1 *pecho* breast *de animal* mammary gland 2 *fam. madre* mum.

ma·má f. fam. mom.

ma·mar tr. 1 *succionar* to suck 2 *fig. aprender de pequeño* to grow up with ◇ intr. *bebé* to feed *animal* to suckle **dar de mamar** to breast-feed.

ma·ma·rio, ria adj. mammary.

mam·bo m. mambo.

ma·me·lu·co m. 1 HIST Mameluke 2 *fam.* idiot, moron.

ma·mey m. 1 *árbol* mammey, mammee 2 *fruto* mammey, mammee (apple).

ma·mí·fe·ro, ra adj. mammalian ◇ m. **mamífero** mammal.

ma·mo·gra·fí·a f. *técnica* mammography *radiografía* mammogram, mammograph.

ma·mo·tre·to m. 1 *libro* great big thick book, weighty tome 2 *armatoste* monstrosity, massive thing.

mam·pa·ra f. screen **mampara de baño** shower screen.

mam·pos·te·rí·a f. masonry, stone work.

ma·mut *m.* mammoth.

ma·ná *m.* manna.

ma·na·da *f.* 1 *vacas, elefantes* herd *ovejas* flock *lobos, perros* pack 2 *fam. personas* horde.

ma·na·ger *com. hombre* manager *mujer* manageress.

má·na·ger *m.* manager.

ma·nan·tial *m.* spring.

ma·nar *intr.* 1 *salir* to flow (*de*, from), pour (*de*, from), well (*de*, from) 2 *fig. abundar* to abound in, be rich in ◇ *tr.* to drip with.

man·ce·bí·a *f. arc.* brothel.

man·ce·bo, ba *s.* 1 *arc. joven - hombre* young man - *mujer* young woman 2 *dependiente* assistant.

man·cha *f.* 1 stain, spot 2 *fig.* blemish.

man·cha·do, da *pp. de* **manchar** *adj.* 1 stained 2 *café* with a spot of milk 3 *animal* spotted.

man·char *tr.* 1 to stain, dirty 2 *fig.* to tarnish ◇ *intr.* to stain ◇ *prnl.* **mancharse** to get dirty **me manché la camisa de aceite** I've got oil on my shirt.

man·ci·lla *f. arc.* blemish, stain.

man·ci·llar *tr. arc.* to sully.

man·co, ca *adj. sin un brazo* one-armed *sin brazos* armless *sin una mano* one-handed *sin manos* without hands ◇ *s. sin brazo* one-armed person *sin brazos* armless person *sin mano* one-handed person *sin manos* person with no hands.

man·co·mu·nar *tr.* to bring together, join ◇ *prnl.* **mancomunarse** to join forces, unite.

man·da·do, da *pp. de* **mandar** *s.* dogsbody, minion ◇ *m. mandado* recado errand **hacer un mandado** *fam.* to run an errand.

man·da·mien·to *m.* 1 REL commandment 2 JUR warrant, order **los Diez Mandamientos** the Ten Commandments.

man·dar *tr.* 1 *ordenar* to order, tell 2 *enviar* to send ◇ *intr. dirigir - un grupo* to be in charge - *un país* to be in power.

man·da·rín *m.* 1 *persona* mandarin 2 *idioma* Mandarin, Mandarin Chinese.

man·da·ri·na *f.* mandarin, tangerine.

man·da·ta·rio, ria *s.* 1 JUR agent 2 POL leader.

man·da·to *m.* 1 *orden* order, command 2 JUR mandate 3 POL term of office.

man·dí·bu·la *f.* jaw.

man·dil *m.* apron.

man·do *m.* 1 *autoridad* command 2 *período* term of office 3 *persona* person in charge *oficial* officer 4 *botón* control **estar al mando de** to be in charge of.

man·do·li·na *f.* mandolin.

man·dón, do·na *adj. fam.* bossy ◇ *s. fam.* bossy boots.

man·du·car *tr. fam.* to eat, stuff oneself.

ma·ne·ci·lla *f. de reloj* hand.

ma·ne·jar *tr.* 1 *manipular* to handle, operate, use 2 *dirigir* to run, manage 3 *manipular* to manipulate ◇ *intr.* AM to drive ◇ *prnl.* **manejarse** to manage, get by.

ma·ne·jo *m.* 1 *uso* handling, use 2 *funcionamiento* running 3 *de un negocio* management 4 *ardid* trick, scheme 5 AM *de coche* driving.

ma·ne·ra *f. gen.* way, manner ◇ *fpl.* **maneras** *educación* manners.

man·ga *f.* 1 sleeve 2 *manguera* hose (pipe) 3 *de pescar* casting net 4 CULIN *de pastelero* icing bag *de filtrar* muslin strainer **sacarse algo de la manga** to pull something out of one's hat **tener manga ancha** to be very lenient.

man·ga·ne·so *m.* manganese.

man·glar *m.* mangrove swamp.

man·go *m.* BOT mango.

man·go·ne·ar *tr. fam. dominar* to boss around, boss about ◇ *intr. fam. entrometerse* to be a busybody *dominar* to be bossy.

man·gue·ra *f.* 1 *de riego* hose, hosepipe 2 *de bombero* hose, fire hose.

ma·ní *m.* peanut.

ma·ní·a *f.* 1 MED mania 2 *ojeriza* dislike, grudge 3 *costumbre* habit *rareza* quirk, peculiar habit *obsesión* obsession, mania.

ma·nia·co, ca *adj.* MED manic ◇ *s. fam.* maniac **maniaco sexual** sex maniac.

ma·nia·tar *tr.* to tie up.

ma·niá·ti·co, ca *adj. raro* cranky *quisquilloso* fussy, finicky *fanático* obsessive ◇ *s. quisquilloso* fusspot.

ma·ni·co·mio *m.* mental hospital.

ma·ni·cu·ra *f.* manicure.

ma·ni·fes·ta·ción *f.* 1 *de protesta, etc.* demonstration 2 *expresión - gen.* sign - *artística* example ◇ *fpl.* **manifestaciones** *declaración* statement.

ma·ni·fes·tar *(see model 27) tr.* 1 *declarar* to state *expresar* to express 2 *mostrar* to show ◇ *prnl.* **manifestarse** 1 *hacerse evidente* to become apparent 2 to demonstrate.

ma·ni·fies·to, ta *adj.* obvious, evident ◇ *m.* **manifiesto** manifesto **poner de manifiesto** to make evident.

ma·ni·ja *f.* handle.

ma·ni·lla *f.* 1 *grillete* handcuff 2 *de reloj* hand 3 **manija**.

ma·nio·bra *f.* 1 *con un coche* maneuver 2 *táctica* maneuver, ploy ◇ *fpl.* **maniobras** MIL maneuvers.

ma·nio·brar *intr.* to maneuver.

ma·ni·pu·la·ción *f.* 1 *ilícita* manipulation 2 *de alimentos* handling 3 *de una máquina* use, operation 4 TÉC manipulation.

ma·ni·pu·lar *tr.* 1 *persona* to manipulate 2 *mercancías, alimentos* to handle 3 *aparato, máquina* to use, operate 4 *fig.* to interfere with.

ma·ni·quí *m. muñeco* dummy, mannequin ◇ *com. modelo* model.

ma·ni·ve·la *f.* crank, handle.

man·jar *m.* delicious dish, delicacy.

ma·no *f.* 1 ANAT hand 2 *lado* side **el lavabo está a mano derecha** the toilet is on the right 3 *influencia* influence 4 *de naipes - jugada, conjunto de cartas* hand - *jugador* leader **abrir la mano** to become more flexible **a mano armada** armed.

ma·no·jo *m.* bunch **ser un manojo de nervios** to be a bundle of nerves.

ma·no·pla *f.* 1 *guante* mitten 2 *de armadura* gauntlet.

ma·no·se·ar *tr. objeto* to handle *persona* to feel up, grope.

ma·no·ta·zo *m.* slap, smack, swipe.

ma·no·te·ar *intr. gesticular* to wave one's hands about.

man·se·dum·bre *f.* 1 *de una persona* meekness, docility 2 *de un animal* tameness.

man·sión *f.* mansion.

man·so, sa *adj.* 1 *animal* tame 2 *persona* docile, meek.

man·te·ca *f. de animal* fat *elaborado* lard *de leche* cream.

man·te·ca·da *f.* small sponge cake.

M

man·tel *m. de mesa* tablecloth *del altar* altar cloth.

man·te·le·rí·a *f.* table linen.

man·te·ner *(see model 87) tr.* 1 *conservar* to keep 2 *tener* to keep 3 *sostener* to support, hold up, hold 4 *sustentar* to support, maintain ◇ *prnl.* **mantenerse** 1 *sostenerse* to remain, stand 2 *continuar en un estado, una posición* to keep 3 *sostenerse* to manage, maintain oneself, support oneself 4 *alimentarse* to eat, live.

man·te·ni·do, da *pp. de* mantener *adj.* continuous.

man·te·ni·mien·to *m.* 1 *gen.* maintenance 2 *alimento* sustenance *servicio de mantenimiento* maintenance service.

man·te·qui·lla *f.* butter.

man·ti·lla *f.* 1 *de mujer* mantilla 2 *de niño* shawl.

man·to *m.* 1 *capa* cloak 2 *de la Tierra* layer, stratum.

ma·nual *adj.* manual ◇ *m.* manual, handbook.

ma·nua·li·dad *f.* handicraft ◇ *fpl.* **manualidades** arts and crafts.

ma·nu·brio *m.* crank, crankhandle.

ma·nu·fac·tu·ra *f.* 1 *acción* manufacture 2 *producto* product, manufactured article 3 *fábrica* factory.

ma·nu·fac·tu·rar *tr.* to manufacture.

ma·nu·mi·sión *f.* manumission, freedom.

ma·nu·mi·tir *tr.* to manumit, set free.

ma·nus·cri·to, ta *adj.* handwritten, manuscript *m.* **manuscrito** manuscript.

ma·nu·ten·ción *f.* 1 *gen.* maintenance 2 *alimenticia* food, board.

man·za·na *f.* 1 BOT apple 2 *de casas* block.

man·za·ni·lla *f.* 1 *planta* camomile 2 *infusión* camomile tea.

man·za·no *m.* apple tree.

ma·ña *f.* 1 *habilidad* skill, knack 2 *astucia* trick *más vale maña que fuerza* brain is better than brawn.

ma·ña·na *f.* morning *m.* tomorrow, future ◇ *adv.* tomorrow **¡hasta mañana!** see you tomorrow!

ma·ño·so, sa *adj.* 1 *habilidoso* handy, skillful 2 *astuto* crafty.

ma·o·ís·mo *m.* Maoism.

ma·pa *m.* map *borrar algo del mapa fam.* to wipe something off **mapa de carreteras** road map.

ma·pa·che *m.* racoon.

ma·pa·mun·di *m.* map of the world.

ma·que·ta *f.* 1 *de edificio, monumento, etc.* scale model 2 *de libro* dummy 3 *de disco* demo.

ma·quia·vé·li·co, ca *adj.* Machiavellian.

ma·qui·lla·je *m.* make-up.

ma·qui·llar *tr.* to make up ◇ *prnl.* **maquillarse** *ponerse maquillaje* to make oneself up, put one's make-up on *llevar maquillaje* to wear make-up.

má·qui·na *f.* 1 *gen.* machine 2 *de un tren* engine 3 *fig.* machinery *la máquina del Estado* the State machinery 4 *expendedora* vending machine.

ma·qui·na·ción *f.* plot, scheme, machination.

ma·qui·na·ria *f.* 1 *conjunto de máquinas* machinery 2 *mecanismo* mechanism.

ma·qui·nis·ta *com.* 1 *operador* machinist 2 *de tren* engineer 3 CINE camera assistant.

mar *amb.* 1 *gen.* sea 2 *marejada* swell **la mar de...** *fam.* mucha cantidad a lot of, lots of, loads of.

ma·ra·bun·ta *f.* 1 swarm of ants 2 *fam. fig.* mob, crowd.

ma·ra·ca *f.* maraca.

ma·ra·ña *f.* 1 *espesura* thicket 2 *enredo* tangle 3 *asunto confuso* muddle, mess.

ma·ra·tón *m.* marathon.

ma·ra·vi·lla *f.* 1 wonder, marvel 2 *pasta* semolina *decir maravillas de alguien* to sing the praises of somebody.

ma·ra·vi·llar *tr.* to astonish, amaze ◇ *prnl.* **maravillarse** to marvel (*de*, at).

ma·ra·vi·llo·so, sa *adj.* wonderful, marvellous.

mar·be·te *m.* etiqueta label.

mar·ca *f.* 1 *señal* mark, sign 2 *en comestibles, productos del hogar* brand *en otros productos* make 3 DEP record **marca registrada** registered trademark.

mar·ca·do, da *pp. de* marcar *adj.* 1 *señalado* marked 2 *evidente* distinct, definite *acento* marked, pronounced.

mar·ca·dor *m.* 1 DEP scoreboard 2 INFO bookmark.

mar·ca·pa·sos *m. inv.* pacemaker.

mar·car *(see model 1) tr.* 1 *señalar* to mark *ganado* to brand 2 *herir físicamente* to slash *traumatizar* to mark 3 DEP *gol, canasta* to score 4 *cantidad* to indicate, show.

mar·cha *f.* 1 *de protesta, soldados* march 2 *progreso* course, progress **a marchas forzadas** against the clock.

mar·char *intr.* 1 *ir* to go, walk 2 *funcionar* to work, run 3 MIL to march ◇ *prnl.* **marcharse** to leave.

mar·chi·tar *tr.* to wither ◇ *prnl.* **marchitarse** to wither.

mar·chi·to, ta *adj. planta* withered *belleza* faded.

mar·cial *adj.* martial.

mar·cia·no, na *adj.* Martian ◇ *s.* Martian.

mar·co *m.* 1 *de cuadro, ventana* frame 2 *fig.* framework, setting.

ma·re·a *f.* 1 tide 2 *multitud* sea *una marea de gente* a sea of people **marea alta** high tide **marea baja** low tide **marea negra** oil slick **marea roja** red tide.

ma·re·a·do, da *adj.* 1 *en general* sick *en el coche* carsick *en el mar* seasick *en avión* airsick 2 *aturdido* dizzy, giddy *a punto de desmayarse* faint.

ma·re·ar *tr.* 1 *producir malestar* to make sick 2 *aturdir* to make dizzy ◇ *prnl.* **marearse** *en general* to get sick *en el coche* to get carsick *en el mar* to get seasick *en avión* to get airsick.

ma·re·ja·da *f.* swell.

ma·re·mág·num *m.* 1 *abundancia* wealth 2 *confusión* confusion, chaos, mayhem.

ma·re·mo·to *m.* seísmo seaquake *ola* tidal wave.

ma·re·o *m.* 1 *en general* sickness *en el mar* seasickness *en el coche* carsickness *en avión* airsickness 2 *aturdimiento* dizziness *confusión* muddle, mess.

mar·fil *m.* ivory.

mar·ga·ri·na *f.* margarine.

mar·ga·ri·ta *f.* 1 BOT daisy 2 *de máquina* daisywheel ◇ *m. coctel* margarita **deshojar la margarita** to play "he/she loves me, he/she loves me not".

mar·gen *amb.* 1 *extremidad* border, edge 2 *de río* bank *de camino* edge ◇ *m.* 1 *del papel* margin 2 *oportunidad* chance.

mar·gi·na·ción *f.* 1 *rechazo social* ostracism, marginalization 2 *exclusión* exclusion.

mar·gi·nal *adj.* 1 *ilustración, nota* marginal, in the margin 2 *persona* marginalized *grupo* on the margins of society.

mar·gi·nar *tr.* 1 *persona* to leave out, exclude *grupo social* to ostracize, marginalize 2 *asunto* to push aside.

ma·ria·chi *m.* persona, música mariachi *orquesta* mariachi band.

ma·ri·da·je *m.* 1 *entre parejas* married life, marriage 2 *entre empresas* close cooperation.

ma·ri·do *m.* husband.

ma·ri·hua·na *f.* marijuana.

ma·ri·ma·cho m. 1 fam. niña, joven tomboy mujer butch woman 2 fam. lesbiana dyke.

ma·rim·ba f. marimba.

ma·ri·na f. 1 flota navy 2 zona seacoast 3 pintura seascape 4 navegación seamanship.

ma·ri·nar tr. to marinate.

ma·ri·ne·ro, ra adj. 1 embarcación seaworthy nación seafaring 2 blusa, cuello sailor ◇ m. marinero sailor a la marinera CULIN (cooked) in garlic, onions and parsley.

ma·ri·no, na adj. corriente, animal marine ◇ m. marino profesional seaman, sailor.

ma·rio·ne·ta f. 1 muñeco puppet, marionette 2 pey. persona puppet.

ma·ri·po·sa f. 1 insecto butterfly 2 natación butterfly.

ma·ris·cal m. marshal mariscal de campo field marshal.

ma·ris·co m. seafood, shellfish.

ma·ris·ma f. salt marsh.

ma·ris·que·rí·a f. seafood restaurant.

ma·ri·tal adj. marital.

ma·rí·ti·mo, ma adj. legislación maritime ciudad coastal ruta, transporte sea seguro marine agente shipping.

már·mol m. marble.

mar·mo·ta f. ZOOL marmot.

ma·ro·ma f. thick rope.

mar·qués, que·sa s. hombre marquis, marquess mujer marchioness.

mar·que·si·na f. de un hotel canopy de una parada de autobús bus shelter.

ma·rra·no, na adj. 1 fam. sucio filthy, dirty 2 fam. sinvergüenza swine ◇ s. 1 fam. sucio filthy pig, dirty pig 2 fam. sinvergüenza swine ◇ m. marrano ZOOL pig.

ma·rrón adj. brown ◇ m. color brown.

ma·rru·lle·rí·a f. fam. engaño craftiness.

ma·rru·lle·ro, ra adj. fam. gen. crafty, devious jugador dirty.

mar·so·pa f. porpoise.

mar·su·pial adj. marsupial ◇ m. marsupial.

mar·tes m. Tuesday.

mar·ti·lla·zo m. blow with a hammer.

mar·ti·llo m. hammer lanzamiento de martillo throwing the hammer.

mar·ti·ne·te[1] m. 1 ave heron 2 penacho plume.

mar·ti·ne·te[2] m. 1 mazo drop hammer 2 de piano hammer.

már·tir com. martyr.

mar·ti·rio m. 1 martyrdom 2 fig. torture, torment.

mar·ti·ri·zar (see model 4) tr. 1 to martyr 2 fig. to torment, torture.

mar·xis·ta adj. Marxist ◇ com. Marxist.

mar·zo m. March.

mas conj. but.

más adv. 1 comparativo more hay más niñas que niños there are more girls than boys 2 con números o cantidades more más de tres more than three 3 superlativo most el más caro the most expensive ◇ prep. MAT plus dos más dos igual a cuatro two plus two is four ◇ m. signo plus sign.

ma·sa f. 1 en general mass 2 FÍS mass 3 CULIN para pan dough para tartas pastry para pasteles mixture 4 de gente mass, crowd.

ma·sa·cre f. massacre.

ma·sa·je m. massage.

ma·sa·jis·ta s. hombre masseur mujer masseuse ◇ com. DEP en fútbol physiotherapist, physio.

mas·car (see model 1) tr. to chew.

más·ca·ra f. 1 careta mask 2 fig. disfraz, pretexto mask, front 3 traje fancy dress 4 persona masked person.

mas·ca·ri·lla f. 1 mask 2 cosmética - de belleza face mask - de barro face pack 3 MED face mask.

mas·ca·rón m. 1 máscara large mask 2 MAR figurehead.

mas·co·ta f. 1 figura mascot 2 animal doméstico pet.

mas·cu·li·ni·dad f. masculinity.

mas·cu·li·no, na adj. 1 male 2 para hombres men's propio de hombres masculine, manly 3 GRAM masculine ◇ m. masculino masculine.

mas·cu·llar tr. to mumble, mutter.

ma·si·fi·ca·ción f. 1 ocupación masiva overcrowding 2 indiferenciación lumping together.

ma·si·fi·ca·do, da pp. de masificar adj. overcrowded.

ma·si·fi·car tr. 1 llenar to overcrowd 2 igualar to lump together.

ma·si·vo, va adj. mass, massive, on a mass scale.

ma·són, so·na adj. masonic ◇ s. Mason, Freemason.

ma·só·ni·co, ca adj. masonic.

ma·so·quis·mo m. masochism.

ma·so·quis·ta adj. masochistic ◇ com. masochist.

mas·tec·to·mí·a f. mastectomy.

mas·ter m. EDUC Master's degree.

más·ter m. 1 copia master, master copy 2 estudios master's degree.

mas·ti·car (see model 1) tr. to chew, masticate.

más·til m. 1 asta mast, pole 2 MAR mast 3 MÚS neck.

más·ti·que m. mastic.

mas·to·don·te m. 1 animal mastodon 2 fam. cosa huge thing, enormous thing persona giant.

mas·toi·des f. inv. mastoid.

mas·tur·ba·ción f. masturbation.

mas·tur·bar tr. to masturbate ◇ prnl. masturbarse to masturbate.

ma·ta f. 1 arbusto shrub, bush 2 ramita sprig 3 AM bosque forest.

ma·ta·mos·cas m. 1 insecticida fly spray 2 pala fly swat.

ma·tan·za f. 1 gen. slaughter 2 del cerdo pig killing 3 carne pork products pl.

ma·tar tr. 1 persona - gen. to kill - asesinar to murder 2 animal - gen. to kill - para alimentación to slaughter 3 fam. sorprender to have on, kid ◇ prnl. matarse involuntariamente to die voluntariamente to kill oneself.

ma·te adj. sin brillo matt.

ma·te·má·ti·cas fpl. mathematics sing.

ma·te·má·ti·co, ca adj. mathematical ◇ s. mathematician.

ma·te·ria f. 1 sustancia matter 2 material material, substance 3 asignatura subject 4 asunto subject, matter.

ma·te·rial adj. 1 en general material físico physical 2 real real ◇ m. 1 sustancia material 2 conjunto de cosas material, materials pl., equipment.

ma·te·ria·lis·mo m. materialism.

ma·ter·nal adj. maternal, motherly.

ma·ter·ni·dad f. 1 maternity, motherhood 2 hospital maternity hospital.

ma·ter·no, na adj. abuelo, etc. maternal.

ma·ti·nal adj. morning ◇ f. matinée.

ma·ti·née f. matinée.

ma·tiz pl. matices ◇ m. 1 color shade, tint 2 variación nuance 3 rasgo hint.

ma·ti·zar (see model 4) tr. 1 ART colores to blend 2 sonido to modulate 3 añadir un matiz to tinge (de, with) 4 añadir to add (by way of clarification).

M

ma·tón, to·na s. 1 fam. bully, thug 2 fam. guarda-espaldas bodyguard.

ma·to·rral m. 1 maleza bushes ◇ pl., thicket of terreno scrubland.

ma·tra·ca f. 1 instrumento wooden rattle 2 fam. molestia pest, nuisance.

ma·traz m. flask.

ma·triar·ca f. matriarch.

ma·triar·ca·do m. matriarchy.

ma·tri·ci·da f. matricide.

ma·tri·ci·dio m. matricide.

ma·trí·cu·la f. 1 lista list, roll 2 registro - de perso-nas registration, enrollment de vehículos regis-tration 3 tasa registration fee(s), tuition fee(s) 4 AUTO número license number.

ma·tri·cu·lar tr. persona to register, enroll vehícu-lo to register ◇ prnl. **matricularse** to register, enroll.

ma·tri·mo·nial adj. derecho matrimonial proble-ma marital enlace matrimonial wedding.

ma·tri·mo·nio m. 1 estado marriage, matrimony 2 pareja married couple consumar el matri-monio to consummate one's marriage.

ma·triz f. 1 ANAT womb 2 TÉC mold 3 original orig-inal, master copy ◇ adj. principal.

ma·tu·ti·no, na adj. morning ◇ m. matutino pe-riódico morning paper.

mau·llar (see model 16) intr. to mew, meow.

mau·lli·do m. meow.

mau·ri·ta·no, na adj. Mauritanian ◇ s. Maurita-nian.

mau·so·le·o m. mausoleum.

ma·xi·lar adj. maxillary ◇ m. jaw, jawbone.

má·xi·ma f. 1 frase breve maxim, saying 2 regla rule, maxim 3 temperatura maximum tempera-ture.

ma·xi·mi·zar (see model 4) tr. to maximize.

má·xi·mo, ma adj. velocidad maximum puntua-ción, condecoración highest ◇ m. **máximo** maximum.

ma·ya adj. Mayan ◇ com. persona Mayan ◇ m. maya idioma Mayan.

ma·yes·tá·ti·co, ca adj. majestic.

ma·yo m. May.

ma·yo·ne·sa f. mayonnaise.

ma·yor adj. 1 comparativo bigger; greater, larger persona older hermanos, hijos elder, older 2 superlativo biggest, greatest, largest persona oldest hermanos, hijos eldest, oldest 3 de edad mature, elderly 4 adulto grown-up ◇ m. 1 MIL major 2 mayor que MAT signo more than ◇ mpl. los mayores adultos grown-ups, adults ◇ s. el/la mayor entre varios the oldest entre hermanos, hijos the eldest, the oldest.

ma·yo·ral m. 1 pastor head shepherd 2 cochero coachman 3 capataz foreman.

ma·yor·do·mo m. butler.

ma·yo·rí·a f. majority alcanzar la mayoría de edad to come of age mayoría absoluta abso-lute majority.

ma·yo·ris·ta adj. wholesale ◇ com. wholesaler.

ma·yo·ri·ta·rio, ria adj. 1 de la mayoría majority 2 FIN principal.

ma·yús·cu·la f. capital, capital letter.

ma·yús·cu·lo, la adj. 1 enorme enormous, gigan-tic terrible terrible 2 letra capital.

ma·za f. 1 HIST arma mace 2 utensilio sledge-hammer 3 MÚS drumstick ◇ m. DEP club.

ma·za·pán m. marzipan.

maz·mo·rra f. dungeon.

ma·zo m. 1 martillo mallet 2 del mortero pestle.

ma·zor·ca f. cob mazorca de maíz corncob.

me pron. 1 me lo me lo dijo she didn't tell me 2 reflexivo myself me levanto a las ocho I get up at eight o'clock.

me·an·dro m. meander.

me·ar intr. fam. to have a piss, have a wee, have a pee, piss ◇ prnl. **mearse** fam. to wet oneself.

me·ca f. 1 mecca, Mecca 2 la Meca ciudad Mecca.

me·cá·ni·ca f. 1 ciencia mechanics 2 mecanismo mechanism.

me·cá·ni·co, ca adj. mechanical ◇ s. mechanic **mecánico dental** dental technician.

me·ca·nis·mo m. 1 mechanism 2 fig. funciona-miento working, mechanism.

me·ca·ni·zar (see model 4) tr. to mechanize.

me·ca·no·gra·fí·a f. typing.

me·ca·no·gra·fiar (see model 13) tr. to type.

me·ca·nó·gra·fo, fa s. typist.

me·ce·do·ra f. rocking chair.

me·ce·nas com. patron.

me·cer (see model 2) tr. to rock ◇ prnl. **mecerse** en una silla to rock en un columpio to swing.

me·cha f. 1 de vela wick 2 MIL fuse 3 CULIN lar-doon, lardon ◇ fpl. mechas de pelo highlights.

me·cha·do, da adj. larded carne mechada larded meat.

me·char tr. carne to lard.

me·chón m. 1 de pelo lock, strand 2 de hilos tuft.

me·da·lla f. 1 deportiva medal religiosa holy medal medallón small medallion ◇ com. DEP medal-ist, medal winner.

me·da·lle·ro m. DEP medals table.

me·da·llis·ta com. DEP medalist, medal winner.

me·da·llón m. 1 joya - medalla medallion - cajita colgante locket 2 ART medallion.

me·dia f. 1 media calza stocking calcetín sock 2 promedio average 3 MAT mean 4 la media hora half past, half past the hour.

me·dia·ción f. mediation.

me·dia·dor, ra adj. mediating s. mediator.

me·dia·na f. MAT median.

me·dia·ne·ro, ra adj. dividing.

me·dia·ní·a f. 1 mediocridad mediocrity 2 perso-na mediocre person.

me·dia·no, na adj. 1 de calidad average de ta-maño medium, medium-sized 2 mediocre ordi-nary, mediocre.

me·dia·no·che f. 1 midnight 2 CULIN sweet bun.

me·dian·te adj. by means of.

me·diar (see model 12) intr. 1 interceder to intercede (en favor de, on behalf of) 2 interponerse to mediate (en, in), intervene (en, in).

me·dia·ti·zar tr. to influence.

me·di·ca·men·to m. medicine, drug.

me·di·car tr. administrar medicamentos to medi-cate recetar to prescribe ◇ prnl. **medicarse** to take medicine.

me·di·ci·na f. medicine medicina preventiva preventive medicine.

me·di·ci·nal adj. medicinal.

me·di·ción f. acción measuring 2 número mea-surement.

mé·di·co, ca adj. medical ◇ s. doctor, physician **médico forense** forensic scientist.

me·di·da f. 1 acción measuring dato, número mea-surement 2 disposición measure 3 grado extent en cierta medida to a certain extent 4 prudencia moderation.

me·di·dor, ra adj. measuring ◇ m. **medidor** AM contador meter.

me·die·val adj. medieval, mediaeval.

me·die·vo m. Middle Ages pl.

me·dio, dia adj. **1** mitad half **2** intermedio middle **a media tarde** in the middle of the afternoon **3** de promedio average ◇ adv. half **medio terminado** half-finished ◇ m. **medio** mitad half.

me·dio·am·bien·tal adj. environmental.

me·dio·cam·pis·ta com. midfield player.

me·dio·cre adj. mediocre.

me·dio·cri·dad f. mediocrity.

me·dir (see model 34) tr. **1** dimensiones to measure **2** riesgos to gauge, weigh up **3** palabras to weigh, choose carefully **4** versos to scan ◇ intr. tener una dimensión to measure, be ◇ prnl. **medirse** to measure oneself.

me·di·ta·bun·do, da adj. pensive, thoughtful.

me·di·ta·ción f. meditation.

me·di·tar tr. to meditate, think ◇ intr. to meditate (**sobre**, over), ponder.

mé·dium com. medium.

me·drar intr. **1** planta, animal to thrive, grow **2** mejorar socialmente to get rich, prosper.

me·dro·so, sa adj. fearful ◇ s. fearful person.

mé·du·la f. **1** ANAT marrow **2** BOT pith **3** fig. esencia core, heart **médula espinal** spinal cord **médula ósea** bone marrow.

me·du·lar adj. **1** ANAT marrow **2** fig. essential, fundamental.

me·du·sa f. jellyfish.

me·fí·ti·co, ca adj. mephitic, poisonous.

me·ga·by·te m. megabyte.

me·ga·fo·ní·a f. técnica sound amplification.

me·gá·fo·no m. megaphone.

me·ga·her·cio m. megahertz.

me·ga·hertz m. inv. megahertz.

me·ga·li·to m. megalith.

me·ga·lo·ma·ní·a f. megalomania.

me·ga·ló·ma·no, na adj. megalomaniac ◇ s. megalomaniac.

me·ga·ló·po·lis f. inv. megalopolis.

me·ji·lla f. cheek **poner la otra mejilla** to turn the other cheek.

me·ji·llón m. mussel.

me·jor adj. **1** comparativo better **2** superlativo best ◇ adv. **1** comparativo better **2** superlativo best s. **el/la mejor** the best (one).

me·jo·ra f. **1** progreso improvement ◇ fpl. **mejoras** obras alterations, improvements.

me·jo·ra·mien·to m. improvement.

me·jo·ra·na f. marjoram.

me·jo·rar tr. to improve ◇ intr. to improve, get better ◇ prnl. **mejorarse** to get better.

me·jo·rí·a f. improvement.

me·la·mi·na f. melamine.

me·lan·co·lí·a f. melancholy, sadness.

me·la·ni·na f. melanin.

me·la·za f. molasses.

mel·co·cha f. honey toffee.

me·le·na f. **1** de persona long hair **2** de león, caballo mane ◇ fpl. **melenas** unruly mop of hair.

me·lí·fluo, flua adj. mellifluous.

me·lin·dre m. **1** CULIN honey fritter **2** fig. affectation.

me·lla f. **1** hendadura nick, notch **2** hueco hollow, gap **en los dientes** gap.

me·llar tr. **1** objeto to chip, nick **2** fig. to dent, damage.

me·lli·zo, za adj. twin ◇ s. twin.

me·lo·co·tón m. peach.

me·lo·dí·a f. melody.

me·ló·di·co, sa adj. melodic.

me·lo·dio·so, sa adj. melodious.

me·lo·dra·ma m. melodrama.

me·lo·dra·má·ti·co, ca adj. melodramatic.

me·lo·ma·ní·a f. love of music.

me·ló·ma·no, na adj. music lover.

me·lón m. **1** fruto,melon **2** fam. cabeza head, nut, noggin **3** fam. persona bonehead, dummy.

me·lo·so, sa adj. dulce sweet, honeyed empalagoso sickly.

mem·bra·na f. membrane.

mem·bra·no·so, sa adj. membranous.

mem·bre·te m. letterhead.

mem·bri·llo m. **1** árbol quince tree **2** fruta quince **3** dulce quince jelly.

me·mo·ra·ble adj. memorable.

me·mo·rán·dum m. **1** cuaderno notebook **2** informe diplomático memorandum.

me·mo·ria f. **1** gen. memory **2** informe report **3** inventario inventory ◇ fpl. **memorias** biografía memoirs **memoria RAM** RAM memory.

me·mo·rial m. **1** acto memorial, conmemoration **2** escrito request.

me·mo·ri·za·ción f. memorizing.

me·mo·ri·zar tr. to memorize.

me·na·je m. household goods.

men·ción f. mention **digno de mención** worth mentioning **mención honorífica** honourable mention.

men·cio·nar tr. to mention, cite.

men·da·ci·dad f. LIT mendacity.

men·daz adj. LIT mendacious.

men·di·ci·dad f. begging.

men·di·gar intr. to beg.

men·di·go, ga s. beggar.

men·dru·go m. **1** hard crust (of bread) **2** fam. tonto blockhead.

me·ne·ar tr. cabeza to shake cola to wag cuerpo, caderas to wiggle ◇ prnl. **menearse 1** moverse to move **2** darse prisa to hurry (up).

me·nes·ter m. necesidad need ◇ mpl. **menesteres** fam. actividades business sing. necesidades call of nature.

me·nes·te·ro·so, sa adj. needy ◇ s. needy person.

men·guan·te adj. luna waning.

men·guar (see model 22) intr. **1** número, cantidad to diminish, decrease temperatura, nivel to fall, drop **2** salud decline **3** luna to wane **4** labor to decrease ◇ tr. **1** disminuir to diminish, reduce **2** en labor to decrease.

me·nin·gi·tis f. inv. meningitis.

me·nis·co m. meniscus.

me·no·pau·sia f. menopause.

me·no·páu·si·co, ca adj. menopausal.

me·nor adj. **1** comparativo - en tamaño smaller - en calidad, importancia lesser - en edad younger **2** superlativo - en tamaño smallest - en calidad, importancia least - en edad youngest **3** inferior minor ◇ com. JUR minor.

me·nos adj. **1** comparativo - en cantidad less - en número fewer **hoy hay menos gente** there are fewer people today **2** superlativo - de cantidad least - de número fewest **yo soy la que menos culpa tiene** I'm the least guilty ◇ adv. **1** comparativo - de cantidad less ◇ de número fewer **voy al gimnasio menos que antes** I go to the gym less than before **2** superlativo least **3** MAT menos **cuatro menos dos, dos** four minus two is two ◇ prep. but, except **todo menos eso** anything but that pron. cantidad less número fewer **me pagó menos** he paid me less ◇ m. MAT minus sign.

me·nos·ca·bar tr. **1** mermar to reduce, lessen, diminish **2** dañar to impair, spoil **3** desprestigiar to discredit.

me·nos·ca·bo m. **1** mengua reduction, lessening **2** daño damage **3** perjuicio impairment.

M

me·nos·pre·ciar *(see model 12) tr.* **1** *despreciar* to despise, scorn **2** *no valorar* to undervalue, underrate.

me·nos·pre·cio *m.* **1** *desprecio* scorn, contempt **2** *poco aprecio* underestimation, lack of appreciation.

men·sa·je *m.* **1** *en general* message **2** *envío electrónico* posting **mensaje publicitario** advertisement, commercial.

men·sa·je·ri·a *f.* courier service.

men·sa·je·ro, ra *adj.* messenger ◇ *s. profesional* courier *que trae un mensaje* messenger.

mens·trua·ción *f.* menstruation.

mens·trual *adj.* menstrual.

mens·truar *(see model 11) intr.* to menstruate.

men·sual *adj.* monthly.

men·sua·li·dad *f. que se cobra* monthly salary *que se paga* monthly instalment.

mén·su·la *f.* corbel.

men·su·ra·ble *adj.* measurable.

men·ta *f.* **1** *hierba* mint **2** *infusión* mint tea.

men·ta·do, da *adj.* **1** *mencionado* aforementioned **2** *famoso* famous.

men·tal *adj.* mental.

men·ta·li·dad *f.* mentality.

men·ta·li·zar *(see model 4) tr.* to make aware, make realize ◇ *prnl.* **mentalizarse 1** *tomar conciencia* to become aware *2 hacerse a la idea* to get used to the idea.

men·tar *(see model 27) tr.* to mention.

men·te *f.* **1** *pensamiento* mind **2** *facultades* mind, intelligence; intellect.

men·te·ca·to, ta *adj.* idiot ◇ *s.* fool.

men·tir *(see model 35) intr.* to lie.

men·ti·ra *f.* lie **mentira piadosa** white lie.

men·ti·ro·so, sa *adj.* lying ◇ *s.* liar.

men·tol *m.* menthol.

men·to·la·do, da *adj.* mentholated.

men·tón *m.* chin.

men·tor *m.* mentor.

me·nú *m.* **1** CULIN menu **2** INFO menu.

me·nu·den·cia *f.* **1** *bagatela* trifle **2** *exactitud* exactness, accuracy, precision **3** *esmero* meticulousness.

me·nu·do, da *adj.* **1** *pequeño* small, tiny **2** *enfático* fine, some, what a…

me·ñi·que *adj.* little **(dedo) meñique** little finger.

me·o·llo *m.* **1** ANAT *sesos* brains *pl. médula* marrow **2** *lo esencial* core, heart, crux **el meollo del asunto** the crux of the matter.

mer·ca·der *m. arc.* merchant.

mer·ca·de·rí·a *f.* merchandise.

mer·ca·do *m.* market.

mer·ca·do·tec·nia *f.* marketing.

mer·can·cí·a *f. gen.* goods.

mer·can·te *adj.* merchant.

mer·can·til *adj.* mercantile, commercial.

mer·ced *f.* favour.

mer·ce·na·rio, ria *adj.* mercenary ◇ *s.* mercenary.

mer·ce·rí·a *f.* **1** *artículos* notions store **2** *tienda* notions store.

mer·cu·rio *m.* QUÍM mercury, quicksilver.

me·re·ce·dor, ra *adj.* worthy.

me·re·cer *(see model 43) tr.* **1** to deserve, be worth **2** *tener necesidad* to need to be + *pp.*, need + *ger.* **3** *valer* to earn, get.

me·re·ci·do, da *pp. de* **merecer** *adj.* fully deserved, well deserved ◇ *m.* **merecido** (just) deserts *pl.*, come-uppance.

me·re·ci·mien·to *m.* **1** *mérito* merit, worthiness **2** *esfuerzo* effort.

me·ren·dar *(see model 27) intr.* to have an afternoon snack, have tea ◇ *tr.* to have something for tea ◇ *prnl.* **merendarse** *fam. vencer* to thrash (*a*, -), beat (*a*, -).

me·ren·de·ro *m.* **1** *instalación* open-air snack bar **2** *en el campo* picnic spot *en la playa* beachfront snack bar.

me·ren·gue *m.* **1** CULIN meringue **2** *fam. persona* weakling, weed.

me·re·triz *f.* prostitute.

me·ri·dia·no, na *adj.* **1** *de mediodía* midday **2** *fig. claro* obvious ◇ *m.* meridian.

me·ri·dio·nal *adj.* southern ◇ *com.* southerner.

me·rien·da *f.* **1** *a media tarde* afternoon snack, tea **2** *en el campo* picnic.

mé·ri·to *m.* **1** *de alguien* merit **2** *de algo* merit, worth **hacer méritos para algo** to strive to be deserving of something.

me·ri·to·rio, ria *adj.* praiseworthy, meritorious ◇ *s.* unpaid trainee.

mer·ma *f.* decrease, reduction.

mer·mar *tr.* to reduce ◇ *intr.* to decrease, diminish.

mer·me·la·da *f. de cítricos* marmalade.

me·ro, ra *adj.* mere.

me·ro·de·a·dor, ra *adj.* **1** prowling **2** MIL marauding ◇ *s.* **1** prowler **2** MIL marauder.

me·ro·de·ar *intr.* **1** *curiosear* to prowl about **2** MIL to maraud.

mes *m.* **1** month **2** *mensualidad - que cobrar* monthly salary *- que pagar* monthly instalment.

me·sa *f.* **1** *gen.* table *de oficina* desk **2** *comida* food **3** *personas* board, committee.

me·sar *tr.* to tear **mesarse el pelo** to tear at one's hair.

me·sen·te·rio *m.* mesentery.

me·se·ta *f.* **1** GEOG plateau, tableland, plain **2** *descansillo* staircase landing.

me·siá·ni·co, ca *adj.* Messianic.

me·sí·as *m. inv.* Messiah.

me·si·lla *f.* small table.

mes·na·da *f.* **1** HIST armed retinue **2** *fig.* followers *pl.*

me·so·car·pio *m.* mesocarp.

me·so·crá·ti·co, ca *adj.* middle-class, pertaining to the middle classes.

me·so·lí·ti·co, ca *adj.* Mesolithic ◇ *m.* **el mesolítico** the Mesolithic.

me·són *m.* **1** *antiguamente* inn, tavern **2** *actualmente* old-style restaurant.

me·so·ne·ro, ra *s.* innkeeper.

me·so·po·ta·mio, mia *adj.* HIST Mesopotamian ◇ *s.* HIST Mesopotamian.

mes·ti·za·je *m.* crossbreeding.

mes·ti·zo, za *adj.* **1** of mixed race, mestizo **2** *pey.* half-breed ◇ *s.* person of mixed race, mestizo.

me·su·ra *f.* restraint, moderation.

me·su·rar *tr.* to moderate ◇ *prnl.* **mesurarse** to restrain oneself.

me·ta *f.* **1** *en atletismo, motociclismo* finishing line *en carreras de caballos* winning post **2** *portería* goal **3** *fig.* goal, aim, purpose.

me·ta·bó·li·co, ca *adj.* metabolic.

me·ta·bo·lis·mo *m.* metabolism.

me·ta·bo·li·zar *tr.* to metabolize.

me·ta·fí·si·co, ca *adj.* metaphysical ◇ *s.* metaphysician.

me·tá·fo·ra *f.* metaphor.

me·ta·fó·ri·co, ca *adj.* metaphorical, metaphoric.

me·tal *m.* **1** metal **2** MÚS brass.

me·tá·li·co, ca *adj.* metallic ◇ *m.* **metálico** cash.

me·ta·li·zar *tr.* to metalize.

me·ta·lur·gia *f.* metallurgy.

me·ta·lúr·gi·co, ca *adj.* metallurgical ◇ *s.* metallurgist.

me·ta·mor·fis·mo *m.* metamorphism.

me·ta·mor·fo·sis *f. inv.* metamorphosis.

me·ta·nol *m.* methanol.

me·tás·ta·sis *f. inv.* metastasis.

me·ta·tar·so *m.* metatarsus.

me·te·ó·ri·co, ca *adj.* meteoric.

me·te·o·ri·to *m.* meteorite.

me·te·o·ro *m.* meteor.

me·te·o·ro·lo·gí·a *f.* meteorology.

me·te·o·ró·lo·go, ga *s.* meteorologist.

me·ter *tr.* 1 *introducir* to put 2 *implicar* to put into (*en*, -), get into (*en*, -), involve in (*en*, -) 3 *fam.* dar to give ◇ *prnl.* **meterse** 1 *introducirse* en to get in 2 *tomar parte - negocio* to go into (*en*, -) *involucrarse* en to get involved (*en*, in/with), get mixed up (*en*, in/with).

me·ti·cu·lo·si·dad *f.* meticulousness.

me·ti·cu·lo·so, sa *adj.* 1 *cuidadoso* meticulous 2 *pey. escrupuloso* fussy, finicky.

me·ti·do, da *pp. de* meter *adj. envuelto, implicado* involved (*en*, in) ◇ *m.* **metido** empujón shove.

me·ti·le·no *m.* methylene.

me·tí·li·co, ca *adj.* methylic.

me·tó·di·co, ca *adj.* methodical.

me·to·dis·ta *adj.* Methodist ◇ *com.* Methodist.

mé·to·do *m.* 1 method 2 *en pedagogía* course.

me·to·do·lo·gí·a *f.* methodology.

me·to·ni·mia *f.* metonymy.

me·tra·lla *f.* shrapnel.

me·tra·lle·ta *f.* sub-machine-gun.

mé·tri·co, ca *adj.* 1 *sistema, unidad* metric 2 *del verso* metrical, metric **sistema métrico** metric system.

me·tro *m.* 1 meter 2 *cinta* tape measure 3 *transporte* underground, subway.

me·tró·no·mo *m.* metronome.

me·tró·po·li *f.* metropolis.

me·tro·po·li·ta·no, na *adj.* metropolitan ◇ *m.* **metropolitano** underground, subway.

me·xi·ca·nis·mo *m.* Mexicanism.

me·xi·ca·no, na *adj.* Mexican ◇ *s.* Mexican.

mez·cla *f.* 1 *acción* mixing, blending 2 *producto* mixture, blend 3 *de película, etc.* mixing.

mez·cla·dor, ra *adj.* mixing ◇ *s.* mixer.

mez·clar *tr.* 1 *incorporar, unir* to mix, blend 2 *desordenar* to mix up 3 *persona* to involve (*en*, in) ◇ *prnl.* **mezclarse** 1 *personas* to mix (*con*, with) 2 *cosas* to get mixed up 3 *entremeterse* to interfere (*en*, in).

mez·cli·lla *f. tela* lightweight mixed fibre.

mez·co·lan·za *f.* mixture, hotchpotch.

mez·quin·dad *f.* 1 meanness, stinginess 2 *acción* mean thing.

mez·qui·no, na *adj.* 1 *avaro* stingy, niggardly 2 *bajo* low, base 3 *pobre* miserable, poor.

mez·qui·ta *f.* mosque.

mi *adj.* my *éste es mi hermano* this is my brother.

mí *pron.* me *éste es para mí* this one is for me **para mí que…** I think that…

mias·ma *m.* miasma.

mi·ca *f.* GEOL mica.

mic·ción *f.* micturition.

mi·co·sis *f. inv.* mycosis.

mi·cra *f.* micron.

mi·cro *m. fam.* mike, microphone.

mi·cro·bio *m.* 1 microbe 2 *fam. enano* little squirt.

mi·cro·bio·lo·gí·a *f.* microbiology.

mi·cro·bús *m.* minibus.

mi·cro·chip *m.* microchip.

mi·cro·ci·ru·gí·a *f.* microsurgery.

mi·cro·cos·mos *m. inv.* microcosm.

mi·cro·e·co·no·mí·a *f.* microeconomics.

mi·cro·fil·mar *tr.* to microfilm.

mi·cró·fo·no *m.* microphone.

mi·cro·on·das *m.* microwave **horno microondas** microwave oven.

mi·cro·pro·ce·sa·dor *m.* microprocessor.

mi·cros·có·pi·co, ca *adj.* microscopic.

mi·cros·co·pio *m.* microscope.

mie·do *m.* fear **tener miedo** to be scared, be frightened, be afraid.

mie·do·so, sa *adj.* 1 easily frightened 2 *cobarde* cowardly.

miel *f.* honey **miel sobre hojuelas** it just gets better and better.

mie·li·na *f.* myelin.

miem·bro *m.* 1 *extremidad* limb 2 *viril* member 3 *socio* member 4 MAT member **miembro viril** male member, penis.

mien·tras *adv.* in the meantime, meanwhile *conj.* 1 *temporal* while, whilst 2 *adversativa* whereas 3 *hasta que* until 4 *condicional* as long as.

miér·co·les *m.* Wednesday.

mier·da *f. vulg. excremento* shit *interj. vulg.* shit!

mies *f.* 1 corn, grain 2 *cosecha* harvest time.

mi·ga·ja *f.* 1 *gen.* crumb *de pan* breadcrumb 2 *fam. fig.* bit, scrap.

mi·gra·ción *f.* migration.

mi·gra·ña *f.* migraine.

mi·grar *intr.* to migrate.

mi·gra·to·rio, ria *adj.* migratory.

mil *adj.* 1 thousand 2 *milésimo* thousandth ◇ *m.* a thousand, one thousand **las Mil y Una Noches** the Arabian Nights **mil millones** a billion.

mi·la·gro *m.* miracle.

mi·la·gro·so, sa *adj.* 1 miraculous 2 *asombroso* marvellous.

mi·le·na·rio, ria *adj.* millennial ◇ *m. milenario* millennium.

mi·le·nio *m.* millennium.

mi·lé·si·mo, ma *adj.* thousandth ◇ *s.* thousandth.

mil·ho·jas *m. inv.* CULIN millefeuille, puff pastry.

mi·li·cia *f.* 1 *disciplina* art of warfare 2 *militares* military 3 *grupo armada* militia.

mi·li·cia·no, na *adj.* of the militia ◇ *s. hombre* militiaman *mujer* militiawoman.

mi·li·gra·mo *m.* milligram, milligramme.

mi·li·li·tro *m.* milliliter.

mi·li·mé·tri·co, ca *adj.* pinpoint **precisión milimétrica** pinpoint accuracy.

mi·lí·me·tro *m.* millimeter.

mi·li·tan·cia *f.* militancy.

mi·li·tan·te *adj.* militant ◇ *com. de una asociación* active member *de un partido político* active party member *activista* militant.

mi·li·tar *adj.* military ◇ *m.* military man, soldier ◇ *intr.* 1 MIL to serve 2 POL *ser miembro* to be an active member.

mi·li·ta·ris·mo *m.* militarism.

mi·li·ta·ri·za·ción *f.* militarization.

mi·li·ta·ri·zar *tr.* to militarize.

mi·lla *f.* mile **milla náutica** nautical mile.

mi·llar *m.* thousand.

mi·llón *m.* million ◇ *mpl. millones* a fortune **un millón de gracias** thanks a million.

mi·llo·na·rio, ria *adj.* millionaire ◇ *s. hombre* millionaire *mujer* millionairess.

mi·llo·né·si·mo, ma *adj.* millionth ◇ *s.* millionth.

mi·mar *tr.* *consentir* to spoil **mimar con exceso** to pamper, mollycoddle.

M

mim·bre m. wicker.

mi·mé·ti·co, ca adj. mimetic.

mi·me·tis·mo m. mimicry.

mí·mi·co, ca adj. mimic.

mi·mo m. **1** actor mime artist **2** cariño pampering **3** cuidado care **hacerle mimos a alguien** to pamper somebody.

mi·mo·so, sa adj. **1** mimado spoilt **2** cariñoso affectionate, loving meloso overaffectionate, clingy.

mi·na f. **1** mine **2** fig. cosa gold mine **3** explosivo mine **4** de lápiz lead de bolígrafo refill.

mi·nar tr. **1** terreno to mine **2** fig. salud, resistencia to undermine, weaken.

mi·ne·ral adj. mineral ◇ m. mineral.

mi·ne·ra·li·zar tr. to mineralize.

mi·ne·ra·lo·gí·a f. mineralogy.

mi·ne·ra·ló·gi·co, ca adj. mineralogical.

mi·ne·rí·a f. **1** técnica mining **2** mineros miners pl. **3** industria mining industry.

mi·ne·ro, ra adj. mining ◇ s. miner.

min·gi·to·rio m. public toilet.

mi·nia·tu·ra f. **1** reproducción miniature **2** ART pintura miniature de manuscritos illumination, miniature **3** ART técnica - en retrato miniaturización - en manuscritos illumination.

mi·ni·fal·da f. mini skirt.

mi·ni·mi·zar tr. to minimize.

mí·ni·mo, ma adj. minimum, lowest ◇ m. mínimo minimum **mínimo común múltiplo** lowest common multiple.

mi·nis·te·rial adj. ministerial.

mi·nis·te·rio m. **1** POL ministry **2** REL ministry.

mi·nis·tro, tra s. **1** POL secretary **2** REL minister **primer ministro** prime minister.

mi·no·rí·a f. minority.

mi·no·ris·ta adj. retail ◇ com. retailer.

mi·no·ri·ta·rio, ria adj. minority.

mi·nu·cia f. trifle.

mi·nu·cio·si·dad f. meticulousness, thoroughness.

mi·nu·cio·so, sa adj. meticulous, thorough, painstaking.

mi·nuen·do m. minuend.

mi·nue·to m. minuet.

mi·nús·cu·lo, la adj. letra small persona, objeto minute, minuscule detalle insignificant.

mi·nus·va·lí·a f. **1** económica decrease in value **2** de una persona handicap, disability.

mi·nus·vá·li·do, da adj. disabled, handicapped ◇ s. disabled person.

mi·nu·ta f. **1** factura bill de un abogado solicitor's fees pl. **2** borrador draft **3** CULIN menu.

mi·nu·te·ro m. minute hand.

mi·nu·to m. minute.

mí·o, a adj. my, of mine pron. mine **este abrigo es mío** this coat is mine.

mio·car·dio m. myocardium.

mio·pe adj. short-sighted, myopic ◇ com. short-sighted person.

mio·pí·a f. short-sightedness.

mi·ra f. **1** dispositivo sight **2** fig. intention **con miras a** with a view to **estrecho de miras** narrow-minded.

mi·ra·da f. gen. look vistazo glance.

mi·ra·do, da pp. de mirar adj. **1** cauto cautious **2** cuidadoso careful **3** considerado considerate.

mi·ra·dor m. **1** balcón glassed-in balcony **2** lugar viewing point.

mi·ra·mien·to m. consideration.

mi·rar tr. **1** observar to look at con atención to watch **2** buscar to look registrar to search **3** tener cuidado con to watch **4** averiguar to see,

find out ◇ intr. **1** gen. to look con atención to stare **2** buscar to look **3** tener cuidado to mind, watch, be careful.

mi·ri·a·da f. myriad.

mi·ri·lla f. peephole, spyhole.

mi·rón, ro·na adj. **1** fam. pey. nosy **2** espectador onlooking ◇ s. **1** fam. pey. curioso nosy parker **2** espectador onlooker **3** pey. voyeur voyeur.

mi·rra f. myrrh.

mi·sa f. mass **decir misa** to say mass **misa de difuntos** requiem mass.

mi·san·tro·pí·a f. misanthropy.

mis·ce·lá·ne·a f. miscellany.

mis·ce·lá·ne·o, a adj. miscellaneous.

mi·se·ra·ble adj. **1** desdichado miserable **2** insignificante miserly tacaño mean **3** malvado wretched ◇ com. **1** malvado wretch **2** tacaño miser.

mi·se·ria f. **1** pobreza extreme poverty **2** desgracia misery, wretchedness **3** tacañería meanness.

mi·se·ri·cor·dia f. mercy.

mi·se·ri·cor·dio·so, sa adj. merciful.

mí·se·ro, ra adj. miserable ◇ s. miser.

mi·sil m. missile.

mi·sión f. **1** tarea mission, task **2** REL mission **misión de buena voluntad** goodwill mission **misión diplomática** diplomatic mission.

mi·sio·ne·ro, ra adj. mission ◇ s. missionary.

mi·si·va f. missive.

mis·mo, ma adj. **1** idéntico same **el mismo color** the same color **2** enfático very **ni sus mismos amigos lo entienden** even his own friends don't understand him pron. same **es el mismo del año pasado** it's the same one as last year ◇ adv. mismo same **piensa lo mismo que tú** he thinks the same as you **yo (ti, etc.) mismo** myself (yourself, etc.) **lo hice yo mismo** I did it myself.

mi·so·gi·nia f. misogyny.

mi·só·gi·no, na adj. misogynous ◇ s. misogynist.

mis·te·rio m. mystery.

mis·te·rio·so, sa adj. mysterious.

mis·ti·cis·mo m. mysticism.

mís·ti·co, ca adj. mystic, mystical ◇ s. persona mystic.

mis·tral m. mistral.

mi·tad f. **1** half **2** medio middle **partir algo por la mitad** to cut/split something in half.

mí·ti·co, ca adj. mythical.

mi·ti·fi·car tr. **1** convertir en mito to make a myth of, mythicize **1** adorar to hero-worship.

mi·ti·ga·ción f. mitigation.

mi·ti·gar (see model 7) tr. to mitigate, relieve.

mi·tin m. meeting, rally.

mi·to m. myth.

mi·to·lo·gí·a f. mythology.

mi·to·ma·ní·a f. **1** mythomania, tendency to embroider the truth **2** idolatría hero worship.

mi·tó·ma·no, na adj. mythomaniac ◇ s. **1** mythomaniac **2** idólatra hero-worshipper.

mi·to·sis f. inv. mitosis.

mi·tra f. **1** tocado mitre **2** cargo bishopric.

mi·tral adj. **1** mitral, mitre-shaped **2** MED válvula mitral.

mix·to, ta adj. mixed ◇ m. mixto sándwich toasted ham and cheese sandwich.

mix·tu·ra f. mixture.

mne·mo·tec·nia f. mnemonics.

mne·mo·téc·ni·co, ca adj. mnemonic.

mo·bi·lia·rio m. furniture.

mo·ca f. café mocha.

mo·ce·dad *f.* youth *en mis mocedades* in my youth.

mo·chi·la *f.* rucksack, backpack.

mo·chi·le·ro, ra *s.* backpacker.

mo·ción *f.* 1 motion 2 *movimiento* motion, movement *aprobar una moción* to pass a motion.

mo·co *m.* 1 *mucosidad* mucus *familiarmente* snot 2 *de vela* drips *pl.* 3 *de pavo* wattle.

mo·co·so, sa *adj.* snotty ◇ *s. fam.* brat.

mo·da *f.* 1 fashion 2 *locura* craze *de moda* fashionable, popular *pasado de moda* old-fashioned.

mo·da·les *mpl.* manners.

mo·da·li·dad *f.* 1 form, method, means, way 2 *deporte* sport *en atletismo, esquí* event *en vela* class.

mo·de·la·do *m.* modeling.

mo·de·lar *tr.* to model, shape.

mo·de·lo *adj.* model ◇ *com. persona* (fashion) model ◇ *m.* 1 *patrón* model 2 *diseño* model 3 *traje* number.

mó·dem *m.* modem.

mo·de·ra·ción *f.* moderation *beber con moderación* to drink in moderation.

mo·de·ra·dor, ra *adj.* moderating ◇ *s. de reunión* chairperson - *hombre* chairman - *mujer* chairwoman *de debate* moderator.

mo·de·rar *tr. gen.* to moderate *velocidad* to reduce ◇ *prnl.* **moderarse** to control oneself.

mo·der·ni·dad *f.* 1 modernity 2 *fam.* in-crowd.

mo·der·nis·mo *m.* 1 *arte, literatura* Modernism 2 *estilo español* Spanish Art Nouveau, Modernismo.

mo·der·nis·ta *adj.* 1 Modernist 2 ART *en España* Spanish Art Nouveau, Modernista ◇ *com.* 1 Modernist 2 ART *en España* Modernista.

mo·der·ni·zar *(see model 4) tr.* to modernize ◇ *prnl.* **modernizarse** to be modernized.

mo·der·no, na *adj.* modern.

mo·des·tia *f.* modesty *modestia aparte* in all modesty.

mo·des·to, ta *adj.* modest ◇ *s.* modest person.

mó·di·co, ca *adj.* 1 modest 2 *precio* reasonable.

mo·di·fi·ca·ble *adj.* modifiable.

mo·di·fi·ca·ción *f.* alteration, modification.

mo·di·fi·car *(see model 1) tr.* to alter, modify.

mo·dis·mo *m.* idiom.

mo·dis·ta *com.* 1 *diseñador* fashion designer 2 *de ropa para mujer* dressmaker *de ropa para hombre* tailor.

mo·dis·to *m.* 1 *diseñador* fashion designer 2 *sastre* tailor.

mo·do *m.* 1 way, manner 2 LING mood *de cualquier modo como conector de frases* in any case, anyway *de todos modos* anyhow, at any rate.

mo·do·rra *f. fam.* drowsiness, sleepiness.

mo·du·la·ción *f.* modulation.

mo·du·lar *tr.* to modulate ◇ *adj.* modular.

mó·du·lo *m.* 1 *gen.* module 2 *mueble* unit.

mo·fa *f.* mockery, derision.

mo·hín *m.* grimace, face, look.

mo·hí·no, na *adj.* sulky *estar mohíno* to sulk, be sulking.

mo·ho *m.* 1 mold 2 *de metales - hierro* rust - *cobre* verdigris.

moi·sés *m. inv.* wicker carrycot, Moses basket.

mo·ja·do, da *adj. húmedo* wet, moist *empapado* drenched, soaked, wet through.

mo·jar *tr.* 1 *gen.* to wet 2 *humedecer* to dampen 3 *alimento* to dip, dunk 4 *cama* to wet *prnl.* **mojarse** to get wet.

mo·ja·rra *f.* two-banded bream.

mo·ji·ga·te·rí·a *f.* 1 *gazmoñería* prudishness 2 *falsa humildad* sanctimoniousness.

mo·ji·ga·to, ta *adj. gazmoño* prudish *falso* sanctimonious ◇ *s. gazmoño* prude *falso* sanctimonious person.

mo·jón *m.* *poste de distancia* milepost *piedra* milestone - *de camino* landmark.

mo·lar *adj.* molar ◇ *m. diente* molar.

mol·da·vo, va *adj.* Moldavian ◇ *s.* Moldavian.

mol·de *m.* mold.

mol·de·a·ble *adj.* moldable.

mol·de·ar *tr.* 1 ART *dar forma* to mold - *en un molde* to cast 2 *pelo* to give a soft perm.

mol·du·ra *f.* molding.

mo·le *f.* mass, bulk, hulk.

mo·lé·cu·la *f.* molecule.

mo·le·cu·lar *adj.* molecular.

mo·ler *(see model 32) tr.* 1 *gen.* to grind, mill *machacar* to pound 2 *cansar* to wear out.

mo·les·tar *tr.* 1 *interrumpir* to disturb 2 *perturbar* to bother, annoy, upset 3 *importunar* to pester ◇ *prnl.* **molestarse** 1 *tomarse la molestia* to bother *no se moleste en venir* don't bother coming 2 *ofenderse* to take offence *él se molestó con tu comentario* he was offended by your comment.

mo·les·tia *f.* 1 *incomodidad* bother, trouble *fastidio* nuisance 2 MED trouble, slight pain *si no es molestia* if you don't mind.

mo·les·to, ta *adj.* 1 annoying, troublesome 2 *enfadado* annoyed 3 *incómodo* uncomfortable 4 MED sore *estar molesto con alguien* to be upset with somebody.

mo·lien·da *f. de café* grinding *de trigo* milling.

mo·li·ne·ro, ra *s.* miller.

mo·li·ni·llo *m.* grinder, mill.

mo·li·no *m.* mill *molino de viento* windmill.

mo·lle·ja *f.* 1 *de ave* gizzard 2 *de res* sweetbread.

mo·lle·ra *f. fam. inteligencia* brains *pl.*, sense *cabeza* loaf, bonce.

mo·lón, lo·na *adj. argot* cool, brill, fab.

mo·lus·co *m.* mollusk.

mo·men·tá·ne·a·men·te *adv.* 1 *por poco tiempo* momentarily 2 *inmediatamente* immediately, straightaway.

mo·men·tá·ne·o, a *adj. que dura poco tiempo* momentary *provisional* temporary.

mo·men·to *m.* 1 moment 2 *período* time 3 *oportunidad* time, moment.

mo·mia *f.* mummy.

mo·mi·fi·car *tr.* to mummify.

mo·mio *m. fam.* cushy number.

mo·na·da *f.* 1 *cosa bonita* beauty, lovely thing *persona* gorgeous person, sweet thing, delight 2 *gracia* funny little ways *pl. jugada* trick 3 *zalamería* winning ways *pl.*

mo·na·gui·llo *m.* altar boy.

mo·nar·ca *m.* monarch.

mo·nar·quí·a *f.* monarchy.

mo·nas·te·rio *m.* monastery.

mon·da·dien·tes *m. inv.* toothpick.

mon·da·du·ra *f.* 1 *piel - de fruta* peel - *de patata* peelings *pl.* 2 *acción* peeling.

mon·dar *tr.* 1 *pelar* to peel 2 *podar* to prune.

mo·ne·da *f.* 1 *pieza* coin 2 *divisa* currency.

mo·ne·de·ro *m.* purse.

mo·ne·ta·rio, ria *adj.* monetary ◇ *m. monetario* collection of coins and medals.

mon·gol, la *adj.* Mongolian, Mongol ◇ *com. habitante* Mongolian, Mongol ◇ *m. mongol idioma* Mongolian.

mon·gó·li·co, ca adj. **1** affected by Down's syndrome **2** Mongolian ◇ s. **1** person affected by Down's syndrome **2** Mongolian.

mo·ni·go·te m. **1** figura rag doll, paper doll **2** pey. persona stooge, puppet **3** dibujo matchstick man, doodle.

mo·ni·tor, ra s. profesor instructor ◇ m. monitor pantalla monitor, screen.

mon·ja f. nun.

mon·je m. monk.

mo·no, na adj. bònito nice, lovely, cute ◇ s. **1** ZOOL monkey **2** fam. pey. joven little brat ◇ m. mono **1** pey. persona fea ugly devil **2** prenda de trabajo overalls.

mo·no·co·ti·le·dó·ne·o, a adj. monocotyledonous.

mo·no·cro·má·ti·co, ca adj. monochromatic.

mo·nó·cu·lo m. monocle.

mo·no·cul·ti·vo m. monoculture.

mo·no·fá·si·co, ca adj. single-phase.

mo·no·ga·mia f. monogamy.

mo·no·gra·fí·a f. monograph.

mo·no·lí·ti·co, ca adj. monolithic.

mo·no·li·to m. monolith.

mo·nó·lo·go m. reflexión monologue en teatro soliloquy.

mo·no·mio m. MAT monomial.

mo·no·pa·ren·tal adj. one-parent, single-parent.

mo·no·pla·za adj. single-seat ◇ m. single-seater.

mo·no·po·lio m. monopoly.

mo·no·po·li·za·ción f. monopolization.

mo·no·po·li·zar (see model 4) tr. to monopolize.

mo·no·sa·bio m. picador's assistant.

mo·no·si·lá·bi·co, ca adj. monosyllabic.

mo·no·te·ís·mo m. monotheism.

mo·no·te·ís·ta adj. monotheistic ◇ com. monotheist.

mo·no·to·ní·a f. monotony.

mo·nó·xi·do m. monoxide.

mon·se·ñor m. Monsignor.

mons·truo adj. fam. extraordinario fantastic, terrific ◇ m. **1** monster **2** en fealdad monstrosity **3** fam. genio genius, prodigy.

mons·truo·si·dad f. cosa monstrosity fealdad hideousness.

mons·truo·so, sa adj. **1** por tamaño, crueldad monstrous **2** por fealdad hideous.

mon·ta·car·gas m. goods lift, freight elevator.

mon·ta·je m. **1** de piezas assembly **2** de una película editing **3** de un espectáculo staging.

mon·tan·te m. **1** total total, total amount **2** pieza vertical upright **3** parteluz mullion **4** ventana skylight ◇ f. high tide.

mon·ta·ña f. **1** mountain montaña rusa roller coaster, big dipper.

mon·ta·ñés, ñe·sa adj. de montaña mountain, highland ◇ s. de la montaña highlander, mountain person.

mon·ta·ñis·mo m. mountaineering, mountain climbing.

mon·ta·ño·so, sa adj. mountainous.

mon·tar intr. **1** subir - caballo, bicicleta to mount, get on - coche to get in - avión to get on, board **2** viajar to travel cabalgar, ir en bicicleta to ride ◇ tr. **1** subir - caballo to mount, get on **2** subir - persona to put on **3** ensamblar to assemble, put together ◇ prnl. montarse **1** subirse to get on - en un coche to get in - en un caballo to mount, get on **2** fam. armarse to break up.

mon·te m. **1** mountain, mount **2** bosque wild, woodland **Monte Olimpo** Mount Olympus **monte de Venus** del pubis mons veneris.

mon·te·ne·gri·no, na adj. Montenegrin ◇ s. Montenegrin.

mon·te·pí·o m. **1** sociedad friendly society, benefit society **2** depósito welfare fund.

mon·tés adj. wild.

mon·tí·cu·lo m. mound, hillock.

mon·to m. total, total amount.

mon·tón m. **1** heap, pile **2** fam. gran cantidad stacks pl., loads pl., heaps pl., **ser del montón** to be nothing special, be one of the crowd.

mo·nu·men·tal adj. monumental.

mo·nu·men·to m. **1** ART monument **2** fam. mujer statuesque woman.

mon·zón m. monsoon.

mon·zó·ni·co, ca adj. monsoon.

mo·ño m. bun.

mo·qui·llo m. de perro distemper de ave pip.

mo·ra f. **1** de moral mulberry **2** zarzamora blackberry.

mo·ra·do, da adj. color purple ojo black ◇ m. morado **1** color purple **2** hematoma bruise.

mo·ra·dor, ra s. dweller, inhabitant.

mo·ral adj. moral ◇ f. **1** reglas morals pl. **2** ánimo morale, spirits pl. **levantar la moral a alguien** to boost somebody's morale **estar con la moral por los suelos** to be down in the dumps.

mo·ra·le·ja f. moral.

mo·ra·li·na f. false morals pl.

mo·ra·lis·ta adj. moralistic ◇ com. moralist.

mo·ra·li·zar (see model 4) intr. to moralize ◇ tr. to moralize.

mo·ral·men·te adv. morally.

mo·rar intr. to reside, dwell.

mo·ra·to·ria f. moratorium.

mór·bi·do, da adj. **1** suave soft, delicate **2** MED malsano morbid.

mor·bi·li·dad f. morbidity (rate).

mor·bo m. **1** enfermedad sickness **2** fam. excitación thrill interés morbid curiosity.

mor·bo·si·dad f. **1** enfermedad morbidity **2** excitación morbid pleasure interés morbid curiosity.

mor·bo·so, sa adj. **1** MED enfermo morbid **2** fam. obsesión, placer morbid persona kinky.

mor·ci·lla f. black pudding.

mor·daz adj. mordant, sarcastic.

mor·da·za f. gag.

mor·de·du·ra f. bite.

mor·der (see model 32) tr. to bite ◇ intr. to bite ◇ prnl. morderse to bite **morderse las uñas** to bite one's nails.

mor·di·da f. **1** fam. mordisco bite **2** fam. soborno bribe.

mor·dis·co m. bite.

mor·dis·que·ar tr. to nibble.

mo·re·no, na adj. **1** pelo dark, dark-haired **2** piel dark, dark-skinned **3** de raza negra black **4** bronceado brown, suntanned, tanned ◇ s. **1** de pelo dark-haired person **2** de piel dark-skinned person **3** de raza negra black person ◇ m. moreno suntan.

mo·re·tón m. bruise.

mor·fe·ma m. morpheme.

mor·fi·na f. morphine.

mor·fo·lo·gí·a f. morphology.

mor·fo·ló·gi·co, ca adj. morphological.

mor·gue f. morgue.

mo·ri·bun·do, da adj. moribund ◇ s. moribund.

mo·rir (see model 33) pp. muerto intr. **1** ser vivo to die **2** día to finish, come to an end **3** fuego to die down **4** sendero, río to end ◇ prnl. morirse to die.

mo·ris·co, ca adj. Moorish, Morisco ◇ s. Morisco.

mor·món, mo·na adj. Mormon ◇ s. Mormon.

mo·ro, ra adj. 1 Moorish 2 fam. árabe Arab ◇ s. 1 Moor 2 árabe Arab ◇ m. moro fam. pey. male chauvinist **hay moros en la costa** the coast isn't clear.

mo·ro·so, sa adj. 1 FIN oliente defaulting, slow in paying, in arrears 2 lento slow, sluggish ◇ s. defaulter.

mo·rral m. 1 hunter's bag 2 MIL knapsack, haversack.

mo·rra·lla f. 1 pescado small fish 2 pey. gente riffraff 3 pey. cosas junk 4 pey. cambio small change, worthless coins.

mo·rro m. 1 fam. de persona - boca lips pl., mouth cara face 2 fam. cara dura cheek 3 de animal snout, nose 4 de coche nose.

mo·rrón adj. pimiento morrón sweet red pepper ◇ m. fam. morrazo.

mor·sa f. walrus.

mor·ta·de·la f. mortadella.

mor·ta·ja f. shroud.

mor·tal adj. 1 criatura, ser mortal 2 veneno lethal, deadly peligro, herida mortal 3 propio de un muerto deathly 4 aburrimiento, susto deadly ◇ com. mortal.

mor·ta·li·dad f. mortality.

mor·tan·dad f. death toll.

mor·te·ci·no, na adj. 1 luz faint, dull 2 color lifeless, dull.

mor·te·ro m. mortar.

mor·tí·fe·ro, ra adj. deadly, lethal.

mor·ti·fi·ca·ción f. mortification.

mor·ti·fi·car (see model 1) tr. to mortify.

mor·tuo·rio, ria adj. mortuary.

mo·sai·co m. mosaic.

mos·ca f. 1 fly 2 barba tuft 3 fam. dinero dough **caer como moscas** to drop like flies **por si las moscas** just in case.

mos·ca·tel m. muscatel.

mos·que·ar tr. fam. to annoy ◇ prnl. mosquearse 1 fam. enfadarse to get cross 2 fam. sospechar to smell a rat.

mos·que·tón m. 1 arma short carbine 2 cierre snap link.

mos·qui·te·ro m. mosquito net.

mos·qui·to m. mosquito.

mos·ta·cho m. moustache.

mos·ta·za f. mustard.

mos·to m. 1 del vino must 2 zumo grape juice.

mos·tra·dor m. de tienda counter de bar bar.

mos·trar tr. 1 to show 2 exponer to exhibit, display 3 señalar to point out, explain ◇ prnl. mostrarse 1 to appear 2 ser be resultar ser to prove to be, turn out to be.

mo·ta f. 1 partícula speck 2 mancha spot dibujo dot 3 nudillo en el paño burl.

mo·te m. nickname.

mo·te·a·do, da adj. dotted, speckled.

mo·te·jar tr. to nickname.

mo·tel m. motel.

mo·tín m. 1 levantamiento riot, uprising 2 de tropas mutiny.

mo·ti·va·ción f. 1 estímulo motivation 2 razón motive.

mo·ti·var tr. 1 causar to cause, give rise to 2 estimular to motivate.

mo·ti·vo m. 1 motive, reason, cause, grounds 2 de dibujo, música motif, leitmotif.

mo·to f. fam. motocicleta motorbike escúter moped **moto acuática** jet ski.

mo·to·ci·cle·ta f. motorcycle, motorbike.

mo·to·ci·clis·mo m. motorcycling.

mo·to·náu·ti·co, ca adj. speedboat, powerboat.

mo·tor, ra adj. 1 motive 2 BIOL motor ◇ m. motor 1 TÉC engine 2 fig. driving force.

mo·to·ri·zar (see model 4) tr. to motorize ◇ prnl. motorizarse to get wheels, be mobile.

mo·to·sie·rra f. power saw.

mo·triz adj. motive **fuerza motriz** motive power.

mo·ve·di·zo, za adj. 1 fácil de mover easy to move 2 inconstante fickle 3 inestable unstable.

mo·ver (see model 32) tr. 1 gen. to move de un sitio a otro to move, shift 2 hacer funcionar to drive, make work 3 suscitar to incite, cause, provoke 4 hacer gestiones to deal with ◇ prnl. moverse 1 gen. to move 2 darse prisa to get a move on.

mo·vi·do, da pp. de mover adj. 1 día, temporada busy, hectic 2 persona active 3 fiesta, concurso lively 4 foto blurred.

mó·vil adj. movable, mobile ◇ m. 1 FÍS moving body 2 motivo motive 3 decoración, juguete mobile 4 teléfono mobile (phone), cell phone.

mo·vi·li·dad f. mobility.

mo·vi·li·zar (see model 4) tr. to mobilize.

mo·vi·mien·to m. 1 gen. movement técnicamente motion 2 de gente, ideas activity de vehículos traffic 3 artístico, político movement 4 financiero operations **movimiento sísmico** earth tremor.

mo·zam·bi·que·ño, ña adj. Mozambiquean ◇ s. Mozambiquean.

mo·zo, za adj. 1 young 2 soltero unmarried, single ◇ m. mozo 1 joven young man, lad 2 camarero waiter 3 de hotel bellboy **años mozos** youth.

mu·cha·cho, cha s. chico boy chica girl ◇ f. sirvienta maid, girl.

mu·che·dum·bre f. 1 de personas crowd 2 de cosas pile.

mu·cho, cha adj. 1 singular - en afirmativas a lot of - en negativas, interrogativas a lot of, much 2 plural - en afirmativas a lot of, lots of - en negativas, interrogativas a lot of, many 3 demasiado - singular too much - plural too many pron. singular a lot, much plural a lot, many ◇ adv. 1 de cantidad a lot, much 2 de tiempo 3 de frecuencia often.

mu·co·sa f. mucous membrane.

mu·co·si·dad f. mucus.

mu·da f. 1 de ropa change of clothes, particularly underwear 2 de plumas molting 3 de la voz breaking.

mu·dan·za f. 1 de residencia moving 2 cambio change 3 de ideas changeability ◇ fpl. mudanzas removals pl., removal firm.

mu·dar tr. 1 to change, alter 2 trasladar to change, move 3 plumas to molt 4 voz to break 5 piel to shed ◇ prnl. mudarse 1 to change 2 de residencia to move.

mu·dé·jar adj. Mudéjar ◇ com. Mudéjar.

mu·do, da adj. 1 por defecto dumb por voluntad silent, quiet 2 CINE silent 3 vocal, consonante mute ◇ s. dumb person **mudo de asombro** dumbfounded.

mue·ble m. piece of furniture ◇ adj. movable ◇ mpl. muebles furniture.

mue·ca f. 1 de burla mocking gesture, face 2 de dolor grimace.

mue·la f. 1 diente tooth, molar 2 de molino millstone 3 para afilar grindstone.

mue·lle¹ adj. 1 vida cushy 2 blando soft, springy ◇ m. elástico spring.

mue·lle² m. MAR dock, wharf malecón pier, jetty.

muer·te f. 1 death 2 asesinato murder 3 la muerte death a muerte to the death hasta que la muerte nos separe till death do us part.

muer·to, ta pp. de morir adj. 1 sin vida dead sin actividad lifeless 2 fam. cansado tired, worn out 3 marchito faded, withered ◇ s. 1 dead person cadáver corpse 2 víctima victim ◇ m. muerto fam. drag, bore hacerse el muerto to pretend to be dead ser un/una muerto de hambre to be a good-for-nothing.

mues·ca f. 1 corte nick, notch 2 concavidad mortise, mortice.

mues·tra f. 1 ejemplar sample 2 modelo pattern 3 señal proof, sign 4 rótulo sign 5 exposición show, display como muestra un botón as a sample.

mues·tra·rio m. collection of samples.

mu·gi·do m. 1 de vaca - uno moo - varios mooing 2 de toro - uno bellow - varios bellowing.

mu·gir (see model 6) intr. 1 vaca to moo 2 toro to bellow.

mu·gre f. grime, filth.

mu·grien·to, ta adj. grimy, filthy.

mu·jer f. 1 woman 2 esposa wife ya es mujer she's become a woman mujer de la vida alegre floozy, hussy mujer pública prostitute.

mu·je·rie·go, ga adj. pey. fond of the ladies ◇ m. mujeriego womanizer.

mu·jer·zue·la f. pey. harlot, loose woman.

mu·la·dar m. dump.

mu·la·to, ta adj. mulatto ◇ s. mulatto.

mu·le·ta f. 1 para andar crutch 2 fig. apoyo prop, support 3 en toros muleta red cape.

mu·le·ti·lla f. 1 bastón cross-handled cane 2 frase repetida pet phrase - de persona famosa catch phrase palabra pet word.

mu·lli·do, da adj. soft, springy.

mu·llir (see model 41) tr. 1 lana to soften almohada, colchón to fluff up 2 tierra to break up.

mu·lo, la s. macho mule hembra she-mule ser más terco que una mula to be as stubborn as a mule.

mul·ta f. gen. fine de tráfico ticket poner una multa a alguien to fine somebody, give somebody a fine.

mul·tar tr. to fine.

mul·ti·co·lor adj. multicolored.

mul·ti·cul·tu·ral adj. multicultural.

mul·ti·di·men·sio·nal adj. multidimensional.

mul·ti·dis·ci·pli·nar adj. multidisciplinary.

mul·ti·fa·cé·ti·co, ca adj. multifaceted.

mul·ti·for·me adj. multiform.

mul·ti·gra·do adj. multigrade.

mul·ti·la·te·ral adj. multilateral.

mul·ti·me·dia adj. multimedia ◇ f. multimedia.

mul·ti·mi·llo·na·rio, ria adj. de dólares multimillion-dollar un contrato multimillonario a multimillion-dollar contract ◇ s. multimillionaire.

mul·ti·pli·ca·ción f. multiplication.

mul·ti·pli·ca·dor, ra adj. multiplying ◇ m. multiplicador multiplier.

mul·ti·pli·car (see model 1) tr. to multiply (por, by) ◇ prnl. multiplicarse reproducirse to multiply.

mul·ti·pli·ci·dad f. multiplicity.

múl·ti·plo adj. multiple ◇ m. multiple.

mul·ti·tud f. 1 de personas crowd 2 de cosas, ideas multitude.

mul·ti·tu·di·na·rio, ria adj. multitudinous.

mun·da·nal adj. of the world, mundane huir del mundanal ruido to get away from it all.

mun·da·no, na adj. of the world, mundane.

mun·dial adj. worldwide, world ◇ m. world championship.

mun·do m. 1 world 2 fig. abismo vast difference 3 baúl trunk no ser nada del otro mundo to be nothing to write home about traer al mundo to bring into the world el Nuevo Mundo the New World el otro mundo the hereafter.

mu·ni·ción f. ammunition, munitions pl.

mu·ni·ci·pal adj. gobierno town, municipal instalaciones council ◇ com. hombre policeman mujer policewoman ◇ fpl. las municipales local elections.

mu·ni·ci·pio m. 1 municipality 2 ayuntamiento town council.

mu·ni·fi·cen·cia f. munificence.

mu·ñe·ca f. 1 ANAT wrist 2 juguete doll muñeca de trapo rag doll.

mu·ñe·co m. 1 juguete doll 2 fig. títere puppet.

mu·ñe·que·ra f. wristband.

mu·ñón m. ANAT stump.

mu·ral adj. mural ◇ m. mural.

mu·ra·lla f. city wall.

mur·cié·la·go m. bat.

mur·mu·llo m. susurro whisper, whispering voz baja murmur, murmuring de arroyo babbling, burbling de hojas rustle, rustling del viento sighing, murmur.

mur·mu·rar tr. susurrar to murmur, whisper ◇ intr. 1 criticar to gossip 2 persona - susurrar to whisper - decir en voz baja to murmur agua to murmur, babble hojas to rustle viento to sigh, murmur.

mu·ro m. wall.

mu·sa f. muse ◇ fpl. las musas the Arts.

mus·cu·lar adj. muscular.

mus·cu·la·tu·ra f. muscles ◇ pl. musculature.

mús·cu·lo m. muscle.

mus·cu·lo·so, sa adj. muscular.

mu·se·o m. museum museo de arte art museum museo de cera wax museum.

mus·go m. moss.

mú·si·ca f. music irse con la música a otra parte fam. to clear off.

mu·si·cal adj. musical ◇ m. musical.

mú·si·co, ca adj. musical ◇ s. musician.

mu·si·tar intr. susurrar to whisper hablar entre dientes to mumble, mutter.

mus·lo m. 1 thigh 2 CULIN de ave drumstick.

mus·tio, tia adj. 1 plantas withered, faded 2 persona down, downcast, sad.

mu·sul·mán, ma·na adj. Muslim, Moslem ◇ s. Muslim, Moslem.

mu·ta·bi·li·dad f. mutability, changeability.

mu·ta·ción f. 1 change 2 BIOL mutation.

mu·tan·te adj. mutant ◇ com. mutant.

mu·ti·la·ción f. mutilation.

mu·ti·lar tr. persona to cripple objeto to mutilate.

mu·tis m. TEAT exit hacer mutis salir to make oneself scarce.

mu·tis·mo m. silence.

mu·tua·li·dad f. asociación mutual benefit society.

mu·tua·men·te adv. mutually.

mu·tuo, tua adj. mutual, reciprocal.

muy adv. very muy de mañana very early in the morning.

N, n *f. la letra* N, n.

N *símb.* **norte** north *símbolo* N.

na·bo *m.* **1** *planta* turnip **2** *raíz* root vegetable.

ná·car *m.* mother-of-pearl.

na·ca·ra·do, da *adj.* mother-of-pearl, nacred.

na·cer *(see model 42) intr.* **1** *persona* to be born *ave* to hatch out *semilla, planta* to sprout **2** *río* to rise *agua* to spring *camino* to start, begin **3** *sol* to rise **4** *pelo* to start to grow **5** *idea, sentimiento* to originate (*de*, from), spring (*de*, from), stem (*de*, from) **volver a nacer** to have a lucky escape.

na·cien·te *adj.* **1** *nuevo* new **2** *creciente* growing ◇ *m.* este East.

na·ci·mien·to *m.* **1** birth **2** *de río* source **3** *fig.* origin, beginning **4** *pesebre* crib, Nativity scene.

na·ción *f.* nation.

na·cio·nal *adj.* **1** national **2** *producto, mercado* domestic **3** *vuelo* domestic *noticias* national.

na·cio·na·li·dad *f.* nationality.

na·cio·na·lis·mo *m.* nationalism.

na·cio·na·li·za·ción *f.* **1** *de una persona* naturalization **2** *de una empresa* nationalization.

na·cio·na·li·zar *(see model 4) tr.* **1** *persona* to naturalize **2** *empresa* to nationalize ◇ *prnl.* **nacionalizarse** *persona* to become naturalized.

na·cio·nal·so·cia·lis·mo *m.* National Socialism.

na·da *pron.* nothing *no quiero nada I don't want anything* ◇ *adv.* (not) at all *no me gusta nada I don't like it at all* **1** nothingness **antes que nada** first of all **nada menos que** no less than.

na·da·dor, ra *s.* swimmer.

na·dar *intr.* to swim **nadar entre dos aguas** to sit on the fence.

na·de·rí·a *f.* trifle.

na·die *pron.* nobody, not... anybody *¿nadie quiere más pastel? doesn't anybody want any more cake?*

naf·ta *f.* naphtha.

naf·ta·li·na *f.* naphthalene.

nai·pe *m.* playing card.

nal·ga *f.* buttock.

na·mi·bio, bia *adj.* Namibian ◇ *s.* Namibian.

na·na *f.* lullaby.

nan·dro·lo·na *f.* nandrolone.

na·o *f.* LIT vessel.

na·pa *f.* nappa.

na·palm *m.* napalm.

na·po·le·ó·ni·co, ca *adj.* Napoleonic.

na·po·li·ta·no, na *adj.* Neapolitan ◇ *s.* Neapolitan.

na·ran·ja *f. fruto* orange ◇ *adj. color* orange.

na·ran·ja·da *f.* orangeade, orange drink.

na·ran·je·ro, ra *adj.* orange *la industria naranjera* the orange industry ◇ *s. agricultor* orange grower *vendedor* orange seller ◇ *m.* **naranjero** blunderbuss.

na·ran·jo *m.* orange tree.

nar·ci·sis·mo *m.* narcissism.

nar·ci·sis·ta *adj.* narcissistic ◇ *com.* narcissist.

nar·co *com.* argot drug trafficker.

nar·có·ti·co, ca *adj.* narcotic ◇ *m.* **narcótico** medicamento narcotic *droga* drug.

nar·co·tra·fi·can·te *adj.* drug trafficking ◇ *com.* drug trafficker.

nar·co·trá·fi·co *m.* drug trafficking.

nar·do *m.* nard, spikenard.

na·ri·ces *interj. fam.* nariz.

na·ri·gón, go·na *adj. fam.* big-nosed ◇ *m.* **narigón** *fam.* huge conk, big nose.

na·riz *f.* **1** ANAT nose **2** *fig. sentido* sense of smell **darle a alguien con la puerta en las narices** to slam a door in somebody's face **en las narices de alguien** right under somebody's nose **meter las narices en algo** to poke one's nose into something.

na·rra·ción *f.* **1** *exposición* narration, account **2** *historia* story.

na·rra·dor, ra *s.* storyteller, narrator.

na·rrar *tr. gen.* to tell, relate, narrate *partido* to commentate.

na·rra·ti·va *f. género* fiction.

na·rra·ti·vo, va *adj.* narrative.

na·sal *adj.* nasal *f. letra* nasal.

na·sa·li·dad *f.* nasality.

na·sa·li·zar *tr.* to nasalize.

na·ta *f.* **1** cream **2** *de leche hervida* skin.

na·ta·ción *f.* swimming.

na·tal *adj.* birthday *ciudad natal* home town.

na·ta·li·cio, cia *adj.* birthday ◇ *m.* **natalicio** birthday.

na·ti·lles *fpl.* custard *sing.*

na·ti·vi·dad *f.* nativity.

na·ti·vo, va *adj.* native ◇ *s.* native *(profesor)* nativo native teacher.

na·to, ta *adj.* born.

na·tu·ra *f.* nature.

na·tu·ral *adj.* **1** *no artificial* natural **2** *fruta, flor* fresh **3** *sin elaboración* plain *sin alteración* additive-free **4** *espontáneo* unaffected, natural **5** *lógico* natural, to be expected **6** *ilegítimo* natural, illegitimate ◇ *m.* **1** *temperamento* nature, disposition **2** *nativo* native, inhabitant.

na·tu·ra·le·za *f.* **1** nature **2** *temperamento* nature, character **3** *complexión* physical constitution **4** *clase, tipo* nature, kind **naturaleza muerta** ART still life.

na·tu·ra·lis·ta *adj.* naturalist ◇ *com.* naturalist.

na·tu·ra·li·za·ción *f.* naturalization.

na·tu·ra·li·zar *(see model 4) tr.* to naturalize ◇ *prnl.* **naturalizarse** to become naturalized.

na·tu·ris·mo *m.* naturism.

na·tu·ris·ta *adj.* naturist ◇ *com.* naturist.

nau·fra·gar *(see model 7) intr.* **1** *barco* to sink, be wrecked *persona* to be shipwrecked **2** *fig.* to fail.

nau·fra·gio *m.* **1** shipwreck **2** *fig.* failure.

náu·fra·go, ga *adj.* wrecked, shipwrecked ◇ *s.* shipwrecked person, castaway.

nau·rua·no, na *adj.* Nauruan ◇ *s.* Nauruan.

náu·se·a *f.* **1** nausea, sickness **2** *fig. repugnancia* repulsion.

nau·se·a·bun·do, da *adj.* nauseating, sickening.

náu·ti·co, ca *adj.* nautical ◇ *mpl.* **náuticos** calzado deck shoes *deportes* **náuticos** water sports.

na·va·ja *f.* **1** *cuchillo* penknife, pocketknife **2** *molusco* razor-shell.

na·va·ja·zo *m.* **1** *acción* stab **2** *herida* stab wound, knife wound.

na·val *adj.* naval.

na·ve f. 1 *náutica* ship, vessel 2 *espacial* spaceship, spacecraft 3 ARQ *central* nave *lateral* aisle 4 *almacén* industrial warehouse *fábrica* plant.

na·ve·ga·bi·li·dad f. 1 *de las aguas* navigability 2 *de un barco* seaworthiness *de un avión* airworthiness.

na·ve·ga·ción f. 1 *arte* navigation 2 *tráfico* shipping 3 *viaje por mar* sea journey, voyage.

na·ve·ga·dor m. *de internet* browser.

na·ve·gan·te adj. seafaring ◇ com. navigator, seafarer.

na·ve·gar *(see model 7)* intr. 1 *persona* to sail, navigate 2 *barco* to sail 3 *avión* to fly.

Na·vi·dad f. Christmas *árbol de Navidad* Christmas tree *tarjeta de Navidad* Christmas card.

na·vi·de·ño, ña adj. Christmas *había un ambiente navideño* there was a Christmassy feeling.

na·vie·ro, ra adj. shipping ◇ s. *propietario* shipowner.

na·ví·o m. vessel, ship *navío de guerra* war vessel, warship.

ná·ya·de f. naiad.

na·za·re·no, na adj. HIST Nazarene, Nazarite ◇ s. HIST Nazarene, Nazarite ◇ m. *nazareno penitente* penitent *in Holy Week processions* *Jesús el Nazareno* Jesus of Nazareth.

na·zi adj. Nazi ◇ com. Nazi.

na·zis·mo m. Nazism.

ne·bli·na f. mist.

ne·bu·lar adj. nebular.

ne·bu·li·za·dor m. nebulizer.

ne·bu·lo·sa f. nebula.

ne·bu·lo·si·dad f. nebulosity.

ne·bu·lo·so, sa adj. 1 cloudy, hazy 2 *fig.* vague, nebulous.

ne·ce·dad f. 1 *ignorancia* stupidity, foolishness 2 *acción* stupid thing to do *comentario* stupid thing to say.

ne·ce·sa·rio, ria adj. necessary *fue necesario hacerlo* it had to be done *si fuera necesario* if need be, if necessary.

ne·ce·ser m. 1 *bolsa de aseo* toilet bag 2 *de maquillaje* make-up bag, make-up kit 3 *de viaje* vanity case 4 *de costura* sewing kit.

ne·ce·si·dad f. 1 necessity, need 2 *hambre* hunger 3 *pobreza* poverty, want *hacer sus necesidades* *fam.* to relieve oneself.

ne·ce·si·tar tr. to need.

ne·cio, cia adj. stupid ◇ s. imbecile, idiot.

ne·cro·fi·lia f. necrophilia.

ne·cro·ló·gi·co, ca adj. obituary, necrological ◇ fpl. *necrológicas* *sección prensa* obituaries *pl.* *nota necrológica* obituary.

ne·cro·sis f. inv. necrosis.

néc·tar m. nectar.

nec·ta·ri·na f. nectarine.

ne·er·lan·dés, de·sa adj. Dutch ◇ s. 1 *persona - hombre* Dutchman - *mujer* Dutch woman 2 *idioma* Dutch.

ne·fan·do, da adj. nefarious, unspeakable.

ne·fas·to, ta adj. 1 *desgraciado* unlucky, ill-fated, bad 2 *perjudicial* harmful, fatal.

ne·frí·ti·co, ca adj. nephritic.

ne·fri·tis f. inv. nephritis.

ne·ga·ción f. 1 *de un ideal, derecho* negation 2 *de una acusación* denial 3 *negativa* refusal 4 *en gramática* negative.

ne·ga·do, da adj. inepto hopeless, useless ◇ s. no-hoper, total loss.

ne·gar *(see model 48)* tr. 1 *rechazar* to deny *lo negó rotundamente* she denied it categorically 2 *no* conceder to refuse ◇ prnl. **negarse** to refuse (a, to) *se negó a devolverme el dinero* he refused to give me my money back *negar con la cabeza* to shake one's head.

ne·ga·ti·vo, va adj. negative ◇ m. **negativo** en *fotografía* negative.

ne·gli·gé m. negligee.

ne·gli·gen·cia f. negligence, carelessness.

ne·gli·gen·te adj. negligent ◇ com. negligent person.

ne·go·cia·ble adj. negotiable.

ne·go·cia·ción f. negotiation.

ne·go·cia·do m. *sección* department.

ne·go·cia·dor, ra adj. negotiating ◇ s. negotiator.

ne·go·cian·te adj. 1 negotiating 2 *fam.* money-grubbing ◇ com. 1 dealer, merchant 2 *fam.* money-grubber.

ne·go·ciar *(see model 12)* intr. *comerciar* to do business, deal (con, in) ◇ tr. POL to negotiate.

ne·go·cio m. 1 *actividad* business 2 *gestión* deal, transaction 3 *asunto* affair 4 *local* store *abrimos un negocio en pleno centro* we've opened up a new shop right in the centre of town *hablar de negocios* to talk business.

ne·gre·ar intr. to turn black.

ne·gre·ro, ra adj. HIST slave ◇ s. 1 HIST slave trader 2 *fam. fig.* slave driver.

ne·gri·llo, lla adj. *color* blackish **(letra)** *negrilla* bold, bold type.

ne·gri·ta f. bold, bold type.

ne·gro, gra adj. 1 gen. black 2 *oscuro* dark *el cielo está negro completamente* the sky is very dark 3 *bronceado* brown, tanned, suntanned 4 *poco favorable* awful, terrible 5 *cine, novela* detective 6 *tabaco* black ◇ s. hombre black (man) *mujer* black (woman) ◇ m. **negro** 1 *color* black 2 *escritor* ghostwriter 3 *tabaco* black tobacco *trabajar como negro* to work like a dog, work like a slave.

ne·groi·de adj. Negroid ◇ com. Negro, Negroid.

ne·gruz·co, ca adj. blackish.

né·me·sis f. nemesis.

ne·mo·tec·nia f. mnemotecnia.

ne·ne, na s. 1 *niño* baby boy *niña* baby girl 2 *apelativo* baby.

ne·nú·far m. water lily.

ne·o·ce·lan·dés, de·sa adj. of New Zealand, from New Zealand ◇ s. New Zealander.

ne·o·cla·si·cis·mo m. neoclassicism.

ne·o·clá·si·co, ca adj. neoclassical ◇ s. neoclassicist.

ne·ó·fi·to, ta s. neophyte.

ne·o·lí·ti·co, ca adj. neolithic ◇ m. **neolítico** Neolithic.

ne·o·lo·gis·mo m. neologism.

ne·ón m. neon.

ne·o·na·tal adj. neonatal.

ne·o·na·to, ta s. neonate.

ne·o·na·zi adj. neonazi ◇ com. neonazi.

ne·o·rrea·lis·mo m. neorealism.

ne·o·ze·lan·dés, de·sa adj. of New Zealand, from New Zealand ◇ s. New Zealander.

ne·pa·lés, le·sa adj. Nepalese, Nepali ◇ s. *persona* Nepalese, Nepali ◇ m. **nepalés** *idioma* Nepalese, Nepali.

ne·pa·lí adj. Nepalese, Nepali ◇ s. *persona* Nepalese, Nepali ◇ m. *idioma* Nepalese, Nepali.

ne·po·tis·mo m. nepotism.

Nep·tu·no m. Neptune.

ne·rei·da f. nereid.

ner·vio m. 1 ANAT nerve 2 BOT nervure, vein 3 *tendón de la carne* sinew 4 ARQ rib 5 *de un li-*

bro rib 6 *vigor* energy, vitality ◇ *mpl.* **nervios** nerves *ataque de nervios* fit of panic, attack of nerves.

ner·vio·sa·men·te *adv.* nervously.

ner·vio·sis·mo *m.* 1 *excitación* nervousness 2 *inquietud* disquiet.

ner·vio·so, sa *adj.* 1 *gen.* nervous 2 *excitable* excitable 3 *intranquilo* nervous, uptight, edgy *ponerse nervioso* 1 *intranquilizarse* to get nervous 2 *impacientarse* to get all excited 3 *aturullarse* to get flustered.

ne·to, ta *adj.* 1 *peso, cantidad* net 2 *claro* neat, clear.

neu·má·ti·co, ca *adj.* pneumatic ◇ *m.* **neumáti-co** tire.

neu·mo·ní·a *f.* pneumonia.

neu·mo·tó·rax *m.* pneumothorax.

neu·ral·gia *f.* neuralgia.

neu·rál·gi·co, ca *adj.* 1 MED neuralgic 2 *fig. fundamental* key, main.

neu·ras·te·nia *f.* neurasthenia.

neu·ro·ci·ru·ja·no, na *s.* neurosurgeon.

neu·ro·lo·gí·a *f.* neurology.

neu·ro·ló·gi·co, ca *adj.* neurological.

neu·ró·lo·go, ga *s.* neurologist.

neu·ro·na *f.* neuron, neurone.

neu·ro·sis *f. inv.* neurosis.

neu·ró·ti·co, ca *adj.* neurotic ◇ *s.* neurotic.

neu·tral *adj.* neutral.

neu·tra·li·dad *f.* neutrality.

neu·tra·li·zar *tr.* to neutralize.

neu·tro, tra *adj.* 1 neutral 2 LING neuter ◇ *m.* **neutro** neuter.

neu·trón *m.* neutron.

ne·va·do, da *adj. gen.* covered with snow *montaña* snow-capped.

ne·var *(see model 27) intr.* to snow.

ne·ve·ra *f.* 1 *eléctrica* fridge, refrigerator 2 *para excursiones* cool box 3 *fam. fig.* freezing cold place.

ne·ve·ro *m.* ice field.

new·ton *m.* newton.

ne·xo *m.* 1 *unión* connection, link 2 LING connective.

ni *conj.* 1 neither, nor *no tengo tiempo ni ganas* I neither have the time nor the inclination 2 *ni siquiera* not even *no tengo tiempo ni para comer* I don't even have time to eat ¡ni hablar! no way!

ni·ca·ra·güen·se *adj.* Nicaraguan ◇ *com.* Nicaraguan.

ni·cho *m.* 1 *funerario* wall tomb 2 *para escultura* niche.

ni·co·ti·na *f.* nicotine.

ni·da·da *f.* huevos clutch *polluelos* brood.

ni·dal *m.* nest.

ni·di·fi·car *intr.* to nest.

ni·do *m.* 1 nest *caerse del nido* fig. to be born yesterday *nido de amor* love nest.

nie·bla *f.* 1 *nubes* fog 2 *fig.* mist.

nie·to, ta *s.* grandchild *niño* grandson *niña* granddaughter *él tiene muchos nietos* he has many grandchildren.

nie·ve *f.* snow.

ni·ge·ria·no, na *adj.* Nigerian ◇ *s.* Nigerian.

ni·gro·man·cia *f.* necromancy.

ni·hi·lis·mo *m.* nihilism.

ni·ló·ti·co, ca *adj.* Nilotic.

nim·bo *m.* nimbus.

ni·mie·dad *f.* 1 *cualidad* smallness, triviality 2 *cosa nimia* trifle.

ni·mio, mia *adj.* insignificant, trivial.

nin·fa *f.* nymph.

nin·fo·ma·ní·a *f.* nymphomania.

nin·gún *adj.* ninguno *de ningún modo* in no way.

nin·gu·no, na *adj.* no, not any *no lo encuentro por ningún sitio* I can't find it anywhere ◇ *pron.* 1 *persona* nobody, no one *ninguno lo vio* no one saw it 2 *objeto* not any, none *ninguno me gusta* I don't like any of them *en ninguna parte* nowhere.

ni·ñe·ra *f.* nanny.

ni·ñe·ro, ra *adj.* fond of children.

ni·ñez *f. de una persona* childhood *de una idea, proyecto* infancy.

ni·ño, ña *s.* 1 *gen.* child *chico* boy, little boy *chica* girl, little girl 2 *bebé* baby 3 *pey. en comportamiento* baby *en experiencia* child ◇ *mpl.* **niños** children, kids *de niño* as a child *querer a alguien como a la niña de sus ojos* to adore somebody, have a soft spot for somebody *niño bien* rich kid.

ni·pón, po·na *adj.* Nipponese ◇ *s.* Nipponese.

ní·quel *m.* nickel.

ni·que·lar *tr.* to nickel.

nir·va·na *m.* nirvana.

nís·pe·ro *m.* 1 *fruto* medlar 2 *árbol* medlar tree.

ni·ti·dez *f.* 1 *transparencia* clearness, transparency 2 *claridad* accuracy, precision 3 *de imagen* sharpness.

ní·ti·do, da *adj.* 1 *transparente* clear, transparent 2 *claro* accurate, precise 3 *imagen* sharp.

ni·tra·to *m.* nitrate.

ní·tri·co, ca *adj.* nitric.

ni·tri·to *m.* nitrite.

ni·tró·ge·no *m.* nitrogen.

ni·tro·gli·ce·ri·na *f.* nitroglycerine.

ni·vel *m.* 1 *altura* level, height *el nivel de las aguas de un río* the water level of a river 2 *categoría* level, standard, degree *mis alumnos tienen muy buen nivel de inglés* my students' English is very good 3 *instrumento* level *nivel de vida* standard of living.

ni·ve·la·do, da *pp.* de *nivelar adj.* level.

ni·ve·la·dor, ra *adj.* leveling.

ni·ve·lar *tr.* 1 *gen.* to level out, level off 2 *diferencias, etc.* to reconcile.

ni·ve·o, a *adj.* LIT snow-white.

no *adv.* 1 no, not *no, no quiero agua* no, I don't want any water 2 *en frases negativas* not *no lo compres* don't buy it 3 *en frases interrogativas* ¿te gusta, no? you like it, don't you? 4 *prefijo* non- *la no violencia* nonviolence ◇ *m.* no *un no rotundo* a definite no *no más* solo only.

no·bi·lia·rio, ria *adj.* noble.

no·ble *adj. gen.* noble *madera* fine ◇ *com. hombre* nobleman *mujer* noblewoman.

no·ble·za *f.* 1 *cualidad* nobility, honesty, uprightness 2 *los nobles* nobility.

no·che *f. gen.* night *al atardecer* evening *esta noche salimos* we are going out tonight *buenas noches* 1 *saludo* good evening 2 *despedida* good night *noche y día* day and night *pasar mala noche* to sleep badly, have a bad night *de la noche a la mañana fig.* overnight.

No·che·bue·na *f.* Christmas Eve.

No·che·vie·ja *f.* New Year's Eve.

no·ción *f.* notion, idea ◇ *fpl.* **nociones** smattering *sing.*, basic knowledge *sing.*

no·ci·vi·dad *f.* noxiousness.

no·ci·vo, va *adj.* noxious, harmful.

noc·tám·bu·lo, la *adj.* nocturnal ◇ *s. fam. trasnochador* night hawk.

noc·tur·no, na adj. 1 gen. nocturnal vida night clase evening 2 ZOOL nocturnal ◇ m. **noctur·no** 1 night school 2 MÚS nocturne.

no·do m. node.

no·dri·za f. 1 mujer wet nurse 2 vehículo supply.

nó·du·lo m. nodule.

no·gal m. walnut tree.

nó·ma·da adj. nomadic ◇ com. nomad.

nom·bra·do, da adj. well-known.

nom·bra·mien·to m. appointment.

nom·brar tr. 1 dar nombre, mencionar to name 2 llamar to call 3 designar to name, appoint.

nom·bre m. 1 name ¿este cheque va a su nombre? is this cheque in your name? 2 LING noun 3 fama reputation es un cirujano de nombre he is a well-known surgeon en el nombre del Padre, del Hijo... in the name of the Father, the Son... llamar a las cosas por su nombre fig. to call a spade a spade.

no·men·cla·tu·ra f. nomenclature.

nó·mi·na f. 1 plantilla payroll 2 sueldo pay check papel pay slip 3 lista list.

no·mi·na·ción f. nomination.

no·mi·nal adj. nominal.

no·mi·nar tr. to nominate.

no·mi·na·ti·vo, va adj. 1 cheque personal 2 LING nominative ◇ m. **nominativo** nominative.

non adj. número odd ◇ m. odd number **pares y nones** odds and evens.

no·na·ge·na·rio, ria adj. nonagenarian ◇ s. nonagenarian.

no·na·gé·si·mo, ma adj. ninetieth ◇ s. ninetieth.

no·na·to, ta adj. 1 mediante cesárea born by Caesarean section después de morir la madre born of a dead mother 2 no nacido unborn.

no·que·ar tr. to knock out.

nor·co·re·a·no, na adj. North Korean ◇ s. North Korean.

nor·des·te m. 1 northeast 2 viento northeasterly.

nór·di·co, ca adj. 1 del norte northern 2 de los países del norte Nordic ◇ s. persona Scandinavian ◇ m. **nórdico** idioma Norse.

no·ria f. 1 para agua water wheel 2 de feria big wheel.

nor·ma f. norm, rule.

nor·mal adj. corriente, habitual normal, usual, average lógico normal, natural ◇ f. en geometría perpendicular, normal.

nor·ma·li·za·ción f. normalization.

nor·ma·li·zar (see model 4) tr. to normalize, restore to normal.

nor·man·do, da adj. 1 de Normandía Norman 2 HIST germánico Norse ◇ s. de Normandía Norman.

nor·ma·ti·vo, va adj. normative.

no·ro·es·te m. 1 northwest 2 viento northwesterly.

nor·te m. 1 north 2 viento northerly wind 3 fig. dirección, sentido direction objetivo aim.

Nor·te·a·mé·ri·ca f. América del Norte North America Estados Unidos America.

nor·te·a·me·ri·ca·no, na adj. de América del Norte North American de Estados Unidos American s. de América del Norte North American de Estados Unidos American.

no·rue·go, ga adj. Norwegian ◇ s. persona Norwegian ◇ m. **noruego** idioma Norwegian.

nos pron. 1 complemento él dijo que no nos moviéramos he told us not to move 2 uso reflexivo ourselves nos lavamos we wash ourselves 3 uso recíproco each other nos vemos mucho we see each other often.

no·so·tros, tras pron. 1 sujeto we **nosotros no fuimos** we didn't go 2 complemento **con nosotros** with us.

nos·tal·gia f. 1 nostalgia 2 añoranza homesickness.

nos·tál·gi·co, ca adj. nostalgic.

no·ta f. 1 anotación note 2 calificación mark, grade calificación alta high mark.

no·ta·bi·li·dad f. notability.

no·ta·ble adj. 1 apreciable noticeable considerable, marcado considerable, remarkable 2 digno de mención noteworthy, notable 3 ilustre wellknown ◇ m. 1 persona dignitary, notable 2 calificación.

no·ta·ción f. notation.

no·tar tr. 1 percibir to notice 2 sentir to feel ◇ prnl. **notarse** 1 percibirse to be noticeable, be evident, show 2 sentirse to feel **hacerse notar** to draw attention to oneself.

no·ta·rí·a f. 1 profesión profession of notary 2 despacho notary's office.

no·ta·rial adj. notarial.

no·ta·rio, ria s. notary, notary public.

no·ti·cia f. 1 información news pl. ¿has tenido noticias de Laura? have you had any news from Laura? 2 conocimiento idea ◇ fpl. **las noticias** the news dar la noticia to break the news.

no·ti·cia·rio m. news.

no·ti·fi·ca·ción f. notification **notificación judicial** summons sing.

no·ti·fi·car (see model 1) tr. to notify, inform.

no·to·rie·dad f. 1 fama fame, prestige 2 evidencia obviousness.

no·to·rio, ria adj. well-known.

no·va·to, ta adj. persona inexperienced, green ◇ s. 1 principiante novice, beginner 2 universidad freshman.

no·ve·cien·tos, tas adj. nine hundred ordinal ninehundredth ◇ mpl. **novecientos** nine hundred.

no·ve·dad f. 1 cualidad newness 2 cosa nueva novelty 3 cambio change, innovation 4 noticia news sin novedad without incident.

no·ve·do·so, sa adj. novel.

no·vel adj. escritor, escultor novice ◇ m. beginner.

no·ve·la f. 1 novel 2 en TV, radio serial **novela policiaca** detective story.

no·ve·lar tr. to novelize, convert into a novel ◇ intr. to write novels.

no·ve·lis·ta com. novelist.

no·ve·no, na adj. ninth ◇ s. ninth.

no·ven·ta adj. ninety ◇ m. ninety.

no·via f. 1 amiga girlfriend 2 prometida fiancée en boda bride.

no·viaz·go m. engagement.

no·vi·cia·do m. noviciate, novitiate.

no·vi·cio, cia s. 1 principiante beginner 2 REL novice.

no·viem·bre m. November.

no·vi·lla·da f. 1 corrida bullfight with young bulls 2 novillos herd of young bulls.

no·vi·lle·ro, ra s. 1 torero novice bullfighter 2 estudiante truant.

no·vi·llo m. young bull.

no·vio m. ,1 amigo boyfriend 2 prometido fiancé en boda bridegroom **ser novios** salir juntos to be going out.

nu·ba·rrón m. 1 nube storm cloud 2 fam. fig. cloud on the horizon.

nu·be f. 1 cloud 2 fig. multitud - de personas swarm, crowd - de insectos cloud estar por las nubes precio to be sky-high.

nú·bil *adj.* nubile.

nu·bla·do, da *adj.* cloudy, overcast ◇ *m.* *nublado* storm cloud.

nu·blar *tr. cielo* to cloud ◇ *prnl.* *nublarse* to cloud over.

nu·blo *adj.* cloudy.

nu·bo·si·dad *f.* cloudiness.

nu·ca *f.* nape (of the neck).

nu·cle·ar *adj.* nuclear ◇ *f.* nuclear power station.

nú·cle·o *m.* 1 nucleus 2 *parte central* core 3 *grupo de gente* circle, group.

nu·di·llo *m.* knuckle.

nu·dis·mo *m.* nudism.

nu·do *m.* 1 knot *¿me haces el nudo de la corbata?* can you tie my tie for me? 2 *fig. vínculo* link, tie 3 *de un argumento* climax 4 *en madera* knot 5 *unidad de velocidad* knot **hacer un nudo** to tie a knot.

nue·ra *f.* daughter-in-law.

nues·tro, tra *adj.* our, of ours ◇ *pron.* ours *este libro es nuestro* this book is ours **lo nuestro** *relación* our relationship, us.

nue·va *f.* tidings *pl.*, news *sing.*

nue·va·men·te *adv.* again.

nue·ve *adj.* nine *noveno* ninth ◇ *m.* nine.

nue·vo, va *adj.* 1 new 2 *adicional* further ◇ *s.* newcomer *principiante* beginner *universidad* freshman **estar (como) nuevo** *objeto* to be as good as new.

nuez *f.* BOT walnut **nuez (de Adán)** Adam's apple.

nu·li·dad *f.* 1 *ineptitud* incompetence 2 *persona* hopeless person 3 JUR nullity.

nu·lo, la *adj.* 1 *persona* useless, totally inept 2 *sin valor* null and void, invalid.

nu·men *m.* LIT muse.

nu·me·ra·ción *f.* 1 *proceso* numbering 2 *conjunto* numbers *pl.* 3 *sistema* numbers *pl.*, numerals *pl.* **numeración arábiga** Arabic numerals *pl.* **numeración decimal** decimal system **numeración romana** Roman numerals *pl.*

nu·me·ra·dor *m.* numerator.

nu·me·ral *adj.* numeral ◇ *m.* numeral.

nu·me·rar *tr.* to number ◇ *prnl.* **numerarse** MIL to number off.

nu·me·ra·rio, ria *adj.* with tenure, permanent **profesor numerario** *lecturer who has tenure, lecturer who has a permanent contract* **profesor no numerario** *lecturer without tenure.*

nu·mé·ri·co, ca *adj.* numerical.

nú·me·ro *m.* 1 *gen.* number 2 *de una publicación* number, issue 3 *de zapatos* size 4 *de un espectáculo* act 5 *de lotería* lottery ticket number **en números redondos** in round figures **ser el número uno** to be the number one.

nu·me·ro·so, sa *adj.* numerous **son familia numerosa** they're a large family.

nu·mis·má·ti·co, ca *adj.* numismatic ◇ *s.* numismatist.

nun·ca *adv.* 1 never 2 *en interrogativa* ever **más que nunca** more than ever **nunca jamás** never ever **nunca más** never again.

nun·cia·tu·ra *f.* nunciature.

nun·cio *m.* nuncio **nuncio apostólico** papal nuncio.

nup·cial *adj.* *marcha, tarta* wedding *misa* nuptial *lecho* marriage.

nup·cias *fpl.* wedding *sing,* nuptials **casarse en segundas nupcias** to remarry, marry for the second time.

nu·tria *f.* otter.

nu·tri·do, da *adj.* 1 *alimentado* nourished 2 *fig. abundante* large **nutrido de** filled with, abounding in **bien nutrido** well-nourished **mal nutrido** undernourished.

nu·trien·te *adj.* nutrient ◇ *m.* nutrient.

nu·trir *tr.* 1 *alimentar* to feed, nourish 2 *fig.* to encourage 3 *abastecer* to supply (*de,* with) ◇ *prnl.* **nutrirse** 1 *alimentarse* to receive nourishment (*de,* from) 2 *fig. abastecerse* to draw (*de,* on).

nu·tri·ti·vo, va *adj.* nutritious, nourishing **sustancia nutritiva** nutrient **valor nutritivo** nutritional value.

N

Ñ, ñ *f. the fifteenth letter of the Spanish alphabet.*

ña·me *m.* AM yam.

ñan·dú *m.* AM rhea.

ño·ñe·rí·a *f. tontería* inanity, nonsense.

ño·ñez *f.* **1** *sosera* insipidness, dullness **2** *falta de seguridad* wetness, wimpishness **3** *tontería* inanity, nonsense.

ño·ño, ña *adj.* **1** *soso* insipid, dull **2** *tímido* shy **3** *remilgado* fussy **4** *poco seguro* wet, drippy, wimpish *es tan ñoña, no tiene iniciativa* she's such a drip, she's got no initiative **5** AM old ◇ *s.* drip.

ño·qui *m.* gnocchi *pl.*

ñu *m.* gnu.

O

O, o *f. la letra* O, o.

o *conj.* **1** *or* ¿*té* **o** *café? tea or coffee?* **2** *concesiva* whether... or *estudie* **o** *no, tiene que aprobar* whether he studies or not, he has to pass **o** *sea que* so.

O *simb.* **oeste** *símbolo* W.

o·a·sis *m. inv.* oasis.

ob·ce·ca·ción *f. empeño* obstinacy *ofuscación* blindness.

ob·ce·car *(see model 1) tr.* to blind ◇ *prnl.* **obcecarse** to be obstinate.

o·be·de·cer *(see model 43) tr. autoridad, regla, ley* to obey ◇ *intr.* **1** *persona* to obey **2** *responder* to respond (*a*, to) **3** *tener por causa* to be due (*a*, to).

o·be·dien·cia *f.* obedience.

o·be·dien·te *adj.* obedient.

o·be·lis·co *m.* obelisk.

o·ber·tu·ra *f.* MÚS overture.

o·be·si·dad *f.* obesity.

o·be·so, sa *adj.* obese.

ó·bi·ce *m.* impediment.

o·bis·po *m.* bishop.

o·bi·tua·rio *m.* **1** *de una parroquia* register of deaths **2** *de un periódico* obituary.

ob·je·ción *f.* objection *objeción de conciencia* conscientious objection.

ob·je·tar *tr.* to object.

ob·je·ti·va·men·te *adv.* objectively.

ob·je·ti·vi·dad *f.* objectivity.

ob·je·ti·vo, va *adj.* objective ◇ *m.* **objetivo** **1** *fin* aim, objective **2** MIL target **3** *lente* lens.

ob·je·to *m.* **1** *cosa* object **2** *fin* aim, purpose, object **3** *finalidad* intention **4** *blanco* object **5** *tema* subject.

ob·je·tor, ra *adj.* objecting, dissenting ◇ *s.* objector.

o·bla·ción *f.* oblation.

o·ble·a *f.* wafer.

o·bli·cui·dad *f.* obliquity.

o·bli·cuo, cua *adj.* oblique.

o·bli·ga·ción *f.* **1** *deber* duty, obligation **2** FIN bond *obligaciones familiares* family obligations.

o·bli·gar *(see model 7) tr.* to force, oblige, make ◇ *prnl.* **obligarse** to undertake, promise.

o·bli·ga·to·rio, ria *adj.* compulsory, obligatory.

o·bli·te·rar *tr. gen.* to obliterate *sello* to frank.

o·blon·go, ga *adj.* oblong.

ob·nu·bi·la·do, da *adj. ofuscado* blinded, dazzled.

ob·nu·bi·lar *tr.* **1** to cloud, blind **2** *fascinar* to fascinate ◇ *prnl.* **obnubilarse** **1** to become confused **2** *quedarse fascinado* to be fascinated, be amazed.

o·bo·e·m oboe.

o·bra *f.* **1** *trabajo* work **2** LIT *obras completas* work *libro* book **3** *acto* deed **4** *institución* institution, foundation **5** *construcción* building site ◇ *fpl.* **obras** *en casa* alterations, repairs *en carretera* road works.

o·brar *intr.* **1** *proceder* to act, behave **2** *encontrarse* to be ◇ *tr. hacer* to work.

o·bre·ro, ra *adj.* working ◇ *s.* worker, labourer.

obs·ce·ni·dad *f.* obscenity.

obs·ce·no, na *adj.* obscene.

ob·se·quiar *(see model 12) tr. regalar* to give, offer.

ob·se·quio *m.* gift, present.

ob·ser·va·ble *adj.* noticeable, observable.

ob·ser·va·ción *f.* **1** *acción* observation **2** *comentario* observation, comment, remark.

ob·ser·va·dor, ra *adj.* observant ◇ *s.* observer.

ob·ser·van·cia *f.* observance.

ob·ser·var *tr.* **1** *mirar* to observe, watch **2** *notar* to notice **3** *mostrar* to display, show **4** *cumplir* to observe, obey.

ob·ser·va·to·rio *m.* observatory.

ob·se·sión *f.* obsession.

ob·se·sio·nar *tr.* to obsess ◇ *prnl.* **obsesionarse** to get obsessed.

ob·se·si·vo, va *adj.* obsessive.

ob·si·dia·na *f.* obsidian.

ob·so·le·to, ta *adj.* obsolete.

obs·ta·cu·li·zar *(see model 4) tr.* to obstruct, hinder.

obs·tá·cu·lo *m.* **1** *barrera* obstacle **2** *inconveniente* objection **3** *valla* fence, jump.

obs·tan·te *adv.* **no obstante** nevertheless, however ◇ *prep.* **no obstante** in spite of, despite.

obs·te·tri·cia *f.* obstetrics.

obs·ti·na·ción *f.* obstinacy, stubbornness.

obs·ti·na·do, da *adj.* obstinate, stubborn.

obs·ti·nar·se *prnl.* to persist (*en*, in), insist (*en*, on).

obs·truc·ción *f.* obstruction.

obs·truir *(see model 62) tr.* to obstruct, block ◇ *prnl.* **obstruirse** to get blocked up.

ob·te·ner *(see model 87) tr. beca, resultados* to get, obtain *premio* to win *ganancias* to make ◇ *prnl.* **obtenerse** to get, be obtained.

ob·tu·ra·dor *m.* **1** stopper **2** *de cámara fotográfica* shutter.

ob·tu·so, sa *adj.* obtuse.

o·bús *m.* **1** MIL *proyectil* shell *cañón* howitzer **2** AUTO valve core.

ob·via·men·te *adv.* obviously, plainly.

ob·viar *tr.* to obviate, remove.

ob·vio, via *adj.* obvious.

o·ca·ri·na *f.* ocarina.

o·ca·sión *f.* **1** *momento* occasion **2** *oportunidad* opportunity, chance **3** COMM bargain **4** *motivo* reason.

o·ca·sio·nal *adj.* **1** *gen.* occasional **2** *trabajo* temporary, casual **3** *encuentro* chance **4** *ingreso* irregular.

o·ca·sio·nar *tr. causar* to cause, bring about.

o·ca·so *m.* **1** *anochecer* sunset **2** *fig. declive* fall, decline **3** *occidente* west.

oc·ci·den·te *m.* the West.

oc·ci·pi·tal *adj.* occipital ◇ *m.* occipital, occipital bone.

o·ce·á·ni·co, ca *adj. corriente* oceanic.

o·cé·a·no *m.* ocean.

o·ce·a·no·gra·fí·a *f.* oceanography.

o·ce·a·nó·gra·fo, fa *s.* oceanographer.

o·ce·lo·te *m.* ocelot.

o·cha·va·do, da *adj.* octagonal, eight-sided.

o·chen·ta *adj.* eighty *octagésimo* eightieth ◇ *m.* eighty.

o·cho *adj.* eight *octavo* eighth ◇ *m.* eight **a los ocho días** in a week's time.

o·cho·cien·tos, tas *adj.* eight hundred *ordinal* eight hundredth ◇ *s.* eight hundred.

o·cio *m.* **1** *tiempo libre* leisure **2** *desocupación* idleness.

o·cio·so, sa *adj.* **1** *desocupado* idle **2** *innecesario* pointless, useless ⋄ *s.* idler.

o·clu·ir *(see model 62) tr.* to occlude ⋄ *prnl.* **ocluirse** to become obstructed.

o·clu·sión *f.* occlusion.

o·cre *adj.* ochre ⋄ *m.* ochre.

oc·ta·e·dro *m.* octahedron.

oc·ta·go·no, na *adj.* octagonal ⋄ *m.* **octágono** octagon.

oc·ta·no *m.* octane.

oc·ta·vo, va *adj.* eighth *llegó en octavo lugar* he came eighth ⋄ *s.* eighth *era la octava en la lista* she was the eighth on the list ⋄ *m.* **octavo** *parte* eighth.

oc·te·to *m.* octet.

oc·to·ge·na·rio, ria *adj.* octogenarian ⋄ *s.* octogenarian.

oc·to·gé·si·mo, ma *adj.* eightieth.

oc·tó·go·no *m.* octagon.

oc·to·sí·la·bo, ba *adj.* octosyllabic ⋄ *m.* **octosílabo** octosyllable.

oc·tu·bre *m.* October.

o·cu·lar *adj.* eye, ocular ⋄ *m.* eyepiece.

o·cu·lis·ta *com.* eye specialist, ophthalmologist.

o·cul·tar *tr. gen.* to hide, conceal.

o·cul·tis·ta *adj.* occult, occultist ⋄ *com.* occultist.

o·cul·to, ta *adj.* **1** *escondido* hidden **2** *misterioso* cryptic *esotérico* occult.

o·cu·pa·ción *f.* **1** *llenado* occupation **2** MIL occupation **3** *empleo* occupation, employment, job **4** *actividad* activity, duty, job.

o·cu·pa·do, da *pp.* de **ocupar** *adj.* **1** *persona* busy **2** *asiento* taken *teléfono* engaged.

o·cu·pan·te *com.* **1** occupant **2** *de una vivienda* occupier, occupant *ilegal* squatter.

o·cu·par *tr.* **1** to occupy, take **2** *adueñarse de* to occupy, take **3** *llenar* to take up **4** *dedicar* to do **5** *habitar* to live in, occupy ⋄ *prnl.* **ocuparse de** *encargarse de* to take care of *tratar* to deal with.

o·cu·rren·cia *f.* **1** *idea* idea *disparatada* absurd idea **2** *agudeza* witty remark.

o·cu·rrir *intr.* to happen ⋄ *prnl.* **ocurrirse** to occur to.

o·da *f.* ode.

o·diar *(see model 12) tr.* to hate, loathe.

o·dio *m.* hatred, loathing.

o·dio·so, sa *adj.* hateful, despicable, odious.

o·di·se·a *f.* **1** odyssey **2** *fam.* ordeal.

o·don·to·lo·gí·a *f.* dentistry, odontology.

o·don·tó·lo·go, ga *s.* dental surgeon, odontologist.

o·do·rí·fi·co, ca *adj.* odoriferous.

o·dre *m.* wineskin.

o·es·te *m.* west ⋄ *adj.* *ala, viento* west *rumbo* westerly.

o·fen·der *tr.* **1** *herir* to offend **2** *disgustar* to hurt ⋄ *prnl.* **ofenderse** to get offended.

o·fen·di·do, da *pp.* de **ofender** *adj.* offended.

o·fen·sa *f.* offence.

o·fen·si·vo, va *adj.* offensive.

o·fen·sor, ra *adj.* offending ⋄ *s.* offender.

o·fer·ta *f.* **1** offer **2** COMM bid, tender **3** *suministro* supply *la ley de la oferta y la demanda* the law of supply and demand.

off·set *m.* offset.

o·fi·cial *adj.* official *com.* **1** *en oficina* office worker, clerk *en oficio* assistant **2** *en la Administración* official, officer.

o·fi·cia·li·zar *(see model 4) tr.* to make official.

o·fi·cian·te *com.* officiant.

o·fi·ciar *tr.* *misa* to say ⋄ *intr.* **1** *sacerdote* to officiate **2** *ejercer* to act (*de*, as).

o·fi·ci·na *f.* office.

o·fi·ci·nis·ta *com.* office worker, clerk.

o·fi·cio *m.* **1** *ocupación* job, occupation *especializado* trade **2** *función* role, function **3** *comunicado oficial* official letter, official note *el Santo Oficio* the Holy Office, the Inquisition.

o·fi·dio *m.* snake.

o·fre·cer *(see model 43) tr.* **1** *dar - premio, amistad* to offer - *banquete, fiesta* to hold - *regalo* to give **2** *presentar* to present ⋄ *prnl.* **ofrecerse** *prestarse* to offer, volunteer.

o·fre·ci·mien·to *m.* offer, offering.

o·fren·da *f.* offering.

of·tal·mo·lo·gí·a *f.* ophthalmology.

of·tal·mó·lo·go, ga *s.* eye specialist, ophthalmologist.

o·fus·ca·ción *f.* blinding, dazzling.

o·fus·car *(see model 1) tr.* **1** *confundir* to muddle, befuddle **2** *deslumbrar* to dazzle ⋄ *prnl.* **ofuscarse** to get muddled.

o·gro *m.* ogre.

oh *interj.* oh!

ohm *m.* ohm.

o·í·do *m.* **1** *sentido* hearing **2** *órgano* ear *ser todo oídos* to be all ears.

o·ír *(see model 75) tr.* **1** *percibir sonidos* to hear *no oigo nada* I can't hear a thing **2** *atender* to answer *¡Dios te oiga!* if only!

o·jal *m.* buttonhole.

o·ja·lá *interj.* I hope so.

o·je·a·da *f.* glance, quick look.

o·je·ar *tr.* *mirar* to have a quick look at.

o·je·ras *fpl.* dark rings under the eyes.

o·je·ri·za *f.* *fam.* dislike.

o·je·ro·so, sa *adj.* haggard.

o·ji·va *f.* **1** ARQ ogive **2** MIL warhead.

o·jo *m.* **1** eye **2** *agujero* hole *de aguja* eye **3** *cuidado, precaución* care **4** *perspicacia* insight, eye **5** *enjabonado* wash.

o·la *f.* wave *ola de calor* heat wave *ola de frío* cold spell.

o·le·a·da *f.* **1** big wave **2** *fig.* wave.

o·le·a·gi·no·so, sa *adj.* oleaginous.

o·le·a·je *m.* swell.

ó·le·o *m.* **1** *material* oil *obra* oil painting **2** REL chrism, oil *pintar al óleo* to paint in oils *santos óleos* holy oils.

o·le·o·duc·to *m.* pipeline.

o·ler *(see model 60) tr.* to smell ⋄ *intr.* to smell ⋄ *prnl.* **olerse** to feel, sense.

ol·fa·te·ar *tr.* *oler* to sniff, smell **2** *fig. indagar* to nose into, pry into **3** *sospechar* to suspect.

ol·fa·ti·vo, va *adj.* olfactory.

ol·fa·to *m.* sense of smell **2** *fig. intuición* good nose *cualidades* flair.

o·li·gar·quí·a *f.* oligarchy.

o·li·go·fré·ni·co, ca *adj.* mentally retarded ⋄ *s.* mentally retarded person.

o·lim·pi·a·da *f.* HIST Olympiad *las Olimpiadas* the Olympic Games.

o·lis·que·ar *tr.* *olfatear* to sniff ⋄ *intr. fig.* *curiosear* to nose around.

o·li·va *f.* olive.

o·li·vo *m.* olive tree.

o·lla *f.* **1** *utensilio* pan **2** *comida* type of stew *olla a presión* pressure cooker.

o·lor *m.* smell *en olor de santidad* like a saint.

ol·vi·da·di·zo, za *adj.* forgetful.

ol·vi·da·do, da *pp.* de **olvidar** *adj.* forgotten.

ol·vi·dar *tr.* to forget ⋄ *prnl.* **olvidarse** to forget (*de*, -).

ol·vi·do m. 1 *desmemoria* oblivion 2 *descuido* forgetfulness, absent-mindedness 3 *lapsus* oversight, lapse (of memory).

om·bli·go m. navel.

o·me·ga f. *letra* omega.

o·mi·no·so, sa adj. abominable.

o·mi·sión f. omiooion.

o·mi·tir tr. 1 *no decir* to omit, leave out 2 *dejar de hacer* to neglect, overlook.

om·ni·mo·do, da adj. all-embracing.

om·ni·po·ten·cia f. omnipotence.

om·ni·pre·sen·cia f. omnipresence.

om·nis·cien·cia f. omniscience.

om·ní·vo·ro, ra adj. omnivorous ◇ s. omnivore.

o·mó·pla·to m. shoulder blade.

o·na·nis·mo m. onanism.

on·ce adj. eleven *undécimo* eleventh ◇ m. eleven.

on·ce·a·vo, va adj. *parte* eleventh **la onceava parte de...** an eleventh of... ◇ m. eleventh **tres onceavos** three elevenths.

on·co·lo·gí·a f. oncology.

on·co·ló·gi·co, ca adj. oncological.

on·có·lo·go, ga s. oncologist.

on·da f. 1 wave 2 *en el agua* ripple 3 *en el pelo* wave.

on·de·ar intr. 1 *bandera* to fly, flutter 2 *agua* to ripple 3 *pelo* to blow about.

on·du·la·ción f. 1 undulation, wave 2 *agua* ripple.

on·du·la·do, da pp. de **ondular** adj. *pelo* wavy.

on·du·lar tr. *pelo* to wave ◇ intr. LIT *agua* to undulate.

on·du·la·to·rio, ria adj. undulatory.

o·ne·ro·so, sa adj. onerous.

o·ní·ri·co, ca adj. dream, of dreams.

o·no·más·ti·co, ca adj. onomastic.

o·no·ma·to·pe·ya f. onomatopoeia.

on·to·gé·ne·sis f. inv. ontogenesis.

on·to·ló·gi·co, ca adj. ontological.

on·za f. *peso* ounce.

o·pa·co, ca adj. 1 *ventana, pantalla* opaque 2 LIT *persona, día* dull.

o·pa·li·no, na adj. de *ópalo* opal *opalescente* opal-like, opaline.

ó·pa·lo m. opal.

op·ción f. 1 *en general* option 2 *alternativa* option, choice 3 *derecho* right.

op·cio·nal adj. optional.

ó·pe·ra f. opera.

o·pe·ra·ción f. 1 *gen.* operation 2 FIN transaction, deal **operación quirúrgica** operation.

o·pe·ra·dor, ra s. 1 *telefónico* operator 2 CINE *de cámara - hombre* cameraman - *mujer* camerawoman - *de proyector* projectionist 3 TÉC operator ◇ m. **operador** MAT *signo* operator.

o·pe·rar tr. 1 MED to operate (**a**, on) 2 *producir* to bring about ◇ intr. 1 *actuar* to operate 2 *negociar* to deal (**con**, with) ◇ prnl. 1 **operarse** MED to have an operation 2 *producirse* to come about.

o·pe·ra·rio, ria s. operator, worker.

o·pe·ra·ti·vo, va adj. operative.

o·pe·rís·ti·co, ca adj. operatic **la temporada operística** the opera season.

o·piá·ce·o, a adj. opiate.

o·pi·nar intr. to think (**de**, about).

o·pi·nión f. *juicio* opinion, view **la opinión pública** public opinion.

o·pio m. opium.

o·pí·pa·ro, ra adj. lavish.

o·po·nen·te adj. opposing ◇ com. opponent.

o·po·ner (see model 78) pp. **opuesto** tr. to reply with, counter with ◇ prnl. **oponerse** 1 *estar en con-*

tra tó oppose (**a**, -), be against (**a**, -) 2 *ser contrario* to be in opposition (**a**, to), contradict (**a**, -).

o·por·tu·ni·dad f. 1 opportunity, chance 2 *ganga* bargain.

o·por·tu·nis·mo m. opportunism.

o·por·tu·no, na adj. 1 *a tiempo* opportune, timely 2 *conveniente* appropriate.

o·po·si·ción f. 1 *antagonismo* opposition 2 *examen* competitive examination.

o·pre·sión f. oppression.

o·pre·sor, ra adj. oppressive, oppressing ◇ s. oppressor.

o·pri·mi·do, da pp. de **oprimir** adj. oppressed ◇ s. oppressed person.

o·pri·mir tr. 1 *botón* to press 2 *fig.* to oppress.

o·pro·bio m. opprobrium.

op·tar intr. 1 *elegir* to choose (**entre**, from) 2 *aspirar* to apply (**a**, for).

óp·ti·co, ca adj. *nervio, ángulo* optic *ilusión, instrumento, efecto* optical ◇ s. optician.

op·ti·mis·mo m. optimism.

op·ti·mi·zar tr. to optimize.

óp·ti·mo, ma adj. very best, optimum.

o·pues·to, ta pp. de **oponer** adj. 1 *contrario* contrary, opposed 2 *de enfrente* opposite.

o·pu·len·cia f. opulence.

o·pús·cu·lo m. opuscule, short work.

o·que·dad f. 1 *hueco* cavity 2 *fig.* vacuity, emptiness.

o·ra·ción f. 1 REL *plegaria* prayer *acción* praying 2 LING clause, sentonce **oración compuesta** complex sentence **oración principal** main clause **oración simple** simple sentence **oración subordinada** subordinate clause.

o·rá·cu·lo m. oracle.

o·ra·dor, ra s. speaker, orator.

o·ral adj. oral ◇ m. EDUC *examen* oral, oral exam *de universidad* viva, viva voce.

o·ran·gu·tán m. ZOOL orang-utan, orang-outang.

o·rar intr. to pray.

o·ra·te com. LIT lunatic.

o·ra·to·rio, ria adj. *estilo, arte* oratorical ◇ m. **oratorio** 1 MÚS oratorio 2 REL oratory.

or·be m. *esfera* orb *mundo* world.

ór·bi·ta f. 1 *de un astro* orbit 2 *del ojo* socket 3 *ámbito* field.

or·bi·tar intr. to orbit.

or·ca f. killer whale, orc.

or·den m. 1 *ordenación* order 2 BIOL order 3 ARQ order 4 field, sphere ◇ f. 1 *mandato* order **¡es una orden!** that's an order! 2 REL order **la orden franciscana** the Franciscan order **orden de pago** order of payment **orden de registro** search warrant.

or·de·na·ción f. 1 *disposición* arrangement, organizing 2 REL ordination.

or·de·na·do, da pp. de **ordenar** adj. 1 *habitación* tidy, in order *persona* tidy, well-organized 2 REL ordained.

or·de·nar tr. 1 *arreglar* to put in order *habitación* to tidy up 2 *mandar* to order 3 REL to ordain 4 *encaminar* to direct.

or·de·ñar tr. to milk.

or·di·nal adj. ordinal ◇ m. ordinal.

or·di·na·rio, ria adj. 1 *corriente* ordinary, common 2 *grosero* vulgar, common.

o·re·ar tr. to air ◇ prnl. **orearse** to get some fresh air.

o·ré·ga·no m. oregano.

o·re·ja f. ear.

or·fa·na·to m. orphanage.

or·fan·dad f. orphanage.

or·fe·bre m. goldsmith, silversmith.

or·gá·ni·co, ca adj. organic.

or·ga·ni·gra·ma m. de empresa organization chart de informática flow chart.

or·ga·ni·llo m. barrel organ.

or·ga·nis·mo m. 1 humano organism 2 institucional organization, body.

or·ga·nis·ta com. organist.

or·ga·ni·za·ción f. organization.

or·ga·ni·za·dor, ra adj. organizing ◇ s. organizer.

or·ga·ni·zar (see model 4) tr. to organize ◇ prnl. **organizarse** ordenarse to get organized.

ór·ga·no m. organ.

or·gas·mo m. orgasm.

or·gí·a f. orgy.

or·gu·llo m. 1 propia estima pride 2 arrogancia arrogance, haughtiness.

or·gu·llo·so, sa adj. 1 satisfecho proud 2 arrogante arrogant, haughty.

o·rien·ta·ción f. 1 capacidad sense of direction 2 de un edificio aspect 3 dirección orientation, direction tendencia leanings pl., tendency **orientación profesional** vocational guidance.

o·rien·tal adj. eastern, oriental ◇ com. Oriental.

o·rien·tar tr. 1 casa to face antena, barco to point velas to trim 2 esfuerzos, investigaciones to direct 3 guiar to guide aconsejar to advise ◇ prnl. **orientarse** to find one's bearings.

o·rien·te m. East **el Lejano Oriente** the Far East **el Oriente Medio** the Middle East.

o·ri·fi·cio m. agujero hole abertura opening en el cuerpo orifice.

o·ri·gen m. 1 causa cause, origin 2 procedencia - gen. origin - de persona extraction **dar origen a** to give rise to.

o·ri·gi·nal adj. gen. original ◇ m. original.

o·ri·gi·nar tr. to cause, give rise to ◇ prnl. **originarse** to originate.

o·ri·gi·na·rio, ria adj. original.

o·ri·lla f. 1 borde edge 2 del río bank del mar shore.

o·ri·llar tr. 1 resolver to solve 2 sortear to get round.

o·ri·na f. urine.

o·ri·nar intr. to urinate ◇ tr. sangre to pass ◇ prnl. **orinarse** to wet oneself.

o·riun·do, da adj. native of **ser oriundo de** to come from.

or·lar tr. to border.

or·na·men·ta·ción f. ornamentation.

or·na·men·tar tr. to adorn, decorate.

or·na·men·to m. ornament.

or·ni·to·lo·gí·a f. ornithology.

or·ni·tó·lo·go, ga s. ornithologist.

o·ro m. gold ◇ adj. color golden ◇ mpl. **oros** baraja española ± diamonds.

o·ro·gra·fí·a f. orography.

o·ron·do, da adj. 1 gordo hearty, plump 2 satisfecho smug, self-satisfied.

or·ques·ta f. 1 clásica orchestra popular dance band 2 lugar orchestra pit.

or·quí·de·a f. orchid.

or·ti·ga f. nettle.

or·to·don·cia f. orthodontics, dental orthopaedics.

or·to·do·xo, xa adj. orthodox ◇ s. orthodox.

or·to·gra·fí·a f. spelling uso formal orthography.

or·to·grá·fi·co, ca adj. spelling uso formal orthographic **signo ortográfico** punctuation mark.

or·to·pe·dia f. orthopaedics.

or·to·pe·dis·ta com. orthopaedist.

o·ru·ga f. caterpillar.

o·sa·dí·a f. 1 audacia audacity, daring 2 desvergüenza effrontery, nerve.

o·sa·men·ta f. esqueleto skeleton huesos bones pl.

o·sar intr. LIT to dare, have the audacity to.

o·sa·rio m. 1 parte del cementerio ossuary 2 cementerio burial ground.

os·ci·la·ción f. 1 de precios fluctuation 2 FIS oscillation.

os·ci·la·dor m. oscillator.

os·ci·lar intr. 1 variar to vary, fluctuate 2 FIS to oscillate.

os·ci·la·to·rio, ria adj. oscillating.

ós·cu·lo m. LIT kiss.

os·cu·ran·tis·mo m. obscurantism.

os·cu·ran·tis·ta adj. obscurantist ◇ com. obscurantist.

os·cu·re·cer (see model 43) intr. to get dark ◇ tr. 1 ensombrecer to darken 2 fig. ofuscar to cloud, obscure 3 ART to shade ◇ prnl. **oscurecerse** día, tiempo to get cloudy.

os·cu·ro, ra adj. 1 cielo, color dark 2 idea, razonamiento obscure 3 futuro, porvenir uncertain, gloomy 4 intención dubious, unclear.

ó·se·o, a adj. tejido, estructura bone.

o·si·fi·car tr. to ossify.

os·mio m. osmium.

ós·mo·sis f. inv. osmosis.

o·so m. bear **hacer el oso** fam. to fool around.

os·ten·ta·ción f. ostentation **hacer ostentación** to be ostentatious.

os·ten·tar tr. 1 jactarse de to show off, flaunt 2 poseer to hold.

os·te·o·pa·tí·a f. osteopathy.

os·tión m. large oyster.

os·tra f. oyster.

os·tra·cis·mo m. ostracism.

o·te·ar tr. horizonte to scan.

o·to·lo·gí·a f. otology.

o·to·ñal adj. autumnal, fall.

o·to·ño m. fall.

o·tor·gar (see model 7) tr. 1 conceder to grant, give (a, to) premio to award (a, to) 2 JUR to execute, draw up.

o·to·rri·no·la·rin·gó·lo·go, ga s. ear, nose and throat specialist, ENT specialist.

o·tro, tra adj. other, another **otra vez será** some other time ◇ pron. other, another **otros** others.

o·va·ción f. ovation, cheering, applause.

o·va·cio·nar tr. to give an ovation (a, to), applaud (a, -).

o·val adj. oval.

ó·va·lo m. oval.

o·va·rio m. ovary.

o·ve·ja f. sheep, ewe **la oveja negra de la familia** the black sheep of the family.

o·vi·llo m. ball of wool.

o·vi·no, na adj. ovine, sheep.

o·ví·pa·ro, ra adj. oviparous.

ov·ni m. UFO.

ó·vu·lo m. ovule.

o·xi·da·ción f. 1 QUÍM oxidation 2 proceso rusting capa rust.

o·xi·dar tr. 1 QUÍM to oxidize 2 enmohecer to rust ◇ prnl. **oxidarse** 1 QUÍM to oxidize 2 enmohecerse to rust, go rusty.

ó·xi·do m. 1 herrumbre rust 2 QUÍM oxide.

o·xi·ge·nar tr. 1 QUÍM to oxygenate 2 blanquear to bleach 3 pulmones to get some fresh air in ◇ prnl. **oxigenarse** persona to get some fresh air.

o·xí·ge·no m. oxygen.

o·zo·no m. ozone **capa de ozono** ozone layer.

P p

P, p *f. la letra* P, p.
pa·be·llón *m.* 1 ARQ pavilion 2 *en una feria* stand 3 *bandera* flag 4 ANAT (external) ear.
pa·bi·lo *m.* wick.
pá·bu·lo *m.* fuel **dar pábulo a** to fuel, encourage.
pa·cer *(see model 42) intr.* to graze.
pa·chan·ga *f. bullicio* party atmosphere *música* party music.
pa·chan·gue·ro, ra *adj. música* rowdy and catchy.
pa·cien·cia *f.* patience **tener paciencia** to be patient.
pa·cien·te *adj.* patient ⋄ *com.* patient.
pa·ci·fi·ca·ción *f.* pacification.
pa·ci·fi·ca·dor, ra *adj.* pacifying ⋄ *s.* peacemaker.
pa·ci·fi·car *(see model 1) tr.* 1 to pacify 2 *calmar* to appease.
pa·cí·fi·co, ca *adj.* peaceful **el (océano) Pacífico** the Pacific (Ocean).
pa·ci·fis·ta *adj.* pacifist ⋄ *com.* pacifist.
pac·tar *tr.* to agree (to) ⋄ *intr.* to come to an agreement.
pac·to *m.* pact, agreement.
pa·de·cer *(see model 43) tr.* to suffer ⋄ *intr. sufrir* to suffer (*de,* from).
pa·de·ci·mien·to *m.* suffering.
pa·dras·tro *m.* 1 *padre* stepfather 2 *en las uñas* hangnail.
pa·dre *m.* 1 father 2 REL *sacerdote* father 3 *Padre* REL Father ⋄ *mpl. padres* parents ⋄ *adj. fam.* fenomenal terrific **padre de familia** head of the family **padre político** father-in-law **el Santo Padre** the Holy Father, the Pope.
pa·dre·nues·tro *m.* Lord's Prayer **rezar un padrenuestro** to say the Lord's Prayer.
pa·dri·no *m.* 1 *de bautizo* godfather 2 *de boda* bride's father *who acts as best man* 3 *patrocinador* sponsor ⋄ *mpl. padrinos* godparents.
pa·drón *m. censo* census *para votar* electoral roll.
pa·e·lla *f. comida* paella 2 *para paellera*.
pa·ga *f.* 1 *sueldo* pay 2 *de los niños* pocket money.
pa·ga·du·rí·a *f.* pay office.
pa·ga·nis·mo *m.* paganism.
pa·ga·no, na *adj.* REL pagan ⋄ *s.* REL pagan.
pa·gar *(see model 7) tr.* to pay *ya pagué lo que debía* I've already paid what I owed ⋄ *intr.* to pay *en esta empresa pagan muy bien* this company pays very well **pagar al contado** to pay cash.
pa·ga·ré *m.* promissory note.
pá·gi·na *f.* page.
pa·gi·nar *tr.* to paginate.
pa·go *m.* 1 payment 2 *recompensa* reward **pago por adelantado** advance payment.
pa·go·da *f.* pagoda.
pa·ís *m.* country.
pai·sa·je *m.* landscape.
pai·sa·jis·ta *com. pintor* landscape artist.
pai·sa·no, na *s.* 1 *compatriota - hombre* fellow countryman *- mujer* fellow countrywoman 2 *campesino - hombre* countryman *- mujer* countrywoman.
pa·ja *f.* 1 straw 2 *fig. relleno* waffle 3 *vulg. masturbación* wank.
pa·jar *m.* 1 *lugar* hayloft 2 *almiar* haystack.

pa·ja·re·ro, ra *adj.* of birds.
pá·ja·ro *m.* 1 *animal* bird 2 *fam. fig. hombre astuto* slyboots *malintencionado* nasty piece of work **matar dos pájaros de un tiro** to kill two birds with one stone **pájaro de cuenta** *fam.* slyboots.
pa·ja·rra·co, ca *s.* 1 *pájaro* big ugly bird 2 *pey. persona - taimada* slyboots *- malintencionada* nasty piece of work.
pa·je *m.* page.
pa·kis·ta·ní *adj.* Pakistani ⋄ *com.* Pakistani.
pa·la *f.* 1 *herramienta* shovel *de jardinería* spade 2 *de cocina* slice 3 DEP *de ping-pong* bat *de remo* blade *de frontón* bat.
pa·la·bra *f.* word **decir la última palabra** to have the last word **en una palabra** in a word **palabra por palabra** word for word **palabra clave** key word **palabra de honor** word of honour.
pa·la·bre·rí·a *f. pey.* hot air, talk.
pa·la·cie·go, ga *adj.* palatial.
pa·la·cio *m.* palace.
pa·la·dar *m.* 1 palate 2 *fig.* taste.
pa·la·de·ar *tr.* to savour, relish.
pa·la·dín *m.* 1 HIST paladin 2 *fig.* champion.
pa·la·fi·to *m.* house on stilts.
pa·lan·ca *f.* 1 *gen.* lever 2 *manecilla* handle 3 DEP diving board 4 *fig. influencia* contacts *pl.* **palanca de cambio** gearstick.
pa·lan·ga·na *f.* bowl, washbowl.
pa·lan·que·ta *f.* 1 *para forzar algo* crowbar 2 *palanca* small lever.
pa·la·ti·no, na *adj. del paladar* palatal.
pal·co *m. en el teatro* box.
pa·len·que *m.* 1 *valla* wooden palisade 2 *área* arena.
pa·le·o·gra·fí·a *f.* paleography.
pa·le·ó·gra·fo, fa *s.* paleographer.
pa·le·o·lí·ti·co, ca *adj.* Paleolithic ⋄ *m. el paleolítico* the Paleolithic.
pa·le·on·to·lo·gí·a *f.* paleontology.
pa·le·on·tó·lo·go, ga *s.* paleontologist.
pa·les·ti·no, na *adj.* Palestinian ⋄ *s.* Palestinian.
pa·les·tra *f.* arena, forum **saltar a la palestra** to come to the fore.
pa·le·ta *f.* 1 *de pintor* palette 2 *de albañil* trowel 3 *de cocina* slice 4 *de hélice, etc.* blade.
pa·liar *(see model 12) tr.* to palliate, alleviate.
pa·lia·ti·vo, va *adj.* palliative ⋄ *m. paliativo* palliative.
pa·li·de·cer *(see model 43) intr.* 1 to turn pale 2 *fig.* to fade.
pá·li·do, da *adj.* pale.
pa·li·llo *m.* 1 *mondadientes* toothpick 2 MÚS drumstick **palillos chinos** chopsticks.
pa·lín·dro·mo *m.* palindrome.
pa·lio *m.* canopy.
pal·ma *f.* 1 BOT palm (tree) 2 *de la mano* palm ⋄ *fpl. palmas aplausos* clapping *sing,* applause *sing.* **como la palma de la mano** like the back of one's hand.
pal·ma·da *f.* 1 *aplauso* clapping 2 *golpe* slap, pat **dar palmadas** to clap.
pal·ma·rés *m.* 1 *lista* list of winners 2 *historial* list of achievements *de deportista* record, track record.

pal·me·a·do, da *adj.* 1 BOT palmate 2 ZOOL *dedos* webbed.

pal·me·ar *intr.* to clap.

pal·me·ra *f.* 1 BOT palm tree, palm 2 *pasta* heart-shaped pastry.

pal·mí·pe·do, da *adj.* web-footed ◊ *fpl.* palmípedas ZOOL web-footed birds.

pal·mo *m. medida* span **dejar a alguien con un palmo de narices** *fam.* to let somebody down badly.

pal·mo·te·ar *intr.* to clap.

pa·lo *m.* 1 *estaca* stick *de valla* post *de telégrafos* pole 2 *golpe* blow 3 *madera* wood **dar palos de ciego** to grope about in the dark **de tal palo tal astilla** like father like son **palo de escoba** broomstick.

pa·lo·ma *f.* 1 *gen.* pigeon *blanca* dove **paloma blanca** dove **paloma de la paz** dove of peace.

pa·lo·mi·lla *f.* 1 *insecto* moth 2 *tuerca* wing nut 3 *armazón* bracket.

pa·lo·mi·no *m.* 1 young pigeon 2 *fam.* droppings *pl.*

pa·lo·mo *m.* cock pigeon.

pal·pa·ble *adj.* 1 palpable 2 *fig. evidente* obvious, evident.

pal·par *tr.* 1 MED to palpate 2 to feel 3 *fig. percibir* to sense, feel.

pal·pi·tan·te *adj.* 1 MED palpitating, throbbing 2 *tema, cuestión* burning 3 *luz, reflejo* flashing.

pal·pi·tar *intr.* to palpitate, throb.

pa·lu·dis·mo *m.* malaria.

pan *m.* 1 *masa* loaf of bread 2 *alimento* food, bread 3 *de metal* leaf, foil **estar a pan y agua** to be on a strict diet **ganarse el pan** to earn one's living.

pa·na·ce·a *f.* panacea.

pa·na·de·rí·a *f.* bakery, baker's.

pa·na·de·ro, ra *s.* baker.

pa·nal *m.* honeycomb.

pa·na·me·ño, ña *adj.* Panamanian ◊ *s.* Panamanian.

pa·na·me·ri·ca·no, na *adj.* Pan-American **la Panamericana** the Pan-American Highway.

pan·car·ta *f.* 1 placard 2 INFO banner.

pán·cre·as *m. inv.* pancreas.

pan·cre·á·ti·co, ca *adj.* pancreatic **jugo pancreático** pancreatic juice.

pan·de·ar *intr.* 1 *hacia fuera* to bulge *hacia abajo* to sag 2 *torcerse* to warp.

pan·de·o *m.* 1 *hacia fuera* bulge *hacia abajo* sag 2 *torcedura* warp.

pan·di·lla *f.* group of friends.

pa·ne·gí·ri·co, ca *adj.* panegyrical, panegyric ◊ *m. panegírico* panegyric.

pa·nel *m.* 1 *gen.* panel 2 *tablero* noticeboard *en la carretera* billboard **panel de expertos** a panel of experts **panel solar** solar panel.

pa·ne·ro, ra *adj.* bread-loving.

pan·fle·to *m.* 1 political pamphlet 2 *fig.* propaganda.

pá·ni·co *m.* panic **ser presa del pánico** to be panic-stricken.

pa·ni·fi·ca·do·ra *f.* industrial bakery.

pa·no·ra·ma *m.* 1 *paisaje* panorama, view 2 *aspecto* situation, outlook.

pa·no·rá·mi·co, ca *adj.* panoramic **vista panorámica** scenic view, panoramic view.

pan·ta·lla *f.* 1 screen 2 *de lámpara* lampshade 3 *fig. tapadera* cover.

pan·ta·lón *m.* trousers *pl.*, pants **llevar los pantalones** to wear the trousers **pantalón corto** *gen.* shorts *pl.*

pan·ta·no *m.* 1 *artificial* reservoir 2 *cenagoso* marsh.

pan·ta·no·so, sa *adj.* marshy.

pan·te·ís·ta *adj.* pantheist ◊ *com.* pantheist.

pan·te·ís·ti·co, ca *adj.* pantheistic.

pan·te·ón *m.* pantheon.

pan·te·ra *f.* panther.

pan·to·mi·ma *f.* 1 *representación* pantomime, mime 2 *fig.* farce, pretence.

pan·to·rri·lla *f.* calf.

pan·tu·fla *f.* slipper.

pa·ñal *m.* diaper **estar en pañales** *estar verde - persona* to be very green.

pa·ño *m.* 1 *gen.* cloth *de lana* woollen cloth 2 *para polvo* duster *de cocina* dishcloth **en paños menores** *con la ropa interior* in one's underwear.

pa·ño·le·ta *f.* 1 *de señora* shawl 2 *de torero* bullfighter's tie.

pa·ñue·lo *m.* 1 handkerchief 2 *chal* shawl.

pa·pa *f. patata* potato **ni papa** not a thing **no saber ni papa** *fam.* not to have a clue **papas fritas** *(calientes)* French fries.

pa·pá *m. fam.* dad, daddy.

pa·pa·da *f.* double chin.

pa·pa·ga·yo *m.* parrot.

pa·pa·ya *f.* papaya.

pa·pel *m.* 1 *gen.* paper *hoja* piece of paper 2 *en obra, película* role, part 3 *función* role ◊ *mpl.* papeles *fam.* documentación papers **¿tienes los papeles en regla?** are your papers in order? **hacer buen papel** to do well **papel cebolla** onionskin.

pa·pe·le·ra *f.* 1 wastepaper basket 2 *en la calle* litter bin **papelera de reciclaje** trash can.

pa·pe·le·rí·a *f.* stationer's.

pa·pe·le·ro, ra *adj. del papel* paper **la industria papelera** the paper industry.

pa·pe·ras *fpl.* mumps.

pa·pi *m. fam.* dad, daddy.

pa·pi·la *f.* papilla.

pa·pi·lla *f.* 1 *infantil* baby food 2 *masa espesa* pap, mush **hacer papilla a alguien** *fam.* to make mincemeat of somebody.

pa·pi·ro *m.* papyrus.

pa·pi·ro·fle·xia *f.* origami.

pa·que·te *m.* 1 *cajita* packet, pack *bulto* package *postal* parcel 2 *conjunto* set, packet 3 *fam. inútil* useless person, wally.

pa·que·te·rí·a *f.* packaging.

pa·qui·der·mo *m.* pachyderm.

par *adj.* 1 equal 2 MAT even ◊ *m.* 1 *dos* couple *pareja* pair 2 *título* peer **a la par** *al mismo tiempo* at the same time 3 *juntos* together **a pares** in twos, two by two **de par en par** wide open.

pa·ra *prep.* 1 *finalidad* for **es para su cumpleaños** it's for her birthday 2 *uso, utilidad* for **los cuchillos son para cortar** knives are for cutting 3 *destino, dirección* for, to **salimos para México el domingo** we leave for Mexico on Sunday 4 *tiempo, fechas límites* by, before **lo necesito para el viernes** I need it by Friday 5 *comparación* for **para los años que tiene está muy activa** she's very active for her age ◊ *conj.* 1 *finalidad* to, in order to 2 *suficiente* enough **¿para qué?** what for?

pa·ra·bién *m.* congratulations *pl.*

pa·rá·bo·la *f.* 1 REL parable 2 MAT parabola.

pa·ra·bó·li·co, ca *adj.* parabolic **antena parabólica** satellite dish.

pa·ra·bri·sas *m. inv.* windscreen.

pa·ra·ca·í·das *m. inv.* parachute.

pa·ra·cai·dis·ta *com.* 1 DEP parachutist 2 MIL paratrooper.

pa·ra·da *f.* 1 *gen.* stop, halt 2 *de autobús, etc.* stop 3 *pausa* pause 4 DEP save, catch **parada de autobús** bus stop.

pa·ra·de·ro *m.* whereabouts *pl.* **paradero desconocido** whereabouts unknown.

pa·ra·dig·ma *m.* paradigm.

pa·ra·di·sí·a·co, ca *adj.* heavenly.

pa·ra·do, da *pp. de* parar *adj.* 1 *quieto* still, motionless 2 *fig. lento* slow, awkward 3 *sin trabajo* unemployed **salir bien parado** to come off well.

pa·ra·do·ja *f.* paradox.

pa·ra·dó·ji·co, ca *adj.* paradoxical.

pa·ra·fer·na·lia *f.* paraphernalia.

pa·ra·fi·na *f.* paraffin.

pa·ra·fra·se·ar *tr.* to paraphrase.

pa·rá·fra·sis *f. inv.* paraphrase.

pa·ra·guas *m. inv.* umbrella.

pa·ra·gua·yo, ya *adj.* Paraguayan ◇ *s.* Paraguayan.

pa·ra·í·so *m.* 1 paradise 2 TEAT *gallinero* gods *pl.* **paraíso terrenal** heaven on earth.

pa·ra·je *m. inv.* spot.

pa·ra·le·la *f. línea* parallel, parallel line ◇ *fpl.* **paralelas** DEP parallel bars.

pa·ra·le·lo, la *adj.* parallel ◇ *m.* **paralelo** parallel.

pa·ra·le·lo·gra·mo *m.* parallelogram.

pa·ra·lím·pi·co, ca *adj.* of or relating to the Special Olympics ◇ *s.* athlete competing in the Special Olympics **los Juegos Paralímpicos** Special Olympic Games.

pa·rá·li·sis *f. inv.* paralysis.

pa·ra·lí·ti·co, ca *adj.* paralytic ◇ *s.* paralytic.

pa·ra·li·zar *(see model 4) tr.* 1 MED to paralyse 2 *circulación* to bring to a standstill *obras, actividad* to bring to a halt *negociaciones, proyecto* to freeze.

pa·rá·me·tro *m.* parameter.

pá·ra·mo *m.* moor.

pa·ran·gón *m.* comparison.

pa·ra·noi·a *f.* paranoia.

pa·ra·noi·co, ca *adj.* paranoic, paranoiac ◇ *s.* paranoic, paranoiac.

pa·ra·nor·mal *adj.* paranormal **fenómeno paranormal** paranormal phenomenon.

pa·ra·pen·te *m.* paragliding.

pa·ra·pe·tar·se *prnl.* 1 to take shelter, take cover 2 *fig.* to take refuge.

pa·ra·pe·to *m.* parapet.

pa·ra·plé·ji·co, ca *adj.* paraplegic ◇ *s.* paraplegic.

pa·ra·psi·co·lo·gí·a *f.* parapsychology.

pa·ra·psi·có·lo·go, ga *s.* parapsychologist.

pa·rar *tr.* 1 to stop *nos paró la policía* the police stopped us 2 DEP to save, catch ◇ *intr.* 1 to stop ¡*para de gritar!* stop shouting! 2 *alojarse* to stay 3 *hallarse* to be **no para en casa** she's never at home 4 *llegar* to lead *acabar* to end up **fue a parar a la cárcel** he ended up in prison ◇ *prnl.* **pararse** to stop **no parar (quieto)** *ser activo, viajar* to be always be on the go **sin parar** nonstop.

pa·ra·rra·yos *m. inv.* lightning conductor.

pa·ra·si·ta·rio, ria *adj.* parasitic.

pa·rá·si·to, ta *adj.* parasitic ◇ *m.* **parásito** 1 BIOL parasite 2 *pey. persona* parasite, hanger-on ◇ *mpl.* **parásitos** RAD interference *sing.*

par·ce·la *f.* 1 *de tierra* plot (of land) 2 *fig.* share, portion.

par·che *m.* 1 patch 2 *fig. chapuza* botch job.

par·cial *adj.* 1 *gen.* partial 2 *tendencioso* partial, biased.

par·cia·li·dad *f. injusticia* bias, partiality.

par·co, ca *adj.* 1 *escaso* frugal, sparing 2 *moderado* moderate, sober.

par·dus·co, ca *adj.* dull brown.

pa·re·a·do, da *adj.* 1 *poesía* rhyming 2 *casa* semidetached ◇ *m.* **pareado** couplet.

pa·re·cer *(see model 43) m. opinión* opinion, mind ¿*cambiaste de parecer?* have you changed your mind? ◇ *intr.* 1 to seem, look (like) *parece de verdad* it looks real 2 *opinar* to think **me parece que sí** I think so 3 *aparentar* to look as if *parece que va a llover* it looks as if it's going to rain ◇ *prnl.* **parecerse** to be alike, look like **se parecen mucho** they're very much alike.

pa·re·ci·do, da *adj.* similar ◇ *m.* **parecido** resemblance, likeness **bien parecido** good-looking.

pa·red *f.* 1 wall 2 *de una montaña* side **las paredes oyen** walls have ears.

pa·re·dón *m.* 1 *como defensa* wall 2 *de fusilamiento* execution.

pa·re·ja *f.* 1 *gen.* pair 2 *de personas* couple *de baile* partner 3 *de cartas* pair **hacer buena pareja** to make a good couple.

pa·re·jo, ja *adj. sin diferencia* the same *por igual* even.

pa·ren·tes·co *m.* kinship, relationship.

pa·rén·te·sis *m. inv.* 1 *gen.* parenthesis *signo* brackets *pl.* 2 *fig. interrupción* break, interruption **abrir paréntesis** to open brackets **cerrar paréntesis** to close brackets **entre paréntesis** in brackets.

pa·re·o *m.* sarong.

pa·ria *com.* pariah.

pa·ri·dad *f.* 1 *gen.* parity, equality 2 FIN parity of exchange.

pa·rien·te, ta *s.* relative ◇ *f.* **la parienta** *fam. esposa* the missus.

pa·rie·tal *adj.* parietal ◇ *m.* parietal.

pa·rir *tr.* 1 *fam.* to give birth to 2 *fig. producir* to produce ◇ *intr.* to give birth.

pa·ri·si·no, na *adj.* Parisian ◇ *s.* Parisian.

par·la·men·to *m.* 1 parliament 2 *discurso* speech.

par·lan·chín, chi·na *adj.* talkative ◇ *s. fam.* chatterbox.

par·lan·te *adj.* talking.

par·lo·te·ar *intr. fam.* to chatter, prattle on.

par·lo·te·o *m.* chattering.

par·me·sa·no, na *adj.* Parmesan ◇ *m.* **parmesano** *queso* Parmesan cheese.

pa·ro·dia *f.* parody.

pa·ro·diar *(see model 12) tr.* to parody.

pa·ro·xis·mo *m.* paroxysm.

par·pa·de·ar *intr.* 1 *ojos* to blink, wink 2 *luz* to flicker, twinkle.

pár·pa·do *m.* eyelid.

par·que *m.* 1 *jardines* park 2 *coches - de un país* total number - *de un propietario* fleet 3 *de niños* playpen **parque acuático** waterpark **parque de atracciones** amusement park, funfair **parque zoológico** zoo, zoological gardens *pl.*

par·que·dad *f.* 1 *moderación* moderation 2 *de ideas, palabras* sparseness.

par·quí·me·tro *m.* parking meter.

pá·rra·fo *m.* paragraph.

pa·rran·da *f. fam.* spree **ir(se) de parranda** to go out on the town.

pa·rran·de·ar *intr. fam.* to go out.

pa·rri·ci·dio *m.* parricide.

pa·rri·lla *f.* 1 grill, broiler, barbecue 2 *restaurante* grillroom, rotisserie 3 TÉC grate **a la parrilla** CULIN grilled.

P

pa·rri·lla·da f. mixed grill (of meat or fish).

pá·rro·co m. parish priest.

pa·rro·quia f. 1 área parish 2 iglesia parish church 3 feligreses parishioners pl., congregation 4 fam. clientela customers pl., clientele.

pa·rro·quia·no, na s. 1 fiel parishioner 2 fam. cliente customer, client.

par·si·mo·nia f. 1 lentitud slowness 2 calma calmness 3 moderación parsimony.

par·te f. 1 gen. part en una partición portion 2 en negocio share 3 lugar place 4 en un conflicto side 5 JUR party ◇ m. comunicado official report ◇ fpl. partes fam. privates, private parts.

par·te·ra f. midwife.

par·ti·ción f. de una herencia partition, division.

par·ti·ci·pa·ción f. 1 intervención participation, involvement 2 comunicado announcement 3 FIN acción share.

par·ti·ci·pan·te adj. participating ◇ com. participant.

par·ti·ci·par intr. 1 tomar parte - en una conversación to participate, take part - en un proyecto to take part - en un torneo to enter, take part 2 compartir to share (de, -) ◇ tr. notificar to notify, inform.

par·ti·ci·pe adj. participating ◇ com. participant hacer partícipe a alguien de algo 1 notificar to inform somebody about something 2 compartir to share something with somebody.

par·ti·ci·pio m. participle.

par·tí·cu·la f. particle.

par·ti·cu·lar adj. 1 concreto particular 2 privado private 3 privativo peculiar, particular, special 4 extraordinario noteworthy, extraordinary ◇ m. 1 individuo private individual 2 asunto matter, subject.

par·ti·cu·la·ri·dad f. 1 gen. peculiarity 2 singularidad singularity, peculiarity 3 detalle detail.

par·ti·da f. 1 remesa consignment, lot 2 documento certificate 3 FIN entry, item 4 juego game 5 grupo - de soldados squad, gang por partida doble twice over.

par·ti·da·rio, ria adj. supporting ◇ s. supporter mostrarse partidario de algo to be in favour of something.

par·ti·do, da pp. de partir adj. 1 dividido divided 2 roto broken, split ◇ m. partido 1 grupo político party, group 2 provecho profit, advantage 3 DEP equipo team juego game, match.

par·tir tr. 1 dividir to divide, split 2 romper to break nueces, almendras to crack 3 fam. fastidiar to mess up ◇ intr. 1 irse to leave, set out, set off 2 proceder to originate from a partir de hoy from now on partir la cara a alguien fam. to smash somebody's face in.

par·ti·sa·no, na s. partisan.

par·ti·ti·vo, va adj. partitive ◇ m. partitivo partitive.

par·ti·tu·ra f. score.

par·to m. proceso delivery, labor efecto childbirth dolores de parto labor pains parto múltiple multiple birth parto sin dolor painless birth.

par·tu·rien·ta f. de parto woman in labor después del parto woman who has just given birth.

par·vu·la·rio m. nursery school.

pár·vu·lo, la s. infant.

pa·sa·da f. 1 con un trapo, etc. wipe con la plancha iron 2 en costura stitch, tacking stitch en punto row, row of stitches 3 de pintura coat, lick 4 repaso check, going over de pasada 1 de paso in passing 2 rápidamente hastily.

pa·sa·di·zo m. passage.

pa·sa·do, da pp. de pasar adj. 1 past, gone by 2 año, semana, etc. last 3 después after 4 estropeado bad ◇ m. pasado 1 tiempo past 2 LING past, past tense pasado mañana the day after tomorrow.

pa·sa·dor m. 1 de pelo hair slide, slide 2 de corbata tie-pin 3 de puerta, etc. bolt, fastener 4 colador strainer, colander.

pa·sa·je m. 1 paso passage 2 viaje passage ◇ f. 1 tarifa fare, ticket 2 pasajeros passengers pl. 3 fragmento passage.

pa·sa·je·ro, ra adj. passing ◇ s. passenger.

pa·sa·ma·nos m. inv. handrail.

pa·sa·mon·ta·ñas m. inv. balaclava.

pa·san·te m. assistant.

pa·sa·por·te m. passport.

pa·sar intr. 1 ir to pass, pass by, go 2 tiempo to pass, go by ¡cómo pasa el tiempo! doesn't time fly! 3 entrar to come in, go in pasa, está abierto come in, it's not locked 4 cesar to pass, cease tranquila, ya pasó todo don't worry, it's all over now 5 límite to exceed (de, -) 6 ocurrir to happen 7 sufrir to suffer ◇ tr. 1 trasladar to move, transfer lo pasaron al departamento de ventas he has been transferred to the sales department 2 comunicar, dar to give pásale el informe al jefe give this report to the boss 3 cruzar to cross pasamos la frontera we crossed the border 4 deslizar to run 5 tolerar to overlook ◇ prnl. pasarse 1 desertar to pass over (a, to) 2 pudrirse to go off 3 olvidarse to forget pasar de largo to go past pasar por alto to ignore ¿qué pasa? what's wrong?

pa·sa·re·la f. 1 puente footbridge de un barco gangway 2 de modelos catwalk.

pa·sa·tiem·po m. pastime, hobby ◇ mpl. pasatiempos puzzles.

pas·cua f. cristiana Easter judía Passover ◇ fpl. pascuas Christmas sing.

pa·se m. 1 permiso pass 2 cambio move 3 desfile show 4 CINE showing 5 DEP pass.

pa·se·an·te com. walker.

pa·se·ar intr. to stroll, go for a walk ◇ tr. 1 to take for a walk 2 fig. exhibir to show off.

pa·se·o m. 1 a pie walk, stroll a caballo ride 2 en coche drive en bicicleta, moto ride 3 calle avenue, promenade dar un paseo to go for a walk.

pa·si·llo m. corridor.

pa·sión f. passion.

pa·si·vi·dad f. passiveness, passivity.

pa·si·vo, va adj. passive ◇ m. pasivo COMM liabilities pl. voz pasiva passive voice, passive.

pas·ma·do, da adj. flabbergasted, open-mouthed dejar pasmado a alguien to stun somebody, amaze somebody.

pas·mar tr. to astonish, amaze ◇ prnl. pasmarse fam. asombrarse to be astonished, be amazed.

pa·so m. 1 movimiento step, footstep 2 distancia pace 3 camino passage, way 4 avance progress, advance 5 trámite step, move 6 de montaña mountain pass de mar strait.

pas·quín m. satirical poster.

pas·ta f. 1 masa paste 2 CULIN italiana pasta de bizcocho, crepes mixture para pasteles pastry 3 croissant, ensaimada, etc. pastry de té petit four, cookie 4 de encuadernación boards pl. pasta de dientes toothpaste.

pas·tar tr. to pasture, graze ◇ intr. to pasture, graze.

pas·tel adj. color pastel ◇ m. 1 CULIN tipo bizcocho cake tipo empanada pie 2 ART material, obra pastel técnica pastel drawing **pastel de carne** meat pie, meatloaf.

pas·te·le·rí·a f. 1 tienda cake shop, baker's, confectioner's 2 pasteles cakes and pastries 3 técnica baking.

pas·teu·ri·za·ción f. pasteurization.

pas·teu·ri·za·do, da adj. pasteurized.

pas·teu·ri·zar tr. to pasteurize.

pas·ti·lla f. 1 medicina tablet, pill 2 de chocolate, jabón bar 3 **la pastilla** anticonceptivo the pill.

pas·ti·zal m. pastureland, pasture.

pas·to m. 1 pastizal pasture 2 acción grazing **ser pasto de las llamas** to go up in flames.

pas·tor, ra s. 1 del campo - hombre shepherd - mujer shepherdess ◇ m. **pastor** 1 REL pastor.

pas·to·ral adj. pastoral ◇ f. 1 LIT pastoral 2 MÚS pastorale, pastoral **carta pastoral** pastoral letter.

pas·to·re·ar intr. to graze, pasture.

pas·to·ril adj. pastoral.

pas·to·si·dad f. 1 de masa doughiness 2 de la lengua furriness 3 de la voz mellowness.

pas·to·so, sa adj. 1 sustancia pasty, doughy 2 lengua furry 3 voz mellow.

pa·ta f. 1 gen. leg 2 garra paw 3 pezuña hoof **a cuatro patas** on all fours **meter la pata** fam. to put one's foot in it **patas de gallo** arrugas crow's feet.

pa·ta·da f. kick **dar una patada** to kick.

pa·ta·le·ar intr. 1 con enfado to stamp one's feet 2 protestar to kick up a fuss.

pa·ta·le·o m. 1 con los pies stamping 2 protesta complaining.

pa·ta·le·ta f. fam. tantrum.

pa·tán m. boor.

pa·té m. pâté.

pa·te·ar tr. 1 to kick 2 andar to walk ◇ intr. con enfado to stamp one's feet ◇ prnl. **patearse** 1 lugar to traipse round 2 dinero to blow.

pa·ten·tar tr. to patent.

pa·ten·te adj. evidente obvious, patent ◇ f. patent.

pa·ten·ti·zar tr. to make evident.

pa·ter·nal adj. paternal.

pa·ter·na·lis·mo m. paternalism.

pa·ter·ni·dad f. 1 paternity 2 autoría authorship.

pa·ter·no, na adj. paternal.

pa·té·ti·co, ca adj. pathetic.

pa·tí·bu·lo m. gallows sing.

pa·ti·di·fu·so, sa adj. fam. gobsmacked, flabbergasted **quedarse patidifuso** fam. to be gobsmacked.

pa·ti·lla f. 1 pata leg 2 de las gafas arm ◇ fpl. sideburns.

pa·tín m. 1 de ruedas roller skate, skate de hielo ice skate 2 tabla skateboard 3 patinete scooter 4 en el mar pedalo.

pá·ti·na f. patina.

pa·ti·na·dor, ra s. skater **patinador artístico** figure skater.

pa·ti·nar intr. 1 como diversión to skate 2 por accidente to slip 3 vehículo to skid 4 meter la pata to put one's foot in it equivocarse to boob, make a boob.

pa·ti·ne·ta f. scooter.

pa·tio m. 1 de una casa courtyard de un colegio playground 2 TEAT pit.

pa·to, ta s. ave - en general duck - macho drake - hembra duck ◇ m. **pato** fam. persona clumsy person.

pa·tó·ge·no, na adj. pathogenic.

pa·to·lo·gí·a f. pathology.

pa·tó·lo·go, ga com. pathologist.

pa·tra·ña f. story **no cuenta más que patrañas** he lies through his teeth.

pa·tria f. homeland **patria chica** home town.

pa·triar·cal adj. patriarchal.

pa·triar·ca m. patriarch.

pa·tri·mo·nio m. 1 gen. patrimony riqueza wealth 2 histórico, cultural heritage **patrimonio cultural** cultural heritage.

pa·trio, tria adj. of one's homeland **patria potestad** custody.

pa·trio·ta com. patriot.

pa·trió·ti·co, ca adj. patriotic.

pa·trio·tis·mo m. patriotism.

pa·tro·ci·na·dor, ra adj. sponsoring ◇ s. sponsor.

pa·tro·ci·nar tr. to sponsor.

pa·trón, tro·na s. 1 dueño de una casa landlord dueña landlady 2 jefe employer, boss hombre master mujer mistress 3 REL patron saint ◇ m. **patrón** 1 en costura pattern 2 de barco skipper 3 modelo standard.

pa·tro·nal adj. 1 fiesta of one's patron saint 2 organización, oferta management ◇ f. institución employers' association de una empresa management.

pa·tro·na·to m. 1 consejo board, council benéfico trust 2 patronal employers' association 3 REL patronage.

pa·tro·ní·mi·co, ca adj. patronymic ◇ m. patronímico patronymic.

pa·tru·lla f. 1 de vigilancia patrol 2 de rescate party.

pa·tru·llar tr. to patrol ◇ intr. to be out on patrol.

pau·la·ti·no, na adj. gradual **de modo paulatino** gradually.

pau·pé·rri·mo, ma adj. extremely poor, impoverished.

pau·sa f. 1 pause 2 MÚS rest **hacer una pausa** to pause, take a break.

pau·sa·do, da adj. unhurried, slow.

pau·ta f. 1 norma rule, guideline modelo model, pattern 2 en el papel lines pl. 3 MÚS staff **marcar la pauta** to set the standard, establish the guidelines.

pa·ve·sa f. spark.

pa·vi·men·tar tr. con losas to pave con asfalto to surface.

pa·vi·men·to m. de losas pavement de asfalto road surface.

pa·vo, va adj. fam. soso wet tímido shy ◇ s. 1 ave - macho turkey - hembra turkey hen 2 fam. persona drip ◇ m. **pavo** 1 fam. timidez shyness 2 fam. antiguamente five-peseta coin **pavo real** peacock.

pa·vo·ne·ar·se prnl. to brag, swagger.

pa·vo·ne·o m. strutting.

pa·vor m. terror.

pa·vo·ro·so, sa adj. frightful.

pa·ya·so, sa s. 1 artista de circo clown 2 fam. joker **hacer el payaso** fam. to clown around.

paz f. peace **estar en paz** to be even **hacer las paces** to make up **que en paz descanse** rest his (her) soul.

paz·gua·to, ta adj. gazmoño prudish ◇ s. gazmoño prude tonto nincompoop.

pe·a·je m. 1 dinero toll 2 lugar tollbooth.

pe·a·tón m. pedestrian.

pe·a·to·nal adj. calle, zona pedestrian.

pe·ca f. freckle.

pe·ca·do m. sin **estar en pecado** to have committed a sin **pecado capital** deadly sin.

pe·ca·dor, ra *adj.* sinful, sinning ◇ *s.* sinner.

pe·ca·mi·no·so, sa *adj.* sinful, wicked.

pe·car *(see model 1) intr.* to sin **pecar de...** to be too..., be over-...

pe·ce·ra *f.* redonda fishbowl *rectangular* fish tank.

pe·che·ra *f.* 1 *de camisa* shirt front *de delantal* bib 2 *fam.* pecho bosom.

pe·cho *m.* 1 *gen.* chest 2 *seno* breast **dar el pecho** to breast-feed **tomar algo a pecho** *ofenderse* to take something to heart.

pe·chu·ga *f.* 1 *de un ave* breast 2 *fam. de mujer* bust.

pe·cí·o·lo *m.* petiole.

pe·co·so, sa *adj. persona* freckly *cara* freckled.

pec·ti·na *f.* pectin.

pec·to·ral *adj.* 1 *músculo* pectoral 2 *pastilla, jarabe* cough ◇ *m.* 1 *músculo* pectoral muscle 2 *jarabe* cough mixture 3 *de obispo* pectoral cross.

pe·cua·rio, ria *adj.* cattle.

pe·cu·liar *adj.* 1 *raro* peculiar 2 *característico* particular, personal.

pe·cu·lia·ri·dad *f.* peculiarity.

pe·cu·nia·rio, ria *adj.* pecuniary.

pe·da·go·gí·a *f.* pedagogy.

pe·da·go·go, ga *s.* educator, pedagogue.

pe·dal *m.* 1 pedal 2 *fam.* bender.

pe·da·le·ar *intr.* to pedal.

pe·da·le·o *m.* pedalling.

pe·dan·te *adj.* pedantic, pompous ◇ *com.* pedant.

pe·dan·te·rí·a *f.* pedantry, pomposity.

pe·da·zo *m.* 1 piece, bit 2 *fam. con insultos* **estar hecho pedazos** 1 *fam. materialmente* to be falling apart 2 *psíquicamente* to be going to pieces.

pe·de·ras·ta *m.* pederast.

pe·der·nal *m.* 1 *sílex* flint 2 *fig.* rock.

pe·des·tal *m.* pedestal **poner a alguien en un pedestal** to put somebody on a pedestal.

pe·des·tre *adj.* 1 *a pie* on foot 2 *vulgar* pedestrian.

pe·dia·tra *com.* pediatrician **médico pediatra** pediatrician.

pe·dia·trí·a *f.* pediatrics.

pe·di·cu·ro, ra *s.* chiropodist.

pe·di·do *m.* 1 *de mercancías* order 2 *petición* request, petition **hacer un pedido** to place an order.

pe·di·grí *m.* pedigree.

pe·di·güe·ño, ña *adj.* pestering ◇ *s.* pest.

pe·dir *(see model 34) tr.* 1 *gen.* to ask for 2 *mercancías, en restaurante* to order 3 *necesitar* to need, cry out for ◇ *intr. por la calle* to beg **pedir la cuenta** to ask for the bill.

pe·do *m.* 1 *fam.* fart **estar pedo** 1 *fam. por el alcohol* to be pissed 2 *por drogas* to be stoned **tirarse un pedo** *fam.* to fart, drop one.

pe·do·fi·lia *f.* paedophilia, pedophilia.

pe·do·rre·ar *intr.* to fart (repeatedly).

pe·dra·da *f.* blow with a stone.

pe·dre·gal *m.* rocky ground.

pe·dre·go·so, sa *adj.* stony, rocky.

pe·dre·rí·a *f.* precious stones *pl.*

pe·drus·co *m.* rough stone.

pe·dún·cu·lo *m.* 1 *de crustáceo* stalk 2 *de planta* stem.

pe·ga·di·zo, za *adj.* 1 *canción, música* catchy 2 *sustancia* sticky, adhesive.

pe·ga·do, da *pp. de pegar adj.* clueless.

pe·ga·jo·so, sa *adj.* 1 *mano, dedo* sticky 2 *pey. persona* clingy.

pe·ga·men·to *m.* glue.

pe·gar¹ *tr.* 1 *gen.* to stick *con pegamento* to glue, stick with glue *con cola* to paste, stick with paste 2 *coser* to sew on 3 *contagiar* to give 4 *acercar* to move close to 5 *INFO* to paste ◇ *intr. combinar* to match ◇ *prnl.* **pegarse** 1 *quemarse* to stick 2 *persona* to latch onto.

pe·gar² *tr.* 1 *golpear* to hit 2 *dar* to give ◇ *intr.* 1 *tener fuerza* to beat down 2 *beber* to knock back ◇ *prnl. tropezar* to bump (con, into).

pe·go·te *m.* 1 *fam. masa* sticky dollop, blob 2 *fam.* chapuza botch-up, botched job 3 *fam.* fanfarronada brag, boast.

pei·na·do *m.* 1 *tocado* hairdo *acción* combing 2 *registro policial* police search.

pei·na·do, da *pp. de peinar adj.* combed.

pei·na·dor, ra *s.* peluquero hairdresser ◇ *m.* **peinador de tela** peignoir.

pei·nar *tr.* 1 *gen.* to comb *con cepillo* to brush 2 *registrar* to comb, search.

pei·ne *m.* comb.

pe·la·ga·tos *com. inv. fam.* nobody.

pe·la·je *m.* 1 *de animal* coat, fur 2 *fam.* looks *pl.*

pe·lar *tr.* 1 *persona* to cut somebody's hair 2 *animal - quitar las plumas* to pluck - *quitar la piel* to skin 3 *fruta, patata, etc.* to peel ◇ *prnl.* **pelarse** 1 *cortarse el pelo* to get one's hair cut 2 *piel* to be peeling **ser duro de pelar** *fam.* to be a tough nut to crack.

pel·da·ño *m.* step.

pe·le·a *f.* 1 *física* fight *verbal* quarrel, row 2 *esfuerzo* struggle.

pe·le·a·dor, ra *adj.* argumentative ◇ *s.* brawler.

pe·le·ar *intr.* 1 *físicamente* to fight *verbalmente* to quarrel, argue 2 *hacer un esfuerzo* to work hard, struggle ◇ *prnl.* **pelearse** *físicamente* to fight *verbalmente* to quarrel, argue.

pe·le·le *m.* 1 *muñeco de paja* straw puppet 2 *persona* puppet.

pe·le·te·rí·a *f.* 1 *establecimiento* fur shop, furrier's 2 *industria* fur industry.

pe·lí·ca·no *m.* pelican.

pe·lí·cu·la *f.* film **película de miedo** horror film **película de suspense** thriller.

pe·li·gro *m.* 1 danger 2 *fam. persona* menace **estar en peligro** to be in danger.

pe·li·gro·si·dad *f.* danger, dangerousness.

pe·li·gro·so, sa *adj.* dangerous.

pe·li·rro·jo, ja *adj.* red-haired ◇ *s.* redhead.

pe·lle·jo *m.* 1 *piel* skin 2 *odre* wineskin **jugarse el pellejo** to risk one's neck **salvar el pellejo** to save one's skin.

pe·lliz·car *(see model 1) tr.* to pinch, nip.

pe·lliz·co *m.* pinch, nip.

pe·lo *m.* 1 hair 2 *de animal* coat, fur 3 *fam.* bit **con pelos y señales** in great detail, down to the last detail **de medio pelo** second-rate **no tener pelos en la lengua** to speak one's mind, not mince words.

pe·lón, lo·na *adj.* bald ◇ *s.* bald person.

pe·lo·ta *f.* ball *com. fam.* creep ◇ *fpl.* **pelotas** *vulg.* balls.

pe·lo·ta·zo *m.* 1 blow with a ball 2 *argot de bebida* slug, swig *de droga* shot.

pe·lo·te·ra *f. fam.* row.

pe·lo·tón *m.* 1 *MIL* squad 2 *fig. grupo* bunch 3 *de ciclistas* pack, peloton.

pel·tre *m.* pewter.

pe·lu·ca *f.* wig.

pe·lu·che *m.* 1 *tejido* plush 2 *muñeco* teddy bear, cuddly toy.

pe·lu·do, da *adj.* hairy.

pe·lu·que·rí·a f. hairdresser's.

pe·lu·que·ro, ra s. hairdresser.

pe·lu·quín m. hairpiece ¡ni hablar del peluquín! fam. no way!

pél·vi·co, ca adj. pelvic.

pel·vis f. inv. pelvis.

pe·na f. 1 castigo contence, punishment 2 tristeza grief, sorrow 3 lástima pity 4 dificultad hardship, trouble **a duras penas** with great difficulty **valer la pena** to be worth while, be worth it **sin pena ni gloria** undistinguished **pena capital** capital punishment.

pe·na·cho m. 1 de un ave tuft 2 adorno plume.

pe·nal adj. código penal derecho, antecedentes criminal ◇ m. prisión penitentiary.

pe·na·li·dad f. trouble, hardship.

pe·na·lis·ta com. criminal lawyer.

pe·na·li·zar (see model 4) tr. to penalize.

pe·nal·ti m. penalty.

pen·den·cia f. brawl.

pen·den·cie·ro, ra adj. quarrelsome.

pen·der intr. to hang (de, from).

pen·dien·te adj. 1 asunto pending, outstanding ◇ f. cuesta slope inclinación gradient ◇ m. joya earring **estar pendiente de algo** 1 a la espera to be waiting for something 2 atento to follow something closely.

pen·dón m. 1 bandera banner, standard 2 fam. pey. mujer slut hombre rascal.

pén·du·lo m. pendulum.

pe·ne m. penis.

pe·ne·tra·ción f. 1 penetration 2 perspicacia insight.

pe·ne·trar intr. 1 introducirse - en un territorio to penetrate (en, -) - en una casa, propiedad to enter 2 atravesar to penetrate, seep through 3 fig. entender to comprehend (en, -) analizar to look (en, into) ◇ tr. 1 atravesar to penetrate ruido to pierce 2 descifrar - misterio to get to the bottom of - secreto to fathom (out).

pe·ni·ci·li·na f. penicillin.

pe·nín·su·la f. 1 peninsula 2 ibérica mainland Spain **la Península Ibérica** the Iberian Peninsula.

pe·nin·su·lar adj. 1 peninsular 2 of from mainland Spain, from mainland Spain ◇ com. person from mainland Spain.

pe·ni·ten·cia f. 1 REL virtud penitence castigo, sacramento penance 2 pesadez punishment.

pe·ni·ten·cia·rí·a f. penitentiary.

pe·ni·ten·te adj. penitent ◇ com. penitent.

pe·no·so, sa adj. 1 doloroso painful triste sad 2 trabajoso laborious, hard 3 desastroso terrible, awful, dreadful.

pen·sa·do, da pp. de pensar adj. 1 considerado thought-out diseñado designed **ser mal pensado** to think the worst of people.

pen·sa·dor, ra adj. thinking ◇ s. thinker.

pen·sa·mien·to m. 1 idea thought 2 mente mind 3 BOT pansy.

pen·san·te adj. thinking.

pen·sar (see model 27) intr. 1 gen. to think (en, of/ about) 2 considerar to consider, think (en, about) 3 creer to think, think about 4 opinar to think (de, about) 5 decidir to decide 6 tener la intención to intend to, plan, think of ◇ prnl. **pensarse** to think about.

pen·sa·ti·vo, va adj. pensive.

pen·sión f. 1 para jubilados pension para ex cónyuge maintenance 2 casa de huéspedes hostel, boarding house, guesthouse, lodgings pl. 3 cantidad que se paga board and lodging, bed and board.

pen·sio·nis·ta com. 1 jubilado pensioner 2 residente - en un internado boarder - en una pensión lodger.

pen·tá·go·no m. pentagon.

pen·ta·gra·ma m. MÚS stave, staff.

pen·ta·tlón m. pentathlon.

pe·núl·ti·mo, ma adj. penultimate ◇ s. last but one, next to last.

pe·num·bra f. gen. semidarkness de un eclipse penumbra.

pe·nu·ria f. 1 escasez shortage 2 pobreza extreme poverty, penury.

pe·ña f. piedra rock monte crag.

pe·ñas·co m. crag.

pe·ñón m. craggy rock **el Peñón de Gibraltar** the Rock of Gibraltar.

pe·ón m. 1 trabajador unskilled laborer 2 agrícola farm hand, farm worker 3 en el ajedrez pawn 4 peonza top, spinning top.

pe·or adj. 1 comparativo worse 2 superlativo worst **en el peor de los casos** at worst **peor es nada** it's better than nothing.

pe·pi·no m. cucumber.

pe·pi·ta f. 1 de fruta seed, pip 2 de oro nugget.

pe·pi·to·ria f. stew containing egg yolk.

pép·ti·co, ca adj. peptic.

pe·que·ño, ña adj. 1 de tamaño little, small 2 de edad young 3 en tiempo short **nos tomamos unas cortas vacaciones** we've taken a short vacation ◇ s. niño little one **de pequeño** as a child.

pe·qui·nés, ne·sa adj. Pekinese ◇ s. person from Pekin, inhabitant of Pekin, Pekinese ◇ m. **pe·kinés** perro Pekinese.

pe·ra f. 1 fruta pear 2 interruptor pear-shaped switch.

pe·ral·te m. de una carretera camber.

per·cal m. percale.

per·can·ce m. mishap.

per·ca·tar·se prnl. 1 notar to notice (de, -), realize (de, -).

per·ce·be m. 1 goose barnacle 2 fam. persona dimwit.

per·cep·ción f. perception.

per·cep·ti·ble adj. perceptible, noticeable.

per·cep·ti·vo, va adj. perceptive.

per·cha f. 1 de ropa hanger 2 perchero de pie coat stand perchero de pared rack gancho hook 3 fam. body, figure.

per·che·ro m. de pared clothes rack de pie coat stand.

per·ci·bir tr. 1 notar to perceive, notice 2 dinero to receive.

per·cu·sión f. percussion.

per·cu·sio·nis·ta com. percussionist.

per·de·dor, ra adj. losing ◇ s. loser.

per·der (see model 28) tr. 1 gen. to lose 2 malgastar, desperdiciar to waste 3 tren, etc. to miss 4 ser causa de daños to be the ruin of ◇ intr. 1 gen. to lose salir perdiendo to lose out 2 empeorar to get worse ◇ prnl. **perderse** 1 extraviarse - persona to get lost - animal to go missing 2 confundirse to get confused, get mixed up 3 desaparecer to disappear, take off **echar a perder** to spoil **perder de vista** to lose sight of.

per·di·ción f. 1 moral undoing, ruin 2 daño harm, ruin.

pér·di·da f. 1 daño loss 2 desperdicio waste 3 acción de perder loss 4 escape leak.

per·di·do, da pp. de perder adj. 1 extraviado lost 2 desperdiciado wasted 3 bala stray 4 aislado isolated, cut-off ◇ *s.* **1** *persona* degenerate **estar perdido** *extraviado* to be lost **2** *no tener salida* to have had it, be for it.

per·di·gón *m.* **1** pellet **2** ZOOL young partridge.

per·diz *f.* partridge.

per·dón *m.* pardon, forgiveness **con perdón** if you pardon the expression **pedir perdón** to apologize, say sorry **¡perdón!** *para excusarse* sorry!

per·do·nar *tr.* **1** *gen.* to forgive *acusado* to pardon **2** *excusar* to excuse **3** *deuda* to write off **4** *fam. prescindir de* to do without, go without.

per·du·la·rio, ria *s.* ne'er-do-well.

per·du·ra·ble *adj.* **1** *perpetuo* everlasting **2** *duradero* long-lasting.

per·du·rar *intr.* to last, continue to exist, live on.

pe·re·ce·de·ro, ra *adj.* perishable.

pe·re·cer *(see model 43) intr.* to perish, die.

pe·re·gri·na·ción *f.* pilgrimage.

pe·re·gri·nar *intr.* **1** to go on a pilgrimage **2** *fig.* to traipse, trail.

pe·re·gri·no, na *adj.* **1** *en peregrinaje* travelling **2** *ave* migratory **3** *fig. idea, ocurrencia* strange, peculiar ◇ *s.* REL pilgrim.

pe·re·jil *m.* parsley.

pe·ren·ne *adj.* perennial.

pe·ren·to·rio, ria *adj.* peremptory, urgent.

pe·re·za *f.* laziness **tener pereza** to feel lazy.

pe·re·zo·so, sa *adj.* lazy ◇ *s.* lazy person, idler, lazybones ◇ *m. perezoso* ZOOL sloth.

per·fec·ción *f.* perfection.

per·fec·cio·nar *tr.* **1** *mejorar* to improve **2** *hacer perfecto* to perfect.

per·fec·cio·nis·ta *adj.* perfectionist ◇ *com.* perfectionist.

per·fec·ta·men·te *adv.* **1** *completamente* perfectly **2** *como asentimiento* all right!, great!, fine!

per·fec·to, ta *adj.* perfect.

per·fi·dia *f.* perfidy.

per·fil *m.* **1** *gen.* profile **2** *silueta* outline **3** *para un trabajo* outline **de perfil** in profile.

per·fi·lar *tr.* **1** *dar forma* to outline **2** *perfeccionar* to perfect ◇ *prnl. perfilarse* to take shape.

per·fo·ra·ción *f.* **1** *gen.* perforation **2** *en una mina* drilling, boring **3** *de papel* punching.

per·fo·ra·do, da *pp. de perforar adj.* *pulmón* punctured.

per·fo·rar *tr.* **1** *gen.* to perforate **2** *terreno* to drill, bore **3** *papel* to punch.

per·fu·mar *tr.* to perfume, scent.

per·fu·me·rí·a *f.* **1** *tienda* perfumery **2** *industria* perfume industry.

per·ga·mi·no *m.* parchment.

per·ge·ñar *tr.* to prepare.

pér·go·la *f.* pergola.

pe·ri·car·dio *m.* pericardium.

pe·ri·car·pio *m.* pericarp.

pe·ri·cia *f.* skill.

pe·ri·cial *adj.* *informe* done by an expert.

pe·ri·co *m.* **1** *ave* parakeet **2** *orinal* chamber pot **3** *argot droga* coke, snow.

pe·ri·fe·ria *f.* **1** *gen.* periphery **2** *de una ciudad* outskirts *pl.*

pe·ri·fé·ri·co, ca *adj.* **1** *gen.* peripheral **2** *barrio, zona* outlying ◇ *m. periférico* INFO peripheral unit.

pe·ri·fra·sis *f.* periphrasis.

pe·ri·lla *f.* goatee.

pe·rí·me·tro *m.* perimeter.

pe·ri·ne·o *m.* perineum.

pe·rio·di·ci·dad *f.* periodicity.

pe·rió·di·co, ca *adj.* periodical ◇ *m. periódico* newspaper.

pe·rio·dis·mo *m.* journalism.

pe·rio·dis·ta *com.* journalist.

pe·rio·do *m.* period.

pe·ri·pa·té·ti·co, ca *adj. ridículo* absurd, pathetic.

pe·ri·pe·cia *f.* incident.

pe·ri·plo *m.* **1** long journey **2** *por mar* voyage.

pe·ris·co·pio *m.* periscope.

pe·ris·ti·lo *m.* peristyle.

pe·ri·ta·je *m.* **1** *informe* expert's report *para el seguro* loss adjuster's report **2** *investigación* inspection, survey **3** *estudios* technical studies *pl.*

pe·ri·to, ta *adj.* expert ◇ *s.* **1** *experto* expert *en seguros* loss adjuster **2** *en ingeniería* technician.

pe·ri·to·ne·o *m.* peritoneum.

per·ju·di·ca·do, da *pp. de perjudicar* ◇ *s.* person who loses out, person affected.

per·ju·di·car *(see model 1) tr.* to adversely affect, be bad for, be detrimental to.

per·ju·di·cial *adj.* harmful.

per·jui·cio *m.* *material* damage *económico* loss **causar perjuicio a alguien** to damage somebody's interests **sin perjuicio de** without adversely affecting.

per·ju·ro, ra *adj.* perjured ◇ *s.* perjurer.

per·la *f.* **1** pearl **2** *fig.* gem.

per·la·do, da *adj.* pearled *perlado de sudor* beaded with sweat.

per·ma·ne·cer *(see model 43) intr.* to stay, remain.

per·ma·nen·te *adj.* permanent, lasting *f. del pelo* permanent wave.

per·me·a·bi·li·dad *f.* permeability.

per·me·a·ble *adj.* permeable.

per·mi·si·vi·dad *f.* permissiveness.

per·mi·si·vo, va *adj.* permissive.

per·mi·so *m.* **1** permission **2** *documento* permit **3** MIL leave **pedir permiso** to ask permission.

per·mi·tir *tr.* to allow, let ◇ *prnl. permitirse* to allow oneself, afford **¿me permite?** may I? **si el tiempo lo permite** weather permitting.

per·mu·ta *f.* exchange.

per·mu·tar *tr.* **1** to exchange **2** MAT to permute.

per·ne·ra *f.* leg, trouser leg.

per·ni·cio·so, sa *adj.* pernicious, harmful.

per·nil *m.* pata de animal haunch *del cerdo* ham *del pantalón* leg.

per·no *m.* bolt.

per·noc·tar *intr.* to spend the night, stay overnight.

pe·ro *conj.* but *éramos pobres, pero felices* we were poor, but happy ◇ *m.* objection, fault **no hay pero que valga** I don't want any arguments **poner peros** to find fault (*a*, with).

pe·ro·gru·lla·da *f.* platitude, truism.

pe·rol *m.* cooking pot.

pe·ro·né *m.* fibula.

pe·ro·nis·mo *m.* Peronism.

pe·ro·rar *intr.* **1** *dar un discurso* to deliver a speech **2** *pey.* to blabber on (**sobre**, about).

pe·ro·ra·ta *f.* spiel.

pe·ró·xi·do *m.* peroxide *peróxido de hidrógeno* hydrogen peroxide.

per·pen·di·cu·lar *adj.* perpendicular ◇ *f.* perpendicular.

per·pe·trar *tr.* to perpetrate, commit.

per·pe·tua·ción *f.* perpetuation.

per·pe·tuar *(see model 11) tr.* to perpetuate ◇ *prnl. perpetuarse* to be perpetuated.

per·pe·tui·dad *f.* perpetuity **a perpetuidad** for ever and ever.

per·pe·tuo, tua *adj. gen.* perpetual *cargo* permanent *nieves perpetuas* perpetual snows.

per·ple·jo, ja *adj.* perplexed.

pe·rra *f.* 1 *animal* bitch 2 *fam. pataleta* tantrum 3 *deseo fuerte* obsession.

pe·rre·ra *f.* 1 *lugar* dog pound 2 *vehículo* dog-catcher's van **perrera municipal** dog pound.

pe·rro, ra *adj.* rotten *m. perro* ZOOL dog "Cuidado con el perro" "Beware of the dog" **perro callejero** stray dog **perro de compañía** pet dog.

pe·rru·no, na *adj.* 1 *del perro* dog's 2 *fam. tos* chesty, thick.

per·se·cu·ción *f.* 1 pursuit 2 *represión* persecution.

per·se·cu·to·rio, ria *adj.* persecutory.

per·se·guir (*see model 56*) *tr.* 1 to pursue, chase 2 *fig. seguir* to follow 3 *reprimir* to persecute 4 *fig. pretender* to be after, be looking for 5 JUR to prosecute.

per·se·ve·ran·cia *f.* perseverance.

per·se·ve·rar *intr.* to persevere.

per·sia·na *f.* blind.

per·sig·nar·se *prnl.* to cross oneself.

per·sis·ten·cia *f.* persistence.

per·sis·tir *intr.* 1 *mantenerse firme* to persist, persevere 2 *durar* to continue, persist.

per·so·na *f.* person **en persona** in person.

per·so·na·je *m.* 1 *famoso* celebrity 2 *en obra, película* character.

per·so·nal *adj.* personal ◇ *m.* 1 *de una empresa* personnel, staff 2 *fam. gente* everyone, everybody ◇ *f.* DEP *falta* personal foul.

per·so·na·li·dad *f.* 1 *carácter* personality 2 *personaje* celebrity.

per·so·na·lis·ta *adj.* 1 *parcial* partial, biased 2 *egoísta* selfish.

per·so·na·li·za·do, da *adj.* personalized.

per·so·na·li·zar *tr.* to personalize ◇ *intr.* to get personal.

per·so·ni·fi·ca·ción *f.* personification.

per·so·ni·fi·car (*see model 1*) *tr.* to personify.

pers·pec·ti·va *f.* 1 ART perspective 2 *posibilidad* prospect 3 *vista* view, perspective 4 *punto de vista* point of view.

pers·pi·ca·cia *f.* sharpness, perspicacity.

pers·pi·caz *adj.* sharp, perspicacious.

per·sua·dir *tr.* to persuade, convince ◇ *prnl. persuadirse* to be convinced.

per·sua·sión *f.* persuasion.

per·sua·si·vo, va *adj.* persuasive.

per·te·ne·cer (*see model 43*) *intr.* to belong (*a*, to).

per·te·ne·cien·te *adj.* belonging (*a*, to).

per·te·nen·cia *f.* 1 *propiedad* property 2 *afiliación* membership *bienes* belongings.

pér·ti·ga *f.* pole **salto de pértiga** pole vault.

per·ti·naz *adj.* 1 *sequía, frío* prolonged, persistent 2 *persona* obstinate.

per·ti·nen·cia *f.* 1 *conveniencia* appropriateness 2 *relevancia* relevance, pertinence.

per·ti·nen·te *adj.* 1 *oportuno* appropriate 2 *relevante* pertinent, relevant.

per·tre·char *tr.* to supply (*de*, with) ◇ *prnl. pertrecharse* to equip oneself.

per·tur·ba·ción *f.* 1 disruption, disturbance 2 *mental* disorder.

per·tur·ba·dor, ra *adj.* disturbing.

per·tur·bar *tr.* 1 *alterar* to disturb, perturb 2 *inquietar* to perturb.

pe·rua·no, na *adj.* Peruvian ◇ *s.* Peruvian.

per·ver·si·dad *f. maldad* wickedness.

per·ver·sión *f.* 1 *maldad* wickedness 2 *sexual* perversion.

per·ver·so, sa *adj. malvado* evil, wicked ◇ *s.* evil person.

per·ver·ti·do, da *pp. de* **pervertir** *adj. gen.* corrupt *sexualmente* perverted ◇ *s. sexual* pervert.

per·ver·tir (*see model 35*) *tr. gen.* to corrupt *sexualmente* to pervert.

per·vi·vir *intr.* to live on, persist, survive.

pe·sa *f.* weight.

pe·sa·dez *f.* 1 *lentitud* sluggishness 2 *molestia* bore 3 *de un objeto* heaviness **tener pesadez de estómago** to have indigestion.

pe·sa·di·lla *f.* nightmare.

pe·sa·do, da *pp. de* **pesar** *adj.* 1 *gen.* heavy 2 *molesto* tiresome *aburrido* boring 3 *trabajoso* tough, hard 4 *sueño* deep ◇ *s. persona* bore, pain.

pe·sa·dum·bre *f.* sorrow, grief.

pé·sa·me *m.* condolences *pl.* **darle el pésame a alguien** to offer somebody one's condolences.

pe·sar *intr.* 1 to weigh 2 *tener mucho peso* to be heavy 3 *sentir* to be sorry, regret 4 *influir* to carry weight ◇ *tr.* to weigh ◇ *m.* 1 *pena* sorrow, grief 2 *arrepentimiento* regret.

pe·sa·ro·so, sa *adj.* sorry, regretful.

pes·ca *f.* 1 *actividad* fishing 2 *peces* fish.

pes·ca·de·rí·a *f.* fishmonger's, fish shop.

pes·ca·de·ro, ra *s.* fishmonger.

pes·ca·do *m.* fish.

pes·ca·dor, ra *adj.* fishing ◇ *s. hombre* fisherman *mujer* fisherwoman.

pes·can·te *m. asiento* coachman's seat.

pes·car (*see model 1*) *intr. ir a pescar* to fish, go fishing ◇ *tr.* 1 *sacar del agua* to get, catch 2 *fam. agarrar* catch 3 *conseguir* to get, catch 4 *fam. comprender* to understand, get 5 *fam. tomar por sorpresa* to catch.

pes·co·zón *m.* slap on the neck.

pes·cue·zo *m.* neck.

pe·se·bre *m.* 1 *de Navidad* crib 2 *para animales* manger, stall.

pe·si·mis·mo *m.* pessimism.

pe·si·mis·ta *adj.* pessimistic ◇ *com.* pessimist.

pé·si·mo, ma *adj.* dreadful, awful.

pe·so *m.* 1 *gen.* weight 2 *balanza* scales *pl.* 3 *carga* load, burden **de peso** 1 *pesado* heavy 2 *importante* important 3 *influyente* influential 4 *convincente* strong, powerful **ganar peso** to put on weight, gain weight **perder peso** to lose weight **peso bruto** gross weight **peso neto** net weight.

pes·pun·te *m.* backstitch.

pes·que·ro, ra *adj.* fishing ◇ *m.* pesquero fishing boat.

pes·qui·sa *f.* inquiry.

pes·ta·ña *f.* 1 *del ojo* eyelash 2 TÉC flange.

pes·ta·ñe·ar *intr.* to blink **sin pestañear** without batting an eyelid.

pes·ta·ñe·o *m.* blinking.

pes·te *f.* 1 *epidemia* plague 2 *mal olor* stink, stench 3 *cosa molesta* pest.

pes·ti·ci·da *m.* pesticide.

pes·ti·len·cia *f.* 1 *mal olor* stink, stench 2 *desus. epidemia* pestilence.

pes·ti·llo *m.* 1 *de puerta* bolt *de ventana* catch 2 *de una cerradura* bolt.

pe·ta·ca *f.* 1 *de bebida* hip flask 2 *de cigarros* cigarette case *de tabaco picado* tobacco pouch 3 *fam. en una cama* apple-pie bed.

pé·ta·lo *m.* petal.

pe·tar·do *m.* 1 *de verbena* firecracker, banger 2 MIL petard 3 *fam. persona - aburrido* boring fart, pain in the neck - *feo* ugly person - *inútil* good-for-nothing 4 *argot de hachís* spliff.

pe·ta·te *m.* 1 *de soldado, marinero* kit bag 2 *fam. equipaje* bags *pl.* 3 *para dormir* mat.

pe·ti·ción *f.* 1 *gen.* request 2 plea, petition.

pe·to *m.* 1 *pantalón* pair of dungarees *pieza del pantalón* bib 2 HIST breastplate.

pé·tre·o, a *adj.* stony.

pe·tri·fi·car *(see model 1) tr.* 1 *fosilizar* to petrify 2 *sorprender* to astound *aterrorizar* to petrify.

pe·tró·le·o *m.* oil.

pe·tro·quí·mi·co, ca *adj.* petrochemical.

pe·tu·lan·cia *f.* vanity.

pe·tu·lan·te *adj.* vain.

pe·yo·ra·ti·vo, va *adj.* pejorative.

pez *m.* fish *estar como pez en el agua* to be in one's element.

pe·zón *m.* nipple.

pe·zo·ne·ra *f.* linchpin.

pe·zu·ña *f.* hoof.

pia·do·so, sa *adj.* 1 pious, devout 2 *clemente* merciful, compassionate.

pia·far *intr.* to paw the ground.

pia·nis·ta *com.* pianist.

pia·no *m.* piano ◇ *adv.* piano, quietly.

piar *(see model 13) intr.* to chirp, tweet.

pia·ra *f.* herd of pigs.

pi·ca *f.* 1 *lanza* pike 2 *de picador* goad 3 *de la baraja* spade.

pi·ca·da *f.* 1 *picadura - de avispa* sting - *de mosquito* bite 2 *de pez* bite.

pi·ca·de·ro *m.* 1 *escuela* riding school 2 *fam.* bachelor pad.

pi·ca·di·llo *m.* 1 *de carne* minced meat, mince *de verduras* chopped vegetables.

pi·ca·do, da *pp. de* picar *adj.* 1 CULIN *cortado - verdura* finely chopped - *carne* minced 2 *vino* vinegary, sour, off 3 *metal* pitted 4 *piel, cara* pockmarked ◇ *m. picada de avión* dive **caer en picada** to plummet.

pi·ca·du·ra *f. de insecto, serpiente* bite *de abeja, avispa* sting 2 *tabaco* cut tobacco 3 *en los dientes* decay.

pi·can·te *adj.* 1 *comida* hot 2 *fig. chiste, película* spicy ◇ *m.* 1 *comida* hot food 2 *sabor* hot flavour.

pi·ca·plei·tos *com.* second-rate lawyer.

pi·ca·por·te *m.* 1 *para llamar* door knocker 2 *para abrir* door handle.

pi·car *(see model 1) tr.* 1 *morder - insecto* to bite - *abeja, avispa* to sting 2 *corroer* to eat away, rot 3 *perforar - papel, tarjeta* to punch 4 *dar con un pico* to jab, goad 5 CULIN *cortar* to chop finely *carne* to mince ◇ *intr.* 1 *sentir escozor* to itch 2 *estar picante* to be hot ◇ *prnl.* **picarse** 1 *muela* to decay, go bad 2 *fruta* to begin to rot 3 *tela* to be moth-eaten.

pi·car·dí·a *f.* 1 *astucia* craftiness 2 *atrevimiento* naughtiness 3 *dicho atrevido* risqué comment.

pi·ca·res·co, ca *adj.* LIT picaresque ◇ *f.* picaresque genre.

pí·ca·ro, ra *adj.* 1 *astuto* crafty, sly 2 *atrevido* wicked ◇ *s. persona astuta* slyboots, crafty devil.

pi·ca·zón *f. picor* itch.

pi·chón, cho·na *s.* 1 pigeon 2 *apelativo* darling.

pic·nic *m.* picnic.

pi·co *m.* 1 *de ave* beak 2 *herramienta* pickaxe, pick 3 *de montaña* peak 4 *punta* corner 5 *fam. boca* mouth, gob, trap *cierra el pico* shut your trap.

pi·cor *m.* 1 *gen.* itch 2 *de comida* burning sensation.

pi·co·ta·zo *m.* 1 *de ave* peck 2 *de insecto, reptil* bite *de abeja, avispa* sting.

pi·co·te·ar *tr.* 1 *ave* to peck, peck at 2 *persona* to nibble, snack.

pi·co·te·o *m.* 1 *de ave* pecking 2 *acción de comer* nibbling, snacking.

pic·tó·ri·co, ca *adj.* pictorial.

pi·cu·do, da *adj.* pointed.

pie *m.* 1 ANAT foot 2 *base - de una lámpara* base - *de una escultura* plinth 3 *medida de longitud* foot 4 *de un documento* foot *de una fotografía, dibujo* caption **al pie de la letra** word for word **al pie del cañón** *fam.* hard at it, working **buscarle tres pies al gato** *fam.* to split hairs **pie de atleta** athlete's foot.

pie·dad *f.* 1 *misericordia* pity, mercy 2 *devoción religiosa* piety **¡por piedad!** for pity's sake!

pie·dra *f.* 1 stone 2 *granizo* hailstone 3 *en el riñón* stone 4 *de un encendedor* flint 5 *de afilar* grindstone **piedra angular** cornerstone **piedra filosofal** philosopher's stone **piedra pómez** pumice stone.

piel *f.* 1 *de persona* skin 2 *de animal - sin curtir* hide - *curtida* leather - *con pelo* fur 3 *de la fruta, patatas* peel **tener la piel de gallina** to have goose pimples.

pié·la·go *m.* LIT ocean.

pien·so *m.* fodder.

pier·cing *m.* body piercing.

pier·na *f.* leg.

pie·za *f.* 1 *gen.* piece *de un aparato* part 2 MÚS piece, piece of music 3 TEAT play 4 *de un juego de tablero* piece 5 *en caza* piece 6 *habitación* room 7 *de tela* roll *remiendo* patch.

pi·fia *f. fam.* blunder.

pi·fiar pifiarla *fam.* to put one's foot in it, make a blunder.

pig·men·ta·ción *f.* pigmentation.

pig·men·to *m.* pigment.

pig·me·o, a *adj.* 1 *raza* Pygmy 2 *fig.* pygmy ◇ *s.* 1 *raza* Pygmy 2 *fig.* pygmy.

pig·no·rar *tr.* to pawn.

pi·ja *f. vulg.* prick.

pi·ja·ma *m.* pajamas *pl.*

pi·la *f.* 1 ELEC battery 2 *de fregar* sink 3 *de bautismo* font 4 *fam. montón* pile, heap **ponerse las pilas** *fam.* to get one's act together.

píl·do·ra *f.* 1 pill, tablet 2 *la píldora* anticonceptivo the pill.

pi·le·ta *f.* swimming pool.

pi·llo, lla *adj.* 1 *travieso* naughty 2 *astuto* crafty ◇ *s.* 1 *niño* little monkey, little devil 2 *adulto* rogue, rascal.

pi·llue·lo *m.* scamp, ragamuffin, urchin.

pi·lón *m.* 1 *de una fuente* basin 2 *abrevadero* trough *lavadero* sink.

pí·lo·ro *m.* pylorus.

pi·lo·tar *tr. avión* to pilot, fly *coche* to drive *barco* to sail.

pi·lo·te *m.* pile.

pi·lo·to *m.* 1 *conductor - de avión* pilot - *de coche* driver - *de barco* pilot - *de moto* rider 2 *luz - de un aparato* pilot light - *de un vehículo* rear light ◇ *adj. proyecto, programa* pilot, test **piloto automático** automatic pilot.

pil·tra·fa *f.* scrap **estar hecho una piltrafa** *persona* to be just skin and bones.

pi·mien·ta *f. especia* pepper **pimienta blanca** white pepper **pimienta negra** black pepper.

pi·mien·to *m. gen.* pepper *rojo* red pepper *verde* green pepper **pimiento morrón** sweet pepper.

pim·po·llo *m.* 1 *brote* shoot *árbol joven* sapling *capullo* bud 2 *fam. persona* dish, good-looker.

pi·na·co·te·ca *f.* art gallery.

pi·ná·cu·lo *m.* pinnacle.

pi·nar m. pine grove.

pin·cel m. paintbrush.

pin·char tr. 1 punzar to prick 2 MED poner inyección to give a injection, give a shot 3 sujetar to spear, jab 4 enfadar to needle 5 estimular to push ◇ prnl. **pincharse** fam. droga to shoot up.

pin·cha·zo m. 1 de neumático punctura 2 con aguja, etc. prick 3 inyección injection, shot 4 de dolor sharp pain.

pin·che s. de cocina kitchen assistant.

pin·go m. fam. de ropa rag **ser un pingo** fam. to be out all the time.

ping-pong m. table tennis, ping-pong.

pin·güe adj. substantial.

pin·güi·no m. penguin.

pi·no m. árbol pine tree madera pine.

pin·ta f. 1 mancha dot 2 medida pint 3 fam. aspecto to look ◇ m. fam. pey. persona dodgy character.

pin·ta·do, da pp. de **pintar** adj. 1 parecido identical 2 maquillado made-up.

pin·tar tr. 1 gen. to paint dibujar to draw 2 maquillar to make up 3 fig. describir to paint a picture ◇ intr. 1 gen. to paint 2 marcar to write 3 fam. tener que ver to do, have to do ◇ prnl. **pintarse** maquillarse to put one's make up on **pintarse los labios** to put lipstick on **pintarse las uñas** to paint one's nails.

pin·ta·rra·je·ar tr. fam. to daub ◇ prnl. **pintarrajearse** to doll oneself up.

pin·to, ta adj. spotted.

pin·tor, ra s. de cuadros artist, painter de paredes painter and decorator.

pin·to·res·co, ca adj. 1 lugar picturesque 2 persona bizarre, colorful.

pin·tu·ra f. 1 arte painting 2 cuadro picture 3 producto paint **no poder ver ni en pintura** fam. not to be able to stand the sight of.

pin·za f. 1 de cangrejo pincer 2 de la ropa clothes peg 3 en pantalón, falda pleat ◇ fpl. **pinzas** 1 herramienta pincers 2 de depilar tweezers 3 de servir hielo tongs.

pi·ña f. 1 fruta pineapple 2 del pino pine cone 3 golpe bang fuerte crash 4 fam. de personas clique.

pi·ñón m. 1 del pino - semilla pine seed - comestible pine nut kernel 2 TÉC pinion.

pio·jo m. louse.

pio·jo·so, sa adj. 1 lleno de piojos lousy, louse-infested 2 fam. sucio lousy, filthy 3 miserable despicable.

pio·let m. ice ax.

pio·ne·ro, ra adj. pioneering ◇ s. pioneer.

pio·rre·a f. pyorrhoea.

pi·pa f. de tabaco pipe.

pi·pe·ta f. pipette.

pi·pí m. fam. pee, wee-wee **hacer pipí** to go for a pee **hacerse pipí** to wet oneself.

pi·ra f. pyre.

pi·ra·do, da pp. de **pirarse** adj. fam. loco loony, wacky ◇ s. fam. loony.

pi·ra·gua f. canoe.

pi·rá·mi·de f. pyramid.

pi·ra·ña f. piranha.

pi·ra·ta adj. pirate ◇ m. HIST pirate ◇ com. de la informática hacker.

pi·ra·te·ar tr. 1 gen. to pirate 2 avión to hijack.

pi·ra·te·rí·a f. gen. piracy.

pi·ri·ta f. pyrite.

pi·ró·ma·no, na adj. pyromaniacal ◇ s. pyromaniac.

pi·ro·pe·ar tr. to make flirtatious comments to.

pi·ro·po m. compliment, flirtatious comment **decir un piropo a** to pay a compliment to.

pi·ro·tec·nia f. fireworks pl., pyrotechnics.

pi·ro·téc·ni·co, ca adj. pyrotechnic ◇ s. fireworks expert.

pi·rue·ta f. pirouette **hacer piruetas** 1 en danza to pirouette 2 ante una dificultad to work miracles.

pi·ru·lí m. 1 fam. de caramelo lollipop 2 fam. de telecomunicaciones telecommunications tower.

pis m. fam. wee, pee **hacer pis** to wee, pee.

pi·sa·da f. 1 footstep 2 huella footprint.

pi·sa·pa·pe·les m. inv. paperweight.

pi·sar tr. 1 gen. to tread on, step on 2 acelerador, embrague to put one's foot on 3 fig. entrar to set foot in 4 fam. idea, proyecto to steal noticia to scoop 5 fig. rebajar to walk all over ◇ intr. to tread, walk, step **pisar fuerte** fig. to go all out, make a big impact.

pis·ci·na f. swimming pool.

pi·so m. 1 para vivir flat 2 planta floor 3 suelo floor 4 suela del zapato sole 5 de una tarta tier.

pi·so·te·ar tr. 1 pisar to trample 2 fig. persona to walk all over.

pi·so·tón m. stamp.

pis·ta f. 1 rastro trail, track 2 indicio clue 3 de baile dance floor 4 camino track 5 de tenis court 6 de circo ring 7 de aterrizaje runway **seguirle la pista a alguien** to be on somebody's trail **pista de aterrizaje** en aeropuerto runway **pista de baile** dance floor.

pis·ta·cho m. pistachio (nut).

pis·ti·lo m. pistil.

pis·to m. type of ratatouille.

pis·to·la f. 1 gun 2 para pintar spray gun 3 de pan loaf of bread.

pis·tón m. 1 de un motor piston 2 de un arma cap 3 MÚS corneta cornet llave key.

pi·tan·za f. arc. food.

pi·tar intr. 1 silbar to blow a whistle 2 tocar la bocina to hoot, honk 3 abuchear to boo and hiss 4 funcionar to work ◇ tr. DEP falta to whistle.

pít·cher com. pitcher.

pi·ti·do m. 1 silbido whistle 2 bocinazo hoot, honk.

pi·to m. 1 silbato whistle 2 de coche horn 3 de voz high pitch 4 fam. pitillo fag 5 fam. pene willy 6 abucheo booing 7 con los dedos click **me importa un pito** fam. I don't give a hoot/damn.

pi·tón f. ZOOL python.

pi·to·ni·sa f. fortune teller.

pi·to·rre·o m. fam. burla mocking broma joking.

pi·tu·fo, fa s. fam. little one.

pi·tui·ta·rio, ria adj. pituitary.

pi·vo·te m. pivot.

pi·za·rra f. 1 mineral slate 2 para escribir blackboard.

piz·ca f. fam. gen. bit de sal pinch.

piz·pi·re·ta adj. lively.

piz·za f. pizza.

piz·ze·rí·a f. pizzeria, pizza parlour.

pla·ca f. 1 de metal sheet 2 GEOL plate 3 con el nombre - conmemorativa plaque - insignia badge - letrero sign 4 de matrícula license plate.

pla·ce·bo m. placebo.

pla·cen·ta f. placenta.

pla·cen·te·ro, ra adj. pleasant.

pla·cer m. pleasure ◇ intr. to please **viaje de placer** pleasure trip.

plá·ci·do, da adj. placid, calm.

pla·fón m. lámpara - de techo ceiling light - de pared wall light.

pla·ga f. 1 epidemia plague 2 de insectos plague, pest 3 fig. invasion.

pla·gar (see model 7) tr. to plague, infest.

pla·giar *(see model 12)* tr. to plagiarize.

pla·gio m. plagiarism.

pla·gui·ci·da m. pesticide.

plan m. 1 *intención* plan 2 *programa* project 3 *régimen* diet 4 *fam.* aventura amorosa fling *amante* bit on the side 5 *fam. para salir* plans *pl.*

pla·na f. *página* page a **toda plana** full page **pla·na mayor** 1 *de ejército* staff 2 *de empresa* top management 3 *de partido político* caucus.

plan·cha f. 1 *de metal* plate, sheet 2 *electrodoméstico* iron *acción de planchar* ironing *ropa que planchar* clothes to be ironed 3 *placa de cocina* griddle, hotplate 4 *fam.* error boob, faux pas.

plan·cha·do, da pp. *de planchar* adj. *fam. sorprendido* lost for words ◇ m. **planchado** *acción* ironing *acto* iron, press.

plan·char tr. to iron, press.

planc·ton m. plankton.

pla·ne·a·dor m. glider.

pla·ne·ar tr. *futuro, idea* to plan ◇ intr. *en el aire* to glide.

pla·ne·o m. gliding, glide.

pla·ne·ta m. planet.

pla·ne·ta·rio, ria adj. planetary ◇ m. **planetario** planetarium.

pla·ni·cie f. plain.

pla·ni·fi·ca·ción f. planning.

pla·ni·fi·car tr. to plan.

pla·ni·lla f. application form.

pla·no, na adj. *superficie* flat ◇ m. **plano** 1 *de una ciudad* street plan, map 2 *de una casa* plan 3 *nivel* level 4 CINE shot 5 MAT plane 6 *fig. perspectiva* point of view **de plano** *rechazar* flatly, point blank **en primer plano** in the foreground, close-up **en segundo plano** in the background.

plan·ta f. 1 BOT plant 2 *del pie* sole 3 *de un edificio - piso* floor - *sección horizontal* plan 4 *industrial* plant **planta baja** first floor.

plan·ta·ción f. 1 *terreno* plantation 2 *acción* planting.

plan·ta·do, da pp. *de plantar* adj. planted **dejar a alguien plantado** to stand somebody up.

plan·tar tr. 1 AGR *to plant* 2 *colocar - gen.* to put, place - *tienda de campaña* to pitch, put up 3 *fam. persona* to leave, dump 4 *dar* to give ◇ prnl. **plantarse** 1 *fam. colocarse* to place oneself, position oneself 2 *fam. resistirse* to dig one's heels in 3 *en la baraja* to stick.

plan·te·a·mien·to m. 1 MAT *formulación - de un problema* formulation - *de una teoría* exposition 2 *enfoque* approach.

plan·te·ar tr. 1 *pregunta* to pose, raise *cuestión* to raise *acuerdo* to suggest 2 *problema, dificultad* to cause, give rise to 3 *trazar un plan* to plan, outline 4 MAT *problema* to formulate ◇ prnl. **plantearse** to consider.

plan·tel m. cadre.

plan·ti·lla f. 1 *patrón* model, pattern 2 *para dibujo lineal* French curve *para rotulación* stencil *para siluetas* template 3 *de zapato* insole 4 *personal* staff.

plan·tí·o m. field.

pla·ñi·de·ro, ra adj. plaintive, mournful.

pla·ñi·do m. mourning, lament.

pla·ñir *(see model 40)* intr. to mourn.

pla·que·ta f. 1 *de sangre* platelet 2 *de gres* small tile.

plas·ma m. plasma.

plas·mar tr. *fig.* to give expression to, give shape to, capture.

plás·ti·co, ca adj. 1 plastic 2 *lenguaje* colorful, vivid ◇ m. **plástico** 1 *material* plastic 2 *argot* record.

plas·ti·fi·ca·do, da adj. laminated.

plas·ti·fi·car tr. to laminate.

plas·ti·li·na f. Plasticine.

pla·ta f. 1 silver 2 AM money **hablar en plata** *fam.* to be frank, put in bluntly **plata de ley** sterling silver.

pla·ta·for·ma f. 1 platform 2 *fig. trampolín* springboard 3 *conjunto de personas* group, grouping **plataforma continental** continental shelf **plataforma petrolífera** oil rig.

pla·ta·nal m. banana plantation.

pla·ta·ne·ro, ra adj. banana ◇ m. **platanero** banana tree.

plá·ta·no m. 1 banana 2 *árbol* plane tree.

pla·te·a f. stalls *pl.*

pla·te·a·do, da pp. *de platear* adj. *color* silvery.

pla·te·ar tr. to silver-plate.

pla·te·rí·a f. *taller* silversmith's.

plá·ti·ca f. talk.

pla·ti·car *(see model 1)* intr. to chat, talk.

pla·ti·llo m. 1 *de postre* dessert plate *de café* saucer 2 *de balanza* pan ◇ mpl. **platillos** MÚS cymbals **platillo volador** flying saucer.

pla·ti·no m. platinum ◇ adj. *rubio* platinum, peroxide ◇ mpl. **platinos** *de un motor* contact points.

pla·to m. 1 *recipiente* plate, dish 2 CULIN dish 3 *en comida* course 4 *de una balanza* pan 5 *de un tocadiscos* turntable **lavar los platos** to do the dishes, do the washing-up **pagar los platos rotos** *fam.* to take the blame, carry the can **tener cara de no haber roto un plato (en la vida)** *fam.* to look as if butter wouldn't melt in one's mouth **plato fuerte** 1 *de una comida* main course 2 *de un acto* main attraction 3 *de un espectáculo* star attraction.

pla·tó m. *de cine* set, film set *de televisión* floor.

pla·tó·ni·co, ca adj. platonic.

pla·to·nis·mo m. Platonism.

plau·si·ble adj. 1 *admirable* commendable 2 *recomendable* advisable 3 *probable* plausible.

pla·ya f. 1 *superficie de arena* beach 2 *costa* seaside.

pla·ye·ro, ra adj. beach.

pla·za f. 1 *de una población* square 2 *mercado* marketplace 3 *en un vehículo* seat 4 *puesto de trabajo* position, vacancy **plaza de armas** parade ground **plaza de toros** bullring **plaza mayor** main square.

pla·zo m. 1 *periodo de tiempo* time 2 *de compra* installment **comprar algo a plazos** buy something on an installment plan.

ple·be f. 1 gen. common people 2 HIST masses *pl.*

ple·be·yo, ya adj. plebeian ◇ s. plebeian.

ple·bis·ci·to m. plebiscite.

ple·ga·ble adj. folding, collapsible.

ple·ga·mien·to m. folding.

ple·gar *(see model 48)* tr. to fold ◇ prnl. **plegarse** to yield, give in.

ple·ga·ria f. prayer.

plei·te·sí·a f. tribute **rendir pleitesía a alguien** to pay homage to.

plei·tis·ta adj. litigous.

plei·to m. litigation, lawsuit.

ple·na·rio, ria adj. plenary.

ple·ni·lu·nio m. full moon.

ple·ni·po·ten·cia·rio, ria adj. plenipotentiary.

ple·ni·tud f. 1 *cúspide* peak 2 *sensación física* fullness.

ple·no, na *adj. gen.* full, complete ◇ *m. pleno reunión* plenary meeting.

ple·o·nas·mo *m.* pleonasm.

plé·to·ra *f.* plethora, wealth.

ple·tó·ri·co, ca *adj.* full **pletórico de alegría** jubilant, euphoric.

pleu·ra *f.* pleura.

pleu·re·si·a *f.* pleurisy.

ple·xo *m.* plexus.

plé·ya·de *f.* cluster.

plie·go *m.* 1 *papel* sheet of paper 2 *documento* document.

plie·gue *m.* fold 2 *en la ropa* pleat.

pli·sa·do, da *adj.* pleated.

pli·sar *tr.* to pleat.

plo·ma·da *f.* 1 *de albañil* plumb line 2 *sonda* lead 3 *para pescar* weights *pl.*

plo·mo *m.* 1 lead 2 *pesa* lead weight 3 ELEC fuse 4 *fam. fig.* bore 5 *fam.* balas lead **andar con pies de plomo** *fam.* to tread very carefully.

plu·ma *f.* 1 *de ave* feather 2 *de relleno* feather, down 3 *de escribir - estilográfica* fountain pen - *usada antiguamente* quill pen **a vuela pluma** off the top of one's head.

plu·ma·je *m. de ave* plumage.

plu·me·ro *m.* 1 *para el polvo* feather duster 2 *de adorno* plume.

plu·món *m.* 1 *de un ave* down 2 *anorak* downfilled anorak.

plu·ral *adj.* plural ◇ *m.* plural.

plu·ra·li·dad *f. gen.* multiplicity *diversidad* diversity.

plu·ra·lis·mo *m.* pluralism.

plu·ra·li·zar *tr.* LING to pluralize ◇ *intr. generalizar* to generalize.

plu·ri·lin·güe *adj.* multilingual.

plus *m.* bonus.

plus·va·lí·a *f.* 1 *aumento* appreciation 2 *impuesto* capital gains tax 3 *en teoría marxista* surplus value.

plu·to·cra·cia *f.* plutocracy.

plu·to·nio *m.* plutonium.

plu·vial *adj.* rain, pluvial.

plu·vió·me·tro *m.* rain gauge.

plu·vio·si·dad *f.* rainfall.

po·bla·ción *f.* 1 *número de habitantes* population 2 *lugar - ciudad* town - *pueblo* village.

po·bla·do, da *pp. de poblar adj.* 1 *zona* populated 2 *barba, cejas* bushy ◇ *m. poblado zona habitada* settlement.

po·bla·dor, ra *s.* settler.

po·blar *tr.* 1 *ocupar territorio* to settle 2 *habitar* to inhabit 3 *llenar* to fill.

po·bre *adj.* 1 *gen.* poor 2 *infeliz* poor ◇ *com.* 1 *con poco dinero* poor person *mendigo* beggar 2 *infeliz* poor thing.

po·bre·za *f.* 1 *escasez de dinero* poverty 2 *falta* lack, scarcity.

po·cil·ga *f.* pigsty.

pó·ci·ma *f.* 1 *preparado* potion 2 *fam. brebaje* concoction.

po·ción *f.* potion.

po·co, ca *adj.* little *plural* few, not many ◇ *pron.* poco little *en plural* not many ◇ *adv.* little, not much ◇ *m.* **un poco** a little, a bit **espera un poco** wait a bit **dentro de poco** soon, presently **hace poco** not long ago **poco después** shortly afterwards **por si fuera poco** as if that weren't enough, to top it all, on top of everything.

po·dar *tr.* to prune.

po·der *(see model 77) tr.* 1 *de facultad* can, be able to 2 *de permiso* may, can 3 *conjetura* may,

might 4 *juicio* can **¡podrías habérmelo dicho!** you could have told me! 5 *sugerencias* can ◇ *intr. superar* to be stronger than ◇ *m.* 1 *gen.* power 2 *posesión* possession, hands *pl.*

po·de·río *m.* 1 *autoridad* power 2 *fuerza* strength.

po·de·ro·so, sa *adj.* powerful.

po·dio *m.* podium.

po·do·lo·gí·a *f.* chiropody.

po·dó·lo·go, ga *s.* chiropodist.

po·dó·me·tro *m.* pedometer.

po·dre·dum·bre *f.* 1 *de un cuerpo* rottenness 2 *lo podrido* rot 3 *fig.* moral corruption.

po·dri·do, da *adj.* 1 rotten 2 *fig.* corrupt.

po·e·ma *m.* poem.

po·e·sí·a *f.* 1 poetry 2 *poema* poem.

po·e·ta *com.* poet.

po·é·ti·co, ca *adj.* poetic.

po·e·ti·sa *f.* poetess.

po·la·co, ca *adj.* Polish ◇ *s. persona* Pole ◇ *m. polaco idioma* Polish.

po·lar *adj.* polar **estrella polar** Pole Star, Polaris.

po·la·ri·dad *f.* polarity.

po·la·ri·zar *tr.* 1 FIS to polarize 2 *atención* to focus ◇ *prnl. polarizarse* to become polarized.

po·le·a *f.* pulley.

po·lé·mi·co, ca *adj.* controversial.

po·le·mi·zar *intr.* to debate.

po·len *m.* pollen.

po·li·cí·a *f.* police, police force ◇ *com. gen.* police officer *hombre* policeman *mujer* policewoman.

po·li·cí·a·co, ca *adj.* detective.

po·li·cial *adj.* police.

po·li·cro·mí·a *f.* polychromy.

po·li·de·por·ti·vo *m.* sports centre.

po·lie·dro *m.* polyhedron.

po·lié·ster *m.* polyester.

po·lie·ti·le·no *m.* polythene.

po·li·fa·cé·ti·co, ca *adj.* versatile.

po·li·fó·ni·co, ca *adj.* polyphonic.

po·li·ga·mia *f.* polygamy.

po·lí·ga·mo, ma *adj.* polygamous ◇ *s.* polygamist.

po·lí·glo·to, ta *adj.* polyglot ◇ *s.* polyglot.

po·lí·go·no *m.* 1 *figura* polygon 2 *gen. área de viviendas* development, housing estate.

po·lí·gra·fo, fa *s.* polygraph.

po·li·in·sa·tu·ra·do, da *adj.* polyunsaturated.

po·li·lla *f.* moth.

po·lí·me·ro *m.* polymer.

po·li·mor·fo, fa *adj.* polymorphic.

po·li·ni·za·ción *f.* pollination.

po·li·ni·zar *tr.* to pollinate.

po·li·no·mio *m.* polynomial.

po·lio *f.* polio.

po·lio·mie·li·tis *f. inv.* poliomyelitis.

pó·li·po *m.* polyp.

po·li·se·mia *f.* polysemy.

po·li·si·la·bo, ba *adj.* polysyllabic ◇ *m. polisílabo* polysyllable.

po·li·són *m.* bustle.

po·li·téc·ni·co, ca *adj. gen.* polytechnic ◇ *m. politécnico instituto* technical college.

po·li·te·ís·mo *m.* polytheism.

po·li·te·ís·ta *adj.* polytheistic ◇ *com.* polytheist.

po·lí·ti·ca *f.* 1 politics 2 *dirección* policy.

po·lí·ti·co, ca *adj.* 1 political 2 *cortés* tactful 3 *por matrimonio* -in-law ◇ *s.* politician.

po·li·ti·zar *tr.* to politicize.

po·liu·re·ta·no *m.* polyurethane.

po·li·va·len·te *adj.* 1 *en química* polyvalent 2 *fig. versátil* versatile, multipurpose.

P

pó·li·za *f.* 1 *de seguros* policy 2 *sello* official tax stamp **póliza de seguros** insurance policy.

po·li·zón *m.* stowaway.

po·lle·rí·a *f. tienda* poultry shop *sección de supermercado* poultry section.

po·lli·no, na *s.* 1 ZOOL donkey 2 *fam.* ignoramus.

po·lli·to *m.* chick.

po·llo *m.* 1 chicken 2 *fam. joven* young man.

po·lo *m.* 1 TÉC pole 2 *caramelo* ice lolly 3 DEP polo **ser polos opuestos** to be poles apart **polo magnético** magnetic pole **Polo Norte** North Pole **Polo Sur** South Pole.

pol·tro·na *f.* easy chair.

pol·trón, tro·na *adj.* lazy.

pol·tro·ne·rí·a *f.* laziness.

po·lu·ción *f.* 1 *atmosférica* pollution 2 *eyaculación* emission.

po·lu·cio·nar *tr.* to pollute.

pol·va·re·da *f.* 1 *de polvo* cloud of dust 2 *escándalo* uproar.

pol·ve·ra *f.* 1 *estuche* (powder) compact 2 *borla* powder puff.

pol·vo *m.* 1 *suciedad* dust 2 *medicamento, etc.* powder 3 *vulg.* screw, fuck ◇ *mpl.* **polvos para maquillar** face powder **estar hecho polvo** *fam. persona* to be shattered **"polvo eres y en polvo te convertirás"** "dust thou art and unto dust shalt thou return".

pól·vo·ra *f.* gunpowder.

pol·vo·rien·to, ta *adj.* dusty.

pol·vo·rín *m.* 1 *arsenal* gunpowder magazine 2 *fig. lugar* powder keg.

po·ma·da *f.* cream.

pó·mez pumice stone.

po·mo *m.* 1 *de puerta* knob 2 *de espada* pommel.

pom·pa *f.* 1 *de jabón, chicle* bubble 2 *ostentación* pomp.

pom·pón *m.* pompom.

pom·po·so, sa *adj.* pompous.

pó·mu·lo *m.* 1 *hueso* cheekbone 2 *mejilla* cheek.

pon·che *m.* punch.

pon·de·ra·ción *f.* 1 *cuidado* deliberation, careful consideration 2 *admiración* high esteem.

pon·de·ra·do, da *pp. de* ponderar *adj. prudente* measured.

pon·de·rar *tr.* 1 *sopesar* to ponder, consider, think over, weigh up 2 *alabar* to praise highly.

po·nen·cia *f. académica* paper *parlamentaria* address, speech.

po·nen·te *com.* speaker.

po·ner *(see model 78) tr.* 1 *gen.* to place, put, set 2 *prenda* to put on 3 *encender* to turn on, put on 4 *programar* to set 5 *instalar* to install, put in 6 *establecer* to open 7 *escribir* to put, write ◇ *prnl.* **ponerse** *sol* to set 2 *volverse* to become, get, turn **poner al corriente** to inform, bring up to date **poner al día** to bring up to date **poner de relieve** to emphasize **poner en práctica** to carry out.

po·ni *m.* pony.

po·nien·te *m.* 1 *dirección* west 2 *viento* west wind, westerly wind.

pon·ti·fi·car *intr.* to pontificate.

pon·tí·fi·ce *m.* pope, pontiff.

pon·ti·fi·cio, cia *adj.* pontifical.

pon·zo·ña *f.* venom.

pon·zo·ño·so, sa *adj.* venomous.

po·pa *f.* stern.

po·pu·lar *adj.* 1 *del pueblo* traditional 2 *muy conocido* popular.

po·pu·la·ri·dad *f.* popularity.

po·pu·la·ri·zar *(see model 4) tr.* to popularize.

po·pu·lis·ta *adj.* populist.

po·pu·lo·so, sa *adj.* populous.

po·pu·rrí *m.* potpourri.

pó·quer *m.* poker.

por *prep.* 1 *gen.* for *lo hice por ti* I did it for you 2 *a través de* through, by *iremos por la autopista* we'll go on the expressway 3 *calle, carretera* along, down, up *subí por la calle Jovellanos* I went up Jovellanos Street 4 *lugar aproximado* in, near, round *está por aquí* it's somewhere round here 5 *causa* because of *suspendieron el concierto por la lluvia* they cancelled the concert because of the rain 6 *tiempo* at, for *nos veremos por vacaciones* I'll see you during the vacation 7 *medio* by *llegó por correo* it arrived by mail *¿por qué?* why? **por supuesto** of course **por tanto** therefore, so.

por·ce·la·na *f.* china, porcelain.

por·cen·ta·je *m.* percentage.

por·cen·tual *adj.* percentage.

por·che *m.* porch.

por·ci·no, na *adj.* porcine.

por·ción *f.* 1 *gen.* portion, part 2 *cuota* share.

por·dio·se·ro, ra *s.* beggar.

por·fí·a *f.* 1 *insistencia* insistence, obstinacy 2 *discusión* squabble.

por·fiar *(see model 13) intr.* 1 *insistir* to insist (**en**, on) 2 *discutir* to squabble.

por·me·nor *m.* detail al **pormenor** retail.

por·me·no·ri·zar *(see model 4) tr.* to detail.

por·no·gra·fí·a *f.* pornography.

por·no·grá·fi·co, ca *adj.* pornographic.

po·ro *m.* pore.

po·ro·so, sa *adj.* porous.

por·que *conj.* 1 *de causa* because *no voy porque no quiero* I'm not going because I don't want to 2 *de finalidad* in order that, so that.

por·qué *m.* cause, reason.

por·que·rí·a *f.* 1 *suciedad* dirt, filth 2 *mala calidad* rubbish ◇ *fpl.* **porquerías** *fam. chucherías* rubbish, junk food.

po·rra·zo *m.* 1 *con bastón* blow *al caer* bump, knock *darse un porrazo 2 caerse* to fall over 3 *tener un accidente* to have a crash.

po·rro *m. fam.* joint, spliff.

por·ta·a·vio·nes *m. inv.* aircraft carrier.

por·ta·da *f.* 1 *de revista, periódico* front page *de libro* title page 2 *tapa de libro* cover 3 ARQ façade.

por·ta·dor, ra *adj.* carrying ◇ *s. de un virus* carrier *de un cheque* bearer.

por·ta·e·qui·pa·jes *m. inv.* 1 *de un coche* - *maletero* trunk - *en el techo* roof rack 2 *de un tren* luggage rack.

por·ta·fo·lios *m. inv.* 1 *carpeta* - *de piel* portfolio - *de cartón* folder 2 *maletín* briefcase.

por·tal *m. entrada de edificio* hallway.

por·ta·mi·nas *m. inv.* propelling pencil.

por·tar *tr.* to carry ◇ *prnl.* **portarse** to behave **portarse bien** to be good, behave oneself **portarse mal** to be naughty.

por·tá·til *adj.* portable.

por·ta·voz *com. gen.* spokesperson *hombre* spokesman *mujer* spokeswoman.

por·ta·zo *m.* bang, slam.

por·te *m.* 1 *aspecto* - *de una persona* bearing - *de un edificio, etc.* appearance 2 *transporte* carriage, freight.

por·te·a·dor, ra *s.* porter.

por·ten·to *m.* wonder.

por·ten·to·so, sa *adj.* prodigious.

por·te·rí·a f. 1 *de un edificio* porter's lodge 2 *vivienda del portero* porter's flat 3 DEP goal.

por·te·ro, ra s. 1 *de un edificio* porter 2 DEP goalkeeper **portero automático** entryphone.

pór·ti·co m. portico.

por·tón m. large door **portón trasero** tail-gate.

por·tua·rio, ria adj. port, dock **zona portuaria** port.

por·tu·gués, gue·sa adj. Portuguese ◇ s. *persona* Portuguese ◇ m. **portugués** *idioma* Portuguese.

por·ve·nir m. future.

po·sa·da f. inn **dar posada a alguien** to take somebody in, give somebody shelter.

po·sa·de·ras fpl. fam. buttocks.

po·sa·de·ro, ra s. innkeeper.

po·sar intr. *para foto, etc.* to pose ◇ tr. *colocar* to rest ◇ prnl. **posarse** *pájaro* to alight, perch, sit.

pos·da·ta f. postscript.

po·se f. 1 *postura* pose 2 *pey. actitud* pose, air.

po·se·e·dor, ra s. owner.

po·se·er *(see model 61)* tr. 1 *propiedad* to own, possess 2 *conocimientos, talento, etc.* to have.

po·se·í·do, da pp. de **poseer** adj. poseso.

po·se·sión f. possession **tomar posesión** 1 *de un cargo* to take up 2 *de un territorio* to occupy.

po·se·si·vo, va adj. possessive ◇ s. possessive person.

pos·gue·rra f. postwar period.

po·si·bi·li·dad f. possibility ◇ fpl. **posibilidades** económicas means pl. **un coche no está dentro de mis posibilidades** I can't afford a car.

po·si·ble adj. possible ◇ mpl. **posibles** dinero means **de ser posible** if possible.

po·si·ción f. 1 *postura, situación* position 2 *condición - económica* situation - *social* status.

po·si·ti·vis·mo m. positivism.

po·si·ti·vo, va adj. positive ◇ m. **positivo** positive.

po·so m. 1 *del café* dregs pl. 2 fig. trace.

pos·par·to m. postpartum **depresión** ◇ f. **posparto** postnatal depression.

pos·po·ner *(see model 78)* pp. **pospuesto** tr. en *el tiempo* to postpone, delay, put off *en el espacio* to put back, put in the background.

pos·tal adj. postal ◇ f. postcard **servicio postal** postal service.

pos·te m. post **poste indicador** signpost.

pós·ter m. poster.

pos·ter·gar *(see model 7)* tr. 1 *retrasar* to postpone, delay 2 *perjudicar* to relegate, put back.

pos·te·ri·dad f. posterity.

pos·te·rior adj. 1 *en el espacio* back, rear 2 *en el tiempo* later.

pos·te·rior·men·te adv. later.

post·gra·do m. postgraduate course.

post·gra·dua·do, da s. postgraduate student.

pos·ti·go m. *de ventana* shutter *de puerta* wicket gate.

pos·ti·lla f. scab.

pos·tín m. fam. airs pl., importance.

pos·ti·zo, za adj. false ◇ m. **postizo** hairpiece.

pos·tor, ra s. bidder.

pos·tra·ción f. prostration.

pos·tra·do, da pp. de **postrar**.

pos·trar tr. to prostrate ◇ prnl. **postrarse** to prostrate oneself.

pos·tre m. dessert **a la postre** finally.

pos·tre·ro, ra adj. last.

pos·tri·me·rí·as fpl. last years pl. **en las postrimerías de** at the end of.

pos·tu·la·do, da pp. de **postular** m. **postulado** 1 *verdad* postulate 2 *principio, idea* principle.

pos·tu·lan·te com. 1 *para obras benéficas* person who collects money for charity 2 REL postulant.

pos·tu·lar tr. *defender* to postulate ◇ intr. *pedir* to collect (*para*, for).

pós·tu·mo, ma adj. adj. posthumous.

pos·tu·ra f. 1 *de un cuerpo* posture, position 2 *actitud* attitude 3 *en una subasta* bid.

po·ta·ble adj. 1 drinkable 2 *aceptable* acceptable.

po·ta·je m. 1 CULIN hotpot 2 fam. *mezcla* hotchpotch.

po·ta·sio m. potassium.

po·ten·cia f. 1 *capacidad* power 2 *país* power 3 *en matemática* power.

po·ten·cia·ción f. *impulso* strengthening.

po·ten·cial adj. potential ◇ m. potential.

po·ten·ciar tr. to strengthen.

po·ten·ta·do, da m. tycoon, potentate.

po·ten·te adj. powerful.

po·tes·tad f. power.

po·tre·ro m. *lugar* paddock.

po·tro, tra s. ZOOL *macho* colt *hembra* filly ◇ m. **potro** 1 *de tortura* rack 2 *en gimnasia* horse.

po·za f. 1 *charco* large puddle 2 *en un río* pool 3 *foso séptico* cesspit.

po·zo m. 1 *de agua, petróleo* well 2 *de una mina* shaft **pozo petrolífero** oil well.

prác·ti·ca f. 1 practice 2 *habilidad* skill ◇ fpl. **prácticas** practical *sing.* **en la práctica** in practice **llevar a la práctica** to put into practice.

prác·ti·ca·men·te adv. practically.

prac·ti·can·te adj. REL practicing ◇ com. *persona* nurse.

prac·ti·car *(see model 1)* tr. 1 gen. to practice 2 *hacer* to make *deporte* to play ◇ intr. to practice.

prác·ti·co, ca adj. 1 gen. practical 2 *hábil* skillful 3 *pragmático* practical ◇ m. **práctico** MAR pilot.

pra·de·ra f. prairie, grassland.

pra·do f. meadow.

prag·má·ti·co, ca adj. pragmatic.

prag·ma·tis·mo m. pragmatism.

pra·xis f. inv. praxis.

pre·ám·bu·lo m. preamble **sin más preámbulos** without further ado.

pre·ben·da f. 1 REL prebend 2 *beneficio* perk 3 *trabajo fácil* cushy job.

pre·ca·len·tar tr. to pre-heat.

pre·ca·rie·dad f. precariousness.

pre·ca·rio, ria adj. precarious.

pre·cau·ción f. precaution **tomar precauciones** to take precautions.

pre·cau·to·rio, ria adj. precautionary.

pre·ca·ver·se prnl. to take precautions (*de/contra*, against).

pre·ca·vi·do, da adj. cautious **hombre precavido/mujer precavida vale por dos** forewarned is forearmed.

pre·ce·den·cia f. precedence.

pre·ce·den·te adj. preceding ◇ m. precedent **sentar precedente** to set a precedent **sin precedente** without precedent, unprecedented.

pre·ce·der tr. to precede.

pre·cep·ti·vo, va adj. compulsory.

pre·cep·to m. precept.

pre·cep·tor, ra s. EDUC tutor.

pre·cia·do, da adj. precious.

pre·ciar·se *(see model 12)* prnl. to be proud (*de*, of).

pre·cin·tar tr. to seal.

pre·cio m. 1 *coste* price **¿a qué precio está?** how much is it? 2 fig. *valor* value **a cualquier precio** at any cost **no tener precio** fig. to be priceless.

P

pre·cio·so, sa *adj.* 1 *bello* beautiful 2 *valioso* precious.

pre·ci·pi·cio *m.* 1 cliff, precipice **al borde del precipicio** on the edge of the precipice 2 *fig.* on the edge of disaster.

pre·ci·pi·ta·ción *f.* 1 *prisa* rush, haste, hurry 2 METEOR. precipitation, rainfall.

pre·ci·pi·ta·do, da *pp. de* **precipitar** *adj. apresurado* hasty, rash.

pre·ci·pi·tar *tr.* 1 *apresurar* to rush *adelantar* to bring forward 2 *lanzar* to precipitate 3 *lanzar* to push, throw ◇ *prnl.* **precipitarse** 1 *apresurarse* to rush, be hasty 2 *caer* to fall *arrojarse* to throw os.

pre·ci·sa·men·te *adv.* exactamente precisely *precisamente por eso me gusta* that's precisely why I like it.

pre·ci·sar *tr.* 1 to say exactly *no sabría precisar cuántos entraron* I couldn't say exactly how many came in 2 *necesitar* to need *"Se precisa cocinero"* "Cook wanted" ◇ *intr.* to be necessary.

pre·ci·sión *f.* precision, accuracy.

pre·ci·so, sa *adj.* 1 precise, exact, accurate 2 *necesario* necessary **en el preciso momento que** at the precise moment that, just as.

pre·cla·ro, ra *adj.* illustrious.

pre·co·ci·dad *f.* 1 *de persona* precociousness 2 *de un fenómeno* earliness.

pre·con·ce·bi·do, da *adj.* preconceived.

pre·co·ni·zar *tr.* to advocate.

pre·coz *adj.* 1 *persona* precocious 2 *cosecha* early 3 *diagnóstico* early.

pre·cur·sor, ra *adj.* precursory ◇ *s.* precursor.

pre·da·dor, ra *adj.* predatory.

pre·de·ce·sor, ra *s.* predecessor.

pre·de·cir *(see model 79) tr.* to predict.

pre·des·ti·na·ción *f.* predestination.

pre·des·ti·nar *tr.* to predestine.

pre·de·ter·mi·nar *tr.* to predetermine.

pre·di·ca·ción *f.* preaching.

pre·di·ca·do *m.* predicate.

pre·di·ca·dor, ra *s.* preacher.

pre·di·ca·men·to *m.* prestige.

pre·di·car *(see model 1) tr.* to preach **predicar con el ejemplo** to practice what one preaches.

pre·di·ca·ti·vo, va *adj.* predicative.

pre·dic·ción *f.* prediction.

pre·di·lec·ción *f.* predilection **sentir predilección por** to prefer.

pre·di·lec·to, ta *adj.* favourite.

pre·dio *m.* property.

pre·dis·po·ner *(see model 78) pp.* **predispuesto** *tr.* to predispose.

pre·dis·po·si·ción *f.* predisposition.

pre·dis·pues·to, ta *pp. de* **predisponer**.

pre·do·mi·nan·te *adj.* predominant.

pre·do·mi·nio *m.* predominance.

pre·e·mi·nen·cia *f.* pre-eminence.

pre·es·co·lar *adj. enseñanza, edad, etapa* pre-school, nursery-school.

pre·es·ta·ble·cer *tr.* to pre-establish.

pre·es·tre·no *m.* preview.

pre·fa·bri·ca·do, da *adj.* prefabricated.

pre·fa·cio *m.* preface.

pre·fec·to *m.* 1 REL prefect, prefect apostolic 2 HIST prefect.

pre·fe·ren·cia *f.* preference **mostrar preferencia por alguien** to show preference to somebody.

pre·fe·ren·te *adj.* preferential.

pre·fe·ri·ble *adj.* preferable.

pre·fe·ri·do, da *pp. de* **preferir** *adj.* favorite.

pre·fe·rir *(see model 35) tr.* to prefer **prefiero el campo a la ciudad** I prefer the country to the city.

pre·fi·jo *m.* 1 LING prefix 2 *telefónico* area code.

pre·gón *m.* 1 *anuncio* public announcement 2 *discurso* speech *de fiestas* opening address, opening speech.

pre·go·nar *tr.* 1 *noticia* to announce, make public *secreto* to tell everybody, broadcast 2 *mercancía* to cry 3 *bando municipal* to proclaim.

pre·go·ne·ro *m.* town crier.

pre·gun·ta *f.* question.

pre·gun·tar *tr.* to ask ◇ *prnl.* **preguntarse** to wonder.

pre·his·to·ria *f.* prehistory.

pre·his·tó·ri·co, ca *adj.* prehistoric.

pre·jui·cio *m.* prejudice **yo no tengo prejuicios** I'm not prejudiced.

pre·juz·gar *tr.* to prejudge.

pre·la·ción *f.* priority.

pre·la·do *m.* prelate.

pre·li·mi·nar *adj.* preliminary ◇ *m.* preliminary.

pre·lu·diar *tr.* 1 MÚS to prelude 2 *iniciar* to announce.

pre·lu·dio *m.* prelude.

pre·ma·tri·mo·nial *adj.* premarital **relaciones prematrimoniales** premarital sex *sing.*

pre·ma·tu·ro, ra *adj.* premature ◇ *s.* premature baby.

pre·me·di·ta·ción *f.* premeditation **con premeditación y alevosía** with malice aforethought.

pre·me·di·ta·do, da *pp. de* **premeditar** *adj.* premeditated.

pre·me·di·tar *tr.* to premeditate.

pre·mens·trual *adj.* premenstrual.

pre·miar *(see model 12) tr.* 1 *otorgar premio* to award a prize to 2 *recompensar* to reward.

pre·mio *m.* 1 prize **me han tocado dos premios** I've won two prizes 2 *recompensa* reward.

pre·mi·sa *f.* premise.

pre·mo·ni·ción *f.* premonition.

pre·mu·ra *f.* 1 *prisa* urgency 2 *escasez - de tiempo* pressure *- de espacio* shortage.

pre·na·tal *adj.* antenatal.

pren·da *f.* 1 *de vestir* garment 2 *prueba* token, pledge 3 *cualidad* talent.

pren·de·dor *m.* broche brooch *alfiler* pin.

pren·der *tr.* 1 *agarrar* to catch *arrestar* to arrest 2 *sujetar* to attach *con agujas* to pin 3 *encender - fuego* to light *- luz* to turn on ◇ *intr.* 1 *arraigar - planta, costumbre* to take root 2 *fuego, madera, etc.* to catch light, catch fire ◇ *prnl.* **prenderse** to catch fire.

pren·sa *f.* 1 *máquina* press *de imprimir* printing press 2 *periodistas* press *periódicos* papers *pl.* **libertad de prensa** freedom of the press.

pren·sa·do, da *pp. de* **prensar** *adj.* pressed ◇ *m. prensado* pressing.

pren·sar *tr.* to press.

pren·sil *adj.* prehensile.

pre·ña·da, da *adj.* pregnant.

pre·ñar *tr. mujer* to make pregnant *animal* to impregnate.

pre·ñez *f.* pregnancy.

pre·o·cu·pa·ción *f.* worry.

pre·o·cu·pan·te *adj.* worrying.

pre·o·cu·par *tr.* to worry ◇ *prnl.* **preocuparse** 1 *sentir preocupación* to worry *(por, about), get worried (por, about)* 2 *ocuparse* to mind *(de, -)*.

pre·pa·ra·ción *f.* 1 *gen.* preparation 2 *física, deportiva* training 3 *conocimientos* knowledge.

pre·pa·ra·do, da *pp. de* **preparar** *adj.* ready, prepared ◇ *m. preparado* sustancia preparation.

pre·pa·rar tr. 1 to prepare, get ready 2 *enseñar* to teach 3 DEP *entrenar* to train, coach 4 *estudiar* to revise for, work for.

pre·pa·ra·ti·vos mpl. arrangements, preparations.

pre·pon·de·ran·cia f. preponderance.

pre·pon·de·ran·te adj. preponderant.

pre·pon·de·rar intr. to prevail.

pre·po·si·ción f. preposition.

pre·po·ten·te adj. arrogant, domineering.

pre·pu·cio m. foreskin.

pre·rro·ga·ti·va f. prerogative.

pre·sa f. 1 *cosa prendida* prey 2 *embalse* dam 3 *acción* capture **ser fácil presa de alguien** to be easy prey for somebody.

pre·sa·giar *(see model 12)* tr. to be a warning of, foretell.

pre·sa·gio m. 1 *señal* omen 2 *adivinación* premonition.

pres·bi·cia f. long-sightedness.

prés·bi·ta adj. long-sighted.

pres·bi·te·ria·no, na adj. Presbyterian ◇ s. Presbyterian.

pres·bi·te·rio m. presbytery.

pres·bí·te·ro m. priest.

pres·cin·di·ble adj. expendable, dispensable.

pres·cin·dir intr. **prescindir de** *pasar sin* to do without *no contar con* to leave out.

pres·cri·bir pp. **prescrito** tr. 1 *recetar* to prescribe 2 JUR *ordenar* to prescribe, state ◇ intr. JUR *extinguirse* to expire, lapse.

pres·crip·ción f. prescription **por prescripción facultativa** on doctor's orders.

pres·cri·to, ta pp. de **prescribir**.

pre·se·lec·cio·nar tr. to short-list.

pre·sen·cia f. 1 gen. presence 2 *aspecto* appearance **hacer acto de presencia** to appear, put in an appearance.

pre·sen·cial *testigo presencial* eyewitness.

pre·sen·ciar *(see model 12)* tr. *acontecimiento* to be present at *accidente, atraco* to witness.

pre·sen·ta·ble adj. 1 *arreglado* presentable *a medio vestir* decent 2 *en condiciones* reasonable, presentable.

pre·sen·ta·ción f. 1 *de un objeto, documento, etc.* presentation, showing 2 *de personas* introduction 3 *de producto - lanzamiento* launching - *exposición* presentation 4 POL *a elecciones* candidature, candidacy 5 *aspecto* presentation 6 *de un programa* presentation.

pre·sen·ta·dor, ra s. presenter.

pre·sen·tar tr. 1 gen. to present *mostrar* to show 2 *entregar* to hand in 3 *sacar al mercado* to launch 4 *personas* to introduce 5 TV to present 6 *ofrecer* to offer, show ◇ prnl. **presentarse** 1 *comparecer* to turn up 2 *para elección* to stand en *un concurso* to enter **presentar una denuncia** to lodge a complaint **presentar una ponencia** to present a paper.

pre·sen·te adj. present ◇ m. 1 *tiempo* present 2 LING present tense 3 *obsequio* gift ◇ mpl. **presentes** those present **mejorando lo presente** present company excepted.

pre·sen·ti·mien·to m. premonition, presentiment.

pre·sen·tir *(see model 35)* tr. to have a feeling (*que*, that).

pre·ser·va·ción f. preservation.

pre·ser·var tr. to preserve.

pre·ser·va·ti·vo m. condom.

pre·si·den·cia f. 1 POL presidency 2 *de una empresa* presidency 3 *de un club, sociedad, etc.* presidency 4 *de una reunión* chairmanship.

pre·si·den·te, ta s. 1 POL president 2 *de una empresa - hombre* president - *mujer* president 3 *de un club, sociedad* president.

pre·si·dia·rio, ria s. convict, prisoner.

pre·si·dio m. prison, penitentiary.

pre·si·dir tr. 1 *reunión* to chair, preside over 2 *país* to be president of 3 *predominar* to prevail.

pre·sión f. pressure **presión arterial** blood pressure **presión atmosférica** atmospheric pressure.

pre·sio·nar tr. 1 *objeto* to press 2 *persona* to pressure, put pressure on.

pre·so, sa adj. imprisoned ◇ s. prisoner **estar preso** to be in prison.

pres·ta·ción f. *servicio* service.

pres·ta·do, da pp. de **prestar** adj. lent, on loan **pedir prestado** to borrow.

pres·ta·mis·ta com. moneylender.

prés·ta·mo m. 1 *crédito* loan 2 *acción de prestar* lending *acción de pedir prestado* borrowing 3 LING loanword **pedir un préstamo** to ask for a loan **préstamo hipotecario** home loan, mortgage.

pres·tan·cia f. *elegancia* elegance.

pres·tar tr. 1 *dejar prestado* to lend, loan 2 *pedir prestado* to borrow 3 *servicio* to do, render 4 *ayuda* to give ◇ prnl. **prestarse** 1 *ofrecerse* to lend oneself 2 *ser motivo* to lend itself 3 *acceder* to agree, give in *prestar juramento* to swear.

pres·ta·ta·rio, ria adj. borrowing ◇ s. borrower.

pres·te·za f. promptness con **presteza** promptly.

pres·ti·di·gi·ta·dor, ra s. conjuror, magician.

pres·ti·gio m. prestige.

pres·to, ta adj. 1 *preparado* ready 2 *rápido* quick ◇ adv. **presto** arc. swiftly.

pre·su·mi·ble adj. likely.

pre·su·mi·do, da adj. *arrogante* conceited *en el vestir* vain ◇ s. *arrogante* conceited person *en el vestir* vain person.

pre·su·mir intr. 1 *vanagloriarse* to boast (*de*, about), show off (*de*, about) 2 *ser presumido* to be vain ◇ tr. *suponer* to suppose, assume.

pre·sun·ción f. 1 *vanidad* conceit 2 *suposición* presumption **presunción de inocencia** presumption of innocence.

pre·sun·ta·men·te adv. allegedly.

pre·sun·to, ta adj. presumed, alleged.

pre·sun·tuo·so, sa adj. *presumido* conceited, vain *arrogante* presumptuous.

pre·su·po·ner *(see model 78)* pp. **presupuesto** tr. to presuppose.

pre·su·pues·ta·rio, ria adj. budget.

pre·su·pues·to, ta pp. de **presuponer** m. **presupuesto** 1 *en finanzas, política* budget *de una obra, reparación, etc.* estimate 2 *supuesto* assumption.

pre·su·ri·zar tr. to pressurize.

pre·su·ro·so, sa adj. hurried, hasty.

pre·ten·cio·so, sa adj. pretentious ◇ s. pretentious person.

pre·ten·der tr. 1 *querer* to want to **pretende ganar el concurso** he wants to win the contest 2 *intentar* to try to **no sé qué pretende hacer** I don't know what he's trying to do 3 *cortejar* to court.

pre·ten·di·do, da pp. de **pretender** adj. supposed.

pre·ten·dien·te m. *enamorado* suitor ◇ com. 1 *a un puesto* applicant 2 *al trono* pretender.

pre·ten·sión f. 1 *intención* aim *ambición* ambition 2 *derecho* claim.

pre·té·ri·to, ta adj. past **en tiempos pretéritos** in the past ◇ m. **pretérito** simple past, preterite **pretérito anterior** past anterior **pretérito imperfecto** imperfect **pretérito indefinido** simple past **pretérito perfecto** present perfect **pretérito pluscuamperfecto** past perfect.

pre·tex·tar *tr.* to allege.

pre·tex·to *m.* pretext **con el pretexto de** on the pretext of.

pre·til *m. muro* parapet.

pre·va·le·cer *(see model 43) intr.* to prevail.

pre·va·len·te *adj.* predominant.

pre·va·ri·ca·ción *f.* JUR deliberate neglect of duty.

pre·va·ri·car *intr.* JUR to fail deliberately to do one's duty.

pre·ven·ción *f.* 1 *precaución* prevention 2 *medida* measure, preventive measure 3 *prejuicio* prejudice **en prevención de** as a precaution against **prevención del embarazo** family planning.

pre·ve·ni·do, da *pp. de* prevenir *adj.* forewarned **hombre prevenido vale por dos** forewarned is forearmed.

pre·ve·nir *(see model 90) tr.* 1 *evitar* to avoid, prevent 2 *advertir* to warn **más vale prevenir** prevention is better.

pre·ven·ti·vo, va *adj. medicina, medida, etc.* preventive, preventative.

pre·ver *(see model 91) pp.* **previsto** *tr.* 1 *anticipar* to foresee, forecast 2 *preparar* to plan.

pre·via·men·te *adv.* previously.

pre·vio, via *adj.* previous.

pre·vi·si·ble *adj.* foreseeable.

pre·vi·sión *f.* 1 *anticipación* forecast 2 *precaución* precaution **en previsión de** as a precaution against.

pre·vi·sor, ra *adj.* farsighted.

pre·vis·to, ta *pp. de* prever **tener previsto** to plan *no tenía previsto salir esta tarde I hadn't planned to go out this afternoon.*

pri·ma *f.* 1 *gratificación* bonus 2 *del seguro* insurance premium.

pri·ma·cí·a *f.* primacy.

pri·ma·do *m.* primate.

pri·mar *tr.* 1 *recompensar* to reward 2 *poner en primer lugar* to put first, give precedence to ◇ *intr. predominar* to be important *sobresalir* to stand out.

pri·ma·ria *f.* primary education.

pri·ma·rio, ria *adj.* primary.

pri·ma·te *m.* primate.

pri·ma·ve·ra *f.* 1 spring 2 LIT *año* year 3 BOT primrose.

pri·ma·ve·ral *adj.* spring, spring-like.

pri·me·ra *f.* 1 AUTO first gear 2 *en transportes* first class **de primera** first-rate, first-class.

pri·me·ri·zo, za *adj. gen.* novice *madre* first-time ◇ *s.* beginner *una madre primeriza* a first-time mother.

pri·me·ro, ra *adj.* first ◇ *s.* first ◇ *adv. primero en primer lugar* first **a primeros de mes/año** at the beginning of the month/year **lo primero es lo primero** first things first.

pri·mi·cia *f.* 1 BOT first fruit 2 *noticia* scoop.

pri·mi·ge·nio, nia *adj.* original.

pri·mi·pa·ra *adj.* primipara, first-time mother.

pri·mi·ti·vis·mo *m.* primitivism.

pri·mi·ti·vo, va *adj.* 1 HIST primitive 2 *original* original 3 *rudimentario* basic.

pri·mo, ma *adj.* 1 *materia* raw 2 MAT *número* prime ◇ *s. familiar* cousin ◇ *m. primo fam.* mug, sucker **primo hermano** first cousin.

pri·mo·gé·ni·to, ta *adj.* first-born, eldest ◇ *s.* first-born, eldest.

pri·mor *m.* 1 *delicadeza* delicateness, delicacy 2 *hermosura* beauty.

pri·mor·dial *adj.* essential.

pri·mo·ro·so, sa *adj.* delicate.

prin·ce·sa *f.* princess.

prin·ci·pa·do *m.* principality.

prin·ci·pal *adj.* main, chief ◇ *m. piso* first floor, second floor.

prín·ci·pe *m.* prince **edición príncipe** first edition **príncipe azul** Prince Charming.

prin·ci·pes·co, ca *adj.* princely.

prin·ci·pian·te, ta *s.* beginner.

prin·ci·pio *m.* 1 *inicio* beginning, start 2 *base* principle 3 *moral* principle ◇ *mpl. principios* rudiments **al principio** at first, at the beginning **en principio** in principle.

prin·gar *(see model 7) tr.* 1 *ensuciar* to make greasy 2 *untar* to soak in oil ◇ *intr.* 1 *fam. trabajar* to work hard 2 *fam.* meter to involve, mix up in.

prin·gue *m.* grease.

pri·or, ra *s. hombre* prior *mujer* prioress.

prio·ri·dad *f.* priority.

prio·ri·ta·rio, ria *adj.* priority.

pri·sa *f.* hurry **darse prisa** to hurry **tener prisa** to be in a hurry.

pri·sión *f.* prison *lo condenaron a tres años de prisión* he's been sentenced to three years imprisonment **estar en prisión preventiva** to be remanded in custody, be on remand.

pri·sio·ne·ro, ra *s.* prisoner.

pris·ma *m.* 1 prism 2 *fig. perspectiva* angle.

pris·má·ti·co, ca *adj.* prismatic ◇ *mpl. prismáticos* binoculars.

pris·ti·no, na *adj.* 1 *primitivo* original 2 *puro* pristine.

pri·va·ci·dad *f.* privacy.

pri·va·ción *f.* deprivation, privation **pasar privaciones** to suffer hardship.

pri·va·do, da *pp. de* privar *adj.* private **en privado** in private.

pri·var *tr. despojar* to deprive (*de*, of) ◇ *intr.* 1 *fam. gustar* to adore 2 *fam. estar de moda* to be in fashion 3 *fam. beber* to booze.

pri·va·ti·vo, va *adj. propio, exclusivo* exclusive **ser privativo de** to be the exclusive right of.

pri·va·ti·za·ción *f.* privatization.

pri·va·ti·zar *tr.* to privatize.

pri·vi·le·gia·do, da *adj.* privileged ◇ *s.* privileged person.

pri·vi·le·giar *tr.* to privilege.

pri·vi·le·gio *m.* privilege.

pro *m.* advantage ◇ *prep.* pro-, in favour of *una campaña pro amnistía* a pro-amnesty campaign.

pro·a *f.* bow, prow.

pro·ba·bi·li·dad *f.* probability *las probabilidades de ganar son mínimas* they have a very slim chance of winning.

pro·ba·ble *adj.* 1 *posible* probable, likely *es probable que no hayan recibido el paquete* they probably haven't received the parcel 2 *demostrable* provable.

pro·ba·ble·men·te *adv.* probably.

pro·ba·dor *m.* changing room, fitting room.

pro·bar *(see model 31) tr.* 1 *demostrar* to prove 2 *comprobar* to test, check 3 *vino, comida, etc.* to taste, try 4 *prenda, zapato* to try on ◇ *intr.* to try.

pro·be·ta *f.* test tube.

pro·bi·dad *f.* honesty, integrity.

pro·ble·ma *m.* problem **dar problemas** to cause problems **tener problemas con** to have trouble with.

pro·ble·má·ti·co, ca *adj. cuestión* problematic *joven* difficult.

pro·bo, ba *adj.* honest.

pro·ca·ci·dad *f. atrevimiento* impudence *insolencia* insolence.

pro·caz *adj.* indecent, vulgar.

pro·ce·den·cia *f.* 1 *de lugar, persona, etc.* origin *¿conoce la procedencia de este dinero?* do you know where this money came from? 2 *de barco, tren, etc.* origin 3 *de comportamiento* appropriateness.

pro·ce·den·te *adj.* 1 coming (*de,* from) 2 *adecuado* appropriate, correct.

pro·ce·der *intr.* 1 *pasar a ejecutar* to proceed 2 *actuar* to act 3 *ser adecuado* to be appropriate 4 JUR to start proceedings (*contra,* against) ◇ *m. behavior su extraño proceder confundió a todos* his strange behaviour confused everybody.

pro·ce·di·mien·to *m.* 1 *método* procedure 2 JUR proceedings *pl.*

pró·cer *m.* great man.

pro·ce·sa·do, da *pp. de* procesar *adj.* 1 INFO processed 2 JUR tried ◇ *s. el/la procesado* the accused.

pro·ce·sa·dor *m.* processor *procesador de textos* INFO word processor.

pro·ce·sal *adj.* JUR procedural *derecho procesal* procedural law.

pro·ce·sa·mien·to *m.* 1 JUR trial 2 INFO processing *procesamiento de datos* INFO data processing.

pro·ce·sar *tr.* 1 *gen.* to process 2 JUR to try.

pro·ce·sión *f.* procession.

pro·ce·so *m.* 1 *gen.* process 2 *en el tiempo* time 3 JUR trial.

pro·cla·ma *f.* 1 *discurso político* proclamation 2 *anuncio público* public announcement *de matrimonio* banns *pl.*

pro·cla·ma·ción *f.* proclamation.

pro·cla·mar *tr.* 1 *declarar públicamente* to proclaim 2 *revelar* to broadcast ◇ *prnl. proclamarse* to proclaim oneself.

pro·cli·ve *adj.* prone *ser proclive a algo* to be prone to something.

pro·cli·vi·dad *f.* proclivity.

pro·cón·sul *m.* proconsul.

pro·cre·a·ción *f.* procreation.

pro·cre·ar *intr.* to procreate.

pro·cu·ra·ción *f.* power of attorney.

pro·cu·ra·dor, ra *s.* JUR procurator.

pro·cu·rar *tr.* 1 to try *procura no enfadarte* try not to get angry 2 *proporcionar* to get.

pro·di·gar *(see model 7) tr.* to be lavish with ◇ *prnl. prodigarse dejarse ver* to overexpose oneself.

pro·di·gio *m.* prodigy, miracle *niño prodigio* child prodigy.

pro·di·gio·so, sa *adj.* prodigious.

pró·di·go, ga *adj.* 1 *generoso - persona* lavish - *naturaleza* bountiful 2 *derrochador* wasteful *ser pródigo en* 1 *generoso* to be generous with 2 *derrochador* to be extravagant with.

pro·duc·ción *f.* production.

pro·du·cir *(see model 46) tr.* 1 *gen.* to produce 2 *causar* to cause 3 *cosecha, fruto, etc.* to yield ◇ *prnl. producirse* to happen.

pro·duc·ti·vi·dad *f.* productivity.

pro·duc·ti·vo, va *adj. reunión, tierra* productive *inversión* profitable.

pro·duc·to *m.* 1 *gen.* product 2 MAT product 3 *resultado* result, product 4 *provecho* fruit *producto acabado* finished product *producto in-*

terno bruto gross domestic product *producto nacional bruto* gross national product.

pro·duc·tor, ra *adj.* producing ◇ *s.* producer.

pro·duc·to·ra *f.* CINE production company.

pro·e·za *f.* feat, heroic deed.

pro·fa·na·ción *f.* desecration.

pro·fa·nar *tr.* to desecrate, profane.

pro·fa·no, na *adj.* 1 *no sagrado* profane, secular 2 *no experto* lay ◇ *s. hombre* layman *mujer* laywoman.

pro·fe·cí·a *f.* prophecy.

pro·fe·rir *(see model 35) tr. palabra, sonido, etc.* to utter *insulto* to hurl.

pro·fe·sar *tr.* 1 *creencia, religión* to profess 2 *sentimiento* to have 3 *profesión* to practice ◇ *intr.* REL to profess.

pro·fe·sión *f.* 1 profession 2 REL taking of vows *profesión de fe* profession of faith.

pro·fe·sio·nal *adj. gen.* professional ◇ *com.* professional.

pro·fe·sio·na·li·zar *tr.* to make professional ◇ *prnl. profesionalizarse* to turn professional.

pro·fe·sor, ra *s. de enseñanza media* teacher *de universidad* lecturer *profesor particular* private tutor.

pro·fe·so·ra·do *m.* 1 *conjunto de profesores* teaching staff 2 *cargo* teaching post *actividad* teaching profession.

pro·fe·ta *m.* prophet *nadie es profeta en su tierra* no one is a prophet in his own land.

pro·fé·ti·co, ca *adj.* prophetic.

pro·fe·ti·sa *f.* prophetess.

pro·fe·ti·zar *(see model 4) tr.* to prophesy.

pro·fi·lác·ti·co, ca *adj. medida* prophylactic ◇ *m. profiláctico* preservativo condom.

pró·fu·go, ga *adj.* on the run, fugitive ◇ *s.* fugitive ◇ *m. prófugo* MIL deserter *ser prófugo de la justicia* to be a fugitive.

pro·fun·da·men·te *adv.* profoundly, deeply *estaba profundamente dormida* she was sound sleep.

pro·fun·di·dad *f.* 1 depth *en las profundidades del océano* in the depths of the ocean 2 *de persona, pensamiento, etc.* depth, profundity.

pro·fun·di·zar *(see model 4) tr.* 1 *agujero, hoyo* to deepen 2 *profundizar en tema, cuestión* to look deeply into, analyze in depth.

pro·fun·do, da *adj.* 1 *gen.* deep *está sumida en una profunda crisis* she is going through a deep crisis 2 *tristeza, dolor, etc.* intense 3 *cambio, transformación* profound, total 4 *pensamiento, persona, etc.* profound, deep.

pro·fu·sa·men·te *adv.* profusely.

pro·fu·sión *f.* profusion.

pro·fu·so, sa *adj.* profuse.

pro·ge·nie *f.* 1 *familia* progeny, offspring 2 *linaje* lineage.

pro·ge·ni·tor, ra *s. padre* father *madre* mother ◇ *mpl. progenitores* parents.

pro·ge·ni·tu·ra *f.* offspring.

pro·ges·te·ro·na *f.* progesterone.

pro·gra·ma *m. gen.* program 2 INFO program 3 EDUC *de un curso* syllabus 4 *plan* plan.

pro·gra·ma·ción *f.* 1 *de televisión, radio, etc.* programing 2 *de teatro* billing 3 *de video* programming 4 INFO programming.

pro·gra·ma·dor, ra *s.* INFO programmer.

pro·gra·mar *tr.* 1 *gen.* to program 2 INFO to program 3 *organizar, planear, etc.* to plan.

pro·gre·sar *intr.* to progress, make progress *no has progresado mucho en ortografía* you haven't made much progress with your spelling.

pro·gre·sión *f.* progression **progresión aritmética** arithmetic progression.

pro·gre·si·va·men·te *adv.* progressively.

pro·gre·si·vo, va *adj.* progressive.

pro·gre·so *m.* progress.

pro·hi·bi·ción *f.* prohibition, ban **levantar la prohibición** to lift the ban.

pro·hi·bi·cio·nis·ta *adj.* prohibitionist.

pro·hi·bir *(see model 21) tr.* to forbid.

pro·hi·bi·ti·vo, va *adj.* prohibitive.

pro·hi·jar *(see model 20) tr.* to adopt.

pro·hom·bre *m.* great man.

pró·ji·mo *m.* fellow man, neighbor **amarás a tu prójimo como a ti mismo** love thy neighbour as thyself.

pro·lap·so *m.* prolapse.

pro·le *f.* offspring.

pro·le·gó·me·no *m. de un texto* introduction.

pro·le·ta·ria·do *m.* proletariat.

pro·le·ta·rio, ria *adj.* proletarian ⋄ *s.* proletarian.

pro·li·fe·ra·ción *f.* proliferation.

pro·li·fe·rar *intr.* to proliferate.

pro·lí·fi·co, ca *adj.* prolific.

pro·li·ji·dad *f.* 1 *extensión excesiva* long-windedness, verbosity 2 *meticulosidad* meticulousness.

pro·li·jo, ja *adj.* 1 *largo en exceso* long-winded, verbose 2 *meticuloso* meticulous.

pro·lo·gar *tr.* to prolog.

pró·lo·go *m.* prolog.

pro·lon·ga·ción *f.* 1 *gen.* prolongation 2 *aplazamiento* extension.

pro·lon·ga·do, da *pp. de* **prolongar** *adj. largo* prolonged, lengthy.

pro·lon·gar *(see model 7) tr.* 1 *en el tiempo, etc.* to prolong 2 *en el espacio* to extend ⋄ *prnl.* **prolongarse** to go on.

pro·me·diar *(see model 12) tr.* to average out ⋄ *intr.* to mediate.

pro·me·dio *m.* average.

pro·me·sa *f.* 1 promise 2 *persona* budding talent **faltar a una promesa** to break a promise **hacer una promesa** to make a promise.

pro·me·te·dor, ra *adj.* promising.

pro·me·ter *tr.* to promise **¿lo prometes?** *promise?* ⋄ *intr.* to be promising ⋄ *prnl.* **prometerse** *pareja* to get engaged.

pro·me·ti·do, da *pp. de* **prometer** *s. hombre* fiancé *mujer* fiancée **lo prometido es deuda** promises are meant to be kept.

pro·mi·nen·cia *f.* 1 *montículo* hillock, mound *elevación* rise 2 *protuberancia* protuberance 3 *de partido, teoría, etc.* prominence.

pro·mi·nen·te *adj.* prominent.

pro·mis·cui·dad *f.* promiscuousness, promiscuity.

pro·mo·ción *f.* 1 *gen.* promotion 2 EDUC class **campaña de promoción** promotion campaign.

pro·mo·cio·nar *tr.* 1 *gen.* to promote 2 *ideas, relaciones, etc.* to foster.

pro·mon·to·rio *m.* promontory, headland.

pro·mo·tor, ra *s.* 1 *inmobiliaria* developer 2 *de una idea, plan, etc.* promoter 3 *de ventas* representative.

pro·mo·ver *(see model 32) tr.* to promote.

pro·mul·ga·ción *f.* enactment, promulgation.

pro·mul·gar *(see model 52) tr.* to enact, promulgate.

pro·nom·bre *m.* pronoun **pronombre demostrativo** demonstrative pronoun **pronombre personal** personal pronoun **pronombre relativo** relative pronoun.

pro·no·mi·nal *adj.* pronominal.

pro·nos·ti·ca·dor, ra *s.* forecaster.

pro·nos·ti·car *(see model 1) tr.* to predict.

pro·nós·ti·co *m.* 1 *del tiempo* forecast 2 MED prognosis **de pronóstico reservado** *el estado del paciente es de pronóstico reservado* the patient is being kept in for observation **pronóstico meteorológico** weather forecast.

pron·ti·tud *f.* promptness **con prontitud** promptly, quickly.

pron·to, ta *adj.* quick, fast ⋄ *m.* **pronto** *fam. gen.* sudden urge, sudden impulse *de ira* fit ⋄ *adv.* 1 *rápido* soon 2 *temprano* early **de pronto** suddenly.

pro·nun·cia·ción *f.* 1 pronunciation 2 pronouncement.

pro·nun·cia·mien·to *m.* 1 MIL uprising 2 JUR pronouncement.

pro·nun·ciar *(see model 12) tr.* 1 *gen.* to pronounce 2 *discurso* to make ⋄ *prnl.* **pronunciarse** 1 *expresarse* to declare oneself 2 *intensificarse* to become more pronounced.

pro·pa·gan·da *f.* 1 *publicidad* advertising 2 *electoral* propaganda.

pro·pa·gar *tr.* to propagate, spread.

pro·pa·lar *tr.* to spread.

pro·pa·no *m.* propane.

pro·pa·sar·se *prnl.* to go too far **se propasó con ella y ella lo denunció** he tried it on with her and she reported him to the police.

pro·pen·der *intr.* to be inclined (*a*, to).

pro·pen·sión *f.* inclination, tendency.

pro·pen·so, sa *adj.* inclined **ser propenso a algo** to be prone to something.

pro·pi·ciar *(see model 12) tr.* 1 *favorecer* to pave the way for, contribute to *causar* to cause, lead to, bring about 2 *ganar* to earn, win.

pro·pi·cia·to·rio, ria *adj.* propitiatory.

pro·pi·cio, cia *adj. gen.* suitable *uso formal* propitious.

pro·pie·dad *f.* 1 *derecho* ownership 2 *bien inmueble* property 3 *corrección* propriety 4 *cualidad* property **propiedad intelectual** copyright **propiedad privada** private property.

pro·pie·ta·rio, ria *s.* owner.

pro·pi·na *f.* gratuity **dar propina a alguien** to tip somebody, give somebody a tip.

pro·pi·nar *tr.* to give.

pro·pio, pia *adj.* 1 *de nuestra propiedad* own 2 *indicado* proper, appropriate 3 *característico* typical 4 *mismo - él* himself - *ella* herself - *cosa, animal* itself - *en plural* themselves.

pro·po·ner *(see model 78) pp.* **propuesto** *tr. persona, plan,* to propose **propongo un brindis** I propose a toast ⋄ *prnl.* **proponerse** to intend **me he propuesto dejar el tabaco** I intend to give up smoking.

pro·por·ción *f.* proportion **en proporciones iguales** in equal proportions.

pro·por·cio·na·do, da *pp. de* **proporcionar** *adj.* in proportion **estar bien/mal proporcionado** 1 *dibujo* to be in/out of proportion 2 *físico* to be well/badly proportioned.

pro·por·cio·nal *adj.* proportionate, proportional.

pro·por·cio·nar *tr.* 1 *ayuda, dinero, etc.* to supply *consejo* to give 2 *dibujo* to proportion.

pro·po·si·ción *f.* 1 *idea* proposal, proposition *sugerencia* suggestion 2 LING clause **hacerle a alguien proposiciones deshonestas** to make an indecent proposal to somebody.

pro·pó·si·to *m.* 1 *intención* intention 2 *objetivo* aim **a propósito** 1 *por cierto* by the way 2 *adrede* on purpose.

pro·pues·ta f. proposal.
pro·pues·to, ta pp. de **proponer**.
pro·pug·nar tr. to advocate.
pro·pul·sar tr. **1** medida, idea, etc. to promote **2** cohete, nave, etc. to propel.
pro·pul·sión f. propulsion **propulsión a chorro** jet propulsion.
pro·pul·sor, ra adj. driving ◇ s. de idea, medida promoter ◇ m. **propulsor** motor, engine hélice screw, propeller.
pro·rra·te·ar tr. to prorate.
pró·rro·ga f. **1** de un plazo extension **2** DEP overtime **3** MIL deferment.
pro·rro·gar (see model 7) tr. **1** aplazar to postpone alargar to extend **2** DEP partido to postpone.
pro·rrum·pir intr. to burst **prorrumpir en sollozos** to burst into tears.
pro·sa f. prose.
pro·sai·co, ca adj. prosaic.
pro·sa·pia f. ancestry, lineage.
pros·ce·nio m. HIST proscenium.
pros·cri·bir pp. **proscrito** tr. **1** prohibir to proscribe, ban **2** exiliar to exile.
pros·cri·to, ta pp. de **proscribir** s. exiliado exile criminal outlaw.
pro·se·guir (see model 56) tr. to continue, carry on.
pro·se·li·tis·mo m. proselytism **hacer proselitismo** to proselytize.
pro·se·li·tis·ta adj. proselytic ◇ com. proselytizer.
pro·sé·li·to m. proselyte.
pro·sis·ta com. prose writer.
pro·so·dia f. prosody.
pro·só·di·co, ca adj. prosodic.
pro·so·po·pe·ya f. **1** figura retórica prosopopoeia **2** solemnidad pomposity.
pros·pec·ción f. **1** del suelo surveying para minerales prospecting **2** investigación research.
pros·pec·to m. leaflet, prospectus.
pros·pe·rar intr. to prosper, thrive.
pros·pe·ri·dad f. prosperity.
prós·pe·ro, ra adj. prosperous **próspero Año Nuevo** prosperous New Year.
prós·ta·ta f. prostate, prostate gland.
pros·ter·na·ción f. prostration.
pros·ter·nar·se prnl. to prostrate oneself.
pros·tí·bu·lo m. brothel.
pros·ti·tu·ción f. prostitution.
pros·ti·tuir (see model 62) tr. to prostitute ◇ prnl. **prostituirse** to prostitute oneself.
pros·ti·tu·ta f. prostitute.
pros·ti·tu·to m. male prostitute.
pro·ta·go·nis·mo m. leading role **restar protagonismo a alguien** to steal somebody's limelight **tener afán de protagonismo** to want to be the centre of attention.
pro·ta·go·nis·ta adj. main, leading ◇ com. **1** de película - actor leading man - actriz leading lady **2** de novela, obra de teatro, etc. main character, protagonist **3** de un hecho main protagonist **protagonista principal** star.
pro·ta·go·ni·zar (see model 4) tr. **1** película, etc. to star in **2** suceso, acontecimiento to play a leading part in.
pro·tec·ción f. protection.
pro·tec·cio·nis·mo m. protectionism.
pro·tec·cio·nis·ta adj. protectionist ◇ com. protectionist.
pro·tec·tor, ra adj. protective ◇ s. persona protector ◇ m. **protector** DEP de boca gumshield coquilla box **protector labial** lip salve.

pro·te·ger (see model 5) tr. to protect.
pro·te·gi·do, da pp. de **proteger** s. hombre protégé mujer protégée.
pro·te·í·na f. protein.
pro·tei·ni·co, ca adj. proteinic.
pró·te·sis f. **1** MED uso formal prosthesis **2** LING prosthesis, prosthesis **prótesis dental** denture.
pro·tes·ta f. **1** protest **2** JUR objection **en protesta por** in protest against, as a protest against **movimiento de protesta** protest movement.
pro·tes·tan·te adj. Protestant ◇ com. Protestant.
pro·tes·tan·tis·mo m. Protestantism.
pro·tes·tar intr. **1** mostrar disconformidad to protest (**contra**, against) **2** JUR to raise an objection **3** refunfuñar to moan **sin protestar** without protest.
pro·to·co·la·rio, ria adj. formal.
pro·to·co·lo m. **1** gen. protocol **2** fig. formalismo etiqueta, formality **de protocolo** visita formal.
pro·tón m. proton.
pro·to·ti·po m. prototype.
pro·tu·be·ran·cia f. protuberance.
pro·tu·be·ran·te adj. protuberant.
pro·ve·cho m. **1** beneficio benefit **2** aprovechamiento use **¡buen provecho!** enjoy your meal! **de provecho 1** persona likely **2** experiencia worthwhile **en provecho propio** for one's own benefit.
pro·ve·cho·so, sa adj. **1** beneficioso beneficial lucrativo profitable **2** de utilidad useful, worthwhile.
pro·vec·to, ta adj. LIT advanced.
pro·ve·e·dor, ra s. supplier, purveyor.
pro·ve·er (see model 61) pp. **provisto** tr. **1** suministrar to provide (**de**, with) **2** cubrir to fill **3** JUR to give an interim ruling on.
pro·ve·nien·cia f. origin, provenance.
pro·ve·nir (see model 90) intr. to come (**de**, from).
pro·ver·bial adj. proverbial.
pro·ver·bio m. proverb, saying **los proverbios de Salomón** the Proverbs.
pro·vi·den·cia f. **1** REL providence **2** JUR ruling **Divina Providencia** REL Divine Providence.
pro·vi·den·cial adj. providential.
pró·vi·do, da adj. provident.
pro·vin·cia f. province de provincias provincial.
pro·vin·cial adj. provincial ◇ s. **provincial** REL provincial.
pro·vin·cia·no, na adj. pey. provincial ◇ s. provincial.
pro·vi·sión f. **1** suministro provision, supply **2** de un empleo filling **3** JUR provision.
pro·vi·sio·nal adj. provisional, temporary **de forma provisional** provisionally.
pro·vi·sio·nal·men·te adv. provisionally.
pro·vis·to, ta pp. de **proveer** adj. provided (**de**, with), equipped (**de**, with).
pro·vo·ca·ción f. **1** gen. provocation **2** del parto induction.
pro·vo·ca·dor, ra adj. provocative ◇ s. instigator.
pro·vo·car (see model 1) tr. to provoke **provocar el parto** to induce birth **provocar un incendio 1** con intención to commit arson **2** sin intención to cause a fire.
pro·vo·ca·ti·vo, va adj. provocative.
pro·xe·ne·ta com. hombre procurer mujer procuress.
pro·xi·mi·dad f. proximity fpl. **proximidades** vecindad vicinity sing. **en las proximidades de** in the vicinity of.
pró·xi·mo, ma adj. **1** cerca near **2** siguiente next.

pro·yec·ción *f.* 1 *gen.* projection 2 CINE screening, showing 3 *alcance* scope *fama* renown *implicaciones* implications *pl.*

pro·yec·tar *tr.* 1 *viaje, escapada* to plan 2 *luz* to project 3 *película* to show 4 *sentimientos* to project 5 ARQ to design 6 *cosa lanzada* to throw, fling.

pro·yec·til *m.* projectile, missile.

pro·yec·to *m.* 1 *propósito* plan 2 *plan* project 3 ARQ designs *pl.* **proyecto de ley** JUR bill.

pro·yec·tor *m.* 1 *de cine* film projector *de diapositivas* slide projector 2 *foco* spotlight.

pru·den·cia *f.* 1 *cuidado* care, caution *moderación* moderation 2 *sensatez* prudence 3 REL *virtud* prudence.

pru·den·cial *adj.* sensible, prudent.

pru·den·te *adj.* sensible, prudent.

prue·ba *f.* 1 *demostración* proof 2 *experimento* experiment, trial 3 *examen* test 4 TÉC trial 5 MED test 6 DEP event 7 JUR evidence 8 *en imprenta* proof 9 *en costura* fitting **a prueba de** proof against **poner a prueba** to put to the test **prueba de fuego** acid test **prueba del embarazo** pregnancy test **prueba nuclear** nuclear test.

pru·ri·to *m.* 1 MED itching 2 *fig.* obsession.

pru·so, sa *adj.* Prussian. ◇ *s.* Prussian.

psi·co·a·na·lis·ta *com.* psychoanalyst.

psi·co·a·na·lí·ti·co, ca *adj.* psychoanalytic, psychoanalytical.

psi·co·a·na·li·zar *tr.* to psychoanalyze.

psi·co·dé·li·co, ca *adj.* psychedelic.

psi·co·lo·gí·a *f.* psychology.

psi·co·ló·gi·co, ca *adj.* psychological.

psi·có·lo·go, ga *s.* psychologist.

psi·co·mo·triz *adj.* psychomotor.

psi·có·pa·ta *com.* psychopath.

psi·co·pa·to·lo·gí·a *f.* psychopathology.

psi·co·sis *f. inv.* psychosis.

psi·co·so·má·ti·co, ca *adj.* psychosomatic.

psi·co·te·ra·peu·ta *com.* psychotherapist.

psi·co·te·ra·pia *f.* psychotherapy.

psi·có·ti·co, ca *adj.* psychotic.

psi·que *f.* psyche.

psi·quia·tra *com.* psychiatrist.

psi·quia·trí·a *f.* psychiatry.

psí·qui·co, ca *adj.* psychic, psychical.

psi·quis *f.* psyche.

pso·ria·sis *f. inv.* psoriasis.

pú·a *f.* 1 *de peine, cepillo* tooth 2 *de erizo* quill 3 MÚS plectrum 4 *de alambre* barb.

pú·ber *adj.* pubescent, adolescent. ◇ *com.* adolescent.

pu·ber·tad *f.* puberty.

pú·bi·co, ca *adj.* pubic.

pu·bis *m. inv.* 1 pubes *pl.* 2 *hueso* pubis.

pu·bli·ca·ción *f.* publication.

pu·bli·car *(see model 1) tr.* 1 *libro, noticia, etc.* to publish 2 *secreto* to broadcast, spread.

pu·bli·ci·dad *f.* 1 *comercial* advertising 2 *divulgación* publicity.

pu·bli·cis·ta *com.* advertising executive.

pu·bli·ci·ta·rio, ria *adj.* advertising ◇ *s.* advertising executive **anuncio publicitario** 1 *gen.* advertisement, advert 2 *de televisión, radio, etc.* advert, commercial.

pú·bli·co, ca *adj.* public ◇ *m.* **público** *de un espectáculo* audience *de televisión* audience, viewers *pl.* **en público** in public **ser del dominio público** to be common knowledge **opinión pública** public opinion.

pu·che·ro *m.* 1 *olla* cooking pot 2 CULIN meat and vegetable stew 3 *gesto* pout **hacer pucheros** to pout.

pu·den·do, da *adj. feo* ugly *indecente* indecent.

pu·di·bun·do, da *adj.* prudish.

pú·di·co, ca *adj.* chaste, decent.

pu·dien·te *adj.* wealthy, rich.

pu·dor *m.* 1 *decencia* decency 2 *modestia* modesty.

pu·do·ro·so, sa *adj.* decent, chaste.

pu·drir *tr.* to rot ◇ *prnl.* **pudrirse** to rot.

pue·ble·ri·no, na *adj.* 1 *de pueblo* village 2 *pey.* countrified ◇ *s.* 1 villager 2 *pey.* country bumpkin.

pue·blo *m.* 1 *población* village 2 *gente* people.

puen·te *m.* 1 *sobre un río, etc.* bridge 2 *fiesta* 3 *dentadura, gafas, etc.* bridge 4 *en un coche* bridge circuit 5 *en gimnasia* backbend **puente aéreo** 1 *pasajeros* shuttle service 2 *emergencia* airlift **puente colgante** suspension bridge.

puer·co, ca *adj.* 1 *fam. sucio* filthy 2 *canalla* rotten ◇ *s.* 1 *animal - macho* pig - *hembra* sow 2 *fam. persona sucia* pig 3 *fam. sinvergüenza* swine, rotter.

pue·ri·cul·tu·ra *f.* child care.

pue·ril *adj.* 1 *infantil* puerile, childish 2 *iluso* naive 3 *insignificante* trivial.

puer·pe·ral *adj.* puerperal.

puer·pe·rio *m.* puerperium.

pue·rro *m.* leek.

puer·ta *f.* 1 door 2 *verja* gate 3 DEP *portería* goal **a puerta cerrada** in private, behind closed doors **entrar por la puerta grande** to make a grand entrance **puerta giratoria** revolving door.

puer·to *m.* 1 MAR port, harbour 2 *de montaña* (mountain) pass **puerto pesquero** fishing port.

puer·to·rri·que·ño, ña *adj.* Puerto Rican ◇ *s.* Puerto Rican.

pues *conj.* 1 *ya que* since, as 2 *por lo tanto* therefore, so 3 *repetitivo* then 4 *enfático* well.

pues·to, ta *pp. de* poner *m.* **puesto** 1 *sitio* place 2 *de mercado* stall *de feria, etc.* stand 3 *empleo* position, post **puesto que** since, as **puesto de mando** command post **puesto de socorro** first-aid post.

pú·gil *m.* 1 *boxeador* boxer 2 HIST gladiator.

pu·gi·lis·ta *m.* boxer.

pug·na *f.* battle, struggle.

pug·nar *intr.* to fight, struggle.

pu·ja *f.* 1 *acción* bidding 2 *cantidad* bid.

pu·jan·te *adj.* thriving.

pu·jan·za *f.* strength.

pu·jar *intr. pugnar* to struggle.

pul·cri·tud *f.* neatness.

pul·cro, a *adj.* neat.

pul·ga *f.* flea.

pul·ga·da *f.* inch.

pul·gar *m.* thumb.

pul·go·so, sa *adj. perro* flea-ridden.

pu·li·do, da *adj.* 1 *pulimentado* polished 2 *pulcro* neat, clean ◇ *m.* **pulido** polishing.

pu·li·men·to *m.* polishing.

pu·lir *tr.* 1 *superficie* to polish 2 *estilo* to polish *maneras, modales, etc.* to refine 3 *fam. cartera, dinero* to pinch ◇ *prnl.* **pulirse** *fam.* dilapidar to polish off.

pu·lla *f.* gibe.

pul·món *m.* lung.

pul·mo·nar *adj.* lung, pulmonary.

pul·mo·ní·a *f.* pneumonia.

pul·pa *f.* pulp.

púl·pi·to *m.* pulpit.

pul·po m. 1 ZOOL octopus 2 fam. persona groper 3 correa bungee cord.

pul·qué·rri·mo, ma adj. immaculate, spotless.

pul·sa·ción f. 1 pulsation 2 de corazón beat 3 en mecanografía stroke.

pul·sar tr. 1 botón, timbre, etc. to press 2 tecla - de máquina de escribir to tap - de piano to play 3 fig. opinión to sound out ◇ intr. corazón, etc. to beat, throb.

púl·sar m. pulsar.

pul·sá·til adj. pulsatile.

pul·se·ra f. 1 bracelet 2 de reloj watch strap.

pul·so m. 1 presión sanguínea pulse 2 firmeza en la mano steady hand 3 fig. prudencia care, tact ganarse algo a pulso to work hard for something.

pu·lu·lar intr. to swarm.

pul·ve·ri·za·ción f. 1 de un sólido pulverization 2 de un líquido spraying 3 fig. destruction.

pul·ve·ri·zar (see model 4) tr. 1 líquido to atomize, spray 2 sólido to pulverize 3 enemigo to crush, wipe out.

pu·ma m. puma, mountain lion, cougar.

pun·ción f. puncture.

pun·cio·nar tr. to puncture.

pun·do·nor m. pride.

pu·ni·ble adj. punishable.

pu·ni·ti·vo, ca adj. punitive.

punk adj. punk ◇ m. punk.

pun·ta f. 1 extremo tip 'extremo afilado point 2 clavo nail 3 CULIN pizca pinch 4 GEOG point ◇ fpl. puntas 1 del pelo ends 2 zapatillas de ballet point shoes, ballet shoes a punta de pistola at gunpoint de punta a punta from one end to the other ser la punta del iceberg to be the tip of the iceberg.

pun·ta·da f. stitch.

pun·ta·pié m. kick.

pun·te·a·do, da adj. dotted ◇ m. punteado 1 puntos dotting 2 MÚS plucking.

pun·te·ar tr. 1 dibujar to dot 2 MÚS to pluck.

pun·te·rí·a f. aim.

pun·te·ro, ra adj. leading ◇ m. puntero 1 para señalar pointer 2 para agujerear chisel.

pun·tia·gu·do, da adj. pointed.

pun·ti·lla f. 1 COST lace 2 puñal dagger andar de puntillas to tiptoe, walk on tiptoe de puntillas on tiptoe dar la puntilla fam. to finish off.

pun·ti·llis·ta adj. pointillist.

pun·ti·llo·so, sa adj. 1 susceptible touchy 2 exigente punctilious.

pun·to m. 1 gen. point 2 marca dot 3 tanto point 4 detrás de abreviatura dot al final de la oración full period 5 lugar spot 6 tema point con puntos y comas in detail estar en su punto comida to be cooked to perfection hasta cierto punto up to a certain point poner los puntos sobre las íes to dot one's i's and cross one's t's punto cardinal cardinal point punto y aparte en ortografía full stop, new period, new paragraph punto y coma semicolon punto y seguido full stop, new period.

pun·tua·ción f. 1 en ortografía punctuation 2 acción de puntuar scoring total de puntos score 3 EDUC acción marking nota mark.

pun·tual adj. 1 que llega a su hora punctual 2 detallado detailed 3 aislado specific.

pun·tua·li·dad f. punctuality con puntualidad punctually.

pun·tua·li·zar (see model 4) tr. 1 detallar to give full details of 2 especificar to point out.

pun·tual·men·te adv. punctually, on time.

pun·za·da f. sharp pain, stab of pain.

pun·zan·te adj. stabbing.

pun·zar (see model 4) tr. 1 to prick 2 fig. to torment.

pun·zón m. punch.

pu·ña·do m. handful.

pu·ñal m. dagger.

pu·ña·la·da f. 1 acción stab herida stab wound 2 disgusto blow puñalada trapera fam. stab in the back.

pu·ñe·ta·zo m. punch.

pu·ño m. 1 mano fist 2 de arma handle 3 de camisa, abrigo, etc. cuff.

pu·pa f. en el labio cold sore.

pu·pi·la f. pupil.

pu·pi·lo, la s. de un tutor pupil.

pu·pi·tre m. school desk.

pu·ré m. 1 espeso purée sopa thick soup hacer puré a alguien 1 fam. físicamente to make mincemeat of somebody 2 moralmente to shatter somebody hecho puré fam. shattered.

pu·re·za f. 1 gen. purity 2 castidad chastity.

pur·ga f. purge.

pur·gan·te adj. purgative ◇ m. purgative, laxative.

pur·gar (see model 4) tr. to purge (de, of).

pur·ga·to·rio m. purgatory.

pu·ri·fi·ca·ción f. purification.

pu·ri·fi·ca·dor, ra adj. purifying ◇ m. purificador purifier.

pu·ri·fi·car tr. to purify.

pu·ris·mo m. purism.

pu·ri·ta·no, na adj. puritan, puritanic ◇ s. puritan.

pu·ro, ra adj. 1 sin mezcla pure 2 mero sheer, mere, pure 3 casto chaste, pure ◇ m. puro cigar.

púr·pu·ra adj. purple ◇ m. purple.

pu·ru·len·to, ta adj. purulent.

pus m. pus.

pu·si·lá·ni·me adj. faint-hearted, pusillanimous.

pús·tu·la f. pustule.

pu·ta f. vulg. prostitute, whore.

pu·ta·ti·vo, va adj. putative.

pu·to, ta adj. vulg. miserable bloody, fucking ◇ m. puto 1 vulg. prostituto male prostitute, rent boy 2 vulg. sinvergüenza bastard, fucker.

pu·tre·fac·ción f. putrefaction, rotting.

pu·tre·fac·to, ta adj. putrefied, rotten.

pu·ya f. 1 punta de lanza tip, point 2 comentario gibe.

puzzle m. puzzle.

Q

Q, q *f. la letra* Q, q.

quan·tum *m. pl. quanta* quantum.

quá·sar *m.* quasar.

que¹ *pron.* **1** *sujeto, persona* who, that *cosa* that, which *la chica que vino ayer está enferma* the girl who came yesterday is sick **2** *complemento, persona* whom, who *cosa* that, which *el coche que me prestaste está ahí* the car (that) you lent me is there **3** *prep.* **+** *que complemento circunstancial* which *lugar* where *tiempo* when *la pistola con que lo hirieron era nuestra* the gun with which he was wounded was ours **4** *def. art.* **+** *que* the one which, the one that *ésa es la que quiero* that's the one I want.

que² *conj.* **1** that *dice que no vendrá* he says (that) he won't come **2** *en comparaciones* than *es más alto que su padre* he is taller than his father **3** *deseo, mandato* ¡*que te diviertas!* enjoy yourself! *que si esto que si lo otro* what with one thing and the other *que yo sepa* as far as I know.

qué *pron.* what *no sé qué hacer* I don't know what to do ◇ *adj.* **1** *cuál* which **2** *en frases interrogativas* how, what **3** *en frases exclamativas* how, what.

que·bra·da *f.* GEOL *depresión* depression *paso* gorge, ravine.

que·bra·di·zo, za *adj.* **1** *frágil* fragile, brittle *pastel* short **2** *fig. enfermizo* unhealthy, sickly **3** *fig. débil moralmente* weak, frail.

que·bra·do, da *pp. de* quebrar *adj.* **1** *terreno* rugged, rough, uneven *camino* tortuous **2** FIN bankrupt **3** *pálido* pale, pallid **4** *herniado* ruptured **5** *número fractional* ◇ *s.* FIN bankrupt ◇ *m. quebrado* MAT fraction.

que·bran·ta·do, da *pp. de* quebrantar *adj.* debilitado feeble, weak.

que·bran·ta·mien·to *m.* **1** *rotura* breaking **2** *debilitamiento* weakening **3** *de una ley* violation, infringement.

que·bran·tar *tr.* **1** *cascar* to crack **2** *romper* to break, shatter *machacar* to grind **3** *debilitar* to weaken **4** *fig. salud, posición, fortuna* to undermine, shatter ◇ *prnl.* quebrantarse **1** *cascarse* to crack **2** *romperse* to break **3** *la salud* to be shattered.

que·bran·to *m.* **1** *desaliento* discouragement **2** *fig. lástima* pity **3** *fig. pérdida* severe loss *daño* damage, harm **4** *fig. aflicción* grief, pain, sorrow.

que·brar *(see model 27) tr.* **1** *romper, incumplir* to break **2** *doblar el cuerpo* to bend **3** *fig. interrumpir* to alter the course of, interrupt **4** *fig. suavizar* to soften *un color* to fade ◇ *intr.* **1** FIN to go bankrupt **2** *fig. flaquear* to weaken ◇ *prnl.* quebrarse **1** *romperse* to break **2** *herniarse* to rupture oneself.

que·chua *adj.* Quechua ◇ *com. persona* Quechua ◇ *m. quechua idioma* Quechua.

que·da·do, da *pp. de* quedar *adj.* lacking initiative.

que·dar *intr.* **1** *permanecer* to remain, stay *quedó quieto* he remained still **2** *fig. terminar* to end *la discusión quedó aquí* the discussion ended

here **3** *cita* to arrange to meet **4** *resultado de algo* to be *al morir sus padres quedó solo* when his parents died he was left all alone **5** *favorecer* to look, fit *esta falda no me queda bien* this skirt doesn't fit me **6** *estar situado* to be **7** *restar* to be left, remain *después del incendio sólo quedan cenizas* after the fire only ashes remain ◇ *prnl.* quedarse **1** *permanecer* to remain, stay, be *se quedaron una semana* they stayed for a week **2** *resultado de algo* to be, remain *se quedó sin trabajo* she lost her job **3** *euf. morirse* to die **4** *mar, viento* to become calm *viento* to drop.

que·do, da *adj.* **1** quiet, still **2** *voz* low ◇ *adv.* quedo *calladamente* quietly *suavemente* softly.

que·ha·cer *m.* task, chore, job.

que·ja *f.* **1** *descontento* complaint **2** *de dolor* moan, groan *presentar una queja* to lodge a complaint.

que·jar·se *prnl.* *de descontento* to complain (*de*, about) **2** *de dolor* to moan, groan.

que·ji·do *m.* groan, moan.

que·jo·so, sa *adj.* complaining.

que·jum·bro·so, sa *adj.* **1** *persona* whining, plaintive **2** *tono* querulous.

que·lo·nio *adj.* chelonian.

que·ma *f.* **1** *acción, efecto* burning **2** *fuego* fire.

que·ma·do, da *pp. de* quemar *adj.* **1** burnt *por el sol* sunburnt **2** *fig. resentido* embittered **3** *fam. acabado* spent, burnt-out.

que·ma·dor, ra *adj.* **1** *que quema* burning **2** *incendiario* incendiary ◇ *s.* **1** *que quema* burner **2** *incendiario* arsonist, fire raiser ◇ *m. quemador* burner.

que·ma·du·ra *f.* **1** *acción* burning **2** *herida burn de sol* sunburn *escaldadura* scald.

que·mar *tr.* **1** *gen.* to burn *plantas* to scorch **2** *incendiar* to set on fire **3** *destilar* to distil **4** *fig. dinero* to throw away, squander **5** *fam. acabar* to burn out ◇ *intr. estar muy caliente* to be burning hot *esta sopa quema* this soup is burning hot ◇ *prnl.* quemarse *persona* to burn oneself *cosa* to be burnt.

que·ma·rro·pa *a quemarropa* at close range, at point-blank range.

que·ma·zón *f.* **1** *calor* intense heat **2** *fig. ardor* burning sensation *picor* itch **3** *fig. dicho picante* cutting remark.

que·ra·ti·na *f.* keratin.

que·re·lla *f.* **1** JUR action, lawsuit **2** *queja* complaint **3** *enfrentamiento* dispute, quarrel.

que·re·llar·se *prnl.* JUR to take legal action (*contra*, against).

que·ren·cia *f.* **1** *acción* love **2** *inclinación del animal* homing instinct *inclinación del hombre* homesickness **3** *lugar del animal* lair, haunt *lugar del hombre* home ground.

que·rer *(see model 80) tr.* **1** *amar* to love *Juan y Elena se quieren* Juan and Elena love each other **2** *desear* to want *quiero que vengas* I want you to come **3** *buscar* to be asking for, be looking for **4** *petición* would *¿quieres venir?* would you like to come? *¡por lo que más quieras!* for heaven's sake! *querer es poder* where there's a will there's a way.

que·ri·do, da *pp. de* **querer** *adj. amado* dear, beloved *en carta* dear ◇ *s.* 1 *amante* lover *mujer* mistress 2 *fam. apelativo* darling.

quer·més *f.* kermis.

que·ro·se·no *m.* kerosene.

que·ru·bín *m.* cherub.

que·sa·di·lla *f.* 1 *pastel de queso y masa* cheesecake 2 *pastel dulce* sweet pie.

que·se·ra *f.* 1 *fábrica* cheese factory 2 *para servirlo* cheese dish.

que·se·ro, ra *adj.* 1 cheese 2 *que le gusta* cheese-loving ◇ *s.* 1 *que lo hace* cheese maker 2 *que lo vende* cheese seller 3 *que le gusta* cheese-lover.

que·so *m.* cheese **queso de cabra** goat's cheese **queso rallado** grated cheese.

quet·zal *m.* quetzal.

qui·cial *m.* hinging post.

qui·cio *m.* pivot hole **estar fuera de quicio** *fam.* to be beside oneself **sacar a alguien de quicio** *fam.* to get on somebody's nerves.

quid *m.* crux **dar en el quid** to hit the nail on the head.

quie·bra *f.* 1 *rotura* break, crack 2 *bancarrota* failure, bankruptcy *crack* crash, collapse 3 *pérdida* loss 4 *figura* 5 *fig. fracaso* failure.

quien *pron.* 1 *sujeto* who 2 *complemento* who, whom 3 *indefinido* whoever, anyone who.

quién *pron.* 1 *sujeto* who *¿quién te lo dijo?* who told you? 2 *complemento* who, whom *¿con quién hablas?* who are you talking to? 3 *de quién posesivo* whose *¿de quién es esto?* whose is this?

quien·quie·ra *pl.* **quienesquiera** *pron.* whoever.

quie·to, ta *adj.* 1 *sin movimiento* still, motionless 2 *fig. sosegado* quiet, calm.

quie·tud *f.* 1 *sin movimiento* stillness 2 *fig. sosiego* calmness, calm.

qui·ja·da *f.* jaw, jawbone.

qui·jo·te *adj. fig.* quixotic ◇ *m. fig.* quixotic man.

qui·jo·tes·co, ca *adj.* quixotic.

qui·la·te *m.* 1 *unidad de peso* carat 2 *unidad del oro* karat **de muchos quilates** *fig.* of great value.

qui·lla *f.* keel.

qui·lo *m. líquido* chyle.

qui·me·ra *f.* 1 *mitología* chimera 2 *fig. ilusión* wild fancy, fantasy, pipe dream 3 *fig. preocupación* worry *sospecha infundada* unfounded suspicion.

qui·mé·ri·co, ca *adj.* unrealistic, fantastic.

quí·mi·ca *f.* chemistry.

quí·mi·co, ca *adj.* chemical ◇ *s.* chemist.

qui·mio·te·ra·pia *f.* chemotherapy.

qui·mo *m.* chyme.

qui·mo·no *m.* kimono.

quin·ce *adj. cardinal* fifteen *ordinal* fifteenth ◇ *m.* fifteen.

quin·ce·a·ñe·ro, ra *adj.* 1 *de quince años* fifteen-year-old 2 *adolescente* teenage ◇ *s.* 1 *de quin-*

ce años fifteen-year-old 2 *adolescente* teenager *aficionado a música pop* teenybopper.

quin·ce·a·vo, va *adj.* fifth ◇ *s.* fifth.

quin·ce·na *f.* 1 *tiempo* fortnight *la primera quincena de mayo* the first two weeks in May 2 *paga* fortnightly pay.

quin·ce·nal *adj.* fortnightly, every two weeks.

quin·cua·gé·si·mo, ma *adj.* fiftieth ◇ *s.* fiftieth.

quin·gen·té·si·mo, ma *adj.* five hundredth ◇ *s.* five hundredth.

qui·nie·la *f.* football pools.

qui·nien·tos, tas *adj. cardinal* five hundred *ordinal* five-hundredth ◇ *m.* **quinientos** *número* five hundred.

qui·ni·na *f.* quinine.

quin·qué *m.* oil lamp.

quin·que·nal *adj.* quinquennial, five-year.

quin·que·nio *m.* quinquennium, five-year period.

quin·ta *f.* 1 *casa* country house 2 *reemplazo militar* call-up, draft 3 MÚS fifth.

quin·ta·e·sen·cia *f.* quintessence.

quin·tal *m.* quintal *(46 kilograms)* **quintal métrico** quintal *(100 kg).*

quin·te·to *m.* quintet.

quin·ti·lli·zo, za *s.* quintuplet, quin.

quin·to, ta *adj.* fifth ◇ *s.* fifth ◇ *m.* **quinto** 1 MIL conscript, recruit 2 *fam. de cerveza* small bottle of beer (= 20 cl).

quin·tu·pli·car *(see model 1) tr.* to quintuple.

quin·tu·plo, pla *adj.* quintuple ◇ *m.* **quíntuplo** quintuple.

qui·os·co *m.* kiosk *de periódicos* newsstand, newspaper stand *de música* bandstand.

qui·ró·fa·no *m.* operating theater.

qui·ro·man·cia *f.* palmistry, chiromancy.

qui·rúr·gi·co, ca *adj.* surgical.

quis·qui·llo·so, sa *adj.* finicky, fussy, touchy ◇ *s.* fusspot.

quis·te *m.* cyst.

qui·ta *f.* partial acquittance.

qui·ta·es·mal·tes *m. inv.* nail varnish remover, nail polish remover.

qui·ta·man·chas *m. inv.* stain remover.

qui·tar *tr.* 1 *separar* to remove, take off 2 *sacar* to take off, take out *prendas* to take off *tiempo* to take up 3 *apartar* to take away, take off 4 *hacer desaparecer* to remove *dolor* to relieve *sed* to quench 5 *despojar* to take *robar* to steal 6 *restar* to subtract *descontar* to take off 7 *prohibir* to forbid, rule out ◇ *prnl.* **quitarse** *desaparecer* to go away, come out.

qui·te *m.* 1 *acción de quitar* removal 2 *en esgrima* parry **estar al quite** *fig.* to be on hand, be ready and waiting.

qui·te·ño, ña *adj.* of Quito, from Quito ◇ *s.* person from Quito, inhabitant of Quito.

qui·zás *adv.* perhaps, maybe.

quó·rum *m. inv.* quorum.

R r

R, r *f. la letra* R, r.

ra·ba·di·lla *f.* 1 ANAT coccyx 2 *de animal* rump.

rá·ba·no *m.* radish ¡**me importa un rábano!** I don't give a toss!

ra·bí *m.* rabbi.

ra·bia *f.* 1 MED rabies 2 *fig. enfado* rage, fury, anger.

ra·biar *(see model 12) intr.* 1 MED to have rabies 2 *enfadarse* to rage, be furious 3 *fig. padecer* to suffer (*de*, from) **rabiar de dolor** to writhe in pain **a rabiar** *fam.* a lot, very much.

ra·bie·ta *f.* 1 *fam.* tantrum **armar una rabieta** *fam.* to throw a tantrum.

ra·bi·llo *m.* 1 *pecíolo* stalk, stem 2 *cizaña* darnel 3 COST tab, strap **mirar por el rabillo del ojo** to look out of the corner of one's eye.

ra·bi·no *m.* rabbi.

ra·bio·so, sa *adj.* 1 MED rabid 2 *fig. airado* furious, angry 3 *fig. excesivo* terrible, intense 4 *fam. color* shocking, gaudy, garish *sabor* very hot.

ra·bo *m.* 1 *gen.* tail 2 *vulg.* cock, prick, dick **con el rabo entre piernas** *fam.* with one's tail between one's legs.

ra·cha *f.* 1 *ráfaga* gust, squall 2 *fig. periodo* spell, patch 3 *fig. serie* string, run, series *sing.* **tener una buena racha** to have a run of good luck **tener una mala racha** to go through a bad patch.

ra·cial *adj.* racial, race **disturbios raciales** race riots.

ra·ci·mo *m.* bunch, cluster.

ra·cio·ci·nio *m.* 1 *razón* reason 2 *argumento* reasoning.

ra·ción *f.* 1 *parte* ration, portion, share 2 *de comida* portion, serving, helping.

ra·cio·nal *adj.* rational.

ra·cio·na·lis·mo *m.* rationalism.

ra·cio·na·lis·ta *adj.* rationalist ◇ *com.* rationalist.

ra·cio·na·li·zar *(see model 4) tr.* to rationalize.

ra·cio·na·mien·to *m.* rationing.

ra·cio·nar *tr.* 1 *limitar* to ration 2 MIL *distribuir* to ration out.

ra·cis·ta *adj.* racist, racialist ◇ *com.* racist, racialist.

ra·da *f.* bay, inlet.

ra·dar *m.* radar.

ra·dia·ción *f.* radiation.

ra·diac·ti·vo, va *adj.* radioactive.

ra·dia·do, da *pp. de radiar adj.* 1 *en forma de radios* radiate 2 *emitido por radio* broadcast.

ra·dia·dor *m.* radiator.

ra·dial *adj.* radial.

ra·dián *m.* radian.

ra·dian·te *adj. fig.* radiant **radiante de alegría** radiant with joy.

ra·diar *(see model 12) intr. irradiar* to radiate, irradiate ◇ *tr.* 1 *irradiar* to radiate, irradiate 2 *retransmitir* to broadcast, transmit, radio 3 MED to X-ray.

ra·di·cal *adj.* radical ◇ *m. en gramática, matemática* root, radical.

ra·di·ca·li·zar *(see model 4) tr.* 1 to radicalize 2 *postura* to harden ◇ *prnl.* **radicalizarse** 1 *conflicto* to intensify 2 *postura* to harden.

ra·di·car *(see model 1) intr.* 1 *encontrarse* to be (*en*, in), be situated (*en*, in) 2 *fig. consistir* to lie (*en*,

in), stem (*en*, from) 3 *arraigar* to take root ◇ *prnl.* **radicarse** 1 *arraigarse* to take root 2 *establecerse* to settle (down).

ra·dio¹ *m.* 1 *de círculo* radius 2 *de rueda* spoke 3 *campo* scope **radio de acción** *fig.* field of action, scope.

ra·dio² *f.* 1 *radiodifusión* radio **lo oí por la radio** I heard it on the radio 2 *aparato* radio, wireless ◇ *com. fam. persona* radio operator.

ra·dio³ *m.* QUÍM radium.

ra·dio·ac·ti·vo, va *adj.* radioactive.

ra·dio·co·mu·ni·ca·ción *f.* radio communication.

ra·dio·di·fu·sión *f.* broadcasting.

ra·dio·es·cu·cha *com.* auditor.

ra·dio·fó·ni·co, ca *adj.* radio **concurso radiofónico** radio quiz program.

ra·dio·fre·cuen·cia *f.* radio frequency.

ra·dio·gra·fí·a *f.* 1 *técnica* radiography 2 *imagen* X-ray, radiograph **hacerse una radiografía** to have an X-ray taken.

ra·dio·lo·gí·a *f.* radiology.

ra·dió·lo·go, ga *s.* radiologist.

ra·dio·me·trí·a *f.* radiometry.

ra·dio·no·ve·la *f.* serial.

ra·dio·ta·xi *m.* radio taxi, radio cab.

ra·dio·te·le·fo·ní·a *f.* radiotelephony.

ra·dio·te·lé·fo·no *m.* radiotelephone.

ra·dio·te·le·grá·fi·co, ca *adj.* radiotelegraphic.

ra·dio·te·les·co·pio *m.* radio telescope.

ra·dio·te·ra·pia *f.* radiotherapy, radium therapy.

ra·dio·trans·mi·sor *m.* radio transmitter.

ra·dón *m.* radon.

ra·er *(see model 81) tr.* to scrape (off).

rá·fa·ga *f.* 1 *de viento* gust, squall 2 *de disparos* burst 3 *de luz* flash.

ra·fia *f.* raffia.

ra·í·do, da *pp. de raer adj.* 1 *deteriorado* threadbare, worn 2 *fig. descarado* shameless, cheeky.

rai·gam·bre *f.* 1 *raíces* roots *pl.*, root system 2 *fig.* tradition, history **de honda raigambre** deeply-rooted.

ra·il *m.* rail.

ra·íz *f.* 1 root **a raíz de** *fig.* as a result of **arrancar de raíz** to pull up by the roots, uproot **echar raíces** 1 *planta* to take root 2 *persona* to settle, put down roots **raíz cuadrada** square root **raíz cúbica** cube root.

ra·já *m.* rajah.

ra·ja·do, da *pp. de rajar adj.* 1 *fam. que falta a su palabra* who backs out 2 *fam. cobarde* yellow ◇ *s.* 1 *fam. que falta a su palabra* quitter 2 *fam. cobarde* chicken, coward.

ra·ja·du·ra *f.* crack, split.

ra·jar *tr.* 1 *hender* to split, crack 2 *hacer tajadas* to slice 3 *argot acuchillar* to cut up ◇ *intr.* 1 *fam. fig. jactarse* to show-off, boast 2 *fam. fig. hablar mucho* to chatter, babble on 3 *fam. fig. desacreditar* to criticize ◇ *prnl.* **rajarse** 1 *partirse* to split, crack 2 *fam. desistir* to back out, quit 3 *fam. acobardarse* to chicken out.

ra·ja·ta·bla *a rajatabla* to the letter, strictly.

ra·le·a *f.* 1 *pey.* type, sort, kind **ellas son de la misma ralea** they're two of a kind, they're birds of a feather.

ra·len·ti·zar tr. to slow down.

ra·lla·do, da pp. de rallar adj. queso, etc. grated.

ra·lla·dor m. grater.

ra·llar tr. to grate.

ra·lly m. rally.

ra·lo, la adj. 1 pelo sparse, thin 2 dientes with gaps between them.

rá·ma f. branch andarse por las ramas fam. to beat about the bush.

ra·ma·dán m. Ramadan.

ra·ma·je m. foliage, branches pl.

ra·mal m. 1 de cuerda strand 2 de camino, etc. branch.

ram·bla f. 1 lecho de agua watercourse, channel 2 paseo boulevard, avenue.

ra·me·ra f. whore, prostitute.

ra·mi·fi·ca·ción f. ramification.

ra·mi·lle·te m. 1 posy 2 fig. conjunto bunch, group, collection.

ra·mo m. 1 de flores bunch, bouquet 2 de árbol branch 3 fig. sector field.

ra·mo·ne·ar intr. to browse.

ram·pa f. pendiente ramp rampa de lanzamiento launching pad.

ram·pan·te adj. rampant, blatant.

ram·plón, plo·na adj. fig. coarse, vulgar.

ra·na f. frog.

ran·che·ro, ra s. 1 granjero rancher, farmer 2 cocinero cook.

ran·cho m. 1 MIL mess 2 AM granja ranch, farm.

ran·ci·dez f. rancidness, rancidity.

ran·cio, cia adj. 1 comestibles stale mantequilla rancid 2 fig. antiguo old, ancient de rancio abolengo of ancient lineage vino rancio old wine, mellow wine.

ran·go m. 1 rank tiene rango de general he holds the rank of general de alto rango high-ranking.

ra·nún·cu·lo m. buttercup.

ra·nu·ra f. 1 canal groove 2 para monedas, fichas slot.

ra·nu·ra·do, da adj. grooved.

rap m. rap.

ra·par tr. 1 afeitar to shave 2 pelo to crop.

ra·paz adj. 1 ZOOL predatory, of prey ave rapaz bird of prey 2 fig. persona rapacious, grasping ◇ f. ave bird of prey.

ra·pe m. fam. rasura quick shave al rape close-cropped, short.

ra·pé m. snuff.

ra·pe·ro, ra s. rapper.

rá·pi·da·men·te adv. quickly.

ra·pi·dez f. speed, rapidity con rapidez quickly.

rá·pi·do, da adj. quick, fast ◇ adv. quickly ¡rápido! hurry up!, make it snappy! ◇ m. rápido tren fast train, express train ◇ mpl. rápidos del río rapids.

ra·pi·ña f. robbery, theft.

rap·pel m. abseiling hacer rappel to abseil.

rap·so·dia f. rhapsody.

rap·tar tr. to kidnap, abduct.

rap·to m. 1 secuestro kidnapping, abduction 2 fig. impulso outburst, fit.

rap·tor, ra s. kidnapper, abductor.

ra·que·ta f. 1 de tenis racket de ping-pong paddle 2 para nieve snowshoe 3 en casinos rake.

ra·quis m. inv. rachis.

ra·quí·ti·co, ca adj. 1 MED rachitic 2 fig. exiguo meager, small 3 fig. débil weak ◇ s. rachitic person.

ra·qui·tis·mo m. rachitis, rickets pl.

ra·ra·men·te adv. 1 rara vez rarely, seldom 2 con rareza oddly, strangely.

ra·re·za f. 1 poco común rarity, rareness 2 escasez scarcity 3 peculiaridad oddity 4 extravagancia eccentricity.

ra·ro, ra adj. 1 poco común rare 2 escaso scarce, rare 3 peculiar odd, strange, weird 4 excelente excellent ¡qué raro! how odd!, that's strange! rara vez coldom.

ras a ras de (on a) level with a ras de tierra at ground level al ras to the brim.

ra·san·te adj. tiro grazing, close vuelo low, skimming ◇ f. inclinación slope.

ra·sar tr. 1 igualar to level 2 pasar rozando to graze, skim.

ras·ca·cie·los m. inv. skyscraper.

ras·car (see model 1) tr. 1 la piel to scratch 2 con rascador to scrape, rasp 3 un instrumento to strum.

ra·se·ro m. strickle por el mismo rasero fig. equally.

ras·ga·do, da pp. de rasgar adj. 1 roto torn, ripped 2 ojos almond-shaped 3 boca wide 4 fam. desenvuelto confident.

ras·ga·du·ra f. tear, strip.

ras·gar (see model 7) tr. to tear, rip rasgarse las vestiduras fig. to pull one's hair out.

ras·go m. 1 línea stroke adorno flourish 2 facción del rostro feature 3 peculiaridad characteristic, feature, trait 4 acto act, feat un rasgo de heroísmo an act of heroism explicar a grandes rasgos to outline, give a general outline of.

ras·gue·ar tr. instrumento to strum ◇ intr. al escribir to write with a flourish.

ras·gue·o m. strumming.

ras·gu·ñar tr. to scratch, scrape.

ras·gu·ño m. 1 arañazo scratch, scrape 2 dibujo sketch.

ra·so, sa adj. 1 plano flat, level liso smooth 2 a poca altura low 3 atmósfera clear, cloudless ◇ m. raso tejido satin hacer tabla rasa fam. to make a clean sweep.

ras·pa·dor m. scraper.

ras·pa·du·ra f. 1 ralladura scraping, scrapings pl. 2 señal scratch, mark.

ras·par tr. 1 rascar to scrape (off) dañar to scratch, graze 2 con lija to sand, sand down 3 hurtar to nick, pinch 4 rasar to graze, skim ◇ intr. 1 vino to be sharp 2 piel to be rough toalla, etc. to scratch.

ras·po·so, sa adj. rough, sharp.

ras·tra f. 1 rastro trail, track 2 grada harrow 3 sarta string 4 para pescar trawl, trawl net a rastras 1 arrastrando dragging 2 sin querer unwillingly, grudgingly.

ras·tre·ar tr. 1 seguir el rastro to trail, track, trace 2 río to drag, dredge 3 para pescar to trawl 4 zona to comb, search 5 averiguar to find out ◇ intr. 1 AGR to rake 2 AV to fly very low.

ras·tre·o m. 1 seguimiento tracking, trailing, tracing 2 de río dragging, dredging 3 de pesca trawling 4 de zona combing 5 AGR raking.

ras·tre·ro, ra adj. 1 que arrastra creeping, crawling 2 BOT creeping 3 vuelo low 4 fig. bajo vile, base.

ras·tri·llar tr. 1 hojas, etc. to rake 2 lino, cáñamo to comb, hackle.

ras·tri·llo m. 1 rastro rake 2 para cáñamo, lino comb, hackle 3 compuerta portcullis 4 fam. mercadillo flea market.

ras·tro m. 1 instrumento rake 2 señal trace, track, sign olor scent 3 vestigio vestige 4 mercado flea market perder el rastro de alguien to lose somebody's trail.

ras·tro·jo m. 1 paja stubble 2 campo stubble field.

ra·su·rar tr. to shave.

R

ra·ta f. ZOOL rat m. fam. *ratero* pickpocket, thief ◇ com. *tacaño* miser, skinflint.

ra·te·ri·a f. petty theft, pilfering.

ra·te·ro, ra s. pickpocket.

ra·ti·ci·da m. rat poison.

ra·ti·fi·ca·ción f. ratification.

ra·ti·fi·car *(see model 1)* tr. to ratify ◇ prnl. *ratificarse* to be confirmed, be ratified.

ra·tio f. ratio.

ra·to m. 1 *tiempo* time, while, moment *habló hace un rato* he spoke a while ago 2 *espacio* way *al poco rato* shortly after a *ratos* at times *hacer pasar un mal rato a alguien* to give somebody a rough time *pasar un buen rato* to have a good time.

ra·tón m. mouse *ratón de biblioteca* fam. bookworm.

ra·to·ne·ra f. 1 *trampa* mousetrap 2 *agujero* mousehole 3 fam. fig. trap.

rau·dal m. 1 *agua* torrent, flood 2 fig. *abundancia* flood, wave a *raudales* in torrents.

rau·do, da adj. LIT swift, rapid.

ra·vio·lis mpl. ravioli.

ra·ya f. 1 *línea* line 2 *de color* stripe *pantalón a rayas* striped trousers 3 *del pantalón* crease 4 *del pelo* part 5 *guión* dash 6 *límite* limit *tener a alguien a raya* fig. to keep somebody under control, keep somebody at bay.

ra·ya·do, da pp. de *rayar* adj. 1 *tejido* striped 2 *papel* ruled 3 *arma* rifled ◇ m. *rayado* stripes pl.

ra·yar tr. 1 *líneas* to draw lines on, line, rule 2 *superficie* to scratch 3 *tachar* to cross out 4 *subrayar* to underline ◇ intr. 1 *limitar* to border (*con*, on) 2 fig. *acercarse* to border (*en*, on).

ra·yo m. 1 ray, beam *rayo de sol* sunbeam 2 *relámpago* lightning, flash of lightning 3 fig. *persona* live wire *saber a rayos* fam. to taste awful *rayos ultravioletas/UVA* ultraviolet rays *rayos X* X-rays.

ra·yón m. rayon.

ra·za f. 1 race 2 *animal* breed *de raza* 1 *perro* pedigree 2 *caballo* thoroughbred *raza humana* human race.

ra·zia f. raid.

ra·zón f. 1 *facultad* reason 2 *motivo* reason, cause 3 *mensaje* message 4 *justicia* justice 5 MAT ratio, rate *a razón de* in the ratio of, at the rate of *con razón o sin ella* rightly or wrongly *entrar en razón* to listen to reason.

ra·zo·na·ble adj. reasonable *dentro de lo razonable* within reason.

ra·zo·na·do, da pp. de *razonar* adj. reasoned, well-reasoned.

ra·zo·na·mien·to m. reasoning.

ra·zo·nar intr. 1 *discurrir* to reason 2 *hablar* to talk ◇ tr. *explicar* to reason out.

raz·zia f. razzia, raid.

re·a·bas·te·cer *(see model 43)* tr. *alimentos* to revictual *combustible* to refuel.

re·a·brir pp. *reabierto* tr. to reopen.

re·ac·ción f. reaction *reacción en cadena* chain reaction.

re·ac·cio·nar intr. to react.

re·ac·cio·na·rio, ria adj. reactionary ◇ s. reactionary.

re·a·cio, cia adj. reluctant, unwilling.

re·a·con·di·cio·nar tr. to recondition.

re·ac·tan·cia f. reactance.

re·ac·ti·var tr. to reactivate.

re·ac·ti·vo, va adj. reactive ◇ m. *reactivo* reagent.

re·ac·tor m. 1 reactor 2 AV jet, jet plane *reactor nuclear* nuclear reactor.

re·a·dap·tar tr. to readapt, readjust ◇ prnl. *readaptarse* to readapt, readjust.

re·ad·mi·tir tr. gen. to readmit *un trabajador* to reinstate.

re·a·fir·ma·ción f. reaffirmation, reassertion.

re·a·fir·mar tr. to reaffirm, reassert.

re·a·gru·pa·ción f. regrouping.

re·a·gru·pa·mien·to m. regrouping.

re·a·gru·par tr. to regroup ◇ prnl. *reagruparse* to regroup.

re·a·jus·tar tr. to readjust.

re·al adj. real *verdadero* real *en la vida real* in real life.

re·al·ce m. 1 *adorno* relief 2 fig. *lustre* prestige, distinction *dar realce a algo* to enhance something.

re·a·le·za f. royalty.

re·a·li·dad f. reality *en realidad* actually, in fact.

re·a·li·ne·ar tr. to realign.

re·a·lis·mo m. 1 *de la realidad* realism.

re·a·lis·ta adj. *de la realidad* realistic *hay que ser realista* one must be realistic ◇ com. *de la realidad* realist.

re·a·li·za·ción f. 1 *de un deseo* fulfillment 2 *ejecución* execution, carrying out 3 *de obra, película* production.

re·a·li·za·dor, ra s. producer.

re·a·li·zar *(see model 4)* tr. 1 *ambición* to realize, fulfill, achieve *deseo, esperanza* to fulfill 2 *llevar a cabo* to accomplish, carry out, do, fulfill 3 *un viaje* to make 4 *película, programa* to produce 5 COMM to realize ◇ prnl. *realizarse* 1 *ambición, deseo* to be fulfilled, be achieved *sueño* to come true 2 *llevarse a cabo* to be executed, be carried out 3 *persona* to fulfill oneself.

re·al·men·te adv. 1 *de verdad* really, truly *realmente no sé cómo hacerlo* I really don't know how to do it 2 *en realidad* actually, in fact *realmente no hacía tanto frío* in fact it wasn't too cold.

re·al·zar *(see model 4)* tr. 1 *elevar* to raise, lift 2 fig. *engrandecer* to enhance, heighten *aquel vestido realzaba su belleza* that dress enhanced her beauty 3 *pintura* to highlight.

re·a·ni·ma·ción f. revival.

re·a·ni·mar tr. 1 *persona* to revive 2 *fiesta, conversación* to liven up ◇ prnl. *reanimarse* *persona* to revive *volver en sí* to come round 2 *fiesta, conversación* to liven up.

re·a·nu·dar tr. 1 gen. to renew, resume, re-establish 2 *conversaciones, negociaciones* to resume *clases* to start again *amistad* to renew *paso, marcha* to set off again on ◇ prnl. *reanudarse* to start again, resume.

re·a·pa·re·cer *(see model 43)* intr. 1 gen. to reappear 2 *un artista, etc.* to make a comeback 3 *un fenómeno* to recur.

re·a·pa·ri·ción f. 1 gen. reappearance 2 *artista, etc.* comeback 3 *fenómeno* recurrence.

re·a·per·tu·ra f. reopening.

re·a·se·gu·ro m. reinsurance.

re·a·ta f. 1 *cuerda* rope 2 *hilera* pack train.

re·a·vi·var tr. 1 *fuego* to stoke, stoke up 2 *dolor* to intensify *interés* to revive.

re·ba·ba f. rough edge.

re·ba·ja f. 1 *reducción* reduction, lowering 2 *descuento* discount, reduction ◇ fpl. *rebajas* sales *"Grandes rebajas"* "Huge reductions".

re·ba·ja·do, da pp. de *rebajar* adj. 1 *de nivel* lowered *arco* depressed 2 *precio* reduced 3 *color* softened 4 *humillado* humbled ◇ m. *rebajado* MIL soldier exempted from duty.

re·ba·jar tr. 1 *nivel* to lower *arco* to depress 2 *precio* to cut, reduce 3 *color* to soften, tone down *inten-*

sidad to diminish **4** *fig. humillar* to humiliate ◇ *prnl. rebajarse fig. humillarse* to humble oneself.

re·ba·na·da *f.* slice.

re·ba·nar *tr.* **1** *hacer rebanadas* to slice, cut into slices **2** *cortar* to cut off, slice off.

re·ba·ño *m.* **1** *gen.* herd *de ovejas* flock **2** REL flock.

re·ba·sar *tr.* **1** *gen.* to οхοοοd, go beyond, surpass **2** *límite, marca* to overstep **3** *náutica* to pass **4** AUTO to overtake.

re·ba·tir *tr.* to refute.

re·be·lar·se *prnl.* to rebel, revolt.

re·bel·de *adj.* **1** rebellious **2** *fig. tos, etc.* persistent ◇ *s.* rebel.

re·bel·dí·a *f.* **1** rebelliousness **2** JUR default.

re·be·lión *f.* rebellion, revolt.

re·blan·de·cer *(see model 43) tr.* to soften ◇ *prnl. reblandecerse* to soften, become soft.

re·bo·bi·na·do, da *pp. de rebobinar adj.* rewound ◇ *m. rebobinado* rewinding.

re·bo·bi·nar *tr.* to rewind.

re·bor·de *m. de mesa* edge *de taza, de tela* edging.

re·bo·san·te *adj.* overflowing, brimming *rebosante de salud* bursting with health.

re·bo·sar *intr.* **1** *derramarse* to overflow, brim over **2** *fig.* to brim (*de*, with), burst (*de*, with) **3** *fig. abundar* to abound ◇ *tr. fig. sentimiento* to brim with *salud* to exude.

re·bo·ta·do, da *pp. de rebotar adj.* **1** *persona* reject **2** *sacerdote* ex-priest.

re·bo·tar *intr. pelota* to bounce, rebound *bala* to ricochet ◇ *tr. clavo* to clinch **2** *ataque* to repel ◇ *prnl. rebotarse* conturbarse to get angry, get upset.

re·bo·te *m.* **1** *de balón* bounce, rebound **2** *de bala* ricochet *de rebote fig.* on the rebound.

re·bo·zar *(see model 4) tr.* **1** *la cara* to cover **2** CULIN to coat in breadcrumbs, coat in batter ◇ *prnl. rebozarse* to cover one's face.

re·bo·zo *m.* **1** *prenda* muffler, wrap **2** *fig. simulación* dissimulation.

re·bu·llir *(see model 41) intr.* to stir, begin to move ◇ *prnl. rebullirse* to stir, begin to move.

re·bus·ca·do, da *pp. de rebuscar adj.* affected, recherché *estilo* elaborate, contrived.

re·bus·car *(see model 1) tr.* to search carefully for.

re·buz·nar *intr.* to bray.

re·buz·no *m.* bray, braying.

re·ca·bar *tr.* **1** *solicitar* to ask for, entreat **2** *obtener* to attain, manage to get.

re·ca·do *m.* **1** *mensaje* message *te dejó un recado* he left a message for you **2** *encargo* errand ◇ *mpl. recados compras* shopping *sing.*

re·ca·er *(see model 67) intr.* **1** *volver a caer* to fall again **2** *enfermedad* to relapse, have a relapse **3** *vicios, etc.* to relapse, backslide.

re·ca·í·da *f.* **1** *enfermedad* relapse **2** *vicios, etc.* relapse, backslide *sufrir una recaída* to have a relapse.

re·ca·lar *tr.* to soak *intr.* **1** MAR to put in (*en*, at) **2** *fig. aparecer* to show up.

re·cal·car *(see model 1) tr. fig.* to emphasize, stress, underline.

re·cal·ci·tran·te *adj.* recalcitrant.

re·ca·len·tar *(see model 27) tr.* **1** *volver a calentar* to reheat, warm up **2** *calentar demasiado* to overheat.

re·cá·ma·ra *f.* **1** *cuarto* dressing room **2** *de mina* blast hole **3** *de arma* chamber.

re·cam·bio *m.* spare, spare part *de pluma, bolígrafo* refill.

re·ca·pa·ci·tar *intr.* to think (*sobre*, over) *recapacita sobre ello* think it over ◇ *tr.* to think over.

re·ca·pi·tu·la·ción *f.* recapitulation, summing up.

re·ca·pi·tu·lar *tr.* to recapitulate, sum up.

re·car·ga *f.* refill.

re·car·ga·ble *adj. pluma, mechero* refillable *pila* rechargeable.

re·car·gar *(see model 7) tr.* **1** *volver a cargar* to reload *pilas* to recharge *mechero* to refill **2** *sobrecargar* to overload.

re·car·go *m.* extra charge, surcharge.

re·ca·ta·do, da *pp. de recatar adj.* **1** *prudente* cautious, prudent **2** *modesto* modest **3** *decente* decent.

re·ca·tar *tr.* to hide, cover up ◇ *prnl. recatarse* to be cautious.

re·ca·to *m.* **1** *cautela* caution **2** *pudor* modesty *sin recato* openly, unreservedly.

re·cau·da·ción *f.* **1** *cobro* collection **2** *cantidad recaudada* takings *pl.*

re·cau·da·dor, ra *s.* tax collector.

re·cau·dar *tr.* to collect.

re·cau·do *m.* **1** *recaudación* collection **2** *precaución* precaution *estar a buen recaudo* to be in safekeeping.

re·ce·lar *tr.* **1** *sospechar* to suspect, distrust **2** *temer* to fear ◇ *intr. desconfiar* to be suspicious (*de*, of).

re·ce·lo *m.* suspicion.

re·ce·lo·so, sa *adj.* suspicious.

re·cep·ción *f.* **1** *gen.* reception **2** *de documento, carta, etc.* receipt **3** *oficina, etc.* reception, reception desk.

re·cep·cio·nis·ta *com.* receptionist.

re·cep·tá·cu·lo *m.* receptacle.

re·cep·ti·vo, va *adj.* receptive (*a*, to).

re·cep·tor, ra *adj.* receiving ◇ *s.* receiver, recipient ◇ *m. receptor de radio, etc.* receiver.

re·ce·sión *f.* recession.

re·ce·si·vo, va *adj.* recessive.

re·ce·so *m.* recess.

re·ce·ta *f.* **1** MED prescription **2** CULIN recipe **3** *fig.* recipe, formula.

re·ce·tar *tr.* to prescribe *el médico le recetó estas pastillas* the doctor prescribed these tablets for him.

re·ce·ta·rio *m.* **1** MED prescription pad **2** CULIN cookbook.

re·cha·zar *(see model 4) tr.* **1** *gen.* to reject, turn down, refuse **2** *ataque* to repel, repulse, drive back.

re·cha·zo *m.* **1** rejection, refusal **2** MED rejection **3** *negativa* denial, rejection.

re·chi·fla *f.* **1** *fam.* hissing, booing, catcalls *pl.* **2** *fam. burla* mockery, jeering.

re·chi·nan·te *adj.* creaky, squeaky.

re·chi·nar *intr. madera* to creak *metal* to squeak, screech *dientes* to grind, grate.

re·chu·pe·te *de rechupete fam. muy bien* super, brill, marvelous, fantastic *comida* delicious, scrumptious, yummy.

re·ci·bi·dor *m. de casa* entrance hall.

re·ci·bi·mien·to *m.* reception, welcome.

re·ci·bir *tr.* **1** *gen.* to receive **2** *invitados* to entertain **3** *salir al encuentro* to meet *nos recibió en la puerta* he met us at the door **4** *acoger* to welcome, receive *recibe un abrazo de en carta* best wishes from, lots of love from.

re·ci·bo *m.* **1** *resguardo* receipt **2** *factura* invoice, bill **3** *recepción* reception, receiving.

re·ci·cla·ble *adj.* recyclable.

re·ci·cla·do, da *pp. de reciclar adj.* recycled.

re·ci·clar *tr.* **1** *materiales* to recycle **2** *personas* to retrain.

re·cie·dum·bre *f.* strength.

R

re·cien·te *adj.* recent.

re·cien·te·men·te *adv.* recently, lately.

re·cin·to *m.* grounds *pl.*, precincts *pl.*, area **recinto comercial** shopping center.

re·cio, cia *adj.* 1 *fuerte* strong, robust, sturdy 2 *grueso* thick 3 *duro* hard 4 *voz* loud *clima* harsh, severe ◇ *adv.* **recio** 1 *hablar* loudly, loud 2 *con fuerza* hard, heavily.

re·ci·pien·te *m.* container, receptacle.

re·ci·pro·ci·dad *f.* reciprocity.

re·cí·pro·co, ca *adj.* reciprocal, mutual *un sentimiento recíproco* a mutual feeling.

re·ci·ta·ción *f.* recitation.

re·ci·tal *m.* 1 MÚS recital, concert 2 LIT reading.

re·ci·tar *tr.* to recite.

re·cla·ma·ción *f.* 1 *demanda* claim, demand 2 *queja* complaint, protest, objection **presentar una reclamación** to lodge a complaint.

re·cla·mar *tr.* 1 *pedir* to demand, claim 2 *exigir* to require, demand ◇ *intr.* 1 *protestar* to protest (*contra*, against) 2 to appeal.

re·cli·na·ble *adj.* reclining.

re·cli·nar *tr.* to lean ◇ *prnl.* **reclinarse** to lean back, recline.

re·cli·na·to·rio *m.* prie-dieu.

re·clui·do, da *pp.* de **recluir** *adj.* 1 *gen.* shut in, locked in 2 *en cárcel* imprisoned, interned 3 *en manicomio* confined.

re·cluir *(see model 62) tr.* 1 *encerrar* to shut in 2 *en cárcel* to imprison, intern 3 *en manicomio* to confine.

re·clu·sión *f.* 1 *encierro* seclusion 2 *encarcelamiento* imprisonment, internment 3 *lugar* retreat.

re·clu·so, sa *adj.* imprisoned ◇ *s.* prisoner.

re·clu·ta *com.* 1 *voluntario* recruit 2 *obligado* conscript ◇ *f.* *reclutamiento* recruitment, conscription.

re·clu·ta·mien·to *m.* 1 *voluntario* recruitment 2 *obligatorio* conscription 3 *reclutas - voluntarios* recruits *pl.* - *obligatorios* conscripts *pl.*

re·clu·tar *tr.* 1 *voluntarios* to recruit 2 *obligatorio* to conscript.

re·co·brar *tr.* 1 *gen.* to recover 2 *conocimiento, fuerzas, esperanzas* to regain *aliento* to get back 3 *tiempo* to make up 4 MIL to recapture ◇ *prnl.* **recobrarse** *recuperarse* to recover (*de*, from), recuperate (*de*, from).

re·co·do *m.* 1 *de río* turn, twist *de camino* bend 2 *recoveco* nook.

re·co·ge·pe·lo·tas *com. inv.* *muchacho* ball boy *muchacha* ball girl.

re·co·ger *(see model 5) tr.* 1 *volver a coger* to take again, take back 2 *coger* to pick up, take back 3 *ir a buscar* to pick up, collect 4 *cosecha* to harvest, gather *fruta* to pick 5 *limpiar* to clean *el polvo* to wipe off *líquido* to wipe up ◇ *prnl.* **recogerse** 1 *irse a casa* to go home 2 *irse a dormir* to go to bed **recoger la mesa** to clear the table **recogerse el pelo** to put one's hair up, tie one's hair back.

re·co·gi·do, da *pp.* de **recoger** *adj.* 1 *apartado* secluded, withdrawn 2 *pelo* pinned back, tied back ◇ *m.* **recogido** *de pelo* hairdo *de vestido* tuck, gathering.

re·co·gi·mien·to *m.* withdrawal, recollection.

re·co·lec·ción *f.* 1 *recopilación* collection, gathering 2 *cosecha* harvest, harvesting 3 *tiempo de cosecha* harvest time.

re·co·lec·tar *tr.* 1 *reunir* to gather, collect 2 *cosechar* to harvest.

re·co·lec·tor, ra *s.* picker.

re·co·men·da·ble *adj.* recommendable, advisable **no ser recomendable** to be unwise.

re·co·men·da·ción *f.* *consejo* recommendation, advice *para empleo* reference.

re·co·men·da·do, da *pp.* de **recomendar** *adj.* recommended ◇ *s.* *hombre* protégé *mujer* protégée.

re·co·men·dar *(see model 27) tr.* to recommend, advise.

re·com·pen·sa *f.* reward, recompense **en recompensa** as a reward, in return.

re·com·pen·sar *tr.* 1 *compensar* to compensate 2 *remunerar* to reward, recompense.

re·con·ci·lia·ción *f.* reconciliation.

re·con·ci·liar *(see model 12) tr.* to reconcile ◇ *prnl.* **reconciliarse** *uso recíproco* to be reconciled.

re·cón·di·to, ta *adj.* hidden, secret **en lo más recóndito de** in the depths of.

re·con·for·tan·te *adj.* comforting ◇ *m.* MED tonic.

re·con·for·tar *tr.* 1 *confortar* to comfort 2 *animar* to cheer up.

re·co·no·cer *(see model 44) tr.* 1 *gen.* to recognize 2 *examinar* to examine 3 *agradecer* to be grateful for 4 *admitir* to recognize, admit ◇ *prnl.* **reconocerse** 1 to recognize each other 2 *admitirse* to admit *se reconoció culpable* he admitted his guilt.

re·co·no·ci·do, da *pp.* de **reconocer** *adj.* *agradecido* grateful.

re·co·no·ci·mien·to *m.* 1 *gen.* recognition 2 *admisión* admission 3 MED examination, checkup.

re·con·quis·tar *tr.* to reconquer, recapture, regain.

re·con·si·de·rar *tr.* to reconsider.

re·cons·ti·tuir *(see model 62) tr.* to reconstitute.

re·cons·truir *(see model 62) tr.* to reconstruct.

re·con·ven·ción *f.* reproach, reprimand.

re·con·ve·nir *(see model 90) tr.* to reproach, reprimand.

re·con·ver·tir *(see model 35) tr.* 1 to restructure 2 *industria* to restructure, reorganize.

re·co·pi·la·ción *f.* *colección* compilation, collection *de leyes* code.

re·co·pi·la·dor, ra *s.* collecter.

re·co·pi·lar *tr.* to compile, collect.

ré·cord *m.* record **en un tiempo récord** in record time ◇ *mpl.* **récords** record.

re·cor·dar *(see model 31) tr.* 1 *rememorar* to remember 2 *traer a la memoria* to remind (**a**, of) *recuérdale que escriba* remind her to write 3 *conmemorar* to commemorate *si mal no recuerdo* if I remember rightly, if my memory serves me right.

re·cor·da·to·rio *m.* 1 *aviso* reminder 2 REL *defunción* in memoriam card *comunión* souvenir of First Communion.

re·co·rrer *tr.* 1 *distancia* to cover, travel 2 *país* to tour, travel over, travel round 3 *ciudad* to visit, walk round.

re·co·rri·do *m.* 1 *trayecto* journey, trip 2 *distancia* distance travelled 3 *itinerario* itinerary, route 4 DEP round.

re·cor·ta·ble *adj.* cutout ◇ *m.* cutout.

re·cor·ta·do, da *pp.* de **recortar** *adj.* 1 *cortado* cut out 2 *borde* jagged 3 *irregular* uneven, irregular.

re·cor·tar *tr.* 1 *muñecos, telas, etc.* to cut out 2 *lo que sobra* to cut off 3 *el pelo* to trim 4 *fig.* to cut, restrict ◇ *prnl.* **recortarse** *sobresalir* to stand out.

re·cor·te *m.* 1 *acción* cutting 2 *trozo* cutting, clipping 3 *de periódico* press clipping, newspaper cutting 4 *de pelo* trim, cut, reduction 5 *fig.* *reducción* cut, reduction.

re·cos·tar *(see model 31) tr.* to lean ◇ *prnl.* **recostarse** 1 *apoyarse* to lean 2 *tumbarse* to lie down 3 *sestear* to take a short rest.

re·co·ve·co *m.* 1 *vuelta* turn, bend 2 *rincón* nook, corner **sin recovecos** *fig.* plainly, frankly.

re·cre·a·ción f. 1 recreation 2 *diversión* recreation, break, amusement.

re·cre·ar[1] *tr.* *divertir* to amuse, entertain ◇ *prnl. recrearse* to amuse oneself, enjoy oneself **recrearse con** to take pleasure in, take delight in.

re·cre·ar[2] *tr.* *volver a crear* to re-create, reproduce.

re·cre·a·ti·vo, va *adj.* recreational.

re·cre·o m. 1 *diversión* recreation, amusement, entertainment 2 *en la escuela* playtime, break.

re·cri·mi·na·ción f. recrimination.

re·cri·mi·nar *tr.* 1 *reprender* to recriminate 2 *reprochar* to reproach.

re·cru·de·cer *(see model 43) intr.* 1 *empeorar* to worsen, aggravate 2 *aumentar* to be increasing *el frío ha recrudecido* it's getting colder ◇ *prnl. recrudecerse* empeorar to worsen, aggravate.

rec·ta f. 1 *línea* straight line 2 *en carretera* straight **recta final** home straight.

rec·tal *adj.* rectal.

rec·tan·gu·lar *adj.* rectangular.

rec·tán·gu·lo, la *adj.* rectangular *triángulo rectángulo* right triangle ◇ *m.* **rectángulo** rectangle.

rec·ti·fi·ca·ción f. 1 rectification 2 *corrección* correction, remedy.

rec·ti·fi·ca·dor, ra *adj.* rectifying ◇ *m.* **rectificador** rectifier.

rec·ti·fi·car *(see model 1) tr.* 1 to rectify 2 *corregir* to correct 3 AUTO to straighten up ◇ *prnl.* **rectificarse** to correct oneself.

rec·ti·lí·ne·o, a *adj.* rectilinear.

rec·ti·tud f. 1 straightness 2 *fig.* uprightness, honesty, rectitude.

rec·to, ta *adj.* 1 *derecho* straight 2 *fig. honesto* honest, upright 3 *ángulo* right ◇ *m.* **recto** ANAT rectum ◇ *adv.* straight, straight on.

rec·tor, ra *adj.* ruling, governing ◇ *s.* 1 EDUC president 2 REL rector.

rec·to·rí·a f. 1 *casa* rectory 2 *cargo* rectorship.

re·cua f. 1 *de animales* train 2 *fig.* string, drove, line.

re·cua·dro m. 1 *cuadro* frame 2 *en prensa* box.

re·cu·bri·mien·to m. covering *de pintura* coating.

re·cu·brir *pp.* **recubierto** *tr.* to cover (*con/de*, with) *con pintura* to coat (*con/de*, with).

re·cuen·to m. recount, count **hacer (el) recuento de** to count, recount.

re·cuer·do m. 1 *imagen* memory, recollection 2 *regalo* souvenir, keepsake ◇ *mpl.* **recuerdos** *saludos* regards, greetings *en carta* best wishes **en recuerdo de** in memory of.

re·cu·lar *intr.* 1 *retroceder* to go back 2 *ejército* to retreat 3 *fam. fig. ceder* to back down.

re·cu·pe·ra·ción f. recovery, recuperation, retrieval.

re·cu·pe·rar *tr.* 1 *gen.* to recover, recuperate, retrieve 2 *afecto* to win back *conocimiento* to regain *salud* to recover *tiempo, clases* to make up ◇ *prnl.* **recuperarse** 1 *disgusto, emoción* to get over (*de*, -), *recover* (*de*, from) 2 *enfermedad* to recover (*de*, from), recuperate (*de*, from).

re·cu·rren·te *adj.* 1 recurrent 2 JUR appealing ◇ *com.* JUR appealer.

re·cu·rrir *intr.* 1 JUR to appeal 2 *acogerse - a algo* to resort (*a*, to) - *a alguien* to turn (*a*, to).

re·cur·so m. 1 *medio* resort 2 JUR appeal ◇ *mpl.* **recursos** resources, means **como último recurso** as a last resort **recurso de apelación** JUR appeal **recursos naturales** natural resources.

re·cu·sar *tr.* 1 to reject, refuse 2 JUR to challenge.

red f. 1 *gen.* net 2 *redecilla* hairnet 3 *sistema* network, system 4 ELEC mains *pl.* 5 INFO network **echar las redes** to cast one's nets **red**

de carreteras road network **red ferroviaria** rail network, railway network.

re·dac·ción f. 1 *escritura* writing 2 *escrito* composition, essay 3 *estilo* wording 4 *prensa* editing 5 *oficina* editorial office 6 *redactores* editorial staff.

re·dac·tar *tr.* 1 *escribir* to write, compose 2 *con estilo* to word *tienes que redactarlo mejor* you have to word it better 3 *tratado, discurso, etc.* to draft, draw up 4 *prensa* to edit.

re·dac·tor, ra *s.* editor **redactor jefe** editor in chief.

re·da·da f. 1 *de peces* catch, haul 2 *fig. en un sitio* raid *en varios sitios a la vez* round-up.

re·den·ción f. redemption.

re·den·tor, ra *adj.* redeeming ◇ *s.* redeemer ◇ *m.* **el Redentor** REL the Redeemer.

re·des·cu·brir *tr.* to rediscover.

re·dil m. fold, sheepfold **volver al redil** *fig.* to return to the fold.

re·di·mir *tr.* to redeem ◇ *prnl.* **redimirse** to redeem oneself.

re·dis·tri·buir *(see model 62) tr.* to redistribute.

ré·di·to m. interest, yield.

re·do·blar *tr.* 1 *aumentar* to redouble, intensify 2 *doblar* to bend back *un clavo* to clinch ◇ *intr. tambores* to roll.

re·do·ble m. roll.

re·don·da f. *comarca* region ◇ *f.* MÚS whole note **a la redonda** around.

re·don·de·a·do, da *pp.* de redondear *adj.* rounded.

re·don·de·ar *tr.* 1 *poner redondo* to round, make round 2 *cantidad* to round off, round up, make up to a round figure 3 COST to level off ◇ *prnl.* **redondearse** *ponerse redondo* to become round.

re·don·do, da *adj.* 1 *circular* round 2 *sin rodeo* straightforward 3 *rotundo* categorical 4 *fig. perfecto* perfect, excellent *un beneficio redondo* an excellent profit 5 *fig. cantidad* round **en números redondos** in round figures ◇ *m.* **redondo** 1 *círculo* circle 2 *de carne* topside **caer redondo** *caerse* to collapse.

re·duc·ción f. reduction.

re·du·ci·do, da *pp.* de reducir *adj.* 1 *limitado* limited *pequeño* small 2 *precio* low.

re·du·cir *(see model 46) tr.* 1 *gen.* to reduce 2 *disminuir* to reduce, cut, cut down on 3 *vencer* to subdue 4 MED to set 5 *una salsa, etc.* to reduce, boil down ◇ *intr.* AUTO to change down, change to a lower gear ◇ *prnl.* **reducirse** *gen.* to be reduced *decrecer* to decrease.

re·duc·to m. redoubt, stronghold.

re·duc·tor, ra *adj.* reducing.

re·dun·dan·cia f. redundancy.

re·dun·dar *intr.* 1 *rebosar* to overflow 2 *abundar* to abound 3 *resultar* to redound (*en*, to).

re·e·di·fi·car *(see model 1) tr.* to rebuild.

re·e·di·tar *tr. libro* to reprint, reissue *disco* to re-release.

re·e·du·car *(see model 1) tr.* to re-educate.

re·e·lec·ción f. re-election.

re·e·le·gir *(see model 55) tr.* to re-elect.

re·em·bol·sar *tr.* 1 *pagar* to reimburse *cantidad* to repay 2 *devolver* to refund ◇ *prnl.* **reembolsarse** *cobrar* to be paid.

re·em·bol·so m. 1 *pago* reimbursement *cantidad* payment 2 *devolución* refund.

re·em·pla·zar *(see model 4) tr.* to replace.

re·em·pla·zo m. 1 replacement 2 MIL call-up.

re·em·pren·der *tr.* to start again.

re·en·car·na·ción f. reincarnation.

re·en·cuen·tro m. reunion.

re·es·tre·no m. *teatro* revival *cine* rerelease, rerun.

R

re·es·truc·tu·rar tr. to restructure, reorganize.

re·fac·ción f. refreshment, snack.

re·fa·jo m. petticoat, underskirt.

re·fec·to·rio m. refectory, dining hall.

re·fe·ren·cia f. relación reference ◇ fpl. **referencias** informes references **con referencia a** with reference to **hacer referencia a algo** to refer to something.

re·fe·ren·do m. referendum.

re·fe·rén·dum m. inv. referendum.

re·fe·ren·te adj. concerning (a, -), regarding (a, -).

re·fe·rir (see model 35) tr. 1 expresar to tell, relate 2 remitir to refer 3 situar to set ◇ prnl. **referirse** to refer (a, to) **por lo que se refiere a eso** as for that, as far as that is concerned, with regard to that.

re·fi·lón de refilón 1 oblicuamente obliquely, at a slant 2 fig. de paso briefly **mirar algo de refilón** to look at something out of the corner of one's eye.

re·fi·na·do, da pp. de refinar adj. 1 gen. refined 2 fig. astuto sly ◇ m. **refinado** del azúcar, etc. refining.

re·fi·na·dor, ra adj. refining ◇ s. refiner.

re·fi·nar tr. 1 azúcar, etc. to refine 2 fig. escrito, etc. to polish, refine ◇ prnl. **refinarse** pulirse to become refined.

re·fi·ne·rí·a f. refinery.

re·flec·tor, ra adj. reflecting ◇ m. **reflector** 1 cuerpo reflector 2 ELEC searchlight, spotlight 3 telescopio reflector, reflecting telescope.

re·fle·jar tr. 1 gen. to reflect 2 mostrar to show ◇ prnl. **reflejarse** to be reflected.

re·fle·jo, ja adj. 1 reflected 2 GRAM reflexive 3 movimiento reflex ◇ m. **reflejo** 1 imagen reflection 2 destello gleam, glint 3 movimiento reflex 5 fig. muestra sign, reflection.

ré·flex m. inv. 1 sistema reflex 2 cámara reflex camera.

re·fle·xión f. reflection **con reflexión** on reflection **sin reflexión** without thinking.

re·fle·xio·nar intr. to reflect (sobre, on), think (sobre, about).

re·fle·xi·vo, va adj. 1 reflective, thoughtful 2 GRAM reflexive.

re·flu·jo m. ebb tide, ebb.

re·fo·ci·lar tr. alegrar to amuse, enjoy ◇ prnl. **refocilarse** to delight (con, in), gloat (con, over).

re·fo·res·ta·ción f. reforestation, reafforestation.

re·fo·res·tar tr. to reforest, reafforest.

re·for·ma f. 1 gen. reform 2 mejora improvement 3 la Reforma REL the Reformation **reforma agraria** agrarian reform **reforma fiscal** tax reform.

re·for·ma·dor, ra adj. reforming ◇ s. reformer.

re·for·mar tr. 1 gen. to reform 2 ARQ to renovate, do up 3 una prenda to alter ◇ prnl. **reformarse** corregirse to reform oneself.

re·for·ma·to·rio m. reformatory, reform school **reformatorio de menores** remand home.

re·for·za·do, da pp. de reforzar adj. reinforced, strengthened.

re·for·zar (see model 50) tr. to reinforce, strengthen ◇ prnl. **reforzarse** to be reinforced, be strengthened.

re·frac·ción f. refraction **ángulo de refracción** angle of refraction.

re·frac·tar tr. to refract ◇ prnl. **refractarse** to refract.

re·frac·ta·rio, ria adj. 1 al fuego heat-resistant 2 persona - que rehúsa reluctant, unwilling - opuesta opposed.

re·frac·tor m. refractor, refracting telescope.

re·frán m. proverb, saying **como dice el refrán** as the saying goes.

re·fra·ne·ro m. collection of proverbs, collection of sayings.

re·fre·nar tr. 1 contener to restrain, curb, control 2 al caballo to rein in ◇ prnl. **refrenarse** to restrain oneself.

re·fren·dar tr. 1 firmar to endorse, countersign 2 aprobar to ratify, approve.

re·fren·do m. firma endorsement, countersignature.

re·fres·can·te adj. refreshing.

re·fres·car (see model 1) tr. 1 poner fresco to cool, refresh 2 fig. la memoria to refresh idiomas to brush up on ◇ intr. 1 el tiempo to get cooler, cool down, turn cooler 2 comida, bebida to be refreshing ◇ prnl. **refrescarse** 1 gen. to cool down, cool off lavarse to freshen up tomar el fresco to get a breath of fresh air 2 beber to have a cold drink.

re·fres·co m. bebida soft drink.

re·frie·ga f. 1 lucha scuffle, brawl 2 escaramuza skirmish.

re·fri·ge·ra·ción f. 1 refrigeration 2 aire acondicionado air conditioning 3 sistema cooling system.

re·fri·ge·ra·do, da pp. de refrigerar adj. 1 enfriado refrigerated, cooled 2 con aire acondicionado air-conditioned.

re·fri·ge·ra·dor m. fridge, refrigerator.

re·fri·ge·rar tr. 1 enfriar to refrigerate 2 con aire acondicionado to air-condition.

re·fri·ge·rio m. refreshments pl., snack.

re·frin·gen·te adj. refringent.

re·fri·to, ta pp. de refreír m. **refrito** fam. fig. rehash.

re·fuer·zo m. fortalecimiento reinforcement, strengthening ◇ mpl. **refuerzos** MIL reinforcements.

re·fu·gia·do, da pp. de refugiar adj. refugee ◇ s. refugee **refugiado político** political refugee.

re·fu·giar (see model 12) tr. to shelter, give refuge to ◇ prnl. **refugiarse** gen. to take refuge de la lluvia to shelter.

re·fu·gio m. 1 gen. shelter, refuge 2 fig. refuge 3 AUTO traffic island **refugio antiaéreo** air-raid shelter.

re·ful·gen·cia f. radiance, brilliance.

re·ful·gir (see model 6) intr. brillar to shine resplandecer to glitter, sparkle.

re·fun·dar tr. fig. to reform.

re·fun·dir tr. 1 metales to recast 2 fig. comedia, etc. to adapt.

re·fun·fu·ñar intr. fam. to grumble, moan, complain.

re·fu·ta·ble adj. refutable, disprovable.

re·fu·tar tr. to refute, disprove.

re·ga·de·ra f. watering can.

re·ga·dí·o, a adj. irrigable ◇ m. **regadío** 1 acción irrigation, watering 2 tierras irrigated land **cultivo de regadío** irrigation farming.

re·ga·la·do, da pp. de regalar adj. 1 de regalo given as a present 2 muy barato dirt cheap 3 gratis free 4 delicado delicate 5 agradable comfortable, pleasant.

re·ga·lar tr. 1 dar un regalo to give as a present 2 dar to give away 3 dar gratis to give 4 halagar to flatter 5 deleitar to delight ◇ prnl. **regalarse** deleitarse to treat oneself (con, to) **regalar el oído a alguien** to flatter somebody.

re·ga·lí·a f. 1 prerrogativa royal prerogative 2 fig. privilegio privilege, prerogative.

re·ga·lo *m.* 1 *obsequio* gift, present 2 *complacencia* pleasure, joy 3 *comodidad* comfort, pleasure 4 *exquisitez* delicacy 5 *ganga* bargain, steal.

re·ga·ña·dien·tes **a regañadientes** reluctantly, grudgingly, unwillingly.

re·ga·ñar *tr.* to scold, tell off ◇ *intr.* 1 *reñir* to argue, quarrel, fall out 2 *refunfuñar* to moan, grumble, complain.

re·ga·ño *m.* scolding, telling-off.

re·gar *(see model 48) tr.* 1 *plantas, tierra, río* to water 2 *calle* to wash down, hose down 3 *fig. esparcir* to sprinkle, scatter 4 *fig. derramar* to pour.

re·ga·ta *f.* MAR regatta, boat race.

re·ga·te·ar *tr.* 1 *un precio* to haggle over, barter for 2 *escatimar* to be sparing with ◇ *intr.* 1 *comerciar* to haggle, bargain 2 DEP to dribble.

re·ga·te·o *m.* 1 *precios* haggling, bargaining 2 DEP dribbling.

re·ga·to *m.* 1 *charco* pool 2 *arroyo* stream.

re·ga·zo *m.* lap **en el regazo** on my *(your, his, etc.)* lap.

re·gen·cia *f.* regency.

re·ge·ne·ra·dor, ra *adj.* regenerative ◇ *s.* regenerator.

re·ge·ne·rar *tr.* to regenerate.

re·gen·te, ta *adj.* ruling, governing ◇ *com.* 1 POL regent 2 JUR magistrate 3 *director* manager.

reggae *m.* reggae.

re·gi·dor, ra *adj.* ruling, governing ◇ *s.* 1 *concejal* town councillor 2 TEAT stage manager.

ré·gi·men *m.* 1 POL regime 2 MED diet 3 *condiciones* system, regime, rules *pl. forma de producirse* pattern 4 TÉC speed 5 LING government **estar a régimen** to be on a diet **poner a régimen** to put on a diet.

re·gi·mien·to *m.* regiment.

re·gio, gia *adj.* 1 *real* royal, regal 2 *fig. magnífico* magnificent, splendid, majestic.

re·gión *f.* region.

re·gio·nal *adj.* regional.

re·gio·na·lis·ta *adj.* regionalist ◇ *com.* regionalist.

re·gir *(see model 55) tr.* 1 *gobernar* to govern, rule 2 *dirigir* to manage, direct, run 3 LING *to govern* ◇ *intr. ley, etc.* to be in force, apply *costumbre* to prevail ◇ *prnl.* **regirse** *guiarse* to follow, abide *(por, by)*, go *(por, by)*.

re·gis·tra·do, da *pp.* **de registrar** *adj.* registered, recorded, noted, listed *marca* registered.

re·gis·trar *tr.* 1 *inspeccionar* to search, inspect, look through 2 *cachear* to frisk 3 *inscribir* to register, record, note *matricular* to register 4 *grabar* to record 5 *fig. detectar* to notice ◇ *prnl.* **registrarse** 1 *matricularse* to register, enroll 2 *detectarse* to be recorded 3 *ocurrir* to happen **se ha registrado un terremoto** there has been an earthquake.

re·gis·tro *m.* 1 *inspección* search, inspection 2 *inscripción* registration, recording *matriculación* enrollment, registration 3 JUR *oficina* registry *libro* register **registro civil** births, marriages and deaths register.

re·gla *f.* 1 *norma* rule, regulation, norm 2 *pauta* pattern, rule 3 *instrumento* ruler 4 MAT rule 5 *menstruación* period **en regla** in order **está todo en regla** everything's in order **por regla general** as a rule, as a general rule **regla de cálculo** slide rule **regla de oro** golden rule **regla de tres** rule of three.

re·gla·men·ta·ción *f.* 1 *reglamento* regulations *pl.*, rules *pl.* 2 *acción* regulation.

re·gla·men·tar *tr.* to regulate.

re·gla·men·ta·rio, ria *adj.* statutory, prescribed, required *arma* regulation.

re·gla·men·to *m.* regulations *pl.*, rules *pl.*

re·gle·ta *f.* space.

re·go·ci·jar *tr.* to delight, amuse ◇ *prnl.* **regocijarse** *alegrarse* to be delighted *(con, by)*.

re·go·ci·jo *m.* 1 *placer* delight, joy, happiness 2 *júbilo* merriment, rejoicing.

re·go·de·o *m. fam.* delight, pleasure.

re·gre·sar *intr.* to return, come back, go back.

re·gre·sión *f.* 1 *retroceso* regression 2 *disminución* drop, decrease.

re·gre·si·vo, va *adj.* regressive.

re·gre·so *m.* return **a mí** *(tu, su, etc.)* **regreso** on my *(your, his, etc.)* return **estar de regreso** to be back.

re·güel·do *m. fam.* belch, burp.

re·gue·ro *m.* 1 *corriente* trickle of water 2 *señal* trail, trickle 3 *reguera* irrigation channel.

re·gu·la·ción *f.* 1 *control* regulation, control 2 *ajuste* adjustment.

re·gu·la·dor, ra *adj.* regulating ◇ *m.* **regulador** 1 TÉC regulator 2 *de radio, televisión* control.

re·gu·lar *adj.* 1 *gen.* regular 2 *fam. pasable* so-so, average, not bad ◇ *tr.* 1 *gen.* to regulate 2 *ajustar* to adjust.

re·gu·la·ri·za·ción *f.* regularization.

re·gu·la·ri·zar *(see model 4) tr.* 1 *normalizar* to standardize *arreglar* to sort out.

re·gur·gi·tar *tr.* to regurgitate.

re·ha·bi·li·ta·ción *f.* 1 rehabilitation 2 *en rango* rehabilitation, reinstatement.

re·ha·bi·li·tar *tr.* to rehabilitate *f. en rango* to rehabilitate, reinstate.

re·ha·cer *(see model 73) pp.* **rehecho** *tr.* 1 *volver a hacer* to do again, redo 2 *reconstruir* to remake, rebuild 3 *reparar* to repair, mend ◇ *prnl.* **rehacerse** *recuperarse* to recover, recuperate.

re·hén *com.* hostage.

re·hi·le·te *m.* 1 *flecha* dart 2 *juguete* shuttlecock.

re·hu·ir *(see model 62) tr.* to avoid, shun.

re·hu·sar *(see model 18) tr.* to refuse, decline, turn down.

re·im·plan·tar *tr.* to implant again.

re·im·pre·sión *f.* 1 *acción* reprinting 2 *ejemplar* reprint.

rei·na *f.* 1 *gen.* queen 2 *fam. apelativo* love, darling, sweetheart **¡hasta luego, reina!** see you, love! **reina de belleza** beauty queen **reina madre** queen mother.

rei·na·do *m.* reign **bajo el reinado de** in the reign of.

rei·nan·te *adj.* 1 *que reina* reigning 2 *existente* prevailing, reigning.

rei·nar *intr.* 1 to reign 2 *fig. prevalecer* to reign, prevail.

re·in·ci·den·cia *f.* 1 relapse 2 JUR recidivism.

re·in·ci·den·te *adj.* 1 relapsing 2 JUR reoffending, recidivist ◇ *com.* JUR reoffender, recidivist.

re·in·ci·dir *intr.* 1 to relapse *(en, into)*, fall back *(en, into)* 2 JUR to reoffend.

re·in·cor·po·ra·ción *f.* 1 *vuelta* return 2 *a un cargo* reinstatement.

re·in·cor·po·rar *tr.* to reincorporate *a un trabajo* to reinstate ◇ *prnl.* **reincorporarse** to rejoin *(a, -)*.

re·in·gre·sar *tr.* to readmit ◇ *intr.* to return.

rei·ni·ciar *tr.* to restart.

rei·no *m.* kingdom, reign **reino de los Cielos** Kingdom of Heaven **Reino Unido** United Kingdom.

re·in·ser·ción *f.* reintegration, rehabilitation *la reinserción social* social rehabilitation.

re·ins·ta·lar *tr.* to reinstall, reinstal.

re·in·te·gra·ción f. 1 *reincorporación* reinstatement 2 *pago* refund.

re·in·te·grar tr. 1 *reincorporar* to reinstate, restore 2 *pagar* to refund, reimburse *banco* to credit ◇ prnl. **reintegrarse** 1 *volver a ejercer* to return (a, to) 2 *recobrarse* to recover.

re·in·te·gro m. 1 *reincorporación* reinstatement 2 FIN reimbursement, repayment, refund *bancario* credit 3 *de lotería* refund of the price of the ticket.

re·in·ter·pre·ta·ción f. reinterpretation.

re·in·ter·pre·tar tr. to reinterpret.

re·in·tro·du·cir *(see model 46)* tr. to reintroduce.

re·in·ver·tir tr. to reinvest.

re·ír *(see model 37)* tr. to laugh at ◇ intr. to laugh ◇ prnl. **reírse** 1 to laugh (*de*, at) *¿de qué te ríes?* what are you laughing at? 2 *burlarse* to laugh (*de*, at), make fun (*de*, of) *me río de… fam.* I couldn't care less…

rei·te·ra·ción f. reiteration.

rei·te·ra·da·men·te adv. repeatedly, reiteratively.

rei·te·rar tr. to reiterate, repeat.

rei·te·ra·ti·vo, va adj. repetitive, repetitious, reiterative.

rei·vin·di·ca·ción f. claim, demand.

rei·vin·di·car *(see model 1)* tr. to claim, demand.

re·ja f. *de ventana* grill, grille, bar **estar entre rejas** *fam.* to be behind bars.

re·ju·ve·ne·ce·dor, ra adj. rejuvenating, rejuvenescent.

re·ju·ve·ne·cer *(see model 43)* tr. to rejuvenate ◇ prnl. **rejuvenecerse** to become rejuvenated.

re·ju·ve·ne·ci·mien·to m. rejuvenation.

re·la·ción f. 1 *correspondencia* relation, relationship 2 *conexión* link, connection 3 *lista* list, record 4 *relato* account, telling 5 *en matemática* ratio ◇ fpl. **relaciones** *conocidos* acquaintances *contactos* contacts, connections **con relación a / en relación con** with regard to, regarding **tener relaciones con alguien** *salir* to go out with somebody **relaciones diplomáticas** diplomatic relations **relaciones públicas** public relations **relaciones sexuales** sexual relations.

re·la·cio·na·do, da pp. de **relacionar** adj. 1 *referido* concerning, regarding 2 *conectado* related, connected **estar bien relacionado** to be well connected.

re·la·cio·nar tr. 1 *poner en relación* to relate, connect, associate 2 *relatar* to tell, list ◇ prnl. **relacionarse** 1 *estar conectado* to be related (*con*, to), to be connected (*con*, with) 2 *alternar* to get acquainted (*con*, with), mix (*con*, with), meet (*con*, -).

re·la·ja·ción f. 1 gen. relaxation 2 *figurado* slackening, looseness.

re·la·ja·do, da pp. de **relajar** adj. 1 gen. relaxed 2 *inmoral* loose, dissolute.

re·la·jan·te adj. relaxing.

re·la·jar tr. 1 gen. to relax 2 *figurado* to loosen, slacken ◇ intr. *ser relajante* to be relaxing ◇ prnl. **relajarse** 1 *descansar* to relax 2 *figurado en las costumbres* to let oneself go 3 *dilatarse* to slacken.

re·la·jo m. 1 *descanso* relaxation, rest *tranquilidad* peace 2 *falta de orden* relaxed attitude 3 *immoralidad* depravity, dissoluteness.

re·la·mi·do, da pp. de **relamer** adj. 1 *pey. afectado* affected 2 *pulcro* prim and proper.

re·lám·pa·go m. flash of lightning.

re·lam·pa·gue·o m. 1 *relámpago* lightning 2 *centelleo* flashing.

re·lan·za·mien·to m. relaunch.

re·lan·zar tr. to relaunch.

re·la·tar tr. 1 *una historia* to narrate, tell 2 *un suceso* to report, tell.

re·la·ti·va·men·te adv. relatively.

re·la·ti·vi·dad f. relativity **teoría de la relatividad** theory of relativity.

re·la·ti·vis·mo m. relativism.

re·la·ti·vis·ta adj. relativist ◇ com. relativist.

re·la·ti·vo, va adj. relative ◇ m. *relativo* LING relative **en lo relativo a** with regard to, referring to, concerning.

re·la·to m. 1 *narración* story, tale 2 *informe* report, account.

re·lax m. inv. 1 relaxation 2 *prostitución* call-girl services pl.

re·le·er *(see model 61)* tr. to reread, read again.

re·le·ga·ción f. relegation.

re·le·gar *(see model 7)* tr. to relegate (a, to), consign (a, to).

re·le·van·cia f. 1 *significación* relevance 2 *importancia* importance.

re·le·van·te adj. 1 *significativo* relevant 2 *importante* excellent, outstanding.

re·le·var tr. 1 *sustituir* to relieve, take over from 2 *eximir* to exempt (*de*, from) 3 *destituir* to dismiss, remove, relieve 4 MIL to change, relieve 5 *figurado engrandecer* to exaggerate ◇ prnl. **relevarse** to take turns.

re·le·vis·ta com. relay runner.

re·le·vo m. 1 MIL relief, change of the guard 2 DEP relay.

re·li·ca·rio m. 1 REL reliquary 2 *caja* box *estuche* locket.

re·lie·ve m. 1 relief 2 *figurado renombre* renown, fame **poner de relieve** *figurado* to emphasize, highlight, underline.

re·li·gión f. religion.

re·li·gio·so, sa adj. religious ◇ s. *hombre* monk *mujer* nun.

re·lin·char intr. to neigh, whinny.

re·lin·cho m. neigh, whinny.

re·li·quia f. relic.

re·lla·no m. landing.

re·lle·nar tr. 1 *volver a llenar* to refill, fill again 2 *llenar del todo* to cram, pack, stuff 3 *cuestionario* to fill in, fill out 4 CULIN *ave* to stuff *pastel* to fill 5 *cost* to pad 6 *figurado historia, relato* to pad out, embroider.

re·lle·no, na adj. 1 *totalmente lleno* stuffed, crammed, packed 2 *cara* full 3 CULIN stuffed *pasteles* filled ◇ m. *relleno* 1 CULIN *aves* stuffing *pasteles* filling 2 *cost* padding 3 *de un cojín, etc.* stuffing 4 *figurado de un escrito* padding *de un discurso* waffle.

re·loj m. clock *de pulsera* watch **contra reloj** against the clock **reloj despertador** 1 *de mesita* alarm clock 2 *de pulsera* alarm watch.

re·lo·je·ro, ra s. watchmaker, clockmaker.

re·lu·cien·te adj. bright, shining, gleaming, glittering.

re·lu·cir *(see model 45)* intr. 1 *brillar* to shine, gleam, glitter 2 *figurado destacar* to excel, stand out, shine **sacar a relucir algo** to bring up something.

re·luc·tan·cia f. reluctance, reluctancy.

re·luc·tan·te adj. reluctant.

re·lum·bran·te adj. shining, dazzling.

re·lum·brar intr. to shine, dazzle, gleam.

re·ma·char tr. 1 *clavo, etc.* to clinch *metal* to rivet 2 *figurado confirmar* to drive home, hammer home, stress.

re·ma·che m. rivet.

re·ma·nen·te adj. 1 que queda remaining, residual 2 extra surplus ◇ m. 1 restos remainder, remains pl. 2 extra surplus.

re·man·gar tr. 1 mangas, pantalones to roll up faldas, vestidos to pull up, hitch up ◇ prnl. remangarse fig. to decide quickly, make a snap decision.

re·man·so m. 1 agua estancada backwater 2 estanque pool 3 lugar tranquilo quiet place 4 fig. pachorra sluggishness remanso de paz fig. haven of peace.

re·mar intr. to row.

re·mar·car (see model 1) tr. to stress, underline.

re·ma·ta·do, da pp. de rematar adj. 1 absolute, utter, out-and-out 2 convicted.

re·ma·ta·dor, ra s. DEP striker.

re·ma·tar tr. 1 acabar to finish off, round off, put the finishing touches to 2 precios to knock down vender más barato to sell off cheaply 3 en subasta to auction 4 matar to kill, finish off 5 DEP to shoot ◇ intr. 1 terminar to end up 2 DEP to take a shot at goal, shoot rematar de cabeza DEP to head the ball.

re·ma·te m. 1 final end, finish 2 toque final finishing touch 3 DEP shot 4 puja highest bid precios de remate knockdown prices.

re·me·dar tr. 1 imitar to imitate, copy 2 con burla to ape.

re·me·diar (see model 12) tr. 1 poner remedio to remedy 2 reparar to repair, make good 3 resolver to solve 4 socorrer to help, assist 5 evitar to avoid, prevent.

re·me·dio m. 1 cura remedy, cure 2 fig. solución solution 3 remedy, recourse no tener más remedio que to have no choice but to ¡no tienes remedio! fam. you're hopeless!, you're a case!

re·me·do m. 1 imitación imitation, copy 2 parodia parody mímica mimicry, mimicking 3 burla travesty, mockery.

re·mem·bran·za f. remembrance, recollection.

re·me·mo·rar tr. to remember, recall.

re·men·dar (see model 27) tr. 1 arreglar to mend, repair corregir to correct 2 COST to mend ropas to patch calcetines to darn.

re·me·sa f. 1 de dinero remittance 2 de mercancías consignment, shipment.

re·mien·do m. 1 arreglo mend 2 de calcetín darn parche patch.

re·mil·ga·do, da pp. de remilgarse adj. 1 afectado affected 2 con la comida fussy, finicky 3 mojigato prudish.

re·mil·go m. 1 afectación affectation 2 gazmoñería prudishness, primness andar con remilgos to make a fuss, be fussy.

re·mi·nis·cen·cia f. reminiscence.

re·mi·sión f. 1 referencia reference 2 envío sending 3 REL remission, forgiveness 4 MED remission.

re·mi·so, sa adj. reacio reluctant, unwilling.

re·mi·te m. sender's name and address.

re·mi·ten·te com. sender "Devuélvase al remitente" "Return to sender".

re·mi·ti·do m. advertisement, announcement.

re·mi·tir tr. 1 enviar to remit, send 2 referir to refer 3 REL to forgive 4 aplazar to postpone 5 JUR to transfer 6 ceder to subside ◇ intr. ceder to subside la fiebre ha remitido the fever has subsided ◇ prnl. remitirse atenerse to refer (a, to).

re·mo m. 1 pala oar, paddle 2 DEP rowing 3 ANAT brazo arm pierna leg 4 ave wings pl.

re·mo·de·la·ción f. 1 modificación reshaping 2 reorganización reorganization 3 ministerial reshuffle.

re·mo·de·lar tr. 1 modificar to reshape 2 transformar to transform 3 mejorar to improve 4 reorganizar to reorganize 5 ministerio to reshuffle.

re·mo·jar tr. 1 ompapar to soak (en, in) 2 fam. fig. celebrar to celebrate, drink to.

re·mo·jo m. soaking poner en remojo to soak, leave to soak.

re·mo·la·cha f. beetroot.

re·mol·ca·dor m. 1 MAR tug, tugboat 2 AUTO tow truck.

re·mol·car (see model 1) tr. to tow.

re·mo·li·no m. 1 de polvo whirl, cloud de agua whirlpool, eddy de aire whirlwind 2 de pelo cowlick 3 de gente throng, crowd, mass.

re·mol·que m. 1 acción towing 2 vehículo trailer a remolque in tow.

re·mon·tar tr. 1 elevar to raise 2 subir to go up 3 río to sail up vuelo to soar 4 superar to overcome, surmount remontar una dificultad to overcome a difficulty ◇ prnl. remontarse 1 al volar to soar 2 datar to go back (a, to).

ré·mo·ra f. 1 pez remora 2 fig. obstáculo hindrance.

re·mor·der (see model 32) tr. fig. desasosegar to trouble, worry ◇ prnl. remorderse concomerse to be consumed (de, with).

re·mor·di·mien·to m. remorse tener remordimientos to feel remorse.

re·mo·to, ta adj. remote, far-off.

re·mo·ver (see model 32) tr. 1 trasladar to move 2 tierra to turn over, dig up 3 líquido to stir 4 comida to stir ensalada to toss 5 fig. agitar to get moving, stir up 6 fig. recuerdo to stir up tema to bring up 7 destituir to remove (from office), oust ◇ prnl. removerse to stir, shift.

re·mo·zar tr. 1 fachada to renovate, modernize decorar to redecorate limpiar to brighten up 2 ropa to brighten up.

re·mu·ne·ra·ción f. remuneration, pay.

re·mu·ne·ra·do, da pp. de remunerar adj. paid bien remunerado well-paid.

re·mu·ne·rar tr. to remunerate, reward, pay.

re·na·cer (see model 42) intr. 1 volver a nacer to be reborn 2 plantas to grow again flores to bloom again 3 fig. revivir to revive, come back to life 4 fig. fortalecerse to revive, feel renewed.

re·na·ci·mien·to m. 1 vuelta a nacer rebirth 2 fig. revival, renaissance 3 el Renacimiento HIST the Renaissance.

re·na·cua·jo m. 1 ZOOL tadpole 2 fam. niño shrimp.

re·nal adj. renal, kidney afección renal kidney disease.

ren·ci·lla f. quarrel.

ren·co, ca adj. lame.

ren·cor m. 1 odio rancor 2 resentimiento resentment guardar rencor a alguien to have a grudge against somebody, bear somebody malice.

ren·co·ro·so, sa adj. 1 hostil rancorous 2 resentido resentful.

ren·di·ción f. surrender.

ren·di·do, da pp. de rendir adj. 1 sumiso humble, submissive 2 muy cansado worn out, exhausted.

ren·di·ja f. crack, split.

ren·dir (see model 34) tr. 1 vencer to defeat, conquer 2 cansar to exhaust, wear out 3 restituir to render, give back 4 producir to yield, produce progresar to progress 5 homenaje to pay ◇

R

intr. dar fruto to pay **el trabajo nos ha rendido mucho** we did well out of that job ◇ *prnl.* **rendirse** entregarse al enemigo to surrender, give in.

re·ne·ga·do, da *pp. de* renegar *adj.* renegade ◇ *s.* renegade.

re·ne·gar *(see model 48) tr.* negar to deny vigorously ◇ *intr.* **1** *gen.* to renounce (**de**, -) *familia* to disown (**de**, -) **2** *protestar* to grumble, complain **3** *fam. fig.* blasfemar to swear, curse.

re·ne·gri·do, da *adj.* blackened.

ren·glón *m.* **1** *línea* line **2** *parte de renta* item ◇ *mpl.* **renglones** *fam.* text *sing.* **a renglón seguido** right after, immediately afterwards.

re·nie·go *m.* curse, oath.

re·no *m.* reindeer.

re·nom·bra·do, da *adj.* renowned, famous, well-known.

re·nom·brar *tr.* to rename.

re·no·va·ble *adj.* renewable.

re·no·va·ción *f.* **1** *de contrato, etc.* renewal **2** *de casa* renovation *de decoración* redecoration **3** *de personal* reorganization.

re·no·va·dor, ra *adj. gen.* revitalizing, refreshing *en política* progressive.

re·no·var *(see model 31) tr.* **1** *gen.* to renew **2** *casa* to renovate *de decoración* to redecorate **3** *de personal* to reorganize ◇ *prnl.* **renovarse** to be renewed.

ren·que·ar *intr.* **1** *de la pierna* to limp *del pie* to hobble **2** *fig.* vacilar to dither **3** *fig.* tener dificultades to hardly manage, hardly get by.

ren·ta *f.* **1** *ingresos* income **2** *declaración de renta* tax return **3** *beneficio* interest, return **4** *alquiler* rent **vivir de sus rentas** to live on one's income **renta variable** equity securities *pl.*

ren·ta·bi·li·dad *f.* profitability **tasa de rentabilidad** rate of return.

ren·ta·ble *adj.* profitable.

ren·tar *tr.* to produce, yield.

re·nuen·cia *f.* reluctance, unwillingness.

re·nuen·te *adj.* reluctant, unwilling.

re·nue·vo *m.* **1** BOT shoot, sprout **2** *renovación* renewal.

re·nun·cia *f.* **1** renunciation **2** *dimisión* resignation **presentar la renuncia** to hand in one's resignation.

re·nun·ciar *(see model 12) intr.* **1** *abandonar* to give up (**a**, -), abandon (**a**, -) **renunció al tabaco** she gave up smoking **2** *dimitir* to resign **renunció a su puesto** he resigned his post, he resigned **3** to renounce (**a**, -), relinquish (**a**, -) **renunció a su fe** she renounced her faith.

re·nun·cio *m. fig.* lie, contradiction.

re·ñi·do, da *pp. de* reñir *adj.* **1** *enemistado* on bad terms, at odds **2** *de rivalidad* bitter, tough, hard-fought **3** *incompatible* incompatible.

re·ñir *36 (ceñir) intr.* **1** *discutir* to quarrel, argue **2** *pelear* to fight **3** *desavenirse* to fall out ◇ *tr.* **1** *reprender* to scold, tell off **2** *ejecutar* to fight, wage.

re·o *com.* **1** JUR *acusado* defendant, accused **2** JUR *culpable* culprit *con cargos* convicted offender.

re·o·jo *de reojo* out of the corner of one's eye **la miró de reojo** he looked at her out of the corner of his eye.

re·or·de·nar *tr.* to rearrange.

re·or·ga·ni·za·ción *f.* reorganization.

re·or·ga·ni·zar *(see model 4) tr.* **1** to reorganize **2** *ministerio* to reshuffle.

re·o·rien·tar *tr. fig.* to redirect.

re·pan·tin·gar·se *(see model 7) prnl. fam.* to lounge, loll.

re·pa·ra·ción *f.* **1** *arreglo* repair, repairing **2** *fig. desagravio* reparation, redress, amends *pl.*

re·pa·ra·dor, ra *adj.* restorative, refreshing ◇ *m.* reparador restorer, repairer.

re·pa·rar *tr.* **1** *arreglar* to repair, mend, fix **2** *remediar - daño* to make good - *perjuicio, insulto* to make up for **3** *vengarse* to avenge **4** *restablecer* to restore, renew ◇ *intr.* **1** *advertir* to notice, see **2** *darse cuenta* to realize (**en**, -) **3** *hacer caso* to pay attention to *considerar* to consider **no reparar en gastos** to spare no expense.

re·pa·ro *m.* objection **poner reparos a** to object to, find fault with.

re·par·ti·ción *f.* distribution, sharing out.

re·par·ti·dor, ra *s.* hombre delivery man *mujer* delivery woman *chico* delivery boy *chica* delivery girl **repartidor de leche** milkman **repartidor de periódicos** *chico* paperboy.

re·par·tir *tr.* **1** *dividir* to distribute, divide, share out **2** *entregar* to give out, hand out *correo, leche* to deliver *premios* to give out **3** *comida* to hand out.

re·par·to *m.* **1** *división* sharing out, division *distribución* distribution **2** *de un terreno* parcelling out *de un país* partition **camioneta de reparto** delivery van.

re·pa·sar *tr.* **1** *volver a pasar por un lugar* to pass by, pass through again **2** *volver a examinar* to review, go over **3** *máquina, etc.* to check, overhaul.

re·pa·so *m.* **1** revision, check *lección* review **2** COST mending **3** *máquina, etc.* checkup, overhaul.

re·pa·tria·do, da *pp. de* repatriar *adj.* repatriated ◇ *s.* repatriate.

re·pa·triar *(see model 14) tr.* to repatriate.

re·pa·vi·men·tar *tr.* to resurface.

re·pe·lar *tr.* **1** *tirar* to pull out **2** *fig. cortar - pelo* to crop - *uñas* to clip.

re·pe·len·te *adj.* repellent, repulsive.

re·pe·ler *tr.* **1** *rechazar* to repel, repulse **2** *idea* to reject *ataque* to repel **3** *repugnar* to disgust, repel.

re·pen·sar *(see model 27) tr.* to think over.

re·pen·te *m.* **1** *movimiento* sudden movement, start **2** *fam.* ataque fit, outburst **de repente** suddenly, all of a sudden.

re·pen·ti·na·men·te *adv.* suddenly.

re·pen·ti·no, na *adj.* sudden.

re·per·cu·sión *f.* repercussion.

re·per·cu·tir *intr.* **1** *sonido* to resound, echo, reverberate **2** *rebotar* to rebound **3** *fig.* trascender to have repercussions (**en**, on), affect.

re·per·to·rio *m.* **1** *resumen* list, index **2** TEAT repertoire, repertory.

re·pe·ti·ción *f.* **1** *gen.* repetition **2** *de programa* repeat.

re·pe·ti·da·men·te *adv.* repeatedly, over and over.

re·pe·ti·do, da *pp. de* repetir *adj.* repeated.

re·pe·ti·dor, ra *adj.* repeating ◇ *s.* EDUC repeat student ◇ *m.* **repetidor** TÉC relay, booster station.

re·pe·tir *(see model 34) tr.* **1** *gen.* to repeat **¿puedes repetir la pregunta?** can you repeat the question? **2** *volver a hacer* to do again, do over again ◇ *intr.* **1** *volver a servirse* to have a second helping **2** *venir a la boca* to repeat (on one), come up **el ajo repite** garlic repeats **3** EDUC to repeat a year ◇ *prnl.* **repetirse 1** *persona* to repeat oneself **2** *hecho* to recur **¡que no se repita!** don't let it happen again!

re·pe·ti·ti·vo, va *adj.* repetitive.

re·pi·car *(see model 1) tr.* **1** *campanas* to peal, ring out **2** *picar* to chop, mince ◇ *prnl.* **repicarse** jactarse to boast (**de**, about).

re·pi·que *m.* peal, ringing.
re·pi·que·te·ar *tr.* 1 *repicar* to peal out 2 *tamborilear* to beat, tap 3 *lluvia* to pitter-patter.
re·pi·sa *f.* ledge, shelf.
re·plan·te·a·mien·to *m.* rethink.
re·plan·te·ar *tr.* 1 ARQ to redesign 2 *asunto, problema* to re-examine, reconsider, rethink.
re·ple·ga·ble *adj.* retractable.
re·ple·to, ta *adj.* full up, full (*de*, of), jam-packed (*de*, with).
ré·pli·ca *f.* 1 *respuesta* answer, reply *objeción* retort 2 ART *copia* replica.
re·pli·car *(see model 1) tr.* 1 *contestar* to answer, reply 2 *poner objeciones* to argue, answer back 3 JUR to answer ◇ *intr.* 1 *contestar* to reply, retort 2 *poner objeciones* to argue, answer back.
re·plie·gue *m.* 1 *pliegue* fold, crease 2 MIL withdrawal, retreat 3 *fig.* recess.
re·po·blar *(see model 31) tr.* to repopulate *bosque* to reafforest, reforest.
re·po·ner *(see model 78) pp.* **repuesto** *tr.* 1 *devolver* to put back, replace, restore 2 *reemplazar* to replace 3 *en el teatro* to put on again, restage *en el cine* to rerun *en televisión* to repeat 4 *replicar* to reply, retort ◇ *prnl.* **reponerse** *salud, susto* to recover.
re·por·ta·je *m.* 1 *prensa, radio* report 2 *noticias* article, news item 3 *documental* documentary.
re·por·tar *tr.* 1 *proporcionar* to bring 2 *refrenar* to restrain, check ◇ *prnl.* **reportarse** *refrenarse* to restrain oneself, control oneself.
re·por·te *m.* report.
re·por·te·ro, ra *s.* reporter.
re·po·sa·do, da *pp. de* **reposar** *adj.* calm, quiet, peaceful.
re·po·sar *tr. la comida* to leave to stand ◇ *intr.* 1 *descansar* to rest, take a rest 2 *yacer* to rest, lie, be buried 3 *un líquido* to settle ◇ *prnl.* **reposarse** *un líquido* to settle.
re·po·si·ción *f.* 1 *restitución* restoration 2 *en el teatro* revival *en el cine* rerun *en televisión* repeat.
re·po·so *m.* 1 *descanso* rest 2 *tranquilidad* peace **en reposo** 1 *persona* at rest 2 *masa, etc.* standing.
re·pos·te·rí·a *f.* 1 *tienda - de pasteles* cake shop, pastry shop - *de chocolate, bombones* confectioner's, confectioner's shop 2 *pastas* cakes *pl. chocolate, bombones* confectionery.
re·pos·te·ro, ra *s. de pasteles* pastrycook *de chocolate, bombones* confectioner.
re·pren·der *tr.* to reprimand, scold.
re·pren·sión *f.* reprimand, scolding.
re·pre·sa *f.* dam.
re·pre·sa·lia *f.* reprisal, retaliation **tomar represalias** to take reprisals.
re·pre·sar *tr.* to hold back.
re·pre·sen·ta·ción *f.* 1 *gen.* representation 2 TEAT performance.
re·pre·sen·tan·te *adj.* representative ◇ *com.* 1 representative 2 *actor* actor *actriz* actress.
re·pre·sen·tar *tr.* 1 *gen.* to represent 2 *símbolo* to represent, stand for 3 TEAT *obra* to perform *papel* to play (the part of) 4 *aparentar* to appear to be, look 5 *importar* to mean **la música representaba mucho para él** music meant a lot to him ◇ *prnl.* **representarse** *imaginarse* to imagine, picture.
re·pre·sen·ta·ti·vo, va *adj.* representative.
re·pre·sión *f.* repression.
re·pre·si·vo, va *adj.* repressive.
re·pri·men·da *f.* reprimand.

re·pri·mir *tr.* 1 *gen.* to repress, suppress 2 *pasión* to repress *llanto, risa, etc.* to suppress, hold back ◇ *prnl.* **reprimirse** to control oneself.
re·pri·va·ti·za·ción *f.* return to private ownership.
re·pri·va·ti·zar *tr.* to return to private ownership.
re·pro·ba·ción *f.* reprobation, reproof.
re·pro·bar *(see model 31) tr. cosa* to condemn *persona* to reprove, reproach, censure.
re·pro·ba·to·rio, ria *adj.* reproving.
re·pro·cha·ble *adj.* reproachable.
re·pro·char *tr.* to reproach, censure.
re·pro·che *m.* reproach, criticism.
re·pro·duc·ción *f.* 1 reproduction 2 MED recurrence **derechos de reproducción** copyright.
re·pro·du·cir *(see model 46) tr.* 1 to reproduce, repeat ◇ *prnl.* **reproducirse** 1 *gen.* to reproduce 2 *volver a ocurrir* to happen again, recur.
re·pro·duc·tor, ra *adj.* 1 *gen.* reproducing 2 ANAT reproductive 3 *animal* breeding ◇ *s. animal* breeder.
re·pro·gra·mar *tr.* to reprogram.
rep·tar *intr.* 1 *arrastrarse* to crawl, slither 2 *adular* to flatter.
rep·til *adj.* reptile, reptilian ◇ *m.* reptile.
re·pú·bli·ca *f.* republic.
re·pu·bli·ca·no, na *adj.* republican ◇ *s.* republican.
re·pu·diar *(see model 12) tr.* to repudiate.
re·pu·dio *m.* repudiation.
re·pues·to, ta *pp. de* **reponer** *adj.* recuperado recovered ◇ *m.* **repuesto** 1 *prevención* store, supply, stock 2 *recambio* spare, spare part.
re·pug·nan·cia *f.* repugnance, disgust, loathing.
re·pug·nan·te *adj.* repugnant, repulsive, disgusting, revolting.
re·pu·ja·do, da *pp. de* **repujar** *adj.* embossed, repoussé.
re·pu·jar *tr.* to emboss.
re·pul·sa *f.* 1 *rechazo* rebuff 2 *negativa* refusal, rejection 3 *condena* condemnation 4 *reprimenda* reprimand.
re·pul·sión *f.* repulsion, repugnance.
re·pul·si·vo, va *adj.* repulsive, revolting.
re·pun·tar *intr.* 1 *la marea* to turn 2 *economía* to recover, pick up ◇ *prnl.* **repuntarse** *avinagrarse* to turn sour 2 *fig. enfadarse* to fall out.
re·pu·ta·ción *f.* reputation **tiene buena reputación** she has a good reputation.
re·que·brar *(see model 27) tr.* 1 *fig. lisonjear* to court 2 *adular* to flatter, pay compliments to.
re·que·mar *tr.* 1 *gen.* to scorch, burn 2 *plantas* to scorch 3 *la piel* to tan, darken ◇ *prnl.* **requemarse** 1 *gen.* to burn 2 *plantas* to become scorched.
re·que·ri·mien·to *m.* 1 *súplica* request 2 JUR *aviso* summons *pl. intimación* injunction.
re·que·rir *(see model 35) tr.* 1 *necesitar* to require, need 2 *decir con autoridad* to demand, call for 3 *solicitar* to request 4 *persuadir* to persuade.
re·que·són *m.* cottage cheese.
re·quie·bro *m.* 1 compliment, flirtatious remark.
ré·quiem *m.* requiem.
re·qui·sa *f.* 1 *inspección* inspection 2 *embargo* requisition.
re·qui·sar *tr.* 1 MIL to requisition 2 *fam. apropiarse* to grab, swipe.
re·qui·si·ción *f.* requisition.
re·qui·si·to *m.* requisite, requirement **cumplir todos los requisitos** to fulfill all the requirements.
res *f. gen.* beast, animal *cabeza de ganado* head.
re·sa·bio *m.* 1 *mal sabor* bad aftertaste 2 *vicio* bad habit.

re·sa·ca f. 1 *de las olas* undertow, undercurrent 2 *de borrachera* hangover.

re·sal·tar intr. 1 *sobresalir* to project, jut out 2 *fig. distinguirse* to stand out (*de*, from) ◇ tr. to highlight, stress, emphasize.

re·sar·cir *(see model 3)* tr. to compensate, indemnify ◇ prnl. **resarcirse** to make up for.

res·ba·la·di·zo, sa adj. 1 slippery 2 *fig.* slippery, tricky.

res·ba·lar intr. 1 *deslizarse* to slide 2 *sin querer - persona* to slip 3 - *vehículo* to skid 4 *gotas, lágrimas* to trickle (down) 5 *fig.* to slip up, make a slip.

res·ba·lón m. slip **dar un resbalón** to slip, slide.

res·ba·lo·so, sa adj. slippery.

res·ca·tar tr. 1 *rehén, náufrago, persona atrapada, etc.* to rescue *cadáver* to recover *ciudad* to recapture 2 *recuperar* to recover 3 *fig. recobrar - gen.* to rescue - *tiempo* to make up for.

res·ca·te m. 1 *salvamento* rescue *de ciudad* recapture 2 *dinero* ransom 3 *recuperación* recovery, recapture.

res·cin·dir tr. to rescind, cancel, terminate.

res·ci·sión f. rescission, cancellation, termination.

res·col·do m. 1 *brasa* embers pl. 2 *fig. recelo* lingering doubt.

re·se·car *(see model 1)* tr. to dry up ◇ prnl. **resecarse** to dry up.

re·se·co, ca adj. 1 *seco* very dry, parched 2 *flaco* thin, skinny.

re·sen·ti·do, da pp. de resentir adj. resentful ◇ s.: resentful person **estar resentido por algo** to be resentful of something, resent something.

re·sen·ti·mien·to m. resentment.

re·sen·tir·se *(see model 35)* prnl. 1 *sentirse* to suffer (*de*, from), feel the effects (*de*, of) 2 *flaquear* to be weakened 3 *fig. enojarse* to become resentful, feel resentment **resentirse por algo** *fig.* to take offense at something.

re·se·ña f. 1 *crítica* review *en prensa* write-up 2 *descripción* description 3 *narración* account 4 MIL review.

re·se·ñar tr. 1 *crítica* to review 2 *describir* to describe 3 *narrar* to give an account of.

re·ser·va f. 1 *de plazas, entradas* booking, reservation 2 *provisión* reserve *existencias* stock 3 *cautela* reservation 4 *discreción* discretion, reserve 5 *vino* vintage **guardar algo en reserva** to keep something in reserve **tener reservas sobre algo** to have reservations about something.

re·ser·va·ción f. booking, reservation.

re·ser·va·do, da pp. de reservar adj. 1 *plazas* booked, reserved 2 *persona* reserved, discreet 3 *asunto* confidential ◇ m. **reservado** *en local* private room *en tren* reserved compartment.

re·ser·var tr. 1 *plazas, etc.* to book, reserve 2 *guardar* to keep, save 3 *ocultar* to withhold, keep to oneself ◇ prnl. **reservarse** 1 *conservarse* to save oneself (*para*, for) 2 *cautelarse* to withhold, keep to oneself.

res·fria·do, da pp. de resfriar adj. with a cold ◇ m. **resfriado** cold *poco importante* chill **pescar un resfriado** to catch a cold.

res·friar *(see model 13)* tr. *enfriar* to cool ◇ intr. *empezar a hacer frío* to cool (down) ◇ prnl. **resfriarse** MED to catch a cold.

res·frío m. cold.

res·guar·dar tr. 1 *proteger* to protect (*de*, from), shelter (*de*, from) 2 *salvaguardar* to safeguard (*de*, against) ◇ prnl. **resguardarse** 1 *protegerse* to protect oneself 2 *fig.* to be careful, take precautions.

res·guar·do m. 1 *protección* protection, shelter 2 *garantía* safeguard, guarantee 3 *recibo* receipt, ticket *vale* voucher *de talonario* counterfoil, stub.

re·si·den·cia f. *gen.* residence **tener la residencia en** to reside in.

re·si·den·cial adj. residential.

re·si·den·te adj. resident, residing ◇ com. resident.

re·si·dir intr. 1 to reside (*en*, in), live (*en*, in) 2 *fig.* to lie (*en*, in).

re·si·dual adj. residual.

re·si·duo m. residue ◇ mpl. **residuos** waste sing. refuse sing. **residuos radiactivos** radioactive waste sing.

re·sig·na·ción f. resignation.

re·sig·na·do, da pp. de resignar adj. resigned.

re·sig·nar tr. to resign, relinquish ◇ prnl. **resignarse** to resign oneself (*a*, to).

re·si·na f. resin.

re·si·no·so, sa adj. resinous.

re·sis·ten·cia f. 1 *gen.* resistance 2 *aguante* endurance, stamina 3 *oposición* resistance, opposition 4 ELEC resistance 5 *de materiales* strength **prueba de resistencia** endurance test.

re·sis·tir intr. 1 *aguantar - algo* to hold (out) - *alguien* to hold out, take (it), have endurance 2 *durar* to endure, last 3 *ejército* to hold out, resist ◇ tr. 1 *soportar* to stand, tolerate 2 *peso, etc.* to bear, withstand, take 3 *tentación, etc.* to resist ◇ prnl. **resistirse** 1 *rechazar* to resist 2 *oponerse* to resist, put up resistance.

res·ma f. ream, ream of paper.

re·so·llar *(see model 31)* intr. 1 *respirar* to breathe 2 *respirar - fuertemente* to pant - *con ruido* to wheeze 3 *jadear* to puff and pant.

re·so·lu·ción f. 1 *decisión* resolution, decision *determinación* determination, resolve 2 *solución* solution *de un conflicto* settlement *en técnica* resolution **tomar una resolución** to decide **resolución judicial** court decision.

re·so·lu·ti·vo, va adj. resolvent.

re·sol·ver *(see model 32)* tr. pp. **resuelto** tr. 1 *solucionar - gen.* to resolve, solve - *asunto, conflicto* to resolve, settle - *dificultad* to overcome 2 *decidir* to resolve, decide (-, to) 3 *deshacer* to resolve 4 QUÍM to dissolve ◇ prnl. **resolverse** 1 *solucionarse* to be solved *resultar* to work out 2 *reducirse* to end up (*en*, in), turn out.

re·so·nan·cia f. 1 resonance 2 *eco* echo 3 *fig. importancia* importance *consecuencias* repercussions pl. **caja de resonancia** sound box.

re·so·nar *(see model 31)* intr. 1 *gen.* to resound 2 *cristal, metales* to ring 3 *tener eco* to echo 4 *fig.* to have repercussions.

re·so·plar intr. 1 to breathe heavily 2 *de cansancio* to puff and pant.

re·so·pli·do m. 1 *resuello* heavy breathing *silbido* wheezing *por cansancio* panting 2 *de enfado* snort.

re·sor·te m. 1 spring 2 *fig.* means pl.

res·pal·dar tr. to support, back (up) ◇ prnl. **respaldarse** 1 to lean back (*en*, on) 2 *apoyarse* to lean (*en*, on).

res·pal·do m. 1 back 2 *fig.* support, backing.

res·pec·ti·va·men·te adv. respectively.

res·pec·ti·vo, va adj. respective.

res·pec·to m. regard, respect **al respecto** in this respect **con respecto a** with regard to, regarding.

res·pe·ta·ble adj. respectable ◇ m. **el respetable** *fam. público* the audience.

res·pe·tar tr. to respect **hacerse respetar** to command respect.

res·pe·to m. 1 gen. respect 2 fam. miedo fear ◇ mpl. **respetos** respects **por respeto a** out of consideration for **presentar sus respetos a alguien** to pay one's respects to somebody **falta de respeto** lack of respect.

res·pe·tuo·sa·men·te adv. respectfully.

res·pe·tuo·so, sa adj. respectful.

res·pin·gar (see model 7) intr. 1 caballo to shy 2 fam. falda, etc. to ride up.

res·pi·ra·ción f. 1 acción breathing, respiration 2 aliento breath more easily, breathe 3 aire ventilation **respiración artificial** artificial resuscitation **respiración boca a boca** mouth-to-mouth respiration, kiss of life.

res·pi·ra·de·ro m. 1 TÉC air vent 2 fig. rest.

res·pi·rar intr. 1 to breathe 2 estar vivo to be breathing ◇ tr. absorber to breathe, breathe in, inhale **dejar respirar** fig. to give a break, give a moment's peace.

res·pi·ra·to·rio, ria adj. respiratory.

res·pi·ro m. 1 resuello breathing 2 fig. descanso breather, break 3 fig. prórroga respite, grace, breathing space 4 fig. alivio relief, respite **tomarse un respiro** to take a breather.

res·plan·de·cer (see model 43) intr. 1 sol to shine metal to gleam, glint fuego to glow 2 fig. to glow (de, with), shine (de, with).

res·plan·de·cien·te adj. 1 brillante shining metales gleaming, glittering fuego glowing ojos sparkling 2 fig. radiante resplendent, radiant.

res·plan·dor m. 1 de luz brightness, brilliance de metales; cristales gleam, glitter del fuego glow, blaze 2 fig. esplendor splendor brillantez radiance.

res·pon·der tr. contestar to answer ◇ intr. 1 contestar to answer, reply 2 replicar to answer back 3 corresponder to answer, respond to 4 tener el efecto deseado to respond 5 ser responsable to answer (de, for), accept responsibility (de, for) **responder a un tratamiento** to respond to a course of treatment **responder al nombre de...** 1 animal to answer to the name of... 2 persona to go by the name of... **responder por alguien** to vouch for somebody, act as a guarantor for somebody.

res·pon·sa·bi·li·dad f. responsibility **cargar con la responsabilidad de algo** to take responsibility for something.

res·pon·sa·bi·li·zar (see model 4) tr. to make responsible (de, for), hold responsible (de, for) ◇ prnl. **responsabilizarse** to take responsibility (de, for), claim responsibility (de, for).

res·pon·sa·ble adj. 1 responsible **es una niña muy responsable** she's a very responsible girl ◇ com. 1 encargado person in charge 2 de un crimen perpetrator, culprit, person responsible.

res·pon·so m. 1 REL prayer for the dead 2 fam. reprimenda ticking-off.

res·pues·ta f. 1 gen. answer, reply 2 reacción response **en respuesta a** in response to.

res·que·bra·jar tr. to crack ◇ prnl. **resquebrajarse** to crack.

res·que·mor m. resentment, ill feeling.

res·qui·cio m. 1 abertura crack, chink 2 fig. glimmer oportunidad chance posibilidad possibility, chance.

res·ta f. subtraction.

res·ta·ble·cer (see model 43) tr. gen. to reestablish orden, monarquía to restore ◇ prnl. **restablecerse** 1 to be reestablished orden, etc. to be restored 2 MED to recover, get better.

res·ta·ble·ci·mien·to m. 1 gen. reestablishment orden, etc. restoration 2 MED recovery.

res·ta·lli·do m. crack.

res·tan·te adj. remaining ◇ m. **lo restante** the rest, the remainder, what is left over.

res·ta·ñar tr. to staunch.

res·tar tr. 1 MAT to subtract, take (away) 2 fig. quitar to reduce, deduct ◇ intr. quedar to be left, remain **restar importancia a algo** to play something down, play down the importance of something.

res·tau·ra·ción f. 1 restablecimiento restoration 2 CULIN restaurant business, catering.

res·tau·ran·te m. restaurant.

res·tau·rar tr. 1 obra, etc. to restore 2 en un cargo to reinstate.

res·ti·tu·ción f. restitution.

res·ti·tuir (see model 62) tr. 1 restablecer to restore 2 devolver to return, give back.

res·to m. 1 remainder, rest 2 MAT remainder 3 DEP return ◇ mpl. **restos** 1 gen. remains ruinas ruins 2 de comida leftovers.

res·tre·gar (see model 48) tr. 1 frotar to rub hard ◇ fregar to scrub.

res·tric·ción f. restriction.

res·tric·ti·vo, va adj. restrictive.

res·trin·gir (see model 6) tr. 1 limitar to restrict, limit 2 astringir to contract ◇ prnl. **restringirse** reducirse to reduce.

re·su·ci·tar tr. 1 to resuscitate 2 fig. to revive ◇ intr. to resuscitate.

re·sue·llo m. 1 acción breathing 2 aliento breath, gasp.

re·suel·to, ta pp. de resolver adj. decidido resolute, determined.

re·sul·ta·do m. result consecuencia outcome **dar buen resultado** 1 to work well, turn out to be good, give results 2 prenda to wear well.

re·sul·tan·te adj. resultant, resulting.

re·sul·tar intr. 1 gen. to result, be the result of 2 ser to be 3 acabar siendo to turn out to be 4 salir to come out, turn out, work out **resulta que** it turns out that.

re·su·men m. summary **en resumen** in short, to sum up.

re·su·mir tr. 1 reducir to summarize 2 concluir to sum up ◇ prnl. **resumirse** 1 to be summarized, be summed up 2 venir a ser to be reduced (en, to), boil down (en, to).

re·sur·gi·mien·to m. resurgence, reappearance.

re·sur·gir (see model 6) intr. 1 volver a aparecer to reappear 2 revivir to revive.

re·su·rrec·ción f. 1 resurrection 2 **la Resurrección** REL the Resurrection.

re·ta·blo m. altarpiece, reredos.

re·ta·dor, ra adj. challenging.

re·ta·guar·dia f. rearguard **ir a la retaguardia** to bring up the rear.

re·ta·hí·la f. string, series **una retahíla de chistes** a series of jokes.

re·ta·ma f. broom.

re·tar tr. 1 desafiar to challenge 2 fam. reprender to scold **retar a duelo** to challenge to a duel.

re·tar·dar tr. 1 detener to slow down retrasar to delay 2 posponer to postpone ◇ prnl. **retardarse** to be delayed, be held up, be late.

re·tar·do m. delay.

re·ta·zo m. 1 retal remnant, scrap 2 fragmento fragment, piece.

re·tén m. 1 MIL reserves pl., reinforcements pl. 2 previsión stock, store.

R

re·ten·ción f. 1 gen. retention 2 FIN withholding, deduction 3 de tráfico traffic jam (traffic) hold-up.

re·te·ner (see model 87) tr. 1 contener to restrain, hold back 2 no dejar marchar to keep, keep back 3 no devolver to keep 4 en la memoria to retain, remember ◇ prnl. **retenerse** to restrain oneself, hold oneself back.

re·ten·ti·va f. retentiveness, memory.

re·ti·cen·cia f. 1 reserva reticence, reserve 2 insinuación insinuation, innuendo.

re·ti·cu·la f. reticle.

re·ti·cu·lar adj. reticular.

re·ti·cu·lo m. reticle.

re·ti·na f. retina.

re·tin·to, ta adj. dark chestnut.

re·ti·ra·do, da pp. de retirar adj. 1 apartado remote 2 tranquilo secluded, quiet 3 jubilado retired ◇ s. retiree.

re·ti·rar tr. 1 apartar - gen. to take away, remove - un mueble to move away 2 algo dicho to take back 3 dinero, ley, moneda to withdraw ◇ prnl. **retirarse** 1 MIL to retreat, withdraw 2 apartarse del mundo to go into seclusion 3 apartarse to withdraw, draw back, move back 4 alejarse to move away 5 marcharse to leave 6 irse a descansar to retire 7 jubilarse to retire.

re·ti·ro m. 1 jubilación retirement 2 pensión pension 3 lugar, recogimiento retreat 4 REL retreat **retiro espiritual** REL retreat.

re·to m. challenge **lanzar un reto a alguien** to challenge somebody.

re·to·car (see model 1) tr. 1 dibujo, fotografía to touch up, retouch 2 perfeccionar to put the finishing touches to.

re·to·mar tr. 1 territorio to retake 2 tema to return to.

re·to·ñar intr. 1 rebrotar to shoot, sprout 2 fig. to reappear.

re·to·ño m. 1 BOT sprout, shoot 2 fig. kid.

re·to·que m. finishing touch.

re·tor·cer (see model 54) tr. 1 gen. to twist 2 ropa to wring (out) 3 fig. un argumento to twist 4 fig. tergiversar to distort ◇ prnl. **retorcerse** 1 gen. to become twisted, twist 2 doblarse to bend **retorcerse de dolor** fig. to writhe in pain.

re·tor·ci·do, da pp. de retorcer adj. fig. twisted **mente retorcida** warped mind.

re·tó·ri·ca f. rhetoric pl. **retóricas** fam. verbiage sing. **usar mucha retórica** fam. to be full of hot air.

re·tó·ri·co, ca adj. rhetorical ◇ s. rhetorician.

re·tor·na·ble adj. returnable "**Envase no retornable**" "Non-returnable".

re·tor·nar tr. restituir to return, give back ◇ intr. volver to come back, go back, return ◇ prnl. **retornarse** to come back, go back, return.

re·tor·no m. 1 return 2 recompensa reward.

re·tor·ti·jón m. 1 torcimiento twisting 2 de tripas stomach cramp.

re·to·zar (see model 4) intr. to frolic, gambol.

re·trac·ción f. retraction, withdrawal.

re·trac·ta·ción f. retraction.

re·trac·tar tr. to retract, revoke, withdraw ◇ prnl. **retractarse** to retract, take back **se retractó de aquello** she took that back.

re·trác·til adj. 1 uña, etc. retractile 2 tren de aterrizaje retractable.

re·tra·er (see model 88) tr. 1 volver a traer to bring back, bring again 2 reprochar to reproach 3 disuadir to dissuade ◇ prnl. **retraerse** 1 apartarse to be dissuaded 2 refugiarse to take refuge.

re·tra·í·do, da pp. de retraer adj. 1 tímido shy, reserved 2 solitario solitary 3 poco comunicativo unsociable, withdrawn.

re·trai·mien·to m. 1 timidez shyness, reserve, retiring nature 2 soledad solitude.

re·tra·sa·do, da pp. de retrasar adj. 1 en conocimientos, trabajo behind 2 pagos late 3 reloj slow 4 tren, avión, etc. delayed 5 país backward, underdeveloped 6 mental retarded, backward ◇ s. mentally retarded person.

re·tra·sar tr. 1 atrasar to delay, put off, postpone 2 reloj to put back 3 DEP to pass back ◇ intr. 1 ir atrás to fall behind 2 llegar tarde to be late 3 reloj to be slow ◇ prnl. **retrasarse** atrasarse to be late, arrive late, be delayed 2 reloj to be slow 3 trabajo, conocimientos, pagos to fall behind.

re·tra·so m. 1 demora delay 2 subdesarrollo backwardness, underdevelopment **ir con retraso** to be running late **retraso mental** mental handicap, backwardness.

re·tra·tar tr. 1 pintura to portray, paint a portrait of 2 foto to photograph, take a photograph of 3 fig. to describe, portray, depict ◇ prnl. **retratarse** 1 darse a conocer to be described, be portrayed 2 fam. pagar to pay up, cough up.

re·tra·to m. 1 pintura portrait 2 foto photograph 3 fig. descripción description, depiction, portrayal **ser el vivo retrato de alguien** to be the spitting image of somebody.

re·tre·te m. toilet, lavatory.

re·tri·buir (see model 62) tr. 1 pagar to pay 2 recompensar to remunerate, reward.

re·tro·ac·ti·vo, va adj. retroactive.

re·tro·a·li·men·ta·ción f. feedback.

re·tro·car·ga de retrocarga breechloading.

re·tro·ce·der intr. 1 recular to go back, move back 2 bajar de nivel to go down 3 echarse atrás to back down 4 fig. mirar atrás to look back **cejar** give up.

re·tro·ce·so m. 1 movimiento backward movement 2 MED aggravation, deterioration, worsening.

re·tró·gra·do, da adj. 1 que retrocede retrograde 2 fig. reaccionario reactionary ◇ s. reaccionario reactionary.

re·tros·pec·ción f. retrospection.

re·tros·pec·ti·va f. retrospective.

re·tros·pec·ti·vo, va adj. retrospective.

re·tro·tra·er (see model 88) tr. to predate.

re·tro·vi·sor m. rear-view mirror.

re·true·ca·no m. play on words, pun.

re·tum·bar intr. 1 resonar to resound, echo 2 tronar to thunder, boom.

reú·ma m. rheumatism.

reu·má·ti·co, ca adj. rheumatic ◇ s. rheumatic.

reu·ma·tis·mo m. rheumatism.

reu·ma·to·lo·gí·a f. rheumatology.

reu·ni·fi·ca·ción f. reunification.

reu·ni·fi·car (see model 1) tr. to reunify.

reu·nión f. 1 gen. meeting, gathering 2 reencuentro reunion 3 conjunto collection, gathering **asistir a una reunión** to attend a meeting **celebrar una reunión** to hold a meeting **reunión social** social gathering.

reu·nir (see model 19) tr. 1 congregar to assemble, get together 2 juntar algo to put together 3 recoger to gather (together) dinero to raise 4 coleccionar to collect 5 tener to have, possess ◇ prnl. **reunirse** to meet (con, -), get together, have a meeting with.

reu·ti·li·za·ble adj. reusable.

reu·ti·li·zar (see model 4) tr. to reuse.

re·va·li·da·ción f. confirmation, ratification, validation.

re·va·li·dar tr. to confirm, ratify, validate.

re·va·lo·ri·zar (see model 4) tr. moneda to revalue precio to increase the value of ◇ prnl. **revalorizarse** moneda to revalue precio to appreciate, go up in value.

re·va·lua·ción f. revaluation.

re·va·luar tr. to revalue.

re·van·cha f. 1 revenge 2 en naipes return game 3 DEP return match.

re·van·chis·mo m. revanchism.

re·ve·la·ción f. revelation.

re·ve·la·do m. developing.

re·ve·la·dor, ra adj. revealing ◇ s. revealer ◇ m. revelador developer.

re·ve·lar tr. 1 to reveal, disclose 2 fotos to develop.

re·ven·de·dor, ra s. 1 gen. seller 2 detallista retailer 3 de entradas scalper.

re·ven·der tr. 1 gen. to resell 2 al por menor to retail 3 entradas to tout.

re·ven·ta f. 1 gen. resale 2 al por menor retail 3 de entradas touting.

re·ven·tar (see model 27) tr. 1 gen. to burst 2 neumático to puncture, burst 3 romper to break, smash 4 estropear to ruin, spoil 5 fig. agotar to exhaust, tire out ◇ prnl. **reventarse** 1 estallar to burst 2 fam. cansarse to tire oneself out.

re·ver·be·ra·ción f. reverberation, reflection.

re·ver·be·rar intr. to reverberate, reflect.

re·ver·de·cer (see model 43) intr. 1 to grow green again 2 fig. to revive, come to life again.

re·ve·ren·cia f. 1 respeto reverence 2 gesto bow, curtsy hacer una reverencia to bow, curtsy.

re·ve·ren·ciar (see model 12) tr. to revere, venerate.

re·ve·ren·do, da adj. 1 reverend 2 fam. enorme enormous, great ◇ s. reverend.

re·ve·ren·te adj. reverent.

re·ver·si·ble adj. reversible.

re·ver·so m. reverse, back el reverso de la medalla fig. the exact opposite.

re·ver·tir (see model 35) intr. 1 volver to revert, return, go back 2 resultar to result (en, in) 3 JUR to revert.

re·vés m. 1 reverso back, reverse, wrong side de tela wrong side 2 bofetada slap golpe backhander 3 en tenis backhand (stroke) al revés / del revés 1 al contrario the other way round 2 interior en exterior inside out 3 boca abajo upside down, the wrong way up 4 la parte de detrás delante back to front.

re·ves·ti·mien·to m. covering, coating.

re·ves·tir (see model 34) tr. 1 recubrir to cover (de, with), coat (de, with), line (de, with) 2 disimular to conceal, disguise 3 fig. presentar to take on ◇ prnl. **revestirse** to arm oneself.

re·vi·sar tr. 1 gen. to revise, go through, check 2 examen, etc. to check, look over 3 cuentas to check, audit 4 billetes to inspect 5 coche to service, overhaul.

re·vi·sión f. 1 gen. revision, checking 2 de billetes inspection 3 de coche service, overhaul **revisión médica** check-up.

re·vi·sor, ra s. ticket inspector.

re·vis·ta f. 1 publicación magazine, review, journal 2 inspección inspection 3 MIL review 4 TEAT revue **pasar revista a** inspeccionar to inspect, review **revista del corazón** gossip magazine **revista juvenil** teenage magazine.

re·vis·te·ro m. magazine rack.

re·vi·ta·li·zar (see model 4) tr. to revitalize.

re·vi·vi·fi·car (see model 1) tr. to revivify, revive.

re·vi·vir intr. 1 to revive, come to life again 2 fig. reproducirse to be renewed ◇ tr. to revive, bring back to life.

re·vo·ca·ble adj. revocable.

re·vo·ca·ción f. revocation, reversal.

re·vo·car (see model 1) tr. 1 ley to revoke, repeal orden to cancel, rescind 2 disuadir to dissuade 3 enlucir to plaster, stucco 4 encalar to whitewash.

re·vol·car (see model 49) tr. 1 derribar al suelo to knock down, knock over 2 fig. derrotar to floor, defeat, crush 3 fam. fig. suspender un examen to fail, flunk ◇ prnl. **revolcarse** echarse to roll about **revolcarse de dolor** fig. to double up with pain.

re·vo·lo·te·ar intr. to fly about, flutter about, hover.

re·vo·lo·te·o m. fluttering, hovering.

re·vol·ti·jo m. 1 mezcla mess, clutter, jumble 2 fig. confusión mess, chaos 3 CULIN fig. scrambled eggs pl.

re·vol·to·so, sa adj. 1 rebelde rebellious, unruly 2 travieso mischievous, naughty ◇ s. 1 rebelde rebel 2 travieso mischievous child 3 sedicioso troublemaker.

re·vo·lu·ción f. revolution la Revolución Francesa the French Revolution la Revolución Industrial the Industrial Revolution la Revolución Mexicana the Mexican Revolution.

re·vo·lu·cio·nar tr. to revolutionize.

re·vol·ver (see model 32) pp. **revuelto** tr. 1 agitar to stir 2 mezclar to mix 3 ensalada to toss 4 habitación, casa, etc. to turn upside down 5 papeles to rummage through bolso, bolsillo, etc. to rummage in 6 producir náuseas to upset, turn ◇ prnl. **revolverse** 1 moverse to fidget en la cama to toss and turn 2 volverse con rapidez to turn around, spin round.

re·vól·ver m. revolver.

re·vo·que m. 1 enlucido plastering 2 encalado whitewashing 3 material plaster, stucco.

re·vue·lo m. 1 revoloteo fluttering 2 fig. commotion, stir **armar un gran revuelo** to cause a great stir.

re·vuel·to, ta pp. de revolver adj. 1 desordenado confused, mixed up, in a mess 2 intricado intricate, involved, complex 3 gente agitated, restless, up in arms 4 líquido cloudy 5 tiempo stormy, unsettled mar rough **huevos revueltos** scrambled eggs.

re·vul·sión f. revulsion.

re·vul·si·vo, va adj. revulsive ◇ m. **revulsivo** revulsive.

rey m. king a cuerpo de rey fig. like a king el Rey Sol the Sun King.

re·yer·ta f. quarrel, row, fight.

re·za·ga·do, da pp. de rezagar s. straggler, latecomer **quedarse rezagado** to be left behind.

re·za·gar (see model 7) tr. 1 dejar atrás to leave behind 2 atrasar to delay, put off, postpone ◇ prnl. **rezagarse** to fall behind, lag behind.

re·zar (see model 4) tr. 1 orar to say 2 fam. decir to say, read ◇ intr. 1 orar to pray 2 decir to say, read 3 concernir to concern (con, -), apply (con, to).

re·zo m. 1 acción praying 2 oración prayer.

re·zon·gar (see model 7) intr. fam. fig. to grumble, moan.

re·zu·mar tr. 1 transpirar to ooze 2 fig. to exude, ooze ◇ intr. 1 contenido to ooze (por, out), seep (por, through) recipiente to leak ◇ prnl. **rezumarse** to ooze out, seep, leak.

rhe·sus m. rhesus.

rho·de·sia·no, na adj. Rhodesian ◇ s. Rhodesian.

ri·a f. gen. estuary, river mouth técnicamente ría.

ria·chue·lo m. brook, stream.

R

ria·da f. 1 flood, flooding 2 fig. flood.

ri·be·ra f. 1 de río bank 2 del mar shore, seashore 3 tierra cercana a un río riverside, waterfront.

ri·be·re·ño, ña adj. riverside, waterfront ⬦ s. riverside dweller, waterfront dweller.

ri·be·te m. cinta border, trimming, edging ⬦ mpl. ribetes indicios touch sing. tener ribetes de... to be something of a...

ri·be·te·ar tr. to edge, border.

ri·bo·fla·vi·na f. riboflavin.

ri·ci·no m. castor-oil plant.

ri·co, ca adj. 1 acaudalado rich, wealthy 2 abundante rich 3 sabroso tasty, delicious 4 tierra rich, fertile.

ric·tus m. inv. 1 rictus 2 de dolor wince 3 de mofa grin.

ri·di·cu·li·zar (see model 4) tr. to ridicule, deride.

ri·dí·cu·lo, la adj. ridiculous, absurd ⬦ m. ridículo ridicule hacer el ridículo to make a fool of oneself.

riel m. rail.

rien·da f. 1 rein 2 fig. control restraint dar rienda suelta a fig. to give free rein to llevar las riendas fig. to hold the reins, be in control.

ries·go m. risk, danger a riesgo de at the risk of por su cuenta y riesgo at one's own risk.

ri·fa f. raffle.

ri·far tr. to raffle (off) ⬦ prnl. rifarse 1 MAR to split 2 solicitar, desear to fight over.

ri·gi·dez f. 1 dureza stiffness, rigidity 2 fig. rectitud strictness, firmness, inflexibility.

rí·gi·do, da adj. 1 duro rigid, stiff 2 fig. severo strict, firm, inflexible.

ri·gor m. 1 severidad rigor, strictness, severity 2 dureza rigor, harshness 3 exactitud precision, exactness.

ri·gu·ro·sa·men·te adv. 1 con severidad rigorously, severely, strictly 2 con exactitud accurately 3 minuciosamente meticulously 4 totalmente absolutely.

ri·gu·ro·so, sa adj. 1 severo rigorous, severe, strict 2 clima rigorous, severe, harsh 3 exacto exact 4 minucioso meticulous.

ri·jo·so, sa adj. 1 pendenciero quarrelsome 2 lujurioso lustful.

ri·ma f. rhyme ⬦ fpl. rimas poem sing. rima imperfecta half rhyme rima perfecta full rhyme.

ri·mar tr. to rhyme ⬦ intr. to rhyme.

rim·bom·ban·te adj. 1 gen. ostentatious, showy 2 lenguaje pretentious, pompous.

rin·cón m. 1 corner 2 fig. lugar spot, place espacio pequeño little space lugar apartado remote spot, little place.

rin·co·ne·ra f. corner unit.

ri·ni·tis f. inv. rhinitis.

ri·no·ce·ron·te m. rhinoceros.

ri·ña f. 1 pelea fight, brawl 2 discusión quarrel, row, argument.

ri·ñón m. 1 kidney 2 fig. interior, centro center, heart ⬦ mpl. riñones 1 kidneys 2 fam. espalda small of the back sing., back sing. riñón artificial kidney machine.

rí·o m. 1 river 2 fig. stream, river a río revuelto, ganancia de pescadores there's good fishing in troubled waters cuando el río suena, agua lleva there's no smoke without fire.

rios·tra f. brace, strut.

ri·pio m. 1 residuo refuse, waste 2 de albañilería rubble, debris 3 palabrería padding, verbiage, waffle.

ri·pio·so, sa adj. padded (out).

ri·que·za f. cualidad richness, wealthiness ⬦ fpl. riquezas abundancia wealth sing., riches.

ri·sa f. 1 laugh 2 risas laughter 3 hazmerreír laughing stock morirse de risa fig. to die laughing risa burlona mocking laugh.

ris·co m. crag, cliff.

ri·si·ble adj. laughable.

ri·so·rio m. risorius.

ris·tra f. 1 string ristra de ajos string of garlic 2 fig. conjunto string, series.

ri·sue·ño, ña adj. 1 sonriente smiling 2 animado cheerful 3 próspero bright, promising.

rít·mi·co, ca adj. rhythmic, rhythmical.

rit·mo m. 1 rhythm 2 fig. pace, speed.

ri·to m. 1 REL rite 2 fig. costumbre ritual.

ri·tual adj. ritual ⬦ m. ritual.

ri·tua·lis·ta adj. ritualistic ⬦ com. ritualist.

ri·val adj. rival ⬦ com. rival.

ri·va·li·dad f. rivalry.

ri·va·li·zar (see model 4) intr. to rival.

ri·ve·ra f. brook, stream.

ri·za·do, da pp. de rizar adj. 1 pelo curly 2 MAR choppy ⬦ m. rizado de pelo curling.

ri·za·dor m. curling tongs pl., curling iron.

ri·zar (see model 4) tr. 1 pelo to curl 2 papel, tela to crease 3 el mar to make ripples in ⬦ prnl. rizarse 1 pelo to curl, go curly 2 el mar to ripple.

ri·zo m. 1 de pelo curl 2 en el agua ripple 3 tejido toweling, terry toweling.

ri·zo·ma m. rhizome.

ro·ba·lo m. bass.

ro·bar tr. 1 banco, persona to rob objeto to steal casa to break into, burgle 2 raptar to kidnap 3 en naipes to draw 4 fig. cobrar muy caro to rip off 5 fig. corazón, alma to steal.

ro·ble m. oak, oak tree ser fuerte como un roble fig. to be as strong as an ox.

ro·bo m. 1 gen. theft, robbery en casa burglary en banco robbery 2 en naipes draw 3 fig. estafa robbery cometer un robo to commit a robbery robo a mano armada armed robbery.

ro·bot m. robot.

ro·bó·ti·co, ca adj. robotic, robot-like.

ro·bo·ti·zar tr. to automate.

ro·bus·te·cer (see model 43) tr. to strengthen ⬦ prnl. robustecerse to grow stronger, gain strength.

ro·bus·tez f. robustness, strength, sturdiness.

ro·bus·to, ta adj. robust, strong, sturdy.

ro·ca f. rock tener un corazón de roca fig. to have a heart of stone.

ro·can·rol m. rock'n'roll, rock and roll.

ro·ce m. 1 fricción rubbing en piel chafing 2 señal - en zapatos scuff mark - en piel graze - en coche, etc. mark 3 contacto físico light touch, brush 4 fam. trato contact 5 fam. disensión friction, brush.

ro·cia·dor m. para la ropa spray para el jardín, incendios sprinkler.

ro·ciar (see model 13) tr. 1 salpicar to spray, sprinkle 2 fig. esparcir to scatter, strew 3 CULIN to wash down.

ro·cín m. 1 caballo nag, hack 2 fam. fig. blockhead, stupid idiot.

ro·ci·nan·te m. fig. nag, hack.

ro·cí·o m. dew.

rock adj. rock música rock rock music ⬦ m. rock.

ro·da·do, da pp. de rodar adj. 1 AUTO que tiene ruedas wheeled, on wheels que ha pasado el rodaje run-in 2 caballo dappled 3 piedra rounded, smooth 4 fig. persona experienced.

R

ro·da·ja f. slice **en rodajas** sliced.

ro·da·je m. 1 CINE filming, shooting 2 AUTO running-in.

ro·da·mien·to m. bearing.

ro·da·pié m. baseboard.

ro·dar *(see model 31)* intr. 1 *dar vueltas* to roll *rueda to turn* 2 *caer rodando* to roll down *de escaleras* to fall down 3 *fig. ir de un lado a otro* to roam, wander, drift 4 *fig. estar diseminado* to be scattered around 5 *vehículos* to run *velocidad* to ◇ tr. 1 *hacer que de vueltas* to roll 2 CINE to film, shoot 3 AUTO to run in 4 *recorrer* to travel.

ro·de·ar tr. *cercar* to surround, encircle ◇ intr. *andar alrededor* to go around ◇ prnl. **rodearse** to surround oneself (*de*, with).

ro·de·o m. 1 *desviación* detour 2 *fig. elusión* evasiveness 3 *de ganado* roundup *espectáculo* rodeo **andarse con rodeos** to beat about the bush.

ro·de·sia·no, na adj. Rhodesian ◇ s. Rhodesian.

ro·di·lla f. 1 ANAT knee 2 *paño* cloth, floorcloth **de rodillas** 1 *arrodillado* kneeling 2 *fig.* on bended knees **caer de rodillas** to fall on one's knees.

ro·di·lle·ra f. 1 DEP knee pad 2 COST knee patch.

ro·di·llo m. 1 roller 2 CULIN rolling pin.

ro·e·dor, ra adj. rodent ◇ m. *roedor* rodent.

ro·ent·gen m. roentgen.

ro·er *(see model 82)* tr. 1 *hueso* to gnaw *galleta* to nibble at 2 *fig. desgastar* to wear away 3 *fig. atormentar* to prick, gnaw at, niggle at **ser un hueso duro de roer** *fig.* to be a hard nut to crack.

ro·gar *(see model 52)* tr. *pedir* to request, ask *implorar* to beg, implore, plead ◇ intr. 1 *pedir* to request, ask *implorar* to beg, implore, plead 2 REL to pray **hacerse de rogar** to play hard to get.

roí·do, da pp. *de roer* adj. gnawed, eaten away.

ro·ji·blan·co, ca adj. red-and-white.

ro·ji·zo, za adj. reddish.

ro·jo, ja adj. 1 *color* red 2 *caliente* red-hot 3 POL *gen.* red, Communist *en la guerra civil* Republican ◇ s. POL *gen.* red, Communist *en la guerra civil* Republican ◇ m. *rojo* red *estar al rojo vivo muy caliente* to be red-hot **ponerse rojo** ◇ *gen.* to turn red **Mar Rojo** Red Sea.

rol m. 1 *lista* roll, list, catalogue 2 *papel* role **jugar un rol** to play a role.

ro·lli·zo, za adj. plump, chubby.

ro·llo m. 1 *gen.* roll *de cable, alambre* coil 2 *fam. michelín* roll of fat 3 *fam. aburrimiento* drag, bore, pain 4 *fam. discurso, explicación, etc.* long drawn-out speech, boring lecture **rollo de papel higiénico** roll of toilet paper.

ro·man·ce adj. LING Romance ◇ m. 1 LING *gen.* Romance language *castellano* Spanish 2 LIT romance, ballad, narrative poem 3 *amorío* romance **hablar en romance** *fig.* to speak plainly.

ro·man·ce·ro m. collection of romances.

ro·má·ni·co, ca adj. 1 *arquitectura, arte - gen.* Romanesque *-en Gran Bretaña* Norman 2 *lengua* Romance ◇ m. **románico** *arquitectura, arte* Romanesque.

ro·ma·no, na adj. Roman ◇ s. Roman.

ro·man·ti·cis·mo m. romanticism.

ro·mán·ti·co, ca adj. romantic ◇ s. romantic.

rom·bo m. 1 rhombus 2 *naipes* diamond.

rom·bo·e·dro m. rhombohedron.

rom·boi·de m. rhomboid.

ro·me·rí·a f. 1 REL pilgrimage, procession 2 *fiesta* festivities which take place at a local shrine.

ro·me·ro m. BOT rosemary.

ro·mo, ma adj. 1 *sin punta* blunt, dull 2 *nariz* snub.

rom·pe·ca·be·zas m. inv. 1 *juego* (jigsaw) puzzle 2 *fig. problema* riddle, puzzle, conundrum.

rom·pe·hie·los m. inv. icebreaker.

rom·pe·o·las m. inv. breakwater, jetty.

rom·per pp. **roto** tr. 1 *gen.* to break *papel, tela* to tear *cristal, loza* to smash, shatter 2 *rajar, reventar* to split 3 *gastar* to wear out 4 *fig. relaciones* to break off 5 *fig. ley* to break, *violato contrato* to break 6 *fig. cerca, límite* to break through, break down 7 *empezar* to initiate, begin 8 *fig. interrumpir* to break, interrupt ◇ prnl. **romperse** 1 *gen.* to break 2 *papel, tela* to tear, rip 3 *rajarse, reventarse* to split 4 *desgastarse* to wear out **romper con alguien** *fig.* to quarrel with somebody, fall out with somebody.

rom·pien·te m. reef, shoal.

rom·pi·mien·to m. 1 *rotura* breaking, breakage 2 *fig. relación* breaking-off.

ron m. rum.

ron·car *(see model 1)* intr. to snore.

ron·cha f. 1 *en la piel* swelling, lump, spot 4 *rodaja* slice, round slice.

ron·co, ca adj. hoarse **quedarse ronco** to lose one's voice.

ron·da f. 1 *patrulla* patrol, watch 2 *de policía* beat 3 *vuelta* round 4 *de bebidas, cartas* round 5 *negociaciones* round 6 *músicos* group of strolling minstrels **hacer la ronda** to do one's rounds **ronda de reconocimiento** reconnaissance mission.

ron·da·lla f. 1 *cuento* tale, story 2 MÚS group of strolling minstrels.

ron·dar tr. 1 *vigilar* to patrol, do the rounds of 2 *merodear* to prowl around, hang about, haunt 3 *fig. cortejar* to woo, court 4 *fig. estar cerca* to stalk 5 *fig. años* to be about ◇ intr. 1 *vigilar* to patrol 2 *merodear* to prowl around, roam around 3 *tocar y cantar por las calles* to busk, serenade 4 *andar de noche* to roam at night, wander at night.

ron·que·ra f. hoarseness.

ron·qui·do m. snore, snoring.

ron·ro·ne·ar intr. to purr.

ro·ña f. 1 *suciedad* filth, dirt 2 *sarna* mange 3 *fam. tacañería* meanness, stinginess ◇ *com. fam.* tacaño scrooge, miser.

ro·ño·so, sa adj. 1 *sucio* filthy, dirty 2 *sarnoso* mangy 3 *fam. tacaño* mean, stingy ◇ s. *fam.* scrooge, miser.

ro·pa f. clothing, clothes *pl.* **a quemarropa** *fig.* at point-blank range **la ropa sucia se lava en casa** one should not wash one's dirty linen in public **ropa de cama** bed linen **ropa interior** underwear.

ro·pa·je m. robes *pl.*, apparel.

ro·pa·ve·je·ro, ra s. second-hand clothes dealer.

ro·pe·ro m. closet.

ro·rro m. *fam.* baby.

ro·sa f. 1 *flor* rose 2 *rosetón* rose window ◇ m. *color* pink adj. pl. **rosa** 1 *color* pink 2 *fig. novela* romantic **la vida no es un lecho de rosas** *fig.* life is not a bed of roses **verlo todo de color rosa** *fig.* to see everything through rose-coloured spectacles **rosa de los vientos** compass rose.

ro·sa·do, da adj. 1 *color* rosy, pink 2 *vino* rosé ◇ m. **rosado** *vino* rosé.

ro·sal m. rosebush.

ro·sa·rio m. 1 REL rosary, beads *pl.* 2 *fig.* string, series **rezar el rosario** to say the rosary.

ros·ca f. 1 *de tornillo* thread 2 CULIN doughnut 3 *carnosidad* roll of fat 4 *anilla* ring **pasarse de rosca** *tornillo* to have a crossed thread.

R

ro·se·ta *f.* **1** *rubor* flush **2** *de cintas* rosette **3** *de regadera* rose, nozzle ◇ *fpl.* **rosetas** *palomitas* popcorn *sing.*

ro·se·tón *m.* rose window.

ros·qui·lla *f.* doughnut, ring-shaped pastry.

ros·tro *m.* **1** *cara* face **2** *de ave* beak.

ro·ta·ción *f.* rotation.

ro·ta·ti·va *f.* rotary press.

ro·ta·ti·vo, va *adj.* rotary, revolving ◇ *m.* *rotativo* newspaper.

ro·to, ta *pp. de romper* *adj.* **1** *gen.* broken **2** *tela, papel* torn **3** *gastado* worn out **4** *andrajoso* tattered, in tatters, ragged **5** *cansado* tired ◇ *m. roto agujero* hole, tear **con el corazón roto** *fig.* heartbroken.

ro·ton·da *f.* **1** *edificio* rotunda **2** *plaza circular* roundabout, traffic circle.

ró·tu·la *f.* **1** ANAT kneecap **2** TÉC ball-and-socket joint.

ro·tu·la·ción *f.* lettering, labelling.

ro·tu·lar *tr.* to label ◇ *adj.* kneecap.

ro·tu·lis·ta *com.* **1** *de letreros* signwriter **2** *de titulares* letterer.

ró·tu·lo *m.* **1** *etiqueta* label **2** *letrero* sign *luminoso* neon sign **3** *anuncio* poster, placard **4** *titular* heading, title.

ro·tun·da·men·te *adv.* **1** *negar* flatly, categorically **2** *afirmar* emphatically.

ro·tun·do, da *adj.* **1** *redondo* round **2** *fig. frase* well-turned *éxito* resounding **3** *negativa* flat, categorical *afirmación* categorical, emphatic.

ro·tu·ra *f.* **1** *gen.* break, breaking, crack **2** *en tela, papel* tear, rip **3** MED fracture.

ro·ya *f.* mildew.

ro·za·du·ra *f.* scratch, abrasion.

ro·za·gan·te *adj.* **1** *vestido* showy **2** *fig.* splendid, magnificent.

ro·zar *(see model 4) tr.* **1** *tocar ligeramente* to touch lightly, brush **2** *raspar* to rub against, brush against *herir* to graze **3** *fig. tema, asunto* to touch on *bordear* to border on, verge on **4** *pared* to scrape ◇ *intr.* **1** *raspar* to rub **2** *fig. tener relación* to border *(con;* on), verge *(con,* on) ◇ *prnl.* *rozarse* **1** *rasparse* to rub *(con,* against), brush *(con,* against) **2** *desgastarse* to wear (out).

rú·a *f.* street.

ru·an·dés, de·sa *adj.* Rwandan ◇ *s.* Rwandan.

ru·bé·o·la *f.* German measles, rubella.

ru·bí *m.* ruby.

ru·bia *f.* blonde **rubia oxigenada** peroxide blonde.

ru·bi·cun·do, da *adj.* rosy, rubicund, reddish.

ru·bi·dio *m.* rubidium.

ru·bio, bia *adj. cabello* fair *persona* fair-haired *hombre* blond *mujer* blonde ◇ *s. hombre* blond *mujer* blonde ◇ *m. rubio pez* red gurnard.

ru·bor *m.* blush, flush.

rú·bri·ca *f.* **1** *de firma* flourish (in signature) **2** *título* title, heading.

ru·bri·car *(see model 1) tr.* **1** *firmar* to sign with a flourish **2** *respaldar* to endorse, ratify.

ru·bro, bra *adj.* red ◇ *m. rubro* title, heading.

ru·da *f.* rue.

ru·de·za *f.* roughness, coarseness.

ru·di·men·ta·rio, ria *adj.* rudimentary.

ru·di·men·to *m.* rudiment.

ru·do, da *adj.* rough, coarse.

rue·ca *f.* distaff.

rue·da *f.* **1** *gen.* wheel **de cuatro ruedas** four-wheeled **2** *círculo* circle, ring **3** *rodaja* round slice **4** *turno* round **ir sobre ruedas** *fam.* to go like clockwork, go very smoothly **rueda de la fortuna** wheel of fortune **rueda de prensa** press conference **rueda delantera** front wheel **rueda trasera** rear wheel.

rue·do *m.* **1** *en las plazas de toros* bullring, arena **2** *estera* round mat **3** *de falda, etc.* hem **dar la vuelta al ruedo** to walk round the bullring receiving applause.

rue·go *m.* request, petition.

ru·fián *m.* **1** *proxeneta* pimp **2** *canalla* scoundrel, villain, ruffian.

rug·by *m.* rugby.

ru·gi·do *m.* roar, bellow *del viento* howl *de tripas* rumbling.

ru·gir *(see model 6) intr.* to roar, bellow *viento* to howl *tripas* to rumble.

ru·go·so, sa *adj.* rough, wrinkled.

rui·do *m.* **1** *gen.* noise **2** *sonido* sound **3** *jaleo* din, row **4** *fig.* stir, commotion **mucho ruido y pocas nueces** *fam.* much ado about nothing.

rui·do·so, sa *adj.* **1** noisy, loud **2** *fig.* sensational.

ruin *adj.* **1** *pey. vil* mean, base, despicable, vile **2** *pequeño* petty, insignificant **3** *tacaño* stingy, mean.

rui·na *f.* **1** ruin, collapse **2** *fig.* fall, end, downfall ◇ *fpl.* **ruinas** ruins **estar hecho una ruina** *fig.* to be a wreck.

rui·no·so, sa *adj.* **1** ruinous, disastrous **2** *fig.* tumbledown, dilapidated.

rui·se·ñor *m.* nightingale.

ru·le·ta *f.* roulette **ruleta rusa** Russian roulette.

ru·lo *m.* **1** *para pelo* curler, roller **2** *rizo* curl, ringlet **3** CULIN rolling pin.

ru·ma·no, na *adj.* Romanian, Rumanian ◇ *s. persona* Romanian, Rumanian ◇ *m. rumano idioma* Romanian, Rumanian.

rum·ba *f.* rumba, rhumba.

rum·bo *m.* **1** *dirección* course, direction **2** *fam. fig. pompa* pomp, show **3** *fam. fig. generosidad* lavishness, generosity **con rumbo a** bound for, heading for, in the direction of **perder el rumbo** to go off course.

ru·mia *f.* rumination.

ru·mian·te *adj.* ruminant ◇ *m.* ruminant.

ru·miar *(see model 12) intr. animal* to ruminate, chew the cud ◇ *tr.* **1** *mascar* to chew **2** *fig. pensar* to ruminate, chew over, reflect on.

ru·mor *m.* **1** *murmullo* murmur **2** *noticia, voz* rumor.

ru·mo·ro·so, sa *adj.* murmuring.

run·fla *f. fam.* heap, lot.

ru·pes·tre *adj.* rock **pintura rupestre** cave painting.

rup·tu·ra *f.* **1** *rotura* breaking, breakage, break **2** *fig.* breaking-off, break-up.

ru·ral *adj.* rural, country **médico rural** country doctor.

ru·so, sa *adj.* Russian ◇ *s. persona* Russian ◇ *m. ruso idioma* Russian.

rús·ti·co, ca *adj.* rustic, rural ◇ *m. rústico* peasant.

ru·ta *f.* route, way, road **ruta aérea** air route, airway.

ru·te·nio *m.* ruthenium.

ru·ti·lar *intr.* LIT to shine, sparkle, gleam.

ru·ti·na *f.* routine.

ru·ti·na·rio, ria *adj.* **1** *gen.* routine **2** *persona* unimaginative, dull.

S

S, s *f. la letra* S, s

S *símb.* **sur** south *símbolo* S.

sá·ba·do *m.* Saturday.

sa·ba·na *f.* savanna, savannah.

sá·ba·na *f.* sheet **pegársele a uno las sábanas** *fig.* to oversleep, sleep in.

sa·ban·di·ja *f.* 1 ZOOL bug 2 *fig. persona* swine, louse.

sa·bá·ti·co, ca *adj.* sabbatical **año sabático** sabbatical (year).

sa·ba·ti·no, na *adj.* Saturday, relating to Saturday.

sa·be·dor, ra *adj.* aware (*de*, of), informed (*de*, about/of).

sa·be·lo·to·do *com. inv. pey.* know-all, know-it-all.

sa·ber *(see model 83) m.* knowledge ◇ *tr.* 1 *gen.* to know 2 *tener habilidad* to be able to, know how to 3 *enterarse* to learn, find out ◇ *intr. tener sabor* to taste (*a*, of) ◇ *prnl.* **saberse** to know **a saber** namely **que yo sepa…** as far as I know… **saber más de la cuenta** to know too much **¿se puede saber…?** may I ask…?

sa·bia·men·te *adv.* 1 *con conocimiento* expertly 2 *con sensatez* wisely.

sa·bi·do, da *pp. de* saber *adj.* known **como es sabido…** as everyone knows…

sa·bi·du·rí·a *f.* 1 *conocimientos* knowledge 2 *prudencia* wisdom.

sa·bien·das a sabiendas knowingly *lo hizo a sabiendas de que se equivocaba* he did it knowing full well that he was wrong.

sa·bio, bia *adj.* 1 *con conocimientos* learned, knowledgeable 2 *con prudencia* wise, sensible ◇ *s.* 1 *instruido* learned person 2 *prudente* sage, wise person.

sa·bla·zo *m.* 1 *golpe* blow with a saber *herida* saber wound 2 *fam. de dinero* scrounging **dar un sablazo a alguien** *fam.* to touch somebody for money.

sa·ble·ar *tr. fam.* to touch for money, scrounge money from, scrounge money off.

sa·bor *m.* 1 taste, flavor **con sabor a menta** mint-flavoured 2 *fig. feeling* **sin sabor** tasteless.

sa·bo·re·ar *tr.* 1 to taste 2 *fig.* to savor, relish.

sa·bo·ta·je *m.* sabotage.

sa·bo·te·ar *tr.* to sabotage.

sa·bro·so, sa *adj.* 1 *con mucho sabor* tasty, delicious 2 *agradable* pleasant, delightful.

sa·bue·so *m.* 1 *perro* bloodhound 2 *fig. persona* sleuth.

sa·ca·cor·chos *m. inv.* corkscrew.

sa·ca·pun·tas *m. inv.* pencil sharpener.

sa·car *(see model 1) tr.* 1 *poner en el exterior* to take out, pull out, get out *saca a ese hombre de aquí* get that man out of here 2 *arma* to draw 3 *obtener - gen.* to get - *premio* to win - *dinero* to get, make, earn - *billete* to get, buy 4 *dinero del banco* to draw, withdraw, take out 5 *fotografía* to take *fotocopia, copia* to make ◇ *prnl.* **sacarse** 1 *desvestirse* to take off 2 *fotografía* to have taken **sacar a colación** to bring up **sacar fuerzas de flaqueza** *fig.* to draw strength from nowhere.

sa·ca·ri·na *f.* saccharin.

sa·ca·ro·sa *f.* sucrose, saccharose.

sa·cer·do·cio *m.* priesthood.

sa·cer·do·tal *adj.* priestly.

sa·cer·do·te *m.* priest.

sa·cer·do·ti·sa *f.* priestess.

sa·ciar *(see model 12) tr.* 1 *hambre* to satiate *sed* to quench 2 *fig. deseos* to satisfy *ambiciones* to fulfill ◇ *prnl.* **saciarse** to satiate oneself, be satiated.

sa·cie·dad *f.* satiety, satiation **repetir algo hasta la saciedad** to repeat something over and over (again), say something until one is blue in the face.

sa·co *m.* 1 *bolsa* sack, bag 2 *contenido* sackful, bagful 3 ANAT sac 4 *saqueo* plundering, pillaging **no echar algo en saco roto** *fig.* to take good note of something.

sa·cra·men·tal *adj.* sacramental **auto sacramental** LIT mystery play.

sa·cra·men·tar *tr.* 1 *convertir el pan* to consecrate 2 *últimos sacramentos* to administer the last rites to.

sa·cra·men·to *m.* sacrament **el Santísimo Sacramento** the Blessed Sacrament.

sa·cri·fi·ca·do, da *pp. de* sacrificar *adj. persona* self-sacrificing.

sa·cri·fi·car *(see model 1) tr.* 1 *gen.* to sacrifice 2 *fig. reses* to slaughter *animal doméstico* to destroy, put down ◇ *prnl.* **sacrificarse** to sacrifice oneself (*por*, for).

sa·cri·fi·cio *m.* sacrifice.

sa·cri·le·gio *m.* sacrilege.

sa·crí·le·go, ga *adj.* sacrilegious.

sa·cris·tán, ta·na *s.* verger, sexton.

sa·cris·tí·a *f.* vestry, sacristy.

sa·cro, cra *adj.* 1 *sagrado* sacred 2 ANAT sacrum ◇ *m.* **sacro** hueso sacrum.

sa·cu·di·da *f.* 1 *gen.* shake 2 *movimiento violento* jolt, jerk 3 *terremoto* earthquake 4 *alteración, conmoción* shock.

sa·cu·dir *tr.* 1 *gen.* to shake 2 *alfombra, etc.* to shake out *polvo, arena* to shake off 3 *golpear* to beat 4 *cabeza* to shake ◇ *prnl.* **sacudirse** 1 *quitarse* to shake off 2 *moscas, mosquitos, etc.* to flick away, flick off.

sá·di·co, ca *adj.* sadistic ◇ *s.* sadist.

sa·dis·mo *m.* sadism.

sa·do·ma·so·quis·ta *adj.* sadomasochistic ◇ *com.* sadomasochist.

sa·e·ta *f.* 1 *arma* arrow, dart.

sa·fa·ri *m.* 1 *expedición* safari 2 *lugar* safari park.

sa·ga *f.* saga.

sa·ga·ci·dad *f.* 1 sagacity, cleverness 2 *astucia* shrewdness, astuteness.

sa·gaz *adj. pl.* **sagaces** 1 clever, sagacious 2 *astuto* shrewd, astute.

sa·gra·do, da *adj.* sacred, holy ◇ *m.* **sagrado** sanctuary, asylum **Sagrada Biblia** Holy Bible **Sagrada Familia** Holy Family **Sagradas Escrituras** Holy Scriptures.

sa·gra·rio *m.* tabernacle.

sa·ha·ria·no, na *adj.* Saharan.

sa·hu·me·rio *m.* 1 *humo* aromatic smoke 2 *sustancia* aromatic substance *incienso* incense.

sai·ne·te *m.* 1 TEAT comic sketch, one-act farce 2 *fig. bocadito* tidbit, delicacy.

sa·jón, jo·na adj. Saxon ⬦ s. persona Saxon ⬦ m. **sajón** idioma Saxon.

sal f. 1 salt 2 fig. agudeza wit encanto charm ⬦ fpl. **sales** smelling salts **la sal de la vida** fig. the spice of life **sal de cocina** cooking salt.

sa·la f. 1 aposento room grande hall 2 sala de estar lounge, living room 3 de hospital ward de cine cinema de teatro theatre **¿en qué sala la dan?** which screen is it on? **sala de espera** waiting room.

sa·la·do, da pp. de **salar** adj. 1 con sal salted con demasiada sal salty 2 fam. fig. agudo witty gracioso funny encantador charming, attractive.

sa·la·man·dra f. salamander.

sa·la·mi m. salami.

sa·lar tr. 1 curar to salt 2 sazonar to salt, add salt to.

sa·la·rial adj. salary, wage.

sa·la·rio m. salary, wages ⬦ pl., wage.

sa·laz adj. salacious.

sal·chi·cha f. sausage.

sal·chi·chón m. salami-type sausage.

sal·dar tr. 1 cuenta to settle, balance deuda to pay off 2 rebajar to sell off 3 fig. diferencias to settle, resolve.

sal·do m. 1 de una cuenta balance 2 pago liquidation, settlement 3 resto de mercancía remnant, leftover, remainder.

sa·le·ro m. 1 recipiente salt shaker 2 lugar salt warehouse 3 fig. gracia charm, wit.

sa·le·sia·no, na adj. Salesian ⬦ s. Salesian.

sa·li·da f. 1 partida departure 2 puerta, etc. exit, way out 3 momento de salir start 4 de un viaje corto trip 5 de un astro rising 6 DEP start **salida de emergencia** emergency exit.

sa·li·do, da pp. de **salir** adj. 1 que sobresale projecting, prominent 2 ojos bulging 3 animal en celo on heat, in heat.

sa·lien·te adj. 1 que sobresale projecting 2 cesante outgoing 3 fig. sobresaliente outstanding ⬦ m. projection, overhang, ledge.

sa·li·na f. 1 mina salt mine 2 establecimiento salt works.

sa·li·ni·dad f. salinity.

sa·lir (see model 84) intr. 1 ir hacia afuera to go out (de, of) 2 venir de dentro to come out 3 partir to leave **salir adelante** to be successful **salir bien / salir mal** to turn out well / turn out badly.

sa·li·tre m. saltpeter.

sa·li·va f. saliva **gastar saliva** fig. to waste one's breath **tragar saliva** fig. to swallow one's feelings, keep quiet.

sa·li·var intr. to salivate.

sal·mo m. psalm **el Libro de los Salmos** the Book of Psalms.

sal·mo·diar intr. salmear to sing psalms ⬦ tr. fam. fig. canturrear to drone.

sal·món m. pez salmon ⬦ adj. color salmon, salmon pink.

sal·mo·ne·lo·sis f. inv. salmonellosis, food poisoning.

sal·mue·ra f. brine.

sa·lo·bre adj. 1 agua brackish, slightly salty 2 salado salty muy salado briny.

sa·lo·mó·ni·co, ca adj. Solomonic, Solomonian **columna salomónica** ARQ wreathed column.

sa·lón m. 1 en casa sitting room, drawing room, lounge 2 en edificio público hall 3 exposición show, exhibition.

sal·pi·ca·du·ra f. 1 acción splashing 2 gotas splash ⬦ fpl. **salpicaduras** fig. after-effects, aftermath sing.

sal·pi·car (see model 1) tr. 1 rociar to sprinkle 2 caer gotas to splash 3 fig. esparcir to sprinkle ⬦ prnl. **salpicarse** to splash (de, with), spatter (de, with).

sal·pu·lli·do m. rash.

sal·sa f. 1 sauce 2 fam. fig. gracia zest, spice 3 MÚS salsa **la salsa de la vida** fig. the spice of life **salsa de tomate** tomato sauce.

sal·se·ra f. gravy boat.

sal·se·ro, ra adj. fam. entremetido meddlesome.

sal·ta·dor, ra adj. jumping, leaping ⬦ s. jumper ⬦ m. **saltador** cuerda skipping rope.

sal·ta·mon·tes m. inv. grasshopper.

sal·tar intr. 1 gen. to jump, leap 2 en paracaídas to parachute 3 fig. de una cosa a otra to jump, skip ⬦ tr. 1 fig. salvar de un salto to jump (over), leap (over) 2 arrancar to pull off 3 ajedrez, etc. to jump 4 fig. omitir to skip, miss out ⬦ prnl. **saltarse** 1 ley, etc. to ignore 2 omitir to skip, miss out 3 desprenderse to come off - lentilla to fall out.

sal·ta·rín, ri·na adj. 1 que salta lively, bouncing 2 aturdido scatterbrained ⬦ s. 1 que salta energetic person, bundle of energy 2 aturdido scatterbrain.

sal·te·a·do, da pp. de **saltear** adj. 1 espaciado spaced out 2 CULIN sauté, sautéed ⬦ m. **salteado** CULIN sauté.

sal·te·ar tr. 1 asaltar - alguien to hold up - banco to rob 2 hacer con interrupciones to do in fits and starts 3 espaciar to space out 4 CULIN sauté 5 fig. sorprender to take by surprise.

sal·to m. 1 gen. jump, leap 2 DEP jump natación dive 3 de agua waterfall 4 despeñadero precipice 5 fig. omisión gap 6 fig. ascenso springboard **a salto de mata** vivir al día from hand to mouth **salto de altura** high jump **salto de longitud** long jump **salto mortal** somersault.

sa·lu·bri·dad f. estado de salud healthiness de lugar, clima salubriousness, salubrity.

sa·lud f. health interj. fam. cheers! **gozar de buena salud** to be in good health.

sa·lu·da·ble adj. 1 sano healthy, wholesome 2 fig. beneficioso good, beneficial.

sa·lu·dar tr. 1 demostrar cortesía to greet 2 decir hola to say hello to 3 MIL to salute **saluda de mi parte a** give my regards to.

sa·lu·do m. 1 greeting 2 MIL salute **reciba un atento saludo de** en carta yours faithfully.

sa·lu·ta·ción f. greeting, salutation.

sal·va f. 1 de comida tasting 2 con arma salvo, volley.

sal·va·ción f. 1 gen. salvation, rescue 2 REL salvation.

sal·va·do m. bran.

sal·va·dor, ra adj. saving ⬦ s. savior, rescuer.

sal·va·do·re·ño, ña adj. Salvadorian, Salvadoran ⬦ s. Salvadorian, Salvadoran.

sal·va·guar·dar tr. to safeguard (de, from), protect (de, from).

sal·va·guar·dia f. 1 papel safe-conduct 2 fig. protección safeguard, protection ⬦ m. guardia guardian.

sal·va·je adj. 1 planta wild terreno uncultivated 2 animal wild 3 pueblo, tribu savage, uncivilized 4 fam. fig. violento savage, wild 5 bruto uncouth, boorish ⬦ com. 1 no civilizado savage 2 fig. violento savage 3 bruto brute, boor.

sal·va·jis·mo m. savagery.

sal·va·men·to m. rescue.

sal·var tr. 1 librar de peligro to save, rescue 2 barco to salvage 3 honor, ruina to save 4 obstáculo to clear **5** *dificultad* to overcome, get round **6** *distancia* to cover ◇ *prnl.* **salvarse 1** *sobrevivir* to survive, come out alive **2** *escaparse* to escape (*de*, from) **¡sálvese quien pueda!** every man for himself!

sal·va·pan·ta·llas *m. inv.* INFO screensaver.

sal·va·vi·das *m. inv.* life belt.

sal·via *f.* sage.

sal·vo, va *adj. Ileso* unharmed, safe ◇ *adv.* **salvo** except, except for **estar a salvo (de)** to be safe (from) **ponerse a salvo** to reach safety.

sal·vo·con·duc·to *m.* safe-conduct.

sa·ma·ri·ta·no, na *adj.* Samaritan ◇ *s. persona* Samaritan ◇ *m.* **samaritano** *idioma* Samaritan.

sam·ba *f.* samba.

sa·mo·a·no, na *adj.* Samoan ◇ *s. persona* Samoan ◇ *m.* **samoano** *idioma* Samoan.

sa·mu·rái *m. pl.* **samuráis** samurái.

san *adj.* saint.

sa·na·dor, ra *adj.* curative ◇ *s.* curer.

sa·nar *tr.* to heal, cure ◇ *intr.* **1** *enfermo* to recover, get better **2** *herida* to heal.

sa·na·to·rio *m.* clinic, nursing home *hospital* hospital.

san·ción *f.* **1** *aprobación* sanction, approval **2** *pena* sanction, penalty.

san·cio·nar *tr.* **1** *aprobar* to sanction **2** *penar* to penalize.

san·co·char *tr.* to parboil.

san·da·lia *f.* sandal.

san·dez *f.* piece of nonsense **decir sandeces** to talk nonsense.

san·dí·a *f.* watermelon.

sán·dwich *m.* sandwich.

san·dwi·che·ra *f.* sandwich toaster.

sa·ne·a·do, da *pp. de* **sanear** *adj.* sound, healthy.

sa·ne·a·mien·to *m.* **1** *de terreno* drainage, draining **2** *de edificio* cleaning, disinfection **3** *de moneda* stabilization.

sa·ne·ar *tr.* **1** *limpiar* to clean *desinfectar* to disinfect **2** *económicamente* to make financially viable **3** *compensar* to compensate **4** *drenar* to drain.

san·gra·do *m.* indention, indentation, indent.

san·gran·te *adj.* **1** bleeding **2** *fig.* flagrant, blatant.

san·grar *tr.* **1** *abrir una vena* to bleed **2** *dar salida a un líquido* to drain **3** *resinar* to tap **4** *fig. hurtar* to filch ◇ *intr.* to bleed.

san·gre *f.* blood **a sangre fría** *fig.* in cold blood **a sangre y fuego** *fig.* by fire and sword.

san·grí·a *f.* **1** *bebida* sangria **2** MED bleeding, bloodletting **3** *en árbol* tap **4** *en impresión* indentation.

san·grien·to, ta *adj.* **1** *que echa sangre* bleeding **2** *con sangre* bloody **3** *sanguinario* bloody *cruel* cruel.

san·gui·jue·la *f.* leech, bloodsucker.

san·gui·na·rio, ria *adj.* bloodthirsty.

san·guí·ne·o, a *adj.* blood.

san·gui·no·len·to, ta *adj.* **1** *que echa sangre* bleeding **2** *con sangre* bloody, bloodstained *ojos* bloodshot.

sa·ni·dad *f.* **1** *calidad de sano* health, healthiness **2** *servicios* health.

sa·ni·ta·rio, ria *adj.* sanitary, health ◇ *s.* health officer ◇ *m.* **sanitario** toilet ◇ *mpl.* **sanitarios** bathroom fittings.

sa·no, na *adj.* **1** *con salud* healthy, fit **2** *saludable* healthy, wholesome **3** *fig. sin corrupción* sound **4** *fig. entero* good **5** *fig. sincero* sincere **6** *fig. juicio* right **sano y salvo** safe and sound.

san·te·rí·a *f.* sanctimoniousness.

san·te·ro, ra *adj.* sanctimonious ◇ *s.* **1** *sacristán* verger, sexton **2** *mendigo* alms collector.

san·ti·dad *f.* saintliness, holiness **Su Santidad** His Holiness.

san·ti·fi·car *(see model 1) tr.* **1** *hacer santo* to sanctify, make holy **2** *fiestas, etc.* to keep, observe.

san·ti·guar *(see model 22) tr.* to bless, make the sign of the cross over ◇ *prnl.* **santiguarse** *uso reflexivo* to cross oneself, make the sign of the cross.

san·tí·si·mo, ma *adj.* most holy ◇ *m.* **el Santísimo** the Holy Sacrament.

san·to, ta *adj.* **1** *gen.* holy, sacred **2** *persona* holy, saintly **3** *fam. para enfatizar* hell of a, real, right **4** *como título* saint ◇ *s.* saint ◇ *m.* **santo 1** *imagen* image of a saint **2** *fam.* dibujo picture **3** *onomástica* saint's day **el día de Todos los Santos** All Saints' Day **Santo Oficio** Holy Office.

san·to·ral *m.* **1** *libro* hagiography **2** *lista de santos* calendar of saints' feast days.

san·tua·rio *m.* sanctuary, shrine.

sa·ña *f.* **1** *enojo* rage, fury **2** *crueldad* cruelty, viciousness **con saña** *con enojo* furiously.

sa·pien·cia *f.* **1** *sabiduría* wisdom **2** *conocimiento* knowledge.

sa·po *m.* toad.

sa·que *m.* **1** *tenis* service **2** *futbol* kick-off **saque de banda** *futbol* throw-in **saque de esquina** *futbol* corner kick **saque inicial** kick-off.

sa·que·ar *tr. casas* to plunder, pillage *casas, comercios* to loot.

sa·ram·pión *m.* measles *pl.*

sar·cas·mo *m.* sarcasm **con sarcasmo** sarcastically.

sar·cás·ti·co, ca *adj.* sarcastic.

sar·có·fa·go *m.* sarcophagus.

sar·co·ma *m.* sarcoma.

sar·di·na *f.* sardine.

sar·dó·ni·co, ca *adj.* sardonic.

sar·gen·to *m.* **1** MIL sergeant **2** *fig.* tyrant.

sar·na *f.* MED *en personas* scabies *en animales* mange.

sar·no·so, sa *adj. piel* itchy, scabby *animal* mangy, scabby.

sar·pu·lli·do *m.* rash.

sa·rro *m.* **1** *en los dientes* tartar **2** *en la lengua* fur **3** *sedimento* deposit.

sar·ta *f.* string **sarta de mentiras** *fam.* pack of lies.

sar·tén *f.* fry pan **tener la sartén por el mango** *fig.* to have the upper hand.

sas·tre, tra *s.* tailor **sastre de señoras** dressmaker.

Sa·ta·nás *m.* Satan.

sa·tá·ni·co, ca *adj.* satanic ◇ *s.* Satanist.

sa·ta·nis·mo *m.* Satanism.

sa·té·li·te *m.* satellite **satélite artificial** artificial satellite.

sa·ti·na·do, da *pp. de* **satinar** *adj. gen.* satiny, shiny, glossy *pintura* satin ◇ *m.* **satinado** gloss, shine.

sa·ti·nar *tr.* to gloss, make glossy.

sa·tí·ri·co, ca *adj.* **1** *de la sátira* satiric, satirical **2** *del sátiro* satyric, satyrical.

sa·ti·ri·zar *(see model 4) tr.* to satirize.

sa·tis·fac·ción *f.* **1** *gen.* satisfaction **2** *cumplimiento* fulfillment.

sa·tis·fa·cer *(see model 85) pp.* **satisfecho** *tr.* **1** *gen.* to satisfy **2** *deuda* to pay **3** *requisitos, exigencias* to meet, fulfil satisfy ◇ *intr.* to be satisfactory ◇ *prnl.* **satisfacerse** to be satisfied, satisfy oneself.

sa·tis·fe·cho, cha *pp. de* **satisfacer** *adj.* **1** *contento* satisfied, pleased **2** *pagado de sí mismo* self-satisfied **estar satisfecho** de comida to be full, have had enough.

sá·tra·pa m. 1 HIST satrap 2 fig. despot, satrap.

sa·tu·ra·ción f. saturation.

sa·tu·ra·do, da pp. de **saturar** adj. 1 saturated 2 fig. sick, tired.

sa·tu·rar tr. to saturate.

Sa·tur·no m. Saturn.

sau·ce m. willow **sauce llorón** weeping willow.

saú·co m. elder.

sau·dí adj. Saudi ◇ com. Saudi.

sau·na f. sauna.

sau·rio, ria adj. saurian ◇ s. saurian.

sa·via f. 1 BOT sap 2 fig. sap, vitality.

sa·xo·fón m. instrumento saxophone, sax ◇ com. músico saxophonist, sax player.

sa·xo·fo·nis·ta com. saxophonist.

sa·ya f. 1 falda skirt 2 enagua petticoat.

sa·yal m. sackcloth.

sa·zón f. 1 madurez ripeness 2 sabor taste, flavor 3 aderezo seasoning 4 tiempo, ocasión season, time **a la sazón** at that time.

sa·zo·na·do, da pp. de **sazonar** adj. fig. witty.

sa·zo·nar tr. 1 madurar to ripen, mature 2 comida to season, flavor 3 fig. historia, etc. to add spice to ◇ prnl. **sazonarse** madurar to ripen, mature.

se¹ pron. 1 reflexivo - él himself - ella herself - usted, ustedes yourself, yourselves - ellos, ellas themselves - ello itself **se está preparando** she's getting herself ready 2 recíproco each other, one another **se conocieron en Cancún** they met in Cancun 3 pasiva **se han abierto las puertas** the doors have been opened 4 impersonal **se ve que no** apparently not.

se² pron. objeto indirecto - a él him, to him - a ella her, to her - a ellos, ellas them, to them - a esto it, to it - a usted, ustedes you, to you **se lo dije** I told her **se la compraré yo** I'll buy it for them.

se·bá·ce·o, a adj. sebaceous.

se·bo m. 1 grasa fat 2 CULIN suet 3 para velas tallow 4 suciedad grease, filth 5 gordura fat.

se·bo·rre·a f. seborrhea.

se·ca f. sequía drought.

se·ca·do m. drying.

se·ca·dor m. 1 dryer, drier 2 de pelo hairdryer.

se·ca·do·ra f. tumble dryer, dryer.

se·can·te¹ adj. 1 que seca drying 2 papel blotting ◇ m. 1 papel blotting paper 2 DEP marker 3 para pinturas siccative.

se·can·te² adj. geometría secant ◇ f. secant.

se·car (see model 1) tr. 1 gen. to dry 2 lágrimas, vajilla to wipe tinta to blot líquido to wipe up, mop up 3 planta to wither, dry up río, fuente, etc. to dry up ◇ prnl. **secarse** 1 gen. to dry líquido, río, etc. to dry up planta to wither, dry up 3 fig. enflaquecer to become thin.

sec·ción f. 1 corte section, cut 2 geometría section 3 departamento section, department 4 en periódico, revista page, section.

se·ce·sión f. secession.

se·co, ca adj. 1 gen. dry 2 frutos, flores dried 3 marchito withered, dried up 4 fig. vino dry 5 fig. carácter dry tono, respuesta curt, sharp 6 fig. golpe, ruido sharp 7 fig. persona - delgada skinny - vieja old and wizened.

se·cre·ción f. secretion.

se·cre·ta f. fam. secret police.

se·cre·ta·men·te adv. secretly.

se·cre·tar tr. to secrete.

se·cre·ta·rí·a f. 1 cargo secretaryship, office of secretary 2 oficina secretary's office en la administración secretariat **Secretaría de Estado** State Department.

se·cre·ta·rio, ria s. secretary **secretario de Estado** Secretary of State **secretario particular** private secretary.

se·cre·te·ar intr. to whisper secrets.

se·cre·to, ta adj. secret ◇ m. secreto 1 lo reservado secret 2 reserva secrecy **en secreto** secretly **guardar un secreto** to keep a secret.

se·cre·to·rio, ria adj. secretory.

sec·ta f. sect.

sec·ta·rio, ria adj. sectarian.

sec·tor m. 1 gen. sector 2 fig. zona area 3 fig. parte section.

sec·to·rial adj. sectorial.

se·cuaz com. follower, supporter uso pey. underling, henchman.

se·cue·la f. consequence, result ◇ fpl. **secuelas** de enfermedad, guerra after-effects pl.

se·cuen·cia f. sequence.

se·cues·tra·dor, ra adj. 1 personas kidnapping de avión hijacking 2 JUR sequestrating ◇ s. 1 personas kidnapper de avión hijacker 2 JUR sequestrator.

se·cues·trar tr. 1 personas to kidnap avión to hijack 2 JUR to sequester, seize, confiscate.

se·cues·tro m. 1 personas kidnapping de avión hijacking 2 JUR sequestration, seizure, confiscation.

se·cu·lar adj. 1 seglar secular, lay 2 de cada siglo secular 3 que tiene un siglo century-old 4 fig. antiquísimo ancient, age-old ◇ m. REL secular.

se·cu·la·ri·dad f. secularity.

se·cu·la·ri·zar (see model 4) tr. to secularize.

se·cun·dar tr. to support, second.

se·cun·da·ria f. EDUC secondary education.

se·cun·da·rio, ria adj. secondary ◇ m. **secundario** GEOL secondary.

se·cuo·ya f. sequoia, redwood.

sed f. thirst **tener sed** to be thirsty.

se·da f. silk **como una seda** fig. smoothly.

se·da·ción f. sedation.

se·dal m. fishing line.

se·dar tr. to sedate.

se·de f. 1 oficina central headquarters, central office 2 del gobierno seat **la Santa Sede** the Holy See.

se·den·ta·rio, ria adj. sedentary.

se·di·ción f. sedition.

se·di·cio·so, sa adj. seditious ◇ s. rebel.

se·dien·to, ta adj. 1 thirsty 2 fig. poder, etc. hungry (de, for), thirsty (de, for).

se·di·men·tar tr. to settle, deposit ◇ prnl. **sedimentarse** 1 to settle 2 fig. to calm down, settle down.

se·di·men·to m. sediment, deposit.

se·do·so, sa adj. silky, silken.

se·duc·ción f. seduction.

se·du·cir (see model 46) tr. 1 gen. to seduce 2 persuadir to tempt, seduce 3 cautivar to captivate.

se·duc·tor, ra adj. 1 seductive 2 atractivo captivating 3 persuasivo tempting ◇ s. seducer.

se·ga·dor, ra s. harvester, reaper.

se·ga·do·ra f. harvester, reaper de césped lawnmower.

se·gar (see model 48) tr. 1 gen. to reap, cut césped to mow (de fig. matar to mow down, cut down 3 fig. truncar to cut off.

se·glar adj. secular, lay ◇ com. lay person hombre layman mujer laywoman.

seg·men·tar tr. to segment.

seg·men·to m. 1 gen. segment 2 INFO overlay.

se·gre·ga·ción f. 1 *separación* segregation 2 *secreción* secretion **segregación racial** racial segregation, apartheid.

se·gre·ga·cio·nis·mo m. policy of segregation.

se·gre·gar *(see model 7)* tr. 1 *separar* to segregate 2 *secretar* to secrete.

se·gue·ta f. fret saw.

se·gui·do, da *pp. de* seguir *adj.* 1 *continuo* continuous 2 *consecutivo* consecutive, successive 3 *en línea recta* straight, direct ◇ *adv.* **seguido** straight **en seguida** at once, immediately, straight away.

se·gui·dor, ra *adj.* following ◇ *s.* 1 follower 2 DEP follower, supporter, fan.

se·gui·mien·to m. 1 *perseguimiento* pursuit 2 *continuación* continuation 3 *fig. de un cliente, etc.* follow-up.

se·guir *(see model 56)* tr. 1 *gen.* to follow 2 *perseguir* to pursue, chase 3 *continuar* to continue, carry on 4 *un camino* to continue on 5 *curso, etc.* to do *explicaciones* to follow ◇ *intr.* 1 *proseguir* to go on, carry on 2 *continuar* to follow on, continue 3 *permanecer, mantenerse* to continue to be, be still ◇ *prnl.* **seguirse** 1 *inferirse* to deduce 2 *suceder a continuación* to follow **seguir un consejo** to follow a piece of advice.

se·gún prep. 1 *conforme* according to 2 *dependiendo* depending on 3 *como* just as 4 *a medida que* as 5 *tal vez* it depends.

se·gun·da f. 1 *vuelta doble* double turn 2 *tren, etc.* second class 3 *marcha del auto* second, second gear 4 *fig. intención* ulterior motive.

se·gun·de·ro m. second hand.

se·gun·do, da *adj.* second ◇ *s.* second ◇ *m.* **segundo** *tiempo* second **de segunda mano** *fig.* second-hand **segundas nupcias** second marriage.

se·gu·ra·men·te *adv.* 1 *con seguridad* securely, safely 2 *con certeza* for certain, for sure 3 *probablemente* probably.

se·gu·ri·dad f. 1 *gen.* security 2 *física* safety 3 *certeza* certainty, sureness 4 *confianza* confidence 5 *organismo* security **tener la seguridad de que...** to be certain that..., be sure that...

se·gu·ro, ra *adj.* 1 *asegurado* secure 2 *a salvo* safe 3 *firme* firm, steady 4 *cierto* certain, sure 5 *de fiar* reliable 6 *confiado* confident ◇ *m.* **seguro** 1 *contrato, póliza* insurance 2 *mecanismo* safety device, safety catch ◇ *adv.* for sure, definitely.

seis *adj.* 1 six 2 *sexto* sixth ◇ *m.* six.

sei·sa·vo, va *adj.-s.* sexto.

seis·cien·tos, tas *adj. cardinal* six hundred *ordinal* six hundredth ◇ *m.* **seiscientos** *número* six hundred.

se·lec·ción f. 1 *gen.* selection 2 DEP ◇ *gen.* team *futbol* squad **selección nacional** DEP national team **selección natural** natural selection.

se·lec·cio·nar tr. to select.

se·lec·ti·va·men·te *adv.* selectively.

se·lec·ti·vo, va *adj.* selective.

se·lec·to, ta *adj.* 1 select 2 *escogido* exclusive.

se·lec·tor m. selector button.

se·le·nio m. selenium.

se·lla·dor, ra *adj.* sealing ◇ *m.* **sellador** sealant.

se·llar tr. 1 *timbrar* to stamp *oficial* to seal 2 *monedas, etc.* to hallmark, stamp 3 *fig. habitación, etc.* to close (up), seal up 4 *fig. dejar señal* to stamp, brand 5 *fig. concluir* to seal, settle, conclude ◇ *intr.* to sign on.

se·llo m. 1 *de correos* stamp 2 *de estampar, precinto* seal 3 *distintivo* hallmark, mark 4 MED capsule.

sel·va f. 1 *bosque* forest 2 *jungla* jungle.

sel·vá·ti·co, ca *adj.* 1 forest, jungle 2 *fig.* uncouth.

se·má·fo·ro m. traffic lights *pl.*

se·ma·na f. 1 *tiempo* week 2 *fig. salario* weekly wage **entre semana** during the week **semana laboral** working week **Semana Santa** Easter, Holy Week.

se·ma·nal *adj.* weekly.

se·ma·na·rio, ria *adj.* weekly ◇ *m.* weekly magazine.

se·mán·ti·co, ca *adj.* semantic.

sem·blan·te m. 1 *cara* face 2 *expresión* countenance 3 *fig. apariencia* look **tener buen / mal semblante** to look good / look bad.

sem·blan·za f. portrait.

sem·bra·do, da *pp. de* sembrar *adj. fig. cubierto* covered (*de*, with), full (*de*, of) ◇ *m.* **sembrado** sown field.

sem·bra·dor, ra *s.* sower.

sem·brar *(see model 27)* tr. 1 AGR to sow 2 *fig. esparcir* to scatter, spread.

se·me·jan·te *adj.* 1 *parecido* similar 2 *pey. tal* such, like that 3 *geometría* similar ◇ *m.* fellow being.

se·me·jan·za f. similarity, likeness.

se·me·jar *intr.* to resemble, be alike ◇ *prnl.* **semejarse** to be similar, be alike.

se·men m. semen.

se·men·tal m. stud.

se·mes·tral *adj.* half-yearly, semestral.

se·mes·tre m. 1 six-month period, semester 2 EDUC semester.

se·mi·cir·cun·fe·ren·cia f. semicircumference.

se·mi·con·duc·tor m. semiconductor.

se·mi·des·cre·ma·do, da *adj.* semiskimmed.

se·mi·de·sér·ti·co, ca *adj.* semidesertified.

se·mi·des·nu·do, da *adj.* half-naked.

se·mi·fi·nal f. semifinal.

se·mi·lla f. 1 seed 2 *fig.* seed, seeds.

se·mi·nal *adj.* seminal.

se·mi·na·rio m. 1 EDUC seminar 2 REL seminary.

se·mi·na·ris·ta m. seminarian.

se·mi·nue·vo, va *adj.* nearly new.

se·mí·ti·co, ca *adj.* Semitic.

se·mi·to·no m. semitone, half-step.

se·mi·vo·cal *adj.* semivocal ◇ *f.* semivowel.

sem·pi·ter·no, na *adj.* 1 everlasting, eternal 2 LIT sempiternal.

se·na·do m. 1 senate 2 *fig. reunión* assembly.

se·na·dor, ra *s.* senator.

sen·ci·llez f. 1 *gen.* simplicity 2 *naturalidad* simplicity, lack of affectation, unpretentiousness 3 *ingenuidad* gullibility, naivety.

sen·ci·llo, lla *adj.* 1 *sin adornos* simple, plain 2 *fácil* simple, easy 3 *no compuesto* single 4 *fig. persona - natural* natural, unaffected, unpretentious - *ingenua* naive, gullible.

sen·da f. path.

sen·de·ro m. path.

sen·dos, das *adj.* each, either.

se·nec·tud f. old age.

se·ne·ga·lés, le·sa *adj.* Senegalese ◇ *s.* Senegalese.

se·nil *adj.* senile.

se·ni·li·dad f. senility.

se·no m. 1 *pecho* breast, bosom 2 *hueco entre el pecho y la ropa* bosom 3 *matriz* womb 4 *cavidad* cavity, hollow, hole 5 MAT sine 6 ANAT sinus 7 GEOG gulf, bay 8 *fig.* bosom, heart.

sen·sa·ción f. 1 *impresión* sensation, feeling 2 *emoción* sensation **causar sensación** to cause a sensation.

sen·sa·cio·nal adj. sensational.

sen·sa·cio·na·lis·mo m. sensationalism.

sen·sa·tez f. good sense **obrar con sensatez** to act sensibly.

sen·sa·to, ta adj. sensible.

sen·si·bi·li·dad f. 1 percepción, sentido artístico sensitivity, feeling 2 emotividad sensibility 3 precisión sensitivity.

sen·si·bi·li·zar (see model 4) tr. 1 gen. to sensitize 2 fig. concienciar to sensitize, make aware.

sen·si·ble adj. 1 capaz de sentir sentient 2 impresionable sensitive 3 piel, oído sensitive **lamentamos tan sensible pérdida** we regret such a sad loss.

sen·si·ti·vo, va adj. 1 sensible sensitive 2 que siente sentient 3 de los sentidos sense.

sen·sor m. sensor.

sen·so·rial adj. sensory.

sen·sual adj. 1 de los sentidos sensuous, sensual 2 del sexo sensual.

sen·sua·li·dad f. 1 de los sentidos sensuousness, sensuality 2 del sexo sensuality.

sen·ta·do, da pp. de **sentar** adj. 1 seated, sitting 2 establecido established, settled 3 fig. juicioso sensible, wise **dar algo por sentado** to take something for granted.

sen·tar (see model 27) tr. 1 en silla, etc. to sit, seat 2 fig. establecer to establish 3 fig. alisar to press ◇ intr. 1 color, ropa, etc. to suit 2 comida, etc. to do comentario, etc. to take ◇ prnl. **sentarse** en silla, etc. to sit, sit down **sentar cabeza** fig. to settle down.

sen·ten·cia f. 1 JUR decisión judgement condena sentence 2 aforismo proverb, maxim, saying, motto.

sen·ten·ciar (see model 12) tr. to sentence (a, to).

sen·ti·do, da pp. de **sentir** adj. 1 muerte, etc. deeply felt 2 sensible touchy, sensitive ◇ m. sentido 1 gen. sense 2 significado sense, meaning 3 conocimiento consciousness 4 dirección direction **en cierto sentido** in a sense **en sentido opuesto** in the opposite direction **hablar sin sentido** to talk nonsense **sentido figurado** figurative meaning.

sen·ti·men·tal adj. sentimental ◇ com. sentimental person.

sen·ti·men·ta·lis·mo m. sentimentality.

sen·ti·mien·to m. 1 gen. feeling 2 pena sorrow, grief **buenos sentimientos** sympathy sing.

sen·tir (see model 35) tr. 1 sentimiento feeling 2 opinión opinion, view ◇ tr. 1 gen. to feel 2 lamentar to regret, be sorry about, feel sorry 3 oír to hear 4 presentir to feel, think, have a feeling that ◇ prnl. **sentirse** to feel **¡lo siento!** I'm sorry! **sentirse mal** to feel ill.

se·ña f. 1 indicio, gesto sign 2 señal mark ◇ fpl. **señas** address sing. **hablar por señas** to talk in sign language.

se·ñal f. 1 signo sign, indication 2 marca mark en libro bookmark 3 aviso, comunicación signal 4 placa, letrero sign 5 vestigio trace **señal de tráfico** road sign.

se·ña·lar tr. 1 marcar to mark 2 rubricar to sign and seal 3 hacer herida to mark, scar 4 hacer notar to point out 5 apuntar hacia to point to, show ◇ prnl. **señalarse** 1 distinguirse to distinguish oneself 2 sobresalir to stand out.

se·ña·li·za·ción f. 1 señales road signs pl. de aeropuerto, estación signposting, signs pl. 2 colocación signposting.

se·ña·li·zar (see model 4) tr. to signpost.

se·ñe·ro, ra adj. 1 solo alone 2 único unique 3 destacado outstanding **figura señera** outstanding figure.

se·ñor, ra adj. 1 noble distinguished, noble 2 fam. fine ◇ s. 1 hombre man, gentleman mujer woman, lady 2 amo - hombre master - mujer mistress 3 HIST hombre lord mujer lady 4 tratamiento - hombre sir - mujer ma'am 5 ante apellido - hombre Mr - mujer Mrs 6 ante título 7 en carta - hombre Sir - mujer Madam ◇ m. **el Señor** REL the Lord interj. **señor** good Lord!

se·ño·ra f. esposa wife.

se·ño·ría f. para hombre lordship para mujer ladyship.

se·ño·rial adj. stately, majestic.

se·ño·ri·ta f. 1 mujer joven young woman con más formalidad young lady 2 tratamiento Miss 3 fam. puro small cigar 4 **la señorita** EDUC the teacher, Miss.

se·ñue·lo m. 1 decoy 2 fig. bait.

se·pa·ra·ción f. 1 separation 2 espacio space, gap.

se·pa·ra·do, da pp. de **separar** adj. 1 separate 2 divorciado separated.

se·pa·ra·dor, ra adj. separative ◇ m. **separador** separator, divider.

se·pa·rar tr. 1 gen. to separate 2 hacer grupos to separate, sort out 3 apartar to move away (de, from) **separa la mesa de la pared** move the table away from the wall ◇ prnl. **separarse** 1 tomar diferente camino to separate, part company 2 matrimonio to separate 3 apartarse to move away (de, from).

se·pa·ra·ta f. offprint.

se·pa·ra·tis·ta adj. separatist ◇ com. separatist.

se·pe·lio m. burial, interment.

se·pia f. 1 pez cuttlefish ◇ adj. color sepia ◇ m. color sepia.

sep·ten·trio·nal adj. northern.

sep·ti·ce·mia f. septicemia.

sép·ti·co, ca adj. septic.

sep·tiem·bre m. September.

sép·ti·mo, ma adj. seventh ◇ s. seventh.

sep·tua·ge·na·rio, ria adj. septuagenarian ◇ s. septuagenarian.

sep·tua·gé·si·mo, a adj. seventieth ◇ s. seventieth.

se·pul·cral adj. sepulchral **silencio sepulcral** fig. deathly silence.

se·pul·cro m. tomb **ser un sepulcro** fam. to keep mum.

se·pul·tar tr. to bury.

se·pul·tu·ra f. 1 lugar grave 2 acto burial.

se·que·dad f. 1 dryness 2 fig. curtness, abruptness.

se·quí·a f. drought.

sé·qui·to m. 1 personas entourage, retinue 2 POL group of followers 3 fig. consecuencias aftermath.

ser (see model 86) intr. 1 gen. to be **Marta es rubia** Marta is blonde 2 pertenecer to be, belong (de, to) **el coche es de Ana** the car belongs to Ana 3 ser propio to be (de, -) **es muy de Pilar** it's just like Pilar 4 costar to be, cost **¿cuánto es?** how much is it? aux. pasiva to be **fue encontrado por Raúl** it was found by Raúl ◇ m. 1 ente being 2 esencia essence, substance 3 valor core, heart 4 vida life, existence **es decir** in other words **es más** furthermore, what is more **ser humano** human being **Ser Supremo** Supreme Being.

se·ra·fín m. seraph.

ser·bio, bia adj. Serb, Serbian ◇ s. Serb, Serbian ◇ m. **serbio** idioma Serbian.

se·re·na f. serenade.

se·re·nar tr. 1 gen. to calm 2 fig. a alguien to calm down ◇ prnl. **serenarse** METEOR to clear up.

se·re·na·ta f. serenade.

se·re·ni·dad f. serenity, calm.

se·re·no, na adj. 1 METEOR cielo clear tiempo fine, good 2 fig. persona - tranquila calm - no borracha sober 3 fig. ambiente, etc. calm, peaceful, quiet ◇ m. **sereno** 1 vigilante night watchman 2 ambiente de la noche night air, night dew.

se·rial m. serial.

se·rie f. 1 gen. series 2 conjunto series, string, succession fabricado en serie mass-produced fuera de serie out of the ordinary, unique serie mundial DEP world series.

se·rie·dad f. 1 gravedad seriousness, gravity 2 formalidad reliability, dependability.

se·ri·gra·fi·a f. serigraphy, silk-screen printing.

se·rio, ria adj. 1 importante serious, grave 2 severo serious 3 formal reliable, responsible, dependable 4 color sober traje, etc. formal.

ser·món m. 1 REL sermon 2 fam. sermon, ticking-off, lecture.

ser·mo·ne·ar intr. 1 REL to preach 2 fam. reprender to lecture.

se·ro·po·si·ti·vo, va adj. 1 seropositive 2 con el VIH HIV positive.

se·ro·si·dad f. serosity.

se·ro·so, sa adj. serous.

ser·pen·ti·na f. 1 de papel streamer 2 piedra serpentine.

ser·pien·te f. snake serpiente de cascabel rattlesnake.

se·rra·ní·a f. mountain range, mountains pl.

se·rra·no, na adj. mountain, highland ◇ s. highlander.

se·rrar (see model 27) tr. to saw.

se·rru·cho m. handsaw.

ser·vi·cial adj. obliging, helpful, accommodating.

ser·vi·cio m. 1 gen. service 2 criados servants pl. asistente domestic help 3 juego, conjunto set 4 favor service, favor servicio a domicilio home delivery service.

ser·vi·dor, ra s. 1 servant 2 euf. myself ◇ m. servidor 1 MIL gunner 2 INFO server.

ser·vi·dum·bre f. 1 condición servitude 2 criados servants pl., staff of servants 3 obligación obligation 4 fig. sujeción compulsion 5 JUR servitude.

ser·vil adj. 1 humilde servile 2 obediente subservient 3 rastrero base.

ser·vi·lis·mo m. 1 humildad servility 2 obediencia subservience.

ser·vi·lle·ta f. napkin, serviette.

ser·vi·lle·te·ro m. napkin ring, serviette ring.

ser·vir (see model 34) tr. 1 to serve 2 comida, bebida to serve, wait on 3 ayudar to help 4 COMM suministrar to serve, supply with entregar to deliver ◇ intr. 1 gen. to serve 2 ser útil to be useful, be helpful, be a help 3 objeto to be no good. ◇ prnl. **servirse** 1 comida, etc. to serve oneself, help oneself 2 usar to use (de, -), make use of (de, -) 3 en carta to be kind enough to.

sé·sa·mo m. sesame ¡ábrete sésamo! open sesame!

se·se·ar intr. to pronounce Spanish c before e or i, and z, as s.

se·sen·ta adj. cardinal sixty ordinal sixtieth ◇ m. número sixty.

se·sen·ta·vo, va adj. sixtieth ◇ s. sixtieth.

se·se·o m. pronunciation of Spanish c, before e or i, and z, as s.

ses·gar (see model 7) tr. 1 cortar to cut on the bias, cut on a slant 2 torcer to slant.

ses·go m. 1 torcimiento slant 2 fig. curso slant, turn.

se·sión f. 1 reunión session, meeting 2 CINE showing se cierra la sesión the meeting is adjourned.

se·so m. 1 brain 2 fam. fig. brains pl., grey matter, sense ◇ mpl. **sesos** CULIN brains.

ses·ter·cio m. sesterce.

se·su·do, da adj. 1 sensato sensible prudente wise 2 inteligente intelligent, brainy.

set m. set.

se·ta f. comestible mushroom no comestible toadstool.

se·te·cien·tos, tas adj. cardinal seven hundred ordinal seven-hundredth ◇ m. **setecientos** número seven hundred.

se·ten·ta adj. cardinal seventy ordinal seventieth ◇ m. número seventy the seventies.

se·ten·ta·vo, va adj. seventieth ◇ s. seventieth.

se·to m. hedge.

seu·dó·ni·mo m. gen. pseudonym de escritores pen name.

se·ve·ri·dad f. 1 gravedad severity, harshness 2 rigurosidad strictness.

se·ve·ro, ra adj. 1 grave severe, harsh 2 riguroso strict 3 clima harsh, severe, bleak 4 estilo stark, severe.

se·vi·cia f. cruelty.

se·xa·ge·na·rio, ria adj. sexagenarian ◇ s. sexagenarian.

se·xa·ge·si·mal adj. sexagesimal.

se·xa·gé·si·mo, ma adj. sixtieth ◇ s. sixtieth.

se·xe·nio m. six-year period.

se·xis·ta adj. 1 sexist 2 machista chauvinistic ◇ m. 1 sexist 2 machista male chauvinist.

se·xo m. 1 sex 2 órganos sexual organs pl., genitals pl. el sexo débil the weaker sex.

se·xo·lo·gí·a f. sexology.

sex·tan·te m. sextant.

sex·te·to m. sextet.

sex·ti·lli·zo, za s. sextuplet.

sex·to, ta adj. sixth ◇ s. sixth sexto sentido sixth sense.

sex·tu·pli·car (see model 1) tr. to multiply by six, sextuplicate.

séx·tu·plo, pla adj. sextuple ◇ m. **séxtuplo** six times as much, six times as many.

se·xual adj. gen. sex relaciones sexual vida sexual sex life.

se·xua·li·dad f. sexuality.

se·xy adj. sexy ◇ m. sex appeal.

sha·kes·pe·ria·no, na adj. Shakespearean, Shakespearian.

sher·pa m. Sherpa.

shock m. shock.

short shorts pl.

show m. 1 espectáculo show 2 fam. numerito show, display montar un show fam. to make a scene.

si conj. 1 condicional if si quieres puedes venir con nosotros you can come with us if you want to 2 disyuntiva, duda if, whether no sé si decírselo I don't know whether to tell her 3 énfasis but ¡pero si es facilísimo! but it's really easy!

sí¹ pron. 1 él himself ella herself cosa itself ellos, ellas themselves usted yourself ustedes yourselves lo hizo por sí misma she did it by herself 2 uno mismo oneself 3 recíproco each other.

sí² adv. 1 yes dijo que sí she said yes 2 enfático of course sí que me gusta of course I like it m. pl. síes yes ¡claro que sí! of course!

si·al *m.* sial.

sia·més, me·sa *adj.* Siamese ◇ *s. persona* Siamese ◇ *m.* **siamés** *idioma* Siamese.

si·ba·ri·ta *adj.* sybarite, sybaritic ◇ *com.* sybarite, bon vivant.

si·be·ria·no, na *adj.* Siberian ◇ *s.* Siberian.

si·ca·líp·ti·co, ca *adj.* suggestive, erotic, pornographic.

si·ca·rio *m.* 1 hired gunman 2 *matón* heavy, thug.

si·ci·lia·no, na *adj.* Sicilian ◇ *s.* Sicilian.

si·co·mo·ro *m.* sycamore.

SIDA *abr.* MED *síndrome de inmunodeficiencia adquirida* acquired immune deficiency syndrome *abreviatura* AIDS.

si·de·ral *adj.* sidereal, astral **espacio sideral** outer space.

si·de·rur·gia *f.* iron and steel industry.

si·de·rúr·gi·co, ca *adj.* iron and steel.

si·dra *f.* hard cider.

sie·ga *f.* 1 *acción* harvesting, reaping 2 *época* harvest, harvest time 3 *mieses* harvest.

siem·bra *f.* 1 *acción* sowing 2 *época* sowing time 3 *sembrado* sown field.

siem·pre *adv.* always **a la hora de siempre** at the usual time **la historia de siempre** the same old story **siempre pasa lo mismo** it's always the same **siempre y cuando** provided, as long as.

sien *f.* temple.

sier·pe *f.* 1 *serpiente* serpent 2 *fig. con mal genio* bad-tempered person *feo* ugly person.

sie·rra *f.* 1 TÉC saw 2 GEOG mountain range **sierra circular** circular saw **sierra mecánica** power saw.

sie·rra·le·o·nés, ne·sa *adj.* Sierra Leonean ◇ *s.* Sierra Leonean.

sier·vo, va *s.* 1 *esclavo* slave 2 HIST serf **siervo de Dios** REL servant of God.

sies·ta *f.* siesta, afternoon nap **dormir la siesta** to have a siesta, have an afternoon nap.

sie·te *adj.* cardinal seven **séptimo** seventh ◇ *m.* 1 *número* seven 2 *fam. rasgón* tear.

sí·fi·lis *f. inv.* syphilis.

si·fón *m.* 1 *tubo encorvado* siphon 2 *tubo acodado* U-bend, trap 3 *bebida* soda, soda water 4 *botella* soda siphon.

si·gi·lo·sa·men·te *adv.* 1 *discretamente* discreetly 2 *en secreto* secretly 3 *silenciosamente* quietly.

si·gi·lo·so, sa *adj.* 1 *discreto* secretive 2 *secreto - asunto* secret - *persona* secretive 3 *silencioso* quiet.

si·gla *f.* acronym, abbreviation.

si·glo *m.* 1 century 2 *fig. vida mundana* world **hace un siglo que... I** (we, they, etc.) haven't... for ages **por los siglos de los siglos** for ever and ever **el Siglo de Oro** the Golden Age.

sig·ma *f.* sigma.

sig·na·ta·rio, ria *adj.* signatory ◇ *s.* signatory.

sig·ni·fi·ca·do, da *pp. de* **significar** *adj.* well-known, important ◇ *m.* **significado** meaning.

sig·ni·fi·can·te *m.* significant.

sig·ni·fi·car *(see model 1) tr.* 1 to mean 2 *hacer saber* to make known, express ◇ *prnl.* **significarse** to stand out.

sig·ni·fi·ca·ti·vo, va *adj.* 1 *que da a entender* meaningful 2 *importante* significant.

sig·no *m.* 1 *gen.* sign 2 GRAM mark 3 *destino* fate, destiny 4 *tendencia* tendency **signo de admiración / de interrogación** exclamation mark / question mark **signo de sumar** plus sign.

si·guien·te *adj.* following, next **¡el siguiente!** next, please!

sí·la·ba *f.* syllable.

si·lá·bi·co, ca *adj.* syllabic.

sil·bar *intr.* 1 to whistle 2 *abuchear* to hiss, boo.

sil·ba·to *m.* whistle.

sil·bi·do *m.* 1 *acción* whistle, whistling 2 *abucheo* hissing 3 *del teléfono* ring, ringing.

si·len·cia·dor *m.* 1 *de arma* silencer 2 AUTO muffler.

si·len·ciar *(see model 12) tr.* 1 *ocultar* to hush up 2 *pasar por alto* not to mention 3 *las armas* to silence.

si·len·cio *m.* silence **guardar silencio** to keep quiet **romper el silencio** to break the silence.

si·len·cio·so, sa *adj. persona* quiet *objeto* silent.

síl·fi·de *f.* sylph.

si·li·cio *m.* silicon.

si·li·co·na *f.* silicone.

si·lla *f.* 1 chair 2 *de montar* saddle 3 *en la Academia* seat **silla de montar** saddle **silla de ruedas** wheelchair **silla eléctrica** electric chair.

si·llón *m.* 1 armchair 2 *de montar* side-saddle 3 *en la Academia* seat.

si·lo *m.* silo.

si·lo·gis·mo *m.* syllogism.

si·lue·ta *f.* 1 *contorno* silhouette 2 *figura* figure, shape.

sil·ves·tre *adj.* wild.

sil·vi·cul·tor, ra *s.* forestry expert.

sil·vi·cul·tu·ra *f.* forestry.

si·ma *f.* abyss, chasm.

sim·bio·sis *f. inv.* symbiosis.

sim·bó·li·co, ca *adj.* symbolic, symbolical.

sim·bo·lis·mo *m.* symbolism.

sim·bo·li·zar *(see model 4) tr.* to symbolize.

sím·bo·lo *m.* symbol.

si·me·trí·a *f.* symmetry.

si·mé·tri·co, ca *adj.* symmetric, symmetrical.

si·mien·te *f.* seed.

sí·mil *adj. parecido* similar ◇ *m.* 1 *comparación* comparison 2 *semejanza* resemblance, similarity 3 LIT simile.

si·mi·lar *adj.* similar.

si·mi·li·tud *f.* similarity, resemblance.

si·mio *m.* simian, monkey.

si·mo·ní·a *f.* simony.

sim·pa·tí·a *f.* 1 *cordialidad* affection (*por*, for), liking (*por*, for) 2 *amabilidad* warmth, pleasantness 3 *afinidad* affinity (*por*, with) 4 *solidaridad* sympathy (*por*, towards), solidarity (*con*, with).

sim·pá·ti·co, ca *adj.* 1 *amable* nice, likeable *agradable* kind, friendly *encantador* charming 2 MED sympathetic **hacerse el simpático** to ingratiate oneself (*con*, with), butter up (*con*, -).

sim·pa·ti·zan·te *adj.* supporting ◇ *com.* supporter.

sim·pa·ti·zar *(see model 4) intr.* 1 *con persona* to get on (*con*, with) **es difícil simpatizar con él** it's difficult to get on with him 2 *con idea, etc.* to sympathize (*con*, with).

sim·ple *adj.* 1 *gen.* simple 2 *único* single, just one 3 *mero* mere 4 *persona* simple, simple-minded ◇ *com.* simpleton ◇ *m.* tenis singles *pl.*

sim·pli·fi·ca·ción *f.* simplification.

sim·pli·fi·car *(see model 1) tr.* to simplify.

sim·po·sio *m.* symposium.

si·mu·la·cro *m.* sham, pretense **un simulacro de ataque** a mock attack.

si·mu·la·dor, ra *adj.* simulative ◇ *s.* pretender ◇ *m.* **simulador** TÉC simulator.

si·mu·lar *tr.* 1 to simulate 2 *fingir* to pretend.

si·mul·tá·ne·a·men·te *adv.* simultaneously, at the same time.

si·mul·tá·ne·o, a *adj.* simultaneous.

sin *prep.* **1** *carencia* without **2** *además de* not counting **quedarse sin algo** to run out of something **sin más ni más** without further ado **sin querer** accidentally, by mistake.

si·na·go·ga *f.* synagogue.

si·na·le·fa *f.* synalepha, synaloepha, elision.

sin·ce·ri·dad *f.* sincerity **con toda sinceridad** in all sincerity.

sin·ce·ro, ra *adj.* sincere.

sin·cli·nal *m.* syncline.

sín·co·pa *f.* **1** MÚS syncopation **2** LING syncope.

sin·co·par *tr.* **1** *notas, palabras* to syncopate **2** *fig. abreviar* to abridge.

sín·co·pe *m.* syncope.

sin·cre·tis·mo *m.* syncretism.

sin·cro·ní·a *f.* synchrony.

sin·cró·ni·co, ca *adj.* synchronic.

sin·cro·ni·za·ción *f.* synchronization.

sin·cro·ni·zar *(see model 4) tr.* to synchronize.

sin·di·cal *adj.* trade union, union.

sin·di·ca·li·zar *tr.* to unionize ◇ *prnl.* **sindicalizarse** *afiliarse* to join a union *unirse* to form a union.

sin·di·ca·to *m.* trade union, union.

sín·di·co *m.* **1** POL elected representative **2** *depositario* trustee.

sín·dro·me *m.* syndrome.

si·néc·do·que *f.* synecdoche.

si·né·re·sis *f. inv.* syneresis, synaeresis.

si·ner·gia *f.* synergy.

sin·fín *m.* endless number.

sin·fo·ní·a *f.* symphony.

sin·gle *m.* **1** *tenis* singles *pl.* **2** *disco* single.

sin·gu·lar *adj.* **1** *único* singular, single **2** *excepcional* extraordinary, exceptional **3** *raro* peculiar, odd ◇ *m.* GRAM singular **en singular** GRAM in the singular.

si·nies·tra *f. izquierda* left hand.

si·nies·tro, tra *adj.* **1** LIT *izquierdo* left, left-hand **2** *malo* sinister, ominous **3** *funesto* fateful, disastrous ◇ *m. siniestro* disaster, catastrophe *accidente* accident *incendio* fire.

sin·nú·me·ro *m.* endless number.

si·no¹ *conj.* **1** *contraposición* but **no es blanco sino negro** it isn't white but black **2** *excepción* but, except for **nadie lo sabe sino Antonio** nobody knows except for Antonio **no sólo... sino...** not only... but...

si·no² *m. destino* fate, destiny.

sí·no·do *m.* synod.

si·nó·ni·mo, ma *adj.* synonymous ◇ *m. sinónimo* synonym.

si·nop·sis *f. inv.* synopsis.

si·no·vial *adj.* synovial.

sin·ra·zón *f.* wrong, injustice.

sin·tác·ti·co, ca *adj.* syntactic, syntactical.

sin·tag·ma *m.* phrase **sintagma nominal** noun phrase.

sin·ta·xis *f. inv.* syntax.

sín·te·sis *f. inv.* synthesis.

sin·te·ti·zar *(see model 4) tr.* **1** to synthesize **2** *resumir* to summarize.

sin·to·ís·ta *com.* Shintoist.

sín·to·ma *m.* symptom.

sin·to·ma·to·lo·gí·a *f.* symptomatology.

sin·to·ní·a *f.* **1** *de radio* tuning **2** *música* signature tune **3** *fig. armonía* harmony.

sin·to·ni·za·ción *f.* **1** tuning **2** *fig.* harmony.

sin·to·ni·zar *(see model 4) tr. radio* to tune in to ◇ *intr. fig. llevarse bien* to get on well, be on the same wavelength.

si·nuo·so, sa *adj.* **1** *camino* winding **2** *fig. argumento* tortuous *persona* devious.

si·nu·si·tis *f. inv.* sinusitis.

sin·ver·güen·za *adj.* **1** *pícaro* shameless **2** *descarado* cheeky ◇ *com.* **1** *pícaro* rotter, swine, louse **2** *descarado* cheeky devil.

sio·nis·mo *m.* Zionism.

si quie·ra *conj.* **1** *adversativa* even though, even if **2** *distributiva* whether ◇ *adv. por lo menos* at least **ni siquiera** not even.

si·re·na *f.* **1** *ninfa* siren, mermaid **2** *alarma* siren.

sir·ga *f.* rope, tow-rope, tow-line.

si·rio, ria *adj.* Syrian ◇ *s.* Syrian.

sir·vien·te, ta *s.* servant.

si·sa *f.* **1** COST armhole **2** *hurto* petty theft, pilfering, filching.

si·sar *tr.* **1** COST to dart, take in **2** *hurtar* to pilfer, pinch, nick *estafar* to cheat.

si·se·ar *intr.* to hiss ◇ *tr.* to hiss.

si·se·o *m.* hiss, hissing.

sís·mi·co, ca *adj.* seismic.

sis·mo *m.* earthquake, tremor.

sis·mó·gra·fo *m.* seismograph.

sis·te·ma *m.* system **sistema métrico decimal** decimal metric system **sistema nervioso** nervous system **sistema operativo** operative system **sistema solar** solar system.

sis·te·má·ti·co, ca *adj.* systematic.

sis·te·ma·ti·zar *(see model 4) tr.* to systematize.

sís·to·le *f.* systole.

si·tial *m.* seat of honor.

si·tiar *(see model 12) tr.* to besiege, lay siege to.

si·tio *m.* **1** *lugar* place **2** *espacio* space, room **3** *asiento* seat **4** MIL siege **cambiar algo de sitio** to move something **sitio web** website.

si·to, ta *adj.* located, situated.

si·tua·ción *f.* **1** *circunstancia* situation **2** *posición* position **3** *emplazamiento* situation, location.

si·tua·do, da *pp. de* situar *adj.* situated, located.

si·tuar *(see model 11) tr.* to place, locate, situate, put ◇ *prnl.* **situarse** *colocarse* to be placed, be located, be situated.

sla·lom *m.* slalom.

so *prep.* under **so pena de** under penalty of, on pain of.

SO *símb.* **suroeste** southwest *símbolo* SW.

so·a·sar *tr.* to roast lightly.

so·ba·co *m.* armpit.

so·ba·jar *tr.* to crumple, mess up.

so·bar *tr.* **1** *ablandar* to knead **2** *fig. manosear - objeto* to finger - *persona* to grope, paw, touch up **3** *fam. pegar* to thrash.

so·be·ra·ní·a *f.* sovereignty.

so·be·ra·no, na *adj.* **1** sovereign **2** *fig.* extreme, supreme **3** *fam.* huge, great ◇ *s.* sovereign.

so·ber·bia *f.* **1** *orgullo* pride *arrogancia* arrogance, haughtiness **2** *magnificiencia* sumptuousness, pomp **3** *cólera* rage, anger.

so·ber·bio, bia *adj.* **1** *orgulloso* proud *arrogante* arrogant, haughty **2** *suntuoso* sumptuous, magnificent **3** *magnífico* superb, splendid, magnificent **4** *fam. enorme* great, huge.

so·bor·nar *tr.* to bribe, suborn.

so·bor·no *m.* **1** *acción* bribery **2** *regalo, etc.* bribe.

so·bra *f. exceso* excess, surplus ◇ *fpl.* **sobras** *desperdicios* leftovers **estar de sobra** *persona* to be in the way.

so·bra·do, da *pp. de* sobrar *adj. que sobra* ample, more than enough, plenty of ◇ *adv.* **sobrado** *demasiado* too ◇ *m. desván* attic, garret **estar sobrado de algo** to have plenty of.

so·bran·te *adj.* leftover, remaining, spare ◇ *m.* excess, surplus.

so·brar *intr.* 1 *haber más de lo necesario* to be more than enough, be too much 2 *estar de más* to be superfluous, be unnecessary 3 *estorbar* to be in the way.

so·bre *prep.* 1 *encima* on, upon, on top of *sobre de la mesa* on the table 2 *por encima* over, above *volamos sobre la ciudad* we're flying over the town 3 *acerca de* about, on 4 *alrededor de* about, around ◇ *m.* 1 *de correo* envelope 2 *de sopa, etc.* packet 3 *fam. fig. cama* bed.

so·bre- *pref.* super-, over-.

so·bre·a·bun·dan·cia *f.* superabundance, overabundance.

so·bre·a·li·men·ta·ción *f.* overfeeding.

so·bre·á·ti·co *m.* penthouse.

so·bre·ca·len·tar *(see model 27) tr.* to overheat ◇ *prnl. sobrecalentarse* to overheat.

so·bre·car·ga *f.* 1 overload 2 *fig.* additional burden, further worry.

so·bre·car·go *m.* supercargo.

so·bre·co·ge·dor, ra *adj.* *conmovedor* dramatic, awesome 2 *que da miedo* frightening.

so·bre·co·ger *(see model 5) tr.* 1 *coger de repente* to startle, take by surprise 2 *asustar* to frighten, scare ◇ *prnl. sobrecogerse* 1 *sorprenderse* to be startled 2 *asustarse* to be frightened, be scared.

so·bre·do·sis *f. inv.* overdose.

so·bre·en·ten·der *(see model 28) tr.* 1 *comprender* to understand 2 *deducir* to deduce ◇ *prnl. sobreentenderse* to be implied, be inferred.

so·bre·ex·ci·tar *tr.* to overexcite ◇ *prnl. sobreexcitarse* to get overexcited.

so·bre·ex·po·ner *(see model 78) pp. sobreexpuesto tr.* to overexpose.

so·bre·ex·pues·to, ta *pp. de sobreexponer.*

so·bre·gi·rar *tr.* to overdraw.

so·bre·hu·ma·no, na *adj.* superhuman.

so·bre·lle·var *tr.* to bear, endure.

so·bre·me·sa *f.* 1 *período* afternoon 2 *charla* table talk.

so·bre·nom·bre *m.* nickname.

so·bre·pa·sar *tr.* 1 to exceed, surpass, be in excess of 2 *competición* to beat.

so·bre·pe·so *m.* 1 overload, excess weight 2 *de persona* excess weight.

so·bre·po·ner *(see model 78) pp. sobrepuesto tr.* to put on top (en, of), superimpose (en, on) ◇ *prnl. sobreponerse* 1 *al dolor, etc.* to overcome (a, -) 2 *fig. animarse* to pull oneself together.

so·bre·pre·cio *m.* surcharge.

so·bre·pro·duc·ción *f.* excess production, overproduction.

so·bre·sa·lien·te *adj.* 1 sticking out, protruding 2 *fig.* outstanding, excellent ◇ *m. calificación - colegio* A - *universidad* A ◇ *s. actor suplente* understudy.

so·bre·sa·lir *(see model 84) intr.* 1 to stick out, protrude 2 *fig.* to stand out, excel.

so·bre·sal·tar *tr.* to startle ◇ *prnl. sobresaltarse* to be startled.

so·bre·sal·to *m.* start *de temor* fright, shock.

so·bres·drú·ju·lo, la *adj.* accented on the antepenultimate syllable.

so·bre·se·er *(see model 61) tr.* to dismiss.

so·bre·sei·mien·to *m.* dismissal.

so·bre·suel·do *m.* extra pay, bonus.

so·bre·ve·nir *(see model 90) intr.* to happen to, befall.

so·bre·vi·vir *intr.* 1 *gen.* to survive 2 *a alguien* to outlive.

so·bre·vo·lar *(see model 31) tr.* to fly over.

so·brie·dad *f.* 1 sobriety, moderation, restraint 2 *en bebida* moderation.

so·bri·no, na *s. hombre* nephew *mujer* niece.

so·brio, bria *adj.* 1 *estilo, color, etc.* sober, plain 2 *persona* sober, moderate, restrained 3 *forma de expresarse* concise 4 *comida* light.

so·ca·rrón, rro·na *adj.* 1 *astuto* sly, cunning 2 *burlón* sarcastic, ironic, wry ◇ *s.* 1 *astuto* sly fox 2 *burlón* sarcastic person, wry person.

so·ca·var *tr.* 1 *excavar* to dig under 2 *fig.* to undermine.

so·ca·vón *m.* 1 *cueva excavada* excavation 2 *bache* hollow, hole 3 *de una mina* gallery, tunnel.

so·cia·bi·li·dad *f.* sociability.

so·cial *adj.* social.

so·cial·de·mo·cra·cia *f.* social democracy.

so·cia·lis·mo *m.* socialism.

so·cia·li·zar *(see model 4) tr.* 1 *gen.* to socialize 2 *nacionalizar* to nationalize.

so·cie·dad *f.* 1 *gen.* society 2 COMM company 3 *asociación* society, association *presentarse en sociedad* to make one's debut *sociedad anónima* incorporated company *sociedad mercantil* company, trading company.

so·cio, cia *s.* 1 *miembro* member 2 COMM partner, associate 3 *accionista* shareholder, member 4 *fam. sujeto* mate, pal *socio capitalista* capitalist partner.

so·cio·e·co·nó·mi·co, ca *adj.* socioeconomic.

so·cio·lo·gí·a *f.* sociology.

so·co·rrer *tr.* to help, assist, come to the aid of, go to the aid of.

so·co·rris·ta *com.* life-saver, lifeguard.

so·co·rro *m.* 1 *ayuda* help, aid, assistance 2 *provisiones* supplies *pl.*, provisions *pl. interj.* help!

so·crá·ti·co, ca *adj.* Socratic ◇ *s.* Socratic.

so·da *f.* 1 *bebida* soda water 2 QUÍM soda.

so·dio *m.* sodium.

so·do·mí·a *f.* sodomy.

so·do·mi·zar *(see model 4) tr.* to sodomize, bugger.

so·ez *adj.* vulgar, crude, rude.

so·fá *m.* sofa, settee *sofá cama* sofa bed.

so·fis·ma *m.* sophism.

so·fis·ta *adj.* sophistic ◇ *com.* sophist.

so·fis·ti·ca·ción *f.* sophistication.

so·fla·mar *tr.* 1 *abochornar* to make blush 2 *socarrar* to scorch, singe 3 *engañar* to deceive ◇ *prnl. soflamarse* socarrarse to burn.

so·fo·ca·ción *f.* 1 *ahogo* suffocation, stifling sensation 2 *rubor* blushing 3 *fig. de incendio* extinction *de rebelión* suppression.

so·fo·car *(see model 1) tr.* 1 *ahogar* to suffocate, stifle, smother 2 *fig. abochornar* to make blush 3 *fig. incendio* to put out, extinguish *rebelión* to suppress, put down ◇ *prnl. sofocarse* 1 *de calor, etc.* to suffocate 2 *fig. ruborizarse* to blush.

so·fre·ír *(see model 37) pp. sofrito o sofreído tr.* to fry slightly, brown.

software *m.* software.

so·ga *f.* rope, cord *estar con la soga al cuello fig.* to be in dire straits.

so·ja *f.* soybean.

so·juz·gar *(see model 7) tr.* to subjugate.

sol *m.* 1 *estrella* sun 2 *luz* sun, sunlight, sunshine 3 *en los toros* seats *pl.* in the sun 4 *fam. persona* darling *de sol a sol* from sunrise to sunset *tomar el sol tendido* to sunbathe *sol naciente* rising sun.

so·la·na f. 1 *lugar donde da el sol* sunny spot, suntrap 2 *de una casa - interior* sun lounge - *exterior* sun terrace.

so·la·pa f. 1 *de prenda* lapel 2 *de sobre, libro* flap 3 *fig.* pretexto pretext.

so·la·par tr. 1 COST to put lapels on 2 *fig.* ocultar to conceal, cover up ◇ intr. cubrir to overlap.

so·lar adj. *del sol* solar.

so·la·rie·go, ga adj. 1 *noble* noble 2 *de la familia* family.

so·laz m. 1 *esparcimiento* recreation, entertainment 2 *descanso* rest, relaxation 3 *consuelo* consolation, solace.

so·la·zar (*see model 4*) tr. 1 *entretener* to amuse, entertain 2 *descansar* to rest, relax ◇ prnl. **solazarse** 1 *divertirse* to enjoy oneself 2 *relajarse* to relax.

sol·da·do m. soldier **soldado de infantería** infantryman.

sol·da·dor, ra s. welder ◇ m. **soldador** soldering iron.

sol·da·du·ra f. 1 *acción* welding, soldering 2 *unión* weld, soldered joint.

sol·dar (*see model 31*) tr. 1 *metal* to weld, solder 2 *fig.* enmendar to mend ◇ prnl. **soldarse** *huesos* to knit.

so·le·a·do, da adj. sunny.

so·le·ar tr. to expose to the sun, put in the sun.

so·le·cis·mo m. solecism.

so·le·dad f. 1 *estado* solitude 2 *sentimiento* loneliness 3 *lugar* lonely place.

so·lem·ne adj. 1 *solemn*, majestic 2 *pey.* downright.

so·lem·ni·zar (*see model 4*) tr. *celebrar* to solemnize, celebrate *conmemorar* to commemorate.

so·le·noi·de m. solenoid.

só·le·o m. soleus.

so·ler (*see model 32*) intr. *acostumbrar* - *presente* to be in the habit of + *-ing* - *pasado* used to.

so·le·ra f. 1 *soporte* support, prop 2 *de molino* lower millstone 3 *de horno* floor 4 *del vino* lees pl. 5 *fig.* tradición tradition.

sol·fe·ar tr. 1 MÚS to sol-fa 2 *fig.* zurrar to thrash, beat 3 *fig.* censurar to criticize.

sol·fe·o m. MÚS sol-fa, solfeggio.

so·li·ci·tan·te com. applicant.

so·li·ci·tar tr. 1 *pedir* to request 2 *trabajo* to apply for *permiso, etc.* to ask for *votos* to canvass for 3 *persona* to chase after 4 *cortejar* to woo, court.

so·lí·ci·to, ta adj. obliging, attentive.

so·li·ci·tud f. 1 *petición de trabajo* application - *impreso* application form 2 *instancia* petition 3 *diligencia* solicitude, care.

so·li·da·ri·dad f. solidarity.

so·li·da·rio, ria adj. 1 *ligado* united 2 *responsabilidad, causa* common 3 JUR jointly responsible.

so·li·da·ri·zar·se (*see model 4*) prnl. 1 *gen.* to show one's solidarity (*con*, with) 2 *apoyar* to support (*con*, -).

so·li·de·o m. skullcap.

so·li·di·fi·car (*see model 1*) tr. 1 *líquido* to solidify 2 *pasta* to harden, set ◇ prnl. **solidificarse** 1 *líquido* to solidify 2 *pasta* to harden, set.

só·li·do, da adj. 1 *fuerte* solid, strong *firme* firm 2 *fig.* color fast 3 *fig.* principios, etc. sound ◇ m. **sólido** solid.

so·li·lo·quio m. soliloquy.

so·lio m. throne.

so·lis·ta com. soloist.

so·li·ta·rio, ria adj. 1 *que está solo* solitary, lone 2 *que se siente solo* lonely 3 *lugar* deserted, lonely ◇ s. 1 *persona* solitary person 2 *ermitaño* hermit ◇ m. **solitario** *diamante, naipes* solitaire.

so·li·vian·tar tr. 1 *inducir* to rouse, stir up 2 *irritar* to irritate.

so·llo·zar (*see model 4*) intr. to sob.

so·llo·zo m. sob.

só·lo adv. only, just **no sólo... sino (también)...** not only... but (also)... **tan sólo** only, just.

so·lo, la adj. 1 *sin compañía* alone, on one's own, by oneself *sin ayuda* (by) oneself, (for) oneself 2 *solitario* lonely **me siento sola** I feel lonely 3 *único* only, sole, single **ni una sola palabra** not a single word 4 *café* black *bebida alcohólica* straight ◇ m. **solo** 1 *naipes* solitaire 2 *fam.* café black coffee 3 MÚS solo.

so·lo·mi·llo m. sirloin.

sols·ti·cio m. solstice.

sol·tar (*see model 31*) tr. 1 *desasir* to let go of, release, drop 2 *desatar* to untie, unfasten, undo *aflojar* to loosen 3 *preso* to release, free, set free 4 *animal* to let out *perro* to unleash ◇ prnl. **soltarse** 1 *desatarse* to come untied, come unfastened 2 *desprenderse* to come off 3 *tornillo, etc.* to come loose 4 *animal* to get loose, break loose.

sol·te·rí·a f. *gen.* single state *de hombre* bachelorhood.

sol·te·ro, ra adj. single, unmarried ◇ s. *hombre* bachelor, single *man mujer* single woman.

sol·tu·ra f. 1 *agilidad* agility 2 *fig.* seguridad confidence, assurance 3 *fig. al hablar* fluency, ease 4 *fig.* descaro shamelessness.

so·lu·ble adj. soluble.

so·lu·ción f. solution.

so·lu·cio·nar tr. 1 *problema* to solve 2 *huelga, asunto* to settle.

sol·ven·cia f. 1 FIN solvency 2 *pago* settlement 3 *fiabilidad* reliability *reputación* good reputation.

sol·ven·tar tr. 1 *dificultad, problema* to solve, resolve 2 *deuda, asunto* to settle.

sol·ven·te adj. 1 FIN solvent 2 *fiable* reliable ◇ m. QUÍM solvent.

so·ma·lí adj. Somali ◇ com. Somali.

so·ma·to·lo·gí·a f. somatology.

som·bra f. 1 *falta de sol* shade 2 *silueta* shadow 3 *espectro* ghost, shade 4 *fig.* oscuridad en el alma darkness, obscurity **a la sombra** *fig.* in the shade **sombra de duda** shadow of doubt.

som·bre·a·do m. shading.

som·bre·ar tr. 1 *dar sombra* to cast a shadow upon, shade 2 *en dibujo* to shade, shade in.

som·bre·ro m. 1 *prenda* hat 2 *de hongo* cap **quitarse el sombrero** to take one's hat off.

som·bri·lla f. parasol, sunshade.

som·brí·o, a adj. 1 *lugar* dark 2 *fig.* tenebroso gloomy, somber 3 *fig.* persona gloomy, sullen.

so·me·ro, ra adj. *fig.* superficial superficial, shallow *breve* brief.

so·me·ter tr. 1 *rebeldes* to subdue, put down *rebelión* to quell 2 *hacer recibir* to subject (*a*, to) 3 *pasiones* to subdue 4 *proponer, presentar* to submit, present ◇ prnl. **someterse** 1 *rendirse* to surrender (*a*, to) 2 *tratamiento, etc.* to undergo (*a*, -) **someter algo a votación** to put something to the vote, vote on something.

som·ní·fe·ro, ra adj. sleep-inducing, somniferous ◇ m. **somnífero** sleeping pill.

som·no·len·cia f. sleepiness, drowsiness, somnolence.

so·na·ja f. *discos* jingling metal disks pl. ◇ fpl. **sonajas** *juguete* rattle *sing.*

so·na·je·ro m. baby's rattle.

so·nám·bu·lo, la adj. somnambulistic ◇ s. sleep-walker, somnambulist.

so·nar (see model 31) intr. **1** hacer ruido to sound **2** timbre, teléfono, etc. to ring **3** alarma, reloj to go off **4** instrumento to play **5** letra to be pronounced **6** mencionarse to be mentioned ◇ tr. **1** conocer vagamente to sound familiar, ring a bell **2** nariz to blow **3** timbre, etc. to ring bocina to blow, sound instrumento to play ◇ prnl. sonarse nariz to blow.

son·da f. **1** MED para intervenciones quirúrgicas probe para evacuar liquidos catheter **2** MAR sounding line **3** barreno drill, bore **4** atmosférica sonde espacio probe.

son·de·ar tr. **1** MED to sound, probe **2** MAR to sound **3** subsuelo to drill, bore **4** fig. encuestar to sound out, test.

son·de·o m. **1** MED sounding, probing **2** MAR sounding **3** del subsuelo drilling, boring **4** fig. encuesta poll.

so·ne·to m. sonnet.

só·ni·co, ca adj. sonic.

so·ni·do m. sound.

so·no·ri·za·ción f. **1** de pelicula recording of the soundtrack **2** amplificación amplification **3** LING voicing.

so·no·ri·zar (see model 4) tr. **1** pelicula to record the soundtrack **2** amplificar to install amplifying equipment in **3** LING to voice.

so·no·ro, ra adj. **1** resonante loud, resounding **2** LING sound.

son·re·ír (see model 37) intr. to smile ◇ tr. **1** to smile at **2** fig. favorecer to smile on, smile upon ◇ prnl. sonreírse to smile.

son·ri·sa f. smile.

son·ro·jar tr. to make blush ◇ prnl. sonrojarse to blush.

son·ro·sar intr. to go pink, turn pink.

son·sa·car (see model 1) tr. **1** gen. to wheedle **2** fig. secreto to get out of, worm out.

son·so·ne·te m. **1** sonido de golpecitos rhythmic tapping **2** fig. tonillo irónico mocking tone **3** fig. cantinela song, tune **4** fig. voz monótona drone, droning voice.

so·ña·do, da pp. de soñar adj. of one's dreams, dream.

so·ña·dor, ra adj. dreamy, dreaming ◇ s. dreamer.

so·ñar (see model 31) tr. **1** al dormir to dream **2** fig. fantasear to daydream, dream ◇ intr. **1** al dormir to dream (con, about/of) soñé contigo I dreamt about you **2** fig. fantasear to daydream (con, about), dream (con, about/of) ¡sueña con los angelitos! fig. sweet dreams! soñar despierto to daydream.

so·ño·len·cia f. sleepiness, drowsiness.

so·ño·lien·to, ta adj. drowsy, sleepy.

so·pa f. plato soup ◇ fpl. sopas pieces of bread soaked in a liquid, sops quedar hecho una sopa fam. to be soaked to the skin.

so·pe·ar tr. to dunk, dip.

so·pe·ro, ra adj. soup ◇ s. persona fond of soup ◇ m. sopero plato soup dish.

so·pe·sar tr. **1** to try the weight of **2** fig. to weigh up.

so·pla·dor, ra m. glass-blower.

so·plar intr. **1** viento, etc. to blow **2** fam. denunciar to squeal **3** fam. beber to booze ◇ tr. **1** polvo, etc. to blow away, blow off vela to blow out sopa to blow on globo to blow up **2** vidrio to blow ◇ prnl. soplarse **1** dedos, manos to blow **2** fam. fig. tomarse to down.

so·plo m. **1** con la boca blow, puff **2** de viento puff **3** fig. momento moment, minute **4** MED murmur.

so·pon·cio m. fam. swoon, fainting fit.

so·por m. drowsiness, sleepiness.

so·po·rí·fe·ro, ra adj. **1** soporific, sleep-inducing **2** fig. dull, boring.

so·por·ta·ble adj. bearable.

so·por·tar tr. **1** aguantar to support, bear **2** fig. sufrir to stand, bear, endure **3** fig. lluvia, tormenta, etc. to weather.

so·por·te m. support soporte de datos INFO data carrier.

sor f. sister Sor María Sister María.

sor·ber tr. **1** liquido to sip **2** fig. absorber to absorb, soak up ◇ prnl. sorberse fig. to absorb, soak up.

sor·bo m. **1** acción sip **2** trago gulp de un sorbo in one gulp.

sor·de·ra f. deafness.

sór·di·do, da adj. **1** sucio squalid, sordid **2** mezquino mean.

sor·di·na f. de instrumentos de viento mute, sordino de piano damper.

sor·do, da adj. **1** persona deaf **2** sonido, dolor, golpe dull **3** LING voiceless, unvoiced ◇ s. persona deaf person.

sor·do·mu·do, da adj. deaf and dumb, deaf mute ◇ s. deaf and dumb person, deaf mute.

sor·go m. sorghum.

sor·na f. **1** lentitud coolness, calmness **2** fig. mofa mocking tone ironía sarcasm.

sor·pren·den·te adj. surprising, amazing, astonishing.

sor·pren·der tr. **1** coger desprevenido to catch unawares, take by surprise **2** fig. descubrir to discover conversación to overhear **3** fig. maravillar to surprise, astonish, amaze ◇ prnl. sorprenderse fig. to be surprised.

sor·pre·sa f. surprise llevarse una sorpresa to be surprised.

sor·pre·si·vo, va adj. AM surprising, unexpected.

sor·te·ar tr. **1** echar a suertes to draw lots for, cast lots for **2** rifar to raffle **3** MIL to draft.

sor·te·o m. draw rifa raffle por sorteo by drawing lots.

sor·ti·ja f. **1** anillo ring **2** rizo curl, ringlet.

sor·ti·le·gio m. **1** hechicería sorcery, witchcraft **2** hechizo spell **3** fig. atractivo charm.

so·sa f. **1** QUÍM soda **2** BOT saltwort sosa cáustica caustic soda.

so·se·ga·do, da adj. calm, quiet.

so·se·gar (see model 48) tr. **1** aplacar to calm, quieten **2** fig. aquietar to reassure ◇ intr. descansar to rest ◇ prnl. sosegarse calmarse to calm down.

so·sias m. double, lookalike.

so·sie·go m. calmness, peace, tranquillity.

sos·la·yar tr. **1** ladear to slant, put on a slant **2** fig. evitar to avoid, dodge.

sos·pe·cha f. suspicion tener la sospecha de que... to suspect that...

sos·pe·char tr. imaginar to suspect, think, suppose ◇ intr. desconfiar to suspect (de, -).

sos·pe·cho·so, sa adj. suspicious ◇ s. suspect.

sos·tén m. **1** apoyo support **2** sustento sustenance **3** prenda bra, brassiere.

sos·te·ner (see model 87) tr. **1** mantener firme to support, hold up **2** sujetar to hold **3** fig. apoyar to support, back ◇ prnl. sostenerse mantenerse to support oneself de pie to stand up.

sos·te·ni·do, da pp. de sostener adj. **1** continuado sustained constante steady **2** MÚS sharp ◇ m. sostenido MÚS sharp.

so·ta·na *f.* cassock, soutane.

só·ta·no *m. gen.* basement *de casa* cellar, basement.

so·ta·ven·to *m.* lee, leeward.

so·te·rrar *(see model 27) tr.* **1** to bury **2** *fig.* to hide, conceal.

so·to *m.* **1** *arboleda* grove, copse **2** *matorrales* thicket.

sou·ve·nir *m.* souvenir.

so·vié·ti·co, ca *adj.* Soviet ◇ *s.* Soviet **Unión Soviética** Soviet Union.

spa·rring *m.* sparring partner.

spon·sor *m.* sponsor.

sport de sport sports, casual.

spot *m.* commercial, advert, ad.

spray *m.* spray.

sprint *m.* sprint.

squash *m.* squash.

sta·tu quo *m.* status quo.

sta·tus *m. inv.* status.

stock *m.* stock.

stop *m.* **1** *señal* stop sign **2** *parada* stop.

strip-tease *m.* striptease.

su *adj. de él* his *de ella* her *de usted, de ustedes* your *de ellos, de ellas* their *de animales, cosas* its *de uno* one's.

sua·ve *adj.* **1** *agradable al tacto* soft, smooth **2** *liso, llano* smooth, even **3** *fig. apacible* gentle, mild **4** *fig. tranquilo* easy.

sua·vi·dad *f.* **1** *dulzura* softness **2** *lisura* smoothness, evenness **3** *fig.* docileness gentleness, mildness **4** *fig. tranquilidad* ease.

sua·vi·zan·te *adj.* **1** *de pelo* conditioning **2** *de ropa* softening ◇ *m.* **1** *de pelo* hair conditioner, conditioner **2** *de ropa* fabric softener, fabric conditioner.

sua·vi·zar *(see model 4) tr.* **1** *hacer agradable* to soften **2** *alisar* to smooth (out) **3** *fig.* to soften.

sub·al·ter·no, na *adj.* subordinate, subaltern ◇ *s.* subordinate, subaltern.

sub·a·rren·dar *(see model 27) tr.* to sublet, sublease.

su·bas·ta *f.* **1** *venta* auction **2** *adjudicación de obra* invitation to tender.

su·bas·tar *tr.* to auction (off), sell at auction.

su·ba·tó·mi·co, ca *adj.* subatomic.

sub·cam·pe·ón, o·na *s. en competición* runner-up *en ránking* number two.

sub·co·mi·té *m.* subcommittee.

sub·cons·cien·te *adj.* subconscious ◇ *m.* subconscious.

sub·con·tra·tar *tr.* to subcontract.

sub·cu·tá·ne·o, a *adj.* subcutaneous.

sub·de·sa·rro·llo *m.* underdevelopment.

sub·di·rec·tor, ra *s.* assistant director, assistant manager.

súb·di·to, ta *adj.* subject ◇ *s.* **1** *de un rey* subject **2** *ciudadano* citizen.

sub·di·vi·dir *tr.* to subdivide.

sub·e·ro·so, sa *adj.* suberose.

sub·es·pe·cie *f.* subspecies.

sub·es·ta·ción *f.* substation.

sub·es·ti·mar *tr.* to underestimate.

sub·gru·po *m.* subgroup.

su·bi·do, da *pp. de* **subir** *adj.* **1** *gen.* high **2** *color, olor* strong.

sub·ín·di·ce *m.* subscript, subindex.

su·bir *intr.* **1** *ir hacia arriba - gen.* to go up, come up - *avión* to climb **2** *en un vehículo - coche* to get in *autobús, avión, barco, tren* to get on, get onto **3** *montar - bicicleta* to get on - *caballo* to get on, mount **4** *a un árbol* to climb up **5** *fig. elevarse, aumentar* to rise **6** *fig. categoría, puesto* to be promoted ◇ *tr.* **1** *escaleras, calle* to go up, climb *montaña* to climb **2** *mover arriba* to carry up, take up, bring up *poner arriba* to put upstairs **3** *cabeza, etc.* to lift, raise **4** *pared* to raise ◇ *prnl.* **subirse** **1** *piso, escalera* to go up **2** *árbol, muro, etc.* to climb up (*a, -*) **3** *en un vehículo - coche* to get in (*a, -*) *autobús* to get on (*a, -*) *avión, barco, tren* to get on (*a, -*), get onto (*a, -*) **subir a bordo** to get on board.

sú·bi·to, ta *adj.* sudden *de súbito* suddenly, all of a sudden.

sub·je·ti·va·men·te *adv.* subjectively.

sub·je·ti·vo, va *adj.* subjective.

sub·jun·ti·vo, va *adj.* subjunctive ◇ *m.* **subjuntivo** subjunctive.

su·ble·va·ción *f.* uprising, revolt, rebellion.

su·ble·var *tr.* **1** to incite to rebellion **2** *fig. indignar* to infuriate ◇ *prnl.* **sublevarse** to rebel, revolt.

su·bli·ma·ción *f.* sublimation.

su·bli·me *adj.* **1** sublime **2** *noble* noble, lofty ◇ *m.* **lo sublime** the sublime.

sub·li·mi·nal *adj.* subliminal.

sub·ma·ri·no, na *adj.* underwater, submarine ◇ *m.* **submarino** submarine.

sub·ma·xi·lar *adj.* submaxillary.

sub·múl·ti·plo, pla *adj.* submultiple ◇ *m.* **submúltiplo** submultiple.

sub·o·fi·cial *m.* **1** MIL noncommissioned officer **2** MAR petty officer.

sub·or·di·na·ción *f.* subordination.

sub·or·di·na·do, da *pp. de* **subordinar** *adj.* subordinate ◇ *s.* subordinate.

sub·or·di·nar *tr.* to subordinate ◇ *prnl.* **subordinarse** to subordinate oneself.

sub·pro·duc·to *m.* by-product.

sub·ra·yar *tr.* **1** to underline **2** *fig.* to emphasize, underline, stress.

su·brep·ti·cio, cia *adj.* surreptitious.

sub·ro·gar *(see model 7) tr.* to subrogate, substitute.

sub·sa·nar *tr.* **1** *remediar* to rectify, correct **2** *dificultad, etc.* to overcome **3** *compensar* to make up for.

sub·se·cre·ta·rí·a *f.* **1** *cargo* under-secretaryship **2** *oficina* under-secretary's office.

sub·si·diar *(see model 12) tr.* to subsidize.

sub·si·dia·rio, ria *adj.* subsidiary.

sub·si·dio *m.* allowance, benefit.

sub·sis·ten·cia *f.* **1** *hecho* subsistence **2** *lo necesario para vivir* sustenance ◇ *fpl.* **subsistencias** *provisiones* food *fing,* provisions, supplies.

sub·sis·tir *intr.* **1** *conservarse* to subsist, remain, last **2** *vivir* to subsist, live on, survive.

sub·sue·lo *m.* subsoil.

sub·ter·fu·gio *m. escapatoria* subterfuge *pretexto* pretext.

sub·te·rrá·ne·o, a *adj.* subterranean, underground ◇ *m.* **subterráneo** underground passage, tunnel, subway.

sub·tí·tu·lo *m.* **1** subtitle **2** LIT subhead, subheading.

sub·to·tal *m.* subtotal.

sub·ur·ba·no, na *adj.* suburban ◇ *m.* **suburbano** suburban train.

sub·ur·bio *m. periferia* suburb *barrio pobre* slums *pl.*

sub·ven·ción *f.* subsidy, grant.

sub·ven·cio·nar *tr.* to subsidize.

sub·ver·si·vo, va *adj.* subversive.

sub·ver·tir *(see model 35) tr.* to subvert, upset, overthrow.

sub·ya·cer *(see model 92) intr.* to underlie (*en, -*).

sub·yu·ga·ción *f.* subjugation.

sub·yu·gar *(see model 7)* *tr.* **1** to subjugate **2** *fig.* to captivate.

suc·cio·nar *tr.* to suck up.

su·ce·dá·ne·o, a *adj.* substitute ◇ *m.* **sucedáneo** substitute **sucedáneo de café** coffee substitute.

su·ce·der *intr.* **1** to happen, occur **¿qué sucede?** what's the matter? **2** *seguir* to follow (*a*, -), succeed (*a*, -) **3** *heredar* to succeed ◇ *prnl.* **sucederse** to follow one another.

su·ce·sión *f.* **1** *herencia* succession, inheritance **2** *descendencia* issue, heirs *pl.* **3** *al trono* succession **4** *serie* series, succession.

su·ce·si·vo, va *adj.* **1** *siguiente* following, successive **2** *consecutivo* consecutive, running **en lo sucesivo** from now on.

su·ce·so *m.* **1** *hecho* event, happening, occurrence **2** *incidente* incident **3** *delito* crime.

su·ce·sor, ra *s.* successor.

su·cie·dad *f.* **1** *inmundicia* dirt, filth **2** *calidad* dirtiness, filthiness **3** *fig. obscenidad* obscenity.

su·cin·to, ta *adj.* concise, succinct.

su·cio, cia *adj.* **1** *con manchas* dirty, filthy **2** *que se ensucia fácilmente* which dirties easily, which shows the dirt **3** *fig. deshonesto* shady, underhand ◇ *adv.* **sucio** *fig.* in an underhand way, dirty.

su·cre *m.* standard monetary unit of Ecuador.

su·cu·len·to, ta *adj.* juicy, succulent.

su·cum·bir *intr.* **1** *rendirse* to succumb (*a*, to), yield (*a*, to) **2** *morir* to perish **3** *fig. tentación, etc.* to give in (*a*, to), yield (*a*, to).

su·cur·sal *f.* **1** *oficina* branch, branch office **2** *delegación* subsidiary.

sud·a·fri·ca·no, na *adj.* South African.

sud·a·me·ri·ca·no, na *adj.* South American.

su·da·nés, ne·sa *adj.* Sudanese ◇ *s.* Sudanese.

su·dar *intr.* **1** *transpirar* to sweat, perspire **2** *fig. paredes* to sweat **3** *fig. plantas* to exude, ooze **4** *fam. trabajar* to slog one's guts out, work hard ◇ *tr.* **1** *transpirar* to sweat **2** *empapar en sudor* to make sweaty **3** *fig. plantas* to exude, ooze **sudar la gota gorda** *fam.* to sweat blood.

su·da·rio *m.* shroud.

sud·es·te *adj.* **1** *del sudeste* southeast, southeastern *hacia el sudeste* southeasterly **2** *viento* southeast ◇ *m.* **1** *punto cardinal* southeast **2** *viento* southeast wind.

sud·o·es·te *adj.* **1** *del sudoeste* southwest, southwestern *hacia el sudoeste* southwesterly **2** *viento* southwest ◇ *m.* **1** *punto cardinal* southwest **2** *viento* southwest wind.

su·dor *m.* **1** sweat, perspiration **2** *fig.* effort, hard work **con el sudor de la frente** *fig.* by the sweat of one's brow.

su·do·ro·so, sa *adj.* sweaty.

sue·co, ca *adj.* Swedish ◇ *s. persona* Swede ◇ *m.* **sueco** idioma Swedish.

sue·gro, gra *s. hombre* father-in-law *mujer* mother-in-law.

sue·la *f.* **1** *del calzado* sole **2** *cuero curtido* leather **3** *del taco de billar* leather tip.

suel·do *m.* salary, pay, wages ◇ *pl. aumento de sueldo* pay raise **sueldo base** basic pay, base salary **sueldo mínimo** minimum wage.

sue·lo *m.* **1** *superficie* ground *de interior* floor **2** *fig. tierra* soil, land *mundo* earth **3** *territorio* soil, land **4** *terreno* land **5** *pavimento* surface **echar por los suelos** *fig.* to ruin **suelo patrio** native land.

suel·to, ta *adj.* **1** *no sujeto* loose **2** *desatado* undone, untied **3** *no envasado o empaquetado*

loose **4** *desaparejado* odd **5** *en libertad* free *huido* at large.

sue·ño *m.* **1** *acto* sleep **2** *ganas de dormir* sleepiness **3** *lo soñado* dream **4** *fig. ilusión* dream, illusion **conciliar el sueño** to get to sleep.

sue·ro *m.* **1** MED serum **2** *de la leche* whey.

suer·te *f.* **1** *fortuna* luck, fortune **2** *azar* chance **3** *destino* destiny, fate **4** *estado, condición* lot, situation **5** *tipo* sort, kind, type **¡buena suerte!** good luck!

sué·ter *m.* sweater.

su·fi·cien·cia *f.* **1** *capacidad* capacity **2** *fig. engreimiento* arrogance, smugness **3** *conveniencia* suitability, competence.

su·fi·cien·te *adj.* **1** *bastante* sufficient, enough **2** *apto* suitable **3** *fig. engreído* smug, complacent.

su·fi·jo, ja *adj.* suffix ◇ *m.* **sufijo** suffix.

su·fra·gar *(see model 7)* *tr.* **1** *costear - gastos* to defray, pay - *empresa* to finance **2** *ayudar* to aid, help, assist.

su·fra·gio *m.* **1** suffrage **2** *voto* vote **sufragio universal** universal suffrage.

su·fri·do, da *pp. de* sufrir *adj.* **1** *persona* patient, long-suffering **2** *color* practical, that does not show the dirt *tejido* hardwearing.

su·fri·mien·to *m.* suffering.

su·frir *tr.* **1** *padecer* to suffer **2** *accidente, ataque* to have *operación* to undergo **3** *dificultades, cambios* to experience *derrota, consecuencias* to suffer **4** *aguantar* to bear, stand, put up with ◇ *intr. padecer* to suffer **sufrir hambre** to go hungry **sufrir vergüenza** to be ashamed.

su·ge·ren·cia *f.* suggestion.

su·ge·rir *(see model 35)* *tr.* **1** to suggest **2** *insinuar* to hint, hint at **3** *suscitar* to suggest, make think.

su·ges·tión *f.* suggestion.

su·ges·tio·nar *tr.* to influence, persuade ◇ *prnl.* **sugestionarse** to be easily influenced.

su·ges·ti·vo, va *adj.* **1** *que sugiere* suggestive **2** *que atrae* fascinating, attractive.

sui·ci·da *adj.* suicidal ◇ *com.* **1** suicide **2** *fig.* madcap.

sui·ci·dio *m.* suicide.

sui·te *f.* suite.

sui·zo, za *adj.* Swiss ◇ *s.* Swiss ◇ *m.* **suizo 1** *bollo* bun **2** *chocolate con nata* hot chocolate with cream.

su·je·ción *f.* **1** *acción* subjection **2** *unión* fastening.

su·je·ta·dor, ra *adj.* fastening ◇ *m.* **sujetador** bra, brassiere.

su·je·tar *tr.* **1** *fijar* to fix, secure, hold **2** *agarrar, sostener* to hold, hold on to **3** *para que no escape* to hold down **4** *papeles* to fasten *pelo* to hold in place ◇ *prnl.* **sujetarse 1** *agarrarse* to hold on, hold tight **2** *fig. someterse* to subject oneself (*a*, to).

su·je·to, ta *adj.* **1** *sometido* subject (*a*, to), liable (*a*, to) **2** *agarrado, atado* fastened, secure **3** *fig. atado* tied down ◇ *m.* **sujeto 1** LING subject **2** *individuo* fellow, individual, character.

sul·fa·mi·da *f.* sulfonamide.

sul·fa·to *m.* sulfate.

sulf·hí·dri·co, ca *adj.* sulfureted **ácido sulfhídrico** hydrogen sulfide.

sul·fu·rar *tr.* **1** QUIM to sulfurate **2** *fam. fig. irritar* to exasperate, infuriate ◇ *prnl.* **sulfurarse** *fam. fig.* to blow one's top, lose one's rag.

sul·fu·ro·so, sa *adj.* sulfurous.

sul·tán, ta·na *s. hombre* sultan *mujer* sultana.

su·ma *f.* **1** *cantidad* sum, amount **2** MAT sum, addition **3** *resumen* summary.

su·mar *tr.* 1 MAT to add, add up 2 *componer una cantidad* to total, amount to, come to 3 *compendiar* to summarize, sum up ◇ *prnl.* **sumar·se** *unirse* to join (**a**, in).

su·ma·rial *adj.* pertaining to an indictment.

su·ma·rio, ria *adj.* 1 *sumario*, brief 2 JUR summary ◇ *m.* **sumario** 1 *resumen* summary 2 JUR legal proceedings ◇ *pl.*, indictment.

su·ma·rí·si·mo, ma *adj.* swift, expeditious.

su·mer·gi·ble *adj.* submergible, submersible ◇ *m.* submarine.

su·mer·gir *(see model 6) tr.* 1 *meter bajo líquido* to submerge, submerse, immerse 2 *fig. hundir* to plunge, sink ◇ *prnl.* **sumergirse** 1 *meterse bajo líquido* to submerge (**en**, in), go underwater 2 *fig.* to become immersed (**en**, in).

su·me·rio, ria *adj.* Sumerian ◇ *s. persona* Sumerian ◇ *m.* **sumerio** *idioma* Sumerian.

su·mer·sión *f.* submersion.

su·mi·nis·trar *tr.* to provide, supply.

su·mi·nis·tro *m.* provision, supply, supplying ◇ *mpl.* **suministros** supplies.

su·mir *tr.* 1 *hundir* to sink, plunge, submerge 2 *fig.* to plunge ◇ *prnl.* **sumirse** 1 *hundirse* to sink 2 *fig.* to immerse oneself (**en**, in), lose oneself (**en**, in) sumir a alguien en la miseria *fig.* to plunge somebody into poverty.

su·mi·sión *f.* 1 *acto* submission 2 *carácter* submissiveness.

su·mi·so, sa *adj.* submissive, obedient.

su·mo, ma *adj.* 1 *supremo* supreme, highest 2 *fig. muy grande* greatest **a lo sumo** at most, at the most **con sumo cuidado** with extreme care **Sumo Pontífice** Sovereign Pontiff **sumo sacerdote** high priest.

sun·tua·rio, ria *adj.* sumptuary.

sun·tuo·so, sa *adj.* sumptuous, magnificent.

su·pe·di·tar *tr.* 1 *subordinar* to subordinate (**a**, to) 2 *condicionar* to subject (**a**, to) ◇ *prnl.* **supeditarse** *someterse* to subject oneself (**a**, to), bow (**a**, to) **estar supeditado a** to be subject to, be dependent on.

sú·per *adj. fam.* super, great ◇ *m. fam.* supermercado supermarket ◇ *f. fam.* gasolina four-star.

su·pe·ra·ción *f.* 1 *problemas, etc.* overcoming 2 *de uno mismo* self-improvement **afán de superación** desire to improve oneself, desire to better oneself.

su·pe·rar *tr.* 1 *exceder* to surpass, exceed, excel 2 *obstáculo, etc.* to overcome, surmount ◇ *prnl.* **superarse** 1 *sobrepasarse* to excel oneself 2 *mejorarse* to improve oneself, better oneself.

su·pe·rá·vit *m. inv.* surplus.

su·per·che·rí·a *f.* trick, fraud.

su·per·con·duc·tor *m.* superconductor.

su·per·do·ta·do, da *adj.* exceptionally gifted ◇ *s.* genius.

su·per·fi·cial *adj.* superficial.

su·per·fi·cie *f.* 1 *parte externa* surface **en la superficie** on the surface 2 *área* area **superficie terrestre** land surface.

su·per·fluo, flua *adj.* superfluous.

su·per·hom·bre *m.* superman.

su·per·in·di·ce *m.* superscript.

su·per·in·ten·den·te *com.* superintendent.

su·pe·rior *adj.* 1 *encima de* upper, top 2 *por encima de* greater (**a**, than), higher (**a**, than), above (**a**, -) ◇ *m.* 1 *jefe* superior 2 REL superior **calidad superior** top quality, high quality.

su·pe·rio·ri·dad *f.* 1 *ventaja* advantage 2 *persona* superiority.

su·per·la·ti·vo, va *adj.* superlative ◇ *m.* **superlativo** superlative.

su·per·mer·ca·do *m.* supermarket.

su·per·no·va *f.* supernova.

su·per·nu·me·ra·rio, ria *adj.* supernumerary ◇ *s.* supernumerary.

su·per·po·bla·do, da *adj.* overpopulated, overcrowded.

su·per·po·si·ción *f.* superimposition.

su·per·pro·duc·ción *f.* 1 *industrial* overproduction 2 *cinematográfica* mammoth production.

su·per·se·cre·to, ta *adj.* top secret.

su·per·só·ni·co, ca *adj.* supersonic.

su·pers·ti·ción *f.* superstition.

su·per·vi·sar *tr.* to supervise.

su·per·vi·sión *f.* supervision, control.

su·per·vi·sor, ra *s.* supervisor.

su·per·vi·ven·cia *f.* survival.

su·pi·no, na *adj.* 1 *boca arriba* supine, face up 2 *fig. absoluto* total, absolute ◇ *m.* **supino** LING supine.

su·plan·ta·ción *f.* 1 *falsificación* forgery 2 *de una persona* supplantation, replacement.

su·plan·tar *tr.* 1 *una persona* to supplant, take the place of 2 *falsificar* to forge.

su·ple·men·to *m.* 1 *de revista, etc.* supplement 2 *de dinero* extra charge 3 *geometría* supplement.

su·plen·cia *f.* substitution.

su·plen·te *adj.* 1 *gen.* substitute, deputy 2 DEP reserve ◇ *com.* 1 *gen.* substitute 2 DEP reserve player 3 TEAT understudy 4 EDUC substitute teacher 5 MED covering doctor.

sú·pli·ca *f.* 1 *request*, entreaty, plea 2 JUR petition.

su·pli·car *(see model 1) tr.* 1 to beseech, beg, implore 2 JUR to appeal to.

su·pli·cio *m.* 1 *castigo* torture 2 *dolor* pain 3 *fig.* torment.

su·plir *tr.* 1 *reemplazar* to replace, substitute 2 *compensar* to make up for 3 *remediar* to remedy.

su·po·ner *(see model 78) pp.* **supuesto** *tr.* 1 *gen.* to suppose, assume 2 *significar* to mean 3 *conllevar* to mean, entail, require 4 *adivinar* to guess *imaginar* to imagine, think 5 *creer* to think ◇ *m. fam.* supposition.

su·po·si·ción *f.* supposition, assumption.

su·po·si·to·rio *m.* suppository.

su·pra·na·cio·nal *adj.* supranational.

su·pre·ma·cí·a *f.* supremacy.

su·pre·mo, ma *adj.* 1 *gen.* supreme 2 *decisivo* decisive 3 *último* last, final **tribunal supremo** supreme court.

su·pre·sión *f.* 1 *de libertad, etc.* suppression de *ley, impuesto* abolition *de dificultades* elimination *de restricciones* lifting 2 *de palabra* deletion 3 *omisión* omission.

su·pre·sor *m.* suppressor.

su·pri·mir *tr.* 1 *libertad, etc.* to suppress *ley, impuesto* to abolish *dificultades* to eliminate, remove *restricciones* to lift 2 *palabra* to delete, take out, leave out *tabaco, alcohol* to cut out 3 *palabra* to delete, take out, leave out 4 *omitir* to omit.

su·pues·to, ta *pp. de* **suponer** *adj.* 1 *que se supone* supposed, assumed 2 *pretendido* so-called, self-styled ◇ *m.* **supuesto** 1 *suposición* supposition, assumption 2 *hipótesis* hypothesis **en el supuesto de que...** supposing that... **por supuesto** of course.

su·pu·rar *intr.* to suppurate.

sur *m.* 1 south 2 *viento* south wind **al sur de** south of, to the south of.

sur·car *(see model 1) tr.* 1 AGR to plow 2 *agua* to cut through, cross *aire* to fly through 3 *hacer rayas* to score, furrow **surcar los mares** *fig.* to ply the seas.

sur·co *m.* 1 *en tierra* furrow 2 *arruga* wrinkle 3 *de rueda* rut 4 *de disco* groove.

sur·co·re·a·no, na *adj.* South Korean ◇ *s.* South Korean.

su·re·ño, ña *adj.* southern ◇ *s.* southerner.

surf *m.* surf.

sur·gi·mien·to *m.* emergence.

sur·gir *(see model 6) intr.* 1 *agua* to spring forth, spurt up 2 *fig. aparecer* - *gen.* to appear, emerge - *dificultades* to crop up, arise, come up 3 MAR to anchor.

su·ri·pan·ta *f.* 1 *fam. corista* chorus girl 2 *fam. pey.* slut.

sur·me·na·je *m.* 1 *exceso de trabajo* overwork 2 *agotamiento* mental fatigue.

su·rre·a·lis·mo *m.* surrealism.

sur·ti·do, da *pp. de* **surtir** *adj.* 1 *variado* assorted 2 *bien provisto* well stocked ◇ *m.* **surtido** assortment, selection.

sur·ti·dor *m.* 1 *fuente* fountain 2 *chorro* jet, spout.

sur·tir *tr. proveer* to supply (*de*, with), provide (*de*, with) ◇ *intr. brotar* to spout, spurt ◇ *prnl.* **surtirse** to supply oneself, provide oneself.

sus·cep·ti·bi·li·dad *f.* 1 *gen.* susceptibility 2 *sensibilidad* sensitivity 3 *propensión a ofenderse* touchiness.

sus·cep·ti·ble *adj.* 1 *gen.* susceptible 2 *sensible* oversensitive 3 *propenso a ofenderse* touchy **susceptible de** 1 *con tendencia a* liable to 2 *capaz de* capable of.

sus·ci·tar *tr.* 1 *gen.* to cause, provoke 2 *rebelión* to stir up, arouse *discusión* to start *problemas* to cause, raise *interés* to arouse.

sus·cri·bir *pp.* **suscrito** *tr.* 1 FIN to subscribe 2 *fig. convenir con alguien* to subscribe to, endorse 3 *a una revista, etc.* to take out a subscription for 4 *firmar* to subscribe ◇ *prnl.* **suscribirse abonarse** to subscribe.

sus·crip·ción *f.* subscription.

sus·cri·to, ta *pp. de* **subscrito** *adj.* 1 *abonado* subscribed 2 *firmado* undersigned ◇ *s.* undersigned **estar suscrito a** to subscribe to, have a subscription to.

su·so·di·cho, cha *adj.* above-mentioned, aforesaid.

sus·pen·der *tr.* 1 *levantar* to hang, hang up, suspend 2 *aplazar* - *gen.* to postpone, put off, delay - *reunión* to adjourn 3 EDUC *fig.* to fail 4 *fig. pagos* to suspend *servicio* to discontinue.

sus·pen·sión *f.* 1 *acto de levantar* hanging, hanging up, suspension 2 AUTO suspension 3 *aplazamiento* - *gen.* delay, postponement - *de reunión* adjournment **suspensión de pagos** suspension of payments.

sus·pen·si·vo, va *adj.* **puntos suspensivos** 1 *técnicamente* suspension points, ellipsis 2 *familiarmente* dot, dot, dot.

sus·pen·so, sa *adj.* 1 *colgado* hanging, suspended 2 REL *fig. alumno* failed 3 *fig. asombrado* bewildered, amazed ◇ *m.* **suspenso** EDUC fail **en suspenso** pending **tener un suspenso** EDUC to fail, be failed.

sus·pen·so·rio, ria *adj.* suspensory ◇ *m.* **suspensorio** DEP jockstrap.

sus·pi·ca·cia *f.* 1 *desconfianza* distrust, mistrust 2 *sospecha* suspicion, suspiciousness.

sus·pi·caz *adj.* 1 *desconfiado* mistrustful, distrustful 2 *que sospecha* suspicious.

sus·pi·rar *intr.* to sigh **suspirar por** *fig.* to long for.

sus·pi·ro *m.* sigh **dar el último suspiro** to breathe one's last.

sus·tan·cia *f.* 1 *gen.* substance 2 *esencia* substance, essence **sin sustancia** lacking in substance.

sus·tan·cial *adj.* 1 *gen.* substantial 2 *fundamental* essential, fundamental 3 *importante* important, substantial.

sus·tan·cio·so, sa *adj.* 1 *nutritivo* wholesome 2 *fig. libro, etc.* meaty.

sus·tan·ti·vo, va *adj.* substantive ◇ *m.* **sustantivo** noun, substantive.

sus·ten·ta·ble *adj.* tenable.

sus·ten·tar *tr.* 1 *familia, etc.* to maintain, support, sustain 2 *sostener* to hold up, support 3 *teoría, opinión* to support, defend ◇ *prnl.* **sustentarse** 1 *alimentarse* to sustain oneself, live (*de*, on) 2 *sostenerse* to support oneself.

sus·ten·to *m.* 1 *alimento* sustenance, food 2 *apoyo* support **ganarse el sustento** to earn one's living.

sus·ti·tu·ción *f.* substitution, replacement.

sus·ti·tui·ble *adj.* replaceable, expendable.

sus·ti·tuir *(see model 62) tr.* 1 *reemplazar* to substitute (*por*, with), replace (*por*, with) 2 *hacer las veces de* to stand in for.

sus·ti·tu·to, ta *s.* substitute, stand-in, replacement.

sus·to *m.* fright, scare, shock **caerse del susto** *fig.* to be frightened to death.

sus·trac·ción *f.* 1 *robo* theft 2 MAT subtraction.

sus·tra·en·do *m.* subtrahend.

sus·tra·er *(see model 88) tr.* 1 *robar* to steal 2 *extraer* to remove 3 MAT to subtract ◇ *prnl.* **sustraerse** *faltar al cumplimiento* to evade (*a*, -), elude (*a*, -) *tentaciones* to resist (*a*, -).

su·su·rran·te *adj.* whispering.

su·su·rrar *intr.* 1 to whisper 2 *fig. agua* to murmur *hojas* to rustle ◇ *prnl.* **susurrarse** *divulgarse* to be rumored.

su·su·rro *m.* 1 whisper 2 *fig. agua* murmur *hojas* rustle.

su·til *adj.* 1 *delgado* thin, fine 2 *aroma* delicate *color* soft 3 *brisa* gentle 4 *fig.* subtle.

su·ti·le·za *f.* 1 thinness, fineness 2 *fig.* subtlety.

su·til·men·te *adv. fig.* subtly, mildly.

su·tu·ra *f.* suture.

su·tu·rar *tr.* to stitch.

su·yo, ya *adj. de él* his, of his *de ella* her, of hers *de animales, cosas* its *de usted, de ustedes* yours, of yours *de ellos, de ellas* theirs, of theirs *pron. de él* his *de ella* hers *de usted, de ustedes* yours *de ellos, de ellas* theirs **éstos son los míos, los suyos están sobre la mesa** there are mine, hers are on the table ◇ *f.* **la suya** *ocasión, oportunidad* one's chance, one's opportunity **ésta es la suya, tiene que aprovecharla** this is your big chance, so make the most of it ◇ *m.* **lo suyo** 1 *lo que toca* what one deserves 2 *habilidad* forte, one's thing 3 *fam. mucho* a lot **comió lo suyo** he ate a lot ◇ *mpl.* **los suyos** *familiares* his (*her, your, etc.*) family *sing. amigos* his (*her, your, etc.*) friends, his (*her, your, etc.*) people **salirse con la suya** *fam.* to get one's own way, get what one wants **no se saldrá con la suya** he won't get his own way.

t

T, t f. la letra T, t.

ta·ba·co m. 1 gen. tobacco 2 cigarrillos cigarettes ⋄ pl. cigarro cigar.

tá·ba·no m. horsefly.

ta·ba·quis·mo m. nicotine poisoning, nicotinism.

ta·ber·na f. 1 pub, bar 2 antiguamente tavern.

ta·ber·ná·cu·lo m. tabernacle.

ta·ber·ne·ro, ra s. 1 gen. publican hombre landlord mujer landlady 2 antiguamente taverner.

ta·bi·que m. partition, partition wall **tabique nasal** ANAT nasal bone.

ta·bla f. 1 de madera board, plank 2 de piedra slab de metal sheet 3 estante shelf 4 ART panel 5 MAT table ⋄ fpl. **tablas** 1 TEAT stage sing, boards 2 ajedrez stalemate sing, draw sing. **a raja tabla** strictly, to the letter sing ⋄ 1 gen. to be an old hand 2 en teatro - hombre to be an experienced actor 3 - mujer to be an experienced actress **tabla de cocina** chopping board.

ta·bla·do m. 1 suelo wooden floor 2 entarimado wooden platform 3 del escenario stage.

ta·ble·ar tr. 1 madera to cut into planks 2 tierra to divide into plots 3 COST to pleat.

ta·ble·ro m. 1 tablón panel, board 2 en juegos board 3 encerado blackboard 4 AUTO dashboard 5 ELEC switchboard 6 INFO display board **tablero de ajedrez** chessboard **tablero de instrumentos** avión instrument panel, instrument board.

ta·ble·ta f. 1 pastilla tablet 2 de chocolate bar.

ta·blón m. 1 plank 2 en construcción board.

ta·bú adj. inv. taboo.

ta·bu·la·ción f. tabulation.

ta·bu·la·dor m. tabulator.

ta·bu·re·te m. stool.

ta·ca·ñe·ar intr. fam. to be stingy, be mean.

ta·ca·ñe·rí·a f. stinginess, meanness.

ta·ca·ño, ña adj. mean, stingy ⋄ s. skinflint, miser.

ta·cha f. 1 defecto flaw, blemish, defect 2 descrédito blemish **sin tacha** flawless, without blemish.

ta·cha·du·ra f. crossing out.

ta·char tr. 1 borrar to cross out 2 culpar to accuse (de, of).

ta·cho·nar tr. 1 con tachones to stud, cover with studs 2 fig. salpicar to stud, dot.

ta·chue·la f. tack, stud.

tá·ci·to, ta adj. tacit.

ta·ci·tur·no, na adj. 1 callado taciturn, silent 2 triste sad, melancholy.

ta·co m. 1 CULIN de queso, etc. cube, piece en México taco, rolled-up tortilla.

ta·có·me·tro m. tachometer.

ta·cón m. heel **zapatos de tacón alto** high-heeled shoes **tacones aguja** stiletto heels.

ta·co·na·zo m. blow with the heel.

tác·ti·ca f. tactic, tactics pl., strategy.

tác·ti·co, ca adj. tactical ⋄ s. tactician.

tác·til adj. tactile.

tac·to m. 1 sentido touch 2 acción touch, touching 3 fig. delicadeza tact **tener tacto** to be tactful **falta de tacto** lack of tact, tactlessness.

tae·kwon·do m. tae kwon do.

ta·fe·tán m. taffeta.

ta·ga·lo, la adj. Tagalog ⋄ s. Tagalog ⋄ m. **tagalo** idioma Tagalog.

ta·hi·tia·no, na adj. Tahitian ⋄ s. persona Tahitian ⋄ m. **tahitiano** idioma Tahitian.

ta·ho·na f. 1 molino flour-mill 2 panadería bakery.

ta·húr, hu·ra s. cardsharper, cardsharp.

tai·ga f. taiga.

tai·lan·dés, de·sa adj. Thai ⋄ s. persona Thai ⋄ m. **tailandés** idioma Thai.

tai·ma·do, da adj. sly, crafty ⋄ s. sly person, crafty person.

tai·wa·nés, ne·sa adj. Taiwanese ⋄ s. Taiwanese.

ta·ja·da f. 1 rodaja slice 2 corte cut cuchillada stab.

ta·ja·do, da pp. de tajar ⋄ adj. fam. fig. borracho plastered, canned.

ta·jan·te adj. 1 sharp, strong 2 fig. emphatic, categorical.

ta·jar tr. to cut, chop, slice (off).

ta·jo m. 1 corte cut, slash 2 filo cutting edge 3 para cortar carne chopping board, chopping block.

tal adj. 1 semejante such **nunca había oído tal cosa** I had never heard such a thing 2 tan grande such, so **tal es su ignorancia que…** he is so ignorant that… 3 cosa sin especificar such and such **tal día** such and such a day 4 persona sin especificar someone called, a certain **vino un tal Alberto** someone called Alberto came ⋄ pron. alguno - cosa such a thing, something - persona someone, somebody **yo no dije tal** I didn't say such a thing ⋄ adv. así in such a way, so **de tal manera que** in such a way that **de tal palo tal astilla** like father, like son **¿qué tal?** how are things?

ta·la f. tree felling.

ta·la·dra·dor, ra adj. drilling ⋄ s. driller, borer.

ta·la·drar tr. 1 gen. to drill pared to bore through 2 billetes, etc. to punch 3 fig. los oídos to pierce.

ta·la·dro m. 1 herramienta drill, bore barrena gimlet, brace 2 agujero hole.

tá·la·mo m. 1 lecho conyugal nuptial bed 2 de flor, de cerebro thalamus.

ta·lan·te m. 1 disposición disposition, mood 2 voluntad willingness **de buen talante** willingly **lo hizo de buen talante** he did it willingly.

ta·lar tr. 1 cortar to fell, cut down 2 destruir to devastate.

tal·co m. talc.

ta·le·ga f. 1 bolsa bag, sack 2 contenido bagful, sackful 3 para el pelo hairnet 4 dinero money.

ta·len·to m. 1 entendimiento talent, intelligence 2 aptitud gift, talent.

ta·len·to·so, sa adj. talented, gifted.

ta·lio m. thallium.

ta·lión m. talion **la ley del talión** an eye for an eye, a tooth for a tooth.

ta·lis·mán m. talisman, lucky charm.

ta·lla f. 1 estatura height 2 fig. moral, intelectual stature 3 de prenda size **¿qué talla usa?** what size is he? 4 escultura carving, sculpture 5 tallado - piedras cutting - metal engraving.

ta·lla·do, da pp. de tallar ⋄ adj. piedra cut madera carved metal engraved ⋄ m. **tallado** de piedra cutting de madera carving de metal engraving.

ta·lla·dor, ra s. grabador engraver ⋄ m. **tallador** MIL man who measures the height of conscripts.

ta·llar tr. **1** madera, piedra to carve, shape piedras preciosas to cut metales to engrave **2** medir to measure the height of **3** valorar to value, appraise **4** en naipes to deal.

ta·lla·rín m. noodle, tagliatelle sing.

ta·lle m. **1** cintura waist **2** figura - de hombre build, physique - de mujer figure, shape **3** COST shoulder-to-waist measurement.

ta·ller m. **1** obrador workshop **2** de artista studio **3** en fábrica shop, workshop **4** AUTO garage, repair shop **5** fig. seminario workshop **taller de teatro** drama workshop **taller mecánico** garage, repair shop.

ta·llo m. BOT stem, stalk renuevo sprout, shoot.

tal·mud m. Talmud.

ta·lo m. thallus.

ta·lón m. **1** de pie, zapato, etc. heel **2** cheque check **3** recibo receipt, voucher **4** de violín heel **5** de quilla heel **6** de neumático flange **pisarle los talones a alguien** fig. to follow close on somebody's heels, to be on somebody's heels **talón de Aquiles** Achilles' heel.

ta·lo·na·rio m. de cheques check book de billetes book of tickets de recibos stub book.

ta·lud m. slope.

ta·ma·ño, ña adj. semejante such a, so big a ◇ m. tamaño **1** medida size **¿de qué tamaño es?** what size is it? **2** dimensión dimensions pl.

ta·ma·rin·do m. tamarind.

tam·ba·le·an·te adj. **1** persona staggering, tottering **2** mueble wobbly, shaky **3** fig. shaky, unstable.

tam·ba·le·ar·se prnl. **1** persona to stagger, totter mueble to wobble **2** fig. to be shaky.

tam·ba·le·o m. **1** de persona staggering, reeling **2** de mueble wobble, wobbling.

tam·bién adv. **1** igualmente also, too, as well, so **llegaron tarde y yo también** they arrived late and so did I **2** además besides, in addition.

tam·bor m. **1** instrumento drum **2** maquinaria drum **3** para bordar tambour, embroidery frame ◇ com. persona drummer **a tambor batiente** fig. triumphantly.

tam·bo·ril m. small drum.

tam·bo·ri·le·ar intr. **1** golpear el tambor to play the drum **2** repiquetear to drum.

tam·bo·ri·le·o m. drumming.

ta·miz m. sieve pasar por el tamiz to sift.

ta·mi·zar (see model 4) tr. **1** harina, tierra to sieve **2** luz to filter **3** fig. seleccionar to screen.

tam·po·co adv. neither, nor, not... either **ella no irá a la fiesta y yo tampoco** she won't go to the party and neither will I.

tam·pón m. de entintar inkpad **2** MED tampon.

tan adv. **1** tanto such, such a, so **es una niña tan buena** she's such a nice girl **2** comparativo - como as... as... (that) - que so..., so... (that) **está tan gordo como tú** he's as fat as you (are) **tan pronto como** as soon as.

tan·da f. **1** conjunto batch, lot serie series, course **2** turno shift **3** en billar game **por tandas** in batches.

tán·dem m. **1** bicicleta tandem **2** fig. de dos personas team of two, tandem.

tan·ga m. G-string, tanga.

tan·gen·cial adj. tangential **efecto·tangencial** side effect.

tan·gen·te adj. tangent ◇ f. tangent **salirse por la tangente** fig. to go off at a tangent.

tan·gi·ble adj. tangible.

tan·go m. tango.

ta·ni·no m. tannin.

tan·que m. **1** depósito tank, reservoir **2** MIL tank **3** vehículo cisterna tanker.

tan·tá·lio m. tantalum.

tan·te·ar tr. **1** calcular to estimate, guess **2** probar medidas to size up **3** fig. ensayar to try out, put to the test **4** fig. persona to sound out ◇ intr. **1** DEP to score, keep score **2** andar a tientas to feel one's way **tantear el terreno** fig. to see how the land lies.

tan·te·o m. **1** cálculo aproximado estimate, guess **2** prueba reckoning, rough estimate de medidas sizing up **3** sondeo trial, test **4** de persona sounding out **5** DEP score.

tan·to, ta adj. **1** incontables so much contables so many **¡ha pasado tanto tiempo!** it's been so long! **2** comparación - incontable as much - contables as many **tengo tantos libros como tú** I've got as many books as you ◇ pron. incontable so much contable so many **no había tantos** there weren't so many ◇ adv. **1** cantidad so much **lo siento tanto** I'm so sorry **2** tiempo so long **esperamos tanto** we waited for so long ◇ m. tanto **1** punto point futbol goal **2** cantidad imprecisa so much, a certain amount **3** poco bit **eso es tanto como...** that is like... **estar al tanto 1** informado to be informed **2** alerta to be on the alert **ser uno de tantos** to be nothing special **tanto por ciento** percentage.

tan·za·no, na adj. Tanzanian ◇ s. Tanzanian.

ta·ñer (see model 38) tr. **1** instrumento to play **2** campanas to ring, toll.

ta·ñi·do m. **1** de instrumento sound **2** de campanas ringing, toll, peal.

ta·o·ís·mo m. Taoism.

ta·o·ís·ta adj. Taoist ◇ com. Taoist.

ta·pa f. **1** cubierta lid, top de botella cap, top, stopper **2** de libro cover.

ta·pa·bo·cas m. inv. scarf, muffler.

ta·pa·de·ra f. **1** cover, lid **2** fig. cover, front.

ta·par tr. **1** cubrir to cover con tapa to put the lid on, put the top on **2** con ropas, etc. to wrap up **3** obstruir to obstruct tubería to block **4** ocultar to hide a la vista to block ◇ prnl. **taparse 1** abrigarse to wrap up **2** la nariz to be blocked up **taparse los oídos** to put one's fingers in one's ears.

ta·pa·rra·bo m. loincloth pl. fam. bañador bathing trunks pl.

ta·pe·te m. **1** alfombra rug **2** paño runner.

ta·pia f. **1** cerca garden wall de adobe mud wall, adobe wall **estar más sordo que una tapia** fam. to be as deaf as a post.

ta·piar (see model 12) tr. **1** área to wall in, wall off **2** fig. puerta, ventana to wall up, close up.

ta·pi·ce·rí·a f. **1** ART tapestry making **2** tapices tapestries pl. **3** de muebles, etc. upholstery.

ta·pi·ce·ro, ra s. **1** de muebles, coche upholsterer **2** ART tapestry maker.

ta·pio·ca f. tapioca.

ta·piz m. **1** de pared tapestry **2** alfombra rug, carpet.

ta·pi·za·do m. **1** acción upholstering **2** material upholstery material.

ta·pi·zar (see model 4) tr. **1** muebles to upholster **2** una pared to cover **3** cubrir con tapices to cover with tapestries.

ta·pón m. **1** stopper, plug de botella cap, cork **2** del oído wax in the ear **tapón de rosca** screw top.

ta·po·na·mien·to m. plugging, obturation.

ta·po·nar tr. **1** orificio, etc. to plug, stop **2** atascar to block **3** poner el tapón to put the plug in **4**

MED to tampon, plug ◇ prnl. **taponarse 1** atascarse to get clogged, get blocked **2** los oídos to get blocked up.

ta·pu·jo m. **1** embozo muffler **2** fig. disimulo deceit, secrecy **andarse con tapujos** fig. not to come clean about something **sin tapujos** openly.

ta·qui·car·dia f. tachycardia.

ta·qui·gra·fí·a f. tachygraphy, shorthand, stenography.

ta·qui·gra·fo, fa s. tachygrapher, shorthand writer, stenographer.

ta·qui·lla f. **1** de tren, etc. ticket office, booking office de cine, teatro box office **2** recaudación takings pl., returns pl. **3** casillero pigeonholes pl. **4** armario locker.

ta·qui·lle·ro, ra s. booking clerk, ticket clerk ◇ adj. fig. popular, big at the box office.

ta·qui·me·ca·nó·gra·fo, fa s. shorthand typist.

ta·qui·me·tro m. tacheometer, tachymeter.

ta·ra f. **1** peso tare **2** defecto defect, blemish, fault.

ta·ra·bi·lla f. **1** de puerta, ventana catch, latch **2** fig. tropel de palabras jabber, prattle **3** ave stonechat ◇ còm. fam. fig. persona chatterbox.

ta·ra·ce·a f. marquetry.

ta·ra·ce·ar tr. to inlay.

ta·ra·do, da pp. de tarar ◇ adj. **1** defectuoso defective, damaged **2** persona handicapped ◇ s. fam. fig. idiot, nitwit.

ta·rán·tu·la f. tarantula.

ta·ra·re·ar tr. to hum.

ta·ras·ca·da f. fam. fig. rude reply, cutting answer.

ta·ras·car (see model 1) tr. to bite.

tar·dan·za f. delay.

tar·dar tr. emplear tiempo to take **tardé cuatro horas** it took me four hours ◇ intr. demorar to take a long time **a más tardar** at the latest.

tar·de f. **1** hasta las cinco aprox. afternoon **son las 3 de la tarde** it's 3 p.m. **2** después de las cinco aprox. evening **lo vi ayer por la tarde** I saw him yesterday evening ◇ adv. **1** hora avanzada late **se está haciendo tarde** it's getting late **2** demasiado tarde too late.

tar·dí·a·men·te adv. too late.

tar·dí·o, a adj. late, belated.

tar·do, da adj. **1** lento slow **2** retrasado late **3** torpe slow.

ta·re·a f. task, job sing., the chores **tareas escolares** homework sing.

ta·ri·fa f. **1** precio tariff, rate de transporte fare **2** lista de precios price list.

ta·ri·ma f. platform, dais.

tar·je·ta f. card **tarjeta de débito** debit card **tarjeta de crédito** credit card **tarjeta de sonido** sound card.

tar·je·te·ro m. wallet for visiting-cards.

ta·rot m. tarot.

ta·rro m. **1** vasija jar, pot, tub **2** fam. cabeza bonce.

tar·so m. tarsus.

tar·ta f. flan, tart, pie.

tar·ta·je·ar intr. to stammer, stutter.

tar·ta·jo·so, sa adj. stammering, stuttering ◇ s. stammerer, stutterer.

tar·ta·mu·de·ar intr. to stammer, stutter.

tar·ta·mu·de·o m. **1** acción stammering, stuttering **2** defecto stammer, stutter.

tar·ta·mu·do, da adj. stuttering, stammering ◇ s. stutterer, stammerer.

tár·ta·ro m. depósito tartar.

tar·tu·fo m. hypocrite, Tartuffe.

ta·ru·go m. **1** de madera lump of wood **2** de pan hunk of stale bread **3** fam. fig. persona blockhead.

ta·sa f. **1** valoración valuation, appraisal **2** precio fee, charge **3** impuesto tax, levy **4** límite limit medida measure **5** índice rate **tasa de crecimiento** growth rate **tasa de desempleo** unemployment rate **tasa de mortalidad** death rate **tasa de natalidad** birth rate.

ta·sa·ción f. valuation, appraisal.

ta·sa·dor, ra s. valuer.

ta·sar tr. **1** valorar to value, appraise **2** poner precio to set the price of, fix the price of **3** gravar to tax **4** regular to regulate.

tas·ma·no, na adj. Tasmanian ◇ s. Tasmanian.

ta·ta·mi m. judo mat.

ta·ta·ra·bue·lo, la s. hombre great-great-grandfather mujer great-great-grandmother ◇ mpl. **tatarabuelos** great-great-grandparents.

ta·ta·ra·nie·to, ta s. hombre great-great-grandson mujer great-great-granddaughter ◇ mpl. **tataranietos** great-great-grandchildren.

ta·tua·je m. **1** dibujo tattoo **2** técnica tattooing.

ta·tuar (see model 11) tr. to tattoo ◇ prnl. **tatuarse** to have a tattoo.

tau f. tau.

tau·ma·tur·go, ga s. thaumaturge, miracle worker.

tau·ri·no, na adj. del toro taurine de la fiesta bullfighting, related to bullfighting.

tau·ro·ma·quia f. bullfighting, art of bullfighting, tauromachy.

tau·to·lo·gí·a f. tautology.

ta·xa·ti·vo, va adj. **1** preciso precise, restricted, specific **2** categórico categorical **de forma taxativa** in a categorical way, categorically.

ta·xi m. taxi, cab.

ta·xi·der·mia f. taxidermy.

ta·xi·me·tro m. taximeter, clock.

ta·xis·ta com. taxi driver.

ta·xo·no·mí·a f. taxonomy.

ta·za f. **1** recipiente cup **2** contenido cupful **3** de retrete bowl.

ta·zón m. bowl.

te¹ f. regla T-square.

te² pron. **1** you, to you, for you **no te veo** I can't see you **2** uso reflexivo yourself **ponte el abrigo** put your coat on.

té m. tea.

te·a·tral adj. **1** del teatro theatrical, dramatic **2** fig. exagerado stagy, stagey, theatrical **obra teatral** play.

te·a·tro m. **1** theater **2** ART theater, acting, stage **3** LIT drama **4** fig. lugar scene, theater **5** fig. exageración show, play-acting.

te·cha·do m. roof, covering.

te·char tr. to roof.

te·cho m. **1** interior ceiling de coche, tejado roof **2** fig. casa roof **3** en aviación ceiling **4** fig. límite superior ceiling.

te·chum·bre f. techo roof materiales covering, roofing.

te·cla f. key **tecla de borrado** delete key **tecla de control** control key **tecla de mayúsculas** shift key **tecla de retorno** return key **tecla de retroceso** backspace.

te·cla·do m. keyboard.

te·cle·ar intr. **1** piano to press the keys máquina de escribir, ordenador to type, tap the keys **2** tamborilear to drum, tap one's fingers **3** fig. para conseguir algo to explore different avenues.

téc·ni·ca f. **1** tecnología technique, technology **2** habilidad technique, method **3** ingeniería engineering.

téc·ni·ca·men·te *adv.* technically.

tec·ni·cis·mo *m.* 1 technicality 2 *término* technical term, technical expression.

téc·ni·co, ca *adj.* technical ◊ *s.* technician, technical expert.

tec·no·cra·cia *f.* technocracy.

tec·no·crá·ti·co, ca *adj.* technocratic.

tec·no·lo·gí·a *f.* technology **tecnología punta** state-of-the-art technology.

tec·no·ló·gi·co, ca *adj.* technological.

tec·tó·ni·ca *f.* tectonics.

tec·tó·ni·co, ca *adj.* tectonic.

te·dio *m.* tedium, boredom.

te·dio·so, sa *adj.* tedious, boring.

te·gu·men·to *m.* integument, tegument.

te·is·mo *m.* theism.

te·ja *f.* 1 *de barro* tile 2 CULIN type of petit four.

te·ja·do *m.* roof.

te·je·dor, ra *adj.* weaving ◊ *s.* weaver.

te·je·ma·ne·je *m.* 1 *fam.* afán fuss, bustle 2 *fam.* enredos intrigue, scheming, funny business.

te·jer *tr.* 1 *en telar* to weave 2 *hacer punto* to knit 3 *araña* to spin 4 *fig. plan* to weave, plot, scheme.

te·ji·do *m.* 1 *tela* fabric, textile 2 *textura* weave 3 ANAT tissue 4 *fig.* web, tissue **tejido de punto** knitted fabric **tejido nervioso** nervous tissue.

te·jón *m.* badger.

te·jo·ne·ra *f.* sett, badger's sett.

te·la *f.* 1 *textil* material, fabric, cloth 2 *de araña* cobweb 3 *de la leche* skin 4 *membrana* membrane **poner en tela de juicio** *fig.* to question.

te·la·ra·ña *f.* cobweb, spider's web.

te·le·co·mu·ni·ca·ción *f.* telecommunication.

te·le·di·ri·gir *(see model 6) tr.* to operate by remote control, control by remote control.

te·le·fé·ri·co *m.* cable car, cable railway.

te·le·fo·ne·ar *intr.* to telephone, phone ◊ *tr.* to telephone, phone.

te·le·fo·ní·a *f.* telephony, telephone system **telefonía móvil** mobile telephones.

te·le·fó·ni·co, ca *adj.* telephone.

te·le·fo·nis·ta *com.* telephone operator, operator, telephonist.

te·lé·fo·no *m.* telephone, phone **llamar por teléfono a alguien** to telephone somebody, phone somebody **teléfono inalámbrico** cordless phone.

te·le·gra·fiar *(see model 13) tr.* to telegraph, wire.

te·le·grá·fi·co, ca *adj.* telegraphic.

te·le·gra·fis·ta *com.* telegraphist, telegrapher.

te·lé·gra·fo *m.* telegraph ◊ *mpl.* **telégrafos** post office *sing.*

te·le·gra·ma *m.* telegram, cable.

te·le·no·ve·la *f.* soap opera.

te·le·o·lo·gí·a *f.* teleology.

te·le·pa·tí·a *f.* telepathy.

te·le·pá·ti·co, ca *adj.* telepathic.

te·le·qui·ne·sia *f.* telekinesis.

te·les·có·pi·co, ca *adj.* telescopic.

te·les·co·pio *m.* telescope.

te·le·vi·den·te *com.* TV viewer.

te·le·vi·sión *f.* 1 *sistema* television 2 *fam.* aparato television set **ver la televisión** to watch TV **televisión por cable** cable television **televisión vía satélite** satellite television.

te·le·vi·si·vo, va *adj.* 1 television 2 *apto para televisar* which is good on television.

te·le·vi·sor *m.* television set.

te·lón *m.* curtain **telón de fondo** TEAT backdrop 2 *fig.* background.

te·lo·ne·ro, ra *adj.* first on stage, support **grupo telonero** support band.

te·lú·ri·co, ca *adj.* telluric.

te·lu·rio *m.* tellurium.

te·ma *m.* 1 *de discurso, escrito, etc.* topic, subject, theme 2 *de examen* subject 3 MÚS theme 4 GRAM root, stem, theme.

te·ma·rio *m.* de examen program de conferencia agenda.

te·má·ti·co, ca *adj.* 1 thematic 2 LING stem.

tem·blar *(see model 27) intr.* 1 *de frío* to shiver (*de*, with) *de miedo* to tremble (*de*, with) *con sacudidas* to shake 2 *voz* to quiver 3 *fig. tener miedo* to shake with fear, shudder, fear.

tem·blor *m.* 1 *gen.* tremor, shudder *de frío* shivering, shivers *pl.* 2 *fig.* shiver **temblor de tierra** earth tremor.

tem·blo·ro·so, sa *adj.* 1 *de frío* shivering *de miedo* trembling *con sacudidas* shaking, shaky 2 *voz* quivering.

te·mer *tr.* 1 *tener miedo* to fear, be afraid of 2 *sospechar* to fear, be afraid 3 REL to fear ◊ *intr.* 1 *tener miedo* to be afraid 2 *preocuparse* to worry ◊ *prnl.* **temerse** to be afraid.

te·me·ra·rio, ria *adj.* reckless, rash.

te·me·ro·so, sa *adj.* 1 fearful, timid 2 *medroso* frightful, fearsome **temeroso de Dios** God-fearing.

te·mi·ble *adj.* dreadful, fearful, frightening, frightful, fearsome.

te·mor *m.* 1 fear 2 *recelo* worry, apprehension.

tém·pa·no *m.* ice floe.

tem·pe·ra·men·tal *adj.* temperamental.

tem·pe·ra·men·to *m.* temperament, nature.

tem·pe·ran·cia *f.* temperance, moderation, restraint.

tem·pe·rar *tr.* 1 to temper, mitigate 2 MED to calm.

tem·pe·ra·tu·ra *f.* temperature.

tem·pe·rie *f.* 1 *de la atmósfera* weather 2 *temperamento* temperament.

tem·pes·tad *f.* 1 storm 2 *fig.* turmoil, uproar **una tempestad en un vaso de agua** *fig.* a storm in a teacup.

tem·pes·tuo·so, sa *adj.* stormy, tempestuous, wild, violent.

tem·pla·do, da *pp. de* templar ◊ *adj.* 1 *agua* warm, lukewarm *clima, temperatura* mild, temperate 2 *moderado* moderate *sereno* composed, unruffled 3 *valiente* brave.

tem·plan·za *f.* 1 *moderación* moderation, restraint 2 *del clima* mildness.

tem·plar *tr.* 1 *moderar* to moderate, temper 2 *algo frío* to warm up *algo caliente* to cool down 3 *fig.* cólera to appease *apaciguar* to calm down 4 *cuerda, tornillo* to tighten (up) 5 *fig. bebida* to dilute ◊ *prnl.* **templarse** contenerse to restrain oneself, control oneself.

tem·pla·rio *m.* Templar, Knight Templar.

tem·ple *m.* 1 *de metal, vidrio* temper 2 *fig. estado de ánimo* frame of mind, mood 3 *fig. valentía* boldness, courage.

tem·ple·te *m.* 1 *para imagen* niche 2 *templo pequeño* small temple 3 *pabellón* pavilion, kiosk.

tem·plo *m.* temple.

tem·po·ra·da *f.* 1 *en artes, deportes, moda* season 2 *periodo* period, time **temporada alta** high season, peak season **temporada baja** low season, off season.

tem·po·ral *adj.* 1 *transitorio* temporary, provisional 2 *seglar* temporal 3 LING temporal ◊ *m.* METEOR storm.

tem·po·ra·li·dad *f.* temporality.

tem·po·re·ro, ra *adj.* seasonal, temporary ◇ *s.* seasonal worker, temporary worker.

tem·po·ri·za·dor *m.* timer.

tem·po·ri·zar *(see model 4) intr.* **1** *contemporizar* to temporize, comply **2** *pasar el tiempo* to pass the time.

tem·pra·ne·ro, ra *adj.* **1** *persona* early-riser **2** *cosecha* early.

tem·pra·no, na *adj.* early ◇ *adv.* early ◇ *m.* **temprano** *sembrado* early crop.

te·na·ci·dad *f.* **1** *perseverancia* tenacity, perverance **2** *de metal* tensile strength.

te·naz *adj.* **1** *persona* tenacious **perseverante** persevering, unflagging **2** *dolor* persistent, unremitting **mancha** hard to remove.

te·na·za *f.* herramienta pliers *pl.*, pincers ◇ *pl. para el fuego* tongs *pl.*

te·naz·men·te *adv.* tenaciously.

ten·de·de·ro *m.* cuerda clothesline *lugar* drying place.

ten·den·cia *f.* inclinación tendency, inclination, predisposition, leaning *movimiento* trend **tener tendencia a hacer algo** to tend to do something, have a tendency to do something.

ten·den·cio·so, sa *adj.* tendentious, biased.

ten·der *(see model 28) tr.* **1** *extender - mantel, etc.* to spread - *red* to cast **2** *puente* to throw *vía, cable* to lay *cuerda* to stretch **3** *ropa, colada* to hang out **4** *mano* to stretch out, hold out **5** *emboscada, trampa* to lay, set ◇ *intr.* **1** *tener tendencia* to tend (a, to), have a tendency (a, to) ◇ *prnl.* **tenderse 1** *tumbarse* to lie down, stretch out **2** *caballo* to run at full gallop.

ten·de·ro, ra *s.* shopkeeper.

ten·di·do, da *pp. de tender* ◇ *adj.* **1** *extendido* spread out, laid out **2** *ropa, colada* hung out **3** *persona* lying down ◇ *m.* **tendido 1** *de cable, vía* laying *de puente* construction **2** *colada* wash, washing.

ten·dón *m.* tendon, sinew.

te·ne·bro·si·dad *f.* **1** darkness, gloom **2** *fig.* sinisterness.

te·ne·bro·so, sa *adj.* **1** *sombrío* dark, gloomy **2** *fig. siniestro* sinister, shady.

te·ne·dor, ra *s.* FIN holder, bearer ◇ *m.* **tenedor** *utensilio* fork.

te·nen·cia *f.* tenancy, possession.

te·ner *(see model 87) tr.* **1** *gen.* to have, have got **2** *poseer* to own, possess **3** *sostener* to hold **4** *coger* to take **5** *sensación, sentimiento* to be, feel ◇ *aux.* **tener que** *obligación* to have to, have got to, must **tengo que quedarme** *I must stay* ◇ *prnl.* **tenerse 1** *sostenerse* to stand up **2** *detenerse* to stop **3** *estarse* to keep **no tener nada que ver con...** to have nothing to do with... **¿qué tienes?** what's wrong with you?

te·nia *f.* tapeworm.

te·nien·te *m.* MIL lieutenant ◇ *s. de alcalde* deputy mayor.

te·nis *m.* **1** *deporte* tenis **2** *campo* tennis court **club tennis** tennis club **tenis de mesa** table tennis, ping-pong.

te·nis·ta *com.* tennis player.

te·nor *m.* **1** MÚS tenor **2** *conforme* tenor, purport **a este tenor** like this.

te·no·rio *m. fig.* Don Juan, lady-killer, Casanova.

ten·sar *tr.* cable, cuerda to tauten **2** *arco* to draw.

ten·sión *f.* **1** ELEC tension, voltage **2** *de materiales* stress *de gases* pressure **3** MED pressure **4** *fig. de una situación* tension, tenseness *de una persona* stress, strain.

ten·so, sa *adj.* **1** *cable, cuerda* tense, taut **2** *fig. relaciones* strained **3** *fig. persona* tense.

ten·sor, ra *adj.* tensile, tightening ◇ *m.* **tensor 1** *músculo* tensor **2** *para musculación* chest expander **3** *magnitud física* tensor **4** *mecanismo* turnbuckle.

ten·ta·ción *f.* temptation **caer en la tentación** to succumb to temptation, give in to temptation.

ten·tá·cu·lo *m.* tentacle.

ten·tar *(see model 27) tr.* **1** *palpar* to feel, touch **2** *incitar* to tempt, entice **3** *intentar* to try, attempt **4** *atraer* to attract, appeal.

ten·ta·ti·va *f.* attempt, try **tentativa de asesinato** JUR attempted murder.

ten·tem·pié *m. fam. refrigerio* snack, bite.

te·nue *adj.* **1** *delgado* thin, light, tenuous **2** *tela* flimsy, thin **3** *luz, sonido* subdued, faint **4** *niebla* light **5** *de poca importancia* insignificant **6** *sencillo* natural.

te·ñi·do, da *pp. de teñir* ◇ *adj.* **1** dyed *pelo* tinted, dyed **2** *fig.* tinged ◇ *m.* **teñido 1** *acción* dyeing **2** *tinte* dye.

te·ñir *36 (ceñir) tr.* **1** *dar un color* to dye **2** *rebajar un color* to tone down **3** *fig.* to tinge ◇ *prnl.* **teñirse** *el pelo* to dye one's hair.

te·o·cra·cia *f.* theocracy.

te·o·do·li·to *m.* theodolite.

te·o·lo·gí·a *f.* theology.

te·o·ló·gi·co, ca *adj.* theological.

te·ó·lo·go, ga *s.* theologian, theologist.

te·o·re·ma *m.* theorem.

te·o·rí·a *f.* theory.

te·ó·ri·co, ca *adj.* theoretic, theoretical ◇ *s.* theoretician, theorist.

te·o·ri·zar *(see model 4) intr.* to theorize (**sobre**, on).

te·o·so·fí·a *f.* theosophy.

te·ra·peu·ta *com.* therapist.

te·ra·péu·ti·co, ca *adj.* therapeutic.

te·ra·pia *f.* therapy **terapia de grupo** group therapy.

ter·bio *m.* terbium.

ter·cer *adj.* third.

ter·ce·ro, ra *adj. ordinal* third ◇ *s. parte* third ◇ *m.* **tercero 1** *mediador* mediator **2** *persona ajena* outsider **3** JUR third party **ser el tercero en discordia** to be the mediator.

ter·ciar *(see model 12) intr.* **1** *mediar* to mediate, arbitrate **2** *participar* to take part, participate ◇ *tr.* **1** *poner en diagonal* to place diagonally, place crosswise **2** *dividir en tres* to divide into three **3** *equilibrar la carga* to balance ◇ *prnl.* **terciarse** *venir bien, darse* to arise.

ter·cia·rio, ria *adj.* tertiary.

ter·cio, cia *adj.* third ◇ *m.* **tercio 1** *parte* third **2** HIST *regimiento de infantería* infantry regiment **3** MIL *división* division.

ter·cio·pe·lo *m.* velvet.

ter·co, ca *adj.* obstinate, stubborn.

ter·gi·ver·sar *tr.* to twist, distort.

ter·mal *adj.* thermal **aguas termales** thermal springs.

ter·mes *m. inv.* termite.

tér·mi·co, ca *adj.* thermal.

ter·mi·na·ción *f.* **1** *acción* ending, termination **2** *conclusión* completion **3** *parte final* end **4** GRAM ending.

ter·mi·nal *adj.* **1** *último* final, terminal **un enfermo en estado terminal** a terminally ill patient **1** *estación* terminus **2** *en aeropuerto* terminal ◇ *m.* **1** *de ordenador* terminal **2** *eléctrico* terminal **terminal aérea** air terminal.

ter·mi·nan·te *adj.* 1 *categórico* categorical, final 2 *dato, resultado* conclusive, definitive, definite *prohibición* strict.

ter·mi·nar *tr.* 1 *acabar* to finish, complete 2 *dar fin* to end ⬥ *intr.* 1 *acabar* to finish, end 2 *acabar de* to have just (*de, -*) 3 *final de una acción, de un estado* to end up 4 *eliminar* to put an end (*con, to*) ⬥ *prnl.* **terminarse** 1 *acabarse* to finish, end, be over 2 *agotarse* to run out.

tér·mi·no *m.* 1 *fin* end, finish 2 *estación* terminus, terminal 3 *límite* limit, boundary *hito* boundary marker 4 *plazo* term, time, period 5 *palabra* term, word 6 *estado* condition, state **en términos generales** generally speaking **llevar algo a buen término** to carry something through successfully **término medio** on average.

ter·mi·no·lo·gí·a *f.* terminology.

ter·mi·ta *f.* termite.

ter·mi·te·ro *m.* termite's nest.

ter·mo *m.* 1 *recipiente* flask, thermos flask 2 *termosifón* boiler, water heater.

ter·mo·di·ná·mi·co, ca *adj.* thermodynamic.

ter·mó·me·tro *m.* thermometer.

ter·mo·nu·cle·ar *adj.* thermonuclear.

ter·mos·ta·to *m.* thermostat.

ter·na *f.* list of three candidates.

ter·ne·ro, ra *s. animal* calf.

ter·nu·ra *f.* tenderness, gentleness.

ter·que·dad *f.* 1 *obstinación* obstinacy, stubbornness 2 *dureza* toughness, hardness.

ter·ra·co·ta *f.* terracotta.

ter·ra·plén *m.* embankment.

ter·rá·que·o, a *adj.* earth.

ter·ra·te·nien·te *com.* landowner.

ter·ra·za *f.* 1 *balcón* terrace, balcony 2 *azotea* roof terrace, terrace 3 *de un café* terrace.

te·rre·mo·to *m.* earthquake.

te·rre·nal *adj.* earthly, worldly.

te·rre·no, na *adj.* worldly, earthly ⬥ *m. terreno* 1 *tierra* land, piece of land, ground *solar* plot, site 2 GEOG terrain 3 AGR *de cultivo* soil *campo* field 4 DEP field, ground **conocer el terreno** *fig.* to be familiar with something **preparar el terreno** *fig.* to pave the way, prepare the ground.

té·rre·o, a *adj.* earthen.

te·rre·ro, ra *adj.* 1 *de la tierra* earth 2 *vuelo* skimming, low 3 *fig. humilde* humble ⬥ *m. terrero* 1 *montón de tierra* pile of earth 2 *blanco* target 3 *depósito de tierras* alluvium.

te·rres·tre *adj.* 1 *de la tierra* terrestrial, earthly 2 *por tierra* by land ⬥ *com. persona* terrestrial.

te·rri·ble *adj.* terrible, awful.

te·rrí·co·la *adj.* land ⬥ *com. habitante* earth dweller *en ciencia ficción* earthling.

te·rri·to·rial *adj.* territorial.

te·rri·to·ria·li·dad *f.* territoriality.

te·rri·to·rio *m.* territory **en todo el territorio nacional** nationwide, all over the country.

te·rrón *m.* 1 *de tierra* clod 2 *de azúcar, etc.* lump ⬥ *mpl.* **terrones** *hacienda* land *sing.* property *sing.*

te·rror *m.* 1 *gen.* terror 2 CINE horror.

te·rro·rí·fi·co, ca *adj.* terrifying, frightening.

te·rro·ris·mo *m.* terrorism.

te·rro·ris·ta *adj.* terrorist ⬥ *com.* terrorist.

te·rro·so, sa *adj.* 1 *de la tierra* earthy 2 *color* earth-colored.

te·rru·ño *m.* 1 *masa de tierra* clod 2 *tierra natal* homeland, native land 3 *terreno* piece of land 4 *tierra que se trabaja* land.

ter·so, sa *adj.* 1 *liso* smooth 2 *brillante* shiny, glossy 3 *fig. estilo* polished, fluent.

ter·su·ra *f.* 1 *lisura* smoothness 2 *brillo* shine, glossiness 3 *fig. de estilo* polish, fluency.

ter·tu·lia *f.* 1 *reunión* get-together 2 *lugar en cafés* back room **tertulia literaria** literary gathering.

te·si·na *f.* degree dissertation.

te·sis *f. inv.* 1 thesis 2 *opinión* view, theory **tesis doctoral** doctoral thesis.

te·si·tu·ra *f.* 1 MÚS tessitura 2 *fig. actitud* attitude *estado de ánimo* mood, frame of mind.

te·són *m.* tenacity, firmness.

te·so·re·rí·a *f. oficina* treasurer's office *cargo* treasurer.

te·so·re·ro, ra *s.* treasurer.

te·so·ro *m.* 1 *gen.* treasure 2 *erario* exchequer 3 *fig. diccionario* thesaurus 4 *fig.* treasure, gem.

test *m.* test.

tes·ta *f.* head.

tes·ta·do, da *pp. de* testar ⬥ *adj.* testate.

tes·ta·dor, ra *s. hombre* testator *mujer* testatrix.

tes·ta·fe·rro *m.* front man.

tes·ta·men·ta·rio, ria *adj.* testamentary ⬥ *s. hombre* executor *mujer* executrix.

tes·ta·men·to *m.* 1 JUR will, testament 2 REL Testament **hacer testamento** to make one's will, draw up one's will **Antiguo Testamento/Nuevo Testamento** Old Testament/New Testament.

tes·tar *intr.* to make one's will, draw up one's will.

tes·ta·ra·zo *m. fam.* blow to the head, butt.

tes·ta·ru·do, da *adj.* obstinate, stubborn, pigheaded.

tes·tí·cu·lo *m.* testicle.

tes·ti·fi·car *(see model 1) tr.* to testify.

tes·ti·go *com.* witness ⬥ *m.* 1 *prueba* proof, evidence, witness 2 DEP baton **poner a alguien por testigo** to call somebody as witness **testigo de cargo** witness for the prosecution **testigo de descargo** witness for the defense **Testigos de Jehová** Jehovah's Witnesses.

tes·ti·mo·nial *adj.* testimonial ⬥ *fpl.* **testimoniales** JUR documentary evidence.

tes·ti·mo·niar *(see model 12) tr.* 1 JUR to bear witness to, testify to, attest to 2 *fig.* to show, prove, bear witness to 3 *fig. expresar* to show, express.

tes·ti·mo·nio *m.* 1 JUR testimony, evidence 2 *prueba* evidence, proof **dar testimonio** to give evidence.

tes·tos·te·ro·na *f.* testosterone.

tes·tuz *amb.* 1 *frente* forehead 2 *nuca* nape.

te·ta *f.* 1 *breast más familiarmente* tit, boob 2 *de animal* udder.

te·tá·ni·co, ca *adj.* tetanic.

té·ta·nos *m. inv.* tetanus.

te·te·ra *f.* teapot.

te·ti·lla *f.* 1 ANAT man's nipple 2 *tetina* teat, rubber teat.

te·tra·e·dro *m.* tetrahedron.

te·tra·lo·gí·a *f.* tetralogy.

te·trar·quí·a *f.* tetrarchy.

te·tra·sí·la·bo, ba *adj.* tetrasyllabic ⬥ *m.* **tetrasílabo** tetrasyllable.

té·tri·co, ca *adj.* gloomy, dull, dismal.

teu·tón, to·na *adj.* 1 HIST Teutonic 2 *alemán* German ⬥ *s.* 1 HIST Teuton 2 *alemán* German.

tex·til *adj.* textile ⬥ *m.* textile **industria textil** textile industry.

tex·to *m.* text.

tex·tual *adj.* 1 textual 2 *exacto* literal, precise, exact **en palabras textuales** literally.

tex·tu·ra *f.* 1 *textil* texture 2 *minerales* structure.

tez *f.* complexion.

ti *pron.* you *te lo doy a ti* I'll give it to you.

ti·a f. 1 *pariente* aunt 2 *fam. persona* girl, woman 3 *apelativo* 4 *fam. prostituta* whore.

tia·mi·na f. thiamine.

tia·ra f. tiara.

ti·be·ta·no, na adj. Tibetan ◇ s. Tibetan ◇ m. *ti·betano* IDIOMA | Ibetan.

ti·bia f. tibia, shinbone.

ti·bie·za f. 1 tepidity, tepidness 2 *fig.* lack of enthusiasm, coolness, tepidity.

ti·bio, bia adj. 1 tepid, lukewarm 2 *fig.* tepid, unenthusiastic, cool.

ti·bu·rón m. shark.

tiem·po m. 1 *gen.* time 2 *época* time, period, age, days pl. 3 METEOR weather 4 *edad* age 5 *temporada* season, time 6 *momento* moment, time **el tiempo es oro** *fig.* time is money **tiempo libre** free time.

tien·da f. 1 *establecimiento* store 2 *de campaña* tent 3 *de carro* cover **tienda de campaña** tent.

tien·to m. 1 *tacto* tact, feel 2 *prudencia* caution 3 *de ciego* stick 4 *pulso* steady hand 5 *fam. trago* swig.

tier·no, na adj. 1 *blando* tender, soft 2 *fig. reciente* fresh 3 *fig. persona* young.

tie·rra f. 1 *planeta* earth 2 *superficie sólida* land 3 *terreno cultivado* soil, land 4 *país* country, land 5 *suelo* ground **echar por tierra** *fig.* to crush, destroy **¡tierra a la vista!** land ahoy! **tierra firme** terra firma, dry land **Tierra Santa** the Holy Land.

tie·so, sa adj. 1 *rígido* stiff, rigid 2 *erguido* upright, erect 3 *tenso* taut, tight 4 *fig. terco* stubborn 5 *fig. en forma* in good shape.

ti·foi·de·o, a adj. typhoid **fiebre tifoidea** typhoid fever.

ti·fón m. 1 typhoon 2 *en el mar* waterspout.

ti·gre m. tiger **oler a tigre** *fam.* to stink.

ti·gre·sa f. tigress, femme fatale.

ti·je·ra f. 1 *instrumento* scissors pl., pair of scissors 2 *fig. persona* gossip.

ti·je·re·te·ar tr. 1 to snip, cut, clip 2 *fig.* to meddle in.

ti·la f. 1 *tilo* lime, linden 2 *flor* lime blossom, linden blossom 3 *infusión* lime-blossom tea, linden-blossom tea.

til·dar tr. 1 *poner tilde* to put a written accent on *de la ñ* to put a tilde on 2 *tachar* to cross out 3 *a una persona* to call, brand.

til·de f. 1 *gen.* written accent *de la ñ* tilde 2 *fig. tacha* flaw, flaw.

ti·mar tr. to swindle, cheat, trick ◇ prnl. **timarse** *fam.* to make eyes at each other.

tim·bal m. 1 MÚS kettledrum *pequeño* small drum 2 CULIN timbale *de carne* meat pie *de pescado* fish pie.

tim·ba·le·ro, ra s. kettledrummer.

tim·bra·do, da pp. de **timbrar** ◇ adj. stamped **papel timbrado** *sellado* stamped paper.

tim·brar tr. *carta* to stamp, mark *documento* to seal.

tim·bre m. 1 *de la puerta* bell 2 *sello* stamp, seal *sello fiscal* fiscal stamp, revenue stamp 3 MÚS timbre.

ti·mi·dez f. shyness, timidity.

tí·mi·do, da adj. 1 shy, timid 2 *fig. intento, etc.* half-hearted.

ti·mo m. 1 *estafa* swindle, fiddle, confidence trick.

ti·món m. 1 *barco, avión* rudder 2 *del arado* beam 3 *fig. negocio, etc.* helm.

ti·mo·nel m. steersman, helmsman.

ti·mo·ra·to, ta adj. 1 *tímido* shy, timid 2 *mojigato* prudish.

tím·pa·no m. 1 *del oído* eardrum 2 ARQ tympanum 3 MÚS *tamboril* kettledrum *instrumento* timpani pl., tympani pl., timps pl.

ti·na f. 1 *recipiente* vat, tub 2 *tinaja* large earthenware vat 3 *bañera* bath, bathtub.

ti·na·ja f. 1 *recipiente* large earthenware jar 2 *cantidad* jar.

tin·gla·do m. 1 *cobertizo* shed 2 *tablado* platform, raised floor 3 *fig. embrollo* mess 4 *fig. intriga* intrigue.

ti·nie·bla f. darkness ◇ fpl. **tinieblas** *fig. ignorancia* ignorance sing., confusion sing. **estar en tinieblas sobre algo** to be in the dark about something.

ti·no m. 1 *puntería* good aim, aim 2 *fig. juicio* good judgement, sense, common sense 3 *fig. moderación* moderation **tener buen tino** to be a good shot.

tin·ta f. 1 *gen.* ink 2 *tinte* dyeing ◇ fpl. **tintas** colors, hues **medias tintas** *fig.* vague words.

tin·te m. 1 *colorante* dye 2 *proceso* dyeing 3 *tintorería* dry-cleaner's 4 *fig. aspecto* shade, coloring, overtones pl.

tin·te·ro m. inkwell **quedarse en el tintero** *fig.* to be left unsaid.

tin·ti·ne·o m. 1 *de vidrio* clink, clinking, chink 2 *de campanillas* jingling, ting-a-ling.

tin·to, ta adj. 1 *teñido* dyed, stained 2 *vino* red ◇ m. **tinto** *vino* red wine.

tin·to·re·rí·a f. dry-cleaner's.

tin·tu·ra f. 1 *colorante* dye 2 *proceso* dyeing 3 *disolución* tincture 4 *fig. noción* notion.

ti·ña f. 1 *larva* honeycomb moth 2 MED tinea, ringworm 3 *fig. miseria* misery, poverty.

ti·o m. 1 *pariente* uncle 2 *fam. hombre* bloke, guy 3 *apelativo* mate, pal.

ti·pa·zo m. *fam.* good figure.

tí·pi·co, ca adj. 1 *característico* typical, characteristic 2 *pintoresco* picturesque *tradicional* traditional **eso es típico de…** that's just like…

ti·pi·fi·car *(see model 1)* tr. 1 *normalizar* to standardize 2 *caracterizar* to typify.

ti·ple m. 1 *voz* treble, soprano 2 *guitarrita* treble guitar ◇ com. *cantante* soprano, soprano singer.

ti·po m. 1 *clase* type, kind 2 FIN rate 3 ANAT *de hombre* build, physique *de mujer* figure 4 *fam. persona* guy, fellow, bloke 5 *en impresión* type **tipo de cambio** FIN rate of exchange.

ti·po·gra·fí·a f. typography.

ti·pó·gra·fo, fa s. typographer.

ti·po·lo·gí·a f. typology.

ti·ra·bu·zón m. 1 *rizo* ringlet 2 *sacacorchos* corkscrew.

ti·ra·do, da pp. de **tirar** ◇ adj. 1 *fam. precio* dirt cheap 2 *fam. problema, asunto* dead easy 3 *fam. abandonado* let down.

ti·ra·je m. 1 *impresión* printing 2 *distribución* circulation.

ti·ra·lí·ne·as m. inv. drawing pen.

ti·ra·ní·a f. tyranny.

ti·rá·ni·co, ca adj. tyrannic, tyrannical.

ti·ra·no, na s. tyrant.

ti·rar tr. 1 *echar* to throw, fling 2 *dejar caer* to drop 3 *desechar* to throw away 4 *derribar* to knock down *casa, árbol* to pull down 5 *derramar* to spill 6 *vaso, botella* to knock over 7 *estirar* to pull 8 *imprimir* to print ◇ intr. 1 *cuerda, papel* to pull (*de*, -) 2 *carreta, carro* to draw (*de*, -) 3 *atraer* to draw, attract 4 *estufa, chimenea* to draw 5 *en juegos* to be a player's move, be a player's turn **tira él** it's his turn ◇ prnl. **tirarse**

T

1 *lanzarse* to throw oneself, hurl oneself **2** *abalanzarse* to rush (**sobre**, at), jump (**sobre**, on) **3** *tumbarse* to lie down **tirar al blanco** to shoot at a target.

ti·ri·tar *intr. gen.* to shiver, shake, tremble *dientes* to chatter.

ti·ro *m.* **1** *lanzamiento* throw **2** *disparo, ruido* shot **3** *galería de tiro* shooting gallery **4** DEP shooting **5** *caballerías* team **6** COST *vestido* shoulder width *de pantalón* distance between waist and crotch **7** *de chimenea* draft **a un tiro de piedra** a stone's throw away **le salió el tiro por la culata** *fig.* it backfired on him.

ti·roi·de·o, a *adj.* thyroid.

ti·roi·des *adj. inv.* thyroid ◇ *m.* thyroid, thyroid gland.

ti·ro·lés, le·sa *adj.* Tyrolean ◇ *s.* Tyrolean **cantar a la tirolesa** to yodel.

ti·rón *m.* pull, tug **dar el tirón** *fam.* robar to snatch somebody's handbag.

ti·ro·te·ar *tr.* to shoot, snipe.

ti·rri·a *f. fam.* dislike **tener tirria a** *fam.* to dislike, have it in for.

ti·sa·na *f.* infusion, tisane.

tí·si·co, ca *adj.* tubercular, consumptive ◇ *s.* consumptive.

ti·sis *f. inv.* consumption, tuberculosis, phthisis.

ti·tán *m.* titan.

ti·ta·nio *m.* titanium.

tí·te·re *m.* **1** *marioneta* puppet, marionette **2** *fig. persona* puppet, dupe ◇ *mpl.* **títeres** puppet show *sing.*.

ti·ti·lar *intr.* **1** *temblar* to quiver **2** *luz* to flicker *de estrella* to twinkle.

ti·ti·ri·te·ro, ra *s.* **1** *de títeres* puppeteer **2** *volatinero* tightrope walker **3** *saltimbanqui* travelling acrobat.

ti·tu·be·an·te *adj.* **1** *tambaleante* staggering, shaky **2** *al hablar* stammering **3** *fig. indeciso* hesitant.

ti·tu·be·ar *intr.* **1** *tambalearse* to stagger, totter, shake **2** *tartamudear* to stammer **3** *fig. vacilar* to hesitate.

ti·tu·la·ción *f.* qualifications *pl.*

ti·tu·lar *tr.* to entitle, title, call ◇ *adj.* regular ◇ *com.* **1** *poseedor* holder *de un puesto* office holder *de cátedra* professor ◇ *m. prensa* headline ◇ *prnl.* **titularse** **1** *llamarse* to be called, be titled **2** EDUC to graduate (**en**, in).

tí·tu·lo *m.* **1** *de obra* title **2** *de texto legal* heading **3** *dignidad* title **4** *persona noble* noble (person) **5** EDUC *licenciatura* degree *diploma* certificate, diploma **6** *documento* title **7** *titular de prensa* headline.

tiz·nar *tr.* **1** to blacken, soil with soot **2** *fig.* to blacken, soil ◇ *prnl.* **tiznarse** to blacken.

tiz·ne *m.* soot.

ti·zón *m.* **1** half-burnt stick, brand **2** *fig.* stain.

to·a·lla *f.* towel **tirar la toalla** *fig.* to throw in the towel.

to·a·lle·ro *m.* towel rail, towel rack.

to·bi·llo *m.* ankle.

to·bo·gán *m.* **1** *rampa* slide, chute **2** *trineo* toboggan, sledge.

to·ca·dis·cos *m. inv.* record-player.

to·ca·do, da *pp.* de *tocar* ◇ *adj.* **1** *fruta* bad, rotten **2** *fam. perturbado* crazy, touched **3** DEP *injured.*

to·ca·dor *m.* **1** *mueble* dressing-table **2** *habitación* dressing-room, boudoir.

to·car *(see model 1) tr.* **1** *gen.* to touch **2** *sentir por el tacto* to feel **3** *revolver* to rummage amongst,

root around **4** *hacer sonar - instrumento, canción* to play *timbre* to ring *bocina* to blow, honk *campanas* to strike **5** *fig. retocar* to change, alter ◇ *intr.* **1** *ser el turno* to be one's turn *le toca a él* it's his turn **2** *corresponder* to be 'up to *le toca a él explicarse* it's up to him to explain himself **3** *ganar* to win *nos tocó un premio* we won a prize ◇ *prnl.* **tocarse** *uso reflexivo* to touch oneself *uso recíproco* to touch each other *por lo que a mí toca* as far as I am concerned **tocarse la nariz** to pick one's nose.

to·ca·ta *f.* MÚS toccata ◇ *m. fam.* tocadiscos record player.

to·ca·yo, ya *s.* namesake.

to·ci·no *m.* **1** *carne* bacon **2** *grasa* fat, lard.

to·co·lo·gí·a *f.* tocology, obstetrics.

to·có·lo·go, ga *s.* tocologist, obstetrician.

to·cón *m.* de *tronco* stump.

to·da·ví·a *adv.* **1** *a pesar de ello* still **2** *tiempo* still, yet **3** *para reforzar* even.

to·do, da *adj.* **1** *sin excluir nada* all **2** *verdadero* real **3** *cada* every **4** *igual* like, exactly like, the image of ◇ *pron.* **1** *sin excluir nada* all, everything **2** *cualquiera* anybody ◇ *m.* **1** *totalidad* whole **2** *en charadas* all, whole ◇ *adv.* **1** completely, totally, all *está todo mojado* it's all wet **así y todo** in spite of everything **a todo esto** *por cierto* by the way.

to·do·po·de·ro·so, sa *adj.* almighty, all-powerful ◇ *m.* **el Todopoderoso** the Almighty.

to·do·te·rre·no *adj.* four-wheel-drive, all-terrain ◇ *m.* four-wheel-drive vehicle, all-terrain vehicle.

to·fu *m.* tofu.

to·ga *f.* **1** *de romanos* toga **2** *de magistrado, etc.* gown, robe.

to·go·lés, le·sa *adj.* Togolese ◇ *s.* Togolese.

tol·do *m.* **1** *cubierta* awning **2** *de camión* tarpaulin, canvas **3** *de playa* sunshade.

to·le·ra·ble *adj.* tolerable.

to·le·ran·cia *f.* **1** tolerance **2** *resistencia* resistance.

to·le·ran·te *adj.* tolerant, lenient.

to·le·rar *tr.* **1** *permitir, soportar* to tolerate, put up with **2** *inconvenientes* to stand **3** *gente* to put up with **4** *comida, bebida* to take **5** *peso* to bear.

to·le·te *m.* oarlock.

tol·te·ca *adj.* Toltec ◇ *com.* Toltec.

to·lue·no *m.* toluene.

tol·va *f.* hopper.

to·ma *f.* **1** *acción* taking **2** MED dose **3** MIL capture **4** *de aire* intake, inlet *de agua* outlet, tap *de electricidad* plug, socket **5** *grabación* recording **6** CINE shot.

to·mar *tr.* **1** *gen.* to take **2** *baño, ducha* to have, take *foto* to take **3** *comer, beber* to have *beber* to drink *comer* to eat **4** *el autobús, el tren* to catch **5** *aceptar* to accept, take ◇ *intr. encaminarse* to go, turn ◇ *prnl.* **tomarse** **1** *gen.* to take *me tomé una aspirina* I took an aspirin **2** *beber* to drink *comer* to eat.

to·ma·te *m.* **1** *fruto* tomato **2** *fam. fig. en calcetines, etc.* hole **3** *fam. fig. jaleo* fuss, commotion **4** *fam. fig. dificultad* snag, catch.

tóm·bo·la *f.* tombola.

to·mi·llo *m.* thyme.

to·mo *m.* **1** *volumen* volume **2** *fig. importancia* importance.

to·na·da *f.* **1** tune, song **2** *acento* accent.

to·na·di·lla *f.* ditty, little tune, popular song.

to·nal *adj.* tonal.

to·na·li·dad f. tonality, tone.

to·nel m. barrel, cask.

to·ne·la·da f. ton **tonelada métrica** metric ton, tonne.

to·ne·la·je m. tonnage.

tó·ni·co, ca adj. 1 sílaba tonic, stressed 2 nota musical tonic ◇ m. **tónico** 1 MED tonic 2 para la piel skin tonic.

to·ni·fi·can·te adj. invigorating.

to·ni·fi·car (see model 1) tr. to tone up, invigorate.

to·no m. 1 gen. tone 2 energía energy **bajar el tono** to lower one's voice **en tono airado** in an angry tone **subir el tono** to speak louder.

ton·su·ra f. tonsure.

ton·su·rar tr. 1 el pelo to cut la lana to shear 2 clérigo to tonsure.

ton·te·ar intr. 1 decir tonterías to act the clown, fool about 2 galantear to flirt.

ton·te·rí·a f. 1 calidad de tonto stupidity, silliness 2 dicho, hecho silly thing, stupid thing 3 insignificancia trifle 4 regalito little something.

ton·to, ta adj. silly, dumb ◇ s. fool, idiot **hacerse el tonto** to play dumb.

to·pa·cio m. topaz.

to·par intr. 1 chocar to bump into 2 encontrar - algo to come across, find - alguien to bump into, run into 3 fig. dificultades, etc. to come up against, run into ◇ prnl. **toparse** 1 encontrar alguien to meet, bump into **me topé con tu amigo** I bumped into your friend 2 fig. dificultades, etc. to meet with, encounter, run into.

to·pe m. 1 límite limit, end 2 TÉC stop, check 3 de ferrocarril buffer, bumping post, bumper 4 MAR masthead ◇ adj. 1 fig. tope, maximum 2 argot fantástico fab, super ◇ adv. argot really, absolutely **a tope** argot al límite flat out.

tó·pi·co, ca adj. MED external ◇ m. **tópico** commonplace, cliché.

to·po m. mole **más ciego que un topo** fig. as blind as a bat.

to·po·gra·fí·a f. topography.

to·pó·gra·fo, fa s. topographer.

to·po·ní·mi·co, ca adj. toponymic, toponymical.

to·pó·ni·mo m. place name, toponym.

to·que m. 1 acto touch 2 de campana ringing, peal, pealing de trompeta blare, sounding de claxon honk de sirena hoot de tambor beat, beating 3 pincelada touch.

to·que·te·ar tr. 1 tocar to fiddle with, finger 2 acariciar to fondle, caress.

to·rá·ci·co, ca adj. thoracic **caja torácica** chest cavity.

tó·rax m. inv. thorax.

tor·be·lli·no m. 1 de viento whirlwind de agua whirlpool de polvo whirl, cloud 2 fig. abundancia de cosas whirl, turmoil, welter 3 fig. persona live wire, human dynamo.

tor·ce·du·ra f. 1 acción twist, twisting 2 MED sprain.

tor·cer (see model 54) tr. 1 gen. to twist 2 doblar to bend madera to warp 3 desviar to change 4 cuadro to slant ◇ prnl. **torcerse** 1 gen. to twist 2 doblarse to bend madera to warp 3 ladearse to become slanted 4 MED to sprain, twist **no dar su brazo a torcer** fig. not to give in.

tor·ci·do, da adj. 1 que no es recto twisted 2 madera warped metal bent 3 ladeado slanted, crooked, lopsided 4 MED sprained, strained.

to·re·ar tr. 1 lidiar to fight 2 fig. entretener to put off 3 fig. burlar to tease, confuse.

to·re·ro, ra s. de toros bullfighting ◇ s. bullfighter, matador.

tor·men·ta f. storm **una tormenta en un vaso de agua** a storm in a teacup.

tor·men·to m. 1 tortura torture 2 dolor torment, torture 3 angustia anguish.

tor·na·do m. tornado.

tor·nar tr. 1 devolver to give back (a, to), return (a, to) 2 mudar to transform (en, into), turn (en, into) ◇ intr. 1 regresar to go back (a, to), return (a, to) 2 volver a to start again ◇ prnl. **tornarse** to become, turn.

tor·na·sol m. 1 BOT sunflower 2 luz iridescense 3 colorante litmus.

tor·ne·a·do, da pp. de tornear ◇ adj. 1 TÉC lathed, turned on the lathe 2 cuerpo shapely, with soft curves ◇ m. **torneado** TÉC turning.

tor·ne·ar tr. to turn.

tor·ne·o m. 1 justa tourney, joust 2 DEP tournament, competition.

tor·ne·ro, ra s. turner, lathe operator.

tor·ni·llo m. screw, bolt.

tor·ni·que·te m. 1 palanca turnstile 2 MED tourniquet.

tor·no m. 1 TÉC lathe 2 elevador winch, windlass 3 de convento revolving window.

to·ro m. 1 animal bull ◇ mpl. **los toros** corrida bullfight sing. arte bullfighting sing. **estar hecho un toro** fam. to be a big strapping man.

to·ron·ja f. grapefruit.

tor·pe adj. 1 poco hábil clumsy 2 de movimiento slow, awkward 3 poco inteligente dim, thick.

tor·pe·do m. 1 MIL torpedo 2 pez electric ray.

tor·pe·men·te adv. 1 sin habilidad clumsily, awkwardly 2 lentamente slowly.

tor·pe·za f. 1 falta de habilidad clumsiness, awkwardness 2 mental dimness, stupidity 3 de movimiento slowness, heaviness 4 error blunder.

to·rre f. 1 gen. tower 2 campanario bell tower 3 chalé country house, house, villa 4 de buque turret 5 ajedrez rook, castle.

to·rren·cial adj. torrential.

to·rren·te m. 1 de agua mountain stream, torrent 2 de sangre bloodstream 3 fig. abundancia flood, stream.

to·rre·ón m. fortified tower.

to·rre·ta f. 1 torre turret, small tower 2 MIL de tanque, etc. turret de submarino conning tower.

tó·rri·do, da adj. torrid.

tor·sión f. 1 torcedura twist, twisting 2 TÉC torsion.

tor·so m. 1 ANAT torso 2 estatua bust.

tor·tí·co·lis f. inv. stiff neck, crick in the neck.

tor·ti·lla f. 1 omelet 2 AM tortilla, pancake.

tór·to·lo, la s. macho male turtledove hembra turtledove.

tor·tu·ga f. 1 de tierra tortoise 2 marina turtle.

tor·tuo·so, sa adj. tortuous, winding.

tor·tu·ra f. 1 tormento torture 2 fig. padecimiento intense suffering, agony.

tor·tu·rar tr. to torture ◇ prnl. **torturarse** to torture oneself.

tor·vo, va adj. grim, fierce.

tos f. cough, coughing **tener tos** to have a cough.

tos·co, ca adj. 1 basto rough, rustic 2 persona uncouth.

to·ser intr. to cough.

tos·ta·da f. toast, slice of toast.

tos·ta·do, da pp. de tostar ◇ adj. 1 pan toasted café roasted 2 fig. moreno tanned, brown 3 color brown.

tos·ta·dor, ra s. de pan toaster de café roaster.

tos·tar (see model 31) tr. 1 pan to toast café to roast carnes to brown 2 fig. piel to tan ◇ prnl.

tos·tar·se 1 *pan* to toast *café* to roast 2 *fig. la piel* to get brown, turn brown, tan.

to·tal *adj.* total, complete, overall ◇ *m.* 1 *totalidad* whole 2 *suma* total, sum ◇ *adv.* 1 *en conclusión* in short, so *total, fue un fracaso* in short, it was a failure 2 *al fin y al cabo* after all *total, para lo que me sirve... after all, for all the good it is to me...*

to·ta·li·ta·rio, ria *adj.* totalitarian.

to·ta·li·zar *(see model 4) tr.* 1 to total 2 *ascender* to amount to.

to·tal·men·te *adv.* totally, completely.

tó·tem *m.* totem *efigie* totem pole.

to·xi·ci·dad *f.* toxicity.

tó·xi·co, ca *adj.* toxic, poisonous ◇ *m. tóxico* toxicant, poison.

to·xi·co·lo·gí·a *f.* toxicology.

to·xi·co·ma·ní·a *f.* drug addiction.

to·xi·có·ma·no, na *adj.* addicted to drugs ◇ *s.* drug addict.

to·xi·na *f.* toxin.

to·zu·dez *f.* stubbornness, obstinacy.

to·zu·do, da *adj.* stubborn, obstinate, headstrong.

tra·ba *f.* 1 *de caballería* hobble 2 *unión* bond, tie 3 *fig. impedimento* hindrance, obstacle.

tra·ba·ja·dor, ra *adj.* 1 *que trabaja* working 2 *laborioso* hard-working, industrious ◇ *s.* laborer.

tra·ba·jar *intr.* 1 *gen.* to work 2 *en obra, película* to act, perform 3 *fig. soportar* to be under stress ◇ *tr.* 1 *materiales* to work (on) 2 *idea, idioma, etc.* to work on 3 *la tierra* to till 4 CULIN *pasta* to knead ◇ *prnl. trabajarse* 1 *idea, idioma, etc.* to work on 2 *fig. a alguien* to persuade.

tra·ba·jo *m.* 1 *ocupación* work 2 *tarea* task, job 3 *empleo* job, employment 4 *esfuerzo* effort 5 EDUC report, paper ◇ *mpl. trabajos fig.* penalidades hardships.

tra·ba·len·guas *m. inv.* tongue twister.

tra·bar *tr.* 1 *unir* to join, link 2 *sujetar* to lock, fasten 3 *mecanismo* to jam 4 *prender a alguien* to shackle 5 *líquido, salsa* to thicken ◇ *prnl. trabarse* 1 *enredarse* to get tangled up 2 *mecanismo* to jam.

tra·bu·co *m.* blunderbuss.

trac·ción *f.* traction **tracción delantera** front-wheel drive **tracción en las cuatro ruedas** four-wheel drive **tracción trasera** rear-wheel drive.

tra·cio, cia *adj.* Thracian ◇ *s. persona* Thracian ◇ *m. tracio idioma* Thracian.

trac·to *m.* tract.

trac·tor, ra *adj.* tractor ◇ *m. tractor* tractor.

tra·di·ción *f.* tradition.

tra·di·cio·nal *adj.* traditional.

tra·di·cio·na·lis·mo *m.* 1 traditionalism 2 POL radical conservatism.

tra·duc·ción *f.* translation **traducción simultánea** simultaneous translation.

tra·du·cir *(see model 46) tr.* 1 *gen.* to translate 2 *expresar* to express, show ◇ *prnl. traducirse resulta* to result in, give.

tra·duc·tor, ra *adj.* translating ◇ *s.* translator.

tra·er *(see model 88) tr.* 1 *gen.* to bring 2 *llevar consigo* to carry 3 *vestir* to wear 4 *traer hacia sí* to pull, draw, attract 5 *causar* to cause, bring 6 *llevar noticias* to carry, contain ◇ *prnl. traerse llevar consigo* to bring along.

tra·fi·can·te *adj.* dealing, trading ◇ *com.* 1 trader, dealer 2 *ilegal* trafficker **traficante de drogas** drug trafficker, drug pusher.

tra·fi·car *(see model 1) intr.* 1 to deal 2 *de forma ilegal* to traffic (**en**, in), deal (**en**, in).

trá·fi·co *m.* 1 AUTO traffic 2 COMM traffic, trade **tráfico de drogas** drug traffic **tráfico de influencias** POL influence peddling.

tra·gal·da·bas *com. inv. fam.* glutton, pig.

tra·ga·luz *m.* skylight.

tra·gar *(see model 7) tr.* 1 *ingerir* to swallow 2 *comer mucho* to gobble up, tuck away, put away 3 *absorber* to soak up ◇ *prnl. tragarse* 1 *ingerir* to swallow 2 *comer mucho* to gobble up, tuck away, put away 3 *absorber* to soak up.

tra·ge·dia *f.* tragedy **terminar en tragedia** to end tragically.

trá·gi·co, ca *adj.* tragic ◇ *s. actor* tragedian *actriz* tragedienne.

tra·gi·co·me·dia *f.* tragicomedy.

tra·go *m.* 1 *sorbo* swig, drop 2 *fam. bebida* drink 3 *fam. fig. adversidad* rough time.

trai·ción *f.* treason, betrayal ◇ **alta traición** high treason.

trai·cio·nar *tr.* 1 *gen.* to betray 2 *fig. delatar* to give away, betray.

trai·cio·ne·ro, ra *adj.* treacherous.

trai·dor, ra *adj.* treacherous 2 *s.* traitor.

trái·ler *m.* 1 CINE preview 2 AUTO trailer truck.

tra·je *m.* 1 *de hombre* suit 2 *de mujer* dress 3 MIL dress.

tra·jín *m. fam. fig.* comings and goings *pl.*, hustle and bustle.

tra·ji·nar *tr.* 1 *acarrear* to carry 2 *fam. intentar convencer* to cajole ◇ *intr.* 1 *moverse* to bustle about, run about 2 *fam. intentar convencer* to cajole, coax 3 *fam. fig. tramar* to cook up, be up to.

tra·lla·zo *m.* 1 *golpe* lash 2 *chasquido* crack, crack of a whip.

tra·ma *f.* 1 *textil* weft, woof 2 *argumento* plot.

tra·mar *tr.* 1 *tejidos* to weave 2 *fig. maquinar* to plot, cook up.

tra·mi·tar *tr.* 1 *gestionar* to deal with, process 2 *solicitar, negociar* to arrange, negotiate 3 *despachar* to transmit, convey.

trá·mi·te *m.* 1 *paso* step 2 *formalidad* formality, requirement 3 *negociación* procedures *pl.*

tra·mo *m.* 1 *camino, etc.* stretch, section 2 *de escalera* flight 3 *de terreno* lot, plot.

tra·mo·ya *f.* 1 *máquina* stage machinery 2 *fig. trama* plot, scheme.

tra·mo·yis·ta *com.* 1 TEAT sceneshifter, stagehand 2 *fig.* schemer, trickster.

tram·pa *f.* 1 *abertura* trapdoor, hatch 2 *para cazar* trap, snare 3 *fig. engaño* fiddle *truco* trick 4 *fig. deuda* debt.

tram·pe·ar *tr. fam. engañar* to cheat ◇ *intr.* 1 *estafar* to be on the fiddle *vivir de su ingenio* to live by one's wits 2 *ir viviendo* to manage, get by.

tram·po·lín *m.* 1 *de piscina* springboard, diving-board 2 *de esquí* ski jump 3 *fig. medio* springboard, starting point.

tram·po·so, sa *adj.* deceitful, tricky 2 *s.* trickster, cheat *en las cartas* cardsharp.

tran·ca *f.* 1 *palo* club, cudgel 2 *para puertas, etc.* bar 3 *fam. borrachera* binge, skinful 4 *vulg. pene* prick.

tran·ca·zo *m.* 1 *golpe* blow with a cudgel 2 *fam. fig. resfriado* cold *gripe* flu.

tran·ce *m.* 1 *momento crítico* critical moment 2 *dificultad* fix, tight spot 3 *éxtasis* trance.

tran·qui·li·dad *f.* 1 *quietud* calmness, tranquility *sosiego* peace and quiet.

tran·qui·li·zan·te *adj.* calming, reassuring ◇ *m.* tranquilizer.

tran·qui·li·zar *(see model 4)* tr. **1** *calmar* to calm down, tranquilize **2** *dar confianza* to reassure, set one's mind at rest ◇ prnl. **tranquilizarse 1** *calmarse* to calm down **2** to set one's mind at rest, be reassured.

tran·qui·lo, la adj. **1** *sin inquietud* calm, relaxed, tranquil **2** *sin preocupación* reassured **3** *sin movimiento* calm, still, quiet **4** *sin ruidos* quiet, still, peaceful **5** *persona* calm, easy-going, placid.

tran·sac·ción f. transaction, deal.

trans·bor·da·dor m. ferry, car ferry.

trans·bor·dar tr. **1** to transfer **2** *mercancías* to transship *de orilla a orilla* to ferry across a river ◇ intr. *cambiar de tren, metro* to change transfer.

trans·bor·do m. **1** *de vehículo* transfer **2** *de barco* transshipment.

trans·con·ti·nen·tal adj. transcontinental.

trans·cri·bir pp. **transcrito** ◇ tr. to transcribe.

trans·crip·ción f. transcription.

trans·cu·rrir intr. **1** *tiempo* to pass, elapse **2** *acontecer* to take place, go off.

trans·cur·so m. **1** *paso* course, passing **2** *duración* space, period **con el transcurso de los años** with the passing of time.

tran·se·ún·te com. **1** *peatón* pedestrian **2** *residente transitorio* temporary resident.

tran·se·xual adj. transsexual ◇ com. transexual.

trans·fe·ren·cia f. **1** gen. transference **2** FIN transfer **transferencia bancaria** banker's order.

trans·fe·ri·ble adj. transferable.

trans·fe·rir *(see model 35)* tr. **1** *cambiar de lugar* to transfer **2** *diferir* to postpone **3** FIN to transfer, convey.

trans·fi·gu·ra·ción f. transfiguration.

trans·fi·gu·rar tr. to transfigure ◇ prnl. **transfigurarse** to become transfigured.

trans·for·ma·ble adj. transformable.

trans·for·ma·ción f. transformation.

trans·for·ma·dor, ra adj. transforming ◇ m. *transformador* transformer.

trans·for·mar tr. to transform, change ◇ prnl. **transformarse 1** to change, be transformed **transformarse en** *persona* to become **2** *objeto* to convert into.

trans·for·mis·ta com. **1** *partidario del transformismo* transformist **2** TEAT quick-change artist.

tráns·fu·ga com. **1** MIL deserter **2** POL turncoat.

trans·fun·dir tr. **1** *líquido* to transfuse **2** *comunicar* to spread.

trans·fu·sión f. transfusion **transfusión de sangre** blood transfusion.

trans·gé·ni·co, ca adj. genetically modified, GM.

trans·gre·dir tr. to transgress, break.

trans·gre·sión f. transgression.

trans·gre·sor, ra s. transgressor, law-breaker.

tran·si·be·ria·no, na adj. trans-Siberian ◇ m. **el Transiberiano** *tren* the Trans-Siberian Express *ferrocarril* the Trans-Siberian Railway.

tran·si·ción f. transition **sin transición** abruptly.

tran·si·gen·cia f. **1** *actitud* tolerance, lenience **2** *concesión* compromise.

tran·si·gir *(see model 6)* intr. **1** *ceder* to compromise, give in, yield **2** *tolerar* to tolerate, bear.

tran·sis·tor m. transistor.

tran·si·ta·ble adj. passable **no estar transitable en malas condiciones** not to be passable.

tran·si·ta·do, da pp. de **transitar** ◇ adj. busy.

tran·si·tar intr. **1** *viajar* to travel, travel about **2** *pasar* to pass, go, walk.

tran·si·ti·vo, va adj. transitive.

trán·si·to m. **1** *acción* passage, transit, movement **2** AUTO traffic **3** *euf. muerte* death, passing **4** *lugar de parada* stopping place.

tran·si·to·rie·dad f. transience, transiency.

tran·si·to·rio, ria adj. *pasajero* transitory *de transición* transitional, interim.

trans·mi·gra·ción f. transmigration.

trans·mi·grar intr. to transmigrate.

trans·mi·si·ble adj. transmissible.

trans·mi·sión f. **1** *propagación* transmission **2** JUR transfer, transference **3** RAD TV broadcast **4** TÉC drive ◇ fpl. **transmisiones** MIL signals **transmisión delantera/transmisión trasera** AUTO front-wheel drive/rear-wheel drive.

trans·mi·sor, ra adj. transmitting ◇ s. transmitter.

trans·mi·tir tr. **1** gen. to transmit **2** RAD TV to broadcast **3** *enfermedad* to transmit, pass on **4** JUR to transfer, hand down.

tran·so·ce·á·ni·co, ca adj. transoceanic.

trans·pa·ren·cia f. **1** transparency, transparence **2** *diapositiva* transparency, slide.

trans·pa·ren·tar tr. *fig. emociones, etc.* to reveal ◇ prnl. **transparentarse 1** *ser transparente* to be transparent, show through **2** *fig. emociones, etc.* to show, show through.

trans·pa·ren·te adj. **1** gen. transparent **2** *tela, vestido* transparent, see-through **3** *fig.* straight, plain ◇ m. **1** *tela, papel* transparency **2** *visillo* net curtain **3** *pantalla* shade, blind.

trans·pi·ra·ción f. perspiration, transpiration.

trans·pi·rar intr. to perspire, transpire.

trans·por·tar tr. **1** gen. to transport **2** *pasajeros* to carry *mercancías en barco* to ship **3** MAT to transfer **4** MÚS to transpose **5** *fig. hacer perder la razón* to carry away, send into raptures ◇ prnl. **transportarse** *fig.* to be transported, be enraptured, be carried away.

trans·por·te m. **1** *medio* transport **2** *acción* transportation **3** COMM freight, freightage **4** MÚS transposition **transporte marítimo** shipment **transporte público** public transport.

trans·por·tis·ta com. carrier.

trans·va·sar tr. **1** *líquidos* to decant **2** *entre ríos* to transfer.

trans·ver·sal adj. transversal, transverse, crosswise.

trans·ver·so, sa adj. transverse, crosswise.

tran·ví·a m. **1** *sistema* tramway **2** *vehículo* tram, streetcar.

tran·via·rio, ria adj. streetcar ◇ s. tram driver.

tra·pa·ce·rí·a f. trick, fiddle.

tra·pe·cio m. **1** DEP trapeze **2** *geometría* trapezoid **3** ANAT *hueso* trapezium *músculo* trapezius.

tra·pe·cis·ta com. trapeze artist.

tra·pe·zoi·de m. trapezium.

tra·pi·che·ar intr. **1** fam. *ilegal* to fiddle, be on the fiddle **2** fam. *maquinar* to plot **3** fam. *al por menor* to buy and sell retail.

tra·pi·che·ro, ra s. fam. wheeler-dealer.

tra·pí·o f. elegance, charm.

tra·po m. **1** *tela vieja* rag **2** *paño, bayeta* cloth **3** MAR *sails* pl. **4** *telón* curtain **lavar los trapos sucios en casa** not to wash one's dirty linen in public **trapo de cocina** dishcloth.

trá·que·a f. trachea, windpipe.

tra·que·o·to·mí·a f. tracheotomy.

tra·que·te·ar intr. *hacer ruido* to clatter, rattle ◇ tr. *agitar* to shake, bang about.

tra·que·te·o m. **1** *ruido* rattle, clatter **2** *movimiento* jolting, bumping.

tras prep. **1** *después de* after **2** *detrás* behind **3** *en pos de* after, in pursuit of.

tras·a·tlán·ti·co, ca adj. transatlantic ◇ m. **trasatlántico** liner, ocean liner.

tras·bor·da·dor m. ferry, car ferry.

tras·cen·den·cia f. 1 importancia significance, importance 2 filosofía transcendence, transcendency **de gran trascendencia** of great importance **sin trascendencia** of little significance.

tras·cen·den·tal adj. 1 importante significant, very important, consequential de gran alcance far-reaching 2 filosofía transcendent, tránscendental.

tras·cen·der (see model 28) intr. 1 olor - despedir to smell - llegar hasta to reach 2 darse a conocer to become known, leak out 3 extenderse to spread, have a wide effect ◇ tr. averiguar to discover, bring to light.

tras·cri·bir pp. **trascrito** ◇ tr. to transcribe.

tra·se·gar (see model 48) tr. 1 mudar to move about, shuffle 2 líquidos to decant 3 fam. fig. beber mucho to swill.

tra·se·ro, ra adj. back, rear ◇ m. trasero fam. euf. bottom, bum **en la parte trasera** at the back.

tras·fon·do m. 1 background 2 fig. undertone.

tras·hu·man·te adj. transhumant.

tras·hu·mar intr. to move new pastures according to the season.

tra·sie·go m. comings and goings pl., hustle and bustle.

tras·la·ción f. 1 de la Tierra passage, movement 2 en matemáticas translation 3 metáfora metaphor.

tras·la·dar tr. 1 cambiar de sitio to move 2 de cargo, etc. to transfer 3 aplazar to postpone, put off 4 traducir to translate ◇ prnl. **trasladarse** 1 irto go 2 cambiar de residencia to move.

tras·la·do m. 1 cambio de lugar move, moving de residencia removal 2 de cargo, etc. transfer.

tras·la·par tr. to overlap.

tras·lú·ci·do, da adj. translucent, semitransparent.

tras·lu·cir (see model 45) tr. fig. to show, reveal, betray ◇ prnl. **traslucirse** 1 material to be translucent 2 fig. dejar ver to show, show through revelarse to be revealed.

tras·luz m. diffused light, reflected light.

tras·mu·ta·ción f. transmutation.

tras·mu·tar tr. to transmute ◇ prnl. **transmutarse** to change, transform.

tras·no·cha·do, da pp. de trasnochar ◇ adj. 1 fig. viejo old, hackneyed 2 fig. desmejorado haggard, bleary-eyed.

tras·no·char intr. to stay up late, stay up until the early hours.

tras·pa·pe·la·do, da pp. de traspapelar ◇ adj. mislaid, misplaced.

tras·pa·pe·lar tr. to mislay, misplace ◇ prnl. **traspapelarse** to get mislaid, get misplaced.

tras·pa·sar tr. 1 atravesar to go through, cross 2 cambiar de lugar to move 3 perforar to go through, pierce 4 dar, pasar to transfer vender to sell 5 fig. exceder to exceed, go beyond ◇ prnl. **traspasarse** to exceed oneself.

tras·pa·so m. 1 de negocio, etc. transfer, sale 2 precio transfer fee.

tras·pa·tio m. backyard.

tras·pié m. 1 tropezón stumble, trip 2 fig. equivocación blunder **dar un traspié** to trip.

tras·plan·tar tr. 1 gen. to transplant 2 trasladar to transfer ◇ prnl. **trasplantarse** to uproot oneself, emigrate.

tras·plan·te m. transplant, **trasplante de corazón** heart transplant **trasplante de médula** ósea bone-marrow transplant **trasplante de riñón** kidney transplant.

tras·po·ner (see model 78) pp. **traspuesto** ◇ tr. 1 cambiar de sitio to move 2 atravesar to cross over 3 trasplantar to transplant 4 desaparecer to disappear ◇ prnl. **trasponerse** 1 astro to set, go down 2 quedarse dormido to doze off.

tras·po·si·ción f. transposition.

tras·qui·la·do, da pp. de trasquilar ◇ adj. 1 oveja sheared pelo hacked, unevenly cut 2 fam. fig. curtailed, cut down.

tras·qui·lar tr. 1 animales to shear 2 pelo to hack, cut unevenly 3 fig. to curtail.

tras·ta·bi·llar intr. 1 dar traspiés to stumble; trip 2 tambalearse to stagger, totter 3 tartamudear to stammer, stutter.

tras·te m. MÚS fret **dar al traste con algo** fig. to spoil something, ruin something.

tras·te·ro, ra adj. junk ◇ m. trastero junk room.

tras·tien·da f. 1 de tienda back room 2 fig. astucia cunning.

tras·to m. 1 algo inútil piece of junk 2 fam. cosa cualquiera thing, thingamajig, whatnot 3 mueble piece of furniture 4 fam. niño little devil 5 fam. persona useless person, good-for-nothing, dead loss ◇ mpl. **trastos** utensilios tackle sing.

tras·to·ca·mien·to m. switch, reversal.

tras·to·car (see model 1) tr. cambiar to change ◇ prnl. **trastocarse** trastornarse to go mad.

tras·tor·na·do, da pp. de trastornar ◇ adj. 1 preocupado upset 2 loco mad 3 mente unbalanced.

tras·tor·nar tr. 1 revolver to turn round, turn upside down 2 alterar - planes to disrupt - paz, orden to disturb 3 estómago to upset 4 fig. molestar to bother, trouble, annoy ◇ prnl. **trastornarse** perturbarse to go mad, go out of one's mind.

tras·tor·no m. 1 desorden confusion 2 molestia trouble, inconvenience 3 perturbación disruption, upheaval, upset 4 MED upset.

tras·tro·car (see model 49) tr. 1 gen. to switch around, change around 2 orden to invert, reverse significado to change.

tra·ta f. slave trade **trata de blancas** white-slave trade.

tra·ta·ble adj. friendly, congenial, easy to get along with.

tra·ta·do m. 1 pacto treaty 2 estudio treatise.

tra·ta·mien·to m. 1 gen. treatment 2 de datos, materiales processing 3 título title, form of address.

tra·tan·te com. dealer.

tra·tar tr. 1 gen. - objeto to treat, handle - persona to treat 2 asunto, tema to discuss, deal with 3 gestionar to handle, run 4 dar tratamiento to address as 5 calificar, considerar to consider, call ◇ intr. 1 relacionarse to be acquainted (con, with), know (con, -) 2 tener tratos to deal (con, with) 3 negociar to negotiate (con, with) 4 intentar to try (de, to) ◇ prnl. **tratarse** 1 relacionarse to talk to each other, be on speaking terms 2 llamarse to address each other as, call each other 3 referirse to be about.

tra·to m. 1 acción treatment 2 modales manner 3 contacto contact 4 acuerdo agreement 5 COMM deal 6 tratamiento title **cerrar un trato** to close a deal **¡trato hecho!** it's a deal!

trau·ma m. trauma.

trau·má·ti·co, ca adj. traumatic.

trau·ma·tis·mo m. traumatism.

trau·ma·to·lo·gí·a f. traumatology.

tra·vés m. 1 *inclinación* slant 2 *pieza de madera* crosspiece, crossbeam 3 MAR beam 4 fig. *desgracia* misfortune.

tra·ve·sa·ño m. 1 ARQ crosspiece 2 DEP crossbar.

tra·ve·sí·a f. 1 *viaje* crossing *por mar* voyage, crossing 2 *calle* cross-street, passage 3 *distancia* distance.

tra·ves·tí com. transvestite.

tra·ves·ti·do, da pp. *de* **travestirse** ◇ s. transvestite.

tra·ves·tir·se *(see model 34)* prnl. to wear drag, wear clothes of the opposite sex *hombre* to dress up as a woman *mujer* to dress up as a man.

tra·ve·su·ra f. piece of mischief, childish prank **hacer travesuras** to get into mischief.

tra·vie·so, sa adj. mischievous, naughty.

tra·yec·to m. 1 *distancia* distance, way 2 *recorrido* route, itinerary.

tra·yec·to·ria f. 1 trajectory 2 fig. line, course, path.

tra·zar *(see model 4)* tr. 1 *línea, plano, dibujo* to draw, draw up 2 *parque* to lay out *edificio* to design 3 *itinerario* to trace 4 fig. *plan, etc.* to outline, draft ◇ intr. fig. *describir* to sketch.

tra·zo m. 1 *línea* line 2 *de una letra* stroke 3 fig. *rasgo* facial feature.

tre·be·jos mpl. fam. gear, stuff, things.

tré·bol m. 1 *planta* clover, trefoil 2 *naipes* club 3 *de carreteras* cloverleaf interchange.

tre·ce adj. *cardinal* thirteen *ordinal* thirteenth ◇ m. *número* thirteen *fecha* thirteenth.

tre·ce·a·vo, va adj. thirteenth ◇ s. thirteenth.

tre·cho m. 1 *espacio* distance, way *tiempo* while, time 2 *de camino, ruta* stretch 3 AGR plot, patch.

tre·gua f. 1 truce 2 fig. respite, rest.

trein·ta adj. *cardinal* thirty *ordinal* thirtieth ◇ m. *número* thirty *fecha* thirtieth.

trein·ta·vo, va adj. thirtieth ◇ s. thirtieth.

trein·te·na f. 1 thirty *aproximado* about thirty.

tre·me·bun·do, da adj. terrible, dreadful.

tre·men·do, da adj. 1 *terrible* terrible, dreadful, frightful 2 *muy grande* huge, enormous, tremendous 3 *travieso* terrible.

tre·men·ti·na f. turpentine.

tre·mo·lar tr. to wave ◇ intr. to wave, flutter.

tré·mu·lo, la adj. 1 *tembloroso* tremulous, quivering 2 *luz, llama* flickering.

tren m. 1 *ferrocarril* train 2 MIL convoy 3 *conjunto de máquinas* convoy, line 4 fig. *ritmo, modo* speed, pace.

tren·za f. 1 *peluquería* braid 2 COST braid.

tren·zar *(see model 4)* tr. 1 to plait, braid 2 *peluquería* to braid ◇ intr. 1 *en danza* to weave in and out 2 *caballo* to caper, frisk.

tre·pa·dor, ra adj. *planta* climbing ◇ s. fam. pey. go-getter, social climber.

tre·pa·na·ción f. trepanation, trephination.

tre·pa·nar intr. to trepan, trephine.

tre·par tr. *escalar* to climb ◇ intr. *escalar* to climb.

tre·pi·dan·te adj. 1 vibrating, shaking 2 fig. *vida, etc.* hectic, frantic.

tre·pi·dar intr. to vibrate, shake.

tres adj. *cardinal* three *ordinal* third ◇ m. *número* three *fecha* third.

tres·cien·tos, tas adj. *cardinal* three hundred *ordinal* three hundredth ◇ m. *número* three hundred.

tre·ta f. trick, ruse.

trí·a·da f. triad.

trian·gu·lar adj. triangular.

trián·gu·lo, la adj. triangular ◇ m. **triángulo** triangle **triángulo equilátero** equilateral triangle

triángulo isósceles isosceles triangle **triángulo rectángulo** right-angled triangle.

tria·tlón m. triathlon.

tri·bal adj. tribal, tribe.

tri·bu f. tribe.

tri·bu·la·ción f. tribulation.

tri·bu·na f. 1 *plataforma* rostrum, dais 2 DEP grandstand.

tri·bu·nal m. 1 JUR court 2 *de examen* board of examiners.

tri·bu·ta·ción f. taxation, levy.

tri·bu·tar tr. to pay **tributar cariño** to show affection **tributar respeto** to pay respect.

tri·bu·ta·rio, ria adj. tributary, tax ◇ s. taxpayer **sistema tributario** tax system.

tri·bu·to m. 1 *impuesto* tax 2 *a cambio de algo* tribute 3 fig. *carga* price.

tri·cé·fa·lo, la adj. tricephalous.

tri·cen·te·na·rio m. tricentennial, tricentenary.

trí·ceps m. inv. triceps.

tri·ci·clo m. tricycle.

tri·co·lor adj. tricolor, tricolored.

tri·den·te m. trident.

tri·di·men·sio·nal adj. three-dimensional.

trie·nal adj. triennial.

trie·nio m. triennium.

tri·fá·si·co, ca adj. ELEC three-phase ◇ m. **trifásico** argot white coffee with brandy.

tri·ful·ca f. fig. rumpus, row, squabble.

tri·gal m. wheat field.

tri·gé·mi·no, na adj. trigeminal ◇ m. **trigémino** trigeminal nerve.

tri·gé·si·mo, ma adj. thirtieth ◇ s. thirtieth.

tri·go m. 1 *cereal* wheat 2 fam. fig. *dinero* dough.

tri·go·no·me·trí·a f. trigonometry.

tri·gue·ño, ña adj. *pelo* corn-colored, dark blonde.

tri·la·te·ral adj. three-sided, trilateral.

tri·lin·güe adj. trilingual.

tri·lla·do, da pp. *de* **trillar** ◇ adj. 1 *camino* beaten, well-trodden 2 fig. *expresión, etc.* overworked, well-worn.

tri·lla·do·ra f. threshing machine **trilladora segadora** combine harvester.

tri·llar tr. 1 to thresh 2 fig. to wear out.

tri·lli·zo, za s. triplet.

tri·lo·gí·a f. trilogy.

tri·mes·tral adj. quarterly, three-monthly, trimestral **examen trimestral** end-of-term examination.

tri·mes·tre m. 1 quarter, trimester 2 EDUC term.

tri·nar intr. 1 *ave* to warble, trill 2 MÚS to trill 3 fam. *enfadarse* to rage, fume.

trin·car tr. 1 fam. *robar* to steal 2 fam. *atrapar* to catch 3 *argot beber* to drink ◇ prnl. **trincarse** 1 *argot beberse* to drink, put away 2 *argot tirarse* to screw.

trin·char tr. to carve, slice (up).

tri·ne·o m. sleigh, sled, sledge.

tri·ni·dad f. trinity **la Santísima Trinidad** the Blessed Trinity, the Holy Trinity.

tri·ni·ta·rio, ria adj. Trinitarian ◇ s. Trinitarian.

tri·ni·tro·to·lue·no m. trinitrotoluene.

tri·no, na adj. 1 trine 2 REL triune.

tri·no·mio m. trinomial.

trí·o m. trio.

tri·pa f. 1 *intestino* gut, intestine 2 *barriga* gut, stomach 3 *de vasija* belly **hacer de tripas corazón** fig. to pluck up courage.

tri·par·ti·to, ta adj. tripartite.

tri·ple adj. 1 triple 2 *tres veces* three times ◇ m. triple **triple salto** triple jump.

tri·pli·ca·do m. triplicate **por triplicado** in triplicate.

tri·pli·car *(see model 1)* tr. to triple, treble.

tri·po·de m. tripod.

tríp·ti·co m. triptych.

trip·ton·go m. triphthong.

tri·pu·la·ción f. crew.

tri·pu·lan·te m. crew member.

tri·pu·lar tr. to man.

tri·qui·na f. trichina.

tri·qui·no·sis f. inv. trichinosis.

tri·qui·ñue·la f. fam. trick, dodge **andar(se) con triquiñuelas** fam. to be a slippery customer.

tri·sí·la·bo, ba adj. trisyllabic ◇ m. **trisílabo** trisyllable.

tris·te adj. **1** infeliz sad, unhappy futuro bleak **2** oscuro, sombrío gloomy, dismal **3** único single, only **4** insignificante poor, humble.

tris·te·za f. sadness ◇ fpl. **tristezas** problems, sufferings.

tri·tón m. **1** anfibio newt **2** *Tritón* mitología Triton.

tri·tu·ra·do, da pp. de **triturar** ◇ adj. **1** ground, crushed **2** fig. crumpled up.

tri·tu·ra·dor, ra adj. grinding, crushing, triturating ◇ m. **triturador** garbage disposal unit.

tri·tu·ra·do·ra f. grinder, crushing machine **trituradora de papel** paper shredder.

tri·tu·rar tr. **1** to grind (up), crush papel to shred **2** fig. físicamente to beat (up) moralmente to tear apart.

triun·fa·dor, ra adj. winning ◇ s. winner.

triun·fal adj. triumphant **salir triunfal** to come out the winner, come out on top.

triun·fa·lis·mo m. triumphalism **2** POL jingoism.

triun·fa·lis·ta adj. **1** triumphalist **2** POL jingoistic ◇ com. **1** triumphalist **2** POL jingoist.

triun·fan·te adj. triumphant.

triun·far intr. to triumph **triunfar en la vida** to succeed in life.

triun·fo m. **1** victoria triumph, victory **2** DEP win **3** éxito success **4** naipes trump.

triun·vi·ra·to m. triumvirate.

tri·va·len·te adj. trivalent, tervalent.

tri·vial adj. trivial, petty.

tri·via·li·dad f. triviality, pettiness.

tri·via·li·zar tr. to trivialize, minimize.

tri·za f. bit, fragment **hacer trizas 1** destrozar to tear to shreds **2** gastar to wear out **hacer trizas a alguien** fam. to tear somebody to pieces **estar hecho trizas** fam. to feel washed out.

tro·car *(see model 49)* tr. **1** permutar to exchange, swap **2** transformar to turn (en, into), convert (en, into) ◇ prnl. **trocarse** mudarse to change (en, into), turn (en, to) **su risa se trocó en llanto** her smile turned to tears.

tro·ce·ar tr. to cut up.

tro·fe·o m. trophy.

tro·glo·di·ta com. troglodyte.

tro·le m. trolley pole.

tro·le·bús m. trolley bus.

trom·ba f. waterspout.

trom·bón m. MÚS trombone ◇ com. trombonist.

trom·bo·sis f. inv. thrombosis.

trom·pa f. **1** MÚS horn **2** de elefante trunk **3** de insecto proboscis **4** ANAT tube **5** fam. fig. nariz hooter, snout ◇ com. MÚS horn player **trompa de Eustaquio** Eustachian tube **trompa de Falopio** Fallopian tube.

trom·pe·ta f. MÚS trumpet ◇ com. trumpet player.

trom·pe·ti·lla f. ear-trumpet.

trom·pe·tis·ta com. trumpet player, trumpeter.

trom·pi·car *(see model 1)* intr. to trip, trip up, stumble ◇ tr. to trip, trip up, make stumble.

trom·pi·cón m. **1** tropezón trip, stumble **2** golpe blow, hit a **trompicones** in fits and starts.

trom·po m. top, spinning top.

tro·nar *(see model 31)* intr. **1** to thunder **2** cañón, etc. to thunder **3** fam. fig. blasfemar to swear, curse.

tron·char tr. **1** árboles to cut down, fell **2** fig. to destroy.

tron·co m. **1** ANAT trunk, torso **2** BOT tallo de árbol trunk leño log **3** fig. linaje family stock **4** fig. persona inútil blockhead **dormir como un tronco** fam. to sleep like a log.

tro·ne·ra f. **1** de fortificación loophole, embrasure **2** de barco porthole **3** de billar pocket ◇ com. fam. fig. hombre rake mujer slut, loose woman.

tro·ni·do m. **1** thunderclap **2** fig. ruina fall, downfall.

tro·no m. throne.

tro·pa f. **1** MIL troops pl., soldiers pl. **2** muchedumbre crowd ◇ fpl. **tropas** MIL troops, fighting soldiers.

tro·pel m. throng, mob **en tropel** in a mad rush.

tro·pe·lí·a f. **1** atropello outrage **2** tropel throng, mob **3** delito crime.

tro·pe·zar *(see model 47)* intr. **1** trompicar to trip, stumble **2** fig. encontrar a alguien to come (con, across), bump (con, into) **3** fig. encontrar dificultades, etc. to come up (con, against), run (con, into) **4** fig. estar en desacuerdo to disagree (con, with).

tro·pe·zón m. **1** traspié trip, stumble **2** fig. error slip-up, faux pas **3** fam. de comida chunk of food.

tro·pi·cal adj. tropical.

tró·pi·co m. tropic ◇ mpl. **trópicos** tropics **Trópico de Cáncer/Capricornio** Tropic of Cancer/Capricorn.

tro·pie·zo m. **1** obstáculo trip **2** fig. error blunder, faux pas revés setback, mishap **3** riña quarrel ◇ pres. indic. **tropezar**.

tro·po m. trope.

tro·pos·fe·ra f. troposphere.

tro·quel m. die.

tro·que·la·do·ra f. stamping machine.

tro·que·lar tr. gen. to stamp monedas to strike cuero to emboss.

tro·ta·dor, ra adj. trotting.

tro·ta·mun·dos com. inv. globe-trotter mochilero backpacker.

tro·tar intr. **1** to trot **2** fig. andar to bustle, run, run about.

tro·te m. **1** de caballo trot **2** fam. fig. actividad chasing about, hustle and bustle, bustle **al trote** at a trot.

trots·kis·ta adj. Trotskyist ◇ com. Trotskyist.

tro·va f. poem.

tro·va·dor, ra s. troubadour, minstrel.

tro·ya·no, na adj. Trojan ◇ s. Trojan.

tro·zo m. piece, chunk.

tru·car *(see model 1)* tr. **1** foto, etc. to doctor, alter, tamper with **2** AUTO to soup up.

tru·cha f. trout.

tru·co m. **1** ardid trick **2** fotográfico trick effect, trick camera shot **3** tranquillo knack.

tru·cu·len·cia f. **1** cruelty **2** fig. sensationalism.

tru·cu·len·to, ta adj. **1** cruel cruel **2** fig. excesivo sensationalistic.

true·no m. **1** thunder, thunderclap **2** fam. joven hare brain.

true·que m. exchange, swap.

tru·fa f. **1** hongo truffle **2** de chocolate chocolate truffle.

tru·hán, ha·na s. rogue, crook.

tru·lla f. uproar, racket.

trun·ca·do, da *pp. de* **trucar** ◇ *adj. geometría* truncated.

trun·car *(see model 1) tr.* **1** *cortar* to truncate **2** *fig. ilusiones, esperanzas* to shatter, cut short **3** *fig. escrito* to leave unfinished *sentido* to upset ◇ *prnl.* **truncarse** *fig. ilusiones, etc.* to cut short.

tu *adj.* **1** your *tu coche* your car **2** REL Thy.

tú *pron.* **1** you **2** REL Thou *tratar de tú* to address as *tú* ¡tú! hey you!

tu·bér·cu·lo *m.* **1** BOT tuber **2** MED tubercle.

tu·ber·cu·lo·sis *f. inv.* tuberculosis.

tu·ber·cu·lo·so, sa *adj.* **1** BOT tuberous **2** MED tubercular, tuberculous.

tu·be·rí·a *f.* **1** *de agua* piping, pipes *pl.*, plumbing **2** *de gas, petróleo* pipeline.

tu·be·ro·so, sa *adj.* tuberous.

tu·bo *m.* **1** *de ensayo, etc.* tube **2** *tubería* pipe **3** ANAT tube **tubo digestivo** alimentary canal.

tu·bu·lar *adj.* tubular ◇ *m.* bicycle tyre.

tu·cán *m.* toucan.

tuer·ca *f.* nut.

tuer·to, ta *adj.* one-eyed, blind in one eye ◇ *s.* one-eyed person ◇ *m.* **tuerto** *agravio* wrong, injustice.

tué·ta·no *m.* **1** marrow **2** *fig.* essence, core.

tu·fo *m.* **1** *mal olor* pong, foul smell, stink **2** *emanación* fume, vapor.

tu·gu·rio *m.* **1** *choza* shepherd's hut **2** *casucha* hovel, shack **3** *fig.* hole, dive.

tul *m.* tulle.

tu·li·pán *m.* tulip.

tu·lli·do, da *pp. de* **tullir** ◇ *adj.* crippled, disabled ◇ *s.* cripple.

tu·llir *(see model 41) tr.* **1** *maltratar* to cripple **2** *de cansancio* to wear out, tire out ◇ *prnl.* **tullirse** to become crippled.

tum·ba *f.* tomb, grave.

tum·ba·do, da *pp. de* **tumbar** ◇ *adj.* estirado lying, stretched out.

tum·bar *tr.* **1** *derribar* to knock out, knock over **2** EDUC *fam.* to fail **3** *fig. perder el sentido* to knock out ◇ *intr.* **1** *caer a tierra* to fall down **2** *fam. matar* to bump off ◇ *prnl.* **tumbarse 1** *acostarse* to lie down, stretch out **2** *arrellanarse* to lounge, lie back.

tu·me·fac·ción *f.* swelling, tumefaction.

tu·me·fac·to, ta *adj.* swollen.

tu·mor *m.* tumor **tumor cerebral** brain tumor.

tú·mu·lo *m.* **1** *montecillo* tumulus, burial mound, barrow **2** *catafalco* catafalque.

tu·mul·to *m.* tumult, commotion.

tu·mul·tuo·so, sa *adj.* tumultuous, riotous.

tu·na *f.* student minstrel group.

tu·nan·te, ta *adj.* rascal, rogue ◇ *s.* rascal, rogue.

tun·da *f.* **1** *fam.* thrashing, beating **2** *fig. trabajo agotador* exhausting job, drag.

tun·dir *tr. golpear* to thrash.

tun·dra *f.* tundra.

tu·ne·ar *intr.* to lead a vagrant life.

tu·ne·ci·no, na *adj.* Tunisian ◇ *s.* Tunisian.

tú·nel *m.* tunnel.

tungs·te·no *m.* tungsten.

tú·ni·ca *f.* tunic.

tu·pi·do, da *pp. de* **tupir** ◇ *adj.* **1** dense, thick **2** *fig. torpe* clumsy, dense.

tu·pir *intr. apretar* to pack tight, press down ◇ *prnl.* **tupirse 1** *comiendo* to stuff oneself **2** *ofuscarse* to get muddled up, get in a muddle.

tur·ba *f. muchedumbre* mob, crowd.

tur·ba·ción *f.* **1** *alteración* disturbance **2** *preocupación* anxiety, worry **3** *desconcierto* confusion, uneasiness.

tur·han·te *m.* turban.

tur·bar *tr.* **1** *alterar* to unsettle, disturb **2** *enturbiar* to stir up **3** *preocupar* to upset, worry **4** *desconcertar* to baffle, put off ◇ *prnl.* **turbarse** *preocuparse* to be upset, become upset.

tur·bi·na *f.* turbine.

tur·bio, bia *adj.* **1** *oscurecido* cloudy, muddy, turbid **2** *fig. dudoso* shady, dubious **3** *fig. turbulento* turbulent **4** *fig. confuso* confused **5** *fig. vista* blurred.

tur·bo *m.* turbo.

tur·bo·a·li·men·tar *tr.* to turbocharge.

tur·bo·com·pre·sor *m.* turbocompressor.

tur·bo·ge·ne·ra·dor *m.* turbogenerator.

tur·bo·hé·li·ce *m.* turboprop.

tur·bo·rre·ac·tor *m.* turbojet, turbojet engine.

tur·bu·len·cia *f.* turbulence.

tur·bu·len·to, ta *adj.* turbulent, troubled.

tur·co, ca *adj.* Turkish ◇ *s. persona* Turk ◇ *m. turco idioma* Turkish.

tur·gen·cia *f.* turgidity, turgidness.

tu·ris·mo *m.* **1** *gen.* tourism **2** *industria* tourist trade, tourist industry **3** AUTO private car, saloon.

tu·ris·ta *com.* tourist.

tu·rís·ti·co, ca *adj.* tourist **de interés turístico** of interest to tourists.

tur·nar *intr.* to alternate ◇ *prnl.* **turnarse** to take turns.

tur·no *m.* **1** *tanda* turn, go **2** *periodo de trabajo* shift **turno de día/turno de noche** day shift/night shift.

tur·que·sa *adj.* turquoise ◇ *f. piedra* turquoise ◇ *m. color* turquoise.

tu·rrón *m. type of* nougat.

tu·ru·la·to, ta *adj. fam.* flabbergasted, flummoxed.

tu·te·ar *tr.* **1** to address as *tú* **2** *fig.* to be on familiar terms with ◇ *prnl.* **tutearse** *uso recíproco* to address each other as *tú*.

tu·te·la *f.* **1** JUR guardianship, tutelage **2** *fig.* protection, guidance **bajo la tutela de...** under the protection of...

tu·te·lar *adj.* tutelary.

tu·te·o *m.* use of the *tú* form of address.

tu·tor, ra *s.* **1** JUR guardian **2** *fig.* protector, guide **3** EDUC tutor ◇ *m. tutor* AGR stake, prop.

tu·to·rí·a *f.* **1** JUR guardianship, tutelage **2** EDUC post of tutor.

tu·tú *m.* tutu.

tu·yo, ya *adj.* of yours, one of your *¿es primo tuyo?* is he a cousin of yours? ◇ *pron.* yours, your own *el tuyo está allí* yours is there ◇ *m. lo tuyo lo que es tuyo* what is yours *lo que te concierne* your business, your own business ◇ *mpl. los tuyos familiares* your family *sing. amigos* your friends.

twist *m.* twist **bailar el twist** to twist, dance the twist.

T

U, u f. *la letra* U, u.

u·bé·rri·mo, ma adj. very fertile, rich *vegetación* luxuriant.

u·bi·ca·ción f. location, position.

u·bi·car *(see model 1)* intr. to be, be situated ⋄ tr. AM *situar* to locate, situate, place.

u·bi·cui·dad f. ubiquity.

u·bi·cuo, cua adj. ubiquitous, omnipresent.

u·bre f. udder.

u·cra·nia·no, na adj. Ukrainian ⋄ s. *persona* Ukrainian.

uf interj. **1** *alivio, calor, cansancio* phew! **2** *asco* ugh!

u·fa·nar·se prnl. to boast (*con/de*, of).

u·fa·no, na adj. **1** *engreído* conceited, arrogant **2** *satisfecho* satisfied, happy **3** *desenvuelto* confident.

u·fo·lo·gí·a f. ufology.

u·gan·dés, de·sa adj. Ugandan ⋄ s. Ugandan.

u·jier m. usher.

u·ke·le·le m. ukulele, ukelele.

úl·ce·ra f. ulcer **úlcera de estómago** stomach ulcer.

ul·ce·ra·ción f. ulceration.

ul·ce·rar tr. to ulcerate ⋄ prnl. **ulcerarse** to ulcerate.

ul·má·ce·as fpl. ulmaceae.

ul·te·rior adj. **1** *más allá* further **2** *siguiente* subsequent *posterior* later, further.

úl·ti·ma·men·te adv. lately, recently.

ul·ti·mar tr. to finish, complete, conclude.

ul·ti·má·tum m. inv. **1** ultimatum **2** fam. final word.

úl·ti·mo, ma adj. **1** last **2** *más reciente* latest *de dos* latter **3** *más alejado* furthest *más abajo* bottom, lowest *más arriba* top *más atrás* back **4** *definitivo* final.

ul·tra adj. fam. extreme right-wing ⋄ com. fam. extreme right-winger.

ul·tra- pref. ultra.

ul·tra·con·ser·va·dor, ra adj. ultraconservative ⋄ s. ultraconservative.

ul·tra·de·re·cha f. extreme right (wing).

ul·tra·jan·te adj. outrageous, insulting, offensive.

ul·tra·jar tr. to outrage, insult, offend.

ul·tra·je m. outrage, insult, offense.

ul·tra·mar m. overseas.

ul·tra·ma·ri·no, na adj. overseas ⋄ m. **ultramarino** *tienda* grocery (store) ⋄ mpl. **ultramarinos** *comestibles* groceries.

ul·tran·za a ultranza 1 *a muerte* to the death **2** *a todo trance* at all costs, at any price **3** *acérrimo* out-and-out, extreme.

ul·tra·so·ni·do m. ultrasound.

ul·tra·tum·ba adv. beyond the grave ⋄ f. afterlife.

ul·tra·vio·le·ta adj. inv. ultraviolet.

u·lu·lar intr. **1** *animal* to howl *búho* to hoot **2** fig. to howl.

u·lu·la·to m. *de animal* howl *de búho* hoot.

um·bi·li·cal adj. umbilical.

um·bral m. **1** threshold **2** fig. threshold, outset **en el umbral de la muerte** at death's door.

um·brí·o, a adj. shady.

un, un·a art. indef. a, an *un libro* a book adj. **1** *numeral* one *tiene un año* he's one year old **2** *indef* some *un día volverá* he'll come some day.

u·ná·ni·me adj. unanimous.

u·na·ni·mi·dad f. unanimity **por unanimidad** unanimously.

un·ción f. **1** unction **2** fig. *devoción* devotion, fervour.

un·cir *(see model 3)* tr. to yoke.

un·dé·ci·mo, ma adj. eleventh ⋄ s. *ordinal, partitivo* eleventh.

un·gir *(see model 6)* tr. to anoint.

un·güen·to m. ointment.

un·gu·la·do, da adj. ungulate, hoofed ⋄ m. **ungulado** ungulate, hoofed animal.

ú·ni·ca·men·te adv. only.

u·ni·ca·me·ral adj. unicameral, single-chamber.

u·ni·ce·lu·lar adj. unicellular, single-cell.

u·ni·ci·dad f. uniqueness.

ú·ni·co, ca adj. **1** *solo* only, sole *la única persona* the only person **2** *extraordinario* unique.

u·ni·cor·nio m. unicorn.

u·ni·dad f. **1** unit **2** *barco* vessel *avión* aircraft *de tren* carriage, coach **3** *cohesión* unity **unidad de cuidados intensivos** intensive care unit **unidad móvil** outside broadcasting unit.

u·ni·di·men·sio·nal adj. one-dimensional.

u·ni·di·rec·cio·nal adj. unidirectional.

u·ni·do, da pp. de unir adj. **1** *junto* united **2** *avenido* attached.

u·ni·fi·ca·ción f. unification.

u·ni·fi·ca·dor, ra adj. unifying ⋄ s. unifier.

u·ni·fi·car *(see model 1)* tr. to unify.

u·ni·for·ma·do, da pp. de uniformar adj. in uniform, uniformed.

u·ni·for·mar tr. **1** *igualar* to make uniform, standardize **2** *poner un uniforme* to put into uniform, give a uniform.

u·ni·for·me adj. **1** uniform **2** *superficie* even ⋄ m. *prenda* uniform.

u·ni·for·mi·dad f. **1** *igualdad* uniformity **2** *de superficie* evenness.

u·ni·gé·ni·to, ta adj. only-begotten ⋄ m. **el Unigénito** the Son of God, Jesus Christ.

u·ni·la·te·ral adj. unilateral.

u·nión f. **1** union **2** TÉC *acoplamiento* joining *junta* joint **en unión de** together with **la unión hace la fuerza** there is strength in numbers.

u·nio·nis·ta adj. unionist.

u·ni·per·so·nal adj. **1** single, individual **2** GRAM unipersonal.

u·nir tr. **1** *juntar* to unite, join, join together **2** *combinar* to combine (*a*, with) **3** *enlazar* to link (*a*, to) **unirse en matrimonio** to unite in marriage.

u·ni·sex adj. inv. unisex.

u·ni·so·no, na adj. unisonous, in harmony **al unísono** in unison.

u·ni·ta·rio, ria adj. unitary **precio unitario** unit price.

u·ni·val·vo, va adj. univalve.

u·ni·ver·sal adj. universal *la historia universal* world history ⋄ mpl. **universales** *filosofía, lingüística, etc.* universals.

u·ni·ver·sa·li·dad f. universality.

u·ni·ver·sa·li·za·ción f. universalization.

u·ni·ver·sa·li·zar tr. to universalize.

u·ni·ver·si·dad *f.* university **universidad a distancia** Open University.

u·ni·ver·si·ta·rio, ria *adj.* university ⬦ *s. que está estudiando* university student *licenciado* university graduate.

u·ni·ver·so *m.* universe.

u·ní·vo·co, ca *adj.* univocal.

u·no, na *adj. numeral* one *el número uno* number one *pron.* 1 one *uno (de ellos)* one of them 2 *impersonal* one, you *uno tiene que velar por sus intereses* one has to look after one's own interests 3 *fam. persona* someone, somebody ⬦ *m. uno número* one ⬦ *f. la una hora* one o'clock ⬦ *adj. prnl.* **unos** *indefinido* some *aproximado* about, around.

un·tar *tr.* 1 to grease, smear 2 *fam. sobornar* to bribe ⬦ *prnl.* **untarse** *fam. enriquecerse* to line one's pockets, feather one's nest.

un·to *m.* grease, ointment.

un·tuo·si·dad *f.* greasiness, oiliness.

un·tuo·so, sa *adj.* unctuous, greasy, oily.

u·ña *f.* 1 nail *del dedo* fingernail *del dedo del pie* toenail 2 *garra* claw *pezuña* hoof.

u·ñe·ro *m.* 1 *inflamación* whitlow 2 *uña clavada* ingrowing nail.

u·ra·nio *m.* uranium.

U·ra·no *m.* Uranus.

ur·ba·ni·dad *f.* urbanity, politeness.

ur·ba·nis·mo *m.* town planning.

ur·ba·nis·ta *com.* town planner.

ur·ba·nís·ti·co, ca *adj.* town-planning, urban.

ur·ba·ni·za·ción *f.* 1 *proceso* urbanization 2 *conjunto residencial* housing development, housing estate.

ur·ba·ni·zar *(see model 4) tr.* to urbanize, develop **zona urbanizada** built-up area.

ur·ba·no, na *adj.* urban, city *la vida urbana* city life ⬦ *s. fam. hombre* (traffic) policeman *mujer* (traffic) policewoman.

ur·be *f.* large city, metropolis.

ur·dim·bre *f.* 1 *textil* warp 2 *fig. trama* intrigue.

ur·dir *tr.* 1 *textil* to warp 2 *fig. tramar* to plot, scheme.

u·re·a *f.* urea.

u·re·mia *f.* uremia.

u·ren·te *adj.* stinging.

u·ré·ter *m.* ureter.

u·re·tra *f.* urethra.

ur·gen·cia *f.* 1 urgency 2 *necesidad* urgent need, pressing need 3 *emergencia* emergency ⬦ *fpl.* **urgencias** *servicio* casualty department *sing,* emergency room **en (un) caso de urgencia** in an emergency.

ur·gen·te *adj.* 1 urgent 2 *correo* mail, first-class (mail).

ur·gir *(see model 6) intr.* to be urgent, be pressing *¿te urge?* is it urgent?

ú·ri·co, ca *adj.* uric.

u·ri·na·rio, ria *adj.* urinary ⬦ *m. urinario* retrete urinal.

ur·na *f.* 1 POL ballot box 2 *vasija* urn 3 *caja* glass case.

u·ro *m.* aurochs, urus.

u·ro·ga·llo *m.* capercaillie.

u·ro·ge·ni·tal *adj.* urogenital.

u·ro·lo·gí·a *f.* urology.

u·ró·lo·go, ga *s.* urologist.

u·rra·ca *f.* 1 magpie 2 *fig. cotorra* chatterbox.

ur·ti·cá·ce·as *fpl.* urticaceae.

ur·ti·can·te *adj.* stinging.

ur·ti·ca·ria *f.* hives *pl.,* urticaria.

u·ru·gua·yo, ya *adj.* Uruguayan ⬦ *s.* Uruguayan.

u·sa·do, da *pp. de usar adj.* 1 *gastado* worn out, old 2 *de segunda mano* second-hand, used.

u·san·za *f.* LIT fashion, custom **a la antigua usanza** in the old style.

u·sar *tr.* 1 to use 2 *prenda* to wear ⬦ *intr.* to use *(de, -)* ⬦ *prnl.* **usarse** estar de moda to be used, be in fashion.

u·sí·a *pron. hombre* Your Lordship *mujer* Your Ladyship.

u·so *m.* 1 use 2 *ejercicio* exercise 3 *de prenda* wearing 4 *costumbre* usage, custom 5 GRAM usage **estar fuera de uso** to be out of use, be obsolete **usos y costumbres** ways and customs.

us·ted *pron. pl.* **ustedes** you.

u·sual *adj.* usual, common.

u·sua·rio, ria *s.* user.

u·su·fruc·to *m.* usufruct, use.

u·su·fruc·tuar *(see model 11) tr.* to have the usufruct of, usufruct.

u·su·ra *f.* usury.

u·su·re·ro, ra *s.* usurer.

u·sur·pa·ción *f.* usurpation.

u·sur·pa·dor, ra *adj.* usurping ⬦ *s.* usurper.

u·sur·par *tr.* to usurp.

u·ten·si·lio *m.* 1 *herramienta* tool, utensil 2 *aparato* device, implement.

u·te·ri·no, na *adj.* uterine.

ú·te·ro *m.* uterus, womb.

ú·til *m. herramienta* tool, instrument.

u·ti·le·rí·a *f.* (stage) props *pl.*

u·ti·li·dad *f.* 1 utility, usefulness *de gran utilidad* very useful 2 *beneficio* profit.

u·ti·li·ta·rio, ria *adj.* utilitarian ⬦ *m.* **utilitario** coche utility vehicle.

u·ti·li·ta·ris·mo *m.* utilitarianism.

u·ti·li·za·ble *adj.* usable, fit for use.

u·ti·li·za·ción *f.* use.

u·ti·li·zar *(see model 4) tr.* to use, make use of.

u·to·pí·a *f.* Utopia.

u·tó·pi·co, ca *adj.* Utopian ⬦ *s.* Utopian.

u·tre·ro, ra *s.* young bull.

u·va *f.* grape **uva pasa** raisin.

ú·vu·la *f.* uvula.

u·vu·lar *adj.* uvular.

u·xo·ri·ci·da *m.* wife-murderer.

u·xo·ri·ci·dio *m.* uxoricide.

uy *interj.* 1 *dolor* ow!, ouch! 2 *calor, frío, miedo* ooh!

uz·be·co, ca *adj.* Uzbek ⬦ *s. persona* Uzbek ⬦ *m.* **uzbeco** idioma Uzbek.

U

V

V, v f. la letra V, v.

va·ca f. **1** cow **2** carne beef **3** cuero cowhide **las vacas flacas** the lean years **las vacas gordas** the years of plenty **vaca lechera** dairy cow.

va·ca·cio·nes fpl. holiday, vacation pl., **se fueron de vacaciones a Acapulco** they went to Acapulco for their vacation.

va·can·te adj. vacant ⋄ f. vacancy.

va·ciar (see model 13) tr. **1** recipiente to empty local to empty, clear **2** contenido to pour away, pour out **3** dejar hueco to hollow out **4** moldear to cast, mold **5** afilar to sharpen ⋄ intr. ríos, etc. to flow (en, into) ⋄ prnl. **vaciarse 1** dejar vacío to empty **2** fam. fig. desahogarse to let it all out.

va·ci·la·ción f. **1** duda hesitation, wavering **2** falta de decisión irresolution **3** oscilación swaying, vacillation.

va·ci·lar intr. **1** oscilar to sway, vacillate **2** estar poco firme to wobble **3** al andar to sway, stagger, wobble al hablar to falter.

va·cí·o, a adj. **1** gen. empty **2** no ocupado vacant, unoccupied sin muebles unfurnished **3** hueco hollow **4** fig. vano vain, conceited ⋄ m. **vacío 1** gen. emptiness, void **2** hueco gap espacio space, empty space espacio en blanco blank space **3** vacante vacancy.

va·cui·dad f. vacuity, emptiness.

va·cu·na f. **1** MED vaccine **2** de la vaca cowpox.

va·cu·na·ción f. MED vaccination.

va·cu·nar tr. **1** MED to vaccinate (contra, against) **2** fig. to inure ⋄ prnl. **vacunarse** to be vaccinated.

va·cu·no, na adj. bovine.

va·cuo, cua adj. vacuous, empty.

va·cuo·la f. vacuole.

va·de·ar tr. **1** río to ford **2** fig. dificultad to overcome.

va·de·mé·cum m. inv. handbook, vade mecum.

va·do m. **1** de río ford **2** de acera dropped kerb.

va·ga·bun·de·ar intr. **1** vagar to wander, roam **2** holgazanear to idle, laze around.

va·ga·bun·do, da adj. **1** wandering, roving **2** pey. vagrant ⋄ s. **1** trotamundos wanderer, rover **2** pey. vagabond, hobo **3** sin casa hobo.

va·ga·men·te adv. vaguely.

va·gan·cia f. **1** estar ocioso idleness, laziness **2** JUR vagrancy.

va·gar (see model 7) intr. estar ocioso to idle about, loaf around.

va·gi·do m. cry of a newborn baby.

va·gi·na f. vagina.

va·gi·nal adj. vaginal.

va·go, ga[1] adj. **1** vacío empty desocupado vacant **2** holgazán lazy, idle ⋄ s. **1** holgazán idler, layabout, slacker **2** JUR vagrant.

va·go, ga[2] adj. impreciso vague **idea vaga** vague idea.

va·gón m. **1** para pasajeros carriage, car **2** para mercancías wagon, goods van, boxcar, freight car.

va·go·ne·ta f. small open wagon.

va·gua·da f. lowest part of a valley, stream bed.

va·gue·dad f. **1** imprecisión vagueness **2** expresión imprecisa vague remark.

va·hí·do m. dizzy spell, fainting spell.

va·ho m. **1** vapor vapor, steam **2** aliento breath ⋄ mpl. **vahos** MED inhalation sing.

vai·na f. **1** de espada, etc. sheath, scabbard **2** de instrumento, etc. case **3** BOT pod, husk ⋄ com. fam. fig. botarate good-for-nothing.

vai·ni·lla f. vanilla.

vai·vén m. **1** oscilación swaying, swinging, to-and-fro movement balanceo rocking **2** ir y venir coming and going, bustle **3** fig. cambio fluctuation, change.

va·ji·lla f. tableware, dishes pl., crockery.

va·le m. **1** comprobante voucher recibo receipt **2** pagaré IOU, promissory note.

va·le·de·ro, ra adj. valid.

va·len·cia f. valency.

va·len·tí·a f. **1** valor bravery, courage **2** acto heroico deed, bold act.

va·ler (see model 89) tr. **1** tener un valor de to be worth **2** costar to cost, be **3** hacer merecedor to win, earn, get **4** ocasionar to cause **5** MAT to equal ⋄ intr. **1** tener un valor de to be worth **2** ser útil, adecuado to be useful, be of use, be good for **3** costar to cost, be worth **4** ser válido, contar to count ⋄ m. valía value ⋄ prnl. **valerse 1** utilizar to use (de, of), make use (de, of) **2** espabilarse to manage, cope.

va·le·ria·na f. BOT valerian.

va·le·ro·so, sa adj. courageous, brave.

va·lí·a f. **1** objeto value, worth **2** persona worth, merit.

va·li·da·ción f. de documento validation de billete stamping.

va·li·dar tr. **1** documento to validate, make valid **2** billete to stamp.

va·li·dez f. validity.

vá·li·do, da adj. valid.

va·lien·te adj. **1** valeroso brave, courageous, bold **2** fuerte strong, vigorous **3** fam. fig. excelente fine, excellent **4** pey. bravucón boastful, bragging ⋄ com. **1** valeroso brave person **2** bravucón boaster, braggart.

va·li·ja f. **1** maleta suitcase, case **2** de correos mailbag **valija diplomática** diplomatic bag.

va·li·mien·to m. favor, protection.

va·lio·so, sa adj. valuable, precious.

va·lla f. **1** cerca fence construcción wall **2** MIL stockade, fortification **3** DEP hurdle.

va·lle m. valley **valle de lágrimas** fig. vale of tears, valley of tears.

va·lor m. **1** valía value, worth, merit **2** precio price **3** validez value **4** importancia importance **5** coraje courage, valor **6** desvergüenza cheek, nerve **7** MAT value ⋄ mpl. **valores 1** FIN securities, bonds **2** principios values **armarse de valor** to pluck up courage.

va·lo·ra·ción f. tasación valuation, valuing **2** revalorización appreciation.

va·lo·rar tr. **1** tasar to value, calculate the value of **2** aumentar el valor to raise the value of.

vals m. waltz **bailar el vals** to waltz.

va·luar (see model 11) tr. to value.

vál·vu·la f. valve **válvula de seguridad** safety valve.

vam·pi·ro *m.* **1** *espectro* vampire **2** *mamífero* vampire bat **3** *fig.* leech, parasite.

va·na·dio *m.* vanadium.

va·na·glo·ria *f.* vainglory.

va·na·glo·riar·se *(see model 12) prnl.* to boast (**de**, of).

van·da·lis·mo *m.* vandalism.

ván·da·lo, la *adj.* Vandal ⋄ *s.* Vandal.

van·guar·dia *f.* **1** *corriente* avant-garde, van-guard **2** *parte de ejército* vanguard, van **ir a la vanguardia de** to be at the forefront of.

van·guar·dis·mo *m.* avant-garde movement.

van·guar·dis·ta *adj.* avant-garde ⋄ *com.* avant-gardist.

va·ni·dad *f.* vanity, conceit.

va·ni·do·so, sa *adj.* vain, conceited ⋄ *s.* vain person.

va·no, na *adj.* **1** *inútil* vain, useless **2** *ilusorio* illu-sory, futile **3** *frívolo* frivolous **4** *arrogante* vain, conceited **5** *infundado* unfounded, groundless ⋄ *m.* opening, bay **en vano** in vain.

va·por *m.* **1** *gas* vapor, steam **2** *barco* steamship, steamer ⋄ *mpl.* **vapores** MED *arc.* hysteria *sing.* **a todo vapor** at full steam, at great speed **al vapor** CULIN steamed.

va·po·ri·za·ción *f.* vaporization.

va·po·ri·za·dor *m.* vaporizer, spray, atomizer.

va·po·ri·zar *(see model 4) tr.* to vaporize ⋄ *prnl.* **va·porizarse** to vaporize.

va·po·ro·so, sa *adj.* **1** vaporous **2** *fig. tejido* sheer.

va·pu·le·ar *tr.* **1** *azotar* to beat, thrash **2** *fig. criti-car* to criticize, slate.

va·que·ro, ra *adj.* cow, cattle ⋄ *s. pastor* cowboy *pastora* cowgirl ⋄ *mpl.* **vaqueros** *pantalones* jeans, pair of jeans.

va·ra *f.* **1** *palo* staff, rod, pole **2** *de mando* staff, mace **tener vara alta** *fig.* to hold sway.

va·ra·de·ro *m.* shipyard, dry dock.

va·ra·do, da *pp. de* **varar**. *adj.* **1** *anclado* at an-chor **2** *encallado* stranded **estar varado** to run aground.

va·rar *intr.* **1** MAR *encallar* to run aground **2** *fig. un negocio* to come to a standstill ⋄ *tr.* MAR *sacar a la playa* to beach.

va·re·ar *tr.* **1** *golpear* to beat with a pole **2** *fruta* to knock down (with a pole).

va·ria·bi·li·dad *f.* variability.

va·ria·ble *adj.* variable, changeable ⋄ *f.* MAT variable.

va·ria·ción *f.* variation, change **sin variación** un-changed.

va·rian·te *adj.* variable ⋄ *f.* **1** *versión* variant **2** *diferencia* difference.

va·riar *(see model 13) tr.* **1** *cambiar* to change **2** *dar variedad* to vary, give some variety to ⋄ *intr.* **1** *cambiar* to change **2** *diferir* to be different (**de**, to), differ (**de**, from) **3** MAT to vary **para variar** *irón.* as usual, just for a change.

va·ri·ce·la *f.* MED chickenpox, varicella.

va·ri·co·so, sa *adj.* varicose ⋄ *s.* person suffer-ing from varicose veins.

va·rie·dad *f.* **1** *diversidad* variety, diversity **2** *clase, tipo* variety ⋄ *fpl.* **variedades** *espectáculo* va-riety show *sing.* **en la variedad está el gusto** variety is the spice of life.

va·ri·lla *f.* **1** *vara* stick, rod **2** *de paraguas, aban-ico* rib.

va·rio, ria *adj.* **1** *diverso* different, diverse **2** *varia-do* varied, assorted **3** *mudable* changeable, variable *mpl.* **varios** *algunos* some, several, a number of.

va·ri·ta *f.* small stick **varita mágica** magic wand.

va·rón *m.* **1** *hombre* man *chico* boy **2** *sexo* male *hijo* varón male child, boy.

va·ro·nil *adj.* manly, virile, male.

va·sa·llo, lla *adj.* **1** HIST vassal **2** *súbdito* subject ⋄ *s.* **1** HIST vassal **2** *súbdito* subject.

vas·cu·lar *adj.* vascular.

vas·cu·la·ri·za·ción *f.* vascularization.

va·sec·to·mi·a *f.* vasectomy.

va·se·li·na® *f.* **1** *sustancia* Vaseline, petroleum jelly **2** *en fútbol* chip.

va·si·ja *f.* vessel, pot, jar.

va·so *m.* **1** *para beber* glass **2** *para flores* vase **3** ANAT vessel **vaso capilar** capillary **vasos san-guíneos** blood vessels.

va·so·cons·tric·ción *f.* vasoconstriction.

va·so·di·la·ta·ción *f.* vasodilation.

vás·ta·go *m.* **1** BOT shoot, bud **2** *fig. descenden-cia* offspring **3** TÉC rod, stem.

vas·to, ta *adj.* vast, immense, huge.

va·te *m.* **1** LIT *adivino* prophet **2** LIT *poeta* poet.

va·ti·ca·no, na *adj.* Vatican ⋄ *m.* **el Vaticano** the Vatican **Concilio Vaticano** Vatican Council **Ciu-dad del Vaticano** Vatican City.

va·ti·ci·nar *tr.* to predict, foretell, prophesy.

va·ti·ci·nio *m.* prophecy, prediction.

va·tio *m.* watt.

va·ya *interj.* what a **¡vaya idea!** what an idea! **¡vaya, vaya!** well, well!

ve·cin·dad *f.* **1** *lugar* neighborhood, vicinity **2** *ve-cinos* neighbors *pl.*, residents *pl.*, community.

ve·cin·da·rio *m.* **1** *lugar* neighborhood **2** *vecinos* neighbors *pl.*, community, residents *pl.* ⋄ *f. po-blación* residents *pl.*, inhabitants *pl.*

ve·ci·no, na *adj.* nearby, next, neighboring ⋄ *s. del barrio* neighbor.

vec·tor *m.* vector.

vec·to·rial *adj.* vectorial.

ve·da *f.* **1** *prohibición* prohibition **2** *de caza* closed season.

ve·dar *tr.* **1** *prohibir* to prohibit, forbid, ban **2** *im-pedir* to prevent **3** *proyecto, idea* to veto.

ve·det·te *f.* TEAT *variedades* star.

ve·ge·ta·ción *f.* vegetation ⋄ *fpl.* **vegetaciones** MED adenoids.

ve·ge·tal *adj.* vegetable ⋄ *m.* **1** vegetable, plant **2** *persona* vegetable.

ve·ge·tar *intr.* **1** *plantas* to vegetate, grow **2** *fig. persona* to vegetate.

ve·ge·ta·ria·no, na *adj.* vegetarian ⋄ *s.* vege-tarian.

ve·ge·ta·ti·vo, va *adj.* vegetative **estado vegeta-tivo** *fam.* coma.

ve·he·men·cia *f.* vehemence.

ve·hí·cu·lo *m.* **1** *gen.* vehicle **2** *coche* car **3** *fig.* vehicle **4** *fig. enfermedades* transmitter, carrier.

vein·te *adj. cardinal* twenty *vigésimo* twentieth ⋄ *m. número* twenty *fecha* twentieth.

vein·te·a·vo, va *adj.* twentieth ⋄ *s.* twentieth.

vein·te·na *f. exacto* twenty *aproximado* about twenty.

vein·ti·cin·co *adj. cardinal* twenty-five *ordinal* twen-ty-fifth ⋄ *m. número* twenty-five *fecha* twenty-fifth.

vein·ti·cua·tro *adj. cardinal* twenty-four *ordinal* twenty-fourth ⋄ *m. número* twenty-four *fecha* twenty-fourth.

vein·ti·dós *adj. cardinal* twenty-two *ordinal* twen-ty-second ⋄ *m. número* twenty-two *fecha* twenty-second.

vein·ti·nue·ve *adj. cardinal* twenty-nine *ordinal* twenty-ninth ⋄ *m. número* twenty-nine *fecha* twenty-ninth.

vein·tio·cho adj. cardinal twenty-eight ordinal twenty-eighth ◇ m. número twenty-eight fecha twenty-eighth.

vein·ti·séis adj. cardinal twenty-six ordinal twenty-sixth ◇ m. número twenty-six fecha twenty-sixth.

vein·ti·sie·te adj. cardinal twenty-seven ordinal twenty-seventh ◇ m. número twenty-seven fecha twenty-seventh.

vein·ti·tan·tos, tas adj. 1 cantidad twenty-odd, about twenty 2 fecha the twenty something.

vein·ti·trés adj. cardinal twenty-three ordinal twenty-third ◇ m. número twenty-three fecha twenty-third.

vein·tiún adj. twenty-one.

vein·tiu·no, na adj. cardinal twenty-one ordinal twenty-first ◇ m. número twenty-one fecha twenty-first.

ve·ja·ción f. 1 maltrato vexation 2 humillación humiliation.

ve·jar tr. 1 molestar to vex, annoy 2 humillar to humiliate.

ve·ja·to·rio, ria adj. 1 molesto vexatious, annoying 2 humillante humiliating.

ve·jes·to·rio m. fam. pey. old dodderer, old crock.

ve·je·te m. fam. old man.

ve·jez f. old age a la vejez viruelas there's no fool like an old fool.

ve·ji·ga f. bladder vejiga de la bilis gall bladder.

ve·la¹ f. 1 vigilia watch, vigil de muerto wake 2 desvelo wakefulness 3 candela candle ◇ fam. fig. mocos snot sing.

ve·la² f. 1 de barco sail 2 DEP sailing 3 fig. barco de vela sailing ship.

ve·la·do, da pp. de velar adj. 1 oculto veiled, hidden 2 fotografía blurred.

ve·la·dor, ra adj. watching, guarding ◇ m. velador 1 vigilante watchman, guard 2 candelero candlestick 3 mesita pedestal table.

ve·lar¹ intr. 1 no dormir to stay awake no acostarse to stay up 2 cuidar to watch (por, over), look (por, after) 3 hacer guardia to keep watch 4 REL to keep vigil ◇ tr. enfermo to sit up with, watch over muerto to keep vigil over.

ve·lar² adj. LING velar ◇ f. LING velar ◇ tr. 1 cubrir con velo to veil 2 fig. cubrir to hide, cover, veil 3 fotografía to fog, expose ◇ prnl. velarse fotografía to become fogged, get exposed.

ve·la·to·rio m. wake, vigil.

ve·lei·dad f. 1 capricho caprice, whim 2 inconstancia inconstancy, fickleness.

ve·lei·do·so, sa adj. inconstant, fickle.

ve·le·ro, ra adj. sailing ◇ s. fabricante de velas sailmaker ◇ m. velero sailing ship, sailing boat.

ve·le·ta f. para el viento weathercock, weather vane ◇ com. fam. fig. persona fickle person, changeable person.

ve·llo m. 1 de persona - pelusa down - en las piernas, etc. hair 2 de fruta, planta down, bloom.

ve·llo·si·dad f. 1 vello down 2 abundancia - de pelusa downiness en las piernas, etc. hairiness.

ve·llo·so, sa adj. downy, hairy, fluffy.

ve·llu·do, da adj. downy, hairy, fluffy.

ve·lo m. 1 gen. veil 2 ANAT velum.

ve·lo·ci·dad f. 1 rapidez speed, velocity 2 AUTO marcha gear a toda velocidad at full speed.

ve·lo·cí·me·tro m. speedometer.

ve·lo·cí·pe·do m. velocipede.

ve·lo·cis·ta com. DEP sprinter.

ve·ló·dro·mo m. velodrome.

ve·lo·rio¹ m. 1 fiesta evening party 2 velatorio wake.

ve·lo·rio² m. REL taking of the veil.

ve·loz adj. fast, quick, swift, rapid ◇ adv. fast, quickly, swiftly.

ve·na f. 1 ANAT vein 2 yacimiento vein, seam 3 BOT vein 4 en mármol, etc. vein, streak 5 fig. disposición mood.

ve·na·do m. ZOOL stag, deer 2 CULIN venison.

ve·nal adj. 1 vendible venal, saleable 2 fig. sobornable venal, corrupt.

ven·ce·dor, ra adj. 1 equipo, etc. winning 2 MIL conquering, victorious ◇ s. 1 equipo, etc. winner, victor 2 MIL conqueror, victor.

ven·cer (see model 2) tr. 1 DEP to beat 2 MIL to defeat, conquer, vanquish 3 exceder to outdo, surpass 4 problema, etc. to overcome, surmount ◇ intr. 1 ganar to win 2 deuda, etc. to fall due, be payable 3 plazo to expire ◇ prnl. vencerse 1 romperse to break doblarse to bend, incline 2 fig. reprimir to control oneself.

ven·ci·do, da pp. de vencer adj. 1 derrotado defeated, beaten 2 deuda due, payable 3 plazo expired la tercera es la vencida fam. third time lucky.

ven·ci·mien·to m. 1 pago, etc. maturity 2 plazo expiry, maturity 3 torcimiento bend, inclination 4 fig. problema, etc. overcoming.

ven·da f. bandage quitar a alguien la venda de los ojos to open somebody's eyes.

ven·da·je m. dressing.

ven·dar tr. to bandage.

ven·da·val m. strong wind, gale.

ven·de·dor, ra adj. selling ◇ s. 1 gen. seller hombre salesman mujer saleswoman 2 dependiente shop assistant vendedor ambulante street seller, hawker.

ven·der tr. 1 gen. to sell 2 fig. traicionar to betray ◇ prnl. venderse 1 uso impersonal to be on sale, be sold se vende en farmacias on sale at your chemist's 2 dejarse sobornar to sell oneself.

ven·di·do, da pp. de vender adj. sold.

ven·di·mia f. 1 cosecha grape harvest 2 año vintage, year.

ve·ne·cia·no, na adj. Venetian ◇ s. Venetian.

ve·ne·no m. 1 química, vegetal poison animal venom 2 fig. spite, venom.

ve·ne·no·so, sa adj. 1 poisonous, venomous 2 fig. spiteful, venomous.

ve·ne·ra·ción f. veneration, worship.

ve·ne·rar tr. to venerate, worship, revere.

ve·né·re·o, a adj. venereal.

ve·ne·ro m. 1 manantial spring 2 fig. origen origin, source 3 mina vein, seam.

ve·ne·zo·la·no, na adj. Venezuelan ◇ s. Venezuelan.

ven·ga·dor, ra adj. avenging ◇ s. avenger.

ven·gan·za f. revenge, vengeance.

ven·gar (see model 7) tr. to avenge ◇ prnl. vengarse to avenge oneself, take revenge (de, on).

ve·nia f. 1 licencia permission, consent 2 perdón pardon 3 saludo greeting.

ve·nial adj. venial.

ve·nia·li·dad f. veniality.

ve·ni·de·ro, ra adj. future, coming.

ve·nir (see model 90) intr. 1 gen. to come 2 llegar to arrive 3 proceder to come (de, from) 4 estar, aparecer to be, come 5 ser to be ◇ aux. 1 venir a + inf. aproximación to be about alcanzar, llegar a to arrive at terminar por to end up 2 venir + ger. acción durativa 3 venir + pp. ser, estar to be ◇ prnl. venirse to come back, go back.

ve·no·so, sa *adj.* 1 *sangre* venous 2 *manos, etc.* veined, veiny 3 *hoja* veined, ribbed.

ven·ta *f.* 1 *acción* sale, selling 2 *hostal* country inn *restaurante* restaurant *precio de venta al público* retail price **venta al contado** cash sale.

ven·ta·ja *f.* 1 *gen.* advantage 2 *provecho* profit *beneficio* benefit.

ven·ta·jo·so, sa *adj.* 1 advantageous 2 *beneficioso* profitable.

ven·ta·na *f.* 1 ARQ window 2 *de la nariz* nostril.

ven·ta·nal *m.* large window.

ven·ta·ni·lla *f.* 1 *banco, coche, sobre, etc.* window 2 *barco* porthole 3 *de taquilla* window, ticket window 4 *de la nariz* nostril.

ven·ta·rrón *m.* strong wind, gale.

ven·te·ar *intr.* soplar to be windy ◇ *tr.* 1 *husmear* to sniff 2 *airear* to air, air out 3 *fig. indagar* to snoop.

ven·ti·la·ción *f.* ventilation.

ven·ti·la·dor *m.* ventilator, fan.

ven·ti·lar *tr.* 1 *lugar* to air, ventilate 2 *agitar al viento* to air 3 *fig. dar a conocer* to air 4 *fig. discutir* to discuss, clear up ◇ *prnl.* **ventilarse** 1 *lugar* to be ventilated 2 *objeto* to be aired 3 *fig. saberse* to be aired.

ven·tis·ca *f.* snowstorm, blizzard.

ven·tis·que·ro *m. ventisca* snowstorm, blizzard ◇ *f. zona de la montaña* part of a mountain above the snow line.

ven·to·le·ra *f.* 1 *golpe* gust of wind 2 *fig.* caprice, whim.

ven·to·sa *f.* 1 *pieza cóncava* suction cup 2 *de animal* sucker 3 MED cupping glass 4 *abertura* vent, air hole.

ven·to·se·ar *intr.* to break wind.

ven·to·si·dad *f.* wind, flatulence.

ven·trí·cu·lo *m.* ventricle.

ven·trí·lo·cuo, cua *adj.* ventriloquistic ◇ *s.* ventriloquist.

ven·tri·lo·qui·a *f.* ventriloquy, ventriloquism.

ven·tu·ra *f.* 1 *felicidad* happiness 2 *casualidad* fortune, chance *suerte* luck 3 *azar* hazard, risk.

ven·tu·ro·so, sa *adj.* lucky, fortunate.

Ve·nus *m.* Venus ◇ *f.* Venus.

ver *(see model 91) pp.* **visto** *tr.* 1 *gen.* to see 2 *mirar* to look (at) 3 *televisión* to watch 4 *fig. entender* to see, understand 5 *visitar* to visit, see 6 JUR to try, hear ◇ *prnl.* **verse** 1 *ser visto* to be seen 2 *con alguien* to meet, see each other 3 *en una situación, etc.* to find oneself, be.

ve·ra·ci·dad *f.* veracity, truthfulness.

ve·ra·ne·ar *intr.* to spend the summer (holiday) (*en*, in/at).

ve·ra·ne·o *m.* summer holiday **lugar de veraneo** summer holiday resort, holiday resort.

ve·ra·nie·go, ga *adj.* summer, summery.

ve·ra·no *m.* summer.

ve·raz *adj.* truthful, veracious.

ver·bal *adj.* verbal, oral.

ver·ba·li·zar *tr.* to verbalize.

ver·be·na *f.* 1 BOT verbena 2 *fiesta* night party.

ver·bi·gra·cia *adv.* for example, for instance.

ver·bo *m.* verb **verbo** auxiliary verb **verbo copulativo** attributive verb **verbo intransitivo** intransitive verb **verbo irregular** irregular verb **verbo transitivo** transitive verb.

ver·bo·rre·a *f. fam.* verbosity.

ver·dad *f.* 1 truth, truthfulness **es verdad** it's true 2 *confirmación* **es bonita, ¿verdad?** she's pretty, isn't she? **a decir verdad** to tell the truth.

ver·da·de·ro, ra *adj.* true, real.

ver·de *adj.* 1 *color* green 2 *fruta* unripe, green *madera* unseasoned 3 *fig. persona* green, immature *m.* 1 *color* green 2 *hierba* grass 3 POL green.

ver·de·cer *(see model 43) intr.* to grow green.

ver·dor *m.* 1 *color* verdure, greenness 2 *fig. vigor* vigor 3 *fig. mocedad* youth.

ver·do·so, sa *adj.* greenish.

ver·du·go *m.* 1 *persona* executioner 2 *prenda* balaclava, balaclava helmet 3 *azote* whip 4 *roncha* weal *com. fig.* tyrant.

ver·du·gón *m.* weal.

ver·du·ra *f.* 1 *hortaliza* vegetables *pl.*, greens *pl.* 2 *color* greenness, greenery.

ve·re·da *f.* footpath, path.

ve·re·dic·to *m.* verdict.

ver·ga *f.* 1 *genital* penis 2 *palo* thin stick 3 MAR yard.

ver·gel *m.* orchard.

ver·gon·zan·te *adj.* shamefaced.

ver·gon·zo·so, sa *adj.* 1 *acto* shameful, shocking 2 *persona* bashful, shy.

ver·güen·za *f.* 1 *deshonor, etc.* shame, sense of shame 2 *timidez* bashfulness, shyness *turbación* embarrassment 3 *escándalo* disgrace, shame ◇ *fpl.* **vergüenzas** *fam. euf.* private parts.

ve·ri·cue·to *m.* rough path, dirt track.

ve·rí·di·co, ca *adj.* truthful, true **es verídico** it is a fact.

ve·ri·fi·ca·ble *adj.* verifiable.

ve·ri·fi·ca·ción *f.* 1 *comprobación* verification, checking 2 *cumplimiento* carrying out, conducting.

ve·ri·fi·car *(see model 1) tr.* 1 *comprobar* to verify, check 2 *probar* to prove 3 *efectuar* to carry out, perform ◇ *prnl.* **verificarse** 1 *comprobarse* to come true 2 *efectuarse* to take place.

ver·ja *f.* 1 *reja* grating, grille 2 *cerca* railing, railings *pl.* 3 *puerta* iron gate.

ver·ná·cu·lo, la *adj.* vernacular **lengua vernácula** vernacular.

ve·ro·sí·mil *adj.* probable likely, probable *creíble* credible.

ve·rru·ga *f.* wart.

ver·sa·do, da *pp. de versar adj.* versed (*en*, in), proficient (*en*, in).

ver·sal *adj.* capital ◇ *f.* capital, capital letter.

ver·sa·li·ta *adj.* small capital ◇ *f.* small capital letter, small capital.

ver·sar *intr.* 1 *tratar* to deal (*sobre*, with), be (*sobre*, about/on) 2 *dar vueltas* to revolve, turn.

ver·sá·til *adj.* 1 *gen.* versatile 2 *fig. voluble* changeable, fickle.

ver·sa·ti·li·dad *f.* 1 *gen.* versatility 2 *fig.* changeableness, fickleness.

ver·sí·cu·lo *m.* verse, versicle.

ver·si·fi·ca·dor, ra *adj.* versifying ◇ *s.* versifier.

ver·si·fi·car *(see model 1) tr.* to put into verse, versify ◇ *intr.* to versify, write in verse.

ver·sión *f.* 1 *gen.* version, account 2 *traducción* translation 3 *adaptación* adaptation.

ver·so *m.* 1 *de hoja* verso 2 *verso* verse 3 *fam. poema* poem.

vér·te·bra *f.* vertebra.

ver·te·bra·do, da *adj.* vertebrate ◇ *s.* vertebrate ◇ *mpl.* **los vertebrados** the vertebrates.

ver·te·bral *adj.* vertebral, spinal.

ver·te·de·ro *m.* rubbish dump, rubbish tip.

ver·ter *(see model 28) tr.* 1 *líquido - voluntariamente* to pour, pour out 2 *derramar* to spill *lágrimas, sangre* to shed 3 *vaciar* to empty, empty out 4 *basura* to dump 5 *traducir* to translate *intr. corriente, río* to run (*a*, into), flow (*a*, into).

ver·ti·cal *adj.* vertical ◇ *f.* vertical, vertical line ◇ *m.* vertical.

vér·ti·ce *m.* vertex.

ver·tien·te *f.* 1 *gen.* slope 2 *fig. aspecto* angle.

ver·ti·gi·no·so, sa *adj.* dizzy, giddy.

vér·ti·go *m.* 1 MED vertigo 2 *mareo* dizziness, giddiness.

ve·sa·nia *f. locura* insanity *furia* fury, rage.

ve·sí·cu·la *f.* vesicle **vesícula biliar** gall bladder.

ves·per·ti·no, na *adj.* evening ◇ *m. vespertino* evening newspaper.

ves·tal *adj.* vestal ◇ *f.* vestal virgin.

ves·tí·bu·lo *m.* 1 *de casa* hall, entrance 2 *de hotel, etc.* hall, lobby, vestibule, foyer 3 ANAT *del oído* vestibule.

ves·ti·do, da *pp. de* vestir *adj.* dressed ◇ *m. vestido indumentaria* clothes *pl.*, dress, costume.

ves·ti·dor *m.* dressing room.

ves·ti·gio *m.* vestige, trace, remains *pl.*

ves·ti·men·ta *f.* clothes *pl.*, garments *pl.*

ves·tir *-(see model 34) tr.* 1 *llevar* to wear, be dressed in 2 *ayudar a vestirse* to dress *hacer vestidos* to make clothes *for proporcionar vestido* to clothe, keep in clothes 3 *cubrir* to cover (*de,* with) 4 *paredes* to hang (*de,* with) *intr.* 1 to dress 2 *ser elegante, lucir* to be classy, look smart *prnl.* **vestirse** 1 *uso reflexivo* to dress oneself, get dressed 2 *comprarse la ropa* to buy one's clothes.

ves·tua·rio *m.* 1 *ropas* wardrobe, clothes *pl.* 2 MIL uniform 3 TEAT *ropa* wardrobe, costumes *pl. camerino* dressing room 4 DEP locker room 5 *de fábrica, etc.* cloakroom.

ve·ta *f.* 1 *de mármol, roca* seam, vein *de madera* streak 2 *fig.* streak.

ve·tar *tr.* to veto, put a veto on *vetaron la reunión* they vetoed the meeting.

ve·te·ra·no, na *adj.* veteran ◇ *s.* 1 veteran 2 *fig.* old hand.

ve·te·ri·na·rio, ria *adj.* veterinary ◇ *s.* veterinary surgeon, veterinarian.

ve·to *m.* veto.

ve·tus·to, ta *adj. antiguo* ancient *viejo* very old.

vez *f.* 1 time 2 *turno* turn *ocasión* occasion **a la vez** at the same time, at once.

ví·a *f.* 1 *camino* road, way *calle* street *carril* lane 2 *de tren* track, line *en la estación* platform 3 ANAT passage, canal, track 4 *fig. modo* way, manner, means 5 JUR procedure 6 *rumbo, dirección* via, through.

via·ble *adj.* viable.

ví·a cru·cis *m.* 1 Way of the Cross, Stations *pl.* of the Cross 2 *fig.* great suffering.

via·duc·to *m.* viaduct.

via·jar *intr.* to travel *haber viajado mucho* to be widely travelled.

via·je *m.* 1 *gen.* journey, trip 2 *en coche* drive, journey 3 *travesía por mar* voyage.

via·je·ro, ra *adj.* traveling ◇ *s.* 1 traveler 2 *en transporte público* passenger.

vial *adj.* road ◇ *m. camino* road.

vian·da *f.* food, victuals *pl.*

viá·ti·co *m.* REL viaticum.

ví·bo·ra *f.* viper *lengua de víbora fig.* spiteful tongue, venomous tongue.

vi·bra·ción *f.* 1 vibration 2 LING rolling, trilling.

vi·bra·dor *m.* vibrator.

vi·brar *tr.* 1 to vibrate 2 LING to roll, trill ◇ *intr.* 1 *gen.* to vibrate *pulsar* to throb, pulsate 2 *fig. conmoverse* to be moved, be overcome with emotion 3 LING to roll, trill.

vi·bra·to·rio, ria *adj.* vibratory.

vi·ca·rí·a *f.* 1 *dignidad* vicarship, vicariate 2 *lugar* vicarage.

vi·ca·rio, ria *adj.* vicarial ◇ *s.* vicar **el Vicario de Cristo** the Vicar of Christ.

vi·ce·pre·si·den·te, ta *s.* 1 *gen.* vice-chairperson *hombre* vice-chairman *mujer* vice-chairwoman 2 POL vice president.

vi·ce·ver·sa *adv.* vice versa.

vi·ciar *(see model 12) tr.* 1 *corromper* to corrupt, lead astray 2 *aire* to pollute 3 JUR to vitiate, nullify 4 *estropear* to spoil ◇ *prnl.* **viciarse** 1 *enviciarse* to take to vice, become corrupted 2 *objeto* to go out of shape *madera* to warp.

vi·cio *m.* 1 *corrupción* vice, corruption 2 *mala costumbre* bad habit *inmoralidad* vice 3 *del lenguaje* incorrect usage 4 *defecto* defect.

vi·cio·so, sa *adj.* 1 *cosa* faulty, defective 2 *persona* depraved, perverted ◇ *s.* 1 depraved person 2 *niño mimado* spoiled child, spoilt child.

vi·ci·si·tud *f.* vicissitude **las vicisitudes de la vida** life's ups and downs.

víc·ti·ma *f.* victim, casualty **víctima propiciatoria** scapegoat.

vic·ti·mi·zar *tr.* to victimize.

vic·to·ria *f.* victory, triumph.

vic·to·rio·so, sa *adj.* victorious, triumphant.

vi·cu·ña *f.* ZOOL vicuna, vicuña.

vid *f.* grapevine, vine.

vi·da *f.* 1 *gen.* life 2 *viveza* liveliness 3 *tiempo* lifetime, life 4 *modo de vivir* life, way of life 5 *medios* living, livelihood.

vi·den·te *com.* 1 *persona que ve* sighted person 2 *persona que adivina* clairvoyant.

vi·de·o *m. aparato* video, video recorder *cinta* video, video tape.

vi·de·o·cá·ma·ra *f.* video camera.

vi·de·o·ca·se·te *f.* video cassette.

vi·de·o·cin·ta *f.* video tape.

vi·de·o·con·fe·ren·cia *f.* videoconference.

vi·de·o·clip *m.* video, pop video.

vi·de·o·jue·go *m.* video game.

vi·de·o·te·ca *f.* video library.

vi·de·o·te·lé·fo·no *m.* videophone.

vi·driar *(see model 14) tr. cerámica* to glaze ◇ *prnl.* **vidriarse** 1 *cerámica* to become glazed, become glassy 2 *fig. ojos* to become glazed 3 *fig. asunto, etc.* to become tricky.

vi·drie·rí·a *f.* 1 *fábrica* glassworks *sing.* 2 *tienda* glazier's.

vi·drie·ro, ra *s.* 1 *fabricante* glass-maker 2 *colocador* glazier.

vi·drio *m.* 1 *material* glass 2 *objeto* glass object.

vi·drio·so, sa *adj.* 1 *gen.* glassy *quebradizo* brittle, glass-like 2 *resbaladizo* slippery 3 *ojos* glazed, glassy 4 *fig. asunto, etc.* touchy, delicate.

vie·jo, ja *adj.* 1 *gen.* old 2 *desgastado* old, worn-out 3 *antiguo* old, ancient ◇ *s. hombre* old man *mujer* old woman *mpl.* **los viejos** elderly people.

vie·nés, ne·sa *adj.* Viennese ◇ *s.* Viennese.

vien·to *m.* 1 *gen.* wind 2 *rumbo* direction 3 *de caza* scent 4 *cuerda* rope, guy 5 *fam.* flatulencia wind, flatulence.

vien·tre *m.* 1 ANAT belly, abdomen 2 *vísceras* bowels *pl.* 3 *de embarazada* womb 4 *de objeto* belly.

vier·nes *m. inv.* Friday **Viernes Santo** Good Friday.

viet·na·mi·ta *adj.* Vietnamese ◇ *s. persona* Vietnamese ◇ *m.* **vietnamita** *idioma* Vietnamese.

vi·ga *f.* 1 *de madera* beam, rafter 2 *de acero, etc.* girder.

vi·gen·cia *f.* validity.

vi·gen·te *adj.* in force, valid.

vi·gé·si·mo, ma *adj.* twentieth *vigésimo prime·ro* twenty-first ◇ *s.* twentieth.

vi·gí·a *f. atalaya* watchtower, lookout post ◇ *com.* lookout.

vi·gi·lan·cia *f.* 1 *acción* surveillance 2 *cuidado* vigilance, watchfulness.

vi·gi·lan·te *adj.* 1 *que vigila* vigilant, watchful 2 *alerta* alert ◇ *com. hombre guard*, watchman *mujer* guard.

vi·gi·lar *tr.* 1 *cuidar* to watch (over), look after 2 *con armas, etc.* to guard 3 *supervisar* to oversee 4 *estar atento* to keep an eye on, take care of ◇ *intr. gen.* to keep watch.

vi·gi·lia *f.* 1 *estado de no dormir* wakefulness, sleeplessness 2 *víspera* eve 3 *comida sin carne* meat-free meal 4 *trabajo* time spent working at night 5 REL vigil.

vi·gor *m.* 1 *fuerza* vigor, strength 2 *validez* force, effect.

vi·go·ri·za·dor, ra *adj.* invigorating, fortifying.

vi·go·ri·zar *(see model 4) tr.* 1 to invigorate, fortify 2 *fig.* to encourage, stimulate.

vi·go·ro·so, sa *adj.* vigorous, strong.

vi·gue·ta *f. de madera* small beam *de metal* small girder.

vi·kin·go, ga *adj.* Viking ◇ *s.* Viking.

vil *adj.* vile, base, despicable.

vi·le·za *f.* 1 *cualidad* vileness, baseness 2 *acto* vile act, despicable deed.

vi·li·pen·diar *(see model 12) tr.* 1 *ofender* to revile, insult 2 *despreciar* to despise.

vi·li·pen·dio·so, sa *adj.* 1 *ofensivo* vilifying 2 *despreciable* despicable.

vi·lla *f.* 1 *casa* villa, country house 2 *pueblo* small town *ciudad* town.

vi·llan·ci·co *m.* carol, Christmas carol.

vi·lla·ni·a *f.* 1 *bajeza* vileness, baseness 2 *fig. acción* vile deed, despicable act 3 *fig. expresión* coarse remark.

vi·lla·no, na *adj.* 1 *ni noble ni hidalgo* common, peasant 2 *fig. rústico* rustic 3 *fig. ruin* villainous *s.* 1 HIST villein, serf 2 *fig. persona ruin* villain.

vil·men·te *adv.* despicably, ignobly.

vi·lo *en vilo* 1 *suspendido* in the air, suspended 2 *fig. indeciso* in suspense, on tenterhooks.

vi·na·gre *m.* 1 vinegar 2 *fig.* sourpuss.

vi·na·gre·ta *f.* vinaigrette sauce.

vi·na·te·rí·a *f.* 1 *comercio* wine trade 2 *tienda* wine shop.

vi·na·te·ro, ra *adj.* wine ◇ *s.* wine merchant.

vin·cu·la·ción *f.* 1 *acción* linking, binding 2 *vínculo* link, bond 3 *relación* relation.

vin·cu·lar *tr.* 1 *unir* to link (*a*, to), bind (*a*, to) 2 *relacionar* to relate (*con*, to), connect (*con*, with), link (*con*, with) 3 *fig. sujetar* to tie (*a*, to), attach (*a*, to) 4 JUR to entail ◇ *prnl.* **vincularse** to link oneself (*a*, to).

vín·cu·lo *m.* 1 tie, bond, link 2 JUR entail 3 *fig.* link.

vin·di·ca·ción *f.* 1 *defensa* vindication 2 *venganza* revenge, vengeance.

vin·di·car *(see model 1) tr.* 1 *defender* to vindicate 2 *vengar* to avenge ◇ *prnl.* **vindicarse** 1 *defenderse* to vindicate oneself 2 *vengarse* to avenge oneself.

vin·di·ca·ti·vo, va *adj.* 1 *que defiende* vindicatory 2 *vengativo* vindictive 3 JUR punitive.

vi·ní·co·la *adj.* wine-producing.

vi·ni·cul·tu·ra *f.* wine production, wine growing.

vi·ní·li·co, ca *adj.* vinyl.

vi·ni·lo *m.* vinyl.

vi·no *m.* wine **vino rosado** rosé **vino seco** dry wine **vino tinto** red wine.

vi·ña *f.* vineyard.

vi·ñe·do *m.* vineyard.

vi·ñe·ta *f.* 1 *en impresión* vignette 2 *dibujo humorístico* cartoon.

vio·lá·ce·o, a *adj.* violaceous, violet.

vio·la·ción *f.* 1 *transgresión* violation, infringement 2 *de persona* rape.

vio·la·dor, ra *s.* 1 *de leyes, etc.* violator 2 *lugar* violator, trespasser *tumba* desecrator ◇ *m.* **violador** rapist.

vio·lar *tr.* 1 *transgredir* to violate, infringe 2 *lugar* to violate, trespass *tumba* to desecrate 3 *persona* to rape.

vio·len·cia *f.* 1 *fuerza* violence 2 *embarazo* embarrassment 3 *situación embarazosa* embarrassing situation 4 *violación* rape 5 *injusticia* outrage.

vio·len·tar *tr.* 1 *forzar algo* to force, break open 2 *obligar a alguien* to force, use force on 3 *fig. entrar* to break into, enter by force 4 *fig. dicho, escrito* to twist, distort ◇ *prnl.* **violentarse** 1 *fig.* obligarse to force oneself (*en*, to) 2 *fig. molestarse* to get annoyed.

vio·len·to, ta *adj.* 1 *gen.* violent 2 *vergonzoso* embarrassing, awkward 3 *molesto* embarrassed, awkward, ill at ease 4 *dicho, escrito* twisted, distorted 5 *postura* forced, unnatural 6 DEP rough.

vio·le·ta *adj. color* violet ◇ *m. color* violet ◇ *f.* BOT violet.

vio·lín *m.* violin ◇ *com.* violinist.

vio·li·nis·ta *com.* violinist.

vio·lón *m.* double bass ◇ *com.* double bass player.

vio·lon·ce·lis·ta *com.* cellist, violoncello.

vio·lon·ce·lo *m.* cello.

vi·pe·ri·no, na *adj.* 1 viperine, viperous 2 *fig.* venomous **lengua viperina** *fig.* venomous tongue, spiteful tongue.

vi·ra·je *m.* 1 *curva* turn, bend 2 *en coche* turn 3 MAR tack 4 *fotografía* toning 5 *fig. de ideas, etc.* change in direction, about-face, volte-face.

vi·ral *adj.* viral.

vi·rar *intr.* 1 MAR to tack, put about 2 AUTO to turn round 3 *fig.* to change ◇ *tr. en fotografía* to tone.

vir·gen *adj.* 1 *persona* virgin 2 *puro* virgin, pure 3 *fig. intacto* unspoiled 4 *reputación* unsullied *com.* virgin **la Santísima Virgen** the Blessed Virgin **selva virgen** virgin forest.

vir·gi·nal *adj.* 1 virginal 2 REL of the Virgin.

vir·gi·ni·dad *f.* virginity.

vir·go *m.* 1 *virginidad* virginity 2 *himen* hymen ◇ *pl.* **Virgo** *astronomía, astrología* Virgo.

vir·gu·li·lla *f.* 1 *gen.* small punctuation mark 2 *acento* accent 3 *coma* comma *comillas* inverted commas *apóstrofo* apostrophe 4 *cedilla* cedilla 5 *rayita* line, dash.

vi·ril *adj.* virile, manly.

vi·ri·li·dad *f.* virility.

vi·rrei·na·to *m.* viceroyalty.

vi·rrey *m.* viceroy.

vir·tual *adj.* virtual.

vir·tual·men·te *adv.* virtually.

vir·tud *f.* 1 *cualidad* virtue 2 *propiedad, eficacia* property, quality **en virtud de** by virtue of.

vir·tuo·so, sa *adj.* virtuous ◇ *s.* 1 virtuous person 2 ART virtuoso.

vi·rue·la *f.* 1 MED smallpox 2 *marca* pockmark.

vi·ru·len·cia *f.* virulence.

vi·ru·len·to, ta *adj.* virulent.

vi·rus *m. inv.* virus.

vi·ru·ta *f.* shaving.

vi·sa *f.* AM visa.

vi·sar *tr.* 1 *pasaporte* to endorse with a visa 2 *documento* to endorse, approve.

vís·ce·ra *f.* internal organ ◇ *fpl.* **vísceras** viscera, entrails.

vis·ce·ral *adj.* 1 visceral 2 *fig.* profound, deep-rooted.

vis·co·si·dad *f.* viscosity.

vis·co·so, sa *adj.* viscous.

vi·se·ra *f.* 1 *de gorra* peak *de casco* visor 2 *suelta* eyeshade 3 AUTO sun visor.

vi·si·bi·li·dad *f.* visibility.

vi·si·ble *adj.* 1 *que se ve* visible 2 *evidente* evident **estar visible** *fig.* to be decent.

vi·si·llo *m.* small lace curtain.

vi·sión *f.* 1 *acción* vision 2 *vista* sight 3 *ilusión* vision 4 *fig. persona fea* fright, sight **ver visiones** to dream, see things.

vi·sio·na·rio, ria *adj.* visionary ◇ *s.* visionary.

vi·si·ta *f.* 1 *acción* visit 2 *invitado* visitor, guest *invitados* visitors *pl.*, guests *pl.*.

vi·si·ta·ción *f.* 1 visitation 2 *la Visitación* REL the Visitation.

vi·si·tan·te *adj.* visiting ◇ *com.* visitor.

vi·si·tar *tr.* 1 *ir a ver a alguien* to visit, pay a visit to, call on, go and see 2 *lugar* to visit, see 3 *inspeccionar* to inspect, visit, examine.

vis·lum·brar *tr.* 1 *ver* to glimpse, catch a glimpse of, make out 2 *fig. conjeturar* to begin to see.

vis·lum·bre *f.* 1 *de luz* glimmer 2 *atisbo* glimpse 3 *fig.* glimmer.

vi·sor *m.* 1 *de arma* sight 2 *de máquina fotográfica* viewfinder.

vís·pe·ra *f.* 1 *día anterior* day before 2 *de fiesta* eve ◇ *fpl.* **vísperas** REL vespers **en vísperas de** on the eve of.

vis·ta *f.* 1 *visión* sight, vision 2 *ojo* eye, eyes *pl.* 3 *panorama* view 4 *aspecto* appearance, aspect, look 5 *dibujo, cuadro, foto* view 6 *intención* intention 7 *propósito* outlook, prospect.

vis·ta·zo *m.* glance **echar un vistazo a algo** *mirar* to have a look at something.

vis·to, ta *pp. de ver adj.* 1 *anticuado* old-fashioned 2 *dado* in view of, considering 3 *corriente* common 4 *ladrillo, viga, obra* exposed ◇ *m.* **visto** approval.

vis·to·si·dad *f.* showiness.

vis·to·so, sa *adj.* 1 *llamativo* showy, flashy 2 *colorido* bright, colorful.

vi·sual *adj.* visual ◇ *f.* 1 *línea* line of vision, line of sight 2 *argot* vistazo look.

vi·sua·li·zar *(see model 4) tr.* 1 to visualize 2 INFO to display.

vi·tal *adj.* 1 *de la vida* vital 2 *fig. esencial* essential, vital 3 *persona* lively, full of vitality.

vi·ta·li·cio, cia *adj.* life, for life *un cargo vitalicio* a post held for life ◇ *m.* **vitalicio** *pensión* life annuity.

vi·ta·li·dad *f.* vitality.

vi·ta·mi·na *f.* vitamin.

vi·ta·mí·ni·co, ca *adj.* vitamin.

vi·tan·do, da *adj.* 1 *que se debe evitar* to be avoided 2 *abominable* hateful, odious.

vi·ti·co·la *adj.* wine-growing, wine-producing, viticultural.

vi·ti·cul·tor, ra *s.* wine grower, viticulturist.

ví·tor *m.* acclamation, cheer *interj.* bravo!, hurrah!

vi·to·re·ar *tr. aclamar* to cheer, acclaim *aplaudir* to applaud.

vi·tral *m.* stained-glass window.

ví·tre·o, a *adj.* vitreous.

vi·tri·fi·car *(see model 1) tr.* to vitrify ◇ *prnl.* **vitrificarse** to vitrify.

vi·trio·lo *m.* vitriol.

vi·tro *loc.* **in vitro** in vitro **fecundación in vitro** in vitro fertilization.

vi·tua·lla *f.* provisions *pl.*, food.

vi·tu·pe·ra·ción *f.* vituperation.

vi·tu·pe·rar *tr.* to vituperate, censure, condemn.

vi·tu·pe·rio *m.* vituperation, censure, condemnation.

viu·dez *f.* widowhood.

viu·do, da *adj.* widowed ◇ *s. hombre* widower *mujer* widow **quedar viudo / quedar viuda** to be left a widower / be left a widow.

vi·va·ci·dad *f.* vivacity, liveliness, vivaciousness.

vi·va·les *com. fam.* crafty devil, smooth operator, sly one.

vi·va·ra·cho, cha *adj.* 1 *fam.* vivacious, lively, sprightly 2 *fam. ojos* sparkling.

vi·vaz *adj.* 1 *vivo* vivacious, lively 2 *perspicaz* sharp, quick-witted 3 *que dura* long-lived 4 *planta* perennial.

vi·ven·cia *f.* personal experience.

ví·ve·res *mpl.* food *sing*, provisions, supplies.

vi·ve·ro *m.* 1 *de plantas* nursery 2 *de peces* fish farm, fish hatchery *de moluscos* bed 3 *fig.* breeding ground, hotbed.

vi·vi·do, da *pp. de vivir adj.* 1 *real* real, true-life 2 *de la propia experiencia* based on personal experience.

ví·vi·do, da *adj.* vivid.

vi·vi·dor, ra *adj.* 1 *vivaz* living, alive 2 *laborioso* capable, shrewd ◇ *s.* 1 *persona que sabe vivir* person who makes the most of life 2 *pey. aprovechado* sponger, scrounger.

vi·vien·da *f.* 1 *gen.* housing, accommodation 2 *morada* dwelling 3 *casa* house 4 *piso* flat.

vi·vien·te *adj.* living, alive.

vi·vi·fi·car *(see model 1) tr.* to vivify, give life to, enliven.

vi·ví·pa·ro, ra *adj.* viviparous.

vi·vir *intr.* 1 *tener vida* to live **estar vivo** to be alive 2 *habitar* to live 3 *mantenerse* to live, live on, make a living 4 *fig. durar* to last, live on ◇ *tr. pasar por, experimentar* to live through, go through, experience ◇ *m.* living, life.

vi·vi·sec·ción *f.* vivisection.

vi·vo, va *adj.* 1 *que tiene vida* living *que está alive* 2 *fuego, llama, llama* live, burning 3 *lengua* living 4 *fig. color, etc.* bright, vivid 5 *fig. animado* lively, vivacious 6 *fig. dolor, emoción, etc.* acute, deep, intense ◇ *s.* 1 living person 2 *fam. fig. astuto* quick-witted person ◇ *m.* **vivo** COST trimming, border.

vo·ca·blo *m.* word, term.

vo·ca·bu·la·rio *m.* vocabulary.

vo·ca·ción *f.* vocation, calling.

vo·cal *adj.* vocal ◇ *f.* vowel ◇ *com. de junta, etc.* member.

vo·cá·li·co, ca *adj.* vocalic.

vo·ca·lis·ta *com.* vocalist, singer.

vo·ca·li·za·ción *f.* vocalization.

vo·ca·li·zar *(see model 4) intr.* to vocalize ◇ *tr.* to vocalize.

vo·ca·ti·vo *m.* vocative.

vo·ce·a·dor, ra *adj.* vociferous, loudmouthed ◇ *s.* shouter ◇ *m.* **voceador** town crier.

vo·ce·ar *intr. dar voces* to shout, cry out ◇ *tr.* 1 *divulgar* to publish 2 *gritar* to shout, cry out 3 *di-*

vulgar to publish, proclaim 4 *aclamar* to cheer, acclaim.

vo·ce·ro, ra *s. gen.* spokesperson *hombre* spokesman *mujer* spokeswoman.

vo·ci·fe·ran·te *adj.* vociferous.

vo·ci·fe·rar *intr.* to vociferate, shout ◇ *tr.* to vociferate, shout.

vod·ka *m.* vodka.

vo·la·do, da *pp. de* volar *adj.* 1 *en impresión* superior 2 ARQ projecting.

vo·lan·te *adj.* 1 *que vuela* flying 2 *que se desplaza* flying, mobile ◇ *m.* 1 COST flounce *adorno* frill, ruffle 2 AUTO steering wheel 3 TÉC flywheel.

vo·lan·tín *m.* type of fishing line.

vo·lar *(see model 31) intr.* 1 *ir por el aire* to fly 2 *fig. papeles, etc.* to be blown away 3 *fig. ir deprisa* to fly *el tiempo vuela* time flies ◇ *prnl.* **volarse** 1 *papeles, etc.* to be blown away 2 *fig. irritarse* to blow up, lose one's temper.

vo·lá·til *adj.* volatile.

vo·la·ti·li·dad *f.* volatility.

vo·la·tín *m.* 1 *acrobacia* acrobatics *pl.* 2 *acróbata* acrobat.

vol·cán *m.* volcano.

vol·cá·ni·co, ca *adj.* volcanic.

vol·car *(see model 49) intr.* 1 *un coche, etc.* to turn over, overturn 2 MAR to capsize ◇ *tr.* 1 *gen.* to turn over, knock over, upset 2 *vaciar* to empty out, pour out 3 *fig. hacer cambiar de parecer* to make change one's mind ◇ *prnl.* **volcarse** 1 *objeto* to fall over, tip over *coche* to turn over, overturn *barco* to capsize 2 *fig. entregarse* to do one's utmost.

vo·le·a *f.* 1 *palo* whippletree, swingletree 2 DEP volley.

vo·le·ar *tr.* to volley.

vo·lei·bol *m.* volleyball.

vo·le·o *m.* 1 DEP volley 2 *en danza* high kick 3 *bofetón* slap.

vol·fra·mio *m.* wolfram.

vo·li·ción *f.* volition.

vo·lo·ván *m.* vol-au-vent.

vol·ta·je *m.* voltage.

vol·te·ar *tr.* 1 *dar vueltas* to whirl, twirl 2 *poner al revés* to turn over, toss 3 *campanas* to peal, ring out 4 *a una persona* to toss up in the air.

vol·tí·me·tro *m.* voltmeter.

vol·tio *m.* volt.

vo·lu·bi·li·dad *f.* 1 changeability, fickleness 2 BOT volubility.

vo·lu·ble *adj.* 1 changeable, fickle 2 BOT voluble, twining.

vo·lu·men *m.* 1 *gen.* volume 2 *tamaño* size.

vo·lu·mi·no·so, sa *adj.* 1 voluminous 2 *enorme* bulky, massive.

vo·lun·tad *f.* 1 *cualidad* will 2 *fuerza de voluntad* willpower 3 *deseo* wish 4 *propósito* intention, purpose 5 *afecto* affection.

vo·lun·ta·ria·do *m.* 1 MIL voluntary enlistment 2 *civil* group of volunteers.

vo·lun·ta·rio, ria *adj.* voluntary ◇ *s.* volunteer.

vo·lun·ta·rio·sa·men·te *adv.* wilfully.

vo·lun·ta·rio·so, sa *adj.* 1 *con voluntad* willing 2 *pey. testarudo* wilful, headstrong.

vo·lup·tuo·si·dad *f.* voluptuousness.

vo·lup·tuo·so, sa *adj.* voluptuous.

vo·lu·ta *f.* 1 ARQ volute, scroll 2 *espiral* spiral, column 3 *de humo* ring.

vol·ver *(see model 32) pp.* **vuelto** *tr.* 1 *dar vuelta a* to turn, turn over *hacia abajo* to turn upside down

de dentro afuera to turn inside out *lo de atrás hacia delante* to turn back to front 2 *convertir* to turn, make, change 3 *devolver* to give back *a su lugar* to put back 4 *torcer* to turn ◇ *intr.* 1 *regresar* to return *ir* to go back *venir* to come back 2 *a un tema, etc.* to return, revert 3 *volver a hacer otra vez* to do again ◇ *prnl.* **volverse** 1 *regresar - ir* to go back - *venir* to come back 2 *darse la vuelta* to turn 3 *convertirse* to turn, become.

vo·mi·tar *tr.* 1 to vomit, bring up 2 *fig.* to belch, spew out ◇ *intr.* to be sick, vomit.

vo·mi·ti·vo, va *adj.* emetic ◇ *m.* **vomitivo** emetic.

vó·mi·to *m.* 1 *resultado* vomit 2 *acción* vomiting.

vo·ra·ci·dad *f.* voracity, voraciousness.

vo·rá·gi·ne *f.* vortex, whirlpool.

vo·raz *adj.* 1 voracious 2 *fig.* fierce, raging.

vór·ti·ce *f.* 1 vortex, whirlpool 2 *de ciclón* center of a cyclone.

vo·so·tros, tras *pron. sujeto you objeto* you, yourselves *con vosotros* with you *de vosotros* your, yours *creo que esto es de vosotros* I think this is yours.

vo·ta·ción *f.* 1 *voto* vote, ballot 2 *acto* vote, voting.

vo·tan·te *adj.* voting ◇ *com.* voter.

vo·tar *intr.* 1 *dar el voto* to vote 2 *blasfemar* to swear 3 REL to vow ◇ *tr.* 1 *proponer para aprobar* to pass 2 REL to vow.

vo·ti·vo, va *adj.* votive.

vo·to *m.* 1 *gen.* vote *tres votos a favor* three votes for 2 REL vow 3 *deseo* wish 4 *blasfemia* curse, oath.

voz *f.* 1 *sonido* voice 2 *grito* shout 3 *vocablo, palabra* word 4 GRAM voice *voz activa* active voice 5 MÚS *de instrumento* tone *cantante* voice *canción a tres voces* three-part song.

vu·dú *m.* voodoo.

vuel·co *m.* 1 *gen.* tumble, upset 2 *barco* capsizing 3 *fig.* change.

vue·lo *m.* 1 *acto, espacio, etc.* flight 2 *acción* flying 3 *de vestido* fullness, flare 4 *plumas* flight feathers *pl. alas* wings *pl.*

vuel·ta *f.* 1 *giro* turn 2 *en un circuito* lap, circuit 3 *paseo* walk, stroll 4 *regreso, retorno* return *viaje de regreso* return journey, journey back 5 *dinero de cambio* change 6 *curva* bend, curve 7 *reverso* back, reverse.

vuel·to, ta *pp. de* volver *adj. cuello* roll.

vul·ca·nis·mo *m.* vulcanism, volcanism.

vul·ca·ni·zar *tr.* to vulcanize.

vul·ca·no·lo·gí·a *f.* volcanology, vulcanology.

vul·ca·nó·lo·go, ga *s.* volcanologist, vulcanologist.

vul·gar *adj.* 1 *grosero* vulgar, coarse, common 2 *general* common, general 3 *banal* banal, ordinary *idea* commonplace 4 *no técnico* lay.

vul·ga·ri·dad *f.* 1 *grosería* vulgarity, coarseness 2 *banalidad* banality, triviality.

vul·ga·ri·zar *(see model 4) tr.* 1 *popularizar* to popularize, vulgarize 2 *hacer vulgar* to make common ◇ *prnl.* **vulgarizarse** *popular* to become popular, become common *grosero* to become vulgar, become common.

vul·go *m. pey.* common people *pl.*, masses *pl.*

vul·ne·ra·bi·li·dad *f.* vulnerability.

vul·ne·ra·ble *adj.* vulnerable.

vul·ne·ra·ción *f.* 1 *gen.* violation 2 *fig. reputación* damaging, harming.

vul·ne·rar *tr.* 1 *ley, etc.* to violate 2 *fig. honor, etc.* to damage, harm.

vul·va *f.* vulva.

V

W

W, w *f. la letra* W, w.
wal·kie-tal·kie *m.* walkie-talkie.
wa·ter·po·lo *m.* water polo.
watt *pl. watts* ◇ *m.* watt.
web *f.* website.

whis·ky *m.* whisky *irlandés* whiskey **whisky es-cocés** Scotch, Scotch whisky.
wind·surf *m.* windsurfing.
wind·sur·fis·ta *com.* windsurfer.
wok *m.* wok.
wol·fra·mio *m.* wolfram.

W

X, x *f. la letra* X, x.
xe·no·fo·bia *f.* xenophobia.
xe·nó·fo·bo, ba *adj.* xenophobic ◇ *s.* xenophobe.
xe·nón *m.* xenon.
xe·ro·gra·fí·a *f.* xerography.

xi·lo·fo·nis·ta *com.* xylophonist.
xi·ló·fo·no *m.* xylophone.
xi·lo·gra·fí·a *f.* **1** *arte* xylography **2** *impresión* xylograph.
xi·lo·grá·fi·co, ca *adj.* xylographic.
xi·ló·gra·fo, fa *s.* xylographer.

Y, y *f. la letra* Y, y.

y *conj.* **1** and *Alberto y María* Alberto and María **2** *hora* past *son las tres y cuarto* it's a quarter past three **3** *en pregunta* what about *¿y Pepe, se viene?* what about Pepe, is he coming? **4** *repetición* after *veces y veces* time after time, time and time again See also **e**.

ya *adv.* **1** already **2** *más tarde* later *ya lo haré* I'll do it later **3** *ahora mismo* at once, right now, straightaway **4** *ahora* now **5** *uso enfático interj.* *irón.* oh yes! **ya... ya...** now... now...

ya·cer *(see model 92) intr.* **1** *estar enterrado* to lie **2** *hallarse* to lie **3** LIT *dormir* to be lying *acostarse* to lie *(con,* with) *Aquí yace...* Here lies...

ya·ci·mien·to *m.* bed, deposit *yacimiento petrolífero* oilfield.

yak *m.* ZOOL. yak.

yam·bo *m.* iamb.

yan·qui *com.* **1** HIST. Yankee **2** *pey.* Yank ⬦ *adj.* **1** HIST. Yankee **2** *pey.* Yankee.

yan·tar *m. arc.* fare, viands *pl.* ⬦ *intr. arc.* to eat.

yar·da *f.* yard.

ya·te *m.* yacht.

ye·gua *f.* mare.

ye·guar *adj.* of mares.

ye·güe·ro, ra *s.* keeper of a herd of horses.

yel·mo *m. arc.* helmet.

ye·ma *f.* **1** *de huevo* yolk **2** BOT. bud **3** *del dedo* fingertip.

ye·me·ní *adj.* Yemeni ⬦ *com.* Yemeni.

yen *m.* yen.

yer·mo, ma *adj.* **1** *estéril* barren **2** *despoblado* deserted, uninhabited ⬦ *m. terreno inculto* wasteland.

yer·no *m.* son-in-law.

ye·rro *m. desus.* error *pres. indic.* **errar**.

yer·to, ta *adj.* rigid, stiff *yerto de frío* rigid with cold.

yes·ca *f.* tinder *mechero de yesca* wick lighter.

ye·se·ro, ra *s.* **1** *fabricante* plaster manufacturer **2** *trabajador* plasterer.

ye·so *m.* **1** *mineral* gypsum **2** *para la construcción* plaster **3** *tiza* chalk **4** *escultura* plaster cast.

ye·ti *m.* **1** yeti **2** *el Yeti* the Abominable Snowman.

ye·yé *adj. música, etc.* sixties.

ye·yu·no *m.* jejunum.

yid·dish *adj.* Yiddish ⬦ *m. idioma* Yiddish.

yi·had *f.* jihad.

yo *pron. el jefe soy yo* I'm the boss *m. el yo* the ego, the self.

yo·dar *tr.* to iodize.

yo·do *m.* iodine.

yo·ga *m.* yoga.

yo·gui *com.* yogi.

yo·gur *m.* yoghurt.

yo·yó® *m.* yo-yo.

yu·ca *f.* **1** *planta* yucca **2** *harina* cassava, manioc.

yu·go *m.* yoke *bajo el yugo de* under the yoke of.

yu·gu·lar *adj.* jugular ⬦ *f.* jugular vein.

yun·que *m.* anvil.

yun·ta *f.* team of oxen, yoke.

yup·pie *adj.* yuppie ⬦ *com.* yuppie.

yu·te *m.* jute.

yux·ta·po·ner *(see model 78) pp.* **yuxtapuesto** *tr.* to juxtapose.

yux·ta·po·si·ción *f.* juxtaposition.

Z z

Z, z *f. la letra* Z, z.

za·fa·rran·cho *m.* 1 MIL clearing for action 2 *jaleo* commotion 3 *desorden* mess.

za·far·se *prnl.* to get away (*de*, from), free oneself (*de*, from), escape (*de*, from).

za·fio, fia *adj.* 1 uncouth 2 *fig.* gauche.

za·fi·ro *m.* sapphire.

za·ga *f.* 1 rear 2 *en deporte* defense **a la zaga** behind.

za·gal, la *s.* 1 *muchacho* lad *muchacha* lass 2 *pastor* shepherd *pastora* shepherdess.

za·guán *m.* hall, hallway.

za·gue·ro, ra *s. en deporte* back, defender.

za·he·rir *(see model 35) tr.* 1 to wound, hurt 2 *sentimientos* to hurt.

za·ho·rí *com.* 1 *adivino* seer, clairvoyant *buscador de agua* water diviner 2 *fig.* mindreader.

za·húr·da *f.* hovel, pigsty.

zai·no, na *adj.* 1 *traidor* treacherous 2 *caballo* chestnut *res vacuna* black.

zai·re·ño, ña *adj.* Zairean ◇ *s.* Zairean.

za·la·me·rí·a *f.* winning ways *pl.*

za·la·me·ro, ra *adj.* charming, winning ◇ *s.* charmer.

zam·bia·no, na *adj.* Zambian ◇ *s.* Zambian.

zam·bo, ba *adj.* knock-kneed ◇ *m. mono* spider monkey.

zam·bom·ba *f.* rumbling pot *interj. fam.* gosh!

zam·bom·ba·zo *m. fam.* bang.

zam·bu·lli·da *f.* plunge, dive.

zam·bu·llir *tr.* to plunge.

zam·bu·llir·se *prnl.* 1 *en el agua* to plunge in, dive in 2 *en una actividad* to throw oneself (*en*, into).

zam·par *intr. fam.* to stuff oneself.

zam·par·se *prnl. fam.* to wolf down.

za·na·ho·ria *f.* carrot.

zan·ca *f. de pájaro* leg *de persona* long leg.

zan·ca·da *f.* stride **en dos zancadas** in two shakes.

zan·ca·di·lla *f.* 1 trip 2 *fam. engaño* ruse, trick.

zan·co *m.* stilt.

zan·cu·do, da *adj.* 1 long-legged 2 *ave* wading ◇ *m.* **zancudo** mosquito.

zan·ga·ne·ar *intr. fam.* to loaf around.

zán·ga·no, na *s. fam. persona* loafer ◇ *m. insecto* drone.

zan·go·lo·te·ar *intr.* 1 *persona* to roam around 2 *puerta* to rattle.

zan·ja *f.* trench **abrir una zanja** to dig a trench.

zan·jar *tr. fig. asunto* to settle.

za·pa *f.* 1 trenching 2 *pala* spade.

za·pa·dor, ra *s.* sapper.

za·pa·ta *f.* 1 *arandela* washer 2 TÉC shoe 3 *de cámara fotográfica* hot shoe.

za·pa·te·a·do *m.* zapateado.

za·pa·te·ar *intr. bailar* to stamp one's feet rhythmically.

za·pa·te·o *m.* rhythmic stamping.

za·pa·te·rí·a *f.* 1 *tienda* shoe shop 2 *taller de reparación* shoe repairer's, cobbler's *taller de fabricación* shoemaker's 3 *oficio* shoemaking.

za·pa·te·ro, ra *s.* 1 *que arregla* shoe repairer, cobbler 2 *que fabrica* shoemaker 3 *que vende* shoe seller.

za·pa·ti·lla *f.* 1 *de estar en casa* slipper 2 *de loneta* plimsoll.

za·pa·to *m.* shoe **zapatos de tacón** high-heeled shoes.

za·pe *interj. fam. asombro* gosh! *al gato* shoo!

zar *m.* tsar, czar.

za·ran·da *f.* sieve.

za·ran·de·ar *tr.* 1 *sacudir* to shake *empujar* to jostle, knock about 2 *cribar* to sieve.

za·ran·de·o *m.* 1 *sacudida* shaking *empujones* jostling about 2 *criba* sieving 3 *contoneo* swaggering, strutting.

zar·ci·llo *m.* 1 *pendiente* earring 2 BOT tendril.

zar·co, ca *adj.* blue.

za·ri·güe·ya *f.* opossum.

za·ri·na *f.* tsarina, czarina.

za·ris·ta *adj.* tsarist, czarist ◇ *com.* tsarist, czarist.

zar·pa *f.* claw, paw.

zar·par *intr.* to weigh anchor, set sail.

zar·pa·zo *m. marca* claw mark.

za·rra·pas·tro·so, sa *adj. fam.* scruffy ◇ *s.* scruff.

zar·za *f.* bramble, blackberry bush.

zar·zal *m.* bramble patch.

zar·za·mo·ra *f. zarza* blackberry bush *fruto* blackberry.

zar·za·pa·rri·lla *f.* sarsaparilla.

zar·zue·la *f.* 1 MÚS zarzuela 2 CULIN fish stew.

zas·can·dil *m.* 1 *alocado* madcap, featherbrain 2 *entrometido* busybody, meddler.

ze·nit *m.* zenith.

ze·pe·lin *m.* zeppelin.

ze·ta *f. letra* zee ◇ *m. argot* police car.

zig·zag *m.* zigzag.

zig·za·gue·ar *intr.* to zigzag.

zim·bab·wen·se *adj.* Zimbabwean ◇ *com.* Zimbabwean.

zinc *m.* zinc.

zi·pi·za·pe *m. fam.* rumpus.

zó·ca·lo *m.* 1 *de habitación* skirting board *de edificio* plinth course, plinth 2 *pedestal* plinth, socle.

zo·dia·cal *adj.* zodiacal.

zo·dia·co *m.* zodiac.

zom·bi *com.* zombie.

zo·na *f.* 1 area 2 *fronteriza, militar* zone ◇ *m.* MED herpes shingles.

zon·zo, za *adj.* silly.

zo·o·lo·gí·a *f.* zoology.

zo·o·ló·gi·co, ca *adj.* zoological ◇ *m.* zoo.

zo·ó·lo·go, ga *s.* zoologist.

zoom *m.* zoom, zoom lens.

zo·pen·co, ca *s. fam.* oaf ◇ *adj. fam.* oafish.

zo·que·te *m. fam.* nincompoop, numskull.

zo·rra *f.* 1 *animal* vixen 2 *vulg. mujer* bitch.

zo·rri·llo *m.* ZOOL zorilla.

zo·rro, rra *adj.* astuto cunning, sly ◇ *m.* **zorro** 1 *animal* fox *macho* dog fox, fox 2 *piel* fox-fur, fox-skin 3 *persona* old fox ◇ *mpl.* **zorros** *para el polvo* duster *sing.*

zor·zal *m. ave* thrush.

zo·zo·bra *f.* 1 *de un barco* sinking, capsizing 2 *fig. congoja* anguish, anxiety.

zo·zo·brar *intr.* 1 *barco* to sink, capsize 2 *persona* to worry, be anxious 3 *proyecto* to fail, be ruined.

zue·co *m.* clog.

zum·ba f. 1 *burla* teasing 2 *paliza* thrashing.

zum·ba·dor, ra adj. buzzing ◇ m. **zumbador** buzzer.

zum·bar intr. *abejorro, oídos* to buzz *me zumban los oídos* my ears are buzzing ◇ tr. fam. pegar to thrash.

zum·bi·do m. buzzing.

zum·bón, bo·na adj. teasing, joking ◇ s. joker.

zu·mo m. juice *zumo de naranja* orange juice.

zur·ci·do m. 1 darn, mend 2 *acción* darning.

zur·cir *(see model 3)* tr. to darn, mend ¡que te zurzan! get lost!

zur·do, da adj. *persona* left-handed *mano* left ◇ s. left-hander, left-handed person ◇ f. *mano* left hand.

zu·re·ar intr. *palomas* to coo.

zu·re·o m. billing and cooing.

zu·rra f. fam. thrashing.

zu·rrar tr. 1 fam. to thrash 2 fam. *cuero* to tan.

zu·ru·llo m. 1 *grumo* lump 2 fam. turd.

Z

Spanish grammar

Main spelling difficulties

The letters b and v
These two letters are pronounced in exactly the same way. The letter *b* is used in all words in which this sound is followed by a consonant: *bruma, blanco, abstenerse*, but the letter *v* is used after *b, d* and *n*: *obvio, advertir, convencer*. Apart from this there are no general rules which govern their use; in case of doubt check in the dictionary.

The letters c, k and q
These three letters are used to represent the sound [k]. Before the vowels *a, o, u*, before a consonant, and in some cases at the end of a word *c* is used: *casa, color, cuna, frac*. Before the vowels *e* or *i, qu* is written: *querer, quitar*. The letter *k* is used in words of foreign origin in which the original spelling has been maintained: *kitsch*.

The letters c and z
These two letters are used to represent the sound [θ]. Before the vowels *e* and *i* the letter *c* is used; before the vowels *a, o, u* and at the end of a word *z* is used: *cero, cima, zapato, azote, zurra, pez*. There are a few exceptions to this rule: *zigzag, zipizape, ¡zis, zas!* Some words may also be written with either *c* or *z*: *ácimo/ázimo, acimut/azimut, eccema/eczema, ceta/zeta, cinc/zinc*. Note that a final *z* changes to *c* in the plural: *pez - peces*.

The letters g and j
The letter *j* is always pronounced [x] (as in the Scottish "loch").
The letter *g* is pronounced [x] when it is followed by the vowels *e* and *i*, but [g] (as in"golf","get") when it is followed by the vowels *a, o* or *u*.
In the group *gu + e/i* the *u* is silent and the pronunciation is [g], but when *gu* is followed by *a* or *o* the *u* is pronounced giving the sound [gw].
The group *gü*, with a dieresis over the *u*, is written only before *e* or *i*, and is pronounced [gw]. To summarize:

the sound [x] is written	*j*	before *a, o* and *u*
	j or *g*	before *e* and *i*
the sound [g] is written	*g*	before *a, o, u*
	gu	before *i* and *e*
the sound [gw] is written	*gu*	before *a* and *o*
	gü	before *e* and *i*.

The letters r and rr
The letter *r* is used to represent two different sounds: the one-tap [r] sound when it appears either in the middle of a word or in the final position: *carta, ardor;* and the multiple vibrant [rr] when it appears in initial position or follows the consonants *l, n* or *s: roca, honra*. The double *rr* always represents the multiple vibrant [rr] sound and is written only between vowels: *barro, borrar*.

The written accent
Words stressed on the final syllable require a written accent on that syllable when they end in a vowel or the consonants *n* or *s:*

    vendrá, café, jabalí, miró, tabú, sillón, Tomás, chochín
but   *calor, carril, merced, sagaz, carcaj*.

Words stressed on the penultimate syllable require a written accent on that syllable whenever the word does not end in a vowel or the consonants *n* or *s:*

    árbol, inútil, fémur, Gómez, fútbol
but   *cosa, venden, acento, examen, pisos*.

Words stressed on the antepenultimate syllable or earlier always require a written accent on the stressed syllable:

    pájaro, carámbano, cómpratelo, pagándoselas.

Generally speaking, monosyllabic words do not require written accents, but in some cases one is used to distinguish two different words with the same spelling: *él* (he, him) - *el* (the); *té* (tea) - *te* (the letter T). These will be found in the dictionary.
Note that in the case of adverbs ending in -*mente* any written accent in the root adjective is retained:

    fácil - fácilmente; económico - económicamente

Diphthongs, triphthongs and hiatus

A group of two vowels that make one syllable is called a diphthong; a group of three is called a triphthong. A diphthong is formed by one weak vowel (*i* or *u*) in combination with one strong vowel (*a*, *e* or *o*). A triphthong is one strong vowel between two weak ones. As far as stress is concerned the general rules apply, with both diphthongs and triphthongs being treated as if they were one syllable. If a stressed diphthong or triphthong requires a written accent (following the rules above), this is placed above the strong vowel: *miércoles, acariciéis.*

Hiatus occurs when groups of consecutive vowels do not form diphthongs or triphthongs. In these cases the group is usually made up of strong vowels; the stressed vowel will carry a written accent or not in accordance with the rules above: *neón, tebeo, traéis.* However, when the stressed vowel is a weak vowel, it is the weak vowel which carries the written accent in order to distinguish the group from a diphthong or triphthong: *María, reían, frío.*

The combination *ui* is always considered a diphthong: *contribuir, ruin.*

The article

	definite		indefinite	
	masculine	feminine	masculine	feminine
singular	*el*	*la*	*un*	*una*
plural	*los*	*las*	*unos*	*unas*

Observations

With reflexive verbs the definite article is equivalent to an English possessive adjective in sentences such as: *me lavo la cara* (I wash my face), *cámbiate de ropa* (change your clothes).
The definite article may acquire the pronominal value of the English "the one" or "the ones": *el del traje azul* (the one in the blue suit).

The masculine article (*el, un*) is used with feminine nouns which begin with a stressed *a-* or *ha-*, when these are used in the singular: *el agua, un hacha.* Note however that the plural forms are regular: *las aguas, unas hachas.* Nouns which behave in this way are marked in the dictionary.

The prepositions *a* and *de* and the article *el* contract to give the forms *al* and *del.*
There is also a neuter article *lo* which may be used with an adjective to signify a general quality:

> *me gusta lo bello* (I like all that is beautiful)
> *lo extraño es que...* (what is strange is that ..., the strange thing is that ...).

The noun

Gender indication in the dictionary

Unlike their English counterparts, Spanish nouns have grammatical gender. In this dictionary the gender of every Spanish headword is given, but in the translations on the English-Spanish side, unmarked nouns ending in *-o* are to be taken to be masculine and those ending in *-a* are to be taken to be feminine; gender is marked in those cases where this does not apply.

Masculine and feminine forms

In many cases gender is shown by the ending which is added to the root. Nouns denoting men or male animals commonly end in *-o* while their counterparts denoting women and female animals end in *-a*: *chico - chica, gato - gata.*

Masculine nouns ending in a consonant add *-a* to form the feminine: *señor, señora.*

Some nouns denoting persons have the same form for both sexes. In these cases the gender is indicated only by the article used: *un pianista* (a male pianist); *una pianista* (a female pianist).

In the case of some nouns denoting animals gender is not indicated by the article but by placing the word *macho* or *hembra* after the noun: *una serpiente* (a snake); *una serpiente macho* (a male snake); *una serpiente hembra* (a female snake).

In some cases a change in gender signifes a change in meaning. For example, *la cólera* means "anger" and *el cólera*, "cholera". Such changes of meaning will be found in the dictionary. However there are a very few words which are either masculine or feminine with no change in meaning whatever. Two examples are *mar* and *azúcar;* one may say *el mar está agitado* or *la mar está agitada.* Words of this type are marked *n. m. & n. f.* in the dictionary.

Formation of the plural

Nouns whose plural is formed by adding *-s* are:

— those ending in an unstressed vowel: *pluma, plumas.*

— those ending in a stressed *-é: bebé, bebés.*

Nouns whose plural is formed by adding *-es* are:

— the names of vowels: *a, aes; i, íes; o, oes; u, úes.*

— nouns ending in a consonant or stressed *-í: color - colores; anís - anises.*

When a compound noun is written as separate elements only the first element indicates the plural: *ojos de buey, patas de gallo.*

All irregular plurals are indicated at the appropriate entries in the dictionary.

The adjective

The adjective usually goes after the noun, and agrees with it in gender and number: *un coche rojo; las chicas guapas.*

However, indefinite, interrogative and exclamative adjectives are placed before the noun, as are adjectives expressing cardinal numbers: *¡qué vergüenza!; ¿cuántos leones hay?; hay treinta leones.*

Formation of the masculine and feminine
Most adjectives have a double ending, one for the feminine and one for the masculine. The common are those ending in *-o/-a, -or/-ora* and those ending in or *-és/-esa* formed from place names: *guapo, pa, trabajador, ra, barcelonés, nesa.*

Some, however, have a single ending: those which end in *-a, -e, -i, -í, -n, -l, -r, -s, -z* and *-ista: alegre, marroquí, común, fiel, familiar, cortés, capaz.*

Formation of the plural
The adjective follows the same rules as are given for the noun above.

Comparative and superlative
The comparative is formed with *más ... que* or *menos ... que:*

> *Pedro es más alto que Alberto.*

> *los perros corren menos que los tigres.*

When *que* in a comparative expression is followed by a verb, it is replaced by *de lo que:*

> *esto es más complicado de lo que parece.*

The English comparative phrases "as ... as" and "so ... as" are rendered by *tan ... como:*

> *mi patio es tan grande como el tuyo.*

The superlative is formed with *el más ... de* or *el menos ... de:*

> *el chico más listo de la clase.*

The absolute superlative is formed by placing *muy* before the adjective or by adding the suffix *-ísimo/ -ísima:*

> *muy preocupado, preocupadísimo.*

Observations
A few adjectives have special forms for the comparative and superlative:

	comparative	superlative
bueno, na *malo, la* *grande*	*mejor* *peor* *mayor*	*óptimo, ma* *pésimo, ma* *mayor*

Comparative and superlative forms ending in *-or* do not change when forming the feminine singular: *la mejor solución.*

Demonstrative adjectives

		near me	near you	away from both
masculine	sing. plur.	*este* *estos*	*ese* *esos*	*aquel* *aquellos*
feminine	sing. plur.	*esta* *estas*	*esa* *esas*	*aquella* *aquellas*
neuter	sing.	*esto*	*eso*	*aquello*

Possessive adjectives

One possessor		yo		tú		él, ella, usted	
masculine possession	sing. plur.	*mi* *mis*	*mío* *míos*	*tu* *tus*	*tuyo* *tuyos*	*su* *suyo*	*suyo* *suyos*
feminine possession	sing. plur.	*mi* *mis*	*mía* *mías*	*tu* *tus*	*tuya* *tuyas*	*su* *sus*	*suya* *suyas*

Note that the forms on the left are those which precede the noun; those on the right follow it:

> *es mi pariente - es pariente mía*
> *son sus problemas - son problemas suyos*

Several possessor		nosotros, tras	vosotros, tras	ellos, ellas, ustedes	
masculine possession	sing. plur.	*nuestro* *nuestros*	*vuestro* *vuestros*	*su* *suyo*	*suyo* *suyos*
feminine possession	sing. plur.	*nuestra* *nuestras*	*vuestra* *vuestras*	*su* *sus*	*suya* *suyas*

The pronoun

Demonstrative pronouns

		near me	near you	away from both
masculine	sing. plur.	*éste* *éstos*	*ése* *ésos*	*aquél* *aquéllos*
feminine	sing. plur.	*ésta* *éstas*	*ésa* *ésas*	*aquélla* *aquéllas*
neuter	sing.	*esto*	*eso*	*aquello*

These are used to convey the distance between the person or thing they represent and the speaker or speakers: *no viajaré en este coche, viajaré en aquél.*

Possessive pronouns

One possessor		yo	tú	él, ella usted
masculine possession	sing. plur.	*mío* *míos*	*tuyo* *tuyos*	*suyo* *suyos*
feminine possession	sing. plur.	*mía* *mías*	*tuya* *tuyas*	*suya* *suyas*

Like the adjective, the possessive pronoun agrees with the noun denoting the thing possessed: *esta camisa es mía, la tuya está en el armario.*

Several possessor		nosotros, tras	vosotros, tras	ellos, ellas, ustedes	
masculine possession	sing. plur.	*nuestro* *nuestros*	*vuestro* *vuestros*	*su* *suyo*	*suyo* *suyos*
feminine possession	sing. plur.	*nuestra* *nuestras*	*vuestra* *vuestras*	*su* *sus*	*suya* *suyas*

Personal pronouns

The following table shows recommended use, although in colloquial Spanish variations will be encountered:

subject	strong object	weak object	
		direct	indirect
yo	*mí*	*me*	*me*
tú	*ti*	*te*	*te*
él	*él*	*lo*	*le*
ella	*ella*	*la*	*le*
usted m.	*usted*	*la*	*le*
usted f.	*usted*	*la*	*le*
nosotros, tras	*nosotros, tras*	*nos*	*nos*
vosotros, tras	*vosotros, tras*	*os*	*os*
ellos	*ellos*	*los*	*les*
ellas	*ellas*	*las*	*les*
ustedes mpl.	*ustedes*	*los*	*les*
ustedes fpl.	*ustedes*	*las*	*les*

Use

The Spanish subject pronoun is used only for emphasis or to prevent ambiguity as the person of the subject is already conveyed by the verb. When neither of these reasons for its use exists, its presence in the sentence renders the style heavy and is to be avoided.

The strong object pronouns are always used as complements or objects preceded by a preposition:

> *esta carta es para ti, aquélla es para mí*
> *¿son de ustedes estos papeles?*

Weak object pronouns precede a verb or are suffixed to an infinitive, imperative or gerund:

> *lo tienes que hacer; tienes que hacerlo; haciéndolo así se gana tiempo; ¡hazlo ya!*

When several weak pronouns accompany the verb, whether preceding or following it, the second and first person pronouns come before the third: *póntelo; se lo ha dicho.* The pronoun se always precedes the others: *pónselo.*

Note that while it is considered acceptable to use *le* as a weak object pronoun instead of *lo* when a man is being referred to, this is incorrect when referring to women or to objects of either gender, the same is true of *les* instead of

	direct object	indirect object
(el jarrón)	*lo tiró a la basura*	*le quitó el asa*
(Domingo)	*acabo de conocerlo/le*	*le di cien euros*
(María)	*la vimos ayer*	*le dio un abrazo*
(la botella)	*la he descorchado*	*le he sacado el tapón*
(los niños)	*hay que escucharlos/les*	*les compraron muchos juguetes*
(Pepe y Jaime)	*los/les invitó a cenar*	*les concedieron un premio*
(las plantas)	*estaba regándolas*	*tendría que quitarles las hojas secas*
(Ana y Bea)	*las llamé por teléfono*	*les pediré disculpas*

Se may also be an impersonal subject equivalent to the English "one", "you", "they", "people" or the passive voice:

> *hay tantos accidentes porque se conduce demasiado rápido.*

When *le* and *les* precede another third person pronoun they are replaced by *se* as in *se lo mandaron.* It is incorrect to say *le lo mandaron.*

Usted and *ustedes* are the second person pronouns used for courtesy. The accompanying verb is in the third person.

Vos is used in several Latin American countries instead of *tú.*

The preposition

General

The most usual Spanish prepositions are: *a, ante, bajo, cabe, con, contra, de, desde, en, entre, hacia, hasta, para, por, según, sin, so, sobre, tras.* Consult the dictionary for their use.

Uses of *por* and *para*

The basic difference between these prepositions is that *por* looks back to the roots, origins or causes of a thing, while *para* looks forwards to the result, aim, goal or destination.

por is used to express:

— cause, reason, motive (usually to say why something has happened): *lo hizo por amor.*

— the period in which the action takes place: *vendrán por la mañana.*

— the place where the action takes place: *pasean por la calle.*

— the means: *lo enviaron por avión.*

— the agent of the passive voice: *el incendio fue provocado por el portero.*

— substitution, equivalence: *aquí puedes comer por siete euros.*

— distribution, proportion: cinco por ciento: *cinco euros por persona.*

— multiplication and measurements: *cinco por dos son diez.*

— "in search of" with verbs of movement (ir, venir ...): *voy por pan.*

— *estar* + *por* + infinitive expresses:

— an action still to be performed: *la cena está por hacer.*

— an action on the point of being performed: *estaba por llamarte.*

— *tener/dar* + *por* expresses opinion: *lo dieron por perdido.*

para is used to express:

— purpose: *esto sirve para limpiar los cristales.*

— finality, destiny (often in the future): *es para tu padre, compra pescado para la cena.*

— direction of movement, i.e. "towards": *salen para Valencia.*

— deadlines: *lo quiero para mañana.*

— comparison: *es muy alta para la edad que tiene.*

— *estar* + *para* + infinitive expresses imminence: *está para llegar.*

The adverb

Position of the adverb

As a rule, when the word to be qualified is an adjective or an adverb, the adverb is placed immediately before it:

un plato bien cocinado.

When the word to be qualified is a verb, the adverb may be placed before or after it:

hoy iré al mercado; iré al mercado hoy.

Negative adverbs are always placed before the verb:

no lo he visto; nunca volverás a verme.

Very rarely, adverbs may be placed between the auxiliary verb and the principal verb:

ha llegado felizmente a su destino.

The verb

Moods

Spanish verbs have three moods, the indicative, subjunctive and imperative.

The indicative is generally used to indicate real actions. It is mainly used in independent statements: *los coches circulan por la calzada.*

The subjunctive is mainly used in subordinate statements where the actions are considered to be potential or doubtful, but not real: *es posible que venga;* or else necessary or desired: *¡ojalá venga!*

The imperative is used to express orders: *¡Ven!; ¡Venid pronto!*

In negative imperatives the subjunctive is used: *¡No vengas!*

Person

The endings of verbs vary according to whether the subject is the first, second or third person, singular or plural (see **Personal pronouns**). While in English it is not possible to omit the subject, this is quite common in Spanish since the ending of the verb indicates the subject.

Formation of tenses

For the formation of all tenses of both regular and irregular verbs see the Spanish verb conjugation tables at the end of this section.

Pronominal or reflexive verbs

Pronominal or reflexive verbs are those which are conjugated with a personal pronoun functioning as a complement, coinciding in person with the subject: for example the verb *cambiar* has a pronominal form which is *cambiarse: cambia moneda; se cambia de ropa.*

The personal pronouns (*me, te, se, nos, os, se*) are placed before the verb in all tenses and persons of the indicative and subjunctive moods, but are suffixed onto the infinitive, gerund and imperative.

In compound tenses the pronoun is placed immediately before the auxiliary verb.

The passive voice

The passive voice in Spanish is formed with the auxiliary verb *ser* and the past participle of the conjugating verb:

> *el cazador hirió al jabalí - el jabalí fue herido por el cazador.*

The use of this form of passive statement is less frequent than in English. However, another construction the reflexive (or impersonal) passive is quite common:

> *se vende leña; se alquilan apartamentos; se habla inglés.*

Uses of *ser* and *estar*

The English verb "to be" may be rendered in Spanish by two verbs: *ser* and *estar*.

When followed by a noun:

— *ser* is used without a preposition to indicate occupation or profession:

> *Jaime es el director de ventas* (Jaime is the sales manager).
> *Eduardo es médico* (Eduardo is a doctor).

— *ser*, with the preposition *de* indicates origin or possession:

> *soy de Salamanca* (I am from Salamanca).
> *es de Alberto* (it is Alberto's)

— *ser* with *para* indicates destination:

> *el disco es para Pilar* (the record is for Pilar).

— *estar* cannot be followed directly by a noun, it always takes a preposition and the meaning is dictated by the preposition. It is worth noting, however, its special use with *de* to indicate that someone is performing a function which thet do not usually perform:

> *Andrés está de secretario* (Andrés is acting as secretary).

Where the verb is followed by an adjective:

— *ser* expresses a permanent or inherent quality:

> *Jorge es rubio; sus ojos son grandes.*

— *estar* expresses a quality which is neither permanent nor inherent:

> *Mariano está resfriado; el cielo está nublado.*

Sometimes both verbs may be used with the same adjective, but there is a change of meaning. For example, *Lorenzo es bueno* means that Lorenzo is a good man but *Lorenzo está bueno* means either that he is no longer ill or, colloquially, that he is good-looking.

Finally, *estar* is used to indicate position and geographical location:

> *tu cena está en el microondas; Tafalla está en Navarra.*

Spanish verb conjugation tables

Models for the conjugation of regular verbs

Simple tenses

1st conjugation - AMAR

Present indicative	amo, amas, ama, amamos, amáis, aman.
Preterite	amé, amaste, amó, amamos, amasteis, amaron.
Imperfect indicative	amaba, amabas, amaba, amábamos, amabais, amaban.
Future indicative	amaré, amarás, amará, amaremos, amaréis, amarán.
Conditional	amaría, amarías, amaría, amaríamos, amaríais, amarían.
Present subjunctive	ame, ames, ame, amemos, améis, amen.
Imperfect subjunctive	amara, amaras, amara, amáramos, amarais, amaran;
	amase, amases, amase, amásemos, amaseis, amasen.
Future subjunctive	amare, amares, amare, amáremos, amareis, amaren.
Imperative	ama (tú), ame (él/Vd.), amemos (nos.) amad (vos.) amen (ellos/Vds.).
Gerund	amando.
Past participle	amado, da.

2nd conjugation - TEMER

Present indicative	temo, temes, teme, tememos, teméis, temen.
Preterite	temí, temiste, temió, temimos, temisteis, temieron.
Imperfect indicative	temía, temías, temía, temíamos, temíais, temían.
Future indicative	temeré, temerás, temerá, temeremos, temeréis, temerán.
Conditional	temería, temerías, temería, temeríamos, temeríais, temerían.
Present subjunctive	tema, temas, tema, temamos, temáis, teman.
Imperfect subjunctive	temiera, temieras, temiera, temiéramos, temierais, temieran;
	temiese, temieses, temiese, temiésemos, temieseis, temiesen.
Future subjunctive	temiere, temieres, temiere, temiéremos, temiereis, temieren.
Imperative	teme (tú), tema (él/Vd.), temamos (nos.) temed (vos.) teman (ellos/Vds.).
Gerund	temiendo.
Past participle	temido, da.

3rd conjugation - PARTIR

Present indicative	parto, partes, parte, partimos, partís, parten.
Preterite	partí, partiste, partió, partimos, partisteis, partieron.
Imperfect indicative	partía, partías, partía, partíamos, partíais, partían.
Future indicative	partiré, partirás, partirá, partiremos, partiréis, partirán.
Conditional	partiría, partirías, partiría, partiríamos, partiríais, partirían.
Present subjunctive	parta, partas, parta, partamos, partáis, partan.
Imperfect subjunctive	partiera, partieras, partiera, partiéramos, partierais, partieran;
	partiese, partieses, partiese, partiésemos, partieseis, partiesen.
Future subjunctive	partiere, partieres, partiere, partiéremos, partiereis, partieren.
Imperative	parte (tú), parta (él/Vd.), partamos (nos.) partid (vos.) partan (ellos/Vds.).
Gerund	partiendo.
Past participle	partido, da.

Note that the imperative proper has forms for the second person (*tú* and *vosotros*) only; all other forms are taken from the present subjunctive.

Compound tenses

Present Perfect	he, has, ha, hemos, habeis, han	amado / temido / partido
Pluperfect	había, habías, había, habíamos, habíais, habían	amado / temido / partido
Future Perfect	habré, habrás, habrá, habremos, habreis, habrán	amado / temido / partido
Conditional Perfect	habría, habrías, habría, habríamos, habríais, habrían	amado / temido / partido
Past Anterior	hube, hubiste, hubo, hubimos, hubisteis, hubieron	amado / temido / partido
Present Perfect subjunctive	haya, hayas, haya, hayamos, hayáis, hayan	amado / temido / partido
Pluperfect subjunctive	hubiera, hubieras, hubiera, hubiéramos, hubierais, hubieran, hubiese, hubieses, hubiese, hubiésemos, hubieseis, hubiesen	amado / temido / partido.

Models for the conjugation of irregular verbs

Only the tenses which present irregularities are given here; other tenses follow the regular models above. Irregularities are shown in bold type.

1. SACAR *(c changes to qu before e)*
Preterite   **saqué**, sacaste, sacó, sacamos, sacasteis, sacaron.
Present subjunctive **saque, saques, saque, saquemos, saquéis, saquen.**
Imperative   saca (tú), **saque** (él/Vd.), **saquemos** (nos.), sacad (vos.), **saquen** (ellos/Vds.).

2. MECER *(c changes to z before a and o)*
Present indicative   **mezo**, meces, mece, mecemos, mecéis, mecen.
Present subjunctive **meza, mezas, meza, mezamos, mezáis, mezan.**
Imperative   mece (tú), **meza** (él/Vd.), **mezamos** (nos.), meced (vos.), **mezan** (ellos/Vds.).

3. ZURCIR *(c changes to z before a and o)*
Present indicative   **zurzo**, zurces, zurce, zurcimos, zurcís, zurcen.
Present subjunctive **zurza, zurzas, zurza, zurzamos, zurzáis, zurzan.**
Imperative   zurce (tú), **zurza** (él/Vd.), **zurzamos** (nos.), zurcid (vos.), **zurzan** (ellos/Vds.).

4. REALIZAR *(z changes to c before e)*
Preterite   **realicé**, realizaste, realizó, realizamos, realizasteis, realizaron.
Present subjunctive **realice, realices, realice, realicemos, realicéis, realicen.**
Imperative   realiza (tú), **realice** (él/Vd.), **realicemos** (nos.), realizad (vos.), **realicen** (ellos/Vds.).

5. PROTEGER *(g changes to j before a and o)*
Present indicative   **protejo**, proteges, protege, protegemos, protegéis, protegen.
Present subjunctive **proteja, protejas, proteja, protejamos, protejáis, protejan.**
Imperative   protege (tú), **proteja** (él/Vd.), **protejamos** (nos.), proteged (vos.), **protejan** (ellos/Vds.).

6. DIRIGIR *(g changes to j before a and o)*
Present indicative   **dirijo**, diriges, dirige, dirigimos, dirigís, dirigen.
Present subjunctive **dirija, dirijas, dirija, dirijamos, dirijáis, dirijan.**
Imperative   dirige (tú), **dirija** (él/Vd.), **dirijamos** (nos.), dirigid (vos.), **dirijan** (ellos/Vds.).

7. LLEGAR *(g changes to gu before e)*
Preterite   **llegué**, llegaste, llegó, llegamos, llegasteis, llegaron.
Present subjunctive **llegue, llegues, llegue, lleguemos, lleguéis, lleguen.**
Imperative   llega (tú), **llegue** (él/Vd.), **lleguemos** (nos.), llegad (vos.), **lleguen** (ellos/Vds.).

8. DISTINGUIR *(gu changes to g before a and o)*
Present indicative   **distingo**, distingues, distingue, distinguimos, distinguís, distinguen.
Present subjunctive **distinga, distingas, distinga, distingamos, distingáis, distingan.**
Imperative   distingue (tú), **distinga** (él/Vd.), **distingamos** (nos.), distinguid (vos.), **distingan** (ellos/Vds.).

9. DELINQUIR *(qu changes to c before a and o)*
Present indicative   **delinco**, delinques, delinque, delinquimos, delinquís, delinquen.
Present subjunctive **delinca, delincas, delinca, delincamos, delincáis, delincan.**
Imperative   delinque (tú), **delinca** (él/Vd.), **delincamos** (nos.), delinquid (vos.), **delincan** (ellos/Vds.).

10. ADECUAR* *(unstressed or stressed u)*
Present indicative   **adecuo** o **adecúo**, **adecuas** o **adecúas**, **adecua** o **adecúa**, adecuamos, adecuáis, **adecuan** o **adecúan.**
Present subjunctive **adecue** o **adecúe**, **adecues** o **adecúes**, **adecue** o **adecúe**, adecuemos, adecuéis, **adecuen** o **adecúen.**
Imperative   **adecua** (tú) o **adecúa** (tú), **adecue** (él/Vd.) o **adecúe** (él/Vd.), adecuemos (nos.), adecuad (vos.), **adecuen** (ellos/Vds.) o **adecúen** (ellos).

11. ACTUAR *(stressed ú in certain persons of certain tenses)*
Present indicative   **actúo, actúas, actúa**, actuamos, actuáis, **actúan.**
Present subjunctive **actúe, actúes, actúe**, actuemos, actuéis, **actúen.**
Imperative   **actúa** (tú), **actúe** (él/Vd.), actuemos (nos.), actuad (vos.), **actúen** (ellos/Vds.).

12. CAMBIAR* *(unstressed i)*
Present indicative   **cambio, cambias, cambia**, cambiamos, **cambiáis, cambian.**
Present subjunctive **cambie, cambies, cambie**, cambiemos, **cambiéis, cambien.**
Imperative   **cambia** (tú), **cambie** (él/Vd.), **cambiemos** (nos.), cambiad (vos.), **cambien** (ellos/Vds.).

13. DESVIAR (*stressed* í *in certain persons of certain tenses*)
Present indicative   **desvío, desvías, desvía,** desviamos, desviáis, **desvían.**
Present subjunctive   **desvíe, desvíes, desvíe,** desviemos, desviéis, **desvíen.**
Imperative   **desvía** (tú), **desvíe** (él/Vd.), desviemos (nos.), desviad (vos.),
                      desvíen (ellos/Vds.).

14. AUXILIAR (í *may be stressed or unstressed*)
Present indicative   **auxilio, auxilías, auxilía,** auxiliamos, auxiliáis, **auxilían.**
                      auxilio, auxilias, auxilia, auxiliamos, auxiliáis, auxilian.
Present subjunctive   **auxilíe, auxilíes, auxilíe,** auxiliemos, auxiliéis, **auxilíen.**
                      auxilie, auxilies, auxilie, auxiliemos, auxiliéis, auxilien.
Imperative   **auxilía** (tú), **auxilíe** (él/Vd.), auxiliemos (nos.), auxiliad, (vos.),
                      auxilíen (ellos/Vds.) auxilia (tú), auxilie (él/Vd.), auxiliemos (nos.),
                      auxiliad (vos.), auxilien (ellos/Vds.).

15. AISLAR (*stressed* í *in certain persons of certain tenses*)
Present indicative   **aíslo, aíslas, aísla,** aislamos, aisláis, **aíslan.**
Present subjunctive   **aísle, aísles, aísle,** aislemos, aisléis, **aíslen.**
Imperative   **aísla** (tú), **aísle** (él/Vd.), aislemos (nos.), aislad (vos.), **aíslen** (ellos/Vds.).

16. AUNAR (*stressed* ú *in certain of persons certain tenses*)
Present indicative   **aúno, aúnas, aúna,** aunamos, aunáis, **aúnan.**
Present subjunctive   **aúne, aúnes, aúne,** aunemos, aunéis, **aúnen.**
Imperative   **aúna** (tú), **aúne** (él/Vd.), aunemos (nos.), aunad (vos.), **aúnen** (ellos/Vds.).

17. DESCAFEINAR (*stressed* í *in certain persons of certain tenses*)
Present indicative   **descafeíno, descafeínas, descafeína,** descafeinamos, descafeináis, **descafeínan.**
Present subjunctive   **descafeíne, descafeínes, descafeíne,** descafeinemos, descafeinéis, **descafeínen.**
Imperative   **descafeína** (tú), **descafeíne** (él/Vd.), descafeinemos (nos.),
                      descafeinad (vos.), **descafeínen** (ellos/Vds.).

18. REHUSAR (*stressed* ú *in certain persons of certain tenses*)
Present indicative   **rehúso, rehúsas, rehúsa,** rehusamos, rehusáis, **rehúsan.**
Present subjunctive   **rehúse, rehúses, rehúse,** rehusemos, rehuséis, **rehúsen.**
Imperative   **rehúsa** (tú), **rehúse** (él/Vd.), rehusemos (nos.), rehusad (vos.),
                      rehúsen (ellos/Vds.).

19. REUNIR (*stressed* ú *in certain persons of certain tenses*)
Present indicative   **reúno, reúnes, reúne,** reunimos, reunís, **reúnen.**
Present subjunctive   **reúna, reúnas, reúna,** reunamos, reunáis, **reúnan.**
Imperative   **reúne** (tú), **reúna** (él/Vd.), reunamos (nos.), reunid (vos.),
                      reúnan (ellos/Vds.).

20. AMOHINAR (*stressed* í *in certain persons of certain tenses*)
Present indicative   **amohíno, amohínas, amohína,** amohinamos, amohináis, **amohínan.**
Present subjunctive   **amohíne, amohínes, amohíne,** amohinemos, amohinéis, **amohínen.**
Imperative   **amohína** (tú), **amohíne** (él/Vd.), amohinemos (nos.), amohinad (vos.), **amohínen**
                      (ellos/Vds.).

21. PROHIBIR (*stressed* í *in certain persons of certain tenses*)
Present indicative   **prohíbo, prohíbes, prohíbe,** prohibimos, prohibís, **prohíben.**
Present subjunctive   **prohíba, prohíbas, prohíba,** prohibamos, prohibáis, **prohíban.**
Imperative   **prohíbe** (tú), **prohíba** (él/Vd.), prohibamos (nos.), prohibid (vos.),
                      prohíban (ellos/Vds.).

22. AVERIGUAR (*unstressed* u; gu *changes to* gü *before* e)
Preterite   **averigüé,** averiguaste, averiguó, averiguamos, averiguasteis, averiguaron.
Present subjunctive   **averigüe, averigües, averigüe, averigüemos, averigüéis, averigüen.**
Imperative   averigua (tú), **averigüe** (él/Vd.), **averigüemos** (nos.), averiguad (vos.), **averigüen**
                      (ellos/Vds.).

23. AHINCAR (*stressed* í *in certain persons of certain tenses; the* c *changes to* qu *before* e)
Present indicative   **ahínco, ahíncas, ahínca,** ahincamos, ahincáis, **ahíncan.**
Preterite   **ahinqué,** ahincaste, ahincó, ahincamos, ahincasteis, ahincaron.
Present subjunctive   **ahínque, ahínques, ahínque, ahinquemos, ahinquéis, ahínquen.**
Imperative   **ahínca** (tú), **ahínque** (él/Vd.), **ahinquemos** (nos.), ahincad (vos.),
                      ahínquen (ellos/Vds.).

24. ENRAIZAR (*stressed* í *in certain persons of certain tenses; the* z *changes to* c *before* e)
Present indicative   **enraízo, enraízas, enraíza,** enraizamos, enraizáis, **enraízan.**
Preterite   **enraicé,** enraizaste, enraizó, enraizamos, enraizasteis, enraizaron.

Present subjunctive	**enraíce, enraíces, enraíce, enraicemos, enraicéis, enraícen.**
Imperative	**enraíza** (tú), **enraíce** (él/Vd.), **enraicemos** (nos.), enraizad (vos.), **enraícen** (ellos/Vds.).

25. CABRAHIGAR *(stressed í in certain persons of certain tenses; the g changes to gu before e)*

Present indicative	**cabrahígo, cabrahígas, cabrahíga,** cabrahigamos, cabrahigáis, **cabrahígan.**
Preterite	cabrahigué, cabrahigaste, cabrahigó, cabrahigamos, cabrahigasteis, cabrahigaron.
Present subjunctive	**cabrahígue, cabrahígues, cabrahígue,** cabrahiguemos, cabrahiguéis, **cabrahíguen.**
Imperative	**cabrahíga** (tú), **cabrahígue** (él/Vd.), **cabrahiguemos** (nos.), cabrahigad (vos.), **cabrahíguen** (ellos/Vds.).

26. HOMOGENEIZAR *(stressed í in certain persons of certain tenses, the z changes to c before e)*

Present indicative	**homogeneízo, homogeneízas, homogeneíza,** homogeneizamos, homogeneizáis, **homogeneízan.**
Preterite	**homogeneicé,** homogeneizaste, homogeneizó, homogeneizamos, homogeneizasteis, homogeneizaron.
Present subjunctive	**homogeneíce, homogeneíces, homogeneíce, homogeneicemos,** homogeneicéis, **homogeneícen.**
Imperative	**homogeneíza** (tú), **homogeneíce** (él/Vd.), **homogeneicemos** (nos.), homogeneizad (vos.), **homogeneícen** (ellos/Vds.).

27. ACERTAR *(e changes to ie in stressed syllables)*

Present indicative	**acierto, aciertas, acierta,** acertamos, acertáis, **aciertan.**
Present subjunctive	**acierte, aciertes, acierte,** acertemos, acertéis, **acierten.**
Imperative	**acierta** (tú), **acierte** (él/Vd.), acertemos (nos.), acertad (vos.), **acierten** (ellos/Vds.).

28. ENTENDER *(e changes to ie in stressed syllables)*

Present indicative	**entiendo, entiendes, entiende,** entendemos, entendéis, **entienden.**
Present subjunctive	**entienda, entiendas, entienda,** entendamos, entendáis, **entiendan.**
Imperative	**entiende** (tú), **entienda** (él/Vd.), entendamos (nos.), entended (vos.), **entiendan** (ellos/Vds.).

29. DISCERNIR *(e changes to ie in stressed syllables)*

Present indicative	**discierno, disciernes, discierne,** discernimos, discernís, **disciernen.**
Present subjunctive	**discierna, disciernas, discierna,** discernamos, discernáis, **disciernan.**
Imperative	**discierne** (tú), **discierna** (él/Vd.), discernamos (nos.), discernid (vos.), **disciernan** (ellos/Vds.).

30. ADQUIRIR *(i changes to ie in stressed syllables)*

Present indicative	**adquiero, adquieres, adquiere,** adquirimos, adquirís, **adquieren.**
Present subjunctive	**adquiera, adquieras, adquiera,** adquiramos, adquiráis, **adquieran.**
Imperative	**adquiere** (tú), **adquiera** (él/Vd.), adquiramos (nos.), adquirid (vos.), **adquieran** (ellos/Vds.).

31..CONTAR *(o changes to ue in stressed syllables)*

Present indicative	**cuento, cuentas, cuenta,** contamos, contáis, **cuentan.**
Present subjunctive	**cuente, cuentes, cuente,** contemos, contéis, **cuenten.**
Imperative	**cuenta** (tú), **cuente** (él/Vd.), contemos (nos.), contad (vos.), **cuenten** (ellos/Vds.).

32. MOVER *(o changes to ue in stressed syllables)*

Present indicative	**muevo, mueves, mueve,** movemos, movéis, **mueven.**
Present subjunctive	**mueva, muevas, mueva,** movamos, mováis, **muevan.**
Imperative	**mueve** (tú), **mueva** (él/Vd.), movamos (nos.), moved (vos.), **muevan** (ellos/Vds.).

33. DORMIR *(o changes to ue in stressed syllables or to u in certain persons of certain tenses)*

Present indicative	**duermo, duermes, duerme,** dormimos, dormís, **duermen.**
Preterite	dormí, dormiste, **durmió,** dormimos, dormisteis, **durmieron.**
Present subjunctive	**duerma, duermas, duerma, durmamos, durmáis, duerman.**
Imperfect subjunctive	**durmiera, durmieras, durmiera, durmiéramos, durmierais, durmieran;** **durmiese, durmieses, durmiese, durmiésemos, durmieseis, durmiesen.**
Future subjunctive	**durmiere, durmieres, durmiere, durmiéremos, durmiereis, durmieren.**
Imperative	**duerme** (tú), **duerma** (él/Vd.), **durmamos** (nos.), dormid (vos.), **duerman** (ellos/Vds.).

34. SERVIR *(e weakens to i in certain persons of certain tenses)*

Present indicative	**sirvo, sirves, sirve,** servimos, servís, **sirven.**
Preterite	serví, serviste, **sirvió,** servimos, servisteis, **sirvieron.**
Present subjunctive	**sirva, sirvas, sirva, sirvamos, sirváis, sirvan.**

Imperfect subjunctive	sirviera, sirvieras, sirviera, sirviéramos, sirvierais, sirvieran;
	sirviese, sirvieses, sirviese, sirviésemos, sirvieseis, sirviesen.
Future subjunctive	sirviere, sirvieres, sirviere, sirviéremos, sirviereis, sirvieren.
Imperative	sirve (tú), sirva (él/Vd.), sirvamos (nos.), servid (vos.), sirvan (ellos/Vds.).

35. HERVIR (e changes to ie in stressed syllables or to i in certain persons of certain tenses)

Present indicative	hiervo, hierves, hierve, hervimos, hervís, hierven.
Preterite	herví, herviste, hirvió, hervimos, hervisteis, hirvieron.
Present subjunctive	hierva, hiervas, hierva, hirvamos, hirváis, hiervan.
Imperfect subjunctive	hirviera, hirvieras, hirviera, hirviéramos, hirvierais, hirvieran;
	hirviese, hirvieses, hirviese, hirviésemos, hirvieseis, hirviesen.
Future subjunctive	hirviere, hirvieres, hirviere, hirviéremos, hirviereis, hirvieren.
Imperative	hierve (tú), hierva (él/Vd.), hirvamos (nos.), hervid (vos.), hiervan (ellos/Vds.).

36. CEÑIR (the i of certain endings is absorbed by ñ; the e changes to i in certain persons of certain tenses)

Present indicative	ciño, ciñes, ciñe, ceñimos, ceñís, ciñen.
Preterite	ceñí, ceñiste, ciñó, ceñimos, ceñisteis, ciñeron.
Present subjunctive	ciña, ciñas, ciña, ciñamos, ciñáis, ciñan.
Imperfect subjunctive	ciñera, ciñeras, ciñera, ciñéramos, ciñerais, ciñeran;
	ciñese, ciñeses, ciñese, ciñésemos, ciñeseis, ciñesen.
Future subjunctive	ciñere, ciñeres, ciñere, ciñéremos, ciñereis, ciñeren.
Imperative	ciñe (tú), ciña (él/Vd.), ciñamos (nos.), ceñid (vos.), ciñan (ellos/Vds.).
Gerund	ciñendo.

37. REÍR (loss of the e in certain persons of certain tenses)

Present indicative	río, ríes, ríe, reímos, reís, ríen.
Preterite	reí, reíste, rió, reímos, reísteis, rieron.
Present subjunctive	ría, rías, ría, riamos, riáis, rían.
Imperfect subjunctive	riera, rieras, riera, riéramos, rierais, rieran;
	riese, rieses, riese, riésemos, rieseis, riesen.
Future subjunctive	riere, rieres, riere, riéremos, riereis, rieren.
Imperative	ríe (tú), ría (él/Vd.), riamos (nos.), reíd (vos.), rían (ellos/Vds.).
Past participle	reído, da.

38. TAÑER (the i of endings is absorbed by ñ in certain persons of certain tenses)

Preterite	tañí, tañiste, tañó, tañimos, tañisteis, tañeron.
Imperfect subjunctive	tañera, tañeras, tañera, tañéramos, tañerais, tañeran;
	tañese, tañeses, tañese, tañésemos, tañeseis, tañesen.
Future subjunctive	tañere, tañeres, tañere, tañéremos, tañereis, tañeren.
Gerund	tañendo.

39. EMPELLER (the i of endings is absorbed by ll in certain persons of certain tenses)

Preterite	empellí, empelliste, empelló, empellimos, empellisteis, empelleron.
Imperfect subjunctive	empellera, empelleras, empellera, empelléramos, empellerais, empelleran;
	empellese, empelleses, empellese, empellésemos, empelleseis, empellesen.
Future subjunctive	empellere, empelleres, empellere, empelléremos, empellereis, empelleren.
Gerund	empellendo.

40. MUÑIR (the i of endings is absorbed by ñ in certain persons of certain tenses)

Preterite	muñí, muñiste, muñó, muñimos, muñisteis, muñerom.
Imperfect subjunctive	muñera, muñeras, muñera, muñéramos, muñerais, muñeran;
	muñese, muñeses, muñese, muñésemos, muñeseis, muñesen.
Future subjunctive	muñere, muñeres, muñere, muñéremos, muñereis, muñeren.
Gerund	muñendo.

41. MULLIR (the i of endings is absorbed by the ll in certain persons of certain tenses)

Preterite	mullí, mulliste, mulló, mullimos, mullisteis, mulleron.
Imperfect subjunctive	mullera, mulleras, mullera, mulléramos, mullerais, mulleran;
	mullese, mulleses, mullese, mullésemos, mulleseis, mullesen.
Future subjunctive	mullere, mulleres, mullere, mulléremos, mullereis, mulleren.
Gerund	mullendo.

42. NACER (c changes to zc before a and o)

Present indicative	nazco, naces, nace, nacemos, nacéis, nacen.
Present subjunctive	nazca, nazcas, nazca, nazcamos, nazcáis, nazcan.
Imperative	nace (tú), nazca (él/Vd.), nazcamos (nos.), naced (vos.), nazcan (ellos/Vds.).

43. AGRADECER (c changes to zc before a and o)

Present indicative	agradezco, agradeces, agradece, agradecemos, agradecéis, agradecen.
Present subjunctive	agradezca, agradezcas, agradezca, agradezcamos, agradezcáis, agradezcan.
Imperative	agradece (tú), agradezca (él/Vd.), agradezcamos (nos.), agradeced (vos.), agradezcan (ellos/Vds.).

44. CONOCER *(c changes to zc before a and o)*
Present indicative   **conozco**, conoces, conoce, conemos, conocéis, conocen.
Present subjunctive   **conozca, conozcas, conozca, conozcamos, conozcáis, conozcan.**
Imperative   conoce (tú), **conozca** (él/Vd.), **conozcamos** (nos.), conoced (vos.),
     conozcan (ellos/Vds.).

45. LUCIR *(c changes to zc before a and o)*
Present indicative   **luzco**, luces, luce, lucimos, lucís, lucen.
Present subjunctive   **luzca, luzcas, luzca, luzcamos, luzcáis, luzcan.**
Imperative   luce (tú), **luzca** (él/Vd.), **luzcamos** (nos.), lucid (vos.), **luzcan** (ellos/Vds.).

46. CONDUCIR *(c changes to zc before a and o; the preterite is irregular)*
Present indicative   **conduzco**, conduces, conduce, conducimos, conducís, conducen.
Preterite   **conduje, condujiste, condujo, condujimos, condujisteis, condujeron.**
Present subjunctive   **conduzca, conduzcas, conduzca, conduzcamos, conduzcáis, conduzcan.**
Imperfect subjunctive   **condujera, condujeras, condujera, condujéramos, condujerais, condujeran;**
     condujese, condujeses, condujese, condujésemos, condujeseis, condujesen.
Future subjunctive   **condujere, condujeres, condujere, condujéremos, condujereis, condujeren.**
Imperative   conduce (tú), **conduzca** (él/Vd.), **conduzcamos** (nos.), conducid (vos.), **conduzcan**
     (ellos/Vds.).

47. EMPEZAR *(e changes to ie in stressed syllables and z changes to c before e)*
Present indicative   **empiezo, empiezas, empieza**, empezamos, empezáis, **empiezan.**
Past ind   **empecé**, empezaste, empezó, empezamos, empezasteis, empezaron.
Present subjunctive   **empiece, empieces, empiece, empecemos, empecéis, empiecen.**
Imperative   **empieza** (tú), **empiece** (él/Vd.), **empecemos** (nos.), empezad (vos.), **empiecen** (ellos/Vds.).

48. REGAR *(e changes to ie in stressed syllables; g changes to gu before e)*
Present indicative   **riego, riegas, riega**, regamos, regáis, **riegan.**
Preterite   **regué**, regaste, regó, regamos, regasteis, regaron.
Present subjunctive   **riegue, riegues, riegue, reguemos, reguéis, rieguen.**
Imperative   **riega** (tú), **riegue** (él/Vd.), **reguemos** (nos.), regad (vos.),
     rieguen (ellos/Vds.).

49. TROCAR *(o changes to ue in stressed syllables; c changes to qu before e)*
Present indicative   **trueco, truecas, trueca**, trocamos, trocáis, **truecan.**
Preterite   **troqué**, trocaste, trocó, trocamos, trocasteis, trocaron.
Present subjunctive   **trueque, trueques, trueque, troquemos, troquéis, truequen.**
Imperative   **trueca** (tú), **trueque** (él/Vd.), **troquemos** (nos.), trocad (vos.),
     truequen (ellos/Vds.).

50. FORZAR *(o changes to ue in stressed syllables; z changes to c before e)*
Present indicative   **fuerzo, fuerzas, fuerza**, forzamos, forzáis, **fuerzan.**
Preterite   **forcé**, forzaste, forzó, forzamos, forzasteis, forzáron.
Present subjunctive   **fuerce, fuerces, fuerce, forcemos, forcéis, fuercen.**
Imperative   **fuerza** (tú), **fuerce** (él/Vd.), **forcemos** (nos.), forzad (vos.),
     fuercen (ellos/Vds.).

51. AVERGONZAR *(in stressed syllables o changes to ue and g to gü; z changes to c before e)*
Present indicative   **avergüenzo, avergüenzas, avergüenza**, avergonzamos, avergonzáis, **avergüenzan.**
Preterite   **avergoncé**, avergonzaste, avergonzó, avergonzamos, avergonzasteis, avergonzaron.
Present subjunctive   **avergüence, avergüences, avergüence, avergoncemos, avergoncéis, avergüencen.**
Imperative   **avergüenza** (tú), **avergüence** (él/Vd.), **avergoncemos** (nos.),
     avergonzad (vos.), **avergüencen** (ellos/Vds.).

52. COLGAR *(o changes to ue in stressed syllables; g changes to gu before e)*
Present indicative   **cuelgo, cuelgas, cuelga**, colgamos, colgáis, **cuelgan.**
Preterite   **colgué**, colgaste, colgó, colgamos, colgasteis, colgaron.
Present subjunctive   **cuelgue, cuelgues, cuelgue, colguemos, colguéis, cuelguen.**
Imperative   **cuelga** (tú), **cuelgue** (él/Vd.), **colguemos** (nos.), colgad (vos.),
     cuelguen (ellos/Vds.).

53. JUGAR *(u changes to ue in stressed syllables and g changes to gu before e)*
Present indicative   **juego, juegas, juega**, jugamos, jugáis, **juegan.**
Preterite   **jugué**, jugaste, jugó, jugamos, jugasteis, jugaron.
Present subjunctive   **juegue, juegues, juegue, juguemos, juguéis, jueguen.**
Imperative   **juega** (tú), **juegue** (él/Vd.), **juguemos** (nos.), jugad (vos.),
     jueguen (ellos/Vds.).

54. COCER *(o changes to ue in stressed syllables and c changes to z before a and o)*
Present indicative   **cuezo, cueces, cuece**, cocemos, cocéis, **cuecen.**
Present subjunctive   **cueza, cuezas, cueza, cozamos, cozáis, cuezan.**
Imperative   **cuece** (tú), **cueza** (él/Vd.), **cozamos** (nos.), coced (vos.), **cuezan** (ellos/Vds.).

55. ELEGIR (*e changes to i in certain persons of certain tenses; g changes to j before a and o*)

Present indicative	elijo, eliges, elige, elegimos, elegís, **eligen.**
Preterite	elegí, elegiste, **eligió**, elegimos, elegisteis, **eligieron.**
Present subjunctive	elija, elijas, elija, elijamos, elijáis, elijan.
Imperfect subjunctive	eligiera, eligieras, eligiera, eligiéramos, eligierais, eligieran; eligiese, eligieses, eligiese, eligiésemos, eligieseis, eligiesen.
Future subjunctive	eligiere, eligieres, eligiere, eligiéremos, eligiereis, Eligieren.
Imperative	elige (tú), elija (él/Vd.), elijamos (nos.), elegid (vos.), elijan (ellos/Vds.).

56. SEGUIR (*e changes to i in certain persons of certain tenses; gu changes to g before a and o*)

Present indicative	sigo, sigues, sigue, seguimos, seguís, **siguen.**
Preterite	seguí, seguiste, **siguió**, seguimos, seguisteis, **siguieron.**
Present subjunctive	siga, sigas, siga, sigamos, sigáis, sigan.
Imperfect subjunctive	siguiera, siguieras, siguiera, siguiéramos, siguierais, siguieran; siguiese, siguieses, siguiese, siguiésemos, siguieseis, siguiesen.
Future subjunctive	siguiere, siguieres, siguiere, siguiéremos, siguiereis, siguieren.
Imperative	sigue (tú), siga (él/Vd.), **sigamos** (nos.), seguid (vos.), **sigan** (ellos/Vds.).
Gerund	siguiendo.

57. ERRAR (*e changes to ye in stressed syllables*)

Present indicative	yerro, yerras, yerra, erramos, erráis, yerran.
Present subjunctive	yerre, yerres, yerre, erremos, erréis, yerren.
Imperative	yerra (tú), yerre (él/Vd.), erremos (nos.), errad (vos.), yerren (ellos/Vds.).

58. AGORAR (*o changes to ue in stressed syllables and g changes to gü before e*)

Present indicative	agüero, agüeras, agüera, agoramos, agoráis, agüeran.
Present subjunctive	agüere, agüeres, agüere, agoramos, agoréis, agüeren.
Imperative	agüera (tú), agüere (él/Vd.), agoremos (nos.), agorad (vos.), agüeren (ellos/Vds.).

59. DESOSAR (*o changes to hue in stressed syllables*)

Present indicative	deshueso, deshuesas, deshuesa, desosamos, desosáis, deshuesan.
Present subjunctive	deshuese, deshueses, deshuese, desosemos, desoséis, deshuesen.
Imperative	deshuesa (tú), deshuese (él/Vd.), desosemos (nos.), desosad (vos.), deshuesen (ellos/Vds.).

60. OLER (*o changes to hue in stressed syllables*)

Present indicative	huelo, hueles, huele, olemos, oléis, huelen.
Present subjunctive	huela, huelas, huela, olamos, oláis, huelan.
Imperative	huele (tú), huela (él/Vd.), olamos (nos.), oled (vos.), huelan (ellos/Vds.).

61. LEER (*the i ending changes to y before o and e*)

Preterite	leí, leíste, **leyó**, leímos, leísteis, **leyeron.**
Imperfect subjunctive	leyera, leyeras, leyera, leyéramos, leyerais, leyeran; leyese, leyeses, leyese, leyésemos, leyeseis, leyesen.
Future subjunctive	leyere, leyeres, leyere, leyéremos, leyereis, leyeren.
Gerund	leyendo.
Past participle	leído, da.

62. HUIR (*i changes to y before a, e, and o*)

Present indicative	huyo, huyes, huye, huimos, huís, huyen.
Preterite	huí, huiste, **huyó**, huimos, huisteis, huyeron.
Present subjunctive	huya, huyas, huya, huyamos, huyáis, huyan.
Imperfect subjunctive	huyera, huyeras, huyera, huyéramos, huyerais, huyeran; huyese, huyeses, huyese, huyésemos, huyeseis, huyesen.
Future subjunctive	huyere, huyeres, huyere, huyéremos, huyereis, huyeren.
Imperative	huye (tú), huya (él/Vd.), **huyamos** (nos.), huid (vos.), **huyan** (ellos/Vds.).
Gerund	huyendo.

63. ARGÜIR (*i changes to y before a,e,and o; gü becomes gu before y*)

Present indicative	arguyo, arguyes, arguye, argüimos, argüís, arguyen.
Preterite	argüí, argüiste, arguyó, argüimos, argüisteis, arguyeron.
Present subjunctive	arguya, arguyas, arguya, arguyamos, arguyáis, arguyan.
Imperfect subjunctive	arguyera, arguyeras, arguyera, arguyéramos, arguyerais, arguyeran; arguyese, arguyeses, arguyese, arguyésemos, arguyeseis, arguyesen.
Future subjunctive	arguyere, arguyeres, arguyere, arguyéremos, arguyereis, arguyeren.
Imperative	arguye (tú), arguya (él/Vd.), arguyamos (nos.), argüid (vos.), arguyan (ellos/Vds.).
Gerund	arguyendo.

64. ANDAR
Preterite **anduve, anduviste, anduvo, anduvimos, anduvisteis, anduvieron.**
Imperfect subjunctive **anduviera, anduvieras, anduviera, anduviéramos, anduvierais, anduvieran;**
anduviese, anduvieses, anduviese, anduviésemos, anduvieseis, anduviesen.
Future subjunctive **anduviere, anduvieres, anduviere, anduviéremos, anduviereis, anduvieren.**

65. ASIR
Present indicative **asgo,** ases, ase, asimos, asís, asen.
Present subjunctive **asga, asgas, asga, asgamos, asgáis, asgan.**
Imperative ase (tú), **asga** (él/Vd.), **asgamos** (nos.), asid (vos.), **asgan** (ellos/Vds.).

66. CABER
Present indicative **quepo,** cabes, cabe, cabemos, cabéis, caben.
Preterite **cupe, cupiste, cupo, cupimos, cupisteis, cupieron.**
Future indicative **cabré, cabrás, cabrá, cabremos, cabréis, cabrán.**
Conditional **cabría, cabrías, cabría, cabríamos, cabríais, cabrían.**
Present subjunctive **quepa, quepas, quepa, quepamos, quepáis, quepan.**
Imperfect subjunctive **cupiera, cupieras, cupiera, cupiéramos, cupierais, cupieran;**
cupiese, cupieses, cupiese, cupiésemos, cupieseis, cupiesen.
Future subjunctive **cupiere, cupieres, cupiere, cupiéremos, cupiereis, cupieren.**
Imperative cabe (tú), **quepa** (él/Vd.), **quepamos** (nos.), cabed (vos.),
quepan (ellos/Vds.).

67. CAER
Present indicative **caigo,** caes, cae, caemos, caéis, caen.
Preterite caí, caíste, **cayó,** caímos, caísteis, **cayeron.**
Present subjunctive **caiga, caigas, caiga, caigamos, caigáis, caigan.**
Imperfect subjunctive **cayera, cayeras, cayera, cayéramos, cayerais, cayeran;**
cayese, cayeses, cayese, cayésemos, cayeseis, cayesen.
Future subjunctive **cayere, cayeres, cayere, cayéremos, cayereis, cayeren.**
Imperative cae (tú), **caiga** (él/Vd.), **caigamos** (nos.), caed (vos.), **caigan** (ellos/Vds.).
Gerund **cayendo.**
Past participle **caído, da.**

68. DAR
Present indicative **doy,** das, da, damos, dais, dan.
Preterite **di, diste, dio, dimos, disteis, dieron.**
Present subjunctive **dé,** des, **dé,** demos, deis, den.
Imperfect subjunctive **diera, dieras, diera, diéramos, dierais, dieran;**
diese, dieses, diese, diésemos, dieseis, diesen.
Future subjunctive **diere, dieres, diere, diéremos, diereis, dieren.**
Imperative da (tú), **dé** (él/Vd.), demos (nos.), dad (vos.), den (ellos/Vds.).

69. DECIR
Present indicative **digo, dices, dice,** decimos, decís, **dicen.**
Preterite **dije, dijiste, dijo, dijimos, dijisteis, dijeron.**
Future indicative **diré, dirás, dirá, diremos, diréis, dirán.**
Conditional **diría, dirías, diría, diríamos, diríais, dirían.**
Present subjunctive **diga, digas, diga, digamos, digáis, digan.**
Imperfect subjunctive **dijera, dijeras, dijera, dijéramos, dijerais, dijeran;**
dijese, dijeses, dijese, dijésemos, dijeseis, dijesen.
Future subjunctive **dijere, dijeres, dijere, dijéremos, dijereis, dijeren.**
Imperative **di (tú), diga** (él/Vd.), **digamos** (nos.), decid (vos.), **digan** (ellos/Vds.).
Past participle **dicho, cha.**

70. ERGUIR
Present indicative **irgo, irgues, irgue,** erguimos, erguís, **irgen;**
yergo, yergues, yergue, erguimos, erguís, **yergen.**
Preterite erguí, erguiste, **irguió,** erguimos, erguisteis, **irguieron.**
Present subjunctive **irga, irgas, irga, irgamos, irgáis, irgan;**
yerga, yergas, yerga, irgamos, irgáis, yergan.
Imperfect subjunctive **irguiera, irguieras, irguiera, irguiéramos, irguierais, irguieran;**
irguiese, irguieses, irguiese, irguiésemos, irguieseis, irguiesen.
Future subjunctive **irguiere, irguieres, irguiere, irguiéremos, irguiereis, irguieren.**
Imperative **irgue, yergue (tú), irga, yerga** (él/Vd.), **irgamos** (nos.), erguid (vos.), **irgan, yergan**
(ellos/Vds.).
Gerund **irguiendo.**

71. ESTAR
Present indicative **estoy,** estás, está, estamos, estáis, están.
Imperfect indicative estaba, estabas, estaba, estábamos, estabais, estaban.

Preterite	**estuve, estuviste, estuvo, estuvimos, estuvisteis, estuvieron.**
Future indicative	estaré, estarás, estará, estaremos, estaréis, estarán.
Conditional	estaría, estarías, estaría, estaríamos, estaríais, estarían.
Present subjunctive	esté, estés, esté, estemos, estéis, estén.
Imperfect subjunctive	estuviera, estuvieras, estuviera, estuviéramos, estuvierais, estuvieran; estuviese, estuvieses, estuviese, estuviésemos, estuvieseis, estuviesen.
Future subjunctive	estuviere, estuvieres, estuviere, estuviéremos, estuviereis, estuvieren.
Imperative	está (tú), esté (él/Vd.), estemos (nos.), estad (vos.), estén (ellos/Vds.).

72. HABER

Present indicative	**he, has, ha, hemos,** habéis, **han.**
Imperfect subjunctive	había, habías, había, habíamos, habíais, habían.
Preterite	hube, hubiste, hubo, hubimos, hubisteis, hubieron.
Future indicative	habré, habrás, habrá, habremos, habréis, habrán.
Conditional	habría, habrías, habría, habríamos, habríais, habrían.
Present subjunctive	haya, hayas, haya, hayamos, hayáis, hayan.
Imperfect subjunctive	hubiera, hubieras, hubiera, hubiéramos, hubierais, hubieran; hubiese, hubieses, hubiese, hubiésemos, hubieseis, hubiesen.
Future subjunctive	hubiere, hubieres, hubiere, hubiéremos, hubiereis, hubieren.
Imperative	**he** (tú), **haya** (él/Vd.), **hayamos** (nos.), habed (vos.), **hayan** (ellos/Vds.).

73. HACER

Present indicative	**hago,** haces, hace, hacemos, hacéis, hacen.
Preterite	hice, hiciste, hizo, hicimos, hicisteis, hicieron.
Future indicative	haré, harás, hará, haremos, haréis, harán.
Conditional	haría, harías, haría, haríamos, haríais, harían.
Present subjunctive	haga, hagas, haga, hagamos, hagáis, hagan.
Imperfect subjunctive	hiciera, hicieras, hiciera, hiciéramos, hicierais, hicieran; hiciese, hicieses, hiciese, hiciésemos, hicieseis, hiciesen.
Future subjunctive	hiciere, hicieres, hiciere, hiciéremos, hiciereis, hicieren.
Imperative	**haz** (tú), **haga** (él/Vd.), **hagamos** (nos.), haced (vos.), **hagan** (ellos/Vds.).
Past participle	**hecho, cha.**

74. IR

Present indicative	**voy, vas, va, vamos, vais, van.**
Imperfect subjunctive	iba, ibas, iba, íbamos, ibais, iban.
Preterite	fui, fuiste, fue, fuimos, fuisteis, fueron.
Present subjunctive	vaya, vayas, vaya, vayamos, vayáis, vayan.
Imperfect subjunctive	fuera, fueras, fuera, fuéramos, fuerais, fueran; fuese, fueses, fuese, fuésemos, fueseis, fuesen.
Future subjunctive	fuere, fueres, fuere, fuéremos, fuereis, fueren.
Imperative	**ve** (tú), **vaya** (él/Vd.), **vayamos** (nos.), **id** (vos.), **vayan** (ellos/Vds.).
Gerund	**yendo.**

75. OÍR

Present indicative	**oigo, oyes, oye,** oímos, oís, **oyen.**
Preterite	oí, oíste, **oyó,** oímos, oísteis, **oyeron.**
Present subjunctive	oiga, oigas, oiga, oigamos, oigáis, oigan.
Imperfect subjunctive	oyera, oyeras, oyera, oyéramos, oyerais, oyeran; oyese, oyeses, oyese, oyésemos, oyeseis, oyesen.
Future subjunctive	oyere, oyeres, oyere, oyéremos, oyereis, oyeren.
Imperative	**oye** (tú), **oiga** (él/Vd.), **oigamos** (nos.), oíd (vos.), **oigan** (ellos/Vds.).
Gerund	**oyendo.**
Past participle	**oído, da.**

76. PLACER

Present indicative	**plazco,** places, place, placemos, placéis, placen.
Preterite	plací, placiste, plació *or* **plugo,** placimos, placisteis, placieron *or* **pluguieron.**
Present subjunctive	**plazca, plazcas, plazca, plegue, plazcamos, plazcáis, plazcan.**
Imperfect subjunctive	placiera, placieras, placiera *or* **pluguiera,** placiéramos, placierais, placieran placiese, placieses, placiese *or* **pluguiese,** placiésemos, placieseis, placiesen.
Future subjunctive	placiere, placieres, placiere *or* **pluguiere,** placiéremos, placiereis, placieren.
Imperative	place (tú), **plazca** (él/Vd.), **plazcamos** (nos.), placed (vos.), **plazcan** (ellos/Vds.).

77. PODER

Present indicative	**puedo, puedes, puede,** podemos, podéis, **pueden.**
Preterite	pude, pudiste, pudo, pudimos, pudisteis, pudieron.
Future indicative	podré, podrás, podrá, podremos, podréis, podrán.
Conditional	podría, podrías, podría, podríamos, podríais, podrían.

Present subjunctive	**pueda, puedas, pueda,** podamos, podáis, **puedan.**
Imperfect subjunctive	**pudiera, pudieras, pudiera, pudiéramos, pudierais, pudieran;**
	pudiese, pudieses, pudiese, pudiésemos, pudieseis, pudiesen.
Future subjunctive	**pudiere, pudieres, pudiere, pudiéremos, pudiereis, pudieren.**
Imperative	**puede** (tú), **pueda** (él/Vd.), podamos (nos.), poded (vos.),
	puedan (ellos/Vds.).
Gerund	**pudiendo.**

78. PONER

Present indicative	**pongo,** pones, pone, ponemos, ponéis, ponen.
Preterite	**puse, pusiste, puso, pusimos, pusisteis, pusieron.**
Future indicative	**pondré, pondrás, pondrá, pondremos, pondréis, pondrán.**
Conditional	**pondría, pondrías, pondría, pondríamos, pondríais, pondrían.**
Present subjunctive	**ponga, pongas, ponga, pongamos, pongáis, pongan.**
Imperfect subjunctive	**pusiera, pusieras, pusiera, pusiéramos, pusierais, pusieran;**
	pusiese, pusieses, pusiese, pusiésemos, pusieseis, pusiesen.
Future subjunctive	**pusiere, pusieres, pusiere, pusiéremos, pusiereis, pusieren.**
Imperative	**pon** (tú), **ponga** (él/Vd.), **pongamos** (nos.), poned (vos.), **pongan** (ellos/Vds.).
Past participle	**puesto, ta.**

79. PREDECIR

Present indicative	**predigo, predices, predice,** predecimos, predecís, **predicen.**
Preterite	**predije, predijiste, predijo, predijimos, predijisteis, predijeron.**
Present subjunctive	**prediga, predigas, prediga, predigamos, predigáis, predigan.**
Imperfect subjunctive	**predijera, predijeras, predijera, predijéramos, predijerais, predijeran;**
	predijese, predijeses, predijese, predijésemos, predijeseis, predijesen.
Future subjunctive	**predijere, predijeres, predijere, predijéremos, predijereis, predijeren.**
Imperative	**predice** (tú), **prediga** (él/Vd.), **predigamos** (nos.), predecid (vos.),
	predigan (ellos/Vds.).
Gerund	**prediciendo.**
Past participle	**predicho, cha.**

80. QUERER

Present indicative	**quiero, quieres, quiere,** queremos, queréis, **quieren.**
Preterite	**quise, quisiste, quiso, quisimos, quisisteis, quisieron.**
Future indicative	**querré, querrás, querrá, querremos, querréis, querrán.**
Conditional	**querría, querrías, querría, querríamos, querríais, querrían.**
Present subjunctive	**quiera, quieras, quiera,** queramos, queráis, **quieran.**
Imperfect subjunctive	**quisiera, quisieras, quisiera, quisiéramos, quisierais, quisieran;**
	quisiese, quisieses, quisiese, quisiésemos, quisieseis, quisiesen.
Future subjunctive	**quisiere, quisieres, quisiere, quisiéremos, quisiereis, quisieren.**
Imperative	**quiere** (tú), **quiera** (él/Vd.), queramos (nos.), quered (vos.),
	quieran (ellos/Vds.).

81. RAER

Present indicative	**rao, raigo, rayo,** raes, rae, raemos, raéis, raen.
Preterite	raí, raíste, **rayó,** raímos, raísteis, **rayeron.**
Present subjunctive	**raiga, raigas, raiga, raigamos, raigáis, raigan;**
	raya, rayas, raya, rayamos, rayáis, rayan.
Imperfect subjunctive	**rayera, rayeras, rayera, rayéramos, rayerais, rayeran;**
	rayese, rayeses, rayese, rayésemos, rayeseis, rayesen.
Future subjunctive	**rayere, rayeres, rayere, rayéremos, rayereis, rayeren.**
Imperative	**rae** (tú), **raiga, raya** (él/Vd.), **raigamos, rayamos** (nos.), raed (vos.), **raigan, rayan** (ellos/Vds.).
Gerundio	**rayendo.**
Past participle	**raído, da.**

82. ROER

Present indicative	**roo, roigo, royo,** roes, roe, roemos, roéis, roen.
Preterite	roí, roíste, **royó,** roímos, roísteis, **royeron.**
Present subjunctive	roa, roas, roa, roamos, roáis, roan;
	roiga, roigas, roiga, roigamos, roigáis, roigan;
	roya, royas, roya, royamos, royáis, royan.
Imperfect subjunctive	**royera, royeras, royera, royéramos, royerais, royeran;**
	royese, royeses, royese, royésemos, royeseis, royesen.
Future subjunctive	**royere, royeres, royere, royéremos, royereis, royeren.**
Imperative	roe (tú), roa, **roiga, roya** (él/Vd.), roamos, **roigamos, royamos** (nos.), roed (vos.), roan, **roigan, royan** (ellos/Vds.).
Gerundio	**royendo.**
Past participle	**roído, da.**

Spanish grammar

83. SABER
Present indicative	**sé**, sabes, sabe, sabemos, sabéis, saben.
Preterite	**supe**, **supiste**, **supo**, **supimos**, **supisteis**, **supieron**.
Future indicative	sabré, sabrás, sabrá, sabremos, sabréis, sabrán.
Conditional	sabría, sabrías, sabría, sabríamos, sabríais, sabrían.
Present subjunctive	**sepa**, **sepas**, **sepa**, **sepamos**, **sepáis**, **sepan**.
Imperfect subjunctive	**supiera**, **supieras**, **supiera**, **supiéramos**, **supierais**, **supieran**; **supiese**, **supieses**, **supiese**, **supiésemos**, **supieseis**, **supiesen**.
Future subjunctive	**supiere**, **supieres**, **supiere**, **supiéremos**, **supiereis**, **supieren**.
Imperative	sabe (tú), **sepa** (él/Vd.), **sepamos** (nos.), sabed (vos.), **sepan** (ellos/Vds.).

84. SALIR
Present indicative	**salgo**, sales, sale, salimos, salís, salen.
Future indicative	**saldré**, **saldrás**, **saldrá**, **saldremos**, **saldréis**, **saldrán**.
Conditional	**saldría**, **saldrías**, **saldría**, **saldríamos**, **saldríais**, **saldrían**.
Present subjunctive	**salga**, **salgas**, **salga**, **salgamos**, **salgáis**, **salgan**.
Imperative	**sal** (tú), **salga** (él/Vd.), **salgamos** (nos.), salid (vos.), **salgan** (ellos/Vds.).

85. SATISFACER
Present indicative	**satisfago**, satisfaces, satisface, satisfacemos, satisfacéis, satisfacen.
Preterite	**satisfice**, **satisficiste**, **satisfizo**, **satisficimos**, **satisficisteis**, **satisficieron**.
Future indicative	satisfaré, satisfarás, satisfará, satisfaremos, satisfaréis, satisfarán.
Conditional	satisfaría, satisfarías, satisfaría, satisfaríamos, satisfaríais, satisfarían.
Present subjunctive	**satisfaga**, **satisfagas**, **satisfaga**, **satisfagamos**, **satisfagáis**, **satisfagan**.
Imperfect subjunctive	**satisficiera**, **satisficieras**, **satisficiera**, **satisficiéramos**, **satisficierais**, **satisficieran**; **satisficiese**, **satisficieses**, **satisficiese**, **satisficiésemos**, **satisficieseis**, **satisficiesen**.
Future subjunctive	**satisficiere**, **satisficieres**, **satisficiere**, **satisficiéremos**, **satisficiereis**, **satisficieren**.
Imperative	**satisfaz**, satisface (tú), **satisfaga** (él/Vd.), **satisfagamos** (nos.), satisfaced (vos.), **satisfagan** (ellos/Vds.).
Past participle	**satisfecho, cha**.

86. SER
Present indicative	**soy**, **eres**, **es**, **somos**, **sois**, **son**.
Imperfect subjunctive	**era**, **eras**, **era**, **éramos**, **erais**, **eran**.
Preterite	**fui**, **fuiste**, **fue**, **fuimos**, **fuisteis**, **fueron**.
Future indicative	seré, serás, será, seremos, seréis, serán.
Conditional	sería, serías, sería, seríamos, seríais, serían.
Present subjunctive	**sea**, **seas**, **sea**, **seamos**, **seáis**, **sean**.
Imperfect subjunctive	**fuera**, **fueras**, **fuera**, **fuéramos**, **fuerais**, **fueran**; **fuese**, **fueses**, **fuese**, **fuésemos**, **fueseis**, **fuesen**.
Future subjunctive	**fuere**, **fueres**, **fuere**, **fuéremos**, **fuereis**, **fueren**.
Imperative	**sé** (tú), **sea** (él/Vd.), **seamos** (nos.), **sed** (vos.), **sean** (ellos/Vds.).
Past participle	**sido, da**.

87. TENER
Present indicative	**tengo**, **tienes**, **tiene**, tenemos, tenéis, **tienen**.
Preterite	**tuve**, **tuviste**, **tuvo**, **tuvimos**, **tuvisteis**, **tuvieron**.
Future indicative	**tendré**, **tendrás**, **tendrá**, **tendremos**, **tendréis**, **tendrán**.
Conditional	**tendría**, **tendrías**, **tendría**, **tendríamos**, **tendríais**, **tendrían**.
Present subjunctive	**tenga**, **tengas**, **tenga**, **tengamos**, **tengáis**, **tengan**.
Imperfect subjunctive	**tuviera**, **tuvieras**, **tuviera**, **tuviéramos**, **tuvierais**, **tuvieran**; **tuviese**, **tuvieses**, **tuviese**, **tuviésemos**, **tuvieseis**, **tuviesen**.
Future subjunctive	**tuviere**, **tuvieres**, **tuviere**, **tuviéremos**, **tuviereis**, **tuvieren**.
Imperative	**ten** (tú), **tenga** (él/Vd.), **tengamos** (nos.), tened (vos.), **tengan** (ellos/Vds.).

88. TRAER
Present indicative	**traigo**, traes, trae, traemos, traéis, traen.
Preterite	**traje**, **trajiste**, **trajo**, **trajimos**, **trajisteis**, **trajeron**.
Present subjunctive	**traiga**, **traigas**, **traiga**, **traigamos**, **traigáis**, **traigan**.
Imperfect subjunctive	**trajera**, **trajeras**, **trajera**, **trajéramos**, **trajerais**, **trajeran**; **trajese**, **trajeses**, **trajese**, **trajésemos**, **trajeseis**, **trajesen**.
Future subjunctive	**trajere**, **trajeres**, **trajere**, **trajéremos**, **trajereis**, **trajeren**.
Imperative	trae (tú), **traiga** (él/Vd.), **traigamos** (nos.), traed (vos.), **traigan** (ellos/Vds.).
Gerund	**trayendo**.
Past participle	**traído, da**.

89. VALER
Present indicative	**valgo**, vales, vale, valemos, valéis, valen.
Future indicative	**valdré**, **valdrás**, **valdrá**, **valdremos**, **valdréis**, **valdrán**.
Conditional	**valdría**, **valdrías**, **valdría**, **valdríamos**, **valdríais**, **valdrían**.
Present subjunctive	**valga**, **valgas**, **valga**, **valgamos**, **valgáis**, **valgan**.
Imperative	vale (tú), **valga** (él/Vd.), **valgamos** (nos.), valed (vos.), **valgan** (ellos/Vds.).

90. VENIR

Present indicative	**vengo**, **vienes**, **viene**, venimos, venís, **vienen**.
Preterite	**vine**, **viniste**, **vino**, vinimos, vinisteis, vinieron.
Future indicative	**vendré**, **vendrás**, **vendrá**, **vendremos**, **vendréis**, **vendrán**.
Conditional	**vendría**, **vendrías**, **vendría**, **vendríamos**, **vendríais**, vendrían.
Present subjunctive	**venga**, **vengas**, **venga**, **vengamos**, **vengáis**, **vengan**.
Imperfect subjunctive	**viniera**, **vinieras**, **viniera**, **viniéramos**, **vinierais**, **vinieran**;
	viniese, **vinieses**, **viniese**, **viniésemos**, **vinieseis**, **viniesen**.
Future subjunctive	**viniere**, **vinieres**, **viniere**, **viniéremos**, **viniereis**, **vinieren**.
Imperative	**ven** (tú), **venga** (él/Vd.), **vengamos** (nos.), venid (vos.), **vengan** (ellos/Vds.).
Gerund	**viniendo**.

91. VER

Present indicative	veo, **ves**, ve, **vemos**, veis, ven.
Preterite	**vi**, **viste**, **vio**, **vimos**, **visteis**, **vieron**.
Imperfect subjunctive	**viera**, **vieras**, **viera**, **viéramos**, **vierais**, **vieran**;
	viese, **vieses**, **viese**, **viésemos**, **vieseis**, **viesen**.
Future subjunctive	**viere**, **vieres**, **viere**, **viéremos**, **viereis**, **vieren**.
Imperative	**ve** (tú), vea (él/Vd.), veamos (nos.), **ved** (vos.), vean (ellos/Vds.).
Past participle	**visto, ta**.

92. YACER

Present indicative	**yazco**, **yazgo**, **yago**, yaces, yace, yacemos, yacéis, yacen.
Present Subjunctive	**yazca**, **yazcas**, **yazca**, **yazcamos**, **yazcáis**, **yazcan**;
	yazga, **yazgas**, **yazga**, **yazgamos**, **yazgáis**, **yazgan**;
	yaga, **yagas**, **yaga**, **yagamos**, **yagáis**, **yagan**.
Imperative	yace, **yaz** (tú), **yazca**, **yazga**, **yaga** (él/Vd.), **yazcamos**, **yazgamos**,
	yagamos (nos.), yaced (vos.), **yazcan**, yazgan, yagan (ellos/Vds.).

Gramática inglesa

Fonética

Todas las entradas inglesas en este diccionario llevan transcripción fonética basada en el sistema de la Asociación Fonética Internacional (AFI). He aquí una relación de los símbolos empleados.
El símbolo ˈ delante de una sílaba indica que es ésta la acentuada.

Las consonantes

[p]	pan [pæn], happy [ˈhæpɪ], slip [slɪp].
[b]	big [bɪg], habit [ˈhæbɪt], stab [stæb].
[t]	top [tɒp], sitting [ˈsɪtɪŋ], bit [bɪt].
[d]	drip [drɪp], middle [ˈmɪdəl], rid [rɪd].
[k]	card [kɑːd], maker [ˈmeɪkə ʳ], sock [sɒk].
[g]	god [gɒd], mugger [ˈmʌgə ʳ], dog [dɒg].
[ʧ]	chap [ʧæp], hatchet [ˈhæʧɪt], beach [biːʧ].
[ʤ]	jack [ʤæk], digest [daɪˈʤest], wage [weɪʤ].
[f]	wish [wɪʃ], coffee [ˈkɒfɪ], wife [waɪf].
[v]	very [ˈverɪ], never [ˈnevəʳ], give [gɪv].
[θ]	thing [θɪŋ], cathode [ˈkæθəʊd], filth [fɪlθ].
[ð]	they [ðeɪ], father [ˈfɑːðə ʳ], loathe [ləʊð].
[s]	spit [spɪt], stencil [ˈstensəl], niece [niːs].
[z]	zoo [zuː], weasel [ˈwiːzəl], buzz [bʌz].
[ʃ]	show [ʃəʊ], fascist [ˈfæʃɪst], gush [gʌʃ].
[ʒ]	gigolo [ˈʒɪgələʊ], pleasure [ˈpleʒəʳ], massage [ˈmæsɑːʒ].
[h]	help [help], ahead [əˈhed].
[m]	moon [muːn], common [ˈkɒmən], came [keɪm].
[n]	nail [neɪl], counter [ˈkaʊntə ʳ], shone [ʃɒn].
[ŋ]	linger [ˈlɪŋgəʳ], sank [sæŋk], thing [θɪŋ].
[l]	light [laɪt], illness [ˈɪlnəs], bull [bʊl].
[r]	rug [rʌg], merry [ˈmerɪ].
[j]	young [jʌŋ], university [juːnɪˈvɜːsətɪ], Europe [ˈjʊərəp].
[w]	want [wɒnt], rewind [riːˈwaɪnd].
[k]	loch [lɒk].
[ʳ]	se llama *"linking r"* y se encuentra únicamente a final de palabra. Se pronuncia sólo cuando la palabra siguiente empieza por una vocal: ***mother and father came*** [ˈmʌðəʳ ænd ˈfɑːðə ʳ keɪm].

Las vocales y los diptongos

[iː]	sheep [ʃiːp], sea [siː], scene [siːn], field [fiːld].
[ɪ]	ship [ʃɪp], pity [ˈpɪtɪ], roses [ˈrəʊzɪz], babies [ˈbeɪbɪz], college [ˈkɒlɪʤ].
[e]	shed [ʃed], instead [ɪnˈsted], any [ˈenɪ], bury [ˈberɪ], friend [frend].
[æ]	fat [fæt], thank [θæŋk], plait [plæt].
[ɑː]	rather [ˈrɑːðə ʳ], car [kɑː ʳ], heart [hɑːt], clerk [klɑːk], palm [pɑːm], aunt [ɑːnt].
[ɒ]	lock [lɒk], wash [wɒʃ], trough [trɒf], because [bɪˈkɒz].
[ɔː]	horse [hɔːs], straw [strɔː], fought [fɔːt], cause [kɔːz], fall [fɔːl], boar [bɔː ʳ], door [dɔː ʳ].
[ʊ]	look [lʊk], pull [pʊl], woman [ˈwʊmən], should [ʃʊd].
[uː]	loop [luːp], do [duː], soup [suːp], elude [ɪˈluːd], true [truː], shoe [ʃuː], few [fjuː].
[ʌ]	cub [kʌb], ton [tʌn], young [jʌŋ], flood [flʌd], does [dʌz].
[ɜː]	third [θɜːd], herd [hɜːd], heard [hɜːd], curl [kɜːl], word [wɜːd], journey [ˈʤɜːnɪ].
[ə]	actor [ˈæktəʳ], honour [ˈɒnəʳ], about [əˈbaʊt].
[ə]	opcional. En algunos casos se pronuncia y en otros se omite: trifle [ˈtraɪfəl].
[eɪ]	cable [ˈkeɪbəl], way [weɪ], plain [pleɪn], freight [freɪt], prey [preɪ], great [greɪt].
[əʊ]	go [gəʊ], toad [təʊd], toe [təʊ], though [ðəʊ], snow [snəʊ].
[aɪ]	lime [laɪm], thigh [θaɪ], height [haɪt], lie [laɪ], try [traɪ], either [ˈaɪðə ʳ].
[aʊ]	house [haʊs], cow [kaʊ].
[ɔɪ]	toy [tɔɪ], soil [sɔɪl].
[ɪə]	near [nɪə ʳ], here [hɪə ʳ], sheer [ʃɪə ʳ], idea [aɪˈdɪə], museum [mjuːˈzɪəm], weird [wɪəd], pierce [pɪəs].
[eə]	hare [heə ʳ], hair [heə ʳ], wear [weə ʳ].
[ʊə]	pure [ˈpjʊə ʳ], during [ˈdjʊərɪŋ], tourist [ˈtʊərɪst].

Ortografía

1. El sufijo -s/-es según la forma de la raíz

a) Para formar la tercera persona del singular del presente de indicativo se añade **s** al infinitivo, pero si el infinitivo acaba en **-sh, -ch, -s, -x, -z** y, a veces, **-o**, se añade **es**. Lo mismo pasa cuando se añade **s** para formar el plural de los sustantivos. Véase también el apartado sobre los sustantivos.

wish	→	wishes	kiss	→	kisses	fix	→	ixes
teach	→	teaches	buzz	→	buzzes	go	→	goes

b) Si la raíz acaba en cualquier consonante + **y**, ésta se convierte en **i** y se añade **-es**. Pero si la **y** va precedida de una vocal no experimenta ningún cambio.

	fry	→	fries	worry	→	worries
pero	play	→	plays			

2. Cambios ortográficos en la raíz al añadir ciertos sufijos

a) Para formar el gerundio o participio presente se añade **-ing** al infinitivo, pero si el infinitivo acaba en cualquier consonante + **e**, ésta desaparece. Si acaba en **-ie** esta combinación se convierte en **y**.

give	→	giving	die	→	dying
move	→	moving	lie	→	lying

b) Si se trata de una raíz monosílaba que acaba en una sola consonante precedida de una sola vocal, la consonante se duplica en los siguientes casos, al añadir:

-ing al verbo para formar el gerundio o participio presente

-ed al verbo para formar el pasado simple

-er al verbo para formar el agente

	stab	→	stabbing	trek	→	trekked	run	→	runner
	swim	→	swimming	clap	→	clapped	grin	→	grinned
pero	sleep	→	sleeping	look	→	looked			
	pant	→	panting	grasp	→	grasped			

-er o **-est** al adjetivo para formar el comparativo y superlativo

	sad	→	sadder, saddest	hot	→	hotter, hottest
	wet	→	wetter, wettest	big	→	bigger, biggest
pero	cold	→	colder, coldest	cool	→	cooler, coolest
	dear	→	dearer, dearest	fast	→	faster, fastest

NB Las consonantes **y**, **w** y **x** no se duplican.

c) También se duplica la consonante final de los verbos de más de una sílaba si el acento tónico recae en la última sílaba.

	begin	→	beginning	admit	→	admitted	refer	→	referring
pero	offer	→	offering	open	→	opened			

Sin embargo, si la consonante final es **l**, ésta se duplica independientemente de donde recaiga el acento tónico. Véase también el apartado 4f.

travel	→	travelling	model	→	modelled

d) Si la raíz acaba en cualquier consonante + **y**, al añadir **-ed** a la raíz del verbo, o **-er** o **-est** a la del adjetivo, la **y** se convierte en **i**.

spy	→	spied	pretty	→	prettier, prettiest

e) Si un adjetivo acaba en **-y**, al formar el adverbio añadiendo **-ly** la **y** se convierte en **i**.

happy	→	happily	gay	→	gaily

3. Las contracciones

En inglés familiar el uso de las formas contractas de ciertos verbos en las que un apóstrofo ocupa el lugar de una letra suprimida es muy frecuente. He aquí una lista de las más usuales:

's	is, has	**'re**	are	**-n't**	not
've	have	**'d**	would, had	**can't**	cannot
'm	am	**'ll**	will, shall	**won't**	will not

4. Diferencias ortográficas entre el inglés británico y el americano

Hay varias diferencias entre la ortografía británica y la americana. Aquí se resumen las diferencias regulares, pero todas las formas diferentes constan en el cuerpo del diccionario. El punto de referencia es siempre el inglés británico.

a) Algunas palabras que acaban en -*tre* se escriben con -*ter* en el inglés americano.

centre → *center*	*mitre* → *miter*	*theatre* → *theater*	

b) Algunas palabras que acaban en -*our* se escriben con -*or* en el inglés americano.

harbour → *harbor*	*vapour* → *vapor*	*colour* → *color*	

c) Algunas palabras que contienen el dígrafo *ae* en el inglés americano se escriben con *e*.

mediaeval → *medieval*	*gynaecology* → *gynecology*

d) Algunas palabras que contienen el dígrafo *oe* en el inglés americano se escriben con *e*.

manoeuvre → *maneuver*	*oestrogen* → *estrogen*

e) Algunas palabras que acaban en -*ogue* acaban en -*og* en el inglés americano.

catalogue → *catalog*	*dialogue* → *dialog*

f) A pesar de lo expresado arriba en el apartado 2c), mientras que en el inglés británico una *l* final suele duplicarse independientemente de donde recaiga el acento tónico, en el inglés americano esta *l* sólo se duplica si el acento recae en la última sílaba:

travel → *traveled, traveling*	*rebel* → *rebelled, rebelling*

El artículo

El artículo indefinido

El artículo indefinido es *a* y es invariable: *a man, a young woman, a boy, a girl, a big dog, a tree, a planet.* Delante de las palabras que empiecen por vocal, *a* se convierte en *an: an apple, an eagle, an easy test.* Sin embargo, una palabra puede empezar por una vocal escrita y no empezar por sonido vocálico: esto ocurre con las palabras que empiezan por *eu-* y algunas de las que empiezan por *u-* (véanse las transcripciones fonéticas en el diccionario). En estos casos se usa *a* en vez de *an: a European, a euphemistic expression; a union, a university professor.*
Asimismo, si una *h* inicial se pronuncia se empleará *a*, si se muda *an: a house, a helpful person,* pero *an hour, an honest man.*

El artículo indefinido solo se pone delante de los sustantivos en singular.

a dog	un perro	*dogs*	unos perros
an eel	una angula	*eels*	unas angulas
an old house	una casa antigua	*old houses*	casas antiguas

El artículo definido

El artículo definido es *the* y es invariable. Sirve tanto para el singular como para el plural: *the man , the men, the woman, the women, the children, the earth, the sea.* Su pronunciación es [ðə], pero delante de las palabras que empiecen por un sonido vocálico se pronuncia [ðɪ].

El sustantivo

Género

En inglés, a diferencia del español, los sustantivos carecen de género gramatical y los artículos y adjetivos son invariables. Sólo algunos nombres referentes a las personas tienen forma femenina y en algunos casos existen palabras diferentes para designar el varón y la hembra:

actor → *actress*	*prince* → *princess*	*host* → *hostess*			
king → *queen*	*boy* → *girl*	*son* → *daughter*			
cock → *hen*	*bull* → *cow*	*ram* → *ewe*			

El genitivo sajón

Para indicar la relación de poseedor/posesión en inglés se usa el llamado genitivo sajón, que consiste en añadir *'s* al poseedor y colocarlo delante de lo poseído. Funciona para las personas y también para los animales:

my teacher's glasses	las gafas de mi profesor	*Lawrence's mother*	la madre de Lawrence
the boy's bicycle	la bicicleta del chico	*our dog's tail*	la cola de nuestro perro
the government's policies	la política del gobierno		

Gramática inglesa

Si el poseedor está en plural y acaba en -*s*, en vez de añadir '*s* se añade únicamente el apóstrofo, pero si se trata de un plural irregular que no acaba en -*s*, se añade '*s*:

my parents' car	el coche de mis padres	*the boys' bicycles*	las bicicletas de los chicos
men's trousers	pantalones de caballero	*your children's toys*	los juguetes de tus niños

Si el poseedor acaba en -*s* en el singular se suele añadir '*s*, aunque a algunos nombres extranjeros, antiguos o clásicos, se añade solo el apóstrofo:

Charles's wife	la mujer de Charles	*Cervantes' novels*	las novelas de Cervantes
Mrs Jones's house	la casa de la Sra. Jones	*Aristophanes' plays*	las obras de Aristófanes

Sustantivos contables e incontables

En inglés los sustantivos son contables o incontables. Los primeros pueden ser contados y, por tanto, pueden optar a tener singular y plural: *boy, boys; knife, knives; pencil, pencils* - es evidente que los chicos, cuchillos y lápices se pueden contar. Sin embargo, *electricity* es incontable, la electricidad no se puede contar.

Mientras que los contables pueden tener singular y plural, los incontables sólo tienen forma singular: *furniture, advice, news, information, health, chaos, honesty, peace*. No obstante, algunos de estos sustantivos incontables pueden contarse mediante el uso de *a piece of*:

furniture	los muebles	*a piece of furniture*	un mueble
advice	los consejos	*two pieces of advice*	dos consejos
news	las noticias	*three pieces of news*	tres noticias

Plurales irregulares

La mayoría de sustantivos en inglés son regulares y el plural se forma añadiendo -*s* (o -*es*, véase el apartado 1 de la sección de ortografía) a la forma del singular. Existen plurales irregulares y formas invariables, los cuales constan en el diccionario.

Los sustantivos que acaban en -*o* pueden formar el plural añadiendo -*s*, -*es*, o bien cualquiera de las dos. Para comprobar la forma correcta, véase la entrada.

Los sustantivos que acaban en -*f* pueden formar el plural añadiendo -*s*, cambiando la *f* en *v* y añadiendo -*es*, o bien de cualquiera de las dos maneras. Los que acaban en -*ff* siempre (salvo el caso de *staff* que también tiene un plural irregular) forman el plural añadiendo una sola *s*. Para comprobar la forma correcta, véase la entrada.

Los sustantivos acabados en -*fe* suelen formar el plural en -*ves*, mientras que *safe* y los acabados en -*ffe* solo añaden una -*s*.

El pronombre

Cuadro de pronombres y adjetivos posesivos

pronombre sujeto	pronombre complemento directo/indirecto	adjetivo posesivo	pronombre posesivo	pronombre reflexivo
I	me	my	mine	myself
you	you	your	yours	yourself
he	him	his	his	himself
she	her	her	hers	herself
it	it	its	—	itself
we	us	our	ours	ourselves
you	you	your	yours	yourselves
they	them	their	theirs	themselves

Los pronombres sujeto

En inglés el pronombre sujeto debe figurar siempre:

I was very pleased to see him there,

aunque en una misma frase no es preciso repetir el pronombre si el sujeto no varía:

She locked the door and then put the key in her pocket.

Los pronombres de complemento directo/indirecto

El pronombre de complemento directo se coloca detrás del verbo que complementa:

She shot him; I washed and dried it.

El pronombre de complemento indirecto, si acompaña un complemento directo que es un sustantivo, se coloca también detrás del verbo que complementa:

She made me a cake; I gave him the keys,

pero cuando acompaña un complemento directo que es pronombre es más corriente usar las preposiciones **to** o **for**, nótese también el cambio de orden:

> *She made it for me; I gave them to him.*

El pronombre con función de complemento también se usa:

1. detrás de una preposición: *She goes out with him; Look at them.*
2. detrás de **than** y **as ... as ...** en los comparativos: *He's taller than her; She's as quick as him.*
3. en inglés informal detrás del verbo **to be**:   *It's me, John; It wasn't me, it was him.*
4. para respuestas cortas como: *Who's got my pencil? —Me!*

Los adjetivos posesivos

Los adjetivos posesivos no varían según lo poseído sino, según el poseedor:

> *my sister, my sisters; their friend, their friends.*

Los pronombres posesivos

Los pronombres posesivos se usan para sustituir la estructura adjetivo posesivo + nombre:

> *This is my car. Where's yours?* (= your car); *His family is bigger than mine.* (= my family).

Los pronombres reflexivos

Los pronombres reflexivos se usan:

1. cuando el sujeto y el complemento del verbo son el mismo: *I've hurt myself; Please help yourselves!*
2. cuando se quiere remarcar que es una persona y no otra quien realiza la acción: *If nobody will do it for me, I'll have to do it myself.*

El pronombre impersonal

Como pronombre impersonal en inglés coloquial se usa **you**, mientras que en inglés formal se usa **one**:

> *You push this button if you want tea; You can't drive a car if you're under 17.*

> *One must be sure before one makes such serious accusations.*

El adjetivo

General

Los adjetivos en inglés son invariables y casi siempre van delante de los sustantivos: *an old man, an old woman; old men, old women.*
Pueden ir después de los siguientes verbos: *be, look, seem, appear, feel, taste, smell, sound.*
Si un sustantivo en una expresión numérica se usa como adjetivo, siempre va en singular: *a two-mile walk; an eight-hour day.*

El comparativo y el superlativo

Los comparativos se usan para comparar una o dos personas, cosas, etc. con otra u otras. Los superlativos se usan para comparar una persona o cosa de un grupo con dos o más personas o cosas del mismo grupo.
Añaden a la raíz **-er** para el comparativo y **-est** para el superlativo:

— los adjetivos de una sola sílaba:

big	*bigger*	*biggest*	*cold*	*colder*	*coldest*

— los de dos sílabas que acaban en **-y**:

pretty	*prettier*	*prettiest*

Forman el comparativo con **more** y el superlativo con **most**:

— la mayoría de los demás adjetivos de dos sílabas:

boring	*more boring*	*the most boring*

— los de tres sílabas y más:

beautiful	*more beautiful*	*the most beautiful*

Pueden formar el comparativo y superlativo de cualquiera de las dos maneras los adjetivos de dos sílabas acabados en **-er**, **-ure**, **-le** y **-ow**, así como (entre otros) *common, quiet, tired, pleasant, handsome, stupid, cruel, wicked* y *polite*, aunque es más corriente la forma con **more** y **most**.
Son irregulares los siguientes:

good	*better*	*best*	*bad*	*worse*	*worst*
far	*farther/further*	*farther/furthest*			

El adverbio

General

Los adverbios muy a menudo pueden formarse a partir de los adjetivos añadiendo **-ly**: *sad - sadly, quick - quickly, happy - happily, beautiful - beautifully*.

Si el adjetivo acaba en **-ly** esto no es posible: los adjetivos *lovely, friendly, ugly, lonely* y *silly*, entre otros, no tienen adverbio correspondiente.

En algunos casos esta formación de un adverbio conlleva cambios ortográficos, véase el apartado de ortografía. Algunos adverbios tienen la misma forma que el adjetivo correspondiente: *hard, late, early, fast, far, much, little, high, low, near*.

Algunos adverbios cambian de sentido respecto al adjetivo al que corresponden:

hard	= duro; duramente	*hardly*	= apenas	*late* = tarde	*lately*	= últimamente
near	= cercano	*nearly*	= casi	*high* = alto	*highly*	= muy (favorablemente)

Posición

Aunque los adverbios pueden ir al principio de la frase, la posición más frecuente es después del verbo y el complemento. Sin embargo hay ciertos adverbios que suelen ir delante del verbo (después del primer auxiliar si es un tiempo compuesto) y después del verbo *be*. Los más frecuentes de este grupo son *always, usually, generally, normally, often, sometimes, occasionally, seldom, rarely, never, almost, just, still, already* y *only*.

El comparativo y el superlativo

La regla general es como la de los adjetivos; los adverbios de dos o más sílabas anteponen siempre *more* para la comparación y *most* para el superlativo, y los de una sola sílaba añaden los sufijos **-er** para el comparativo y **-est** para el superlativo:

	quickly	*more quickl*	*most quickly*	*fast*	*faster*	*fastest*
	beautifully	*more beautifully*	*most beautifully*	*hard*	*harder*	*hardest*
				near	*nearer*	*nearest*
pero	*early*	*earlier*	*earliest*			

Son irregulares:

well	*better*	*best*	*badly*	*worse*	*worst*
little	*less*	*least*	*much*	*more*	*most*
far	*farther/further*	*farthest/furthest*	*late*	*later*	*last*

El verbo

Conjugación

La conjugación del verbo inglés es sencilla. La mayoría de los verbos ingleses son regulares y el pasado simple y participio pasado se forman añadiendo **-ed** a la raíz; solo **-d** si la raíz ya tiene **-e** final. El participio presente se forma añadiendo **-ing** a la raíz. Véase también la sección de ortografía.

Infinitivo	Pasado simple	Participio pasado	Participio presente
sail	*sailed*	*sailed*	*sailing*
grab	*grabbed*	*grabbed*	*grabbing*
kiss	*kissed*	*kissed*	*kissing*
waste	*wasted*	*wasted*	*wasting*

Pronunciación del pasado y participio pasado regulares

El sufijo **-ed** siempre se escribe igual, pero se pronuncia de tres maneras distintas según la pronunciación (fíjese en la transcripción fonética) de la raíz a la que se añade.

Se pronuncia [d] si la raíz acaba en una consonante sonora [b], [g], [dʒ], [v], [ð], [z], [ʒ], [m], [n] y [l] o cualquier vocal:

— *stabbed* [stæbd], *begged* [begd], *opened* ['əʊpənd], *filled* [fɪld], *vetoed* ['viːtəʊd].

Se pronuncia [t] si la raíz acaba en una consonante sorda [p], [k], [tʃ], [f], [θ], [s], [ʃ]:

— *clapped* [klæpt], *licked* [lɪkt], *kissed* [kɪst], *wished* [wɪʃt].

Se pronuncia [ɪd] si la raíz acaba en [t] o [d]:

— *tasted* ['teɪstɪd], *defended* [dɪ'fendɪd].

Para los verbos irregulares véase la tabla al final de esta sección y las respectivas entradas.

La formación de los tiempos verbales

Presente simple

Tiene la misma forma que el infinitivo del verbo en todas las personas excepto en la tercera persona del singular, en la que se añade la terminación **-s** o **-es** (véase el apartado de ortografía).

I sail	*we sail*
you sail	*you sail*
he/she/it sails	*they sail*

Los verbos **to be** y **to have** son irregulares:

I am	*we are*	*I have*	*we have*
you are	*you are*	*you have*	*you have*
he/she/it is	*they are*	*he/she/it has*	*they have*

Presente continuo
Se forma del presente del verbo *to be* + el participio presente: *I am resting, you are painting* etc.

Pretérito perfecto
Se forma del presente del verbo *to have* + el participio pasado:

He has arrived, they have just left, etc.

Pretérito perfecto continuo
Se forma del presente del verbo *to have* + *been* + el participio presente:

I have been dreaming, we have been riding, etc.

Pasado simple
Véase el principio de esta sección y la tabla de verbos irregulares. El verbo *to be* es irregular:

I was	*we were*
you were	*you were*
he/she/it was	*they were*

Pasado continuo
Se forma del pasado simple de *to be* + el participio presente:

It was raining, they were laughing, etc.

Pluscuamperfecto
Se forma del pasado simple de *to have* + el participio pasado:

I had lost my slippers, the dog had taken them, etc.

Pluscuamperfecto continuo
Se forma del pasado simple de *to have* + *been* + el participio pasado:

He had been repairing his motorbike, etc.

Futuro
Se forma de *will/shall* + el infinitivo. (Como norma general *will* se usa para todas las personas aunque, en el lenguaje formal, *shall* lo sustituye en la primera persona tanto del singular como del plural):

It will be here next week, etc.

Futuro continuo
Se forma de *will/shall* + *be* + el participio presente:

They will be lying on the beach, etc.

Futuro perfecto
Se forma de *will/shall* + *have* + participio pasado:

I will have finished in ten minutes, etc.

Futuro perfecto continuo
Se forma de *will/shall* + *have* + *been* + participio presente:
We will have been living here for forty years, etc.

Gramática inglesa

Las oraciones condicionales

Aquí damos cuenta de los tres tipos básicos de oraciones condicionales del inglés, las llamadas reales, irreales e imposibles. Las construcciones 1) y 2) hacen referencia al presente y futuro, mientras que la 3) describe situaciones en el pasado.

1) Condicional real (first conditional)

If + presente simple	*will/shall* + infinitivo
If it snows this week,	*we will go skiing on Saturday*

2) Condicional irreal (second conditional)

If + pasado simple	*would* + infinitivo
If we had a corkscrew,	*we would be able to open the bottle*

3) Condicional imposible (third conditional)

If + pluscuamperfecto	*would have* + participio pasado
If you had run a little faster,	*you would have caught the train.*

La voz pasiva

La voz pasiva es frecuente en inglés. Se forma de la siguiente manera: se invierten el sujeto y el complemento directo, se pone el verbo *be* en el mismo tiempo que el verbo en la frase activa seguido del participio pasado del verbo, y se coloca la partícula *by* delante del sujeto:

John broke the window	→	*The window was broken by John*
Leeds United have beaten Chelsea	→	*Chelsea have been beaten by Leeds United*

A menudo se emplea para dar más énfasis al complemento directo o cuando el sujeto no se conoce o no tiene mucha importancia:

The police will tow away your car	→	*Your car will be towed away (by the police)*
Someone has stolen my pen	→	*My pen has been stolen*

El imperativo

Tanto en singular como en plural, el imperativo se forma con el infinitivo sin *to*:

Shut up!; Open this door!; Give me my umbrella!

Las oraciones negativas se forman con *do not* (*don't*) + infinitivo:

Do not feed the animals!; Don't put your feet on the chair!

Se usa *let's* (*let us*) + infinitivo (sin *to*) como imperativo para la primera persona del plural o para hacer sugerencias:

Let's watch the other channel; Let's not quarrel o Don't let's quarrel

La construcción de las frases negativas e interrogativas

Negativas

Los tiempos compuestos forman las frases negativas intercalando *not* después del verbo auxiliar:

He has finished	→	*He has not finished*
It is raining	→	*It is not raining*
She will see you later	→	*She will not see you later*

En el presente simple la negación se forma empleando el infinitivo del verbo (que es invariable) junto con el verbo auxiliar *do* (*does* para la tercera persona singular) seguido de *not*:

He works on Saturdays	→	*He does not work on Saturdays*
You make a lot of mistakes	→	*You do not make a lot of mistakes*

Para el pasado simple el auxiliar *do/does* toma la forma del pasado *did*, mientras que el verbo principal se mantiene en infinitivo:

He worked last Saturday	→	*He did not work last Saturday*
You made a lot of mistakes	→	*You did not make a lot of mistakes*

Interrogativas

En los tiempos compuestos se forman las frases interrogativas anteponiendo el verbo auxiliar al sujeto:

She is having a shower	→	*Is she having a shower?*
We shall come to help you	→	*Shall we come to help you?*

En el presente simple se forma empleando el infinitivo del verbo (que es invariable) junto con el verbo auxiliar *do* (*does* para la tercera persona singular) que se coloca antes del sujeto:

He works on Saturdays	→	*Does he work on Saturdays?*
They eat fish	→	*Do they eat fish?*

Para el pasado simple el auxiliar *do/does* toma la forma del pasado *did*:

He worked last Saturday	→	*Did he work last Saturday?*
They ate all of it	→	*Did they eat all of it?*

Tabla de verbos irregulares

Infinitivo	Pasado simple	Participio pasado
abide	abided/abode[1]	abided
arise	arose	arisen
awake	awoke	awaked/awoken
be	was/were	been
bear	bore	borne/born
beat	beat	beaten
become	became	become
befall	befell	befallen
beget	begot	begotten
begin	began	begun
behold	beheld	beheld
bend	bent	bent
bereave	bereft	bereft
beseech	besought/beseeched	besought/beseeched
beset	beset	beset
bet	bet/betted	bet/betted
bid	bid/bade	bid/bidden
bide	bode/bided	bided
bind	bound	bound
bite	bit	bitten
bleed	bled	bled
blow	blew	blown
break	broke	broken
breed	bred	bred
bring	brought	brought
broadcast	broadcast	broadcast
build	built	built
burn	burnt/burned	burnt/burned
burst	burst	burst
buy	bought	bought
cast	cast	cast
catch	caught	caught
chide	chided/chid	chid/chidden
choose	chose	chosen
cleave	cleft/cleaved/clove	cleft/cleaved/cloven
cling	clung	clung
clothe	clothed/clad	clothed/clad

Infinitivo	Pasado simple	Participio pasado
come	came	come
cost	cost	cost
creep	crept	crept
crow	crowed/crew	crowed
cut	cut	cut
deal	dealt	dealt
dig	dug	dug
dive	dived, dove	dived
do	did	done
draw	drew	drawn
dream	dreamed/dreamt	dreamed/dreamt
drink	drank	drunk
drive	drove	driven
dwell	dwelt/dwelled	dwelt/dwelled
eat	ate	eaten
fall	fell	fallen
feed	fed	fed
feel	felt	felt
fight	fought	fought
find	found	found
flee	fled	fled
fling	flung	flung
fly	flew	flown
forbear	forbore	forborne
forbid	forbade/forbad	forbidden
forecast	forecast/forecasted	forecast/forecasted
forego	forewent	foregone
foresee	foresaw	foreseen
foretell	foretold	foretold
forget	forgot	forgotten
forgive	forgave	forgiven
forgo	forwent	forgone
forsake	forsook	forsaken
forswear	forswore	forsworn
freeze	froze	frozen
gainsay	gainsaid	gainsaid
get	got	got, gotten
gird	girded/girt[1]	girded/girt[1]
give	gave	given
go	went	gone
grind	ground	ground

[1] Para la diferencia, véase la entrada.

Infinitivo	Pasado simple	Participio pasado
grow	grew	grown
hamstring hang	hamstrung hung/hanged[2]	hamstrung hung/hanged[2]
have	had	had
hear	heard	heard
heave	heaved/hove	heaved/hove
hew	hewed	hewed/hewn
hide	hid	hidden/hid
hit	hit	hit
hold	held	held
hurt	hurt	hurt
input	input	input
keep	kept	kept
kneel	knelt, kneeled	knelt, kneeled
knit	knit/knitted	knit/knitted
know	knew	known
lay	laid	laid
lead	led	led
lean	leant/leaned	leant/leaned
leap	leapt/leaped	leapt/leaped
learn	learnt/learned	learnt/learned
leave	left	left
lend	lent	lent
let	let	let
light	lighted/lit	lighted/lit
lose	lost	lost
make	made	made
mean	meant	meant
meet	met	met
mislay	mislaid	mislaid
mislead	misled	misled
misread	misread	misread
misspell	misspelled/misspelt	misspelled/misspelt
misspend	misspent	misspent
mistake	mistook	mistaken
misunderstand	misunderstood	misunderstood
mow	mowed	mowed/mown
offset	offset	offset
outbid	outbid	outbid
outdo	outdid	outdone
outgrow	outgrew	outgrown

[2] Para la diferencia, véase la entrada.

Infinitivo	Pasado simple	Participio pasado
outrun	outran	outrun
outshine	outshone	outshone
overbear	overbore	overborne
overcome	overcame	overcome
overdo	overdid	overdone
overhang	overhung	overhung
overhear	overheard	overheard
override	overrode	overridden
overrun	overran	overrun
oversee	oversaw	overseen
oversleep	overslept	overslept
overtake	overtook	overtaken
overthrow	overthrew	overthrown
pay	paid	paid
prove	proved	proved/proven
put	put	put
read	read	read
rebuild	rebuilt	rebuilt
recast	recast	recast
redo	redid	redone
re-lay	re-laid	re-laid
remake	remade	remade
rend	rent	rent
repay	repaid	repaid
rerun	reran	rerun
reset	reset	reset
retell	retold	retold
rewind	rewound	rewound
rewrite	rewrote	rewritten
rid	rid/ridded	rid/ridded
ride	rode	ridden
ring	rang	rung
rise	rose	risen
run	ran	run
saw	sawed	sawed/sawn
say	said	said
see	saw	seen
seek	sought	sought
sell	sold	sold
send	sent	sent
set	set	set

Infinitivo	Pasado simple	Participio pasado
sew	sewed	sewed/sewn
shake	shook	shaken
shear	sheared	sheared/shorn
shed	shed	shed
shine	shone	shone
shoe	shod	shod
shoot	shot	shot
show	showed	shown/showed
shrink	shrank	shrunk
shut	shut	shut
sing	sang	sung
sink	sank	sunk
sit	sat	sat
slay	slew	slain
sleep	slept	slept
slide	slid	slid
sling	slung	slung
slink	slunk	slunk
slit	slit	slit
smell	smelled/smelt	smelled/smelt
smite	smote	smitten
sneak	sneaked, US snuck	sneaked, US snuck
sow	sowed	sowed/sown
speak	spoke	spoken
speed	speeded/sped	speeded/sped
spell	spelled/spelt	spelled/spelt
spend	spent	spent
spill	spilled/spilt	spilled/spilt
spin	spun/span	spun
spit	spat	spat
split	split	split
spoil	spoiled/spoilt	spoiled/spoilt
spread	spread	spread
spring	sprang	sprung
stand	stood	stood
steal	stole	stolen
stick	stuck	stuck
sting	stung	stung
stink	stank/stunk	stunk
strew	strewed	strewed/strewn
stride	strode	stridden

Infinitivo	Pasado simple	Participio pasado
strike	struck	struck
string	strung	strung
strive	strove	striven
sublet	sublet	sublet
swear	swore	sworn
sweep	swept	swept
swell	swelled	swollen
swim	swam	swum
swing	swung	swung
take	took	taken
teach	taught	taught
tear	tore	torn
tell	told	told
think	thought	thought
thrive	throve/thrived	thrived/thriven
throw	threw	thrown
thrust	thrust	thrust
tread	trod	trodden/trod
undercut	undercut	undercut
undergo	underwent	undergone
understand	understood	understood
undertake	undertook	undertaken
underwrite	underwrote	underwritten
undo	undid	undone
unwind	unwound	unwound
uphold	upheld	upheld
upset	upset	upset
wake	woke	woken
waylay	waylaid	waylaid
wear	wore	worn
weave	wove	woven
wed	wedded/wed	wedded/wed
weep	wept	wept
wet	wetted/wet	wetted/wet
win	won	won
wind	wound	wound
withdraw	withdrew	withdrawn
withhold	withheld	withheld
withstand	withstood	withstood
wring	wrung	wrung
write	wrote	written

Abbreviations

abbr.	abbreviation	LIT	literature
adj.	adjective	*m.*	masculine
adv.	adverb	*m. & f.*	masculine or feminine
AER	aeronautics	MAR	maritime
AGR	agriculture	MATH	mathematics
AM	American Spanish	MED	medicine
ANAT	anatomy	METEOR	meteorology
ARCH	architecture	*m. f.*	masculine and feminine
ART	art	MIL	military
ASTROL	astrology	*mpl.*	masculine plural
ASTRON	astronomy	MUS	music
AUTO	automobiles	*n.*	noun
aux.	auxiliary verb	*npl.*	plural noun
AV	aviation	ORN	ornithology
BIOL	biology	*os.*	oneself
BOT	botany	*pej.*	pejorative
CINEM	cinema	*pers.*	person
COMM	commerce	*phr.*	phrase
comp.	comparative	PHYS	physics
COMPUT	computing	*pl.*	plural
conj.	conjunction	POL	politics
contr.	contraction	*pp.*	past participle
CULIN	cookery	*pref.*	prefix
CHEM	chemistry	*prep.*	preposition
def. art.	definite article	*pres.*	present
ECON	economy	*pron.*	pronoun
EDUC	education	*pt.*	past
ELEC	electricity	RAD	radio
etc.	etcetera	REL	religion
euph.	euphemism	*sb.*	somebody
f.	feminine	*sew.*	sewing
fam.	familiar	*sing.*	singular
fig.	figurative	*sl.*	slang
FIN	finance	SP	sport
fml.	formal	*sth.*	something
fpl.	feminine plural	*subj.*	subjunctive
gen.	general	*superl.*	superlative
GEOG	geography	*symb.*	symbol
GEOL	geology	*tr.*	transitive verb
ger.	gerund	*tr. insep.*	inseparable transitive phrasal verb
GRAM	grammar		
HIST	history	*tr. sep.*	separable transitive phrasal verb
intr.	intransitive verb		
indef. art.	indefinite article	TECH	technical
inf.	infinitive	THEAT	theatre
interj.	interjection	TV	television
iron.	ironic	US	American English
JUR	law	ZOOL	zoology
LING	linguistics		

A, a |eɪ| *n.* **1 (the letter)** A, a **2** MUS la **from A to Z** de la A a la Z, de cabo a rabo **A road** carretera principal.

A |æmp, 'æmpeə °| *symb.* **(ampere)** amperio *(symbol)* A.

a |eɪ, *unstressed* ə| *indef. art.* **1** un, una **2** *(per)* por **3** *(a certain)* un tal, una tal **NOTA:** Ver también an.

AA |'eɪ'eɪ| *abbr.* **(Alcoholics Anonymous)** Alcohólicos Anónimos *(abbreviation)* AA *mpl.*

ab·a·cus |'æbəkəs| *n.* ábaco.

a·ban·don |ə'bændən| *tr.* abandonar ⋄ *n.* desenfreno, abandono.

a·ban·doned |ə'bændənd| *adj.* **1** abandonado **2** *(immoral)* vicioso, inmoral.

ab·at·toir |'æbətwɑː °| *n.* matadero.

ab·bre·vi·ate |ə'briːvɪeɪt| *tr.* abreviar.

abbr |əbriːvɪ'eɪʃən| *n.* **1** *(shortening)* abreviación *f.* **2** *(shortened form)* abreviatura.

ABC |'eɪ'biː'siː| *abbr.* **(American Broadcasting Company)** compañía norteamericana de radiodifusión *(abbreviation)* ABC *f.*

ab·do·men |'æbdəmən| *n.* abdomen *m.*

ab·dom·i·nal |æb'dɒmɪnəl| *adj.* abdominal.

ab·duct |æb'dʌkt| *tr.* raptar, secuestrar.

ab·duc·tion |æb'dʌkʃən| *n.* rapto, secuestro.

a·ber·ra·tion |æbə'reɪʃən| *n.* aberración *f.*

ab·hor |əb'hɔː °| *tr.* aborrecer, detestar *pt. & pp.* **abhorred**, *ger.* **abhorring**.

ab·hor·rent |əb'hɒrənt| *adj.* aborrecible, detestable, odioso **I find it abhorrent**, lo detesto.

a·bid·ing |ə'baɪdɪŋ| *adj.* duradero, perdurable, permanente.

a·bil·i·ty |ə'bɪlɪtɪ| *n. pl.* **1 abilities** *(capability)* capacidad *f.*, aptitud *f.* **2** *(talent)* talento **to the best of one's ability** lo mejor que uno puede.

ab·ject |'æbdʒekt| *adj.* **1** *(conditions)* abyecto **2** *(person)* despreciable, vil.

a·blaze |ə'bleɪz| *adj.* ardiendo, en llamas **ablaze with light** *fig. use* resplandeciente de luz.

a·ble |'eɪbəl| *adj.* **1** que puede **2** *(capable)* hábil, capaz, competente **to be able to** poder **able seaman** marinero hecho.

ab·nor·mal |æb'nɔːməl| *adj.* **1** *(not normal)* anormal **2** *(unusual)* inusual.

ab·nor·mal·i·ty |æbnɔː'mælɪtɪ| *n. pl.* **abnormalities** anormalidad *f.*, anomalía.

a·board |ə'bɔːd| *adv.* *(ship, plane)* a bordo *(train)* en el tren *(bus)* en el autobús ⋄ *prep. (ship, plane)* a bordo de *(train, bus)* en **to go aboard** *(ship, plane)* embarcar, subir a bordo *(train, bus)* subir.

a·bol·ish |ə'bɒlɪʃ| *tr.* **1** abolir, suprimir **2** JUR derogar.

a·bol·i·tion |æbə'lɪʃən| *n.* **1** abolición *f.*, supresión *f.* **2** JUR derogación *f.*

ab·o·li·tion·ist |æbə'lɪʃənɪst| *n.* abolicionista *mf.*

a·bom·i·na·ble |ə'bɒmɪnəbəl| *adj.* abominable *(terrible)* terrible, horrible **the Abominable Snowman** el Yeti.

ab·o·rig·i·ne |æbə'rɪdʒɪnɪ| *n.* aborigen *mf.*

a·bort |ə'bɔːt| *intr.* abortar ⋄ *tr.* **1** *(pregnant woman)* hacer abortar **2** *(mission, program, etc.)* abortar.

a·bor·tion |ə'bɔːʃən| *n.* **1** *(of pregnancy)* aborto **2** *(of mission, etc.)* interrupción *f.* **to have an abortion** abortar.

a·bout |ə'baʊt| *prep.* **1** *(concerning)* sobre, acerca de **2** *(showing where)* por, en *(around)* alrededor de ⋄ *adv.* **1** *(approximately)* alrededor de **2** *[fam. use]* *(almost)* casi **3** *(near)* por aquí, por ahí **4** *(out of bed)* levantado **5** *(in all directions)* de un lado a otro **6** *adv. (around)* por ahí, en existencia **to be about to...** estar a punto de... **how/what about "+ noun"** ¿qué te parece + *sustantivo?* **how/what about "+ -ing", it's about time (that) "+ past tense"** ya va siendo hora de que + *subj.* **and about time too!** *[fam. use]* ¡ya era hora!

a·bout-turn |əbaʊt'tɜːn| *n.* **1** MIL media vuelta **2** *fig. use* cambio radical, cambio total *(de idea, opinión, postura, política, etc.)*.

a·bove |ə'bʌv| *prep.* **1** *(higher than)* por encima de **2** *(more than)* más de, más que **3** *(too good for)* **4** *(up river from)* más arriba de ⋄ *adv.* **1** arriba, en lo alto **2** *(in writing)* arriba **above all** sobre todo. **above and beyond the call of duty** más allá de lo que exige el deber.

ab·ra·ca·dab·ra |æbrəkə'dæbrə| *interj.* ¡abracadabra!

a·bra·sive |ə'breɪsɪv| *adj.* **1** *(substance)* abrasivo **2** *(person)* áspero, arisco, agresivo *(comment)* hiriente ⋄ *n.* abrasivo.

a·bridge |ə'brɪdʒ| *tr.* resumir, abreviar.

a·broad |ə'brɔːd| *adv.* **1** *(position)* en el extranjero *(movement)* al extranjero **she lives abroad** *[fml. use]* *(everywhere)* por todas partes.

a·brupt |ə'brʌpt| *adj.* **1** *(sudden)* repentino **2** *(rude)* brusco, arisco **3** *(slope)* empinado.

ABS |'eɪ'biː'es| *abbr.* **(anti-lock braking system)** sistema *m.* de antibloqueo *(abbreviation)* ABS.

ab·scess |'æbses| *n.* *(gen)* absceso *(on gum)* flemón *m.*

ab·scond |əb'skɒnd| *intr.* fugarse.

ab·sence |'æbsəns| *n.* **1** *(of person)* ausencia **2** *(of thing)* falta, carencia **absence makes the heart grow fonder** la distancia ablanda el corazón **absence of mind** despiste *m.*

ab·sent |*[adj]* 'æbsənt; *(vb)* æb'sent| *adj.* **1** ausente **2** *(expression)* distraído *tr.* **to absent oneself** ausentarse **absent without leave** ausente sin permiso.

ab·sen·tee |æbsən'tiː| *n.* ausente *mf.*

ab·sent-mind·ed |æbsənt'maɪndɪd| *adj.* distraído, despistado.

absent-mind·ed·ness |æbsənt'maɪndɪdnəs| *n.* despiste *m.*

ab·so·lute |'æbsəluːt| *adj.* **1** *(gen)* absoluto **2** *(total)* total **3** *(unlimited)* absoluto **4** *(irrefutable)* irrefutable, incontrovertible **absolute majority** mayoría absoluta **absolute zero** cero absoluto.

ab·so·lute·ly |æbsə'luːtlɪ| *adv.* **1** completamente, totalmente **2** *(used for emphasis)* absolutamente ⋄ *interj.* *(agreement)* ¡por supuesto!, ¡desde luego!

ab·sorb |əb'zɔːb| *tr.* **1** *(liquids, etc.)* absorber *(shock)* amortiguar **2** *(time)* ocupar **3** *fig. use (ideas, etc.)* asimilar **to be absorbed in something** estar absorto en algo.

ab·sorb·ing |əb'zɔːbɪŋ| *adj.* absorbente, muy interesante.

ab·stain |əb'steɪn| *intr.* abstenerse (from, de).

ab·stin·ence |'æbstɪnəns| *n.* abstinencia.

ab·stract [(adj-n) 'æbstrækt; (vb) æb'strækt] *adj.* (not concrete) abstracto ◇ *n.* (summary) resumen *m.* ◇ *tr.* (summarize) resumir **in the abstract** en abstracto **abstract noun** nombre *m.* abstracto.

ab·strac·tion [æb'strækʃən] *n.* **1** abstracción *f.* **2** (absent-mindedness) distracción *f.* ensimismamiento.

ab·surd [əb'sɜːd] *adj.* absurdo.

a·bun·dance [ə'bʌndəns] *n.* abundancia.

a·bun·dant [ə'bʌndənt] *adj.* abundante. **to be abundant in something** ser abundante en algo, abundar en algo.

a·buse [(n) ə'bjuːs; (vb) ə'bjuːz] *n.* **1** (verbal) insultos *mpl.* (physical) malos tratos *mpl.* **2** (misuse) abuso ◇ *tr.* **1** (verbally) insultar (physically) maltratar **2** (misuse) abusar de.

a·bu·sive [ə'bjuːsɪv] *adj.* (insulting) injurioso, insultante.

a·bys·mal [ə'bɪzməl] *adj.* (fam. use) malísimo, fatal.

a·byss [ə'bɪs] *n.* abismo.

a/c [ə'kaʊnt] *abbr.* FIN (account) cuenta (abbreviation) cta.

ac·a·dem·ic [ækə'demɪk] *adj.* **1** (gen) académico **2** (theoretical) teórico ◇ *n.* (scholar) académico (lecturer) profesor, universitario **academic year** año académico.

a·cad·e·my [ə'kædəmɪ] *n. pl.* **academies**, academia.

ac·cel·er·ate [æk'seləreɪt] *tr.* acelerar ◇ *intr.* acelerarse.

ac·cel·er·a·tion [æksələ'reɪʃən] *n.* aceleración *f.*

ac·cel·er·a·tor [ək'seləreɪtə[r]] *n.* acelerador *m.*

ac·cent [(n) 'æksənt; (vb) æk'sent] *n.* acento ◇ *tr.* acentuar.

ac·cept [ək'sept] *tr.* **1** (gift, offer, etc.) aceptar **2** (admit to be true) admitir, aceptar.

ac·cept·a·bil·i·ty [əkseptə'bɪlɪtɪ] *n.* (satisfactory) aceptabilidad *f.*, admisibilidad *f.*

ac·cept·a·ble [ək'septəbəl] *adj.* **1** (satisfactory) aceptable, admisible **2** (welcome) grato.

ac·cep·tance [ək'septəns] *n.* **1** (act of accepting) aceptación *f.* **2** (approval) acogida.

ac·cess ['ækses] *n.* acceso ◇ *tr.* COMPUT acceder a, entrar en **access code** código de acceso **access road** carretera de acceso **access time** tiempo de acceso.

ac·ces·si·bil·i·ty [æksesɪ'bɪlɪtɪ] *n.* accesibilidad *f.*

ac·ces·si·ble [æk'sesɪbəl] *adj.* **1** accesible **2** (person) asequible, tratable.

ac·ces·so·ry [æk'sesərɪ] *n. pl.* **1** (gadget) accesorio *m.* JUR (accomplice) cómplice *mf.* *npl.* **accessories** (bag, gloves, etc.) complementos *mpl.* **accessory after the fact** cómplice *mf.* **accessory before the fact** cómplice *mf.* encubridor.

ac·ci·dent ['æksɪdənt] *n.* **1** accidente *m.* **2** (coincidence) casualidad *f.* **accidents will happen** las cosas pasan, lo que tiene que pasar pasa **by accident** por casualidad **it was more by accident than design** sonó la flauta por casualidad. **car accident** accidente *m.* de coche.

ac·ci·den·tal [æksɪ'dentəl] *adj.* fortuito **accidental death** muerte *f.* por accidente.

ac·ci·dent-prone ['æksɪdəntprəʊn] *adj.* propenso a los accidentes.

ac·claim [ə'kleɪm] *n.* **1** (welcome) aclamación *f.* **2** (praise) elogios *mpl.* alabanza ◇ *tr.* **1** (welcome) aclamar **2** (praise) elogiar, alabar.

ac·cli·ma·tize [ə'klaɪmətaɪz] *tr.* aclimatar ◇ *intr.* aclimatarse.

ac·col·ade ['ækəleɪd] *n.* **1** (award) galardón *m.* premio **2** (praise) elogio.

ac·com·mo·date [ə'kɒmədeɪt] *tr.* **1** (put up) alojar **2** (hold) contener, tener capacidad para **3** (adapt) adaptar, acomodar **4** (supply) facilitar, proporcionar **5** (satisfy) complacer.

ac·com·mo·dat·ing [ə'kɒmədeɪtɪŋ] *adj.* complaciente, acomodadizo.

ac·com·mo·da·tion [əkɒmə'deɪʃən] *n.* **1** (lodging) alojamiento **2** (agreement) acuerdo (compromise) compromiso.

ac·com·pa·ni·ment [ə'kʌmpənɪmənt] *n.* acompañamiento **to the accompaniment of** acompañado de.

ac·com·pa·ny [ə'kʌmpənɪ] *tr.* acompañar *pt. & pp.* **accompanied** ger. **accompanying**.

ac·com·plice [ə'kɒmplɪs] *n.* cómplice *mf.*

ac·com·plish [ə'kɒmplɪʃ] *tr.* **1** (achieve) lograr, conseguir **2** (carry out) llevar a cabo.

ac·com·plished [ə'kɒmplɪʃt] *adj.* cumplido, consumado. **accomplished fact** hecho consumado.

ac·com·plish·ment [ə'kɒmplɪʃmənt] *n.* **1** (act of achieving) realización *f.* **2** (achievement) logro *npl.* **accomplishments** (skills) aptitudes *fpl.*, dotes *mpl.*, habilidades *fpl.*

ac·cord·ing [ə'kɔːdɪŋ] *prep.* **1** **according to** según **2** (consistent with) de acuerdo con **according as** [fml. use] según si.

ac·cord·ing·ly [ə'kɔːdɪŋlɪ] *adv.* **1** (appropriately) en consecuencia, de conformidad **2** (therefore) por consiguiente.

ac·cor·di·on [ə'kɔːdɪən] *n.* acordeón *m.*

ac·count [ə'kaʊnt] *n.* **1** (in bank) cuenta **2** (report) relación *f.* relato, informe *m.* **3** (importance) importancia *npl.* **accounts** cuentas *fpl* **by all accounts** al decir de todos **on account** a cuenta **on account of** por a causa de **on no account** bajo ningún concepto **there's no accounting for tastes** sobre gustos no hay nada escrito **to bring somebody to account** to call somebody to account pedir cuentas a alguien **to take into account** tener en cuenta **to turn something to (good) account** sacar (buen) provecho de algo **accounts department** sección *f.* de contabilidad. **to account for** ◇ *intr.* explicar.

ac·count·ant [ə'kaʊntənt] *n.* contable *mf.*

ac·count·ing [ə'kaʊntɪŋ] *n.* contabilidad *f.*

ac·cu·mu·late [ə'kjuːmjʊleɪt] *tr.* acumular ◇ *intr.* acumularse.

ac·cu·ra·cy ['ækjʊrəsɪ] *n.* **1** (of numbers, instruments, information) exactitud *f.* precisión *f.* **2** (of shot) certeza **3** (of interpretation, translation) fidelidad *f.*

ac·cu·rate ['ækjʊrət] *adj.* **1** (numbers, etc.) exacto, preciso **2** (instruments) de precisión **3** (shot) certero **4** (information, etc.) exacto **5** (interpretation, translation) fiel.

ac·cu·sa·tion [ækjuː'zeɪʃən] *n.* acusación *f.*

ac·cuse [ə'kjuːz] *tr.* acusar (of, de).

ac·cused [ə'kjuːzd] *n.* **the accused** (man) el acusado (woman) la acusada.

ac·cus·er [ə'kjuːzə[r]] *n.* acusador *m.*

ac·cus·tom [ə'kʌstəm] *tr.* acostumbrar (to, a).

ac·cus·tomed [ə'kʌstəmd] *adj.* acostumbrado (to, a) **to grow accustomed to something**, acostumbrarse a algo.

ace [eɪs] *n.* **1** (cards) as *m.* (tennis) ace *m.* [fam. use] (expert) as *m.* **4** *adj.* [fam. use] fantástico **to have an ace up one's sleeve** guardar un as en la manga.

ac·et·ic [ə'siːtɪk] *adj.* acético **acetic acid** ácido acético.

ache [eɪk] *n.* dolor *m.* ◇ *intr.* doler.

a·chiev·a·ble [ə'tʃiːvəbəl] *adj.* realizable, alcanzable.

a·chieve [ə'tʃiːv] tr. 1 (finish) realizar, llevar a cabo 2 (attain) lograr, conseguir.

a·chieve·ment [ə'tʃiːvmənt] n. 1 (completion) realización f. 2 (attainment) logro 3 (feat) hazaña, proeza **sense of achievement** satisfacción f.

ach·ing ['eɪkɪŋ] adj. dolorido.

ach·y ['eɪkɪ] adj. comp. **achier**, superl. **achiest** [fam. use] dolorido.

ac·id ['æsɪd] adj. 1 CHEM ácido 2 (taste) agrio 3 fig. use (comment) mordaz ◇ n. 1 CHEM ácido **acid rain** lluvia ácida **acid test** prueba decisiva.

a·cid·ic [ə'sɪdɪk] adj. ácido.

a·cid·i·ty [ə'sɪdɪtɪ] n. acidez f.

ac·knowl·edge [ək'nɒlɪʤ] tr. 1 (admit) admitir 2 (recognize) reconocer 3 (an acquaintance) saludar 4 (be thankful) agradecer, expresar agradecimiento por.

ac·knowl·edg·ment [ək'nɒlɪʤmənt] n. 1 (admission) admisión f. 2 (recognition) reconocimiento 3 (thanks) muestra de agradecimiento 4 (reply) contestación **acknowledgment of receipt** acuse m. de recibo.

ac·ne ['æknɪ] n. acné.

a·corn ['eɪkɔːn] n. bellota.

a·cous·tic [ə'kuːstɪk] adj. acústico.

ac·quaint [ə'kweɪnt] tr. informar (with, de) **to acquaint oneself with something** familiarizarse con algo **to be acquainted with somebody** conocer a alguien, tener trato con alguien **to be acquainted with something** conocer algo, tener conocimientos de algo.

ac·quaint·ance [ə'kweɪntəns] n. 1 (knowledge) conocimiento, conocimientos 2 (friendship) amistad 3 (person) conocido **to make somebody's acquaintance** conocer a alguien.

ac·quire [ə'kwaɪə*] tr. 1 adquirir **it's an acquired taste** es un gusto adquirido, es un gusto aprendido **to acquire a taste for something** tomarle gusto a algo.

ac·qui·si·tion [ækwɪ'zɪʃən] n. 1 adquisición f.

ac·quit [ə'kwɪt] tr. pt. & pp. **acquitted**, ger. **acquitting** absolver, declarar inocente **to acquit oneself well** quedar en buen lugar, quedar bien, salir airoso.

a·cre ['eɪkə*] n. acre m. **NOTA:** Un acre equivale a 40.47 hectáreas.

ac·ri·mo·ni·ous [ækrɪ'məʊnɪəs] adj. (remark) cáustico (dispute) enconado, amargo.

ac·ri·mo·ny ['ækrɪmənɪ] n. acritud f., aspereza.

ac·ro·bat ['ækrəbæt] n. acróbata m/f.

ac·ro·bat·ic [ækrə'bætɪk] adj. acrobático.

ac·ro·nym ['ækrənɪm] n. sigla.

a·cross [ə'krɒs] prep. 1 (movement) a través de, de un lado a otro de 2 (position) al otro lado de ◇ adv. de un lado a otro.

a·cryl·ic [ə'krɪlɪk] adj. acrílico.

act [ækt] n. 1 acto, acción 2 THEAT acto 3 (of parliament) ley f. ◇ intr. 1 (do something) actuar 2 (behave) portarse, comportarse 3 (in theater) actuar, hacer teatro (in cinema) actuar, hacer cine 4 (pretend) fingir ◇ tr. hacer el papel de **to catch somebody in the act** atrapar a alguien in fraganti, atrapar a alguien con las manos en la masa **to get in on the act** [fam. use] subirse al carro **to get one's act together** [fam. use] organizarse, espabilarse **act of God** fuerza mayor **to act as** ◇ tr. insep hacer de.

act·ing ['æktɪŋ] adj. 1 en funciones, accidental n. 1 THEAT (profession) teatro 2 (performance) interpretación f., actuación f. 3 (pretence) comedia.

ac·tion ['ækʃən] n. 1 (gen) acción f. 2 (intervention) actuación f. 3 (of film) historia, acción f. 4 MIL combate m. acción f. 5 (working) funcionamiento 6 (mechanism) mecanismo 7 JUR demanda **actions speak louder than words** hechos son amores y no buenas razones **killed in action** muerto en combate **out of action** fuera de servicio **to put out of action** inutilizar **action replay** repetición f. de la jugada.

ac·tion-packed ['ækʃənpækt] adj. [fam. use] lleno de acción.

ac·ti·vate ['æktɪveɪt] tr. activar.

ac·ti·va·tion [æktɪ'veɪʃən] n. activación f.

ac·tive ['æktɪv] adj. 1 activo 2 (volcano) en actividad 3 (energetic) activo, vivo, vigoroso **to be on active service** estar en servicio activo **to take an active part in something** participar activamente en algo **the active voice** la voz activa.

ac·tiv·ism ['æktɪvɪzəm] n. activismo.

ac·tiv·ist ['æktɪvɪst] n. activista mf.

ac·tiv·i·ty [æk'tɪvɪtɪ] n. pl. **activities** actividad f.

ac·tor ['æktə*] n. actor m.

ac·tress ['æktrəs] n. actriz f.

ac·tu·al ['æktʃʊəl] adj. real, verdadero **in actual fact** en realidad.

ac·tu·al·ly ['æktʃʊəlɪ] adv. en realidad, realmente, de hecho 2 (indicating surprise) incluso, hasta.

ac·u·punc·ture ['ækjʊpʌŋktʃə] n. acupuntura.

a·cute [ə'kjuːt] adj. 1 (gen) agudo 2 (illness, pain) agudo 3 (angle) agudo 4 (hearing, etc.) muy fino, muy desarrollado 5 (mind) perspicaz 6 (lack, shortage) acusado, grave.

AD ['eɪ'diː] abbr. (Anno Domini) después de Cristo (abbreviation) d.J.C.

ad [æd] n. [fam. use] anuncio.

Ad·am ['ædəm] n. Adán m. **I don't know him from Adam** no lo conozco de nada **Adam's apple** nuez f. (de la garganta).

a·dapt [ə'dæpt] tr. adaptar ◇ intr. adaptarse.

a·dapt·a·ble [ə'dæptəbəl] adj. (person) capaz de adaptarse **to be adaptable** ser adaptable, saber adaptarse.

ad·ap·ta·tion [ædəp'teɪʃən] n. adaptación f.

a·dapt·er [ə'dæptə*] n. ELEC adaptador.

add [æd] tr. 1 (gen) añadir, agregar 2 (numbers) sumar **to add to** ◇ tr. insep aumentar **to add up** ◇ tr. sep. (numbers) sumar ◇ intr. fig. use cuadrar.

ad·ded ['ædɪd] adj. añadido, adicional.

ad·dict ['ædɪkt] n. 1 adicto 2 [fam. use] (fanatic) fanático.

ad·dict·ed [ə'dɪktɪd] adj. adicto.

ad·dic·tion [ə'dɪkʃən] n. adicción f.

ad·dic·tive [ə'dɪktɪv] adj. que crea adicción.

ad·di·tion [ə'dɪʃən] n. 1 adición f., añadidura 2 MATH adición f., suma **in addition to** además de.

ad·di·tion·al [ə'dɪʃənəl] adj. adicional.

ad·dress [ə'dres] n. 1 (on letter) dirección f., señas fpl. 2 (speech) discurso, alocución f. ◇ tr. 1 (tackle) abordar 2 (speak to) dirigirse a 3 (use title, etc.) llamar 4 (letter) poner la dirección en **to address oneself to somebody** dirigirse a alguien **address book** libro de direcciones **form of address** tratamiento.

ad·e·quate ['ædɪkwət] adj. 1 (enough) suficiente 2 (satisfactory) satisfactorio.

ad·here [əd'hɪə*] intr. (stick) adherirse, pegarse **to adhere to** ◇ tr. insep 1 (cause) adherirse a 2 (promise) cumplir con 3 (belief) aferrarse a, mantenerse fiel a 4 (rules) observar, acatar.

ad·her·ence [əd'hɪərəns] n. 1 (to cause) adhesión f. 2 (to promise) cumplimiento 3 (to belief) fidelidad f. 4 (to rules) observación f.

ad·he·sive [əd'hi:sɪv] adj. adhesive ◇ n. adhesivo.

ad hoc [æd'hɒk] adj. ad hoc.

ad in·fi·ni·tum [ædɪnfɪ'naɪtəm] adv. ad infinitum, a lo infinito.

ad·ja·cent [ə'dʒeɪsənt] adj. adyacente.

ad·jec·tive [ˈædʒɪktɪv] n. adjetivo.

ad·join·ing [ə'dʒɔɪnɪŋ] adj. 1 (building) contiguo 2 (land) colindante.

ad·journ [ə'dʒɜːn] tr. aplazar, suspender ◇ intr. suspenderse.

ad·journ·ment [ə'dʒɜːnmənt] n. aplazamiento, suspensión f.

ad·just [ə'dʒʌst] tr. ajustar, arreglar ◇ intr. (person) adaptarse.

ad·just·a·ble [ə'dʒʌstəbəl] adj. regulable **adjustable spanner** llave f. inglesa.

ad·just·ed [ə'dʒʌstɪd] adj. equilibrado.

ad·just·ment [ə'dʒʌstmənt] n. 1 ajuste m. arreglo 2 (person) adaptación f. 3 (change) cambio.

ad lib [æd'lɪb] adj. (without preparation) improvisado, espontáneo ◇ adv. (without preparation) improvisadamente, espontáneamente 2 (freely) a voluntad ◇ intr. (gen) improvisar (actor) meter morcillas.

Adm [ˈædmɪrəl] abbr. (Admiral) Almirante (abbreviation) Almte.

ad·min·is·ter [əd'mɪnɪstəʳ] tr. 1 (control) administrar 2 (give) administrar, dar (laws, punishment) aplicar.

ad·min·is·tra·tion [ədmɪnɪs'treɪʃən] n. 1 administración f. 2 (of law, etc.) aplicación f.

ad·min·is·tra·tive [əd'mɪnɪstrətɪv] adj. administrativo.

ad·min·is·tra·tor [əd'mɪnɪstreɪtəʳ] n. administrador.

ad·mi·ra·ble [ˈædmɪrəbəl] adj. admirable.

ad·mi·ral [ˈædmərəl] n. almirante m. **Admiral of the fleet** Almirante m. de la flota.

ad·mi·ra·tion [ædmɪ'reɪʃən] n. admiración f.

ad·mire [əd'maɪəʳ] tr. admirar.

ad·mir·er [əd'maɪərəʳ] n. (gen) admirador (suitor) pretendiente mf.

ad·mir·ing [əd'maɪərɪŋ] adj. 1 (person) que admira 2 (look) de admiración.

ad·mis·sion [əd'mɪʃən] n. 1 (gen) admisión f. (to hospital) ingreso 2 (price) entrada 3 (acknowledgement) reconocimiento (confession) confesión f. **by one's own admission** por confesión propia.

ad·mit [əd'mɪt] tr. pt. & pp. admitted, ger. admitting 1 (allow in) admitir (to hospital) ingresar 2 (acknowledge) reconocer (confess) confesar **to admit to defeat** darse por vencido **to admit to doing something** confesarse culpable de hacer algo.

ad·mit·tance [əd'mɪtəns] n. entrada "No admittance" Prohibida la entrada".

ad·mit·ted [əd'mɪtɪd] adv. confeso, autoconfesado.

ad nau·se·am [æd'nɔːzɪæm] adv. hasta la saciedad.

ad·o·les·cence [ædə'lesəns] n. adolescencia.

ad·o·les·cent [ædə'lesənt] adj. adolescente.

a·dopt [ə'dɒpt] tr. 1 (gen) adoptar 2 (accept) aceptar.

a·dop·tion [ə'dɒpʃən] n. adopción f.

a·dop·tive [ə'dɒptɪv] adj. adoptivo.

a·dor·a·ble [ə'dɔːrəbəl] adj. adorable.

ad·o·ra·tion [ædə'reɪʃən] n. adoración f.

a·dore [ə'dɔːʳ] tr. adorar.

a·dor·ing [ə'dɔːrɪŋ] adj. 1 (person) que adora 2 (look) de adoración.

a·dorn [ə'dɔːn] tr. adornar.

a·dorn·ment [ə'dɔːnmənt] n. adorno.

a·dren·al·ine [ə'drenəlɪn] n. adrenalina.

A·dri·at·ic [eɪdrɪ'ætɪk] adj. Adriático **the Adriatic (Sea)** el (mar) Adriático.

a·drift [ə'drɪft] adj. a la deriva **to come adrift** (fam. use) desengancharse, desprenderse, soltarse **to go adrift** (plans) irse a pique.

ad·u·la·tion [ædju'leɪʃən] n. adulación f.

a·dult [ˈædʌlt] adj. 1 (gen) adulto 2 (legally) mayor de edad 3 (film, etc.) para adultos ◇ n. 1 (gen) adulto 2 (legally) mayor mf. de edad **adult education** educación f. de adultos.

a·dul·ter·er [ə'dʌltərəʳ] n. adúltero.

a·dul·ter·ous [ə'dʌltərəs] adj. adúltero.

a·dul·ter·y [ə'dʌltərɪ] n. adulterio.

a·dult·hood [ˈædʌlthud] n. adultez f, mayoría de edad.

ad·vance [əd'vɑːns] n. 1 (movement) avance m. 2 (progress) adelanto, progreso, avance m. 3 (payment) anticipo ◇ tr. 1 (person, object) avanzar 2 (theory) avanzar (idea) proponer (suggestion) hacer (opinion) dar 3 (money) anticipar, adelantar 4 (price) aumentar, incrementar 5 (cause, interests) favorecer, ayudar 6 (date) adelantar ◇ intr. 1 (move forward) avanzar 2 (rise) subir **in advance** (gen) antes de (rent, etc.) por adelantado **in advance of** antes de **to make advances** progresar **to make advances to somebody** (contact) establecer contacto con (proposal) hacer una propuesta a **advance booking** reserva anticipada **advance guard** avanzadilla **advance notice** previo aviso **advance payment** pago anticipado **advance warning** previo aviso.

ad·vanced [əd'vɑːnst] adj. avanzado **of advanced years** de avanzada edad.

ad·van·tage [əd'vɑːntɪdʒ] n. 1 ventaja 2 (benefit) provecho **to be to somebody's advantage** ir en beneficio de alguien **to take advantage of** (thing) aprovechar (person) aprovecharse de (seduce) seducir **to turn something to one's advantage** sacar buen partido de algo.

ad·van·ta·geous [ædvən'teɪdʒəs] adj. ventajoso, provechoso.

ad·ven·ture [əd'ventʃəʳ] n. aventura **adventure playground** parque m. infantil.

ad·ven·tur·er [əd'ventʃərəʳ] n. aventurero.

ad·ven·tur·ous [əd'ventʃərəs] adj. 1 aventurero 2 (risky) arriesgado.

ad·verb [ˈædvɜːb] n. adverbio.

ad·ver·sar·y [ˈædvəsərɪ] n. pl. adversaries adversario.

ad·verse [ˈædvɜːs] adj. desfavorable **to have an adverse effect on** influir negativamente en, afectar negativamente.

ad·ver·si·ty [əd'vɜːsɪtɪ] n. pl. adversities adversidad f.

ad·vert [ˈædvɜːt] n. (fam. use) anuncio.

ad·ver·tise [ˈædvətaɪz] tr. anunciar ◇ intr. hacer publicidad.

ad·ver·tise·ment [əd'vɜːtɪsmənt] n. anuncio npl. advertisements (on television) publicidad f., anuncios mpl.

ad·ver·tis·er [ˈædvətaɪzəʳ] n. anunciante mf.

ad·ver·tis·ing [ˈædvətaɪzɪŋ] n. publicidad f. **advertising agency** agencia de publicidad **advertising campaign** campaña publicitaria.

ad·vice [əd'vaɪs] n. consejos ◇ mpl. COMM aviso, nota **to take/follow somebody's advice** seguir el consejo de alguien **to take legal advice** consultar con un abogado **advice note** nota de aviso, notificación f. **a piece of advice** un consejo.

ad·vis·a·ble [əd'vaɪzəbəl] adj. aconsejable.

ad·vise [əd'vaɪz] tr. aconsejar (inform) informar, comunicar.

ad·vis·ed·ly [əd'vaizədli] *adv.* con conocimiento de causa.

ad·vis·er [əd'vaizə *ⁿ*] *n.* consejero.

ad·vis·or [əd'vaizə *ⁿ*] *n.* consejero.

ad·vo·cate [(*n*) 'ædvəkət; (*vb*) 'ædvəkeit] *n.* **1** (*supporter*) partidario **2** (*lawyer*) abogado defensor ◇ *tr.* abogar por, propugnar.

Ae·ge·an [i'dʒiːən] *adj.* Egeo the Aegean (Sea) el (*mar*) Egeo.

aer·i·al ['eəriəl] *adj.* aéreo ◇ *n.* antena.

aer·o·bat·ics [eərə'bætiks] *n.* (*sport*) acrobacia aérea *npl.* (*feats*) acrobacia *f. sing.* aérea, acrobacias *fpl.* aéreas.

aer·o·bics [eə'rəubiks] *n.* aeróbicos *m.*

aer·o·dy·nam·ic [eərəudai'næmik] *adj.* aerodinámico.

aer·o·dy·nam·ics [eərəudai'næmiks] *n.* aerodinámica.

aer·o·nau·ti·cal [eərə'nɔ:tikəl] *adj.* aeronáutico.

aer·o·sol ['eərəsɒl] *n.* aerosol *m.*

aer·o·space ['eərəuspeis] *adj.* aeroespacial.

aer·o·stat·ic [eərə'stætik] *adj.* aerostático.

aes·thet·ic [is'θetik] *adj.* estético.

aes·thet·ics [is'θetiks] *n.* estética.

af·fair [ə'feə *ⁿ*] *n.* **1** (*matter*) asunto **2** (*case*) caso **3** [*fam. use*] (*event*) acontecimiento (*thing*) cosa affairs of state asuntos mpl. de Estado current affairs actualidad *f. sing.* state of affairs situación *f.*

af·fect [ə'fekt] *tr.* **1** (*gen*) afectar (*negatively*) perjudicar **2** (*move*) conmover, impresionar **3** (*feign*) fingir, afectar.

af·fec·tion [ə'fekʃən] *n.* afecto, cariño to hold somebody in affection tener cariño a alguien.

af·fec·tion·ate [ə'fekʃənət] *adj.* afectuoso, cariñoso.

af·fin·i·ty [ə'finiti] *n. pl.* **affinities** afinidad *f.*

af·firm [ə'fɜːm] *tr.* afirmar, asegurar.

af·fir·ma·tion [æfə'meiʃən] *n.* afirmación *f.*

af·firm·a·tive [ə'fɜːmətiv] *adj.* afirmativo ◇ *n.* afirmativo in the affirmative afirmativamente.

af·flict [ə'flikt] *tr.* afligir to be afflicted with estar aquejado de.

af·flic·tion [ə'flikʃən] *n.* aflicción *f.*

af·flu·ence ['æfluəns] *n.* riqueza, prosperidad *f.*

af·flu·ent ['æfluənt] *adj.* rico, próspero.

af·ford [ə'fɔːd] *tr.* **1** permitirse, costear **2** [*fml. use*] dar, proporcionar.

af·ford·a·ble [ə'fɔːdəbəl] *adj.* asequible.

Af·ghan ['æfɡæn] *adj.* afgano ◇ *n.* **1** (*person*) afgano **2** (*language*) afgano.

Af·ghan·i·stan [æfɡæni'stæn] *n.* Afganistán *m.*

a·fraid [ə'freid] *adj.* temeroso to be afraid (*frightened*) tener miedo (*sorry*) temer, sentir, lamentar.

Af·ri·ca ['æfrikə] *n.* África South Africa Sudáfrica.

Af·ri·can ['æfrikən] *adj.* africano ◇ *n.* africano South African sudafricano.

Af·ri·can-A·mer·i·can ['æfrikənə'merikən] *adj.* afroamericano ◇ *n.* afroamericano.

Af·ri·kaans [æfri'kɑːns] *n.* afrikaans *m.*

Af·ri·ka·ner [æfri'kɑːnə *ⁿ*] *n.* afrikáner *mf.*

Af·ro ['æfrəu] *adj.* (*hairstyle*) afro.

af·ter ['ɑːftə *ⁿ*] *prep.* **1** (*time*) después de **2** (*following*) detrás de **3** (*wanting*) buscando **4** (*in the style of*) al estilo de **5** (*named because of*) por ◇ *adv.* después ◇ *conj.* después que, después de que.

af·ter·birth ['ɑːftəbɜːθ] *n.* placenta.

af·ter·care ['ɑːftəkeə *ⁿ*] *n.* ayuda prestada a una persona que acaba de salir del hospital o de la cárcel.

af·ter·ef·fect ['ɑːftərifekt] *n.* efecto secundario, secuela.

af·ter·glow ['ɑːftəɡləu] *n.* **1** (*after sunset*) arrebol *m.* **2** (*feeling*) sensación *f.* de bienestar.

af·ter·life ['ɑːftəlaif] *n.* más allá *m.*

af·ter·math ['ɑːftəmɑːθ] *n.* (*period*) periodo posterior (*circumstances*) situación *f.* posterior in the aftermath of the war después de la guerra, en la posguerra. **A**

af·ter·noon [ɑːftə'nuːn] *n.* tarde *f.* ◇ *adv.* afternoons por la tarde.

af·ter·sales serv·ice [ɑːftə'seilzsɑːvis] *n.* servicio posventa.

af·ter·shave ['ɑːftəʃeiv] *n.* loción *f.* para después del afeitado.

af·ter·taste ['ɑːftəteist] *n.* regusto, resabio.

af·ter·thought ['ɑːftəθɔːt] *n.* ocurrencia posterior, ocurrencia tardía.

af·ter·wards ['ɑːftəwədz] *adv.* después, luego.

a·gain [ə'ɡen, ə'ɡein] *adv.* **1** (*once more*) otra vez, de nuevo **2** (*in questions*) **3** (*also*) también again and again *repetidamente* come again [*fam. use*] ¿cómo? now and again de vez en cuando then again por otra parte.

a·gainst [ə'ɡenst, ə'ɡeinst] *prep.* **1** (*gen*) contra **2** (*opposed to*) en contra de **3** (*in contrast to*) respecto a, frente a to work against the clock trabajar contra reloj.

age [eidʒ] *n.* edad *f.* ◇ *tr.* envejecer ◇ *intr.* envejecer *npl.* ages [*fam. use*] años mpl. siglos mpl. of age mayor de edad to come of age llegar a la mayoría de edad to look one's age representar la edad que uno tiene under age menor de edad age of consent edad f. núbil.

ag·ed¹ [eidʒd] *adj.* de (tantos años de) edad.

ag·ed² ['eidʒid] *adj.* viejo, anciano the aged los ancianos mpl.

age·less ['eidʒləs] *adj.* (*person*) siempre joven (*thing*) eterno, inmortal, imperecedero.

a·gen·cy ['eidʒənsi] *n. pl.* **agencies** **1** (*commercial*) agencia **2** (*governmental, etc.*) organismo by the agency of mediante, por medio de, por la acción de.

a·gen·da [ə'dʒendə] *n.* orden *m.* del día.

a·gent ['eidʒənt] *n.* **1** (*gen*) agente *mf.* (*representative*) representante *mf.* (*of artist*) agente *mf.* **2** (*active ingredient*) agente *m.*

ag·glom·er·ate [(*vb*) ə'ɡlɒməreit; (*n*) [ə'ɡlɒmərət] *tr.* aglomerar ◇ *intr.* aglomerarse ◇ *n.* aglomerado.

ag·glom·er·a·tion [əɡlɒmə'reiʃən] *n.* aglomeración *f.*

ag·gran·dize [ə'ɡrændaiz] *tr.* agrandar.

ag·gran·dize·ment [ə'ɡrændizmənt] *n.* agrandamiento.

ag·gra·vate ['æɡrəveit] *tr.* **1** (*make worse*) agravar **2** [*fam. use*] (*annoy*) irritar, molestar.

ag·gra·vat·ing ['æɡrəveitiŋ] *adj.* [*fam. use*] irritante, molesto.

ag·gra·va·tion [æɡrə'veiʃən] *n.* **1** (*worsening*) agravamiento **2** (*annoyance*) exasperación *f.* **3** [*fam. use*] (*hassle*) follones mpl.

ag·gre·gate [(*n*) 'æɡrigət; (*vb*) ['æɡrigeit] *n.* **1** (*total*) total *m.* totalidad *f.* conjunto **2** (*for concrete*) conglomerado *adj.* total, global ◇ *tr.* agregar, reunir ◇ *intr.* ascender a in the aggregate en conjunto on aggregate en conjunto.

ag·gres·sion [ə'ɡreʃən] *n.* **1** (*act*) agresión *f.* **2** (*feeling*) agresividad *f.*

ag·gres·sive [ə'ɡresiv] *adj.* **1** (*gen*) agresivo **2** (*dynamic*) dinámico, emprendedor.

ag·gres·sor [ə'ɡresə *ⁿ*] *n.* agresor.

ag·grieved [ə'ɡriːvd] *adj.* **1** ofendido **2** JUR dañado, agraviado to feel aggrieved ofenderse.

a·ghast [ə'ɡɑːst] *adj.* horrorizado.

ag·ile ['ædʒail] *adj.* ágil.

a·gil·i·ty [ə'dʒılıtı] n. agilidad f.

ag·ing ['eɪdʒɪŋ] adj. viejo ◇ n. envejecimiento.

ag·ism ['eɪdʒɪzəm] n. discriminación contra la gente de edad avanzada.

ag·i·tate ['ædʒɪteɪt] tr. 1 (shake) agitar 2 (worry) inquietar, perturbar **to agitate for/against something** hacer una campaña a favor de/en contra de algo.

ag·i·tat·ed ['ædʒɪteɪtɪd] adj. nervioso.

ag·i·ta·tion [ædʒɪ'teɪʃən] n. 1 (worry) inquietud f., perturbación 2 (pressure) presión f. 3 (shaking) agitación f.

ag·i·ta·tor ['ædʒɪteɪtə ⁸] n. 1 (person) agitador 2 (machine) agitador m.

a·glow [ə'ɡləʊ] adj. resplandeciente.

AGM ['eɪ'dʒi:'em] abbr. (annual general meeting) junta general anual.

ag·nos·tic [æɡ'nɒstɪk] adj. agnóstico ◇ n. agnóstico.

ag·nos·ti·cism [æɡ'nɒstɪsɪzəm] n. agnosticismo.

a·go [ə'ɡəʊ] adv. hace.

a·gog [ə'ɡɒɡ] adj. anhelante, deseoso.

ag·o·nize ['æɡənaɪz] intr. agonizar, sufrir angustiosamente.

ag·o·niz·ing ['æɡənaɪzɪŋ] adj. agónico, angustioso.

ag·o·ny ['æɡənɪ] n. pl. **agonies** 1 (pain) dolor m. muy agudo 2 (anguish) angustia **agony aunt** consejera sentimental **agony column** columna de una consejera sentimental.

ag·o·ra·pho·bi·a [æɡərə'fəʊbɪə] n. agorafobia.

ag·o·ra·pho·bic [æɡərə'fəʊbɪk] adj. agorafóbico ◇ n. agorafóbico.

a·grar·i·an [ə'ɡreərɪən] adj. agrario.

a·gree [ə'ɡri:] intr. 1 (be in agreement) estar de acuerdo (with, con) 2 (reach an agreement) ponerse de acuerdo (on, en) 3 (say yes) acceder, consentir 4 (square) concordar, encajar 5 (food, climate, etc.) sentar bien (with, -) ◇ tr. 1 (grammatically) concordar (with, con) 2 (accept as correct) aceptar, aprobar **it was agreed that...** se acordó que... **to agree to differ** quedarse cada uno con su idea.

a·gree·a·ble [ə'ɡri:əbəl] adj. 1 (pleasant) agradable 2 (in agreement) conforme.

a·greed [ə'ɡri:d] adj. 1 (people) de acuerdo 2 (price, conditions) acordado (statement) consensuado (time) fijado **agreed!** ¡de acuerdo!

a·gree·ment [ə'ɡri:mənt] n. 1 acuerdo 2 (grammatical) concordancia **to be in agreement** estar de acuerdo.

ag·ri·cul·tur·al [æɡrɪ'kʌltʃərəl] adj. agrícola **agricultural college** escuela de ingeniería agrícola **agricultural expert** ingeniero técnico agrícola.

ag·ri·cul·tur·al·ist [æɡrɪ'kʌltʃərəlɪst] n. agrónomo.

ag·ri·cul·ture ['æɡrɪkʌltʃə ⁸] n. agricultura.

a·gron·o·mist [ə'ɡrɒnəmɪst] n. agrónomo.

ah [ɑ:] interj. ¡ah!

a·ha [ɑ:'hɑ:] interj. ¡ajá!

a·head [ə'hed] adv. (in front) delante **go ahead!** ¡adelante! **to go ahead with something** llevar algo adelante **to plan ahead** planear para el futuro **to think ahead** pensar en el futuro.

a·hoy [ə'hɔɪ] interj. MAR **land ahoy!**, ¡tierra a la vista!

AI¹ ['eɪ'aɪ] abbr. (artificial intelligence) inteligencia artificial.

AI² ['eɪ'aɪ] abbr. (artificial insemination) inseminación f. artificial.

AI³ ['eɪ'aɪ] abbr. (Amnesty International) Amnistía Internacional (abbreviation) AI.

aid [eɪd] n. (help) ayuda (rescue) auxilio ◇ tr. ayudar, auxiliar **in aid of** a beneficio de **to go to some-**body's aid socorrer a alguien, acudir en auxilio a alguien **economic aid** ayuda económica **humanitarian aid** ayuda humanitaria.

AIDS [eɪdz] n. (Acquired Immune Deficiency Syndrome) sida m.

aim [eɪm] n. 1 (marksmanship) puntería 2 (objective) meta, objetivo ◇ tr. 1 (gun) apuntar 2 (attack) dirigir **to aim for something** intentar conseguir algo **to aim to do something** tener la intención de hacer algo, pretender hacer algo **to aim high** ser ambicioso, apuntar alto **to take aim** apuntar **to miss one's aim** errar el tiro.

aim·less ['eɪmləs] adj. sin objetivo, sin propósito.

ain't [eɪnt] contr. (fam. use) VER: am not, is not, are not, has not, have not.

air [eə ⁸] n. 1 aire 2 (feeling) aire m. 3 (affectation) afectación f. 4 MUS aire m. tonada ◇ tr. 1 (clothes) airear, orear (room) ventilar 3 (opinions) airear 4 (knowledge) hacer alarde de **by air** (send letter) por avión (travel) en avión **(up) in the air** sin decidir **in the air** en el ambiente **to be walking on air** estar en la gloria **to clear the air** aclarar una situación **to put on airs** presumir **air brake** freno neumático **air hostess** azafata **air pressure** presión f. atmosférica **air raid** ataque m. aéreo **air rifle** escopeta de aire comprimido, escopeta de balines **airs and graces** presunción f. **air terminal** terminal f. aérea **air traffic control** control m. aéreo **air traffic controller** controlador aéreo **fresh air** aire m. fresco.

air·bag ['eəbæɡ] n. airbag m.

air·base ['eəbeɪs] n. base f. aérea.

air·borne ['eəbɔ:n] adj. 1 (troops) aerotransportado 2 (aircraft) en el aire.

air·brush ['eəbrʌʃ] n. aerógrafo.

air·con·di·tion·ed [eəkən'dɪʃənd] adj. con aire acondicionado, refrigerado.

air·con·di·tion·ing [eəkən'dɪʃənɪŋ] n. aire m. acondicionado.

air·cooled ['eəku:ld] adj. refrigerado por aire.

air·craft ['eəkrɑ:ft] n. pl. **aircraft** (gen) aeronave f. (plane) avión m.

air·craft-car·ri·er ['eəkrɑ:ftkæriə ⁸] n. portaaeronaves m. inv., portaaviones m. inv.

air·crew ['eəkru:] n. tripulación f.

air·field ['eəfi:ld] n. campo de aviación.

air force ['eəfɔ:s] n. fuerza aérea, fuerzas fpl. aéreas **air force base** base f. aérea.

air·gun ['eəɡʌn] n. pistola de aire comprimido.

air·less ['eələs] adj. 1 (in building) mal ventilado 2 (outside) sin una brizna de viento.

air·lift ['eəlɪft] n. puente m. aéreo ◇ tr. transportar por avión.

air·line ['eəlaɪn] n. línea aérea.

air·lin·er ['eəlaɪnə ⁸] n. avión m. de pasajeros (grande).

air·plane ['eəpleɪn] n. avión m.

air·port ['eəpɔ:t] n. aeropuerto.

air·raid ['eəreɪd] adj. antiaéreo **air-raid shelter** refugio antiaéreo.

air·ship ['eəʃɪp] n. dirigible m.

air·sick ['eəsɪk] adj. mareado **to be airsick** marearse.

air·sick·ness ['eəsɪknəs] n. mareo **to suffer from airsickness** marearse.

air·space ['eəspeɪs] n. espacio aéreo.

air·speed ['eəspi:d] n. velocidad f.

air·strip ['eəstrɪp] n. pista de aterrizaje.

air·tight ['eətaɪt] adj. hermético.

air·time ['eətaɪm] n. cobertura radiofónica.

air·waves ['eaweɪvz] *npl.* ondas *fpl.*

air·y ['eəri] *adj. comp.* **airier**, *superl.* **airiest 1** *(ventilated)* bien ventilado **2** *(light)* ligero **3** *(insincere)* insincero **4** *(carefree)* despreocupado.

air·y-fair·y ['eəri'feəri] *adj. (fam. use) (project)* poco práctico *(person)* poco realista.

aisle [aɪl] *n.* **1** *(between seats, shelves, etc.)* pasillo *(in church)* pasillo central **2** *(section of church)* nave *f.* lateral.

a·jar [ə'dʒɑː^r] *adj.* entreabierto.

aka [eɪkeɪ'eɪ] *abbr. (also known as)* alias.

à la carte [ɑːlɑː'kɑːt] *adj.* a la carta ◇ *adv.* a la carta.

a·larm [ə'lɑːm] *n.* **1** *(device)* alarma **2** *(fear)* temor *m.* alarma ◇ *tr.* alarmar, asustar **to raise the alarm** dar la alarma, dar la voz de alarma **to sound the alarm** dar la alarma, dar la voz de alarma **alarm clock** despertador *m.*

a·larmed [ə'lɑːmd] *adj.* alarmado.

a·larm·ing [ə'lɑːmɪŋ] *adj.* alarmante.

a·las [ə'læs] *interj.* ¡ay!, ¡ay de mí!

Al·ba·ni·a [æl'beɪnɪə] *n.* Albania.

Al·ba·ni·an [æl'beɪnɪən] *adj.* albanés ◇ *n.* **1** *(person)* albanés **2** *(language)* albanés *m.*

al·ba·tross [ælbətrɒs] *n.* albatros *m.*

al·bi·nism ['ælbɪnɪzəm] *n.* albinismo.

al·bi·no [æl'biːnəʊ] *adj.* albino ◇ *n. pl.* **albinos** albino.

al·bum ['ælbəm] *n.* **1** *(for stamps, photos, etc.)* álbum *m.* **2** *(for record)* álbum, disco *m.*

al·bu·men ['ælbjʊmɪn, *US* æl'bjuːmən] *n.* **1** *(white of egg)* clara de huevo **2** *(in plants)* albumen *m.*

al·co·hol ['ælkəhɒl] *n.* alcohol *m.*

al·co·hol-free ['ælkəhɒlfriː] *adj.* sin alcohol.

al·co·hol·ic [ælkə'hɒlɪk] *adj.* alcoholic ◇ *n.* alcohólico.

al·co·hol·ism ['ælkəhɒlɪzəm] *n.* alcoholismo.

a·lert [ə'lɜːt] *adj.* **1** *(quick to act)* alerta, vigilante **2** *(lively)* vivo ◇ *n.* alarma ◇ *tr.* alertar, avisar **to be on the alert for something** estar alerta por algo **to be alert to something** ser consciente de algo.

al·fal·fa [æl'fælfə] *n.* alfalfa.

al fres·co [æl'freskəʊ] *adj.* al aire libre ◇ *adv.* al aire libre.

al·gae ['ældʒiː] *npl. sing.* **alga** algas *fpl.*

al·ge·bra ['ældʒɪbrə] *n.* álgebra.

Al·ge·ri·a [æl'dʒɪərɪə] *n.* Argelia.

Al·ge·ri·an [æl'dʒɪərɪən] *adj.* argelino ◇ *n.* argelino.

al·go·rithm ['ælgərɪðəm] *n.* algoritmo.

a·li·as ['eɪlɪəs] *adv.* alias ◇ *n.* alias *m.*

al·i·bi ['ælɪbaɪ] *n.* coartada.

a·li·en ['eɪlɪən] *adj.* **1** *(foreign)* extranjero **2** *(extraterrestrial)* extraterrestre **3** *(strange)* extraño, ajeno ◇ *n.* **1** *(foreigner)* extranjero **2** *(extraterrestrial)* extraterrestre *mf.*

a·lien·ate ['eɪlɪəneɪt] *tr.* **1** *(estrange)* ganarse la antipatía de *(reject)* marginar **2** *JUR* enajenar.

a·lien·a·tion [eɪlɪə'neɪʃən] *n.* *(estrangement)* distanciamiento, alejamiento *(rejection)* marginación *f.*

a·light [ə'laɪt] *adj.* encendido, ardiendo ◇ *intr. [fml. use]* apearse **to catch alight** incendiarse **to set alight** incendiar, prender fuego a.

a·lign [ə'laɪn] *tr.* alinear (with, con) ◇ *intr.* alinearse.

a·lign·ment [ə'laɪnmənt] *n.* alineación *f.* **in alignment with** alineado con **out of alignment with** mal alineado con.

a·like [ə'laɪk] *adj. (the same)* iguales *(similar)* parecidos ◇ *adv.* igual.

al·i·men·ta·ry [ælɪ'mentərɪ] *adj.* alimenticio **alimentary canal** tubo digestivo.

a·live [ə'laɪv] *adj.* **1** *(not dead)* vivo **2** *(lively)* vivo, vivaz **alive and kicking** vivito y coleando **alive to something** consciente de algo **alive with** lleno de, infestado de **look alive!** ¡espabílate!, ¡despabílate! **to come alive** *(meeting, etc.)* animarse *(narrative)* cobrar vida.

al·ka·li ['ælkəlaɪ] *n.* álcali *m.*

al·ka·line ['ælkəlaɪn] *adj.* alcalino.

al·ka·lin·i·ty [ælkə'lɪnɪtɪ] *n.* alcalinidad *f.*

all [ɔːl] *adj. (singular)* todo *(plural)* todos ◇ *pron.* **1** *(everything)* todo, la totalidad *f.* **2** *(everybody)* todos *mpl.* todo el mundo ◇ *adv.* completamente, totalmente **after all** *(despite everything)* después de todo *(it must be remembered)* no hay que olvidarlo **all along** desde el principio **all but** *casi* **all in** *(included)* todo incluido **all in all** en conjunto **all or nothing** todo o nada **all over** en todas partes **to be all over** acabar; **all right** *(acceptable)* bien, bueno, satisfactorio *(well, safe)* bien *(accepting suggestion)* vale, bueno *(calming, silencing)* vale *(definitely)* seguro **all that** tan **all the** *(+ comp)* tanto + adj/adv, aún + adj/adv **all the same** igualmente, a pesar de todo **to be all the same to somebody** dar lo mismo a alguien **all the time** todo el rato, siempre **all told** en total **all too** *(+ adj/adv)* demasiado + adj/adv **at all** en absoluto **at all times** siempre **in all** en total **not at all** no hay de qué.

all-clear [ɔːl'klɪə^r] *n. (after danger)* señal *f.* de fin de peligro *(go-ahead)* luz *f.* verde.

al·le·ga·tion [ælə'geɪʃən] *n.* acusación *f.*

al·lege [ə'ledʒ] *tr.* alegar.

al·leged [ə'ledʒd] *adj.* presunto.

al·le·giance [ə'liːdʒəns] *n.* lealtad *f.*

al·le·gor·i·cal [ælɪ'gɒrɪkəl] *adj.* alegórico.

al·le·go·ry ['ælɪgərɪ] *n. pl.* **allegories** alegoría.

al·le·lu·ia [ælɪ'luːjə] *interj.* ¡aleluya!

al·ler·gic [ə'lɜːdʒɪk] *adj.* alérgico (to, a) **to be allergic to something** ser alérgico a algo.

al·ler·gy ['ælədʒɪ] *n. pl.* **allergies** alergia **to have an allergy to something** tener alergia a algo.

al·le·vi·ate [ə'liːvɪeɪt] *tr.* aliviar, mitigar.

al·le·vi·a·tion [əliːvɪ'eɪʃən] *n.* alivio.

al·ley ['ælɪ] *n.* callejuela, callejón *m.*

al·li·ance [ə'laɪəns] *n.* alianza.

al·lied ['ælaɪd] *adj.* **1** POL aliado **2** *(related)* relacionado, afín.

al·li·ga·tor ['ælɪgeɪtə^r] *n.* caimán *m.*

all-im·por·tant [ɔːlɪm'pɔːtənt] *adj.* vital, de suma importancia.

all-in [ɔːl'ɪn] *adj. (price)* con todo incluido **all-in wrestling** lucha libre.

all-in·clu·sive [ɔːlɪn'kluːsɪv] *adj.* todo comprendido, con todo incluido.

al·lit·er·a·tion [əlɪtə'reɪʃən] *n.* aliteración *f.*

all-night ['ɔːlnaɪt] *adj. (lasting all night)* que dura toda la noche *(open all night)* que no cierra en toda la noche.

al·lo·cate ['æləkeɪt] *tr. (money)* destinar *(time, space, job, etc.)* asignar.

al·lo·ca·tion [ælə'keɪʃən] *n.* **1** *(distribution)* asignación *f. (of money)* distribución *f.* **2** *(gen)* lo asignado *(money given)* cuota.

al·lot·ment [ə'lɒtmənt] *n.* **1** *(of time, etc.)* asignación *f. (of money)* distribución *f.* **2** *(gen)* lo asignado *(money given)* cuota **3** *(land)* huerto.

all-out [ɔːl'aʊt] *adj.* total.

al·low [ə'laʊ] *tr.* **1** *(permit)* permitir, dejar **2** *(set aside)* conceder, dar, dejar **3** *(admit)* admitir, reconocer **to allow for** *tr. insep* tener en cuenta.

A

al·low·ance [əˈlaʊəns] *n.* **1** *(from government)* subsidio, prestación *f.* **2** *(from employer)* dietas *fpl.*, asignación *f.* **3** *(income tax)* ganancias exentas de tributación **4** *(pocket money)* paga semanal, domingo **to make allowances for** *(take into account)* tener en cuenta *(be permissive)* tener paciencia con.

al·loy [ˈælɔɪ] *n.* aleación *f.* ◇ *tr.* **1** alear **2** *[fml. use]* estropear.

all-pow·er·ful [ɔːlˈpaʊəfʊl] *adj.* todopoderoso.

all-pur·pose [ɔːlˈpɜːpəs] *adj.* multiuso.

all-round [ɔːlˈraʊnd] *adj.* completo.

all-round·er [ɔːlˈraʊndə ˀ] *n.* *(gen)* persona polifacética *(sportsperson)* deportista *mf.* completo.

all-star [ˈɔːlstɑː ˀ] *adj.* estelar.

all-ter·rain [ɔːltəˈreɪn] *adj.* todo terreno.

al·lur·ing [əˈljʊərɪŋ] *adj.* seductor.

al·lu·sion [əˈluːʒən] *n.* alusión *f.*

al·lu·sive [əˈluːsɪv] *adj.* alusivo.

al·lu·vi·al [əˈluːvɪəl] *adj.* aluvial.

al·ly [ˈælaɪ] *n. pl.* **allies** aliado ◇ *tr. pt. & pp.* **al·lied**, *ger.* **allying** aliar (with, con) ◇ *intr.* aliarse (with, con).

al·might·y [ɔːlˈmaɪti] *adj.* todopoderoso ◇ *n.* the Almighty el Todopoderoso.

al·mond [ˈɑːmənd] *n.* almendra **almond paste** mazapán *m.* **almond tree** almendro.

al·most [ˈɔːlməʊst] *adv.* casi.

a·lone [əˈləʊn] *adj.* *(unaccompanied)* solo ◇ *adv.* *(only)* solo, solamente **let alone** y mucho menos **to be alone in "+ ger"** ser el/la único que + verbo **to be alone with somebody** estar a solas con alguien **to go it alone** ir libre **to leave something alone** no tocar algo **to leave somebody alone** dejar a alguien en paz, dejar tranquilo a alguien.

a·long [əˈlɒŋ] *prep.* **1** por, a lo largo de **2** *(in)* en ◇ *adv.* adelante, hacia adelante **along with** junto con **come along** *(sing)* ven *(plural)* venid *(including speaker)* vamos.

a·long·side [əlɒŋˈsaɪd] *prep.* al lado de ◇ *adv.* al costado, al lado **to come alongside** ponerse a la misma altura.

a·loud [əˈlaʊd] *adv.* en voz alta.

al·pha [ˈælfə] *n.* alfa **alpha and omega** alfa y omega **alpha particle** partícula alfa **alpha radiation** radiación *f.* alfa **alpha ray** rayo alfa.

al·pha·bet [ˈælfəbet] *n.* alfabeto, abecedario.

al·pha·bet·i·cal [ælfəˈbetɪkəl] *adj.* alfabético **in alphabetical order** por orden alfabético.

al·pha·bet·ize [ˈælfəbetaɪz] *tr.* ordenar alfabéticamente.

al·pha·nu·mer·ic [ælfənjuˈmerɪk] *adj.* alfanumérico.

Alps [ælps] *npl.* the Alps los Alpes *mpl.*

al·read·y [ɔːlˈredi] *adv.* ya.

al·right [ɔːlˈraɪt] *adv.* *[fam. use]* VER: all right.

al·so [ˈɔːlsəʊ] *adv.* también **not only…, but also…** no sólo…, sino también…

alt [ˈæltɪtjuːd] *abbr.* *(altitude)* altitud *f.* *(abbreviation)* alt.

al·tar [ˈɔːltə ˀ] *n.* altar *m.* **altar boy** monaguillo.

al·ter [ˈɔːltə ˀ] *tr.* *(gen)* cambiar *(clothes)* arreglar ◇ *intr.* cambiar, cambiarse.

al·ter·a·tion [ɔːltəˈreɪʃən] *n.* modificación *f.* *npl.* alterations reformas *fpl.* **to make alterations to something** modificar algo.

al·ter·ego [æltərˈiːgəʊ] *n.* alter ego *m.*

al·ter·nate [*(adj)* ɔːlˈtɜːnət; *(vb)* ˈɔːltɜːneɪt] *adj.* alterno ◇ *tr.* alternar ◇ *intr.* alternarse.

al·ter·nat·ing [ˈɔːltɜːneɪtɪŋ] **alternating current** corriente *f.* alterna.

al·ter·na·tive [ɔːlˈtɜːnətɪv] *adj.* alternativo, otro ◇ *n.* *(option)* opción *f.*, alternativa **to have no alter-**

native but to **"+ inf"** no tener otra alternativa que la de + inf, no tener más remedio que + inf **alternative medicine** medicina alternativa.

al·ter·na·tive·ly [ɔːlˈtɜːnətɪvli] *adv.* o bien, por otra parte.

al·ter·na·tor [ˈɔːltəneɪtə ˀ] *n.* alternador *m.*

al·though [ɔːlˈðəʊ] *conj.* aunque.

al·ti·tude [ˈæltɪtjuːd] *n.* altitud *f*, altura.

al·to [ˈæltəʊ] *n. pl.* **altos** *(male)* contralto *m.* *(female)* contralto *f.*

al·to·geth·er [ɔːltəˈgeðə ˀ] *adv.* **1** *(completely)* del todo **2** *(on the whole)* en conjunto **3** *(in total)* en total **in the altogether** *[fam. use]* en cueros.

al·tru·ism [ˈæltrʊɪzəm] *n.* altruismo.

al·tru·ist [ˈæltrʊɪst] *n.* altruista *mf.*

al·tru·is·tic [æltrʊˈɪstɪk] *adj.* altruista.

a·lu·mi·num [əˈluːmɪnəm] *n.* aluminio **aluminium foil** papel *m.* de aluminio, papel *m.* de plata.

a·lum·na [əˈlʌmnə] *n. pl.* **alumnae** exalumna.

a·lum·nus [əˈlʌmnəs] *n. pl.* **alumni** exalumno.

al·ways [ˈɔːlweɪz] *adv.* siempre.

Alz·heim·er's dis·ease [ˈæltshaɪməsdɪziːz] *n.* enfermedad *f.* de Alzheimer.

am [æm] *pres.* VER: be.

AM [ˈeɪem] *abbr.* RAD *(amplitude modulation)* amplitud modulada *f.* *(abbreviation)* AM *f.*

a.m. [ˈeɪem] *abbr.* *(ante meridiem)* de la mañana.

a·mal·gam [əˈmælgəm] *n.* amalgama.

a·mal·ga·mate [əˈmælgəmeɪt] *tr.* **1** *(metals)* amalgamar **2** *(groups)* fusionar ◇ *intr.* **1** *(metals)* amalgamarse **2** *(groups)* fusionarse.

a·mal·ga·ma·tion [əmælgəˈmeɪʃən] *n.* fusión *f.*

a·mass [əˈmæs] *tr.* acumular.

am·a·teur [ˈæmətə ˀ] *adj.* aficionado ◇ *n.* aficionado.

am·a·teur·ish [ˈæmətərɪʃ] *adj.* poco profesional, poco serio, chapucero.

a·maze [əˈmeɪz] *tr.* asombrar, pasmar.

a·mazed [əˈmeɪzd] *adj.* asombrado, pasmado.

a·maze·ment [əˈmeɪzmənt] *n.* asombro, pasmo.

a·maz·ing [əˈmeɪzɪŋ] *adj.* asombroso, pasmoso.

Am·a·zon [ˈæmæzən] *n.* *(warrior)* amazona ◇ *n.* the Amazon **1** *(river)* el Amazonas *m.* **2** *(basin)* Amazonia **the Amazon jungle** la selva amazónica **the Amazon rain forest** la selva amazónica.

am·bas·sa·dor [æmˈbæsədə ˀ] *n.* embajador.

am·ber [ˈæmbə ˀ] *n.* ámbar *m.* ◇ *adj.* ámbar.

am·bi·dex·trous [æmbɪˈdekstrəs] *adj.* ambidextro.

am·bi·ence [ˈæmbɪəns] *n.* ambiente *m.*

am·bi·ent [ˈæmbɪənt] *adj.* ambiental.

am·bi·gu·i·ty [æmbɪˈgjuːɪti] *n. pl.* **ambiguities** ambigüedad *f.*

am·big·u·ous [æmˈbɪgjʊəs] *adj.* ambiguo.

am·bi·tion [æmˈbɪʃən] *n.* ambición *f.*

am·bi·tious [æmˈbɪʃəs] *adj.* ambicioso.

am·biv·a·lence [æmˈbɪvələns] *n.* ambivalencia.

am·biv·a·lent [æmˈbɪvələnt] *adj.* ambivalente.

am·bu·lance [ˈæmbjʊləns] *n.* ambulancia **ambulance man** conductor de ambulancias **ambulance woman** conductora de ambulancias.

am·bush [ˈæmbʊʃ] *n.* emboscada ◇ *tr.* poner una emboscada a.

a·me·ba [əˈmiːbə] *n. pl.* **amebas** o **amebae** ameba.

a·men [ɑːˈmen] *interj.* amén.

a·mend [əˈmend] *tr.* *(law)* enmendar *(error)* corregir ◇ *intr.* *(law)* enmendarse *(error)* corregirse *npl.* **amends** reparación *f.* *sing.* compensación *f.* *sing.*

a·mend·ment [əˈmendmənt] *n.* enmienda.

a·men·i·ties [əˈmiːnɪtɪz] *npl.* servicios ◇ *mpl.* prestaciones *fpl.*

A·mer·i·ca [əˈmerɪkə] *n.* América **Central America** *ica* América Central, Centroamérica **Latin America** América Latina, Latinoamérica **North America** América del Norte, Norteamérica **South America** América del Sur, Sudamérica.

A·mer·i·can [əˈmerɪkən] *adj.* 1 *(gen)* americano 2 estadounidense ◇ *n.* 1 *(gen)* americano 2 estadounidense *mf.* **American dream** sueño americano **American football** futbol *m.* americano **American Indian** amerindio.

A·mer·i·can·i·za·tion [əmerɪkanaɪˈzeɪʃən] *n.* americanización *f.*

A·mer·i·can·ize [əˈmerɪkənaɪz] *tr.* americanizar.

Am·er·in·di·an [æməˈrɪndɪən] *adj.* amerindio ◇ *n.* amerindio.

am·e·thyst [ˈæməθɪst] *n.* amatista, ametista.

a·mi·a·ble [ˈeɪmɪəbəl] *adj.* afable, ámable.

am·i·ca·ble [ˈæmɪkəbəl] *adj.* amistoso, amigable.

a·mi·no ac·id [æmiːˈnəʊˈæsɪd] *n.* aminoácido.

am·me·ter [ˈæmiːtə] *n.* amperímetro.

am·mo·nia [əˈməʊnɪ] *n.* amoniaco, amoniaco.

am·mu·ni·tion [æmjuˈnɪʃən] *n.* 1 municiones *fpl.* 2 *fig. use* argumentos *mpl.* **ammunition dump** depósito de municiones.

am·ne·sia [æmˈniːzɪə] *n.* amnesia.

am·ne·si·ac [æmˈniːzɪæk] *adj.* amnésico ◇ *n.* amnésico.

am·nes·ty [ˈæmnəstɪ] *n. pl.* **amnesties** amnistía.

am·ni·ot·ic [æmnɪˈɒtɪk] *adj.* amniótico.

a·mong [əˈmʌŋ] *prep.* entre.

a·mor·al [eɪˈmɒrəl] *adj.* amoral.

a·mo·ral·i·ty [eɪməˈrælɪtɪ] *n.* amoralidad *f.*

am·o·rous [ˈæmərəs] *adj.* amoroso.

a·mor·phous [əˈmɔːfəs] *adj.* amorfo.

a·mount [əˈmaʊnt] *n. (gen)* cantidad *f.* (bill) importe *m.* ◇ **to amount to** *tr. insep* 1 ascender a 2 *fig. use* equivaler a.

amp [æmp] *n.* (abbr of ampere) amperio, ampere *m.*

am·pere [ˈæmpeə] *n.* amperio, ampere *m.*

am·per·sand [ˈæmpəsænd] *n.* el signo &.

am·phib·i·an [æmˈfɪbɪən] *n.* anfibio.

am·phib·i·ous [æmˈfɪbɪəs] *adj.* anfibio.

am·phi·the·a·ter [ˈæmfɪəɪətə] *n.* anfiteatro.

am·pli·fi·ca·tion [æmplɪfɪˈkeɪʃən] *n.* 1 *(of sound)* amplificación *f.* 2 *(of statement)* ampliación *f.*

am·pli·fi·er [ˈæmplɪfaɪə] *n.* amplificador *m.*

am·pli·fy [ˈæmplɪfaɪ] *tr. pt. & pp.* **amplified**, *ger.* **amplifying** 1 *(sound)* amplificar 2 *(statement)* ampliar.

am·pli·tude [ˈæmplɪtjuːd] *n.* amplitud *f.*

am·ply [ˈæmplɪ] *adv.* 1 *(enough)* suficientemente 2 *(more than enough)* sobradamente 3 *(generously)* ampliamente.

am·pu·tate [ˈæmpjuteɪt] *tr.* amputar.

am·pu·ta·tion [æmpjuˈteɪʃən] *n.* amputación *f.*

a·muse [əˈmjuːz] *tr.* entretener, divertir **to amuse oneself** entretenerse **to keep somebody amused** entretener a alguien.

a·muse·ment [əˈmjuːzmənt] *n.* 1 *(enjoyment)* diversión *f.*, entretenimiento 2 *(pastime)* pasatiempo **amusement arcade** salón *m.* de juegos **amusement park** parque *m.* de atracciones.

a·mus·ing [əˈmjuːzɪŋ] *adj.* 1 *(fun)* entretenido, divertido 2 *(funny)* gracioso.

an [ən, æn] *indef. art.* 1 un, una 2 *(per)* por **NOTA:** Ver también a.

an·a·bol·ic ste·roid [ænəbɒlɪkˈsterɔɪd] *n.* esteroide ◇ *m.* anabólico.

a·nach·ro·nism [əˈnækrənɪzəm] *n.* anacronismo.

a·nach·ro·nis·tic [ənækrəˈnɪstɪk] *adj.* anacrónico.

an·a·con·da [ænəˈkɒndə] *n.* anaconda.

an·a·gram [ˈænəgræm] *n.* anagrama *m.*

an·al·ge·sic [ænælˈdʒiːzɪk] *adj.* analgésico *n.* analgésico.

an·a·log [ˈænəlɒg] *adj.* analógico *n.* análogo.

a·nal·o·gous [əˈnæləgəs] *adj.* análogo (to/with, a).

a·nal·o·gy [əˈnæ` `lədʒɪ] *n. pl.* **analogies** analogía, semejanza.

an·a·lyse [ˈænəlaɪz] *tr.* analizar.

a·nal·y·sis [əˈnælɪsɪs] *n. pl.* **analyses** análisis *m.*

an·a·lyst [ˈænəlɪst] *n.* analista *mf.*

an·a·lyt·i·cal [ænəˈlɪtɪkəl] *adj.* analítico.

an·ar·chic [æˈnɑːkɪk] *adj.* anárquico.

an·ar·chist [ˈænəkɪst] *n.* anarquista *mf.*

an·ar·chy [ˈænəkɪ] *n. pl.* **anarchies** anarquía.

an·a·tom·i·cal [ænəˈtɒmɪkəl] *adj.* anatómico.

a·nat·o·my [əˈnætəmɪ] *n. pl.* **anatomies** anatomía.

an·ces·tor [ˈænsəstə] *n.* antepasado.

an·ces·tral [ænˈsestrəl] *adj.* ancestral **ancestral home** casa solariega.

an·ces·try [ˈænsəstrɪ] *n. pl.* **ancestries** ascendencia.

an·chor [ˈæŋkə] *n.* 1 *(of ship)* ancla 2 *fig. use* sostén *m.* ◇ *tr.* 1 *(ship)* anclar 2 *(make secure)* sujetar ◇ *intr.* anclar **at anchor** anclado.

an·chor·man [ˈæŋkəmæn] *n. pl.* **anchormen** TV presentador *m.*

an·cient [ˈeɪnʃənt] *adj.* 1 antiguo *(monument)* histórico 2 *fam. use* viejísimo ◇ *npl.* **the ancients** los antiguos *mpl.* **ancient history** historia antigua.

an·cil·lar·y [ænˈsɪlərɪ] *adj.* auxiliar.

and [ænd, *unstressed* ənd] *conj.* 1 y *(before i- and hi-)* e 2 *(with infinitives)* 3 *(expressing repetition, increase)* 4 *(with numbers)* 5 *(in sums)* más.

an·dan·te [ænˈdæntɪ] *adv.* andante ◇ *adj.* andante ◇ *n.* andante *m.*

An·de·an [ænˈdiːən, ˈændɪən] *adj.* andino.

An·des [ˈændiːz] *npl.* **the Andes** los Andes *mpl.*

An·dor·ra [ænˈdɔːrə] *n.* Andorra.

An·dor·ran [ænˈdɔːrən] *adj.* andorrano ◇ *n.* andorrano.

an·drog·y·nous [ænˈdrɒdʒɪnəs] *adj.* andrógino.

an·droid [ˈændrɔɪd] *n.* androide *m.*

an·ec·do·tal [ænɪkˈdəʊtəl] *n.* anecdótico.

an·ec·dote [ˈænɪkdəʊt] *n.* anécdota.

a·ne·mi·a [əˈniːmɪə] *n.* anemia.

a·ne·mic [əˈniːmɪk] *adj.* anémico.

a·nem·om·e·ter [ænɪˈmɒmɪtə] *n.* anemómetro.

a·nem·o·ne [əˈnemənɪ] *n.* BOT anémona.

an·es·the·sia [ænəsˈθiːzɪə] *n.* anestesia.

an·es·thet·ic [ænəsˈθetɪk] *adj.* anestésico ◇ *n.* anestésico.

an·es·the·tist [əˈniːsθətɪst] *n.* anestesista *mf.*

an·es·the·tize [əˈniːsθətaɪz] *tr.* anestesiar.

an·eu·rysm [ˈænjərɪzəm] *n.* aneurismo.

an·gel [ˈeɪndʒəl] *n.* 1 ángel *m.* 2 *(kind person)* cielo, sol *m.* *(child)* angelito.

an·gel·ic [ænˈdʒelɪk] *adj.* angelical.

an·ger [ˈæŋɡə] *n.* 1 cólera, ira, furia ◇ *tr.* encolerizar, enojar, enfurecer.

an·gle¹ [ˈæŋɡəl] *n.* 1 ángulo 2 *(point of view)* punto de vista, perspectiva ◇ *tr.* *(slant)* sesgar.

an·gle² [ˈæŋɡəl] *intr.* pescar, pescar con caña.

an·gler [ˈæŋɡlə] *n.* pescador, pescador de caña.

An·gli·cism [ˈæŋɡlɪsɪzəm] *n.* anglicismo.

An·gli·cize [ˈæŋɡlɪsaɪz] *tr.* anglicanizar.

an·gling [ˈæŋɡlɪŋ] *n.* pesca, pesca con caña.

An·glo-Sax·on [æŋɡləʊˈsæksən] *adj.* anglosajón ◇ *n.* 1 *(person)* anglosajón 2 *(language)* anglosajón *m.*

An·go·la [æŋˈɡəʊlə] *n.* Angola.

An·go·lan [æŋˈɡəʊlən] *adj.* angoleño ◇ *n.* angoleño.

A

an·gry ['æŋgrɪ] *adj. comp.* **angrier**, *superl.* **angriest 1** (*person*) enojado, enfadado **2** (*wound*) inflamado **3** (*sky*) tormentoso **to be angry with somebody** estar enfadado con alguien **to get angry** enojarse, enfadarse.

ang·strom ['æŋstrəm] *n.* ángstrom *m.*

an·guish ['æŋgwɪʃ] *n.* angustia.

an·guished ['æŋgwɪʃt] *adj.* angustiado.

an·gu·lar ['æŋgjʊlə*ʳ*] *adj.* **1** (*with angles, of angles*) angular **2** (*person*) anguloso.

an·i·mal ['ænɪməl] *adj.* animal ◇ *n.* animal *m.* **animal magnetism** magnetismo animal **animal rights** derechos mpl. de los animales.

an·i·mate [(*n*) 'ænɪmət; (*vb*) 'ænɪmeɪt] *adj.* animado, vivo ◇ *tr.* **1** animar **2** *fig. use* estimular.

an·i·mat·ed ['ænɪmeɪtɪd] *adj.* animado.

an·i·ma·tion [ænɪ'meɪʃən] *n.* **1** animación *f.* **2** (*life*) vida, marcha.

an·i·ma·tor ['ænɪmeɪtə*ʳ*] *n.* animador.

an·i·mos·i·ty [ænɪ'mɒsɪtɪ] *n. pl.* **animosities** animosidad *f.*

an·i·seed ['ænɪsiːd] *n.* anís *m.*

an·kle ['æŋkəl] *n.* tobillo.

an·nex [ə'neks] *tr.* anexar ◇ *n.* anexo.

an·nex·a·tion [ænek'seɪʃən] *n.* anexión *f.*

an·ni·hi·late [ə'naɪəleɪt] *tr.* aniquilar.

an·ni·hi·la·tion [ənaɪə'leɪʃən] *n.* aniquilación *f.*

an·ni·ver·sa·ry [ænɪ'vɜːsərɪ] *n. pl.* **anniversaries** aniversario.

an·nounce [ə'naʊns] *tr.* (*event*) anunciar (*fact*) anunciar, hacer saber, dar a conocer.

an·nounce·ment [ə'naʊnsmənt] *n.* anuncio.

an·nounc·er [ə'naʊnsə*ʳ*] *n.* (*on TV, radio*) presentador, locutor.

an·noy [ə'nɔɪ] *tr.* molestar, fastidiar.

an·noy·ance [ə'nɔɪəns] *n.* molestia.

an·noyed [ə'nɔɪd] *adj.* enfadado, enojado **to get annoyed with somebody** enfadarse con alguien.

an·noy·ing [ə'nɔɪɪŋ] *adj.* molesto, enojoso.

an·nu·al ['ænjʊəl] *adj.* annual ◇ *n.* **1** (*plant*) planta anual **2** (*book*) anuario.

an·nul [ə'nʌl] *tr. pt. & pp.* **annulled**, *ger.* **annulling** anular.

an·nul·ment [ə'nʌlmənt] *n.* anulación *f.*

a·nom·a·ly [ə'nɒməlɪ] *n. pl.* **anomalies** anomalía.

a·non [ə'nɒn] *adj.* (*abbr of anonymous*) anón.

a·no·nym·i·ty [ænə'nɪmɪtɪ] *n.* anonimia.

a·non·y·mous [ə'nɒnɪməs] *adj.* anónimo.

an·o·rex·i·a [ænə'reksɪə] *n.* anorexia **anorexia nerviosa** anorexia nervosa.

an·o·rex·ic [ænə'reksɪk] *adj.* anoréxico.

an·oth·er [ə'nʌðə*ʳ*] *adj.* otro ◇ *pron.* otro **at one time or another** en algún momento.

an·swer ['ɑːnsə*ʳ*] *n.* **1** (*reply*) respuesta, contestación **2** (*solution*) solución ◇ *tr.* **1** (*question*) responder a, contestar a **2** (*door*) abrir (*telephone*) contestar a, coger ◇ *intr.* **1** (*question*) responder, contestar **in answer to** en respuesta a **to have a lot to answer for** tener mucha culpa **to answer back** *tr. sep.* réplica ◇ *intr.* replicar.
to answer for ◇ *tr. insep* **1** (*guarantee*) responder por, garantizar **2** (*accept responsibility*) responder de **3** (*speak for*) responder por, contestar por.

an·swer·a·ble ['ɑːnsərəbəl] *adj.* responsable (*to*, ante) (*for*, de).

an·swer·ing ma·chine ['ɑːnsərɪŋməʃiːn] *n.* contestador *m.* automático.

ant [ænt] *n.* hormiga **ant hill** hormiguero.

ant·ac·id [ænt'æsɪd] *adj.* antiácido ◇ *n.* antiácido.

an·tag·o·nism [æn'tægənɪzəm] *n.* antagonismo.

an·tag·o·nist [æn'tægənɪst] *n.* antagonista *mf.*

an·tag·o·nis·tic [æntægə'nɪstɪk] *adj.* hostil, antagónico.

an·tag·o·nize [æn'tægənaɪz] *tr.* enemistarse con.

Ant·arc·tic [ænt'ɑːktɪk] *adj.* antártico ◇ *n.* **the Antarctic** Antártida **Antarctic Circle** Círculo Polar Antártico.

Ant·arc·ti·ca [ænt'ɑːktɪkə] *n.* Antártida.

ant·eat·er ['ænti:tə*ʳ*] *n.* oso hormiguero.

an·te·ced·ent [æntɪ'siːdənt] *adj.* antecedente ◇ *n.* antecedente *m.*

an·te·lope ['æntɪləʊp] *n.* antílope *m.*

an·te·na·tal [æntɪ'neɪtəl] *adj.* prenatal **antenatal clinic** centro de preparación al parto.

an·ten·na [æn'tenə] *n.* **1** *pl.* **antennae** [æn'teniː] (*of insect*) antena **2** *pl.* **antennas** (*aerial*) antena.

an·them ['ænθəm] *n.* motete, himno *m.*

an·thol·o·gy [æn'θɒlədʒɪ] *n. pl.* **anthologies** antología.

an·thra·cite ['ænθrəsaɪt] *n.* antracita.

an·thrax ['ænθræks] *n.* ántrax *m.*

an·thro·poid ['ænθrəpɔɪd] *adj.* antropoide ◇ *n.* antropoide *m.*

an·thro·pol·o·gist [ænθrə'pɒlədʒɪst] *n.* antropólogo.

an·thro·pol·o·gy [ænθrə'pɒlədʒɪ] *n.* antropología.

an·ti ['æntɪ] *prep.* en contra de.

an·ti·air·craft [æntɪ'eəkrɑːft] *adj.* antiaéreo.

an·ti·bi·ot·ic [æntɪbaɪ'ɒtɪk] *adj.* antibiótico ◇ *n.* antibiótico.

an·ti·bod·y ['æntɪbɒdɪ] *n. pl.* **antibodies** anticuerpo.

an·tic·i·pate [æn'tɪsɪpeɪt] *tr.* **1** (*expect*) esperar **2** (*get ahead of*) adelantarse a **3** (*forsee*) anticiparse a, prever.

an·tic·i·pa·tion [æntɪsɪ'peɪʃən] *n.* **1** (*expectation*) expectación *f.* **2** (*foresight*) previsión *f.* **in anticipation of** en previsión de.

an·ti·cli·mac·tic [æntɪklaɪ'mæktɪk] *adj.* decepcionante.

an·ti·cli·max [æntɪ'klaɪmæks] *n.* anticlímax *m.*

an·ti·co·ag·u·lant [æntɪkəʊ'ægjʊlənt] *adj.* anticoagulante ◇ *n.* anticoagulante *m.*

an·tics ['æntɪks] *npl.* payasadas fpl.

an·ti·cy·clone [æntɪ'saɪkləʊn] *n.* anticiclón *m.*

an·ti·de·pres·sant [æntɪdɪ'presənt] *adj.* antidepresivo ◇ *n.* antidepresivo.

an·ti·dote ['æntɪdəʊt] *n.* antídoto.

an·ti·freeze ['æntɪfriːz] *n.* anticongelante *m.*

an·ti·gen ['æntɪdʒən] *n.* antígeno.

an·ti·he·ro ['æntɪhɪərəʊ] *n. pl.* **antiheroes** antihéroe *m.*

an·ti·his·ta·mine [æntɪ'hɪstəmiːn] *n.* antihistamínico.

An·til·les [æn'tɪliːz] *npl.* Antillas fpl. **Greater Antilles** Grandes Antillas fpl. **Lesser Antilles** Pequeñas Antillas fpl.

an·ti·mat·ter ['æntɪmætə*ʳ*] *n.* antimateria.

an·ti·ox·i·dant [æntɪ'ɒksɪdənt] *n.* antioxidante *m.*

an·tip·a·thy [æn'tɪpəθɪ] *n. pl.* **antipathies** antipatía.

an·ti·per·spi·rant [æntɪ'pɜːspɪrənt] *n.* antitranspirante *m.*

an·tip·o·de·an [æntɪpə'diːən] *adj.* antípoda.

an·tip·o·des [æn'tɪpədiːz] *npl.* antípodas fpl. **the Antipodes** Australia y Nueva Zelanda.

an·ti·quat·ed ['æntɪkweɪtɪd] *adj.* anticuado.

an·tique [æn'tiːk] *adj.* antiguo ◇ *n.* antigüedad *f.*

an·tiq·ui·ty [æn'tɪkwɪtɪ] *n. pl.* **antiquities** antigüedad *f.*

an·ti·rust [æntɪ'rʌst] *adj.* antioxidante.

an·ti·sep·tic [æntɪ'septɪk] *adj.* antiséptico ◇ *n.* antiséptico.

an·ti·so·cial [æntɪ'səʊʃəl] *adj.* antisocial.

an·tith·e·sis [æn'tɪθəsɪs] n. antítesis f.

an·ti·thet·i·cal [ænti'eetɪkəl] adj. antitético.

an·to·nym ['æntənɪm] n. antónimo.

a·nus ['eɪnəs] n. ano.

an·vil ['ænvɪl] n. yunque m.

anx·i·e·ty [æŋ'zaɪətɪ] n. pl. **anxieties** 1 (concern) preocupación f, ansiedad f. (cause of concern) preocupación f. 2 MED ansiedad f. 3 (strong desire) ansia, afán m.

anx·ious ['æŋkʃəs] adj. 1 (worried) preocupado (about, por), inquieto 2 (desirous) ansioso **to be anxious to do something** desear hacer algo.

an·y ['enɪ] adj. 1 (in questions) algún 2 (negative) ningún 3 (no matter which) cualquier pron. 1 (in questions) alguno 2 (negative) ninguno 3 (no matter which) cualquiera ◇ adv. no suele traducirse **NOTA:** En preguntas y frases negativas no se usa any sino a o an con los sustantivos contables en singular.

an·y·bod·y ['enɪbɒdɪ] pron. 1 (in questions) alguien 2 (negative) nadie 3 (no matter who) cualquiera.

an·y·how ['enɪhaʊ] adv. 1 VER: anyway 2 (carelessly) de cualquier forma, de cualquier manera.

an·y·one ['enɪwʌn] pron. VER: anybody.

an·y·place ['enɪpleɪs] adv. VER: anywhere.

an·y·thing ['enɪθɪŋ] pron. 1 (in questions) algo, alguna cosa 2 (negative) nada 3 (no matter what) cualquier cosa.

an·y·way ['enɪweɪ] adv. 1 (in any case) de todas formas, de todos modos 2 (all the same) igual, de todos modos 3 (in conversation) bueno, bueno pues, total, en cualquier caso.

an·y·where ['enɪweəʳ] adv. 1 (in questions - situation) en algún sitio, en alguna parte (- direction) a algún sitio, a alguna parte 2 (negative - situation) en ningún sitio, en ninguna parte (- direction) a ningún sitio, a ninguna parte 3 (no matter where - situation) donde sea, en cualquier sitio (- direction) a donde sea, a cualquier sitio.

a·or·ta [eɪ'ɔːtə] n. aorta.

a·part [ə'pɑːt] adv. 1 (not together) separado (distant) alejado 2 (in pieces) en piezas **apart from** aparte de **to fall apart** deshacerse **to take apart** desarmar, desmontar **to tell apart** distinguir.

a·part·heid [ə'pɑːthaɪt] n. apartheid m.

a·part·ment [ə'pɑːtmənt] n. piso, apartamento **apartment block/apartment building** bloque m. de pisos.

ap·a·thet·ic [æpə'eetɪk] adj. apático.

ap·a·thy ['æpəeɪ] n. apatía.

ape [eɪp] n. simio ◇ tr. imitar.

Ap·en·nines ['æpənaɪnz] n. **the Apennines** los (montes) Apeninos mpl.

ap·er·ture ['æpətjəʳ] n. abertura.

a·pex ['eɪpeks] n. pl. **apexes** ápice m. (of triangle) vértice m.

aph·ro·dis·i·ac [æfrə'dɪzɪæk] adj. afrodisiaco ◇ n. afrodisiaco.

a·poc·a·lypse [ə'pɒkəlɪps] n. apocalipsis m.

a·poc·a·lyp·tic [əpɒkə'lɪptɪk] adj. apocalíptico.

a·poc·ry·phal [ə'pɒkrɪfəl] adj. imaginario, inventado.

a·po·lit·i·cal [eɪpə'lɪtɪkəl] adj. apolítico.

a·pol·o·get·ic [əpɒlə'dʒetɪk] adj. compungido, arrepentido.

a·pol·o·gize [ə'pɒlədʒaɪz] intr. disculparse, pedir perdón.

a·pol·o·gy [ə'pɒlədʒɪ] n. pl. **apologies** 1 (for mistake) disculpa 2 (fml. use) (of beliefs) apología 3 (poor example) remedio **to offer one's apologies** disculparse.

ap·o·plec·tic [æpə'plektɪk] adj. 1 MED apoplético 2 (angry) furioso.

a·pos·tle [ə'pɒsl] n. apóstol m.

a·pos·tro·phe [ə'pɒstrəfɪ] n. 1 (punctuation) apóstrofo 2 (in rhetoric) apóstrofe m.

Ap·pa·la·chi·ans [æpə'leɪʃənz] n. **the Appalachians** los (montes) Apalaches mpl.

ap·pall [ə'pɔːl] tr. pt. & pp. **appalled**, ger. **appalling** horrorizar.

ap·pall·ing [ə'pɔːlɪŋ] adj. 1 (horrific) horroroso 2 (bad) malísimo.

ap·pa·rat·us [æpə'reɪtəs] n. 1 (equipment) aparatos mpl. (piece of equipment) aparato 2 (structure) aparato.

ap·par·el [ə'pærəl] n. indumentaria.

ap·par·ent [ə'pærənt] adj. 1 (obvious) evidente 2 (seeming) aparente.

ap·pa·ri·tion [æpə'rɪʃən] n. aparición f.

ap·peal [ə'piːl] n. 1 (request) ruego, llamamiento (plea) súplica 2 (for money) campaña de recaudación de fondos 3 (attraction) atractivo 4 JUR apelación f. ◇ intr. 1 (request) pedir, solicitar (plead) suplicar 2 (attract) atraer 3 JUR apelar (against, -), recurrir (against, -)

ap·peal·ing [ə'piːlɪŋ] adj. 1 (moving) suplicante 2 (attractive) atrayente, atractivo.

ap·pear [ə'pɪəʳ] intr. 1 (become visible) aparecer 2 (before a court, etc.) comparecer (before, ante) 3 (on stage, etc.) actuar 4 (seem) parecer 5 (on TV, in film, in newspaper) salir **so it appears/so it would appear** así parece.

ap·pear·ance [ə'pɪərəns] n. 1 (becoming visible) aparición f. 2 (before a court, etc.) comparecencia 3 (on stage) actuación f. 4 (look) apariencia, aspecto **appearances can be deceptive** las apariencias engañan **to all appearances** por lo que parece (parecía, etc.) **to keep up appearances** guardar las apariencias.

ap·pen·di·ces [ə'pendɪsiːz] npl. VER: appendix.

ap·pen·di·ci·tis [əpendɪ'saɪtɪs] n. apendicitis f.

ap·pen·dix [ə'pendɪks] n. 1 pl. **appendices** (in book) apéndice m. 2 pl. **appendixes** MED apéndice m. **to have one's appendix out** operarse de apendicitis.

ap·pe·tite ['æpɪtaɪt] n. apetito.

ap·pe·tiz·ing ['æpɪtaɪzɪŋ] adj. apetitoso.

ap·plaud [ə'plɔːd] intr. (clap) aplaudir ◇ tr. 1 (clap) aplaudir 2 (praise) alabar.

ap·plause [ə'plɔːz] n. aplauso.

ap·ple ['æpəl] n. manzana **to be the apple of somebody's eye** ser la niña de los ojos de alguien **apple green** manzana verde m. **apple pie** tarta de manzana **apple tree** manzano **cooking apple** manzana ácida **the Big Apple** Nueva York.

ap·pli·ance [ə'plaɪəns] n. 1 (device) aparato 2 (fire engine) coche m. de bomberos.

ap·pli·ca·ble ['æplɪkəbəl] adj. aplicable.

ap·pli·cant ['æplɪkənt] n. (for job) candidato, aspirante mf. solicitante mf.

ap·pli·ca·tion [æplɪ'keɪʃən] n. 1 (for job) solicitud f. 2 (of ointment, theory, etc.) aplicación f. 3 (effort) diligencia.

ap·pli·ca·tor ['æplɪkeɪtəʳ] n. aplicador m.

ap·plied [ə'plaɪd] adj. aplicado.

ap·ply [ə'plaɪ] tr. pt. & pp. **applied**, ger. **applying** (ointment, theory, etc.) aplicar ◇ intr. 1 (be true) aplicarse, ser aplicable 2 (for job) solicitar **to apply oneself to something** aplicarse a algo, aplicarse en algo.

ap·point [ə'pɔɪnt] tr. 1 (person for job) nombrar 2 (day, date, etc.) fijar, señalar.

ap·point·ment [ə'pɔɪntmənt] n. 1 *(meeting - with lawyer, etc.)* cita *(- with hairdresser, dentist, doctor)* hora 2 *(person for job)* nombramiento.

ap·pre·ci·a·ble [ə'priːʃəbəl] adj. apreciable.

ap·pre·ci·ate [ə'priːʃieɪt] tr. 1 *(be thankful for)* agradecer 2 *(understand)* entender, comprender 3 *(value)* valorar, apreciar ◇ intr. revalorizarse, valorizarse.

ap·pre·ci·a·tion [əpriːʃi'eɪʃən] n. 1 *(thanks)* agradecimiento, gratitud f. 2 *(understanding)* comprensión f. 3 *(appraisal)* evaluación f. 4 *(increase in value)* apreciación f, aumento en valor.

ap·pre·hend [æprɪ'hend] tr. 1 *(arrest)* detener, capturar 2 *(understand)* comprender.

ap·pre·hen·sion [æprɪ'henʃən] n. 1 *(arrest)* detención f, captura f 2 *(fear)* aprensión f, temor m. recelo.

ap·pre·hen·sive [æprɪ'hensɪv] adj. *(fearful)* aprensivo, temeroso, receloso.

ap·pren·tice [ə'prentɪs] n. aprendiz **to apprentice somebody to somebody** poner a alguien como aprendiz con alguien.

ap·pren·tice·ship [ə'prentɪʃɪp] n. aprendizaje m.

ap·proach [ə'prəʊtʃ] n. 1 *(coming near)* aproximación f, acercamiento *(arrival)* llegada 2 *(way in)* acceso, entrada 3 *(to problem)* enfoque ◇ intr. 1 *(come near)* acercarse, aproximarse ◇ tr. 1 *(come near)* acercarse a, aproximarse a 2 *(tackle - problem)* enfocar, abordar *(- person)* dirigirse a **to make approaches to somebody** hacer propuestas a alguien **approach road** vía de acceso.

ap·proach·ing [ə'prəʊtʃɪŋ] adj. que se acerca.

ap·pro·pri·ate [*(adj)* ə'prəʊprɪət; *(vb)* ə'prəʊprieɪt] adj. apropiado, adecuado, indicado ◇ tr. 1 *(allocate)* asignar, destinar 2 *(steal)* apropiarse de **at the appropriate time** en el momento oportuno.

ap·pro·pri·a·tion [əprəʊprɪ'eɪʃən] n. 1 *(allocation)* asignación f. 2 *(sum of money)* partida 3 *(seizure)* apropiación f.

ap·prov·al [ə'pruːvəl] n. aprobación f, visto bueno, beneplácito **on approval** a prueba **to give one's approval** dar el visto bueno **to meet with somebody's approval** merecer la aprobación de alguien.

ap·prove [ə'pruːv] tr. aprobar, dar el visto bueno a. **to approve of** tr. insep aprobar, estar de acuerdo con, ver con buenos ojos.

ap·prox·i·mate [*(adj)* ə'prɒksɪmət; *(vb)* ə'prɒksɪmeɪt] adj. aproximado ◇ intr. aproximarse (to, a).

Apr ['eɪprɪl] abbr. *(April)* abril.

a·pri·cot ['eɪprɪkɒt] n. 1 *(fruit)* albaricoque m. 2 *(color)* color m. asalmonado **apricot jam** mermelada de albaricoque **apricot tree** albaricoquero.

A·pril ['eɪprɪl] n. abril m. **April Fool** inocente m. **April Fool's Day** el día 1 de abril (± día de los Santos Inocentes) **NOTA:** Para ejemplos de uso, ver May.

a·pron ['eɪprən] n. 1 *(garment - domestic)* delantal m. *(- workman's)* mandil m. 2 *(at airport)* pista de estacionamiento 3 *(in theater)* proscenio.

apt [æpt] adj. 1 *(suitable)* apropiado *(remark)* acertado 2 *(liable to)* propenso.

apt. [ə'pɑːtmənt] abbr. *(apartment)* apartamento, piso.

ap·ti·tude ['æptɪtjuːd] n. aptitud f. **aptitude test** prueba de aptitud.

aq·ua·ma·rine [ækwəmə'riːn] n. 1 *(stone)* aguamarina 2 *(color)* color m. aguamarina.

a·quar·i·um ['ə'kweərɪəm] n. pl. **aquaria** o **aquariums** acuario.

a·quat·ic [ə'kwætɪk] adj. acuático.

aq·ue·duct ['ækwɪdʌkt] n. acueducto.

ar·ab ['ærəb] adj. árabe ◇ n. *(person)* árabe mf.

A·ra·bi·a [ə'reɪbɪə] n. Arabia.

A·ra·bi·an [ə'reɪbɪən] adj. árabe, arábigo ◇ n. árabe mf. **Arabian Peninsula** Península Arábiga **Arabian Sea** Mar m. Arábigo **the Arabian Nights** las mil y una noches fpl.

Ar·a·bic ['ærəbɪk] adj. Árabe ◇ n. *(language)* Árabe m. **arabic numerals** números mpl. arábigos **gum Arabic** goma arábiga.

ar·a·ble ['ærəbəl] adj. cultivable.

a·rach·nid [ə'ræknɪd] n. arácnido.

Ar·al ['ærəl] n. **Aral Sea** Mar m. de Aral.

ar·bi·trar·y ['ɑːbɪtrəri] adj. arbitrario.

arc [ɑːk] n. 1 arco 2 ELEC arco voltaico.

ar·cade [ɑː'keɪd] n. 1 pasaje m. **shopping arcade** galerías fpl. comerciales.

arch¹ [ɑːtʃ] n. 1 ARCH arco *(vault)* bóveda 2 *(of foot)* empeine ◇ tr. 1 *(back, eyebrows)* arquear, enarcar 2 *(vault)* abovedar ◇ intr. 1 *(back, eyebrows)* arquearse 2 *(vault)* formar bóveda.

arch² [ɑːtʃ] adj. pícaro.

ar·cha·ic [ɑː'keɪɪk] adj. arcaico.

ar·cha·ism ['ɑːkeɪɪzəm] n. arcaísmo.

arch-en·e·my [ɑːtʃ'enəmɪ] n. pl. **arch-enemies** archienemigo.

ar·che·o·log·i·cal [ɑːkɪə'lɒdʒɪkəl] adj. arqueológico.

ar·che·ol·o·gist [ɑːkɪ'ɒlədʒɪst] n. arqueólogo.

ar·che·ol·o·gy [ɑːkɪ'ɒlədʒɪ] n. arqueología.

arch·er ['ɑːtʃəʳ] n. arquero.

arch·er·y ['ɑːtʃərɪ] n. tiro con arco.

ar·chi·pel·a·go [ɑːkɪ'pelɪɡəʊ] n. pl. **archipelagos** o **archipelagoes** archipiélago.

ar·chi·tect ['ɑːkɪtekt] n. 1 *(of buildings)* arquitecto 2 *(person responsible)* artífice mf.

ar·chi·tec·tur·al [ɑːkɪ'tektʃərəl] adj. arquitectónico.

ar·chi·tec·ture ['ɑːkɪtektʃəʳ] n. arquitectura.

ar·chives ['ɑːkaɪvz] npl. archivo m. sing.

arch·way ['ɑːtʃweɪ] n. arco.

Arc·tic ['ɑːktɪk] adj. ártico ◇ n. **the Arctic** el Ártico **the Arctic Circle** el Círculo Polar Ártico **the Arctic Ocean** el océano Ártico.

ar·du·ous ['ɑːdjʊəs] adj. arduo.

are [ɑːʳ, əʳ] pres. **VER: be**.

ar·e·a ['eərɪə] n. 1 *(extent)* área, superficie 2 *(region)* región f. *(of town)* zona 3 *(field)* campo.

a·re·na [ə'riːnə] n. 1 *(stadium)* estadio 2 *(in amphitheater)* arena 3 fig. use ámbito.

aren't [ɑːnt] contr. **VER: are not**.

Ar·gen·ti·na [ɑːdʒən'tiːnə] n. Argentina.

Ar·gen·tin·i·an [ɑːdʒən'tɪnɪən] adj. argentino ◇ n. argentino.

ar·gon ['ɑːɡɒn] n. argón m.

ar·gu·a·ble ['ɑːɡjʊəbəl] adj. discutible.

ar·gu·a·bly ['ɑːɡjʊəblɪ] adv. posiblemente.

ar·gue ['ɑːɡjuː] intr. 1 *(quarrel)* discutir (with, con) 2 *(reason)* argüir, argumentar, sostener ◇ tr. *(present)* presentar, exponer **to argue the toss** discutir, seguir discutiendo **to argue for** tr. insep abogar por, argumentar a favor de. **to argue against** tr. insep argumentar en contra de.

ar·gu·ment ['ɑːɡjʊmənt] n. 1 *(quarrel)* discusión f, disputa 2 *(reasoning)* argumento **for the sake of argument** por decir algo **to have an argument with somebody** discutir con alguien, tener una discusión con alguien.

ar·gu·men·ta·tive [ɑːɡjʊ'mentətɪv] adj. que discute, que replica.

ar·id ['ærɪd] adj. árido.

a·rise [ə'raɪz] intr. pt **arose** 1 *(occur)* surgir (from, de) 2 arch. *(get up)* levantarse *(stand up)* ponerse de pie.

ar·is·toc·ra·cy [ærɪs'tɒkrəsɪ] n. pl. **aristocracies** aristocracia.

a·ris·to·crat ['ærɪstəkræt, ʊʃ ə'rɪstəkræt] *n.* aristócrata *mf.*

a·ris·to·crat·ic [ærɪstə'krætɪk] *adj.* aristocrático.

a·rith·me·tic [*(n)* ə'rɪθmətɪk; *(adj)* ærɪθ'metɪk] *n.* aritmética ◇ *adj.* aritmético.

a·rith·me·tic·al [ærɪθ'metɪkəl] *adj.* aritmético **arithmetical progression** *progresión t. aritmética.*

arm [ɑːm] *n.* **1** ANAT brazo **2** *(of coat, etc.)* manga **3** *(of chair)* brazo **4** *(of organization)* rama ◇ *tr.* **1** armar ◇ *intr.* **1** armarse ◇ *npl.* **arms 1** *(weapons)* armas *fpl.* **arm in arm** cogidos del brazo **with open arms** con los brazos abiertos **to be up in arms about something** estar furioso por algo **to keep somebody at arm's length** mantener a alguien a distancia **arms control** control m. armamentístico **arms race** carrera armamentística.

Ar·ma·ged·don [ɑːmə'gedən] *n.* guerra del fin del mundo.

arm·band ['ɑːmbænd] *n.* **1** MIL brazal m. **2** *(for swimming)* manguito.

arm·chair [ɑːm'tʃeə ʳ] *n.* sillón *m.*

armed [ɑːmd] *adj.* armado **armed to the teeth** armado hasta los dientes **armed forces** fuerzas *fpl.* armadas **armed robbery** robo a mano armada.

Ar·me·ni·a [ɑː'miːnɪə] *n.* Armenia.

Ar·me·ni·an [ɑː'miːnɪən] *adj.* armenio ◇ *n.* **1** *(person)* armenio **2** *(language)* armenio.

arm·ful ['ɑːmfʊl] *n.* brazada, brazado.

ar·mi·stice ['ɑːmɪstɪs] *n.* armisticio.

ar·mor ['ɑːmə ʳ] *n.* **1** armadura **2** *(on vehicle)* blindaje *m.*

ar·mored ['ɑːməd] *adj.* **1** *(column, etc.)* acorazado **2** *(vehicle)* blindado **armored car** carro blindado.

arm·pit ['ɑːmpɪt] *n.* axila, sobaco.

arm·rest ['ɑːmrest] *n.* brazo.

ar·my ['ɑːmɪ] *n. pl.* **armies** ejército **to join the army** alistarse en el ejército.

a·ro·ma [ə'rəʊmə] *n.* aroma *m.*

a·ro·mat·ic [ærə'mætɪk] *adj.* aromático.

a·rose [ə'rəʊz] *pt.* VER: arise.

a·round [ə'raʊnd] *adv.* **1** *(near, in the area)* alrededor **2** *(from place to place)* **3** *(available, in existence)* **4** *(to face the opposite way)* **5** *(approximately)* alrededor de ◇ *prep.* **1** *(near)* **2** *(all over)* **3** *(in a circle or curve)* alrededor de **4** *(at)* sobre, cerca de **around the corner** a la vuelta de la esquina.

a·rou·sal [ə'raʊzəl] *n.* excitación *f.*

a·rouse [ə'raʊz] *tr.* **1** *(awake)* despertar **2** *(sexually)* excitar.

ar·range [ə'reɪndʒ] *tr.* **1** *(hair, flowers)* arreglar *(furniture, etc.)* colocar, ordenar **2** *(plan)* planear, organizar **3** *(music)* arreglar **4** *(marriage)* concertar **5** *(agree on)* acordar **6** *(take care of)* arreglar, encargarse de ◇ *intr.* hacer preparativos **to arrange to do something** quedar en hacer algo.

ar·range·ment [ə'reɪndʒmənt] *n.* **1** *(of flowers)* arreglo, arreglo floral **2** *(agreement)* acuerdo, arreglo **3** MUS arreglo ◇ *npl.* **arrangements 1** *(plans)* planes *mpl.* **2** *(preparations)* preparativos *mpl.* **to make arrangements** hacer los preparativos.

ar·rest [ə'rest] *n.* arresto, detención *f.* ◇ *tr.* **1** arrestar, detener **2** *[fml. use]* *(stop)* detener **to arrest somebody's attention** llamar la atención a alguien **to be under arrest** estar detenido, estar bajo arresto **to place somebody under arrest** detener a alguien.

ar·ri·val [ə'raɪvəl] *n.* llegada **late arrival** persona que llega tarde **new arrival** *(person)* recién llegado *(baby)* recién nacido.

ar·rive [ə'raɪv] *intr.* **1** llegar **2** *(be born)* nacer.

ar·ro·gance ['ærəgəns] *n.* arrogancia.

ar·ro·gant ['ærəgənt] *adj.* arrogante.

ar·row ['ærəʊ] *n.* flecha.

ar·se·nal ['ɑːsənəl] *n.* arsenal *m.*

ar·son ['ɑːsən] *n.* incendio provocado.

ar·son·ist ['ɑːsənɪst] *n.* incendiario, pirómano.

art [ɑːt] *n.* **1** *(painting, etc.)* arte m. **2** *(skill)* arte m. habilidad f. ◇ *npl.* **arts** *(branch of knowledge)* letras *fpl.* **art dealer** marchante m. **art exhibition** exposición f. de obras de arte **art gallery** *(museum)* pinacoteca *(commercial)* galería de arte **art school** escuela de bellas artes.

ar·te·ri·al [ɑː'tɪərɪəl] *adj.* **1** ANAT arterial **2** *(road)* principal, importante.

ar·ter·y ['ɑːtərɪ] *n. pl.* **arteries** ANAT arteria.

ar·thrit·ic [ɑː'θrɪtɪk] *adj.* artrítico.

ar·thri·tis [ɑː'raɪtəs] *n.* artritis *f.*

article ['ɑːtɪkəl] *n.* **1** artículo **2** LING artículo ◇ *npl.* **articles** contrato de aprendizaje **to be articled to a firm of solicitors** ser abogado en prácticas con un gabinete de abogados **article of clothing** prenda de vestir **definite article** artículo determinado **indefinite article** artículo indeterminado **leading article** editorial *m.*

ar·tic·u·late [*(adj)* ɑː'tɪkjʊlət; *(vb)* ɑː'tɪkjʊleɪt] *adj.* *(person)* que se expresa con facilidad *(speech)* claro ◇ *tr.* **1** articular **2** *(pronounce)* pronunciar.

ar·tic·u·la·tion [ɑːtɪkjʊ'leɪʃən] *n.* **1** *(of sound)* articulación f. **2** *(of idea)* expresión f. **3** *(joint)* articulación *f.*

ar·ti·fact ['ɑːtɪfækt] *n.* artefacto.

ar·ti·fi·cial [ɑːtɪ'fɪʃəl] *adj.* **1** *(flowers, light, etc.)* artificial **2** *(limb)* ortopédico *(hair)* postizo **3** *(smile, etc.)* afectado, fingido **artificial insemination** inseminación f. artificial **artificial intelligence** inteligencia artificial **artificial respiration** respiración f. artificial.

ar·til·ler·y [ɑː'tɪlərɪ] *n.* artillería.

ar·ti·san ['ɑːtɪzæn] *n.* artesano.

art·ist ['ɑːtɪst] *n.* **1** artista mf. **2** *(painter)* pintor.

ar·tis·tic [ɑː'tɪstɪk] *adj.* artístico.

art·work ['ɑːtwɜːk] *n.* ilustraciones *fpl.*

as [æz, *unstressed* əz] *prep.* como ◇ *adv.* *(in comparatives)* tan ◇ *conj.* **1** *(while)* mientras *(when)* cuando **2** *(because)* ya que, como **3** *(although)* aunque **4** *(showing manner)* como **5** *(and so too)* como, igual que **as against** frente a, en comparación con **as far as** hasta **as far as I know** que yo sepa **as far as I'm concerned** por lo que a mí respecta **as for** en cuanto a **as if** como si **as it is** tal como están las cosas **as it were** por así decirlo **as long as** mientras **as of** desde **as often as not** las más de las veces **as soon as** tan pronto como **as though** como si **as well as** además de **as yet** hasta ahora, de momento.

a.s.a.p. ['eɪ'es'eɪ'piː] *abbr.* *(as soon as possible)* tan pronto como sea posible.

as·bes·tos [æs'bestəs] *n.* amianto, asbesto.

as·bes·to·sis [æsbes'təʊsɪs] *n.* asbestosis *f.*

as·cend [ə'send] *tr.* ascender, subir a ◇ *intr.* ascender, subir **to ascend the throne** subir al trono.

as·cent [ə'sent] *n.* **1** *(slope)* subida **2** *(climb)* ascensión *f.*

as·cer·tain [æsə'teɪn] *tr.* averiguar.

a·sex·u·al [eɪ'sekjʊəl] *adj.* asexual.

ash¹ [æʃ] *n.* ceniza ◇ *npl.* **ashes** cenizas fpl. **Ash Wednesday** miércoles m. de ceniza.

ash² [æʃ] *n.* *(tree)* fresno *(wood)* madera de fresno **ash tree** fresno **ash grove** fresneda.

a·shamed [əˈʃeɪmd] *adj.* avergonzado **to be ashamed of...** *avergonzarse de..., tener vergüenza de...*

a·shore [əˈʃɔː ʳ] *adv. (position)* en tierra *(movement)* a tierra **to go ashore** *desembarcar* **to put somebody ashore** *desembarcar a alguien*

ash·tray [ˈæʃtreɪ] *n.* cenicero.

A·sia [ˈeɪʃə, ˈeɪʒə] *n.* Asia **Asia Minor** *Asia Menor.*

A·sian [ˈeɪʃən, ˈeɪʒən] *adj.* asiático ◇ *n.* asiático.

A·si·at·ic [eɪʃiˈætɪk, eɪʒiˈætɪk] *adj.* asiático.

a·side [əˈsaɪd] *adv.* al lado, a un lado ◇ *n. (comment -gen)* inciso *(-in theater)* aparte *m.* **aside from** *aparte de* **to cast aside** *echar a un lado* **to set aside** *apartar, reservar* **to step aside** *apartarse* **to take somebody aside** *separar a alguien (del grupo) para hablar aparte.*

ask [ɑːsk] *tr.* 1 *(inquire)* preguntar 2 *(request)* pedir 3 *(invite)* convidar ◇ *intr.* 1 *(inquire)* preguntar 2 *(request)* pedir **to ask for it** *buscárselo* **to be asking for trouble** *estarse buscando problemas* **to ask for** *tr. insep (thing)* pedir *(person)* preguntar por **to ask out** *tr. sep.* invitar a salir.

a·sleep [əˈsliːp] *adj. (person)* dormido *(leg, etc.)* adormecido.

as·pect [ˈæspekt] *n.* 1 *(gen)* aspecto 2 *(question)* asunto, tema *m.* cuestión 3 *(of building)* orientación.

as·phalt [ˈæsfælt] *n.* asfalto ◇ *tr.* asfaltar.

as·phyx·i·ate [əsˈfɪksieɪt] *tr.* asfixiar.

as·pi·ra·tion [æspəˈreɪʃən] *n.* 1 LING aspiración *f.* 2 *(ambition)* aspiración *f.*, ambición *f.*

as·pire [əsˈpaɪə ʳ] *intr.* aspirar (to, a).

as·pi·rin® [ˈæspɪrɪn] *n.* aspirina.

as·pir·ing [əˈspaɪərɪŋ] *adj.* aspirante.

ass¹ [æs] *n. (animal)* burro, asno *(person)* burro, imbécil *mf.* **to make an ass of oneself** *quedar en ridículo.*

ass² [æs] *n. (taboo)* culo.

as·sas·sin [əˈsæsɪn] *n.* asesino.

as·sas·si·nate [əˈsæsɪneɪt] *tr.* asesinar.

as·sas·si·na·tion [əsæsɪˈneɪʃən] *n.* asesinato.

as·sault [əˈsɔːlt] *n.* 1 MIL asalto, ataque *m.* 2 JUR agresión *f.* ◇ *tr.* JUR *(gen)* agredir *(sexually)* abusar de **assault and battery** *lesiones fpl.* **assault course** *pista americana* **assault craft** *lancha de combate* **assault rifle** *fusil m. de asalto* **indecent assault** *abusos mpl. deshonestos.*

as·sem·ble [əˈsembl] *tr.* 1 *(bring together - people)* reunir *(- things)* reunir, juntar *(- facts, etc.)* recopilar, recoger 2 *(put together)* montar 3 COMPUT ensamblar ◇ *intr.* reunirse.

as·sem·bly [əˈsemblɪ] *n. pl.* **assemblies** 1 *(meeting)* reunión *f.* 2 *(group, body)* asamblea 3 *(in school)* reunión de alumnos y profesores antes de iniciar las clases por la mañana 4 TECH *(putting together)* montaje *m. (unit)* unidad *f.* **assembly hall** *sala de actos* **assembly line** *cadena de montaje* **assembly point** *punto de reunión* **right of assembly** *libertad f. de reunión* **assembly plant** *planta de montaje.*

as·sert [əˈsɜːt] *tr. (declare)* aseverar, afirmar **to assert oneself** *imponerse* **to assert one's authority** *imponer la autoridad.*

as·sess [əˈses] *tr.* 1 *(value)* tasar, valorar 2 *(calculate)* calcular 3 *fig. use* evaluar.

as·sess·ment [əˈsesmənt] *n.* 1 *(valuation)* tasación *f.*, valoración *f.* 2 *(calculation)* cálculo 3 *fig. use* evaluación *f.* **continuous assessment** *evaluación f. continua.*

as·ses·sor [əˈsesə ʳ] *n.* 1 *(advisor)* asesor 2 *(of taxes)* tasador *(of merits)* evaluador.

as·set [ˈæset] *n.* 1 *(quality)* calidad *f.* positiva, ventaja 2 *(person)* elemento valioso ◇ *npl.* **assets** COMM activo *m. sing.* **assets and liabilities** *positivo y activo* **capital assets** *activo fijo* **current assets** *activo realizable* **fixed assets** *activo inmovilizado* **liquid assets** *activo realizable* **personal assets** *bienes mpl. muebles.*

ass·hole [ˈæshəʊl] *n.* 1 *(taboo) (anus)* ano 2 *(taboo) (person)* pendejo *mf.*

as·sign [əˈsaɪn] *tr.* 1 *(thing to a person)* asignar, atribuir 2 *(task to person)* asignar 3 *(person - to place)* atribuir, transferir *(- to group)* ceder 4 *(role, value)* asignar 5 *(property, rights)* ceder.

as·sign·ment [əˈsaɪnmənt] *n.* 1 *(act of assigning)* asignación *f.* 2 *(mission)* misión *f.* 3 *(task)* tarea.

as·sist [əˈsɪst] *tr.* ayudar ◇ *intr.* ayudar **to assist the police with their enquiries** *prestar declaración ante la policía.*

as·sis·tance [əˈsɪstəns] *n.* ayuda **to be of assistance** *ayudar* **to come to somebody's assistance** *ayudar a alguien.*

as·sis·tant [əˈsɪstənt] *n.* 1 *(helper)* ayudante *mf.* 2 *(in shop)* dependiente *mf.* **assistant manager** *subdirector, director adjunto.*

as·so·ci·ate [(adj-n) əˈsəʊʃiət (vb) əˈsəʊʃieɪt] *adj.* 1 *(company)* asociado 2 *(member)* correspondiente ◇ *n. (partner)* socio ◇ *tr.* asociar ◇ *intr.* relacionarse (with), juntarse (with) **to be associated with something** *tener que ver con algo, estar relacionado con algo.*

as·so·ci·a·tion [əsəʊsiˈeɪʃən] *n.* asociación *f.* **in association with** *en colaboración con.*

as·sort·ed [əˈsɔːtɪd] *adj.* surtido, variado.

as·sort·ment [əˈsɔːtmənt] *n.* surtido, variedad *f.*

asst. [əˈsɪstənt] *abbr. (assistant)* ayudante *mf. (abbreviation)* ayte.

as·sume [əˈsjuːm] *tr.* 1 *(suppose)* suponer 2 *(power, responsibility)* tomar, asumir 3 *(attitude, expression)* adoptar.

as·sump·tion [əˈsʌmpʃən] *n.* 1 *(supposition)* suposición *f.* 2 *(of power)* asunción *f.*

as·sur·ance [əˈʃʊərəns] *n.* 1 *(guarantee)* garantía 2 *(confidence)* seguridad *f.*, confianza 3 *(insurance)* seguro **life assurance** *seguro de vida.*

as·sure [əˈʃʊə ʳ] *tr.* asegurar.

as·sured [əˈʃʊəd] *adj.* seguro ◇ *n.* **the assured** *(man)* el asegurado *(woman)* la asegurada.

as·ter·isk [ˈæstərɪsk] *n.* asterisco.

as·ter·oid [ˈæstərɔɪd] *n.* asteroide *m.*

asth·ma [ˈæsmə] *n.* asma.

asth·mat·ic [æsˈmætɪk] *adj.* asmático ◇ *n.* asmático.

as·ton·ish [əsˈtɒnɪʃ] *tr.* asombrar, sorprender.

as·ton·ished [əsˈtɒnɪʃt] *adj.* asombrado.

as·ton·ish·ing [əsˈtɒnɪʃɪŋ] *adj.* asombroso, sorprendente.

as·ton·ish·ment [əsˈtɒnɪʃmənt] *n.* asombro.

as·tral [ˈæstrəl] *adj.* astral.

a·stray [əˈstreɪ] *adv.* extraviado **to go astray** *(err)* descarriarse *(be lost)* extraviarse **to lead astray** *pervertir, llevar por el mal camino.*

as·trol·o·ger [əsˈtrɒlədʒə ʳ] *n.* astrólogo.

as·trol·o·gy [əsˈtrɒlədʒɪ] *n.* astrología.

as·tro·naut [ˈæstrənɔːt] *n.* astronauta *mf.*

as·tron·o·mer [əsˈtrɒnəmə ʳ] *n.* astrónomo.

as·tro·nom·i·cal [æstrəˈnɒmɪkəl] *n.* astronómico.

as·tron·o·my [əsˈtrɒnəmɪ] *n.* astronomía *f.*

as·tro·phys·i·cist [æstrəʊˈfɪzɪsɪst] *n.* astrofísico.

as·tro·phys·ics [æstrəʊˈfɪzɪks] *n.* astrofísica *f.*

as·tute [əsˈtjuːt] *adj.* astuto, sagaz.

a·sy·lum [əˈsaɪləm] *n.* 1 *(political)* asilo, refugio 2 *(mentally ill)* manicomio **mental asylum** *manicomio.*

a·sym·met·ric [æsɪ'metrɪk] *adj.* asimétrico **asymmetric bars** *barras fpl.* asimétricas.

at¹ [æt, *unstressed* ət] *prep.* **1** *(position)* en, a **2** *(time)* a **3** *(direction, violence)* a, contra **4** *(with numbers)* a **5** *(state)* **6** *(ability)* ⬦ *adj. (reaction, result)* **at first** al principio **at last!** ¡por fin! **at least** por lo menos **at most** como máximo **at the earliest** lo más pronto **at the latest** como tarde, a más tardar **at the moment** ahora **at worst** en el peor de los casos.

at² [æt] *n. (Internet)* arroba.

ate [et, eɪt] *pt.* VER: eat.

a·the·ism ['eɪθɪɪzəm] *n.* ateísmo.

a·the·ist ['eɪθɪɪst] *n.* ateo.

ath·lete ['æθliːt] *n.* atleta *mf.* **athlete's foot** *pie m.* de atleta.

ath·let·ic [æθ'letɪk] *adj.* **1** atlético **2** *(sporty)* deportista **athletic support** suspensorio.

ath·let·ics [æθ'letɪks] *n.* atletismo **athletics club** *club m.* de atletismo **athletics meeting** *reunión f.* atlética.

At·lan·tic [ət'læntɪk] *adj.* atlántico **the Atlantic (Ocean)** *el (océano)* Atlántico.

at·las ['ætləs] *n.* atlas *m. inv.*

At·las ['ætləs] *npl.* **the Atlas Mountains** *el* Atlas *m.*

at·mos·phere ['ætməsfɪəʳ] *n.* **1** atmósfera **2** *(ambience)* ambiente *m.* atmósfera.

at·mos·pher·ic [ætməs'ferɪk] *adj.* atmosférico **atmospheric pressure** *presión f.* atmosférica.

at·om ['ætəm] *n.* **1** átomo **2** *fig. use* ápice *m.* pizca **atom bomb** *bomba* atómica.

a·tom·ic [ə'tɒmɪk] *adj.* atómico **atomic bomb** *bomba* atómica **atomic energy** *energía* atómica **atomic number** *número* atómico **atomic pile** *pila* atómica **atomic warfare** *guerra* atómica **atomic weight** *peso* atómico.

a·tro·cious [ə'trəʊʃəs] *adj.* **1** *(cruel)* atroz **2** *[fam. use]* fatal, malísimo.

a·troc·i·ty [ə'trɒsɪtɪ] *n. pl.* **atrocities** atrocidad *f.*

at·tach [ə'tætʃ] *tr.* **1** *(fasten)* sujetar **2** *(tie)* atar **3** *(stick)* pegar **4** *(document)* adjuntar **5** *(person)* agregar, destinar, adscribir **to attach importance to** considerar importante, dar importancia a.

at·tached [ə'tætʃt] *adj. (document)* adjunto **to be attached to** tener cariño a **a grow attached to** coger cariño a, encariñarse con.

at·tach·ment [ə'tætʃmənt] *n.* **1** TECH accesorio **2** *(to an e-mail)* anexo **3** *(fondness)* cariño, apego.

at·tack [ə'tæk] *n. (gen)* ataque *m. (terrorist)* atentado ⬦ *tr.* **1** *(gen)* atacar *(terrorist)* atentar contra **2** *(task, problem)* acometer *(person)* agredir, atacar ⬦ *intr.* atacar **on the attack** atacando **to come under attack** ser atacado **to launch an attack on** lanzar un ataque a.

at·tack·er [ə'tækəʳ] *n.* atacante *mf.* agresor.

at·tempt [ə'tempt] *n. (try)* intento, tentative ⬦ *tr.* intentar **to make an attempt on somebody's life** atentar contra la vida de alguien.

at·tend [ə'tend] *tr.* **1** *(be present at)* asistir a **2** *(care for)* atender, cuidar **3** *(accompany)* acompañar ⬦ *intr.* **1** *(be present)* asistir **2** *(pay attention)* prestar atención.

at·tend·ance [ə'tendəns] *n.* **1** *(being present)* asistencia **2** *(people present)* asistentes *mpl.* **to be in attendance on** *(accompany)* acompañar *(tend to)* asistir a.

at·tend·ant [ə'tendənt] *n. (in car park, museum)* vigilante *m. (in cinema)* acomodador.

at·ten·tion [ə'tenʃən] *n.* atención *f.* ⬦ *interj.* **attention!** MIL ¡firmes! **for the attention of** a la atención de **to attract somebody's attention** **llamar la atención a alguien to bring something to somebody's attention** informar a alguien de algo, poner algo en conocimiento de alguien **to hold somebody's attention** mantener la atención de alguien **to pay attention** prestar atención **to stand to attention** cuadrarse.

at·ten·tive [ə'tentɪv] *adj.* **1** *(paying attention)* atento **2** *(helpful)* solícito.

at·tic ['ætɪk] *n.* desván *m.*

at·ti·tude ['ætɪtjuːd] *n.* **1** *(way of thinking)* actitud **2** *(pose)* postura, pose *f.* **attitude of mind** *estado* de ánimo.

attn [fɔː'ðɪə'tenʃənɒv] *abbr.* COMM *(for the attention of)* a la atención de.

at·tor·ney [ə'tɜːnɪ] *n.* abogado.

at·tract [ə'trækt] *tr.* atraer **to attract attention** llamar la atención **to be attracted to somebody** sentir atracción por alguien.

at·trac·tion [ə'trækʃən] *n.* **1** *(power)* atracción *f.* **2** *(thing)* atractivo **3** *(incentive)* aliciente *m.* **the main attraction** *(gen)* el principal atractivo *(in show)* el número fuerte **tourist attraction** atracción *f.* turística.

at·trac·tive [ə'træktɪv] *adj.* **1** *(person)* atractivo **2** *(offer)* interesante, tentador.

at·trib·ute [(n) æ 'trɪbjuːt; (vb) ə'trɪbjuːt] *n.* atributo ⬦ *tr.* atribuir.

a·typ·i·cal [eɪ'tɪpɪkəl] *adj.* atípico.

au·ber·gine ['əʊbəʒiːn] *n.* berenjena.

auc·tion ['ɔːkʃən] *n.* subasta ⬦ *tr.* subastar **at auction** *en* subasta **to put something up for auction** subastar algo.

auc·tion·eer [ɔːkʃə'nɪəʳ] *n.* subastador.

au·da·cious [ɔː'deɪʃəs] *adj.* **1** *(daring)* audaz, intrépido **2** *(rude)* descarado, osado.

au·dac·i·ty [ɔː'dæsɪtɪ] *n.* **1** *(daring)* audacia, intrepidez *f.* **2** *(rudeness)* descaro, atrevimiento, osadía.

au·di·ble ['ɔːdɪbəl] *adj.* audible.

au·di·ence ['ɔːdɪəns] *n.* **1** *(spectators)* público *(to radio)* audiencia *(to television)* telespectadores *mpl.* **2** *(interview)* audiencia.

au·di·o·vis·u·al [ɔːdɪəʊ'vɪzjuəl] *adj.* audiovisual.

au·di·tion [ɔː'dɪʃən] *n.* prueba ⬦ *tr.* hacer una prueba a ⬦ *intr.* hacer una prueba.

au·di·to·ri·um [ɔːdɪ'tɔːrɪəm] *n. pl.* **auditoriums** o **auditoria** auditorio, sala.

Aug ['ɔːgəst] *abbr. (August)* agosto.

au·gust [ɔː'gʌst] *adj.* augusto.

Au·gust ['ɔːgəst] *n.* agosto NOTA: Para ejemplos de uso, ver May.

aunt [ɑːnt] *n.* tia.

au·re·ole ['ɔːrɪəʊl] *n.* aureola.

au·ro·ra [ɔː'rɔːrə] *n.* aurora **aurora australis** *aurora austral* **aurora borealis** *aurora boreal.*

aus·pi·cious [ɔːs'pɪʃəs] *adj. (start, etc.)* prometedor *(occasion)* feliz.

aus·tere [ɒs'tɪəʳ] *adj.* austero.

aus·ter·i·ty [ɒs'terɪtɪ] *n.* austeridad *f.*

Aus·tral·ia [ɒ'streɪljə] *n.* Australia.

Aus·tra·lian [ɒ'streɪljən] *adj.* australiano ⬦ *n.* **1** *(person)* australiano **2** *(language)* australiano.

Aus·tri·a ['ɒstrɪə] *n.* Austria.

Aus·tri·an ['ɒstrɪən] *adj.* austriaco, austriaco ⬦ *n.* austriaco, austriaco.

au·then·tic [ɔː'θentɪk] *adj.* auténtico.

au·then·tic·i·ty [ɔːθen'tɪsɪtɪ] *n.* autenticidad *f.*

au·thor ['ɔːθəʳ] *n.* autor, escritor.

au·thor·i·tar·i·an [ɔːθɒrɪ'teərɪən] *adj.* autoritario.

au·thor·i·ty [ɔː'θɒrɪtɪ] *n. pl.* **authorities** **1** *(gen)* autoridad *f.* **2** *(permission)* autorización *f.*, permiso

A

3 (expert) autoridad f, experto **to exercise one's authority** ejercer la autoridad.

au·thor·i·za·tion [ɔːθəraɪ'zeɪʃən] n. autorización f.

au·thor·ship ['ɔːθəʃɪp] n. autoría f.

au·tism ['ɔːtɪzəm] n. autismo m.

au·tis·tic [ɔː'tɪstɪk] adj. autista.

au·to ['ɔːtəʊ] n. pl. **autos** [fam. use] coche m.

au·to·bi·o·graph·i·cal [ɔːtəbaɪə'græfɪkəl] adj. autobiográfico.

au·to·bi·og·ra·phy [ɔːtəbaɪ'ɒɡrəfi] n. pl. **autobiographies** autobiografía.

au·to·crat·ic [ɔːtə'krætɪk] adj. autocrático.

au·to·cross ['ɔːtəʊkrɒs] n. autocross m.

Au·to·cue ['ɔːtəʊkjuː] n. teleapuntador m. teleprompter m.

au·to·graph ['ɔːtəɡrɑːf] n. autógrafo ◇ tr. autografiar.

au·to·mat·ic [ɔːtə'mætɪk] adj. automático ◇ n. 1 (car) coche m. automático 2 (gun) automática 3 (washing machine) lavadora automática **automatic pilot** piloto automático.

au·to·ma·tion [ɔːtə'meɪʃən] n. automatización f.

au·to·mo·bile [ɔːtəmə'biːl] n. automóvil m. coche m.

au·ton·o·mous [ɔː'tɒnəməs] adj. autónomo.

au·ton·o·my [ɔː'tɒnəmi] n. pl. **autonomies** autonomía.

au·top·sy ['ɔːtɒpsi] n. pl. **autopsies** autopsia.

au·tumn ['ɔːtəm] n. otoño.

aux·il·ia·ry [ɔːɡ'zɪljəri] adj. auxiliar ◇ n. pl. **auxiliaries** auxiliar ◇ m. ayudante mf. **auxiliary verb** verbo auxiliar.

av. ['ævərɪdʒ] abbr. (average) promedio.

a·vail·a·bil·i·ty [əveɪlə'bɪlɪti] n. disponibilidad f.

a·vail·a·ble [ə'veɪləbəl] adj. 1 (thing) disponible 2 (person) libre, disponible **to make something available to somebody** poner algo a disposición de alguien.

av·a·lanche ['ævəlɑːnʃ] n. 1 alud m. 2 fig. use avalancha.

a·vant-garde [ævɒn'ɡɑːd] n. vanguardia ◇ adj. vanguardista.

av·a·rice ['ævərɪs] n. avaricia.

av·a·ri·cious [ævə'rɪʃəs] adj. avaro.

Ave ['ævənjuː] abbr. (Avenue) Avenida (abbreviation) Av, Avda.

a·venge [ə'vendʒ] tr. vengar.

a·veng·er [ə'vendʒəʳ] n. vengador.

av·e·nue ['ævənjuː] n. 1 (street) avenida 2 (means) vía.

av·er·age ['ævərɪdʒ] n. promedio, media ◇ adj. 1 medio 2 (not special) corriente, regular ◇ tr. 1 hacer un promedio de 2 (calculate) determinar el promedio de **above average** por encima de la media **below average** por debajo de la media **on average** por término medio.

a·ver·sion [ə'vɜːʒən] n. 1 (hatred) aversión 2 (thing hated) bestia negra **aversion therapy** terapia por aversión.

a·vert [ə'vɜːt] tr. (avoid) evitar **to avert one's eyes** apartar la vista.

a·vi·ar·y ['eɪvjəri] n. pl. **aviaries** pajarera.

a·vi·a·tion [eɪvi'eɪʃən] n. aviación f.

a·vi·a·tor ['eɪvieɪtəʳ] n. aviador.

av·o·ca·do [ævə'kɑːdəʊ] Also avocado pear n. pl. **avocados** aguacate m.

a·void [ə'vɔɪd] tr. 1 evitar 2 (question) eludir 3 (person) esquivar.

a·void·a·ble [ə'vɔɪdəbəl] adj. evitable.

a·wake [ə'weɪk] adj. despierto ◇ intr. pt. **awoke** 1 despertar 2 despertarse **to be awake to something** ser consciente de algo.

a·wak·en [ə'weɪkən] tr.-intr. pt. **awakened** pp. **awoken** VER: awake.

a·ward [ə'wɔːd] n. 1 (prize) premio (medal) condecoración f. (trophy) trofeo 2 (grant) beca 3 (damages) indemnización f. tr. 1 (prize, grant) otorgar, conceder 2 (damages) adjudicar.

a·ware [ə'weəʳ] adj. 1 consciente 2 (informed) informado, enterado **to be aware of** ser consciente de **to become aware of** darse cuenta de.

a·ware·ness [ə'weənəs] n. conciencia.

a·way [ə'weɪ] adv. 1 lejos, fuera, alejándose 2 (indicating continuity) 3 (till nothing is left) 4 (in sport) en campo contrario **to be away** estar fuera (from school) estar ausente **to go away** irse, marcharse **to put away** guardar **to run away** irse corriendo.

awe [ɔː] n. sobrecogimiento **to fill with awe** sobrecoger **to stand in awe of somebody** sentir mucho respeto hacia alguien.

awe-in·spir·ing [ɔːɪnspaɪərɪŋ] adj. sobrecogedor, impresionante.

awe·some ['ɔːsʌm] adj. 1 imponente 2 [fam. use] alucinante.

awe·struck ['ɔːstrʌk] adj. sobrecogido.

aw·ful ['ɔːfʊl] adj. 1 (shocking) atroz, horrible 2 [fam. use] (very bad) fatal, horrible, espantoso.

a·while [ə'waɪl] adv. un rato.

awk·ward ['ɔːkwəd] adj. 1 (clumsy - person) torpe (- expression) poco elegante 2 (difficult) difícil (uncooperative) poco cooperativo 3 (embarrassing) embarazoso, delicado 4 (inconvenient) inoportuno 5 (uncomfortable) incómodo **awkward customer** tipo difícil.

awk·ward·ness ['ɔːkwədnəs] n. 1 (clumsiness - of person) torpeza (- of expression) poca elegancia 2 (difficulty) dificultad f., lo difícil 3 (embarrassment) incomodidad f. 4 (delicate nature) lo delicado, lo embarazoso 5 (inconvenience) lo inconveniente 6 (non-cooperation) falta de cooperación.

a·woke [ə'wəʊk] pt. VER: awake.

a·wo·ken [ə'wəʊkən] pp. VER: awake.

ax [æks] n. hacha ◇ tr. 1 (reduce) recortar 2 (dismiss) despedir 3 (get rid of) suprimir (cancel) cancelar **to get the ax** ser despedido **to have an ax to grind** tener intereses personales.

ax·is ['æksɪs] n. eje m.

ax·le ['æksəl] n. eje m.

Az·er·bai·jan [æzəbaɪ'dʒɑːn] n. Azerbaiyán m.

A·zer·bai·ja·ni [æzəbaɪ'dʒɑːni] adj. azerbaiyano, azerí ◇ n. 1 (person) azerbaiyano, azerí mf. 2 (language) azerí m. azerbaiyano.

Az·tec ['æztek] adj. azteca ◇ n. 1 (person) azteca mf. 2 (language) azteca m.

B, b [biː] n. 1 *(the letter)* B, b f. 2 *(musical note)* si m. **B movie** película de la serie B.

b [bɔːn] abbr. *(born)* nacido *(abbreviation)* n.

BA [ˈbiːˈeɪ] abbr. *(Bachelor of Arts)* licenciado en letras.

babe [beɪb] n. 1 *(baby)* nene, criatura 2 *(girl)* nena, chica **babe in arms** niño de pecho.

Ba·bel [ˈbeɪbəl] n. **Tower of Babel** torre f. de Babel.

ba·boon [bəˈbuːn] n. mandril m. babuino.

ba·by [ˈbeɪbɪ] n. pl. **babies** 1 bebé m. 2 *(young child)* niño 3 *(youngest son)* benjamín m. 4 *(of animal)* cría 5 *fig. use (infantile person)* niño 6 *(brainchild)* invento ◇ tr. *(pamper)* mimar **to have a baby** dar a luz, tener un niño **baby boom** explosión f. demográfica **baby boomer** persona nacida durante una explosión demográfica **baby carriage** cochecito de niño **baby grand** piano de media cola **baby powder** polvos mpl. (de talco) para niños **baby tooth** diente m. de leche.

ba·by-faced [ˈbeɪbɪfeɪst] adj. 1 con cara de niño 2 *(without facial hair)* lampiño, sin barba.

ba·by·ish [ˈbeɪbɪʃ] adj. 1 infantil, de niño 2 *(immature)* inmaduro.

ba·by·sit [ˈbeɪbɪsɪt] intr. pt. & pp. **baby-sat** [ˈbeɪbɪsæt], ger. **baby-sitting** cuidar niños.

ba·by·sit·ter [ˈbeɪbɪsɪtə ʳ] n. persona que cuida niños mf.

ba·by·sit·ting [ˈbeɪbɪsɪtɪŋ] n. cuidado de los niños.

bach·e·lor [ˈbætʃələ ʳ] n. soltero **confirmed bachelor** solterón m. empedernido **bachelor flat** piso de soltero **Bachelor of Arts** licenciado en letras **Bachelor of Science** licenciado en ciencias **Bachelor of Law** licenciado en derecho.

back [bæk] n. 1 *(of person)* espalda 2 *(of animal, book)* lomo 3 *(of chair)* respaldo 4 *(of hand)* dorso 5 *(of knife, sword)* canto 6 *(of coin, medal)* reverso 7 *(of cheque)* dorso 8 *(of stage, room, cupboard)* fondo 9 *(sport - player)* defensa mf. *(- position)* defensa ◇ adj. trasero, de atrás ◇ adv. *(at the rear)* atrás *(towards the rear)* hacia atrás *(time)* hace ◇ tr. 1 *(support)* apoyar, respaldar 2 *(finance)* financiar 3 *(bet on)* apostar por **back to back** espalda con espalda **back to front** al revés **to answer back** replicar **to be back** estar de vuelta **to break one's back** deslomarse **to carry on one's back** llevar a cuestas **to have somebody on one's back** tener a alguien encima **to come back/go back** volver **to get somebody's back up** mosquear a alguien **to get off somebody's back** dejar de fastidiar a alguien **to hit back** devolver el golpe fig. use **to have one's back to the wall** fig. use estar entre la espada y la pared **to lie on one's back** estar acostado boca arriba **to give back** devolver **to put back** volver a guardar en su sitio **to put one's back into something** arrimar el hombro **to phone back** volver a llamar **to stand back** apartarse **to turn one's back on somebody** volver la espalda a alguien **back door** puerta trasera **back pay** atrasos mpl. **back row** última fila **back seat** asiento de atrás **back street** callejuela **back wheel** rueda trasera **to back a·way** ◇ intr. 1 retirarse **to back down** 2 claudicar, cejar **to back off** 3 apartarse **to back out** 4 volverse atrás **to back up** ◇ tr. sep. *(vehicle)* dar marcha atrás a *(support)* apoyar.

back·ache [ˈbækeɪk] n. dolor m. de espalda.

back·bone [ˈbækbəʊn] n. 1 columna vertebral, espinazo 2 *fig. use* carácter m. aguante m. 3 *(chief support)* piedra angular.

back·er [ˈbækə ʳ] n. 1 FIN promotor 2 *(guarantor)* fiador 3 *(supporter)* partidario.

back·fire [bækˈfaɪə ʳ] intr. 1 fallar 2 AUTO *(engine)* petardear ◇ n. AUTO petardeo.

back·gam·mon [ˈbækgæmən] n. chaquete m. tablas f.

back·ground [ˈbækgraʊnd] n. 1 fondo 2 *fig. use* trasfondo, antecedentes mpl. 3 *(of photograph, picture)* último plano 4 *fig. use (origins)* orígenes mpl. antecedentes mpl. **to come from a humble background** ser de origen humilde **to have a criminal background** tener antecedentes penales **to stay in the background** mantenerse en segundo plano **background information** información f. previa **background knowledge** conocimientos mpl. previos **background music** música de fondo **background noise** ruido de fondo.

back·hand [ˈbækhænd] n. revés m. ◇ adj. 1 dado con el dorso de la mano 2 *(tennis)* del revés **backhand shot** revés m.

back·hand·er [ˈbækˈhændə ʳ] n. *[fam. use]* soborno m. **to slip somebody a backhander** ofrecer soborno a alguien.

back·ing [ˈbækɪŋ] n. 1 *(support)* apoyo, respaldo 2 *(lining)* entretela 3 MUS acompañamiento.

back·lash [ˈbæklæʃ] n. reacción f. violenta y repentina.

back·pack [ˈbækpæk] n. mochila ◇ intr. viajar con mochila.

back·pack·er [ˈbækpækə ʳ] n. mochilero, trotamundos mf.

back·seat [ˈbæksiːt] n. asiento trasero **to take a back-seat** desempeñar un papel secundario **back-seat driver** persona que importuna al conductor de un coche con consejos innecesarios.

back·space [ˈbækspeɪs] n. tecla de retroceso ◇ intr. retroceder un espacio.

back·stage [bækˈsteɪdʒ] n. 1 *(area)* bastidores mpl. 2 *(dressing-rooms)* camerinos mpl. ◇ adj. de bastidores adv. entre bastidores **to be backstage** estar entre bastidores.

back·street [ˈbækstriːt] n. callejuela m. calle f. tranquila apartada del centro **backstreet abortion** aborto ilegal.

back·stroke [ˈbækstrəʊk] n. *(swimming)* dorso **to do the backstroke** nadar de dorso.

back·track [ˈbæktræk] intr. 1 *(retrace one's steps)* desandar lo andado, volverse atrás 2 *(reverse opinion)* desdecirse.

back·up [ˈbækʌp] n. 1 *(moral support)* apoyo, respaldo 2 *(reserve)* reserva 3 COMPUT copia de seguridad **backup file** archivo de seguridad **backup services** servicios mpl. auxiliares.

back·ward ['bækwəd] adj. **1** hacia atrás **2** (child) atrasado **3** (shy) tímido **4** (unassertive) modesto **5** (country) subdesarrollado.

back·wards ['bækwədz] adv. **1** hacia atrás **2** (the wrong way) al revés **backwards and forwards** de acá para allá **a backwards and forwards motion** un vaivén **to move backwards** retroceder **to walk backwards** andar de espaldas **to know something backwards** saber algo al dedillo **to bend over backwards to do something** hacer todo lo posible para hacer algo.

back·yard [bæk'jɑːd] n. **1** patio de atrás, AM traspatio **2** jardín m. de atrás.

ba·con ['beɪkən] n. tocino m.

bac·te·ri·a [bæk'tɪərɪə] npl. sing. **bacterium** bacterias fpl.

bac·te·ri·al [bæk'tɪərɪəl] adj. bacterial.

bad [bæd] adj. comp. **worse**, superl. **worst 1** malo (before masc noun) mal **2** (rotten) podrido, pasado **3** (serious) grave **4** (harmful) nocivo, perjudicial **5** (polluted) viciado, contaminado **6** (naughty) malo, travieso **7** (aches, illnesses) fuerte, intenso **8** (tooth) cariado ◇ n. lo malo **too bad!** ¡mala pata!, ¡qué lástima! **to be bad at** (skill, subject) ser malo en **to be in somebody's bad books** estar en la lista negra de alguien **to come to a bad end** acabar mal **to feel bad** encontrarse mal **to feel bad about something** saberle mal a alguien algo **to go bad** (food) pudrirse, alterarse **to go from bad to worse** ir de mal en peor **to have a bad leg** tener la pierna lisiada **to look bad** (person) tener mala cara (situation) pintar mal **bad cheque** cheque m. sin fondos **bad debt** deuda incobrable **bad news** malas noticias fpl. fig. use mal bicho.

badge [bædʒ] n. **1** insignia, distintivo **2** (metallic) chapa **lapel badge** pin m.

badg·er ['bædʒə ʳ] n. tejón m. ◇ tr. acosar, importunar.

bad·ly ['bædlɪ] adv. **1** mal **2** (seriously) gravemente **3** (very much) mucho **to go badly** ir mal **to miss somebody badly** echar mucho de menos a alguien **to take something badly** tomar algo muy a pecho **to be badly off** andar escaso de dinero **to come off badly** salir mal.

bad-man·nered [bæd'mænəd] adj. maleducado.

bad-mouth [bæd'maʊθ] tr. [sl.] criticar **to bad-mouth somebody**, hablar mal de alguien.

bad-tem·pered [bæd'tempəd] adj. (permanently) de mal genio (temporarily) malhumorado, de mal humor **to be bad-tempered** tener mal genio.

baf·fling ['bæfəlɪŋ] adj. **1** (perplexing) desconcertante **2** (puzzling) enigmático, misterioso **3** (question, problem) difícil de resolver.

bag [bæg] n. **1** (paper, plastic) bolsa (large) saco **2** (handbag) bolso **3** (for school) cartera **4** [fam. use] (woman) bruja, arpía ◇ tr. pt. & pp. **bagged**, ger. **bagging 1** embolsar **2** [fam. use] (catch) cazar (fish) pescar (person) pillar, pescar ◇ intr. (clothes) hacer bolsas ◇ npl. **bags 1** (under eyes) ojeras fpl. **2** [fam. use] (trousers) pantalones mpl. **bags of** montones de **it's in the bag** está en el bote **bag lady** vagabunda.

bag·gage ['bægɪdʒ] n. **1** equipaje m. bagaje m. **2** MIL bagaje m. **baggage allowance** franquicia de equipaje **baggage check** talón m. de equipaje **baggage handler** maletero **baggage rack** redecilla **baggage reclaim** recogida de equipajes.

bag·gy ['bægɪ] adj. comp. **baggier**, superl. **baggiest** holgado, ancho.

ba·guette [bæ'get] n. barra de pan francés.

bah [bɑː] interj. ¡bah!

Ba·ha·mas [bə'hɑːməz] n. **the Bahamas** las Bahamas fpl.

Ba·ha·mi·an [bə'heɪmɪən] adj. bahameño ◇ n. bahameño.

Bah·rain [bɑː'reɪn] n. Bahrein.

Bah·rain·i [bɑː'reɪnɪ] adj. bahreiní ◇ n. bahreiní mf.

bail¹ [beɪl] n. fianza **to be on bail** estar en libertad bajo fianza **to jump bail** fugarse estando bajo fianza **to stand bail for somebody** pagar la fianza a alguien **to bail out** ◇ tr. sep. **1** pagar la fianza a **2** fig. use sacar de un apuro ◇ intr. (by parachute) saltar en paracaídas, lanzarse en paracaídas.

bail² [beɪl] tr. (water) achicar.

bait [beɪt] n. **1** (fishing) cebo **2** [fml. use] fig. use (decoy) señuelo, carnaza ◇ tr. **1** cebar **2** (torment) atosigar **to take the bait** picar **to rise to the bait** fig. use caer en la trampa.

bake [beɪk] tr. **1** (bread, cakes) cocer (en el horno) **2** (land, earth) endurecer ◇ intr. **1** cocerse **2** fig. use achicharrarse de calor.

baked [beɪkt] adj. (cake, bread) cocido al horno **baked apple** manzana al horno **baked potato** patata asada.

bak·er ['beɪkə ʳ] n. (of bread) panadero (of cakes) pastelero **baker's/ baker's shop** (for bread) panadería (for cakes) pastelería **baker's dozen** docena del fraile, trece.

bak·er·y ['beɪkərɪ] n. pl. **bakeries** (for bread) panadería (for cakes) pastelería.

bak·ing ['beɪkɪŋ] n. (of bread, cakes) cocción f. (of ceramics) cocedura **to do some baking** hacer unos pasteles **baking powder** levadura en polvo **baking soda** bicarbonato sódico **baking tin** molde m. para pasteles **baking sheet** bandeja del horno.

bal·ance ['bæləns] n. **1** equilibrio **2** (scales) balanza **3** (of account, etc.) saldo **4** (remainder) resto **5** (harmony) equilibrio, armonía ◇ tr. **1** poner en equilibrio **2** (budget) equilibrar (account) saldar **3** (load) equilibrar ◇ intr. **1** mantenerse en equilibrio **2** FIN cuadrar **on balance** todo considerado **to balance the books** hacer el balance **to balance one thing with another** comparar una cosa con otra **to be off balance** estar desequilibrado **to lose one's balance** perder el equilibrio **to hang in the balance** estar pendiente de un hilo **to restore the balance** restablecer el equilibrio **to strike a balance** buscar un término medio **balance in hand** saldo disponible **balance of nature** equilibrio ecológico **balance of payments** balanza de pagos **balance of power** equilibrio de fuerzas **balance of trade** balanza comercial **balance sheet** estado de cuentas.

bal·anced ['bælənst] adj. equilibrado.

balancing act ['bælənsɪŋækt] **to perform a balancing act** (in circus) hacer equilibrismos (on tightrope) andar en la cuerda floja (with money) hacer malabarismos.

bal·co·ny ['bælkənɪ] n. pl. **balconies 1** balcón m. **2** (in theater) anfiteatro (gallery) gallinero.

bald [bɔːld] adj. **1** calvo **2** (tyre) desgastado **3** (style) escueto **4** (statement) directo, franco **to be as bald as a coot** estar calvo como una bola de billar **to go bald** quedarse calvo **bald patch** calva.

bald·ness ['bɔːldnəs] n. **1** calvicie f, calvez f. **2** (of statement) franqueza **3** (of style) lo escueto.

Bal·kan ['bɔːlkən] *adj.* balcánico **the Balkans** *los Balcanes.*

ball [bɔːl] *n.* **1** *(gen)* pelota *(football, etc.)* balón *m.* *(golf, billiards)* bola **2** *(of paper)* bola *(of wool)* ovillo **3** *(of eye)* globo ocular **4** *(dance)* baile *m.* fiesta **to have a ball** *pasarla bien* **to be on the ball** *estar al caso* **to keep the ball rolling** *mantener el ritmo* **to start the ball rolling** *poner las cosas en marcha* **to play ball** *(sport)* jugar a la pelota *(cooperate)* cooperar, colaborar **the ball is in your court** *ahora te toca a ti hacer algo* **that's a whole new ball game** *eso ya es otra cosa* **gala ball** *baile m. de etiqueta* **ball bearing** *rodamiento de bolas.*

bal·lad ['bæləd] *n.* balada.

ball·boy ['bɔːlbɔɪ] *n.* *(tennis)* recogepelotas *m.*

ball·cock ['bɔːlkɒk] *n.* *(of lavatory cistern)* flotador *m.*

bal·le·ri·na [bælə'riːnə] *n.* bailarina.

bal·let ['bæleɪ] *n.* ballet *m.* **ballet dancer** *bailarín* **ballet dress** *tutú m.* **corps de ballet** *cuerpo de ballet.*

ball·girl ['bɔːlgɜːl] *n.* *(tennis)* recogepelotas *f.*

bal·lis·tic [bə'lɪstɪk] *adj.* balístico **ballistic missile** *proyectil m. balístico.*

bal·lis·tics [bə'lɪstɪks] *n.* balística.

bal·loon [bə'luːn] *n.* **1** globo **2** *(in cartoon)* bocadillo **3** *(glass)* copa grande ◈ *intr.* **1** *(go up in a balloon)* ir en globo **2** *(swell)* hincharse **3** *(increase)* aumentar rápidamente **aerostatic balloon** *globo aerostático* **hot-air balloon** *globo de aire caliente* **weather balloon** *globo sonda.*

bal·loon·ing [bə'luːnɪŋ] *n.* aerostación *f,* ascensión *f.* en globo.

bal·lot ['bælət] *n.* **1** *(vote)* votación *f.* **2** *(votes recorded)* número de votos escrutados ◈ *tr.* invitar a votar **to take a ballot on something** *someter algo a votación* **to ballot for somebody/something** *seleccionar alguien/algo por votación* **ballot box** *urna* **ballot paper** *papeleta.*

ball·point ['bɔːlpɔɪnt] También *ballpoint pen n.* bolígrafo.

ball·room ['bɔːlruːm] *n.* sala de baile **ballroom dancing** *baile m. de salón.*

balm·y ['bɑːmɪ] *adj. comp.* **balmier,** *superl.* **balmiest 1** *(weather)* suave **2** *(soothing)* balsámico.

ba·lo·ney [bə'ləʊnɪ] *n.* *[sl.]* tonterías *fpl.*

Bal·tic ['bɔːltɪk] *adj.* báltico **the Baltic (Sea)** *el (mar) Báltico.*

bam·boo [bæm'buː] *n.* bambú *m.*

ban [bæn] *n.* prohibición *f,* interdicción *f.* ◈ *tr. pt. & pp.* **banned,** *ger.* **banning** prohibir **to ban somebody from doing something** *prohibirle a alguien que haga algo* **to ban somebody from driving** *retirarle el carnet a alguien* **to ban a player** *suspender a un jugador* **to impose/put a ban on something** *prohibir algo.*

banana [bə'nɑːnə] *n.* **1** *(fruit)* plátano, banana **2** *(tree)* bananero, AM banano **to be bananas** *estar chiflado* **to go bananas** *cogerle a uno un patatús* **banana plantation** *platanal m.* **banana skin** *(gen)* piel *f. de plátano (blunder)* error **banana split** *banana split m. postre de helado y plátano con nata.*

band [bænd] *n.* **1** *(brass, etc.)* banda *(pop)* conjunto *(jazz)* orquesta **2** *(strip)* tira **3** *(of hat)* cinta, cintillo **4** *(around waist)* ceñidor *m.* faja **5** *(around arm)* brazalete *m.* **6** *(wrapper)* faja **7** *(stripe)* raya **8** PHYS banda, frecuencia **9** TECH correa **10** *(youths)* pandilla *(thieves)* banda **to band together** *acuadrillarse, apiñarse* **military band** *banda militar* **elastic band/rubber band** *goma elástica,* goma **frequency band** *banda de frecuencia.*

band·age ['bændɪdʒ] *n.* venda, vendaje *m.* ◈ *tr.* vendar.

Band-Aid® ['bændeɪd] *n.* curita.

ban·dit ['bændɪt] *n.* bandido.

bandstand ['bændstænd] *n.* quiosco de música.

band·wag·on ['bændwægən] **to jump on the bandwagon** *subirse al tren*

band·width ['bændwɪdθ] *n.* ancho de banda.

bang [bæŋ] *n.* **1** *(blow)* golpe *m.* **2** *(noise)* ruido *(of gun)* estampido *(explosion)* estallido *(of door)* portazo **3** flequillo ◈ *tr.* golpear, dar golpes en ◈ *intr.* dar golpes ◈ *adv.* *[fam. use]* justo **bang on!** *[fam. use]* ¡exacto! **to go bang** *hacer pum* **to go with a bang** *tener mucho éxito* **it's like banging your head against a brick wall** *es como machacar en hierro frío* **to bang the door** *dar un portazo* **to bang on a door** *dar golpes en una puerta* **to bang against something** *dar un golpe contra algo* **to bang into somebody/something** *chocar contra alguien/algo* **to bang on a drum** *tocar un tambor* **to bang one's head** *darse un golpe en la cabeza* **to bang somebody on the head** *dar un coscorrón a alguien* **to bang on a-bout** *tr. insep* no para de hablar de.

Bang·la·desh [bæŋglə'deʃ] *n.* Bangladesh.

Bang·la·desh·i [bæŋglə'deʃɪ] *adj.* bangladesí ◈ *n.* bangladesí *mf.*

ban·gle ['bæŋgəl] *n.* brazalete *m.* ajorca.

ban·ish ['bænɪʃ] *tr. (expel)* desterrar.

ban·ish·ment ['bænɪʃmənt] *n.* destierro, exilio.

ban·is·ter ['bænɪstəʳ] *n.* pasamanos *m.* barandilla.

ban·jo ['bændʒəʊ] *n. pl.* **banjos** o **banjoes** banjo.

bank¹ [bæŋk] *n.* banco ◈ *tr. (deposit money)* ingresar, depositar **to bank with** *tener una cuenta en* **bank balance** *saldo* **bank card** *tarjeta bancaria* **bank charges** *comisiones fpl. bancarias* **bank manager** *director de sucursal bancaria* **issuing bank** *banco emisor* **lending bank** *banco hipotecario* **loans bank** *banco hipotecario* **to bank on** *tr. insep* contar con.

bank² [bæŋk] *n.* **1** *(of river)* ribera *(edge)* orilla **2** *(mound)* loma *(embankment)* terraplén *m.* **3** *(slope)* pendiente *f.* **4** *(of cloud, fog)* banco ◈ *tr.* **1** *(soil, earth)* amontonar **2** *(river)* encauzar.

bank·er ['bæŋkəʳ] *n.* banquero.

bank·ing ['bæŋkɪŋ] *n.* banca.

bank·note ['bæŋknəʊt] *n.* billete *m.* de banco.

bank·rupt ['bæŋkrʌpt] *adj.* quebrado, insolvente ◈ *n.* quebrado ◈ *tr.* hacer quebrar, arruinar **to go bankrupt** *quebrar, hacer bancarrota* **to bankrupt oneself** *arruinarse.*

bank·rupt·cy ['bæŋkrʌptsɪ] *n. pl.* **bankruptcies** quiebra, bancarrota.

ban·ner ['bænəʳ] *n.* **1** *(flag)* bandera **2** *(placard)* pancarta **3** *(pennant)* banderola **4** *(on web page)* banner *m.* anuncio **banner headlines** *grandes titulares mpl.*

ban·quet ['bæŋkwɪt] *n.* banquete *m.*

bap·tism ['bæptɪzəm] *n.* bautismo.

bap·tize [bæp'taɪz] *tr.* bautizar.

bar [bɑːʳ] *n.* **1** *(iron, gold)* barra **2** *(prison)* barrote *m.* **3** *(soap)* pastilla **4** *(chocolate)* tableta **5** *(on door)* tranca **6** *(gymnastics)* barra **7** *(obstacle)* obstáculo, traba **8** *(counter)* barra, mostrador *m.* **9** *(room)* bar *m.* **10** *(of color, light)* franja **11** *(in court)* tribunal *m.* ◈ *tr. pt. & pp.* **barred,** *ger.* **barring 1** *(door)* atrancar *(road, access)* cortar **2** *(ban)* prohibir, vedar *(from a place)* excluir, prohibir la entrada **3** *(prevent)* impedir ◈ *prep.* excepto, salvo ◈ *n.* **the Bar** JUR *el colegio de abogados* **bar none**

sin excepción **behind bars** *entre rejas* **to bar somebody from doing something** *prohibir a alguien que haga algo* **to be called to the bar** *ser admitido al ejercicio de la abogacía* **to summon to the bar** *hacer comparecer delante del tribunal* **asymmetrical bars** *barras fpl. asimétricas* **bar billiards** *billar m.* **bar chart** *gráfica estadística* **bar line** *(in music) barra.*

Bar·ba·di·an [bɑːˈbeɪdɪən] *adj.* de Barbados ◇ *n. (person)* nativo de Barbados.

Bar·ba·dos [bɑːˈbeɪdɒs] *n.* Barbados.

bar·bar·i·an [bɑːˈbeərɪən] *adj.* bárbaro ◇ *n.* bárbaro.

bar·bar·ic [bɑːˈbærɪk] *adj.* bárbaro.

bar·bar·ism [ˈbɑːbərɪzəm] *n.* barbarismo.

bar·bar·i·ty [bɑːˈbærɪtɪ] *n. pl.* **barbarities** barbaridad *f.*

bar·be·cue [ˈbɑːbəkjuː] *n.* parrillada ◇ *tr. ger.* **barbecuing** *asar a la parrilla* **to have a barbecue** *hacer una parrillada* **barbecue sauce** *salsa barbacoa.*

bar·bed [bɑːbd] *adj.* **1** con púas, punzante **2** *fig. use* mordaz, incisivo **barbed wire** *alambre m. de púas.*

bar·ber [ˈbɑːbə ʳ] *n.* barbero **barber's shop** *barbería.*

bare [beə ʳ] *adj.* **1** *(naked)* desnudo *(head)* descubierto *(feet)* descalzo **2** *(land)* raso *(tree, plant)* sin hojas **3** *(empty)* vacío *(unfurnished)* sin muebles **4** *(scant)* escaso **5** *(worn)* gastado, raído ◇ *tr.* desnudar *(uncover)* descubrir **to bare one's soul** *desnudarse, revelar sus secretos más íntimos* **to earn a bare living** *ganar lo justo para vivir* **to lay bare** *poner al descubierto* **with one's bare hands** *con sus propias manos* **the bare essentials** *lo imprescindible* **the bare facts** *los hechos mpl. innegables* **the bare minimum** *lo justo.*

bare·back [ˈbeəbæk] *adj.* a pelo ◇ *adv.* a pelo **to ride bareback** *montar a pelo.*

bare·faced [ˈbeəfeɪst] *adj.* descarado **barefaced cheek** *morro, descaro.*

bare·foot [ˈbeəfʊt] *adj.* descalzo ◇ *adv.* descalzo.

bare·head·ed [beəˈhedɪd] *adj.* con la cabeza descubierta, sin sombrero.

bare·ly [ˈbeəlɪ] *adv.* **1** apenas **2** *(scantily)* escasamente.

bare·ness [ˈbeənəs] *n.* **1** desnudez *f.* **2** *fig. use* lo escueto.

bar·gain [ˈbɑːgən] *n.* **1** *(agreement)* trato, acuerdo **2** *(good buy)* ganga, bicoca ◇ *intr.* **1** *(negotiate)* negociar **2** *(haggle)* regatear **to bargain with somebody for something** *negociar algo con alguien* **to drive a hard bargain** *imponer duras condiciones* **more than one bargained for** *más de lo que uno esperaba* **to strike a bargain** *cerrar un acuerdo* **into the bargain** *además* **bargain basement** *sección f. de oportunidades* **bargain offer** *oferta especial* **bargain price** *precio de oferta, precio de saldo.*

bar·gain·ing [ˈbɑːgənɪŋ] *n.* **1** *(negotiations)* negociación *f.* **2** *(haggling)* regateo **free-collective bargaining** *negociaciones fpl. colectivas.*

barge [bɑːdʒ] *n.* gabarra, barcaza ◇ *tr.* transportar en barcaza **to barge one's way through the crowd** *abrirse paso entre la multitud a empujones.*

bar·i·tone [ˈbærɪtəʊn] *n.* barítono ◇ *adj.* barítono.

bar·i·um [ˈbeərɪʌm] *n.* bario **barium meal** *sulfato de bario.*

bark¹ [bɑːk] *n.* **1** *(of dog)* ladrido **2** *(cough)* tos *f.* fuerte ◇ *intr.* ladrar ◇ *tr. (shout)* gritar ◇ *intr. (cough)*

tener una tos fuerte **to bark up the wrong tree** *tomar el rábano por las hojas* **his bark is worse than his bite** *perro que ladra no muerde.*

bark² [bɑːk] *n. (of tree)* corteza.

bark·ing [ˈbɑːkɪŋ] *n. (of dog)* ladrido **to be barking mad** *estar como una cabra.*

bar·ley [ˈbɑːlɪ] *n.* cebada **barley field** *cebadal m.* **barley sugar** *tipo de caramelo.*

bar·maid [ˈbɑːmeɪd] *n.* mesera.

bar·man [ˈbɑːmən] *n. pl.* **barmen** [ˈbʌmen] camarero, barman *m.*

barm·y [ˈbɑːmɪ] *adj. comp.* **barmier**, *superl.* **barmiest** *[fam. use]* chiflado, chalado.

barn [bɑːn] *n. (for grain)* granero **barn dance** *baile m. popular (que tiene lugar en un granero).*

barn·yard [ˈbɑːnjɑːd] *n.* corral *m.*

ba·rom·e·ter [bəˈrɒmɪtə ʳ] *n.* barómetro.

bar·o·met·ric [bærəˈmetrɪk] *adj.* barométrico **barometric pressure** *presión f. barométrica.*

bar·on [ˈbærən] *n.* barón *m.* **drugs baron** *potentado de la droga* **oil baron** *magnate m. del petróleo.*

ba·roque [bəˈrɒk] *adj.* barroco ◇ *n.* barroco.

bar·rack¹ [ˈbærək] *tr. (soldiers)* acuartelar.

bar·rack² [ˈbærək] *tr. (jeer)* abuchear.

bar·racks [ˈbærəks] *npl.* cuartel *m.* **to be confined to barracks** *estar bajo arresto en cuartel* **NOTA:** Puede considerarse tanto singular como plural.

bar·ra·cu·da [bærəˈkuːdə] *n.* barracuda.

bar·rage [ˈbærɑːʒ] *n.* **1** *(dam)* presa, embalse *m.* **2** MIL barrera de fuego **3** *fig. use (of questions)* aluvión *m.*

bar·rel [ˈbærəl] *n.* **1** *(of beer)* barril *m.* *(of wine)* tonel *m.* cuba **2** *(of gun)* cañón *m.* **3** *(of pen)* depósito **4** TECH tambor *m.* ◇ *tr. pt. & pp.* **barreled**, *ger.* **barrelling** embarrilar, poner en barriles **to scrape the bottom of the barrel** *utilizar algo como último recurso* **to have somebody over a barrel** *poner a alguien entre la espada y la pared.*

bar·rel·or·gan [ˈbærələˌgən] *n.* MUS organillo.

bar·ren [ˈbærən] *adj.* **1** *(land, woman)* estéril **2** *(meagre)* escaso.

bar·ri·cade [ˈbærɪkeɪd] *n.* barricada ◇ *tr.* poner barricadas **to storm the barricades** *asaltar las barricadas* **to barricade oneself in** *encerrarse a cal y canto.*

bar·ri·er [ˈbærɪə ʳ] *n.* **1** barrera **2** *fig. use* obstáculo **barrier reef** *banco de coral, arrecife m.* **barrier cream** *crema dermoprotectora* **language barrier** *barrera de los idiomas* **class barrier** *barrera social, discriminación f. social entre las clases* **a barrier to progress** *un obstáculo al progreso.*

bar·row [ˈbærəʊ] *n. (wheelbarrow)* carretilla *(for carrying goods)* carro.

bar·stool [ˈbɑːstuːl] *n.* taburete *m.* de bar.

bar·tend·er [ˈbɑːtendə ʳ] *n.* camarero, barman *m.*

bar·ter [ˈbɑːtə ʳ] *n.* trueque *m.* ◇ *tr.* trocar.

ba·salt [ˈbæsɔːlt] *n.* basalto.

base¹ [beɪs] *n.* **1** *(gen)* base *f.* **2** ARCH *(of column)* basa, base *f.* **3** *(of word)* raíz *f.* ◇ *tr.* **1** basar **2** MIL *(troops)* estacionar **to be based in** *(troops)* tener la base en **to get to first base** *superar el primer reto* **base rate** *tipo base* **base unit** *unidad f. base.*

base² [beɪs] *adj.* **1** bajo, vil **2** *(metal)* común, de baja ley.

base·ball [ˈbeɪsbɔːl] *n.* béisbol *m.* **baseball bat** *bate m.*

base·less ['beɪsləs] *adj.* infundado, sin fundamento.

base·ment ['beɪsmənt] *n.* sótano.

bash [bæʃ] *tr. (fam. use)* golpear, aporrear ◇ *n.* **1** *(fam. use) (blow)* golpe *m.* **2** *(fam. use) (try)* intento **3** *(sl.) (party, social event)* jarana, juerga.

bash·ful ['bæʃfʊl] *adj.* vergonzoso, tímido, modooto.

ba·sic ['beɪsɪk] *adj.* **1** básico **2** *(elementary)* elemental, para principiantes ◇ *npl.* **the basics** lo esencial.

ba·sil·i·ca [bə'zɪlɪkə] *n.* basílica.

ba·sin ['beɪsən] *n.* **1** *(bowl)* cuenco *(washbowl)* palangana **2** *(washbasin)* lavabo **3** GEOG cuenca.

ba·sis ['beɪsɪs] *n. pl.* **bases** ['beɪsi:z] base *f,* fundamento **on the basis of...** *(according to)* según *(in accordance with)* de acuerdo con *(starting from)* a partir de *(because of)* por, a causa de.

bask [ba:sk] *intr.* tumbarse al sol **to bask in the sun** tomar el sol **to bask in reflected glory** participar del éxito ajeno.

bas·ket ['ba:skɪt] *n.* **1** cesta, cesto **2** *(basketball)* canasta, cesta **3** *(of balloon)* barquilla **4** *(sl.)* imbécil *mf.* capullo **basket case** caso perdido **basket maker** cestero **basket making** cestería.

bas·ket·ball ['ba:skɪtbɔːl] *n.* baloncesto.

Basque [ba:sk] *adj.* vasco ◇ *n.* **1** *(person)* vasco **2** *(language)* vasco, eusquera *m.* euskera *m.* vascuence *m.* **the Basque Country** el País *m.* Vasco, Euskadi *m.*

bass¹ [beɪs] *n.* **1** MUS *(singer)* bajo **2** MUS *(notes)* graves *mpl.* **3** MUS *(guitar)* bajo ◇ *adj.* MUS bajo **bass clef** *clave f.* de fa.

bass² [bæs] *n. (fish)* róbalo, lubina *(freshwater)* perca.

bas·tard ['ba:stəd] *n.* **1** bastardo **2** *[taboo]* cabrón *m.* ◇ *adj.* ilegítimo, bastardo.

bat¹ [bæt] *n.* ZOOL murciélago **like a bat out of hell** a toda leche **to be as blind as a bat** no ver nada **old bat** *[fam. use]* vieja bruja.

bat² [bæt] *n.* SP bate *m. (table tennis)* pala ◇ *intr. pt. & pp.* **batted**, *ger.* **batting** batear **off one's own bat** por su cuenta.

bat³ [bæt] *tr. pt. & pp.* **batted**, *ger.* **batting** pestañear **without batting an eyelid** sin inmutarse.

batch [bætʃ] *n. (gen)* lote *m.* remesa *(of bread, etc.)* hornada **batch processing** COMPUT procesamiento por lotes.

bat·ed ['beɪtɪd] **with bated breath** con ansiedad.

bath [ba:θ] *n.* **1** baño **2** *(tub)* bañera ◇ *tr.* bañar, dar un baño a ◇ *intr.* bañarse ◇ *npl.* **baths** piscina *f. sing.* municipal **to have a bath/take a bath** bañarse **to run a bath** preparar un baño **bath gel** gel *m.* de baño **bath mat** alfombra de baño **bath salts** sales *fpl.* de baño **bath towel** toalla de baño.

bathe [beɪð] *tr.* **1** MED *(cut, wound)* lavar **2** *(eyes)* bañarse **3** *fig. use (with light)* bañar ◇ *intr. (in sea)* bañarse.

bath·ing ['beɪðɪŋ] *n.* baño **"No bathing"** "Prohibido bañarse" **bathing costume** traje *m.* de baño **bathing suit** traje *m.* de baño.

bath·robe ['ba:θrəʊb] *n.* bata *f.*

bath·room ['ba:θrʊːm] *n.* cuarto de baño.

bath·tub ['ba:θtʌb] *n.* bañera.

ba·ton ['bætɒn, 'bætən] *n.* **1** *(truncheon)* porra **2** MUS batuta **3** SP testigo.

bat·tal·ion [bə'tæljən] *n.* batallón *m.*

bat·ter¹ ['bætə ᵃ] *t.* CULIN rebozado **in batter** rebozado **squid in batter**, calamares a la romana.

bat·ter² ['bætə ᵃ] *tr. (person)* golpear, apalear *(bruise)* magullar *(object)* maltratar, estropear **to batter** somebody about dar una buena paliza a alguien **to batter at something** golpear algo **to batter something in** echar algo abajo **to batter somebody to death** matar a alguien a palos.

bat·ter³ ['bætə ᵃ] *n.* SP *(baseball)* bateador.

hat·tered¹ ['hætəd] *adj.* CULIN rebozado *battered fish*, pescado rebozado.

bat·tered² ['bætəd] *adj.* **1** *(shabby, in bad repair)* estropeado *(carpet, coat)* raído **2** *(dented)* abollado **3** *(bruised)* lleno de magulladuras.

bat·ter·y ['bætərɪ] *n.pl.* **batteries 1** ELEC *(wet)* batería *(dry)* pila **2** MIL *(of artillery)* batería **3** THEAT *(row of lights)* batería **4** *(series)* batería **battery farming** cría intensiva de animales **battery hen** gallina de criadero.

bat·tle ['bætəl] *n.* **1** batalla, combate *m.* **2** *fig. use* lucha ◇ *intr.* pelearse, batirse **in battle dress** en uniforme de campaña **that's half the battle** *fig. use* ya hay medio camino andado **to battle against something** *fig. use* luchar contra algo **to battle for something/somebody** luchar por algo/alguien; **tò battle one's way through something** abrirse camino a empujones **to battle over something** disputar algo a golpes **to do battle with** librar batalla con **to fight a losing battle** *fig. use* luchar por una causa perdida **battle of wits** duelo de ingenio **a battle of wills** una lucha de voluntades **battle cry** grito de guerra.

bat·tle·ax ['bætəlæks] *n.* **1** hacha de combate **2** *fig. use* bruja, arpía.

bat·tle·field ['bætəlfiːld] *n.* campo de batalla.

bat·tle·ship ['bætəlʃɪp] *n.* acorazado.

bat·ty ['bætɪ] *adj. comp.* **battier**, *superl.* **battiest** *[fam. use]* chiflado, chalado.

bau·ble ['bɔːbəl] *n.* **1** *(trinket)* baratija **2** *(Christmas decoration)* bola de Navidad.

baux·ite ['bɔːksaɪt] *n.* bauxita.

bawl [bɔːl] *intr.* **1** *(shout)* chillar, gritar **2** *(weep loudly)* llorar a lágrima viva ◇ *tr.* gritar **to bawl at somebody** gritarle a alguien.

bay¹ [beɪ] *n.* GEOG bahía *(large)* golfo **Bay of Biscay** golfo de Vizcaya.

bay² [beɪ] *n. (tree)* laurel *m.* **bay leaf** hoja de laurel.

bay³ [beɪ] *intr. (howl)* aullar **to keep something/somebody at bay** mantener algo/alguien a raya.

bay⁴ [beɪ] *n.* **1** ARCH. *(recess)* hueco, nicho **2** *(in factory)* nave *f.* **parking bay** área de aparcamiento **sick bay** enfermería.

bay⁵ [beɪ] *adj. (color)* bayo *n.* **1** *(color)* bayo **2** *(horse)* caballo bayo.

bay·o·net ['beɪənət] *n.* MIL bayoneta ◇ *tr.* MIL pasar a la bayoneta **bayonet wound** bayonetazo **bayonet charge** carga a la bayoneta.

ba·zaar [bə'zɑː ᵃ] *n.* **1** *(eastern)* bazar *m.* **2** *(at church, etc.)* venta benéfica.

BBC ['biː'biː'siː] *abbr. (British Broadcasting Corporation)* compañía británica de radiodifusión *(abbreviation)* BBC *f.*

BC¹ ['biː'siː] *abbr. (before Christ)* antes de Cristo, antes de Jesucristo *(abbreviation)* a.d.C., a.d.J.C.

BC² ['biː'siː] *abbr. (British Columbia)* Columbia Británica.

be [biː] *intr. pres 1ª pers.* **am**, *2ª pers. sing. y todas del pl.* **are**, *3ª pers. sing. is; pt. 1ª y 3ª pers. sing.* **was**, *2ª pers. sing. y todas del pl.* **were**; *pp.* **been 1** *(permanent characteristic)* ser **2** *(essential quality)* ser **3** *(nationality)* ser **4** *(occupation)* ser **5** *(origin)* ser **6** *(authorship)* ser **7** *(composition)* ser **8** *(use)* ser **9** *(location)* estar **10** *(temporary state)* estar

B

11 (age) tener 12 (price) costar, valer ◇ auxiliary be + pres part (action in progress or near future) estar ◇ auxiliary to be + pp. (passive) ser ◇ auxiliary be + to + inf (obligation) deber, tener que ◇ (future) phr. there is/there are hay phr. there was/there were había phr. there will be habrá phr. there would be habría to be about to "+ inf" estar para + inf, estar a punto de + inf to be or not to be ser o no ser to be off intr. (leave) salir, marcharse (be stale, bad) estar pasado to be in intr. 1 (at home) estar en casa 2 (in fashion) estar de moda to be out intr. 1 (away) no estar, estar fuera 2 (published) haber salido 3 (extinguished) estar apagado, haberse apagado 4 (unconscious) estar sin conocimiento to be a-way 5 estar fuera to be back 6 estar de vuelta, haber vuelto to be for ◇ tr. insep ser partidario de, estar a favor de to be up ◇ intr. (out of bed) estar levantado.

beach [biːtʃ] n. playa ◇ tr. varar on the beach en la playa beach hut caseta de playa beach umbrella sombrilla, quitasol m.

beach·wear ['biːtʃweə] n. ropa de playa.

bead [biːd] n. 1 (on rosary, necklace) cuenta (glass) abalorio 2 (of liquid) gota to thread beads ensartar cuentas.

beak [biːk] n. 1 pico m. 2 [fam. use] (nose) nariz f. ganchuda.

beak·er ['biːkə] n. 1 taza alta 2 (for measuring, playing dice) cubilete m. 3 CHEM vaso de precipitación.

beam [biːm] n. 1 (wooden) viga f. 2 (of light) rayo 3 (width of ship) manga 4 (smile) sonrisa radiante 5 PHYS haz m. ◇ intr. 1 (shine) brillar 2 (smile) sonreír ◇ tr. irradiar, emitir electron beam haz m. de electrones.

beaming ['biːmɪŋ] adj. radiante, sonriente.

bean [biːn] n. (vegetable) alubia, frijol, haba 2 (of coffee) grano to be full of beans rebosar vitalidad to spill the beans descubrir el pastel bean curd tofu m. bean shoot brote m. de soja broad bean haba green bean ejote verde kidney bean frijol m.

bear¹ [beə] n. 1 ZOOL oso 2 FIN bajista mf. especulador a la baja 3 (rough person) bruto ◇ intr. FIN vender al iniciarse una bajada de precios para volver a comprar luego a un precio más bajo to be like a bear with a sore head estar de muy mal humor bear hug apretujón m. abrazo muy fuerte bear account cuenta f. de vendedor bear cub ZOOL osezno grizzly bear oso pardo the Great Bear la Osa Mayor the Little Bear la Osa Menor.

bear² [beə] tr. pt. bore [bɔːR] pp. borne [bɔːn] 1 (carry) llevar 2 (name, date) llevar 3 (show signs of) mostrar, revelar 4 (weight) soportar, aguantar (responsibility, cost) asumir 5 (tolerate) soportar, aguantar 6 (fruit) producir 7 FIN (interest) devengar 8 (give birth) tener, dar a luz ◇ intr. (turn) torcer a to bear in mind tener presente to bear a grudge guardar rencor to bear hard on oprimir to bear witness to something ser testigo de algo to bear no relation to no tener nada que ver con to bring pressure to bear ejercer presión (on, a), presionar (on, a) to bear out ◇ tr. sep. confirmar, corroborar to bear with ◇ tr. insep tener paciencia con.

bear·a·ble ['beərəbəl] adj. soportable, llevadero.

beard [bɪəd] n. barba.

bear·er ['beərə] n. 1 (of news, cheque, etc.) portador (of passport) titular mf. 2 (porter) portador bearer bond FIN título al portador.

bear·ing ['beərɪŋ] n. 1 (posture) porte m. 2 (relevance) relación f. 3 (importance) trascendencia 4 TECH cojinete m. 5 ARCH soporte m. columna 6 MAR orientación f. to lose one's bearings desorientarse fig. use perder el norte to have no bearing on no tener la menor influencia sobre.

beast [biːst] n. 1 bestia, animal m. 2 (unpleasant person) sinvergüenza mf. beast of burden bestia de carga.

beat [biːt] n. 1 (of heart) latido 2 (noise) golpe m. ruido (of rain) tamborileo (of wings) aleteo 3 MUS ritmo 4 (of policeman) ronda ◇ tr. beat, pp. beaten ['biːtən] 1 (hit) golpear (metals) martillear (person) azotar (drum) tocar (wings) batir 2 CULIN batir 3 (defeat) vencer, derrotar (in competition) ganar 4 [fam. use] (puzzle) extrañar, dejar perplejo ◇ intr. 1 (heart) latir 2 (wings) batir ◇ adj. [fam. use] agotado, rendido to beat about the bush andarse por las ramas to beat against something golpear contra algo to beat on something dar golpes en algo to beat time MUS llevar el compás to beat somebody to it sentar la mano a alguien to beat the record batir el récord to beat somebody to death matar a alguien a palos beat it! ¡lárgate! that beats everything! ¡esto es el colmo! it beats me how... no me cabe en la cabeza cómo... off beat raro, extraño the beat generation la generación f. de los beatniks to beat down ◇ tr. sep. 1 (door) derribar, echar abajo 2 (price) conseguir un precio más bajo ◇ intr. (sun) hacer un sol de justicia (rain) llover a cántaros to beat up ◇ tr. sep. dar una paliza a, vapulear.

beat·en ['biːtən] adj. 1 (defeated) vencido, derrotado 2 (metal) martillado 3 (exhausted) rendido, agotado off the beaten track apartado, aislado.

beat·ing ['biːtɪŋ] n. 1 (thrashing) paliza 2 (defeat) derrota 3 (of heart) latidos mpl. to give somebody a good beating dar una buena paliza a alguien to take a beating sufrir una derrota.

beau·ti·cian [bjuːˈtɪʃən] n. esteticista mf.

beau·ti·ful ['bjuːtɪful] adj. 1 (person, object, place) hermoso, bonito, precioso (person) guapo 2 (wonderful) maravilloso, magnífico 3 (delicious) delicioso.

beau·ti·fy ['bjuːtɪfaɪ] tr. pt. & pp. beautified, ger. beautifying embellecer ◇ intr. embellecerse.

beau·ty ['bjuːtɪ] n. pl. beauties 1 belleza, hermosura 2 (person) belleza beauty is only skin deep las apariencias engañan that's a beauty! (object) ¡es una maravilla! (shot in game) ¡qué golpe más bueno! that's the beauty of it esto es el encanto que tiene to get one's beauty sleep dormir para estar guapo beauty consultant esteticista mf. beauty contest concurso de belleza beauty cream crema de belleza beauty parlor sala de belleza beauty queen miss f. ganadora de un concurso de belleza beauty spot (on face) lunar m. (place) lugar m. pintoresco beauty treatment tratamiento de belleza Beauty and the Beast la Bella y la Bestia.

bea·ver ['biːvə] n. castor m.

be·came [bɪˈkeɪm] pt. VER: become.

be·cause [bɪˈkɒz] conj. porque ◇ prep. because of a causa de.

be·come [bɪˈkʌm] intr. pt. became [bɪˈkeɪm] pp. become [bɪˈkʌm] 1 (with noun) convertirse en, hacerse, llegar a ser 2 (change into) convertirse en, transformarse en 3 (irrevocable state) volverse (temporary state) ponerse (involuntary state) quedarse what has become of...? ¿qué ha sido de...?

be·com·ing [bɪˈkʌmɪŋ] *adj.* **1** *(dress, etc.)* que sienta bien, favorecedor **2** *(behavior, language)* apropiado.

bed [bed] *n.* **1** cama **2** *(for animals)* lecho **3** *(of flowers)* arriate *m.* macizo **4** *(of river)* lecho, cauce *m.* *(of sea)* fondo **5** GEOL capa, yacimiento ◇ *tr. pt. & pp.* **bedded,** *ger.* **bedding** *[sl.]* acostarse con ◇ **to go to bed acostarse to put somebody to bed** acostar a alguien **to take to one's bed** guardar cama **to make the bed** hacer la cama **to make one's bed and lie in it** quien mala cama hace en ella yace **to get out of bed on the wrong side** *[fam. use]* levantarse con el pie izquierdo **bunk bed** litera **double bed** cama matrimonial **single bed** cama individual **twin beds** camas fpl. separadas **bed and board** pensión f. completa **bed and breakfast** alojamiento con desayuno incluido **a bed of roses** fig. cama de rosas.

be·daz·zle [bɪˈdæzəl] *tr.* deslumbrar, encandilar.

bed·head [ˈbedhed] *n.* cabecera de cama.

bed·rid·den [ˈbedrɪdən] *adj.* postrado en cama.

bed·rock [ˈbedrɒk] *n.* **1** GEOL roca de fondo **2** *fig. use* fondo de la cuestión **to get down to bedrock** ir al grano.

bed·room [ˈbedruːm] *n.* dormitorio, habitación f. **bedroom slippers** zapatillas.

bed·side [ˈbedsaɪd] *n.* cabecera **to have a good bedside manner** tener buen trato con los enfermos **bedside table** mesita de noche **bedside lamp** lámpara de noche.

bed·spread [ˈbedspred] *n.* cubrecama.

bed·time [ˈbedtaɪm] *n.* la hora de acostarse.

bee [biː] *n.* abeja **to be as busy as a bee** estar muy ocupado **to have a bee in one's bonnet** *[fam. use]* tener una obsesión.

beech [biːtʃ] *n.* *(wood)* haya **beech grove** hayal *m.* hayedo **beech tree** haya.

beef [biːf] *n.* **1** *(meat)* carne f. de buey, carne f. de vaca **2** *(animal)* buey *m.* vaca *(cattle)* ganado vacuno **3** *(complaint)* queja ◇ *intr. [fam. use]* quejarse **beef tea** caldo de carne.

beef·steak [ˈbiːfsteɪk] *n.* bistec *m.*

bee·hive [ˈbiːhaɪv] *n.* **1** colmena **2** *(hairstyle)* peinado encrespado, peinado cardado.

bee·keep·er [ˈbiːkiːpə⁵] *n.* colmenero, apicultor.

bee·keep·ing [ˈbiːkiːpɪŋ] *n.* apicultura.

been [biːn, bɪn] *pp.* VER: **be.**

beep [biːp] *n.* pitido ◇ *intr.* pitar, tocar el pito **to beep the horn** tocar el claxon.

beer [bɪə⁵] *n.* cerveza.

bees·wax [ˈbiːzwæks] *n.* cera de abejas.

bee·tle [ˈbiːtəl] *n.* escarabajo.

beet·root [ˈbiːtruːt] *n.* betabel.

be·fore [bɪˈfɔː⁵] *prep.* **1** *(earlier)* antes de **2** *(in front of)* delante de *(in the presence of)* ante *(for the attention of)* ante **3** *(rather than)* antes que **4** *(ahead)* por delante **5** *(first)* primero ◇ *conj.* **1** *(earlier than)* antes de + *inf,* antes que + *subj* **2** *(rather than)* antes de ◇ *adv.* **1** *(earlier)* antes **2** *(previous)* anterior **3** *(already)* ya **4** *(position)* delante, por delante **as never before** como nunca **Before Christ** antes de Cristo **before long** dentro de poco **long before** mucho antes de **not long before** poco antes de **pride comes before a fall** un exceso de orgullo conduce a la caída **to put the cart before the horse** empezar la casa por el tejado **the one before** el anterior, la anterior.

be·fore·hand [bɪˈfɔːhænd] *adv.* **1** *(earlier)* antes **2** *(in advance)* de antemano, con antelación **3** *(before)* antes.

beg [beg] *tr. pt. & pp.* **begged,** *ger.* **begging 1** mendigar **2** *(ask for)* pedir **3** *literal use (beseech)*

suplicar, rogar ◇ *intr.* **1** mendigar **2** *(dog)* sentarse *(con las patas delanteras levantadas)* **I beg to differ** no estoy de acuerdo.

be·gan [bɪˈgæn] *pt.* VER: **begin.**

beg·gar [ˈbegə⁵] *n.* **1** mendigo, pordiosero **2** *[fam. use]* tipo, individuo ◇ *tr.* **1** empobrecer, arruinar **2** *fig. use* hacer imposible **beggars can't be choosers** a caballo regalado no se le ve el colmillo **to beggar description** superar toda descripción.

be·gin [bɪˈgɪn] *tr. pt.* **began** [bɪˈgæn], *pp.* **begun** [bɪˈgʌn] *ger.* **beginning** empezar, comenzar ◇ *intr.* empezar, comenzar **beginning from** a partir de **not to begin to...** estar lejos de... **to begin by "+ -ing"** empezar por + *inf,* empezar + *ger.* **to begin with** *(firstly)* en primer lugar *(take as starting point)* empezar con.

be·gin·ner [bɪˈgɪnə⁵] *n.* principiante *mf.* **beginner's luck** la suerte del principiante.

be·gin·ning [bɪˈgɪnɪŋ] *n.* **1** principio, comienzo **2** *(cause)* origen *m.* causa *npl.* **beginnings 3** *(origins)* orígenes *mpl.* **at the beginning of** a principios de **from beginning to end** desde el principio hasta el final **the beginning of the end** el principio del fin.

be·gun [bɪˈgʌn] *pp.* VER: **begin.**

be·have [bɪˈheɪv] *intr.* **1** *(people)* comportarse, portarse **2** *(equipment, machinery)* funcionar bien **behave oneself** comportarse, portarse bien **to behave badly** comportarse mal, portarse mal **to behave towards somebody** tratar a alguien.

be·hav·ior [bɪˈheɪvjə⁵] *n.* **1** *(of person)* conducta, comportamiento **2** *(of equipment, machine)* funcionamiento **3** *(treatment)* trato **4** PHYS comportamiento **to be on one's best behavior** comportarse de la mejor manera posible.

be·head [bɪˈhed] *tr.* decapitar, descabezar.

be·hind [bɪˈhaɪnd] *prep.* detrás de ◇ *adv.* **1** detrás, atrás **2** *(late)* atrasado ◇ *n. [fam. use] (buttocks)* trasero **behind somebody's back** a espaldas de alguien **to be behind schedule** estar atrasado **behind the scenes** entre bastidores **to be behind the times** ser anticuado **to attack somebody from behind** atacar a alguien por la espalda **to leave behind** *(person, thing, animal)* dejar algo *(in competition)* dejar atrás **to fall behind** quedarse atrás **to put something behind one** *(events, worries)* olvidarse de algo, dejar de lado algo **to look behind** mirar hacia atrás **to stay behind** quedarse **to be behind somebody** fig. use apoyar a alguien **to be behind something** fig. use ser el/la responsable de algo, estar detrás de algo.

beige [beɪʒ] *n.* beige *m.* ◇ *adj.* (de color) beige.

be·ing [ˈbiːɪŋ] *n.* **1** *(living thing)* ser *m.* **2** *(existence)* existencia **being as** ya que, puesto que **for the time being** por ahora, de momento **to bring into being** llevar a cabo, crear **to come into being** nacer **human being** ser *m.* humano.

Be·la·rus [ˈbelərʌs] *n.* Bielorrusia.

Be·la·rus·sian [beləˈrʌʃən] *adj.* bielorruso ◇ *n.* **1** *(person)* bielorruso **2** *(language)* bielorruso.

belch [beltʃ] *n.* eructo ◇ *intr.* eructar **to belch (out)** vomitar, arrojar.

Bel·gian [ˈbeldʒən] *adj.* belga ◇ *n.* belga *mf.*

Bel·gium [ˈbeldʒəm] *n.* Bélgica.

be·lief [bɪˈliːf] *n.* **1** *(gen)* creencia **2** *(opinion)* opinión f. **3** *(confidence)* confianza **to the best of my belief** que yo sepa **it is beyond belief** parece mentira.

be·liev·a·ble [bɪ'liːvəbəl] *adj.* creíble, verosímil.

be·lieve [bɪ'liːv] *tr.* 1 *(accept as true, think)* creer 2 *(suppose)* creer, suponer ◇ *intr.* 1 creer (in, en) 2 *(trust)* confiar (in, en) 3 *(support, be in favor of)* ser partidario (in, de) 4 REL tener fe **it is believed that** *se cree que* **believe it or not** *por extraño que pueda parecer* **not to believe one's eyes** *no dar crédito a sus ojos* **you'd better believe it!** *¡esto va en serio!* **don't you believe it!** *¡no te lo creas!* **believe me!** *¡créeme!* **to make believe** *fingir.*

be·liev·er [bɪ'liːvə *] *n.* 1 creyente *mf.* 2 *(supporter)* partidario.

Be·lize [be'liːz] *n.* Belice.

Be·li·ze·an [be'liːzɪən] *adj.* belicense, beliceño ◇ *n.* belicense *mf.* beliceño.

bell [bel] *n.* 1 *(church, etc.)* campana 2 *(handbell)* campanilla 3 *(on bicycle, door, etc.)* timbre *m.* 4 *(on toy, hat)* cascabel *m.* 5 *(cowbell)* cencerro 6 *(flower)* campanilla **that rings a bell** *esto me suena* **to be saved by the bell** *salvado por la campana* **to ring the bell** *tocar el timbre.*

bell·hop ['belhɒp] *n.* botones *m.*

bel·lig·er·ence [bɪl'ɪdʒərəns] *n.* beligerancia.

bel·lig·er·ent [bɪl'ɪdʒərənt] *adj.* beligerante.

bel·ly ['belɪ] *n. pl.* **bellies** 1 *(person)* vientre *m.* barriga 2 *(animal)* panza **belly laugh** *carcajada.*

bel·ly·ache ['belɪeɪk] *n. [fam. use]* dolor *m.* de barriga ◇ *intr. [fam. use]* quejarse.

bel·ly·but·ton ['belɪbʌtən] *n. [fam. use]* ombligo.

bel·ly·ful ['belɪful] *n.* panzada, hartazgo **to have had a bellyful of something** *estar harto de algo.*

be·long [bɪ'lɒŋ] *intr.* 1 pertenecer (to, a), ser (to, de) 2 *(be a member of a club)* ser socio (to, de) *(be a member of political party)* ser miembro (to, de) 3 *(have suitable qualities)* ser apto (in, para) 4 *(fit specific environment)* estar en su ambiente natural 5 *(be correctly placed)* estar en su sitio.

be·long·ings [bɪ'lɒŋɪŋz] *npl.* pertenencias *fpl.*, enseres *mpl.* **to pack up one's belongings** *arreglar todo para mudanza o viaje.*

be·lov·ed [*(adj)* bɪ'lʌvd; *(n)* bɪ'lʌvɪd] *adj.* querido, amado ◇ *n.* amado.

be·low [bɪ'ləu] *prep.* 1 debajo de, bajo 2 por debajo de 3 *(less than)* bajo ◇ *adv.* 1 abajo 2 de abajo **below sea-level** *por debajo del nivel del mar* **see below** *véase abajo* **that was a bit below the belt** *fue un golpe bajo.*

belt [belt] *n.* 1 cinturón *m.* 2 TECH correa 3 *(area)* zona ◇ *tr. [fam. use] (hit)* arrear un tortazo a **to blow the belt** *un golpe m. bajo* **diving belt** *cinturón m. de lastre* **industrial belt** *zona industrial.*

bench [bentʃ] *n.* 1 banco 2 JUR tribunal *m.* 3 SP banquillo **to be on the bench** *ser juez* **bench mark** *punto de referencia.*

bend [bend] *n.* 1 *(in road, etc.)* curva 2 *(in pipe)* ángulo ◇ *tr. pt. & pp.* **bent** [bent] 1 doblar, curvar 2 *(head)* inclinar *(back)* doblar, encorvar *(knee)* doblar, flexionar ◇ *intr.* 1 doblarse, combarse 2 *(head)* inclinarse *(back)* encorvarse 3 *(road)* torcer **to bend something back** *doblar algo hacia atrás* **to bend something straight** *enderezar algo* **to bend over backwards for somebody** *hacer todo lo posible por alguien* **to be round the bend** *estar loco perdido* **to bend the rules for somebody** *hacer una excepción por alguien* **on bended knee** *arrodillado* **"Please do not bend"** *(on package)* *"No doblar"* **wide bend** *curva abierta* **to bend down** *intr.* agacharse **to bend over** *intr.* inclinarse.

be·neath [bɪ'niːə] *prep.* 1 bajo, debajo de 2 por debajo de 3 *fig. use* indigno de, no digno de ◇ *adv.* de abajo **to marry beneath oneself** *casarse con alguien de clase inferior.*

ben·e·fac·tor ['benɪfæktə *] *n.* benefactor *m.*

ben·e·fi·cial [benɪ'fɪʃəl] *adj.* beneficioso, provechoso.

ben·e·fit ['benɪfɪt] *n.* 1 *(advantage)* beneficio, provecho 2 *(good)* bien *m.* 3 *(allowance)* subsidio *(charity performance)* función *f.* benéfica *(charity game)* partido benéfico ◇ *tr. pt. & pp.* **benefitted**, *ger.* **benefitting** beneficiar ◇ *intr.* beneficiarse (from, de) **to do something for somebody's benefit** *hacer algo por el bien de alguien* **to gain benefit from something** *sacar provecho de algo* **to reap the benefits of something** *sacar el máximo provecho de algo* **to give somebody the benefit of the doubt** *dar a alguien el beneficio de la duda.*

be·nev·o·lence [bɪ'nevələns] *n.* benevolencia.

be·nev·o·lent [bɪ'nevələnt] *adj.* benévolo **benevolent society** *sociedad f. benéfica.*

be·nign [bɪ'naɪn] *adj.* benigno.

Be·nin ['benɪn] *n.* Benín.

Be·ni·nese [benɪ'niːz] *adj.* benimeño ◇ *n.* benimeño *npl.* **the Beninese** *los benimeños mpl.*

bent [bent] *pt. & pp.* VER: **bend** ◇ *adj.* 1 torcido, doblado 2 *[sl.] (corrupt)* corrupto 3 *[sl.] (homosexual)* de la acera de enfrente ◇ *n. (innate ability)* facilidad *f.*, don *m.* **to be bent on "+ -ing"** *estar empeñado en +inf.*

ben·zene ['benziːn] *n.* CHEM benceno.

ben·zine ['benziːn] *n.* CHEM bencina.

be·reave [bɪ'riːv] *tr. pt. & pp.* **bereft** [bɪ'reft] *literal use* privar.

be·reav·ed [bɪ'riːvd] *adj.* desconsolado, afligido ◇ *npl.* **the bereaved** *los afligidos mpl.* la desconsolada familia.

be·reave·ment [bɪ'riːvmənt] *n.* 1 *(loss)* pérdida 2 *(mourning)* duelo.

be·ret ['bereɪ] *n.* boina.

Ber·mu·da [bə'mjuːdə] *n.* las Bermudas **Bermuda shorts** *bermudas mpl.* **Bermuda Triangle** *el triángulo de las Bermudas.*

Ber·mu·dan [bə'mjuːdən] *adj.* de las Bermudas ◇ *n.* nativo de las Bermudas.

ber·ry ['berɪ] *n. pl.* **berries** baya.

ber·serk [bə'zɜːk] *adj.* enloquecido **to go berserk** *perder los estribos* **to drive somebody berserk** *sacar a alguien de quicio.*

berth [bɜːθ] *n.* 1 *(in harbor)* amarradero 2 *(on ship)* camarote *m.* litera ◇ *tr.* poner en dique ◇ *intr.* atracar **to give somebody a wide berth** *esquivar a alguien.*

be·ryl·li·um [bə'rɪlɪəm] *n.* CHEM berilio.

be·side [bɪ'saɪd] *prep.* 1 al lado de 2 *(compared to)* frente a, comparado con **to be beside oneself** *estar fuera de sí* **to be beside oneself with joy** *estar loco de alegría* **that's beside the point** *ni al caso.*

be·sides [bɪ'saɪdz] *prep. (as well as)* además de, aparte de ◇ *adv.* además.

best [best] *adj. (superl of good)* mejor ◇ *adv.* 1 *(superl of well)* mejor 2 *(to a greater extent)* más ◇ *n.* 1 lo mejor 2 *(person)* el mejor, la mejor 3 *(in sport)* plusmarca ◇ *tr. [fam. use]* ganar, vencer **all the best!** *que te vaya bien!* *(in letter)* un saludo **as best you can** *lo mejor que puedas* **at best** *en el mejor de los casos* **best before…** *consumir antes de…* **it is best that…** *más vale que…* **it's for the best** *más vale que sea así* **may the**

B

best man win! ¡que gane el mejor! **to act for the best** obrar con la mejor intención **to be at one's best** estar en su mejor momento **to be past one's best** estar quemado **to be the best of friends** ser excelentes amigos **to do one's best** esmerarse, hacer lo mejor que uno puede **to get the best of somebody** imponerse a alguien **to get the best of something** sacar el máximo provecho de algo **to know what is best for one** saber lo que más le conviene a uno **to make the best of a bad job** conformarse **to the best of my knowledge** que yo sepa **with the best of them** como él que más **best man** padrino de boda **Sunday best** galas fpl. de domingo **the best one** el mejor, la mejor **the best part of** casi.

best·sell·er [best'selə ʳ] n. best-séller m. superventas m.

best·sell·ing [best'selɪŋ] adj. más vendido.

bet [bet] n. apuesta ◇ tr. pt. & pp. **bet** o **betted**, ger. **betting** apostar ◇ intr. **1** apostar **2** (feel sure) estar seguro, estar convencido **to make a bet** hacer una apuesta **I bet you can't do it!** ¿a qué no puedes? **you bet!** ¡ya lo creo!

be·ta ['biːtə] n. beta **beta rays** rays mpl. beta.

be·tray [bɪ'treɪ] tr. **1** traicionar **2** (secret) revelar **3** (show signs of) dejar ver, acusar **4** (deceive) engañar **5** (trust) defraudar.

be·tray·al [bɪ'treɪəl] n. **1** traición f. **2** (deceit) engaño.

bet·ter ['betə ʳ] adj. **1** (comp of good) mejor **2** (more healthy) mejor ◇ adv. **1** (comp of well) mejor **2** (to a greater extent) más ◇ n. el mejor, la mejor ◇ tr. **1** (improve) mejorar **2** (surpass) superar **to better oneself** mejorar su posición social **better late than never** más vale tarde que nunca **so much the better** tanto mejor **for want of something better** a falta de otra cosa mejor **to get better** recuperarse, mejorarse **to go one better** hacer mejor todavía **to like something/somebody better** preferir algo/a alguien **better and better** cada vez mejor **for better or for worse** para lo bueno o para lo malo **to be better off than somebody** tener más dinero que alguien **to get the better of somebody** llevar la ventaja a alguien, salir ganando a alguien **you know better than me** tú sabes más que yo **better half** media naranja.

bet·ting ['betɪŋ] n. apuestas fpl. **what's the betting that he "(she, it, etc.)...?, "¿qué es te apuestas a que...?

be·tween [bɪ'twiːn] prep. entre ◇ adv. También **in between** de en medio **to tell the difference between A and B** diferenciar A de B **between the lines** entre líneas **between you and me** entre tú y yo, en confianza **between ourselves** entre nosotros **between times** de vez en cuando **between now and then** de aquí a entonces **in between** en medio de, entre **to fall between two stools** no saber a qué santo confesarse.

bev·er·age ['bevərɪdʒ] n. bebida.

be·ware [bɪ'weə ʳ] intr. tener cuidado (of, con) ◇ interj. ¡ojo!, ¡cuidado!

be·wil·der [bɪ'wɪldə ʳ] tr. desconcertar, dejar perplejo.

be·wil·der·ed [bɪ'wɪldəd] adj. desconcertado, perplejo.

be·witch [bɪ'wɪtʃ] tr. **1** hechizar, embrujar **2** fig. use hechizar, fascinar.

be·witch·ing [bɪ'wɪtʃɪŋ] adj. hechicero, fascinante.

be·yond [bɪ'jɒnd] prep. **1** más allá de **2** (outside) fuera de ◇ adv. más allá ◇ n. the más allá **at the back of beyond** en el quinto infierno **it's beyond belief** parece mentira, es increíble **it's beyond doubt** es indudable, es seguro, no cabe duda **it's beyond me** no lo entiendo **to be beyond a joke** ser el colmo **to be beyond help** ser un caso perdido **to live beyond one's means** vivir por encima de sus posibilidades.

Bhu·tan [buː'tɑːn] n. Bhután.

Bhu·tan·ese [buːtæ'niːz] adj. butanés ◇ n. bhutanés npl. **the Bhutanese** los bhutaneses mpl.

bi·an·nu·al [baɪ'ænjʊəl] adj. bianual.

bi·as ['baɪəs] n. **1** (prejudice) parcialidad f., prejuicio **2** (inclination) tendencia, predisposición f. **3** (in statistics) margen f. de error ◇ tr. pt. & pp. **biased** o **biassed**, ger. **biasing** o **biassing** predisponer, influenciar **to be biased in favor of something/somebody** ser partidario de algo/alguien **to be biased against something/somebody** tener prejuicio en contra de algo/alguien.

bi·ased ['baɪəst] adj. parcial.

bi·ath·lon [baɪ'æθlɒn] n. biatlón m.

bib [bɪb] n. **1** (for baby) babero **2** (top of apron, overall) peto **to be in one's best bib and tucker** ir de punta en blanco.

Bi·ble ['baɪbəl] n. Biblia **the Holy Bible** la Sagrada Biblia **Bible basher** fanático religioso.

bib·li·cal ['bɪblɪkəl] adj. bíblico.

bib·li·o·graph·i·cal [bɪblɪə'græfɪkəl] adj. bibliográfico.

bib·li·og·ra·phy [bɪblɪ'ɒgrəfɪ] n. pl. **bibliographies** bibliografía.

bib·li·o·phile ['bɪblɪəfaɪl] n. bibliófilo.

bi·car·bo·nate [baɪ'kɑːbənət] n. CHEM bicarbonato **bicarbonate of soda** bicarbonato sódico.

bi·cen·ten·ni·al [baɪsen'tenɪəl] n. bicentenario.

bi·ceps ['baɪseps] n. bíceps m.

bi·cy·cle ['baɪsɪkəl] n. bicicleta **to ride a bicycle** montar en bicicleta **bicycle chain** cadena de bicicleta **bicycle pump** bomba de bicicleta.

bid [bɪd] n. **1** (at auction) puja **2** (attempt) intento **3** (offer) oferta **4** (in card game) declaración f. ◇ intr. pt. & pp. **bid**, ger. **bidding 1** (at auction) pujar (for, por) **2** (in card game) declarar ◇ tr. **1** (at auction) pujar, hacer una oferta de **2** literal use (ask) rogar **3** pt. también **bade** [bæd] pp. también **bidden** ['bɪdən] literal use (order) ordenar, mandar **to put in a bid for something** hacer una oferta por algo **to bid somebody farewell** literal use despedirse de alguien.

bid·der ['bɪdə ʳ] n. postor, pujador, licitador **highest bidder** mayor postor **successful bidder** rematante mf.

bi·en·ni·al [baɪ'enɪəl] adj. bienal ◇ n. bienal f.

bi·fo·cal [baɪ'fəʊkəl] adj. bifocal ◇ npl. **bifocals** lentes fpl. bifocales.

big [bɪg] adj. comp. **bigger**, superl. **biggest 1** (size, importance) grande (before sing noun) gran **2** (older) mayor **to be too big for one's boots** ser muy fanfarrón **to go over big** tener un gran éxito **to talk big** fanfarronear **big bang theory** teoría del big bang **big game** caza mayor **big noise!** big shot pez m. gordo **big talk** fanfarronadas fpl. **big toe** dedo gordo del pie **big top** carpa de circo.

big·a·mist ['bɪgəmɪst] n. bígamo.

big·a·my ['bɪgəmɪ] n. bigamia.

big·head ['bɪghed] n. sabihondo, creído.

big·head·ed [bɪg'hedɪd] adj. sabihondo, creído.

big·heart·ed [bɪg'hɑːtɪd] adj. de buen corazón, generoso.

big·mouth ['bɪgmaʊθ] n. bocón mf.

B

big·ot ['bɪɡət] n. intolerante, fanático.

big·ot·ed ['bɪɡətɪd] adj. intolerante, fanático.

big·ot·ry ['bɪɡətrɪ] n. intolerancia, fanatismo.

bike [baɪk] n. 1 *[fam. use] (bicycle)* bici f. 2 *(motorcycle)* moto f.

bi·ki·ni [bɪ'ki:nɪ] n. biquini m. bikini m.

bi·lat·er·al [baɪ'lætərəl] adj. bilateral.

bile [baɪl] n. bilis f, hiel f. **bile duct** conducto biliar.

bi·lin·gual [baɪ'lɪŋgwəl] adj. bilingüe.

bi·lin·gual·ism [baɪ'lɪŋgwəlɪzəm] n. bilingüismo.

bil·ious ['bɪlɪəs] adj. 1 MED bilioso 2 *fig. use (bad-tempered)* malhumorado.

bill¹ [bɪl] n. 1 factura *(in restaurant)* cuenta 2 *(law)* proyecto de ley 3 *(banknote)* billete m. 4 *(poster)* cartel m. 5 *(leaflet)* volante m. ◇ tr. 1 facturar, pasar la factura 2 THEAT programar **to fit the bill** cumplir los requisitos **to top the bill** THEAT encabezar el reparto **to give somebody a clean bill of health** declarar sano a alguien **to run up a bill of...** contraer deudas de... **bill of exchange** letra de cambio **bill of sale** escritura de venta **Bill of Rights** declaración f. de derechos **bill of fare** lista de platos, carta.

bill² [bɪl] n. 1 *(of bird)* pico 2 *(headland)* cabo, promontorio **to bill and coo** acaramelarse.

bill·board ['bɪlbɔːd] n. valla publicitaria.

bil·let ['bɪlɪt] n. MIL alojamiento, acuartelamiento ◇ tr. pt. & pp. **billetted**, ger. **billetting** MIL alojar, acuartelar **to be billetted in** alojarse en.

bill·fold ['bɪlfəʊld] n. billetero, cartera.

bil·liard ['bɪlɪəd] adj. de billar ◇ n. **billiards** billar m. **billiard ball** bola de billar **billiard cue** taco de billar **billiard table** mesa de billar.

bill·ing ['bɪlɪŋ] n. 1 *(invoicing)* facturación f. 2 THEAT orden de aparición en cartel **to get top billing** salir primero en cartel.

bil·lion ['bɪljən] n. mil millones mpl. **billions of** *fig. use* un mogollón de, la tira de **NOTA**: En el uso actual, tanto en EUA como en Gran Bretaña, un billión equivale a mil millones.

bil·lion·aire [bɪljə'neəʳ] n. multimillonario.

bim·bo ['bɪmbəʊ] n. pl. **bimbos** o **bimboes** *[fam. use]* pej. chica guapa pero tonta.

bi·month·ly [baɪ'mʌnθlɪ] adj. 1 *(twice monthly)* bimensual 2 *(every two months)* bimestral ◇ adv. 1 *(twice monthly)* dos veces al mes 2 *(every two months)* cada dos meses ◇ n. 1 *(twice monthly)* publicación f. bimensual 2 *(every two months)* publicación f. bimestral.

bin [bɪn] n. 1 *(for trash)* cubo de la basura *(for paper)* papelera 2 *(large container)* recipiente m. ◇ tr. pt. & pp. **binned**, ger. **binning** 1 *[fam. use] (throw away)* tirar *(reject plan, project, etc.)* desechar, descartar.

bi·na·ry ['baɪnərɪ] adj. binario **binary code** código binario **binary element** elemento binario **binary fission** bipartición f. **binary number** número binario **binary star** estrella binaria, estrella doble.

bind [baɪnd] n. *[fam. use]* fastidio, molestia ◇ tr. pt. & pp. **bound** [baʊnd] 1 *(tie up)* atar *(cereals, corn)* agavillar 2 CULIN *(sauce)* ligar 3 *(book, etc.)* encuadernar 4 *(bandage)* vendar 5 *(require)* obligar.

bind·er ['baɪndəʳ] n. 1 *(file)* carpeta 2 *(of books)* encuadernador.

bind·ing ['baɪndɪŋ] n. 1 *(of book)* encuadernación f. 2 SEW ribete m. 3 *(of skis)* fijación f. ◇ adj. 1 obligatorio (on, para) 2 que se tiene que cumplir.

binge [bɪndʒ] n. *[fam. use] (drinking)* borrachera *(eating)* atracón m. ◇ intr. atiborrarse, hartarse de comida **to go on a binge** ir de farra.

bin·oc·u·lar [bɪ'nɒkjʊləʳ] adj. binocular ◇ npl. **binoculars** prismáticos mpl. gemelos mpl.

bi·o·chem·i·cal [baɪəʊ'kemɪkəl] adj. bioquímico.

bi·o·chem·ist [baɪəʊ'kemɪst] n. bioquímico.

bi·o·chem·is·try [baɪəʊ'kemɪstrɪ] n. bioquímica.

bi·o·de·grad·a·ble [baɪəʊdɪ'greɪdəbəl] adj. biodegradable.

bi·og·ra·pher [baɪ'ɒgrəfəʳ] n. biógrafo.

bi·o·graph·i·cal [baɪə'græfɪkəl] adj. biográfico.

bi·og·ra·phy [baɪ'ɒgrəfɪ] n. pl. **biographies** biografía.

bi·o·log·i·cal [baɪə'lɒdʒɪkəl] adj. biológico.

bi·ol·o·gist [baɪ'ɒlədʒɪst] n. biólogo.

bi·ol·o·gy [baɪ'ɒlədʒɪ] n. biología.

bi·o·mass ['baɪəʊmæs] n. biomasa.

bi·op·sy ['baɪɒpsɪ] n. pl. **biopsies** biopsia.

bi·o·sphere ['baɪəsfɪəʳ] n. biosfera.

bi·par·ti·san [baɪ'pɑːtɪzən] adj. POL de dos partidos políticos.

bi·ped ['baɪped] adj. bípedo ◇ n. bípedo.

bi·po·lar [baɪ'pəʊləʳ] adj. bipolar.

bird [bɜːd] n. 1 *(large)* ave f. *(small)* pájaro 2 *(person)* tipo **a bird in the hand is worth two in the bush** más vale pájaro en mano que ciento volando **to kill two birds with one stone** matar dos pájaros de un tiro **birds of a feather flock together** Dios los cría y ellos se juntan **bird of ill-omen** pájaro de mal agüero **bird of paradise** ave f. del paraíso **bird of passage** ave f. de paso **bird of prey** ave f. de rapiña, ave f. de presa **bird's nest** nido de pájaro **the birds and the bees** euph. use la sexualidad.

bird·brain ['bɜːdbreɪn] n. cabeza de chorlito.

bird·cage ['bɜːdkeɪdʒ] n. jaula de pájaro.

bird's-eye view ['bɜːdzaɪ'vjuː] n. vista panorámica.

bird-watch·er ['bɜːdwɒtʃəʳ] n. ornitólogo *(cuya afición es observar las aves)*.

birth [bɜːθ] n. 1 nacimiento 2 MED parto 3 *(descent)* linaje m. **to give birth to** *(child)* dar a luz a *fig. use* dar lugar a **birth certificate** acta de nacimiento **birth control** control m. de la natalidad.

birth·day ['bɜːdeɪ] n. cumpleaños m. **to be in one's birthday suit** estar como Dios le trajo al mundo **birthday card** tarjeta de cumpleaños, **birthday party** fiesta de cumpleaños **birthday present** regalo de cumpleaños.

birth·mark ['bɜːθmɑːk] n. mancha de nacimiento.

birth·place ['bɜːθpleɪs] n. lugar m. de nacimiento.

bi·sect [baɪ'sekt] tr. bisecar.

bi·sex·u·al [baɪ'seksjʊəl] adj. bisexual ◇ n. bisexual mf.

bish·op ['bɪʃəp] n. 1 obispo 2 *(chess)* alfil m.

bis·muth ['bɪzməθ] n. CHEM bismuto.

bi·son ['baɪsən] n. bisonte m.

bi·sul·fate [baɪ'sʌlfeɪt] n. CHEM bisulfato.

bit¹ [bɪt] n. 1 *(small piece)* trozo, pedacito 2 *(small amount)* poco 3 *[fam. use] (time)* un poco, un ratito **wait a bit**, espera un poco; 4 *(part of film, play, book)* parte f. 5 *(coin)* moneda ◇ adv. **a bit** *[fam. use] (rather)* algo, un poco **a bit of** algo de **a bit by bit** poco a poco **not a bit of it** nada de eso **quite a bit/a good bit** *[fam. use]* bastante **that's a bit much** esto ya es pasarse **to come to bits** hacerse pedazos, romperse **to do one's bit** aportar su granito de arena **to smash something to bits** hacer algo añicos **to take something to bits** desmontar algo **a bit of advice** un consejo **a bit on the side** *[fam. use]* un rollo, amante mf. **bit of stuff** *[fam. use]* amante mf. **bit part** papel m. secundario **bits and pieces** en pedazos mpl. bártulos mpl.

bit² [bɪt] n. 1 *(of bridle)* bocado 2 *(of drill)* broca 2 *(of brace)* barrena 3 *(of key)* paletón m. **to take the**

bit between one's teeth agarrar el toro por los cuernos.

bit³ [bɪt] *n.* COMPUT bit *m.*

bit⁴ [bɪt] *pt.* VER: bite.

bitch [bɪtʃ] *n.* 1 (gen) hembra (of dog) perra 2 pej. (woman) bruja, lagarta ◇ *intr.* [fam. use] quejarse **to bitch about somebody** poner a alguien a parir **son of a bitch** [taboo] hijo de perra, hijo de puta.

bitch·y ['bɪtʃi] *adj. comp.* **bitchier**, *superl.* **bitchiest** [fam. use] malicioso, rencoroso.

bite [baɪt] *n.* 1 (act) mordisco 2 (of insect) picadura 3 (of dog, etc.) mordedura 4 (of food) bocado 5 (incisiveness) mordacidad *f.* 6 (grip of wheel, cog) agarre *m.* ◇ *tr. pt.* **bit**, *pp.* **bitten** ['bɪtən] 1 morder 2 (insect, snake) picar 3 (grip) agarrar ◇ *intr.* 1 morder 2 (insect, snake) picar 3 (fish) picar 4 (grip) agarrarse 5 (recession, etc.) apretar, hacerse sentir, hacerse notar **to have a bite** probar bocado **to bite the dust** morder el polvo **to bite the hand that feeds one** volverse en contra de su bienhechor **to bite off more than one can chew** abarcar demasiado **to be bitten by something** (hobby, interest) estar obsesionado por algo **what's bitten you?** ¿qué mosca te ha picado? **once bitten twice shy** gato escaldado del agua fría huye.

bit·ing ['baɪtɪŋ] *adj.* 1 (wind) cortante, penetrante 2 (comment) mordaz.

bit·ten ['bɪtən] *pp.* VER: bite.

bit·ter ['bɪtə ᵃ] *adj.* 1 (gen) amargo (fruit) ácido, agrio 2 (weather) glacial 3 (person) amargado 4 (fight) enconado ◇ *n.* cerveza amarga **to carry on to the bitter end** seguir hasta el final **to feel bitter about something** guardar rencor por algo.

bit·ter·ness ['bɪtənəs] *n.* 1 (gen) amargura (of fruit) acidez *f.* 2 (of person) amargura, rencor *m.* 3 (of weather) crudeza 4 (resentment) rencor *m.* resentimiento,

bit·ter·sweet ['bɪtəswiːt] *adj.* agridulce.

bi·week·ly [baɪˈwiːkli] *adj.* 1 (twice weekly) bisemanal 2 (fortnightly) quincenal ◇ *adv.* 1 (twice weekly) dos veces por semana 2 (fortnightly) cada quincena ◇ *n.* 1 (twice weekly) publicación *f.* bisemanal 2 (fortnightly) publicación *f.* quincenal.

bi·zarre [bɪˈzɑː ᵃ] *adj.* 1 raro, extraño 2 (eccentric) estrafalario, extravagante 3 (grotesque) grotesco.

black [blæk] *adj.* 1 negro 2 (gloomy) aciago, negro 3 (dirty) sucio 4 (threatening) amenazador ◇ *n.* 1 (color) negro 2 (person) negro ◇ *tr.* 1 (make black) ennegrecer 2 (boycott) boicotear **black and white** blanco y negro **to put something down in black and white** [fam. use] poner algo por escrito **to give somebody a black eye** ojo morado **to look black** no ser nada prometedor **to wear black** (be in mourning) estar de luto **as black as pitch/coal/night** negro como el carbón **Black Africa** África Negra **black beetle** cucaracha **black belt** SP cinturón *m.* negro **black box** AV caja negra **Black Death** HIST peste *f.* negra **black economy** economía sumergida **black eye** ojo morado **black hole** agujero negro **black humor** humor *m.* negro **black ice** hielo (en la carretera) **black magic** magia negra **black mark** mala nota **black market** mercado negro **black marketeer** estraperlista *mf.* **black pepper** CULIN pimienta negra **Black Sea** Mar Negro **black sheep** fig. use oveja negra **black spot** fig. use (on road) punto negro **black widow** ZOOL (spider) viuda negra **to black out** *tr. sep.* (cause power cut) dejar sin luz,

causar un apagón ◇ *intr.* (faint) desmayarse, sufrir un desmayo.

black-and-blue [ˌblækənˈbluː] *adj.* amoratado.

black·ber·ry ['blækbəri] *n. pl.* **blackberries** zarzamora, mora **blackberry bush** zarza.

black·board ['blækbɔːd] *n.* pizarrón.

black·cur·rant [blækˈkʌrənt] *n.* grosella negra **blackcurrant bush** grosellero negro, casis *m.*

black·leg ['blækleg] *n.* esquirol *m.* ◇ *intr. pt. & pp.* **blacklegged**, *ger.* **blacklegging** ser un esquirol.

black·list ['blæklɪst] *n.* lista negra ◇ *tr.* poner en la lista negra.

black·mail ['blækmeɪl] *n.* chantaje *m.* ◇ *tr.* hacer chantaje a, chantajear **to blackmail somebody into doing something** chantajear a alguien para que haga algo.

black·mail·er ['blækmeɪlə ᵃ] *n.* chantajista *mf.*

black·out ['blækaʊt] *n.* 1 (through electrical fault) apagón *m.* (in wartime) oscurecimiento general de una ciudad 2 (fainting) pérdida de conocimiento, desmayo.

black·smith ['blæksmɪθ] *n.* herrero **blacksmith's forge** herrería.

black-tie ['blæktaɪ] *adj.* de etiqueta.

blad·der ['blædə ᵃ] *n.* 1 vejiga 2 (in tire, football) cámara de aire.

blade [bleɪd] *n.* 1 (of sword, knife, etc.) hoja 2 (of ice skate) cuchilla 3 (of propeller, fan, oar, hoe) pala 4 (of grass) brizna 5 (of machine, guillotine) cuchilla.

blame [bleɪm] *n.* culpa ◇ *tr.* culpar, echar la culpa a **to be to blame** tener la culpa; **to put the blame on** echar la culpa a, inculpar a **to blame oneself** reprocharse **you've only got yourself to blame** tú te lo has buscado **I don't blame you** no me extraña.

blame·less ['bleɪmləs] *adj.* 1 (not guilty) libre de culpa, inocente 2 (virtuous) intachable.

blame·wor·thy ['bleɪmwɜːði] *adj.* censurable, reprobable.

blank [blæŋk] *adj.* 1 (page, etc.) en blanco 2 (look, etc.) vacío 3 (cassette, tape) virgen ◇ *n.* 1 (on paper) espacio en blanco 2 (bullet) bala de fogueo 3 (coin, disc) cospel *m.* ◇ *tr.* fingir no ver a, hacer como si no hubiera visto a **a my mind went blank** me quedé en blanco **to draw a blank** [fam. use] no tener éxito **blank cartridge** cartucho sin bala **blank cheque** cheque *m.* en blanco **blank verse** verso libre.

blan·ket ['blæŋkɪt] *n.* 1 cobija, manta, AM frazada 2 (layer) capa, manto ◇ *adj.* (overall) general, global (unanimous) unánime ◇ *tr.* cubrir con un manto 2 (stifle rumors) acallar **to be a wet blanket** ser un aguafiestas **blanket of fog** banco de niebla **blanket bombing** bombardeo masivo **blanket insurance** póliza de seguro a todo riesgo **blanket stitch** punto de festón.

blank·ly ['blæŋkli] *adv.* con la mirada vacía, sin expresión.

blas·phe·my ['blæsfəmi] *n. pl.* **blasphemies** blasfemia.

blast [blɑːst] *n.* 1 (of wind) ráfaga 2 (of water, air, etc.) chorro 3 (of horn) toque *m.* 4 (of trumpet) trompetazo 5 (explosion) explosión *f,* voladura *f.* 6 (shock wave) onda expansiva 7 (reprimand) bronca ◇ *tr.* 1 (explode) volar, hacer volar 2 (criticize) criticar 3 (reprimand) echar una bronca a 4 (ruin, spoil) echar a perder, dar al traste con 5 (shoot) pegar un tiro a, disparar contra 6 (wound) herir en 6 (shrivel, wither) marchitar ◇ *intr.* (shoot) disparar ◇ *interj.* ¡maldita sea! **to blast a hole in** abrir con carga *explosiva* **at full blast** *a todo volumen* **blast furnace** *alto horno* **blast hole** *agujero (hecho por una explosión)* **to blast off** *intr. (rocket) despegar.*

blast-off ['blɑːstɒf] *n. (of rocket, missile) despegue m.*

bla·tant ['bleɪtənt] *adj.* **1** *descarado, flagrante 2 (obtrusive) llamativo, intruso.*

blaze [bleɪz] *n.* **1** *(fire) incendio 2 (flame) llamarada 3 (of light) resplandor m.* **4** *(outburst) arranque m. acceso* ◇ *intr.* **1** *(fire) arder 2 (sun) brillar con fuerza 3 (light) resplandecer* **to go like blazes** *ir a toda máquina, ir a todo lo que das* **to be a blaze of color** *estar resplandeciente de color* **to blaze with anger** *echar chispas* **to blaze a trail** *abrir un camino* **in a blaze of publicity** *a bombo y platillo* **go to blazes!** *[fam. use] ¡vete a la porra!* **what the blazes…?** *[fam. use] ¿qué demonios…?*

blaz·er ['bleɪzə ᵃ] *n. saco de sport, blazer m.*

blazing ['bleɪzɪŋ] *adj.* **1** *(fire) ardiente 2 (light) brillante 3 (sun, heat) abrasador 4 (argument) violento.*

bleach [bliːtʃ] *n. blanqueador* ◇ *tr.* **1** *(whiten) blanquear 2 (remove color) desteñir, decolorar 3 (hair) decolorar* ◇ *intr.* **1** *(whiten) blanquearse 2 (lose color) desteñirse, decolorarse.*

bleach·ers ['bliːtʃəz] *npl. gradas fpl.*

bleak [bliːk] *adj.* **1** *(countryside) desolado 2 (weather) desapacible 3 (future) poco prometedor 4 (welcome, reception) frío.*

bled [bled] *pt. & pp.* **VER:** bleed.

bleed [bliːd] *intr. pt. & pp.* **bled** [bled] **1** MED *sangrar 2 (color, dye) desteñirse 3 (plant, tree) exudar, sudar* ◇ *tr.* **1** MED *sacar sangre, sangrar 2 (cistern, radiator) sacar el agua 3 (tree, plant) exudar, sudar* **to bleed somebody dry** *sacarle a alguien hasta el último céntimo* **to bleed to death** *morir desangrado* **my heart bleeds for you!** *iron. ¡te lo has buscado!*

blem·ish ['blemɪʃ] *n.* **1** *desperfecto, imperfección f. 2 (on fruit) maca 3 fig. use mancha* ◇ *tr.* **1** *(spoil) estropear, desmejorar 2 fig. use (reputation) manchar, tiznar.*

blend [blend] *n. mezcla, combinación f.* ◇ *tr.* **1** *(mix) mezclar, combinar 2 (match) matizar, armonizar* ◇ *intr.* **1** *mezclarse, combinarse 2 armonizarse.*

blend·er ['blendə ᵃ] *n.* CULIN *licuadora f.*

bless [bles] *tr. bendecir* **to bless oneself** *persignarse, santiguarse* **bless you!** *(on sneezing) ¡Salud!*

bless·ed ['blesɪd] *adj.* **1** *(holy) bendito, santo 2 (content, happy) bienaventurado 3 [fam. use] (damn) santo (more strongly) maldito* **blessed be thy name** *bendito sea su nombre* **of blessed memory** *de feliz memoria.*

bless·ing ['blesɪŋ] *n.* **1** *bendición f. 2 (advantage) beneficio, ventaja* **to give the blessing** *dar la bendición* **to give one's blessing to something/ somebody** *dar su bendición a algo/alguien* **to be a blessing** *ser una bendición* **it's a blessing in disguise** *no hay mal que por bien no venga* **to count one's blessings** *considerarse afortunado* **what a blessing!** *¡qué suerte!*

blew [bluː] *pt.* **VER:** blow.

blind [blaɪnd] *adj. ciego* ◇ *n. (on window) persiana* ◇ *tr.* **1** *cegar, dejar ciego 2 (dazzle) deslumbrar* **blind in one eye** *tuerto* **blind with jealousy** *ciego de celos* **blind with rage** *ciego de ira* **in the kingdom of the blind the one eyed man is king** *en tierra de ciegos el tuerto es rey* **it's a case of the blind leading the blind** *fig. tan*

ciego el uno como el otro **not to take a blind bit of notice** *fig. no hacer el menor caso* **to be as blind as a bat** *no ver nada* **to be blind to something** *fig. estar inconsciente de algo, no darse cuenta de algo* **to blind somebody with science** *deslumbrar a alguien con sus conocimientos* **to go blind** *quedarse ciego* **to turn a blind eye** *fig. hacer la vista gorda* **blind alley** *callejón m. sin salida* **blind corner** *curva sin visibilidad* **blind date** *cita a ciegas* **blind man** *ciego* **blind woman** *ciega* **blind man's buff** *el juego de la gallina ciega* **blind spot** *punto ciego.*

blind·fold ['blaɪndfəʊld] *n. venda* ◇ *tr. vendar los ojos a* ◇ *adv. con los ojos vendados* **to do something blindfold** *fig. use hacer algo a ojos cerrados.*

blindfolded ['blaɪndfəʊldɪd] *adj. con los ojos vendados.*

blind·ing ['blaɪndɪŋ] *adj. cegador, deslumbrante* ◇ *n. deslumbramiento.*

blind·ness ['blaɪndnəs] *n. ceguera.*

blink [blɪŋk] *n.* **1** *parpadeo 2 (gleam, glimmer) destello* ◇ *intr.* **1** *parpadear 2 (gleam, glimmer) destellar.*

bliss [blɪs] *n. felicidad f, dicha* **what bliss!** *¡qué dicha!*

blis·ter ['blɪstə ᵃ] *n.* **1** *(on skin) ampolla 2 (on paint, surface) burbuja* ◇ *tr. producir ampollas en* ◇ *intr. ampollarse, formarse ampollas.*

blis·ter·ing ['blɪstərɪŋ] *adj. (heat) abrasador.*

bliz·zard ['blɪzəd] *n. tempestad f. de nieve, ventisca.*

blob [blɒb] *n.* **1** *(drop) gota 2 (smudge) borrón m. 3 (of color) mancha.*

block [blɒk] *n.* **1** *bloque m. 2 (of wood, stone) taco 3 (building) edificio, bloque m.* **4** *(group of buildings) manzana 5 (obstruction) obstrucción f.* ◇ *tr.* **1** *(pipe, etc.) obstruir, atascar 2 (streets, etc.) bloquear* **to block the way** *cerrar el paso* **to become blocked** *obstruirse, atascarse* **to take a walk around the block** *dar una vuelta* **block letters** *mayúsculas fpl.* **block of flats** *bloque m. de pisos* **block operation** COMPUT *operación f. de bloque* **block booking** *reserva en grupo* **block vote** *voto por cabeza de delegación* **building blocks** *juego de construcción* **mental block** *bloqueo mental.*

block·ade [blɒ'keɪd] *n.* MIL *bloqueo* ◇ *tr. bloquear* **to lift a blockade** *levantar un bloqueo.*

block·age ['blɒkɪdʒ] *n. obstrucción f., atasco.*

block·bust·er ['blɒkbʌstə ᵃ] *n.* **1** *fig. use (novel) best seller m. éxito de ventas 2 fig. use (film) película de acción.*

blond [blɒnd] *Suele escribirse* **blonde** *cuando se refiere a una mujer adj. rubio* ◇ *n. rubio.*

blonde [blɒnd] *adj.-n.* **VER:** blond.

blood [blʌd] *n.* **1** *sangre f. 2 (ancestry) parentesco, alcurnia* **in cold blood** *a sangre fría* **to make somebody's blood boil** *hacer hervir la sangre a alguien* **to have blood on one's hands** *fig. use tener las manos manchadas de sangre* **to shed blood** *derramar sangre* **my blood ran cold** *se me heló la sangre* **it runs in his blood** *lo lleva en la sangre* **blood is thicker than water** *la sangre tira* **bad blood** *mala sangre f.* **blood bank** *banco de sangre f.* **blood brother** *hermano de sangre* **blood cell** *glóbulo* **blood clot** *coágulo* **blood donor** *donante mf. de sangre* **blood group** *grupo sanguíneo* **blood money** *dinero pagado a un asesino a sueldo* **blood plasma** *plasma sanguíneo* **blood**

pressure *tensión f. arterial* **blood relative** *pariente mf.* **consanguíneo blood serum** *suero de sangre* **blood sugar** MED *glucemia* **blood test** *análisis m. de sangre* **blood transfusion** *transfusión f. de sangre* **blood vessel** *vaso sanguíneo* **high blood pressure** *tensión f. alta* **low blood pressure** *tensión f. baja* **one's own flesh and blood** *gente f. de su propia sangre.*

blood·bath ['blʌdbɑːθ] *n.* matanza, masacre *f.*

blood·shed ['blʌdʃed] *n.* derramamiento de sangre.

blood·stain ['blʌdsteɪn] *n.* mancha de sangre.

blood·stream ['blʌdstriːm] *n.* corriente *f.* sanguínea.

blood·suck·er ['blʌdsʌkəʳ] *n.* sanguijuela.

blood·thirst·y ['blʌdθɜːstɪ] *adj. comp.* **bloodthirstier**, *superl.* **bloodthirstiest** sanguinario, ávido de sangre.

blood·y ['blʌdɪ] *adj. comp.* **bloodier**, *superl.* **bloodiest** *(battle)* sangriento.

bloom [bluːm] *n.* 1 *(flower)* flor *f.* 2 *(on fruit)* pelusa 3 *(freshness)* frescura, lozanía ◇ *intr.* florecer **to be in bloom** *estar en flor* **in the bloom of youth** *en la flor de la edad* **to burst into bloom** *florecer.*

bloom·ing ['bluːmɪŋ] *adj.* 1 *(flower)* floreciente 2 *(radiant)* radiante, resplandeciente 3 *[fam. use]* repajolero, puñetero.

bloop·er ['bluːpəʳ] *n. [fam. use]* metedura de pata.

blos·som ['blɒsəm] *n.* flor *f.* ◇ *intr.* florecer **to be in blossom** *florecer* **to blossom into** *fig. use convertirse en.*

blouse [blaʊz] *n.* blusa.

blow¹ [bləʊ] *n.* golpe *m.* **to strike somebody a blow** *dar un golpe a alguien* **to come to blows** *llegar a las manos.*

blow² [bləʊ] *intr. pt.* **blew** 1 *(wind)* soplar 2 *(instrument)* tocar, sonar *(whistle)* pitar *(horn)* sonar 3 *(fuse)* fundirse 4 *(tire)* reventarse 5 *(puff, pant)* jadear ◇ *tr.* 1 *(instrument)* tocar *(whistle)* pitar *(horn)* sonar 2 *[fam. use] (money)* despilfarrar, malgastar **to blow one's nose** *sonarse las narices* **to blow one's top** *perder los estribos* **to blow the lid off something** *desvelar algo* **to blow hot and cold** *vacilar, no saber qué hacer* **to blow somebody's mind** *[fam. use] dejar a alguien* **to blow it** *[fam. use] cagarla* **to blow away** *tr. sep.* 1 arrastrar 2 *[fam. use] fig. use* mandar al otro barrio ◇ *intr.* ser arrastrado, ser llevado **to blow out** *tr. sep.* 1 *(flame)* apagar *(candle)* soplar 2 *(cheeks)* hinchar ◇ *intr.* 1 *(candle, flame)* apagarse 2 *(tire)* reventarse **to blow over** *tr. sep.* derribar, echar a tierra ◇ *intr.* 1 derrumbarse 2 *(storm)* amainar 3 *(scandal)* olvidarse **to blow up** ◇ *tr. sep.* 1 *(explode)* (hacer) volar 2 *(inflate)* hinchar 3 *(photograph)* ampliar ◇ *intr.* 1 *(explode)* explotar 2 *(lose one's temper)* salirse de sus casillas.

blow-by-blow ['bləʊbaɪˈbləʊ] *adj.* con pelos y señales.

blown [bləʊn] *pp.* VER: **blow**.

blow·out ['bləʊaʊt] *n.* 1 AUTO reventón *m.* ponchadura 2 *[sl.]* comilona, atracón *m.*

blow-up ['bləʊʌp] *n.* *(photograph)* ampliación *f.*

BLT ['biːˈelˈtiː] *abbr. (bacon, lettuce and tomato)* sándwich de tocino, lechuga y tomate.

blub·ber ['blʌbəʳ] *n.* grasa de ballena ◇ *intr.* lloriquear.

blue [bluː] *adj.* 1 azul 2 *(sad)* triste 3 *(depressed)* deprimido 4 *(obscene)* verde ◇ *n.* azul *m.* ◇ *npl.* **blues** MUS blues *m.* ◇ *npl.* **the blues** la depresión *f.* **out of the blue** *como caído del cielo* **to be blue with cold** *estar amoratado de frío*

to have the blues *estar deprimido* **blue baby** MED *bebé m. cianótico* **blue blood** *sangre f. azul* **blue mould** *moho.*

blue·ber·ry ['bluːbərɪ] *n. pl.* **blueberries** BOT mora azul.

blue-blood·ed ['bluːblʌdɪd] *adj.* de sangre azul.

blue-col·lar ['bluːkɒləʳ] *adj.* obrero **blue-collar worker** *obrero de una fábrica.*

blue-eyed ['bluːaɪd] *adj.* de ojos azules **blue-eyed boy** *niño mimado, niña de los ojos.*

blue·print ['bluːprɪnt] *n.* 1 cianotipo 2 *fig. use* anteproyecto ◇ *tr. (project, plan)* elaborar, desarrollar.

bluff¹ [blʌf] *n.* camelo, farol *m.* bluff *m.* ◇ *tr.* engañar a, hacer un bluff a ◇ *intr.* tirarse un farol, fanfarronear, AM blofear **to call somebody's bluff** *hacer que alguien ponga las cartas boca arriba.*

bluff² [blʌf] *adj.* 1 *(blunt)* brusco, que no tiene pelos en la lengua 2 *(hearty)* campechano ◇ *n. (cliff)* acantilado.

blunt [blʌnt] *adj.* 1 *(knife)* desafilado *(pencil)* despuntado 2 *fig. use (person)* directo, que no tiene pelos en la lengua ◇ *tr.* desafilar, embotar *(pencil)* despuntar **blunt angle** MATH ángulo obtuso **blunt instrument** *instrumento contundente.*

blur [blɜːʳ] *n.* borrón *m.* mancha ◇ *tr. pt. & pp.* **blurred**, *ger.* **blurring** *(make indistinct)* difuminar ◇ *intr.* 1 *(mark, stain)* emborronar, manchar 2 *(become indistinct)* difuminarse **to be a blur** *ser confuso, quedar confuso.*

blurb [blɜːb] *n. [fam. use] pej.* información *f.* publicitaria.

blurred [blɜːd] *adj.* 1 borroso 2 *fig. use (memories)* vago, confuso.

blush [blʌʃ] *n.* rubor *m.* ◇ *intr.* ruborizarse, sonrojarse **to blush with embarrassment** *ponerse rojo de vergüenza* **to make somebody blush** *hacer sonrojar a alguien.*

blus·ter ['blʌstəʳ] *n.* fanfarronadas *fpl.* ◇ *intr.* 1 fanfarronear 2 *(wind)* soplar con fuerza, bramar.

bo·a ['bəʊə] *n.* 1 ZOOL boa 2 BIOL *(feather stole)* boa *m.*

board [bɔːd] *n.* 1 *(piece of wood)* tabla, tablero 2 *(food)* comida, pensión *f.* 3 *(committee)* junta, consejo 4 *(company)* compañía ◇ *tr. (ship, etc.)* subirse a, embarcar en ◇ *intr. (lodge)* alojarse *(at school)* ser interno **on board** MAR *a bordo* **above board** *fig. use en regla, legal* **across the board** *fig. use gen., global* **to go by the board** *irse al traste* **to sweep the board** *(be successful)* arrasar *(in competition)* llevarse todos los premios *(in election)* conseguir la mayoría de los lugares **to take on board** *(responsibility)* asumir *(concept, idea)* abarcar **to go back to the drawing board** *volver a empezar de cero* **board and lodging** *pensión completa* **board of directors** *junta directiva* **to board up** *tr. sep. (door, window)* entablar.

board-game ['bɔːdgeɪm] *n.* juego de mesa.

board·ing ['bɔːdɪŋ] *n.* 1 *(ship, plane, etc.)* embarque *m.* 2 *(lodging)* pensión *f.*, alojamiento **boarding card** *tarjeta de embarque* **boarding house** *casa de huéspedes* **boarding school** *internado.*

board·room ['bɔːdruːm] *n.* sala de juntas.

boast [bəʊst] *n.* jactancia ◇ *intr.* jactarse *(about, de)*, presumir *(about, de)* ◇ *tr. fig. use* presumir de.

boast·ful ['bəʊstfʊl] *adj.* jactancioso, presumido.

boast·ing ['bəʊstɪŋ] *n.* fanfarronadas *fpl.*, jactancia.

boat [bəʊt] *n.* 1 barco, nave *f.* 2 *(small)* bote *m.* *(large)* buque *m.* navío *(launch)* lancha 2 *(for sauce, gravy)* salsera **to burn one's boats** *quemar*

B

las naves **to miss the boat** *perder el tren* **to push the boat out** *echar la casa por la ventana* **to rock the boat** *fig. use ser una influencia desestabilizadora* **boat people** *refugiados vietnamitas (que huyeron a bordo de barcas)* **boat race** *regata* **boat shoes** *náuticos mpl.* **boat train** *tren mque enlaza con un barco* **cargo boat** *buque m. de carga.*

boat·build·er ['bəʊtbɪldə ʳ] *n.* constructor de barcos.

boat·ing ['bəʊtɪŋ] *n.* ir en bote **to go boating** *dar un paseo en bote.*

boat·yard ['bəʊtjɑːd] *n.* astillero.

bob[1] [bɒb] *n.* **1** *(jerking movement)* sacudida *(bouncing movement)* rebote *m.* **2** *(curtsy)* reverencia ⬦ *intr.* **1** *(jerk)* hacer a sacudidas *(bounce)* rebotar **2** *(curtsy)* hacer una reverencia.

bob[2] [bɒb] *n.* **1** *(haircut)* pelo a lo chico **2** *(bobsleigh)* bobsleigh *m. tr. pt. & pp.* **bobbed**, *ger.* **bobbing** *(hair)* cortar a lo chico.

bob·bin ['bɒbɪn] *n.* *(for textiles, wire, etc.)* carrete *m.* bobina *(for lace)* bolillo, palillo.

bob·sled ['bɒbsled] *n.* bobsleigh *m.* ⬦ *intr.* practicar el bobsleigh.

bod·i·ly ['bɒdɪlɪ] *adj.* físico, corporal ⬦ *adv.* **1** *(in person)* físicamente **2** *(en masse)* como un solo hombre, en pleno **bodily harm** *lesiones fpl. corporales* **bodily waste** *excrementos mpl.*

bod·y ['bɒdɪ] *n. pl.* **bodies 1** cuerpo **2** *(corpse)* cadáver *m.* **3** *(organization)* organismo, entidad *f,* ente *m.* *(association)* agrupación *f.* **public body,** ente *m.* Público **4** *(of wine)* cuerpo **5** *(of people)* grupo, conjunto **6** AUTO *(of car)* carrocería **7** AV fuselaje *m.* **8** *(main part)* parte *f.* principal, grueso **in a body** *todos juntos, en pleno* **body of opinion** *la opinión generalizada* **body of facts** *conjunto de hechos* **body of water** *cuerpo de agua* **body bag** *bolsa hermética para cadáveres* **body clock** *reloj interior* **body corporate** *cuerpo jurídico* **body count** *balance m. de los muertos* **body language** *lenguaje m. corporal* **body lotion** *loción f. corporal* **body odor** *olor m. corporal* **body piercing** *piercing m.* the **body politic** *el estado* **body scanner** *escáner m.* **body search** *registrar a alguien* **body shop** *taller m. de reparaciones.*

bod·y·build·ing ['bɒdɪbɪldɪŋ] *n.* SP culturismo.

bod·y·guard ['bɒdɪgɑːd] *n.* guardaespaldas *m.*

bog [bɒg] *n.* **1** pantano, cenagal *m.* **2** *[sl.] (toilet)* meódromo **to get bogged down** *atascarse, encallarse.*

bogey ['bəʊgɪ] *n.* **1** *(spirit)* espíritu *m.* maligno *(goblin)* duende *m.* **2** *[sl.]* moco.

bog·gy ['bɒgɪ] *adj. comp.* **boggier,** *superl.* **boggiest** pantanoso, cenagoso.

boil[1] [bɔɪl] *n.* MED furúnculo, forúnculo.

boil[2] [bɔɪl] *tr.* *(liquid)* hervir *(food)* hervir, cocer *(egg)* pasar por agua, cocer ⬦ *intr.* **1** *(liquid)* hervir *(food)* hervir, cocerse **2** *fig. use (undulate, seethe)* bullir **to bring to the boil** *llevar a ebullición* **to be on the boil** *estar hirviendo* **to come to the boil** *empezar a hervir* **to go off the boil** *(literally)* dejar de hervir *(figuratively)* perder las ganas **to keep something on the boil** *(literally)* mantener algo hirviendo *(figuratively)* no dejar que algo se enfríe **it makes my blood boil** *me da la rabia* **to boil with rage** *estar hecho una fiera.*

boil·ed [bɔɪld] *adj.* hervido.

boil·er [bɔɪlə ʳ] *n.* **1** caldera **2** *(fowl)* gallina *(que sólo sirve para el caldo).*

boil·ing ['bɔɪlɪŋ] *adj.* hirviendo, hirviente **to be boiling (hot)** *hacer un calor achicharrante* **boiling point** *punto de ebullición.*

bois·ter·ous ['bɔɪstərəs] *adj.* **1** *(noisy, rowdy)* bullicioso, alborotador **2** *(unruly)* revoltoso **3** *(exuberant)* exuberante **4** *(weather)* borrascoso *(sea)* agitado.

bold [bəʊld] *adj.* **1** *(brave)* valiente **2** *(daring)* audaz, atrevido **3** *(cheeky)* descarado, fresco **4** *(vivid)* vivo **5** *(print)* en negrita **as bold as brass** *tan fresco* **bold features** *rasgos mpl. marcados* **bold face** *negrita.*

boldn·ess ['bəʊldnəs] *n.* **1** *(courage)* valor *m.* **2** *(daring)* audacia **3** *(cheek)* descaro.

Bo·liv·i·a [bə'lɪvɪə] *n.* Bolivia.

Bo·liv·i·an [bə'lɪvɪən] *adj.* boliviano ⬦ *n.* boliviano.

bolt [bəʊlt] *n.* **1** *(on door, etc.)* cerrojo *(small)* pestillo **2** *(screw)* perno, tornillo **3** *(lightning)* rayo ⬦ *tr.* **1** *(lock)* cerrar con cerrojo, cerrar con pestillo **2** *(screw)* sujetar con pernos, sujetar con tornillos **3** *[fam. use] (food)* engullir ⬦ *intr.* *(person)* escaparse *(horse)* desbocarse **to bolt together** *unir con tornillos, unir con pernos* **bolt upright** *tieso, rígido* **to sit bolt upright** *incorporarse de repente* **to make a bolt for it** *darse a la fuga* **to make a bolt for something** *precipitarse hacia algo* **like a bolt from the blue** *como una bomba.*

bomb [bɒm] *n.* **1** bomba **2** *(failure)* fracaso ⬦ *tr.* MIL bombardear *(terrorist)* colocar una bomba en ⬦ *intr.* *[fam. use] (fail)* fracasar **to go like a bomb** *(go smoothly)* marchar como una seda, ir sobre ruedas (go fast) ir muy rápido* **bomb attack** *bombardeo* **bomb bay** *compartimento de bombas* **bomb crater** *cráter m. de bomba* **bomb disposal** *desactivación f. de bombas* **bomb disposal expert** *artificiero* **bomb scare** *aviso de bomba* **bomb squad** *brigada de bombas* **bomb threat** *amenaza de bomba.*

bombard [bɒm'bɑːd] *tr.* **1** bombardear **2** *[fam. use] fig. use* acosar (with, con), asediar (with, con).

bomb·er ['bɒmə ʳ] *n.* **1** MIL bombardero **2** *(terrorist)* terrorista *mf.* que coloca bombas **bomber jacket** *cazadora de aviador.*

bomb·ing ['bɒmɪŋ] *n.* **1** MIL bombardeo **2** *(terrorist act)* atentado con bomba **bombing raid** *ataque m. aéreo.*

bomb·proof ['bɒmpruːf] *adj.* a prueba de bombas.

bomb·shell ['bɒmʃel] *n.* **1** *fig. use* bomba **2** MIL *(artillery bomb)* obús *m.* **3** *[fam. use] (attractive woman)* mujer *f* explosiva.

bo·nan·za [bə'nænzə] *n.* **1** *(prosperity)* prosperidad *f.* **2** *(source of wealth)* mina *(run of good luck)* buena racha **3** *(mineral deposit)* bonanza ⬦ *adj.* **1** *(prosperous)* próspero **2** *(productive)* productivo.

bond [bɒnd] *n.* **1** *(link)* lazo, vínculo **2** FIN bono, obligación *f.* **3** JUR fianza **4** *(agreement)* pacto, compromiso **5** *(adhesion)* unión *f.* ⬦ *tr.* **1** *(stick, join)* pegar, unir **2** *(deposit in customs)* depositar ⬦ *intr.* *(stick, join)* pegarse, unirse **Treasury bonds** *bonos del Tesoro.*

bond·age ['bɒndɪʤ] *n.* esclavitud *f,* servidumbre *f.*

bone [bəʊn] *n.* **1** hueso **2** *(of fish)* espina, raspa *(of whale)* barba **3** *(of corset)* ballena ⬦ *tr.* *(meat)* deshuesar *(fish)* quitar la espina ⬦ *npl.* **bones** *(remains)* huesos *mpl.* restos *mpl.* **to be as dry as a bone** *estar más seco que una pasa* **to break every bone in one's body** *romperse todos los huesos* **to have a bone to pick with somebody** *tener que ajustarle las cuentas a alguien* **to work one's fingers to the bone** *trabajar como un esclavo* **to feel something in one's bones** *tener un presen-

B

timiento de algo **to make no bones about it** no andarse por las ramas **near the bone** *(joke, humor)* verde, picante **bone of contention** *fig. use* manzana de la discordia **bone china** *porcelana, loza fina* **bone marrow** *médula ósea* **the bare bones** *lo esencial.*

boned [bəʊnd] *adj. (meat)* deshuesado *(fish)* sin espina.

bone-dry [bəʊn'draɪ] *adj.* totalmente seco.
bone-head ['bəʊnhed] *n.* imbécil *mf.*
bon-fire ['bɒnfaɪə ª] *n.* hoguera.

bo-nus ['bəʊnəs] *n.* 1 *(gratuity)* plus *m.* sobresueldo, prima 2 *(benefit)* beneficio 3 FIN *(extra dividend)* dividendo extraordinario ◇ *adj.* extra, adicional.

bon-y ['bəʊnɪ] *adj. comp.* **bonier**, *superl.* **boniest** 1 *(thin)* esquelético 2 *(with a lot of bone)* huesudo 3 *(like bone)* óseo 4 *(meat)* lleno de huesos *(fish)* lleno de espinas.

boo [buː] *n.* abucheo ◇ *tr. & pp.* **booed**, *ger.* **booing** abuchear ◇ *intr.* abuchear ◇ *interj.* ¡bu! **he "(she, etc.)" wouldn't say boo to a goose** *es un miédica.*

boob [buːb] *n. [fam. use] (breast)* teta **boob tube** *camiseta-tubo f.*

boo-by ['buːbɪ] *n. pl.* **boobies** 1 *(person)* bobo 2 *(bird)* alcatraz **booby prize** *premio de consolación, premio al peor* **booby trap** *(bomb)* trampa explosiva (practical joke) broma.

book [bʊk] *n.* 1 libro 2 *(of tickets)* taco *(of matches)* cajetilla ◇ *tr.* 1 *(table, room, holiday)* reservar *(entertainer, speaker)* contratar 2 *(police)* multar *(football)* advertir, amonestar ◇ *npl.* **books** COMM libros *mpl.* cuentas *fpl.* **to be booked up** *(hotel, restaurant)* estar completo *(theater, cinema)* no haber localidades **to be a closed book to somebody** *fig. use* estar muy pez en algo **to be in somebody's good books** *fig. use* estar en buena relación con alguien **to be in somebody's bad books** *fig. use* estar en la lista negra de alguien **to go by the book** *fig. use* proceder según las reglas **to read somebody like a book** *fig. use* leer los pensamientos de alguien **to take a leaf out of somebody's book** *fig. use* tomar ejemplo de alguien **to throw the book at somebody** *fig. use* castigar duramente a alguien **in my book** *fig. use* a mi parecer **address book** *libro de direcciones* **book club** *círculo de lectores* **book lover** *bibliófilo* **complaints book** *libro de reclamaciones* **the good Book** *la Biblia.*

book-case ['bʊkkeɪs] *n.* librería, estantería.

book-ing ['bʊkɪŋ] *n.* *(table, room, holiday)* reserva, reservación *f.* *(entertainer, speaker)* contratación *f.* **booking clerk** *taquillero de estación* **booking office** *taquilla.*

book-keep-ing ['bʊkki:pɪŋ] *n.* contabilidad *f.*, teneduría de libros.

book-let ['bʊklət] *n.* folleto.

book-mark ['bʊkmɑːk] *n.* *(for book)* punto de libro *(electronic)* marcador ◇ *tr. (electronically)* poner un marcador, agregar un marcador.

book-shelf ['bʊkʃelf] *n. pl.* **bookshelves** estante *m.* para libros *npl.* **bookshelves** estantería.

book-store ['bʊkstɔː ª] *n.* librería.

boom¹ [buːm] *n.* *(noise)* estampido, retumbo ◇ *intr.* tronar, retumbar ◇ *interj.* ¡bum!

boom² [buːm] *n. fig. use (prosperity, increase)* boom *m.* auge *m.* ◇ *intr. (prosper)* estar en auge **boom town** *ciudad que experimenta un boom económico* **boom years** *años de prosperidad* **population boom** *explosión f. demográfica.*

boo-mer-ang ['buːməraŋ] *n.* 1 bumerán *m.* 2 *fig. use* resultado contraproducente.

boom-ing ['buːmɪŋ] *adj.* 1 *(noisy)* que truena, que retumba 2 *(voice)* resonante 3 *(prosperous)* próspero, en auge.

boost [buːst] *n.* 1 *(incentive)* incentivo, estímulo 2 *(promotion)* promoción *f,* fomento 3 *(increase)* aumento 4 *(push up)* empujón *m.* hacia arriba, empuje *m.* hacia arriba ◇ *tr.* 1 *(create an incentive)* incentivar, estimular 2 *(promote)* promocionar, fomentar 3 *(increase)* aumentar 4 *(push up)* empujar hacia arriba 5 ELEC aumentar el voltaje 6 *(morale)* levantar **to give somebody a boost** *(raise spirits)* dar aliento a alguien *(help up)* aupar a alguien.

boot [buːt] *n.* 1 *(footwear)* bota 2 *(kick)* patada ◇ *tr.* 1 *(kick)* dar una patada a 2 COMPUT cargar el sistema operativo **to boot** y además **to be too big for one's boots** *ser un creído, ser un engreído* **to be as tough as old boots** *(food)* ser duro como, la suela de un zapato *(person)* ser duro de pelar **to put the boot in** *(attack)* romperle la crisma a alguien *(criticize severely)* hablar mal de alguien **the boot is on the other foot** *se han vuelto las tornas.*

boot-leg ['buːtleg] *n.* *(illegal recording)* grabación *f.* pirata ◇ *adj. (alcohol)* de contrabando *(recording)* pirata, ilegal ◇ *intr. pt. & pp.* **bootlegged**, *ger.* **bootlegging** 1 *(smuggle alcohol)* pasar licor de contrabando 2 *(manufacture alcohol)* fabricar licor de contrabando 3 *(sell alcohol)* vender licor de contrabando ◇ *tr. (record illegally)* hacer una grabación pirata de.

boot-leg-ger ['buːtlegə ª] *n.* 1 contrabandista *mf.* de licores.

boo-ty ['buːtɪ] *n.* botín *m.*

booze [buːz] *n. [fam. use]* trinque *m.* alcohol *m.* ◇ *intr. [fam. use]* mamar **to go on the booze** *irse de farra.*

booze-up ['buːzʌp] *n. [fam. use]* borrachera.

bor-der ['bɔːdə ª] *n.* 1 *(of country)* frontera 2 *(edge)* borde *m.* 3 *(in sewing)* ribete *m.* orla 4 *(of flowers, plants)* arriate *m.* ◇ *adj.* fronterizo ◇ *tr. (sew)* ribetear, orlar **to cross the border** *cruzar la frontera* **to border on** *tr. insep.* 1 lindar con 2 *fig. use* rayar en.

bord-er-land ['bɔːdəland] *n.* área fronteriza.

bord-er-line ['bɔːdəlaɪn] *n.* línea de demarcación ◇ *adj.* 1 fronterizo 2 *fig. use* incierto, dudoso.

bore¹ [bɔː ª] *pt.* VER: bear.

bore² [bɔː ª] *n.* 1 *(of gun)* ánima, alma *(calibre)* calibre *m.* 2 *(hole)* taladro ◇ *tr. (perforate)* perforar, taladrar, horadar ◇ *intr.* perforar, taladrar, horadar.

bore³ [bɔː ª] *n. (person)* pelmazo, pesado, plasta *mf. (thing)* lata, rollo, tostón *m.* ◇ *tr.* aburrir, fastidiar.

bored [bɔːd] *adj.* aburrido **to be bored stiff** *aburrirse como una ostra* **to get bored** *aburrirse.*

bore-dom ['bɔːdəm] *n.* aburrimiento.

bor-ing ['bɔːrɪŋ] *adj.* aburrido.

born [bɔːn] *adj.* nato **to be born** *nacer* **in all my born days** *en toda mi vida* **born and bred** *nacer y crecer en el mismo lugar* **not to be born yesterday** *fig. use* no tener ni un pelo de tonto **to be born to be something** *nacer para ser algo* **to be born again** *volver a nacer* **the first-born** *el/la primogénito.*

borne [bɔːn] *pp.* VER: bear 2.

bor-ough ['bʌrə] *n.* 1 *(district)* barrio, distrito 2 *(town, city)* ciudad *f.* 3 *(municipality)* municipio.

bor-row ['bɒrəʊ] *tr.* 1 pedir prestado, tomar prestado 2 *(appropriate, plagiarize)* apropiarse de, plagiar.

bor·row·er [ˈbɒrəʊə ᵃ] n. 1 persona que pide algo prestado 2 FIN prestatario.

Bos·ni·a [ˈbɒznɪə] n. Bosnia.

Bos·ni·an [ˈbɒznɪən] adj. bosnio ◇ n. bosnio.

bos·om [ˈbʊzəm] n. 1 pecho 2 (center) seno **bosom friend** amigo del alma.

boss [bɒs] n. 1 jefe 2 (of criminal organization) capo.

boss·y [ˈbɒsɪ] adj. comp. **bossier**, superl. **bossiest** mandón **bossy boots** mandón.

bo·tan·i·cal [bəˈtænɪkəl] adj. botánico **botanical gardens** jardín m. botánico.

bot·a·nist [ˈbɒtənɪst] n. botánico.

bot·a·ny [ˈbɒtənɪ] n. botánica.

both [bəʊθ] adj. ambos, los dos, las dos ◇ pron. ambos, los dos, las dos ◇ adv. a la vez **both… and** tanto… como.

both·er [ˈbɒðə ᵃ] n. 1 (nuisance) molestia, fastidio 2 (problems) problemas ◇ tr. 1 (be a nuisance) molestar, fastidiar 2 (worry) preocupar ◇ intr. 1 (take trouble) molestarse, tomar la molestia 2 (worry) preocuparse **to give somebody bother** [fam. use] darle la lata a alguien **to be no bother** no costar nada.

Bot·swa·na [bɒtˈswɑːnə] n. Botsuana.

Bot·swa·nan [bɒtˈswɑːnən] adj. botsuanés, botsuano ◇ n. botsuanés, bostuano.

bot·tle [ˈbɒtəl] n. 1 botella (small) frasco (for baby) biberón m. (for gas) bombona 2 [sl.] (nerve) agallas fpl. ◇ tr. (wine, etc.) embotellar (fruit) envasar **to hit the bottle** darse a la bebida **bottle party** fiesta (a la que cada invitado lleva su botella).

bot·tled [ˈbɒtəld] adj. (wine, etc.) embotellado (fruit) envasado **bottled gas** gas m. butano.

bot·tle·neck [ˈbɒtəlnek] n. fig. use cuello de botella.

bot·tle-o·pen·er [ˈbɒtələʊpənə ᵃ] n. abrebotellas m.

bot·tom [ˈbɒtəm] n. 1 (of sea, box, garden, street, etc.) fondo (of bottle) nalgas (of hill, steps, page) pie m. (of ship) quilla 2 (of dress) bajo (of trousers) bajos mpl. 3 (buttocks) trasero, culo 4 (last) último 5 (underneath) parte f. inferior, parte f. de abajo ◇ adj. 1 (position) de abajo 2 (number, result) más bajo ◇ tr. 1 (chair) poner fondo a 2 (ship) hacer tocar fondo ◇ intr. (ship) tocar fondo **at bottom** en el fondo **bottoms up!** ¡salud! **to be at the bottom of something** fig. use estar detrás de algo, ser la causa de algo **to get to the bottom of something** fig. use llegar al fondo de algo **to go to the bottom** (sink) hundirse, irse a pique **bottom gear** AUTO primera marcha **bottom line** (in accounts) balance m. (result) resultado final.

bot·tom·less [ˈbɒtəmləs] adj. sin fondo, insondable.

bought [bɔːt] pt. & pp. VER: buy.

boul·der [ˈbəʊldə ᵃ] n. roca grande.

boul·e·vard [ˈbuːləvɑːd] n. bulevar m.

bounce [baʊns] n. 1 (of ball) bote m. 2 fig. use (energy) vitalidad f. ◇ intr. (ball) rebotar, botar ◇ tr. 1 (cheque) ser rechazado en el banco 2 (ball) hacer botar **to bounce back** intr. fig. use recuperarse.

bound¹ [baʊnd] pt. & pp. VER: bind ◇ adj. 1 (tied) atado 2 (forced) obligado 3 (book) encuadernado **to be bound to** ser seguro que **to be duty bound to "+ inf"** estar obligado a + inf **to be bound by contract** estar obligado por contrato **to be bound up with something** estar vinculado con algo.

bound² [baʊnd] adj. (destined) destinado **to be bound for** ir con destino, navegar con rumbo a **-bound** con rumbo a.

bound³ [baʊnd] n. (jump) salto, brinco ◇ intr. saltar **with a bound** de un salto, de un brinco.

bound·a·ry [ˈbaʊndərɪ] n. pl. **boundaries** límite m. frontera **boundary stone** hito, mojón m.

bound·less [ˈbaʊndləs] adj. sin límites, ilimitado.

bou·quet [buːˈkeɪ] n. 1 (flowers) ramo 2 (wine) aroma m. buqué n. 3 (compliment) cumplido.

bou·tique [buːˈtiːk] n. boutique f, tienda.

bow¹ [bəʊ] n. 1 (for arrows) arco 2 (of violin) arco 3 (knot) lazo ◇ tr. (cause to bend) arquear, doblar ◇ intr. 1 (violin) pasar el arco (por las cuerdas) 2 (wall) arquearse, combarse.

bow² [baʊ] n. (with body) reverencia ◇ tr. inclinar ◇ intr. (in respect) inclinarse, hacer una reverencia ◇ intr. **to bow to** fig. use (submit) someterse a **to bow down** inclinarse.

bow·el [ˈbaʊəl] n. intestino npl. **bowels** (entrails) entrañas fpl. **the bowels of the earth** las entrañas de la tierra **bowel movement** evacuación f. intestinal.

bowing¹ [ˈbaʊɪŋ] n. reverencia.

bowing² [ˈbaʊɪŋ] n. (of violin) arqueada.

bowl¹ [baʊl] n. 1 (for food, etc.) cuenco, fuente f., bol m. (for soup) escudilla (large drinking bowl) tazón m. (small drinking bowl) taza 2 (for washing) palangana, barreño 3 (of toilet) taza 4 (of pipe) cazoleta 5 (of spoon) cuenco 6 (amphitheater) anfiteatro.

bowl² [baʊl] n. (ball) bola.

bowl·ing [ˈbaʊlɪŋ] n. (ten-pin) boliche m. (bowls) las bolas **to go bowling** (tenpin) jugar boliche (bowls) jugar a las bochas **bowling alley** bolera **bowling green** pista de boliche.

bow-wow [ˈbaʊwaʊ] n. 1 (dog) perrito 2 (barking noise) guau guau m.

box¹ [bɒks] n. 1 caja (large) cajón m. 2 (of matches) cajetilla 3 THEAT palco 4 (for sentry) garita 5 (of coach) pescante m. 6 (in baseball - pitcher's) puesto del lanzador (- batter's) puesto del bateador (in football) área de penalti ◇ tr. meter en cajas, encajonar **box camera** cámara de cajón **box office** taquilla.

box² [bɒks] intr. boxear **a box on the ears** un cachete.

box·er [ˈbɒksə ᵃ] n. 1 boxeador 2 (dog) bóxer m.

box·ing [ˈbɒksɪŋ] n. boxeo **boxing gloves** guantes mpl. de boxeo **boxing ring** ring m.

box-of·fice [ˈbɒksɒfɪs] adj. taquillero, de taquilla.

boy [bɔɪ] n. (baby) niño (child) chico, muchacho (youth) joven m. **boy oh boy!** ¡vaya, vaya! **boy scout** scout m. explorador m.

boy·cott [ˈbɔɪkɒt] n. boicoteo, boicot m. ◇ tr. boicotear.

boy·friend [ˈbɔɪfrend] n. 1 (fiancé) novio 2 (male friend) amigo.

boy·hood [ˈbɔɪhʊd] n. infancia, niñez f. ◇ adj. de la infancia.

boy·ish [ˈbɔɪɪʃ] adj. muchachil, juvenil.

bps [ˈbiːˈpiːˈes] abbr. (bits per second) bps.

bra [brɑː] n. sostén m. sujetador m.

brace [breɪs] n. pl. **braces** (clamp) abrazadera 2 ARCH (support) riostra 3 (drill) berbiquí m. 4 (on teeth) aparato 5 pl. **brace** (pair of game) par m. 6 MAR braza 7 MUS corchete m. ◇ tr. 1 (fasten tightly) tensar 2 (make steady) estabilizar 3 ARCH reforzar 4 MAR (rope, sail) bracear 5 (invigorate) dar vigor, tonificar **to brace oneself for something** prepararse para algo.

brace·let [ˈbreɪslət] n. 1 pulsera, brazalete m. (armband) brazalete m. npl. **bracelets**.

brack·et [ˈbrækɪt] n. 1 (round) paréntesis m. 2 (for shelf) escuadra, soporte m. 3 (group, category) grupo, categoría m. ◇ tr. 1 (put in brackets) poner entre paréntesis 2 (classify) clasificar 3 (group together) agrupar.

brag [bræg] n. jactancia, fanfarria ◇ intr. pt. & pp. **bragged**, ger. **bragging** jactarse (about, de).

braid [breɪd] n. 1 (on clothing) galón m. 2 (plait) trenza ◇ tr. 1 (clothing) galonear (plait hair) trenzar.

Braille [breɪl] n. braille m.

brain [breɪn] n. (organ) cerebro, seso ◇ npl. **brains** 1 (intellect) cerebro, seso, inteligencia 2 (as food) sesos mpl. **to have brains** ser un cerebrito, ser inteligente **to have something on the brain** estar obsesionado con algo **to pick somebody's brains** hacer una consulta a alguien **the brains** (instigator, originator) el cerebro gris **brain cell** célula cerebral **brain death** muerte f. cerebral **brain drain** fuga de cerebros **brain scan** electroencefalograma m. **brain scanner** escáner m. cerebral **brain tumor** tumor m. cerebral **brain wave** idea genial **electronic brain** cerebro electrónico.

brain-child ['breɪntʃaɪld] n. pl. **brainchildren** (idea, invention, plan) (propia) idea, (propio) invento, (propio) proyecto.

brain-dead ['breɪnded] adj. clínicamente muerto.

brain-less ['breɪnləs] adj. memo, cretino.

brain-storm ['breɪnstɔːm] n. 1 (violent outburst) telele m. ataque m. patatús m. 2 (mental confusion) cacao mental, empanada mental 3 (brainwave) idea genial 4 (brainstorming) reunión f. creativa **to have a brainstorm** desmayarse.

brain-storm-ing ['breɪnstɔːmɪŋ] n. reunión f. creativa.

brain-teas-er ['breɪntiːzə'] n. rompecocos m.

brain-wash ['breɪnwɒʃ] tr. lavar el cerebro a.

brain-wash-ing ['breɪnwɒʃɪŋ] n. lavado de cerebro, comida de coco.

brain-y ['breɪnɪ] adj. comp. **brainier**, superl. **brainiest** 1 [fam. use] inteligente, sesudo.

brake [breɪk] n. freno ◇ intr. frenar ◇ tr. frenar, hacer frenar **to apply the brake/put on the brake** frenar, echar el freno **to release the brake** soltar el freno **to put a brake on something/somebody** fig. poner trabas a algo/alguien **back brake** freno trasero **brake fluid** líquido de freno **brake horsepower** potencia al freno **brake lights** luces fpl. de frenado **brake pedal** pedal m. de freno **foot brake** freno de pedal **front brake** freno delantero.

bran [bræn] n. salvado.

branch [brɑːntʃ] n. 1 (tree) rama 2 (of family) ramo 3 (road, railway) ramal m. (stream, river) brazo 4 (of shop) sucursal f. 5 (of bank) oficina, sucursal f. 5 (field of science, etc.) ramo 6 (of candelabra) brazo ◇ intr. bifurcarse **branch line** ramal m **to branch out** intr. extender su campo de interés.

brand [brænd] n. 1 marca 2 (type) clase f, tipo 3 (for livestock) hierro de marcar 4 (piece of burning wood) tea 5 (stigma) estigma m. 6 (blight) tizón m. 7 literal use (sword) hierro ◇ tr. (livestock) marcar con un hierro candente.

brand-new [bræn'njuː] adj. flamante.

brash [bræʃ] adj. 1 pej. (ostentatious, showy) ostentoso, rimbombante 2 (hasty, thoughtless) irreflexivo 3 (imprudent) imprudente.

brass [brɑːs] n. 1 latón m. 2 [sl.] (money) pasta 3 MUS metales mpl. 4 [fam. use] fig. use cara, jeta ◇ adj. 1 de cobre **to be brass monkeys** [sl.] hacer un frío que pela **to be brassed off** [fam. use] estar enojado **he's got a brass neck** tiene mucho dinero **to get down to brass tacks** ir al grano **not a brass farthing** [fam. use] ni un peso **brass band** banda (municipal).

bras·siere ['bræzɪə'] n. sujetador m. sostén m.

brat [bræt] n. [fam. use] pej. mocoso.

bra·va·do [brə'vɑːdəʊ] n. baladronada, fanfarronada **to do something with bravado** hacer algo con audacia **a piece of bravado** una bravata.

brave [breɪv] adj. valiente ◇ n. guerrero indio ◇ tr. 1 (defy) desafiar 2 (confront) afrontar, hacer frente a **to brave death** desafiar a la muerte **to brave the elements** aguantar el mal tiempo **to put a brave face on** poner a mal tiempo buena cara.

brave·ly ['breɪvlɪ] adv. con valentía, valientemente.

brav·er·y ['breɪvərɪ] n. valentía.

bra·vo [brɑː'vəʊ] interj. ¡bravo!

brawl [brɔːl] n. reyerta, pelea ◇ intr. pelearse.

Bra·zil [brə'zɪl] n. Brasil **Brazil nut** BOT nuez f. del Brasil.

Bra·zil·ian [brə'zɪlɪən] adj. brasileño ◇ n. brasileño.

breach [briːtʃ] n. 1 (opening) brecha, abertura 2 MIL brecha 3 (in promise, undertaking) incumplimiento (in law) violación f, infracción f. 4 (in relationship) ruptura ◇ tr. 1 (break a hole) romper 2 JUR violar, infringir 3 MIL abrir brecha en **to step into the breach** hacer de suplente, acudir en sustitución **breach of contract** incumplimiento de contrato **breach of faith/breach of trust** abuso de confianza **breach of the peace** alteración f. del orden público **breach of privilege** POL abuso de privilegio parlamentario **breach of promise** incumplimiento de una promesa.

bread [bred] n. 1 pan m. 2 [sl.] (money) guita, pasta **to be on bread and water** estar a pan y agua **to earn one's bread and butter** ganarse el pan **to know which side one's bread is buttered** saber lo que más le conviene a uno **man cannot live by bread alone** no sólo de pan vive el hombre **bread and wine** REL Eucaristía **bread bin** caja para guardar el pan **brown bread** pan m. moreno **white bread** pan m. blanco **communion bread** pan m. bendito **wholemeal bread** pan m. integral.

bread-and-but·ter ['bredənbʌtə'] adj. (commonplace) rutinario, corriente y moliente.

bread-crumb ['bredkrʌm] n. miga de pan, migaja de pan npl. **breadcrumbs** CULIN pan m. rallado **in breadcrumbs** CULIN empanado.

bread-line ['bredlaɪn] n. cola para recibir alimentos gratuitos **to live on the breadline** vivir en la miseria.

breadth [bredθ] n. 1 (broadness) ancho, anchura 2 (space) extensión f., amplitud f. **breadth of mind** generosidad f. de espíritu, largueza.

bread-win·ner ['bredwɪnə'] n. el/la que gana el pan.

break [breɪk] n. 1 (in leg, etc.) rotura 2 (in relationship) ruptura 3 (in meeting) descanso, pausa (in broadcast) interrupción f. (at school) recreo 4 SP (billiards, snooker) tacada 5 METEOR (in clouds) claro (in weather) cambio 6 (chance) oportunidad f. 7 (on stock exchange) baja 8 SP (tennis) break m. 9 MUS (jazz) break m. 10 (in voice) gallo ◇ tr. pt. **broke** 1 romper 2 (record) batir 3 (promise, word) faltar a 4 (law, contract) violar, infringir 5 (news) comunicar 6 (code) descifrar 7 (mystery, case) resolver 8 (fall) amortiguar 9 (journey) interrumpir 10 (tame) domar 11 ELEC (circuit) cortar, interrumpir ◇ intr. 1 romperse 2 (storm) estallar 3 (stock exchange) bajar 4 (meeting, session) parar 5 (disperse) dispersarse 6 (voice) cambiar 7 (health) quebrantarse 8 (spot, abscess) reventar 9 (waves) romper, reventar **to break cover** salir al descubierto **to break even** salir sin ganar ni perder **to break free** evadirse **to break somebody's heart** partir el corazón a alguien **to break into song** ponerse a cantar **to break it off** *terminar una relación* **to break the ice** *fig. use* romper el hielo **to break one's neck** *(in fall, etc.)* desnucarse *(make a great effort)* matarse **to break one's word** *no cumplir su palabra* **to break open** *abrir forzando* **to break out in spots** *salirle a uno granos* **to break ranks** MIL *romper filas* **to break somebody's neck** *fig. use (assault)* golpear a alguien **to break the bank** *hacer quebrar la banca* **to break a strike** *romper una huelga* **to break something to pieces** *hacer algo añicos* **to give somebody a break** *dar una oportunidad a alguien* **to make a break for it** *intentar fugarse* **it's make or break time** *es la hora de la verdad* **to take a break** *tomarse una pausa, tomarse un descanso* **break it up!** *(in fight)* ¡basta ya! **without a break** *sin descansar, sin parar* **at break of day** *al amanecer* **to break away from** *tr. insep (family, group)* romper con *(athlete)* salir del pelotón **to break down** *tr. sep.* **1** *(door)* derribar, echar abajo **2** *(resistance)* vencer **3** *(analyse)* desglosar ◇ *intr.* **1** *(car)* averiarse *(driver)* tener una avería **2** *(appliance)* estropearse **3** *(health)* quebrantarse **4** *(burst into tears)* romper a llorar **5** *(talks, negotiations)* fracasar **to break in** *tr. sep. (animal)* domar ◇ *intr.* **1** *(intervene)* intervenir **2** *(force entry)* entrar por la fuerza **to break into** *tr. insep (house)* entrar por la fuerza en, allanar *(safe)* forzar **to break off** *tr. sep.* **1** *(relationship)* romper **2** *(discussions, negotiations)* interrumpir ◇ *intr.* **1** *(discussions, negotiations)* interrumpirse **2** *(become detached)* detenerse **3** *(stop talking)* detenerse **to break out** *intr.* **1** *(prisoners)* escaparse **2** *(war, fire, etc.)* estallar **to break through** *tr. insep* **1** *(obstacle, fence)* atravesar, abrirse paso por **2** *(sunlight)* atravesar **to break up** *tr. sep.* **1** *(chair, table, etc.)* romper *(ship, boat)* desguazar **2** *(gathering, meeting)* disolver ◇ *intr.* **1** *(marriage)* fracasar *(couple)* separarse **2** *(gathering, meeting)* disolverse **3** *(school)* empezar las vacaciones **4** echarse a reír.

break·a·ble ['breɪkəbəl] *adj.* frágil, rompible.

break·down ['breɪkdaʊn] *n.* **1** *(of car, machine)* avería **2** MED crisis *f.* nerviosa **3** *(of marriage)* ruptura **4** *(chemical analysis)* análisis *m.* *(of accounts, expenses)* desglose *m.* **5** *(in negotiations)* fracaso **breakdown service** *(servicio de) asistencia en carretera* **breakdown truck** grúa.

break·fast ['brekfəst] *n.* desayuno ◇ *intr.* desayunar **to have breakfast** *desayunar* **breakfast cereal** *cereales mpl. para el desayuno.*

break·in ['breɪkɪn] *n.* entrada forzada.

break·out ['breɪkaʊt] *n. (from prison)* fuga.

break·through ['breɪkθruː] *n.* avance *m.* importante.

break·up ['breɪkʌp] *n. (of relationship, negotiations)* ruptura *(of couple)* separación *f.*

breast [brest] *n.* **1** *(chest)* pecho *(of woman)* pecho, seno **2** *(of chicken, etc.)* pechuga **3** *(of armor)* peto **4** *(of chimney)* antepecho.

breast-feeding ['brestfiːdɪŋ] *n.* amamantamiento.

breast-stroke ['breststrəʊk] *n. (swimming)* estilo pecho.

breath [breθ] *n.* **1** *(of person)* aliento *(of animal)* hálito **2** *(of air)* soplo **3** *(of perfume)* olor *m.* olorcillo **4** *(life)* aliento, vida **5** *(breathing)* resuello, respiración *f.* **6** *(of scandal)* rumor *m.* **out of breath** *sin aliento, sin resuello* **under one's breath** *en voz baja* **in the same breath** *todo a la vez, al mismo tiempo* **to catch one's breath** *(restore breathing) recobrar el aliento (with surprise) quedarse atónito* **to draw breath** *respirar, vivir* **to draw one's**

last breath *exhalar el último suspiro* **to get one's breath back** *recobrar el aliento* **to take a deep breath** *respirar hondo* **to take one's breath away** *dejar pasmado a uno* **a breath of fresh air** *una bocanada de aire fresco* **bad breath** *mal aliento, halitosis f.* **breath test** *prueba del alcohol.*

breathe [briːð] *tr. (air, etc.)* respirar ◇ *intr.* **1** *(air, etc.)* respirar **2** *(be alive)* respirar, vivir **3** *(wine)* airear **to breathe in** *aspirar* **to breathe out** *espirar* **to breathe into** *(balloon, etc.)* inflar soplando **to breathe a sigh** *dar un suspiro* **to breathe one's last** *exhalar el último suspiro* **to breathe new life into something** *infundir un espíritu nuevo a algo* **to breathe down somebody's neck** *no dejar a alguien a sol ni a sombra.*

breath·er ['briːðə[r]] *n.* respiro, pausa **to take a breather** *tomarse un respiro.*

breath·ing ['briːðɪŋ] *n.* respiración *f.* **to need breathing space** *fig. use* necesitar tiempo.

breath·less ['breθləs] *adj.* sin aliento, jadeante.

breath·tak·ing ['breθteɪkɪŋ] *adj.* **1** *(amazing)* impresionante **2** *(exciting)* emocionante.

bred [bred] *pt. & pp.* VER: breed.

breed [briːd] *n. (of animal)* raza *(of plant)* variedad *f.* ◇ *tr. pt. & pp.* **bred** [bred] **1** *(animals)* criar **2** *fig. use (cause)* engendrar, resultar en ◇ *intr.* **1** *(animals)* reproducirse **2** *(disease)* propagarse, difundirse.

breed·ing ['briːdɪŋ] *n.* **1** *(of animals)* cría *(of plants)* propagación *f.* **2** *(social background)* clase *f.* *(manners)* modales *mpl.* **breeding ground** *fig. use (for germs, infection)* caldo de cultivo **breeding season** *época de la reproducción.*

breeze [briːz] *n.* METEOR brisa **to be a breeze** *fig. use* estar chupado, ser pan comido.

breezy ['briːzɪ] *adj. comp.* **breezier,** *superl.* **breeziest** METEOR ventoso.

brew [bruː] *n.* **1** *(tea, etc.)* infusión *f.* **2** *(potion)* brebaje *m.* ◇ *tr.* **1** *(beer)* elaborar **2** *(tea, etc.)* preparar ◇ *intr.* **1** *(tea, etc.)* reposar **2** *(storm)* prepararse, acercarse **there's trouble brewing** *corren malos vientos.*

brew·er·y ['bruːərɪ] *n. pl.* **breweries** **1** fábrica de cerveza, cervecería.

brew·ing ['bruːɪŋ] *n.* **1** elaboración *f.* de cerveza.

bribe [braɪb] *n.* soborno ◇ *tr.* sobornar **to take bribes** *dejarse sobornar.*

brib·er·y ['braɪbərɪ] *n.* soborno.

brick [brɪk] *n.* **1** ladrillo **2** *(toy)* cubo *(de madera)* ◇ *adj.* de ladrillos ◇ *tr.* enladrillar **it's like talking to a brick wall** *es como hablar con la pared.*

brick·lay·er ['brɪkleɪə[r]] *n.* albañil *m.*

brid·al ['braɪdəl] *adj.* nupcial **bridal gown** *vestido de novia* **bridal suite** *suite f. nupcial.*

bride [braɪd] *n.* novia, desposada **the bride and groom** *los novios.*

bride·groom ['braɪdgruːm] *n.* novio, desposado.

brides·maid ['braɪdzmeɪd] *n.* dama de honor.

bridge [brɪdʒ] *n.* **1** puente *m.* **2** *(of nose)* caballete *m.* **3** *(on ship)* puente *m.* de mando **4** *(game)* bridge *m.* ◇ *tr. (river)* tender un puente sobre **to bridge the gap** *llenar un vacío* **we'll cross that bridge when we come to it** *nos ocuparemos del problema cuando surja* **railway bridge** *puente m. ferroviario* **rope bridge** *puente m. de cuerdas.*

brief [briːf] *adj. (short)* breve *(concise)* conciso *(scanty)* diminuto ◇ *n.* **1** *(report)* informe *m.* **2** JUR expediente *m.* **3** MIL instrucciones *fpl.* ◇ *tr.* **1** *(inform)* informar *(about, sobre)* **2** *(instruct)* dar instrucciones *a* **in brief** *en resumen* **to hold a brief for** JUR representar *a.*

brief·case ['briːfkeɪs] *n.* maletín *m.* cartera.
brief·ly ['briːflɪ] *adv.* brevemente.
bri·gade [brɪ'geɪd] *n.* MIL brigada.
bright [braɪt] *adj.* **1** *(light, eyes, etc.)* brillante **2** METEOR *(sky, day)* claro, despejado *(sunny)* soleado, de sol **3** *(color)* vivo **4** *(future)* prometedor **5** *(clever)* inteligente, listo **6** *(cheerful)* alegre, animado **to look on the bright side** mirar el lado positivo de las cosas **bright and early** muy de mañana **the bright lights** *fig. use* el atractivo de la gran ciudad **bright spark** *fig. use* listillo.
bright·en ['braɪtən] *tr. (color)* avivar.
bright·ness ['braɪtnəs] *n.* **1** *(light)* luminosidad *f.* **2** *(of sun)* resplandor *m.* **3** *(of day)* claridad *f.* **4** *(of color)* viveza **5** *(cleverness)* inteligencia.
bril·liance ['brɪljəns] *n.* brillo, brillantez *f.*
bril·liant ['brɪljənt] *adj.* **1** *(light)* brillante, reluciente **2** *(color)* vivo **3** *(person)* brillante, genial **4** *[fam. use]* estupendo, fantástico.
bring [brɪŋ] *tr. & pp.* **brought** [brɔːt] **1** traer **2** *(lead)* llevar, conducir **3** *(be sold for)* dar **brought forward** COMM suma y sigue **to bring a complaint** hacer una reclamación **to bring nearer/ bring closer** acercar **to bring nothing but trouble** no hacer más que causar problemas **to bring somebody to their senses** hacer que alguien entre en razón **to bring something into play** poner algo en juego **to bring something on oneself** buscárselo **to bring something to light** sacar algo a la luz **to bring something to mind** recordarle algo a alguien **to bring the house down** THEAT hacer carcajear al público **to bring to a conclusion** llevar a una conclusión **to bring about** *tr. sep. (accident, change, etc.)* provocar, causar **to bring forward** *tr. sep.* **1** *(meeting, appointment)* adelantar **2** *(theme, question)* presentar, plantear **to bring in** *tr. sep.* **1** *(person)* hacer pasar **2** *(coal, food, etc. into house)* traer **3** *(law, legislation)* introducir **4** *(yield)* rendir, producir **5** JUR *(verdict)* emitir, pronunciar **6** *(crowds)* atraer **to bring off** *tr. sep. (victory, result)* conseguir, lograr **to bring on** *tr. sep. (illness)* provocar **to bring out** *tr. sep. (record)* sacar al mercado, sacar *(book)* publicar **2** *(talents, qualities)* sacar a relucir **to bring round** *tr. sep.* **1** *(persuade)* persuadir, convencer **2** *(revive)* hacer volver en sí **to bring to** *tr. sep.* hacer volver en sí **to bring up** *tr. sep.* **1** *(chair, book, etc.)* subir **2** *(child)* criar, educar **3** *(subject, topic)* plantear **4** *(vomit)* devolver.
Brit·ain ['brɪtən] *n.* Gran Bretaña **Great Britain** Gran Bretaña.
Brit·ish ['brɪtɪʃ] *adj.* británico ◇ *npl.* **the British** los británicos *mpl.* **the British Isles** las Islas Británicas *fpl.*
brit·tle ['brɪtəl] *adj.* quebradizo, frágil.
broad [brɔːd] *adj.* **1** *(street, avenue)* ancho *(surface, water, plateau)* extenso **2** *fig. use (field of study, debate)* amplio **3** *(measurement)* de ancho **4** *(general)* general **5** *(main)* principal **6** *(explicit)* claro **7** *(accent)* marcado, cerrado **8** *(smile)* abierto **in a broad sense** en sentido amplio **a broad outline** un esquema general.
broad·cast ['brɔːdkɑːst] *n. (by TV, radio)* emisión *f.* ◇ *tr. pt. & pp.* **broadcast** *(by TV, radio)* emitir, transmitir **2** *(make known)* difundir.
broad·cast·er ['brɔːdkɑːstə⁎] *n.* locutor, presentador.
broad·cast·ing ['brɔːdkɑːstɪŋ] *n.* **1** RAD radiodifusión *f.* **2** TV transmisión *f.*
broad·en ['brɔːdən] *tr.* **1** ensanchar **2** *fig. use* ampliar **to broaden one's horizons** ampliar sus perspectivas.

broad·ly ['brɔːdlɪ] *adv.* en términos generales.
broad·mind·ed [brɔːd'maɪndɪd] *adj.* liberal, tolerante.
bro·chure ['brəʊʃə⁎] *n.* folleto.
broke [brəʊk] *pt.* VER: break ◇ *adj. [fam. use]* sin dinero, quebrado **to go for broke** ir por todo.
bro·ken ['brəʊkən] *pp.* VER: break ◇ *adj.* **1** *(plate, window, etc.)* roto **2** *(machine)* estropeado **3** *(bone)* fracturado **4** *(person)* destrozado **5** *(health)* quebrantado **6** *(language)* chapurreado **7** *(sleep, pattern)* interrumpido.
bro·ken-down ['brəʊkəndaʊn] *adj.* **1** *(vehicle)* estropeado **2** *(building)* desmoronado **3** *(person)* destrozado.
bro·ken-heart·ed [brəʊkən'hɑːtɪd] *adj.* desolado, con el corazón destrozado.
bron·chi·tis [brɒŋ'kaɪtəs] *n.* MED bronquitis *f.*
bronze [brɒnz] *n.* **1** *(metal)* bronce *m.* **2** *(statue, sculpture)* talla de bronce **3** *(color)* color *m.* de bronce ◇ *adj. (color)* de color de bronce, bronceado ◇ *tr. (color bronze)* broncear ◇ *intr. (get a suntan)* broncearse **the Bronze Age** HIST la Edad del Bronce.
brooch [brəʊtʃ] *n.* broche *m.*
broom [bruːm] *n.* **1** *(for sweeping)* escoba **2** BOT hiniesta.
Bros [brɒs] *abbr. (Brothers)* Hermanos *mpl. (abbreviation)* Hnos.
broth·er ['brʌðə⁎] *n.* **1** *(sibling)* hermano **2** *(member of society, religious order, etc.)* hermano **3** *[fam. use] (friend)* colega *m.* hermano, tío **brothers and sisters** hermanos *mpl.* **older brother** hermano mayor **younger brother** hermano menor.
broth·er·hood ['brʌðəhʊd] *n.* hermandad *f.*, cofradía.
broth·er-in-law ['brʌðərɪnlɔː] *n. pl.* **brothers-in-law** cuñado.
brought [brɔːt] *pt. & pp.* VER: bring.
brow [braʊ] *n.* **1** *(eyebrow)* ceja **2** *(forehead)* frente *f.* **3** *(of hill)* cresta.
brown [braʊn] *adj.* **1** marrón **2** *(hair, etc.)* castaño **3** *(skin)* moreno ◇ *n.* **1** marrón *m.* **2** *(hair)* castaño **3** *(skin)* color *m.* moreno ◇ *tr.* **1** CULIN dorar **2** *(skin)* poner moreno, broncear ◇ *intr.* **1** CULIN quedarse dorado, dorarse **2** *(tan)* ponerse moreno, broncearse **to go brown** *(in sun)* ponerse moreno **brown bear** oso pardo **brown rice** arroz *m.* integral.
brown·ie ['braʊnɪ] *n.* pastel de chocolate y nueces.
Brown·ie ['braʊnɪ] *n.* niña exploradora.
browse [braʊz] *intr.* **1** *(grass)* pacer *(leaves)* ramonear **2** *(person in shop)* mirar **to have a browse** *(in shop)* ir a echar un vistazo, entrar para mirar **to browse through** *tr. insep (book, magazine)* hojear.
brows·er ['braʊzə⁎] *n. (Internet)* navegador *m.* explorador *m.*
bruise [bruːz] *n.* **1** morado, moretón, contusión *f.* **2** *(on fruit)* magulladura, machucadura ◇ *tr.* **1** *(body)* magullar, contusionar **2** *(fruit)* magullar, machucar ◇ *intr.* **1** *(body)* magullarse, salirle cardenales **2** *(fruit)* magullarse.
bruised [bruːzd] *adj.* magullado.
Bru·nei [bruː'naɪ] *n.* Brunei.
bru·nette [bruː'net] *n.* morena ◇ *adj.* moreno.
brush [brʌʃ] *n.* **1** *(for teeth, clothes, etc.)* cepillo **2** *(artist's)* pincel *m.* *(house painter's)* brocha **3** *(fox's tail)* hopo **4** *(undergrowth)* maleza **5** *(unpleasant encounter)* roce *m.* ◇ *tr.* **1** *(gen)* cepillar *(teeth)* cepillar, limpiar, lavar **2** *(touch lightly)* rozar **to brush aside** *tr. sep. (person, problem)* dejar de lado **to brush away** *tr. sep. (dirt, dust)* quitar, limpiar **to brush off** *tr. sep.* **1** *(dust,*

dirt) quitar, limpiar **2** _(rebuff, snub a person)_ desairar **to brush over** _tr. sep._ _(paint lightly)_ dar una ligera mano de pintura _(conceal)_ ocultar, encubrir **to brush up** _tr. sep._ _(knowledge)_ refrescar, repasar.

bru·tal ['bruːtəl] _adj._ brutal, cruel.

bru·tal·i·ty [bruː'tælıtı] _n._ brutalidad _f_, crueldad _f_.

brute [bruːt] _n._ bruto, bestia _mf._ ◇ _adj._ brutal, bruto **brute force** fuerza bruta.

BSc ['biː'es'siː] _abbr._ _(Bachelor of Science)_ licenciado en ciencias.

bub·ble ['bʌbəl] _n._ _(in liquid)_ burbuja _(of soap)_ pompa ◇ _intr._ **1** burbujear **2** _(boil)_ borbotear **bubble bath** espuma de baño **bubble chamber** PHYS cámara de burbujas **bubble gum** goma _m._ de mascar **bubble wrap** plástico de burbujas **to bubble over** _intr._ _(water, liquid)_ desbordarse, rebosar _(with happiness, emotion)_ rebosar de.

bub·bly ['bʌblı] _adj. comp._ **bubblier,** _superl._ **bubbliest 1** burbujeante, espumoso **2** _(person)_ vivaz ◇ _n._ _[fam. use]_ _(champagne)_ champán _m._

buck¹ [bʌk] _n._ **1** _(rabbit, hare)_ macho _(deer)_ ciervo _(goat)_ macho cabrío **2** _arch._ _(young man)_ galán _m._ señorito ◇ _adj._ _(animal)_ macho ◇ _intr._ _(horse)_ corcovear ◇ _tr._ _(rider)_ desarzonar **2** _fig. use_ _(system, authority)_ oponerse a, resistir a **to buck one's ideas up** espabilarse **to buck up** _tr. sep._ _[fam. use]_ dar ánimos a ◇ _intr._ animarse.

buck² [bʌk] _n._ _[fam. use]_ dólar _m._ **to make a fast buck** hacer dinero fácil **to pass the buck to somebody** pasar la pelota a alguien, cargarle el muerto a alguien.

buck·et ['bʌkıt] _n._ **1** cubo **2** _(on dredger, waterwheel)_ canguilón _m._ **to rain buckets** _[fam. use]_ llover a cántaros **to kick the bucket** _[fam. use]_ estirar la pata.

buck·et·ful ['bʌkıtful] _n._ _(contents)_ cubo (lleno) **by the bucketful** _[fam. use]_ a punta de pala.

buck·le ['bʌkəl] _n._ _(on shoe, belt)_ hebilla ◇ _tr._ _(belt)_ abrochar ◇ _intr._ **1** _(metal, object)_ torcerse, combarse **2** _(knees)_ doblarse.

bud [bʌd] _n._ _(on tree, plant)_ brote _m._ yema _(of flower)_ botón _m._ capullo ◇ _intr._ _pt._ & _pp._ **budded,** _ger._ **budding** _(trees, plants)_ echar brotes, brotar _(flower)_ empezar a echar flor **to be in bud** _(tree, plant)_ estar en brote _(flower)_ estar a punto de florecer.

Bud·dha ['budə] _n._ REL Buda _m._

Bud·dhism ['budızəm] _n._ REL budismo.

Bud·dhist ['budıst] _adj._ REL budista ◇ _n._ REL budista _mf._

bud·ding ['bʌdıŋ] _adj._ en ciernes.

bud·dy ['bʌdı] _n._ _pl._ **buddies** _[fam. use]_ amigote _m._ colega _mf._

budg·er·i·gar ['bʌdʒərıgaːʳ] _n._ ZOOL periquito.

budg·et ['bʌdʒıt] _n._ presupuesto ◇ _adj._ _(good-value)_ bien de precio ◇ _tr._ **to budget for** presupuestar, hacer el presupuesto para **to be on a tight budget** tener fondos limitados.

buff [bʌf] _n._ **1** _(leather)_ piel _f._ de ante **2** _(color)_ color _m._ de ante **3** _(enthusiast)_ aficionado ◇ _adj._ de color de ante ◇ _tr._ **1** _(metal, floor, etc.)_ dar brillo a **2** _(leather)_ aterciopelar.

buf·fa·lo ['bʌfələu] _n._ _pl._ **buffalo** o **buffaloes** ZOOL búfalo.

buf·fet ['bʌfeı] _n._ **1** _(bar)_ bar _m._ _(at station)_ bar _m._ cantina **2** _(meal)_ bufé _m._ libre, bufé _m._ **3** _(sideboard)_ aparador _m._

bug [bʌg] _n._ **1** _(insect)_ bicho **2** _[fam. use]_ _(microbe)_ microbio **3** _(microphone)_ micrófono oculto **4** _[fam. use]_ _(interest)_ afición _f._ **5** _(in computer program)_ error _m._ ◇ _tr._ _pt._ & _pp._ **bugged,** _ger._ **bugging 1** _[fam. use]_ ocultar micrófonos en **2** _(annoy)_ molestar, fastidiar.

bug·gy ['bʌgı] _n._ _pl._ **buggies 1** _(horse-drawn)_ calesa **2** _(open-top vehicle)_ ± jeep _m._ **3** cochecito (de bebé).

build [bıld] _n._ _(physique)_ constitución _f_, complexión _f_. ◇ _tr._ _pt._ & _pp._ **built** [bılt] **1** _(car, ship, etc.)_ construir _(house, block of flats, etc.)_ construir, edificar **to build up one's hopes** hacerse ilusiones **to build on** _tr. sep._ **1** _(extension, part of house)_ añadir **2** _fig. use_ _(base on, found)_ basarse en, fundarse en ◇ _tr. insep._ _(use profitably)_ saber aprovechar **to build up** _tr. sep._ _(business)_ desarrollar _(reputation)_ establecer _(sales)_ aumentar _(collection, objects)_ reunir, acumular _(speed)_ acelerar ◇ _intr._ _(business)_ desarrollarse _(reputation)_ establecerse _(sales, profits)_ aumentarse _(collection, objects)_ acumularse.

build·er ['bıldəʳ] _n._ **1** _(owner of company)_ constructor **2** _(bricklayer)_ albañil _m._ **3** _(foreman)_ maestro de obras **4** _(contractor)_ contratista _mf._ **5** _fig. use_ _(of company, state)_ fundador.

build·ing ['bıldıŋ] _n._ **1** edificio **2** _(action)_ construcción _f_, edificación _f._ **building land** terrenos _mpl._ edificables **building permit** permiso de obras **building site** _(before construction)_ solar _m._ _(during construction)_ obra **building society** sociedad _f._ hipotecaria **the building industry/the building trade** la construcción.

build-up ['bıldʌp] _n._ **1** _(increase)_ aumento **2** _(of gas)_ acumulación _f._ **3** _(of troops)_ concentración _f._ **4** _(of plot in film, play)_ desarrollo **5** _(favorable publicity)_ bombo, publicidad _f._

built [bılt] _pt._ & _pp._ VER: build -built.

built-up ['bıltʌp] _adj._ urbanizado **built-up area** zona urbanizada.

bulb [bʌlb] _n._ **1** BOT bulbo **2** ELEC bombilla, foco.

Bul·gar·i·a [bʌl'geərıə] _n._ Bulgaria.

Bul·gar·i·an [bʌl'geərıən] _adj._ búlgaro ◇ _n._ **1** _(person)_ búlgaro **2** _(language)_ búlgaro.

bulge [bʌldʒ] _n._ **1** _(lump)_ bulto _(protuberance)_ protuberancia **2** _(in surface)_ pandeo ◇ _intr._ **1** _(protrude)_ sobresalir _(eyes)_ saltar **2** _(swell)_ hincharse **3** _(warp)_ pandearse **4** estar abultado.

bulging ['bʌldʒıŋ] _adj._ **1** _(lumpy, bulky)_ abultado **2** _(eyes, features)_ saltón **3** _(swollen)_ hinchado **4** _(surface)_ pandeado _n._ **1** _(with bulk)_ abultamiento **2** _(swelling)_ hinchazón _m._ **3** _(of wall, surface)_ pandeo.

bu·lim·i·a [bjuː'lıːmıə] _n._ bulimia.

bulk [bʌlk] _n._ **1** _(mass)_ masa, bulto _(amount, quantity)_ volumen _m._ cantidad _f._ **2** _(object)_ mole _f._ **3** _(weight of person)_ peso **4** _(greater part)_ mayor parte _f._ **5** MAR carga **in bulk** COMM _(loose)_ a granel _(in large quantities)_ en grandes cantidades.

bulk·y ['bʌlkı] _adj. comp._ **bulkier,** _superl._ **bulkiest** abultado, voluminoso.

bull [bul] _n._ **1** toro **2** _(elephant, whale, etc.)_ macho **3** FIN alcista ◇ _adj._ **1** _(elephant, whale, etc.)_ macho **2** FIN alcista, en alza ◇ _tr._ FIN provocar un alza en el precio de los valores, jugar al alza ◇ _intr._ FIN especular en el mercado para provocar un alza **to be like a bull in a china shop** _torpe_ **to take the bull by the horns** coger el toro por los cuernos **bull calf** becerro **fighting bull** toro bravo, toro de lidia **bull market** FIN mercado alcista.

bull·dog ['buldɒg] _n._ **1** buldog _m._ **2** _fig. use_ _(person)_ persona tenaz, persona porfiada **bulldog clip** clip _m._ de pinza.

bull·doze ['buldəuz] _tr._ _(dig)_ excavar con un bulldozer _(clear land)_ allanar con un bulldozer _(demolish)_ derribar con un bulldozer **to bulldoze one's way through** _fig. use_ abrirse paso a empujones **to bulldoze one's way in** _fig. use_ entrar a empujones.

bull·doz·er [ˈbuldəuzə ʳ] *n.* bulldozer *m.* máquina excavadora.

bul·let [ˈbulɪt] *n.* bala **to bite the bullet** *fig. use* mostrar estoicismo **bullet hole** *agujero de bala* **bullet train** *tren m. bala* **rubber bullet** *bala de goma* **plastic bullet** *bala de plástico.*

bul·le·tin [ˈbulɪtɪn] *n.* 1 *(publication)* boletín *m.* 2 *(medical, etc.)* parte *m.* 3 *(communiqué)* comunicado.

bul·le·tin-board [ˈbulətɪnbɔːd] *n.* tablón *m.* de anuncios.

bul·let-proof [ˈbulɪtpruːf] *adj.* antibalas **bulletproof vest** *chaleco antibalas.*

bull·fight [ˈbulfaɪt] *n.* corrida de toros, lidia.

bull·fight·er [ˈbulfaɪtə ʳ] *n.* torero.

bull·fight·ing [ˈbulfaɪtɪŋ] *n.* los toros *mpl. (art)* tauromaquia.

bull·ring [ˈbulrɪŋ] *n.* plaza de toros.

bull's-eye [ˈbulzaɪ] *n.* 1 *(target)* diana 2 *(score)* acierto 3 MAR *(porthole)* portilla **to score a bull's-eye** *dar en el blanco* **bull's-eye glass** *vidrio de ojo de buey* **bull's-eye window** *ojo de buey.*

bull·shit [ˈbulʃɪt] *n. [taboo] (nonsense)* tonterías *fpl.* ◊ *tr. pt. & pp.* **bullshitted** *ger.* **bullshitting** *[taboo]* liar a alguien (con historias) ◊ *intr. [taboo]* decir estupideces.

bully [ˈbulɪ] *n. pl.* **bullies** matón ◊ *tr. pt. & pp.* **bullied** *ger.* **bullying** 1 *(intimidate)* intimidar, atemorizar 2 *(force, coerce)* coaccionar.

bullying [ˈbulɪŋ] *n.* 1 *(intimidation)* amenazas *fpl.,* intimidación *f.* 2 *(coertion)* coacción *f.* 3 *(in school)* acoso escolar.

bum [bʌm] *n.* 1 *[fam. use] (tramp)* vagabundo 2 *[fam. use] (idler)* vago, holgazán 3 *[fam. use] (wretch)* *(pobre)* desgraciado ◊ *adj.* 1 *[fam. use] (faulty)* defectuoso 2 *[fam. use] (shoddy)* de mala calidad 3 *[fam. use] (useless object, information)* que no vale, inútil ◊ *tr. [fam. use] (scrounge)* gorrear, sablear **to bum something off somebody** *[fam. use]* gorronear algo a alguien **to be on the bum** *[fam. use]* vivir de gorra **bum rap** *[fam. use] (accusation)* falsa **bum steer** *[fam. use] (information)* f. falsa **to bum a-round** *tr. insep [fam. use] (roam)* recorrer sin propósito fijo por, vagar por ◊ *intr.* 1 *(roam)* ir de un sitio a otro sin rumbo 2 *[fam. use] (be idle)* rascarse la barriga, no rascar bola.

bump [bʌmp] *n.* 1 *(blow)* golpe *m.* batacazo 2 *(collision)* choque *m.* colisión *f.* 3 *(on head)* chichón *m. (swelling)* hinchazón *m. (lump)* bulto 4 *(dent)* abolladura 5 *(on road)* bache *m.* ◊ *tr.* 1 darse un golpe en 2 dar un golpe a ◊ *intr.* 1 chocar (into, con), topar (into, contra) 2 *(collide)* chocar, colisionar **with a bump** *dándose un golpazo,* ¡cataplum! **to bump something against/on something** *pegarse con algo contra algo* ◊ **to bump into** *tr. insep [fam. use]* encontrar por casualidad, tropezar con ◊ **to bump up** *tr. sep. (prices)* aumentar.

bump·er [ˈbʌmpə ʳ] *n.* parachoques *m.* ◊ *adj.* abundante **bumper cars** *autochoques mpl. coches mpl. de choque, autos de choque* **bumper issue** *(of magazine)* edición *f.* especial.

bump·y [ˈbʌmpɪ] *adj. comp.* **bumpier,** *superl.* **bumpiest** 1 *(surface)* desigual, accidentado 2 *(road)* lleno de baches 3 *(journey)* con muchos baches *(flight)* con turbulencias.

bun [bʌn] *n.* 1 *(bread)* panecillo *(sweet)* bollo 2 *(cake)* ma(g)dalena 3 *(hair)* moño.

bunch [bʌntʃ] *n.* 1 manojo *m.* 2 *(flowers)* ramo 3 *(fruit)* racimo 4 *[fam. use] (group of people)* grupo *(gang)* pandilla ◊ *tr.* atar se un manojo ◊ *npl.* **bunches** *(hair)* coletas *fpl.* **to wear one's hair in bunch-**

es *llevar coletas* **a whole bunch of** *[fam. use]* un montón de, mogollón de **the best of the bunch** *lo mejor de lo mejor.*

bun·dle [ˈbʌndəl] *n.* 1 *(clothes)* fardo, bulto 2 *(wood)* haz *m.* 3 *(papers, banknotes)* fajo 4 *(keys)* manojo ◊ *tr.* 1 atar en un fardo, atar en un bulto **to be a bundle of nerves** *un manojo de nervios* **to go a bundle on something** *[fam. use]* chiflarle a uno algo.

bung [bʌŋ] *n. (stopper)* tapón *m. (of barrel)* bitoque ◊ *tr.* taponar.

to bung up *tr. sep. [fam. use]* atascar.

bun·ga·low [ˈbʌŋɡələu] *n.* bungalow *m.*

bun·gee [ˈbʌndʒiː] *n.* correa elástica, goma **bungee jumping** *salto elástico.*

bun·gle [ˈbʌŋɡəl] *tr.* 1 *(botch)* chapucear 2 *(mess up)* arruinar **to bungle it** *cagarla* **to make a bungle of something** *salir fatal algo a alguien.*

bunk¹ [bʌŋk] *n. (bed)* litera.

bunk² [bʌŋk] *n. (nonsense)* tonterías *fpl.*

bunk-bed [ˈbʌŋkbed] *n. pl.* **bunk-beds** litera.

bu·oy [bɔɪ] *n.* 1 *(navegation mark)* boya, baliza 2 *(lifebuoy)* boya salvavidas ◊ *tr.* señalar con balizas, señalar con boyas, abalizar.

buoy·an·cy [ˈbɔɪənsɪ] *n.* 1 flotabilidad *f.* 2 *(cheerfulness)* buen humor *m.* 3 *(optimism)* optimismo 4 FIN tendencia alcista.

buoy·ant [ˈbɔɪənt] *adj.* 1 flotante 2 *(cheerful)* animado 3 *(optimistic)* optimista 4 FIN con tendencia alcista.

bur·den [ˈbɜːdən] *n.* carga ◊ *tr.* cargar **to be burdened with** *tener que cargar con* **to be a burden to somebody** *ser una carga para alguien* **burden of proof** JUR *carga de la prueba* **tax burden** FIN *gravamen m.*

bu·reau [ˈbjuərəu] *n. pl.* **bureaus** o **bureaux** 1 *(desk)* escritorio 2 *(office)* oficina 3 *(agency)* agencia 4 *(chest of drawers)* cómoda 5 departamento del estado **employment bureau** *oficina de empleo* **bureau de change** *oficina de cambio.*

bu·reauc·ra·cy [bjuəˈrɒkrəsɪ] *n.* 1 *pl.* **bureaucracies** *(body, administration)* burocracia 2 No plural *(paperwork)* burocracia, papeleo.

bu·reau·crat [ˈbjuərəkræt] *n.* burócrata *mf.*

bu·reau·crat·ic [bjuərəˈkrætɪk] *adj.* burocrático.

burg·er [ˈbɜːɡə ʳ] *n.* hamburguesa **burger bar** *hamburguesería, burger m.*

bur·glar [ˈbɜːɡlə ʳ] *n.* ladrón **burglar alarm** *alarma antirrobo.*

bur·gla·ry [ˈbɜːɡlərɪ] *n. pl.* **burglaries** *(gen)* robo.

bur·i·al [ˈberɪəl] *n.* entierro **burial ground** *cementerio* **burial mound** *túmulo* **burial place** *lugar m. de sepultura* **burial vault** *cripta.*

Bur·ki·na-Fa·so [bɜːkiːnəˈfæsəu] *n.* Burkina Faso.

Bur·ki·nese [bɜːkɪˈniːz] *adj.* burkinés ◊ *n.* burkinés.

Bur·ma [ˈbɜːmə] *n.* Birmania.

Bur·mese [bɜːˈmiːz] *adj.* birmano ◊ *n.* 1 *(person)* birmano 2 *(language)* birmano *npl.*

burn [bɜːn] *n.* 1 quemadura ◊ *tr. pt. & pp.* **burnt** [bɜːnt] **burned** *ger.* 1 quemar 2 quemarse 3 *(coal)* quemar *(fuel)* gastar, consumir 4 *(food)* quemar 5 *(land, plants)* abrasar 6 *(body)* incinerar 7 MED *(cauterise)* cauterizar 8 *(harden bricks)* cocer 9 *(put to death)* quemar ◊ *intr.* 1 *(blaze, glow)* arder 2 *(candle, light)* estar encendido 3 *(food)* quemarse 4 *fig. use (passion, rage, desire)* arder (with, de) **to burn to a cinder** *calcinar, reducir a cenizas* **to burn well** *quemar bien* **to burn one's boats** *fig. use quemar el último cartucho* **to burn the candle at both ends** *fig. use hacer de la noche día* **to burn one's fingers** *fig. use pillarse los*

B

dedos **to burn the midnight oil** *fig. use* quemarse las pestañas **to burn a hole in one's pocket** *fig. use* quemarle a uno el bolsillo **to be burned alive** *ser quemado vivo* **to get burnt** *quemarse* **to have a burnt taste** *saber a quemado* **to burn down** *tr. sep.* incendiar, quemar totalmente ◇ *intr.* **1** quemarse, quedarse totalmente destruido por las llamas **to burn out** *intr.* **1** *(fire)* extinguirse **2** *(fuse, bulb)* fundirse **3** *fig. use* *(person)* quemarse *(machine)* gastarse **to burn up** *intr.* **1** *(building, etc.)* abrasarse, quedarse totalmente destruido por las llamas **2** *fig. use* *(with heat)* abrasarse de calor, achicharrarse ◇ *tr. sep.* *(fuel)* consumir.

burn·er ['bɜːnə ʳ] *n.* *(on cooker, lamp)* quemador *m.* **Bunsen burner** *mechero Bunsen.*

burn·ing ['bɜːnɪŋ] *n.* **1** *(of waste, body)* incineración *f.* **2** *(of building)* incendio **3** *(of skin)* quemadura **4** *(sensation)* escozor *m.* ◇ *adj.* **1** *(on fire)* en llamas, ardiendo **2** *(sun)* abrasador, de justicia *(heat)* achicharrante **3** *(desire, need)* ardiente **to be burning hot** *hace muchísimo calor* **burning issue/burning question** *cuestión f. candente.*

burnt [bɜːnt] *pt. & pp.* VER: burn.

burnt-out ['bɜːntaut] *adj.* **1** *(building, car)* carbonizado **2** *fig. use* *(person)* quemado, caduco.

burp [bɜːp] *n.* *[fam. use]* eructo ◇ *tr.* *[fam. use]* *(baby)* hacer eructar ◇ *intr.* *[fam. use]* eructar.

bur·row ['bʌrəu] *n.* madriguera ◇ *tr.* excavar, cavar ◇ *intr.* excavar una madriguera.

burst [bɜːst] *n.* **1** *(of balloon, pipe)* reventón *m.* *(of tire)* pinchazo, reventón *m.* **2** *(explosion)* estallido, explosión *f.* **3** *(of activity, anger)* arranque *m.* **4** *(of speed)* arrancada **5** *(of applause)* salva **6** *(of gunfire)* ráfaga ◇ *tr. pt. & pp. burst* [bɜːst] **1** *(balloon, pipe)* reventar *(tire)* pinchar, reventar ◇ *intr.* *(balloon, pipe)* reventarse *(tire)* pincharse, reventarse **to burst forth** *(water)* brotar, salir a chorro **to burst into flames** *estallar en llamas* **to burst into song** *empezar a cantar* **to burst into tears** *echarse a llorar* **to burst out crying/laughing** *echarse a llorar/reír* **to burst its banks** *(river)* desbordarse.

burst·ing ['bɜːstɪŋ] *adj.* muy lleno, lleno a rebosar **to be bursting at the seams** *fig. use* estar a tope **to be bursting to do something** *reventar por hacer algo.*

Bu·run·di [bəˈrundɪ] *n.* Burundi.

Bu·run·di·an [bəˈrundɪən] *n.* burundés ◇ *adj.* burundés.

bur·y ['berɪ] *tr. pt. & pp.* buried, *ger.* burying **1** enterrar **2** *(body)* sepultar, enterrar **3** *fig. use* *(outlive)* enterrar **to be buried** *recibir sepultura* **to be buried at sea** *recibir sepultura en el mar* **to be buried alive** *ser enterrado vivo* **to bury one's face in one's hands** *fig. use* taparse el rostro con las manos **to be buried in thought** *fig. use* estar ensimismado.

bus [bʌs] *n. pl.* **busses 1** autobús *m.* bus *m.* **2** COMPUT bus *m.* ◇ *tr. pt. & pp.* bussed, *ger.* bussing transportar en autobús, llevar en autobús **bus lane** *carril m. de autobuses* **bus route** *línea de autobús* **bus shelter** *parada de autobús cubierta* **bus station** *estación f. de autobuses* **bus stop** *parada de autobús.*

bush [buʃ] *n.* **1** *(plant)* arbusto **2** *(land)* breña *npl.* **bushes** *(thicket)* matorral *m.* maleza **the bush** *(in Australia)* el monte.

bush·y ['buʃɪ] *adj. comp.* **bushier,** *superl.* **bushiest** espeso, tupido.

busi·ness ['bɪznəs] *n.* **1** *(commerce)* negocios *mpl.* **2** *(firm)* negocio, empresa **3** *(affair)* asunto, tema

m. it's my "(your, etc.)" **business to...** *me (te, etc.) incumbe...* **to be away on business** *estar (fuera) de viaje* **to be in business** *dedicarse al mundo de los negocios* **to be the business** *[fam. use]* estupendo, **to do business with somebody** *comerciar con alguien, tener relaciones comerciales con alguien* **to get down to business** *entrar en materia* **to go out of business** *quebrar* **to have no business to "+ inf"** *no tener ningún derecho a + inf* **to mean business** *ir en serio* **to put somebody out of business** *hacer que alguien quiebre* **to run a business** *llevar un negocio* **to set up a business** *montar un negocio* **mind your own business!** *¡no te metas donde no te llaman!* **business is business** *el negocio es el negocio* **big business** *grandes negocios mpl.* **business administration** *administración f. de negocios* **business card** *tarjeta de presentación, tarjeta comercial* **business center** *centro de negocios* **business consultant** *asesor de empresas* **business consultancy** *asesoría de empresas* **business deal** *trato comercial* **business district** *área de negocios, zona comercial* **business hours** *horario comercial* **business of the day** *orden m. del día* **business manager** *director de empresas* **business school** *escuela de negocios* **business studies** *estudios mpl. empresariales, empresariales mpl.* **business trip** *viaje m. de negocios* **line of business** *profesión f.*

busi·ness·like ['bɪznəslaɪk] *adj.* **1** *(responsible)* formal, serio **2** *(systematic)* metódico, sistemático **3** *(efficient)* eficaz **4** *(practical)* práctico.

busi·ness·man ['bɪznəsmæn] *n. pl.* **businessmen** hombre *m.* de negocios, empresario.

busi·ness·wom·an ['bɪznəswumən] *n. pl.* **businesswomen** mujer *m.* de negocios, empresaria.

bust¹ [bʌst] *n.* **1** *(bosom)* busto, pecho **2** *(sculpture)* busto.

bust² [bʌst] *n.* **1** *[fam. use]* *(bankruptcy)* quiebra, bancarrota **2** *[fam. use]* *(police raid)* redada ◇ *adj.* **1** *[fam. use]* *(broken)* roto **2** *(burst)* reventado **3** *[fam. use]* *(bankrupt)* en quiebra, arruinado ◇ *tr. pt. & pp. bust* [bʌst] *o* **busted 1** *[fam. use]* *(break)* romper **2** *(burst)* reventar **3** *[fam. use]* *(make bankrupt)* llevar a la quiebra **4** *[fam. use]* *(raid)* organizar una redada en, registrar **5** *[fam. use]* *(arrest)* pillar, pescar ◇ *intr.* **1** *(break)* romperse **2** *(burst)* reventarse **to go bust** *[fam. use]* quebrar.

bust-up ['bʌstʌp] *n.* *[fam. use]* riña, camorra **to have a bust-up** *[fam. use]* reñir.

bus·y ['bɪzɪ] *adj. comp.* **busier,** *superl.* **busiest 1** *(person)* ocupado, atareado **2** *(street, place)* concurrido **3** *(day)* ajetreado **4** *(telephone)* comunicando ◇ *n.* *[fam. use]* *(police officer)* poli *mf.* **to busy oneself doing something** *ocuparse en hacer algo* **to be busy doing something** *estar ocupado en hacer algo* **to get busy** *[fam. use]* *(work)* ponerse a trabajar *(hurry)* darse prisa **to keep oneself busy** *mantenerse ocupado* **to keep somebody busy** *mantener ocupado alguien.*

bus·y·bod·y ['bɪzɪbɒdɪ] *n. pl.* **busybodies** entremetido, fisgón.

but [bʌt] *conj.* **1** pero **2** *(after negative)* sino **3** *(after negative with verb)* sino que ◇ *adv.* (nada) más que, no... sino, solamente, solo ◇ *prep.* excepto, salvo, menos ◇ *n.* pero **but for** *de no ser por, si no fuera por* **had I but "+ pp"...** *si lo + imperf subj.* **there is nothing for it but to "+ inf"** *no hay más remedio que + inf* **the last but one** *el/ la penúltimo.*

butch·er ['bʊtʃə ʳ] n. carnicero ◇ tr. **1** (meat) matar **2** (massacre) masacrar, hacer una carnicería con **3** fig. use (book, play) destrozar.

but·ler ['bʌtlə ʳ] n. mayordomo.

butt¹ [bʌt] n. (with head) cabezazo, topetazo ◇ tr. (goat, ram) topetear, dar un topetazo (person) dar un cabezazo intr. (goat, ram) dar topetazos (person) dar un cabezazo **to butt in** meter baza.

butt² [bʌt] n. **1** (of rifle) culata **2** (of cigarette) colilla **3** [fam. use] (bottom) culo.

but·ter ['bʌtə ʳ] n. mantequilla ◇ tr. untar con mantequilla **to look as if butter wouldn't melt in one's mouth** parecer no haber roto nunca un plato, parecer una mosquita muerta **butter dish** mantequera.

but·ter·fly ['bʌtəflaɪ] n. pl. **butterflies 1** mariposa **2** SP (swimming) estilo mariposa, mariposa **to have butterflies in one's stomach** fig. use sentir un cosquilleo en el estómago, estar nervioso.

but·tock ['bʌtək] n. **1** (of person) nalga **2** (of animal) anca npl. **buttocks** (bottom) trasero, nalgas fpl.

but·ton ['bʌtən] n. **1** (on clothing, machine) botón m. (on doorbell) pulsador m. botón m. BOT (bud) botón m. yema ◇ intr. abrocharse ◇ tr. **to button/button up** abrochar, abrocharse **button your lip!** ¡puntó en boca! **button nose** nariz f. chata.

but·ton·hole ['bʌtənhəʊl] n. **1** ojal m. **2** (flower) flor f. que se lleva en el ojal.

buy [baɪ] n. compra ◇ tr. & pp. **bought** [bɔːt] **1** comprar **2** (bribe) sobornar **3** [fam. use] (accept, believe) tragárselo **to buy it** [fam. use] (die) morir a **good buy** una ganga **to buy off** tr. sep. quitar a alguien de en medio pagándole, deshacerse de alguien pagándole **to buy out** tr. sep. comprar la parte de **to buy up** tr. sep. comprar todas las existencias de.

buy·er ['baɪə ʳ] n. comprador **buyer's market** mercado favorable al comprador.

buy·ing pow·er [baɪɪŋpaʊə ʳ] n. poder m. adquisitivo.

buzz [bʌz] n. **1** zumbido **2** (of voices) murmullo **3** [fam. use] telefonazo, toque m. **4** [fam. use] (thrill) emoción f, sensación f. ◇ intr. zumbar **to get a buzz out of something** [fam. use] estar entusiasmado por algo.

buzz·er ['bʌzə ʳ] n. zumbador m. timbre m.

buzz·ing ['bʌzɪŋ] n. zumbido.

buzz-word ['bʌzwɜːd] n. palabra pegadiza, palabra que está de moda.

by [baɪ] prep. **1** (agent) por **2** (means) por **3** (showing difference) por **4** (not later than) para **5** (during) de **6** (near) junto a, al lado de **7** (according to) según **8** (measurements) por **9** (rate) por **10** MATH por **11** (progression) a **12** (in sets) en **13** (introducing gerund) ◇ adv. al lado, delante **by and by** con el tiempo **by oneself** solo.

bye [baɪ] interj. [fam. use] ¡adiós!, ¡hasta luego!

bye-bye ['baɪbaɪ] interj. [fam. use] ¡adiós!, ¡hasta luego! **to say bye-bye** [fam. use] decir adiós.

by-prod·uct ['baɪprɒdʌkt] n. **1** subproducto, derivado **2** fig. use consecuencia.

by·stand·er ['baɪstændə ʳ] n. espectador, curioso.

byte [baɪt] n. COMPUT byte m.

C

C, c [si:] *n.* **1** *(the letter)* C, c f. **2** MUS do.
c¹ [sent] *abbr. (cent)* céntimo.
c² ['ss:kə] *abbr. (circa)* hacia *(abbreviation)* h.
c³ ['kɒpɪraɪt] *abbr. (copyright)* propiedad f. literaria, copyright *m. (abbreviation)* c.
c. ['sentʃərɪ] *abbr. (century)* siglo *(abbreviation)* s.
c/a [kərəntə'kaunt] *abbr. (current account)* cuenta corriente *(abbreviation)* c/c.
cab [kæb] *n.* **1** *(taxi)* taxi *m.* **2** *(in vehicle)* cabina **3** HIST cabriolé *m.* **to go by cab** ir en taxi **cab driver** taxista *mf.* **cab rank** parada de taxis.
cab·a·ret ['kæbəreɪ] *n.* cabaret *m.*
cab·bage ['kæbɪdʒ] *n.* **1** col f, repollo, berza **cabbage white** *(butterfly)* mariposa de la col.
cab·in ['kæbɪn] *n.* **1** *(wooden house)* cabaña **2** *(on ship)* camarote *m.* **3** *(on plane)* cabina **cabin boy** grumete *m.* **cabin crew** personal *m.* de cabina **cabin cruiser** yate *m.* de motor.
ca·ca·o [kə'ka:əʊ] *n.* BOT cacao.
cache [kæʃ] *n.* **1** *(store)* alijo **2** *(computer memory)* caché *m.* **cache memory** memoria caché.
cactus ['kæktəs] *n. pl.* **cacti** o **cactuses** cactus *m.*
CAD [kæd] *abbr. (computer-aided design)* diseño con ayuda de ordenador *(abbreviation)* CAD.
ca·dav·er [kə'deɪvə ʳ] *n.* MED cadáver *m.*
cad·die ['kædɪ] *n. (in golf)* cadi *m.* ◇ *intr.* hacer de cadi (for, de).
ca·det [kə'det] *n.* cadete *m.* **cadet school** escuela militar.
cae·sar·e·an [sɪ'zeərɪən] *Also* **caesarean section** *n.* cesárea.
ca·fe ['kæfeɪ] *n.* cafetería, café *m.*
caf·e·te·ri·a [kæfə'tɪərɪə] *n. (in factory, college, etc.)* cafetería, *(restaurant)* autoservicio, self-service *m.*
caf·feine ['kæfi:n] *n.* cafeína.
cage [keɪdʒ] *n. (gen)* jaula *n.* ◇ *tr.* enjaular.
cake [keɪk] *n.* **1** CULIN pastel *m.* tarta, torta **2** *(of soap)* pastilla ◇ *intr.* endurecerse **to be a piece of cake** estar tirado **to be caked with something** estar cubierto de algo, estar recubierto de algo **to go like hot cakes/sell like hot cakes** venderse como pan caliente **to have one's cake and eat it** querer nadar y guardar la ropa, querer estar en misa y repicando **cake shop** pastelería **cake tin** molde *m.*
cal ['kælərɪ] *abbr. (calorie)* caloría *(abbreviation)* cal.
CAL [kæl] *abbr. (computer-aided learning)* aprendizaje *m.* con ayuda de ordenador.
cal·ci·um ['kælsɪəm] *n.* calcio.
cal·cu·late ['kælkjʊleɪt] *tr.* calcular ◇ *intr.* calcular.
cal·cu·lat·ed ['kælkjʊleɪtɪd] *adj. (risk)* calculado *(insult)* intencionado *(act)* premeditado, deliberado.
cal·cu·lat·ing ['kælkjʊleɪtɪŋ] *adj. (shrewd)* calculador.
cal·cu·la·tion [kælkjʊ'leɪʃən] *n.* cálculo.
cal·cu·la·tor ['kælkjʊleɪtə ʳ] *n.* calculador *m.* calculadora.

cal·cu·lus ['kælkjələs] *n.* **1** MATH cálculo matemático **2** *pl.* **calculi** MED cálculo.
cal·en·dar ['kælɪndə ʳ] *n. (gen)* calendario **calendar year** año civil.
calf¹ [ka:f] *n. pl.* **calves** ZOOL *(of cattle)* ternero, becerro *(of whale)* ballenato *(of other animals)* cría.
calf² [ka:f] *n. pl.* **calves** ANAT pantorrilla.
cal·i·ber ['kælɪbə ʳ] *n. (gen)* calibre *m.*
cal·i·brate ['kælɪbreɪt] *tr. (gun)* calibrar *(thermometer)* graduar.
cal·iph·ate ['keɪlɪfeɪt, 'kælɪfeɪt] *n.* califato.
call [kɔ:l] *n.* **1** *(shout, cry)* grito, llamada **2** *(by telephone)* llamada (telefónica) **3** *(of bird)* reclamo **4** *(demand)* demanda *(need)* motivo **5** *(summons, vocation)* llamada *(lure)* llamada, atracción f. **6** *(request, demand)* llamamiento **7** *(short visit)* visita ◇ *tr.* **1** *(shout)* llamar **2** *(by telephone)* llamar **3** *(summon - meeting, strike, election)* convocar *(announce - flight)* anunciar **4** *(send for - police, etc.)* llamar **5** *(name, describe as)* llamar ◇ *intr.* **1** *(shout)* llamar **2** *(by phone)* llamar **3** *(visit)* pasar, hacer una visita **4** *(train)* parar (at, en) **let's call it a day** démoslo por terminado, dejémoslo **let's call it quits** dejémoslo estar **the call of duty** la llamada del deber **to answer a call of nature** hacer sus necesidades **to be on call** estar de guardia **to call for something/somebody** pasar a recoger algo/a alguien **to call oneself** considerarse **to call somebody names** poner verde a alguien, insultar a alguien **to call somebody to account** pedirle cuentas a alguien **to call somebody's bluff** devolver la pelota a alguien **to call something into question** poner algo en duda **to call something one's own** tener algo de propiedad **to call something to mind** traer algo a la memoria **to call the shots/call the tune** llevar la batuta, llevar la voz cantante **to give somebody a call** llamar a alguien **to have first call on something** tener prioridad sobre algo **to have too many calls on one's time** tener muchas obligaciones, estar muy ocupado **to pay a call on** ir a ver a alguien, hacer una visita a alguien **what time do you call this?** ¿qué horas son éstas?
to call back *tr. sep. (by phone)* llamar, devolver la llamada ◇ *intr. (by phone)* volver a llamar *(visit)* volver a pasar.
to call for *tr. insep.* **1** *(pick up)* pasar a buscar, pasar a recoger **2** *(need, require)* exigir, requerir *(demand)* demandar.
to call in *tr. sep.* **1** *(summon, send for)* llamar **2** *(recall - books, banknotes)* retirar *(loan)* exigir el pago de.
to call off *tr. sep.* **1** *(suspend - game)* suspender *(- strike)* desconvocar **2** *(dog)* llamar.
to call on *tr. insep.* **1** *(visit)* visitar, ir a ver a **2** *[fml. use] (invite)* invitar *(request)* pedir *(appeal to, urge)* apelar a, recurrir a.
to call up *tr. sep.* **1** MIL llamar a filas **2** *(recall)* traer a la memoria.
call·er ['kɔ:lə ʳ] *n.* **1** *(visitor)* visita, visitante *mf.* **2** *(by telephone)* persona que llama.
call·ing ['kɔ:lɪŋ] *n. (vocation)* vocación f, llamada *(profession)* profesión f. **calling card** tarjeta de visita.
cal·lous ['kæləs] *adj.* duro, insensible.

call-up ['kɔ:lʌp] *n.* MIL llamamiento a filas.

calm [kɑ:m] *adj.* **1** (*sea*) en calma, tranquilo, apacible (*weather*) en calma, apacible **2** (*person*) tranquilo, sosegado, calmado ◇ *n.* **1** (*of sea, weather*) calma **2** (*peace and quiet*) tranquilidad *f,* sosiego, serenidad *f.* ◇ *tr.* calmar, tranquilizar, sosegar **to calm oneself** *tranquilizarse, calmarse.*

to calm down *tr.* tranquilizar, calmar ◇ *intr.* tranquilizarse, calmarse.

calm-ness ['kɑ:mnəs] *n.* tranquilidad *f,* calma.

cal-o-rie ['kælərɪ] *n.* caloría.

calves ['kɑ:vz] *npl.* VER: calf.

ca-ma-ra-de-rie [kæmə'rɑ:dərɪ] *n.* compañerismo, camaradería.

Cam-bo-di-a [kæm'bəʊdɪə] *n.* Camboya.

Cam-bo-di-an [kæm'bəʊdɪən] *adj.* camboyano ◇ *n.* **1** (*person*) camboyano **2** (*language*) camboyano.

came [keɪm] *pt.* VER: come.

cam-el ['kæməl] *n.* **1** ZOOL camello **2** (*color*) (color *m*) leonado ◇ *adj.* leonado.

cam-e-o ['kæmɪəʊ] *n. pl.* **cameos** camafeo.

cam-er-a ['kæmərə] *n.* **1** (*gen*) cámara (fotográfica), máquina fotográfica **2** (*cine, television*) cámara.

cam-er-a-man ['kæmərəmən] *n.* cámara *mf.*

Cam-e-roon [kæmə'ru:n] *n.* Camerún *m.*

Cam-e-roon-i-an [kæmə'ru:nɪən] *adj.* camerunés ◇ *n.* camerunés.

cam-ou-flage ['kæməflɑ:ʒ] *n.* camuflaje *m.* ◇ *tr.* camuflar.

camp [kæmp] *n.* **1** (*gen*) campamento **2** (*group, faction*) bando ◇ *intr.* acampar **to pitch camp** *acampar* **to break camp/strike camp** *levantar el campamento* **army camp** *campamento militar* **camp bed** *cama plegable* **camp site** *camping m.* **campamento** **summer camp** *campamento de verano.*

cam-paign [kæm'peɪn] *n.* (*gen*) campaña ◇ *intr.* hacer una campaña (for, en favor de).

cam-paign-er [kæm'peɪnə *ʳ*] *n.* (*supporter*) defensor **old campaigner** *veterano.*

camp-er ['kæmpə *ʳ*] *n.* (*person*) campista ◇ *mf.* También **camper van** (*vehicle*) caravana.

camp-fire ['kæmpfaɪə *ʳ*] *n.* fogata, hoguera.

camp-ing ['kæmpɪŋ] *n.* camping *m.* **to go camping** *ir de camping* **camping site** *camping m. campamento.*

cam-pus ['kæmpəs] *n. pl.* **campuses** campus *m.* ciudad *f.* universitaria.

can[1] [kæn] *n.* **1** (*tin - for food, drinks*) lata, bote *m.* **2** (*container - for oil, petrol, etc.*) bidón *m.* **3** [*sl.*] (*prison*) chirona, trullo **4** [*sl.*] (*toilet*) trono ◇ *tr. pt. & pp.* **canned,** *ger.* **canning** (*put in cans*) enlatar **can it!** *¡basta ya!* **to open up a can of worms** *destapar un escándalo.*

can[2] [kæn] *auxiliary pt. & cond* **could** [kʊd] **1** (*be able to*) poder **2** (*know how to*) saber **3** (*be allowed to*) poder, estar permitido **4** (*in requests*) poder **5** (*with verbs of perception or mental activity*) **6** (*possibility*) poder **7** (*expressing bewilderment, incredulity*) poder **8** (*indicating typical behavior*) poder.

Can-a-da ['kænədə] *n.* Canadá.

Ca-na-di-an [kə'neɪdɪən] *adj.* canadiense ◇ *n.* canadiense *mf.*

ca-nal [kə'næl] *n.* canal *m.*

can-cel ['kænsəl] *tr. pt. & pp.* **canceled,** *ger.* **canceling 1** (*gen*) cancelar **2** COMM anular **3** (*revoke - permission*) retirar (*order, decree*) revocar **4** (*stamp*) matasellar **5** (*delete*) tachar **6** MATH eliminar.

to cancel out *tr. sep.* anular, compensar, contrarrestar.

can-cel-la-tion [kænsə'leɪʃən] *n.* **1** (*gen*) cancelación *f.* **2** COMM anulación *f.* **3** (*of stamp*) matasellos *m.* **4** (*returned ticket*) devolución *f.*

can-cer ['kænsə *ʳ*] *n.* MED cáncer *m. n.* **Cancer** (*constellation, sign*) Cáncer *m.* **breast cancer** *cáncer m. de mama* **cancer research** *cancerología.*

can-cer-ous ['kænsərəs] *adj.* canceroso.

can-did ['kændɪd] *adj.* franco, sincero **candid camera** *cámara indiscreta.*

can-di-date ['kændɪdət] *n.* **1** (*job, election*) candidato **2** (*in exam*) opositor.

can-dle ['kændəl] *n.* (*gen*) vela (*in church*) cirio **to burn the candle at both ends** *trabajar de sol a sol.*

can-dle-light ['kændəllaɪt] *n.* luz *f.* de vela **by candlelight** *a la luz de una vela.*

can-dy ['kændɪ] *n. pl.* **candies** (*sweets*) caramelos *mpl.* golosinas *fpl.,* dulces *mpl.* (*a sweet*) caramelo, dulce *m.*

cane [keɪn] *n.* **1** BOT (*of bamboo*) caña (*of raspberry, blackberry, etc.*) tallo leñoso **2** (*stick*) bastón *m.* (*for punishment*) vara **3** (*furniture*) mimbre *m.* **4** (*for plants*) rodrigón *m.* ◇ *tr.* castigar con la palmeta **cane chair** *silla de mimbre.*

ca-nine ['keɪnaɪn] *adj.* ZOOL canino **canine tooth** (*diente m*) canino, colmillo.

can-na-bis ['kænəbɪs] *n.* (*plant*) cáñamo indio (*drug*) hachís *m.*

canned [kænd] *adj.* **1** enlatado, envasado, en lata **2** (*music*) grabado, enlatado (*laughter*) grabado **3** [*sl.*] (*drunk*) mamado **canned food** *conservas fpl.*

can-ni-bal ['kænɪbəl] *n.* caníbal *mf.*

canning ['kænɪŋ] *n.* enlatado **canning factory** *fábrica de conservas* **canning industry** *industria conservera.*

can-non ['kænən] *n. pl.* **cannon** o **cannons 1** MIL cañón *m.* **2** (*in billiards*) carambola ◇ *intr.* chocar (against, contra).

can-non-ball ['kænənbɔ:l] *n.* bala de cañón.

can-not ['kænɒt] *auxiliary* VER: can not.

ca-noe [kə'nu:] *n.* canoa ◇ *intr.* ir en canoa.

can-o-py ['kænəpɪ] *n. pl.* **canopies 1** (*over throne, bed, altar*) dosel *m.* baldaquín *m.* baldaquino (*ceremonial*) palio (*of terrace, balcony*) toldo **2** AV (*of cockpit*) cubierta transparente **3** *fig. use* (*of sky*) bóveda.

can't [kɑ:nt] *auxiliary* VER: can.

can-teen [kæn'ti:n] *n.* **1** (*restaurant*) cantina, comedor *m.* **2** (*set of cutlery*) juego de cubiertos **3** (*flask*) cantimplora.

can-vas ['kænvəs] *n.* **1** (*cloth*) lona **2** ART lienzo **under canvas** (*in a tent*) en una tienda (de campaña) (*of ship*) con velamen desplegado.

can-yon ['kænjən] *n.* **1** GEOG cañón *m.* **the Grand Canyon** *el Gran Cañón.*

cap [kæp] *n.* **1** (*type of hat - gen*) gorra (- *soldier's, policeman's*) gorra de plato (- *nurse's*) cofia (- *academic, judge's*) birrete *m.* (- *cardinal's*) capelo, birrete *m.* **2** (*cover - of pen*) capuchón *m.* (- *of bottle*) tapón *m.* (- *of lens*) tapa **3** GEOG casquete *m.* **4** (*for toy gun*) fulminante *m.* **5** (*upper limit*) tope *m.* **6** MED diafragma *m.* ◇ *tr. pt. & pp.* **capped,** *ger.* **capping 1** (*mountains, etc.*) cubrir, coronar **2** (*tooth*) poner una corona en **3** (*joke, story*) superar **4** (*limit*) poner un tope a, limitar **if the cap fits** (**wear it**) *a quien le pique, que se rasque* **to cap it all** *para colmo* **swimming cap** *gorro de baño.*

ca-pa-bil-i-ty [keɪpə'bɪlɪtɪ] *n. pl.* **capabilities 1** (*ability*) capacidad *f.* (to, para/de) **2** MIL capacidad *f. npl.* **capabilities** (*potential*) aptitudes *fpl.,* posibilidades *fpl.*

ca-pa-ble ['keɪpəbəl] *adj.* **1** (*able*) capaz (of, de) **2** (*competent*) competente, capaz.

ca·pac·i·ty [kə'pæsɪtɪ] n. pl. **capacities 1** (maximum content - of container) capacidad f, cabida f (- of theater), aforo, capacidad f, cabida 2 (ability) capacidad f. (for, de) 3 (position, role) calidad f. **in a personal capacity** a título personal **to be filled to capacity** estar al completo **to work at full capacity** trabajar a pleno rendimiento **capacity crowd/capacity audience** lleno completo, lleno total.

cape¹ [keɪp] n. (garment) capa.

cape² [keɪp] n. cabo **Cape Horn** Cabo de Hornos **Cape of Good Hope** Cabo de Buena Esperanza.

cap·il·lar·y [kə'pɪlərɪ] n. pl. **capillaries** vaso capilar, capilar m.

cap·i·tal ['kæpɪtəl] n. **1** (of country, etc.) capital f. **2** FIN capital m. **3** (letter) mayúscula ◇ adj. **1** JUR (of-fence) capital **2** (letter) mayúscula **3** (very serious) grave **4** (primary, chief, principal) primordial, capital **to make capital out of something** sacar provecho de algo, sacar partido de algo **capital city** capital f.

cap·i·tal·ism ['kæpɪtəlɪzəm] n. capitalismo.

cap·i·tal·ist ['kæpɪtəlɪst] adj. capitalista ◇ n. capitalista mf.

cap·i·tal·ize ['kæpɪtəlaɪz] tr. **1** FIN capitalizar **2** (write in capital letters) escribir con mayúsculas.

cap·i·tol ['kæpɪtəl] n. capitolio.

cap·sule ['kæpsjuːl] n. cápsula.

Capt ['kæptɪn] abbr. (Captain) Capitán m. (abbreviation) Cap.

cap·tain ['kæptɪn] n. (rank) capitán m. (leader) capitána ◇ tr. capitanear.

cap·tion ['kæpʃən] n. **1** (under picture) leyenda, pie m. de foto (short title, headline) título **2** CINEM subtítulo.

cap·ti·vate ['kæptɪveɪt] tr. cautivar, fascinar.

cap·ti·vat·ing ['kæptɪveɪtɪŋ] adj. encantador, cautivador.

cap·tive ['kæptɪv] adj. cautivo ◇ n. cautivo **to have a captive audience** tener un público obligado (a escuchar).

cap·tiv·i·ty [kæp'tɪvɪtɪ] n. cautiverio, cautividad f. **in captivity** en cautiverio.

cap·ture ['kæptʃə ʳ] n. (seizure - of person) captura, apresamiento (of town) toma, conquista ◇ tr. **1** (seize - person) capturar, apresar (- town) tomar **2** (gain - share of market) hacerse con (- votes) conseguir, captar **3** fig. use (attract - attention, etc.) captar, atraer, acaparar (preserve - mood, etc.) captar, reproducir (on film, in painting, in words) captar, plasmar.

car [kɑː ʳ] n. **1** AUTO coche m, automóvil m. **2** (rail-way carriage) vagón m. coche m. **to go by car** ir en coche **car bomb** coche m. bomba **car park** parking m. aparcamiento **car wash** túnel m. de lavado **dining car** coche m. restaurante.

car·at ['kærət] n. quilate m.

car·bo·hy·drate [kɑːbəʊ'haɪdreɪt] n. hidrato de carbono, carbohidrato.

car·bon ['kɑːbən] n. CHEM carbono **to be a carbon copy of somebody/something** ser una copia de alguien/algo **carbon copy** copia (hecha con papel carbón) **carbon dioxide** dióxido de carbono **carbon monoxide** monóxido de carbono.

car·bo·nat·ed ['kɑːbəneɪtɪd] adj. (fizzy) gaseoso, con gas.

car·bu·re·tor ['kɑːbərɛtə ʳ] n. carburador m.

car·cass ['kɑːkəs] n. **1** (dead animal) res f. muerta (at butcher's) res f. abierta en canal (of cooked bird) huesos mpl. **2** (frame, shell) armazón f.

card [kɑːd] n. **1** (gen) tarjeta **2** (greetings card) tarjeta de felicitación, felicitación f. **3** (postcard) tarjeta postal **4** (index card) ficha **5** (of membership, identity) carnet m. carné m. **6** (stiff paper) cartulina **1** También (playing card) carta, naipe m. **npl. cards** (card-playing) cartas fpl. **to be on the cards** estar previsto **to lay one's cards on the table** poner las cartas sobre la mesa **to play one's cards right** jugar bien las cartas **debit card** tarjeta de débito **picture card** cromo **playing card** carta, naipe m.

card·board ['kɑːdbɔːd] n. cartón m. **cardboard box** caja de cartón.

car·di·ac ['kɑːdɪæk] adj. cardíaco **cardiac arrest** paro cardíaco.

car·di·nal ['kɑːdɪnəl] adj. (most important) capital, fundamental, principal ◇ n. REL cardenal m. **cardinal number** número cardinal **cardinal point** punto cardinal.

car·di·o·gram ['kɑːdɪəgræm] n. cardiograma m.

car·di·o·graph ['kɑːdɪəgræf] n. cardiografía.

car·di·ol·o·gist [kɑːdɪ'ɒlədʒɪst] n. cardiólogo.

car·di·ol·o·gy [kɑːdɪ'ɒlədʒɪ] n. cardiología.

car·di·o·vas·cu·lar [kɑːdɪəʊ'væskjələ ʳ] adj. cardiovascular.

care [keə ʳ] n. **1** (attention, carefulness) cuidado, atención f. **2** (sympathetic concern, protection) cuidado, atención f. **3** (charge, protection, responsibility) cuidado **4** (worry, grief) preocupación f, inquietud f. ◇ intr. **1** (be worried, be concerned) preocuparse (about, por), importar ◇ tr. **1** (feel concern, mind) importar **2** (fml. use) (like, want) gustar **care of...** (on envelopes) "Handle with care" "Frágil" **take care!** (be careful) ¡ten cuidado! (look after yourself) ¡cuídate! **not to care less** importarle a uno un bledo, traerle a uno sin cuidado **to take care of oneself** cuidarse **to take care of somebody** (child) cuidar a/de alguien, estar al cuidado de alguien (patient) atender a, cuidar de **to take care of something** (business, matters, etc.) ocuparse de algo, encargarse de algo (pet, plant, car, etc.) cuidar **medical care** asistencia médica.

to care for tr. insep **1** (look after) cuidar, atender **2** (like) gustar (feel affection for) querer, sentir cariño por **3** (in polite offers) apetecer.

ca·reer [kə'rɪə ʳ] n. **1** (profession) carrera **2** (working life) vida profesional ◇ adj. de carrera ◇ intr. ir a toda velocidad **career ladder** escalafón m. **careers advice** orientación f. profesional.

care·free ['keəfriː] adj. despreocupado, libre de preocupaciones.

care·ful ['keəfʊl] adj. **1** (cautious) prudente, cuidadoso **2** (painstaking) cuidadoso, esmerado **to be careful** tener cuidado **to be careful with one's money** (thrifty) ser ahorrador (mean) ser tacaño, mirar mucho el dinero.

care·less ['keələs] adj. (inattentive, thoughtless - person) descuidado, poco cuidadoso (driving) negligente (work) dejado, poco cuidado.

car·er ['keərə ʳ] n. persona encargada de cuidar a alguien.

ca·ress [kə'res] n. caricia ◇ tr. acariciar.

care·tak·er ['keəteɪkə ʳ] n. conserje m. portero.

car·go ['kɑːgəʊ] n. pl. **cargoes** o **cargos** (goods) carga (load) cargamento **cargo ship** buque m. de carga, carguero.

Car·ib·be·an ['kærɪ'bɪən, ʊʃ kə'rɪbɪən] adj. caribeño **the Caribbean (Sea)** el (mar) Caribe.

car·i·ca·ture ['kærɪkətjʊə ʳ] n. caricatura ◇ tr. caricaturizar.

car·ies ['keərɪz] n. caries f.

car·ing ['keərɪŋ] adj. (kind) bondadoso, comprensivo, atento (loving) cariñoso, afectuoso.

car·jack·ing [ˈkɑːʤækɪŋ] *n.* robo de coche.
car·nage [ˈkɑːnɪʤ] *n.* carnicería, matanza.
car·ni·val [ˈkɑːnɪvəl] *n.* carnaval *m.*
car·ni·vore [ˈkɑːnɪvɔːˢ] *n.* carnívoro.
car·niv·o·rous [kɑːˈnɪvərəs] *adj.* carnívoro.
car·ol [ˈkærəl] *n.* villancico.
car·ou·sel [kærəˈsel] *n.* 1 carrusel *m.* 2 *(for baggage recalaim)* bandeja transportadora.
carp [kɑːp] *n. (fish)* carpa.
car·pen·ter [ˈkɑːpɪntəˢ] *n.* carpintero.
car·pen·try [ˈkɑːpɪntrɪ] *n.* carpintería.
car·pet [ˈkɑːpɪt] *n.* 1 *(gen)* alfombra *(fitted)* moqueta 2 *fig. use* alfombra ◇ *tr.* 1 alfombrar, enmoquetar 2 *fig. use* cubrir, alfombrar 3 *[fam. use] (reprimand)* echarle una bronca a to be on the carpet *caerle a uno una buena* to sweep something under the carpet *correr un velo sobre algo,* echar tierra encima de algo.
car·riage [ˈkærɪʤ] *n.* 1 HIST *(horse-drawn)* carruaje *m.* 2 *(of typewriter)* carro *(of gun)* cureña 3 *(cost of transport)* porte *m.* transporte *m.* carriage forward *cobro al destinatario* carriage free *franco de porte, sin porte* carriage clock *reloj m. de mesa.*
car·ri·er [ˈkærɪəˢ] *n.* 1 *(company, person)* transportista *mf.* 2 AV *compañía aérea, línea aérea* 3 MED *(of disease)* portador 4 *(on bicycle)* cesta, canasta aircraft carrier MAR *portaaviones m.*
car·rot [ˈkærət] *n.* 1 *(vegetable)* zanahoria 2 *fig. use* incentivo, aliciente *m.* estímulo.
car·ry [ˈkærɪ] *n. pt. & pp.* carried, *ger.* carrying 1 *(take, bear - gen)* llevar *(- money, passport, gun, etc.)* llevar (encima) 2 *(transport - goods, load, passengers)* transportar, acarrear 3 *(conduct, convey - water, oil, blood)* llevar *(- electricity)* conducir 4 *(disease)* ser portador de 5 ARCH *(support - weight)* soportar, sostener 6 *(take - blame, responsibility)* cargar con 7 *(entail, involve - responsibility)* conllevar *(- penalty, consequences)* implicar, conllevar 8 *(vote, bill, motion, etc.)* aprobar 9 COMM *(have for sale)* tener, vender 10 *(news, story, report, etc.)* traer, publicar 11 *(be pregnant with)* estar embarazada de 12 MATH llevar (se) ◇ *intr. (sound, voice)* oírse, tener alcance carried forward *súma y sigue* to carry the can for something *pagar el pato* to carry weight (with somebody) *fig. use* tener importancia to get carried away *exaltarse, desmadrarse.*
to carry forward/carry over *tr. sep.*1 llevar a la columna siguiente, llevar a la página siguiente.
to carry off *tr. sep.* 1 *(part, action, duty)* realizar con éxito, salir airoso de 2 *(prize)* llevarse, hacerse con.
to carry on *tr. insep (continue)* continuar con, seguir con *(conversation)* mantener ◇ *intr.* 1 continuar, seguir 2 *[fam. use] (make a fuss)* hacer una escena, montar un número 3 *[fam. use] (have an affair)* tener un lío.
to carry out *tr. sep. (plan, work)* llevar a cabo, realizar *(test)* verificar *(fulfil - order, threat, promise)* cumplir *(- duty)* cumplir con.
to carry through *tr. sep. (plan, etc.)* llevar a cabo.
car·ry·all [ˈkærɪɔːl] *n.* bolsa de viaje.
car·ry·out [ˈkærɪaʊt] *n.* 1 *(food)* comida para llevar 2 *(drink)* bebida para llevar.
car·sick [ˈkɑːsɪk] *adj.* mareado (al ir en coche) to get carsick *marearse en coche.*
cart [kɑːt] *n.* 1 *(horse-drawn)* carro, carreta *(handcart)* carretilla 2 *(for shopping)* carrito, carro ◇ *tr.* 1 *(carry in cart)* carretear, transportar 2 *[fam. use] (carry in*

hands) llevar to put the cart before the horse *empezar la casa por el tejado.*
carte blanche [kɑːtˈblɑːnʧ] *n.* carta blanca.
car·tog·ra·pher [kɑːˈtɒgrəfəˢ] *n.* cartógrafo.
car·tog·ra·phy [kɑːˈtɒgrəfɪ] *n.* cartografía.
car·ton [ˈkɑːtən] *n. (of cream, yoghurt)* bote *m. (of milk, juice, cigarettes)* cartón *m. (of cereals, etc.)* caja.
car·toon [kɑːˈtuːn] *n.* 1 *(drawing)* viñeta, chiste *m.* *(strip)* tira cómica, historieta 2 *(animated)* dibujos *mpl.* animados 3 ART cartón *m.*
car·toon·ist [kɑːˈtuːnɪst] *n.* 1 *(of drawings)* dibujante *mf.* humorista *mf.* gráfico 2 *(of animations)* dibujante *mf.* de dibujos animados.
carve [kɑːv] *tr.* 1 *(wood, stone)* tallar *(statue, etc.)* esculpir *(initials)* grabar 2 *(meat)* cortar, trinchar ◇ *intr.* trinchar la carne, cortar la carne.
car·ver [ˈkɑːvəˢ] *n.* 1 *(of wood)* tallista *mf. (of stone)* escultor 2 *(knife)* trinchante *m.* cuchillo de trinchar.
carv·ing [ˈkɑːvɪŋ] *n. (of wood)* talla, tallado *(of stone)* escultura carving knife *trinchante m.*
cas·cade [kæsˈkeɪd] *n.* cascada ◇ *intr.* caer en cascada.
case[1] [keɪs] *n.* 1 *(instance, situation, circumstances)* caso 2 *(problem)* caso 3 JUR *(lawsuit)* causa, litigio, pleito *(set of arguments)* argumentos *mpl.* razones *fpl.* 4 LING caso 5 *[fam. use] (person)* caso a case in point *un buen ejemplo* as the case may be *según (sea) el caso* in any case *en todo caso, en cualquier caso* in case... *por si..., en caso de que...* in case of something *en caso de algo* in no case *bajo ninguna circunstancia, en ninguna circunstancia* in that case *en ese caso* case history MED *historial m. clínico* case study *estudio, trabajo* the case for the defence *la defensa* the case for the prosecution *la acusación f.*
case[2] [keɪs] *n.* 1 *(suitcase)* maleta 2 *(box)* caja, cajón *m. (small, hard container)* estuche *m. (soft container)* funda 3 *(in printing)* caja.
cash [kæʃ] *n.* 1 *(notes and coins)* dinero (en) efectivo, metálico 2 *[fam. use] (money)* dinero ◇ *tr. (cheque)* cobrar, hacer efectivo cash down *a toca teja, al contado* cash on delivery *entrega contra reembolso* to pay cash/pay in cash *pagar al contado, pagar en efectivo* cash and carry *(shop)* almacén *m.* de venta al por mayor cash crop *cultivo industrial, cultivo comercial* cash desk *caja* cash dispenser *cajero automático* cash flow *movimiento de efectivo, flujo de efectivo* cash register *caja registradora* cash sale *venta al contado.*
to cash in *intr.* sacar provecho (on, de).
cash·ier [kæˈʃɪəˢ] *n.* cajero.
ca·si·no [kəˈsiːnəʊ] *n. pl.* casinos casino.
cas·ket [ˈkɑːskɪt] *n.* 1 *(box)* cofre *m.* 2 *(coffin)* ataúd *m.*
Cas·pi·an Sea [ˈkæspɪənˈsiː] *n.* mar *m.* Caspio.
cas·se·role [ˈkæsərəʊl] *n.* 1 *(dish)* cazuela 2 *(food)* guiso, guisado ◇ *tr.* guisar.
cast [kɑːst] *n.* 1 *(throw)* lanzamiento 2 THEAT reparto 3 TECH *(mould)* molde *m. (product)* pieza 4 ART *(product)* vaciado ◇ *tr. pt. & pp.* cast 1 *(throw - gen)* lanzar, arrojar, tirar *(- fishing line)* lanzar *(- net)* echar *(- dice)* tirar, echar 2 *(shadow, light)* proyectar 3 *(vote)* emitir 4 THEAT *(play)* hacer el reparto de *(part, role)* asignar el papel a, dar el papel de 5 *(shed - snake's skin)* mudar, mudar de *(horse's shoe)* perder 6 TECH fundir 7 ART vaciar to be cast away *naufragar* to cast a spell on something/somebody *hechizar algo/a alguien* to cast doubts on something *poner algo en duda* to

C

cast one's mind back to something *tratar de recordar algo* **to cast suspicion on somebody** *levantar sospechas sobre alguien* **cast iron** *hierro colado.*

to cast aside *tr. sep. (person)* abandonar *(inhibitions, doubts, etc.)* desechar, descartar.

to cast out *tr. sep. (fml. use)* expulsar.

cast·a·way ['kɑːstəweɪ] *n.* náufrago.

cast·ing ['kɑːstɪŋ] *n.* **1** TECH *(process)* fundición *f. (object)* pieza fundida **2** ART vaciado **3** THEAT *(selection)* selección *f,* casting *m.* reparto de papeles.

cast-i·ron ['kɑːstaɪən] *adj.* **1** de hierro fundido, de hierro colado **2** *fig. use (constitution, stomach)* de hierro *(will)* férreo *(alibi)* a toda prueba *(evidence)* irrefutable *(guarantee, promise)* sólido.

cas·tle ['kɑːsəl] *n.* **1** *(gen)* castillo **2** *(chess)* torre *f.* ◇ *intr. (chess)* enrocar **castles in the air** *castillos mpl. en el aire.*

cast-off ['kɑːstɒf] *adj.* desechado.

ca·su·al ['kæʒjuəl] *adj.* **1** *(chance - visit, visitor)* ocasional *(- meeting)* fortuito, casual **2** *(unconcerned)* despreocupado *(irresponsible)* descuidado, informal **3** *(superficial)* superficial *(glance)* rápido *(reader)* ocasional **4** *(informal)* informal *(clothes)* (de) sport, informal, desenfadado **5** *(labor)* eventual, ocasional *(worker)* eventual **casual wear** *ropa de sport.*

cas·u·al·ty ['kæʒjuəltɪ] *n. pl.* **casualties 1** MIL baja **2** *(of accident)* herido **3** *fig. use* víctima *npl.* **casualties** *pérdidas fpl.* **casualty department** *departamento de traumatología.*

cat [kæt] *n. (domestic)* gato *(lion, tiger)* felino **has the cat got your tongue?** *¿te ha comido la lengua el gato?* **to let the cat out of the bag** *descubrir el pastel* **to play cat and mouse with somebody** *jugar al gato y al ratón con alguien* **to put the cat among the pigeons** *provocar un revuelo* **to think one is the cat's whiskers** *creerse el ombligo del mundo* **when the cat's away, the mice will play** *cuando el gato duerme, bailan los ratones* **cat burglar** *ladrón que escala edificios.*

cat·a·log ['kætəlɒg] *n.* catálogo ◇ *tr.* catalogar.

cat·a·lyst ['kætəlɪst] *n.* catalizador *m.*

cat·a·pult ['kætəpʌlt] *n.* **1** *(for aircraft)* catapulta (de lanzamiento) **2** *(toy)* tirador *m.* tiragomas *m.* tirachinas *m. tir.* catapultar ◇ *intr.* salir disparado.

cat·a·ract ['kætərækt] *n.* **1** *(waterfall)* catarata *(in river)* rápido **2** MED catarata.

ca·tas·tro·phe [kə'tæstrəfɪ] *n.* catástrofe *f.*

cat·as·troph·ic [kætə'strɒfɪk] *adj.* catastrófico.

catch [kætʃ] *n.* **1** *(of ball)* parada **2** *(of fish)* presa **3** *[fam. use] (difficulty)* pega, trampa **4** *(fastener on door)* pestillo ◇ *tr. pt. & pp.* **caught** [kɔːt] **1** *(grasp, take hold of)* agarrar *(capture, trap)* capturar, atrapar *(fish)* pescar **2** *(surprise)* sorprender, pescar *(catch up with)* alcanzar **3** *(train, plane - take)* coger, tomar *(- be in time for)* alcanzar **4** *[fam. use] (manage to see, hear, attend)* pescar **5** *(hear, understand)* oír, entender, captar **6** *(entangle, get stuck - clothes, hair)* engancharse *(- fingers)* pillarse **7** *(become infected with)* contagiarse de, contraer **8** *(hit)* dar con, darse con **9** *(mood, likeness, etc.)* captar, reflejar ◇ *intr.* **1** *(take hold of)* coger **2** *(sleeve, etc.)* engancharse (on, en) **3** *(burn)* prender **to be caught out by something** *ser sorprendido por algo* **to be caught up in something** *verse envuelto en algo, estar envuelto en algo* **to catch a cold** *resfriarse, coger un resfriado* **to catch hold of something** *agarrar algo, echar mano a algo* **to catch one's breath** *sostener*

la respiración **to catch one's death (of cold)** *coger una pulmonía doble* **to catch somebody red-handed** *coger a alguien con las manos en la masa* **to catch somebody's attention/eye** *atraer la atención de alguien, captar la atención de alguien.*

to catch on *intr.* **1** *(understand)* entender, darse cuenta (to, de) **2** *(become popular)* ponerse de moda, imponerse.

to catch out *tr. sep. (doing something wrong)* pillar, coger, pescar, sorprender *(trick)* hacer que uno caiga **2** SP *(in cricket)* eliminar.

to catch up *tr. sep. (person)* alcanzar ◇ *intr. (with person, studies, work)* ponerse al día *(with person, country)* alcanzar.

catch·er ['kætʃə ᵃ] *n.* SP receptor, cátcher *mf.*

catch·ing ['kætʃɪŋ] *adj. (contagious)* contagioso.

catch·phrase ['kætʃwɜːd] *n.* eslogan *m.*

catch·y ['kætʃɪ] *adj. comp.* **catchier,** *superl.* **catchiest** pegadizo.

cat·e·go·rize ['kætəgəraɪz] *tr.* clasificar.

cat·e·go·ry ['kætəgərɪ] *n. pl.* **categories** categoría.

ca·ter ['kaɪtə ᵃ] *intr. (food)* proveer comida (for, para).

ca·ter·ing ['keɪtərɪŋ] *n. (business, course)* hostelería *(service)* catering *m.* **to do the catering** *encargarse del servicio de comida y bebida.*

cat·er·pil·lar ['kætəpɪlə ᵃ] *n.* oruga.

ca·the·dral [kə'θiːdrəl] *n.* catedral *f.*

cath·ode ['kæθəʊd] *n.* cátodo **cathode ray** *rayo catódico.*

Cath·o·lic ['kæθəlɪk] *adj.* REL católico ◇ *n.* REL católico.

Ca·thol·i·cism [kə'θɒlɪsɪzəm] *n.* REL catolicismo.

cat·tle ['kætəl] *npl.* ganado (vacuno) **cattle breeding** *ganadería* **cattle market** *feria de ganado* **cattle shed** *cobertizo para ganado.*

cat·walk ['kætwɔːk] *n.* pasarela.

Cau·ca·sian [kɔː'keɪʒən] *adj.* **1** *(race)* caucásico **2** GEOG caucáseo, caucasiano ◇ *n.* **1** *(race)* caucásico.

cau·cus ['kɔːkəs] *n.* reunión *f.* del comité central.

caught [kɔːt] *pt. & pp.* VER: catch.

cau·li·flow·er ['kɒlɪflaʊə ᵃ] *n.* coliflor *f.* **cauliflower cheese** *coliflor f. con bechamel.*

cause [kɔːz] *n.* **1** *(origin)* causa **2** *(reason, grounds)* razón *f,* motivo **3** *(principle, movement)* causa **4** JUR causa, pleito ◇ *tr.* causar **to cause somebody to do something** *hacer que alguien haga algo.*

cau·tion ['kɔːʃən] *n.* **1** *(care, prudence)* cautela, precaución *f,* prudencia **2** *(warning)* aviso, advertencia ◇ *tr. (warn)* advertir **to caution against something** *desaconsejar algo.*

cau·tious ['kɔːʃəs] *adj.* cauteloso, prudente, cauto.

cav·al·ry ['kævəlrɪ] *n. pl.* **cavalries** caballería.

cave [keɪv] *n.* cueva **cave dweller** *cavernícola mf.* troglodita *mf.* **cave painting** *pintura rupestre.*

to cave in *intr. (roof, etc.)* hundirse, derrumbarse *(opposition, etc.)* ceder.

cave·man ['keɪvmæn] *n.* cavernícola *m.* troglodita *m.* hombre *m.* de las cavernas.

cav·ern ['kævən] *n.* caverna.

cav·ern·ous ['kævənəs] *adj.* cavernoso.

cav·i·ar ['kævɪɑː ᵃ] *n.* caviar *m.*

cav·ing ['keɪvɪŋ] *n.* espeleología **to go caving** *hacer espeleología.*

cav·i·ty ['kævɪtɪ] *n. pl.* **cavities 1** *(hole)* cavidad *f.* **2** *(in tooth)* caries *f.* **cavity wall** *pared f. de tabique doble, pared f. con cámara de aire.*

CBS ['siː'biː:es] *abbr. (Columbia Broadcasting System)* sociedad norteamericana de radiodifusión *(abbreviation)* CBS.

cc ['si:'si:] *abbr. (cubic centimetre)* centímetro cúbico *(abbreviation)* cc.

CD ['si:'di:] *abbr. (compact disc)* disco compacto *(abbreviation)* CD *m.*

CD-ROM ['si:'di:'rɒm] *abbr. (compact disc read-only memory)* CD-ROM *m.*

cease [si:s] *tr. (production, etc.)* suspender ⬦ *intr.* cesar **to cease fire** MIL cesar el fuego **to cease to do something** dejar de hacer algo.

cease-fire [si:s'faɪəʳ] *n.* alto el fuego.

cease-less ['si:sləs] *adj.* incesante.

ce-dar ['si:dəʳ] *n.* BOT cedro.

ceil-ing ['si:lɪŋ] *n.* 1 *(of room)* techo 2 *(upper limit)* tope *m.* límite *m.*

cel-e-brate ['selɪbreɪt] *tr.* 1 celebrar, festejar 2 REL celebrar ⬦ *intr.* divertirse.

cel-e-bra-ted ['selɪbreɪtɪd] *adj.* célebre, famoso.

cel-e-bra-tion [selɪ'breɪʃən] *n. (event)* fiesta, festejo *(activity)* celebración *f.* **npl. celebrations** festividades *fpl.*, festejos *mpl.*

ce-leb-ri-ty [sə'lebrɪtɪ] *n. pl. celebrities* celebridad *f.*, personaje *m.* famoso.

cel-er-y ['selərɪ] *n.* apio.

ce-les-tial [sɪ'lestɪəl] *adj.* 1 *(heavenly)* celestial 2 *(of the skies)* celeste.

cell [sel] *n.* 1 *(in prison, monastery)* celda 2 *(of honeycomb)* celdilla 3 *(of organism)* célula 4 ELEC *(in battery)* pila.

cel-lar ['seləʳ] *n.* 1 *(basement)* sótano 2 *(for wine)* bodega.

cell-phone ['selfəʊn] *n.* teléfono móvil.

cel-lu-lar ['seljʊləʳ] *adj.* celular **cellular telephone** teléfono móvil.

cel-lu-lose ['seljʊləʊs] *n.* celulosa.

Cel-si-us ['selsɪəs] *adj.* Celsius.

Celt [kelt] *n.* celta *mf.*

Celt-ic ['keltɪk] *adj.* celta ⬦ *n. (language)* celta *m.*

ce-ment [sɪ'ment] *n.* 1 *(in building)* cemento 2 *(glue)* adhesivo *(for filling teeth)* empaste *m.* ⬦ *tr.* 1 *(bind)* unir con cemento *(cover)* revestir de cemento 2 *fig. use* cimentar.

cem-e-ter-y ['semətrɪ] *n. pl. cemeteries* cementerio.

cen-sor ['sensəʳ] *n.* censor ⬦ *tr.* censurar.

cen-sor-ship ['sensəʃɪp] *n.* censura.

cen-sus ['sensəs] *n.* censo, padrón *m.*

cent [sent] *n.* centavo, céntimo.

cen-ten-ar-y [sen'ti:nərɪ] *n. pl. centenaries* centenario.

cen-ten-ni-al [sen'tenɪəl] *n.* centenario ⬦ *adj.* del centenario.

cen-ter ['sentəʳ] *n. (gen)* centro ⬦ *tr. (put in center)* centrar ⬦ *intr. (focus on)* centrarse (on/upon, en) *(revolve around)* girar (around, alrededor de/en torno a) **to be the center of attention** ser el centro de atención, ser el centro de todas las miradas.

cen-ti-grade ['sentɪɡreɪd] *adj.* centígrado.

cen-ti-me-ter ['sentɪmi:təʳ] *n.* centímetro.

cen-ti-pede ['sentɪpi:d] *n.* ciempiés *m.*

cen-tral ['sentrəl] *adj.* 1 *(government, bank, committee)* central 2 *(of, at or near center)* céntrico 3 *(main, principal)* principal, fundamental **Central African Republic** República Centroafricana **central heating** calefacción *f.* central **central locking** cierre *m.* centralizado **central nervous system** sistema *m.* nervioso central **central processing unit** unidad *f.* central de proceso.

cen-tral-ize ['sentrəlaɪz] *tr.* centralizar.

cen-trif-u-gal [sentrɪ'fju:ɡəl] *adj.* centrífugo.

cen-trip-e-tal [sen'trɪpɪtəl] *adj.* centrípeto.

cen-tu-ry ['sentʃərɪ] *n. pl. centuries* siglo.

ce-ram-ic [sə'ræmɪk] *adj.* de cerámica ⬦ *n.* cerámica.

ce-ram-ics [sə'ræmɪks] *n. (art)* cerámica *(objects)* objetos *mpl.* de cerámica.

ce-re-al ['sɪərɪəl] *n. (plant, grain)* cereal *m. (breakfast food)* cereales *mpl.*

ce-re-bral ['serɪbrəl] *adj.* cerebral **cerebral palsy** parálisis *f.* cerebral **cerebral hemorrhage** hemorragia cerebral.

cer-e-mo-ni-al [serɪ'məʊnɪəl] *adj. (gen)* ceremonioso *(dress)* de gala *(occasion)* solemne ⬦ *n.* ceremonial *m.*

cer-e-mo-ny ['serɪmənɪ] *n. pl. ceremonies* ceremonia.

cer-tain ['sɜ:tən] *adj.* 1 *(sure to happen, definite)* seguro 2 *(completely sure, convinced, true)* seguro 3 *(specific, particular)* cierto 4 *(named)* tal 5 *(limited, some, slight)* cierto **for certain** con certeza, con toda seguridad **to a certain extent** hasta cierto punto **to make certain of something** asegurarse de algo.

cer-tain-ly ['sɜ:tənlɪ] *adv.* 1 *(definitely, surely)* seguro 2 *(when answering questions)* desde luego, por supuesto.

cer-tain-ty ['sɜ:təntɪ] *n. pl. certainties* 1 *(state of being certain)* certeza, seguridad *f.* 2 *(certain thing)* cosa segura **it's a certainty that…** es seguro que…, no cabe duda que…

cer-tif-i-cate [sə'tɪfɪkət] *n. (gen)* certificado.

cer-ti-fy ['sɜ:tɪfaɪ] *tr. pt. & pp. certified, ger. certifying* certificar **to certify somebody insane** declarar demente a alguien.

cer-vi-cal ['sɜ:vɪkəl] *adj.* 1 *(of neck)* cervical 2 *(of uterus)* del *(cuello del)* útero **cervical cancer** cáncer *m.* de útero.

cer-vix ['sɜ:vɪks] *n. pl. cervixes* o *cervices* 1 *[fml. use] (neck)* cerviz *f.*, cuello 2 *(uterus)* cuello del útero.

cf. ['si:'ef] *abbr. (confer)* compárese *(abbreviation)* cfr.

CFC ['si:'ef'si:] *abbr. (chlorofluorocarbon)* clorofluorocarbono *(abbreviation)* CFC *m.*

ch ['tʃæptəʳ] *abbr. (chapter)* capítulo *(abbreviation)* cap.

Chad [tʃæd] *n.* Chad.

Chad-i-an ['tʃædɪən] *adj.* chadiano ⬦ *n. (persona)* chadiano.

chain [tʃeɪn] *n.* 1 *(metal rings)* cadena 2 *(of shops, hotels, etc.)* cadena *(of events)* cadena, serie *f.* ⬦ *tr.* encadenar, atar **in chains** encadenado **chain letter** carta *(de una cadena)* **chain reaction** reacción *f.* en cadena **chain saw** motosierra, sierra de cadena **chain store** tienda *(de una cadena)* **mountain chain** cordillera, cadena montañosa.

chair [tʃeəʳ] *n. (gen)* silla *(with arms)* sillón *m.* butaca ⬦ *tr. (meeting)* presidir ⬦ *n.* **the chair** *(in meeting)* presidencia *(at university)* cátedra **to address the chair** dirigirse al presidente, dirigirse a la presidencia **folding chair** silla plegable.

chair-man ['tʃeəmən] *n.* presidente *m.*

chair-per-son ['tʃeəpɜːsən] *n.* presidente.

chair-wom-an ['tʃeəwʊmən] *n. pl. chairwomen* presidenta.

chalk [tʃɔ:k] *n.* 1 *(mineral)* creta, roca caliza 2 *(for writing)* gis ⬦ *tr.* escribir con gis ⬦ *intr.* escribir con gis **to be as different as chalk and cheese** ser la noche y el día.

chal-lenge ['tʃælɪndʒ] *n.* 1 *(gen)* reto, desafío 2 MIL alto, quién vive *m.* 3 JUR recusación *f.* ⬦ *tr.* 1 *(invite to compete)* retar, desafiar 2 *(question, dispute - person, authority)* poner a prueba, cuestionar *(- statement)* poner en duda, cuestionar, poner en tela de juicio 3 *(stimulate)* suponer un reto para, constituir un reto para **4** MIL dar el alto a, dar el quién vive a **5** JUR recusar.

chal·leng·er ['tʃælɪndʒə ʳ] n. (for title, leadership) aspirante mf. (opponent, rival) contrincante mf. rival mf.

chal·leng·ing ['tʃælɪndʒɪŋ] adj. (task, job, problem) que supone un reto, que supone un desafío (idea) provocativo, estimulante (look, tone) provocativo, desafiante.

cham·ber ['tʃeɪmbə ʳ] n. **1** arch. (room) cámara **2** (hall) sala (body) cámara **3** ANAT cámara **4** (of gun) recámara npl. **chambers** JUR (barrister's office) gabinete m. bufete m. (judge's room) despacho del juez **chamber music** música de cámara **chamber of commerce** cámara de comercio.

cha·me·le·on [kə'miːlɪən] n. camaleón m.

champ [tʃæmp] n. (fam. use) campeón.

cham·pagne [ʃæm'peɪn] n. (French) champán m. champaña (Catalan) cava m.

cham·pi·on ['tʃæmpɪən] n. **1** campeón **2** fig. use (defender) defensor, paladín ◇ adj. premiado ◇ tr. fig. use defender, abogar por.

cham·pi·on·ship ['tʃæmpɪənʃɪp] n. **1** SP campeonato **2** fig. use defensa.

chance [tʃɑːns] n. **1** (fate, fortune) azar m. casualidad f. **2** (opportunity) oportunidad f. ocasión f. **3** (possibility, likelihood) posibilidad f. **4** (risk, gamble) riesgo ◇ adj. (meeting, discovery, occurrence) fortuito, casual ◇ tr. (risk) arriesgar **as chance would have it** da la casualidad **by any chance** por casualidad **by chance** por casualidad **chance would be a fine thing** ¡ojalá! **no chance** ¡ni en broma! **on the (off) chance** por si acaso **(the) chances are that…** lo más posible es que… **to have/stand a good chance of doing something** tener muchas posibilidades de hacer algo **to take chances** arriesgarse, correr riesgos **game of chance** juego de azar **chance meeting** encuentro casual.

change [tʃeɪndʒ] n. **1** (gen) cambio **2** (of clothes) muda **3** (coins) cambio, monedas fpl. (money returned) cambio, vuelta ◇ tr. cambiar (de) ◇ intr. cambiar, cambiarse **a change for the better/worst** un cambio para mejor/peor **a change of air** una cambio de aire (s) **to have a change of heart** cambiar de idea **for a change** para variar **to get changed** cambiarse (de ropa) **to change into something** convertirse en algo, transformarse en algo **to change hands** cambiar de dueño, cambiar de manos **to change one's mind** cambiar de opinión.

to change over intr. cambiar (to, a).

chang·ing ['tʃeɪndʒɪŋ] adj. cambiante ◇ n. MIL cambio, relevo **changing room** vestuario.

chan·nel ['tʃænəl] n. **1** GEOG (sea passage) canal m. (passage for water, liquid) canal m. acequia (bed of river, etc.) cauce m. lecho **2** fig. use (course, way) vía, conducto **3** (on television) canal m. cadena ◇ tr. pt. & pp. channeled, ger. channelling **1** canalizar, encauzar, dirigir.

chant [tʃɑːnt] n. **1** REL canto litúrgico, cántico **2** (of crowd) eslogan m. consigna ◇ tr. **1** REL cantar **2** (crowd) corear, gritar, repetir ◇ intr. **1** REL cantar **2** (crowd) corear, gritar.

cha·os ['keɪɒs] n. caos m.

cha·ot·ic [keɪ'ɒtɪk] adj. caótico.

chap·el ['tʃæpəl] n. REL (building, room) capilla.

chap·ter ['tʃæptə ʳ] n. **1** (of book, of history) capítulo **2** REL cabildo **to quote chapter and verse** citar textualmente.

char·ac·ter ['kærəktə ʳ] n. **1** (nature) carácter m. **2** (reputation) reputación f. (integrity, moral strength)

carácter m. personalidad f. **3** (in film, book, play) personaje m. **4** (fam. use) (person) tipo **5** (letter) carácter m. **to be in/out of character** ser/no ser típico **character** actor/actress actor/actriz especializado en personajes raros **character reference** referencias fpl.

char·ac·ter·is·tic [kærəktə'rɪstɪk] adj. característico ◇ n. característica.

char·ac·ter·i·za·tion [kærəktəraɪ'zeɪʃən] n. caracterización f.

char·ac·ter·ize ['kærəktəraɪz] tr. (be typical of) caracterizar (describe character of) calificar (as, de) (in fiction) caracterizar, describir.

charge [tʃɑːdʒ] n. **1** (price) precio (fee (s)) honorarios mpl. **2** (responsibility) cargo **3** JUR cargo, acusación f. **4** MIL (attack) carga **5** (explosive) carga explosiva **6** ELEC carga ◇ tr. **1** (ask as a price - customer, amount) cobrar (record as debit) cargar **2** JUR acusar (with, de) **3** ELEC cargar **4** MIL cargar contra, atacar ◇ intr. **1** (ask in payment) cobrar **2** ELEC cargar **3** (soldiers, police, etc.) cargar (at, contra), arremeter (at, contra), atacar (animal) arremeter (at, contra), embestir **4** (rush) irrumpir **to be in charge of** estar al cargo de **to bring a charge against somebody** formular una acusación contra alguien **to drop charges** retirar la acusación, retirar los cargos **to take charge of something** hacerse cargo de algo **admission charge/entry charge** entrada **charge account** cuenta de crédito **charge card** tarjeta de pago **charge sheet** atestado policial.

charge·a·ble ['tʃɑːdʒəbəl] adj. **1** JUR (offence) perseguible, punible **2** FIN (expenses, debt) a cargo (to, de).

charged [tʃɑːdʒd] adj. **1** ELEC cargado **2** fig. use (voice, atmosphere) cargado (with, de) **3** fig. use (issue) emotivo.

charg·er ['tʃɑːdʒə ʳ] n. **1** ELEC cargador m. **2** (horse) corcel m.

cha·ris·ma [kə'rɪzmə] n. carisma m.

char·is·mat·ic [kærɪz'mætɪk] adj. carismático.

char·i·ta·ble ['tʃærɪtəbəl] adj. **1** (person) caritativo (attitude) benévolo, comprensivo **2** (organization) benéfico.

char·i·ty ['tʃærɪtɪ] n. pl. **charities 1** (generosity, kindness) caridad f. **2** (help given, alms) limosna, caridad f. **3** (organization) institución f. benéfica, institución f. de beneficencia (relief projects) obras fpl. de beneficencia **to raise money for charity** recaudar fondos para un fin benéfico **charity performance** función f. benéfica.

char·la·tan ['ʃɑːlətən] n. (quack) curandero, charlatan.

charm [tʃɑːm] n. **1** (quality) encanto **2** (object) amuleto **3** (spell) hechizo ◇ tr. **1** (delight) encantar, cautivar, embelesar **2** (influence or protect by magic) encantar, hechizar **to have a charmed life** tener mucha suerte en la vida **to work like a charm** funcionar a las mil maravillas **charm bracelet** pulsera de dijes.

charm·ing ['tʃɑːmɪŋ] adj. (delightful) encantador.

chart [tʃɑːt] n. **1** (table) tabla (graph) gráfico (map) carta, mapa m. **2** (navigational) carta de navegación ◇ tr. **1** (make a map of) trazar un mapa de (plan, plot on map) trazar **2** (record) registrar gráficamente (follow) seguir (show) mostrar, reflejar npl.

chase [tʃeɪs] n. (hunt) persecución f. caza ◇ tr. **1** (gen) perseguir, dar caza a (hunt) cazar **2** (fam. use) (job, client, etc.) ir a la (success) ir en busca de, perseguir ◇ intr. ir (after, tras), perseguir (after, -) **to give chase** salir en persecución de alguien/algo.

to chase away/chase off/chase out *tr. sep.* ahuyentar.

chat [tʃæt] *n.* **1** *(in general)* charla **2** *(on Internet)* charla, chat ◇ *intr. pt. & pp.* **chatted,** *ger.* **chatting 1** charlar, hablar **2** *(on Internet)* chatear **to have a chat with somebody** charlar con alguien, hablar con alguien **chat room** *sala de chat* **chat show** *programa m.* de entrevistas.

to chat up *tr. sep.* *(fam. use)* intentar ligar con.

chat·ter [ˈtʃætəʳ] *n.* **1** *(rapid talk)* cháchara, parloteo **2** *(noise - of teeth)* castañeteo *(- of machine gun)* tableteo *(- of birds)* gorjeo *(- of monkeys)* chillidos *mpl.* ◇ *intr.* **1** *(talk rapidly)* chacharear, parlotear, cotorrear **2** *(teeth)* castañetear *(birds)* piar, gorjear *(monkeys)* chillar.

chat·ter·box [ˈtʃætəbɒks] *n.* *(fam. use)* parlanchín, charlatana, tarabilla *mf.* cotorra *mf.*

chat·ty [ˈtʃætɪ] *adj. comp.* **chattier,** *superl.* **chattiest** *(person)* hablador, parlanchín, conversador *(style)* informal.

chauf·feur [ˈʃəʊfəʳ] *n.* chofer *mf.* chófer *mf.* ◇ *tr.* hacer de chófer para.

chau·vin·ism [ˈʃəʊvɪnɪzəm] *n.* chovinismo, chauvinismo, patriotería **male chauvinism** *machismo.*

chau·vin·ist [ˈʃəʊvɪnɪst] *n.* chovinista *mf.* chauvinista *mf.* ◇ *adj.* chovinista, chauvinista, patriotero **male chauvinist** *machista m.*

cheap [tʃiːp] *adj.* **1** *(gen)* barato *(fare, ticket)* económico **2** *(poor quality, shoddy)* ordinario, de baratillo **3** *(contemptible - trick, gibe, crook)* vil, bajo *(vulgar - joke, remark)* de mal gusto **4** *(worthless, insincere)* fácil ◇ *adv.* barato **to buy something on the cheap** comprar algo barato **to feel cheap** avergonzarse, sentir vergüenza **to go cheap** venderse barato.

cheap·en [ˈtʃiːpən] *tr.* **1** *(in price)* abaratar, rebajar el precio de **2** *(degrade)* degradar, rebajar **to cheapen oneself** degradarse, rebajarse.

cheap·ly [ˈtʃiːplɪ] *adv.* *(for a low price)* barato, a bajo precio *(in a cheap manner)* económicamente, en plan barato.

cheat [tʃiːt] *n.* **1** *(person - at cards)* tramposo, fullero *(in exam, etc.)* tramposo *(swindler)* estafador, timador **2** *(trick)* trampa *(swindle)* estafa, timo ◇ *tr.* *(deceive)* engañar *(swindle)* estafar, timar ◇ *intr. (gen)* hacer trampa *(s) (in exam)* hacer trampa, copiar **to cheat death** burlar a la muerte **to cheat on somebody** engañar a alguien, ponerle los cuernos a alguien **to cheat somebody out of something** estafarle algo a alguien.

cheat·ing [ˈtʃiːtɪŋ] *adj.* tramposo ◇ *n. (gen)* trampa *(with money)* estafa, timo.

check [tʃek] *n.* **1** *(examination - of documents, goods, people)* revisión *f,* control *m. (of work)* examen *m.* revisión *f. (of machine)* verificación *f,* inspección *f. (of results, facts, information)* comprobación *f,* verificación *f.* **2** *(stop, restraint)* control *m.* freno **3** *(money)* cheque *m.* talón *m.* bill *(bill)* cuenta, nota **4** *(receipt, ticket)* ticket *m.* resguardo **5** *(chess)* jaque *m.* **5** *(pattern)* cuadro *(cloth)* tela a cuadros, tela de cuadros ◇ *interj. (in chess)* ¡jaque! ◇ *tr.* **1** *(examine - gen)* revisar, comprobar *(exam, list)* repasar *(machine, accounts)* revisar, verificar *(result, facts)* comprobar, verificar **2** *(stop, restrain)* detener, frenar **3** *(hold back)* contener, controlar **4** *(chess)* dar jaque a **5** *(leave coat, etc.)* dejar en el guardarropa *(leave luggage)* dejar en consigna ◇ *intr. (make sure)* comprobar, verificar **to hold in check/keep in check** *(emotions, disease)* contener, controlar *(enemy)* mantener a raya **to keep a check on** vigilar, controlar, llevar el control de.

to check in *intr. (at airport)* registrar equipaje *(at hotel)* registrarse.

to check off *tr. sep.* ir tachando (de una lista).

to check on *tr. insep. (baby, etc.)* ir a mirar *(progress)* vigilar, controlar.

to check out *intr.* pagar la cuenta e irse, dejar ol hotol ◇ *tr. sep. (facts, information)* verificar, comprobar *(place)* ir a ver *(person)* hacer averiguaciones sobre.

to check o·ver *tr. sep.* repasar.

to check up *intr.* confirmar.

to check up on *tr. insep. (person - watch)* controlar, vigilar *(- find out about)* hacer averiguaciones sobre *(information, facts)* averiguar, confirmar.

checked [tʃekt] *adj.* a cuadros.

check·ered [ˈtʃekəd] *adj.* **1** *(cloth, pattern)* a cuadros **2** *fig. use (past, history, career)* con altibajos, accidentado.

check·ers [ˈtʃekəz] *npl. (game)* damas *fpl.*

check-in [ˈtʃekɪn] *n. (at airport)* registro *f.* de equipaje *(in hotel)* recepción *f.* **check-in desk** *(at airport)* mostrador *m.* para equipaje *(in hotel)* recepción *f.*

check·ing ac·count [ˈtʃekɪŋəkaʊnt] *n.* cuenta corriente.

check·list [ˈtʃeklɪst] *n.* lista de control.

check·mate [ˈtʃekmeɪt] *n.* (jaque *m.*) mate *m.* ◇ *tr.* dar (jaque) mate a.

check·out [ˈtʃekaʊt] *n. (in supermarket)* caja.

check·point [ˈtʃekpɔɪnt] *n.* control *m.*

check-up [ˈtʃekʌp] *n. (by doctor)* chequeo, revisión *f.* médica, reconocimiento médico *(by dentist)* chequeo, revisión *f.*

cheek [tʃiːk] *n.* **1** ANAT *(on face)* mejilla *(buttock)* nalga **2** *(fam. use) (nerve, impudence)* descaro, frescura, cara ◇ *tr.* insolentarse con, replicar **to turn the other cheek** poner la otra mejilla.

cheek·y [ˈtʃiːkɪ] *adj. comp.* **cheekier,** *superl.* **cheekiest** *(person)* descarado, fresco *(smile)* pícaro *(remark)* impertinente.

cheer [tʃɪəʳ] *n.* **1** *(shout of joy)* viva *m.* vítor *m.* hurra *m.* **2** *(happiness)* alegría ◇ *tr.* **1** *(applaud with shouts)* vitorear, aclamar **2** *(gladden)* animar, alegrar ◇ *intr.* aplaudir, aclamar.

to cheer up *tr. sep.* animar, alegrar ◇ *intr.* animarse, alegrarse.

cheer·ful [ˈtʃɪəful] *adj.* **1** *(happy - person)* alegre, animado, risueño *(color, room, disposition)* alegre *(news)* alentador **2** *(willing)* contento, entusiasta.

cheer·ing [ˈtʃɪərɪŋ] *n.* ovaciones *fpl.,* aplausos *mpl.* vítores *mpl.* ◇ *adj.* alentador.

cheer·lead·er [ˈtʃɪəliːdəʳ] *n.* animadora (de un equipo deportivo).

cheer·less [ˈtʃɪələs] *adj. (gen)* triste *(news)* poco alentador.

cheers [tʃɪəz] *interj.* **1** *(fam. use) (as toast)* ¡salud! **2** *(fam. use) (thanks)* ¡gracias! **3** *(fam. use) (goodbye)* ¡adiós!, ¡hasta luego!

cheese [tʃiːz] *n.* queso **say cheese!** *(for photo)* ¡sonrían! **to be cheesed off** estar harto.

cheese·burg·er [ˈtʃiːzbɜːgəʳ] *n.* hamburguesa con queso.

cheese·cake [ˈtʃiːzkeɪk] *n.* pay de queso.

chee·tah [ˈtʃiːtə] *n.* guepardo.

chef [ʃef] *n.* chef *m.* jefe de cocina.

chem·i·cal [ˈkemɪkəl] *adj.* químico ◇ *n.* producto químico, sustancia química **chemical engineer** ingeniero químico **chemical engineering** ingeniería química.

chem·ist [ˈkemɪst] *n.* CHEM químico.

chem·is·try [ˈkemɪstrɪ] *n.* química.

che·mo·ther·a·py [kiːməʊˈθerəpɪ] *n.* quimioterapia.

cher·ish ['tʃerɪʃ] tr. **1** (person) apreciar, querer, tenerle mucho cariño a **2** (hope, memory, illusion) abrigar, albergar, acariciar.

cher·ry ['tʃerɪ] n. pl. **cherries** (fruit) cereza, guinda (wood) cerezo **cherry blossom** flor f. de cerezo **cherry orchard** cerezal m. **cherry red** rojo cereza **cherry tree** cerezo.

chess [tʃes] n. ajedrez m.

chess-board ['tʃesbɔːd] n. tablero de ajedrez.

chess-piece ['tʃespiːs] n. pieza de ajedrez.

chest [tʃest] n. **1** (large) arca, arcón m. (small) cofre m. (tea chest, packing case) cajón m. (trunk) baúl m. **2** ANAT pecho **to get something off one's chest** desahogarse **chest of drawers** cómoda.

chest·nut ['tʃesnʌt] n. **1** BOT (tree, wood) castaño (nut) castaña **2** (color) castaño **3** (horse) alazana **4** (story) historia vieja (joke) chiste m. viejo ◇ adj. (color) castaño (horse) castaño, zaino, alazana.

chew [tʃuː] tr. (food) mascar, masticar (nails, pencil) morder (gum, tobacco) mascar ◇ n. (of tobacco) mascada (sweet) caramelo **to chew something over** darle vueltas a algo.

chew·ing gum ['tʃuːɪŋɡʌm] n. chicle m. goma de mascar.

chew·y ['tʃuːɪ] adj. comp. **chewier**, superl. **chewiest** (difficult to chew) correoso, duro (sweet, toffee) masticable.

chic [ʃiːk] adj. chic, elegante ◇ n. elegancia.

chick [tʃɪk] n. (young chicken) pollito, polluelo (young bird) polluelo.

chick·en ['tʃɪkɪn] n. **1** (hen) gallina (food) pollo **2** (fam. use) (coward) gallina mf. ◇ adj. (fam. use) gallina **chicken feed** una miseria **chicken stock** caldo de gallina **chicken wire** alambrera.
  to chicken out intr. (fam. use) rajarse, no atreverse a.

chick·en·pox ['tʃɪkɪnpɒks] n. varicela.

chief [tʃiːf] n. (gen) jefe (of party) líder mf. (of tribe) cacique m. ◇ adj. principal **Chief of Staff** MIL jefe m. del estado mayor.

chief·ly ['tʃiːflɪ] adv. (mainly) principalmente (especially) sobre todo.

chief·tain ['tʃiːftən] n. cacique m. jefe.

child [tʃaɪld] n. pl. **children 1** (boy) niño (girl) niña **2** (son) hijo (daughter) hija **child abuse** malos tratos mpl. abusos mpl. a menores **child care** puericultura **child labor** explotación f. de menores **child minder** persona que cuida a niños en su casa mientras los padres trabajan **child's play** juego de niños **children's home** residencia de menores.

child·birth ['tʃaɪldbɜːθ] n. parto, alumbramiento m. **in childbirth** de parto.

child·hood ['tʃaɪldhʊd] n. infancia, niñez f.

child·ish ['tʃaɪldɪʃ] adj. (of a child) infantil (immature) pueril, infantil.

child·less ['tʃaɪldləs] adj. sin hijos.

child·like ['tʃaɪldlaɪk] adj. infantil, ingenuo.

chil·dren ['tʃɪldrən] npl. VER: child.

Chil·e ['tʃɪlɪ] n. Chile m.

Chil·e·an ['tʃɪlɪən] adj. chileno ◇ n. chileno.

chil·i ['tʃɪlɪ] n. chile m.

chill [tʃɪl] n. **1** MED (cold) resfriado (shiver) escalofrío **2** (coldness) fresco, frío ◇ adj. **1** (wind, etc.) frío ◇ tr. **1** (make cold) enfriar (meat) enfriar, poner a enfriar (meat) refrigerar **3** fig. use hacer sentir escalofríos **to be chilled to the bone** estar helado de frío **to cast a chill over something** fig. use (sadden) ensombrecer algo (make tense) crispar el ambiente de algo **to catch a chill** resfriarse.

chill·ing ['tʃɪlɪŋ] adj. **1** glacial **2** fig. use espeluznante, escalofriante.

chill·y ['tʃɪlɪ] adj. comp. **chillier**, superl. **chilliest** (gen) frío **to feel chilly** tener frío.

chim·ney ['tʃɪmnɪ] n. chimenea **to smoke like a chimney** fumar como un carretero **chimney stack** fuste m. **chimney sweep** deshollinador m.

chim·pan·zee [tʃɪmpænˈziː] n. chimpancé m.

chin [tʃɪn] n. barbilla, mentón m.

chi·na ['tʃaɪnə] n. **1** (white clay) loza (fine) porcelana **2** (crockery) vajilla, objetos mpl. de porcelana, loza.

Chi·na ['tʃaɪnə] n. China **East China Sea** Mar m. de la China Oriental **South China Sea** Mar m. de la China Meridional.

Chi·nese [tʃaɪˈniːz] adj. chino ◇ n. **1** (person) chino **2** (language) chino npl. **the Chinese 1** los chinos mpl. **Chinese lantern** farolillo de papel.

chip [tʃɪp] n. **1** patata frita (de bolsa) **2** COMPUT chip m. **3** (of wood) astilla (of stone) lasca (of china) pedacito, trocito **4** (flaw - in plate, glass) desportilladura (- in furniture) astilladura **5** (in gambling) ficha **6** Also **chip shot** SP (in football - gen) sombrero (- scoring a goal) vaselina (in golf) chip m. ◇ tr. pt. & pp. **chipped**, ger. **chipping 1** (china, glass) desportillar, resquebrar (paint) desconchar (tooth) romper un trocito de **2** SP (in soccer) levantar el balón de manera que describa un arco y pase por encima de otro jugador ◇ intr. (china, glass) desportillarse (off, -) (paint) descascarillarse, desconcharse, saltarse **when the chips are down** a la hora de la verdad.

chi·rop·o·dist [kɪˈrɒpədɪst] n. podólogo, pedicuro, callista mf.

chis·el ['tʃɪzəl] n. (for stone) cincel m. (for wood) formón m. escoplo ◇ tr. pt. & pp. **chiseled**, ger. **chiseling 1** (stone) cincelar (wood, metal) labrar, tallar (hole, etc.) grabar, cincelar.

chit-chat ['tʃɪttʃæt] n. (fam. use) palique m. cháchara.

chiv·al·rous ['ʃɪvəlrəs] adj. caballeroso.

chiv·al·ry ['ʃɪvəlrɪ] n. caballerosidad f.

chlo·rine ['klɔːriːn] n. cloro.

chlo·ro·fluor·o·car·bon [klɔːrəfluərəˈkɑːbən] n. clorofluorocarbono.

chlo·ro·phyll ['klɒrəfɪl] n. clorofila.

choc·o·late ['tʃɒkələt] n. **1** (substance) chocolate m. **2** (individual sweet) bombón m. ◇ adj. de chocolate **milk chocolate** chocolate m. con leche **dark chocolate** chocolate amargo **drinking chocolate** chocolate m. a la taza.

choice [tʃɔɪs] n. **1** (act) elección f. opción f. (option) opción f. alternativa **2** (person, thing chosen) elección f. **3** (variety, range) surtido, selección f. ◇ adj. **1** (top quality) selecto, de primera calidad **2** iron. (rude) exquisito **by choice/from choice** por decisión propia, por gusto **to make a choice** escoger, elegir.

choir ['kwaɪəʳ] n. (gen) coro **choir practice** ensayo de coro.

choir·boy ['kwaɪəbɔɪ] n. niño de coro.

choir·mas·ter ['kwaɪəmɑːstəʳ] n. (gen) director m. de coro (in church) maestro de coro.

choke [tʃəʊk] tr. **1** (person) ahogar, asfixiar, estrangular **2** (block - pipe, drain, etc.) atascar, obstruir ◇ intr. ahogarse, asfixiarse ◇ n. AUTO stárter m. **to choke on something** atragantarse con algo **to choke to death** morir asfixiado.

chol·er·a ['kɒlərə] n. cólera m.

cho·les·ter·ol [kəˈlestərɒl] n. colesterol m.

choose [tʃuːz] tr. pt. **chose** [tʃəʊz], pp. **chosen** ['tʃəʊzən], ger. **choosing 1** (select) escoger, elegir *(elect)* elegir **2** *(decide)* decidir, optar por ◇ *intr.* **1** escoger, elegir **2** *(prefer, like)* querer, preferir.

chop [tʃɒp] *n.* **1** *(blow)* tajo, golpe *m.* *(with ax)* hachazo **2** CULIN chuleta ◇ *tr. pt. & pp.* **chopped**, *ger.* **chopping 1** cortar (up, -) CULIN *(meat)* cortar en trozos (up, -) *(onions)* picar (up, -).
to chop down *tr. sep.* **1** *(tree, etc)* cortar, talar **2** SP *(player)* derribar.
to chop off *tr. sep.* cortar.

chop·per ['tʃɒpə ª] *n.* **1** *(short ax)* hacha pequeña *(butcher's)* cuchilla de carnicero **2** *(fam. use)* *(helicopter)* helicóptero.

chopping board ['tʃɒpɪŋbɔːd] *n.* tabla de picar.

chop·sticks ['tʃɒpstɪks] *npl.* palillos *mpl.*

cho·ral ['kɔːrəl] *adj.* coral **choral society** coral *f*, orfeón *m.*

chord[1] [kɔːd] *n.* MATH cuerda.

chord[2] [kɔːd] *n.* MUS acorde *m.* **to strike/touch a chord with somebody** conmover a alguien, tocarle la fibra sensible a alguien.

chore [tʃɔː ª] *n.* *(job)* quehacer *m.* tarea *(boring job)* lata **to do the chores** hacer los quehaceres domésticos, limpiar la casa.

cho·re·o·graph ['kɒrɪəgrɑːf] *tr.* coreografiar, hacer la coreografía de.

cho·re·og·ra·pher [kɒrɪ'ɒgrəfə ª] *n.* coreógrafo.

cho·re·og·ra·phy [kɒrɪ'ɒgrəfɪ] *n.* coreografía.

cho·rus ['kɔːrəs] *n.* **1** *(choir)* coro **2** *(of song)* estribillo **3** *(outburst)* coro **in chorus** a coro.

chose [tʃəʊz] *pt.* VER: choose.

cho·sen ['tʃəʊzən] *pp.* VER: choose ◇ *adj.* elegido, escogido.

Christ [kraɪst] *n.* Cristo, Jesucristo.

chris·ten ['krɪsən] *tr.* bautizar.

chris·ten·ing ['krɪsənɪŋ] *n.* *(ritual)* bautismo *(celebration)* bautizo.

Chris·tian ['krɪstʃən] *adj.* cristiano ◇ *n.* cristiano **Christian name** nombre *m.* de pila.

Chris·ti·an·i·ty [krɪstɪ'ænɪtɪ] *n.* cristianismo.

Christ·mas ['krɪsməs] *n.* Navidad *f*, Navidades *fpl.* **"Merry Christmas!"** *"¡Felices Fiestas!", "¡Feliz Navidad!"* **Christmas card** tarjeta de Navidad *m.* **Christmas carol** villancico **Christmas Eve** Nochebuena **Christmas Day** día *m.* de Navidad **Christmas tree** árbol *m.* de Navidad.

chro·mo·some ['krəʊməsəʊm] *n.* cromosoma *m.*

chron·ic ['krɒnɪk] *adj.* *(disease, person, problem)* crónico.

chron·o·log·i·cal [krɒnə'lɒdʒɪkəl] *adj.* cronológico.

chro·nol·o·gy [krə'nɒlədʒɪ] *n.* cronología.

chro·nom·e·ter [krə'nɒmɪtə ª] *n.* cronómetro.

chrys·a·lis ['krɪsəlɪs] *n. pl.* **chrysalises** crisálida *f.*

chunk [tʃʌŋk] *n.* *(fam. use)* *(thick piece)* cacho, pedazo *(large amount)* buena parte *f.*

chunk·y ['tʃʌŋkɪ] *adj. comp.* **chunkier**, *superl.* **chunkiest** *(person, build)* fornido, macizo, cuadrado *(marmalade)* con trozos grandes de fruta *(sweater, etc.)* grueso, gordo *(jewellery)* grueso.

church [tʃɜːtʃ] *n.* iglesia **to enter the Church** hacerse sacerdote, hacerse monja, etc. **to go to church** ir a misa **to have a church wedding** casarse por la iglesia **church hall** sala parroquial **Church of England** Iglesia Anglicana **church service** oficio religioso.

church·go·er ['tʃɜːtʃgəʊə ª] *n.* practicante *mf.*

church·yard ['tʃɜːtʃjɑːd] *n.* cementerio, camposanto.

chute [ʃuːt] *n.* **1** *(slide)* tobogán *m.* **2** *(for waste, trash)* conducto **3** *(fam. use)* paracaídas *m.*

CIA [siːaɪ'eɪ] *abbr.* *(Central Intelligence Agency)* agencia central de información *(abbreviation)* CIA *f.*

ci·der ['saɪdə ª] *n.* sidra.

ci·gar [sɪ'gɑː ª] *n.* puro, cigarro.

cig·a·rette [sɪgə'ret] *n.* cigarro, cigarrillo **cigarette butt/cigarette end** colilla **cigarette lighter** encendedor *m.* mechero.

cin·der ['sɪndə ª] *n.* ceniza, pavesa *npl.* **cinders** ceniza *f. sing.* carbonilla *f. sing.*

Cin·der·el·la [sɪndə'relə] *n.* (la) Cenicienta.

cin·e·cam·er·a ['sɪnɪkæmərə] *n.* cámara cinematográfica.

cin·e·ma ['sɪnəmə] *n.* cine *m.*

cin·e·ma·tog·ra·phy [sɪnəmə'tɒgrəfɪ] *n.* cinematografía.

cin·na·mon ['sɪnəmən] *n.* canela.

ci·pher ['saɪfə ª] *n.* **1** *(code)* código, cifra, clave *f.* **2** *(zero)* cero *(numeral)* cifra.

cir·cle ['sɜːkəl] *n.* **1** *(shape)* círculo *(in geometry)* circunferencia **2** *(ring)* círculo *(of people)* corro **3** *(group)* círculo **4** THEAT piso ◇ *tr.* **1** *(encircle)* rodear, cercar *(move in a circle)* dar vueltas alrededor de **2** *(ring with pen, pencil)* trazar un círculo alrededor de, marcar con un círculo ◇ *intr.* **1** *(gen)* dar vueltas (around, alrededor de) **to go around (and around) in circles** *(person)* volver sobre lo mismo *(discussion)* no ir a ninguna parte **to run around in circles** dar vueltas como loco.

cir·cuit ['sɜːkɪt] *n.* **1** *(route, journey round)* recorrido *(of running track)* vuelta **2** ELEC circuito **3** JUR *(regular journey made by judge)* recorrido *(area covered)* distrito **4** SP *(series of tournaments)* circuito **5** *(motor racing track)* circuito **circuit breaker** cortacircuitos *m.* **circuit judge** juez *mf.* de distrito **circuit training** tabla de ejercicios.

cir·cu·i·tous [sə'kjuːɪtəs] *adj.* *(fml. use)* tortuoso, indirecto.

cir·cu·lar ['sɜːkjələ ª] *adj.* **1** *(gen)* circular *(bus, train route)* de circunvalación **2** *fig. use (argument)* que no lleva a ninguna parte, que no conduce a nada ◇ *n.* circular *f.* **circular tour** circuito.

cir·cu·late ['sɜːkjəleɪt] *intr.* *(gen)* circular *(rumor, story)* circular, correr ◇ *tr.* **1** *(pass around)* hacer circular **2** *(send circular to)* enviar una circular a.

cir·cu·la·tion [sɜːkjə'leɪʃən] *n.* **1** *(gen)* circulación *f.* **2** *(of newspaper, magazine)* tirada.

cir·cu·la·to·ry [sɜːkjə'leɪtərɪ] *adj.* circulatorio.

cir·cum·cise ['sɜːkəmsaɪz] *tr.* circuncidar.

cir·cum·ci·sion [sɜːkəm'sɪʒən] *n.* circuncisión *f.*

cir·cum·fer·ence [sə'kʌmfərəns] *n.* circunferencia.

cir·cum·nav·i·gate [sɜːkəm'nævɪgeɪt] *tr.* circunnavegar.

cir·cum·stance ['sɜːkəmstəns] *n.* *(condition, fact)* circunstancia *npl.* **circumstances** *(financial position)* situación *f.* económica **in/under no circumstances** en ningún caso, bajo ningún concepto **in/under the circumstances** dadas las circunstancias.

cir·cum·stan·tial [sɜːkəm'stænʃəl] *adj.* *(evidence)* circunstancial *(description)* detallado, circunstanciado.

cir·cum·vent [sɜːkəm'vent] *tr.* *(fml. use)* *(law, rule, regulation)* burlar *(problem, difficulty, obstacle)* salvar, sortear.

cir·cus ['sɜːkəs] *n.* *(entertainment)* circo.

cir·rho·sis [sɪ'rəʊsɪs] *n.* cirrosis *f.*

cit·a·del ['sɪtədəl] *n.* ciudadela.

cit·i·zen ['sɪtɪzən] *n.* *(of country)* ciudadano, súbdito *(of town, city)* habitante *mf.* vecino.

cit·i·zen·ship ['sɪtɪzənʃɪp] *n.* ciudadanía.

cit·rus fruit ['sɪtrəsfruːt] *n.* agrio, cítrico.

cit·y ['sɪtɪ] *n. pl.* **cities** ciudad *f.* **city desk** sección *f.* de noticias locales **city editor** redactor *m.* de noticias locales **city hall** ayuntamiento.

civ·ic ['sıvık] *adj. (duty, pride)* cívico *(leader, event)* municipal **civic center** centro cívico.

civ·ics ['sıvıks] *n.* educación *f.* cívica.

civ·il ['sıvəl] *adj.* **1** *(of citizens)* civil **2** *(polite)* cortés, educado **civil defence** defensa *f.* civil **civil disobedience** resistencia pasiva, desobediencia civil **civil engineer** ingeniero de caminos, canales y puertos **civil engineering** ingeniería civil **civil law** derecho civil **civil liberties** libertades *fpl.* civiles **civil rights** derechos *mpl.* civiles **civil servant** funcionario **civil war** guerra civil.

ci·vil·ian [sı'vıljən] *adj. (government, life)* civil ◇ *n.* civil *mf.* **civilians** población *f. sing.* civil **in civilian dress** de paisano.

civ·i·li·za·tion [sıvılaı'zeıʃən] *n.* civilización *f.*

claim [kleım] *n.* **1** *(demand - for insurance)* reclamación *f. (for wages)* demanda *f.* reivindicación *f. (for benefit, allowance)* solicitud *f.* **2** *(right - to title, right, property)* derecho *f.* **3** *(assertion)* afirmación *f.* **4** *(thing claimed - land)* concesión *f.* ◇ *tr.* **1** *(right, property, title)* reclamar *(land)* reclamar, reivindicar *(compensation)* exigir, reclamar *(immunity)* alegar **2** *(apply for - benefit, allowance)* solicitar *(- expenses)* pedir, solicitar *(receive)* cobrar **3** *(of disaster, accident, etc.)* cobrar **4** *(assert)* afirmar, sostener, decir **5** *(attention)* reclamar *(time)* exigir ◇ *intr.* presentar una reclamación, reclamar **to claim for something** reclamar algo **to claim on one's insurance** reclamar el seguro **to claim responsibility for** reivindicar **to have a claim on something** tener derecho a algo **to make a claim for damages** presentar una demanda por daños, demandar por daños.

clair·voy·ant [kleə'vɔıənt] *adj.* clarividente ◇ *n.* clarividente *mf.*

clam [klæm] *n.* almeja.

clamp [klæmp] *n. (gen)* abrazadera *(in carpentry)* tornillo de banco ◇ *tr. (gen)* sujetar con abrazaderas *(wheel)* poner un cepo a.

to clamp down on *tr. insep* poner freno a, tomar medidas drásticas contra.

clamp·down ['klæmpdaʊn] *n.* medidas *fpl.* drásticas.

clan·des·tine [klæn'destın] *adj.* clandestino.

clang [klæŋ] *n.* sonido metálico (fuerte) ◇ *intr.* sonar ◇ *tr.* hacer sonar.

clap [klæp] *n.* **1** *(noise)* ruido seco **2** *(applause)* aplauso **3** *(slap)* palmada, golpecito con la mano *tr.* **1** *(applaud)* aplaudir **2** *(slap)* dar una palmada a ◇ *intr.* **1** aplaudir **to clap eyes on something/somebody** ver algo/a alguien **to clap one's hands** *(applaud)* aplaudir *(to music)* dar palmadas **to clap somebody on the back** dar una palmada en la espalda a alguien **clap of thunder** trueno.

clap·ping ['klæpıŋ] *n.* aplausos *mpl.*

clar·i·fi·ca·tion [klærıfı'keıʃən] *n.* aclaración *f.*

clar·i·fy ['klærıfaı] *tr. pt. & pp.* **clarified**, *ger.* **clarifying** aclarar ◇ *intr.* aclararse.

clar·i·net [klærı'net] *n.* **1** *(instrument)* clarinete *m.* **2** *(musician)* clarinete *mf.* clarinetista *mf.*

clar·i·ty ['klærıtı] *n.* claridad *f.*

clash [klæʃ] *n.* **1** *(fight)* enfrentamiento, choque *m.* *(disagreement, argument)* desacuerdo **2** *(conflict - of interests)* conflicto *(- of personalities, cultures)* choque *m.* *(- of opinions)* disparidad *f.*, choque *m.* *(coinciding - of times, dates, classes)* coincidencia *(bad match - of colors)* falta de armonía **3** *(loud noise)* sonido ◇ *intr.* **1** *(opposing forces - fight)* chocar *(- disagree)* discutir, enfrentarse (with, a) **2** *(interests)* estar en conflicto **3** *(dates, events)* coincidir **4** *(colors)* desentonar (with, con) **5** *(cymbals)* sonar.

class [klɑːs] *n.* **1** *(in society)* clase *f.* **2** EDUC clase *f.* **3** *(kind)* clase *f*, tipo **4** *(of plant, animal)* clase *f.* **5** *(style)* clase *f*, estilo ◇ *tr.* clasificar, catalogar **to be in a class of its/one's own** no tener igual, ser único, ser inigualable.

clas·sic ['klæsık] *adj.* **1** *(high quality)* clásico **2** *(typical)* clásico, típico ◇ *n. (novel, film, play)* clásico *npl.* **classics** *(literature)* clásicos *mpl.* obras *fpl.* clásicas *(languages)* clásicas *fpl. (clothes)* prendas *fpl.* clásicas.

clas·si·cal ['klæsıkəl] *adj. (gen)* clásico **classical studies** lenguas *fpl.* clásicas.

clas·si·fi·ca·tion [klæsıfı'keıʃən] *n.* clasificación *f.*

clas·si·fied ['klæsıfaıd] *adj.* **1** *(categorized)* clasificado **2** *(secret)* secreto, confidencial **classified advertisements** anuncios *mpl.* por palabras.

clas·si·fy ['klæsıfaı] *tr. pt. & pp.* **classified**, *ger.* **classifying** **1** *(categorize)* clasificar, catalogar **2** *(declare secret)* clasificar como secreto.

class·mate ['klɑːsmeıt] *n.* compañero de clase.

class·room ['klɑːsruːm] *n.* aula, clase *f.*

class·y ['klɑːsı] *adj. comp.* **classier**, *superl.* **classiest** *[sl.]* con clase, con estilo.

clause [klɔːz] *n.* **1** *(in document)* cláusula **2** LING oración *f*, cláusula.

claus·tro·pho·bi·a [klɔːstrə'fəʊbıə] *n.* claustrofobia.

claus·tro·pho·bic [klɔːstrə'fəʊbık] *adj.* claustrofóbico **to get claustrophobic** tener claustrofobia.

claw [klɔː] *n.* **1** *(of lion, tiger, etc.)* garra, zarpa *(of cat)* uña *(of bird)* garra *(of crab, lobster)* pinza **2** TECH garfio ◇ *tr.* arañar ◇ *intr. (scratch)* arañar (at, -) *(grab)* intentar agarrarse (at, a) **claw hammer** martillo de orejas.

to claw back *tr. sep.* (lograr) recuperar.

clay [kleı] *n.* arcilla **clay pigeon** plato **clay pigeon shooting** tiro al plato **clay pipe** pipa de barro.

clean [kliːn] *adj.* **1** *(not dirty - gen)* limpio *(air)* limpio, puro *(sheet of paper)* nuevo, en blanco **2** *(not rude - gen)* decente *(joke)* inocente *(life)* sano *(match, fight)* limpio **3** *(well-formed)* bien definido, nítido *(regular, even)* limpio ◇ *adv.* **1** *(fight, play)* limpio, limpiamente **2** *[fam. use] (completely)* por completo ◇ *n.* limpieza ◇ *tr. (gen)* limpiar *(teeth, car)* lavar ◇ *intr.* limpiarse **to come clean about something** confesar algo **to have a clean record** JUR no tener antecedentes penales **to have something cleaned** *(dry-cleaned)* llevar algo a la tintorería, hacer limpiar algo en seco **to give somebody a clean bill of health** declarar a alguien en perfecto estado de salud **to make a clean break** cortar por lo sano **to make a clean breast of something** confesar algo **to start with a clean sheet** hacer borrón y cuenta nueva.

to clean out *tr. sep.* **1** *(room, etc.)* limpiar a fondo **2** *[fam. use] (take all money)* dejar limpio, dejar sin blanca *(steal everything)* desplumar.

to clean up *tr. sep.* **1** *(room, mess, etc.)* limpiar **2** *[fam. use] (money, fortune)* hacer, sacar ◇ *intr.* **1** *(room, etc.)* limpiar **2** *[fam. use] (make money)* forrarse, barrer con todo.

clean·er ['kliːnə'] *n.* **1** *(person)* encargado de la limpieza **2** *(product)* limpiador *m.* ◇ *n.* **cleaner's** **1** *(place, shop)* tintorería, tinte *m.*

clean·ing ['kliːnıŋ] *n.* limpieza **to do the cleaning** limpiar, hacer la limpieza **cleaning fluid** líquido limpiador.

clean-shav·en [kliːn'ʃeıvən] *adj. (recently shaved)* bien afeitado *(without beard or moustache)* sin barba ni bigote.

clear [klɪə ʳ] *adj.* **1** *(glass, plastic, liquid)* transparente *(sky, day, etc.)* despejado *(skin, complexion)* bueno **2** *(not blocked - road, desk)* despejado *(free - time)* libre **3** *(picture, outline)* nítido **4** *(voice, sound, speaker)* claro **5** *(understandable - explanation, instruction, ideas)* claro **6** *(not confused - thinking, mind)* lúcido, claro **7** *(obvious, evident)* claro, patente *(certain)* claro **8** *(complete - day)* entero *(- profit)* neto *(- majority)* amplio ◇ *adv.* **1** *(clearly - speak)* claramente *(hear)* perfectamente, bien **2** *(not touching)* a salvo ◇ *tr.* **1** *(table)* quitar *(floor, road)* despejar *(pipe, drain)* desatascar *(building, room - of people)* desalojar, despejar, desocupar *(house, room - of furniture)* vaciar **2** *(accused person)* absolver, descargar, exculpar *(one's name)* limpiar **3** *(approve - plans)* aprobar *(authorize)* autorizar, dar el visto bueno a *(plane)* dar autorización **4** *(debt)* liquidar, saldar *(earn - money)* sacar *(- cheque)* conformar, dar por bueno **5** *(obstacle)* salvar **6** SP *(ball)* despejar ◇ *intr.* **1** *(sky, weather)* despejarse *(fog)* disiparse *(water)* aclararse *(skin)* mejorar **2** *(cheque)* ser compensado **3** COMPUT *(screen)* borrarse **as clear as a bell** muy claro **as clear as day** más claro que el agua **as clear as mud** nada claro **"Keep clear"** *"No obstruir"* **"Reduced to clear"** *"Rebajado por liquidación"* **to be in the clear** *[fam. use]* *(from danger)* estar fuera de peligro *(from suspicion)* estar fuera de toda sospecha **to clear one's throat** aclararse la garganta, carraspear **to clear the air** *(argument)* aclarar las cosas **to clear the way** abrir camino **to have a clear conscience** tener la conciencia tranquila **to keep/stay/steer clear of something/somebody** evitar algo/a alguien, apartarse de algo/alguien **to make oneself clear** explicarse.

to clear away *tr. sep.* *(dishes, etc.)* recoger, quitar.

to clear out *intr.* *[fam. use]* largarse ◇ *tr. sep.* *(cupboard, drawers, room)* vaciar *(old things)* tirar.

to clear up *tr. sep.* **1** *(mystery, crime)* resolver, esclarecer *(issue, misunderstanding)* aclarar *(loose ends)* atar **2** *(tidy)* recoger ◇ *intr.* **1** *(tidy)* ordenar **2** *(weather)* despejar, mejorar *(cold, illness)* mejorarse, irse.

clear·ance ['klɪərəns] *n.* **1** SP despeje *m.* **2** *(of land, area)* despeje *m.* **3** *(space, distance)* espacio (libre) **4** *(permission)* autorización *f.* **5** *(of cheque)* compensación *f.*

clear-cut [klɪəˈkʌt] *adj.* claro, bien definido.

clear-head·ed [klɪəˈhedɪd] *adj.* lúcido, despejado.

clear·ing ['klɪərɪŋ] *n.* *(in wood)* claro.

clear·ly ['klɪəlɪ] *adv.* **1** *(speak, write, think)* claramente, con claridad *(see)* claramente **2** *(obviously)* evidentemente.

clear-sight·ed [klɪəˈsaɪtɪd] *adj.* perspicaz, lúcido.

clef [klef] *n.* MUS clave *f.*

cler·gy ['klɜːdʒɪ] *n.* clero.

cler·gy·man ['klɜːdʒɪmən] *n. pl.* **clergymen** clérigo.

cler·i·cal ['klerɪkəl] *adj.* **1** REL clerical, eclesiástico **2** *(of a clerk)* de oficina, administrativo.

clerk [klɑːk, *US* klɜːrk] *n.* *(office worker)* oficinista *mf.* administrativo **bank clerk** empleado de banco **sales clerk** *(in shop)* asistente, vendedor.

clev·er ['klevə ʳ] *adj.* **1** *(person - intelligent)* listo, inteligente, espabilado *(skilful)* hábil **2** *(idea, plan, gadget)* ingenioso *(move)* hábil.

clev·er·ness ['klevənəs] *n.* **1** *(of person - intelligence)* inteligencia *(- skill)* habilidad *f.* **2** *(of plan, gadget, etc.)* ingenio.

cli·ché ['kliːʃeɪ] *n.* cliché *m.* tópico.

click [klɪk] *n.* *(sound - gen)* clic *m.* *(of tongue, fingers)* chasquido ◇ *tr.* *(tongue, fingers)* chasquear ◇ *intr.*

1 *(make noise)* hacer clic **2** *(understand, realize)* caer en la cuenta, darse cuenta de **3** *(become friendly)* congeniar *(become popular)* tener éxito.

cli·ent ['klaɪənt] *n.* cliente.

cli·en·tele [kliːɒnˈtel] *n.* clientela.

cliff [klɪf] *n.* acantilado, precipicio.

cliff-hang·er ['klɪfhæŋə ʳ] *n.* situación *f.* de suspense.

cli·mac·tic [klaɪˈmæktɪk] *adj.* culminante.

cli·mate ['klaɪmət] *n.* **1** GEOG clima *m.* **2** *fig. use* clima *m.* situación *f.*

cli·mat·ic [klaɪˈmætɪk] *adj.* climático.

cli·max [ˈklaɪmæks] *n.* **1** *(peak)* clímax *m.* punto culminante **2** *(orgasm)* orgasmo ◇ *intr.* **1** *(career, show, etc.)* culminar (in, en), (with, con) **2** *(have orgasm)* tener un orgasmo.

climb [klaɪm] *n.* **1** *(gen)* subida **2** SP escalada ◇ *tr.* *(ladder, stairs)* subir *(tree)* trepar a, subirse a *(mountain)* escalar, subir a ◇ *intr.* **1** *(move)* trepar **2** *(socially)* escalar, ascender **3** *(of things)* subir, ascender *(of plants)* trepar **to climb into one's clothes** ponerse la ropa.

climb·er ['klaɪmə ʳ] *n.* **1** SP alpinista *mf.* escalador **2** BOT enredadera, trepadora.

climb·ing ['klaɪmɪŋ] *n.* SP alpinismo, montañismo **to go climbing** hacer alpinismo, hacer escalada **climbing plant** planta trepadora.

cling [klɪŋ] *intr. et & pp.* **clung** [klʌŋ] **1** *(hold tightly)* agarrarse (to, a) **2** *(stick - clothes)* pegarse, ceñirse *(- smell)* pegarse **3** *pej.* *(stay too close to)* pegarse a **4** *fig. use* *(retain - hope, belief)* aferrarse (to, a).

cling·ing ['klɪŋɪŋ] *adj.* **1** *(clothes)* ceñido, ajustado **2** *(child)* enmadrado *(person)* pegajoso.

clin·ic ['klɪnɪk] *n.* **1** *(private, specialized)* clínica **2** *(in state hospital)* ambulatorio, dispensario **3** MED *(of students)* clase *f.* práctica.

clin·i·cal ['klɪnɪkəl] *adj.* **1** MED clínico **2** *(manner, detachment)* frío *(room, building)* frío, aséptico **clinical thermometer** termómetro (clínico) **clinical depression** depresión *f.* clínica.

clip¹ [klɪp] *n.* **1** *(with scissors)* tijeretada **2** *(of film)* fragmento **3** *[fam. use]* *(blow)* cachete *m.* ◇ *tr. pt. & pp.* **clipped**, *ger.* **clipping 1** *(cut - ticket)* cortar *(ticket)* picar *(animals)* esquilar **2** *(cut out)* recortar **3** *[fam. use]* *(hit)* dar un cachete a **to clip somebody's wings** cortarle las alas a alguien.

clip² [klɪp] *n.* **1** *(for papers, etc.)* clip *m.* sujetapapeles *m.* *(for hair)* pasador *m.* clip *m.* **2** *(brooch)* broche *m.* alfiler *m.* de pecho, prendedor *m.* También **cartridge clip** *(in rifle)* cargador *m.* ◇ *tr. pt. & pp.* **clipped**, *ger.* **clipping** sujetar ◇ *intr.* sujetarse mediante un clip.

clip·board ['klɪpbɔːd] *n.* tablilla con sujetapapeles.

clip·pers ['klɪpəz] *npl.* *(for nails)* cortaúñas *m. sing.* *(for hair)* maquinilla *f. sing.* *(for hedge)* tijeras *f.* de podar.

clip·ping ['klɪpɪŋ] *n.* *(cutting)* recorte *m.* de periódico, recorte *m.* de prensa *pl.* **clippings** *(of nails, sheep's wool)* recortes *mpl.* *(of grass)* hierba cortada.

clique [kliːk] *n. pej.* camarilla.

clit·o·ris ['klɪtərɪs] *n.* clítoris *m.*

cloak [kləʊk] *n.* **1** *(garment)* capa **2** *fig. use* *(cover)* capa, manto ◇ *tr.* encubrir.

clock [klɒk] *n.* **1** *(gen)* reloj *m.* (de pared) **2** AUTO *[fam. use]* *(mileometer)* cuentakilómetros *m.* *(speedometer)* velocímetro *(taximeter)* taxímetro *m.* ◇ *tr.* **1** *(time - athlete, race)* cronometrar **2** *(register - speed, time)* registrar, hacer **against the clock** contra reloj **around the clock** día y noche **to put the clock back/forward** atrasar/adelantar el reloj.

to clock up *tr. insep.* *(miles, hours)* acumular.

clock·mak·er ['klɒkmeɪkə ª] *n.* relojero.

clock·wise ['klɒkwaɪz] *adv. adj.* en el sentido de las agujas del reloj.

clock·work ['klɒkwɜːk] *n.* mecanismo de relojería **to go like clockwork** ir como una · seda, ir sobre ruedas **to run like/as regular as clockwork** funcionar como un reloj.

clog [klɒg] *n.* *(shoe)* zueco ◇ *tr. pt. & pp.* **clogged**, *ger.* **clogging** También **clog up** obstruir, atascar ◇ *intr.* También *clog up* obstruirse, atascarse.

clone [kləʊn] *n.* clon *m.* ◇ *tr.* clonar.

close¹ [kləʊz] *n.* 1 *(end)* fin *m.* final *m.* 2 *(precincts)* recinto ◇ *tr.* 1 *(shut - gen)* cerrar 2 *(end - deal)* cerrar *(meeting)* cerrar, poner fin a *(course, conference)* clausurar ◇ *intr.* 1 *(gen)* cerrar, cerrarse 2 *(end)* concluir, terminar 3 FIN cerrar (at, a) **to bring something to a close** concluir algo, poner fin a algo **to close ranks** cerrar filas **to close in on something/somebody** rodear algo/a alguien, cercar algo/a álguien **to come to a close/draw to a close** tocar a su fin, llegar a su fin.

to close down *tr. sep.* cerrar (definitivamente) ◇ *intr.* 1 *(shop, factory, etc.)* cerrar (definitivamente) 2 *(stop broadcasting)* cerrar la emisión.

to close in *intr.* 1 *(days)* acortarse 2 *(get nearer)* acercarse, aproximarse.

to close up *intr.* 1 *(of wound)* cicatrizar, cerrarse 2 *(shop, etc.)* cerrar.

close² [kləʊs] *adj.* 1 *(near)* cercano (to, a), próximo (to, a) 2 *(friend)* íntimo, allegado *(relation, family)* cercano *(link, tie, cooperation, collaboration)* estrecho *(contact)* directo *(haircut)* (cortado) al rape *(shave)* apurado 4 *(texture, weave)* tupido, cerrado, compacto *(print)* apretado 5 *(similar)* parecido 6 MIL *(formation)* cerrado 7 *(weather)* bochornoso, sofocante *(room, air)* cargado 8 *(thorough, careful - study, examination, etc.)* detallado, detenido *(look)* de cerca *(watch)* atento *(translation)* fiel 9 *(game, contest, finish)* reñido *(result)* apretado 10 *(secretive)* · reservado 11 LING *(vowel)* cerrado ◇ *adv.* 1 *(in position)* cerca 2 *(in time)* cerca **at close quarters** de cerca **at close range** a quemarropa **close at/to hand** al alcance de la mano, cerca **close by** cerca **close on/to** casi, cerca de **close up** de cerca **close on/to** cerca de **to be/have a close shave/call/thing** salvarse por un pelo **to be close to tears** estar a punto de llorar **to keep a close eye/watch on** vigilar de cerca **to keep something a close secret** mantener algo en el más riguroso secreto.

closed [kləʊzd] ◇ *adj.* *(gen)* cerrado **to be a closed book** *(unknown)* ser desconocido *(concluded)* estar terminado **closed circuit** circuito cerrado.

closed-cir·cuit tel·e·vi·sion [kləʊzdsɜːkɪt'telɪvɪʒən] *n.* televisión *f.* por circuito cerrado.

close-fit·ting [kləʊs'fɪtɪŋ] *adj.* ceñido, ajustado.

close-knit [kləʊs'nɪt] *adj.* unido.

close·ness ['kləʊsnəs] *n.* 1 *(nearness)* proximidad *f.* 2 *(of relationship)* intimidad *f.* 3 *(of translation)* fidelidad *f.* 4 *(of weather)* falta de aire, bochorno.

closet ['klɒzɪt] *n.* 1 armario, closet ◇ *adj.* *(fam. use)* *(secret)* encubierto **to closet oneself** encerrarse, recluirse.

close-up ['kləʊsʌp] *n.* primer plano.

clo·sing ['kləʊzɪŋ] *n.* cierre *m.* **closing ceremony** acto de clausura **closing day/closing date** fecha límite **closing price** precio al cierre **closing time** hora de cierre.

cloth [klɒθ] *n.* 1 *(fabric)* tela *(thick)* paño 2 *(rag)* trapo *(for dishes)* trapo de cocina, bayeta *(tablecloth)* mantel *m.* *n.* **the cloth** el clero **cloth cap** gorra.

clothe [kləʊð] *tr. pt. & pp.* **clothed** o **clad** [klæd], *ger.* **clothing** 1 *(dress, provide clothes for)* vestir (in/ with, de) 2 *(cover)* revestir (in, de), cubrir (in, de).

clothes [kləʊðz] *npl.* ropa *f. sing.* **to put one's clothes on** ponerse la ropa, vestirse **to take one's clothes off** quitarse la ropa, desnudarse **with no clothes on** *desnudo* **with one's clothes on** *vestido* **clothes brush** cepillo de la ropa **clothes hanger** percha, colgador *m.* **clothes peg** pinza **clothes shop** tienda de ropa *f.*

clothes-line ['kləʊðzlaɪn] *n.* tendedero.

cloth·ing ['kləʊðɪŋ] *n.* ropa **clothing industry** industria de la confección.

cloud [klaʊd] *n.* 1 METEOR *(single)* nube *f.* *(mass)* nubes *fpl.*, nubosidad *f.* 2 *(of insects, smoke, dust, etc.)* nube *f.* ◇ *tr.* 1 *(view, vision, eyes)* nublar *(mirror)* empañar 2 *fig. use (confuse, make difficult)* complicar *(spoil, threaten)* oscurecer ◇ *intr.* enturbiarse **every cloud has a silver lining** no hay mal que por bien no venga **to be on cloud nine** estar feliz **to cloud somebody's judgement** obnubilar a alguien.

to cloud over *intr.* *(sky)* nublarse *(face, eyes)* empañarse.

cloud·i·ness ['klaʊdɪnəs] *n.* 1 *(of sky)* nubosidad *f.* 2 *(of liquid)* lo turbio.

cloud·less ['klaʊdləs] *adj.* *(sky)* sin una nube, totalmente despejado, limpio.

cloud·y ['klaʊdɪ] *adj. comp.* **cloudier**, *superl.* **cloudiest** 1 *(sky, weather, day)* nublado 2 *(liquid)* turbio.

clown [klaʊn] *n.* payaso, clown *m.*

to clown about/clown around *intr.* hacer el payaso, hacer payasadas.

clown·ish ['klaʊnɪʃ] *adj.* bufonesco.

club [klʌb] *n.* 1 *(group, society)* club *m.* 2 *(nightclub)* club *m.* nocturno 3 *(stick)* porra, garrote *m.* 4 SP *(in golf)* palo 5 *(in cards - English pack)* trébol *m.* (- Spanish pack) basto ◇ *tr. pt. & pp.* **clubbed**, *ger.* **clubbing** aporrear, dar garrotazos a, pegar garrotazos **club foot** MED *pie m.* deforme **club sandwich** *sándwich m.* de dos pisos.

to club together *intr.* pagar entre varios.

clue [kluː] *n.* *(gen)* pista *(in crossword)* clave *f.* **to be clued up (about/on something)** estar al tanto (de algo).

clue·less ['kluːləs] *adj.* *(fam. use)* despistado, que no se entera de nada, ni idea.

clum·si·ness ['klʌmzɪnəs] *n.* torpeza.

clum·sy ['klʌmzɪ] *adj. comp.* **clumsier**, *superl.* **clumsiest** 1 *(person, movement)* torpe 2 *(tool, shape)* pesado y difícil de manejar *(furniture)* mal diseñado 3 *(apology, attempt, speech)* sin tacto *(forgery, translation)* burdo.

clung [klʌŋ] *pt. & pp.* VER: **cling**.

clus·ter ['klʌstə ª] *n.* 1 *(of trees, stars, buildings, people)* grupo *(of berries, grapes)* racimo *(of plants)* macizo ◇ *intr.* agruparse, apiñarse *(around, alrededor de/en torno a)* **to be clustered around somebody/ something** estar agrupado alrededor de alguien/algo **cluster bomb** bomba de dispersión.

clutch [klʌtʃ] *n.* 1 AUTO embrague *m.* 2 *(grasp, grip)* agarrón *m.* ◇ *tr.* agarrar *(hold tightly)* estrechar, apretar **to fall into somebody's clutches** caer en las garras de alguien **to clutch at straws** aferrarse a cualquier cosa **clutch bag** cartera.

to clutch at *tr. insep.* tratar de agarrar.

cm ['siː'em] *symb.* *(centimetre)* centímetro *(symbol)* cm.

Co¹ [kəʊ] *abbr.* *(Company)* Compañía *(abbreviation)* Cía.

Co² ['kaʊntɪ] *abbr. (County)* condado.

c/o ['keərɒv] *abbr. (care of)* en casa de *(abbreviation)* c/d.

coach [kəʊtʃ] *n.* **1** *(carriage)* carruaje *m.* coche *m.* de caballos **2** *(on train)* coche *m.* vagón *m.* **3** EDUC *(tutor)* profesor particular **4** SP *(trainer)* entrenador ◇ *tr.* **1** EDUC dar clases particulares a, preparar **2** SP entrenar **coach station** terminal *f.* de autobuses **coach tour** circuito en autocar **coach trip** excursión *f.* en autocar.

coach·ing ['kəʊtʃɪŋ] *n.* **1** *(tutoring)* preparación *f,* clases *fpl.* particulares **2** *(training)* entrenamiento *m.*

coal [kəʊl] *n.* carbón *m.* hulla **as black as coals** negro como el carbón **coal dust** carbonilla **coal gas** gas *m.* de hulla **coal industry** industria minera **coal mine** mina de carbón **coal mining** explotación *f.* hullera **coal tar** alquitrán *m.* de hulla.

co·a·li·tion [kəʊəˈlɪʃən] *n.* coalición *f.* **coalition government** gobierno de coalición.

coarse [kɔːs] *adj.* **1** *(fabric)* basto, burdo *(skin)* áspero *(sand, salt)* grueso **2** *(language, joke)* grosero, vulgar, ordinario, basto *(manners, tastes)* ordinario, basto **coarse fish** pez de agua dulce (excepto el salmón y la trucha) **coarse fishing** pesca de agua dulce.

coast [kəʊst] *n.* costa, litoral *m.* ◇ *intr.* **1** *(in car)* ir en punto muerto *(on bicycle)* deslizarse sin pedalear **2** *fig. use* avanzar sin ningún esfuerzo **3** MAR costear, bordear la costa **the coast is clear** no hay moros en la costa.

coast·al ['kəʊstəl] *adj.* costero.

coast·guard ['kəʊstɡɑːd] *n.* guardacostas *mf. n.* **the coastguard** *(organization)* los guardacostas *mpl.*

coast·line ['kəʊstlaɪn] *n.* costa, litoral *m.*

coat [kəʊt] *n.* **1** *(overcoat)* abrigo *(short)* chaquetón *m.* **2** *(of paint)* capa, mano *f. (of dust)* capa **3** *(of animal)* pelo, pelaje *m.* ◇ *tr.* **1** *(cover - gen)* cubrir (in/with, de) **2** CULIN *(with liquid)* cubrir (in/with, de), bañar (in/with, en) *(in breadcrumbs or batter)* rebozar **coat of arms** escudo de armas **coat hanger** percha **white coat** bata blanca.

co·au·thor [kəʊˈɔːθə °] *n.* coautor ◇ *tr.* escribir conjuntamente.

coax [kəʊks] *tr. (person)* engatusar **to coax a machine to work** lograr que una máquina funcione **to coax somebody into doing something** engatusar a alguien para que haga algo **to coax something out of somebody** sonsacar algo a alguien.

co·ax·i·al [kəʊˈæksjəl] *adj.* coaxial.

co·balt ['kəʊbɔːlt] *n.* cobalto **cobalt blue** azul *m.* cobalto.

cob·bled ['kɒbəld] *adj.* adoquinado.

co·bra ['kəʊbrə] *n.* cobra.

cob·web ['kɒbweb] *n.* telaraña.

co·caine [kəˈkeɪn] *n.* cocaína.

cock [kɒk] *n.* **1** *(rooster)* gallo *(any male bird)* macho **2** *(on firearm)* percutor *m.* percusor *m.* **3** *[sl.] (penis)* pene *m.* ◇ *tr. (of firearm)* amartillar, montar **2** *(head, hat)* ladear *(ears, leg)* levantar.

cock·a·too [kɒkəˈtuː] *n. pl.* **cockatoos** cacatúa.

cock·er·el ['kɒkərəl] *n.* gallito.

cock·fight ['kɒkfaɪt] *n.* pelea de gallos.

cock·pit ['kɒkpɪt] *n. (in plane)* cabina del piloto, carlinga *(in racing car)* cabina.

cock·roach ['kɒkrəʊtʃ] *n.* cucaracha.

cock·tail ['kɒkteɪl] *n.* cóctel *m.* **cocktail lounge** bar *m.* cóctel **cocktail party** cóctel *m.*

co·coa ['kəʊkəʊ] *n. (powder)* cacao *(drink)* chocolate *m.* **cocoa butter** manteca de cacao.

co·co·nut ['kəʊkənʌt] *n.* coco **coconut palm** cocotero **coconut shy** tiro al coco.

co·coon [kəˈkuːn] *n.* capullo ◇ *tr. fig. use* envolver, arropar.

cod [kɒd] *n. pl.* **cod** bacalao.

code [kəʊd] *n.* **1** *(set of laws, rules, principles)* código **2** *(system of words, letters, signs, numbers)* clave *f,* código **3** *(telephone)* prefijo *(postal)* código (postal) ◇ *tr.* **1** *(message, etc.)* poner en clave, cifrar **2** *(mark)* codificar **to break a code/crack a code/decipher a code** descifrar una clave, descifrar un código **code name** nombre *m.* en clave.

co·ed [kəʊˈed] *adj. [fam. use] (coeducational)* mixto ◇ *n. [fam. use] (female student)* alumna (de un colegio o universidad mixta).

co·ed·u·ca·tion [kəʊedjəˈkeɪʃən] *n.* enseñanza mixta.

co·ed·u·ca·tion·al [kəʊedjəˈkeɪʃənəl] *adj.* mixto.

co·ef·fi·cient [kəʊɪˈfɪʃənt] *n.* coeficiente *m.*

co·erce [kəʊˈɜːs] *tr.* coaccionar **to coerce somebody into doing something** coaccionar a alguien para que haga algo.

co·er·cion [kəʊˈɜːʃən] *n.* coacción *f.*

co·ex·ist [kəʊɪɡˈzɪst] *intr.* coexistir.

co·ex·ist·ence [kəʊɪɡˈzɪstəns] *n.* coexistencia.

cof·fee ['kɒfɪ] *n.* café *m.* **black coffee** café *m.* solo **coffee bar** cafetería, café *m.* **coffee beans** café *m.* en grano **coffee break** descanso *(para tomar el café)*, pausa *(para tomar el café)* **coffee cup** taza para café **coffee filter** filtro de café **coffee grinder** molinillo de café **coffee percolator** cafetera de filtro **coffee shop** cafetería, café *m.* **coffee table** mesita de café **filter coffee** café *m.* (hecho con cafetera de filtro) **instant coffee** café *m.* instantáneo, café *m.* soluble **white coffee** café *m.* con leche.

cof·fee·pot ['kɒfɪpɒt] *n.* cafetera.

cof·fin ['kɒfɪn] *n.* ataúd *m.* féretro.

cog·ni·tive ['kɒgnɪtɪv] *adj.* cognitivo.

co·hab·it [kəʊˈhæbɪt] *intr.* cohabitar.

co·hab·i·ta·tion [kəʊhæbɪˈteɪʃən] *n.* cohabitación *f.*

co·her·ent [kəʊˈhɪərənt] *adj.* coherente, congruente.

coil [kɔɪl] *n.* **1** *(of rope, wire)* rollo *(of cable)* carrete *m. (of hair)* rizo, moño *(of smoke)* espiral *m.* voluta **2** *(single loop)* vuelta, lazada **3** TECH bobina **4** **the coil** MED *(contraceptive)* espiral *f,* dispositivo intrauterino, DIU *m.* ◇ *intr.* También **to coil up** *(snake)* enroscarse (around, alrededor de) ◇ *tr.* También **to coil up** enrollar.

coin [kɔɪn] *n.* moneda ◇ *tr.* **1** *(money)* acuñar **2** *(invent)* crear, acuñar **to coin a phrase** como se suele decir, por así decirlo **to toss a coin** echar a sol o águila.

co·in·cide [kəʊɪnˈsaɪd] *intr.* coincidir (with, con).

co·in·ci·dence [kəʊˈɪnsɪdəns] *n.* **1** *(chance)* coincidencia, casualidad *f.* **2** *(coinciding)* coincidencia.

co·in·ci·den·tal [kəʊɪnsɪˈdentəl] *adj.* casual, fortuito.

col [kɒl] *abbr. (column)* columna *(abbreviation)* col.

cold [kəʊld] *adj.* **1** *(gen)* frío **2** *(unenthusiastic, unfriendly)* frío ◇ *n.* **1** *(weather)* frío **2** MED resfriado, catarro, constipado **as cold as ice** helado **to be cold comfort** no servir de consuelo, ser poco consuelo **to be left out in the cold** quedarse al margen **to catch a cold** resfriarse, acatarrarse **to catch cold** enfriarse **to do something in cold blood** hacer algo a sangre fría **to feel the cold** ser friolento **to get cold feet (about doing something)** tener miedo a alguien (de hacer algo) **to give somebody the cold shoulder** tratar a alguien con frialdad **to have a cold** estar resfriado **to knock somebody out cold** dejar a alguien inconsciente (de un *golpe)* **to leave somebody cold** *dejar a alguien frío, no darle a alguien ni frío ni calor* **to pour cold water on something** *poner trabas a algo,* **cold cream** *crema limpiadora, crema hidratante, crema facial* **cold cuts** *embutidos mpl. fiambres mpl.* **cold front** *frente m. frío* **cold meat** *embutido, fiambre m.* **cold snap** *ola de frío* **cold sore** *herpes m. labial* **cold storage** *almacenamiento en cámaras frigoríficas* **cold sweat** *sudor m. frío* **cold truth** *verdad f. (desagradable)* **cold war** *guerra fría.*

cold-blood·ed ['kəʊld'blʌdɪd] *adj.* **1** ZOOL *de sangre fría* **2** *fig. use (person) frío, insensible (murderer) despiadado, cruel (crime) a sangre fría.*

cold-heart·ed ['kəʊld'hɑːtɪd] *adj. frío, insensible.*

cold·ness ['kəʊldnəs] *n. frialdad f.*

col·i·se·um [kɒlɪ'siːəm] *n. coliseo.*

col·lab·o·rate [kə'læbəreɪt] *intr. colaborar (with, con).*

col·lab·o·ra·tion [kəlæbə'reɪʃən] *n.* **1** *(gen)* colaboración *f.* **2** *(with enemy)* colaboracionismo.

col·lapse [kə'læps] *n.* **1** *(falling down)* derrumbamiento *(falling in)* hundimiento **2** *(failure, breakdown)* fracaso **3** *(prices, currency)* caída en picado *(business, company)* quiebra **4** MED colapso ⬦ *intr.* **1** *(building, bridge, etc.)* derrumbarse, desplomarse *(roof)* hundirse, venirse abajo *(tired person)* desplomarse **2** MED *(person)* sufrir un colapso **3** *(fail - project, talks, etc.)* fracasar, venirse abajo *(- hopes)* desvanecerse **4** *(prices, currency)* caer en picado *(business, company)* quebrar, ir a la bancarrota **5** *(chair, table)* plegarse ⬦ *tr. (table)* plegar **collapsed lung** *colapso pulmonar.*

col·lar ['kɒlə°] *n.* **1** *(of shirt, etc.)* cuello **2** *(for dog)* collar *m.* **3** TECH collar *m.* abrazadera ⬦ *tr. (fam. use)* pescar, echar el guante a, pillar **to get hot under the collar** *enfadarse* **to grab somebody by the collar** *agarrar a alguien por el cuello.*

col·lar·bone ['kɒləbəʊn] *n. clavícula.*

col·lat·er·al [kə'lætərəl] *n.* FIN garantía subsidiaria ⬦ *adj.* **1** *(relative)* colateral **2** *(additional)* circunstancial, colateral **collateral damage** *daños mpl. colaterales.*

col·league ['kɒliːg] *n. colega mf. compañero.*

col·lect [kə'lekt] *tr.* **1** *(glasses, plates, belongings, etc.)* recoger *(information, data)* reunir, recopilar **2** *(stamps, records, etc.)* coleccionar **3** *(taxes)* recaudar *(rent)* cobrar **4** *(for charity - money)* recaudar, hacer una colecta de *(- old clothes, jumble)* juntar **5** *(pick up, fetch)* ir a buscar, recoger ⬦ *intr.* **1** *(dust, water)* acumularse *(people)* reunirse, congregarse **2** *(for charity)* recaudar dinero, hacer una colecta **to collect one's thoughts** *ponerse en orden las ideas* **to collect oneself** *serenarse, recobrar la calma.*

col·lect·ed [kə'lektɪd] *adj.* **1** *(composed)* sereno, sosegado, tranquilo **2** LIT completo.

col·lec·tion [kə'lekʃən] *n.* **1** *(of stamps, paintings, etc.)* colección *f.* **2** *(of poems, short stories)* recopilación *f.* *(of people)* grupo **2** *(range of new clothes)* colección *f.* **3** *(for charity)* colecta **4** *(of mail, of refuse)* recogida **5** *(of taxes)* recaudación *f.* *(of rent)* cobro.

col·lec·tor [kə'lektə°] *n.* **1** *(of stamps, etc.)* coleccionista *mf.* **2** *(of rent, debts, tickets)* cobrador **collector's item/collector's piece** *pieza de coleccionista.*

col·lege ['kɒlɪdʒ] *n.* **1** *(for higher education or vocational training)* escuela, instituto **2** *(university)* universidad *f.* *(within university)* facultad *f.* departamento **3** *(group of professional people)* colegio **art college** *escuela de bellas artes.*

col·lide [kə'laɪd] *intr.* **1** *(crash)* colisionar, chocar **2** *(of people, aims, opinions, etc.)* estar en conflicto, chocar.

col·li·sion [kə'lɪʒən] *n.* *(between cars, trains, etc.)* colisión *f,* choque *m.* *(between ships)* abordaje *m.*

Co·lom·bi·a [kə'lʌmbɪə] *n. Colombia.*

Co·lom·bi·an [kə'lʌmbɪən] *adj. colombiano* ⬦ *n. colombiano.*

co·lon ['kəʊlən] *n.* ANAT colon *m.*

colo·nel ['kɜːnəl] *n. coronel m.*

co·lo·ni·al [kə'ləʊnɪəl] *adj. colonial* ⬦ *n. colono.*

col·o·ni·za·tion [kɒlənaɪ'zeɪʃən] *n. colonización f.*

col·o·nize ['kɒlənaɪz] *tr. colonizar.*

col·o·ny ['kɒlənɪ] *n. pl. colonies (gen)* colonia *f.*

col·or ['kʌlə°] *n.* **1** color *m.* **2** *(skin - racial characteristic, complexion)* color *m.* ⬦ *adj.* **1** *(television, film, etc.)* en color ⬦ *tr.* **1** *(with pen, paint, crayon)* pintar, colorear *(dye)* teñir **2** *fig. use (affect negatively, influence)* influir en ⬦ *intr.* **1** *(blush)* enrojecer, ruborizarse, sonrojarse, ponerse rojo, ponerse colorado **2** *(of leaves)* ponerse amarillo *(fruit)* coger color ⬦ *npl.* **colors** MIL *(flag)* bandera, enseña **in full color** *a todo color* **to be off color** *no encontrarse bien* **to lose color** *palidecer* **to show one's true colors** *mostrarse tal como se es, mostrarse uno como es en realidad* **color bar** *discriminación f. racial* **color blindness** *daltonismo* **color code** *código de colores* **color prejudice** *prejuicio racial* **color printing** *cromolitografía* **color scheme** *combinación f. de colores.*

to color in *tr. sep. pintar, colorear.*

col·or-blind ['kʌləblaɪnd] *adj. daltónico.*

col·ored ['kʌləd] *adj.* **1** *(pencils, crayons)* de color, de colores **2** *(biased)* parcial *(exaggerated)* exagerado.

col·or·ful ['kʌləful] *adj.* **1** *(full of color, bright)* lleno de color, vistoso *(brightly colored)* de colores vivos **2** *(interesting, exciting)* lleno de colorido *(person)* pintoresco.

col·or·ing ['kʌlərɪŋ] *n.* **1** *(substance, dye)* colorante *m.* **2** *(person's skin, hair and eye color)* color *m.* **3** *(of animal's skin, fur, plumage)* colorido, color *m.* **4** ART *(act)* coloración *f.* *(use of color)* colorido.

col·or·less ['kʌlələs] *adj.* **1** *(without color)* incoloro, sin color *(pale)* pálido **2** *fig. use (dull, uninteresting)* soso, insignificante, gris.

co·los·sal [kə'lɒsəl] *adj. colosal, descomunal.*

col·umn ['kɒləm] *n.* *(gen)* columna.

co·ma ['kəʊmə] *n.* MED coma *m.* **to go into a coma** *caer en coma, entrar en coma.*

com·a·tose ['kəʊmətəʊs] *adj.* **1** MED en estado comatoso **2** *(fam. use) (drowsy)* grogui.

comb [kəʊm] *n.* **1** *(for hair)* peine *m.* *(ornamental)* peineta **2** *(for wool, cotton)* carda **3** *(of bird)* cresta **4** *(of honeycomb)* panal *m.* ⬦ *tr.* **1** *(hair)* peinar **2** *(wool, cotton)* cardar, peinar **3** *(search - area)* rastrear, peinar *(- files)* rebuscar **to comb one's hair** *peinarse.*

com·bat ['kɒmbæt] *n. combate m.* ⬦ *adj. de combate* ⬦ *tr. combatir, luchar contra* ⬦ *intr. combatir (against, contra)* **armed combat** *combate m. armado* **close combat** *combate m. cuerpo a cuerpo* **combat duty** *servicio de frente.*

com·bat·ant ['kɒmbətənt] *n. combatiente mf.*

com·bat·ive ['kɒmbətɪv] *adj. combativo.*

com·bi·na·tion [kɒmbɪ'neɪʃən] *n.* *(gen)* combinación *f.* **to work in combination with somebody** *trabajar en asociación con alguien, trabajar en colaboración con alguien* **combination lock** *cerradura de combinación.*

com·bine [(vb) kəm'baɪn; (n) 'kɒmbaɪn] *tr.* **1** *(gen)* combinar *(efforts)* combinar, aunar *(ingredients)* mezclar **2** *(qualities, features)* reunir ⬦ *intr.* **1** *(gen)* combinarse *(teams, forces)* unirse *(companies)* fusionarse ⬦ *n.* COMM grupo industrial, asociación *f.* **combine harvester** *cosechadora.*

com·bined [kəmˈbaɪnd] *adj.* combinado, conjunto
combined efforts esfuerzos mpl. combinados.
com·bus·ti·ble [kəmˈbʌstɪbəl] *adj.* combustible, inflamable.
com·bus·tion [kəmˈbʌstʃən] *n.* combustión f. **combustion chamber** cámara de combustión
combustion engine motor m. de combustión.
come [kʌm] *intr. pt.* **came** [keɪm], *pp.* come [kʌm], *ger.* **coming 1** *(gen)* venir **2** *(arrive)* llegar **3** *(occupy place, position)* llegar **4** *(reach)* llegar **5** *(happen)* suceder **6** *(be available)* venir, suministrarse **7** *(become)* hacerse **8** *[fam. use] (used with expressions of time)* para **9** *[sl.] (have orgasm)* correrse ◇ *tr. (behave, play the part)* hacerse **come what may** pase lo que pase **to be as... as they come** ser *lo más... que hay* **to come** *(in the future)* venidero **to come a long way** *(progress)* progresar mucho **to come and go go** ir y venir **to come as a shock/ surprise to somebody** ser un susto/sorpresa para alguien **to come clean** confesar, cantar **to come down in the world** venir a menos **to come down on somebody's side** ponerse de parte de alguien **to come easily to somebody** resultarle fácil a alguien **to come in handy/come in useful** ser útil, resultar útil, venir bien **to come into fashion** ponerse de moda **to come into force** entrar en vigor **to come into the world** nacer, ver la luz **to come of age** llegar a la mayoría de edad **to come out in favor of something/come out against something** declararse a favor de algo/ declararse en contra de algo **to come to an end** acabar, terminar, tocar a su fin **to come to nothing** llegar a nada, quedar en nada, quedar en agua de borrajas **to come to one's senses** *(regain consciousness)* volver en sí *(see sense)* recobrar la razón **to come together** *(people)* juntarse, reunirse *(ideas)* cuajar **to come true** hacerse realidad **to see something coming** ver algo venir **to take life as it comes** aceptar la vida tal y como se presenta **when it comes to... en cuanto a...**
to come about *intr. (happen)* ocurrir, suceder.
to come across *tr. insep (thing)* encontrar, tropezar con *(person)* encontrar, encontrarse con, tropezar con *intr.* **1** *(be understood)* ser comprendido **2** *(make an impression)* causar una impresión.
to come after *tr. insep* seguir.
to come along *intr.* **1** *(progress)* ir, marchar **2** *(hurry up)* darse prisa *(give encouragement)* ir, venir **3** *(arrive)* venir, llegar *(appear)* aparecer.
to come apart *intr.* deshacerse.
to come around *intr.* **1** *(regain consciousness)* volver en sí **2** *(be persuaded, change one's mind)* dejarse convencer, convencerse **3** *(visit)* visitar, venir **4** *(happen regularly, recur)* volver *tr. insep* **1** *(corner)* doblar, dar la vuelta a *(bend)* tomar.
to come away *intr.* **1** *(become detached)* despegarse, desprenderse, soltarse, separarse **2** *(leave, depart)* salir *(from, de)*, irse *(from, de) (move away)* apartarse *(from, de)*.
to come back *intr.* **1** *(return)* volver *(from, de)* **2** *(remember)* volver a la memoria **3** *(return to topic, question, idea)* volver *(to, a) (reply, retort)* replicar, contestar.
to come between *tr. insep* interponerse entre, separar.
to come down *intr.* **1** *(gen)* bajar *(collapse)* caerse, hundirse, venirse abajo *(fall - rain, snow)* caer **2** *(plane - land)* aterrizar *(- fall)* caer **3** *(price, temperature, etc.)* bajar **4** *(be passed down, inherited)* llegar *(to, a)*.

to come down to *tr. insep (be a question of)* ser cuestión de, tratarse de, reducirse a.
to come down with *tr. insep (illness)* caer enfermo de, contraer, coger.
to come from *tr. insep (originate from - person)* ser de *(- thing)* venir de *(descend from)* descender de.
to come in *intr.* **1** *(enter)* entrar **2** *(ship, train)* llegar *(tide)* subir *(person - to work)* venir *(- in race)* llegar **3** *(be elected)* subir al poder **4** *(become fashionable)* ponerse de moda *(in season)* empezar la temporada de **5** *(be received - income)* entrar *(- news, report)* llegar **6** *(contribute to discussion)* intervenir **7** *(have a part to play)* entrar.
to come into *tr. insep* **1** *(inherit)* heredar **2** *(enter)* entrar en **3** *(be relevant)* ser cuestión de, tratar de.
to come of *tr. insep (result)* resultar de.
to come off *intr.* **1** *(happen, take place)* tener lugar, suceder *(turn out)* salir **2** *(get up)* salir **3** *(fall - button)* caerse *(- handle, wheel)* salirse, soltarse *(- wallpaper, plaster)* caerse, soltarse, despegarse, desprenderse.
to come on *intr.* **1** *(make progress)* avanzar **2** *(hurry up)* darse prisa *(give encouragement)* ir, venir **3** *(follow on)* ir, venir **4** *(of actor)* entrar en escena, salir a escena *(of sports player)* entrar **5** *(fam. use] (start - cold, winter)* empezar, comenzar *(- rain, snow)* ponerse a **6** *(lights, heating, etc.)* encenderse.
to come out *intr.* **1** *(leave)* salir *(of, de) (tooth, hair)* caerse *(stain)* salir, quitarse *(color, dye)* desteñirse **2** *(sun, moon, stars)* salir *(flowers)* aparecer, salir **3** *(new book, record, magazine, figures)* salir, publicarse *(film)* estrenarse **4** *(news, truth, secret)* revelarse, salir a la luz **5** *(of photographs)* resultar, salir *(of person in photo)* salir **6** *(be revealed, shown clearly)* mostrarse, revelarse *(of words, speech)* salir **7** *(end, finish, have as outcome)* salir **8** *(in society)* presentarse en sociedad **9** *(declare openly that one is gay)* declararse homosexual.
to come over *intr.* **1** *(arrive)* venir, llegar *(visit)* hacer una visita **3** *(project oneself)* dar la impresión **4** *(with adjective)* ponerse **5** *(change sides, opinions)* pasarse *(to, a)*.
to come through *intr.* **1** *(arrive)* llegar **2** *(survive)* sobrevivir **3** *(into other room)* pasar ◇ *tr. insep* **1** *(operation, accident)* sobrevivir, salir con vida de *(illness)* recuperarse de *(difficult period)* pasar por, atravesar.
to come to *intr. (regain consciousness)* volver en sí ◇ *tr. insep* **1** *(enter mind)* ocurrírse **2** *(reach a situation)* llegar a **3** *(amount to, total)* subir a, ascender a, ser.
to come under *tr. insep* **1** *(be controlled by)* estar bajo *(be included within)* venir en, estar comprendido en **2** *(be target of)* ser objeto de, ser víctima de, ser blanco de.
to come up *intr.* **1** *(person - gen)* subir *(- approach)* acercarse **2** *(sun)* salir *(flowers)* crecer, brotar *(bruise, swelling)* hincharse **3** *(occur, arise - problem, question)* presentarse, surgir *(- vacancy)* producirse **4** *(be raised, be mentioned - point)* surgir *(- name)* ser mencionado, salir.
to come up against *tr. insep* topar con, encontrarse con, tropezarse con.
to come up to *tr. insep* **1** *(equal)* alcanzar, llegar a, estar a la altura de **2** *(approach - in space)* acercarse a *(- in time)* ser casi.
to come up with *tr. insep (idea)* tener, ocurrírse *(solution)* encontrar *(plan)* idear *(proposal)* presentar, plantear.
come·back [ˈkʌmbæk] *n.* **1** *[fam. use] (of person)* reaparición f, vuelta, retorno **2** *(way of obtaining compensation)* reclamación f. **3** *(reply)* réplica, respuesta.

co·me·di·an [kəˈmiːdɪən] *n.* cómico, humorista *m.*

com·e·dy [ˈkɒmədɪ] *n. pl. comedies* comedia.

com·et [ˈkɒmɪt] *n.* cometa *m.*

com·fort [ˈkʌmfət] *n. 1 (well-being)* comodidad *f*, confort *m.* bienestar *m.* **2** *(thing, luxury)* comodidad *f.* **3** *(consolation)* consuelo ⬦ *tr.* consolar **to live in comfort** vivir cómodamente **to take comfort in/from something** consolarse con algo.

com·fort·a·ble [ˈkʌmfətəbəl] *adj.* **1** *(furniture, clothes, etc.)* cómodo **2** *(patient)* tranquilo **3** *(job, income)* bueno *(life)* desahogado, acomodado **4** *(lead, majority)* amplio **to feel comfortable** estar a gusto **to make oneself comfortable** ponerse cómodo.

com·fort·a·bly [ˈkʌmfətəblɪ] *adv.* **1** *(sit, lie)* cómodamente **2** *(live)* holgadamente **3** *(win)* fácilmente **to be comfortably off** estar en una situación holgada, vivir holgadamente.

com·fort·ing [ˈkʌmfətɪŋ] *adj.* reconfortante.

com·ic [ˈkɒmɪk] *adj.* cómico ⬦ *n.* **1** *(comedian)* cómico, humorista *mf.* **2** *(magazine)* tebeo, cómic *m.* **comic strip** tira cómica, historieta.

com·i·cal [ˈkɒmɪkəl] *adj.* cómico.

com·ing [ˈkʌmɪŋ] *adj. (gen)* próximo *(generation)* venidero, futuro ⬦ *n.* **1** *(arrival)* llegada **2** REL advenimiento **comings and goings** idas y venidas.

com·ing-of-age [ˈkʌmɪŋəvˈeɪʤ] *n.* mayoría de edad.

com·ing-out [ˈkʌmɪŋˈaʊt] *n.* **1** *(in society)* presentación *f.* en sociedad **2** *(of homosexual)* declaración *f.* pública.

com·ma [ˈkɒmə] *n.* coma *inverted comma* comilla.

com·mand [kəˈmɑːnd] *n.* **1** *(order)* orden *f.* **2** *(control, authority)* mando **3** MIL *(part of army, group of officers)* mando **4** *(knowledge, mastery)* dominio **5** COMPUT orden *f.* ⬦ *tr.* **1** *(order)* mandar, ordenar **2** MIL *(have authority over)* estar al mando de, tener el mando de, comandar **3** *(have at one's disposal)* disponer de, contar con, tener **4** *(deserve - respect, admiration)* infundir, imponer, inspirar *(- confidence)* inspirar *(- sympathy)* merecer **5** *(of place, fort)* dominar ⬦ *intr.* mandar **at somebody's command** por orden de alguien **to be at somebody's command** estar a las órdenes de alguien **to be in command of oneself** ser dueño de sí mismo **to be in command of the situation** dominar la situación **to take command** tomar el mando **command post** puesto de mando.

com·mand·er [kəˈmɑːndə ᴿ] *n.* **1** MIL comandante *m.* **2** MAR capitán *m.* de fragata **commander in chief** comandante *m.* en jefe.

com·mand·ing [kəˈmɑːndɪŋ] *adj.* **1** *(voice, manner, appearance)* autoritario, imperioso **2** *(position)* dominante, de superioridad **commanding officer** oficial *m.* al mando, comandante *m.*

com·mand·ment [kəˈmɑːndmənt] *n.* REL mandamiento.

com·man·do [kəˈmɑːndəʊ] *n. pl. commandos* o *commandoes* comando.

com·mem·o·rate [kəˈmeməreɪt] *tr.* conmemorar.

com·mem·o·ra·tion [kəmeməˈreɪʃən] *n.* conmemoración *f.*

com·mem·o·ra·tive [kəˈmemərətɪv] *adj.* conmemorativo.

com·mence [kəˈmens] *tr. (fml. use)* comenzar, iniciar, empezar ⬦ *intr. (fml. use)* comenzar, iniciarse, empezar.

com·mence·ment [kəˈmensmənt] *n.* **1** *(fml. use) (beginning)* comienzo, inicio **2** *(graduation)* (ceremonia de) graduación *f.*

com·men·da·tion [kɒmenˈdeɪʃən] *n.* **1** *(praise)* elogio, elogios *mpl.* **2** *(award, prize)* mención *f.* de honor, distinción *f.*

com·ment [ˈkɒment] *n.* comentario, observación *f.* ⬦ *tr.* comentar, observar ⬦ *intr.* hacer comentarios (on, sobre) **no comment** sin comentarios **to cause comment** dar lugar a habladurías **to make a comment about somebody/something** hacer un comentario sobre alguien/algo, hacer una observación sobre alguien/algo **to refuse to comment** negarse a hacer declaraciones.

com·men·tar·y [ˈkɒməntərɪ] *n. pl. commentaries* **1** *(spoken description)* comentario, comentarios *mpl.* **2** *(set of written remarks)* coméntario, crítica.

com·men·tate [ˈkɒmənteɪt] *intr.* comentar un partido, retransmitir un partido, hacer los comentarios (on, de).

com·men·ta·tor [ˈkɒmənteɪtə ᴿ] *n.* comentarista *mf.*

com·merce [ˈkɒmɜːs] *n.* comercio.

com·mer·cial [kəˈmɜːʃəl] *adj.* COMM comercial, mercantil **2** *(intended to make money)* comercial ⬦ *n. (advertisement)* anuncio, spot *m.* publicitario **commercial art** arte *m.* publicitario **commercial break** pausa para la publicidad **commercial law** derecho mercantil **commercial vehicle** vehículo para transporte de mercancías, etc.

com·mer·cial·i·za·tion [kəmɜːʃəlaɪˈzeɪʃən] *n.* comercialización *f.*

com·mer·cial·ize [kəˈmɜːʃəlaɪz] *tr.* comercializar.

com·mis·sion [kəˈmɪʃən] *n.* **1** COMM comisión *f.* **2** *(piece of work)* encargo **3** *(group of people)* comisión *f.* **4** MIL *(rank)* grado de oficial *(document)* nombramiento **5** *(fml. use) (act of committing a crime)* perpetración *f.* ⬦ *tr.* **1** *(order)* encargar **2** MIL nombrar **3** MAR *(ship)* poner en servicio **commissioned officer** oficial *m.* (del ejército).

com·mit [kəˈmɪt] *tr. pt. & pp. committed, ger. committing* **1** *(crime, error, sin)* cometer **2** *(send to prison, etc.)* internar **3** *(bind)* comprometer, obligar *(pledge)* asignar, consignar, destinar **to commit oneself (to do/doing something)** comprometerse (a hacer algo) **to commit suicide** suicidarse **to commit something to memory** memorizar algo **to commit something to paper** poner algo por escrito **to commit something to somebody's care** confiar algo al cuidado de alguien.

com·mit·ment [kəˈmɪtmənt] *n.* **1** *(undertaking, obligation)* compromiso, obligación *f.* **2** *(responsibility)* responsabilidad *f.* **2** *(dedication)* dedicación *f*, entrega.

com·mit·ted [kəˈmɪtɪd] *adj. (to a cause)* comprometido *(dedicated)* dedicado, entregado **to be committed to do/doing something** estar comprometido a hacer algo.

com·mit·tee [kəˈmɪtɪ] *n.* comité *m.* comisión *f.* ⬦ *adj.* del comité, de la comisión **to be on a committee/sit on a committee** ser miembro de un comité, ser miembro de una comisión.

com·mod·i·ty [kəˈmɒdɪtɪ] *n. pl. commodities* **1** COMM producto, artículo, mercancía **2** FIN materia prima **commodities market** mercado de materias primas.

com·mon [ˈkɒmən] *adj.* **1** *(ordinary, average)* corriente **2** *(usual, not scarce)* común, corriente **3** *(shared, joint)* común **4** *pej. (vulgar)* ordinario ⬦ *n. (land)* campo comunal, terreno comunal, tierras *fpl.* comunales **common or garden** común y corriente **in common** en común **in common with** *(like)* al igual que **to be common knowledge** ser de dominio público **to have something in common with somebody** tener algo en común con alguien **common decency** educación *f.* common **denominator** denominador m. común **common factor** factor m. común **Common Market** Mercado Común **common noun** nombre m. común **common sense** sentido común **common time** MUS cuatro por cuatro.

com·mon·place [ˈkɒmənpleɪs] adj. común, corriente ◇ n. (platitude) lugar m. común, tópico.

com·mo·tion [kəˈməʊʃən] n. (scandal) escándalo (noise, excitement) alboroto, jaleo (confusion) confusión f. **to make a commotion** (scandal) armar un escándalo (noise) hacer escándalo.

com·mu·ni·cate [kəˈmjuːnɪkeɪt] tr. 1 (make known, convey) comunicar 2 MED transmitir, contagiar ◇ intr. 1 (person) comunicarse (with, con) 2 (of rooms) comunicarse.

com·mu·ni·cat·ing [kəˈmjuːnɪkeɪtɪŋ] adj. (rooms) que se comunican (door) que comunica.

com·mu·ni·ca·tion [kəmjuːnɪˈkeɪʃən] n. 1 (gen) comunicación f. 2 (message) comunicación f, comunicado npl. **communications** comunicaciones fpl.

com·mun·ion [kəˈmjuːnjən] n. [fml. use] comunión f. **Communion** REL Comunión f. **to take Communion** comulgar.

com·mu·nism [ˈkɒmjənɪzəm] n. comunismo.

com·mu·nist [ˈkɒmjənɪst] adj. comunista ◇ n. comunista mf.

com·mu·ni·ty [kəˈmjuːnɪtɪ] n. pl. **communities** 1 (people living in one place) comunidad f. 2 (group of people) comunidad f, colectividad f. **community center** centro social **community service** trabajos mpl. al servicio de la comunidad **community spirit** espíritu m. comunitario **the local community** el vecindario.

com·mute [kəˈmjuːt] intr. desplazarse diariamente al lugar de trabajo ◇ tr. 1 (sentence, punishment) conmutar 2 [fml. use] (money payment, pension) conmutar (for/into, por).

com·mut·er [kəˈmjuːtə*] n. persona que se desplaza diariamente a su lugar de trabajo **the commuter belt** los barrios mpl. periféricos.

com·pact [(adj-vb) kəmˈpækt; (n) ˈkɒmpækt] adj. (gen) compacto (style) conciso ◇ n. 1 (for powder) polvera de bolsillo 2 coche m. utilitario ◇ tr. compactar, comprimir **compact disc** disco compacto, compact disc m.

com·pan·ion [kəmˈpænjən] n. 1 (partner, friend) compañero 2 (person employed) persona de compañía 3 (either of pair or set) compañero, pareja 4 (guide) guía, manual m.

com·pan·ion·ship [kəmˈpænjənʃɪp] n. (relationship) compañerismo, camaradería (company) compañía.

com·pa·ny [ˈkʌmpənɪ] n. pl. **companies** 1 (companionship) compañía 2 (visitors) visita 3 (business) empresa, compañía, sociedad f. 4 THEAT compañía 5 MIL compañía **in company** en público **to be good company** ser muy sociable, ser muy agradable **to be in good company** no ser el/la único **to keep bad company** andar con malas compañías **to keep somebody company** hacerle (mucha) compañía a alguien **two's company, three's a crowd** dos son compañía, tres multitud **you know a man by the company he keeps** dime con quién andas y te diré quién eres **company car** coche m.

com·pa·ra·ble [ˈkɒmpərəbəl] adj. comparable (to, a) (with, con), equiparable (to, a) (with, con).

com·par·a·tive [kəmˈpærətɪv] adj. 1 (relative) relativo 2 (making a comparison) comparado 3 LING comparativo ◇ n. LING comparativo.

com·pare [kəmˈpeə*] tr. comparar (to/with, con) ◇ intr. compararse (with, con) **beyond compare**

sin comparación, incomparable **compared with** comparado con, en comparación con.

com·par·i·son [kəmˈpærɪsən] n. comparación f. **by comparison/in comparison** en comparación **there's no comparison** no hay punto de comparación.

com·part·ment [kəmˈpɑːtmənt] n. (in wallet, fridge, desk) compartimento, compartimiento (in train) departamento, compartimento, compartimiento.

com·pass [ˈkʌmpəs] n. 1 (magnetic) brújula, compás m. 2 Functions as sing. or pl. (for drawing) compás m. 3 fig. use (range, scope) alcance m.

com·pas·sion [kəmˈpæʃən] n. compasión f.

com·pas·sion·ate [kəmˈpæʃənət] adj. compasivo.

com·pat·i·bil·i·ty [kəmpætəˈbɪlɪtɪ] n. compatibilidad f.

com·pat·i·ble [kəmˈpætɪbəl] adj. compatible (with, con).

com·pel [kəmˈpel] tr. pt. & pp. **compelled**, ger. **compelling** 1 (force) obligar, forzar, compeler 2 fig. use (inspire - respect) imponer, infundir, inspirar (- admiration) despertar, inspirar, infundir **to compel somebody to do something** obligar a alguien a hacer algo, forzar a alguien a hacer algo **to be compelled to do something** verse obligado a hacer algo.

com·pel·ling [kəmˈpelɪŋ] adj. (novel, account, story) irresistible (reason, argument) convincente, persuasivo, de peso.

com·pen·sate [ˈkɒmpənseɪt] tr. 1 (recompense, indemnify) indemnizar (for, por), compensar (for, por) 2 (counterbalance) compensar ◇ intr. compensar (for, -).

com·pen·sa·tion [kɒmpənˈseɪʃən] n. 1 (money, damages) indemnización f. (for, por) 2 (way of compensating) compensación f. (for, por).

com·pete [kəmˈpiːt] intr. (try to win) disputarse (take part in) competir, participar **to compete against somebody/something** competir contra alguien/algo **to compete with somebody/something** competir con alguien/algo.

com·pe·tence [ˈkɒmpɪtəns] n. 1 (ability) competencia, capacidad f, aptitud f. 2 JUR (legal authority) competencia.

com·pe·tent [ˈkɒmpɪtənt] adj. 1 (person) competente (work, novel, etc.) aceptable, bastante bien 2 JUR competente.

com·pe·ti·tion [kɒmpəˈtɪʃən] n. (gen) concurso (race, sporting event) competición f. (literary) certamen m. 2 (rivalry) competencia **to be in competition with somebody/something** competir con alguien/algo.

com·pet·i·tive [kəmˈpetɪtɪv] adj. (gen) competitivo (person) competitivo, que tiene espíritu competitivo 2 COMM (price, goods, etc.) competitivo **competitive examination** oposición f.

com·pet·i·tive·ness [kəmˈpetɪtɪvnəs] n. 1 (of person) espíritu m. competitivo 2 COMM competitividad f.

com·pet·i·tor [kəmˈpetɪtə*] n. 1 COMM (rival) competidor, rival mf. 2 SP (in race, etc.) participante mf. (opponent) contrincante mf. 3 (in quiz, etc.) concursante mf. participante mf. (in competitive examination) opositor.

com·plain [kəmˈpleɪn] intr. quejarse (about/of, de) ◇ tr. quejarse, protestar.

com·plaint [kəmˈpleɪnt] n. 1 (gen) queja (about, de) (formal) reclamación f. 2 MED enfermedad f. (leve), achaque m. dolencia **to have cause for complaint** tener motivo de queja **to make a complaint** quejarse.

com·ple·ment [ˈkɒmplɪmənt] n. (gen) complemento (to, de) ◇ tr. complementar **a full complement of something** la totalidad de algo.

com·ple·men·ta·ry [komplɪ'mentərɪ] *adj. (gen)* complementario.

com·plete [kəm'pliːt] *adj.* 1 *(entire)* completo 2 *(finished)* acabado, terminado 3 *(thorough, absolute, total)* total, completo *tr.* 1 *(make whole)* completar 2 *(finish)* acabar, terminar 3 *(fill in · form)* rellenar.

com·ple·tion [kəm'pliːʃən] *n.* *(act, state)* finalización *f*, terminación *f*. **on completion** *en cuanto se termine.*

com·plex ['kompleks] *adj. (gen)* complejo ◇ *n.* 1 *(group, system)* complejo 2 *(in psychology)* complejo **to have a complex about something** *tener complejo de algo.*

com·plex·ion [kəm'plekʃən] *n.* 1 *(quality of skin)* cutis *m*. *(color or tone of skin)* tez *f*. 2 *(aspect, character)* aspecto, cariz *m*. naturaleza, carácter *m*.

com·plex·i·ty [kəm'pleksɪtɪ] *n. pl.* **complexities** complejidad *f*.

com·pli·ance [kəm'plaɪəns] *n.* 1 *(obedience)* conformidad *f*. 2 *(tendency to agree, willingness)* buena voluntad, buena disposición *f*. **in compliance with** *de acuerdo con, conforme con.*

com·pli·ant [kəm'plaɪənt] *adj.* sumiso, dócil.

com·pli·cate ['komplɪkeɪt] *tr.* complicar.

com·pli·cat·ed ['komplɪkeɪtɪd] *adj.* complicado.

com·pli·ca·tion [komplɪ'keɪʃən] *n. (gen)* complicación *f*. **npl. complications** MED complicaciones *fpl*.

com·pli·ment ['komplɪmənt] *tr.* felicitar (on, por) ◇ *n. (praise)* cumplido, halago **npl. compliments** saludos *mpl*. felicitaciones *fpl*. **compliments of the season** *Felices Fiestas* **to pay somebody a compliment** *hacerle un cumplido a alguien, halagar a alguien* **with the compliments of** *obsequio de, gentileza de, cortesía de.*

com·pli·men·ta·ry [komplɪ'mentərɪ] *adj.* 1 *(expressing praise)* elogioso, halagüeño 2 *(free)* gratuito, de regalo **complimentary ticket** *invitación f*.

com·ply [kəm'plaɪ] *intr.* & *pp. complying, ger. complying (order)* obedecer (with, -), cumplir (with, con), acatar (with, -) *(request)* acceder (with, a) *(law)* acatar (with, -) *(standards)* cumplir (with, con).

com·po·nent [kəm'pəʊnənt] *adj.* componente ◇ *n.* 1 *(gen)* componente *m*. 2 AUTO pieza **component part** componente *m*. parte *f*. componente.

com·pose [kəm'pəʊz] *tr.* 1 *(music, poem)* componer *(letter)* redactar 2 *(constitute)* componer 3 *(one's thoughts)* poner en orden ◇ *intr.* MUS componer **to be composed of** *componerse de, estar compuesto de.*

com·posed [kəm'pəʊzd] *adj. (calm)* sereno, sosegado, tranquilo.

com·pos·er [kəm'pəʊzə ʳ] *n.* compositor.

com·po·si·tion [kompə'zɪʃən] *n.* 1 *(gen)* composición *f*. 2 *(essay)* redacción *f*. 3 *(substance)* mezcla ◇ *adj.* sintético.

com·post ['kompost] *n.* abono orgánico, abono vegetal.

com·pound¹ [*(adj-n)* 'kompaʊnd; *(vb)* kəm'paʊnd] *adj.* compuesto ◇ *n.* 1 CHEM compuesto 2 *(substance)* mezcla 3 LING palabra compuesta ◇ *tr.* 1 *(mix)* componer, combinar, mezclar 2 *(worsen, exacerbate · problem)* agravar, exacerbar *(· difficulty)* acrecentar, aumentar ◇ *intr.* COMM *(reach agreement)* transigir (for, en) **compound fracture** *fractura complicada* **compound interest** *interés m.* compuesto **compound sentence** *frase f.* compuesta.

com·pound² ['kompaʊnd] *n. (enclosed area)* recinto.

com·pre·hend [komprɪ'hend] *tr.* 1 *(understand)* comprender 2 *(fml. use) (include)* comprender, abarcar.

com·pre·hen·si·ble [komprɪ'hensəbəl] *adj.* comprensible.

com·pre·hen·sion [komprɪ'henʃən] *n.* comprensión *f*.

com·pre·hen·sive [komprɪ'hensɪv] *adj. (thorough)* detallado, global, completo *(broad)* amplio, extenso **comprehensive insurance** *seguro a todo riesgo.*

com·pre·hen·sive·ly [komprɪ'hensɪvlɪ] *adv.* exhaustivamente.

com·prise [kəm'praɪz] *tr. (consist of, be made up of)* comprender, constar de *(constitute, form)* componer, constituir.

com·pro·mise ['komprəmaɪz] *n.* acuerdo mutuo, término medio, compromiso, solución *f*. de compromiso ◇ *intr.* llegar a un acuerdo, transigir ◇ *tr. (endanger, weaken)* comprometer **to reach a compromise** *llegar a un acuerdo, llegar a un compromiso.*

com·pro·mis·ing ['komprəmaɪzɪŋ] *adj. (situation)* comprometido, comprometedor *(evidence, details, document)* comprometedor.

com·pul·sion [kəm'pʌlʃən] *n.* 1 *(force)* obligación *f*, coacción *f*. 2 *(urge)* compulsión *f*.

com·pul·sive [kəm'pʌlsɪv] *adj.* 1 *(compelling, fascinating)* fascinante, irresistible, absorbente 2 *(obsessive)* obsesivo.

com·pul·so·ry [kəm'pʌlsərɪ] *adj. (subject, military service)* obligatorio *(retirement, redundancy)* forzoso.

com·pu·ta·tion [kompjʊ'teɪʃən] *n.* cálculo, cómputo.

com·pute [kəm'pjuːt] *tr.* computar, calcular.

com·put·er [kəm'pjuːtə ʳ] *n.* ordenador *m.* computadora **computer game** *juego de computadora* **computer programmer** *programador de computadoras* **computer science** *informática.*

com·put·er·i·za·tion [kəmpjuːtəraɪ'zeɪʃən] *n. (of data)* computerización *f*, computadorización *f*. *(of system, business)* informatización *f*.

com·put·er·ize [kəm'pjuːtəraɪz] *tr. (data)* computarizar, computerizar *(system, business)* informatizar.

com·put·ing [kəm'pjuːtɪŋ] *n.* informática.

con¹ [kon] *n. (fam. use)* estafa, timo ◇ *tr. pt.* & *pp.* **conned**, *ger.* **conning** *(fam. use) (money)* estafar, timar *(person)* embaucar, engañar **con man/con artist/con merchant** *(fam. use)* estafador *m.* **con trick** *(fam. use)* estafa, timo.

con² [kon] *noun [sl.]* VER: **convict**.

con³ [kon] *n. (disadvantage)* contra *m*. **NOTA:** Ver también **pro**.

con·cave [kon'keɪv] *adj.* cóncavo.

con·ceal [kən'siːl] *tr. (gen)* ocultar *(facts)* encubrir *(feelings)* disimular.

con·cealed [kən'siːld] *adj. (gen)* oculto *(lighting)* indirecto **"Concealed entrance"** *"Entrada sin visibilidad"* **"Concealed exit"** *"Salida sin visibilidad".*

con·cede [kən'siːd] *tr.* 1 *(admit)* reconocer, admitir 2 *(allow, give away)* conceder ◇ *intr.* ceder, rendirse **to concede defeat** *admitir la derrota.*

con·ceit [kən'siːt] *n. (pride)* vanidad *f*, presunción *f*, engreimiento.

con·ceit·ed [kən'siːtɪd] *adj.* engreído, presuntuoso, vanidoso.

con·ceiv·a·ble [kən'siːvəbəl] *adj.* concebible, imaginable.

con·ceiv·a·bly [kən'siːvəblɪ] *adv.* posiblemente.

con·ceive [kən'siːv] *tr.* 1 *(child)* concebir 2 *(devise, think up)* concebir 3 *(understand)* entender ◇ *intr.* concebir.

con·cen·trate ['konsəntreɪt] *n.* concentrado ◇ *tr. (gen)* concentrar (on, en) ◇ *intr.* 1 *(person)* concentrarse (on, en) *(talks, book, government)* centrarse (on, en) 2 *(gather together)* concentrarse.

con·cen·trat·ed [ˈkɒnsəntreɪtɪd] *adj.* (*solution, etc.*) concentrado (*study, effort, fire*) intenso.

con·cen·tra·tion [kɒnsənˈtreɪʃən] *n.* (*gen*) concentración *f.* (on, en) **concentration camp** campo de concentración.

con·cen·tric [kənˈsentrɪk] *adj.* concéntrico.

con·cept [ˈkɒnsept] *n.* concepto.

con·cep·tion [kənˈsepʃən] *n.* **1** (*of child, idea, plan*) concepción *f.* **2** (*idea*) concepto, idea, noción *f.*

con·cep·tu·al [kənˈseptjʊəl] *adj.* conceptual.

con·cern [kənˈsɜːn] *n.* **1** (*worry*) preocupación *f,* inquietud *f.* **2** (*interest*) interés *m.* (*affair*) asunto **3** COMM (*company, business*) negocio ◇ *tr.* **1** (*affect, involve*) afectar, concernir, importar (*interest*) interesar **2** (*worry*) preocupar **3** (*book, film, article, etc.*) tratar de **to whom it may concern** a quien corresponda.

con·cerned [kənˈsɜːnd] *adj.* (*affected*) afectado (*involved*) involucrado (*worried*) preocupado (about/ for, por) **as far as I'm concerned** por lo que a mí se refiere, por lo que a mí respecta **where something is concerned** en cuanto a algo.

con·cern·ing [kənˈsɜːnɪŋ] *prep.* referente a, con respecto a, en cuanto a, respecto a.

con·cert [ˈkɒnsət] *n.* concierto **in concert** (*live*) en concierto, en directo **concert grand** piano de cola, piano de concierto **concert hall** sala de conciertos.

con·cert·go·er [ˈkɒnsətgəʊə ʳ] *n.* persona que asiste a conciertos a menudo.

con·ces·sion [kənˈseʃən] *n.* **1** (*act or thing granted*) concesión *f.* (to, a) **2** COMM concesión *f.* **"Concessions"** (*reduced entrance price*) *"Tarifa reducida" para estudiantes, jubilados, parados.*

con·cise [kənˈsaɪs] *adj.* conciso **concise dictionary** diccionario abreviado.

con·cise·ly [kənˈsaɪslɪ] *adv.* con concisión.

con·clude [kənˈkluːd] *tr.* **1** (*end*) concluir, finalizar **2** (*settle - deal*) cerrar (*- agreement*) llegar a (*- treaty*) firmar **3** (*deduce*) concluir, llegar a la conclusión de ◇ *intr.* **1** concluir, terminar.

con·clud·ing [kənˈkluːdɪŋ] *adj.* final.

con·clu·sion [kənˈkluːʒən] *n.* **1** (*decision*) conclusión *f.* **2** (*end*) final *m.* conclusión *f.* **3** (*settling - of deal*) cierre *m.* (*- of treaty*) firma **in conclusion** para concluir, como conclusión, en conclusión **to jump to conclusions** precipitarse (a sacar conclusiones).

con·clu·sive [kənˈkluːsɪv] *adj.* (*evidence, proof*) concluyente, definitivo (*argument*) concluyente, decisivo.

con·course [ˈkɒŋkɔːs] *n.* **1** (*hall*) vestíbulo (*in station*) explanada **2** [*fml. use*] (*gathering*) concurrencia, concurso.

con·crete [ˈkɒŋkriːt] *adj.* **1** (*definite, not abstract*) concreto **2** (*made of concrete*) de hormigón ◇ *n.* hormigón *m.* ◇ *tr.* (*wall*) revestir de hormigón (*ground*) pavimentar.

con·cur·rent [kənˈkʌrənt] *adj.* (*in time*) simultáneo, concurrente.

con·cus·sion [kənˈkʌʃən] *n.* MED conmoción *f.* cerebral.

con·demn [kənˈdem] *tr.* **1** (*criticize, denounce*) condenar, censurar **2** (*sentence*) condenar **3** (*building*) declarar en ruina.

con·dem·na·tion [kɒndemˈneɪʃən] *n.* **1** (*strong disapproval*) condena, repulsa (*criticism*) crítica **2** JUR condena.

con·demned [kənˈdemd] *adj.* **1** (*person*) condenado **2** (*building*) que ha sido declarado en ruina **condemned cell** celda de los condenados a muerte.

con·den·sa·tion [kɒndenˈseɪʃən] *n.* **1** CHEM (*process*) condensación *f.* (*on glass*) vaho **2** (*of report, history, etc.*) condensación *f.*

con·dense [kənˈdens] *tr.* **1** CHEM condensar **2** (*shorten*) condensar, abreviar, resumir ◇ *intr.* CHEM condensarse.

con·densed [kənˈdenst] *adj.* condensado.

con·de·scend [kɒndɪˈsend] *intr.* **1** (*deign*) condescender, dignarse **2** (*patronize*) tratar con condescendencia.

con·de·scend·ing [kɒndɪˈsendɪŋ] *adj.* (*attitude, answer*) condescendiente.

con·di·tion [kənˈdɪʃən] *n.* **1** (*state*) condición *f,* estado **2** (*requirement, provision*) condición *f.* **3** MED afección *f,* enfermedad *f.* ◇ *tr.* **1** (*determine, accustom*) condicionar **2** (*treat - hair*) acondicionar, suavizar ◇ *npl.* **conditions** (*circumstances*) condiciones *fpl.* **on condition that** a condición de que **on no condition** de ningún modo **to be out of condition** (*unfit*) no estar en forma **conditioned reflex** reflejo condicionado.

con·di·tion·al [kənˈdɪʃənəl] *adj.* condicional ◇ *n.* **the conditional** LING el condicional *m.* **to be conditional upon something** estar condicionado a algo.

con·di·tion·er [kənˈdɪʃənə ʳ] *n.* (*for hair*) acondicionador *m.* suavizante *m.*

con·do·lence [kənˈdəʊləns] *n.* condolencia, pésame *m. npl.* condolencias pésame *m. sing.* please **accept my condolences** le acompaño en el sentimiento **to send one's condolences** dar el pésame.

con·dom [ˈkɒndəm] *n.* condón *m.* preservativo.

con·do·min·i·um [kɒndəˈmɪnɪəm] *n.* **1** POL condominio **2** (*apartment block*) bloque *m.* de pisos (*apartment*) apartamento, piso.

con·done [kənˈdəʊn] *tr.* (*person*) aprobar, consentir (*action, behavior*) consentir.

con·duct [(*n*) ˈkɒndʌkt; (*vb*) kənˈdʌkt] *n.* **1** (*behavior*) conducta, comportamiento **2** (*management*) dirección *f,* gestión *f,* administración *f.* ◇ *tr.* **1** (*direct - survey, campaign*) llevar a cabo, realizar (*- business*) administrar **2** (*lead, guide*) conducir, guiar **3** (*transmit - heat, etc.*) conducir **4** MUS dirigir ◇ *intr.* MUS dirigir **conducted tour** visita acompañada.

con·duc·tor [kənˈdʌktə ʳ] *n.* **1** (*of heat, electricity*) conductor *m.* **2** (*of orchestra*) director de orquesta **3** (*on bus*) cobrador **4** (*on train*) jefe de tren.

cone [kəʊn] *n.* **1** (*shape, for traffic*) cono **2** (*for ice cream*) cucurucho **3** BOT (*fruit of pine, etc.*) piña.

con·fec·tion·er·y [kənˈfekʃənərɪ] *n.* dulces *mpl.*

con·fed·er·a·tion [kənfedəˈreɪʃən] *n.* confederación *f.*

con·fer·ence [ˈkɒnfərəns] *n.* **1** (*large event, convention*) congreso, conferencia **2** (*meeting*) reunión *f,* conferencia, junta **to be in conference** estar reunido **conference room** sala de reuniones.

con·fess [kənˈfes] *tr.* confesar ◇ *intr.* **1** (*admit*) confesar **2** REL confesarse.

con·fes·sion [kənˈfeʃən] *n.* confesión *f.* **to go to confession** ir a confesarse **to make a confession** confesar, hacer una confesión.

con·fet·ti [kənˈfetɪ] *n.* confeti *m.*

con·fide [kənˈfaɪd] *tr.* **1** (*tell*) confiar **2** [*fml. use*] (*entrust*) confiar (to, a).

con·fi·dence [ˈkɒnfɪdəns] *n.* **1** (*trust, faith*) confianza (in, en), fe *f.* (in, en) **2** (*self-confidence*) confianza, seguridad *f.* **3** (*secrecy*) confianza **4** (*secret*) confidencia **to take somebody in to one's confidence** depositar su confianza en alguien.

con·fi·dent ['kɒnfɪdənt] adj. 1 (certain) seguro 2 (self-confident) seguro de sí mismo **to be confident of something** confiar en algo.

con·fi·den·tial [kɒnfɪ'denʃəl] adj. confidencial.

con·fi·den·ti·al·i·ty [kɒnfɪdenʃɪ'ælətɪ] n. confidencialidad f, reserva.

con·fid·ing [kən'faɪdɪŋ] adj. confiado.

con·fine [kən'faɪn] tr. 1 (person) confinar, recluir (animal) encerrar 2 (limit, restrict) limitar **to be confined to bed** tener que guardar cama.

con·fined [kən'faɪnd] adj. (space) reducido, limitado.

con·firm [kən'fɜːm] tr. 1 (prove true, verify) confirmar 2 (ratify) ratificar 3 REL confirmar.

con·fir·ma·tion [kɒnfə'meɪʃən] n. 1 (proof, verification) confirmación f. 2 (ratification) ratificación f. 3 REL confirmación f.

con·firmed [kən'fɜːmd] adj. (inveterate) empedernido.

con·fis·cate ['kɒnfɪskeɪt] tr. confiscar.

con·fis·ca·tion [kɒnfɪs'keɪʃən] n. confiscación f.

con·flict [(n) 'kɒnflɪkt; (vb) kən'flɪkt] n. conflicto ⋄ intr. chocar (with, con), estar en conflicto (with, con), entrar en desacuerdo (with, con) **to come into conflict with somebody/something** entrar en conflicto con alguien/algo.

con·flict·ing [kən'flɪktɪŋ] adj. (evidence, accounts) contradictorio (opinions, interests) contrario, opuesto.

con·form [kən'fɔːm] intr. 1 (comply with rules, standards, regulations) ajustarse (to/with, a), someterse (to/with, a), cumplir (to/with, con) 2 (agree, be consistent with) avenirse (to, a), conformarse (to/with, con), concordar (with, con) 3 (fit in, behave like other people) ser conformista.

con·form·ist [kən'fɔːmɪst] adj. conformista, convencional ⋄ n. conformista mf.

con·front [kən'frʌnt] tr. 1 (enemy, opponent) hacer frente a, plantar cara a, enfrentarse a 2 (task, difficulty, reality) enfrentar, enfrentarse a, afrontar, hacer frente a **to confront somebody with somebody/something** poner a alguien cara a cara con alguien/algo.

con·fron·ta·tion [kɒnfrʌn'teɪʃən] n. 1 (dispute, conflict, opposition) confrontación f, enfrentamiento 2 JUR (of witnesses) careo.

con·fuse [kən'fjuːz] tr. 1 (make unclear, muddle) confundir, complicar, confuso 2 (bewilder) desconcertar, confundir, desorientar 3 (mix up, mistake) confundir.

con·fused [kən'fjuːzd] adj. 1 (person) confundido, desconcertado, turbado 2 (mind, ideas, account) confuso **to get confused** confundirse.

con·fus·ing [kən'fjuːzɪŋ] adj. confuso.

con·fu·sion [kən'fjuːʒən] n. confusión f.

con·gest·ed [kən'dʒestɪd] adj. 1 (with traffic) colapsado, congestionado (with people) abarrotado de gente, repleto de gente 2 MED congestionado.

con·ges·tion [kən'dʒestʃən] n. 1 (with traffic) congestión f. (with people) aglomeración f. 2 MED congestión f.

Con·go ['kɒŋgəʊ] n. Congo.

Con·go·lese [kɒŋgə'liːz] adj. congoleño ⋄ n. congoleño npl.

con·grat·u·late [kən'grætjʊleɪt] tr. felicitar (on, por), dar la enhorabuena a (on, por).

con·grat·u·la·tion [kən'grætjʊleɪʃən] n. felicitación f. npl. **congratulations** felicitaciones fpl., enhorabuena ⋄ interj. **congratulations!** ¡felicidades! fpl., ¡enhorabuena!

con·gress ['kɒŋgres] n. congreso n. **Congress** el Congreso.

Con·gres·sman ['kɒŋgresmən] n. miembro del Congreso, congresista m.

Con·gress·wom·an ['kɒŋgreswʊmən] n. pl. **Congresswomen** ['kɒŋgreswɪmɪn] miembro f. del Congreso, congresista.

con·gru·ent ['kɒŋgrʊənt] adj. MATH congruente.

con·i·cal ['kɒnɪkəl] adj. cónico.

co·nif·er·ous [kə'nɪfərəs] adj. conífero.

con·ju·gate ['kɒndʒəgeɪt] tr. conjugar ⋄ intr. conjugarse.

con·ju·ga·tion [kɒndʒə'geɪʃən] n. conjugación f.

con·junc·tion [kən'dʒʌŋkʃən] n. conjunción f. **in conjunction with** conjuntamente con.

con·jure ['kʌndʒə] intr. hacer magia, conjuro ⋄ tr. También to conjure up (by magic) hacer aparecer como por arte de magia (meal, etc.) preparar, improvisar. **to conjure up** tr. sep. (evoke - memories) evocar, traer a la memoria (summon - spirits) invocar.

con·jur·ing ['kʌndʒərɪŋ] n. magia, prestidigitación f. **conjuring trick** truco de magia, juego de manos.

con·ju·ror ['kʌndʒərə] n. mago, prestidigitador.

con·nect [kə'nekt] tr. 1 (join, attach - gen) unir, enlazar, conectar (- wires, cables, pipes) empalmar, conectar (- rooms, buildings) comunicar, unir (- cities) unir, conectar 2 (join to power supply) conectar, enchufar 3 (associate) relacionar, asociar 4 (on telephone) poner (with, con) ⋄ intr. 1 (join, link - gen) unirse (- rooms) comunicarse (- wires, cables, pipes) empalmar, conectarse 2 (be fitted) estar conectado (to, a) 3 (train, flight) enlazar (with, con), empalmar (with, con) 4 (fam. use) (blow, punch) arrear.

con·nect·ed [kə'nektɪd] adj. 1 (related, joined) relacionado, conectado 2 (to power supply) conectado, enchufado 3 (related by birth) emparentado **to be well connected** tener buenos contactos, tener enchufe.

con·nect·ing [kə'nektɪŋ] adj. (rooms) que se comunican (door) que comunica (flight, train) de enlace.

con·nec·tion [kə'nekʃən] n. 1 (link) unión f, enlace m. 2 (electrical) conexión f, empalme m. 3 (relation) relación f, conexión f. 4 (train, plane) conexión f, enlace m. npl. **connections** (professional) contactos mpl. (relatives) familia, parientes mpl. **in connection with** en relación con, con relación a **to have connections** [fam. use] tener enchufe.

con·quer ['kɒŋkə] tr. (country, mountain, heart) conquistar (enemy, disease, fear) vencer.

con·quer·or ['kɒŋkərə] n. conquistador, vencedor.

con·quest ['kɒŋkwest] n. conquista.

con·science ['kɒnʃəns] n. conciencia **in all conscience** en conciencia **to have a clear conscience** tener la conciencia limpia, **to have a guilty conscience** sentirse culpable, **to have something on one's conscience** remorderle a uno la conciencia.

con·sci·en·tious [kɒnʃɪ'enʃəs] adj. (work) concienzudo (person) aplicado, serio **conscientious objector** objetor de conciencia.

con·scious ['kɒnʃəs] adj. 1 MED consciente 2 (aware) consciente 3 (intentional, deliberate) deliberado **to be conscious of something** ser consciente de algo, tener conciencia de algo.

con·scious·ness ['kɒnʃəsnəs] n. 1 MED conocimiento 2 (awareness) conciencia **to lose consciousness** perder el conocimiento.

con·script [(n) 'kɒnskrɪpt; (vb) kən'skrɪpt] n. recluta ⋄ tr. reclutar.

con·scrip·tion [kən'skrɪpʃən] n. servicio militar obligatorio.

con·sec·u·tive [kən'sekjʊtɪv] adj. consecutivo.

con·sen·sus [kən'sensəs] n. consenso.

con·sent [kən'sent] *n.* consentimiento ⋄ *intr.* consentir (to, en), acceder (to, en) **by common consent** de común acuerdo **consenting adults** adultos que actúan libremente.

con·se·quence ['kɒnsɪkwəns] *n.* **1** *(result)* consecuencia **2** *(importance)* importancia, trascendencia **in consequence** por consiguiente **to take the consequences** aceptar las consecuencias, atenerse a las consecuencias.

con·se·quent ['kɒnsɪkwənt] *adj.* consiguiente **to be consequent on** ser debido a, ser resultado de, resultar de.

con·se·quen·tial [kɒnsɪ'kwenʃəl] *adj.* **1** *(resultant)* consiguiente, resultante **2** *(fml. use) (important)* importante, trascendente.

con·se·quent·ly ['kɒnsɪkwəntlɪ] *adv.* por consiguiente.

con·ser·va·tion [kɒnsə'veɪʃən] *n.* conservación *f.* **conservation area** zona protegida.

con·ser·va·tion·ist [kɒnsə'veɪʃənɪst] *n.* ecologista *mf.*

con·serv·a·tive [kən'sɜ:vətɪv] *adj.* **1** *(traditional)* conservador **2** *(cautious)* cauteloso, prudente ⋄ *n.* *(traditionalist)* conservador ⋄ *adj.* **Conservative** POL conservador *n.*

con·serv·a·to·ry [kən'sɜ:vətrɪ] *n. pl.* **conservatories 1** MUS conservatorio **2** *(greenhouse)* invernadero.

con·serve [kən'sɜ:v] *tr. (nature, wildlife, etc.)* conservar, proteger *(save)* conservar, ahorrar *(resources)* conservar, preservar ⋄ *n.* CULIN *(jam)* confitura.

con·sid·er [kən'sɪdə *ʳ*] *tr.* **1** *(think about, examine, contemplate)* considerar **2** *(regard as)* considerar **3** *(take into account)* tener en cuenta, considerar **all things considered** pensándolo bien, bien mirado.

con·sid·er·a·ble [kən'sɪdərəbəl] *adj.* considerable.

con·sid·er·ate [kən'sɪdərət] *adj.* considerado, atento.

con·sid·er·a·tion [kənsɪdə'reɪʃən] *n.* **1** *(thoughtfulness)* consideración *f.* **2** *(factor to consider)* factor *m.* a tener en cuenta, factor *m.* que se tiene en cuenta **3** *(attention, thought)* consideración *f,* atención *f.* **to take something into consideration** tomar algo en consideración.

con·sid·er·ing [kən'sɪdərɪŋ] *prep.* teniendo en cuenta ⋄ *conj.* teniendo en cuenta que, dado que ⋄ *adv.* después de todo.

con·sist [kən'sɪst] *intr.* **1** *(fml. use) (have as chief element)* consistir (in, en) **2** *(comprise, be composed of)* constar (of, de), estar compuesto (of, de).

con·sist·en·cy [kən'sɪstənsɪ] *n.* **1** *(of actions, behavior, policy)* consecuencia, coherencia, lógica **2** *(of mixture)* consistencia.

con·sist·ent [kən'sɪstənt] *adj. (of person, behavior, beliefs)* coherente (with, con), consecuente (with, con) *(denial, improvement)* constante **to be consistent with something** ser consecuente con algo.

con·so·la·tion [kɒnsə'leɪʃən] *n.* consuelo **consolation prize** premio de consolación.

con·sole¹ ['kɒnsəʊl] *n. (electrical)* consola *(video games)* consola.

con·sole² [kən'səʊl] *tr.* consolar.

con·sol·i·date [kən'sɒlɪdeɪt] *tr.* **1** *(gen)* consolidar **2** COMM *(merge)* fusionar ⋄ *intr.* **1** *(gen)* consolidarse **2** COMM *(merge)* fusionarse.

con·sol·i·da·tion [kənsɒlɪ'deɪʃən] *n.* **1** *(gen)* consolidación *f.* **2** COMM *(merge)* fusión *f.*

con·spic·u·ous [kən'spɪkjʊəs] *adj. (clothes)* llamativo *(mistake, difference, lack)* evidente, obvio **to be conspicuous by one's absence** brillar por su ausencia **to make oneself conspicuous** llamar la atención **conspicuous consumption** consumo ostentoso.

con·spir·a·cy [kən'spɪrəsɪ] *n. pl.* **conspiracies** conspiración *f.* **conspiracy theory** teoría de la conspiración.

con·spire [kən'spaɪə *ʳ*] *intr. (people)* conspirar (against, contra) *(events)* conspirar, confabularse.

con·stant ['kɒnstənt] *adj.* **1** *(continual)* continuo, constante **2** *(unchanging)* constante **3** *(loyal)* leal, fiel ⋄ *n.* constante *f.*

con·stant·ly ['kɒnstəntlɪ] *adv.* constantemente, continuamente.

con·stel·la·tion [kɒnstə'leɪʃən] *n.* constelación *f.*

con·sti·pat·ed ['kɒnstɪpeɪtɪd] *adj.* estreñido.

con·sti·tu·tion [kɒnstɪ'tju:ʃən] *n.* **1** *(gen)* constitución *f.* **2** *(of person)* constitución *f,* complexión *f.*

con·sti·tu·tion·al [kɒnstɪ'tju:ʃənəl] *adj.* constitucional.

con·struct [kən'strʌkt] *tr. (gen)* construir *(model)* armar, montar.

con·struc·tion [kən'strʌkʃən] *n.* **1** *(gen)* construcción *f.* **2** *fig. use (meaning)* interpretación *f.* **to be under construction** estar en construcción **construction industry** industria de la construcción **construction site** obra.

con·struc·tive [kən'strʌktɪv] *adj.* constructivo.

con·struc·tor [kən'strʌktə *ʳ*] *n.* constructor.

con·sul ['kɒnsəl] *n.* cónsul *mf.*

con·su·late ['kɒnsjəlæt] *n.* consulado.

con·sult [kən'sʌlt] *tr.* consultar ⋄ *intr.* consultar.

con·sult·ant [kən'sʌltənt] *n. (expert, advisor)* asesor, consultor.

con·sul·ta·tion [kɒnsəl'teɪʃən] *n.* **1** *(act, process)* consulta **2** MED consulta **3** *(discussion)* discusión *f,* conversación *f. (meeting)* reunión *f.*

con·sult·ing [kən'sʌltɪŋ] *adj. (architect, engineer)* asesor, consultor **consulting room** MED consulta.

con·sume [kən'sju:m] *tr. (gen)* consumir *(fire)* consumir, reducir a cenizas.

con·sum·er [kən'sju:mə *ʳ*] *n.* consumidor **consumer advice** orientación *f.* al consumidor **consumer goods** artículos mpl. de consumo, bienes mpl. de consumo **consumer rights** derechos mpl. del consumidor.

con·sump·tion [kən'sʌmpʃən] *n. (of food, energy, resources)* consumo.

cont¹ ['kɒntents] *abbr. (contents)* contenido.

cont² [kɒn'tɪnju:d] *abbr. (continued)* sigue.

con·tact ['kɒntækt] *n. (gen)* contacto ⋄ *tr.* ponerse en contacto con, contactar con **to avoid eye contact with somebody** evitar mirar a alguien a los ojos **to break contact** ELEC interrumpir el contacto **to come into contact with something** *(touch)* hacer contacto con algo **to make contact** ELEC hacer contacto **to make contact with** *(touch)* tocar *(get in touch)* establecer contacto con, entrar en contacto con **contact lenses** lentillas fpl., lentes fpl. de contacto **contact number** teléfono de contacto **contact sport** deporte *m.* en el que hay contacto físico.

con·ta·gious [kən'teɪdʒəs] *adj.* contagioso.

con·tain [kən'teɪn] *tr.* **1** *(hold)* contener **2** *(hold back, restrain, control)* contener.

con·tain·er [kən'teɪnə *ʳ*] *n.* **1** *(receptacle)* recipiente *m. (packaging)* envase *m.* **2** *(for transporting goods)* contenedor *m.* contáiner *m.* **container ship** portacontenedores *m.*

con·tam·i·nate [kən'tæmɪneɪt] *tr.* contaminar.

con·tam·i·na·tion [kəntæmɪ'neɪʃən] *n.* contaminación *f.*

con·tem·plate ['kɒntempleɪt] tr. 1 (look at) contemplar (consider thoughtfully) considerar, contemplar 2 (consider possibility of) considerar, pensar (en) (expect) prever 3 (meditate) meditar sobre ◇ intr. 1 pensar 2 (meditate) meditar.

con·tem·pla·tion [kɒntem'pleɪʃən] n. 1 (act of looking at) contemplación f. (deep thought, meditation) reflexión f., meditación f. 2 (consideration, intention) intención f.

con·tem·po·rar·y [kən'tempərərɪ] adj. 1 (of the same period) contemporáneo, coetáneo 2 (modern) contemporáneo, actual.

con·tempt [kən'tempt] n. desprecio, desdén m. menosprecio **to be beneath contempt** ser despreciable **to hold something/somebody in contempt** despreciar algo/a alguien.

con·tend [kən'tend] intr. 1 (compete) contender, competir 2 (deal with, struggle against) enfrentarse a, lidiar con ◇ tr. (claim, state) sostener, afirmar.

con·tent[1] ['kɒntent] n. contenido npl. **contents** contenido m. sing.

con·tent[2] [kən'tent] adj. contento, satisfecho ◇ n. contento ◇ tr. contentar, satisfacer **not content with...** no contento con... **to be content with** contentarse con, conformarse con **to content oneself with** contentarse con, conformarse con.

con·tent·ment [kən'tentmənt] n. contento, satisfacción f.

con·test [(n) 'kɒntest; (vb) kən'test] n. 1 (competition - gen) concurso (- sports) competición f. (- boxing) combate m. 2 (struggle, attempt) contienda, lucha ◇ tr. 1 (championship, seat) competir por, luchar por, disputarse (election) presentar como candidato a 2 (dispute) refutar, rebatir **no contest!** ¡ni comparación!

con·test·ant [kən'testənt] n. (in competition, quiz, game) concursante mf. (for post, position) candidato, aspirante mf.

con·text ['kɒntekst] n. contexto.

con·ti·nent ['kɒntɪnənt] n. continente m. n.

con·ti·nen·tal [kɒntɪ'nentəl] adj. continental **continental drift** deriva continental.

con·tin·u·al [kən'tɪnjʊəl] adj. continuo, constante.

con·tin·u·a·tion [kəntɪnju'eɪʃən] n. 1 (resumption) continuación f. (prolongation) prolongación f. 2 (extension) prolongación f, continuación f. 3 (adjournment) aplazamiento.

con·tin·ue [kən'tɪnju:] tr. continuar, seguir con ◇ intr. continuar, seguir **to be continued** continuará **to continue doing something, continue to do something** continuar haciendo algo, seguir haciendo algo.

con·tin·ued [kən'tɪnju:d] adj. continuo, ininterrumpido.

con·tin·u·ing [kən'tɪnjʊɪŋ] adj. continuado **continuing education** educación f. para adultos.

con·tin·u·ous [kən'tɪnjʊəs] adj. continuo **past continuous** LING pasado continuo **present continuous** LING presente m. continuo.

con·tour ['kɒntʊə[r]] n. contorno **contour line** línea de nivel **contour map** mapa topográfico.

con·tra·band ['kɒntrəbænd] n. contrabando.

con·tra·cep·tion [kɒntrə'sepʃən] n. anticoncepción f.

con·tra·cep·tive [kɒntrə'septɪv] adj. anticonceptivo ◇ n. anticonceptivo.

con·tract [(n) 'kɒntrækt; (vb) kən'trækt] n. (gen) contrato (for public work, services) contrata ◇ tr. 1 (place under contract) contratar 2 (make smaller) contraer 3 (fml. use) (debt, habit, illness) contraer ◇ intr. 1 (enter into agreement) hacer un contrato, firmar un contrato 2 (become smaller) contraerse **breach of contract** incumplimiento de contrato **to be under con-**

tract (to somebody) tener un contrato (con alguien) **to contract to do something** comprometerse por contrato a hacer algo **to enter into a contract (with somebody)** hacer un contrato (con alguien) **to put something out to contract** sacar algo a concurso (público). **to contract out** tr. sep. (job, work) subcontratar.

con·trac·tion [kən'trækʃən] n. contracción f.

con·trac·tor [kən'træktə[r]] n. contratista mf.

con·trac·tu·al [kən'træktʊəl] adj. contractual.

con·tra·dict [kɒntrə'dɪkt] tr. (gen) contradecir ◇ intr. contradecir **to contradict oneself** contradecirse.

con·tra·dic·tion [kɒntrə'dɪkʃən] n. contradicción f.

con·tra·dic·to·ry [kɒntrə'dɪktərɪ] adj. contradictorio.

con·trar·y [(adj) 'kɒntrərɪ; (n) kən'treərɪ] adj. 1 (opposite) contrario (stubborn) terco, obstinado, tozudo ◇ n. **the contrary** lo contrario **contrary to** en contra de, al contrario de, contrariamente a **on the contrary** (however) por el contrario (quite the reverse) todo lo contrario, al contrario.

con·trast [(n) 'kɒntrɑ:st; (vb) kən'trɑ:st] n. contraste m. ◇ tr. contrastar, comparar ◇ intr. contrastar **by contrast/in contrast** por contraste **in contrast to/with** en contraste con, a diferencia de **to be a contrast to somebody/something** contrastar con alguien/algo **to contrast something with somebody/something** comparar alguien/algo con alguien/algo.

con·trast·ing [kən'trɑ:stɪŋ] adj. 1 opuesto.

con·trib·ute [kən'trɪbju:t] tr. (money) contribuir (to, a), (towards, para) (ideas, information) aportar 2 (article, poem, etc.) escribir ◇ intr. 1 (gen) contribuir (to, a), (towards, para) (in discussion) participar (to, en) 2 (to newspaper, magazine, etc.) colaborar (to, en), escribir (to, para).

con·tri·bu·tion [kɒntrɪ'bju:ʃən] n. 1 (of money) contribución f, aportación f. 2 (of ideas, experience, etc.) aportación f. 2 (to newspaper, etc.) colaboración f. 3 (participation) participación f, intervención f.

con·trived [kən'traɪvd] adj. artificial, forzado, afectado.

con·trol [kən'trəʊl] tr. 1 (govern, rule) controlar 2 (have control over - person, animal, vehicle) controlar (- emotions) controlar, dominar 3 (regulate - temperature, volume, pressure, rate, flow) controlar, regular (- traffic) dirigir (- prices, inflation, spending) controlar 4 (verify, check) controlar ◇ n. 1 (power, command) poder m. dominio, mando (authority) autoridad f. 2 (restriction, means of regulating) control m. 3 (place, people in control) control m. 4 TECH (standard of comparison) patrón m. de comparación 5 (switch, button) botón m. mando npl. **controls** (of vehicle) mandos mpl. **out of control** fuera de control **under control** bajo control **to be beyond somebody's control** estar fuera del control de alguien **to be in control** estar al mando, mandar **to bring something under control** conseguir controlar algo, llegar a controlar algo **to control oneself** controlarse **to gain control of something** hacerse con el control de algo **to go out of control** descontrolarse **to lose control of something** perder el control de algo **control panel** tablero de instrumentos **control room** (military) centro de operaciones **control tower** torre f. de control **passport control** control m. de pasaportes **price controls** control m. de precios **traffic control** control m. de tráfico.

con·trol·ler [kən'trəʊlə[r]] n. 1 (financial) interventor 2 (in broadcasting) director de programación **air traffic controller** controlador aéreo.

con·trol·ling [kənˈtrəʊlɪŋ] *adj.* controlador **controlling interest** participación *f.* mayoritaria.

con·tro·ver·sial [kɒntrəˈvɜːʃəl] *adj.* controvertido, polémico.

con·tro·ver·sy [kənˈtrɒvəsɪ] *n. pl.* **controversies** controversia, polémica.

con·vec·tion [kənˈvekʃən] *n.* convección *f.* **convection heater** estufa *f.* de convección.

con·ven·ience [kənˈviːnɪəns] *n.* conveniencia, comodidad *f.* **at your earliest convenience** a la mayor brevedad posible **convenience food** comida precocinada.

con·ven·ient [kənˈviːnɪənt] *adj. (time, arrangement)* conveniente, oportuno *(thing)* práctico, cómodo *(place - near, easy to reach)* bien situado.

con·vent [ˈkɒnvənt] *n.* convento **convent school** colegio de monjas.

con·ven·tion [kənˈvenʃən] *n.* **1** *(conference)* convención *f,* congreso **2** *(tacit agreement, custom)* convención *f.* **3** *(treaty)* convención *f.*

con·ven·tion·al [kənˈvenʃənəl] *adj. (gen)* convencional *(style)* tradicional, clásico.

con·ver·sa·tion [kɒnvəˈseɪʃən] *n.* conversación *f.* **to have a conversation about something** hablar de algo, conversar sobre algo **to hold a conversation** mantener una conversación.

con·ver·sa·tion·al [kɒnvəˈseɪʃənəl] *adj.* coloquial, familiar.

con·verse¹ [ˈkɒnvɜːs] *adj.* opuesto, contrario ◇ *n.* **the converse** lo opuesto, lo contrario.

con·verse² [kənˈvɜːs] *intr.* conversar, hablar.

con·verse·ly [kənˈvɜːslɪ] *adv.* a la inversa.

con·ver·sion [kənˈvɜːʃən] *n.* **1** *(gen)* conversión *f.* (to, a), (into, en) *(of buildings)* transformación *f.* **2** REL conversión *f.* **3** SP *(in rugby)* transformación *f,* conversión *f.* **conversion table** tabla *f.* de conversión.

con·vert [(vb) kənˈvɜːt; (n) ˈkɒnvɜːt] *tr.* **1** *(gen)* convertir (into, en) (to, a) *(building)* transformar **2** SP *(in rugby)* transformar, convertir ◇ *intr.* convertirse (into/to, en) **3** REL converso.

con·vert·ed [kənˈvɜːtɪd] *adj. (building)* transformado en vivienda *(flat)* reformado.

con·vert·i·ble [kənˈvɜːtəbəl] *adj. (gen)* convertible *(car)* descapotable ◇ *n.* AUTO descapotable *m.*

con·vex [ˈkɒnveks] *adj.* convexo.

con·vey [kənˈveɪ] *tr.* **1** *(goods, people, electricity)* transportar, conducir *(sound)* transmitir, llevar **2** *(opinion, feeling, idea)* comunicar, expresar, transmitir *(thanks)* hacer llegar, transmitir **3** JUR *(property, land)* preparar escrituras de traspaso, transferir.

con·vey·or [kənˈveɪəʳ] *n.* transportista *mf.* **conveyor belt** bandeja transportadora.

con·vict [(n) ˈkɒnvɪkt; (vb) kənˈvɪkt] *n.* presidiario, recluso ◇ *tr.* JUR declarar culpable, condenar **to be convicted of something** ser condenado por algo.

con·vic·tion [kənˈvɪkʃən] *n.* **1** *(belief)* convicción *f,* creencia **2** JUR condena (for, por).

con·vince [kənˈvɪns] *tr.* convencer **to convince somebody to do something** convencer a alguien para que haga algo.

con·vinced [kənˈvɪnst] *adj.* convencido.

con·vinc·ing [kənˈvɪnsɪŋ] *adj.* convincente.

cook [kʊk] *n.* cocinero ◇ *tr.* **1** *(food)* guisar, cocinar *(meals)* preparar, hacer ◇ *intr.* **1** *(person)* cocinar, guisar, cocer *(food)* hacerse, cocerse **2** *[fam. use] (be planned)* cocerse, tramarse **to cook the books** falsificar las cuentas **too many cooks spoil the broth** muchas manos en un plato hacen mucho garabato.

cook·book [ˈkʊkbʊk] *n.* libro de cocina.

cook·er·y [ˈkʊkərɪ] *n.* cocina.

cook·ie [ˈkʊkɪ] *n.* **1** galleta **2** *(in computing)* cookie *m.* & *f,* galleta.

cook·ing [ˈkʊkɪŋ] *n.* cocina ◇ *adj. (apple, sherry)* para cocinar *(oil)* comestible.

cool [kuːl] *adj.* **1** *(weather, breeze, clothes)* fresco *(drink)* fresco, frío **2** *(unfriendly, reserved)* frío **3** *(calm)* tranquilo, sereno **4** *[fam. use] (great)* guay **5** *(self-confident)* impasible **6** *[fam. use] (with numbers)* ◇ *n.* **1** *(of weather, etc.)* fresco, frescor *m.* **2** *(calmness)* calma ◇ *tr. (air, room)* refrescar, refrigerar *(drink, food, engine)* enfriar ◇ *intr. (air, room)* refrigerarse *(drink, food, engine)* enfriarse **cool it!** ¡calma!, ¡tranquilo! **to keep one's cool** mantener la calma **to lose one's cool** perder la calma **to play it cool** tomarse las cosas con calma.

to cool down *tr. sep.* **1** *(food)* enfriar *(person)* refrescar **2** *(person)* calmar ◇ *intr. (food, feelings)* enfriarse *(person)* calmarse.

cool·er [ˈkuːləʳ] *n.* **1** refrigerador *m.* nevera *f. [sl.] (prison)* chirona.

cool·ly [ˈkuːllɪ] *adv.* **1** *(unenthusiastically)* fríamente, con frialdad **2** *(calmly)* con serenidad, con calma **3** *(boldly)* descaradamente.

cool·ness [ˈkuːlnəs] *n.* **1** *(of air, etc.)* frescura, frescor *m.* **2** *(unfriendliness)* frialdad *f.* **3** *(calm)* serenidad *f,* sangre *f.* fría **4** *(boldness)* frescura, descaro.

co·op·er·ate [kəʊˈɒpəreɪt] También se escribe *co-operate intr.* cooperar, colaborar.

co·op·er·a·tion [kəʊɒpəˈreɪʃən] También se escribe *co-operation n.* cooperación *f,* colaboración *f.*

co·op·er·a·tive [kəʊˈɒpərətɪv] También se escribe *co-operative adj.* **1** *(helpful)* cooperador, dispuesto a cooperar **2** *(joint)* conjunto **3** COMM cooperativo ◇ *n.* cooperativa.

co·or·di·nate [(vb) kəʊˈɔːdɪneɪt; (n) kəʊˈɔːdɪnət] Also written *co-ordinate tr.* coordinar ◇ *n.* MATH coordenada *npl.* **coordinates 1** prendas de mujer que pueden formar conjunto con otras, pero que se venden sueltas **coordinate clause** LING cláusula coordinada.

co·or·di·na·tion [kəʊɔːdɪˈneɪʃən] También se escribe *co-ordination n.* coordinación *f.*

co·or·di·na·tor [kəʊˈɔːdɪneɪtəʳ] También se escribe *co-ordinator n.* coordinador *m.*

cop [kɒp] *noun* **1** *[sl.] (policeman)* poli *mf. tr. pt.* & *pp.* **copped**, *ger.* **copping 1** *[sl.] (arrest)* pillar, pescar **2** *[sl.] (take)* llevarse ◇ *npl.* **the cops** *[sl.]* la pasma *f. sing.*

cope [kəʊp] *intr.* arreglárselas, soportar.

cop·i·er [ˈkɒpɪəʳ] *n.* copiadora.

co·pi·lot [ˈkəʊpaɪlət] *n.* copiloto.

cop·per [ˈkɒpəʳ] *n.* **1** *(metal)* cobre *m.* **2** *[sl.] (policeman)* poli *mf.*

cop·y [ˈkɒpɪ] *n. pl.* **copies 1** *(reproduction)* copia **2** *(of book, magazine, etc.)* ejemplar *m.* **3** TECH *(written text to be printed)* manuscrito, texto *(text)* artículo, texto ◇ *tr. pt.* & *pp.* **copied**, *ger.* **copying 1** *(make a copy of)* copiar *(photocopy)* fotocopiar **2** *(imitate, cheat)* copiar.

cop·y·cat [ˈkɒpɪkæt] *n. [fam. use]* copión ◇ *adj. (crime)* inspirado en otro.

cop·y·right [ˈkɒpɪraɪt] *n.* copyright *m.* derechos *mpl.* de autor ◇ *adj.* protegido por el copyright ◇ *tr.* obtener el copyright de, registrar los derechos de autor **to hold the copyright on something** tener el copyright de algo, tener los derechos de algo.

cor·al [ˈkɒrəl] *n.* coral *m.* ◇ *adj.* **1** *(made of coral)* de coral, coralino **2** *(pink, reddish orange)* de color coral

coral island *isla coralina, isla de coral* **coral reef** *arrecife m. de coral.*

cord [kɔːd] *n.* **1** *(string, rope)* cuerda **2** ELEC cable *m.*

cord·less [ˈkɔːdləs] *adj.* inalámbrico.

cor·don [ˈkɔːdən] *n.* cordón *m.*
to cordon off *tr. sep.* acordonar.

cor·du·roy [ˈkɔːdərɔɪ] *n.* pana.

core [kɔː ˈ] *n.* **1** *(of earth)* núcleo, centro *(of magnet, nuclear reactor)* núcleo *(of computer)* núcleo magnético* **2** *(of apple, pear, etc.)* corazón *m.* **3** *(most important part)* centro, meollo ◇ *tr.* quitarle el corazón a **to the core** *fig. use* hasta la médula **core curriculum** *programa m. de estudios obligatorios.*

co·ri·an·der [kɒriˈændə ˈ] *n.* cilantro.

cork [kɔːk] *n.* **1** *(material)* corcho **2** *(stopper)* tapón *m.* corcho ◇ *adj.* de corcho ◇ *tr.* poner el corcho a, encorchar.

corn [kɔːn] *n.* *(gen)* cereales *mpl.* *(wheat)* trigo *(oats)* avena *(maize)* maíz *m.* **corn oil** *aceite m. de maíz* **corn on the cob** *mazorca de maíz.*

corn·cob [ˈkɔːnkɒb] *n.* mazorca de maíz.

cor·ne·a [ˈkɔːnɪə] *n.* córnea.

cor·ner [ˈkɔːnə ˈ] *n.* **1** *(of street)* esquina *(bend in road)* curva, recodo *(of table, etc.)* esquina, punta **2** *(of room, cupboard, etc.)* rincón *m.* *(of mouth)* comisura *(of eye)* rabillo *(of page, envelope)* ángulo **3** SP *(kick-in football)* córner *m.* saque *m.* de esquina **4** SP *(in boxing)* esquina **5** COMM monopolio ◇ *tr.* *(enemy, animal)* arrinconar, acorralar *(person)* arrinconar **2** COMM acaparar, monopolizar **from all corners of the world** *de todas partes del mundo* **to be in a tight corner** *estar en un aprieto* **to cut corners** *tomar atajos* **to turn the corner** *fig. use* empezar a levantarse, empezar a repuntar **corner kick** *córner m. saque m. de esquina.*

cor·net [ˈkɔːnɪt] *n.* MUS corneta.

corn·field [ˈkɔːnfiːld] *n.* campo de maíz, maizal *m.*

corn·y [ˈkɔːnɪ] *adj. comp.* **cornier,** *superl.* **corniest** *[fam. use]* *(joke, story)* gastado, sobado, malo *(film)* cursi, hortera.

cor·o·nar·y [ˈkɒrənərɪ] *adj.* MED coronario ◇ *n. pl.* **coronaries** También *coronary thrombosis* MED trombosis *f.* coronaria.

cor·o·na·tion [kɒrəˈneɪʃən] *n.* coronación *f.*

cor·po·ral [ˈkɔːpərəl] *n.* MIL cabo.

cor·po·rate [ˈkɔːpərət] *adj.* **1** *(collective)* colectivo **2** *(of a corporation)* de la empresa, de la compañía **corporate image** *imagen f. corporativa, imagen f. de empresa.*

cor·po·ra·tion [kɔːpəˈreɪʃən] *n.* COMM corporación *f,* sociedad *f.* anónima.

corpse [kɔːps] *n.* cadáver *m.*

cor·pu·lent [ˈkɔːpjələnt] *adj.* corpulento.

cor·ral [kəˈrɑːl] *n.* corral *m.*

cor·rect [kəˈrekt] *adj.* **1** *(true, right, accurate)* correcto, exacto **2** *(of behaviour, manners, dress)* correcto, formal ◇ *tr.* *(person, mistake, defect)* corregir, rectificar *(exams, etc.)* corregir.

cor·rec·tion [kəˈrekʃən] *n.* corrección *f.* **correction fluid** *líquido corrector.*

cor·rect·ness [kəˈrektnəs] *n.* **1** *(accuracy)* exactitud *f.* **2** *(behavior, dress)* corrección *f.*

cor·re·late [ˈkɒrəleɪt] *tr.* correlacionar ◇ *intr.* guardar correlación (with, con) ◇ *n.* correlato.

cor·re·la·tion [kɒrəˈleɪʃən] *n.* correlación *f.*

cor·re·spond [kɒrɪsˈpɒnd] *intr.* **1** *(match, be consistent)* corresponderse (with, con), concordar (with, con) *(be equivalent, be similar)* corresponder (to, a), equivaler (to, a) **2** *(write)* escribirse (with, con), mantener correspondencia (with, con).

cor·re·spond·ence [kɒrɪsˈpɒndəns] *n.* **1** *(agreement, similarity)* correspondencia **2** *(letters)* correo, correspondencia.

cor·re·spond·ent [kɒrɪsˈpɒndənt] *n.* corresponsal *mf.* **special correspondent** *enviado especial.*

cor·re·spond·ing [kɒrɪsˈpɒndɪŋ] *adj.* *(related)* correspondiente (to, a) *(equivalent)* equivalente (to, a).

cor·ri·dor [ˈkɒrɪdɔː ˈ] *n.* pasillo, corredor *m.* **the corridors of power** *las altas esferas.*

cor·rode [kəˈrəʊd] *tr.* corroer ◇ *intr.* corroerse.

cor·ro·sion [kəˈrəʊʒən] *n.* **1** *(process)* corrosión *f.* **2** *(substance)* herrumbre *f,* orín *m.* **3** *fig. use* ruina, destrucción *f.*

cor·ro·sive [kəˈrəʊsɪv] *adj.* **1** CHEM corrosivo **2** *fig. use* *(fierce)* cáustico, mordaz *(destructive)* destructivo, negativo.

cor·ru·gat·ed [ˈkɒrəgeɪtɪd] *adj.* *(iron, paper)* ondulado.

cor·rupt [kəˈrʌpt] *adj.* **1** *(person, government, system, etc.)* corrompido, corrupto *(actions, morals, behavior)* deshonesto **2** *(language, text, manuscript)* viciado ◇ *tr.* **1** *(gen)* corromper *(bribe)* sobornar **2** *(language, etc.)* viciar ◇ *intr.* corromper **to become corrupted** *corromperse* **corrupt practices** *corrupción f.*

cor·rup·tion [kəˈrʌpʃən] *n.* **1** *(gen)* corrupción *f.* **2** *(of language)* deformación *f.*

co·sine [ˈkəʊsaɪn] *n.* MATH coseno.

cos·met·ic [kɒzˈmetɪk] *adj.* **1** *(for skin, hair, etc.)* cosmético **2** *(superficial)* superficial ◇ *npl.* **cosmetics** *cosméticos mpl.* productos *mpl.* de belleza **cosmetic surgery** *cirugía estética.*

cos·mic [ˈkɒzmɪk] *adj.* cósmico.

cos·mo·pol·i·tan [kɒzməˈpɒlɪtən] *adj.* cosmopolita.

cos·mos [ˈkɒzmɒs] *n.* cosmos *m.*

cost [kɒst] *tr. pt. & pp.* **cost** [kɒst] **1** *(have as a price)* costar, valer **2** *(result in the loss of)* costar **3** *(calculate cost of)* calcular el coste de ◇ *intr.* costar, valer ◇ *n.* *(price)* coste *m.* costo, precio *(expense)* gasto *npl.* **costs 1** JUR costas *fpl.* **at all costs** *a toda costa, a cualquier precio* **at no extra cost** *sin cargo adicional* **at the cost of something** *a costa de algo* **to cost an arm and a leg/cost the earth** *costar un ojo de la cara, costar un riñón, costar una fortuna* **to cover one's costs** *cubrir los gastos* **to cut costs** *reducir (los) gastos* **to learn something to one's cost** *aprender algo por experiencia propia* **whatever the cost** *cueste lo que cueste* **cost of living** *coste m. de la vida.*

co·star [ˈkəʊstɑː ˈ] *n.* coprotagonista *mf.*

Cos·ta Ri·ca [kɒstəˈriːkə] *n.* Costa Rica.

Cos·ta Ri·can [kɒstəˈriːkən] *adj.* costarricense ◇ *n.* costarricense *mf.*

cost·ef·fec·tive [kɒstɪˈfektɪv] *adj.* rentable.

costume [ˈkɒstjuːm] *n.* traje *m. npl.* **costumes** THEAT vestuario **in full costume** *con el traje de salir a escena* **costume drama** *drama m. de época* **costume jewellery** *bisutería* **costume party** *fiesta de disfraces* **swimming costume** *bañador m. traje m. de baño.*

cot [kɒt] *n.* **1** *(for baby)* cuna **2** *(camp bed)* cama de campaña **cot death** *muerte f. súbita de un bebé.*

cot·tage [ˈkɒtɪdʒ] *n.* casita, casa de campo **cottage cheese** *queso fresco, queso cottage.*

cot·ton [ˈkɒtən] *n.* **1** *(cloth, plant)* algodón *m.* **2** *(thread)* hilo (de coser) ◇ *adj.* *(shirt, etc.)* de algodón **cotton bud** *hisopo* **cotton candy** *algodón m. de azúcar* **cotton industry** *industria algodonera* **cotton plant** *algodonero* **cotton wool** *algodón m. hidrófilo.*

couch [kautʃ] *n. (sofa)* canapé *m.* sofá *m. (bed-like seat)* diván *m. ◇ tr.* expresar, formular **couch potato** teleadicto.

cou·gar ['kuːgəˈ] *n.* puma *m.*

cough [kɒf] *n.* tos *f. ◇ intr.* toser **to have a (bad) cough** tener *(mucha)* tos **cough medicine/cough mixture** jarabe *m.* para la tos.
  to cough up *tr. sep.* 1 *[fam. use] (money)* soltar, aflojar 2 MED escupir *◇ intr.* 1 *[fam. use] (pay)* soltar la lana, aflojar la lana 2 *[sl.] (confess)* cantar.

could [kʊd] *pt.* 1 VER: can *◇ auxiliary* 1 *(asking permission)* poder 2 *(requests)* poder 3 *(possibility)* poder 4 *(suggestions)* poder.

coun·cil ['kaʊnsəl] *n. (elected group)* consejo **council of war** consejo de guerra.

coun·ci·lor ['kaʊnsələˈ] *n.* miembro de un consejo.

coun·sel ['kaʊnsəl] *n.* 1 *(advice)* consejo 2 JUR abogado *◇ tr.* 1 *(advise)* aconsejar 2 *(give professional advice)* orientar, aconsejar **counsel for the defence** abogado defensor **counsel for the prosecution** fiscal *mf.*

coun·sel·ing ['kaʊnsəlɪŋ] *n.* orientación *f.*

coun·sel·lor ['kaʊnsələˈ] *n.* 1 *(adviser)* consejero, asesor 2 *(lawyer)* abogado.

count [kaʊnt] *n.* 1 *(act of counting)* recuento, cómputo *(of votes)* escrutinio *(total)* total *m.* suma 2 JUR *(crime)* cargo 3 *(point in discussion, argument)* punto *(way, reason)* motivo, razón *f. ◇ tr.* 1 *(gen)* contar 2 *(include)* contar 3 *(consider)* considerar *◇ intr.* 1 *(enumerate)* contar 2 *(be valid)* contar, valer, importar **don't count your chickens before they're hatched** no hay que vender la piel de oso *(antes de cazarlo)* **on the count of three!** ¡a la de tres! **to count oneself lucky** considerarse afortunado **to count the cost of something** *(consider all likely effects)* considerar todos los posibles riesgos de algo *(suffer consequences)* sufrir las consecuencias de algo **to keep count of something** llevar la cuenta de algo **to lose count of something** perder la cuenta de algo **blood count** recuento de hemoglobina **count noun** nombre *m.* contable **sperm count** cuenta espermática.
  to count down *intr.* contar atrás.
  to count on *tr. insep. (rely on)* contar con *(depend on)* confiar en.
  to count out *tr. sep.* 1 *(money, objects)* contar (uno por uno) 2 *(boxer)* declarar fuera de combate *◇ tr. insep. [fam. use]* no incluir, no contar con.

count·a·ble ['kaʊntəbəl] *adj.* contable.

count·down ['kaʊntdaʊn] *n.* cuenta atrás.

coun·ter[1] ['kaʊntəˈ] *n.* 1 *(in shop)* mostrador *m. (individual)* ventanilla 2 *(in board games)* ficha **to be available over the counter** *(medicines)* poderse comprar sin receta médica **under the counter** bajo mano, clandestinamente.

coun·ter[2] ['kaʊntəˈ] *n. (apparatus)* contador *m.*

coun·ter[3] ['kaʊntəˈ] *n.* SP contraataque *◇ m.* contragolpe *m. ◇ adv.* en contra (to, de) *◇ tr. (claim, accusation)* rebatir, refutar *(tendency, trend)* contrarrestar *◇ intr.* contestar, replicar **to run counter to something** ser contrario a algo.

coun·ter·act [kaʊntəˈrækt] *tr.* contrarrestar.

coun·ter·at·tack ['kaʊntərətæk] *n.* contraataque *m. ◇ tr.* contraatacar *◇ intr.* contraatacar.

coun·ter·clock·wise [kaʊntəˈklɒkwaɪz] *adj. adv.* en sentido contrario a las agujas del reloj.

coun·ter·es·pi·o·nage [kaʊntərˈespɪənaːʒ] *n.* contraespionaje *m.*

coun·ter·feit ['kaʊntəfɪt] *adj.* falso, falsificado *◇ n.* falsificación *f. ◇ tr.* falsificar.

coun·ter·part ['kaʊntəpaːt] *n.* homólogo.

coun·ter·pro·duc·tive [kaʊntəprəˈdʌktɪv] *adj.* contraproducente.

coun·try ['kʌntrɪ] *n.* 1 *pl.* **countries** *(state, nation)* país *m. (people)* pueblo *(native land)* país *m.* patria, tierra 2 No *pl. (rural area)* campo 3 No *pl. (region, area of land)* región *f,* zona, territorio *◇ adj. (rurul - life, lane)* rural (- house) de campo **to fight for one's country** luchar por la patria **country dance** baile *m.* regional **country dancing** los bailes *mpl.* regionales.

coun·try·side ['kʌntrɪsaɪd] *n. (area)* campo, campiña *(scenery)* paisaje *m.*

coun·ty ['kaʊntɪ] *n. pl.* **counties** condado.

coup [kuː] *n.* golpe *m.* **coup d'état** golpe *m.* de Estado **coup de grace** golpe *m.* de gracia.

cou·ple ['kʌpəl] *n.* 1 *(two things)* par *m. (a few)* unos 2 *(two people)* pareja *◇ tr. (gen)* conectar, acoplar *(railway carriage)* enganchar, acoplar *(names, people, events)* asociar *◇ intr. arch. (mate)* aparearse **coupled with** junto con, unido a a **married couple** un matrimonio.

cou·pon ['kuːpɒn] *n.* 1 COMM *(for discount, free gift, etc.)* cupón *m.* vale *m.* 2 *(form to send off for information)* cupón *m.*

cour·age ['kʌrɪdʒ] *n.* coraje *m.* valor *m.* valentía **to have the courage of one's convictions** ser fiel a sus convicciones, tener el valor de atenerse a sus principios **to lack the courage of one's convictions** no ser consecuente con sus principios **to pluck up courage to do something** armarse de valor para hacer algo.

cou·ra·geous [kəˈreɪdʒəs] *adj. (person)* valiente, corajudo *(act, decision)* valeroso, de valor, de valentía *(words)* valiente.

course [kɔːs] *n.* 1 *(direction - gen)* curso, dirección *f. (of ship)* rumbo *(of river)* curso 2 *fig. use (direction - of person's life)* rumbo 3 *(way of acting, plan of action)* plan *m.* de acción, línea de acción 4 *(development, progress)* curso, marcha 5 EDUC *(year-long)* curso *(short)* cursillo *(series)* ciclo *(at university)* carrera *(individual subject)* asignatura 6 MED serie *f,* tanda 7 *(of meal)* plato 8 SP *(for golf)* campo *(racecourse)* hipódromo *(stretch, distance)* curso, recorrido 9 *(of bricks)* hilada *◇ intr.* correr, fluir **in due course** a su debido tiempo **of course** claro, desde luego, por supuesto, naturalmente **to be on course** *(ship, plane)* seguir el rumbo *(plan, company, etc.)* ir encaminado, llevar camino *(for, de)* **to be off course** perder el rumbo, desviarse del rumbo **to change course** cambiar de rumbo **to take its course/run its course** seguir su curso **course of treatment** MED tratamiento.

court [kɔːt] *n.* 1 JUR *(place, people)* tribunal *m. (building)* juzgado 2 *(royal)* corte *f.* 3 SP *(tennis, squash, etc.)* pista, cancha 4 *(courtyard)* patio *◇ tr.* 1 *(woman)* cortejar, hacer la corte a *(influential person)* tratar de ganarse el favor de, tratar de ganarse la aceptación de 2 *(support, approval, popularity)* tratar de ganarse, buscar *(favor, publicity)* buscar 3 *(failure, disaster, death, danger)* exponerse a, buscarse *◇ intr.* tener novio, tener novia **to go to court** acudir a los tribunales **to settle out of court** llegar a un acuerdo antes de ir a juicio **to take somebody to court** llevar a alguien a juicio, llevar a alguien a los tribunales **court case** causa, juicio **court jester** bufón *m.* **court martial** consejo de guerra **court order** orden *f.* judicial **court shoe** zapato salón **high court** tribunal *m.* supremo.

cour·te·ous ['kɜːtɪəs] *adj. (person, behavior)* cortés, fino, educado *(thing)* cortés.

cour·te·sy ['kɜːtəsɪ] *n. pl.* **courtesies 1** *(good manners)* cortesía, educación *f.* **2** *(polite act or remark)* favor *m.* atención *f.* **(by) courtesy of** *(favor)* por gentileza de *(permission)* con permiso de **courtesy call** visita de cortesía.

court·room ['kɔːtruːm] *n.* sala de justicia, tribunal *m.*

court·ship ['kɔːtʃɪp] *n.* **1** *(of people)* noviazgo **2** *(of animals)* cortejo.

court·yard ['kɔːtjɑːd] *n.* patio.

cous·in ['kʌzən] *n.* primo **first cousin** primo hermano **second cousin** primo segundo.

cov·er ['kʌvə¹] *n.* **1** *(lid)* tapa, cubierta **2** *(thing that covers - gen)* funda *(- book)* forro, cubierta **3** *(outside pages - of book)* cubierta, tapa *(- of magazine)* portada **4** *(insurance)* cobertura **5** *(shelter, protection)* abrigo, protección *f.* **6** MIL cobertura **7** *(front)* tapadera, pantalla *(false identity)* identidad *f.* falsa **8** *(substitution, reserve duty)* suplencia, sustitución *f.* **9** *(envelope)* sobre *m.* ⬦ *tr.* **1** *(place over - part)* cubrir (with, de) *(- floor, wall)* revestir (with, de) *(- sofa)* tapizar *(- cushion)* ponerle una funda a *(- book)* forrar **2** *(with lid, hands)* tapar **3** *(hide)* tapar *(mask)* disimular, ocultar, tapar **4** *(extend over surface)* cubrir **5** *(protect by shooting)* cubrir *(aim gun at)* apuntar a **6** *(financially)* cubrir **7** *(insurance)* asegurar, cubrir **8** *(deal with - book)* abarcar *(- syllabus)* cubrir *(- topic)* tratar *(include)* incluir, comprender *(provide for, take into account)* contemplar, tener en cuenta **9** *(of journalist)* cubrir, hacer un reportaje sobre **10** *(travel - distance)* recorrer **11** SP *(opponent)* marcar **12** MUS versionar, hacer una versión de ⬦ *intr.* **1** *(substitute for)* sustituir (for, a), suplir (for, a) **2** *(conceal truth)* encubrir (for, a) ⬦ *npl.* **the covers** *(bedclothes)* las mantas *fpl.* **to cover oneself (up)** cubrirse **to cover one's tracks** no dejar rastro **to take cover** abrigarse, refugiarse, guarecerse, ponerse a cubierto **under cover** bajo cubierto **under cover of darkness** al abrigo de la oscuridad **cover charge** precio del cubierto **cover story** tema *m.* de portada **cover version** MUS versión *f.*

to cover up *tr. sep. (cover - gen)* cubrir *(hide - facts, truth, scandal)* ocultar, tapar *(- feeling, mistake, flaw)* disimular ⬦ *intr. (body)* abrigarse, taparse.

cov·er·age ['kʌvərɪdʒ] *n.* **1** *(in press)* cobertura **2** *(insurance)* cobertura.

cov·ered ['kʌvəd] *adj. (gen)* cubierto (in/with, de) *(roofed)* cubierto, techado.

cov·er·ing ['kʌvərɪŋ] *n. (protective)* cubierta, envoltura *(layer)* capa **covering letter** carta adjunta.

co·ver·up ['kʌvərʌp] *n.* encubrimiento.

cow [kau] *n.* **1** *(female adult of ox family)* vaca **2** *(female adult elephant, rhinoceros, whale, etc.)* hembra.

cow·ard ['kauəd] *n.* cobarde *mf.*

cow·ard·ice ['kauədɪs] *n.* cobardía.

cow·ard·ly ['kauədlɪ] *adj.* cobarde.

cow·boy ['kaubɔɪ] *n. (gen)* vaquero **cowboy boots** botas *fpl.* camperas, camperas *fpl.*

co·work·er ['kəuwɜːkə¹] *n. (workmate)* compañero de trabajo, colega *mf. (collaborator)* colaborador.

coy·ote [kaɪˈəutɪ] *n.* coyote *m.*

co·zy ['kəuzɪ] *adj. comp.* **cozier,** *superl.* **coziest 1** *(room, house, atmosphere)* acogedor **2** *(chat)* íntimo y agradable **3** *pej. (arrangement, deal)* de lo más conveniente *n.*

cpu ['siː'piː'juː] *abbr. (central processing unit)* unidad *f.* central de procesamiento *(abbreviation)* cpu *f.*

crab [kræb] *n. (shellfish)* cangrejo.

crack [kræk] *tr.* **1** *(break - cup, glass, etc.)* rajar *(- bone)* fracturar, romper **2** *(break open - safe)* forzar *(- egg)* cascar, romper *(- nut)* cascar, partir *(- bottle)* destapar, abrir, descorchar **3** *(hit)* pegar, golpear **4** *(whip)* hacer restallar, hacer chasquear *(knuckles)* hacer crujir **5** *fig. use (solve - problem)* solucionar, resolver, dar con la solución de *(- code)* descifrar, dar con **6** *(tell - joke)* contar ⬦ *intr.* **1** *(break - cup, glass)* rajarse, resquebrajarse *(- rock, plaster, paint, skin)* agrietarse *(- lips)* partirse, agrietarse **2** *(whip)* restallar, chasquear *(bone)* crujir **3** *(voice)* cascarse, quebrarse **4** *(relationship, system)* venirse abajo *(person)* sufrir una crisis nerviosa *(witness, suspect, spy)* no poder contenerse más, perder el control ⬦ *n.* **1** *(in cup, glass)* raja *(in ice, wall, ground, pavement, etc.)* grieta **2** *(slit, narrow opening)* rendija **3** *(of whip)* restallido, chasquido *(of shot)* estallido *(of thunder)* estruendo *(of bone)* crujido **4** *(blow)* golpetazo **5** *(wisecrack)* réplica aguda, comentario socarrón **6** *(attempt)* intento **7** *fig. use (defect)* defecto **8** *(drug)* crack *m.* ⬦ *adj. (troops, regiment, shot)* de primera **at the crack of dawn** al amanecer **to crack a smile** sonreír **to give somebody a fair crack of the whip** darle una oportunidad a alguien **to have a crack at something** intentar algo.

to crack down *intr.* tomar medidas enérgicas (on, contra), actuar con severidad (on, contra).

to crack up *intr.* **1** *(person)* desquiciarse, venirse abajo, sufrir una crisis nerviosa **2** *(burst out laughing)* partirse (de risa) *tr. sep. (make laugh)* matar de risa.

cra·dle ['kreɪdəl] *n.* **1** *(for baby)* cuna **2** *(for telephone)* soporte *m.* **3** *(scaffold)* andamio volante *(for ship)* basada ⬦ *tr. (baby)* acunar (en los brazos), mecer **from the cradle to the grave** *(durante)* toda la vida **the cradle of something** *literal use* la cuna de algo.

craft [krɑːft] *n.* **1** *(occupation)* oficio **2** *(art)* arte *m.* *(skill)* habilidad *f.,* destreza **3** *(boat)* embarcación *f.* **4** nave *f.* ⬦ *tr.* trabajar **craft fair** feria artesanal, feria de artesanía.

crafts·man ['krɑːftsmən] *n. pl.* **craftsmen** artesano.

crafts·man·ship ['krɑːftsmənʃɪp] *n. (skill)* arte *m.* habilidad *f.,* destreza *(signs of skill)* artesanía.

crafts·wom·an ['krɑːftswumən] *n. pl.* **craftswomen** ['krɑːftswɪmɪn] artesana.

craft·y ['krɑːftɪ] *adj. comp.* **craftier,** *superl.* **craftiest** *(person)* astuto, taimado, mañoso *(child)* pícaro, pillo *(method, idea, etc.)* hábil, artero.

cramp [kræmp] *n.* MED calambre *m.* rampa *npl.* **cramps** *(gen)* retortijones *mpl. (period pains)* molestias *fpl.* menstruales.

cramped [kræmpt] *adj.* **1** *(closed in, restricted)* apretujado, apretado, estrecho *(schedule)* apretado **2** *(writing)* apretado **to be cramped for space** tener muy poco sitio.

cran·ber·ry ['krænbərɪ] *n. pl.* **cranberries** arándano.

crane [kreɪn] *n.* **1** ZOOL grulla común **2** *(machine)* grúa ⬦ *tr. (neck)* estirar ⬦ *intr.* estirarse.

cra·ni·um ['kreɪnɪəm] *n. pl.* **craniums** o **crania** cráneo.

crap [kræp] *n.* **1** *[fam. use] (excrement)* mierda *(act)* cagada **2** *[fam. use] (nonsense)* estupideces *fpl.,* gilipolleces *fpl. (garbage)* porquerías *fpl.,* basura, mierda ⬦ *adj. [fam. use]* malísimo, de mierda.

crash [kræʃ] *n.* **1** *(noise)* estallido *(of thunder)* trueno, estallido **2** *(collision)* choque *m.* colisión *f.,* accidente *m.* **3** COMM *(collapse)* quiebra ⬦ *intr.* **1** *(make loud noise)* retumbar **2** *(fall noisily)* chocar **3** *(collide)* chocar (into, con/contra) *(car, plane)* estrellarse (into, contra) **4** COMM quebrar **5** COMPUT fallar **6** *[fam. use] (stay the night)* quedarse a dormir ⬦

tr. **1** *(smash - car)* estrellar (into, contra) **2** *(make noise)* hacer ruido con *(drop noisily)* dejar caer estrepitosamente **3** *[fam. use]* *(party)* colarse en **car crash** accidente *m.* de coche **crash barrier** barrera de protección **crash course** curso intensivo **crash diet** régimen *m.* muy estricto **crash helmet** casco, casco protector.

to crash out *intr.* *[fam. use]* quedarse frito, quedarse roque.

crash-land [kræʃˈlænd] *intr.* hacer un aterrizaje forzoso.

crash-land·ing [kræʃˈlændɪŋ] *n.* aterrizaje *m.* forzoso.

crate [kreɪt] *n.* caja, cajón *m.* (para embalar) ◇ *tr.* embalar.

cra·ter [ˈkreɪtə⁹] *n.* cráter *m.*

crawl [krɔːl] *intr.* **1** *(move slowly - person, snake)* arrastrarse *(- baby)* gatear, andar a gatas *(- insect)* andar **2** *(car, traffic)* avanzar lentamente, ir a paso de tortuga **3** *(be covered with, be full of)* estar lleno de, estar plagado de **4** *[fam. use]* *pej.* *(try to gain favor)* arrastrarse (to, ante), rebajarse (to, ante), humillarse (to, ante) ◇ *n.* SP *(in swimming)* crol *m.* **to do the crawl** nadar a crol **to move at a crawl** avanzar muy lentamente, ir a paso de tortuga.

cray·on [ˈkreɪɒn] *n.* *(charcoal)* carboncillo *(chalk)* pastel *m.* lápiz *m.* pastel *(wax)* lápiz *m.* de cera.

craze [kreɪz] *n.* *(fashion)* moda *(game, sport, hobby, etc.)* manía.

cra·zi·ness [ˈkreɪzɪnəs] *n.* locura.

cra·zy [ˈkreɪzɪ] *adj.* *comp.* **crazier**, *superl.* **craziest** *[fam. use]* **loco like crazy** como (un) loco **to be crazy about somebody/something** estar loco por alguien/algo **to drive somebody crazy** volver loco a alguien **to go crazy** volverse loco, enloquecer.

cream [kriːm] *n.* **1** *(of milk)* nata, crema (de leche) **2** *(cosmetic)* crema *(medical)* pomada, crema **3** *(color)* color *m.* crema ◇ *adj.* crema, (de) color crema ◇ *tr.* CULIN *(beat)* batir *n.* **the cream** *fig.* use la crema, la flor y nata **cream cheese** queso cremoso, queso para untar **cream cracker** galleta salada **cream of...** soup crema de... **hand cream** crema para las manos **suntan cream** bronceador *m.* **whipped cream** nata montada.

cream·y [ˈkriːmɪ] *adj.* *comp.* **creamier**, *superl.* **creamiest** *(like cream)* cremoso *(containing cream)* con nata.

crease [kriːs] *n.* **1** *(wrinkle)* arruga *(fold)* pliegue *m.* *(ironed)* raya **2** SP *(in cricket)* línea ◇ *tr.* *(make wrinkled)* arrugar *(fold)* doblar, plegar *(with iron)* hacer la raya ◇ *intr.* arrugarse.

cre·ate [kriːˈeɪt] *tr.* **1** *(make - gen)* crear **2** *(cause - sensation, impression)* producir, causar *(- difficulty, problem)* crear, causar *(- fuss, scandal)* armar.

cre·a·tion [kriːˈeɪʃən] *n.* creación *f.*

cre·a·tive [kriːˈeɪtɪv] *adj.* creativo **creative accounting** manipulación *f.* de las cuentas.

cre·a·tiv·i·ty [kriːeɪˈtɪvɪtɪ] *n.* creatividad *f.*

cre·a·ture [ˈkriːtʃə⁹] *n.* **1** *(animal)* criatura **2** *(human being)* ser *m.* **to be a creature of habit** ser un animal de costumbres.

cre·den·tials [krɪˈdenʃəlz] *npl.* **1** *(qualifications)* credenciales *fpl.* **2** *(documents)* cartas *fpl.* credenciales.

cred·i·bil·i·ty [kredɪˈbɪlɪtɪ] *n.* credibilidad *f.* **credibility gap** falta de credibilidad.

cred·i·ble [ˈkredɪbəl] *adj.* creíble.

cred·it [ˈkredɪt] *n.* **1** *(praise, approval)* mérito, reconocimiento **2** *(cause of honor)* honor *m.* **3** *(belief, trust, confidence)* crédito **4** FIN *(gen)* crédito *(in accountancy)*

haber *m.* *(on statement)* saldo acreedor **5** EDUC crédito ◇ *tr.* **1** *(believe)* creer, dar crédito a **2** FIN abonar, acreditar ◇ *npl.* **credits** *(of film, program)* ficha técnica **"No credit given"** "No se fía" **on credit** a crédito **to be a credit to somebody/something** hacer honor a alguien/algo **to be in credit** tener saldo positivo **to buy something on credit** comprar algo a crédito **to give somebody credit for something** reconocer a alguien el mérito por algo **to somebody's credit** dicho sea en honor de alguien **to take credit for something** atribuirse el mérito de algo **credit account** cuenta a crédito **credit card** tarjeta de crédito **credit note** vale *m.* de devolución **credit squeeze** restricciones *fpl.* al crédito **credit terms** facilidades *fpl.* de pago **interest-free credit** crédito sin intereses.

creep [kriːp] *intr.* *pt.* & *pp.* **crept** [krept] **1** *(move quietly)* moverse sigilosamente, deslizarse **2** *(move with the body close to the ground)* arrastrarse, reptar **3** *(move slowly)* moverse poco a poco, ir muy despacio **4** *(plants, vine)* trepar **5** *fig.* use *(slip in)* introducirse, deslizarse ◇ *n.* *[fam. use]* *pej.* *(crawler)* pelota *mf.* pelotillero *(unpleasant person)* ser *m.* repulsivo **to creep in/creep out** entrar sigilosamente/salir sigilosamente **to creep down/creep up** bajar sigilosamente/subir sigilosamente **to creep up on somebody/something** sorprender a alguien.

creep·ing [ˈkriːpɪŋ] *adj.* progresivo **creeping paralysis** parálisis *f.* progresiva.

creep·y [ˈkriːpɪ] *adj.* *comp.* **creepier**, *superl.* **creepiest** escalofriante, espeluznante.

cre·mate [krɪˈmeɪt] *tr.* incinerar.

cre·ma·tion [krɪˈmeɪʃən] *n.* incineración *f.*

cre·ma·to·ri·um [kreməˈtɔːrɪəm] *n.* *pl.* **crematoriums** o **crematoria** *(horno)* crematorio.

cre·ole [ˈkriːəʊl] *n.* *(language)* criollo *n.* **Creole** *(person)* criollo ◇ *adj.* Creole criollo.

crept [krept] *pt.* & *pp.* VER: creep.

cre·scen·do [krɪˈʃendəʊ] *n.* *pl.* **crescendos** o **crescendi** [krɪˈʃendɪ] **1** MUS crescendo **2** *fig.* use punto culminante.

cres·cent [ˈkresənt] *n.* **1** *(shape)* medialuna **2** *(street)* calle *f.* en forma de medialuna ◇ *adj.* creciente **crescent moon** luna creciente.

cre·tin [ˈkretɪn] *n.* **1** *(stupid person)* cretino, imbécil *mf.* **2** MED cretino.

crew [kruː] *n.* **1** *(of ship, etc.)* tripulación *f.* **2** *(working team)* equipo **3** SP *(rowing team)* equipo de remo **4** *[fam. use]* *(gang)* banda, pandilla *m.* de trabajo; **camera crew** equipo de filmación **film crew** equipo de rodaje **crew member** miembro de la tripulación, tripulante *mf.*

crib [krɪb] *n.* **1** *(manger)* pesebre *m.* *(Nativity scene)* belén *m.* pesebre *m.* **2** *(for baby)* cuna **3** *(for cheating)* chuleta *(copied answer)* copia.

crick·et [ˈkrɪkɪt] *n.* *(insect)* grillo.

cried [kraɪd] *pp.* VER: cry.

crime [kraɪm] *n.* **1** *(act, offence)* delito, crimen *m.* *(law-breaking, criminal activity)* delincuencia **2** *[fam. use]* *(sin)* crimen *m.* pecado **crime doesn't pay** no hay crimen sin castigo **to commit a crime** cometer un delito **to prevent crime** prevenir la criminalidad **crime fiction** novelas *fpl.* policíacas **crime rate** índice *m.* de criminalidad.

crim·i·nal [ˈkrɪmɪnəl] *adj.* **1** *(case, organization)* criminal *(act, behavior)* delictivo **2** *(law)* penal **3** *(disgraceful)* vergonzoso, criminal ◇ *n.* delincuente *mf.* criminal *mf.* **criminal court** juzgado de lo penal **criminal damage** delito (s) contra la propiedad

criminal law derecho penal **criminal lawyer** abogado criminalista, abogado penalista **criminal negligence** negligencia criminal **criminal offender** infractor **criminal offence** delito **criminal record** antecedentes mpl. penales, penales mpl.

crim·i·nol·o·gy [krɪmɪˈnɒlədʒɪ] n. criminología.

crip·ple [ˈkrɪpəl] n. lisiado, tullido ◇ tr. 1 (person) dejar cojo, lisiar 2 fig. use (industry, country) paralizar.

crip·pling [ˈkrɪpəlɪŋ] adj. 1 (pain) atroz (attack, disease) que deja lisiado 2 fig. use (debts, costs, prices) agobiante.

cri·sis [ˈkraɪsɪs] n. pl. **crises** [ˈkraɪsiːz] crisis f. **to reach crisis point** hacer crisis.

crisp [krɪsp] adj. 1 (pastry, biscuits, etc.) crujiente (lettuce) fresco (paper, banknote) nuevo (clothes, etc.) recién planchado 2 (weather, air) frío y seco (snow) crujiente 3 (of curls) apretado (of hair) muy rizado 4 (style, manner, reply, answer, speech) directo, escueto, resuelto (picture) nítido.

crisp·y [ˈkrɪspɪ] adj. comp. **crispier**, superl. **crispiest** crujiente.

criss·cross [ˈkrɪskrɒs] tr. entrecruzar ◇ intr. entrecruzarse ◇ adj. entrecruzado ◇ adv. de forma entrecruzada.

cri·te·ri·on [kraɪˈtɪərɪən] n. pl. **criteria** criterio.

crit·ic [ˈkrɪtɪk] n. 1 (reviewer) crítico 2 (negative person) criticón.

crit·i·cal [ˈkrɪtɪkəl] adj. 1 (analysis, essay, work, etc.) crítico 2 (negative, finding fault) criticón, quisquilloso 3 (decisive, crucial, very serious) crítico **to be critical of something/somebody** criticar algo/a alguien **to receive critical acclaim** recibir buenas críticas **critical temperature** temperatura crítica.

crit·i·cal·ly [ˈkrɪtɪklɪ] adv. 1 (look) con ojo crítico (speak) en tono de crítica (analyse) desde un punto de vista crítico 2 (ill) gravemente (important) fundamentalmente.

crit·i·cism [ˈkrɪtɪsɪzəm] n. crítica **literary criticism** crítica literaria.

crit·i·cize [ˈkrɪtɪsaɪz] tr. 1 (express disapproval) criticar 2 (film, play, etc.) criticar, hacer la crítica de.

Cro·at [ˈkrəʊæt] adj. croata ◇ n. 1 (person) croata mf. 2 (language) croata m.

Cro·a·tia [krəʊˈeɪʃə] n. 1 Croacia.

Cro·a·tian [krəʊˈeɪʃən] adj. croata ◇ n. 1 (person) croata mf. 2 (language) croata m.

croc·o·dile [ˈkrɒkədaɪl] n. ZOOL cocodrilo **crocodile tears** lágrimas de cocodrilo.

crook [krʊk] n. 1 (of shepherd) cayado, gancho (of bishop) báculo 2 [fam. use] (criminal) sinvergüenza mf. caco, delincuente mf. (cheat, dishonest person) estafador, timador 3 (bend, curve - in river, path) curva (- in arm) parte f. interior del codo ◇ tr. (finger, arm) doblar.

crook·ed [ˈkrʊkɪd] adj. 1 (not straight - stick, picture) torcido (- path, road) tortuoso, sinuoso 2 [fam. use] (person, deal, etc.) deshonesto, corrupto.

crop [krɒp] n. 1 (plant) cultivo (harvest) cosecha 2 (group, batch) tanda 3 (hairstyle) corte m. al rape (haircut) pelo al rape 4 (of bird) buche m. 5 (whip) fusta ◇ tr. pt. & pp. **cropped**, ger. **cropping** 1 (grass, plants) pacer, pastar (hair) cortar al rape, rapar (horse's tail, ears) cortar ◇ intr. 1 (of plants, fields) darse **crop rotation** rotación f. de cultivos **crop spraying** fumigación f. de cultivos.

cross [krɒs] n. 1 (gen) cruz f. 2 BIOL (hybrid) cruce m. 3 fig. use (mixture) mezcla, cruce m. 4 SP (in football) pase m. cruzado 5 SEW sesgo 6 (source of worry, etc.) cruz f. ◇ tr. 1 (street, river, bridge, etc.) cruzar, atravesar (arms, legs) cruzar 2 (cheque) cruzar

3 BIOL (animal, plant) cruzar 4 (thwart - person) contrariar (- plans, wishes) frustrar 5 SP (pass - ball) cruzar ◇ intr. (walk across) cruzar (over, -) (intersect, pass each another) cruzarse ◇ adj. 1 (angry) enojado, enfadado, furioso 2 (transverse) cruzado, transversal (winds) lateral **fingers crossed** con los dedos cruzados **to cross one's mind** ocurrírsele a uno **to cross oneself** santiguarse, persignarse, hacer la señal de la cruz **to cross swords with somebody** pelearse con alguien, reñir con alguien **to have/get one's lines/wires crossed** no hablar de lo mismo.

to cross off/cross out tr. sep. tachar.

cross·bar [ˈkrɒsbɑːʳ] n. (of goal) travesaño, larguero (of bicycle) barra.

cross·bred [ˈkrɒsbred] adj. híbrido.

cross·breed [ˈkrɒsbriːd] tr. pt. & pp. **crossbred** [ˈkrɒsbred] cruzar ◇ n. cruce m.

cross-coun·try [krɒsˈkʌntrɪ] adj. (running, drive, route) campo (a) través, a campo traviesa (skiing) de fondo adv. campo (a) través, a campo traviesa **cross-country race** cross m.

cross-dress·ing [krɒsˈdresɪŋ] n. travestismo.

cross-eyed [ˈkrɒsaɪd] adj. bizco.

cross·fire [ˈkrɒsfaɪəʳ] n. MIL fuego cruzado **to be caught in the crossfire** fig. use estar entre dos fuegos.

cross·ing [ˈkrɒsɪŋ] n. 1 MAR travesía 2 (intersection, crossroads) cruce m. **border crossing** paso fronterizo.

cross-pur·pos·es [krɒsˈpɜːpəsɪz] **to be at cross-purposes** hablar de cosas distintas.

cross-ref·er·ence [krɒsˈrefərəns] n. remisión f. ◇ tr. remitir.

cross·roads [ˈkrɒsrəʊdz] n. encrucijada, cruce m.

cross-sec·tion [ˈkrɒssekʃən] n. 1 (drawing) sección f, corte m. transversal 2 (representative part, group) muestra representativa.

cross·word [ˈkrɒswɜːd] n. También **crossword puzzle** n. crucigrama m.

crotch·et [ˈkrɒtʃɪt] n. MUS negra.

crouch [kraʊtʃ] n. También **crouch down** intr. (person) agacharse, ponerse en cuclillas (cat) agazaparse.

crow[1] [krəʊ] n. (bird) cuervo **as the crow flies** en línea recta **crow's-feet** patas fpl. de gallo.

crow[2] [krəʊ] intr. pt. **crowed** o **crew** [kruː], pp. **crowed** (cock) cantar, cacarear (baby) gorjear (person) alardear, pavonearse **to crow about/over something** alardear de algo, jactarse de algo.

crow·bar [ˈkrəʊbɑːʳ] n. palanca.

crowd [kraʊd] n. 1 (large number of people) multitud f, muchedumbre f, gentío (at match, concert, etc.) público 2 (particular group) gente f. (clique) pandilla, grupo ◇ tr. 1 (fill) llenar, atestar, abarrotar (cram) meter, apiñar 2 [fam. use] (push, put pressure on) acosar, hostigar ◇ intr. apiñarse, aglomerarse, agolparse **to follow the crowd/move with the crowd** seguir la mayoría, dejarse llevar por la corriente.

crowd·ed [ˈkraʊdɪd] adj. atestado de gente, abarrotado de gente, concurrido **to get crowded** llenarse de gente.

crown [kraʊn] n. 1 (of king, queen) corona 2 ANAT (of head) coronilla (of tooth) corona 3 (top - of hat, tree) copa (- of hill) cima (- of road) parte f. central ◇ tr. 1 (monarch) coronar 2 (form top of, be on the top of) coronar, rematar 3 (complete, conclude) coronar 4 (tooth) poner una corona en 5 [fam. use] (hit on head) dar un golpe en la cabeza a, dar un coscorrón a ◇ n. **the Crown** la corona **to crown it all** y para colmo **crown jewels** joyas fpl. de la corona.

crown·ing ['kraʊnɪŋ] *adj. (achievement, success)* supremo, final, mayor *(moment)* culminante *(touch)* último.

cru·cial ['kru:ʃəl] *adj. (critical)* crucial, decisivo, crítico.

cru·ci·fix ['kru:sɪfɪks] *n.* crucifijo.

cru·ci·fix·ion [kru:sɪ'fɪkʃən] *n.* crucifixión *f.*

cru·ci·fy ['kru:sɪfaɪ] *tr. pt. & pp.* **crucified**, *ger.* **crucifying** 1 *(kill)* crucificar 2 *fig. use (criticize severely)* destrozar *(punish severely)* matar *(beat easily)* dar una paliza a.

crude [kru:d] *n.* 1 *(manners, style)* tosco, grosero *(joke)* grosero, ordinario 2 *(oil)* crudo ◇ *adj.* 1 *(tool, device)* primitivo, rudimentario *(figure, amount)* aproximado ◇ *n. (oil)* crudo.

crude·ly ['kru:dlɪ] *adv.* 1 *(speak, etc.)* groseramente 2 *(make, etc.)* de manera rudimentaria.

crude·ness ['kru:dnəs] *n.* 1 *(of method, drawing, etc.)* crudeza, tosquedad *f.* 2 *(rude remark, act, etc.)* grosería *f.*

cru·el ['kru:əl] *adj. comp.* **crueller**, *superl.* **cruellest** *(gen)* cruel *(winter)* crudo *(blow)* duro *(luck)* malo **to be cruel to somebody** ser cruel con alguien.

cru·el·ty ['kru:əltɪ] *n. pl.* **cruelties** crueldad *f.* (to, hacia).

cruise [kru:z] *intr.* 1 MAR *(for pleasure)* hacer un crucero *(in wartime)* navegar, patrullar 2 *(travel at steady speed - car)* ir, circular *(a una velocidad constante y sin forzar el motor)* *(- plane)* volar, desplazarse 3 *[sl.] (look for sexual partner)* buscar plan, ir de ligue ◇ *n.* MAR crucero **to cruise to victory** lograr cómodamente la victoria **to go on a cruise** hacer un crucero.

crumb [krʌm] *n.* 1 *(of bread, etc.)* miga, migaja 2 *(of information, comfort, hope)* pizca.

crum·ble ['krʌmbəl] *tr. (gen)* desmenuzar, deshacer *(bread)* desmigar, desmigajar ◇ *intr.* 1 *(food)* desmenuzarse, deshacerse *(cliff, building)* desmoronarse 2 *fig. use (empire, support, marriage)* derrumbarse *(hopes)* desvanecerse, derrumbarse, venirse abajo.

crunch [krʌntʃ] *tr.* 1 *(food)* mascar, ronzar 2 *(with feet, tires)* hacer crujir ◇ *intr. (eat noisily)* mascar, ronzar (on, -) *(of snow, etc.)* crujir ◇ *n.* crujido **when it comes to the crunch** a la hora de la verdad.

crunch·y ['krʌntʃɪ] *adj. comp.* **crunchier**, *superl.* **crunchiest** crujiente.

cru·sade [kru:'seɪd] *n.* cruzada ◇ *intr.* hacer una cruzada (against, en contra) (for, a favor de), hacer una campaña (against, en contra), (for, a favor de).

cru·sad·er [kru:'seɪdəʳ] *n.* 1 HIST cruzado 2 *(campaigner)* defensor, paladín.

crush [krʌʃ] *tr.* 1 *(squash - gen)* aplastar *(squeeze)* estrujar, apretujar *(- garlic)* machacar *(- grapes)* prensar *(- clothes)* arrugar 2 *(smash, pound - gen)* triturar *(- ice)* picar 3 *(defeat)* aplastar *(shock badly)* abatir ◇ *intr. (material)* arrugarse ◇ *n. (of people)* aglomeración *f.* **to have a crush on somebody** estar chiflado por alguien.

crush·ing ['krʌʃɪŋ] *adj. (defeat, blow)* aplastante, abrumador *(reply, remark, look)* demoledor, apabullante.

crust [krʌst] *n.* 1 *(of bread)* corteza, cuscurro, costra *(of pie)* pasta 2 *(of earth, snow)* corteza.

crus·ta·cean [krʌ'steɪʃən] *n.* crustáceo.

crutch [krʌtʃ] *n.* 1 *(for walking)* muleta 2 *fig. use* apoyo.

cry [kraɪ] *tr. pt. & pp.* **cried**, *ger.* **crying** 1 *(shout, call)* gritar 2 *(weep)* llorar ◇ *intr.* 1 *(shout, call)* gritar *(of bird)* chillar, gritar 2 *(weep)* llorar (about/at/over,

por) ◇ *n. pl.* **cries** 1 *(shout, call)* grito *(of bird)* chillido 2 *(weep)* llanto **a cry for help** un grito/una llamada de socorro **it's no use/good crying over spilt milk** a lo hecho, pecho **to cry one's eyes/heart out** llorar a lágrima viva, deshacerse en lágrimas **to cry oneself to sleep** llorar hasta quedarse dormido **to cry wolf** llamar "al lobo", dar una falsa alarma **to have a (good) cry** desahogarse llorando.

to cry out *intr.* gritar.

to cry out for *tr. insep* pedir a gritos.

cry·ba·by ['kraɪbeɪbɪ] *n. pl.* **crybabies** *[fam. use]* llorón, llorica *mf.*

cry·ing ['kraɪɪŋ] *n. (weeping)* llanto, llorera ◇ *adj. fig. use (need)* urgente, apremiante *(injustice)* que clama al cielo.

cryp·tic ['krɪptɪk] *adj.* enigmático, críptico.

crys·tal ['krɪstəl] *n.* cristal *m.* ◇ *adj. (vase, ball)* de cristal *(water)* cristalino.

crys·tal·line ['krɪstəlaɪn] *adj.* cristalino.

crys·tal·lize ['krɪstəlaɪz] *tr.* 1 *(minerals)* cristalizar *(fruit, etc.)* confitar, escarchar 2 *fig. use (ideas, plans, etc.)* materializar ◇ *intr. (gen)* cristalizarse.

ct¹ ['kærət] *abbr. (carat)* quilate *m. (abbreviation)* quil.

ct² [sent] *abbr. (cent)* céntimo, centavo.

cu ['kju:bɪk] *abbr. (cubic)* cúbico.

cub [kʌb] *n.* ZOOL cachorro También **Cub Scout** *(niño)* explorador *m.*

Cu·ba ['kju:bə] *n.* Cuba.

Cu·ban ['kju:bən] *adj.* cubano ◇ *n.* cubano.

cube [kju:b] *n.* 1 *(shape)* cubo *(of sugar)* terrón *m. (of ice)* cubito *(of cheese, meat, etc.)* dado 2 MATH cubo ◇ *tr.* 1 CULIN *(cut into cubes)* cortar en dados 2 MATH elevar al cubo **cube root** raíz *f.* cúbica.

cu·bic ['kju:bɪk] *adj.* cúbico **cubic capacity** AUTO cubicaje *m.*

cu·bi·cle ['kju:bɪkəl] *n. (compartment)* cubículo.

cub·ism ['kju:bɪzəm] *n.* cubismo.

cub·ist ['kju:bɪst] *n.* cubista *mf.* ◇ *adj.* cubista.

cuck·oo ['kuku:] *n. pl.* **cuckoos** *(bird)* cuco (común), cuclillo *(call)* cucú *m.* ◇ *adj. [fam. use] (foolish)* majareta **cuckoo clock** reloj *m.* de cuco.

cu·cum·ber ['kju:kʌmbəʳ] *n.* pepino.

cud·dle ['kʌdəl] *tr.* abrazar, acariciar ◇ *intr.* abrazarse ◇ *n.* abrazo **to cuddle up to somebody** acurrucarse contra alguien.

cud·dly ['kʌdlɪ] *adj. comp.* **cuddlier**, *superl.* **cuddliest** *(loveable)* adorable, encantador *(nice to cuddle)* mimoso **cuddly toy** muñeco de peluche.

cue [kju:] *n.* 1 *(for actor)* pie *m. (for musician)* entrada 2 *(signal)* señal *f.* 3 *(example)* ejemplo **right on cue** en el momento justo, justo en aquel instante **to miss one's cue** salir a destiempo a escena **to take one's cue from** seguir el ejemplo de.

to cue in *tr. sep.* dar entrada a.

cuff¹ [kʌf] *n.* 1 *(of sleeve)* puño 2 *(of trousers)* dobladillo ◇ *npl.* **cuffs** *[sl.]* esposas *fpl.* **off the cuff** improvisando.

cuff² [kʌf] *tr.* abofetear, dar un bofetada a ◇ *n.* bofetada, cachete *m.* bofetón *m.*

cu·li·nar·y ['kʌlɪnərɪ] *adj.* culinario.

cul·pa·bil·i·ty [kʌlpə'bɪlɪtɪ] *n.* culpabilidad *f.*

cul·pa·ble ['kʌlpəbəl] *adj.* culpable.

cul·prit ['kʌlprɪt] *n.* culpable *mf.*

cult [kʌlt] *n. (gen)* culto *(sect)* secta **cult figure** ídolo **cult film** película de culto **cult following** seguidores *mpl.* fanáticos.

cul·ti·vate ['kʌltɪveɪt] *tr. pt. & pp.* **cupped**, *ger.* **cupping** cultivar.

cul·ti·vat·ed ['kʌltɪveɪtɪd] *adj.* 1 *(person)* culto, cultivado 2 *(land, etc.)* cultivado.

cul·ti·va·tion [kʌltɪˈveɪʃən] *n.* cultivo **to be under cultivation** estar en cultivo.

cul·tur·al [ˈkʌltʃərəl] *adj.* cultural.

cul·ture [ˈkʌltʃə ᴿ] *n.* **1** *(gen)* cultura **2** *(growth)* cultivo **culture gap** diferencia cultural **culture shock** choque m. cultural.

cul·tured [ˈkʌltʃəd] *adj. (person)* culto.

cu·mu·la·tive [ˈkjuːmjələtɪv] *adj.* acumulativo.

cun·ning [ˈkʌnɪŋ] *adj. (person)* astuto *(thing)* ingenioso ◇ *n.* astucia.

cup [kʌp] *n.* **1** *(for drinking)* taza **2** SP *(trophy)* copa **3** *(chalice)* cáliz m. **4** *(drink)* ponche m. **5** *(of bra)* copa **to cup one's hands** *(to drink, etc.)* ahuecar las manos *(to shout)* hacer bocina con las manos **Cup Final** final f. de la copa **cup holder** campeón de la copa **paper cup** vaso de papel **plastic cup** vaso de plástico.

cup·board [ˈkʌbəd] *n. (for clothes, etc.)* armario *(for food)* alacena *(for crockery)* aparador m.

Cu·pid [ˈkjuːpɪd] *n.* Cupido.

cur·a·ble [ˈkjuərəbəl] *adj.* curable, que tiene cura.

cu·ra·tor [kjuˈreɪtə ᴿ] *n. (of museum)* conservador.

curb [kɜːb] *n.* **1** *(for horse)* barbada **2** *(control)* freno **3** bordillo ◇ *tr.* **1** *(horse)* refrenar **2** *(excess, abuse)* poner freno a, frenar *(feelings)* dominar, refrenar, contener **to put a curb on something** poner freno a algo, poner coto a algo.

cure [kjuə ᴿ] *tr.* **1** *(illness)* curar (of, de) *(habit)* quitar **2** *fig. use (problem, inflation, etc.)* remediar, poner remedio a **3** *(meat, fish, tobacco, etc.)* curar ◇ *n.* **1** *(for disease, illness)* cura *(for problem)* remedio *(return to health)* curación f, restablecimiento *(course of treatment)* cura.

cur·few [ˈkɜːfjuː] *n.* toque m. de queda.

cu·ri·os·i·ty [kjuərɪˈɒsɪtɪ] *n. pl.* **curiosities** curiosidad f.

cu·ri·ous [ˈkjuərɪəs] *adj.* **1** *(inquisitive)* curioso **2** *(strange, odd)* curioso, extraño *(interesting)* interesante.

curl [kɜːl] *tr.* *(hair)* rizar *(leaves, paper)* enrollar ◇ *intr.* *(hair)* rizarse *(smoke)* formar volutas, hacer volutas *(leaves, paper)* enrollarse, ondularse, rizarse *(plants, tendrils)* enrollarse *(river, path)* serpentear ◇ *n. (of hair)* rizo *(ringlet)* bucle m. tirabuzón m. *(of smoke)* espiral f, voluta.

curl·y [ˈkɜːlɪ] *adj. comp.* **curlier**, *superl.* **curliest** *(hair)* rizado *(tail, leaves)* enroscado *(pattern)* con volutas.

cur·rant [ˈkʌrənt] *n.* **1** *(dried grape)* pasa **2** *(fruit)* grosella **currant bush** grosellero.

cur·ren·cy [ˈkʌrənsɪ] *n. pl.* **currencies** **1** FIN moneda **2** *(acceptance)* aceptación f. **to gain currency** ganar fuerza, extenderse **hard currency** divisa fuerte.

cur·rent [ˈkʌrənt] *adj.* **1** *(present, existing - gen)* actual *(- month, year)* en curso *(most recent - issue)* último *(- legislation, licence)* vigente **2** *(generally accepted)* corriente, común, habitual, general ◇ *n. (gen)* corriente f. **current account** cuenta corriente.

cur·rent·ly [ˈkʌrəntlɪ] *adv.* **1** *(at present)* actualmente, en la actualidad **2** *(commonly)* comúnmente.

cur·ric·u·lum [kəˈrɪkjələm] *n.* EDUC plan m. de estudios **curriculum vitae** currículum m. historial m.

cur·ry [ˈkʌrɪ] *n. pl.* **curries** CULIN curry m. ◇ *tr. pt. & pp.* **curried**, *ger.* **currying** preparar al curry **curry powder** curry m.

curse [kɜːs] *n.* **1** *(evil spell)* maldición f. *(oath)* palabrota **3** *fig. use (cause of trouble)* azote m. plaga, lacra *(burden)* cruz f, carga ◇ *tr.* **1** *(put evil spell on)* maldecir **2** *(utter curses)* maldecir *(swear at)* insultar ◇ *intr.* maldecir, decir palabrotas, blasfemar.

curs·ed [kɜːst] *adj. (damned)* maldito **to be cursed with something** padecer de algo.

cur·sive [ˈkɜːsɪv] *adj.* cursivo.

cur·sor [ˈkɜːsə ᴿ] *n.* cursor m.

cur·tain [ˈkɜːtən] *n.* **1** *(gen)* cortina **2** THEAT telón m. **3** *fig. use (of rain, mist, smoke)* cortina, velo *(of fog)* manto *(of secrecy)* halo, velo **"Curtain up at..."** THEAT *"La obra empieza a..."* **to draw the curtains** correr las cortinas **curtain call** llamada a escena, salida a escena **curtain raiser** *(in theater)* entremés m. sainete m. *(foretaste)* aperitivo **the Iron Curtain** el telón de acero.
to curtain off *tr. sep.* separar con una cortina.

curt·sy [ˈkɜːtsɪ] *n.* reverencia ◇ *intr.* hacer una reverencia.

cu·rva·ture [ˈkɜːvətʃə ᴿ] *n.* **1** *(of surface)* curvatura **2** MED encorvamiento.

curve [kɜːv] *n. (gen)* curva ◇ *tr.* encorvar ◇ *intr. (of road, river, ball)* describir una curva, torcer *(surface)* estar curvado, combarse, encorvarse.

curved [kɜːvd] *adj. (line)* curvo *(surface)* curvado.

curv·y [ˈkɜːvɪ] *adj. comp.* **curvier**, *superl.* **curviest** *(line)* curvo *(road)* con muchas curvas *(figure)* curvilíneo.

cush·ion [ˈkuʃən] *n.* **1** *(gen)* cojín m. *(large)* almohadón m. **2** *(on billiard table)* banda **3** *fig. use (protection)* amortiguador m. ◇ *tr.* *fig. use (blow, fall)* suavizar, amortiguar *(person)* proteger.

cus·to·di·an [kʌsˈtəudiən] *n. (of museum)* conservador *(of morals)* guardiánna.

cus·to·dy [ˈkʌstədɪ] *n.* **1** *(care)* custodia, guarda **2** *(imprisonment)* encarcelamiento **to award/grant custody of somebody to somebody** otorgar la custodia de alguien a alguien **to be in (police) custody** estar detenido en prisión preventiva **to take somebody into custody** detener a alguien.

cus·tom [ˈkʌstəm] *n.* **1** *(tradition, habit)* costumbre f. **2** COMM *(patronage)* clientela **to lose custom** perder clientes, perder clientela.

cus·tom·ar·y [ˈkʌstəmarɪ] *adj. (habitual)* acostumbrado, habitual, de costumbre *(traditional)* tradicional.

cus·tom-built [kʌstəmˈbɪlt] *adj.* hecho por encargo.

cus·tom·er [ˈkʌstəmə ᴿ] *n.* **1** *(client)* cliente mf. **2** *[fam. use]* *(person)* tipo **customer services** servicio al cliente.

cus·tom·ize [ˈkʌstəmaɪz] *tr.* hacer por encargo, hacer a la medida.

cus·toms [ˈkʌstəmz] *n.* aduana **to go through customs** pasar por la aduana **customs duty** derechos m. de aduana **customs officer** agente mf. de aduana **NOTA:** Puede ser tanto singular como plural.

cut [kʌt] *tr. pt. & pp.* **cut**, *ger.* **cutting** **1** *(gen)* cortar *(stone, glass)* tallar *(record)* grabar *(key, hole)* hacer **2** *(divide)* cortar, partir, dividir **3** *(reduce - level, number)* reducir *(- budget, spending)* recortar *(- price)* rebajar, reducir **4** *(shorten)* acortar *(remove)* cortar *(edit)* editar *(censor)* hacer cortes en, censurar **5** *(hurt feelings of, cause pain)* herir **6** *(adulterate)* mezclar, cortar ◇ *intr.* **1** *(knife, scissors)* cortar **2** *(of food)* cortarse **3** CINEM cortar ◇ *n.* **1** *(wound, incision)* corte m. *(deep cut)* tajo *(knife wound)* cuchillada **2** *(of meat - joint)* corte m. *(- piece cut off)* trozo **3** *(share)* parte f, tajada **4** *(reduction - in budget, services, wages)* recorte m. *(- in level, number, price)* reducción f. **5** *(deletion, removal)* corte m. *(part deleted)* trozo omitido **6** ELEC corte m. apagón m. **7** *(of hair, garment)* corte m. **8** *(insult)* desaire m. corte m. ◇ *adj. (flowers)* cortado *(glass)* tallado **cut the crap!** ¡corta el rollo!

to be **cut out for something** *estar hecho para algo* to **cut a long story short** *en resumidas cuentas* to **cut a tooth** *salirle un diente a uno* to **cut classes/school/lessons** *hacer novillos* to **cut one's hair** *cortarse el pelo (uno mismo)* to **cut it fine** *llegar con el tiempo justo, dejar poco margen* to **cut no ice (with somebody)** *no convencer (a alguien)* to **cut one's losses** *reducir las pérdidas* to **cut somebody dead** *desairar a alguien, volverle la cara a alguien* to **cut somebody down in their prime** *segar la juventud de alguien* to **cut somebody down to size** *bajarle los humos a alguien* to **cut somebody loose/free** *soltar a alguien* to **cut something/somebody short** *interrumpir algo/a alguien, cortar algo/a alguien en seco.*

to **cut across** *tr. insep.* **1** *(go across limits of)* trascender **2** *(take short cut)* cortar por, tomar un atajo a través de.

to **cut down** *tr. sep.* *(tree)* talar, cortar *(kill)* matar.

to **cut down on** *tr. insep.* *(reduce)* reducir el consumo de, consumir menos.

to **cut in** *intr.* *(interrupt)* interrumpir **2** AUTO *meterse delante de otro coche cerrándole el paso.*

to **cut off** *tr. sep.* **1** *(sever)* cortar *(limb)* amputar, cortar **2** *(disconnect, discontinue)* cortar **3** *(isolate, separate)* aislar **4** *fig. use (disinherit)* desheredar.

to **cut out** *tr. sep.* **1** *(from newspaper)* recortar *(in sewing)* cortar **2** *(exclude)* suprimir, eliminar ⋄ *intr.* *(of machine, engine)* pararse.

to **cut up** *tr. sep.* **1** *(in small pieces)* cortar en pedazos **2** *[fam. use] (upset)* disgustar.

cut·back ['kʌtbæk] *n.* reducción *f,* recorte *m.*

cute [kjuːt] *adj.* **1** *(sweet)* mono, rico *(good-looking)* guapo, lindo **2** *(clever)* listo.

cu·ti·cle ['kjuːtɪkəl] *n.* cutícula.

cut·ler·y ['kʌtlərɪ] *n.* cubiertos *mpl.* cubertería.

cut·off ['kʌtɒf] *n.* **1** *(level, point)* límite *m.* tope *m.* **2** *(stopping)* corte *m.* cese *m.* ⋄ *npl.* **cutoffs** *(shorts)* bermudas *fpl.* vaqueras **cutoff date** *fecha límite, fecha tope.*

cut·out ['kʌtaʊt] *n.* **1** *(shape)* recortable *m.* figura para recortar **2** *(device, switch)* cortacircuitos *m.*

cut-price [kʌt'praɪs] *adj.* *(goods)* a precio rebajado *(shop)* de ocasión.

cut·ter ['kʌtə ʳ] *n.* **1** *(person)* cortador **2** *(tool)* cúter *m.* *(machine, knife)* cortadora **3** MAR *(ship's boat)* bote *m.* *(sailing boat)* cúter *m.* *(government ship)* patrullero, guardacostas *m.* ⋄ *npl.* **cutters** *(for wire)* cizalla, cortaalambres *m.*

cut·ting ['kʌtɪŋ] *n.* **1** *(from newspaper)* recorte *m.* **2** BOT esqueje *m.* **3** *(for road, railway)* tajo ⋄ *adj.* *(tool, blade)* cortante *(wind)* penetrante, cortante *(remark)* mordaz, hiriente.

cy·ber·net·ics [saɪbə'netɪks] *n.* cibernética.

cy·cle ['saɪkəl] *n.* **1** *(series of events, of songs, etc.)* ciclo *(of washing machine)* programa *m.* **2** *(bicycle)* bicicleta *(motorcycle)* moto *f.* ⋄ *intr.* ir en bicicleta **cycle lane/path/way** *carril m. para bicicletas* **cycle track** *velódromo.*

cy·cli·cal ['sɪklɪkəl, 'saɪklɪkəl] *adj.* cíclico.

cy·cling ['saɪklɪŋ] *n.* ciclismo to go **cycling** *ir en bicicleta.*

cy·clist ['saɪklɪst] *n.* ciclista *mf.*

cy·clone ['saɪkləʊn] *n.* *(windstorm)* ciclón *m.* *(low pressure area)* ciclón *m.* borrasca.

cyl·in·der ['sɪlɪndə ʳ] *n.* **1** *(shape)* cilindro **2** *(in engine)* cilindro **3** *(for gas)* bombona **4** *(of gun)* tambor *m.*

cy·lin·dri·cal [sɪ'lɪndrɪkəl] *adj.* cilíndrico.

cym·bal ['sɪmbəl] *n.* címbalo, platillo.

cyn·ic ['sɪnɪk] *n.* cínico.

cyn·i·cal ['sɪnɪkəl] *adj.* cínico.

cyn·i·cism ['sɪnɪsɪzəm] *n.* cinismo.

Cyp·ri·ot ['sɪprɪət] *adj.* chipriota ⋄ *n.* **1** *(person)* chipriota *mf.* **2** *(language)* chipriota *m.*

Cy·prus ['saɪprəs] *n.* Chipre *m.*

cyst [sɪst] *n.* quiste *m.*

cys·tic fi·bro·sis [sɪstɪkfaɪ'brəʊsɪs] *n.* fibrosis *f.* quística.

cys·ti·tis [sɪ'staɪtɪs] *n.* cistitis *f.*

czar [zɑː ʳ] *n.* zar *m.*

Czech [tʃek] *adj.* checo ⋄ *n.* **1** *(person)* checo **2** *(language)* checo **Czech Republic** *República Checa.*

D, d [diː] *n.* **1** *(the letter)* D, d *f.* **2** MUS re *m.*

'd [əd] *auxiliary* **1** VER: would **2** VER: had **3** *[fam. use]* VER: did.

D.A. [diː'eɪ] *abbr. (District Attorney)* fiscal *mf.*

dad [dæd] *n. [fam. use]* papá *m.*

dad·dy ['dædɪ] *n. pl.* **daddies** *[fam. use]* papá *m.* papi *m.*

dag·ger ['dægə ʳ] *n.* **1** *(weapon)* daga, puñal *m.* **2** *(obelisk)* cruz *f.* **to be at daggers drawn with somebody** estar a matar con alguien.

dai·ly ['deɪlɪ] *adj. (newspaper, prayers)* diario *(routine)* diario, cotidiano ⋄ *adv.* diariamente, a diario **to earn one's daily bread** ganarse la vida, ganarse el pan.

dair·y ['deərɪ] *n. pl.* **dairies 1** *(on farm)* vaquería **2** *(shop)* lechería *(company)* central *f.* lechera **dairy cattle** ganado lechero **dairy farm** granja lechera **dairy farming** industria lechera **dairy produce** productos *mpl.* lácteos.

dai·sy ['deɪzɪ] *n. pl.* **daisies** margarita **daisy chain** guirnalda de margaritas.

dam [dæm] *n.* **1** *(barrier)* dique *m.* **2** *(reservoir)* embalse *m.* presa ⋄ *tr. pt. & pp.* **dammed**, *ger.* **damming** *(river)* represar, embalsar.
to dam up *tr. sep.* **1** *(river)* represar, embalsar **2** *(emotions)* reprimir, contener.

dam·age ['dæmɪdʒ] *n.* **1** *(gen)* daño *(to reputation, cause, health)* perjuicio, daños *mpl. (destruction)* destrozos daños *mpl.* estragos *mpl.* ⋄ *tr. (gen)* dañar, hacer daño a *(health, reputation, cause)* dañar, perjudicar ⋄ *npl.* **damages** JUR daños *mpl.* y perjuicios **to be damaged/get damaged** dañarse **what's the damage?** *(asking for bill)* ¿cuánto se debe? **brain damage** lesión *f.* cerebral.

dam·ag·ing ['dæmɪdʒɪŋ] *adj.* perjudicial (to, para).

damn [dæm] *interj. [fam. use]* ¡me lleva!, ¡caray! ⋄ *adj. [fam. use]* maldito, condenado ⋄ *adv. [fam. use]* muy, sumamente ⋄ *tr.* **1** REL condenar **2** *(curse)* maldecir **3** *(criticize, condemn)* condenar **damn all** nada de nada, absolutamente nada **not to care a damn/not give a damn** no importarle a uno un bledo/pito/comino/rábano **not to be worth a damn** no valer nada.

damned [dæmd] *adj.* **1** *[fam. use]* maldito, condenado, puñetero **2** REL condenado ⋄ *n.* **the damned** los condenados *mpl.*

damp [dæmp] *adj. (gen)* húmedo *(wet)* mojado ⋄ *n.* humedad *f.* ⋄ *tr. (dampen)* humedecer ⋄ *tr.* También *to damp down* **1** *(fire)* sofocar **2** *(reduce - noise)* amortiguar *(- instrument)* poner una sordina a **3** *(enthusiasm, energy, ardor)* apagar, enfriar.

damp·en ['dæmpən] *tr.* **1** *(make damp)* humedecer **2** *fig. use (enthusiasm, ardor, etc.)* hacer perder, apagar, enfriar *(person's spirits)* desanimar.

damp·ness ['dæmpnəs] *n.* humedad *f.*

dance [dɑːns] *n.* **1** *(gen)* baile *m. (classical, tribal)* danza ⋄ *intr.* **1** *(gen)* bailar **2** *fig. use (trees, leaves, flowers, etc.)* agitarse, mecerse, moverse *(waves)* agitarse, moverse ⋄ *tr.* **1** *(kind of dance)* bailar **2** *(child, etc.)* hacer bailar **dance band** orquesta de baile **dance floor** pista de baile **dance hall** salón *m.* de baile **dance music** música de baile.

dance·a·ble ['dænsəbəl] *adj.* bailable.

danc·er ['dɑːnsə ʳ] *n.* **1** *(person dancing)* bailador **2** *(professional)* bailarín *(flamenco)* bailador.

danc·ing ['dɑːnsɪŋ] *n.* baile *m.* ⋄ *adj.* de baile.

dan·druff ['dændrəf] *n.* caspa.

Dane [deɪn] *n.* danés.

dan·ger ['deɪndʒə ʳ] *n. (peril, hazard)* peligro *(risk)* riesgo **"Danger"** *"Peligro"* **to be in danger** estar en peligro **to be in danger of doing something** correr peligro de hacer algo **to be out of danger** estar fuera de peligro **danger sign** señal *f.* de peligro.

dan·ger·ous ['deɪndʒərəs] *adj. (gen)* peligroso *(risky)* arriesgado *(illness)* grave **dangerous driving** JUR conducción *f.* temeraria.

Dan·ish ['deɪnɪʃ] *adj.* danés ⋄ *n. (language)* danés *m.* ⋄ *npl.* **the Danish** los daneses *mpl.*

dare [deə ʳ] *intr.* atreverse (to, a), osar (to, -) ⋄ *tr. (challenge)* desafiar, reto **I dare say** *(perhaps)* quizá, posiblemente *(I suppose)* supongo, me imagino *(I bet)* ya lo creo.

dare·dev·il ['deədevəl] *n.* atrevido, temerario.

dar·ing ['deərɪŋ] *adj. (bold, brave)* audaz, osado, atrevido *(provocative)* atrevido ⋄ *n.* osadía, arrojo, atrevimiento, audacia.

dark [dɑːk] *adj.* **1** *(without light)* oscuro **2** *(color)* oscuro **3** *(hair, skin)* moreno *(eyes)* negro *(glasses)* oscuro **4** *(gloomy)* triste, sombrío *(future)* negro, tenebroso **5** *(sinister)* siniestro, oscuro, tenebroso **6** *(secret)* misterioso, secreto, oscuro ⋄ *n.* **1** *(darkness)* oscuridad *f.* **2** *(nightfall)* anochecer *m.* **after dark** después del anochecer **before dark** antes del anochecer, antes de que anochezca **to be in the dark** *fig.* use no saber nada **to get dark** oscurecer, hacerse de noche **to keep somebody in the dark** *fig.* use ocultarle algo a alguien **a dark horse** *(secretive person)* un enigma, una incógnita *(surprise winner)* un ganador sorpresa **the Dark Ages** la Alta Edad *f.* Media, la Edad *f.* de las tinieblas.

dark·en ['dɑːkən] *tr.* **1** oscurecer, hacer más oscuro **2** *fig.* use entristecer, ensombrecer ⋄ *intr.* **1** *(sky)* oscurecerse, ponerse más oscuro **2** *fig.* use *(face)* ensombrecerse.

dark-haired ['dɑːk'heəd] *adj.* moreno.

dark·ness ['dɑːknəs] *n.* oscuridad *f.* **in darkness** a oscuras.

dark·room ['dɑːkruːm] *n.* cuarto oscuro.

dark-skinned ['dɑːk'skɪnd] *adj.* moreno, de tez morena.

dar·ling ['dɑːlɪŋ] *n. (lover)* querido, amor *m.* cariño *(popular person)* niño mimado ⋄ *adj.* **1** *(loved)* querido **2** *fam. use (charming)* precioso, encantador.

dart [dɑːt] *n.* **1** *(object)* dardo, flechilla, rehilete *m.* **2** *(rush)* movimiento rápido **3** SEW *(fold)* pinza *tr.* **1** *(look, glance)* lanzar *(tongue)* disparar ⋄ *intr. (move quickly - person)* lanzarse, precipitarse *(- butterfly, etc.)* revolotear ⋄ *npl.* **darts** *(game)* dardos *mpl.* **to play darts** jugar a los dardos.

dart·board ['dɑːtbɔːd] *n.* diana, blanco de tiro.

dash [dæʃ] *n.* **1** *(sudden run)* carrera **2** SP carrera, sprint *m.* **3** *(small amount)* poco, poquito *(of salt, spice, etc.)* pizca *(of liquid)* chorrito, chorrillo, gota **4** *(horizontal mark)* raya *(hyphen)* guión *m. (in Morse code)* raya **5** *(style, panache)* elegancia, garbo, salero *(en-*

ergy, vitality) brío, dinamismo ◇ *tr.* **1** *(hit)* lanzar, arrojar *(smash)* romper, estrellar **2** *(hopes)* truncar ◇ *intr.* **1** *(rush)* correr **2** *(waves)* romper **to make a dash for something** *precipitarse hacia algo.* **to dash off** *tr. sep. (essay, etc.)* escribir deprisa y corriendo, escribir en un momento ◇ *intr.* irse corriendo.

dash·board ['dæʃbɔːd] *n. (car)* tablero.

da·ta ['deɪtə] *npl. sing.* **datum** datos *mpl.* información *f.* **data bank** COMPUT banco de datos **data capture** recolección *f.* de datos, recogida *f.* de datos **data management** gestión *f.* de datos **data processing** procesamiento *f.* de datos.

da·ta·base ['deɪtəbeɪs] *n.* COMPUT base *f.* de datos.

date[1] [deɪt] *n.* **1** *(in time)* fecha **2** *(appointment)* cita, compromiso **3** *(person)* ligue *m.* amigo, pareja **4** *(performance, booking)* actuación *f.* ◇ *tr.* **1** *(write a date on)* fechar **2** *(determine the date of)* datar **3** *(show the age of)* demostrar la edad de **4** *(fam. use) (go out with)* salir con ◇ *intr.* **1** *(have existed since)* datar (from, de), remontarse (back to, a) **2** *(go out of fashion)* pasar de moda **3** *(go out together)* salir juntos, ser novios **out of date** *(ideas)* anticuado *(clothes)* pasado de moda *(technology)* desfasado, obsoleto *(ticket, food)* caducado **to date** hasta la fecha **up to date** actualizado, al día **to be up to date (on something)** estar al tanto (de algo), estar al corriente (de algo) **to set a date for something** fijar la fecha para algo **closing date** fecha tope, fecha límite **date of birth** fecha de nacimiento **sell-by date** fecha de caducidad.

date[2] [deɪt] *n. (fruit)* dátil *m.*

dat·ed ['deɪtɪd] *adj. (ideas)* anticuado *(clothes)* pasado de moda *(expression)* anticuado desusado.

date·line ['deɪtlaɪn] *n. (in newspaper)* data **International Dateline** línea internacional del cambio de fecha.

daugh·ter ['dɔːtə ʳ] *n.* hija.

daugh·ter-in-law ['dɔːtərɪnlɔː] *n.* nuera.

dawn [dɔːn] *n.* **1** alba, aurora, amanecer *m.* **2** *fig. use (beginning)* amanecer *m.* albores *mpl.* aurora ◇ *intr.* **1** *(day)* amanecer, alborear, clarear **2** *(new age, year)* alborear, nacer **3** *(become known, obvious)* brillar **the dawn chorus** el canto de los pájaros al amanecer.

to dawn on *tr.* insep caer en la cuenta.

day [deɪ] *n.* **1** *(24 hours)* día *m.* **2** *(time between sunrise and sunset)* día *m.* **3** *(period of work)* jornada, día *m.* **4** *(period of success)* día *m.* **5** *(period of time)* época, tiempo *m.* ◇ *npl.* **days** *(period)* época, tiempos *mpl.* **any day now** cualquier día de éstos **by day** de día, durante el día **day after day** día tras día **day and night** día y noche **day by day** día a día, de día en día **day in, day out** todos los días **every day** todos los días **every other day** un día sí un día no, cada dos días **from one day to the next** de un día para (el) otro **have a nice day!** ¡que tengas un buen día! **in this day and age** hoy (en) día **in those days** en aquellos tiempos, en aquella época **it's all in a day's work** todo forma parte del trabajo **the day after tomorrow** pasado mañana **on the following day** al día siguiente **these days** hoy en día... **to the day** hoy hace exactamente... **to this day** hasta el día de hoy **not to be my "(your, his, etc.) day** no ser mi (tu, su, etc.) día **somebody's/something's days are numbered** tener alguien los días contados **to call it a day** dar algo por terminado **to have had one's day** haber pasado a la historia, haber pasado de moda **to be one of those**

days ser un día de aquéllos **to have one of those days** tener un día de aquéllos **to make a day of it** quedarse todo el día **to make somebody's day** alegrarle la vida a alguien **day nursery** guardería *(infantil)* **day off** día libre **day of reckoning** día *m.* del juicio final **day release** *sistema que permite a un empleado asistir a un curso un día de la semana* **day room** *sala comunal en hospitales, etc.* **day shift** turno de día **day trip** excursión *f.* (de un día).

day·break ['deɪbreɪk] *n.* amanecer *m.* alba.

day·dream ['deɪdriːm] *n.* ensueño, ensoñación *f.* ◇ *intr.* soñar despierto, fantasear.

day·light ['deɪlaɪt] *n.* luz *f.* de día **it's daylight robbery!** ¡es un (auténtico) robo!, ¡es un timo! **in broad daylight** en pleno día, a plena luz del día.

day·time ['deɪtaɪm] *n.* día *m.* ◇ *adj. (flight)* diurno **in the daytime** de día, durante el día.

day-to-day ['deɪtədeɪ] *adj.* **1** *(daily)* cotidiano, diario *(ordinary)* de cada día **2** *(existence)* rutinario.

daze [deɪz] *n.* aturdimiento ◇ *tr.* aturdir **to be in a daze** estar aturdido.

dazed [deɪzd] *adj.* aturdido.

daz·zle ['dæzəl] *n. (brilliance)* resplandor *m.* brillo ◇ *tr.* deslumbrar.

daz·zling ['dæzlɪŋ] *adj. (light, sky, jewels)* deslumbrante, resplandeciente *(success, intellect)* deslumbrante, deslumbrador.

D-day ['diːdeɪ] *n.* **1** *(in war)* día *m.* D **2** *(important date)* el día *m.* señalado.

de·ac·ti·vate [diːˈæktɪveɪt] *tr.* desactivar.

dead [ded] *adj.* **1** *(not alive)* muerto **2** *(obsolete - language)* muerto *(- custom)* desusado, en desuso *(finished with - topic, issue, debate)* agotado, pasado *(- glass, bottle)* terminado, acabado **3** *(numb)* entumecido, dormido **4** *(not functioning - telephone)* desconectado, cortado *(- machine)* averiado *(- battery)* descargado, gastado *(- match)* gastado **5** *(fam. use) (very tired)* muerto **6** *(dull, quiet, not busy)* muerto **7** *(sounds)* sordo *(colors)* apagado **8** SP *(ball)* muerto **9** *(total)* total, completo, absoluto ◇ *adv.* **1** *(completely, absolutely)* completamente, sumamente *(as intensifier)* muy **2** *(exactly)* justo *n.* **the dead** los muertos **a dead duck** un fracaso total **in the dead of winter** en pleno invierno, en lo más crudo del invierno **over my dead body!** ¡sobre mi cadáver! **to be a dead loss** no servir para nada, ser un desastre **to be a dead ringer for somebody** ser idéntico a alguien **to be dead beat** estar hecho polvo **to be dead to the world** estar dormido como un tronco **to come to a dead end** llegar a un callejón sin salida **to come to a dead stop** detenerse en seco **to drop dead** caer muerto **to stop dead** *parar(se) en seco* **not to be seen dead doing something** no hacer algo por nada del mundo **dead body** cadáver *m.* **dead calm** calma chicha **dead end** callejón sin salida **dead heat** empate *m.* **dead weight** peso muerto **dead wood** *(trees, etc.)* ramas fpl. secas *(useless people)* personal *m.* inútil *(useless things)* trastos *mpl.* **the Dead Sea** el Mar Muerto.

dead·line ['dedlaɪn] *n. (date)* fecha límite, fecha tope, plazo de entrega *(time)* hora límite, hora tope **to meet a deadline** acabar un trabajo dentro del plazo previsto **to work to a deadline** trabajar con miras a un plazo determinado.

dead·lock ['dedlɒk] *n.* punto muerto, impasse *m.* **to break the deadlock** salir del impasse **to end in deadlock** acabar en un punto muerto.

dead·ly ['dedlɪ] *adj. comp.* **deadlier,** *superl.* **deadliest** **1** *(disease)* mortal *(weapon, gas)* mortífero *(ene-*

my) a muerte, mortal *(aim)* certero **2** *(as intensifier)* enorme, total **3** *[fam. use]* *(dull)* aburridísimo ◇ *adv. (as intensifier)* terriblemente **deadly nightshade** *n.* belladona **deadly sin** pecado capital.

deaf [def] *adj.* sordo ◇ *n.* **the deaf** los sordos *mpl.* **to be deaf in one ear** ser sordo de un oído **to be deaf to something** hacer oídos sordos a algo **to be stone deaf** estar más sordo que una tapia **to fall on deaf ears** caer en oídos sordos **to go deaf** quedarse sordo **to turn a deaf ear** hacerse el sordo.

deaf-aid ['defeɪd] *n.* audífono.

deaf-en ['defən] *tr.* ensordecer.

deaf-en-ing ['defənɪŋ] *adj.* ensordecedor.

deaf-mute ['defmjuːt] *n.* sordomudo.

deaf-ness ['defnəs] *n.* sordera.

deal [diːl] *n.* **1** *(agreement)* trato, acuerdo, pacto *[financial]* acuerdo **2** *(treatment)* trato **3** *(amount)* cantidad *f.* **4** *(in card games)* reparto ◇ *tr. pt. & pp.* **dealt** [delt] **1** *(cards)* repartir, dar **2** *(drugs)* traficar ◇ *intr.* **1** *(cards)* repartir, dar **2** *(drugs)* traficar **big deal!** ¡vaya cosa!, ¡y qué! **it's no big deal** no es nada de otro mundo **to deal somebody a blow/deal a blow to somebody** asestarle un golpe a alguien **to do a deal with somebody/make a deal with somebody** llegar a un acuerdo con alguien, hacer un trato con alguien **to make a big deal out of something** hacer un problema de algo **fair deal/square deal** trato justo.

to deal in *tr. insep* *(trade in)* comerciar en, tratar en.

to deal with *tr. insep* **1** COMM *(trade with)* tratar con, tener relaciones comerciales con **2** *(tackle - problem, etc.)* abordar, ocuparse de, atacar *(- task)* encargarse de, ocuparse de *(- person)* tratar *(con)*, lidiar con **3** *(be about, have as subject)* tratar de *(discuss)* tratar.

deal-er ['diːlə*'*] *n.* **1** COMM comerciante *mf.* negociante *mf.* **2** *(illegal - in drugs)* traficante *mf.* *(- in stolen goods)* perista *mf.* **3** FIN corredor de bolsa, corredor de valores **4** *(cards)* repartidor.

deal-ing ['diːlɪŋ] ◇ *n.* **1** COMM *(way of behaving)* negocios *mpl.* **2** FIN transacciones *fpl.* **npl.** **dealings** *(relations)* trato, relaciones *fpl.*

dealt [delt] *pt. & pp.* VER: **deal.**

dear [dɪə*'*] *adj.* **1** *(loved - person)* querido *(- thing)* preciado **2** *(as form of address)* querido **3** *[fam. use]* *(in letter)* querido *(more formally)* apreciado, estimado **4** *(expensive)* caro ◇ *n.* **1** *(as form of address - to loved one)* querido, cariño, cielo *(- to anyone)* chato, guapo **2** *(nice person)* cielo, sol *m.* ◇ *interj.* ¡Dios mío! ◇ *adv.* caro **to be dear to somebody** significar mucho para alguien.

dear-ly ['dɪəli] *adv.* **1** *(very much)* mucho **2** *(at a cost)* caro **dearly beloved** REL *(amados)* hermanos.

death [deθ] *n.* **1** *(gen)* muerte *f.* *(decease, demise)* fallecimiento, defunción *f.* **2** *(end - of custom, institution)* fin *m.* **at death's door** a las puertas de la muerte **on pain of death** bajo pena de muerte **to be bored to death** aburrirse como una ostra **to be scared to death** estar muerto de miedo **to be sick to death of somebody/something** estar hasta la coronilla de alguien/algo **to be worried to death** estar preocupadísimo **to bleed to death** morir desangrado **to drink oneself to death** matarse a la bebida **to fight to the death** luchar hasta la muerte **to freeze to death** morir(se) de frío **to put somebody to death** ejecutar a alguien **to sentence somebody to death** condenar a alguien a muerte **death certificate** certificado de defunción **death knell** toque de difuntos,

doble *m.* **death mask** mascarilla **death penalty** pena de muerte **death rate** índice *m.* de mortalidad **death row** corredor *m.* de la muerte **death squad** escuadrón *m.* de la muerte **death throes** agonía **death toll** número de víctimas *(mortales)* **death warrant** sentencia de muerte **death wish** ganas *fpl.* de morir.

death-bed ['deθbed] *n.* lecho de muerte.

death-trap ['deθtræp] *n.* *[fam. use]* lugar peligroso.

de-bat-a-ble [dɪ'beɪtəbəl] *adj.* discutible.

de-bate [dɪ'beɪt] *n.* *(public meeting, in Parliament)* debate *m.* *(discussion)* debate *m.* discusión *f.* ◇ *tr.* **1** *(discuss)* debatir, discutir **2** *(consider, think over)* considerar, dar vueltas a ◇ *intr.* *(discuss)* discutir *(about/on, sobre).*

de-bat-ing [dɪ'beɪtɪŋ] *n.* discusión *f.* **debating society** grupo de debate y discusión.

de-bil-i-tate [dɪ'bɪlɪteɪt] *tr.* *(weaken)* debilitar *(exhaust)* extenuar.

de-bil-i-tat-ing [dɪ'bɪlɪteɪtɪŋ] *adj.* *(disease)* debilitante *(heat, climate)* extenuante.

de-bil-i-ty [dɪ'bɪlɪti] *n. pl.* **debilities** debilidad *f,* decaimiento.

deb-it ['debɪt] *n.* FIN débito ◇ *tr.* cargar en cuenta **debit balance** saldo deudor.

de-bris ['debriː] *n.* *(ruins)* escombros *mpl.* *(wreckage)* restos *mpl.*

debt [det] *n.* *(something owed)* deuda *(indebtedness)* endeudamiento **to be in debt** tener deudas, estar endeudado **to get into debt** contraer deudas, endeudarse **to pay off a debt** saldar una deuda **to run up debts** contraer deudas, endeudarse **debt collector** cobrador de deudas.

debt-or ['detə*'*] *n.* deudor.

de-bunk [diː'bʌŋk] *tr.* *[fam. use]* *(person)* desmitificar, desenmascarar *(idea, belief)* desacreditar, desprestigiar.

de-but ['deɪbjuː] *n.* debut *m.* **to make one's debut** debutar, hacer su debut.

deb-u-tante ['debjʊtɑːnt] *n.* debutante *f.*

Dec [dɪ'sembə*'*] *abbr.* *(December)* diciembre.

dec-ade ['dekeɪd] *n.* década, decenio.

dec-a-dence ['dekədəns] *n.* decadencia.

dec-a-dent ['dekədənt] *adj.* decadente.

de-caf-fein-a-ted [diː'kæfɪneɪtɪd] *adj.* *(coffee, tea)* descafeinado *(cola)* sin cafeína.

de-cap-i-tate [dɪ'kæpɪteɪt] *tr.* decapitar.

de-cap-i-ta-tion [dɪkæpɪ'teɪʃən] *n.* decapitación *f.*

dec-ath-lon [dɪ'kæθlɒn] *n.* decatlón *m.*

de-cay [dɪ'keɪ] *n.* **1** *(of organic matter)* descomposición *f.* *(of teeth)* caries *f.* **2** *(of building)* deterioro, desmoronamiento **3** *fig. use (of culture, values)* decadencia ◇ *intr.* **1** *(gen)* descomponerse, pudrirse *(wood)* pudrirse *(teeth)* cariarse **2** *(buildings)* deteriorarse, desmoronarse **3** *fig. use* decaer, declinar, estar en decadencia ◇ *tr.* *(gen)* descomponer *(wood)* pudrir *(teeth)* cariar.

de-ceased [dɪ'siːst] *adj.* difunto, fallecido ◇ *n.* **the deceased** *(man)* el difunto *(woman)* la difunta ◇ *npl.* **the deceased** *(gen)* los difuntos *(women)* las difuntas.

de-ceit [dɪ'siːt] *n.* *(trick)* engaño *(deceiving)* falsedad *f.*

de-ceit-ful [dɪ'siːtfʊl] *adj.* *(person)* falso, embustero, mentiroso *(action)* engañoso.

de-ceive [dɪ'siːv] *tr.* engañar **to deceive oneself** engañarse **to deceive somebody into doing something** engañar a alguien para que haga algo.

de-cel-er-ate [diː'seləreɪt] *intr.* reducir la velocidad, desacelerar ◇ *tr.* reducir la velocidad de, desacelerar.

de·cel·er·a·tion [diːˌseləˈreɪʃən] *n.* desaceleración *f.*

De·cem·ber [dɪˈsembə ʳ] *n.* diciembre *m.* **NOTA:** Para ejemplos de uso, ver May.

de·cen·cy [ˈdiːsənsɪ] *n. pl. decencies* 1 *(seemliness)* decencia, decoro 2 *(politeness)* buena educación *f*, cortesía, consideración *f.*

de·cent [ˈdiːsənt] *adj.* 1 *(socially acceptable- dress, behavior, language)* decente, decoroso *(person)* decente, honrado 2 *(adequate - meal, wage, housing)* decente, adecuado 3 *(fam. use) (nice, kind)* bueno, amable **to do the decent thing** hacer lo que es correcto, hacer lo que se debe.

de·cen·tral·i·za·tion [diːˌsentrəlaɪˈzeɪʃən] *n.* descentralización *f.*

de·cen·tral·ize [diːˈsentrəlaɪz] *tr.* descentralizar ◇ *intr.* descentralizarse.

de·cep·tion [dɪˈsepʃən] *n.* *(trick)* engaño *(deceiving)* falsedad *f.*

de·cep·tive [dɪˈseptɪv] *adj.* engañoso.

de·cide [dɪˈsaɪd] *tr.* 1 *(person)* decidir 2 *(cause to reach a decision)* decidir 3 *(settle, determine - of event, action)* decidir, determiner ◇ *intr.* decidirse, tomar una decision.
  to de·cide on *tr. insep (date, place)* decidir *(candidate)* decidirse por.

de·cid·ed [dɪˈsaɪdɪd] *adj.* 1 *(resolute, determined - person)* decidido, resuelto 2 *(clear - change, improvement, opinion, etc.)* marcado, claro.

de·cid·ing [dɪˈsaɪdɪŋ] *adj.* *(factor, influence, vote, point)* decisivo *(match)* de desempate.

dec·i·mal [ˈdesɪməl] *adj.* decimal ◇ *n.* decimal *m.* **decimal point** coma decimal.

de·ci·pher [dɪˈsaɪfə ʳ] *tr.* descifrar.

de·ci·sion [dɪˈsɪʒən] *n.* 1 *(choice, verdict)* decisión *f.* 2 *(resolution, ability to decide, decisiveness)* resolución *f*, decisión *f*, determinación *f.* **to come to a decision/reach a decision** llegar a una decisión **to make a decision/take a decision** tomar una decisión.

de·ci·sive [dɪˈsaɪsɪv] *adj.* 1 *(conclusive - gen)* decisivo *(- victory)* contundente 2 *(firm, resolute - person)* decidido, resuelto *(- reply, action)* firme.

de·ci·sive·ness [dɪˈsaɪsɪvnəs] *n.* 1 *(of victory)* contundencia 2 *(of person)* decisión *f*, firmeza.

deck [dek] ◇ *n.* 1 *(of ship)* cubierta 2 *(of bus, coach)* piso 3 *(of cards)* baraja 4 *(of record player)* plato 5 *(raised roofless area)* terraza ◇ *tr.* *(fam. use) (knock down)* tumbar. También **to clear the decks** prepararse para algo **to hit the deck** caerse al suelo **deck chair** tumbona, silla de playa.

dec·la·ra·tion [dekləˈreɪʃən] *n.* declaración *f.*

de·clare [dɪˈkleə ʳ] *tr.* 1 *(gen)* declarar *(opinion)* manifestar 2 *(at customs)* declarer ◇ *intr.* pronunciarse (against, en contra), (for, a favor de) **I (do) declare!** ¡vaya por Dios! **to declare war on** declarar la guerra a.

de·cline [dɪˈklaɪn] *n.* 1 *(decrease)* disminución *f*, descenso 2 *(deterioration - gen)* deterioro, declive *m.* decadencia *(in health)* deterioro, empeoramiento ◇ *intr.* 1 *(decrease - gen)* disminuir, decrecer *(interest)* disminuir, decaer 2 *(deteriorate - gen)* deteriorarse *(health)* deteriorarse, empeorarse *(standard, quality)* decaer, disminuir 3 *(refuse)* rehusar una invitación, declinar una invitación 4 LING declinarse ◇ *tr.* 1 *(refuse)* rehusar, declinar 2 LING declinar **to be in decline** estar en declive, estar en decadencia **to fall into decline** entrar en decadencia.

de·clin·ing [dɪˈklaɪnɪŋ] *adj.* *(decreasing)* decreciente, en declive *(deteriorating)* en decadencia **in one's declining years** en sus últimos años.

de·code [diːˈkəʊd] *tr.* decodificar, descodificar, descifrar.

de·com·pose [diːkəmˈpəʊz] *tr.* descomponer ◇ *intr.* 1 descomponerse, pudrirse 2 CHEM descomponerse.

de·com·po·si·tion [dɪkɒmpəˈzɪʃən] *n.* descomposición *f.*

de·con·ges·tant [diːkənˈdʒestənt] *n.* descongestionante *m.* ◇ *adj.* descongestionante.

de·con·ges·tion [diːkənˈdʒestʃən] *n.* descongestión *f.*

de·cor [ˈdeɪkɔː ʳ] *n.* 1 *(furnishings)* decoración *f.* 2 THEAT decorado.

dec·o·rate [ˈdekəreɪt] *tr.* 1 *(adorn, make beautiful)* decorar (with, con), adornar (with, con) 2 *(paint)* pintar *(wallpaper)* empapelar 3 *(honor)* condecorar (for, por) ◇ *intr.* *(paint)* pintar *(wallpaper)* empapelar.

dec·o·rat·ing [ˈdekəreɪtɪŋ] *n.* *(painting)* pintura *(wallpapering)* empapelado.

dec·o·ra·tion [dekəˈreɪʃən] *n.* 1 *(act, art)* decoración *f.* 2 *(ornament)* adorno 3 *(medal)* condecoración *f.*

dec·o·ra·tive [ˈdekərətɪv] *adj.* decorativo, ornamental.

dec·o·ra·tor [ˈdekəreɪtə ʳ] *n.* *(designer)* decorador, interiorista *mf.* *(painter)* pintor *(wallpaperer)* empapelador.

de·co·rum [dɪˈkɔːrəm] *n.* *(fml. use)* decoro.

de·crease [dɪˈkriːs] *n.* disminución *f*, descenso ◇ *tr.* disminuir, reducer ◇ *intr.* *(amount, numbers, power, etc.)* disminuir, decrecer *(quality)* disminuir, bajar *(interest)* disminuir, decaer *(prices)* bajar *(in knitting)* menguar.

de·creas·ing [dɪˈkriːsɪŋ] *adj.* decreciente.

de·cree [dɪˈkriː] *n.* 1 *(command)* decreto 2 *(judgement)* sentencia ◇ *tr.* decretar **to issue a decree** promulgar un decreto.

de·crep·it [dɪˈkrepɪt] *adj.* *(person)* decrépito *(furniture)* destartalado *(house)* deteriorado, desvencijado.

ded·i·cate [ˈdedɪkeɪt] *tr.* 1 *(devote - oneself, time, effort)* dedicar, consagrar 2 *(book, poem, performance, etc.)* dedicar 3 REL *(consecrate)* dedicar.

ded·i·cat·ed [ˈdedɪkeɪtɪd] *adj.* 1 *(devoted, committed)* dedicado (to), entregado (to, a) 2 COMPUT dedicado.

ded·i·ca·tion [dedɪˈkeɪʃən] *n.* 1 *(devotion)* dedicación *f*, entrega 2 *(act of dedicating)* dedicación *f.* 3 *(written message in book, etc.)* dedicatoria.

de·duce [dɪˈdjuːs] *tr.* deducir (from, de), inferir (from, de).

de·duct [dɪˈdʌkt] *tr.* *(gen)* descontar, deducir *(from taxes)* desgravar.

de·duct·i·ble [dɪˈdʌktəbəl] *adj.* deducible.

de·duc·tion [dɪˈdʌkʃən] *n.* 1 *(subtraction)* deducción *f*, descuento *(from taxes)* desgravación *f.* 2 *(reasoning)* deducción *f.*

de·duc·tive [dɪˈdʌktɪv] *adj.* deductivo.

deed [diːd] *n.* 1 *literal use (act)* acto, acción *f*, obra *(feat)* hazaña, proeza 2 JUR escritura **to do one's good deed for the day** hacer la buena acción del día.

dee·jay [ˈdiːdʒeɪ] *n.* discjockey *mf.*

deep [diːp] *adj.* 1 *(river, hole, well, etc.)* hondo, profundo *(wound, cut)* profundo *(dish)* hondo 2 *(wall, wardrobe)* de fondo *(hem, border)* ancho 3 *(sound, voice)* grave, bajo, profundo *(note)* grave *(breath)* hondo *(sigh)* profundo, hondo 4 *(color)* intenso, subido 5 *(intense - sleep, love, impression)* profundo *(- interest)* vivo, profundo *(- outrage, shame)* grande *(- mourning)* riguroso 6 *(profound - thought, mind, mystery, secret)* profundo *(person)* profundo, serio ◇ *adv.* 1 *(to a great depth)* profundamente 2 *(far from the outside)* lejos 3 *(far in time, late)* tarde ◇ *n.* **the deep** las profundidades *fpl.*, el piélago **deep down** en el fondo *(de su corazón)* **to be deep in thought** estar absorto, estar ensimismado **to be in deep trouble** estar en un serio apuro, estar en un buen lío **to be in deep water (s)** estar con el agua al cuello **to dig deep** cavar hondo **to go deep into something** profundizar en algo **to look deep into somebody's eyes** penetrar a alguien con la mirada, mirar a alguien fijamente a los ojos **to park two/three deep** aparcar en doble/triple fila **to be thrown in at the deep end** tener que empezar por lo más difícil.

deep·en ['di:pən] *tr.* **1** *(well, channel, river)* profundizar, hacer más profundo, hacer más hondo **2** *(knowledge)* profundizar, ahondar *(sympathy)* aumentar *(color, emotion)* intensificar *(sound, voice)* hacer más grave ◇ *intr.* **1** *(river, water, sea)* hacerse más profundo, volverse más profundo **2** *(love)* crecer, hacerse más profundo *(mystery, understanding, knowledge, concern)* crecer, aumentar *(crisis, despair)* acentuarse *(color)* intensificarse *(voice)* hacerse más grave.

deep-freeze ['di:p'fri:z] *n.* congelador *m.* ◇ *tr. pt.* **deep-froze** *(at home)* congelar *(commercially)* ultracongelar.

deep·ly ['di:plɪ] *adv.* **1** *(cut, bite)* profundamente **2** *(sigh)* profundamente, hondo *(breathe)* hondo *(look)* fijamente **3** *(intensely - grateful, concerned, love)* profundamente *(- interested)* sumamente *(profoundly - think, consider)* a fondo.

deep-sea ['di:psi:] *n.* *(fishing, diving)* de altura.

deep-seat·ed [di:p'si:tɪd] *adj.* profundamente arraigado.

deer [dɪə*] *n. pl.* **deer** ciervo, venado.

de·face [dɪ'feɪs] *tr.* *(damage, spoil)* desfigurar *(scrawl on)* pintarrajear.

de·fault [dɪ'fɔ:lt] *n.* **1** *(failure to act)* omisión *f.*, negligencia **2** *(failure to pay)* incumplimiento de pago, mora, demora **3** JUR rebeldía **4** SP incomparecencia ◇ *intr.* **1** *(fail to act)* faltar a sus compromisos, incumplir un acuerdo **2** *(fail to pay)* no pagar (on, -), demorarse (on, en) **3** JUR declararse en rebeldía **4** SP no comparecer, no presentarse **to be in default on something** demorarse en el pago de algo **to win by default** SP ganar por incomparecencia del rival **default setting** COMPUT valor *m.* por defecto.

de·feat [dɪ'fi:t] *n.* **1** *(of army, team)* derrota **2** *fig. use (of hopes, plans)* fracas ◇ *tr.* **1** *(opponent)* derrotar, vencer *(opposition, government)* derrotar *(bill, motion)* rechazar **2** *fig. use (hopes, plans)* frustrar **to defeat the object/defeat the purpose** ir en contra del propósito.

de·fect [*(n)* 'di:fekt; *(vb)* dɪ'fekt] *n.* *(gen)* defecto *(flaw)* desperfecto, tara ◇ *intr.* *(army, team)* desertar, pasarse al bando contrario *(country)* huir.

de·fec·tion [dɪ'fekʃən] *n.* *(from party, team)* deserción *f.*, defección *f.* *(from country)* fuga, huida.

de·fec·tive [dɪ'fektɪv] *adj.* **1** *(faulty)* defectuoso *(flawed)* con desperfectos *(incomplete, lacking)* deficiente **2** LING defectivo.

de·fend [dɪ'fend] *tr.* *(gen)* defender *(protect)* defender, proteger ◇ *intr.* SP jugar de defensa **to defend oneself** defenderse.

de·fend·ant [dɪ'fendənt] *n.* JUR *(in civil case)* demandado *(in criminal case)* acusado.

de·fend·er [dɪ'fendə*] *n.* **1** *(gen)* defensor **2** SP defensa *mf.*

de·fense [dɪ'fens] *n.* **1** *(gen)* defensa *(protection)* defensa, protección *f.* **2** JUR defensa **3** SP defensa **to come to somebody's defence** salir en

defensa de alguien **defence lawyer** abogado defensor.

de·fen·sive [dɪ'fensɪv] *adj.* defensivo **to be defensive/get defensive** ponerse a la defensiva **to be on the defensive** estar a la defensiva.

de·fer¹ [dɪ'fɜ:*] *tr. pt. & pp.* **deferred**, *ger.* **deferring** *(postpone)* aplazar, posponer, retrasar.

de·fer² [dɪ'fɜ:*] *intr. pt. & pp.* **deferred**, *ger.* **deferring** *(submit to)* deferir (to, a).

de·fi·ance [dɪ'faɪəns] *n.* desafío **in defiance of** a despecho de.

de·fi·ant [dɪ'faɪənt] *adj.* *(attitude, behavior)* desafiante, de desafío *(person)* rebelde.

de·fi·cien·cy [dɪ'fɪʃənsɪ] *n. pl.* **deficiencies 1** *(lack)* deficiencia *(shortage)* escasez *f.*, falta, déficit *m.* **2** *(fault, shortcoming)* defecto, deficiencia.

de·fi·cient [dɪ'fɪʃənt] *adj.* deficiente, insuficiente.

de·fin·a·ble [dɪ'faɪnəbəl] *adj.* definible.

de·fine [dɪ'faɪn] *tr.* **1** *(word, expression, concept)* definir **2** *(duties, role, rights, etc.)* delimitar **3** *(outline)* definir, perfilar.

def·i·nite ['defɪnət] *adj.* **1** *(final, fixed - gen)* definitivo *(- opinions)* fijo **2** *(clear, distinct)* claro *(clear, appreciable)* notable, sensible *(exact, specific)* específico, preciso **3** *(sure, certain)* seguro, confirmado.

def·i·nite·ly ['defɪnətlɪ] *adv.* **1** *(without doubt)* sin duda, indudablemente, seguramente **2** *(definitively)* definitivamente ◇ *interj.* ¡desde luego!, ¡claro que sí!, ¡por supuesto!

def·i·ni·tion [defɪ'nɪʃən] *n.* **1** *(explanation)* definición *f.* **2** *(description of features)* definición *f.* *(delimitation)* delimitación *f.* **3** *(clarity of shape, color)* nitidez *f.*, definición *f.* *(of sound)* nitidez *f.*, claridad *f.*

de·fin·i·tive [dɪ'fɪnɪtɪv] *adj.* **1** *(final, conclusive)* definitivo **2** *(ultimate - study, etc.)* de mayor autoridad *(- performance)* inmejorable, insuperable.

de·fin·i·tive·ly [dɪ'fɪnɪtɪvlɪ] *adv.* definitivamente.

de·flect [dɪ'flekt] *tr.* desviar ◇ *intr.* desviarse.

de·flec·tion [dɪ'flekʃən] *n.* desviación *f.*

de·for·est [di:'fɒrɪst] *tr.* deforestar.

de·for·est·a·tion [di:fɒrɪs'teɪʃən] *n.* deforestación *f.*, despoblación *f.* forestal.

de·form [dɪ'fɔ:m] *tr.* deformar.

de·formed [dɪ'fɔ:md] *adj.* deforme.

de·form·i·ty [dɪ'fɔ:mɪtɪ] *n. pl.* **deformities** deformidad *f.*

de·fraud [dɪ'frɔ:d] *tr.* estafar **to defraud somebody of something** estafarle algo a alguien.

de·fuse [dɪ'fju:z] *tr.* **1** *(bomb)* desactivar **2** *(situation)* distender, reducir la tensión de *(anger, crisis)* calmar.

de·fy [dɪ'faɪ] *tr. pt. & pp.* **defied**, *ger.* **defying 1** *(ignore, refuse to give in to)* desafiar *(disobey - law, order, authority)* desobedecer, desacatar **2** *(make impossible)* ser imposible **3** *(challenge)* retar, desafiar.

deg·ra·da·tion [degrə'deɪʃən] *n.* degradación *f.*

de·grade [dɪ'greɪd] *tr.* **1** *(debase)* degradar, envilecer **2** *(break down)* degrader ◇ *intr.* *(break down)* degradarse **to degrade oneself** degradarse, rebajarse.

de·grad·ing [dɪ'greɪdɪŋ] *adj.* degradante.

de·gree [dɪ'gri:] *n.* **1** *(unit of measurement)* grado **2** *(extent, level, point)* grado, nivel *m.* punto *(amount)* algo **3** *(stage, grade, step)* grado, etapa **4** EDUC título **by degrees** poco a poco, gradualmente, paulatinamente **first degree** licenciatura **honorary degree** título honoris causa.

de·hy·drate [di:haɪ'dreɪt] *tr.* deshidratar ◇ *intr.* deshidratarse.

de·hy·drat·ed [di:haɪ'dreɪtɪd] *adj.* *(person, vegetables)* deshidratado *(milk)* en polvo.

de·hy·dra·tion [di:haɪ'dreɪʃən] *n.* deshidratación *f.*

de·ice [di:'aɪs] *tr.* quitar el hielo a, deshelar.

de·i·ty ['deɪtɪ] *n.* deidad *f. n.* **the Deity** *pl.* **deities** Dios *m.*

de·ject·ed [dɪ'dʒektɪd] *adj.* abatido, desalentado, desanimado.

de·jec·tion [dɪ'dʒekʃən] *n.* abatimiento, desaliento, desánimo.

de·lay [dɪ'leɪ] *n.* *(act, state)* demora, tardanza, dilación *f. (amount of time)* retraso, demora *(traffic hold-up)* embotellamiento, atasco ◇ *tr.* 1 *(defer, postpone - gen)* aplazar, retrasar *(payment)* aplazar, diferir 2 *(make late - flight, train)* retrasar, demorar *(person)* entretener ◇ *intr.* *(be late)* tardar *(act slowly)* entretenerse.

de·layed [dɪ'leɪd] *adj.* retardado **delayed action** acción *f.* retardada.

del·e·gate [*(adj-n)* 'delɪgət; *(vb)* 'delɪgeɪt] *n.* delegado ◇ *tr.* *(duties, responsibility, etc.)* delegar (to, en) *tr.* delegar.

del·e·ga·tion [delɪ'geɪʃən] *n.* delegación *f.*

de·lete [dɪ'li:t] *tr.* *(remove)* eliminar, suprimir *(cross out)* tachar.

de·le·tion [dɪ'li:ʃən] *n.* 1 *(act)* eliminación *f.* supresión *f.* 2 *(word, letter crossed out)* tachadura.

de·lib·er·ate [*(adj)* dɪ'lɪbərət; *(vb)* dɪ'lɪbəreɪt] *adj.* 1 *(intentional)* deliberado, intencionado *(studied)* premeditado 2 *(slow, unhurried)* pausado, lento *(careful)* reflexivo ◇ *tr.* deliberar, considerar ◇ *intr.* deliberar (on, sobre).

del·i·ca·cy ['delɪkəsɪ] *n. pl.* **delicacies** *(softness, tenderness)* delicadeza 2 *(fragility)* fragilidad *f.* 3 *(skill, careful treatment)* lo delicado 4 *(tact, restraint, sensitivity)* delicadeza 5 *(of colors, food, smells)* lo delicado 6 *(food)* manjar *m.* (exquisito), exquisitez *f.*

del·i·cate ['delɪkət] *adj.* 1 *(fine - gen)* delicado *(- embroidery, handiwork)* fino, esmerado, delicado 2 *(easily damaged)* frágil *(easily made ill)* delicado 3 *(requiring careful treatment)* delicado 4 *(subtle - color)* suave, delicado *(- flavor, taste)* delicado, fino *(- perfume)* delicado 5 *(sensitive - instrument)* sensible *(- sense of smell, taste)* fino.

del·i·cate·ly ['delɪkətlɪ] *adv.* 1 *(make, carve, paint, etc.)* delicadamente, con finura 2 *(act, behave, treat, handle, word, etc.)* con delicadeza 3 *(balance)* con sensibilidad 4 *(patterned, perfumed, flavored)* delicadamente.

del·i·ca·tes·sen [delɪkə'tesən] *n.* charcutería selecta.

de·li·cious [dɪ'lɪʃəs] *adj.* 1 *(food)* delicioso, riquísimo *(taste, smell)* exquisito 2 *(delightful, attractive, pleasant)* delicioso, agradable.

de·light [dɪ'laɪt] *n.* 1 *(great pleasure, joy)* placer *m.* gusto, alegría, deleite *m.* 2 *(source of pleasure)* encanto, delicia, placer *m.* ◇ *tr.* *(give pleasure to)* deleitar, encantar, dar gusto *(make very happy)* llenar de alegría ◇ *intr.* deleitarse (in, en/con).

de·light·ed [dɪ'laɪtɪd] *adj.* *(person)* encantado, contentísimo *(smile, shout, look)* de alegría.

de·light·ful [dɪ'laɪtful] *adj.* *(person, place)* encantador *(evening, weather, time)* muy agradable *(meal)* delicioso *(dress, etc.)* precioso.

de·lin·quen·cy [dɪ'lɪŋkwənsɪ] *n.* 1 *(behavior)* delincuencia 2 *(act)* delito.

de·lin·quent [dɪ'lɪŋkwənt] *n.* *(youth)* delincuente ◇ *adj.* *(activity)* delictivo.

de·liv·er [dɪ'lɪvəʳ] *tr.* 1 *(take, give, hand over - goods, etc.)* entregar *(- message)* dar, entregar *(distribute)* repartir (a domicilio) 2 *(hit, kick, push)* dar *(blow, punch)* propinar, atestar *(shot, fast ball)* lanzar 3 *(say - speech, sermon, verdict)* pronunciar *(lecture, sermon, ultimatum)*

dar *(warning)* hacer *(judgement)* dictar, pronunciar, emitir 4 *(produce, provide, fulfil)* cumplir 5 MED *(baby)* asistir en el parto de, atender en el parto de 6 *[fml. use] (free, save)* liberar ◇ *intr.* 1 *(goods, groceries, etc.)* hacer repartos a domicilio 2 *(fulfil promise, etc.)* cumplir.

de·liv·er·y [dɪ'lɪvərɪ] *n. pl.* **deliveries** 1 *(act - gen)* entrega, reparto *(- of mail)* reparto 2 *(consignment)* partida, remesa 3 *(manner of speaking)* modo de hablar 4 *(of baby)* parto, alumbramiento 5 *(throwing, launching - of ball, missile)* lanzamiento **to pay on delivery** pagar a la entrega de la mercancía **to take delivery of something** recibir algo **delivery charges** gastos mpl. de envío, gastos mpl. de transporte **delivery man** repartidor *m.* **delivery note** albarán *m.* de entrega **delivery period** plazo de entrega **delivery room** sala de partos **delivery service** servicio de reparto a domicilio.

de·lu·sion [dɪ'lu:ʒən] *n.* 1 *(false belief)* falsa ilusión *f.* *(mistaken idea)* error *m.* 2 *(act, state)* engaño **to have delusions of grandeur** tener delirios de grandeza.

de·luxe [də'lʌks] *adj.* de lujo.

de·mand [dɪ'mɑ:nd] *n.* 1 *(request)* solicitud *f,* petición *f.* *(claim)* exigencia *(for pay rise, rights, etc.)* reclamación *f.* 2 COMM demanda 3 *(note, warning)* aviso ◇ *tr.* 1 *(call for, insist on)* exigir *(rights, conditions, etc.)* reclamar 2 *(need, require)* exigir, requerir **on demand** a petición **to make demands of/on somebody** pedir mucho de alguien.

de·mand·ing [dɪ'mɑ:ndɪŋ] *adj.* 1 *(person - gen)* exigente *(awkward)* difícil 2 *(tiring - job, etc.)* agotador.

de·mean·or [dɪ'mi:nəʳ] *n.* 1 *[fml. use] (behavior)* comportamiento, conducta 2 *(bearing)* porte *m.*

de·ment·ed [dɪ'mentɪd] *adj.* 1 MED demente 2 *fig. use (agitated)* histérico.

de·men·tia [dɪ'menʃɪə] *n.* demencia.

dem·o ['deməʊ] *n. pl.* **demos** 1 *(recording, tape)* maqueta 2 *[fam. use] (demonstration)* mani *f,* manifestación *f.*

de·moc·ra·cy [dɪ'mɒkrəsɪ] *n. pl.* **democracies** democracia.

dem·o·crat ['deməkræt] *n.* demócrata *mf.* **Christian Democrat** democratacristiano.

dem·o·crat·ic [demə'krætɪk] *adj.* democrático.

dem·o·graph·ic [demə'græfɪk] *adj.* demográfico.

de·mol·ish [dɪ'mɒlɪʃ] *tr.* 1 *(building)* derribar, demoler, echar abajo 2 *fig. use (theory, proposal)* destruir, echar por tierra 3 *[fam. use] (eat)* zamparse.

dem·o·li·tion [demə'lɪʃən] *n.* 1 *(of building)* demolición *f,* derribo 2 *fig. use (of argument, idea, belief)* demolición *f,* destrucción *f.*

demon ['di:mən] *n.* 1 *(evil spirit)* demonio, diablo 2 *[fam. use] (naughty child)* diablillo 3 *(energetic person)* fiera, bestia *(talented person)* fiera, hacha.

de·mon·ic [dɪ'mɒnɪk] *adj.* demoníaco.

dem·on·strate ['demənstreɪt] *tr.* 1 *(show, prove)* demostrar 2 *(express, display)* demostrar, dar prueba de 3 *(in shop, etc.)* hacer una demostración de ◇ *intr.* *(protest)* manifestarse.

dem·on·stra·tion [demən'streɪʃən] *n.* 1 *(act of showing)* demostración *f,* muestra 2 *(in shop, etc.)* demostración *f.* 3 *(march)* manifestación *f.*

de·mor·al·iz·ing [dɪ'mɒrəlaɪzɪŋ] *adj.* desmoralizante, desmoralizador, desalentador.

den [den] *n.* 1 *(of animals)* guarida 2 *(secret meeting-place)* guarida 3 *[fam. use] (room)* cuarto *(for study)* estudio.

de·ni·al [dɪ'naɪəl] *n.* 1 *(of accusation)* mentís *m.* desmentido, refutación *f.* 2 *(of principle)* negación *f.*

3 (of rights, justice) denegación f. **4** (of request) negativa, rechazo.

den·im ['denɪm] n. tela mezclilla ◇ adj. mezclilla npl. **denims** pantalones de mezclilla.

Den·mark ['denmɑːk] n. Dinamarca.

de·nom·i·na·tor [dɪ'nɒmɪneɪtə ʳ] n. MATH denominador m.

dense [dens] adj. **1** (closely packed - population, traffic) denso (- forest, jungle, vegetation) denso, espeso (- crowd) compacto, apretado **2** (thick - fog, smoke) espeso, denso **3** PHYS (heavy - substance, rock, star) denso **4** [fam. use] (stupid - person) torpe, estúpido, burro, que no entiende.

den·si·ty ['densɪtɪ] n. pl. **densities** (gen) densidad f. **population density** densidad f. de población.

dent [dent] n. (in car, metal) abolladura ◇ tr. **1** (car, metal) abollar **2** (pride, reputation) hacer mella en (confidence) hacer perder ◇ intr. (metal) abollarse.

den·tal¹ ['dentəl] adj. (gen) dental **dental floss** hilo dental, seda dental **dental hygienist** ayudante mf. de dentista, asistente mf. de dentista **dental surgeon** odontólogo **dental surgery** consultorio odontológico, clínica dental.

den·tal² ['dentəl] adj. LING dental ◇ n. LING dental f.

den·tist ['dentɪst] n. dentista mf. odontólogo.

den·tis·try ['dentɪstrɪ] n. odontología.

den·ture ['dentʃə ʳ] n. (plate) prótesis f. dental ◇ npl. **dentures** dentadura f. sing. postiza.

de·ny [dɪ'naɪ] tr. pt. & pp. **denied**, ger. **denying** **1** (repudiate - accusation, guilt) negar (rumor, report) desmentir (charge) rechazar **2** (refuse - request) denegar (- rights, equality) privar de (- access) negar **3** [fml. use] (disown - person) desconocer, negar a (- faith, country) renegar de (not admit, disclaim) negar **to deny oneself** sacrificarse **to deny oneself something** privarse de algo.

de·o·dor·ant [diː'əʊdərənt] n. desodorante m.

dep [dɪ'pɑːtʃə ʳ] abbr. (departure) salida.

de·part [dɪ'pɑːt] intr. [fml. use] (leave) partir, salir. **to depart from** tr. insep (truth) apartarse de, alejarse de (subject) desviarse de (tradition) apartarse de (routine) salirse de.

de·part·ed [dɪ'pɑːtɪd] adj. **1** euph. use difunto **2** [fml. use] (youth) perdido (glories) pasado ◇ n. **the departed** (man) el difunto (woman) la difunta ◇ npl. **the departed** (gen) los difuntos (women) las difuntas.

de·part·ment [dɪ'pɑːtmənt] n. **1** (in shop) sección f. (in company, organization) departamento, sección f. (in university, school, hospital) departamento (in government) ministerio **2** [fam. use] (responsibility) campo, esfera, terreno **department stores** grandes almacenes mpl.

de·par·ture [dɪ'pɑːtʃə ʳ] n. **1** (of person) partida, marcha (of plane, train, etc.) salida **2** fig. use (divergence) desviación f. (venture, type of activity) innovación f. **departure lounge** sala de embarque **departure time** hora de salida **point of departure** punto de partida.

de·pend [dɪ'pend] intr. depender **that depends** según, eso depende. **to depend on** tr. insep **1** (trust) confiar en/con, fiarse de (count on) contar con **2** (be dependent on) depender de **3** (be decided by) depender de.

de·pend·ence [dɪ'pendəns] n. dependencia (on, de) **drug dependence** drogodependencia.

de·pend·ent [dɪ'pendənt] adj. dependiente **to be dependent on somebody/something** depender de alguien/algo **to be dependent on drugs** ser drogodependiente.

de·pict [dɪ'pɪkt] tr. **1** (portray visually, in music) pintar, representar, retratar **2** (describe in writing) describir, pintar, retratar.

de·ploy [dɪ'plɔɪ] tr. **1** MIL desplegar **2** (use effectively) utilizar, hacer uso de ◇ intr. MIL desplegarse.

de·ploy·ment [dɪ'plɔɪmənt] n. **1** MIL despliegue m. **2** (use) utilización f.

de·pop·u·late [diː'pɒpjəleɪt] tr. despoblar.

de·port [dɪ'pɔːt] tr. deportar.

de·por·ta·tion [diːpɔː'teɪʃən] n. deportación f.

de·pose [dɪ'pəʊz] tr. **1** (remove from power - leader, president) deponer, destituir (- king) destronar **2** JUR declarar, deponer.

de·pos·it [dɪ'pɒzɪt] n. **1** (sediment) sedimento, depósito (in wine bottle) poso, heces mpl. (layer) capa **2** (mining - of gold, copper, tin, etc.) yacimiento (of gas) depósito **3** FIN (payment into account) depósito, ingreso **4** COMM (returnable payment) depósito, fianza (on smaller purchase) paga y señal f. (first payment) entrada ◇ tr. **1** (leave - gen) depositar, dejar (put down, set down, drop) depositar, poner (of silt, sediment) depositar **2** (pay money into account) ingresar **3** (pay as a deposit) entregar como depósito, pagar un depósito de **deposit account** cuenta de ahorros.

de·pot ['depəʊ] n. **1** (storehouse) almacén m. **2** MIL depósito **3** (railway station) estación f. de ferrocarriles (bus station) estación f. de autobuses, terminal f. de autobuses.

de·pre·ci·ate [dɪ'priːʃɪeɪt] intr. FIN depreciarse ◇ tr. **1** FIN depreciar, amortizar **2** [fml. use] (denigrate) menospreciar.

de·pre·ci·a·tion [dɪpriːʃɪ'eɪʃən] n. FIN (loss of value) depreciación f. (of currency) desvalorización f, depreciación f. (on balance sheet) depreciación f.

de·press [dɪ'pres] tr. **1** (make sad) deprimir, desanimar, abatir **2** (reduce - prices, sales, wages) reducir, hacer bajar, disminuir (- market) deprimir **3** [fml. use] (press down) pulsar, apretar.

de·pressed [dɪ'prest] adj. **1** (person) deprimido, desanimado, abatido **2** (area) deprimido (market) paralizado **3** (flattened) hundido, deprimido.

de·press·ing [dɪ'presɪŋ] adj. deprimente.

de·pres·sion [dɪ'preʃən] n. **1** (sadness) depresión f. abatimiento **2** (economic) depresión f, crisis f. **3** (hollow place) depresión f. **4** METEOR depresión f. (atmosférica).

de·prive [dɪ'praɪv] tr. (take away) privar (of, de) (prevent from having or using) despojar de, privar de.

de·prived [dɪ'praɪvd] adj. (child) necesitado (background, area) pobre, necesitado.

Dept [dɪ'pɑːtmənt] abbr. (Department) departamento dpt.

depth [depθ] n. **1** (of hole, swimming pool, mine, etc.) profundidad f. (of cupboard, shelf) fondo (of hem, border) ancho **2** (of sound, voice) profundidad f. **3** (of emotion, color) intensidad f. (of shame, silence, mystery) profundidad f. **4** (of ideas, knowledge, understanding) profundidad f. ◇ npl. **depths** (lowest part) profundidades fpl. **in depth** a fondo, en profundidad **to be out of one's depth/be beyond one's depth** (in subject, topic, conversation) perderse, no entender nada **to go/get out of one's depth** (in water) perder pie.

dep·u·ty ['depjətɪ] n. pl. **deputies** **1** (substitute) sustituto, suplente mf. **2** POL diputado **3** ayudante mf. del shérif **deputy chairman** vicepresidente **deputy director** subdirector, director adjunto.

de·rail [dɪ'reɪl] tr. (train) hacer descarrilar.

de·ranged [dɪ'reɪndʒd] adj. trastornado, desquiciado, loco.

der·by ['dɑːbɪ] n. 1 SP (between two local teams) derby m. 2 (horse race) carrera (de caballos) 3 (bowler hat) bombín m. hongo, sombrero (de) hongo n.

de·reg·u·late [diː'regjəleɪt] tr. desregular, liberalizar.

de·reg·u·la·tion [diː'regjələɪʃən] n. desregularización f, liberalización f.

der·e·lict ['derɪlɪkt] adj. (building) abandonado, en ruinas.

der·e·lic·tion [derɪ'lɪkʃən] n. (ruin) abandono m dereliction of duty incumplimiento del deber.

der·i·va·tion [derɪ'veɪʃən] n. (process) derivación f. (origin) origen m.

de·riv·a·tive [dɪ'rɪvətɪv] adj. (art, writing, music) carente de originalidad, poco original (plot, theme) manido, trillado n. 1 (word) derivado (language) lengua derivada 2 (substance) derivado.

de·rive [dɪ'raɪv] ◇ tr. (get, obtain) sacar, recibir ◇ intr. 1 LING (word) derivar, derivarse (from, de) 2 (stem from - problem, attitude) provenir (from, de) (- idea) tener su origen (from, en).

der·ma·ti·tis [dɜːmə'taɪtɪs] n. dermatitis f.

der·ma·tol·o·gist [dɜːmə'tɒlədʒɪst] n. dermatólogo.

der·ma·tol·o·gy [dɜːmə'tɒlədʒɪ] n. dermatología.

der·mis ['dɜːmɪs] n. dermis f.

de·rog·a·to·ry [dɪ'rɒgətərɪ] adj. (remark, attitude, article) despectivo (meaning, sense) peyorativo.

der·rick ['derɪk] n. 1 (crane) grúa 2 (tower over oil well) torre f. de perforación.

de·scend [dɪ'send] intr. 1 (road, sun, plane, etc.) descender, bajar 2 (in importance) descender 3 (night, darkness) caer (mist) descender (rain) caer (silence, gloom) abatirse (on/upon, sobre) 4 (of properties, qualities, rights, etc.) provenir ◇ tr. descender, bajar.
   to de·scend on tr. insep 1 (attack) atacar, caer sobre, lanzarse sobre 2 (visit) visitar, invadir.
   to de·scend to tr. insep rebajarse a.

de·scend·ant [dɪ'sendənt] n. descendiente mf.

de·scent [dɪ'sent] n. 1 (by plane, climbers, etc.) descenso, bajada (slope) pendiente f, declive m. bajada 2 fig. use (decline) caída 3 (family origins) ascendencia f 4 fig. use (attack) incursión f, asalto.

de·scribe [dɪ'skraɪb] tr. 1 (depict in words) describir 2 (call, characterize) calificar, definir 3 (move in shape of arc, circle, curve, etc.) describir (draw) trazar.

de·scrip·tion [dɪ'skrɪpʃən] n. 1 (portrayal, account) descripción f. 2 (type, sort) clase f, tipo to answer a description responder a una descripción to be beyond/past description ser indescriptible.

de·scrip·tive [dɪ'skrɪptɪv] adj. descriptivo.

de·sert¹ ['dezət] n. desierto desert island isla desierta.

de·sert² [dɪ'zɜːt] tr. 1 (family, person, place) abandonar (political party, idea) desertar (from, de) 2 (quality, attribute) abandonar ◇ intr. MIL desertar.

de·sert·ed [dɪ'zɜːtɪd] adj. (place) desierto.

de·sert·er [dɪ'zɜːtə ʳ] n. desertor.

de·ser·tion [dɪ'zɜːʃən] n. 1 (of family, partner) abandono 2 MIL deserción f. 3 POL defección f.

de·serts [dɪ'zɜːts] npl. merecido to get one's just deserts recibir su merecido.

de·serve [dɪ'zɜːv] tr. (gen) merecer, merecerse (attention) merecer, ser digno de to get what one deserves llevarse su merecido.

de·serv·ed·ly [dɪ'zɜːvɪdlɪ] adv. merecidamente.

de·serv·ing [dɪ'zɜːvɪŋ] adj. 1 (person) que vale, de valía 2 (action, cause) meritorio to be deserving of something ser digno de.

de·sign [dɪ'zaɪn] n. 1 ART (gen) diseño, dibujo (of fashion) diseño de modas, creación f. 2 (arrangement, planning) diseño 3 (plan, drawing) plano, proyecto

(sketch) boceto (of dress) patrón m. (of product, model) modelo 4 (decorative pattern) diseño, dibujo, motivo 5 fig. use (purpose, intention) plan m. intención, proyecto ◇ tr. 1 (make drawing, plan, model) diseñar, proyectar (fashion, set, product) diseñar (course, programe) planear, estructurar 2 (develop for a purpose) diseñar, concebir, idear (intend, mean) ponoar, destinar ◇ intr. disenar.

de·sign·er [dɪ'zaɪnə ʳ] n. diseñador ◇ adj. (clothes, etc.) de marca designer drug droga de diseño set designer/stage designer escenógrafo.

de·sir·a·ble [dɪ'zaɪərəbəl] adj. 1 (location, asset, job) atractivo (residence) de alto standing 2 (person) deseable, seductor (habit) atractivo 3 (necessary, useful) conveniente, deseable (advisable) aconsejable.

de·sire [dɪ'zaɪə ʳ] n. (wish, urge, longing) deseo, anhelo, ansia (sexual) deseo ◇ tr. 1 [fml. use] (gen) desear, anhelar, ansiar (sexually) desear 2 [fml. use] (request) rogar, solicitar to leave a lot to be desired dejar mucho que desear.

de·sired [dɪ'saɪəd] adj. deseado.

desk [desk] n. 1 (in school) pupitre m. (in office) escritorio 2 (service area) mostrador m. 3 (newspaper office) sección f. desk clerk recepcionista mf. desk job/desk work trabajo de oficina.

des·o·late ['desəlat] adj. 1 (place) deshabitado, desierto, despoblado, solitario 2 (person - sad) triste, desconsolado, afligido (lonely) solitario.

des·o·la·tion [desə'leɪʃən] n. 1 (of place) desolación f. 2 (of person) desconsuelo, aflicción f.

de·spair [dɪs'peə ʳ] n. desesperación f, desesperanza ◇ intr. desesperar (of, de), desesperarse (of, por), perder la esperanza (of, de) to drive somebody to despair sacar de quicio a alguien, volver loco a alguien.

des·pair·ing [dɪ'speərɪŋ] adj. (look, cry, voice) de desesperación (attempt) desesperado.

des·per·ate ['despərat] adj. 1 (reckless, risky) desesperado 2 [fam. use] (in urgent need) desesperado (for, por) 3 (critical, grave - situation, state) grave, desesperado (- need) apremiante, urgente to be desperate for something necesitar urgentemente algo, necesitar desesperadamente algo to do something desperate cometer un acto de desesperación, hacer alguna locura to get desperate empezar a desesperarse.

des·per·a·tion [despə'reɪʃən] n. desesperación f. out of desperation de desesperación.

des·pi·ca·ble [dɪ'spɪkəbəl] adj. (person, act) despreciable, vil, infame, bajo (behavior) indigno.

de·spise [dɪ'spaɪz] tr. despreciar, menospreciar.

de·spite [dɪ'spaɪt] prep. a pesar de.

des·sert [dɪ'zɜːt] n. postre m.

de·sta·bi·lize [diː'steɪbəlaɪz] tr. desestabilizar.

des·ti·na·tion [destɪ'neɪʃən] n. destino.

des·tined [dɪ'destɪnd] adj. 1 (intended, meant) destinado 2 (fated) condenado, destinado 3 (bound) con destino (for, a).

des·ti·ny ['destɪnɪ] n. pl. destinies destino, sino.

des·ti·tute ['destɪtjuːt] adj. indigente, mísero ◇ npl. the destitute los desposeídos mpl. to be left destitute quedarse en la miseria.

des·ti·tu·tion [destɪ'tjuːʃən] n. indigencia, miseria.

de·stroy [dɪ'strɔɪ] tr. 1 (gen) destruir (vehicle, old furniture) destrozar 2 (plans, hopes, chances) destruir, destrozar (life) arruinar, destrozar (reputation, confidence, friendship) acabar con (health, career, reputation) destruir, arruinar 3 (animal) matar, abatir.

de·stroy·er [dɪ'strɔɪə ʳ] n. 1 (warship) destructor m. 2 (person, thing) destructor.

de·struct·i·ble [dɪ'strʌktəbəl] *adj.* destructible.

de·struc·tion [dɪ'strʌkʃən] *n.* 1 *(of city, books, documents, forest)* destrucción *f.* *(of reputation, civilization)* destrucción *f.* *(cause of downfall)* ruina, perdición *f.* 3 *(damage)* daños *mpl.* estragos *mpl.* destrozos *mpl.*

de·struc·tive [dɪ'strʌktɪv] *adj.* *(storm, fire, weapon)* destructor *(tendency, power)* destructivo *(child)* destrozón *(criticism)* destructivo, negativo.

D

de·tach [dɪ'tætʃ] *tr.* 1 *(separate, remove)* separar, quitar *(unstick)* despegar 2 MIL destacar.

de·tach·a·ble [dɪ'tætʃəbəl] *adj.* 1 *(handle)* separable *(cover)* de quita y pon *(lining)* desmontable.

de·tached [dɪ'tætʃt] *adj.* 1 *(separated - gen)* separado, suelto 2 *(house)* independiente 3 *(person, manner - impartial)* objetivo, imparcial *(- aloof)* distante, indiferente **to become detached** *(separated)* separarse *(unstuck)* despegarse.

de·tach·ment [dɪ'tætʃmənt] *n.* 1 *(act)* separación *f.* 2 *(impartiality)* objetividad *f,* imparcialidad *f.* *(aloofness)* distancia, indiferencia, desapego 3 MIL destacamento.

de·tail ['diːteɪl] *n.* 1 *(point, fact, item)* detalle *m.* pormenor *m.* 2 ART *(of picture, pattern)* detalle *m.* 3 MIL destacamento, cuadrilla ◇ *tr.* 1 *(describe)* detallar, exponer en detalle 2 MIL destacar ◇ *npl.* **details** *(information)* información *f.* *(particulars)* datos *mpl.* **to describe/explain something in detail** describir/explicar algo detalladamente **to go into detail** entrar en detalles, pormenorizar.

de·tailed ['diːteɪld] *adj.* *(description, account)* detallado, minucioso, pormenorizado *(explanation)* minucioso, detenido.

de·tect [dɪ'tekt] *tr.* 1 *(notice, sense - gen)* detectar, advertir *(- sarcasm, difference)* notar *(- sound, small)* percibir 2 *(find - object, substance)* detectar, encontrar 3 *(discover - crime, criminal, fraud)* descubrir.

de·tect·a·ble [dɪ'tektəbəl] *adj.* detectable, perceptible.

de·tec·tion [dɪ'tekʃən] *n.* 1 *(of error)* descubrimiento *(of substance)* detección *f.* *(of small, sound)* percepción *f.* 2 *(discovery of crime, criminal, fraud)* descubrimiento **detection work** investigaciones *fpl.*

de·tec·tive [dɪ'tektɪv] *n.* *(private)* detective *mf.* *(in police force)* agente *mf.* oficial *mf.* **detective agency** agencia de detectives **detective novel/story** novela policíaca.

de·tec·tor [dɪ'tektə ʳ] *n.* detector *m.*

de·ten·tion [dɪ'tenʃən] *n.* 1 JUR *(of suspect)* detención *f,* arresto 2 EDUC *(of pupil)* castigo **to be in detention** EDUC estar castigado **to get detention** EDUC quedar castigado.

de·ter·gent [dɪ'tɜːdʒənt] *n.* detergente *m.*

de·te·ri·o·rate [dɪ'tɪəriəreɪt] *intr.* *(economy, health, situation, relations, material)* deteriorarse *(weather, work)* empeorar.

de·te·ri·o·ra·tion [dɪtɪəriə'reɪʃən] *n.* *(gen)* empeoramiento *(of material)* deterioro.

de·ter·mi·na·tion [dɪtɜːmɪ'neɪʃən] *n.* 1 *(resolution)* determinación *f,* resolución *f,* decisión *f.* 2 *(fml. use)* *(setting, deciding)* determinación *f.*

de·ter·mine [dɪ'tɜːmɪn] *tr.* 1 *(find out, ascertain - cause, position, meaning)* determinar, establecer, averiguar 2 *(influence)* determinar, condicionar 3 *(settle, fix - date, price)* decidir, fijar *(mark - boundary, limit)* determinar, definir, demarcar 4 *(fml. use) (resolve, decide)* decidir, resolver, tomar la determinación de.

de·ter·mined [dɪ'tɜːmɪnd] *adj.* *(person)* decidido, resuelto *(attempt, effort)* enérgico, persistente.

de·ter·rent [dɪ'terənt] *adj.* disuasivo, disuasorio ◇ *n.* fuerza disuasoria, fuerza disuasiva, fuerza de disuasión.

de·test [dɪ'test] *tr.* detestar, odiar, aborrecer.

de·tes·t·able [dɪ'testəbəl] *adj.* detestable, odioso, aborrecible.

det·o·nate ['detəneɪt] *intr.* estallar, detonar, explotar *tr.* hacer estallar, hacer explotar.

det·o·na·tor ['detəneɪtə ʳ] *n.* detonador *m.*

de·tour ['diːtʊə ʳ] *n.* *(in traffic)* desvío **to make a detour** dar un rodeo.

de·tract [dɪ'trækt] *tr.* **to detract from** *(achievement)* quitar mérito(s) a, restar valor a *(beauty)* deslucir.

de·val·u·a·tion [diːvæljuː'eɪʃən] *n.* FIN devaluación *f,* desvalorización *f.*

de·val·ue [diː'væljuː] *tr.* 1 FIN *(currency)* devaluar, desvalorizar 2 *(person, achievement)* subvalorar.

dev·as·tate ['devəsteɪt] *tr.* 1 *(city, area, country)* devastar 2 *(fam. use)* *fig. use (person)* anonadar, apabullar.

dev·as·tat·ing ['devəsteɪtɪŋ] *adj.* 1 *(destructive)* devastador, asolador, desastroso *(causing severe shock)* espeluznante 2 *(criticism, argument)* demoledor, apabullante, aplastante *(wit)* tremendo 3 *(fam. use) (beauty, charm)* irrestistible *(insight)* brillante.

dev·as·tat·ing·ly ['devəsteɪtɪŋli] *adv.* *(witty)* tremendamente *(beautiful)* irresistiblemente.

dev·as·ta·tion [devə'steɪʃən] *n.* devastación *f,* asolación *f,* asolamiento.

de·vel·op [dɪ'veləp] *tr.* 1 *(cultivate, cause to grow - gen)* desarrollar *(foster - trade, arts)* fomentar, promover *(expand - business, industry)* ampliar *(build up, improve - skill, ability, talent)* perfeccionar 2 *(elaborate, expand - idea, argument, story)* desarrollar *(- theory, plan)* desarrollar, elaborar 3 *(start - roots)* echar *(devise, invent - policy, method, strategy)* idear, desarrollar *(- drug, product, technology)* crear 4 *(acquire - habit, quality, feature)* contraer, adquirir *(- talent, interest)* mostrar *(- tendency)* revelar, manifestar *(get - illness, disease)* contraer *(- immunity, resistance)* desarrollar 5 *(exploit - resources)* explotar *(- site, land)* urbanizar 6 *(film, photograph)* revelar ◇ *intr.* 1 *(grow - person, body, nation, region, etc.)* desarrollarse *(- system)* perfeccionarse *(feeling, interest)* aumentar, crecer 2 *(evolve - emotion)* convertirse (into, en), transformarse (into, en), evolucionar *(plot, novel)* desarrollarse 3 *(appear - problem, complication, symptom)* aparecer, surgir *(situation, crisis)* producirse 4 *(of film, photograph)* salir.

de·vel·op·er [dɪ'veləpə ʳ] *n.* 1 *(of land, property - company)* promotora inmobiliaria, empresa constructora *(- person)* constructor 2 *(for photographs)* revelador *m.* 3 *(child)*

de·vel·op·ing [dɪ'veləpɪŋ] *adj.* *(country)* en vías de desarrollo.

de·vel·op·ment [dɪ'veləpmənt] *n.* 1 *(growth, formation - gen)* desarrollo *(- of skill, system)* perfección *f.* *(fostering)* fomento, promoción *f.* *(growth, expansion - of firm, industry, country)* desarrollo *(evolution)* evolución *f.* 2 *(elaboration - of idea, argument, plan)* desarrollo, elaboración *f.* *(evolution - of situation, events)* desarrollo, evolución *f.* 3 *(invention - of product)* creación *f.* 4 *(event, incident)* acontecimiento, suceso *(advance)* avance *m.* conquista 5 *(of resources)* explotación *f.* *(of site, land, etc.)* urbanización *f.* **development area** zona de reindustrialización.

de·vice [dɪ'vaɪs] *n.* 1 *(object, equipment)* aparato, artefacto *(mechanism)* mecanismo, dispositivo 2 *(scheme, trick)* ardid *m.* estratagema 3 *literal use (method)* recurso 4 *(on shield)* emblema *m.*

dev·il ['devəl] *n.* 1 *(Satan, evil spirit)* diablo, demonio 2 *(fam. use) (person)* diablo 3 *(fam. use) (for emphasis)* **between the devil and the deep blue sea** entre la espada y la pared **talk/speak of the devil!**

¡hablando del rey de Roma! **to play devil's advocate** *hacer de abogado del diablo.*

de·vi·ous ['diːvɪəs] *adj.* **1** *(of route, path, etc.)* tortuoso, sinuoso **2** *pej. (cunning, dishonest - person)* taimado, artero, zorro *(- plan, method, scheme)* astuto.

de·vi·ous·ness ['diːvɪəsnəs] *n.* artería, astucia, retorcimiento,

de·vise [dɪ'vaɪz] *tr. (plan, scheme, system)* idear, concebir, crear *(object, tool, machine)* inventar.

de·vote [dɪ'vəʊt] *tr. (time, effort)* dedicar, consagrar **to devote oneself to something** *dedicarse a algo.*

de·vot·ed [dɪ'vəʊtɪd] *adj. (loyal - friend)* fiel (to, a), leal (to, a) *(- couple)* unido *(- follower, supporter)* ferviente *(selfless)* abnegado.

de·vo·tion [dɪ'vəʊʃən] *n.* **1** *(loyalty)* lealtad *f*, fidelidad *f. (love)* cariño, afecto, amor *m.* **2** *(to work, research, cause)* dedicación *f*, entrega **3** REL *(devoutness)* devoción *f. (prayer)* oración *f*, rezo.

de·vour [dɪ'vaʊə *ʳ*] *tr.* **1** *(food)* devorar, zampar **2** *(book, etc.)* devorar **3** *(destroy - of fire)* devorar, destruir.

dew [djuː] *n.* rocío.

dex·ter·i·ty [dek'sterɪtɪ] *n. (manual)* destreza, habilidad *f*, maña *(intellectual)* habilidad *f.*

dex·ter·ous ['dekstrəs] *adj. (skillful with hands)* diestro, hábil *(with mind)* hábil.

di·a·be·tes [daɪə'biːtiːz] *n. pl.* **diabetes** diabetes *f.*

di·a·bet·ic [daɪə'betɪk] *adj. (gen)* diabético *(food)* para diabéticos ◇ *n.* diabético.

di·a·bol·i·cal [daɪə'bɒlɪkəl] *adj. (evil)* diabólico, satánico.

di·ag·nose ['daɪəgnəʊz] *tr.* **1** MED diagnosticar **2** *(fault)* descubrir ◇ *intr.* MED diagnosticar.

di·ag·no·sis [daɪəg'nəʊsɪs] *n. pl.* **diagnoses** MED diagnostic.

di·ag·nos·tic [daɪəg'nɒstɪk] *adj.* diagnóstico.

di·ag·o·nal [daɪ'ægənəl] *adj. (line)* diagonal *(path)* en diagonal ◇ *n.* diagonal *f.*

di·a·gram ['daɪəgræm] *n. (gen)* diagrama *m. (graph)* gráfico, gráfica *(of process, system)* esquema *m.*

di·al ['daɪəl] *n. (of clock, watch, barometer)* esfera *(on radio)* dial *m. (of telephone)* disco *(of measuring instrument)* cuadrante *m.* ◇ *tr. et. & pp.* **dialed**, *ger.* **dialing** *(number)* marcar *(make call)* llamar ◇ *intr. (dialling number)* marcar (el número) *(make call)* llamar.

di·a·lect ['daɪəlekt] *n.* dialecto.

di·al·ling ['daɪəlɪŋ] **dialling code** *prefijo* **dialling tone** *señal f. de marcar.*

di·a·logue ['daɪəlɒg] *n.* **1** *(conversation)* diálogo **2** *(communication, talks)* diálogo, negociaciones *fpl.* **3** *(discussion)* discusión *f*, debate *m.*

di·al·y·sis [daɪ'ælɪsɪs] *n.* diálisis *f.* **dialysis machine** *dializador m.*

di·am·e·ter [daɪ'æmɪtə *ʳ*] *n.* diámetro.

dia·mond ['daɪəmənd] *n.* **1** *(stone)* diamante *m.* brillante *m.* **2** *(shape)* rombo **3** *(in cards)* diamante *m.* **to be a rough diamond** *ser un diamante (en) bruto* **diamond ring** *anillo de diamantes, anillo de brillantes.*

dia·per ['daɪəpə *ʳ*] *n.* pañal *m.*

di·a·phragm ['daɪəfræm] *n. (gen)* diafragma *m.*

di·ar·rhe·a [daɪə'rɪə] *n.* diarrea.

di·a·ry ['daɪərɪ] *n. pl.* **diaries** **1** *(of thoughts, events, etc.)* diario **2** *(for appointments)* agenda.

dice [daɪs] *n. pl.* **dice** dado ◇ *tr.* cortar en dados **to play dice** *jugar a los dados.*

dick [dɪk] *n.* **1** *[sl.] (penis)* pene **2** *[sl.] (stupid man)* imbécil *m.*

dic·tate [*(vb)* dɪk'teɪt; *(n)* 'dɪkteɪt] *tr.* **1** *(letter, etc.)* dictar **2** *(state, lay down - law, demands, trends)* ordenar *(terms,*

conditions) imponer **3** *(determine, influence)* determinar, condicionar ◇ *intr. (read out)* dictar ◇ *n.* mandato. ,

dic·ta·tion [dɪk'teɪʃən] *n.* **1** *(of letter, passage, etc.)* dictado **2** *(giving orders)* mandato **to take dictation** *escribir al dictado.*

dic·ta·tor [dɪk'teɪtə *ʳ*] *n.* dictador.

dic·ta·tor·ship [dɪk'teɪtəʃɪp] *n.* dictadura.

dic·tion·ar·y ['dɪkʃənərɪ] *n. pl.* **dictionaries** diccionario.

did [dɪd] *pt.* VER: **do.**

di·dac·tic [dɪ'dæktɪk] *adj.* didáctico.

didn't ['dɪdənt] *contr.* VER: **did not.**

die¹ [daɪ] *intr.* **1** *(person, animal, plant)* morir, morirse **2** *[fam. use] fig. use (be overcome)* morirse **3** *fig. use (love, tradition, custom)* morir *(flame)* extinguirse, apagarse *(engine)* apagarse, dejar de funcionar **4** *(engine, motor)* apagarse, dejar de funcionar ◇ *tr.* morir **to be dying for something/be dying to do something** *morirse por algo, morirse de ganas de hacer algo* **to die hard** *tardar en desaparecer* **to die laughing** *morirse de risa* **to do or die** *vencer o morir.*

to die down *intr. (fire, flames, noise)* extinguirse, apagarse, irse apagando *(storm, wind)* amainar *(anger, excitement)* calmarse *(rumors)* disminuir.

to die out *intr. (race, species)* perderse, extinguirse *(custom, tradition)* morir, caer en desuso.

die² [daɪ] *n. pl.* **dies 1** *(for coins)* cuño, troquel *m.* **2** *pl.* **dice** *arch.* dado **the die is cast** *la suerte está echada.*

die·hard ['daɪhɑːd] *n.* intransigente *mf.*

die·sel ['diːzəl] *n.* **1** *(fuel)* gasóleo, gasoil *m.* **2** *(car)* coche *m.* diesel *(truck)* camión *m.* diesel.

di·et ['daɪət] *n.* **1** *(food)* dieta (alimenticia), alimentación *f.* **2** *(restricted food)* régimen *m.* dieta ◇ *adj. (food)* de régimen, bajo en calorías *(drinks)* bajo en calorías, light ◇ *intr.* estar a régimen, estar a dieta, hacer régimen, hacer dieta **to be on a diet/go on a diet** *estar a régimen/ponerse a régimen.*

di·e·ti·cian [daɪə'tɪʃən] *n.* dietista *mf.* experto en dietética.

dif·fer ['dɪfə *ʳ*] *intr.* **1** *(be unlike)* ser distinto (from, de), ser diferente (from, de), diferir (from, de) **2** *(disagree)* discrepar (about/on, en).

dif·fer·ence ['dɪfərəns] *n.* **1** *(dissimilarity)* diferencia **2** *(disagreement)* desacuerdo, diferencia **to make a difference** *(have effect on)* afectar, cambiar *(be important, matter)* importar* **to split the difference** *dividirse la diferencia (a partes iguales).*

dif·fer·ent ['dɪfərənt] *adj.* **1** *(unlike, not the same)* diferente (from, de), distinto (from, de) **2** *(various, several)* distinto, vario **3** *[fam. use] (unusual, original)* diferente, original.

dif·fi·cult ['dɪfɪkəlt] *adj. (gen)* difícil **to find something difficult** *costarle (trabajo) a uno hacer algo* **to make life difficult for somebody** *hacerle la vida imposible a alguien.*

dif·fi·cul·ty ['dɪfɪkəltɪ] *n. pl.* **difficulties 1** *(trouble)* dificultad *f.* **2** *(problem)* dificultad *f*, problema *m.* **to be in difficulties** *tener problemas, estar en un apuro, pasar dificultades* **to get into difficulties** *meterse en dificultades* **to make difficulties** *crear problemas, poner pegas.*

dig [dɪg] *n.* **1** *(poke, prod)* codazo **2** *[fam. use] (gibe)* pulla *(hint)* indirecta **3** *(by archaeologists)* excavación *f.* ◇ *tr. pt. & pp.* **dug**, *ger.* **digging 1** *(ground, garden)* cavar (en) *(by machine - tunnel, trench)* excavar *(by hand - hole)* hacer, cavar *(potatoes, etc.)* sacar *(site)* excavar **2** *(thrust, jab, press)* clavar, hincar ◇

intr. **1** *(person · by hand)* cavar *(· by machine)* excavar *(animal)* escarbar *(on site)* hacer excavaciones, excavar **2** *(cut)* clavarse **3** *(mine · for oil)* hacer prospecciones *(· for minerals)* extraer **4** *(search)* buscar (for, -) **to dig deep into one's pockets** *(willingly)* contribuir generosamente *(reluctantly)* rascarse el bolsillo **to dig oneself into a hole** meterse en un apuro **to dig one's own grave** cavarse su propia tumba **to dig (up) (the) dirt on somebody** sacarle los trapos sucios a alguien **to have/take/make a dig at somebody** meterse con alguien.

to dig in·to *tr. insep* **1** *(investigate, examine)* investigar **2** *(resources, savings, reserves)* echar mano de.

to dig out *tr. sep.* *(trapped person, car)* sacar, desenterrar *(information, truth)* encontrar, descubrir, sacar *(old photo, clothes, etc.)* sacar, desempolvar, desenterrar.

to dig up *tr. sep.* *(weeds, bulbs)* arrancar *(buried object, treasure)* desenterrar *(land, earth, lawn, pavement, road)* levantar *(facts, information, scandal)* sacar a la luz.

di·gest [*(n)* ˈdaɪdʒest; *(vb)* dɪˈdʒest] *n.* *(summary)* resumen *m.* compendio ⬦ *tr.* *(food)* digerir *(facts, information)* asimilar, digerir.

di·ges·tion [dɪˈdʒestʃən] *n.* digestión *f.*

di·ges·tive [daɪˈdʒestɪv] *adj.* digestivo **digestive system** aparato digestivo.

dig·ger [ˈdɪɡəʳ] *n.* **1** *(machine)* excavadora **2** *(person)* excavador.

dig·it [ˈdɪdʒɪt] *n.* **1** MATH dígito **2** ANAT *(finger)* dedo *(thumb)* pulgar *m.*

dig·it·al [ˈdɪdʒɪtəl] *adj.* **1** *(watch, display, recording)* digital **2** ANAT dactilar, digital.

dig·i·tize [ˈdɪdʒɪtaɪz] *tr.* digitalizar.

dig·ni·fied [ˈdɪɡnɪfaɪd] *adj.* *(showing dignity · manner)* solemne, serio *(· person)* digno, circunspecto *(· speech)* solemne *(stately)* majestuoso.

dig·ni·ty [ˈdɪɡnɪti] *n.* **1** *(seriousness, calmness · of person)* dignidad *f.* *(of occasion)* solemnidad *f.* **2** *(self-respect)* dignidad *f.* amor propio **3** *[fml. use] (high rank, title)* dignidad *f.* **to be beneath one's dignity** ser una degradación.

di·gress [daɪˈɡres] *intr.* divagar, desviarse del tema, hacer digresiones.

di·gres·sion [daɪˈɡreʃən] *n.* digresión *f.*

dike [daɪk] *n.* VER: **dyke.**

di·lem·ma [dɪˈlema] *n.* dilema *m.*

di·lute [daɪˈluːt] *tr.* **1** *(liquid, concentrate)* diluir **2** *fig. use (criticism, effect, influence)* atenuar, suavizar ⬦ *intr.* diluirse ⬦ *adj.* diluido.

dim [dɪm] *adj. comp.* **dimmer,** *superl.* **dimmest** **1** *(light)* débil, tenue *(room, corridor, corner)* oscuro, poco iluminado *(shape, outline, memory, recollection, etc.)* borroso *(idea, awareness)* vago *(eyesight)* defectuoso **2** *[fam. use] (person)* tonto, corto (de luces) **3** *(prospects, prospectives)* nada halagüeño, nada prometedor, sombrío ⬦ *tr. pt. & pp.* **dimmed,** *ger.* **dimming** *(light)* atenuar, bajar *(eyes)* nublar, empañar *(memory)* borrar, ir atenuando, difuminar ⬦ *intr. (light)* bajarse, irse atenuando *(eyesight)* nublarse, empañarse *(memory)* borrarse, difuminarse, irse borrando *(hopes)* apagarse.

dime [daɪm] *n.* moneda de diez centavos.

di·men·sion [dɪˈmenʃən] *n.* dimensión *f. npl.* **dimensions** dimensiones *fpl.*

di·min·ish [dɪˈmɪnɪʃ] *tr.* **1** *(reduce · size, cost)* disminuir, reducir *(· enthusiasm)* disminuir, apagar *(· resolve)* disminuir *(· horror)* hacer perder **2** *(belittle · person)* denigrar, rebajar *(· achievements, work)* menospreciar ⬦ *intr. (cost, number, amount)* disminuir, redu-

cirse *(enthusiasm)* disminuir, apagarse **diminishing returns** rendimientos *mpl.* decrecientes.

dim·ness [ˈdɪmnəs] *n.* **1** *(of light)* palidez *f.* *(of room)* penumbra *f.* *(of shape, outline)* lo borroso *(of memory)* imprecisión *f.* *(of eyesight)* debilidad *f.* **2** *(of prospects, future)* lo sombrío **3** *[fam. use] (of person)* torpeza, cortedad *f.*

din [dɪn] *n.* *(of voices)* barullo, bulla, alboroto *(of traffic)* estruendo, ruido.

dine [daɪn] *intr.* *[fml. use] (gen)* comer (on, -) *(in evening)* cenar (on, -)

to dine out *intr.* cenar fuera.

din·er [ˈdaɪnəʳ] *n.* **1** *(person)* comensal *mf.* **2** restaurante *m.* barato.

din·ing room [ˈdaɪnɪŋruːm] *n.* comedor *m.*

din·ing ta·ble [ˈdaɪnɪŋteɪbl] *n.* mesa de comedor.

din·ner [ˈdɪnəʳ] *n.* *(at midday)* comida *(in evening)* cena **to have dinner** *(midday)* comer *(evening)* cenar **dinner party** cena **dinner service/set** vajilla **dinner table** mesa.

di·no·saur [ˈdaɪnəsɔːʳ] *n.* dinosaurio.

di·ode [ˈdaɪəʊd] *n.* diodo.

di·ox·ide [daɪˈɒksaɪd] *n.* dióxido, bióxido.

dip [dɪp] *n.* **1** *(downward slope)* declive *m.* pendiente *f.* *(in ground)* depresión *f.* hondonada *(drop · in prices, temperature, sales, production, profits)* caída, descenso **2** *[fam. use] (quick swim)* chapuzón *m.* **3** *(for sheep)* baño desinfectante *(for cleaning silver)* baño **4** CULIN *(sauce)* salsa ⬦ *tr. pt. & pp.* **dipped,** *ger.* **dipping** **1** *(put into liquid · pen, brush, bread)* mojar *(· hand, spoon)* meter **2** *(sheep)* desinfectar **3** *(lower · head)* agachar, bajar ⬦ *intr. (slope down)* descender, bajar *(move down · bird, plane)* bajar en picado *(· sun)* desaparecer *(drop · sales, prices, etc.)* bajar.

diph·thong [ˈdɪfθɒŋ] *n.* LING diptongo.

di·plo·ma [dɪˈpləʊmə] *n.* diploma *m.*

di·plo·ma·cy [dɪˈpləʊməsi] *n.* diplomacia.

dip·lo·mat [ˈdɪpləmæt] *n.* **1** *(ambassador, etc.)* diplomático **2** *(tactful person)* persona diplomática.

dip·lo·mat·ic [dɪpləˈmætɪk] *adj.* diplomático **diplomatic corps/diplomatic body** cuerpo diplomático **diplomatic immunity** inmunidad *f.* diplomática.

Dir [daɪˈrektəʳ] *abbr. (Director)* Director *(abbreviation)* Dir.

di·rect [dɪˈrekt, daɪˈrekt] *adj.* **1** *(gen)* directo **2** *(exact, complete)* exacto **3** *(straightforward · person, manner)* franco, abierto *(· question)* directo *(· answer)* claro ⬦ *adv.* *(go, write, phone)* directamente *(broadcast)* en directo ⬦ *tr.* **1** *(show the way)* indicar el camino a **2** *(letter, parcel)* mandar, dirigir **3** *(attention, remark)* dirigir **4** *(traffic, organization, inquiry)* dirigir **5** *(play, actors)* dirigir **6** *[fml. use] (order, command)* ordenar ⬦ *intr. (play, actors)* dirigir **to make/score a direct hit** dar en el blanco **direct current** corriente *f.* continua **direct object** complemento directo **direct speech** estilo directo.

di·rec·tion [dɪˈrekʃən, daɪˈrekʃən] *n.* **1** *(way, course)* dirección *f.* **2** *(control, management)* dirección *f.* ⬦ *npl.* **directions** *(to place)* señas *fpl.* indicaciones *fpl.* *(for use, assembly)* instrucciones *fpl.* indicaciones *fpl.* **"Directions for use"** "Modo de empleo", "Instrucciones de uso".

di·rect·ly [dɪˈrektlɪ, daɪˈrektlɪ] *adv.* **1** *(go, fly, drive)* directamente, directo **2** *(without intermediaries)* directamente **3** *(exactly · opposite, above)* justo **4** *(descend)* directamente, por línea directa **5** *(speak)* francamente, claro *(ask)* directamente **6** *(very soon, shortly)* en seguida, dentro de poco *(immediately, at once)* inmediatamente.

di·rect·ness [dɪˈrektnəs, daɪˈrektnəs] *n.* *(of manner, character, comment, etc.)* franqueza, sinceridad *f.*

di·rec·tor [dɪˈrektə ʳ, daɪˈrektə ʳ] *n. (gen)* director *(of company)* director, directivo **director general** director general.

di·rec·to·ry [dɪˈrektərɪ, daɪˈrektərɪ] *n. (telephone)* guía telefónica, (de teléfonos) *(book, list, index)* directorio, guía *n. pl.* **directories** También *(street directory)* callejero.

dirt [dɜːt] *n.* 1 *(dirtiness)* suciedad *f. (filth, grime)* mugre *f.*, roña, porquería *(mud)* barro *(dust)* polvo 2 *(earth)* tierra 3 *[fam. use] (excrement)* porquería, mierda, caca 4 *[fam. use] (scandal, gossip)* chismes *mpl.* trapos *mpl.* sucios 5 *[fam. use] (obscene thought, talk)* porquerías *fpl.*, guarradas *fpl.* **to be as common as dirt** ser muy ordinario **to treat somebody like dirt** tratar a alguien como a un perro, tratar a alguien como a una zapatilla **dirt track** camino de tierra.

dirt·i·ness [ˈdɜːtɪnəs] *n.* suciedad *f.*

dirt·y [ˈdɜːtɪ] *adj. comp.* **dirtier**, *superl.* **dirtiest** 1 *(not clean, soiled)* sucio *(stained)* manchado 2 *(obscene - magazine, film)* porno *(story, book)* indecente, cochino, guarro *(- joke)* verde *(- mind, sense of humor)* pervertido 3 *(night, weather)* asqueroso, de perros 4 *[fam. use] (unfair, dishonest - gen)* sucio, deshonesto *(- player, fighter)* sucio, tramposo *(- thief, cheat)* vil, despreciable *(- lie)* descarado *(- deed)* malo ◇ *adv.* 1 *[fam. use] (very)* muy 2 *(play)* sucio ◇ *tr.* ensuciar ◇ *intr.* ensuciarse **to do somebody's dirty work** hacerle el trabajo sucio a alguien **to get dirty** ensuciarse **to give somebody a dirty look** fulminar a alguien con la mirada, lanzar a alguien una mirada asesina **to talk dirty** decir guarradas **dirty language** palabrotas *fpl.* **dirty trick** cochinada **dirty word** *(swear word)* palabrota, taco *(disapproved word)* palabra tabú.

dis·a·bil·i·ty [dɪsəˈbɪlɪtɪ] *n. pl.* **disabilities** *(state)* invalidez *f.*, discapacidad *f.*, incapacidad *f.*, minusvalía *(handicap)* desventaja, hándicap *m.*

dis·a·bled [dɪsˈeɪbəld] *adj.* minusválido ◇ *npl.* **the disabled** los minusválidos **disabled access** acceso para minusválidos.

dis·ad·van·tage [dɪsədˈvɑːntɪdʒ] *n. (drawback)* desventaja *(obstacle)* inconveniente *m.* **to be at a disadvantage** estar en desventaja **to place/put somebody at a disadvantage** poner a alguien en (una) situación de desventaja.

dis·ad·van·taged [dɪsədˈvɑːntɪdʒd] *adj.* desfavorecido, desheredado, discriminado *npl.*

dis·a·gree [dɪsəˈgriː] *intr.* 1 *(not agree)* no estar de acuerdo (on, en), (with, con), disentir (with, de), discrepar (with, de), (on, en) 2 *(differ, not match - statements, reports, figures)* no coincidir (with, con), no corresponder (with, a), discrepar (with, de), (with, a) 3 *(food)* sentar mal (with, a) *(weather)* no convenir (with, a).

dis·a·gree·a·ble [dɪsəˈgrɪəbəl] *adj.* desagradable.

dis·a·gree·ment [dɪsəˈgriːmənt] *n.* 1 *(difference of opinion)* desacuerdo, disconformidad *f. (argument)* discusión *f.*, riña, altercado 2 *(lack of similarity)* discrepancia.

dis·al·low [dɪsəˈlaʊ] *tr. (objection, claim, evidence)* denegar, rechazar, desestimar *(goal)* anular.

dis·ap·pear [dɪsəˈpɪə ʳ] *intr. (gen)* desaparecer *(worries, fears)* desvanecerse **to disappear from sight/view** perderse de vista **to disappear without trace** desaparecer sin dejar rastro, esfumarse.

dis·ap·pear·ance [dɪsəˈpɪərəns] *n.* desaparición *f.*

dis·ap·point [dɪsəˈpɔɪnt] *tr. (person)* decepcionar, defraudar, desilusionar *(hope, desire, plan, ambition)* defraudar, frustrar.

dis·ap·point·ed [dɪsəˈpɔɪntɪd] *adj. (person)* decepcionado, desilusionado *(hope, plan)* frustrado.

dis·ap·point·ing [dɪsəˈpɔɪntɪŋ] *adj.* decepcionante.

dis·ap·point·ment [dɪsəˈpɔɪntmənt] *n. (state, emotion)* desilusión *f.*, decepción *f. (person, thing)* decepción *f.*, chasco.

dis·ap·prov·al [dɪsəˈpruːvəl] *n.* desaprobación *f.* **to express/voice one's disapproval of somebody/something** expresar su desaprobación respecto a alguien/algo.

dis·ap·prove [dɪsəˈpruːv] *tr.* desaprobar (of, -)

dis·ap·prov·ing [dɪsəˈpruːvɪŋ] *n.* de desaprobación.

dis·arm [dɪsˈɑːm] *tr.* 1 *(person, group, etc.)* desarmar *(bomb)* desactivar 2 *(charm, win over)* desarmar ◇ *intr. (nation)* desarmarse.

dis·ar·ma·ment [dɪsˈɑːməmənt] *n.* desarme *m.*

dis·as·ter [dɪˈzɑːstə ʳ] *n.* 1 *(flood, earthquake)* desastre *m.*, catástrofe *f. (crash, sinking, fire)* desastre *m.*, siniestro 2 *[fam. use] (failure)* desastre *m.* **to be a recipe for disaster** buscarse problemas **disaster area** *(site of disaster)* zona siniestrada *(mess)* desastre *m.* **disaster fund** fondo para los damnificados.

dis·as·trous [dɪˈzɑːstrəs] *adj.* desastroso, catastrófico.

dis·be·lief [dɪsbɪˈliːf] *n.* incredulidad *f.*

dis·be·lieve [dɪsbɪˈliːv] *tr.* no creer ◇ *intr.* no creer (in, en), no dar crédito (in, a).

disc [dɪsk] *n. (gen)* disco **disc brake** freno de disco **disc jockey** disc-jockey *m.* pinchadiscos *mf.*

dis·card [dɪsˈkɑːd] *tr. (old things, unwanted things)* desechar, deshacerse de *(theory, idea, belief)* desechar, descartar, rechazar *(playing card)* descartarse de ◇ *intr. (in card games)* descartarse.

dis·cern [dɪˈsɜːn] *tr. (see)* percibir, distinguir *(tell difference)* distinguir, discernir *(realize)* darse cuenta.

dis·cern·i·ble [dɪˈsɜːnəbəl] *adj. (shape)* visible *(fault, drawback, merit, influence)* perceptible *(likeness, difference, change, improvement)* appreciable.

dis·cern·ing [dɪˈsɜːnɪŋ] *adj. (person)* exigente, con criterio, entendido *(palate, taste)* exigente, fino, refinado *(eye, ear)* educado.

dis·charge [dɪsˈtʃɑːdʒ; (vb) dɪsˈtʃɑːdʒ] *n.* 1 *(of electric current)* descarga *(of smoke, fumes, gases)* emisión *f. (of sewage, waste)* vertido 2 MED *(of wound)* supuración *f. (secretion)* secreción *f.* 3 *(of cargo)* descarga 4 *(of weapon)* descarga 5 *(of prisoner)* liberación *f.*, puesta en libertad *(of patient)* alta *(of soldier)* licencia (absoluta) *(of injured soldier)* baja 6 *(of worker)* despido 7 *(of debt)* liquidación *f.*, pago *(of duties)* cumplimiento, ejercicio ◇ *tr.* 1 *(give, send out - sewage, waste, oil)* verter *(smoke, fumes)* despedir *(- electric current)* descargar 2 *(unload - cargo)* descargar *(- passengers)* desembarcar 3 *(fire - arrow)* arrojar, lanzar *(- shot)* descargar 4 *(allow to go - prisoner)* liberar, soltar, poner en libertad *(patient)* dar de alta *(juror)* dispensar *(soldier)* licenciar *(injured soldier)* dar de baja 5 *(dismiss)* despedir 6 *[fml. use] (pay - debt)* saldar, liquidar *(perform - duty, responsibility, obligation)* cumplir con ◇ *intr.* 1 *(river)* desembocar *(sewer)* verter 2 *(wound)* supurar 3 ELEC *(battery)* descargarse.

dis·ci·ple [dɪˈsaɪpəl] *n.* 1 REL discípulo 2 *(follower)* seguidor, discípulo.

dis·ci·pli·nar·y [ˈdɪsɪplɪnərɪ] *adj.* disciplinario.

dis·ci·pline [ˈdɪsɪplɪn] *n.* 1 *(training, behavior)* disciplina 2 *(punishment)* castigo 3 *(subject)* disciplina ◇ *tr.* 1 *(train, control)* disciplinar 2 *(punish - child, pupil)* castigar *(- worker)* sancionar *(- official)* expedientar.

dis·claim [dɪsˈkleɪm] *tr. (knowledge, responsibility)* negar.

dis·claim·er [dɪsˈkleɪmə ʳ] *n.* 1 *(denial)* mentís *m.* desmentido 2 *(rejection of responsibility)* descargo de responsabilidad **to issue a disclaimer** *publicar un desmentido*.

dis·co ['dɪskəʊ] *n. pl.* **discos** *(fam. use)* disco *f*, discoteca.

dis·com·fort [dɪs'kʌmfət] *n.* **1** *(lack of comfort)* incomodidad *f*. **2** *(pain)* malestar *m*. molestia **3** *(unease, embarrassment)* inquietud *f*, desasosiego, preocupación *f*.

dis·con·nect [dɪskə'nekt] *tr.* *(from mains)* desconectar *(gas, electricity, phone, etc.)* cortar.

dis·con·nect·ed [dɪskə'nektɪd] *adj.* **1** *(from power supply)* desconectado *(gas, electricity, phone, etc.)* cortado **2** *(from reality)* desconectado **3** *fig. use (of speech, writing)* deshilvanado *(thoughts, remarks)* inconexo.

dis·con·nec·tion [dɪskə'nekʃən] *n.* desconexión *f*.

dis·con·tent [dɪskən'tent] *n.* descontento.

dis·con·tent·ed [dɪskən'tentɪd] *adj.* descontento (with, con).

dis·con·tent·ment [dɪskən'tentmənt] *n.* descontento.

dis·con·tin·ue [dɪskən'tɪnju:] *tr.* *(service)* suspender, interrumpir *(model)* dejar de fabricar.

dis·con·ti·nu·i·ty [dɪskɒntɪ'nju:ɪtɪ] *n.* **1** *(lack of continuity)* discontinuidad *f*. **2** *(gap, break)* interrupción *f*.

dis·count [(*n*) 'dɪskaʊnt; (*vb*) dɪs'kaʊnt] *n.* descuento ◇ *tr.* **1** *(goods)* rebajar *(price)* reducir *(amount, bill of exchange)* descontar **2** *(disregard - possibility)* descartar *(ignore)* no tener en cuenta **to be at a discount** *(goods, etc.)* tener descuento, estar rebajado **discount store** *tienda de saldos*.

dis·cour·age [dɪs'kʌrɪdʒ] *tr.* **1** *(dishearten)* desanimar, desalentar **2** *(prevent - action)* poner freno a *(investment, initiative)* no fomentar, no estimular, desanimar *(advances)* rechazar, resistirse a **3** *(dissuade)* disuadir (from, de), hacer desistir (from, de).

dis·cour·age·ment [dɪs'kʌrɪdʒmənt] *n.* **1** *(dejection)* desaliento, desánimo **2** *(dissuasion)* disuasión *f*, desaprobación *f*. **3** *(deterrent)* freno *(obstacle)* obstáculo, contrariedad *f*.

dis·cour·ag·ing [dɪs'kʌrɪdʒɪŋ] *adj.* desalentador, descorazonador, desmoralizador.

dis·cour·te·ous [dɪs'kɜ:tɪəs] *adj.* descortés.

dis·cour·te·sy [dɪs'kɜ:təsɪ] *n.* descortesía.

dis·cov·er [dɪs'kʌvə ʳ] *tr.* **1** *(find - gen)* descubrir *(mistake, loss, fact)* descubrir, darse cuenta de *(missing object, person)* encontrar, hallar **2** *(find out)* descubrir, enterarse de.

dis·cov·er·er [dɪs'kʌvərə ʳ] *n.* descubridor.

dis·cov·er·y [dɪs'kʌvərɪ] *n. pl.* **discoveries** descubrimiento.

dis·cred·it [dɪs'kredɪt] *n.* **1** *(dishonor, disgrace)* descrédito **2** *(person, thing)* vergüenza *(to, para)* **3** *(disbelief, doubt)* duda ◇ *tr.* **1** *(theory, claim)* desacreditar *(person, government)* desacreditar, desprestigiar **2** *(refuse to believe)* poner en duda, poner en tela de juicio.

dis·creet [dɪs'kri:t] *adj. (person, enquiries, silence)* discreto *(distance)* prudencial *(perfume, color)* discreto.

dis·crep·an·cy [dɪs'krepənsɪ] *n. pl.* **discrepancies** discrepancia.

dis·cre·tion [dɪs'kreʃən] *n.* **1** *(quality of being discreet)* discreción *f*. *(prudence)* prudencia **2** *(judgement)* criterio, juicio **at the discretion of** *a juicio de, a criterio de, a discreción de.*

dis·cre·tion·ar·y [dɪs'kreʃənərɪ] *adj.* discrecional.

dis·crim·i·nate [dɪs'krɪmɪneɪt] *intr. (treat differently)* discriminar (against, a) (between, entre) ◇ *tr. (see a difference)* distinguir (from, de), discriminar.

dis·crim·i·nat·ing [dɪs'krɪmɪneɪtɪŋ] *adj. (person)* entendido, exigente *(judgement)* sagaz *(taste)* refinado, educado, fino *(palate)* exigente *(eye)* educado. ·

dis·crim·i·na·tion [dɪskrɪmɪ'neɪʃən] *n.* **1** *(bias)* discriminación *f*. **2** *(distinction)* diferenciación *f*, distinción *f*. **3** *(judgement)* discernimiento, criterio.

dis·cus ['dɪskəs] *n.* **1** *(object)* disco *n.* **the discus** *pl. discuses* **2** *(event, sport)* el lanzamiento de disco.

dis·cuss [dɪ'skʌs] *tr.* **1** *(talk about - person)* hablar de *(- subject, topic)* hablar de, tratar *(- plan, problem)* discutir **2** *(examine)* analizar, examinar **3** *(in writing)* tratar de.

dis·cus·sion [dɪ'skʌʃən] *n. (gen)* discusión *f*, debate *m*. **discussion group** *grupo de discusión*.

dis·ease [dɪ'zi:z] *n.* **1** *(illness)* enfermedad *f*. **2** *fig. use* mal *m.* enfermedad *f*.

dis·eased [dɪ'zi:zd] *adj.* **1** MED *(part of body)* afectado *(plant, animal)* enfermo **2** *fig. use (imagination, mind)* enfermizo, morboso *(society)* enfermo.

dis·en·chant·ed [dɪsɪn'tʃɑ:ntɪd] *adj.* desencantado, desilusionado.

dis·en·chant·ment [dɪsɪn'tʃɑ:ntmənt] *n.* desencanto, desilusión *f*.

dis·en·fran·chise [dɪsɪn'fræntʃaɪz] *tr.* privar del derecho al voto.

dis·en·gage [dɪsɪn'geɪdʒ] *tr.* **1** *(free - gen)* soltar (from, de) *(gears, mechanism)* desconectar **2** MIL *(troops)* retirar (from, de) ◇ *intr.* MIL retirarse **to disengage oneself from something** conseguir *soltarse de algo.*

dis·en·tan·gle [dɪsɪn'tæŋgəl] *tr.* **1** *(unravel)* desenredar, desenmarañar **2** *fig. use (separate - truth, facts)* separar **to disentangle oneself from something** *lograr salir de algo* *(rope)* lograr soltarse de algo.

dis·fa·vor [dɪs'feɪvə ʳ] *n.* desaprobación *f*. **to be in disfavor** *haber caído en desgracia.*

dis·fig·ure [dɪs'fɪgə ʳ] *tr. (face, person)* desfigurar *(building, town, landscape)* afear, estropear.

dis·fig·ure·ment [dɪs'fɪgəmənt] *n. (of face, person)* desfiguración *f*. *(of building, town, landscape)* afeamiento.

dis·grace [dɪs'greɪs] *n.* **1** *(loss of favor)* desgracia *(loss of honor)* deshonra, deshonor *m*. *(public dishonor)* ignominia **2** *(shame)* escándalo, vergüenza ◇ *tr.* **1** *(bring shame on)* deshonrar **2** *(discredit)* desacreditar **to be a disgrace (to somebody/something)** *ser una vergüenza (para alguien/algo)* **to bring disgrace on somebody** *traer la deshonra a alguien* **to disgrace oneself** *hacer el ridículo.*

dis·grace·ful [dɪs'greɪsful] *adj.* vergonzoso.

dis·guise [dɪs'gaɪz] *n.* disfraz *m*. ◇ *tr.* **1** *(person)* disfrazar (as, de) *(voice, handwriting)* cambiar **2** *(feelings, opinions)* disfrazar, disimular *(mistake)* ocultar **in disguise** *disfrazado* **to diguise oneself** *disfrazarse.*

dis·gust [dɪs'gʌst] *n.* *(revulsion)* asco, repugnancia *(strong disapproval)* indignación *f*. ◇ *tr.* *(revolt)* repugnar, dar asco a *(disapprove)* indignar.

dis·gust·ed [dɪs'gʌstɪd] *adj. (revolted)* asqueado *(indignant)* indignado **to be disgusted at/by something** *indignarle a uno algo.*

dis·gust·ing [dɪs'gʌstɪŋ] *adj.* **1** *(loathsome)* asqueroso, repugnante *(unpleasant)* desagradable *(awful)* horroroso *(weather)* asqueroso, horrible **2** *(intolerable, unacceptable)* intolerable *(causing outrage)* vergonzoso.

dish [dɪʃ] *n.* **1** *(plate)* plato *(for serving)* fuente *f*. **2** CULIN *(food)* plato **3** TV antena parabólica ◇ *npl.* **dishes** *(tableware)* platos *mpl.* vajilla *f. sing.* **to dish it out** *(verbally)* criticar *(physically)* dar una buena paliza **to do the dishes** *lavar los platos* **dish rack** *escurreplatos m*.

to dish up *tr. sep. (food)* servir *(arguments)* ofrecer.

dis·heart·en [dɪs'hɑ:tən] *tr.* descorazonar, desanimar, desalentar.

dis·heart·en·ing [dɪsˈhɑːtənɪŋ] *adj.* desalentador, descorazonador.

dis·hon·est [dɪsˈɒnɪst] *adj. (person, answer)* deshonesto, poco honrado *(means, etc.)* fraudulento, deshonesto.

dis·hon·es·ty [dɪsˈɒnɪsti] *n. (gen)* deshonestidad f, falta de honradez *(of statement)* falsedad f *(of means)* fraudulencia.

dis·hon·or [dɪsˈɒnəʳ] *n.* deshonra, deshonor *m.* ⬦ *tr.* 1 *(family, country, team, etc.)* deshonrar 2 *(renege on - agreement)* no respetar *(- promise)* no cumplir, faltar a *(- cheque, debt)* no pagar.

dis·hon·or·a·ble [dɪsˈɒnərəbəl] *adj.* deshonroso.

dish·wash·er [ˈdɪʃwɒʃəʳ] *n. (machine)* lavaplatos *m.* lavavajillas *m. (person)* lavaplatos *mf.*

dis·il·lu·sion [dɪsɪˈluːʒən] *tr.* desilusionar **to become disillusioned** desilusionarse.

dis·il·lu·sion·ment [dɪsɪˈluːzənmənt] *n.* desilusión f.

dis·in·cen·tive [dɪsɪnˈsentɪv] *n.* freno **to be a disincentive to something** ser un freno para algo.

dis·in·fect [dɪsɪnˈfekt] *tr.* desinfectar.

dis·in·fect·ant [dɪsɪnˈfektənt] *adj.* desinfectante ⬦ *n.* desinfectante *m.*

dis·in·for·ma·tion [dɪsɪnfəˈmeɪʃən] *n.* desinformación f.

dis·in·her·it [dɪsɪnˈherɪt] *tr.* desheredar.

dis·in·te·grate [dɪsˈɪntɪgreɪt] *tr.* desintegrar ⬦ *intr.* desintegrarse.

dis·in·te·gra·tion [dɪsɪntɪˈgreɪʃən] *n.* desintegración f.

dis·in·ter·est·ed [dɪsˈɪntrəstɪd] *adj. (action)* desinteresado *(decision, advice)* imparcial.

disk [dɪsk] *n. (gen)* disco **disk drive** COMPUT disquetera.

dis·like [dɪsˈlaɪk] *n.* aversión f, antipatía ⬦ *tr. (thing)* no gustarle a *(person)* caerle mal a.

dis·lo·cate [ˈdɪsləkeɪt] *tr.* 1 MED dislocar 2 *fig. use (system, plan, traffic)* trastornar.

dis·lo·ca·tion [dɪsləˈkeɪʃən] *n.* 1 MED dislocación f. 2 *fig. use* trastorno.

dis·loy·al [dɪsˈlɔɪəl] *adj.* desleal (to, a/con).

dis·loy·al·ty [dɪsˈlɔɪəlti] *n.* deslealtad f. (to, a/con).

dis·mal [ˈdɪzməl] *adj.* 1 *(gloomy - place)* sombrío, deprimente, lúgubre *(person)* triste *(tone, look, manner)* sombrío, deprimente *(prospect, outlook, news)* sombrío *(future)* negro 2 *[fam. use] (very bad - weather)* malísimo, pésimo *(performance, music, result, etc.)* pésimo, lamentable.

dis·man·tle [dɪsˈmæntəl] *tr.* 1 *(take apart - machinery)* desmontar *(- furniture)* desarmar 2 *(strip - building, ship)* desmantelar 3 *fig. use (system, organization, legislation)* desmantelar ⬦ *intr.* desmontarse, desarmarse.

dis·may [dɪsˈmeɪ] *n.* consternación f. ⬦ *tr.* consternar **to be dismayed** consternarse, quedarse consternado.

dis·miss [dɪsˈmɪs] *tr.* 1 *(reject - idea, possibility, suggestion)* descartar, desechar *(- subject)* despachar *(- thoughts, feelings)* apartar, desterrar *(- theory, request)* rechazar 2 *(sack - employee)* despedir *(- official, executive, minister)* destituir 3 *(send away, allow to go)* dar permiso para retirarse 4 JUR *(case)* desestimar *(charge, appeal)* desestimar, denegar.

dis·miss·al [dɪsˈmɪsəl] *n.* 1 *(of idea, suggestion)* descarte *m.* abandono *(of theory, request, plan)* rechazo 2 *(sacking - of employee)* despido *(- of official, executive, minister)* destitución f. 3 *(sending away)* autorización f. para retirarse 4 JUR *(of claim)* desestimación f.

dis·mis·sive [dɪsˈmɪsɪv] *adj. (attitude, smile)* desdeñoso.

dis·o·be·di·ence [dɪsəˈbiːdɪəns] *n.* desobediencia.

dis·o·be·di·ent [dɪsəˈbiːdɪənt] *adj.* desobediente **to be disobedient to somebody** desobedecer a alguien.

dis·o·bey [dɪsəˈbeɪ] *tr.* desobedecer ⬦ *intr.* desobedecer.

dis·or·der [dɪsˈɔːdəʳ] *n.* 1 *(untidiness)* desorden *m.* 2 *(confusion)* desorden *m.* confusión f, caos *m.* 3 *(disturbance of public order)* alteración f. *(riot)* disturbios *mpl.* desórdenes *mpl.* 4 MED *(illness)* indisposición f, afección f, problema *m. (of mind)* trastorno.

dis·or·dered [dɪsˈɔːdəd] *adj.* 1 *(untidy)* desordenado, desarreglado 2 *(disorganized)* desordenado, caótico 3 *(ill)* indispuesto *(mind)* trastornado, enfermo, enfermizo.

dis·or·der·ly [dɪsˈɔːdəli] *adj.* 1 *(untidy)* desordenado 2 *(unruly - crowd)* alborotado, escandaloso *(- person)* revoltoso.

dis·or·gan·i·za·tion [dɪsɔːgənaɪˈzeɪʃən] *n.* desorganización f.

dis·or·gan·ize [dɪsˈɔːgənaɪz] *tr.* desorganizar.

dis·or·gan·ized [dɪsˈɔːgənaɪzd] *adj.* desorganizado.

dis·o·ri·ent [dɪsˈɔːrɪənt] *tr.* desorientar.

dis·own [dɪsˈəʊn] *tr. (child, person, country)* renegar de, repudiar *(signature, comment, opinion)* no reconocer como propio.

dis·patch [dɪˈspætʃ] *n.* 1 *(message)* mensaje *m. (official message)* despacho 2 MIL parte *m.* 3 *(journalist's report)* noticia, reportaje *m.* 4 *(sending)* despacho, envío, expedición f. 5 *[fml. use] (speed)* prontitud f, rapidez f. ⬦ *tr.* 1 *(send)* enviar, despachar, expedir 2 *(finish quickly - task, duty, job)* despachar *(- food)* despacharse, zampar 3 *euph. use (kill)* despachar, matar **dispatch rider** mensajero.

dis·pel [dɪˈspel] *tr. pt. & pp.* **dispelled**, *ger.* **dispelling** disipar.

dis·pen·sa·ble [dɪˈspensəbəl] *adj.* prescindible, innecesario.

dis·pense [dɪˈspens] *tr.* 1 *(give out, distribute - supplies, funds)* distribuir, repartir *(- money, grants, alms)* dar *(- advice, wisdom)* ofrecer *(- favors)* conceder *(of machine)* expender 2 JUR *(justice)* administrar 3 *[fml. use] (system, public service)* suministrar, administrar 4 *(medicines)* preparar y despachar.
to dispense with *tr. insep (manage without)* prescindir de, pasar sin *(get rid of)* desechar, deshacerse de *(make unnecessary)* eliminar.

dis·per·sal [dɪˈspɜːsəl] *n.* dispersión f.

dis·perse [dɪˈspɜːs] *tr.* dispersar ⬦ *intr.* dispersarse.

dis·place [dɪsˈpleɪs] *tr.* 1 *(gen)* desplazar *(bone)* dislocar 2 *(replace)* sustituir, reemplazar *(official)* destituir **displaced person** expatriado, refugiado, desplazado.

dis·place·ment [dɪsˈpleɪsmənt] *n.* 1 *(removal)* desplazamiento 2 *(supplanting, replacement)* sustitución f, reemplazo 3 PHYS desplazamiento.

dis·play [dɪˈspleɪ] *n.* 1 *(of goods, paintings, etc.)* exposición f, muestra *(arrangement)* arreglo 2 *(of strength, force)* exhibición f, despliegue *m. (of feelings, skills)* demostración f, exteriorización f. 3 COMPUT visualización f. *tr.* 1 *(put on show - china, medals)* exhibir *(goods, paintings)* exponer *(notice, advertisement, permit)* colocar 2 *(flaunt)* hacer alarde de, hacer gala de, hacer despliegue de 3 *(show - feelings, emotions)* demostrar, exteriorizar *(- anger, interest, concern)* demostrar, manifestar *(skill, tact, courage)* - demostrar, dar prueba de *(- qualities, talent)* lucir, mostrar 4 *(headlines)* hacer resaltar 5 COMPUT visualizar **to be on display** estar expuesto **display cabinet** vitrina **firework display** fuegos *mpl.* artificiales.

dis·pos·a·ble [dɪˈspəʊzəbəl] *adj.* **1** *(throwaway)* desechable, de usar y tirar **2** *(available - income)* disponible.

dis·pos·al [dɪˈspəʊzəl] *n.* **1** *(removal of waste, etc.)* eliminación *f.* **2** *(of possessions)* enajenación *f.* *(of property)* traspaso **3** *[fml. use]* *(arrangement - gen)* disposición *f.* *(of troops)* despliegue *m.* **4** *(availability)* disponibilidad *f.*

dis·pose [dɪˈspəʊz] *tr.* **1** *(arrange)* disponer, colocar **2** *[fml. use]* *(incline)* predisponer (to/towards, hacia).
to dis·pose of *tr. insep* **1** *(get rid of - trash)* tirar *(- unwanted object)* deshacerse de *(- rival, opponent)* deshacerse de, liquidar *(kill)* liquidar, despachar *(sell)* vender **2** *(deal with - argument, problem, task, question)* despachar.

dis·posed [dɪˈspəʊzd] *adj.* **1** *(willing)* dispuesto (to, a) **2** *(prone, liable)* propenso (to, a) **to be favorably/well disposed towards somebody/something** estar bien dispuesto hacia alguien/algo **to be ill disposed towards somebody/something** estar mal dispuesto hacia alguien/algo.

dis·po·si·tion [dɪspəˈzɪʃən] *n.* **1** *[fml. use]* *(nature, temperament)* carácter *m.* genio, naturaleza, manera de ser, temperamento **2** *[fml. use]* *(inclination, tendency)* predisposición *f.* (to, a), intención *f.* (to, de) **3** *(arrangement, placing)* disposición *f.*

dis·pos·sess [dɪspəˈzes] *tr.* desposeer, despojar ◇ *npl.* **the dispossessed** los desposeídos *mpl.*

dis·pos·ses·sion [dɪspəˈzeʃən] *n.* desposeimiento.

dis·pro·por·tion [dɪsprəˈpɔːʃən] *n.* desproporción *f,* desmesura.

dis·pro·por·tion·ate [dɪsprəˈpɔːʃənət] *adj.* desproporcionado (to, a) **to be disproportionate to something** ser desproporcionado respecto a algo.

dis·prove [dɪsˈpruːv] *tr.* *(theory)* refutar, rebatir, impugnar *(allegation, claim, charge)* desmentir.

dis·pute [(*n*) ˈdɪspjuːt; (*vb*) dɪˈspjuːt] *n.* **1** *(disagreement)* discusión *f.* *[controversy]* controversia, polémica, disputa *(quarrel)* disputa, discusión *f.* **2** *(industrial action)* conflicto (laboral) ◇ *tr.* **1** *(question - claim, right)* refutar *(- statement, fact, theory)* discutir, cuestionar *(- result)* poner en duda *(- will, decision)* impugnar **2** *(argue about - matter, question, point)* discutir, debatir **3** *(fight for - territory, possession)* disputar (se) ◇ *intr.* *(argue)* discutir (about/over, de/sobre), (with, con) **to be open to dispute** ser discutible.

dis·qual·i·fi·ca·tion [dɪskwɒlɪfɪˈkeɪʃən] *n.* *(from exam, competition, championship)* descalificación *f.* *(from office, service, driving)* inhabilitación *f.*

dis·qual·i·fy [dɪsˈkwɒlɪfaɪ] *tr. pt. & pp. disqualified, ger. disqualifying* *(bar - from exam, competition, championship)* descalificar *(- from office, service, driving)* inhabilitar, incapacitar *(prevent)* impedir.

dis·re·gard [dɪsrɪˈgɑːd] *n.* *(indifference)* indiferencia (for, hacia) *(for risk, safety)* despreocupación *f.* ◇ *tr.* *(danger, difficulty)* ignorar, despreciar *(advice, wishes, warning)* hacer caso omiso de, no presta atención a *(feelings, behavior)* no tener en cuenta.

dis·rep·u·ta·ble [dɪsˈrepjətəbəl] *adj.* *(person, place)* de mala fama *(firm, company)* de dudosa reputación *(behavior, action)* vergonzoso.

dis·re·pute [dɪsrɪˈpjuːt] *n.* mala reputación *f,* oprobio, descrédito, desprestigio **to bring something into disrepute** desacreditar algo.

dis·re·spect [dɪsrɪˈspekt] *n.* falta de respeto (for, hacia), desacato (for, a).

dis·re·spect·ful [dɪsrɪˈspektfʊl] *adj.* *(person)* irrespetuoso (to/towards, para con) *(attitude)* irreverente.

dis·rupt [dɪsˈrʌpt] *tr.* *(meeting, class)* interrumpir, perturbar el desarrollo de *(traffic, communications)* crear problemas de, afectar a *(schedule, plans, order)* desbaratar, trastocar, trastornar.

dis·rup·tion [dɪsˈrʌpʃən] *n.* *(of meeting)* interrupción *f.* *(of traffic)* problemas *mpl.* *(of schedule, plans, order)* trastorno, desbaratamiento.

dis·rup·tive [dɪsˈrʌptɪv] *adj.* *(influence, behavior)* perjudicial, nocivo *(child, student, etc.)* perturbador, que trastorna todo.

dis·sat·is·fac·tion [dɪssætɪsˈfækʃən] *n.* insatisfacción *f,* descontento.

dis·sat·is·fied [dɪsˈsætɪsfaɪd] *adj.* insatisfecho, descontento.

dis·sect [dɪˈsekt, daɪˈsekt] *tr.* **1** *(cut open)* disecar, diseccionar **2** *(analyse)* examinar minuciosamente, analizar minuciosamente, diseccionar.

dis·sent [dɪˈsent] *n.* desacuerdo, disconformidad *f,* disensión *f.* ◇ *intr.* disentir, discrepar.

dis·ser·ta·tion [dɪsəˈteɪʃən] *n.* **1** *(formal discourse)* disertación *f.* **2** EDUC *(for lower degree, master's)* tesina *(for PhD)* tesis *f.* (doctoral).

dis·sim·i·lar [dɪˈsɪmɪlə ˣ] *adj.* diferente (to, de), distinto (to, de/a).

dis·so·ci·ate [dɪˈsəʊʃɪeɪt] *tr.* *(separate)* disociar (from, de), separar (from, de) **to dissociate oneself from somebody/something** desvincularse de alguien/algo, desligarse de alguien/algo.

dis·so·ci·a·tion [dɪsəʊʃɪˈeɪʃən] *n.* disociación *f.*

dis·so·lu·tion [dɪsəˈluːʃən] *n.* *(gen)* disolución *f.* *(of empire)* desintegración *f.*

dis·solve [dɪˈzɒlv] *tr.* **1** *(in liquid)* disolver **2** *(end - partnership, marriage, parliament, etc.)* dissolver ◇ *intr.* **1** *(in liquid)* disolverse **2** *(come to end, break up)* disolverse **3** *(disappear)* desvanecerse, esfumarse.

dis·suade [dɪˈsweɪd] *tr.* disuadir (from, de).

dis·sua·sion [dɪˈsweɪʒən] *n.* disuasión *f.*

dis·tance [ˈdɪstəns] *n.* **1** *(gen)* distancia **2** *fig. use* *(coldness, aloofness)* distancia, distanciamiento ◇ *tr.* distanciar **at/from a distance** de lejos **in the distance** a lo lejos, en la distancia **to distance oneself from somebody/something** *(emotionally)* distanciarse de alguien/algo *(dissociate oneself)* desvincularse de alguien/algo **to go the distance** *(race)* acabar la carrera *(boxing match)* llegar al último round *(course, project, etc.)* acabar la prueba, aguantar hasta el final **to keep one's distance** mantenerse alejado, guardar las distancias **to keep somebody at a distance** guardar las distancias con alguien, tratar a alguien con frialdad **distance learning** enseñanza a distancia.

dis·tant [ˈdɪstənt] *adj.* **1** *(place)* lejano, distante, remoto *(time, past)* lejano, remoto *(look)* distraído, ausente *(cousin, relative)* lejano **2** *(cold, aloof)* distante, frío.

dis·taste [dɪsˈteɪst] *n.* aversión *f,* desagrado.

dis·taste·ful [dɪsˈteɪstfʊl] *adj.* *(idea, task)* desagradable *(joke, remark)* de mal gusto.

dis·till [dɪsˈtɪl] *tr. pt. & pp. distilled, ger. distilling* **1** *(liquid, spirits)* destilar **2** *(draw, derive - information, ideas, advice)* extraer *(reduce)* sintetizar **distilled water** agua destilada.

dis·til·la·tion [dɪstɪˈleɪʃən] *n.* **1** *(process)* destilación *f.* **2** *(substance)* destilado **3** *(reduction, essence)* síntesis *f.*

dis·tinct [dɪsˈtɪŋkt] *adj.* **1** *(different, separate)* distinto (from, a), diferente (from, de) **2** *(noticeable - likeness, change)* marcado *(- smell)* inconfundible, fuerte *(idea, sign, intention, thought)* claro, evidente *(tendency)* bien determinado *(improvement)* decidido, marcado **3** *(possibility, advantage)* innegable de.

dis·tinc·tion [dɪ'stɪŋkʃən] *n.* 1 *(difference, contrast)* diferencia, distinción *f.* 2 *(worth, excellence)* distinción *f. (honor)* honor *m.* **to draw/make a distinction between something** distinguir entre algo.

dis·tinc·tive [dɪ'stɪŋktɪv] *adj. (smell, taste, marking, etc.)* distintivo, característico *(laugh, walk, gesture)* personal, inconfundible *(dress, decor)* particular.

dis·tinct·ly [dɪ'stɪŋktlɪ] *adv. (clearly - speak)* con claridad *(- remember, hear)* perfectamente, claramente *(decidedly)* decididamente.

dis·tin·guish [dɪ'stɪŋgwɪʃ] *tr.* 1 *(differentiate)* distinguir *(from, de)*, diferenciar *(from, de)* 2 *(manage to see, make out)* distinguir *intr.* distinguir *(between, entre)* **to distinguish oneself** distinguirse, destacarse.

dis·tin·guished [dɪ'stɪŋgwɪʃt] *adj. (appearance)* distinguido *(career, position, person)* distinguido, eminente.

dis·tin·guish·ing [dɪ'stɪŋgwɪʃɪŋ] *adj.* distintivo, característico.

dis·tort [dɪ'stɔːt] *tr.* 1 *(deform - shape, object)* deformar *(face)* distorsionar *(image)* distorsionar, deformar *(sound)* distorsionar 2 *(misrepresent - words, statement)* distorsionar, tergiversar *(truth)* desfigurar, distorsionar.

dis·tor·tion [dɪ'stɔːʃən] *n.* 1 *(of shape, object)* deformación *f. (of features)* distorsión *f.*, alteración *f. (of image)* distorsión *f.*, deformación *f. (of sound)* distorsión *f.* 2 *(of case, motive, truth)* deformación *f.*, distorsión *f. (of words, facts, news)* distorsión *f.*, tergiversación *f.*

dis·tract [dɪ'strækt] *tr. (person)* distraer *(from, de)* **to distract somebody's attention** distraer a alguien, distraer la atención de alguien **to distract somebody from something** distraer a alguien de algo.

dis·tract·ed [dɪ'stræktɪd] *adj. (not concentrating)* distraído *(nervous, anxious, confused)* trastornado *(with, por)*.

dis·trac·tion [dɪ'strækʃən] *n.* 1 *(interruption)* distracción *f.*, interrupción *f.* 2 *(amusement, entertainment)* distracción *f.*, entretenimiento, diversión *f.* 3 *(mental distress)* desconsuelo, aflicción *f.* **to drive somebody to distraction** sacar a alguien de quicio.

dis·tress [dɪ'stres] *n.* 1 *(mental)* aflicción *f.*, angustia *(physical)* dolor *m. (exhaustion)* agotamiento 2 *(poverty)* penuria, miseria 3 *(danger)* peligro *tr. (upset)* afligir, dar pena a *(grieve)* consternar **distress call/distress signal** señal *f.* de socorro.

dis·tressed [dɪ'strest] *adj.* afligido, consternado.

dis·tress·ing [dɪ'stresɪŋ] *adj.* penoso, angustioso.

dis·trib·ute [dɪ'strɪbjuːt] *tr.* 1 *(hand out)* distribuir, repartir *(share out)* repartir 2 COMM *(supply for sale)* distribuir 3 *(spread out)* distribuir.

dis·tri·bu·tion [dɪstrɪ'bjuːʃən] *n.* 1 *(gen)* distribución *f.*, reparto *(of dividends)* reparto 2 COMM distribución *f.* 3 *(spread)* distribución *f.* **distribution network/distribution system** red *f.* de distribución/sistema de distribución.

dis·trib·u·tor [dɪ'strɪbjuːtə ⁴] *n.* 1 *(in general)* distribuidor *(of films)* distribuidora 2 *(auto part)* delco.

dis·trict ['dɪstrɪkt] *n. (of town, city)* distrito, barrio *(of country)* región *f.*, zona *district attorney* fiscal *mf.* del distrito **district council** municipio **Federal District** distrito federal **postal district** distrito postal.

dis·trust [dɪs'trʌst] *n.* desconfianza, recelo *tr.* desconfiar de, no fiarse de.

dis·trust·ful [dɪ'stʌstful] *adj.* desconfiado, receloso **to be distrustful of somebody** desconfiar de alguien, recelar de alguien.

dis·turb [dɪ'stɜːb] *tr.* 1 *(interrupt - concentration)* interrumpir, distraer, hacer perder *(sleep)* despertar *(silence)* romper *(calm)* perturbar 2 *(inconvenience)* molestar, estorbar *(burst in on)* sorprender 3 *(disarrange - papers, etc.)* desordenar, tocar *(- lake, grass)* agitar, mover 4 *(worry, trouble)* perturbar, inquietar, preocupar **"Do not disturb"** "Se ruega no molestar".

dis·tur·bance [dɪ'stɜːbəns] *n.* 1 *(noisy disruption)* alboroto, tumulto *(nuisance)* molestia *(noise)* ruido *(interruption)* interrupción *f.* 2 *(riot, unrest)* disturbio 3 *(of routine)* alteración *f.* 4 *(mental illness)* trastorno.

dis·turbed [dɪ'stɜːbd] *adj.* 1 *(person, mind)* trastornado, con trastornos emocionales 2 *(worried, anxious)* perturbado, preocupado.

dis·turb·ing [dɪ'stɜːbɪŋ] *adj. (worrying)* inquietante, perturbador *(alarming)* alarmante.

dis·use [dɪs'juːs] *n.* desuso **to fall into disuse** *(words, customs, laws)* caer en desuso.

dis·used [dɪs'juːzd] *adj. (factory, warehouse, mine)* abandonado *(machinery, railway line)* en desuso.

ditch [dɪtʃ] *n. (gen)* zanja, foso, cuneta *(at roadside)* cuneta *(for irrigation)* acequia *tr.* 1 *[fam. use] (get rid of - object)* deshacerse de, tirar *(boyfriend, girlfriend)* plantar, abandonar 2 *[fam. use] (plan)* abandonar, desechar *intr.* AV hacer un amerizaje forzoso.

dive [daɪv] *n.* 1 *(into water)* zambullida, salto *(de cabeza) (in competition)* salto *(de trampolín) (underwater)* buceo *(of submarine, whale)* inmersión *f.* 2 *(of plane)* picado *(of bird)* descenso *(en picado)* 3 *(sudden movement, lunge)* embestida, arremetida 4 SP *(of goalkeeper)* estirada 5 *[fam. use] (seedy bar, club)* antro *intr. pt.* **dove** [dəʊv] 1 *(into water)* zambullirse, tirarse *(de cabeza) (in competition)* saltar *(underwater)* bucear *(submarine, whale)* sumergirse 2 *(birds, planes)* bajar en picado 3 *(move suddenly)* precipitarse hacia, abalanzarse hacia *(put hand into)* meter la mano en, echar mano a 4 SP *(goalkeeper)* lanzarse *(player looking for penalty)* tirarse 5 *(drop suddenly - currency, values, prices)* caer en picado **to go diving** ir a hacer submarinismo, ir a bucear. **to dive in** *intr.* 1 *(into water)* zambullirse, tirarse de cabeza, tirarse al agua 2 *[fam. use] (eat)* atacar 3 *(involve oneself completely)* meterse de lleno en la tarea.

div·er ['daɪvə ⁴] *n.* 1 *(person)* buceador *(professional)* buzo, submarinista *mf. (in competition)* saltador 2 *(bird)* colimbo.

di·verge [daɪ'vɜːdʒ] *intr.* 1 *(lines)* divergir *(roads)* bifurcarse 2 *(opinion, views)* divergir.

di·ver·gence [daɪ'vɜːdʒəns] *n.* divergencia.

di·ver·gent [daɪ'vɜːdʒənt] *adj.* divergente.

di·verse [daɪ'vɜːs] *adj. (varied)* diverso, variado *(unlike, different)* distinto, diferente.

di·ver·si·fy [daɪ'vɜːsɪfaɪ] *tr. pt. & pp.* **diversified**, *ger.* **diversifying** diversificar *intr.* diversificarse.

di·ver·sion [daɪ'vɜːʃən] *n.* 1 *(of river)* desviación *f. (of flights)* desvío 2 *(distraction)* distracción *f.*

di·ver·si·ty [daɪ'vɜːsɪtɪ] *n.* diversidad *f.*

di·vert [daɪ'vɜːt] *tr.* 1 *(redirect)* desviar 2 *(distract - attention)* distraer 3 *(amuse)* divertir, entretener.

di·vide [dɪ'vaɪd] *tr.* 1 *(split)* dividir *(into, en)*, *(up, -)* *(separate)* separar *(from, de)* 2 *(share)* repartir *(among/between, entre)*, dividir 3 *(cause to disagree)* dividir 4 MATH divider *intr.* 1 *(fork - road, stream)* dividirse, bifurcarse *(split - particles, group, people)* dividirse *(up, -)* 2 MATH divider *n.* 1 *[fml. use] (difference, split)* división *f.*, diferencia 2 *(watershed)* (línea) divisoria de (las) aguas.

di·vid·ed [dɪˈvaɪdɪd] *adj. (opinion)* dividido **divided highway** *autovía.*

di·vid·ing line [dɪˈvaɪdɪŋ laɪn] *n.* línea divisoria.

di·vine [dɪˈvaɪn] *adj.* REL divino **divine service/divine worship** *oficio religioso.*

div·ing [ˈdaɪvɪŋ] *n.* 1 *(underwater)* buceo, submarinismo 2 *(n competition)* saltos *mpl.* (de trampolín) **diving board** *trampolín m.* **diving suit** *traje m. de buzo.*

di·vis·i·ble [dɪˈvɪzəbəl] *adj.* divisible.

di·vi·sion [dɪˈvɪʒən] *n.* 1 *(separation)* división *f.* *(sharing)* reparto 2 *(section, part, group)* sección *f.* 3 MIL división *f.* 4 SP *(in football)* división *f.* 5 *(dividing line, boundary)* división *f.* 6 *(difference, split)* división *f.* *(disagreement)* desacuerdo, diferencia 7 MATH división *f.* **division sign** *signo de división, signo de dividir.*

di·vi·sive [dɪˈvaɪsɪv] *adj.* divisivo.

di·vorce [dɪˈvɔːs] *n.* 1 JUR divorcio 2 *(separation)* divorcio ⋄ *tr.* 1 JUR divorciarse de 2 *(separate)* divorciar (from, de) ⋄ *intr.* divorciarse.

di·vorced [dɪˈvɔːst] *adj.* divorciado **to get divorced** *divorciarse.*

diz·zi·ness [ˈdɪzɪnəs] *n. (giddiness)* mareo *(of heights)* vértigo.

diz·zy [ˈdɪzɪ] *adj. comp.* **dizzier,** *superl.* **dizziest** 1 *(person)* mareado 2 *(speed, pace)* vertiginoso *(height)* de vértigo **to feel dizzy** *(giddy)* estar mareado *(because of heights)* sentir vértigo **to get dizzy** *marearse.*

DJ [ˈdiːˈdʒeɪ] *abbr. (disc jockey)* pinchadiscos *m.* disc-jockey *m.*

DNA [ˈdiːˈenˈeɪ] *abbr. (deoxyribonucleic acid)* ácido desoxirribonucleico *(abbreviation)* ADN *m.*

do [duː] *auxiliary 3rd pers. sing. pres* **does,** *pt.* **did** [dæn], *ger.* **done** [dʌn], *ger.* **doing** 1 *(used in questions)* no se traduce 2 *(used in negatives)* no se traduce 3 *(emphatic)* 4 *(substituting main verb)* 5 *(in question tags)* ⋄ *tr.* 1 *(gen)* hacer 2 *(as job)* hacer, dedicarse 3 *(carry out - job, task)* hacer, realizar, llevar a cabo *(- duty)* cumplir con 4 *(study)* estudiar 5 *(solve - puzzle)* solucionar *(- crossword, sum)* hacer 6 *(produce, make - meal)* preparar, hacer *(drawing, painting, translation, etc.)* hacer *(offer - service)* servir, tener, hacer *(- discount)* hacer 7 *(attend to)* atender, servir 8 *(put on, produce - play, opera, etc.)* presentar, dar, poner en escena *(play the part of)* hacer el papel de 9 *(finish, complete)* terminar 10 *(achieve)* lograr, conseguir 11 *(travel over - distance)* recorrer, hacer *(complete - journey)* hacer, ir *(travel at - speed)* ir a 12 *(be sufficient for)* ser suficiente *(be satisfactory for, acceptable to)* ir bien a 13 *(fam. use) (cheat, swindle)* estafar, timar *(rob)* robar *(arrest, convict)* coger *(fine)* encajar una multa *(serve time in prison)* cumplir ⋄ *intr.* 1 *(act, behave)* hacer 2 *(progress)* ir 3 *(complete, finish)* terminar 4 *(be sufficient)* bastar, ser suficiente, alcanzar 5 *(be satisfactory, suitable)* servir, estar bien ⋄ *n.* 1 *(fam. use) (party)* fiesta, guateque *m.* **how do you do?** *(greeting)* ¿cómo está usted? *(answer)* mucho gusto, encantado **to be/have to do with somebody/something** *tener que ver con alguien/algo* **to do business with somebody** *negociar con alguien* **to do drugs** *drogarse, consumir drogas* **to do one's best** *hacer lo mejor posible* **to do one's hair** *peinarse* **to do one's nails** *arreglarse las uñas* **to do something again** *volver a hacer algo* **to do something for somebody** *(help)* hacer algo **to be/have to do with somebody** *(flatter, suit)* favorecer a alguien, quedarle bien a alguien *(please)* atraer a alguien, decirle algo a alguien **do's and don'ts** *reglas fpl. de conducta, normas fpl.*

to do a·way with *tr. insep* 1 *(abolish - tax)* abolir, suprimir *(- need)* eliminar, acabar con 2 *(fam. use) (kill)* eliminar, matar.

to do in *tr. sep. (fam. use) (kill)* matar, cargarse, liquidar *(tire)* agotar, reventar *(injure)* hacerse daño en *(ruin)* estropear.

to do out of *tr. sep. (fam. use)* quitar, birlar.

to do up *tr. sep.* 1 *(fam. use) (fasten, belt)* abrochar (se) *(zip)* subir *(laces)* atar 2 *(wrap)* envolver 3 *(dress up)* arreglar *(decorate)* renovar, arreglar.

to do with·out *tr. insep* pasar sin, prescindir de, arreglárselas sin ⋄ *intr.* arreglárselas sin.

doc [dɒk] *n. fam. use)* doctor.

doc·ile [ˈdəʊsaɪl] *adj. (person)* dócil, sumiso *(animal)* manso.

dock¹ [dɒk] *n.* 1 MAR *(gen)* muelle *m.* *(for cargo)* dársena 2 JUR banquillo (de los acusados) ⋄ *tr. (ship)* atracar (at, a) *(spaceship)* acoplar ⋄ *intr. (ship)* atracar, fondear *(spaceship)* acoplarse *npl. (docks)* puerto **to be in dock** *(ship)* estar en puerto *(car)* estar en reparaciones.

dock² [dɒk] *tr.* 1 *(animal's tail)* cortar 2 *(wages)* descontar dinero de.

dock·er [ˈdɒkəʳ] *n.* estibador, cargador.

dock·yard [ˈdɒkjɑːd] *n.* astillero.

doc·tor [ˈdɒktəʳ] *n.* 1 MED médico, doctor 2 EDUC doctor (of, en) ⋄ *tr.* 1 *(fig. (change - results, evidence)* falsificar, amañar *(text, document)* arreglar, amañar *(food, drink)* adulterar 2 *euph. use (animal)* castrar.

doc·tor·ate [ˈdɒktərət] *n.* doctorado **to get a doctorate** *doctorarse.*

doc·tri·naire [dɒktrɪˈneəʳ] *adj.* doctrinario ⋄ *n.* doctrinario.

doc·trine [ˈdɒktrɪn] *n.* doctrina.

doc·u·ment [ˈdɒkjəmənt] *n.* 1 *(gen)* documento 2 JUR escritura ⋄ *tr.* documentar.

doc·u·men·ta·ry [dɒkjəˈmentərɪ] *adj. (gen)* documental ⋄ *n. pl.* **documentaries** documental *m.*

doc·u·men·ta·tion [dɒkjəmənˈteɪʃən] *n.* documentación *f.*

dodge [dɒdʒ] *n.* 1 *(quick movement)* movimiento rápido, finta *m.* 2 *(fam. use) (trick)* truco, astucia, treta, artimaña ⋄ *tr.* 1 *(avoid - blow, etc.)* esquivar *(pursuer)* despistar, dar esquinazo a, sacudirse 2 *(question)* esquivar, soslayar *(problem, issue)* soslayar, eludir *(work, duty, responsibility)* eludir, rehuir *(tax)* evader ⋄ *intr. (move quickly)* echarse a un lado, apartarse **tax dodge** *evasión f. fiscal.*

do·do [ˈdəʊdəʊ] *n. pl.* **dodos** o **dodoes** dodo **as dead as a dodo** *muerto y bien muerto, requetemuerto.*

does [dʌz] *pres.* VER: do.

doesn't [ˈdʌzənt] *contr.* VER: does not.

dog [dɒg] *n.* 1 *(gen)* perro 2 *(male canine)* macho 3 *(fam. use) (person)* tipo ⋄ *tr. pt. & pp.* **dogged,** *ger.* **dogging** *(pursue)* perseguir ⋄ *npl.* **a dog's life** *una vida de perros* **it's dog eat dog** *hay una competencia despiadada* **every dog has his/its day** *a todos les llega su momento de gloria* **let sleeping dogs lie** *peor es meneallo, deja las cosas como están* **not to have a dog's chance** *no tener ni la más remota posibilidad* **to go to the dogs** *venirse abajo* **dog biscuit** *galleta para perros* **dog collar** *(dog's) collar m. de perro (priest's) alzacuello* **dog tag** *placa de identificación* **dog paddle** *nado de perrito* **dog sled/dog sledge** *trineo.*

dog·ged [ˈdɒgɪd] *adj. (determined, tenacious)* terco, obstinado.

dog·gy [ˈdɒgɪ] *n. pl.* **doggies** perrito, doggy **doggy bag** *bolsita para el perro* **doggy paddle** *estilo perrito.*

dog·house ['dɒghaʊs] *n.* 1 perrera, casita del perro.

dog·ma ['dɒgmə] *n.* dogma *m.*

dog·mat·ic [dɒg'mætɪk] *adj.* dogmático.

doh [dəʊ] *n.* MUS do.

do·ing ['duːɪŋ] *n.* 1 (action) obra 2 (hard work) trabajo ◇ *npl.* **doings** (activities) actividades *fpl.*

do-it-your·self [duːɪtjɔː'self] *n.* bricolaje *m.* **do-it-yourself shop** tienda de bricolaje.

doll [dɒl] *n.* muñeca **doll's house** casa de muñecas.
  to doll up *tr. sep.* [fam. use] poner guapo.

dol·lar ['dɒləʳ] *n.* dólar *m.* **to feel like a million dollars** sentirse en el séptimo cielo, sentirse en las nubes **to look like a million dollars** tener un aspecto maravilloso, estar despampanante **dollar bill** billete *m.* de un dólar.

dol·ly ['dɒlɪ] *n.* [dɒlɪ] **dollies** 1 (doll) muñeca, muñequita 2 CINEM (moveable support) dolly *m.* plataforma móvil.

dol·phin ['dɒlfɪn] *n.* delfín *m.*

d·omain [də'meɪn] *n.* 1 (lands) dominios *mpl.* 2 (in computing) dominio 3 (sphere of knowledge) campo, esfera (area of activity) ámbito.

dome [dəʊm] *n.* ARCH (roof) cúpula (ceiling) bóveda.

do·mes·tic [də'mestɪk] *adj.* 1 (of the home) doméstico 2 (home-loving) hogareño, casero 3 (news, flight) nacional (trade, policy) interior (affairs, policy, market) interno ◇ *n.* empleado doméstico **domestic violence** violencia en el hogar.

do·mes·ti·cate [də'mestɪkeɪt] *tr.* 1 (animal) domesticar. 2 (person) volver hogareño a, volver casero a.

dom·i·nance ['dɒmɪnəns] *n.* 1 (power, control) dominio, control *m.* 2 (importance, predominance) predominio, preponderancia.

dom·i·nant ['dɒmɪnənt] *adj.* 1 (gen) dominante 2 (predominant, most important) predominante, preponderante, dominante.

dom·i·nate ['dɒmɪneɪt] *tr.* dominar ◇ *intr.* (have control) dominar (predominate) predominar.

dom·i·nat·ing ['dɒmɪneɪtɪŋ] *adj.* dominante.

dom·i·na·tion [dɒmɪ'neɪʃən] *n.* dominación *f.*

Dom·i·ni·ca [dɒmɪ'niːkə] *n.* Dominica.

Do·min·i·can [də'mɪnɪkən] *adj.* dominicano ◇ *n.* dominicano **Dominican Republic** República Dominicana.

do·min·ion [də'mɪnjən] *n.* dominio.

dom·i·no ['dɒmɪnəʊ] *n. pl.* **dominoes** ficha de dominó ◇ *npl.* **dominoes** (game) dominó *m.* **domino effect** efecto dominó.

don [dɒn] *n.* profesor universitario.

don·ate [dəʊ'neɪt] *tr.* (blood, organ) donar (money) donar, hacer un donativo de (services) prestar desinteresadamente.

do·na·tion [dəʊ'neɪʃən] *n.* 1 (act) donación *f.* 2 (gift) donativo.

done [dʌn] *pp.* VER: do ◇ *adj.* 1 (finished) terminado, acabado, hecho 2 [fam. use] (tired) agotado 3 (cooked - vegetables) cocido (- meat) hecho 4 (socially acceptable) bien visto ◇ *interj.* [fam. use] ¡trato hecho!, ¡vale! **it's over and done with** se acabó la que he, the done thing ser de rigor, ser lo que se hace **to have something done** hacer hacer algo.

don·key ['dɒŋkɪ] *n.* 1 (animal) burro, asno 2 (stupid person) burro **donkey's years** siglos, mucho tiempo **donkey work** trabajo pesado.

do·nor ['dəʊnəʳ] *n.* donante *m.*

don't [dəʊnt] *auxiliary* (do + not) VER: do.

do·nut ['dəʊnʌt] *n.* VER: doughnut.

doo·dle ['duːdəl] *intr.* garabatear ◇ *n.* garabato.

doom [duːm] *n.* (fate) destino, sino (ruin) perdición *f,* fatalidad *f.* (death) muerte *f.* ◇ *tr.* (destine) destinar

(condemn) condenar **doom and gloom** pesimismo **to meet one's doom** encontrar la muerte.

doomed [duːmd] *adj.* condenado **to be doomed to failure** estar condenado al fracaso.

door [dɔːʳ] *n.* 1 (gen) puerta 2 (entrance) puerta, entrada **behind closed doors** a puerta cerrada **(from) door to door** de puerta en puerta **next door** al lado **by the back door** fig. uso de forma ilegal, ilegalmente **out of doors** al aire libre **to show somebody the door** echar a alguien, enseñarle la puerta a alguien **to show somebody to the door** acompañar a alguien hasta la puerta **to shut/slam the door in somebody's face** dar a alguien con la puerta en las narices **door handle** manilla de la puerta **door key** llave de la puerta.

door·bell ['dɔːbel] *n.* timbre *m.*

door·knob ['dɔːnɒb] *n.* pomo.

door·step ['dɔːstep] *n.* peldaño, umbral *m.*

door-to-door [dɔːtə'dɔː] *adj.* de puerta en puerta, a domicilio.

door·way ['dɔːweɪ] *n.* entrada, portal *m.*

dope [dəʊp] *n.* 1 [sl.] (drug - gen) droga (marijuana) hachís *m.* chocolate *m.* 2 [fam. use] (person) imbécil *mf.* tarugo, pelmazo *mf.* ◇ *tr.* 1 [fam. use] (food, drink) adulterar con drogas, poner droga en 2 SP (athlete, horse) dopar, drogar.

dop·ing ['dəʊpɪŋ] *n.* dopaje *m.* doping *m.*

dor·mant ['dɔːmənt] *adj.* 1 (volcano) inactivo (animal, plant) aletargado 2 fig. use (idea, emotion, rivalry) latente.

dor·mi·to·ry ['dɔːmɪtəri] *n. pl.* **dormitories** 1 (in boarding school, hostel) dormitorio 2 residencia de estudiantes, colegio mayor.

dos·age ['dəʊsɪdʒ] *n.* (amount) dosis *f.* (on medicine bottle) posología **do not exceed the stated dosage** no exceder la dosis recomendada.

dose [dəʊs] *n.* 1 MED dosis *f.* 2 fig. use (amount) cantidad *f.* ◇ *tr.* medicar (up, -) **to dose oneself up** automedicarse.

dot [dɒt] *n.* (spot) punto ◇ *tr. pt. & pp.* **dotted,** *ger.* **dotting** 1 (letter) poner el punto a 2 (scatter) esparcir, salpicar **on the dot** en punto.

dot·ted ['dɒtɪd] *adj.* (line) de puntos **to be dotted with something** estar salpicado de algo.

dou·ble ['dʌbəl] *adj.* (gen) doble ◇ *adv.* doble ◇ *n.* 1 (amount) doble *m.* 2 (person - lookalike) viva imagen *f.* vivo retrato (- double) doble *mf.* 3 SP (in games) doble *m.* ◇ *tr.* 1 (increase twofold) doblar, duplicar 2 (fold in half) doblar por la mitad ◇ *intr.* 1 (increase twofold) doblarse, duplicarse 2 (have dual function - thing) hacer las veces de, usarse de (- person) doblar (for, -) 3 (in bridge) doblar ◇ *npl.* **doubles** (tennis) partido de dobles **double or quits** (el) doble o nada **at/on the double** enseguida **to have double standards** tener una doble moral **to run a double check on something** verificar algo dos veces **to do a double take** reaccionar (tardíamente) **double act** pareja de humoristas, pareja de cómicos **double agent** agente *mf.* doble **double bass** contrabajo **double booking** doble reserva **double chin** papada **double cream** nata para montar **double Dutch** (gibberish) chino **double entendre** doble sentido **double talk** palabras *fpl.* ambiguas, ambigüedades *fpl.* **double time** (wage rate) paga doble (slow run) paso ligero **double vision** doble visión *f.*
  to dou·ble up *tr. sep.* doblar ◇ *intr.* (with pain, laughter) doblarse (with laughter) partirse, mondarse 2 (share) compartir la habitación.

D

dou·ble-check [dʌbəl'tʃek] *tr.* volver a revisar.

dou·ble-click [dʌbəl'klɪk] *intr.* hacer doble clic.

dou·ble-cross [dʌbəl'krɒs] *tr. (fam. use)* engañar, traicionar.

dou·ble-edged [dʌbəl'edʒd] *adj.* **1** *(knife, blade)* de doble filo **2** *(law)* de doble filo **3** *fig. use (of remark, argument)* con doble sentido, con segundas.

dou·ble-park [dʌbəl'pɑːk] *tr.* aparcar en doble fila.

doubt [daʊt] *n. (gen)* duda *(uncertainty)* incertidumbre *f.* ◇ *tr.* **1** *(be uncertain about, not trust)* dudar de **2** *(consider unlikely)* dudar ◇ *intr.* dudar **beyond all reasonable doubt** JUR *más allá de toda duda fundada* **if/when in doubt** *en caso de duda* **no doubt** *sin duda, seguramente* **to be in doubt** *(fact, integrity)* estar en duda, estar en tela de juicio, ser dudoso *(outcome, result)* ser incierto **to cast doubt on something** *poner algo en duda, poner algo en tela de juicio* **to give somebody the benefit of the doubt** *conceder a alguien el beneficio de la duda* **without (a) doubt** *sin duda alguna, sin la menor duda, indudablemente.*

doubt·ful ['daʊtful] *adj.* **1** *(uncertain - outcome, result, future)* dudoso, incierto *(unlikely)* poco probable *(look, feeling, expression, etc.)* de duda, dubitativo **2** *(questionable, dubious)* dudoso, sospechoso.

dough [dəʊ] *n.* **1** CULIN masa **2** *[sl.] (money)* pasta.

dough·nut ['daʊnʌt] *n.* rosquilla, donut *m.*

dove[1] [dʌv] *n.* **1** *(bird)* paloma (blanca) **2** POL *fig. use (person)* paloma **turtle dove** *tórtola común.*

dove[2] [daʊv] *pp.* VER: dive.

down [daʊn] *prep.* **1** *(to a lower level)* (hacia) abajo **2** *(at a lower level)* abajo **3** *(along)* por **4** *(in time)* a través de ◇ *adv.* **1** *(to lower level)* (hacia) abajo *(to the floor)* al suelo *(to the ground)* a tierra **2** *(at lower level)* abajo **3** *(in or towards the south)* a **4** *(less - price, quantity, volume, etc.)* **5** *(on paper, in writing)* **6** *(of money - to be paid at once in cash)* al contado *(- out of pocket)* menos ◇ *adj.* **1** *(to a lower level - escalator)* de bajada *(- train)* que va hacia las afueras **2** *[fam. use] (finished, dealt with)* acabado, hecho **3** *(not in operation)* no operativo **4** *[fam. use] (depressed)* deprimido ◇ *tr.* **1** *(knock over, force to ground)* derribar, tumbar **2** *[fam. use] (drink)* tragarse rápidamente, beberse rápidamente ◇ *interj.* ¡quieto! **down under** *(en) Australia* **down with...!** *¡abajo...!* **to be down to somebody** *(responsibility)* *ser responsabilidad de* **(fault)** *ser culpa de* **to be/come/go down with something** MED *estar con algo* **to down tools** *dejar de trabajar* **to put something down** *dejar algo.*

down-and-out ['daʊnənaʊt] *n.* vagabundo, indigente *mf.* **to be down-and-out** *estar en la miseria.*

down·er ['daʊnə ʳ] *n.* **1** *[fam. use] (drug)* calmante *m.* sedante *m.* **2** *(blow, depressing experience)* palo.

down·fall ['daʊnfɔːl] *n.* **1** *fig. use (of person)* perdición *f.,* ruina **2** *(of regime, dictator, etc.)* caída.

down·grade [daʊn'greɪd] *tr.* **1** *(demote)* bajar de categoría **2** *(make seem unimportant)* restar importancia a.

down·heart·ed [daʊn'hɑːtɪd] *adj.* desanimado, desmoralizado, descorazonado.

down·hill [daʊn'hɪl] *adv.* cuesta abajo ◇ *adj.* **1** *(path, etc.)* cuesta abajo, en pendiente *(in skiing)* de descenso **2** *[fam. use] (easy)* fácil ◇ *n. (in skiing)* descenso contrarreloj **to go downhill** *(get worse, deteriorate)* empeorar, ir de mal en peor.

down·load ['daʊnləʊd] *tr.* bajar *(internet)* descargar.

down·mar·ket [daʊn'mɑːkɪt] *adj. (newspaper, book)* popular *(products, services)* barato.

down·pour ['daʊnpɔː ʳ] *n.* chaparrón *m.* aguacero.

down·stairs [daʊn'steəz] *adv. (down the stairs)* abajo *(on or to lower floor)* a la planta baja ◇ *adj. (room) (del piso)* de abajo ◇ *n.* planta baja.

down·stream [daʊn'striːm] *adv.* río abajo.

Down syn·drome ['daʊnz sɪndrəʊm] *n.* MED síndrome *m.* de Down.

down-to-earth [daʊntʊ'ɜː] *adj.* práctico, realista.

down·town [daʊn'taʊn] *adv. (movement)* al centro de la ciudad *(situation)* en el centro de la ciudad ◇ *adj.* céntrico ◇ *n.* centro de la ciudad.

down·turn ['daʊntɜːn] *n. (in economy)* bajón *m.* bache *m.* económico.

down·ward ['daʊnwəd] *adj.* **1** *(movement)* descendente *(direction, pressure)* hacia abajo **2** FIN a la baja *adv.* VER: downwards.

down·wards ['daʊnwədz] *adv.* hacia abajo **face downwards** *boca abajo.*

dow·ry ['daʊərɪ] *n. pl. dowries* dote *f.*

doz ['dʌzən] *abbr. (dozen)* docena *(abbreviation)* doc.

doze [dəʊz] *n.* cabezada ◇ *intr.* dormitar, echar una cabezada. **to doze off** *intr.* quedarse dormido, dormirse.

doz·en ['dʌzən] *n: (set of twelve)* docena **by the dozen** *(in sets of twelve)* por docena **(s)** *(like hot cakes)* como rosquillas, como pan caliente **dozens of** *(things)* montones de *(times)* miles de.

Dr ['dɒktə ʳ] *abbr. (Doctor)* Doctor Dr., Dra.

drab [dræb] *adj.* **1** *(color)* apagado *(building, clothes, appearance)* soso, sin gracia **2** *(dreary - life, existence)* monótono, gris.

draft [drɑːft] *n.* **1** *(rough copy - of letter, speech, etc.)* borrador *m. (of plot)* bosquejo, esbozo *(of plan, project)* anteproyecto **2** FIN *(bill of exchange)* letra de cambio, giro **3** *(conscription)* (reclutamiento para el) servicio militar obligatorio **4** *(of cold air)* corriente *f.* (de aire) **5** *(swallow of beer, etc.)* trago **6** *(medicine)* pócima **7** MAR *(depth)* calado **8** *(haulage)* tiro ◇ *adj. (animal)* de tiro ◇ *tr.* **1** *(letter, document, contract)* hacer un borrador de, redactar (el borrador de) *(speech)* preparar *(plan, plot)* esbozar, bosquejar **2** *(police)* hacer intervenir (in, -) *(new staff)* contratar (in, -) **3** *(conscript)* reclutar, llamar a filas ◇ *adj. (version, copy)* preliminar.

drag [dræg] *n.* **1** *(hindrance)* estorbo (on, para), carga (on, para) **2** *[fam. use] (boring thing)* lata, rollo, plomo, coñazo *(boring person)* plomo, pelmazo **3** *[fam. use] (on cigarette)* calada, chupada **4** TECH *(resistance)* resistencia (aerodinámica) **5** *(dragnet)* rastra, red *f.* barredera ◇ *tr. pt. & pp. dragged, ger. dragging* **1** *(pull, cause to trail)* arrastrar, llevar a rastras **2** *(persuade to go unwillingly)* sacar, llevar a rastras **3** *(trawl, dredge)* rastrear, dragar ◇ *intr.* **1** *(trail - coat, dress, etc.)* arrastrar **2** *(go slowly - person)* rezagarse *(- play, film, etc.)* hacerse largo *(- work)* hacerse pesado **to be in drag** *estar vestido de mujer* **to drag one's feet/heels** *fig. use* dar largas al asunto **to drag something out of somebody** *sacarle algo a alguien con sacacorchos* **drag artist** *transformista mf.* **drag race** *carrera de coches trucados.*

to drag down *tr. sep.* arrastrar.

to drag on *intr.* alargarse, prolongarse, hacerse interminable.

to drag up *tr. sep. (revive, recall)* sacar a relucir.

drag·on ['drægən] *n.* **1** *(mythology)* dragón *m.* **2** *[fam. use] (woman)* bruja.

drag·on·fly ['drægənflaɪ] *n. pl. dragonflies* libélula.

drain [dreɪn] *n.* **1** *(pipe - for water)* (tubería de) desagüe *m.* desaguadero *(underground pipe - for sewage)* alcantarilla *(grating)* alcantarilla, sumidero **2** *(plughole)* desagüe **3** *fig. use (thing, person)* desgaste *m.* agotamiento, sangría ◇ *tr.* 1 *(empty - radiator, engine, tank, etc.)* vaciar *(- wound, bladder, blood)* drenar 2 *(rice, pasta, vegetables, etc.)* escurrir 3 *(dry out - swamp, marshes)* drenar, avenar *(pond, river, channel, reservoir, region)* desecar, desaguar 4 *(drink up - glass, etc.)* apurar, vaciar 5 *fig. use (exhaust - strength, energy, resources)* agotar, consumir *(weaken - person)* agotar ◇ *intr.* 1 *(discharge - pipes, rivers)* desaguar *(flow away)* irse 2 *(dry out)* escurrir (off, -), escurrirse (off, -) 3 *fig. use (strength, energy, etc.)* irse agotando ◇ *npl.* **the drains** *(of town)* el alcantarillado *m. sing. (of building)* las tuberías *fpl.* **del desagüe to go down the drain** *(business, etc.)* venirse abajo.

to drain a·way *intr.* 1 *(liquid - empty)* vaciarse *(- dry up)* irse 2 *fig. use (strength, energy, etc.)* irse agotando, agotarse, desaparecer.

drain·age ['dreɪnɪʤ] *n.* 1 *(drying out - of marshes, fields)* avenamiento, drenaje *m. (- of pond, river, channel, region, reservoir)* desagüe *m. (- of land)* desecación *f.* 2 *(drains - of town)* alcantarillado *(of building)* desagüe *m.*

dra·ma ['drɑːmə] *n.* 1 THEAT *(play)* obra de teatro, drama *m.* obra dramática *(plays, literature)* teatro, drama *m.* 2 *(as school subject)* expresión *f.* corporal *(at drama school)* arte *m.* dramático 3 *fig. use (exciting situation)* drama *m. (excitement)* dramatismo.

dra·mat·ic [drə'mætɪk] *adj.* 1 THEAT dramático, teatral 2 *(moment, escape, development, event, announcement)* emocionante, dramático *(change, reduction, recovery)* impresionante, espectacular, drástico 3 *(entrance, pause)* teatral, afectado, histriónico.

dram·a·tist ['dræmətɪst] *n.* dramaturgo.

dram·a·ti·za·tion [ˌdræmətaɪ'zeɪʃən] *n.* adaptación *f.* teatral, dramatización *f.*

dram·a·tize ['dræmətaɪz] *tr.* 1 THEAT hacer una adaptación teatral de 2 *(exaggerate)* dramatizar, exagerar ◇ *intr.* dramatizar, exagerar.

drank [dræŋk] *pt.* VER: **drink.**

drape [dreɪp] *tr.* 1 *(decorate)* drapear, colocar formando pliegues *(cover)* cubrir (in/with, con) 2 *(part of body)* descansar, acomodar ◇ *n. (of cloth)* caída ◇ *npl.* **drapes** *(curtains)* cortinas *fpl.*

dras·tic ['dræstɪk] *adj.* 1 *(extreme, radical)* drástico, severo, radical 2 *(dramatic, striking)* radical, drástico, espectacular.

draw [drɔː] *n.* 1 *(raffle, lottery)* sorteo 2 SP *(tie - gen)* empate *m. (- in chess)* tablas *fpl.* 3 *(attraction)* atracción *f.,* gancho 4 *(on cigarette, pipe, etc.)* calada, chupada *f. pt.* **drew** [druː], *pp.* **drawn** [drɔːn] ◇ 1 *(sketch - picture)* dibujar *(- line, circle, plans)* trazar *(- map)* hacer *(describe)* pintar 2 *(move)* llevar 3 *(pull along - cart, sledge, plough)* tirar de *(- train, carriage)* arrastrar 4 *(curtains - open)* descorrer *(- close)* correr *(blinds)* bajar 5 *(pull out, take out - gen)* sacar, extraer *(gun)* desenfundar, sacar *(sword, dagger)* desenvainar, sacar *(bow)* tensar 6 FIN *(receive - salary, wage, pension)* cobrar *(write out - cheque)* librar, extender, girar *(withdraw - money)* sacar, retirar 7 SP *(tie)* empatar 8 *(attract - crowd, customers, audience)* atraer *(- attention)* llamar: 9 *(produce, elicit - response, reaction)* provocar, obtener *(- praise)* conseguir *(criticism, protest)* provocar, suscitar *(applause, laughter)* arrancar 10 *(derive, gain, obtain - support)* obtener *(- strength)* sacar 11 *(make somebody say more)* sacar información a 12 *(choose - gen)* escoger *(playing card)* sacar *(in contest, tournament)* tocar en el sorteo 13 *(formulate, establish - comparison)* hacer *(- conclusion)* sacar, llegar a *(parallel, distinction, analogy)* establecer 14 MAR *(of ship)* tener un calado de ◇ *intr.* 1 *(sketch)* dibujar 2 *(move)* moverse, desplazarse 3 SP *(tie - gen)* empatar *(- in chess)* hacer

tablas 4 *(choose)* tirar a suertes 5 *(take in air - chimney, fireplace)* tirar *(cigar, pipe)* tirar (at/on, -) **the luck of the draw** toca a quien toca, es cuestión de suerte **to be drawn to/towards somebody/ something** sentirse atraído por/hacia alguien/ algo **to draw a blank** seguir sin saber algo **to draw apart** separarse *(from,* de*),* alejarse *(from,* de*),* distanciarse *(from,* do*)* **to draw blood** hacer sangrar, sacar sangre **to draw close/near** acercarse **to draw lots (for something)** echar *(algo)* a suerte **to draw the line (at something)** decir basta *(a algo)* **to draw to an end/close** terminar, finalizar.

to draw back ◇ *intr.* 1 *(move away)* retirarse, retroceder 2 *(pull out)* echarse atrás, volverse atrás.

to draw on *tr. insep (make use of - experience, etc.)* recurrir a, hacer uso de, inspirarse en, aprovecharse de *(- money, savings)* utilizar, recurrir a, hacer uso de.

to draw out *tr. sep.* 1 *(prolong)* alargar, estirar 2 *(make talk, bring out)* hacer hablar, desatar la lengua ◇ *tr. insep (withdraw - money)* sacar *(information)* sacar, sonsacar *(confession)* arrancar ◇ *intr.* 1 *(of days)* hacerse más largo 2 *(train)* salir.

to draw up *tr. sep. (draft - contract, treaty, etc.)* preparar, redactar *(- list)* hacer *(- plan)* esbozar ◇ *intr. (of vehicle)* detenerse, pararse.

draw·back ['drɔːbæk] *n.* inconveniente *m.* desventaja.

draw·er ['drɔːə ˢ] *n.* 1 *(in furniture)* cajón *m.* 2 *(draftsperson)* dibujante *m.*

draw·ing ['drɔːɪŋ] *n.* 1 dibujo **to go back to the drawing board** volver a empezar, empezar de nuevo.

drawn [drɔːn] *pp.* VER: **draw** ◇ *adj.* 1 *(face - tired, haggard)* ojeroso, cansado, demacrado *(- worried)* preocupado 2 SP *(match, race)* empatado.

dread [dred] *n.* terror *m.* pavor *m.* ◇ *tr.* temer, tener pavor a, tener terror a.

dread·ful ['dredful] *adj.* 1 *(shocking)* terrible, espantoso, atroz 2 *[fam. use] (awful)* fatal, horrible, malísimo.

dream [driːm] *n.* 1 *(while asleep)* sueño 2 *(daydream)* ensueño, sueño 3 *(hope, fantasy)* sueño *(dorado),* deseo, ilusión *f.* 4 *[fam. use] (wonderful thing, person)* sueño, encanto, maravilla ◇ *adj. (imaginary)* imaginario *(ideal)* ideal, de ensueño ◇ *tr. pt.* & *pp.* **dreamed** *o* **dreamt** *(while asleep)* soñar *(imagine)* imaginarse ◇ *intr.* 1 *(while asleep)* soñar (about/of, con) *(daydream)* soñar (despierto) 2 *(imagine)* soñar (of, con) *(contemplate)* soñar, ocurrírsele a uno **to have a dream (about somebody/something)** soñar *(con alguien/algo)* **dream team** SP equipo de ensueño.

to dream up *tr. sep. [fam. use] pej. (excuse)* inventarse *(plan)* idear.

dream·er ['driːmə ˢ] *n.* soñador.

dreamt [dremt] *pt.* & *pp.* VER: **dream.**

dress [dres] *n.* 1 *(for women)* vestido 2 *(clothing)* ropa, vestimenta ◇ *adj. (shirt, suit)* de etiqueta ◇ *tr.* 1 *(person)* vestir 2 MED *(wound)* vendar 3 CULIN *(poultry, crab)* aderezar, preparar *(salad)* aliñar 4 *(shop window)* arreglar, decorar *(Christmas tree)* decorar, adornar *(hair)* arreglar ◇ *intr. (gen)* vestirse *(formally)* vestirse de etiqueta **to be dressed** estar vestido **to be dressed in red, black, etc.** ir vestido de rojo, negro, etc. **to be well/badly dressed** ir bien/mal vestido **to get dressed** vestirse **to have good dress sense** tener buen gusto para vestirse **dress rehearsal** THEAT en-

sayo general **period dress** *traje m. de época*
sun dress *vestido sin mangas.*
   to dress down ◇ *tr. sep. (scold)* regañar *(rebuke)* echar una bronca, echar una regañina a ◇ *intr. (dress informally)* vestirse informalmente.
   to dress up *intr. (in fancy dress)* disfrazarse (as, de) *(dress formally)* ponerse de tiros largos, ir de tiros largos, ponerse elegante ◇ *tr. sep. fig. use (truth, facts, etc.)* disfrazar.

dress·ing ['dresɪŋ] *n.* **1** *(gen)* apósito *(bandage)* vendaje *m.* **2** *(act of getting dressed)* el vestir *(es) m.* **3** CULIN *(for salad)* aderezo **dressing gown** *bata* **dressing room** THEAT *camerino.*

dress·maker ['dresˌmeɪkə'] *n. (woman)* modista *f.,* modisto *(man)* modista *m.* modisto.

dress·mak·ing ['dresˌmeɪkɪŋ] *n.* costura.

drew [druː] *pt.* VER: draw.

dried [draɪd] *pp.* VER: dry ◇ *adj. (fruit)* seco *(milk)* en polvo.

dri·er ['draɪə'] *n.* VER: dryer.

drift [drɪft] *n.* **1** *(of snow)* ventisquero *(of sand)* montón *m.* **2** MAR *(flow of water)* deriva *(deviation - of ship)* desviación *f.* **3** *(movement)* movimiento, desplazamiento *(tendency)* tendencia *(shift)* cambio **4** *(meaning, gist)* significado, sentido, idea **5** GEOL *(deposits of earth, gravel, rock, etc.)* terreno de acarreo ◇ *intr.* **1** *(float on water)* dejarse llevar por la corriente *(be or go adrift)* ir a la deriva, derivar *(float in air)* moverse empujado por el viento **2** *(pile up - of snow, sand, leaves, etc.)* amontonarse **3** *fig. use (person)* ir sin rumbo, vivir sin rumbo, vagar *(government)* ir a la deriva ◇ *tr. (snow, sand, etc.)* amontonar
   to drift apart *distanciarse* **to drift off** *to sleep quedarse dormido.*

drill¹ [drɪl] *n.* **1** *(handtool)* taladro *(large machine)* barreno, perforadora *(dentist's)* fresa *(drill head, bit)* broca **2** MIL instrucción *f.* **3** EDUC *(exercise)* ejercicio **4** *(rehearsal, practice)* simulacro *(procedures to be followed)* procedimiento ◇ *tr.* **1** *(wood, metal, etc.)* taladrar, perforar, barrenar *(hole)* hacer, perforar **2** MIL instruir **3** *(teach)* hacer ejercicios (in, de), hacer practicar ◇ *intr.* **1** *(for oil, coal)* perforar, hacer perforaciones, sondar **2** MIL entrenarse.

drill² [drɪl] *n.* AGR *(machine)* sembradora *(furrow)* hilera, surco.

dri·ly ['draɪlɪ] *adj.* VER: dryly.

drink [drɪŋk] *n. (gen, alcohol)* bebida *(alcoholic drink)* copa, trago *(soft drink)* refresco ◇ *tr. pt.* **drank** [dræŋk]*, pp.* **drunk** [drʌŋk] *(gen)* beber, tomar ◇ *intr.* beber ◇ *n.* **to drink a toast to somebody** *brindar por alguien* **to drink oneself to death** *matar a uno la bebida* **to drive somebody to, drink** *empujar a alguien a la bebida* **to drink to something/somebody** *brindar por algo/alguien* **to have something to drink** *tomar (se) algo.*
   to drink in *tr. sep. (scene, sights, sounds, etc.)* apreciar, empaparse de *(success)* saborear.
   to drink up *intr.* bebérselo todo, terminar la copa ◇ *tr. sep.* beberse.

drink·a·ble ['drɪŋkəbəl] *adj. (water)* potable *(wine, beer, etc.)* aceptable.

drink·driv·ing [drɪŋk'draɪvɪŋ] *n.* JUR conducción *f.* bajo la influencia del alcohol, conducción *f.* en estado de embriaguez.

drink·ing ['drɪŋkɪŋ] *n. (alcohol)* bebida *(action)* beber *m.* **to give up drinking** *dejar la bebida* **drinking and driving** VER: drink-driving **drinking fountain** *fuente f. de agua potable* **drinking water** *agua potable.*

drip [drɪp] *n.* **1** *(drop of liquid)* goteo *(sound)* gotear *m.* **2** MED gota a gota *m.* **3** *[fam. use] (person)* soso ◇

intr. pt. & pp. **dripped***, ger.* **dripping** *(fall in drops)* gotear, caer *(fall heavily)* chorrear ◇ *tr.* dejar caer gota a gota.

drive [draɪv] *n.* **1** *(trip)* paseo en coche, vuelta en coche *(journey)* viaje *m.* **2** *(road)* calle *f.* *(driveway)* camino de entrada **3** SP *(golf)* golpe *m.* inicial, tiro de salida *(tennis)* golpe *m.* fuerte, drive *m.* **4** *(campaign)* campaña **5** MIL ofensiva, avanzada **6** *(energy, initiative)* energía, ímpetu *m.* empuje *m.* dinamismo **7** *(need, compulsion)* necesidad *f.,* impulso, instinto **8** *(propulsion system)* transmisión *f.,* propulsión *f.* *(of wheeled vehicle)* tracción *f.* ◇ *tr. pt.* **drove** **1** *(operate - vehicle)* conducir **2** *(take - person)* llevar (en coche) **3** *(cause to move - person)* hacer, obligar a *(- animal)* arrear **4** *(of wind - blow)* llevar *(of water)* llevarse **5** *(provide power for, keep going)* hacer funcionar, mover **6** *(strike in - stake)* hincar *(- nail)* clavar *(hit - ball)* mandar **7** *(construct - tunnel)* perforar, abrir *(- motorway)* construir **8** *(force, compel to act)* forzar, obligar *(cause to be in state)* llevar, empujar **9** *(make work hard, overwork)* hacer trabajar ◇ *intr.* **1** *(vehicle)* conducir **2** *(of rain, hail, snow)* azotar, barrer **to drive a hard bargain** *saber cómo conseguir lo que uno quiere, ser buen negociador* **to drive something home** *hacer entender algo.*
   to drive at *tr.* insep insinuar, querer decir.
   to drive a·way *tr. sep. (fend off - attacker, animal)* ahuyentar *(throw out)* alejar.
   to drive out *tr. sep.* expulsar.

drive-in ['draɪvɪn] *n. (cinema)* autocine *m.* *(restaurant)* restaurante *m.* donde se atiende a los clientes desde el coche **drive-in bank** *autobanco.*

driv·en ['drɪvən] *pp.* VER: drive.

driv·er ['draɪvə'] *n.* **1** *(of bus, car)* conductor *(of taxi)* taxista *mf.* *(of truck)* camionero *(of racing car)* piloto *mf.* *(of train)* maquinista *mf.* **2** SP *(golf club)* madera número **1 to be in the driver's seat** *estar al frente, llevar las riendas* **driver's licence** *carnet m. de conducir, permiso de conducir.*

drive·way ['draɪvweɪ] *n.* camino de entrada.

driv·ing ['draɪvɪŋ] *n.* AUTO conducción *n. f. adj.* **1** *(dynamic - personality)* dinámico *(force)* motriz **2** *(rain)* torrencial *(snow, wind)* que azota **driving school** *autoescuela* **driving test** *examen m. de conducir.*

driz·zle ['drɪzəl] *n.* llovizna, chirimiri ◇ *m. intr.* lloviznar.

drom·e·dar·y ['drɒmədərɪ] *n. pl.* **dromedaries** dromedario.

drone [drəʊn] *n.* **1** *(noise - of bee, engine)* zumbido *(- of traffic, plane)* ruido, zumbido **2** *(monotonous talk)* cantinela, sonsonete *m.* ◇ *intr. (bee, plane, engine)* zumbar.

droop [druːp] *n. (of shoulders)* caída, inclinación *f,* encorvamiento ◇ *intr.* **1** *(head)* inclinarse, caerse *(shoulders)* encorvarse *(eyelids)* cerrar **2** *(flower)* marchitarse, ponerse mustio *(branches)* inclinarse **3** *(spirits)* flaquear, decaer.

drop [drɒp] *n.* **1** *(of liquid)* gota **2** *(sweet)* pastilla, caramelo **3** *(descent, distance down)* desnivel *m.* caída **4** *(fall - gen)* caída *(in price)* bajada, caída *(in sales)* disminución *f,* descenso *(in temperature)* descenso **5** *(collection point)* lugar m. de recogida **6** *(delivery - from plane)* lanzamiento *(- from van)* entrega, reparto ◇ *tr. pt. & pp.* **dropped***, ger.* **dropping** **1** *(let fall - accidentally)* caérsele a uno **2** *(let fall - deliberately)* dejar caer, tirar *(let go of)* soltar *(launch - bomb, supplies)* lanzar **3** *(lower - voice)* bajar *(- speed)* reducir *(- prices)* bajar, reducir **4** *[fam. use] (set down - passenger)* dejar (off, -) *(- delivery)* dejar, pasar

a dejar (off, -) **5** *(give up, abandon - school subject, course, etc.)* dejar, abandonar *(- idea, plan)* abandonar, renunciar a *(- case)* abandonar *(- charge)* retirar *(- boyfriend, girlfriend)* plantar **6** *(omit, leave out - in speaking)* no pronunciar, comerse *(in writing)* omitir **7** SP *(player from team)* echar, sacar, no seleccionar *(lose)* perder **8** *(in knitting)* soltar, dejar escapar **9** *(sl.) (take drug)* tomarse ⟡ *intr.* **1** *(fall object)* caer, caerse *(- person)* dejarse caer, tirarse **2** *(collapse)* desplomarse, caer rendido **3** *(prices)* bajar, caer, descender *(wind)* amainar *(temperature)* bajar, descender *(speed)* reducirse, disminuir *(voice)* bajar **4** *(land, ground)* caer **5** *(lapse)* dejar ⟡ *npl.* **drops** MED gotas *fpl.* **a drop in the ocean** *una gota de agua en el mar, un grano de arena en el desierto* **to do something at the drop of a hat** *hacer algo en cualquier momento, hacer algo sin más ni más* **to drop a hint** *soltar una indirecta* **to drop dead** *caerse muerto* **to drop names** *mencionar a gente importante* **to let drop that...** *dejar caer/escapar que...*
to drop back/drop be·hind *intr.* rezagarse, quedarse atrás.
to drop by *intr.* pasar ⟡ *tr. insep* pasar por.
to drop off *intr.* **1** *[fam. use] (fall asleep)* quedarse dormido, dormirse **2** *(sales, interest, etc.)* disminuir.
to drop out *intr. (of school, etc.)* dejar los estudios, abandonar los estudios, colgar los libros *(of group)* dejar el grupo *(of race, competition)* abandonar *(of society)* marginarse.
drop·out ['drɒpaʊt] *n.* **1** *(from school)* alumno que no termina el curso, alumno que no completa los estudios *(from university)* estudiante *mf.* que deja los estudios *(from society)* marginado.
drought [draʊt] *n.* sequía.
drove [drəʊv] *pt.* VER: drive ⟡ *n.* **1** *(of cattle)* manada **2** *(of people)* multitud *f.*
drown [draʊn] *tr.* **1** *(person, animal)* ahogar **2** *(submerge - place)* inundar, anegar **3** *(smother - food)* ahogar *(drink)* aguar **4** *(sound, noise, voice, etc.)* ahogar (out, -) ⟡ *intr.* **1** ahogarse, morir ahogado **to be drowned** *ahogarse, morir ahogado.*
drug [drʌg] *n.* **1** *(medicine)* medicamento, medicina, fármaco **2** *(narcotic)* droga, estupefaciente *m.* narcótico ⟡ *tr. pt. & pp.* **drugged,** *ger.* **drugging 1** *(person, animal)* drogar **2** *(food, drink)* adulterar con drogas **to be on/do/take drugs** *drogarse* **drug abuse** *consumo de drogas* **drug addict** *drogadicto, toxicómano* **drug addiction** *drogadicción f, toxicomanía* **drug dealer** *traficante mf. de drogas.*
drug·store ['drʌgstɔː*] *n.* farmacia *establecimiento donde se puede comprar medicamentos, cosméticos, periódicos y otras cosas.*
drum [drʌm] *n.* **1** *(instrument)* tambor *m.* **2** *(container)* bidón *m.* **3** TECH tambor ⟡ *intr. pt. & pp.* **drummed,** *ger.* **drumming 1** *(play a drum)* tocar el tambor, tamborilear **2** *(rain, hooves)* repiquetear *(person)* tamborilear, tabalear *npl.* **drums 1** *(set)* batería **to drum one's fingers** *tamborilear con los dedos* **to drum something into somebody** *hacerle aprender algo a alguien a fuerza de repetírselo, hacerle aprender algo a alguien a fuerza de machacárselo* **to play the drums** *tocar la batería* **drum majorette** *bastonera.*
to drum up *tr. insep (support, votes)* conseguir, obtener *(enthusiasm)* despertar *(business)* fomentar, atraer.
drum·mer ['drʌmə*] *n. (in marching band)* baterista *mf. (in pop group, jazz band)* baterista *mf.*
drum·stick ['drʌmstɪk] *n.* **1** MUS baqueta, palillo (de tambor) **2** CULIN muslo (de ave).

drunk [drʌŋk] *pp.* VER: drink ⟡ *adj.* **1** *(gen)* borracho **2** *fig. use (elated)* ebrio, borracho (with, de) ⟡ *n.* *(person)* borracho **to be drunk and disorderly** JUR estar en estado de embriaguez y alterando el orden público **to get drunk** emborracharse.
drunk·en ['drʌŋkən] *adj. (person)* borracho *(party)* de borrachos.
dry [draɪ] *adj. comp.* **drier,** *superl.* **driest 1** *(gen)* seco *(bread - stale)* duro *(- without butter)* sin mantequilla **2** *(cow)* sin leche, que no da leche **3** *(dull, uninteresting)* aburrido, árido **4** *(amusing, ironic)* agudo, mordaz, cáustico ⟡ *tr. pt. & pp.* **dried,** *ger.* **drying** *(gen)* secar ⟡ *intr. (become dry)* secarse (off, -) Also *to dry up (dry the dishes)* secar (los platos) **as dry as a bone** *completamente seco* **to be dry/feel dry** *(thirsty)* tener la garganta seca, tener sed **to dry one's eyes** *enjugarse las lágrimas* **to dry oneself (off)** *secarse* **to run dry** *(river, well)* secarse **to wipe something dry** *secar algo* **dry dock** *dique m. seco* **dry goods** *artículos mpl. de mercería* **dry ice** *hielo seco* **dry land** *tierra firme* **dry law** *ley f. seca* **dry run** *simulacro.*
to dry out *intr.* **1** *(gen)* secarse **2** *(alcoholic)* curarse.
to dry up *intr.* **1** *(reservoir, river, etc.)* secarse *(funds, supply, resources, etc.)* agotarse **2** *(actor, etc.)* quedarse en blanco.
dry-clean [draɪˈkliːn] *tr.* limpiar en seco.
dry-clean·er's [draɪˈkliːnəz] *n.* tintorería, tinte *m.*
dry·er ['draɪə*] *n. (for clothes)* secadora *(for hair)* secador *m.*
dry·ly ['draɪlɪ] *adv. (coldly)* secamente, con sequedad *(ironically)* con guasa, irónicamente.
dry·ness ['draɪnəs] *n.* **1** *(gen)* sequedad *f.* **2** *(coldness)* sequedad *f. (irony)* ironía, guasa.
du·al ['djuːəl] *adj. (gen)* doble.
du·al-con·trol [djuːəlkənˈtrəʊl] *adj.* de doble mando, de doble control.
du·al-pur·pose [djuːəlˈpɜːpəs] *adj. (utensil)* de doble uso *(furniture)* de doble función.
dub¹ [dʌb] *tr. pt. & pp.* **dubbed,** *ger.* **dubbing** *(soundtrack)* doblar (into, a).
dub·bing ['dʌbɪŋ] *n. (of soundtrack)* doblaje *m.*
du·bi·ous ['djuːbɪəs] *adj.* **1** *(questionable, suspect - morals, activities, origin)* dudoso, sospechoso *(past, record)* turbio *(compliment)* ambiguo, equívoco *(character)* sospechoso **2** *(unsure)* dudoso, indeciso **to be dubious about something** *tener dudas sobre algo, tener reservas sobre algo.*
duch·ess ['dʌtʃəs] *n.* duquesa.
duck¹ [dʌk] *n.* **1** *(bird)* pato **2** CULIN pato **to be like water off a duck's back** *serle indiferente a uno* **to take to something like a duck to water** *adaptarse bien a algo.*
duck² [dʌk] *intr. (bend down)* agacharse *(hide)* esconderse ⟡ *tr.* **1** *(head)* agachar, bajar **2** *(in water)* hundir, sumergir, zambullir **3** *(dodge - duty, responsibility)* evadir, eludir *(- question)* eludir, esquivar.
duck·ling ['dʌklɪŋ] *n.* patito.
duct [dʌkt] *n. (gen)* conducto.
dud [dʌd] *n.* **1** *[fam. use] (object)* trasto inútil, engañifa *(person)* desastre *m.* inútil *mf.* **2** *(grenade, bomb, firework, etc.)* granada, bomba, fuego artificial, etc. que no estalla ⟡ *adj. (defective)* defectuoso *(worthless, useless)* inútil, que no sirve *(valueless - note, coin)* falso *(grenade, bomb, firework)* que no estalla.
due [djuː] *adj.* **1** *(expected, supposed to happen)* esperado **2** *[fml. use] (proper, correct)* debido **3** *(payable, requiring immediate payment)* pagadero, que vence **4** *(owed as right)* merecido *(owed as debt)* debido ⟡ *n.* mereci-

do ◇ *adv.* derecho hacia ◇ *npl.* **dues** *(charges, payments, fees)* cuota **due to** debido a **to become due** FIN vencer, hacerse efectivo **to be due to** deberse a, ser causado por **to give somebody his/her due** dar a alguien su merecido, ser justo con alguien, hacer justicia a alguien **with all due respect** con el debido respeto, con todo el respeto que se merece, sin ganas de ofender **due date** *(fecha de)* vencimiento.

du·el ['dju:əl] *n.* duelo ◇ *intr.* pt. & pp. **dueled**, ger. **dueling** batirse en duelo (with, con).

du·et [dju:'et] *n.* dúo **to play/sing a duet** tocar/cantar a dúo.

dug [dʌg] pt. & pp. **VER:** dig.

dug·out ['dʌgaut] *n.* **1** MIL *(shelter)* refugio subterráneo **2** SP *(in sportsground)* banquillo *(a un nivel inferior al del campo).*

duke [dju:k] *n.* duque *m.*

dull [dʌl] *adj.* **1** *(boring - job)* monótono, pesado *(- person, life, film)* pesado, aburrido, soso *(- place, town)* aburrido, sin interés **2** *(not bright - colors)* apagado *(light)* pálido *(overcast - weather, day)* gris, triste, feo *(- sky)* cubierto, nublado *(not shiny - hair, complexion, eyes)* sin brillo **3** *(muffled - sound)* sordo, amortiguado *(- pain, ache)* sordo *(blunt- edge, blade)* romo, embotado **4** *(slow-witted)* torpe, lerdo **5** COMM *(sluggish - trade)* flojo ◇ *tr. (pain)* aliviar, calmar *(sound)* amortiguar *(hearing)* embotar.

dull·ness ['dʌlnəs] *n.* *(boredom)* lo soso, lo aburrido **2** *(lack of shine)* falta de brillo.

dumb [dʌm] *adj.* **1** *(unable to speak)* mudo **2** *(silent)* callado **3** *[fam. use] (stupid)* tonto, estúpido, bobo ◇ *mpl.* **to act dumb** hacerse el tonto **to be struck dumb** quedarse mudo, enmudecer.

dumb·bell ['dʌmbel] *n.* SP pesa.

dumb·struck ['dʌmstrʌk] *adj.* estupefacto.

dum·my ['dʌmɪ] *n. pl.* **dummies 1** *(in shop window, dressmaker's)* maniquí *m.* *(ventriloquist's, for tests)* muñeco **2** *(fake)* imitación *f.* **3** *(in printing)* maqueta **4** *[fam. use]* imbécil *mf.* **5** *(in football, rugby)* regateo, finta **6** *(in bridge - cards)* mano *f.* de muerto *(player)* muerto ◇ *adj.* falso, de imitación.

dump [dʌmp] *n.* **1** *(tip - for trash)* vertedero, basurero *(- for cars)* cementerio *(de coches)* **2** MIL depósito **3** *[fam. use] pej. (place)* lugar *m.* de mala muerte *(town)* poblacho *(dwelling)* tugurio **4** COMPUT volcado de memoria ◇ *tr.* **1** *(drop, unload - trash)* verter, descargar *(leave)* dejar, poner **2** *(get rid of, abandon - gen)* deshacerse de, tirar, abandonar *(- boyfriend, girlfriend)* plantar, dejar **3** COMM *pej.* inundar el mercado con algo barato **4** COMPUT volcar.

dune [dju:n] *n.* También *sand dune n.* duna.

dung [dʌŋ] *n.* *(manure)* estiércol *m.* *(excrement)* excremento, boñiga.

dun·geon ['dʌndʒən] *n.* calabozo, mazmorra.

du·o ['dju:əʊ] *n. pl.* **duos** dúo.

du·plex ['dju:pleks] *n.* *(house)* casa adosada *(flat, apartment)* dúplex *m.*

du·pli·cate *[(adj)* 'dju:plɪkət; *(n)* 'dju:plɪkeɪt] *adj.* duplicado ◇ *n.* copia, duplicado ◇ *tr.* **1** *(copy)* duplicar, hacer copias de **2** *(repeat)* repetir.

du·pli·ca·tion [dju:plɪ'keɪʃən] *n.* **1** *(of document)* copia, duplicación *f.* **2** *(repetition)* repetición *f.*

du·plic·i·ty [dju:'plɪsɪtɪ] *n.* *[fml. use]* duplicidad *f.*

du·ra·bil·i·ty [djʊərə'bɪlɪtɪ] *n.* durabilidad *f.*

du·ra·ble ['djʊərəbəl] *adj.* duradero ◇ *npl.* **durables** bienes *mpl.* (de consumo) duraderos.

du·ra·tion [djʊə'reɪʃən] *n.* duración *f.* **for the duration** MIL mientras dure la guerra.

dur·ing ['djʊərɪŋ] *prep.* durante.

dusk [dʌsk] *n.* anochecer *m.* **at dusk** al anochecer.

dust [dʌst] *n.* *(gen)* polvo ◇ *tr.* **1** *(room, furniture, ornaments, etc.)* quitar el polvo a, limpiar el polvo a **2** *(cake, plant)* espolvorear ◇ *intr.* *(clean)* quitar el polvo **to bite the dust** *(person)* morder el polvo *(plan, etc.)* irse a pique **to gather dust** llenarse de polvo **to give something a dust** quitar el polvo a algo, limpiar el polvo a algo **when the dust has settled** cuando se calme la borrasca, cuando haya pasado la tormenta **dust bowl** GEOG región *f.* de sequía, zona semi-árida, zona semidesértica **dust storm** tormenta de polvo.

dust·er ['dʌstə*ˢ*] *n.* *(for dusting)* paño, trapo (del polvo) *(for blackboard)* borrador *m.*

dust·y ['dʌstɪ] *adj.* comp. **dustier**, superl. **dustiest 1** *(track, town)* polvoriento *(room)* lleno de polvo *(furniture)* cubierto de polvo **2** *(of color)* grisáceo, ceniciento.

Dutch [dʌtʃ] *adj.* holandés, neerlandés ◇ *n.* *(language)* holandés *m.* ◇ *npl.* **the Dutch** los holandeses *mpl.* **Dutch courage** valor *m.* que da la bebida.

Dutch·man ['dʌtʃmən] *n. pl.* **Dutchmen** holandés *m.* neerlandés *m.* **I'm a Dutchman** yo soy el Papa de Roma.

Dutch·wom·an ['dʌtʃwʊmən] *n. pl.* **Dutchwomen** ['dʌtʃwmɪn] holandesa.

dut·i·ful ['dju:tɪfʊl] *adj.* consciente de sus deberes, obediente y respetuoso.

du·ty ['dju:tɪ] *n. pl.* **duties 1** *(obligation)* deber *m.* obligación *f.* **2** *(task)* función *f.* cometido **3** *(service)* guardia, servicio **4** *(tax)* impuesto **to be off duty** *(doctor, nurse, etc.)* no estar de guardia *(police, firefighter, etc.)* no estar de servicio **to be on duty** *(doctor, nurse, etc.)* estar de guardia *(police, firefighter)* estar de servicio **to do duty as something** servir de algo, hacer las veces de algo **to do one's duty** cumplir con su deber **to neglect one's duties** descuidar sus responsabilidades **to take up one's duties** entrar en funciones **customs duties** derechos *mpl.* de aduana, aranceles *mpl.*

du·ty-free ['dju:tɪfri:] *adj.* libre de impuestos ◇ *adv.* libre de impuestos, sin pagar impuestos ◇ *n.* *(object)* artículo libre de impuestos **duty-free shop** *duty-free m.* tienda libre de impuestos.

DVD ['di:'vi:'di:] *n.* *(Digital Video Disc)* DVD *m.* **DVD player** *lector m.* de DVD.

dwarf [dwɔ:f] *n. pl.* **dwarfs** o **dwarves** [dwɔ:vz] *(person)* enano ◇ *adj.* enano ◇ *tr.* hacer parecer pequeño.

dye [daɪ] *n.* tinte *m.* tintura, colorante *m.* ◇ *tr.* teñir ◇ *intr.* teñirse.

dy·ing ['daɪɪŋ] *adj.* *(person, animal)* moribundo, agonizante *(race, breed, art, industry)* en vías de extinción *(custom)* en vías de desaparición *(flame, embers)* mortecino *(words, breath)* último, postrero ◇ *n.* muerte *f.* ◇ *npl.* **the dying** los moribundos *mpl.* **to be somebody's dying wish** ser el último deseo de alguien.

dyke [daɪk] *n.* *(bank)* dique *m.* barrera *(causeway)* terraplén *m.*

dy·nam·ic [daɪ'næmɪk] *adj.* *(gen)* dinámico ◇ *n.* TECH dinámica.

dy·nam·ics [daɪ'næmɪks] *n.* *(science)* dinámica.

dy·na·mite ['daɪnəmaɪt] *n.* **1** *(explosive)* dinamita **2** *[fam. use] (shocking thing)* una bomba *(wonderful thing, person)* sensación *f.* ◇ *tr.* dinamitar, volar con dinamita.

dy·nas·ty ['dɪnəstɪ] *n. pl.* **dynasties** dinastía.

dys·en·ter·y ['dɪsəntrɪ] *n.* disentería.

dys·func·tion [dɪs'fʌŋkʃən] *n.* disfunción *f.*

dys·lex·i·a [dɪs'leksɪə] *n.* dislexia.

dys·lex·ic [dɪs'leksɪk] *adj.* disléxico.

dys·tro·phy ['dɪstrəfɪ] *n.* distrofia.

E

E, e [iː] *n.* **1** *(the letter)* E, e *f.* **2** MÚS mi *m.*

E [iːst] *abbr. (east)* este *m. (abbreviation)* E.

each [iːtʃ] *adj.* cada ◇ *pron.* cada uno ◇ *adv.* cada uno **each other** el uno al otro, la una a la otra, mutuamente **each to his own** cada uno a lo suyo.

ea·gle ['iːgəl] *n.* **1** *(bird)* águila **2** *(in golf)* eagle *m.* **golden eagle** águila real.

ear¹ [ɪəʳ] *n.* **1** ANAT oreja **2** *(sense)* oído **by ear** de oído **to be all ears** ser todo oídos **to be up to one's ears in something** estar hasta el cuello de algo **to have a good ear for something** tener oído para algo **to go in at one ear and out at the other** entrarle por un oído y salirle por el otro **to keep one's ear to the ground** estar al corriente **to play it by ear** *fig. use* improvisar **to turn a deaf ear** hacer oídos sordos **somebody's ears are burning** le silban los oídos a alguien **ear lobe** lóbulo de la oreja **ear, nose and throat specialist** otorrinolaringólogo.

ear² [ɪəʳ] *n. (of cereal)* espiga.

ear·ache ['ɪəreɪk] *n.* dolor *m.* de oídos.

ear·drum ['ɪədrʌm] *n.* tímpano.

ear·ly ['ɜːlɪ] *adj. comp.* **earlier**, *superl.* **earliest 1** *(before expected)* temprano, pronto **2** *(initial)* primero **3** *(soon)* pronto ◇ *adv.* **1** *(before expected)* temprano, pronto, pronto **2** *(near beginning)* temprano **3** *(in good time)* con tiempo, con anticipación **at the earliest** como muy pronto **earlier on** antes **it's still early days** aún es pronto **the early bird catches the worm** a quien madruga Dios le ayuda **to have an early night** acostarse pronto **to make an early start** salir temprano **early man** el hombre *m.* primitivo **early retirement** jubilación *f.* anticipada **early warning system** sistema de alerta roja **the early hours/the early morning** la madrugada.

earn [ɜːn] *tr.* **1** *(money, wages)* ganar **2** *(interest)* devengar **3** *(respect, approval, gratitude, etc.)* ganarse, valer *(deserve)* merecer, merecerse **to earn one's living** ganarse la vida.

earn·ings ['ɜːnɪŋz] *npl.* **1** *(personal)* ingresos *mpl.* **2** *(of company)* ganancias *fpl.*

ear·phones ['ɪəfəʊnz] *npl.* auriculares *mpl.*

ear·plug ['ɪəplʌg] *n.* tapón *m.* para los oídos.

ear·ring ['ɪərɪŋ] *n.* pendiente *m.*

ear·shot ['ɪəʃɒt] **out of earshot** fuera del alcance del oído **within earshot** al alcance del oído.

earth [ɜːθ] *n. (gen)* tierra **to come back/down to earth** *fig. use* volver a la realidad **to cost the earth** costar un ojo de la cara, costar un riñón **to promise somebody the earth** prometer a alguien el oro y el moro **what/where/who "(etc.)" on earth …?** *(fam. use)* ¿qué/dónde/quién *(etc.)* demonios …? **NOTA:** Se escribe siempre con mayúscula inicial cuando se refiere al planeta.

earth·bound ['ɜːθbaʊnd] *adj.* **1** *(confined to Earth)* que no puede despegar *(heading for Earth)* que se dirige hacia la Tierra **2** *fig. use (dull)* corriente, poco imaginativo, prosaico.

earth·quake ['ɜːθkweɪk] *n.* terremoto.

earth·shat·ter·ing ['ɜːθʃætərɪŋ] *adj.* trascendental.

earth·worm ['ɜːθwɜːm] *n.* lombriz *f.*

ease [iːz] *n.* **1** *(lack of difficulty)* facilidad *f.* **2** *(natural manner)* soltura, naturalidad *f.*, desenvoltura **3** *(freedom from pain)* alivio **4** *(leisure, affluence)* comodidad *f.*, desahogo ◇ *tr.* **1** *(relieve, alleviate)* aliviar *(of, de)*, calmar **2** *(improve)* mejorar, facilitar *(make easier)* facilitar **3** *(move gently)* mover con cuidado **4** *(loosen)* aflojar ◇ *intr.* **1** *(pain)* aliviarse, calmarse, disminuir *(tension, etc.)* disminuir **2** *(become easier)* mejorar **at ease!** MIL ¡descansen! **to stand at ease** MIL quedarse en posición de descanso **to be ill at ease** sentirse incómodo, sentirse molesto **to ease somebody's mind** tranquilizar a alguien **to put somebody at their ease** lograr que alguien se sienta cómodo **to put/ set somebody's mind at ease** tranquilizar a alguien **ease of mind** tranquilidad *f.*

ea·sel ['iːzəl] *n.* caballete *m.*

eas·i·ly ['iːzɪlɪ] *adv.* **1** *(without difficulty)* fácilmente, con facilidad **2** *(by far)* con mucho *(without doubt)* sin duda **3** *(possibly)* fácilmente, perfectamente.

eas·i·ness ['iːzɪnəs] *n.* **1** *(of task)* facilidad *f.* **2** *(of manner)* soltura, naturalidad *f.*

east [iːst] *adj. (gen)* este, oriental *(wind)* del este ◇ *adv.* hacia el este, en dirección este ◇ *n. (gen)* este *m.* ◇ *n.* **the East** *(Asia)* Oriente *m.*, **the East** *(Eastern Europe)* el Este *m.* **East Timor** *Timor Oriental* **the Far East** el Lejano Oriente **the Middle East** Oriente Medio.

Eas·ter ['iːstəʳ] *n.* **1** REL Pascua, Pascua de Resurrección **2** *(holiday)* Semana Santa **Easter egg** huevo de Pascua **Easter Sunday** Domingo de Pascua, Domingo de Resurrección.

east·ern ['iːstən] *adj.* oriental, del este **Eastern Bloc** POL el Este *m.* bloque *m.* de los países del Este.

eas·y ['iːzɪ] *adj. comp.* **easier**, *superl.* **easiest 1** *(not difficult)* fácil, sencillo **2** *(comfortable)* cómodo, holgado **3** *(unworried, relaxed)* tranquilo **4** *(readily exploited, cheated)* fácil ◇ *adv.* con cuidado, con calma **easy to please** poco exigente **easy come, easy go** así como viene se va **easy does it** poco a poco, con cuidado **I'm easy** *(fam. use)* me da igual **it's easier said than done** del dicho al hecho hay mucho trecho **take it easy!** ¡tranquilo! **to be easy as pie** *(fam. use)* estar chupado **to go easy on somebody** no reñir tanto a alguien **to take it easy/take things easy** tomar (se) las cosas con calma **easy chair** sillón *m.* butaca **easy money** dinero fácil **easy terms** facilidades *fpl.* de pago.

eas·y-go·ing [iːzɪ'gəʊɪŋ] *adj. (relaxed)* tranquilo *(easy to please)* fácil de complacer, poco exigente.

eat [iːt] *tr. pt.* **ate** [et, eɪt], *pp.* **eaten** ['iːtən] comer ◇ *intr.* comer **to be eaten up with jealousy/ envy** consumirle a uno los celos/la envidia **to eat humble pie** humillarse **to eat like a horse** comer como una vaca **to eat like a bird** comer como un pajarito **to eat one's words** tragarse lo dicho **to have somebody eating out of one's hand** tener a alguien en el bolsillo **I'll eat my hat!** ¡que me maten! **what's eating you?** ¿qué mosca te ha picado?

to eat out *intr. (lunch)* comer fuera *(dinner)* cenar fuera.

to eat up *tr. sep.* **1** *(finish food)* comerse **2** *(consume)* consumir, tragar, devorar.

eat·en ['iːtən] *pp.* VER: **eat**.

eat·ing ['i:tɪŋ] *n.* el comer *m.* **eating disorder** *problema m.* alimentario **eating place** restaurante *m,*

ebb [eb] *n.* reflujo ◇ *intr.* 1 *(water)* bajar 2 *fig. use* disminuir, decaer **to be at a low ebb** *fig. use* estar en un punto bajo **the ebb and flow el** flujo y reflujo **the ebb and flow of something** *fig. use* los cambios continuos de algo **ebb tide** marea menguante.

to ebb a·way *intr. fig. use* ir disminuyendo.

eb·on·y ['ebəni] *n.* ébano ◇ *adj.* de ébano.

ec·cen·tric [ɪk'sentrɪk] *adj.* 1 *(unusual)* excéntrico, estrafalario 2 *(of circles)* excéntrico ◇ *n. (person)* excéntrico.

ec·cen·tric·i·ty [eksen'trɪsɪti] *n. pl.* **eccentricities** excentricidad *f.*

ECG [i:si:'dʒi:] *n.* 1 *(abbr of electrocardiograph)* electrocardiógrafo 2 *(abbr of electrocardiogram)* electrocardiograma *m.*

ech·o ['ekəʊ] *n. pl.* **echoes** 1 eco 2 *fig. use* resonancia ◇ *tr.* 1 repetir (back, -) 2 *fig. use (words)* repetir, imitar *(opinions)* hacerse eco de ◇ *intr.* hacer eco, resonar.

e·clipse [ɪ'klɪps] *n,* 1 eclipse *m.* 2 *fig. use* eclipse *m.* ◇ *tr.* 1 eclipsar 2 *fig. use* eclipsar, brillar más que, hacer sombra a **lunar eclipse** eclipse *m.* lunar **solar eclipse** eclipse *m.* solar.

eco·friend·ly [ekəʊ'frendli] *adj.* no perjudicial para el medio ambiente, que no perjudica el medio ambiente.

eco·log·i·cal [i:kə'lɒdʒɪkəl] *adj.* ecológico.

e·col·o·gist [ɪ'kɒlədʒɪst] *n.* ecologista *mf.*

e·col·o·gy [ɪ'kɒlədʒi] *n.* ecología.

eco·nom·ic [ekə'nɒmɪk] *adj.* 1 *(gen)* económico 2 *(profitable)* rentable.

eco·nom·i·cal [ekə'nɒmɪkəl, i:kə'nɒmɪkəl] *adj.* 1 *(gen)* económico *(cheap)* barato 2 *(frugal, careful, not wasteful)* económico, ahorrador.

eco·nom·ics [ekə'nɒmɪks, i:kə'nɒmɪks] *n.* 1 *(science)* economía 2 EDUC económicas *fpl.,* ciencias *fpl.* económicas *npl. (financial aspect)* aspecto económico.

e·con·o·mist [ɪ'kɒnəmɪst] *n.* economista *mf.*

e·con·o·mize [ɪ'kɒnəmaɪz] *intr.* economizar (on, en), ahorrar (on, en).

e·con·o·my [ɪ'kɒnəmi] *n. pl.* **economies** 1 *(saving)* economía, ahorro 2 *(science)* economía *(system)* sistema *m.* económico, economía **economy class** clase *f.* turista **economy drive** ajuste *m.* económico **economy size** tamaño familiar.

eco·sys·tem ['i:kəʊsɪstəm] *n.* ecosistema *m.*

ec·sta·sy ['ekstəsi] *n. pl.* **ecstasies** éxtasis *m.* **to be in ecstasies** estar extasiado.

ec·stat·ic [ek'stætɪk] *adj.* extasiado.

Ec·ua·dor ['ekwədɔ:ʳ] *n.* Ecuador *m.*

Ec·ua·dor·i·an [ekwə'dɔ:rɪən] *adj.* ecuatoriano ◇ *n.* ecuatoriano.

ec·ze·ma ['eksɪmə] *n.* eccema *m.*

edge [edʒ] *n.* 1 *(of cliff, wood, etc.)* borde *m.* 2 *(of coin, step, etc.)* canto 3 *(of knife)* filo 4 *(of water)* orilla 5 *(of town)* afueras *fpl.* 6 *(of paper)* margen *m.* 7 *(brink)* borde *m.* 8 *(to voice)* tono ◇ *tr.* 1 *(supply with border)* bordear 2 SEW ribetear ◇ *intr. (move in small stages)* moverse con cautela, moverse poco a poco **to be on edge** estar nervioso, tener los nervios de punta **to be on the edge of something** estar a punto de algo **to have the edge on/over somebody** llevar ventaja a alguien **to take the edge off something** suavizar algo.

to edge a·way *intr.* alejarse poco a poco.

to edge for·ward *intr.* avanzar lentamente, avanzar poco a poco.

to edge out *tr. sep. (displace)* eliminar, apartar, quitar.

edg·y ['edʒi] *adj. comp.* **edgier,** *superl.* **edgiest** nervioso.

ed·i·ble ['edɪbəl] *adj.* comestible.

ed·it ['edɪt] *tr.* 1 *(prepare for printing)* preparar para la imprenta 2 *(correct)* corregir *(put together)* editar 3 *(run newspaper, etc.)* dirigir 4 *(film, program)* montar, editar.

e·di·tion [ɪ'dɪʃən] *n.* edición *f.* **first edition** primera edición *f.* **limited edition** edición *f.* limitada **revised edition** edición *f.* revisada.

ed·i·tor ['edɪtəʳ] *n.* 1 *(of book)* editor *(writer)* redactor *(proofreader)* corrector 2 *(of newspaper, etc.)* director 3 *(of film, program)* montador.

ed·i·to·ri·al [edɪ'tɔ:rɪəl] *adj.* editorial ◇ *n.* editorial *m.* **editorial staff** redacción *f.*

ed·u·cate ['edjukeɪt] *tr.* educar, formar.

ed·u·cat·ed ['edjukeɪtɪd] *adj.* culto, cultivado **an educated guess** una conjetura fundamental.

ed·u·ca·tion [edjʊ'keɪʃən] *n.* 1 *(system of teaching)* educación *f,* enseñanza 2 *(training)* formación *f,* preparación *f,* instrucción *f.* 3 *(acquisition of knowledge)* estudios *mpl.* formación *f.* académica 4 *(theory of teaching)* pedagogía 5 *(knowledge, culture)* cultura **university education** estudios *mpl.* universitarios **Minister of Education** Ministro de Educación.

ed·u·ca·tion·al [edjʊ'keɪʃənəl] *adj.* educativo.

ed·u·ca·tor ['edjukeɪtəʳ] *n.* educador.

ee·rie ['ɪəri] *adj.* misterioso, siniestro.

ef·fect [ɪ'fekt] *n.* 1 *(gen)* efecto 2 *(impression)* impresión *f,* efecto ◇ *tr.* 1 *(fml. use)* efectuar, provocar ◇ *npl.* **effects** *(property)* efectos *mpl.* **for effect** para impresionar **in effect** *(in fact)* de hecho *(in use)* en vigor **to no effect** sin resultado alguno **to come into effect** entrar en vigor **to have an effect on** afectar, producir un efecto en **to put something into effect** aplicar algo **to take effect** *(drug, etc.)* surtir efecto, hacer efecto *(law)* entrar en vigor.

ef·fec·tive [ɪ'fektɪv] *adj.* 1 *(successful)* eficaz 2 *(real, actual)* efectivo 3 *(operative)* vigente 4 *(impressive)* impresionante *(striking)* llamativo.

ef·fec·tive·ly [ɪ'fektɪvli] *adv.* 1 *(efficiently)* eficazmente 2 *(in effect)* de hecho, en efecto.

ef·fec·tive·ness [ɪ'fektɪvnəs] *n.* eficacia.

ef·fer·vesce [efə'ves] *intr.* 1 *(of liquids)* entrar en efervescencia 2 *fig. use (of people)* ser efervescente, ser muy vivo.

ef·fer·ves·cence [efə'vesəns] *n.* efervescencia.

ef·fer·ves·cent [efə'vesənt] *adj.* efervescente.

ef·fi·cien·cy [ɪ'fɪʃənsi] *n.* 1 *(of person)* eficiencia, competencia 2 *(of system, product)* eficacia 3 *(of machine)* rendimiento.

ef·fi·cient [ɪ'fɪʃənt] *adj.* 1 *(person)* eficiente, competente 2 *(system, product)* eficaz 3 *(machine)* de buen rendimiento.

ef·fort ['efət] *n.* 1 *(exertion)* esfuerzo 2 *(attempt, struggle)* intento, tentativa 3 *(achievement)* obra **to be worth the effort** valer la pena **to make an effort** hacer un esfuerzo, esforzarse.

ef·fort·less ['efətləs] *adj.* fácil, sin esfuerzo.

EFL ['i:'ef'el] *abbr. (English as a foreign language)* inglés como idioma extranjero.

e·gal·i·tar·i·an [ɪgælɪ'teərɪən] *adj.* igualitario.

egg¹ [eg] *n.* 1 *(laid by birds, etc.)* huevo 2 BIOL *(ovum)* óvulo **to have egg on one's face** quedar en ridículo **to put all one's eggs in one basket** jugárselo todo a una carta **boiled egg** huevo pasado por agua **egg cup** huevera **egg timer** reloj *m.* de arena **egg white** clara de huevo **egg whisk** batidor *m.* de huevo **egg yolk** yema de huevo fried egg *huevo frito* **hard-boiled egg** *huevo duro* **scrambled eggs** *huevos mpl. revueltos.*

egg² [eg] *tr.* **to egg on** *animar, incitar.*

egg·head ['eghed] *n.* intelectual *mf.*

egg·plant ['eglɑ:nt] *n.* berenjena.

egg·shell ['egʃel] *n.* cáscara de huevo.

ego ['i:gəʊ] *n. pl.* **egos 1** *(in psychology)* ego **2** *(fam. use)* amor *m.* propio **to boost somebody's ego** *levantar la moral a alguien* **to deflate somebody's ego** *bajar los humos a alguien.*

e·go·cen·tric [i:gəʊ'sentrɪk] *adj.* egocéntrico.

e·go·cen·tri·ty [i:gəʊsen'trɪsɪti] *n.* egocentrismo.

e·go·tism ['i:gətɪzəm] *n.* egotismo.

e·go·tist ['i:gətɪst] *n.* egoísta *mf.*

e·go·tis·ti·cal [i:gə'tɪstɪkəl] *adj.* egoísta.

E·gypt ['i:dʒɪpt] *n.* Egipto.

E·gyp·tian [ɪ'dʒɪpʃən] *adj.* egipcio ◇ *n.* **1** *(person)* egipcio **2** *(language)* egipcio.

E·gyp·tol·o·gist [i:dʒɪp'tɒlədʒɪst] *n.* egiptólogo.

E·gyp·tol·o·gy [i:dʒɪp'tɒlədʒi] *n.* egiptología.

eight [eɪt] *adj.* ocho ◇ *n.* **1** ocho **2** SP *(oarsmen)* ocho NOTA: Ver también six.

eight·een [eɪ'ti:n] *adj.* dieciocho ◇ *n.* dieciocho NOTA: Ver también six.

eight·eenth [eɪ'ti:nθ] *adj.* decimoctavo ◇ *adv.* en decimoctavo lugar ◇ *n.* **1** *(in series)* decimoctavo **2** *(fraction)* decimoctavo *(one part)* decimoctava parte *f.* NOTA: Ver también sixth.

eighth [eɪtθ] *adj.* octavo ◇ *adv.* octavo, en octavo lugar ◇ *n.* **1** *(in series)* octavo **2** *(fraction)* octavo *(one part)* octava parte *f.* NOTA: Ver también sixth.

eight·ies ['eɪtɪz] *npl.* **the eighties** *los años mpl.* ochenta, los ochenta *mpl.* NOTA: Ver también sixties.

eight·i·eth ['eɪtɪɪθ] *adj.* octogésimo ◇ *adv.* en octogésimo lugar ◇ *n.* **1** *(in series)* octogésimo **2** *(fraction)* octogésimo *(one part)* octogésima parte *f.* NOTA: Ver también sixtieth.

eight·y ['eɪti] *adj.* ochenta ◇ *n.* ochenta NOTA: Ver también sixty.

Ei·re ['eərə] *n.* Eire *m.*

ei·ther ['aɪðə ª, 'i:ðə ª] *pron.* **1** *(affirmative)* cualquiera **2** *(negative)* ni el uno ni el otro, ni la una ni la otra, ninguno de los dos, ninguna de las dos ◇ *adj.* **1** cualquier **2** *(both)* cada, los dos, las dos, ambos **3** *(neither)* ninguno de los dos, ninguna de las dos ◇ *conj.* **1** *(affirmative)* o **2** *(negative)* ni ◇ *adv.* *(after negative)* tampoco.

e·jac·u·late ['ɪdʒækjʊleɪt] *intr.* **1** *(eject fluid)* eyacular **2** *(exclaim)* exclamar.

e·jac·u·la·tion [ɪdʒæku'leɪʃən] *n.* **1** *(ejection)* eyaculación *f.* **2** *(exclamation)* exclamación *f.*

e·ject [ɪ'dʒekt] *tr.* **1** *(person)* expulsar, echar **2** *(thing)* expulsar ◇ *intr.* AV eyectar (se).

e·jec·tor [ɪ'dʒektə ª] *n.* eyector *m.* **ejector seat** *asiento eyectable.*

e·lab·o·rate [*(adj)* ɪ'læbərət; *(vb)* ɪ'læbəreɪt] *adj.* **1** *(detailed, extensive)* detallado **2** *(ornate, intricate)* muy trabajado, esmerado **3** *(complex, intricate)* complicado ◇ *tr.* *(work out in detail, refine)* elaborar, desarrollar ◇ *intr.* *(discuss in detail)* explicarse, explicar detalladamente *(expand)* ampliar, dar más detalles, explicar con más detalles.

e·las·tic [ɪ'læstɪk] *adj.* **1** elástico **2** *fig. use* flexible ◇ *n.* elástico **elastic band** *goma elástica.*

e·las·tic·i·ty [ɪlæ'stɪsətɪ] *n.* **1** elasticidad *f.* **2** *fig. use* flexibilidad *f.*

el·bow ['elbəʊ] *n.* **1** ANAT codo **2** *(bend)* recodo ◇ *tr.* *(jostle)* dar un codazo a, empujar con el codo **at one's elbow** *a mano* **to elbow one's way through** *abrirse paso a codazos (por)* **to give**

somebody the elbow *(dismiss)* echar a alguien *(break up with)* romper con alguien.

to el·bow a·side *tr. sep.* apartar a codazos.

eld·er ['eldə ª] *adj.* mayor ◇ *n.* **1** mayor *m.* **2** REL anciano ◇ *npl.* **elders** ancianos, mayores *mpl.*

eld·er·ly ['eldəlɪ] *adj.* mayor, anciano ◇ *n.* **the elderly** *los ancianos mpl.*

eld·est ['eldɪst] *adj.* mayor ◇ *n.* el mayor, la mayor.

e·lect [ɪ'lekt] *adj.* electo ◇ *tr.* **1** *(vote for)* elegir **2** *(choose, decide)* decidir.

e·lec·tion [ɪ'lekʃən] *n.* elección ◇ *f. adj.* electoral **to hold an election/hold elections** *convocar elecciones* **to stand for election** *presentarse a las elecciones.*

e·lec·tor·al [ɪ'lektərəl] *adj.* electoral **electoral college** *colegio electoral* **electoral roll/electoral register** *censo electoral.*

e·lec·tor·ate [ɪ'lektərət] *n.* electorado.

e·lec·tric [ɪ'lektrɪk] *adj.* **1** eléctrico **2** *fig. use* electrizante **electric field** *campo eléctrico* **electric fire** *estufa eléctrica* **electric guitar** *guitarra eléctrica* **electric shock** *(treatment)* electrochoque *m.* *(accident)* descarga eléctrica **electric storm** *tormenta eléctrica.*

e·lec·tri·cal [ɪ'lektrɪkəl] *adj.* eléctrico **electrical appliance** *electrodoméstico* **electrical engineering** *ingeniería electrotécnica* **electrical fault** *fallo eléctrico.*

e·lec·tri·cian [ɪlek'trɪʃən] *n.* electricista *mf.*

e·lec·tric·i·ty [ɪlek'trɪsɪtɪ] *n.* electricidad *f.* **electricity bill** *factura de la luz* **electricity supply** *suministro eléctrico.*

e·lec·tri·fy [ɪ'lektrɪfaɪ] *tr. pt. & pp.* **electrified**, *ger.* **electrifying 1** electrificar **2** *fig. use* electrizar.

e·lec·tri·fy·ing [ɪ'lektrɪfaɪɪŋ] *adj. fig. use* electrizante.

e·lec·tro·cute [ɪ'lektrəkjuːt] *tr.* electrocutar.

e·lec·trode [ɪ'lektrəʊd] *n.* electrodo.

e·lec·trol·y·sis [ɪlek'trɒləsɪs] *n.* electrólisis *f.*

e·lec·tro·lyte [ɪ'lektrəlaɪt] *n.* electrolito, electrólito.

e·lec·tro·mag·net [ɪlektrəʊ'mægnɪt] *n.* electroimán *m.*

e·lec·tro·mag·net·ism [ɪlektrəʊ'mægnɪtɪzəm] *n.* electromagnetismo.

e·lec·tro·mag·net·ic [ɪlektrəʊmæg'netɪk] *adj.* electromagnético.

e·lec·tron [ɪ'lektrɒn] *n.* electrón *m.* **electron gun** *cañón m. de electrones* **electron microscope** *microscopio electrónico.*

e·lec·tron·ic [ɪlek'trɒnɪk] *adj.* electrónico **electronic mail** *correo electrónico* **electronic mailbox** *buzón m. electrónico.*

e·lec·tron·i·cs [ɪlek'trɒnɪks] *n.* *(science, technology)* electrónica ◇ *npl.* *(circuits and devices)* componentes *mpl.* electrónicos.

el·e·gance ['elɪgəns] *n.* elegancia.

el·e·gant ['elɪgənt] *adj.* elegante.

el·e·gy ['elədʒi] *n. pl.* **elegies** elegía.

el·e·ment ['elɪmənt] *n.* **1** CHEM elemento **2** *(necessary part of a whole)* parte *f.*, componente *m.* **3** *(important feature or quality)* factor *m.* **4** *(small amount, hint)* parte *f.*, algo **5** ELEC resistencia **6** *(group, section)* fracción *f.* **7** *(earth, air, fire, water)* element ◇ *npl.* **elements** *(weather)* los elementos ◇ *mpl.* *(basics)* rudimentos *mpl.* **to be in one's element** *estar en su elemento, estar muy a gusto.*

el·e·men·tal [elɪ'mentəl] *adj.* elemental, básico.

el·e·men·ta·ry [elɪ'mentərɪ] *adj.* **1** *(basic)* elemental, básico **2** *(easy)* fácil, sencillo **elementary education** *enseñanza primaria* **elementary mathematics** *matemáticas fpl. elementales* **elementary particle** *partícula elemental* **elementary school** *escuela primaria.*

E

el·e·phant ['elɪfənt] n. elefante m.

el·e·vate ['elɪveɪt] tr. **1** (fml. use) (raise) elevar (promote) ascender, promover **2** fig. use (improve in quality) elevar.

el·e·vat·ed ['elɪvaɪtɪd] adj. (fml. use) (fine, noble) elevado, noble **elevated railway/elevated railroad** ferrocarril m. elevado.

el·e·va·tion [elɪ'veɪʃən] n. **1** (fml. use) (nobility) elevación f. **2** (angle) elevación f. **3** (fml. use) (in rank) ascenso **4** (height) altitud f, altura **5** (fml. use) (hill, high place) elevación f. **6** ARCH alzado.

el·e·va·tor ['elɪveɪtə'] n. **1** ascensor m. **2** (machine) montacargas m. **3** AV timón m. de profundidad.

e·lev·en [ɪ'levən] adj. once ◇ n. **1** once m. **2** SP equipo, once m. **NOTA:** Ver también six.

e·lev·enth [ɪ'levənθ] adj. undécimo ◇ adv. en undécimo lugar ◇ n. **1** (in series) undécimo, onceavo **2** (fraction) onceavo, undécimo (one part) onceava parte f, undécima parte f. **at the eleventh hour** en el último momento **NOTA:** Ver también sixth.

elf [elf] n pl. elves [elvz] duende m. elfo.

e·lic·it [ɪ'lɪsɪt] tr. **1** (fml. use) (facts, information) sonsacar, obtener **2** (reaction, response) provocar.

el·i·gi·bil·i·ty [elɪdʒə'bɪlɪtɪ] n. elegibilidad f, idoneidad f.

el·i·gi·ble ['elɪdʒəbəl] adj. **1** (qualified, suitable) idóneo, apto **2** (desirable) deseable **to be eligible for something** tener derecho a algo, cumplir los requisitos para algo.

e·lim·i·nate [ɪ'lɪmɪneɪt] tr. **1** (remove, get rid of) eliminar, erradicar (expel) expulsar **2** (rule out) descartar, excluir, eliminar **3** (fam. use) (kill) eliminar, suprimir **4** (knock out) eliminar, derrotar.

e·lim·i·na·tion [ɪlɪmɪ'neɪʃən] n. eliminación f.

e·lite [eɪ'liːt] n. elite f. ◇ adj. exclusivo, selecto.

e·lit·ist [eɪ'liːtɪst] adj. elitista.

el·lipse [ɪ'lɪps] n. elipse f.

el·lip·sis [ɪ'lɪpsɪs] n. pl. ellipses [ɪ'lɪpsiːz] elipsis f.

el·lip·ti·cal [ɪ'lɪptɪkəl] adj. elíptico.

el·o·cu·tion [elə'kjuːʃən] n. elocución f.

el·o·quence ['eləkwəns] n. elocuencia f.

el·o·quent ['eləkwənt] adj. elocuente.

El Sal·va·dor [el'sælvədɔː'] n. El Salvador.

else [els] adv. más, otro or else (otherwise, if not).

else·where [els'weə'] adv. en otro sitio, en otra parte.

e·lude [ɪ'luːd] tr. **1** (escape from) escaparse de **2** (avoid) eludir **3** (not remember) no recordar, no acordarse (not understand) no entenderse.

e·lu·sive [ɪ'luːsɪv] adj. **1** (difficult to capture) huidizo, esquivo, escurridizo **2** (difficult to remember) difícil de recordar **3** (difficult to understand) difícil de entender.

e·ma·ci·at·ed [ɪ'meɪsɪeɪtɪd] adj. (body) enflaquecido (face) demacrado.

e·mail [i:meɪl] n. correo electrónico.

e·man·ci·pate [ɪ'mænsɪpeɪt] tr. emancipar.

e·man·ci·pa·tion [ɪmænsɪ'peɪʃən] n. emancipación f.

em·balm [ɪm'bɑːm] tr. embalsamar.

em·bar·go [em'bɑːgəʊ] n. pl. **embargoes** embargo, prohibición f. ◇ tr. pt. & pp. **embargoed**, ger. **embargoing 1** (prohibit) prohibir, imponer un embargo sobre **2** (seize) embargar **to impose/put/lay an embargo on something** (forbid trade) imponer un embargo sobre algo (prohibit) prohibir algo **to lift/raise/remove an embargo on something** levantar un embargo sobre algo **trade embargo** embargo comercial.

em·bark [ɪm'bɑːk] tr. (take on board) embarcar ◇ intr. (board) embarcar (for, con rumbo a), embarcarse (for, con rumbo a).

to em·bark on tr. insep emprender.

em·bar·rass [ɪm'bærəs] tr. (make ashamed) avergonzar, azorar, abochornar, hacer pasar vergüenza a (make awkward) desconcertar.

em·bar·rassed [ɪm'bærəst] adj. (behavior, action) embarazoso (person) avergonzado, violento, molesto **to feel embarrassed** tener vergüenza, pasar vergüenza, sentirse avergonzado.

em·bar·rass·ing [ɪm'bærəsɪŋ] adj. embarazoso, violento, desconcertante.

em·bar·rass·ment [ɪm'bærəsmənt] n. **1** (state) turbación f, vergüenza, desconcierto **2** (person, object) vergüenza, estorbo **3** (event, situation) disgusto, vergüenza.

em·bas·sy ['embəsɪ] n. pl. **embassies** embajada.

em·bel·lish [ɪm'belɪʃ] tr. **1** (adorn) adornar, embellecer **2** fig. use (add details) adornar.

em·bel·lish·ment [ɪm'belɪʃmənt] n. adorno.

em·blem [ɪm'bləm] n. emblema m.

em·blem·at·ic [emblə'mætɪk] adj. emblemático, simbólico.

em·bod·i·ment [ɪm'bɒdɪmənt] n. encarnación f, personificación f.

em·bod·y [ɪm'bɒdɪ] tr. pt. & pp. **embodied**, ger. **embodying 1** (give visible form to) encarnar, personificar **2** (express) expresar, manifestar **3** (include) incorporar, incluir, abarcar, comprender.

em·brace [ɪm'breɪs] n. abrazo ◇ tr. **1** (hug) abrazar, dar un abrazo a **2** (include) abarcar, incluir **3** (fml. use) (accept - opportunity, etc.) aprovechar (- offer) aceptar **4** (fml. use) (adopt - religion, etc.) convertirse a (- political doctrine) adherirse a (- new idea) abrazar ◇ intr. abrazarse.

em·bry·o ['embrɪəʊ] n. pl. **embryos 1** embrión m. **2** fig. use germen m. ◇ adj. embrionario.

em·er·ald ['emərəld] n. **1** (stone) esmeralda f. **2** (color) esmeralda m. ◇ adj. (de color) esmeralda.

e·merge [ɪ'mɜːdʒ] intr. **1** (come out) emerger, aparecer, salir, surgir **2** (become known) resultar.

e·mer·gence [ɪ'mɜːdʒəns] n. aparición f, surgimiento.

e·mer·gen·cy [ɪ'mɜːdʒənsɪ] n. pl. **emergencies 1** emergencia, crisis f. **2** MED caso de urgencia, caso urgente, urgencia ◇ adj. de emergencia, de urgencia **in an emergency/in case of emergency** en caso de emergencia **emergency exit** salida de emergencia **emergency measures** medidas fpl. de urgencia **emergency room** urgencias fpl. **emergency services** servicios mpl. de urgencia **emergency supplies** provisiones mpl. (para imprevistos) **emergency ward** sala de urgencias.

e·mer·gent [ɪ'mɜːdʒənt] adj. **1** (emerging) emergente **2** (of countries, nations) en vías de desarrollo.

em·i·grant ['emɪgrənt] n. emigrante mf.

em·i·grate ['emɪgreɪt] intr. emigrar.

em·i·gra·tion [emɪ'greɪʃən] n. emigración f.

e·mir·ate ['emɪrət] n. emirato **United Arab Emirates** Emiratos mpl. Árabes Unidos.

e·mis·sion [ɪ'mɪʃən] n. emisión f.

e·mit [ɪ'mɪt] tr. pt. & pp. **emitted**, ger. **emitting** (signal, heat, light, smoke) emitir, producir (sound, noise) producir (smell) despedir (cry) dar.

e·mo·tion [ɪ'məʊʃən] n. **1** (feeling) sentimiento **2** (strong feeling) emoción f.

e·mo·tion·al [ɪ'məʊʃənəl] adj. **1** (connected with feelings) emocional, afectivo **2** (moving) conmovedor, emotivo **3** (sensitive) emotivo, sentimental, muy sensible **4** (upset) emocionado, exaltado **to get emotional** emocionarse, exaltarse.

em·pa·thy ['empəθɪ] n. empatía f.

em·per·or ['empərə'] n. emperador m.

em·pha·sis ['emfəsɪs] n. pl. **emphases 1** (importance) énfasis m. importancia **2** LING acento, énfasis *m.* **to lay/place/put emphasis on something** hacer hincapié en algo, poner énfasis en algo.

em·pha·size [ˈemfəsaɪz] *tr.* **1** (*of words*) enfatizar, poner énfasis en **2** (*stress importance*) hacer hincapié en, enfatizar, subrayar, destacar, recalcar, insistir en **3** (*highlight*) poner de relieve (*bring out*) resaltar.

em·phat·ic [emˈfætɪk] *adj.* **1** (*forceful - tone, gesture*) enfático, enérgico **2** (*insistent - refusal, rejection, assertion*) categórico, rotundo **3** (*definite, clear*) rotundo.

em·pire [ˈempaɪə *r*] *n.* imperio.

em·pir·i·cal [emˈpɪrɪkəl] *adj.* empírico.

em·pir·i·cism [emˈpɪrɪsɪzəm] *n.* empirismo.

em·ploy [ɪmˈplɔɪ] *n.* (*fml. use*) empleo ◇ *tr.* **1** (*give work to*) emplear (*appoint*) contratar **2** (*fml. use*) (*make use of, use*) emplear, usar **3** (*occupy*) ocupar.

em·ployed [ɪmˈplɔɪd] *adj.* **1** (*in work*) empleado **2** (*busy*) ocupado.

em·ploy·ee [ɪmˈplɔɪiː, emplɔɪˈiː] *n.* empleado.

em·ploy·er [ɪmˈplɔɪə *r*] *n.* **1** (*manager, boss*) empresario (*of domestic worker*) patrón **2** (*company, organization*) empresa, organismo.

em·ploy·ment [emˈplɔɪmənt] *n.* **1** (*work*) trabajo (*availability of work*) empleo **2** (*use*) empleo, uso **employment agency** agencia de trabajo, agencia de colocación.

em·pow·er [ɪmˈpaʊə *r*] *tr.* (*fml. use*) autorizar, facultar, habilitar.

em·press [ˈempras] *n.* emperatriz *f.*

emp·ti·ness [ˈemptɪnəs] *n.* **1** (*nothingness*) vacío **2** (*meaninglessness*) vacuidad *f.*

emp·ty [ˈempti] *adj. comp.* **emptier**, *superl.* **emptiest 1** (*gen*) vacío (*place*) desierto (*house*) desocupado, deshabitado (*seat, table, place*) libre, desocupado **2** (*fam. use*) (*hungry*) hambriento **3** (*purposeless*) vano, inútil (*meaningless*) carente de sentido (*words, threats, promises*) vano ◇ *tr.* vaciar ◇ *intr.* **1** vaciarse **2** (*of rivers*) desembocar (into, en).

emp·ty-hand·ed [ˈemptɪˈhændɪd] *adj.* con las manos vacías.

emp·ty-head·ed [ˈemptɪˈhedɪd] *adj.* (*foolish*) tonto (*frivolous*) frívolo.

e·mu [ˈiːmjuː] *n.* emú *m.*

em·u·late [ˈemjəleɪt] *tr.* (*fml. use*) emular.

e·mul·si·fi·er [ɪˈmʌlsɪfaɪə *r*] *n.* emulsionante *m.* emulsivo.

e·mul·sion [ɪˈmʌlʃən] *n.* (*gen*) emulsión *f.*

en·a·ble [ɪˈneɪbəl] *tr.* permitir.

e·nam·el [ɪˈnæməl] *n.* esmalte ◇ *m. tr.* esmaltar.

en·cap·su·late [ɪnˈkæpsjʊleɪt] *tr.* encapsular.

en·ceph·a·li·tis [ensefəˈlaɪtəs] *n.* encefalitis *f.*

en·chant [ɪnˈtʃɑːnt] *tr.* **1** (*delight*) encantar, cautivar **2** (*cast spell on*) hechizar.

en·chant·ed [ɪnˈtʃɑːntɪd] *adj.* encantado.

en·chant·ing [ɪnˈtʃɑːntɪŋ] *adj.* encantador.

en·chant·ment [ɪnˈtʃɑːntmənt] *n.* **1** (*delight*) encanto **2** (*spell*) hechizo.

en·close [ɪnˈkləʊz] *tr.* **1** (*surround*) encerrar (*with wall or fence*) cercar, rodear **2** (*include in letter*) adjuntar.

en·closed [ɪnˈkləʊzd] *adj.* cerrado **enclosed order** REL orden *f.* de clausura.

en·clo·sure [ɪnˈkləʊʒə *r*] *n.* **1** (*land*) cercado (*area*) recinto **2** (*act*) cercamiento, encierro **3** (*with letter*) anexo, documento adjunto.

en·code [ɪŋˈkəʊd] *tr.* codificar.

en·core [ˈɒŋkɔː *r*] *interj.* ¡otra! ◇ *n.* repetición *f*, bis *m.*

en·coun·ter [ɪnˈkaʊntə *r*] *n.* encuentro ◇ *tr.* (*meet*) encontrar, encontrarse con (*be faced with*) tropezar con.

en·cour·age [ɪnˈkʌrɪdʒ] *tr.* **1** (*cheer, inspire*) animar, alentar **2** (*develop, stimulate*) fomentar, favorecer, estimular.

en·cour·age·ment [ɪnˈkʌrɪdʒmənt] *n.* **1** (*act*) aliento, ánimo **2** (*development*) fomento, estímulo.

en·cour·ag·ing [ɪnˈkʌrɪdʒɪŋ] *adj.* (*hopeful*) alentador (*promising*) prometedor.

en·cy·clo·pe·di·a [ensaɪkləˈpiːdiə] *n.* enciclopedia.

en·cy·clo·pe·dic [ensaɪkləˈpiːdɪk] *adj.* enciclopédico.

end [end] *n.* **1** (*extremity - of rope*) cabo (- of street, room, queue*) final *m.* (- of table, sofa, bed, line*) extremo (- of stick, tail, hair*) punta (- of box*) lado **2** (*final part, finish*) fin *m.* final *m.* conclusión *f.* **3** (*aim*) objeto, objetivo, fin *m.* **4** (*remnant*) resto, cabo (*of cigarette*) colilla **5** *euph. use* muerte *f.* **6** (*on telephone*) lado (de la línea) **7** (*half of sports pitch*) lado ◇ *adj.* final, ultimo ◇ *tr.* **1** (*conclude*) acabar, terminar **2** (*stop*) terminar, poner fin a, acabar con ◇ *intr.* acabar, terminar **(not) to be the end of the world** (*no*) ser el fin del mundo **at the end of** al final de **at the end of the day** al fin y al cabo, al final **end to end** juntando los dos extremos **in the end** al fin **on end** (*upright*) sobre el extremo (*continuously*) enteros **till the end of time** para siempre más **to be an end in itself** ser un fin en sí mismo **to be at a loose end** no tener nada que hacer **to come/draw to an end** acabarse **to end it all** suicidarse **to go to the ends of the earth** ir hasta el fin del mundo **to make ends meet** llegar a final de mes **to put an end to something** poner fin a algo, acabar con algo **end product** producto final **loose ends** cabos *mpl.* sueltos.

en·dan·ger [ɪnˈdeɪndʒə *r*] *tr.* poner en peligro.

en·dan·gered [ɪnˈdeɪndʒəd] *adj.* en peligro **endangered species** especie *f.* en peligro (de extinción).

en·deav·or [ɪnˈdevə *r*] *n.* (*fml. use*) esfuerzo, empeño ◇ *intr.* esforzarse, intentar, procurar.

en·dem·ic [enˈdemɪk] *adj.* endémico.

end·ing [ˈendɪŋ] *n.* **1** final *m.* conclusión *f*, desenlace *m.* **2** LING terminación *f.*

end·less [ˈendləs] *adj.* **1** (*wait, questions, etc.*) sin fin, interminable, eterno (*resources, patience, etc.*) inacabable, inagotable **2** (*with ends joined*) continuo.

en·do·crine [ˈendəkrɪn] *adj.* endocrino **endocrine gland** glándula endocrina.

en·dorse [ɪnˈdɔːs] *tr.* **1** (*of cheque, etc.*) endosar **2** (*approve*) aprobar, apoyar, respaldar.

en·dorse·ment [ɪnˈdɔːsmənt] *n.* **1** (*of cheque, etc.*) endoso **2** (*approval*) aprobación *f*, apoyo, respaldo.

en·dow [ɪnˈdaʊ] *tr.* **1** (*bless*) dotar **2** (*give money*) dotar (de fondos).

en·dow·ment [ɪnˈdaʊmənt] *n.* (*attribute*) atributo, dote *m. & f.* ◇ *npl.* **endowments** (*money*) donaciones *fpl.*

en·dur·ance [ɪnˈdjʊərəns] *n.* resistencia, aguante *m.* ◇ *adj.* de resistencia **beyond endurance/past endurance** intolerable, insoportable **endurance test** prueba de resistencia.

en·dure [ɪnˈdjʊə *r*] *tr.* **1** (*suffer patiently*) soportar, resistir **2** (*bear, tolerate*) soportar, aguantar ◇ *intr.* (*continue to exist, survive*) durar, perdurar.

en·dur·ing [ɪnˈdjʊərɪŋ] *adj.* duradero, perdurable.

en·e·ma [ˈenɪmə] *n.* enema *m.* lavativa.

en·e·my [ˈenəmi] *n. pl.* **enemies** enemigo ◇ *adj.* enemigo **to make enemies** hacerse enemigos.

en·er·get·ic [enəˈdʒetɪk] *adj.* enérgico, activo.

en·er·gize [ˈenədʒaɪz] *tr.* activar, dar energía a.

en·er·gy [ˈenədʒi] *n. pl.* **energies** (*gen*) energía ◇ *npl.* **energies** (*efforts*) energías *fpl.*, fuerzas *fpl.* **energy crisis** crisis *f.* energética.

en·force [ɪnˈfɔːs] *tr.* **1** (*force to obey*) hacer cumplir, hacer respetar **2** (*impose, make happen*) imponer.

en·force·a·ble [ɪnˈfɔːsəbəl] *adj.* que se puede hacer cumplir.

en·gage [ɪnˈgeɪdʒ] *tr.* **1** *(hire)* contratar **2** *(take up, occupy)* ocupar, entretener **3** *(attract)* llamar, atraer, captar **4** *[fml. use] (attack)* entablar combate con **5** AUTO *(gear)* engranar, meter *(clutch)* apretar ◈ *intr.* TECH engranar con ◈ *intr.* TECH engranar **2** *[fml. use] (attack)* entablar combate **to engage somebody in conversation** entablar conversación con alguien.

to en·gage in *intr.* *(take part, participate)* ocuparse en, dedicarse a.

en·gaged [ɪnˈgeɪdʒd] *adj.* **1** *(to be married)* prometido **2** *(busy)* ocupado **3** *(of toilet)* ocupado **to be engaged** *(of telephone)* estar comunicando **to get engaged** prometerse.

en·gage·ment [ɪnˈgeɪdʒmənt] *n.* **1** *(to be married)* petición *f.* de mano *(period)* noviazgo **2** *(appointment)* compromiso, cita **3** MIL combate *m.* **4** *(employment)* contrato, empleo **engagement ring** anillo de compromiso.

en·gag·ing [ɪnˈgeɪdʒɪŋ] *adj.* atractivo, simpático, encantador.

en·gine [ˈendʒɪn] *n.* **1** motor *m.* **2** *(of train)* máquina, locomotora **engine driver** maquinista *mf.* **engine room** sala de máquinas.

en·gi·neer [endʒɪˈnɪə⁎] *n.* **1** *(graduate)* ingeniero *(technician)* técnico **2** maquinista *mf.* ◈ *tr.* **1** *(contrive)* maquinar, tramar, urdir **2** *(plan as engineer)* crear por ingeniería.

en·gi·neer·ing [endʒɪˈnɪərɪŋ] *n.* ingeniería.

Eng·land [ˈɪŋglənd] *n.* Inglaterra.

Eng·lish [ˈɪŋglɪʃ] *adj.* inglés ◈ *n. (language)* inglés *m.* ◈ *npl.* **the English** los ingleses *mpl.* **the English Channel** el Canal m. de la Mancha.

Eng·lish·man [ˈɪŋglɪʃmən] *n. pl.* **Englishmen** inglés *m.*

Eng·lish-speak·ing [ˈɪŋglɪʃspiːkɪŋ] *adj.* de habla inglesa.

Eng·lish·wom·an [ˈɪŋglɪʃwumən] *n. pl.* **Englishwomen** [ˈɪŋglɪʃwɪmɪn] inglesa.

en·grave [ɪnˈgreɪv] *tr. (gen)* grabar.

en·grav·ing [ɪnˈgreɪvɪŋ] *n.* **1** *(picture)* grabado **2** *(art)* grabación *f.*

en·gross·ing [ɪnˈgrəʊsɪŋ] *adj.* fascinante, apasionante.

en·hance [ɪnˈhɑːns] *tr. (beauty, taste)* realzar *(quality, performance, chances)* mejorar *(power, reputation, value)* aumentar **2** COMPUT procesar.

en·hance·ment [ɪnˈhɑːnsmənt] *n.* **1** *(of beauty, taste)* realce *m. (of quality, performance)* mejora *(of value)* aumento *m.*

en·ig·mat·ic [enɪgˈmætɪk] *adj.* enigmático.

en·joy [ɪnˈdʒɔɪ] *tr.* **1** *(get pleasure from)* disfrutar de *(like)* gustarle a uno **2** *(benefit from)* gozar de, tener **to enjoy oneself** divertirse, pasarlo bien.

en·joy·a·ble [ɪnˈdʒɔɪəbəl] *adj.* agradable, divertido.

en·joy·ment [ɪnˈdʒɔɪmənt] *n.* placer *m.* goce *m.* disfrute *m.* gusto.

en·large [ɪnˈlɑːdʒ] *tr. (gen)* extender, aumentar, ampliar *(photograph)* ampliar ◈ *intr.* extenderse, aumentar, ampliarse.

to en·large on *tr. insep* extenderse sobre, explicar con más detalles.

en·large·ment [ɪnˈlɑːdʒmənt] *n.* **1** *(photograph)* ampliación *f.* **2** extensión *f.* aumento, ampliación *f.*

en·light·en [ɪnˈlaɪtən] *tr.* **1** *(free from ignorance)* iluminar, ilustrar **2** *(inform)* informar, instruir **to enlighten somebody about/on something** aclararle algo a alguien.

en·light·ened [ɪnˈlaɪtənd] *adj.* **1** *(factually well-informed)* bien informado *(learned)* culto, ilustrado **2** *(tolerant)* liberal, tolerante.

en·list [ɪnˈlɪst] *tr.* **1** MIL alistar, reclutar **2** *(help, support, etc.)* conseguir, lograr ◈ *intr.* MIL alistarse.

e·nor·mi·ty [ɪˈnɔːmɪtɪ] *n. pl.* **enormities 1** *[fam. use] (enormousness)* enormidad *f.*, inmensidad *f.*, magnitud *f.* **2** *(extreme wickedness)* atrocidad *f.* **3** *[fml. use] (crime)* atrocidad *f.*, barbaridad *f.*

e·nor·mous [ɪˈnɔːməs] *adj.* enorme, inmenso, descomunal.

e·nough [ɪˈnʌf] *adj.* bastante, suficiente ◈ *adv.* bastante, suficientemente ◈ *pron.* lo bastante, lo suficiente **enough is enough!** ¡ya está!, ¡basta! **oddly enough/curiously enough/strangely enough** por extraño que parezca, curiosamente **to have had enough (of something/somebody)** estar harto (de algo/alguien).

en·quire [ɪŋˈkwaɪə⁎] *tr.* preguntar ◈ *intr.* **1** preguntar, informarse **2** JUR investigar (into, -).

en·quir·y [ɪŋˈkwaɪərɪ] *n. pl.* **enquiries 1** pregunta **2** JUR investigación *f.* **to make enquiries** preguntar, informarse **"Enquiries"** "Información".

en·rage [ɪnˈreɪdʒ] *tr.* enfurecer.

en·rich [ɪnˈrɪtʃ] *tr.* enriquecer.

en·roll [ɪnˈrəʊl] *tr. pt. & pp.* **enrolled**, *ger.* **enrolling** matricular, inscribir ◈ *intr.* matricularse, inscribirse, apuntarse.

en·roll·ment [ɪnˈrəʊlmənt] *n.* matrícula, inscripción *f.*

en·sem·ble [ɒnˈsɒmbəl] *n.* conjunto.

en·slave [ɪnˈsleɪv] *tr.* esclavizar.

en·sure [ɪnˈʃʊə⁎] *tr.* **1** *(make sure)* asegurarse **2** *(assure)* asegurar.

ENT [ˈiːˈenˈtiː] *abbr. (ear, nose and throat)* otorrinolaringología *f.*

en·tan·gle [ɪnˈtæŋgəl] *tr.* **1** enredar, enmarañar **2** *fig. use* enredar, involucrar **to get/become entangled in something** *(in net, religion, etc.)* enredarse en algo *(in affair, etc.)* enredarse en algo, verse involucrado en algo.

en·tan·gle·ment [ɪnˈtæŋgəlmənt] *n.* **1** *(gen)* enredo **2** *(in barbed wire)* alambrada.

en·ter [ˈentə⁎] *tr.* **1** *(gen)* entrar en **2** *(join)* ingresar en *(school, etc.)* matricularse en *(army, etc.)* alistarse en **3** *(participate)* participar en, tomar parte en *(register)* inscribirse en **4** *(write down, record)* anotar, apuntar **5** *[fml. use] (present for consideration, submit)* formular, presentar ◈ *intr.* **1** *(gen)* entrar **2** *(theater)* entrar en escena.

to en·ter in·to *tr. insep* **1** *(negotiations)* iniciar *(contract)* firmar *(agreement)* llegar a, concertar *(relations)* establecer (with, con) *(conversation)* entablar (with, con) **2** *(figure in)* entrar en *(matter)* importar, contar.

en·ter·prise [ˈentəpraɪz] *n.* **1** *(venture)* empresa, proyecto **2** *(initiative)* energía, iniciativa, espíritu *m.* emprendedor **3** *(firm)* empresa **enterprise zone** zona de urgente reindustrialización **private enterprise** el sector privado, la iniciativa privada **public enterprise** el sector público.

en·ter·pris·ing [ˈentəpraɪzɪŋ] *adj.* emprendedor.

en·ter·tain [entəˈteɪn] *tr.* **1** *(amuse)* entretener, divertir **2** *[fml. use] (suggestion, etc.)* considerar, tener en cuenta *(doubts, etc.)* abrigar **3** *(invite)* recibir, inviter ◈ *intr. (act as host)* tener invitados.

en·ter·tain·er [entəˈteɪnə⁎] *n. (presenter)* animador *(on stage)* artista *mf.*

en·ter·tain·ing [entəˈteɪnɪŋ] *adj.* divertido, entretenido.

en·ter·tain·ment [entəˈteɪnmənt] *n.* **1** *(amusement)* entretenimiento, diversión *f.* **2** THEAT espectáculo, función *f.* **entertainment business** negocio del espectáculo.

en·thu·si·asm [ɪnˈθjuːzɪæzəm] *n.* entusiasmo (about/for, por).

en·thu·si·ast [ɪnˈθjuːzɪæst] *n.* entusiasta *mf.*

en·thu·si·as·tic [ɪnθjuːzɪˈæstɪk] adj. 1 (reaction) entusiástico, caluroso 2 (person) entusiasta.

en·tire [ɪnˈtaɪə*] adj. entero, completo, íntegro, todo.

en·tire·ly [ɪnˈtaɪəlɪ] adv. (totally) enteramente, totalmente, completamente ◇ adj. (exclusively) únicamente, exclusivamente.

en·tire·ty [ɪnˈtaɪrətɪ] n. totalidad f. in its entirety, en su totalidad.

en·ti·tle [ɪnˈtaɪtəl] tr. 1 (give right to) dar derecho (to, a) 2 (book, etc.) titular to be entitled (book, etc.) titularse (person) tener derecho.

en·ti·tle·ment [ɪnˈtaɪtəlmənt] n. derecho (to, a).

en·ti·ty [ˈentɪtɪ] n. pl. entities entidad f.

en·trails [ˈentreɪlz] npl. entrañas fpl., tripas fpl., vísceras fpl.

en·trance¹ [ˈentrəns] n. 1 (way in) entrada (door, gate) puerta, entrada (hall) vestíbulo, hall m. entrada 2 (act of entering) entrada (on stage) entrada en escena, aparición f. 3 (admission) entrada, admisión f. (to school, university) ingreso entrance examination examen m. de ingreso entrance fee (of museum, etc.) entrada (of club, society, etc.) cuota, inscripción f. entrance hall vestíbulo main entrance puerta principal.

en·trance² [ɪnˈtrɑːns] tr. arrebatar, extasiar, encantar.

en·tranc·ing [ɪnˈtrɑːnsɪŋ] adj. fascinante, encantador.

en·trust [ɪnˈtrʌst] tr. confiar, encargar, encomendar.

en·try [ˈentrɪ] n. pl. entries 1 (entrance) entrada (joining) ingreso 2 (right to enter) admisión f, acceso 3 (door, gate) puerta, entrada 4 (item in accounts) entrada, asiento (in diary) anotación f, entrada (in dictionary) entrada 5 (in competition - participant) participante mf. (- total number of participants) participación f, número de participantes (- thing entered) ejemplar m. "No entry" (traffic) "Dirección prohibida" (people) "Prohibido el paso" (on door) "Prohibida la entrada" to force an entry allanar la morada entry fee inscripción f, cuota entry form formulario de inscripción.

e·nu·mer·ate [ɪˈnjuːməreɪt] tr. enumerar.

en·vel·op [ɪnˈveləp] tr. envolver.

en·vel·ope [ˈenvələup] n. (of letter) sobre m. (covering) envoltura.

en·vi·a·ble [ˈenvɪəbəl] adj. envidiable.

en·vi·ous [ˈenvɪəs] adj. (person) envidioso (look, etc.) de envidia to be

en·vi·ron·ment [ɪnˈvaɪrənmənt] n. 1 (ecology) medio ambiente m. 2 (surroundings) ambiente m. entorno (habitat) hábitat m. environment friendly no perjudicial para el medio ambiente.

en·vi·ron·men·tal [ɪnvaɪərənˈmentəl] adj. 1 (ecological) del medio ambiente, ambiental 2 (of surroundings) ambiental.

en·vi·ron·men·tal·ist [ɪnvaɪərənˈmentəlɪst] n. ecologista mf. ◇ adj. ecologista.

en·vy [ˈenvɪ] n. pl. envies envidia (at/of, de) ◇ tr. pt. & pp. envied, ger. envying envidiar, tener envidia de to be green with envy estar corroído por la envidia, morirse de envidia to be the envy of somebody ser la envidia de alguien.

en·zyme [ˈenzaɪm] n. enzima m. & f.

ep·ic [ˈepɪk] adj. (poem, film, novel) épico (achievement) colossal ◇ n. (poem) epopeya, poema m. épico (film) película épica (novel) epopeya.

ep·i·cen·ter [ˈepɪsentə*] n. epicentro.

ep·i·dem·ic [epɪˈdemɪk] n. epidemia ◇ adj. epidémico.

ep·i·der·mis [epɪˈdɜːmɪs] n. epidermis f.

ep·i·lep·sy [ˈepɪlepsɪ] n. epilepsia.

ep·i·lep·tic [epɪˈleptɪk] adj. epiléptico ◇ n. epiléptico epileptic fit ataque m. epiléptico, ataque m. de epilepsia.

ep·i·logue [ˈepɪlɒg] n. epílogo.

ep·i·sode [ˈepɪsəud] n. 1 episodio 2 (of series) capítulo.

ep·i·taph [ˈepɪtɑːf] n. epitafio.

e·pit·o·me [ɪˈpɪtəmɪ] n. (model, perfect example) personificación f.

e·pit·o·mize [ɪˈpɪtəmaɪz] tr. personificar, ejemplificar, ser la personificación de.

e·qual [ˈiːkwəl] adj. 1 (identical) igual (same) mismo 2 (capable) capaz ◇ n. igual mf. ◇ tr. 1 MATH ser igual a, equivaler a 2 (match) igualar to be equal to (situation, task) estar a la altura de (effort) sentirse con fuerzas para to be on equal terms (with somebody) estar en igualdad de condiciones con alguien equal opportunities igualdad f. de oportunidades equal pay igualdad f. de salario equal sign signo de igualdad equal rights igualdad f. de derechos.

e·qual·i·ty [iˈkwɒlɪtɪ] n. pl. equalities igualdad f.

e·qual·ize [ˈiːkwəlaɪz] intr. SP empatar, igualar el marcador, lograr el empate ◇ tr. igualar.

e·qual·ly [ˈiːkwəlɪ] adv. 1 igualmente, igual de 2 en partes iguales, equitativamente 3 (similarly) del mismo modo, asimismo.

e·quate [ɪˈkweɪt] tr. equiparar (with, con), comparar (with, con).

e·qua·tion [ɪˈkweɪʒən] n. 1 MATH ecuación f. 2 [fml. use] (relationship) relación f. simple equation ecuación f. de primer grado.

e·qua·tor [ɪˈkweɪtə*] n. ecuador m.

e·qua·to·ri·al [ekwəˈtɔːrɪəl] adj. ecuatorial.

e·ques·tri·an [ɪˈkwestrɪən] adj. ecuestre ◇ n. (man) jinete m. (woman) amazona.

e·qui·dis·tant [iːkwɪˈdɪstənt] adj. equidistante.

e·qui·lat·er·al [iːkwɪˈlætərəl] adj. equilátero.

e·qui·lib·ri·um [iːkwɪˈlɪbrɪəm] n. equilibrio.

e·qui·nox [ˈiːkwɪnɒks] n. equinoccio autumnal equinox equinoccio de otoño spring equinox/ vernal equinox equinoccio de primavera.

e·quip [ɪˈkwɪp] tr. pt. & pp. equipped, ger. equipping 1 (fit out, supply) equipar (with, con), proveer (with, de) 2 (prepare) preparar (for/to, para).

e·quip·ment [ɪˈkwɪpmənt] n. 1 (materials) equipo, material m. 2 (act of equipping) equipamiento office equipment material m. de oficina sports equipment material deportivo.

e·quipped [ɪˈkwɪpt] adj. 1 (supplied) equipado, provisto 2 (prepared) preparado (for, para).

e·quiv·a·lence [ɪˈkwɪvələns] n. equivalencia.

e·quiv·a·lent [ɪˈkwɪvələnt] adj. equivalente ◇ n. equivalente m.

e·ra [ˈɪərə] n. era, época.

e·rad·i·cate [ɪˈrædɪkeɪt] tr. (eliminate) erradicar, extirpar (uproot) desarraigar.

e·rad·i·ca·tion [ɪrædɪˈkeɪʃən] n. erradicación f, extirpación f.

e·rase [ɪˈreɪz] tr. borrar.

e·ras·er [ɪˈreɪzə*] n. goma de borrar.

e·rect [ɪˈrekt] adj. 1 (upright) derecho, erguido 2 ANAT erecto ◇ tr. (build) erigir, levantar (put up - tent) armar (- flagstaff) izar.

e·rec·tion [ɪˈrekʃən] n. 1 ANAT erección f. 2 (building) construcción f.

Er·i·tre·a [erɪˈtreɪə] n. Eritrea.

Er·i·tre·an [erɪˈtreɪən] adj. eritreo ◇ n. eritreo.

e·rode [ɪˈrəud] tr. 1 (rock, soil) erosionar 2 (metal) corroer, desgastar 3 fig. use (power, confidence, rights, etc.) minar.

to e·rode a·way intr. 1 (rock, soil) erosionarse 2 (metal) corroerse, desgastarse 3 fig. use irse minando.

e·rog·e·nous [ɪˈrɒdʒənəs] adj. erógeno **erogenous zones** zonas fpl. erógenas.

e·ro·sion [ɪˈrəʊʒən] n. 1 (of rock, soil) erosión f. 2 (of metal) corrosión f, desgaste m. 3 fig. use desgaste m.

e·ro·sive [ɪˈrəʊsɪv] adj. erosivo, corrosivo.

e·rot·ic [ɪˈrɒtɪk] adj. erótico.

err [ɜː°] intr. (fml. use) errar, equivocarse **to err is human (to forgive divine)** errar es humano (perdonar, divino).

er·rand [ˈerənd] n. encargo, recado **to run an errand** hacer un recado.

er·rat·ic [ɪˈrætɪk] adj. (behavior, performance) irregular, inconstante (weather) muy variable.

er·ro·ne·ous [ɪˈrəʊnɪəs] adj. erróneo, equivocado.

er·ror [ˈerə°] n. error m. equivocación f. **in error** por error, por equivocación **to be in error** estar equivocado, estar en un error **an error of judgement** un error **to make an error** cometer un error.

er·ror-free [ˈerəfriː] adj. sin errores.

e·rupt [ɪˈrʌpt] intr. 1 (volcano) entrar en erupción 2 fig. use (war, violence, fire) estallar (sudden movement) irrumpir 3 (fam. use) (people - in anger) estallar en cólera (- in laughter) estallar de risa (- in enthusiasm) volverse loco, exaltarse 4 MED (rash, spots, etc.) brotar, salir (tooth) salir.

e·rup·tion [ɪˈrʌpʃən] n. 1 (volcano) erupción f. 2 fig. use (war) estallido, comienzo (violence) estallido, brote m. (anger) estallido, explosión f. (new force, etc.) irrupción f. 3 (disease) brote m. epidemia (rash, spots, etc.) erupción f.

es·ca·late [ˈeskəleɪt] tr. (war) intensificar, agravar ◇ intr. 1 (war, violence, etc.) intensificarse, agravarse 2 (prices, etc.) aumentar, subir.

es·ca·la·tion [eskəˈleɪʃən] n. 1 (war) intensificación f, agravamiento, escalada 2 (prices) subida, aumento.

es·ca·la·tor [ˈeskəleɪtə°] n. escalera mecánica.

es·cape [ɪˈskeɪp] n. 1 (flight) fuga, huida (from, de) 2 (of gas) fuga, escape m. 3 (escapism) evasión f. ◇ intr. 1 (get free, get away) escaparse, fugarse, huir 2 (gas, etc.) escapar ◇ tr. 1 (avoid) escapar a, salvarse de, librarse de 2 (be forgotten or unnoticed) escaparse, no recordar **to escape one's notice** pasarle a uno desapercibido **to have a narrow escape** salvarse por los pelos **escape hatch** escotilla de salvamento **escape route** vía de escape **escape valve** válvula de escape.

es·cap·ism [ɪˈskeɪpɪzəm] n. evasión f.

es·cap·ist [ɪˈskeɪpɪst] adj. de evasión.

es·cort [(n) eˈskɔːt; (vb) ɪˈskɔːt] n. 1 acompañante mf. 2 MIL escolta ◇ tr. 1 acompañar 2 MIL escoltar.

Es·ki·mo [ˈeskɪməʊ] n. pl. **Eskimos** o **Eskimo** 1 (person) esquimal mf. 2 (language) esquimal m. ◇ adj. esquimal.

ESL [ˈiːˈesˈel] abbr. (English as a second language) inglés como segundo idioma.

e·soph·a·gus [ɪˈsɒfəgəs] n. esófago.

es·o·ter·ic [esəʊˈterɪk] adj. esotérico.

ESP¹ [ˈiːˈesˈpiː] abbr. (extrasensory perception) percepción f. extrasensorial.

ESP² [ˈiːˈesˈpiː] abbr. (English for Specific Purposes) cursos de inglés especializados.

es·pe·cial·ly [ɪˈspeʃəli] adv. especialmente, sobre todo.

es·pi·o·nage [ˈespɪənɑːʒ] n. espionaje m.

es·pres·so [esˈpresəʊ] n. pl. **espressos** café m. exprés, exprés m.

es·say [ˈeseɪ] n. 1 (school) redacción f, composición f. (university) trabajo 2 (literary) ensayo 3 (fml. use) (attempt) intent ◇ tr. (fml. use) intentar.

es·sence [ˈesəns] n. 1 (central quality) esencia (perfect model) personificación f. 2 (extract) esencia, perfume m. **in essence** esencialmente, fundamentalmente.

es·sen·tial [ɪˈsenʃəl] adj. 1 (necessary) esencial, imprescindible 2 (most important, basic) fundamental, central, básico ◇ n. (necessary thing) necesidad f. básica ◇ npl. **essentials** lo esencial m. sing. lo fundamental m. sing.

es·sen·tial·ly [ɪˈsenʃəli] adv. esencialmente, fundamentalmente.

es·tab·lish [ɪˈstæblɪʃ] tr. 1 (set up) establecer, fundar, crear 2 (find out, determine) determinar, averiguar (prove correct, show to be true) probar, demostrar, verificar 3 (cause to be accepted - precedent, theory) sentar (- fame, reputation) consolidar, consagrar (- habit, belief, custom) establecer 4 (set up - contact, communication, etc.) establecer, entablar **to establish oneself** establecerse (como algo) **to establish somebody** ayudar a alguien a establecerse.

es·tab·lished [ɪˈstæblɪʃt] adj. 1 (practice, custom) consolidado, arraigado 2 (person - set up) establecido (- well known) reconocido 3 (business) establecido, sólido (clientele) fijo 4 (order, authority) establecido (theory) sentado 5 (fact) comprobado **Established Church** iglesia oficial del estado.

es·tab·lish·ment [ɪˈstæblɪʃmənt] n. 1 (setting up) establecimiento, fundación f. 2 (premises) establecimiento (business) negocio 3 (staff) plantilla, personal m. **educational establishment** centro de estudios **research establishment** centro de investigación.

es·tate [ɪˈsteɪt] n. 1 (land) finca f. 2 (money and property) propiedad f, bienes mpl. (inheritance) herencia **estate agent** agente mf. inmobiliario **estate agent's** agencia inmobiliaria.

es·thet·ic [iːsˈθetɪk] adj. estético.

es·ti·mate [(n) ˈestɪmət; (vb) ˈestɪmeɪt] n. 1 (calculation - of amount, size) cálculo, estimación f. (- of value, cost) valoración f, estimación f. (- for work) presupuesto 2 (judgement) evaluación f, juicio, opinión f. ◇ tr. 1 (calculate) calcular 2 (judge, form opinion about) pensar, creer, estimar 3 (for work) hacer un presupuesto (for, de) **at a rough estimate** según un cálculo aproximado.

es·ti·ma·tion [estɪˈmeɪʃən] n. 1 opinión f, juicio 2 (esteem) estima, estimación f, aprecio **to go down in somebody's estimation** perder la estima de alguien **to go up in one's estimation** ganarse la estima de alguien.

Es·to·ni·a [eˈstəʊnɪə] n. Estonia.

Es·to·ni·an [eˈstəʊnɪən] adj. estonio n. 1 (person) estonio 2 (language) estonio.

es·tro·gen [ˈiːstrədʒən] n. estrógeno.

es·tu·ar·y [ˈestjʊəri] n. pl. **estuaries** estuario m.

ETA [ˈiːˈtiːˈeɪ] abbr. (estimated time of arrival) hora prevista de llegada.

e·ter·nal [ɪˈtɜːnəl] adj. 1 (everlasting) eterno 2 (fam. use) (unceasing) incesante 3 (immutable) inmutable n. the eternal triangle el triángulo amoroso.

e·ter·ni·ty [ɪˈtɜːnəti] n. eternidad f.

e·ther [ˈiːθə°] n. éter m.

e·the·re·al [ɪˈθɪərɪəl] adj. etéreo.

eth·ic [ˈeθɪk] n. ética.

eth·i·cal [ˈeθɪkəl] adj. ético, moral.

eth·ics [ˈeθɪks] n. (science) ética ◇ npl. (moral correctness) moralidad f. **medical ethics** ética profesional médica.

E·thi·o·pi·a [iːˈɵɪ'əʊpɪə] *n.* Etiopía.

E·thi·o·pi·an [iːɵɪ'əʊpɪən] *adj.* etíope ◇ *n.* **1** *(person)* etíope *mf.* etiope *mf.* **2** *(language)* etíope *m.*

eth·nic ['eɵnɪk] *adj.* étnico **ethnic minority** minoría *f.* étnica.

e·thos ['iːɵɒs] *n.* carácter *m.* distintivo, espíritu *m.*

eth·yl ['iːɵaɪl, 'eɵɪl] *n.* CHEM etilo **ethyl alcohol** alcohol *m.* etílico.

et·i·quette ['etɪket] *n.* protocolo, etiqueta **professional etiquette** ética profesional.

et·y·mol·o·gy [etɪ'mɒlədʒɪ] *n. pl.* **etymologies** etimología.

eu·ca·lyp·tus [juːkə'lɪptəs] *n.* eucalipto **eucalyptus oil** aceite *m.* de eucalipto.

EU ['iːˈjuː] *abbr. (European Union)* Unión *f.* Europea *(abbreviation)* UE *f.*

eu·phe·mism ['juːfəmɪzəm] *n.* eufemismo.

eu·phe·mis·tic [juːfɪ'mɪstɪk] *adj.* eufemístico.

eu·pho·ri·a [juːˈfɔːrɪə] *n.* euforia.

eu·phor·ic [juːˈfɒrɪk] *adj.* eufórico.

Eu·phra·tes [juːˈfreɪtɪːz] *n.* el Éufrates *m.*

eu·re·ka [jʊəˈriːkə] *interj.* ¡eureka!

eu·ro ['jʊərəʊ] *n.* euro.

Eu·rope ['jʊərəp] *n.* Europa.

Eu·ro·pe·an [jʊərə'pɪən] *adj.* europeo ◇ *n. (person)* europeo **European Parliament** Parlamento Europeo **European Union** Unión *f.* Europea.

eu·tha·na·sia [juːɵə'neɪzɪə] *n.* eutanasia.

e·vac·u·ate [ɪ'vækjʊeɪt] *tr.* **1** *(people)* evacuar **2** *(place)* desalojar *(mil)* desocupar.

e·vac·u·a·tion [ɪvækjʊ'eɪʃən] *n.* **1** *(of people)* evacuación *f.* **2** *(of place)* desalojamiento, desalojo.

e·vade [ɪ'veɪd] *tr.* **1** *(gen)* evadir, eludir, esquivar **2** *(question)* eludir **3** *(tax)* evadir.

e·val·u·ate [ɪ'væljueɪt] *tr.* **1** *(assess)* evaluar, juzgar *(estimate value)* valorar, calcular (el valor de), tasar **2** MATH hallar el valor numérico de.

e·val·u·a·tion [ɪvæljʊ'eɪʃən] *n.* evaluación *f.*

ev·a·nes·cent [iːvə'nesənt] *adj.* evanescente.

e·vap·o·rate [ɪ'væpəreɪt] *tr.* evaporar ◇ *intr.* **1** evaporarse **2** *fig. use* desvanecerse, esfumarse.

e·vap·o·ra·tion [ɪvæpə'reɪʃən] *n.* evaporación *f.*

e·va·sion [ɪ'veɪʒən] *n.* **1** *(gen)* evasión *f.* **2** *(excuse, etc.)* evasiva.

e·va·sive [ɪ'veɪsɪv] *adj.* evasivo.

e·va·sive·ness [ɪ'veɪsɪvnəs] *n.* condición *f.* de evasivo.

eve [iːv] *n.* víspera, vigilia **on the eve of something** en vísperas de algo.

e·ven ['iːvən] *adj.* **1** *(level, flat)* llano, plano *(smooth)* liso **2** *(regular, steady)* uniforme, regular, constante **3** *(evenly balanced)* igual, igualado **4** *(equal in measure, quantity, number)* igual **5** *(number)* par **6** *(placid - character)* apacible, tranquilo *(- voice)* imperturbable **7** *(on the same level as)* a nivel (with, de) ◇ *adv.* **1** hasta, incluso, aun **2** *(with negative)* siquiera, ni siquiera **3** *(before comparative)* aun, todavía ◇ *tr.* **1** *(level)* nivelar, allanar **2** *(score)* igualar *(situation)* equilibrar **even as** mientras, justo cuando **even if** aun si, aunque **even now** incluso ahora, aun ahora **even so** incluso así, aun así, a pesar de eso **even then** incluso entonces, aun entonces **even though** aunque, aun cuando **to break even** cubrir gastos **to get even with somebody** desquitarse con alguien **even chances** cincuenta por ciento de posibilidades.

to e·ven out *tr. sep.* nivelar *(make equal)* igualar *(spread equally)* repartir equitativamente ◇ *intr. (become level)* nivelarse *(become equal)* igualarse *(balance out)* estabilizarse.

e·ven-hand·ed ['iːvənhændɪd] *adj.* imparcial.

eve·ning ['iːvnɪŋ] *n. (early)* tarde *f. (late)* noche *f.* **good evening!** ¡buenas tardes!, ¡buenas noches! **evening class** clase *f.* nocturna **evening dress** *(woman's)* vestido de noche *(man's)* traje *m.* de etiqueta **evening paper** periódico de la tarde **evening performance** función *f.* de noche **evening service** misa vespertina **evening star** estrella vespertina.

e·ven·ly ['iːvənlɪ] *adv.* **1** *(uniformly)* uniformemente, de modo uniforme, regularmente **2** *(fairly, equally)* equitativamente, igualmente ◇ *adj. (of voice)* en el mismo tono, con calma.

e·ven·ness ['iːvənnəs] *n. (uniformity)* uniformidad ◇ *f. (equality, fairness)* igualdad *f.*, ecuanimidad *f.*, imparcialidad *f.*

e·ven·song ['iːvənsɒŋ] *n.* vísperas *fpl.*

e·vent [ɪ'vent] *n.* **1** *(happening)* suceso, acontecimiento **2** SP prueba **at all events** en todo caso **in any event** pase lo que pase **in the event of** en caso de **in either event** en cualquiera de los dos casos **in that event** en ese caso **in the normal course of events** si todo sigue su curso normal.

e·ven-tem·pered ['iːvəntempəd] *adj.* plácido, ecuánime, apacible.

e·vent·ful [ɪ'ventful] *adj. (memorable)* lleno (de acontecimientos), memorable *(busy)* ajetreado, agitado *(troubled)* accidentado.

e·ven·tu·al [ɪ'ventʃʊəl] *adj.* **1** *(final, ultimate)* final **2** *(resulting)* consiguiente **3** *(possible)* posible.

e·ven·tu·al·i·ty [ɪventʃʊ'ælɪtɪ] *n. pl.* **eventualities** eventualidad *f.*

ev·er ['evəʳ] *adv.* **1** *(in negative sentences)* nunca, jamás **2** *(in questions)* alguna vez **3** *(always)* siempre **4** *(after comparative and superlative)* nunca **5** *(emphatic use)* as **ever** como siempre **as "(adjective)" as ever** tan (adjetivo) como siempre **ever since** desde, desde entonces **for ever (and ever)** para siempre (jamás) **ever more** más y más, cada vez más.

ev·er·green ['evəgriːn] *adj.* BOT de hoja perenne ◇ *n. (tree)* árbol *m.* de hoja perenne *(bush)* arbusto de hoja perenne, siempre verde.

ev·er·last·ing [evə'lɑːstɪŋ] *adj.* **1** *(eternal, lasting for ever)* eterno, perpetuo **2** *(lasting for long time)* duradero, perdurable **3** *pej. (incessant)* continuo, incesante.

eve·ry ['evrɪ] *adj.* **1** *(each)* cada *(all)* todos **2** *(once (in) each)* cada **3** *(all possible)* **every other day** un día sí un día no, cada dos días **every other week** cada dos semanas **every now and then** de vez en cuando **every so often** de cuando en cuando.

eve·ry·bod·y ['evrɪbɒdɪ] *pron.* todos, todo el mundo.

eve·ry·day ['evrɪdeɪ] *adj. (day-to-day)* diario, de todos los días *(ordinary)* corriente, cotidiano.

eve·ry·one ['evrɪwʌn] *pron.* VER: everybody.

eve·ry·thing ['evrɪθɪŋ] *pron.* todo.

eve·ry·where ['evrɪweə] *adv.* **1** *(place)* en todas partes, por todas partes **2** *(movement)* a todas partes.

e·vict [ɪ'vɪkt] *tr.* desahuciar, desalojar.

e·vic·tion [ɪ'vɪkʃən] *n.* desahucio, desalojo.

ev·i·dence ['evɪdəns] *n.* **1** *(proof)* prueba, pruebas *fpl.* **2** *(sign, indication)* indicio, indicios *mpl.* señal *f.* **3** JUR *(testimony)* testimonio, declaración *f.* ◇ *tr.* **1** *(prove)* demostrar, probar **2** *(give proof of)* justificar **to give evidence** prestar declaración, declarar como testigo **to be in evidence** estar a la vista, hacerse notar **on the evidence of something** basándose en algo.

ev·i·dent ['evɪdənt] *adj.* evidente, patente, manifiesto.

e·vil ['iːvəl] *adj.* 1 *(wicked)* malo, malvado 2 *(harmful)* malo, pernicioso, nocivo 3 *(foul - smell)* horrible, fétido, repugnante *(· temper)* geniudo, terrible, de perros *(· weather)* malo, de perros 4 *(unlucky)* aciago, de mal agüero ◇ *n.* *(wickedness)* mal *m.* maldad *f.* **to have an evil tongue** *tener una lengua viperina* **to speak evil of somebody** *hablar mal de alguien.*

e·vil-mind·ed ['iːvəlmaɪndɪd] *adj.* malvado, malpensado.

e·voc·a·tive [ɪ'vɒkətɪv] *adj.* evocador.

e·voke [ɪ'vəʊk] *tr.* 1 *(bring to mind)* evocar 2 *[fml. use]* *(produce, cause)* provocar.

ev·o·lu·tion [iːvə'luːʃən] *n.* 1 *(biol)* evolución *f.* 2 *(gradual development)* desarrollo.

ev·o·lu·tion·ar·y [iːvə'luːʃənəri] *adj.* evolutivo.

e·volve [ɪ'vɒlv] *tr.* 1 *(develop)* desarrollar 2 *(give off)* desprender ◇ *intr.* 1 *(develop)* desarrollarse 2 *(biol)* evolucionar.

ex¹ [eks] *n.* *[fam. use]* *(husband)* ex marido *(wife)* ex mujer *f.*

ex² [eks] *prep.* FIN sin **ex factory price** *precio de fábrica* **ex warehouse price** *precio de almacén.*

ex·ac·er·bate [ɪg'zæsɪːbeɪt] *tr.* exacerbar, agravar.

ex·act [ɪg'zækt] *adj.* 1 *(precise)* exacto 2 *(meticulous)* meticuloso 3 *(accurate)* preciso 4 *(specific, particular)* justo *tr.* 1 *(demand, insist on)* exigir (from, a) 2 *(require)* exigir, requerir.

ex·act·ing [ɪg'zæktɪŋ] *adj.* exigente.

ex·act·ly [ɪg'zæktlɪ] *adv.* 1 *(in precise detail, correctly, accurately)* exactamente, precisamente 2 *(precisely)* justo, exactamente ◇ *interj.* ¡exacto!, ¡exactamente!

ex·act·ness [ɪg'zæktnəs] *n.* exactitud *f,* precisión *f.*

ex·ag·ger·ate [ɪg'zædʒəreɪt] *tr.* exagerar ◇ *intr.* exagerar.

ex·ag·ger·at·ed [ɪg'zædʒəreɪtd] *adj.* exagerado.

ex·ag·ger·a·tion [ɪgzædʒə'reɪʃən] *n.* exageración *f.*

ex·am [ɪg'zæm] *n.* *[fam. use]* examen *m.*

ex·am·i·na·tion [ɪgzæmɪ'neɪʃən] *n.* 1 EDUC examen *m.* 2 *(inspection)* inspección *f,* examen *m.* *(of house, room)* registro 3 MED reconocimiento 4 JUR interrogatorio **to sit an examination/take an examination** *examinarse* **examination paper** *examen m.*

ex·am·ine [ɪg'zæmɪn] *tr.* 1 *(inspect)* inspeccionar, examinar *(check)* comprobar *(consider)* examinar, estudiar 2 *(customs)* registrar 3 EDUC examinar (in/on, de) 4 MED hacer un reconocimiento a 5 JUR interrogar.

ex·am·in·er [ɪg'zæmɪnə*] *n.* examinador.

ex·am·ple [ɪg'zɑːmpəl] *n.* 1 *(gen)* ejemplo 2 *(specimen)* ejemplo **for example** *por ejemplo* **let this be an example to you** *que esto te sirva de ejemplo* **to set a good example** *dar buen ejemplo* **to set a bad example** *dar mal ejemplo.*

ex·as·per·ate [ɪg'zɑːspəreɪt] *tr.* exasperar, irritar **to get exasperated** *exasperarse, irritarse.*

ex·as·per·at·ing [ɪg'zæspəreɪtɪŋ] *adj.* exasperante, irritante.

ex·as·per·a·tion [ɪg'zæspəreɪʃən] *n.* exasperación *f,* irritación *f.*

ex·ca·vate ['ekskəveɪt] *tr.* excavar.

ex·ca·va·tion [ekskə'veɪʃən] *n.* excavación *f.*

ex·ca·va·tor ['ekskəveɪtə*] *n.* 1 *(person)* excavador 2 *(machine)* excavadora.

ex·ceed [ɪk'siːd] *tr.* *(be greater than)* exceder, sobrepasar *(go beyond)* exceder, sobrepasar.

ex·cel [ɪk'sel] *tr.* *pt.* & *pp.* **excelled,** *ger.* **excelling** *(surpass)* aventajar, supercar ◇ *intr.* *(be very good at)* destacar (at/in, en), sobresalir (at/in, en), descollar (at/in, en) **to excel oneself** *superarse.*

ex·cel·lence ['eksələns] *n.* excelencia.

ex·cel·lent ['eksələnt] *adj.* excelente, sobresaliente ◇ *interj.* *[fam. use]* ¡estupendo!, ¡fantástico!

ex·cept [ɪk'sept] *prep.* excepto, salvo, a excepción de, menos ◇ *tr.* *[fml. use]* excluir, exceptuar.

ex·cep·tion [ɪk'sepʃən] *n.* excepción *f.* **the exception proves the rule** *la excepción confirma la regla* **to make an exception of** *hacer una excepción de* **with the exception of** *a excepción de.*

ex·cep·tion·al [ɪk'sepʃənəl] *adj.* excepcional, extraordinario.

ex·cess [ɪk'ses] *n.* 1 exceso 2 COMM excedente *m.* ◇ *adj.* excedente, sobrante ◇ *npl.* **excesses** excesos *mpl.* **in excess** *en exceso* **to excess** *con exceso, en exceso* **to do something to excess** *hacer algo con/en exceso* **excess baggage** *exceso de equipaje.*

ex·ces·sive [ɪk'sesɪv] *adj.* excesivo.

ex·change [ɪks'tʃeɪndʒ] *n.* 1 *(gen)* cambio 2 *(of ideas, information, etc.)* intercambio 3 *(of prisoners)* canje *m.* 4 FIN cambio 5 *(dialogue)* intercambio de palabras *(argument)* enfrentamiento 6 *(building)* lonja 7 *(telephone)* central *f.* telefónica 8 EDUC *(reciprocal visit)* intercambio 9 *(of gunfire)* tiroteo ◇ *tr.* 1 *(gen)* cambiar 2 *(ideas, information, etc.)* intercambiar 3 *(prisoners)* canjear **in exchange** *a cambio* **to exchange blows** *golpearse* **to exchange words** *cruzar unas palabras* **exchange rate** *tipo de cambio.*

ex·change·a·ble [ɪks'tʃeɪndʒəbəl] *adj.* cambiable, canjeable.

ex·cit·a·ble [ɪk'saɪtəbəl] *adj.* excitable, nervioso.

ex·cite [ɪk'saɪt] *tr.* 1 *(enthuse, thrill)* emocionar, entusiasmar, apasionar 2 *[fml. use]* *(bring about)* provocar 3 *(cause, arouse)* provocar, despertar 4 *(arouse sexually)* excitar 5 MED *(stimulate)* excitar.

ex·cit·ed [ɪk'saɪtd] ◇ *adj.* 1 emocionado, entusiasmado, ilusionado 2 *(sexually)* excitado, caliente **to get excited** *(enthusiastically)* emocionarse, entusiasmarse, apasionarse.*

ex·cit·ed·ly [ɪk'saɪtɪdlɪ] *adv.* con emoción, con entusiasmo, con ilusión.

ex·cite·ment [ɪk'saɪtmənt] *n.* 1 *(strong feeling)* emoción *f,* entusiasmo, ilusión *f.* 2 *(commotion)* agitación *f,* conmoción *f,* revuelo.

ex·cit·ing [ɪk'saɪtɪŋ] *adj.* emocionante, apasionante.

ex·claim [ɪk'skleɪm] *tr.* exclamar, gritar ◇ *intr.* exclamar.

ex·cla·ma·tion [eksklə'meɪʃən] *n.* exclamación *f.* **exclamation point** *signo de admiración.*

ex·clude [ɪk'skluːd] *tr.* 1 *(leave out, not include)* excluir, no incluir 2 *(debar, prevent from entering)* no admitir 3 *(reject)* excluir, descartar.

ex·clud·ing [ɪk'skluːdɪŋ] *prep.* *(excepting)* excepto, con excepción de.

ex·clu·sion [ɪk'skluːʒən] *n.* exclusión *f.* **to the exclusion of** *excluyendo.*

ex·clu·sive [ɪk'skluːsɪv] *adj.* 1 *(not shared, sole)* exclusivo 2 *(select)* selecto, exclusivo 3 *(press)* en exclusiva ◇ *n.* *(press)* exclusiva.

ex·clu·sive·ness [ɪk'skluːsɪvnəs] *n.* exclusividad *f.*

ex·clu·siv·i·ty [ɪksklu'sɪvɪti] *n.* exclusividad *f.*

ex·com·mu·ni·cate [ekskə'mjuːnɪkeɪt] *tr.* excomulgar.

ex·com·mu·ni·ca·tion [ekskəmjuːnɪ'keɪʃən] *n.* excomunión *f.*

ex·cre·ment ['ekskrɪmənt] n. excremento.

ex·cru·ci·at·ing [ɪk'skru:ʃieɪtɪŋ] adj. 1 insoportable, atroz, agudísimo 2 euph. use fatal, horrible.

ex·cur·sion [ɪk'skɜːʒən] n. (outing) excursión f, viaje m. shopping excursion excursión f. para hacer compras.

ex·cus·a·ble [ɪk'skju:zəbəl] adj. pordonablo, disculpable.

ex·cuse [(n) ɪk'skju:s; (vb) ɪk'skju:z] n. 1 (apology) disculpa 2 (pretext) excusa ◇ tr. 1 perdonar, disculpar 2 (justify) justificar 3 (exempt) dispensar, eximir (military) rebajar **excuse me** (when interrupting) perdone (when leaving) disculpe, con permiso (to get somebody's attention) oiga, por favor (to apologize) perdón, perdone (asking for repetition) ¿cómo?, ¿perdón?

ex·e·cute ['eksɪkju:t] tr. 1 (put to death) ejecutar, ajusticiar 2 (carry out) ejecutar (orders) cumplir (tasks) realizar, llevar a cabo 3 (music, etc.) interpretar 4 JUR (will) cumplir.

ex·e·cu·tion [eksɪ'kju:ʃən] n. 1 (carrying out) ejecución f. (of order) cumplimiento (of task) realización f. 2 (putting to death) ejecución f. 3 JUR (of will) cumplimiento 4 (of music, etc.) interpretación f.

ex·e·cu·tion·er [eksɪ'kju:ʃənə*] n. verdugo.

ex·ec·u·tive [ɪg'zekjətɪv] adj. ejecutivo ◇ n. (person) ejecutivo (committee) ejecutiva n. **the executive** (government) el poder ejecutivo, el ejecutivo.

ex·ec·u·tor [ɪg'zekjətə*] n. JUR albacea.

ex·em·pla·ry [ɪg'zemplərɪ] adj. ejemplar.

ex·empt [ɪg'zempt] adj. exento, libre (from, de) ◇ tr. eximir, dispensar (from, de).

ex·emp·tion [ɪg'zempʃən] n. exención f. (from, de).

ex·er·cise ['eksəsaɪz] n. 1 (gen) ejercicio 2 (use, application) ejercicio, uso ◇ tr. 1 (employ, make use of) ejercer, emplear 2 (give exercise to - dog) sacar de paseo (- horse) entrenar ◇ intr. hacer ejercicio, entrenarse.

ex·ert [ɪg'zɜːt] tr. ejercer **to exert oneself** esforzarse.

ex·er·tion [ɪg'zɜːʃən] n. 1 (great effort) esfuerzo 2 (use, application) ejercicio, uso.

ex·hale [eks'heɪl] tr. (breathe out) exhalar.

ex·haust [ɪg'zɔːst] n. 1 (pipe) (tubo de) escape m. 2 (fumes) gases mpl. de combustion ◇ tr. 1 (gen) agotar 2 (empty) vaciar.

ex·haust·ed [ɪg'zɔːstɪd] adj. agotado.

ex·haust·ing [ɪg'zɔːstɪŋ] adj. agotador.

ex·haus·tion [ɪg'zɔːstʃən] n. agotamiento.

ex·haus·tive [ɪg'zɔːstɪv] adj. exhaustivo, completo.

ex·hib·it [ɪg'zɪbɪt] n. 1 ART objeto expuesto 2 JUR prueba instrumental ◇ tr. 1 (display, show) exponer, presentar 2 [fml. use] (manifest) manifestar, mostrar, presentar, dar muestras de ◇ intr. (of artist) exponer.

ex·hi·bi·tion [eksɪ'bɪʃən] n. 1 (art, etc.) exposición f. 2 (display) demostración f, muestra f. **to be on exhibition** estar expuesto.

ex·hib·i·tor [ɪg'zɪbɪtə*] n. expositor.

ex·hil·a·rat·ing [ɪg'zɪləreɪtɪŋ] adj. (invigorating) estimulante (exciting) emocionante.

ex·hil·a·ra·tion [ɪgzɪlə'reɪʃən] n. (state) alegría, regocijo (act) estímulo.

ex·hume [eks'hju:m] tr. exhumar, desenterrar.

ex·ile ['eksaɪl] n. 1 (action) destierro, exilio 2 (person) desterrado, exiliado ◇ tr. desterrar, exiliar.

ex·ist [ɪg'zɪst] intr. 1 (gen) existir 2 (subsist) subsistir (on, a base de).

ex·ist·ence [ɪg'zɪstəns] n. existencia.

ex·ist·ent [ɪg'zɪstənt] adj. existente.

ex·is·ten·tial [egzɪ'stenʃəl] adj. existencial.

ex·ist·ing [egzɪ'stɪŋ] adj. existente, actual.

ex·it ['eksɪt] n. 1 (gen) salida 2 THEAT mutis m. ◇ intr. THEAT hacer mutis, salir de escena.

ex·o·dus ['eksədəs] n. éxodo.

ex·or·bi·tant [ɪg'zɔːbɪtənt] adj. exorbitante, desorbitado, excesivo.

ex·ot·ic [eg'zɒtɪk] adj. exótico.

ex·pand [ɪk'spænd] tr. 1 (enlarge - business) ampliar (- number) aumentar, incrementar 2 (gas, metal) dilatar, expander ◇ intr. 1 (grow larger) crecer, aumentar 2 (metal) dilatarse (gas) expandirse, expansionarse 3 (spread out) extenderse 4 (become friendlier) abrirse, volverse expansivo.

ex·panse [ɪk'spæns] n. extensión f.

ex·pan·sion [ɪk'spænʃən] n. 1 crecimiento, aumento 2 (gas, metal) dilatación f, expansión f. 3 (trade) desarrollo.

ex·pan·sion·ism [ɪk'spænʃənɪzəm] n. expansionismo.

ex·pan·sion·ist [ɪk'spænʃənɪst] n. expansionista mf.

ex·pan·sive [ɪk'spænsɪv] adj. 1 (friendly, talkative) expansivo, hablador, comunicativo 2 (able to expand) expansivo.

ex·pa·tri·ate [(adj-n) eks'pætrɪət; (vb) eks'pætrɪeɪt] adj. expatriado ◇ n. expatriado ◇ tr. desterrar, expatriar.

ex·pect [ɪk'spekt] tr. 1 (anticipate) esperar 2 (demand) esperar, contar con **to be expecting** [fam. use] estar embarazada **to expect too much (of somebody)** esperar demasiado (de alguien).

ex·pect·an·cy [ɪk'spektənsɪ] n. (anticipation) expectación f, expectativa (hope) ilusión f.

ex·pect·ant [ɪk'spektənt] adj. (expecting) expectante (hopeful) ilusionado **expectant mother** futura madre f, mujer f. embarazada.

ex·pec·ta·tion [ekspek'teɪʃən] n. (hope, firm belief) esperanza ◇ npl. **expectations** (confident feelings) expectativas fpl. **contrary to expectations** contrariamente a lo que se esperaba **to be beyond somebody's expectations** ser mejor de lo esperado **to fall short of somebody's expectations** no alcanzar las expectativas de alguien.

ex·pe·di·tion [ekspɪ'dɪʃən] n. 1 (gen) expedición f. 2 [fml. use] (speed) aceleración f, prontitud f.

ex·pe·di·tion·a·ry [ekspɪ'dɪʃənərɪ] adj. expedicionario **expeditionary force** cuerpo expedicionario.

ex·pel [ɪk'spel] tr. pt. & pp. **expelled**, ger. **expelling** 1 (dismiss officially) expulsar 2 (force out) expulsar.

ex·pend [ɪk'spend] tr. 1 [fml. use] (spend, use) gastar, emplear 2 [fml. use] (use up, exhaust) agotar.

ex·pend·a·ble [ɪk'spendəbəl] adj. [fml. use] prescindible.

ex·pend·i·ture [ɪk'spendɪtʃə*] n. gasto, desembolso.

ex·pense [ɪk'spens] n. gasto, desembolso ◇ npl. **expenses** gastos mpl. **at great expense to somebody** costándole caro a alguien, pagándolo caro alguien **at little expense to somebody** costándole poco a alguien **at no expense to somebody** sin costarle nada a alguien **at somebody's expense** (with somebody paying) corriendo alguien con los gastos (to make seem foolish) a costa de alguien **at the expense of something** fig. use a expensas de algo, a costa de algo **no expense spared** sin escatimar gastos, sin parar en gastos **to spare no expense** no escatimar gastos **with all expenses paid** con todos los gastos pagados **expense account** cuenta de gastos de representación, dietas fpl.

ex·pen·sive [ɪk'spensɪv] adj. caro, costoso.

ex·pe·ri·ence [ɪkˈspɪərɪəns] *n.* experiencia ⋄ *tr. (sensation, situation, etc.)* experimentar *(difficulty)* tener *(loss)* sufrir.

ex·pe·ri·enced [ɪkˈspɪərɪənst] *adj.* experimentado, con experiencia.

ex·per·i·ment [ɪkˈsperɪmənt] *n.* experimento ⋄ *intr.* experimentar, hacer experimentos.

ex·per·i·men·tal [ɪksperɪˈmentəl] *adj.* experimental.

ex·per·i·men·ta·tion [ɪksperɪmenˈteɪʃən] *n. [fml. use]* experimentación *f.*

ex·pert [ˈekspɜːt] *n.* experto (at/in/on, en) ⋄ *adj.* experto.

ex·per·tise [ekspɜːˈtiːz] *n. (skill)* pericia, habilidad *f. (knowledge)* conocimiento (práctico).

ex·pi·ra·tion [ekspɪˈreɪʃən] *n.* 1 *[fml. use]* vencimiento, caducidad *f.* 2 MED espiración *f.*

ex·pire [ɪkˈspaɪə ⁿ] *intr.* 1 *(come to end)* terminar, acabarse *(die)* expirar, morir 2 *(run out - contract)* vencer *(- passport, ticket)* caducar 3 MED *(breathe out)* espirar.

ex·plain [ɪkˈspleɪn] *tr. (gen)* explicar *(clarify)* aclarar ⋄ *intr.* explicar (se) **to explain oneself** *(clarify)* explicarse *(justify)* justificarse.

to ex·plain a·way *tr. sep.* dar razones por, justificar.

ex·pla·na·tion [ekspləˈneɪʃən] *n.* 1 *(gen)* explicación *f.* 2 *(clarification)* aclaración *f.*

ex·plan·a·tive [ɪkˈsplænətɪv] *adj.* explicativo.

ex·ple·tive [ɪkˈspliːtɪv] *n. [fml. use]* palabrota.

ex·plic·it [ɪkˈsplɪsɪt] *adj.* explícito.

ex·plode [ɪkˈspləʊd] *tr.* 1 *(blow up - bomb, etc.)* hacer estallar, hacer explotar *(- mine)* hacer volar 2 *(refute - theory)* refutar *(- rumor)* desmentir ⋄ *intr.* 1 *(blow up)* estallar, explotar, hacer explosión 2 *(react violently)* reventar, explotar, estallar 3 *(increase rapidly)* aumentar rápidamente, crecer rápidamente.

ex·ploit [*(n)* ˈeksplɔɪt; *(vb)* ɪkˈsplɔɪt] *n.* hazaña, proeza ⋄ *tr.* 1 *(work, develop fully)* explotar 2 *(use unfairly)* aprovecharse de, explotar.

ex·ploi·ta·tion [eksplɔɪˈteɪʃən] *n.* explotación *f.*

ex·plo·ra·tion [ekspləˈreɪʃən] *n.* exploración *f.*

ex·plor·a·to·ry [ɪkˈsplɒrətərɪ] *adj.* exploratorio.

ex·plore [ɪkˈsplɔː ⁿ] *tr.* 1 *(gen)* explorar 2 *(examine)* examinar ⋄ *intr.* explorar.

ex·plor·er [ɪkˈsplɔːrə ⁿ] *n.* explorador.

ex·plo·sion [ɪkˈspləʊʒən] *n.* 1 *(gen)* explosión *f,* estallido 2 *(violent outburst)* ataque *m.* arrebato 3 *(increase)* aumento rápido, crecimiento rápido.

ex·plo·sive [ɪkˈspləʊsɪv] *adj. (gen)* explosive ⋄ *n.* explosivo.

ex·po·nent [ɪkˈspəʊnənt] *n.* 1 *(gen)* exponente *m.* *(supporter)* defensor (of, de), partidario (of, de) 2 *(performer)* intérprete *mf. (expert)* experto 3 MATH exponente *m.*

ex·po·nen·tial [ekspəˈnenʃəl] *adj.* MATH exponencial.

ex·port [*(n)* ˈekspɔːt; *(vb)* ɪkˈspɔːt] *n.* 1 *(trade)* exportación *f.* 2 *(article)* artículo de exportación ⋄ *tr.* exportar.

ex·port·er [ɪkˈspɔːtə ⁿ] *n.* exportador.

ex·pose [ɪkˈspəʊz] *tr.* 1 *(uncover, make visible)* exponer 2 *(make known - secret, etc.)* revelar, descubrir, desvelar, destapar *(- person)* desenmascarar 3 *fig. use (lay open)* exponerse 4 *(introduce, acquaint with)* exponer (to, a), verse expuesto 5 *(photo)* exponer.

ex·po·sé [ek'spəʊzeɪ] *n. (disclosure)* revelación *f. (statement)* exposición *f.*

ex·posed [ɪkˈspəʊzd] *adj. (not sheltered)* desabrigado, al descubierto *(not protected)* expuesto (to, a).

ex·po·si·tion [ekspəˈzɪʃən] *n.* 1 *(exhibition)* exposición *f.* 2 *(account)* explicación *f.*

ex·po·sure [ɪkˈspəʊʒə ⁿ] *n.* 1 *(being exposed)* exposición *f.* 2 *(revelation, disclosure)* revelación *f,* descu-

brimiento *(exposé)* desenmascaramiento 3 *(in photography - picture)* fotografía *(- time)* exposición *f.* 4 *(position of house, etc.)* situación *f.,* orientación *f.* 5 *(publicity)* publicidad *f. (coverage)* cobertura **to die of exposure** morir de frío.

ex·press [ɪkˈspres] *adj.* 1 *(explicit)* expreso, claro *f. (fast - mail)* urgente *(- train, coach)* expreso ⋄ *adv.* urgente ⋄ *n. (rail)* (tren *m*) expreso ⋄ *tr.* 1 expresar 2 *[fml. use] (juice)* exprimir **to express oneself** expresarse.

ex·pres·sion [ɪkˈspreʃən] *n.* 1 *(gen)* expresión *f. (manifestation)* manifestación *f.* 2 MATH expresión *f.*

ex·pres·sion·ism [ɪkˈspreʃənɪzəm] *n.* expresionismo.

ex·pres·sion·ist [ɪkˈspreʃənɪst] *n.* expresionista *mf.*

ex·pres·sion·less [ɪkˈspreʃənləs] *adj. (of face)* sin expresión *(of voice, music, etc.)* sin emoción.

ex·pres·sive [ɪkˈspresɪv] *adj.* expresivo **expressive of something** que expresa algo.

ex·pres·sive·ness [ɪkˈspresɪvnəs] *n.* expresividad *f.*

ex·press·way [ɪkˈspreswei] *n.* autopista.

ex·pro·pri·ate [ɪkˈsprəʊprɪeɪt] *tr.* expropiar.

ex·pro·pri·a·tion [ɪksprəʊprɪˈeɪʃən] *n.* expropiación *f.*

ex·pul·sion [ɪkˈspʌlʃən] *n.* expulsión *f.*

ex·quis·ite [ekˈskwɪzɪt, ˈekskwɪzɪt] *adj.* 1 *(delicate, etc.)* exquisito, perfecto 2 *[fml. use] (of emotion)* intenso *(of power to feel)* delicado.

ex·tant [ekˈstænt] *adj.* existente.

ex·tend [ɪkˈstend] *tr.* 1 *(enlarge)* ampliar *(lengthen - line, road)* prolongar, alargar 2 *(over time)* prolongar, alargar *(deadline)* prorrogar 3 *(stretch out - arm, hand)* alargar, tender *(- leg)* estirar *(- wing)* desplegar, extender *(- rope, ladder, etc.)* extender 4 *(offer, give)* dar, ofrecer, rendir 5 *(enlarge - scope, range, influence)* ampliar, extender 6 *(stretch mentally)* exigir el máximo esfuerzo, apretar ⋄ *intr.* 1 *(in space)* continuar, extenderse, llegar hasta 2 *(in time)* prolongarse, alargarse, durar 3 *(become extended - ladder, etc.)* extenderse 4 *(include, affect)* incluir, abarcar, extenderse a **to extend a warm welcome to somebody** darle una calurosa bienvenida a alguien.

ex·tend·ed [ɪkˈstendɪd] *adj. (time)* prolongado *(wide, broad)* amplio, extenso *(stretched out)* extendido **extended family** familia en el sentido más amplio.

ex·ten·sion [ɪkˈstenʃən] *n.* 1 *(widening)* ampliación *f,* extensión *f* 2 *(of line, road, etc.)* prolongación *f.* 3 *(of time)* prórroga, prolongación *f.* 4 *(of school, hospital, etc.)* anexo *(of house)* ampliación *f.* 5 *(telephone line)* extensión *f. (telephone)* supletorio **by extension** por extensión.

ex·ten·sive [ɪkˈstensɪv] *adj.* 1 *(area)* extenso, amplio 2 *(wide-ranging)* vasto, amplio, extenso 3 *(thorough)* exhaustivo, minucioso 3 *(very great in effect, widespread)* importante, múltiple.

ex·tent [ɪkˈstent] *n.* 1 *(expanse)* extensión *f* 2 *(range, scale, scope)* amplitud *f,* vastedad *f,* alcance *m.* 3 *(point)* punto **to a certain extent** hasta cierto punto **to a large extent** en gran parte, en gran medida **to some extent** hasta cierto punto **to what extent?** ¿hasta qué punto?

ex·te·ri·or [ɪkˈstɪərɪə ⁿ] *adj.* exterior, externo ⋄ *n.* 1 exterior *m.* 2 *(of person)* aspecto externo, apariencia.

ex·ter·mi·nate [ɪkˈstɜːmɪneɪt] *tr.* exterminar.

ex·ter·mi·na·tion [ɪkstɜːmɪˈneɪʃən] *n.* exterminación *f,* exterminio.

ex·ter·nal [ekˈstɜːnəl] *adj.* externo, exterior ⋄ *npl.* **externals** *[fml. use]* aspecto *m. sing.* externo **external ear** oído externo.

ex·tinct [ɪkˈstɪŋkt] *adj.* 1 *(of animal)* extinguido 2 *(of volcano)* extinguido, apagado.

ex·tinc·tion [ɪk'stɪŋkʃən] *n.* extinción *f.*

ex·tin·guish [ɪk'stɪŋgwɪʃ] *tr.* extinguir, apagar.

ex·tin·guish·er [ɪk'stɪŋgwɪʃə ʳ] *n.* extintor *m.*

ex·tort [ɪk'stɔːt] *tr. (money)* sacar, conseguir a la fuerza, conseguir con amenazas *(promise, confession)* arrancar, obtener.

ex·tor·tion [ɪk'stɔːʃən] *n.* extorsión *f.*

ex·tra ['ekstrə] *adj. (additional)* extra, más, otro *(spare)* de sobra *(on top)* aparte ◇ *adv.* **1** *(more than usually)* extra, muy *(additional)* aparte *n.* **1** *(additional thing)* extra *m.* complemento *(additional charge)* suplemento *(luxury)* lujo **2** CINEM extra *mf.* **3** *(press)* edición *f.* especial **extra time** SP prórroga.

ex·tract [*(n)* 'ekstrækt; *(vb)* ɪk'strækt] *n.* **1** *(product)* extracto **2** *(excerpt)* extracto, fragmento, trozo ◇ *tr.* **1** *(pull out)* extraer, sacar **2** *(obtain - confession, promise, etc.)* arrancar, obtener *(- information, passage, quotation)* extraer, sacar **3** *(produce)* extraer, sacar.

ex·trac·tion [ɪk'strækʃən] *n.* **1** *(gen)* extracción *f.* **2** *(of tooth)* extracción *f. (descent)* origen *m.*

ex·trac·tor [ɪk'stræktə ʳ] *n.* extractor *m.* **extractor fan** extractor *m.* de humos.

ex·tra·cur·ric·u·lar [ekstrəkə'rɪkjulə ʳ] *adj.* extracurricular, extraescolar.

ex·tra·dite ['ekstrədaɪt] *tr.* extraditar, extradir.

ex·tra·di·tion [ekstrə'dɪʃən] *n.* extradición *f.*

ex·tra·mar·i·tal [ekstrə'mærɪtəl] *adj.* extramatrimonial.

ex·traor·di·nary [ɪk'strɔːdɪnəri] *adj.* **1** *(exceptional)* extraordinario, fuera de lo común *(very strange, unusual)* raro **2** *(fml. use)* *(special, additional)* extraordinario, especial.

ex·tra·sen·so·ry [ekstrə'sensəri] *adj.* extrasensorial.

ex·tra·ter·res·tri·al [ekstrətə'restriəl] *adj.* extraterrestre ◇ *n.* extraterrestre *mf.*

ex·trav·a·gance [ɪk'strævəgəns] *n. (spending)* derroche *m.* despilfarro, lujo *(behavior)* extravagancia.

ex·trav·a·gant [ɪk'strævəgənt] *adj.* **1** *(wasteful - person)* derrochador, despilfarrador *(- thing)* ineficaz, ineficiente **2** *(extreme)* extravagante, exagerado, estrafalario **3** *(luxurious)* lujoso, suntuoso.

ex·trav·a·gan·za [ɪkstrævə'gænzə] *n.* espectáculo fantástico, fantasía.

ex·treme [ɪk'striːm] *adj.* **1** *(furthest, very great)* extremo **2** *(not moderate)* extremo, radical **3** *(severe, unusual)* excepcional ◇ *n.* extremo **in the extreme** en sumo grado, en extremo **to go to extremes** llegar a extremos **to go from one extreme to the other** pasar de un extremo a otro.

ex·trem·ism [ɪk'striːmɪzəm] *n.* extremismo, radicalismo.

ex·trem·ist [ɪk'striːmɪst] *n.* extremista *mf.*

ex·trem·i·ty [ɪk'stremɪti] *n. pl.* **extremities 1** *(fml. use) (furthest point)* extremo **2** *(fml. use) (extreme degree, situation)* extremo, situación *f.* extrema, situación *f.* límite *npl.* ANAT extremidades *fpl.*

ex·tro·vert ['ekstrəvɜːt] *adj.* extrovertido ◇ *n.* extrovertido.

ex·u·ber·vance [ɪg'zjuːbərəns] *n. (vigor)* exuberancia *(high spirits)* euforia.

ex·u·ber·ant [ɪg'zjuːbərənt] *adj.* **1** *(of person)* eufórico **2** *(of plants)* exuberante **3** *fig. use* vivo.

eye [aɪ] *n.* **1** ANAT ojo **2** *(sense)* vista **3** *(of needle, potato, storm)* ojo ◇ *tr. (observe)* mirar, observar *(look*

at longingly) echar el ojo a **all eyes were on ...** todas las miradas estaban puestas en ... **an eye for an eye** ojo por ojo **as far as the eye can see** hasta donde alcanza la vista **before somebody's very eyes** delante de los propios ojos de alguien **for somebody's eyes only** solo para los ojos de alguien **in the eyes of the law** según la Ley **in the eyes of somebody/ in somebody's eyes** a ojos de alguien, para alguien **my eye!** ¡y un pepino! **not to be able to believe one's eyes** no poder dar crédito a sus ojos, no poder creer lo que uno está viendo **not to take one's eyes off something/somebody** no quitar la vista de encima de algo/a alguien, no perder de vista algo/a alguien **to be all eyes** ser todo ojos **to be one in the eye for somebody** suponer un chasco para alguien **to be unable to look somebody in the eye** no poder mirar a alguien a la cara **to be unable to take one's eyes off somebody/something** no poder quitar la vista de encima de alguien/algo **to be up to one's eyes in something** estar hasta el cuello de algo **to cast one's eyes over something/run one's eyes over something** ojear algo, echar una ojeada a algo **to catch somebody's eye** llamar la atención de alguien **to close one's eyes to something** hacer la vista gorda a algo **to eye somebody up and down** comerse a alguien con los ojos **to give somebody the eye** lanzar miraditas a alguien **to have an eye for something** tener buen ojo para algo **to have eyes in the back of one's head** darse cuenta de todo, tener cien ojos **to have one's eye on** *(watch)* observar, vigilar **to keep an eye on** *(watch)* vigilar *(not let out of sight)* no perder de vista **to keep an eye open/ out for somebody/something** mantener los ojos bien abiertos por si se ve a alguien/algo **to keep one's eyes peeled** estar ojo avizor **to look somebody in the eye** mirar a alguien a los ojos **to open somebody's eyes** abrirle los ojos a alguien **to see eye to eye with somebody** estar de acuerdo con alguien **to turn a blind eye to something** hacer la vista gorda a algo **with an eye to doing something** con la intención de hacer algo, con miras a hacer algo **with one's eyes open** con los ojos abiertos **with one's eyes shut** con los ojos cerrados **with the naked eye** a simple vista **eye contact** contacto ocular **eye shadow** sombra de ojos **eye socket** cuenca del ojo, órbita.

eye·ball ['aɪbɔːl] *n.* globo ocular.

eye·brow ['aɪbraʊ] *n.* ceja.

eye·catch·ing ['aɪkætʃɪŋ] *adj.* llamativo.

eye·lash ['aɪlæʃ] *n.* pestaña.

eye·lid ['aɪlɪd] *n.* párpado.

eye·lin·er ['aɪlaɪnə ʳ] *n.* lápiz *m.* de ojos.

eye·o·pen·er ['aɪəʊpənə ʳ] *n.* revelación *f,* gran sorpresa.

eye·sight ['aɪsaɪt] *n.* vista.

eye·sore ['aɪsɔː ʳ] *n.* monstruosidad *f.*

eye·wit·ness ['aɪwɪtnəs] *n.* testigo presencial, testigo ocular.

f

F, f [ef] *n.* **1** *(the letter)* F, f. *f* **2** MUS fa *m.*

F ['færənhaıt] *abbr. (Fahrenheit)* Fahrenheit *(abbreviation)* F.

f ['feminin] *abbr.* LING *(feminine)* femenino *(abbreviation)* f.

fa·ble ['feibəl] *n.* fábula.

fa·bled ['feibəld] *adj.* legendario.

fa·bric ['fæbrik] *n.* **1** *(material)* tela, tejido **2** *(structure)* fábrica, estructura **3** *fig. use* estructura.

fab·u·lous ['fæbjələs] *adj.* fabuloso.

fa·cade [fə'sɑ:d] *n.* fachada.

face [feis] *n.* **1** *(of person)* cara, rostro **2** *(surface)* superficie *f.* **3** *(side)* cara **4** *(of card, coin)* cara **5** *(of dial)* cuadrante *m.* **6** *(of watch)* esfera **7** *fig. use (of earth)* faz *f.* **8** *(look)* cara, expresión *f.* ◇ *tr.* **1** *(look towards)* mirar hacia **2** *(look onto)* mirar hacia, estar orientado hacia, dar a **3** *(be opposite to)* estar enfrente de **4** *(confront)* presentarse, plantearse *(deal with)* enfrentarse a **5** *(tolerate)* soportar **6** *(cover - building)* revestir (with, de), recubrir (with, de) *(- material)* forrar (with, de) **face down** *(person, card)* boca abajo **face to face** cara a cara **face up** *(person, card)* boca arriba **in the face of** ante **on the face of it** *a primera vista* **shut your face!** ¡cierra el pico! **to have a long face** andar con cara larga **to keep a straight face** mantenerse serio, contener la risa **to look somebody in the face** poder mirar a alguien en la cara **to make faces** hacer muecas **to put on a brave face** poner al mal tiempo buena cara **to say something to somebody's face** decirle algo a alguien a la cara **to show one's face** aparecer **face cream** crema facial **face value** valor *m.* nominal.

  to face up to *tr. insep* afrontar, enfrentar, enfrentarse a.

face·less ['feisləs] *adj.* anónimo.

face-lift ['feislıft] *n.* **1** lifting *m.* estiramiento facial **2** *fig. use (building)* lavado de cara.

fac·et ['fæsıt] *n.* faceta.

fa·ce·tious [fə'si:ʃəs] *adj.* burlón.

fa·cial ['feiʃəl] *adj.* facial ◇ *n.* masaje *m.* facial, tratamiento facial.

fa·cil·i·tate [fə'sılıteıt] *tr.* facilitar.

fa·cil·i·ty [fə'sılıtı] *n. pl.* **facilities** facilidad *f.* ◇ *npl.* **facilities 1** *(equipment)* instalaciones *fpl.*, servicios *mpl.* **2** *(means)* facilidades *fpl.*

fact [fækt] *n.* **1** *(event, happening)* hecho **2** *(the truth)* realidad *f.* **as a matter of fact** en realidad **for a fact** a ciencia cierta **in fact** de hecho, en realidad **it's a fact of life** es la realidad **the fact of the matter is that...** el hecho es que..., lo cierto es que... **the fact remains that...** a pesar de eso..., no obstante... **fact sheet** hoja informativa **the facts of life** *euph. use (sex)* los misterios de la vida.

fac·tion ['fækʃən] *n. (group)* facción *f.*

fac·tor ['fæktə ˢ] *n.* factor *m.*

fac·tor·ize ['fæktəraız] *tr.* descomponer en factores.

fac·to·ry ['fæktərı] *n. pl.* **factories** fábrica **factory farm** granja donde se practica la cría intensiva **factory farming** cría intensiva de animales **factory prices** precios *mpl.* de fábrica **factory ship** buque *m.* factoría **factory worker** obrero.

fac·tu·al ['fæktjʊəl] *adj.* factual.

fac·ul·ty ['fækltı] *n. pl.* **faculties 1** *(power, ability)* facultad *f.* **2** *(univ)* facultad *f.* **3** *(at university)* profesorado.

fad [fæd] *n.* **1** *(fashion)* moda pasajera **2** *(personal)* manía.

fade [feid] *tr. (color)* descolorar, descolorir, desteñir ◇ *intr.* **1** *(color)* desteñirse, descolorarse, descolorirse **2** *(light)* irse apagando, perder intensidad **3** *(sound)* desvanecerse, apagarse **4** *(hopes, memory, etc.)* acabarse, esfumarse, desvanecerse **5** *(looks, smile)* desaparecer **6** *(flower)* marchitarse.

  to fade a·way *intr.* **1** *(become less intense, strong, etc.)* desvanecerse, esfumarse **2** *(die)* morirse.

fad·ed ['feidid] *adj.* **1** *(color)* desteñido **2** *(flower)* marchito.

Fahr·en·heit ['færənhaıt] *adj.* Fahrenheit.

fail [feil] *n.* EDUC reprobación ◇ *tr.* **1** *(let down)* fallar, decepcionar *(desert)* fallar, faltar **2** EDUC reprobar ◇ *intr.* **1** *(neglect)* dejar de **2** *(not succeed)* fracasar, no hacer algo **3** *(crops)* fallar, echarse a perder **4** *(stop working)* fallar **5** *(light)* acabarse, irse apagando **6** *(become weak)* debilitarse, fallar **7** COMM *(become bankrupt)* quebrar, fracasar **without fail** sin falta.

failed [feild] *adj.* fracasado.

fail·ing ['feilıŋ] *n. (fault)* defecto, fallo *(weakness)* punto débil ◇ *prep.* a falta de.

fail-safe ['feilseıf] *adj. (device, mechanism)* de seguridad *(plan)* infalible.

fail·ure ['feiljə ˢ] *n.* **1** *(lack of success)* fracaso **2** COMM quiebra **3** EDUC suspenso **4** *(person)* fracasado **5** *(breakdown)* fallo, avería **6** *(of crops)* pérdida **7** *(inability)* incapacidad *f. (neglect)* falta.

faint [feint] *adj.* **1** *(sound, voice)* débil, tenue **2** *(color)* pálido *(outline)* borroso **3** *(slight - memory, etc.)* vago *(- hope)* poco *(- resemblance)* ligero **4** *(half-hearted)* débil, poco entusiasta **5** *(unsteady, giddy)* mareado ◇ *n.* mareo ◇ *intr.* desmayarse (from, de).

faint·ness ['feintnəs] *n.* **1** debilidad *f,* lo débil **2** MED mareos *mpl.*

fair¹ [feə ˢ] *adj.* **1** *(just)* justo, equitativo *(impartial)* imparcial *(reasonable)* razonable **2** *(considerable)* considerable **3** *(idea, guess, etc.)* bastante bueno, más o menos acertado **4** *(average)* regular **5** *(weather)* bueno **6** *(hair)* rubio *(skin)* blanco **7** *(fml. use)* bello ◇ **by fair means or foul** por las buenas o por las malas **fair and square** *(sincerely)* sinceramente, francamente *(directly)* directamente, claramente *(correctly)* honradamente **fair enough** *(okay)* de acuerdo, vale *(true)* muy bien **fair's fair!** ¡por favor!, ¡ya está bien! **to have (more than) one's fair share of something** tener *(más de)* lo que le corresponde a uno **to play fair** jugar limpio **fair game** presa fácil, blanco de burlas **fair play** juego limpio.

fair² [feə ˢ] *n.* **1** *(market)* mercado, feria **2** *(show)* feria *(funfair)* parque *m.* de atracciones.

fair·ground ['feəgraʊnd] *n. (site)* recinto ferial *(show)* feria *(funfair)* parque *m.* de atracciones.

fair-haired ['feəhead] *adj.* rubio.

fair·ly ['feəlı] *adv.* **1** *(justly)* justamente **2** *(moderately)* bastante **3** *(completely)* completamente.

fair-mind·ed ['feə'maındıd] *adj.* justo.

fair·ness ['feənəs] *n.* 1 justicia, imparcialidad *f.* 2 *(of hair)* color *m.* rubio *(of skin)* palidez *f*, blancura **in all fairness** *para ser justo.*

fair-sized ['feəsaızd] *adj.* bastante grande, de buen tamaño.

fair-skinned ['feəskınd] *adj.* de piel blanca.

fair·y ['feərı] *n. pl.* **fairies** 1 hada 2 *(fam. uso)* marica *m.* **fairy godmother** *hada madrina* **fairy lights** *bombillas fpl. de colores* **fairy story** *cuento de hadas* **fairy tale** *cuento de hadas.*

faith [feıθ] *n.* 1 fe *f.* 2 *(trust, confidence)* confianza (in, en), fe (in, en) 3 REL fe *f.* 3 **in good faith/in bad faith** *de buena fe/de mala fe* **to keep faith with somebody** *ser fiel a alguien.*

faith·ful ['feıθful] *adj.* 1 *(loyal)* fiel (to, a), leal (to, a/ con) 2 *(accurate)* fiel, exacto.

faith·ful·ness ['feıθfulnəs] *n.* fidelidad *f.*

fake [feık] *n.* 1 falsificación *f.* 2 *(person)* impostor, farsante *mf.* ◊ *adj.* falso, falsificado ◊ *tr.* 1 *(falsify)* falsificar 2 *(pretend)* fingir.

fall [fɔːl] *n.* 1 *(act of falling)* caída 2 *(of rock)* desprendimiento *(of snow)* nevada 3 *(decrease)* baja, descenso, disminución *f.* 4 *(defeat)* caída 5 *(autumn)* otoño ◊ *intr. pt.* **fell** 1 *(gen)* caer, caerse 2 *(hang loosely)* caer 3 *(decrease)* bajar, descender 4 *(slope downwards)* bajar, descender 5 *(be defeated)* caer *(be killed)* caer, perecer 6 *(happen)* caer 7 *(figurative uses)* 0 8 *(wind)* amainar 9 *fig. use (at cricket)* caerse ◊ *npl.* **falls** *(waterfall)* cascada *f. sing.* cataratas *fpl.* **to fall asleep** *dormirse* **to fall flat** *fig. use salir mal, no tener el el éxito deseado* **to fall ill** *caer enfermo, enfermar* **to fall in love** *enamorarse* **to fall into conversation with somebody** *entablar una conversación con alguien* **to fall into the hands of** *caer en manos de* **to fall on one's feet** *tener mucha suerte* **to fall short** *no alcanzar (of, -)* **to fall silent** *callarse* **to fall to one's knees** *caerse de rodillas* **fall from grace** *caída en desgracia* **fall guy** *cabeza de turco, chivo expiatorio.*

to fall a·bout *intr.* troncharse, partirse (de risa).

to fall a·part *intr.* romperse, deshacerse, caerse a pedazos.

to fall a·way *intr.* 1 *(desert, leave)* disminuir 2 *(break off)* desprenderse.

to fall back on *tr. insep (resort to)* recurrir a, echar mano de, apoyarse en.

to fall be·hind *intr. (be overtaken)* retrasarse, quedarse atrás, rezagarse.

to fall down *intr.* 1 *(person)* caer, caerse *(building)* hundirse, derrumbarse, venirse abajo 2 *(fail)* fallar.

to fall for *tr. insep* 1 *(be tricked)* dejarse engañar por, picar 2 *(fam. use) (fall in love)* enamorarse de.

to fall in *intr.* 1 *(collapse)* desplomarse, venirse abajo 2 MIL alinearse, formar filas, ponerse en filas.

to fall in·to *tr. insep* 1 *(be divided into)* dividirse en, clasificarse en 2 *(develop, acquire)* adquirir.

to fall off *intr.* 1 *(decrease in quantity)* bajar, disminuir 2 *(become detached)* desprenderse, caerse.

to fall on *tr. insep* 1 *(be borne by)* incidir en, recaer en, tocar a 2 *(attack)* atacar, caer sobre.

to fall out *intr.* 1 *(quarrel)* reñir (with, con), pelearse (with, con) ◊ *tr. sep.* MIL romper filas ◊ *intr. (drop)* caerse.

to fall o·ver *tr. insep* caer, tropezar con ◊ *intr.* caerse.

to fall through *intr. (come to nothing)* fracasar, quedar en nada.

fal·la·cy ['fæləsı] *n. pl.* **fallacies** falacia.

fall·en ['fɔːlən] *pp.* VER: **fall** ◊ *adj. (not virtuous)* perdido *npl.* **the fallen** *los caídos mpl.*

Fal·lo·pi·an tube [fələʊpıən'tjuːb] *n.* trompa de Falopio.

fall-out ['fɔːlaut] *n.* También *radioactive fall-out* lluvia radioactiva **fall-out shelter** *refugio atómico.*

false [fɔːls] *adj.* 1 *(untrue)* falso 2 *(artificial)* postizo **under false pretences** *por medio de engaños* **false alarm** *falsa alarma* **false bottom** *doble fondo* **false move/false step** *paso en falso* **false start** *salida nula* **false teeth** *dentadura postiza.*

false·hood ['fɔːlshud] *n.* 1 *(lying)* falsedad *f.* 2 *(lie)* mentira.

false·ly ['fɔːlslı] *adv.* 1 falsamente.

fal·set·to [fɔːl'setəu] *n. pl.* **falsettos** falsete.

fal·si·fi·ca·tion [fɔːlsıfı'keıʃən] *n.* falsificación *f.*

fal·si·fy ['fɔːlsıfaı] *tr. pt. & pp.* **falsified,** *ger.* **falsifying** 1 *(alter falsely)* falsificar 2 *(misrepresent)* falsear.

fame [feım] *n.* fama.

fa·mil·iar [fə'mılıə*r*] *adj.* 1 *(well-known)* familiar, conocido (to, a) 2 *(aware)* al corriente (with, de), familiarizado (with, con) 3 *(intimate)* íntimo *(too informal)* fresco **to be on familiar terms with somebody** *tener confianza con alguien* **to become familiar with something** *familiarizarse con algo.*

fa·mil·iar·i·ty [fəmılı'ærıtı] *n.* 1 familiaridad *f.* 2 *(knowledge)* conocimiento (with, de) **familiarity breeds contempt** *la confianza da asco.*

fa·mil·iar·ize [fə'mılıəraız] *tr.* 1 *(become acquainted)* familiarizarse (with, con) 2 *(divulge)* popularizar.

fam·i·ly ['fæmılı] *n. pl.* **families** familia ◊ *adj.* familiar **to be one of the family** *ser de la familia* **to run in the family** *venir de familia* **family business** *negocio familiar* **family car** *coche m. familiar* **family circle** *familia, familiares mpl.* **family film** *película apta para todos los públicos, película tolerada* **family life** *vida familiar, vida en familia* **family man** *hombre m. casado con familia, hombre m. hogareño* **family name** *apellido* **family planning** *planificación f. familiar* **family ties** *lazos mpl. familiares* **family tree** *árbol m. genealógico.*

fam·ine ['fæmın] *n.* hambruna, hambre *f.*

fa·mous ['feıməs] *adj.* famoso (for, por), célebre (for, por) **famous last words!** *¡habrá que verlo!, ¡ya lo veremos!*

fan [fæn] *n.* 1 *(object)* abanico 2 ELEC ventilador *m.* 3 *(follower)* aficionado *(of pop star, etc.)* admirador, fan *mf.* 4 *(of football)* hincha *mf.* ◊ *tr. pt. & pp.* **fanned,** *ger.* **fanning** 1 *(face)* abanicar *(elec)* ventilar *(fire)* avivar 2 *fig. use* avivar, atizar ◊ *intr.* abanicarse **to fan the flames** *fig. use echar leña al fuego* **fan club** *club m. de fans* **fan mail** *cartas fpl. de los fans.*

fa·nat·ic [fə'nætık] *n.* fanático ◊ *adj.* fanático (about, de).

fa·nat·i·cal [fə'nætıkəl] *adj.* fanático.

fa·nat·i·cism [fə'nætısızəm] *n.* fanatismo.

fan·ci·ful ['fænsıful] *adj.* 1 *(idea)* imaginario, fantástico 2 *(extravagant)* caprichoso, rebuscado, estrafalario.

fan·cy ['fænsı] *n. pl.* **fancies** 1 *(imagination)* fantasía, imaginación *f.* 2 *(whim)* capricho, antojo ◊ *adj.* 1 *(jewels, goods, etc.)* de fantasía 2 *(unusual)* estrafalario 3 *(high-class, posh)* elegante, de lujo 4 *(prices)* exagerado, excesivo, exorbitante ◊ *tr. pt. & pp.* **fancied,** *ger.* **fancying** 1 *(want)* apetecer, querer 2 *(find attractive)* encontrar atractivo 3 *(think)* creer, suponer 4 *(think likely to do well)* creer, parecer **to take a fancy to somebody/something** encapricharse con alguien/algo **to catch somebody's fancy/take somebody's fancy** hacerle gracia a alguien, encantarle a alguien **to fancy oneself** ser creído, ser presumido **to fancy oneself as something** dárselas de algo, creerse algo **flights of fancy** ilusiones fpl.

fang [fæŋ] n. colmillo.

fan·ny ['fænɪ] n. pl. **fannies** *[sl.] (bottom)* culo, trasero.

fan·ta·size ['fæntasaɪz] intr. fantasear (about, sobre).a a a a a a a

fan·tas·tic [fæn'tæstɪk] adj. fantástico.

fan·ta·sy ['fæntəsɪ] n. pl. **fantasies** fantasía.

FAQ ['ef'eɪ'kjuː] También **FAQ file** n. *(frequently asked questions)* archivo de preguntas frecuentes.

far [fɑːʳ] adj. comp. **farther** o **further**, superl. **farthest** o **furthest** 1 *(distant)* lejano, remoto 2 *(more distant)* opuesto, extremo ◇ adv. 1 *(a long way)* lejos 2 *(a long time)* lejos 3 *(much)* mucho **as far as... is concerned** en cuanto a..., por lo que a... se refiere **as far as I know** que yo sepa **as far as the eye can see** hasta donde alcanza la vista **by far** mucho, con mucho **far and wide/far and near** por todas partes **far away** lejos **far from...** lejos de... **far from it** de eso nada, nada de eso, qué va **far off** a lo lejos **so far** *(until now)* hasta ahora *(to a point)* hasta cierto punto **so far, so good** hasta aquí bien, hasta ahora bien **to be a far cry from** no tener nada que ver con **to go far** *(money)* comprar mucho *(food, supplies, etc.)* cundir *(person)* llegar lejos **to go too far** pasarse de la raya **to take something too far** llevar las cosas demasiado lejos **the far left/the far right** la extrema izquierda/la extrema derecha.

far·a·way ['fɑːrəweɪ] adj. lejano, remoto *(look)* distraído, en las nubes.

farce [fɑːs] n. farsa.

fare [feəʳ] n. 1 *(price)* tarifa, precio del billete, precio del viaje *(boat)* pasaje m. 2 *(passenger)* viajero, pasajero 3 *(food)* comida ◇ intr. 1 *(progress, get on)* desenvolverse.

fare·well [feə'wel] interj. ¡adiós! ◇ n. despedida.

far-fetched [fɑː'fetʃt] adj. 1 *(strained)* rebuscado, forzado 2 *(incredible)* inverosímil.

farm [fɑːm] n. granja ◇ adj. agrícola, de granja ◇ tr. 1 *(use land)* cultivar, labrar 2 *(breed animals)* criar ◇ intr. *(grow crops)* cultivar la tierra.

farm·er ['fɑːməʳ] n. granjero, agricultor.

farm·house ['fɑːmhaʊs] n. casa de granja.

farm·ing ['fɑːmɪŋ] n. agricultura **farming industry** industria agropecuaria.

far-off ['fɑːrɒf] adj. lejano, remoto.

far-reach·ing [fɑː'riːtʃɪŋ] adj. de gran alcance.

far·ther ['fɑːðəʳ] adj. comp. VER: **far** ◇ adv. comp. SEE **far.**

far·thest ['fɑːðɪst] adj. VER: **far** ◇ adv. VER: **far.**

fas·ci·nate ['fæsɪneɪt] tr. fascinar.

fas·ci·nat·ing ['fæsɪneɪtɪŋ] adj. fascinante.

fas·ci·na·tion [fæsɪ'neɪʃən] n. fascinación f.

fas·cism ['fæʃɪzəm] n. fascismo.

fas·cist ['fæʃɪst] n. fascista mf. ◇ adj. fascista.

fash·ion ['fæʃən] n. 1 *(style)* moda 2 *(way)* modo ◇ tr. *(clay)* formar *(metal)* labrar **after a fashion** en cierto modo **after the fashion of/in the fashion of** a la manera de **to be in fashion** estar de moda **to be out of fashion** estar pasado de moda **to come into fashion** ponerse de moda **to go out of fashion** pasar de moda.

fash·ion·a·ble ['fæʃənəbəl] adj. de moda.

fast¹ [fɑːst] adj. 1 *(gen)* rápido 2 *(tight, secure)* firme, seguro 3 *(clock)* adelantado 4 *(colors)* sólido 5 *(active)* muy activo, ajetreado ◇ adv. 1 rápidamente, deprisa 2 *(securely)* firmemente *(thoroughly)* profundamente **fast and furious** a un ritmo vertiginoso **to be stuck fast** estar bien encajado, estar atrancado **to hold fast to something** agarrarse bien a algo **to live in the fast lane** vivir deprisa, vivir a tope **to pull a fast one on somebody** jugar una mala pasada a alguien **to stand fast** mantenerse firme **not so fast!** *[fam. use]* ¡un momento! **fast food** comida rápida **fast lane** carril m. rápido.

fast² [fɑːst] n. ayuno ◇ intr. ayunar.

fas·ten ['fɑːsən] tr. 1 *(attach)* fijar, sujetar 2 *(tie)* atar 3 *(box, door, window)* cerrar *(dress, etc.)* abrochar ◇ intr. *(box, door, etc.)* cerrarse *(dress, etc.)* abrocharse. **to fas·ten on/on·to** tr. insep agarrarse a, aferrarse a.

fas·ten·er ['fɑːsənəʳ] n. cierre m.

fat [fæt] adj. comp. **fatter**, superl. **fattest** 1 *(person)* gordo 2 *(thick)* grueso, gordo 3 *(meat)* que tiene mucha grasa 4 *(profit, cheque, etc.)* sustancioso 5 *(rich, fertile)* fértil 6 *[fam. use]* iron. *(very little)* poco ◇ n. 1 *(of meat)* grasa *(of person)* carnes fpl. 2 *(for cooking)* manteca *(lard)* lardo **to get fat** engordar, engordarse **fat cat** pez m. gordo.

fa·tal ['feɪtəl] adj. 1 *(causing disaster)* fatal, funesto *(serious)* grave 2 *(causing death)* mortal 3 *(fateful)* fatídico.

fa·tal·ism ['feɪtəlɪzəm] n. fatalismo.

fa·tal·ist ['feɪtəlɪst] n. fatalista mf.

fa·tal·is·tic [feɪtə'lɪstɪk] adj. fatalista.

fa·tal·i·ty [fə'tælɪtɪ] n. pl. **fatalities** víctima mortal.

fate [feɪt] n. 1 *(destiny)* destino 2 *(person's lot)* suerte f. **a fate worse than death** lo peor que pudiera pasar **to tempt fate** tentar a la suerte.

fat·ed ['feɪtɪd] adj. predestinado, condenado.

fate·ful ['feɪtfʊl] adj. fatídico, aciago.

fa·ther ['fɑːðəʳ] n. 1 *(male parent)* padre m. 2 *(priest)* padre m. ◇ tr. 1 *(beget)* engendrar 2 fig. use *(create, originate)* inventar, crear ◇ npl. **fathers** *(ancestors)* antepasados mpl. **from father to son** de padre a hijo **like father like son** de tal palo, tal astilla **to be a father to somebody** ser un padre para alguien **father figure** figura paterna **Father's Day** el día del padre.

fa·ther·hood ['fɑːðəhʊd] n. paternidad f.

fa·ther-in-law ['fɑːðərɪnlɔː] n. suegro.

fa·ther·less ['fɑːðələs] adj. huérfano de padre.

fa·ther·ly ['fɑːðəlɪ] adj. paternal.

fath·om ['fæðəm] n. 1 *(measurement)* brazo ◇ tr. 1 *(measure)* sondear 2 fig. use penetrar en, comprender.

fa·tigue [fə'tiːg] n. 1 fatiga, cansancio 2 TECH fatiga 3 MIL faena ◇ tr. *[fml. use]* fatigar, cansar **metal fatigue** fatiga del metal.

fat·ten ['fætən] tr. 1 *(animal)* cebar (up, -) 2 *(person)* engordar (up, -).

fat·ten·ing ['fætənɪŋ] adj. que engorda.

fat·ty ['fætɪ] adj. comp. **fattier**, superl. **fattiest** *(greasy)* grasoso.

fau·cet ['fɔːsɪt] n. grifo.

fault [fɔːlt] n. 1 *(in character, system, etc.)* defecto 2 *(in merchandise)* defecto, desperfecto, tara 3 *(blame)* culpa 4 *(mistake)* error m. falta 5 *(in earth)* falla 6 *(in tennis, etc.)* falta ◇ tr. criticar, encontrar defectos a **to a fault** en exceso **to be at fault** tener la culpa **to find fault with somebody/something** poner reparos a alguien/algo.

fault-finding ['fɔ:ltfaɪndɪŋ] adj. criticón.

fault·less ['fɔ:ltləs] adj. perfecto, intachable, impecable.

fault·y ['fɔ:ltɪ] adj. comp. faultier, superl. faultiest defectuoso.

faun [fɔ:n] n. fauno.

fau·na ['fɔ:nə] n. fauna.

fa·vor ['feɪvə*] n. 1 (kindness) favor m. 2 (approval) aprobación f, favor m. 3 (favoritism) parcialidad f, favoritismo f ⋄ tr. 1 (prefer) preferir, inclinarse por 2 (benefit, aid) favorecer (treat with partiality) dar un trato de favor ⋄ **do me a favor!** ¡venga ya! **in favor of** a favor de **to be in favor of** ser partidario de, estar a favor de **to be in favor** estar en auge, estar de moda **to be out of favor** no estar de moda **to find favor with somebody** caer en gracia a alguien, ganar el apoyo de alguien **to fall out of favor with somebody** perder el favor de alguien.

fa·vor·a·ble ['feɪvərəbəl] adj. 1 favorable (to/towards, a) 2 (suitable) propicio (for, para).

fa·vor·a·bly ['feɪvərəblɪ] adv. favorablemente.

fa·vor·ite ['feɪvərɪt] n. preferido, favorite ⋄ adj. preferido, predilecto, favorito.

fa·vor·it·ism ['feɪvərɪtɪzəm] n. favoritismo.

faze [feɪz] tr. (fam. use) desconcertar, perturbar.

FBI ['ef'bi:'aɪ] abbr. (Federal Bureau of Investigation) Oficina Federal de Investigación (abbreviation) FBI f.

fear [fɪə*] n. miedo, temor m. ⋄ tr. temer, tener miedo a ⋄ intr. temer, tener miedo **for fear of...** por miedo de..., por temor a... **for fear that** por miedo de que **never fear** no hay cuidado, no temas **no fear!** ¡ni hablar!, ¡ni loco!, ¡ni muerto! **to be in fear of one's life** temer por su vida **to fear the worst** temer lo peor **to hold no fears for somebody** no dar miedo a alguien.

to fear for tr. insep temer por.

fear·ful ['fɪəful] adj. 1 (frightened) temeroso (of, de) 2 (terrible) terrible, espantoso, tremendo.

fear·less ['fɪələs] adj. intrépido, audaz **fearless of...** sin temor a...

fear·less·ness ['fɪələsnəs] n. intrepidez f, audacia.

feasi·bil·ity ['fi:zəbɪlɪtɪ] n. viabilidad f. **feasibility study** estudio de viabilidad.

feas·ible ['fi:zəbəl] adj. 1 (viable) factible, viable 2 (plausible) verosímil.

feast [fi:st] n. 1 festín m. banquete m. 2 (fam. use) comilona 3 REL fiesta de guardar, día m. de fiesta ⋄ intr. banquetear, festejar **to feast on something** fig. use regalarse con algo.

feat [fi:t] n. proeza, hazaña.

feath·er ['feðə*] n. pluma ⋄ tr. 1 emplumar 2 (oar) alzar **to be a feather in somebody's cap** ser un triunfo para alguien **to feather one's own nest** pej. barrer para casa **birds of a feather, flock together** Dios los cría y ellos se juntan **feather bed** colchón m. de plumas **feather boa** boa mf. **feather duster** plumero.

feath·er·brained ['feðəbreɪnd] adj. (fam. use) cabeza hueca, despistado.

feath·er·weight ['feðəweɪt] n. (boxing) peso pluma.

fea·ture ['fi:tʃə*] n. 1 (of face) rasgo, facción f. 2 (characteristic) rasgo, característica, aspecto 3 (press) artículo especial, especial m. ⋄ tr. (have) tener (film) tener como protagonista ⋄ intr. (appear) figurar (in, en) **feature (film)** largometraje m.

Feb [feb] abbr. (February) febrero.

Feb·ru·ar·y ['februərɪ] n. febrero **NOTA:** Para ejemplos de uso, ver May.

fe·cal ['fi:kəl] adj. fecal.

fe·ces ['fi:si:z] npl. heces fpl.

feck·less ['fekləs] adj. incompetente, inútil.

fed [fed] pt. & pp. VER: feed **to be fed up with** (fam. use) estar harto de.

fed·er·al ['fedərəl] adj. federal.

fed·er·ation [fedə'reɪʃən] n. federación f.

fee [fi:] n. 1 (doctor's etc.) honorarios mpl. (for tuition) derechos mpl. (de matrícula) 2 (membership) cuota, cuota de socio **registration fee** matrícula.

fee·ble ['fi:bəl] adj. 1 (person) débil (light, sound) tenue, débil 3 (argument, excuse) de poco peso.

fee·ble-mind·ed ['fi:bəl'maɪndɪd] adj. imbécil.

feed [fi:d] n. 1 comida 2 (fam. use) comilona 3 (for cattle) pienso 4 TECH alimentación f. ⋄ tr. pt. & pp. **fed** [fed] 1 alimentar, dar de comer a 2 (breastfeed) amamantar, dar de mamar a (bottle-feed) dar el biberón a 3 fig. use (fire, passion) alimentar 4 TECH alimentar, suministrar 5 (insert) introducir (coins) meter ⋄ intr. (people) comer, alimentarse (on, de) (animals) pacer.

to feed up tr. sep. (animal) cebar (person) engordar.

feed·back ['fi:dbæk] n. 1 TECH retroalimentación f, retroacción f. 2 fig. use reacción f, respuesta, impresión f.

feed·er ['fi:də*] n. 1 TECH alimentador m. 2 (road) ramal m. carretera.

feel [fi:l] n. 1 (sense, texture) tacto 2 (atmosphere) aire m. ambiente m. ⋄ tr. pt. & pp. **felt** [felt] 1 (touch) tocar, palpar 2 (search with fingers) buscar 3 (sense, experience) sentir, experimentar, tener la impresión 4 (notice) notar, apreciar 5 (suffer) sentir, afectar 6 (believe) creer ⋄ intr. 1 (be) sentir (se), encontrarse, experimentar 2 (seem) parecer 3 (perceive, sense) sentir 4 (opinion) opinar, pensar **to feel as if/feel as though** sentir como si, tener la impresión de **to feel bad about** sentir, saber mal **to feel like doing something** tener ganas de hacer algo **to feel one's age** sentirse mayor **to feel one's way** (walk carefully) andar a tientas (proceed cautiously) tantear el terreno **to feel strongly about something** parecer importante algo **to have a feel for something** tener facilidad para algo.

to feel for tr. insep (have sympathy for) compadecer a, compadecerse de.

to feel up to tr. insep sentirse con ánimos para, sentirse con fuerzas para.

feel·er ['fi:lə*] n. antena **to put out feelers** hacer un sondeo, tantear el terreno **feeler gauge** galga de espesores.

feel·ing ['fi:lɪŋ] n. 1 (emotion) sentimiento, emoción f. 2 (sensation) sensación f. 3 (sense) sensibilidad 4 (concern) compasión f, ternura 5 (impression) impresión f, sensación f, presentimiento 6 (artistic) sensibilidad f, talento 7 (opinion) sentir m. opinión f, actitud f, parecer m. 8 (atmosphere) ambiente m. ⋄ adj. sensible, compasivo ⋄ npl. **feelings** sentimientos mpl. **no hard feelings** (fam. use) no nos guardemos rencor **to have mixed feelings** tener sentimientos enfrentados **bad feeling/ill feeling** resentimiento, rencor m.

feet [fi:t] npl. VER: foot.

feint [feɪnt] n. (fml. use) (fencing) finta (boxing) treta, estratagema f ⋄ adj. (paper) rayado.

fe·line ['fi:laɪn] adj. felino ⋄ n. felino.

fell[1] [fel] adj. feroz, cruel **at one fell swoop** de un solo golpe.

fell[2] [fel] tr. 1 (tree) talar 2 (enemy) derribar.

fell[3] [fel] pt. VER: fall.

fel·low ['feləʊ] *n.* **1** *[fam. use] (chap)* tipo, tío **2** *(companion, comrade)* compañero, camarada *mf.* **3** *(member)* socio **4** *(univ)* miembro (del claustro de profesores) **5** *(graduate)* graduado **fellow citizen** conciudadano **fellow worker** compañero de trabajo.

fel·low·ship ['feləʊʃɪp] *n.* **1** *(group)* asociación *f,* sociedad *f.* **2** *(companionship)* compañerismo, camaradería **3** EDUC *(scholarship)* beca.

fel·on ['felən] *n.* criminal *mf.*

fel·o·ny ['felənɪ] *n. pl.* **felonies** crimen *m.* delito mayor.

felt¹ [felt] *pt. & pp.* VER: **feel.**

felt² [felt] *n.* fieltro ◇ *adj.* de fieltro.

fem [femɪnɪm] *abbr. (feminine)* femenino *(abbreviation) f.*

fe·male ['fiːmeɪl] *n.* **1** hembra **2** *(woman)* mujer *f.* *(girl)* chica ◇ *adj.* **1** femenino **2** ZOOL hembra.

fem·i·nine ['femɪnɪn] *adj.* femenino ◇ *n.* femenino.

fem·i·nin·i·ty [femə'nɪnɪtɪ] *n.* feminidad *f.*

fem·i·nism ['femɪnɪzəm] *n.* feminismo.

fem·i·nist ['femɪnɪst] *n.* feminista *mf.*

fe·mur ['fiːmə ˢ] *n.* fémur *m.*

fence [fens] *n.* **1** *(structure)* valla, cerca **2** *[sl.] (buyer and seller of stolen goods)* perista *mf.* ◇ *intr.* **1** SP practicar la esgrima **2** *(land)* cercar.

fenc·er ['fensə ˢ] *n.* SP esgrimidor.

fenc·ing ['fensɪŋ] *n.* **1** SP esgrima **2** *(structure)* cercado **3** *(material)* material *m.* para cercas.

fend [fend] *intr.* **to fend for oneself** valerse por sí mismo, apañárselas por su cuenta.

fer·ment [(*n)* 'fɜːmənt; *(vb)* fə'ment] *n.* **1** *(substance)* fermento **2** *(unrest)* agitación *f.* ◇ *tr.* fermentar ◇ *intr.* fermentar.

fer·men·ta·tion [fɜːmen'teɪʃən] *n.* fermentación *f.*

fe·ro·cious [fə'rəʊʃəs] *adj.* feroz.

fe·ro·ci·ty [fə'rɒsɪtɪ] *n.* ferocidad *f.*

fer·ry ['ferɪ] *n. pl.* **ferries** *(small)* barca de pasaje *(large)* transbordador *m.* ferry *m. tr. pt. & pp.* **ferried**, *ger.* **ferrying** transportar.

fer·tile ['fɜːtaɪl] *adj.* fértil, fecundo.

fer·til·i·ty [fə'tɪlɪtɪ] *n.* fertilidad *f.*

fer·til·i·za·tion [fɜːtəlaɪ'zeɪʃən] *n.* **1** *(soil)* fertilización *f.* **2** *(egg)* fecundación *f.*

fer·ti·lize ['fɜːtɪlaɪz] *tr.* **1** *(soil)* fertilizar, abonar **2** *(egg)* fecundar.

fer·ti·liz·er ['fɜːtɪlaɪzə ˢ] *n.* fertilizante *m.* abono.

fer·vor ['fɜːvə ˢ] *n.* fervor *m.*

fes·ti·val ['festɪvəl] *n.* **1** *(event)* festival *m.* **2** *(celebration)* fiesta.

fes·tive ['festɪv] *adj.* festivo **the festive season** las Navidades *fpl.,* las fiestas *pl.* de Navidad.

fes·tiv·i·ty [fe'stɪvətɪ] *n. pl.* **festivities** *(celebration)* fiesta, festividad *f.* ◇ *npl.* **festivities** fiestas *fpl.,* festejos *mpl.*

fe·tal ['fiːtəl] *adj.* fetal.

fetch [fetʃ] *tr.* **1** *(go and get)* ir por, ir a buscar, buscar *(bring)* traer **2** *[fam. use] (sell for)* venderse por, alcanzar **to fetch and carry** trajinar.

fetch·ing ['fetʃɪŋ] *adj.* atractivo.

fet·ish ['fetɪʃ] *n.* fetiche *m.*

fe·tus ['fiːtəs] *n.* feto *m.*

feud [fjuːd] *n.* enemistad *f.* (duradera) ◇ *intr.* disentir, reñir, pelear.

feu·dal ['fjuːdəl] *adj.* feudal.

feu·dal·ism ['fjuːdəlɪzəm] *n.* feudalismo.

fe·ver ['fiːvə ˢ] *n.* **1** *(temperature)* fiebre *f.* **2** *(nervous excitement)* fiebre *f,* excitación *f.*

fe·ver·ish ['fiːvərɪʃ] *adj.* **1** *(having a fever)* febril **2** *(excited)* nervioso, excitado, febril.

few [fjuː] *adj.* **1** *(not many)* poco, pocos **2** *(some)* unos cuantos, algunos ◇ *pron.* **1** *(not many)* pocos **2**

(some) unos cuantos, algunos **a good few** un buen número **as few as** solamente **few and far between** poquísimos etc. **no fewer than** no menos de **quite a few** un buen número, bastantes **the chosen few** los elegidos *mpl.*

fi·an·cé [fɪ'ænseɪ] *n.* prometido, novio.

fi·an·cée [fɪ'ænseɪ] *n.* prometida, novia.

fi·ber ['faɪbə ˢ] *n.* **1** fibra **2** *fig. use (moral)* nervio, carácter *m.* **fiber optics** fibra óptica **man-made fiber** fibra artificial.

fi·ber·glass ['faɪbəɡlɑːs] *n.* fibra de vidrio.

fi·bro·sis [faɪ'brəʊsɪs] *n.* fibrosis *f.*

fic·tion ['fɪkʃən] *n.* **1** *(novels)* novela, narrativa **2** *(invention)* ficción *f.*

fic·tion·al ['fɪkʃənəl] *adj.* ficticio.

fic·ti·tious [fɪk'tɪʃəs] *adj.* ficticio.

fid·dle ['fɪdəl] *n.* **1** *[fam. use] (fraud)* estafa, trampa ◇ *intr.* **1** tocar el violín **2** *[fam. use] (play)* juguetear (with, con) ◇ *tr. [fam. use] (cheat)* amañar, falsificar **to be on the fiddle** hacer trampas, estar metido en chanchullos **tax fiddle** evasión *f.* fiscal.

fid·dler ['fɪdlə ˢ] *n.* **1** *[fam. use] (violinist)* violinista *mf.* **2** *[fam. use] (cheat)* tramposo.

fi·del·i·ty [fɪ'delɪtɪ] *n.* fidelidad *f.*

fidg·et ['fɪdʒɪt] *n.* persona inquieta ◇ *intr. (move about)* moverse, no poder estar(se) quieto *(play about)* jugar (with, con).

fidg·et·y ['fɪdʒɪtɪ] *adj.* inquieto.

field [fiːld] *n.* **1** *(gen)* campo **2** *(for mining)* yacimiento **3** MIL campo **4** *(subject, area)* campo, terreno **5** SP *(competitors)* competidores *mpl.* ◇ *(horses)* participantes *mpl.* **6** TECH campo ◇ *tr.* SP parar y devolver ◇ *intr.* SP parar y devolver la pelota ◇ *t.SP (select to play)* presentar **to have a field day** *[fam. use] (enjoyment)* divertirse mucho, estar encantado **to play the field** salir con mucha gente **to take the field** salir al campo **field event** SP prueba de atletismo **field hockey** hockey *m.* sobre hierba **field marshall** mariscal *m.* de campo **field trip** viaje *m.* de estudios **field work** trabajo de campo.

field·er ['fiːldə ˢ] *n.* SP jugador del equipo que no batea.

field-test ['fiːldtest] *n.* prueba sobre el terreno ◇ *tr.* testar sobre el terreno.

fiend [fiːnd] *n.* **1** demonio, diablo **2** *[fam. use]* fanático.

fierce [fɪəs] *adj.* **1** *(gen)* feroz **2** *fig. use (heat, competition, etc.)* fuerte, intenso *(argument)* acalorado.

fierce·ly ['fɪəslɪ] *adv.* **1** *(gen)* con ferocidad **2** *(fight)* con fiereza **3** *fig. use (burn)* con virulencia **4** *(argue)* acaloradamente.

fier·y ['faɪərɪ] *adj. comp.* **fierier**, *superl.* **fieriest** **1** *(color)* encendido, rojo **2** *(burning)* ardiente **3** *(food)* muy picante *(drink)* muy fuerte **4** *fig. use (person)* acalorado, fogoso *(words)* vehemente, apasionado.

fif·teen [fɪf'tiːn] *adj.* quince ◇ *n.* quince *m.* **NOTA:** Ver también six.

fif·teenth [fɪf'tiːnθ] *adj.* decimoquinto ◇ *adv.* en decimoquinto lugar ◇ *n. (in series)* decimoquinto **2** *(fraction)* decimoquinto *(one part)* decimoquinta parte *f.* **NOTA:** Ver también sixth.

fifth [fɪfθ] *adj.* quinto ◇ *adv.* quinto, en quinto lugar ◇ *n.* **1** *(in series)* quinto **2** *(fraction)* quinto *(one part)* quinta parte *f.* **NOTA:** Ver también sixth.

fif·ties ['fɪftɪz] *npl.* **the fifties** los años *mpl.* cincuenta, los cincuenta *mpl.* **to be in one's fifties** estar en la cincuentena, tener entre cincuenta y sesenta años **NOTA:** Ver también sixties.

fif·ti·eth ['fɪftɪəe] *adj.* quincuagésimo ◇ *adv.* en quincuagésimo lugar ◇ *n.* **1** *(in series)* quincuagésimo **2** *(fraction)* quincuagésimo *(one part)* quincuagésima parte *f.* **NOTA:** Ver también sixtieth.

fifty ['fɪftɪ] *adj.* cincuenta ◇ *n.* cincuenta *m.* **NOTA:** Ver también sixty.

fifty-fifty ['fɪftɪ'fɪftɪ] *adv.* *[fam. use]* mitad y mitad, a medias ◇ *adj.* *[fam. use]* del cincuenta por ciento **to go fifty-fifty on something** pagar algo a medias.

fig¹ ['fɪgə ª] *abbr. (figure)* dibujo, figura *(abbreviation)* fig.

fig² [fɪg] *n.* **1** higo **2** *(tree)* higuera.

fight [faɪt] *n.* **1** *(struggle)* lucha **2** *(physical violence)* pelea *(quarrel)* riña *(argument)* disputa **3** *(boxing)* combate *m.* **4** *(resistance)* combatividad *f,* ánimo ◇ *intr. pt. & pp.* **fought** [fɔːt] **1** *(quarrel)* pelear *(about/over, por)*, discutir *(about/over, por)* **2** *(in boxing)* pelear *(against, contra)* **3** *(with physical violence)* pelearse *(with, con) (against, contra)*, luchar *(with, con) (against, contra)* **4** *fig. use* luchar *(for, por) (against, contra)*, combater ◇ *tr.* **1** *(bull)* lidiar **2** *(engage in - battle)* librar *(- war)* hacer *(- election)* presentarse a **3** *(with physical violence)* pelearse, luchar **4** *fig. use (strive to overcome, prevent)* luchar, combatir **5** JUR recurrir contra **6** *(fire)* apagar, combatir **to fight it out** decidirlo, resolverlo **to fight for one's life** luchar por la vida **to fight a losing battle** lachar por una causa perdida **to fight to the finish** luchar hasta el final **to pick a fight with somebody** meterse con alguien **to put up a fight** oponer resistencia.

to fight back *intr.* defenderse, resistir ◇ *tr. sep. (tears)* contener.

to fight off *tr. sep.* **1** vencer, rechazar **2** *fig. use (illness)* librarse de, combatir *(sleep)* sacudirse.

fight·er ['faɪtə ª] *n.* **1** *(war)* combatiente *mf.* **2** *(boxing)* boxeador, púgil *mf.* **3** *fig. use* luchador **fighter plane** AV *(avión m. de)* caza *m.* **fighter pilot** piloto de caza.

fight·ing ['faɪtɪŋ] *n.* peleas *fpl.* ◇ *adj.* de combate, militar **to have a fighting chance** tener posibilidades de ganar.

fig·u·ra·tive ['fɪgərətɪv] *adj.* figurativo.

fig·ure ['fɪgə ª, *uʃ*'fɪgjr] *n.* **1** *(number, sign)* cifra, número **2** *(money, price)* cantidad *f,* precio, suma **3** *(in art)* figura **4** *(human form)* figura, tipo, línea **5** *(personality)* figura, personaje *m.* **6** *(diagram)* diagrama *m.* dibujo, grabado, ilustración *f.* **7** *(shape)* forma, figura **8** *(pattern)* figura ◇ *intr. (appear)* figurar, constar ◇ *tr. (think)* suponer, imaginarse ◇ *npl.* **figures** *(arithmetic)* matemáticas *fpl.* **that figures!** ¡ya me parecía a mí!, ¡eso tiene sentido! **figure of speech** figura retórica **figure skating** patinaje *m.* artístico.

to fig·ure out *tr. sep. [fam. use] (gen)* comprender, explicarse *(problem)* resolver, calcular.

fig·ure·head ['fɪgəhed] *n.* **1** MAR mascarón *m.* de proa **2** *fig. use* figura decorativa.

Fi·ji ['fiːdʒiː] *n.* Fiyi.

Fi·ji·an ['fiːdʒiːən] *adj.* fiyiano ◇ *n.* **1** *(person)* fiyiano **2** *(language)* fiyiano.

fil·a·ment ['fɪləmənt] *n.* filamento.

file [faɪl] *n.* **1** *(tool)* lima **2** *(folder)* carpeta **3** *(archive)* archivo, expediente **4** COMPUT archivo **5** *(line)* fila ◇ *tr.* **1** *(smooth)* limar **2** *(put away)* archivar *(in card index)* fichar **3** JUR presenter ◇ *intr. (walk in line)* desfilar **to be on file** estar archivado **single file** fila india.

fil·et ['fɪlt] *n.* VER: fillet.

fil·ing ['faɪlɪŋ] *n.* clasificación *f.* ◇ *npl.* **filings** limaduras *fpl.* **filing cabinet** archivador *m.*

Fil·i·pi·no [fɪlɪ'piːnəʊ] *adj.* filipino ◇ *n. pl.* **Filipinos** **1** *(person)* filipino **2** *(language)* filipino.

fill [fɪl] *tr.* **1** *(make full)* llenar *(with, de)* **2** *(time)* ocupar **3** *(cover)* cubrir **4** CULIN rellenar **5** *(tooth)* empastar **6** *(hold a position)* ocupar *(appoint)* cubrir **7** *(fulfil)* satisfacer ◇ *intr.* llenarse *(with, de)* **to eat one's fill** comer hasta saciarse **to fill somebody's shoes** ocupar el puesto de alguien **to have had one's fill of something/somebody** *[fam. use]* estar harto de algo/alguien.

to fill in *tr. sep.* **1** *(space, form)* rellenar **2** *(inform)* poner al corriente *(on, de)*.

to fill in for *tr. insep* sustituir a.

to fill out *intr.* engordar ◇ *tr. sep.* rellenar.

fill·er ['fɪlə ª] *n.* **1** *(for cracks)* masilla **2** *(for bulk)* relleno.

fil·let ['fɪlt] *n.* filete *m.* ◇ *tr.* cortar en filetes, filetear.

fill·ing ['fɪlɪŋ] *n.* **1** *(in tooth)* empaste *m.* **2** CULIN relleno **filling station** gasolinera.

film [fɪlm] *n.* **1** CINEM película, filme *m.* film *m.* **2** *(coating of dust, etc.)* capa, película **3** *(of photos)* carrete *m.* rollo ◇ *tr.* **1** *(cinem)* rodar, filmar *(tv program)* grabar **2** *(event)* filmar ◇ *intr.* CINEM rodar **film industry** industria cinematográfica **film set** plató *m.* **film star** estrella de cine **film strip** película **film studio** estudio de cine **film test** prueba *(cinematográfica)*.

film-mak·er ['fɪlmmeɪkə ª] *n.* cineasta *mf.*

film-mak·ing ['fɪlmmeɪkɪŋ] *n.* cinematografía.

film-og·ra·phy [fɪl'mɒgrəfɪ] *n.* filmografía.

fil·ter ['fɪltə ª] *n.* filtro ◇ *tr.* filtrar *intr.* **1** filtrarse **2** *(move gradually)* moverse poco a poco **filter paper** papel *m.* de filtro **filter tip** *(tip)* boquilla filtro *(cigarette)* cigarrillo emboquillado **traffic filter** semáforo para girar.

to fil·ter out *tr. sep. (remove)* eliminar ◇ *intr.* *fig. use (news, etc.)* llegar a saberse, trascender.

filth [fɪlθ] *n.* **1** *(dirt)* suciedad *f,* porquería **2** *fig. use (obscenity)* obscenidades *fpl.,* porquerías *fpl.* **3** *[sl.] (police)* pasma, bofia.

filth·i·ness ['fɪlθɪnəs] *n.* suciedad *f.*

filth·y ['fɪlθɪ] *adj. comp.* **filthier**, *superl.* **filthiest** **1** *(dirty)* sucio, asqueroso **2** *(obscene)* obsceno, grosero, asqueroso.

fil·tra·tion [fɪl'treɪʃən] *n.* filtración *f.*

fin [fɪn] *n.* aleta.

fi·nal ['faɪnəl] *adj.* **1** *(last)* final, último **2** *(definitive)* definitivo ◇ *n.* SP final *f.* **and that's final!** ¡y no hay nada más que decir!

fi·nale [fɪ'nɑːlɪ] *n.* final *m.*

fi·nal·ist ['faɪnəlɪst] *n.* finalista *mf.*

fi·nal·ize ['faɪnəlaɪz] *tr. (plans, arrangements)* ultimar *(date)* fijar.

fi·nal·ly ['faɪnəlɪ] *adv.* **1** *(at last)* por fin, al final **2** *(lastly)* por último, finalmente **3** *(definitively)* definitivamente, de forma definitiva.

fi·nance ['faɪnæns] *n. (management of money)* finanzas *fpl.* ◇ *tr.* financiar ◇ *npl.* **finances** *(money available)* fondos *mpl.*

fi·nan·cial [faɪ'nænʃəl] *adj.* financiero **financial year** ejercicio, año fiscal.

find [faɪnd] *n.* **1** *(act, thing found)* hallazgo ◇ *tr. pt. & pp.* **found** [faʊnd] **1** *(locate)* encontrar, hallar **2** *(discover)* descubrir, encontrar **3** *(exist)* hallarse, encontrarse, existir **4** *(obtain, get)* encontrar **5** *(think, consider)* encontrar, parecer **6** *(become aware, realize)* encontrar, darse cuenta **7** *(end up, arrive at, reach)* ir a parar a, llegar a 8 JUR declarar **all found** todo incluido **to find fault with** criticar **to find it in one's heart to do something** tener el valor de hacer algo **to find one's way about/around** (town, etc.) orientarse (office, etc.) familiarizarse **to find oneself** (gen) encontrarse, verse (true self) encontrarse a sí mismo **to find out for oneself** averiguarlo por sus propios medios.

to find out tr. sep. 1 (enquire) preguntar, averiguar (discover) descubrir, enterarse de 2 (rumble) calar, pillar, descubrir el juego ◇ intr. 1 (enquire) informarse (about, sobre), averiguar 2 (discover) enterarse (about, de), (llegar a) saber.

find·er ['faɪndəʳ] n. descubridor.

find·ing ['faɪndɪŋ] n. 1 (of inquiry) conclusión f, resultado 2 JUR fallo, veredicto **NOTA:** Se usa en plural con el mismo significado.

fine¹ [faɪn] adj. 1 (thin - hair, thread, sand, rain) fino 3 (subtle) sutil, delicado 4 (high-quality) excelente 5 (metals) puro, refinado 6 (weather) bueno 7 (healthy) bien 8 [fam. use] (all right) bien 9 iron. (terrible) menudo ◇ adv. 1 (in small bits) fino, finamente 2 [fam. use] (very well) muy bien, a la perfección **to cut it fine** dejar algo para muy tarde **fine arts** bellas artes fpl. **fine print** letra menuda.

fine² [faɪn] n. (punishment) multa ◇ tr. multar, poner una multa.

fine·ly ['faɪnlɪ] adv. 1 (very thin, in small bits) fino, finamente 2 (well, splendidly) elegantemente 3 (with precision, subtly) delicadamente, minuciosamente.

fin·ger ['fɪŋgəʳ] n. dedo ◇ tr. 1 (touch) tocar pej. manosear **to be all fingers and thumbs** ser torpe **to have a finger in every pie** estar metido en todo **to have green fingers** tener buena mano para las plantas **to have one's finger on the pulse** estar al corriente de lo que sucede **to lay a finger on somebody/something** tocar a alguien/algo **to lift a finger/raise a finger** mover un dedo **to point the finger at somebody** señalar a alguien con el dedo **to put one's finger on something** dar en el clavo, poner el dedo en la llaga.

fin·ger·nail ['fɪŋgəneɪl] n. uña.

fin·ger·print ['fɪŋgəprɪnt] n. huella digital.

fin·ger·tip ['fɪŋgətɪp] n. punta del dedo, yema del dedo.

fin·ish ['fɪnɪʃ] n. 1 fin m. final m. conclusión f. 2 SP llegada 3 (for surface) acabado ◇ tr. 1 (end) acabar, terminar 2 (consume the remainder of) acabar (off, -), terminar (off, -) 3 (complete) acabar (off, -), terminar (off, -) 4 [fam. use] (exhaust) agotar (off, -), acabar con ◇ intr. 1 (end) acabar, terminar 2 SP llegar **to the finish** hasta el final **close finish** SP final m. muy reñido.

to fin·ish off tr. sep. [fam. use] (kill) rematar, despachar, acabar con.

to fin·ish with tr. insep 1 acabar con 2 (person) romper con.

fin·ished ['fɪnɪʃt] adj. 1 (ended) acabado 2 (properly made, completed) acabado.

fin·ish·ing ['fɪnɪʃɪŋ] adj. final **finishing line** (línea de) meta **finishing school** escuela privada de modales para señoritas.

fi·nite ['faɪnaɪt] adj. finito.

Fin·land ['fɪnlənd] n. Finlandia.

Finn [fɪn] n. (person) finlandés.

Finn·ish ['fɪnɪʃ] adj. finlandés ◇ n. (language) finlandés m. ◇ npl. **the Finnish** los finlandeses mpl.

fire ['faɪəʳ] n. 1 (gen) fuego 2 (blaze) incendio, fuego 3 (heater) estufa 4 MIL fuego 5 (strong emotion)

ardor m. pasión f, entusiasmo ◇ tr. 1 (weapon) disparar (rocket) lanzar 2 (questions, etc.) disparar, bombardear 3 (pottery) cocer 4 fig. use (stimulate) inflamar, enardecer, excitar, exaltar 5 [fam. use] (dismiss) despedir ◇ intr. 1 (shoot) disparar (at, sobre), hacer fuego 2 AUTO encenderse ◇ interj. ¡fuego! **fire away!** ¡va! ¡adelante! **to be on fire** estar ardiendo, estar en llamas **to be under fire** ser atacado **to come under fire** fig. use ser criticado **to catch fire** incendiarse, encenderse **to open fire** abrir fuego **to play with fire** jugar con fuego **to set fire to something/set something on fire** prender fuego a algo, incendiar algo **fire alarm** alarma de incendios **fire department** cuerpo de bomberos, los bomberos mpl. **fire drill** simulacro de incendio **fire engine** camión m. de bomberos **fire escape** escalera de incendios **fire exit** salida de emergencia **fire extinguisher** extintor m. **fire fighter** bombero mf. **fire hydrant** boca de incendio **fire station** parque m. de bomberos.

fire·arm ['faɪərɑːm] n. arma de fuego.

fire·crack·er ['faɪəkrækəʳ] n. petardo.

fire·fight·er ['faɪəfaɪtəʳ] n. bombero mf.

fire·fight·ing ['faɪəfaɪtɪŋ] n. tareas fpl. de extinción.

fire·fly ['faɪəflaɪ] n. pl. **fireflies** luciérnaga.

fire·place ['faɪəpleɪs] n. 1 (structure) chimenea 2 (hearth) hogar m.

fire·proof ['faɪəpruːf] adj. incombustible.

fire·wood ['faɪəwʊd] n. leña.

fire·works ['faɪəwɜːks] npl. 1 fuegos mpl. artificiales, fuegos mpl. de artificio 2 fig. use escándalo m. sing.

fir·ing ['faɪərɪŋ] n. tiroteo **firing line** línea de fuego **firing squad** pelotón m. de fusilamiento.

firm¹ [fɜːm] n. (business) empresa.

firm² [fɜːm] adj. 1 (strong, solid, steady) firme, sólido 2 (definite, not changing) firme, en firme 3 (strict, strong) duro 4 FIN (steady) firme, estable.

firm·ly ['fɜːmlɪ] adv. firmemente, con firmeza.

first [fɜːst] adj. primero ◇ adv. 1 (before anything else) primero 2 (for the first time) por primera vez 3 (in first place) primero, en primer lugar 4 (in preference to) antes ◇ n. la primera vez ◇ pron. el primero, la primera, lo primero ◇ n. (gear) primera **at first** al principio **at first sight** a primera vista **to come first** (in race) llegar el primero (in order) estar primero **first come, first served** el que llega primero tiene prioridad **first of all** en primer lugar **first things first** lo primero es lo primero **from first to last** de principio a fin, desde el principio hasta el final **first aid** primeros auxilios mpl. **first class** primera clase f. **First Communion** primera comunión f. **first floor** planta baja **First Lady** Primera Dama **first name** nombre m. de pila **first night** estreno **first person** LING primera persona **First World War** Primera Guerra Mundial.

first-aid [fɜːst'eɪd] adj. de primeros auxilios **first-aid kit** botiquín m.

first-born ['fɜːstbɔːn] adj. primogénito ◇ n. primogénito.

first-class ['fɜːstklɑːs] adj. 1 de primera clase 2 fig. use de primera, excelente ◇ adv. en primera.

first-hand [fɜːst'hænd] adj. de primera mano ◇ adv. de primera mano, directamente.

first·ly ['fɜːstlɪ] adv. en primer lugar, ante todo.

fis·cal ['fɪskəl] adj. fiscal **fiscal year** año fiscal.

fish [fɪʃ] n. pl. **fish** o **fishes** 1 pez m. 2 CULIN pescado ◇ tr. pescar en ◇ intr. pescar (for, -) **like a fish out of water** como pez fuera del agua, *como gallo en corral ajeno* **there are plenty of other fish in the sea** hay mucho más donde elegir **fish shop** pescadería **fish slice** pala de cocina **fish tank** pecera.

to fish for *tr. insep* buscar.

to fish out *tr. sep.* sacar.

fish bowl ['fɪʃbəʊl] *n.* pecera.

fish·er·man ['fɪʃəmən] *n. pl.* **fishermen** pescador *m.*

fish·hook ['fɪʃhʊk] *n.* anzuelo.

fish·ing ['fɪʃɪŋ] *n.* pesca **to go fishing** ir de pesca **fishing line** sedal *m.* **fishing net** red *f.* de pesca **fishing rod** caña de pescar.

fish·net ['fɪʃnet] *n.* **1** red *f.* de pesca **2** *(mesh fabric)* red *f.*

fis·sion ['fɪʃən] *n.* fisión *f.*

fis·sure ['fɪʃə ʳ] *n.* fisura, grieta.

fist [fɪst] *n.* puño.

fist·ful ['fɪstfʊl] *n.* puñado.

fit¹ [fɪt] *n.* **1** MED ataque *m.* acceso **2** *(of laughter)* arrebato, ataque *m.* *(of rage, panic)* arranque *m.* arrebato **to be in fits (of laughter)** desternillarse de risa, troncharse de risa **to give somebody a fit** darle un susto a alguien **to have a fit/throw a fit** darle un ataque a uno.

fit² [fɪt] *adj. comp.* **fitter**, *superl.* **fittest 1** *(suitable, appropriate)* adecuado, apto, apropiado *(qualified for)* capacitado hábil, capaz *(worthy, deserving)* digno* **2** *(in good health)* sano, bien de salud, en (plena) forma *(physically)* en forma **3** *(fam. use) (ready)* a punto de ⋄ *tr. pt. & pp.* **fitted**, *ger.* **fitting 1** *(be right size for)* sentar bien, quedar bien, ir bien a **2** *(try (clothing) on somebody)* probar **3** *(key)* abrir **4** *(install)* instalar, poner, colocar **5** *fig. use (be appropriate)* cuadrar con, corresponder a, responder a **6** *(adapt)* ajustar, adaptar, adecuar *(make suitable)* capacitor ⋄ *intr.* **1** *(be right size/shape)* sentar bien, ir bien **2** *(be of right size in space)* caber, encajar, ajustar **3** *(be right)* cuadrar, corresponder, encajar **to fit somebody like a glove** irle a alguien como un guante **to be fit to do something** estar en condiciones de hacer algo **to see fit/think fit** estimar conveniente, parecer conveniente.

to fit in *intr.* **1** *(get on)* llevarse bien, integrarse **2** *(suit)* encajar *(harmonize)* pegar, quedar bien *(tally)* cuadrar *tr. sep.* **1** *(physically)* hacer sitio para, meter **2** *(in timetable)* hacer un hueco para, tener tiempo para **3** *(harmonize)* encajar, cuadrar.

fit·ness ['fɪtnəs] *n.* **1** *(health)* buena forma física, buen estado físico **2** *(suitability)* capacidad *f.* (for, para).

fit·ted ['fɪtɪd] *adj. (cupboard)* empotrado *(room)* amueblado *(clothes)* entallado.

fit·ting ['fɪtɪŋ] *adj. (appropriate, proper)* apropiado, adecuado ⋄ *n.* SEW prueba *f.* ⋄ *npl.* **fittings 1** *(accesories)* accesorios *mpl.* **2** *(furnishings)* muebles, cortinas y alfombras.

five [faɪv] *n.* cinco ⋄ *adj.* cinco **five o'clock shadow** sombra de barba **NOTA:** Ver también **six**.

five-a-side ['faɪvə'saɪd] También *five-a-side football n.* fútbol sala *m.* futbito.

fix [fɪks] *n.* **1** *(fam. use) (difficult situation)* apuro, aprieto **2** *(position of ship, aircraft)* posición *f.* **3** *(dishonest arrangement)* tongo *f.* [sl.] *(of drugs)* dosis *f.* chute *m.* pico ⋄ *tr.* **1** *(fasten)* fijar, sujetar **2** *fig. use (stick)* fijar, grabar **3** *(direct - eyes, attention)* fijar, clavar, poner **4** *(decide)* decidir *(date, meeting, etc.)* fijar **5** *(organize)* arreglar, organizar **6** *(dishonestly)* amañar **7** *(repair)* arreglar **8** *(prepare)* preparar **9** *(tidy)* arreglar **10** *(photo)* fijar.

to fix on *tr. insep* *(decide, select - person)* decidir, optar por, escoger *(- date)* fijar.

to fix up *tr. sep.* **1** *(accommodate, provide with)* proveer (with, de), conseguir **2** *(organize)* arreglar, organizar *(repair, redecorate)* arreglar *(install)* poner.

fix·a·tion [fɪk'seɪʃən] *n.* obsesión *f.*, idea fija.

fixed [fɪkst] *adj.* **1** *(set)* fijo **2** *(dishonestly)* amañado **of no fixed address** sin domicilio fijo **fixed costs** gastos *mpl.* generales.

fix·ed·ly ['fɪksədlɪ] *adv.* fijamente.

fix·ture ['fɪkstʃə ʳ] *n.* SP encuentro ⋄ *npl.* **fixtures** *(furniture)* muebles *mpl.* empotrados.

fizz [fɪz] *n.* burbujeo, efervescencia ⋄ *intr.* burbujear.

fiz·zy ['fɪzɪ] *adj. comp.* **fizzier**, *superl.* **fizziest** *(gen)* gaseoso, con gas *(wine)* espumoso.

fjord [fɪ'ɔːd] *n.* fiordo.

flag¹ [flæg] *n.* **1** *(gen)* bandera **2** MAR pabellón *m.* **3** *(for charity)* banderita ⋄ *tr. pt. & pp.* **flagged**, *ger.* **flagging 1** *(put up flags)* decorar con banderas **2** *(mark)* señalar **to fly the flag/show the flag/wave the flag** hacer acto de presencia **to keep the flag flying** mantener el pabellón alto.

flag² [flæg] *intr. pt. & pp.* **flagged**, *ger.* **flagging 1** *(lose strength)* decaer, flaquear, languidecer **2** *(plants)* marchitarse.

flag·pole ['flægpəʊl] *n.* asta de bandera.

flair [fleə ʳ] *n.* talento, don *m.* facilidad *f.*

flake [fleɪk] *n.* **1** *(of snow, oats)* copo **2** *(of skin, soap)* escama **3** *(of paint)* desconchón *m.* trozo desprendido.

to flake out *intr. (collapse)* caer rendido.

flam·boy·ance [flæm'bɔɪəns] *n.* extravagancia.

flam·boy·ant [flæm'bɔɪənt] *adj.* llamativo, extravagante.

flame [fleɪm] *n.* **1** llama **2** *fig. use (intense feeling)* llama ⋄ *intr.* **1** *(burn)* arder **2** *(glow, shine)* brillar, encenderse **3** *(become angry)* montar en cólera.

flame-proof ['fleɪmpruːf] *adj.* a prueba de fuego.

flame-throw·er ['fleɪmθrəʊə ʳ] *n.* lanzallamas *m.*

flam·ing ['fleɪmɪŋ] *adj.* **1** *(burning)* en llamas *(glowing)* ardiente **2** *(color)* encendido **3** *(passionate, violent)* apasionado, violento, ardiente **4** *(fam. use) (damn)* maldito, condenado.

fla·min·go [flə'mɪŋgəʊ] *n. pl.* **flamingos** o **flamingoes** flamenco.

flam·ma·ble ['flæməbəl] *adj.* inflamable.

flank [flæŋk] *n.* **1** MIL flanco **2** *(of building, mountain, etc.)* lado, falda ⋄ *tr.* flanquear, bordear.

flan·nel ['flænəl] *n.* **1** *(material)* franela **2** *(for face)* toallita **3** *(fam. use) (words)* palabrería.

flap [flæp] *n.* **1** *(of envelope, pocket)* solapa **2** *(of tent)* faldón *m.* **3** *(of plane)* alerón *m.* **4** *(of table)* hoja (abatible) **5** *(action, sound)* aleteo **6** *(fam. use) (panic)* pánico ⋄ *tr. pt. & pp.* **flapped**, *ger.* **flapping 1** *(wings)* batir *(arms)* agitar ⋄ *intr.* **1** *(wings)* aletear **2** *(flag, sails)* ondear **3** *(fam. use)* inquietarse.

flare [fleə ʳ] *n.* **1** *(flame)* llamarada **2** *(signal)* bengala ⋄ *intr.* **1** llamear **2** *fig. use* estallar, encenderse.

to flare up *intr. (blow up, erupt)* estallar, encenderse *(get angry)* enfadarse, montar en cólera.

flare-up ['fleərʌp] *n.* **1** *(of flame)* llamarada **2** *(of violence)* estallido.

flash [flæʃ] *n.* **1** *(of light)* destello, centelleo *(of lightning)* relámpago **2** *(from firearm)* fogonazo **3** *fig. use* destello, rayo **4** *(photography)* flash *m.* **5** MIL *(patch)* distintivo ⋄ *adj. (fam. use) pej. (showy)* ostentoso, chulo ⋄ *tr.* **1** relampaguear, destellar **2** *fig. use (eyes)* brillar **3** *(dash)* pasar como un rayo **4** *(expose oneself)* exhibirse ⋄ *tr.* **1** *(shine - light)* dirigir, lanzar *(- torch)* encender, dirigir **2** *(communicate with light)* hacer señales con **3** *(transmit mes-*

sage) transmitir 4 *fig. use* (*look, smile*) lanzar 5 (*show quickly*) enseñar rápidamente **in a flash/like a flash** en un instante, como un relámpago, como un rayo **flash card** tarjeta **flash in the pan** triunfo fugaz, éxito pasajero **news flash** flash m. noticia de última hora **flash point** punto álgido.

to flash a·bout/flash a·round *tr. sep.* hacer ostentación de.

to flash back *intr.* CINEM retroceder.

flash·back ['flæʃbæk] *n.* escena retrospectiva, flashback m.

flash·light ['flæʃlaɪt] *n.* **1** (*torch*) linterna **2** (*photo*) flash m.

flask [flɑːsk] *n.* **1** frasco **2** CHEM matraz m. **(ther·mos) flask** termo.

flat [flæt] *adj. comp.* **flatter**, *superl.* **flattest 1** (*level, even*) llano, plano (*smooth*) liso **2** (*shallow*) llano **3** (*shoes*) sin tacón **4** (*tire, ball, etc.*) desinflado **5** (*battery*) descargado **6** (*drink*) sin gas **7** *fig. use* (*dull*) monótono, soso **8** (*having single price*) fijo **9** (*firm, absolute, categorical*) rotundo **10** (*exact*) justo **11** MUS (*key*) bemol (*voice, instrument*) desafinado ◇ *n.* **1** (*plain*) llano, llanura **2** (*of hand*) palma **3** MUS bemol m. **4** (*tire*) pinchazo ◇ *adv.* **1** (*completely*) categóricamente **2** MUS desafinadamente **3** (*exactly*) exactamente ◇ *npl.* **flats** (*low level plain*) llano *sing.* **as flat as a pancake** liso como la palma de la mano **flat broke** sin blanca **to fall flat** (*joke, etc.*) caer mal, no hacer gracia **to fall flat on one's face** caer de bruces **to go flat out** ir a toda pastilla, ir a todo gas **to lay flat** estirar, extender **to play flat/sing flat** desafinar **mud flats** marismas *fpl.*

flat-foot·ed ['flæt'fʊtɪd] *adj.* **1** (*having flat feet*) que tiene los pies planos **2** (*clumsy*) torpe, patoso.

flat·ly ['flætlɪ] *adv.* **1** (*categorically*) categóricamente, rotundamente **2** (*voice*) con voz monótona.

flat·ten ['flætən] *tr.* **1** (*make flat*) allanar, aplanar (out, -) (*smooth*) alisar **2** (*crush*) aplastar (*knock down*) derribar, tumbar (*knock over*) atropellar **3** *fig. use* (*defeat*) desconcertar ◇ *intr.* **1** allanarse, aplanarse (out, -).

flat·ter ['flætəʳ] *tr.* **1** (*praise*) halagar, adular **2** (*give pleasure*) halagar **3** (*suit*) favorecer **4** (*believe*) felicitarse, preciarse de (*delude oneself*) hacerse ilusiones.

flat·ter·er ['flætərəʳ] *n.* adulador.

flat·ter·ing ['flætərɪŋ] *adj.* **1** (*words*) lisonjero, halagüeño **2** (*clothes, etc.*) favorecedor.

flat·ter·y ['flætərɪ] *n.* adulación f, halagos *mpl.*

fla·vor ['fleɪvəʳ] *n.* **1** sabor m. gusto **2** *fig. use* atmósfera ◇ *tr.* sazonar, condimentar (with, con).

fla·vor·ing ['fleɪvərɪŋ] *n.* condimento **artificial flavoring** aromatizante m. artificial.

flaw [flɔː] *n.* **1** (*fault - in material, product, etc.*) defecto, desperfecto, tara, fallo **2** (*failing - in character*) defecto (*- in argument*) error m.

flawed [flɔːd] *adj.* **1** (*product, etc.*) defectuoso **2** (*argument*) erróneo.

flaw·less ['flɔːləs] *adj.* sin defecto, impecable, perfecto.

flea [fliː] *n.* pulga **flea collar** collar m. antipulgas **flea market** rastro, mercadillo.

flee [fliː] *tr. pt. & pp.* **fled** [fled] (*run away*) huir de ◇ *intr.* **1** (*run away, escape*) huir **2** (*vanish*) desaparecer.

fleet [fliːt] *n.* **1** (*of ships*) flota **2** (*of vehicles*) flota, parque m. móvil.

fleet·ing ['fliːtɪŋ] *adj.* fugaz, breve, efímero.

flesh [fleʃ] *n.* **1** (*of animals*) carne f. **2** (*of fruit*) carne f, pulpa **in the flesh** *fig. use* la carne f. **in the flesh** en persona, en carne y hueso **to make** **somebody's flesh creep** ponerle a alguien la piel de gallina **flesh and blood** carne f. y hueso.

to flesh out *tr. sep.* (*add more details*) desarrollar.

flew [fluː] *pt.* VER: fly.

flex·i·bil·i·ty [fleksɪ'bɪlɪtɪ] *n.* flexibilidad f.

flex·i·ble ['fleksəbəl] *adj.* flexible.

flick [flɪk] *n.* **1** (*jerk*) movimiento rápido, movimiento brusco **2** (*of fingers*) capirotazo (*of whip*) latigazo, chasquido (*of tail*) coletazo **3** (*of pages*) hojeada ◇ *tr.* **1** (*with finger*) dar un capirotazo a **2** (*switch*) dar al interruptor **3** (*whip*) chasquear, dar con el látigo (*tail*) dar un coletazo **4** (*remove*) sacudirse.

to flick a·way *tr. sep.* quitar, sacudirse.

to flick through *tr. insep* hojear.

fli·er ['flaɪəʳ] *n.* **1** (*pilot*) aviador **2** (*bird, insect, etc.*) volador **3** (*leaflet*) folleto.

flight [flaɪt] *n.* **1** (*journey by air*) vuelo **2** (*path*) trayectoria **3** (*flock of birds*) bandada **4** (*of stairs*) tramo **5** (*escape*) huida, fuga **to be in full flight** (*escaping*) huir (*speaking*) estar en pleno discurso **to take flight** (*escape*) darse a la fuga (*fly*) emprender el vuelo **flight attendant** auxiliar mf. de vuelo **flight deck** cubierta de vuelo **flight of fancy** fantasía, sueño, ilusión f. **flight path** ruta **flight recorder** caja negra **flight simulator** simulador m. de vuelo **in-flight service** servicio a bordo.

flim·sy ['flɪmzɪ] *adj. comp.* **flimsier**, *superl.* **flimsiest 1** (*thin*) fino, ligero **2** (*structure*) poco sólido **3** *fig. use* (*unconvincing*) flojo, pobre, poco convincente.

fling [flɪŋ] *n.* **1** (*throw*) lanzamiento **2** (*wild time*) juerga **3** (*affair*) aventura (amorosa), romance m. ◇ *tr. pt. & pp.* **flung** [flʌŋ] **1** (*throw*) arrojar, tirar, lanzar **2** (*move*) echar, lanzar **3** (*say*) lanzar **to fling oneself at somebody** arrojarse sobre alguien **to fling oneself into something** entregarse a algo.

to fling out *tr. sep.* (*thing*) tirar (*person*) echar, expulsar.

flip [flɪp] *n.* **1** (*light blow*) golpecito **2** (*somersault*) voltereta (en el aire) ◇ *adj.* (*fam. use*) (*flippant*) frívolo, poco serio ◇ *tr. pt. & pp.* **flipped**, *ger.* **flipping 1** (*toss - gen*) echar, tirar al aire (*- coin*) echar a cara o cruz **2** (*switch*) dar a **3** (*turn over*) dar la vuelta a ◇ *intr.* (*fam. use*) (*get angry*) perder los estribos (*go mad*) volverse loco **to flip open** abrir de golpe **flip side** cara B.

to flip through *tr. insep* echar un vistazo a.

flip-flop ['flɪpflɒp] *n.* chancla.

flirt [flɜːt] *n.* **1** coqueto, ligador ◇ *intr.* (*coquette*) flirtear (with, con), coquetear (with, con) **to flirt with an idea** acariciar una idea **to flirt with death** jugar con la muerte.

flir·ta·tion [flɜː'teɪʃən] *n.* coqueteo, flirteo.

flir·ta·tious [flɜː'teɪʃəs] *adj.* coqueto, ligador.

flit [flɪt] *n.* (*escape*) escapada ◇ *intr. pt. & pp.* **flitted**, *ger.* **flitting** (*birds, insects*) revolotear, volar (*people*) mover.

float [fləʊt] *n.* **1** (*for fishing*) boya, flotador m. **2** (*swimming*) flotador m. **3** (*of aircraft*) pontón m. flotador m. **4** (*vehicle - in procession*) carroza (*- for delivery*) furgoneta **5** (*money*) cambio **6** (*plasterer's tool*) llana ◇ *intr.* (*gen*) flotar ◇ *tr.* **1** poner a flote, hacer flotar **2** FIN (*company*) lanzar a bolsa (*shares*) emitir (*currency*) dejar flotar **3** (*suggest, present*) sugerir.

to float about/float around *intr.* **1** (*rumor*) circular (*object*) estar **2** (*do nothing*) holgazanear.

flock¹ [flɒk] *n.* **1** (*of sheep, goats*) rebaño (*of birds*) bandada **2** (*fam. use*) (*crowd*) multitud f, tropel m. **3** REL grey f. rebaño.

flock[2] [flɔk] n. 1 *(material)* borra 2 *(stuffing)* relleno.

flood [flʌd] n. 1 *(overflow of water)* inundación f. 2 *(of river)* riada 3 *fig. use (great quantity)* torrente m. avalancha, diluvio ⋄ tr. *(gen)* inundar, anegar *(engine)* ahogar 2 *fig. use (with calls, applications, etc.)* llover, inundar (with, de) ⋄ intr. 1 *(river)* desbordarse 2 *fig. use (cover, fill)* invadir, inundar **to be in floods of tears** *llorar a mares*.

flood·gate [flʌdgeɪt] n. compuerta **to open the floodgates** *abrir las compuertas*.

flood·ing [flʌdɪŋ] n. inundación f.

flood·light [flʌdlaɪt] n. foco ⋄ tr. iluminar con focos.

floor [flɔː*] n. 1 *(surface)* suelo 2 GEOG fondo 3 *(storey)* piso, planta 4 *(dance)* pista ⋄ tr. 1 *(provide with floor)* solar, entarimar (with, de) 2 *(knock down)* derribar, tumbar 3 *fig. use (confuse, defeat)* apabullar, desconcertar, dejar perplejo ⋄ n. **the floor** POL la sala, el hemiciclo **to have the floor** *tener la palabra* **to hold the floor** *tener la palabra durante mucho rato* **to take the floor** *(get up to speak)* tomar la palabra, hacer uso de la palabra *(get up to dance)* salir a bailar.

floor·board [flɔːbɔːd] n. tabla (del suelo).

floor·ing [flɔːrɪŋ] n. suelo, pavimento.

flop [flɒp] n. *[fam. use]* fracaso ⋄ intr. pt. & pp. **flopped**, ger. **flopping** 1 *(fall clumsily)* abalanzarse, arrojarse (into, en) *(sit or lie clumsily)* tumbarse, dejarse caer 2 *[fam. use] (fail)* fracasar.

flo·ra [flɔːrə] n. flora.

flo·ral [flɔːrəl] adj. floral.

flo·rist [flɒrɪst] n. florista mf. **florist's (shop)** *floristería*.

flo·ta·tion [fləʊteɪʃən] n. FIN *(of shares)* emisión f.

flour [flaʊə*] n. harina ⋄ tr. enharinar.

flour·ish [flʌrɪʃ] n. 1 *(gesture)* ademán m. gesto teatral, gesto exagerado 2 *(signature)* rúbrica *(of pen)* plumada 3 MUS *(guitar)* floreo *(fanfare)* toque m. de trompeta *(singing)* floritura ⋄ tr. *(wave about)* agitar, blandir ⋄ intr. 1 *(be successful)* florecer, prosperar 2 *(plant)* crecer bien.

flour·ish·ing [flʌrɪʃɪŋ] adj. floreciente, próspero.

flow [fləʊ] n. 1 *(gen)* flujo 2 *(of river)* corriente f. 3 *(of traffic)* circulación f. 4 *(of words)* torrente m. 5 *(of people, goods)* afluencia 6 *(of capital)* movimiento 7 *(of tide)* flujo ⋄ intr. 1 *(move freely - liquid, river, blood)* fluir, discurrir, correr 2 *(pour out - blood)* manar *(- tears)* correr 3 *(tide)* subir 4 *(traffic)* circular *(electricity)* fluir 5 *(speech, writing, thoughts)* fluir 6 *(hair, clothes)* ondear 7 *(be available, abound)* abundar (with, -) ▪ **flow chart** *organigrama m. diagrama m. de flujo*.

flow·er [flaʊə*] n. flor f. ⋄ intr. florecer **to be in flower** *estar en flor, estar florido* **to come into flower** *florecer* ▪ **flower show** *exposición f. de flores*.

flow·er·pot [flaʊəpɒt] n. maceta.

flow·ing [flaʊɪŋ] adj. 1 *(liquid)* que fluye 2 *(style)* fluido, suelto 3 *(dress)* de mucho vuelo.

flown [fləʊn] pp. VER: fly.

flu [fluː] n. gripe f.

fluc·tu·ate [flʌktjʊeɪt] intr. fluctuar, variar.

fluc·tu·a·tion [flʌktjʊeɪʃən] n. fluctuación f, variación f.

flu·en·cy [fluːənsɪ] n. 1 fluidez f. 2 *(of language)* dominio (in, de).

flu·ent [fluːənt] adj. 1 *(gen)* fluido 2 *(language)* fluido **to be fluent** *dominar*.

flu·ent·ly [fluːəntlɪ] adv. con soltura.

fluff [flʌf] n. 1 *(down, material)* pelusa, lanilla *[fam. use]* *(mistake, blunder)* pifia, fallo ⋄ tr. *[fam. use]* *(do badly, fail)* hacer mal.

fluff·y [flʌfɪ] adj. comp. **fluffier**, superl. **fluffiest** 1 *(feathery)* mullido 2 *(toys)* de peluche 3 *(light, airy)* esponjoso.

flu·id [fluːɪd] adj. 1 *(not solid)* fluido, líquido 2 *(smooth, graceful)* natural, con soltura 3 *(not fixed)* flexible ⋄ n. fluido, líquido.

flung [flʌŋ] pt. & pp. VER: fling.

fluo·res·cence [flʊəresəns] n. fluorescencia.

fluo·res·cent [flʊəresənt] adj. fluorescente ▪ **fluorescent light/lamp** *fluorescente m.*

flush[1] [flʌʃ] adj. **flush with** *(level)* al mismo nivel que, alineado con.

flush[2] [flʌʃ] n. 1 *(blush)* rubor m. 2 *(of emotion)* acceso, arrebato 3 *(of toilet)* cisterna ⋄ tr. 1 *(cause to blush)* ruborizar, sonrojar 2 *(clean)* limpiar con agua 3 *(toilet)* tirar (de) la cadena ⋄ intr. 1 *(blush)* ruborizarse 2 *(toilet)* funcionar.
  to flush out tr. sep. *(enemy)* hacer salir.

flushed [flʌʃt] adj. 1 *(excited)* emocionado (with, por) 2 *(blushing)* sonrojado.

flute [fluːt] n. flauta ⋄ tr. ARCH acanalar.

flut·ter [flʌtə*] n. 1 *(excitement)* agitación f, emoción f. 2 *(of wings)* aleteo 3 *(of eyelashes)* pestañeo 4 *[fam. use] (bet)* apuesta 5 *(of aircraft)* vibración f. ⋄ tr. 1 *(eyelashes)* parpadear 2 *(wings)* aletear ⋄ intr. 1 *(flag)* ondear 2 *(wings)* aletear 3 *(flit)* revolotear 4 *(heart)* palpitar.

flux [flʌks] n. 1 *(flow)* flujo 2 *(instability)* inestabilidad f. **to be in a state of flux** *estar cambiando constantemente*.

fly[1] [flaɪ] intr. pt. **flew** [fluː], pp. **flown** [fləʊn], ger. **flying** 1 volar 2 *(go by plane)* ir en avión 3 *(flag, hair)* ondear 4 *(sparks)* saltar 5 *(rush, move quickly)* irse volando, irse a toda prisa 6 *(time)* volar, pasar volando ⋄ tr. 1 *(plane)* pilotar 2 *(send by plane)* transportar 3 *(travel over)* sobrevolar 4 *(kite)* hacer volar 5 *(flag)* enarbolar, izar 6 *(flee)* huir *(from, de)*, salir de, abandonar ⋄ n. 1 *(of tent)* doble techo ⋄ npl. **flies** 1 *(on trousers)* bragueta f. sing. 2 *(theater)* telar m. sing. **to fly in the face of something** *burlarse de algo* **to fly into a rage/fly into a temper** *ponerse furioso, montar en cólera, subirse por las paredes* **to send somebody flying** *mandar a alguien por los aires* **fly sheet** *doble techo*.
  to fly a·way intr. *irse volando*.
  to fly off intr. *(bird, etc.)* emprender el vuelo, levantar el vuelo *(object)* volar.

fly[2] [flaɪ] n. pl. **flies** mosca **not to hurt a fly** *ser incapaz de matar una mosca* **to drop/fall like flies** *caer como moscas* ▪ **fly spray** *spray m. matamoscas, matamoscas m. insecticida* ▪ **fly in the ointment** *dificultad f, problema m.*

fly·ing [flaɪŋ] n. 1 AV aviación f. 2 *(action)* vuelo ⋄ adj. 1 *(soaring)* volante *(animal, machine)* volador, que vuela 2 *(quick)* rápido **to do something with flying colors** *salir airoso de algo* **to get off to a flying start** *empezar con buen pie* **to take a flying jump** *tomar impulso y saltar* ▪ **flying doctor** *médico que viaja en avión* ▪ **flying fish** *pez m. volador* ▪ **flying saucer** *platillo volante* ▪ **flying visit** *visita relámpago*.

FM [efem] abbr. *(Frequency Modulation)* frecuencia modulada f.

foam [fəʊm] n. espuma ⋄ intr. 1 *(liquid)* hacer espuma 2 *(person)* echar espumarajos, espumajear ▪ **foam rubber** *gomaespuma*.

fo·cal [fəʊkəl] adj. focal ▪ **focal distance** *distancia focal* ▪ **focal point** *centro, foco*.

fo·cus [fəʊkəs] n. pl. **focuses** o **foci** 1 foco 2 *(center)* centro ⋄ tr. pt. & pp. **focused** o **focussed**, ger.

focussing o **focusing 1** *(camera, etc.)* enfocar (on, -) **2** *fig. use (concentrate)* fijar (on, en), centrar (on, en) ◇ *intr.* **1** *(camera, eyes, etc.)* enfocar (on, -), fijar (on, en) **2** *(concentrate)* centrarse, concentrarse (on, en) **in focus** enfocado **out of focus** desenfocado.

fog [fɒg] *n.* niebla ◇ *tr. pt. & pp.* **fogged,** *ger.* **fogging 1** *(mirror, etc.)* empañar **2** *(photo)* velar **3** *fig. use* complicar ◇ *intr.* empañarse (up/over, -).

fog·gy [ˈfɒgɪ] *adj. comp.* **foggier,** *superl.* **foggiest 1** de niebla **2** *(confused)* confuso **not to have the foggiest idea** no tener la más mínima idea.

fog·horn [ˈfɒghɔːn] *n.* sirena de niebla.

foil¹ [fɔɪl] *tr.* *(prevent, frustrate)* frustrar.

foil² [fɔɪl] *n.* **1** *(metal paper)* hoja de metal, papel m. de aluminio **2** *(contrast)* contraste m. **tin foil** papel m. de estaño.

fold¹ [fəʊld] *n.* *(for sheep)* redil m. aprisco m.

fold² [fəʊld] *n.* **1** *(crease)* pliegue m. doblez m. **2** GEOG pliegue m. ◇ *tr.* **1** doblar, plegar (up, -) **2** *(wrap)* envolver ◇ *intr.* **1** doblarse, plegarse **2** *(go bankrupt)* quebrar **to fold one's arms** cruzar los brazos.

to fold a·way *intr.* plegarse.

to fold up *intr.* *(collapse - person)* doblarse (- business)* fracasar, quebrar.

fold·er [ˈfəʊldəʳ] *n.* carpeta.

fo·li·age [ˈfəʊlɪɪdʒ] *n.* *[fml. use]* follaje m.

folk [fəʊk] *npl.* gente f. *[sing.* ◇ *adj.* popular ◇ *npl.* **folks** *[fam. use] (family)* familia f. *sing.* *(friends)* amigos *mpl.* **folk dance** baile m. popular, baile m. tradicional **folk music** música folk **folk singer** cantante *mf.* de música folk **folk song-canción f. tradicional, canción f. folk.

folk·lore [ˈfəʊklɔːʳ] *n.* folclore m.

fol·low [ˈfɒləʊ] *tr.* **1** *(gen)* seguir **2** *(understand)* entender, seguir **3** *(pursue)* perseguir **4** *(advice, example, etc.)* seguir **5** *(take interest in)* seguir, estar al corriente de ◇ *intr.* **1** *(gen)* seguir **2** *(understand)* entender **3** *(be logical)* resultar, derivarse **as follows** como sigue, así **to follow in somebody's footsteps** seguir los pasos a alguien **to follow one's nose** seguir todo recto.

to fol·low through *tr. sep.* *(complete)* llevar a cabo ◇ *tr.* SP acompañar el golpe.

to fol·low up *tr. sep.* **1** *(develop)* profundizar en **2** *(investigate)* investigar.

fol·low·er [ˈfɒləʊəʳ] *n.* seguidor.

fol·low·ing [ˈfɒləʊɪŋ] *adj.* **1** siguiente **2** *(winds, currents)* de cola ◇ *prep.* después de ◇ *n.* *(supporters)* seguidores *mpl.* **the following** lo siguiente m. *sing.* los siguientes *mpl.*

fol·low-up [ˈfɒləʊʌp] *n.* *(sequel)* continuación f. *(further treatment)* seguimiento **follow-up visit** visita de seguimiento.

fond [fɒnd] *adj.* **1** *(loving)* cariñoso **2** *(indulgent)* indulgente **3** *(hope, belief)* vano **to be fond of somebody** tenerle cariño a alguien.

fond·ly [ˈfɒndlɪ] *adv.* **1** *(lovingly)* cariñosamente **2** *(naively)* ingenuamente.

font [fɒnt] *n.* pileta (bautismal).

food [fuːd] *n.* comida, alimento **to be off one's food** no tener apetito **food additive** aditivo *(alimenticio)* **food chain** cadena alimentaria, cadena trófica **food for thought** algo en qué pensar **food poisoning** intoxicación f. alimenticia.

fool [fuːl] *n.* **1** tonto, imbécil *mf.* **2** *(jester)* bufón ◇ *tr.* engañar ◇ *intr.* bromear **a fool and his money are soon parted** a los tontos no les dura el dinero **to be nobody's fool** no dejarse engañar por nadie, no chuparse el dedo **to**

make a fool of somebody poner en ridículo a alguien, dejar a alguien en ridículo **to act the fool/play the fool** hacer el tonto **more fool somebody** peor para alguien.

to fool about/fool around *intr.* **1** *(be stupid)* hacer el tonto, hacer el payaso **2** *(waste time)* perder el tiempo neciamente.

fool·ish [ˈfuːlɪʃ] *adj.* **1** *(silly)* tonto **2** *(stupid)* estúpido *(unwise)* imprudente **3** *(ridiculous)* ridículo.

fool·ish·ness [ˈfuːlɪʃnəs] *n.* tontería, estupidez f.

fool·proof [ˈfuːlpruːf] *adj.* **1** *(plan, method, idea)* infalible **2** *(machine)* seguro.

foot [fʊt] *n. pl.* **feet 1** ANAT pie m. **2** *(measurement)* pie m. **3** *(bottom)* pie m. **4** *(of animal)* pata **in bare feet** descalzo **on foot** a pie **to foot the bill** pagar, pagar la cuenta, correr con los gastos **to be on one's feet** estar de pie **to be on one's feet again** estar recuperado **to drag one's feet** querer echarse atrás, hacerse el remolón **to fall on one's feet/land on one's feet** caer de pie, tener buena suerte **to find one's feet** acostumbrarse, habituarse **to get off on the wrong foot** *[fam. use]* empezar con mal pie **to get to one's feet** levantarse, ponerse de pie, ponerse en pie **to get a foot in the door** abrirse una brecha **to get cold feet** entrarle miedo a uno, dar marcha atrás **to have both feet on the ground** ser realista **to have one foot in the grave** estar con un pie en la tumba **to keep one's feet** mantenerse en pie **to put a foot wrong** equivocarse **to put one's feet up** descansar **to put one's foot down** *[fam. use]* imponerse, ponerse firme **to set foot** pisar **to stand on one's own two feet** ser independiente, valerse por sí mismo **my foot!** ¡qué va!, ¡ni hablar! **foot fault** falta de pie **foot pump** bomba de pie **foot soldier** soldado de infantería.

foot·ball [ˈfʊtbɔːl] *n.* **1** *(game)* futbol m. futbol m. americano **2** *(ball)* balón m. **football ground** campo de futbol **football match** partido de futbol **football player** futbolista *mf.* jugador de futbol.

foot·ball·er [ˈfʊtbɔːləʳ] *n.* futbolista *mf.* jugador de futbol.

foot·bridge [ˈfʊtbrɪdʒ] *n.* puente m. para peatones.

foot·note [ˈfʊtnəʊt] *n.* nota a pie de página.

foot·path [ˈfʊtpɑːθ] *n.* sendero, camino.

foot·print [ˈfʊtprɪnt] *n.* huella, pisada.

foot·step [ˈfʊtstep] *n.* paso, pisada.

foot·wear [ˈfʊtweəʳ] *n.* calzado.

for [fɔːʳ] *prep.* **1** *(intended)* para **2** *(purpose)* para **3** *(destination)* para **4** *(in order to help, on behalf of)* por **5** *(because of, on account of)* por, a causa de **6** *(past time)* durante *(future time)* por *(specific point in time)* para **7** *(distance)* 0 **8** *(in exchange, as replacement of)* por **9** *(in favor of, in support of)* por, a favor de **10** *(despite)* a pesar de, para *(considering, contrast)* para **11** *(as)* de, como, por **12** *(in order to obtain)* para **13** *(representing)* por *(meaning)* de **14** *(as regards, concerning)* por, en cuanto a **15** *(as part of, as reason)* por, para **1** para conj. **16** *[fml. use] literal use* ya que, puesto que **as for me** por mi parte, en cuanto a mí **for all I know** que yo sepa **for all that** a pesar de todo, con todo **for good** para siempre **for the first time** por primera vez.

for·bade [fɔːˈbeɪd] *pt.* VER: forbid.

for·bid [fɔˈbɪd] *tr. pt.* **forbade** [fɔːˈbeɪd], *pp.* **forbidden** [fəˈbɪdən], *ger.* **forbidding 1** *(prohibit)* prohibir **2** *(make impossible)* impedir **God forbid/Heaven forbid** Dios no lo quiera **forbidden fruit** fruta prohibida **forbidden ground** *(place)* lugar m. prohibido *(subject)* tema m. tabú.

for·bid·ding [fə'bɪdɪŋ] adj. (stern) severo (unfriendly) formidable (dangerous) peligroso.

force [fɔːs] n. 1 (strength, power, violence) fuerza 2 PHYS fuerza 3 MIL cuerpo ◇ tr. 1 (oblige) forzar, obligar 2 (break open) forzar 3 (produce unnaturally) forzar 4 (plants) hacer madurar temprano **by force** por la fuerza, a la fuerza **to come into force** entrar en vigor **from force of habit/by force of habit** por la fuerza de costumbre **in force** (people) en gran número (law, rule) en vigor, vigente **to force oneself to do something** hacer un esfuerzo por hacer algo, obligarse a hacer algo **to force somebody into doing something** obligar a alguien a hacer algo.

to force on tr. sep. imponer.

forced [fɔːst] adj. 1 (smile, laugh) forzado 2 (landing) forzoso **forced labor** trabajos mpl. forzados.

force·ful ['fɔːsful] adj. (person, manner) enérgico (speech) contundente (argument) convincente.

force·ful·ly ['fɔːsfulɪ] adv. (act) enérgicamente (speak) convincentemente.

fore·arm ['fɔːrɑːm] n. antebrazo.

fore·bear [fɔː'beəʳ] n. antepasado.

fore·cast ['fɔːkɑːst] n. pronóstico, previsión f. ◇ tr. pt. & pp. **forecast** o **forecasted** pronosticar.

fore·cast·er ['fɔːkɑːstəʳ] n. pronosticador.

fore·fa·thers ['fɔːfɑːðəz] npl. antepasados mpl.

fore·fin·ger ['fɔːfɪŋgəʳ] n. (dedo) índice m.

fore·ground ['fɔːgraund] n. primer plano, primer término.

fore·head ['fɒrɪd, 'fɔːhed] n. frente f.

for·eign ['fɒrɪn] adj. 1 (from abroad) extranjero 2 (dealing with other countries) exterior 3 (strange) ajeno, extraño **foreign affairs** asuntos mpl. exteriores **foreign aid** ayuda exterior **foreign body** cuerpo extraño **foreign currency** divisas fpl. **foreign correspondent** corresponsal mf. extranjero **foreign exchange** divisas fpl. **foreign language** lengua extranjera, idioma m. extranjero **foreign policy** política exterior **foreign trade** comercio exterior.

for·eign·er ['fɒrɪnəʳ] n. extranjero.

fore·man ['fɔːmən] n. pl. **foremen** 1 (of workers) capataz m. 2 (of jury) presidente m. del jurado.

fo·ren·sic [fə'rensɪk] adj. forense.

fore·saw [fɔː'sɔː] pt. VER: foresee.

fore·see [fɔː'siː] tr. pt. **foresaw** [fɔː'sɔː], pp. **foreseen** [fɔː'siːn], ger. **foreseeing** prever.

fore·see·a·ble [fɔː'siːəbəl] adj. previsible **in the foreseeable future** en un futuro inmediato.

fore·seen [fɔː'siːn] pp. VER: foresee.

for·est ['fɒrɪst] n. 1 (gen) bosque m. 2 (jungle) selva ◇ adj. forestal **forest fire** incendio forestal.

for·est·ry ['fɒrɪstrɪ] n. silvicultura, selvicultura.

fore·tell [fɔː'tel] tr. pt. & pp. **foretold** predecir, pronosticar.

fore·thought ['fɔːθɔːt] n. 1 previsión f. 2 JUR premeditación f.

fore·told [fɔː'təuld] pt. & pp. VER: foretell.

for·ev·er [fə'revəʳ] adv. 1 (all the time) siempre 2 (for good) para siempre.

fore·warn [fɔː'wɔːn] tr. prevenir **forewarned is forearmed** hombre prevenido vale por dos.

fore·word ['fɔːwɜːd] n. prólogo.

for·feit ['fɔːfɪt] n. 1 (penalty) pena, multa 2 (in games) prenda ◇ tr. perder, perder (el derecho de).

for·gave [fə'geɪv] pt. VER: forgive.

forge[1] [fɔːdʒ] intr. avanzar, adelantar (se).

forge[2] [fɔːdʒ] n. 1 (apparatus) fragua 2 (smithy) forja ◇ tr. 1 (counterfeit) falsificar 2 (metal) forjar, fraguar 3 fig. use (links, etc.) forjar, formar.

forg·er ['fɔːdʒəʳ] n. falsificador.

forg·er·y ['fɔːdʒərɪ] n. pl. **forgeries** falsificación f.

for·get [fə'get] tr. pt. **forgot** [fə'gɒt], pp. **forgotten** [fə'gɒtən], ger. **forgetting** 1 (gen) olvidar, olvidarse de 2 (leave behind) dejar ◇ intr. olvidarse de, no recordar, descuidar **forget it!** ¡olvídalo!, ¡déjalo! **to forget oneself** fig. use perder el control.

for·get·ful [fə'getful] adj. despistado, olvidadizo.

for·get·ful·ness [fə'getfulnəs] n. (lack of memory) falta de memoria (absentmindedness) despiste m.

for·giv·a·ble [fə'gɪvəbəl] adj. perdonable.

for·give [fə'gɪv] tr. **forgave** 1 (pardon) perdonar 2 (let off debt) perdonar **to forgive and forget** perdonar y olvidar.

for·give·ness [fə'gɪvnəs] n. perdón m.

for·got [fə'gɒt] pt. VER: forget.

for·got·ten [fə'gɒtən] pp. VER: forget.

fork [fɔːk] n. 1 (for eating) tenedor m. 2 AGR horca, horquilla 3 (in road, river, etc.) bifurcación f. ◇ intr. 1 (road, river, etc.) bifurcarse 2 (person, car) torcer, girar ◇ npl. **forks** (on bike) horquilla.

forked [fɔːkt] adj. 1 (road) bifurcado 2 (tongue) bífido **forked lightning** relámpago en zigzag.

form [fɔːm] n. 1 (shape, mode, etc.) forma 2 (kind) clase f, tipo 3 (formality) formas fpl. (behavior) educación f. 4 (physical condition) forma 5 (mood, spirit) humor m. 6 (document) formulario, impreso, hoja 7 EDUC (age group) curso (class) clase f. 8 (bench) banco ◇ tr. 1 (mould) moldear, modelar (make) hacer, formar (character) formar 2 (set up) formar 3 (be, constitute) formar, constituir 4 fig. use (idea) hacerse (impression, opinion) formarse (relationship) hacer (habit) adquirir (plan) concebir ◇ intr. 1 formarse **as a matter of form** por educación, por cortesía **in any shape or form** de cualquier forma **to be on form** estar en forma **to be off form** estar en baja forma **to take form** tomar forma.

for·mal ['fɔːməl] adj. 1 (official) formal, oficial 2 (correct) formal (traditional) tradicional 3 (dress, dinner) de etiqueta 4 (visit) de cumplido 5 (person, language) ceremonioso, formalista 6 (ordered) formal, ordenado.

for·mal·i·ty [fɔː'mælɪtɪ] n. pl. **formalities** (correctness) formalidad f. (convention) ceremonia.

for·mal·ize ['fɔːməlaɪz] tr. 1 (make official) formalizar 2 (make formal) dar carácter formal a.

for·mal·ly ['fɔːməlɪ] adv. 1 (correctly) formalmente 2 (officially) oficialmente.

for·mat ['fɔːmæt] n. formato ◇ tr. pt. & pp. **formatted**, ger. **formatting** COMPUT formatear.

for·ma·tion [fɔː'meɪʃən] n. 1 (gen) formación f, 2 (establishment) creación f.

for·ma·tive ['fɔːmətɪv] adj. formativo.

form·er ['fɔːməʳ] adj. 1 (earlier) antiguo (person) ex 2 (of two) primero ◇ pron. **the former** aquél, aquélla **in former times** en otros tiempos, antiguamente.

form·er·ly ['fɔːməlɪ] adv. (previously) antiguamente, antes.

for·mi·da·ble ['fɔːmɪdəbəl] adj. 1 (impressive) formidable 2 (daunting) temible, imponente 3 (difficult to overcome) enorme.

for·mu·la ['fɔːmjələ] n. pl. **formulas** o **formulae** ['fɔːmjuliː] fórmula **formula one** fórmula uno.

for·mu·late ['fɔːmjəleɪt] tr. formular.

for·mu·la·tion [fɔːmjə'leɪʃən] n. formulación f.

for·sake [fə'seɪk] tr. pt. **forsook** 1 [fml. use] (abandon) abandonar 2 (give up) renunciar a.

fort [fɔːt] n. fuerte m.

forth·com·ing [fɔːθ'kʌmɪŋ] adj. 1 [fml. use] (happening in near future) próximo 2 (available) disponible 3 (communicative) comunicativo, dispuesto a hablar.

F

forth·right ['fɔːθraɪt] adj. 1 (person) franco 2 (speech, action, etc.) directo.

for·ties ['fɔːtiz] npl. the **forties** los años mpl. cuarenta, los cuarenta mpl. **to be in one's forties** tener entre cuarenta y cincuenta años, tener cuarenta y tantos años NOTA: Ver también sixties.

for·ti·eth ['fɔːtiəθ] adj. cuadragésimo ◇ adv. en cuadragésimo lugar ◇ n. (fraction) cuadragésimo (one part) cuadragésima parte f. NOTA: Ver también sixtieth.

for·ti·fi·ca·tion [fɔːtɪfɪ'keɪʃən] n. fortificación f.

for·ti·fy ['fɔːtɪfaɪ] tr. pt. & pp. **fortified**, ger. **fortifying** 1 MIL fortificar 2 (strengthen) fortalecer 3 (wine) fortificar, encabezar (food) enriquecer.

for·ti·tude ['fɔːtɪtjuːd] n. fortaleza, fuerza.

for·tress ['fɔːtras] n. fortaleza.

for·tu·nate ['fɔːtʃənət] adj. afortunado **fortunately** ['fɔːtʃənətli] adv. afortunadamente, por suerte.

for·tune ['fɔːtʃən] n. 1 (fate) fortuna (luck) suerte f. 2 (money) fortuna ◇ npl. **fortunes** (luck) suerte f. (ups and downs) vicisitudes fpl.

for·tune-tell·er ['fɔːtʃəntelə *] n. adivino.

for·ty ['fɔːtɪ] adj. cuarenta ◇ n. cuarenta m. NOTA: Ver también sixty.

fo·rum ['fɔːrəm] n. foro.

for·ward ['fɔːwəd] adv. Como adverbio también **forwards** 1 (gen) hacia adelante 2 (time) en adelante ◇ adj. 1 (position) delantero, frontal (movement) hacia delante f 3 (future) a largo plazo 3 (advanced) adelantado, precoz 4 (too bold, too eager) atrevido, descarado, fresco ◇ n. 1 SP delantero ◇ tr. 1 (send on to new address) remitir (send goods) enviar, expedir 2 (fml. use) (further, advance) adelantar, fomentar **to bring something forward** (in time) adelantar algo **to put the clock forward** adelantar el reloj **forward roll** SP voltereta (hacia delante).

for·ward-look·ing ['fɔːwədlukɪŋ] adj. previsor.

for·wards ['fɔːwədz] adv. VER: forward.

fos·sil ['fɒsəl] n. fósil m. ◇ adj. fósil **fossil fuel** combustible m. fósil.

fos·sil·iz·ation [fɒsəlaɪ'zeɪʃən] n. fosilización f.

fos·sil·ize ['fɒsəlaɪz] tr. fosilizar ◇ intr. fosilizarse.

fos·ter ['fɒstə*] tr. 1 (child) acoger temporalmente 2 (encourage) fomentar, promover ◇ adj. adoptivo **foster child** hijo adoptivo **foster father** padre m. adoptivo **foster home** hogar m. adoptivo **foster mother** madre f. adoptiva

fought [fɔːt] pt. & pp. VER: fight.

foul [faul] adj. 1 (dirty, disgusting) asqueroso (smell) fétido 2 (unpleasant, very bad) horrible (weather) feo, horrible, de perros (temper) mal, de perros 3 (language) grosero, obsceno 4 SP (unfair) sucio, tramposo 5 (fml. use) (evil) vil, atroz 6 (chimney, pipe, etc.) atascado ◇ n. SP falta (on, contra) ◇ tr. 1 (dirty) ensuciar (pollute) contaminar 2 (snag) enredar 3 SP cometer una falta contra ◇ intr. enredarse en **to fall foul of** (gen) tener problemas con (person) ganarse la enemistad de **to foul one's own nest** SP tirar piedras contra su propio tejado **foul play** SP juego sucio JUR hecho delictivo.

to foul up tr. sep. (fam. use) estropear, fastidiar.

foul-mouthed [faul'mauðd] adj. malhablado.

foul-up ['faulʌp] n. metedura de pata, cagada.

found [faund] pt. & pp. VER: find.

foun·da·tion [faun'deɪʃən] n. 1 (act, organization) fundación f 2 (basis) fundamento, base f 3 (make-up) base f. ◇ npl. **foundations** 1 cimientos mpl. **foundation course** curso de introducción **foundation stone** primera piedra

found·ing fa·ther ['faundɪŋ'fɑːðə *] n. fundador m. **the Founding Fathers** los Padres mpl. de la Constitución Americana.

found·ry ['faundrɪ] n. pl. **foundries** fundición f.

foun·tain ['fauntən] n. 1 fuente f. 2 (jet) surtidor m. chorro 3 (source, origin) fuente f. **fountain pen** pluma estilográfica.

four [fɔː*] adj. cuatro ◇ n. cuatro **on all fours** a gatas NOTA: Ver también six.

four·teen [fɔː'tiːn] adj. catorce ◇ n. catorce m. NOTA: Ver también six.

four·teenth [fɔː'tiːnθ] adj. decimocuarto ◇ adv. en decimocuarto lugar ◇ n. 1 (in series) decimocuarto 2 (fraction) decimocuarto (one part) decimocuarta parte f. NOTA: Ver también sixth.

fourth [fɔːθ] adj. cuarto ◇ adv. cuarto, en cuarto lugar ◇ n. 1 (in series) cuarto 2 (fraction) cuarto (one part) cuarta parte f. NOTA: Ver también sixth.

four-wheel drive [fɔːwiːl'draɪv] n. tracción f. integral.

fowl [faul] n. pl. **fowl** ave f. de corral.

fox [fɒks] n. 1 (animal) zorro 2 (person) zorro ◇ tr. 1 (fam. use) (trick) engañar 2 (confuse) dejar perplejo, confundir, despistar **fox hunt** caza de zorras **fox terrier** fox m. terrier.

Fr [frent∫] abbr. (French) francés (abbreviation) fr.

frac·tion ['frækʃən] n. 1 (division) fracción f. 2 (small part, bit) poquito.

frac·ture ['fræktʃə *] n. 1 fractura ◇ tr. fracturar ◇ intr. fracturarse.

frag·ile ['frædʒaɪl] adj. 1 frágil 2 fig. use (health) delicado.

fra·gil·i·ty [frə'dʒɪlɪtɪ] n. fragilidad f.

frag·ment [(n) 'frægmənt; (vb) fræg'ment] n. fragmento ◇ intr. fragmentarse.

frag·men·tar·y ['frægməntərɪ, fræg'mentərɪ] adj. fragmentario.

frag·men·ta·tion [frægmən'teɪʃən] n. fragmentación f.

fra·grance ['freɪgrəns] n. fragancia.

fra·grant ['freɪgrənt] adj. fragante.

frail [freɪl] adj. 1 frágil, delicado 2 (morally weak) débil.

frail·ty ['freɪltɪ] n. pl. **frailties** fragilidad f, debilidad f, delicadeza.

frame [freɪm] n. 1 (of building, machine, tent) armazón f. 2 (of bed) armadura 3 (of bicycle) cuadro 4 (of spectacles) montura 5 (of human, animal - body) cuerpo (·build) constitución f. 6 (of window, door, picture, etc.) marco 7 (order, system) estructura, sistema m. marco 8 CINEM fotograma m. 9 (of comic) viñeta 10 (in billiards - triangle) triángulo (· round) jugada ◇ tr. 1 (picture) enmarcar 2 (door) encuadrar 3 (face, scene) enmarcar, encuadrar 4 (fam. use) (set up) tender una trampa a alguien para incriminarlo 5 (fml. use) (question, proposal) formular (plan) elaborar **frame of reference** marco de referencia.

frame·work ['freɪmwɜːk] n. 1 armazón f 2 fig. use estructura, sistema m. marco.

France [frɑːns] n. Francia.

fran·chise ['fræntʃaɪz] n. 1 COMM concesión f, franquicia 2 (vote) derecho de voto.

frank [fræŋk] adj. franco ◇ tr. franquear.

frank·ly ['fræŋklɪ] adv. francamente.

frank·ness ['fræŋknəs] n. franqueza.

fran·tic ['fræntɪk] adj. 1 (hectic) frenético 2 (anxious) desesperado **to be frantic with worry** estar preocupadísimo.

fra·ter·nal [frə'tɜːnəl] adj. fraternal.

fra·ter·ni·ty [frə'tɜːnɪtɪ] n. pl. **fraternities** 1 (brotherhood) fraternidad f. 2 (society) asociación f.

fraud [frɔːd] n. 1 (act) fraude m. 2 (person) impostor, farsante mf.

F

fraud·u·lent ['frɔːdjələnt] *adj.* fraudulento.

freak [friːk] *n.* **1** *(monster)* monstruo *(strange person)* bicho raro **2** *(strange event)* anomalía **3** *[fam. use] (fan)* fanático **4** *(eccentric)* estrafalario ◇ *adj. (unusual)* insólito, extraño, anormal *(unexpected)* inesperado, imprevisto.

to freak out *tr. oop.* flipar, alucinar ⟨ *intr.* fliparse, alucinarse.

freck·le ['frekəl] *n.* peca.

free [friː] *adj.* **1** *(gen)* libre **2** *(without cost)* gratuito, gratis *(exempt)* libre *(from, de)* **3** *(not occupied)* libre **4** *(not busy)* libre **5** *(translations)* libre **6** *(in chemistry)* libre ◇ *adv.* **1** *(gratis)* gratis **2** *(loose)* suelto **3** *(in free manner)* libremente, con toda libertad ◇ *tr.* **1** *(liberate, release - person)* poner en libertad, liberar *(- animal)* soltar **2** *(rid)* deshacerse *(of/from, de)*, librarse *(of/from, de)* **3** *(loosen, untie)* soltar, desatar **4** *(exempt)* eximir *(from, de)* **feel free!** *¡tú mismo!* **for free** *gratis* **free and easy** despreocupado **free of charge** *gratuito, gratis* **free of tax** *libre de impuestos* **to be free from/be free of** *estar libre de, quedar libre de* **to be free with** *repartir generosamente, ser generoso con* **to run free** *andar suelto* **to set somebody free** *liberar a alguien, poner en libertad a alguien* **free admission** *entrada libre* **free agent** *persona libre de hacer lo que quiera* **free enterprise** *libre empresa* **free fall** *caída libre* **free kick** *saque m. de falta* **free market economy** *economía libre de mercado* **free speech** *libertad f. de expresión* **free trade** *libre cambio* **free verse** *verso libre* **free vote** *voto libre* **free will** *libre albedrío.*

free·dom ['friːdəm] *n.* libertad *f.* **freedom fighter** *luchador por la libertad.*

free·hand ['friːhænd] *adj.* a mano alzada.

free·lance ['friːlɑːns] *adj.* independiente, autónomo ◇ *n.* persona que trabaja por cuenta propia ◇ *intr.* trabajar por cuenta propia.

free·ly ['friːlɪ] *adv.* **1** *(without obstruction)* libremente, con libertad *(easily)* con facilidad **2** *(willingly, readily)* voluntariamente **3** *(openly, honestly)* abiertamente, francamente **4** *(generously)* liberalmente *(abundantly)* abundantemente.

free-range ['friːˈreɪndʒ] *adj.* de granja **free-range eggs** *huevos de granja.*

free·stand·ing [friːˈstændɪŋ] *adj.* independiente.

free·style ['friːstaɪl] *n.* *(swimming)* estilo libre.

free·think·er [friːˈθɪŋkə*] *n.* librepensador.

free·way ['friːweɪ] *n.* autopista.

freeze [friːz] *n.* **1** METEOR helada **2** COMM congelación *f.* ◇ *tr. pt.* **froze** [frəʊz], *pp.* **frozen** ['frəʊzən], *ger.* **freezing** *(gen)* congelar ◇ *intr.* **1** *(liquid)* helarse *(food)* congelarse **2** METEOR helar **3** *fig. use (stop suddenly)* quedarse inmóvil, quedarse paralizado **to freeze to death** *morirse de frío.*

to freeze o·ver *intr.* helarse.

freeze-frame ['friːzfreɪm] *n.* imagen *f.* congelada.

freez·er ['friːzə*] *n.* congelador *m.*

freeze-up ['friːzʌp] *n.* helada.

freez·ing ['friːzɪŋ] *adj.* **1** glacial **2** *[fam. use] (very cold)* helado ◇ *n.* congelación *f.* **freezing point** *punto de congelación.*

freight [freɪt] *n.* **1** *(transport)* transporte *m.* **2** *(goods)* carga, flete *m.* **3** *(price)* flete *m.* ◇ *tr.* transportar **freight train** *tren m. de mercancías.*

freight·age ['freɪtɪdʒ] *n.* flete.

French [frentʃ] *adj.* francés ◇ *n. (language)* francés *m.* *npl.* **the French** *los franceses mpl.* **French bread** *pan m. francés* **French dressing** *vinagreta* **French fries** *patatas fpl. fritas* **French**

horn *trompa de pistones* **French letter** *[fam. use]* condón *m.* **French loaf** *barra de pan (francés).*

French·man ['frentʃmən] *n. pl.* **Frenchmen** francés *m.*

French·wom·an ['frentʃwʊmən] *n. pl.* **Frenchwom·en** ['frentʃwɪmɪn] francesa.

fre·net·ic [frəˈnetɪk] *adj.* frenético.

fren·zy ['frenzɪ] *n. pl.* **frenzies** frenesí *m.* **to be in a frenzy** *estar frenético.*

fre·quen·cy ['friːkwənsɪ] *n. pl.* **frequencies** frecuencia.

fre·quent [*(adj)* 'friːkwənt; *(vb)* frɪˈkwent] *adj.* frecuente ◇ *tr.* frecuentar.

fre·quent·ly ['friːkwəntlɪ] *adv.* frecuentemente, con frecuencia.

fresh [freʃ] *adj.* **1** *(food)* fresco **2** *(water)* dulce **3** *(air)* puro **4** *(weather)* fresco *(wind)* recio **5** *(complexion)* sano **6** *(clothes)* limpio **7** *fig. use (new)* nuevo **8** *(made recently)* reciente, fresco **9** *(original)* nuevo **10** *(refreshed, alert)* fresco, lleno de vigor **11** *(bold, forward, cheeky)* fresco, carota **in the fresh air** *al aire libre* **fresh from/fresh out of** *recién salido de, recién llegado de* **to be fresh out of something** *habérsele acabado algo a uno* **to make a fresh start** *volver a empezar, empezar de nuevo.*

fresh·en ['freʃən] *tr.* refrescar ◇ *intr.* refrescarse.

to fresh·en up *tr. sep.* refrescar ◇ *intr.* asearse, refrescarse.

fresh·er ['freʃə*] *n.* ambientador *m.*

fresh·ly ['freʃlɪ] *adv.* recién.

fresh·man ['freʃmən] *n. pl.* **freshmen** estudiante *mf.* de primer curso (de universidad), novato.

fresh·ness ['freʃnəs] *n.* **1** *(brightness)* frescura **2** *(cool)* frescor *m.* **3** *(newness)* novedad *f.* **4** *[fam. use] (cheek)* descaro.

fresh·wa·ter ['freʃwɔːtə*] *adj.* de agua dulce.

Fri ['fraɪd] *abbr. (Friday)* viernes *m. (abbreviation)* viern.

fric·tion ['frɪkʃən] *n.* **1** *(conflict)* fricción *f.*, roces *mpl.* **2** *(rubbing)* rozamiento, roce *m.*

Fri·day ['fraɪdɪ] *n.* viernes *m.* **NOTA:** Para ejemplos de uso, ver Saturday.

fridge [frɪdʒ] *n.* nevera, frigorífico.

fried [fraɪd] *adj.* frito.

friend [frend] *n.* **1** amigo, compañero **2** *(helper, supporter)* amigo *(of/to, de)* **to be friends with somebody** *ser amigo de alguien* **to make friends with somebody** *trabar amistad con alguien, hacerse amigo de alguien.*

friend·less ['frendləs] *adj.* sin amigos.

friend·li·ness ['frendlɪnəs] *n.* cordialidad *f.*

friend·ly ['frendlɪ] *adj. comp.* **friendlier**, *superl.* **friendliest 1** *(person)* simpático, amable **2** *(atmosphere)* acogedor **3** *(smile, manner, etc.)* amable **4** *(relationship)* amistoso **to become friendly** *hacerse amigos* **to be on friendly terms with somebody** *estar en buenos términos con alguien* **friendly game** SP *partido amistoso.*

friend·ship ['frendʃɪp] *n.* amistad *f.*

fright [fraɪt] *n.* **1** *(shock)* susto **2** *(fear)* miedo **to take fright** *asustarse (at, de).*

fright·en ['fraɪtən] *tr.* asustar, espantar **to frighten somebody into doing something** *hacer que alguien haga algo con amenazas* **to frighten somebody to death** *dar un susto de muerte a alguien.*

to fright·en a·way/fright·en off *tr. sep.* ahuyentar, espantar.

fright·ened ['fraɪtənd] *adj.* asustado **to be frightened** *tener miedo (of, de).*

fright·en·ing ['fraɪtənɪŋ] *adj.* **1** *(scary)* terrorífico **2** *(awful)* espantoso.

frig·id ['frɪdʒɪd] *adj.* **1** *(sexually)* frígido **2** *(icy)* glacial, muy frío **3** *(unfriendly)* glacial.

frill [frɪl] *n.* *(on dress)* volante *m.* *npl.* **frills** *(decorations)* adornos *mpl.* **with no frills** sencillo, sin adornos.

fringe [frɪndʒ] *n.* **1** *(decorative)* fleco **2** *(of hair)* flequillo **3** *(edge)* borde *m.* ⋄ *tr.* poner un fleco to be **fringed by/with something** estar rodeado de algo **to live on the fringe of society** vivir al margen de la sociedad **fringe benefits** extras *mpl.* **fringe group** grupo marginal **fringe theater** teatro experimental, teatro alternativo.

fri·vol·i·ty [frɪ'vɒlɪtɪ] *n. pl.* **frivolities** frivolidad *f.*

friv·o·lous ['frɪvələs] *adj.* frívolo.

frog [frɒg] *n.* rana **to have a frog in one's throat** tener carraspera.

from [frɒm] *prep.* **1** *(starting at)* de *(train, plane)* procedente de **2** *(origin, source)* de, desde **3** *(number, price, etc.)* de, desde, a partir de **4** *(time)* de, desde **5** *(sent or given by)* de **6** *(using, out of)* de, con **7** *(distance)* de **8** *(indicating separation, removal, etc.)* de *(subtraction)* a **9** *(because of)* por, a causa de **10** *(considering, according to)* según, por **11** *(indicating difference)* de *(when distinguishing)* entre **12** *(indicating position)* desde.

front [frʌnt] *n.* **1** *(forward part)* parte *f.* delantera, frente *m.* **2** *(of shirt, etc.)* pechera **3** METEOR frente *m.* **4** *(facade)* fachada **5** MIL frente *m.* **6** *(promenade)* paseo marítimo **7** *fig. use (illegal business, etc.)* tapadera **8** *fig. use (outward appearance)* apariencia *(pretence)* fachada **9** *(specific field of activity)* asunto, terreno ⋄ *adj.* delantero, de delante ⋄ *intr.* *(face)* dar (on/onto, a) ⋄ *tr.* **1** *(lead, head)* encabezar **2** *(present)* presentar **at the front** delante, por delante **in front (of)** delante (de) **out front** *(in theater)* entre el público **up front** *(in advance)* por adelantado **front door** puerta principal **front line** *(of fighting)* frente *m.* (vanguard) vanguardia **front man** hombre al frente **front page** primera plana, portada **front room** salón *m.* **front tooth** incisivo **front wheel** rueda delantera, rueda de delante.

fron·tier ['frʌntɪə˙] *n.* frontera ⋄ *adj.* fronterizo ⋄ *npl.* **the frontiers** fronteras *fpl.*, límites *mpl.* **frontier post** puesto fronterizo.

front-line ['frʌntlaɪn] *adj.* de la primera línea.

front-page ['frʌntpeɪdʒ] *adj.* de portada, de primera plana.

front-run·ner [frʌnt'rʌnə˙] *n.* favorito.

frost [frɒst] *n.* **1** *(covering)* escarcha **2** *(freezing)* helada ⋄ *tr.* **1** helar, cubrir de escarcha *(plants)* quemar **3** *(glass)* esmerilar **4** *(cake, etc.)* recubrir con azúcar glas, escarchar.
to frost o·ver/frost up *intr.* cubrirse de escarcha, helar.

frost·bite ['frɒstbaɪt] *n.* congelación *f.*

frost·ed ['frɒstɪd] *adj.* **1** *(glass)* esmerilado **2** CULIN recubierto de azúcar glas, escarchado.

frost·y ['frɒstɪ] *adj. comp.* **frostier**, *superl.* **frostiest** **1** METEOR *(cold with frost)* de helada *(very cold)* helado, muy frío **2** METEOR *(covered with frost)* escarchado, cubierto de escarcha **3** *fig. use (unfriendly)* glacial.

frown [fraʊn] *n.* ceño ⋄ *intr.* fruncir el ceño **to frown at somebody** mirar a alguien con el ceño fruncido, mirar a alguien frunciendo el ceño.

froze [frəʊz] *pt.* VER: freeze.

fro·zen ['frəʊzən] *pp.* VER: freeze *adj.* **1** *(water, ground)* helado **2** *(food)* congelado.

fru·gal ['fruːgəl] *adj.* frugal.

fru·gal·i·ty [fruː'gælɪtɪ] *n.* frugalidad *f.*

fruit [fruːt] *n.* **1** *(food)* fruta **2** BOT fruto **3** *(result, reward)* fruto ⋄ *adj.* de fruta **to bear fruit** *(tree)* dar fruto *(plan, idea)* dar fruto, dar resultados **fruit bowl/fruit dish** frutero *f.* **fruit fly** mosca de la fruta **fruit juice** zumo de fruta **fruit salad** ensalada (de frutas) **fruit tree** árbol *m.* frutal.

fruit·ful ['fruːtfʊl] *adj.* fructífero, provechoso.

fru·i·tion [fruː'ɪʃən] *n.* realización *f.* **to bring something to fruition** llevar algo a buen término, realizar algo.

frus·trate [frʌ'streɪt] *tr.* **1** *(thwart)* frustrar **2** *(upset)* frustrar.

frus·trat·ed [frʌ'streɪtɪd] *adj.* *(dissatisfied)* frustrado, insatisfecho, descontento *(unfulfilled)* frustrado.

frus·trat·ing [frʌ'streɪtɪŋ] *adj.* *(irritating)* frustrante.

frus·tra·tion [frʌ'streɪʃən] *n.* frustración *f.*

fry [fraɪ] *tr. pt. & pp.* **fried**, *ger.* **frying** freír ⋄ *intr.* **1** freírse **2** *fig. use (in sun)* asarse, achicharrarse.

ft [fʊt, 'fiːt] *abbr.* *(foot, feet)* pie *m.* pies *mpl.*

fu·el ['fjʊəl] *n.* **1** *(gen)* combustible *m.* **2** *(for motors)* carburante *m.* **3** *fig. use* pábulo ⋄ *tr.* **1** *(plane)* abastecer de combustible *(car)* echar gasolina **2** *fig. use (make worse)* empeorar *(encourage)* alimentar ⋄ *intr.* abastecerse de combustible, repostar.

fu·gi·tive ['fjuːdʒɪtɪv] *n.* **1** *(from danger, war, etc.)* fugitivo *(from justice)* prófugo ⋄ *adj.* **1** fugitivo **2** *literal use (fleeting)* fugaz, efímero.

ful·crum ['fʊlkrəm] *n.* fulcro.

ful·fill [fʊl'fɪl] *tr. pt. & pp.* **fulfilled**, *ger.* **fulfilling** **1** *(promise, duty)* cumplir **2** *(task, plan, ambition)* realizar **3** *(role, function, order)* efectuar, desempeñar **4** *(need, desire, wish)* satisfacer **to fulfil oneself** realizarse, sentirse realizado.

ful·filled [fʊl'fɪld] *pt. & pp.* VER: fulfill ⋄ *adj.* realizado, satisfecho.

ful·fill·ment [fʊl'fɪlmənt] *n.* **1** *(of plan, ambition, etc.)* realización *f.* **2** *(of duty, promise, etc.)* cumplimiento **3** *(of order, etc.)* ejecución *f.* **4** *(of need, wish, etc.)* satisfacción *f.* **5** *(feeling of satisfaction)* satisfacción *f.*

full [fʊl] *adj.* **1** *(gen)* lleno **2** *(week, day)* cargado, movido **3** *(entire, complete)* completo **4** *(highest or greatest possible)* máximo **5** *(plump - figure)* llenito, relleno *(- face)* redondo, lleno *(- lips)* grueso **6** *(clothing - loose fitting)* holgado, amplio *(skirt)* de mucho vuelo *(sleeve)* ancho ⋄ *adv.* *(directly)* justo, de lleno **at full blast** a toda potencia, al máximo **at full pelt/at full speed/at full tilt** a toda velocidad, a toda pastilla **at full stretch** al máximo de capacidad **full speed ahead/full steam ahead** ¡adelante a toda máquina **full to the brim** lleno hasta los topes **full up** completamente lleno **in full** completo, en su totalidad **in full sail** a toda vela, con todas las velas desplegadas **in full view of...** delante mismo de... **to be full of something** no hablar más que de algo, no parar de hablar de algo **to be full of oneself** ser engreído, creérselo **to come full circle** volver al punto de partida **to come to a full stop** pararse por completo **to the full** al máximo **full board** pensión *f.* completa **full house** *(in theater)* lleno, llenazo *(in bingo)* bingo *(in poker)* full *m.* **full marks** *(in exam)* sobresaliente *(when praising somebody)* buena nota **full moon** luna llena.

full-blood·ed [fʊl'blʌdɪd] *adj.* **1** *(thoroughbred)* de pura sangre **2** *(vigorous, hearty)* vigoroso.

full-grown [fʊl'grəʊn] *adj.* **1** *(plant)* crecido **2** *(person, animal)* adulto.

full-length [fʊl'leŋθ] *adj.* **1** *(mirror, portrait)* de cuerpo entero **2** *(garment)* largo **3** *(film)* de largo metraje **full-length feature film** largometraje *m.*

full·ness ['fulnəs] *n.* 1 *(being full)* plenitud *f*, abundancia 2 *(width)* amplitud *f.* **in the fullness of time** con el tiempo.

full-page ['fulpeɪdʒ] *adj.* de una página **full-page advertisement** anuncio de una página entera.

full-scale [ful'skeɪl] *adj.* 1 *(actual size)* de tamaño natural 2 *(complete, total - gen)* completo, total *(investigation, search)* a fondo.

full-time [ful'taɪm] *adj.* a tiempo completo, de jornada completa ⋄ *adv.* a tiempo completo.

ful·ly ['fuli] *adv.* 1 *(completely)* completamente, enteramente, plenamente 2 *(at least, quite)* por lo menos.

fum·ble ['fʌmbəl] *tr.* dejar caer ⋄ *intr.* **to fumble for** buscar a tientas ⋄ *intr.* **to fumble with** hacer torpemente ⋄ *intr.* andar a tientas.

fume [fjuːm] *intr.* 1 *(produce smoke, etc.)* echar humo 2 *fig. use (show anger)* echar humo, subirse por las paredes *npl.* **fumes** humos *mpl.*

fu·mi·gate ['fjuːmɪgeɪt] *tr.* fumigar.

fun [fʌn] *n.* 1 *(enjoyment, pleasure)* diversión *f.* 2 *(amusement)* gracia ⋄ *adj. (humorous, amusing)* divertido **for fun/for the fun of it** *(for pleasure)* para divertirse *(for a joke)* para hacer la gracia **to have fun** divertirse, pasarlo bien **to make fun of** reírse de, mofarse de, burlarse de **to spoil the fun** aguar la fiesta.

func·tion ['fʌŋkʃən] *n.* 1 *(purpose, use, duty)* función *f.* 2 *(ceremony)* acto, ceremonia *(reception)* recepción *f.* 3 MATH función *f.* ⋄ *intr.* 1 *(work)* funcionar 2 *(act)* funcionar.

func·tion·al ['fʌŋkʃənəl] *adj.* 1 *(operational)* funcional 2 *(practical, useful)* práctico.

fund [fʌnd] *n.* 1 *(sum of money)* fondo 2 *(supply)* fuente *f.* ⋄ *tr.* 1 *(finance)* patrocinar 2 *(debt)* consolidar ⋄ *npl.* **funds** *(financial resources)* fondos *mpl.*

fun·da·men·tal [fʌndə'mentəl] *adj.* 1 *(central, basic)* fundamental, básico 2 *(necessary, essential)* esencial *(to, para)* ⋄ *npl.* **fundamentals** *(essential part, basic rule)* fundamentos *mpl.* reglas *fpl.* básicas.

fun·da·men·tal·ist [fʌndə'mentəlɪst] *adj.* REL fundamentalista, integrista ⋄ *n.* REL fundamentalista *mf.* integrista *mf.*

fun·da·men·tal·ism [fʌndə'mentəlɪzəm] *n.* REL fundamentalismo, integrismo.

fu·ner·al ['fjuːnərəl] *n.* entierro, funeral *m.* ⋄ *adj.* fúnebre **it's your "(his, her, etc.)" funeral!** *¡es tu (su, etc.) problema!, ¡allá tú (él, ella, etc.)!* **funeral procession** cortejo fúnebre **funeral parlor** funeraria **funeral pyre** pira funeraria.

fun·gus ['fʌŋgəs] *n. pl.* **funguses** o **fungi** ['fʌŋgaɪ] hongo.

funk[1] [fʌŋk] *n.* 1 *(fam. use) (fear, anxiety)* miedo, ansiedad *m.* 2 *(coward)* cagado, gallina ⋄ *tr. (avoid through fear)* rajarse ante, cagarse **to be in a funk** estar cagado de miedo.

funk[2] [fʌŋk] *n.* MUS funky *m.*

fun·nel ['fʌnəl] *n.* 1 *(for liquid)* embudo 2 *(chimney)* chimenea ⋄ *tr. pt. & pp.* **funneled**, *ger.* **funneling** verter por un embudo ⋄ *intr.* verterse ⋄ *tr. fig. use (channel)* encauzar.

fun·ni·ly ['fʌnɪli] *adv. (strangely)* de manera extraña, de modo raro.

fun·ny ['fʌni] *adj. comp.* **funnier**, *superl.* **funniest** 1 *(amusing)* gracioso, divertido 2 *(strange)* raro, extraño, curioso 3 *(fam. use) (slightly ill)* rarillo, malito *(slightly mad)* chiflado **funny business** negocios *mpl.* sucios, chanchullos *mpl.* tejemanejes *mpl.*

fur [fɜː[r]] *n.* 1 *(of living animal)* pelo, pelaje *m.* 2 *(of dead animal)* piel *f.* 3 *(garment)* abrigo de piel ⋄ *adj.* de piel **fur coat** abrigo de pieles.

fu·ri·ous ['fjuərɪəs] *adj.* 1 *(very angry)* furioso 2 *(violent, wild, uncontrolled)* furioso, violento *(vigorous)* vertiginoso, frenético.

fur·nace ['fɜːnəs] *n.* horno.

fur·ni·ture ['fɜːnɪtʃə[r]] *n.* mobiliario, muebles *mpl.* **to be a part of the furniture** formar parte del decorado **a piece of furniture** un mueble **furniture polish** cera para muebles **furniture van** camión *m.* de mudanzas.

fur·ry ['fɜːri] *adj. comp.* **furrier**, *superl.* **furriest** 1 *(hairy)* peludo 2 *(scaly)* sarroso.

fur·ther ['fɜːðə[r]] *adj.* 1 *(farther)* más lejos 2 *(more, additional)* más, adicional *(new)* nuevo ⋄ *adv.* 1 *(farther)* más lejos 2 *(more, to a greater degree)* más 3 *(fml. use) (besides)* además *tr.* 1 *(advance, promote)* fomentar, promover **further to** con referencia a, referente a **further education** estudios *mpl.* superiores **NOTA:** Ver también far.

fur·ther·more [fɜːðə'mɔː[r]] *adv. (fml. use)* además.

fur·thest ['fɜːðɪst] *adj.* **VER:** far, further ⋄ *adv.* **VER:** far, further.

fu·ry ['fjuəri] *n. pl.* **furies** 1 *(rage)* furia, rabia, ira 2 *(wild force)* furor *m.* violencia, frenesí *m.* **to be in a fury** estar furioso **to fly into a fury** ponerse hecho una furia.

fuse [fjuːz] *n.* 1 ELEC fusible *m.* plomo 2 *(wick)* mecha *(detonator)* espoleta ⋄ *tr.* 1 *(cause to stop working, melt)* fundir 2 *fig. use (merge)* fusionar ⋄ *intr.* 1 *(stop working, melt)* fundirse 2 *fig. use (merge)* fusionarse **to blow a fuse** *(appliance)* saltar el fusible de, fundirse el plomo de *(person)* estallar, explotar **fuse box** caja de fusibles.

fu·se·lage ['fjuːzəlɑːʒ] *n.* fuselaje *m.*

fu·sion ['fjuːʒən] *n.* 1 fusión *f*, fundición *f.* 2 *fig. use* fusión *f.*

fuss [fʌs] *n.* 1 *(commotion, nervous excitement)* alboroto, jaleo, bulla, ruido 2 *(angry scene, dispute)* escándalo, problemas *mpl. (complaints)* quejas *fpl.* ⋄ *tr.* 1 *(pester, annoy, bother)* molestar ⋄ *intr.* 1 *(worry, fret)* preocuparse, inquietarse 2 *(pay excessive attention to)* mimar *(con exceso)*, preocuparse excesivamente (over, de) **to make a fuss/kick up a fuss** *(complain strongly)* armar un escándalo, armar un lío, montar una escena **to make a fuss of somebody** hacer mimos a alguien, deshacerse por alguien.

fuss·y ['fʌsi] *adj. comp.* **fussier**, *superl.* **fussiest** 1 *(concerned with details)* quisquilloso, exigente, especial, particular 2 *(anxious about small things)* nervioso 3 *(too elaborate)* recargado.

fu·tile ['fjuːtaɪl] *adj.* 1 *(pointless)* vano, inútil 2 *(inane)* necio, fatuo, inútil.

fu·til·i·ty [fjuː'tɪləti] *n.* inutilidad *f*, lo inútil.

fu·ture ['fjuːtʃə[r]] *adj.* futuro ⋄ *n.* 1 futuro, porvenir *m.* 2 *(verb tense)* futuro **in future** en el futuro, de aquí en adelante **in the future** en el futuro **in the distant future** en un futuro lejano **in the near future** en un futuro próximo.

fu·tur·is·tic [fjuːtʃə'rɪstɪk] *adj.* futurista.

fuzz·y ['fʌzi] *adj. comp.* **fuzzier**, *superl.* **fuzziest** 1 *(frizzy)* rizado, crespo *(fluffy)* con pelusilla 2 *(blurred)* borroso, movido.

fwd ['fɔːwəd] *abbr. (forward)* adelante.

FYI ['efwaɪ'aɪ] *abbr. (for your information)* para su información, para que lo sepa.

G, g [giː] *n.* **1** *(the letter)* G, g *f,* **2** MUS sol *m.*

g [græm] *symb. (gram, gramme)* gramo *(abbreviation)* g.

ga·ble ['geɪbəl] *n.* ARCH aguilón, gablete, frontón *m.* **gable roof** tejado de dos aguas.

Ga·bon [gə'bɒn] *n.* Gabón.

Ga·bo·nese [gæbə'niːz] *adj.* gabonés ◇ *n.* gabonés ◇ *npl.* the Gabonese los gaboneses *mpl.*

gadg·et ['gædʒɪt] *n. [fam. use]* aparato, artilugio, dispositivo, chisme *m.*

Gael·ic ['geɪlɪk] *adj.* gaélico ◇ *n. (language)* gaélico *m.*

gaffe [gæf] *n.* metedura de pata, plancha **f.** to make a gaffe meter la pata.

gag [gæg] *n.* **1** *(cover for the mouth)* mordaza **2** *(joke)* chiste *m.* gag *m.* broma **3** THEAT *[fam. use]* morcilla ◇ *tr. pt. & pp.* **gagged,** *ger.* **gagging 1** amordazar ◇ *intr.* tener náuseas.

gain [geɪn] *n.* **1** *(achievement)* logro **2** *(profit)* ganancia, beneficio **3** *(increase)* aumento ◇ *tr.* **1** *(achieve)* lograr, conseguir **2** *(obtain)* ganar **3** *(increase)* aumentar **4** *(clock)* adelantar ◇ *intr.* **1** *(clock)* adelantar **2** *(shares)* subir **to gain ground** ganar terreno **to gain weight** aumentar de peso, engordar **to stand to gain** tener probabilidad de ganar.

gain·ful ['geɪnfʊl] *adj. [fml. use]* lucrativo, remunerado, retribuido.

ga·la ['gɑːlə] *n.* **1** gala, fiesta **2** SP competición *f.,* festival *m.* certamen *m.* **gala dress** traje *m.* de etiqueta **gala night** noche *f.* de gala.

gal·ac·tic [gə'læktɪk] *adj.* galáctico.

Gal·a·pa·gos [gə'læpəgɒs] *npl.* the Galapagos Islands las Islas Galápagos.

gal·axy ['gæləksɪ] *n. pl. galaxies* galaxia.

gale [geɪl] *n. (wind)* vendaval *m. (storm)* tempestad *f.*

gal·le·ry ['gælərɪ] *n. pl. galleries* **1** *(gen)* galería **2** *(in theater)* gallinero **3** *(for spectators)* tribuna.

gal·lon ['gælən] *n.* galón *m.* **NOTA:** Equivale a 3.78 litros.

gal·lop ['gæləp] *n.* galope *m.* ◇ *intr.* galopar.

gal·lop·ing ['gæləpɪŋ] *adj.* galopante.

gal·lows ['gæləʊz] *npl.* horca *sing.,* patíbulo *sing.,* cadalso *sing.*

gall·stone ['gɔːlstəʊn] *n.* cálculo biliar.

ga·lore [gə'lɔːʳ] *adj.* en abundancia, en gran cantidad.

gal·va·ni·za·tion [gælvənaɪ'zeɪʃən] *n.* galvanización *f.*

gal·va·nize ['gælvənaɪz] *tr.* galvanizar.

gal·va·nized ['gælvənaɪzd] *adj.* galvanizado.

Gam·bi·a ['gæmbɪə] *n.* Gambia.

Gam·bi·an ['gæmbɪən] *adj.* gambiano ◇ *n.* gambiano.

gam·ble ['gæmbəl] *n.* **1** *(risky undertaking)* empresa arriesgada **2** *(risk)* riesgo **3** *(bet)* jugada, apuesta ◇ *tr.* jugar(se) ◇ *intr.* **1** *(bet)* apostar, jugar **2** *(take a risk)* arriesgarse, confiar.

gam·bler ['gæmbləʳ] *n.* jugador.

gam·bling ['gæmblɪŋ] *n.* juego **gambling den** *garito.*

game [geɪm] *n.* **1** juego **2** *(match)* partido **3** *(of cards, chess, etc.)* partida **4** *(hunting)* caza **5** fig. use ◇ *adj.* dispuesto, listo **to be game for** estar listo para, estar preparado para **the game is up** fig. use se acabó el juego **to give the game away**

fig. use enseñar las cartas **to play the game** *fig. use* jugar limpio **two can play at that game** *fig. use* donde las dan las toman **what's her game?** ¿a qué juega?, ¿qué pretende? **board games** juegos *mpl.* de mesa **game of chance** juego de azar **game reserve** coto de caza **games console** consola de videojuegos **the Olympic Games** los Juegos *mpl.* Olímpicos.

gam·ma ['gæmə] *n.* gamma **gamma rays** rayos *mpl.* gamma.

gam·ut ['gæmət] *n.* gama, serie *f.* **to run the (whole) gamut of...,** pasar por toda la gama de...

gang [gæŋ] *n.* **1** *(criminals)* banda **2** *(youths)* pandilla **3** *(workers)* cuadrilla, brigada **4** *(friends)* pandilla, grupo.

to gang up on *tr. insep (join forces)* unirse contra *(plot against)* confabularse contra, conspirar contra.

gan·grene ['gæŋgriːn] *n.* gangrena.

gan·gre·nous ['gæŋgrɪnəs] *adj.* gangrenoso.

gang·ster ['gæŋstəʳ] *n.* gángster *m.*

gang·way ['gæŋweɪ] *n. (on ship)* pasarela.

gaol·er ['dʒeɪləʳ] *n.* carcelero.

gap [gæp] *n.* **1** *(hole)* abertura, hueco **2** *(crack)* brecha **3** *(empty space)* espacio **4** *(blank)* blanco **5** *(time)* intervalo **6** *(deficiency)* laguna **7** *(emptiness)* vacío *(gulf)* diferencia **to bridge a gap/fill a gap** llenar un hueco **age gap** diferencia de edades.

gap·ing ['geɪpɪŋ] *adj.* **1** *(mouth)* abierto *(hole)* enorme **2** *(person)* boquiabierto **3** *fig. use* profundo, hondo **a gaping wound** una herida profunda.

ga·rage ['gærɑːʒ, 'gærɪdʒ] *n.* **1** garaje *m.* **2** *(for repairs)* taller *m.* mecánico **3** *(for petrol, etc.)* gasolinera.

gar·bage ['gɑːbɪdʒ] *n.* **1** basura *mpl.* **2** *fig. use* tonterías *fpl.,* majaderías *fpl.,* sandeces *fpl.* **garbage can** cubo de la basura **garbage collector** basurero **garbage truck** camión *m.* de la basura.

gar·den ['gɑːdən] *n.* jardín *m.* ◇ *intr.* cuidar el jardín ◇ *npl.* **gardens** *(public park)* jardines *mpl.*

gar·den·er ['gɑːdənəʳ] *n. (gen)* jardinero *(of vegetables)* hortelano.

gar·den·ing ['gɑːdənɪŋ] *n.* jardinería **to do the gardening** cuidar el jardín.

gar·goyle ['gɑːgɔɪl] *n.* gárgola.

gar·land ['gɑːlənd] *n.* guirnalda ◇ *tr.* adornar con guirnaldas.

gar·lic ['gɑːlɪk] *n.* ajo **garlic bread** pan *m.* de ajo.

gar·ment ['gɑːmənt] *n. (clothes)* prenda.

gar·nish ['gɑːnɪʃ] *n.* guarnición *f.* ◇ *tr.* guarnecer.

gar·ri·son ['gærɪsən] *n.* guarnición *f.* ◇ *tr.* guarnecer **garrison town** ciudad *f.* de guarnición.

gas [gæs] *n. pl. gases* o *gasses* **1** *(substance)* gas *m.* **2** gasolina **3** *(anaesthetic)* anestesia **4** *fig. use* algo divertido ◇ *tr.* asfixiar con gas ◇ *intr. [fam. use]* charlotear **to step on the gas** *[fam. use]* pisar el acelerador a fondo **gas chamber** cámara de gas **gas fire** estufa de gas **gas mask** careta antigás, máscara antigás **gas meter** contador *m.* de gas **gas ring** fogón *m.* **gas pipeline** gasoducto **gas station** gasolinera **gas pump** surtidor de gasolina.

gas·e·ous ['gæsɪəs] *adj.* gaseoso.

gas·o·line ['gæsəliːn] *n.* gasolina.

gasp [gɑːsp] *intr.* **1** *(in astonishment)* quedar boquia- bierto **2** *(to pant)* jadear ◇ *n.* **1.** *(cry of surprise, etc.)* grito *(last breath)* boqueada to **gasp for air** *hacer esfuerzos por respirar.*

gas·sy ['gæsɪ] *adj. comp.* **gassier**, *superl.* **gassiest** *gaseoso.*

gas·tric ['gæstrɪk] *adj.* gástrico **gastric juice** *jugo gástrico* **gastric ulcer** *úlcera gástrica.*

gas·tri·tis [gæs'traɪtɪs] *n.* gastritis *f.*

gas·tro·en·ter·i·tis [gæstrəʊentə'raɪtɪs] *n.* gastro- enteritis *f.*

gas·tro·nom·ic [gæstrə'nɒmɪk] *n.* gastronómico.

gas·tron·o·my [gæs'trɒnəmɪ] *n.* gastronomía.

gas·works ['gæswɜːks] *n.* fábrica de gas.

gate [geɪt] *n.* **1** *(door)* puerta, verja **2** *(at airport)* puer- ta *(at stadium)* entrada.

ga·teau ['gætəʊ] *n. pl.* **gateaux** pastel *m.* tarta.

gate·crash ['geɪtkræʃ] *tr.* *[fam. use]* colarse en ◇ *intr.* *[fam. use]* colarse.

gate·crash·er ['geɪtkræʃə⁸] *n.* *[fam. use]* persona que se cuela.

gate·way ['geɪtweɪ] *n.* **1** entrada, puerta **2** *fig. use* camino, pasaporte *m.* puerta.

gath·er ['gæðə⁸] *tr.* **1** *(collect)* juntar **2** *(call together)* reunir **3** *(pick up)* recoger **4** *(fruit, flowers)* coger **5** *(taxes)* recaudar **6** *(gain)* ganar, cobrar **7** *(in sew- ing)* fruncir **8** *(deduce)* deducir, inferir, suponer ◇ *intr.* **1** *(come together)* reunirse, juntarse **2** *(build up)* acumularse **3** *(form)* formars.

to **gath·er up** *tr. sep.* recoger.

gath·er·ing ['gæðərɪŋ] *n.* **1** reunión *f,* asamblea **2** *(in sewing)* pliegue *m.* frunce *m.* ◇ *adj.* creciente.

gauge [geɪʤ] *n.* **1** *(device)* indicador *m.* calibrador *m.* **2** *(measure)* medida estándar **3** *(railways)* ancho de vía **4** *fig. use* *(indication)* indicación *f,* muestra ◇ *tr.* **1** *(measure)* medir, calibrar **2** *fig. use* apre- ciar, calcular, determinar, estimar, juzgar.

gauze [gɔːz] *n.* gasa.

gave [geɪv] *pt.* VER: **give.**

gay [geɪ] *adj.* **1** *[fam. use]* *(homosexual)* gay, homose- xual **2** *(happy, lively)* alegre **3** *(bright)* vistoso ◇ *n.* **1** *[fam. use]* *(man)* gay *m.* homosexual *m.* **2** *[fam. use]* *(woman)* lesbiana.

gaze [geɪz] *n.* mirada fija *intr.* mirar fijamente.

ga·zelle [gə'zel] *n.* gacela.

GDP ['dʒiː'diː'piː] *abbr.* *(gross domestic product)* producto interior bruto *(abbreviation)* PIB *m.*

gear [gɪə⁸] *n.* **1** TECH engranaje *m.* **2** AUTO mar- cha, velocidad *f.* **3** *(equipment)* equipo **4** *[fam. use]* *(belongings)* efectos *mpl.* personales, cosas *fpl.,* pertenencias *fpl.* *(clothes)* ropa.

gear·box ['gɪəbɒks] *n.* caja de velocidades.

gear·stick ['gɪəstɪk] *n.* AUTO palanca de cambio de velocidades.

gear·wheel ['gɪəwiːl] *n.* rueda dentada.

geese [giːs] *npl.* VER: **goose.**

gel [dʒel] *n.* **1** gel *m.* **2** *(for hair)* fijador ◇ *m.* ◇ *intr.* *pt. & pp.* **gelled,** *ger.* **gelling 1** CHEM gelificarse **2** *fig. use* *(ideas, etc.)* cuajar.

gel·a·tine ['dʒelətiːn] *n.* gelatina.

ge·lat·i·nous [dʒə'lætɪnəs] *adj.* gelatinoso.

gem [dʒem] *n.* **1** *(jewel)* gema, piedra preciosa **2** *fig. use* *(person, thing)* joya, alhaja.

gen·der ['dʒendə⁸] *n.* **1** LING género **2** *(sex)* sexo.

gene [dʒiːn] *n.* gene *m.* gen *m.*

ge·ne·a·log·i·cal [dʒiːnɪə'lɒdʒɪkəl] *adj.* genealógico.

ge·ne·al·o·gy [dʒiːnɪ'ælədʒɪ] *n.* genealogía.

gen·er·al ['dʒenərəl] *adj.* general ◇ *n.* MIL gene- ral *m.* **as a general rule** *por regla general, como norma* **in general** *por lo general* **general knowledge** *conocimientos mpl.*

gen·er·al·i·za·tion [dʒenərəlaɪ'zeɪʃən] *n.* generaliza- ción *f.*

gen·er·al·ize ['dʒenərəlaɪz] *tr.* generalizar ◇ *intr.* generalizar.

gen·er·al·ly ['dʒenərəlɪ] *adv.* generalmente, por lo general, en general **generally speaking...** *ha- blando en términos generales...*

gen·er·ate ['dʒenəreɪt] *tr.* **1** *(gen)* generar **2** *fig. use* producir, generar.

gen·er·at·ing ['dʒenəreɪtɪŋ] *adj.* generador **generat- ing plant** *instalación f. productora de energía eléctrica,* grupo electrógeno **generating sta- tion** central *f.* generadora, central *f.* eléctrica.

gen·er·a·tion [dʒenə'reɪʃən] *n.* generación *f.*

gen·er·a·tor ['dʒenəreɪtə⁸] *n.* generador *m.*

ge·ner·ic [dʒə'nerɪk] *adj.* genérico.

gen·er·os·i·ty [dʒenə'rɒsətɪ] *n.* generosidad *f.*

gen·er·ous ['dʒenərəs] *adj.* **1** generoso **2** *(abundant)* abundante, copioso.

gen·e·sis ['dʒenəsɪs] *n. pl.* **geneses** ['dʒenɪsiːz] géne- sis *f,* origen *m.*

ge·net·ic [dʒə'netɪk] *adj.* genético **genetic code** *código genético* **genetic engineering** *inge- niería genética.*

ge·net·ics [dʒə'netɪks] *adj.* genética.

ge·ni·al ['dʒiːnɪəl] *adj.* afable, amable, cordial, simpático.

ge·ni·al·i·ty [dʒiːnɪ'ælɪtɪ] *n.* afabilidad *f,* amabilidad *f,* cordialidad *f,* simpatía.

ge·nie ['dʒiːnɪ] *n.* genio, duende *m.*

gen·i·tal ['dʒenɪtəl] *adj.* genital ◇ *npl.* **genitals** órganos *mpl.* genitales, genitales *mpl.*

gen·ius ['dʒiːnɪəs] *n. pl.* **geniuses 1** *(person)* genio **2** *(gift)* don *m.*

gen·o·cide ['dʒenəsaɪd] *n.* genocidio.

ge·nome ['dʒiːnəʊm] *n.* genoma *m.*

gen·o·type ['dʒenətaɪp] *n.* genotipo.

gen·re ['ʒɑːnrə] *n.* género.

gen·tle ['dʒentəl] *adj.* **1** *(person)* bondadoso, dulce, tierno **2** *(breeze, movement, touch, etc.)* suave **3** *(hint)* discreto **4** *(noble)* noble.

gen·tle·man ['dʒentəlmən] *n.* caballero, señor *m.*

gen·tle·ness ['dʒentəlnəs] *n.* **1** *(kindness)* amabilidad *f.* *(goodness)* bondad *f,* ternura **2** *(mildness)* suavi- dad *f.*

gen·tly ['dʒentlɪ] *adv.* **1** *(smoothly)* suavemente **2** *(slowly)* despacio, poco a poco **3** *(kindly)* amable- mente **gently does it!** *¡con cuidado!*

gen·u·ine ['dʒenjuɪn] *adj.* **1** *(authentic, true)* genuino, auténtico, verdadero **2** *(sincere)* sincero.

gen·u·ine·ly ['dʒenjuɪnlɪ] *adv.* auténticamente, ver- daderamente, realmente, sinceramente.

ge·nus ['dʒiːnəs] *n. pl.* **genera** género.

ge·o·cen·tric [dʒiːəʊ'sentrɪk] *adj.* geocéntrico.

ge·og·ra·pher [dʒɪ'ɒɡrəfə⁸] *n.* geógrafo.

ge·o·graph·i·cal [dʒɪə'græfɪkəl] *adj.* geográfico.

ge·og·ra·phy [dʒɪ'ɒɡrəfɪ] *n.* geografía.

ge·o·log·i·cal [dʒɪə'lɒdʒɪkəl] *adj.* geológico.

ge·ol·o·gist [dʒɪ'ɒlədʒɪst] *n.* geólogo.

ge·ol·o·gy [dʒɪ'ɒlədʒɪ] *n.* geología.

ge·o·mag·net·ic [dʒiːəʊmæɡ'netɪk] *adj.* geomagnético.

ge·o·met·ric [dʒɪə'metrɪk] *adj.* geométrico.

ge·o·met·ri·cal [dʒɪə'metrɪkəl] *adj.* geométrico.

ge·om·e·try [dʒɪ'ɒmətrɪ] *n.* geometría.

ge·o·mor·phic [dʒiːə'mɔːfɪk] *adj.* geomórfico.

ge·o·phys·i·cal [dʒiːə'fɪzɪkəl] *adj.* geofísico.

ge·o·phys·i·cist [dʒiːəʊ'fɪzɪsɪst] *n.* geofísico.

ge·o·phys·ics [dʒiːəʊ'fɪzɪks] *n.* geofísica.

ge·o·po·lit·i·cal [dʒiːəʊpə'lɪtɪkəl] *adj.* geopolítico.

ge·o·pol·i·tics [dʒiːəʊ'pɒlɪtɪks] *n.* geopolítica.

Geor·gia ['dʒɔːdʒə] *n.* Georgia.

G

Geor·gian ['dʒɔːdʒjən] adj. georgiano ◇ n. 1 (person) georgiano 2 (language) georgiano.

ger·i·at·ric [dʒerɪ'ætrɪk] adj. 1 geriátrico 2 pej. caduco, viejo.

germ [dʒɜːm] n. 1 (gen) germen m. 2 (of a disease) bacilo, microbio (bacteria) bacteria 3 fig. use germen m. principio.

Ger·man ['dʒɜːmən] adj. alemán ◇ n. 1 (person) alemán 2 (language) alemán m. **German shepherd** pastor m. alemán.

Ger·ma·ny ['dʒɜːmənɪ] n. Alemania.

germ-free ['dʒɜːmfriː] adj. esterilizado.

ger·mi·nate ['dʒɜːmɪneɪt] intr. germinar ◇ tr. hacer germinar.

ger·mi·na·tion [dʒɜːmɪ'neɪʃən] n. germinación f.

ger·und ['dʒerənd] n. gerundio.

ges·tate ['dʒesteɪt] tr. 1 BIOL gestar 2 fig. use (idea, etc.) meditar, idear.

ges·ta·tion [dʒes'teɪʃən] n. 1 BIOL gestación f. 2 fig. use (of idea, etc.) gestación f.

ges·tic·u·late [dʒes'tɪkjəleɪt] intr. gesticular.

ges·ture ['dʒestʃəʳ] n. 1 ademán m. gesto 2 fig. use (token) detalle m. gesto, muestra ◇ intr. hacer gestos, hacer ademanes.

get [get] tr. pt. **got** [gɒt], pp. **got** [gɒt] (us) **gotten** ['gɒtən], ger. **getting** 1 (obtain) obtener, conseguir 2 (receive) recibir 3 (buy) comprar 4 (fetch) traer 5 (catch illnesses, means of transport) coger 6 (receive signal) captar, recibir, coger 7 (ask) pedir, decir (persuade) persuadir, convencer 8 (meals, drinks) preparar 9 (fam. use) (jokes, etc.) entender, captar, coger 10 (fam. use) (annoy) poner nervioso, fastidiar 11 (earn) ganar, cobrar 12 (telephone - contact) poner con (- answer) contestar, atender, coger (door) abrir 13 (make do something) conseguir, lograr 14 (have something done) hacer algo a uno 15 (wound, injure) dar, alcanzar ◇ intr. 1 (become) ponerse, volverse 2 (go) ir ◇ tr. fig. use ir, llevar ◇ intr. 1 (arrive) llegar 2 (come to) llegar a 3 (manage) llegar a 4 (start) empezar a **to get better** mejorar (se) **to get dark** oscurecer **to get dirty** ensuciarse **to get divorced** divorciarse **to get dressed** vestirse **to get into trouble** meterse en un lío **to get late** hacerse tarde **to get lost** perderse **to get married** casarse **to get old** hacerse mayor, envejecer **to get on somebody's nerves** irritar a alguien, poner nervioso a alguien **to get ready** preparar, prepararse **to get rid of** deshacerse de **to get tired** cansarse **to get wet** mojarse **to get worse** empeorar (se).

to get a·bout intr. 1 (person) moverse, desplazarse, salir (travel) viajar 2 (news, etc.) difundirse.

to get a·cross tr. insep. (cross - street, road) cruzar (- bridge) atravesar.

to get a·head intr. 1 adelantar, progresar.

to get a·long with tr. insep. 1 (person) llevarse (bien) con 2 (progress) marchar, ir con.

to get a·round intr. (person) moverse, desplazarse (travel) viajar 2 (news) difundirse ◇ tr. insep. (avoid) evitar, sortear.

to get a·round to intr. encontrar tiempo para.

to get a·way intr. escaparse, irse ◇ tr. sep. alejar, quitar, sacar.

to get a·way with tr. insep. salir impune de.

to get back intr. 1 (return) volver, regresar 2 (move backwards) moverse hacia atrás, retroceder ◇ tr. sep. (recover) recuperar.

to get be·hind intr. atrasarse.

to get by intr. 1 (manage) arreglárselas 2 (pass) pasar.

to get down tr. sep. 1 (depress) deprimir, desanimar 2 (gen) bajar 3 (write down) apuntar, anotar 4 (swallow) tragar ◇ intr. (descend) bajarse.

to get down to intr. ponerse a.

to get in intr. 1 (arrive) llegar 2 (enter) entrar (car) subir (be elected) ser elegido ◇ tr. sep. 1 (insert) meter 2 (harvest) recoger, cosechar (washing) recoger (supplies) comprar 3 (summon) llamar.

to get in·to insep. 1 (arrive) llegar a 2 (enter) entrar en (car) subir a.

to get off tr. sep. (remove) quitarse ◇ tr. insep. (vehicle, horse, etc.) bajarse de ◇ intr. 1 bajarse 2 (leave) salir 3 (begin) comenzar 4 (escape) escaparse.

to get on tr. insep. (vehicle) subir a, subirse a (bicycle, horse, etc.) montar a ◇ intr. 1 (make progress) progresar, avanzar, ir 2 (succeed) tener éxito 3 (be friendly) llevarse bien, avenirse, entenderse 4 (continue) seguir, continuar 5 (grow old) hacerse mayor, envejecerse.

to get out tr. sep. (thing) sacar (stain) quitar ◇ intr. 1 (leave) salir 2 (of car, etc.) bajar de, bajarse de 3 (escape) escapar (se) 4 (news, rumors, etc.) llegar a saberse, hacerse público.

to get out of tr. insep. (avoid) librarse de ◇ intr. (stop) dejar, perder la costumbre.

to get o·ver tr. insep. 1 (illness) recuperarse de 2 (recover from) sobreponerse a (forget) olvidar 3 (obstacle) salvar (difficulty) vencer ◇ tr. sep. (idea, etc.) comunicar, hacer comprender.

to get around tr. insep. 1 (obstacle) salvar 2 (law, regulation) evitar, soslayar 3 (person) convencer, persuadir (news) difundirse, hacerse público, llegar a saber.

to get around to tr. insep. encontrar tiempo para.

to get through intr. 1 (gen) llegar 2 (on 'phone) conseguir hablar (to, con) 3 (communicate) hacerse comprender (to, a) ◇ tr. insep. 1 (finish) acabar, terminar 2 (consume) consumir (money) gastar (drink) beber 3 (exam) aprobar.

to get to·geth·er intr. (people) reunirse, juntarse ◇ tr. sep. 1 (people) juntar, reunir 2 (assemble) montar (money) recoger, reunir.

to get up intr. 1 (rise) levantarse (climb up) subir 2 (become stronger - wind, storm) levantarse ◇ tr. sep. 1 (wake up) despertar (get out of bed) levantar 2 (disguise oneself) disfrazarse.

get·a·way ['getəweɪ] n. (fam. use) fuga, huida **to make one's getaway** fugarse **getaway car** coche m. usado en una fuga.

get-to·geth·er ['gettəgeðəʳ] n. (fam. use) (meeting) reunión f. (party) fiesta.

get-well card [get'welkɑːd] n. tarjeta (deseando la pronta recuperación de alguien).

gey·ser ['giːzəʳ, uʃ'gaɪzəʳ] n. 1 (natural spring) géiser m. 2 (water heater) calentador m. de agua.

Gha·na ['gɑːnə] n. Ghana.

Gha·na·ian [gɑː'neɪən] adj. ghanés ◇ n. ghanés.

gher·kin ['gɜːkɪn] n. pepinillo.

ghet·to ['getəʊ] n. pl. **ghettos** o **ghettoes** gueto.

ghost [gəʊst] n. 1 fantasma m. espectro 2 (duplicate image on a TV screen) sombra **to give up the ghost** (fam. use) entregar el alma **ghost town** pueblo fantasma.

ghost·ly ['gəʊstlɪ] adj. comp. **ghostlier**, superl. **ghostliest** espectral, fantasmal.

ghoul [guːl] n. 1 (fam. use) persona de gustos macabros 2 (evil spirit) espíritu m. maligno.

ghoul·ish ['guːlɪʃ] adj. macabro.

gi·ant ['dʒaɪənt] n. gigante ◇ adj. gigante, gigantesco.

gib·bon ['gɪbən] n. ZOOL gibón m.

gift [gɪft] n. **1** (present) regalo, obsequio **2** (talent) don m. **3** REL ofrenda **4** JUR donación f. **gift voucher** vale m. cupón m. de regalo.

gift·ed ['gɪftɪd] adj. dotado, talentoso.

gig [gɪg] n. [fam. use] (booking) bolo (performance) actuación f.

gig·a·byte ['gɪgəbaɪt] n. gigabyte m. giga m.

gi·gan·tic [dʒaɪˈgæntɪk] adj. gigantesco.

gig·gle ['gɪgəl] n. risita, risa tonta f. ◇ intr. reírse tontamente.

gill [gɪl] n. (of fish) agalla, branquia.

gilt [gɪlt] adj. dorado ◇ n. dorado.

gim·mick ['gɪmɪk] n. [fam. use] (device) reclamo, truco (gadget) artilugio **sales gimmick** truco para aumentar ventas.

gin [dʒɪn] n. ginebra.

gin·ger ['dʒɪndʒə ʳ] n. (spice) jengibre m. ◇ adj. (hair) rojo (person) pelirrojo **ginger ale** ginger ale m.

gin·ger·bread ['dʒɪndʒəbred] n. pan ◇ m. de jengibre.

gin·ger·ly ['dʒɪndʒəlɪ] adv. cautelosamente ◇ adj. cauteloso.

gin·gi·vi·tis [dʒɪndʒɪˈvaɪtəs] n. MED gingivitis f.

gi·raffe [dʒɪˈrɑːf] n. jirafa.

gird·er ['gɜːdə ʳ] n. (construction) viga.

gir·dle ['gɜːdəl] n. **1** (clothes) faja **2** fig. use cinturón ◇ m. tr. **1** fig. use rodear.

girl [gɜːl] n. **1** chica, muchacha, joven f. (small) niña **2** (daughter) hija **girl scout** exploradora.

girl·friend ['gɜːlfrend] n. **1** (partner) novia **2** (friend) amiga, compañera **3** (lover) amante f.

girl·hood ['gɜːlhʊd] n. (childhood) niñez f. (youth) juventud f.

girl·ish ['gɜːlɪʃ] adj. (of girl) de niña (effeminate) afeminado.

gist [dʒɪst] n. (general idea) idea general, sentido general (fundamental idea) lo esencial.

give [gɪv] n. (flexibility) elasticidad f, flexibilidad f. ◇ tr. pt. **gave** [geɪv], pp. **given** ['gɪvən], ger. **giving** **1** (gen) dar **2** (deliver, convey) dar, entregar (as a gift) dar, regalar **4** (provide) dar, suministrar **5** (pay) pagar, dar **6** (perform a concert, etc.) dar (speech) pronunciar **7** (dedicate) dedicar, consagrar **8** (cause) causar, ocasionar **9** (yield) ceder, conceder ◇ intr. **1** (yield) ceder (cloth, elastic) dar de sí **not to give a damn** importarle a uno un bledo **to give evidence** prestar declaración **to give it all one's got** dar lo mejor de sí **to give the game away** descubrir el pastel **to give way** (gen) ceder, conceder (ground) hundirse (ladder) romperse (legs) doblarse **to give somebody one's support** prestarle apoyo a alguien **to give somebody up for dead** dar por muerto a alguien.

to give a·way tr. sep. **1** (gen) distribuir, repartir (present) regalar (prize) entregar **2** (betray) delatar, traicionar (disclose) revelar, descubrir.

to give back tr. sep. (return) devolver.

to give in intr. (admit defeat) darse por vencido, rendirse (yield) ceder ◇ tr. sep. (hand in) entregar.

to give in to intr. ceder ante.

to give out tr. sep. **1** (distribute) distribuir, repartir **2** (announce) anunciar ◇ intr. (supplies) acabarse, agotarse (break down) averiarse, sufrir una avería.

to give up tr. sep. **1** (renounce) dejar (idea) abandonar, renunciar a **2** (relinquish, hand over) ceder, renunciar a **3** (devote) dedicar **4** (surrender) entregarse ◇ intr. (admit defeat) darse por vencido, rendirse.

to give up on tr. insep. abandonar, desistir.

give·a·way ['gɪvəweɪ] n. **1** [fam. use] (unintentional disclosure) revelación f. involuntaria **2** (gift) regalo.

giv·en ['gɪvən] pp. VER: give ◇ adj. **1** (fixed) dado, determinado, previsto **2** (prone) dado, propenso prep. **1** (considering) dado, teniendo en cuenta **2** (if) si **given name** nombre m. de pila.

Gk [giːk] abbr. (Greek) griego.

gla·cial ['gleɪʃəl] adj. **1** GEOL glaciar **2** (icy) glacial **3** [fam. use] fig. use glacial **glacial periods** periodos mpl. glaciares.

gla·cier ['glæsɪə ʳ, 'gleɪʃə ʳ] n. GEOL glaciar m.

glad [glæd] adj. (pleased) contento, alegre (happy) feliz **to be glad** alegrarse.

glad·i·a·tor ['glædɪeɪtə ʳ] n. HIST gladiador m.

glad·ly ['glædlɪ] ·adv. de buena gana, con mucho gusto.

glad·ness ['glædnəs] n. (pleasure) satisfacción f. (happiness) alegría.

glam·or·ous ['glæmərəs] adj. **1** atractivo **2** (charming) encantador.

glam·our ['glæmə ʳ] n. **1** atractivo **2** (charm) encanto.

glance [glɑːns] n. **1** mirada, vistazo, ojeada ◇ intr. dar una mirada, echar un vistazo (at, at) **at a glance** de un vistazo **to glance through** ojear.

to glance off tr. insep. (ball, bullet, etc.) rebotar en.

gland [glænd] n. ANAT glándula.

glan·du·lar ['glændjʊlə ʳ] adj. glandular **glandular fever** MED mononucleosis f. infecciosa.

glare [gleə ʳ] n. **1** (light) luz f. deslumbrante **2** AUTO deslumbramiento **3** (look) mirada furiosa, mirada hostil ◇ intr. **1** (dazzle) deslumbrar **2** (look) lanzar una mirada furiosa.

glar·ing ['gleərɪŋ] adj. **1** (dazzling) deslumbrador, deslumbrante (color) chillón (bright) brillante, resplandeciente **2** (blatant) patente, evidente.

glass [glɑːs] n. **1** (material) vidrio, cristal m. **2** (for drinking) vaso (with stem) copa npl. **glasses 1** gafas fpl.

glass·house ['glɑːshaʊs] n. (gardening) invernadero.

glass·y ['glɑːsɪ] adj. comp. **glassier**, superl. **glassiest 1** fig. use (eyes) vidrioso **2** (like glass) vítreo (smooth) liso (water) cristalino, transparente.

glau·co·ma [glɔːˈkəʊmə] n. MED glaucoma m.

glaze [gleɪz] n. (for pottery) vidriado (lustre) brillo, lustre m. (varnish) barniz m. esmalte m. ◇ tr. **1** (pottery) vidriar, esmaltar **2** (windows) poner cristales a **3** CULIN glasear.

glazed [gleɪzd] adj. **1** (of eyes, look, etc.) vidrioso, ausente (of surface) vidriado **2** (of paper) satinado (of leather) barnizado.

gla·zier ['gleɪzɪə ʳ] n. vidriero, cristalero.

glaz·ing ['gleɪzɪŋ] n. (windows) colocación f. de cristales (windowpanes) cristales mpl. vidriería.

glee [gliː] n. alegría, júbilo, regocijo.

glee·ful ['gliːfʊl] adj. alegre, jubiloso, regocijado.

glee·ful·ly ['gliːfʊlɪ] adv. con alegría, con júbilo, con regocijo.

glide [glaɪd] n. **1** deslizamiento **2** AV planeo, vuelo sin motor **3** LING semivocal f. ◇ intr. **1** deslizarse **2** AV planear.

glid·er ['glaɪdə ʳ] n. AV planeador m.

glid·ing ['glaɪdɪŋ] n. **1** AV planeo **2** SP vuelo sin motor.

glim·mer ['glɪmə ʳ] n. (light) luz f. tenue ◇ intr. brillar con luz tenue.

glimpse [glɪmps] n. vislumbre f, visión f. fugaz ◇ tr. vislumbrar, entrever.

glit·ter ['glɪtə ʳ] n. brillo ◇ intr. brillar, relucir.

glit·ter·ing ['glɪtərɪŋ] adj. brillante, reluciente.

glob·al ['gləʊbəl] adj. **1** mundial **2** (total) global.

glob·al·i·za·tion [gləʊbəlaɪˈzeɪʃən] *n.* globalización *f.*

globe [gləʊb] *n.* **1** globo, esfera **2** *(map)* globo terrestre.

gloom [gluːm] *n.* **1** *(darkness)* penumbra, tenebrosidad *f.* **2** *(sadness)* tristeza, melancolía **3** *(hopelessness)* desolación *f*, pesimismo.

gloom·y [ˈgluːmɪ] *adj. comp.* **gloomier**, *superl.* **gloomiest 1** *(dark)* lóbrego, oscuro, tenebroso **2** *(sad)* melancólico, triste *(depressing)* deprimente, desalentador **3** *(pessimistic)* pesimista **4** *(weather)* gris, encapotado.

glo·ri·fied [ˈglɔːrɪfaɪd] *adj. pej.* pretencioso.

glo·ri·fy [ˈglɔːrɪfaɪ] *tr. pt. & pp.* **glorified**, *ger.* **glorifying** *(God)* glorificar *(praise)* alabar.

glo·ri·ous [ˈglɔːrɪəs] *adj.* **1** glorioso **2** *(wonderful)* espléndido, magnífico.

glo·ry [ˈglɔːrɪ] *n. pl.* **glories 1** *(gen)* gloria **2** *fig. use* esplendor *m.* ◇ *intr. pt. & pp.* **gloried**, *ger.* **glorying** gloriarse (in, de).

gloss [glɒs] *n.* **1** lustre *m.* brillo **2** *(explanation)* glosa **3** *fig. use* oropel *m.* ◇ *tr. (text)* glosar, comentar **gloss paint** esmalte *m.* pintura brillante.

glos·sa·ry [ˈglɒsərɪ] *n. pl.* **glossaries** glosario.

gloss·y [ˈglɒsɪ] *adj. comp.* **glossier**, *superl.* **glossiest** brillante, lustroso **glossy magazine** revista de lujo.

glove [glʌv] *n.* guante *m.* **to fit like a glove** sentar como anillo al dedo, sentar como un guante.

glow [gləʊ] *n.* **1** *(of lamp)* luz *f.* *(of jewel)* brillo **2** *(of fire)* calor *m.* vivo *(of sky)* arrebol *m.* *(of fire, metal, etc.)* incandescencia **3** *(of face)* rubor *m.* **4** *fig. use* sensación *f.* de bienestar, satisfacción *f.* ◇ *intr.* **1** *(jewel, sun, etc.)* brillar *(of metal)* estar al rojo vivo *(fire)* arder **2** *fig. use* rebosar de.

glow·ing [ˈgləʊɪŋ] *adj.* **1** *fig. use (report, etc.)* entusiasta *(style)* cálido **2** *(fire)* incandescente *(metal)* al rojo vivo **3** *(fire, color)* vivo *(light)* brillante **4** *(complexion)* rojo *(cheeks)* encendido.

glow-worm [ˈgləʊwɜːm] *n.* ZOOL luciérnaga, gusano de luz.

glu·cose [ˈgluːkəʊz] *n.* CHEM glucosa.

glue [gluː] *n.* cola, pegamento ◇ *tr.* encolar, pegar.

glu·ten [ˈgluːtən] *n.* gluten *m.*

glu·te·us [ˈgluːtɪəs] *n.* glúteo.

glut·ton [ˈglʌtən] *n.* glotón.

glut·ton·y [ˈglʌtənɪ] *n.* glotonería, gula.

glyc·er·in [ˈglɪsərɪn] *n.* glicerina.

GM [dʒiːˈem] *abbr. (genetically modified)* genéticamente modificado.

GMT [ˈdʒiːemˈdiː] *abbr. (Greenwich Mean Time)* hora media de Greenwich *(abbreviation)* GMT.

gnaw [nɔː] *tr.* **1** *(bite)* roer **2** *fig. use (worry)* corroer.

gnome [nəʊm] *n.* gnomo.

GNP [ˈdʒiːenˈpiː] *abbr. (gross national product)* producto nacional bruto *(abbreviation)* PNB *m.*

gnu [nuː] *n.* ñu *m.*

go [gəʊ] *n.* **1** *(energy)* energía, empuje *m.* **2** *(turn)* turno **3** *(try)* intento **4** *(start)* principio ◇ *intr. pt.* **went** [went], *pp.* **gone** [gɒn], *ger.* **going 1** *(gen)* ir **2** *(leave)* marcharse, irse *(bus, train, etc.)* salir **3** *(vanish)* desaparecer **4** *(function)* funcionar, marchar **5** *(become)* volverse, ponerse, quedarse **6** *(fit)* entrar, caber **7** *(break)* romperse, estropearse *(yield)* ceder *(blow)* fundirse **8** *(be kept)* guardarse **9** *(sell)* venderse **10** *(progress)* ir, marchar, andar **11** *(be spent on)* irse, gastarse **12** *(be available)* quedar, haber **13** *(be acceptable)* valer **14** *(make a noise, gesture, etc.)* hacer **15** *(time - pass)* pasar *(- be remaining)* faltar **16** *(say)* decir ◇ *tr.* **1** *(make a noise)* hacer **2** *(travel)* hacer, recorrer ◇ *interj.* **go!** *(starting races)* ¡ya! **go on!** *(incredulity)* ¡vaya!, ¡anda ya!

(coaxing) ¡venga!, ¡adelante! **to go about one's business** ocuparse de sus asuntos **to go one better than somebody** superar a alguien **to go too far** ir demasiado lejos, pasarse de la raya, pasarse **to go to sleep** dormirse **to make a go of something** tener éxito en algo.

to go a·bout *tr. insep.* **1** *(task)* emprender, hacer **2** *(everyday activities)* continuar.

to go af·ter *tr. insep. (pursue)* perseguir, andar tras.

to go a·gainst *tr. insep. (oppose)* ir en contra de *(sentence)* ser desfavorable a.

to go a·head *intr. (proceed)* proceder **go ahead!**, ¡adelante!

to go a·long *tr. insep. (street, etc.)* pasar por *(progress)* progresar, ir ◇ *intr. (accompany)* ir.

to go a·long with *tr. insep.* estar de acuerdo con.

to go a·round *intr.* **1** *(be enough)* bastar, ser suficiente, haber **2** *(rumor, illness)* correr, circular **3** *(travel around)* ir, andar **4** *(spend time)* salir (with, con), andar (with, con) **5** *(revolve)* girar, dar vueltas *tr. insep.* recorrer.

to go a·way *intr.* marcharse.

to go back *intr. (return)* volver, regresar *(date from)* datar de, remontarse a.

to go back on *tr. insep. (break)* romper, no cumplir.

to go by *intr. (time)* pasar ◇ *tr. insep. (rules)* atenerse a, seguir *(instinct)* dejarse llevar por *(appearances)* juzgar por.

to go down *intr.* **1** *(gen)* bajar *(tire)* deshincharse *(sun)* ponerse *(ship)* hundirse **2** *(be received)* ser acogido.

to go down with *intr. (catch)* coger, pillar.

to go for *tr. insep.* **1** *(attack)* atacar **2** *(fetch)* ir a buscar **3** *(fam. use) (like)* gustar **4** *(fam. use) (be valid)* valer para.

to go in for *tr. insep. (enter - race, competition)* participar en, tomar parte en *(- exam)* presentarse a *(- career)* dedicarse a *(like, agree with)* ser partidario de.

to go in·to *tr. insep.* **1** *(gen)* entrar en **2** *(investigate)* investigar **3** *(crash)* chocar contra.

to go off *intr.* **1** *(leave)* marcharse **2** *(bomb)* estallar *(alarm)* sonar *(gun)* dispararse **3** *(food)* estropearse, pasarse *(milk)* cortarse **4** *(stop operating)* apagarse.

to go on *intr.* **1** *(continue)* seguir, continuar **2** *(happen)* pasar, ocurrir *(complain)* quejarse (about, de) *(talk at length)* hablar sin parar **4** *(light, etc.)* encenderse **5** *(age)* estar a punto de cumplir.

to go out *intr.* **1** *(leave)* salir **2** *(fire, light)* apagarse.

to go o·ver *tr. insep. (check, revise)* revisar, repasar.

to go through *tr. insep.* **1** *(undergo)* pasar por, sufrir, padecer **2** *(examine)* examinar *(search)* registrar *(spend)* gastar *(explain)* explicar *(act, law)* ser aprobado.

to go through with *tr. insep.* llevar a cabo.

to go un·der *intr.* **1** *(ship)* hundirse **2** *fig. use* fracasar.

to go up *intr.* **1** *(gen)* subir *(approach)* acercarse **2** *(curtain in theater)* levantarse **3** *(explode)* estallar *(burst into flames)* prenderse fuego.

to go with *tr. insep.* **1** *(accompany)* acompañar *(be part of)* ir con, estar incluido **2** *(match)* hacer juego con.

G

go·a·head ['gevəhed] *n.* visto bueno ◇ *adj.* emprendedor **to give somebody/something the go-ahead** dar el visto bueno a alguien/algo.

goal [gəʊl] *n.* 1 SP *(area)* meta, portería 2 SP *(point)* gol *m.* tanto 3 *(aim)* fin *m.* objetivo, meta **to score a goal** marcar un gol, marcar un tanto.

goal·keep·er ['gəʊlkiːpə ʳ] *n.* portero, guardameta *mf.*

goat [gəʊt] *n.* *(female)* cabra *(male)* macho cabrío.

goat·ee ['gəʊtiː] *n. (beard)* perilla.

go·be·tween ['gəʊbɪtwiːn] *n.* 1 intermediario 2 *(between lovers)* alcahuete.

Go·bi ['gəʊbɪ] *n.* **Gobi Desert** GEOG desierto de Gobi.

gob·let ['gɒblət] *n.* copa.

god [gɒd] *n. (deity, idol)* dios *m.* ◇ *n.* **God** Dios *m.* ◇ *npl.* **the gods** THEAT el gallinero **to give thanks to God** dar gracias a Dios **act of God** obra de Dios **God bless you!** ¡que Dios le bendiga! **God help us!** ¡que Dios nos agarre confesados! **God only knows** sólo Dios sabe **God willing** si Dios quiere **may God be with you!** ¡vaya con Dios! **my God!** ¡Dios mío! **thank God!** ¡gracias a Dios! **God bless!** ¡un abrazo! **he thinks he's God's gift** cree que es el rey del mambo **Almighty God** Dios *m.* Todopoderoso **God's truth** la verdad pura y simple.

god·child ['gɒdtʃaɪld] *n.* pl. **godchildren** ahijado.

god·daugh·ter ['gɒddɔːtə ʳ] *n.* ahijada.

god·dess ['gɒdəs] *n.* diosa.

god·fa·ther ['gɒdfɑːðə ʳ] *n.* padrino.

god·less ['gɒdləs] *n.* ateo.

god·moth·er ['gɒdmʌðə ʳ] *n.* madrina.

god·par·ents ['gɒdpeərənts] *npl.* padrinos *mpl.*

god·son ['gɒdsʌn] *n.* ahijado.

gog·gles ['gɒgəlz] *npl.* gafas *fpl.* protectoras.

go·ing ['gəʊɪŋ] *n.* 1 *(departure)* ida, salida 2 *(pace)* paso, ritmo 3 *(path, road)* estado del camino ◇ *adj.* 1 *(price, rate)* actual, corriente 2 *(business)* que marcha bien **to be hard going** *(path, road)* ser accidentado, ser difícil de atravesar **to be heavy going** *(book, film, person)* ser pesado **to be going on with** de momento **while the going is good** mientras podamos, mientras tengamos la oportunidad **when the going gets tough...** cuando las cosas se pongan difíciles...

go·ing-o·ver [gəʊɪŋ'əʊvə ʳ] *n.* 1 *[fam. use] (inspection)* repaso, inspección *f.* 2 *(thrashing)* paliza.

go·ings-on [gəʊɪŋz'ɒn] *npl. [fam. use]* tejemanejes *mpl.* chanchullos *mpl.*

go-kart ['gəʊkɑːt] *n.* SP kart *m.*

go-kart·ing ['gəʊkɑːtɪŋ] *n.* SP karting *m.* carrera de karts.

gold [gəʊld] *n. (metal)* oro ◇ *adj.* 1 *(color)* dorado 2 *(made of gold)* de oro **a gold bracelet,** una pulsera de oro **to be worth its weight in gold** valer su peso en oro **gold leaf** pan *m.* de oro **gold medal** medalla de oro **gold mine** mina de oro **gold rush** fiebre *f.* del oro.

gold-dig·ger ['gəʊlddɪgə ʳ] *n.* 1 *(miner)* buscador de oro 2 *fig. use (woman)* aventurera.

gold·en ['gəʊldən] *adj.* 1 de oro 2 *(color)* dorado 3 *(hair)* rubio **golden age** época dorada **Golden Age** *(in Spain)* Siglo de Oro **golden handshake** gratificación *f.* extraordinaria que uno recibe al dejar el trabajo en reconocimiento de su largo servicio **golden oldie** *(record)* viejo éxito **golden opportunity** ocasión *f.* de oro **golden rule** regla de oro **golden wedding** bodas *fpl.* de oro.

gold·fish ['gəʊldfɪʃ] *n.* pl. **goldfish** pez *m.* de colores.

gold-plat·ed ['gəʊld'pleɪtɪd] *adj.* chapado en oro.

gold·smith ['gəʊldsmɪθ] *n.* orfebre *mf.*

golf [gɒlf] *n.* golf *m.* ◇ *intr.* jugar al golf **golf ball** bola de golf **golf cart** carro de golf **golf club** *(stick)* palo de golf *(place)* club *m.* de golf **golf course** campo de golf.

golf·ing ['gɒlfɪŋ] *n.* el golf **to go golfing** jugar al golf **golfing tournament** torneo de golf.

gone [gɒn] *pp.* VER: go ◇ *adj.* 1 *(time)* pasado 2 *(dead)* muerto 3 *[fam. use] (entranced)* entusiasmado, flipado **to be too far gone** ser un caso perdido.

gong [gɒŋ] *n.* 1 gong *m.* batintín *m.* 2 *[fam. use] (award, prize)* fig. galardón *m.*

good [gʊd] *adj. comp.* **better,** *superl.* **best** 1 bueno *(before m. sing noun)* buen 2 *(healthy)* sano 3 *(beneficial)* bueno 4 *(kind)* amable 5 *(well-behaved)* bueno 6 *(useful)* servible ◇ *adv.* muy ◇ *interj.* ¡bien! ◇ *n.* bien *m.* ◇ *npl.* **goods** *(property)* bienes *mpl.* COMM *(in shop)* género *m.* sing., artículos *mpl.* COMM *(merchandise)* mercancías *fpl.* **a good deal** bastante **all in good time** todo a su debido tiempo **as good as** como si, prácticamente, casi **for good** para siempre **good afternoon** buenas tardes **good evening** buenas tardes **Good Friday** Viernes Santo **good heavens!,** **good grief!** ¡cielo santo! **good morning** buenos días **it's a good job** menos mal **that's a good one!** *(joke)* ¡ésta sí que es buena! **to be as good as new** estar como nuevo **to be good at** tener aptitudes para **to be good for** *(last)* durar *(be useful for)* servir **to be up to no good** estar tramando algo **to deliver the goods** *(literally)* repartir las mercancías *(fig)* cumplir sus compromisos **to do good** hacer bien **to feel good** sentirse bien **to have a good time** pasarlo bien **to look good** *(person)* tener buen aspecto *(food)* tener buena pinta **to make good** *(be successful)* tener éxito, salir bien *(reform)* reformarse *(compensate)* indemnizar **goods train** tren *m.* de mercancías **goods wagon** furgón *m.* vagón *m.* de mercancías **goods yard** estación *f.* de mercancías **stolen goods** objetos *mpl.* robados.

good-bye [gʊd'baɪ] También se escribe *good-bye* n. adiós *m.* ◇ *interj.* ¡adiós! **to say goodbye to** despedirse de.

good-hu·mored [gʊd'hjuːməd] *adj.* de buen humor, campechano.

good-look·ing [gʊd'lʊkɪŋ] *adj.* guapo, bien parecido.

good-na·tured [gʊd'neɪtʃəd] *adj.* bondadoso.

good·ness ['gʊdnəs] *n.* 1 *(virtue)* bondad *f.* 2 *(in food)* lo nutritivo.

good-tem·pered [gʊd'tempəd] *adj.* de buen carácter.

good·will [gʊd'wɪl] *n.* buena voluntad *f.*

goo·gle ['guːgl] *tr.* googlear, buscar con el motor de búsqueda de Google.

goose [guːs] *n.* pl. **geese** ganso *m.* **to kill the goose that lays the golden eggs** matar la gallina de los huevos de oro **goose pimples** piel *f.* de gallina.

gore [gɔː ʳ] *n.* sangre *f.* derramada.

gorge [gɔːdʒ] *n. (mountain pass)* desfiladero *(ravine)* barranco.

gor·geous ['gɔːdʒəs] *adj.* 1 magnífico, espléndido 2 *(person)* guapísimo ◇ *n. [fam. use]* guapo.

go·ril·la [gə'rɪlə] *n.* ZOOL gorila *m.*

go·ry ['gɔːrɪ] *adj. comp.* **gorier,** *superl.* **goriest** sangriento.

gos·pel ['gɒspəl] *n.* 1 REL evangelio **the Gospel according to Saint Mark,** el Evangelio según

San Marcos; 2 MUS música gospel. **to speak the gospel truth** decir como el evangelio. **and that's gospel truth** y eso va a misa, y eso es la pura verdad.

gos·sip ['gɒsɪp] n. 1 (talk) cotilleo, chismorreo 2 (person) cotilla mf., chismoso ◇ intr. cotillear, chismorrear. **gossip column** crónica de sociedad. **gossip columnist** cronista mf. de sociedad.

got [gɒt] pt. & pp. VER: **get**.

Goth·ic ['gɒθɪk] adj. 1 godo 2 (language, ARCH, type) gótico ◇ n. (language) gótico.

got·ten ['gɒtən] pp. VER: **get**.

gour·met ['gʊəmeɪ] n. gastrónomo, gurmet mf.

Gov¹ ['gʌvənə'] abbr. (Governor) Gobernador (abbreviation) Gobr.

Gov² ['gʌvənmənt] abbr. (Government) Gobierno (abbreviation) Gob, Gobno.

gov·ern ['gʌvən] tr. 1 gobernar, dirigir 2 LING regir 3 (determine) dictar ◇ intr. 1 gobernar 2 (predominate) predominar, prevalecer.

gov·ern·a·ble ['gʌvənəbəl] adj. gobernable.

gov·ern·ing ['gʌvənɪŋ] adj. gobernante, dirigente. **governing body** consejo de administración.

gov·ern·ment ['gʌvənmənt] n. gobierno ◇ adj. (of government) del gobierno, gubernamental 2 (of a governor) del gobernador. **government department** ministerio.

gov·er·nor ['gʌvənə'] n. 1 (town, state, bank) gobernador 2 (prison) director 3 (school) administrador.

Govt ['gʌvənmənt] abbr. (Government) Gobierno (abbreviation) Gob, Gobno.

gown [gaʊn] n. 1 vestido largo 2 (judge's, academic's) toga 3 (surgeon's) bata 4 (at hairdresser's) peinador m.

GPS ['dʒiː'piː's] abbr. (global positioning system) sistema de posicionamiento global.

grab [græb] tr. pt. & pp. **grabbed**, ger. **grabbing** 1 (seize, snatch) coger, agarrar, asir 2 (capture, arrest) pillar, coger 3 [fam. use] entusiasmar ◇ n. 1 asimiento, agarrón m. 2 TECH cuchara.

grace [greɪs] n. 1 gracia, elegancia 2 (deportment) garbo 3 (courtesy) delicadeza, cortesía 4 (blessing) bendición f. 5 REL gracia 6 (delay) plazo ◇ tr. 1 (adorn) adornar 2 (honor) honrar with **good grace** de buena gana. **with bad grace** a regañadientes, de mala gana. **to fall from grace** caer en desgracia.

grace·ful ['greɪsfʊl] adj. elegante, garboso.

grace·ful·ly ['greɪsfʊlɪ] adv. 1 (dance, etc.) con garbo, garbosamente, grácilmente 2 (recognize error) gentilmente (give in) con dignidad.

grace·less ['greɪsləs] adj. desgarbado, sin gracia.

gra·cious ['greɪʃəs] adj. 1 gracioso 2 (polite) cortés (kind) amable 4 (benevolent) benévolo.

gra·da·tion [grə'deɪʃən] n. gradación f.

grade [greɪd] n. 1 (degree, level) grado 2 (quality) calidad f. 3 (class, category) clase f., categoría 4 (rank) rango, grado 5 (mark) nota 6 (gradient) pendiente f. 7 (form) clase f. ◇ tr. 1 (sort, classify) clasificar 2 (road) nivelar 3 (student) calificar, poner una nota 4 (colors) degradar. **grade school** escuela primaria.

gra·di·ent ['greɪdɪənt] n. 1 declive m. pendiente f. 2 PHYS gradiente m.

grad·u·al ['grædjʊəl] adj. gradual, paulatino.

grad·u·ate [(n.) 'grædjʊət; (vb.) 'grædjʊeɪt] n. EDUC (after 3 year course) diplomado (after 5 year course) licenciado ◇ tr. (grade, classify) graduar ◇ intr. 1 (after 3 year course) diplomarse (in, en) (after 5 year course) licenciarse (in, en) **graduate school** escuela para graduados.

grad·u·a·tion [grædjʊ'eɪʃən] n. 1 EDUC graduación f., ceremonia de entrega de un título universitario 2 TECH graduación f.

graf·fi·ti [grə'fiːtɪ] npl. grafitis mpl., pintadas fpl. ◇ tr. hacer grafitis.

graft¹ [grɑːft] n. (of plant, tissue) injerto ◇ tr. injertar (onto, en) ◇ intr. 1 injertarse (make a graft) hacer un injerto.

graft² [grɑːft] n. 1 (bribery) soborno 2 (corruption) corrupción f. 3 (illicit dealings) tejemanejes mpl., chanchullos mpl. tr. 1 (bribe) sobornar 2 (swindle) timar, estafar.

grain [greɪn] n. 1 (gen) grano 2 (cereals) cereales mpl. 3 (in wood) veta, fibra (in stone) filón m. veta (of leather) flor f. tr. (give granular texture) granular ◇ intr. (become granular) granularse. **to go against the grain** ir en contra de los principios de alguien **there's not a grain of truth in it** no tiene ni pizca de verdad.

gram [græm] n. gramo.

gram·mar ['græmə'] n. gramática.

gram·mat·i·cal [grə'mætɪkəl] adj. 1 gramatical 2 (correct) correcto.

gran [græn] n. [fam. use] abuela.

gra·na·ry ['grænərɪ] n. pl. **granaries** granero.

grand [grænd] adj. 1 (splendid) grandioso, espléndido, magnífico 2 (impressive) impresionante 3 (important - person) distinguido, importante 4 [fam. use] (great) fenomenal. **on a grand scale** a gran escala **the Grand Canyon** GEOG el Gran Cañón (dollars) mil dólares **grand jury** jurado de acusación **grand piano** piano de cola **Grand Prix** gran premio.

grand·child ['grænt∫aɪld] n. nieto.

grand·dad ['grændæd] n. [fam. use] abuelo.

grand·daugh·ter ['grænddɔːtə'] n. nieta.

gran·deur ['grændʒə'] n. 1 (nobility) grandeza, nobleza 2 (splendor) grandiosidad f., magnificencia.

grand·fa·ther ['grændfɑːðə'] n. abuelo **grandfather clock** reloj m. de caja.

gran·di·ose ['grændɪəʊs] adj. grandioso.

grand·ma ['grænmɑː] n. [fam. use] abuela.

grand·moth·er ['grænmʌðə'] n. abuela.

grand·pa ['grænpɑː] n. [fam. use] abuelo.

grand·par·ents ['grændpeərənts] npl. abuelos mpl.

grand·son ['grændsʌn] n. nieto.

grand·stand ['grændstænd] n. tribuna.

gran·ite ['grænɪt] n. granito ◇ adj. de granito.

gran·ny ['grænɪ] n. pl. **grannies** [fam. use] abuela.

grant [grɑːnt] n. 1 EDUC beca 2 (subsidy) subvención f. 3 JUR (rights, property) cesión f. ◇ tr. 1 conceder, otorgar 2 JUR ceder, transferir **to take somebody for granted** no apreciar a alguien como es debido. **to take something for granted** dar algo por sentado.

gran·u·lar ['grænjʊlə'] adj. 1 (with grains) granular 2 (texture) granulado.

grape [greɪp] n. uva **grape juice** jugo de uva, mosto.

grape·fruit ['greɪpfruːt] n. pl. **grapefruits** o **grape-fruit** toronja.

grape·vine ['greɪpvaɪn] n. (gen) parra (vine) vid f.

graph [grɑːf] n. gráfica, gráfico **graph paper** papel m. milimetrado.

graph·ic ['græfɪk] adj. 1 (gen) gráfico 2 (vivid) muy gráfico, vívido **graphic arts** artes fpl. gráficas **graphic design** diseño gráfico.

graph·ics ['græfɪks] n. (graphic design) diseño gráfico, grafismo ◇ npl. COMPUT gráficos mpl. **graphics card** tarjeta gráfica.

graph·ite ['græfaɪt] n. grafito.

grasp [grɑːsp] *n.* **1** *(grip, hold)* asimiento, apretón *m.* **2** *fig. use (control, power)* control *m.* dominio **3** *(reach)* alcance *m.* **4** *(understanding)* comprensión *f.* *(knowledge)* conocimientos *mpl.* ◇ *tr.* **1** *(seize - with hands)* agarrar, asir *(opportunity, offer)* aprovechar **2** *(understand)* comprender, captar.

to grasp at. *tr. insep.* **1** tratar de agarrar **2** *fig. use (opportunity)* aprovechar.

grasp·ing [ˈgrɑːspɪŋ] *adj.* avaricioso, avaro, codicioso.

grass [grɑːs] *n.* **1** *(plant)* hierba, yerba *(lawn)* césped *m.* *(pasture)* pasto *(dried)* paja **2** *sl. (marijuana)* hierba, maría ◇ *tr.* *(turf)* plantar césped en *(over, -)* ◇ *intr. sl. (inform)* chivarse *(on, a)*, soplar *(on, a)*. **keep off the grass** prohibido pisar el césped. **the grass is always greener on the other side (of the fence)** nadie está contento con su suerte. **to put somebody out to grass** jubilar a alguien **grass court** pista de hierba **grass roots** POL *las bases fpl.* **grass snake** culebra.

grass·hop·per [ˈgrɑːshɒpə*] *n.* saltamontes *m.*

grass·land [ˈgrɑːslænd] *n.* *(land covered with grass)* prado *(for grazing)* pasto, pastizal *m.*

grate [greɪt] *tr.* **1** CULIN rallar **2** *(scrape - gen)* rascar *(- teeth)* hacer rechinar ◇ *intr.* **1** *(screech)* chirriar, rechinar **2** *fig. use (annoy)* ser crispante **to grate on one's nerves** crisparle a uno los nervios.

grate·ful [ˈgreɪtfʊl] *adj.* *(person)* agradecido *(letter, smile)* de agradecimiento.

grat·er [ˈgreɪtə*] *n.* rallador *m.*

grat·i·fy [ˈgrætɪfaɪ] *tr. & pp.* **gratified**, *ger.* **gratifying** **1** *(satisfy - desire, etc.)* satisfacer **2** *(give pleasure to)* complacer, gratificar.

grat·i·fy·ing [ˈgrætɪfaɪɪŋ] *adj.* *(gen)* grato *(task)* gratificante.

grat·ing¹ [ˈgreɪtɪŋ] *n.* rejilla, reja.

grat·ing² [ˈgreɪtɪŋ] *adj.* *(irritating)* crispante *(harsh)* chirriante, rechinante.

grat·i·tude [ˈgrætɪtjuːd] *n.* gratitud *f.*, agradecimiento.

gra·tu·i·tous [grəˈtjuːɪtəs] *adj.* gratuito.

gra·tu·i·ty [grəˈtjuːɪtɪ] *n. pl.* **gratuities** *(tip)* propina.

grave¹ [greɪv] *n.* **1** *(tomb)* tumba, sepultura **2** *literal use (death)* tumba. **as silent as the grave** como una tumba. **from the cradle to the grave** *(durante)* toda la vida. **to have one foot in the grave** estar con un pie en la sepultura, tener un pie en la tumba. **to turn in one's grave** revolverse en su tumba.

grave² [greɪv] *adj.* **1** *(solemn - voice, look, etc.)* grave **2** *(serious - situation, consequences, error, etc.)* grave, serio **3** [grɑːv] *(accent)* grave.

grave·dig·ger [ˈgreɪvdɪgə*] *n.* sepulturero, enterrador.

grav·el [ˈgrævəl] *n.* grava, gravilla, guijo *tr. pp. & pp.* **graveled**, *ger.* **graveling** cubrir de grava, cubrir de gravilla **gravel pit** gravera.

grave·stone [ˈgreɪvstəʊn] *n.* lápida.

grave·yard [ˈgreɪvjɑːd] *n.* cementerio **graveyard shift** turno de noche.

grav·i·tate [ˈgrævɪteɪt] *intr.* PHYS gravitar *(towards,* hacia).

to grav·i·tate to/grav·i·tate to·wards. *tr. insep.* *(be drawn to)* sentirse atraído por *(move towards)* desplazarse hacia.

grav·i·ta·tion [grævɪˈteɪʃən] *n.* PHYS gravitación *f.*

grav·i·ta·tion·al [grævɪˈteɪʃənəl] *adj.* gravitacional.

grav·i·ty [ˈgrævɪtɪ] *n.* **1** PHYS gravedad *f.* **2** *(importance, seriousness - of situation)* gravedad *f.* *(of person, manner)* gravedad *f.*, circunspección *f.*

gra·vy [ˈgreɪvɪ] *n.* CULIN salsa de carne, jugo de la carne **gravy boat** salsera.

gray [greɪ] *adj.* **1** *(color)* gris *(hair)* cano *(sky)* nublado, gris **2** *(gloomy)* triste, gris ◇ *n.* **1** *(color)* gris *m.* **2** *(horse)* caballo tordo. **to go gray** *(hair, person)* encanecer, volverse cano *(sky)* nublarse **gray area** zona gris **gray matter** materia gris.

gray-haired [ˈgreɪheəd] *adj.* de pelo cano, canoso.

gray·ing [ˈgreɪɪŋ] *adj.* canoso.

gray·ish [ˈgreɪɪʃ] *adj.* *(gen)* grisáceo *(hair)* entrecano.

graze¹ [greɪz] *n.* rasguño, roce *m.* ◇ *tr.* **1** *(scrape)* rascar, rasguñar **2** *(touch lightly)* rozar.

graze² [greɪz] *intr.* pastar ◇ *tr.* *(sheep, cattle)* pastar, pastorear.

graz·ing [ˈgreɪzɪŋ] *n.* pastoreo **grazing land** *tierra de pasto, tierra de pastoreo.*

grease [griːs] *n.* *(gen)* grasa ◇ *tr.* **1** *(part of car, machine, device)* engrasar **2** CULIN untar con mantequilla, untar con manteca.

greas·y [ˈgriːsɪ] *adj.* *comp.* **greasier,** *superl.* **greasiest** **1** *(oily - hands)* grasiento *(hair, skin, food)* graso **2** *(slippery)* resbaladizo **3** *fam. use] pej.* *(smarmy)* adulador, pelota.

great [greɪt] *adj.* **1** *(large)* grande *(before sing noun)* gran **2** *(considerable, profound, intense)* grande *(before sing noun)* gran **3** *(famous, important, outstanding)* grande, importante *(before sing noun)* gran, importante **4** *[fam. use]* *(excellent, wonderful)* estupendo, fantástico, sensacional, fabuloso **5** *(for emphasis)* grande *(before sing noun)* gran ◇ *adv.* *[fam. use]* muy bien, estupendamente, fenomenal ◇ *n.* *(person)* grande *mf.* ◇ *npl.* **the great** *(people)* los grandes *mpl.,* la gente *f.* Ilustre. **the Great Barrier Reef** *la Gran Barrera de Coral* **great circle** círculo máximo **Great Dane** *gran danés m.* **the Great War** *la Gran Guerra, la Primera Guerra Mundial.*

great-aunt [greɪtˈɑːnt] *n.* tía abuela.

great-grand·child [greɪtˈgrænʧaɪld] *n.* bisnieto, biznieto.

great-grand·daugh·ter [greɪtˈgrændɔːtə*] *n.* bisnieta, biznieta.

great-grand·fa·ther [greɪtˈgrændfɑːðə*] *n.* bisabuelo.

great-grand·moth·er [greɪtˈgrænmʌðə*] *n.* bisabuela.

great-grand·par·ents [greɪtˈgrænpeərənts] *npl.* bisabuelos *mpl.*

great-grand·son [greɪtˈgrændsʌn] *n.* bisnieto, biznieto.

great·ly [ˈgreɪtlɪ] *adv.* mucho, enormemente.

great·ness [ˈgreɪtnəs] *n.* *(importance)* grandeza *(size)* enormidad *f.*, magnitud *f.*

great-un·cle [greɪtˈʌŋkəl] *n.* tío abuelo.

Greece [griːs] *n.* Grecia.

greed [griːd] *n.* **1** *(for money, power)* codicia, avaricia **2** *(for food)* gula, glotonería.

greed·y [ˈgriːdɪ] *adj.* *comp.* **greedier,** *superl.* **greediest** **1** *(for money, possessions)* codicioso *(for, de)* *(for power, knowledge)* ávido *(for, de)* **2** *(for food)* glotón.

Greek [griːk] *adj.* griego ◇ *n.* **1** *(person)* griego **2** *(language)* griego.

green [griːn] *adj.* **1** *(color)* verde **2** *(unripe, not dried)* verde **3** *(environment friendly)* verde, ecológico **4** *(pale)* pálido **5** *(inexperienced)* novato, verde *(gullible)* ingenuo, crédulo **6** *(jealous)* envidioso ◇ *n.* **1** *(color)* verde *m.* **2** *(stretch of grass)* césped *m.* *(in golf)* green *m.* *(in village)* césped público ubicado en medio de un pueblo ◇ *npl.* **greens** *(vegetables)* verduras *fpl.* ◇ *npl.* **the Greens** POL *el partido verde mpl.* **to be green with envy** morirse de envidia **to give something the green light**

dar luz verde a algo. **to have green thumbs**
tener buena mano para las plantas **green card**
permiso de residencia y trabajo **green pepper**
pimiento verde **green salad** ensalada verde.

green·back ['gri:nbæk] n. [fam. use] dólar m., verde
m., lechuga.

green-eyed ['gri:naɪd] adj. de ojos verdes.

green·gro·cer ['gri:ngrəʊsə] n. verdulero.

green·horn ['gri:nhɔ:n] n. [fam. use] novato.

green·house ['gri:nhaʊs] n. invernadero **green-house effect** efecto invernadero.

Green·land ['gri:nlənd] n. Groenlandia.

Green·land·er ['gri:nləndəᵊ] n. groenlandés.

green-room ['gri:nru:m] n. THEAT camerino.

greet [gri:t] tr. 1 (wave at, say hello to) saludar (welcome) dar la bienvenida a (receive) recibir 2 (react) acoger, recibir 3 fig. use (meet) llegar, presentarse.

greet·ing ['gri:tɪŋ] n. saludo ◇ npl. greetings saludos mpl., recuerdos mpl. **birthday greetings**
feliz cumpleaños **greetings card** tarjeta de felicitación.

gre·nade [grə'neɪd] n. MIL granada.

grew [gru:] pt. VER: grow.

grey·hound ['greɪhaʊnd] n. galgo.

grid [grɪd] n. 1 (grating) reja, parrilla, rejilla 2 ELEC (network) red f. nacional de tendido eléctrico 3 (on map) cuadrícula **grid reference** coordenadas fpl. cartográficas.

grid·i·ron ['grɪdaɪən] n. 1 (for cooking) plancha (football) campo.

grief [gri:f] n. dolor m., pena. **to come to grief** (vehicle) sufrir un accidente (plans) irse al traste, fracasar.

griev·ance ['gri:vəns] n. (ground for complaint) motivo de queja (complaint) queja **to air one's grievances** quejarse.

grieve [gri:v] tr. afligir, apenar, dar pena a, entristecer ◇ intr. apenarse, afligirse. **to grieve for somebody** llorar a alguien, llorar la muerte de alguien. **to grieve over something** lamentar algo.

griev·ous ['gri:vəs] adj. 1 (causing grief - loss, news, wrongs) penoso, doloroso 2 (severe, serious - injury, wound) de extrema gravedad (- error, fault, crime, sin) grave.

grill [grɪl] n. 1 CULIN (over cooker) gratinador m., grill m. (on charcoal) parrilla 2 CULIN (dish) parrillada (grillroom) asador m., grill m. 4. VER: grille ◇ tr. 1 CULIN (in grill over cooker) hacer al grill (over charcoal) asar a la parrilla 2 [fam. use] (interrogate) interrogar.

grille [grɪl] n. (partition) reja, verja, enrejado (protective covering) rejilla ◇ También **radiator grille** AUTO calandra, parrilla.

grim [grɪm] adj. comp. **grimmer**, superl. **grimmest** 1 (serious - person, manner) austero, adusto, severo (expression, look) ceñudo 2 (unpleasant, depressing - news, picture) horroroso, pesimista (- prospect, outlook) nefasto, desalentador (- reality) crudo, duro 3 (gloomy - landscape, place) lúgubre, sombrío 4 (resolute, unyielding) inflexible, inexorable 5 (sinister - joke) macabro 6 [fam. use] (very bad) malísimo, penoso, desastroso (ill) fatal. **Grim Reaper** la Parca, la muerte.

grim·ace ['grɪməs] n. mueca ◇ intr. hacer una mueca.

grim·ly ['grɪmlɪ] adv. (severely - speak) con gravedad, en tono grave ◇ adj. (resolutely) inexorablemente.

grin [grɪn] n. (genuine) sonrisa (abierta) (mocking) sonrisa burlona intr. pt. & pp. **grinned**, ger. **grinning** sonreír (abiertamente).

grind [graɪnd] tr. pt. & pp. **ground** [graʊnd] 1 (mill) moler (crush) machacar, triturar (crystals, ore) pulverizar (lens, mirror) pulir (knife, blade) afilar 2 (mince - beef) picar 3 (teeth) hacer rechinar 4 (press down hard on) incrustar, aplastar (press in) meter ◇ intr. 1 (crush) triturarse 2 (make harsh noise) rechinar, chirriar ◇ n. [fam. use] (work) trabajo pesado (effort) paliza **to grind to a halt/grind to a standstill** (vehicle) detenerse ruidosamente, pararse ruidosamente (production) irse parando poco a poco (negotiations) estancarse, llegar a un punto muerto.

to grind down. tr. sep. (oppress) oprimir.

grind·er ['graɪndəᵊ] n. (machine - for coffee) molinillo (person - for knives, etc.) afilador.

grind·stone ['graɪndstəʊn] n. muela, piedra de afilar.

grip [grɪp] n. 1 (tight hold) asimiento 2 (of tyre) adherencia, agarre m. 3 fig. use (control, force) control m., dominio 4 SP (way of holding) la forma en que uno coge la raqueta, etc. (part of handle) asidero, empuñadura 5 (hairgrip) horquilla 6 (large bag) bolsa de viaje 7 (in filming) ayudante mf. de cámara ◇ tr. & pp. **gripped**, ger. **gripping** 1 (hold tightly - gen) agarrar, asir, sujetar 2 (adhere to) tener agarre, agarrarse, adherirse 3 fig. use (film, story, play) captar el interés de, captar la atención de ◇ intr. adherirse. **to come to grips with/get to grips with** (problem, challenge) abordar, atacar (subject, system) entender (situation) aceptar, asumir. **to get a grip on oneself/take a grip on oneself** controlarse. **to lose one's grip** perder el control.

grip·ping ['grɪpɪŋ] adj. (film, story, etc.) apasionante.

gris·ly ['grɪzlɪ] adj. comp. **grislier**, superl. **grisliest** espeluznante, horripilante, truculento.

grit [grɪt] n. 1 (fine) arena (coarse) gravilla (dirt) polvo 2 [fam. use] (determination) valor m., agallas fpl. ◇ tr. pt. & pp. **gritted**, ger. **gritting** (road) echar arenilla en.

grit·ty ['grɪtɪ] adj. comp. **grittier**, superl. **grittiest** 1 (flour) arenoso (mussels, cockles) lleno de arena 2 (determination, etc.) enérgico.

griz·zly ['grɪzlɪ] También **grizzly bear**. n. oso pardo.

groan [grəʊn] n. 1 (of pain) gemido, quejido 2 [fam. use] (of disapproval) gruñido 3 (creak) crujido ◇ intr. 1 (in pain) gemir, quejarse (with disapproval) gruñir 2 (creak) crujir 3 [fam. use] (complain) quejarse (about, de), refunfuñar (about, por), rezongar (about, de).

gro·cer ['grəʊsəᵊ] n. tendero.

gro·cer·y ['grəʊsərɪ] n. pl. **groceries** tienda de abarrotes, tienda de comestibles, colmado.

groom [gru:m] n. 1 (bridegroom) novio 2 (for horses) mozo de cuadra ◇ tr. 1 (horse) almohazar (dog) cepillar 2 (person) arreglar.

groove [gru:v] n. 1 (gen) ranura (for door) guía (in column) acanaladura 2 (on record) surco.

grope [grəʊp] intr. (fumble) andar a tientas ◇ tr. [fam. use] (touch up) meter mano a, tocuquear, sobar ◇ n. toqueteo. **to grope for something** buscar algo a tientas. **to grope one's way towards something** avanzar a tientas hacia algo.

gross [grəʊs] adj. 1 (flagrant - injustice) flagrante (- ignorance) craso (- error) grave 2 (fat) muy gordo, obeso 3 (coarse, crude, vulgar - person, behavior, manners) grosero, tosco, basto (- language) soez (disgusting) asqueroso 4 FIN (total) bruto ◇ n. pl. **gross** (144 units) gruesa, doce docenas fpl. ◇ tr. (person) ganar en bruto, obtener unos ingresos brutos de (film, etc.) recaudar, obtener unos ingresos de **gross national product** producto nacional bruto.

to gross out. *tr. sep. [fam. use]* asquear, dar asco a.

gro·tesque [grəʊˈtesk] *adj.* **1** grotesco **2** ART grotesco ◇ *n.* personaje *m.* grotesco ◇ *n.* the grotesque ART el grotesco.

ground¹ [graʊnd] *n.* **1** *(surface of earth)* suelo *(soil, earth)* tierra *(terrain, land)* terreno **2** *(land used for particular purpose)* campo, terreno **3** *(electrical)* tierra **4** ART *(background)* fondo **5** *(area of knowledge, experience)* terreno **6** *(position of advantage)* terreno **7** *(matter, subject)* aspecto, punto ◇ *tr.* **1** *(plane)* obligar a quedarse en tierra *(boat)* varar, hacer encallar **2** *(ban)* *(child, teenager)* castigar, no dejar salir **3** *(base)* fundar ◇ *intr. (instruct)* dar buenos conocimientos *(in, de)*, enseñar los conocimientos básicos ◇ *tr. (electrical apparatus)* conectar a tierra ◇ *intr. (ship)* encallar ◇ *npl.* grounds *(reason, justification)* razón *f.* ◇ *npl.* motivo *(of coffee)* poso, posos ◇ *mpl. (gardens)* jardines *mpl. (area of land)* terreno **above ground** vivo. **below ground** muerto. **on the ground** sobre el terreno. **to be to break new ground** abrir nuevos caminos, abrir nuevos horizontes. **to burn something to the ground** reducir algo a cenizas. **to drive/run/work oneself into the ground** dejarse el pellejo en el trabajo. **to gain ground** ganar terreno. **to get off the ground** *(plan, project, scheme)* llevarse a cabo, realizarse. **to go to ground** esconderse. **to hold/keep/stand one's ground** mantenerse firme. **to lose ground** perder terreno. **to prepare the ground (for something)** preparar el terreno (para algo). **to suit somebody down to the ground** *(situation)* venirle a alguien de perlas *(clothes)* quedarle a alguien que ni pintado. **to touch ground** MAR tocar fondo **ground staff** *(at airport)* personal *m.* de tierra *(at sports stadium)* personal *m.* de mantenimiento **ground swell** mar *m. & f.* de fondo.

ground² [graʊnd] *pp.* VER: grind ◇ *adj.* **1** *(coffee)* molido **2** *(beef)* picado.

ground·work [ˈgraʊndwɜːk] *n.* trabajo preliminar, trabajo preparatorio.

group [gruːp] *n.* **1** *(gen)* grupo **2** MUS grupo, conjunto **3** POL agrupación *f.*, asociación *f.*, colectivo, grupo *tr.* agrupar ◇ *intr.* agruparse, formar un grupo.

group·ing [ˈgruːpɪŋ] *n.* **1** agrupación *f.*

grow [grəʊ] *intr. pt.* grew **1** *(gen)* crecer **2** *(increase, expand - quantity, population)* aumentar *(city, company, money)* crecer **3** *(become)* hacerse, volverse **4** *(begin gradually)* llegar a ◇ *tr.* **1** *(crop, plant, flower)* cultivar **2** *(beard, etc.)* dejarse *(crecer)* *(hair, nails)* dejarse crecer.

to grow a·part. *intr.* distanciarse.

to grow a·way from. *tr. insep.* distanciarse de.

to grow in·to. *tr. insep.* **1** *(become)* convertirse en, hacerse.

to grow on. *tr. insep.* llegar a gustar.

to grow out of. *tr. insep.* **1** *(habit)* perder, quitarse *(clothes)* quedarle pequeño a.

to grow up. *intr.* **1** *(become adult)* hacerse mayor *(spend childhood)* criarse, crecer **2** *(spring up)* surgir, nacer, desarrollarse.

grow·ing [ˈgrəʊɪŋ] *adj.* creciente, que crece **growing pains** *(pains)* dolores *mpl.* de crecimiento *(problems)* dificultades *fpl.* iniciales, problemas *mpl.* iniciales.

growl [graʊl] *n.* gruñido ◇ *intr.* gruñir ◇ *tr.* decir refunfuñando.

grown [grəʊn] *pp.* VER: grow ◇ *adj.* adulto.

grown-up [ˈgrəʊnʌp] *adj.* mayor, adulto ◇ *n.* persona mayor, adulto.

growth [grəʊθ] *n.* **1** *(gen)* crecimiento *(increase)* aumento *(development)* desarrollo **2** MED *(tumor)* bulto, tumor *m.* **3** *(of beard)* barba **growth industry** industria en crecimiento, industria en expansión.

grub [grʌb] *n.* **1** *(larva)* larva, gusano **2** *[fam. use]* *(food)* manduca, papeo.

grudge [grʌdʒ] *n.* resentimiento, rancor *m.* ◇ *tr.* **1** *(begrudge, resent)* dar a regañadientes, dar de mala gana **2** *(envy)* envidiar **to bear a grudge** guardar rencor.

grudg·ing [ˈgrʌdʒɪŋ] *adj.* hecho a regañadientes, hecho de mala gana.

grum·ble [ˈgrʌmbəl] *n.* **1** *(complaint)* queja, rezongo **2** *(of thunder)* estruendo ◇ *intr.* **1** *(moan, complain)* refunfuñar, rezongar, quejarse *(about,* de*)* **2** *(rumble - thunder)* retumbar *(- stomach)* hacer ruido.

grump·y [ˈgrʌmpɪ] *adj. comp.* **grumpier,** *superl.* **grumpiest** gruñón, de mal humor.

grunt [grʌnt] *n.* gruñido ◇ *intr.* gruñir ◇ *tr.* decir gruñiendo.

guar·an·tee [gærənˈtiː] *n. (gen)* garantía *(certificate)* certificado de garantía ◇ *tr.* **1** *(gen)* garantizar *(assure, promise)* asegurar, garantizar **2** *(debt)* avalar, garantizar. **to be under guarantee** estar bajo garantía.

guar·an·teed [gærənˈtiːd] *adj.* **1** COMM garantizado **2** *(certain)* asegurado, garantizado.

guard [gɑːd] *n.* **1** *(sentry, soldier)* guardia *mf. (security guard)* guarda *mf.*, guarda jurado, guarda de seguridad *(prison officer)* carcelero **2** *(group of sentries)* guardia **3** *(duty)* guardia **4** *(on machine)* dispositivo de seguridad *(on gun)* seguro **5** *(position)* guardia ◇ *tr.* **1** *(watch over - building, prisoner)* vigilar, custodiar *(protect - person, reputation)* proteger *(keep - secret)* guardar **2** *(control - tongue)* cuidar, controlar. **to be off one's guard** estar desprevenido. **to be on guard** estar de guardia. **to be on one's guard** estar en guardia, estar en alerta. **to keep guard over something/stand guard over something** montar (la) guardia ante algo, vigilar algo **guard dog** perro guardián **guard** *duty* guardia.

guard·ed [ˈgɑːdɪd] *adj. (person, remark)* cauteloso.

guard·i·an [ˈgɑːdɪən] *n.* **1** *(defender)* guardián, defensor **2** JUR *(of child)* tutor **guardian angel** *ángel m.* de la guarda.

guard·rail [ˈgɑːdreɪl] *n.* barandilla.

Gua·te·ma·la [gwɑːtəˈmɑːlə] *n.* Guatemala.

Gua·te·ma·lan [gwætəˈmɑːlən] *adj.* guatemalteco ◇ *n.* guatemalteco.

gua·va [ˈgwɑːvə] *n. (fruit)* guayaba **guava tree** guayabo.

guer·ril·la [gəˈrɪlə] *n.* guerrillero ◇ *adj.* guerrillero.

guess [ges] *n. (conjecture)* conjetura *(estimate)* cálculo ◇ *tr.* **1** *(gen)* adivinar **2** *[fam. use] (suppose)* suponer, pensar, creer ◇ *intr.* adivinar **at a guess** a primera vista, al ojo. **to guess right** acertar, adivinar. **to guess wrong** equivocarse. **to keep somebody guessing** tener a alguien en suspenso, tener a alguien en la incertidumbre. **your guess is as good as mine** ¿quién sabe?

guess·work [ˈgeswɜːk] *n.* conjeturas *fpl.*, suposiciones *fpl.*

guest [gest] *n.* **1** *(at home, to theater, restaurant, etc.)* invitado *(in hotel)* cliente, huésped **2** *(on TV program)* invitado. **guest speaker** orador invitado **guest star** estrella invitada.

guest-house [ˈgesthaʊs] *n.* casa de huéspedes, pensión *f.*

guest-room [ˈgestruːm] *n.* cuarto de (los) invitados. *mpl.*

guid·ance ['gaɪdəns] *n. (help, advice)* orientación *f.*, consejos *mpl.*

guide [gaɪd] *n.* **1** *(person)* guía *mf.* **2** *(book)* guía **3** *(indicator)* guía, modelo ◇ *tr.* **1** *(show the way)* guiar *(lead)* conducir **2** *(advise, influence)* guiar, orientar, aconsejar.

guide·book ['gaɪdbʊk] *n.* guía.

guid·ed ['gaɪdɪd] *adj.* dirigido **guided missile** misil *m.* teledirigido **guided tour** visita guiada, visita con guía.

guide·line ['gaɪdlaɪn] *n.* pauta, lineamiento.

guid·ing ['gaɪdɪŋ] *adj.* que guía, que sirve de guía **guiding principle** *principio rector.*

guil·lo·tine ['gɪləti:n] *n.* guillotina ◇ *tr. (person, paper)* guillotinar.

guilt [gɪlt] *n.* **1** JUR culpabilidad *f.* **2** *(blame)* culpa *(remorse)* remordimiento **guilt complex** complejo de culpa.

guilt·y ['gɪltɪ] *adj. comp.* **guiltier**, *superl.* **guiltiest** culpable **(of,** de). **to feel guilty** sentirse culpable. **to have a guilty conscience** tener remordimientos de conciencia, tener la conciencia sucia. **to plead guilty/not guilty** declararse culpable/no culpable.

Guin·ea ['gɪnɪ] *n.* Guinea **Equatorial Guinea** Guinea Ecuatorial **Gulf of Guinea** golfo de Guinea **New Guinea** Nueva Guinea.

Guin·ea-Bis·sau [gɪnɪbɪˈsaʊ] *n.* Guinea Bissau.

Guin·ean ['gɪnɪən] *adj.* guineano ◇ *n.* guineano.

gui·tar [gɪˈtɑ:ʳ] *n.* guitarra.

gui·tar·ist [gɪˈtɑ:rɪst] *n.* guitarrista *mf.*

gulf [gʌlf] *n.* **1** GEOG golfo **2** *fig. use* abismo **Gulf of Mexico** Golfo de México **Persian Gulf** Golfo Pérsico **the Gulf States** *(in Middle East)* los países del Golfo Pérsico *(in United States)* los estados que lindan con el golfo de México **the Gulf War** *la Guerra del Golfo.*

gul·li·ble ['gʌlɪbəl] *adj.* crédulo.

gulp [gʌlp] *n. (of drink)* trago *(of air)* bocanada ◇ *tr. (drink)* beberse de un trago **(down,** -), tomarse de un trago **(down,** -) *(food)* engullir **(down,** -) ◇ *intr. (swallow air)* tragar aire *(with fear)* tragar saliva.

gum¹ [gʌm] *n.* ANAT encía.

gum² [gʌm] *n.* **1** *(natural substance)* goma, resina **2** *(chewing gum)* goma de mascar, chicle *m.* **3** *(glue)* goma (de pegar), pegamento **4** *(gumdrop)* pastilla de goma **5** *(gumtree)* gomero, árbol *m.* del caucho ◇ *tr. pt. & pp.* **gummed**, *ger.* **gumming** pegar (con goma).

gun [gʌn] *n.* **1** *(gen)* arma de fuego *(handgun)* pistola, revólver *m. (rifle)* rifle *m.*, fusil *m. (shotgun)* escopeta *(cannon)* cañón *m.* **2** SP pistola. **to carry a gun** ir armado. **to jump the gun** *(gen)* adelantarse (a los acontecimientos), precipitarse *(in race)* salir en falso, salir antes de tiempo, tomar

la salida en falso. **to stick to one's guns** mantenerse en sus trece **gun carriage** cureña **gun licence** licencia de armas.

to gun down *tr. sep.* matar a tiros.

gun·boat ['gʌnbəʊt] *n.* (lancha) cañonera **gunboat diplomacy** diplomacia de cañón.

gun·fight ['gʌnfaɪt] *n.* tiroteo.

gun·fire ['gʌnfaɪəʳ] *n. (gen)* fuego, disparos *mpl. (shooting)* tiroteo *(shellfire)* cañoneo, canonazos *mpl.*

gun·man ['gʌnmən] *n.* pistolero.

gun·pow·der ['gʌnpaʊdəʳ] *n.* pólvora.

gun·shot ['gʌnʃɒt] *n.* disparo, tiro **gunshot wound** herida de bala.

gu·ru ['gʊru:] *n.* gurú *m.*

gush [gʌʃ] *n. (of liquid)* chorro, borbotón *m. (of words)* torrente *m. (of emotion)* efusión *f.* ◇ *intr.* **1** *(liquid)* salir a borbotones, brotar a chorros, salir a chorros **2** *(person)* ser efusivo ◇ *tr.* chorrear, derramar.

gush·ing ['gʌʃɪŋ] *adj.* **1** *(person)* efusivo

gust [gʌst] *n.* **1** *(of wind)* ráfaga, racha *(of rain)* chaparrón *m.* **2** *fig. use (of anger)* arrebato ◇ *intr.* soplar.

gut [gʌt] *n.* **1** ANAT intestino, tripa **2** *(fam. use) (belly)* panza, barriga, tripa **3** *(catgut)* cuerda de tripa ◇ *tr. pt. & pp.* **gutted**, *ger.* **gutting** **1** *(fish)* destripar, limpiar *(rabbit)* destripar **2** *(building)* destruir el interior de ◇ *adj.* visceral ◇ *npl.* **guts** *(entrails)* entrañas *fpl.*, tripas *fpl.*, vísceras ◇ *fpl. [fam. use] (courage)* agallas *fpl.* **to hate somebody's guts** odiar a alguien a muerte, no poder ni ver a alguien.

gut·ter ['gʌtəʳ] *n. (in street)* arroyo, cuneta *(on roof)* canal *m.*, canalón *m. n.* **the gutter** *(in society)* los bajos fondos *mpl.*, el arroyo, la cloaca **gutter press** prensa amarilla, prensa sensacionalista.

guy [gaɪ] *n.* **1** *[fam. use] (man)* tipo **2** *[fam. use] (person)* chavo.

Guy·a·na [gaɪˈænə] *n.* Guyana, Guayana.

Guy·a·nese [gaɪəˈni:z] *adj.* guayanés, guyanés ◇ *n.* guayanés, guyanés *npl.* **the Guyanese** los guayaneses *mpl.*, los guyaneses *mpl.*

gym [dʒɪm] *n.* **1** *[fam. use] (gymnasium)* gimnasio **2** *(gymnastics)* gimnasia **gym shoes** zapatillas *fpl.* de deporte.

gym·na·si·um [dʒɪmˈneɪzɪəm] *n. pl.* **gymnasiums** o **gymnasia** gimnasio.

gym·nast ['dʒɪmnæst] *n.* gimnasta *mf.*

gym·nas·tics [dʒɪmˈnæstɪks] *n.* gimnasia.

gy·ne·col·o·gist [gaɪnɪˈkɒlədʒɪst] *n.* ginecólogo.

gy·ne·col·o·gy [gaɪnɪˈkɒlədʒɪ] *n.* ginecología.

gyp·sy ['dʒɪpsɪ] *n. pl.* **gypsies** gitano ◇ *adj.* gitano.

gy·rate [dʒaɪˈreɪt] *intr.* girar.

gy·ra·tion [dʒaɪˈreɪʃən] *n.* giro, rotación *f.*

gy·ra·to·ry [dʒaɪrətərɪ] *adj.* giratorio.

H h

H, h [eɪtʃ] *n. (the letter)* H, h *f.*
ha [ˈhektɑːʲ] *abbr.* **(hectare)** hectárea *(abbreviation)* ha.
hab·it [ˈhæbɪt] *n.* 1 *(custom)* hábito, costumbre *f.* 2 REL *(garment)* hábito. **to be in the habit of** *tener la costumbre de.* **to get out of the habit of** *perder la costumbre de* **bad habit** *vicio, mala costumbre f.*
hab·it·able [ˈhæbɪtəbəl] *adj. (fml. use)* habitable.
hab·i·tat [ˈhæbɪtæt] *n.* hábitat *m.*
hab·it-form·ing [ˈhæbɪtfɔːmɪŋ] *adj.* que crea hábito, que crea dependencia.
ha·bit·u·al [həˈbɪtʃʊəl] *adj.* 1 *(usual)* habitual, acostumbrado 2 *(liar, etc.)* empedernido, inveterado.
hack¹ [hæk] *n. (cut)* corte *m.*, tajo *(with axe)* hachazo *(with machete)* machetazo ◇ *tr.* 1 *(cut)* cortar, acuchillar, rajar 2 *(notch)* mellar.
hack² [hæk] *n.* 1 *(horse - worn-out)* penco, jamelgo, rocín *m.* (- *hired)* caballo de alquiler 2 *[fam. use] (writer)* escritorzuelo *(journalist)* gacetillero.
hack·er [ˈhækəʳ] *n. [fam. use] (in computers)* pirata *mf.*
hack·ing [ˈhækɪŋ] *adj. (horseriding)* de montar.
hack·saw [ˈhæksɔː] *n.* sierra de arco para metales.
had [hæd] *pt. & pp.* VER: **have.**
hag [hæg] *n. pej. (ugly and evil old woman)* bruja, arpía.
hag·gard [ˈhægəd] *adj. (look exhausted)* ojeroso, trasnochado *(look drawn and pale)* macilento
hag·gle [ˈhægəl] *intr.* regatear.
hag·gling [ˈhæglɪŋ] *n.* regateo.
hah [hɑː] *interj.* ja!
ha-ha [hɑːˈhɑː] *interj.* ¡ja ja!
hail [heɪl] *n.* 1 METEOR granizo, pedrisco 2 *fig. use* lluvia ◇ *intr.* METEOR granizar.
hail·stone [ˈheɪlstəʊn] *n.* granizo, piedra.
hail·storm [ˈheɪlstɔːm] *n.* granizada.
hair [heəʳ] *n.* 1 *(on head)* cabello, pelo, cabellera 2 *(on body)* vello 3 *(horse's mane)* crin *f.* **not to turn a hair** *no inmutarse.* **to have one's hair cut** *cortarse el pelo.* **to have white hair/have grey hair** *tener canas.* **to let one's hair down** *fig. use desmadrarse.* **to make somebody's hair stand on end** *fig. use ponerle a alguien los pelos de punta.* **to split hairs** *fig. use hilar muy fino, buscar tres pies al gato.* **to tear one's hair out** *fig. use desesperarse, volverse loco.*
hair·brush [ˈheəbrʌʃ] *n.* cepillo para el pelo.
hair·cut [ˈheəkʌt] *n.* corte *m.* de pelo **to have a haircut** *cortarse el pelo.*
hair·dress·er [ˈheədresəʳ] *n.* peluquero **hairdresser's (shop)** *peluquería.*
hair·dress·ing [ˈheədresɪŋ] *n. (profession)* peluquería.
hair·dry·er [ˈheədraɪəʳ] *n.* secador *m.* (de pelo).
hair·less [ˈheələs] *adj.* sin pelo, calvo.
hair·line [ˈheəlaɪn] *n.* 1 nacimiento del pelo 2 TECH grieta fina ◇ *adj.* fino, preciso, exacto **receding hairline** *entradas fpl.*
hair·piece [ˈheəpiːs] *n.* peluquín *m.*, postizo.
hair·rais·ing [ˈheəreɪzɪŋ] *adj.* espeluznante, que pone los pelos de punta.
hair·re·mov·er [ˈheərɪˌmuːvəʳ] *n.* depilatorio.
hair·split·ting [ˈheəsplɪtɪŋ] *n.* sutilezas *fpl.* ◇ *adj. pej.* sutil, nimio.
hair·spray [ˈheəspreɪ] *n.* laca para el pelo.
hair·style [ˈheəstaɪl] *n.* peinado.

hair·y [ˈheərɪ] *adj. comp.* **hairier,** *superl.* **hairiest** 1 peludo 2 *fig. use (scary)* espeluznante.
Hai·ti [ˈheɪtɪ] *n.* Haití *m.*
Hai·tian [ˈheɪʃən] *adj.* haitiano ◇ *n.* 1 *(person)* haitiano 2 *(language)* haitiano.
half [hɑːf] *n. pl.* **halves** 1 mitad *f.* 2 SP *(period)* parte *f.*, mitad *f.*, tiempo 3 *(beer)* media pinta ◇ *adj.* medio ◇ *adv.* medio, a medias **and a half** *[fam. use]* muy bueno **in half** *por la mitad.* **not half** *[fam. use] (very)* muy *(emphatic reply)* ¡y tanto!, ¡ya lo creo!, ¡ni que lo digas! **first half** *primer tiempo* **half measures** *medias tintas fpl.*
half-baked [hɑːfˈbeɪkt] *adj.* 1 CULIN medio cocido 2 *[fam. use] fig. use (idea, plan, etc.)* disparatado, mal concebido.
half-breed [ˈhɑːfbriːd] *n.* mestizo ◇ *adj.* mestizo.
half-broth·er [ˈhɑːfbrʌðəʳ] *n.* hermanastro.
half-emp·ty [hɑːfˈemptɪ] *adj.* medio vacío.
half-heart·ed [hɑːfˈhɑːtɪd] *adj.* poco entusiasta.
half-life [ˈhɑːflaɪf] *n.* CHEM media vida, período.
half-mast [hɑːfˈmɑːst] *phrase.* **at half-mast** *a media asta.*
half-price [hɑːfˈpraɪs] *adv.* a mitad de precio.
half-sis·ter [ˈhɑːfsɪstəʳ] *n.* hermanastra.
half-time [hɑːfˈtaɪm] *n.* SP descanso, medio tiempo, media parte *f.*
half-tone [ˈhɑːftəʊn] *n.* 1 *(in printing)* medio tono, media tinta 2 MUS semitono.
half·way [hɑːfˈweɪ] *adj.* medio, intermedio ◇ *adv.* a medio camino, a mitad de camino. **halfway point** *punto medio* **halfway stage** *etapa intermedia.*
half-wit [ˈhɑːfwɪt] *n. pej.* imbécil *mf.*, tonto.
half-wit·ted [ˈhɑːfwɪtɪd] *adj. pej.* imbécil, tonto.
half-year·ly [hɑːfˈjɪəlɪ] *adj.* semestral ◇ *adv.* semestralmente.
hall [hɔːl] *n.* 1 *(entrance)* vestíbulo, entrada 2 *(for concerts, etc.)* sala 3 *(mansion)* casa solariega, mansión *f.* 4 *(corridor)* pasillo, corredor *m.*
hall·mark [ˈhɔːlmɑːk] *n.* 1 *(on gold, etc.)* contraste *m.* 2 *fig. use* sello.
Hal·low·een [hæləʊˈiːn] *n.* víspera de Todos los Santos.
hal·lu·ci·nate [həˈluːsɪneɪt] *intr.* alucinar.
hal·lu·ci·na·tion [həluːsɪˈneɪʃən] *n.* alucinación *f.*
hall·way [ˈhɔːlweɪ] *n.* vestíbulo, entrada.
ha·lo [ˈheɪləʊ] *n. pl.* **haloes** o **halos** 1 *(around moon, etc.)* halo 2 REL aureola.
hal·o·gen [ˈhælədʒən] *n.* halógeno.
halt [hɔːlt] *n.* 1 alto, parada 2 *(railway)* apeadero ◇ *tr.* parar, detener, interrumpir ◇ *intr.* hacer alto, pararse, interrumpirse. **to come to a halt** *pararse.*
halve [hɑːv] *tr.* 1 *(cut in two)* partir en dos 2 *(reduce)* reducir a la mitad 3 *(share)* compartir 4 *(golf)* empatar.
halves [hɑːvz] *npl.* VER: **half.**
ham¹ [hæm] *n. (food)* jamón *m.* **boiled ham** *jamón m. cocido, jamón m. de York, jamón m. en dulce* **Parma ham** *jamón m. serrano.*
ham² [hæm] *n.* 1 RAD radioaficionado 2 *(actor)* comicastro, histrión *m.* 3 *(acting)* histrionismo.
ham·burg·er [ˈhæmbɜːgəʳ] *n. (food)* hamburguesa.
ham-fist·ed [hæmˈfɪstɪd] *adj.* 1 *[fam. use]* torpe, desmañado 2 *fig. use* torpe, poco delicado, manazas.

ham·mer ['hæmə*ʳ*] n. 1 (tool) martillo (piano) macillo 2 (gun) percusor m. (sport) martillo ◇ tr. 1 (gen) martillar, martillear (nail) clavar 2 (fam. use) (beat) dar una paliza, machacar ◇ intr. (gen) martillar, martillear, golpear. **to come under the hammer** fig. use salir a subasta. **to hammer at the door** aporrear la puerta. **to hammer something home** fig. use insistir en algo
to ham·mer out tr. sep. (metal, dent) trabajar con el martillo, desabollar (deal, plan, etc.) lograr, alcanzar, llegar a.

ham·mock ['hæmək] n. 1 hamaca 2 MAR coy m.

ham·ster ['hæmstə*ʳ*] n. ZOOL hámster m.

ham·string ['hæmstrɪŋ] n. ANAT tendón m. de la corva ◇ tr. pt. & pp. **hamstrung** ['hæmstrʌŋ] 1 desjarretar 2 fig. use paralizar, incapacitar.

hand [hænd] n. 1 mano f. 2 (worker) trabajador, operario (sailor) tripulante mf., marinero 3 (of clock) manecilla, aguja 4 (handwriting) letra 5 (of cards) mano f., cartas fpl. 6 (applause) aplauso ◇ tr. 1 dar, entregar. **at first hand** de primera mano. **at hand** a mano. **by hand** a mano. **hands off!** ¡no toques!, ¡quita las manos! **hands up!** ¡manos arriba! **to hand it to somebody** [fam. use] quitar el sombrero ante alguien, felicitar a alguien. **on hand** disponible. **on the one hand... on the other hand** por una parte... por otra parte. **the job in hand** fig. use lo que nos ocupa. **to ask for somebody's hand** fig. use pedir la mano de alguien. **to get out of hand** fig. use descontrolarse, desmadrarse. **to give somebody a big hand** dedicar a alguien una gran ovación. **to have one's hands full** [fam. use] estar muy ocupado. **to have the upper hand** llevar ventaja. **to hold hands** estar cogidos de la mano. **to keep one's hand in** fig. use no perder la práctica. **to know something like the back of one's hand** fig. use conocer algo como la palma de la mano. **to lend a hand** echar una mano. **to shake hands** estrecharse la mano, darse la mano. **to turn one's hand to** fig. use dedicarse a, meterse en. **farm hand** agriculture peón m.
to hand a·round tr. sep. repartir, ofrecer, pasar.
to hand back tr. sep. devolver.
to hand down tr. sep. (songs, etc.) transmitir (clothes) pasar (possessions) dejar en herencia.
to hand in tr. sep. (work, etc.) entregar (resignation, etc.) presentar, notificar.
to hand on tr. sep. (traditions, etc.) transmitir, heredar (give) pasar, dar.
to hand out tr. sep. (distribute) repartir, distribuir (give - gen) dar (- punishment) aplicar.
to hand o·ver tr. sep. (give) entregar (one's possessions, etc.) ceder.

hand·bag ['hændbæg] n. bolso.

hand·brake ['hændbreɪk] n. freno de mano.

hand·cuff ['hændkʌf] tr. esposar ◇ npl. **handcuffs** esposas fpl.

hand·ful ['hændful] n. puñado.

hand·i·cap ['hændɪkæp] n. 1 (physical) discapacidad f. (mental) deficiencia, disminución f. psíquica 2 (in sport) hándicap m. 3 fig. use obstáculo ◇ tr. pt. & pp. **handicapped**, ger. **handicapping** 1 obstaculizar, impedir, perjudicar 2 (in sport) handicapar, conceder un hándicap a.

hand·i·capped ['hændɪkæpt] adj. 1 (physically) minusválido, discapacitado, disminuido físico (mentally) disminuido psíquico 2 fig. use desfavorecido. **the handicapped** (physically) los mi-

nusválidos mpl., los discapacitados mpl., los disminuidos mpl. físicos (mentally) los disminuidos psíquicos mpl.

hand·i·craft ['hændɪkrɑːft] n. 1 (job, art) artesanía (objects) objetos mpl. de artesanía 2 (manual skill) habilidad f. manual, destreza manual.

han·dle ['hændl] n. 1 (of door) pomo, manilla 2 (of drawer) tirador m. 3 (of cup) asa 4 (of knife) mango 5 (lever) palanca 6 (crank) manivela 7 fig. use pretexto ◇ tr. 1 (gen) manejar, manipular 2 (people) tratar 3 (tolerate) aguantar 4 (control) controlar, dominar 5 (deal with) ocuparse de 6 (manage) poder con, tener la capacidad para 7 (responsibility) encargarse de 8 [fam. use] soportar, aguantar ◇ intr. (car) comportarse, manejarse. **"Handle with care"** "Frágil".

han·dler ['hændlə*ʳ*] n. cuidador **baggage handler** mozo de equipajes **dog handler** cuidador de perros.

hand·made ['hændmeɪd] adj. hecho a mano.

hand·out ['hændaut] n. 1 (leaflet) folleto, prospecto (political) octavilla 2 EDUC material m. 3 (press) comunicado de prensa, nota de prensa 4 (charity) limosna, dádiva, caridad f.

hand·o·ver ['hændauvə*ʳ*] n. (power, responsibility, etc.) traspaso, transferencia.

hand·picked [hænd'pɪkt] adj. escogido a mano.

hand·rail ['hændreɪl] n. pasamano, barandilla.

hand·saw ['hændsɔː] n. serrucho.

hand·shake ['hændʃeɪk] n. apretón m. de manos.

hand·some ['hænsəm] adj. 1 (man) apuesto, guapo, de buen ver (woman) bella, hermosa, guapa 2 (elegant) elegante 3 (generous) considerable, generoso.

hands-on ['hændzɒn] adj. (for computers) práctico.

hand·stand ['hændstænd] n. SP pino, vertical.

hand·writ·ing ['hændraɪtɪŋ] n. letra, escritura.

hand·writ·ten ['hænd'rɪtən] adj. escrito a mano, manuscrito.

hand·y ['hændɪ] adj. comp. **handier**, superl. **handiest** 1 (person) hábil 2 (close at hand) a mano, cercano 3 (useful) práctico, cómodo, útil **to come in handy** venir bien.

hand·y·man ['hændɪmæn] n. pl. **handymen** ['hændɪmen] manitas mf.

hang [hæŋ] tr. pt. & pp. **hung** [hʌŋ] (gen) colgar pt. & pp. **hung** [hʌŋ] (wallpaper) colocar pt. & pp. **hanged** JUR ahorcar ◇ intr. pt. & pp. **hung** [hʌŋ] colgar, pender (float) flotar pt. & pp. **hung** [hʌŋ] (dress, etc.) caer pt. & pp. **hanged** JUR ser ahorcado ◇ n. (of dress, etc.) caída. **to get the hang of something** cogerle el tranquillo a algo. **to hang in the air** flotar en el aire.
to hang a·bout/hang a·round. intr. 1 esperar 2 (waste time) perder el tiempo ◇ tr. insep. frecuentar.
to hang back intr. 1 quedarse atrás 2 fig. use vacilar.
to hang down intr. colgar, caer.
to hang on intr. 1 (hold tight) agarrarse 2 (wait) esperar.
to hang up tr. sep. colgar ◇ intr. colgar.

hang·ar ['hæŋə*ʳ*] n. hangar m.

hang·er ['hæŋə*ʳ*] n. percha, gancho para ropa.

hang·ing ['hæŋɪŋ] adj. colgante ◇ n. ejecución f. en la horca, ahorcamiento ◇ npl. **hangings** (on wall) colgaduras fpl.

hang·man ['hæŋmən] n. pl. **hangmen** 1 verdugo 2 (game) el ahorcado.

hang·out ['hæŋaut] n. [fam. use] guarida, lugar m. de reunión habitual.

hang·o·ver ['hæŋəʊvəᵃ] n. 1 (after too much drinking) resaca 2 (remains) resto, vestigio.

hang-up ['hæŋʌp] n. 1 [fam. use] (problem) problema m. 2 (complex) complejo.

hap·pen ['hæpən] intr. 1 (occur) ocurrir, pasar, suceder 2 (by chance) dar la casualidad de **as it happens...** da la casualidad de que...

hap·pen·ing ['hæpənɪŋ] n. acontecimiento.

hap·pi·ly ['hæpɪlɪ] adv. 1 (in a happy way) felizmente, con alegría 2 (luckily) afortunadamente. **and they lived happily ever after** y vivieron felices para siempre.

hap·pi·ness ['hæpɪnəs] n. felicidad f., alegría.

hap·py ['hæpɪ] adj. comp. happier, superl. happiest 1 (cheerful) feliz, alegre, dichoso, afortunado 2 (glad) contento, satisfecho **happy birthday!** ¡feliz cumpleaños! **happy ending** final m. feliz, desenlace m. feliz **happy medium** término medio.

ha·rass ['hærəs] tr. 1 acosar, hostigar 2 (military) hostilizar, hostigar 3 (worries, problems) atormentar, agobiar.

ha·rass·ment ['hærəsmənt] n. acoso, hostigamiento.

har·bor ['hɑːbəᵃ] n. puerto ◇ tr. 1 (criminal) encubrir 2 (doubts) abrigar 3 (suspicions) tener (contain, hide) contener, esconder **harbor master** capitán m. de puerto.

hard [hɑːd] adj. 1 (gen) duro (solid) sólido 2 (difficult) difícil 3 (harsh) severo 4 (work) arduo, penoso, agotador 5 fig. use cruel, rudo 6 (fight, match) reñido, disputado (decision) injusto 7 (fact) innegable (luck) malo 8 (final decision) definitivo, irrevocable (person) severo, inflexible 9 LING fuerte ◇ adv. (forcibly) fuerte (diligently) mucho, de firme, concienzudamente, con ahínco. **hard of hearing** duro de oído. **to be hard done by** sentirse mal tratado, ser tratado injustamente. **to be hard hit by** fig. use quedar muy afectado por. **to be hard on somebody** fig. use tratar a alguien con severidad, tratar a alguien con dureza. **to be hard pushed to do something** fig. use verse apurado para realizar algo. **to be hard up** [fam. use] estar sin blanca. **to drive a hard bargain** fig. use negociar con dureza. **to have a hard time** [fam. use] pasarlo canutas, pasarlo mal. **to work hard** trabajar mucho **hard core** (group) núcleo (material) lecho de grava **hard evidence** pruebas fpl. definitivas **hard labor** trabajos mpl. forzados **hard luck** mala suerte.

hard-and-fast [hɑːdən'fɑːst] adj. fijo, rígido, inflexible.

hard·back ['hɑːdbæk] n. (in printing) edición f. en tela, edición f. de tapas duras.

hard-boiled ['hɑːdbɔɪld] adj. (egg) duro (person) duro, insensible.

hard-core ['hɑːdkɔːᵃ] adj. irreductible, incondicional.

hard·en ['hɑːdən] tr. 1 endurecer 2 fig. use insensibilizar ◇ intr. endurecerse.

hard·ened ['hɑːdənd] adj. (gen) endurecido (criminal) habitual.

hard-head·ed ['hɑːd'hedɪd] adj. frío, cerebral, práctico.

hard-heart·ed ['hɑːd'hɑːtɪd] adj. cruel, duro, insensible.

hard·ly ['hɑːdlɪ] adv. (scarcely) apenas, casi (not easily) difícilmente, duramente, con dificultad **hardly anyone** casi nadie. **hardly ever** casi nunca.

hard·ness ['hɑːdnəs] n. 1 (gen) dureza 2 (difficulty) dificultad f. 3 (severity) severidad f. (of winter) rigor m. 4 (of heart) insensibilidad f.

hard·ship ['hɑːdʃɪp] n. (usually economic) privación f., apuro, dificultad f.

hard·ware ['hɑːdweəᵃ] n. 1 (goods) ferretería, quincallería 2 COMPUT hardware m., soporte m. físico 3 MIL armamento 4 TECH equipos mpl., maquinaria **hardware dealer** ferretero **hardware store** ferretería

hard-wear·ing [hɑːd'weərɪŋ] adj. (especially articles of clothing) duradero, resistente.

hard-work·ing ['hɑːd'wɜːkɪŋ] adj. trabajador.

harm [hɑːm] n. mal m., daño, perjuicio ◇ tr. dañar, perjudicar. **to be out of harm's way** estar a salvo.

harm·ful ['hɑːmful] adj. dañino, nocivo, perjudicial.

harm·less ['hɑːmləs] adj. inocuo, inofensivo.

har·mon·i·ca [hɑː'mɒnɪkə] n. MUS armónica.

har·mon·ics [hɑː'mɒnɪks] n. MUS armonía.

har·mo·ni·ous [hɑː'məʊnɪəs] adj. armonioso.

har·mo·nize ['hɑːmənaɪz] tr. armonizar ◇ intr. armonizar.

har·mo·ny ['hɑːmənɪ] n. pl. harmonies armonía.

har·ness ['hɑːnəs] n. 1 (for animals) arreos mpl., guarniciones fpl., arneses mpl. 2 (for children) andadores mpl. ◇ tr. 1 (horse) enjaezar, poner los arreos a 2 (hitch) enganchar 3 fig. use (resources) aprovechar, utilizar. **to get back in harness** [fam. use] volver al trabajo. **to work in harness with** colaborar con.

harp [hɑːp] n. MUS arpa.

har·row·ing ['hærəʊɪŋ] adj. angustioso, desgarrador, terrible.

harsh [hɑːʃ] adj. 1 (cruel) cruel, duro, severo 2 (sound) discordante 3 (rough) áspero.

harsh·ly ['hɑːʃlɪ] adv. (gen) ásperamente, duramente, severamente.

harsh·ness ['hɑːʃnəs] n. 1 (for animals) severidad f., dureza (of touch, taste) aspereza 2 (of sound) discordancia.

har·vest ['hɑːvɪst] n. 1 (gen) cosecha, siega (vegetables) recolección f., cosecha 2 (grapes) vendimia 3 fig. use cosecha ◇ tr. 1 cosechar, recoger 2 (grapes) vendimiar.

has [hæz] pres. VER: have.

has-been ['hæzbiːn] n. [fam. use] vieja gloria.

hash·ish ['hæʃɪʃ] n. hachís m.

has·sle ['hæsəl] n. 1 [fam. use] (nuisance) rollo, follón m., jaleo (problem) problema m., lío 2 (argument) bronca, discusión f., pelea, riña ◇ tr. molestar, fastidiar.

hat [hæt] n. sombrero. **to be old hat** [fam. use] ser historia. **to keep something under one's hat** [fml. use] guardar un secreto. **to take one's hat off to** fig. use descubrirse ante.

hatch [hætʃ] n. 1 (on ship) escotilla 2 (of chickens, brood) pollada ◇ tr. 1 (eggs) empollar, incubar 2 fig. use (plot, plan) idear, tramar intr. salir del cascarón, salir del huevo. **down the hatch!** [fam. use] ¡salud! **serving hatch** ventanilla.

hatch·et ['hætʃɪt] n. hacha. **to bury the hatchet** enterrar el hacha de la guerra, hacer las paces **hatchet job** [fam. use] diatriba.

hatch·way ['hætʃweɪ] n. escotilla.

hate [heɪt] n. odio ◇ tr. 1 [fam. use] (detest) odiar, detestar, aborrecer 2 [fam. use] (regret) lamentar, sentir.

hate·ful ['heɪtful] adj. odioso, repugnante.

ha·tred ['heɪtrəd] n. odio.

haul [hɔːl] n. 1 (pull) tirón m., estirón m. 2 (distance) recorrido, trayecto, trecho, camino 3 (fish) redada 4 (loot) botín m. ◇ tr. 1 (drag) tirar de, arrastrar 2 (boat) halar (car, caravan, etc.) remolcar. **to haul somebody over the coals** echarle un rapapolvo a alguien.

haul·age ['hɔːlɪdʒ] n. 1 (activity) transporte m., acarreo 2 (cost) (gastos mpl. de) transporte m.

haunt [hɔːnt] n. 1 (of people) sitio preferido, lugar m. predilecto (of criminals, animals) guarida ⬥ tr. 1 (frequent - gen) frecuentar (- ghost) aparecer en, rondar por 2 (memory, thought) obsesionar, perseguir.

haunt·ed ['hɔːntɪd] adj. encantado, embrujado **haunted castle** castillo encantado.

haunt·ing ['hɔːntɪŋ] adj. obsesionante.

have [hæv] tr. 3rd pers. pres. sing. **has** [hæz], pt. & pp. **had** [hæd]; ger. **having** 1 (possess) tener, poseer 2 (food) comer, tomar (drink) beber, tomar 3 (cigarette) fumar 4 (shower, bath, etc.) tomar 5 (treatment) recibir 6 (illness) tener 7 (experience) tener 8 (receive, invite) recibir, invitar 9 (borrow) pedir prestado, dejar 10 (party) celebrar, tener, dar (meeting) celebrar, tener 11 (according to) según 12 (baby) tener, dar a luz 13 (cause to happen) hacer, mandar 14 (allow) permitir, consentir 15 [fam. use] (cheat) timar auxiliary ⬥ haber **had better** más vale que **to have done with** acabar con. **to have it in for somebody** tenerla tomada con alguien. **to have it out with somebody** ajustar las cuentas con alguien. **to have it over and done with** acabar algo de una vez y para siempre. **to have just** acabar de. **to have somebody over to one's house** invitar a alguien a casa. **to have something on** tener algo planeado, tener algo que hacer. **to have to** tener que, haber de.

to have on tr. sep. 1 (wear) llevar puesto 2 (tease) tomar el pelo a.

to have out tr. sep. (tooth) sacarse (appendix) operarse de.

have-nots ['hævnɒts] npl. desposeídos mpl., pobres mpl., desvalidos mpl.

hav·oc ['hævək] n. estragos mpl.

Ha·wai·i [həˈwaɪ] n. Hawai.

Ha·wai·ian [həˈwaɪən] adj. hawaiano ⬥ n. hawaiano.

hawk¹ [hɔːk] n. halcón m. **to have eyes like a hawk** tener ojo de lince.

hawk² [hɔːk] tr. 1 (in the street) vender en la calle (door to door) vender de puerta en puerta 2 (gossip, news) divulgar, pregonar, difundir.

hay [heɪ] n. BOT heno. **to hit the hay** [fam. use] acostarse.

hay·stack ['heɪstæk] n. pajar m.

haz·ard ['hæzəd] n. 1 (risk) riesgo, peligro 2 (in sports in general) obstáculo ⬥ tr. 1 [fml. use] arriesgar, poner en peligro 2 [fml. use] (guess, remark) aventurar, atreverse a hacer.

haz·ard·ous ['hæzədəs] adj. arriesgado, peligroso, aventurado.

haze [heɪz] n. 1 neblina 2 fig. use confusión f., vaguedad f. ⬥ tr. hacer una novatada a.

he [hiː] pron. 1 él 2 (gen) el que, quien ⬥ n. 1 (male animals) macho 2 (man) hombre m., varón m. ⬥ adj. macho.

head [hed] n. 1 (gen) cabeza (mind) mente f. 2 (on tape recorder, video) cabezal m. 3 (of bed, table) cabecera 4 (of page) principio 5 (on beer) espuma 6 (cape) cabo, punta 7 (of school, company) director 8 (cattle) res f. 9 (coin) cara ⬥ adj. principal, jefe ⬥ tr. 1 (company, list, etc.) encabezar 2 (ball) rematar de cabeza, dar un cabezazo a, cabecear. **from head to toe/from head to foot** de pies a cabeza. **heads or tails?** ¿águila o sol? **off the top of one's head** sin pensárselo, así de entrada. **per head** por persona, por cabeza **to be head over heels in love with somebody** estar locamente enamorado de

alguien. **to be off one's head** estar chiflado. **to do something standing on one's head** hacer algo con los ojos vendados. **to have a good head for figures** tener facilidad para los números. **to have a head for heights** no padecer vértigo. **to keep one's head above water** mantenerse a flote. **to keep one's head** mantener la calma. **to laugh one's head off** reírse a carcajadas. **two heads are better than one** cuatro ojos ven más que dos **head start** ventaja **head office** oficina central.

to head for tr. insep. dirigirse hacia.

head·ache ['hedeɪk] n. 1 dolor m. de cabeza 2 fig. use quebradero de cabeza.

head·board ['hedbɔːd] n. cabecera.

head·er ['hedə'] n. (football) cabezazo (dive) salto de cabeza.

head-first [hed'fɜːst] adv. de cabeza.

head·gear ['hedgɪə'] n. (hat) sombrero (for women) tocado.

head·ing ['hedɪŋ] n. 1 (of chapter) encabezado, título 2 (letterhead) membrete m.

head·light ['hedlaɪt] n. AUTO faro.

head·line ['hedlaɪn] n. titular m. ⬥ tr. 1 (newspaper) poner en los titulares 2 (emphasize) remarcar, subrayar 3 encabezar la lista de artistas de. **news headlines** resumen m. de las noticias más destacadas.

head·long ['hedlɒŋ] adj. (headfirst) de cabeza (hasty) precipitado, impetuoso ⬥ adv. 1 (hastily) precipitadamente, impetuosamente 2 (headfirst) de cabeza.

head-on [hed'ɒn] adj. 1 frontal 2 fig. use frontal ⬥ adv. de frente.

head·phones ['hedfəʊnz] npl. auriculares mpl., cascos mpl.

head·quar·ters ['hedkwɔːtəz] n. 1 (of an organization) sede f. (main office) oficina central 2 (of a firm) razón f. social, domicilio social 3 MIL cuartel m. general 4 fig. use centro de operaciones, cuartel general. **NOTA:** Puede considerarse tanto singular como plural.

head·room ['hedruːm] n. 1 altura libre sobre la cabeza, espacio libre sobre la cabeza 2 (bridges, etc.) altura libre de paso, luz f.

head·scarf ['hedskɑːf] n. pl. **headscarves** ['hedskɑːvz] pañuelo.

head·set ['hedset] n. auriculares mpl.

head·stone ['hedstəʊn] n. 1 (tombstone) lápida mortuoria 2 ARCH piedra angular.

head·strong ['hedstrɒŋ] adj. cabezota, obstinado, testarudo.

head·way ['hedweɪ] n. (progress - gen) progreso (of - ship) salida.

heal [hiːl] tr. 1 (disease, patient) curar (wound) cicatrizar, curar 2 fig. use curar, remediar ⬥ intr. 1 (wounds) cicatrizar, cicatrizarse (people) curarse, sanar 2 fig. use remediarse.

heal·er ['hiːlə'] n. curador, sanador.

heal·ing ['hiːlɪŋ] n. (of disease) curación f., cura (of wound) cicatrización f. ⬥ adj. (ointment) cicatrizante (remedy) curativo (soothing) apaciguador, conciliador.

health [helθ] n. 1 salud f. 2 (service) sanidad f. 3 fig. use prosperidad f. **to be in good/bad health** estar bien/mal de salud. **to drink to somebody's health** beber a la salud de alguien. **to your health!** ¡a tu salud! **health authorities** autoridades fpl. sanitarias **health center** ambulatorio, centro médico **health foods** alimentos mpl. naturales.

health·y ['helθɪ] *adj. comp.* **healthier,** *superl.* **healthiest 1** *(gen)* sano **2** *(good for health)* saludable **3** *(appetite)* bueno **4** *(prosperous)* próspero *(disposition)* sensato **5** *fig. use* sano.

heap [hiːp] *n.* montón *m.* ◈ *tr.* **1** *(pile)* amontonar, apilar **2** *(spoons)* colmar *(plate)* llenar **3** *(praise, presents)* colmar.

hear [hɪəʳ] *tr. pt. & pp.* **heard** [hɜːd] **1** *(gen)* oír **2** *(perceive)* sentir *(listen to)* escuchar **3** *(lecture)* asistir a *(a news item)* saber **4** JUR *(case)* ver **(witness, defendant)** oír **5** *(refuse)* negarse a **6** *(find out)* enterarse **to hear from** tener noticias de. **to hear of** oír hablar de.

to hear out. *tr. sep.* escuchar hasta el final.

hear·ing ['hɪərɪŋ] *n.* **1** *(sense)* oído **2** *(act of hearing)* audición *f.* **3** JUR audiencia, vista. **to be hard of hearing** ser duro de oído, ser sordo. **within hearing distance** al alcance del oído **hearing aid** audífono.

hearse [hɜːs] *n.* coche *m.* fúnebre.

heart [hɑːt] *n.* **1** ANAT corazón *m.* **2** *(center of feeling)* corazón *m.* **3** *(courage)* valor *m.*, corazón *m.* **4** *(of question)* fondo, quid *m.*, meollo *npl.* **hearts 1** *(cards)* corazones *mpl. (Spanish cards)* copas *fpl.* **a change of heart** un cambio de opinión. **at heart** en el fondo. **by heart** de memoria. **have a heart!** ¡ten piedad! **to get to the heart of something** llegar al fondo de algo. **to have one's heart in something** volcarse en cuerpo y alma en algo. **to have one's heart in the right place** ser buena persona. **to lose heart** descorazonarse, desanimarse. **to pour one's heart out** abrir el corazón. **to take something to heart** tomarse algo muy a pecho. **heart attack** infarto de miocardio **heart transplant** trasplante m. de corazón.

heart·ache ['hɑːteɪk] *n.* **1** angustia, pena, pesar *m.* **2** *(deep feeling of sorrow)* congoja.

heart·beat ['hɑːtbiːt] *n.* latido del corazón.

heart·break ['hɑːtbreɪk] *n.* angustia, congoja.

heart·break·ing ['hɑːtbreɪkɪŋ] *adj.* angustioso, desgarrador, penoso.

heart·bro·ken ['hɑːtbrəʊkən] *adj.* hundido, angustiado.

heart·burn ['hɑːtbɜːn] *n.* ardor *m.* de estómago, acidez, ardores *mpl.*

heart·felt ['hɑːtfelt] *adj.* sincero, cordial, sentido.

heart·less ['hɑːtləs] *adj.* cruel, insensible, despiadado, inhumano.

heart-to-heart [hɑːttə'hɑːt] *n.* charla íntima y franca ◈ *adj.* franco, sincero, íntimo.

heat [hiːt] *n.* **1** *(warmth)* calor *m.* **2** *fig. use* calor *m.*, pasión *f.*, ardor *m.*, vehemencia **3** *(heating)* calefacción *f.* **4** SP eliminatoria, serie *f.* **5** ZOOL celo ◈ *tr.* **1** calentar **2** *fig. use* acalorar. **on heat/in heat** en celo.

to heat up *intr. (warm up)* calentarse *(to raise excitement, etc.)* acalorarse ◈ *tr. sep.* **1** calentar **2** *fig. use* acalorar.

heat·ed ['hiːtɪd] *adj.* **1** *fig. use (argument)* acalorado **2** *(room)* con calefacción *f.*

heat·er ['hiːtəʳ] *n.* calentador *m.*

heath·en ['hiːðən] *n.* **1** *(non Christian)* pagano **2** *fig. use* bárbaro, salvaje *m.* ◈ *adj.* **1** *(not Christian)* pagano **2** *fig. use* bárbaro, salvaje.

heat·ing ['hiːtɪŋ] *n.* calefacción *f.*

heat·proof ['hiːtpruːf] *adj.* atérmico.

heat-re·sist·ant ['hiːtrɪzɪstənt] *adj.* refractario.

heat·stroke ['hiːtstrəʊk] *n.* MED insolación *f.*

heat-wave ['hiːtweɪv] *n.* ola de calor.

heav·en ['hevən] *n.* **1** cielo **2** *[fam. use]* gloria, paraíso **this is heaven!** *[fam. use]* ¡esto es la gloria!

heavens! ¡cielos! **thank heavens!** ¡gracias a Dios! **for heaven's sake!** *[fam. use]* ¡por el amor de Dios! **heaven knows!** *[fam. use]* ¡ni idea! **heaven forbid!** ¡no lo quiera Dios! **To move heaven and earth** mover cielo y tierra.

heav·en·ly ['hevənlɪ] *adj.* **1** celestial **2** *fig. use* divino **heavenly body** cuerpo celeste.

heav·i·ly ['hevɪlɪ] *adv.* **1** *(fall, move, step, etc.)* pesadamente *(rain)* fuertemente, mucho **2** *(sleep, etc.)* profundamente *(drink)* con exceso, mucho *(breathe)* con dificultad *f.*

heav·i·ness ['hevɪnəs] *n.* *(of body)* pesadez *f.* *(of weight)* peso.

heav·y ['hevɪ] *adj. comp.* **heavier,** *superl.* **heaviest 1** *(gen)* pesado **2** *(rain, blow)* fuerte, pesado **3** *(traffic)* denso **4** *(sleep)* profundo **5** *(crop)* abundante **6** *(atmosphere)* cargado **7** *(loss, expenditure)* grande, considerable, cuantioso **heavy industry** industria pesada.

heav·y-du·ty ['hevɪ'djuːtɪ] *adj. (clothes, shoes, etc.)* de faena, resistente *(equipment, machinery, etc.)* reforzado, robusto, para grandes cargas.

heav·y-hand·ed ['hevɪ'hændɪd] *adj. (harsh, unkind)* severo, poco amable, autoritario **2** *(clumsy)* torpe *(tactless)* poco considerado, poco delicado.

heav·y·weight ['hevɪweɪt] *n.* **1** SP peso pesado **2** *fig. use* peso pesado.

hec·tare ['hektɑːʳ] *n.* hectárea.

hec·tic ['hektɪk] *adj.* agitado, ajetreado, movido.

hec·to·gram ['hektəgræm] *n.* hectogramo.

he'd [hiːz] *contr.* **1** he had **2** he would.

hedge [hedʒ] *n.* **1** seto vivo **2** *fig. use* protección *f.*, barrera ◈ *intr.* contestar con evasivas ◈ *tr.* **1** cercar, separar con un seto **2** *fig. use (protect)* proteger, guardar **(protect oneself against)** protegerse. **to hedge one's bets** cubrir las apuestas.

heel [hiːl] *n.* **1** ANAT talón *m.* **2** *(on shoe)* tacón *m.* *(of sock)* talón *m.* ◈ *tr.* **1** poner tacón a **2** *(in rugby)* talonear. **to bring somebody to heel** controlar a alguien, meter a alguien en cintura. **to dig one's heels in** ser tozudo. **to be down at heel** ir mal vestido, estar desaseado. **to be head over heels in love** estar locamente enamorado. **to take to one's heels** darse a la fuga, salir pitando. **under the heel of** bajo el control férreo de **high heels** zapatos *mpl.* de tacón alto.

height [haɪt] *n.* **1** *(gen)* altura **2** *(altitude)* altitud *f.* **3** *(of person)* estatura **4** GEOG cumbre *f.*, cima **5** *fig. use (highest point)* colmo, cumbre *f.*, cima **to be afraid of heights** tener vértigo. **average height** estatura media, estatura normal.

height·en ['haɪtən] *tr.* **1** *fig. use (enhance)* intensificar, realzar **2** *fig. use (enjoyment)* aumentar **3** elevar, levantar, hacer más alto ◈ *intr. (to increase)* aumentar *(intensify)* intensificarse.

heir [eəʳ] *n.* heredero **heir apparent** JUR heredero forzoso **heir presumptive** JUR presunto heredero.

heir·ess ['eərɪs] *n.* heredera.

held [held] *pt. & pp.* VER: hold.

hel·i·cop·ter ['helɪkɒptəʳ] *n.* helicóptero.

he·li·um ['hiːlɪəm] *n.* CHEM helio.

he·lix ['hiːlɪks] *n.* hélice *f.*

hell [hel] *n.* infierno. **a hell of a** *[fam. use] (good)* estupendo, fantástico, genial *(bad)* fatal, horrible. **go to hell!** ¡vete al diablo! **Ito give somebody hell** hacerle pasar un mal rato a alguien. **to have a hell of a time** *(good)* pasarlo a lo grande, pasarlo pipa, pasarlo bomba *(bad)* pasarlo fatal, pasarlas canutas. **the hell?** ¿... demonios?

he'll [hiːl] *contr.* he will, he shall.

hel·lo [he'ləu] *interj.* **1** ¡hola! **2** *(on telephone - answering)* ¡diga!(- *calling)* ¡oiga! **3** *(to get somebody's attention)* ¡oiga!, ¡oye! **4** *(expressing surprise)* ¡vaya!

hel·met ['helmɪt] *n.* casco.

help [help] *n.* **1** *(gen)* ayuda **2** *(servant)* asistenta, criada ◇ *interj.* ¡socorro! ◇ *tr.* **1** *(gen)* ayudar **2** *(be of use)* ayudar, servir **3** *(to relieve)* aliviar **4** *(avoid)* evitar. **I "(he, etc.)" can't help it** *(I can't stop myself) no puedo (puede, etc.) evitarlo (not my fault)* no es culpa mía (suya, etc.). **I couldn't help "+ ger"** *no pude por menos que + inf.* **it can't be helped** *no hay nada que hacer.* **to help oneself** *servirse a sí mismo.*

to help out. *tr. sep.* ayudar, echar una mano a.

help·er ['helpə'] *n.* **1** ayudante *mf.*, auxiliar *mf.* **2** *(collaborator)* colaborador.

help·ful ['helpful] *adj.* **1** *(thing)* útil, práctico, **2** *(person)* amable.

help·ing ['helpɪŋ] *n.* ración *f.*, porción *f.* ◇ *adj.* ayuda.

help·less ['helpləs] *adj.* **1** *(unprotected)* desamparado, indefenso, desvalido **2** *(powerless)* impotente, incapaz, inútil.

help·less·ness ['helpləsnəs] *n.* *(powerlessness)* impotencia, desamparo *(incapability)* incapacidad *f.*, inutilidad *f.*

help·line ['helplaɪn] *n.* teléfono de asistencia.

hem·i·sphere ['hemɪsfɪə'] *n.* hemisferio.

hem·i·spher·i·cal [hemɪs'ferɪkəl] *adj.* hemisférico.

he·mo·glo·bin [hi:məu'gləubɪn] *n.* hemoglobina.

he·mo·phil·i·a [hi:məu'fɪlɪə] *n.* hemofilia.

he·mo·phil·i·ac [hi:məu'fɪlɪæk] *adj.* hemofílico ◇ *n.* hemofílico.

hem·or·rhage ['hemərɪdʒ] *n.* hemorragia.

hem·or·rhoids ['hemərɔɪdz] *n.* hemorroides *fpl.*, almorranas.

hen [hen] *n.* *(chicken)* gallina *(female bird)* hembra.

he·pat·ic [hɪ'pætɪk] *adj.* MED hepático.

hep·a·ti·tis [hepə'taɪtəs] *n.* MED hepatitis *f.*

hep·ta·gon ['heptəgən] *n.* heptágono.

hep·tag·o·nal [hep'tægənəl] *adj.* heptagonal.

her [hɜː'] *pron.* **1** *(direct object)* la **2** *(indirect object)* le *(with other third person pronouns)* se **3** *(after preposition)* ella **4** *(fam. use)* *(as subject)* ella ◇ *adj.* su, sus *(emphatic)* de ella.

herb [ɜːb] *n.* hierba **herb tea** infusión de hierbas.

herb·al ['ɜːbəl] *adj.* herbario.

herb·i·cide ['ɜːbɪsaɪd] *n.* herbicida *m.*

her·biv·ore ['hɜːbɪvɔː'] *n.* ZOOL herbívoro.

her·biv·o·rous [hɜː'bɪvərəs] *adj.* ZOOL herbívoro.

herd [hɜːd] *n.* **1** *(cattle)* manada *(goats)* rebaño *(pigs)* piara **2** *(fam. use)* *(people)* montón *m.*, multitud *f.* ◇ *tr.* *(animals - group)* juntar en manada (- *drive)* conducir en manada *(people)* llevar ◇ *intr.* juntarse en manada, juntarse en rebaño. **herd instinct** *instinto gregario.*

here [hɪə'] *adv.* aquí **here and there** *aquí y allá.* **here's to...!** *¡brindemos por...!* **look here!** *¡oye!, ¡oiga!*

he·red·i·tar·y [hɪ'redɪtəri] *adj.* hereditario.

her·it·age ['herɪtɪdʒ] *n.* herencia, patrimonio.

her·mit ['hɜːmɪt] *n.* ermitaño, eremita *mf.* **hermit crab** *ermitaño, paguro.*

her·ni·a ['hɜːnɪə] *n.* hernia.

he·ro ['hɪərəu] *n. pl.* **heroes 1** *(gen)* héroe *m.* **2** *(in novel)* protagonista *m.*, personaje *m.* principal **hero worship** *idolatría, mitomanía.*

he·ro·ic [hɪ'rəuɪk] *adj.* heroico.

he·ro·ics [hɪ'rəuɪks] *npl.* *(words)* grandilocuencia *f. sing.* *(deeds)* actos heroicos *mpl.*

her·o·in ['herəuɪn] *n.* *(drug)* heroína **heroin addict** *heroinómano.*

her·o·ine ['herəuɪn] *n.* **1** heroína **2** *(in novel)* protagonista, personaje *m.* principal.

her·o·ism ['herəuɪzəm] *n.* heroísmo.

he·ro·wor·ship ['hɪərəuwɜːʃɪp] *n.* mitificación *f.*, idolatría ◇ *tr.* mitificar, idolatrar.

hers [hɜːz] *pron.* **1** *(gen)* el suyo, (la) suya *(pl.)* (los) suyos, (las) suyas *(emphatic)* de ella.

her·self [hɜː'self] *pron.* **1** *(reflexive use)* se **2** *(emphatic)* ella misma.

hertz [hɜːts] *n.* hertz *m.*, hercio.

he's [hiːz] *contr.* **1** he is **2** he has.

hes·i·tant ['hezɪtənt] *adj.* indeciso.

hes·i·tate ['hezɪteɪt] *intr.* vacilar, dudar.

hes·i·ta·tion [hezɪ'teɪʃən] *n.* duda, indecisión. **without hesitation** *sin dudar.*

het·er·o·sex·u·al [hetərəu'seksjuəl] *adj.* heterosexual ◇ *n.* heterosexual *mf.*

hex·a·gon ['heksəgən] *n.* hexágono.

hex·ag·o·nal [hek'sægənəl] *adj.* hexagonal.

hey [heɪ] *interj.* ¡eh!, ¡oye!, ¡oiga!

hi [haɪ] *interj.* *(fam. use)* ¡hola!

hi·ber·nate ['haɪbəneɪt] *intr.* hibernar.

hi·ber·na·tion [haɪbə'neɪʃən] *n.* hibernación *f.*

hic·cough ['hɪkʌp] *n., intr.* VER: hiccup.

hic·cup ['hɪkʌp] *n.* hipo ◇ *intr. pt. & pp.* **hic-cupped,** *ger.* **hiccupping** tener hipo.

hid [hɪd] *pt. & pp.* VER: hide.

hid·den ['hɪdən] *pp.* VER: hide ◇ *adj.* **1** escondido **2** *fig. use* oculto.

hide [haɪd] *n.* *(concealed place)* puesto de observación, escondrijo, escondite *m. tr. pt.* **hid** [hɪd], *pp.* **hid** [hɪd] o **hidden** ['hɪdən] *(conceal)* esconder *(obscure)* ocultar, tapar ◇ *intr.* esconderse, ocultarse.

hide-and-seek [haɪdən'siːk] *n.* escondite m. **to play hide-and-seek** *jugar al escondite.*

hid·e·ous ['hɪdɪəs] *adj.* **1** *(terrible)* horroroso, atroz **2** *(ugly)* horrendo, espantoso.

hide-out ['haɪdaut] *n.* escondrijo, escondite *m.*, guarida.

hid·ing ['haɪdɪŋ] *n.* ocultación *f.* **to go into hiding** *esconderse.*

hi·er·ar·chy ['haɪərɑːkɪ] *n. pl.* **hierarchies** jerarquía.

hi·er·o·glyph·ics [haɪərə'glɪfɪks] *npl.* jeroglíficos *mpl.*

high [haɪ] *adj.* **1** alto **2** *(elevated, intense)* alto, elevado **3** *(important)* alto, importante *(strong)* fuerte **4** MUS alto **5** *(very good)* bueno, **6** *(of time)* pleno **7** *sl.* *(on drugs)* volando, colocado ◇ *adv.* alto ◇ *n.* **1** punto máximo, récord *m.* **2** METEOR zona de alta presión, anticiclón *m.* **to be in high spirits** *estar de buen humor.* **to fly high** *(bird, plane)* volar alto, volar a gran altura *(person)* picar alto. **to have friends in high places** *estar muy bien relacionado.* **to search high and low for something** *buscar algo por todas partes* **high chair** *silla alta* **high fidelity** *alta fidelidad f.* **high jump** SP *salto de altura* **high noon** *mediodía m.* **high priest** *sumo sacerdote m.* **high season** *temporada alta* **high school** *instituto de enseñanza secundaria (para alumnos de entre 15 y 18 años)* **the high life** *la buena vida.*

high-brow ['haɪbrau] *adj.* intelectual ◇ *n.* intelectual *mf.*

high-class [haɪ'klɑːs] *adj.* *(classy)* de categoría *(superior)* de categoría superior.

high·er ['haɪə'] *adj.* **1.** VER: high **2** superior **3** *(bigger)* más alto *(number, velocity, etc.)* mayor **higher education** *enseñanza superior.*

high-grade ['haɪgreɪd] *adj.* de calidad superior.

high-hand·ed [haɪˈhændɪd] adj. (arbitrary) arbitrario (authoritarian) autoritario, despótico, tiránico.

high·lands [ˈhaɪləndz] npl. GEOG tierras fpl. altas.

high·light [ˈhaɪlaɪt] tr. 1 destacar, hacer resaltar 2 (with pen) marcar (con un rotulador fosforescente). n. 1 ART toque m. de luz 2 (hairdressing) reflejo 3 fig. use (especially in show business) atracción f. principal (most outstanding) punto culminante, momento culminante (aspect or feature) característica notable, aspecto notable.

high·ly [ˈhaɪlɪ] adv. (very) muy (favorably) muy bien.

high·ly-strung [haɪlɪˈstrʌŋ] adj. muy tenso, hipertenso, muy nervioso.

high-pitched [ˈhaɪpɪtʃt] adj. (sound, voice) agudo, estridente (roof) empinado.

high-pow·ered [ˈhaɪpaʊəd] adj. 1 (engine) de gran potencia 2 (person) dinámico.

high-rank·ing [haɪˈræŋkɪŋ] adj. de alta graduación, superior, de categoría.

high-speed [ˈhaɪspiːd] adj. rápido, de gran velocidad ◇ adv. rápido, de gran velocidad **high-speed train** tren m. de alta velocidad.

high-spir·it·ed [haɪˈspɪrɪtɪd] adj. (person) muy animado, alegre (horse) fogoso.

high·way [ˈhaɪweɪ] n. 1 autovía 2 JUR vía pública.

hi·jack [ˈhaɪdʒæk] n. (of plane) secuestro ◇ tr. secuestrar.

hi·jack·er [ˈhaɪdʒækəʳ] n. (gen) secuestrador (of plane) secuestrador, pirata m. del aire.

hi·jack·ing [ˈhaɪdʒækɪŋ] n. (of plane) secuestro.

hi·lar·i·ous [hɪˈleərɪəs] adj. graciosísimo, hilarante, divertidísimo.

hill [hɪl] n. 1 colina, cerro 2 (slope) cuesta. **to be over the hill** [fam. use] ser viejo ya. **hill climb** subida en cuesta.

hill·y [ˈhɪlɪ] adj. comp. hillier, superl. hilliest montañoso, accidentado.

him [hɪm] pron. 1 (direct object) lo 2 (indirect object) le (with other pronouns) se 3 (after preposition) él 4 [fam. use] (as subject) él.

Him·a·la·yas [hɪməˈleɪəz] npl. the Himalayas el Himalaya m. sing.

him·self [hɪmˈself] pron. 1 (reflexive) se (alone) solo, por sí mismo 2 (emphatic) él mismo, sí mismo, en persona.

Hin·du [ˈhɪnduː, ˈhɪnduː] n. hindú mf. ◇ adj. hindú.

Hin·du·ism [ˈhɪnduːɪzəm] n. hinduismo.

hinge [hɪndʒ] n. 1 TECH gozne m., bisagra 2 (for stamps) fijasello 3 fig. use eje m. ◇ tr. engoznar ◇ intr. girar sobre goznes.

hint [hɪnt] n. 1 insinuación f., indirecta 2 (advice) consejo, sugerencia 3 (clue) pista 4 (trace) pizca 5 (sign) sombra ◇ tr. (imply) insinuar, aludir a ◇ intr. (suggest indirectly) lanzar indirectas.

hip¹ [hɪp] n. ANAT cadera.

hip² [hɪp] **hip hip hooray!** ¡hurra!

hip³ [hɪp] adj. sl. a la moda, en la onda.

hip·po [ˈhɪpəʊ] n. pl. **hippos** ZOOL [fam. use] hipopótamo.

hip·po·pot·a·mus [hɪpəˈpɒtəməs] n. ZOOL hipopótamo.

hip·py [ˈhɪpɪ] n. pl. **hippies** [fam. use] hippie (mf.). adj. 1 hippie.

hire [ˈhaɪəʳ] n. alquiler m. ◇ tr. 1 (rent) alquilar 2 (employ) contratar.

to hire out tr. sep. (equipment, vehicles, etc.) alquilar (people) contratar.

hired [ˈhaɪəd] adj. alquilado, de alquiler **hired assassin** asesino a sueldo.

his [hɪz] adj. 1 su, sus **his dog**, su perro; 2 (emphatic) de él ◇ pron. (el) suyo, (la) suya, (los) suyos, (las) suyas.

His·pan·ic [hɪsˈpænɪk] adj. hispánico ◇ n. hispano, latino.

hiss [hɪs] n. 1 (gen) siseo 2 (air, snake, steam, etc.) silbido 3 (protest) silbido ◇ tr. 1 sisear, silbar 2 (in protest) silbar, pitar, abuchear ◇ intr. silbar.

his·sing [ˈhɪsɪŋ] n. (gen) siseo (of snake, steam, etc.) silbido.

his·to·ri·an [hɪˈstɔːrɪən] n. historiador.

his·tor·ic [hɪˈstɒrɪk] adj. histórico, importante.

his·tor·i·cal [hɪˈstɒrɪkəl] adj. histórico **historical novel** novela histórica.

his·to·ry [ˈhɪstərɪ] n. pl. **histories** 1 (in general) historia 2 COMPUT historial m. **to go down in history** pasar a la historia **medical history** (of patient) historial m. médico, historial m. clínico.

hit [hɪt] n. 1 (blow) golpe m. 2 (success) éxito, acierto 3 (shot) impacto 4 (visit to web page) acceso 5 fig. use (damaging remark) pulla 6 sl. asesinato ◇ tr. pt. & pp. **hit**, ger. **hitting** 1 (strike) golpear, pegar 2 (crash into) chocar contra 3 (affect) afectar, perjudicar 4 (reach) alcanzar. **it suddenly hit him** fig. use de pronto se dio cuenta. **to hit below the belt** [fam. use] dar un golpe bajo. **to hit it off with** llevarse bien con, caer bien a alguien. **to hit the headlines** ser noticia. **to hit the nail on the head** fig. use dar en el clavo. **to hit the road** [fam. use] ponerse en camino. **to hit the roof** [fam. use] explotar, subirse por las paredes. **to hit the sack** [fam. use] irse a la cama. **to score a direct hit** dar en el blanco **direct hit** impacto directo **hit man** sl. asesino a sueldo **hit record** disco de éxito.

to hit back. intr. (strike in return) devolver golpe por golpe (reply to criticism) defenderse.

hit-and-run [hɪtənˈrʌn] adj. AUTO que atropella a alguien y se da a la fuga.

hitch [hɪtʃ] n. obstáculo, tropiezo, dificultad f. ◇ tr. (tie) enganchar, atar.

to hitch up. tr. sep. arremangarse, remangarse.

hitched [hɪtʃt] phrase. **to get hitched** [fam. use] casarse.

HIV [ˈeɪtʃaɪˈviː] abbr. (human immunodeficiency virus) virus m. de inmunodeficiencia humana (abbreviation) VIH m. **to be HIV positive** ser seropositivo, ser portador del virus del sida **HIV carrier** seropositivo, portador del virus del sida.

hive [haɪv] n. 1 colmena 2 fig. use lugar m. muy activo.

hoarse [hɔːs] adj. ronco, áspero.

hoax [həʊks] n. (trick) trampa, engaño (joke) broma pesada ◇ tr. engañar a, gastar una broma a.

hob·by [ˈhɒbɪ] n. afición f., hobby m., pasatiempo favorito.

hock·ey [ˈhɒkɪ] n. SP hockey m.

hoe [həʊ] n. azada, azadón m. ◇ tr. (earth) azadonar, cavar (weeds) sachar.

hog [hɒg] n. 1 cerdo, puerco, marrano 2 [fam. use] pej. (not a nice person) indeseable mf.

hold [həʊld] n. 1 (grip) asimiento 2 (place to grip) asidero 3 (in ship, plane) bodega 4 (control) autoridad f., control m. (influence) influencia 5 (in wrestling) llave f. ◇ tr. pt. & pp. **held** [held] 1 (keep in one's hand) aguantar, sostener (grip tightly) agarrar (support) soportar, aguantar 2 (maintain - opinion) sostener 3 (contain) dar cabida a, tener capacidad para 4 fig. use deparar 5 (meeting) celebrar (conversation) mantener 6 (think) creer, considerar 7 (keep) guardar ◇ intr. 1 (withstand attack, pressure) resistir 2 (remain true) seguir siendo válido. **to catch hold of** agarrar, asir, coger. **to get hold of** (grab) agarrar, asir, coger (obtain) hacerse con, encontrar, localizar. **to hold one's own** fig. use defenderse

to hold somebody abrazar a alguien. **to hold somebody's hand** cogerle la mano a alguien.

to hold back tr. sep. 1 (suspect) retener 2 (information) ocultar (restrain) contener (feelings) reprimir (keep) guardar intr. (hesitate) vacilar, no atreverse (abstain) abstenerse.

to hold down tr. sep. (control) dominar (job) desempeñar.

to hold off tr. sep. (maintain separate) mantener alejado ◇ intr. (refrain) refrenarse.

to hold on intr. 1 (grip tightly) agarrarse fuerte, agarrarse bien 2 (wait) esperar (on 'phone) no colgar.

to hold on to tr. insep. 1 (grasp) cogerse a, agarrarse a 2 (keep) guardar.

to hold out tr. sep. (offer) tender, ofrecer ◇ intr. (last - things) durar (- person) resistir.

to hold o·ver tr. sep. (meeting, etc.) aplazar.

to hold up tr. sep. 1 (rob) atracar, asaltar 2 (delay) retrasar 3 (raise) levantar 4 (support) aguantar, sostener intr. aguantar, resistir.

hold·er ['həʊldəʳ] n. 1 (owner) poseedor (of passport) titular mf. 2 (container) recipiente m., receptáculo 3 (bearer - gen) portador (- of bonds) tenedor 4 (handle) asidero 5 (tenant - on land) arrendatario (- of a flat) inquilino.

hold·ing ['həʊldɪŋ] n. 1 (possession) posesión f. (piece of land) propiedad f., terreno 2 (of an event) celebración f. 3 (stocks, shares, bonds) valor m. en cartera.

hold·up ['həʊldʌp] n. 1 (robbery) asalto m. (of train, etc.) asalto 2 (delay) retraso 3 AUTO atasco.

hole [həʊl] n. 1 (gen) agujero (in ground) hoyo 2 (golf) hoyo 3 (in road) bache m. 4 (of rabbits) madriguera (cavity) cavidad f. 5 [fam. use] (town) poblacho 6 [fam. use] (place to live) cuchitril m. (unsavory place) antro 7 (a tight spot) aprieto, apuro ◇ tr. 1 (make holes - small) agujerear (large) hacer un boquete en 2 (at golf) meter en el hoyo ◇ intr. (at golf) meter la pelota en el hoyo. **to make a hole in** (literally) agujerear (figuratively) comerse gran parte, agotar gran parte. **to be in a hole** estar en apuros.

to hole up intr. (animal) hibernar (to go into hiding) esconderse.

hol·i·day ['hɒlideɪ] n. 1 (one day) fiesta, día m. de fiesta, día m. festivo 2 (period) vacaciones fpl. intr. **to be on holiday** estar de vacaciones. **to go on holiday** ir de vacaciones. **to take a holiday** tomar unas vacaciones **holiday atmosphere** ambiente m. festivo.

ho·lis·tic [həʊˈlɪstɪk] adj. holístico **holistic learning** aprendizaje m. holístico.

Hol·land ['hɒlənd] n. Holanda.

hol·low ['hɒləʊ] adj. 1 (sound, thing) hueco (cheeks, etc.) hundido 2 fig. use (laugh) falso (promise) vacío n. 1 hueco 2 GEOG hondonada ◇ tr. to hollow out vaciar.

hol·o·caust ['hɒləkɔːst] n. holocausto.

holy ['həʊli] adj. comp. **holier**, superl. **holiest** 1 REL (sacred) santo, sagrado 2 (blessed) bendito **Holy Ghost** Espíritu Santo **Holy Land** Tierra Santa **holy man** santón m. **holy orders** órdenes sagradas **Holy See** Santa Sede f. **holy war** guerra santa **Holy Week** Semana Santa.

hom·age ['hɒmɪʤ] n. homenaje m. **to pay homage to/do homage** rendir homenaje a.

home [həʊm] n. 1 (house) hogar m., casa f. [fml. use] domicilio 3 (institution) asilo 4 (country, village, etc.) patria, tierra 5 ZOOL hábitat m. 6 SP casa ◇ adj. 1 casero 2 POL (del) interior 3 (native) natal 4 SP de casa, en casa ◇ adv. en casa, a casa, de casa **at home** en casa. **home sweet home** hogar dulce hogar. **to be nothing to write home about** no ser nada del otro mundo, no ser nada del otro jueves. **to come home to somebody** darse cuenta. **to feel at home** fig. use estar a gusto, sentirse en casa. **to make oneself at home** ponerse cómodo **home base** (in baseball) base f. del bateador **home page** (Internet) página inicial, página principal **home run** (in baseball) carrera completa **home team** equipo local, equipo de casa **home town** pueblo natal, patria chica.

home-grown ['həʊmˈgrəʊn] adj. (produced locally) del país (cultivated in one's own garden) de cosecha propia, casero.

home·land ['həʊmlænd] n. (gen) patria (birthplace) tierra natal.

home·less ['həʊmlɪs] adj. sin hogar, sin techo **the homeless** los sin techo, los desvalidos, los desamparados.

home-made ['həʊmˈmeɪd] adj. casero, de fabricación casera, hecho en casa.

home·sick ['həʊmsɪk] adj. nostálgico. **to be homesick** tener morriña.

home·sick·ness ['həʊmsɪknəs] n. añoranza, nostalgia.

home·work ['həʊmwɜːk] n. deberes mpl.

hom·i·cidal [hɒmɪˈsaɪdəl] adj. homicida.

hom·i·cide ['hɒmɪsaɪd] n. 1 (crime) homicidio 2 (criminal) homicida mf.

ho·mo·ge·ne·ous [hɒməˈʤiːnɪəs] adj. homogéneo.

ho·mo·nym ['hɒmənɪm] n. homónimo.

ho·mo·phone ['hɒməfəʊn] n. homófono.

ho·mo·sex·u·al [həʊməʊˈseksjʊəl] adj. homosexual ◇ n. homosexual mf.

ho·mo·sex·u·al·i·ty [həʊməʊseksjʊˈælɪti] n. homosexualidad f.

Hon·du·ran [hɒnˈdjʊərən] adj. hondureño ◇ n. hondureño.

Hon·du·ras [hɒnˈdjʊərəs] n. Honduras m.

hon·est ['ɒnɪst] adj. 1 (trustworthy) honrado, honesto 2 (frank) sincero, franco 3 (fair) justo, equitativo, decente ◇ adv. [fam. use] de verdad.

hon·est·ly ['ɒnɪstli] adv. 1 (fairly) honradamente 2 (frankly) sinceramente, francamente, con franqueza 3 (truthfully) de verdad, a decir verdad ◇ interj. (question) ¿de verdad?

hon·esty ['ɒnɪsti] n. honradez f., rectitud f.

hon·ey ['hʌni] n. 1 miel f. 2 [fam. use] (dear) cariño, cielo.

hon·ey·moon ['hʌnimuːn] n. luna de miel, viaje m. de novios ◇ intr. pasar la luna de miel, hacer el viaje de novios.

honk [hɒŋk] n. 1 (goose) graznido 2 (car horn) bocinazo ◇ intr. 1 (goose) graznar 2 (car) tocar la bocina.

hon·or ['ɒnəʳ] n. 1 (virtue) honra, honor m. **in honor or of**, en honor de; **to defend one's honor**, defender su honra; 2 (title) Su Señoría **Her Honor, His Honor, Your Honor**, Su Señoría. ◇ tr. 1 (respect) honrar 2 (cheque) pagar, aceptar (promise, word, agreement) cumplir ◇ npl. honores MIL honores mpl. **to do honor to** rendir honores a.

hon·or·a·ble ['ɒnərəbəl] adj. 1 (person) honrado (title) honorable 2 (actions) honorífico, honroso.

hon·or·a·bly ['ɒnərəbli] adv. honorablemente.

hon·or·ar·y ['ɒnərəri] adj. (member) honorario (duties) honorífico.

hood [hʊd] n. 1 (of clothes) capucha 2 (on pram, etc.) capota 3 (car) cofre m. 4 (of hawk) capirote m., capillo.

hood·ed ['hʊdɪd] adj. 1 (person) con capucha, encapuchado (clothes) con capucha 2 (hawk) encapirotado.

hoof [huːf] *n. pl.* **hoofs** o **hooves** *(of sheep, cow, goat, etc.)* pezuña *(of horse)* casco ◇ *tr. sl.* caminar. **to hoof it** *ir a pie, ir a pata.*

hook [huk] *n.* 1 *(gen)* gancho 2 *(for fishing)* anzuelo 3 *(boxing)* gancho ◇ *tr.* 1 *(catch)* enganchar 2 *(fishing)* pescar, coger 3 *(in boxing)* pegar un gancho 4 *(in rugby)* talonear. **to take the phone off the hook** *descolgar el teléfono.* **by hook or by crook** *fig. use por las buenas o por las malas.* **to be off the hook** *sl. haberse librado.* **to get one's hooks into somebody** *tener a alguien en las garras.* **to let somebody off the hook** *dejar salir a alguien del atolladero* **hooks and eyes** *(sewing)* corchetes *mpl.*

to hook up. *tr. sep. (connect)* conectar.

hooked [hukt] *adj.* 1 *(nose)* aquilino *(hook-shaped)* ganchudo 2 *(on drug, etc.)* enganchado *(attracted)* prendado, encariñado.

hook-up [ˈhʊkʌp] *n.* 1 *(in electronics, computers, etc.)* conexión *f.* 2 *(by TV, radio)* emisión *f.* transmitida a distintos países.

hoop [huːp] *n.* aro *(of barrel)* fleje *m. (of wheel)* llanta.

hoo-ray [hʊˈreɪ] *interj.* ¡hurra!

hoot [huːt] *n.* 1 *(of owl)* ululato, grito 2 *(of car)* bocinazo 3 *[fam. use] (funny thing)* cosa divertida *(funny person)* persona divertida ◇ *intr.* 1 *(owl)* ulular, gritar 2 *(car)* dar un bocinazo *(driver)* tocar la bocina *(train)* silbar 2 *[fam. use]* pitar. **hoots of laughter** *carcajadas fpl., risotadas fpl.*

hoot-er [ˈhuːtəʳ] *n.* 1 *(siren)* sirena 2 *(on car)* bocina, claxon *m.*

hop [hɒp] *n.* 1 salto, brinco 2 *[fam. use] (dance)* baile *m.* 3 AV *[fam. use]* vuelo corto ◇ *intr. pt. & pp.* **hopped**, *ger.* **hopping** saltar, dar brincos, dar saltos **to hop on one leg** *andar a la pata coja.* **hop in!** *[fam. use] (into car)* ¡sube! **to hop on the bus/train** *[fam. use]* subirse al autobús/tren.

hope [həʊp] *n. (gen)* esperanza *(false)* ilusión *f.* ◇ *tr.* esperar ◇ *intr.* esperar. **I hope not** *espero que no.* **I hope so** *espero que sí.* **not a hope!** *[fam. use]* ¡ni hablar! **some hope!** *[fam. use]* ¡qué va! **to have little hope of doing something** *tener pocas posibilidades de hacer algo.*

hope-ful [ˈhəʊpfʊl] *adj.* 1 *(promising)* esperanzador, prometedor, alentador 2 *(confident)* optimista ◇ *n.* persona que promete **young hopeful** *joven mf.* promesa.

hope-ful-ly [ˈhəʊpfʊlɪ] *adv.* 1 *(confidently)* con esperanza, con ilusión, con optimismo 2 *[fam. use] (all being well)* se espera que.

hope-less [ˈhəʊpləs] *adj.* 1 desesperado *(false)* [fam. use] *(useless)* inútil **it's hopeless** *es imposible.*

hope-less-ly [ˈhəʊpləslɪ] *adv.* sin esperanza, con desesperación, desesperadamente. **hopelessly in love** *locamente enamorado.* **hopelessly lost** *totalmente perdido.*

ho-ri-zon [həˈraɪzən] *n.* horizonte *m.*

hor-i-zon-tal-ly [hɒrɪˈzɒntəlɪ] *adv.* horizontalmente.

hor-mo-nal [hɔːˈməʊnəl] *adj.* hormonal.

hor-mone [ˈhɔːməʊn] *n.* hormona.

horn [hɔːn] *n.* 1 ZOOL asta, cuerno 2 AUTO bocina, claxon *m.* 3 MUS cuerno, trompa. **to sound the horn** *dar un bocinazo.* **to take the bull by the horns** *coger el toro por los cuernos.*

horned [hɔːnd] *adj.* con cuernos.

hor-net [ˈhɔːnɪt] *n.* ZOOL avispón *m.*

horn-y [ˈhɔːnɪ] *adj. comp.* **hornier,** *superl.* **horniest** 1 *(skin, hands)* calloso 2 *[fam. use] (sexually)* cachondo, caliente.

hor-o-scope [ˈhɒrəskəʊp] *n.* horóscopo.

hor-ren-dous [həˈrendəs] *adj.* horrendo.

hor-ri-ble [ˈhɒrɪbəl] *adj. (gen)* horrible, horroroso *(person)* antipático.

hor-ri-bly [ˈhɒrɪblɪ] *adv.* horriblemente.

hor-rid [ˈhɒrɪd] *adj. (horrible)* horroroso, horrible *(unkind)* antipático, odioso *(child)* inaguantable, insoportable.

hor-ri-fic [həˈrɪfɪk] *adj.* horrendo, horroroso.

hor-ri-fy [ˈhɒrɪfaɪ] *tr. pt. & pp.* **horrified,** *ger.* **horrifying** horrorizar, espantar.

hor-ror [ˈhɒrəʳ] *n.* horror *m.,* terror *m.* ◇ *interj.* **horrors** ¡qué horror! **horror film** *película de terror, película de miedo* **little horror** *diablillo, monstruito.*

horse [hɔːs] *n.* 1 ZOOL caballo 2 *(in gym)* potro 3 TECH caballete *m.* 4 *sl. (heroin)* caballo. **to eat like a horse** *comer como una lima, tener buen saque.* **to get on one's high horse** *fig. use darse infulas, tener muchos humos.* **to get something straight from the horse's mouth** *fig. use saber algo de buena tinta.* **horse chestnut** BOT *(tree)* castaño de Indias *(fruit)* castaña de Indias **horse racing** *carreras fpl. de caballos* **horse race** *carrera de caballos* **horse rider** *(man)* jinete *(woman)* amazona **horse riding** *equitación f.*

to horse a-bout/horse a-round. *intr.* hacer el loco, hacer el payaso.

horse-back [ˈhɔːsbæk] *n.* a caballo. **on horseback** *a caballo* **horseback riding** *equitación f.*

horse-man [ˈhɔːsmən] *n. pl.* **horsemen** jinete *m.,* caballista *m.*

horse-man-ship [ˈhɔːsmənʃɪp] *n.* equitación *f.*

horse-pow-er [ˈhɔːspaʊəʳ] *n.* 1 AUTO caballo de vapor, caballo 2 potencia.

horse-shoe [ˈhɔːsʃuː] *n.* herradura.

horse-wom-an [ˈhɔːswʊmən] *n. pl.* **horsewomen** [ˈhɔːswɪmɪn] amazona, caballista.

hor-ti-cul-tur-al [hɔːtɪˈkʌltʃərəl] *adj.* hortícola.

hor-ti-cul-ture [ˈhɔːtɪkʌltʃəʳ] *n.* horticultura.

hose[1] [həʊz] *n. pl.* **hose** *(pipe)* manguera ◇ *tr.* regar, lavar.

hose[2] [həʊz] *npl. (socks)* calcetines *mpl. (stockings)* medias *fpl.*

hose-pipe [ˈhəʊzpaɪp] *n.* manguera.

hos-pi-ta-ble [hɒˈspɪtəbəl] *adj.* hospitalario, acogedor.

hos-pi-tal [ˈhɒspɪtəl] *n.* hospital *m.*

hos-pi-tal-i-ty [hɒspɪˈtælɪtɪ] *n.* hospitalidad *f.*

hos-pi-tal-ize [ˈhɒspɪtəlaɪz] *tr.* hospitalizar, ingresar.

host [həʊst] *n.* 1 *(person)* anfitrión *(place)* sede *f.* 2 *(TV presenter)* presentador 3 *(animal, plant)* huésped *m.* ◇ *tr.* 1 TV presentar 2 celebrar, albergar **host country** *país m.* organizador, país *m.* anfitrión.

hos-tage [ˈhɒstɪdʒ] *n.* rehén *mf.* **to take somebody hostage** *tomar a alguien como rehén.*

hos-tel [ˈhɒstəl] *n.* residencia, hostal *m.*

host-ess [ˈhəʊstəs] *n.* 1 *(at home)* anfitriona 2 *(on plane, etc.)* azafata 3 *(in club)* camarera 4 TV presentadora.

hos-tile [ˈhɒstaɪl] *adj.* hostil, enemigo.

hos-til-i-ty [hɒˈstɪlɪtɪ] *n. pl.* **hostilities** hostilidad *f.*

hot [hɒt] *adj. comp.* **hotter,** *superl.* **hottest** 1 *(gen)* caliente 2 METEOR caluroso, cálido 3 *(food - spicy)* picante *(- not cold)* caliente 4 *(news)* de última hora 5 *(temper)* fuerte *(anger)* rabioso, colérico 6 *(good)* bueno, enterado 7 *(dangerous)* peligroso 8 *sl. (stolen)* robado. **to be hot** *(person)* tener calor *(weather)* hacer calor. **to be in the hot seat** *[fam. use]* estar en la línea de fuego. **to blow hot and cold** *fig. use ser veleta.* **to get hot under the collar** *[fam. use]* ponerse nervioso, acalorarse. **to get into hot water** *fig. use meterse en líos.* **to make things hot for somebody** *fig. use hacerle la vida difícil a alguien* **hot air** *fig. use palabrería* **hot dog** *perrito*

caliente **hot potato** *[fam. use]* papa caliente, asunto delicado **hot sauce** salsa picante.
to hot up *intr. [fam. use]* animarse, ponerse interesante.
hot-blood·ed [hɒtˈblʌdɪd] *adj.* de sangre caliente. **to be hot-blooded** tener la sangre caliente.
ho·tel [həʊˈtel] *n.* hotel *m.* **hotel business/hotel trade** hostelería.
hot·head [ˈhɒthed] *n. [fam. use]* exaltado, fanático, cabeza *mf.* loca.
hot·head·ed [ˈhɒthedɪd] *adj.* impetuoso, impulsivo.
hot·house [ˈhɒthaʊs] *n.* invernadero.
hot·line [ˈhɒtlaɪn] *n.* línea directa.
hound [haʊnd] *n.* perro de caza ◇ *tr. (harass)* acosar, perseguir.
hour [aʊəⁿ] *n.* hora **hour hand** aguja horaria, manecilla **office hours/business hours** horas fpl. de oficina **small hours** la madrugada.
hour·glass [ˈaʊəglɑːs] *n.* reloj *m.* de arena.
hour·ly [ˈaʊəlɪ] *adj.* cada hora ◇ *adv.* a cada hora, por horas.
house [(n) haʊs; (vb.) haʊz] *n.* **1** *(gen)* casa *(official use)* domicilio **2** POL cámara **3** THEAT sala **4** *(company)* empresa, casa ◇ *tr.* **1** *(gen)* alojar, albergar *(supply housing)* proveer de vivienda **2** *(store)* guardar, almacenar *(fit)* dar cabida a: **"House full"** *"Agotadas las localidades".* **on the house** *fig. use* invita la casa. **to bring the house down** ser un exitazo. **to keep house for somebody** llevar la casa a alguien. **to move house** mudarse de casa, trasladarse **house of cards** castillo de naipes **House of Representatives** Cámara de Representantes **house plant** planta de interior **house rules** normas fpl. de la casa **publishing house** editorial *f.*
house·boat [ˈhaʊsbəʊt] *n.* casa flotante.
house·hold [ˈhaʊshəʊld] *n.* casa, familia, hogar *m.* ◇ *adj.* de la casa, doméstico. **to become a household name** *fig. use* ser archiconocido, ser muy popular **household chores** las tareas de la casa **household expenses** los gastos domésticos.
house·hus·band [ˈhaʊshʌzbənd] *n. [fam. use]* hombre *m.* que hace de ama de casa.
house·keep·er [ˈhaʊskiːpəⁿ] *n.* ama de llaves.
house·keep·ing [ˈhaʊskiːpɪŋ] *n.* administración *f.* de la casa.
house-to-house [ˈhaʊstəˈhaʊs] *adj.* de casa en casa, de puerta en puerta.
house-warm·ing [ˈhaʊswɔːmɪŋ] *n.* inauguración *f.* de una casa **house-warming party** fiesta para estrenar una casa.
house·wife [ˈhaʊswaɪf] *n.* ama de casa.
house·work [ˈhaʊswɜːk] *n.* quehaceres *mpl.* domésticos, faenas fpl. de la casa.
hous·ing [ˈhaʊzɪŋ] *n.* **1** vivienda **2** TECH bastidor *m.*, caja.
hov·er [ˈhɒvəⁿ] *intr.* **1** *(aircraft)* permanecer inmóvil (en el aire) **2** *(bird)* cernerse, revolotear **3** *(move around)* rondar **4** *(hesitate)* dudar, vacilar.
hov·er·craft [ˈhɒvəkrɑːft] *n.* aerodeslizador.
how [haʊ] *adv.* **(in questions - direct)** ¿cómo?*(- indirect)* cómo **how about...** ¿y si..? **how about that!** ¡vaya! **how come...?** *[fam. use]* ¿por qué...?, ¿cómo es que...? **how many?** *(number)* cuántos. **how much?** *(quantity)* cuánto.
how·ev·er [haʊˈevəⁿ] *adv.* **1** *(nevertheless)* sin embargo, no obstante **2** *(with adj)* por **3** *(how)* ¿cómo?
howl [haʊl] *n. (cry)* aullido ◇ *intr.* aullar. **to be a howl** *sl. (funny person, thing, etc.)* ser la monda.
to howl down. *tr. sep.* abuchear.

howl·er [ˈhaʊləⁿ] *n. [fam. use]* despiste *m.*, pifia, plancha. **to make a howler** cometer un error garrafal.
howl·ing [ˈhaʊlɪŋ] *adj. (that howls)* aullador *(wind)* rugiente ◇ *n.* **1** *(of dog, wolf, etc.)* aullido *(of pain)* alaridos *mpl.* **2** *(of wind)* rugido, rumor m.
HP [ˈeɪtʃˈpiː] *abbr.* **(horsepower)** caballos *mpl.* de vapor *(abbreviation)* cv *mpl.*
HQ [ˈeɪtʃˈkjuː] *abbr.* **1 (headquarters)** cuartel *m.* general **2** *fig. use* centro de operaciones.
hr [aʊəⁿ] *abbr. pl.* **hrs (hour)** hora *(abbreviation)* h.
hub [hʌb] *n.* **1** AUTO cubo **2** *fig. use* centro, eje m.
hug [hʌg] *n.* abrazo ◇ *tr. pt. & pp.* **hugged,** *ger.* **hugging 1** abrazar **2** *fig. use (kerb, coast)* pegarse a, ceñirse a.
huge [hjuːdʒ] *adj.* enorme, inmenso **a huge success** un exitazo, un éxito rotundo.
huge·ly [ˈhjuːdʒlɪ] *adv.* enormemente.
huh [hʌ] *interj. [fam. use] (expressing surprise or disapproval)* ¡vaya!, ¡caramba!*(inquiry)* ¿eh?, ¿qué?
hulk [hʌlk] *n.* **1** *(ship)* buque *m.* viejo, casco **2** *(thing, person)* armatoste *m.*, mole *f.*, masa.
hulk·ing [ˈhʌlkɪŋ] *adj.* grueso, pesado.
hull [hʌl] *n. pl.* **hullos 1** *(of ship)* casco **2** BOT *(shell)* cáscara *(pod)* vaina.
hum [hʌm] *n. (of bees, engine)* zumbido ◇ *intr. pt. & pp.* **hummed,** *ger.* **humming 1** *(bees, engine, etc.)* zumbar **2** *(sing)* tararear, canturrear **3** *(bustling with activity)* hervir ◇ *tr. (tune)* tararear, canturrear ◇ *intr. [fam. use] (smell)* apestar.
hu·man [ˈhjuːmən] *adj.* humano ◇ *n.* ser *m.* humano, humano **human being** ser *m.* humano, humano **human nature** naturaleza humana **human race** raza humana **human rights** derechos *mpl.* humanos.
hu·mane [hjuːˈmeɪn] *adj.* humano.
hu·mane·ly [hjuːˈmeɪnlɪ] *adv.* de forma humanitaria.
hu·man·ism [ˈhjuːmənɪzəm] *n.* humanismo.
hu·man·ist [ˈhjuːmənɪst] *n.* humanista *mf.* ◇ *adj.* humanista.
hu·man·i·tar·i·an [hjuːmænɪˈteərɪən] *adj.* humanitario, filantrópico ◇ *n.* filántropo.
hu·man·i·ty [hjuːˈmænɪtɪ] *n. pl.* **humanities 1** *(virtue)* humanidad *f.* **2** *(mankind)* género humano, raza humana **the humanities** las humanidades.
hu·man·ly [ˈhjuːmənlɪ] *adv.* humanamente.
hum·ble [ˈhʌmbəl] *adj.* humilde ◇ *tr.* humillar.
hu·mer·us [ˈhjuːmərəs] *n. pl.* **humeri** ANAT *(bone)* húmero.
hu·mid [ˈhjuːmɪd] *adj.* húmedo.
hu·mid·i·fi·er [hjuːˈmɪdɪfaɪəⁿ] *n.* humidificador m.
hu·mid·i·fy [hjuːˈmɪdɪfaɪ] *tr. pt. & pp.* **humidified,** *ger.* **humidifying** humidificar.
hu·mid·i·ty [hjuːˈmɪdɪtɪ] *n.* humedad *f.*
hu·mil·i·ate [hjuːˈmɪlɪeɪt] *tr.* humillar.
hu·mil·i·a·tion [hjuːˌmɪlɪˈeɪʃən] *n.* humillación *f.*
hu·mil·i·ty [hjuːˈmɪlɪtɪ] *n.* humildad *f.*
hum·ming·bird [ˈhʌmɪŋbɜːd] *n.* colibrí m.
hu·mor [ˈhjuːməⁿ] *n.* **1** humor *m.* **2** *(of a joke)* gracia **3** *(whim)* capricho ◇ *tr.* complacer, seguir el humor a. **sense of humor** sentido del humor.
hu·mor·ist [ˈhjuːmərɪst] *n.* **1** *(writer or teller of funny stories)* humorista *mf.* **2** *(joker)* bromista *mf.*
hu·mor·ous [ˈhjuːmərəs] *adj.* **1** *(funny)* gracioso, divertido **2** *(writer)* humorístico, humorista.
hump [hʌmp] *n.* **1** *(on back)* giba, joroba **2** *(hillock)* montículo.
hunch [hʌntʃ] *n.* presentimiento, intuición *f.* ◇ *tr.* encorvar. **to have a hunch** tener una corazonada.
hunch·back [ˈhʌntʃbæk] *n. (person)* jorobado.

hun·dred ['hʌndrəd] *n.* cien ◇ *npl.* hundreds *(many)* centenares *mpl.*, cientos *mpl.* **a hundred per cent** *(literally)* ciento por ciento *(figuratively)* totalmente.

hun·dredth ['hʌndrədθ] *adj.* centésimo ◇ *adv.* en centésimo lugar ◇ *n.* **1** *(in series)* centésimo **2** *(fraction)* centésimo *(one part)* centésima parte f. **3** *(of time)* centésima.

hung [hʌŋ] *pt. & pp.* VER: hang. **to be hung over** tener resaca, estar con resaca. **to be hung up** estar acomplejado. **to be hung up on** estar obsesionado con. **hung jury** jurado cuyos miembros no se ponen de acuerdo.

Hun·gar·i·an [hʌŋˈgeəriən] *adj.* húngaro ◇ *n.* **1** *(person)* húngaro **2** *(language)* húngaro.

Hun·ga·ry ['hʌŋgəri] *n.* Hungría.

hun·ger ['hʌŋgəʳ] *n.* **1** hambre f. **2** *fig. use* sed f. **hunger strike** huelga de hambre.

to hun·ger af·ter/hun·ger for ◇ *tr. insep.* ansiar, anhelar, tener hambre de.

hun·gry ['hʌŋgri] *adj. comp.* **hungrier,** *superl.* **hungriest 1** hambriento **2** *fig. use* ávido, sediento **to be hungry** tener hambre. **to go hungry** pasar hambre.

hunt [hʌnt] *n.* **1** *(gen)* caza, cacería **2** *(search)* búsqueda ◇ *tr.* cazar ◇ *intr.* *(for game)* cazar *(search)* buscar. **to hunt for** buscar. **to hunt high and low for** buscar por todas partes.

to hunt down. *tr. sep.* *(corner)* acorralar, perseguir *(to find)* dar con, encontrar.

hunt·er ['hʌntəʳ] *n.* **1** cazador *mf.* **2** ZOOL caballo de caza **3** *(watch)* saboneta.

hunt·ing ['hʌntiŋ] *n.* *(gen)* caza *(expedition)* cacería, montería. **a happy hunting ground** *for fig. use* un terreno propicio para. **to go hunting** ir de caza **hunting ground** terreno de caza, coto de caza.

hurl [hɜːl] *tr.* **1** lanzar, arrojar, tirar **2** *(insults)* soltar.

hur·ray [hʊˈreɪ] *interj.* ¡hurra!

hur·ri·cane ['hʌrikən, 'hʌrikeɪn] *n.* huracán m. **hurricane lamp** lámpara protegida contra el viento.

hur·ried ['hʌrid] *adj.* apresurado, hecho de prisa.

hur·ried·ly ['hʌridli] *adv.* apresuradamente, deprisa.

hur·ry ['hʌri] *n.* prisa ◇ *intr. pt. & pp.* **hurried,** *ger.* **hurrying** apresurarse, darse prisa ◇ *tr.* dar prisa, meter prisa **in a hurry** de prisa. **to be in a hurry** tener prisa.

to hurry up. *intr.* darse prisa ◇ *tr. sep.* dar prisa a, apresurar.

hurt [hɜːt] *n.* **1** *(harm)* daño, dolor *m.*, mal *m.* **2** *(wound)* herida **3** *fig. use* daño, perjuicio ◇ *adj.* **1** *(physically)* herido **2** *(offended)* dolido ◇ *tr. pt. & pp.* **hurt 1** *(cause injury)* lastimar, hacer daño *(to wound)* herir **2** SP lesionar **3** *(offend)* herir, ofender ◇ *intr.* **1** doler **2** *[fam. use]* venir mal, ir mal. **not to hurt a fly** ser incapaz de matar una mosca. **to hurt oneself** hacerse daño, lastimarse.

hurt·ful ['hɜːtful] *adj.* *(remark)* hiriente *(experience)* doloroso.

hus·band ['hʌzbənd] *n.* marido, esposo.

hush [hʌʃ] *n.* quietud f., silencio ◇ *tr.* callar, silenciar ◇ *interj.* ¡silencio! ¡cállate! ¡cállese! ¡chitón! **to hush up.** *tr. sep.* *(affair)* echar tierra a *(person)* hacer callar.

hush-hush ['hʌʃ'hʌʃ] *adj.* *[fam. use]* confidencial, secreto.

hus·tle ['hʌsəl] *n.* bullicio ◇ *tr.* **1** *(hurry)* dar prisa a **2** *(jostle)* empujar, dar empujones a **3** *[fam. use]* hacerse con *intr.* apresurarse.

hus·tler ['hʌsləʳ] *n.* *(cheat)* estafador, buscavidas *mf.*

hut [hʌt] *n.* **1** cabaña **2** *(in garden)* cobertizo **3** MIL barraca.

hutch [hʌtʃ] *n.* jaula.

hy·brid ['haɪbrɪd] *adj.* híbrido ◇ *n.* híbrido, vehículo híbrido.

hy·drant ['haɪdrənt] *n.* boca de riego.

hy·drate ['haɪdreɪt] *tr.* hidratar.

hy·dra·tion [haɪˈdreɪʃən] *n.* hidratación f.

hy·drau·lic [haɪˈdrɔːlɪk] *adj.* hidráulico.

hy·drau·lics [haɪˈdrɔːlɪks] *n.* *(science)* hidráulica.

hy·dro·car·bon [haɪdrəʊˈkɑːbən] *n.* CHEM hidrocarburo.

hy·dro·chlo·ric [haɪdrəˈklɒrɪk] *adj.* clorhídrico **hydrochloric acid** ácido clorhídrico.

hy·dro·e·lec·tric [haɪdrəʊˈlektrɪk] *adj.* hidroeléctrico **hydroelectric power station** central f. hidroeléctrica.

hy·dro·gen ['haɪdrədʒən] *n.* CHEM hidrógeno **hydrogen bomb** bomba de hidrógeno.

hy·drol·y·sis [haɪˈdrɒlɪsɪs] *n.* CHEM hidrólisis f.

hy·drox·ide [haɪˈdrɒksaɪd] *n.* hidróxido.

hy·e·na [haɪˈiːnə] *n.* ZOOL hiena.

hy·giene ['haɪdʒiːn] *n.* higiene f.

hy·gien·ic [haɪˈdʒiːnɪk] *adj.* higiénico.

hy·gien·ist [haɪˈdʒiːnɪst] *n.* higienista *mf.*

hy·men ['haɪmən] *n.* ANAT himen m.

hymn [hɪm] *n.* himno **hymn book** cantoral m.

hype [haɪp] *tr.* *[fam. use]* exagerar, dar mucho bombo a ◇ *n.* *[fam. use]* campaña publicitaria, bombo. **to be hyped up** *fig. use* estar excitado.

hy·per·ac·tive [haɪpəˈæktɪv] *adj.* hiperactivo.

hy·per·bo·la [haɪˈpɜːbələ] *n.* *pl.* **hyperbole** [haɪˈpɜːbəlɪ] o **hyperbolas** [haɪˈpɜːbəlɪ] *n.* hipérbola f.

hy·per·bo·le [haɪˈpɜːbəlɪ] *n.* hipérbole f.

hy·per·link ['haɪpəlɪŋk] *n.* hiperenlace f.

hy·per·sen·si·tive [haɪpəˈsensɪtɪv] *adj.* hipersensible.

hy·per·ten·sion [haɪpəˈtenʃən] *n.* MED hipertensión f.

hy·per·text ['haɪpətekst] *n.* hipertexto.

hy·phen ['haɪfən] *n.* guión m.

hy·phen·ate ['haɪfəneɪt] *tr.* escribir con guión, unir con guión.

hyp·no·sis [hɪpˈnəʊsɪs] *n.* MED hipnosis f.

hyp·not·ic [hɪpˈnɒtɪk] *adj.* hipnótico.

hyp·no·tism ['hɪpnətɪzəm] *n.* hipnotismo.

hyp·no·tist ['hɪpnətɪst] *n.* hipnotista *mf.*

hyp·no·tize ['hɪpnətaɪz] *tr.* hipnotizar.

hy·po·al·ler·gen·ic [haɪpəæləˈdʒenɪk] *adj.* *(cosmetics, etc.)* hipoalergénico.

hy·po·chon·dri·a [haɪpəˈkɒndrɪə] *n.* hipocondría.

hy·po·chon·dri·ac [haɪpəˈkɒndrɪæk] *n.* hipocondríaco ◇ *adj.* hipocondríaco.

hy·poc·ri·sy [hɪˈpɒkrɪsɪ] *n.* hipocresía.

hyp·o·crite ['hɪpəkrɪt] *n.* hipócrita *mf.*

hyp·o·crit·i·cal [hɪpəˈkrɪtɪkəl] *adj.* hipócrita.

hy·po·der·mic [haɪpəˈdɜːmɪk] *adj.* hipodérmico.

hy·po·ten·sion [haɪpəˈtenʃən] *n.* MED hipotensión f.

hy·pot·e·nuse [haɪˈpɒtənjuːz] *n.* *(geometry)* hipotenusa.

hy·po·ther·mi·a [haɪpəˈθɜːmɪə] *n.* MED hipotermia.

hy·poth·e·sis [haɪˈpɒθəsɪs] *n.* *pl.* **hypotheses** [haɪˈpɒθəsiːz] *n.* hipótesis f.

hy·po·thet·i·cal [haɪpəˈθetɪkəl] *adj.* hipotético.

hys·ter·ec·to·my [hɪstəˈrektəmɪ] *n.* *pl.* **hysterectomies** histerectomía.

hys·te·ri·a [hɪˈstɪərɪə] *n.* histeria.

hys·ter·i·cal [hɪˈsterɪkəl] *adj.* histérico **hysterical laughter** risa incontrolable.

Hz ['eɪtʃˈzed] *abbr.* **(hertz)** hercio, hercios *(abbreviation)* Hz.

I

I, i [aɪ] n. (the letter) I, i f.

I [aɪ] pron. yo. **I, for one** personalmente.

Iberia [aɪ'bɪərɪə] n. Iberia.

Iber·ian [aɪ'bɪərɪən] adj. (modern) ibérico (historically) ibero, ibero, ibérico ◇ n. 1 (person - now) ibérico (- historically) ibero, ibero 2 (language) ibero, íbero.

ice [aɪs] n. 1 (frozen water) hielo 2 (ice-cream) helado ◇ tr. (cake) glasear. **to break the ice** romper el hielo. **to put something on ice** (wine) poner a enfriar (project, plan, etc.) congelar. **to skate on thin ice/tread on thin ice** pisar un terreno resbaladizo, estar en la cuerda floja **ice age** periodo glacial **ice axe** piolet m., piqueta de alpinista **ice cube** cubito de hielo, cubito **ice floe** témpano **ice hockey** hockey m. sobre hielo **ice pack** bolsa de hielo **ice pick** picahielos m. **ice skate** patín m. de hielo **ice water** agua m. helada.

to ice over intr. (lake, etc.) helarse (windscreen, etc.) cubrirse de hielo.

ice·berg ['aɪsbɜːg] n. 1 iceberg m. 2 fig. use persona fría **iceberg lettuce** lechuga iceberg.

ice·box ['aɪsbɒks] n. 1 nevera 2 (freezing compartment) congelador m.

ice-break·er ['aɪsbreɪkə'] n. rompehielos m. inv.

ice-cap ['aɪskæp] n. casquete m. polar.

ice-cream ['aɪskriːm] n. helado **ice-cream cone** cucurucho de helado **ice-cream parlor** heladería.

iced [aɪst] n. (drink) con hielo (cake) glaseado.

Ice·land ['aɪslənd] n. Islandia.

Ice·land·er ['aɪsləndə'] n. (person) islandés.

Ice·land·ic [aɪs'lændɪk] adj. islandés ◇ n. (language) islandés m.

ice-skate ['aɪsskeɪt] intr. patinar sobre hielo.

ice-skat·er ['aɪsskeɪtə'] n. patinador sobre hielo.

ice-skat·ing ['aɪsskeɪtɪŋ] n. patinaje m. sobre hielo.

icicle ['aɪsɪkəl] n. témpano.

icing ['aɪsɪŋ] n. cobertura **icing sugar** azúcar m. & f. glas, azúcar m. & f. lustre.

icon ['aɪkɒn] n. icono.

icono·clast [aɪ'kɒnəklæst] n. iconoclasta mf.

icon·og·raphy [aɪkə'nɒgrəfɪ] n. iconografía.

icy ['aɪsɪ] adj. comp. **icier**, superl. **iciest** 1 (very cold - hand, etc.) helado (- wind) glacial 2 (covered with ice) cubierto de hielo 3 fig. use glacial.

ID ['aɪ'diː] abbr. (identification) identificación f. **ID card** documento nacional de identidad, DNI m.

I'd [aɪd] contr. I would, I had.

idea [aɪ'dɪə] n. 1 (gen) idea (opinion) idea, opinión f. 2 (intuition) impresión f., sensación f. 3 (concept) concepto ◇ n. **the idea** (aim, purpose) idea, intención f., objetivo. **to get the idea** (understand) comprender, entender, captar (learn) aprender. **to get ideas** hacerse ilusiones. **to have no idea** no tener idea, no tener ni idea. **to hit on the idea of something** ocurrírsele la idea a alguien **to put ideas into somebody's head** meter ideas en la cabeza a alguien. **that's the idea!** ¡eso es!, ¡así se hace! **what's the big idea?** ¿qué pasa aquí?, ¿qué es esto?, ¿qué te has creído?

ideal [aɪ'diːl] adj. ideal, perfecto ◇ n. 1 (perfect example) ideal m. 2 (principle) principio, ideal m.

i·de·al·ism [aɪ'dɪəlɪzəm] n. idealismo.

i·de·al·ist [aɪ'dɪəlɪst] n. idealista mf.

i·de·al·is·tic [aɪdɪə'lɪstɪk] adj. idealista.

i·de·al·ize [aɪ'dɪəlaɪz] tr. idealizar.

i·de·al·ly [aɪ'dɪəlɪ] adv. 1 (perfectly) idealmente, perfectamente 2 (preferably) a ser posible.

i·den·ti·cal [aɪ'dentɪkəl] adj. 1 (exactly alike) idéntico (to/with, a) 2 (the same) mismísimo **identical twins** gemelos.

i·den·ti·fi·a·ble [aɪ'dentɪfaɪəbəl] adj. identificable.

i·den·ti·fi·ca·tion [aɪdentɪfɪ'keɪʃən] n. 1 (gen) identificación f. 2 (papers) documentación f.

i·den·ti·fy [aɪ'dentɪfaɪ] tr. pt. & pp. **identified**, ger. **identifying** 1 (prove or show identity of, recognize) identificar 2 (discover) descubrir, averiguar, identificar 3 (associate) asociar (with, con), relacionar (with, con) **to identify oneself** identificarse.

i·den·ti·ty [aɪ'dentɪtɪ] n. pl. **identities** identidad f. **identity card** carnet m. de identidad.

i·de·ol·o·gy [aɪdɪ'ɒlədʒɪ] n. pl. **ideologies** ideología.

id·i·o·cy ['ɪdɪəsɪ] n. pl. **idiocies** 1 (stupidity) idiotez f. 2 (stupid act, etc.) estupidez f.

id·i·om ['ɪdɪəm] n. 1 (phrase) locución f., modismo, frase f. hecha 2 (language) lenguaje m., idioma m. (style) estilo.

id·i·o·mat·ic [ɪdɪə'mætɪk] adj. idiomático **idiomatic expression** locución f., modismo, frase f. hecha.

id·i·o·syn·cra·sy [ɪdɪə'sɪŋkrəsɪ] n. pl. **idiosyncrasies** idiosincrasia, rareza, manía.

id·i·o·syn·crat·ic [ɪdɪəsɪŋ'krætɪk] adj. idiosincrásico.

id·i·ot ['ɪdɪət] n. 1 (fam. use) idiota mf., imbécil mf., tonto 2 MED idiota mf.

id·i·ot·ic [ɪdɪ'ɒtɪk] adj. idiota, imbécil, tonto.

i·dle ['aɪdəl] adj. 1 (lazy) perezoso, holgazán, vago 2 (not working - person) desempleado, sin trabajo, inactivo (- machinery) parado (- money) improductivo 3 (groundless - threat, hope, promise) vano, inútil (- fear, suspicion) infundado 4 (frivolous, trivial) frívolo, trivial, sin importancia, insignificante ◇ intr. 1 (waste time) gandulear, holgazanear, perder el tiempo 2 (engine) funcionar en vacío.

to i·dle a·way tr. sep. desperdiciar, perder.

i·dle·ness ['aɪdəlnəs] n. 1 (laziness) holgazanería 2 (unemployment) paro, desempleo 3 (inactivity) inactividad f. (leisure) holganza, ociosidad f.

i·dol ['aɪdəl] n. ídolo.

i·dol·a·try [aɪ'dɒlətrɪ] n. pl. **idolatries** idolatría.

i·dol·ize ['aɪdəlaɪz] tr. idolatrar.

i·dyll ['ɪdɪl] n. idilio.

i·dyl·lic [ɪ'dɪlɪk] adj. idílico.

i.e. ['aɪ'iː] abbr. (id est) esto es, a saber (abbreviation) i.e.

if [ɪf] conj. 1 (supposing) si 2 (whether) si 3 (used after verbs expressing feelings) que 4 (but) aunque, pero ◇ [fam. use] (uncertainty) expresa duda **if and when** si y cuando. **if any** en caso de que..., si es que... **if anything** más bien, en todo caso **if ever** si alguna vez. **if I were you** yo que tú, yo en tu lugar. **if not** si no (only) (present or future time) ¡ojalá!, ¡si al menos! (past events) si **if so** de ser así, si así fuese. **ifs and buts** dudas fpl., peros mpl., reservas fpl.

ig·loo ['ɪgluː] n. pl. **igloos** iglú m.

ig·nite [ɪg'naɪt] tr. encender, prender fuego ◇ intr. encenderse, prender.

ig·ni·tion [ɪɡˈnɪʃən] n. 1 ignición f. 2 AUTO encendido, arranque m.

ig·no·rance [ˈɪɡnərəns] n. ignorancia. **to be in ignorance of** ignorar, desconocer, no saber.

ig·no·rant [ˈɪɡnərənt] adj. 1 (unaware) ignorante (of, de) 2 (fam. use) (rude) descortés, maleducado. **to be ignorant of** desconocer, ignorar, no saber.

ig·nore [ɪɡˈnɔːʳ] tr. 1 (order, warning) no hacer caso de, hacer caso omiso de (behavior, fact) pasar por alto 2 (person) hacer como si no existiese.

i·gua·na [ɪˈɡwɑːnə] n. iguana.

ill [ɪl] adj. 1 (sick) enfermo 2 (harmful, unpropitious) malo ◇ n. [fml. use] (harm, evil) mal m. ◇ adv. 1 (badly) mal 2 (unfavorably) mal 3 (with difficulty, hardly) mal, a duras penas ◇ npl. ills (problems, misfortunes) desgracias fpl. **to be ill at ease** estar incómodo. **to fall ill** caer enfermo. **it's an ill wind that blows nobody any good** no hay mal que por bien no venga. **ill feeling** resentimiento **ill humor** mal humor m. **ill will** rencor m.

I'll [aɪl] contr. I will, I shall.

ill-ad·vised [ɪləd'vaɪzd] adj. desaconsejable, poco aconsejable, desacertado.

ill-con·sid·ered [ɪlkənˈsɪdəd] adj. poco meditado, poco pensado, imprudente.

ill-de·fined [ɪldɪˈfaɪnd] adj. indefinido.

ill-dis·posed [ɪldɪˈspəʊzd] adj. [fml. use] (unfriendly) mal dispuesto, poco dispuesto (unsympathetic) indiferente, impasible.

il·le·gal [ɪˈliːɡəl] adj. ilegal.

il·le·gal·i·ty [ɪlɪˈɡælɪti] n. pl. **illegalities** ilegalidad f.

il·le·gal·ly [ɪˈliːɡəlɪ] adv. ilegalmente.

il·leg·i·ble [ɪˈledʒɪbəl] adj. ilegible.

il·le·git·i·ma·cy [ɪlɪˈdʒɪtɪməsɪ] n. ilegitimidad f.

il·le·git·i·mate [ɪlɪˈdʒɪtɪmət] adj. ilegítimo.

ill-equipped [ɪlɪˈkwɪpt] adj. (equipment) mal equipado (ability) mal preparado.

ill-fat·ed [ɪlˈfeɪtɪd] adj. (doomed) funesto, salado, desafortunado.

il·lic·it [ɪˈlɪsɪt] adj. ilícito.

il·lic·it·ly [ɪˈlɪsɪtlɪ] adv. ilícitamente.

il·lit·er·a·cy [ɪˈlɪtərəsɪ] n. analfabetismo.

il·lit·er·ate [ɪˈlɪtərət] adj. 1 (unlettered) analfabeto 2 (uneducated) ignorante, inculto 3 (poor style) inculto, pobre n. (unlettered person) analfabeto.

ill·ness [ˈɪlnəs] n. pl. **illnesses** enfermedad f.

il·log·i·cal [ɪˈlɒdʒɪkəl] adj. ilógico.

ill-tem·pered [ɪlˈtempəd] adj. (person) de mal genio (remark, etc.) malhumorado.

ill-timed [ɪlˈtaɪmd] adj. inoportuno.

il·lu·mi·nate [ɪˈluːmɪneɪt] tr. iluminar.

il·lu·mi·nat·ing [ɪˈluːmɪneɪtɪŋ] adj. (revealing) revelador (instructive) instructivo.

il·lu·mi·na·tion [ɪluːmɪˈneɪʃən] n. 1 (light) iluminación f. 2 (clarification) aclaración ◇ npl. illuminations iluminación f. sing., luces fpl., iluminaciones fpl., alumbrado decorativo.

il·lu·sion [ɪˈluːʒən] n. ilusión f., falsa impresión f. **to be under the illusion that...** creer equivocadamente que..., engañarse pensando que...

il·lu·sion·ist [ɪˈluːʒənɪst] n. ilusionista mf.

il·lus·trate [ˈɪləstreɪt] tr. ilustrar.

il·lus·trat·ed [ˈɪləstreɪtɪd] adj. ilustrado.

il·lus·tra·tion [ɪləˈstreɪʃən] n. 1 (gen) ilustración f. 2 (example) ejemplo.

il·lus·tra·tive [ˈɪləstrətɪv] adj. 1 (gen) ilustrativo, ilustrador 2 (example) aclaratorio n.

il·lus·tra·tor [ˈɪləstreɪtəʳ] n. ilustrador.

il·lus·tri·ous [ɪˈlʌstrɪəs] adj. ilustre.

I'm [aɪm] contr. I am.

im·age [ˈɪmɪdʒ] n. 1 (gen) imagen f. 2 (reputation) imagen f., fama, reputación f. **to be the spitting image of...** ser la viva imagen de...

im·age·ry [ˈɪmɪdʒərɪ] n. literal use imágenes fpl.

im·ag·i·nar·y [ɪˈmædʒɪnərɪ] adj. imaginario, inventado.

im·ag·i·na·tion [ɪmædʒɪˈneɪʃən] n (gen) imaginación f. (inventiveness) inventiva.

im·ag·i·na·tive [ɪˈmædʒɪnətɪv] adj. (person) imaginativo, de gran inventiva (creation) lleno de imaginación, lleno de fantasía.

im·ag·ine [ɪˈmædʒɪn] tr. 1 (visualize) imaginar 2 (suppose) suponer, imaginar (se), figurarse.

i·mam [ɪˈmɑːm] n. imán m.

im·bal·ance [ɪmˈbæləns] n. desequilibrio, falta de equilibrio.

im·be·cile [ˈɪmbəsiːl] n. imbécil mf.

IMHO [ˈaɪˈemˈeɪtʃˈəʊ] abbr. (in my humble opinion) a mi modesto entender.

im·i·tate [ˈɪmɪteɪt] tr. (gen) imitar, copiar (for fun) imitar.

im·i·ta·tion [ɪmɪˈteɪʃən] n. 1 (gen) imitación f., copia (for fun) imitación f. 2 (reproduction) reproducción f. ◇ adj. de imitación.

im·mac·u·late [ɪˈmækjʊlət] adj. 1 (perfectly clean, spotless) inmaculado (perfectly tidy) perfectamente ordenado (clothes, appearance) impecable 2 (perfect, flawless) perfecto.

im·mac·u·late·ly [ɪˈmækjʊlətlɪ] adv. 1 (spotlessly) inmaculadamente (clothes, appearance) impecablemente 2 (perfectly, flawlessly) perfectamente.

im·ma·te·ri·al [ɪməˈtɪərɪəl] adj. 1 (unimportant) irrelevante 2 (incorporeal) inmaterial, incorpóreo.

im·ma·ture [ɪməˈtjʊəʳ] adj. 1 (gen) inmaduro (- plant) joven (childish) inmaduro, pueril.

im·ma·tu·ri·ty [ɪməˈtjʊərətɪ] n. inmadurez f., falta de madurez.

im·meas·ur·a·ble [ɪˈmeʒərəbəl] adj. inconmensurable, incalculable.

im·me·di·a·cy [ɪˈmiːdɪəsɪ] n. 1 (urgency) urgencia, carácter m. urgente 2 (nearness) proximidad f., inmediación f.

im·me·di·ate [ɪˈmiːdɪət] adj. 1 (instant) inmediato (urgent) urgente 2 (nearest) inmediato, más próximo 3 (direct) primero, principal.

im·me·di·ate·ly [ɪˈmiːdɪətlɪ] adv. 1 (instantly, at once) inmediatamente, de inmediato, en seguida, en el acto 2 (nearest in time or space) directamente, inmediatamente (directly, very closely) directamente, muy de cerca ◇ conj. (as soon as) en cuanto, tan pronto como.

im·mense [ɪˈmens] adj. inmenso, enorme.

im·mense·ly [ɪˈmenslɪ] adv. (extremely) enormemente, sumamente.

im·merse [ɪˈmɜːs] tr. sumergir (in, en), hundir (in, en). **to be immersed in something** fig. use estar absorto en algo.

im·mer·sion [ɪˈmɜːʃən] n. 1 inmersión f., sumersión f. 2 fig. use absorción f. **immersion heater** calentador m. de agua eléctrico.

im·mi·grant [ˈɪmɪɡrənt] adj. inmigrante ◇ n. inmigrante mf.

im·mi·grate [ˈɪmɪɡreɪt] intr. inmigrar.

im·mi·gra·tion [ɪmɪˈɡreɪʃən] n. inmigración f. **immigration control** control m. de inmigración.

im·mi·nent [ˈɪmɪnənt] adj. inminente.

im·mo·bile [ɪˈməʊbaɪl] adj. inmóvil.

im·mo·bil·i·ty [ɪməʊˈbɪlɪtɪ] n. inmovilidad f.

im·mo·bi·lize [ɪˈməʊbɪlaɪz] tr. inmovilizar.

im·mod·er·ate [ɪˈmɒdərət] adj. (gen) excesivo, desmesurado, descomedido (language) soez.

im·mod·est [ɪ'mɒdɪst] *adj.* **1** *(conceited)* presumido, engreído, creído **2** *(indecent)* indecente, impúdico, deshonesto.

im·mod·est·y [ɪ'mɒdɪstɪ] *n.* **1** *(conceitedness)* presunción *f.*, engreimiento **2** *(indecency)* indecencia, falta de pudor.

im·mor·al [ɪ'mɒrəl] *adj.* inmoral **immoral earnings** *ganancias ilícitas.*

im·mo·ral·i·ty [ɪmə'rælətɪ] *n. pl.* **immoralities** inmoralidad *f.*

im·mor·tal [ɪ'mɔːtəl] *adj.* **1** *(god, soul, etc.)* inmortal **2** *fig. use (fame, memory, etc.)* imperecedero, perdurable ◇ *n.* inmortal *mf.*

im·mor·tal·i·ty [ɪmɔː'tælɪtɪ] *n.* inmortalidad *f.*

im·mor·tal·ize [ɪ'mɔːtəlaɪz] *tr.* inmortalizar.

im·mov·a·ble [ɪ'muːvəbəl] *adj.* **1** *(object)* inamovible **2** *(person)* inconmovible, inflexible *(opinion)* inflexible, inamovible.

im·mune [ɪ'mjuːn] *adj.* **1** *(gen)* inmune **(to,** a) **2** *(exempt)* exento.

im·mu·ni·ty [ɪ'mjuːnɪtɪ] *n.* **1** *(gen)* inmunidad *f.* **2** *(exemption)* exención *f.*

im·mu·ni·za·tion [ɪmjʊnaɪ'zeɪʃən] *n.* inmunización *f.*

im·mu·nize ['ɪmjənaɪz] *tr.* inmunizar **(against,** contra).

im·mu·no·de·fi·cient [ɪmjʊnəʊdɪ'fɪʃənt] *adj.* inmunodeficiente.

im·mu·no·de·fi·cien·cy [ɪmjʊnəʊdɪ'fɪʃənsɪ] *n.* inmunodeficiencia.

im·mu·nol·o·gy [ɪmjʊ'nɒlədʒɪ] *n.* inmunología.

im·mu·no·sup·pres·sant [ɪmjʊnəʊsə'presnt] *n.* inmunodepresor *m.*

im·mu·no·sup·pres·sive [ɪmjʊnəʊsə'presɪv] *adj.* inmunodepresor.

im·mu·no·ther·a·py [ɪmjʊnəʊ'θerəpɪ] *n.* inmunoterapia.

im·mu·ta·bil·i·ty [ɪmjʊːtə'bɪlɪtɪ] *n.* inmutabilidad *f.*

im·mu·ta·ble [ɪ'mjuːtəbəl] *adj. fml. use* inmutable, inalterable.

imp [ɪmp] *n.* **1** *(small devil)* diablillo, duendecillo **2** *fig. use (naughty child)* pillo, diablillo.

im·pact [(*n.*) 'ɪmpækt; (*vb.*) ɪm'pækt] *n.* **1** *(gen)* impacto *(crash)* choque *m.* **2** **(impression, effect)** efecto, impresión *f.*, impacto ◇ *tr. (have impact on)* impresionar.

im·pact·ed [ɪm'pæktɪd] *adj.* impactado.

im·par·tial [ɪm'pɑːʃəl] *adj.* imparcial.

im·par·ti·al·i·ty [ɪmpɑːʃɪ'ælətɪ] *n.* imparcialidad *f.*

im·pass·a·ble [ɪm'pɑːsəbəl] *adj. (road, etc.)* intransitable, impracticable *(barrier)* infranqueable.

im·pas·sive [ɪm'pæsɪv] *adj. (expressionless)* impasible, imperturbable *(indifferent)* indiferente.

im·pa·tience [ɪm'peɪʃəns] *n.* **1** *(eagerness)* impaciencia, ansiedad *f.* **2** *(irritation)* impaciencia, irritación *f.*

im·pa·tient [ɪm'peɪʃənt] *adj.* **1** *(eager)* impaciente, ansioso **2** *(irritable)* irritable **3** *fml. use (intolerant)* intolerante. **to become impatient with somebody** perder la paciencia con alguien.

im·pec·ca·ble [ɪm'pekəbəl] *adj. (gen)* impecable, perfecto.

im·ped·i·ment [ɪm'pedɪmənt] *n.* **1** *(gen)* impedimento, estorbo, obstáculo **(to,** para) **2** MED defecto.

im·pen·e·tra·ble [ɪm'penɪtrəbəl] *adj.* **1** *(gen)* impenetrable **2** *(mystery, problem, etc.)* insondable, inescrutable, impenetrable.

im·per·a·tive [ɪm'perətɪv] *adj.* **1** *(indispensable)* imprescindible **2** *(authoritative)* imperativo, imperioso **3** LING imperative ◇ *n.* LING imperativo.

im·per·cep·ti·ble [ɪmpə'septəbəl] *adj.* imperceptible, insensible.

im·per·fect [ɪm'pɜːfekt] *adj.* **1** *(gen)* imperfecto *(goods, sight)* defectuoso **2** LING imperfecto ◇ *n.* **the imperfect 1** LING el imperfecto.

im·per·fec·tion [ɪmpə'fekʃən] *n.* *(gen)* imperfección *f. (defect)* defecto, tara, tacha *(blemish)* mancha.

im·pe·ri·al [ɪm'pɪərɪəl] *adj.* **1** *(gen)* imperial **2** *(weight, measure)* del sistema métrico británico.

im·pe·ri·al·ism [ɪm'pɪərɪəlɪzəm] *n.* imperialismo.

im·per·me·a·bil·i·ty [ɪmpɜːmɪə'bɪlɪtɪ] *n.* impermeabilidad *f.*

im·per·me·a·ble [ɪm'pɜːmɪəbəl] *adj.* impermeable.

im·per·mis·si·ble [ɪmpə'mɪsəbəl] *adj. fml. use* prohibido.

im·per·son·al [ɪm'pɜːsənəl] *adj.* impersonal.

im·per·son·ate [ɪm'pɜːsəneɪt] *tr.* **1 (imitate to deceive)** hacerse pasar por **2** *(imitate to entertain)* imitar.

im·per·son·a·tor [ɪm'pɜːsəneɪtəʳ] *n.* imitador.

im·per·ti·nence [ɪm'pɜːtɪnəns] *n.* impertinencia, descaro.

im·per·ti·nent [ɪm'pɜːtɪnənt] *adj.* impertinente, descarado.

im·per·vi·ous [ɪm'pɜːvɪəs] *adj.* **1** *(rock, etc.)* impermeable **2** *(person)* insensible **(to,** a).

im·pet·u·ous [ɪm'petjʊəs] *adj.* impetuoso, irreflexivo, impulsivo.

im·pe·tus ['ɪmpɪtəs] *n.* **1** *(drive)* ímpetu *m.*, impulso, estímulo **2** *(force)* ímpetu *m.*

im·plant [(*vb.*) ɪm'plɑːnt; (*n.*) 'ɪmplɑːnt] *tr.* **1** MED implantar, injertar **2** *(ideas, etc.)* inculcar **(in,** en) ◇ *n.* MED implantación *f.*, injerto.

im·plau·si·ble [ɪm'plɔːzəbəl] *adj.* inverosímil, poco probable, poco convincente.

im·ple·ment [(*n.*) 'ɪmpləmənt; (*vb.*) 'ɪmplɪmənt] *n.* *(instrument)* instrumento, utensilio *(tool)* herramienta *mpl. de labranza. tr. (plan, suggestion, etc.)* llevar a cabo, poner en práctica *(law, policy)* aplicar.

im·ple·men·ta·tion [ɪmpləmen'teɪʃən] *n.* *(of plan, etc.)* puesta en práctica, desarrollo *(of law, etc.)* aplicación *f.*

im·pli·cate ['ɪmplɪkeɪt] *tr.* implicar, **(in,** en).

im·pli·ca·tion [ɪmplɪ'keɪʃən] *n.* **1** *(in crime, etc.)* implicación *f.* **2** *(inference, suggestion)* implicación *f.*, inferencia *f.* **3** *(consequence)* consecuencia, repercusión *f.* **by implication** por inferencia.

im·plic·it [ɪm'plɪsɪt] *adj.* **1** *(implied)* implícito, tácito **2** *(absolute)* absoluto, incondicional.

im·plic·it·ly [ɪm'plɪsɪtlɪ] *adv.* **1** *(not directly)* implícitamente **2** *(absolutely)* absolutamente, incondicionalmente.

im·plied [ɪm'plaɪd] *adj.* implícito, tácito.

im·ply [ɪm'plaɪ] *tr. pt. & pp.* **implied 1** *(involve, entail)* implicar, suponer, presuponer **2** *(mean)* significar, querer decir *(hint)* insinuar, dar a entender.

im·po·lite [ɪmpə'laɪt] *adj.* maleducado, descortés.

im·po·lite·ly [ɪmpə'laɪtlɪ] *adv.* descortésmente.

im·po·lite·ness [ɪmpə'laɪtnəs] *n.* descortesía, mala educación *f.*

im·port¹ ['ɪmpɔːt] *n.* **1** *(article)* artículo de importación **2** *(activity)* importación *f.* ◇ *tr.* importar.

im·port² [ɪm'pɔːt] *n.* **1** *fml. use (meaning)* significado **2** *fml. use (importance)* importancia ◇ *tr. fml. use (mean)* significar.

im·por·tance [ɪm'pɔːtəns] *n.* *(gen)* importancia.

im·por·tant [ɪm'pɔːtənt] *adj.* **1** *(gen)* importante **2** *(influential)* de categoría.

im·por·tant·ly [ɪm'pɔːtəntlɪ] *adv. (speak, say, etc.)* dándose aires.

im·por·ta·tion [ɪmpɔː'teɪʃən] *n.* importación *f.*

im·port·er [ɪm'pɔːtəʳ] *n.* importador.

im·pose [ɪm'pəʊz] *tr. (gen)* imponer **(on,** a) .

to im·pose on. tr. insep. (take advantage of) abusar de, aprovecharse de.

im·pos·ing [ɪm'pəʊzɪŋ] adj. imponente, impresionante.

im·po·si·tion [ɪmpə'zɪʃən] n. 1 (gen) imposición f. 2 (unfair demand) imposición f., abuso, molestia.

im·pos·si·bil·i·ty [ɪmpɒsə'bɪlɪti] n. imposibilidad f.

im·pos·si·ble [ɪm'pɒsɪbl] adj. 1 (gen) imposible 2 (intolerable) insoportable, inaguantable **you're impossible!**, ¡eres insoportable! ◇ n. the impossible lo imposible m. **to make life impossible for somebody** hacerle la vida imposible a alguien.

im·pos·si·bly [ɪm'pɒsɪblɪ] adv. (intolerably) insoportablemente (inconceivably) increíblemente (hopelessly) desesperadamente.

im·pos·tor [ɪm'pɒstəʳ] n. impostor.

im·po·tence ['ɪmpətəns] n. impotencia.

im·po·tent ['ɪmpətənt] adj. impotente.

im·pov·er·ish [ɪm'pɒvərɪʃ] tr. 1 (person) empobrecer 2 (land) agotar.

im·pov·er·ished [ɪm'pɒvərɪʃt] adj. 1 (person, country) empobrecido, necesitado 2 (land, resources) agotado.

im·prac·ti·cal [ɪm'præktɪkəl] adj. 1 (person) poco práctico, nada práctico 2 (project, etc.) inviable, poco viable, poco factible.

im·pre·cise [ɪmprə'saɪs] adj. impreciso, inexacto.

im·pre·ci·sion [ɪmprə'sɪʒən] n. imprecisión f., falta de precisión f.

im·preg·na·ble [ɪm'pregnəbl] adj. 1 (structure) inexpugnable 2 fig. use inexpugnable, invulnerable.

im·preg·nate ['ɪmpregneɪt] tr. 1 (saturate) impregnar (with, de), empapar (with, de) (pervade) penetrar en 2 fig. use (influence) extenderse por 3 [fml. use] (fertilize) fecundar.

im·press [ɪm'pres] tr. 1 (cause respect) impresionar 2 (emphasize, stress) subrayar, convencer, recalcar 3 fig. use grabar.

im·pres·sion [ɪm'preʃən] n. 1 (gen) impresión f. 2 (imitation) imitación f. 3 (imprint, mark) marca, señal f., impresión f. (in wax, plaster) molde m. (of foot, etc.) huella 4 (reprint) impresión f., edición f. **to create a good/bad impression** causar buena/mala impresión. **to make an impression on somebody** impresionar a alguien.

im·pres·sion·ism [ɪm'preʃənɪzəm] n. ART impresionismo.

im·pres·sion·ist [ɪm'preʃənɪst] adj. ART impresionista ◇ n. 1 ART impresionista 2 (mimic) imitador.

im·pres·sive [ɪm'presɪv] adj. impresionante, notable.

im·print [(vb.) ɪm'prɪnt; (n.) 'ɪmprɪnt] tr. 1 (mark) dejar huella (on, en), marcar (on, en) (stamp) imprimir (on, en), estampar (on, en) 2 fig. use grabar (on, en) ◇ n. 1 (physical mark) marca, huella, señal f., sello, impresión f. (stamp) marca, sello (of hand, etc.) huella 2 fig. use huella, marca 3 pie m. de imprenta.

im·pris·on [ɪm'prɪzən] tr. encarcelar, meter en la cárcel.

im·pris·on·ment [ɪm'prɪzənmənt] n. encarcelamiento.

im·prob·a·bil·i·ty [ɪmprɒbə'bɪlɪti] n. pl. **improbabilities** 1 (of event) improbabilidad f. 2 (of story, explanation) inverosimilitud f.

im·prob·a·ble [ɪm'prɒbəbl] adj. 1 (event) improbable 2 (story, explanation) inverosímil.

im·promp·tu [ɪm'prɒmptjuː] ◇ adj. (improvised) improvisado, no preparado (unexpected) imprevisto ◇ adv. (spontaneously) improvisadamente (unex-

pectedly) de improvise ◇ n. MUS impromptu m., improvisación f.

im·prop·er [ɪm'prɒpəʳ] adj. 1 (behavior) impropio **(method, conditions)** inadecuado (remark) inoportuno (dress) incorrecto 2 (use) incorrecto, indebido 3 (language) indecente 4 (proposal) deshonesto.

im·prop·er·ly [ɪm'prɒpəlɪ] adv. 1 (incorrectly) incorrectamente 2 (indecently) indecentemente 3 (dishonestly) deshonestamente.

im·pro·pri·e·ty [ɪmprə'praɪəti] n. pl. **improprieties** [fml. use] **(indecent behavior)** impropiedad f., falta de decoro **(dishonest practice)** deshonestidad f., indecencia.

im·prove [ɪm'pruːv] tr. 1 (quality, etc.) mejorar 2 (skill, knowledge) perfeccionar 3 (mind) cultivar 4 (property) hacer mejoras en 5 (increase) aumentar ◇ intr. (get better) mejorar, mejorarse **to improve oneself** (in mind) cultivarse, educarse (in wealth) mejorar.

to im·prove on. tr. insep. (better) superar.

im·prove·ment [ɪm'pruːvmənt] n. 1 (gen) mejora, mejoramiento (in health) mejoría 2 (in knowledge) perfeccionamiento 3 (increase) aumento. **home improvements** reformas fpl. domésticas.

im·prov·i·sa·tion [ɪmprəvaɪ'zeɪʃən] n. improvisación f.

im·pro·vise ['ɪmprəvaɪz] tr. improvisar ◇ intr. improvisar.

im·pru·dence [ɪm'pruːdəns] n. (unwise behavior) imprudencia (rashness) precipitación f.

im·pru·dent [ɪm'pruːdənt] adj. [fml. use] (unwise) imprudente (rash) precipitado.

im·pulse ['ɪmpʌls] n. 1 (sudden urge) impulso, capricho (stimulus, drive) impulso, estímulo, ímpetu m. 2 TECH impulso. **to act on impulse** dejarse llevar por un impulso. **to do something on impulse** hacer algo por capricho, hacer algo por impulso. **impulse buying** compra por impulso.

im·pul·sive [ɪm'pʌlsɪv] adj. impulsivo, irreflexivo.

im·pul·sive·ness [ɪm'pʌlsɪvnəs] n. irreflexión f.

im·pu·ni·ty [ɪm'pjuːnɪti] n. impunidad f.

im·pure [ɪm'pjʊəʳ] adj. 1 (contaminated) contaminado (adulterated) adulterado 2 (morally - act) impuro (- thought) impúdico, deshonesto.

im·pu·ri·ty [ɪm'pjʊərəti] n. pl. **impurities** 1 (substance) impureza 2 (moral) deshonestidad f., falta de pudor.

in¹ [ɪn] prep. 1 (place) en, dentro de 2 (motion) en, a 3 (time - during) en, durante 4 (time - within) en, dentro de 5 (wearing) en, vestido de 6 (manner) en 7 (state, condition) en 8 (ratio, measurement, number) varias traducciones 9 (form, shape) varias traducciones 10 (profession) en 11 (weather, light) varias traducciones 12 (regarding) varias traducciones 13 (after superlative) de 14 (with pres. part.) al, cuando ◇ adv. 1 (motion) dentro 2 (transport) en 3 (tide) alto 4 (fashionable) de moda 5 (in power) en el poder 6 (letters, etc.) en 7 (on sale, obtainable) disponible 7 (crops) recogido ◇ adj. 1 (fashionable) de moda 2 (private) particular ◇ npl. ins and outs (details) detalles ◇ mpl., pormenores mpl. phrase. **to be in** (at home) estar en casa (at work) estar **to be in for something** (be about to experience) estar a punto de recibir algo, estar a punto de tener algo **to be in on something** (be aware of) estar enterado de algo, estar al tanto de algo **to be (well) in with somebody** llevarse (muy) bien con alguien, tener (mucha) confianza con alguien. **what's in it for me?** ¿y yo qué saco?, ¿y yo qué gano?

in² [ɪn] abbr. **(inch)** pulgada.

in·a·bil·i·ty [ɪnə'bɪlɪti] n. incapacidad f.

in·ac·ces·si·bil·i·ty [ɪnæksesəˈbɪlətɪ] *n.* inaccesibilidad *f.*

in·ac·ces·si·ble [ɪnækˈsesəbəl] *adj.* inaccesible.

in·ac·cu·ra·cy [ɪnˈækjərəsɪ] *n. pl.* **inaccuracies 1** *(gen)* inexactitud *f.* **2** *(error)* error *m.*, incorrección *f.*

in·ac·cu·rate [ɪnˈækjərət] *adj. (gen)* inexacto *(incorrect)* incorrecto, erróneo.

in·ac·tion [ɪnˈækʃən] *n.* inacción *f.*

in·ac·tive [ɪnˈæktɪv] *adj.* inactivo.

in·ac·tiv·i·ty [ɪnækˈtɪvətɪ] *n.* inactividad *f.*

in·ad·e·qua·cy [ɪnˈædɪkwəsɪ] *n. pl.* **inadequacies 1** *(lack)* insuficiencia **2** *(of person)* incapacidad *f.*, incompetencia **3** *(defect)* defecto, imperfección *f.*

in·ad·e·quate [ɪnˈædɪkwət] *adj.* **1** *(not sufficient)* insuficiente *(not appropriate)* inadecuado **2** *(person)* incapaz, incompetente **3** *(defective)* defectuoso, imperfecto.

in·ad·vert·ent [ɪnədˈvɜːtənt] *adj. (unintentional)* involuntario *(inattentive)* desatento, distraído.

in·ad·vis·a·ble [ɪnədˈvaɪzəbəl] *adj.* poco aconsejable, imprudente, inconveniente.

in·al·ien·a·ble [ɪnˈeɪlɪənəbəl] *adj.* inalienable.

in·an·i·mate [ɪnˈænɪmət] *adj.* inanimado.

in·ap·pli·ca·ble [ɪnˈæplɪkəbəl] *adj.* inaplicable *(to, a)*.

in·ap·pro·pri·ate [ɪnəˈprəʊprɪət] *adj. (unsuitable - clothes, behavior)* poco apropiado, no apropiado *(- time, remark)* inoportuno, inconveniente.

in·apt [ɪnˈæpt] *adj.* poco apto.

in·ar·tic·u·late [ɪnɑːˈtɪkjʊlət] *adj.* **1** *(person)* incapaz de expresarse **2** *(speech, words, writing)* mal expresado, incoherente **3** *(cry, sound)* inarticulado **4** *(joints)* inarticulado.

in·at·ten·tion [ɪnəˈtenʃən] *n.* falta de atención.

in·at·ten·tive [ɪnəˈtentɪv] *adj. (not paying attention)* poco atento, distraído *(not attentive)* poco atento.

in·au·di·ble [ɪnˈɔːdəbəl] *adj.* inaudible, imperceptible.

in·au·gu·ral [ɪˈnɔːɡjʊrəl] *adj.* inaugural, de inauguración, de apertura.

in·au·gu·rate [ɪˈnɔːɡjʊreɪt] *tr.* **1** *(building, exhibition, etc.)* inaugurar **2** *(president, etc.)* investir.

in·au·gu·ra·tion [ɪnɔːɡjʊˈreɪʃən] *n.* **1** *(of building, etc.)* inauguración *f.* **2** *(of president, etc.)* investidura, toma de posesión.

in·aus·pi·cious [ɪnɔːˈspɪʃəs] *adj. (start, moment)* poco propicio *(circumstance)* desfavorable, adverso.

in·born [ˈɪnbɔːn] *adj.* innato.

in·box [ˈɪnbɒks] *n.* bandeja de entrada.

in·bred [ˈɪnbred] *adj.* **1** *(innate)* innato **2** *(produced by inbreeding)* endogámico.

in·breed·ing [ˈɪnbriːdɪŋ] *n.* endogamia.

Inc [ɪnˈkɔːpəreɪtɪd] *abbr.* **(Incorporated)** ± sociedad *f.* anónima *(abbreviation)* S.A.

Inca [ˈɪŋkə] *n.* **1** *(person)* inca *mf.* **2** *(language)* inca *m.*

in·cal·cul·able [ɪnˈkælkjʊləbəl] *adj.* **1** *(beyond calculation)* incalculable **2** *(uncertain, unpredictable)* imprevisible.

in·cap·able [ɪnˈkeɪpəbəl] *adj.* **1** *(unable)* incapaz **2** *(incompetent)* incompetente **3** *(helpless)* impotente, imposibilitado.

in·cap·aci·tate [ɪnkəˈpæsɪteɪt] *tr.* **1** *(gen)* incapacitar, inhabilitar, imposibilitar *(disable)* imposibilitar **2** *(disqualify)* inhabilitar.

in·cap·acity [ɪnkəˈpæsɪtɪ] *n.* incapacidad *f.*

in·car·cer·ate [ɪnˈkɑːsəreɪt] *tr. [fml. use]* encarcelar.

in·car·cer·ation [ɪnkɑːsəˈreɪʃən] *n. [fml. use]* encarcelamiento, encarcelación *f.*

in·car·na·tion [ɪnkɑːˈneɪʃən] *n.* **1** *(embodiment)* encarnación *f.* **2** *(personification)* personificación *f.*

in·cen·di·ary [ɪnˈsendɪərɪ] *adj.* incendiario ◇ *n.* **1** *(bomb)* bomba incendiaria **2** *(person - arsonist)* incendiario, pirómano *(- agitator)* agitador.

in·cense¹ [ˈɪnsens] *n.* incienso.

in·cense² [ɪnˈsens] *tr. (make angry)* enfurecer, poner furioso, sacar de quicio.

in·cen·tive [ɪnˈsentɪv] *n.* **1** *(stimulus)* incentivo, estímulo, aliciente *m.* **2** *(payment)* incentivo económico. **to give somebody an incentive** *incentivar a alguien.*

in·cest [ˈɪnsest] *n.* incesto.

in·ces·tu·ous [ɪnˈsestjʊəs] *adj.* **1** *(gen)* incestuoso **2** *pej. (group)* endogámico, cerrado.

inch [ɪntʃ] *n.* **1** *(measurement)* pulgada **2** *(small amount)* poco, pelo, ápice *m.* **by inches/by an inch** *por poco.* **every inch** *todo.* **every inch of** *(all of)* todo, cada rincón de, cada centímetro de **inch by inch** *poco a poco.* **within an inch of something** *a dos dedos de algo* **NOTA:** Equivale a 2.54 cm.
to inch along/inch for·ward. *intr.* avanzar poco a poco.

in·ci·dence [ˈɪnsɪdəns] *n.* **1** *(occurrence)* frecuencia, extensión *f.* **2** PHYS incidencia.

in·ci·dent [ˈɪnsɪdənt] *n. (event)* incidente *m.* *(violent episode)* altercado **incident room** *centro de operaciones.*

in·ci·dent·al [ɪnsɪˈdentəl] *adj.* **1** *(unimportant)* secundario, incidental, de poca importancia **2** *(inherent)* inherente **3** *(fortuitous)* fortuito, casual ◇ *npl.* incidentals imprevistos *mpl.*

in·ci·dent·al·ly [ɪnsɪˈdentəlɪ] *adv.* **1** *(by the way)* a propósito, por cierto, dicho sea de paso **2** *(by chance)* por casualidad.

in·cin·er·ate [ɪnˈsɪnəreɪt] *tr.* incinerar, quemar.

in·cin·er·a·tion [ɪnsɪnəˈreɪʃən] *n.* incineración *f.*, quema.

in·cin·er·a·tor [ɪnˈsɪnəreɪtəʳ] *n.* incinerador *m.*

in·ci·sion [ɪnˈsɪʒən] *n.* incisión *f.*

in·ci·sive [ɪnˈsaɪsɪv] *adj.* **1** *(comment, wit)* incisivo, mordaz **2** *(mind)* penetrante.

in·ci·sor [ɪnˈsaɪzəʳ] *n.* (diente *m*) incisivo.

in·cite [ɪnˈsaɪt] *tr.* **1** *(urge, encourage)* incitar, provocar **2** *(cause, lead to)* instigar *(to, a)*.

in·civil·ity [ɪnsɪˈvɪlɪtɪ] *n. pl.* **incivilities** *[fml. use]* descortesía, falta de cortesía.

in·clin·ation [ɪnklɪˈneɪʃən] *n.* **1** *(tendency)* inclinación *f.*, tendencia *(disposition)* disposición *f.*, propensión *f.* **2** *(slope)* inclinación *f.*, pendiente *f.* **3** *(bow)* inclinación *f.*

in·cline [(*n.*) ˈɪnklaɪn; (*vb.*) ɪnˈklaɪn] *n.* pendiente *f.*, inclinación *f.*, cuesta ◇ *tr.* **1** *(bend forward)* inclinar **2** *[fml. use] (persuade, influence)* inclinar, predisponer ◇ *intr.* **1** *(slope)* inclinarse, estar inclinado **2** *(tend)* tender a, tener tendencia a.

in·clined [ɪnˈklaɪnd] *adj.* **1** *(disposed, encouraged)* dispuesto *(to, a)* **2** *(tending to)* propenso **3** *(having natural ability)* dotado **4** *(sloping)* inclinado.

in·clude [ɪnˈkluːd] *tr.* incluir.

in·clud·ing [ɪnˈkluːdɪŋ] *prep.* **1** incluyendo, inclusive, con inclusión de **2** *(giving example)* entre ellos/ellas, incluido **not including** *sin contar.*

in·clu·sion [ɪnˈkluːʒən] *n.* inclusión *f.*

in·clu·sive [ɪnˈkluːsɪv] *adj.* inclusivo **to be inclusive of** *incluir.*

in·co·her·ent [ɪnkəʊˈhɪərənt] *adj.* **1** *(unclear)* incoherente, inconexo **2** *(unintelligible)* ininteligible, incoherente.

in·come [ˈɪnkʌm] *n. (from work)* ingresos *mpl.*, renta *(from investment)* réditos *mpl.* **income tax** *impuesto sobre la renta.*

in·com·ing [ˈɪnkʌmɪŋ] *adj.* **1** *(tide)* ascendente *(plane)* de llegada *(passenger)* que llega *(missile, fire)* enemigo **(message, mail, etc.)** recibido **2** *(to post, job)* entrante.

in·com·mu·ni·ca·do [ɪnkəmjuːnɪˈkɑːdəʊ] *adj.* incomunicado ◇ *adv.* sin comunicación.

in·com·par·able [ɪnˈkɒmpərəbəl] *adj.* incomparable, inigualable, sin par.

in·com·pat·i·ble [ɪnkəmˈpætəbəl] *adj.* incompatible **(with,** con).

in·com·pe·tent [ɪnˈkɒmpətənt] *adj.* incompetente, inepto, incapaz ◇ *n.* incompetente *mf.*, inepto.

in·com·plete [ɪnkəmˈpliːt] *adj.* **1** *(not whole)* incompleto *(not finished)* inacabado, sin terminar **2** *(partial)* parcial.

in·com·pre·hen·si·ble [ɪnkɒmprɪˈhensəbəl] *adj.* incomprensible.

in·con·ceiv·a·ble [ɪnkənˈsiːvəbəl] *adj.* **1** inconcebible **2** *[fam. use]* imposible, increíble.

in·con·clu·sive [ɪnkənˈkluːsɪv] *adj.* **1** *(debate, vote, etc.)* no decisivo **2** *(evidence, result, etc.)* no concluyente.

in·con·gru·i·ty [ɪnkɒnˈgruːəti] *n. pl.* **incongruities** incongruencia.

in·con·gru·ous [ɪnˈkɒŋgrʊəs] *adj.* incongruente, incongruo, fuera de lugar.

in·con·se·quent [ɪnˈkɒnsɪkwənt] *adj.* **1** *(not following logically)* inconsecuente **2** *(inconsequential)* de poca importancia, sin trascendencia.

in·con·se·quen·tial [ɪnkɒnsɪˈkwenʃəl] *adj.* de poca importancia, sin trascendencia.

in·con·sid·er·a·ble [ɪnkənˈsɪdərəbəl] *adj.* insignificante.

in·con·sid·er·ate [ɪnkənˈsɪdərət] *adj.* desconsiderado, inconsiderado, poco atento.

in·con·sist·en·cy [ɪnkənˈsɪstənsi] *n. pl.* **inconsistencies** **1** *(gen)* inconsecuencia **2** *(contradiction)* contradicción *f.*, discrepancia.

in·con·sist·ent [ɪnkənˈsɪstənt] *adj.* **1** *(not agreeing with, at variance with)* inconsecuente *(contradictory)* contradictorio **2** *(changeable - weather)* variable *(- person)* inconstante, voluble, irregular *(- behavior)* imprevisible, irregular, manera irregular.

in·con·sol·a·ble [ɪnkənˈsəʊləbəl] *adj.* inconsolable, desconsolado.

in·con·spic·u·ous [ɪnkənˈspɪkjʊəs] *adj.* *(not noticeable)* que pasa desapercibido, que no llama la atención *(unobtrusive)* discreto.

in·con·ti·nence [ɪnˈkɒntɪnəns] *n.* incontinencia.

in·con·ti·nent [ɪnˈkɒntɪnənt] *adj.* incontinente.

in·con·ven·ience [ɪnkənˈviːnɪəns] *n.* *(gen)* inconveniente *m.* *(trouble, difficulty)* molestia, dificultad *f.* *(hindrance)* estorbo, obstáculo *(discomfort)* incomodidad *f.* ◇ *tr. (annoy)* causar molestia a, molestar *(cause difficulty)* incomodar **to put somebody to great inconvenience** molestar a alguien, incomodar a alguien.

in·con·ven·ient [ɪnkənˈviːnɪənt] *adj.* **1** *(gen)* inconveniente, molesto, incómodo *(place)* mal situado *(time)* mal, inoportuno *(arrangement)* poco práctico **2** *(fact)* incómodo.

in·cor·po·rate [ɪnˈkɔːpəreɪt] *tr.* **1** *(make part of, include in)* incorporar **(in/into,** a), incluir **(in/into,** en) *(include, contain)* incluir, contener **2** *(company)* constituir, constituir en sociedad ◇ *adj. (company)* constituido, constituido en sociedad.

in·cor·po·rat·ed [ɪnˈkɔːpəreɪtɪd] *adj. (company)* constituido en sociedad **incorporated company** ± *sociedad f.* anónima.

in·cor·rect [ɪnkəˈrekt] *adj.* **1** *(wrong, untrue)* incorrecto, erróneo, equivocado **2** *(improper - behavior)* incorrecto *(- dress)* impropio, inadecuado.

in·cor·rect·ly [ɪnkəˈrektlɪ] *adv.* **1** *(wrongly)* incorrectamente, erróneamente, equivocadamente **2** *(improperly)* incorrectamente.

in·cor·rupt·i·ble [ɪnkəˈrʌptəbəl] *adj.* incorruptible.

in·crease [*(n.)* ˈɪnkriːs; *(vb.)* ɪnˈkriːs] *n.* *(gen)* aumento, incremento *(in price, temperature)* subida, alza ◇ *tr.* *(gen)* aumentar *(temperature)* subir ◇ *intr.* *(gen)* aumentar, incrementar *(price)* aumentar, subir *(temperature)* subir.

in·creas·ing [ɪnˈkriːsɪŋ] *adj.* creciente.

in·cred·i·ble [ɪnˈkredɪbəl] *adj.* *(unbelievable)* increíble, inverosímil **(amazing, fantastic)** increíble, fantástico.

in·cre·du·li·ty [ɪnkrɪˈdjuːlətɪ] *n.* incredulidad *f.*

in·cred·u·lous [ɪnˈkredjələs] *adj.* incrédulo.

in·cre·ment [ˈɪnkrɪmənt] *n.* aumento, incremento.

in·crim·i·nate [ɪnˈkrɪmɪneɪt] *tr.* incriminar **to incriminate oneself** autoincriminarse.

in·crim·i·nat·ing [ɪnˈkrɪmɪneɪtɪŋ] *adj.* JUR incriminatorio.

in·cu·bate [ˈɪnkjʊbeɪt] *tr.* incubar ◇ *intr. (of eggs)* incubar *(of bird)* empollar.

in·cu·ba·tion [ɪnkjʊˈbeɪʃən] *n.* incubación *f.* **incubation period** *periodo de incubación.*

in·cu·ba·tor [ˈɪnkjʊbeɪtə^r] *n.* incubadora.

in·cur·a·ble [ɪnˈkjʊərəbəl] *adj. (disease)* incurable **2** *fig. use (loss)* irremediable *(habit, optimist)* incorregible ◇ *n.* enfermo incurable.

in·cur·a·bly [ɪnˈkjʊərəblɪ] *adv. (ill)* incurablemente ◇ *adj. fig. use* irremediablemente.

in·debt·ed [ɪnˈdetɪd] *adj.* **1** *(in debt)* endeudado **2** *fig. use (grateful)* agradecido.

in·de·cen·cy [ɪnˈdiːsənsɪ] *n.* indecencia, obscenidad *f.*

in·de·cent [ɪnˈdiːsənt] *adj.* **1** *(obscene)* indecente, indecoroso, obsceno **2** *(improper)* impropio, indebido, injustificado *(undue)* excesivo **indecent exposure** *exhibicionismo.*

in·de·ci·sion [ɪndɪˈsɪʒən] *n.* indecisión *f.*, irresolución *f.*

in·de·ci·sive [ɪndɪˈsaɪsɪv] *adj.* **1** *(hesitant)* indeciso, irresoluto **2** *(inconclusive)* poco concluyente, no concluyente, no decisivo.

in·deed [ɪnˈdiːd] *adv.* **1** *(yes, certainly)* efectivamente, en efecto **2** *(intensifier)* realmente, de veras, de verdad **3** *[fml. use] (in fact)* realmente, en realidad, de hecho *(what is more)* es más. ◇ *interj. (showing surprise, disbelief, etc.)* ¿de verdad?, ¿de veras?, ¡no me digas!

in·de·fen·si·ble [ɪndɪˈfensəbəl] *adj.* **1** *(idea, statement, view, etc.)* insostenible *(behavior)* injustificable, inexcusable **2** *(place, building, position)* indefendible, indefensible.

in·de·fin·a·ble [ɪndɪˈfaɪnəbəl] *adj.* indefinible.

in·def·i·nite [ɪnˈdefɪnət] *adj.* **1** *(vague, not precise)* indefinido, vago, impreciso **2** *(not fixed - period of time, amount, number)* indefinido, indeterminado.

in·def·i·nite·ly [ɪnˈdefɪnətlɪ] *adv.* indefinidamente.

in·del·i·ble [ɪnˈdelɪbəl] *adj.* **1** *(ink, etc.)* indeleble, imborrable **2** *fig. use (memory, etc.)* inolvidable, imborrable.

in·dem·ni·fy [ɪnˈdemnɪfaɪ] *tr. pt. & pp.* **indemnified,** *ger.* **indemnifying 1** *[fml. use] (insure)* asegurar **(against,** contra) **2** *[fml. use] (compensate)* indemnizar **(for,** por/de).

in·dem·ni·ty [ɪnˈdemnɪtɪ] *n. pl.* **indemnities 1** *(insurance, guarantee)* indemnidad *f.* **(against,** contra) **2** *(compensation)* indemnización *f.* **(for,** por), reparación *f.*, compensación *f.*

in·dent [*(vb.)* ɪnˈdent; *(n.)* ˈɪndent] *tr. (text)* sangrar *intr.*

in·dent·ed [ɪn'dentɪd] *adj.* 1 *(text)* sangrado 2 *(edge)* mellado, marcado.

in·de·pend·ence [ɪndɪ'pendəns] *n.* independencia *(from,* de). **to obtain independence** *obtener la independencia* **Independence Day** *día m. de la Independencia.*

in·de·pend·ent [ɪndɪ'pendənt] *adj. (gen)* independiente ◇ *n.* POL (candidato) independiente *mf.* **to become independent** *independizarse.*

in-depth [ɪn'depθ] *adj.* minucioso, exhaustivo, a fondo.

in·de·scrib·a·ble [ɪndɪ'skraɪbəbəl] *adj.* 1 *(gen)* indescriptible 2 *(too good)* inefable 3 *pej. (too bad)* indecible, incalificable.

in·de·struct·i·ble [ɪndɪ'strʌktəbəl] *adj.* indestructible.

in·de·ter·mi·nate [ɪndɪ'tɜ:mɪnət] *adj.* indeterminado.

in·dex ['ɪndeks] *n. pl.* **indices** ['ɪndɪsi:z] 1 *(in book)* índice *m.* *(list)* lista *(in library)* índice *m.,* catálogo 2 *(economic)* índice *m.* 3 *fig. use* indicación *f.,* señal *f.* 4 *(math)* índice *m.* ◇ *tr.* 1 *(book)* poner un índice a *(collection)* catalogar, clasificar 2 *(wages, pensions, etc.)* vincular **index finger** *dedo índice.*

in·dex-linked ['ɪndekslɪŋkt] *adj.* vinculado al índice de precios al consumo.

In·di·a ['ɪndɪə] *n.* (la) India **India rubber** *caucho.*

In·di·an ['ɪndɪən] *adj.* indio, hindú *mf.* ◇ *n.* indio, hindú. **the Indian Ocean** *el océano Índico.*

in·di·cate ['ɪndɪkeɪt] *tr.* 1 *(point to, draw attention to)* indicar, señalar 2 *(show, make clear)* indicar, ser indicio de, ser señal de 3 *(mark)* señalar *(register)* indicar, marcar 4 *(require, call for)* necesitarse 5 AUTO indicar, señalizar ◇ *intr.* AUTO poner el intermitente.

in·di·ca·tion [ɪndɪ'keɪʃən] *n. (gen)* indicio, señal *f.,* indicación *f.*

in·di·ca·tor ['ɪndɪkeɪtə ʳ] *n.* 1 *(gen)* indicador *m.* 2 AUTO intermitente *m.*

in·dif·fer·ence [ɪn'dɪfərəns] *n.* indiferencia *(to,* ante)

in·dif·fer·ent [ɪn'dɪfərənt] *adj.* 1 *(gen)* indiferente *(to,* a) 2 *(mediocre, average)* mediocre, regular, pobre.

in·dig·e·nous [ɪn'dɪdʒənəs] *adj. (fml. use)* indígena, autóctono *(to,* de).

in·di·gest·i·ble [ɪndɪ'dʒestəbəl] *adj. (food)* indigesto, no digerible *(facts)* difícil de digerir.

in·di·ges·tion [ɪndɪ'dʒestʃən] *n.* indigestión *f.,* empacho **to suffer from indigestion** *tener una indigestión, tener un empacho.*

in·dig·nant [ɪn'dɪgnənt] *adj. (person)* indignado *(look, etc.)* de indignación **to become/get indignant about/at/over something** *indignarse por algo.*

in·dig·na·tion [ɪndɪg'neɪʃən] *n.* indignación *f.* *(about/over,* por/por) *(at,* ante/por)

in·dig·ni·ty [ɪn'dɪgnɪti] *n. pl.* **indignities** indignidad *f.,* humillación *f.*

in·di·go ['ɪndɪgəʊ] *n.* añil *m.* ◇ *adj.* (de color) añil.

in·di·rect [ɪndɪ'rekt] *adj.* indirecto **indirect object** LING *objeto indirecto, complemento indirecto* **indirect question** LING *pregunta indirecta* **indirect speech** LING *estilo indirecto.*

in·dis·creet [ɪndɪ'skri:t] *adj. (person)* indiscreto, poco discreto, poco diplomático, falto de tacto *(question, remark)* indiscreto.

in·dis·cre·tion [ɪndɪ'skreʃən] *n.* indiscreción *f.*

in·dis·crim·in·ate·ly [ɪndɪ'skrɪmɪnətli] *adv. (randomly)* indiscriminadamente *(without careful choice)* sin criterio, sin discernimiento.

in·dis·crim·in·ate [ɪndɪ'skrɪmɪnət] *adj. (violence, attack, etc.)* indiscriminado *(praise, reading, viewing, etc.)* sin criterio, sin discernimiento.

in·dis·pens·able [ɪndɪ'spensəbəl] *adj.* indispensable, imprescindible *(to,* para).

in·dis·put·able [ɪndɪ'spju:təbəl] *adj. (gen)* indiscutible, incuestionable *(winner, leader, etc.)* indiscutible *(fact)* irrefutable.

in·dis·tinct [ɪndɪ'stɪŋkt] *adj. (gen)* indistinto, impreciso *(memory)* confuso, vago *(shape, area, etc.)* borroso *(sound, speech)* confuso, poco claro *(see)* con poca claridad *(speak)* confusamente.

in·dis·tin·guish·able [ɪndɪ'stɪŋgwɪʃəbəl] *adj.* indistinguible *(from,* de).

in·di·vid·u·al [ɪndɪ'vɪdjuəl] *adj.* 1 *(single, separate)* por separado 2 *(for one person)* individual 3 *(particular, personal)* personal, propio 4 *(different, unique)* personal, original ◇ *n.* 1 *(person)* individuo, persona 2 *(fam. use)* individuo, tipo, tío.

in·di·vid·u·al·ity [ɪndɪvɪdjʊ'ælətɪ] *n.* individualidad *f.,* personalidad *f.*

in·di·vid·u·al·ly [ɪndɪ'vɪdjuəlɪ] *adv. (separately)* individualmente, *(one by one)* uno por uno.

in·di·vis·ible [ɪndɪ'vɪzəbəl] *adj.* indivisible.

in·doc·trin·ate [ɪn'dɒktrɪneɪt] *tr.* adoctrinar.

Indo-European [ɪndəʊjʊərə'pɪən] *adj.* indoeuropeo.

in·dom·it·able [ɪn'dɒmɪtəbəl] *adj. (fml. use)* indomable, indómito.

In·do·ne·sia [ɪndə'ni:zɪə] *n.* Indonesia.

In·do·ne·sian [ɪndə'ni:zɪən] *adj.* indonesio ◇ *n.* indonesio.

in·door ['ɪndɔ: ʳ] *adj.* 1 *(aerial, plant, photography, etc.)* interior *(clothes, etc.)* de estar por casa 2 SP *(swimming pool, running track)* cubierto **indoor games** *juegos mpl. de salón* **indoor record** *récord m. en pista cubierta.*

in·doors [ɪn'dɔ:z] *adv. (inside house)* dentro (de casa) *(at home)* en casa *(inside building)* a cubierto, dentro.

in·duce [ɪn'dju:s] *tr.* 1 *(persuade)* inducir, persuadir, llevar 2 *(cause)* causar, producir, provocar 3 MED *(childbirth)* provocar, inducir.

in·duce·ment [ɪn'dju:smənt] *n.* 1 incentivo, estímulo, aliciente *m.* 2 MED inducción *f.* 3 *euphemistic use* soborno.

in·duc·tion [ɪn'dʌkʃən] *n.* 1 *(initiation - gen)* admisión *f.,* ingreso *(- of priest)* instalación *f.* 2 MED *(of childbirth)* provocación *f.,* inducción *f.* 3 *(recruitment)* reclutamiento 4 *(logic)* inducción *f.* 5 *(magnetic, etc.)* inducción *f.* 6 *(in engine)* admisión *f.*

in·dulge [ɪn'dʌldʒ] *tr.* 1 *(satisfy - desire, whim)* satisfacer, ceder a, consentir *(- passion)* dar rienda suelta a 2 *(pamper - person)* complacer *(- child)* mimar, consentir ◇ *intr. (gen)* permitirse *(eat)* comer (lo que uno quiera) *(drink)* beber (lo que uno quiera).

in·dul·gence [ɪn'dʌldʒəns] *n.* 1 *(luxury)* (pequeño) lujo *(bad habit)* vicio 2 *(of desire, whim)* satisfacción *f.,* complacencia *(partaking - of food, drink)* abuso *(of person)* consentimiento *(of child)* mimo 3 REL indulgencia.

in·dul·gent [ɪn'dʌldʒənt] *adj.* indulgente *(towards,* con).

in·dus·tri·al [ɪn'dʌstrɪəl] *adj.* industrial **industrial accident** *accidente m. laboral, accidente de trabajo* **industrial action** *huelga* **industrial dispute** *conflicto laboral* **industrial relations** *relaciones fpl. laborales* **Industrial Revolution** *Revolución f. Industrial* **industrial unrest** *conflictividad f. laboral* **industrial waste** *residuos mpl. industriales.*

in·dus·tri·al·ist [ɪn'dʌstrɪəlɪst] *n.* industrial *mf.,* empresario.

in·dus·tri·al·i·za·tion [ɪndʌstrɪəlaɪ'zeɪʃən] *n.* industrialización *f.*

in·dus·tri·al·ize [ɪnˈdʌstrɪəlaɪz] *tr.* industrializar ◇ *intr.* industrializarse.

in·dus·tri·al·ized [ɪnˈdʌstrɪəlaɪzd] *adj.* industrializado.

in·dus·tri·ous [ɪnˈdʌstrɪəs] *adj. (hard-working)* trabajador, laborioso *(diligent)* diligente, aplicado.

in·dus·try [ˈɪndəstrɪ] *n. pl.* **industries** 1 *(gen)* industria 2 *[fml. use] (hard work)* diligencia.

in·e·bri·at·ed [ɪnˈiːbrɪeɪtɪd] *adj. [fml. use]* ebrio, embriagado.

in·ed·i·ble [ɪnˈedəbəl] *adj.* incomible, incomestible.

in·ef·fec·tive [ˌɪnɪˈfektɪv] *adj.* 1 *(method, cure)* ineficaz, inútil *(attempt)* infructuoso 2 *(person)* incapaz, incompetente, ineficiente.

in·ef·fi·cien·cy [ˌɪnɪˈfɪʃənsɪ] *n.* 1 *(gen)* ineficacia 2 *(of person)* incompetencia, ineficiencia, ineptitud *f.*

in·ef·fi·cient [ˌɪnɪˈfɪʃənt] *adj.* 1 *(gen)* ineficaz 2 *(person)* incompetente, ineficiente, poco eficiente.

in·el·i·gi·ble [ɪnˈelɪdʒəbəl] *adj.* que no tiene derecho, inelegible.

in·e·qual·i·ty [ˌɪnɪˈkwɒlətɪ] *n. pl.* **inequalities** desigualdad *f.*

in·ert [ɪˈnɜːt] *adj.* 1 *(gas, matter, etc.)* inerte 2 *(immobile)* inerte, inmóvil 3 *pej. (sluggish, without vigor)* poco enérgico, sin vigor.

in·er·tia [ɪˈnɜːʃə] *n.* 1 PHYS inercia 2 *(lethargy)* inercia, letargo, apatía.

in·es·cap·a·ble [ˌɪnɪˈskeɪpəbəl] *adj.* ineludible, inevitable.

in·es·sen·tial [ˌɪnɪˈsenʃəl] *adj.* no esencial, innecesario ◇ *npl.* inessentials cosas *fpl.* sin importancia.

in·ev·i·ta·bil·i·ty [ɪnevɪtəˈbɪlətɪ] *n.* inevitabilidad *f.*

in·ev·i·ta·ble [ɪnˈevɪtəbəl] *adj.* 1 *(unavoidable)* inevitable 2 *[fam. use] (usual)* sempiterno, consabido, de siempre *n.* the inevitable lo inevitable *m. sing.*

in·ex·cus·a·ble [ˌɪnɪkˈskjuːzəbəl] *adj.* inexcusable, imperdonable, injustificable.

in·ex·haust·i·ble [ˌɪnɪɡˈzɔːstəbəl] *adj.* inagotable.

in·ex·pen·sive [ˌɪnɪkˈspensɪv] *adj.* barato, económico.

in·ex·pe·ri·enced [ˌɪnɪkˈspɪərɪənst] *adj.* inexperto, sin experiencia.

in·ex·pli·ca·ble [ˌɪnɪkˈsplɪkəbəl] *adj.* inexplicable.

in·fal·li·ble [ɪnˈfæləbəl] *adj.* infalible, indefectible.

in·fa·mous [ˈɪnfəməs] *adj.* 1 *(notorious)* infame *[fml. use] (wicked)* infame, ruin.

in·fa·my [ˈɪnfəmɪ] *n.* **infamies** 1 *[fml. use] (wickedness)* infamia, maldad *f.* 2 *[fml. use] (disgrace)* infamia, desgracia.

in·fan·cy [ˈɪnfənsɪ] *n. (childhood)* infancia, niñez *f.*

in·fant [ˈɪnfənt] *n. (baby)* bebé *m.*, niño *(at infant school)* niño, párvulo **infant mortality** mortalidad *f.* infantil.

in·fan·ti·cide [ɪnˈfæntɪsaɪd] *n.* 1 *(crime)* infanticidio 2 *(person)* infanticida *mf.*

in·fan·tile [ˈɪnfəntaɪl] *adj.* 1 infantil 2 *pej.* infantil.

in·fan·try [ˈɪnfəntrɪ] *n.* infantería.

in·fat·u·at·ed [ɪnˈfætjueɪtɪd] *adj.* encaprichado (**with/by**, con), locamente enamorado (**with/by**, de).

in·fat·u·a·tion [ɪnˌfætjuˈeɪʃən] *n.* encaprichamiento (**with/by**, con), enamoramiento (**with/by**, de).

in·fect [ɪnˈfekt] *tr.* 1 *(wound, cut, etc.)* infectar *(food, water, etc.)* contaminar *(person)* contagiar 2 *fig. use (emotions)* contagiar 3 *(poison)* envenenar.

in·fec·tion [ɪnˈfekʃən] *n.* 1 *(of wound, cut, etc.)* infección *f. (of food, water, etc.)* contaminación *f. (with illness)* infección *f.*, contagio 2 *(disease)* infección *f.*

in·fec·tious [ɪnˈfekʃəs] *adj.* 1 *(disease)* infeccioso, contagioso 2 *fig. use* contagioso.

in·fe·ri·or [ɪnˈfɪərɪəʳ] *adj.* inferior (**to**, a) ◇ *n.* inferior *mf.*

in·fe·ri·or·i·ty [ɪnˌfɪərɪˈɒrətɪ] *n.* inferioridad *f.* **inferiority complex** complejo de inferioridad.

in·fer·nal [ɪnˈfɜːnəl] *adj.* 1 infernal 2 *[fam. use] (tiresome)* maldito.

in·fer·no [ɪnˈfɜːnəʊ] *n. pl.* **infernos** 1 *(like hell)* infierno 2 *(fire)* llamas *fpl.*

in·fer·tile [ɪnˈfɜːtaɪl] *adj.* estéril.

in·fer·til·i·ty [ˌɪnfɜːˈtɪlɪtɪ] *n.* esterilidad *f.*

in·fi·del·i·ty [ˌɪnfɪˈdelətɪ] *n.* infidelidad *f.*

in·fight·ing [ˈɪnfaɪtɪŋ] *n.* 1 *[fam. use] fig. use* luchas *fpl.* internas 2 SP *(boxing)* lucha cerrada.

in·fil·trate [ˈɪnfɪltreɪt] *tr.* infiltrarse (**into**, en) ◇ *intr.* infiltrarse.

in·fil·tra·tion [ˌɪnfɪlˈtreɪʃən] *n.* infiltración *f.*

in·fil·tra·tor [ˌɪnfɪlˈtreɪtəʳ] *n.* infiltrado.

in·fi·nite [ˈɪnfɪnət] *adj. (endless)* infinito *(very great)* sin límites. *n.*

in·fin·i·tive [ɪnˈfɪnɪtɪv] *n.* LING infinitivo.

in·fin·i·ty [ɪnˈfɪnɪtɪ] *n.* 1 *(gen)* infinidad *f.* 2 MATH infinito.

in·firm [ɪnˈfɜːm] *adj.* débil, endeble, enfermizo, achacoso ◇ *npl.* the infirm los enfermos, los que necesitan atención médica.

in·fir·ma·ry [ɪnˈfɜːmərɪ] *n. pl.* **infirmaries** 1 *(hospital)* hospital *m.* 2 *(in school, etc.)* enfermería.

in·flame [ɪnˈfleɪm] *tr. (anger)* encender *(passion)* inflamar.

in·flamed [ɪnˈfleɪmd] *adj.* 1 MED inflamado 2 *fig. use (passion)* inflamado, *(anger)* encendido.

in·flam·ma·ble [ɪnˈflæməbəl] *adj.* 1 inflamable 2 *[fam. use] fig. use* explosivo.

in·flam·ma·tion [ˌɪnfləˈmeɪʃən] *n.* inflamación *f.*

in·flat·a·ble [ɪnˈfleɪtəbəl] *adj.* inflable.

in·flate [ɪnˈfleɪt] *tr.* 1 inflar, hinchar 2 *fig. use* inflar, hinchar, exagerar 3 *(economy)* inflar ◇ *intr.* inflarse, hincharse.

in·fla·tion [ɪnˈfleɪʃən] *n.* inflación *f.*

in·fla·tion·ar·y [ɪnˈfleɪʃənərɪ] *adj.* inflacionista, inflacionario.

in·flect [ɪnˈflekt] *tr.* 1 LING *(verb)* conjugar *(noun)* declinar 2 *(voice)* modular ◇ *intr.* 1 LING *(verb)* conjugarse *(noun)* declinarse 2 *(voice)* modularse.

in·flex·i·bil·i·ty [ɪnˌfleksɪˈbɪlɪtɪ] *n.* inflexibilidad *f.*

in·flex·i·ble [ɪnˈfleksɪbəl] *adj.* inflexible, rígido.

in·flict [ɪnˈflɪkt] *tr.* 1 *(grief, suffering, pain)* causar (**on**, a) *(blow)* dar a, asestar a, propinar a *(defeat, punishment)* infligir (**on**, a), imponer (**on**, a) *(grief, suffering, pain)* causar (**on**, a) 2 *fig. use (view, etc.)* imponer (**on**, a).

in·flight [ɪnˈflaɪt] *adj.* durante el vuelo.

in·flu·ence [ˈɪnfluəns] *n. (gen)* influencia ◇ *tr. (decision, etc.)* influir en/sobre *(person)* influenciar **to be under the influence (of alcohol)** estar bajo la influencia del alcohol, estar bajo los efectos del alcohol.

in·flu·en·tial [ˌɪnfluˈenʃəl] *adj.* influyente. **to be influential** tener influencias, ser influyente.

in·flu·en·za [ˌɪnfluˈenzə] *n.* gripe *f.*

in·flux [ˈɪnflʌks] *n.* afluencia, oleada.

in·fo [ˈɪnfəʊ] *n. [fam. use]* información *f.*

in·form [ɪnˈfɔːm] *tr.* informar, notificar, avisar **to inform against somebody** denunciar a alguien, delatar a alguien.

in·for·mal [ɪnˈfɔːməl] *adj.* 1 *(speech)* informal, familiar *(discussion)* informal 2 *(manner, tone, atmosphere, person)* informal, relajado, familiar *(gathering, meeting, occasion, visit)* informal, sin etiqueta, sin ceremonia *(dress)* sin etiqueta 3 *(unofficial)* informal.

in·for·mal·i·ty [ˌɪnfɔːˈmælɪtɪ] *n. (of person)* sencillez *f. (of occasion)* falta de ceremonia *(treatment)* familiaridad *f.*

in·form·ant [ɪn'fɔːmənt] n. informante mf.

in·for·ma·tion [ɪnfə'meɪʃən] n. (gen) información f. (facts) datos mpl. classified information información f. secreta information desk información f. information technology informática information society sociedad f. de la información.

in·for·ma·tive [ɪn'fɔːmətɪv] adj. informativo.

in·formed [ɪn'fɔːmd] adj. (gen) informado (well-informed) enterado, al corriente, al tanto.

in·form·er [ɪn'fɔːməʳ] n. 1 (gen) delator 2 (to police) informador, chivato, soplón.

in·fra·red [ɪnfrə'red] adj. infrarrojo.

in·fra·struc·ture ['ɪnfrəstrʌktʃəʳ] n. infraestructura.

in·fre·quen·cy [ɪn'friːkwənsɪ] n. infrecuencia.

in·fre·quent [ɪn'friːkwənt] adj. infrecuente, poco frecuente, raro.

in·fu·ri·ate [ɪn'fjʊərɪeɪt] tr. enfurecer, poner furioso, sacar de quicio to be infuriated estar furioso.

in·fu·ri·at·ing [ɪn'fjʊərɪeɪtɪŋ] adj. exasperante.

in·gen·ious [ɪn'dʒiːnɪəs] adj. (person, thing) ingenioso (idea) genial.

in·ge·nu·i·ty [ɪndʒɪ'njuːɪtɪ] n. ingenio, ingeniosidad f., inventiva.

in·grained [ɪn'greɪnd] adj. 1 (dirt, stains, etc.) incrustado 2 (habit, tendency, etc.) arraigado.

in·grat·i·tude [ɪn'grætɪtjuːd] n. ingratitud f.

in·gre·di·ent [ɪn'griːdɪənt] n. 1 CULIN ingrediente m. 2 fig. use componente m., elemento.

in·grow·ing ['ɪngrəʊɪŋ] adj. que crece hacia dentro.

in·hab·it [ɪn'hæbɪt] tr. habitar, vivir en, ocupar, poblar.

in·hab·it·a·ble [ɪn'hæbɪtəbəl] adj. habitable.

in·hab·it·ant [ɪn'hæbɪtənt] n. habitante mf.

in·hale [ɪn'heɪl] tr. (air) aspirar, respirar (gas, vapor) inhalar (cigarette smoke) tragar ◇ intr. (cigarette smoke) tragar(se) el humo (air) aspirar, respirar.

in·her·ent [ɪn'hɪərənt] adj. inherente (in, a), intrínseco (in, as), propio (in, de).

in·her·it [ɪn'herɪt] tr. heredar (from, de)

in·her·it·ance [ɪn'herɪtəns] n. (money, property, etc.) herencia (from, de) (succession) sucesión f.

in·her·i·tor [ɪn'herɪtəʳ] n. heredero.

in·hib·it [ɪn'hɪbɪt] tr. 1 (person) inhibir, cohibir 2 (hold back - attempt) inhibir 3 (prevent) impedir, restringir.

in·hib·it·ed [ɪn'hɪbɪtɪd] adj. inhibido, cohibido. to be/feel inhibited sentirse cohibido.

in·hi·bi·tion [ɪnhɪ'bɪʃən] n. inhibición f., cohibición f.

in·hos·pi·ta·ble [ɪn'hɒspɪtəbəl] adj. 1 (people) inhospitalario 2 (place) inhóspito.

in·hu·man [ɪn'hjuːmən] adj. inhumano.

in·hu·mane [ɪnhjuː'meɪn] adj. inhumano.

in·hu·man·i·ty [ɪnhjuː'mænɪtɪ] n. pl. **inhumanities** inhumanidad f.

in·im·i·ta·ble [ɪ'nɪmɪtəbəl] adj. inimitable.

ini·tial [ɪ'nɪʃəl] adj. inicial, primero ◇ n. inicial f., letra inicial ◇ tr. firmar con las iniciales npl. initials (of name) iniciales fpl. (of abbreviation) siglas fpl.

ini·tial·ly [ɪ'nɪʃəlɪ] adv. al principio, en primer lugar.

ini·ti·ate [(vb.) 'ɪnɪʃɪeɪt; (n.) ɪ'nɪʃɪət] tr. 1 (gen) iniciar (reform, plan, etc.) promover 2 JUR entablar 3 (admit, introduce) admitir (into, en) (give instruction or knowledge) iniciar (into, en) ◇ n. iniciado.

ini·ti·a·tion [ɪnɪʃɪ'eɪʃən] n. 1 (start) iniciación f. (of, de), principio (of, de) 2 (admission) admisión f. (into, en), iniciación f. (into, en) **initiation ceremony** ceremonia de iniciación.

ini·tia·tive [ɪ'nɪʃɪətɪv] n. iniciativa to take the initiative tomar la iniciativa.

in·ject [ɪn'dʒekt] tr. 1 (drug, etc.) inyectar (person) poner una inyección a, pinchar 2 fig. use (new ideas, en-

thusiasm, etc.) infundir, inyectar (money, resources, etc.) invertir.

in·jec·tion [ɪn'dʒekʃən] n. 1 MED inyección f. 2 fig. use (of new ideas, interest, etc.) inyección f. (of money, resources, etc.) inversión f. to give somebody an injection ponerle una inyección a alguien.

in·junc·tion [ɪn'dʒʌŋkʃən] n. JUR mandamiento judicial, requerimiento judicial.

in·jure ['ɪndʒəʳ] tr. 1 herir, lesionar, lastimar 2 fig. use (feelings) herir (health, reputation, etc.) perjudicar. to injure oneself hacerse daño, lesionarse.

in·jured ['ɪndʒəd] adj. 1 (hurt) herido, lesionado, lastimado 2 fig. use (offended - feeling) herido (- look, tone, etc.) ofendido 3 (wronged) ofendido npl. the injured 1 los heridos.

in·ju·ry ['ɪndʒərɪ] n. pl. **injuries** 1 herida, lesión f. 2 fig. use (to feelings, etc.) daño (to reputation) agravio. to do oneself an injury hacerse daño, lastimarse injury time SP tiempo de descuento.

in·jus·tice [ɪn'dʒʌstɪs] n. injusticia. to do somebody an injustice (judge unfairly) ser injusto con alguien, juzgar mal a alguien (fail to show true merits) hacerle una injusticia a alguien.

ink [ɪŋk] n. tinta ◇ tr. entintar. to write in ink escribir con tinta Indian ink tinta china.

in·land [(adj.) 'ɪnlænd; (adv.) ɪn'lænd] adj. (del) interior ◇ adv. (travel) tierra adentro, hacia el interior (live) en el interior.

in·laws ['ɪnlɔːz] npl. (fam. use) familia f. sing. política.

in·mate ['ɪnmeɪt] n. 1 (gen) residente mf. 2 (of prison) preso, interno 3 (of hospital) enfermo 4 (of asylum, camp) internado.

inn [ɪn] n. (with lodgings) posada, fonda, mesón m. (in country) venta (pub) taberna.

in·nate [ɪ'neɪt] adj. innato.

in·ner ['ɪnəʳ] adj. 1 (room, region, etc.) interior (organization) interno 2 (feelings, etc.) interior, íntimo **inner circle** círculo íntimo **inner ear** oído interno **inner tube** cámara de aire.

inner-city [ɪnə'sɪtɪ] adj. del centro de la ciudad.

in·nings ['ɪnɪŋz] npl. SP entrada, turno.

inn·keep·er ['ɪnkiːpəʳ] n. (of lodgings) posadero, mesonero (in country) ventero (of pub) tabernero.

in·no·cence ['ɪnəsəns] n. inocencia.

in·no·cent ['ɪnəsənt] adj. (gen) inocente (harmless) inocuo, inofensivo (naïve) ingenuo ◇ n. inocente mf., ingenuo.

in·noc·u·ous [ɪ'nɒkjuəs] adj. inocuo, inofensivo.

in·no·vate ['ɪnəveɪt] intr. innovar.

in·no·va·tion [ɪnə'veɪʃən] n. innovación f.

in·no·va·tive ['ɪnəvətɪv] adj. innovador.

in·no·va·tor ['ɪnəveɪtəʳ] n. innovador.

in·nu·en·do [ɪnjuː'endəʊ] n. pl. **innuendoes** indirecta, insinuación f.

in·nu·mer·a·ble [ɪ'njuːmərəbəl] adj. innumerable.

in·oc·u·late [ɪ'nɒkjuleɪt] tr. inocular, vacunar.

in·oc·u·la·tion [ɪnɒkju'leɪʃən] n. inoculación f.

in·of·fen·sive [ɪnə'fensɪv] adj. inofensivo.

in·or·gan·ic [ɪnɔː'gænɪk] adj. inorgánico **inorganic chemistry** química inorgánica.

in·put ['ɪnpʊt] n. (of power) entrada (of money, resources) inversión f. (of data) input m. tr. pt. & pp. **input** o **inputted** COMPUT entrar, introducir.

in·quest ['ɪnkwest] n. 1 investigación f. judicial, encuesta judicial 2 (fam. use) investigación f.

in·quire [ɪn'kwaɪəʳ] tr. (fml. use) (ask) preguntar ◇ intr. (ask for information) preguntar (about, por) (find out) averiguar (about, -), informarse (about, de). **to in·quire in·to**. tr. insep. investigar.

in·quir·ing [ɪn'kwaɪərɪŋ] adj. (mind) curioso (look, etc.) inquisidor.

in·quir·y [ɪnˈkwaɪərɪ] *n. pl.* **inquiries 1** *[fml. use] (question)* pregunta **2** *(investigation)* investigación *f.* "**Inquiries**" "*Información*". "**All inquiries to...**" "*Dirigirse a...*". **to make inquiries about something** investigar algo, pedir informes sobre algo. **to hold an inquiry into something** investigar algo, examinar algo. **to set up an inquiry** abrir una investigación **Inquiry desk/Inquiry office** información *f.*

in·quis·i·tive [ɪnˈkwɪzɪtɪv] *adj. (curious)* curioso, inquisidor *(nosy)* preguntón.

in·sane [ɪnˈseɪn] *adj.* **1** *(person)* loco, demente *(act)* insensato **2** *[fam. use] (idea, etc.)* loco *npl.* **the insane los enfermos** *mpl.* mentales. **to go insane** enloquecer, volverse loco. **to drive somebody insane** volver loco a alguien.

in·san·i·ty [ɪnˈsænɪtɪ] *n. (of person)* locura, demencia *(of act)* insensatez *f.*

in·sa·tia·ble [ɪnˈseɪʃəbəl] *adj.* insaciable *(for, de).*

in·scrip·tion [ɪnˈskrɪpʃən] *n. (gen)* inscripción *f. (in book)* dedicatoria.

in·sect [ˈɪnsekt] *n.* insecto **insect bite** picadura.

in·sec·ti·cide [ɪnˈsektɪsaɪd] *n.* insecticida *m.*

in·se·cure [ɪnsɪˈkjʊəʳ] *adj.* inseguro.

in·se·cu·ri·ty [ɪnsɪˈkjʊərɪtɪ] *n.* inseguridad *f.*

in·se·mi·na·tion [ɪnsemɪˈneɪʃən] *n.* inseminación *f.*

in·sen·si·tive [ɪnˈsensɪtɪv] *adj.* insensible.

in·sen·si·tiv·i·ty [ɪnsensɪˈtɪvɪtɪ] *n.* insensibilidad *f.*

in·sep·a·ra·ble [ɪnˈsepərəbəl] *adj.* inseparable *(from,* de)

in·sert [(vb.) ɪnˈsɜːt; (n.) ˈɪnsɜːt] *tr. (gen)* introducir un, meter en *(comment, clause, paragraph, etc.)* incluir *(in,* en), insertar *(in,* en) *(advertisement)* poner *(in,* en).

in·ser·tion [ɪnˈsɜːʃən] *n.* **1** *(gen)* introducción *f. (of comment, clause, paragraph, etc.)* inclusión *f.*, inserción *f.* **2** *(advertisement)* anuncio.

in·side [ɪnˈsaɪd] *n.* **1** interior *m.*, parte *f.* interior **2** *(driving on left)* la izquierda *(driving on right)* la derecha *(on running track)* interior *◇ adj.* interior, interno *◇ adv.* **1** *(position)* dentro *(movement)* adentro **2** *sl. (in prison)* en la cárcel, en chirona *◇ prep.* **1** dentro de **2** *(time)* en menos de, dentro de *◇ npl.* insides *[fam. use]* entrañas *fpl.*, tripas *fpl.* **inside out** al revés **to know something inside out** conocer algo al dedillo. **on the inside** dentro **inside information** información *f.* privilegiada **inside pocket** bolsillo interior.

in·sid·er [ɪnˈsaɪdəʳ] *n.* persona enterada **insider dealing/insider trading** uso indebido de información privilegiada y confidencial para operaciones bursátiles.

in·sight [ˈɪnsaɪt] *n.* **1** *(deep understanding, perception)* perspicacia, penetración *f.* **2** *(sudden understanding)* idea.

in·sig·nif·i·cant [ɪnsɪɡˈnɪfɪkənt] *adj.* insignificante.

in·sin·cere [ɪnsɪnˈsɪəʳ] *adj.* poco sincero, insincero, falso.

in·sin·cer·i·ty [ɪnsɪnˈserɪtɪ] *n.* falta de sinceridad, insinceridad *f.*, falsedad *f.*

in·sin·u·ate [ɪnˈsɪnjʊeɪt] *tr.* **1** *(hint, suggest)* insinuar, dar a entender **2** *(worm, install)* insinuarse *(into,* en).

in·sin·u·a·tion [ɪnsɪnjʊˈeɪʃən] *n.* insinuación *f.*, indirecta.

in·sist [ɪnˈsɪst] *tr.* **1** *(declare firmly)* insistir en **2** *(demand forcefully)* insistir en, exigir *◇ intr.* **1** *(declare firmly)* insistir *(on,* en) **2** *(demand forcefully)* insistir *(on,* en), exigir *(persist)* empeñarse *(on,* en), obstinarse *(on,* en).

in·sist·ence [ɪnˈsɪstəns] *n.* insistencia *(on,* en), empeño *(on,* en).

in·sist·ent [ɪnˈsɪstənt] *adj.* **1** *(person)* insistente **2** **(urgent, compelling)** apremiante, urgente *(repeated)* persistente.

in·so·lence [ˈɪnsələns] *n.* insolencia, descaro, frescura.

in·so·lent [ˈɪnsələnt] *adj.* insolente, descarado, fresco.

in·sol·u·ble [ɪnˈsɒljʊbəl] *adj.* **1** *(of substances)* insoluble, indisoluble **2** *fig. use* sin solución, insoluble.

in·sol·ven·cy [ɪnˈsɒlvənsɪ] *n.* insolvencia.

in·sol·vent [ɪnˈsɒlvənt] *adj.* insolvente.

in·som·ni·a [ɪnˈsɒmnɪə] *n.* insomnio.

Insp [ɪnˈspektəʳ] *abbr.* **(Inspector)** Inspector *(abbreviation)* Inspec.

in·spect [ɪnˈspekt] *tr.* **1** *(gen)* inspeccionar, examinar, revisar **2** *(factory, etc.)* inspeccionar **3** *(luggage)* registrar **4** *(troops)* pasar revista a.

in·spec·tion [ɪnˈspekʃən] *n.* **1** *(gen)* inspección *f.*, examen, revisión *f.* **2** *(of factory, school, etc.)* inspección *f.* **3** *(of luggage)* registro **4** *(of troops)* revista.

in·spec·tor [ɪnˈspektəʳ] *n. (gen)* inspector *(on train)* revisor *(in police)* inspector de policía.

in·spi·ra·tion [ɪnspɪˈreɪʃən] *n.* **1** *(gen)* inspiración *f.* **2** *[fam. use] (good idea)* genialidad *f.*

in·spire [ɪnˈspaɪəʳ] *tr.* **1** *(gen)* inspirar **2** *(encourage)* estimular, animar, mover **3** *(fill with - fear)* infundir *(- confidence, respect)* inspirar.

in·spired [ɪnˈspaɪəd] *adj.* **1** *(filled with creative power)* inspirado **2** **(based on intuition)** genial.

in·spir·ing [ɪnˈspaɪərɪŋ] *adj.* inspirador.

Inst [ˈɪnstɪtuːt] *abbr.* **(Institute)** Instituto *(abbreviation)* Inst.

in·sta·bil·i·ty [ɪnstəˈbɪlɪtɪ] *n.* inestabilidad *f.*

in·stall [ɪnˈstɔːl] *tr.* **1** También se escribe **instal**. *tr.* **1** *(equipment, etc.)* instalar **2** *(person)* instalar, colocar.

in·stal·la·tion [ɪnstəˈleɪʃən] *n.* **1** *(of equipment, etc.)* instalación *f.* **2** MIL instalación *f.* militar *◇ adj.* de instalación.

in·stall·ment [ɪnˈstɔːlmənt] *n.* **1** *(of payment)* plazo **2** *(of book, story, etc.)* entrega *(of collection)* fascículo. **to pay for something by/in instalments** pagar algo a plazos **instalment plan** compraventa a plazos **monthly instalment** mensualidad *f.*

in·stance [ˈɪnstəns] *n.* ejemplo, caso *◇ tr.* poner por caso, citar como ejemplo. **for instance** por ejemplo. **in the first instance** en primer lugar. **in this instance** en este caso.

in·stant [ˈɪnstənt] *n.* instante *m.*, momento *◇ adj.* **1** *(at once)* inmediato **2** *(coffee, etc.)* instantáneo **3** *[fml. use] (urgent)* urgente **4** COMM *(of the present month)* del corriente.

in·stan·ta·ne·ous [ɪnstənˈteɪnɪəs] *adj.* instantáneo.

in·stant·ly [ˈɪnstəntlɪ] *adv.* al instante, inmediatamente *◇ conj.* en cuanto.

in·stead [ɪnˈsted] *adv.* en cambio, en su lugar *◇ prep.* **instead of** en vez de, en lugar de.

in·step [ˈɪnstep] *n.* empeine *m.*

in·stinct [ˈɪnstɪŋkt] *n.* instinto **to act on instinct** reaccionar instintivamente. **maternal instinct** instinto maternal.

in·stinc·tive [ɪnˈstɪŋktɪv] *adj.* instintivo, intuitivo.

in·sti·tute [ˈɪnstɪtuːt] *n.* **1** *(gen)* instituto, centro **2** *(professional body)* colegio, asociación *f.* **3** *(educational)* escuela *◇ tr.* *[fml. use] (organize, establish)* instituir, establecer, fundar **(initiate - enquiry)** iniciar, empezar *(- proceedings)* iniciar, entablar.

in·sti·tu·tion [ɪnstɪˈtjuːʃən] *n.* **1** *(act - gen)* institución *f.*, establecimiento, introducción *f.* *(- of inquiry, proceedings)* iniciación *f.* **2** *(organization)* institución *f.*, organismo, asociación *f.* **3** *(home)* asilo *(asy-*

lum) hospital psiquiátrico, manicomio *(orphanage)* orfanato 4 *(custom, practice)* institución f., tradición f., costumbre f. 5 *[fam. use]* institución f.

in·sti·tu·tion·al [ɪnstɪˈtjuːʃənəl] *adj.* institucional.

in·sti·tu·tion·al·ize [ɪnstɪˈtjuːʃənəlaɪz] *tr.* institucionalizar.

in·struct [ɪnˈstrʌkt] *tr.* 1 *(teach)* instruir, enseñar *(inform)* informar 2 MIL instruir 3 *(order)* ordenar, mandar, dar instrucciones 4 JUR *(solicitor, barrister)* dar instrucciones a *(jury)* instruir.

in·struc·tion [ɪnˈstrʌkʃən] *n.* 1 *(teaching)* instrucción f., enseñanza 2 *(order)* orden f., mandato, instrucción f. ◇ *npl.* instructions *(information)* instrucciones fpl. **"Instructions for use"** *"Modo de empleo"*, *"Instrucciones de uso"*.

in·struc·tor [ɪnˈstrʌktəʳ] *n.* *(gen)* instructor *(of driving)* profesor *(of sport)* monitor.

in·stru·ment [ˈɪnstrəmənt] *n.* instrumento m. **instrument panel** tablero de mandos.

in·stru·men·tal [ɪnstrəˈmentəl] *adj.* 1 MUS instrumental 2 *(helpful, significant)* decisivo.

in·stru·men·tal·ist [ɪnstruˈmentəlɪst] *n.* instrumentista mf.

in·sub·or·di·nate [ɪnsəˈbɔːdɪnət] *adj.* insubordinado, indisciplinado, desobediente, rebelde.

in·sub·or·di·na·tion [ɪnsəbɔːdɪˈneɪʃən] *n.* insubordinación f., indisciplina, desobediencia, rebeldía.

in·sub·stan·tial [ɪnsəbˈstænʃəl] *adj.* 1 *(gen)* insustancial *(meal)* poco nutritivo *(structure)* poco sólido, poco seguro, frágil 2 *fig. use (tenuous)* poco convincente, flojo 3 *(imaginary, unreal)* imaginario.

in·suf·fi·cien·cy [ɪnsəˈfɪʃənsɪ] *n. pl.* **insufficiencies** insuficiencia, carencia, falta.

in·suf·fi·cient [ɪnsəˈfɪʃənt] *adj.* insuficiente.

in·su·lar [ˈɪnsjʊləʳ] *adj.* 1 *(of island)* insular 2 *pej. (narrow-minded)* estrecho de miras.

in·su·late [ˈɪnsjəleɪt] *tr.* 1 TECH aislar *(against/from,* de) 2 *fig. use (protect)* proteger *(against,* contra), *(from,* de).

in·su·la·tion [ɪnsjəˈleɪʃən] *n.* TECH aislamiento.

in·su·lin [ˈɪnsjəlɪn] *n.* insulina.

in·sult [*(n.)* ˈɪnsʌlt; *(vb.)* ɪnˈsʌlt] *n.* 1 *(words)* insulto 2 *(action)* afrenta, ofensa, ultraje m. ◇ *tr.* insultar, ofender, injuriar **an insult to somebody's intelligence** *una ofensa a la inteligencia de alguien.*

in·sult·ing [ɪnˈsʌltɪŋ] *adj.* insultante, ofensivo, injurioso.

in·sur·ance [ɪnˈʃʊərəns] *n.* 1 seguro 2 *fig. use (safeguard)* salvaguarda, protección f., garantía. **to take out insurance** *hacerse un seguro,* contratar un seguro **insurance broker** agente mf. de seguros **insurance company** compañía de seguros **insurance policy** póliza (de seguro) **insurance premium** prima (de seguro) **car insurance** seguro de coche **national insurance** seguridad f. social **private health insurance** seguro médico privado.

in·sure [ɪnˈʃʊəʳ] *tr.* asegurar *(against,* contra) ◇ *intr.* asegurarse *(against,* contra) **to insure oneself/one's life** *hacerse un seguro de vida.*

in·sured [ɪnˈʃʊəd] *adj.* asegurado ◇ *n.* the insured el/la asegurado.

in·tact [ɪnˈtækt] *adj.* intacto.

in·take [ˈɪnteɪk] *n.* 1 *(of food, etc.)* consumo *(of breath)* inhalación f. 2 TECH *(of air, water)* entrada *(of electricity, gas, water)* toma 3 *(number of people)* número de personas inscritas.

in·tan·gi·ble [ɪnˈtændʒɪbəl] *adj.* intangible.

in·te·ger [ˈɪntɪdʒəʳ] *n.* MATH entero, número entero.

in·te·gral [ˈɪntɪgrəl] *adj.* 1 *(intrinsic, essential)* integral, esencial, fundamental 2 *(built-in)* incorporado 3 MATH integral ◇ *n.* MATH integral f.

in·te·grate [ˈɪntɪgreɪt] *tr.* 1 integrar *(into/with,* en), incorporar *(into/with,* a) 2 MATH integrar ◇ *intr.* integrarse *(into/with,* en), incorporarse *(into/with,* a)

in·te·grat·ed [ˈɪntɪgreɪtɪd] *adj.* 1 *(gen)* integrado 2 *(psychologically)* equilibrado **integrated circuit** circuito integrado.

in·te·gra·tion [ɪntɪˈgreɪʃən] *n.* integración f. *(into,* en).

in·teg·ri·ty [ɪnˈtegrɪtɪ] *n.* 1 *(honesty)* integridad f., honradez f. 2 *(completeness)* totalidad f.

in·tel·lect [ˈɪntɪlekt] *n.* 1 *(intelligence)* intelecto, inteligencia 2 *(person)* intelectual mf.

in·tel·lec·tu·al [ɪntɪˈlektjʊəl] *adj.* intelectual ◇ *n.* intelectual mf.

in·tel·li·gence [ɪnˈtelɪdʒəns] *n.* 1 *(gen)* inteligencia 2 *(information)* información f., espionaje m. **intelligence test** prueba de inteligencia.

in·tel·li·gent [ɪnˈtelɪdʒənt] *adj.* inteligente.

in·tel·li·gi·ble [ɪnˈtelɪdʒəbəl] *adj.* inteligible, comprensible.

in·tend [ɪnˈtend] *tr.* 1 *(plan, mean, have in mind)* tener la intención de, tener el propósito de, proponerse, pensar, querer 2 *(destine for)* ir dirigido a.

in·tend·ed [ɪnˈtendɪd] *adj.* 1 *(meant, desired)* intencionado, deseado 2 *(planned for future)* previsto, proyectado 3 *(planned for, designed for)* para, dirigido a.

in·tense [ɪnˈtens] *adj.* 1 *(gen)* intenso, fuerte *(stare)* penetrante 2 *(emotions)* profundo, grande, vivo 3 *(person)* muy serio.

in·ten·si·fy [ɪnˈtensɪfaɪ] *tr. pt. & pp.* **intensified**, *ger.* **intensifying** *(search, campaign)* intensificar *(effort)* redoblar *(production, pollution, pain)* aumentar ◇ *intr.* intensificarse, aumentar.

in·ten·si·ty [ɪnˈtensɪtɪ] *n. pl.* **intensities** 1 intensidad f. 2 *(of person)* seriedad f.

in·ten·sive [ɪnˈtensɪv] *adj.* 1 *(course, training, etc.)* intensivo 2 *(search)* minucioso *(study)* profundo **intensive care** cuidados mpl. intensivos **intensive care unit** unidad de vigilancia intensiva, unidad f. de cuidados intensivos.

in·tent [ɪnˈtent] *adj.* 1 *(look, etc.)* atento 2 *(determined)* decidido, resuelto, empeñado 3 *(absorbed)* absorto, concentrado ◇ *n.* intención f., propósito. **to all intents (and purposes)** *a todos los efectos.*

in·ten·tion [ɪnˈtenʃən] *n.* *(purpose, aim, plan, determination)* intención f., propósito **to do something with the best of intentions** *hacer algo con buena voluntad.*

in·ten·tion·al [ɪnˈtenʃənəl] *adj.* intencional, deliberado.

in·ter [ɪnˈtɜːʳ] *tr. pt. & pp.* **interred**, *ger.* **interring** *[fml. use]* enterrar, sepultar.

in·ter·act [ɪntərˈækt] *intr.* 1 *(people)* relacionarse, interaccionar 2 CHEM reaccionar.

in·ter·ac·tion [ɪntərˈækʃən] *n.* interacción f.

in·ter·ac·tive [ɪntərˈæktɪv] *adj.* interactivo.

in·ter·cept [ɪntəˈsept] *tr.* interceptar.

in·ter·cep·tion [ɪntəˈsepʃən] *n.* interceptación f.

in·ter·change [ˈɪntətʃeɪndʒ] *n.* 1 *(exchange)* intercambio 2 *(on motorway)* enlace m. ◇ *tr.* intercambiar *(with,* con).

in·ter·change·a·ble [ɪntəˈtʃeɪndʒəbəl] *adj.* intercambiable.

in·ter·course [ˈɪntəkɔːs] *n.* 1 *(dealings)* trato 2 *(sexual)* coito, relaciones fpl. sexuales.

in·ter·dis·ci·pli·nar·y [ɪntədɪsɪˈplɪnərɪ] *adj.* interdisciplinario.

in·ter·est ['ɪntrəst] n. 1 (gen) interés m. 2 (hobby) afición f., interés m. 3 **(advantage, benefit)** provecho, beneficio 4 COMM (share, stake) participación f., interés m. 5 FIN (money) interés m., rédito ◇ tr. interesar **to bear/earn/pay interest** dar interés, devengar interés. **to lose interest in something** perder interés en algo. **to take an interest in something** interesarse por algo. **interest group** grupo de intereses.

in·ter·est·ed ['ɪntrəstɪd] adj. interesado (**in,** en)

in·ter·est-free ['ɪntrɪstfriː] adj. sin intereses **interest-free loan** préstamo sin intereses.

in·ter·est·ing ['ɪntrəstɪŋ] adj. interesante.

in·ter·face ['ɪntəfeɪs] n. 1 COMPUT interface f., interfaz f. 2 fig. use terreno común.

in·ter·fere [ɪntə'fɪəʳ] intr. (meddle) entrometerse (**in,** en), entremeterse (**in,** en), meterse (**in,** en), inmiscuirse (**in,** en) ◇ intr. (prevent advancement) afectar (**with,** -), dificultar (**with,** -), estorbar (**with,** -), impedir (**with,** -), interferir (**with,** en) ◇ (fiddle with, mess about with) tocar (**with,** -), manosear (**with,** -) ◇ (broadcasts) interferir (**with,** -) ◇ intr.

in·ter·fer·ence [ɪntə'fɪərəns] n. 1 (meddling) intromisión f., entrometimiento, entremetimiento, injerencia 2 (with broadcast) interferencia f.

in·ter·im ['ɪntərɪm] adj. 1 interino, provisional ◇ n. 1 ínterin m.

in·te·ri·or [ɪn'tɪərɪəʳ] adj. interior ◇ n. interior m., parte f. interior ◇ n. **the interior** (inland) el interior **interior decorator** decorador mf. **interior design** interiorismo **interior designer** interiorista.

in·ter·lock [ɪntə'lɒk] tr. (fingers) entrelazar (cogs) engranar, endentar (parts, pieces, units) enganchar, trabar (intr. (fingers) entrelazarse (cogs) engranarse, endentarse (units) engancharse, trabarse.

in·ter·me·di·ate [ɪntə'miːdɪət] adj. intermedio.

in·ter·mis·sion [ɪntə'mɪʃən] n. (interval) intermedio, descanso.

in·ter·mit·tent [ɪntə'mɪtənt] adj. intermitente.

in·tern [(n.) 'ɪntɜːn; (vb.) ɪn'tɜːn] n. interno ◇ tr. internar, recluir.

in·ter·nal [ɪn'tɜːnəl] adj. interno **internal audit** auditoría interna **internal inquiry** investigación interna **internal combustion** combustión f. interna **internal organ** órgano interno **Internal Revenue** Hacienda.

in·ter·nal·ly [ɪn'tɜːnəlɪ] adv. interiormente, internamente.

in·ter·na·tion·al [ɪntə'næʃənəl] adj. internacional ◇ n. SP (player) internacional mf. (match) partido internacional **International Date Line** línea internacional de cambio de fecha **international law** derecho internacional.

In·ter·net ['ɪntənet] n. Internet f. **Internet café** cibercafé m. **Internet service provider** proveedor m. de servicios de Internet.

in·ter·per·son·al [ɪntə'pɜːsənəl] adj. interpersonal.

in·ter·plan·e·tary [ɪntə'plænɪtrɪ] adj. interplanetario.

in·ter·play ['ɪntəpleɪ] n. interacción f.

in·ter·pret [ɪn'tɜːprɪt] tr. (gen) interpretar (understand) interpretar, entender ◇ intr. actuar de intérprete, hacer de intérprete.

in·ter·pre·ta·tion [ɪntɜːprɪ'teɪʃən] n. interpretación f.

in·ter·pret·er [ɪn'tɜːprɪtəʳ] n. intérprete mf.

in·ter·ra·cial [ɪntə'reɪʃəl] adj. interracial.

in·ter·ro·gate [ɪn'terəgeɪt] tr. interrogar.

in·ter·ro·ga·tion [ɪnterə'geɪʃən] n. interrogatorio.

in·ter·rog·a·tive [ɪntə'rɒgətɪv] adj. [fml. use] interrogativo ◇ n. LING (word) palabra interrogativa (phrase) oración f. interrogativa.

in·ter·rupt [ɪntə'rʌpt] tr. interrumpir ◇ intr. interrumpir.

in·ter·rup·tion [ɪntə'rʌpʃən] n. interrupción f.

in·ter·sect [ɪntə'sekt] tr. 1 (road, etc.) cruzar, atravesar 2 (in geometry) cruzar, intersecar ◇ intr. 1 (road, etc.) cruzarse, juntarse 2 (in geometry) intersecarse.

in·ter·sec·tion [ɪntə'sekʃən] n. 1 (of roads) cruce m. 2 (in geometry) intersección f.

in·ter·state ['ɪntəsteɪt] adj. (esp us) interestatal, entre estados.

in·ter·twine [ɪntə'twaɪn] tr. entrelazar (**with,** con) ◇ intr. entrelazarse (**with,** con).

in·ter·val ['ɪntəvəl] n. 1 (in time, space) intervalo (**between,** entre) 2 (in play, film, etc.) intermedio, descanso (in play) entreacto 3 (pause, break) pausa (silence) silencio (rest) descanso 4 MUS intervalo ◇ npl. intervals METEOR intervalos mpl. **at intervals** (in time) a intervalos, a ratos, de vez en cuando (in space) a intervalos.

in·ter·vene [ɪntə'viːn] intr. 1 (person) intervenir (**in,** en) 2 (event, etc.) sobrevenir, ocurrir 3 [fml. use] (time) transcurrir, mediar.

in·ter·ven·tion [ɪntə'venʃən] n. intervención f.

in·ter·view ['ɪntəvjuː] n. (gen) entrevista (press) entrevista ◇ tr. entrevistar, hacer una entrevista a, entrevistarse con ◇ intr. entrevistarse.

in·ter·view·er ['ɪntəvjuːəʳ] n. entrevistador.

in·tes·tate [ɪn'testeɪt] adj. JUR intestado.

in·tes·ti·nal [ɪn'testɪnəl] adj. intestinal.

in·tes·tine [ɪn'testɪn] n. intestino.

in·ti·ma·cy ['ɪntɪməsɪ] n. 1 (closeness) intimidad f. 2 euphemistic use (sexual activity) relaciones fpl. íntimas ◇ npl. intimacies (actions) intimidades fpl.

in·ti·mate ['ɪntɪmət] adj. 1 (gen) íntimo (link, etc.) estrecho 2 (knowledge) profundo ◇ n. (friend) amigo íntimo, íntimo. **to be intimate with somebody** (friendly) ser muy amigos con alguien (having sexual relations) tener relaciones (íntimas) con alguien.

in·tim·i·date [ɪn'tɪmɪdeɪt] tr. intimidar.

in·tim·i·dat·ing [ɪn'tɪmɪdeɪtɪŋ] adj. 1 amenazador, intimidatorio 2 fig. use que infunde temor.

in·tim·i·da·tion [ɪntɪmɪ'deɪʃən] n. intimidación f.

in·to ['ɪntuː] prep. 1 (indicating movement) en, dentro de, a (in direction of) a, hacia (against) contra, con 2 (time, age) hasta 3 (indicating change) en, a 4 MATH entre.

in·tol·er·a·ble [ɪn'tɒlərəbəl] adj. intolerable, insoportable, inaceptable, inadmisible.

in·tol·er·ance [ɪn'tɒlərəns] n. intolerancia, intransigencia.

in·tol·er·ant [ɪn'tɒlərənt] adj. intolerante, intransigente.

in·tox·i·cate [ɪn'tɒksɪkeɪt] tr. 1 [fml. use] embriagar, emborrachar 2 fig. use embriagar.

in·tox·i·cat·ed [ɪn'tɒksɪkeɪtɪd] adj. ebrio, borracho.

in·tox·i·cat·ing [ɪn'tɒksɪkeɪtɪŋ] adj. embriagador **intoxicating liquor** bebida alcohólica.

in·tox·i·ca·tion [ɪntɒksɪ'keɪʃən] n. embriaguez f.

in·tra·net ['ɪntrənet] n. red f. local.

in·tran·si·tive [ɪn'trænsɪtɪv] adj. LING intransitivo.

in·tra·ve·nous [ɪntrə'viːnəs] adj. MED intravenoso.

in·tri·ca·cy ['ɪntrɪkəsɪ] n. pl. intricacies complejidad f. ◇ npl. intricacies complicaciones fpl., detalles mpl., pormenores mpl.

in·tri·cate ['ɪntrɪkət] adj. (plot, etc.) complejo, complicado (pattern) intrincado.

in·trigue [ɪn'triːg] n. 1 (gen) intriga (conspiracy) conspiración f. 2 (love affair) amorío, aventura ◇ tr. (fascinate) intrigar, fascinar, interesar ◇ intr. (scheme, plot) intrigar.

in·tri·gu·ing [ɪnˈtriːgɪŋ] *adj.* intrigante, fascinante, interesante.

in·trin·sic [ɪnˈtrɪnsɪk] *adj.* intrínseco, inherente.

in·tro [ˈɪntrəʊ] *n. pl.* **intros 1** *(fam. use) (of person)* presentación *f.* **2** MUS introducción *f.*

in·tro·duce [ɪntrəˈdjuːs] *tr.* **1** *(person, program)* presentar **2** *(bring in - gen)* introducir **(- new product, etc.)** presentar, lanzar *(law, procedure, etc.)* introducir, instituir **3** *(to hobby, habit)* iniciar **(to, en) 4** *(bring up)* proponer, sugerir, plantear, introducir **5** POL *(propose)* presentar **6** *(fml. use) (insert)* introducir, meter, insertar.

in·tro·duc·tion [ɪntrəˈdʌkʃən] *n.* **1** *(of person, program)* presentación *f.* **2** *(to book, speech, etc.)* introducción *f.* **3** *(bringing in - gen)* introducción *f.* *(- of new product, etc.)* presentación *f.*, lanzamiento *f.* *(- of law, procedure, etc.)* introducción *f.*, institución *f.* **4** *(first experience)* iniciación *f.* **5** MUS introducción *f.*

in·tro·duc·to·ry [ɪntrəˈdʌktərɪ] *adj.* (gen) introductorio *(words, remarks, etc.)* preliminar *(offer, price)* de lanzamiento.

in·tro·vert [ˈɪntrəvɜːt] *n.* introvertido.

in·tro·vert·ed [ˈɪntrəvɜːtɪd] *adj.* introvertido.

in·trude [ɪnˈtruːd] *intr.* **1** *(disturb)* importunar, molestar **2** *(interfere)* entrometerse, inmiscuirse, meterse ◇ *tr.* *(fml. use)* importunar, introducir.

in·trud·er [ɪnˈtruːdəʳ] *n.* intruso.

in·tru·sion [ɪnˈtruːʒən] *n.* **1** *(into place)* intrusión *f.* **2** *(on privacy, mood, etc.)* invasión *f.*

in·tru·sive [ɪnˈtruːsɪv] *adj.* *(intruding)* intruso *(nosy)* entrometido *(annoying, unwelcome)* que molesta, que estorba, molesto.

in·tu·it [ɪnˈtjuːɪt] *tr.* *(fml. use)* intuir ◇ *intr.* *(fml. use)* intuir.

in·tu·i·tion [ɪntjuːˈɪʃən] *n.* intuición *f.*

in·tu·i·tive [ɪnˈtjuːɪtɪv] *adj.* intuitivo.

in·un·date [ˈɪnʌndeɪt] *tr.* **1** inundar **(with,** de) **2** *fig. use* inundar **(with,** de)

in·vade [ɪnˈveɪd] *tr.* (gen) invadir ◇ *intr.* invadir.

in·vad·er [ɪnˈveɪdəʳ] *n.* invasor.

in·va·lid¹ [ˈɪnvəlɪd] *n.* *(disabled person)* inválido, minusválido *(sick person)* enfermo ◇ *adj.* *(disabled)* inválido, minusválido *(sick)* enfermo.

in·va·lid² [ɪnˈvælɪd] *adj.* (gen) inválido, no válido, nulo *(out of date)* caducado.

in·val·i·date [ɪnˈvælɪdeɪt] *tr.* *(result, rule, etc.)* invalidar, anular *(argument)* refutar, demostrar el error de.

in·val·u·a·ble [ɪnˈvæljuəbəl] *adj.* inestimable, inapreciable.

in·var·i·a·ble [ɪnˈveərɪəbəl] *adj.* invariable, constante.

in·va·sion [ɪnˈveɪʒən] *n.* (gen) invasión *f.*

in·vent [ɪnˈvent] *tr.* inventar, inventarse.

in·ven·tion [ɪnˈvenʃən] *n.* **1** *(gen)* invento, invención *f.* *(lying)* invención *f.*, mentira **2** *(capacity for inventing)* inventiva.

in·ven·tive [ɪnˈventɪv] *adj.* inventivo.

in·ven·tor [ɪnˈventəʳ] *n.* inventor.

in·verse [ɪnˈvɜːs] *adj.* inverso ◇ *n.* the inverse lo inverso, lo contrario. **in inverse ratio/proportion** *en proporción inversa.*

in·ver·sion [ɪnˈvɜːʒən] *n.* inversión *f.*

in·vert [ɪnˈvɜːt] *tr.* invertir.

in·ver·te·brate [ɪnˈvɜːtɪbrət] *adj.* invertebrado ◇ *n.* invertebrado.

in·vest [ɪnˈvest] *tr.* **1** *(money)* invertir **(in,** en) **2** *(time, effort, etc.)* emplear **(in,** en), invertir **(in,** en) **/ 3** *(fml. use) (right, rank, power, etc.)* investir **(with,** con), conferir **(with,** -), otorgar **(with,** -) **4** *(fml. use) (quality, characteristic, etc.)* revestir **(with,** con), envolver **(with,** de) ◇ *intr.* **1** hacer una inversión **(in,** en), invertir dinero **(in,** en) **2** *(fam. use) (buy)* comprar **(in,** -)

in·ves·ti·gate [ɪnˈvestɪgeɪt] *tr.* *(crime)* investigar **(cause, possibility)** examinar, estudiar ◇ *intr.* *(fam. use) (check)* mirar.

in·ves·ti·ga·tion [ɪnvestɪˈgeɪʃən] *n.* *(of crime)* investigación *f.* **(into,** sobre) *(of cause, possibility)* examen *m.* **(into,** de), estudio **(into,** de)

in·ves·ti·ga·tor [ɪnˈvestɪgeɪtəʳ] *n.* investigador.

in·vest·ment [ɪnˈvestmənt] *n.* **1** *(of money)* inversión *f.* **2** *(investiture)* investidura.

in·vest·or [ɪnˈvestəʳ] *n.* inversor, inversionista *mf.*

in·vig·or·at·ing [ɪnˈvɪgəreɪtɪŋ] *adj.* tonificante, vigorizante, estimulante.

in·vin·ci·ble [ɪnˈvɪnsəbəl] *adj.* invencible.

in·vis·i·bil·i·ty [ɪnvɪzəˈbɪlətɪ] *n.* invisibilidad *f.*

in·vis·i·ble [ɪnˈvɪzəbəl] *adj.* invisible.

in·vi·ta·tion [ɪnvɪˈteɪʃən] *n.* invitación *f.* **by invitation only** *entrada por invitación.*

in·vite [*(vb.)* ɪnˈvaɪt; *(n.)* ˈɪnvaɪt] *tr.* **1** *(guest, etc.)* invitar, convidar *(candidate, participant)* pedir, invitar **2** *(comment, suggestion, etc.)* solicitar **3** *(criticism, disaster, etc.)* provocar, incitar ◇ *n.* *(fam. use)* invitación *f.*

in·vit·ing [ɪnˈvaɪtɪŋ] *adj.* *(tempting)* tentador *(attractive)* atractivo, atrayente *(tasty)* apetitoso.

in vi·tro [ɪnˈviːtrəʊ] phrase **in vitro** **in vitro fertilization** *fertilización f. in vitro.*

in·voice [ˈɪnvɔɪs] *n.* COMM factura ◇ *tr.* COMM facturar, pasar factura. **as per invoice** *según factura.* **to draw up/make out an invoice** *extender una factura* **pro forma invoice** *factura pro forma.*

in·vol·un·tar·y [ɪnˈvɒləntərɪ] *adj.* involuntario, sin querer.

in·volve [ɪnˈvɒlv] *tr.* **1** *(entail)* suponer, implicar, conllevar *(give rise to)* acarrear, ocasionar **2** *(include, affect, concern)* tener que ver con, afectar a **3** *(implicate)* implicar, involucrar, meter **to involve oneself in something** *tomar parte en algo.*

in·volved [ɪnˈvɒlvd] *adj.* **1** *(complicated)* complicado **2** *(implicated, associated)* implicado, involucrado *(mixed up in)* metido, envuelto, mezclado **3** *(engrossed)* absorto *(busy)* ocupado **4** *(emotionally)* enredado, liado, enrollado.

in·volve·ment [ɪnˈvɒlvmənt] *n.* **1** *(participation)* participación *f.* **2** *(in crime)* complicidad *f.*, implicación *f.* **3** *(affair)* enredo, lío, relación *f.* **military involvement** *intervención f. militar.*

in·vul·ner·a·ble [ɪnˈvʌlnərəbəl] *adj.* invulnerable.

in·ward [ˈɪnwəd] *adj.* interior ◇ *adv.* hacia dentro.

in·wards [ˈɪnwədz] *adv.* hacia dentro.

i·o·dide [ˈaɪədaɪd] *n.* yoduro.

i·o·dine [ˈaɪədiːn] *n.* yodo.

i·on [ˈaɪən] *n.* ion *m.*

i·on·i·za·tion [aɪənaɪˈzeɪʃən] *n.* ionización *f.*

i·on·ize [ˈaɪənaɪz] *tr.* ionizar.

i·on·iz·er [ˈaɪənaɪzəʳ] *n.* ionizador *m.*

IOU [ˈaɪəʊˈjuː] *abbr.* **(I owe you)** pagaré *m.*

IPA [ˈaɪˈpiːˈeɪ] *abbr.* **(International Phonetic Alphabet)** Alfabeto Fonético Internacional *(abbreviation)* AFI *m.*

IQ [ˈaɪˈkjuː] *abbr.* **(intelligence quotient)** coeficiente *m.* de inteligencia *(abbreviation)* CI *m.*

I·ran [ɪˈrɑːn] *n.* Irán.

I·ra·ni·an [ɪˈreɪnɪən] *adj.* iranio, iraní ◇ *n.* **1** *(person)* iranio, iraní **2** *(language)* iranio.

I·raq [ɪˈrɑːk] *n.* Irak.

I·ra·qi [ɪˈrɑːkɪ] *adj.* iraquí ◇ *n.* iraquí *mf.*

Ire·land [ˈaɪələnd] *n.* Irlanda **Northern Ireland** *Irlanda del norte.*

i·ris [ˈaɪərɪs] *n.* **1** *(of eye)* iris *m.* inv **2** BOT lirio.

I·rish [ˈaɪrɪʃ] *adj.* irlandés ◇ *n.* *(language)* irlandés *m.* ◇ *npl.* the Irish los irlandeses *mpl.* **Irish coffee** *café m. irlandés.*

i·ron ['aɪən] n. 1 (metal) hierro 2 (appliance) plancha 3 (for golf) hierro, palo de hierro ◇ adj. de hierro ◇ tr. (clothes) planchar ◇ intr. planchar ◇ npl. irons (fetters) grillos mpl., grilletes mpl. **to have a will of iron/have an iron will** tener una voluntad de hierro. **to strike while the iron is hot** lo mejor es actuar de inmediato **Iron Age** Edad de Hierro **Iron Curtain** telón m. de acero **iron foundry** fundición f. (de hierro) **iron ore** mineral m. de hierro.

to iron out. tr. sep. 1 (clothes) planchar 2 fig. use (problem, difficulty, etc.) resolver, solucionar.

i·ron·ic [aɪ'rɒnɪk] adj. irónico.

i·ron·i·cal·ly [aɪ'rɒnɪklɪ] adv. 1 (sarcastically) irónicamente, con ironía 2 (strangely) curiosamente.

i·ron·ing ['aɪənɪŋ] n. (clothes to be ironed) ropa por planchar, plancha (clothes ironed) ropa planchada, plancha. **ironing board** tabla de planchar.

i·ron·work ['aɪənwɜːk] n. herraje m.

i·ro·ny ['aɪrənɪ] n. pl. **ironies** ironía.

ir·ra·tion·al [ɪ'ræʃənəl] adj. irracional.

ir·rec·on·cil·a·ble [ɪ'rekənsaɪləbəl] adj. [fml. use] irreconciliable, inconciliable.

ir·reg·u·lar [ɪ'regjələ^r] adj. 1 (gen) irregular (uneven) desigual 2 (unusual, abnormal) raro, anormal (against the rules) inadmisible 3 (troops) irregular ◇ npl. irregulars (troops) tropas fpl. irregulares.

ir·reg·u·lar·i·ty [ɪregjə'lærɪtɪ] n. pl. **irregularities** 1 (gen) irregularidad f. (unevenness) desigualdad f. 2 (abnormality) anormalidad f., anomalía.

ir·rel·e·vance [ɪ'relavəns] n. falta de pertinencia.

ir·rel·e·vant [ɪ'relɪvənt] adj. 1 (unimportant - fact, detail, etc.) irrelevante 2 (out of place) que no viene al caso.

ir·re·li·gious [ɪrɪ'lɪdʒəs] adj. irreligioso.

ir·rep·a·ra·ble [ɪ'repərəbəl] adj. irreparable.

ir·re·place·a·ble [ɪrɪ'pleɪsəbəl] adj. irremplazable, insustituible.

ir·re·sist·i·ble [ɪrɪ'zɪstəbəl] adj. 1 (temptation, impulse, etc.) irresistible 2 (person, thing) irresistible.

ir·re·spec·tive [ɪrɪ'spektɪv] prep. irrespective of sin tener en cuenta, sin tomar en consideración, independientemente de.

ir·re·spon·si·ble [ɪrɪ'spɒnsəbəl] adj. irresponsable, poco serio.

ir·rev·er·ence [ɪ'revərəns] n. irreverencia, falta de respeto.

ir·rev·er·ent [ɪ'revərənt] adj. irreverente.

ir·re·vers·i·ble [ɪrɪ'vɜːsəbəl] adj. (process, damage) irreversible (judgement, decision) irrevocable.

ir·ri·gate ['ɪrɪgeɪt] tr. 1 agriculture regar, irrigar 2 MED irrigar.

ir·ri·ga·tion [ɪrɪ'geɪʃən] n. agriculture riego, irrigación f. **irrigation channel** acequia, canal m. de riego.

ir·ri·ta·ble ['ɪrɪtəbəl] adj. irritable, de mal humor.

ir·ri·tant ['ɪrɪtənt] adj. ◇ n. 1 agente m. irritante 2 fig. use molestia, motivo de irritación.

ir·ri·tate ['ɪrɪteɪt] tr. 1 (annoy) irritar, molestar, fastidiar 2 MED (cause discomfort) irritar (make inflamed) inflamar.

ir·ri·tat·ing ['ɪrɪteɪtɪŋ] adj. 1 (annoying) irritante, molesto, fastidioso, pesado 2 MED irritante.

ir·ri·ta·tion [ɪrɪ'teɪʃən] n. 1 MED irritación f. 2 (cause of annoyance) molestia, fastidio 3 (anger) mal humor m., enfado, irritación f.

is [ɪz] pres. **VER**: be.

Is·lam ['ɪzlɑːm] n. islam m.

Is·lam·ic [ɪz'læmɪk] adj. islámico.

is·land ['aɪlənd] n. isla ◇ adj. isleño.

isle [aɪl] n. isla.

i·so·late ['aɪsəleɪt] tr. aislar (from, de)

i·so·lat·ed ['aɪsəleɪtɪd] adj. 1 (solitary) aislado, apartado 2 (single) aislado, único, excepcional.

i·so·la·tion [aɪsə'leɪʃən] n. aislamiento (from, de) **in isolation** (separately) por separado **isolation ward** sala de aislamiento.

i·sos·ce·les [aɪ'sɒsɪliːz] adj. isósceles.

i·so·tope ['aɪsətəʊp] n. isótopo.

Is·ra·el ['ɪzrɪəl] n. Israel.

Is·rae·li [ɪz'reɪlɪ] adj. israelí ◇ n. israelí mf.

is·sue ['ɪʃuː] n. 1 (subject, topic) tema m., cuestión f., asunto 2 (of newspaper, magazine, etc.) número 3 (of stamps, shares, back notes, etc.) emisión f. (of book) publicación f. 4 (of passport, licence) expedición f. 5 (of equipment, supplies, etc.) distribución f., reparto, suministro 6 [fml. use] (emergence - of water, blood) flujo 7 [fml. use] (children) descendencia 8 [fml. use] (result, outcome) resultado, consecuencia, desenlace m. ◇ tr. 1 (book, article) publicar 2 (stamps, shares, banknotes, etc.) emitir 3 (passport, visa) expedir 4 (equipment, supplies, etc.) distribuir, repartir, suministrar, proporcionar 5 (order, instruction) dar (statement, warning) dar, hacer público (writ, summons) dictar, expedir (decree) promulgar (warrant) expedir ◇ intr. 1 [fml. use] (liquid, blood) fluir, manar (smell, etc.) salir 2 [fml. use] (result) resultar (from, de), provenir (from, de), derivar (se) (from, de). **to address an issue** tratar una cuestión. **to cloud/confuse the issue** complicar el asunto. **to evade/duck the issue** eludir el problema, evitar el tema. **to force the issue** forzar una decisión. **to make an issue (out) of something** dar demasiada importancia a algo, insistir demasiado sobre algo. **to take issue with somebody** manifestar su desacuerdo con alguien, discrepar con alguien.

isth·mus ['ɪsməs] n. istmo.

it [ɪt] pron. 1 (subject) él, ella, ello 2 (object - direct) lo, la (- indirect) le 3 (after prep) él, ella, ello 4 (abstract) ello **that's it** (that is the end) ya está, se acabó (agreeing) eso es, eso mismo (disapproving) basta ya. **this is it** ha llegado el momento, ha llegado la hora. **how's it going?** ¿qué tal?, ¿cómo va todo?

IT [aɪˈtiː] abbr. (information technology) informática.

I·tal·ian [ɪ'tælɪən] adj. italiano ◇ n. 1 (person) italiano 2 (language) italiano.

i·tal·ic [ɪ'tælɪk] adj. (letra) cursiva.

It·a·ly ['ɪtəlɪ] n. Italia.

itch [ɪtʃ] n. 1 MED picazón f., picor m. 2 [fam. use] fig. use (strong desire) deseo, anhelo, ansia ◇ intr. picar.

itch·y ['ɪtʃɪ] adj. comp. **itchier**, superl. **itchiest** que pica **to feel itchy** picar, tener picor. **to get/have itchy feet** tener ganas de viajar.

it'd ['ɪtəd] contr. 1 it had 2 it would.

i·tem ['aɪtəm] n. 1 (on list) artículo, cosa (in collection) pieza 2 (on agenda) asunto, punto 3 (on bill) partida, asiento 4 (in show) número ◇ adv. también.

i·tem·ize ['aɪtəmaɪz] tr. 1 (contents) hacer una lista de 2 (bill) detallar.

i·tin·er·ar·y [aɪ'tɪnərərɪ] n. pl. **itineraries** itinerario, ruta.

it'll ['ɪtəl] contr. it will.

its [ɪts] adj. (one thing) su (more than one thing) sus.

it's [ɪts] contr. 1 it is 2 **VER**: it has.

it·self [ɪt'self] pron. 1 (reflexive) se 2 (emphatic) en sí 3 (after prep) sí **by itself**.

I've [aɪv] contr. I have.

i·vo·ry ['aɪvərɪ] n. (substance) marfil m. (color) color m. marfil ◇ adj. de marfil ◇ npl. ivories (objects) objetos mpl. de marfil (teeth) dientes mpl. (piano keys) teclas fpl. **an ivory tower** una torre de marfil **Ivory Coast** Costa de Marfil.

i·vy ['aɪvɪ] n. hiedra, yedra.

J, j [dʒeɪ] *n. (the letter)* J, j *f.*

jab [dʒæb] *n.* **1** pinchazo *(with elbow)* codazo **2** *[fam. use]* inyección *f.* **3** *(in boxing)* jab, golpe recto ◇ *tr. pt. & pp.* **jabbed**, *ger.* **jabbing** pinchar *(with elbow)* dar un codazo a.

jack [dʒæk] *n.* **1** AUTO gato **2** *(in cards)* jota *(Spanish pack)* sota **3** *(in bowls)* boliche *m.* **4** *(flag)* banderín *m.* de popa **5** ELEC enchufe *m.* **jack plug** ELEC jack *m.*, clavija.

to jack up ◇ *tr. sep.* **1** *(car)* levantar con gato **2** *(prices)* subir.

Jack [dʒæk] *n.* Juanito. **before you can say Jack Robinson** en un periquete, en un santiamén. **Jack of all trades, master of none** quien mucho abarca poco aprieta **Jack Frost** personificación del hielo **Jack the Ripper** Jack el Destripador.

jack·al [ˈdʒækɔːl] *n.* chacal *m.*

jack·ass [ˈdʒækæs] *n. [fam. use]* burro, mastuerzo.

jack·et [ˈdʒækɪt] *n.* **1** *(in general)* chaqueta *(of suit)* americana *(leather, etc.)* cazadora **2** *(of book)* sobrecubierta **jacket potato** papa asada *(con su piel).*

jack·ham·mer [ˈdʒækhæməʳ] *n.* martillo neumático.

jack·knife [ˈdʒæknaɪf] *n.* navaja ◇ *intr. (truck)* dar un coletazo.

jack-of-all-trades [ˌdʒækəvˈɔːltreɪdz] *n.* **1** *(handyman)* manitas *m.* **2** *pej.* persona de muchos oficios.

jack·pot [ˈdʒækpɒt] *n.* (premio) gordo. **to hit the jackpot** tocarle a uno el gordo.

Ja·cu·zzi® [dʒˈkuːzɪ] *n.* jacuzzi *m.*, bañera de hidromasaje.

jade [dʒeɪd] *n.* jade *m.*

jag·ged [ˈdʒægɪd] *adj.* irregular, dentado.

jag·uar [ˈdʒægjuəʳ] *n.* jaguar *m.*

jail [dʒeɪl] *n.* cárcel *f.*, prisión ◇ *f. tr.* encarcelar.

jail·break [ˈdʒeɪlbreɪk] *n.* fuga de la cárcel.

jail·er [ˈdʒeɪləʳ] *n.* carcelero.

jail·house [ˈdʒeɪlhaus] *n.* cárcel *f.*

jam¹ [dʒæm] *n.* mermelada, confitura **jam jar** bote *m.* de mermelada.

jam² [dʒæm] *n.* *(tight spot)* aprieto, apuro ◇ *tr.* **1** *(fill)* abarrotar, atestar **2** *(cram)* embutir, meter a la fuerza **3** RAD interferir **4** *(block)* bloquear ◇ *intr.* **1** *(stick)* atrancarse **2** *(machine parts)* atascarse, agarrotarse **3** MUS tocar en una sesión improvisada de jazz o rock **to jam the brakes on** pegar un frenazo, frenar de golpe **jam session** palomazo, sesión improvisada de jazz o rock.

Ja·mai·ca [dʒəˈmeɪkə] *n.* Jamaica.

Ja·mai·can [dʒəˈmeɪkən] *adj.* jamaicano ◇ *n.* jamaicano.

jam-packed [dʒæmˈpækt] *adj. [fam. use]* de bote en bote, abarrotado *(with,* de).

Jan [ˈdʒænjuəri] *abbr.* (January) enero.

jan·gle [ˈdʒæŋgəl] *intr.* sonar de un modo discordante ◇ *tr.* hacer sonar de un modo discordante ◇ *n.* sonido discordante.

jan·i·tor [ˈdʒænɪtəʳ] *n.* conserje *m.*, portero.

Jan·u·ar·y [ˈdʒænjuərɪ] *n.* enero **NOTA:** Para ejemplos de uso, ver May.

Ja·pan [dʒəˈpæn] *n.* (el) Japón *m.* **Sea of Japan** Mar *m.* del Japón.

Jap·a·nese [dʒæpəˈniːz] *adj.* japonés ◇ *n.* **1** *(person)* japonés **2** *(language)* japonés *m.* ◇ *npl.* the Japanese los japoneses *mpl.*

jar [dʒɑːʳ] *n.* **1** *(glass)* tarro, bote *m.* **2** *(earthenware)* vasija, tinaja **3** *(shake, shock)* sacudida **4** *[fam. use]* *(drink)* copa ◇ *tr. pt. & pp.* **jarred**, *ger.* **jarring** *(shake)* golpear, dar un golpe a ◇ *intr.* **1** *(sounds)* chirriar, discordar **2** *(colors)* no pegar, desentonar.

jar·gon [ˈdʒɑːgən] *n.* jerga, jerigonza.

jas·mine [ˈdʒæzmɪn] *n.* jazmín *m.*

jaun·dice [ˈdʒɔːndɪs] *n.* ictericia.

jaun·diced [ˈdʒɔːndɪst] *adj. fig. use* cínico.

jav·e·lin [ˈdʒævəlɪn] *n.* jabalina. **to throw the javelin** lanzar la jabalina **javelin competition** lanzamiento de jabalina.

jaw [dʒɔː] *n.* **1** ANAT mandíbula **2** ZOOL mandíbula, quijada, carrillera **3** *[fam. use]* *(talk)* charla ◇ *intr.* *[fam. use]* *(talk)* charlar, darle a la sinhueso **upper jaw** maxilar *m.* superior **lower jaw** maxilar *m.* inferior.

jaw·bone [ˈdʒɔːbəun] *n.* **1** *(of person)* mandíbula, maxilar *m.* **2** *(of animal)* quijada.

jazz [dʒæz] *n.* jazz *m.* ◇ *adj.* de jazz, jazzístico. **jazz band** conjunto de jazz.

to jazz up *tr. sep. (in general)* hacer más alegre, dar vida a *(party)* animar.

jeal·ous [ˈdʒeləs] *adj.* **1** celoso **2** *(envious)* envidioso. **to be jealous of somebody** tener celos de alguien, estar celoso de alguien. **to make somebody jealous** poner celoso a alguien, provocar los celos de alguien.

jeal·ous·ly [ˈdʒeləslɪ] *adv.* **1** celosamente **2** *(enviously)* con envidia.

jeal·ous·y [ˈdʒeləsɪ] *n. pl.* **jealousies 1** celos *mpl.* **2** *(envy)* envidia.

jeans [dʒiːnz] *npl.* pantalones de mezclilla *mpl.*, tejanos *mpl.*

jeep® [dʒiːp] *n.* jeep *m.*, todoterreno.

jeer [dʒɪəʳ] *intr. (mock)* burlarse **(at,** de), mofarse **(at,** de) ◇ *tr. (boo)* abuchear ◇ *intr. (boo)* abuchear ◇ *npl.* jeers *(booing)* abucheos *mpl. (mocking)* burlas *fpl.*, mofas *fpl.*, befas *fpl.*

jeer·ing [ˈdʒɪərɪŋ] *n. (booing)* abucheos *mpl. (mocking)* burlas *fpl.*, mofas *fpl.*, befas *fpl.*, escarnio *m.* ◇ *adj.* burlón.

jell [dʒel] *intr.* cuajar.

jell·ied [ˈdʒelɪd] *adj.* CULIN en gelatina.

Jell-O® [ˈdʒeləu] También jello ◇ *n.* gelatina, jalea.

jel·ly [ˈdʒelɪ] *n. pl.* **jellies 1** *(in general)* jalea **2** *(fruit)* gelatina **jelly baby** gominola en forma de niño **jelly bean** gominola en forma de frijol.

jel·ly·fish [ˈdʒelɪfɪʃ] *n.* medusa.

jeop·ard·ize [ˈdʒepədaɪz] *tr.* poner en peligro, hacer peligrar.

jeop·ard·y [ˈdʒepədɪ] *n.* peligro. **to be in jeopardy** estar en peligro, peligrar. **to put in jeopardy** poner en peligro, hacer peligrar.

jerk [dʒɜːk] *n.* **1** *(pull)* tirón *m. (jolt)* sacudida **2** *[fam. use]* imbécil *mf.*, subnormal *mf.* ◇ *tr.* dar una sacudida a, tirar de ◇ *intr.* dar una sacudida. **with a jerk** bruscamente.

jer·kin [ˈdʒɜːkɪn] *n.* **1** chaleco **2** *(historically)* jubón *m.*

jerk·y [ˈdʒɜːkɪ] *adj. comp.* **jerkier**, *superl.* **jerkiest** espasmódico.

jer·ry·can [ˈdʒerɪkæn] *n.* bidón *m.*

jest [dʒest] *n.* broma ◇ *intr.* bromear. **in jest** en broma.

jest·er ['dʒestə'] *n.* HIST bufón *m.*

Je·sus ['dʒi:zəs] *n., interj.* Jesucristo ◇ *interj.* Jesus! *[fam. use]* ¡joder! **Jesus Christ** *Jesucristo.*

jet¹ [dʒet] *n.* **1** *(aircraft)* reactor *m.* **2** *(stream)* chorro 3 *(outlet)* boquilla, mechero *intr.* **1** salir a chorro **2** *[fam. use]* viajar en avión **jet engine** *reactor m., propulsor m. a chorro* **jet lag** *jet lag m., desarreglo horario* **jet set** *la jet set f., la jet f,* **jet propulsion** *propulsión f. a chorro* **jet ski** *moto f. acuática* **jet stream** *corriente f. en chorro.*

jet² [dʒet] *n. (mineral)* azabache *m.*

jet-black ['dʒet'blæk] *adj.* negro como el azabache.

jet-lagged ['dʒetlægd] *adj.* que tiene jet lag.

jet-pro·pelled [dʒetprə'peld] *adj.* de propulsión a chorro.

jet·sam ['dʒetsəm] *n.* MAR echazón *m.*

jet·ti·son ['dʒetɪsən] *tr.* **1** MAR echar por la borda **2** *fig. use* deshacerse de, echar por la borda **3** *(idea)* olvidarse de.

jet·ty ['dʒetɪ] *n. pl. jetties (stone)* malecón, muelle *m. (wooden)* embarcadero.

Jew [dʒu:] *n.* REL judío **Jew's harp** *birimbao.*

jew·el ['dʒu:əl] *n.* **1** joya, alhaja **2** *(stone)* piedra preciosa **3** *(in watch)* rubí *m.* **jewel box** *joyero* **jewel case** *joyero.*

jew·eled ['dʒu:əld] *adj.* adornado con piedras preciosas.

jew·el·er ['dʒu:ələ'] *n.* joyero **jeweller's (shop)** *joyería.*

jew·el·ry ['dʒu:əlrɪ] *n.* joyas *fpl.*

Jew·ish ['dʒu:ɪʃ] *adj.* judío.

jig [dʒɪg] *n.* **1** giga **2** TECH plantilla *intr. pt. & pp. jigged, ger. jigging* **1** bailar la giga.

jig·gle ['dʒɪgəl] *tr.* menear, zangolotear. **to jiggle about.** *intr.* menearse.

jig·saw ['dʒɪgsɔ:] *n.* **1** *(saw)* sierra de vaivén **2** *(puzzle)* rompecabezas *m.,* puzzle *m.*

ji·had [dʒɪ'hɑ:d] *n.* guerra santa, yihad *f.*

jilt [dʒɪlt] *intr.* **1** abandonar, dejar plantado a.

jin·gle ['dʒɪŋgəl] *n.* **1** tintineo **2** TV tonadilla publicitaria ◇ *intr.* tintinear ◇ *tr.* hacer sonar.

jin·go·ism ['dʒɪŋgəʊɪzəm] *n.* patriotería, jingoísmo.

jin·go·is·tic [dʒɪŋgəʊ'ɪstɪk] *adj.* patriotero, jingoísta *mf.*

jinks [dʒɪŋks] *npl.* high jinks jolgorio, juerga. **to get up to high jinks** *organizar una juerga.*

jinx [dʒɪŋks] *n.* **1** *(person)* gafe *mf.* **2** *(bad luck)* mala suerte *f.* ◇ *tr.* gafar.

jinxed [dʒɪŋkst] *adj.* gafado.

ji·tters ['dʒɪtəz] *npl. [fam. use]* nervios *mpl.* **to get the jitters** *ponerse nervioso.*

jit·ter·y ['dʒɪtərɪ] *adj.* nervioso.

jiu·jit·su [dʒu:'dʒɪtsu:] *n.* SP yiu-yitsu *m.*

jive [dʒaɪv] *n.* **1** *(dance)* swing *m.* **2** *(back talk)* rollo **3** *sl. (lies)* embustes *mpl.* ◇ *intr.* bailar el swing.

job [dʒɒb] *n.* **1** *(employment)* empleo, (puesto de) trabajo **2** *(piece of work)* trabajo *(task)* tarea **3** *(difficult thing)* trabajo **4** *(duty)* deber *m.,* responsabilidad *f.,* misión *f.* **5** *[fam. use] (robbery)* robo *(holdup)* atraco **6** *[fam. use] (plastic surgery)* cirugía estética **7** *[fam. use] (example)* espécimen *m.,* ejemplar *m.* **it's a good job that...** *menos mal que...* **just the job!** *¡perfecto!, ¡estupendo!* **on the job** *trabajando.* **out of a job** *parado.* **to give something up as a bad job** *dejar algo por inútil.* **to make the best of a bad job** *poner a mal tiempo buena cara* **job creation** *creación f. de empleo* **job description** *descripción f. del trabajo* **job hunting** *búsqueda de trabajo* **job losses** *pérdida de puestos de trabajo* **job satisfaction** *satisfacción f. profesional* **job se-**

curity *seguridad f. en el trabajo* **job sharing** *empleo compartido.*

job·less ['dʒɒbləs] *adj.* parado **the jobless** *los parados mpl.*

job·less·ness ['dʒɒbləsnəs] *n.* desempleo.

jock [dʒɒk] *n. [fam. use] pej.* deportista *mf.* (universitario).

jock·ey ['dʒɒkɪ] *n.* jockey *m.* ◇ *tr.* persuadir **to jockey for position** *maniobrar para colocarse en buena posición.*

jog [dʒɒg] *n.* **1** *(push)* empujoncito, sacudida **2** *(pace)* trote *m.* ◇ *tr.* empujar, sacudir ◇ *intr.* hacer footing. **at a jog trot** *a trote corto.* **to go for a jog** *(ir a) hacer footing.* **to jog somebody's memory** *refrescarle la memoria a alguien.*

jog·ger ['dʒɒgə'] *n.* persona que hace footing.

jog·ging ['dʒɒgɪŋ] *n.* footing *m.* **to go jogging** *hacer footing.*

John [dʒɒn] *n.* Juan **John Doe** *el hombre de la calle* **John Hancock** *firma, autógrafo* **John the Baptist** *San Juan Bautista.*

join [dʒɔɪn] *tr.* **1** *(bring together)* juntar, unir **2** *(connect)* unir, conectar **3** *(company, etc.)* incorporarse a **4** *(armed forces)* alistarse en *(police)* ingresar en **5** *(club)* hacerse socio de **6** *(party)* afiliarse a, ingresar en **7** *(be with somebody)* reunirse con, unirse a ◇ *intr.* **1** juntarse, unirse **2** *(rivers)* confluir *(roads)* juntarse, empalmar ◇ **1** juntura **join the club!** *¡ya somos dos etc.!* **to join battle with** *trabar batalla con.* **to join forces** *aunar esfuerzos.* **to join forces with somebody** *unirse a alguien.* **to join hands** *cogerse de las manos.* **to join in** *intr.* participar ◇ *tr. insep. (debate)* intervenir en. **to join up** *intr.* alistarse.

join·er ['dʒɔɪnə'] *n.* carpintero que se dedica a puertas, ventanas, etc.

join·er·y ['dʒɔɪnərɪ] *n.* carpintería.

joint [dʒɔɪnt] *n.* **1** junta, juntura, unión *f.* *(wood)* ensambladura **2** ANAT articulación *f.* **3** CULIN *(raw)* corte *m.* de carne para asar *(when cooked)* asado **4** *sl. (drugs)* porro **5** *sl. (place)* antro, tugurio ◇ *adj.* colectivo, mutuo ◇ *tr.* CULIN descuartizar. **to put out of joint** *(elbow, shoulder, etc.)* dislocar **to put somebody's nose out of joint** *disgustar a alguien, molestar a alguien* **joint account** *cuenta conjunta, cuenta indistinta* **joint owner** *copropietario* **joint ownership** *copropiedad f.*

joint·ed ['dʒɔɪntɪd] *adj.* **1** articulado **2** *(chicken, etc.)* cortado a piezas.

joint·ly ['dʒɔɪntlɪ] *adv.* conjuntamente.

joke [dʒəʊk] *n.* **1** chiste *m.* **2** *(practical)* broma **3** *(person)* payaso ◇ *intr.* bromear. **it's no joke** *(not funny)* no tiene gracia **(difficult, serious)** *no es ningún chiste, no es para reírse.* **to be beyond a joke** *pasar de castaño oscuro.* **to be joking** *estar de broma.* **to crack a joke** *contar un chiste.* **to joke about something** *reírse de algo.* **to make a joke of something** *reírse de algo.* **to play a joke on somebody** *gastar una broma a alguien.* **to tell a joke** *contar un chiste.* **you must be joking!** *¡venga ya!*

jok·er ['dʒəʊkə'] *n.* **1** bromista *mf.* **2** *(card)* comodín *m.* **3** *[fam. use]* idiota *mf.* **the joker in the pack** *un elemento desconocido.*

jok·ey ['dʒəʊkɪ] *adj.* gracioso.

jok·ing ['dʒəʊkɪŋ] *n.* bromas *fpl.* **joking apart** *bromas aparte.*

jol·ly ['dʒɒlɪ] *adj. comp. jollier, superl. jolliest* **1** *(cheerful)* alegre, animado **2** *dated (amusing)* divertido *adv.* **Jolly Roger** *bandera pirata, bandera negra.*

jolt [dʒəʊlt] n. 1 sacudida 2 (fright) susto ◇ tr. sacudir ◇ intr. dar tumbos ◇ tr. fig. use dar un choque a.

Jor·dan ['dʒɔːdən] n. 1 (country) Jordania 2 (river) el Jordán m.

Jor·da·ni·an [dʒɔː'deɪnɪən] adj. jordano ◇ n. jordano.

joss stick ['dʒɒsstɪk] n. varita de incienso.

jos·tle ['dʒɒsəl] tr. empujar ◇ intr. 1 dar empujones 2 fig. use competir.

jot [dʒɒt] n. pizca ◇ tr. pt. & pp. **jotted**, ger. **jotting** apuntar, anotar.
　to jot down. tr. sep. apuntar.

jot·tings ['dʒɒtɪŋz] npl. apuntes mpl.

jour·nal ['dʒɜːnəl] n. 1 (magazine) revista 2 (diary) diario.

jour·nal·ese [dʒɜːnəl'iːz] n. lenguaje m. periodístico.

jour·nal·ism ['dʒɜːnəlɪzəm] n. periodismo.

jour·nal·ist ['dʒɜːnəlɪst] n. periodista mf.

jour·ney ['dʒɜːnɪ] n. viaje m. ◇ intr. viajar. **to break a journey in…** hacer escala en… **to go on a journey** hacer un viaje.

jo·vi·al ['dʒəʊvɪəl] adj. jovial, alegre.

jowl [dʒaʊl] n. (cheek) carrillo.

joy [dʒɔɪ] n. 1 alegría, júbilo 2 (fam. use) (satisfaction) satisfacción f. 2 (luck) suerte f. (success) éxito.

joy·ful ['dʒɔɪfʊl] adj. jubiloso, alegre.

joy·ful·ly ['dʒɔɪfʊlɪ] adv. con júbilo, alegremente.

joy·less ['dʒɔɪləs] adj. triste.

joy·ous ['dʒɔɪəs] adj. literal use alegre.

joy·ous·ly ['dʒɔɪəslɪ] adv. literal use con alegría, alegremente.

joy·ride ['dʒɔɪraɪd] n. [fam. use] paseo en un coche robado.

joy·ri·der ['dʒɔɪraɪdəˀ] n. [fam. use] persona que se da un paseo en un coche robado.

joy·ri·ding ['dʒɔɪraɪdɪŋ] n. [fam. use] darse un paseo en un coche robado.

joy·stick ['dʒɔɪstɪk] n. 1 AV palanca de mando 2 COMPUT joystick m.

Jr ['dʒuːnɪəˀ] abbr. (**junior**) hijo.

ju·bi·lant ['dʒuːbɪlənt] adj. radiante de alegría.

ju·bi·lant·ly ['dʒuːbɪləntlɪ] adv. con júbilo, jubilosamente.

ju·bi·la·tion [dʒuːbɪ'leɪʃən] n. júbilo.

ju·bi·lee ['dʒuːbɪliː] n. 1 festejos mpl. 2 (anniversary) aniversario **diamond jubilee** sesenta aniversario **golden jubilee** cincuenta aniversario **silver jubilee** veinticinco aniversario.

Ju·da·ism ['dʒuːdeɪɪzəm] n. 1 judaísmo.

judge [dʒʌdʒ] n. 1 (man) juez m. (woman) juez f., jueza 2 (in competition) jurado, miembro del jurado tr. 1 (court case) juzgar 2 (calculate) calcular 3 (consider) considerar 4 (competition) hacer de jurado en **judging from…** a juzgar por… **to be a good judge of…** ser buen conocedor de…, entender mucho de… **to be a good judge of character** saber juzgar a la gente. **to judge by…** a juzgar por…

judge·ment ['dʒʌdʒmənt] También se escribe **judgment**. n. 1 (ability) (buen) juicio, (buen) criterio 2 (opinion) juicio, opinión f. 3 (decision) fallo 4 (criticism) crítica. **against my "(his, etc.)" better judgement** a pesar de mis (sus, etc.) reservas. **to reserve judgement** reservarse la opinión. **to pass judgement on…** (in court) pronunciar sentencia sobre… (give opinion) opinar sobre… **to sit in judgement on…** erigirse en juez de…, juzgar a… **error of judgement** error m. de cálculo **judgement day** día m. del juicio **Last Judgement** juicio final.

judge·men·tal [dʒʌdʒ'mentəl] También se escribe **judgmental**. adj. crítico.

judg·ment ['dʒʌdʒmənt] n. VER: judgement.

judg·men·tal [dʒʌdʒ'mentəl] adj. VER: judgemental.

ju·di·ca·ture ['dʒuːdɪkətʃə] n. judicatura.

ju·di·ci·al [dʒuː'dɪʃəl] adj. judicial **judicial inquiry** investigación f. judicial.

ju·di·ci·ar·y [dʒuː'dɪʃərɪ] n. judicatura.

ju·do ['dʒuːdəʊ] n. yudo, judo.

jug [dʒʌg] n. 1 jarra, jarro 2 sl. (prison) chirona ◇ tr. CULIN estofar.

jug·gle ['dʒʌgəl] intr. 1 hacer juegos malabares (**with**, con) 2 fig. use (figures, etc.) jugar (**with**, con).

jug·gler ['dʒʌgələˀ] n. malabarista mf.

jug·u·lar ['dʒʌgjələˀ] adj. yugular n. yugular f. **to go for the jugular** saltarle a alguien a la yugular **jugular vein** vena yugular.

juice [dʒuːs] n. 1 (gen) jugo 2 (of fruit) zumo, AM jugo 3 [fam. use] (petrol) gasolina (electricity) fuerza, luz f. **juice extractor** licuadora.

juic·er ['dʒuːsəˀ] n. exprimidor m.

juic·i·ness ['dʒuːsɪnəs] n. jugosidad f.

juic·y ['dʒuːsɪ] adj. comp. **juicier**, superl. **juiciest** 1 jugoso 2 [fam. use] (gossip, etc.) picante, escabroso.

ju·jit·su [dʒuː'dʒɪtsuː] n. yiu-yitsu m., jiu-jitsu m.

ju·ju ['dʒuːdʒuː] n. 1 (charm) talismán m. 2 (magic) magia.

juke·box ['dʒuːkbɒks] n. máquina de discos, rockola.

Jul [dʒuː'laɪ] abbr. (**July**) julio.

Ju·ly [dʒuː'laɪ] n. julio NOTA: Para ejemplos de uso, ver May.

jum·ble ['dʒʌmbəl] n. revoltijo, mezcolanza ◇ tr. desordenar.

jum·bo ['dʒʌmbəʊ] adj. gigante ◇ n. También **jumbo jet** (plane) jumbo.

jum·bo-sized ['dʒʌmbəʊsaɪzd] adj. gigante.

jump [dʒʌmp] n. 1 salto 2 (in prices, etc.) salto, aumento importante, disparo 3 (fence) obstáculo, valla, intr. 1 saltar 2 (rise sharply) dar un salto ◇ tr. saltar **to jump down somebody's throat** saltar a alguien, echársele encima a alguien. **to jump for joy** saltar de alegría. **to jump out of one's skin** pegarse un susto de muerte. **to jump rope** saltar a la comba. **to jump the gun** precipitarse, adelantarse. **to jump the lights** saltarse el semáforo en rojo. **to jump the rails** descarrilar. **to jump to conclusions** llegar a conclusiones precipitadas. **to keep one jump ahead of somebody** ir un paso por delante de alguien. **to make somebody jump** dar un susto a alguien **jump leads** cables mpl. de emergencia.
　to jump at. tr. insep. aceptar sin pensarlo.

jumped-up ['dʒʌmptʌp] adj. presuntuoso.

jump·er ['dʒʌmpəˀ] n. SP saltador.

jump·y ['dʒʌmpɪ] adj. comp. **jumpier**, superl. **jumpiest** nervioso.

Jun¹ [dʒuːn] abbr. (**June**) junio.

Jun² ['dʒuːnɪəˀ] abbr. (**junior**) hijo.

junc·tion ['dʒʌŋkʃən] n. 1 (railways) empalme, entronque m. 2 (roads) cruce m. 3 (motorway - entry) acceso (- exit) salida.

junc·ture ['dʒʌŋktʃəˀ] n. coyuntura. **at this juncture** en esta coyuntura.

June [dʒuːn] n. junio NOTA: Para ejemplos de uso, ver May.

jun·gle ['dʒʌŋgəl] n. selva, jungla.

jun·ior ['dʒuːnɪəˀ] adj. 1 (in rank) subalterno 2 (in age) menor, más joven 3 (after name) hijo ◇ n. 1 (in *rank)* subalterno 2 *(in age)* menor *mf.* 3 estudiante 4 hijo **junior college** colegio universitario para los dos primeros cursos **junior high school** instituto de enseñanza secundaria.

junk [dʒʌŋk] *n.* trastos *mpl.* **junk. food** comida basura **junk mail** correo basura **junk shop** chamarilería.

jun·ket ['dʒʌŋkɪt] *n.* 1 *(dessert)* postre *m.* de leche cuajada 2 *[fam. use] (trip)* viaje de lujo pagado con dinero público.

junk·ie ['dʒʌŋkɪ] *n. sl.* drogadicto *mf.*

junk·yard ['dʒʌŋkjɑːd] *n.* chatarrería.

jun·ta ['dʒʌntə] *n.* POL junta (militar).

Ju·pi·ter ['dʒuːpɪtə⁼] *n.* Júpiter *m.*

ju·ris·dic·tion [dʒʊərɪs'dɪkʃən] *n.* jurisdicción *f.*

ju·ris·pru·dence [dʒʊərɪs'pruːdəns] *n.* jurisprudencia.

jur·or ['dʒʊərə⁼] *n.* jurado.

ju·ry ['dʒʊərɪ] *n. pl.* **juries** jurado. **to sit on a jury** ser miembro de un jurado. **to do jury service** formar parte de un jurado popular **jury box** tribuna del jurado.

ju·ry·man ['dʒʊərɪmən] *n. pl.* **jurymen** jurado, miembro del jurado.

ju·ry·wo·man ['dʒʊərɪwumən] *n. pl.* **jurywomen** jurado.

just¹ [dʒʌst] *adj.* 1 *(fair)* justo 2 *(justifiable)* fundado, justificado 3 *(deserved)* merecido. **to get one's just desserts** llevar su merecido.

just² [dʒʌst] *adv.* 1 *(exactly)* exactamente, precisamente, justo 2 *(only)* solamente, solo 3 *(barely)* apenas, por poco 4 *(right now)* en este momento 5 *(simply)* sencillamente 6 *(for emphasis)* 7 *(used to interrupt)* 0 8 *[fam. use] (really)* realmente, verdaderamente phrase. ◇ to have just + *pres. part.* acabar de + infin **just about** prácticamente. **just as well** menos mal. **just in case** por si acaso. **just like that!** ¡sin más! **just so** *(tidy)* ordenado, arreglado *(as a reply)* sí, exactamente. **just then** en ese momento. **just the same** *(not different)* exactamente igual *(nevertheless)* sin embargo, no obstante. **just the thing** justo lo que hacía falta.

jus·tice ['dʒʌstɪs] *n.* 1 justicia 2 *(judge - man)* juez *m.* *(- woman)* juez *f.*, jueza. **to bring to justice** llevar ante los tribunales. **to do justice to somebody** hacer justicia a alguien.

jus·ti·fi·able [dʒʌstɪ'faɪəbəl] *adj.* justificable.

jus·ti·fi·ca·tion [dʒʌstɪfɪ'keɪʃən] *n.* justificación *f.*

jus·ti·fied ['dʒʌstɪfaɪd] *adj.* justificado.

jus·ti·fy ['dʒʌstɪfaɪ] *tr. pt. & pp.* **justified,** *ger.* **justifying** justificar.

just·ly ['dʒʌstlɪ] *adv.* justamente, con razón, con justicia.

jut [dʒʌt] *intr. pt. & pp.* **jutted,** *ger.* **jutting** sobresalir, proyectarse.

jute [dʒuːt] *n.* yute *m.*

ju·ve·nile ['dʒuːvənaɪl] *adj.* 1 juvenil 2 *(childish)* infantil *n.* 1 menor *mf.* **juvenile court** tribunal *m. (tutelar)* de menores **juvenile delinquency** delincuencia juvenil **juvenile delinquent** delincuente *mf.* juvenil.

jux·ta·pose ['dʒʌkstəpəʊz] *tr.* yuxtaponer.

jux·ta·pos·i·tion [dʒʌkstəpə'zɪʃən] *n.* yuxtaposición *f.*

J

K, k [keɪ] *n. (the letter)* K, k *f.*

ka·lei·do·scope [kəˈlaɪdəskəʊp] *n.* calidoscopio.

ka·lei·do·scop·ic [kəlaɪdəˈskɒpɪk] *adj.* calidoscópico.

ka·mi·ka·ze [kæmɪˈkɑːzi] *n.* kamikaze *m.* ◇ *adj.* kamikaze.

kan·ga·roo [kæŋɡəˈruː] *n. pl.* **kangaroos** canguro **kangaroo court** tribunal *m.* no autorizado.

ka·put [kəˈpʊt] *adj. (fam. use)* roto, estropeado.

kar·a·o·ke [kærɪˈəʊki] *n.* karaoke *m.* **karaoke bar** karaoke *m.* **karaoke machine** karaoke *m.*

kar·at [ˈkærət] *n.* VER: carat.

ka·ra·te [kəˈrɑːti] *n.* karate *m.*

kar·ma [ˈkɑːmə] *n.* karma *m.*

kart [kɑːt] *n.* kart *m.*

kart·ing [ˈkɑːtɪŋ] *n.* kárting *m.*

kas·bah [ˈkæzbɑː] *n.* casba, casbah *f.*

kay·ak [ˈkaɪæk] *n.* kayac *m.*

Ka·zakh [kæˈzæk] *adj.* kazajio ◇ *n.* **1** *(person)* kazajio **2** *(language)* kazajio.

Ka·zakh·stan [kæzækˈstæn] *n.* Kazajstán.

ke·bab [kɪˈbæb] *n.* pincho moruno, broqueta.

keel [kiːl] *n.* quilla. **on an even keel** en equilibrio.

keen¹ [kiːn] *adj.* **1** *(eager)* entusiasta, aficionado **2** *(sharp - mind, senses, etc.)* agudo, vivo *(- look)* penetrante *(- wind)* cortante *(- edge, point)* afilado **3** *(feeling)* profundo, intenso **4** *(competition)* fuerte, reñido **5** *(price)* competitivo. **to be as keen as mustard** ser muy entusiasta. **to be keen on something** ser aficionado a algo, gustarle algo a alguien **to be keen on somebody** gustarle alguien a alguien **to take a keen interest in** mostrar un gran interés por.

keen² [kiːn] *n.* canción fúnebre acompañada de lamentaciones ◇ *intr.* llorar la pérdida de una persona de esta manera.

keen·ly [ˈkiːnlɪ] *adv. (feel)* profundamente, intensamente *(look)* atentamente *(work)* con entusiasmo, con interés.

keen·ness [ˈkiːnnəs] *n.* **1** *(eagerness)* entusiasmo, interés *m.*, afición *f.* **2** *(sharpness)* agudeza *(competition)* fuerza.

keep [kiːp] *n.* **1** *(board)* sustento, mantenimiento **2** *(of castle)* torreón *m.*, torre *f.* del homenaje ◇ *tr. pt. & pp.* **kept** [kept] **1** *(not throw away)* guardar **2** *(not give back)* quedarse con **3** *(have)* tener *(carry)* llevar **4** *(look after, save)* guardar **5** *(put away, store)* guardar **6** *(reserve)* reservar **7** *(detain)* retener, hacer esperar *(hold up)* entretener **8** *(shop, hotel, etc.)* tener, llevar **9** *(have in stock)* tener, vender **10** *(support)* mantener **11** *(animals)* tener **12** *(promise)* cumplir **13** *(secret)* guardar **14** *(appointment)* acudir a, no faltar a **15** *(order)* mantener **16** *(tradition)* observar **17** *(with adj, verb, etc.)* mantener ◇ *intr.* **1** *(do repeatedly)* no dejar de *(do continuously)* seguir, continuar **2** *(stay fresh)* conservarse **3** *(continue in direction)* continuar, seguir **4** *(with adj, verb, etc.)* quedarse, permanecer *para siempre.* **how are you keeping?** ¿cómo estás? **keep it up!** ¡ánimo! **keep the change** quédese con el cambio. **to keep going** seguir (adelante). **to keep one's head** no perder la cabeza. **to keep quiet** callarse, no hacer ruido. **to keep somebody company** hacerle compañía a alguien.

to keep somebody from doing something impedir que alguien haga algo. **to keep something from somebody** ocultar algo a alguien. **to keep something clean** conservar algo limpio. **to keep something to oneself** no decir algo, guardar algo para sí. **to keep oneself to oneself** ser discreto.

to keep at *tr. insep. (work, study, etc.)* perseverar en algo *(person)* no dejar en paz, machacar.

to keep a·way *tr. sep.* mantener a distancia *(from,* de*),* no dejar a uno acercarse *(from,* a*)* ◇ *intr.* mantenerse a distancia, evitar contacto con.

to keep back *tr. sep.* **1** *(money, etc.)* retener, guardar *(information)* ocultar, no revelar *(emotions)* contener **2** *(enemy)* tener a raya *(work, progress, etc.)* estorbar, impedir **3** mantener atrás, contener ◇ *intr.* mantenerse atrás, alejarse.

to keep down *tr. sep. (oppress)* oprimir, sujetar *(price, voice)* mantener bajo *(growth, spending)* limitar, controlar *(food)* mantener en el estómago ◇ *intr. (lie low)* agacharse, no levantar la cabeza.

to keep from *tr. insep. (refrain from)* abstenerse de, guardarse de.

to keep in *tr. sep.* **1** *(gen)* no dejar salir *(in school)* hacer quedar **2** *(feelings)* contener **3** *(pay for)* costear, pagar.

to keep off *intr. (stay away)* mantenerse a distancia *(of rain)* no llover ◇ *tr. sep. (make stay away)* no dejar entrar, no dejar acercarse *(avoid)* no tocar, no hablar de.

to keep on *intr.* seguir, continuar ◇ *tr. sep. (clothes)* no quitarse.

to keep on a·bout *intr.* insistir en, no parar de hablar de.

to keep on at *tr. insep.* no dejar en paz, machacar.

to keep out *tr. sep.* no dejar entrar, no dejar pasar *intr.* no entrar.

to keep out of *intr. (place)* no entrar en *(affair)* no meterse en.

to keep to *tr. insep. (rules)* atenerse a, cumplir *(path)* no dejar, no salir de.

to keep to·ge·ther *intr.* mantenerse juntos, no separarse.

to keep un·der *tr. sep.* tener subyugado.

to keep up *tr. sep.* **1** *(gen)* mantener, seguir **2** *(from sleeping)* mantener despierto, tener en vela ◇ *intr.* **1** *(not fall behind)* aguantar el ritmo **2** *(stay in touch)* mantenerse al día.

to keep up with *tr. insep.* **1** *(not fall behind)* seguir **2** *(be aware of)* mantenerse al corriente de **3** *(stay in touch)* mantener el contacto con.

keep·er [ˈkiːpə] *n.* **1** *(in zoo)* guardián *m.* **2** *(in park)* guarda *mf.* **3** *(in museum)* conservador *(in archives)* archivador *m.* **I am not my brother's keeper** no soy guardián de mi hermano.

keep·fit [kiːpˈfɪt] *n.* SP ejercicios *mpl.* de mantenimiento, mantenimiento.

keep·sake [ˈkiːpseɪk] *n.* recuerdo.

keg [keg] *n.* barril *m.* **keg beer** cerveza de barril.

ken·do [ˈkendəʊ] *n.* kendo.

ken·nel [ˈkenəl] *n.* hogar para perros ◇ *npl.* **kennels** *(boarding)* residencia *f. sing.* canina.

Kenya ['kenjə] n. Kenia.

Ken·yan ['kenjən] adj. keniano ◇ n. keniano.

kept [kept] pt. & pp. VER: **keep kept woman** mantenida.

ker·nel ['kɜ:nəl] n. 1 (of nut, fruit) semilla 2 fig. use núcleo, grano.

ketch·up ['ketʃəp] n. ketchup m., catsup m.

ket·tle ['ketəl] n. tetera (para hervir agua), hervidor m. **that's a different kettle of fish** eso es harina de otro costal.

key¹ [ki:] n. 1 (of door, car, etc.) llave f. 2 (of clock, mechanical) llave f. 3 fig. use (to problem, map, code) clave f. (to exercises) respuestas fpl. 4 (on computer, piano, etc.) tecla 5 MUS (on wind instrument) llave f., pistón m. (set of notes) clave f. (tone, style) tono ◇ adj. clave, principal ◇ tr. introducir, teclear **key ring** llavero.

key² [ki:] n. GEOG cayo, isleta.

key·board ['ki:bɔ:d] n. teclado ◇ npl. keyboards teclados mpl. **keyboard player** teclista mf.

key·hole ['ki:həʊl] n. ojo de la cerradura.

key·note ['ki:nəʊt] n. 1 entrada, clave f. 2 (mus) entrada **keynote speech** discurso que da la entrada de un congreso, etc.

key·stone ['ki:stəʊn] n. 1 ARCH clave f. 2 fig. use piedra angular.

key·word ['ki:wɜ:d] n. palabra clave.

kg ['kɪləgræm] abbr. (kilogram, kilogramme) kilo, kilogramo (abbreviation) kg.

khak·i ['kɑ:ki] n. caqui m. ◇ adj. caqui.

kHz ['kɪləhɜ:ts] abbr. (kilohertz) kilohercio, kilohercios (abbreviation) kHz.

kib·butz ['kɪbʊts] n. kibutz m.

kick [kɪk] n. 1 (by person) puntapié m., patada 2 SP golpem, tiro 3 (by animal) coz f. 4 (fam. use) (pleasure) diversión f., emoción f. 5 (new interest) moda, manía 6 (of drink) fuerza 7 (of gun) culatazo ◇ tr. 1 (hit ball) dar un puntapié a, golpear, golpear con el pie (score) marcar 2 (hit person) dar una patada a (move legs) patalear 3 (by animal) dar coces a, cocear ◇ intr. (gun) dar un culatazo. **to kick a habit** quitarse un vicio. **to kick one's heels** rascarse la barriga. **to kick oneself** darse contra la pared. **to kick somebody when they are down** ensañarse con alguien. **to kick the bucket** (fam. use) estirar la pata. **to kick up a fuss/kick up a stink** (fam. use) armar un lío, armar un relajo.

to kick a·gainst something. tr. insep. protestar contra, reaccionar contra.

to kick off intr. SP sacar, hacer el saque inicial (begin) empezar, comenzar ◇ tr. sep. (begin) empezar, comenzar, iniciar 2 (remove - shoes) quitarse.

to kick out tr. sep. echar.

kick·back ['kɪkbæk] n. 1 (from gun) golpe 2 (bribe) soborno.

kick·box·ing ['kɪkbɒksɪŋ] n. kickboxing m., boxeo tailandés.

kick-off ['kɪkɒf] n. SP saque m. inicial.

kick-start ['kɪkstɑ:t] n. arranque m. ◇ tr. (start engine) arrancar, poner en marcha (begin, launch) dar un impulso a.

kid¹ [kɪd] n. 1 (fam. use) crío, niño, chico, chaval 2 (animal) cabrito 3 (leather) cabritilla ◇ adj. (brother, sister) menor. **to treat somebody with kid gloves** tratar a alguien con guantes de seda. **kids' stuff** cosas de niños.

kid² [kɪd] tr. 1 (deceive, tease) tomar el pelo a, engañar 2 (fool oneself) engañarse a sí mismo, hacerse ilusiones ◇ intr. bromear.

kid·die ['kɪdɪ] n. VER: kiddy.

kid·dy ['kɪdɪ] n. pl. **kiddies** niño.

kid·nap ['kɪdnæp] tr. pt. & pp. **kidnapped**, ger. **kidnapping** secuestrar, raptar.

kid·nap·per ['kɪdnæpə²] n. secuestrador.

kid·nap·ping ['kɪdnæpɪŋ] n. secuestro.

kid·ney ['kɪdnɪ] n. riñón m. **kidney disease** enfermedad f. renal **kidney failure** fallo renal **kidney machine** riñón m. artificial **kidney tranc plant** transplante m. de riñón.

kill [kɪl] n. (act) matanza (animal) pieza ◇ tr. 1 matar, asesinar 2 fig. use (hope, conversation, etc.) destruir, acabar con (pain) aliviar 3 (hurt) doler mucho **I'll do it if it kills me** lo haré pase lo que pase. **to be in at the kill** estar presente en el momento de la verdad. **to kill oneself** matarse, suicidarse. **to kill oneself laughing** morirse de risa. **to kill time** pasar el rato, matar el tiempo. **to kill two birds with one stone** matar dos pájaros de un tiro. **to move in for the kill** entrar a matar.

to kill off tr. sep. exterminar, rematar.

kill·er ['kɪlə²] n. (person) asesino (thing) mortal, que mata **killer bee** abeja asesina **killer instinct** instinto asesino **killer whale** orca.

kill·ing ['kɪlɪŋ] n. matanza (of person) asesinato ◇ adj. fig. use agotador, duro. **to make a killing** ganar una fortuna, hacer el negocio del siglo.

kill·joy ['kɪldʒɔɪ] n. aguafiestas mf.

kiln [kɪln] n. horno.

ki·lo ['ki:ləʊ] n. pl. **kilos** kilo.

kil·o·byte ['kɪləbaɪt] n. kilobyte.

kil·o·gram ['kɪləgræm] n. kilogramo.

kil·o·hertz ['kɪləhɜ:ts] n. kilohercio.

kil·o·me·ter ['kɪlɒmi:tə²] n. kilómetro.

kil·o·watt ['kɪləwɒt] n. kilowatt m., kilovatio.

kilt [kɪlt] n. falda escocesa.

ki·mo·no [kɪ'məʊnəʊ] n. pl. **kimonos** quimono.

kin [kɪn] n. parientes mpl., familia **next of kin** pariente m. más próximo.

kind [kaɪnd] adj. (person) amable ◇ n. (sort) tipo, género, clase ◇ adv. kind of bastante, algo, un poco **nothing of the kind** nada por el estilo. **to be one of a kind** ser único **to be two of a kind** ser tal para cual. **to pay in kind** pagar en especie (treatment) pagar con la misma moneda.

kin·der·gar·ten ['kɪndəgɑ:tən] n. guardería.

kind-heart·ed [kaɪnd'hɑ:tɪd] adj. bondadoso.

kind·ly ['kaɪndlɪ] adj. comp. **kindlier**, superl. **kindliest** bondadoso, amable ◇ adv. 1 con amabilidad 2 (please) por favor **not to take kindly to somebody/something** no gustar de algo/alguien **to look kindly on** mirar con buenos ojos.

kind·ness ['kaɪndnəs] n. 1 bondad f., amabilidad f. 2 (favor) favor m.

ki·net·ic [kɪ'netɪk] adj. cinético.

king [kɪŋ] n. rey m. **the king and queen** los reyes mpl. **the Three Kings** los Reyes mpl. Magos.

king·dom ['kɪŋdəm] n. reino.

king-size ['kɪŋsaɪz] adj. extragrande, extralargo.

kink·y ['kɪŋkɪ] adj. comp. **kinkier**, superl. **kinkiest** (fam. use) peculiar (sexual) pervertido, -a.

Kir·ghiz ['kɜ:gɪz] adj. kirguís ◇ n. pl. **Kirghiz** 1 (person) kirguís mf. 2 (language) kirguís m.

Kir·ghi·zia [kɜ:'gɪzɪə] n. Kirguizistán.

Ki·ri·ba·ti [kɪrɪ'bæti] n. Kiribati.

kiss [kɪs] n. beso ◇ tr. besar, dar un beso a ◇ intr. besarse, darse un beso. **to give somebody a kiss** dar un beso a alguien. **to kiss somebody goodbye** despedirse de alguien con un beso. **to kiss something goodbye** despedirse de

K

algo **kiss of death** *beso de la muerte* **kiss of life** *(resuscitation)* *respiración f. artificial (new life) beso de la vida.*

kit [kɪt] *n.* **1** *(equipment, gear)* equipo, equipaje *m.* **2** *(clothes)* ropa **3** MIL avíos *mpl.* **4** *(model)* maqueta, kit *m.*

to kit out. *tr. sep.* equipar.

kit-bag ['kɪtbæg] *n.* mochila.

kitch·en ['kɪtʃɪn] *n.* cocina. **to take everything but the kitchen sink** *ir con la casa a cuestas* **kitchen garden** *huerto* **kitchen unit** *módulo de cocina.*

kite [kaɪt] *n.* **1** *(bird)* milano **2** *(toy)* cometa **go fly a kite!** *¡vete por ahí!* **to fly a kite** *lanzar una idea para sondear la opinión.* **to be as high as a kite** *(on drugs, alcohol)* estar totalmente colocado *(excited)* estar entusiasmado.

kitsch [kɪtʃ] *n.* kitsch *m.*, cursilería ◇ *adj.* kitsch, cursi.

kit·ten ['kɪtən] *n.* gatito.

kit·ty ['kɪtɪ] *n. pl.* **kitties 1** *(fam. use)* *(cat)* minino **2** *(in card games)* bote *m.* *(for bills, drinks)* fondo común.

ki·wi ['kiːwiː] *n.* **1** *(bird)* kiwi *m.* **2** *(fruit)* kiwi *m.* **3** *(New Zealander)* neozelandés **kiwi fruit** *kiwi m.*

klax·on ['klæksən] *n.* claxon *m.*

klep·to·ma·ni·a [klɛptə'meɪnɪə] *n.* cleptomanía.

klep·to·ma·ni·ac [klɛptə'meɪnɪæk] *n. pl.* **km** o **kms** cleptómano.

km [kɪ'lɒmɪtə r, 'kɪləmɪːtə r] *abbr.* **(kilometre)** kilómetro *(abbreviation)* km.

knack [næk] *n.* *(skillful method)* maña, truco, tino, tranquillo *(talent)* don.

knead [niːd] *tr.* amasar.

knee [niː] *n.* **1** ANAT rodilla **2** *(of trousers)* rodillera ◇ *tr.* dar un rodillazo a. **to go down on one's knees** *arrodillarse.* **to bring somebody to their knees** *humillar a alguien.* **to bring the country to its knees** *llevar el país al borde de la ruina.*

knee·cap ['niːkæp] *n.* rótula ◇ *tr.* disparar a las rótulas a.

knee-deep ['niːdiːp] *adj.* que cubre hasta las rodillas. **to be knee-deep in work** *estar muy ocupado.* **to be knee-deep in trouble** *estar metido en problemas.*

knee-high ['niːhaɪ] *adj.* que llega hasta las rodillas. **knee-high to a grasshopper** *muy pequeño.*

knee-jerk ['niːdʒɜːk] *n.* reflejo rotular ◇ *adj. fig. use* instintivo, automático.

kneel [niːl] *intr. pt. & pp.* **knelt** [nelt] arrodillarse.

knee-length ['niːleŋ] *adj.* hasta las rodillas.

kneel·ing ['niːlɪŋ] *adj.* de rodillas, arrodillado.

knee·pad ['niːpæd] *n.* rodillera.

knelt [nelt] *pt. & pp.* VER: kneel.

knew [njuː] *pt.* VER: know.

knick-knack ['nɪknæk] *n.* chuchería.

knife [naɪf] *n. pl.* **knives** *(gen)* cuchillo *(folding)* navaja ◇ *tr.* apuñalar, acuchillar. **to get one's knife into somebody** *ensañarse con alguien.* **to go under the knife** *someterse a cirugía.* **you could cut the atmosphere with a knife** *el ambiente se podía cortar con un cuchillo* **knife and fork** *cubierto.*

knife-edge ['naɪfedʒ] *n.* filo de cuchillo, filo. **to be on a knife-edge** *estar nervioso, estar preocupado.* **to be balanced on a knife-edge** *pender de un hilo.*

knight [naɪt] *n.* **1** ARCH caballero **2** *(chess)* caballo **3** caballero, (hombre que lleva el título de Sir) ◇ *tr.* **1** ARCH armar caballero **2** nombrar caballero **a knight in shining armor** *príncipe m. azul.*

knit [nɪt] *tr. pt. & pp.* **knit** o **knitted**, *ger.* **knitting** tejer ◇ *intr.* **1** hacer punto, hacer media **2** MED soldarse **3** *fig. use* unirse. **to knit one's brow** *fruncir.*

knit·ted ['nɪtɪd] *adj.* de punto.

knit·ter ['nɪtə'] *n.* persona que hace punto **she's a real knitter**, *le encanta hacer punto.*

knit·ting ['nɪtɪŋ] *n.* *(material)* punto *(activity)* labor f. de punto **knitting machine** *tricotosa, máquina de tejer* **knitting needle** *aguja de tejer, aguja de hacer punto.*

knob [nɒb] *n.* **1** *(on door - large)* pomo *(- small)* tirador *m.* **2** *(on stick)* puño **3** *(natural)* bulto, protuberancia **4** *(on radio, etc.)* botón *m.*

knock [nɒk] *n.* **1** *(blow)* golpe **2** *(on door)* llamada **3** *fig. use* *(bad luck)* revés ◇ *tr.* **1** *(to hit)* golpear, darse un golpe en **2** *(fam. use)* *(criticize)* criticar, hablar mal de ◇ *intr.* **1** *(at door)* llamar **2** *(of car engine)* golpear, martillear. **he's knocking on 70** *va para los 70 años.* **to knock on the head** *(project)* matar *(plans)* echar por tierra. **to knock some sense into somebody** *hacer entrar en vereda a alguien.* **to knock spots off** *dar mil vueltas a.* **knock it off!** *¡basta ya!*

to knock a·bout *tr. insep.* *(travel)* rodar, recorrer *(spend time)* andar con ◇ *tr.* *(beat up)* pegar, maltratar.

to knock back *tr. sep.* **1** *(drink)* beberse de un trago, rápidamente o en grandes cantidades **2** *(cost)* soplar, costar.

to knock down *tr. sep.* **1** *(building)* derribar **2** *(person - with a car)* atropellar *(- with a blow)* derribar **3** *(price)* rebajar **4** *(sell at auction)* adjudicar *(to, a).*

to knock off *tr. sep.* *(make fall)* tirar, hacer caer ◇ *tr. insep.* *(fam. use)* *(steal)* birlar, mangar, chorizar, afanar ◇ *tr.* *(sl.* *(kill)* cargarse, liquidar **2** *(deduct - money)* descontar *(reduce - time)* quitar ◇ *intr.* *(stop work)* acabar, salir del trabajo.

to knock out *tr. sep.* **1** *(make unconscious)* dejar sin conocimiento *(put to sleep)* dejar dormido *(boxing)* poner fuera de combate, dejar K.O. **2** *(from competition)* eliminar **3** *(make or do quickly)* hacer rápidamente, producir rápidamente **4** *(astonish)* dejar pasmado, dejar boquiabierto.

to knock over *tr. sep.* **1** *(overturn)* volcar, tirar **2** *(run over)* atropellar.

to knock to·geth·er *tr. sep.* *(do quickly)* hacer de prisa, hacer rápidamente ◇ *intr.* *(knees)* entrechocarse.

knock·a·bout ['nɒkəbaut] *adj.* bullicioso ◇ *n.* SP peloteo **knockabout comedy** *payasadas fpl.*

knock·down ['nɒkdaun] *adj.* rebajado **knockdown price** *precio de saldo.*

knock·ing ['nɒkɪŋ] *n.* **1** golpeo **2** *(at door)* llamada **3** *(car)* golpeteo.

knock-on ['nɒk'ɒn] *n.* SP autopase *m.* **knock-on effect** *repercusiones fpl., consecuencias fpl.*

knock-out ['nɒkaut] *n.* **1** SP knock-out *m.*, fuera de combate *m.* **2** *(fam. use)* maravilla **it's a knock-out!**, *¡es alucinante!* *adj.* ◇ **1** SP que deja K.O. **2** *(competition)* eliminatorio **3** *(fam. use)* maravilloso, estupendo **knockout drops** *somnífero m. sing.*

knot [nɒt] *n.* **1** *(gen)* nudo **2** *(people)* corrillo, grupo ◇ *tr. pt. & pp.* **knotted**, *ger.* **knotting** anudar. **to get tied up in knots** *liarse, embrollarse, hacerse un lío.* **to tie the knot** *casarse.*

knot·ty ['nɒtɪ] *adj. comp.* **knottier**, *superl.* **knottiest 1** nudoso **2** *(problem)* difícil, espinoso.

know [nəʊ] *tr. pt* **knew 1** *(be acquainted with)* conocer **2** *(recognize)* reconocer **3** *(have knowl-*

edge of) saber **I know!** ¡lo sé!, ¡ya lo sé! **who knows?** ¿quién sabe? **as far as I know** que yo sepa. **for all I know** ¡vete a saber! **don't I know it!** ¿y me lo dices a mí?, ¡ni que lo digas! **how should I know?** ¿yo qué sé? **if only I'd known!** ¡haberlo sabido! **not that I know of** que yo sepa, no. **to know apart** saber distinguir **to know... from...** distinguir entre... y... **you know what?** ¿sabes qué? **you never know** nunca se sabe. **I know what!** ¡ya lo tengo! **I might've known** debí imaginármelo. **to be in the know** estar enterado. **to get to know somebody** *(llegar a)* conocer a alguien. **you know best** tú sabes mejor que yo, sabes lo que más te conviene. **to know better** tener más juicio to **know by sight** conocer de vista. **to know how to do something** saber hacer algo **to know what one's talking about** hablar con conocimiento de causa. **to make oneself known** presentarse, darse a conocer **don't know** *(in survey)* persona que no sabe, no contesta.
> **to know a·bout** tr. insep. **1** saber de, entender de 2 *(have heard about)* saber de.
> **to know of** tr. insep. saber de, haber oído hablar de.

know-how ['nəʊhaʊ] n. saber hacer m., conocimiento práctico.

know·ing ['nəʊɪŋ] adj. *(smile, look)* de complicidad *(person)* sagaz, astuto ◇ n. manera de saber. **there's no knowing** no hay manera de saberlo, es imposible saberlo. **to be worth knowing** valer la pena saberse.

know·ing·ly ['nəʊɪŋlɪ] adv. *(intentionally)* a sabiendas, adrede *(look, etc.)* con complicidad.

know-it-all ['nəʊɪtɔːl] n. sabelotodo mf.

knowl·edge ['nɒlɪdʒ] n. **1** *(learning, information)* conocimientos mpl. **2** *(awareness)* conocimiento.
> **to my knowledge** que yo sepa. **not to my knowledge** que yo sepa, no. **to the best of my**

knowledge según mi leal entender y saber. **to be common knowledge that...** ser notorio que..., todo el mundo sabe que... **it has come to my knowledge that...** he llegado a saber que... **to have a good knowledge of something** conocer algo bien. **to have a working knowledge of something** dominar los fundamentos de algo.

knowl·edge·a·ble ['nɒlɪdʒəbəl] adj. entendido.

known [nəʊn] pp. VER: know ◇ adj. conocido **the known facts** los hechos establecidos.

knuck·le ['nʌkəl] n. nudillo.
> **to knuck·le down** intr. *[fam. use]* ponerse a trabajar en serio.

KO ['keɪ'əʊ] abbr. **(knockout)** fuera de combate m. *(abbreviation)* KO m.

ko·a·la [kəʊ'ɑːlə] n. koala m.

Ko·ran [kɔ'rɑːn] n. Alcorán m., Corán m.

ko·ran·ic [kə'rænɪk] adj. coránico.

Ko·re·a [kə'rɪə] n. Corea **North Korea** Corea del Norte **South Korea** Corea del Sur.

Ko·re·an [kə'rɪən] adj. coreano ◇ n. **1** *(person)* coreano **2** *(language)* coreano **North Korean** norcoreano **South Korean** surcoreano.

ko·sher ['kəʊʃə⁼] adj. **1** *(meat)* cosher (permitido por la ley dietética judía) **2** *[fam. use]* *(genuine)* legal, auténtico.

kph ['keɪ'piː'eɪtʃ] abbr. **(kilometres per hour)** kilómetros mpl. por hora *(abbreviation)* km/h.

ku·dos ['kjuːdɒs] n. prestigio, gloria.

kung fu [kʊŋ'fuː] n. kung-fu m.

Ku·wait [kʊ'weɪt] n. Kuwait.

Ku·wai·ti [kʊ'weɪtɪ] adj. kuwaití ◇ n. kuwaití mf.

kW ['kɪləwɒt] abbr. **(kilowatt)** kilovatio, kilowatt *(abbreviation)* kW.

kWh [kɪləwɒt'aʊə⁼] abbr. **(kilowatt-hour)** kilovatio, kilowatt-hora m. *(abbreviation)* kW/h.

Kyr·gyz VER: Kirghiz.

Kyr·gyz·stan [kɜːgɪz'stæn] n. Kirguizistán.

K

L

L, l [el] *n. (the letter)* L, l f.

l ['lıːtəᵉ] *symb. (liter)* litro *(symbol)* l.

L [laːdȝ] *abbr.* **(large size)** talla grande *(abbreviation)* G.

lab [læb] *n. [fam. use]* **(abbr of laboratory)** laboratorio.

la·bel ['leɪbəl] *n.* **1** etiqueta **2** *(record company)* casa discográfica *tr. pt. & pp.* **labeled**, *ger.* **labeling 1** etiquetar, poner etiqueta a **2** *fig. use* calificar *(as,* de).

la·bor ['leɪbəᵉ] *n.* **1** *(work)* trabajo **2** *(task)* labor *f.*, tarea, faena *(involving manual work)* mano *f.* de obra **3** *(workforce)* mano *f.* de obra **4** *(childbirth)* parto **5** *(effort)* esfuerzo ⋄ *intr.* **1** *(work hard)* trabajar duro **2** *(move slowly)* avanzar penosamente *(engine)* funcionar con dificultad ⋄ *tr.* machacar *n.* **to be in labor** estar de parto **labor camp** campo de trabajos forzados **labor costs** coste *m.* de la mano de obra **labor force** mano *f.* de obra **labor market** mercado laboral **labor of love** trabajo por amor **Labor Day** Día *m.* del Trabajador *(primer lunes de septiembre)* **labor union** sindicato.

lab·o·ra·to·ry [ləˈbɒrətərɪ, *uʃ* ˈlæbrətɔrɪ] *n. pl.* **laboratories** laboratorio **laboratory assistant** ayudante *mf.* de laboratorio.

la·bored ['leɪbəd] *adj.* **1** *(breathing)* fatigoso **2** *(style)* forzado.

la·bor·er ['leɪbərəᵉ] *n.* peón *m.*, jornalero, bracero **farm laborer** peón *m.* agrícola.

la·bor·in·ten·sive [leɪbərınˈtensɪv] *adj.* con mucha mano de obra.

la·bo·ri·ous [ləˈbɔːrɪəs] *adj.* laborioso, penoso.

la·bor·sav·ing ['leɪbəseɪvɪŋ] *adj.* que ahorra trabajo.

lab·y·rinth ['læbərɪnθ] *n.* laberinto.

lace [leɪs] *n.* **1** *(material)* encaje *m.* **2** *(shoestring)* agujeta *f.* ⋄ *tr.* **1** *(pull string through)* poner los cordones a **2** *(drink)* añadir alcohol a.
to lace up *tr. sep.* acordonar, atar los cordones de.

lack [læk] *n.* falta, carencia, escasez *f.* ⋄ *tr.* carecer de. **for lack of** por falta de. **through lack of** por falta de.

lack·ing ['lækɪŋ] *adj.* carente de.

lack·lus·ter ['læklʌstəᵉ] *adj.* sin interés, insulso.

lac·quer ['lækəᵉ] *n.* laca ⋄ *tr. (metal, wood)* lacar, pintar con laca *(hair)* poner laca a.

lac·tose ['læktəʊs] *n.* lactosa.

lac·y ['leɪsɪ] *adj. comp.* **lacier**, *superl.* **laciest 1** *(of lace)* de encaje **2** *(like lace)* parecido al encaje.

lad·der ['lædəᵉ] *n.* **1** escalera *(de mano)* **2** *fig. use* escala **rope ladder** escalera de cuerda.

la·dle ['leɪdəl] *n.* cucharón *m.* ⋄ *tr.* servir con cucharón.

la·dy ['leɪdɪ] *n.* señora *(of high social position)* dama. **ladies and gentlemen** señoras y señores. **my old lady** *[fam. use]* mi vieja **ladies' man** mujeriego **lady friend** *[fam. use]* amiguita **ladies' fingers** quingombó.

la·dy·bug ['leɪdɪbʌg] *n.* mariquita, catarina.

lag [læg] *n.* retraso ⋄ *tr. pt. & pp.* **lagged**, *ger.* **lagging** TECH revestir. **to lag behind** rezagarse, quedarse atrás **time lag** retraso, demora.

la·ger ['laːgəᵉ] *n.* cerveza clara.

la·goon [ləˈguːn] *n.* laguna.

---

laid [leɪd] *pt. & pp.* **1** VER: lay **2** *intr.* to be laid up ⋄ **1** *[fam. use]* guardar cama.

laid·back [leɪdˈbæk] *adj. [fam. use] (relaxed)* tranquilo *(easy-going)* flexible.

lain [leɪn] *pp.* **1** VER: lie **2**

lake [leɪk] *n.* lago.

lamb [læm] *n.* **1** *(animal)* cordero **2** *(meat)* carne *f.* de cordero **3** *[fam. use]* *(person)* cordero ⋄ *intr.* parir **lamb chop** chuleta de cordero.

lame [leɪm] *adj.* **1** cojo **2** *fig. use* débil *(excuse)* poco convincente *(business)* fallido.

la·ment [ləˈment] *n.* **1** lamento **2** MUS endecha ⋄ *tr.* **1** lamentar, llorar ⋄ *intr.* lamentarse *(over,* de) **the late lamented** el/la recientemente fallecido.

la·men·ta·ble ['læməntəbəl] *adj.* lamentable.

lam·i·na·ted ['læmɪneɪtɪd] *adj.* **1** *(metal)* laminado *(glass)* inastillable **2** *(paper)* plastificado.

lamp [læmp] *n.* **1** lámpara **2** *(on car, train)* faro.

lamp·light ['læmplaɪt] *n.* luz *f.* de lámpara.

lamp·post ['læmppəʊst] *n.* (poste *m.* de) farol *m.*

lamp·shade ['læmpʃeɪd] *n.* pantalla (de lámpara).

LAN [læn] *abbr.* **(local area network)** red *f.* local.

lance [laːns] *n.* **1** *(spear)* lanza **2** MED lancet ⋄ *tr.* **1** MED abrir con lancet.

land [lænd] *n.* **1** *(gen)* tierra **2** *(soil)* suelo, tierra **3** *(country, region)* tierra **4** *(property)* terreno, tierras *fpl.* ⋄ *intr.* **1** *(plane, etc.)* aterrizar, tomar tierra *(bird)* posarse **2** *(disembark)* desembarcar **3** *(fall)* caer ⋄ *tr.* **1** *(plane, etc.)* hacer aterrizar **2** *(disembark)* desembarcar *(unload)* descargar **3** *(fish)* sacar del agua **4** *[fam. use] (get)* conseguir **5** *[fam. use] (hit)* asestar **land ahoy!** ¡tierra a la vista! **to be in the land of the living** estar entre los vivos. **to get landed with something** *[fam. use]* *(tener que)* cargar con algo. **to land on one's feet** caer de pies. **to make a living from the land** vivir de la tierra. **to make land** llegar a tierra. **to see how the land lies** tantear el terreno **farmland** tierras *fpl.* de cultivo **land forces** MIL ejército de tierra **land mass** masa continental **land reform** reforma agraria **native land** tierra natal, patria.
to land in. *tr. sep.* causar, traer.
to land up *intr.* acabar.

land·ing ['lændɪŋ] *n.* **1** *(plane)* aterrizaje *m.* **2** *(on stairs)* descansillo, rellano **3** *(of people)* desembarco **crash landing** aterrizaje *m.* de emergencia **forced landing** aterrizaje *m.* forzoso **landing craft** lancha de desembarco **landing gear** tren *m.* de aterrizaje.

land·locked ['lændlɒkt] *adj.* sin salida al mar.

land·mark ['lændmaːk] *n.* **1** *fig. use (building, place)* monumento o edificio muy conocido **2** *(reference point)* punto de referencia **3** *fig. use (milestone)* hito.

land·mine ['lændmaɪn] *n.* mina (de tierra).

land·own·er ['lændəʊnəᵉ] *n.* propietario, terrateniente *mf.*, hacendado.

land·scape ['lændskeɪp] *n.* paisaje *m.* ⋄ *tr.* ajardinar **landscape painter** paisajista *mf.* **landscape painting** paisaje *m.*

land·slide ['lændslaɪd] *n.* desprendimiento de tierras.

lane [leɪn] *n.* **1** *(in country)* camino, sendero, vereda *(in town)* callejuela, callejón *m.* **2** *(on road)* carril *m.* **3** *(in athletics, swimming)* calle *f.* **4** *(sea or air route)* ruta.

lan·guage [ˈlæŋgwɪdʒ] *n.* **1** *(faculty, way of speaking)* lenguaje *m.* **2** *(tongue)* idioma *m.*, lengua **3** *(school subject)* lengua. **to use bad language** ser mal hablado **language school** academia de idiomas, escuela de idiomas.

lan·tern [ˈlæntən] *n.* linterna, farol *m.*

Lao [laʊ] *n. (language)* laosiano.

Laos [laʊz, laʊs] *n.* Laos.

La·o·tian [ˈlaʊʃən] *adj.* laosiano ◇ *n.* laosiano.

lap¹ [læp] *n.* regazo *(knees)* rodillas *fpl. (skirt)* falda. **to live in the lap of luxury** *[fam. use]* vivir como un rey.

lap² [læp] *n.* **1** SP vuelta **2** *fig. use (stage)* etapa ◇ *tr. pt. & pp.* **lapped**, *ger.* **lapping** SP *(overtake)* doblar ◇ *intr. (go around)* dar la vuelta.

lap³ [læp] *tr. pt. & pp.* **lapped**, *ger.* **lapping 1** *(animal)* beber a lengüetadas **2** *(waves)* lamer, besar ◇ *n. (waves)* chapalear.
to lap up. *tr. sep.* **1** beber a lengüetadas **2** *fig. use (wallow in)* disfrutar con **3** *fig. use (believe)* tragar, tragarse.

la·pel [ləˈpel] *n.* solapa.

lapse [læps] *n.* **1** *(in time)* intervalo, lapso **2** *(slip)* desliz *m.* **3** *(when speaking)* lapsus *m. (of memory)* fallo ◇ *intr.* **1** *(time)* transcurrir **2** *(err)* cometer un desliz **3** *(contract, etc.)* caducar **4** *(fall back)* volver a caer (**into,** en).

lap·top [ˈlæptɒp] *n.* También **laptop computer.** *n.* ordenador *m.* portátil.

lar·ce·ny [ˈlɑːsənɪ] *n. pl.* **larcenies** latrocinio **grand larceny** robo importante **petty larceny** robo de menor cuantía.

lard [lɑːd] *n.* manteca de cerdo ◇ *tr.* **1** mechar **2** *fig. use* cargar, recargar (**with,** de).

large [lɑːdʒ] *adj.* **1** grande *(before sing noun)* gran *(sum, amount)* importante *(meal)* abundante **2** *(family)* numeroso **3** *(extensive)* amplio, extenso. **(as) large as life** *[fam. use]* en persona. **at large** *(as a whole)* en general, **by and large** por lo general. **on a large scale** a gran escala. **to be at large** andar suelto, estar en libertad. **to be larger than life** ser exagerado.

large·ly [ˈlɑːdʒlɪ] *adv. (mainly)* en gran parte, en gran medida *(chiefly)* principalmente.

large·ness [ˈlɑːdʒnəs] *n.* **1** *(size)* magnitud *f.*, amplitud *f.* **2** *(importance)* importancia.

large-scale [ˈlɑːdʒskeɪl] *adj.* **1** de gran escala **2** *(map)* a gran escala.

lar·va [ˈlɑːvə] *n. pl.* **larvae** [ˈlɑːviː] larva.

lar·yn·gi·tis [lærɪnˈdʒaɪtəs] *n.* laringitis *f.*

lar·ynx [ˈlærɪŋks] *n. pl.* **larynxes** o **larynges** laringe *f.*

la·sa·gna [ləˈzænjə] *n.* lasaña.

la·ser [ˈleɪzəʳ] *n.* láser *m.*

lash [læʃ] *n.* **1** *(blow with whip)* latigazo, azote *m. (with tail)* coletazo **2** *(whip)* látigo *(thong)* tralla **3** *(eyelash)* pestaña ◇ *tr.* **1** *(in general)* azotar **2** *(fasten)* sujetar ◇ *intr. (fall hard)* caer con fuerza (**against,** contra).

las·so [læˈsuː] *n. pl.* **lassos** o **lassoes** lazo ◇ *tr. pt. & pp.* **lassoed**, *ger.* **lassoing** lazar, coger con el lazo.

last [lɑːst] *adj.* **1** *(final)* último **2** *(most recent)* último **3** *(past)* pasado *(previous)* anterior ◇ *adv.* **1** por última vez **2** *(at the end)* en último lugar *(in race)* en última posición ◇ *n. (person)* el/la último *(thing)* lo último ◇ *intr. (continue)* durar *(hold out)* aguantar, resistir ◇ *tr.* durar. **at last** al fin, por fin. **at long**

last por fin. **last but not least** por último lugar, pero no por eso menos importante. **last but one** penúltimo. **to be the last straw** *[fam. use]* ser el colmo. **to be the last word** *[fam. use]* ser el último grito. **to breathe one's last** dar el último suspiro. **to have seen the last of somebody** haber visto a alguien por última vez. **to have the last word** decir la última palabra. **to the last** hasta el final.

to last out *intr.* resistir, aguantar.

last·ing [ˈlɑːstɪŋ] *adj.* duradero, perdurable.

last·ly [ˈlɑːstlɪ] *adv.* por último, finalmente.

last-min·ute [lɑːstˈmɪnɪt] *adj.* de última hora.

latch [lætʃ] *n.* pestillo.
to latch on·to *tr. insep.* **1** *[fam. use] (understand)* captar **2** *[fam. use] (cling to)* pegarse a **3** *(take an interest in)* poner interés en, interesarse por.

late [leɪt] *adj.* **1** *(not on time)* tardío **2** *(far on in time)* tarde **3** *euphemistic use (dead)* difunto, fallecido **4** *(former)* anterior **5** *(last-minute)* de última hora ◇ *adv.* **1** tarde **2** *(recently)* recientemente **to be late in doing something** tardar en hacer algo. **to keep late hours** acostarse tarde.

late·com·er [ˈleɪtkʌməʳ] *n.* persona que llega tarde a todo.

late·ly [ˈleɪtlɪ] *adv.* últimamente, recientemente.

late-night [ˈleɪtnaɪt] *adj.* de noche, de madrugada.

la·tent [ˈleɪtənt] *adj.* **1** latente **2** *(hidden)* oculto **latent heat** calor *m.* latente.

lat·er [ˈleɪtəʳ] *adj.* **1** más tardío **2** *(more recent)* más reciente **3** *(in series)* posterior ◇ *adv.* **1** más tarde **2** *(afterwards)* después, luego. **later on** más adelante, más tarde.

lat·er·al [ˈlætərəl] *adj.* lateral **lateral thinking** pensamiento lateral.

latest [ˈleɪtɪst] *adj.* último, más reciente ◇ *n.* lo último. **at the latest** a más tardar, como máximo.

lathe [leɪð] *n.* torno **lathe operator** tornero.

lath·er [ˈlɑːðəʳ] *n.* **1** *(of soap)* espuma **2** *(sweat)* sudor *m.* ◇ *tr.* enjabonar ◇ *intr.* hacer espuma **in a lather** *[fam. use]* agobiado y sudando.

Lat·in [ˈlætɪn] *adj.* **1** *(person)* latino **2** *(language)* latín *m.* **Latin American** latinoamericano.

lat·i·tude [ˈlætɪtjuːd] *n.* latitud *f.*

lat·ter [ˈlætəʳ] *adj.* **1** *(last)* último **2** *(second)* segundo ◇ *pron.* **the latter** éste, este último.

Lat·via [ˈlætvɪə] *n.* Letonia.

Lat·vian [ˈlætvɪən] *adj.* letón ◇ *n.* **1** *(person)* letón **2** *(language)* letón *m.*

laugh [lɑːf] *intr.* reír, reírse ◇ *n.* risa **he who laughs last laughs longest** quien ríe último ríe mejor. **to burst out laughing** echarse a reír. **to have the last laugh** reír el/la último. **to laugh one's head off** *[fam. use]* partirse de risa, troncharse de risa, desternillarse de risa. **to laugh on the other side of one's face** llevarse un chasco.
to laugh at *tr. insep.* **1** reírse de **2** *(scoff at)* mofarse de.

laugh·a·ble [ˈlɑːfəbəl] *adj.* ridículo, irrisible *(sum)* irrisorio.

laugh·a·bly [ˈlɑːfəblɪ] *adv.* ridículamente, irrisoriamente.

laugh·ing [ˈlɑːfɪŋ] *adj.* risueño ◇ *n.* risas *fpl. (loud)* carcajadas *fpl.* **not to be a laughing matter** no ser (cosa) de risa.

laugh·ing-stock [ˈlɑːfɪŋstɒk] *n.* hazmerreír *m.*

laugh·ter [ˈlɑːftəʳ] *n.* risas *fpl.* **to die of laughter** *[fam. use]* morirse de risa.

launch [lɔːntʃ] *tr.* **1** lanzar **2** *(ship)* botar *(lifeboat)* echar al mar **3** *(film, etc.)* estrenar *(book)* presentar

4 *(company)* fundar 5 *(scheme, attack)* iniciar ◇ *n.* 1 *(boat)* lancha 2 VER: launching.

launch·er ['lɔ:ntʃəʳ] *n.* lanzador *m.*

launch·ing ['lɔ:ntʃɪŋ] *n.* 1 lanzamiento 2 *(of ship)* botadura 3 *(of film)* estreno *(of book)* presentación *f.*

launch·pad ['lɔ:ntʃpæd] *n.* plataforma de lanzamiento.

laun·der ['lɔ:ndəʳ] *tr.* 1 *(clothes)* lavar (y planchar) 2 *fig. use (money)* blanquear.

laun·dro·mat ['lɔ:drəmæt] *n.* lavandería automática.

laun·dry ['lɔ:ndrɪ] *n. pl. laundries* 1 *(place)* lavandería 2 *(dirty)* ropa sucia, colada *(clean)* ropa limpia, ropa lavada. **to do the laundry** lavar la ropa **laundry basket** cesto de la ropa sucia.

lau·rel ['lɒrəl] *n.* laurel *m.* **to rest on one's laurels** dormirse en los laureles **laurel wreath** corona de laureles.

la·va ['lɑːvə] *n.* lava.

lav·a·to·ry ['lævətərɪ] *n. pl. lavatories* 1 inodoro *m.* 2 *(room)* baño 3 *(public)* sanitarios, servicios *mpl.*

law [lɔ:] *n.* 1 ley *f.* 2 EDUC derecho ◇ *n.* the law *[fam. use]* la poli *f.,* la pasma. **against the law** contra la ley. **by law** por ley. **in law** por ley. **laws are made to be broken** hecha la ley, hecha la trampa. **the law of the jungle** la ley del más fuerte. **to be a law unto oneself** dictar sus propias leyes. **to be outside the law** estar fuera de la ley. **to go to law** recurrir a la ley. **to keep within the law** obrar según la ley. **to take the law into one's own hands** tomarse la justicia por su mano **law and order** orden *m.* público **law court** tribunal *m.* de justicia **law firm** bufete *m.* de abogados **law school** facultad *f.* de derecho.

law·a·bid·ing ['lɔ:əbaɪdɪŋ] *adj.* respetuoso de la ley.

law·break·er ['lɔ:breɪkəʳ] *n.* infractor de la ley.

law·ful ['lɔ:fʊl] *adj.* 1 legal 2 *(allowed by law)* lícito.

law·less ['lɔ:ləs] *adj.* 1 sin ley *(ungovernable)* ingobernable 2 *(person)* anárquico.

law·less·ness ['lɔ:ləsnəs] *n.* anarquía, desorden *m.*

law·mak·er ['lɔ:meɪkəʳ] *n.* legislador.

lawn [lɔ:n] *n.* césped *m.* **lawn tennis** tenis *m.* sobre pasto.

lawn·mow·er ['lɔ:nməʊəʳ] *n.* podadora de pasto.

law·suit ['lɔ:sjuːt] *n.* pleito, juicio.

law·yer ['lɔ:jəʳ] *n.* abogado.

lax·a·tive ['læksətɪv] *adj.* laxante ◇ *n.* laxante *m.*

lay¹ [leɪ] *adj.* 1 REL laico, seglar 2 *(non-professional)* lego, no profesional **lay preacher** predicador seglar.

lay² [leɪ] *tr. aux. & pp. laid* [leɪd] 1 *(gen)* poner, colocar *(spread out)* extender 2 *(bricks, carpet)* poner *(cable, pipe)* tender *(foundations, basis)* echar *(bomb)* colocar 3 *(prepare)* preparar *(curse)* lanzar 4 *(eggs)* poner 5 *(bet)* apostar 6 *(charge)* formular ◇ *intr.* *(hen)* poner huevos. **to be laid low** estar enfermo *(with, de)*. **to be laid up** tener que guardar cama. **to lay claim to something** hacer valer su derecho a algo. **to lay down the law** dictar la ley. **to lay emphasis on something** hacer hincapié en algo. **to lay it on/lay it on a bit thick** *[fam. use]* cargar la mano, cargar las tintas *(praise)* hacer la pelota. **to lay one's hands on somebody** cachar a alguien. **to lay something flat** derribar algo. **to lay something on the line** *(make clear)* dejar algo bien claro *(risk)* arriesgar **to lay the table** poner la mesa. **to lay the blame on somebody** echar la culpa a alguien. **to lay waste to** arrasar, asolar.

to lay a·side *tr. sep.* dejar a un lado.

to lay be·fore *tr. insep.* presentar.

to lay by *tr. sep.* guardar *(money)* ahorrar.

to lay down *tr. sep.* 1 *(let go)* dejar, soltar 2 *(give up)* entregar 3 *(establish)* imponer, fijar *(principles, etc)* sentar 4 *(wine)* guardar (en bodega).

to lay off *tr. sep.* *(worker)* despedir ◇ *tr. insep.* *[fam. use] (stop)* dejar en paz, dejar de molestar *intr.* *[fam. use]* parar.

to lay on *tr. sep.* *(provide)* facilitar, suministrar *tr. insep.* *(burden)* cargar.

to lay out *tr. sep.* 1 *(spread out)* tender, extender 2 *(arrange)* disponer, colocar 3 *(present)* presentar, exponer 4 *(town, etc.)* hacer el trazado de *(garden)* diseñar 5 *[fam. use] (knock down)* dejar fuera de combate 6 *[fam. use] (spend)* desembolsar.

to lay o·ver *intr.* *(gen)* hacer una parada *(at/in, en)* *(plane)* hacer escala *(at/in, en)*.

to lay up *tr. sep.* *(store)* almacenar.

lay³ [leɪ] *pt.* 1 VER: lie 2

lay·er ['leɪəʳ] *n.* 1 capa 2 *(of rock)* estrato 3 *(installer)* instalador 4 *(hen)* gallina ponedora ◇ *tr.* 1 *(cake, dish)* dividir en capas 2 *(hair)* hacer un corte escalonado a.

lay·man ['leɪmən] *n. pl. laymen* 1 REL laico 2 *(not expert)* profano. **in layman's language** en lenguaje llano.

lay·off ['leɪɒf] *n.* despido.

lay·out ['leɪaʊt] *n.* 1 *(arrangement)* disposición *f.* *(presentation)* presentación *f.* 2 *(printing)* composición *f.,* formato 3 *(plan)* trazado.

lay·o·ver ['leɪəʊvəʳ] *n.* parada *(in flight)* escala.

laze [leɪz] *intr.* gandulear, holgazanear ◇ *n.* siesta.

to laze a·bout/laze a·round. *intr.* hacer el vago.

la·zi·ly ['leɪzɪlɪ] *adv.* perezosamente.

la·zi·ness ['leɪzɪnəs] *n.* pereza.

la·zy ['leɪzɪ] *adj. comp.* lazier, *superl.* laziest 1 gandul, vago, perezoso 2 *(river)* perezoso.

la·zy·bones ['leɪzɪbəʊnz] *n. pl. lazybones* perezoso, gandul.

lb [paʊnd] *abbr. pl. lb* o *lbs (pound)* libra.

LCD [elsiː'diː] *abbr. (liquid crystal display)* pantalla de cristal líquido.

lead¹ [led] *n.* 1 *(metal)* plomo 2 *(in pencil)* mina 3 *sl. (bullets)* plomo. **lead poisoning** saturnismo.

lead² [liːd] *tr. aux. & pp. led* [led] 1 *(guide)* llevar, conducir 2 *(be leader of)* liderar, dirigir 3 *(be first in)* ocupar el primer puesto en 4 *(influence)* llevar 5 *(life)* llevar 6 MUS *(orchestra)* ser el primer violín de 7 *(music)* dirigir 8 *(cards)* salir con ◇ *intr.* 1 *(road)* conducir, llevar *(to, a)* 2 *(command)* tener el mando 3 *(go first)* ir primero *(in race)* llevar la delantera 4 *(cards)* salir ◇ *n.* 1 *(front position)* delantera 2 SP liderato *(difference)* ventaja 3 THEAT primer papel *m.* 4 ELEC cable *m.* 5 *(clue)* pista 7 *(cards)* mano *f.* **to be in the lead** ir en cabeza. **to follow somebody's lead** seguir el ejemplo de alguien. **to lead somebody to believe something** llevar a alguien a creer algo. **to lead the way** enseñar el camino. **to take the lead** *(in race)* tomar la delantera *(in score)* adelantarse en el marcador.

to lead off *intr.* *(begin)* empezar ◇ *tr. insep.* *(room, door)* dar a.

to lead on *tr. sep.* 1 *(deceive)* engañar, tomar el pelo a 2 *(coerce)* coaccionar ◇ *intr.* ir adelante.

to lead up to *tr. insep.* llevar a, conducir a.

lead·ed ['ledɪd] *adj.* *(window)* emplomado.

lead·er ['liːdəʳ] *n.* 1 POL líder *mf.,* dirigente *mf.* 2 *(in race)* líder *mf.* *(of/in, de)* 3 *(conductor)* director.

lead·er·ship ['li:dəʃip] n. **1** (position) liderato, liderazgo **2** (qualities) dotes mpl. de mando **3** (leaders) dirección f.

lead-free ['ledfri] adj. sin plomo.

lead-in ['li:dɪn] n. introducción f., presentación f.

lead·ing ['li:dɪŋ] adj. destacado, principal **leading lady** actriz f. principal **leading light** [fam. use] cerebro **leading man** actor m. principal **leading question** pregunta tendenciosa.

leaf [li:f] n. pl. **leaves** (li:vz] **1** (of plant) hoja **2** (of book) hoja, página **3** (of table) hoja abatible. **to be in leaf** tener hojas. **to turn over a new leaf** hacer borrón y cuenta nueva, volver la página **leaf mould** mantillo.

to leaf through tr. insep. hojear.

leaf·let ['li:flət] n. (folded) folleto.

league [li:g] n. **1** liga **2** [fam. use] (level) altura **3** (measure) legua. **to be in league with somebody** estar conchabado con alguien. **to be out of one's league** no estar a la altura.

leak [li:k] intr. **1** (container) tener un agujero (pipe) tener un escape **2** (roof) gotear **3** (boat) hacer agua (shoes) dejar entrar agua **4** (gas, fluid) escaparse ◇ tr. **1** (let out) dejar salir, dejar escapar (spill out) derramar **2** fig. use (information, etc.) pasar (**to**, a) ◇ n. **1** (hole) agujero **2** (in roof) gotera **3** (of boat) fuga, escape m. **4** (of liquid) escape m. **4** (spill) derrame m. **5** fig. use (of information, etc.) filtración f.

to leak out intr. **1** (gas, fluid) escaparse **2** fig. use filtrarse.

leak·y ['li:ki] adj. comp. **leakier**, superl. **leakiest 1** (container) agujereado (pipe) con un escape **2** (roof) que tiene goteras **3** (pipe) que tiene escapes **4** (boat) que hace agua (shoe) que deja entrar agua.

lean¹ [li:n] adj. **1** (person) delgado, flaco **2** (meat) magro **3** (harvest) malo, escaso (year) malo, pobre ◇ n. (meat) carne f. magra.

lean² [li:n] intr. pt. & pp. **leaned** o **leant** [lent] **1** inclinarse **2** (for support) apoyarse (**on**, en) (**against**, contra) ◇ tr. apoyar ◇ n. inclinación f. **to lean back** reclinarse, recostarse. **to lean down** agacharse. **to lean forward** inclinarse hacia delante. **to lean out** asomarse (-, por). **to lean over** inclinarse. **to lean over backwards (to help somebody)** desvivirse (por ayudar a alguien).

to lean on tr. insep. **1** (depend on) depender de **2** (pressure) presionar a.

to lean to·wards tr. insep. estar a favor de, tirar hacia.

lean·ing ['li:nɪŋ] adj. inclinado ◇ n. inclinación f., tendencia.

leant [lent] pt. & pp. **1** VER: lean 2

leap [li:p] intr. pt. & pp. **leaped** o **leapt** [lept] saltar, brincar ◇ n. **1** salto, brinco **2** fig. use salto **by leaps and bounds** a pasos agigantados. **to leap up** (person) levantarse de un salto (flame) brotar, saltar **leap year** año bisiesto.

to leap at. tr. insep. no dejar escapar, aprovechar.

leapt [lept] pt. & pp. VER: leap.

learn [lɜːn] tr. & pp. **learned** o **learnt** [lɜːnt] **1** aprender **2** (find out) enterarse de ◇ intr. **1** aprender **2** (find out) enterarse (**about/of**, de). **to learn from one's mistakes** aprender de sus errores. **to learn one's lesson/learn the hard way** aprender de sus errores.

learn·ed ['lɜːnəd] adj. erudito.

learn·er ['lɜːnə⁴] n. estudiante mf. **learner driver** aprendiz de conductor.

learn·ing ['lɜːnɪŋ] n. saber m.

learnt [lɜːnt] pt. & pp. VER: learn.

lease [li:s] n. contrato de arrendamiento que transfiere la propiedad al arrendatario por un cierto periodo de tiempo ◇ tr. arrendar. **to give somebody a new lease on life** dar nueva vida a alguien.

leash [li:ʃ] n. correa.

least [li:st] adj. menor, menos ◇ n. lo menos **at (the) least** por lo menos, al menos, cuando menos. **not in the least!** ¡en absoluto!, ¡qué va! **not least** en gran parte. **to say the least** por no decir más.

leath·er ['leðə⁴] n. piel ◇ f., cuero adj. de piel, de cuero.

leave¹ [li:v] tr. pt. & pp. **left**, ger. **leaving 1** (go away from) dejar, abandonar (go out of) salir de **2** (stop being with) irse de, marcharse de **3** (forget) dejarse, olvidar, olvidarse **4** (allow to remain) dejar **5** (cause to remain) dejar **6** (be survived by) dejar **7** (bequeath) dejar, legar **8** MATH dar ◇ intr. marcharse, irse, partir **to leave behind** dejar atrás. **to leave somebody alone/leave somebody be** dejar a alguien en paz. **to leave somebody cold** dejar frío a alguien, dejar indiferente a alguien. **to leave somebody to themself/leave somebody to their own devices** dejar que alguien se las apañe solo. **to leave something about** dejar algo tirado. **to leave standing** (in race) dejar clavado.

to leave out tr. sep. **1** (omit) omitir, excluir **2** (not make welcome) excluir.

leave² [li:v] n. **1** (time off) permiso **2** (permission) permiso. **to be on leave** MIL estar de permiso. **to go on sick leave** tener la baja por enfermedad. **to take leave of one's senses** perder la razón. **leave of absence** permiso.

leaves [li:vz] npl. VER: leaf.

Leb·a·nese [lebə'ni:z] adj. libanés ◇ n. libanés ◇ npl. the Lebanese los libaneses mpl.

Leb·a·non ['lebənən] n. Líbano.

lec·tern ['lektən] n. atril m. (in church) facistol m.

lec·ture ['lektʃə⁴] n. **1** conferencia **2** (in university) clase f. **3** (telling-off) reprimenda, sermón m. ◇ intr. **1** dar una conferencia (**on**, sobre) **2** (in university) dar clase ◇ tr. (scold) sermonear, echar una reprimenda a.

lec·tur·er ['lektʃərə⁴] n. **1** conferenciante mf. **2** (in university) profesor.

led [led] pt. & pp. **1** VER: lead 2

ledge [ledʒ] n. **1** (shelf) repisa (of window) antepecho, alféizar m. **2** (of rock) saliente m.

left¹ [left] adj. **1** izquierdo **2** POL de izquierdas ◇ adv. a la izquierda, hacia la izquierda ◇ n. **1** izquierda **2** (punch) golpe m. de la izquierda. **on the left** a mano izquierda.

left² [left] pt. & pp. VER: leave **to be left** quedar **to be left over** sobrar, quedar. **to have something left** quedar algo a uno.

left-hand ['lefthænd] adj. izquierdo **left-hand drive** con el volante a la izquierda.

left-hand·ed [left'hændɪd] adj. **1** (person) zurdo **2** (object) para zurdos **3** (action) con la mano izquierda.

left·ist ['leftɪst] adj. izquierdista ◇ n. izquierdista mf.

left-lug·gage [left'lʌgɪdʒ] **left-luggage office** consigna.

left-o·ver ['leftəʊvə⁴] adj. sobrante, restante ◇ npl. leftovers sobras fpl., restos mpl.

left-wing ['leftwɪŋ] adj. POL de la izquierda.

left-wing·er [left'wɪŋəʳ] *n.* POL izquierdista.

leg [leg] *n.* **1** ANAT pierna *(of animal)* pata **2** CULIN *(lamb, etc.)* pierna *(chicken, etc.)* muslo **3** *(of furniture)* pata, pie *m.* **4** *(of trousers)* pernera **5** *(stage)* etapa. **not to have a leg to stand on** no tener en qué basarse. **to be on one's last legs** estar en las últimas. **to give somebody a leg up** *[fam. use]* ayudar a alguien a subir *(aguantándole un pie)*. **to pull somebody's leg** *[fam. use]* tomarle el pelo a alguien.

leg·a·cy ['legəsɪ] *n. pl.* **legacies** legado, herencia.

le·gal ['liːgəl] *adj.* **1** legal, lícito **2** *(relating to the law)* jurídico, legal **to take legal action** entablar un pleito *(**against**, contra)* **legal adviser** asesor jurídico *(office)* asesoría jurídica **legal aid** ayuda económica para afrontar gastos de representación legal **legal costs** costas *fpl.* **legal tender** moneda de curso legal.

le·gal·i·ty [lɪ'gælɪtɪ] *n. pl.* **legalities** legalidad *f.*

le·gal·i·za·tion [liːgəlaɪ'zeɪʃən] *n.* legalización *f.*

le·gal·ize ['liːgəlaɪz] *tr.* legalizar.

leg·end ['ledʒənd] *n.* leyenda. **a legend in one's own lifetime** una leyenda viva.

leg·end·ar·y ['ledʒəndərɪ] *adj.* legendario.

leg·gings ['legɪnz] *npl. (whole leg)* mallas *fpl. (below knee)* polainas *fpl.*

leg·i·ble ['ledʒəbl] *adj.* legible.

leg·i·bly ['ledʒəblɪ] *adv.* con letra clara.

le·gion ['liːdʒən] *n.* legión *f.*

leg·is·late ['ledʒɪsleɪt] *intr.* legislar.

leg·is·la·tion [ledʒɪs'leɪʃən] *n.* legislación *f.*

leg·is·la·tor ['ledʒɪsleɪtəʳ] *n.* legislador.

leg·is·la·ture ['ledʒɪsleɪtʃəʳ] *n.* cuerpo legislativo.

le·git [lɪ'dʒɪt] *adj. sl.* legal, legítimo.

le·git·i·ma·cy [lɪ'dʒɪtɪməsɪ] *n.* legitimidad *f.*

le·git·i·mate [lɪ'dʒɪtɪmət] *adj.* legítimo.

le·git·i·mize [lɪ'dʒɪtɪmaɪz] *tr.* legitimar.

leg·room ['legruːm] *n.* sitio para las piernas, espacio para las piernas.

lei·sure ['leʒəʳ, *ʊ* 'liːʒəʳ] *n.* ocio, tiempo libre. **at leisure** *(with free time)* en su tiempo libre *(calmly)* tranquilamente. **to do something at one's leisure** hacer algo cuando uno pueda. **to live a life of leisure** vivir a cuerpo de rey **leisure activities** pasatiempos *mpl.* **leisure wear** ropa de sport.

lei·sured ['leʒəd, *ʊʃ* 'liːʒəd] *adj.* ocioso.

lei·sure·ly ['leʒəlɪ, *ʊʃ* 'liːʒəlɪ] *adj.* sin prisa.

lem·on ['lemən] *n.* **1** limón *m.* **2** *sl. (car)* cacharro ◇ *adj. (color)* de color limón **lemon squeezer** exprimidor *m.*, exprimidera **lemon tea** té *m.* con limón **lemon tree** limonero.

lem·on·ade [lemə'neɪd] *n.* **1** *(fizzy - plain)* gaseosa *(- lemony)* limonada **2** *(still)* limonada.

lend [lend] *tr. pt. & pp. lent* [lent] **1** dejar, prestar **2** *fig. use (add)* dotar de, prestar. **to lend an ear (to somebody)** escuchar *(a alguien).* **to lend (somebody) a hand** echar una mano *(a alguien).*

lend·ing ['lendɪŋ] **lending library** biblioteca pública.

length [leŋθ] *n.* **1** longitud *f.* **2** *(of time)* duración *f.* **3** *(piece)* trozo *(of cloth)* largo **4** *(of road)* tramo *(of swimming pool)* largo **at length** *(finally)* al fin **a la larga** *(in depth)* **the length and breadth of something** a lo largo y ancho de algo. **to go to any lengths to do something** hacer lo que sea para hacer algo. **to keep somebody at arm's length** mantener las distancias con alguien.

length·en ['leŋθən] *tr.* **1** *(skirt, etc.)* alargar **2** *(lifetime)* prolongar ◇ *intr.* **1** *(skirt, etc.)* alargarse **2** *(lifetime)* prolongarse *(days)* crecer.

length·ways ['leŋθweɪz] *adv.* a lo largo, longitudinalmente.

le·ni·ent ['liːnɪənt] *adj. (person)* indulgente *(punishment)* poco severo.

lens [lenz] *n.* **1** *(of glasses)* lente *m. & f.* **2** *(of camera)* objetivo **3** ANAT cristalino.

lent [lent] *pt. & pp.* VER: lend.

Lent [lent] *n.* REL Cuaresma.

len·til ['lentəl] *n.* lenteja.

leop·ard ['lepəd] *n.* leopardo.

le·o·tard ['liːətɑːd] *n.* malla.

lep·er ['lepəʳ] *n.* leproso.

lep·ro·sy ['leprəsɪ] *n.* lepra.

les·bi·an ['lezbɪən] *adj.* lesbiano ◇ *n.* lesbiana.

Le·so·tho [lɪ'suːtuː] *n.* Lesotho.

less [les] *adj.* menos ◇ *pron.* menos ◇ *adv.* menos ◇ *prep.* menos. **any the less** menos **much less** menos aún **in less than** no time dentro de un momento, en seguida. **no less** nada menos. **nothing less than** nada menos que. **still less** menos aún.

less·en ['lesən] *tr.* disminuir, reducir ◇ *intr.* disminuir, reducirse.

less·er ['lesəʳ] *adj.* menor. **the lesser of two evils** el mal menor. **to a lesser extent** en menor grado.

les·son ['lesən] *n.* **1** *(class)* clase *f.* **2** *(warning)* lección *f.* **let that be a lesson to you!** ¡que te sirva de lección! **to teach somebody a lesson** dar una lección a alguien.

let [let] *tr. pt. & pp. let, ger. letting* **1** *(allow)* dejar, auxiliary ◇ **1** *que* + subjuntivo **let alone...** *y mucho menos...* **let me see/let's see** a ver. **to feel let down** sentirse defraudado. **to let go of** soltar. **to let loose** soltar, desatar. **to let off steam** desfogarse. **to let somebody alone** dejar a alguien en paz, no molestar a alguien. **to let somebody down lightly** decírselo a alguien con tacto. **to let somebody know** hacer saber a alguien, avisar a alguien.

to let down *tr. sep.* **1** *(lower)* bajar **2** *(lengthen)* alargar **3** *(deflate)* desinflar **4** *(disappoint)* fallar, defraudar.

to let in *tr. sep.* dejar entrar.

to let in·to *tr. sep.* **1** dejar entrar a **2** *(inlay into)* incrustar en **3** *(reveal)* revelar.

to let off *tr. sep.* **1** *(leave off)* dejar **2** *(bomb)* hacer explotar *(fireworks)* hacer estallar **3** *(person - forgive)* perdonar *(- let leave)* dejar marcharse *(- free)* dejar en libertad.

to let on *intr. [fam. use] (tell)* decir, descubrir ◇ *tr. insep. [fam. use] (pretend)* hacer ver.

to let out *tr. sep.* **1** *(in general)* dejar salir *(release)* soltar *(**from**, de)* **2** *(utter)* soltar **3** *(widen)* ensanchar **4** *(make public)* divulgar, hacer público.

to let through *tr. sep.* dejar pasar.

let·down ['letdaʊn] *n. [fam. use]* disgusto, chasco, desilusión *f.*

le·thal ['liːθəl] *adj.* letal, mortal.

le·thar·gic [lə'θɑːdʒɪk] *adj.* aletargado.

leth·ar·gy ['leθədʒɪ] *n.* letargo.

let's [lets] *contr.* VER: let us.

let·ter ['letəʳ] *n.* **1** *(of alphabet)* letra **2** *(message)* carta ◇ *npl.* **letters** letras *fpl.* **to the letter** al pie de la letra **capital letter** mayúscula **letter of attorney** poderes *mpl.* **letter of credit** carta de crédito **letter of introduction** carta de presentación, carta de recomendación **small letter** minúscula.

let·ter·ing ['letərɪŋ] *n.* rotulación *f.*

letter-opener ['letərəʊpənəʳ] *n.* abrecartas *m.*

let·tuce ['letɪs] *n.* lechuga.

let·up ['lɛtʌp] *n. [fam. use]* respiro, tregua.

leu·ke·mi·a [luːˈkiːmɪə] *n.* leucemia.

lev·ee ['lɛvɪ] *n.* dique *m.*

lev·el ['lɛvəl] *adj.* **1** *(horizontal)* llano, plano **2** *(even)* a nivel, nivelado *(spoonful, etc.)* raso **3** *(equal)* igual, igualado **4** *(steady)* estable *(voice)* llano ◇ *n.* **1** nivel *m.* **2** *(flat ground)* llano, llanura ◇ *tr.* **1** *(make level, survey)* nivelar **2** *(raze)* arrasar, rasar **3** *(aim)* apuntar ◇ *adv.* a ras *(with,* de*).* **on the level** *[fam. use]* de fiar, honrado. **to be on a level with** estar al mismo nivel que. **to draw level** igualar *(with,* con*).* **to find one's (own) level** estar con los suyos. **to keep a level head** no perder la cabeza. **to level accusations against somebody** dirigir acusaciones a alguien. **to level with somebody** *[fam. use]* hablar claro con alguien.

to lev·el off *intr.* **1** *(plane)* enderezarse *(prices, etc.)* estabilizarse **2** *(ground)* nivelarse ◇ *tr. sep.* nivelar.

to lev·el out *intr.* VER: to level off.

lev·el·head·ed [lɛvəl'hɛdɪd] *adj.* sensato.

lever ['liːvə] *n.* **1** palanca **2** *(in lock)* guarda ◇ *tr.* apalancar.

lev·er·age ['liːvərɪdʒ] *n.* **1** acción *f.* de palanca **2** *fig. use (influence)* influencias *fpl.,* enchufe *m.*

lev·i·tate ['lɛvɪteɪt] *intr.* levitar ◇ *tr.* hacer levitar.

lev·i·ta·tion [lɛvɪ'teɪʃən] *n.* levitación *f.*

le·vy ['lɛvɪ] *tr. pt. & pp.* **levied,** *ger.* **levying** recaudar *(fine)* imponer ◇ *n. pl.* **levies** recaudación *f.* *(of fine)* imposición *f.*

lex·i·cal ['lɛksɪkəl] *adj.* léxico.

lex·i·cog·ra·pher [lɛksɪ'kɒgrəfə] *n.* lexicógrafo.

lex·i·cog·ra·phy [lɛksɪ'kɒgrəfɪ] *n.* lexicografía.

lex·i·con ['lɛksɪkən] *n.* **1** *(dictionary)* léxico, lexicón *m.* *(list)* lista de vocabulario **2** TECH léxico.

lhd ['lɛfthænd'draɪv] *abbr.* **(left hand drive)** (coche) con el volante a la izquierda.

li·a·bil·i·ty [laɪə'bɪlɪtɪ] *n. pl.* **liabilities 1** JUR responsabilidad *f.* **2** *[fam. use]* desastre *m.* ◇ *npl.* **liabilities** COMM pasivo *m. sing.*

li·a·ble ['laɪəbl] *adj.* **1** *(likely, susceptible)* propenso *(to,* a*)* **2** *(susceptible)* susceptible *(to,* a*)* **3** JUR *(responsible)* responsable *(for,* de*)* **4** *(to fine)* expuesto *(to duties)* sujeto.

li·aise [lɪ'eɪz] *intr.* comunicarse, tener contacto *(with,* con*).*

li·ai·son [lɪ'eɪzən] *n.* **1** enlace *m.* **2** *(sexual)* amorío **liaison committee** comité *m.* de enlace.

li·ar ['laɪə] *n.* mentiroso, embustero.

lib [lɪb] *n. [fam. use]* **(abbr of liberation).** VER: liberation.

li·bel ['laɪbəl] *n.* calumnia, difamación *f. (written)* libelo ◇ *tr. pt. & pp.* **libeled,** *ger.* **libeling** difamar.

lib·er·al ['lɪbərəl] *adj.* **1** *(in general)* liberal **2** *(abundant)* abundante.

lib·er·al·i·za·tion [lɪbərəlaɪ'zeɪʃən] *n.* liberalización *f.*

lib·er·al·ize ['lɪbərəlaɪz] *tr.* liberalizar.

lib·er·ate ['lɪbəreɪt] *tr. (in general)* liberar *(prisoner, etc.)* poner en libertad, libertar, emancipar **to become liberated** liberarse, emanciparse.

lib·er·a·tion [lɪbə'reɪʃən] *n.* liberación *f.* **women's liberation** liberación *f.* de la mujer.

lib·er·a·tor ['lɪbəreɪtə] *n.* libertador.

Li·be·ri·a [laɪ'bɪərɪə] *n.* Liberia.

Li·be·ri·an [laɪ'bɪərɪən] *adj.* liberiano ◇ *n.* liberiano.

lib·er·tar·i·an [lɪbə'teərɪən] *n.* libertario ◇ *adj.* libertario.

lib·er·ty ['lɪbətɪ] *n. pl.* **liberties** libertad *f.* **at liberty** en libertad, libre *(to,* de*).* **to take liberties with somebody/something** tomarse libertades con alguien/algo. **what a liberty!** *[fam. use]* ¡qué cara más dura!

li·bi·do [lɪ'biːdəʊ] *n. pl.* **libidos** libido *f.*

li·brar·i·an [laɪ'breərɪən] *n.* bibliotecario.

li·brar·y ['laɪbrərɪ] *n. pl.* **libraries 1** biblioteca **2** *(collection)* colección *f.* **library ticket** carnet *m.* de biblioteca.

Lib·y·a ['lɪbɪə] *n.* Libia.

Lib·y·an ['lɪbɪən] *adj.* libio ◇ *n.* libio.

lice [laɪs] *npl.* VER: louse.

li·cense ['laɪsəns] *tr.* autorizar, dar licencia a ◇ *n.* **1** *(permit)* licencia, permiso **2** *(freedom)* libertad *f. (excessive freedom)* licencia. **licence number** matrícula **licence plate** *(placa de)* matrícula **poetic licence** licencia poética.

lick [lɪk] *tr.* **1** lamer **2** *[fam. use] (defeat - team)* vencer a, derrotar *(- problem)* superar, solucionar ◇ *n.* **1** lamedura, lengüetada **2** *[fam. use] (of paint)* mano *f.* **to lick one's lips** relamerse. **to lick one's wounds** lamerse las heridas. **to lick somebody's boots** dar coba a alguien. **to lick something into shape** *[fam. use]* poner algo a punto.

lid [lɪd] *n.* **1** *(cover)* tapa **2** *(of eye)* párpado. **to put the (tin) lid on something** ser el colmo de los colmos. **to put the lid on it** *sl.* cerrar el pico. **to take the lid off something** *fig. use* destapar algo.

lie¹ [laɪ] *intr. pt. & pp.* **lied,** *ger.* **lying** mentir ◇ *n.* mentira. **to be a pack of lies/be a tissue of lies** ser pura mentira. **to give the lie to** desmentir. **to lie through one's teeth** *[fam. use]* mentir uno más que habla. **to tell lies** mentir **lie detector** detector *m.* de mentiras.

lie² [laɪ] *intr. pt.* **lay** [leɪ], *pp.* **lain** [leɪn], *ger.* **lying 1** *(adopt a flat position)* acostarse, tumbarse *(be in a flat position)* estar acostado, estar tumbado **2** *(decision)* depender *(with,* de*) (responsibility)* ser *(with,* de*),* corresponder *(with,* a*)* **3** *(be situated)* estar *(situado),* encontrarse **4** *(be buried)* yacer **5** *(remain)* quedarse, permanecer ◇ *n. (position)* posición *f.,* situación *f. (direction)* orientación *f.* **to lie low** estar escondido. **to take something lying down** aceptar algo sin chistar **the lie of the land** la topografía *(del terreno) fig. use* el estado de las cosas.

to lie a·bout/lie a·round *intr. (person)* estar tumbado *(things)* estar tirado.

to lie back *intr.* recostarse.

to lie down *intr.* acostarse, tumbarse, echarse.

Liech·ten·stein ['lɪktənstaɪn] *n.* Liechtenstein.

lie-down ['laɪdaʊn] *n.* siesta. **to have a lie-down** echarse una siesta.

Lieut [lef'tɛnənt, *of* luː'tɛnənt] *abbr.* **(Lieutenant)** Teniente *m. (abbreviation)* Tente., Tte.

lieu·ten·ant [lef'tɛnənt, *of* luː'tɛnənt] *n.* **1** MIL teniente *m.* **2** *(non-military)* lugarteniente *m.*

life [laɪf] *n. pl.* **lives** [laɪvz] **1** vida **2** *(of battery)* duración *f.* **for dear life** con toda su fuerza. **it's a matter of life and death** es cuestión de vida o muerte. **not on your life!** *[fam. use]* ¡ni hablar! **run for your life "(lives)"!** ¡sálvese quien pueda! **to be the life and soul of the party** ser el alma de la fiesta. **to bring somebody back to life** resucitar a alguien. **to come to life** cobrar vida. **to have the time of one's life** pasárselo como nunca **to lose one's life** perder la vida. **to take one's life in one's hands** *(risk)* arriesgar la vida *(control)* controlar su propia vida. **to take one's own life** suicidarse, quitarse la vida. **to take somebody's life** matar a alguien **life belt/life buoy** salvavidas *m.* **life cycle** ciclo vital **life expectancy** esperanza de vida **life insurance** seguro de vida **life imprisonment** cadena perpetua **life jacket** chaleco *salvavidas* **life preserver** *salvavidas m.* **life sentence** *cadena perpetua* **life story** *biografía* **life style** *estilo de vida.*

life-and-death ['laɪfəndeɛ] *adj.* a vida o muerte.

life-blood ['laɪfblʌd] *n. fig. use* alma, impulso vital.

life-boat ['laɪfbəʊt] *n.* **1** *(on shore)* lancha de socorro **2** *(on ship)* bote *m.* salvavidas.

life-guard ['laɪfgɑːd] *n.* sooorriota *mf.*

life-less ['laɪflɪs] *adj.* **1** exánime, inánime **2** *fig. use* sin vida, soso.

life-like ['laɪflaɪk] *adj.* fiel.

life-line ['laɪflaɪn] *n.* **1** *(rope)* cuerda de salvamento **2** *fig. use* cordón *m.* umbilical.

life-saver ['laɪfseɪvəʳ] *n.* socorrista *mf.*

life-sav-ing ['laɪfseɪvɪŋ] *n.* socorrismo.

life-sized ['laɪfsaɪzd] *adj.* (de) tamaño natural.

life-span ['laɪfspæn] *n.* vida.

life-time ['laɪftaɪm] *n.* **1** vida **2** *[fam. use]* eternidad *f.* **it's the chance of a lifetime** *es la oportunidad de tu vida.*

lift [lɪft] *tr.* **1** *(in general)* levantar *(head, etc.)* levantar, alzar *(baby)* levantar en brazos *(pick up)* coger **2** *(by plane)* transportar **3** *[fam. use]* *(steal)* afanar, birlar *(copy)* copiar, copiarse ◇ *intr. (of movable parts)* levantarse ◇ *n. (boost)* estímulo **to give somebody a lift** *(cheer up)* animar.

lift-off ['lɪftɒf] *n.* despegue *m.*

lig-a-ment ['lɪgəmənt] *n.* ligamento.

light¹ [laɪt] *n.* **1** *(gen)* luz *f.* **2** *(lamp)* luz *f.*, lámpara *(traffic light)* semáforo **3** *(for cigarette, fire)* fuego *tr. pt. & pp.* **lighted** *o* **lit** [lɪt] ◇ **1** *(ignite)* encender **2** *(illuminate)* iluminar, alumbrar ◇ *intr.* encenderse ◇ *adj.* **1** *(color)* claro *(complexion)* blanco **2** *(bright)* con mucha claridad **to bring something to light** *sacar algo a la luz.* **to come to light** *salir a luz.* **to go out like a light** *[fam. use]* quedarse roque. **to see the light at the end of the tunnel** *ver la luz al final del túnel.* **to see things in a new light** *ver las cosas bajo otro aspecto.* **to show somebody in a bad light** *hacer quedar mal a alguien.* **to throw light on something** *aclarar algo, arrojar luz sobre algo* **light bulb** *bombilla* **light industry** *industria ligera* **light pen** COMPUT *lápiz m.* óptico **light year** *año luz.* **to light up.** *tr. sep.* **1** iluminar **2** *[fam. use]* *(cigarette, etc.)* encender ◇ *intr.* **1** iluminarse *[fam. use]* encender un cigarrillo.

light² [laɪt] *adj.* **1** *(not heavy)* ligero *(rain)* fino *(breeze)* suave **2** *(sentence, wound)* leve **3** *(head)* mareado **to be light on one's feet** *tener los pies ligeros.* **to have light fingers** *tener los dedos largos, tener los dedos rápidos.* **to make light of something** *dar poca importancia a algo.* **to travel light** *viajar con poco equipaje.* **with a light heart** *con el corazón alegre* **light aircraft** *avioneta* **light opera** *opereta* **light reading** *lectura fácil.*

light³ [laɪt] *intr. [fml. use]* ARCH *(alight)* posarse *(on,* en).

light-en¹ ['laɪtən] *tr.* **1** *(color)* aclarar **2** *(room)* iluminar ◇ *intr.* **1** *(color)* aclararse.

light-en² ['laɪtən] *tr.* **1** *(make less heavy)* aligerar ◇ *intr. (mood, etc.)* alegrarse. **to lighten somebody's load** *hacerle la vida más fácil a alguien.*

light-er ['laɪtəʳ] *n.* **1** Tambien **cigarette lighter**. *n.* encendedor *m.*, mechero.

light-fin-gered ['laɪtfɪŋgəd] *adj.* largo de dedos.

light-haired ['laɪtheəd] *adj.* de pelo claro, de pelo rubio.

light-head-ed [laɪt'hedɪd] *adj.* **1** *(dizzy)* mareado **2** *(frivolous)* liviano, ligero.

light-heart-ed [laɪt'hɑːtɪd] *adj.* **1** *(cheerful)* alegre, despreocupado **2** *(not serious)* desenfadado.

light-house ['laɪthaʊs] *n.* faro **lighthouse keeper** *farero.*

light-ing ['laɪtɪŋ] *n.* **1** *(in general)* iluminación *f.* **2** *(system)* alumbrado.

light-ly ['laɪtlɪ] *adv.* **1** *(not heavily)* ligeramente **2** *(not seriously)* a la ligera **to get off lightly** *salir casi indemne.*

light-ness¹ ['laɪtnɪs] *n.* **1** *(of color)* claridad *f.* **2** *(brightness)* luminosidad *f.*, claridad *f.*

light-ness² ['laɪtnɪs] *n.* *(of weight)* ligereza.

light-ning ['laɪtnɪŋ] *n.* rayo *(flash only)* relámpago **lightning conductor** *pararrayos m.* **lightning rod** *pararrayos m.* **lightning strike** *huelga relámpago* **lightning visit** *visita f.* relámpago.

lights-out ['laɪtsaʊt] *n.* la hora de apagar las luces.

light-weight ['laɪtweɪt] *n.* **1** *(boxing)* peso ligero **2** *pej.* don nadie *m.*, peso ligero ◇ *adj.* **1** *(clothing)* ligero **2** *(boxing)* de peso ligero **3** *pej.* flojo, poco convincente.

like¹ [laɪk] *prep.* **1** *(the same as)* como **2** *(typical of)* propio de **3** *[fam. use]* como ◇ *adj.* **1** *(such as)* como **2** *[fml. use]* semejante, parecido ◇ *adv. [fam. use]* *(as it were)* pues ◇ *conj. [fam. use]* como ◇ *n.* algo parecido **and the like** *y cosas así.* **to be as like as two peas in a pod** *ser como dos gotas de agua.* **like father, like son** *de tal palo tal astilla.* **that's more like it!** *[fam. use]* *¡eso está mejor!, ¡así me gusta!* **to look like somebody** *parecerse a alguien.* **to look like something** *parecer algo* **something like that** *algo así, algo por el estilo.* **to be of like mind** *[fml. use]* *ser del mismo parecer.* **to feel like** *tener ganas de.*

like² [laɪk] *tr.* **1** *(enjoy)* gustar **2** *(want)* querer, gustar ◇ *intr.* querer ◇ *npl.* likes gustos *mpl.* **I like that!** *[fam. use] iron.* *¡pues mira qué bien!* **to like something better** *preferir algo.* **whether you like it or not** *quieras o no (quieras), a la fuerza.*

like-a-ble ['laɪkəbəl] *adj.* simpático.

like-li-hood ['laɪklɪhʊd] *n.* probabilidad *f.* **in all likelihood** *con toda seguridad.*

like-ly ['laɪklɪ] *adj.* probable ◇ *adv.* probablemente **as likely as not** *[fam. use]* lo más seguro. **that's a likely story!** *[fam. use] iron.* *¡anda ya!*

like-mind-ed [laɪk'maɪndɪd] *adj.* del mismo parecer.

lik-en ['laɪkən] *tr.* comparar *(to,* con). **to be likened to** *compararse con.*

like-ness ['laɪknəs] *n.* **1** *(similarity)* semejanza, parecido **2** *(portrait)* retrato. **in one's likeness** *a su semejanza.*

like-wise ['laɪkwaɪz] *adv.* **1** *(the same)* lo mismo, igualmente **2** *(also)* asimismo, además.

lik-ing ['laɪkɪŋ] *n.* *(for thing)* gusto, afición *f.* *(for person)* simpatía *(for friend)* cariño. **to be to somebody's liking** *[fml. use]* gustarle a alguien. **to have a liking for something** *(thing)* gustarle algo *(activity)* tener afición por algo. **to take a liking to somebody** *tomar cariño a alguien.*

limb [lɪmb] *n.* **1** ANAT miembro **2** *(branch)* rama. **out on a limb** *(in danger)* en peligro *(isolated)* aislado.

lime¹ [laɪm] *n.* CHEM cal *f.* ◇ *tr. (fields)* abonar con cal.

lime² [laɪm] *n.* **1** *(citrus fruit)* lima **2** *(citrus tree)* limero **lime juice** *zumo de lima.*

lime-green ['laɪmgriːn] *adj.* (de color) verde lima.

lim-it ['lɪmɪt] *n.* límite *m.* ◇ *tr.* limitar, restringir *(to,* a) **that's the limit!** *[fam. use] ¡eso es el colmo!* **to be off limits** *estar en zona prohibida (to,* para). **to know no limits** *no conocer límites.* **within limits** *dentro de ciertos límites.*

lim-i-ta-tion [lɪmɪ'teɪʃən] *n.* limitación *f.*

lim-it-ed ['lɪmɪtɪd] *adj.* limitado, restringido *tickets are limited to 200,* solo hay 200 entradas.

lim·it·ing ['lɪmɪtɪŋ] *adj.* restrictivo.

lim·o ['lɪməʊ] *n. pl.* **limos** 1 *[fam. use] (abbr of limousine)* limusina 2 *[fam. use] (big car)* cochazo de lujo.

lim·ou·sine ['lɪmə'zi:n] *n.* limusina.

limp¹ [lɪmp] *intr.* cojear ◇ *n.* cojera.

limp² [lɪmp] *adj.* 1 *(floppy)* flojo, flácido *(lettuce)* mustio 2 *(weak)* débil.

limp·ness ['lɪmpnəs] *n.* flojedad *f.*, flaccidez *f.*

line¹ [laɪn] *n.* 1 *(in general)* línea 2 *(drawn on paper)* raya 3 *(of text)* línea, renglón *m.* 4 *(of poetry)* verso 4 *(row)* fila, hilera 5 *(people waiting)* fila, cola 6 *(wrinkle)* arruga 7 *(cord)* cuerda, cordel *m. (fishing)* sedal *m. (wire)* cable *m.* 8 *(route)* vía 9 *[fam. use] (speciality)* especialidad *f.* 10 *[fam. use] (story)* rollo 11 *sl. (of cocaine)* raya ◇ *tr.* 1 *(draw lines on)* dibujar rayas en 2 *(mark with wrinkles)* arrugar 3 *(form rows along)* bordear **in line with** *fig. use* conforme a. **to be in line for** estar a punto de recibir **to be on the right lines** ir por buen camino. **to be out of line** *fig. use* no coincidir **(with,** con). **to bring somebody into line** *[fam. use]* pararle los pies a alguien. **to come to the end of the line** llegar al final. **to draw the line at something** decir basta a algo. **to fall into line** cerrar filas. **to know where to draw the line** saber decir basta. **to learn one's lines** THEAT aprenderse el papel. **to read between the lines** leer entre líneas. **to stand in line** esperar en fila. **to step out of line** salirse de la fila *fig. use* saltarse las reglas. **to take a tough line with somebody** tener mano dura con alguien **dotted line** línea de puntos **line drawing** dibujo lineal **line of fire** línea de fuego **line of vision** campo visual. **to line up.** *intr.* ponerse en fila *(in queue)* hacer cola ◇ *tr. sep.* 1 poner en fila 2 *[fam. use]* preparar, organizar.

line² [laɪn] *tr.* 1 *(with material)* forrar *(pipes)* revestir 2 *(walls)* llenar. **to line one's pockets** *[fam. use]* forrarse.

lin·e·ar ['lɪnɪə'] *adj.* lineal.

lined¹ [laɪnd] *pt. & pp. VER:* line 1 *adj.* 1 *(paper)* rayado 2 *(face)* arrugado 3 *(garment)* forrado.

lined² [laɪnd] *pt. & pp. VER:* line 2 *adj. (garment)* forrado, con forro.

lin·en ['lɪnɪn] *n.* 1 *(material)* lino, hilo 2 *(sheets, etc.)* ropa blanca, lencería. **to wash one's dirty linen in public** sacar a relucir los trapos sucios **bed linen** ropa de cama **linen basket** cesto para la ropa sucia **table linen** mantelería.

lin·ge·rie ['lɑ:nʒəri:] *n. [fml. use]* lencería.

lin·gua fran·ca [lɪŋgwə'fræŋkə] *n.* lingua franca.

lin·guist ['lɪŋgwɪst] *n.* 1 lingüista *mf.* 2 *(fam)* políglota *mf.*

lin·guis·tic [lɪŋ'gwɪstɪk] *adj.* lingüístico.

lin·guis·tics [lɪŋ'gwɪstɪks] *n.* lingüística.

lin·ing ['laɪnɪŋ] *n.* 1 TECH revestimiento 2 forro.

link [lɪŋk] *n.* 1 *(in chain)* eslabón *m.* 2 *(connection)* enlace *m.* 3 *fig. use* vínculo, lazo ◇ *tr.* 1 unir, conectar 2 *fig. use* vincular, relacionar ◇ *npl.* links campo *m. sing.* de golf. **to link arms** tomarse del brazo **weak link** *fig. use* punto débil.
to link up. *intr.* 1 *(be related)* estar relacionado **(with,** con) 2 *(meet)* encontrarse **(with,** con) 3 *(by radio, etc.)* conectar **(with,** con) 4 *(spaceships)* acoplarse.

link-up ['lɪŋkʌp] *n.* 1 *(in general)* conexión *f.* 2 *(meeting)* encuentro 3 *(of spaceships)* acoplamiento.

li·on ['laɪən] *n.* león *m.* **the lion's share** la mayor parte.

li·on·ess ['laɪənəs] *n.* leona.

li·on-heart·ed [laɪən'hɑ:tɪd] *adj. literal use* valentísimo.

li·on·ize ['laɪənaɪz] *tr.* venerar.

li·on-like ['laɪənlaɪk] *adj.* leonino.

lip [lɪp] *n.* 1 labio 2 *(of cup, etc.)* borde *m.* 3 *sl. (rude talk)* groserías *fpl.* **my lips are sealed** *fig. use* soy una tumba. **to be on everybody's lips** ser la comidilla de todos. **to bite one's lip** morderse la lengua. **to lick one's lips** relamerse.

lip-read ['lɪpri:d] *tr. pt. & pp.* **lip read** ['lɪpred] leer en los labios ◇ *intr.* leer en los labios.

lip-read·ing ['lɪpri:dɪŋ] *n.* lectura en los labios.

lip·stick ['lɪpstɪk] *n. (stick)* barra de labios, lápiz *m.* de labios *(substance)* pintura de labios.

liq·uid ['lɪkwɪd] *n.* 1 líquido 2 LING líquida ◇ *adj.* 1 líquido 2 *literal use* transparente.

liq·ui·date ['lɪkwɪdeɪt] *tr.* 1 *(assets, etc.)* liquidar 2 *[fam. use] (person)* eliminar, liquidar.

liq·ui·da·tion [lɪkwɪ'deɪʃən] *n.* liquidación *f.* **to go into liquidation** entrar en liquidación.

liq·ui·da·tor ['lɪkwɪdeɪtə'] *n.* liquidador.

liq·uid·i·ty [lɪ'kwɪdɪtɪ] *n.* liquidez *f.*

liq·uid·ize ['lɪkwɪdaɪz] *tr.* licuar.

liq·uid·iz·er ['lɪkwɪdaɪzə'] *n.* licuadora.

liq·uor ['lɪkə'] *n.* licor *m.* **liquor store** tienda de bebidas alcohólicas.

list [lɪst] *n.* lista ◇ *tr.* hacer una lista de **to be on the danger list** MED estar grave. **listed building** edificio de interés histórico **list price** precio de catálogo.

list·en ['lɪsən] *intr.* escuchar **(to,** -) **to have a listen to something** *[fam. use]* escuchar algo.
to list·en in. *intr.* 1 *(radio)* escuchar **(to,** -) 2 *(secretly)* escuchar a escondidas **(on,** -).

lis·ten·er ['lɪsənə'] *n.* 1 *(in general)* oyente *mf.* 2 RAD radioyente *mf.*

lit [lɪt] *pt. & pp. VER:* light 1 & light 3.

li·ter ['li:tə'] *n.* litro.

lit·er·a·cy ['lɪtərəsɪ] *n.* 1 *(ability to read)* alfabetización *f.* 2 *(knowledge)* conocimientos *mpl.*, nociones *fpl.*

lit·er·al·ly ['lɪtərəlɪ] *adv.* literalmente *(really)* realmente, verdaderamente.

lit·er·ar·y ['lɪtərərɪ] *adj.* literario.

lit·er·ate ['lɪtərət] *adj.* 1 *(able to read)* alfabetizado 2 *(learned)* letrado 3 *(with knowledge)* con conocimientos de, con nociones de.

lit·er·a·ture ['lɪtərətʃə'] *n.* 1 literatura 2 *(bibliography)* bibliografía 3 *[fam. use] (leaflet, etc.)* folleto.

lith·i·um ['lɪθɪəm] *n.* litio.

lith·o·sphere ['lɪθəsfɪə'] *n.* litosfera.

Lith·u·a·ni·a [lɪθjʊ'eɪnɪə] *n.* Lituania.

Lith·u·a·ni·an [lɪθjʊ'eɪnɪən] *adj.* lituano ◇ *n.* 1 *(person)* lituano 2 *(language)* lituano.

lit·i·ga·tion [lɪtɪ'geɪʃən] *n.* litigio.

lit·mus ['lɪtməs] *n.* tornasol *m.* **litmus paper** papel *m.* de tornasol **litmus test** *fig. use* prueba definitiva.

lit·ter ['lɪtə'] *n.* 1 *(trash)* basura, desperdicios *mpl. (paper)* papeles *mpl.* 2 *(of kittens, etc.)* camada 3 *(for animal's bed)* pajaza **(for animal's waste)** arena, tierra ◇ *tr.* 1 *(dirty)* ensuciar **(with,** con) *(cover)* cubrir **(fill)** llenar **(with,** de) **litter tray** cubeta de arena, cubeta de tierra.

lit·ter-free ['lɪtəfri:] *adj.* limpio.

lit·tle ['lɪtəl] *adj.* 1 *(small)* pequeño 2 *(not much)* poco ◇ *pron.* poco ◇ *adv.* poco **little by little** poco a poco. **little or nothing** casi nada. **not a little** *iron.* muy **to make little of** *(play down)* quitar importancia a *(not understand)* no captar **little finger** dedo meñique.

live¹ [lɪv] *intr.* vivir ◇ *tr.* vivir **to live and learn** vivir para ver. **to live and let live** vivir y dejar vivir. **to live by one's wits** vivir del ingenio. **to live from day to day** vivir al día. **to live in style**

[fam. use] vivir a lo grande. **to live it up** *[fam. use]* pasárselo bomba. **to live on fresh air** fig. use vivir del aire. **to live out of a suitcase** *[fam. use]* ir de hotel en hotel.

to live by tr. insep. seguir, adherirse a.

to live down tr. sep. lograr que se olvide.

to live for tr. insep. vivir por.

to live off tr. insep. vivir de.

to live on intr. sobrevivir *(memory)* seguir vivo.

to live through tr. insep. sobrevivir.

to live to·geth·er intr. vivir juntos.

to live up to tr. insep. cumplir con.

to live with tr. insep. **1** vivir con **2** *(tolerate)* tolerar, soportar.

live² [laɪv] adj. **1** *(not dead)* vivo **2** *(still burning)* vivo, candente *(issue)* candente **3** *(ammunition)* real *(bomb)* sin explotar **4** ELEC con corriente **5** *(broadcast)* en directo ◇ adv. en directo, en vivo **live wire** cable m. vivo *(person)* nervio, torbellino.

live·li·hood [ˈlaɪvlɪhʊd] n. sustento.

live·li·ness [ˈlaɪvlɪnəs] n. **1** vivacidad f., animación f. **2** *(of color)* viveza.

live·ly [ˈlaɪvlɪ] adj. **1** vivo, animado *(interest)* entusiasmado **2** *(color)* vivo **3** *[fam. use]* *(difficult)* difícil, interesante **at a lively pace** con un ritmo acelerado.

liv·er [ˈlɪvəʳ] n. ANAT hígado.

lives [laɪvz] npl. VER: life.

live·stock [ˈlaɪvstɒk] n. ganado. **livestock farming** ganadería.

liv·ing [ˈlɪvɪŋ] adj. vivo ◇ n. vida ◇ npl. **the living** los vivos mpl. **to be the living image of somebody** ser la viva imagen de alguien. **to earn a living/make a living** ganarse la vida **living expenses** dietas fpl. **living room** salón m., sala de estar **living standards** nivel m. sing. de vida **living wage** sueldo mínimo.

liz·ard [ˈlɪzəd] n. lagarto *(small)* lagartija.

lla·ma [ˈlɑːmə] n. ZOOL llama.

load [ləʊd] n. **1** *(in general)* carga **2** *(weight)* peso ◇ tr. cargar *(with, de)* ◇ intr. cargar. **a load of...** loads of... *[fam. use]* montones de..., un montón de...

to load down tr. sep. cargar *(with, de)* *(with worries, etc.)* agobiar *(with, de/por)*.

load·ed [ˈləʊdɪd] pt. & pp. VER: load ◇ adj. **1** *(dice)* trucado *(question)* tendencioso **2** sl. *(rich)* forrado.

load·ing [ˈləʊdɪŋ] n. **1** *(act)* carga **2** *(insurance)* plus m. de riesgo **loading bay** cargadero.

loaf [ləʊf] n. pl. **loaves 1** pan m. *(French)* barra *(sliced)* pan m. de molde **2** *[fam. use]* *(head)* mollera.

loan [ləʊn] n. *(of money)* préstamo, crédito *(more formally)* empréstito ◇ tr. prestar **on loan** prestado *(footballer)* cedido.

loan·word [ˈləʊnwɜːd] n. palabra prestada de otro idioma.

loathe [ləʊð] tr. odiar, aborrecer.

loath·ing [ˈləʊðɪŋ] n. odio, aborrecimiento.

loath·some [ˈləʊðsəm] adj. odioso, repelente.

loaves [ləʊvz] npl. VER: loaf.

lob·by [ˈlɒbɪ] n. pl. **lobbies 1** *(hall)* vestíbulo **2** POL grupo de presión ◇ intr. presionar (**for**, para) (**against**, en contra de) ◇ tr. POL presionar, ejercer presión sobre.

lo·cal [ˈləʊkəl] adj. **1** *(in general)* local **2** *(person)* del barrio, de la zona **3** *(government)* municipal, regional ◇ n. **1** *[fam. use]* *(person)* vecino **2** *(train)* tren m. de cercanías *(bus)* autobús m. local **local area network** COMPUT red f. de área local **local authority** ayuntamiento **local call** llamada urbana **local time** hora local.

lo·cate [ləʊˈkeɪt] tr. **1** *[fml. use]* *(find)* localizar **2** *[fml. use]* *(situate)* situar, ubicar.

lo·ca·tion [ləʊˈkeɪʃən] n. **1** *(place)* lugar m. **2** *(act of placing)* ubicación f. **3** *(finding)* localización f. exacta **4** CINEM exteriores mpl.

lock [lɒk] n. **1** *(gen)* cerradura *(padlock)* candado **2** *(in canal)* esclusa **3** *(in wrestling)* llave f. ◇ tr. **1** *(with key)* cerrar con llave *(with padlock)* cerrar con candado **2** fig. use enzarzar ◇ intr. **1** *(door, etc.)* cerrarse (con llave) **2** *(wheel)* trabarse.

to lock a·way tr. sep. **1** *(valuables)* guardar bajo llave **2** *[fam. use]* *(person)* encerrar.

to lock in tr. sep. encerrar.

to lock out tr. sep. **1** cerrar la puerta a *(leave outside)* dejar fuera a **2** *(from work)* cerrar el paso a.

to lock up tr. sep. **1** VER: to lock away **2** *(building)* cerrar con llave **3** *(money)* invertir ◇ intr. cerrar las puertas con llave.

lock·er [ˈlɒkəʳ] n. armario, taquilla **locker room** SP vestuarios mpl.

lock·smith [ˈlɒksmɪθ] n. cerrajero.

lock·up [ˈlɒkʌp] n. *(local prison)* cárcel f. *(pequeña)*.

lo·co·mo·tion [ləʊkəˈməʊʃən] n. locomoción f.

lo·co·mo·tive [ləʊkəˈməʊtɪv] n. locomotora ◇ adj. locomotor.

lo·cust [ˈləʊkəst] n. langosta.

loft [lɒft] n. **1** desván m. **2** *(apartment)* ático grande ◇ tr. SP lanzar al aire.

log [lɒg] n. **1** tronco *(for fire)* leño **2** *(on ship)* cuaderno de bitácora, diario a bordo *(on plane)* diario de vuelo **3** MATH *[fam. use]* *(abbr of logarithm)* logaritmo ◇ tr. pt. & pp. **logged**, ger. **logging 1** registrar, anotar **2** *(cover)* recorrer **log cabin** cabaña (de troncos).

to log in intr. COMPUT entrar (en el sistema).

to log off intr. COMPUT salir (del sistema).

to log on intr. COMPUT entrar (en el sistema).

to log out intr. COMPUT salir (del sistema).

log·a·rithm [ˈlɒgərɪðəm] n. logaritmo.

log·ic [ˈlɒdʒɪk] n. lógica.

log·i·cal [ˈlɒdʒɪkəl] adj. lógico.

lo·gis·tic [ləˈdʒɪstɪk] n. logística ◇ adj. logístico.

lo·gis·tics [ləˈdʒɪstɪks] n. logística.

lo·go [ˈləʊgəʊ] n. pl. **logos** logotipo.

lone·li·ness [ˈləʊnlɪnəs] n. soledad f.

lone·ly [ˈləʊnlɪ] adj. comp. **lonelier**, superl. **loneliest 1** *(person)* solo **2** *(place)* solitario, aislado.

long [lɒŋ] adj. largo ◇ adv. mucho tiempo ◇ n. lo largo. **as long as** *(while)* mientras *(if)* si, con tal que. **(for) a long time, for long** mucho tiempo. **in the long run** a la larga. **long ago** hace mucho tiempo. **no longer/not any longer** ya no **not by a long chalk/not by a long shot** *[fam. use]* ni por mucho, ni de lejos. **so long** *[fam. use]* *(goodbye)* hasta la vista. **so long as** see as long as. **to be a bit long in the tooth** *[fam. use]* tener años. **to pull a long face** poner cara larga **long jump** salto de longitud **long ton** tonelada *(equivale a 2 240 libras o 1 016.047 kilogramos)* **long wave** onda larga.

long-dis·tance [lɒŋˈdɪstəns] adj. **1** de larga distancia **2** *(phone call)* interurbano **long-distance race** carrera de fondo **long-distance runner** corredor de fondo.

lon·gev·i·ty [lɒnˈdʒevɪtɪ] n. longevidad f.

long-haired [lɒŋˈheəd] adj. **1** *(animal)* de pelo largo **2** pej. *(person)* melenudo.

long·ing [ˈlɒŋɪŋ] n. *(yearning)* ansia, anhelo *(nostalgia)* nostalgia.

lon·gi·tude [ˈlɒndʒɪtjuːd] n. longitud f.

lon·gi·tu·di·nal [lɒndʒɪˈtjuːdɪnəl] adj. longitudinal.

long-life [ˈlɒŋlaɪf] *adj. (battery)* de larga duración *(milk)* UHT, uperizado.

long-lived [lɒŋˈlɪvd] *adj.* de larga vida *(for a long time)* de toda la vida.

long-range [ˈlɒŋreɪndʒ] *adj.* 1 *(distance)* de largo alcance 2 *(plans, forecast)* a largo plazo.

long-sleeved [ˈlɒŋsliːvd] *adj.* de manga larga.

long-stand·ing [lɒŋˈstændɪŋ] *adj.* antiguo.

long-suf·fer·ing [lɒŋˈsʌfərɪŋ] *adj.* sufrido.

long-term [lɒŋˈtɜːm] *adj.* a largo plazo, de largo plazo.

long-winded [lɒŋˈwɪndɪd] *adj. (person)* prolijo *(speech, etc.)* interminable.

look [lʊk] *intr.* 1 mirar *(at, -)* 2 *(seem)* parecer ◇ *tr.* 1 mirar 2 *(seem)* parecer ◇ *n.* 1 *(glance)* mirada 2 *(appearance)* aspecto, apariencia 3 *(expression)* expresión *f.* 4 *(fashion)* moda ◇ *interj.* ¡mira! ◇ *npl.* looks belleza *f. sing.* **by the look(s) of it** por lo visto. **look before you leap** antes de que te cases mira lo que haces. **not to be much to look at** *[fam. use]* no ser demasiado guapo, no ser ninguna belleza. **to have a look for something** buscar algo. **to look around for something** andar buscando algo. **to look down one's nose at somebody** mirar a alguien mal. **to look on the bright side (of things)** mirar el lado bueno de las cosas. *(be careful)* tener cuidado.

to look af·ter *tr. insep. (deal with)* ocuparse de, atender a *(take care of)* cuidar (de).

to look a·head *intr.* 1 mirar hacia adelante 2 *fig. use* mirar el futuro.

to look at *tr. insep.* 1 *(consider)* mirar, considerar 2 *(examine)* mirar.

to look back *intr.* mirar atrás.

to look down on *tr. insep.* despreciar.

to look for *tr. insep.* buscar.

to look for·ward to *tr. insep.* esperar (con ansia).

to look in·to *tr. insep.* investigar.

to look on *tr. insep.* considerar ◇ *intr.* observar.

to look like *tr. insep.* parecerse a.

to look on·to *tr. insep.* dar a.

to look out *intr. (be careful)* ir con cuidado.

to look out for *tr. insep.* esperar.

to look over *tr. sep. (study quickly)* mirar por encima.

to look around *intr.* 1 *(turn one's head)* volver la cabeza 2 *(in shop, etc.)* mirar ◇ *tr. insep.* 1 *(shop)* mirar 2 *(sightseeing)* visitar.

to look through *tr. insep. (check)* revisar (bien) *(quickly)* ojear.

to look to *tr. insep.* 1 *(depend on)* contar con 2 *(concentrate on)* centrarse en.

to look up *intr. [fam. use] (improve)* mejorar ◇ *tr. sep.* 1 *(in dictionary, etc.)* consultar, buscar 2 *(visit)* ir a ver.

to look up to *tr. insep.* respetar.

look·a·like [ˈlʊkəlaɪk] *n. [fam. use]* doble *mf.*, sosia *m.*

look·out [ˈlʊkaʊt] *n.* 1 *(person)* vigía *mf.* 2 *(place)* atalaya 3 *[fam. use] (outlook)* futuro **to be on the lookout for** estar al acecho de.

loop [luːp] *n.* 1 *(in string, etc.)* lazo 2 *(contraceptive)* esterilete *m.*, DIU *m.* 3 *(made by aircraft)* rizo 4 COMPUT bucle *m.* ◇ *intr.* pasar ◇ *intr.* formar un lazo.

loop·hole [ˈluːphəʊl] *n. fig. use* escapatoria **tax loophole** laguna impositiva.

loose [luːs] *adj.* 1 *(in general)* suelto 2 *(not tight)* flojo *(clothes)* holgado 3 *(not tied)* suelto, desatado 4 *(not packaged)* suelto, a granel 5 *(not connected)* desconectado 6 *(inexact)* inexacto *(translation)* libre 7 *pej. (lax)* relajado ◇ *tr. literal use* soltar. **to be on the loose** andar suelto. **to break loose** es-

caparse. **to come loose/work loose** desprenderse *(shoelace)* desatarse. **to cut loose** *[fam. use]* largarse. **to let somebody loose** soltar a alguien **to set loose/turn loose** soltar. **to stay loose/hang loose** *[fam. use]* relajarse. **to tie up loose ends** *fig.* no dejar cabo suelto **loose change** cambio suelto, suelto **loose end** cabo suelto **loose talk** chismorreo.

loos·en [ˈluːsən] *tr. (gen)* soltar, aflojar *(belt)* desabrochar ◇ *intr.* 1 soltarse, aflojarse 2 *(become untied)* desatarse.

to loos·en up *intr.* 1 SP desentumecerse 2 *(relax)* relajarse ◇ *tr. sep.* desentumecer, relajar.

loot [luːt] *n.* botín *m.* ◇ *tr.* saquear ◇ *intr.* saquear.

loot·er [ˈluːtəʳ] *n.* saqueador.

loot·ing [ˈluːtɪŋ] *n.* saqueo.

lord [lɔːd] *n.* 1 señor *m.* 2 *(judge)* señoría *mf.* **good Lord!** ¡ay Dios!, ¡Dios mío! **Lord (only) knows...** quién sabe... **to lord it over somebody** *[fam. use]* comportarse como si uno fuera dueño y señor de alguien **lord and master** amo y señor **the Lord** REL el Señor.

lose [luːz] *tr. pt. & pp.* lost [lɒst], *ger.* losing 1 *(in general)* perder 2 *(immerse)* sumergir *(in,* en) 3 *(clock)* atrasar ◇ *intr.* 1 *(in general)* perder 2 *(clock)* atrasarse. **to have nothing to lose** *[fam. use]* no tener nada que perder. **to lose one's head** perder la cabeza. **to lose one's heart (to somebody)** enamorarse (de alguien). **to lose one's life** perder la vida, perecer. **to lose one's way** perderse. **to lose sight of something** perder algo de vista. **to lose weight** adelgazar, perder peso.

to lose out *intr.* salir perdiendo *(to,* ante).

los·er [ˈluːzəʳ] *n.* perdedor **to be a loser** *pej.* ser un fracaso. **to be a good/bad loser** saber/ no saber perder. **to be on a loser** *[fam. use]* llevar las de perder.

loss [lɒs] *n.* 1 *(in general)* pérdida 2 MIL *(death)* baja **to be a dead loss** *[fam. use]* ser un desastre. **to be at a loss** *(confused)* quedarse confuso. **to be at a loss for words** quedarse de una pieza. **to make a loss** perder. **to sell something at a loss** vender algo con pérdida.

lost [lɒst] *pt. & pp.* VER: lose ◇ *adj.* 1 perdido 2 *(wasted)* inútil **get lost!** sí. ¡vete a la porra! **to be lost for words** quedarse de una pieza. **to be lost in thought** estar perdido en sus pensamientos. **to get lost** perderse **lost call** llamada perdida **lost cause** causa perdida **lost property** objetos *mpl.* perdidos **lost property office** oficina de objetos perdidos.

lost-and-found [lɒstənˈfaʊnd] También **lost-and-found office** *n.* oficina de objetos perdidos.

lot [lɒt] *n.* 1 *(large number)* cantidad *f.* 2 *(group)* grupo 3 *(in auction)* lotem 4 *(fate)* suerte *f.* **thanks a lot!** ¡muchísimas gracias! **to cast lots for something/draw lots for something** echar algo a suertes.

lo·tion [ˈləʊʃən] *n.* loción *f.*

lot·ter·y [ˈlɒtərɪ] *n. pl.* lotteries lotería.

loud [laʊd] *adj.* 1 *(sound)* fuerte 2 *(voice)* alto 3 *(color)* chillón 4 *(behavior)* vulgar, ordinario ◇ *adv.* fuerte, alto. **out loud** en voz alta.

loud-mouth [ˈlaʊdmaʊθ] *n. pl.* loudmouths [ˈlaʊd-maʊðz] *[fam. use] pej.* voceras *mf.*, bocazas *mf.*

loud·speak·er [laʊdˈspiːkəʳ] *n.* altavoz *m.*

lounge [laʊndʒ] *n.* salón *m.* ◇ *intr.* 1 *(on sofa, etc.)* repantigarse 2 *(idle)* holgazanear **lounge suit** *[fam. use]* traje *m.*

louse [laʊs] *n. pl.* lice 1 piojo 2 *[fam. use]* canalla *mf.*

lous·y ['laʊzɪ] *adj. comp.* **lousier**, *superl.* **lousiest** **1** *(fam. use)* fatal, malísimo **2** *(with lice)* piojoso. **to be lousy with** *sl.* apestar de.

lov·a·ble ['lʌvəbəl] *adj.* adorable.

love [lʌv] *n.* **1** *(in general)* amor *m.* *(affection)* cariño *(liking)* afición *f.* **(for, a) 2** *(tennis)* cero ◇ *tr.* **1** amar, querer **2** *(like a lot)* encantarle a uno, gustarle a uno mucho **for the love of it** por amor al arte. **love at first sight** amor a primera vista. **not for love or money** por nada del mundo. **to be in love with** estar enamorado de. **to fall in love** enamorarse. **to make love** hacer el amor **(to, a) love affair** aventura amorosa, lío **love life** vida sentimental *(sexual)* vida sexual.

love·less ['lʌvləs] *adj.* sin amor.

love·ly ['lʌvlɪ] *adj. comp.* **lovelier**, *superl.* **loveliest** **1** *(wonderful)* estupendo, maravilloso **2** *(beautiful)* hermoso, precioso *(charming)* encantador.

love·mak·ing ['lʌvmeɪkɪŋ] *n.* *(courtship)* galanteo *(sexual)* relaciones *fpl.* sexuales.

lov·er ['lʌvəʳ] *n.* amante *mf.*

love·sick ['lʌvsɪk] *adj.* enfermo de amor.

lov·ing ['lʌvɪŋ] *adj.* cariñoso.

low [ləʊ] *adj.* **1** *(in general)* bajo *(neckline)* escotado **2** *(battery)* gastado **3** *(depressed)* deprimido, abatido **4** MUS grave ◇ *adv.* bajo ◇ *n.* **1** *(low level)* punto bajo **2** METEOR área de baja presión. **to keep a low profile** ser discreto **the low** bajos fondos *mpl.* **the Low Countries** los Países Bajos.

low·brow ['ləʊbraʊ] *n. pej.* inculto.

low·cal·o·rie [ləʊ'kælərɪ] *adj.* bajo en calorías, hipocalórico.

low·class ['ləʊkla:s] *adj.* de baja estofa.

low·cut ['ləʊkʌt] *adj.* escotado.

low·down ['ləʊdaʊn] *n. fam. use)* detalles *mpl.*, información *f.* ◇ *adj.* *(fam. use)* despreciable.

low·er ['ləʊəʳ] *adj.* inferior ◇ *tr.* **1** *(in general)* bajar *(price)* rebajar **2** *(flag)* arriar. **to lower oneself** rebajarse **lower case** caja baja, minúscula **lower class** clase *f.* baja.

low·er·class [ləʊə'kla:s] *adj.* de clase baja.

lowest ['ləʊɪst] *adj.* más bajo *(price, speed)* mínimo ◇ *n.* mínimo **lowest common denominator** mínimo común denominador. **lowest common multiple** mínimo común múltiplo.

low·fat ['ləʊ'fæt] *adj.* de bajo contenido graso.

low·key ['ləʊ'ki:] *adj.* **1** *(controlled)* discreto **2** *(informal)* informal.

low·lands ['ləʊləndz] *npl.* tierras *fpl.* bajas.

low·level ['ləʊlevəl] *adj.* bajo, de bajo nivel.

low·ly·ing ['ləʊ'laɪɪŋ] *adj.* bajo.

low·profile [ləʊ'prəʊfaɪl] *adj.* discreto.

low·spir·it·ed [ləʊ'spɪrɪtɪd] *adj.* abatido.

loy·al ['lɔɪəl] *adj.* leal, fiel.

loy·al·ty ['lɔɪəltɪ] *n. pl.* **loyalties** lealtad *f.*, fidelidad *f.* **loyalty card** tarjeta de fidelización.

Lt [lef'tenənt, ʊs tu:'tenənt] *abbr.* **(Lieutenant)** Teniente *m.* *(abbreviation)* Tente., Tte.

lu·bri·cant ['lu:brɪkənt] *n.* lubricante *m.*, lubrificante *m.*

lu·bri·ca·tion [lu:brɪ'keɪʃən] *n.* lubricación *f.* engrase *m.*

luck [lʌk] *n.* suerte *f.* **any luck?** *(fam. use)* ¿qué?, ¿cómo ha ido? **as luck would have it** por suerte. **bad luck!/hard luck!/tough luck!** ¡mala suerte! **better luck next time!** ¡otra vez será! **good luck!/best of luck!** ¡suerte! **just my luck!** *iron.* ¡qué mala suerte he tenido! **no such luck!** ¡ojalá! **to be down on one's luck** tener muy mala suerte. **to be in luck** estar de suerte. **to be out of luck** estar de malas, tener mala suerte. **to push one's luck** tentar la suerte. **to try one's luck** probar fortuna.

luck·i·ly ['lʌkɪlɪ] *adv.* afortunadamente.

luck·less ['lʌkləs] *adj.* *[fml. use)* desafortunado.

luck·y ['lʌkɪ] *adj. comp.* **luckier**, *superl.* **luckiest** *(in general)* afortunado *(timely)* oportuno **you'll be lucky!** *(fam. use)* *iron.* ¡lo tienes negro! **lucky break** golpe *m.* de suerte **lucky charm** amuleto *m.*

luke·warm [lu:k'wɔ:m] *adj.* tibio, templado.

lull [lʌl] *n.* *(in storm)* momento de calma, recalmón *m.* *(in activity)* respiro ◇ *tr.* adormecer. **a lull before the storm** la calma antes de la tempestad. **to lull somebody into a false sense of security** infundir a alguien una falsa seguridad.

lull·a·by ['lʌləbaɪ] *n. pl.* **lullabies** canción *f.* de cuna, nana.

lum·ber ['lʌmbəʳ] *n.* *(timber)* leña ◇ *intr.* cortar leña.

lum·ber·jack ['lʌmbədʒæk] *n.* leñador *m.*

lum·ber·yard ['lʌmbəjɑ:d] *n.* almacén *m.* de madera, almacén *m.* de madera.

lu·mi·nous ['lu:mɪnəs] *adj.* luminoso.

lump [lʌmp] *n.* **1** *(chunk)* pedazo, trozo *(in sauce)* grumo **2** *(swelling)* bulto, protuberancia *(in throat)* nudo **3** *(of sugar)* terrón *m.* **4** *(fam. use)* *(idiot)* burro. **to bring a lump to somebody's throat** hacérsele a alguien un nudo en la garganta **lump sum** suma global.

to lump to·geth·er *tr. sep.* juntar.

lu·na·cy ['lu:nəsɪ] *n.* locura. **to be sheer lunacy** ser una locura.

lu·nar ['lu:nəʳ] *adj.* lunar **lunar landing** alunizaje *m.* **lunar month** mes *m.* lunar.

lu·na·tic ['lu:nətɪk] *adj.* loco ◇ *n.* loco, lunático **lunatic asylum** manicomio **the lunatic fringe** los fanáticos *mpl.*

lunch [lʌntʃ] *n.* comida, almuerzo ◇ *intr.* *[fml. use)* comer, almorzar **business lunch** almuerzo de trabajo **lunch hour** hora de comer.

lunch·time ['lʌntʃtaɪm] *n.* hora de comer, hora de almorzar.

lung [lʌŋ] *n.* pulmón *m.* **lung cancer** cáncer *m.* de pulmón.

lush [lʌʃ] *adj.* **1** *(vegetation)* exuberante **2** *(plush)* lujoso.

lust [lʌst] *n.* **1** *(sexual)* lujuria **2** *(greed)* codicia *(strong desire)* ansia.

to lust af·ter *tr. insep.* codiciar *(sexually)* desear.

lus·ter ['lʌstəʳ] *n.* lustre *m.*, brillo.

lust·ful ['lʌstfʊl] *adj.* **1** lujurioso **2** *(greedy)* codicioso.

lute [lu:t] *n.* laúd *m.*

Lux·em·bourg ['lʌksəmbɜ:g] *n.* Luxemburgo.

Lux·em·bourg·er ['lʌksəmbɜ:gəʳ] *n.* luxemburgués.

lux·u·ri·ant [lʌg'zjʊərɪənt] *adj.* **1** *(vegetation)* exuberante *(hair)* abundante **2** *(prose)* recargado.

lux·u·ri·ous [lʌg'zjʊərɪəs] *adj.* lujoso.

lux·u·ry ['lʌkʃərɪ] *n. pl.* **luxuries** lujo **luxury goods** artículos *mpl.* de lujo.

LW ['lɒŋweɪv] *abbr.* **(long wave)** onda larga *(abbreviation)* OL.

ly·ing ['laɪɪŋ] *ger.* **1** VER: lie 1 & lie 2 *adj.* *(deceitful)* mentiroso ◇ *n.* *(lies)* mentiras *fpl.*

lymph [lɪmf] *n.* linfa **lymph gland** glándula linfática.

lym·phat·ic [lɪm'fætɪk] *adj.* linfático.

lynch [lɪntʃ] *tr.* linchar.

lynch·ing ['lɪntʃɪŋ] *n.* linchamiento.

lynx [lɪŋks] *n.* lince *m.*

lyre [laɪəʳ] *n.* MUS lira.

lyr·ic ['lɪrɪk] *adj.* lírico ◇ *n.* poema ◇ *m.* lírico ◇ *npl.* lyrics *(of song)* letra *f.* sing.

lyr·i·cal ['lɪrɪkəl] *adj.* lírico.

lyr·i·cism ['lɪrɪsɪzəm] *n.* lirismo.

lyr·i·cist ['lɪrɪsɪst] *n.* letrista *mf.*

m

M, m [em] *n.* (the letter) M., m. *f.*

M¹ ['mɪljən] *abbr.* (million) millón.

M² ['miːdɪəm] *abbr.* (medium size) talla mediana *(abbreviation)* M.

ma [maː] *n. (fam. use) (mother)* mamá.

ma'am [mæm, mɑːm] *n. (fml. use)* señora.

ma·ca·bre [mə'kɑːbrə] *adj.* macabro.

mac·a·ro·ni [mækə'rəʊni] *n.* macarrones *mpl.* **macaroni cheese** macarrones *mpl.* al gratén.

Mac·e·do·nia [mæsə'dəʊniə] *n.* Macedonia.

Mac·e·do·ni·an [mæsə'dəʊniən] *adj.* macedonio ◇ *n.* **1** *(person)* macedonio **2** *(language)* macedonio.

ma·chete [mə'ʃeti] *n.* machete *m.*

ma·chine [mə'ʃiːn] *n.* **1** *(gen)* máquina, aparato **2** *(organization, system)* organización *f.*, sistema *m.*, aparato ◇ *tr.* **1** TECH trabajar a máquina **2** SEW coser a máquina ◇ *npl.* **machines** *(machinery)* maquinaria *f. sing.* **machine gun** *ametralladora* **machine language** COMPUT *lenguaje m.* *máquina* **machine operator** *operario* **machine shop** *taller m. de máquinas* **machine tool** *máquina herramienta.*

ma·chine-gun [mə'ʃiːngʌn] *tr. pt. & pp.* **machine-gunned**, *ger.* **machine-gunning** ametrallar.

ma·chin·er·y [mə'ʃiːnəri] *n.* **1** *(machines)* maquinaria **2** *(workings)* mecanismo **3** *(organization)* organización *f.*, sistema *m.*

ma·chis·mo [mə'tʃɪzməʊ] *n.* machismo.

ma·cho ['mætʃəʊ] *adj. (fam. use) pej.* macho, machista ◇ *n. pl.* **machos** macho, machista *m.*

mac·ro ['mækrəʊ] *n.* COMPUT macro *f.* **macro lens** *objetivo macro.*

mac·ro·bi·ot·ic [mækrəʊbaɪ'ɒtɪk] *adj.* macrobiótico.

mac·ro·ec·o·nom·ics [mækrəʊiːkə'nɒmɪks] *n.* macroeconomía.

mad [mæd] *adj. comp.* **madder**, *superl.* **maddest** **1** *(insane)* loco, demente **2** *[fam. use] (person)* loco *(crazy - idea, plan)* disparatado, descabellado **3** *[fam. use] (enthusiastic)* loco *(about,* por), chiflado **4** *[fam. use] (wild, frantic)* desenfrenado, frenético **5** *[fam. use] (angry)* enfadado, furioso *(at/with,* con) **6** *(dog)* rabioso. **to be mad keen to do something** *tener muchas ganas de hacer algo.*

Mad·a·gas·can [mædə'gæskən] *adj.* malgache ◇ *n. (person)* malgache *mf.*

Mad·a·gas·car [mædə'gæskəʳ] *n.* Madagascar.

mad·am ['mædəm] *n.* **1** *[fml. use]* señora **2** *[fam. use] pej. (spoilt girl)* niña marimandona, niña repipi **3** *(of brothel)* patrona, ama. **Dear Madam** *(in letter)* Muy señora mía, Estimada señora.

made [meɪd] ◇ *pt. & pp.* VER: **make** ◇ *adj. (produced)* hecho, fabricado. **to be made for each other** *estar hechos el/la uno para el/la otro.*

made-to-meas·ure [meɪdtə'meʒəʳ] *adj.* hecho a medida.

made-up ['meɪdʌp] *adj.* **1** *(face, person)* maquillado *(eyes, lips)* pintado **2** *(story, excuse)* inventado.

mad·ly ['mædli] *adv.* **1** *(frantically)* como un loco **2** *[fam. use] (intensely - gen)* terriblemente *(- love)* locamente. **to be madly in love with somebody** *estar locamente enamorado de alguien.*

mad·ness ['mædnəs] *n.* **1** *(insanity)* locura, demencia **2** *(foolishness)* locura.

mag·a·zine [mægə'ziːn] *n.* **1** *(periodical)* revista **2** *(in rifle)* recámara **3** MIL *(store - for arms, etc.)* almacén *m.* *(- for explosives)* polvorín *m.* **4** *(on TV, radio)* magacín *m.*, magazine *m.* **5** *(for slides - box)* bandeja *(- circular)* carrusel *m.* **magazine rack** *revistero.*

mag·ic ['mædʒɪk] *n.* magia ◇ *adj.* mágico ◇ *interj.* *[fam. use] (great)* guay, fetén, chachi. **as if by/like magic** *como por arte de magia, como por ensalmo* **white magic** *magia blanca.*

mag·i·cal ['mædʒɪkəl] *adj.* mágico.

mag·i·cian [mə'dʒɪʃən] *n.* **1** *(conjurer)* prestidigitador, ilusionista *mf.* **2** *(wizard)* mago.

mag·is·trate ['mædʒɪstreɪt] *n.* JUR magistrado, juez *mf.* **Magistrate's Court** *juzgado de primera instancia.*

mag·ma ['mægmə] *n.* magma.

mag·nan·i·mous [mæg'næniməs] *adj.* magnánimo.

mag·nate ['mægneɪt] *n.* magnate *m.*

mag·ne·si·um [mæg'niːziəm] *n.* magnesio.

mag·net ['mægnət] *n.* imán *m.*

mag·net·ic [mæg'netɪk] *adj.* **1** *(force, etc.)* magnético **2** *fig. use* **(personality, charm)** carismático, magnético. **magnetic compass** *brújula* **magnetic field** *campo magnético* **magnetic north** *norte m. magnético* **magnetic tape** *cinta magnetofónica.*

mag·net·ism ['mægnɪtɪzəm] *n.* **1** *(force)* magnetismo **2** *fig. use (personal charm)* carisma *m.*, magnetismo.

mag·net·i·za·tion [mægnɪtaɪ'zeɪʃən] *n.* imantación *f.*, magnetización *f.*

mag·net·ize ['mægnɪtaɪz] *tr.* **1** *(object)* magnetizar, imanar, imantar **2** *fig. use (person)* magnetizar, cautivar, fascinar.

mag·ni·fi·ca·tion [mægnɪfɪ'keɪʃən] *n.* **1** *(increase)* aumento, ampliación *f.* **2** **(power of lens, etc.)** aumento.

mag·nif·i·cent [mæg'nɪfɪsənt] *adj. (splendid)* magnífico, espléndido *(sumptuous)* suntuoso.

mag·ni·fy ['mægnɪfaɪ] *tr. pt. & pp.* **magnified**, *ger.* **magnifying** *(enlarge)* aumentar, ampliar **2** *fig. use (exaggerate)* exagerar, agrandar.

mag·ni·fy·ing glass ['mægnɪfaɪɪŋglɑːs] *n.* lupa.

mag·ni·tude ['mægnɪtjuːd] *n.* *(size)* magnitud *f. (importance)* magnitud *f.*, envergadura, alcance *m.*

ma·hog·a·ny [mə'hɒgəni] *n. (wood, tree)* caoba *(color)* color *m.* caoba ◇ *adj. (furniture)* de caoba *(color)* caoba.

maid [meɪd] *n.* **1** *(servant)* criada, sirvienta, muchacha, chacha *(in hotel)* camarera **2** ARCH *(unmarried woman, girl)* doncella. **old maid** *pej.* solterona **maid of honor** *(chief bridesmaid)* dama de honor *(queen's maid)* doncella.

mail [meɪl] *n.* **1** *(system)* correo **2** *(letters, etc.)* correo, cartas *mpl.*, correspondencia ◇ *tr.* **1** *(post)* echar al buzón, echar al correo **2** *(send)* enviar por correo, mandar por correo **server** *servidor m. de correo.*

mail·box ['meɪlbɒks] *n.* buzón *m.*

mail·ing list ['meɪlɪŋlɪst] *n.* lista de correo, lista de distribución.

mail·man ['meɪlmæn] *n.* cartero.

main [meɪn] *adj. (most important)* principal ◇ *n. (pipe)* conducto principal, cañería principal, tubería principal *(wire, cable)* cable *m*. **principal** ◇ *adj*. mains que se enchufa a la red, que funciona con corriente ◇ *npl*. **the mains 1** ELEC la red eléctrica **2** *(water system, gas system)* la cañería principal, la tubería principal **3** *(sewer)* colector *m*. **in the main** *(in general)* en general, por regla general *(for the most part)* en su mayoría **main clause** LING oración *f*. principal **main course** plato principal, segundo plato **main door** puerta principal.

main·land ['meɪnlənd] *n*. continente o isla grande en contraposición a una isla cercana más pequeña.

main·line ['meɪnlaɪn] *adj*. *(train, station, etc.)* interurbano ◇ *tr. sl*. picarse, chutarse, pincharse ◇ *intr. sl*. picarse, pincharse.

main·ly ['meɪnli] *adv*. *(chiefly)* principalmente, sobre todo *(mostly)* en su mayoría.

main·stream ['meɪnstriːm] *n*. corriente *f*. principal, corriente *f*. dominante ◇ *adj*. convencional, dominante.

main·tain [meɪn'teɪn] *tr*. **1** *(preserve, keep up - gen)* mantener *(- silence, appearances)* guardar **2** *(support financially)* mantener, sostener **3** *(keep in good condition)* conservar en buen estado **4** *(assert as true)* mantener, sostener.

main·te·nance ['meɪntənəns] *n*. **1** *(preservation)* mantenimiento, conservación *f*. **2** *(running, upkeep)* mantenimiento **3** *(upkeep of family)* manutención *f*. **4** JUR *(divorce allowance)* pensión *f*. alimenticia **maintenance costs** gastos *mpl*. de mantenimiento **maintenance order** JUR orden *f*. de pagar una pensión alimenticia.

maize [meɪz] *n*. maíz m.

ma·jes·tic [mə'dʒestɪk] *adj*. majestuoso.

maj·es·ty ['mædʒəsti] *n*. majestad *f*. n. Majesty ◇ *pl*. **majesties** Majestad f.

ma·jor ['meɪdʒə*] *adj*. **1** *(more important, greater)* mayor, principal **2** *(important - gen)* importante *(- issue)* de gran envergadura *(- illness)* grave **3** MUS *(key, scale)* mayor ◇ *n*. **1** MIL comandante *m*. **2** *(main subject)* asignatura principal, especialidad *f*. *(student)* estudiante *mf*. que se especializa en una asignatura **3** MUS *(major key)* clave f. **mayor** *f*. **major general** MIL general *m*. de división **major league** liga nacional.

ma·jor·i·ty [mə'dʒɒrɪti] *n. pl*. **majorities 1** mayoría **2** JUR *(adulthood)* mayoría de edad ◇ *adj*. mayoritario. **to be in a/the majority** ser mayoría **majority leader** líder *mf*. de la mayoría **majority rule** gobierno mayoritario.

make [meɪk] *n*. *(brand)* marca ◇ *tr. pt. & pp*. **made**, *ger*. **making 1** *(produce - gen)* hacer *(construct)* construir *(manufacture)* fabricar *(create)* crear *(prepare)* preparar **2** *(carry out, perform)* hacer **3** *(cause to be)* hacer, poner, volver **4** *(force, compel)* hacer, obligar *(cause to do)* hacer **5** *(be, become)* ser, hacer *(cause to be)* hacer, convertir en **6** *(earn)* ganar, hacer **7** *(achieve)* conseguir, alcanzar *(arrive at, reach)* alcanzar, llegar a *(manage to attend)* poder (ir) **8** *(appoint)* nombrar *(elect)* elegir **9** *(calculate, estimate, reckon)* calcular **10** *(total, equal)* ser, equivaler a **11** *(complete, finish off)* dar el toque final a, completar *(assure success of)* consagrar ◇ *intr*. *(to be about to)* hacer como, hacer además de, simular **to be on the make** *(for profit)* andar tras el dinero, andar intentando sacar tajada *(for power)* barrer para dentro, barrer para casa *(for sex)* estar de ligue, andar buscando aventuras. **to make a fresh start** volver a empezar. **to make a go of something** sacar algo adelante. **to make a**

loss perder dinero. **to make sense** tener sentido. **to make the bed** hacer la cama.

to make af·ter *tr. insep*. *(chase, pursue)* seguir a, perseguir a.

to make for *tr. insep*. **1** *(move towards)* dirigirse hacia **2** *(prepare to attack)* abalanzarse sobre **3** *(result in, make possible)* contribuir a, crear, conducir a.

to make off *intr*. *(escape)* escaparse, largarse, huir.

to make off with/make a·way with *tr. insep*. *(steal)* llevarse, escaparse con.

to make out *tr. sep*. **1** *(write - list, receipt)* hacer *(- cheque)* extender, hacer *(- report)* redactar **2** *(see)* distinguir, divisar *(writing)* descifrar **3** *(understand)* entender, comprender ◇ *tr. insep*. *(fam. use)* *(pretend, claim)* pretender, hacerse pasar por ◇ *intr*. *(manage)* arreglárselas, apañárselas *(get on)* ir.

to make o·ver *tr. sep*. **1** JUR *(assign)* ceder, transferir, traspasar **2** *(convert)* convertir, transformar.

to make up *tr. sep*. **1** *(invent)* inventar **2** *(put together)* hacer *(assemble)* montar *(bed, prescription)* preparar *(page)* componer *(clothes, curtains)* confeccionar, hacer **3** *(complete)* completar ◇ *intr*. **1** maquillarse, pintarse **2** *(become friends again)* hacer las paces, reconciliarse.

make-be·lieve ['meɪkbɪliːv] *n*. *(fantasy)* fantasía, imaginación *f*. *(pretence)* simulación *f*., fingimiento ◇ *adj*. *(world)* imaginario, falso *(game, toy)* juguete, de mentira. **to live in a world of make-believe** vivir en un mundo de fantasía.

make-up ['meɪkʌp] *n*. **1** *(cosmetics)* maquillaje *m*. **2** *(composition, combination)* composición *f*. **3** *(of person)* carácter *m*. **4** *(arrangement of book, page)* compaginación f. **make-up artist** maquillador. **make-up bag** neceser *m*. **make-up remover** desmaquillador *m*.

mak·ing ['meɪkɪŋ] *n*. *(manufacture)* fabricación *f*. *(construction)* construcción *f*. *(creation)* creación *f*. *(preparation)* preparación *f*., elaboración f. **in the making** *(person)* **this is history in the making** esto pasará a la historia. **to be of somebody's own making** ser culpa de uno mismo.

mal·ad·just·ed [mælə'dʒʌstɪd] *adj*. inadaptado.

mal·a·dy ['mælədɪ] *n. pl*. **maladies** *(fml. use)* mal *m*., enfermedad f.

Mal·a·gas·y ['mæləgæsi] *adj*. malgache ◇ *n*. **1** *(person)* malgache *mf*. **2** *(language)* malgache *m*. **Malagasy Republic** República Malgache.

ma·lar·i·a [mə'leərɪə] *n*. malaria, paludismo.

Ma·la·wi [mə'lɑːwɪ] *n*. Malawi.

Ma·la·wi·an [mə'lɑːwɪən] *adj*. malawiano ◇ *n*. malawiano.

Ma·lay [mə'leɪ] *adj*. malayo ◇ *n*. **1** *(person)* malayo **2** *(language)* malayo.

Ma·la·ya [mə'leɪə] *n*. Malaya.

Ma·lay·sia [mə'leɪzɪə] *n*. Malaysia, Malasia.

Ma·lay·sian [mə'leɪzɪən] *adj*. malasio ◇ *n*. malasio.

Mal·dives ['mɔːldaɪvz] *n*. Maldivas.

Mal·div·i·an [mɔːl'dɪvɪən] *adj*. maldivo ◇ *n*. maldivo.

male [meɪl] *adj*. **1** *(animal, plant)* macho *(person, child)* varón *(sex, hormone, character, organ)* masculino **2** *(manly)* varonil, viril **3** TECH *(screw, plug)* macho ◇ *n*. **1** *(man, boy)* varón *m*. *(animal, plant)* macho **male nurse** enfermero.

mal·for·ma·tion [mælfɔː'meɪʃən] *n*. malformación f.

mal·formed [mæl'fɔːmd] *adj*. malformado, deformado.

mal·func·tion [mæl'fʌŋkʃən] *n*. mal funcionamiento, funcionamiento defectuoso ◇ *intr*. funcionar mal.

Ma·li ['mɑːlɪ] n. Malí.

Ma·li·an ['mɑːlɪən] adj. maliense ⋄ n. maliense mf.

mal·ice ['mælɪs] n. malicia. **to bear somebody malice** guardar rencor a alguien. **with malice aforethought** JUR con premeditación.

ma·li·cious [mə'lɪʃəs] adj. **1** (comment, person) malicioso, malintencionado **2** (damage) intencional.

mall [mæl, mɔːl] n. (covered) centro comercial (street) zona comercial.

mal·nour·ished [mæl'nʌrɪʃt] adj. desnutrido.

mal·nu·tri·tion [mælnjuː'trɪʃən] n. desnutrición f.

mal·prac·tice [mæl'præktɪs] n. **1** MED negligencia **2** JUR procedimiento ilegal.

Mal·ta ['mɔːltə] n. Malta.

Mal·tese [mɔːl'tiːz] adj. maltés ⋄ n. **1** (person) maltés **2** (language) maltés m. ⋄ npl. **the Maltese** los malteses mpl.

mam·mal ['mæməl] n. mamífero.

mam·ma·ry ['mæmərɪ] adj. mamario **mammary gland** mama.

mam·mog·ra·phy [mæ'mɒɡrəfɪ] n. pl. **mammographies** mamografía.

mam·moth ['mæməθ] n. ZOOL mamut m. ⋄ adj. (huge) gigantesco, descomunal, inmenso.

man [mæn] n. pl. **men 1** (adult male) hombre m., señor m. **2** (human being, person) ser m. humano, el hombre m. **3** (the human race) el hombre m. **4** (type) tipo **5** (manservant, valet) criado, sirviente m. **6** (husband) marido, hombre m. (boyfriend) novio (partner) pareja **7** (representative) representante m. (correspondent) corresponsal m. **8** (chess piece) pieza (draughts) ficha ⋄ interj. [fam. use] hombre, tío, macho ⋄ tr. (operate - post, phones) servir, atender (boat, plane) tripular (barricades) defender **as one man** como un solo hombre, todos a la vez. **every man for himself** sálvese quien pueda, que cada cual se las arregle como pueda. **man to man** de hombre a hombre. **man of letters** hombre m. de letras **man of the world** hombre m. de mundo **the man in the street** el hombre de la calle, hombre típico.

man·age ['mænɪdʒ] tr. **1** (run - business, company) dirigir, llevar, administrar (- property) administrar (- household) llevar (handle - money, affairs) llevar, administrar **2** (handle, cope with - child, person) llevar, manejar (- animal) domar (- work, luggage, etc.) poder con **3** (succeed) conseguir, lograr **4** (have room for, have time for) poder ⋄ intr. **1** poder **2** (financially) arreglárselas, apañarse.

man·age·able ['mænɪdʒəbəl] adj. manejable.

man·age·ment ['mænɪdʒmənt] n. **1** (running of business, etc.) dirección f., administración f., gestión f. **2** (people in charge) dirección f., gerencia, patronal f. **3** (board of directors) junta directiva, consejo de administración.

man·ag·er ['mænɪdʒə'] n. **1** (of company, bank) director, gerente mf. (of estate) administrador **2** (of shop, restaurant) encargado (of department) jefe (of cinema, theater) gerente mf. **3** (of actor, group, etc.) representante mf., manager mf. **4** SP (of football team) entrenador m., míster m.

man·ag·ing ['mænɪdʒɪŋ] adj. directivo **managing director** director m.

man·da·rin ['mændərɪn] n. mandarina (language) mandarín m. **mandarin orange** mandarina.

man·da·to·ry ['mændətərɪ] adj. **1** (compulsory) obligatorio **2** JUR mandatario.

mane [meɪn] n. (of horse) crin f. (of lion) melena.

ma·neu·ver [mə'nuːvə'] n. (gen) maniobra **2** fig. use maniobra, estratagema ⋄ tr. **1** (gen) maniobrar **2** (person) manipular, manejar intr. **1** ma-

niobrar. **to have room for manoeuvre** tener un amplio margen de maniobra.

ma·neu·ver·a·ble [mə'nuːvərəbəl] adj. manejable.

man·go ['mæŋɡəu] n. pl. **mangoes** o **mangos** mango.

man·hole ['mænhəul] n. boca de acceso **manhole cover** tapa de registro, tapa de alcantarilla.

man·hunt ['mænhʌnt] n. persecución f., búsqueda (a gran escala).

ma·ni·a ['meɪnɪə] n. manía.

ma·ni·ac ['meɪnæk] n. **1** MED maníaco **2** [fam. use] (wild person) loco **3** [fam. use] (fan) entusiasta mf., fanático, loco.

man·ic ['mænɪk] adj. maníaco, maniaco.

man·ic-de·pres·sive [mænɪkdɪ'presɪv] n. MED maníaco depresivo.

man·i·cure ['mænɪkjuə'] n. manicura ⋄ tr. hacer la manicura. **to give somebody a manicure** hacer la manicura a alguien. **to have a manicure** hacerse la manicura **manicure set** estuche m. de manicura.

man·i·fest ['mænɪfest] adj. [fml. use] manifiesto, patente ⋄ tr. [fml. use] manifestar. **to manifest itself/themselves** manifestarse.

man·i·fes·ta·tion [mænɪfe'steɪʃən] n. [fml. use] manifestación f.

man·i·fes·to [mænɪ'festəu] n. pl. **manifestos** o **manifestoes** manifiesto.

ma·nip·u·late [mə'nɪpjəleɪt] tr. **1** (work - machine) manipular, manejar (- knob, lever) accionar **2** MED dar masajes a **3** (control, influence) manipular.

ma·nip·u·la·tion [mənɪpjə'leɪʃən] n. **1** (handling) manipulación f., manejo **2** MED masaje m. **3** (control, influence) manipulación f.

ma·nip·u·la·tive [mə'nɪpjəleɪtɪv] adj. manipulador.

ma·nip·u·la·tor [mə'nɪpjəleɪtə'] n. manipulador.

man·kind [mæn'kaɪnd] n. la humanidad f., el género humano, los hombres mpl.

man-made [mæn'meɪd] adj. **1** (lake, etc.) artificial **2** (fabric, etc.) sintético.

man·ne·quin ['mænɪkɪn] n. (dummy) maniquí m.

man·ner ['mænə'] n. **1** (way, method) manera, modo **2** (way of behaving) forma de ser, comportamiento, aire m. **3** [fml. use] (sort, kind) clase f., índole f. ⋄ npl. **manners** (social behavior) maneras fpl., modales mpl. (customs) costumbres fpl. **all manner of...** toda clase de... **in a manner of speaking** por decirlo así, hasta cierto punto. **in the manner of somebody** al estilo de alguien. **in this manner** de esta manera, así. **bad manners** falta de educación **good manners** buenos modales mpl.

man·pow·er ['mænpauə'] n. mano f. de obra.

man·serv·ant ['mænsɜːvənt] n. criado, sirviente m.

man·sion ['mænʃən] n. (gen) casa grande (country) casa solariega.

man·slaugh·ter ['mænslɔːtə'] n. JUR homicidio involuntario.

man·tle ['mæntəl] n. **1** (cloak) capa, manto **2** fig. use (layer) manto, capa **3** literal use (responsibilities, duties) cargas fpl., responsabilidades fpl. **4** GEOL manto ⋄ tr. use (cover) cubrir, envolver.

man-to-man [mæntə'mæn] adj. de hombre a hombre.

man·u·al ['mænjuəl] adj. manual ⋄ n. manual m.

man·u·fac·ture [mænjə'fæktʃə'] n. (gen) fabricación f. (of clothing) confección f. (of foodstuffs) elaboración f. ⋄ tr. **1** (gen) fabricar (clothing) confeccionar (foodstuffs) elaborar **2** fig. use (excuse, etc.) inventar.

man·u·fac·tur·er [mænjə'fæktʃərə'] n. fabricante mf.

man·u·fac·tur·ing [mænjəˈfæktʃərɪŋ] *n.* fabricación *f.* **manufacturing industry** industria fabril, industria manufacturera.

ma·nure [məˈnjʊəʳ] *n.* abono, estiércol *m.* ◇ *tr.* abonar, estercolar.

man·u·script [ˈmænjəskrɪpt] *n.* **1** *(historic handwritten book)* manuscrito **2** *(original copy of text)* original *m.*, texto original. ◇ *adj.* manuscrito.

man·y [ˈmenɪ] *adj. comp.* **more**, *superl.* **most** mucho, muchos ◇ *pron.* muchos ◇ *n.* **the many** la mayoría. **a good/great many** muchísimos. **as many... as** tantos... como. **how many?** ¿cuántos? **many a...** muchos... **too many** demasiados.

Ma·o·ri [ˈmaʊrɪ] *adj.* maorí ◇ *n.* **1** *(person)* maorí *mf.* **2** *(language)* maorí *m.*

map [mæp] *n.* **1** *(of country, region)* mapa *m.* **2** *(of town, bus, tube)* plano ◇ *tr. pt. & pp.* **mapped**, *ger.* **mapping** *(area)* trazar un mapa de. **map of the world** mapamundi *m.* **weather map** carta meteorológica.
  to map out. *tr. sep.* *(future, career, etc.)* proyectar, planear, organizar *(route)* trazar en un mapa.

map·mak·er [ˈmæpmeɪkəʳ] *n.* cartógrafo.

Mar [maːʳ] *abbr.* **(March)** marzo.

mar [maːʳ] *tr. pt. & pp.* **marred**, *ger.* **marring** *(spoil - gen)* estropear, echar a perder *(- happiness)* afectar *(- enjoyment)* aguar.

mar·a·thon [ˈmærəθən] *n.* maratón *m.* ◇ *adj. fig. use* maratónico, larguísimo.

mar·ble [ˈmaːbəl] *n.* **1** *(stone, statue)* mármol *m.* **2** *(glass ball)* canica ◇ *adj.* *(floor, statue)* de mármol, marmóreo *(industry)* del mármol *f.* *fig. use (like marble)* marmóreo ◇ *npl.* **marbles** *(game)* canicas ◇ *fpl.* ART mármoles *mpl.* **to have lost one's marbles** estar chiflado.

March [maːtʃ] *n.* marzo **NOTA:** Para ejemplos de uso, ver **May**.

march [maːtʃ] *n.* **1** MIL marcha **2** *(walk)* caminata **3** *(demonstration)* manifestación *f.* **4** *fig. use (of time, events)* marcha, paso **5** MUS marcha ◇ *intr.* **1** MIL marchar, hacer una marcha **2** *(walk)* caminar, marchar **3** *(walk purposefully and determinedly)* ir resueltamente, ir decididamente **4** *(demonstrate)* manifestarse, hacer una manifestación **5** *fig. use (time, etc.)* pasar ◇ *tr.* hacer marchar **march past** desfile *m.*
  to march past. *intr.* MIL desfilar.

march·ing [ˈmaːtʃɪŋ] *adj.* que marcha **to get one's marching orders** ser despedido. **marching band** banda de marcha.

mar·ga·rine [maːdʒəˈriːn] *n.* margarina.

mar·gin [ˈmaːdʒɪn] *n.* **1** *(on page)* margen *m.* **2** *(difference, leeway)* margen *m.* **3** *(edge, border)* margen *m. & f.* *(of river)* margen *m. & f.*

mar·gin·al [ˈmaːdʒɪnəl] *adj.* **1** *(small, minor)* menor, pequeño, mínimo **2** *(artist)* marginal **3** *(land)* de poco valor agrícola, poco productivo.

mar·gin·al·i·za·tion [maːdʒɪnəlaɪˈzeɪʃən] *n.* marginación *f.*

mar·gin·al·ize [ˈmaːdʒɪnəlaɪz] *tr.* marginar.

ma·ri·jua·na [mærɪˈhwaːnə] *n.* marihuana, marijuana.

ma·rine [məˈriːn] *n.* *(life, flora, etc.)* marino, maritime ◇ *adj.* *(law, stores, etc.)* maritime ◇ *n.* soldado de infantería de marina **the Marine Corps** la infantería de marina.

mar·i·on·ette [mærɪəˈnet] *n.* marioneta, títere *m.*

mar·i·tal [ˈmærɪtəl] *adj.* *(relations, problems)* matrimonial, marital *(bliss)* conyugal **marital status** estado civil.

mar·i·time [ˈmærɪtaɪm] *adj.* marítimo.

mark [maːk] *n.* **1** *(imprint, trace)* huella *(from blow)* señal *f.* *(stain)* mancha **2** *(sign, symbol)* marca, señal *f.* **3** *(instead of signature)* cruz *f.* **4** *(characteristic feature)* impronta, señal *f.*, sello **5** *(token, proof)* señal *f.* **6** EDUC nota, calificación *f.*, puntuación *f.* **7** SP *(starting line - of race)* línea de salida *(- of jump)* línea de batida **8** *(level)* punto, nivel *(number)* cifra **9** *(target)* blanco **10** TECH *(type, model)* serie *f.*, modelo **11** *(oven setting)* número ◇ *tr.* **1** *(make mark on)* marcar, señalar, poner una señal en **2** *(scar)* señalar, desfigurar, marcar *(stain)* manchar **3** *(denote, show position of)* señalar, indicar *(show)* mostrar **4** *(be a sign of)* significar *(commemorate)* conmemorar ◇ *intr.* *(stain)* mancharse. **mark you** de todas formas **on your marks!** SP ¡preparados! **to be quick off the mark** ser muy rápido **to be slow off the mark** ser muy lento **to be up to the mark** estar a la altura, dar la talla **to be/fall wide of the mark** no dar en el blanco **to hit the mark** dar en el blanco, acertar.
  to mark down *tr. sep.* **1** *(reduce price of)* rebajar el precio de **2** *(reduce marks of)* bajar la nota de **3** *(note in writing)* apuntar.
  to mark off *tr. sep.* **1** *(separate)* separar, dividir, distinguir *(area)* delimitar *(boundary)* trazar **2** *(put line through)* tachar.
  to mark out *tr. sep.* **1** *(area)* marcar, delimitar *(boundary)* marcar, trazar **2** *(choose)* señalar, seleccionar.
  to mark up *tr. sep.* **1** *(increase price of)* subir (el precio de), aumentar *(price of)* **2** *(increase marks of)* subir la nota de.

marked [maːkt] *adj.* *(noticeable - gen)* marcado, notable *(- improvement)* sensible, apreciable *(- accent)* acusado, fuerte. **to be a marked man** ser un hombre fichado.

mark·er [ˈmaːkəʳ] *n.* **1** *(stake, pole)* jalón *m.* **2** *(bookmark)* punto de libro **3** EDUC *(person)* examinador **4** SP *(person)* marcador **marker buoy** boya, baliza **marker pen** rotulador *m.*

market [ˈmaːkɪt] *n.* **1** *(selling fruit, vegetables, etc.)* mercado *(selling clothes, etc.)* mercadillo *(marketplace)* plaza **2** *(trade)* mercado **3** *(demand, desire to buy)* demanda, salida, mercado ◇ *tr.* *(sell)* vender, poner en venta *(offer for sale)* lanzar al mercado, promocionar, comercializar. **to be on the market** estar en venta. **to come onto the market** salir al mercado, ponerse en venta, ponerse a la venta **market economy** economía de mercado **market forces** tendencias del mercado **market leader** líder *m.* del mercado **market price** precio de mercado **market research** estudio de mercado **market researcher** investigador de mercado.

mar·ket·a·ble [ˈmaːkɪtəbəl] *adj.* vendible, comerciable.

mar·ket·ing [ˈmaːkɪtɪŋ] *n.* marketing *m.*, mercadotecnia.

mar·ket·place [ˈmaːkɪtpleɪs] *n.* *(gen)* mercado *(square)* plaza.

mark·ing [ˈmaːkɪŋ] *n.* **1** *(on bird, animal)* mancha **2** *(drawn, written)* marca **3** EDUC correcciones *fpl.* **4** SP marcaje *m.* **marking ink** tinta indeleble.

mark·up [ˈmaːkʌp] *n.* **1** *(percentage added)* margen *m.* de beneficio **2** *(increase in price)* subida, aumento.

mar·ma·lade [ˈmaːməleɪd] *n.* mermelada (de cítricos).

mar·quee [maːˈkiː] *n.* **1** *(large tent)* carpa, entoldado **2** *(canopy, awning)* marquesina.

mar·riage [ˈmærɪdʒ] *n.* **1** *(state, institution)* matrimonio **2** *(act, wedding)* boda, casamiento, enlace *m.* matrimonial. **to be related by marriage** ser parientes políticos. **to give somebody in**

marriage dar a alguien en matrimonio. **to take somebody in marriage** casarse con alguien, contraer matrimonio con alguien **marriage of convenience** matrimonio de conveniencia.

mar·ried ['mærɪd] *adj.* **1** (*person, status*) casado (**to**, con) **2** (*life, bliss*) matrimonial, conyugal. **to get married** casarse (**to**, con) **married name** apellido de casada.

mar·row ['mærəʊ] *n.* También **bone marrow** ANAT (*of bone*) tuétano, medula ⬦ *fig. use* (*inner meaning*) meollo **to the marrow** hasta la médula.

mar·ry ['mærɪ] *tr. pt. & pp. married, ger. marrying* **1** (*take in marriage*) casarse con, contraer matrimonio con **2** (*unite in marriage*) casar **3** *fig. use* unir ⬦ *intr.* **1** casarse **2** *fig. use* unirse. **marry in haste, repent at leisure** a la hora de casarse, no precipitarse. **to get married** casarse (**to**, con). **to marry again** volver a casarse.
to mar·ry in·to *tr. insep.* emparentar con.
to mar·ry off *tr. sep.* casar a.

Mars [mɑːz] *n.* Marte m.

marsh [mɑːʃ] *n.* **1** (*bog*) pantano **2** (*area*) zona con pantanos, pantanal *m.* **marsh gas** gas *m.* metano.

mar·shal ['mɑːʃəl] *n.* **1** MIL mariscal *m.* **2** (*at sports event, demonstration*) oficial *mf.*, organizador **3** (*like sheriff*) shérif *m.*, alguacil *m.* **4** (*head of police*) jefe de policía (*head of fire department*) jefe de bomberos ⬦ *tr. pt. & pp. marshaled, ger. marshaling* **1** (*crowds, troops, etc.*) reunir **2** *fig. use* (*facts, thoughts, etc.*) ordenar, poner en orden.

marsh·mal·low [mɑːʃ'mæləʊ] *n.* (*sweet*) malvavisco.

mar·su·pi·al [mɑː'suːpɪəl] *n.* marsupial *m.* ⬦ *adj.* marsupial.

mar·tial ['mɑːʃəl] *adj.* **1** marcial **martial arts** artes *fpl.* marciales **martial law** ley *f.* marcial.

mar·tyr ['mɑːtə'] *n.* **1** mártir *mf.* **2** (*fam. use*) víctima (**to**, de) ⬦ *tr.* martirizar.

mar·tyr·dom ['mɑːtədəm] *n.* martirio.

mar·vel ['mɑːvəl] *n.* **1** (*wonder*) maravilla **2** (*person*) maravilla ⬦ *intr. pt. & pp. marveled, ger. marveling* **1** (*fml. use*) maravillarse (**at**, con), asombrarse (**at**, de) **2** (*fml. use*) maravillarse, sorprenderse **to do marvels/work marvels** hacer maravillas.

mar·vel·ous ['mɑːvələs] *adj.* maravilloso, magnífico, estupendo.

Marx·ism ['mɑːksɪzəm] *n.* marxismo.

Marx·ist ['mɑːksɪst] *n.* marxista *mf.* ⬦ *adj.* marxista.

mar·zi·pan ['mɑːzɪpæn] *n.* mazapán *m.*, pasta de almendras.

mas·car·a [mæ'skɑːrə] *n.* rímel m.

mas·cot ['mæskət] *n.* mascota.

mas·cu·line ['mɑːskjəlɪn] *adj.* masculino ⬦ *n.* LING masculino.

mas·cu·lin·i·ty [mæskjə'lɪnətɪ] *n.* masculinidad f.

mask [mɑːsk] *n.* **1** (*gen*) máscara (*disguise*) careta, carátula (*around eyes*) antifaz *m.* **2** MED mascarilla ⬦ *tr.* **1** (*gen*) enmascarar. **to put on a mask** enmascararse **diving mask** gafas fpl. de bucear **face mask** (*in American football*) casco con protector (*motorcyclist's*) gafas fpl. de motorista (*diver's*) gafas fpl. de bucear **fencing mask** careta.

masked [mɑːskt] *adj.* enmascarado **masked ball** baile m. de disfraces, baile m. de máscaras.

mask·ing tape ['mɑːskɪŋteɪp] *n.* cinta adhesiva.

mas·och·ism ['mæsəkɪzəm] *n.* masoquismo.

mas·och·ist ['mæsəkɪst] *n.* masoquista ⬦ *adj.* masoquista.

ma·son ['meɪsən] *n.* (*builder*) albañil m.

ma·son·ry ['meɪsənrɪ] *n.* (*stonework*) albañilería (*building*) construcción f.

mas·quer·ade [mæskə'reɪd] *n.* **1** (*pretence*) farsa, mascarada **2** (*dance*) mascarada ⬦ *intr.* disfrazarse (**as**, de), hacerse pasar (**as**, por).

mass¹ [mæs] *n.* **1** (*large quantity*) montón *m.*, masa (*of people*) masa, multitud f., muchedumbre f. **2** (*majority*) mayoría **3** (*large solid lump*) masa **4** PHYS (*amount of matter*) masa ⬦ *intr.* (*crowd*) congregarse, reunirse en gran número (*troops*) concentrarse (*clouds*) amontonarse ⬦ *tr.* reunir ⬦ *adj.* masivo, multitudinario, de masas ⬦ *npl.* masses (*fam. use*) (*lots*) cantidad f., montones mpl., mogollón *m.* ⬦ *npl.* the masses POL las masas fpl. **mass grave** fosa común **mass media** medios mpl. de comunicación (*de masas*) **mass murderer** asesino múltiple **mass production** fabricación f. en serie.

Mass² [mæs] *n.* REL misa. **to hear Mass** oír misa. **to say Mass** decir misa **Requiem Mass** misa de difuntos.

mas·sa·cre ['mæsəkə'] *n.* **1** masacre f., carnicería, matanza **2** (*fam. use*) (*defeat*) machaque *m.*, paliza ⬦ *tr.* **1** masacrar, asesinar en masa **2** (*fam. use*) (*defeat*) machacar, dar una paliza a.

mas·sage ['mæsɑːʒ] *n.* masaje *m.* ⬦ *tr.* **1** (*person, body*) dar un masaje a (*part of body*) dar un masaje en **2** *fig. use* (*ego*) inflar **3** *fig. use* (*facts, figures*) manipular, falsificar **massage parlor** salón m. de masajes.

mas·seur [mæ'sɜː'] *n.* masajista m.

mas·seuse [mæ'sɜːz] *n.* masajista f.

mas·sive ['mæsɪv] *adj.* **1** (*huge*) enorme, gigantesco **2** (*extensive*) masivo, extenso **3** (*solid, weighty*) sólido, macizo.

mass·pro·duce [mæsprə'djuːs] *tr.* fabricar en serie.

mast [mɑːst] *n.* **1** MAR mástil *m.*, palo (*flagpole*) asta (*de bandera*), mástil m. **3** (*transmitter*) torre f., poste m.

mas·tec·to·my [mæ'stektəmɪ] *n. pl. mastectomies* MED mastectomía.

mas·ter ['mɑːstə'] *n.* **1** (*of slave, servant, dog*) amo (*of household*) señor m. (*owner*) dueño **2** MAR (*of ship*) capitán m. (*offshing boat*) patrón m. **3** (*expert, artist, musician, etc.*) maestro **4** (*original copy of film, tape, etc.*) original m. ⬦ *n.* Master EDUC (*second level degree*) máster m. (*holder of master's degree*) máster m. (*head of certain university colleges*) director ⬦ *adj.* **1** (*expert, skilled*) maestro, experto **2** (*original*) original **3** (*overall, complete*) total, general, global **4** (*main, principal*) principal, maestro ⬦ *tr.* **1** (*control*) dominar (*overcome*) superar, vencer **2** (*learn - subject, skill*) llegar a dominar (*- craft*) llegar a ser experto en. **master copy** original *m.* **master key** llave f. maestra **master of ceremonies** maestro de ceremonias **master plan** proyecto maestro **master's degree** maestría **master switch** interruptor m. central.

mas·ter·mind ['mɑːstəmaɪnd] *n.* (*person*) cerebro, genio ⬦ *tr.* (*plan cleverly*) dirigir, ser el cerebro de.

mas·ter·piece ['mɑːstəpiːs] *n.* obra maestra.

mas·ter·y ['mɑːstərɪ] *n.* **1** (*power, control*) dominio (**of/over**, de), autoridad f. (*supremacy*) supremacía, superioridad f. **2** (*skill, expertise*) maestría, dominio (**of**, de).

mas·tur·bate ['mæstəbeɪt] *tr.* masturbar ⬦ *intr.* masturbarse.

mas·tur·ba·tion [mæstə'beɪʃən] *n.* masturbación f.

mat [mæt] *n.* **1** (*rug*) alfombrilla (*doormat*) felpudo **2** (*rush mat*) estera (*beach mat*) esterilla **3** (*tablemat*) salvamanteles m. (*beer mat*) posavasos m. (*under vase, etc.*) tapete m. **4** SP colchoneta **5** (*hair*) maraña (*threads*) maraña ⬦ *adj.* (*not shiny*) mate ⬦ *tr. pt. & pp. matted, ger. matting* enmarañar ⬦ *intr.* (*hair, etc.*) enmarañarse.

match¹ [mætʃ] *n.* *(light)* cerilla, fósforo.

match² [mætʃ] *n.* **1** SP *(football, hockey, etc.)* partido, encuentro *(boxing, wrestling)* combate *m.* *(tennis)* partido, match *m.* **2** *(equal)* igual *mf.* **3** *(marriage)* casamiento *m.*, matrimonio **4** *(clothes, color, etc.)* juego, combinación *f.* ◇ *tr.* **1** *(equal)* igualar **2** *(go well with)* hacer juego (con), combinar (con) **3** *(be like, correspond to)* corresponder a, ajustarse a ◇ *intr.* **1** *(go together)* hacer juego, combinar **2** *(tally)* coincidir, concordar **3** *(people)* llevarse bien, avenirse. **to be well-matched** *(couple)* hacer buena pareja *(opponents, teams)* ser del mismo nivel. **to match somebody against somebody** enfrentar alguien a alguien. **to meet one's match** encontrar la horma de su zapato.

to match up *intr.* *(tally)* coincidir ◇ *tr. sep.* *(connect together)* emparejar, aparejar.

to match up to *tr. insep.* *(be as good as)* estar a la altura de.

match-box [ˈmætʃbɒks] *n.* caja de cerillas.

match-ing [ˈmætʃɪŋ] *adj.* que hace juego, a juego.

mate¹ [meɪt] *n.* *(chess)* mate *m.* ◇ *tr.* dar jaque mate a.

mate² [meɪt] *n.* **1** *(school friend, fellow worker, etc.)* compañero, colega *mf.* *(friend)* amigo, colega *mf.*, compinche *mf.* **2** *(assistant)* ayudante *mf.*, aprendiz **3** MAR *(ship's officer)* oficial *m.* (de cubierta) **4** ZOOL pareja *(male)* macho *(female)* hembra ◇ *tr.* ZOOL aparear, acoplar ◇ *intr.* ZOOL aparearse, acoplarse.

ma·te·ri·al [məˈtɪərɪəl] *n.* **1 (physical substance)** materia, material *m.* **2** *(cloth)* tela, tejido **3** *(information, ideas, etc.)* material *m.*, datos *mpl.*, documentación *f.* **4** *(equipment)* material *m.* **5** *fig. use (quality)* madera ◇ *adj.* **1** *(physical)* material **2** *(important)* importante, sustancial *(relevant)* pertinente **material damage** daños *mpl.* materiales.

ma·te·ri·al·ize [məˈtɪərɪəlaɪz] *intr.* **1** *(hopes, plan, project, idea)* materializarse, realizarse, hacerse realidad *(strike, protest)* producirse, llegar a producirse **2** *(person)* aparecer, presentarse.

ma·ter·nal [məˈtɜːnəl] *adj.* **1** *(motherly)* maternal **2** *(related to mother)* materno.

ma·ter·ni·ty [məˈtɜːnɪti] *n.* maternidad *f.* **maternity allowance/benefit** subsidio por maternidad **maternity hospital** maternidad *f.* **maternity leave** baja por maternidad.

math [mæθ] *n.* matemáticas *fpl.*

math·e·mat·i·cal [mæθəˈmætɪkəl] *adj.* matemático. **to have a mathematical mind** estar dotado para las matemáticas.

math·e·ma·ti·cian [mæθəməˈtɪʃən] *n.* matemático.

math·e·mat·ics [mæθəˈmætɪks] *n.* matemáticas *fpl.*

mat·ing [ˈmeɪtɪŋ] *n.* ZOOL acoplamiento, apareamiento **mating call** reclamo **mating season** época de apareamiento, época de celo.

ma·tric·u·late [məˈtrɪkjʊleɪt] *tr.* matricular ◇ *intr.* matricularse.

ma·tric·u·la·tion [mətrɪkjʊˈleɪʃən] *n.* matrícula, matriculación *f.*

mat·ri·mo·ni·al [mætrɪˈməʊnɪəl] *adj.* matrimonial.

mat·ri·mo·ny [ˈmætrɪmənɪ] *n.* *(fml. use)* matrimonio.

ma·trix [ˈmeɪtrɪks] *n. pl.* **matrixes** o **matrices** [ˈmeɪtrɪsiːz] matriz *f.*

matt [mæt] *adj.* mate.

mat·ter [ˈmætə] *n.* **1** *(affair, subject)* asunto, cuestión *f.* **2** *(trouble, problem)* problema *m.* **3** PHYS **(physical substance)** materia, sustancia **4** *(type of substance, things of particular kind)* materia **5** MED *(pus)* pus *m.* ◇ *intr.* *(be important)* importar **(to,** a) *npl.* **matters** *(the situation)* la situación *f.*, las cosas *fpl.* **(as) a matter of course** por norma. as

matters stand *tal y como están las cosas.* **for that matter** *en realidad.* **no matter** *no importa* **to be a matter of life or death** *ser cuestión de vida o muerte.* **to be a matter of opinion** *ser discutible.* **to be no laughing matter** *no ser cosa de risa.*

mat·ter-of-fact [mætərəvˈfækt] *adj.* *(person)* práctico, realista *(account)* realista *(style)* prosaico *(voice)* impersonal.

mat·tress [ˈmætrəs] *n.* colchón *m.*

ma·ture [məˈtʃʊə] *adj.* **1** *(gen)* maduro **2** FIN vencido ◇ *tr.* madurar ◇ *intr.* **1** madurar **2** FIN vencer **mature student** estudiante *mf.* mayor de 25 años.

ma·tu·ri·ty [məˈtʃʊərɪti] *n.* madurez *f.*

maul [mɔːl] *tr.* **1** *(wound)* herir, agredir **2** *(handle roughly)* maltratar **3** *fig. use (criticize)* vapulear.

Mau·ri·ta·nia [mɒrɪˈteɪnɪə] *n.* Mauritania.

Mau·ri·ta·ni·an [mɒrɪˈteɪnɪən] *adj.* mauritano ◇ *n.* mauritano.

Mau·ri·tian [məˈrɪʃən] *adj.* de Mauricio ◇ *n.* nativo o habitante *mf.* de Mauricio.

Mau·ri·tius [məˈrɪʃəs] *n.* Mauricio.

mau·so·le·um [mɔːsəˈlɪəm] *n.* mausoleo.

mav·er·ick [ˈmævərɪk] *n.* **1** inconformista *mf.*, independiente *mf.* **2** POL disidente *mf.* *adj.* **1** inconformista, independiente **2** POL disidente.

max [mæks, ˈmæksɪməm] *abbr.* **(maximum)** máximo *(abbreviation)* max.

max·i·mize [ˈmæksɪmaɪz] *tr.* **1** *(increase as much as possible)* maximizar, llevar al máximo, aumentar al máximo **2** *(make the best use of)* aprovechar al máximo.

max·i·mum [ˈmæksɪməm] *adj.* máximo ◇ *n.* máximo, máximum *m.* **as a maximum** *como máximo.* **to the maximum** *al máximo.*

May [meɪ] *n.* **1** mayo **she was born in May,** *nació en mayo;* **his birthday is on the twentieth of May,** *su cumpleaños es el veinte de mayo;* **at the beginning/end of May,** *a principios/finales de mayo;* **in the middle of May,** *a mediados de mayo;* **last May,** *en mayo del año pasado;* **next May,** *en mayo del año que viene;* **May Day** *el primero de mayo, el uno de mayo, el día m. de los trabajadores.*

may [meɪ] *auxiliary* **1** *(possibility, probability)* poder, ser posible **2** *(permission)* poder **3** *(wish)* ojalá **may it be so,** *ojalá sea así.* **be that as it may** *sea como sea.* **somebody may well...** *bien puede ser que alguien...* **may (just) as well...** *más vale que...* **NOTA:** *Ver también* **might.**

Ma·ya [ˈmaɪə] *n.* **1** *(person)* maya *mf.* **2** *(language)* maya *m.*

Ma·yan [ˈmaɪən] *adj.* maya ◇ *n.* *(language)* maya *m.*

may·be [ˈmeɪbɪ] *adv.* quizá, quizás, tal vez.

may·day [ˈmeɪdeɪ] *n.* señal *f.* de socorro, S.O.S. *m.*

may·on·naise [meɪəˈneɪz] *n.* mayonesa, mahonesa.

may·or [meə] *n.* *(man)* alcalde *m.* *(woman)* alcaldesa **lady mayor** alcaldesa.

maze [meɪz] *n.* laberinto.

MB¹ [ˈemˈbiː] *abbr.* **(Bachelor of Medicine)** Licenciado en Medicina *(abbreviation)* Lic. en Med.

MB² [ˈmegəbaɪt] *abbr.* **(megabyte)** megabyte *m.* *(abbreviation)* Mb.

MD [ˈemˈdiː] *abbr.* **(Doctor of Medicine)** doctor en Medicina *(abbreviation)* Dr. en Medicina.

me¹ [miː] *n.* MÚS mi *m.*

me² [miː] *pron.* **1** *(as object of verb)* me **2** *(after prep)* mí **3** *(emphatic)* yo.

mead·ow [ˈmedəʊ] *n.* prado, pradera.

meal [miːl] *n.* *(gen)* comida **to have a meal** *(lunch)* comer *(supper)* cenar. **to make a meal of something** *(do too much)* pasarse con algo *(blow up)* explotar *algo* al máximo **meal ticket** *(luncheon voucher)* ticket m. *restaurante (person, etc. providing income)* sustento.

mean¹ [mi:n] *adj.* **1** *(miserly, selfish - person)* mezquino, tacaño, agarrado *(portion, etc.)* mezquino, miserable **2** *(unkind)* malo, antipático *(petty)* mezquino *(ashamed)* avergonzado **3** *[fam. use] (person - nasty)* malo *(- bad-tempered)* malhumorado *(animal)* feroz **4** *[fam. use] (skillful, great)* excelente, de primera, **genial to be no mean** ser todo un.

mean² [mi:n] *tr. pt. & pp.* **meant** [ment] **1** *(signify, represent)* significar, querer decir *(to be a sign of, indicate)* ser señal de, significar **2** *(have in mind)* pensar, tener pensado, tener la intención de *(intend, wish)* querer, pretender **3** *(involve, entail)* suponer, implicar *(have as result)* significar **4** *(refer to, intend to say)* referirse a, querer decir *(be serious about)* decir en serio **5** *(be important)* significar **to be meant for** *(be intended for)* ser para *(be destined for)* estar dirigido a, ir dirigido a **to be meant to** *(to be supposed to)* suponerse, deber, tener que *(to be fated)* estar destinado.

mean³ [mi:n] *adj. (average)* medio ◇ *n.* **1** *(average)* promedio **2** MATH media **3** *(middle term)* término medio.

mean·ing ['mi:nɪŋ] *n.* **1** *(sense - of word)* sentido, significado *(- in dictionary)* acepción f. *(- of symbol, act)* significado **2** *(significance, importance)* sentido *(purpose, intention)* intención f. ◇ *adj. (significant)* significativo.

mean·ing·ful ['mi:nɪŋfʊl] *adj.* **1** *(significant)* significativo, importante *(worthwhile)* útil, que vale la pena.

mean·ing·less ['mi:nɪŋləs] *adj.* **1** *(word, phrase, etc.)* sin sentido **2** *(futile)* sin sentido, inútil, vano.

mean·ness ['mi:nnəs] ◇ *n.* **1** *(miserliness)* tacañería, mezquindad f., avaricia **2** *(nastiness)* maldad f.

means [mi:nz] *n. pl.* **means** *(way, method)* medio, manera ◇ *npl. (resources)* medios *mpl.* de vida, recursos *mpl.* económicos, ingresos *mpl. (income)* renta f. *sing.* **a means to an end** un medio de conseguir un objetivo, un medio para lograr un fin. **by all means** naturalmente, por supuesto. **by means of** por medio de, mediante. **by no means/not by any means** de ninguna manera, de ningún modo.

meant [ment] *pt. & pp.* VER: mean.

mean·time ['mi:ntaɪm] *adv.* mientras tanto, entretanto. **in the meantime** mientras tanto.

mean·while ['mi:nwaɪl] *adv.* mientras tanto, entretanto.

mea·sles ['mi:zəlz] *n.* MED sarampión m. **German measles** rubéola.

meas·ur·a·ble ['meʒərəbəl] *adj.* mensurable.

meas·ure ['meʒəʳ] *n.* **1** *(system)* medida **2** *(indicator)* indicador m. **3** *(ruler)* regla **4** *(measured amount, unit)* medida **5** *(amount, degree, extent)* grado, cantidad f. **6** *(method, step, remedy)* medida, disposición f. **7** *(bar)* compás m., ritmo ◇ *tr.* **1** *(area, object, etc.)* medir **2** *(person)* tomar las medidas de **3** *fig. use (assess)* evaluar **(consider carefully)** sopesar, pensar bien ◇ *intr. (be)* medir **beyond measure** inconmensurable, inconmensurablemente **in some measure** hasta cierto punto, en cierta medida.
to meas·ure a·gainst *tr. sep.* **1** *(for size)* medir con, comparar con **2** *(judge)* juzgar, calibrar.
to meas·ure off *tr. sep.* medir.
to meas·ure out *tr. sep. (length)* medir *(weight)* pesar.
to meas·ure up *intr. (be up to)* dar la talla, estar a la altura *(to,* de) ◇ *tr. sep. (person)* tomar las medidas de.

meas·ured ['meʒəd] *adj.* **1** *(action)* estudiado *(tone)* mesurado *(statement)* prudente, circunspecto *(language)* moderado, comedido **2** *(step, etc.)* acompasado, regular, rítmico.

meas·ure·ment ['meʒəmənt] *n.* **1** *(act)* medición f. **2** *(length, etc.)* medida. **to take somebody's measurements** tomarle las medidas a alguien.

meat [mi:t] *n.* **1** carne f. **2** *fig. use (main part)* meollo, enjundia. **one man's meat is another man's poison** lo que a uno cura a otro mata. **cold meat/cooked meat** fiambre m.

meat·ball ['mi:tbɔ:l] *n.* albóndiga.

Mec·ca ['mekə] *n. (in Saudi Arabia)* la Meca ◇ *n.* mecca *(famous place)* meca.

me·chan·ic [mə'kænɪk] *n. (person)* mecánico.

me·chan·i·cal [mə'kænɪkəl] *adj.* mecánico **mechanical engineer** ingeniero mecánico **mechanical engineering** ingeniería mecánica.

me·chan·ics [mə'kænɪks] *n. (science)* mecánica **the mechanics** *(working parts),* el mecanismo *(processes)* el funcionamiento.

mech·an·ism ['mekənɪzəm] *n.* mecanismo.

mech·a·ni·za·tion [mekənaɪ'zeɪʃən] *n.* mecanización f.

mech·a·nize ['mekənaɪz] *tr.* mecanizar ◇ *intr.* mecanizarse.

med·al ['medəl] *n.* medalla.

med·all·ist ['medəlɪst] *n.* medalla *mf.,* campeón.

me·di·a ['mi:dɪə] *npl.* the media los medios *mpl.* de comunicación **media coverage** cobertura periodística. **NOTA:** Ver también medium.

me·di·an ['mi:dɪən] *adj.* MATH mediano ◇ *n.* MATH *(line)* mediana *(quantity)* valor *m.* mediano.

me·di·ate ['mi:dɪeɪt] *intr.* mediar **(between,** entre) *(in,* en) ◇ *tr. (bring about)* lograr, conseguir.

me·di·a·tor ['mi:dɪeɪtəʳ] *n.* mediador.

med·ic ['medɪk] *n. [fam. use] (doctor)* médico *(medical student)* estudiante *mf.* de medicina.

med·i·cal ['medɪkəl] *adj. (treatment, care, examination)* médico *(book, student)* de medicina ◇ *n. [fam. use] (check-up)* chequeo, reconocimiento médico, revisión f. médica **medical practitioner** médico **medical school** *(univ)* facultad f. de medicina.

med·i·cate ['medɪkeɪt] *tr.* medicar.

med·i·ca·tion [medɪ'keɪʃən] *n.* medicación f.

me·dic·i·nal [mə'dɪsɪnəl] *adj.* medicinal.

med·i·cine ['medɪsən] *n.* **1** *(science)* medicina **2** *(drugs, etc.)* medicina, medicamento. **medicine chest/medicine cabinet** botiquín m.

me·di·e·val [medɪ'i:vəl] *adj.* medieval.

me·di·o·cre [mi:dɪ'əʊkəʳ] *adj.* mediocre.

me·di·oc·ri·ty [mi:dɪ'ɒkrəti] *n.* mediocridad f.

med·i·tate ['medɪteɪt] *intr.* meditar, reflexionar **(on/upon,** sobre) ◇ *tr.* meditar.

med·i·ta·tion [medɪ'teɪʃən] *n.* meditación f.

Med·i·ter·ra·ne·an [medɪtə'reɪnɪən] *adj.* mediterráneo ◇ *n.* mediterráneo **The Mediterranean** el *(mar)* Mediterráneo.

me·di·um ['mi:dɪəm] *adj. (average)* mediano, regular, normal ◇ *n.* **1** *pl.* **media** *(means)* medio **2** *pl.* **media** *(environment)* medio *(ambiente)* **3.** *pl.* **media** *(middle position)* punto medio, término medio **4.** *pl.* **mediums** *(spiritualist)* médium *mf.* **to strike a happy medium** hallar un término medio **medium dry** *(wine)* semiseco, abocado.

me·di·um-sized ['mi:dɪəmsaɪzd] *adj. (thing)* de tamaño mediano.

med·ley ['medlɪ] *n.* **1** MUS popurrí m. **2** *(mixture)* mezcla *(variety, assortment)* variedad f. **3** SP *(swimming race)* estilos *mpl.*

meek [miːk] *adj.* manso, dócil, sumiso. **to be as meek as a lamb** ser un cordero, ser un corderito.

meet [miːt] *tr. pt. & pp.* **met** [met] **1** *(by chance)* encontrar, encontrarse con *(in street)* cruzar con, topar con **2** *(by arrangement)* encontrar, reunirse con, citarse, quedar con *(formally)* entrevistarse con *(informally)* ver **3** *(meet for first time)* conocer **4** *(collect)* ir a buscar, pasar a buscar *(await arrival of)* esperar *(receive)* ir a recibir **5** *(face - danger, difficulty)* encontrar *(- problem)* hacer frente a **6** SP *(opponent)* enfrentarse con **7** *(touch)* tocar **8** *(fulfil - standards, demands, wishes)* satisfacer *(- obligations, deadline)* cumplir con *(- requirements)* reunir, cumplir **9** *(bill, debt)* pagar *(deficit)* cubrir *(cost, expenses)* hacerse cargo de ◇ *intr.* **1** *(by chance)* encontrarse **2** *(by arrangement)* reunirse, verse, quedar, encontrarse *(formally)* entrevistarse **3** *(get acquainted)* conocerse **4** SP enfrentarse **5** *(join)* unirse *(touch)* tocarse *(rivers)* confluir *(roads)* empalmar *(eyes)* cruzarse ◇ *n.* SP encuentro ▪ **to make ends meet** *[fam. use]* llegar a fin de mes. **to meet one's death** encontrar la muerte, morir. **to meet somebody's eye** mirar a alguien a la cara. **to meet somebody halfway** llegar a un acuerdo con alguien.

to meet up *intr.* *[fam. use]* *(by arrangement)* quedar, reunirse *(with,* con*)* *(by chance)* encontrar, encontrarse con.

to meet with *tr. insep.* **1** *(difficulty, problem)* encontrar, tropezar con *(loss, accident)* sufrir *(success)* tener **2** *(person)* reunirse con, entrevistarse con.

meet·ing [ˈmiːtɪŋ] *n.* **1** *(gen - prearranged)* reunión *f.* *(- formal)* entrevista *(- date)* cita **2** *(chance encounter)* encuentro **3** *(people gathered)* reunión *f.* **4** *(of club, committee, etc.)* reunión *f.* *(of assembly)* sesión *f.* *(of shareholders, creditors)* junta **5** POL *(rally)* mitin *m.* **6** SP encuentro **7** *(of rivers)* confluencia *f.* ▪ **to be in a meeting** estar reunido. **to call a meeting** convocar una reunión. **to hold a meeting** celebrar una reunión, celebrar una sesión.

meg·a·byte [ˈmegəbaɪt] *n.* COMPUT megabyte *m.*, megaocteto.

meg·a·hertz [ˈmegəhɜːts] *n.* megahercio.

meg·a·phone [ˈmegəfəʊn] *n.* megáfono, altavoz *m.*

meg·a·ton [ˈmegətʌn] *n.* megatón *m.*

meg·a·watt [ˈmegəwɒt] *n.* megavatio.

mel·a·mine [ˈmeləmiːn] *n.* melamina.

mel·an·chol·ic [melənˈkɒlɪk] *adj.* melancólico.

mel·an·chol·y [ˈmelənkəlɪ] *n.* melancolía ◇ *adj.* melancólico.

mel·a·nin [ˈmelənɪn] *n.* melanina.

mel·low [ˈmeləʊ] *adj.* **1** *(fruit)* maduro *(wine)* añejo **2** *(color, voice)* suave **3** *(person - mature, calm)* sosegado, sereno **3** *(genial, cheerful)* relajado, apacible ◇ *tr.* **1** *(person)* serenar, suavizar el carácter de *intr.* **1** *(color, voice)* suavizar (se) *(fruit)* madurar *(wine)* añejarse **2** *(person)* serenarse *(views)* moderarse.

mel·o·dra·ma [ˈmelədrɑːmə] *n.* **1** melodrama *m.* **2** *[fam. use]* *fig.* use dramón *m.*

mel·o·dra·mat·ic [melədrəˈmætɪk] *adj.* melodramático.

mel·o·dy [ˈmelədɪ] *n. pl.* **melodies** melodía.

mel·on [ˈmelən] *n.* *(honeydew, etc.)* melón *m.* *(watermelon)* sandía.

melt [melt] *tr.* **1** *(ice, snow, butter, etc.)* derretir **2** *(metal)* fundir *(down,* -*)* **3** *(sugar, chemical)* disolver **4** *fig. use* *(anger, etc.)* atenuar, disipar *(somebody's heart)* ablandar ◇ *intr.* **1** *(ice, snow)* derretirse *(away,* -*)*, **3** *(metal)* fundirse **3** *(sugar, chemical)* disolverse **4** *fig. use* *(food)* derretirse, deshacerse **5** *fig. use* *(somebody's heart)* ablandarse **6** *(color,* sound, etc.*)* desvanecer. **to melt into tears** deshacerse en lágrimas.

to melt a·way. *intr.* **1** *(money, crowd, person)* desaparecer **2** *fig.* use *(confidence, etc.)* desvanecerse, esfumarse *(anger)* disiparse, desaparecer.

melt·ing [ˈmeltɪŋ] *adj.* *fig.* use *(voice, look)* tierno, dulce ◇ *n.* *(of metal)* fundición *f.* *(of snow)* derretimiento. **to be in the melting pot** estar por decidir **melting point** punto de fusión.

mem·ber [ˈmembəʳ] *n.* **1** *(gen)* miembro *mf.* *(of club)* socio *(of union, party)* afiliado **2** POL *(of Parliament)* diputado **3** ANAT miembro **4** ARCH viga ◇ *adj.* *(country, state)* miembro. **members only** solo para socios **member of staff** *(gen)* empleado *(teacher)* profesor.

mem·ber·ship [ˈmembəʃɪp] *n.* **1** *(of club - state)* calidad *f.* de socio, pertenencia *(- entry)* ingreso **2** *(of political party, union - state)* afiliación *f.* *(- entry)* ingreso **3** *(members - of club)* miembros *mpl.*, socios *mpl.* *(- of political party)* afiliados *mpl.* **membership card** *(of club)* carnet *m.* de socio *(of party)* carnet *m.* de afiliado **membership fee** cuota.

mem·brane [ˈmembreɪn] *n.* membrana.

mem·o [ˈmeməʊ] *n. pl.* **memos 1** *(official)* memorándum *m.* **2** *(personal note)* nota, apunte *m.* **memo pad** bloc *m.* de notas.

mem·oir [ˈmemwɑːʳ] *n.* *(essay)* memoria ◇ *npl.* memoirs *(autobiography)* memorias *fpl.*, autobiografía.

mem·o·ra·bil·i·a [memərəˈbɪliə] *npl.* *(souvenirs)* recuerdos *mpl.*

mem·o·ra·ble [ˈmemərəbəl] *adj.* memorable.

me·mo·ri·al [məˈmɔːriəl] *adj.* *(plaque, etc.)* conmemorativo ◇ *n.* *(monument)* monumento conmemorativo *(ceremony)* homenaje *m.* **Memorial Day** Día *m.* de Conmemoración de Los Caídos.

mem·o·rize [ˈmeməraɪz] *tr.* memorizar, aprender de memoria.

mem·o·ry [ˈmemərɪ] *n. pl.* **memories 1** *(ability, computers)* memoria **2** *(recollection)* recuerdo. **in memory of** *(person)* en memoria de, a la memoria de *(thing)* en conmemoración de. **to commit something to memory** memorizar algo, aprender algo de memoria.

men [men] *npl.* **1** VER: **man**.

men·ace [ˈmenəs] *n.* **1** *(threat)* amenaza *(to,* para*)* *(danger)* peligro *(to,* para*)* **2** *[fam. use]* *(nuisance - person)* pesado *(- thing)* lata, molestia ◇ *tr.* amenazar *(with,* de*)*.

men·ac·ing [ˈmenəsɪŋ] *adj.* amenazador, amenazante.

me·nag·er·ie [məˈnædʒərɪ] *n.* *(collection)* colección *f.* de animales salvajes *(zoo)* zoo.

mend [mend] *tr.* **1** *(repair - gen)* reparar, arreglar *(sew)* coser *(patch)* remendar *(darn)* zurcir **2** *(improve)* mejorar ◇ *intr.* *(health)* mejorarse, reponerse *(part of body, injury, wound)* curarse *(fracture, bone)* soldarse ◇ *n.* *(patch)* remiendo *(darn)* zurcido.

mend·er [ˈmendəʳ] *n.* *(of shoes)* zapatero, zapatero remendón *(of watches)* relojero **mender's shop** *(shoes)* zapatería *(watches)* relojería.

mend·ing [ˈmendɪŋ] *n.* **1** *(repairing - gen)* reparación *f.*, arreglo **2** *(clothes to be mended)* ropa para remendar. **to do the mending** *(sew)* coser *(patch)* remendar *(darn)* zurcir.

men·in·gi·tis [menɪnˈdʒaɪtəs] *n.* MED meningitis *f.*

men·o·pause [ˈmenəʊpɔːz] *n.* menopausia.

men·stru·al [ˈmenstrʊəl] *adj.* menstrual **menstrual cycle** ciclo menstrual.

men·stru·a·tion [menstrʊˈeɪʃən] *n.* menstruación *f.*, regla.

mens·wear ['menzweə⁽ʳ⁾] n. ropa de caballero, ropa de hombres.

men·tal ['mentəl] adj. **1** (of the mind) mental **2** [fam. use] pej. (mad) chalado, tocado **mental age** edad f. mental **mental home/mental hospital** (hospital m) psiquiátrico **mental patient** enfermo mental.

men·tal·i·ty [men'tælətɪ] n. pl. **mentalities** mentalidad f.

men·tal·ly ['mentəlɪ] adv. mentalmente. **to be mentally deranged** estar demente. **to be mentally ill** padecer una enfermedad mental.

men·tion ['menʃən] n. mención f. ◇ tr. mencionar, hacer mención de, aludir a **don't mention it!** ¡de nada!, ¡no hay de qué! **not to mention...** además de...

men·tor ['mentɔːʳ] n. mentor m.

men·u ['menjuː] n. **1** (list of dishes) carta (fixed meal) menú m. **2** COMPUT menú m. **menu bar** barra de menús.

mer·ce·na·ry ['mɜːsənərɪ] adj. mercenario ◇ n. pl. **mercenaries** mercenario.

mer·chan·dise ['mɜːtʃəndaɪz] n. mercancías fpl., géneros mpl. ◇ tr. (sell) vender, poner en venta (promote) promocionar.

mer·chant ['mɜːtʃənt] n. **1** (trader) comerciante mf. (dealer, businessperson) negociante mf. (retailer) detallista mf., minorista (shopkeeper) tendero **2** ARCH mercader m.

mer·ci·ful ['mɜːsɪful] adj. **1** (forgiving) misericordioso (to/towards, con) clemente (to/towards, con), compasivo (to/towards, con) **2** (fortunate) bienaventurado.

mer·ci·less ['mɜːsɪləs] adj. despiadado, sin piedad.

mer·cu·ry ['mɜːkjərɪ] n. (metal) mercurio.

Mer·cu·ry ['mɜːkjərɪ] n. (planet) Mercurio.

mer·cy ['mɜːsɪ] n. pl. **mercies 1** (compassion) misericordia, clemencia, piedad f. **2** [fam. use] (good fortune) suerte f., milagro (blessing) bendición f. ◇ adj. de ayuda, de socorro. **to be at the mercy of somebody/something** estar a la merced de alguien/algo. **to beg for mercy/plead for mercy** pedir clemencia.

merge [mɜːdʒ] tr. (combine - gen) unir (with, a), combinar (with, con) (- road) empalmar (into, con) (- river) desembocar (into, en) (- firms, businesses) fusionar ◇ intr. **1** (combine - gen) unirse, combinarse (- firms, businesses) fusionarse (- roads, rivers) juntarse (- rivers) confluir **2** (blend, fade) ir convirtiéndose (into, en). **to merge into the background** perderse de vista.

merg·er ['mɜːdʒəʳ] n. COMM fusión f.

me·rid·i·an [məˈrɪdɪən] n. meridiano m.

mer·it ['merɪt] n. **1** (worth) mérito, valía **2** (advantage, good point) ventaja, mérito ◇ tr. (deserve) merecer, ser digno de.

mer·maid ['mɜːmeɪd] n. sirena.

mer·ry ['merɪ] adj. comp. **merrier**, superl. **merriest 1** (cheerful) alegre (amusing) divertido, gracioso **2** [fam. use] (slightly drunk) alegre, achispado. **merry Christmas!** ¡felices Navidades! **to make merry** divertirse.

mesh [meʃ] ◇ n. **1** (of thread) malla (of wire) malla metálica, tela metálica (net) red f. **2** TECH engranaje m. **3** (holes, spaces) malla ◇ intr. **1** TECH engranar **2** (fit in, harmonize) encajar, combinar (with, con). **in mesh** engranado.

mes·mer·ize ['mezməraɪz] tr. **1** (hypnotize) hipnotizar **2** (fascinate) fascinar, cautivar.

Mes·o·po·ta·mi·a [mesəpə'teɪmɪə] n. Mesopotamia.

Mes·o·po·ta·mi·an [mesəpə'teɪmɪən] adj. mesopotamio ◇ n. mesopotamio.

mess [mes] n. **1** (untidy state) desorden m., revoltijo **2** (confusion, mix-up) confusión f., lío, follón m. (person, thing) desastre m. **3** [fam. use] euphemistic use (animal excrement) caca **4** MIL (room) comedor m. (group of people who eat in mess) oficiales mpl. ◇ tr. (untidy) desordenar (dirty) ensuciar ◇ intr. MIL (eat in mess) comer el rancho. **no messing** (directly) y nada de tonterías (seriously) no es broma, va en serio. **to look a mess** estar horroroso.

to mess a·bout/mess a·round intr. **1** (idle) gandulear (kill time) pasar el tiempo (potter about) entretenerse **2** (act the fool) tontear ◇ tr. sep. (treat badly) fastidiar, tomar el pelo a.

to mess a·bout/mess a·round with tr. insep. (fiddle with) tocar, manosear (play with) jugar con ◇ tr. sep. (get involved with) meterse con ◇ tr. insep. **1** (have affair with) tener un lío con, estar liado con **2** (sexually interfere with) abusar de.

to mess up tr. sep. **1** [fam. use] (untidy) desordenar (dirty) ensuciar **2** (spoil) estropear, echar a perder ◇ intr. sl. (make a mistake) hacerla buena.

to mess with tr. insep. **1** (get involved with) meterse con **2** (play with) jugar con.

mes·sage ['mesɪdʒ] n. **1** (communication) recado, mensaje m. **2** (of story, film, etc.) mensaje m. **to get the message** (understand) entender, darse cuenta.

mes·sen·ger ['mesɪndʒəʳ] n. mensajero m. **messenger boy** recadero.

mess-up ['mesʌp] n. **1** [fam. use] (confusion) lío, follón m., enredo (misunderstanding) malentendido **2** [fam. use] (botch, cock-up) chapuza.

mess·y ['mesɪ] adj. comp. **messier**, superl. **messiest 1** (untidy) desordenado, en desorden (- dirty) sucio **2** (confused) confuso, complicado, lioso, enredado (awkward) difícil (unpleasant) desagradable.

met [met] pt. & pp. VER: meet.

met·a·bol·ic [metə'bɒlɪk] adj. metabólico.

me·tab·o·lism [məˈtæbəlɪzəm] n. metabolismo.

me·tab·o·lize [məˈtæbəlaɪz] tr. metabolizar.

met·al ['metəl] n. metal m. ◇ adj. metálico, de metal **metal detector** detector m. de metales.

me·tal·lic [məˈtælɪk] adj. metálico **metallic paint** pintura metalizada.

met·al·lur·gy [məˈtælədʒɪ] n. metalurgia.

met·al·work ['metəlwɜːk] n. **1** (craft) metalistería **2** (objects) objetos mpl. de metal.

met·a·mor·pho·sis [metə'mɔːfəsɪs] n. pl. **metamorphoses** metamorfosis f.

met·a·phor ['metəfɔːʳ] n. metáfora.

met·a·phor·i·cal [metə'fɒrɪkəl] adj. metafórico.

me·te·or ['miːtɪəʳ] n. meteorito.

me·te·or·ic [miːtɪ'ɒrɪk] adj. (gen) meteórico.

me·te·or·ite ['miːtɪəraɪt] n. meteorito.

me·te·or·o·log·i·cal [miːtɪərə'lɒdʒɪkəl] adj. meteorológico.

me·te·or·ol·o·gist [miːtɪə'rɒlədʒɪst] n. meteorólogo.

me·te·or·ol·o·gy [miːtɪə'rɒlədʒɪ] n. meteorología.

me·ter¹ ['miːtəʳ] n. (in poetry) metro.

me·ter² ['miːtəʳ] n. (measure) metro **cubic meter** metro cúbico.

meth·ane ['miːeɪn] n. metano.

meth·a·nol ['meθənɒl] n. metanol m.

meth·od ['meθəd] n. **1** (manner, way) método, forma **2** (system, order) sistema m., orden m., lógica **3** (technique) técnica. **there's method in his/her madness** no es tan loco como parece.

me·thod·i·cal [məˈɒdɪkəl] adj. metódico, ordenado.

meth·od·ol·o·gy [meθə'dɒlədʒɪ] n. pl. **methodologies** metodología.

meths [meθs] n. *(fam. use)* alcohol m. de quemar.

meth·yl·at·ed spir·its [meθəleɪtɪd'spɪrɪts] n. alcohol m. de quemar, alcohol m. desnaturalizado.

me·tic·u·lous [mə'tikjələs] adj. meticuloso, minucioso.

met·ric ['metrik] adj. métrico **metric system** sistema métrico **metric ton** tonelada métrica.

met·ro·nome ['metrənəum] n. metrónomo.

me·trop·o·lis [mə'trɒpəlɪs] n. pl. **metropolises** metrópolis f, metrópoli f.

met·ro·pol·i·tan [metrə'pɒlɪtən] adj. metropolitano.

mew [mju:] intr. maullar n. maullido.

Mex·i·can ['meksɪkən] adj. mexicano ◇ n. mexicano.

Mex·i·co ['meksɪləu] n. México **New Mexico** Nuevo México.

mg ['em'dʒi:, 'mɪlɪgræm] symb. *(milligram, milligramme)* miligramo *(symbol)* m.

MHz ['megəhɜːts] abbr. **(megahertz)** megaherz m. *(abbreviation)* MHz.

mi [mi:] n. MUS mi m.

mice [maɪs] npl. VER: mouse.

mi·cro ['maɪkrəu] n. pl. **micros** [fam. use] microordenador m., microcomputadora f.

mi·crobe ['maɪkrəub] n. microbio.

mi·cro·bi·ol·o·gy [maɪkrəubaɪ'ɒlədʒɪ] n. microbiología.

mi·cro·chip ['maɪkəutʃɪp] n. microchip m.

mi·cro·com·pu·ter [maɪkrəukəm'pju:tə*] n. microordenador m., microcomputadora f.

mi·cro·e·co·nom·ics [maɪkrəuekə'nɒmɪks] n. microeconomía.

mi·cron ['maɪkrɒn] n. micra.

mi·cro·phone ['maɪkrəfəun] n. micrófono.

mi·cro·proc·es·sor [maɪkrəu'prəusesə*] n. microprocesador m.

mi·cro·scope ['maɪkrəskəup] n. microscopio.

mi·cro·scop·ic [maɪkrə'skɒpɪk] adj. microscópico.

mi·cro·sur·ger·y [maɪkrəu'sɜːdʒərɪ] n. microcirugía.

mi·cro·wave ['maɪkrəweɪv] n. microonda ◇ tr. cocinar en el microondas **microwave oven** horno de microondas, microondas m.

mid- [mɪd] adj. medio.

mid·air [mɪd'eə*] adj. en el aire **in midair** en el aire.

mid·day [mɪd'deɪ] n. mediodía m. ◇ adj. de mediodía. **at midday** al mediodía.

mid·dle ['mɪdəl] adj. *(central)* de en medio, central *(medium)* mediano, medio ◇ n. 1 *(center)* medio, centro 2 *(halfway point of period, activity)* mitad f. 3 [fam. use] *(waist)* cintura. **in the middle of nowhere** en el quinto pino. **to split something down the middle** partir algo por la mitad. **middle age** mediana edad f. **middle America** *(class)* clase f. media tradicional estadounidense *(geographical area)* América Central y la Antillas **middle ear** oído medio **Middle East** Medio oriente m. **the Middle Ages** la Edad Media.

mid·dle-aged [mɪdəl'eɪdʒd] adj. de mediana edad **middle-aged spread** la curva de la felicidad.

mid·dle-class [mɪdəl'klɑːs] adj. de la clase media.

mid·dle-dis·tance [mɪdəl'dɪstəns] adj. SP de medio fondo **middle-distance race** carrera de medio fondo **middle-distance runner** mediofondista mf.

mid·dle·man ['mɪdəlmən] n. pl. **middlemen** ['mɪdəlmen] intermediario.

mid·dle-of-the-road [mɪdələvðə'rəud] adj. *(views, candidate, etc.)* moderado *(music)* para todos los públicos.

mid·dle-sized [mɪdəlsaɪzd] adj. de tamaño mediano, mediano.

mid·dle·weight ['mɪdəlweɪt] n. *(boxing)* peso medio.

mid·get ['mɪdʒɪt] n. enano adj. *(very small)* diminuto, pequeñísimo *(miniature)* en miniatura.

mid-life cri·sis [mɪdlaɪf'kraɪsɪs] n. crisis f. de los cuarenta.

mid·night ['mɪdnaɪt] n. medianoche f. **to burn the midnight oil** quemarse las pestañas **midnight sun** sol m. de medianoche.

mid·stream [mɪd'striːm] **in midstream** *(river)* en medio de la corriente.

mid·sum·mer [mɪd'sʌmə*] n. pleno verano ◇ adj. de pleno verano.

mid·way ['mɪdweɪ] adv. a medio camino, a mitad del camino ◇ adj. *(point, etc.)* intermedio.

mid·week ['mɪdwiːk] adj. de entre semana ◇ adv. entre semana.

mid·wife ['mɪdwaɪf] n. comadrona, partera, matrona.

mid·wif·e·ry ['mɪdwɪfərɪ] n. obstetricia.

mid·win·ter [mɪd'wɪntə*] n. pleno invierno ◇ adj. de pleno invierno.

might¹ [maɪt] n. poder m., fuerza. **might is right** el poder tiene la razón. **with all one's might** con todas sus fuerzas. **with might and main** a más no poder, hasta más no poder.

might² [maɪt] auxiliary 1 *(possibility)* poder 2 *(in suggestions or requests)* poder 3 *(permission)* poder 4 *(sarcastic use)* 5 *(subjunctive use)* poder **I might have known!** ¡debí imaginármelo!, ¡típico! **might (just) as well** más vale que **NOTA:** Ver también may.

might·y ['maɪtɪ] adj. comp. **mightier**, superl. **mightiest** 1 *(very strong)* muy fuerte *(powerful)* poderoso, potente 2 *(great, imposing)* enorme, imponente ◇ adv. [fam. use] *(very)* muy ◇ npl. the **mighty** los poderosos mpl.

mi·graine ['maɪgreɪn] n. jaqueca, migraña.

mi·grant ['maɪgrənt] adj. migratorio ◇ n. *(person)* emigrante mf. *(bird)* ave f. migratoria **migrant worker** trabajador emigrante.

mi·grate [maɪ'greɪt] intr. migrar.

mi·gra·tion [maɪ'greɪʃən] n. migración f.

mi·gra·to·ry ['maɪgrətərɪ] adj. migratorio.

mild [maɪld] adj. 1 *(person, character)* apacible, afable, dulce 2 *(climate, weather)* benigno, templado, suave, blando *(soap, detergent)* suave 3 *(food, tobacco)* suave 4 *(protest, attempt)* ligero *(punishment, fever)* leve *(illness, attack)* ligero, leve *(criticism, rebuke)* suave, leve n.

mile [maɪl] n. milla (1,6 kms) ◇ npl. **miles** *(much)* mucho, muchísimo **to be miles from anywhere** estar en el quinto pino. **to see something a mile off** ver algo a la legua. **to stick out a mile** verse a la legua, saltar a la vista.

mile·stone ['maɪlstəun] n. 1 hito, mojón m. 2 fig. use hito.

mil·i·tant ['mɪlɪtənt] adj. POL militante ◇ n. POL militante mf.

mil·i·ta·ri·za·tion [mɪlɪtəraɪ'zeɪʃən] n. militarización f.

mil·i·ta·rize ['mɪlɪtəraɪz] tr. militarizar.

mil·i·tar·y ['mɪlɪtərɪ] adj. militar ◇ n. the **military** los militares, las fuerzas armadas. **to do one's military service** hacer el servicio militar.

milk [mɪlk] n. *(gen)* leche f. ◇ adj. **(bottle, production)** de leche *(product)* lácteo tr. 1 *(from cow, goat)* ordeñar 2 *(from plant, tree)* sacar, extraer *(from snake)* extraer el veneno de 3 fig. use *(exploit)* chupar, sacar jugo a ◇ intr. *(of cow, goat)* dar leche. **condensed milk** leche f. condensada **dried milk** leche f. en polvo **evaporated milk** leche f. evaporada **milkshake** batido, malteada **milk tooth**

diente m. de leche, **pasteurized milk** *leche f. pasterizada* **powdered milk** *leche f. en polvo* **semi-skimmed milk** *leche semidescremada* **skimmed milk** *leche descremada.*

milk·y ['mɪlkɪ] *adj. comp.* **milkier,** *superl.* **milkiest 1** *(liquid, jewel)* turbio **2** *(coffee, tea)* con mucha leche **3** *(substance)* lechoso **3** *(color)* pálido **Milky Way** *Vía Láctea.*

mill [mɪl] ⋄ *n.* **1** *(machinery)* molino **2** *(for coffee, pepper, etc.)* molinillo **3** *(factory)* fábrica **4** *(for metals)* fresadora ⋄ *tr.* **1** *(crush, grind)* moler **2** *(shape metal)* fresar. **to put somebody through the mill** *hacérselas pasar mal a alguien, hacerle sudar la gota gorda a alguien.*

mil·len·ni·um [mɪ'lenɪəm] *n.* milenio, milenario.

mil·li·gram ['mɪlɪɡræm] *n.* miligramo.

mil·li·li·ter ['mɪlɪli:tə] *n.* mililitro.

mil·li·me·ter ['mɪlɪmi:tə] *n.* milímetro.

mil·lion ['mɪljən] *n.* millón *m.* ⋄ *npl.* **millions** *[fam. use]* (lots) millones *mpl.* **to be one in a million** *(person)* ser una joya, ser uno entre un millón **to have a chance in a million** *tener una remotísima posibilidad.*

mil·lion·aire [mɪljə'neə] *n.* millonario.

mil·lion·air·ess [mɪljən'eəres] *n.* millonaria.

mil·li·pede ['mɪlɪpi:d] *n.* milpiés *m.*

mil·li·sec·ond ['mɪlɪsekənd] *n.* milésima de segundo.

mime [maɪm] *n.* **1** *(art)* mimo **2** *(performance)* pantomima, representación *f.* de mimo **3** *(person)* mimo *mf.* ⋄ *tr.* (express by mime) expresar haciendo mímica ⋄ *intr.* (pretend to sing) hacer playback.

mim·ic ['mɪmɪk] *n.* imitador, remedador ⋄ *tr. pt. & pp.* **mimicked,** *ger.* **mimicking 1** *(copy)* imitar, remedar **2** BIOL *(sound)* imitar **(appearance)** imitar la apariencia de.

mincer ['mɪnsə] *n.* máquina de picar carne, picadora de carne.

mind [maɪnd] ⋄ *n.* **1** *(intellect)* mente *f.* **2** *(mentality)* mentalidad *f.* **3** *(brain, thoughts)* cabeza, cerebro **4** *(person)* cerebro ⋄ *tr.* **1** *(heed, pay attention to)* hacer caso de *(care about)* importar, preocupar **2** *(be careful with)* tener cuidado con **3** *(look after - child)* cuidar, cuidar de *(- house)* vigilar *(- shop)* atender *(- seat, place)* guardar **4** *(object to, be troubled by)* tener inconveniente en, importar, molestar **5** *(fancy, quite like)* venir bien ⋄ *intr.* **1** *(be careful)* tener cuidado **2** *(object to)* importar, molestar, tener inconveniente **mind your own business** *no te metas en lo que no te importa.* **never mind** *(it doesn't matter)* no importa, da igual *(don't worry)* no te preocupes *(let alone)* ni hablar de. **never you mind!** *¿a ti qué te importa?* **to be of one mind/be of the same mind** *ser del mismo parecer, tener la misma opinión.* **to be of sound mind** *estar en pleno uso de sus facultades (mentales).* **to be out of one's mind** *estar loco.* **to bear something in mind** *tener algo en cuenta, tener algo presente.* **to give somebody a piece of one's mind** *decir sus verdades a alguien.* **to go out of one's mind** *volverse loco.* **to have a mind of one's own** *saber decidirse por sí mismo.* **to have a good mind to do something** *estar por hacer algo, estar casi decidido a hacer algo.* **to have it in mind to do something** *pensar hacer algo.* **to have somebody/something in mind** *estar pensando en alguien/algo.* **to have something on one's mind** *estar preocupado por algo.* **to keep an open mind** *tener una mente abierta.* **to keep one's mind on something** *estar atento a algo, prestar atención a algo, concentrarse*

en algo. **to lose one's mind** *perder el juicio.* **to take somebody's mind off something** *distraer a alguien.* **to turn something over in one's mind** *darle vueltas a algo.*

mind-blow·ing ['maɪndbləʊɪŋ] *adj.* alucinante.

mind-bog·gling ['maɪndbɒɡəlɪŋ] *adj. [fam. use]* alucinante, inconcebible.

mind·less ['maɪndləs] *adj.* **1** *(tedious)* monótono, mecánico **2** *pej.* (senseless behavior) absurdo, estúpido, carente de sentido *(person)* - salvaje **mindless violence** *violencia gratuita.*

mind-read·er ['maɪndri:də] *n.* adivino.

mind-read·ing ['maɪndri:dɪŋ] *n.* adivinación *f.* de pensamientos.

mine[1] [maɪn] *n.* *(gen)* mina ⋄ *tr.* **1** *(coal, gold, etc.)* extraer *(area)* explotar **2** MIL sembrar minas en, minar ⋄ *intr.* explotar una mina **to be a mine of information** *ser una mina de información* **to go down the mine** *trabajar en las minas.*

mine[2] [maɪn] *pron.* (el) mío, (la) mía, (los) míos, (las) mías, lo mío.

mine·field ['maɪnfi:ld] *n.* campo de minas.

min·er ['maɪnə] *n.* minero.

min·er·al ['mɪnərəl] *adj.* mineral ⋄ *n.* mineral *m.* **mineral water** *agua mineral.*

min·e·stro·ne [mɪnɪ'strəʊnɪ] *n.* (sopa) minestrone *f.*

min·gle ['mɪŋɡəl] *tr.* mezclar ⋄ *intr.* **1** *(liquids)* mezclarse *(sounds, smells, etc.)* confundirse **2** *(people)* circular, mezclarse con la gente.

min·i ['mɪnɪ] *n.* **1** *(car)* mini *m.* **2** *(skirt)* minifalda, mini *f.*

min·i·a·ture ['mɪnɪtʃə] *n.* miniatura ⋄ *adj.* (en) miniatura. **in miniature** *en miniatura* **miniature artist** *miniaturista mf.*

min·i·a·tur·i·za·tion [mɪnɪtʃərəɪ'zeɪʃən] *n.* miniaturización *f.*

min·i·a·tur·ize ['mɪnɪtʃəraɪz] *tr.* miniaturizar.

min·i·bus ['mɪnɪbʌs] *n.* microbús *m.*

min·i·com·pu·ter [mɪnɪkəm'pju:tə] *n.* microordenador *m.*

min·i·mal ['mɪnɪməl] *adj.* mínimo.

min·i·mize ['mɪnɪmaɪz] *tr.* **1** *(reduce)* minimizar, reducir al mínimo **2** *(play down)* minimizar, quitar importancia a.

min·i·mum ['mɪnɪməm] *adj.* mínimo ⋄ *n.* mínimo **minimum lending rate** *tipo de interés mínimo* **minimum wage** *salario mínimo.*

min·ing ['maɪnɪŋ] *n.* minería, explotación *f.* de minas ⋄ *adj.* (area, town, industry) minero **mining engineer** *ingeniero de minas.*

min·i·se·ries [mɪnɪ'sɪəri:z] *n.* TV miniserie *f.*

min·i·skirt ['mɪnɪskɜ:t] *n.* minifalda.

min·is·ter ['mɪnɪstə] *n.* **1** *(gen)* ministro *(for,* de) **2** *(diplomat)* ministro plenipotenciario ⋄ *intr.* atender *(to,* a), cuidar *(to,* a)

mi·nor ['maɪnə] *adj.* **1** *(unimportant)* menor *(secondary)* secundario **2** MUS menor **in F. minor,** *en fa menor.* ⋄ *n.* JUR menor *mf.* **minor offence** JUR *delito de menor cuantía* **minor planet** *asteroide m.*

mi·nor·i·ty [maɪ'nɒrɪtɪ] *n. pl.* **minorities 1** minoría **2** JUR minoría de edad ⋄ *adj.* minoritario. **to be in a minority** *estar en minoría* **religious minority** *minoría religiosa.*

mint[1] [mɪnt] *n.* **1** FIN *(place)* casa de la moneda **2** *[fam. use]* *(large amount of money)* dineral *m.,* fortuna ⋄ *tr.* (coins, words) acuñar. **in mint condition** *en perfecto estado.*

mint[2] [mɪnt] *n.* **1** BOT menta **2** *(sweet)* caramelo de menta *(chocolate)* bombón *m.* de menta **mint sauce** *salsa de menta.*

M

mi·nus ['maɪnəs] prep. **1** MATH menos **2** METEOR bajo cero **3** [fam. use] (without) sin ◇ adj. negative ◇ n. **1** MATH menos m. **2** (disadvantage) desventaja, contra m. **minus sign** signo de menos, menos m.

mi·nute¹ [maɪ'njuːt] adj. **1** (tiny) diminuto, minúsculo **2** (precise, exact) minucioso, detallado.

mi·nute² ['mɪnɪt] n. **1** (of time) minuto **2** [fam. use] (moment) momento (instant) instante m. **3** (of angle) minuto ◇ tr. (make note, record) hacer constar en el acta ◇ npl. **minutes** (notes) acta f. sing., actas fpl. **(at) any minute now** en cualquier momento **at the last minute** a última hora. **the minute (that)** en el momento en que. **to leave something till the last minute** dejar algo para el último momento **minute book** libro de actas **minute hand** minutero.

mir·a·cle ['mɪrəkəl] n. (gen) milagro ◇ adj. milagroso **to do/work miracles** hacer milagros **miracle play** auto.

mi·rac·u·lous [mɪ'rækjələs] adj. milagroso.

mi·rage [mɪ'rɑːʒ] n. espejismo.

mir·ror ['mɪrə'] n. **1** (gen) espejo **2** fig. use espejo, reflejo ◇ tr. reflejar **driving mirror** espejo (retrovisor) **mirror image** imagen f. especular.

mis·an·thrope ['mɪzənrəʊp] n. misántropo.

mis·an·throp·ic [mɪzən'erɒpɪk] adj. misantrópico.

mis·be·have [mɪsbɪ'heɪv] intr. portarse mal, comportarse mal.

mis·be·hav·ior [mɪsbɪ'heɪvjəʳ] n. mala conducta, mal comportamiento.

mis·cal·cu·late [mɪs'kælkjəleɪt] tr. calcular mal ◇ intr. calcular mal.

mis·cal·cu·la·tion [mɪskælkjə'leɪʃən] n. error m. de cálculo.

mis·car·riage [mɪs'kærɪdʒ] n. MED aborto (espontáneo) **miscarriage of justice** JUR error m. judicial.

mis·car·ry [mɪs'kærɪ] intr. pt. & pp. **miscarried**, ger. **miscarrying** **1** MED abortar (espontáneamente), tener un aborto **2** (plans, etc.) fracasar, frustrarse, malograrse **3** (letters, etc.) extraviarse.

mis·cel·la·ne·ous [mɪs'leɪnɪəs] adj. (mixed, varied) variado, vario, diverso, misceláneo.

mis·chief ['mɪstʃɪf] n. **1** (naughtiness) travesura, diablura **2** [fml. use] daño, mal m. **to do oneself a mischief** hacerse daño. **to make mischief** crear problemas.

mis·chie·vous ['mɪstʃɪvəs] adj. **1** (naughty - person) travieso (- look, grin, etc.) pícaro **2** (causing harm) malicioso.

mis·con·cep·tion [mɪskən'sepʃən] n. idea equivocada, idea falsa, concepto erróneo, concepto falso.

mis·con·duct [mɪs'kɒndʌkt] n. **1** (improper behavior) mala conducta **2** (bad management) mala administración f. ◇ tr. administrar mal.

mis·con·struc·tion [mɪskən'strʌkʃən] n. mala interpretación f. **to be open to misconstruction** poder malinterpretarse.

mis·count [mɪs'kaʊnt] tr. contar mal ◇ n. cómputo erróneo.

mis·deed [mɪs'diːd] n. [fml. use] delito, fechoría.

mis·de·mean·or n. **1** [fam. use] (misdeed) fechoría **2** JUR delito menor.

mi·ser ['maɪzəʳ] n. avaro.

mis·er·a·ble ['mɪzərəbəl] adj. **1** (person - unhappy) abatido, triste, deprimido, infeliz (- bad-tempered) antipático **2** (place, etc.) deprimente, triste (weather) horrible, malísimo **3** (paltry) miserable, mezquino, despreciable (pathetic) lamentable.

mi·ser·ly ['maɪzəlɪ] adj. avaro, tacaño, mezquino.

mis·er·y ['mɪzərɪ] n. pl. **miseries** **1** (wretchedness, unhappiness) desgracia, desdicha, tristeza **2** (suffering) sufrimiento, dolor m., suplicio **3** (poverty) pobreza, miseria **4** [fam. use] (person) amargado. **to make somebody's life a misery** amargarle la vida a alguien.

mis·fit ['mɪsfɪt] n. (person) inadaptado.

mis·for·tune [mɪs'fɔːtʃən] n. infortunio, desgracia, mala fortuna.

mis·giv·ing [mɪs'gɪvɪŋ] n. (doubt) duda, recelo (fear) temor m. (worry) preocupación f.

mis·guid·ed [mɪs'gaɪdɪd] adj. desacertado, equivocado.

mis·hit [mɪs'hɪt] tr. golpear mal, dar mal a.

mis·in·form [mɪsɪn'fɔːm] tr. informar mal.

mis·in·for·ma·tion [mɪsɪnfə'meɪʃən] n. información f. errónea, información f. falsa.

mis·in·ter·pret [mɪsɪn'tɜːprət] tr. (accidentally) interpretar mal (deliberately) tergiversar.

mis·in·ter·pre·ta·tion [mɪsɪntɜːprɪ'teɪʃən] n. (accidental) mala interpretación f. (deliberate) tergiversación f.

mis·judge [mɪs'dʒʌdʒ] tr. **1** (person, situation) juzgar mal **2** (distance, speed, etc.) calcular mal.

mis·lay [mɪs'leɪ] tr. pt. & pp. **mislaid** [mɪs'leɪd], ger. **mislaying** extraviar, perder.

mis·lead [mɪs'liːd] tr. pt. & pp. **misled** [mɪs'led], ger. **misleading** **1** (muddle) despistar (deceive) engañar **2** (lead in wrong direction) llevar en dirección equivocada, enseñar el mal camino a **3** fig. use (lead astray) llevar por mal camino **4** JUR inducir a error. **to be misled** dejarse engañar.

mis·lead·ing [mɪs'liːdɪŋ] adj. engañoso, falso.

mi·sog·y·nist [mɪ'sɒdʒənɪst] n. misógino.

mi·sog·y·nous [mɪ'sɒdʒɪnəs] adj. misógeno.

mi·sog·y·ny [mɪ'sɒdʒənɪ] n. misoginia.

mis·place [mɪs'pleɪs] tr. **1** (mislay) perder, extraviar **2** (trust, etc.) encauzar mal **3** (put in wrong job) colocar mal.

mis·placed [mɪs'pleɪst] adj. **1** (mislaid) extraviado, perdido **2** (trust, etc.) inapropiado, equivocado **3** (word, remark) fuera de lugar (accent) mal puesto **4** (in wrong job) mal colocado.

mis·print ['mɪsprɪnt] n. errata, error m. de imprenta ◇ tr. imprimir mal.

mis·quote [mɪs'kwəʊt] tr. (accidentally) citar incorrectamente (deliberately) distorsionar las palabras de.

mis·rep·re·sent [mɪsreprɪ'zent] tr. (person) tergiversar la palabras de (words) tergiversar, distorsionar (actions, facts) deformar, falsear.

mis·rep·re·sen·ta·tion [mɪsreprɪzen'teɪʃən] n. (of truth, etc.) falsificación f., deformación f. (of words, etc.) tergiversación f., distorsión f.

miss¹ [mɪs] n. **1** señorita **2** (beauty contestant) Miss f.

miss² [mɪs] n. (catch, hit, etc.) fallo (shot) tiro errado ◇ tr. **1** (not to hit, score, etc.) fallar (shot) errar **2** (not catch) perder **3** (not experience) perderse **4** (not see) perderse **5** (avoid, escape) evitar **6** (not attend - meeting, etc.) no asistir a (- class, work) faltar a **7** (omit, skip) saltarse (disregard) pasar por alto (overlook, fail to notice) pasar por alto ◇ intr. **1** (catch, kick, etc.) fallar (shot) errar el tiro **2** (engine) fallar **3** (fail) fallar. **a miss is as good as a mile** lo importante es que no pasó nada. **to be too good to miss** ser demasiado bueno como para perdérselo.

to miss out. tr. sep. (omit, fail to include) saltarse, omitir (overlook, disregard) pasar por alto, dejarse ◇ intr. (lose opportunity) dejar pasar, perderse.

mis·sile ['mɪsaɪl] n. 1 (explosive weapon) misil m. 2 (object thrown) proyectil m. **missile launcher** lanzamisiles m.

miss·ing ['mɪsɪŋ] adj. 1 (object - lost) perdido, extraviado 2 (person - disappeared) desaparecido (- absent) ausente **missing in action** desaparecido en combate, **to go missing** desaparecer. **missing link** eslabón m. perdido **missing person** desaparecido.

mis·sion ['mɪʃən] n. 1 (task) misión f. 2 REL misión f. 3 (group of people) delegación f., misión f. **mission accomplished** misión cumplida.

mis·spell [mɪs'spel] tr. pt. & pp. **misspelled** o **misspelt** [mɪs'spelt], ger. **misspelling** (write) escribir mal (say out loud) deletrear mal.

mis·spend [mɪs'spend] tr. pt. & pp. **misspent** [mɪs'spent] (money) malgastar (time) desperdiciar, desaprovechar.

mis·spent [mɪs'spent] pp. VER: misspend. ◇ adj. (money) malgastado (time) perdido (youth) disipado.

mist [mɪst] n. 1 (gen) neblina (sea) bruma (haze) calima 2 (on window, mirror, etc.) vaho 3 (fine spray of liquid) vaporización f. 4 fig. use velo ◇ tr. (plants) pulverizar. **in the mists of time** en la noche de los tiempos.

to mist o·ver/mist up intr. 1 (windows, glasses, etc.) empañarse 2 (countryside) cubrirse de neblina 3 fig. use (eyes) llenarse de lágrimas.

mis·take [mɪs'teɪk] n. (error) equivocación f., error m. (in test) falta (oversight) descuido ◇ tr. pt. **mistook** [mɪs'tʊk], pp. **mistaken** [mɪs'teɪkən] 1 (misunderstand) entender mal (misinterpret) interpretar mal 2 (confuse) confundir (for, con), equivocarse **and no mistake!** ¡y de eso no hay duda! **by mistake** (in error) por error, por equivocación (unintentionally) sin querer. **make no mistake about it!** ¡que quede bien claro! **to make a mistake** equivocarse, cometer un error.

mis·tak·en [mɪs'teɪkən] pp. VER: mistake. ◇ adj. (wrong, incorrect) equivocado, erróneo, falso. **to be mistaken** equivocarse.

mis·ter ['mɪstə'] n. señor m.

mis·took [mɪs'tʊk] pt. VER: mistake.

mis·treat [mɪs'triːt] tr. maltratar, tratar mal.

mis·trust [mɪs'trʌst] n. desconfianza, recelo ◇ tr. desconfiar de, dudar de, recelar de.

mis·trust·ful [mɪs'trʌstfʊl] adj. desconfiado, receloso. **to be mistrustful of** desconfiar de, recelar.

mist·y ['mɪsti] adj. comp. **mistier**, superl. **mistiest** 1 METEOR neblinoso 2 (window, glasses, etc.) empañado 3 (eyes) empañado, lloroso 4 (photograph) movido, borroso (outline) borroso, difuso 5 fig. use (memory) borroso.

mis·un·der·stand [mɪsʌndə'stænd] tr. pt. & pp. **misunderstood** (gen) entender mal, comprender mal (misinterpret) malinterpretar.

mis·un·der·stand·ing [mɪsʌndə'stændɪŋ] n. malentendido (about, sobre).

mis·un·der·stood [mɪsʌndə'stʊd] pp. VER: misunderstand ◇ adj. (person) incomprendido.

mis·use [(n.) mɪs'juːs; (vb.) mɪs'juːz] n. (of tool, resources, word, etc.) mal uso, uso incorrecto (of funds) malversación f. (of power, authority) abuso ◇ tr. (tool, resources, word, etc.) utilizar mal, emplear mal (funds) malversar (power, authority) abusar de.

mix [mɪks] n. 1 (mixture - gen) mezcla 2 CULIN preparado 3 MUS mezcla ◇ tr. 1 (combine) mezclar, combinar 2 (make, prepare - plaster, cement) amasar (- cocktail, salad, medicine) preparar ◇ intr. 1 (substances) mezclarse 2 (clothes, colors, food) combinar bien, ir bien juntos 3 (people - come together) mezclarse

con la gente (- get on) llevarse bien (**with**, con).

to mix up. tr. sep. 1 (ingredients) mezclar bien 2 (prepare) preparar 3 (confuse) confundir 4 (mess up, put in disorder) desordenar, revolver, mezclar.

mixed [mɪkst] adj. 1 (of different kinds) variado 2 (ambivalent) desigual 3 (for both sexes) mixto. **to be mixed up in something** estar metido en algo, estar involucrado en algo. **to be/get mixed up with somebody** liarse con alguien, estar liado con alguien. **to get mixed up in something** meterse en algo **mixed bag** mezcolanza, popurrí m. **mixed doubles** dobles mpl. mixtos **mixed economy** economía mixta **mixed grill** parrillada **mixed marriage** (different races) matrimonio interracial (different religions) matrimonio interconfesional.

mixed-up [mɪkst'ʌp] adj. 1 (objects, papers, etc.) revuelto 2 (person) desconcertado, desorientado, hecho un lío.

mix·ing bowl ['mɪksɪŋbəʊl] n. (gen) bol m., tazón m. (earthenware) cuenco.

mix·ture ['mɪkstʃə'] n. 1 (gen) mezcla 2 MED preparado **cough mixture** jarabe m. para la tos.

mix-up ['mɪksʌp] n. [fam. use] (confusion) lío, confusión f., enredo (misunderstanding) malentendido.

ml ['mɪlɪlɪtə'] abbr. (millilitre) mililitro (abbreviation) ml.

mm ['mɪlɪmiːtə'] symb. (millimetre) milímetro (abbreviation) mm.

moan [məʊn] n. 1 (groan) gemido, quejido 2 (complaint) queja, protesta ◇ intr. 1 (groan) gemir 2 (complain) quejarse (**about**, de), protestar (**about**, por) 3 fig. use (wind) gemir ◇ tr. gemir, decir gimiendo.

moan·ing ['məʊnɪŋ] n. 1 (groaning) gemidos mpl. 2 (complaining) quejas fpl.

mob [mɒb] n. 1 (large crowd) muchedumbre f. multitud f. 2 (group of friends) pandilla, grupo, peña 3 pej. (gang) banda, pandilla ◇ tr. pt. & pp. **mobbed**, ger. **mobbing** (crowd around) acosar, rodear (attack) asaltar, atacar ◇ n. **the mob** (common people) el populacho **the Mob** (mafia) la mafia **mob law/mob rule** ley f. de la calle **mob violence** violencia callejera.

mo·bile ['məʊbaɪl] adj. 1 (object, troops, etc.) móvil, movible 2 (face) expresivo 3 (person) varias traducciones ◇ n. (hanging ornament) móvil m. **mobile phone** teléfono móvil.

mo·bil·i·ty [mə'bɪlɪti] n. movilidad f. **mobility allowance** subsidio por minusvalía (para ayudar a las personas minusválidas a desplazarse).

mo·bi·li·za·tion [məʊbɪlaɪ'zeɪʃən] n. movilización f.

mo·bi·lize ['məʊbɪlaɪz] tr. movilizar ◇ intr. movilizarse.

mock [mɒk] adj. 1 (object) de imitación 2 (event) de prueba 3 (feeling) fingido, simulado (modesty) falso ◇ n. (exam) examen m. de prueba 1 (laugh at, make fun of) burlarse de, mofarse de 2 (imitate) imitar, remedar 3 [fml. use] (defy contemptuously) desafiar, burlar (frustrate) frustrar ◇ intr. burlarse (**at**, de).

mock·er·y ['mɒkəri] n. 1 (ridicule) burla, mofa 2 (farce) farsa (travesty) parodia. **to make a mockery of something** poner algo en ridículo.

mock·ing ['mɒkɪŋ] adj. burlón.

mock-up ['mɒkʌp] n. (model) maqueta, modelo a escala.

mod·al ['məʊdəl] adj. modal **modal auxiliary** auxiliar m. modal **modal auxiliary verb** verbo auxiliar modal **modal verb** verbo modal.

mode [məʊd] n. 1 [fml. use] (means) medio (manner, way) modo 2 (fashion) moda 3 MUS modo 4 MATH modo.

mod·el ['mɒdəl] n. 1 (small representation) modelo, maqueta 2 (design) modelo, patrón m. 3 (type of car, etc.) modelo 4 (perfect example) modelo, pauta 5 (fashion model) modelo mf., maniquí m. (artist's model) modelo mf. ◇ adj. (miniature) en miniatura, a escala (toy) de juguete (exemplary) ejemplar (ideal) · modelo ◇ tr. pt. & pp. modeled, ger. modeling 1 (clay, etc.) modelar 2 (clothes) presentar, vestir, modelar ◇ intr. 1 (clay, etc.) modelar 2 (work as fashion model) trabajar de modelo. to model oneself on/upon somebody seguir el ejemplo de alguien.

to mod·el on. tr. insep. (form as copy of) inspirarse en.

mod·er·ate ['mɒdərət] adj. 1 (average) mediano, regular 2 (not extreme) moderado (reasonable) razonable 3 (price) módico 4 (weather) templado (sea) rizado (wind) moderado 5 (talent, ability, performance) mediocre, regular ◇ n. POL moderado ◇ tr. moderar ◇ intr. 1 (pain) aliviarse, calmarse 2 (wind, storm) amainar, calmarse 3 (act as moderator) hacer de moderador. to be a moderate drinker beber con moderación.

mod·er·a·tion [mɒdə'reɪʃən] n. moderación f. in moderation con moderación.

mod·er·a·tor ['mɒdəreɪtə''] n. (in debate) moderador.

mod·ern ['mɒdən] adj. 1 (up-to-date) moderno 2 (history, literature, etc.) contemporáneo modern language lengua moderna.

mod·ern·ism ['mɒdənɪzəm] n. modernismo.

mod·ern·ist ['mɒdənɪst] adj. modernista ◇ n. modernista mf.

mod·er·ni·za·tion [mɒdənaɪ'zeɪʃən] n. modernización f.

mod·ern·ize '['mɒdənaɪz] tr. modernizar ◇ intr. modernizarse.

mod·est ['mɒdɪst] adj. 1 (person - unassuming) modesto, humilde (- shy) tímido 2 (not large - house, income, etc.) modesto (- improvement, increase) modesto (- price) módico (- demand, ambition) moderado (- rise, success) discreto, moderado.

mod·es·ty ['mɒdɪstɪ] n.1 (humility) modestia, humildad f. 2 (chastity) pudor m., recato.

mod·i·fi·ca·tion [mɒdɪfɪ'keɪʃən] n. modificación f.

mod·i·fi·er ['mɒdɪfaɪə''] n. modificador m.

mod·i·fy ['mɒdɪfaɪ] tr. pt. & pp. modified, ger. modifying 1 (change) modificar 2 (moderate) moderar 3 LING modificar.

mod·u·lar ['mɒdjʊlə''] adj. modular.

mod·ule ['mɒdjuːl] n. módulo.

moist [mɔɪst] adj. (damp) húmedo (slightly wet) ligeramente mojado.

mois·ten ['mɔɪsən] tr. (dampen) humedecer (wet) mojar ligeramente ◇ intr. (eyes) llenarse de lágrimas.

mois·ture ['mɔɪstʃə''] n. 1 (dampness) humedad f. 2 (on glass) vaho.

mois·tur·ize ['mɔɪstʃəraɪz] tr. hidratar.

mois·tur·iz·er ['mɔɪstʃəraɪzə''] n. hidratante m.

mo·lar ['məʊlə''] n. muela.

mold¹ [məʊld] n. (growth) moho.

mold² [məʊld] n. 1 (cast) molde m. 2 fig. use (type) carácter m., temple m. ◇ tr. 1 (figure) moldear (clay) modelar 2 fig. use (shape character) formar (influence) influir en. to be cast in the same mold cortado por el mismo molde.

mold·er ['məʊldə''] intr. 1 (go moldy) enmohecerse (rot) pudrirse, descomponerse 2 fig. use (plan, etc.) acumular polvo.

mold·ing ['məʊldɪŋ] n. 1 (on wall, ceiling, frame) moldura 2 (object produced from mold) molde m. 3 (shaping) modelado 4 fig. use formación f.

Mol·do·va [mɒl'dəʊvə] n. Moldova.

mold·y ['məʊldɪ] adj. comp. moldier, superl. moldiest (food, etc.) mohoso (smell) a humedad, a moho. to go moldy enmohecerse.

mole¹ [məʊl] n. (on skin) lunar m.

mole² [məʊl] n. 1 ZOOL topo m. 2 [fam. use] (spy) topo mf., espía mf.

mo·lec·u·lar [mə'lekjələ''] adj. molecular.

mol·e·cule ['mɒlɪkjuːl] n. molécula.

mol·lusc ['mɒlʌsk] n. molusco.

molt [məʊlt] intr. ZOOL mudar ◇ n. ZOOL muda.

mol·ten ['məʊltən] adj. fundido, derretido.

mom [mɒm] n. [fam. use] mamá f.

mo·ment ['məʊmənt] n. (instant) momento, instante m. at any moment en cualquier momento. at the moment en este momento. at the last moment a última hora. for the moment por el momento. in a moment dentro de un momento. the moment (that)... en cuanto... to have its moments tener momentos buenos the moment of truth la hora de la verdad.

mo·men·tous [mə'mentəs] adj. trascendental, de suma importancia.

mo·men·tum [mə'mentəm] n. 1 PHYS momento 2 (impetus) ímpetu m., impulso. to gather momentum cobrar velocidad.

mom·my ['mɒmɪ] n. pl. mommies [fam. use] mamá.

Mon ['mʌndɪ] abbr. (Monday) lunes m. (abbreviation) lun.

Mon·a·co ['mɒnəkəʊ] n. Mónaco.

mon·arch ['mɒnək] n. monarca m.

mon·ar·chy ['mɒnəkɪ] n. pl. monarchies monarquía.

mon·as·te·ry ['mɒnəstərɪ] n. pl. monasteries monasterio.

Mon·day ['mʌndɪ] n. lunes m. NOTA: Para ejemplos de uso, ver Saturday.

Mon·e·gasque ['mɒnəgæsk] n. 1 monegasco 2 monegasco.

mon·e·ta·rism ['mʌnɪtərɪzəm] n. monetarismo.

mon·e·ta·rist ['mʌnɪtərɪst] adj. monetarista ◇ n. monetarista m.

mon·e·tar·y ['mʌnɪtərɪ] adj. monetario.

mon·ey ['mʌnɪ] n. 1 (gen) dinero 2 (currency) moneda for my money... en mi opinión..., para mí... it's money for old rope es dinero regalado. money is the root of all evil el dinero es el origen de todos los males. money makes the world go around el dinero mueve el mundo. there's money in something algo es un buen negocio, dar algo mucho dinero to be in the money ser rico. to be rolling in money estar forrado de dinero. to have money to burn tener dinero de sobra. to make money (person) ganar dinero, hacer dinero (business) dar dinero. to put money into something invertir en algo. your money or your life! ¡la bolsa o la vida! money market mercado financiero money order giro postal.

mon·ey·lend·er ['mʌnɪlendə''] n. prestamista mf.

mon·ey·mak·er ['mʌnɪmeɪkə''] n. (gen) cosa lucrativa, cosa que da mucho dinero (product) producto rentable (business) negocio rentable.

Mon·gol ['mɒŋgɒl] n. mongol, mogul.

Mon·go·li·a [mɒŋ'gəʊlɪə] n. Mongolia.

Mon·go·li·an [mɒŋ'gəʊlɪən] adj. mongol, mogul ◇ n. 1 (person) mongol, mogol 2 (language) mongol m., mogol m.

mon·grel ['mʌŋgrəl] n. (dog) perro cruzado, perro mestizo.

mon·i·tor ['mɒnɪtə''] n. 1 (screen) monitor m. 2 RAD (person) escucha mf. 3 (school pupil) responsable *mf.*, encargado 4 *(lizard)* varano ◇ *tr.* 1 RAD *(listen to)* escuchar 2 *(check)* controlar *(follow)* seguir de cerca *(watch)* observar.

monk [mʌŋk] *n.* monje m.

mon·key ['mʌŋkɪ] *n.* 1 *(gen)* mono *(long-tailed)* mico 2 *(fam. use) (child)* diablillo, pillo. **not to give a monkey's** importarle un rábano, importarle un pepino. **to make a monkey (out) of somebody** poner a alguien en ridículo **monkey business** *(mischief)* travesuras *fpl.* *(swindle)* trampas *fpl.* **monkey tricks** travesuras *fpl.* **monkey nut** cacahuete m. **monkey puzzle (tree)** araucaria **monkey wrench** llave f. inglesa.

mon·o·chrome ['mɒnəkrəʊm] *adj.* 1 *(one color)* monocromo 2 *(black and white)* en blanco y negro ◇ *n.* monocromía.

mo·nog·a·mous [mə'nɒgəməs] *adj.* monógamo

mo·nog·a·my [mə'nɒgəmɪ] *n.* monogamia.

mo·no·lin·gual [mɒnə'lɪŋgwəl] *adj.* monolingüe.

mon·o·logue ['mɒnəlɒg] *n.* monólogo.

mo·nop·o·li·za·tion [mənɒpəlaɪ'zeɪʃən] *n.* monopolización f.

mo·nop·o·lize [mə'nɒpəlaɪz] *tr.* 1 *(gen)* monopolizar 2 fig. use *(attention, etc.)* acaparar, monopolizar.

mo·nop·o·ly [mə'nɒpəlɪ] *n. pl.* **monopolies** monopolio.

mon·o·syl·lab·ic [mɒnəsɪ'læbɪk] *adj.* *(word)* monosílabo ◇ *n.* *(answer, etc.)* monosilábico.

mon·o·syl·la·ble ['mɒnəsɪləbəl] *n.* monosílabo.

mon·o·the·ism ['mɒnəʊθiːɪzəm] *n.* monoteísmo.

mon·o·the·ist ['mɒnəʊθiːɪst] *n.* monoteísta *mf.*

mon·o·tone ['mɒnətəʊn] *n.* tono monocorde ◇ *adj.* monótono. **to speak in a monotone** hablar con voz monótona.

mo·not·o·nous [mə'nɒtənəs] *adj.* monótono.

mo·not·o·ny [mə'nɒtənɪ] *n.* monotonía.

mon·ox·ide [mə'nɒksaɪd] *n.* monóxido.

mon·soon [mɒn'suːn] *n.* 1 *(wind)* monzón m. 2 *(rainy season)* estación f. lluviosa, estación f. de las lluvias **monsoon rains** lluvias *fpl.* monzónicas.

mon·ster ['mɒnstə'] *n.* *(gen)* monstruo ◇ *adj.* *(fam. use) (huge)* enorme, gigantesco.

mon·stros·i·ty [mɒn'strɒsɪtɪ] *n. pl.* **monstrosities** monstruosidad f.

mon·tage ['mɒntɑːʒ] *n.* montaje m.

Mon·te Car·lo [mɒntɪ'kɑːləʊ] *n.* Montecarlo.

Mon·te·ne·grin [mɒntɪ'niːgrɪn] *adj.* montenegrino ◇ *n.* montenegrino.

Mon·te·ne·gro [mɒntɪ'niːgrəʊ] *n.* Montenegro.

month [mʌnθ] *n.* mes m. ◇ *npl.* **months** *(ages)* siglos *mpl.* **month in, month out** mes tras mes **calendar month** mes m. civil.

month·ly ['mʌnθlɪ] *adj.* mensual ◇ *adv.* mensualmente, cada mes ◇ *n.* *(magazine)* revista mensual **monthly instalment/payment** mensualidad f.

mon·u·ment ['mɒnjəmənt] *n.* monumento *(to, a)*.

mon·u·men·tal [mɒnjə'mentəl] *adj.* 1 *(gen)* monumental 2 *(fam. use) (lie, blunder, etc.)* garrafal, monumental **monumental mason** marmolista m.

mood [muːd] *n.* 1 *(humor)* humor m. 2 *(bad temper)* mal humor m. 3 *(atmosphere)* atmósfera, ambiente m. **to be in a good/bad mood** estar de buen/mal humor. **to be in no mood for something** no estar para algo.

mood·y ['muːdɪ] *adj. comp.* **moodier,** *superl.* **moodiest** 1 *(bad-tempered)* malhumorado, de mal humor *(sad, gloomy)* deprimido, triste 2 *(changeable)* de humor cambiadizo, temperamental.

moon [muːn] *n.* luna ◇ *adj.* lunar. **many moons ago** años ha. **to be over the moon** estar en el

séptimo cielo, no caber en sí. **to ask for the moon/want the moon** pedir peras al olmo **moon landing** alunizaje m.

moon·light ['muːnlaɪt] *n.* claro de luna, luz f. de luna ◇ *adj.* *(night)* de luna ◇ *intr. pt. & pp.* **moonlighted** *(fam. use)* estar pluriempleado.

moon·lit ['muːnlɪt] *adj.* *(landscape, etc.)* iluminado por la luna *(night)* de luna.

moose [muːs] *n.* alce m.

mop [mɒp] *n.* 1 *(for floor)* fregona 2 *(fam. use) (of hair)* mata de pelo *tr. pt. & pp.* **mopped,** *ger.* **mopping** 1 *(floor)* fregar, limpiar 2 *(brow, tears)* enjugarse *(with,* con), secarse.

mor·al ['mɒrəl] *adj.* 1 moral 2 *(person)* virtuoso, moral ◇ *n.* *(of story)* moraleja ◇ *npl.* **morals** moral f. *sing.,* moralidad f. *sing.* **moral fibre** nervio, carácter m. **moral support** apoyo moral.

mo·rale [mə'rɑːl] *n.* moral f., estado de ánimo.

mo·ral·i·ty [mə'rælɪtɪ] *n.* moralidad f., moral f.

mor·al·ize ['mɒrəlaɪz] *intr.* moralizar.

mor·al·ly ['mɒrəlɪ] *adv.* moralmente:

mor·bid ['mɔːbɪd] *adj.* 1 *(mind, disease)* morboso, enfermizo *(curiosity)* malsano 2 MED mórbido.

more [mɔː'] *adj.* más ◇ *pron.* más ◇ *adv.* más **more and more** cada vez más. **more or less** *(approximately)* más o menos *(almost)* casi. **to be more than happy to do something** hacer algo con mucho gusto. **what is more** además, lo que es más. **NOTA:** Véanse también **many** y **much.**

more·o·ver [mɔː'rəʊvə'] *adv.* *(fml. use)* además, por otra parte.

morn·ing ['mɔːnɪŋ] *n.* *(gen)* mañana *(early)* madrugada ◇ *adj.* matutino, de la mañana ◇ *adv.* mornings por la mañana, por las mañanas. **from morning till night** desde la mañana hasta la noche, todo el día. **good morning!** ¡buenos días!

Mo·roc·can [mə'rɒkən] *adj.* marroquí ◇ *n.* marroquí.

Mo·roc·co [mə'rɒkəʊ] *n.* Marruecos.

mo·ron ['mɔːrɒn] *n.* 1 *(fam. use) pej.* imbécil *mf.,* idiota *mf.* 2 MED retrasado mental.

mo·ron·ic [mə'rɒnɪk] *adj.* imbécil.

mor·phine ['mɔːfiːn] *n.* morfina.

mor·phol·o·gy [mɔː'fɒlədʒɪ] *n.* *(gen)* morfología.

mor·tal ['mɔːtəl] *adj.* *(gen)* mortal ◇ *n.* mortal *mf.*

mor·tal·i·ty [mɔː'tælɪtɪ] *n.* 1 *(condition, number of deaths)* mortalidad f. 2 *(number of victims)* mortandad f. **mortality rate** tasa de mortalidad.

mor·tar ['mɔːtə'] *n.* 1 *(cement)* mortero, argamasa 2 MIL *(gun)* mortero 3 CULIN *(bowl)* mortero, almirez m. ◇ *tr.* 1 *(join)* unir con mortero, unir con argamasa 2 MIL bombardear con morteros.

mort·gage ['mɔːgɪdʒ] *n.* 1 hipoteca ◇ *adj.* hipotecario ◇ *tr.* hipotecar. **to pay off a mortgage** redimir una hipoteca, acabar de pagar una hipoteca. **mortgage payment** pago hipotecario.

mor·ti·cian [mɔː'tɪʃən] *n.* empresario de pompas fúnebres.

mor·tu·ar·y ['mɔːtʃʊərɪ] *n. pl.* **mortuaries** depósito de cadáveres ◇ *adj.* mortuorio.

mo·sa·ic [mə'zeɪɪk] *adj.* mosaico.

Mos·cow ['mɒskəʊ, ʊʃ'mɒskaʊ] *n.* Moscú.

Mos·lem ['mɒzləm] *n.* VER: Muslim.

mosque [mɒsk] *n.* mezquita.

mos·qui·to [məs'kiːtəʊ] *n. pl.* **mosquitoes** o **mosquitos** mosquito **mosquito bite** picadura de mosquito **mosquito net** mosquitero.

moss [mɒs] *n.* BOT musgo.

most [məʊst] *adj.* 1 *(greatest in quantity)* más 2 *(majority)* la mayoría de, la mayor parte de ◇ *adv.* más

◇ *pron.* 1 *(greatest part)* la mayor parte 2 *(greatest number or amount)* lo máximo 3 *(the majority of people)* la mayoría ◇ *adv.* 1 *(superlative)* más 2 *(to the greatest degree)* más 3 *(very)* muy, de lo más 4 *(almost)* casi **at (the) (very) most** como máximo. **for the most part** por lo general. **most likely** muy probablemente. **most of all** sobre todo. **to do the most one can** hacer todo lo que se pueda, hacer lo máximo que se pueda. **to make the most of something** aprovechar algo al máximo. NOTA: Véanse también *even* y *much*.

most·ly ['məʊstlɪ] *adv.* 1 *(mainly)* principalmente, en su mayor parte 2 *(generally)* generalmente *(usually)* normalmente.

mo·tel [məʊ'tel] *n.* motel *m.*

moth [mɒθ] *n.* mariposa nocturna **clothes moth** polilla.

moth·er ['mʌðəʳ] *n.* madre *f.* ◇ *tr.* 1 *(care for)* cuidar como una madre *(rear)* criar 2 *(spoil)* mimar **mother country** patria, madre patria **mother figure** figura maternal **Mother Nature** la Madre f. **Naturaleza mother's boy** niño de mamá **Mother's Day** Día de la Madre **mother's help** niñera **mother ship** buque m. nodriza **mother superior** madre f. superior **mother tongue** lengua materna.

moth·er·hood ['mʌðəhʊd] *n.* maternidad *f.*

moth·er-in-law ['mʌðərɪnlɔ:] *n. pl.* **mothers-in-law** suegra.

moth·er-to-be [mʌðətə'bi:] *n. pl.* **mothers-to-be** futura madre *f.*

mo·tion ['məʊʃən] *n.* 1 *(movement)* movimiento 2 *(gesture)* gesto, ademán m. 3 POL *(proposal)* moción *f.* 4 *[fml. use]* *(of bowels)* evacuación *f.* del vientre, deposición *f.* ◇ *tr.* hacer señas ◇ *intr.* hacer señas, hacer una señal. **in motion** en movimiento. **in slow motion** CINEM a cámara lenta. **to go through the motions (of doing something)** hacer algo como es debido pero sin convicción. **to motion to somebody to do something** hacer señas a alguien para que haga algo. **to put/set something in motion** poner algo en movimiento **motion picture** película **motion pictures** el cine m. **motion sickness** mareo.

mo·ti·vate ['məʊtɪveɪt] *tr.* motivar.

mo·ti·va·tion [məʊtɪ'veɪʃən] *n.* motivación *f.*

mo·tive ['məʊtɪv] *n.* 1 *(reason)* motivo 2 JUR móvil *m.* ◇ *adj.* motor, motriz **motive force/motive power** fuerza motriz **profit motive** afán m. de lucro **ulterior motive** motivo oculto.

mo·tor ['məʊtəʳ] *n.* *(engine)* motor m. ◇ *adj.* 1 TECH motor 2 BIOL motor, motriz *intr.* **motor industry** industria del automóvil **motor mechanic** mecánico de coches **motor racing** carreras fpl. de coches **motor show** salón m. del automóvil **motor trade** sector m. del automóvil **motor vehicle** vehículo a motor.

mo·tor·bike ['məʊtəbaɪk] *n. [fam. use]* motocicleta, moto *f.*

mo·tor·boat ['məʊtəbəʊt] *n.* lancha motora, motora.

mo·tor·car ['məʊtəkɑ:ʳ] *n.* coche m., automóvil m.

mo·tor·cy·cle ['məʊtəsaɪkl] *n.* motocicleta, moto *f.*

mo·tor·ize ['məʊtəraɪz] *tr.* motorizar.

motorized ['məʊtəraɪzd] *adj.* motorizado.

mot·to ['mɒtəʊ] *n. pl.* **mottoes** lema *m.*

mount [maʊnt] *n.* 1 *(horse, etc.)* montura 2 *(for machine, gun, trophy)* soporte m., base f. **(for photo, picture)** fondo *(for jewel)* engaste m., engarce m. *(for slide)* marquito *(for specimen)* platina, portaobjetos

m. ◇ *tr.* 1 *(horse)* montar, montarse en *(bicycle)* montar en, subir a *(stage, platform)* subir a *(stairs)* subir 2 *(fix - photo, picture)* montar *(- stamp)* fijar *(- jewel)* montar, engastar, engarzar *(- specimen)* colocar en el portaobjetos 3 *(organize - attack)* montar, preparar *(- campaign)* montar, organizar 4 ZOOL montar, cubrir ◇ *intr.* 1 *(go up)* subir, ascender 2 *(get on horse)* montar 3 *(increase)* subir, aumentar, crecer. **to mount the throne** subir al trono.

to mount up *intr. (accumulate)* acumularse.

moun·tain ['maʊntən] *n.* 1 GEOG montaña 2 *fig. use (large amount)* montaña, montón m. ◇ *adj.* de montaña **mountain bike** bicicleta de montaña **mountain lion** puma m. **mountain range** cordillera, sierra.

moun·tain·eer [maʊntɪ'nɪəʳ] *n.* montañero, alpinista *mf.*, AM andinista *mf.*

moun·tain·eer·ing [maʊntɪ'nɪərɪŋ] *n.* montañismo, alpinismo, AM andinismo.

mount·ed ['maʊntɪd] *adj.* 1 *(on horse)* montado 2 *(photo, etc.)* montado **the mounted police** la policía montada.

mourn [mɔ:n] *tr. (person)* llorar la muerte de *(thing)* llorar, añorar.

to mourn for/mourn o·ver *tr. insep. (person)* llorar a, llorar la muerte de *(thing)* llorar.

mourn·ful ['mɔ:nfʊl] *adj. (person)* triste, afligido, apenado *(voice, tone, look)* triste, melancólico *(cry)* lastimero *(occasion, music)* fúnebre, lúgubre.

mourn·ing ['mɔ:nɪŋ] *n.* luto, duelo. **to be in mourning for somebody** estar de luto por alguien. **to go into mourning** ponerse de luto.

mouse [maʊs] *n. pl.* **mice** *(pl.)* ratón m.

mouse·trap ['maʊstræp] *n.* ratonera.

mousse [mu:s] *n.* 1 CULIN mousse *f.* 2 *(for hair)* espuma (moldeadora).

mouth [(n.) maʊθ; (vb.) maʊð] *n.* 1 ANAT boca 2 *(of river)* desembocadura *(of bottle)* boca *(of tunnel, cave)* boca, entrada 3 *(person to feed)* boca ◇ *tr.* 1 *pej. (say - without sincerity)* decir *(- without understanding)* recitar, repetir 2 *(say without making sound)* decir con los labios ◇ *intr. (speak without making sound)* mover los labios. **by word of mouth** de palabra. **down in the mouth** deprimido. **shut your mouth!** ¡cierra el pico! **to be all mouth** ser un fantasma. **to keep one's mouth shut** mantener la boca cerrada, no decir nada. **mouth organ** armónica.

mouth-to-mouth [maʊθtə'maʊθ] También **mouth-to-mouth resuscitation.** *n.* boca a boca m.

mouth·wash ['maʊθwɒʃ] *n.* enjuague m. bucal.

mouth·wa·ter·ing ['maʊθwɔ:tərɪŋ] *adj.* muy apetitoso, delicioso.

mov·a·ble ['mu:vəbl] *adj.* movible, móvil ◇ *npl.* movables JUR bienes mpl. muebles **movable feast** fiesta móvil.

move [mu:v] *n.* 1 *(act of moving, movement)* movimiento 2 *(to new home)* mudanza *(to new job)* traslado 3 *(in game)* jugada *(turn)* turno 4 *(action, step)* paso, acción f., medida *(decision)* decisión f. *(attempt)* intento ◇ *tr.* 1 *(gen)* mover *(furniture, etc.)* cambiar de sitio, trasladar *(transfer)* trasladar 2 *(affect emotionally)* conmover 3 *(in games)* mover, jugar 4 *(prompt)* inducir, mover *(persuade)* convencer, persuadir *(change mind)* hacer cambiar de opinión 5 *(resolution, motion, etc.)* proponer 6 *(bowels)* evacuar ◇ *intr.* 1 *(gen)* moverse *(change - position)* trasladarse, desplazarse *(- house)* mudarse *(- post, department)* trasladarse 2 *(travel, go)* ir 3 *(be moving)* estar en marcha, estar en movimiento 4 *(leave)* irse, marcharse 5 *(in game - player)* jugar *(- pieces)* moverse **to get a move on** *darse prisa, moverse.* **to get moving** *(leave) irse, marcharse.* **to get something moving** *poner algo en marcha.* **to make a move** *(leave) irse, marcharse (act) dar un paso, actuar.* **to make the first move** *dar el primer paso.* **to move house** *mudarse de casa, trasladarse.* **not to move a muscle** *no inmutarse.*

to move a·bout/move a·round *tr. sep. (object)* cambiar de sitio, cambiar de lugar, trasladar ◇ *intr. (fidget, be restless)* moverse (mucho), ir y venir *(travel)* viajar de un lugar a otro.

to move a·long *intr.* circular.

to move a·way *intr.* 1 *(move aside, etc.)* alejarse, apartarse 2 *(change house)* mudarse de casa.

to move back *tr. sep.* 1 *(object)* mover hacia atrás *(crowd, etc.)* hacer retroceder 2 *(to original place)* volver ◇ *intr. (return)* volver.

to move down *intr.* bajar.

to move for *tr. insep. (legal use)* proponer.

to move for·ward *tr. sep. (gen)* avanzar, adelantar *(clock)* adelantar ◇ *intr. (advance)* avanzar, adelantarse.

to move in *intr.* 1 *(into new home)* instalarse 2 *(prepare to take control, attack, etc.)* acercarse 3 *(go into action)* intervenir.

to move in on *tr. insep. (people, enemies)* avanzar sobre *(area, territory)* invadir.

to move off *intr. (set off - person)* marcharse, ponerse en camino *(- train)* salir *(- car)* arrancar.

to move out *intr.* 1 *(leave house)* mudarse 2 *(leave)* irse, marcharse.

to move o·ver *tr. sep. (step aside)* apartarse ◇ *intr. (make room)* correrse, moverse.

to move up *tr. sep. (promote)* promover, ascender ◇ *intr.* 1 *(rise in grade)* ascender 2 *(make room)* correrse.

move·ment ['muːvmənt] *n.* 1 *(act, motion)* movimiento *(gesture)* gesto, ademán *m.* 2 *(of goods)* traslado *(of troops)* desplazamiento *(of population)* movimiento 3 *(political, literary)* movimiento 4 *(trend)* tendencia, corriente *f.* 5 *(of stock market)* actividad *f. (of prices)* variación *f.* 6 TECH *(moving parts in mechanism)* mecanismo 7 MUS movimiento *f. npl. movements (activities)* movimientos *mpl.,* actividades *fpl.*

mov·ie ['muːvi] *n.* película ◇ *npl.* **the movies** el cine *m. sing.* **to go to the movies** *ir al cine.*

mov·ing ['muːvɪŋ] *adj.* 1 *(that moves)* móvil *(in motion)* en movimiento, en marcha 2 *(causing motion)* motor, motriz 3 *(causing action, motivating)* instigador, promotor 4 *(emotional)* conmovedor **moving staircase** *escalera mecánica.*

Mo·zam·bique [məʊzæmˈbiːk] *n.* Mozambique.

Mo·zam·bi·quean [məʊzæmˈbiːkən] *adj.* mozambiqueño ◇ *n.* mozambiqueño *f.*

MP ['emˈpiː] *abbr.* **(Military Police)** policía militar.

mph ['emˈpiːˈeɪtʃ] *abbr.* **(miles per hour)** millas por hora.

Mr. ['mɪstə⁴] *abbr.* Sr.

Mrs. ['mɪsɪs] *abbr.* Sra.

ms ['mænjʊskrɪpt] *abbr. pl.* **MSS. (manuscript)** manuscrito *(abbreviation) m.*

Mt [maʊnt] *abbr.* **(Mount, Mountain)** monte *m.,* montaña.

much [mʌtʃ] *adj. comp.* **more,** *superl.* **most** mucho ◇ *pron.* mucho ◇ *adv.* mucho **a bit much** *un poco excesivo.* **as much** *(equal)* equivalente *a (the same)* lo mismo **it is as much as somebody can do to...** *apenas..., a duras penas...* **much as** *(although)* por mucho que + *sing.* **to be**

much the same *ser más o menos igual* **not to be much of a...** *no ser muy buen...* **not to be much good at something** *no ser muy bueno en algo.* **to make much of something** *dar mucha importancia a algo.*

mu·cous ['mjuːkəs] *adj.* mucoso **mucous membrane** *membrana mucosa.*

mu·cus ['mjuːkəs] *n.* mucosidad *f.*

mud [mʌd] *n. (gen)* barro, lodo *(thick)* fango. **mud sticks** *es difícil quitarse la mala fama de encima.* **his "(her, etc.)" name is mud** *tiene muy mala fama.* **mud bath** *(medicinal)* baño de lodo *(state)* barrizal *m.* **mud flat** *marisma.*

mud·dle ['mʌdəl] *n.* 1 *(mess)* desorden *m.* 2 *(confusion, mix-up)* confusión *f.,* embrollo, lío ◇ *tr.* También **to muddle up** 1 *(untidy)* revolver, desordenar 2 *(confuse mentally)* liar, confundir, embarullar 3 *(confuse, mix up)* confundir **to get in a muddle** *hacerse un lío, embarullarse* **to get muddled** *liarse, enredarse, embarullarse.*

mud·dy ['mʌdɪ] *adj. comp.* **muddier,** *superl.* **muddiest** 1 *(path, road, etc.)* fangoso, barroso, lodoso 2 *(person, hands, shoes)* cubierto de barro, lleno de barro 3 *(water)* turbio *(river, etc.)* cenagoso 4 *(color)* sucio 5 *(thinking, idea, etc.)* confuso, turbio ◇ *tr.* 1 *(dirty - floor, etc.)* ensuciar de barro, llenar de barro *(- water)* enturbiar 2 *fig. use* enredar. **to muddy the waters** *enredar las cosas.*

muf·fle ['mʌfəl] *tr.* 1 *(sound)* amortiguar, ensordecer 2 *(keep warm - person)* abrigar *(face)* embozar. **to muffle oneself up** *abrigarse.*

muf·fled ['mʌfəld] *adj.* 1 *(sound, voice)* sordo, apagado 2 *(wrapped up - person)* abrigado *(- face)* embozado.

mug¹ [mʌg] *n. (large cup)* taza alta, tazón *m.*

mug² [mʌg] *tr. pt. & pp.* **mugged,** *ger.* **mugging** *(rob violently)* atracar, as altar **mug shot** *foto f. (de la cara de una persona detenida).*

mug·ger ['mʌgə⁴] *n.* atracador, asaltante *mf.*

mule [mjuːl] *n.* ZOOL mulo. **as stubborn/obstinate as a mule** *terco como una mula.*

mul·ti·ac·cess [mʌltɪˈækses] *n.* COMPUT acceso múltiple **multiaccess system** *sistema m. multiacceso, sistema m. de acceso múltiple.*

mul·ti·col·ored [mʌltɪˈkʌləd] *adj.* multicolor.

mul·ti·cul·tur·al [mʌltɪˈkʌltʃərəl] *adj.* multicultural.

mul·ti·fac·et·ed [mʌltɪˈfæsɪtɪd] *adj.* multifacético.

mul·ti·lat·er·al [mʌltɪˈlætərəl] *adj.* multilateral.

mul·ti·lin·gual [mʌltɪˈlɪŋgwəl] *adj.* plurilingüe.

mul·ti·na·tion·al [mʌltɪˈnæʃənəl] *adj.* multinacional ◇ *n.* multinacional *f.*

mul·ti·ple ['mʌltɪpəl] *adj.* múltiple ◇ *n.* MATH múltiplo **multiple choice** *examen m. tipo test* **multiple sclerosis** MED *esclerosis f. en placas, esclerosis f. múltiple.*

mul·ti·ple-choice [mʌltɪpəlˈtʃɔɪs] *adj.* tipo test.

mul·ti·pli·ca·tion [mʌltɪplɪˈkeɪʃən] *n.* multiplicación *f.* **multiplication sign** *signo de multiplicar* **multiplication table** *tabla de multiplicar.*

mul·ti·ply ['mʌltɪplaɪ] *tr. pt. & pp.* **multiplied,** *ger.* **multiplying** MATH multiplicar *(by, por)* ◇ *intr.* multiplicarse.

mul·ti·pur·pose [mʌltɪˈpɜːpəs] *adj.* multiuso.

mul·ti·ra·cial [mʌltɪˈreɪʃəl] *adj.* multirracial.

mul·ti·sto·rey [mʌltɪˈstɔːrɪ] *adj. (building)* de varios pisos, de varias plantas **multistorey car park** *aparcamiento de varias plantas (no subterráneo).*

mul·ti·tude ['mʌltɪtjuːd] *n. (crowd)* multitud *f.,* muchedumbre *f.* ◇ *n.* **a multitude of** múltiples *n.* **the multitude** *las masas fpl., la masa f. sing.*

M

mum·ble ['mʌmbəl] *tr.* (*gen*) decir entre dientes, mascullar (*prayer*) musitar ◇ *intr.* hablar entre dientes, farfullar.

mum·mi·fy ['mʌmɪfaɪ] *tr. pt. & pp.* **mummified**, *ger.* **mummifying** momificar.

mum·my ['mʌmɪ] *n. pl.* **mummies** (*dead body*) momia.

mumps [mʌmps] *n.* MED paperas *fpl.*

munch [mʌntʃ] *tr.* mascar ruidosamente, masticar ruidosamente ◇ *intr.* mascar ruidosamente, masticar ruidosamente.

mun·dane [mʌn'deɪn] *adj.* **1** (*wordly*) mundano **2** *pej.* (*banal*) rutinario, monótono, banal.

mu·nic·i·pal [mju:'nɪsɪpəl] *adj.* municipal.

mu·nic·i·pal·i·ty [mju:nɪsɪ'pælɪtɪ] *n. pl.* **municipalities** municipio.

mu·ni·tions [mju:'nɪʃənz] *npl.* municiones *fpl.* ◇ *adj.* de municiones.

mu·ral ['mjʊərəl] *n.* pintura mural, mural *m.*

mur·der ['mɜ:dəʳ] *n.* **1** asesinato, homicidio **2** [*fam. use*] *fig. use* (*difficult experience*) pesadilla ◇ *tr.* **1** (*kill*) asesinar, matar **2** [*fam. use*] *fig. use* (*be angry with*) matar **3** [*fam. use*] *fig. use* (*spoil, destroy*) destrozar, arruinar. **murder story** novela negra, novela policíaca **murder weapon** arma *m.* homicida.

mur·der·er ['mɜ:dərəʳ] *n.* asesino, homicida *mf.*

mur·mur ['mɜ:məʳ] *n.* **1** (*of voice*) murmullo, susurro **2** (*of traffic*) rumor *m.* (*of insects*) zumbido (*of wind*) murmullo (*of water*) susurro **3** MED soplo ◇ *tr.* murmurar ◇ *intr.* **1** murmurar, susurrar **2** (*complain*) quejarse (**against/at**, de).

mus·cle ['mʌsəl] *n.* **1** ANAT músculo **2** (*muscle power*) fuerza **3** *fig. use* (*strength, power*) poder *m.*, fuerza. **to flex one's muscles** flexionar los músculos. **to pull a muscle** sufrir un tirón en un músculo.

mus·cu·lar ['mʌskjələʳ] *adj.* **1** (*pain, tissue*) muscular **2** (*person*) musculoso **muscular dystrophy** distrofia muscular.

mu·se·um [mju:'zɪəm] *n.* museo **museum piece** (*fine*) pieza de museo (*old-fashioned*) antigualla.

mush·room ['mʌʃru:m] *n.* **1** BOT seta, hongo **2** CULIN (*button mushroom*) champiñón *m.* (*wild*) seta ◇ *intr.* **1** (*gather mushrooms*) recoger setas, ir a buscar setas **2** (*spring up*) crecer de la noche a la mañana, aparecer como hongos (*spread*) multiplicarse **3** (*smoke*) subir en forma de hongo. **mushroom cloud** hongo nuclear.

mu·sic ['mju:zɪk] *n.* música. **to be music to one's ears** ser música para los oídos. **leer música música sic box** caja de música **music lover** melómano **music score** partitura **music stand** atril *m.*

mu·si·cal ['mju:zɪkəl] *adj.* **1** (*gen*) musical **2** (*person-gifted*) dotado para la música (*-fond of music*) aficionado a la música, melómano ◇ *n.* musical *m.*

musical box caja de música **musical comedy** comedia musical **musical instrument** instrumento musical.

mu·si·cian [mju:'zɪʃən] *n.* músico.

Mus·lim ['mʌzlɪm] *adj.* musulmán ◇ *n.* musulmán.

must [mʌst] *auxiliary* **1** (*necessity, obligation*) deber, tener que **2** (*probability*) deber de ◇ *n.* (*need*) necesidad *f.* **if I must** si no hay más remedio.

mus·tache ['mʌstɑ:ʃ] *n.* bigote *m.*

mus·tard ['mʌstəd] *n.* (*gen*) mostaza **mustard gas** gas *m.* mostaza **mustard pot** mostacera.

mu·tant ['mju:tənt] *n.* mutante *mf.* ◇ *adj.* mutante.

mu·ta·tion [mju:'teɪʃən] *n.* mutación *f.*

mute [mju:t] *adj.* (*dumb, silent*) mudo ◇ *n.* **1** LING mudo **2** (*dumb person*) mudo **3** MUS sordina ◇ *tr.* MUS poner sordina a **deaf mute** sordomudo.

mut·ed ['mju:tɪd] *adj.* **1** (*sound*) apagado, sordo **2** (*color*) suave, apagado **3** (*emotion, feeling*) contenido **4** MUS con sordina.

mu·ti·late ['mju:tɪleɪt] *tr.* **1** mutilar.

mu·ti·la·tion [mju:tɪ'leɪʃən] *n.* mutilación *f.*

mu·ti·ny ['mju:tɪnɪ] *n. pl.* **mutinies** motín *m.*, amotinamiento, sublevación *f.*, rebelión *f.* ◇ *intr. pt. & pp.* **mutinied**, *ger.* **mutinying** amotinarse.

mut·ter ['mʌtəʳ] *n.* murmullo, refunfuño ◇ *tr.* (*mumble*) murmurar, mascullar, decir entre dientes, refunfuñar *intr.* (*mumble*) murmurar, hablar entre dientes (*complain*) rezongar, quejarse.

mu·tu·al ['mju:tʃʊəl] *adj.* **1** (*help, love, etc.*) mutuo, recíproco **2** (*friend, interest, etc.*) común. **by mutual consent** de común acuerdo. **the feeling is mutual** es un sentimiento compartido **mutual benefit society** mutualidad *f.* **mutual fund** fondo común de inversión **mutual insurance** seguro mutuo.

my [maɪ] *adj.* mi, mis ◇ *interj.* ¡caramba!, ¡caray!

my·op·ic [maɪ'ɒpɪk] *adj.* miope.

my·self [maɪ'self] *pron.* **1** (*reflexive*) me **2** (*after preposition*) mí (mismo) **3** (*emphatic*) yo mismo **all by myself** (*alone*) solo (*without help*) yo solo. **to myself** (*private*) para mí solo.

mys·te·ri·ous [mɪ'stɪərɪəs] *adj.* misterioso.

mys·ter·y ['mɪstərɪ] *n. pl.* **mysteries** misterio ◇ *npl.* **mysteries** misterios *mpl.* **mystery play** auto sacramental *m.*, misterio.

mys·ti·fy ['mɪstɪfaɪ] *tr. pt. & pp.* **mystified**, *ger.* **mystifying** dejar perplejo, desconcertar.

myth [mɪθ] *n.* **1** (*ancient story*) mito **2** (*fallacy*) falacia. **to explode the myth** refutar el mito.

myth·i·cal ['mɪθɪkəl] *adj.* **1** (*of a myth*) mítico **2** (*not real, imagined*) imaginario, fantástico.

myth·o·log·i·cal [mɪθə'lɒdʒɪkəl] *adj.* mitológico.

my·thol·o·gy [mɪ'θɒlədʒɪ] *n.* mitología.

myx·o·ma·to·sis [mɪksəmə'təʊsɪs] *n.* mixomatosis *f.*

N, n [ɛn] *n. (the letter)* N, n *f.*

N [nɔːθ] *abbr.* **(north)** norte *m. (abbreviation)* N.

n ['njuːtə'] *abbr.* **(neuter)** neutro *(abbreviation)* n.

nab [næb] *tr. pt. & pp.* **nabbed,** *ger.* **nabbing** *[fam. use]* pillar.

na·dir ['neɪdɪə'] *n.* **1** nadir *m.* **2** *fig. use (lowest point)* punto más bajo.

nag[1] [næg] *n.* **1** *(horse)* jamelgo (flaco), tosco.

nag[2] [næg] *tr. pt. & pp.* **nagged,** *ger.* **nagging 1** *(annoy)* molestar, fastidiar **2** *(complain)* dar la tabarra a ◇ *intr.* quejarse ◇ *n.* regañón, gruñón.

nail [neɪl] *n.* **1** *(on finger, toe)* uña **2** *(metal)* clavo ◇ *tr.* **1** clavar, fijar con clavos **2** *(fam. use)* robar, agarrar **as hard as nails** más duro que una piedra. **to pay on the nail** pagar a tocateja. **to hit the nail on the head** dar en el clavo **nail clippers** cortaúñas *m.* **nail enamel** esmalte *m.* para las uñas **nail polish** esmalte *m.* para las uñas **nail scissors** tijeras *fpl.* para las uñas **nail varnish** esmalte *m.* para las uñas **nail varnish remover** quitaesmaltes *m.*

to nail down. *tr. sep.* **1** *(thing)* clavar, sujetar con clavos **2** *fig. use (person)* conseguir que alguien se comprometa.

nail-bit·ing ['neɪlbaɪtɪŋ] *adj.* muy emocionante, de suspenso.

nail-file ['neɪlfaɪl] *n.* lima de uñas.

na·ive [naɪ'iːv] *adj.* ingenuo.

na·ive·ty [naɪ'iːvtɪ] *n.* ingenuidad *f.*

na·ked ['neɪkɪd] *adj.* **1** desnudo *(flame)* sin protección *(light)* sin pantalla **2** *(unhidden)* abierto **with the naked eye** a simple vista **the naked truth** la pura verdad.

na·ked·ly ['neɪkɪdlɪ] *adv.* abiertamente, de forma desnuda.

na·ked·ness ['neɪkɪdnəs] *n.* desnudez *f.*

name [neɪm] *n.* **1** *(first name)* nombre *m. (surname)* apellido **2** *(fame)* fama, reputación *f.* ◇ *tr.* **1** llamar **2** *(appoint)* nombrar **in name only** solo de nombre. **in the name of...** en nombre de... **to call somebody names** insultar a alguien. **to go by the name of...** conocerse por el nombre de... **to make a name for oneself** hacerse un nombre. **to name names** citar nombres, dar nombres. **to put one's name down for something** apuntarse para algo. **to take somebody's name in vain** faltar al respeto a alguien **big name** pez *m.* gordo **name day** santo.

name-drop ['neɪmdrɒp] *intr. pt. & pp.* **name-dropped,** *ger.* **name-dropping 1** presumir de conocer a gente famosa.

name-drop·ping ['neɪmdrɒpɪŋ] *n.* **1** hecho de presumir de conocer a gente famosa.

name·less ['neɪmləs] *adj.* **1** *(unnamed)* anónimo **2** *(indescribable)* indescriptible. **to remain nameless** permanecer en el anonimato.

name·ly ['neɪmlɪ] *adv.* a saber.

name·plate ['neɪmpleɪt] *n.* placa con el nombre.

name·sake ['neɪmseɪk] *n.* tocayo.

Na·mib·i·a [nə'mɪbɪə] *n.* Namibia.

Na·mib·i·an [nə'mɪbɪən] *adj.* namibio ◇ *n.* namibio.

nan·ny ['nænɪ] *n. pl.* **nannies** *(carer)* niñera.

nap [næp] *n.* siesta ◇ *intr. pt. & pp.* **napped,** *ger.* **napping** dormir la siesta. **to catch somebody**

napping *atrapar a alguien desprevenido.* **to have a nap/take a nap** tomar la siesta.

na·palm ['neɪpɑːm] *n.* napalm *m.* ◇ *tr.* atacar con napalm.

nape [neɪp] *n.* nuca, cogote *m.*

nap·kin ['næpkɪn] *n.* servilleta **napkin ring** servilletero.

nar·cis·sism ['nɑːsɪsɪzəm] *n.* narcisismo.

nar·cis·sist ['nɑːsɪsɪst] *n.* narcisista *mf.*

nar·cis·sis·tic [nɑːsɪ'sɪstɪk] *adj.* narcisista.

nar·cot·ic [nɑː'kɒtɪk] *adj.* narcótico ◇ *n.* narcótico.

nar·rate [nə'reɪt] *tr.* narrar.

nar·ra·tion [nə'reɪʃən] *n.* narración *f.*

nar·ra·tive ['nærətɪv] *adj.* narrativo ◇ *n.* **1** narración *f.* **2** *(genre)* narrativa.

nar·ra·tor [nə'reɪtə'] *n.* narrador.

nar·row ['nærəʊ] *adj.* **1** estrecho *(restricted)* reducido, restringido **3** *(by very little)* escaso **4** *(strict)* estricto, exacto **5** **(limited in outlook)** estrecho de miras **6** *(careful)* minucioso ◇ *tr.* **1** *(make narrower)* estrechar **2** *(reduce)* reducir, acortar **3** *(eyes)* entornar ◇ *intr.* **1** *(become narrower)* estrecharse **2** *(eyes)* entornarse ◇ *npl.* **narrows** estrecho *m. sing.* **narrow boat** barcaza.

nar·row·ly ['nærəʊlɪ] *adv.* **1** *(by very little)* por poco, por un escaso margen **2** *(carefully)* minuciosamente.

nar·row-mind·ed [nærəʊ'maɪndɪd] *adj.* estrecho de miras.

nar·whal ['nɑːwəl] *n.* narval *m.*

NASA ['næsə] *abbr.* **(National Aeronautics and Space Administration)** Administración *f.* Nacional de Aeronáutica y del Espacio *(abbreviation)* NASA *f.*

na·sal ['neɪzəl] *adj.* **1** nasal **2** *(way of speaking)* gangoso.

na·sal·ly ['neɪzəlɪ] *adv.* nasalmente.

nas·cent ['næsənt] *adj.* naciente.

nas·ti·ly ['nɑːstɪlɪ] *adv.* de manera desagradable.

nas·ti·ness ['nɑːstɪnəs] *n.* lo desagradable, cosas *fpl.* desagradables.

nas·ty ['nɑːstɪ] *adj. comp.* **nastier,** *superl.* **nastiest 1** *(unpleasant)* desagradable, repugnante, horrible **2** *(malicious)* malintencionado *(unkind)* antipático **3** *(dangerous)* peligroso **4** *(tricky)* peliagudo *(serious)* grave **to have a nasty mind** ser mal pensado. **to turn nasty** ponerse feo.

na·tion ['neɪʃən] *n.* **1** *(country)* nación *f.*, país *m.* **2** *(ethnic group)* pueblo, nación *f.*

na·tion·al ['næʃənəl] *adj.* nacional ◇ *n.* súbdito, ciudadano **national anthem** himno nacional **national costume** traje *m.* típico nacional **national debt** deuda pública **national dress** traje *m.* típico nacional **national government** gobierno nacional de coalición **National Guard** Guardia Nacional *m.* **National Insurance** Seguro *f.* Social nacional **national park** parque *m.* nacional.

na·tion·al·ism ['næʃənəlɪzəm] *n.* nacionalismo.

na·tion·al·ist ['næʃənəlɪst] *adj.* nacionalista ◇ *n.* nacionalista *mf.*

na·tion·al·i·ty [næʃə'nælɪtɪ] *n. pl.* **nationalities** nacionalidad *f.*

na·tion·al·i·za·tion [næʃənəlaɪ'zeɪʃən] *n.* nacionalización *f.*

na·tion·al·ize [næʃənəˈlaɪz] tr. nacionalizar.

na·tion-state [neɪʃənˈsteɪt] n. país independiente cuyos límites coinciden con los de una etnia.

na·tion·wide [(adj.) ˈneɪʃənwaɪd; (adv.) neɪʃənˈwaɪd] adj. de ámbito nacional, a escala nacional ⋄ adv. por todo el país.

na·tive [ˈneɪtɪv] adj. 1 (place) natal (language) materno 2 (plant, animal) originario 3 (relating to natives) de los indígenas ⋄ n. 1 natural mf., nativo 2 (original inhabitant) indígena mf. **Native American** indio americano.

na·tiv·i·ty [nəˈtɪvɪti] n. [fml. use] natividad f. **nativity play** representación (infantil) de la Natividad.

NATO [ˈneɪtəʊ] También se escribe **Nato**. abbr. **(North Atlantic Treaty Organization)** Organización f. del Tratado del Atlántico Norte (abbreviation) OTAN f.

nat·u·ral [ˈnætʃərəl] adj. 1 natural 2 (born) nato 3 (usual) normal, normal ⋄ n. MUS (note) nota natural (sign) becuadro. **to die of natural causes** morir por causas naturales, fallecer de muerte natural **natural childbirth** parto natural **natural gas** gas m. natural **natural history** historia natural **natural resources** recursosmpl naturales **natural science** ciencias fpl. naturales **natural selection** selección f. natural **natural wastage** reducción de plantilla consistente en no sustituir a los que se jubilen o se marchen.

nat·u·ral·ism [ˈnætʃərəlɪzəm] n. naturalismo.

nat·u·ral·ist [ˈnætʃərəlɪst] n. naturalista mf.

nat·u·ral·i·za·tion [nætʃərələˈzeɪʃən] n. naturalización f.

nat·u·ral·ize [ˈnætʃərəlaɪz] tr. naturalizar.

nat·u·ral·ly [ˈnætʃərəli] adv. 1 (by nature) por naturaleza 2 (unaffectedly) con naturalidad 3 (not artificially) de manera natural 4 (of course) naturalmente, por supuesto. **to come naturally to somebody** hacerse sin esfuerzo.

na·ture [ˈneɪtʃəʳ] n. 1 (gen) naturaleza 2 (character) carácter m., forma de ser 3 (type) índole f. **by nature** por naturaleza. **to let nature take it's course** dejar que la naturaleza siga su curso **nature conservation** conservación f. de la naturaleza **nature lover** amante mf. de la naturaleza **nature reserve** reserva natural **nature study** ciencias fpl. naturales **nature trail** itinerario señalizado que permite observar diferentes entornos naturales **second nature** (habit) costumbre f. muy arraigada, hábito (reflex action) acto reflejo.

naugh·ti·ness [ˈnɔːtɪnəs] n. travesuras fpl., mala conducta.

naughty [ˈnɔːti] adj. comp. **naughtier**, superl. **naughtiest** 1 travieso, malo 2 (risqué) atrevido.

Na·u·ru [ˈnaʊru, ˈnɑːuːruː] n. Nauru.

Na·u·ru·an [naʊˈruːən] adj. nauruano ⋄ n. nauruano.

nau·se·a [ˈnɔːzɪə] n. 1 (physical) náusea 2 (disgust) asco, repugnancia.

nau·se·ate [ˈnɔːzɪeɪt] tr. 1 (physically) dar náuseas a 2 (disgust) dar asco a, repugnar.

nau·se·at·ing [ˈnɔːzɪeɪtɪŋ] adj. 1 (physically) nauseabundo 2 (disgusting) asqueroso, repugnante.

nau·seous [ˈnɔːzɪəs] adj. 1 (disgusting) repugnante 2 (physically) nauseabundo.

nau·ti·cal [ˈnɔːtɪkəl] adj. náutico **nautical mile** milla náutica.

nau·ti·lus [ˈnɔːtɪləs] n. nautilo.

na·val [ˈneɪvəl] adj. naval **naval battle** batalla naval **naval base** base f. naval **naval officer** oficial mf. de marina **naval power** potencia naval.

na·vel [ˈneɪvəl] n. ombligo **navel orange** naranja navel.

nav·i·ga·ble [ˈnævɪɡəbəl] adj. navegable.

nav·i·gate [ˈnævɪɡeɪt] tr. 1 (river, sea) navegar por 2 (steer - ship) gobernar (- plane) pilotar ⋄ intr. (when sailing, flying) dirigir (when driving) guiar.

nav·i·ga·tion [nævɪˈɡeɪʃən] n. 1 navegación f.

nav·i·ga·tor [ˈnævɪɡeɪtəʳ] n. 1 MAR navegante mf.

na·vy [ˈneɪvi] n. pl. **navies** 1 marina de guerra, armada **navy blue** azul marino.

NB [enˈbiː] También se escribe **nb**, **N.B.** y **n.b.** abbr. (nota bene) observa bien (abbreviation) N.B.

NBA [enbiːˈeɪ] abbr. **(National Basketball Association)** Asociación Nacional de Baloncesto (abbreviation) NBA f.

NBC [enbiːˈsiː] abbr. **(National Broadcasting Company)** sociedad nacional de radiodifusión (abbreviation) NBC f.

near [nɪəʳ] adj. 1 cercano 2 (relations) cercano 3 (time) próximo 4 (similar) parecido ⋄ adv. cerca ⋄ prep. cerca de ⋄ tr. acercarse a **to come near** acercarse. **to come near to doing something** estar en un tris de hacer algo. **to draw near** acercarse **near miss** (shot) tiro que no da en el blanco por poco (situation) situación que no se produce por poco.

near·by [(adj.) ˈnɪəbaɪ; (adv.) nɪəˈbaɪ] adj. cercano ⋄ adv. cerca.

near·ly [ˈnɪəli] adv. casi. **not nearly** ni mucho menos, ni con mucho.

near·ness [ˈnɪənəs] n. proximidad f. AUTO (right-hand drive) del lado izquierdo (left-hand drive) del lado derecho.

near·sight·ed [nɪəˈsaɪtɪd] adj. miope, corto de vista.

near·sight·ed·ness [nɪəˈsaɪtɪdnəs] adj. miopía.

neat [niːt] adj. 1 (room) ordenado (garden) bien arreglado 2 (person) pulcro (in habits) ordenado 3 (writing) claro 4 (clever) ingenioso, apañado 5 (drinks) solo 6 fantástico, estupendo, chulo, guay.

neat·ly [ˈniːtli] adv. 1 cuidadosamente, con esmero 2 (cleverly) con ingenio, con habilidad.

neat·ness [ˈniːtnəs] n. esmero.

neb·u·la [ˈnebjulə] n. pl. **nebulae** [ˈnebjuliː] o **nebulas** nebulosa.

neb·u·lar [ˈnebjuləʳ] adj. nebular.

neb·u·lous [ˈnebjuləs] adj. nebuloso.

nec·es·sa·ries [ˈnesəsəriz] npl. VER: necessary.

nec·es·sar·i·ly [nesəˈserɪli] adv. 1 necesariamente 2 (inevitably) inevitablemente, forzosamente.

nec·es·sar·y [ˈnesɪsəri] adj. 1 necesario 2 (inevitable) inevitable, forzoso ⋄ npl. necessaries lo necesario, cosas fpl. necesarias. **to do the necessary** hacer lo necesario.

ne·ces·si·tate [nɪˈsesɪteɪt] tr. requerir, exigir, hacer necesario.

ne·ces·si·ty [nɪˈsesɪti] n. pl. **necessities** 1 necesidad f. 2 (item) requisito indispensable. **necessity is the mother of invention** la necesidad aviva el ingenio. **of necessity** inevitablemente. **to make a virtue out of necessity** hacer de la necesidad una virtud.

neck [nek] n. cuello ⋄ intr. [fam. use] (kiss) morrearse (caress) pegarse el lote. **in this neck of the woods** por aquí. **to be neck and neck** ir parejos. **to be up to one's neck in something** estar hasta el cuello de algo. **to be in something up to one's neck** estar metido en algo hasta el cuello. **to break one's neck** desnucarse. **to break one's neck doing something** matarse *haciendo algo.* **to break somebody's neck** *romper el pescuezo a alguien.* **to risk one's neck** *jugarse todo.* **to stick one's neck out** *arriesgarse.* **to win by a neck** *ganar por una cabeza.*

neck·lace ['neklas] *n.* collar *m.*

neck·line ['neklaɪn] *n.* escote *m.* **with a low neckline** *muy escotado.*

nec·tar ['nektəʳ] *n.* néctar *m.*

née [neɪ] *adj.* de soltera.

need [niːd] *n.* **1** necesidad *f.* **2** *(poverty)* necesidad *f.*, infortunio ◇ *tr.* necesitar auxiliary ◇ hacer falta **if need be** *si hace falta.* **if the need arises** *si surge la necesidad, si hace falta.* **to be in need of** *necesitar.* **to have need of** *necesitar, tener necesidad de.*

nee·dle ['niːdəl] *n.* **1** *(gen)* aguja **2** *[fam. use] (injection)* inyección *f.* **3** *(leaf)* hoja ◇ *tr.* *[fam. use]* pinchar. **it's like looking for a needle in a haystack** *es como buscar una aguja en un pajar.*

need·less ['niːdləs] *adj.* innecesario.

nee·dle·work ['niːdəlwɜːk] *n.* **1** *(sewing)* costura **2** *(embroidery)* bordado.

need·n't ['niːdənt] auxiliary VER: need.

need·y ['niːdɪ] *adj. comp.* **needier,** *superl.* **neediest** *necesitado* ◇ *npl.* the needy *los necesitados mpl.*

ne·far·i·ous [nɪ'feərɪəs] *adj.* infame, nefario.

neg ['negətɪv] *abbr.* **(negative)** negativo *(abbreviation)* negat.

ne·gate [nɪ'geɪt] *tr.* **1** *(invalidate)* anular, invalidar **2** *(deny)* negar.

ne·ga·tion [nɪ'geɪʃən] *n.* **1** *(denial)* negación *f.* **2** *(invalidation)* anulación *f.,* invalidación *f.*

neg·a·tive ['negətɪv] *adj.* negativo ◇ *n.* **1** LING negación *f.* **2** *(answer)* negativa **3** *(photograph)* negativo. **to answer in the negative** *dar una respuesta negativa.*

neg·a·tive·ly ['negətɪvlɪ] *adv.* negativamente.

ne·glect [nɪ'glekt] *n.* **1** *(of thing)* descuido, desatención *f.,* abandono **2** *(of duty)* incumplimiento ◇ *tr.* **1** *(not take care of)* tener abandonado, desatender **2** *(fail to attend to)* descuidar **3** *(forget to do)* olvidar.

ne·glect·ful [nɪ'glektfʊl] *adj.* negligente, descuidado. **to be neglectful of** *desatender, descuidar.*

neg·li·gee ['neglɪʒeɪ] *n.* salto de cama, deshabillé *m.*

neg·li·gence ['neglɪdʒəns] *n.* negligencia.

neg·li·gent ['neglɪdʒənt] *adj.* negligente.

neg·li·gi·ble ['neglɪdʒəbəl] *adj.* insignificante.

ne·go·ti·a·ble [nɪ'gəʊʃɪəbəl] *adj.* negociable.

ne·go·ti·ate [nɪ'gəʊʃɪeɪt] *tr.* **1** negociar **2** *(obstacle)* salvar ◇ *intr.* negociar.

ne·go·ti·a·ting [nɪ'gəʊʃɪeɪtɪŋ] **negotiating table** *la mesa de negociaciones.*

ne·go·ti·a·tion [nɪgəʊʃɪ'eɪʃən] *n.* negociación *f.*

ne·go·ti·a·tor [nɪ'gəʊʃɪeɪtəʳ] *n.* negociador.

neigh·bor ['neɪbəʳ] *n.* **1** vecino **2** *(fellow man)* prójimo.

neigh·bor·hood ['neɪbəhʊd] *n.* **1** vecindad *f.,* barrio **2** *(people)* vecindario **neighborhood watch** *grupo de vigilancia vecinal.*

neigh·bor·ing ['neɪbərɪŋ] *adj.* vecino.

neigh·bor·ly ['neɪbəlɪ] *adj.* de buen vecino, amable.

nei·ther ['naɪðəʳ, 'niːðəʳ] *adj.* **1** ninguno de los dos, ninguna de las dos ◇ *pron.* ninguno de los dos, ninguna de las dos ◇ *adv.* **1** ni **2** tampoco **neither... nor...** *ni... ni...*

nem·e·sis ['nemɪsɪs] *n.* némesis *f.,* castigo.

ne·o·clas·si·cal [niːəʊ'klæsɪkəl] *adj.* neoclásico.

ne·o·lith·ic [niːəʊ'lɪθɪk] *adj.* neolítico.

ne·ol·o·gism [niː'ɒlədʒɪzəm] *n.* neologismo.

ne·on ['niːɒn] *n.* neón *m.* **neon light** *luz f. de neón* **neon sign** *rótulo con tubos de neón.*

Ne·pal [nə'pɔːl] *n.* Nepal.

Nep·a·lese [nepə'liːz] *adj.* nepalés, nepalí ◇ *n.* **1** *(person)* nepalés, nepalí *mf.* **2** *(language)* nepalés *m.* nopalí *m.* ◇ *npl.* the Nepalese *los nepaleses mpl.,* los nepalíes *mpl.*

neph·ew ['evjuː] *n.* sobrino.

nep·o·tism ['nepətɪzəm] *n.* nepotismo.

Nep·tune ['neptjuːn] *n.* Neptuno.

nerd [nɜːd] *n. sl.* tonto, lelo *mf.*

nerve [nɜːv] *n.* **1** nervio **2** *(daring)* valor *m.* **3** *(cheek)* descaro, jeta, cara **to be a bundle of nerves** *estar hecho un manojo de nervios.* **to get on somebody's nerves** *crispar los nervios a alguien.* **to lose one's nerve** *rajarse* **nerve cell** *neurona* **nerve center** *centro neurálgico* **nerve gas** *gas m. nervioso.*

nerve-rack·ing ['nɜːvrækɪŋ] *adj.* angustioso.

nerv·ous ['nɜːvəs] *adj.* **1** nervioso **2** *(afraid)* miedoso *(timid)* tímido **3** *(apprehensive)* aprensivo **nervous breakdown** *crisis f. nerviosa* **nervous system** *sistema m. nervioso.*

nest [nest] *n.* **1** nido *(hen's)* nidal *m.* **2** *(wasp's)* avispero *(animal's)* madriguera **3** *fig. use* nido, refugio ◇ *intr.* anidar, nidificar ◇ *tr.* COMPUT anidar **nest egg** *ahorrillos mpl.* **nest of tables** *mesas fpl. nido.*

nes·tle ['nesəl] *intr.* **1** ponerse cómodo, acomodarse, arrellanarse, repantigarse **2** *(lie hidden)* esconderse ◇ *tr.* recostar.

N

net¹ [net] *n.* red *f.* ◇ *tr. pt. & pp.* **netted,** *ger.* **netting** coger con red **net cord** *(in tennis, etc.)* cinta de la red **net curtains** *cortina para protección del sol.*

net² [net] *adj.* FIN neto ◇ *tr. pt. & pp.* **netted,** *ger.* **netting 1** *(earn)* ganar neto **2** *(produce)* reportar un beneficio neto de **net result** *resultado final* **net weight** *peso neto.*

Neth·er·land·er ['neðələndəʳ] *n.* neerlandés.

Neth·er·lands ['neðələndʒ] *n.* the Netherlands *los Países mpl. Bajos.*

net·ting ['netɪŋ] *n.* malla, red *f.*

net·work ['netwɜːk] *n.* red *f.* ◇ *tr.* COMPUT conectar en red.

neu·ral·gia [njʊ'rældʒɪə] *n.* neuralgia.

neu·rolog·i·cal [njʊərə'lɒdʒɪkəl] *adj.* neurológico.

neu·rol·o·gist [njʊ'rɒlədʒɪst] *n.* neurólogo.

neu·rol·o·gy [njʊ'rɒlədʒɪ] *n.* neurología.

neu·ron ['njʊərɒn] *n.* neurona.

neu·ro·ses [njʊ'rəʊsiːz] *n. pl.* **neuroses** *neurosis f.*

neu·ro·sur·geon [njʊərəʊsɜːdʒən] *n.* neurocirujano.

neu·rot·ic [njʊ'rɒtɪk] *adj.* neurótico ◇ *n.* neurótico.

neu·ter ['njuːtəʳ] *adj.* neutro ◇ *n.* LING neutron ◇ *tr. (castrate)* castrar.

neu·tral ['njuːtrəl] *adj.* **1** *(in general)* neutro **2** POL neutral **3** *(impartial)* neutral, imparcial ◇ *n.* AUTO punto muerto.

neu·tral·i·ty [njuː'trælɪtɪ] *n.* neutralidad *f.*

neu·tral·ize ['njuːtrəlaɪz] *tr.* neutralizar.

neu·tron ['njuːtrɒn] *n.* neutrón *m.* **neutron bomb** *bomba de neutrones.*

nev·er ['nevəʳ] *adv.* nunca, jamás **never again** *nunca más.* **never mind!** *¡no importa!* **well, I never (did)!** *¡no me digas!*

nev·er-end·ing [nevə'rendɪŋ] *adj.* interminable.

nev·er·the·less [nevəðə'les] *adv.* sin embargo.

new [nju:] *adj.* **1** nuevo **2** *(baby)* recién nacido **as good as new** como nuevo. **to be new to something** ser nuevo en algo. **what's new?** ¿qué hay de nuevo? **new blood** sangre *f.* nueva **new deal** programa *m.* de reformas **new moon** luna nueva **New Testament** Nuevo Testamento **new wave** nueva ola **New World** Nuevo Mundo **New Year** Año nuevo **New Year's Day** Día *m.* de Año Nuevo **New Year's Eve** Año Nuevo.

new·bie ['nju:bɪ] *n.* COMPUT *[fam. use]* novato.

new·born ['nju:bɔ:n] *adj.* recién nacido.

new·com·er ['nju:kʌmə^r] *n.* recién llegado.

new·ly ['nju:lɪ] *adv.* recién.

new·ly·wed ['nju:lɪwed] *n.* recién casado.

news [nju:z] *n.* noticias *fpl.* **bad news travels fast** las malas noticias corren deprisa. **it's news to me** *[fam. use]* ahora me entero. **no news is good news** la falta de noticias son buenas noticias. **to break the news to somebody** dar la noticia a alguien **a piece of news** una noticia **news agency** agencia de noticias **news bulletin** boletín *m.* de noticias **news conference** conferencia de prensa **news dealer** vendedor de periódicos **news item** noticia.

news·cast ['nju:zkɑ:st] *n.* *(gen)* informativo, noticias *fpl.* *(on television)* telediario.

news·flash ['nju:zflæʃ] *n.* noticia de última hora.

news·let·ter ['nju:zletə^r] *n.* hoja informativa, boletín *m.*

news·pa·per ['nju:speɪpə^r] *n.* diario, periódico.

news·read·er ['nju:zri:də^r] *n.* *(on TV, radio)* conductor del informativo.

news·stand ['nju:zstænd] *n.* quiosco, puesto de periódicos.

news·ven·dor ['nju:zvendə^r] *n.* vendedor de periódicos.

news·wor·thy ['nju:zwɜ:ðɪ] *adj.* de interés periodístico.

newt [nju:t] *n.* tritón *m.*

next [nekst] *adj.* **1** *(following - in order)* próximo, siguiente *(- in time)* próximo, que viene **2** *(room, house, etc.)* de al lado ◇ *adv.* **1** luego, después, a continuación ◇ *prep.* next to al lado de **next to nothing** casi nada **next door** al lado, la casa de al lado **the next world** el más allá *m.*, el otro mundo.

next-door ['nekstdɔ:^{r}] *adj.* de al lado, de la casa de al lado.

nex·us ['neksəs] *n. pl.* **nexus** nexo.

NGO [enˌdʒi:'əʊ] *abbr.* **(Non-Governmental Organization)** Organización *f.* No Gubernamental *(abbreviation)* ONG *f.*

nib·ble ['nɪbəl] *n.* **1** *(action)* mordisco, mordisquito **2** *(piece)* bocadito ◇ *intr.* picar.

Nic·a·ra·gua [nɪkə'rægjuə] *n.* Nicaragua.

Nic·a·ra·guan [nɪkə'rægjuən] *adj.* nicaragüense ◇ *n.* nicaragüense.

nice [naɪs] *adj.* **1** *(person)* amable, simpático, majo **2** *(thing)* bueno, agradable *(food)* delicioso, bueno **4** *(pretty)* bonito, mono, guapo **5** *(subtle)* sutil **6** *iron.* menudo, bonito.

nice·ly ['naɪslɪ] *adv.* **1** *(well)* bien **2** *(properly)* bien **3** *[fam. use]* *(very well)* perfecto, estupendo.

niche [niːʃ] *n.* nicho, hornacina.

nick·el ['nɪkəl] *n.* **1** níquel *m.* **2** moneda de cinco centavos ◇ *tr.* niquelar **nickel silver** metal *m.* blanco.

nick·el-plated [nɪkəl'pleɪtɪd] *adj.* niquelado.

nick·name ['nɪkneɪm] *n.* apodo ◇ *tr.* apodar.

nic·o·tine ['nɪkəti:n] *n.* nicotina.

niece [ni:s] *n.* sobrina.

Ni·ger [ni:'ʒeə^r] *n.* Níger.

Ni·ge·ri·a [naɪ'dʒɪərɪə] *n.* Nigeria.

Ni·ge·ri·an [naɪ'dʒɪərɪən] *adj.* nigeriano ◇ *n.* nigeriano.

nig·gle ['nɪgəl] *n.* **1** *(doubt)* duda **2** *(worry)* preocupación *f.* ◇ *intr.* *(worry)* preocupar ◇ *tr.* *(annoy)* molestar ◇ *intr.* *(fuss)* reparar en nimiedades *(complain)* quejarse.

nig·gling ['nɪgəlɪŋ] *adj.* **1** *(trifling)* insignificante, baladí, nimio **2** *(persistent)* persistente **3** *(worrying)* preocupante.

night [naɪt] *n.* noche *f.* ◇ *adv.* nights *[fam. use]* de noche, por la noche **all night long** toda la santa noche. **at dead of night** en mitad de la noche. **at night** de noche. **by night** de noche. **last night** anoche. **late at night** a altas horas de la noche. **night and day** noche y día. **to have a bad night** pasar una mala noche. **to have a good night** *(sleep well)* dormir bien *(have fun)* pasárselo bien. **to have a late night** acostarse tarde. **to have a night out** salir de juerga por la noche. **to have an early night** acostarse temprano. **to make a night of it** salir de juerga hasta tarde **night court** juzgado de guardia **night owl** ave *f.* nocturna, trasnochador **night porter** portero de noche **night safe** caja permanente, depósito nocturno **night shift** turno de noche **night stick** bastón **night watchman** vigilante *m.* nocturno.

night·club ['naɪtklʌb] *n.* club *m.* nocturne, antro.

night·dress ['naɪtdres] *n.* camisón *m.*

night·fall ['naɪtfɔ:l] *n.* anochecer *m.*

night·life ['naɪtlaɪf] *n.* ambiente *m.* nocturno.

night·light ['naɪtlaɪt] *n.* *(candle)* velita *(electric)* lucecita.

night·ly ['naɪtlɪ] *adv.* cada noche ◇ *adj.* cada noche.

night·mare ['naɪtmeə^r] *n.* pesadilla.

night·time ['naɪttaɪm] *n.* noche *f.*

ni·hil·ism ['nɪhɪlɪzəm] *n.* nihilismo.

ni·hil·ist ['nɪhɪlɪst] *n.* nihilista *mf.*

ni·hil·is·tic [nɪhɪ'lɪstɪk] *adj.* nihilista.

nil [nɪl] *n.* **1** cero, nada **2** SP cero.

Nile [naɪl] *n.* el Nilo.

nim·ble ['nɪmbəl] *adj.* ágil.

nim·bus ['nɪmbəs] *n.* nimbo.

nine [naɪn] *adj.* nueve ◇ *n.* nueve *m.* **nine times out of ten** en el noventa por ciento de los casos **nine day's wonder** fenómeno efímero. **NOTA:** Ver también six.

nine·teen [naɪn'ti:n] *adj.* diecinueve ◇ *n.* diecinueve *m.* **to talk nineteen to the dozen** hablar por los codos. **NOTA:** Ver también six.

nine·teenth [naɪn'ti:nθ] *adj.* decimonono ◇ *adv.* en decimonono lugar ◇ *n.* **1** *(in series)* decimonono **2** *(fraction)* decimonono *(one part)* parte *f.* **NOTA:** Ver también sixth.

nine·ties ['naɪntɪz] *npl.* the nineties **1** los años *mpl.* noventa, los noventa *mpl.* **to be in one's nineties** tener entre noventa y cien años, tener noventa y tantos años. **NOTA:** Ver también sixties.

nine·ti·eth ['naɪntɪəθ] *adj.* nonagésimo ◇ *adv.* en nonagésimo lugar ◇ *n.* **1** *(in series)* nonagésimo **2** *(fraction)* nonagésimo *(one part)* nonagésima parte *f.* **NOTA:** Ver también sixtieth.

nine·ty ['naɪntɪ] *adj.* noventa ◇ *n.* noventa *m.* **NOTA:** Ver también sixty.

ninth [naɪnθ] *adj.* nono, novena ◇ *adv.* en nono lugar, en noveno lugar ◇ *n.* **1** *(in series)* nono, noveno 2 *(fraction)* noveno *(one part)* novena parte f. NOTA: Ver también sixth.

nip [nɪp] *n.* 1 *(pinch)* pellizco *m. (bite)* mordisco, mordedura 2 *(drink)* trago *m. tr. pt. & pp.* **nipped***, ger.* **nipping** 1 *(pinch)* pellizcar 2 *(bite)* morder (con poca fuerza) ◇ *intr.* 1 *(pinch)* pellizcar 2 *(bite)* morder 3 *(go quickly)* ir (en un momento) **to nip in the bud** cortar de raíz.

nip·ple ['nɪpəl] *n.* 1 *(female)* pezón *m.* 2 *(male)* tetilla 3 *(teat)* tetilla 4 TECH pezón *m.*

nir·va·na [nɪə'vɑ:nə] *n.* nirvana.

ni·trate ['naɪtreɪt] *n.* nitrato.

ni·tric ['naɪtrɪk] *adj.* nítrico **nitric acid** *ácido nítrico, agua fuerte.*

ni·trite ['naɪtraɪt] *n.* nitrito.

ni·tro·gen ['naɪtrədʒən] *n.* nitrógeno.

ni·tro·glyc·er·ine [naɪtrəʊ'glɪsərɪn] *n.* nitroglicerina.

ni·trous ['naɪtrəs] *adj.* nitroso **nitrous oxide** *óxido nitroso.*

nix [nɪks] *n.* nada ◇ *tr.* rechazar.

no [nəʊ] *adv.* no ◇ *adj.* ninguno *(before masc sing)* ningún ◇ *n.* no **no end of…** *(fam. use)* un mogollón de… **no way** (José)! ¡ni hablar! **there's no knowing/there's no telling…** *no se puede saber…, es imposible saber…*

No ['nʌmbə*ʳ*] También se escribe **no;** *pl.* **Nos, nos.** *abbr. (number)* número *(abbreviation)* nº, núm.

No·ah [nəʊə] *n.* Noé **Noah's ark** *el arca f. de Noé.*

no·bil·i·ty [nəʊ'bɪlɪtɪ] *n.* nobleza.

no·ble ['nəʊbəl] *adj.* noble ◇ *n.* noble *mf.*

no·ble·man ['nəʊbəlmən] *n. pl.* **noblemen** noble *m.*

no·bly ['nəʊblɪ] *adv.* 1 noblemente, con nobleza 2 *fig. use* con generosidad.

no·bod·y ['nəʊbədɪ] *pron.* nadie ◇ *n.* don nadie *m.* **like nobody's business** *(fam. use)* como nadie.

noc·tur·nal [nɒk'tɜ:nəl] *adj.* nocturno.

nod [nɒd] *n.* 1 saludo con la cabeza 2 *(in agreement)* señal *f.* de asentimiento *intr. pt. & pp.* **nodded,** *ger.* **nodding** 1 saludar con la cabeza 2 *(agree)* asentir (con la cabeza). **a nod's as good as a wink (to a blind horse)** *a buen entendedor, pocas palabras bastan.* **to nod one's head** *asentir con la cabeza.*

to nod off *intr.* 1 dormirse, dar cabezadas.

node [nəʊd] *n.* 1 *(of plant)* nudo 2 *(in physics)* nudo, nodo.

nod·ule ['nɒdju:l] *n.* nódulo.

no·hop·er ['nəʊhəʊpə*ʳ*] *n. (fam. use)* inútil *mf.*

no·how ['nəʊhaʊ] *adv.* de ninguna manera.

noise [nɔɪz] *n.* ruido, sonido ◇ *npl.* **noises** *comentarios mpl.* **to make a noise** *hacer ruido.* **to noise something abroad** *difundir algo* **big noise** *(fam. use)* pez m. gordo.

noise·less ['nɔɪzləs] *adj.* silencioso.

nois·i·ly ['nɔɪzɪlɪ] *adv.* ruidosamente.

nois·y ['nɔɪzɪ] *adj. comp.* **noisier,** *superl.* **noisiest** ruidoso.

no·mad ['nəʊmæd] *n.* nómada *mf.*

no·mad·ic [nəʊ'mædɪk] *adj.* nómada.

no·man's·land ['nəʊmænzlænd] *n.* tierra de nadie.

no·men·cla·ture [nəʊ'meŋklətʃə] *n.* nomenclatura.

nom·i·nal ['nɒmɪnəl] *adj.* 1 nominal 2 *(price)* simbólico.

nom·i·nal·ly ['nɒmɪnəlɪ] *adv.* 1 nominalmente.

nom·i·nate ['nɒmɪneɪt] *tr.* 1 nombrar 2 *(propose)* proponer.

nom·i·na·tion [nɒmɪ'neɪʃən] *n.* 1 *(appointment)* nombramiento 2 *(proposal)* nominación *f.*, propuesta.

nom·i·nee [nɒmɪ'ni:] *n.* 1 *(person chosen)* nominado 2 *(person proposed)* persona propuesta, candidato.

non·ad·dic·tive [nɒnə'dɪktɪv] *adj.* que no crea dependencia.

non·a·ge·nar·i·an [nɒnədʒə'neərɪən] *adj.* nonagenario ◇ *n.* nonagenario.

non·a·gon ['nɒnəgɒn] *n.* eneágono.

non·ag·gres·sion [nɒnə'greʃən] *n.* no agresión *f.* **nonaggression pact** *pacto de no agresión.*

non·al·co·hol·ic [nɒnælkə'hɒlɪk] *adj.* no alcohólico, sin alcohol.

non·be·liev·er [nɒnbɪ'li:və*ʳ*] *n.* no creyente *mf.*

non·cha·lance ['nɒnʃələns] *n.* 1 *(lack of worry)* despreocupación *f.* 2 *(calmness)* serenidad *f.*, ecuanimidad *f.* 3 *(indifference)* indiferencia.

non·cha·lant ['nɒnʃələnt] *adj.* 1 *(not worried)* despreocupado 2 *(calm)* sereno ecuánime 3 *(not interested)* indiferente.

non·com·bat·ant [nɒn'kɒmbətənt] *n.* no combatiente *mf.*

non·com·mit·tal [nɒnkə'mɪtəl] *adj. (person)* evasivo *(answer)* no comprometedor.

non·com·pet·i·tive [nɒnkəm'petɪtɪv] *adj.* no competitivo.

non·con·form·ist [nɒnkən'fɔ:mɪst] *adj.* disidente ◇ *n.* 1 disidente *mf.* 2 REL miembro de cualquiera de las Iglesias que se escindieron de la Anglicana.

non·co·op·er·a·tion [nɒnkəʊpə'reɪʃən] *n.* no cooperación *f.*

non·cus·to·di·al [nɒnkə'stəʊdɪəl] *adj.* 1 *(parent)* que no tiene custodia legal de sus hijos 2 *(sentence)* que no implica ingreso en prisión.

non·dair·y [nɒn'deərɪ] *adj.* no lácteo.

non·de·script [nɒndɪskrɪpt] *adj.* soso, insulso, anodino, insípido.

non·driv·er [nɒn'draɪvə*ʳ*] *n.* persona que no sabe conducir.

none [nʌn] *pron.* ninguno ◇ *adv.* de ningún modo **none but** *únicamente, solamente, solo* **none other than** *nada menos que.* **to have none of** *no tolerar, no permitir.*

non·en·ti·ty [nɒn'nentɪtɪ] *n. pl.* **nonentities** nulidad *f.*

non·es·sen·tial [nɒnɪ'senʃəl] *adj.* no esencial.

none·the·less [nʌnðə'les] *adv.* no obstante.

non·e·vent [nɒnɪ'vent] *n.* fracaso.

non·ex·ist·ent [nɒnɪg'zɪstənt] *adj.* inexistente.

non·fat·ten·ing [nɒn'fætənɪŋ] *adj.* que no engorda.

non·fer·rous [nɒn'ferəs] *adj.* no ferroso.

non·fic·tion [nɒn'fɪkʃən] *n.* no ficción *f.*

non·flam·ma·ble [nɒn'flæməbəl] *adj.* ininflamable.

non·gov·ern·men·tal [nɒngʌvən'mentəl] *adj.* no gubernamental.

non·in·fec·tious [nɒnɪn'fekʃəs] *adj.* no infeccioso.

non·in·flam·ma·ble [nɒnɪn'flæməbəl] *adj.* ininflamable, ignífugo.

non·in·ter·ven·tion [nɒnɪntə'venʃən] *n.* no intervención *f.*

non·iron [nɒn'aɪən] *adj.* que no necesita plancha.

non·mem·ber [nɒn'membə*ʳ*] *n.* no socio.

non·ne·go·ti·a·ble [nɒnnɪ'gəʊʃɪəbəl] *adj.* no negociable.

non·non·sense [nɒn'nɒnsens] *adj.* práctico.

non·op·er·a·tion·al [nɒnɒpə'reɪʃənəl] *adj.* 1 no operativo 2 MIL no operacional.

non·par·tic·i·pa·tion [nɒnpɑ:tɪsɪ'peɪʃən] *n.* no participación *f.*

non·par·ti·san [nɒn'pɑ:tɪzæn] *adj.* imparcial.

non·pay·ment [nɒn'peɪmənt] *n.* impago, falta de pago.

non·plus [nɒn'plʌs] *tr. pt. & pp.* **nonplussed,** *ger.* **nonplussing** dejar perplejo.

non·prof·it·mak·ing [nɒn'prɒfɪtmeɪkɪŋ] *adj.* sin fines lucrativos.

non·pro·lif·er·a·tion [nɒnprəlɪfəˈreɪʃən] *n.* no proliferación *f.*

non·re·new·a·ble [nɒnrɪˈnjuːəbəl] *adj.* no renovable.

non·res·i·dent [nɒnˈrezɪdənt] *adj.* no residente *mf.* "Open to nonresidents" *"Abierto al público".*

non·re·stric·tive [nɒnrɪˈstrɪktɪv] *adj.* no restrictivo.

non re turn a ble [nɒnrɪˈtɜːnəbəl] *adj.* no retornable.

non·sense [ˈnɒnsəns] *n.* tonterías *fpl.*

non·sen·si·cal [nɒnˈsensɪkəl] *adj.* absurdo.

non se·qui·tur [nɒnˈsekwɪtəʳ] *n.* incongruencia.

non·skid [ˈnɒnˈskɪd]. *adj.* antiderrapante.

non·slip [ˈnɒnˈslɪp]. *adj.* antideslizante.

non·smok·er [nɒnˈsməukəʳ] *n.* no fumador.

non·smok·ing [nɒnˈsməukɪŋ] *adj.* de no fumadores.

non·stand·ard [nɒnˈstændəd] *adj.* no estándar.

non·stick [ˈnɒnˈstɪk]. *adj.* antiadherente.

non·stop [ˈnɒnˈstɒp]. *adj.* **1** *(continuous)* continuo **2** *(flight, etc.)* directo, sin escalas ⬦ *adv.* sin parar.

non·tax·a·ble [nɒnˈtæksəbəl] *adj.* no imponible, no gravable.

non·tox·ic [nɒnˈtɒksɪk] *adj.* no tóxico.

non·trans·fer·a·ble [nɒntrænsˈfɜːrəbəl] *adj.* intransferible.

non·un·ion [nɒnˈjuːnjən] *adj.* no sindicado.

non·ver·bal [nɒnˈvɜːbəl] *adj.* no verbal.

non·vi·o·lent [nɒnˈvaɪələnt] *adj.* no violento.

non·vot·ing [nɒnˈvəutɪŋ] *adj.* **1** que no vota **2** *(share)* que no da derecho a voto.

non·work·ing [nɒnˈwɜːkɪŋ] *adj.* inhábil.

noo·dle [ˈnuːdəl] *n.* fideo.

nook [nuk] *n.* rincón *m.*

noon [nuːn] *n.* mediodía *m.*

no-one [ˈnəuwʌn] También se escribe **no one**. *pron.* nadie.

noose [nuːs] *n.* **1** lazo **2** *(hangman's)* soga, dogal *m.*

nope [nəup] *interj.* *(fam. use)* ¡no!

no-place [ˈnəupleɪs] *adv.* VER: nowhere.

nor [nɔːʳ] *conj.* **1** ni **2** tampoco.

norm [nɔːm] *n.* norma.

nor·mal [ˈnɔːməl] *adj.* normal.

nor·mal·cy [ˈnɔːməlsɪ] *n.* normalidad *f.*

nor·mal·i·ty [nɔːˈmælɪtɪ] *n.* normalidad *f.*

nor·mal·i·za·tion [nɔːməlaɪˈzeɪʃən] *n.* normalización *f.*

nor·mal·ize [ˈnɔːməlaɪz] *tr.* normalizar ⬦ *intr.* normalizarse.

nor·mal·ly [ˈnɔːməlɪ] *adv.* normalmente.

north [nɔːθ] *n.* norte *m.* ⬦ *adj.* del norte ⬦ *adv.* al norte, hacia el norte **North Pole** *Polo Norte.*

north·bound [ˈnɔːθbaund] *adj.* con dirección norte, que va hacia el norte.

north·east [nɔːθˈiːst] *n.* nordeste *m.,* noreste *m.* ⬦ *adj.* del nordeste ⬦ *adv.* al nordeste.

north·east·er·ly [nɔːθˈiːstəlɪ] *adj.* del nordeste, del noreste ⬦ *n.* viento del nordeste.

north·east·ern [nɔːθˈiːstən] *adj.* del nordeste, del noreste.

north·east·ward [nɔːθˈiːstwəd] *adv.* hacia el nordeste.

north·east·wards [nɔːθˈiːstwədz] *adv.* hacia el nordeste.

north·er·ly [ˈnɔːðəlɪ] *adj.* del norte, septentrional ⬦ *n.* viento del norte.

north·ern [ˈnɔːðən] *adj.* del norte, septentrional **Northern Lights** *aurora boreal.*

north·ern·er [ˈnɔːðənəʳ] *n.* norteño.

north·ern·most [ˈnɔːðənməust] *adj.* más septentrional.

north-north·east [nɔːθnɔːθˈiːst] *n.* nornoreste *m.* ⬦ *adv.* al nornoreste, hacia el nornoreste.

north-north·west [nɔːθnɔːθˈwest] *n.* nornoroeste *m.* ⬦ *adv.* al nornoroeste, hacia el nornoroeste.

north·ward [ˈnɔːθwəd] *adj.* hacia el norte.

north·wards [ˈnɔːθwədz] *adj.* hacia el norte.

north·west [nɔːθˈwest] *n.* noroeste *m.* ⬦ *adj.* del noroeste ⬦ *adv.* al noroeste, hacia el noroeste.

north·west·er·ly [nɔːθˈwestəlɪ] *adj.* del noroeste ⬦ *n.* viento del noroeste.

north·west·ern [nɔːθˈwestən] *adj.* del noroeste.

north·west·ward [nɔːθˈwestwəd] *adv.* hacia el noroeste.

north·west·wards [nɔːθˈwestwədz] *adv.* hacia el noroeste.

Nor·way [ˈnɔːweɪ] *n.* Noruega.

Nor·we·gian [nɔːˈwiːdʒən] *adj.* noruego ⬦ *n.* **1** *(person)* noruego **2** *(language)* noruego.

nose [nəuz] *n.* **1** nariz *f.* **2** *(of animal)* hocico **3** *(sense)* olfato **4** *(of car, etc.)* morro. **it's as plain as the nose on your face** *está tan claro como el agua.* **just follow your nose** *(go straight ahead)* *sigue todo recto (follow instinct) guíate por el instinto.* **to blow one's nose** *sonarse.* **to have a nose for something** *tener olfato para algo.* **to pay through the nose** *pagar un dineral.* **to poke/stick one's nose into something** *meter las narices en algo.* **to put somebody's nose out of joint** *molestar a alguien, ofender a alguien.* **to turn one's nose up at something** *hacer ascos de algo.* **under somebody's very nose/right under somebody's nose** *en las narices de alguien.*

to nose a·round *intr.* curiosear.

nose·bleed [ˈnəuzbliːd] *n.* hemorragia nasal.

nos·tal·gia [nɒˈstældʒə] *n.* nostalgia, añoranza.

nos·tal·gic [nɒˈstældʒɪk] *adj.* nostálgico.

nos·tal·gi·cal·ly [nɒˈstældʒɪklɪ] *adv.* con nostalgia, con añoranza.

nos·tril [ˈnɒstrəl] *n.* fosa nasal.

nos·trum [ˈnɒstrəm] *n.* panacea.

nos·y [ˈnəuzɪ] *adj. comp.* **nosier,** *superl.* **nosiest** *[fam. use]* curioso, entrometido **nosy parker** *metomentodo m.*

not [nɒt] La forma contracta es **n't: isn't, aren't, doesn't.** *adv.* no **not likely!** *¡ni hablar!* **not that...** *no es que...* **not to say...** *por no decir...*

no·ta·ble [ˈnəutəbəl] *adj.* notable.

no·ta·rize [ˈnəutəraɪz] *tr.* autenticar, legalizar.

no·ta·ry [ˈnəutərɪ] *n. pl.* **notaries** notario.

no·ta·tion [nəuˈteɪʃən] *n.* notación *f.*

note [nəut] *n.* **1** MUS nota *(key)* tecla **2** *(message)* nota **3** *(money)* billete *m.* ⬦ *tr.* **1** *(notice)* notar, advertir **2** *(pay special attention)* fijarse en **3** *(write down)* apuntar, anotar ⬦ *npl.* notes apuntes *mpl.* **of note** *digno de mención, de importancia.* **to compare notes** *cambiar impresiones.* **to make a note of** *apuntar.* **to take notes** *tomar apuntes.*

note·book [ˈnəutbuk] *n.* **1** *(book)* libreta, cuaderno **2** *(computer)* ordenador *m.* portátil.

not·ed [ˈnəutɪd] *adj.* conocido, célebre.

note·pad [ˈnəutpæd] *n.* bloc *m.* de notas.

note·pa·per [ˈnəutpeɪpəʳ] *n.* papel *m.* para cartas.

note·wor·thy [ˈnəutwɜːðɪ] *adj.* digno de mención.

noth·ing [ˈnʌθɪŋ] *n.* nada ⬦ *adv.* de ningún modo, de ninguna manera **for nothing** *[fam. use]* gratis. **nothing but...** *únicamente..., solo...* **nothing doing** *[fam. use]* *ni hablar.* **nothing else** *nada más.* **nothing much** *nada de interés.* **there's nothing to it** *es facilísimo.* **to say nothing of...** *por no hablar de...*

no·tice [ˈnəutɪs] *n.* **1** *(sign)* letrero **2** *(announcement)* anuncio **3** *(criticism)* crítica, reseña, recensión *f.*

4 *(attention)* atención f. **5** *(warning)* aviso ◇ *tr.* notar, fijarse en, darse cuenta de ◇ *intr. [fam. use]* *(show)* verse **to hand in one's notice** presentar la dimisión. **to take no notice of** no hacer caso de. **until further notice** hasta nuevo aviso. **without notice** sin previo aviso.

no·tice·a·ble ['nəʊtɪsəbəl] *adj.* que se nota, evidente.

no·tice·board ['nəʊtɪsbɔːd] *n.* tablón m. de anuncios.

no·ti·fi·ca·tion [nəʊtɪfɪ'keɪʃən] *n.* notificación f.

no·ti·fy ['nəʊtɪfaɪ] *tr. pt. & pp.* **notified**, *ger.* **notifying** notificar, avisar.

no·tion ['nəʊʃən] *n.* noción f., idea, concepto.

no·tion·al ['nəʊʃənəl] *adj.* nocional.

no·to·ri·e·ty [nəʊtə'raɪətɪ] *n.* mala fama.

no·to·ri·ous [nəʊ'tɔːrɪəs] *adj. pej.* célebre.

not·with·stand·ing [nɒtwɪθ'stændɪŋ] *adv.* no obstante ◇ *prep.* a pesar de.

nought [nɔːt] *n.* cero **noughts and crosses** tres en raya m.

noun [naʊn] *n.* nombre m., sustantivo **noun phrase** sintagma m. nominal.

nour·ish ['nʌrɪʃ] *tr.* nutrir, alimentar.

nour·ish·ing ['nʌrɪʃɪŋ] *adj.* nutritivo.

nour·ish·ment ['nʌrɪʃmənt] *n.* nutrición ◇ f., alimentación f.

Nov ['nəʊvembəʳ] *abbr.* **(November)** noviembre m.

no·va ['nəʊvə] *n. pl.* **novae** ['nəʊviː] o **novas** nova.

nov·el¹ ['nɒvəl] *adj.* original, novedoso.

nov·el² ['nɒvəl] *n.* novela.

nov·el·ist ['nɒvəlɪst] *n.* novelista mf.

no·vel·la [nəʊ'velə] *n. pl.* **novellas** o **novelle** novela corta.

nov·el·ty ['nɒvəltɪ] *n. pl.* **novelties** **1** novedad f. **2** *(trinket)* chuchería.

No·vem·ber [nəʊ'vembəʳ] *n.* **1** noviembre m. **NOTA:** Para ejemplos de uso, ver **May**.

nov·ice ['nɒvɪs] *n.* **1** novato **2** REL novicio.

now [naʊ] *adv.* **1** *(at the present)* ahora **(used contrastively)** ya **2** *(immediately)* ya, ahora mismo **3** *(in past)* ya, entonces **4** *(introductory)* bueno, vamos a ver, veamos ◇ *conj.* También **now that** ahora que, ya que **by now** ya **for now** por el momento. **from now on** de ahora en adelante. **just now** *(at this moment)* en estos momentos, ahora mismo *(a short while ago)* hace un momento, ahora mismo **now and then** de vez en cuando. **now now** vale, basta, ya está bien **right now** ahora mismo.

now·a·days ['naʊədeɪz] *adv.* hoy día, hoy en día, actualmente.

no·where ['nəʊweəʳ] *adv. (position)* en ninguna parte, en ningún sitio, en ningún lugar *(direction)* a ninguna parte, a ningún sitio **in the middle of nowhere** en el quinto pino. **nowhere near** muy lejos de.

nox·ious ['nɒkʃəs] *adj.* nocivo.

noz·zle ['nɒzəl] *n. (of hose)* boca, boquilla *(of oilcan)* pitorro *(large calibre)* tobera.

nth [enθ] *adj. [fam. use]* enésimo. **to the nth degree** a la enésima potencia.

Nth [nɔːθ] *abbr.* **(North)** norte *(abbreviation)* N.

nub [nʌb] *n.* meollo, clave f. **the nub of the matter** el quid de la cuestión.

nu·cle·ar ['njuːklɪəʳ] *adj.* nuclear **nuclear bomb** bomba nuclear **nuclear capability** potencial m. nuclear **nuclear capacity** capacidad f. nuclear **nuclear disarmament** desarme m. nuclear **nuclear energy** energía nuclear **nuclear facility** planta de energía nuclear **nuclear**

family familia nuclear **nuclear fission** fisión f. nuclear **nuclear fusion** fusión f. nuclear **nuclear physics** física nuclear **nuclear power** energía nuclear **nuclear power station** central f. nuclear **nuclear reaction** reacción f. nuclear **nuclear reactor** reactor m. nuclear **nuclear war** guerra nuclear **nuclear waste** residuos nucleares **nuclear weapon** arma nuclear **nuclear winter** invierno nuclear.

nu·cle·ar-free [njuːklɪə'friː] *adj.* no nuclearizado, libre de energía nuclear, desnuclearizado.

nu·cle·i [njuː'klaɪaɪ] *npl.* VER: **nucleus**.

nu·cle·ic [njuː'kleɪk] *adj.* nucleico **nucleic acid** ácido nucleico.

nu·cle·us [njuː'klɪəs] *n. pl.* **nuclei** núcleo.

nude [njuːd] *adj.* desnudo ◇ *n.* desnudo. **in the nude** desnudo.

nudge [nʌdʒ] *n.* **1** *(with elbow)* codazo **2** empujón m. suave ◇ *tr.* **1** *(with elbow)* dar un codazo a **2** empujar suavemente.

nud·ism ['njuːdɪzəm] *n.* nudismo.

nud·ist ['njuːdɪst] *adj.* nudista ◇ *n.* nudista mf.

nu·di·ty ['njuːdɪtɪ] *n.* desnudez f.

nug·get ['nʌgɪt] *n.* pepita.

nui·sance ['njuːsəns] *n.* **1** molestia, fastidio, lata **2** *(person)* pesado. **to make a nuisance of oneself** dar la lata.

nuke [njuːk] *n. [fam. use]* bomba nuclear ◇ *tr. [fam. use]* atacar con arma nuclear.

null [nʌl] *adj.* **1** nulo. **null and void** nulo, sin validez, sin efecto.

numb [nʌm] *adj.* entumecido, insensible ◇ *tr.* **1** entumecer **2** *(anaesthetize)* anestesiar **3** *fig. use* consternar. **to be numb with cold** estar helado de frío. **to be numb with fear** estar paralizado de miedo.

num·ber ['nʌmbəʳ] *n.* **1** número **2** *(on car)* número de matrícula, matrícula **3** *(of magazine, etc.)* número **4** *(song)* tema m. **5** *(group)* grupo **6** LING número **7** *[fam. use] (garment)* modelo ◇ *tr.* **1** numerar **2** *(count)* contar **a number of...** varios... **any number of...** muchísimos... **number one** principal, más importante. **to be number one** ser el número uno, ser el mejor. **to look after number one** mirar por lo suyo. **to have somebody's number** tener calado a alguien... **without number** un sinfín de... **Number Ten** el nº 10 de Downing Street: la residencia oficial del primer ministro británico.

to num·ber off. *intr.* numerarse.

num·ber-crunch·ing ['nʌmbəkrʌntʃɪŋ] *n. [fam. use]* cálculo a gran escala.

num·ber·ing ['nʌmbərɪŋ] *n.* numeración f. **numbering machine** numerador m.

num·ber·less ['nʌmbələs] *adj.* innumerables, incontables.

numb·ness ['nʌmnəs] *n.* **1** entumecimiento **2** *fig. use* parálisis f.

nu·mer·a·cy ['njuːmərəsɪ] *n.* conocimiento básico de las matemáticas.

nu·mer·al ['njuːmərəl] *n.* número, cifra.

nu·mer·ate ['njuːmərət] *adj.* que tiene conocimientos de las matemáticas.

nu·mer·a·tor ['njuːməreɪtəʳ] *n.* numerador m.

nu·mer·i·cal [njuː'merɪkəl] *adj.* numérico.

nu·mer·ous ['njuːmərəs] *adj.* numeroso.

nun [nʌn] *n.* monja, religiosa.

nun·ner·y ['nʌnərɪ] *n. pl.* **nunneries** convento (de monjas).

nup·tial ['nʌpʃəl] *adj. [fml. use]* nupcial ◇ *npl.* **nuptials** *[fml. use]* casamiento, nupcias fpl.

nurse [nɜːs] *n.* **1** enfermero **2** *(children's)* niñera ◇ *tr.* **1** *(look after)* cuidar **2** *(suckle)* amamantar **3** *(hold)* acunar **4** *(feeling)* guardar. **to nurse a cold** intentar curarse de un resfriado. **to nurse a grudge/grievance against somebody** guardar rencor a alguien.

nurs·er·y [ˈnɜːsərɪ] *n. pl.* **nurseries 1** *(in house)* cuarto de los niños **2** *(kindergarten)* guardería **3** *(for plants)* vivero **nursery nurse** enfermero puericultor **nursery rhyme** canción *f.* infantil, poema *m.* infantil **nursery school** parvulario **nursery slope** pista para principiantes.

nurs·ing [ˈnɜːsɪŋ] *n.* **1** profesión *f.* de enfermera, enfermería **nursing home** clínica.

nur·ture [ˈnɜːtʃəʳ] *tr.* **1** nutrir, alimentar **2** *(child)* criar.

nut [nʌt] *n.* **1** BOT fruto seco **2** TECH tuerca **3** *[fam. use]* *(head)* coco **4** fanático **5** *[fam. use]* *(nutcase)* chalado, chiflado ◇ *npl.* nuts *sl.* *(testicles)* huevos *mpl.* ◇ *adj.* nuts loco, chalado, chiflado **to be a tough nut to crack** ser un hueso duro de roer. **to be off one's nut** estar chalado. **to do one's nut** subirse por las paredes. **to be nuts about something/somebody** estar loco por algo/alguien **nuts and bolts** lo básico.

nut·crack·ers [ˈnʌtkrækəz] *npl.* cascanueces *m.* inv.

nu·tri·ent [ˈnjuːtrɪənt] *n.* nutriente *m.* ◇ *adj.* nutritivo.

nu·tri·tion [njuːˈtrɪʃən] *n.* nutrición *f.*

nu·tri·tion·al [njuːˈtrɪʃənəl] *n.* nutricional.

nu tri tion ist [njuːˈtrɪʃənɪst] *n.* diotiota *mf.*

nu·tri·tious [njuːˈtrɪʃəs] *adj.* nutritivo.

nut·shell [ˈnʌtʃel] *n.* cáscara. **in a nutshell** en pocas palabras.

nuz·zle [ˈnʌzəl] *intr.* *(animal)* acariciar con el hocico. **to nuz·zle up to**. *tr. insep.* arrimarse a.

NW [nɔːɛˈwest] *abbr.* **(northwest)** noroeste *m.* *(abbreviation)* NO.

ny·lon® [ˈnaɪlɒn] *n.* nailon *m.* ◇ *npl.* nylons medias ◇ *fpl.* de nailon.

nymph [nɪmf] *n.* ninfa.

nym·pho [ˈnɪmfəʊ] *n. pl.* **nymphos** *[fam. use]* ninfómana.

nym·pho·ma·ni·a [nɪmfəˈmeɪnɪə] *n.* ninfomanía.

nym·pho·ma·ni·ac [nɪmfəˈmeɪnɪæk] *n.* ninfómana.

N

O, o [əʊ] *n. (the letter)* O, o *f.*

O [əʊ] *n.* **1** *(the letter)* O, o **2** *(as number)* cero.

oak [əʊk] *n.* **1** BOT roble *m.* **2** *(wood)* roble *m.* ◇ *adj.* de roble.

oar [ɔːʳ] *n.* remo. **to stick one's oar in** entrometerse, meter las narices.

o·a·sis [əʊˈeɪsɪs] *n. pl.* **oases** oasis *m.*

oath [əʊθ] *n.* **1** JUR juramento **2** *(swearword)* palabrota, juramento. **on my oath** lo juro. **to put somebody under oath** tomarle juramento a alguien.

oats [əʊts] *npl. (plant)* avena ◇ *npl.* **oats** *(cereal)* avena ◇ *f. sing* ◇ *n. (porridge)* copos *mpl.* de avena. **to be off one's oats** no tener ganas de comer.

o·be·di·ence [əˈbiːdɪəns] *n.* obediencia.

o·be·di·ent [əˈbiːdɪənt] *adj.* obediente.

ob·e·lisk [ˈɒbəlɪsk] *n.* obelisco.

o·bese [əʊˈbiːs] *adj.* obeso.

o·be·si·ty [əʊˈbiːsɪtɪ] *n.* obesidad *f.*

o·bey [əˈbeɪ] *tr.* **1** *(gen)* obedecer *(orders)* acatar **2** *(law)* cumplir ◇ *intr. (gen)* obedecer.

o·bit·u·ar·y [əˈbɪtjʊərɪ] *n. pl.* **obituaries** necrología, obituario **obituary notice** *nota necrológica.*

ob·ject [*(n.)* ˈɒbdʒekt; *(vb.)* əbˈdʒekt] *n.* **1** *(thing)* objeto, cosa **2** *(aim, purpose)* objetivo, objeto, fin *m.*, propósito **3** *(focus of feelings)* objeto **4** LING complement ◇ *tr.* objetar ◇ *intr.* **1** *(oppose)* oponerse **(to,** a), poner reparos **(to,** a) **2** *(disapprove, mind)* molestar **3** JUR protestar.

ob·jec·tion [əbˈdʒekʃən] *n.* **1** *(argument against)* objeción *f.*, reparo **2** *(disapproval)* inconveniente *m.* **to raise objections** poner reparos.

ob·jec·tion·a·ble [əbˈdʒekʃənəbəl] *adj. (unacceptable)* inaceptable *(unpleasant)* desagradable, ofensivo.

ob·jec·tive [əbˈdʒektɪv] *adj.* objetivo ◇ *n.* **1** *(purpose)* objetivo, fin *m.* **2** *(lens)* objetivo.

ob·jec·tiv·i·ty [əbˈdʒektɪvɪtɪ] *n.* objetividad *f.*

ob·li·ga·tion [ɒblɪˈgeɪʃən] *n.* obligación *f.*, compromiso.

o·blig·a·to·ry [ɒˈblɪgətərɪ] *adj.* obligatorio.

o·blige [əˈblaɪdʒ] *tr.* **1** *(compel)* obligar **2** *(do a favor)* hacer un favor a ◇ *intr. (do a favor)* hacer un favor **much obliged!** ¡muy agradecido!

o·blig·ing [əˈblaɪdʒɪŋ] *adj.* servicial, complaciente.

ob·lit·er·ate [əˈblɪtəreɪt] *tr.* **1** *(destroy)* destruir, arrasar *(eliminate)* eliminar **2** *(erase, blot out)* borrar, obliterar.

ob·lit·er·a·tion [əblɪtəˈreɪʃən] *n.* **1** *(destruction)* destrucción *f.*, eliminación *f.* **2** *(effacing)* borradura.

ob·liv·i·on [əˈblɪvɪən] *n.* **1** *(obscurity)* olvido **2** *(unconsciousness)* inconsciencia.

ob·liv·i·ous [əˈblɪvɪəs] *adj.* inconsciente **(of,** de), ajeno **(of,** a).

ob·long [ˈɒblɒŋ] *adj.* oblongo, alargado ◇ *n.* rectángulo.

ob·nox·ious [əbˈnɒkʃəs] *adj. (person)* repugnante, repelente, detestable, odioso *(smell)* nocivo.

o·boe [ˈəʊbəʊ] *n.* oboe *m.*

o·bo·ist [ˈəʊbəʊɪst] *n.* oboe *mf.*, oboísta *mf.*

ob·scene [ɒbˈsiːn] *adj.* **1** *(indecent)* obsceno, indecente, escabroso **2** *(scandalous)* escandaloso.

ob·scen·i·ty [əbˈsenɪtɪ] *n. pl.* **obscenities 1** *(indecency)* obscenidad *f.*, indecencia **2** *(word, expression, action)* obscenidad *f.*

ob·scure [əbsˈkjʊəʳ] *adj.* **1** *(unclear)* oscuro, poco claro **2** *(vague, indistinct)* vago, confuso *(hidden)* recóndito **3** *(little known - person)* poco conocido, oscuro *(- village)* recóndito, perdido ◇ *tr. (make unclear, difficult to understand)* ofuscar, oscurecer *(confuse)* confundir **2** *(hide)* ocultar *(conceal, cover)* oscurecer.

ob·scu·ri·ty [əbˈskjʊərɪtɪ] *n.* **1** *(state)* oscuridad *f.*, olvido **2** *(darkness)* oscuridad *f.*

ob·serv·a·ble [əbˈzɜːvəbəl] *adj.* visible, observable, apreciable.

ob·serv·ant [əbˈzɜːvənt] *adj.* observador.

ob·ser·va·tion [ɒbzəˈveɪʃən] *n.* **1** *(watching, study)* observación *f. (surveillance)* vigilancia **2** *(remark)* observación *f.*, comentario. **to be under observation** *(by police, etc.)* estar bajo vigilancia *(in hospital)* estar en observación.

ob·serv·a·to·ry [əbˈzɜːvətərɪ] *n. pl.* **observatories** observatorio.

ob·serve [əbˈzɜːv] *tr.* **1** *(see, watch)* observar, ver *(in surveillance)* vigilar **2** *(law)* cumplir, respetar *(custom)* observar **(religious festival)** guardar **3** *[fml. use] (say)* señalar ◇ *intr.* observar.

ob·sess [əbˈses] *tr.* obsesionar.

ob·sessed [əbˈsest] *adj.* obsesionado **(by/with,** con).

ob·ses·sion [əbˈseʃən] *n.* obsesión *f.* **(with/about,** con).

ob·ses·sive [əbˈsesɪv] *adj.* obsesivo ◇ *n.* obsesivo.

ob·sid·i·an [əbˈsɪdɪən] *n.* obsidiana.

ob·so·les·cent [ɒbsəˈlesənt] *adj.* obsolescente.

ob·so·lete [ˈɒbsəliːt] *adj.* obsoleto.

ob·sta·cle [ˈɒbstəkəl] *n.* **1** obstáculo **2** *fig. use* obstáculo, impedimento **obstacle race** *carrera de obstáculos.*

ob·ste·tri·cian [ɒbsteˈstrɪʃən] *n.* tocólogo, obstetra *mf.*

ob·stet·rics [ɒbˈstetrɪks] *n.* obstetricia, tocología.

ob·sti·nate [ˈɒbstɪnət] *adj. (person)* obstinado, tenaz, terco *(problem, thing)* tenaz, pertinaz ◇ *n. (illness, etc.)* pertinaz, rebelde, persistente.

ob·struct [əbˈstrʌkt] *tr.* **1** *(block - gen)* obstruir *(- pipe, etc.)* atascar, bloquear *(- view)* tapar **2** *(make difficult) (hinder)* dificultar *(hinder)* obstaculizar **3** SP obstruir, bloquear.

ob·struc·tion [əbˈstrʌkʃən] *n.* **1** *(gen)* obstrucción *f.* **2** *(hindrance)* estorbo, obstáculo, impedimento **3** SP obstrucción *f.*

ob·tain [əbˈteɪn] *tr. (get, acquire)* obtener, conseguir ◇ *intr. [fml. use] (be valid, exist)* prevalecer, regir.

ob·tuse [əbˈtjuːs] *adj. [fml. use] (stupid)* obtuso **obtuse angle** *ángulo obtuso* **obtuse triangle** *triángulo obtusángulo.*

ob·vi·ous [ˈɒbvɪəs] *adj. (clear)* obvio, evidente, patente, claro.

oc·ca·sion [əˈkeɪʒən] *n.* **1** *(time)* ocasión *f. (event)* acontecimiento **2** *(opportunity)* ocasión *f.*, oportunidad *f.* **3** *(reason, motive)* ocasión *f.*, motivo ◇ *tr. [fml. use]* ocasionar, causar. **on occasion** de vez en cuando. **on the occasion of** con motivo de.

oc·ca·sion·al [əˈkeɪʒənəl] *adj. (not frequent)* esporádico, eventual.

oc·cip·i·tal [ɒkˈspɪtəl] *adj.* occipital.

oc·cu·pant [ˈɒkjəpənt] *n. (gen)* ocupante *mf. (tenant)* inquilino.

oc·cu·pa·tion [ɒkjəˈpeɪʃən] *n.* **1** *(job)* ocupación *f.*, profesión *f.* **2** *(pastime)* pasatiempo **3** *(act, state of occupying)* ocupación *f.*

O

oc·cu·pa·tion·al [ɒkjəˈpeɪʃənəl] *adj.* ocupacional, profesional **occupational therapy** *terapia ocupacional.*

oc·cu·pied [ˈɒkjəpaɪd] *adj.* ocupado. **to keep somebody occupied** *mantener a alguien ocupado.*

oc·cu·py [ˈɒkjəpaɪ] *tr. pt. & pp.* **occupied,** *ger.* **occupying 1** *(live in)* ocupar, habitar, vivir en **2** *(take possession of)* ocupar, tomar posesión de, apoderarse de **3** *(take up, fill - space)* ocupar *(- time)* ocupar, llevar.

oc·cur [əˈkɜːʳ] *intr. pt. & pp.* **occurred,** *ger.* **occurring 1** *(happen - event, incident)* ocurrir, suceder, tener lugar *(- change)* producirse **2** *[fml. use] (be found, exist)* existir, darse, encontrarse **3** *(come to mind)* ocurrir, ocurrírsele.

oc·cur·rence [əˈkʌrəns] *n.* **1** *(event, incident)* suceso **2** *[fml. use] (frequency)* incidencia, frecuencia *(existing amount)* cantidad *f.*

o·cean [ˈəʊʃən] *n.* océano ◇ *adj.* oceánico **oceans of** *[fam. use]* la mar de, un montón de.

O·ce·an·i·a [əʊʃiˈɑːniə] *n.* Oceanía.

o·cea·nog·ra·pher [əʊʃəˈnɒgrəfəʳ] *n.* oceanógrafo.

o·cea·nog·ra·phy [əʊʃəˈnɒgrəfi] *n.* oceanografía.

o·chre [ˈəʊkəʳ] *adj.* (de color) ocre ◇ *n.* ochre *m.* **yellow ochre** *ocre m. amarillo.*

o·clock [əˈklɒk] *adv.* la hora **it's one o'clock,** *es la na.*

Oct [ˈɒktəʊbəʳ] *abbr.* **(October)** octubre.

oc·ta·gon [ˈɒktəgɒn] *n.* octágono, octógono.

oc·tag·o·nal [ɒkˈtægənəl] *adj.* octagonal, octogonal.

oc·tane [ˈɒkteɪn] *n.* octano **octane number/octane rating** *octanaje m.*

oc·tave [ˈɒktɪv] *n.* octava.

oc·tet [ɒkˈtet] *n.* octeto.

Oc·to·ber [ɒkˈtəʊbəʳ] *n.* octubre *m.* **NOTA:** Para ejemplos de uso, ver **May.**

oc·to·ge·nar·i·an [ɒktəʊdʒəˈneəriən] *n.* octogenario.

oc·to·pus [ˈɒktəpəs] *n.* pulpo.

odd [ɒd] *adj.* **1** *(strange)* extraño, raro **2** *(number)* impar **3** *(approximately)* y pico **4** *(shoe, glove, etc.)* suelto, desparejado **5** *(left over, spare)* suelto, de más **6** *(occasional)* ocasional ◇ *npl.* **odds 1** *(probability, chances)* probabilidades *fpl.,* posibilidades *fpl.* **2** *(in betting)* apuestas *fpl.* **against (all) the odds** *contra todo pronóstico.* **it makes no odds** *lo mismo da, lo da lo mismo.* **to be the odd man out** *(be over)* estar de más *(be different)* ser la excepción.

odd·i·ty [ˈɒdɪti] *n. pl.* **oddities 1** *(thing)* cosa rara, rareza, curiosidad *f.* **2** *(person)* bicho raro, estrafalario **2** *(strangeness)* rareza *f.,* peculiaridad *f.*

odd·ly [ˈɒdli] *adv.* de manera extraña, extrañamente. **oddly enough** *por extraño que parezca, curiosamente.*

odd·ness [ˈɒdnəs] *n.* *(strangeness)* rareza, peculiaridad *f.* *(eccentricity)* excentricidad *f.*

odds [ɒdz] *npl.* VER: **odd.**

o·di·ous [ˈəʊdiəs] *adj.* odioso, detestable, repugnante.

o·dom·e·ter [əʊˈdɒmɪtəʳ] *n.* cuentakilómetros *m.*

o·don·tol·o·gist [ɒdɒnˈtɒlədʒɪst] *n.* odontólogo.

o·don·tol·o·gy [ɒdɒnˈtɒlədʒi] *n.* odontología.

o·dor [ˈəʊdəʳ] *n.* *(smell)* olor *m.* *(fragrance)* perfume *m.,* fragancia.

o·dor·less [ˈəʊdələs] *adj.* inodoro, sin olor.

od·ys·sey [ˈɒdɪsi] *n.* odisea.

of [ɒv, *unstressed* əv] *prep.* **1** *(belonging to)* de **2** *(made from)* de **3** *(containing)* de **4** *(showing a part, a quantity)* de **5** *(partitive use)* de **6** *(dates, distance)* de **7** *(apposition)* de **8** *(by)* de **9** *(originating from, living in)* de **10** *(depicting)* de **11** *(cause)* de **12** *(connected with)* de.

off [ɒf] *prep.* **1** *(movement)* de **2** **(indicating removal)** de **3** *(distance, situation)* diferentes traducciones **4** *(away from)* diferentes traducciones **5** *(not wanting)* **6** *(not at work)* **7** *[fam. use] (from)* a ◇ *adv.* **1** *(departure)* **2** *(showing distance)* a **3** *(removed)* fuera **4** *(removed)* fuera **5** *(reduced in price)* menos ◇ *adj.* **1** *(event)* cancelado, suspendido **2** *(not turned on - gas, water)* cerrado *(- electricity)* apagado **3** *(impolite, unfriendly)* descortés, poco amable *(below standard)* malo **4** *(food - bad)* malo, pasado *(- unavailable)* acabado ◇ *n.* **the off** SP *(start - gen)* principio, comienzo *(- of race)* salida. **off and on/on and off** *de vez en cuando, a ratos.* **off line** COMPUT desconectado. **off the top of one's head** *improvisando, sin pensarlo.* **on the off chance** *por si acaso, si por casualidad.*

off-cen·ter [ɒfˈsentəʳ] *adj.* descentrado.

off-col·or [ɒfˈkʌləʳ] *adj.* Se escribe off color cuando no se utiliza como sustantivo. *adj.* **1** *(ill)* indispuesto, pachucho **2** *(risqué)* subido de tono.

of·fend [əˈfend] *tr.* **1** *(insult, hurt)* ofender **2** *(cause displeasure to)* disgustar ◇ *intr.* **1** *[fml. use] (do wrong to)* atentar **(against,** a) **2** JUR *[fml. use] (commit crime)* cometer un delito, delinquir. **to be easily offended** *ser muy susceptible.*

of·fend·er [əˈfendəʳ] *n.* **1** JUR *(gen)* infractor *(criminal)* delincuente *mf.* **2** *(culprit)* culpable *mf.*

of·fend·ing [əˈfendɪŋ] ◇ *adj.* *(causing problems)* problemático *(unpleasant)* desagradable *(controversial)* controvertido, polémico.

of·fense [ˈɒfens] *n.* **1** JUR delito, infracción *f.* **2** *(in sport)* ataque *m.,* ofensiva. **3** *(insult)* ofensa **4** *[fml. use] (offensive thing)* atentado **4** *[fml. use] (attack)* ofensiva, ataque *m.* **to commit an offence** *cometer un delito, cometer una infracción.* **to cause offence to somebody** *ofender a alguien.*

of·fen·sive [əˈfensɪv] *adj.* **1** *(insulting)* ofensivo, insultante **2** *(disgusting - gen)* repugnante *(- smell)* desagradable **3** *(attacking)* ofensivo ◇ *n.* MIL ofensiva. **to be on the offensive** *estar a la ofensiva.*

of·fer [ˈɒfəʳ] *tr.* **1** *(gen)* ofrecer **2** *(show willingness)* ofrecerse **(to,** para) **3** *(propose)* proponer, sugerir **4** *(provide)* proporcionar, ofrecer, brindar **5** *(prayer, praise, sacrifice, etc.)* ofrecer **(up, -)** ◇ *intr.* **1** *(show willingness)* ofrecerse **2** *[fml. use] (occur, arise)* presentarse **3** *(propose marriage)* proponer matrimonio **(to,** a) ◇ *n.* **1** *(gen)* oferta, ofrecimiento *(proposal)* propuesta **2** *(bid, amount offered)* oferta. **3** COMM oferta. **or nearest offer** *a convenir, negociable.* **to be on offer** *(at reduced price)* estar de oferta *(available)* disponible. **to be open to offers** *aceptar ofertas.* **to make an offer for something** *hacer una oferta por algo.*

of·fer·ing [ˈɒfərɪŋ] *n.* **1** *(act)* ofrecimiento **2** *(thing offered)* ofrenda *(gift)* regalo **3** REL ofrenda.

off·hand [ɒfˈhænd] *adj.* **1** *(abrupt)* brusco *(inconsiderate)* descortés, desatento, desconsiderado **2** *(easy-going, relaxed)* informal ◇ *adv.* de improviso.

of·fice [ˈɒfɪs] *n.* **1** *(room)* despacho, oficina *(building)* oficina *(staff)* oficina **2** *(post, position)* cargo **3** REL oficio **to be in office** *estar en el poder* **to hold office** *ocupar un cargo.* **to leave office** *dimitir, dejar el cargo* **to seek office** *aspirar a un cargo.* **doctor's office** *consultorio, consulta* **office block** *edificio de oficinas* **office boy** *recadero.*

of·fi·cer [ˈɒfɪsəʳ] *n.* **1** MIL oficial *mf.* **2** *(police officer)* agente *mf.* **3** *(in government)* oficial *mf.,* funcionario **4** *(of club, society)* directivo.

of·fi·cial [əˈfɪʃəl] *adj.* *(gen)* oficial ◇ *n.* funcionario, oficial *mf.*

of·fi·cial·ese [əfɪʃəˈliːz] *n.* jerga burocrática.

off-key [ɒfˈkiː] *adj.* **1** MUS desafinado **2** *fig. use* desentonado, discordante.

off-load [ɒfˈləʊd] *tr.* **1** *(unload)* descargar **2** *(get rid of)* endilgar (**onto**, a), deshacerse (**onto**, de).

off-peak [ˈɒfpiːk] *adj.* *(times, hours)* fuera de las horas pico, de menor consumo.

off-set [*(vb.)* ɒfˈset; *(n.)* ˈɒfset] *tr. pt. & pp.* **offset**, *ger.* **offsetting** **1** *(compensate for)* compensar **2** *(in printing)* imprimir en offset ◇ *n.* *(in printing)* offset *m.* **to offset something against something** deducir algo de algo.

off-shore [ɒfˈʃɔːʳ] *adj.* **1** *(at sea)* a poca distancia de la costa **2** *(breeze)* terral, de tierra **3** *(overseas)* en el extranjero ◇ *adv.* mar adentro.

off-spring [ˈɒfsprɪŋ] *n. pl.* **offspring** **1** *(fml. use)* *(child)* descendiente *mf.*, vástago *m.* *(children)* progenitura, descendencia, prole *f.* **2** *(animal - one)* cría *(- several)* crías *fpl.*

off-stage [ɒfˈsteɪdʒ] *adj.* entre bastidores, de fuera del escenario ◇ *adv.* fuera del escenario.

off-the-cuff [ɒfðəˈkʌf] *adj.* improvisado.

off-the-record [ɒfðəˈrekɔːd] *adj.* extraoficial, confidencial.

of-ten [ˈɒfən, ˈɒftən] *adv.* *(frequently)* a menudo, con frecuencia **more often than not** la mayoría de las veces.

o-gre [ˈəʊɡəʳ] *n.* ogro.

oh [əʊ] *interj.* ¡oh!, ¡ay!, ¡vaya!

ohm [əʊm] *n.* ohmio, ohm *m.*

oil [ɔɪl] *n.* **1** *(gen)* aceite *m.* **2** *(petroleum)* petróleo **3** ART *(painting)* óleo, pintura al óleo ◇ *tr.* engrasar, lubricar, lubrificar ◇ *npl.* **oils** *(paints)* óleo **to be no oil painting** no ser ninguna belleza. **oil gauge** indicador *m.* del nivel de aceite **oil industry** industria petrolera **oil lamp** lámpara de aceite **oil painting** cuadro al óleo, óleo.

oil-field [ˈɔɪlfiːld] *n.* yacimiento petrolífero.

oil-y [ˈɔɪli] *adj. comp.* **oilier**, *superl.* **oiliest** **1** *(food)* aceitoso, grasiento *(skin, hair)* graso *(rag)* manchado de aceite **2** *pej.* *(manner)* empalagoso.

oint-ment [ˈɔɪntmənt] *n.* ungüento, pomada.

OK [əʊˈkeɪ] *interj.* VER: **okay**.

o-kay [əʊˈkeɪ] *interj.* ¡vale!, ¡de acuerdo! ◇ *adj.* correcto, bien ◇ *adv.* bien, bastante bien ◇ *n.* visto bueno, aprobación *f.* ◇ *tr.* dar el visto bueno a.

old [əʊld] *adj.* **1** *(person)* viejo, mayor **2** *(thing)* viejo, antiguo *(wine)* añejo *(clothes)* usado **3** *(long-established, familiar)* viejo **4** *(former)* antiguo **5** *(experienced, veteran)* viejo, veterano ◇ *n.* **the old** las personas *fpl.* mayores, los ancianos *mpl.* **any old how** de cualquier manera. **any old thing** cualquier cosa. **how old are you?** ¿cuántos años tienes?, ¿qué edad tienes? **to be old hat** no ser ninguna novedad **old age** vejez *f.* **old folk** ancianos *mpl.* **old hand** veterano **old lady** *(woman)* vieja, señora mayor *(mother)* vieja **(wife)** parienta **old maid** solterona **old man** *(father)* viejo *(husband)* marido **old people's home** residencia de ancianos **Old Testament** Antiguo Testamento **Old World** el viejo mundo.

old-er [ˈəʊldəʳ] *adj.* **1** *(comparative)* VER: **old 2** *(elder)* mayor.

old-fash-ioned [əʊldˈfæʃənd] *adj.* *(outdated - gen)* anticuado, pasado de moda *(- person)* chapado a la antigua.

ol-i-gar-chy [ˈɒlɪɡɑːki] *n. pl.* **oligarchies** oligarquía.

ol-ive [ˈɒlɪv] *n.* **1** *(tree, wood)* olivo **2** *(fruit)* aceituna, oliva **3** *(color)* verde *m.* oliva ◇ *adj.* **1** *(paint)* color aceituna, oliva aceitunado **2** *(olive-growing)* olivarero. **olive branch** rama de olivo **olive grove**

olivar *m.* **olive oil** aceite *m.* de oliva **olive tree** olivo.

O-lym-pic [əˈlɪmpɪk] *adj.* **1** olímpico *npl.* **the Olympics 2** los Juegos Olímpicos, la Olimpiada *f. sing.* **Olympic Games** Juegos *mpl.* Olímpicos.

O-man [əʊˈmæn] *n.* Omán.

O-ma-ni [əʊˈmɑːni] *adj.* omaní ◇ *n.* omaní *mf.*

om-buds-man [ˈɒmbʊdzmən] *n. pl.* **ombudsmen** defensor *m.* del pueblo.

o-me-ga [ˈəʊmɪɡə] *n.* omega.

o-men [ˈəʊmən] *n.* agüero, presagio, augurio.

om-i-nous [ˈɒmɪnəs] *adj.* *(foreboding evil)* de mal agüero, siniestro *(prophetic)* agorero *(threatening)* amenazante *(worrying)* inquietante.

o-mis-sion [əʊˈmɪʃən] *n.* omisión *f.*

o-mit [əʊˈmɪt] *tr. pt. & pp.* **omitted**, *ger.* **omitting** **1** *(not include, leave out)* omitir, suprimir *(forget to include)* olvidar *(colusa 2 (fail to do)* omitir, pasar por alto, dejar de *(forget)* olvidarse.

om-nip-o-tence [ɒmˈnɪpətəns] *n.* *(fml. use)* omnipotencia.

om-nip-o-tent [ɒmˈnɪpətənt] *adj.* *(fml. use)* omnipotente.

om-ni-vore [ˈɒmnɪvɔːʳ] *n.* ZOOL omnívoro.

om-niv-o-rous [ɒmˈnɪvərəs] *adj.* **1** ZOOL *(fml. use)* omnívoro **2** *(fml. use)* voraz.

on [ɒn] *prep.* **1** *(covering or touching)* sobre, encima de, en **2** *(supported by, hanging from)* en **3** *(to, towards)* a, hacia **4** *(at the edge of)* en **5** *(concerning)* sobre *(travelling expressions)* de **7** *(days, dates, times)* no se traduce **8** *(at the time of, just after)* al **9** *(as a result of)* diferentes traducciones **10** *(as means of transport)* a, en **11** *(regarding, about)* sobre, de **12** *(by comparison with)* respecto a ◇ *adv.* **1** *(not stopping)* sin parar **2** *(movement forward)* diferentes traducciones **3** *(clothes - being worn)* puesto **4** *(working)* diferentes traducciones ◇ *adj.* **1** *(in use)* diferentes traducciones **2** *(happening)* diferentes traducciones **3** *(performing)* diferentes traducciones **and so on** y así sucesivamente. **from that day on** a partir de aquel día. **on line** COMPUT conectado. **to be on about** hablar de.

once [wʌns] *adv.* **1** *(one time)* una vez **2** *(formerly)* antes, en otro tiempo ◇ *conj.* una vez que, en cuanto ◇ *n.* vez *f.* **all at once** de repente. **at once** *(at the same time)* a la vez, de una vez *(immediately)* en seguida, inmediatamente, ahora mismo. **just for once** por una vez. **once again** otra vez. **once and for all** de una vez por todas. **once in a while** de vez en cuando. **once more** una vez más.

on-col-o-gist [ɒŋˈkɒlədʒɪst] *n.* oncólogo.

on-col-o-gy [ɒŋˈkɒlədʒi] *n.* oncología.

one [wʌn] *adj.* **1** *(stating number)* un, una **2** *(unspecified, a certain)* un, una, algún, alguna **3** *(only, single)* único **4** *(same)* mismo **5** *(with names)* un tal ◇ *pron.* **1** *(thing)* uno **2** *(drink)* una copa **3** *(person)* él, la **4** *(any person, you)* uno, una ◇ *n.* *(number)* uno **all in one** de una *(sola)* pieza. **a one** un caso **a right one** un idiota. **as one/as one man** como un solo hombre, todos a la vez. **at one with** en armonía con. **in one** *(combined, together)* a la vez, todo en uno *(in only one attempt)* de una vez, de un golpe *(in one mouthful)* de un trago. **neither one thing nor the other** ni carne ni pescado. **one by one** de uno en uno, uno tras otro.

one-act [ˈwʌnækt] *adj.* *(of play)* de un sólo acto.

one-armed [ˈwʌnɑːmd] *adj.* manco **one-armed bandit** máquina tragamonedas.

one-eyed [ˈwʌnaɪd] *adj.* tuerto.

one-hand-ed [ˈwʌnhændɪd] *adj.* *(one-armed)* manco ◇ *adv.* con una sola mano.

one-leg·ged [ˈwʌnlegɪd] *adj.* cojo, con una sola pierna.

one-man [ˈwʌnmæn] *adj.* individual, de un solo hombre **one-man band** *(musician)* hombre m. orquesta *(business)* empresa llevada por una sola persona.

one-par·ent fam·i·ly [ˈwʌnpeərənt ˈfæməlɪ]. *n.* familia monoparental.

one-piece [ˈwʌnpiːs] *adj.* de una sola pieza.

one·self [wʌnˈself] *pron.* 1 *(reflexive)* se *(emphatic)* uno mismo *(after prep)* sí mismo 2 *(alone)* solo 3 *(one's usual self)* el de siempre, la de siempre. **(all) by oneself** a. to oneself *para sí, para sí solo.*

one-sid·ed [wʌnˈsaɪdɪd]. *adj.* 1 *(contest)* desigual 2 *(view, account)* parcial 3 *(agreement)* unilateral.

one-to-one [ˈwʌntuˈwʌn] *adj.* 1 *(corresponding exactly)* con una correspondencia mutua, de uno a uno 2 *(individual)* individualizado, personal.

one-track [ˈwʌntræk] *adj. (fam. use)* obsesivo.

one-way [ˈwʌnweɪ] *adj.* 1 *(street)* de sentido único, de dirección única 2 *(ticket)* de ida.

one-wom·an [ˈwʌnwʊmən] *adj.* de una sola mujer.

on·go·ing [ˈɒngəʊɪŋ] *adj. (continuing)* continuo *(unresolved)* pendiente, no resuelto.

on·ion [ˈʌnɪən] *n.* cebolla. **onion soup** *sopa de cebolla.*

on·line [ˈɒnlaɪn] *adj.* COMPUT en línea ◇ *adv.* COMPUT en línea.

on·look·er [ˈɒnlʊkə*] *n.* espectador, curioso.

on·ly [ˈəʊnlɪ] *adj. (sole)* único ◇ *adv.* 1 *(just, merely)* solo, solamente 2 *(exclusively)* solo, solamente, únicamente ◇ *conj.* pero **not only… but also** *no solamente… sino también.* **only just** *(a moment before)* apenas *(not quite, scarcely)* por poco.

on·o·mat·o·poe·ia [ɒnəmætəˈpiːə] *n.* onomatopeya.

on·set [ˈɒnset] *n. (beginning - of war, winter)* comienzo, principio, llegada *(- of disease, fever)* aparición f.

on·shore [ɒnˈʃɔː*] *adj. (on land)* en tierra ◇ *adv. (towards land)* tierra adentro.

on·slaught [ˈɒnslɔːt] *n.* ataque m. violento, arremetida, embestida.

on·stage [ɒnˈsteɪdʒ] *adj.* en escena ◇ *adv.* a escena.

on·to [ˈɒntu] *prep.* 1 *(movement)* a, en 2 *(new subject)* a **to be onto somebody** *(pursue)* andar tras alguien, sospechar de alguien *(talk to)* hablar con alguien *(nag)* dar la lata a alguien **to be onto something** *dar con algo.*

on·ward [ˈɒnwəd] *adj.* 1 hacia adelante adv.

op¹ [ɒp] *n. (fam. use)* operación f., intervención f.

op² [ɒp] *n.* MUS. VER: opus.

o·pal [ˈəʊpəl] *n.* ópalo.

o·paque [əʊˈpeɪk] *adj.* 1 *(not transparent)* opaco 2 *(difficult to understand, obscure)* oscuro, poco claro.

o·pen [ˈəʊpən] *adj.* 1 *(not closed - gen)* abierto *(- wound)* abierto, sin cicatrizar *(not enclosed)* abierto 3 *(not covered - gen)* descubierto 4 *(not fastened, not folded)* abierto *(not buttoned)* desabrochado, abierto 5 *(ready for customers)* abierto *(ready to start being used)* inaugurado 6 *(not settled)* sin resolver *(not decided)* sin decidir, sin concretar 7 *(available)* vacante 8 *(not hidden, not limited)* abierto, franco, manifiesto 9 *(frank, honest)* abierto, sincero, franco ◇ *n.* SP *(competition)* open m. ◇ *tr.* 1 *(gen)* abrir 2 *(book, newspaper)* abrir *(map)* abrir, desplegar 3 *(start - gen)* abrir *(meeting)* abrir, dar comienzo a *(debate)* abrir, iniciar *(bidding, negotiations)* iniciar *(talks, conversation)* entablar 4 *(begin, set up)* abrir, montar, poner *(inaugurate, declare open)* abrir, inaugurar 5 *(tunnel, road, mine, etc.)* abrir ◇ *intr.* 1 *(gen)* abrir, abrirse 2 **(spread out, unfold)** abrirse 3 *(start - conference,*

play, book) comenzar, empezar *(film)* estrenarse 4 *(begin business)* abrir ◇ *adj.* open to *(susceptible)* susceptible a, expuesto a *(receptive)* abierto a *(available)* posible ◇ *n.* the open *(the outdoors, open air)* campo, aire m. libre. **to be an open book** *fig. use ser como un libro abierto.* **in the open air** *al aire libre.* **open sesame!** ¡ábrete sésamo! **open market** *mercado libre, mercado abierto* **open secret** *secreto a voces.*

to o·pen up *tr. sep. (make available)* abrir **(to,** a) ◇ *intr.* 1 *(become available)* abrirse **(to,** a) 2 *(unlock)* abrir 3 *(speak more freely)* abrirse.

o·pen-air [ˈəʊpeneə*] *adj.* al aire libre **open-air swimming pool** *piscina descubierta.*

o·pen-and-shut [ˈəʊpenənˈʃʌt] *adj.* claro, evidente.

o·pen-door [ˈəʊpendɔː*] *adj. (policy - on imports)* no proteccionista *(- on immigration)* de puertas abiertas.

o·pen-end·ed [əʊpənˈendɪd] *adj. (indefinite - contract)* de duración indefinida *(- discussion)* abierto.

o·pen·er [ˈəʊpənə*] *n.* abridor m. **for openers** *para empezar.*

o·pen-eyed [əʊpənˈaɪd] *adj.* con los ojos abiertos.

o·pen-hand·ed [əʊpənˈhændɪd] *adj. (generous)* generoso, dadivoso.

o·pen-heart [ˈəʊpənhɑːt] *adj. (surgery)* a corazón abierto.

o·pen-heart·ed [əʊpənˈhɑːtɪd] *adj. (kind)* de gran corazón *(candid)* abierto, franco, sincero.

o·pen·ing [ˈəʊpənɪŋ] *n.* 1 *(ceremony - gen)* inauguración f. *(- of Parliament)* apertura 2 *(beginning, first part)* apertura, comienzo *(in chess)* apertura 3 *(first night)* estreno 4 *(process of opening, unfolding)* apertura 5 *(hole)* abertura *(space)* hueco *(gap)* brecha *(clearing)* claro 6 *(chance)* oportunidad f. **(for,** para) 7 *(vacancy)* vacante f. **(for,** para) ◇ *adj. (initial)* inicial **opening hours** *(of shop)* horario comercial *(of office)* horario de atención al público **opening night** *noche f. de estreno.*

o·pen·ly [ˈəʊpənlɪ] *adv. (not secretly)* abiertamente *(publicly)* públicamente, en público.

o·pen-mind·ed [əʊpənˈmaɪndɪd] *adj. (person)* abierto, de actitud abierta *(approach)* abierto, imparcial.

o·pen-necked [əʊpənˈnekə] *adj.* desabrochado en el cuello.

o·pen·ness [ˈəʊpənnəs] *n. (frankness)* franqueza *(receptiveness)* actitud f. abierta.

o·pen-plan [ˈəʊpənplæn] *adj.* de planta abierta.

o·pe·ra [ˈɒpərə] *n.* ópera **opera house** *ópera, teatro de la ópera* **opera singer** *cantante mf. de ópera.*

op·er·ate [ˈɒpəreɪt] *tr.* 1 *(machine, etc.)* hacer funcionar, manejar, operar *(controls)* manejar, accionar 2 *(manage, run - business)* dirigir, manejar, llevar *(- factory)* explotar 3 *(system, method, policy)* aplicar ◇ *intr.* 1 *(function - machine, etc.)* funcionar 2 *(carry on trade)* operar *(work)* trabajar 3 *(produce effect, be in action)* actuar, obrar 4 *(soldiers, police, etc.)* operar 5 MED operar **(on,** a), intervenir **(on,** a).

op·er·at·ic [ɒpəˈrætɪk] *adj.* de ópera, operístico.

op·er·at·ing [ˈɒpəreɪtɪŋ] *adj.* 1 COMM *(losses, costs)* de explotación 2 TECH *(conditions)* de funcionamiento **operating room** *quirófano* **operating system** COMPUT *sistema m. operativo.*

op·er·a·tion [ɒpəˈreɪʃən] *n.* 1 MED operación f., intervención f. 2 *(of machine - gen)* funcionamiento *(- by person)* manejo *(of system)* uso 3 *(activity)* operación f. *(planned campaign)* campaña 4 COMM *(enterprise, company)* operación f. 5 MIL operación f. 6 MATH operación f. **to be in operation** *(machine)* estar en funcionamiento *(system, rule, law)* regir. **to**

come into operation *(machine)* entrar en funcionamiento *(plan)* ponerse en marcha.

op·er·a·tion·al [ɒpəˈreɪʃənəl] *adj.* *(ready for use)* operativo, listo para usar *(in use)* en funcionamiento 2 *(occurring in practice)* de operación, operativo.

op·er·a·tive [ˈɒpərətɪv] *adj.* 1 *(in force)* vigente *(effective)* operativo *(operating, in use)* en funcionamiento 2 MED operatorio, quirúrgico ◇ *n.* *(worker)* operario *(spy)* agente *mf.* **to become operative** entrar en vigor.

op·er·a·tor [ˈɒpəreɪtəʳ] *n.* 1 *(of equipment, machine)* operario 2 *(of switchboard)* operador, telefonista *mf.* 3 COMM *(person)* empresario *(company)* empresa **to be a smooth operator** ser muy listo.

oph·thal·mic [ɒfˈæ[ælmɪk] *adj.* *(nerve, artery)* oftálmico *(clinic)* oftalmológico **ophthalmic optician** oculista *mf.*

oph·thal·mol·o·gy [ɒfæ[æl'mɒlədʒɪ] *n.* oftalmología.

o·pin·ion [əˈpɪnɪən] *n.* 1 *(belief)* opinión *f.*, parecer *m.* 2 *(evaluation, estimation)* opinión *f.*, concepto 3 *(professional judgement, advice)* opinión *f.* profesional. **in my opinion** en mi opinión, a mi juicio, a mi parecer. **to be a matter of opinion** ser discutible. **opinion poll** encuesta.

o·pin·ion·at·ed [əˈpɪnɪəneɪtɪd] *adj.* dogmático.

op·po·nent [əˈpəʊnənt] *n.* adversario, oponente *mf.*

op·por·tune [ˈɒpətjuːn] *adj.* oportuno.

op·por·tun·ism [ɒpəˈtjuːnɪzəm] *n.* oportunismo.

op·por·tun·ist [ɒpəˈtjuːnɪst] *n.* oportunista *mf.*

op·por·tun·is·tic [ɒpətjʊˈnɪstɪk] *adj.* oportunista.

op·por·tu·ni·ty [ɒpəˈtjuːnɪtɪ] *n. pl.* **opportunities** 1 *(gen)* oportunidad *f.*, ocasión *f.* 2 *(prospect)* perspectiva.

op·pose [əˈpəʊz] *tr.* *(disagree with)* oponerse a, estar en contra de *(fight against)* oponerse a, combatir, luchar contra.

op·posed [əˈpəʊzd] *adj.* opuesto, contrario. **as opposed to** a diferencia de, en contraposición a.

op·pos·ing [əˈpəʊzɪŋ] *adj.* contrario, opuesto.

op·po·site [ˈɒpəzɪt] *adj.* 1 *(facing)* de enfrente 2 *(contrary, different)* opuesto, contrario ◇ *prep.* enfrente de, frente a ◇ *adv.* enfrente ◇ *n.* lo contrario, lo opuesto **to take the opposite view** tomar la actitud contraria.

op·po·si·tion [ɒpəˈzɪʃən] *n.* 1 *(resistance)* oposición *f.*, resistencia 2 *(rivals - in sport)* adversarios *mpl.* *(- in business)* competencia 3 *(contrast)* contraposición *f.* ◇ *n.* the Opposition POL la oposición *f.*

op·press [əˈpres] *tr.* 1 *(rule)* oprimir 2 **(make uncomfortable)** agobiar *(make anxious)* agobiar, oprimir.

op·pres·sion [əˈpreʃən] *n.* 1 *(persecution)* opresión *f.* 2 *(feeling)* agobio.

op·pres·sive [əˈpresɪv] *adj.* 1 *(regime, etc.)* opresivo 2 *(heat)* agobiante, sofocante *(atmosphere, climate)* agobiante *(situation)* agobiante, opresivo.

op·pres·sor [əˈpresəʳ] *n.* opresor.

opt [ɒpt] *intr.* optar *(for,* por).

to opt out *intr.* *(person)* abandonar, dejar de participar *(school, hospital)* dejar de depender de las autoridades locales y pasar a financiarse del gobierno central.

op·tic [ˈɒptɪk] *adj.* óptico **optic nerve** nervio óptico.

op·ti·cal [ˈɒptɪkəl] *adj.* óptico **optical character recognition** reconocimiento óptico de caracteres **optical fibre** fibra óptica **optical illusion** ilusión *f.* óptica.

op·ti·cian [ɒpˈtɪʃən] *n.* óptico, oculista *mf.*

op·tics [ˈɒptɪks] *n.* óptica.

op·ti·mal [ˈɒptɪməl] *adj.* óptimo.

op·ti·mism [ˈɒptɪmɪzəm] *n.* optimismo.

op·ti·mist [ˈɒptɪmɪst] *n.* optimista *mf.*

op·ti·mis·tic [ɒptɪˈmɪstɪk] *adj.* optimista.

op·ti·mize [ˈɒptɪmaɪz] *tr.* optimizar.

op·ti·mum [ˈɒptɪməm] *adj.* óptimo ◇ *n.* lo óptimo, lo ideal *m.*

op·tion [ˈɒpʃən] *n.* 1 *(choice)* opción *f.*, posibilidad *f.* 2 COMM *(right to buy or sell)* opción *f.* **(on,** a) 3 *(optional extra)* extra *m.* 4 EDUC *(optional subject)* asignatura optativa. **to keep one's options open** dejar todas las puertas abiertas.

op·tion·al [ˈɒpʃənəl] *adj.* *(gen)* opcional, facultativo *(course, subject)* optativo **optional extra** extra *m.* opcional.

o·pus [ˈəʊpəs] *n.* MUS opus *m.*

or [ɔːʳ] *conj.* 1 *(alternative - gen)* o *(- before word beginning with o or ho)* u 2 *(with negative)* ni 3 *(otherwise)* **or rather** o mejor dicho. **or so** más o menos.

o·ral [ˈɔːrəl] *adj.* *(spoken - gen)* oral *(tradition)* transmitido oralmente 2 MED *(contraceptive)* oral *(hygiene)* bucal ◇ *n.* *(exam)* examen *m.* oral.

or·ange [ˈɒrɪndʒ] *n.* 1 *(fruit)* naranja 2 *(color)* naranja *m.* ◇ *adj.* naranja, de color naranja **orange blossom** azahar *m.* **orange grove** naranjal *m.* **orange juice** *jugo de naranja* **orange tree** naranjo.

o·rang·u·tan [ɔːˈræŋuːtæn] *n.* orangután *m.*

o·ra·tion [ɔːˈreɪʃən] *n.* oración *f.*, discurso.

orb [ɔːb] *n.* 1 *(jeweled ball)* orbe *m.* 2 *(fml. use)* literal use *(sphere)* esfera *(sun)* el sol *m.* *(moon)* la luna 3 literal use *(eye)* ojo.

or·bit [ˈɔːbɪt] *n.* 1 *(of satellite)* órbita 2 *(area of influence)* órbita, esfera de influencia, ámbito ◇ *tr.* girar alrededor de, orbitar alrededor de ◇ *intr.* orbitar, girar. **to go into orbit** entrar en órbita.

or·bit·al [ˈɔːbɪtəl] *adj.* orbital, orbitario **orbital road** carretera de circunvalación.

or·chard [ˈɔːtʃəd] *n.* huerto **apple orchard** manzanal *m.*

or·ches·tra [ˈɔːkɪstrə] *n.* orquesta **chamber orchestra** orquesta de cámara **orchestra pit** foso de la orquesta **orchestra stalls** platea.

or·ches·tral [ɔːˈkestrəl] *adj.* *(music)* orquestal *(musician)* de orquesta.

or·chid [ˈɔːkɪd] *n.* BOT orquídea.

or·deal [ɔːˈdiːl] *n.* *(bad experience)* mala experiencia, terrible experiencia *(suffering)* sufrimiento, suplicio. **to go through an ordeal** pasar por una experiencia terrible.

or·der [ˈɔːdəʳ] *n.* 1 *(sequence)* orden *m.*, serie *f.* 2 *(condition, organization)* orden *m.*, concierto 3 *(fitness for use)* condiciones *fpl.*, estado 4 *(obedience, authority, discipline)* orden *m.*, disciplina 5 *(system)* orden *m.* 6 *(rules, procedures, etc.)* orden *m.*, procedimiento 7 *(command)* orden *f.* 8 COMM *(request, goods)* pedido 9 *(written instruction)* orden *f.* judicial; 10 *(classes)* orden *f.* 11 **(of plants, animals)** orden *m.* ◇ *tr.* 1 *(command)* ordenar, mandar 2 *(ask for)* pedir, encargar 3 *(arrange, put in order, organize)* ordenar, poner en orden ◇ *intr.* *(request to bring, ask for)* pedir **by order of** por orden de. **in order** *(tidy, acceptable)* en orden *(valid)* en regla *(ready)* dispuesto, listo **in order that** para que, a fin de que. **in order to** para, a fin de. **out of order** *(not working)* que no funciona *(not in sequence)* desordenado *(not according to rules)* fuera de lugar *(fam. use)* *(unacceptable)* inaceptable *(fam. use)* *(in the wrong)* equivocado **to do something to order** hacer algo por encargo.

to or·der a·bout/or·der a·round *tr. sep.* mangonear, dar órdenes.

or·der·ly [ˈɔːdəlɪ] adj. 1 (tidy) ordenado, metódico 2 (well-behaved) disciplinado ◇ n. 1 MIL ordenanza m. 2 (in hospital) camillero.

or·di·nal [ˈɔːdɪnəl] adj. ordinal ◇ n. ordinal m. **ordinal number** número ordinal.

or·di·nar·y [ˈɔːdɪnərɪ] adj. (usual, normal) normal, usual, habitual (average) normal, corriente, común **above the ordinary** sobresaliente, **in the ordinary way** normalmente, en circunstancias normales.

ore [ɔːʳ] n. mineral m., mena.

o·reg·a·no [ɒrɪˈɡɑːnəʊ] n. orégano.

or·gan [ˈɔːɡən] n. 1 ANAT órgano 2 (agency) organismo (periodical) órgano 3 MUS órgano **barrel organ** organillo.

or·gan·ic [ɔːˈɡænɪk] adj. 1 (living) orgánico 2 (without chemicals) biológico, ecológico 3 MED (fml. use) orgánico 4 (fml. use) (made of different parts) orgánico (integral) integral, integrante **organic chemistry** química orgánica.

or·gan·ism [ˈɔːɡənɪzəm] n. organismo.

organist [ˈɔːɡənɪst] n. organista mf.

or·gan·i·za·tion [ɔːɡənaɪˈzeɪʃən] n. organización f.

or·gan·ize [ˈɔːɡənaɪz] tr. 1 (arrange) organizar 2 (make a system) ordenar, organizer ◇ intr. organizar.

or·gan·ized [ˈɔːɡənaɪzd] adj. (gen) organizado. **to get organized** organizarse **organized crime** el crimen m. organizado.

or·gasm [ˈɔːɡæzəm] n. orgasmo.

o·ri·ent [ˈɔːrɪənt] tr. orientar. **to orient oneself** orientarse.

o·ri·en·tal [ɔːrɪˈentəl] adj. oriental ◇ n. oriental mf.

o·ri·en·ta·tion [ɔːrɪenˈteɪʃən] n. orientación f.

or·i·fice [ˈɒrɪfɪs] n. orificio.

o·ri·ga·mi [ɒrɪˈɡɑːmɪ] n. papiroflexia.

or·i·gin [ˈɒrɪdʒɪn] n. origen m. ◇ npl. origins origen m. sing.

o·rig·i·nal [əˈrɪdʒɪnəl] adj. 1 (first, earliest) original, originario, primero 2 (not copied) original 3 (new, different) original ◇ n. original m. **in the original** en versión original **original sin** pecado original.

o·rig·i·nal·i·ty [ərɪdʒɪˈnælɪtɪ] n. originalidad f.

or·na·ment [ˈɔːnəmənt] n. (decoration) ornamento, adorno (object) adorno ◇ tr. adornar, engalanar, decorar.

or·na·men·tal [ɔːnəˈmentəl] adj. ornamental, decorativo.

or·na·men·ta·tion [ɔːnəmenˈteɪʃən] n. ornamentación f.

or·nate [ɔːˈneɪt] adj. 1 (richly decorated) ornamentado, elaborado (prose, verse, style) florido 2 pej. (overdecorated, too complicated) recargado.

or·ni·thol·o·gist [ɔːnɪˈθɒlədʒɪst] n. ornitólogo.

or·ni·thol·o·gy [ɔːnɪˈθɒlədʒɪ] n. ornitología.

or·phan [ˈɔːfən] n. huérfano ◇ tr. dejar huérfano. **to be orphaned** quedar huérfano.

or·phan·age [ˈɔːfənɪdʒ] n. orfanato.

or·tho·dox [ˈɔːθədɒks] adj. ortodoxo.

or·tho·dox·y [ˈɔːθədɒksɪ] n. ortodoxia.

or·tho·graph·ic [ɔːθəˈɡræfɪk] adj. ortográfico.

or·tho·pe·dic [ɔːθəʊˈpiːdɪk] adj. MED ortopédico.

or·tho·pe·dist [ɔːθəʊˈpiːdɪst] n. ortopedista mf.

Oscar [ˈɒskəʳ] n. premio Óscar m.

Oscar-win·ning [ˈɒskəwɪnɪŋ] adj. ganador del Óscar.

os·cil·late [ˈɒsɪleɪt] intr. 1 TECH oscilar 2 (vacillate) oscilar, vacilar.

os·cil·la·tion [ɒsɪˈleɪʃən] n. oscilación f.

os·cil·la·tor [ˈɒsɪleɪtəʳ] n. oscilador m.

os·mo·sis [ɒzˈməʊsɪs] n. ósmosis f., osmosis f.

os·ten·si·ble [ɒˈstensɪbəl] adj. (apparent) aparente (alleged) pretendido, fingido.

os·ten·ta·tion [ɒstenˈteɪʃən] n. ostentación f.

os·ten·ta·tious [ɒstenˈteɪʃəs] adj. ostentoso.

os·te·o·path [ˈɒstɪəpæθ] n. MED osteópata mf.

os·te·op·a·thy [ɒstɪˈɒpəθɪ] n. osteopatía.

os·tra·cism [ˈɒstrəsɪzəm] n. ostracismo.

os·tra·cize [ˈɒstrəsaɪz] tr. 1 (from society) condenar al ostracismo 2 (from group) aislar, excluir.

os·trich [ˈɒstrɪtʃ] n. avestruz m.

oth·er [ˈʌðəʳ] adj. 1 (additional) otro 2 (different) otro 3 (second, remaining) otro ◇ pron. otro ◇ adv. (different) distinto ◇ prep. other than (except) aparte de, salvo **among others** entre otross. **every other day** uno día sí, otro no. **one after the other** uno tras otro. **or other** u otro **the other day** el otro día **my other half** mi media naranja.

oth·er·wise [ˈʌðəwaɪz] adv. 1 (differently) de otra manera, de manera distinta 2 (apart from that, in other respects) aparte de eso, por lo demás ◇ conj. (if not) si no, de no ser así, de lo contrario ◇ adj. distinto.

ot·ter [ˈɒtəʳ] n. nutria.

ouch [aʊtʃ] interj. ¡ay!

ought [ɔːt] auxiliary. ought to 1 (moral obligation) deber 2 (recommendation) deber, tener que 3 (expectation) deber de.

ounce [aʊns] n. 1 (weight) onza 2 (fam. use) (small quantity) pizca NOTA: La onza equivale a 28.35 gramos.

our [aʊəʳ] adj. nuestro **Our Father** Padrenuestro **Our Lady** Nuestra Señora.

ours [aʊəz] pron. (el) nuestro, (la) nuestra.

our·selves [aʊəˈselvz] pron. 1 (reflexive) nos 2 (emphatic) nosotros mismos **by ourselves** (alone) a solas, solos (without help) solos.

out [aʊt] adv. 1 (outside) fuera, afuera 2 (move outside) fuera 3 (not in) fuera 4 (expressing distance) en 5 (expressing removal) diferentes traducciones 6 (showing disappearance) diferentes traducciones 7 (available, existing) diferentes traducciones 8 (known) diferentes traducciones 9 (flowers) en flor (sun, stars, etc.) que ha salido 10 (protruding) que se sale ◇ adj. 1 (extinguished) apagado 2 (unconscious) (asleep) dormido 3 SP (defeated) eliminado (out of play) fuera 4 (wrong, not accurate) equivocado 5 (not fashionable) pasado de moda 6 (out of order) estropeado 7 (unacceptable) prohibido 8 (on strike) en huelga ◇ prep. out of 1 (away from, no longer in) fuera de 2 (from a state of) fuera de 3 (not involved in) fuera de 4 (from among) de 5 (without) sin 6 (because of) por 7 (using, made from) de 8 (from) de **out of favor** en desgracia. **out of sight, out of mind** ojos que no ven, corazón que no siente. **out of sorts** indispuesto. **out of this world** extraordinario. **out with it!** ¡dilo ya!, ¡suéltalo ya! **to feel out of it** sentirse excluido.

out·age [ˈaʊtɪdʒ] n. 1 (electricity) apagón m., corte m. 2 (connection, service) interrupción f. del servicio.

out·break [ˈaʊtbreɪk] n. 1 (of violence, fighting) brote m. (of war) estallido (of hostilities) comienzo 2 (of disease) brote m., epidemia (of spots) erupción f.

out·burst [ˈaʊtbɜːst] n. 1 (of emotion) explosión f., arrebato, arranque m. 2 (of activity) explosión f.

out·cast [ˈaʊtkɑːst] n. marginado, proscrito ◇ adj. marginado.

out·class [aʊtˈklɑːs] tr. superar, aventajar.

out·come [ˈaʊtkʌm] n. (result) resultado (consequences) consecuencias fpl.

out·cry [ˈaʊtkraɪ] n. pl. **outcries** protesta.

out·dat·ed [aʊtˈdeɪtɪd] adj. anticuado, pasado de moda.

out·door [aʊt'dɔːʳ] *adj. (gen)* exterior, al aire libre *(swimming pool)* descubierto *(shoes, clothes)* de calle.

out·doors [aʊt'dɔːrz] *adv.* fuera, al aire libre **the great outdoors** el aire *m.* libre, la naturaleza.

out·er ['aʊtəʳ] *adj.* exterior, externo **outer space** espacio exterior **outer suburbs** afueras *fpl.*

out·fit ['aʊtfɪt] *n.* **1** *(kit, equipment)* equipo, juego **2** *(clothes)* conjunto *(uniform)* uniforme *m. (fancy dress)* disfraz *m.* **3** *(fam. use) (group of people)* grupo, equipo *(business)* negocio *m.* organización *f.*

out·go·ing [aʊt'gəʊɪŋ] *adj.* **1** *(departing)* saliente **2** *(sociable)* sociable, extrovertido ◇ *npl.* **outgoings** gastos *mpl.* **outgoing mail server** servidor *m.* de correo saliente.

out·grow [aʊt'grəʊ] *tr. pt* **outgrew 1** *(clothes, etc.)* hacerse demasiado grande para **2** *(habit)* superar, dejar atrás **3** *(grow faster than)* crecer más rápido que.

out·last [aʊt'lɑːst] *tr. (gen)* durar más que *(outlive)* sobrevivir a.

out·law ['aʊtlɔː] *n.* forajido, proscrito ◇ *tr.* prohibir, declarar ilegal.

out·lay [(*n.*) 'aʊtleɪ; (*vb.*) aʊt'leɪ] *n. (spending)* desembolso *(amount spent)* gasto, inversión *f.* ◇ *tr. pt. & pp.* **outlaid** [aʊt'leɪd] desembolsar.

out·let ['aʊtlet] *n.* **1** *(opening - gen)* salida *(for water)* desagüe *m.* **2** *fig. use (for emotions)* válvula de escape **3** COMM *(shop)* punto de venta *(market)* mercado, salida de mercado.

out·line ['aʊtlaɪn] *n.* **1** *(outer edge)* contorno *(shape)* perfil *m.* **2** *(sketch)* boceto, esbozo *(of map)* trazado **3** *(draft)* bosquejo, esquema *m. (summary)* resumen *m.* ◇ *tr.* **1** *(draw lines of)* perfilar *(sketch)* bosquejar *(map)* trazar **2** *(describe roughly)* dar una idea general de *(summarize)* hacer un resumen de, resumir. **to be outlined against the sky** perfilarse en el cielo.

out·live [aʊt'lɪv] *tr.* sobrevivir a. **to outlive its usefulness** ya no tener razón de ser.

out·look ['aʊtlʊk] *n.* **1** *(view)* vista, panorama *m.* **2** *(point of view, attitude)* punto de vista *(on,* ante) **3** *(prospect)* perspectiva, panorama *m.* **4** METEOR previsión *f.* meteorológica.

out·ly·ing ['aʊtlaɪɪŋ] *adj.* **1** *(remote)* alejado, distante **2** *(suburban)* periférico.

out·ma·neu·ver [aʊtmə'nuːvəʳ] *tr. (opponent)* superar estratégicamente, mostrarse más hábil que.

out·num·ber [aʊt'nʌmbəʳ] *tr.* superar en número, ser más que.

out-of-date [aʊtəv'deɪt] *adj. (fashion)* pasado de moda *(technology)* desfasado, obsoleto.

out-of-doors [aʊtəv'dɔːz] *adj.* VER: outdoors.

out-of-pock·et [aʊtəv'pɒkɪt]. **to be out of pocket** perder dinero **out-of-pocket expenses** gastos varios.

out·pa·tient ['aʊtpeɪʃənt] *n.* MED paciente externo.

out·pour·ing ['aʊtpɔːrɪŋ] *n.* torrente *m.* ◇ *npl.* **outpourings** desahogo *m. sing.*

out·put ['aʊtpʊt] *n.* **1** *(gen)* producción *f. (of machine)* rendimiento **2** ELEC salida **3** COMPUT salida **output device** dispositivo de salida.

out·rage ['aʊtreɪdʒ] *n.* **1** *(anger, resentment)* indignación *f. (at,* ante) **2** *(violent action)* atrocidad *f. (terrorist act)* atentado **3** *(scandal)* escándalo *(insult)* ultraje *m.,* agravio ◇ *tr. (make angry)* ultrajar, indignar *(shock)* escandalizar. **to be outraged at something** indignarse ante algo.

out·ra·geous [aʊt'reɪdʒəs] *adj.* **1** *(shocking - gen)* escandaloso, indignante *(crime)* atroz *(language)* injurioso *(price)* escandaloso, exorbitante, abusivo **2** *(unconventional)* extravagante, estrafalario.

out·ran [aʊt'ræn] *pp.* VER: outrun.

out·right [(*adj.*) aʊtraɪt; (*adv.*) aʊt'raɪt] *adj.* **1** *(total - gen)* absoluto, total *(- refusal, denial)* rotundo, total, categórico *(- winner, victory, loser)* indiscutible *(majority)* absoluto **2** *(direct - attack)* declarado, abierto *(- lie)* descarado ◇ *adv.* **1** *(completely - refuse)* rotundamente, terminantemente *(bun)* terminantemente *(win)* indiscutiblemente **2** *(directly - ask, say)* directamente, abiertamente, sin reserva **3** *(instantly)* en el acto.

out·run [aʊt'rʌn] *tr. pt.* **outran** [aʊt'ræn], *pp.* **outrun** [aʊt'rʌn], *ger.* **outrunning 1** *(run faster than)* correr más rápido que, dejar atrás **2** *fig. use* superar.

out·set ['aʊtset] *n.* comienzo, principio. **at the outset** al principio. **from the outset** de entrada, desde el principio.

out·shine [aʊt'ʃaɪn] *tr. pt. & pp.* **outshone** [aʊt'ʃɒn] eclipsar.

out·side [(*n.*) aʊt'saɪd; (*prep.*) 'aʊtsaɪd] *n. (exterior part)* exterior *m.,* parte *f.* ◇ *prep.* **1** *(exterior)* fuera de **2** *(beyond)* más allá de, fuera de **3** *(other than)* aparte de, fuera de ◇ *adv. (gen)* fuera, afuera ◇ *adj.* **1** *(exterior)* exterior **2** *(external)* externo **3** *(remote)* remoto **4** *(greatest possible)* mayor, sumo, más alto. **at the outside** como máximo, **outside broadcast** transmisión *f.* desde fuera de los estudios **outside call** llamada exterior.

out·sid·er [aʊt'saɪdəʳ] *n.* **1** *(person - not involved)* persona de fuera *(- not accepted)* persona marginada *(- stranger)* extraño, forastero, desconocido *(- intruder)* intruso **2** *(unlikely winner - athlete, etc.)* competidor con pocas probabilidades de ganar *(- politician)* candidato con pocas probabilidades de ganar.

out·size ['aʊtsaɪz] *adj. (clothing)* de talla muy grande *(object)* de gran tamaño, enorme.

out·skirts ['aʊtskɜːts] *npl.* afueras *fpl.,* alrededores *mpl.,* extrarradio *m. sing.*

out·smart [aʊt'smɑːt] *tr.* burlar, engañar.

out·spo·ken [aʊt'spəʊkən] *adj.* directo, franco. **to be an outspoken critic of something** criticar algo abiertamente.

out·spread [aʊt'spred] *adj. (wing)* extendido, desplegado *(arm)* abierto.

out·stand·ing [aʊt'stændɪŋ] *adj.* **1** *(excellent)* destacado, notable, sobresaliente *(exceptional)* excepcional, singular **2** *(conspicuous)* destacado **3** *(debt)* sin pagar, pendiente *(problem)* pendiente, por resolver *(work)* pendiente, por hacer.

out·stay [aʊt'steɪ] *tr.* **to outstay one's welcome** quedarse más de lo debido, abusar de la hospitalidad de alguien.

out·stretched [aʊt'stretʃt] *adj.* extendido.

out·ward·ly ['aʊtwədlɪ] *adv.* **1** *(apparently)* aparentemente, en apariencia **2** *(externally)* por fuera.

out·wards ['aʊtwədz] *adv. (gen)* hacia fuera, hacia afuera *(attention, etc.)* hacia el exterior.

out·weigh [aʊt'weɪ] *tr.* **1** *(weigh more than)* pesar más que **2** *fig. use* superar.

out·wit [aʊt'wɪt] *tr. pt. & pp.* **outwitted,** *ger.* **outwitting** burlar, ser más listo que.

out·worn [aʊt'wɔːn] *adj. (gen)* anticuado *(phrase, metaphor)* trillado, pasado.

o·va ['əʊvə] *npl.* VER: ovum.

o·val ['əʊvəl] *adj.* oval, ovalado ◇ *n.* óvalo.

o·va·ry ['əʊvərɪ] *n. pl.* **ovaries** ovario.

o·va·tion [əʊ'veɪʃən] *n.* ovación *f.* **to give somebody a standing ovation** ovacionar a alguien.

ov·en ['ʌvən] *n.* horno. **it's like an oven in here!** ¡esto es un horno!

ov·en·proof ['ʌvənpruːf] *adj.* refractario.

ov·en·ware [ˈʌvənweəʳ] n. vajilla refractaria.

o·ver [ˈəʊvəʳ] ◇ *prep.* 1 (down) diferentes traducciones 2 (from one side to another) diferentes traducciones 3 (across) diferentes traducciones 4 (showing transfer) diferentes traducciones 5 (everywhere, throughout) en todas partes 6 (again) otra vez 7 (remaining) sobrante ◇ *prep.* 1 (above, higher than) encima de 2 (covering, on top of) cubra, encima de 3 (across) sobre (on the other side of) al otro lado de 4 (during) durante 5 (throughout) por 6 (by the agency of) por 7 (more than) más de ◇ *adj.* (ended) acabado, terminado **over and above** además de. **to be over and done with** haber acabado.

o·ver·act [əʊvəˈrækt] *tr.* exagerar, interpretar sobreactuando ◇ *intr.* exagerar, sobreactuar.

o·ver·all [(adj.) ˈəʊvərɔːl; (adv.) əʊvəˈrɔːl] adj. 1 (total - cost) global, total (- length) total 2 (general) general ◇ adv. 1 (in total) en total 2 (generally, on the whole) en conjunto, por lo general.

o·ver·am·bi·tious [əʊvəræmˈbɪʃəs] adj. demasiado ambicioso.

o·ver·anx·ious [əʊvərˈæŋʃəs] adj. demasiado ansioso.

o·ver·ate [əʊvəˈreɪt] pt. VER: overeat.

o·ver·bal·ance [əʊvəˈbæləns] intr. perder el equilibrio.

o·ver·bear·ing [əʊvəˈbeərɪŋ] adj. pej. (domineering) dominante, autoritario.

o·ver·board [ˈəʊvəbɔːd] adv. (ship, boat, etc.) por la borda **to fall overboard** caer al agua. **to go overboard** pasarse.

o·ver·bur·den [əʊvəˈbɜːdən] tr. sobrecargar (with, de), agobiar (with, de).

o·ver·came [əʊvəˈkeɪm] pt. VER: overcome.

o·ver·cast [ˈəʊvəkɑːst] adj. METEOR nublado, cubierto.

o·ver·charge [əʊvəˈtʃɑːdʒ] tr. 1 (charge too much) cobrar demasiado (for, por) 2 (overload) sobrecargar ◇ intr. cobrar de más (for, por).

o·ver·coat [ˈəʊvəkəʊt] n. abrigo.

o·ver·come [əʊvəˈkʌm] tr. pt **overcame** 1 (defeat) vencer 2 (overwhelm) agobiar, abrumar, invadir, apoderarse de, vencer 3 (surmount) superar, dominar, vencer ◇ intr. (triumph) vencer.

o·ver·con·fi·dent [əʊvəˈkɒnfɪdənt] adj. confiado, demasiado confiado.

o·ver·cook [əʊvəˈkʊk] tr. cocer demasiado.

o·ver·crowd·ed [əʊvəˈkraʊdɪd] adj. (room, place, etc.) abarrotado (country) superpoblado.

o·ver·crowd·ing [əʊvəˈkraʊdɪŋ] n. (of prisons, etc.) hacinamiento 2 (of country) superpoblación f.

o·ver·de·vel·oped [əʊvədɪˈveləpt] adj. 1 (photo) sobrerrevelado 2 (muscle, imagination) excesivamente desarrollado.

o·ver·do [əʊvəˈduː] tr. pt. overdid 1 (exaggerate) exagerar, pasarse con 2 CULIN (overcook) cocer demasiado, asar demasiado (use too much) pasarse con **to overdo it** exigirse demasiado.

o·ver·done [əʊvəˈdʌn] pp. VER: overdo. adj. CULIN demasiado hecho.

o·ver·dose [ˈəʊvədəʊs] n. sobredosis f.

o·ver·draft [ˈəʊvədrɑːft] n. (money) sobregiro.

o·ver·draw [əʊvəˈdrɔː] tr. pt **overdrew** sobregirar ◇ intr. sobregirar. **to be overdrawn** (person) estar sobregirado (account) estar sobregirado.

o·ver·dressed [əʊvəˈdrest] adj. demasiado arreglado.

o·ver·due [əʊvəˈdjuː] adj. 1 (late) atrasado 2 COMM (left unpaid) vencido y sin pagar.

o·ver·eat [əʊvəˈriːt] intr. pt overate comer en exceso, comer demasiado.

o·ver·es·ti·mate [əʊvərˈestɪmeɪt] tr. sobreestimar ◇ n. sobreestimación f.

o·ver·ex·pose [əʊvərɪkˈspəʊz] tr. (photo) sobreexponer.

o·ver·ex·po·sure [əʊvərɪksˈpəʊʒəʳ] n. (photo) sobreexposición f.

o·ver·flow [(n.) ˈəʊvəfləʊ; (vb.) əʊvəˈfləʊ] n. 1 (of river, etc.) desbordamiento (excess liquid) líquido que sale 2 (of people) exceso 3 (pipe) tubo de desagüe (hole) rebosadero ◇ intr. 1 (river) desbordarse (bath, etc.) rebosar 2 (people) rebosar 3 (be full of) rebosar (with, de) ◇ tr. (liquid) salirse de **to be full to overflowing** estar lleno hasta el borde **overflow pipe** tubo de desagüe.

o·ver·grown [əʊvəˈɡrəʊn] adj. 1 (garden, etc.) cubierto (with, de) 2 (in size) demasiado grande.

o·ver·hang [(vb.) əʊvəˈhæŋ; (n.) ˈəʊvəhæŋ] tr. sobresalir por encima de, colgar por encima de intr. 1 sobresalir, colgar por encima n. saliente m.

o·ver·haul [(n.) ˈəʊvəhɔːl; (vb.) əʊvəˈhɔːl] n. revisión f. general, puesta a punto ◇ tr. revisar, poner a punto.

o·ver·head [(adj.) ˈəʊvəhed; (adv.) əʊvəˈhed] adj. 1 (cable) aéreo (railway) elevado (lighting) desde arriba 2 SP (kick, etc.) por encima de la cabeza ◇ adv. arriba, por encima de la cabeza ◇ npl. overheads COMM gastos mpl. generales **overhead projector** retroproyector m.

o·ver·hear [əʊvəˈhɪəʳ] tr. pt. & pp. **overheard** oír por casualidad, oír sin querer.

o·ver·heat [əʊvəˈhiːt] intr. calentarse demasiado.

o·ver·hung [əʊvəˈhʌŋ] pp. VER: overhang.

o·ver·joyed [əʊvəˈdʒɔɪd] adj. rebosante de alegría.

o·ver·kill [ˈəʊvəkɪl] n. fig. use exageración f.

o·ver·land [(adj.) ˈəʊvəlænd; (adv.) əʊvəˈlænd] adj. por tierra ◇ adv. por tierra.

o·ver·lap [əʊvəˈlæp] intr. pt. & pp. **overlapped**, ger. **overlapping** 1 (tiles, etc.) superponerse, solaparse 2 fig. use (activities, etc.) coincidir parcialmente (courses, etc.) tener elementos en común ◇ n. 1 superposición f. 2 fig. use (coincidence) coincidencia (repetition) repetición f. de elementos.

o·ver·load [(vb.) əʊvəˈləʊd; (n.) ˈəʊvələʊd] tr. sobrecargar (with, de) ◇ n. sobrecarga.

o·ver·look [əʊvəˈlʊk] tr. 1 (not notice) pasar por alto (disregard) no tener en cuenta 2 (ignore) hacer la vista gorda a (excuse) disculpar 3 (have a view of) dar a, tener vistas a.

o·ver·night [əʊvəˈnaɪt] adv. 1 (during the night) durante la noche (at night) por la noche 2 fam. use (suddenly) de la noche a la mañana ◇ adj. 1 (during the night) de una noche (for the night) de una noche 2 fam. use (sudden) repentino **overnight bag** bolsa de viaje.

o·ver·paid [əʊvəˈpeɪd] pt. & pp. VER: overpay ◇ adj. que cobra un sueldo excesivo.

o·ver·pass [ˈəʊvəpɑːs] n. paso elevado.

o·ver·pop·u·la·tion [əʊvəˌpɒpjəleɪʃən] n. superpoblación f.

o·ver·pow·er [əʊvəˈpaʊəʳ] tr. 1 (defeat) vencer, reducir, dominar 2 fig. use (affect strongly - heat) agobiar, sofocar (- smell) marear (- emotion) abrumar.

o·ver·pow·er·ing [əʊvəˈpaʊərɪŋ] adj. (heat) aplastante, agobiante (smell) muy fuerte.

o·ver·ran [əʊvəˈræn] pt. VER: overrun.

o·ver·rate [əʊvəˈreɪt] tr. sobreestimar, sobrevalorar.

o·ver·rat·ed [əʊvəˈreɪtɪd] adj. sobreestimado, sobrevalorado.

o·ver·reach [əʊvəˈriːtʃ] tr. **to overreach oneself** intentar hacer demasiado, sobreesforzarse.

o·ver·re·act [əʊvərɪˈækt] intr. reaccionar de forma exagerada.

o·ver·re·ac·tion [əʊvərɪˈækʃən] *n.* reacción *f.* exagerada.

o·ver·ripe [əʊvəˈraɪp] *adj.* demasiado maduro, pachucho.

o·ver·rule [əʊvəˈruːl] *tr.* 1 (*verdict*) invalidar, anular (*objection*) rechazar, no aceptar 2 (*person*) imponerse a.

o·ver·run [əʊvəˈrʌn] *tr. pt.* **overran** [əʊvəˈræn], *pp.* **overrun** [əʊvəˈrʌn], *ger.* **overrunning** 1 (*invade*) invadir 2 (*time, budget*) exceder, rebasar ◇ *intr.* (*exceed · in time*) durar más de lo previsto (*- in money*) rebasar el presupuesto. **to be overrun with something** *estar plagado de algo.*

o·ver·saw [əʊvəˈsɔː] *pt.* VER: oversee.

o·ver·seas [əʊvəˈsiːz] *adj.* (*person*) extranjero (*trade*) exterior (*investment*) en el extranjero ◇ *adv.* en ultramar. **to go overseas** *ir al extranjero.* **to live overseas** *vivir en el extranjero.*

o·ver·see [əʊvəˈsiː] *tr. pt* **oversaw** supervisar.

o·ver·seer [ˈəʊvəsɪəʳ] *n.* (*gen*) supervisor (*foreman*) capataz *m.*

o·ver·sight [ˈəʊvəsaɪt] *n.* descuido.

o·ver·sim·pli·fy [əʊvəˈsɪmplɪfaɪ] *tr. pt. & pp.* **oversimplified**, *ger.* **oversimplifying** simplificar demasiado, simplificar excesivamente.

o·ver·sized [əʊvəˈsaɪzd] *adj.* demasiado grande.

o·ver·sleep [əʊvəˈsliːp] *intr. pt. & pp.* **overslept** quedarse dormido, no despertarse a tiempo.

o·ver·spend [əʊbəˈspend] *intr.* exceder el presupuesto (**on**, de) ◇ *n.* déficit *m.* presupuestario.

o·ver·spill [ˈəʊvəspɪl] *n.* excedente *m.* de población.

o·ver·staff·ed [əʊvəˈstɑːft] *adj.* con exceso de personal.

o·ver·state [əʊvəˈsteɪt] *tr.* exagerar.

o·ver·state·ment [ˈəʊvəsteɪtmənt] *n.* exageración *f.*

o·vert [ˈəʊvɜːt, əʊˈvɜːt] *adj.* (*obvious*) manifiesto, patente (*deliberate*) abierto.

o·ver·the·coun·ter [əʊvəðəˈkaʊntəʳ] *adj.* (*medicine, etc.*) que se puede comprar sin receta médica.

o·ver·throw [(*vb.*) əʊvəˈθrəʊ; (*n.*) ˈəʊvəθrəʊ] *tr. pt* **overthrew** (*government, regime, etc.*) derribar, derrocar ◇ *n.* (*defeat*) derrocamiento.

o·ver·time [ˈəʊvətaɪm] *n.* 1 (*extra work, extra hours*) horas *fpl.* extras 2 (*extra time*) prórroga. **to work overtime** *hacer horas extras.*

o·ver·tone [ˈəʊvətəʊn] *n.* insinuación *f.*, connotación *f.*

o·ver·took [əʊvəˈtʊk] *pp.* VER: overtake.

o·ver·ture [ˈəʊvətjʊəʳ] *n.* 1 MUS obertura 2 *usually pl.* (*approach · gen*) propuesta (*- sexual*) insinuación *f.*

o·ver·turn [əʊvəˈtɜːn] *tr.* 1 (*vehicle*) volcar (*boat*) hacer zozobrar (*furniture*) dar la vuelta a 2 (*government*) derrocar, derribar 3 *fig. use* (*ruling*) anular ◇ *intr.* (*vehicle*) volcar (*boat*) zozobrar.

o·ver·view [ˈəʊvəvjuː] *n.* perspectiva general.

o·ver·weight [əʊvəˈweɪt] *adj.* (*thing*) demasiado pesado (*person*) demasiado gordo.

o·ver·whelm [əʊvəˈwelm] *tr. pt* **overwrote** 1 (*physically · defeat*) arrollar, aplastar 2 *fig. use* (*emotionally*) abrumar.

o·ver·whelm·ing [əʊvəˈwelmɪŋ] *adj.* 1 (*defeat, victory*) aplastante, arrollador (*majority*) aplastante (*generosity*) abrumador 2 (*desire, need*) irresistible.

o·ver·worked [əʊvəˈwɜːkt] *adj.* 1 (*person, animal*) sobreexplotado 2 (*word, phrase, etc.*) muy gastado, trillado.

ov·u·late [ˈɒvjəleɪt] *intr.* ovular.

ov·u·la·tion [ɒvjəˈleɪʃən] *n.* ovulación *f.*

o·vum [ˈəʊvəm] *n. pl.* **ova** óvulo.

owe [əʊ] *tr.* (*gen*) deber.

ow·ing [ˈəʊɪŋ] *adj.* (*due*) debido ◇ *prep.* owing to debido a, a causa de.

owl [aʊl] *n.* búho, lechuza **barn owl** *lechuza común* **eagle owl** *búho real* **little owl** *mochuelo* **tawny owl** *cárabo.*

own [əʊn] *adj.* propio ◇ *pron.* propio ◇ *tr.* 1 (*possess*) poseer, ser dueño de, tener 2 (*confess*) reconocer, admitir ◇ *intr.* (*confess, admit*) reconocer (**to**, -). **on one's own** (*alone*) *solo* (*without help*) *uno mismo.* **to come into one's own** (*do well*) *lucirse* (*receive recognition*) *ser reconocido* (*show true qualities*) *demostrar lo que se vale.* **to get one's own back** *vengarse, tomarse revancha.* **own goal** *gol m. en propia portería.*

to own up *intr.* confesarlo, admitir tener la culpa.

own·er [ˈəʊnəʳ] *n.* dueño, propietario.

own·er·ship [ˈəʊnəʃɪp] *n.* propiedad *f.*, posesión *f.*

ox [ɒks] *n. pl.* **oxen** [ˈɒksən] buey *m.*

ox·i·da·tion [ɒksɪˈdeɪʃən] *n.* oxidación *f.*

ox·ide [ˈɒksaɪd] *n.* óxido.

ox·i·di·za·tion [ɒksɪdaɪˈzeɪʃən] *n.* oxidación *f.*

ox·i·dize [ˈɒksɪdaɪz] *tr.* oxidar ◇ *intr.* oxidarse.

ox·tail [ˈɒksteɪl] *n.* rabo de buey.

ox·y·a·cet·y·lene [ɒksɪəˈsetəliːn] *n.* oxiacetileno **oxyacetylene torch** *soplete m. oxiacetilénico.*

ox·y·gen [ˈɒksɪdʒən] *n.* oxígeno **oxygen mask** *mascarilla de oxígeno* **oxygen tent** *cámara de oxígeno.*

ox·y·gen·ate [ˈɒksɪdʒəneɪt] *tr.* oxigenar.

ox·y·gen·a·tion [ɒksɪdʒəˈneɪʃən] *n.* oxigenación *f.*

oys·ter [ˈɔɪstəʳ] *n.* (*shellfish*) ostra **oyster bed/oyster farm** *criadero de ostras.*

oz [aʊns] *abbr.* (**ounce**) onza.

o·zone [ˈəʊzəʊn] *n.* ozono **ozone layer** *capa del ozono.*

o·zone·friend·ly [ˈəʊzəʊnfrendlɪ] *adj.* que no daña la capa de ozono.

0

P p

P, p [pi:] *n. (the letter)* P, p f. **to mind one's Ps and Qs** *[fam. use]* ir con cuidado.

P [ˈkɑːpɑːk] *abbr.* **(Parking, car park)** estacionamiento *(abbreviation)* P.

p [peɪdʒ] *abbr.* **(page)** página *(abbreviation)* p., pág.

pa [pərˈænəm] *abbr.* **(per annum)** al año.

PA¹ [ˈpiːˈeɪ] *abbr.* **(personal assistant)** ayudante *mf.* personal. prensa.

PA² [ˈpiːˈeɪ] *abbr.* **(public address)** megafonía, sistema *m.* de megafonía.

pace [peɪs] *n.* **1** *(rate, speed)* marcha, ritmo, velocidad *f.* **2** *(step)* paso ◇ *tr.* **1** *(room, floor)* ir de un lado a otro de **2** *(set speed for)* marcar el ritmo a. **at a snail's pace** *a* paso de tortuga. **to keep pace with somebody** llevar el mismo ritmo que alguien.

pa·cif·ic [pəˈsɪfɪk] *adj.* literal use pacific ◇ *adj.* Pacific del pacífico the **Pacific (Ocean)** el *(océano)* Pacífico.

pac·i·fi·er [ˈpæsɪfaɪəʳ] *n.* **1** *(peacemaker)* apaciguador **2** *(dummy)* chupete *m.*

pac·i·fism [ˈpæsɪfɪzəm] *n.* pacifismo.

pac·i·fist [ˈpæsɪfɪst] *adj.* pacifista ◇ *n.* pacifista *mf.*

pack [pæk] *n.* **1** *(parcel)* paquete *m.* *(bundle)* fardo, bulto *(rucksack)* mochila **2** *(packet - gen.)* paquete *m.* *(of cigarettes)* paquete m., cajetilla **3** *pej. (of thieves)* banda, partida **4** *(of lies)* sarta **5** *(of wolves, dogs)* manada *(of hounds)* jauría ◇ *tr.* **1** *(goods - as parcel)* empaquetar *(- in container)* envasar *(- for transport)* embalar *(suitcase)* hacer *(clothes, etc.)* poner, meter **3** *(fill)* atestar, abarrotar, llenar **4** *(press down)* apretar ◇ *intr.* **1** *(suitcase, etc.)* hacer las maletas, hacer el equipaje **2** *(people)* apretarse, meterse. **pack it in!** ¡déjalo ya!, ¡basta ya! *(have powerful effect)* pegar fuerte. **to pack one's bags** *(belongings)* hacer las maletas *(leave)* marcharse.
to pack up *intr.* **1** *(stop, give up)* dejarlo **2** *(machine)* estropearse *(car)* averiarse ◇ *tr. sep. (belongings - in case)* meter en la maleta *(gather together)* recoger.

pack·age [ˈpækɪdʒ] *n.* **1** *(parcel)* paquete *m.* **2** *(proposals)* paquete *m. (agreement)* acuerdo ◇ *tr. (goods - in parcel)* empaquetar *(in container)* envasar *(for transport)* embalar **package deal** convenio general, acuerdo global **package vacation** viaje m. organizado **package tour** viaje *m.* organizado.

pack·ag·ing [ˈpækɪdʒɪŋ] *n.* embalaje m.

pack·ed [pækt] *adj.* *(with people)* lleno, atestado de gente, abarrotado, repleto *(with facts, information, etc.)* lleno **packed lunch** comida fría para llevar.

pack·et [ˈpækɪt] *n.* **1** *(small box - gen.)* paquete *m.*, cajita *(of cigarettes)* paquete m., cajetilla *(envelope)* sobre *m.* **2** *[fam. use] (large amount of money)* dineral *m.* **to cost a packet** costar un ojo de la cara.

pack·ing [ˈpækɪŋ] *n. (material)* embalaje m. **to do one's packing** hacer la maleta.

pact [pækt] *n.* pacto. **to make a pact with somebody** hacer un pacto con alguien.

pad [pæd] *n.* **1** *(cushioning)* almohadilla, cojinete *m.* **2** *(inkpad)* tampón *m.* **3** *(of paper)* cilindro de papel, bloc *m.* **4** *(of animal)* almohadilla **5** *(platform)* plataforma ◇ *tr. pt. & pp.* **padded**, *ger.* **padding** *(chair, etc.)* acolchar, rellenar, guatear *(garment)* poner hombreras a **knee pad** rodillera.

pad·ded [ˈpædɪd] *adj. (chair, etc.)* acolchado, guateado *(envelope, cell)* acolchado *(garment)* con hom-

breras *(bra)* con relleno **padded shoulders** hombreras fpl.

pad·ding [ˈpædɪŋ] *n.* **1** *(material)* relleno, acolchado **2** *(in speech, writing, etc.)* paja.

pad·dle [ˈpædəl] *n.* **1** *(oar)* pala, remo, canalete *m.* **2** *(blade on paddle wheel)* álabe *m.*, paleta ◇ *tr. (boat, canoe)* remar con pala, remar con canalete ◇ *intr.* remar con pala, remar con canalete. **to paddle one's own canoe** *fig.* use arreglárselas uno solo.

pad·lock [ˈpædlɒk] *n.* candado ◇ *tr.* cerrar con candado.

pa·gan [ˈpeɪɡən] *adj.* pagano ◇ *n.* pagano.

page¹ [peɪdʒ] *n. (of book)* página *(of newspaper)* plana, página. **on the front page** en primera plana.

page² [peɪdʒ] *n.* **1** *(boy servant, at wedding)* paje *m.* *(in hotel, club)* botones *m.* **2** HIST escudero ◇ *tr. (over loudspeaker)* llamar por megafonía, llamar por altavoz *(on pager)* llamar por el buscapersonas.

paid [peɪd] *pt. & pp.* VER: pay. ◇ *adj. (purchase, holiday)* pagado *(work)* remunerado.

paid-up [peɪdˈʌp] *adj. (member)* que ha pagado la cuota, que está al corriente de los pagos.

pail [peɪl] *n.* cubo, cubeta.

pain [peɪn] *n.* **1** *(physical)* dolor *m.* **2** *(mental suffering)* sufrimiento, pena, dolor *m.* **3** *(annoying thing)* lata, fastidio, pesadez *f.* *(person)* pesado, pelmazo ◇ *tr.* doler, dar pena a, apenar ◇ *npl.* pains *(effort)* esfuerzos mpl., esmero *(trouble)* molestia. **on pain of** so pena de. **to be a pain in the neck** ser un pesado. **aches and pains** achaques mpl.

pain·ful [ˈpeɪnfʊl] *adj.* **1** *(physically)* doloroso *(mentally)* angustioso, doloroso **2** *[fam. use] (very bad)* malísimo, pésimo *(embarrassing)* de pena, penoso.

pain·kil·ler [ˈpeɪnkɪləʳ] *n.* analgésico, calmante m.

pain·less [ˈpeɪnləs] *adj.* **1** *(without pain)* indoloro, sin dolor **2** *(without distress)* sencillo, llevadero.

pains·tak·ing [ˈpeɪnzteɪkɪŋ] *adj. (person)* meticuloso, minucioso *(care, research)* esmerado.

paint [peɪnt] *n.* pintura ◇ *tr. (gen)* pintar ◇ *intr. (gen)* pintar **to paint one's face** pintarse, maquillarse. **to paint the town red** irse de juerga.

paint·box [ˈpeɪntbɒks] *n.* caja de pinturas.

paint·brush [ˈpeɪntbrʌʃ] *n.* **1** *(for walls, etc.)* brocha **2** *(artist's)* pincel m.

paint·er [ˈpeɪntəʳ] *n.* **1** ART pintor **2** *(decorator)* pintor de brocha gorda.

paint·ing [ˈpeɪntɪŋ] *n.* **1** ART *(picture)* pintura, cuadro **2** *(activity)* pintura.

pair [peəʳ] *n.* **1** *(of shoes, socks, gloves, etc.)* par *m.* *(of cards)* pareja **2** **(of people, animals)** pareja ◇ *tr.* emparejar *(animals)* aparear ◇ *intr. (animals)* aparearse. **in pairs** de dos en dos **a pair of pants/trousers** unos pantalones.

pa·ja·mas [pəˈdʒɑːməz] *npl.* pijama m. *sing.*

Pak·i·stan [pɑːkɪˈstɑːn] *n.* Pakistán m.

Pak·i·sta·ni [pɑːkɪˈstɑːnɪ] *adj.* pakistaní ◇ *n.* pakistaní *mf.*

pal [pæl] *n. [fam. use]* amigo, colega mf.

pal·ace [ˈpæləs] *n.* palacio.

pa·late [ˈpælət] *n. (gen)* paladar m.

pale [peɪl] *adj. (complexion, skin)* pálido *(color)* claro, pálido *(light)* débil, tenue ◇ *intr.* palidecer. **to pale before something/pale beside something** palidecer al lado de algo.

pale·ness ['peɪlnəs] *n.* palidez *f.*

pa·le·on·tol·o·gist [pælɪənˈtɒlədʒɪst] *n.* paleontólogo.

pa·le·on·tol·o·gy [pælɪənˈtɒlədʒɪ] *n.* paleontología.

Pal·es·tine ['pælɪstaɪn] *n.* Palestina.

Pal·es·tin·i·an [pælɪˈstɪnɪən] *adj.* palestino ◇ *n.* palestino.

pal·ette ['pælət] *n.* paleta **palette knife** *cápatula.*

pal·in·drome ['pælɪndrəʊm] *n.* palíndromo.

palm¹ [pɑːm] *n.* BOT *(tree)* palmera *(leaf)* palma **Palm Sunday** Domingo de Ramos.

palm² [pɑːm] *n.* ANAT palma ◇ *tr. (touch ball)* dar con la mano a. **to have somebody in the palm of one's hand** tener a alguien en la palma de la mano. **to read somebody's palm** leerle la mano a alguien.

pam·per ['pæmpəʳ] *tr.* mimar, consentir.

pam·phlet ['pæmflət] *n.* folleto.

pan [pæn] *n.* **1** *(saucepan)* cacerola, cazuela, cazo *(cooking pot)* olla **2** *(of lavatory)* taza **3** *(of scales)* platillo **4** *(for washing gravel)* batea ◇ *tr.* **1** *(soil, gravel)* lavar con batea **2** *[fam. use] (criticize)* poner por los suelos ◇ *intr.* extraer oro.

to pan out. *intr. pt. & pp. panned, ger. panning [fam. use] (turn out)* salir, resultar.

Pan·a·ma ['pænəmɑː] *n.* Panamá **Panama Canal** Canal m. de Panamá.

Pan·a·ma·ni·an [pænəˈmeɪnɪən] *adj.* panameño ◇ *n.* panameño.

pan·cake ['pænkeɪk] *n.* crepa *f.*

pan·cre·as ['pæŋkrɪəs] *n.* páncreas *m.*

pan·da ['pændə] *n.* oso panda *m.*, panda *m.*

pane [peɪn] *n.* cristal *m.*, vidrio.

pan·el ['pænəl] *n.* **1** *(of door, wall, car body, etc.)* panel *m. (on ceiling)* artesón *m.* **2** *(of controls, instruments)* tablero **3** *(group of people)* panel *m. (team)* equipo **4** *(jury)* jurado **5** *(in garment)* pieza **6** ART tabla *tr. pt. & pp. paneled, ger. paneling.*

panel·ed ['pænəld] *adj. (door, wall, etc.)* con paneles *(ceiling)* artesonado.

panel·ing ['pænəlɪŋ] *n. (of door, wall, etc.)* paneles *mpl. (on ceiling)* artesonado.

panel·ist ['pænəlɪst] *n. (in discussion, etc.)* participante *mf.*, contertulio *(judge)* miembro *mf.* del jurado *(contestant)* concursante *mf.*

pan·ic ['pænɪk] *n.* pánico ◇ *tr. pt. & pp. panicked, ger. panicking* infundir pánico a ◇ *intr.* entrarle el pánico a, **panic button** botón *m.* de alarma.

pan·ic·strik·en ['pænɪkstrɪkən] *adj.* preso de pánico, aterrorizado.

pan·o·ram·a [pænəˈrɑːmə] *n.* **1** *(view)* panorama *m.* **2** *(camera shot)* panorámica.

pan·o·ram·ic [pænəˈræmɪk] *adj.* panorámico.

pan·the·on ['pænθɪən] *n.* ARCH panteón *m.*

pan·ther ['pænθəʳ] *n.* pantera.

pant·ies ['pæntɪz] *npl.* bragas *fpl.*, braguitas *fpl.*

pants [pænts] *npl. (trousers)* pantalón *m.*, pantalones *mpl.*

pa·per ['peɪpəʳ] *n.* **1** *(material)* papel *m.* **2** *(newspaper)* periódico, diario **3** *(examination)* examen *m.* **4** *(essay, written work)* trabajo (escrito) *(for conference)* ponencia ◇ *tr.* empapelar ◇ *npl.* papèrs *(documents)* papeles *mpl.*, documentos *mpl.* ◇ *npl.* the papers los periódicos *mpl.*, la prensa. **on paper** *(in theory)* en teoría, sobre el papel *(written down)* por escrito. **to put something down on paper** poner algo por escrito **brown paper** papel m. de estraza **identity papers** documentación *f.* **paper handkerchief** kleenex *m.*, pañuelo de papel **paper money** papel *m.* moneda.

pa·per·clip ['peɪpəklɪp] *n.* clip *m.*, sujetapapeles *m.*

pa·per·weight ['peɪpəweɪt] *n.* pisapapeles *m.*

pa·per·work ['peɪpəwɜːk] *n.* papeleo.

Pap·u·a ['pæpjʊə] *n.* Papúa **Papua New Guinea** Papúa Nueva Guinea.

Pap·u·an ['pæpjʊən] *adj.* papú, púa. ◇ *n.* papú, púa.

pa·py·rus [pəˈpaɪrəs] *n. pl. papyri* [pəˈpaɪraɪ] o *pa·pyruses* papiro.

par [pɑːʳ] *n.* **1** *(parity)* igualdad *f.* **2** SP *(in golf)* par *m.* **3** FIN *(par value)* par *f. (par of exchange)* tipo de cambio. **to be on a par with somebody/something** estar al mismo nivel que alguien.

par·a·ble ['pærəbəl] *n.* parábola.

par·ab·o·la [pəˈræbələ] *n.* MATH parábola.

par·a·bol·ic [pærəˈbɒlɪk] *adj.* parabólico.

par·a·chute ['pærəʃuːt] *n.* paracaídas *m.* ◇ *tr.* lanzar en paracaídas ◇ *intr.* saltar en paracaídas **parachute jump** salto en paracaídas.

pa·rade [pəˈreɪd] *n.* **1** *(procession)* desfile *m.* **2** MIL desfile *m.* ◇ *tr.* **1** MIL hacer desfilar **2** *(flaunt - knowledge, wealth)* alardear, hacer alarde de ◇ *intr.* **1** *(gen)* desfilar **2** MIL pasar revista. **to be on parade** MIL pasar revista. **to make a parade of something** hacer alarde de algo **shopping parade** zona comercial.

par·a·dise ['pærədaɪs] *n.* paraíso.

par·a·dox ['pærədɒks] *n.* paradoja.

par·a·dox·i·cal [pærəˈdɒksɪkəl] *adj.* paradójico.

par·a·graph ['pærəgrɑːf] *n.* párrafo.

Par·a·guay [pærəˈgwaɪ] *n.* Paraguay.

Par·a·guay·an [pærəˈgwaɪən] *adj.* paraguayo ◇ *n.* paraguayo.

par·al·lel ['pærəlel] *adj.* **1** paralelo *(to/with, a)* **2** *fig. use (similar)* paralelo *(to/with, a)*, análogo *(to/with, a)* *n.* **1** MATH paralela **2** GEOG paralelo **3** *(similarity)* paralelo, paralelismo *tr.* **1** ser paralelo a, ser análogo a, ser análogo a. **in parallel** ELEC en paralelo. **to draw a parallel between** establecer un paralelo entre. **without parallel** sin comparación, sin paralelo **parallel bars** SP barras fpl. paralelas.

par·al·lel·o·gram [pærəˈleləgræm] *n.* paralelogramo.

pa·ral·y·sis [pəˈrælɪsɪs] *n.* **1** MED parálisis *f.* **2** *fig. use* paralización *f.*

par·a·lyze ['pærəlaɪz] *tr. (gen)* paralizar. **to be paralysed** MED **to be paralysed with fear** quedarse paralizado de miedo.

par·a·mil·i·tar·y [pærəˈmɪlɪtərɪ] *adj.* paramilitar.

par·a·noi·a [pærəˈnɔɪə] *n.* paranoia.

par·a·noid ['pærənɔɪd] *adj.* **1** *(mentally ill)* paranoide **2** *(obsessed)* obsesionado *(about,* por) ◇ *n.* paranoide *mf.*

par·a·phrase ['pærəfreɪz] *n.* paráfrasis *f.* ◇ *tr.* parafrasear.

par·a·ple·gic [pærəˈpliːdʒɪk] *adj.* MED parapléjico ◇ *n.* MED parapléjico.

par·a·site ['pærəsaɪt] *n.* parásito.

par·a·sit·ic [pærəˈsɪtɪk] *adj. (plant, animal, etc.)* parásito *(disease)* parasitario.

par·a·sol ['pærəsɒl] *n.* sombrilla.

par·a·troop·er ['pærətruːpəʳ] *n.* MIL paracaidista *mf.*

par·cel ['pɑːsəl] *n.* **1** *(package)* paquete *m.* **2** *(piece of land)* parcela **parcel bomb** paquete *m.* bomba.

parch·ment ['pɑːtʃmənt] *n.* pergamino **parchment paper** papel *m.* pergamino.

par·don ['pɑːdən] *n.* **1** *(forgiveness)* perdón *m.* **2** JUR indulto ◇ *tr.* **1** *(forgive)* perdonar **2** JUR indultar. **if you'll pardon the expression** con perdón. **pardon?** *(for repetition)* ¿cómo dice?, ¿cómo? **pardon me!** *(sorry)* ¡perdón!, ¡Ud. perdone!

par·ent ['peərənt] *n. (father)* padre *m. (mother)* madre *f.* ◇ *npl.* **parents** padres *mpl.*

P

pa·ren·tal [pə'rentəl] *adj. (of both parents)* de los padres *(parental)* paterno *(maternal)* materno.

pa·ren·the·sis [pə'renəəsıs] *n. pl.* **parentheses** paréntesis m. **in parenthesis** *entre paréntesis.*

par·ent·hood ['peərənthud] *n. (being a parent)* ser padre, ser madre *(fatherhood)* paternidad f. *(motherhood)* maternidad f. **planned parenthood** planificación f. familiar.

park [pɑːk] *n. (gen)* parque m., jardín m. público *(surrounding country house)* jardines mpl. ◇ *tr.* 1 *(car)* aparcar, estacionar 2 *(books, belongings, etc.)* dejar, poner ◇ *intr.* aparcar, estacionar. **to park oneself** *sentarse* **park bench** *banco.*

park·ing ['pɑːkıŋ] *n. (act)* estacionamiento "No parking" *"Prohibido estacionarse"* **parking meter** *parquímetro* **parking ticket** *multa (por estacionamiento indebido).*

par·lia·ment [pɑːləmənt] *n. (assembly)* parlamento n. **Member of Parliament** *Diputado.*

par·o·dy ['pærədı] *n. pl.* **parodies** parodia *tr. pt. & pp.* **parodied,** *ger.* **parodying** parodiar.

pa·role [pə'rəʊl] *n.* libertad f. condicional ◇ *tr.* poner en libertad condicional. **to be (out) on parole** *estar en libertad condicional.*

par·rot ['pærət] *n.* loro, papagayo. **to repeat something parrot fashion** *repetir algo como un loro.*

part [pɑːt] *n.* 1 *(gen)* parte f. 2 *(component)* pieza 3 *(of serial, programme)* capítulo *(of serialized publication)* fascículo, entrega 4 *(measure)* parte f. 5 *(in play, film)* papel m. 6 *(role, share, involvement)* papel m., parte f. 7 MUS parte f. 8 *(parting)* raya ◇ *adv.* en parte ◇ *adj.* parcial ◇ *tr. (separate)* separar *(from,* de) ◇ *intr.* 1 *(separate)* separarse *(say goodbye)* despedirse 2 *(open - lips, curtains)* abrirse ◇ *npl.* **parts** *(area)* zona, parajes mpl., lugares mpl. **for my part** *por mi parte, en cuanto a mí.* **in part** *en parte.* **of many parts** *de muchas facetas* **on the part of somebody/on somebody's part** *de parte de alguien.* **the best part of/the better part of** *la mayor parte de* **to be part and parcel of something** *formar parte de algo.* **to look the part** *encajar bien en el papel.* **to take something in good part** *tomarse bien algo* **foreign part** *el extranjero* **part exchange** *parte f. del pago* **part owner** *copropietario.*

par·tial ['pɑːʃəl] *adj.* 1 *(not complete)* parcial 2 *(biased)* parcial. **to be partial to something** *ser aficionado a algo, tener debilidad por algo.*

par·tic·i·pate [pɑː'tısıpeıt] *intr.* participar *(in,* en).

par·tic·i·pa·tion [pɑːtısı'peıʃən] *n.* participación f.

par·ti·ci·ple ['pɑːtısıpəl] *n. pp.* participio pasado **present participle** *participio presente.*

par·ti·cle ['pɑːtıkəl] *n.* partícula.

par·tic·u·lar [pə'tıkjʊlə ʳ] *adj.* 1 *(special)* particular, especial 2 *(specific)* concreto, particular 3 *(fussy)* exigente, especial ◇ *npl.* **particulars** *(of event, thing)* detalles mpl., pormenores mpl. *(of person)* datos mpl. personales. **in particular** *en particular.*

par·ti·san [pɑːtı'zæn] *n.* 1 *(supporter)* partidario 2 MIL partisan ◇ *adj.* partidista.

par·ti·tion [pɑː'tıʃən] *n.* 1 *(act)* partición f., división f. 2 *(wall)* tabique m. *(screen)* mampara ◇ *tr.* partir, dividir.

part·ner ['pɑːtnə ʳ] *n.* 1 *(in an activity)* compañero *(in dancing, tennis, cards, etc.)* pareja 2 COMM socio, asociado 3 *(spouse)* cónyuge mf. *(husband)* marido *(wife)* mujer f. *(in relationship)* pareja, compañero ◇ *tr.* acompañar, ser pareja de **junior partner** *socio adjunto* **partner in crime** *cómplice mf.*

part·ner·ship ['pɑːtnəʃıp] *n.* 1 COMM *(company)* sociedad f. 2 *(working relationship)* asociación f. **to go**

into partnership with somebody *asociarse con alguien.*

part-time [pɑːt'taım] *adj. (work, job)* de media jornada, a tiempo parcial ◇ *adv.* media jornada, a tiempo parcial.

par·ty ['pɑːtı] *n. pl.* **parties** 1 *(celebration)* fiesta 2 POL partido 3 *(group)* grupo 4 JUR parte f., interesado ◇ *adj.* 1 *(dress)* de fiesta *(mood, atmosphere)* festivo 2 POL *(member, leader)* del partido ◇ *intr. pt. & pp.* **partied,** *ger.* **partying** *(go to parties)* ir a fiestas *(have fun)* divertirse. **to be party to a crime** *ser cómplice de un delito.*

pass [pɑːs] *n.* 1 GEOG **(in mountains - gen)** puerto, paso (de montaña) *(narrow)* desfiladero 2 *(official permit)* pase m., permiso 3 *(in exam)* aprobado 4 SP pase m. ◇ *tr.* 1 *(go past - gen)* pasar *(person)* cruzarse con 2 *(overtake)* adelantar 3 *(cross - border, frontier)* pasar, cruzar 4 *(give, hand)* pasar 5 *(move)* pasar ◇ *intr.* 1 *(go past - gen)* pasar *(procession)* desfilar *(people)* cruzarse 2 *(overtake)* adelantar 3 *(move, go)* pasar 4 SP pasar la pelota, pasar el balón, hacer un pase 5 *(be transferred to)* pasar *(to,* a) 6 *(change)* cambiar *(from,* de) **to pass judgment on** *juzgar.* **to pass sentence** *dictar sentencia, fallar.* **to pass the time of day (with somebody)** *pasar el rato con alguien.* **press pass** *pase m. de prensa.*

to pass a·way *intr. (die)* pasar a mejor vida.

to pass down *tr. sep. (hand down - heirloom)* pasar *(tradition, story)* transmitir.

to pass off *intr.* 1 *(happen)* pasar, transcurrir 2 *(stop) (disappear)* pasarse ◇ *tr. sep. (succeed in presenting)* hacer pasar *(as,* por).

to pass on *tr. sep. (information)* pasar, dar *(infection)* contagiar ◇ *intr.* 1 *(die)* pasar a mejor vida 2 *(proceed)* pasar *(to,* a).

to pass out *intr.* 1 *(faint)* desmayarse, perder el conocimiento 2 MIL graduarse ◇ *tr. sep. (distribute)* repartir.

to pass o·ver *tr. sep. (ignore, overlook)* pasar por alto, dejar de lado, olvidar ◇ *tr. insep. (cross)* atravesar, cruzar.

to pass up *tr. sep. (opportunity)* dejar pasar, dejar escapar, desperdiciar *(offer)* rechazar.

pas·sage ['pæsıdʒ] *n.* 1 *(in street)* pasaje m. *(alleyway)* callejón m. *(narrow)* pasadizo 2 *(in building - corridor)* pasillo 3 *(way, movement - gen)* paso *(of vehicle)* tránsito, paso 4 *(of time)* paso, transcurso 5 MAR *(journey)* travesía, viaje m. *(fare)* pasaje m.

pas·sage·way ['pæsıdʒweı] *n. (corridor)* pasillo.

pas·sen·ger ['pæsındʒə ʳ] *n.* viajero, pasajero.

pass·er·by [pɑːsə'baı] *n. pl.* **passers-by** transeúnte mf.

pass·ing ['pɑːsıŋ] *adj.* 1 *(fashion, thought)* pasajero *(remark, reference)* de pasada *(glance)* rápido 2 *(vehicle)* que pasa ◇ *n. (of time)* paso, transcurso. **in passing** *de pasada.*

pas·sion ['pæʃən] *n. (gen)* pasión f. *(vehemence)* ardor m., vehemencia **to be in a passion** *estar fuera de sí.* **passion fruit** *granadilla, maracuyá m.*

pas·sion·ate ['pæʃənət] *adj. (gen)* apasionado *(vehement)* ardiente, ferviente, vehemente.

pas·sive ['pæsıv] *adj. (gen)* pasivo ◇ *n.* LING voz f. pasiva.

pas·siv·i·ty [pæ'sıvətı] *n.* pasividad f.

pass·key ['pɑːskiː] *n.* llave f. maestra

pass·port ['pɑːspɔːt] *n.* 1 *(gen)* pasaporte m. 2 *fig. use* pasaporte m. *(to,* a).

pass·word ['pɑːswɜːd] *n.* contraseña.

past [pɑːst] *adj.* 1 *(gone by in time)* pasado *(former)* anterior 2 *(gone by recently)* último 3 *(finished, over)* acabado, terminado 4 LING pasado ◇ *n.* 1 *(former times)* pasado 2 *(of person)* pasado *(of place)* historia ⬦ *prep.* **1** *(farther than, beyond)* más allá de *(by the side of)* por (delante de) **2** *(in time)* y **3** *(older than)* más de **4** *(beyond the limits of)* adv. **in times past** antaño, antiguamente. **the past/the past tense** el pasado, el pretérito.

pas·ta ['pæstə] *n.* pasta, pastas *fpl.*

paste [peɪst] *n.* **1** *(mixture)* pasta *(glue)* engrudo **2** CULIN pasta, paté *m.* **3** *(rhinestone)* estrás *m.* *(jewellery)* bisutería ⬦ *tr.* *(stick)* pegar *(put paste on)* engomar, encolar. **to paste something on a wall** pegar algo en una pared.

pas·tel ['pæstəl] *n.* **1** *(chalk)* pastel *m.* *(drawing)* dibujo al pastel **2** *(color)* color *m.* pastel *(tone)* tono pastel ⬦ *adj.* *(drawing)* al pastel *(color, tone, shade, etc.)* pastel.

pas·teur·i·za·tion [pæstʃəraɪ'zeɪʃən] *n.* pasteurización *f.*

pas·teur·ize ['pɑːstʃəraɪz] *tr.* pasteurizar.

pas·time ['pɑːstaɪm] *n.* pasatiempo.

pas·try ['peɪstrɪ] *n. pl.* **pastries** *(dough)* masa, hojaldre.

pas·ture ['pɑːstʃə] *n.* pasto ⬦ *tr.* apacentar, pastar ⬦ *intr.* pacer, pastar. **to move on to pastures new** buscar nuevos horizontes. **to put cattle out to pasture** pastorear el ganado.

pat [pæt] *n.* **1** *(tap)* golpecito, palmadita *(touch)* toque *m.* *(caress)* caricia **2** *(of butter)* porción *f.* ⬦ *tr. pt. & pp.* **patted,** *ger.* **patting** *(tap)* dar palmaditas a *(touch)* tocar *(caress)* acariciar. **give somebody a pat on the back** darle una palmadita en la espalda a alguien.

patch [pætʃ] *n.* **1** *(to mend clothes)* remiendo, parche *m.* **2** *(over eye)* parche *m.* **3** *(area on surface - gen)* trozo, lugar *m.,* zona *(- of color, damp, etc.)* mancha *(- of road)* trecho, tramo **4** *(plot of land)* parcela ⬦ *tr.* *(mend)* remendar *(put patch on)* poner un parche a. **not to be a patch on** no tener ni punto de comparación con. **to go through a bad patch** pasar por una mala racha.
to patch up *tr. sep.* **1** *(garment)* remendar, poner un parche a **2** *(quarrel)* resolver *(marriage)* salvar.

pat·ent ['peɪtənt] *n.* COMM patente *f.* ⬦ *adj.* **1** *(obvious)* patente, evidente **2** COMM patentado ⬦ *tr.* COMM patentar. **to take out a patent on something** sacar una patente de algo, patentar algo **patent medicine** específico **patent leather** charol *m.* **Patent Office** Registro de la propiedad industrial. **NOTA:** En Patent Office se pronuncia ['pætənt].

pat·ent·ly ['peɪtəntlɪ] *adv.* evidentemente. **to be patently obvious** estar clarísimo.

pa·ter·nal [pə'tɜːnəl] *adj.* *(fatherly)* paternal *(on father's side)* paterno, por parte de padre.

path [pɑːθ] *n.* **1** *(track)* camino, sendero, senda **2** *(course of bullet, missile)* trayectoria *(of flight)* rumbo *(of moon, sun)* recorrido, trayectoria **to be on the right path** ir bien encaminado.

pa·thet·ic [pə'θetɪk] *adj.* **1** *(rousing pity)* patético **2** *(awful, hopeless)* malísimo, pésimo.

pa·thol·o·gist [pə'θɒlədʒɪst] *n.* patólogo.

pa·thol·o·gy [pə'θɒlədʒɪ] *n.* patología.

pa·thos ['peɪθɒs] *n.* patetismo.

path·way ['pɑːðweɪ] *n.* camino, sendero.

pa·tience ['peɪʃəns] *n.* **1** *(quality)* paciencia **2** *(card game)* solitario. **to have the patience of a saint** tener más paciencia que un santo. **to try somebody's patience** poner a prueba la paciencia de alguien.

pa·tient ['peɪʃənt] *adj.* *(person - gen)* paciente *(long-suffering)* sufrido ⬦ *n.* paciente *mf.,* enfermo.

pa·tient·ly ['peɪʃəntlɪ] *adv.* pacientemente, con paciencia.

pa·tri·ot ['peɪtrɪət] *n.* patriota *mf.*

pa·tri·ot·ic [pætrɪ'ɒtɪk] *adj.* patriótico.

pa·tri·ot·ism ['pætrɪətɪzəm] *n.* patriotismo.

pa·trol [pə'trəʊl] *n.* *(act)* patrulla, ronda *(person, group)* patrulla ⬦ *tr. pt. & pp.* **patroled,** *ger.* **patroling** *(area)* patrullar por, estar de patrulla en ⬦ *intr.* patrullar. **to be on patrol** patrullar, estar de patrulla **patrol car** coche *m.* patrulla.

pa·tron·ize ['pætrənaɪz] *tr.* **1** *(shop, hotel)* ser cliente (habitual) de *(club, cinema)* frecuentar **2** *(sponsor - gen)* patrocinar *(arts)* proteger, formentar **3** *pej.* *(condescend to)* tratar con condescendencia.

pa·tron·iz·ing ['pætrənaɪzɪŋ] *adj. pej.* condescendiente.

pat·tern ['pætən] *n.* **1** *(decorative design)* diseño, dibujo *(on fabric)* diseño, estampado **2** *(way something develops)* orden *m.,* estructura, pauta **3** *(example, model)* ejemplo, modelo **4** *(for sewing, knitting)* patrón *m.* *(sample)* muestra. **to pattern oneself on somebody** imitar a alguien, seguir el ejemplo de alguien **to pattern something on something** tomar algo como modelo para algo.

pat·terned ['pætənd] *adj.* *(gen)* con dibujos, decorado *(fabric)* estampado.

pause [pɔːz] *n.* **1** *(gen)* pausa *(silence)* silencio *(rest)* descanso **2** MUS pausa ⬦ *intr.* *(gen)* hacer una pausa *(stop moving)* detenerse. **to pause for breath** parar para recobrar el aliento.

pave [peɪv] *tr.* *(with concrete - road)* pavimentar *(with flagstones)* enlosar *(with stones)* empredrar, adoquinar *(with bricks)* enladrillar. **to pave the way for somebody/something** preparar el terreno para alguien/algo.

pave·ment ['peɪvmənt] *n.* calzada, pavimento.

pav·ing ['peɪvɪŋ] *n.* *(paved area - on road)* pavimento *(of flagstones)* enlosado *(of stones)* empedrado, adoquinado *(of bricks)* enladrillado **paving stone** baldosa, losa.

paw [pɔː] *n.* **1** ZOOL *(foot)* pata **(claw - of big cats)** zarpa, garra **2** *(fam. use)* *(person's hand)* manaza, zarpa, garra ⬦ *tr.* **1** *(animal)* tocar con la pata *(lion)* dar zarpazos **2** *pej.* *(person)* manosear, sobar. **to paw the ground** *(horse)* piafar.

pawn¹ [pɔːn] *n.* *(in chess)* peón *m.* ⬦ *tr. fig. use* **(unimportant person)** juguete *m.,* marioneta, títere *m.* **to be somebody's pawn** *fig. use* ser un juguete en manos de alguien.

pawn² [pɔːn] *n.* *(pledge)* prenda ⬦ *tr.* empeñar. **in pawn** en prenda. **to place/put something in pawn** entregar algo en prenda, empeñar algo.

pawn·shop ['pɔːnʃɒp] *n.* monte *m.* de piedad, casa de empeños.

pay [peɪ] *n.* *(wages)* paga, sueldo, salario ⬦ *tr. pt. & pp.* **paid** [peɪd] **1** *(give)* pagar *(bill, debt)* pagar, saldar **2** *(make, give - attention)* prestar *(homage, tribute)* rendir *(respects)* presentar, ofrecer *(compliment, visit, call)* hacer **3** FIN *(make, give - interest, dividends)* dar **4** *(be worthwhile)* compensar, convener ⬦ *intr.* **1** *(gen)* pagar **2** *fig. use* *(suffer)* pagar **(for, -)** **3** *(be profitable - business, etc.)* ser rentable, ser factible **4** *(be worthwhile)* compensar, convenir **pay per view** pagar por ver **to be in somebody's pay** estar a sueldo de alguien. **to get paid** cobrar **to pay in advance** pagar por adelantado. **to pay cash/pay in cash** pagar en efectivo. **to pay by cheque** pagar con cheque. **to pay in instalments** pagar a plazos. **to pay one's way** pagar su parte. **pay phone** teléfono público **pay rise** aumento de sueldo.
to pay back *tr. sep.* **1** *(money)* devolver, reembolsar *(loan, mortgage)* pagar **2** *fig. use* *(take revenge on)* hacer pagar a.

to pay off tr. sep. 1 (debt) saldar, liquidar, cancelar (loan) pagar (mortgage) acabar de pagar 2 (worker) liquidar el sueldo a, dar el finiquito a ◇ intr. (be successful) dar resultado (prove worthwhile) valer la pena.

to pay out tr. sep. 1 (money - spend) desembolsar (on, en) (- give out) pagar 2 (rope) ir soltando ◇ intr. pagar.

pay·day ['peɪdeɪ] n. día m. de paga.

pay·ment ['peɪmənt] n. 1 (paying) pago 2 (amount paid) pago, remuneración f. 3 (instalment) plazo 4 (reward) pago, recompensa **annual payment** anualidad f., pago anual **down payment** entrada, pago inicial **monthly payment** mensualidad f., pago mensual

pay·off ['peɪɒf] n. 1 (payment - gen) pago (of debt) liquidación f. (of redundancy money) indemnización f. 2 [fam. use] (bribe) soborno 3 (climax, outcome) desenlace m., resultado.

pay·roll ['peɪrəʊl] n. (gen) nómina. **to be on the payroll** estar en nómina, estar en plantilla.

pc ['piː'siː] abbr. (personal computer) computadora personal m. personal (abbreviation) PC.

pct [pə'sent] abbr. (per cent) por ciento (abbreviation) p.c.

PE ['piː'iː] abbr. (physical education) educación física.

pea [piː] n. guisante m. **to be alike as two peas in a pod** parecerse como dos gotas de agua **pea green** verde m. guisante.

peace [piːs] n. 1 (not war) paz f. 2 (tranquillity) paz f., tranquilidad f., sosiego **at peace/in peace** en paz. "Rest in peace" "Descanse en paz". **to hold one's peace** guardar silencio **to keep the peace** JUR mantener el orden. **to make one's peace with somebody** hacer las paces con alguien. **to make peace** (people) hacer las paces (countries) firmar la paz **Peace Corps** Cuerpo de Paz **peace movement** movimiento pacifista **peace of mind** tranquilidad f. de espíritu, serenidad f. **peace treaty** tratado de paz.

peace·ful ['piːsful] adj. 1 (non-violent) pacífico, no violento 2 (calm) tranquilo, sosegado.

peach [piːtʃ] n. 1 (fruit) melocotón m. 2 (color) (color m) melocotón m. ◇ adj. de color melocotón **peach tree** melocotonero.

pea·cock ['piːkɒk] n. pavo real.

peak [piːk] n. 1 GEOG (of mountain) pico (summit) cima, cumbre f. 2 fig. use (highest point) cumbre f., cúspide f., punto álgido (climax) punto culminante 3 (of cap) visera ◇ adj. (maximum) máximo ◇ intr. (demand, sales, etc.) alcanzar su punto máximo (career) alcanzar su apogeo (athlete) alcanzar su mejor momento **peak hours** horas fpl. pico **peak season** temporada alta.

pea·nut ['piːnʌt] n. cacahuete m. ◇ npl. **peanuts** (small amount) una miseria **peanut butter** mantequilla de cacahuate.

pear [peəʳ] n. (fruit) pera **pear tree** peral m.

pearl [pɜːl] n. 1 perla 2 fig. use (thing of value, beauty, etc.) joya ◇ adj. (necklace, etc.) de perlas (button) de nácar, de madreperla **pearl diver** pescador de perlas **pearl grey** gris mpl. perla.

peas·ant ['pezənt] adj. campesino, rural ◇ n. 1 (gen) campesino 2 pej. (uncultured person) inculto.

pe·cu·liar [pɪ'kjuːlɪəʳ] adj. 1 (strange) extraño, raro (unwell) indispuesto 2 (particular) característico (to, de), propio (to, de).

ped·a·gog ['pedəɡɒɡ] n. pedagogo.

ped·a·gog·i·cal [pedə'ɡɒdʒɪkəl] adj. pedagógico.

ped·a·go·gy ['pedəɡɒdʒɪ] n. pedagogía.

ped·al ['pedəl] n. (gen) pedal m. ◇ intr. pt. & pp. **pedaled**, ger. **pedaling** pedalear ◇ tr. (bicycle, boat) impulsar pedaleando.

pe·des·tri·an [pə'destrɪən] n. peatón ◇ adj. (dull) pedestre **pedestrian crossing** paso de peatones **pedestrian precinct** zona peatonal.

pe·di·a·tri·cian [piːdɪə'trɪʃən] n. pediatra mf.

pe·do·phile ['piːdəfaɪl] n. pedófilo.

pe·do·phil·i·a [piːdə'fɪlɪə] n. pedofilia.

pee [piː] n. [fam. use] pis m., pipí m. ◇ intr. [fam. use] hacer pipí.

peel [piːl] n. (skin - gen) piel f. (- of orange, lemon, etc.) corteza, cáscara, ◇ tr. pelar, quitar la piel de ◇ intr. (skin) pelarse (paint) desconcharse (wallpaper) despegarse.

peep [piːp] n. (look) ojeada, vistazo ◇ intr. espiar, atisbar, mirar a hurtadillas. **to have a peep at/ take a peep at** echar un vistazo a.

peer [pɪəʳ] intr. (look closely) mirar detenidamente (at, -) (shortsightedly).

peer·less ['pɪələs] adj. sin par, incomparable.

peg [peɡ] n. 1 (for hanging clothes on) percha, colgador m. 2 TECH clavija ◇ tr. pt. & pp. **pegged**, ger. **pegging** 1 (clothes) tender (out, -) (tent) fijar con estacas (down, -) 2 (prices) fijar, estabilizar. **to buy clothes off the peg** comprar ropa de confección.

pel·i·can ['pelɪkən] n. pelícano.

pelt¹ [pelt] tr. tirar, lanzar, arrojar ◇ intr. 1 (rain) llover a cántaros (down, -) 2 (run) correr a toda prisa (move fast) ir a toda máquina. **to pelt somebody with stones** apedrear a alguien.

pelt² [pelt] n. (skin) piel f., pellejo.

pel·vis ['pelvɪs] n. pelvis f.

pen¹ [pen] n. (gen) pluma (ballpoint) bolígrafo, boli m. ◇ tr. pt. & pp. **penned**, ger. **penning** (write - gen) escribir (article) redactar (verse) componer. **to live by the pen** ganarse la vida con la pluma. **pen name** seudónimo.

pen² [pen] n. (for animals) corral m. (for sheep) aprisco, redil m.

to pen in/pen up tr. sep. encerrar, acorralar.

pe·nal ['piːnəl] adj. penal **penal code** código penal **penal offence** infracción f. penal, delito penal.

pe·nal·ize ['piːnəlaɪz] tr. 1 (punish) sancionar 2 SP penalizar 3 (put at a disadvantage) perjudicar.

pen·al·ty ['penəltɪ] n. pl. **penalties** 1 (gen) pena, castigo (fine) multa 2 SP (gen) castigo (máximo) (football) penalti m. 3 (disadvantage) desventaja, inconveniente m. **to pay the penalty for something** pagar las consecuencias de algo **penalty area** SP área de castigo **penalty clause** JUR cláusula de penalización **penalty kick** SP penalti m.

pen·cil ['pensəl] n. lápiz ◇ m. ◇ tr. pt. & pp. **penciled**, ger. **penciling** (write) escribir con lápiz (draw) dibujar con lápiz **pencil case** plumero, estuche m. de lápices **pencil drawing** dibujo a lápiz **pencil sharpener** sacapuntas m.

pend·ing ['pendɪŋ] adj. (waiting to be decided or settled) pendiente (imminent) próximo, inminente ◇ prep. (until) hasta (while awaiting) en espera de.

pen·du·lum ['pendjʊləm] n. péndulo.

pen·e·trate ['penɪtreɪt] tr. 1 (gen) penetrar en (clothing) atravesar, traspasar (organization) infiltrarse en 2 (seep into) penetrar (en), calar (en) 3 (understand) penetrar ◇ intr. 1 (gen) penetrar (into, en), entrar (into, en) (clothing) atravesar (through, -) 2 (sink in) causar impresión.

pen·e·trat·ing ['penɪtreɪtɪŋ] adj. (gen) penetrante (mind) penetrante, perspicaz (sound) penetrante.

pen·guin ['peŋwɪn] n. pingüino.

pen·i·cil·lin [penɪ'sɪlɪn] n. penicilina.

pen·in·su·la [pəˈnɪnsjʊlə] *n.* península **the Iberian Peninsula** *la Península Ibérica.*

pe·nis [ˈpiːnɪs] *n. pl.* **penises** o **penes** [ˈpiːniːs] ANAT pene *m.*

pen·i·ten·tia·ry [penɪˈtenʃərɪ] *n. pl.* **penitentiaries** penitenciaría, cárcel *f.*, prisión *f.*, penal *m.*

pen·sion [ˈpenʃən] *n.* pensión *f.* **to be on a pension/draw a pension** *cobrar una pensión* **pension fund** *fondo de pensiones* **pension plan/pension scheme** *plan m. de jubilación* **retirement pension** *jubilación f., pensión f.* **widow's pension** *pensión f. de viudedad.*

pen·sive [ˈpensɪv] *adj.* *(thoughtful)* pensativo, meditabundo *(melancholy)* melancólico.

pen·ta·gon [ˈpentəgən] *n.* pentágono **the Pentagon** *el Pentágono.*

pen·tath·lon [penˈtæələn] *n.* pentatlón *m.*

peo·ple [ˈpiːpəl] *npl.* **1** *(gen)* gente *f.*, personas *fpl.* **2** *(citizens)* ciudadanos *mpl.* *(inhabitants)* habitantes *mpl.* **3** *(family)* familia, gente *f.* ◇ *n.* *(nation, race)* pueblo, nación *f.* ◇ *tr.* poblar **old people** *los viejos mpl., los ancianos mpl., la gente f. mayor* **people's republic** *república popular* **the common people** *la gente f. corriente* **young people** *la juventud f., la gente f. joven.*

pep·per [ˈpepəʳ] *n.* **1** *(spice)* pimienta **2** *(vegetable)* pimiento ◇ *tr.* CULIN poner pimienta a, echar pimienta a **pepper mill** *molinillo de pimienta* **pepper pot** *pimentero.*

per [pɜːʳ] *prep.* por **as per** *de acuerdo con, según.* **as per usual** *como de costumbre.* **per annum** *por año, al año.* **per cent** *por ciento.*

per·ceive [pəˈsiːv] *tr.* *(see)* percibir, ver *(notice)* notar *(realize)* darse cuenta de.

per·cent·age [pəˈsentɪdʒ] *n.* porcentaje *m.*

per·cep·ti·ble [pəˈseptəbəl] *adj.* *(visible)* perceptible, visible *(audible)* perceptible, audible *(noticeable)* sensible, apreciable.

per·cep·tion [pəˈsepʃən] *n.* **1** *(sense)* percepción *f.* **2** *(insight)* perspicacia **3** *(way of understanding)* idea.

per·cep·tive [pəˈseptɪv] *adj.* *(person)* perspicaz, agudo.

perch [pɜːtʃ] *n.* **1** *(for bird)* percha **2** *(high position)* posición *f.* elevada, posición *f.* privilegiada *(pedestal)* pedestal *m.* ◇ *tr.* poner, colocar ◇ *intr.* *(bird)* posarse **(on,** en**)** *(person)* sentarse **(on,** en**). to be perched** *estar encaramado.*

per·cus·sion [pəˈkʌʃən] *n.* percusión *f.* **percussion instrument** *instrumento de percusión.*

per·cus·sion·ist [pəˈkʌʃənɪst] *n.* percusionista *nf.*

per·fect [(*adj.*) ˈpɜːfɪkt; (*vb.*) pəˈfekt] *adj.* **1** *(gen)* perfecto *(behavior, reputation)* intachable **2** *(ideal)* perfecto, ideal **3** *(absolute, utter - fool)* perdido, redomado *(- gentleman)* consumado *(- waste of time)* auténtico **4** LING perfecto ◇ *n.* LING perfecto ◇ *tr.* perfeccionar.

per·fec·tion [pəˈfekʃən] *n.* **1** *(state, quality)* perfección *f.* **2** *(act)* perfeccionamiento. **to do something to perfection** *hacer algo a la perfección.*

per·fec·tion·ist [pəˈfekʃənɪst] *n.* perfeccionista *mf.*

per·fo·rate [ˈpɜːfəreɪt] *tr.* perforar.

per·fo·ra·tion [pɜːfəˈreɪʃən] *n.* **1** MED perforación *f.* **2** *(on stamps, etc.)* perforado.

per·form [pəˈfɔːm] *tr.* **1** *(task)* ejecutar, llevar a cabo *(function)* desempeñar, hacer, cumplir *(experiment)* realizar *(operation)* practicar *(miracle)* hacer **2** *(piece of music)* interpretar, tocar *(song)* cantar *(play)* representar, dar *(role)* interpretar, representar **(somersault, trick)** hacer, ejecutar ◇ *intr.* **1** *(actor)* actuar *(singer)* cantar *(musician)* tocar, interpretar *(dancer)* bailar *(company)* dar una represen-

tación **2** *(machine)* funcionar, marchar *(car)* andar, ir *(person)* trabajar.

per·form·ance [pəˈfɔːməns] *n.* **1** *(of task)* ejecución *f.*, realización *f.* *(of function, duty)* ejercicio, desempeño **2** *(session - at theater)* representación *f.*, función *f.* *(- at cinema)* función *f.* *(- of circus, show, etc.)* número, espectáculo **3** *(action - of song, of musician)* interpretación *f.* *(- of play)* representación *f.* *(- of actor)* interpretación *f.*, actuación *f.* *(- of team)* actuación *f.* **4** *(of machine)* funcionamiento *(of car)* prestaciones *fpl.* *(of worker)* rendimiento, desempeño **5** *(fuss)* lío, follón *m.*

per·form·er [pəˈfɔːməʳ] *n.* *(gen)* artista *mf.*, actor *m.*, actriz *f.* *(musician)* artista, intérprete *mf.*

per·form·ing arts [pəˈfɔːmɪŋˈɑːts] *npl.* artes *fpl.* interpretativas.

per·fume [ˈpɜːfjuːm] *n.* perfume *m.* ◇ *tr.* perfumar.

per·fum·er·y [pəˈfjuːmərɪ] *n.* perfumería.

per·haps [pəˈhæps] *adv.* quizás, tal vez, a lo mejor.

per·il [ˈperəl] *n.* *(danger)* peligro. **at one's own peril** *por su cuenta y riesgo.*

per·il·ous [ˈperɪləs] *adj.* *(dangerous)* peligroso *(risky)* arriesgado.

pe·rim·e·ter [pəˈrɪmɪtəʳ] *n.* perímetro.

pe·ri·od [ˈpɪərɪəd] *n.* **1** *(length of time)* periodo **2** *(epoch)* época **3** GEOL periodo **4** EDUC *(lesson)* clase *f.* **5** *(menstruation)* regla, periodo **6** *(full stop)* punto ◇ *adj.* *(dress, furniture)* de época **free period** EDUC hora libre **period costume** *traje m. de época* **period pains** *dolores mpl. menstruales* **sunny periods** *intervalos mpl. de sol.*

pe·ri·od·i·cal [pɪərɪˈɒdɪkəl] *adj.* periódico ◇ *n.* publicación *f.* periódica.

pe·riph·er·al [pəˈrɪfərəl] *adj.* **1** *(zone, etc.)* periférico **2** *(secondary)* secundario.

pe·riph·er·y [pəˈrɪfərɪ] *n.* **1** *(of city)* periferia **2** *(of society)* margen *m.*

per·i·scope [ˈperɪskəʊp] *n.* periscopio.

per·ish [ˈperɪʃ] *intr.* **1** *(die)* perecer, fallecer **2** *(decay - food)* estropearse *(- rubber)* deteriorarse ◇ *tr.* *(rubber)* deteriorar.

per·ish·a·ble [ˈperɪʃəbəl] *adj.* *(food)* perecedero ◇ *npl.* *(perishables)* productos *mpl.* perecederos.

per·i·stal·sis [perɪˈstælsɪs] *n.* perístole *f.*

per·i·to·ni·tis [perɪtəˈnaɪtəs] *n.* MED peritonitis *f.*

per·ju·ry [ˈpɜːdʒərɪ] *n.* perjurio. **to commit perjury** *cometer perjurio, jurar en falso, perjurar.*

perk [pɜːk] *n.* *[fam. use] (benefit)* beneficio, extra *m.* *(money, goods)* gajes *mpl.*
   to perk up *tr. sep.* animar, reanimar ◇ *intr.* *(person)* animarse, reanimarse.

per·ma·nence [ˈpɜːmənəns] *n.* permanencia.

per·ma·nent [ˈpɜːmənənt] *adj.* **1** *(lasting - gen)* permanente *(dye, ink)* indeleble *(scar)* imborrable *(damage)* irreparable **2** *(job, address)* fijo **permanent wave** *permanente f.*

per·me·a·ble [ˈpɜːmɪəbəl] *adj.* permeable **(to,** a**).**

per·mis·si·ble [pəˈmɪsəbəl] *adj.* *(allowed)* permisible, lícito *(acceptable)* aceptable.

per·mis·sion [pəˈmɪʃən] *n.* *(gen)* permiso *(authorization)* autorización *f.* **to ask for permission to do something** *pedir permiso para hacer algo.* **to give somebody permission to do something** *dar a alguien permiso para hacer algo.*

per·mis·sive [pəˈmɪsɪv] *adj.* permisivo.

per·mit [(*n.*) ˈpɜːmɪt; (*vb.*) pɜːˈmɪt] *n.* *(gen)* permiso *(licence)* permiso, licencia *(pass)* pase *m.* *tr. pt. & gp. permitted, ger. permitting (gen)* permitir *(authorize)* autorizar ◇ *tr.* permitir.

per·mu·ta·tion [pɜːmjuˈteɪʃən] *n.* MATH permutación *f.*

per·ox·ide [pəˈrɒksaɪd] *n.* peróxido.

per·pen·dic·u·lar [pɜːpənˈdɪkjʊləʳ] *adj.* **1** MATH perpendicular (*to*, a) **2** (*upright*) vertical ◇ *n.* perpendicular *f.*

per·pet·u·al [pəˈpetjʊəl] *adj.* (*permanent*) perpetuo, eterno (*continual*) continuo, constante.

pers [pɜːsən, ˈpɜːsənəl] *abbr.* **1** (*person*) persona *f.* (*personal*) personal.

per se [pɜːˈseɪ] *adv.* en sí, de por sí.

per·se·cute [ˈpɜːsɪkjuːt] *tr.* (*for beliefs*) perseguir (*hound, harass*) atormentar, acosar.

per·se·cu·tion [pɜːsɪˈkjuːʃən] *n.* persecución *f.* **persecution complex** manía persecutoria.

per·se·cu·tor [ˈpɜːsɪkjuːtəʳ] *n.* perseguidor.

per·se·ver·ance [pɜːsɪˈvɪərəns] *n.* perseverancia *f.*

per·se·vere [pɜːsɪˈvɪəʳ] *intr.* perseverar (*at/in/with*, en).

per·sist [pəˈsɪst] *intr.* **1** (*person*) persistir (*in*, en) **2** (*pain, loyalty, belief*) persistir (*rain*) continuar. **to persist in doing something** insistir en hacer algo.

per·sist·ence [pəˈsɪstəns] *n.* **1** (*continuation*) persistencia **2** (*determination, insistence*) perseverancia *f.*

per·sist·ent [pəˈsɪstənt] *adj.* **1** (*person*) persistente, **2** (*cough, pain, fog*) persistente (*rain*) continuo, persistente (*denials, rumors, warnings*) constante.

per·son [ˈpɜːsən] *n.* **1** (*gen*) persona **2** LING persona. **in person** en persona, personalmente. **person to person** personalmente. **to have on one's person/have about one's person** llevar encima. **NOTA:** El plural más usual es people, pero persons se emplea en el lenguaje jurídico.

per·son·al [ˈpɜːsənəl] *adj.* **1** (*private*) personal, privado **2** (*own*) particular, personal **3** (*individual*) personal **4** (*physical - appearance*) personal (*hygiene*) íntimo, personal **5** (*in person*) en persona **6** (*rude*) ofensivo. **to get personal** hacer alusiones personales. **personal assistant** secretario personal **personal best** SP mejor marca personal **personal column** sección *f.* de anuncios personales **personal computer** computadora *f.* personal **personal effects** efectos *mpl.* personales **personal pronoun** pronombre *m.* personal **personal property** propiedad *f.* privada.

per·son·al·i·ty [pɜːsəˈnælɪtɪ] *n. pl.* **personalities 1** (*nature*) personalidad *f.* **2** (*famous person*) personaje *m.*

per·son·al·ize [ˈpɜːsənəlaɪz] *tr.* personalizar.

per·son·al·ly [ˈpɜːsənəlɪ] *adv.* **1** (*in person*) personalmente, en persona **2** (*for my part*) personalmente **3** (*as a person*) como persona. **to take something personally** ofenderse.

per·son·i·fi·ca·tion [pɜːsɒnɪfɪˈkeɪʃən] *n.* personificación *f.*

per·son·i·fy [pɜːˈsɒnɪfaɪ] *tr. pt. & pp.* **personified**, *ger.* **personifying** personificar.

per·son·nel [pɜːsəˈnel] *n.* personal *m.* **personnel department** departamento de personal, **personnel manager** jefe de personal.

per·son·to·per·son [ˈpɜːsəntəˈpɜːsən] *adj.* (*call*) de persona a persona.

per·spec·tive [pəˈspektɪv] *n.* **1** ART perspectiva *f.* **2** *fig. use* (*view, angle*) perspectiva. **to get/keep things in perspective** tratar de ver las cosas con cierta perspectiva.

per·spi·ra·tion [pɜːspɪˈreɪʃən] *n.* transpiración *f.*, sudor *m.*

per·spire [pəˈspaɪəʳ] *intr.* transpirar, sudar.

per·suade [pəˈsweɪd] *tr.* persuadir, convencer **to persuade somebody to do something** convencer a alguien para que haga algo. **to persuade somebody not to do something** disuadir a alguien de hacer algo.

per·sua·sion [pəˈsweɪʒən] *n.* **1** (*act*) persuasión *f.* **2** (*ability*) persuasiva **3** REL (*belief*) creencia. **to use persuasion on somebody** persuadir a alguien **powers of persuasion** poder *m.* de persuasión.

per·sua·sive [pəˈsweɪsɪv] *adj.* (*person, manner*) persuasivo (*argument, excuse*) convincente.

per·sua·sive·ly [pəˈsweɪsɪvlɪ] *adv.* de modo persuasivo.

per·tain [pɜːˈteɪn] *intr.* **1** *[fml. use]* (*connected with*) estar relacionado (*to*, con) **2** JUR (*belong to*) pertenecer (*to*, a).

per·ti·nent [ˈpɜːtɪnənt] *adj.* *[fml. use]* pertinente (*to*, a). **to be pertinent to something** guardar relación con algo, estar relacionado con algo.

Pe·ru [pəˈruː] *n.* Perú.

Pe·ru·vi·an [pəˈruːvɪən] *adj.* peruano ◇ *n.* (*person*) peruano.

per·va·sive [pɜːˈveɪsɪv] *adj.* (*smell*) penetrante (*influence, mood*) extendido, dominante.

per·verse [pəˈvɜːs] *adj.* **1** (*delight, desire, pleasure, etc.*) perverso, malsano **2** (*person - stubborn*) terco, obstinado (*contrary*) puñetero.

per·ver·sion [pəˈvɜːʃən] *n.* **1** (*sexual*) perversión *f.* **2** (*distortion*) tergiversación *f.*, distorsión *f.*

per·ver·si·ty [pəˈvɜːsɪtɪ] *n. pl.* **perversities** (*wickedness*) perversidad *f.* **2** (*stubbornness*) terquedad *f.*, obstinación *f.* malsana.

per·vert [(*n.*) ˈpɜːvɜːt; (*vb.*) pəˈvɜːt] *n.* (*sexual*) pervertido ◇ *tr.* **1** (*corrupt*) pervertir (*truth, justice*) tergiversar, distorsionar.

pes·si·mism [ˈpesɪmɪzəm] *n.* pesimismo.

pes·si·mist [ˈpesɪmɪst] *n.* pesimista *mf.*

pes·si·mis·tic [pesɪˈmɪstɪk] *adj.* pesimista. **to be pessimistic about something** ser pesimista respecto a algo.

pest [pest] *n.* **1** plaga **2** *[fam. use]* (*person*) pelma *mf.*, pesado (*thing*) lata, rollo **pest control** (*of insects*) desinsectación *f.* (*of rats*) desratización *f.*

pes·ti·cide [ˈpestɪsaɪd] *n.* pesticida.

pet [pet] *n.* (*tame animal*) animal *m.* de compañía, mascot ◇ *adj.* **1** (*kind person*) sol, cielo (*term of affection*) cariño, cielo **2** (*tame*) domesticado **3** (*favorite - theory, subject, etc.*) preferido, favorite ◇ *tr. pt. & pp.* **petted**, *ger.* **petting** (*animal*) acariciar ◇ *intr.* *[fam. use]* tocarse y besuquearse **pet hate** nombre *m.* cariñoso **pet shop** tienda de animales **teacher's pet** enchufado.

pet·al [ˈpetəl] *n.* pétalo.

pe·tite [pəˈtiːt] *adj.* (*woman*) menuda, chiquita.

pe·ti·tion [pəˈtɪʃən] *n.* **1** petición *f.*, solicitud *f.* **2** JUR demanda ◇ *tr.* presentar una petición a, ◇ *intr.* solicitar (*for*, -). **to petition for divorce** presentar una demanda de divorcio.

pet·ri·fy [ˈpetrɪfaɪ] *tr. pt. & pp.* **petrified**, *ger.* **petrifying 1** *[fam. use]* (*terrify*) petrificar, aterrorizar **2** GEOL petrificar ◇ *intr.* GEOL petrificarse. **to be petrified** quedarse de piedra.

pet·ro·chem·i·cal [petrəʊˈkemɪkəl] *adj.* petroquímico ◇ *n.* producto petroquímico.

pet·ro·chem·is·try [petrəʊˈkemɪstrɪ] *n.* petroquímica.

pe·tro·le·um [pəˈtrəʊlɪəm] *n.* petróleo **petroleum jelly** vaselina.

pet·ti·ness [ˈpetɪnəs] *n.* mezquindad *f.*, pobreza de espíritu.

pet·ty [ˈpetɪ] *adj. comp.* **pettier**, *superl.* **pettiest 1** (*trivial*) insignificante, nimio, sin importancia **2** (*mean*) mezquino **petty cash** dinero para gastos *mpl.* menores **petty thief** ladronzuelo.

phan·tom [ˈfæntəm] *n.* **1** (*ghost*) fantasma *m.* **2** (*illusion*) fantasía ◇ *adj.* **1** (*ghostly*) fantasmal **2** (*imaginary*) ilusorio, imaginario.

Phar·aoh [ˈfeərəʊ] *n.* faraón *m.*

phar·ma·ceu·ti·cal [fɑːmə'sjuːtɪkəl] *adj.* farmacéutico.

phar·ma·chol·o·gy [fɑːmə'kɒlədʒi] *n.* farmacología.

phar·ma·cist [ˈfɑːməsɪst] *n.* farmacéutico.

phar·ma·col·o·gist [fɑːmə'kɒlədʒɪst] *n.* farmacólogo.

phar·ma·cy [ˈfɑːməsɪ] *n. pl.* **pharmacies** farmacia.

phase [feɪz] *n.* (*gen*) fase *f.* (*stage*) etapa ◇ *tr.* escalonar, realizar por etapas. **to be out of phase** estar desfasado.

to phase in. *tr. sep.* introducir paulatinamente, introducir progresivamente.

to phase out. *tr. sep.* retirar paulatinamente, retirar progresivamente.

phe·nom·e·nal [fɪ'nɒmɪnəl] *adj.* fenomenal, extraordinario.

phe·nom·e·non [fɪ'nɒmɪnən] *n. pl.* **phenomena** fenómeno.

phew [fjuː] *interj.* ¡uf!

phil·an·throp·ic [fɪlən'erɒpɪk] *adj.* filantrópico.

phi·lan·thro·pist [fɪ'lænərəpɪst] *n.* filántropo.

phi·lan·thro·py [fɪ'lænərəpɪ] *n.* filantropía.

Phil·ip·pine [ˈfɪlɪpiːn] *adj.* filipino **Philippine Sea** Mar *m.* de Filipinas.

Phil·ip·pines [ˈfɪlɪpiːnz] *n.* Filipinas.

phi·lol·o·gy [fɪ'lɒlədʒi] *n.* filología.

phi·los·o·pher [fɪ'lɒsəfə³] *n.* filósofo.

phil·o·soph·i·cal [fɪlə'sɒfɪkəl] *adj.* **1** (*study, work, argument*) filosófico **2** (*person, attitude*) resignado.

phi·los·o·phize [fɪ'lɒsəfaɪz] *intr.* filosofar.

phi·los·o·phy [fɪ'lɒsəfɪ] *n.* filosofía.

phlegm [flem] *n.* flema.

phleg·mat·ic [fleg'mætɪk] *adj.* flemático.

pho·bi·a [ˈfəʊbɪə] *n.* fobia.

phone [fəʊn] *n.* (*fam. use*) teléfono ◇ *tr.* llamar (por teléfono), telefonear ◇ *intr.* llamar (por teléfono), telefonear **phone book** guía telefónica. **NOTA:** Ver también **telephone**.

phone-in [ˈfəʊnɪn] *n.* programa *m.* en el que participa el público por teléfono.

pho·neme [ˈfəʊniːm] *n.* fonema *m.*

pho·net·ics [fə'netɪks] *n.* fonética.

pho·ney [ˈfəʊnɪ] *adj. comp.* **phonier,** *superl.* **phoniest** (*fam. use*) (*person*) falso (*accent*) fingido ◇ *n.* (*fam. use*) (*person*) farsante *mf.* (*thing*) falsificación *f.*, imitación *f.*

pho·nol·o·gy [fə'nɒlədʒi] *n.* fonología.

phos·phate [ˈfɒsfeɪt] *n.* fosfato.

phos·pho·res·cence [fɒsfə'resəns] *n.* fosforescencia.

phos·pho·res·cent [fɒsfə'resənt] *adj.* fosforescente.

phos·pho·rus [ˈfɒsfərəs] *n.* fósforo.

pho·to [ˈfəʊtəʊ] *n.* (*fam. use*) foto *f.*

pho·to·cop·i·er [ˈfəʊtəʊkɒpɪə³] *n.* fotocopiadora.

pho·to·cop·y [ˈfəʊtəʊkɒpɪ] *n. pl.* **photocopies** fotocopia *tr. & pp.* photocopied, *ger.* photocopying fotocopiar.

pho·to·gen·ic [fəʊtəʊ'dʒenɪk] *adj.* fotogénico.

pho·to·graph [ˈfəʊtəgrɑːf] *n.* fotografía, foto *f.* ◇ *tr.* fotografiar. **to have one's photograph taken** sacarse una fotografía. **photograph album** álbum *m.* de fotografías.

pho·tog·ra·pher [fə'tɒgrəfə³] *n.* fotógrafo.

pho·to·graph·ic [fəʊtə'græfɪk] *adj.* fotográfico.

pho·tog·ra·phy [fə'tɒgrəfɪ] *n.* fotografía.

pho·ton [ˈfəʊtɒn] *n.* fotón *m.*

pho·to·syn·the·sis [fəʊtəʊ'sɪneəsɪs] *n.* fotosíntesis *f.*

phras·al verb [freɪzəl'vɜːb] *n.* verbo compuesto.

phrase [freɪz] *n.* **1** LING frase *f.*, locución *f.* **2** (*expression*) frase *f.*, expresión *f.* (*idiom*) modismo **3** MUS frase *f.* ◇ *tr.* **1** (*express*) expresar **2** MUS frasear **phrase book** guía de conversación para el viajero.

phys·i·cal [ˈfɪzɪkəl] *adj.* **1** (*of the body*) físico **2** (*material - world*) material **3** (*of physics*) físico **4** (*fam. use*) euphemistic use (*rough*) duro ◇ *n.* (*medical examination*) reconocimiento médico **physical education** educación *f.* física.

phys·i·cal·ly [ˈfɪzɪklɪ] *adv.* **1** (*bodily*) físicamente **2** (*of nature*) materialmente. **to be physically disabled/be physically handicapped** ser minusválido. **to be physically fit** estar en forma.

phys·i·cist [ˈfɪzɪsɪst] *n.* físico.

phys·ics [ˈfɪzɪks] *n.* física.

phys·i·ol·o·gy [fɪzɪ'ɒlədʒi] *n.* fisiología.

phys·i·o·ther·a·pist [fɪzɪəʊ'eerəpɪst] *n.* fisioterapeuta *mf.*

phys·i·o·ther·a·py [fɪzɪəʊ'eerəpɪ] *n.* fisioterapia.

phy·sique [fɪ'ziːk] *n.* físico.

pi [paɪ] *n.* MATH pi *f.*

pi·an·ist [ˈpɪənɪst] *n.* pianista *mf.*

pi·an·o [pɪ'ænəʊ] *n. pl.* **pianos** (*instrument*) piano ◇ *adv.* [ˈpjaːnəʊ] (*direction*) piano. **to play the piano** tocar el piano.

pick¹ [pɪk] *n.* **1** (*tool*) pico, piqueta **2** (*plectrum*) púa.

pick² [pɪk] *n.* (*choice*) elección *f.*, selección *f.* ◇ *tr.* **1** (*choose - gen*) elegir, escoger (*team*) seleccionar **2** (*flowers, fruit, cotton, etc.*) coger, recoger **3** (*remove pieces from - gen*) escarbar, hurgar (*spots*) tocarse **4** (*remove from - hair, etc.*) quitar **5** (*open - lock*) forzar, abrir con una ganzúa **6** (*of birds*) picotear. **the pick of** lo mejor de. **to pick and choose** ser muy exigente. **to pick holes in something** *fig.* use encontrar defectos en algo. **to pick one's nose** hurgarse la nariz. **to pick one's teeth** mondarse los dientes, escarbarse los dientes.

to pick at *tr. insep.* (*gen*) tocar (*food*) comer sin ganas.

to pick on *tr. insep.* (*victimize*) meterse con (*choose for task*) elegir, escoger.

to pick out *tr. sep.* **1** (*choose*) elegir, escoger **2** (*see, discern*) distinguir (*recognize*) reconocer **3** MUS tocar de oído.

to pick up *tr. sep.* **1** (*lift*) levantar (*from floor*) recoger (*take*) coger (*stitch*) coger (*telephone*) descolgar **2** (*learn - language*) aprender (- *habit*) adquirir, coger (- *news, gossip*) descubrir, enterarse de **3** (*illness, cold*) pescar, pillar **4** (*acquire, get*) conseguir, encontrar **5** (*collect - person*) recoger, pasar a buscar (- *hitchhiker*) coger (- *thing*) recoger **6** (*fam. use*) (*man, woman*) ligar con, ligarse ◇ *intr.* **1** (*improve - health, weather, acting*) mejorar (*economy, business*) repuntar (*prices*) subir **2** (*resume*) seguir, continuar.

to pick up on *tr. insep.* (*news*) hacer reseña de (*point*) volver a (*mistake*) señalar.

pick·ax [ˈpɪkæks] *n.* pico, piqueta.

pick·pock·et [ˈpɪkpɒkɪt] *n.* carterista *mf.*, ratero.

pic·nic [ˈpɪknɪk] *n.* picnic *m.* ◇ *intr.* (*go on a picnic*) ir de picnic (*eat*) hacer un picnic. **to be no picnic** no ser nada fácil. **to go on a picnic/go for a picnic** ir de picnic.

pic·ture [ˈpɪktʃə³] *n.* **1** (*painting*) pintura, cuadro (*portrait*) retrato (*drawing*) dibujo, grabado (*illustration*) ilustración *f.*, lámina (*photograph*) fotografía, foto *f.* **2** (*account, description*) descripción *f.* (*mental picture*) imagen *f.*, idea, impresión *f.* **3** TV (*quality of image*) imagen *f.* ◇ *tr.* **1** (*imagine*) imaginarse, verse **2** (*paint*) pintar (*draw*) dibujar **to be a picture of health** rebosar salud. **to be pictured** (*in press*) aparecer en la foto. **picture book** libro ilustrado.

pic·tur·esque [pɪktʃə'resk] *adj.* pintoresco.

pie [paɪ] *n.* CULIN (*sweet*) pastel *m.*, tarta (*savory*) pay *m.*, empanada. **pie in the sky** pura fantasía, castillos en el aire **pie chart** gráfica circular.

piece [piːs] *n.* **1** (*bit · large*) trozo, pedazo (*small*) cacho (*of broken glass*) fragmento **2** (*part, component*) pieza, parte *f.* **3** (*coin*) moneda **4** (*in board games*) ficha **5** MUS pieza **6** (*in newspaper*) artículo **7** (*item, example of*) pieza **in one piece** (*unharmed*) sano y salvo. **to be a piece of cake** ser pan comido. **to be in pieces** (*broken*) estar hecho pedazos (*dismantled*) estar desmontado. **to break something in pieces** hacer algo pedazos. **to piece to·geth·er** *tr. sep.* (*facts, events*) reconstruir (*torn letter, etc.*) recomponer (*jigsaw*) hacer.

pier [pɪəʳ] *n.* **1** (*landing place*) muelle *m.*, embarcadero **2** (*with amusements, etc.*) paseo sobre un muelle con atracciones, etc. **3** ARCH (*pillar*) pilar *m.*, estribo.

pierce [pɪəs] *tr.* **1** (*make hole in*) perforar, agujerear (*go through*) atravesar, traspasar **2** (*of light, sound*) penetrar, traspasar. **to have one's ears pierced** hacerse agujeros en las orejas.

pig [pɪg] *n.* **1** ZOOL cerdo, puerco, marrano **2** *pej.* (*ill-mannered person*) cerdo, puerco, cochino (*glutton*) glotón, tragón, comilón **3** (*difficult thing*) mierda **4** *sl.* (*policeman*) madero *npl.* the pigs **1** *sl.* la pasma *f. sing.*, la bofia *f. sing.* **to buy a pig in a poke** darle a alguien gato por liebre. **to make a pig of oneself** pegarse un atracón, darse un atracón. **to pig out** *intr.* pegarse un atracón (*on*, de).

pig·gy·back [ˈpɪgɪbæk] *adv.* a cuestas. **to give somebody a piggyback** llevar a alguien a cuestas.

pig·ment [ˈpɪgmənt] *n.* pigmento.

pig·men·ta·tion [pɪgmənˈteɪʃən] *n.* pigmentación *f.*

pig·sty [ˈpɪgstaɪ] *n. pl.* **pigsties** pocilga.

pig·tail [ˈpɪgteɪl] *n.* coleta.

pile [paɪl] *n.* **1** (*heap*) montón *m.*, pila **2** *fam. use* (*a lot of*) montón *m.*, pila ◇ *tr.* **1** (*form a pile*) amontonar, apilar **2** (*fill*) llenar, colmar ◇ *npl.* piles of montones *mpl.* de. **to make a pile** (*get rich*) hacer fortuna, forrarse. **to pile it on** exagerar. **to pile in** *intr.* **1** (*squeeze in*) meterse (*vehicle*) subir **2** (*crowd*) entrar en tropel. **to pile in·to** *tr. insep.* **1** (*squeeze in*) meterse en **2** (*attack*) arremeter contra. **to pile on** *tr. sep.* poner un montón de ◇ *intr.* (*crowd*) subir en tropel. **to pile out** *intr.* (*crowd*) salir en tropel. **to pile up** *intr.* **1** (*accumulate · gen*) amontonarse, acumularse (*-money*) acumularse **2** (*crash*) chocar en cadena *tr. sep.* **1** (*books, boxes, logs, etc.*) amontonar, apilar **2** (*riches, debts*) acumular.

pil·grim [ˈpɪlgrɪm] *n.* peregrino.

pil·grim·age [ˈpɪlgrɪmɪdʒ] *n.* peregrinación *f.*, romería. **to go on a pilgrimage/make a pilgrimage** ir en peregrinación.

pill [pɪl] *n.* (*gen*) píldora, pastilla ◇ *n.* the pill la píldora (*anticonceptiva*). **to be on the pill** tomar la píldora.

pil·lar [ˈpɪləʳ] *n.* **1** ARCH pilar *m.*, columna **2** (*of smoke*) columna **3** (*person*) pilar *m.*, baluarte *m.*

pil·low [ˈpɪləʊ] *n.* almohada.

pil·low·case [ˈpɪləʊkeɪs] *n.* funda de almohada.

pi·lot [ˈpaɪlət] *n.* **1** AV piloto *mf.* **2** MAR práctico *mf.* **3** (*TV or radio programme*) programa *m.* piloto ◇ *adj.* piloto, experimental ◇ *tr.* **1** (*ship, etc.*) pilotar **2** (*guide*) dirigir **3** (*test*) poner a prueba.

pim·ple [ˈpɪmpəl] *n.* (*raised*) grano.

pin [pɪn] *n.* **1** (*gen*) alfiler *m.* **2** (*badge, brooch*) insignia, pin *m.*, alfiler *m.* **3** TECH (*peg, dowel*) clavija, espiga (*control*) chaveta (*bolt*) perno **4** MED clavo **5** ELEC polo **6** (*on grenade*) anilla **7** SP (*in bowling*) bolo (*in golf*) banderín *m.* ◇ *tr. pt. & pp.*

pinned, *ger.* **pinning 1** (**garment, hem, seam**) prender (con alfileres) (*papers, etc. together*) sujetar (con un alfiler) (*notice on board, etc.*) clavar (**up,** -) (*hair*) recoger (**up,** -) **2** (*person*) inmovilizar (*arms*) sujetar ◇ *npl.* pins **1** *fam. use* (*legs*) patas *fpl.* **you could've heard a pin drop** se podía oír el vuelo de una mosca. **to pin down** *tr. sep.* **1** (*person*) inmovilizar, sujetar **2** (*force decision*) hacer que se comprometa (*- position*) hacer que se defina. **to pin on** *tr. sep.* (*hopes*) poner en, depositar en, cifrar en (*blame*) hacer cargar con (*crime*) endosar a. **to pin up** *tr. sep.* clavar (con chinchetas), sujetar (con alfileres).

PIN [pɪn] número de identificación personal (*abbreviation*) (número) PIN *m.*

pin·cer [ˈpɪnsəʳ] *n.* (*of crab, etc.*) pinza ◇ *npl.* pincers (*tool*) tenaza, tenazas *fpl.* **pincer movement** movimiento de tenazas.

pin·cers [ˈpɪnsəz] *npl.* **1** (*tool*) tenazas *fpl.* **2** (*on crab, etc.*) pinzas *fpl.*

pinch [pɪntʃ] *n.* **1** (*nip*) pellizco **2** (*small amount*) pizca ◇ *tr.* **1** (*nip*) pellizcar (*shoes*) apretar **2** *fam. use* (*steal*) birlar, afanar, robar ◇ *intr.* (*shoes*) apretar. **at a pinch** (*if necessary*) si fuera necesario (*at the most*) como máximo. **if it comes to the pinch** en caso de apuro. **to feel the pinch** pasar apuros, pasar estrecheces.

pine[1] [paɪn] *n.* **1** BOT (*tree, wood*) pino ◇ *adj.* de pino **pine cone** piña **pine forest** pinar *m.* **pine needle** aguja de pino **pine nut** piñón *m.*

pine[2] [paɪn] *intr.* estar triste, sufrir. **to pine for somebody** echar de menos a alguien. **to pine for something** suspirar por algo.

pine·ap·ple [ˈpaɪnæpəl] *n.* piña.

pink [pɪŋk] *adj.* **1** (*de color*) rosa, rosado **2** POL rojillo ◇ *n.* **1** (*color*) (color m) rosa *m.* **2** BOT clavel *m.*, clavellina. **to be in the pink** (*healthy*) estar en plena forma, (*happy*) estar feliz de la vida. **to go pink/turn pink** ponerse colorado.

pink·ie [ˈpɪŋkɪ] *n.* (*fam. use*) meñique *m.*, dedo meñique.

pin·point [ˈpɪnpɔɪnt] *tr.* (*position*) localizar (*cause, origin, time*) establecer con exactitud, precisar exactamente (*fact*) señalar *n.* puntito **pinpoint accuracy** precisión *f.* milimétrica.

pi·o·neer [paɪəˈnɪəʳ] *n.* **1** (*settler*) pionero **2** (*first person, originator*) pionero, iniciador ◇ *tr.* (*policy, industry*) promover (*technique*) iniciar, ser primero en aplicar.

pi·o·neer·ing [paɪəˈnɪərɪŋ] *adj.* pionero.

pipe [paɪp] *n.* **1** (*for water, gas, etc.*) tubería, cañería **2** MUS (*wind instrument*) caramillo (*of organ*) tubo, cañón *m.* **3** (*for smoking*) pipa ◇ *tr.* **1** (*water, gas*) llevar por tuberías (*oil*) conducir por oleoducto **2** CULIN (*with cream, icing*) poner con manga **3** SEW ribetear ◇ *intr.* MUS (*pipe*) tocar el caramillo (*pipes*) tocar la gaita ◇ *npl.* pipes gaita *f. sing.* **put that in your pipe and smoke it!** ¡chúpate ésa! **pipes of Pan** flauta *f. sing.* de Pan. **to pipe down** *intr.* callarse. **to pipe up** *intr.* decir inesperadamente, salir con.

pipe·line [ˈpaɪplaɪn] *n.* **1** (*for water*) tubería, cañería, conducto (*for gas*) gasoducto (*for oil*) oleoducto. **to be in the pipeline** (*being dealt with*) estar en trámite (*being prepared*) tener en proyecto.

pip·er [ˈpaɪpəʳ] *n.* gaitero.

pip·ing [ˈpaɪpɪŋ] *n.* **1** (*for water, gas, etc.*) tubería, cañería **2** SEW ribete *m.* **3** CULIN adorno, decoración *f.* (*hecho con manga*). **piping hot** bien caliente, muy caliente.

pi·ra·cy [ˈpaɪərəsɪ] *n.* piratería.

pi·ra·nha [pɪˈrɑːnə] *n.* (*fish*) piraña.

pi·rate ['paɪərət] n. pirata m. ◇ adj. pirata ◇ tr. piratear **pirate radio** emisora pirata.

piss [pɪs] n. [taboo] meada ◇ intr. sl. mear. **to have a piss** sl. mear.
   to piss off intr. sl. largarse, irse a la mierda ◇ tr. sep. sl. poner de mala leche.

pissed [pɪst] adj. sl. (annoyed) molesto.

pis·tach·i·o [pɪs'tɑːʃɪəʊ] n. pl. **pistachios** pistacho **pistachio tree** pistachero.

pis·til ['pɪstɪl] n. pistilo.

pis·tol ['pɪstəl] n. pistola. **to hold a pistol to somebody's head** fig. use poner a alguien entre la espada y la pared.

pis·ton ['pɪstən] n. TECH pistón m., émbolo **piston ring** aro de pistón **piston rod** biela.

pit [pɪt] n. 1 (hole) hoyo, foso (large) hoya (grave) fosa 2 (mine) mina, pozo 3 (in garage) foso 4 (mark - on metal, glass) señal f., marca (- on skin) picadura, cicatriz f. 5 THEAT (stalls) patio de butacas, platea (for orchestra) foso de la orquesta ◇ tr. pt. & pp. **pitted**, ger. **pitting** (mark) picar, marcar ◇ n. the pit (hell) el infierno ◇ npl. the pits (in motor racing) los boxes mpl. **to be the pits** ser terrible, ser fatal. **to work down the pit** trabajar en las minas. **pit worker** minero.

pitch [pɪtʃ] n. 1 MUS (of sound) tono (of instrument) diapasón m. 2 SP (field) campo, terreno (throw) lanzamiento 3 (degree, level) grado, punto, extremo 4 (position, site) lugar m., sitio (in market) puesto ◇ tr. 1 MUS (note, sound) entonar 2 fig. use (aim, address) dirigir (at, a) (set) dar un tono a 3 (throw) tirar, arrojar (in baseball) lanzar, pichear 4 (tent) plantar, armar, (camp) montar, hacer ◇ intr. 1 (fall) caerse 2 (ship, plane) cabecear 3 SP (in baseball) lanzar. **to be at fever pitch** estar al rojo vivo.
   to pitch in intr. [fam. use] (lend a hand) dar una mano, echar una mano, arrimar el hombro (start work) ponerse a trabajar (tea) atacar.

pitch·er¹ ['pɪtʃə⁽ʳ⁾] n. 1 (of clay) cántaro 2 jarro, jarra.

pitch·er² ['pɪtʃə⁽ʳ⁾] n. SP pitcher m., lanzador.

pit·fall ['pɪtfɔːl] n. (difficulty) dificultad f., escollo (danger) peligro, riesgo.

pit·i·a·ble ['pɪtɪəbəl] adj. (arousing pity) lastimoso.

pit·i·ful ['pɪtɪfʊl] adj. 1 (arousing pity - sight) lastimoso (cry) lastimero 2 (arousing contempt) lamentable.

pit·i·less ['pɪtɪləs] adj. 1 (killer, tyrant, etc.) despiadado 2 fig. use (sun, wind, tec) implacable.

pit·y ['pɪtɪ] n. pl. **pities** 1 (compassion) piedad f., compasión f. 2 (regret) lástima, pena tr. pt. & pp. **pitied**, ger. **pitying** 1 (feel pity for) compadecerse de, tener lástima de, dar lástima **for pity's sake!** ¡por amor de Dios! **more's the pity** por desgracia, **take pity on somebody** compadecerse de alguien, tener piedad de alguien, **what a pity!** ¡qué lástima!, ¡qué pena!

piv·ot ['pɪvət] n. 1 pivote m. 2 fig. use eje m. central ◇ intr. pivotar, girar sobre su eje. **to pivot on** (hinge on) girar sobre (depend on) depender de.

piz·za ['piːtsə] n. pizza **pizza parlor** pizzería.

piz·ze·ri·a [pɪtsə'rɪə] n. pizzería.

Pk [pɑːk] abbr. **(Park)** Parque m.

pkt ['pækɪt] abbr. **(packet)** paquete m.

plac·ard ['plækɑːd] n. pancarta f.

place [pleɪs] n. 1 (particular position, part) lugar m., sitio 2 (proper position) lugar m., sitio (suitable place) lugar m. adecuado, 3 (building) lugar m., sitio (home) casa, piso 4 (in book) página 5 (seat) asiento, sitio (at table) cubierto 6 (position, role, rank) lugar m. (duty) obligación f. 7 (in race, contest) puesto, lugar m., posición f. (in queue) turno ◇ tr. 1 (put - gen) poner (- carefully) colocar 2 (find home, job

for) colocar 3 (rank, class) poner, situar 4 (remember - face, person) recordar (- tune, accent) identificar **all over the place** por todas partes a **place in the sun** una posición destacada. **in place** en su sitio. **in place of somebody/in somebody's place** en el lugar de alguien. **in the first place...** en primer lugar... **out of place** fuera de lugar **there's no place like home** no hay nada como estar en casa. **decimal place** MATH punto decimal **place of birth** lugar m. de nacimiento **place of residence** domicilio.

pla·ce·bo [plə'siːbəʊ] n. pl. **placebos** o **placeboes** placebo.

pla·cen·ta [plə'sentə] n. pl. **placentas** o **placentae** placenta.

pla·gia·rism ['pleɪdʒərɪzəm] n. plagio.

pla·gia·rize ['pleɪdʒəraɪz] tr. plagiar.

plague [pleɪg] n. 1 (of insects, etc.) plaga 2 MED peste f. ◇ tr. 1 (pester) acosar, asediar 2 (afflict) afligir, asolar, plagar **to avoid somebody like the plague** huir de alguien como de la peste.

plain [pleɪn] adj. 1 (clear) claro, evidente 2 (straightforward) franco, directo 3 (simple, ordinary) sencillo (without pattern) liso 4 (unattractive) poco agraciado, feúcho 5 (chocolate) sin leche (flour) sin levadura ◇ adv. 1 (absolutely) totalmente 2 (clearly) claramente, francamente ◇ n. 1 GEOG llanura 2 (in knitting) punto del derecho. **in plain clothes** vestido de paisano. **in plain English** en términos sencillos, en cristiano. **to make oneself plain** explicarse.

plain·ly ['pleɪnlɪ] adv. 1 (clearly - explain, speak) claramente (remember) perfectamente 2 (obviously - gen) claramente, obviamente (- upset, angry) evidentemente 3 (simply) sencillamente.

plain-spo·ken [pleɪn'spəʊkən] adj. franco.

plain·tiff ['pleɪntɪf] n. demandante mf., querellante mf.

plan [plæn] n. 1 (scheme, arrangement) plan m., proyecto 2 (map, drawing, diagram) plano (design) proyecto (for essay) esquema m. ◇ tr. pt. & pp. **planned**, ger. **planning** 1 (make plans) planear, proyectar, planificar (intend) pensar, 2 (make a plan of - house, garden, etc.) hacer los planos de, diseñar (- economy, strategy) planificar ◇ intr. (make preparations) hacer planes (intend) pensar **to go according to plan** salir como estaba previsto. **to plan for the future** hacer planes para el futuro.

plane¹ [pleɪn] n. 1 MATH (surface) plano 2 fig. use (level, standard) nivel m. 3 [fam. use] (aircraft) avión m. ◇ adj. plano ◇ intr. (glide) planear **plane geometry** geometría plana.

plane² [pleɪn] n. (tool) cepillo ◇ tr. cepillar.

plan·et ['plænət] n. planeta m.

plan·e·tar·i·um [plænɪ'teərɪəm] n. pl. **planetariums** o **planetaria** planetario.

plank [plæŋk] n. 1 (of wood) tablón m., tabla 2 POL (principle) punto fundamental.

plank·ton ['plæŋktən] n. plancton m.

plan·ner ['plænə⁽ʳ⁾] n. planificador **town planner** urbanista mf.

plan·ning ['plænɪŋ] n. planificación f. **planning permission** permiso de obras.

plant¹ [plɑːnt] n. BOT planta ◇ tr. 1 (flowers, trees) plantar (seeds, vegetables) sembrar (bed, garden, etc.) plantar (with, de) 2 (bomb) colocar (blow) plantar (kiss) dar, plantar 3 (ideas, doubt) inculcar, meter. **to plant one's feet** plantar los pies. **to plant oneself** plantarse.

plant² [plɑːnt] n. (factory) planta, fábrica (machinery) equipo, maquinaria.

plan·ta·tion [plæn'teɪʃən] n. (for crops) plantación f.

plaque [plæk] *n.* placa.
plas·ma ['plæzmə] *n.* plasma *m.*
plas·ter ['plɑːstəʳ] *n.* **1** *(powder, mixture - gen)* yeso *(for walls)* revoque *m.*, enlucido **2** MED escayola ◇ *tr.* **1** *(wall, ceiling)* enyesar, enlucir **2** *(cover, spread)* cubrir *(with,* de*)* **plaster cast** ART vaciado de yeso MED escayolado.
plas·tic ['plæstɪk] *adj.* **1** *(bag, cup, spoon, etc.)* de plástico **2** *(malleable)* moldeable ◇ *n.* **1** plástico **2** *[fam. use] (credit cards)* tarjetas de crédito **plastic surgery** cirugía plástica **plastic surgeon** cirujano plástico **the plastic arts** las artes fpl. plásticas **the plastics industry** la industria del plástico.
plate [pleɪt] *n.* **1** *(dish, plateful)* plato *(for church offering)* platillo, bandeja **2** *(sheet of metal, glass)* placa *(thin layer)* lámina **3** *(metal covered with gold)* chapa de oro *(with silver)* chapa de plata **4** *(dishes, bowls - of gold)* vajilla de oro *(- of silver)* vajilla de plata **5** *(illustration)* grabado, lámina **6** *(dental)* dentadura postiza ◇ *tr. (gen)* chapar *(with gold)* dorar *(with silver)* platear. **to have a lot on one's plate** tener muchas cosas entre manos. **to give/hand something to somebody on a plate** poner algo a alguien en bandeja **hot plate** placa eléctrica **number plate** matrícula.
pla·teau ['plætəʊ] *n. pl.* **plateaus** o **plateaux 1** GEOG meseta **2** *(state)* estancamiento. **to reach a plateau** estancarse.
plat·form ['plætfɔːm] *n.* **1** *(gen)* plataforma *(for speaker)* tribuna, estrado *(for band)* estrado **2** *(railway)* andén *m.*, vía **3** POL programa *m.*
plat·i·num ['plætɪnəm] *n.* platino **platinum blonde** rubia platina.
plat·i·tude ['plætɪtjuːd] *n.* tópico, lugar *m.* común.
pla·ton·ic [plə'tɒnɪk] *adj.* platónico.
pla·toon [plə'tuːn] *n.* MIL pelotón *m.*
plat·y·pus ['plætɪpəs] *n.* ornitorrinco.
play [pleɪ] *n.* **1** *(recreation)* juego SP *(action)* juego *(match)* partido *(move)* jugada **3** THEAT obra (de teatro), pieza *(teatral)* **4** *(free and easy movement, slack)* juego **5** *(action, effect, interaction)* juego ◇ *tr.* **1** *(game, sport)* jugar a **2** SP *(compete against)* jugar contra *(in position)* jugar de *(ball)* pasar *(card)* jugar *(piece)* mover **3** MUS tocar ◇ *n.* *(joke, trick)* gastar, hacer ◇ *tr.* **1** THEAT *(part)* hacer el papel de, hacer de *(play)* representar, dar **2** *(record, song, tape)* poner **3** *(direct - light, water)* dirigir ◇ *intr.* **1** *(amuse oneself)* jugar *(at, a), (with,* con*)* **2** SP *(at game)* jugar THEAT *(cast)* actuar, trabajar *(show)* ser representado **3** *(pretend)* pretender, jugar a **4** MUS tocar **5** *(move)* recorrer. **a full play on words** *un juego de palabras.* **to give full play to something** dar rienda suelta a algo. **to make a play for something/somebody** intentar conseguir algo/conquistar a alguien. **to play for time** tratar de ganar tiempo. **to play hard to get** hacerse de rogar, hacerse el/la interesante. **to play into somebody's hands** hacerle el juego a alguien.
to play a·long *intr.* hacer el juego a, seguir la corriente a.
to play a·round *intr. (gen)* juguetear *(have affairs)* tener líos.
to play down *tr. sep.* minimizar, quitar importancia a.
to play up *tr. sep. (cause trouble)* dar la lata a, fastidiar ◇ *intr. (machine)* no funcionar bien *(child)* dar guerra, portarse mal **2** *(flatter)* halagar *(to,* a*)*, dar coba *(to,* a*)*.
play·er ['pleɪəʳ] *n.* **1** SP jugador **2** THEAT *(actor)* actor *m. (actress)* actriz *f.*

play·ful ['pleɪfʊl] *adj. (person, animal)* juguetón, travieso *(mood)* juguetón.
play·ground ['pleɪgraʊnd] *n.* patio de recreo.
play·group ['pleɪgruːp] *n.* jardín *m.* de infancia, guardería.
play·ing card ['pleɪɪŋkɑːd] *n.* carta, naipe *m.*
play·ing field ['pleɪɪŋfiːld] *n.* campo deportivo.
play·off ['pleɪɒf] *n.* SP partido de desempate.
play·wright ['pleɪraɪt] *n.* dramaturgo.
plea [pliː] *n.* **1** *[fml. use] (request)* petición *f.*, súplica **2** *[fml. use] (excuse)* excusa, pretexto **3** JUR alegato, declaración *f.* **to enter a plea of guilty/not guilty** declararse culpable/inocente.
plead [pliːd] *intr.* suplicar *(with,* -*)* ◇ *tr. (give as excuse)* alegar.
pleas·ant ['plezənt] *adj.* **1** *(gen)* agradable *(surprise)* grato **2** *(person)* simpático, amable.
please [pliːz] *tr. (make happy, be agreeable to)* agradar, gustar, complacer *(satisfy)* contentar, complacer ◇ *intr.* **1** *(satisfy)* contentar, complacer, satisfacer **2** *(choose, want, like)* querer ◇ *interj.* por favor **please do!** ¡desde luego!, ¡no faltaba más! **please yourself** haz lo que quieras.
pleased [pliːzd] *adj.* **1** *(happy)* contento *(satisfied)* satisfecho **pleased to meet you!** ¡encantado!, ¡mucho gusto!
pleas·ing ['pliːzɪŋ] *adj. (pleasant)* agradable *(gratifying)* grato *(satisfying)* satisfactorio.
pleas·ur·a·ble ['pleʒərəbəl] *adj.* agradable, placentero.
pleas·ure ['pleʒəʳ] *n.* placer *m.* **my pleasure** ha sido un placer. **to have the pleasure of…** tener el placer de…, tener gusto de… **with pleasure** con mucho gusto.
pleb·i·scite ['plebɪsɪt] *n.* plebiscito. **to hold a plebiscite** celebrar un plebiscito.
pledge [pledʒ] *n.* **1** *(promise)* promesa **2** *(token)* prenda, señal *f.* **3** *(security, guarantee)* garantía, prenda ◇ *tr.* **1** *(promise)* prometer **2** *(pawn)* empeñar, dar en prenda. **to pledge somebody to secrecy** hacer jurar a alguien guardar el secreto.
ple·na·ry ['pliːnəri] *adj. (session, meeting)* plenario *(power, authority)* pleno.
plen·ti·ful ['plentɪfʊl] *adj.* abundante.
plen·ty ['plenti] *n.* abundancia ◇ *pron.* mucho, muchos ◇ *adv. [fam. use]* muy. **in plenty** en abundancia.
plight [plaɪt] *n.* situación *f.* grave.
plod [plɒd] *intr.* **1** *(walk slowly)* andar con paso lento **2** *(work steadily)* hacer laboriosamente.
plot[1] [plɒt] *n.* **1** *(conspiracy)* conspiración *f.*, complot *m.* **2** *(of book, film, etc.)* trama, argumento ◇ *tr. alt. & pp.* **plotted,** *ger.* **plotting 1** *(plan secretly)* tramar, urdir **2** *(course, position)* trazar ◇ *intr.* conspirar, tramar, maquinar.
plot[2] [plɒt] *n. (of land)* parcela, terreno *(for building)* solar *m.*
plot·ter ['plɒtəʳ] *n.* conspirador.
plow [plaʊ] *n.* agriculture arado ◇ *tr. (land, etc.)* arar ◇ *intr.* arar la tierra **the Plough** el Carro, la Osa Mayor.
to plow back. *tr. sep. (profits)* reinvertir.
to plow in·to. *tr. insep. (crash)* estrellarse contra.
to plow through. *tr. insep.* **1** *(mud, snow, etc.)* abrirse camino a través de *(sea)* surcar **2** *fig. use (finish)* tratar de acabar **(do with difficulty)** hacer laboriosamente.
plow·man ['plaʊmən] *n.* arador *m.*, labrador *m.*
plug [plʌg] *n.* **1** *(for bath, sink, etc.)* tapón *m.* **2** ELEC *(on lead)* enchufe *m.*, clavija *(socket)* enchufe *m.*,

toma de corriente 3 *(publicity)* publicidad *f.* 4 *(of tobacco)* rollo ⬦ *tr. pt. & pp.* **plugged**, *ger.* **plugging** 1 *(hole, etc.)* tapar *(up, -)* 2 *(publicize)* dar publicidad a, **sparking plug** bujía.

to plug a·way. *tr. insep.* perseverar *(at,* en).

to plug in. *tr. sep.* enchufar ⬦ *intr.* enchufarse.

to plug in·to. *tr. sep.* enchufar a.

plug·hole ['plʌghəʊl] *n.* desague *m.*

plum [plʌm] *n.* 1 *(fruit)* ciruela 2 *(color)* color *m.* ciruela ⬦ *adj. (fam. use)* fantástico **plum pudding** *budín m.* de pasas **plum tree** ciruelo.

plumber ['plʌmə'] *n.* plomero, fontanero.

plumb·ing ['plʌmɪŋ] *n.* 1 *(occupation)* fontanería 2 *(system)* tubería, cañería.

plump [plʌmp] *adj. (person)* regordete, rollizo *(baby)* rechoncho *(animal)* gordo.

plun·der ['plʌndə'] *n.* 1 *(action)* pillaje *m.,* saqueo 2 *(loot)* botín *m.* ⬦ *tr.* saquear, pillar.

plunge [plʌndʒ] *n.* 1 *(dive)* zambullida, chapuzón *m.* 2 *(fall)* caída, descenso ⬦ *intr.* 1 *(dive)* lanzarse, zambullirse, *(fall)* caer, hundirse, precipitarse 2 *(drop - prices, etc.)* caer en picado, 3 MAR cabecear ⬦ *tr. (immerse)* sumergir, hundir *(thrust)* clavar, meter *(in despair, poverty, etc.)* sumir **to take the plunge** dar el paso decisivo.

plu·ral ['plʊərəl] *adj.* plural ⬦ *n.* plural *m.*

plu·ral·ism ['plʊərəlɪzəm] *n.* pluralismo.

plus [plʌs] *prep.* más ⬦ *adj.* 1 *(ion, number)* positivo 2 *(and more)* más de, algo más de 3 *(advantageous)* positivo ⬦ *n.* 1 MATH *(sign)* signo más 2 *(advantage)* ventaja, pro **plus sign** signo más.

Plu·to ['pluːtəʊ] *n.* Plutón *m.*

plu·to·ni·um [pluː'təʊnɪəm] *n.* plutonio.

pm ['piː'em] También se escribe **PM.** *abbr.* **(post meridiem)** después del mediodía.

PMT ['piː'em'tiː] *abbr.* **(premenstrual tension)** tensión premenstrual.

pneu·mat·ic [njuː'mætɪk] *adj.* neumático.

pneu·mo·nia [njuː'məʊnɪə] *n.* pulmonía.

PO ['pəʊstɒfɪs] *abbr.* **(Post Office)** correos *mpl.*

poach [pəʊtʃ] *intr. (for game)* cazar furtivamente *(for fish)* pescar furtivamente ⬦ *tr.* 1 *(game)* cazar furtivamente *(fish)* pescar furtivamente 2 *(take, steal)* robar.

pocket ['pɒkɪt] *n.* 1 *(gen)* bolsillo 2 *(small area - of air)* bolsa *(of resistance)* foco 3 *(on snooker table)* tronera ⬦ *adj. (dictionary, camera, etc.)* de bolsillo ⬦ *tr.* 1 *(put in pocket)* meterse en el bolsillo, 2 *(keep, take dishonestly)* embolsar, quedarse con **to live in each other's pockets** estar uno encima del otro. **to be out of pocket** *(lose)* salir perdiendo **to pay for something out of one's own pocket** pagar algo con su propio dinero. **pocket calculator** calculadora de bolsillo **pocket handkerchief** pañuelo.

pock·et·book ['pɒkɪtbʊk] *n.* 1 bolso 2 *(notebook)* libreta *(de notas).*

pock·et-sized ['pɒkɪtsaɪzd] *adj.* de bolsillo, (de) tamaño bolsillo.

po·di·um ['pəʊdɪəm] *n. pl.* **podiums** o **podia** podio.

po·em ['pəʊəm] *n.* poema *m.,* poesía.

po·et ['pəʊɪt] *n.* poeta *mf.*

po·et·ic [pəʊ'etɪk] *adj.* poético. **poetic justice** justicia divina. **poetic licence** licencia poética.

po·et·ry ['pəʊɪtrɪ] *n.* poesía. **to be poetry in motion** ser pura poesía **poetry reading** recital *m.* de poesía.

point [pɔɪnt] *n.* 1 *(sharp end - of knife, nail, pencil)* punta 2 *(place)* punto, lugar *m.* 3 *(moment)* momento, instante *m.,* punto 4 *(state, degree)* punto, extremo 5 *(on scale, graph, compass)* punto *(on thermometer)* grado

6 SP *(score, mark)* punto, tanto 7 FIN entero 8 *(item, matter, idea, detail)* punto 9 *(central idea, meaning)* idea, significado 10 *(purpose, use)* sentido, propósito ⬦ *intr. (show)* señalar 2 *fig. use (indicate)* indicar ⬦ *tr.* 1 *(with weapon)* apuntar 2 *(direct)* señalar, indicar 3 *(wall, house)* ajuntar **at the point of a gun** a punta de pistola. **in point of fact** de hecho, en realidad. **to be on the point of doing something** estar a punto de hacer algo. **to be to the point** ser relevante y conciso. **to come to the point** ir al grano. **to get to the point** ir al grano. **to point out.** *tr. sep.* 1 *(show)* señalar 2 *(mention)* señalar, hacer notar *(warn)* advertir.

point-blank [pɔɪnt'blæŋk] *adj.* 1 *(refusal)* categórico, rotundo *(question)* directo 2 *(shot)* a quemarropa, *adv.* 1 *(refuse)* categóricamente, *(ask)* de golpe y porrazo 2 *(shoot)* a quemarropa.

point·ed ['pɔɪntɪd] *adj.* 1 *(sharp)* puntiagudo *(shoes)* en punta 2 *fig. use (comment)* intencionado, significativo *(wit)* mordaz.

point·less ['pɔɪntləs] *adj. (meaningless)* sin sentido *(useless)* inútil.

poi·son ['pɔɪzən] *n.* veneno ⬦ *tr.* 1 *(harm, kill - person, animal)* envenenar *(make ill)* intoxicar *(river)* contaminar *(arrow, dart)* envenenar 2 *(corrupt)* envenenar, **what's your poison?** ¿qué quieres tomar? **to take poison** envenenarse.

poi·son·ous ['pɔɪzənəs] *adj.* 1 *(plant, berry, snake)* venenoso *(drugs, gas)* tóxico 2 *fig. use (doctrine, ideas)* pernicioso *(remark, person)* venenoso.

poke [pəʊk] *n. (jab)* empujón *m.,* golpe *m. (with elbow)* codazo *(with sharp object)* pinchazo ⬦ *tr.* 1 *(jab - with finger)* dar con la punta del dedo *(- with elbow)* dar un codazo a *(- with pointed object)* dar un pinchazo a 2 *(insert)* meter 3 *(fire)* atizar 4 *(put)* asomar **to poke fun at somebody** burlarse de alguien **to poke one's nose into somebody else's business** meterse en asuntos ajenos.

to poke a·bout/poke a·round. *intr.* fisgonear.

pok·er ['pəʊkə'] *n. (card game)* póquer m.

pok·er-faced ['pəʊkəfeɪst] *adj.* de rostro impasible.

Po·land ['pəʊlænd] *n.* Polonia.

po·lar ['pəʊlə'] *adj.* polar **polar bear** oso polar.

po·lar·i·ty [pəʊ'lærɪtɪ] *n. pl.* **polarities** polaridad *f.*

po·lar·i·za·tion [pəʊləraɪ'zeɪʃən] *n.* polarización *f.*

po·lar·ize ['pəʊləraɪz] *tr.* polarizar ⬦ *intr.* polarizarse.

Pole [pəʊl] *n.* polaco.

pole¹ [pəʊl] *n. (stick, post)* poste *m.,* palo, pértiga **pole vault** salto con pértiga.

pole² [pəʊl] *n. (electrical, geographical)* polo. **to be poles apart** ser polos opuestos **pole star** estrella polar **South Pole** Polo Sur.

po·lem·ic [pə'lemɪk] *n.* polémica ⬦ *npl.* polemics polémica *f. sing.*

po·lem·i·cal [pə'lemɪkəl] *adj.* polémico.

po·lice [pə'liːs] *npl. (body)* policía *f. sing. (officers)* policías *mpl.* ⬦ *tr. (keep order in)* mantener el orden en *(keep watch on)* vigilar *(area)* patrullar **police car** coche *m.* patrulla **police constable** *policía mf.,* agente *mf.* **police dog** perro policía **police force** cuerpo de policía **police headquarters** jefatura de policía.

po·lice·man [pə'liːsmən] *n.* policía *m.,* agente *m.* de policía, guardia.

po·lice·wom·an [pə'liːswʊmən] *n.* policía, agente *f.* de policía, guardia.

pol·i·cy ['pɒlɪsɪ] *n. pl.* **policies** 1 POL política 2 *(course of action, plan)* política, estrategia 3 *(insurance)* póliza *(de seguros).* **to do something as a matter of policy** tener por norma hacer algo.

P

pol·ish ['pɒlɪʃ] n. 1 *(for furniture)* cera (para muebles) *(for shoes)* betún m. *(for floors)* cera, abrillantador m. (de suelos) *(for nails)* esmalte m. 2 *(shine)* lustre m., brillo 3 *(action)* pulimento 4 fig. use *(refinement)* refinamiento, brillo ◇ tr. 1 *(floor, furniture)* sacar brillo a, *(shoes)* limpiar *(silver, cutlery)* sacar brillo a *(nails)* pintar con esmalte *(stone)* pulir 2 fig. use *(refine)* pulir (**up, -**), perfeccionar (**up, -**).

Pol·ish ['pəʊlɪʃ] adj. polaco ◇ n. 1 *(person)* polaco 2 *(language)* polaco ◇ npl. the Polish los polacos mpl.

pol·ished ['pɒlɪʃt] adj. 1 *(wood)* brillante *(metal)* pulido, lustroso 2 *(manners)* refinado, elegante (**performance, style**) pulido.

po·lite [pə'laɪt] adj. cortés, cumplido, correcto **in polite society** entre gente educada.

po·lite·ness [pə'laɪtnəs] n. cortesía, educación f.

po·lit·i·cal [pə'lɪtɪkəl] adj. *(gen)* político **political asylum** asilo político **political prisoner** preso político **political science** ciencias fpl. políticas.

po·lit·i·cal·ly [pə'lɪtɪkəlɪ] adv. políticamente **politically correct** políticamente correcto.

pol·i·ti·cian [pɒlɪ'tɪʃən] n. político.

pol·i·ti·cize [pə'lɪtɪsaɪz] tr. politizar.

pol·i·tics ['pɒlɪtɪks] n. 1 *(gen)* política 2 *(science)* ciencias fpl. políticas ◇ npl. *(view, opinions)* opiniones fpl. políticas, ideas fpl. políticas. **to go into politics** dedicarse a la política.

poll [pəʊl] n. 1 *(voting)* votación f. *(number of votes cast)* votos mpl. 2 *(survey)* encuesta, sondeo ◇ tr. 1 *(votes - obtain)* obtener 2 *(ask opinion)* sondear, encuestar ◇ npl. the polls las elecciones fpl., los comicios mpl. **to take a poll on something** someter algo a votación.

pol·len ['pɒlən] n. polen m. **pollen count** índice m. de polen en el aire.

pol·li·nate ['pɒlɪneɪt] tr. polinizar.

pol·li·na·tion [pɒlɪ'neɪʃən] n. polinización f.

poll·ing ['pəʊlɪŋ] n. votación f. **polling booth** cabina electoral **polling card** tarjeta censal **polling station** colegio electoral.

pol·lu·tant [pə'luːtənt] n. contaminante m.

pol·lute [pə'luːt] tr. contaminar.

pol·lu·tion [pə'luːʃən] n. contaminación f.

pol·y·es·ter [pɒlɪ'estə⁶] n. poliéster m.

po·lyg·a·mist [pə'lɪgəmɪst] n. polígamo.

po·lyg·a·mous [pə'lɪgəməs] adj. polígamo.

po·lyg·a·my [pə'lɪgəmɪ] n. poligamia.

pol·y·glot ['pɒlɪglɒt] adj. polígloto ◇ n. *(person)* polígloto.

pol·y·gon ['pɒlɪgɒn] n. polígono.

pol·y·mer ['pɒlɪmə⁶] n. polímero.

pol·y·sty·rene [pɒlɪ'staɪriːn] n. poliestireno.

pol·y·syl·lab·ic [pɒlɪsɪ'læbɪk] adj. polisílabo.

pol·y·tech·nic [pɒlɪ'teknɪk] n. escuela politécnica.

pol·y·thene ['pɒlɪθiːn] n. polietileno **polythene bag** bolsa de plástico.

pol·y·u·re·thane [pɒlɪ'jʊərəθeɪn] n. poliuretano.

pomp·ous ['pɒmpəs] adj. *(person)* pedante, presuntuoso *(speech, language, style)* pomposo, rimbombante (**occasion, ceremony**) pomposo *(building)* imponente.

pond [pɒnd] n. estanque m.

pon·der ['pɒndə⁶] tr. considerar, cavilar sobre ◇ intr. reflexionar (**on/over,** sobre), meditar (**on/over,** sobre).

po·ny ['pəʊnɪ] n. pl. **ponies** póney m., poni m.

po·ny·tail ['pəʊnɪteɪl] n. cola de caballo.

poo·dle ['puːdəl] n. caniche m.

pool¹ [puːl] n. 1 *(of water, oil, blood, etc.)* charco *(of light)* foco 2 *(pond)* estanque m. *(in river)* pozo

pool² [puːl] n. 1 *(common fund of money)* fondo común *(in gambling)* bote m. 2 *(common supply of services)* servicios mpl. comunes *(of resources)* fondo *(of vehicles)* parquet m. ◇ tr. *(funds, money)* reunir, juntar *(ideas, resources)* poner en común.

poor [pʊə⁶] adj. 1 *(person, family, country)* pobre 2 *(inadequate)* pobre, escaso *(bad quality)* malo *(inferior)* inferior 3 *(unfortunate)* pobre.

poor·ly ['pʊəlɪ] adj. *(ill)* indispuesto, pachucho ◇ adv. *(badly)* mal.

pop¹ [pɒp] n. 1 *(of cork)* taponazo 2 *(fam. use)* *(drink)* gaseosa ◇ tr. pt. & pp. **popped,** ger. **popping** 1 *(burst)* hacer reventar *(cork)* hacer saltar 2 *(put)* poner, meter ◇ intr. 1 *(burst)* estallar, reventar *(cork)* saltar 2 *(go quickly)* ir rápidamente. **to pop up** intr. *(appear)* aparecer.

pop² [pɒp] n. *(fam. use)* *(music)* música pop **pop singer** cantante mf. pop **pop festival** festival m. de música pop **pop art** pop-ART m.

pop³ [pɒp] abbr. *(population)* número de habitantes.

pop·corn ['pɒpkɔːn] n. palomitas fpl. de maíz.

pope [pəʊp] n. papa m.

pop·u·lar ['pɒpjʊlə⁶] adj. 1 *(well-liked - gen)* popular *(- person)* estimado *(- resort, restaurant)* muy frecuentado *(fashionable)* de moda *(name)* común 2 *(of or for general public)* popular *(belief, notion)* generalizado *(prices)* popular, económico. **by popular demand** a petición del público **the popular press** la prensa popular.

popularity [pɒpjʊ'lærɪtɪ] n. popularidad f.

pop·u·lar·ize ['pɒpjʊləraɪz] tr. *(make popular)* popularizar, *(make accessible)* vulgarizar, divulgar.

pop·u·lar·ly ['pɒpjʊləlɪ] adv. popularmente.

pop·u·late ['pɒpjʊleɪt] tr. poblar.

pop·u·la·tion [pɒpjʊ'leɪʃən] n. población f. **population explosion** explosión f. demográfica.

pop·u·list ['pɒpjʊlɪst] adj. populista.

pop·u·lous ['pɒpjʊləs] adj. populoso.

por·ce·lain ['pɔːsəlɪn] n. porcelana ◇ adj. de porcelana.

porch [pɔːtʃ] n. 1 *(of church)* pórtico *(of house)* porche m., entrada 2 *(veranda)* terraza.

por·cu·pine ['pɔːkjʊpaɪn] n. puerco espín.

pork [pɔːk] n. carne f. de cerdo **pork butcher** charcutero **pork chop** chuleta de cerdo.

porn [pɔːn] n. *(fam. use)* pornografía.

por·nog·ra·phy [pɔː'nɒgrəfɪ] n. pornografía.

po·rous ['pɔːrəs] adj. poroso.

por·ridge ['pɒrɪdʒ] n. gachas fpl. de avena **porridge oats** copos mpl. de avena.

port [pɔːt] n. *(harbor, town)* puerto ◇ adj. portuario. **to come into/put into port** tomar puerto **fishing port** puerto pesquero.

port·a·ble ['pɔːtəbəl] adj. portátil.

por·tal ['pɔːtəl] n. portal m.

por·ter ['pɔːtə⁶] n. 1 *(in hotel, block of flats)* portero *(in public building, school)* conserje m. *(in hospital)* camillero 2 *(at station, airport)* mozo, maletero.

port·fo·li·o [pɔːt'fəʊlɪəʊ] n. pl. **portfolios** 1 *(flat case)* carpeta 2 POL cartera.

por·tion ['pɔːʃən] n. *(gen)* porción f. parte f. *(of food)* ración f.

por·trait ['pɔːtreɪt] n. retrato. **to paint somebody's portrait** retratar a alguien **portrait painter** retratista mf.

por·tray [pɔː'treɪ] tr. 1 *(painting)* representar, retratar 2 *(describe)* describir, retratar 3 *(act)* interpretar.

por·tray·al [pɔː'treɪəl] n. 1 *(painting)* representación f. 2 *(description)* descripción f. 3 *(acting)* interpretación f.

Por·tu·gal ['pɔːtjʊgəl] n. Portugal.

Por·tu·guese [pɔːtjʊ'giːz] adj. portugués ⋄ n. 1 (person) portugués 2 (language) portugués m. ⋄ npl. the Portuguese los portugueses mpl.

pos ['pozɪtɪv] abbr. (positive) positivo.

pose [pəʊz] n. 1 (position, stance) postura, pose f., actitud f. 2 pej. (affectation) pose f., afectación f. ⋄ tr. 1 (problem, question, etc.) plantear (threat) representar ⋄ intr. 1 (for painting, photograph) posar 2 pej. (behave affectedly) presumir, hacer pose. **to pose as** hacerse pasar por.

po·si·tion [pə'zɪʃən] n. 1 (place) posición f. 2 (right place) sitio, lugar m. 3 (posture) postura, posición f. 4 (on scale, in competition) posición f., lugar m., puesto (social standing) categoría social, posición f. 5 (job) puesto ⋄ tr. (put in place) colocar, poner (troops, police) situar, apostar. **to be in position** estar en su sitio. **to be in a position to do something** estar en condiciones de hacer algo. **to be out of position** estar fuera de lugar.

pos·i·tive ['pozɪtɪv] adj. 1 (gen) positivo 2 (definite - proof, evidence) concluyente, definitivo (- refusal, decision) categórico (- answer) firme (- instruction, order) preciso 3 (effective - criticism, advice) constructivo (- attitude, experience) positivo 4 (quite certain) seguro (about, de) 5 fam. use] (absolute, complete, real) auténtico, verdadero ⋄ n. positivo. **to think positive** ser positivo.

pos·i·tive·ly ['pozɪtɪvlɪ] adv. 1 (with certainty) categóricamente (definitely) de forma decisiva, sin duda 2 (optimistically) positivamente (actively) activamente (favorably) favorablemente.

pos·sess [pə'zes] tr. 1 (own) poseer, tener 2 (take over - anger, fear) apoderarse de.

pos·ses·sion [pə'zeʃən] n. 1 (ownership) posesión f., poder m. (of arms) tenencia 2 (thing owned) bien m., posesión f. 3 SP posesión f. de la pelota. **to be in possession of something** estar en posesión de algo. **to come into possession of something** llegar algo a su poder.

pos·ses·sive [pə'zesɪv] adj. 1 (person) posesivo (selfish) egoísta 2 LING posesivo ⋄ n. LING posesivo.

pos·si·bil·i·ty [pɒsɪ'bɪlɪtɪ] n. pl. **possibilities** 1 (likelihood) posibilidad f. 2 (something possible) posibilidad f. ⋄ npl. **possibilities** (potential) posibilidades fpl., potencial m.

pos·si·ble ['pɒsɪbl] adj. posible ⋄ n. posible candidato. **as far as possible** dentro de lo posible. **as much as possible** todo lo posible. **as soon as possible** lo antes posible. **if (at all) possible** si es posible.

pos·si·bly ['pɒsɪblɪ] adv. 1 (reasonably, conceivably) posiblemente 2 (in requests) por favor 3 (perhaps) posiblemente, quizás, puede ser.

post¹ [pəʊst] n. 1 (of wood) estaca, poste m. ⋄ tr. (notice, list) fijar, poner, exponer. **goal post** poste m., palo **finishing post** poste m. de llegada.

post² [pəʊst] n. 1 (job) puesto, empleo (important position) cargo 2 MIL puesto ⋄ tr. 1 MIL destinar, apostar 2 (employee) destinar, mandar. **to take up one's post** (job) ocupar el cargo.

post·date [pəʊst'deɪt] tr. poner fecha posterior a.

post·er ['pəʊstə⁰] n. póster m., cartel m.

pos·te·ri·or [pɒ'stɪərɪə⁰] adj. posterior ⋄ n. [fam. use] trasero, pompis m.

pos·ter·i·ty [pɒs'terɪtɪ] n. posteridad f.

post·grad·u·ate [pəʊst'grædjʊət] n. postgraduado ⋄ adj. de postgrado.

post·hu·mous ['pɒstjʊməs] adj. póstumo.

post·mor·tem [pəʊst'mɔːtəm] n. autopsia.

post·na·tal [pəʊst'neɪtl] adj. postnatal, (de) posparto **postnatal depression** depresión f. posparto.

post·par·tum [pəʊst'pɑːtəm] n. posparto.

post·pone [pəs'pəʊn] tr. aplazar, posponer.

post·pone·ment [pəs'pəʊnmənt] n. aplazamiento.

post·script ['pəʊstskrɪpt] n. posdata.

pos·tu·late ['pɒstjəleɪt] tr. postular.

pos·ture ['pɒstʃə⁰] n. 1 (way of holding body) postura (position of body) postura, pose f. 2 (attitude) postura ⋄ intr. hacer poses, adoptar poses.

post·war ['pəʊstwɔː⁰] adj. de la posguerra.

pot¹ [pɒt] n. 1 CULIN (container) pote m., tarro (for cooking) olla, puchero (earthenware) vasija (teapot) tetera (coffee pot) cafetera 2 (of paint) bote m. 3 (flower pot) maceta, tiesto 4 (chamber pot) orinal m. ⋄ tr. 1 (plant) plantar en una maceta, 2 (shoot game) cazar 3 SP (pocket ball in billiards) meter (en la tronera) ⋄ n. the pot (in card games) el bote. **to go to pot** echarse a perder, irse al traste. **pot shot** tiro al azar.

pot² [pɒt] n. [fam. use] (marijuana) maría, hierba.

po·tas·si·um [pə'tæsɪəm] n. potasio.

po·ta·to [pə'teɪtəʊ] n. pl. **potatoes** patata **potato chip** patata frita (de bolsa).

po·ten·cy ['pəʊtənsɪ] n. potencia, fuerza.

po·tent ['pəʊtənt] adj. potente, fuerte.

po·ten·tial [pə'tenʃəl] adj. potencial, posible ⋄ n. potencial m. **to have potential** ser prometedor.

po·tion ['pəʊʃən] n. poción f., pócima **love potion** filtro.

pot·ted ['pɒtɪd] adj. 1 CULIN en conserva 2 (plant) en maceta, 3 (of account, version, etc.) resumido **potted meat** paté m. de carne.

pot·ter ['pɒtə⁰] n. alfarero **potter's wheel** torno de alfarero.

pot·ter·y ['pɒtərɪ] n. (craft) alfarería, cerámica (place) alfarería, taller m. de cerámica (objects) cerámica, loza.

pouch [paʊtʃ] n. 1 (gen) bolsa (pequeña) (for tobacco) petaca (for ammunition) morral m. 2 ZOOL bolsa abdominal.

poul·try ['pəʊltrɪ] n. (birds) aves fpl. de corral (food) carne f. de ave, aves fpl., **poultry farm** granja avícola **poultry farming** avicultura.

pounce [paʊns] n. salto ⋄ intr. saltar (on, sobre), abalanzarse (on, sobre).

pound¹ [paʊnd] tr. 1 (crush) machacar 2 (strike, beat) aporrear, golpear ⋄ intr. 1 (strike, beat) aporrear (at/on, -), golpear (at/on, -) (of waves) batir (against, contra) 2 (heart) palpitar, latir con fuerza (music, sound) resonar, retumbar 3 (walk heavily) andar con pasos pesados.

pound² [paʊnd] n. 1 FIN libra 2 (weight) libra **NOTA:** Como medida de peso, equivale a 454 gramos.

pour [pɔː⁰] tr. (liquid) verter, echar (substance) echar (money) invertir (drink) server ⋄ intr. 1 (blood) manar, salir (water, sweat) chorrear 2 fig. use moverse en tropel **to pour (down/with rain)** llover a cántaros **to pour one's heart out to somebody** desahogarse con alguien.

pout [paʊt] n. puchero, mohín m. ⋄ intr. hacer pucheros, hacer un mohín.

pov·er·ty ['pɒvətɪ] n. (gen) pobreza **to live below the poverty line** no tener ni el mínimo necesario para vivir **poverty line** umbral m. de la pobreza.

pov·er·ty-strick·en ['pɒvətɪstrɪkən] adj. necesitado, muy pobre.

POW [piː'əʊˈdʌbəljuː] abbr. (prisoner of war) prisionero de guerra.

pow·der ['paʊdəʳ] *n.* *(dust)* polvo **(cosmetic, medicine)** polvos ⬦ *mpl.* ⬦ *tr.* 1 *(put powder on)* poner polvos, empolvar 2 *(pulverize)* pulverizar, reducir a polvo. **to powder one's nose** *euphemistic use* lavarse las manos **powder compact** *polvera* **powder keg** polvorín *m.*

pow·dered ['paʊdəd] *adj.* *(milk, eggs)* en polvo.

pow·er ['paʊəʳ] *n.* 1 *(strength, force)* fuerza *(of sun, wind)* potencia, fuerza *(of argument)* fuerza 2 *(ability, capacity)* poder *m.*, capacidad *f.* 3 *(faculty)* facultad *f.* 4 *(control, influence, authority)* poder *m.* *(of country)* poderío, poder *m.* 5 *(nation)* potencia *(person, group)* fuerza 6 PHYS *(capacity, performance)* potencia *(energy)* energía 7 ELEC electricidad *f.*, corriente *f.* 8 MATH potencia ⬦ *tr.* propulsar, impulsar **to be in power** estar en el poder. **to do somebody a power of good** hacer a alguien mucho bien. **to have somebody in one's power** tener a alguien en su poder. **power cut** apagón *m.*, corte *m.* del suministro eléctrico **power drill** taladradora mecánica **power failure** corte *mdel* suministro eléctrico **power of attorney** JUR poder notarial *m.*, procuración *f.* **power point** enchufe *m.*, toma de corriente **power saw** motosierra **power station** central *f.* eléctrica **power steering** dirección *f.* asistida **solar power** energía solar **the powers that be** las autoridades *fpl.*

pow·er·ful ['paʊəfʊl] *adj.* 1 *(strong - athlete, body, current)* fuerte *(- blow, engine, machine)* potente 2 *(influential - enemy, nation, ruler)* poderoso 3 *(effective - performance, image)* impactante *(- argument, speech)* poderoso, convincente *(drug)* potente, fuerte.

pow·er·less ['paʊələs] *adj.* impotente. **to be powerless to do something** no poder hacer nada para hacer algo.

pox [pɒks] *n.* viruela.

pp ['peɪdʒɪz] *abbr.* **(pages)** páginas *fpl.* *(abbreviation)* pgs.

ppm ['pɑːtspəˈmɪljən] *abbr.* **(parts per million)** partes por millón *(abbreviation)* ppm.

PR ['piːˈɑː] *abbr.* **(public relations)** relaciones públicas.

prac·ti·cal ['præktɪkəl] *adj.* 1 *(gen)* práctico *(useful)* práctico, útil *(sensible)* práctico, realista 2 *(person - sensible)* práctico, sensato, realista *(good with hands)* hábil, mañoso 3 *(real)* real, verdadero ⬦ *n.* *(lesson)* clase *f.* práctica **practical joke** broma.

prac·ti·cal·i·ty [ˌpræktɪˈkælɪtɪ] *n. pl.* **practicalities** *(of suggestion, plan)* factibilidad *f.* *npl.* **practicalities** aspectos *mpl.* prácticos.

prac·ti·cal·ly ['præktɪkəlɪ] *adv.* 1 *(almost)* casi, prácticamente 2 **(in a practical way)** de manera práctica, con sentido práctico.

prac·tice ['præktɪs] *n.* 1 *(repeated exercise)* práctica *(training)* entrenamiento *(rehearsal)* ensayo 2 *(action, reality)* práctica 3 *(custom, habit)* costumbre *f.* 4 *(exercise of profession)* ejercicio *(place - of doctor)* consultorio, consulta *(- of lawyer)* bufete, gabinete *m.* ⬦ *tr.* 1 *(do repeatedly - language, serve, scales)* practicar *(song, act)* ensayar 2 *(religion, belief, economy)* practicar 3 *(profession)* ejercer ⬦ *intr.* 1 *(gen)* practicar 2 *(professionally)* ejercer **(as,** de/como). **practice makes perfect** la práctica hace al maestro. **to be in practice** *(doctor)* ejercer la medicina *(lawyer)* ejercer la abogacía.

prac·tic·ing ['præktɪsɪŋ] *adj.* *(doctor, lawyer)* que ejerce, en ejercicio *(Catholic, etc.)* practicante.

prag·mat·ic [prægˈmætɪk] *adj.* pragmático.

prag·ma·tism ['prægmətɪzəm] *n.* pragmatismo.

prai·rie ['preərɪ] *n.* pradera, llanura.

praise [preɪz] *n.* 1 alabanza, elogio, loa 2 REL alabanza ⬦ *tr.* 1 elogiar 2 REL alabar **to praise somebody to the skies** poner a alguien por las nubes.

praise·wor·thy ['preɪzwɜːðɪ] *adj.* digno de elogio.

prawn [prɔːn] *n.* *(large)* langostino *(medium)* gamba *(small)* camarón *m.* **prawn cocktail** cóctel *m.* de gambas.

pray [preɪ] *intr.* orar, rezar ⬦ *tr.* rezar, rogar. **to pray for somebody/something** rezar por alguien/algo. **to pray for something to happen** rezar para que pase algo.

prayer [preəʳ] *n.* REL *(request)* oración *f.*, rezo, plegaria *(action)* oración *f.*, rezo **to say one's prayers** rezar, orar **prayer book** devocionario.

preach [priːtʃ] *tr.* 1 REL *(gospel)* predicar *(sermon)* dar, hacer 2 *(advocate)* aconsejar ⬦ *intr.* REL predicar. **to preach at/to somebody** *pej.* sermonear a alguien.

pre·cau·tion [prɪˈkɔːʃən] *n.* precaución *f.* **to take precautions** *(gen)* tomar precauciones *(in sex)* usar anticonceptivos.

pre·cede [prɪˈsiːd] *tr.* preceder a, anteceder a ⬦ *intr.* preceder.

prec·e·dence ['presɪdəns] *n.* *(order of importance)* precedencia *(priority)* preferencia, prioridad *f.* **in order of precedence** por orden de preferencia.

prec·e·dent ['presɪdənt] *adj.* precedente *m.* **to set a precedent** sentar un precedente. **without precedent** sin precedente.

pre·ced·ing [prɪˈsiːdɪŋ] *adj.* *(year, week)* anterior *(paragraph)* anterior, precedente.

pre·cinct ['priːsɪŋkt] *n.* 1 *(of cathedral, hospital, etc.)* recinto 2 *(police district)* distrito policial *(election precinct)* distrito electoral, circunscripción *f.*

pre·cious ['preʃəs] *adj.* 1 *(jewel, stone, metal)* precioso 2 *(moment, memory, possession)* preciado, querido 3 *iron.* queridísimo, maldito ⬦ *n.* **(term of endearment)** tesoro, vida. **precious few** poquísimos. **precious little** poquísimo.

prec·i·pice ['presɪpɪs] *n.* precipicio. **to be on the edge of a precipice** *fig. use* estar al borde del abismo.

pre·cip·i·tate *(vb.)* prɪˈsɪpɪteɪt; *(adj.)* prɪˈsɪpɪtət] *tr.* 1 *[fml. use]* *(hasten)* precipitar 2 CHEM precipitar ⬦ *intr.* CHEM precipitarse ⬦ *n.* CHEM precipitado ⬦ *adj.* *[fml. use]* precipitado.

pre·cip·i·ta·tion [prɪsɪpɪˈteɪʃən] *n.* 1 *[fml. use]* *(haste)* precipitación *f.* 2 CHEM precipitación *f.* 3 METEOR precipitaciones *fpl.*

pre·cise [prɪˈsaɪs] *adj.* 1 *(exact)* preciso, exacto 2 *(meticulous)* meticuloso, minucioso.

pre·ci·sion [prɪˈsɪʒən] *n.* precisión *f.*, exactitud *f.* **precision instrument** instrumento de precisión.

pre·co·cious [prɪˈkəʊʃəs] *adj.* precoz.

pre·con·ceived [ˌpriːkənˈsiːvd] *adj.* preconcebido.

pre·con·cep·tion [ˌpriːkənˈsepʃən] *n.* *(idea)* idea preconcebida.

pre·con·di·tion [ˌpriːkənˈdɪʃən] *n.* condición *f.* previa.

pred·a·tor ['predətəʳ] *n.* ZOOL depredador *m.*, predador *m.*

pred·a·to·ry ['predətərɪ] *adj.* 1 ZOOL depredador, predador 2 *fig. use (person)* depredador.

pred·e·ces·sor ['priːdɪsesəʳ] *n.* predecesor, antecesor.

pre·de·ter·mine [ˌpriːdɪˈtɜːmɪn] *tr.* predeterminar.

pre·dic·a·ment [prɪˈdɪkəmənt] *n.* apuro, aprieto.

pre·dict [prɪˈdɪkt] *tr.* predecir, pronosticar.

pre·dict·a·ble [prɪˈdɪktəbəl] *adj.* *(results, weather)* previsible.

pre·dic·tion [prɪ'dɪkʃən] *n.* predicción *f.*, pronóstico.

pre·dis·pose [priːdɪs'pəʊz] *tr.* (*fml. use*) predisponer (*to*, a).

pre·dis·po·si·tion [priːdɪspə'zɪʃən] *n.* predisposición *f.* (*to*, a), propensión *f.* (*to*, a).

pre·dom·i·nance [prɪ'dɒmɪnəns] *n.* 1 (*in strength, numbers, amount*) predominio 2 (*in power, influence*) predominio, primacía, supremacía.

pre·dom·i·nant [prɪ'dɒmɪnənt] *adj.* predominante, prevalente.

pre·dom·i·nate [prɪ'dɒmɪneɪt] *intr.* 1 (*in numbers, etc.*) predominar 2 (*in power, influence*) ejercer primacía (*over*, sobre), ejercer supremacía (*over*, sobre).

pre·fab·ri·cated [priː'fæbrɪkeɪtɪd] *adj.* prefabricado.

pref·ace ['prefəs] *n.* prefacio, prólogo ◇ *tr.* prologar. **to preface something with something/ preface something by doing something** *introducir algo con algo/introducir algo haciendo algo*.

pre·fer [prɪ'fɜːʳ] *tr. pt. & pp.* **preferred,** *ger.* **preferring** 1 preferir 2 JUR (*charge*) presentar, formular.

pref·er·a·ble ['prefərəbəl] *adj.* preferible (*to*, a).

pref·er·ence ['prefərəns] *n.* preferencia (*for*, por). **in preference to** *antes que.* **to give preference to somebody** *dar preferencia a alguien*.

pref·er·en·tial [prefə'renʃəl] *adj.* preferente. **to give preferential treatment to somebody** *dar trato preferente a alguien*.

pre·fix ['priːfɪks] *n.* LING prefijo.

preg·nan·cy ['pregnənsɪ] *n.* embarazo **pregnancy test** *prueba de embarazo*.

preg·nant ['pregnənt] *n.* (*woman*) embarazada (*animal*) preñada ◇ *adj.* (*pause, silence*) muy significativo. **to be pregnant with something** *literal use estar preñado de algo.* **to get pregnant** *quedarse embarazada*.

pre·heat [priː'hiːt] *tr.* precalentar.

pre·his·tor·ic [priːhɪ'stɒrɪk] *n.* prehistórico.

pre·his·tor·i·cal [priːhɪ'stɒrɪkəl] *adj.* prehistórico.

pre·his·to·ry [priː'hɪstərɪ] *n.* prehistoria.

pre·judge [priː'dʒʌdʒ] *tr.* (*situation*) prejuzgar (*person*) juzgar de antemano.

prej·u·dice ['predʒədɪs] *n.* 1 (*unfavorable bias*) prejuicio (*favorable*) predisposición *f.* 2 JUR (*injury, harm*) perjuicio ◇ *tr.* 1 (*influence, bias*) predisponer (*against,* contra), (*in favor of,* a favor de) 2 (*harm*) perjudicar. **to the prejudice of** JUR *en perjuicio de, without prejudice to* JUR *sin perjuicio de*.

prej·u·diced ['predʒədɪst] *adj.* parcial. **to be prejudiced against/in favor of** *estar predispuesto en contra de/a favor de*.

pre·lim·i·nar·y [prɪ'lɪmɪnərɪ] *adj.* preliminar ◇ *npl.* preliminaries preliminares *mpl.*, prolegómenos *mpl.* **preliminary heat** SP *eliminatoria f.*

pre·mar·i·tal [priː'mærɪtəl] *adj.* prematrimonial.

pre·ma·ture [premə'tjʊəʳ] *adj.* (*gen*) prematuro. **to be premature in doing something** *precipitarse en hacer algo*.

pre·med·i·tate [priː'medɪteɪt] *tr.* premeditar.

pre·med·i·tated [priː'medɪteɪtɪd] *adj.* premeditado.

pre·med·i·ta·tion [priːmedɪ'teɪʃən] *n.* premeditación *f.*

pre·men·stru·al [priː'menstruəl] *adj.* premenstrual.

pre·miere ['premɪeəʳ] *n.* estreno *tr.* estrenar.

prem·ise ['premɪs] *n.* premisa.

pre·mi·um ['priːmɪəm] *n.* FIN (*insurance*) prima (*extra cost*) recargo. **to be at a premium** (*stocks, shares*) *estar sobre la par* (*in great demand*) *estar muy solicitado*.

pre·mo·ni·tion [priːmə'nɪʃən] *n.* presentimiento, premonición *f.*

pre·na·tal [priː'neɪtəl] *adj.* prenatal.

pre·oc·cu·pa·tion [priːɒkju'peɪʃən] *n.* (*worry*) preocupación *f.* (*obsession*) obsesión *f.*, manía.

pre·oc·cu·py [priː'ɒkjupaɪ] *tr. pt. & pp.* **preoccupied,** *ger.* **preoccupying** (*worry*) preocupar (*think about too much*) pensar demasiado en.

pre·paid [priː'peɪd] *pt. & pp.* VER: **prepay.** ◇ *adj.* (*envelope*) franqueado (*reply*) pagado por adelantado.

prep·a·ra·tion [prepə'reɪʃən] *n.* 1 (*action*) preparación *f.* 2 (*substance*) preparado *npl.* **preparations** 1 preparativos *mpl.* (*for,* para). **in preparation for** *en preparación para*.

pre·par·a·to·ry [prɪ'pærətərɪ] *adj.* preparatorio, preliminar. **preparatory to** *antes de, previo a*.

pre·pare [prɪ'peəʳ] *tr.* (*gen*) preparar (*report*) redactor ◇ *intr.* prepararse (*for,* para). **to prepare oneself** *prepararse*.

pre·pared [prɪ'peəd] *adj.* 1 (*gen*) preparado (*ready*) preparado, listo 2 (*willing*) dispuesto (*to,* a). **"Be prepared"** *"Siempre listos".* **to be prepared for something** (*gen*) *estar preparado para algo* (*expect*) *contar con algo, haber previsto algo*.

prep·o·si·tion [prepə'zɪʃən] *n.* preposición *f.*

pre·pos·ter·ous [prɪ'pɒstərəs] *adj.* absurdo, ridículo.

pre·pu·bes·cent [priːpjuː'besənt] *adj.* impúber.

Pres ['prezɪdənt] *abbr.* (**President**) Presidente (*abbreviation*) Pres.

pre·scribe [prɪs'kraɪb] *tr.* 1 (*medicine, drugs, etc.*) recetar (*holiday, rest*) recomendar 2 (*fml. use*) (*order*) prescribir.

pre·scrip·tion [prɪs'krɪpʃən] *n.* receta (*médica*) **to make out a prescription** *extender una receta.* **to make up a prescription** *preparar una receta*.

pres·ence ['prezəns] *n.* 1 (*gen*) presencia (*attendance*) asistencia 2 (*spirit*) espíritu *m.* **in the presence of somebody** *en presencia de alguien.* **to have presence** *tener presencia*.

pres·ent¹ ['prezənt] *adj.* 1 (*in attendance*) presente 2 (*current*) actual 3 LING presente ◇ *n.* 1 (*now*) presente *m.*, actualidad *f.* ◇ *n.* **the present** LING presente *m.* **at present** *actualmente, en este momento.* **for the present** *de momento, por el momento, por ahora.* **there's no time like the present** *no dejes para mañana lo que puedas hacer hoy*.

pres·ent² [(*vb.*) prɪ'zent; (*n.*) 'prezənt] *tr.* 1 (*make presentation*) entregar, hacer entrega de (*give - as gift*) regalar (*- formally*) obsequiar 2 (*offer - report, petition, bill, cheque*) presentar (*- argument, ideas, case*) presentar, exponer 3 (*fml. use*) (*offer - apologies, respects*) presentar (*- compliments, greetings*) dar 4 (*give - difficulty, problem*) plantear (*constitute*) suponer, constituir, ser (*provide*) presentar, ofrecer ◇ *n.* (*gift*) regalo (*formal*) obsequio **to make somebody a present of something** *regalar algo a alguien.* **to present itself** (*opportunity*) *presentarse.* **to present oneself** *presentarse*.

pres·en·ta·tion [prezən'teɪʃən] *n.* 1 (*of awards, prizes, gifts*) entrega 2 (*of document, cheque, ticket*) presentación *f.* 3 (*way of presenting*) presentación *f.* 4 (*of play*) representación *f.* **presentation copy** *ejemplar m. gratuito*.

pres·ent-day ['prezəntdeɪ] *adj.* actual, hoy en día.

pre·sent·er [prɪ'zentəʳ] *n.* (*on radio*) presentador, (*on TV*) presentador.

pres·er·va·tion [prezə'veɪʃən] *n.* (*of wildlife*) conservación *f.*, preservación *f.* (*of food, works of art, buildings*) conservación *f.* **to be in a good/poor state of preservation** *estar en buen/mal estado* **preservation order** *orden f. de protección*.

pre·serv·a·tive [prɪ'zɜːvətɪv] *n.* CULIN conservante m.

pre·serve [prɪ'zɜːv] *n.* **1** CULIN *(fruit)* conserva *(jam)* confitura, mermelada **2** *(hunting area)* coto, vedado **3** *(activity)* dominio, terreno *(responsibility)* incumbencia ◇ *tr.* **1** *(building, manuscript, wood, leather)* conservar *(specimen)* conservar, preservar *(food)* conservar *(fruit)* poner en conserva *(standards, dignity, sense of humor)* mantener *(save, protect)* proteger **3** SP *(game, fishing, etc.)* proteger.

pre·set [priː'set] *tr.* programar.

pres·i·dent ['prezɪdənt] *n.* **1** *(of state, society)* presidente **2** *(of bank, corporation)* director.

pres·i·den·tial [prezɪ'denʃəl] *adj.* presidencial.

press [pres] *n.* **1** *(newspapers)* prensa **2** *(printing machine)* prensa, imprenta **3** *(for grapes, flowers)* prensa **4** *(act of pressing)* presión *(of hand)* apretón *m.* *(act of ironing)* planchado ◇ *tr.* **1** *(push down - button, switch)* pulsar, presionar *(- accelerator)* pisar *(- key on keyboard)* pulsar *(- trigger)* apretar **2** *(squeeze - hand)* apretar **3** *(crush - fruit)* exprimir, estrujar *(- grapes, olives, flowers)* prensar **4** *(clothes)* planchar, planchar a vapor **5** *(record)* imprimir **6** *(urge, put pressure on)* presionar, instar *(insist on)* insistir en, exigir ◇ *intr.* **1** *(push)* apretar, presionar **2** *(crowd)* apretujarse, **3** *(urge, pressurize)* presionar, insistir *(time)* apremiar **at the time of going to press** al cierre de la edición. **to go to press** entrar en prensa. **press agency** agencia de prensa **press conference** conferencia de prensa, **press release** comunicado de prensa.

to press a·head/press on. *intr.* seguir adelante.

pres·sure ['preʃə ʳ] *n.* **1** *(force, weight)* presión *f.* **2** METEOR presión *f.* **3** MED tensión *f.* arterial, tensión **4** **(forcible influence)** presión *f.* **5** *(stress)* tensión *f.* ◇ *tr.* *(pressurize)* apretar. **to do something under pressure** hacer algo presionado *(por alguien)*. **to bring pressure to bear on somebody** ejercer presión sobre alguien. **pressure cooker** olla a presión, **pressure gauge** manómetro.

pres·sur·ize ['preʃəraɪz] *tr.* TECH presurizar.

pres·tige [pres'tiːʒ] *n.* prestigio.

pres·ti·gious [pres'tɪdʒəs] *adj.* prestigioso.

pre·sum·a·bly [prɪ'zjuːməblɪ] *adv.* se supone que, es de suponer.

pre·sume [prɪ'zjuːm] *tr.* suponer, imaginarse, presumir ◇ *intr.* **1** suponer **2** *(venture to)* atreverse a. **to presume on somebody's generosity** abusar de la generosidad de alguien.

pre·sumed [prɪ'zjuːmd] *adj.* presunto, supuesto.

pre·sump·tion [prɪ'zʌmpʃən] *n.* **1** *(assumption - gen)* suposición *f.* *(- of innocence)* presunción *f.* **2** *(boldness)* atrevimiento, osadía.

pre·sup·pose [priːsə'pəʊz] *tr.* presuponer.

pre·sup·po·si·tion [priːsʌpə'zɪʃən] *n.* suposición *f.*, presunción *f.*

pre·tend [prɪ'tend] *tr.* **1** *(feign)* fingir, aparentar **2** *(claim)* pretender ◇ *intr.* **1** *(feign)* fingir **2** *(claim)* pretender ◇ *adj.* *(make-believe)* de mentirijillas.

pre·tense [prɪ'tens] *n.* **1** *(deception, make-believe)* fingimiento, apariencia, **2** *(pretext)* pretexto **3** *(fml. use)* *(claim)* pretensión *f.* **to keep up/make a pretence of doing something** fingir hacer algo **false pretences** JUR fraude *m.*, estafa.

pre·ten·sion [prɪ'tenʃən] *n.* **1** *(claim)* pretensión *f.* **2** *(fml. use)* *(pretentiousness)* presunción *f.*, pretensiones *fpl.*

pre·ten·tious [prɪ'tenʃəs] *adj.* *(claiming importance)* pretencioso, *(showy)* presuntuoso.

pre·text ['priːtekst] *n.* pretexto. **on/under the pretext of** *so* pretexto de.

pret·ty ['prɪtɪ] *adj.* comp. **prettier**, superl. **prettiest** *(girl, baby)* bonito, guapo, mono *(thing)* bonito mono ◇ *adv.* bastante **pretty much** más o menos. **pretty well** casi.

pre·vail [prɪ'veɪl] *intr.* **1** *(exist, be widespread - custom, belief, attitude)* predominar, imperar *(- conditions)* predominar **2** *(win through, defeat)* prevalecer *(against/over,* sobre), imponerse *(against/over,* sobre).

pre·vail·ing [prɪ'veɪlɪŋ] *adj.* *(wind)* predominante *(custom, fashion, style)* imperante, preponderante.

prev·a·lent ['prevələnt] *adj.* *(frequent, common - gen)* frecuente, corriente *(- disease)* extendido.

pre·vent [prɪ'vent] *tr.* *(gen)* impedir *(avoid - accident)* evitar *(- illness)* prevenir. **to prevent somebody from doing something** impedir a alguien hacer algo.

pre·vent·a·ble [prɪ'ventəbəl] *adj.* evitable.

pre·ven·tion [prɪ'venʃən] *n.* prevención *f.* **prevention is better than cure** más vale prevenir que curar.

pre·ven·tive [prɪ'ventɪv] *adj.* preventive ◇ *n.* medida preventiva.

pre·view ['priːvjuː] *n.* **1** *(advance showing of film)* preestreno **2** *(trailer)* tráiler *m.*, avance *m.* **3** *(foretaste)* anticipo ◇ *tr.* **1** *(see in advance)* ver de preestreno **2** *(give a preview of)* ofrecer un anticipo de.

pre·vi·ous ['priːvɪəs] *adj.* **1** previo, anterior **previous to** antes de, anterior a **previous convictions** antecedentes *mpl.* penales.

prey [preɪ] *n.* *(animal)* presa *f.* **2** fig. use presa, víctima. **to be prey to something** ser presa de algo, **to fall prey to something** caer víctima de algo, **to prey on somebody's mind** preocupar mucho a alguien.

to prey on. *tr. insep.* *(animal)* alimentarse de *(person)* explotar a, aprovecharse de.

price [praɪs] *n.* **1** *(gen)* precio *(amount, cost)* importe *m.* *(value)* valor *m.* **2** fig. use *(cost, sacrifice)* precio ◇ *tr.* **1** *(fix price of)* tener un precio *(value)* valorar, tasar *(mark price on)* poner el precio a **at a price** a un precio caro. **at any price** a cualquier precio. **not at any price** por nada del mundo. **to go down in price** bajar de precio. **to go up in price** subir de precio.

price·less ['praɪsləs] *adj.* **1** que no tiene precio, inestimable.

prick [prɪk] *n.* **1** *(pain)* pinchazo *(hole)* agujero **2** fig. use *(of conscience)* remordimiento **3** *sl.* *(penis)* polla, picha **4** *sl.* *(obnoxious person)* idiota *mf.* ◇ *tr.* **1** *(with needle, pin, fork)* pinchar **2** fig. use *(conscience)* remorder ◇ *intr.* *(pin, thorn)* pinchar *(itch, sting)* escocer, picar. **to prick up one's ears** *(animal)* levantar las orejas *(person)* aguzar el oído.

pride [praɪd] *n.* **1** *(gen)* orgullo *(self-respect)* amor *m.* propio **2** *(arrogance)* soberbia, orgullo **3** *(group of lions)* manada. **to pride oneself on something** enorgullecérse de algo.

priest [priːst] *n.* sacerdote *m.*, cura *m.*

pri·mar·i·ly [praɪ'merɪlɪ] *adv.* principalmente, ante todo.

pri·ma·ry ['praɪmərɪ] *adj.* **1** *(main)* principal, fundamental **2** *(first, basic)* primario ◇ *n. pl.* **primaries** primaria **primary school** escuela primaria.

pri·mate ['praɪmeɪt] *n.* **1** ZOOL primate *m.*

prime [praɪm] *adj.* **1** *(main, chief)* principal, primero *(major)* primordial **2** *(first-rate - meat)* de primera (calidad) *(example, location)* excelente **3** MATH primo ◇ *n.* *(best time of life)* flor *f.* de la vida ◇ *tr.* **1 (engine, pump, bomb)** cebar *(surface, wood)* imprimar, preparar 2 *fig. use (person)* preparar, enseñar. **to be in one's prime** *estar en la flor de la vida* **prime cost** *costo m. de producción* **Prime Minister** *primer ministro* **prime time** *horas fpl. de máxima audiencia.*

pri·me·val [praɪˈmiːvəl] *adj.* primitivo **primeval forests** *bosques mpl. vírgenes.*

prim·i·tive [ˈprɪmɪtɪv] *adj. (man, tribe, culture)* primitivo *(tool, method, shelter)* rudimentario, primitivo *n.* ART *(artist)* primitivo *(work)* obra primitiva.

prince [prɪns] *n.* príncipe *m.* **Prince Charming** *Príncipe m. Azul.*

prin·cess [ˈprɪnses] *n.* princesa.

prin·ci·pal [ˈprɪnsɪpəl] *adj.* principal ◇ *n.* **1** EDUC director **2** THEAT protagonista *mf.*, primera figura **3** FIN capital *m.*, principal *m.* **4** JUR autor.

prin·ci·ple [ˈprɪnsɪpəl] *n.* **1** *(basic idea, rule, law)* principio *(basis)* base *f.* **2** *(moral rule)* principio **in principle** *en principio.* **on principle** *por principio.*

print [prɪnt] *n.* **1** *(lettering)* letra **2** *(photo)* copia *(picture)* grabado **3** *(printed fabric)* estampado **4** *(mark - of finger, foot)* huella, marca ◇ *tr.* **1** *(book, page, poster, etc.)* imprimir *(publish)* publicar, editar **2** *(photo - negative)* imprimir *(- copy)* sacar una copia de **3** *(write clearly)* escribir con letra de imprenta **4** *(fabric)* estampar **5** *(make impression)* marcar *(mentally)* grabar. **in print** *(published)* publicado *(available) a la venta.* **out of print** *agotado.*
to print out. *tr. sep.* imprimir.

print·a·ble [ˈprɪntəbəl] *adj.* imprimible.

print·er [ˈprɪntəʳ] *n. (person)* impresor *(machine)* impresora **printer's** *(firm)* imprenta **printer's error** *error m. de imprenta.*

print·ing [ˈprɪntɪŋ] *n.* **1** *(act, process)* impresión *f. (industry)* imprenta **2** *(number of copies)* tirada **3** *(writing)* letra de imprenta **printing press** *prensa* **printing works** *imprenta f. sing.*

print·out [ˈprɪntaʊt] *n.* COMPUT impresión *f.*

pri·or [ˈpraɪəʳ] *adj.* anterior, previo **prior to** *antes de.* **to have a prior claim on/to something** *tener prioridad sobre algo.*

pri·or·i·ty [praɪˈɒrɪti] *n. pl.* **priorities** *(gen)* prioridad *f.* ◇ *adj.* prioritario ◇ **to get one's priorities right** *saber uno lo que más le importa en la vida.* **to give priority to something** *dar prioridad a algo.*

prism [ˈprɪzəm] *n.* prisma.

pris·on [ˈprɪzən] *n.* prisión *f.*, cárcel *f.* **to be sent to prison for something** *meter a alguien en la cárcel por algo.* **prison camp** *campamento para prisioneros* **prison cell** *celda* **prison population** *población f. penitenciaria,* **prison warder** *carcelero.*

pris·on·er [ˈprɪzənəʳ] *n.* **1** *(in jail)* preso, recluso *(captive)* prisionero **2** MIL prisionero. **to hold/ keep somebody prisoner** *tener a alguien prisionero.* **to take somebody prisoner** *hacer a alguien prisionero* **prisoner of war** *prisionero de guerra.*

pri·va·cy [ˈpraɪvəsi] *n.* intimidad *f.*, vida privada, privacidad *f.* **in the privacy of one's own home** *en la intimidad del hogar.*

pri·vate [ˈpraɪvɪt] *adj.* **1** *(own, for own use - property, house, class)* particular *(- letter, income)* personal **2** *(confidential)* privado, confidencial **3** *(not state-controled)* privado *(school)* de pago **4** *(not official)* privado, personal **5** *(person)* reservado ◇ *n.* MIL soldado raso. **in private** *(privately)* en privado *(undisturbed, alone)* en la intimidad **private citizen** *particular mf.* **private detective** *detective mf. privado.*

pri·vate·ly [ˈpraɪvɪtli] *adv.* **1** *(in private)* en privado *(undisturbed, alone)* en la intimidad **2** *(personally)* personalmente **3** *(not by state)* de forma privada.

pri·va·tion [praɪˈveɪʃən] *n.* privación *f.* **to endure privation** *pasar privaciones.*

pri·va·ti·za·tion [praɪvətaɪˈzeɪʃən] *n.* privatización *f.*

pri·va·tize [ˈpraɪvətaɪz] *tr.* privatizar.

priv·i·lege [ˈprɪvɪlɪdʒ] *n. (special right)* privilegio *(honor)* privilegio, honor *m.*

priv·i·leged [ˈprɪvɪlɪdʒd] *adj.* privilegiado. **to be privileged to do something** *tener el privilegio de hacer algo, tener el honor de hacer algo.*

priv·y [ˈprɪvi] *n. pl.* **privies** *[fam. use] (toilet)* retrete *m.* ◇ *adj.* ARCH privado. **to be privy to something** *estar enterado de algo.*

prize¹ [praɪz] *n. (gen)* premio ◇ *adj.* **1** *(having won a prize)* premiado *(excellent)* de primera, selecto **2** *[fam. use] (complete, utter)* de remate, perfecto. **to win first prize** *(gen)* ganar el primer premio.

prize² [praɪz] *tr.* apreciar, valorar.

prize-giving [ˈpraɪzɡɪvɪŋ] *n.* entrega de premios.

prize-win·ner [ˈpraɪzwɪnəʳ] *n.* ganador.

prize-win·ning [ˈpraɪzwɪnɪŋ] *adj.* premiado, galardonado.

pro¹ [prəʊ] *n.* pro.

pro² [prəʊ] *n. pl.* **pros** *[fam. use]* profesional *mf.*

prob·a·bil·i·ty [prɒbəˈbɪlɪti] *n. pl.* **probabilities** probabilidad *f.*

prob·a·ble [ˈprɒbəbəl] *adj.* probable.

prob·a·bly [ˈprɒbəbli] *adv.* probablemente.

pro·ba·tion [prəˈbeɪʃən] *n.* **1** JUR libertad *f.* condicional **2** *(in employment)* periodo de prueba. **to be on probation** JUR *estar en libertad condicional.*

probe [prəʊb] *n.* **1** MED sonda **2** *(investigation)* investigación *f.* ◇ *tr.* **1** MED sondar **2** *(investigate - gen)* investigar *(public opinion)* sondear *(mind)* explorar ◇ *intr.* investigar *(into, -).*

prob·ing [ˈprəʊbɪŋ] *adj. (question)* agudo, perspicaz.

prob·lem [ˈprɒbləm] *n.* problema *m.* **to get to the root of a problem** *llegar a la raíz de un problema* **problem child** *niño.*

prob·lem·at·ic [prɒbləˈmætɪk] *adj.* problemático, difícil.

pro·ce·dure [prəˈsiːdʒəʳ] *n. (set of actions)* procedimiento *(step)* trámite *m.*, gestión *f.*

pro·ceed [prəˈsiːd] *intr.* **1** *(continue)* seguir, continuar **2** *(progress)* marchar **3** *[fml. use] (go along)* avanzar, circular *(go towards)* dirigirse a. **to proceed against somebody** *proceder contra alguien.*

pro·ceed·ings [prəˈsiːdɪŋz] *npl.* **1** *(events at meeting, ceremony, etc.)* actos *mpl.* **2** JUR *(lawsuit)* proceso *sing.* **3** *(minutes)* actas *fpl.* **to start/institute proceedings against somebody** *proceder contra alguien, entablar un proceso contra alguien.*

pro·ceeds [ˈprəʊsiːdz] *npl.* **1** beneficios *mpl.*, ganancias *fpl.*

proc·ess [ˈprəʊses] *n.* **1** *(set of actions, changes)* proceso **2** *(method)* procedimiento, proceso **3** JUR *(lawsuit)* acción *f.* judicial *(summons)* demanda ◇ *tr.* **1** *(raw material, food)* procesar, tratar *(film)* revelar **2** *(deal with)* ocuparse de, tramitar **3** COMPUT procesar, tratar. **in process** *en curso.* **in the process** *(as a result)* con ello **in the process of time** *con el tiempo.*

proc·ess·ing [ˈprəʊsesɪŋ] *n.* **1** *(treatment)* procesamiento, tratamiento *(of film)* revelado **2** *(in business, law)* tramitación *f.* **3** COMPUT procesamiento, tratamiento.

pro·ces·sion [prəˈseʃən] *n.* **1** *(gen)* desfile *m.* **2** REL procesión *f.*

proc·es·sor ['prəʊsesəˈ] n. 1 (for food) robot m. de cocina 2 COMPUT procesador m.

pro·cras·ti·nate [prə'kræstɪneɪt] intr. aplazar una decisión.

pro·cras·ti·na·tion [prəʊkræstɪ'neɪʃən] n. dilación f.

pro·cre·ate ['prəʊkrɪeɪt] intr. procrear.

pro·cre·a·tion [prəʊkrɪ'eɪʃən] n. procreación f.

prod·i·gal ['prɒdɪgəl] adj. pródigo.

pro·di·gious [prə'dɪdʒəs] adj. (great) prodigioso (huge) enorme.

prod·i·gy ['prɒdɪdʒɪ] n. pl. **prodigies** prodigio.

pro·duce [(vb.) prə'djuːs; (n.) 'prɒdjuːs] tr. 1 (gen) producir (manufacture) producir, fabricar 2 (give birth to) tener 3 (show) enseñar, presentar (bring out) sacar 4 (cause) producir, causar 5 (film) producir (play) poner en escena, dirigir (tv programme) realizer ◇ n. productos mpl.

pro·duc·er [prə'djuːsəˈ] n. 1 (gen) productor (manufacturer) fabricante mf. 2 (film) productor (play) director de escena (tv programme) realizador.

prod·uct ['prɒdʌkt] n. 1 (gen) producto 2 (result) producto, fruto, resultado.

pro·duc·tion [prə'dʌkʃən] n. 1 (gen) producción f. (manufacture) fabricación f., produccciónf 2 (showing) presentación f. 3 THEAT (show produced) producción f. 4 (of film) producción f. (of play) producción f., puesta en escena (of tv programme) realización f. ◇ adj. de producción. **to go into production** empezar a fabricarse. **production line** cadena de montaje.

pro·duc·tive [prə'dʌktɪv] adj. 1 (gen) productivo 2 (useful) positivo, productivo, fructífero.

pro·duc·tiv·i·ty [prɒdʌk'tɪvɪtɪ] n. productividad f. **productivity bonus** prima por productividad.

Prof [prə'fesəˈ] abbr. (**Professor**) catedrático de universidad.

pro·fes·sion [prə'feʃən] n. 1 (occupation) profesión f. 2 (declaration) declaración f., afirmación f. **profession of faith** profesión f. de fe.

pro·fes·sion·al [prə'feʃənəl] adj. (gen) profesional ◇ n. profesional m. **to go professional** volverse profesional. **to take professional advice** asesorarse por un profesional.

pro·fes·sor [prə'fesəˈ] n. profesor universitario.

pro·fi·cien·cy [prə'fɪʃənsɪ] n. competencia.

pro·fi·cient [prə'fɪʃənt] adj. muy competente.

pro·file ['prəʊfaɪl] n. 1 (side view) perfil m. 2 (description) perfil m. (written) reseña (biography) reseña biográfica. **to keep a low profile** intentar pasar desapercibido.

prof·it ['prɒfɪt] n. 1 COMM ganancia, beneficio 2 [fml: use] (advantage) provecho. **to make a profit** sacar beneficio **to profit from something** sacar provecho de algo **to sell something at a profit** vender algo con ganancia **profit and loss account** cuenta de ganancias y pérdidas **profit margin** margen m. de ganancias.

prof·it·a·bil·i·ty [prɒfɪtə'bɪlɪtɪ] n. rentabilidad f.

prof·it·a·ble ['prɒfɪtəbəl] adj. 1 COMM rentable 2 (beneficial) provechoso.

prof·it·mak·ing ['prɒfɪtmeɪkɪŋ] adj. (business) rentable (charity) con fines lucrativos.

prof·it·shar·ing ['prɒfɪtʃeərɪŋ] adj. participación f. en los beneficios.

pro·found [prə'faʊnd] adj. profundo.

pro·found·ly [prə'faʊndlɪ] adv. profundamente.

pro·gram ['prəʊgræm] n. 1 COMPUT programa m. 2 (gen) programa m. (plan) plan m. ◇ tr. pt. & pp. **programmed**, ger. **programming** 1 COMPUT

programar 2 (gen) programar (activities) programar, planear.

pro·gra·ma·ble ['prəʊgræməbəl] adj. programable.

pro·gra·mer ['prəʊgræməˈ] n. programador.

prog·ress [(n.) 'prəʊgres; (vb.) prəʊ'gres] n. (advance) progreso, avance m. (development) desarrollo ◇ intr. 1 (advance) progresar, avanzar, adelantar (develop) desarrollar 2 (improve - gen) mejorar, hacer progresos (- patient) mejorar. **to be in progress** (work) estar en marcha (meeting, match, etc.) haber empezado. **to make progress** (pupil) adelantar, hacer progresos (patient) mejorar **progress report** informe m. sobre la marcha de los trabajos.

pro·gres·sion [prə'greʃən] n. 1 (development) evolución f., avance m. 2 (series) serie f. 3 (math mus) progresión f.

pro·gres·sive [prə'gresɪv] adj. 1 (increasing) progresivo 2 (favoring progress) progresista ◇ n. progresista mf.

pro·hib·it [prə'hɪbɪt] tr. 1 (forbid) prohibir 2 (prevent) impedir. **to prohibit somebody from doing something** prohibir a alguien hacer algo.

pro·hi·bi·tion [prəʊɪ'bɪʃən] n. prohibición f. ◇ n. Prohibition la Ley f. seca, la Prohibición f.

pro·hib·i·tive [prə'hɪbɪtɪv] adj. prohibitivo.

proj·ect [(n.) 'prɒdʒekt; (vb.) prə'dʒekt] n. 1 (gen) proyecto 2 EDUC trabajo, studio ◇ tr. 1 (gen) proyectar 2 (extrapolate) extrapolar ◇ intr. sobresalir, resaltar. **to project oneself** proyectarse.

pro·jec·tion [prə'dʒekʃən] n. 1 (gen) proyección f. 2 (protuberance) saliente m., resalto.

pro·jec·tor [prə'dʒektəˈ] n. proyector m.

pro·lif·ic [prə'lɪfɪk] adj. prolífico.

pro·logue ['prəʊlɒg] n. prólogo.

pro·long [prə'lɒŋ] tr. prolongar, alargar, extender.

prom [prɒm] n. baile m. del colegio.

prom·i·nence ['prɒmɪnəns] n. (conspicuousness) prominencia (importance) importancia.

prom·i·nent ['prɒmɪnənt] adj. (conspicuous) prominente (important) importante, destacado (projecting) prominente, saliente.

prom·i·nent·ly ['prɒmɪnəntlɪ] adv. (conspicuously) muy a la vista. **to figure prominently in something** destacar en algo.

prom·is·cu·i·ty [prɒmɪ'skjuːɪtɪ] n. promiscuidad f.

prom·is·cu·ous [prə'mɪskjʊəs] adj. promiscuo.

prom·ise ['prɒmɪs] n. 1 (pledge) promesa 2 (expectation, hope) esperanza, esperanzas fpl. ◇ tr. 1 (gen) prometer 2 (seem likely) prometer ◇ intr. (gen) prometer (swear) jurar **to make a promise** prometer. **to break a promise** faltar a una promesa. **to keep a promise** cumplir una promesa. **to promise the moon** prometer el oro y el moro, la luna. **to show promise** ser prometedor **the Promised Land** la Tierra Prometida.

prom·is·ing ['prɒmɪsɪŋ] adj. prometedor.

pro·mote [prə'məʊt] tr. 1 (in rank) promover, ascender 2 (encourage) promover, fomentar 3 COMM (product) promocionar. **to be promoted** SP subir (de categoría).

pro·mot·er [prə'məʊtəˈ] n. promotor.

pro·mo·tion [prə'məʊʃən] n. 1 (in rank) promoción f., ascenso 2 COMM promoción f. 3 (encouragement) promoción f., fomento. **to get promotion** ser ascendido.

prompt [prɒmpt] adj. (quick) pronto, rápido (punctual) punctual ◇ adv. en punto ◇ tr. 1 (cause, incite) instar, incitar, mover (cause, lead to) provocar, dar lugar a 2 THEAT apuntar ◇ n. THEAT (line) apunte m.

prone [prəun] *adj. (face down)* boca abajo. **to be prone to something** ser propenso a algo.

pro·noun ['prəunaun] *n.* LING pronombre m.

pro·nounce [prə'nauns] *tr.* **1** LING pronunciar **2** *(declare)* declarar ⋄ *intr.* pronunciarse *(on, sobre).* **to pronounce sentence** JUR dictar sentencia.

pro·nounced [prə'naunst] *adj.* pronunciado, marcado, acusado.

pro·nun·ci·a·tion [prənʌnsi'eiʃən] *n.* pronunciación f.

proof [pru:f] *n.* **1** *(evidence)* prueba **2** *(trial copy, print)* prueba **3** *(alcohol)* graduación f. alcoholic ⋄ *tr.* impermeabilizar. **the proof of the pudding is in the eating** no se puede juzgar algo hasta que se haya probado. **to be proof against something** ser a prueba de algo.

prop[1] [prɒp] *n.* **1** *(support)* puntal m. **2** *fig. use* apoyo, sostén m. **3** SP *(in rugby)* pilar mf. ⋄ *tr. pt. & pp.* **propped,** ger. **propping 1** apoyar *(against,* en/contra*)* **2** *fig. use* apoyar.
to prop up. *tr. sep.* **1** *(wall, building)* sostener, apuntalar **2** *(regime)* apoyar **(industry, business)** mantener a flote.

prop[2] [prɒp] *n.* THEAT accesorio, utilería.

prop·a·gan·da [prɒpə'gændə] *n.* propaganda.

pro·pel [prə'pel] *tr. pt. & pp.* **propelled,** ger. **propelling** propulsar, impulsar.

pro·pel·ler [prə'pelə[r]] *n.* hélice f.

prop·er ['prɒpə[r]] *adj.* **1** *(suitable)* adecuado, apropiado *(correct)* correcto **2** *(fam. use) (real, genuine)* verdadero, de verdad *(as it should be)* como Dios manda, como es debido **3** *(fam. use) (thorough)* auténtico, todo **4** *(respectable)* correcto, decente **5** *(strictly called - comes after noun)* propiamente dicho.
to be proper to ser propio de **proper name/ proper noun** nombre propio.

prop·er·ly ['prɒpəli] *adv.* **1** *(properly)* bien, adecuadamente **2** *(correctly)* bien, correctamente *(as one should)* como es debido **3** *(fam. use) (thoroughly)* totalmente. **properly speaking** propiamente dicho, en sentido estricto.

prop·er·ty ['prɒpəti] *n. pl.* **properties 1** *(possessions, ownership)* propiedad f. **2** *(buildings, land)* propiedad f., bienes mpl. *(estate)* finca **3** *(fml. use)* propiedad inmueble m. **4** *(quality)* propiedad f. **5** THEAT accesorio. **to be public property** ser del dominio público **private property** propiedad f. privada **property tax** impuesto sobre la propiedad inmobiliaria.

proph·e·cy ['prɒfəsi] *n. pl.* **prophecies** profecía.

proph·e·sy ['prɒfəsai] *tr. pt. & pp.* **prophesied,** ger. **prophesying 1** predecir **2** REL profetizar ⋄ *intr.* profetizar, hacer profecías.

proph·et ['prɒfit] *n.* profeta m.

pro·por·tion [prə'pɔ:ʃən] *n.* **1** *(ratio)* proporción f. **2** *(part)* parte f. *(percentage)* porcentaje m. **3** *(correct relation)* proporción f. ⋄ *npl.* **proportions** dimensiones fpl., proporciones fpl. **to be in proportion/be out of proportion** estar proporcionado/no estar proporcionado. **to be in proportion to/with something/be out of proportion to/with something** guardar proporción con algo/no guardar proporción con algo. **to blow something up out of all proportion** exagerar algo desmesuradamente.

pro·por·tion·al [prə'pɔ:ʃənəl] *adj.* proporcional *(to,* a*)* **proportional representation** representación f. proporcional.

pro·por·tion·ate [prə'pɔ:ʃənət] *adj.* proporcionado *(to,* con*)*, en proporción *(to,* a*)*.

pro·pos·al [prə'pəuzəl] *n.* propuesta.

pro·pose [prə'pəuz] *tr.* **1** *(suggest)* proponer **2** *(intend)* pensar ⋄ *intr.* declararse, proponer matrimonio a **to propose a toast** proponer un brindis.

prop·o·si·tion [prɒpə'ziʃən] *n.* **1** *(suggestion)* proposición f., propuesta *(offer)* oferta **2** *(assertion)* proposición f. ⋄ *tr.* hacer proposiciones deshonestas a.

pro·pri·e·tor [prə'praiətə[r]] *n.* propietario, dueño.

pro·pul·sion [prə'pʌlʃən] *n.* propulsión f. **propulsion rocket** cohete m. propulsor.

prose [prəuz] *n.* **1** LIT prosa **2** EDUC traducción f. inversa **prose writer** prosista mf.

pros·e·cute ['prɒsikju:t] *tr.* JUR procesar, enjuiciar ⋄ *intr.* JUR *(bring a charge)* entablar una acción judicial *(be prosecutor)* llevar la acusación.

pros·e·cu·tion [prɒsi'kju:ʃən] *n.* JUR *(action)* procesamiento, acción f. judicial *(court case)* proceso, juicio ⋄ *n.* **the prosecution** JUR *(person)* la parte acusadora, la acusación **witness for the prosecution** testigo mf. de cargo.

pros·e·cu·tor ['prɒsikju:tə[r]] *n.* JUR fiscal mf., acusador.

pros·pect [*(n.)* 'prɒspekt; *(vb.)* prə'spekt] ⋄ *n.* **1** *(picture in mind)* perspectiva **2** *(possibility, hope)* posibilidad f., probabilidad f. **3** *(fml. use) (wide view)* panorama m., vista, perspectiva ⋄ *tr.* prospectar, explorer ⋄ *intr.* buscar *(for,* -*)* ⋄ *npl.* **prospects** *(chance of success, outlook)* perspectivas fpl. *(future)* futuro m. sing., porvenir m. sing. **to be a prospect for something** *(person)* tener probabilidades de algo.

pros·per ['prɒspə[r]] *intr.* prosperar.

pros·per·i·ty [prɒ'speriti] *n.* prosperidad f.

pros·per·ous ['prɒspərəs] *adj.* próspero.

pros·tate ['prɒsteit] *n.* próstata.

pros·ti·tute ['prɒstitju:t] *n. (gen)* prostituta *(vulgar)* puta ⋄ *tr.* prostituir. **to prostitute oneself** prostituirse **male prostitute** prostituto.

pros·ti·tu·tion [prɒsti'tju:ʃən] *n.* prostitución f.

pro·tag·o·nist [prə'tægənist] *n.* protagonista mf.

pro·tect [prə'tekt] *tr. (gen)* proteger *(interests)* proteger, salvaguardar. **to protect against/protect from** proteger contra/proteger de.

pro·tec·tion [prə'tekʃən] *n. (gen)* protección f. *(shelter)* protección f., amparo **protection racket** chantaje m.

pro·tec·tive [prə'tektiv] *adj. (gen)* protector *(clothing)* de protección.

pro·tec·tor [prə'tektə[r]] *n. (person)* protector *(thing)* protector m.

pro·tein ['prəuti:n] *n.* proteína.

pro·test [*(n.)* 'prəutest; *(vb.)* prə'test] *n. (gen)* protesta *(complaint)* queja *(demonstration)* manifestación f. de protesta *tr.* protestar de ⋄ *intr.* protestar *(about,* de*),* *(against,* contra*),* *(at,* por*)* **under protest** bajo protesta. **protest song** canción f. (de) protesta.

pro·test·er [prə'testə[r]] *n.* manifestante mf.

pro·to·col ['prəutəkɒl] *n.* protocolo.

pro·ton ['prəutɒn] *n.* protón m.

pro·to·type ['prəutətaip] *n.* prototipo.

pro·to·zo·an [prəutə'zəuən] *n. pl.* **protozoa** o **protozoans** protozoo.

pro·trac·tor [prə'træktə[r]] *n. (math)* transportador m.

proud [praud] *adj.* **1** *(gen)* orgulloso **2** *(arrogant)* orgulloso, arrogante, altanero, soberbio **3** *(fml. use) (splendid)* soberbio, imponente. **to be proud of somebody/something** estar orgulloso de alguien/algo, enorgullecerse de alguien/algo.

proud·ly ['praudli] *adv. (with satisfaction)* orgullosamente, con orgullo *(arrogantly)* arrogantemente,

P

con arrogancia. **to proudly present** *tener el honor de presentar*.

prove [pruːv] *tr. pt.* **proved**, *pp.* **proved** o **proven** [pruːvən], *ger.* **proving** 1 *(show to be true)* probar, demostrar 2 *(turn out to be)* demostrar ◇ *intr. (turn out)* resultar **to prove oneself** *dar pruebas de valor, demostrar su valía.* **to prove somebody right** *dar a alguien la razón.*

proven ['pruːvən] *pp.* VER: prove. ◇ *adj.* probado, comprobado.

pro·verb ['prɒvɜːb] *n.* proverbio, refrán *m.*

pro·vide [prəˈvaɪd] *tr.* 1 *(supply - gen)* proveer, suministrar, proporcionar *(information, facts, etc.)* proporcionar, facilitar 2 *fig. use (answer, example)* ofrecer, dar *(opportunity)* brindar, dar ◇ *intr.* 1 *(of law, rule, clause)* estipular 2 proveer. **to provide oneself with something** *proveerse de algo.*

to pro·vide a·gainst *tr. insep.* tomar precauciones contra.

to pro·vide for *tr. insep.* 1 *(family)* mantener 2 *(make arrangements for)* tomar precauciones contra *(of bill, constitution)* prever.

pro·vid·ed [prəˈvaɪdɪd] También **provided that.** *conj.* siempre que, con tal que, a condición de que.

prov·i·dence ['prɒvɪdəns] *n.* providencia.

pro·vid·er [prəˈvaɪdəʳ] *n.* proveedor.

pro·vid·ing [prəˈvaɪdɪŋ] *conj.* VER: provided.

prov·ince ['prɒvɪns] *n.* 1 *(region)* provincia 2 *fig. use* terreno, campo, competencia. **that's not my province** *eso no es de mi competencia.*

pro·vin·cial [prəˈvɪnʃəl] *adj.* 1 *(government)* provincial *(town)* de provincia (s) 2 *pej.* provinciano, pueblerino ◇ *n. pej.* provinciano.

pro·vi·sion [prəˈvɪʒən] *n.* 1 *(supply - gen)* suministro, abastecimiento *(of funds)* provisión *f.* 2 *(preparation)* previsiones *fpl.* 3 JUR *(stipulation)* disposición *f.* *(condition)* condición *f.* ◇ *npl.* **provisions** *(food)* provisiones *fpl.*, víveres *mpl.* **to make provision for the future** *(gen)* prever el futuro *(money)* ahorrar para el futuro. **to make provision for somebody** *atender las necesidades de alguien* **with the provision that...** *con tal de que...*

pro·vi·sion·al [prəˈvɪʒənəl] *adj.* provisional.

prov·o·ca·tion [prɒvəˈkeɪʃən] *n.* provocación *f.*

pro·voc·a·tive [prəˈvɒkətɪv] *adj. (controversial)* provocador *(sexy)* provocativo.

pro·voke [prəˈvəʊk] *tr.* 1 *(make angry)* provocar, irritar 2 *(cause)* provocar. **to provoke somebody into doing something** *provocar a alguien a que haga algo.*

prowl [praʊl] *intr.* merodear, rondar ◇ *tr.* merodear por, rondar por ◇ *n.* merodeo. **to be on the prowl/go on the prowl** *merodear, rondar.*

prox·im·i·ty [prɒkˈsɪmɪtɪ] *n. (fml. use)* proximidad *f.* **in the proximity of** *en las proximidades de, cerca de.*

pru·dent ['pruːdənt] *adj.* prudente.

prune¹ [pruːn] *n.* ciruela pasa.

prune² [pruːn] *tr.* 1 *(hedge, rosebush, etc.)* podar 2 *(essay, novel, etc.)* acortar **(budget, costs, etc.)** reducir, recortar.

PS ['piːˈes] *abbr.* **(postscript)** posdata *(abbreviation)* P.S., P.D.

pseud [sjuːd] *n. (fam. use)* farsante *mf.*

pseu·do·nym ['suːdənɪm] *n.* seudónimo.

psy·che ['saɪkɪ] *n.* psique *f.*, psiquis *f.*

psy·che·del·ic [saɪkˈdelɪk] *adj.* psicodélico.

psy·chi·a·trist [saɪˈkaɪətrɪst] *n.* psiquiatra *mf.*

psy·chi·a·try [saɪˈkaɪətrɪ] *n.* psiquiatría.

psy·cho·a·nal·y·sis [saɪkəʊəˈnæləsɪs] *n.* psicoanálisis *m.*

psy·cho·an·a·lyst [saɪkəʊˈænəlɪst] *n.* psicoanalista *mf.*

psy·cho·an·a·lyze [saɪkəʊˈænəlaɪz] *tr.* psicoanalizar.

psy·cho·log·i·cal [saɪkəˈlɒdʒɪkəl] *adj.* psicológico.

psy·chol·o·gist [saɪˈkɒlədʒɪst] *n.* psicólogo.

psy·chol·o·gy [saɪˈkɒlədʒɪ] *n.* psicología.

psy·cho·path ['saɪkəʊpæθ] *n.* psicópata *mf.*

psy·cho·path·ic [saɪkəˈpætɪk] *adj.* psicopático.

psy·cho·sis [saɪˈkəʊsɪs] *n. pl.* **psychoses** psicosis *f.*

psy·cho·so·mat·ic [saɪkəʊsəˈmætɪk] *adj.* psicosomático.

psy·cho·ther·a·pist [saɪkəʊˈθerəpɪst] *n.* psicoterapeuta *mf.*

psy·cho·ther·a·py [saɪkəʊˈθerəpɪ] *n.* psicoterapia.

psy·chot·ic [saɪˈkɒtɪk] *adj.* psicótico ◇ *n.* psicótico.

pt [pɑːt] *abbr.* **(part)** parte *f.*

pu·ber·ty ['pjuːbətɪ] *n.* pubertad *f.*

pu·bic ['pjuːbɪk] *adj.* púbico **pubic hair** *vello púbico.*

pub·lic ['pʌblɪk] *adj.* público ◇ *n.* **the public** el público. **in public** *en público.* **to be in the public eye** *ser objeto de interés público.* **to be public knowledge** *ser del dominio público.* **to go public** COMM *salir a bolsa.* **to make public** *hacer público* **public holiday** *fiesta nacional* **public opinion** *opinión f. pública* **public prosecutor** *fiscal mf.* **public relations** *relaciones fpl. públicas* **public sector** *sector público* **public transport** *transporte m. público* **public utility** *servicio público.*

pub·li·ca·tion [pʌblɪˈkeɪʃən] *n.* publicación *f.*

pub·li·cist ['pʌblɪsɪst] *n.* publicista *mf.*

pub·lic·i·ty [pʌˈblɪsɪtɪ] *n.* publicidad *f.* **publicity stunt** *truco publicitario* **publicity campaign** *campaña publicitaria.*

pub·li·cize [pʌblɪˈsaɪz] *tr.* 1 *(make public)* divulgar, hacer público, dar a conocer 2 *(advertise)* promocionar, hacer publicidad de.

pub·lic·ly ['pʌblɪklɪ] *adv.* públicamente.

pub·lish ['pʌblɪʃ] *tr.* 1 *(book, newspaper)* publicar, editar *(article)* publicar 2 *(make known)* divulgar, hacer público.

pub·lish·er ['pʌblɪʃəʳ] *n. (person)* editor *(company)* editorial *f.*

pub·lish·ing ['pʌblɪʃɪŋ] *n. (profession)* industria editorial **publishing company** *editorial f.*

pud·dle ['pʌdəl] *n.* charco.

Puer·to Ri·can [pweətəʊˈriːkən] *adj.* puertorriqueño. ◇ *n.* puertorriqueño.

Puer·to Ri·co [pweətəʊˈriːkəʊ] *n.* Puerto Rico.

puff [pʌf] *n.* 1 *(of wind, air)* soplo, racha, ráfaga *(of smoke)* bocanada 2 *(action)* soplo, soplido **(at cigarette, pipe)** calada, chupada 3 *(fam. use) (breath)* aliento ◇ *tr. (blow - gen)* soplar *(- smoke)* echar ◇ *intr.* 1 *(pipe, cigarette)* chupar *(at/on, -)*, dar caladas *(at/on,* a*)* 2 *(pant)* jadear, resoplar 3 *(train)* echar humo, echar vapor **puff pastry** *hojaldre m., pasta hojaldrada.*

to puff out. ◇ *tr. sep.* 1 *(cheeks, chest)* hinchar, inflar *(feathers, cushion)* ahuecar 2 **(make out of breath)** *dejar sin aliento.*

puke [pjuːk] *intr. (fam. use)* devolver, vomitar.

pull [pʊl] *n.* 1 *(tug)* tirón *m.* 2 *(of moon, current)* fuerza 3 *(attraction)* atracción *f.* *(influence)* influencia 4 *(on bottle)* sorbo *(on cigarette)* calada, chupada 5 *(prolonged effort)* paliza 5 *(single impression, proof)* prueba ◇ *tr.* 1 *(draw)* tirar de *(drag)* arrastrar 2 *(tug forcefully)* tirar de, dar un tirón a 3 *(damage - muscle)* sufrir un tirón ◇ *intr.* 1 *(tug)* tirar *(at/on,* de*)* 2 **(on pipe, cigarette)** chupar, dar caladas a 3 *(of vehicle - veer)* tirar.

to pull a·part *tr. sep.* **1** *(separate)* separar *(pull to pieces)* destrozar, hacer pedazos **2** *(criticize)* poner por los suelos, echar por tierra.

to pull a·way *intr.* *(car, bus)* arrancar *(train)* salir de la estación ◇ *tr. sep.* separar, apartar.

to pull down *tr. sep.* derribar, tirar (abajo).

to pull in *tr. sep.* **1** *(crowd)* atraer **2** *(money)* sacar, ganar ◇ *intr.* *(train)* entrar en la estación *(bus, car)* parar.

to pull off *tr. sep.* *(carry out)* llevar a cabo *(achieve)* conseguir, lograr ◇ *tr. insep.* *(of car, etc.)* salir de.

to pull out *tr. sep.* *(gun, tooth, plug, etc.)* sacar *(troops)* retirar ◇ *intr.* **1** *(train)* salir de la estación *(bus, car)* salir **2** *(withdraw)* retirarse.

to pull o·ver *intr.* hacerse a un lado.

to pull through *intr.* reponerse.

to pull to·geth·er *intr.* trabajar juntos ◇ *tr. sep.* to pull oneself together calmarse.

to pull up *tr. sep.* **1** *(draw up)* subir, levantar *(plant, weed)* arrancar **2** *(scold)* regañar ◇ *intr.* *(bus, car)* detenerse, parar. to go (out) on the pull salir a ligar. to pull a face hacer una mueca.

pul·ley ['pʊlɪ] *n.* polea.

pulp [pʌlp] *n.* **1** *(of fruit)* pulpa, carne *f.* *(of vegetable)* pulpa *(of wood, paper)* pasta, pulpa **2** *(substance)* papilla **3** *pej.* *(books, magazines, etc.)* literatura barata, basura ◇ *tr.* *(wood, paper)* hacer pasta de, hacer pulpa de *(fruit)* reducir a pulpa. to beat somebody to a pulp hacer papilla a alguien.

pul·pit ['pʊlpɪt] *n.* púlpito.

pul·sar ['pʌlsɑːʳ] *n.* púlsar m.

pulse [pʌls] *n.* **1** ANAT pulso **2** PHYS pulsación *f.* ◇ *intr.* palpitar, latir. to take somebody's pulse tomarle el pulso a alguien pulse rate número de pulsaciones.

pul·ver·i·za·tion [pʌlvərəˈzeɪʃən] *n.* pulverización *f.*

pul·ver·ize ['pʌlvəraɪz] *tr.* pulverizar.

pu·ma ['pjuːmə] *n.* puma *m.*

pump[1] [pʌmp] *n.* **1** *(machine)* bomba *m.* **2** *(act)* bombeo ◇ *tr.* bombear ◇ *intr.* *(of heart)* latir. to pump iron hacer pesas. to pump money into something invertir dinero en algo. to pump somebody's hand darle un fuerte apretón de manos a alguien.

to pump up *tr. sep.* inflar.

pump[2] [pʌmp] *n.* *(shoe)* zapato de salón.

pump·kin ['pʌmpkɪn] *n.* calabaza.

punch[1] [pʌntʃ] *n.* **1** *(blow)* puñetazo, golpe *m.* *(in boxing)* pegada **2** *fig. use* fuerza, garra, empuje *m.* ◇ *tr.* dar un puñetazo a, pegar a. to pack a punch *(in boxing)* pegar fuerte, pegar duro *(speech, etc.)* pegar fuerte. not to pull any punches no tener pelos en la lengua.

punch[2] [pʌntʃ] *n.* *(for making holes)* perforadora, taladro *(in leather)* punzón *m.* *(for tickets)* máquina de picar billetes ◇ *tr.* *(make a hole in)* perforar *(leather)* punzar *(ticket)* picar **punch card** tarjeta perforada **punched card** tarjeta perforada.

punch[3] [pʌntʃ] *n.* *(drink)* ponche *m.*

punch-up ['pʌntʃʌp] *n.* *fam. use* riña, pelea.

punc·tu·al ['pʌŋktjʊəl] *adj.* puntual.

punc·tu·al·i·ty [pʌŋktjʊˈælɪtɪ] *n.* puntualidad *f.*

punc·tu·ate ['pʌŋktjʊeɪt] *tr.* **1** LING puntuar **2** *(interrupt)* interrumpir ◇ *intr.* LING puntuar.

punc·tu·a·tion [pʌŋktjʊˈeɪʃən] *n.* puntuación *f.* **punctuation mark** signo de puntuación.

punc·ture ['pʌŋktʃəʳ] *n.* pinchazo ◇ *tr.* **1** *(tyre, ball, etc.)* pinchar **2** MED puncionar *intr.* pincharse **punctured lung** pulmón *m.* perforado.

pun·dit ['pʌndɪt] *n.* experto.

pun·ish ['pʌnɪʃ] *tr.* castigar.

pun·ish·a·ble ['pʌnɪʃəbəl] *adj.* **1** punible, castigable **2** JUR delictivo. **punishable by death** penado con la muerte.

pun·ish·ing ['pʌnɪʃɪŋ] *adj.* *(severe)* duro *(exhausting)* agotador.

pun·ish·ment ['pʌnɪʃmənt] *n.* **1** *(gen)* castigo **2** *fig. use* *(wear and tear)* trote *m.* to make the punishment fit the crime adecuar el castigo al crimen. capital punishment pena de muerte, pena capital corporal punishment castigo físico.

pup [pʌp] *n.* *(dog)* cachorro *(seal, otter)* cría.

pu·pil ['pjuːpəl] *n.* ANAT pupila.

pup·pet ['pʌpɪt] *n.* **1** títere *m.*, marioneta **2** *fig. use* títere *m.* **puppet show** teatro de marionetas.

pup·py ['pʌpɪ] *n. pl.* **puppies** cachorro **puppy fat** gordura infantil **puppy love** amor m. adolescente.

pur·chase ['pɜːtʃəs] *n.* *(fml. use)* compra, adquisición *f.* ◇ *tr.* *(fml. use)* comprar, adquirir. to get a purchase on something *(grip)* agarrar algo bien **purchase price** precio de compra **purchase tax** impuesto sobre la venta **purchasing power** poder *m.* adquisitivo.

pure ['pjʊəʳ] *adj.* *(gen)* puro **pure and simple** puro y simple **pure new wool** pura lana virgen.

pure-bred [pjʊəˈbred] *adj.* de pura sangre, de pura raza ◇ *n.* *(horse)* caballo pura *m.* sangre.

pure·ly ['pjʊəlɪ] *adv.* simplemente, sencillamente **purely and simple** pura y simplemente.

purge [pɜːdʒ] *n.* purga ◇ *tr.* **1** *(cleanse)* purgar **2** POL purgar, hacer una purga en, depurar.

pu·ri·fi·ca·tion [pjʊərɪfɪˈkeɪʃən] *n.* *(gen)* purificación *f.* *(of water)* depuración *f.*, purificación *f.*

pu·ri·fi·er ['pjʊərɪfaɪəʳ] *n.* *(gen)* purificador *m.* *(of water)* depurador *m.*, purificador *m.*

pu·ri·fy ['pjʊərɪfaɪ] *tr. pt. & pp.* **purified**, *ger.* **purifying** *(gen)* purificar *(water)* depurar, purificar.

pu·ri·ty ['pjʊərɪtɪ] *n.* pureza.

pur·ple ['pɜːpəl] *adj.* morado ◇ *n.* *(color m.)* púrpura, *(color m.)* morado.

pur·pose ['pɜːpəs] *n.* **1** *(aim, intention)* propósito, intención *f.*, fin *m.* *(reason)* razón *f.*, motivo **2** *(use)* uso, utilidad *f.* **3** *(determination)* resolución *f.* **to no purpose** inútilmente, en vano. to have a purpose in life tener una meta en la vida. to serve no purpose no servir para nada, ser inútil. on purpose a propósito, adrede.

pur·pose-built ['pɜːpəsbɪlt] *adj.* construido especialmente, hecho especialmente.

pur·pose·ly ['pɜːpəslɪ] *adv.* a propósito, adrede.

purr [pɜːʳ] *n.* *(of cat)* ronroneo ◇ *intr.* *(of cat)* ronronear.

purse [pɜːs] *n.* **1** bolso **2** *(funds)* fondos *mpl.* **3** *(prize)* premio en efectivo, premio en metálico ◇ *tr.* *(lips)* fruncir. to hold the purse strings administrar el dinero.

pur·sue [pəˈsjuː] *tr.* **1** *(chase)* perseguir *(follow)* seguir **2** *(seek)* buscar *(strive for)* esforzarse por conseguir, luchar por **3** *(carry out - policy)* llevar a cabo *(- matter)* investigar **4** *(continue with - studies)* seguir, dedicarse a *(- profession, career)* ejercer.

pur·suit [pəˈsjuːt] *n.* **1** *(chase)* persecución *f.* *(hunt)* caza **2** *(search)* búsqueda, busca *(striving)* lucha **3** *(activity)* actividad *f.* **in hot pursuit (of)** pisando los talones (a) **leisure pursuit** pasatiempo.

pus [pʌs] *n.* pus *m.*

push [pʊʃ] *n.* **1** *(shove)* empujón *m.* **2** MIL ofensiva **3** *(drive)* empuje *m.*, dinamismo ◇ *tr.* **1** *(shove)* empujar **2** *(press - button, bell, etc.)* pulsar, apretar **3** *(persuade forcefully)* empujar, presionar *(harass)* apretar, presionar, exigir **4** *(promote, try to sell)* promocionar 5 *[fam. use] (drugs)* pasar, vender, traficar con ⬦ *intr.* 1 *(shove)* empujar 2 *(move forward)* abrirse paso 3 *(pressurize)* presionar, exigir **at a push** si fuera necesario. **if it comes to the push** en último caso. **to be (hard) pushed for something** andar escaso de algo, andar corto de algo. **to be pushed to do something** tenerlo difícil para hacer algo.

to push a·bout/push a·round *tr. sep.* intimidar, atropellar.

to push a·head *intr.* seguir adelante.

to push in *intr. (in line)* colarse.

to push on *intr.* seguir, continuar.

to push o·ver *tr. sep. (person)* hacer caer, tirar *(thing)* volcar.

to push through *tr. sep. (legislation, bill)* hacer aprobar *(student)* ayudar.

puss [pus] *n. [fam. use]* minino, gatito.

pus·sy·cat ['pusɪkæt] *n. [fam. use]* minino, gatito.

put [put] *tr. pt. & pp. put, ger. putting* 1 *(gen)* poner *(place)* colocar *(add)* echar, añadir *(place inside)* meter, poner 2 *(write, mark)* poner, apuntar, escribir 3 *(cause to be)* poner 4 *(rate, classify)* poner 5 *(express)* expresar, decir 6 *(calculate, estimate)* calcular 7 SP *(shot)* lanzar. **to be hard put to do something** serle difícil a uno hacer algo. **to not know where to put oneself** no saber dónde ponerse, no saber dónde esconderse. **to put an end to something** acabar con algo, poner fin a algo. **to put in a good word for somebody** recomendar a alguien. **to put somebody to bed** acostar a alguien. **to put somebody to death** ejecutar a alguien. **to put somebody up to something** incitar a alguien a hacer algo.

to put a·bout *tr. sep. (news, rumor)* hacer correr ⬦ *intr. (ship)* virar en redondo.

to put a·cross *tr. sep. (idea, message, case)* comunicar, hacer entender *(oneself)* comunicarse, hacerse entender.

to put a·side *tr. sep.* 1 *(place to one side)* dejar a un lado, apartar *(save - money)* ahorrar *(reserve - item, goods)* reservar, apartar, guardar *(- time)* reservar 2 *(disregard - differences)* dejar de lado.

to put a·way *tr. sep.* 1 *(clothes, toys, dishes)* guardar (en su sitio) *(save - money)* ahorrar 2 *(lock up - criminal, mad person)* encerrar 3 *(eat copiously)* zamparse.

to put back *tr. sep.* 1 *(replace, return)* devolver a su sitio 2 *(clock)* atrasar, retrasar *(postpone, delay)* aplazar, posponer 3 *(drink)* beberse.

to put by *tr. sep.* ahorrar.

to put down *tr. sep.* 1 *(set down - gen)* dejar *(- phone)* colgar *(- baby)* acostar 2 *(payment)* entregar, dejar (en depósito) *(deposit)* dejar 3 *(rebellion)* sofocar 4 *(animal)* sacrificar 5 *(write)* apuntar, anotar, escribir 6 *(humiliate)* humillar, rebajar ⬦ *intr.* AV aterrizar.

to put down to *tr. sep. (attribute)* atribuir a.

to put for·ward *tr. sep.* 1 *(idea, theory, plan)* proponer, presentar *(proposal, suggestion)* hacer *(candidate)* proponer 2 *(clock, meeting, wedding)* adelantar.

to put in *tr. sep.* 1 *(install, fit)* instalar, poner 2 *(include, insert)* poner, incluir *(say)* agregar 3 *(enter,*

submit - claim, request, bid) presentar 4 **(spend time working)** trabajar, hacer ⬦ *intr. (ship)* hacer escala.

to put in for *tr. insep. (apply)* solicitar.

to put off *tr. sep.* 1 *(postpone)* aplazar, posponer 2 *(distract)* distraer 3 *(discourage)* desanimar, disuadir, quitar las ganas a.

to put on *tr. sep.* 1 *(clothes)* poner, ponerse 2 *(expression, attitude)* fingir, adoptar 3 *(gain, increase)* aumentar 4 *(present - show)* presentar, montar *(- exhibition)* organizar 5 *(provide, add - train, etc.)* poner 6 *(switch on - light, television)* encender *(- music, radio)* poner 7 *(add - gen)* añadir *(- tax)* gravar con un impuesto *(- bet)* apostar por.

to put onto *tr. sep. (put in touch with)* poner en contacto con.

to put out *tr. sep.* 1 *(fire, light, cigarette)* apagar 2 *(put outside - cat, washing, rubbish)* sacar 3 *(extend - hand)* tender, alargar *(- tongue)* sacar *(dislocate)* dislocar 4 *(inconvenience)* molestar *(upset, offend, annoy)* molestar, ofender 5 *(publish, issue)* publicar *(broadcast)* difundir.

to put through *tr. sep.* 1 *(phone - connect)* pasar, poner **(to, con)** 2 *(cause to undergo)* someter a, hacer pasar por 3 *(complete, conclude - reform, business)* llevar a cabo.

to put to *tr. sep.* 1 *(present, submit - proposal, case)* presentar, exponer *(ask - question)* hacer *(ask to vote on)* someter a votación 2 *(cause to experience)* causar, ocasionar.

to put to·geth·er *tr. sep. (pieces)* armar, montar *(team)* formar *(meal, etc.)* preparar, hacer 2 *(combine)* juntar, reunir.

to put up *tr. sep.* 1 *(provide accommodation for)* alojar, hospedar 2 *(erect - tent)* armar *(- building, fence)* levantar, construir 3 *(shelves, picture, decorations)* colocar *(curtains, notice, poster)* colgar 4 *(raise - hand)* levantar *(flag)* izar *(hair)* recoger *(umbrella)* abrir 5 *(increase - price, etc.)* aumentar, subir 6 *(present - candidate)* presentar, proponer ⬦ *tr. insep.* 1 *(resistance, struggle)* ofrecer, oponer 2 *(money)* poner, aportar. **to put up with** *tr. insep.* soportar, aguantar.

put-down ['putdaun] *n.* insulto *m.*

puz·zle ['pʌzəl] *n.* 1 *(jigsaw)* puzzle *m. (toy)* rompecabezas *m. (riddle)* adivinanza, acertijo *(crossword)* crucigrama *m.* 2 *(mystery)* misterio, enigma *m.* ⬦ *tr.* dejar perplejo, extrañar. **to puzzle about/over something** darle vueltas a algo (en la cabeza).

to puz·zle out *tr. sep. (problem)* resolver *(mystery)* descifrar.

puz·zled ['pʌzəld] *adj. (confused)* perplejo, desconcertado *(face, expression)* de perplejidad.

puz·zling ['pʌzəlɪŋ] *adj.* extraño.

PVC ['piː'viː'siː] *abbr.* **(polyvinyl chloride)** policloruro de vinilo *(abbreviation)* PVC *m.*

pyg·my ['pɪgmɪ] *adj.* pigmeo, enano ⬦ *n. (small person)* pigmeo, enano *n.* Pygmy. *pl.* **pygmies** pigmeo.

pyr·a·mid ['pɪrəmɪd] *n.* pirámide *f.*

py·ro·ma·ni·a [paɪrə'meɪnɪə] *n.* piromanía *f.*

py·ro·tech·nics [paɪrəʊ'tekniks] *n.* pirotecnia ⬦ *npl.* fuegos *mpl.* artificiales.

py·thon ['paɪəən] *n.* pitón *m.*

Q

Q, q [kjuː] *n. (the letter)* Q, q *f.*
Qatar [kæˈtɑːʳ] *n.* Qatar.
qt [kwɔːt] *abbr.* **(quart)** cuarto de galón.
quack [kwæk] *n.* 1 graznido 2 *(doctor)* curandero ◇ *intr.* graznar.
quack·er·y [ˈkwækəri] *n. [fam. use]* curanderismo, curandería.
quad·ran·gle [ˈkwɒdrængəl] *n.* 1 patio interior 2 *(in geometry)* cuadrángulo.
quad·rant [ˈkwɒdrənt] *n.* cuadrante *m.*
quad·rat·ic [kwɒˈdrætɪk] *adj.* MATH cuadrático, de segundo grado **quadratic equation** *ecuación f. dè segundo grado.*
quad·ri·lat·er·al [ˌkwɒdrɪˈlætərəl] *n.* cuadrilátero ◇ *adj.* cuadrilátero.
quad·ru·ped [ˈkwɒdruped] *n. [fml. use]* cuadrúpedo.
quad·ru·ple [ˈkwɒdrupəl] *n.* cuádruplo ◇ *adj.* cuádruple ◇ *tr.* cuadruplicar ◇ *intr.* cuadruplicarse.
quad·ru·plet [ˈkwɒdruplət, kwɒˈdruːplɪt] *n.* cuatrillizo.
quail [kweɪl] *n.* codorniz *f.* ◇ *intr.* acobardarse, encogerse.
quaint [kweɪnt] *adj.* 1 pintoresco, típico 2 *(odd)* singular, original 3 *(strange)* raro, extraño **quaint fellow** *tipo raro.* ·
quake [kweɪk] *n. [fam. use]* terremoto ◇ *intr.* temblar **to quake at the knees** *temblarle las piernas a alguien.* ·
qual·i·fi·ca·tion [ˌkwɒlɪfɪˈkeɪʃən] *n.* 1 *(for job)* requisito 2 *(ability)* aptitud *f.,* capacidad *f.* 3 *(paper)* diploma *m.,* título 4 *(reservation)* reserva, salvedad *f.* 5 *(restriction)* limitación *f.* 6 *(act of qualifying)* graduación *f.*
qual·i·fied [ˈkwɒlɪfaɪd] *adj.* 1 *(for job)* capacitado 2 *(with qualifications)* titulado 3 *(limited, modified)* limitado, restringido.
qual·i·fy [ˈkwɒlɪfaɪ] *tr. pt. & pp.* **qualified,** *ger.* **qualifying** 1 *(entitle, make eligible)* capacitar, dar derecho, habilitar 2 *(modify)* modificar, matizar, puntualizar 3 LING calificar ◇ *intr.* 1 reunir las condiciones necesarias 2 *(obtain degree)* obtener el título *(as,* de) 3 SP clasificarse.
qual·i·fy·ing [ˈkwɒlɪfaɪŋ] *adj.* eliminatorio, clasificatorio.
qual·i·ta·tive [ˈkwɒlɪtətɪv] *adj.* cualitativo.
qual·i·ty [ˈkwɒlɪti] *n. pl.* **qualities** 1 *(degree of excellence)* calidad *f.* 2 *(attribute)* cualidad *f.* **quality control** *control m. de calidad* **quality goods** *género de calidad, productos mpl. de calidad* **quality newspapers** *prensa de calidad.*
qualm [kwɑːm] *n.* 1 *(doubt)* duda *(worry)* inquietud *f.,* ansia 2 *(scruple)* escrúpulo. **to have no qualms about doing something** *no tener escrúpulos en hacer algo* **qualms of conscience** *remordimientos mpl. de conciencia.*
quan·da·ry [ˈkwɒndəri] *n. pl.* **quandaries** 1 *(dilemma)* dilema *m.* 2 *(difficulty)* apuro. **to be in a quandry** *estar en un dilema.*
quan·ti·fy [ˈkwɒntɪfaɪ] *tr. pt. & pp.* **quantified,** *ger.* **quantifying** cuantificar.
quan·ti·ta·tive [ˈkwɒntɪtəv] *adj.* cuantitativo.
quan·ti·ty [ˈkwɒntɪti] *n. pl.* **quantities** 1 cantidad *f.* 2 MATH cantidad *f.* **quantity surveyor** *aparejador m.*
quan·tum [ˈkwɒntəm] *n.* PHYS cuanto *m.* **quantum theory** *teoría cuántica.*

quar·an·tine [ˈkwɒrəntiːn] *n.* cuarentena ◇ *tr.* poner en cuarentena.
quark [kwɑːk] *n.* TECH quark *m.*
quar·rel [ˈkwɒrəl] *n.* 1 riña, disputa, pelea 2 *(disagreement)* desacuerdo 3 *(complaint)* queja ◇ *intr. pt. & pp.* **quarreled,** *ger.* **quarreling** *(argue)* reñir, pelearse, disputar, discutir **to pick a quarrel with somebody** *meterse con alguien, buscar pelea con alguien.*
quar·rel·some [ˈkwɒrəlsəm] *adj.* pendenciero, peleón, camorrista.
quar·ry [ˈkwɒri] *n. pl.* **quarries** 1 cantera 2 *(in hunting)* presa ◇ *tr. pt. & pp.* **quarried,** *ger.* **quarrying** extraer.
quart [kwɔːt] *n.* 1 cuarto de galón. **to put a quart into a pint pot** *hacer algo imposible.* **NOTA:** En Gran Bretaña equivale a 1,14 litros; en Estados Unidos equivale a 0.95 litro.
quar·ter [ˈkwɔːtəʳ] *n.* 1 cuarto 2 *(area)* barrio 3 *(time)* cuarto 4 *(weight)* cuarto de libra 5 *(of moon)* cuarto 6 *(three months)* trimestre *m.* 7 *(amount)* veinticinco centavos *(coin)* moneda de veinticinco centavos ◇ *tr.* 1 dividir en cuatro 2 *(reduce)* reducir a la cuarta parte 3 HIST descuartizar 4 *(lodge)* alojar ◇ *npl.* **quarters** alojamiento *m. sing.* **at close quarters** *desde muy cerca.* **from all quarters** *de todas partes.* **to give no quarter** *no dar cuartel* **first quarter** *cuarto creciente* **last quarter** *cuarto menguante* **officer's quarters** *residencia f. sing. de oficiales.*
quar·ter·fi·nal [ˌkwɔːtəˈfaɪnəl] *n. (sport)* cuarto de final ◇ *npl.* **quarterfinals** cuartos *mpl.* de final *f.*
quar·ter·fi·nal·ist [ˌkwɔːtəˈfaɪnəlɪst] *n. (sport)* cuartofinalista *mf.*
quar·ter·ly [ˈkwɔːtəli] *adj.* trimestral ◇ *adv.* trimestralmente ◇ *n. pl.* **quarterlies** revista trimestral.
quar·tet [kwɔːˈtet] *n. (mus)* cuarteto.
quartz [kwɔːts] *n.* cuarzo **quartz watch** *reloj m. de cuarzo.*
qua·sar [ˈkweɪzɑːʳ] *n.* quásar *m.*
quash [kwɒʃ] *tr.* 1 *(uprising)* sofocar, aplastar 2 JUR anular, invalidar.
quasi [ˈkwɑːzɪ, ˈkweɪzaɪ] *adv.* casi, cuasi **quasi contract** JUR *cuasi contrato.*
qua·ver [ˈkweɪvəʳ] *n.* 1 MUS *(note)* corchea 2 MUS *(voice)* trémolo 3 *(trembling)* temblor *m.* ◇ *intr.* temblar.
qua·ver·ing [ˈkweɪvərɪŋ] *adj.* tembloroso, trémulo.
quay [kiː] *n.* muelle *m.*
quay·side [ˈkiːsaɪd] *n.* muelle *m.*
quea·si·ness [ˈkwiːzɪnəs] *n.* náuseas *fpl.*
quea·sy [ˈkwiːzɪ] *adj. comp.* **queasier,** *superl.* **queasiest** 1 mareado 2 *(conscience)* delicado, escrupuloso. **to feel queasy** *sentirse mal, tener náuseas.*
queen [kwiːn] *n.* 1 reina 2 *(cards, chess)* dama, reina *(chess)* reina 3 *sl.* loca, maricona ◇ *tr. (pawn)* coronar. **to queen it** *pavonearse* **queen bee** *abeja reina* **Queen Mother** *reina madre.*
queen·ly [ˈkwiːnlɪ] *adj.* regio, de reina.
queer [kwɪəʳ] *adj.* 1 raro, extraño 2 *(ill)* malucho 3 *[fam. use]* gay 4 *(mad)* loco, chiflado ◇ *n.* 1 *[fam. use]* gay *m.,* marica *m.,* maricón 2 ◇ *tr. [fam. use]* fastidiar, estropear. **in queer street** *(in debt)*

endeudado, en deuda (in trouble) en apuros. **to queer somebody's pitch** *fastidiarle los planes a alguien.*

queer·ness ['kwɪə nəs] *n.* rareza.

quell [kwel] *tr.* 1 *(rebellion)* sofocar 2 *(fears)* disipar.

quench [kwentʃ] *tr.* 1 *(thirst)* saciar 2 *(fire)* apagar.

quer·u·lous ['kwerjʊləs] *adj. (fml. use)* quejumbroso.

que·ry ['kwɪərɪ] *n. pl.* **queries** 1 pregunta, duda 2 LING signo de interrogación 3 *fig. use* interrogante *m.* ◇ *tr. pt. & pp.* **queried,** *ger.* **querying** 1 *(doubt)* poner en duda 2 *(ask)* preguntar.

quest [kwest] *n.* búsqueda, busca. **in quest of** *en busca de.*

ques·tion ['kwestʃən] *n.* 1 pregunta 2 *(in exam)* pregunta, problema *m.* 3 *(problem, issue)* cuestión *f.,* problema *m.* 4 *(topic, matter)* cuestión *f.,* asunto ◇ *tr.* 1 hacer preguntas a, interrogar 2 *(cast doubt on)* cuestionar, poner en duda. **it's a question of** *se trata de, es cuestión de* **out of the question** *imposible, impensable.* **that is the question** *de eso se trata, he aquí la dificultad.* **to call into question** *poner en duda, dudar de.* **without question** *sin rechistar* **question mark** *(punctuation mark)* signo de interrogación, interrogación *f.,* interrogante *m. (doubt)* interrogante *m.* **question tag** *coletilla.*

ques·tion·a·ble ['kwestʃənəbəl] *adj.* 1 *(debatable)* cuestionable, discutible 2 *(doubtful)* dudoso, sospechoso. **of questionable taste** *de gusto dudoso.*

ques·tion·er ['kwestʃənəʳ] *n.* interrogador.

ques·tion·ing ['kwestʃənɪŋ] *adj.* inquisitivo, interrogativo ◇ *n.* preguntas *fpl.,* interrogatorio.

ques·tion·naire [kwestʃə'neəʳ] *n.* cuestionario.

quet·zal ['ketsəl] *n.* quetzal *m.*

quib·ble ['kwɪbəl] *n.* 1 *(difficulty)* pega, objeción *f.* 2 *(subtlety)* sutileza 3 *(evasion)* evasiva, subterfugio ◇ *intr.* 1 poner pegas, sutilizar 2 *[fam. use]* buscarle tres pies al gato.

quick [kwɪk] *adj.* 1 *(fast)* rápido 2 *(clever)* espabilado, despierto, listo. **as quick as lightning** *como un rayo, como una bala.* **quick march!** MIL ¡de frente! **to be quick on the uptake** *captar algo en seguida.* **to be quick to anger** *tener mal genio.* **to be quick to take offence** *enfadarse por nada.* **to cut somebody to the quick** *herir a alguien en lo vivo.* **to have a quick one** *[fam. use]* *echar un trago, tomar una copita.* **to have a quick temper** *tener un genio vivo.*

quick·act·ing ['kwɪk'æktɪŋ] *adj.* de acción *f.* rápida, superrápida.

quick·en ['kwɪkən] *tr. (speed up)* acelerar ◇ *intr. (speed up)* acelerarse.

quick·en·ing ['kwɪkənɪŋ] *n.* MED movimientos *mpl.* del feto.

quick·ly ['kwɪklɪ] *adv.* rápido, rápidamente, de prisa, pronto.

quick·ness ['kwɪknəs] *n. (speed)* velocidad *f.,* rapidez *f.,* prontitud *f. (wit)* agudeza, viveza, viveza.

quick·sand ['kwɪksænd] *n.* arenas *fpl.* movedizas.

quick·sight·ed ['kwɪk'saɪtɪd] *adj.* de vista aguda.

quick·sil·ver ['kwɪksɪlvəʳ] *n.* mercurio.

quick·tem·pered ['kwɪk'tempəd] *adj.* de genio vivo, irascible.

quick·wit·ted ['kwɪk'wɪtɪd] *adj.* agudo, listo, perspicaz.

quick·wit·ted·ness ['kwɪk'wɪtɪdnəs] *n.* agudeza, viveza.

qui·et ['kwaɪət] *adj.* 1 *(silent)* callado, silencioso 2 *(peaceful, calm)* tranquilo, sosegado 3 FIN apagado, poco activo 4 *(unobtrusive)* callado, reservado 5 *(tranquil, without fuss)* tranquilo ◇ *n.* 1 *(silence)*

silencio 2 *(calm)* tranquilidad *f.,* calma, sosiego ◇ *tr.* calmar, silenciar ◇ *intr.* calmarse. **on the quiet** *a la chita callando, a hurtadillas, en secreto, sigilosamente.*

qui·et·en ['kwaɪətən] *tr.* 1 *(silence)* callar *(calm)* tranquilizar, calmar 2 *(calm down)* tranquilizar ◇ *intr. (silence)* callarse *(calm)* calmarse, tranquilizarse.

quietly ['kwaɪətlɪ] *adv.* 1 *(silently)* silenciosamente, sin hacer ruido *(not loudly)* bajo 2 *(calmly)* tranquilamente 3 *(discreetly)* discretamente, con discreción 4 *(simply)* sencillamente, con sencillez.

qui·et·ness ['kwaɪətnəs] *n.* 1 *(silence)* silencio, paz *f.* 2 *(calm)* tranquilidad *f.,* sosiego 3 *(discretion)* discreción *f.,* intimidad *f.*

quill [kwɪl] *n.* 1 *(feather)* pluma 2 *(porcupine)* púa 3 *(part of feather)* cañón *m.* de pluma 4 *(pen)* pluma.

quilt [kwɪlt] *n.* colcha, edredón *m.* ◇ *tr.* acolchar.

quins [kwɪnz] *n.* POL *[fam. use]* *(all boys, mixed)* quintillizos *(all girls)* quintillizas.

quin·tes·sence [kwɪn'tesəns] *n.* quintaesencia.

quin·tes·sen·tial [kwɪntɪ'senʃəl] *adj.* fundamental, primordial.

quin·tet [kwɪn'tet] *n.* MUS quinteto.

quin·tu·ple ['kwɪntjʊpəl, kwɪn'tjuːpəl] *adj.* quíntuplo ◇ *n.* quíntuplo ◇ *tr.* quintuplicar ◇ *intr.* quintuplicarse.

quin·tu·plet ['kwɪntjʊplət, kwɪn'tjuːplət] *n.* quintillizo.

quip [kwɪp] *n.* 1 *(remark)* agudeza, ocurrencia, pulla, salida 2 *(joke)* chiste *m.* ◇ *intr. pt. & pp.* **quipped,** *ger.* **quipping** bromear.

quirk [kwɜːk] *n.* 1 *(oddity)* manía, rareza, peculiaridad *f.* 2 *(in writing)* rasgo 3 *(of fate)* avatar *m.,* vicisitud *f.*

quirk·y ['kwɜːkɪ] *adj. comp.* **quirkier,** *superl.* **quirkiest** raro.

quit [kwɪt] *tr. pt. & pp.* **quit,** *ger.* **quitting** 1 dejar, abandonar 2 *(stop)* dejar de ◇ *intr.* marcharse, irse. **to be quits** *estar iguales, estar en paz.* **to call it quits** *hacer las paces, estar en paz.*

quite [kwaɪt] *adv.* 1 *(rather)* bastante 2 *(totally)* completamente, del todo 3 *(exceptional)* excepcional, increíble, original 4 *(exactly)* exactamente **quite so!** ¡exactamente!

quiv·er[1] ['kwɪvəʳ] *n. (tremble of lips, voice)* temblor *m. (of eyelids)* parpadeo *(shiver)* estremecimiento ◇ *intr.* temblar, estremecerse.

quiv·er[2] ['kwɪvəʳ] *n. (for arrows)* carcaj *m.,* aljaba.

quiv·er·ing ['kwɪvərɪŋ] *adj.* tembloroso.

quix·ot·ic [kwɪk'sɒtɪk] *adj.* quijotesco.

quix·o·tism ['kwɪksətɪzəm] *n.* quijotismo.

quiz [kwɪz] *n.* 1 *(competition)* concurso 2 *(enquiry)* encuesta *(exam)* examen *m.* ◇ *tr.* preguntar, interrogar.

quiz·mas·ter ['kwɪzmɑːstəʳ] *n.* moderador.

quo·rum ['kwɔːrəm] *n.* quórum *m.*

quo·ta ['kwəʊtə] *n.* 1 *(share)* cuota, parte *f.* 2 *(fixed limit)* cupo.

quo·ta·tion [kwəʊ'teɪʃən] *n.* 1 LING cita 2 FIN cotización *f.* 3 COMM presupuesto **quotation marks** comillas *fpl.*

quote [kwəʊt] *n.* 1 LING cita 2 *(price - gen)* presupuesto *(- for shares)* cotización *f.* ◇ *tr.* 1 citar, entrecomillar 2 *(price)* dar, ofrecer 3 FIN cotizar. **to ask for a quote** *pedir un presupuesto.* **to give somebody a quote** *dar un presupuesto a alguien.* **to quote somebody a price** *ofrecer un precio a alguien.*

quo·tid·i·an [kwəʊ'tɪdɪən] *adj. (fml. use)* cotidiano.

quo·tient ['kwəʊʃənt] *n.* 1 *(in mathematics)* cociente *m.* 2 *(degree)* coeficiente *m.,* grado **intelligence quotient** coeficiente intelectual *m.,* coeficiente *m.* de inteligencia.

R, r [ɑː] *n. (the letter)* R, r *f.* **the three Rs** *[fam. use] lectura, escritura y aritmética.*

r [raɪt] *abbr.* **(right)** *derecho (abbreviation)* der.

R¹ ['rɪvəʳ] *abbr.* **(River)** *río.*

R² ['redʒstad'treɪdmɑːk] *abbr.* **(registered trademark)** *marca registrada.*

rab·bi ['ræbaɪ] *n.* rabí *m.,* rabino.

rab·bit ['ræbɪt] *n.* conejo. **rabbit hole** *madriguera de conejos* **rabbit hutch** *conejera* **rabbit warren** *madriguera de conejos.*

rab·id ['ræbɪd] *adj.* **1** *(having rabies)* rabioso **2** *fig. use* fanático.

ra·bies ['reɪbiːz] *n.* rabia.

race¹ [reɪs] *n. (people)* raza **race relations** *relaciones fpl. raciales* **race riot** *disturbio racial.*

race² [reɪs] *n.* **1** SP carrera **2** *(current)* corriente *f.* fuerte *(channel)* canal *m.* ◇ *intr.* **1** *(compete)* competir, correr **2** *(go fast)* correr, ir deprisa **3** *(heart)* latir deprisa *(engine)* acelerarse ◇ *tr.* **1** *(person)* competir con, echar una carrera a **2** *(engine)* acelerar. **to run a race** *participar en una carrera* **race against time** *carrera contra reloj* **race meeting** *las carreras fpl.*

race·horse ['reɪhɔːs] *n.* caballo de carreras.

rac·er ['reɪsəʳ] *n. (person)* corredor *(bicycle)* bicicleta de carreras *(car)* coche *m.* de carreras *(horse)* caballo de carreras.

race·track ['reɪstræk] *n.* **1** *(for cars)* circuito *(for cycles)* velódromo **2** *(for people)* pista, pista de atletismo **3** *(for horses)* hipódromo *(for greyhounds)* canódromo.

ra·cial ['reɪʃəl] *adj.* racial **racial discrimination** *discriminación f. racial.*

rac·ing ['reɪsɪŋ] *n.* carreras *fpl.* ◇ *adj.* de carreras.

rac·ism ['reɪsɪzəm] *n.* racismo.

rac·ist ['reɪsɪst] *adj.* racista ◇ *n.* racista *mf.*

rack [ræk] *n.* **1** estante *m.* **2** AUTO baca **3** *(on train)* rejilla **4** *(for torture)* potro ◇ *tr.* atormentar.

rack·et¹ ['rækɪt] *n.* SP raqueta.

rack·et² ['rækɪt] *n.* **1** *(din)* alboroto, ruido *[fam. use] (fraud)* timo **3** *[fam. use] (business)* asunto, negocio. **to make a racket** *armar barullo.*

ra·coon [rə'kuːn] *n.* mapache *m.*

ra·dar ['reɪdɑːʳ] *n.* radar *m.* **radar trap** *control m. de velocidad por radar.*

ra·di·ance ['reɪdɪəns] *n.* resplandor *m.*

ra·di·ant ['reɪdɪənt] *adj.* radiante.

ra·di·ate ['reɪdɪeɪt] *tr. (emit)* irradiar, radiar ◇ *intr.* **1** *(be emitted)* irradiar **2** *(spread out)* salir.

ra·di·a·tion [reɪdɪ'eɪʃən] *n.* radiación *f.*

ra·di·a·tor ['reɪdɪeɪtəʳ] *n.* radiador *m.* **radiator grille** *rejilla del radiador, calandra.*

rad·i·cal ['rædɪkəl] *adj.* radical ◇ *n.* radical *mf.*

rad·i·cal·ize ['rædɪkəlaɪz] *tr.* radicalizar ◇ *intr.* radicalizarse.

ra·di·i ['reɪdɪaɪ] *npl.* VER: radius.

ra·di·o ['reɪdɪəʊ] *n. pl.* **radios** radio *f.* ◇ *tr. (person)* llamar por radio *(message)* enviar por radio, comunicar por radio ◇ *intr.* llamar por radio **radio alarm** *radio-despertador m.* **radio beacon** *radiobaliza* **radio frequency** *radiofrecuencia* **radio program** *programa m. de radio* **radio station** *emisora de radio* **radio telescope** *radiotelescopio.*

ra·di·o·ac·tive [reɪdɪəʊ'æktɪv] *adj.* radiactivo **radioactive waste** *residuos mpl. radiactivos.*

ra·di·o·ac·tiv·i·ty [reɪdɪəʊæk'tɪvɪtɪ] *n.* radiactividad *f.*

ra·di·ol·o·gist [reɪdɪ'ɒlədʒɪst] *n.* radiólogo.

ra·di·ol·o·gy [reɪdɪ'ɒlədʒɪ] *n.* radiología.

rad·ish ['rædɪʃ] *n.* rábano.

ra·di·um ['reɪdɪəm] *n.* radio.

ra·di·us ['reɪdɪəs] *n. pl. radii* radio.

raf·fle ['ræfəl] *n.* rifa ◇ *tr.* rifar, sortear.

raft [rɑːft] *n.* **1** balsa **2** *[fam. use]* montón *m.*

raft·er ['rɑːftəʳ] *n.* viga.

rag [ræg] *n.* **1** harapo, andrajo, pingajo **2** *(for cleaning)* trapo **3** *[fam. use] (newspaper)* periodicucho. **in rags** *harapiento, andrajoso.* **from rags to riches** *de la pobreza a la riqueza.* **to be like a red rag to a bull** *enfurecer a alguien, sacar a alguien de sus casillas.*

rage [reɪdʒ] *n.* rabia, furor *m.,* cólera ◇ *intr.* **1** *(person)* rabiar, estar hecho una furia **2** *(fire, etc.)* arder sin control *(storm, sea)* bramar, rugir *(debate, etc.)* seguir candente. **to be in a rage** *estar furioso.* **to fly into a rage** *montar en cólera.*

rag·ged ['rægɪd] *adj.* **1** *(person)* andrajoso, harapiento **2** *(clothes)* roto, deshilachado **3** *(edge)* irregular **4** *fig. use* desigual.

rag·ing ['reɪdʒɪŋ] *adj.* **1** *(headache, thirst)* terrible **2** *(sea)* embravecido *(storm)* feroz, violento.

raid [reɪd] *n.* **1** MIL incursión *f.,* ataque *m.* **2** *(by police)* redada **3** *(robbery)* atraco ◇ *tr.* **1** MIL hacer una incursión en **2** *(police)* hacer una redada en **3** *(rob)* atracar, asaltar.

rail [reɪl] *n.* **1** barra **2** *(handrail)* pasamano, barandilla, baranda **3** *(for train)* raíl *m.,* carril *m.,* riel *m.* **4** *(the railway)* ferrocarril *m.* **by rail** *por ferrocarril.* **to go off the rails** *irse por el mal camino, descarrilarse.*

rail·road ['reɪlrəʊd] *n.* VER: railway ◇ *tr.* **1** *(person)* presionar **2** *(measure, bill)* tramitar sin debate.

rail·way ['reɪlweɪ] *n.* ferrocarril *m.* **railway carriage** *vagón m.* **railway engine** *máquina de tren, locomotora* **railway line** *vía férrea, vía del tren* **railway station** *estación f. de ferrocarril, estación f. de trenes* **railway track** *vía férrea.*

rain [reɪn] *n.* lluvia ◇ *intr.* llover ◇ *tr. fig. use* cubrir ◇ *npl.* the rains la estación *f.* seca de las lluvias. **come rain or shine** *pase lo que pase, llueva o truene.* **it never rains but it pours** *las desgracias nunca vienen solas, llueve sobre mojado.* **to be rained off** *suspenderse por la lluvia, cancelarse por la lluvia* **rain forest** *selva tropical* **rain gauge** *pluviómetro.*

rain·bow ['reɪnbəʊ] *n.* arco iris *m.*

rain·check ['reɪntʃek] *n.* vale canjeable por una nueva entrada que se da cuando un acontecimiento deportivo se suspende por la lluvia. **to take a raincheck on something** *dejar algo para más adelante.*

rain·coat ['reɪnkəʊt] *n.* impermeable *m.*

rain·drop ['reɪndrɒp] *n.* gota de lluvia.

rain·fall ['reɪnfɔːl] *n.* **1** precipitación *f.* **2** *(quantity)* pluviosidad *f.*

rain·proof ['reɪnpruːf] *adj.* impermeable.

rain·y ['reɪnɪ] *adj. comp.* **rainier,** *superl.* **rainiest** lluvioso **rainy season** *temporada f. de lluvias.*

raise [reɪz] *tr.* **1** *(lift up)* levantar **2** *(move to a higher position)* subir **3** *(build, erect)* erigir, levantar **4** *(increase)* subir, aumentar **5** *(improve)* mejorar **6** *(laugh, smile, etc.)* provocar *(doubt, fear)* suscitar **7** *(children)* criar, educar *(animals)* criar **8** *(matter, point)* plantear **9** *(funds)* recaudar *(enough money)* conseguir, reunir *(team, army)* formar **10** *(by radio)* comunicar con **11** *(at cards)* subir ◇ *n.* aumento de sueldo.

rai·sin ['reɪzən] *n.* pasa.

rake [reɪk] *n.* *(tool)* rastrillo ◇ *tr.* **1** *(garden)* rastrillar *(leaves)* recoger con el rastrillo **2** *(with gun)* barrer **3** *(search)* registrar **4** *(fire)* hurgar. **to be as thin as a rake** *estar como un fideo, estar como un palillo.*

ral·ly ['rælɪ] *n. pl.* **rallies 1** *(public gathering)* reunión f. *(political)* mitin *m.* *(demonstration)* manifestación f. **2** *(car race)* rally *m.* **3** *(in tennis)* intercambio (de golpes) ◇ *intr.* *(recover)* reponerse, recuperarse ◇ *tr.* *(bring together)* unir.
to ral·ly around *tr. insep.* unirse, juntarse ◇ *intr. pt. & pp.* **rallied,** *ger.* **rallying** formar una piña.

ram [ræm] *n.* **1** ZOOL carnero **2** TECH pisón *m.* ◇ *tr. pt. & pp.* **rammed,** *ger.* **ramming** **1** TECH apisonar **2** *(cram)* apretar, embutir *(stick in)* clavar, hincar **3** *(crash into)* chocar contra. **to ram something home** *dejar algo bien claro.*

RAM [ræm] *abbr.* **(random access memory)** memoria de acceso aleatorio *(abbreviation)* RAM f.

Ram·a·dan ['ræmədæn] *n.* ramadán *m.*

ram·ble ['ræmbəl] *n.* excursión f. ◇ *intr.* **1** ir de excursión **2** *(digress)* divagar.

ram·bling ['ræmblɪŋ] *adj.* **1** *(speech, etc.)* confuso, incoherente **2** *(house, etc.)* laberíntico ◇ *n.* *(activity)* excursionismo ◇ *npl.* **ramblings** desvaríos *mpl.*
to go rambling *ir de excursión.*

ramp [ræmp] *n.* **1** *(slope)* rampa **2** *(steps)* escalerilla **3** *(slip road)* vía de acceso.

ram·page ['ræmpeɪdʒ] *intr.* comportarse como un loco. **to go on the rampage** *causar destrozos.*

ran [ræn] *pt.* VER: run.

ranch [ræntʃ] *n.* rancho, hacienda **ranch house** *(type of house)* bungalow *m.* *(house on ranch)* hacienda.

ran·cid ['rænsɪd] *adj.* rancio.

ran·dom ['rændəm] *adj.* aleatorio. **at random** *al azar* **random access memory** *memoria de acceso directo.*

rang [ræŋ] *pp.* VER: ring.

range [reɪndʒ] *n.* **1** *(choice)* gama, surtido, variedad f. *(of products)* gama *(of clothes)* línea **2** *(reach)* alcance *m.* **3** *(of mountains)* cordillera, sierra **4** *(prairie)* pradera **5** *(for shooting)* campo de tiro **6** *(of voice)* registro **7** *(stove)* cocina económica **8** *(cooker)* cocina ◇ *intr.* **1** variar, oscilar **2** *(wander)* vagar **(over,** por) *tr.* **1** *(arrange)* colocar, disponer **2** *(travel)* recorrer, viajar por.

rank [ræŋk] *n.* **1** *(line)* fila **2** MIL *(in hierarchy)* graduación f., rango ◇ *intr.* *(be)* figurar, estar ◇ *tr.* *(classify)* clasificar, considerar **to pull rank** *abusar de su autoridad.* **to break ranks** *romper filas.* **to close ranks** *cerrar filas.*

rank·ing ['ræŋkɪŋ] *n.* clasificación f., ranking *m.*

ran·sack ['rænsæk] *tr.* *(plunder)* saquear **2** *(search)* registrar.

ran·som ['rænsəm] *n.* rescate *m.* ◇ *tr.* rescatar.
to hold to ransom *pedir rescate por* fig. use chantajear **ransom money** *rescate m.*

rant [rænt] *intr.* vociferar, desgañitarse, gritar.

rap [ræp] *n.* **1** golpe *m.* seco **2** MUS rap *m.* ◇ *intr. pt. & pp.* **rapped,** *ger.* **rapping** **1** golpear, dar golpes **2** MUS cantar rap. **to take the rap** *pagar el pato, cargar con las culpas.*

rape [reɪp] *n.* violación f. ◇ *tr.* violar.

rap·id ['ræpɪd] *adj.* rápido ◇ *npl.* **rapids** rápidos *mpl.*

rap·ist ['reɪpɪst] *n.* violador.

rap·per ['ræpəʳ] *n.* cantante *mf.* de rap, rapero.

rap·port [ræ'pɔː ʳ] *n.* compenetración f., entendimiento.

rare [reəʳ] *adj.* **1** *(uncommon)* poco común, poco frecuente, raro **2** *(air)* enrarecido **3** CULIN poco hecho **rare earth** *tierra rara.*

rare·ly ['reəlɪ] *adv.* raras veces, rara vez, pocas veces.

rar·i·ty ['reərɪtɪ] *n. pl.* **rarities** rareza.

rash¹ [ræʃ] *n.* **1** MED sarpullido, erupción f. cutánea **2** *(series)* sucesión f., serie f.

rash² [ræʃ] *adj.* imprudente, precipitado.

rasp·ber·ry ['rɑːzbərɪ] *n. pl.* **raspberries** frambuesa.

rat [ræt] *n.* **1** rata **2** *(fam. use)* canalla *m.* **to rat on somebody** *chivar a alguien* **like a drowned rat** *hecho una sopa* **to rat on a promise** *romper una promesa.* **to smell a rat** *tener sospechas* **rat race** *competencia despiadada.*

rate [reɪt] *n.* **1** tasa, índice *m.* **2** *(speed)* velocidad f., ritmo **3** *(price)* tarifa, precio ◇ *tr.* **1** *(consider)* considerar **2** *(deserve)* merecer **3** *(fix value)* tasar. **at any rate** *(anyway)* de todos modos *(at least)* por lo menos, al menos. **at the rate of** *a razón de.* **first/second rate** *de primera/segunda (categoría)* **interest rate** *tipo de interés* **rate of exchange** *tipo de cambio* **rate of inflation** *tasa de inflación.*

rath·er ['rɑːðəʳ] *adv.* **1** *(a little)* algo *(fairly)* bastante *(very)* muy **2** *(showing preference)* **3** *(more precisely)* o mejor dicho *(not)* y no.

rat·ing ['reɪtɪŋ] *n.* **1** *(evaluation)* valoración f., tasación f. **2** *(position on scale)* clasificación f., posición f. **3** MAR marinero ◇ *npl.* **ratings** TV índice *m. sing.* de audiencia.

ra·tio ['reɪʃɪəʊ] *n. pl.* **ratios** razón f., relación f., proporción f.

ra·tion ['ræʃən] *n.* ración f. ◇ *tr.* racionar ◇ *npl.* **rations** víveres *mpl.*

ra·tion·al ['ræʃənəl] *adj.* racional.

ra·tion·ale [ræʃə'nɑːl] *n.* razón f., lógica.

ra·tion·al·ist ['ræʃənəlɪst] *n.* racionalista *mf.*

ra·tion·al·ize ['ræʃənəlaɪz] *tr.* racionalizar.

ra·tion·ing ['ræʃənɪŋ] *n.* racionamiento.

rat·tle ['rætəl] *n.* **1** *(object)* carraca, matraca *(baby's)* sonajero *(rattlesnake's)* cascabel *m.* **2** *(noise)* ruido *(of train)* traqueteo *(- of rattlesnake)* cascabeleo *(vibration)* vibración f. ◇ *tr.* hacer sonar, hacer vibrar ◇ *intr.* sonar, vibrar ◇ *tr.* *(fam. use)* poner nervioso.

rat·tles·nake ['rætəlsneɪk] *n.* serpiente f. de cascabel.

rav·en·ous ['rævənəs] *adj.* *(appetite)* voraz *(person)* hambriento.

rav·en·ous·ly ['rævənəslɪ] *adv.* vorazmente.

ra·vine [rə'viːn] *n.* barranco.

rav·ish·ing ['rævɪʃɪŋ] *adj.* encantador.

raw [rɔː] *adj.* **1** *(uncooked)* crudo **2** *(unprocessed)* bruto *(unrefined)* sin refinar *(untreated)* sin tratar **3** *(inexperienced)* novato **4** *(weather)* crudo **raw deal** *trato injusto* **raw material** *materia prima.*

ray [reɪ] *n.* *(of light)* rayo.

ra·zor ['reɪzəʳ] *n.* **1** *(cutthroat)* navaja de afeitar *(safety)* maquinilla de afeitar **2** *(electric)* máquina de afeitar **razor blade** *hoja de afeitar.*

ra·zor-sharp ['reɪzə'ʃɑːp] *adj.* *(blade)* afiladísimo *(wit)* agudísimo.

Rd [rəʊd] *abbr.* **(Road)** calle *(abbreviation)* c/.

re [riː] *prep.* respecto a, con referencia a.

reach [riːtʃ] *n.* alcance *m.* ◇ *tr.* **1** *(arrive in/at, get to)* llegar a **2** *(rise to, fall to)* alcanzar **3** *(be able to touch)* alcanzar, llegar a **4** *(contact)* contactar, localizar **5** *(pass)* alcanzar ◇ *intr.* **1** *(be long enough)* llegar **2** *(extend)* extenderse **3** *(take)* extender la mano, tender la mano ⬦ *npl.* reaches *(of river)* parte *f.*, tramo **out of reach of** fuera del alcance de **within reach of** *(at hand)* al alcance de *(near)* cerca de:

re·act [rɪ'ækt] *intr.* reaccionar.

re·ac·tion [rɪ'ækʃən] *n.* reacción *f.*

re·ac·ti·vate [rɪ'æktɪveɪt] *tr.* reactivar.

re·ac·tor [rɪ'æktəʳ] *n.* reactor *m.*

read [ri:d] *tr. pt. & pp.* **read** [red] **1** *(gen)* leer **2** *(meter)* hacer la lectura de **3** *(interpret)* interpretar *(decipher)* descifrar **4** *(at university)* estudiar **5** *(instrument)* indicar, marcar **6** *(sign, notice)* decir, poner ⬦ *intr.* **1** *(gen)* leer **2** *(text, passage)* leer ⬦ *n.* **to be well read/widely read** ser culto **to take something as read** dar algo por sentado.

to read out *tr. sep.* leer en voz alta.

to read through *tr. sep.* *(first time)* leer detenidamente *(again)* repasar.

to read up on *tr. insep.* investigar, buscar datos sobre.

read·a·ble ['ri:dəbəl] *adj.* **1** *(handwriting)* legible **2** *(style)* ameno.

read·er ['ri:dəʳ] *n.* **1** *(person - gen)* lector *(- of proofs)* corrector **2** *(at university)* profesor adjunto **3** *(book)* libro de lectura **4** *(apparatus)* lector *m.*

read·er·ship ['ri:dəʃɪp] *n.* **1** *(of newspaper)* lectores *mpl.* **2** *(at university)* puesto de profesor adjunto.

read·i·ness ['redɪnəs] *n.* **1** *(willingness)* buena disposición *f.*, buena voluntad *f.* **2** *(preparedness)* preparación *f.*

read·ing ['ri:dɪŋ] *n.* **1** lectura **2** *(of bill, law)* presentación *f.* **3** *(of instrument)* indicación *f.*, lectura **4** *(interpretation)* interpretación *f.* **reading glasses** gafas *fpl.* para leer **reading lamp** lámpara para leer **reading room** sala de lectura.

re·ad·just [ri:ə'dʒʌst] *tr.* **(modify)** reajustar ⬦ *intr.* *(readapt)* readaptarse.

re·ad·just·ment [ri:ə'dʒʌstmənt] *n.* **1** *(modification)* reajuste *m.* **2** *(readaptation)* readaptación *f.*

re·ad·mis·sion [ri:æd'mɪʃən] *n.* readmisión *f.*

re·ad·mit [ri:æd'mɪt] *tr.* readmitir.

read·out ['ri:daʊt] *n.* lectura.

read·y ['redɪ] *adj.* **1** *(prepared)* preparado, listo **2** *(willing)* dispuesto **3** *(quick)* rápido *(easy)* fácil ⬦ *tr. pt. & pp.* **readied**, *ger.* **readying** preparar. **at the ready** listo, preparado. **to get ready** prepararse. **to get something ready** preparar algo. **ready, steady, go!** ¡preparados, listos, ya! **ready cash** dinero en efectivo.

re·af·firm [ri:ə'fɜːm] *tr.* **1** *(restate)* reafirmar **2** *(strengthen)* fortalecer.

re·af·fir·ma·tion [ri:æfə'meɪʃən] *n.* reafirmación *f.*

re·a·gent [ri:'eɪdʒənt] *n.* reactivo.

re·al [nəl] *adj.* **1** real, verdadero **2** *(genuine)* auténtico ⬦ *adv.* *(fam. use)* muy **in real life** en la vida real. **in the real world** en el mundo real. **in real terms** en términos reales. **for real** de veras. **get real!** pero, ¿tú en qué mundo vives? **real estate** bienes *mpl.* inmuebles. **real time** tiempo real.

re·a·lign [ri:ə'laɪn] *tr.* *(bring back into line)* realinear *(restructure)* reestructurar *(readjust)* reajustar.

re·a·lign·ment [ri:ə'laɪnmənt] *n.* *(bringing back into line)* realineamiento *(restructuring)* reestructuración *f.* *(readjustment)* reajuste *m.*

re·al·ism ['rɪəlɪzəm] *n.* realismo.

re·al·ist ['rɪəlɪst] *n.* realista *mf.*

re·al·is·tic [rɪə'lɪstɪk] *adj.* realista.

re·al·i·ty [rɪ'ælɪtɪ] *n.* realidad *f.* **in reality** en realidad.

re·al·i·za·tion [rɪəlaɪ'zeɪʃən] *n.* **1** *(of plan)* realización *f.* **2** FIN realización *f.* **3** *(understanding)* comprensión *f.*

re·al·ize ['rɪəlaɪz] *tr.* **1** *(understand)* darse cuenta de, comprender **2** *(know)* saber **3** *(carry out)* realizar **4** *(sell)* realizar, vender *(fetch)* reportar.

re·al·ly ['rɪəlɪ] *adv.* **1** *(in fact)* en realidad **2** *(very)* muy, realmente **3** *(showing interest)* ¿ah sí?, ¿en serio? ¿de verdad?*(showing surprise)* ¿de verdad?, ¡no me digas!*(showing annoyance)* ¡vaya!

re·al·tor ['rɪəltɔːʳ] *n.* agente *mf.* inmobiliario.

reap [riːp] *tr.* cosechar **to reap the benefits** cosechar beneficios.

re·ap·pear [ri:ə'pɪəʳ] *intr.* reaparecer.

re·ap·pear·ance ['ri:əpɪərəns] *n.* reaparición *f.*

rear¹ [nəʳ] *adj.* trasero, de atrás ⬦ *n.* **1** *(back part)* parte *f.* de atrás **2** *(of room)* fondo **3** *(fam. use)* *(of person)* trasero **rear entrance** puerta de atrás **rear seat** asiento de atrás **rear wheel** rueda trasera.

rear² [nə] *tr.* **1** *(raise)* criar **2** *(lift up)* levantar *intr.*

re·arm [ri:'ɑːm] *tr.* rearmar ⬦ *intr.* rearmarse.

re·ar·ma·ment [ri:'ɑːməmənt] *n.* rearme *m.*

re·ar·range [ri:ə'reɪndʒ] *tr.* **1** *(objects)* colocar de otra manera **2** *(event)* cambiar la fecha de, cambiar la hora de.

re·ar·range·ment [ri:ə'reɪndʒmənt] *n.* **1** *(of objects)* cambio de lugar **2** *(of event)* cambio de fecha, cambio de hora.

rear-view mir·ror [rɪəvju:'mɪrə] *n.* retrovisor *m.*

rea·son ['ri:zən] *n.* **1** *(cause)* razón *f.*, motivo **2** *(faculty)* razón *f.* ⬦ *tr.* deducir, llegar a la conclusión de que ⬦ *intr.* razonar **to have reason to believe that…** tener razones para creer que… **to listen to reason** atender a razones. **to see reason** entrar en razón. **within reason** dentro de lo razonable.

rea·son·a·ble ['ri:zənəbəl] *adj.* **1** *(gen)* razonable **2** *(acceptable)* pasable, aceptable.

rea·son·ing ['ri:zənɪŋ] *n.* razonamiento.

re·as·sur·ance [ri:ə'ʃʊərəns] *n.* **1** *(feeling)* tranquilidad *f.*, consuelo **2** *(words)* palabras *fpl.* tranquilizadoras.

re·as·sure [ri:ə'ʃʊəʳ] *tr.* **1** *(comfort)* tranquilizar, dar confianza a **2** *(assure again)* volver a asegurar.

re·as·sur·ing [ri:ə'ʃʊərɪŋ] *adj.* tranquilizador.

re·bate [ri:'beɪt] *n.* **1** *(of tax)* devolución *f.* **2** *(discount)* descuento.

reb·el [*(adj.-n.)* 'rebəl; *(vb.)* rɪ'bel] *adj.* rebelde ⬦ *n.* rebelde *mf. intr. pt. & pp.* **rebelled**, *ger.* **rebelling** rebelarse *(against,* contra).

re·bel·lion [rɪ'belɪən] *n.* rebelión *f.*

re·bel·lious [rɪ'belɪəs] *adj.* rebelde.

re·bound [*(n.)* 'ri:baʊnd; *(vb.)* rɪ'baʊnd] *n.* rebote *m.* ⬦ *intr.* rebotar phrase. **to marry on the rebound** casarse por despecho.

re·build [ri:'bɪld] *tr. pt. & pp.* **rebuilt** [ri:'bɪlt] reconstruir.

re·buke [rɪ'bju:k] *n.* reprimenda ⬦ *tr.* reprender.

re·bus ['ri:bəs] *n.* jeroglífico.

re·but [rɪ'bʌt] *tr. pt. & pp.* **rebutted**, *ger.* **rebutting** refutar.

re·but·tal [rɪ'bʌtəl] *n.* refutación *f.*

re·call [*(n.)* ri:kɔːl; *(vb.)* rɪ'kɔːl] *n.* **1** *(memory)* memoria **2** *(withdrawal)* retirada **3** *(of parliament)* convocación *f.* extraordinaria ⬦ *tr.* **1** *(remember)* recordar **2** *(withdraw)* retirar **3** *(parliament)* convocar de manera extraordinaria.

re·cap ['ri:kæp] *n.* *(fam. use)* resumen *m.* ⬦ *tr. pt. & pp.* **recapped**, *ger.* **recapping** *(fam. use)* resumir ⬦ *intr.* *(fam. use)* resumir.

re·ca·pit·u·late [ri:kə'pɪtjuleɪt] *tr.* recapitular, resumir ⬦ *intr.* recapitular, resumir.

re·ca·pit·u·la·tion [ri:kəpɪtju'leɪʃən] *n.* recapitulación *f.*, resumen *m.*

R

re·cap·ture [ri:'kæptʃə ʳ] n. (of person) nueva detención f. (of territory) Reconquista ◇ tr. 1 (person) volver a detener, volver a capturar (territory) reconquistar, volver a tomar 2 fig. use recuperar.

re·cede [rɪ'si:d] intr. 1 (move back) retirarse 2 (be left behind) retroceder, irse retrocediendo 3 (fears, danger) alejarse (memories, possibilities) desvanecerse.

re·ceipt [rɪ'si:t] n. 1 (document) recibo 2 (act of receiving) recepción f., recibo npl. receipts COMM ingresos mpl., recaudación f. sing.

re·ceive [rɪ'si:v] tr. 1 (gen) recibir 2 (wound) sufrir 3 (radio signal) recibir 4 (stolen goods) comerciar con intr. (in tennis, etc.) estar al resto ◇ tr. (welcome) recibir, acoger to be well/badly received tener una buena/mala acogida received wisdom sabiduría popular.

re·ceiv·er [rɪ'si:vəʳ] n. 1 (of telephone) auricular m. 2 (of stolen goods) perista mf. 3 (of radio signal) receptor m. 4 (in American football) receptor.

re·cent [ri:sənt] adj. reciente.

re·cent·ly [ri:səntlɪ] adv. 1 (lately) recientemente, últimamente 2 (a short time ago) hace poco.

re·cep·ta·cle [rɪ'septəkəl] n. recipient, contenedor m.

re·cep·tion [rɪ'sepʃən] n. 1 (gen) recepción f. 2 (welcome) acogida 3 (party) recepción f. (after wedding) banquete m. **reception desk** recepción f. **reception room** (in public place) salón m. (in house) sala de estar, sala, comedor o cualquier estancia donde se reciba a la gente.

re·cep·tion·ist [rɪ'sepʃənɪst] n. recepcionista mf.

re·cess [ri:ses] n. 1 (in wall) hueco 2 (rest) descanso 3 POL período de vacaciones 4 (secret place) recoveco.

re·ces·sion [rɪ'seʃən] n. recesión f.

re·charge [ri:'tʃɑ:dʒ] tr. recargar.

re·charge·a·ble [ri:'tʃɑːdʒəbəl] adj. recargable.

rec·i·pe [resəpɪ] n. 1 (food, money, right, etc.) receta f. 2 fig. use fórmula **recipe book** (personal collection) recetario (cookery book) libro de cocina.

re·cip·i·ent [rɪ'sɪpɪənt] n. 1 (gen) persona que recibe 2 (of letter, etc.) destinatario 3 (of transplant) receptor.

re·cip·ro·cal [rɪ'sɪprəkəl] adj. recíproco.

re·cip·ro·cate [rɪ'sɪprəkeɪt] intr. corresponder ◇ tr. (invitation) devolver, corresponder a.

rec·i·ta·tion [resɪ'teɪʃən] n. 1 (of poetry) recitación f. 2 (of list) enumeración f.

re·cite [rɪ'saɪt] tr. 1 (poetry) recitar 2 (list) enumerar.

reck·less [rekləs] adj. 1 (hasty) precipitado 2 (careless) imprudente, temerario **reckless driving** conducción f. temeraria.

reck·less·ly [rekləslɪ] adv. imprudentemente, temerariamente, de manera temeraria.

reck·on [rekən] tr. 1 (estimate) calcular 2 (calculate) calcular 3 (regard) considerar 4 (think) creer, considerar.

to reck·on up tr. sep. calcular, sumar.

to reck·on with tr. insep. 1 (expect) esperar 2 (take into account) tener en cuenta 3 (deal with) vérselas con.

to reck·on with·out tr. insep. no tener en cuenta, no contar con.

reck·on·ing [rekənɪŋ] n. cálculos mpl. **the day of reckoning** el día m. del juicio final.

re·claim [rɪ'kleɪm] tr. 1 (money, right, etc.) reclamar 2 (land) ganar (al mar) 3 (recycle) reciclar 4 (baggage) recuperar.

re·cline [rɪ'klaɪn] tr. (lean back) reclinar (rest) apoyar ◇ intr. reclinarse, recostarse.

re·clin·ing [rɪ'klaɪnɪŋ] adj. reclinable.

rec·luse [rɪ'klu:s] n. ermitaño. **to live the life of a recluse** vivir recluido.

re·clu·sive [rɪ'klu:sɪv] adj. solitario.

rec·og·niz·a·bly [rekəg'naɪzəblɪ] adv. de manera apreciable.

rec·og·ni·tion [rekəg'nɪʃən] n. reconocimiento. **in recognition of** en reconocimiento a.

re·cog·nize [rekəgnaɪz] tr. reconocer.

re·coil [(n.) 'ri:kɔɪl; (vb.) rɪ'kɔɪl] n. (of gun) culatazo, retroceso ◇ intr. 1 (person - move back) retroceder (- feel disgust) sentir repugnancia 2 (gun) retroceder, dar un culatazo.

rec·ol·lect [rekə'lekt] tr. recordar.

rec·ol·lec·tion [rekə'lekʃən] n. recuerdo.

rec·om·mend [rekə'mend] tr. 1 recomendar 2 (advise) recomendar, aconsejar, sugerir.

rec·om·men·da·tion [rekəmen'deɪʃən] n. 1 recomendación f. 2 (advice) consejo, sugerencia.

rec·om·pense [rekəmpens] n. 1 recompensa 2 JUR indemnización f. ◇ tr. 1 recompensar 2 JUR indemnizar.

rec·on·cil·a·ble [rekən'saɪləbəl] adj. reconciliable.

rec·on·cile [rekənsaɪl] tr. 1 (people) reconciliar 2 (ideas) conciliar.

rec·on·cil·i·a·tion [rekənsɪlɪ'eɪʃən] n. reconciliación f.

re·con·sid·er [ri:kən'sɪdəʳ] tr. reconsiderar.

re·con·sid·er·a·tion [ri:kənsɪdə'reɪʃən] n. revisión f., reconsideración f.

re·con·struct [ri:kən'strʌkt] tr. reconstruir.

re·con·struc·tion [ri:kən'strʌkʃən] n. reconstrucción f.

re·cord [(n.) 'rekɔːd; (vb.) rɪ'kɔːd] n. 1 (written evidence) constancia, constancia escrita 2 (note) relación f. 3 (facts about a person) historial m. 4 MUS disco 5 SP récord m., marca, plusmarca ◇ tr. 1 (write down) anotar, apuntar, tomar nota de 2 (voice, music) grabar 3 (instrument, gauge) registrar ◇ adj. récord ◇ npl. records (files) archivos mpl. **off the record** confidencialmente. **to be on record as saying that…** haber declarado públicamente que… **to break a record** batir un récord. **to have a record** tener antecedentes. **to hold the record** ostentar el récord. **to set a record** establecer un récord. **to set the record straight** dejar las cosas claras **medical record** historial m. médico **record company** casa discográfica.

rec·ord-break·ing [rekɔːdbreɪkɪŋ] adj. récord, que bate todos los récords.

rec·ord·ed [rɪ'kɔːdɪd] adj. (written) anotado, apuntado (on tape, etc.) grabado.

re·cord·ing [rɪ'kɔːdɪŋ] n. grabación f. **recording studio** estudio de grabación.

re·count [rɪ'kaʊnt] tr. (narrate) contar, relatar.

re·count [(n.) 'ri:kaʊnt; (vb.) ri:'kaʊnt] n. recuento ◇ tr. (count again) volver a contar, hacer el recuento de.

re·cov·er [rɪ'kʌvəʳ] tr. (gen) recuperar (dead body) rescatar ◇ intr. recuperarse, reponerse.

re·cov·er [ri:'kʌvəʳ] tr. (furniture) retapizar (book) volver a forrar.

re·cov·er·a·ble [rɪ'kʌvərəbəl] adj. recuperable.

re·cov·er·y [rɪ'kʌvərɪ] n. recuperación f.

re·cre·ate [ri:krɪ'eɪt] tr. recrear.

rec·re·a·tion [rekrɪ'eɪʃən] n. 1 (free time) esparcimiento 2 (hobby) pasatiempo 3 (in school) recreo **recreation room** (in institution) sala de recreo (in house) sala de juegos.

rec·re·a·tion·al [rekrɪ'eɪʃənəl] adj. de recreo.

re·crim·i·na·tion [rɪkrɪmɪ'neɪʃən] n. recriminación f.

re·cruit [rɪ'kru:t] n. (soldier) recluta m. (to group) nuevo miembro, nuevo componente m. (to company) nuevo empleado, nuevo fichaje m. ◇ tr. (soldier) reclutar (employee) contratar (member) conseguir intr. (soldiers) alistar reclutas (employees) contratar empleados (members) buscar socios.

re·cruit·ment [rɪˈkruːtmənt] *n.* *(of soldiers)* reclutamiento *(of employees)* contratación *f.* *(of members)* búsqueda de socios.

rec·tan·gle [ˈrektæŋgəl] *n.* rectángulo.

rec·tan·gu·lar [rekˈtæŋɡjʊləˈ] *adj.* rectangular.

rec·ti·fi·a·ble [rektɪˈfaɪəbəl] *adj.* rectificable.

rec·ti·fy [ˈrektɪfaɪ] *tr.* rectificar, corregir.

rec·ti·lin·e·ar [rektɪˈlɪnɪəˈ] *adj.* rectilíneo.

rec·ti·tude [ˈrektɪtjuːd] *n.* rectitud *f.*

rec·tum [ˈrektəm] *n.* *pl.* *rectums* o *recta* recto.

re·cur [rɪˈkɜːˈ] *intr.* repetirse, reproducirse.

re·cur·rence [rɪˈkʌrəns] *n.* repetición *f.*

re·cur·rent [rɪˈkʌrənt] *adj.* 1 MATH periódico 2 MED recurrente.

re·cur·ring [rɪˈkɜːrɪŋ] *adj.* 1 *(gen)* recurrente 2 MATH periódico.

re·cy·cla·ble [riːˈsaɪkələbəl] *adj.* reciclable.

re·cy·cle [riːˈsaɪkəl] *tr.* reciclar.

re·cy·cling [riːˈsaɪkəlɪŋ] *n.* reciclaje *m.* **recycling plant** *planta de reciclaje.*

red [red] *n.* 1 *(color)* rojo 2 *(left winger)* rojo ◇ *adj.* 1 rojo 2 *(hair)* pelirrojo. **to be in the red** *estar en descubierto.* **to turn red** *ponerse colorado, sonrojarse* **red alert** *alerta roja* **red blood cell** *glóbulo rojo* **red cabbage** *col f. lombarda* **red card** *tarjeta roja* **red carpet** *alfombra roja* **red corpuscle** *glóbulo rojo* **Red Crescent** *Media Luna Roja* **Red Cross** *Cruz f. Roja* **red deer** *ciervo común* **red giant** *gigante f. roja* **red herring** *pista falsa* **red light** *semáforo en rojo* **red meat** *carne f. roja* **red pepper** *pimiento rojo* **Red Riding Hood** *Caperucita Roja* **Red Sea** *Mar m. Rojo* **red tape** *papeleo burocrático* **red wine** *vino tinto.*

red-blood·ed [ˈredˈblʌdɪd] *adj.* viril.

re·deem [rɪˈdiːm] *tr.* 1 rescatar, salvar 2 *(from pawn)* desempeñar 3 *(voucher)* canjear 4 *(promise)* cumplir 5 REL redimir. **to redeem oneself** *conseguir el perdón, reparar el mal que uno ha hecho.*

re·deem·a·ble [rɪˈdiːməbəl] *adj.* *(debt)* amortizable *(pawned item)* redimible *(voucher)* canjeable.

re·demp·tion [rɪˈdempʃən] *n.* 1 *(of debt)* pago 2 *(of voucher)* canje m. 3 REL redención *f.* **to be beyond redemption** *ser irredimible, no tener remedio.*

re·de·vel·op [riːdɪˈveləp] *tr.* reurbanizar.

re·de·vel·op·ment [riːdɪˈveləpmənt] *n.* reurbanización *f.*

red-haired [ˈredˈheəd] *adj.* pelirrojo.

red-handed [redˈhændɪd] *adj.* con las manos en la masa, in fraganti.

red·head [ˈredhed] *n.* pelirrojo.

red-hot [redˈhɒt] *adj.* al rojo vivo, candente.

re·did [riːˈdɪd] *pt.* VER: redo.

re·dis·cov·er [riːdɪsˈkʌvəˈ] *tr.* redescubrir.

red-let·ter day [redˈletədeɪ] *n.* día *m.* memorable, día *m.* señalado.

red·ness [ˈrednəs] *n.* rojez *f.*

re·do [riːˈduː] *tr.* *pt.* **redid** [riːˈdɪd], *pp.* **redone** [riːˈdʌn], *ger.* **redoing** rehacer, volver a hacer.

re·dou·ble [riːˈdʌbəl] *tr.* redoblar, reduplicar.

re·duce [rɪˈdjuːs] *tr.* 1 *(gen)* reducir, disminuir 2 *(price, etc.)* rebajar. **"Reduce speed now"** *"Disminuya la velocidad".* **to be reduced to something** *verse sumido en algo* **to reduce somebody to tears** *hacer llorar a alguien.*

re·duced [rɪˈdjuːst] *adj.* *(gen)* reducido *(price)* rebajado, reducido.

re·duc·tion [rɪˈdʌkʃən] *n.* *(gen)* reducción *f.* *(fall)* disminución *f.* *(in price)* rebaja.

re·dun·dan·cy [rɪˈdʌndənsɪ] *n.* 1 *(dismissal)* despido 2 *(superfluity)* superfluidad *f.* 3 LING redundancia.

re·dun·dant [rɪˈdʌndənt] *adj.* 1 *(dismissed)* despedido 2 *(superfluous)* superfluo 3 LING redundante. **to be made redundant** *perder el empleo, ser despedido.*

red·wood [ˈredwʊd] *n.* secuoya.

reed [riːd] *n.* 1 *(plant)* caña, junco 2 MUS lengüeta.

re·ed·u·cate [riːˈedjʊkeɪt] *tr.* reeducar.

reef [riːf] *n.* arrecife m. **reef knot** *nudo de rizo.*

reek [riːk] *n.* peste m., tufo ◇ *intr.* apestar, heder.

reel¹ [riːl] *n.* 1 *(of thread, cotton)* carrete m. *(of camera film)* carrete m., rollo *(of cine film)* bobina *(of wire, tape)* rollo 2 *(for fishing)* carrete m. **to reel off** *tr. sep.* recitar.

reel² [riːl] *intr.* 1 *(stagger)* tambalearse 2 *(spin around)* dar vueltas.

re·e·lect [riːɪˈlekt] *tr.* reelegir.

re·e·lec·tion [riːɪˈlekʃən] *n.* reelección *f.*

re·em·ploy [riːɪmˈplɔɪ] *tr.* volver a contratar.

re·en·ter [riːˈentəˈ] *tr.* volver a entrar en, reingresar en.

re·en·try [riːˈentrɪ] *n.* *pl.* **re-entries** reingreso.

re·ex·am·i·na·tion [riːɪɡzæmɪˈneɪʃən] *n.* *(of evidence)* nuevo examen *m.* *(of patient)* nuevo reconocimiento *(of witness)* nuevo interrogatorio.

re·ex·am·ine [riːɪɡˈzæmɪn] *tr.* *(evidence, patient, student)* volver a examinar, reexaminar *(witness)* volver a interrogar.

ref [ˈrefərəns] *abbr.* **(reference)** referencia *(abbreviation)* ref.

re·fer [rɪˈfɜːˈ] *tr.* *(send)* remitir, mandar, enviar ◇ *intr.* 1 *(allude to)* referirse *(to, a)* 2 *(mention, name)* hacer referencia *(to, a)* 3 *(consult)* consultar *(to, -)* 4 *(describe)* calificar *(to, de)* *(call)* llamar *(to, a).*

ref·er·ee [refəˈriː] *n.* 1 SP árbitro 2 *(for job)* persona que da referencias personales sobre alguien ◇ *tr.* arbitrar.

ref·er·ence [ˈrefərəns] *n.* 1 referencia, mención *f.* 2 *(for job)* referencias *fpl.* **for future reference** *para consultas en el futuro.* **to make reference to** *hacer referencia a, mencionar.* **with reference to** *referente a, con relación a* **reference book** *libro de consulta.*

ref·er·en·dum [refəˈrendəm] *n.* *pl.* **referendums** o **referenda** referéndum *m.*

re·fill [(n.) ˈriːfɪl, (vb.) riːˈfɪl] *n.* *(for pen, etc.)* recambio *(for lighter)* carga ◇ *tr.* *(glass, pen)* volver a llenar *(lighter)* recargar.

re·fine [rɪˈfaɪn] *tr.* 1 *(purify)* refinar 2 *(polish, perfect)* pulir, perfeccionar.

re·fined [rɪˈfaɪnd] *adj.* 1 *(product)* refinado 2 *(person, behavior)* refinado, fino.

re·fine·ment [rɪˈfaɪnmənt] *n.* 1 *(genteelness)* refinamiento 2 *(improvement)* mejora 3 *(process of refining)* refinado.

re·fin·er·y [rɪˈfaɪnərɪ] *n.* *pl.* **refineries** refinería.

re·fit [riːˈfɪt] *n.* reacondicionamiento ◇ *tr.* *pt. & pp.* **refitted,** *ger.* **refitting** reacondicionar.

re·flect [rɪˈflekt] *tr.* reflejar ◇ *intr.* *(think)* reflexionar *(on, sobre).*

re·flec·tion [rɪˈflekʃən] *n.* 1 *(image)* reflejo 2 *(thought)* reflexión *f.* 3 *(aspersion)* descrédito.

re·flec·tive [rɪˈflektɪv] *adj.* 1 *(surface)* brillante 2 *(person)* contemplativo.

re·flec·tor [rɪˈflektəˈ] *n.* *(gen)* reflector *m.* *(on car)* catafaro.

re·flex [ˈriːfleks] *n.* reflejo **reflex action** *acto reflejo* **reflex camera** *cámara réflex.*

re·flex·ive [rɪˈfleksɪv] *adj.* reflexivo.

re·for·est [riːˈfɒrɪst] *tr.* reforestar.

re·for·est·a·tion [riːfɒrɪˈsteɪʃən] *n.* reforestación *f.*, repoblación *f.* forestal.

re·form [rɪˈfɔːm] *n.* reforma ◇ *tr.* reformar.

R

re·for·mat [riːˈfɔːmæt] *tr.* reformatear.
ref·or·ma·tion [refəˈmeɪʃən] *n.* reforma.
re·form·er [rɪˈfɔːməʳ] *n.* reformador.
re·fract [rɪˈfrækt] *tr.* refractar ◇ *intr.* refractarse.
re·frac·tion [rɪˈfrækʃən] *n.* refracción *f.* **angle of refraction** ángulo de refracción.
re·frac·tive [rɪˈfræktɪv] *adj.* refractivo **refractive index** índice m. de refracción.
re·frac·tor [rɪˈfræktəʳ] *n.* refractor m.
re·frac·to·ry [rɪˈfræktəri] *adj.* refractario.
re·fresh [rɪˈfreʃ] *tr.* refrescar.
re·fresh·ing [rɪˈfreʃɪŋ] *adj.* (gen) refrescante (rest, sleep) reparador.
re·fresh·ment [rɪˈfreʃmənt] *n.* refresco, refrigerio.
re·frig·er·ate [rɪˈfrɪdʒəreɪt] *tr.* refrigerar.
re·frig·er·a·tion [rɪfrɪdʒəˈreɪʃən] *n.* refrigeración *f.*
re·frig·er·a·tor [rɪˈfrɪdʒəreɪtəʳ] *n.* frigorífico, nevera.
re·fu·el [riːˈfjuəl] *tr.* **1** (vehicle) poner carburante a **2** (emotions) reavivar ◇ *intr.* repostar.
ref·uge [ˈrefjuːdʒ] *n.* refugio. **to seek refuge** buscar refugio. **to take refuge** refugiarse, guarecerse.
ref·u·gee [refjuˈdʒiː] *n.* refugiado **refugee camp** campamento de refugiados.
re·fund [(n.) ˈriːfʌnd; (vb.) riːˈfʌnd] *n.* reembolso ◇ *tr.* reembolsar.
re·fus·al [rɪˈfjuːzəl] *n.* **1** (negative reply) negativa, respuesta negativa **2** (rejection) rechazo. **first refusal** primera opción *f.*
re·fuse [rɪˈfjuːz] *tr.* **1** (reject) rehusar, rechazar, no aceptar **2** (withhold) negar, denegar, no conceder ◇ *intr.* negarse (to, a).
re·gain [rɪˈgeɪn] *tr.* **1** (recover) recobrar, recuperar **2** (get back to) volver a.
re·gal [ˈriːgəl] *adj.* regio.
re·gal·ly [ˈriːgəli] *adv.* regiamente.
re·gard [rɪˈgɑːd] *n.* respeto, consideración *f.* ◇ *tr.* **1** (consider) considerar **2** (look at) mirar, contemplar **3** (heed) hacer caso a ◇ *npl.* regards recuerdos mpl. **as regards** con respecto a, por lo que se refiere a. **with regard to** con respecto a.
re·gard·ing [rɪˈgɑːdɪŋ] *prep.* tocante a, respecto a.
re·gard·less [rɪˈgɑːdləs] *adv.* [fam. use] a pesar de todo ◇ *prep.* regardless of [fam. use] sin tener en cuenta.
re·gen·er·ate [rɪˈdʒenəreɪt] *tr.* regenerar ◇ *intr.* regenerarse.
re·gen·er·a·tion [rɪdʒenəˈreɪʃən] *n.* regeneración *f.*
re·gime [reɪˈʒiːm] También se escribe **regime.** n. régimen m.
reg·i·ment [ˈredʒɪmənt] *n.* regimiento ◇ *tr.* **1** MIL regimentar **2** fig. use disciplinar, reglamentar.
reg·i·men·tal [redʒɪˈmentəl] *adj.* del regimiento.
re·gion [ˈriːdʒən] *n.* región *f.*
re·gion·al [ˈriːdʒənəl] *adj.* regional.
reg·is·ter [ˈredʒɪstəʳ] *n.* (gen) registro (in school) lista ◇ *tr.* **1** (put on record, list) registrar (car, student) matricular (birth, death, marriage) inscribir en el registro **2** (show - reading) registrar, indicar, marcar (- feeling) mostrar, reflejar **3** (make known) hacer constar **4** (letter) certificar ◇ *intr.* **1** (for classes) matricularse (at congress, with doctor) inscribirse (at hotel) registrarse **2** (make impact).
reg·is·tered [ˈredʒɪstəd] *adj.* **1** (person) inscrito (student) matriculado **2** (letter) certificado **3** (car, etc.) matriculado (ship) de bandera **registered nurse** enfermero diplomado **registered office** sede *f.* social **registered trademark** marca registrada.
reg·is·tra·tion [redʒɪsˈtreɪʃən] *n.* **1** (of birth, death marriage) inscripción *f.* (of patent, etc.) registro **2** (enrolment) inscripción *f.* (of student) matrícula.
reg·is·try [ˈredʒɪstri] *n.* registro.

re·gret [rɪˈgret] *n.* (remorse) remordimiento **2** (sadness) pesar m. ◇ *tr.* **1** (feel sorry) lamentar, arrepentirse de **2** (express one's sadness) lamentar **3** (miss) echar de menos, echar en falta ◇ *npl.* excusas mpl.
re·gret·ful [rɪˈgretful] *adj.* arrepentido.
re·gret·ta·ble [rɪˈgretəbəl] *adj.* lamentable.
re·group [riːˈgruːp] *tr.* reagrupar ◇ *intr.* reagruparse.
reg·u·lar [ˈregjuləʳ] *adj.* **1** (gen) regular **2** (normal) normal, usual, de siempre **3** (habitual) habitual, asiduo **4** (normal in size) de tamaño normal. ◇ *n.* [fam. use] cliente mf. habitual. **as regular as clockwork** con una regularidad cronométrica.
reg·u·lar·i·ty [regjuˈlærəti] *n.* regularidad *f.*
reg·u·lar·ly [ˈregjuləli] *adv.* regularmente, con regularidad.
reg·u·late [ˈregjuleɪt] *tr.* **1** (control) regular, controlar (adjust) regular **2** (impose rules) reglamentar, regular.
reg·u·la·tion [regjuˈleɪʃən] *n.* **1** (control) regulación *f.* **2** (rule) regla.
reg·u·la·tor [ˈregjuleɪtəʳ] *n.* regulador m.
re·ha·bil·i·tate [riːhəˈbɪlɪteɪt] *tr.* rehabilitar.
re·ha·bil·i·ta·tion [riːhəbɪlɪˈteɪʃən] *n.* rehabilitación *f.* **rehabilitation center** centro de rehabilitación.
re·hears·al [rɪˈhɜːsəl] *n.* ensayo.
re·hearse [rɪˈhɜːs] *tr.* ensayar.
re·heat [rɪˈhiːt] *tr.* recalentar.
re·house [riːˈhauz] *tr.* realojar.
reign [reɪn] *n.* reinado ◇ *intr.* reinar.
reign·ing [ˈreɪnɪŋ] *adj.* (gen) actual (king, etc.) reinante.
rein [reɪn] *n.* rienda ◇ *npl.* reins (child's) andadores mpl. **to give free rein to** dar rienda suelta a. **to keep a tight rein on** controlar estrictamente, llevar un estricto control de. **to take the reins** tomar las riendas.
re·in·car·na·tion [riːɪnkɑːˈneɪʃən] *n.* reencarnación *f.*
re·in·force [riːɪnˈfɔːs] *tr.* reforzar **reinforced concrete** hormigón m. armado.
re·in·force·ment [riːɪnˈfɔːsmənt] *n.* refuerzo.
re·in·state [riːɪnˈsteɪt] *tr.* (to job) readmitir.
re·in·vest [riːɪnˈvest] *tr.* reinvertir.
re·is·sue [riːˈɪʃuː] *n.* (of book) reedición *f.* (of stamp) nueva emisión *f.* ◇ *tr.* (book) reeditar (stamp) volver a emitir.
re·it·er·ate [riːˈɪtəreɪt] *tr.* reiterar.
re·ject [(n.) ˈriːdʒekt; (vb.) rɪˈdʒekt] *n.* (thing) artículo defectuoso (person) marginado ◇ *tr.* (gen) rechazar, no aceptar (in law) desestimar.
re·jec·tion [rɪˈdʒekʃən] *n.* (gen) rechazo (negative reply) respuesta negativa.
re·joice [rɪˈdʒɔɪs] *intr.* alegrarse, regocijarse.
re·joic·ing [rɪˈdʒɔɪsɪŋ] *n.* **1** alegría, regocijo **2** (public) fiestas fpl.
re·ju·ve·nate [rɪˈdʒuːvəneɪt] *tr.* rejuvenecer.
re·ju·ve·na·tion [rɪdʒuːvəˈneɪʃən] *n.* rejuvenecimiento.
re·laid [riːˈleɪd] *pt. & pp.* **1** VER: re-lay.
re·lapse [rɪˈlæps] *n.* **1** MED recaída (crime) reincidencia ◇ *intr.* **1** MED recaer **2** (crime) reincidir.
re·late [rɪˈleɪt] *tr.* **1** (tell) relatar, contar **2** (connect) relacionar (to, con) ◇ *intr.* (connect) relacionarse, estar relacionado.
re·lat·ed [rɪˈleɪtɪd] *adj.* **1** (connected) relacionado **2** (relatives) emparentado **3** (plants, animals, languages, etc.) de la misma familia.
re·la·tion [rɪˈleɪʃən] *n.* **1** (connection) relación *f.* **2** (family) pariente mf. **in relation to** con relación a.
re·la·tion·ship [rɪˈleɪʃənʃɪp] *n.* **1** (connection) relación *f.* **2** (between people) relaciones fpl.
rel·a·tive [ˈrelətɪv] *adj.* relativo ◇ *n.* pariente mf., familiar mf. **relative to** con relación a.
rel·a·tive·ly [ˈrelətɪvli] *adv.* relativamente.

R

rel·a·tiv·i·ty [relə'tɪvɪtɪ] *n.* relatividad *f.*

re·launch [(*vb.*) riː'lɔːntʃ; (*n.*) 'riːlɔːntʃ] *tr.* relanzar ◇ *n.* relanzamiento.

rel·ax [rɪ'læks] *tr.* 1 (*gen*) relajar 2 (*grip, hold*) aflojar 3 (*rules, control*) suavizar, relajar ◇ *intr.* 1 (*gen*) relajarse 2 (*grip, hold*) aflojarse.

re·lax·a·tion [riːlæk'seɪʃən] *n.* 1 (*gen*) relajación *f.* 2 (*of grip, hold*) aflojamiento 3 (*of rules, control*) suavización *f.*, relajación *f.* 4 (*rest*) descanso 5 (*recreation*) esparcimiento.

re·laxed [rɪ'lækst] *adj.* 1 (*person*) relajado 2 (*atmosphere*) distendido.

re·lax·ing [rɪ'læksɪŋ] *adj.* relajante.

re·lay [(*n.*) 'riːleɪ; (*vb.*) rɪ'leɪ] *n.* 1 relevo 2 ELEC relé · *m.* ◇ *tr.* 1 (*pass on*) transmitir 2 (*broadcast*) retransmitir **relay race** carrera de relevos.

re·lease [rɪ'liːs] *n.* 1 (*setting free*) liberación *f.*, puesta en libertad 2 (*relief*) alivio 3 (*of film*) estreno (*of record*) lanzamiento 4 (*of gas, etc.*) emisión *f.* 5 (*new thing · film*) estreno, novedad cinematográfica (- *record*) nuevo disco, novedad *f.* discográfica 6 (*statement*) comunicado ◇ *tr.* 1 (*set free*) liberar, poner en libertad 2 (*let go of*) soltar 3 (*brake, etc.*) soltar (*shutter*) disparar 4 (*bring out · film*) estrenar (- *record*) sacar 5 (*gas, etc. · give out*) emitir (- *give off*) desprender 6 (*statement, information*) hacer público, dar a conocer. **to release from jail** excarcelar.

re·lent [rɪ'lent] *intr.* 1 (*person*) ablandarse, ceder 2 (*storm*) amainar.

re·lent·less [rɪ'lentləs] *adj.* implacable, inexorable.

rel·e·vance ['relavəns] *n.* 1 (*connection*) relación *f.* 2 (*importance*) relevancia, importancia.

rel·e·vant ['relavənt] *adj.* 1 (*connected*) pertinente 2 (*important*) relevante, importante.

re·li·a·ble [rɪ'laɪəbəl] *adj.* 1 (*person*) fiable, de fiar 2 (*news, etc.*) fidedigno 3 (*machine*) fiable.

re·li·ance [rɪ'laɪəns] *n.* dependencia.

re·li·ant [rɪ'laɪənt] *phrase.* **to be reliant on** depender de.

rel·ic ['relɪk] *n.* 1 REL reliquia 2 (*custom*) vestigio.

re·lief [rɪ'liːf] *n.* 1 (*from pain, etc.*) alivio 2 (*help*) auxilio, socorro, ayuda 3 (*person*) relevo 4 (*lifting of siege*) liberación *f.* 5 GEOG relieve *m.* **to breathe a sigh of relief/heave a sigh of relief** dar un suspiro de alivio. **what a relief!** ¡qué alivio! **relief fund** fondo de ayuda **relief map** mapa *m.* físico.

re·lieve [rɪ'liːv] *tr.* 1 (*lessen*) aliviar 2 (*take over from*) relevar 3 (*help*) socorrer, ayudar 4 (*lift siege of*) liberar. **to relieve somebody of something** (*take away*) llevar (*steal*) robar, quitar.

re·lieved [rɪ'liːvd] *adj.* aliviado.

re·li·gion [rɪ'lɪdʒən] *n.* religión *f.*

re·li·gious [rɪ'lɪdʒəs] *adj.* religioso.

re·li·gious·ly [rɪ'lɪdʒəslɪ] *adv.* religiosamente.

rel·ish ['relɪʃ] *n.* 1 gusto, deleite *m.* 2 CULIN condimento ◇ *tr.* disfrutar de.

re·load [riː'ləʊd] *tr.* (*gun*) volver a cargar (*program, page*) recargar.

re·lo·cate [riː'ləʊ'keɪt] *tr.* trasladar ◇ *intr.* trasladarse.

re·lo·ca·tion [riːləʊ'keɪʃən] *n.* traslado.

re·luc·tance [rɪ'lʌktəns] *n.* renuencia.

re·luc·tant [rɪ'lʌktənt] *adj.* renuente, reacio.

re·luc·tant·ly [rɪ'lʌktəntlɪ] *adv.* muy a mi (tu, su, etc.) pesar.

re·ly on [rɪ'laɪ ɒn] *tr.* 1 (*trust*) confiar en, contar con 2 (*depend on*) depender de.

re·main [rɪ'meɪn] *intr.* 1 (*stay*) quedarse, permanecer 2 (*be left*) quedar, sobrar 3 (*continue*) seguir, continuar, permanecer ◇ *npl.* remains restos *mpl.* **it remains to be seen whether...** queda por ver si..., está por ver si...

re·main·der [rɪ'meɪndə^r] *n.* resto.

re·make [(*n.*)'riːmeɪk; (*vb.*) riː'meɪk] *n.* nueva versión *f.* ◇ *tr. pt. & pp. remade* [riː'meɪd] hacer una nueva versión de.

re·mark [rɪ'mɑːk] *n.* observación *f.*, comentario ◇ *tr.* 1 (*say*) observar, comentar 2 (*notice*) advertir.

re·mark·a·ble [rɪ'mɑːkəbəl] *adj.* 1 (*exceptional*) extraordinario, excepcional 2 (*odd*) extraño (*surprising*) sorprendente, curioso.

re·mar·ry [riː'mærɪ] *tr.* (*priest*) volver a casar (*bride, groom*) volver a casarse con ◇ *intr.* volver a casarse.

re·me·di·al [rɪ'miːdɪəl] *adj.* 1 (*classes*) de recuperación 2 (*treatment*) de rehabilitación.

rem·e·dy ['remədɪ] *n.* remedio ◇ *tr.* remediar.

re·mem·ber [rɪ'membə^r] *tr.* 1 recordar, acordarse de 2 (*commemorate*) recorder ◇ *intr.* acordarse, recordar. **as far as I remember** que yo recuerde. **remember me to...** recuerdos a... de mi parte.

re·mem·brance [rɪ'membrəns] *n.* 1 conmemoración *f.* 2 (*keepsake*) recuerdo. **in remembrance of** para conmemorar **Remembrance Day** día en que se recuerda a los caídos de las dos guerras mundiales.

re·mind [rɪ'maɪnd] *tr.* recordar **that reminds me...** a propósito..., ahora que me acuerdo...

re·mind·er [rɪ'maɪndə^r] *n.* 1 (*note*) recordatorio 2 (*payment due*) aviso 3 (*keepsake*) recuerdo.

rem·i·nisce [remɪ'nɪs] *intr.* rememorar.

rem·i·nis·cences [remɪ'nɪsənsɪz] *npl.* memorias *fpl.*, reminiscencias *fpl.*

rem·i·nis·cent [remɪ'nɪsənt] *adj.* nostálgico. **to be reminiscent of** recordar.

re·mis·sion [rɪ'mɪʃən] *n.* remisión *f.* **to go into remission** entrar en remisión.

re·mit [(*vb.*) rɪ'mɪt; (*n.*) 'riːmɪt] *tr.* remitir ◇ *n.* competencia, atribuciones *fpl.*

re·mit·tance [rɪ'mɪtəns] *n.* envío.

rem·nant ['remnənt] *n.* 1 resto 2 (*cloth*) retal *m.* 3 (*of past*) vestigio.

re·morse [rɪ'mɔːs] *n.* remordimiento.

re·morse·ful [rɪ'mɔːsful] *adj.* arrepentido.

re·mote [rɪ'məʊt] *adj.* 1 (*far away*) remoto, lejano 2 (*lonely*) aislado, apartado 3 (*person*) distante, inaccesible 4 (*possibility*) remoto, muy pequeño **remote control** mando a distancia.

re·mote·ly [rɪ'məʊtlɪ] *adv.* remotamente.

re·mount [riː'maʊnt] *tr.* 1 (*horse, etc.*) volver a subir a 2 (*picture, photo*) volver a montar.

re·mov·a·ble [rɪ'muːvəbəl] *adj.* (*gen*) que se puede quitar (*lining, sleeve*) separable (*legs, wheels*) desmontable.

re·mov·al [rɪ'muːvəl] *n.* 1 (*getting rid of*) eliminación *f.* (*surgically*) extirpación *f.* 2 (*moving*) traslado (*to another house*) traslado, mudanza 3 (*from post*) destitución *f.* **removal van** camión *m.* de mudanzas.

re·move [rɪ'muːv] *tr.* 1 (*get rid of · gen*) quitar, eliminar (- *surgically*) extirpar 2 (*take out, take off*) quitar 3 (*move*) trasladar 4 (*dismiss*) destituir ◇ *intr.* (*change houses*) trasladarse.

re·mov·er [rɪ'muːvə^r] *n.* 1 (*product*) producto que quita algo 2 (*person*) empleado de mudanzas.

ren·ais·sance [rə'neɪsəns] *n.* 1 renacimiento 2 **the Renaissance**el Renacimiento ◇ *adj.* Renaissance renacentista, del Renacimiento.

rend·er ['rendə^r] *tr.* 1 (*give*) prestar, dar 2 (*make*) hacer, convertir en 3 (*translate*) traducir 4 (*song*) cantar (*music*) interpretar 5 (*wall*) enlucir 6 (*fat*) derretir.

ren·dez·vous ['rɒndɪvuː] *n. pl.* **rendezvous 1** cita **2** *(place)* lugar *m.* de reunión ◇ *intr.* encontrarse.

ren·e·gade ['renɪgeɪd] *n.* renegado.

re·ne·go·ti·ate [riːnɪ'gəʊʃɪeɪt] *tr.* renegociar.

re·new [rɪ'njuː] *tr.* **1** *(gen)* renovar *(contract, permit, etc.)* prorrogar **2** *(start again)* reanudar **3** *(replace)* sustituir, cambiar.

re·new·a·ble [rɪ'njuːəbəl] *adj.* *(gen)* renovable *(contract, permit, etc.)* prorrogable.

re·new·al [rɪ'njuːəl] *n.* **1** renovación *f.* **2** *(new start)* reanudación *f.* **3** *(replacement)* sustitución *f.*, cambio.

ren·o·vate ['renəveɪt] *tr. (building)* reformar, renovar.

ren·o·va·tion [renə'veɪʃən] *n.* reforma, renovación *f.*

re·nown [rɪ'naʊn] *n.* renombre *m.*, fama.

re·nowned [rɪ'naʊnd] *adj.* renombrado, famoso.

rent [rent] *n.* **1** *(for flat, etc.)* alquiler *m.* **2** *(for land)* arriendo ◇ *tr.* **1** *(flat)* alquilar **2** *(land)* arrendar. **"For rent"** *"Se alquila".*

ren·tal ['rentəl] *n.* **1** *(for flat, etc.)* alquiler *m.* **2** *(for land)* arriendo.

rent-free [rent'friː] *adj.* gratuito ◇ *adv.* gratuitamente, gratis.

re·of·fend [riːə'fend] *intr.* reincidir.

re·of·fend·er [riːə'fendəʳ] *n.* reincidente *m.*

re·o·pen [riː'əʊpən] *tr.* **1** *(open again)* reabrir, volver a abrir **2** *(restart)* reanudar ◇ *intr.* volver a abrir, reabrir.

re·or·der [riː'ɔːdəʳ] *tr.* **1** *(goods)* volver a pedir, pedir de nuevo **2** *(items in list)* reordenar, volver a ordenar.

re·or·gan·i·za·tion [riːɔːɡənaɪ'zeɪʃən] *n.* reorganización *f.*

re·or·gan·ize [riː'ɔːɡənaɪz] *tr.* reorganizar.

re·o·ri·ent [riː'ɔːrɪent] *tr.* reorientar.

re·o·ri·en·ta·tion [riːɔːrɪen'teɪʃən] *n.* reorientación *f.*

rep [rep] *n. (abbr of representative)* representante *mf.*

re·paid [riː'peɪd] *pt. & pp.* VER: repay.

re·pair [rɪ'peəʳ] *n.* reparación *f.* ◇ *tr.* reparar, arreglar. **in good repair/bad repair** en buen estado/ mal estado. **"Closed for repairs"** *"Cerrado por obras".* **to be beyond repair** no tener arreglo.

re·pay [riː'peɪ] *tr. pt. & pp.* **repaid**, *ger.* **repaying** devolver.

re·pay·ment [riː'peɪmənt] *n.* pago.

re·peal [rɪ'piːl] *n.* abrogación *f.*, derogación *f.*, revocación *f.* ◇ *tr.* abrogar, derogar, revocar.

re·peat [rɪ'piːt] *n.* **1** *(gen)* repetición *f.* **2** *(on television)* reposición *f.* ◇ *tr.* repetir ◇ *intr.* repetir.

re·peat·ed·ly [rɪ'piːtɪdlɪ] *adv.* repetidamente, repetidas veces.

re·pel [rɪ'pel] *tr.* **1** *(gen)* repeler **2** *(disgust)* repugnar, repeler.

re·pel·lent [rɪ'pelənt] *adj.* repelente ◇ *n.* *(lotion)* loción *f.* anti-insectos *(stick)* barra anti-insectos *(spray)* spray *m.* anti-insectos.

re·pent [rɪ'pent] *intr.* arrepentirse ◇ *tr.* arrepentirse de.

re·pent·ance [rɪ'pentəns] *n.* arrepentimiento.

re·pent·ant [rɪ'pentənt] *adj.* arrepentido.

re·per·cus·sion [riːpə'kʌʃən] *n.* repercusión *f.*

rep·er·toire ['repətwɑːʳ] *n.* repertorio.

rep·e·ti·tion [repə'tɪʃən] *n.* repetición *f.*

rep·e·ti·tive [rɪ'petɪtɪv] *adj.* repetitivo.

re·phrase [riː'freɪz] *tr.* expresar de otra manera.

re·place [rɪ'pleɪs] *tr.* **1** *(put back)* devolver a su sitio **2** *(substitute)* reemplazar, sustituir *(dispose)* cambiar.

re·place·ment [rɪ'pleɪsmənt] *n.* **1** *(act)* sustitución *f.*, reemplazo **2** *(person)* sustituto **3** *(thing)* otro **4** *(spare part)* recambio, pieza de recambio.

re·play [*(n.)* 'riːpleɪ; *(vb.)* riː'pleɪ] *n.* **1** *(of film sequence)* repetición *f.* de la jugada **2** *(match)* partido de

desempate ◇ *tr.* **1** *(tape, film)* volver a poner **2** *(match)* volver a jugar.

rep·li·ca ['replɪkə] *n.* réplica.

re·ply [rɪ'plaɪ] *n.* respuesta, contestación *f.* ◇ *intr.* responder **(to,** a), contestar **(to,** a). **in reply to** en respuesta a.

re·pop·u·late [riː'pɒpjəleɪt] *tr.* repoblar.

re·pop·u·la·tion [riːpɒpjə'leɪʃən] *n.* repoblación *f.*

re·port [rɪ'pɔːt] *n.* **1** *(informative document)* informe *m.* **2** *(school report)* boletín mescolar, informe *m.* escolar **3** *(piece of news)* noticia **4** *(news story)* reportaje *m.* **5** *(rumor)* rumor *m.* **6** *(of gun)* estampido ◇ *intr.* **1** *(give information)* informar **(on,** sobre**) 2** *(go in person)* presentarse, personarse ◇ *tr.* **1** *(say, inform)* decir **2** *(to authority)* informar de **3** *(to police - crime)* denunciar *(- accident)* dar parte de.

re·port·ed·ly [rɪ'pɔːtɪdlɪ] *adv.* según se informa, según se dice.

re·port·er [rɪ'pɔːtəʳ] *n.* reportero, periodista *mf.*

re·pose [rɪ'pəʊz] *n.* reposo ◇ *intr.* reposar, descansar.

re·pos·sess [riːpə'zes] *tr.* recuperar, recuperar la posesión *f.*

re·pre·sent [reprɪ'zent] *tr.* representar.

rep·re·sen·ta·tion [reprɪzen'teɪʃən] *n.* representación *f.*

rep·re·sen·ta·tive [reprɪ'zentətɪv] *adj.* representativo ◇ *n.* **1** representante *mf.* **2** diputado.

re·press [rɪ'pres] *tr.* reprimir.

re·pres·sion [rɪ'preʃən] *n.* represión *f.*

re·pres·sive [rɪ'presɪv] *adj.* represivo.

rep·ri·mand ['reprɪmɑːnd] *n.* reprimenda, reprensión *f.* ◇ *tr.* reprender.

re·pris·al [rɪ'praɪzəl] *n.* represalia.

re·pro·duce [riːprə'djuːs] *tr.* reproducir ◇ *intr.* reproducirse.

re·pro·duc·tion [riːprə'dʌkʃən] *n.* reproducción *f.*

re·pro·duc·tive [riːprə'dʌktɪv] *adj.* reproductor.

rep·tile ['reptaɪl] *n.* reptil *m.*

rep·til·i·an [rep'tɪlɪən] *adj.* de los reptiles.

re·pub·lic [rɪ'pʌblɪk] *n.* república.

re·pub·li·can [rɪ'pʌblɪkən] *adj.* republicano ◇ *n.* republicano.

re·pug·nant [rɪ'pʌɡnənt] *adj.* repugnante.

re·pulse [rɪ'pʌls] *tr.* **1** *(reject)* rechazar **2** *(drive back)* repulsar.

re·pul·sion [rɪ'pʌlʃən] *n.* repulsión *f.*

re·pul·sive [rɪ'pʌlsɪv] *adj.* repulsivo.

rep·u·ta·ble ['repjʊtəbəl] *adj.* acreditado, de confianza.

rep·u·ta·tion [repjʊ'teɪʃən] *n.* reputación *f.*, fama. **to have a reputation for...** tener fama de...

re·put·ed [rɪ'pjuːtɪd] *adj.* **1** *(supposed)* presunto, supuesto **2** *(respected)* respetado, acreditado.

re·quest [rɪ'kwest] *n.* **1** solicitud *f.*, petición *f.* **2** *(on radio)* canción *f.* ◇ *tr.* **1** *(gen)* pedir, solicitar *(officially)* rogar **2** *(on radio)* pedir **at the request of** a petición de. **to make a request for** pedir **last request** último deseo.

req·ui·em ['rekwɪem] *n.* réquiem *m.*

re·quire [rɪ'kwaɪəʳ] *tr.* **1** requerir, exigir **2** *(need)* necesitar, requerir. **to be required to do something** estar obligado a hacer algo.

re·quire·ment [rɪ'kwaɪəmənt] *n.* **1** *(demand)* requisito **2** *(need)* necesidad *f.*

re·route [riː'ruːt] *tr.* desviar.

re·run [*(n.)* 'riːrʌn; *(vb.)* riː'rʌn] *n. (repetition)* repetición *f. (TV program)* reposición *f. (film)* reestreno ◇ *tr. pt.* **reran** [riː'ræn], *pp.* **rerun** [riː'rʌn], *ger.* **rerunning** *(repeat)* repetir *(TV program)* reponer *(film)* reestrenar.

res·cue ['reskju:] *n.* rescate *m.* ⋄ *tr.* rescatar (*from*, de). **to come to somebody's rescue** acudir en auxilio de alguien **rescue attempt** intento de rescate **rescue operation** operación f. de rescate **rescue team** equipo de salvamento.

res·cu·er ['reskjʊə] *n.* salvador.

re·search [rɪ'sɜ:tʃ] *n.* investigación f ⋄ *intr.* invocar tigar (*into*, -) ⋄ *tr.* documentar **research and development** investigación f. y desarrollo **research unit** centro de investigaciones.

re·search·er [rɪ'sɜ:tʃə] *n.* investigador.

re·sem·blance [rɪ'zembləns] *n.* parecido, semejanza. **to bear a strong resemblance to** tener un gran parecido con.

re·sem·ble [rɪ'zembəl] *tr.* parecerse a.

re·sent [rɪ'zent] *tr.* ofenderse por, tomarse a mal.

re·sent·ful [rɪ'zentful] *adj.* resentido, ofendido.

re·sent·ment [rɪ'zentmənt] *n.* resentimiento, rencor *m.*

res·er·va·tion [rezə'veɪʃən] *n.* (gen) reserve. También **to make a reservation** hacer una reserva. **without reservation** sin reservas.

re·serve [rɪ'zɜ:v] *n.* (gen) reserve ⋄ *tr.* reservar. **to reserve the right to do something** reservarse el derecho de hacer algo **reserve team** equipo de reserva.

re·served [rɪ'zɜ:vd] *adj.* reservado.

re·set [ri:'set] *tr. pt. & pp. reset, ger. resetting* 1 (programmer, computer) reinicializar (mechanism) rearmar 2 (clock) poner en hora 3 (bone) componer 4 (book) recomponer.

re·side [rɪ'zaɪd] *intr.* residir.

res·i·dence ['rezɪdəns] *n.* residencia. **to take up residence** instalarse **residence permit** permiso de residencia, tarjeta de residencia.

res·i·dent ['rezɪdənt] *adj.* residente ⋄ *n.* (gen) residente *mf.* (of area) vecino (in hotel) huésped **residents' association** asociación f. de vecinos.

res·i·den·tial [rezɪ'denʃəl] *adj.* residencial **residential care** sistema de cuidados a domicilio para los enfermos.

re·sid·u·al [rɪ'zɪdjʊəl] *adj.* residual.

res·i·due ['rezɪdju:] *n.* residuo.

re·sign [rɪ'zaɪn] *intr.* dimitir (*from*, de), presentar la dimisión ⋄ *tr.* dimitir de **to resign oneself to something** resignarse a algo.

res·ig·na·tion [rezɪg'neɪʃən] *n.* 1 (from post) dimisión f. 2 (acceptance) resignación f. **to hand in one's resignation** presentar la dimisión.

re·sign·ed [rɪ'zaɪnd] *adj.* resignado.

res·in ['rezɪn] *n.* resina.

re·sist [rɪ'zɪst] *tr.* 1 (not give in to) resistir, resistirse a 2 (oppose) oponer resistencia a.

re·sist·ance [rɪ'zɪstəns] *n.* 1 (gen) resistencia 2 (opposition) oposición f. **to put up resistance** oponer resistencia.

re·sist·ant [rɪ'zɪstənt] *adj.* resistente.

re·sis·tor [rɪ'zɪstə] *n.* resistencia.

res·o·lu·tion [rezə'lu:ʃən] *n.* 1 (gen) resolución f. 2 (decision) decisión f., determinación f.

re·solve [rɪ'zɒlv] *n.* resolución f. ⋄ *tr.* resolver.

res·o·nance ['rezənəns] *n.* resonancia.

res·o·nant ['rezənənt] *adj.* resonante.

re·sort [rɪ'zɔ:t] *n.* 1 (place) lugar *m.* de vacaciones 2 (recourse) recurso ⋄ *intr.* recurrir (*to*, a) **as a last resort** como último recurso **tourist resort** centro turístico.

re·source [rɪ'zɔ:s] *n.* recurso.

re·source·ful [rɪ'zɔ:sful] *adj.* ingenioso.

re·spect [rɪ'spekt] *n.* 1 (admiration, consideration) respeto 2 (aspect) respect ⋄ *tr.* respetar. **to have no respect for** no respetar. **to pay one's respects to somebody** presentar sus respetos a alguien. **to pay one's last respects to somebody** rendir el último homenaje a alguien, dar el último adiós a alguien. **with all due respect** con el debido respeto. **with respect to** con respecto a.

re·spect·a·bil·i·ty [rɪspektə'bɪlɪtɪ] *n.* respetabilidad f.

re·spect·a·ble [rɪ'spektəbəl] *adj.* 1 (gen) respetable 2 (decent) decente, presentable.

re·spect·ful [rɪ'spektful] *adj.* respetuoso.

re·spec·tive [rɪ'spektɪv] *adj.* respectivo.

re·spec·tive·ly [rɪ'spektɪvlɪ] *adv.* respectivamente.

res·pi·ra·tion [respɪ'reɪʃən] *n.* respiración f.

res·pi·ra·to·ry ['respərətərɪ] *adj.* respiratorio **respiratory system** sistema *m.* respiratorio.

re·spond [rɪ'spɒnd] *intr.* responder.

re·sponse [rɪ'spɒns] *n.* 1 (gen) respuesta 2 (reaction) reacción f. 3 REL responsorio. **in response to** en respuesta a **a response time** tiempo de respuesta.

re·spon·si·bil·i·ty [rɪspɒnsɪ'bɪlɪtɪ] *n.* responsabilidad f. **to accept responsibility for** responsabilizarse de. **to claim responsibility for** reivindicar.

re·spon·si·ble [rɪ'spɒnsəbəl] *adj.* 1 (gen) responsable 2 (in control) responsable, encargado 3 (position) de responsabilidad.

re·spon·sive [rɪ'spɒnsɪv] *adj.* que reacciona, que muestra interés. **to be responsive** responder.

rest¹ [rest] *n.* 1 (repose) descanso, reposo 2 (peace) paz f., tranquilidad f. 3 (support) soporte *m.* (in snooker, etc.) diablo (for head) reposacabezas *m.* (for arms) apoyabrazos *m.* ⋄ *tr.* 1 (relax) descansar 2 (lean) apoyar ⋄ *intr.* 1 (relax) descansar 2 (be calm) quedarse tranquilo 3 (depend) depender (*on*, de) ⋄ *tr.* (lean) apoyar. **at rest** en reposo. **give it a rest!** ¡déjalo ya!, ¡basta ya! **Rest in peace** Descanse en paz. **to come to rest** pararse. **to lay to rest** enterrar. **to set somebody's mind at rest** tranquilizar a alguien **rest room** servicios mpl.

rest² [rest] *intr.* quedar ⋄ *n.* the rest el resto.

res·tau·rant ['restərɒnt] *n.* restaurante *m.* **restaurant car** vagón *m.* restaurante.

rest·ed ['restɪd] *adj.* descansado.

rest·ful ['restful] *adj.* relajante.

rest·ing place ['restɪŋpleɪs] *n.* última morada.

res·tive ['restɪv] *adj.* inquieto.

rest·less ['restləs] *adj.* inquieto. **to grow restless** impacientarse. **to spend a restless night** pasar una noche agitada.

res·to·ra·tion [restə'reɪʃən] *n.* 1 (gen) restauración f. 2 (return) devolución f.

re·store [rɪ'stɔ:] *tr.* 1 (gen) restaurar 2 (return) devolver 3 (order) restablecer.

re·strain [rɪ'streɪn] *tr.* contener. **to restrain somebody from doing something** impedir que alguien haga algo.

re·strained [rɪ'streɪnd] *adj.* (person) comedido (style) sobrio.

re·straint [rɪ'streɪnt] *n.* 1 (restriction) restricción f., limitación f. 2 (moderation) moderación f.

re·strict [rɪ'strɪkt] *tr.* restringir, limitar.

re·strict·ed [rɪ'strɪktɪd] *adj.* 1 (limited) restringido, limitado 2 (confidential) confidencial.

re·stric·tion [rɪ'strɪkʃən] *n.* restricción f.

re·sult [rɪ'zʌlt] *n.* 1 resultado 2 (consequence) consecuencia ⋄ *intr.* to result from resultar de. **to re·sult in.** *tr. insep.* producir, causar.

re·sume [rɪ'zju:m] *tr.* 1 (begin again) reanudar 2 (take over again) volver a asumir ⋄ *intr.* continuar.

R

ré·su·mé ['rezjuːmeɪ] *n.* **1** *(summary)* resumen *m.* **2** *(curriculum vitae)* currículo, currículum vitae *m.*

re·sump·tion [rɪ'zʌmpʃən] *n.* reanudación *f.*

re·sur·gence [rɪ'sɜːdʒəns] *n.* resurgimiento.

re·sur·gent [rɪ'sɜːdʒənt] *adj.* renaciente.

res·ur·rect [rezə'rekt] *tr.* resucitar.

res·ur·rec·tion [rezə'rekʃən] *n.* resurrección *f.*

re·sus·ci·tate [rɪ'sʌsɪteɪt] *tr.* resucitar, reanimar.

re·sus·ci·ta·tion [rɪsʌsɪ'teɪʃən] *n.* resucitación *f.*

re·tail ['riːteɪl] *n.* venta al detalle, venta al por menor ◇ *tr.* vender al detalle, vender al por menor ◇ *intr.* venderse, venderse al por menor ◇ *adv.* al detalle, al por menor **retail outlet** *punto de venta* **retail price** *precio de venta al público.*

re·tail·er ['riːteɪlə'] *n.* minorista *mf.*

re·tain [rɪ'teɪn] *tr.* **1** *(keep - power, moisture)* retener *(- heat, charge)* conservar **2** SP *(lead)* mantener *(title)* revalidar **3** *(possessions)* guardar **4** *(remember)* retener, recordar **5** *(hold back)* contener **6** *(employ)* contratar.

re·take [(*n.*)'riːteɪk; (*vb.*) riː'teɪk] *n.* **1** *(of scene)* nueva toma **2** *(exam)* examen *m.* de recuperación ◇ *tr.* pt. **retook** [riː'tʊk], pp. **retaken** [riː'teɪkən] **1** *(scene)* volver a filmar **2** *(exam)* volver a presentarse a *(subject)* volver a examinarse de **3** *(territory)* retomar.

re·tal·i·ate [rɪ'tælɪeɪt] *intr.* tomar represalias *(against, contra).*

re·tal·i·a·tion [rɪtælɪ'eɪʃən] *n.* represalias *fpl.* **in retaliation for** *como represalia por.*

re·ten·tion [rɪ'tenʃən] *n.* **1** *(gen)* retención *f.* **2** *(memory)* retentiva.

re·ten·tive [rɪ'tentɪv] *adj.* retentivo.

ret·i·na ['retɪnə] *n.* pl. **retinas** o **retinae** ['retiniː] retina.

re·tire [rɪ'taɪə'] *tr.* *(from work)* jubilar ◇ *intr.* **1** *(from work)* jubilarse **2** *(withdraw)* retirarse **3** *(go to bed)* acostarse.

re·tired [rɪ'taɪəd] *adj.* jubilado.

re·tire·ment [rɪ'taɪəmənt] *n.* jubilación *f.*

re·tract [rɪ'trækt] *tr.* **1** **(statement, promise)** retractarse de **2** *(claws)* retraer **3** *(undercarriage)* replegar ◇ *intr.* **1** *(claws)* retraerse **2** *(undercarriage)* replegarse.

re·tract·a·ble [rɪ'træktəbəl] *adj.* *(claws)* retráctil *(undercarriage)* replegable.

re·treat [rɪ'triːt] *n.* **1** *(withdrawal)* retirada **2** *(place)* retiro, refugio ◇ *intr.* **1** *(withdraw)* retirarse **2** *(back down)* dar marcha atrás.

re·tri·al [rɪ'traɪəl] *n.* nuevo juicio.

ret·ri·bu·tion [retrɪ'bjuːʃən] *n.* justo castigo.

re·triev·a·ble [rɪ'triːvəbəl] *adj.* recuperable.

re·triev·al [rɪ'triːvəl] *n.* recuperación *f.*

re·trieve [rɪ'triːv] *tr.* **1** *(gen)* recuperar **2** *(situation)* salvar, remediar **3** *(in hunting)* cobrar.

ret·ro·ac·tive [retrəʊ'æktɪv] *adj.* retroactivo.

ret·ro·spec·tive [retrə'spektɪv] *adj.* **1** *(exhibition, etc.)* retrospectivo **2** *(law)* retroactivo.

re·turn [rɪ'tɜːn] *n.* **1** *(coming or going back)* vuelta, regreso **2** *(giving back)* devolución *f.* **3** SP *(of ball)* devolución *f.* *(of service)* resto **4** *(reappearance)* reaparición *f.* **5** *(on keyboard)* retorno **6** *(profit)* beneficio *f.* *(ticket)* billete *m.* de ida y vuelta ◇ *intr.* **1** **(come back, go back)** volver, regresar **2** *(reappear)* reaparecer ◇ *tr.* **1** *(give back)* devolver **2** SP *(ball)* devolver *(serve)* restar **3** POL *(elect)* elegir **4** *(verdict)* pronunciar **5** *(interest)* producir ◇ *npl.* returns resultados *mpl.* electorales **in return for** *a cambio de.* **many happy returns (of the day)!** *¡feliz cumpleaños!* **return ticket** *billete m. de ida y vuelta.*

re·un·ion [riː'juːnɪən] *n.* reencuentro.

re·u·nite [riːjuː'naɪt] *tr.* *(parts)* reunir. **to be reunited with** *volver a encontrarse con.*

re·use [riː'juːz] *tr.* reutilizar.

rev [rev] *n.* *(fam. use)* **(abbr of revolution)** revolución *f.* ◇ *tr.* *(fam. use)* acelerar ◇ *intr.* *(fam. use)* acelerar el motor.

re·veal [rɪ'viːl] *tr.* **1** *(make known)* revelar **2** *(show)* dejar ver, mostrar.

re·veal·ing [rɪ'viːlɪŋ] *adj.* revelador.

rev·e·la·tion [revə'leɪʃən] *n.* revelación *f.*

re·venge [rɪ'vendʒ] *n.* venganza ◇ *tr.* vengar. **to take revenge on somebody for something** *vengarse de alguien por algo.* **in revenge for** *como venganza por.*

re·ver·ber·ate [rɪ'vɜːbəreɪt] *tr.* resonar, retumbar.

re·ver·ber·a·tion [rɪvɜːbə'reɪʃən] *n.* resonancia, retumbo.

rev·er·ence ['revərəns] *n.* reverencia.

rev·er·en·tial [revə'renʃəl] *adj.* reverencial.

rev·er·ie ['revəri] *n.* ensueño.

re·ver·sal [rɪ'vɜːsəl] *n.* **1** *(in order)* inversión *f.* **2** *(of decision)* revocación *f.* **3** *(change)* cambio completo **4** *(setback)* revés *m.*

re·verse [rɪ'vɜːs] *adj.* inverso ◇ *n.* **1** *(back - of coin, paper)* reverso *(- of cloth)* revés *m.* **2** AUTO marcha atrás **3** *(setback)* revés *m.* ◇ *tr.* **1** *(positions, roles)* invertir **2** *(decision)* revocar **3** *(vehicle)* dar marcha atrás ◇ *intr.* AUTO poner marcha atrás, dar marcha atrás ◇ *n.* **the reverse** lo contrario **in reverse order** en orden inverso. **the reverse side** *(of coin, paper)* reverso *(of cloth)* revés *m.*

re·vers·i·ble [rɪ'vɜːsɪbəl] *adj.* reversible.

re·view [rɪ'vjuː] *n.* **1** *(magazine, show)* revista **2** MIL revista **3** *(examination)* examen *m.* **4** *(of film, book, etc.)* crítica ◇ *tr.* **1** *(troops)* pasar revista a **2** *(examine)* examinar **3** *(film, book, etc.)* hacer una crítica de. **under review** *bajo revisión.*

re·view·er [rɪ'vjuːə'] *n.* crítico.

re·vise [rɪ'vaɪz] *tr.* **1** revisar **2** *(correct)* corregir **3** *(change)* modificar **4** *(examination topic)* repasar ◇ *intr.* *(for exam)* repasar.

re·vi·sion [rɪ'vɪʒən] *n.* **1** revisión *f.* **2** *(correction)* corrección *f.* **3** *(change)* modificación *f.* **4** *(for exam)* repaso.

re·vis·it [rɪ'vɪzɪt] *tr.* volver a visitar.

re·viv·al [rɪ'vaɪvəl] *n.* **1** *(rebirth)* renacimiento **2** *(of economy)* reactivación *f.* **3** *(of play)* reestreno.

re·vive [rɪ'vaɪv] *tr.* **1** reanimar, reavivar, despertar **2** *(economy)* reactivar **3** *(play)* reestrenar **4** MED reanimar, hacer volver en sí ◇ *intr.* MED volver en sí.

re·voke [rɪ'vəʊk] *tr.* revocar.

re·volt [rɪ'vəʊlt] *n.* *(rising)* revuelta, rebelión *f.* ◇ *intr.* *(rise)* sublevarse **(against,** contra) *tr.* *(disgust)* repugnar.

re·volt·ing [rɪ'vəʊltɪŋ] *adj.* repugnante, asqueroso.

rev·o·lu·tion [revə'luːʃən] *n.* revolución *f.*

rev·o·lu·tion·ar·y [revə'luːʃənəri] *adj.* revolucionario ◇ *n.* revolucionario.

rev·o·lu·tion·ize [revə'luːʃənaɪz] *tr.* revolucionar.

re·volve [rɪ'vɒlv] *intr.* girar ◇ *tr.* hacer girar.

re·volv·er [rɪ'vɒlvə'] *n.* revólver *m.*

re·volv·ing [rɪ'vɒlvɪŋ] *adj.* giratorio **revolving door** *puerta giratoria.*

re·ward [rɪ'wɔːd] *n.* recompensa ◇ *tr.* recompensar. **as a reward for** *en recompensa por.*

re·ward·ing [rɪ'wɔːdɪŋ] *adj.* gratificante.

re·word [riː'wɜːd] *tr.* expresar de otra manera.

rhe·sus ['riːsəs] *n.* rhesus *m.* **rhesus factor** *factor m.* rhesus **rhesus monkey** *macaco rhesus*

rhesus positive/negative *rhesus m. positivo/ negativo.*

rhet·o·ric ['retərɪk] *n.* retórica.

rhe·tor·i·cal [rɪ'tɒrɪkəl] *adj.* retórico **rhetorical question** *pregunta retórica.*

rheu·ma·tism ['ruːmətɪzəm] *n.* reumatismo, reuma *m.,* reúma *m.*

rheu·ma·toid ar·thri·tis [ruːmətɔɪdɑːˈɔraɪtəs] *n.* reumatismo articular.

rhi·ni·tis [raɪˈnaɪtɪs] *n.* rinitis *f.*

rhi·no [raɪˈnɒsərəs] *n. pl.* **rhino** o **rhinos** rinoceronte *m.*

rhi·noc·er·os [raɪˈnɒsərəs] *n. pl.* **rhinoceroses** o **rhinoceros** rinoceronte *m.*

rhom·bus ['rɒmbəs] *n. pl.* **rhombuses** o **rhombi** ['rɒmbaɪ] rombo.

rhyme [raɪm] *n.* rima ⋄ *intr.* rimar *(with,* con).

rhythm ['rɪðəm] *n.* ritmo.

rhyth·mic ['rɪðmɪk] *adj.* rítmico **rhythmic gymnastics** *gimnástica rítmica.*

rib [rɪb] *n.* costilla **rib cage** *caja torácica.*

rib·bon ['rɪbən] *n.* 1 cinta 2 *(for hair)* lazo.

ri·bo·fla·vin [raɪbəʊˈfleɪvɪn] *n.* riboflavina.

ri·bo·nu·cle·ic [raɪbəʊnjuˈkleɪk] *adj.* ribonucleico.

rice [raɪs] *n.* arroz *m.* **rice field** *arrozal m.*

rich [rɪtʃ] *adj.* 1 rico 2 *(luxurious)* suntuoso, lujoso 3 *(fertile)* fértil 4 *(food)* fuerte, pesado 5 *(voice)* sonoro ⋄ *npl.* **riches** riqueza *f. sing.*

rich·ness ['rɪtʃnəs] *n.* 1 *(wealth)* riqueza *(sumptuousness)* suntuosidad *f.* 2 *(fertility)* fertilidad *f.* 3 *(of voice)* sonoridad *f.* 4 *(of color)* viveza.

ric·o·chet ['rɪkəʃeɪ] *n.* rebote *m.* ⋄ *intr.* rebotar.

rid [rɪd] *tr. pt. & pp.* **rid** o **ridded,** *ger.* **ridding** librar. **to get rid of** *deshacerse de, desembarazarse de.*

rid·dance ['rɪdəns] *n.* liberación *f.* **good riddance!** *¡ya era hora de que se fuera!*

rid·den ['rɪdən] *pp.* VER: **ride.**

rid·dle ['rɪdəl] *n.* 1 acertijo, adivinanza 2 *(sieve)* criba ⋄ *tr.* 1 cribar 2 *(with bullets)* acribillar.

ride [raɪd] *n.* 1 *(on bicycle, horse)* paseo 2 *(in car)* paseo, vuelta *(on bus, train)* viaje *m.,* trayecto ⋄ *intr. pt.* **rode** [raʊd], *pp.* **ridden** ['rɪdən], *ger.* **riding** 1 *(on horse)* montar a caballo *(on bicycle)* ir en bicicleta 2 *(in vehicle)* viajar ⋄ *tr.* 1 *(horse)* montar 2 *(bicycle)* montar en, andar en **to take somebody for a ride** *tomar el pelo a alguien.* **to ride out** *tr. sep.* aguantar hasta el final de.

rid·er ['raɪdəʳ] *n.* 1 *(on horse - man)* jinete *m.,* (woman) amazona 2 *(on bicycle)* ciclista *mf.* 3 *(on motorcycle)* motorista *mf.* 4 *(clause)* cláusula adicional.

ridge [rɪdʒ] *n.* 1 GEOG cresta 2 *(of roof)* caballete *m.*

rid·i·cule ['rɪdɪkjuːl] *n.* ridículo ⋄ *tr.* ridiculizar, poner en ridículo.

ri·dic·u·lous [rɪˈdɪkjuləs] *adj.* ridículo.

rid·ing ['raɪdɪŋ] *n.* equitación *f.*

ri·fle ['raɪfəl] *n.* rifle *m.,* fusil *m.*

rift [rɪft] *n.* 1 hendidura, grieta 2 *fig. use* ruptura.

rig [rɪg] *n.* 1 plataforma petrolera ⋄ *tr. pt. & pp.* **rigged,** *ger.* **rigging** 1 MAR aparejar 2 *[fam. use]* *(fix)* amañar. **to rig up.** *tr. sep.* 1 improvisar.

right [raɪt] *adj.* 1 *(not left)* derecho 2 *(correct)* correcto 3 *(just)* justo 4 *(suitable)* apropiado, adecuado 5 *[fam. use]* *(total)* auténtico, total 6 *[fam. use]* *(okay)* bien ⋄ *adv.* 1 a la derecha, hacia la derecha 2 *(correctly)* bien, correctamente 3 *(exactly)* justo 4 *(well)* bueno, bien 5 *[fam. use]* *(very)* muy ⋄ *n.* 1 *(not left)* derecha 2 *(entitlement)* derecho ⋄ *tr.* 1 corregir 2 MAR enderezar. **all right!** *¡bien!, ¡conforme!, ¡vale!* **it serves you "(him, etc.)" right** *te (le, etc.) está bien empleado.* **right away** *en seguida.* **to be right** *tener razón* **to get it right** *acertar.* **to put right** *arreglar, corregir* **right and wrong** *el bien y el mal* **right angle** *ángulo recto* **right of way** *(public access)* derecho de paso *(when driving)* prioridad *f.*

right-an·gled ['raɪtæŋgld] *adj.* 1 rectángulo

right·eous ['raɪtʃəs] *adj.* 1 recto, justo 2 *(justified)* justificado.

right·ful ['raɪtful] *adj.* legítimo.

right-hand ['raɪthænd] *adj.* derecho. **right-hand man** *brazo derecho.*

right-hand·ed [raɪt'hændɪd] *adj.* diestro.

right·ly ['raɪtlɪ] *adv.* correctamente. **rightly or wrongly** *con razón o sin ella.*

right-wing ['raɪtwɪŋ] *adj.* POL de derechas, derechista.

rig·id ['rɪdʒɪd] *adj.* rígido.

ri·gid·i·ty [rɪ'dʒɪdɪtɪ] *n.* rigidez *f.*

rig·or ['rɪgəʳ] *n.* rigor *m.*

rig·or·ous ['rɪgərəs] *adj.* riguroso.

rim [rɪm] *n.* 1 *(gen)* borde *m.,* canto 2 *(of wheel)* llanta 3 *(of spectacles)* montura.

ring¹ [rɪŋ] ⋄ *n.* 1 *(for finger)* anillo, sortija 2 *(hoop)* anilla, aro 3 *(circle)* círculo *(of people)* corro *(of criminals)* red *f.* 4 *(of circus)* pista, arena 5 *(for boxing)* ring *m.,* cuadrilátero *(for bullfighting)* ruedo ⋄ *tr.* 1 *(put a ring on)* anillar 2 *(draw a ring around)* marcar con un círculo 3 *(encircle)* rodear.

ring² [rɪŋ] *n.* 1 *(of bell)* tañido, toque *m.* (of doorbell) llamada 2 *(phone call)* llamada ⋄ *intr. pt.* **rang** [ræŋ], *pp.* **rung** [rʌŋ] 1 *(bell)* sonar 2 *(ears)* zumbar ⋄ *tr.* 1 *(call)* llamar 2 *(bell)* tocar. **to ring out** *intr.* resonar. **to ring up** *tr. sep.* llamar por teléfono, telefonear.

ring·ing ['rɪŋɪŋ] *n.* 1 campaneo, repique *m.* 2 *(in ears)* zumbido.

ring·lead·er ['rɪŋliːdəʳ] *n.* cabecilla *mf.*

rink [rɪŋk] *n.* pista de patinaje **ice rink** *pista de hielo.*

rinse [rɪns] *tr.* 1 *(clothes, hair)* aclarar 2 *(dishes, mouth)* enjuagar ⋄ *n.* 1 *(of clothes)* aclarado 2 *(of dishes)* enjuague *m.* 3 *(for hair)* tinte *m.*

ri·ot ['raɪət] *n.* 1 *(in street)* disturbio 2 *(in prison)* motín *m.* ⋄ *intr.* 1 *(in street)* provocar disturbios 2 *(in prison)* amotinarse. **to run riot** *provocar disturbios* **riot police** *policía antidisturbios.*

ri·ot·er ['raɪətəʳ] *n.* 1 *(in street)* alborotador 2 *(in prison)* amotinado.

rip [rɪp] *n.* rasgón *m.,* desgarrón *m.* ⋄ *tr. pt. & pp.* **ripped,** *ger.* **ripping** rasgar, desgarrar ⋄ *intr.* rasgarse, desgarrarse. **to rip off** *tr. sep.* 1 arrancar 2 *[fam. use]* timar. **to rip up** *tr. sep.* romper, hacer pedazos.

RIP ['ɑːˈraɪpiː] *abbr.* (rest in peace, requiescat in pace) en paz descanse *(abbreviation)* E.P.D.

ripe [raɪp] *adj.* maduro. **the time is ripe** *es el momento oportuno.*

rip·en ['raɪpən] *tr.* madurar ⋄ *intr.* madurar.

rip-off ['rɪpɒf] *n. [fam. use]* timo.

rip·ple ['rɪpəl] *n.* 1 *(on water)* onda 2 *(sound)* murmullo ⋄ *tr.* rizar ⋄ *intr.* rizarse.

rise [raɪz] *n.* 1 ascenso, subida 2 *(increase)* aumento 3 *(slope)* subida, cuesta ⋄ *intr. pt* **rose** 1 ascender, subir 2 *(increase)* aumentar 3 *(stand up)* ponerse de pie 4 *(get up)* levantarse 5 *(sun)* salir 6 *(river)* nacer 7 *(level of river)* crecer 8 *(mountains)* elevarse **to give rise to** *dar origen a.* **to rise to the occasion** *ponerse a la altura de las circunstancias.*

ris·ing ['raɪzɪŋ] *n.* *(rebellion)* levantamiento ⋄ *adj.* 1 *(prices)* en aumento 2 *(sun)* naciente 3 *(land)* en pendiente.

risk [rɪsk] *n.* riesgo, peligro ◇ *tr.* arriesgar. **to put something at risk** poner algo en riesgo. **to risk doing something** correr el riesgo de hacer algo. **to risk one's neck** jugarse el tipo. **to run a risk** correr un riesgo. **to take a risk** correr un riesgo.

risk·y [ˈrɪski] *adj. comp.* **riskier,** *superl.* **riskiest** arriesgado.

ris·qué [ˈrɪskeɪ] *adj.* atrevido.

rite [raɪt] *n.* rito **last rites** extremaunción *f.*

rit·u·al [ˈrɪtjuəl] *adj.* ritual ◇ *n.* ritual *m.*

ri·val [ˈraɪvəl] *adj.* competidor, rival ◇ *n.* competidor, rival *mf.* ◇ *tr.* competir con, rivalizar con.

ri·val·ry [ˈraɪvəlri] *n. pl.* **rivalries** rivalidad *f.*

riv·er [ˈrɪvəʳ] *n.* río.

riv·er·bank [ˈrɪvəbæŋk] *n.* ribera, orilla.

riv·er·bed [ˈrɪvəbed] *n.* lecho.

riv·et [ˈrɪvɪt] *n.* remache *m.* ◇ *tr.* **1** remachar **2** *fig. use* fijar, absorber.

riv·et·ing [ˈrɪvɪtɪŋ] *adj. fig. use* fascinante.

road [rəʊd] *n.* **1** carretera **2** *(way)* camino. **in the road** *[fam. use]* estorbando el paso **road accident** accidente *m.* de tráfico **road hog** conductor desconsiderado y agresivo **road network** red *f.* viaria **road safety** seguridad *f.* vial **road sign** señal *f.* de tráfico **road works** obras *fpl.*

road·block [ˈrəʊdblɒk] *n.* control *m.* policial.

road·side [ˈrəʊdsaɪd] *n.* borde *m.* de la carretera.

road·wor·thy [ˈrəʊdwɜːði] *adj.* AUTO en buen estado.

roam [rəʊm] *tr.* vagar por ◇ *intr.* vagar.

roar [rɔːʳ] *n.* **1** *(of bull, person)* bramido **2** *(of lion, sea)* rugido **3** *(of traffic)* estruendo **4** *(of crowd)* griterío, clamor *m.* ◇ *intr.* **1** *(bull, person)* bramar **2** *(lion, sea)* rugir.

roar·ing [ˈrɔːrɪŋ] *adj.* **1** *(fire)* crepitante *(wind)* rugiente **2** *fig. use* tremendo, enorme **to do a roaring trade** hacer un negocio redondo.

roast [rəʊst] *adj.* asado ◇ *n.* asado ◇ *tr.* **1** *(meat)* asar **2** *(coffee, nuts, etc.)* tostar ◇ *intr.* **1** *(meat)* asarse **2** *(person)* achicharrarse **roast beef** rosbif *m.* **roast potato** patata al horno.

roast·ing [ˈrəʊstɪŋ] *adj.* abrasador.

rob [rɒb] *tr. pt. & pp.* **robbed,** *ger.* **robbing 1** robar **2** *(bank)* atracar ◇ *tr.* **1** *[fam. use]* robar.

rob·ber [ˈrɒbəʳ] *n.* **1** ladrón **2** *(of bank)* atracador.

rob·ber·y [ˈrɒbəri] *n. pl.* **robberies 1** robo **2** *(of bank)* atraco.

robe [rəʊb] *n.* **1** *(dressing gown)* bata **2** *(ceremonial)* vestidura, toga **3** *(dress)* vestido **bath robe** albornoz *m.*

ro·bot [ˈrəʊbɒt] *n.* robot *m.*

ro·bot·ic [rəˈbɒtɪk] *adj.* robótico.

ro·bot·ics [rəˈbɒtɪks] *n.* robótica.

ro·bust [rəʊˈbʌst] *adj.* robusto, fuerte.

rock [rɒk] *n.* **1** *(gen)* roca **2** piedra **3** MUS rock *m.,* música rock ◇ *tr.* **1** *(chair)* mecer **2** *(baby)* acunar **3** *(upset)* sacudir, convulsionar ◇ *intr.* *(chair)* mecerse. **on the rocks** arruinado *(drink)* con hielo. **rock solid** sólido como una roca **rock and roll** rock and roll *m.,* rocanrol *m.* **rock bottom** fondo de rock **rock concert** concierto de rock **rock salt** sal *f.* gema **rock singer** cantante *mf.* de rock **the Rock of Gibraltar** el Peñón *m.* de Gibraltar.

rock·bot·tom [rɒkˈbɒtəm] *adj. (gen)* bajísimo *(price)* de regalo, malísimo, imbatible.

rock·climb·er [ˈrɒkklaɪməʳ] *n.* escalador.

rock·climb·ing [ˈrɒkklaɪmɪŋ] *n.* escalada en roca.

rock·er [ˈrɒkəʳ] *n.* **1** *(mechanism)* balancín *m.* **2** *(chair)* mecedora **3** *(person)* roquero.

rock·et [ˈrɒkɪt] *n.* **1** *(missile)* cohete *m.* **2** *[fam. use]* bronco ◇ *intr. (rise)* dispararse. **rocket launcher** lanzacohetes *m.*

rock·ing-chair [ˈrɒkɪŋtʃeəʳ] *n.* mecedora.

rock·y [ˈrɒki] *adj. comp.* **rockier,** *superl.* **rockiest** rocoso.

rod [rɒd] *n.* **1** *(thin)* vara **2** *(thick)* barra.

rode [rəʊd] *pt.* VER: **ride.**

ro·dent [ˈrəʊdənt] *n.* roedor *m.*

ro·de·o [ˈrəʊdɪəʊ] *n. pl.* **rodeos** rodeo.

roe [rəʊ] *n. (eggs)* hueva.

role [rəʊl] *n.* papel *m.*

role-play [ˈrəʊlpleɪ] *n.* dramatización *f.*

roll [rəʊl] *n.* **1** *(gen)* rollo **2** *(of film)* carrete *m.* **3** *(list)* lista **4** *(of bread)* bollo, panecillo *(sandwich)* bocadillo **5** *(movement)* balanceo **6** *(of thunder)* fragor *m.* *(of drum)* redoble *m.* ◇ *tr.* **1** *(ball, coin)* hacer rodar **2** *(flatten)* allanar, apisonar **3** *(into a ball)* enroscar **4** *(paper)* enrollar ◇ *intr.* **1** *(thunder)* retumbar *(drum)* redoblar **2** *(ball, coin)* rodar **3** *(into a ball)* enroscarse **4** *(paper)* enrollarse **5** *(wallow)* revolcarse. **roll on…!** *¡que venga…!, ¡ojalá fuese…!* **to roll one's eyes** poner los ojos en blanco. **to roll up one's sleeves** arremangarse. **to call the roll** pasar lista.

to roll out *tr. sep. (pastry)* extender, estirar.

to roll o·ver *tr. sep.* dar la vuelta a ◇ *intr.* darse la vuelta.

to roll up *tr. sep.* **1** enrollar **2** *(into a ball)* enroscar ◇ *intr.* **1** enrollarse **2** *(into a ball)* enroscarse.

roll-call [ˈrəʊlkɔːl] *phrase.* **to take roll-call** pasar lista.

rolled-up [ˈrəʊldʌp] *adj.* arrollado.

roll·er [ˈrəʊləʳ] *n.* **1** *(for painting)* rodillo **2** *(wave)* ola grande **3** *(for hair)* rulo **roller blind** persiana enrollable **roller coaster** montaña rusa **roller hockey** hockey *m.* sobre patines **roller skate** patín *m.* de ruedas **roller skating** patinaje *m.* sobre ruedas.

roll·er-skate [ˈrəʊləskeɪt] *intr.* patinar sobre ruedas.

ROM [rɒm] *abbr.* **(read-only memory)** memoria sólo de lectura *(abbreviation)* ROM *f.*

Ro·man [ˈrəʊmən] *adj.* romano ◇ *n.* romano **Roman Catholic** católico **Roman Catholicism** catolicismo **Roman numeral** número romano.

ro·mance [rəʊˈmæns] *n.* **1** romance *m.* **2** *(novel)* novela romántica **3** *(quality)* lo romántico **4** *(affair)* idilio.

Ro·ma·ni·a [ruːˈmeɪnɪə] *n.* Rumania.

Ro·ma·ni·an [ruːˈmeɪnɪən] *adj.* rumano ◇ *n.* **1** *(person)* rumano **2** *(language)* rumano.

ro·man·tic [rəʊˈmæntɪk] *adj.* romántico.

ro·man·ti·cism [rəʊˈmæntɪsɪzəm] *n.* romanticismo.

ro·man·ti·cize [rəʊˈmæntɪsaɪz] *tr.* idealizar.

Rom·a·ny [ˈrəʊmənɪ] *adj.* gitano ◇ *n. pl.* **Romanies 1** *(persona)* gitano **2** *(language)* caló *m.*

roof [ruːf] *n.* **1** *(gen)* tejado *(tiled)* techado **2** *(of mouth)* cielo **3** *(of car, etc.)* techo ◇ *tr.* techar. **to hit the roof** subirse por las paredes **flat roof** azotea.

roof·ing [ˈruːfɪŋ] *n.* material para techar **roofing tile** teja.

roof·less [ˈruːfləs] *adj.* sin tejado.

roof·top [ˈruːftɒp] *n.* tejado.

rook [rʊk] *n.* **1** *(bird)* grajo **2** *(in chess)* torre *f.*

rook·ie [ˈrʊkɪ] *n.* **1** *[fam. use]* novato.

room [ruːm] *n.* **1** habitación *f.,* AM pieza **2** *(space)* espacio, sitio, lugar *m.* ◇ *intr.* **1** *(lodge)* alojarse **2** *(share a room)* compartir una habitación **room temperature** temperatura ambiente.

room·ful [ˈruːmfʊl] *n.* habitación *f.* llena.

room·mate [ˈruːmmeɪt] *n.* compañero de habitación.

room-serv·ice [ˈruːmsɜːvɪs] *n.* servicio de habitaciones.

roos·ter ['ruːstəʳ] n. gallo.

root¹ [ruːt] n. raíz f. ◈ tr. arraigar ◈ intr. arraigar. **to take root** arraigar, echar raíces. **to put down roots** echar raíces. **to be rooted to the spot** quedarse clavado **root vegetable** tubérculo. **to root out** tr. sep. erradicar.

root² [ruːt] tr. to root for animar, alentar.

rope [rəʊp] n. (gen) cuerda (thicker) soga ◈ tr. atar (con cuerdas), amarrar. **to give somebody plenty of rope** dar a alguien rienda suelta. **to have somebody on the ropes** tener a alguien contra las cuerdas. **to know the ropes** estar al tanto. **to learn the ropes** ponerse al tanto. **to rope in** tr. sep. [fam. use] enganchar. **to rope off** tr. sep. acordonar.

rose¹ [rəʊz] n. 1 (flower) rosa 2 (bush) rosal m. 3 (color) rosa m. **rose garden** rosaleda **rose window** rosetón m.

rose² [rəʊz] pt. VER: rise.

rose·bud ['rəʊzbʌd] n. capullo de rosa.

rose·bush ['rəʊzbʊʃ] n. rosal m.

ro·sette [rəʊˈzet] n. escarapela.

ros·ter ['rɒstəʳ] n. lista.

ros·trum ['rɒstrəm] n. pl. rostrums o rostra tribuna.

ros·y ['rəʊzɪ] adj. comp. rosier, superl. rosiest 1 (color) rosado, sonrosado 2 (future) prometedor.

rot [rɒt] n. 1 (decay) putrefacción f. 2 (garbage) tonterías fpl. ◈ tr. pt. & pp. rotted, ger. rotting pudrir ◈ intr. pudrirse.

ro·ta ['rəʊtə] n. lista.

ro·ta·ry ['rəʊtərɪ] adj. rotatorio.

ro·tate [rəʊˈteɪt] tr. 1 (spin) hacer girar, dar vueltas a 2 (alternate) alternar ◈ intr. 1 (spin) girar, dar vueltas 2 (alternate) alternarse.

ro·ta·tion [rəʊˈteɪʃən] n. rotación f.

rote [rəʊt] phrase. by rote de memoria.

ro·tor ['rəʊtəʳ] n. rotor m.

rot·ten ['rɒtən] adj. 1 (decayed) podrido 2 (tooth) picado 3 [fam. use] (thing) malísimo (person) malo.

rough [rʌf] adj. 1 (not smooth) áspero, basto 2 (road) lleno de baches 3 (edge) desigual 4 (terrain) escabroso 5 (sea) agitado 6 (weather) tempestuoso 7 (wine) áspero 8 (rude) rudo 9 (violent) violento (dangerous) peligroso 10 (approximate) aproximado 11 [fam. use] (bad) fatal. **to have a rough time of it** pasarlo mal. **to play rough** jugar duro. **to rough it** vivir sin comodidades. **to sleep rough** dormir al raso. **to take the rough with the smooth** estar a las duras y a las maduras **rough copy** borrador m. **rough diamond** diamante m. en bruto **rough version** borrador m.

rough·age ['rʌfɪdʒ] n. fibra.

rough-and-read·y [rʌfənˈredɪ] adj. 1 (crude) rudimentario 2 (improvised) improvisado 3 (person) campechano.

rough·en ['rʌfən] tr. poner áspero.

rough·ly ['rʌflɪ] adv. 1 (about) aproximadamente (more or less) más o menos 2 (not gently) bruscamente.

rough·ness ['rʌfnəs] n. 1 (of surface) aspereza (of manner) brusquedad f. 2 (violence) violencia.

rou·lette [ruːˈlet] n. ruleta. **Russian roulette** ruleta rusa.

round [raʊnd] adj. redondo ◈ n. 1 (circle) círculo 2 (series) serie f., tanda (one of a series) ronda 3 SP (stage of competition) ronda (boxing) asalto (of golf) partido 4 (of drinks) ronda 5 (of policeman, etc.) ronda 6 (for gun) cartucho 7 (of bread) rebanada ◈ adv. 1 (in circles) 2 (about) por ahí 3 (to somebody's house) a casa **round table** mesa redonda **round trip** viaje m. de ida y vuelta **round number** número redondo.
to round down tr. sep. redondear (a la baja).
to round off tr. sep. completar, acabar.
to round up tr. sep. 1 (number) redondear (al alza) 2 (cattle) acorralar 3 (people) reunir, juntar.

round·ed ['raʊndɪd] adj. redondeado.

round-up ['raʊndʌp] n. 1 (of cattle) rodeo 2 (by police) redada 3 (summary) resumen m.

rous·ing ['raʊzɪŋ] adj. 1 (stirring) apasionante, enardecedor 2 (moving) conmovedor.

rout [raʊt] n. derrota total ◈ tr. derrotar de forma aplastante.

route [ruːt] n. 1 ruta, camino, vía 2 (of bus) línea, trayecto ◈ tr. mandar ◈ n. Route 1 carretera nacional.

rou·tine [ruːˈtiːn] n. 1 rutina 2 (act) número ◈ adj. 1 (monotonous) rutinario 2 (everyday) de rutina.

row¹ [raʊ] n. 1 (fight) riña, pelea 2 (din, racket) jaleo ◈ intr. pelearse.

row² [rəʊ] n. (line) fila, hilera.

row³ [rəʊ] n. (in a boat) paseo en bote, vuelta en bote ◈ intr. (in a boat) remar ◈ tr. impeler mediante remos.

row·boat ['rəʊbəʊt] n. bote m. de remos.

row·dy ['raʊdɪ] adj. comp. rowdier, superl. rowdiest 1 (causing trouble) alborotador 2 (noisy) ruidoso ◈ n. pl. rowdies (troublemaker) camorrista mf.

row·ing ['rəʊɪŋ] n. remo **rowing boat** bote m. de remos.

roy·al ['rɔɪəl] adj. real ◈ npl. the Royals la familia real **royal blue** azul m. real **royal flush** escalera real **Royal Highness** Alteza Real.

roy·al·ist ['rɔɪəlɪst] adj. monárquico ◈ n. monárquico.

roy·al·ty ['rɔɪəltɪ] n. pl. royalties 1 realeza 2 (people) miembros mpl. de la familia real ◈ npl. royalties (gen) royalties mpl. (of writer) derechos mpl. de autor.

RRP ['ɑːrˈɑːrˈpiː] abbr. (recommended retail price) precio recomendado de venta al público.

rub [rʌb] n. friega ◈ tr. pt. & pp. rubbed, ger. rubbing (gen) frotar (hard) restregar ◈ intr. rozar. **to rub it in** [fam. use] insistir. **to rub shoulders with** codearse con.
to rub off tr. sep. quitar frotando ◈ intr. 1 quitarse 2 fig. use pegarse.
to rub out tr. sep. borrar ◈ intr. borrarse.

rub·ber ['rʌbəʳ] n. 1 caucho, goma 2 (eraser) goma de borrar 3 [fam. use] goma, preservativo **rubber band** goma elástica **rubber plant** ficus m. **rubber stamp** sello m.

rub·ble ['rʌbəl] n. escombros mpl.

ru·bel·la [ruːˈbelə] n. rubéola.

ru·bric ['ruːbrɪk] n. rúbrica.

ru·by ['ruːbɪ] n. pl. rubies rubí m.

rud·der ['rʌdəʳ] n. timón m.

rud·der·less ['rʌdələs] adj. sin timón.

rude [ruːd] adj. 1 (person) maleducado, grosero (behavior) grosero (word) malsonante 2 (improper) grosero 3 (crude) rudo, tosco.

rude·ness ['ruːdnəs] n. 1 (of person) falta de educación (of behavior) grosería 2 (simplicity) rudeza, tosquedad f. 3 (impropriety) grosería.

ru·di·ment ['ruːdɪmənt] n. rudimento.

ru·di·men·ta·ry [ruːdɪˈmentrɪ] adj. rudimentario.

rug [rʌg] n. alfombra, alfombrilla.

rug·ged ['rʌgɪd] adj. 1 (terrain) escabroso, agreste (mountain) escarpado 2 (features) duro.

ru·in ['ruːɪn] n. ruina ◈ tr. 1 arruinar 2 (spoil) estropear. **to fall into ruins** caer en la ruina.

ruined ['ruːɪnd] *adj.* **1** arruinado **2** *(spoilt)* estropeado **3** *(building)* en ruinas.

rule [ruːl] *n.* **1** *(regulation)* regla, norma **2** *(control)* dominio **3** *(of monarch)* reinado *(by government)* gobierno **4** *(measure)* regla ◇ *tr.* **1** *(govern)* gobernar *(reign)* reinar en **2** *(decree)* decretar, dictaminar **3** *(draw)* trazar ◇ *intr.* **1** *(govern)* gobernar *(reign)* reinar **2** *(decree)* decretar, dictaminar. **as a rule** *por lo general, por regla general.* **to work to rule** *hacer una huelga de celo.* **as a rule of thumb** *como regla general.*

to rule out *tr. sep.* excluir, descartar.

rul·er ['ruːlə ͬ] *n.* **1** gobernante *mf.*, dirigente *mf.* **2** *(monarch)* soberano, monarca *mf.* **3** *(instrument)* regla.

rul·ing ['ruːlɪŋ] *adj. (in charge)* dirigente *(governing)* en el poder *(reigning)* reinante ◇ *n.* JUR fallo.

Ru·ma·ni·a [ruːˈmeɪnɪə] *n.* VER: Romania.

Ru·ma·ni·an [ruːˈmeɪnɪən] *adj.-n.* VER: Romanian.

rum·ble ['rʌmbəl] *n. (gen)* ruido sordo *(of thunder)* estruendo *(of stomach)* borborigmo ◇ *intr. (gen)* hacer un ruido sordo *(thunder)* retumbar *(stomach)* hacer ruidos, sonar.

rum·bling ['rʌmblɪŋ] *n. (gen)* ruido sordo *(of thunder)* retumbos *mpl. (of stomach)* borborigmos *mpl. npl.* rumblings *(of discontent)* indicios *mpl.*

ru·mor ['ruːmə ͬ] *n.* rumor *m.* ◇ *tr.* rumorear. **it is rumored that…** *corre el rumor de que…*

run [rʌn] *n.* **1** carrera **2** *(trip)* viaje *m. (for pleasure)* paseo **3** *(sequence)* racha **4** *(ski run)* pista **5** *(in stocking)* carrera **6** *(demand)* gran demanda **7** THEAT permanencia en cartel **8** *(in cricket)* carrera **9** *(in printing)* tirada **10** *(at cards)* escalera ◇ *intr. pt. ran* [ræn], *pp. run* [rʌn], *ger. running* **1** *(gen)* correr **2** *(flow)* correr **3** *(operate)* funcionar **4** *(trains, buses)* circular **5** *(in election)* presentarse **6** *(play)* estar en cartel *(contract, etc.)* seguir vigente **7** *(color)* correrse ◇ *tr.* **1** *(gen)* correr **2** *(race)* correr en, participar en **3** *(take by car)* llevar, acompañar **4** *(manage)* llevar, dirigir, regentar **5** *(organize)* organizar, montar **6** *(operate)* hacer funcionar **7** *(pass, submit to)* pasar **8** *(publish)* publicar **9** *(water)* dejar correr **in the long run** *a la larga.* **to be on the run** *haber fugado, haber huido.* **to go for a run** *ir a correr.* **to run in the family** *venir de familia.* **to run short of something** *ir mal de algo.*

to run a·cross *tr. insep.* **1** *(cross over)* cruzar corriendo **2** *(find)* encontrar, tropezar con.

to run af·ter *tr. insep.* perseguir.

to run a·way *intr.* **1** *(gen)* irse corriendo **2** *(from home, etc.)* fugarse, escaparse.

to run a·way with *tr. insep.* escaparse con.

to run down *tr. sep.* **1** *(knock down)* atropellar **2** *(criticize)* criticar **3** *(battery)* agotar ◇ *tr. insep.* bajar corriendo ◇ *intr.* **1** bajar corriendo **2** *(battery)* agotarse **3** *(clock)* pararse.

to run in *tr. sep.* **1** *(car)* rodar **2** *(criminal)* detener ◇ *intr.* entrar corriendo.

to run in·to *tr. insep.* **1** entrar corriendo en **2** *(car)* chocar con **3** *(meet)* tropezar con.

to run off *tr. sep. (print)* imprimir ◇ *intr.* irse corriendo.

to run off with *tr. insep.* escaparse con, llevarse.

to run out *intr.* **1** salir corriendo **2** *(be used up - gen)* acabarse *(- stocks)* agotarse **3** *(contract)* caducar.

to run o·ver *tr. sep. (knock down)* atropellar ◇ *intr.* **1** *(overflow)* rebosar **2** *(spill)* derramar.

to run through *tr. insep.* **1** *(rehearse)* ensayar *(do again)* repasar **2** *(read)* echar un vistazo a.

to run up *tr. insep. (ascend)* subir corriendo ◇ *tr. sep.* **1** *(debts)* acumular **2** *(flag)* izar ◇ *intr. (ascend)* subir corriendo.

run·a·way ['rʌnəweɪ] *adj.* **1** *(prisoner)* fugitivo *(horse)* desbocado **2** *(out of control)* incontrolado *(inflation)* galopante **3** *(tremendous)* aplastante *(success)* clamoroso ◇ *n. (adult)* fugitivo *(youngster)* joven fugado.

run-down ['rʌndaʊn] *n.* resumen *m.*

run-down [rʌnˈdaʊn] *adj.* **1** *(person)* agotado **2** *(area)* venido a menos, decaído.

rung¹ [rʌŋ] *pp.* VER: ring.

rung² [rʌŋ] *n.* escalón *m.*

ru·nner ['rʌnə ͬ] *n.* **1** corredor **2** *(of sledge)* patín *m. (of skate)* cuchilla **3** *(carpet)* alfombrilla **4** *(on furniture)* tapete *m.*

run·ner-up [rʌnərˈʌp] *n. pl.* runners-up subcampeón.

run·ning ['rʌnɪŋ] *n.* **1** *(action)* el correr *(sport)* atletismo **2** *(management)* dirección *f.* ◇ *adj.* **1** *(water)* corriente **2** *(continuous)* continuo ◇ *adv.* seguido **to be in the running** *tener posibilidades de ganar.* **to be out of the running** *no tener posibilidades de ganar* **running commentary** *comentario en directo* **running costs** *(of car)* gastos *mpl. de mantenimiento (of company)* gastos *mpl. de operación* **running mate** *candidato a la vicepresidencia* **running shoes** *zapatillas fpl. para correr* **running track** *pista de atletismo.*

run·ny ['rʌnɪ] *adj. comp.* runnier, *superl.* runniest **1** *(liquid)* líquido *(egg)* poco hecho **2** *(nose)* que moquea.

run-off ['rʌnɒf] *n. (match)* partido de desempate *(race)* carrera de desempate.

run-through ['rʌnθruː] *n.* ensayo.

run-up ['rʌnʌp] *n. (period before)* etapa preliminar **2** *(before jumping, etc.)* carrerilla.

run·way ['rʌnweɪ] *n.* pista de aterrizaje.

ru·ral ['rʊərəl] *adj.* rural.

rush [rʌʃ] *n.* **1** prisa **2** *(movement)* movimiento impetuoso, avance impetuoso ◇ *tr.* **1** *(hurry - person)* apresurar, dar prisa a, meter prisa a *(- job, etc.)* hacer demasiado deprisa **2** *(send quickly)* enviar urgentemente, mandar urgentemente *(take quickly)* llevar rápidamente **3** *(attack)* abalanzarse sobre, arremeter contra **4** *(fam. use)* cobrar ◇ *intr.* ir deprisa, precipitarse, apresurarse **to be rushed off one's feet** *ir de culo.* **to rush into something** *hacer algo precipitadamente* **rush job** *trabajo urgente.*

Rus·sia ['rʌʃə] *n.* Rusia.

Rus·sian ['rʌʃən] *adj.* ruso ◇ *n.* **1** *(person)* ruso **2** *(language)* ruso.

rust [rʌst] *n.* óxido, herrumbre *m.* ◇ *tr.* oxidar ◇ *intr.* oxidar.

rus·tic ['rʌstɪk] *adj.* rústico.

rus·tle ['rʌsəl] *n. (of leaves, etc.)* crujido *(of silk)* frufrú *m. ◇ tr. (leaves, etc.)* hacer crujir ◇ *intr. (leaves, etc.)* crujir *tr. (cattle)* robar ◇ *intr. (cattle)* robar ganado.

rust·proof ['rʌstpruːf] *adj.* inoxidable.

rust·y ['rʌstɪ] *adj. comp.* rustier, *superl.* rustiest **1** *(metal)* oxidado **2** *fig. use* oxidado, olvidado.

rut [rʌt] *n. (groove)* surco. **to be in a rut** *ser esclavo de la rutina.*

ruth·less ['ruːθləs] *adj.* cruel, despiadado.

Rwan·da [rʊˈændə] *n.* Ruanda.

Rwan·dan [rʊˈændən] *adj.* ruandés ◇ *n.* ruandés.

rye [raɪ] *n.* centeno **rye·bread** *pan m. de centeno*

S

S, s [ɛs] *n. (the letter)* S, s *f.*

S [saʊθ] *abbr.* **(south)** sur *m. (abbreviation)* S.

sab·bat·i·cal [səˈbætɪkəl] *n. (year)* año sabático *(term)* trimestre *m.* sabático ◇ *adj.* sabático. **to be on sabbatical** *tener un año sabático.*

sab·o·tage [ˈsæbətɑːʒ] *n.* sabotaje *m.* ◇ *tr.* sabotear.

sack[1] [sæk] *n.* **1** *(bag)* saco 2 *(fam. use) (bed)* catre *m.,* sobre *m.,* piltra **to hit the sack** *irse al catre, irse al sobre.*

sack[2] [sæk] *tr.* MIL saquear ◇ *n.* MIL saqueo.

sac·ra·ment [ˈsækrəmənt] *n.* sacramento. **to receive the sacrament** *comulgar* **the Blessed Sacrament/the Holy Sacrament** *el Santísimo Sacramento.*

sa·cred [ˈseɪkrəd] *adj.* sagrado, sacro. **is nothing sacred?** *¿no se respeta nada?* **sacred to somebody/something** *dedicado a alguien/ algo* **sacred cow** *vaca sagrada* **sacred music** *música religiosa.*

sac·ri·fice [ˈsækrɪfaɪs] *n.* **1** *(gen)* sacrificio **2** *(offering)* ofrenda ◇ *tr.* **1** *(offer as sacrifice)* sacrificar **2** *(give up)* sacrificar, renunciar a. **to make sacrifices** *hacer sacrificios, sacrificarse.*

sac·ri·fi·cial [sækrɪˈfɪʃəl] *adj.* de sacrificio. **sacrificial lamb** *chivo expiatorio.*

sad [sæd] *adj. comp.* **sadder,** *superl.* **saddest 1** *(unhappy)* triste **2** *(deplorable)* lamentable **sad to say** *por desgracia, desgraciadamente.* **to make somebody sad** *entristecer a alguien, dar pena a alguien.*

sad·den [ˈsædən] *tr.* entristecer ◇ *intr.* entristecerse.

sad·dle [ˈsædəl] *n. (for horse)* silla (de montar) *(of bicycle, etc.)* sillín *m.* ◇ *tr.* ensillar **(up, -)** ◇ *intr.* ensillar **(up, -).** **to be in the saddle** *llevar las riendas.*

sa·dism [ˈseɪdɪzəm] *n.* sadismo.

sa·dist [ˈseɪdɪst] *n.* sádico.

sa·dis·tic [səˈdɪstɪk] *adj.* sádico.

sad·ly [ˈsædlɪ] *adv.* **1** *(in sad manner)* tristemente **2** *(regrettably)* lamentablemente **3** *(unfortunately)* desgraciadamente. **to be sadly mistaken** *estar muy equivocado.*

sad·ness [ˈsædnəs] *n.* tristeza.

sa·fa·ri [səˈfɑːrɪ] *n.* safari *m.* **to be on safari** *estar de safari* **safari park** *safari m., reserva.*

safe [seɪf] *adj.* **1** *(gen)* seguro *(out of danger)* a salvo, fuera de peligro **2** *(unharmed)* ileso, indemne **3** *(not risky - method, investment, choice)* seguro *(subject)* no polemic ◇ *n.* caja fuerte, caja de caudales, caja de seguridad.

safe·guard [ˈseɪfɡɑːd] *n.* salvaguardia *(protection)* protección *f.* **(against,** contra**)** *(guarantee)* garantía, salvaguarda ◇ *tr.* salvaguardar, proteger **(against,** contra**),** resguardar **(against,** de**).**

safe·keep·ing [seɪfˈkiːpɪŋ] *n.* custodia.

safe·ly [ˈseɪflɪ] *adv.* **1** *(for certain)* con toda seguridad, sin temor a equivocarse **2** *(without mishap)* sin contratiempos, sin accidentes, sin percances **3** *(securely)* de manera segura **to arrive safely** *llegar a buen puerto.*

safe·ty [ˈseɪftɪ] *n.* seguridad *f.* **safety belt** *cinturón m. de seguridad.*

sag [sæg] *intr. pt. & pp.* **sagged,** *ger.* **sagging 1** *(shelf, branch, beam, ceiling)* combarse *(roof, bed)* hundirse *(wall)* pandear, pandearse **2** *(flesh)* colgar **3** *(demand, prices, etc.)* caer, bajar **4** *fig. use (spirits)* flaquear, decaer ◇ *n.* **1** *(in beam, wall, ceiling, shelf)* combadura *(in roof)* hundimiento.

sa·ga [ˈsɑːɡə] *n.* saga.

sage [seɪdʒ] *adj.* sabio ◇ *n.* sabio.

Sa·ha·ra [səˈhɑːrə] *n.* Sáhara *m.* **Western Sahara** *Sáhara Occidental.*

said [sed] *pt. & pp.* VER: say ◇ *adj.* JUR *(aforementioned)* susodicho, arriba citado.

sail [seɪl] *n.* **1** *(canvas)* vela **2** *(trip)* paseo en barco *(journey)* viaje *m.* en barco **3** *(ship)* velero, barco de vela **4** *(of windmill)* aspa ◇ *tr.* **1** *(travel)* navegar *(cross)* cruzar en barco **2** *(control ship)* gobernar ◇ *intr.* **1** *(ship, boat)* navegar *(person)* ir en barco, navegar **2** *(begin journey)* zarpar, hacerse a la mar. **in full sail** *a toda vela, con las velas desplegadas.*

sail·board [ˈseɪlbɔːd] *n.* tabla de vela, tabla de windsurf.

sail·ing [ˈseɪlɪŋ] *n.* **1** *(skill)* navegación *f.* **2** *(sport)* vela, navegación *f.* a vela **3** *(departure)* salida *(crossing)* travesía. **to be plain sailing** *ser coser y cantar* **sailing boat** *barco de vela, velero* **sailing ship** *buque m. de vela, velero.*

sail·or [ˈseɪlə*ʳ*] *n.* marinero.

saint [seɪnt] *n. (person)* santo ◇ *n.* **Saint** *(before most masculine names)* san *(before masculine names beginning with Do- or To-)* santo *(before feminine names)* santa **All Saint's Day** *Día m. de Todos los Santos* **saint's day** *santo, onomástico.*

sake [seɪk] *n.* bien *m.* **for God's sake!** *¡por el amor de Dios!, ¡por Dios!* **for goodness' sake!** *¡por el amor de Dios!* **for Heaven's sake!** *¡por el amor de Dios!* **just for the sake of it** *porque sí.*

sal·ad [ˈsæləd] *n.* ensalada **potato salad** *ensaladilla* **salad bowl** *ensaladera* **days** *años mpl. de juventud* **salad dressing** *aliño, aderezo.*

sal·a·ried [ˈsælərɪd] *adj.* asalariado.

sal·a·ry [ˈsælərɪ] *n. pl.* **salaries** sueldo, salario ◇ *adj.* salarial.

sale [seɪl] *n.* **1** *(act, transaction)* venta **2** *(special offer)* rebajas *fpl.,* liquidación *f.* **3** *(auction)* subasta ◇ *npl.* **sales** *(amount sold)* venta, ventas ◇ *fpl. (reductions)* rebajas *fpl.* **for sale** *en venta.* **"For sale" (sign on house, etc.)** *"Se vende".* **on sale** *(available)* en venta, a la venta *(reduced)* rebajado. **clearance sale** *liquidación f.* **sale goods** *artículos mpl. rebajados* **sale price** *precio rebajado, precio de rebaja.*

sale·a·ble [ˈseɪləbəl] *adj.* vendible.

sales·clerk [ˈseɪlzklɑːk] *n.* asistente de tienda.

sales·man [ˈseɪlzmən] *n. pl.* **salesmen 1** *(gen)* vendedor *m. (in shop)* dependiente *m.* **2** *(travelling)* representante *m.*

sales·per·son [ˈseɪlzpɜːsən] *n. pl.* **salespeople** [ˈseɪlzpiːpəl] **1** *(gen)* vendedor *(in shop)* dependiente **2** *(travelling)* representante *mf.*

sales·wom·an [ˈseɪlzwʊmən] *n. pl.* **saleswomen** [ˈseɪlzwɪmɪn] **1** *(gen)* vendedora *(in shop)* dependienta **2** *(travelling)* representante *f.*

S

sa·line ['seɪlaɪn] adj. salino.
sa·lin·i·ty [sə'lɪnɪti] n. salinidad f.
sa·li·va [sə'laɪvə] n. saliva.
sal·i·vate ['sælɪveɪt] intr. salivar.
salm·on ['sæmən] n. 1 (fish) salmón m. 2 (color) color m. salmón, salmón m., asalmonado **smoked salmon** salmón m. ahumado.
sal·mo·nel·la [sælmə'nelə] n. (bacteria) salmonella **salmonella poisoning** salmonelosis fpl.
sa·lon ['sælɒn] n. (shop) salón m. **beauty salon** salón m. de belleza **hairdressing salon** peluquería f.
salt [sɔːlt] n. (gen) sal f. ◇ adj. salado·◇ tr. 1 (preserve, cure) salar, conservar en sal, curar 2 (season) echar sal a, salar 3 (on road) echar sal en ◇ npl. **salts** sales fpl. **salt shaker** salero **sea salt** sal marina **table salt** sal f. fina, sal f. de mesa.
salt·cel·lar ['sɔːltselə'] n. salero.
salt-free ['sɔːltfriː] adj. sin sal.
salt·i·ness ['sɔːltɪnəs] n. (water) salubridad f. (sea) salinidad f. (food) sabor m. salado.
salt·wa·ter ['sɔːltwɔːtə'] adj. de agua salada.
salt·y ['sɔːlti] adj. comp. **saltier**, superl. **saltiest** 1 (food) salado 2 fig. use (racy) salado, picante, atrevido.
sa·lute [sə'luːt] n. 1 MIL (gesture) saludo (firing of guns) salva 2 (greeting) saludo, salutación f. ◇ tr. 1 (gen) saludar 2 (honor, applaud) aplaudir, aclamar ◇ intr. MIL saludar.
Sal·va·dor·an [sælvə'dɔːrən] adj.-n. VER: Salvadorian.
Sal·va·dor·i·an [sælvə'dɔːrɪən] adj. salvadoreño ◇ n. salvadoreño.
sal·vage ['sælvɪdʒ] n. 1 (recovery) salvamento, rescate m. 2 (things recovered) objetos mpl. recuperados, material m. recuperado 3 JUR (compensation) derecho de salvamento tr. 1 salvar, rescatar, recuperar.
sal·va·tion [sæl'veɪʃən] n. salvación f.
same [seɪm] adj. 1 (not different) mismo 2 (alike) mismo, igual, idéntico ◇ pron. 1 COMM (previously mentioned thing) el mismo, la misma 2 (same person) el mismo, la misma ◇ adv. the same igual, del mismo modo **all the same** a pesar de todo. **at the same time** (simultaneously) a la vez, al mismo tiempo (however) sin embargo, aun así **in the same breath** inmediatamente después **it's all the same to me** me da igual, me da lo mismo **just the same** a pesar de todo.
Sa·mo·a [sə'məʊə] n. Samoa **Western Samoa** Samoa Occidental.
Sa·mo·an [sə'məʊən] adj. samoano ◇ n. 1 (person) samoano 2 (language) samoano.
sam·ple ['sɑːmpəl] n. 1 (gen) muestra 2 (of food, drink) muestra, cata, degustación f. ◇ tr. 1 (place, activity) probar 2 (dish) probar, degustar (wine) catar, probar, degustar 3 (opinion) sondear.
sam·u·rai ['sæmjʊraɪ] n. pl. **samurai** samurái m., samuray m.
san·a·to·ri·um [sænə'tɔːrɪəm] n. pl. **sanatoriums** o **sanatoria** sanatorio.
sanc·ti·fy ['sæŋktɪfaɪ] tr. pt. & pp. **sanctified**, ger. **sanctifying** santificar, consagrar.
sanc·tion ['sæŋkʃən] n. 1 [fml. use] (permission) sanción f., autorización f., permiso 2 (penalty) sanción f. (weapon) arma tr. [fml. use] (authorize) sancionar, autorizar ◇ npl. **sanctions** POL (measures) sanciones fpl.
sanc·ti·ty ['sæŋktəti] n. 1 (sacredness) santidad f., carácter m. sagrado.
sanc·tu·ar·y ['sæŋktjʊəri] n. pl. **sanctuaries** 1 REL (sacred palce) santuario (chancel) presbiterio 2 (gen)

refugio, protección f. (asylum) asilo 3 (for animals) reserva. **to take sanctuary** refugiarse.
sand [sænd] n. (gen) arena ◇ tr. 1 (smooth) lijar (down, -) 2 (sprinkle with sand) enarenar ◇ npl. **sands** (beach) playa f. sing. (sandbank) banco m. sing. de arena.
san·dals ['sændəls] n. pl. sandalias.
sand·bag ['sændbæg] n. saco terrero ◇ tr. pt. & pp. **sandbagged**, ger. **sandbagging** (protect) proteger con sacos terreros.
sand·bank ['sændbæŋk] n. banco de arena.
sand·box ['sændbɒks] n. arenero.
sand·man ['sændmæn] n. ser imaginario que trae el sueño a los niños.
sand·pa·per ['sændpeɪpə'] n. papel m. de lija ◇ tr. lijar.
sand·storm ['sændstɔːm] n. tempestad f. de arena.
sand·wich ['sænwɪdʒ] n. (French bread) bocadillo (sliced bread) sándwich m. ◇ tr. encajonar (between, entre).
sand·y ['sændi] adj. comp. **sandier**, superl. **sandiest** 1 (beach, etc.) arenoso, de arena 2 (hair) rubio oscuro.
sane [seɪn] adj. 1 (person) cuerdo (mind) sano 2 fig. use (solution, decision, etc.) sensato.
sang [sæŋ] pt. VER: sing.
san·i·tar·y ['sænɪtəri] adj. 1 (to do with health) sanitario, de sanidad 2 (hygienic) higiénico **sanitary inspector** inspector de sanidad **sanitary napkin/sanitary towel** toalla sanitaria.
san·i·ta·tion [sænɪ'teɪʃən] n. 1 (public health) sanidad f. (pública) (hygiene) higiene f. 2 (plumbing) sistema m. de saneamiento (sewage system) alcantarillado.
san·i·ty ['sænɪti] n. 1 (health of mind) cordura f. (good sense) sensatez f., juicio.
sank [sæŋk] pt. VER: sink.
sap·phire ['sæfaɪə'] n. zafiro ◇ adj. zafirino, zafíreo, azul zafiro.
sar·casm ['sɑːkæzəm] n. sarcasmo, sorna.
sar·cas·tic [sɑː'kæstɪk] adj. sarcástico.
sar·coph·a·gus [sɑː'kɒfəgəs] n. pl. **sarcophaguses** o **sarcophagi** sarcófago.
sar·dine [sɑː'diːn] n. sardina. **to be packed like sardines** como lata de sardinas.
sat [sæt] pt. & pp. VER: sit.
Sat ['sætədi] abbr. (Saturday) sábado (abbreviation) sáb.
sat·el·lite ['sætəlaɪt] n. satélite m. **satellite broadcasting** TV retransmisión f. vía satélite **satellite dish** TV antena parabólica **satellite state** POL país m. satélite, nación f. satélite **satellite television** televisión f. vía satélite.
sat·in ['sætɪn] n. satén m., raso ◇ adj. 1 (made of satin) de satén, de raso 2 (finish) satinado.
sat·ire ['sætaɪə'] n. sátira.
sa·tir·i·cal [sə'tɪrɪkəl] adj. satírico.
sat·i·rist ['sætərɪst] n. satírico, escritor satírico.
sat·i·rize ['sætəraɪz] tr. satirizar.
sat·is·fac·tion [sætɪs'fækʃən] n. 1 (contentment) satisfacción f., complacencia 2 (fulfilment) satisfacción f., cumplimiento 3 (response to complaint) satisfacción f.
sat·is·fac·to·ry [sætɪs'fæktəri] adj. 1 satisfactorio 2 EDUC suficiente.
sat·is·fied ['sætɪsfaɪd] adj. 1 satisfecho, complacido, contento 2 (convinced) convencido.
sat·is·fy ['sætɪsfaɪ] tr. pt. & pp. **satisfied**, ger. **satisfying** 1 (please, make happy) satisfacer, complacer, contentar 2 (fulfil - need, etc.) satisfacer (- requirement) cumplir, satisfacer 3 (convince) convencer.

sat·is·fy·ing ['sætɪsfaɪɪŋ] *adj. (gen)* satisfactorio *(meal)* bueno, delicioso.

sat·u·rate ['sætʃəreɪt] *tr.* 1 *(fill)* saturar (**with**, de) 2 *(soak)* empapar (**with**, de).

sat·u·rat·ed ['sætʃəreɪtɪd] *adj.* 1 *(full)* saturado 2 *(wet)* empapado **saturated fat** grasa saturada.

sat·u·ra·tion [sætʃə'reɪʃən] *n.* saturación *f.*

Sat·ur·day ['sætədɪ] *n.* sábado **a week on Saturday**, del sábado en una semana; **every other Saturday**, cada dos sábados, un sábado sí y otro no; **every Saturday**, todos los sábados; **last Saturday**, el sábado pasado; **next Saturday**, el sábado que viene, el próximo sábado; **on a Saturday**, en sábado; **on Saturday**, el sábado; **on Saturday morning/afternoon/evening/night**, el sábado por la mañana/tarde/tarde/noche; **on Saturdays**, los sábados; **the following Saturday**, el sábado siguiente; **the Saturday after next**, del sábado en ocho días; **the Saturday before last**, el sábado antepasado; **this Saturday**, este sábado.

sauce [sɔːs] *n.* 1 CULIN salsa 2 *[fam. use] (cheek)* frescura, descaro.

sauce·pan ['sɔːspən] *n. (gen)* cazo, cacerola *(large)* olla.

sau·cer ['sɔːsəʳ] *n.* platillo.

Sau·di ['saʊdɪ] *adj.* saudí, saudita ◇ *n.* saudí *mf.*, saudita *mf.* **Saudi Arabia** Arabia Saudita.

sau·na ['sɔːnə] *n.* sauna.

sau·sage ['sɒsɪdʒ] *n. (uncooked)* salchicha *(cured)* salchichón *m. (spicy)* chorizo.

sau·té ['saʊteɪ] *tr. pt. & pp.* **sautéed** o **sautéd**, *ger.* **sautéing** saltear ◇ *adj.* salteado.

sav·age ['sævɪdʒ] *adj.* 1 *(ferocious)* feroz *(cruel)* cruel *(violent)* violento, salvaje *(severe)* severo, duro 2 *pej. (primitive)* salvaje, primitivo ◇ *n. pej.* salvaje *mf.* ◇ *tr.* 1 *(animal)* embestir (contra), atacar salvajemente 2 *fig. use (criticize)* atacar violentamente, arremeter contra, poner por los suelos.

sav·age·ry ['sævɪdʒrɪ] *n. (cruel act)* salvajada *(cruelty)* crueldad *f.*, brutalidad *f.*

sa·van·na [sə'vænə] *n.* VER: savannah.

sa·van·nah [sə'vænə] *n.* sabana.

save [seɪv] *tr.* 1 *(rescue)* salvar (**from**, de), rescatar (**from**, de) 2 *(preserve)* salvar (**from**, de) 2 REL salvar 3 *(not spend - money)* ahorrar 4 *(not waste - fuel, work, money)* ahorrar *(time)* ahorrar, ahorrarse, ganar 5 *(keep, put by - food, strength)* guardar, reservar *(- stamps)* coleccionar 6 *(avoid)* evitar, ahorrar 7 SP *(goal)* parar 8 COMPUT guardar, archivar ◇ *intr.* 1 *(not spend)* ahorrar (**up**, -) 2 REL salvar 3 SP parade ◇ *prep. [fml. use] (except)* salvo, excepto.

  to save on. *tr. insep.* ahorrar.

sav·er ['seɪvəʳ] *n. (person)* ahorrador.

sav·ing ['seɪvɪŋ] *n. (of time, money)* ahorro, economía ◇ *npl.* **savings** ahorros *mpl.* **savings account** cuenta de ahorros **savings bank** caja de ahorros.

sav·ior ['seɪvjəʳ] *n.* salvador ◇ *n.* **the Savior/Our Savior** REL El Salvador *m.*

sa·vor ['seɪvəʳ] *n.* 1 *(taste, flavor)* sabor *m.*, gusto 2 *fig. use (interest)* interés *m.* ◇ *tr.* saborear.

sa·vor·y ['seɪvərɪ] *adj.* 1 *(salty)* salado *(tasty)* sabroso 2 *(respectable, wholesome)* saludable, sano.

saw¹ [sɔː] *pt.* VER: see.

saw² [sɔː] *n. (tool)* sierra, serrucho ◇ *tr. pt.* **sawed**, *pp.* **sawed** o **sawn** [sɔːn] serrar, aserrar, cortar con una sierra *intr.* serrar, aserrar **mechanical saw** sierra mecánica.

saw·dust ['sɔːdʌst] *n.* serrín *m.*

sawn [sɔːn] *pp.* VER: saw.

sax·o·phone ['sæksəfəʊn] *n.* saxofón *m.*

sax·o·phon·ist [sæk'sɒfənɪst] *n.* saxofonista ◇ *mf.*

say [seɪ] *tr. pt. & pp.* **said** [sed] 1 *(gen)* decir *(express)* expresar *(state)* afirmar, declarar 2 *(prayer)* rezar *(poem, lines)* recitar 3 *(newspaper, sign, etc.)* decir *(clock, meter, etc.)* marcar 4 *(think)* pensar, opinar, decir 5 *(suppose)* suponer, poner, decir ◇ *n.* opinión ◇ *f.* *interj. [fam. use]* ¡oye!, ¡oiga! **having said that...** a pesar de eso..., no obstante... **I say!** *(calling somebody)* ¡oiga!, ¡oye! *(surprise)* ¡caramba!, ¡caray! **I'll say!** ¡ya lo creo! **it goes without saying that...** por supuesto que..., huelga decir que... **it is said that...** dicen que..., se dice que... **never say die** no rendirse. **say no more!** *(interrupting)* ¡basta! *(I understand)* ¡no me digas más! **say when!** ¡ya me dirás basta! **that is to say** es decir. **to say the least** como mínimo. **you don't say!** ¡no me digas! **you said it!** ¡ya lo creo!, ¡dímelo a mí!

say·ing ['seɪɪŋ] *n.* dicho, decir *m.*

scab [skæb] *n.* 1 MED costra, postilla 2 *[fam. use] pej. (blackleg)* esquirol *m.*

scaf·fold ['skæfəʊld] *n.* 1 *(framework)* andamio 2 *(for execution)* patíbulo, cadalso.

scaf·fold·ing ['skæfəldɪŋ] *n.* andamiaje *m.*

scald [skɔːld] *n.* escaldadura ◇ *tr.* 1 *(burn)* escaldar 2 *(heat)* calentar 3 *(instrument, recipient)* esterilizar *(vegetables)* escaldar.

scald·ing ['skɔːldɪŋ] *adj. (extremely hot)* hirviente, hirviendo.

scale¹ [skeɪl] *n.* 1 *(of fish, reptile)* escama 2 *(on skin)* escama 3 *(in kettle, etc.)* sarro, incrustaciones *fpl.* ◇ *tr. (fish)* escamar, quitar las escamas a.

scale² [skeɪl] *n.* 1 *(measure)* escala 2 *(size, amount)* escala, magnitud *f.* 3 MUS escala ◇ *tr. (climb up)* escalar. **on a large scale** a gran escala.

  to scale down *tr. sep. (reduce)* reducir la escala de *(proportionately)* reducir proporcionalmente.

  to scale up *tr. sep. (increase)* ampliar la escala de *(proportionately)* ampliar proporcionalmente.

scale³ [skeɪl] *n. (pan)* platillo ◇ *intr.* SP *(weigh)* pesar ◇ *npl.* **scales** *(for weighing in shop, kitchen)* balanza *(bathroom, large weights)* báscula *f. sing.* **to tip the scales in somebody's favor** inclinar la balanza a favor de alguien.

sca·lene ['skeɪliːn] *adj.* escaleno.

scalp [skælp] *n.* 1 ANAT cuero cabelludo 2 *(war trophy)* cabellera 3 *[fam. use] fig. use (as trophy)* trofeo, cabellera ◇ *tr.* 1 arrancar el cuero cabelludo a 2 *[fam. use] (cut hair short)* rapar.

scal·pel ['skælpəl] *n.* 1 *(surgeon's)* bisturí *m. (for dissecting)* escalpelo 2 *(tool)* escoplo, gubia.

scal·y ['skeɪlɪ] *adj. comp.* **scalier**, *superl.* **scaliest** 1 *(fish, etc.)* escamoso, con escamas 2 *(kettle, etc.)* lleno de sarro, lleno de incrustaciones.

scam [skæm] *n. [fam. use]* timo, estafa, chanchullo.

scan [skæn] *tr. pt. & pp.* **scanned**, *ger.* **scanning** 1 *(examine - gen)* escrutar, escudriñar *(- horizon)* otear *(- with searchlight)* barrer 2 *(glance at)* echar un vistazo a, recorrer con la vista 3 TECH *(with radar)* explorar 4 MED escanear, pasar por el escáner 5 *(poetry)* escandir, medir ◇ *intr. (poetry)* seguir las reglas de la métrica ◇ *n.* 1 TECH *(with radar)* exploración *f.* 2 MED *(gen)* exploración *f.* ultrasónica *(in gynaecology, etc.)* ecografía.

scan·dal ['skændəl] *n.* 1 *(outrage)* escándalo *(disgrace)* vergüenza 2 *(gossip)* chismes *mpl.*, chismorreo.

scan·dal·ize ['skændəlaɪz] *tr.* escandalizar. **to be scandalized** escandalizarse.

scan·dal·ous ['skændələs] *adj.* escandaloso.

Scan·di·na·vi·a [skændɪ'neɪvɪə] *n.* Escandinavia.

S

Scan·di·na·vi·an [ˌskændɪˈneɪvɪən] *adj.* escandinavo ◇ *n.* escandinavo.

scan·ner [ˈskænə ʳ] *n.* 1 TECH *(radar)* antena direccional 2 MED escáner *m.*

scan·sion [ˈskænʃən] *n.* *(poetry)* medida.

scant [skænt] *adj.* escaso.

scant·y [ˈskænti] *adj. comp.* **scantier**, *superl.* **scantiest** *(gen)* escaso *(meal)* parco, insuficiente *(clothes)* ligero.

scape·goat [ˈskeɪpɡəʊt] *n. fig. use* cabeza de turco, chivo expiatorio.

scap·u·la [ˈskæpjʊlə] *n.* ANAT escápula.

scar [skɑːʳ] *n.* 1 cicatriz *f.*, señal *f.* 2 *fig. use* marca, huella, señal *f.* ◇ *tr. pt. & pp.* **scarred**, *ger.* **scarring** 1 *(mark with scar)* marcar con una señal *(leave scar)* dejar una cicatriz 2 *fig. use* marcar, señalar ◇ *intr. (heal)* cicatrizar *(over, -)*.

scarce [skeəs] *adj.* 1 *(not plentiful)* escaso 2 *(rare)* raro, contado ◇ *tr. literal use* apenas.

scarce·ly [ˈskeəsli] *adv.* 1 *(hardly)* apenas 2 *(surely not)* ni mucho menos.

scar·ci·ty [ˈskeəsəti] *n.* escasez *f.*, falta.

scare [skeə ʳ] *n.* 1 *(fright)* susto 2 *(widespread alarm)* alarma, pánico ◇ *tr.* asustar, espantar ◇ *intr.* asustarse, espantarse **to scare somebody to death/scare somebody out of their wits** dar un susto de muerte a alguien.
to scare a·way/scare off *tr. sep.* espantar, ahuyentar.

scare·crow [ˈskeəkrəʊ] *n.* espantapájaros *m.*, espantajo.

scared [ˈskeəd] *adj.* asustado, espantado. **to be scared** tener miedo *(of, a/de)*. **to be scared stiff** estar muerto de miedo.

scarf [skɑːf] *n. pl.* **scarfs** o **scarves** [skɑːvz] *(small)* pañuelo *(silk)* fular *m. (long, woollen)* bufanda.

scar·let [ˈskɑːlət] *adj.* escarlata ◇ *n.* escarlata *m.* **scarlet fever** escarlatina.

scar·y [ˈskeəri] *adj. comp.* **scarier**, *superl.* **scariest** *[fam. use] (situation, etc.)* espantoso *(film, story)* de miedo, de terror.

scat·ter [ˈskætəʳ] *tr.* 1 *(crowd, birds)* dispersar 2 *(papers, cushions, etc.)* esparcir, desparramar *(ashes)* esparcir *(seeds)* sembrar a voleo, esparcir *(money)* desparramar, derrochar ◇ *intr. (crowd, birds)* dispersarse *(small things)* desparramarse, derramarse **a scatter of** unos cuantos, algunos.

scat·tered [ˈskætəd] *adj.* esparcido, disperso **scattered population** población *f.* diseminada **scattered showers** chubascos *mpl.* aislados.

scat·ter·ing [ˈskætərɪŋ] *n. (singular)* un poco *(plural)* unos pocos, algunos.

scav·enge [ˈskævɪndʒ] *intr.* 1 *(animal, bird - search)* rebuscar *(for, -) (- feed on)* comer *(on, -)* 2 *(person - search)* hurgar, escarbar *(find)* encontrar en la basura, rescatar de la basura.

scav·eng·er [ˈskævɪndʒəʳ] *n.* 1 *(animal)* animal *m.* carroñero *(bird)* ave *f.* carroñera 2 *(person)* rebuscador, trapero.

sce·nar·i·o [sɪˈnɑːrɪəʊ] *n. pl.* **scenarios** 1 *(of film)* guion *m. (in theater)* argumento 2 *(situation)* (posible) situación *f.*, panorama *m.*

scene [siːn] *n.* 1 *(place)* lugar *m.*, escenario *(sight, picture)* escena 2 *(in play, book)* escena 3 *(stage setting)* decorado, escenario 4 *(emotional outburst)* escena, escándalo 5 *(sphere)* ámbito, mundo, panorama *m.*

scen·er·y [ˈsiːnəri] *n.* 1 *(landscape)* paisaje *m.* 2 THEAT *(on stage)* decorado.

sce·nic [ˈsiːnɪk] *adj.* 1 *(picturesque)* pintoresco 2 THEAT escénico **scenic route** ruta panorámica.

scent [sent] *n.* 1 *(gen)* olor *m. (pleasant smell)* aroma *m.*, perfume *m.*, fragancia 2 *(perfume)* perfume *m.* 3 *(track, trail)* pista, rastro ◇ *tr.* 1 *(animal)* olfatear 2 *fig. use (suspect)* presentir, intuir 3 *(perfume)* perfumar *(with, de)*.

sched·ule [ˈʃedjuːl, *uʃ* ˈskedjʊəl] *n.* 1 *(program)* programa *m.* 2 *(list - gen)* lista *(- of prices)* tarifa *(inventory)* inventario 3 *(timetable)* horario ◇ *tr.* programar, fijar **according to schedule** según lo previsto. **on schedule** *(flight)* a la hora (prevista) *(work)* al día. **to be ahead of schedule** ir adelantado. **to be behind schedule** llevar retraso, ir atrasado. **scheduled flight** vuelo *m.* regular.

sched·uled [ˈʃedjuːld, *uʃ* ˈskedjʊəld] *adj.* previsto, programado **scheduled flight** vuelo *m.* regular.

sched·ul·ing [ˈʃedjuːlɪŋ *uʃ* ˈskedjʊəlɪŋ] *n.* *(of programs)* programación *f.*

sche·mat·ic [skiːˈmætɪk] *adj.* esquemático.

scheme [skiːm] *n.* 1 *(plan)* plan *m.*, programa *m. (project)* proyecto *(idea)* idea 2 *(system, order)* sistema *m.*, orden *m. (arrangement)* disposición *f.*, combinación *f.* 3 *(plot)* complot *m.*, conspiración *f. (trick)* ardid *m.*, estratagema, truco ◇ *intr. (plot)* conspirar, intrigar, confabularse ◇ *tr. (plan deviously)* tramar, maquinar.

schem·ing [ˈskiːmɪŋ] *adj.* intrigante, maquinador ◇ *n.* intrigas *fpl.*, maquinaciones *fpl.*

schiz·o·phre·ni·a [ˌskɪtsəʊˈfriːnɪə] *n.* esquizofrenia.

schiz·o·phren·ic [ˌskɪtsəʊˈfrenɪk] *adj.* esquizofrénico ◇ *n.* esquizofrénico.

schlep [ʃlep] *tr. pt. & pp.* **schlepped**, *ger.* **schlepping** *[fam. use] (drag)* arrastrar, llevar.

schmuck [ʃmʌk] *n.* *[fam. use] (fool)* tonto *mf.*

schol·ar [ˈskɒləʳ] *n.* 1 *(learned person)* erudito *(specialist)* especialista *mf.*, experto 2 *(scholarship holder)* becario *(pupil)* alumno, estudioso 3 *(good learner)* estudiante *mf. (clever person)* intelectual *mf.*

schol·ar·ly [ˈskɒləli] *adj.* 1 *(person)* erudito, culto *(behavior)* estudioso, meticuloso 2 *(journal, etc.)* erudito, académico.

schol·ar·ship [ˈskɒləʃɪp] *n.* 1 *(grant, award)* beca 2 *(learning)* erudición *f.*

school [skuːl] *n.* 1 *(gen, primary)* escuela, colegio *(secondary)* colegio, instituto 2 *(lessons)* clase *f.* 3 *(students)* alumnos *mpl.*, alumnado 4 *(university department)* facultad *f.* 5 *(university)* universidad *f.* 6 *(course)* curso, cursillo 7 *(group of artists, etc.)* escuela ◇ *tr.* 1 *(teach)* enseñar *(train)* educar, formar 2 *(discipline)* disciplinar. **to be one of the old school** ser de la vieja escuela, estar chapado a la antigua **school age** edad *f.* escolar **school holidays** vacaciones *fpl.* escolares.

school·bag [ˈskuːlbæɡ] *n.* cartera.

school·book [ˈskuːlbʊk] *n.* libro de texto.

school·days [ˈskuːldeɪz] *npl.* años *mpl.* de colegio, tiempos *mpl.* del colegio.

school·ing [ˈskuːlɪŋ] *n.* educación *f.*, estudios *mpl.*, escolaridad *f.*

school·yard [ˈskuːljɑːd] *n.* patio de recreo.

sci·at·i·ca [saɪˈætɪkə] *n.* MED ciática.

sci·ence [ˈsaɪəns] *n.* 1 *(gen)* ciencia 2 *(subject)* ciencias *fpl.* **science fiction** ciencia ficción.

sci·en·tif·ic [ˌsaɪənˈtɪfɪk] *adj.* científico.

sci·en·tist [ˈsaɪəntɪst] *n.* científico.

sci-fi [ˈsaɪfaɪ] *n. [fam. use].* VER: science fiction.

scis·sors [ˈsɪzəz] *npl.* tijeras *fpl.* ◇ *n.* SP *(wrestling)* (llave *f.* de) tijera *(high jump)* (salto de) tijera. **a pair of scissors** unas tijeras.

scle·ro·sis [sklɪəˈrəʊsɪs] *h. pl.* **scleroses** MED esclerosis *f.*

scold [skəʊld] *tr.* reñir, regañar.

scoop [sku:p] n. 1 (for flour, rice, etc.) pala (for ice-cream) cucharón m. 2 (amount) palada, cucharada 3 (news story) primicia (informativa) f. 4 (large profit) golpe m. financiero ◇ tr. 1 (take out) sacar con una pala 2 (beat rival) vencer, pisar (get news first) dar la primicia 3 (win) ganar (make profit) forrarse 4 SP (in hockey, golf) levantar.

scoot·er ['sku:tə'] n. (child's) patinete m., patineta (motorized) escúter m., Vespa.

scope [skəʊp] n. 1 (area, range - gen) alcance m. (- of book, undertaking) ámbito (ability, field) competencia, campo 2 (opportunity) oportunidad f. (room) posibilidades fpl.

scorch [skɔːtʃ] tr. 1 (singe) chamuscar, socarrar 2 (burn) quemar, abrasar ◇ intr. (singe) chamuscarse ◇ n. quemadura (superficial) **scorch mark** chamusquina, quemadura (superficial).

scorch·ed [skɔːtʃt] adj. quemado, abrasado **scorched earth policy** MIL política de tierra quemada.

scorch·ing ['skɔːtʃɪŋ] adj. abrasador **to be scorching hot** abrasar.

score [skɔː'] n. 1 SP (gen) tanteo (in golf, cards) puntuación f. 2 (in exam, test) nota, calificación f., puntuación f. 3 (notch, cut) muesca, corte m., marca (scratch) rasguño 4 MUS (written version) partitura (of film, play, etc.) música 5 (twenty) veinte, veintena ◇ tr. 1 SP (goal) marcar, hacer, meter (point) ganar (run) hacer, realizar 2 (in exam, test) sacar, obtener, conseguir 3 (give points to) dar, puntuar 4 (achieve, succeed) tener, conseguir, lograr 5 MUS (write) escribir, componer (arrange) hacer un arreglo de, arreglar 6 (notch - wood) hacer una muesca en, hacer cortes en (- paper) rayar, marcar 7 sl. (obtain drugs) ligar, pillar ◇ intr. 1 SP (goal) marcar (un tanto) (goal) marcar (un gol) (point) puntuar, conseguir puntos 2 (record points, etc.) llevar el marcador, tantear 3 (have success) tener éxito 4 sl. (get off with) ligar (with, con) (go to bed with) acostarse (with, con) 5 sl. (obtain drugs) ligar droga, pillar droga ◇ npl. scores (very many) muchísimos, montones mpl. de.

score·board ['skɔːbɔːd] n. marcador m.

scor·er ['skɔːrə'] n. 1 (scorekeeper) encargado del marcador, persona que lleva el marcador 2 (goal striker) goleador.

scorn [skɔːn] n. desdén m., desprecio ◇ tr. desdeñar, despreciar, menospreciar.

scorn·ful ['skɔːnfʊl] adj. desdeñoso.

scor·pi·on ['skɔːpɪən] n. escorpión m., alacrán m.

Scot [skɒt] n. escocés.

Scotch [skɒtʃ] adj. escocés ◇ n. (whisky) whisky m. escocés **Scotch tape** cinta adhesiva, celo **Scotch whisky** whisky m. escocés.

scot-free [skɒt'friː] adj. (fam. use) impune. **to get off scot-free** quedar impune, salir impune.

Scot·land ['skɒtlənd] n. Escocia.

Scots [skɒts] adj. escocés.

Scots·man ['skɒtsmən] n. pl. **Scotsmen** escocés m.

Scots·wom·an ['skɒtswʊmən] n. pl. **Scotswomen** ['skɒtswɪmɪn] escocesa f.

Scot·tish ['skɒtɪʃ] adj. escocés ◇ npl. **the Scottish** los escoceses mpl.

scout [skaʊt] n. 1 MIL (person) explorador m. (plane) avión m. de reconocimiento 2 (boy) scout m. 3 (talent spotter) cazatalentos mf. 4 (act of scouting) búsqueda, búsqueda ◇ intr. 1 MIL reconocer el terreno 2 (look for) buscar (**about/around**, -), andar en busca de (**about/around**, -) **scout camp** acampada de scouts **scout troop** grupo scout.

scout·ing ['skaʊtɪŋ] n. 1 (activities) actividades fpl. de los scouts 2 (movement) escultismo.

scowl [skaʊl] intr. fruncir el ceño ◇ n. ceño (fruncido).

scram [skræm] intr. pt. & pp. **scrammed**, ger. **scramming** [fam. use] largarse.

scram·ble ['skræmbəl] n. 1 (difficult climb) subida escabrosa (difficult walk) caminata difícil 2 (struggle) lucha, pelea (confusion) confusión f., barullo 3 SP (motorcycle race) carrera de motocross ◇ intr. 1 (climb) trepar (**over**, por) (**up**, a), subir gateando (crawl) gatear, arrastrarse (clamber) moverse rápidamente 2 (struggle) pelearse (**for**, por/ para), luchar (**for**, para) 3 MIL (plane) despegar de repente ◇ tr. 1 (mix, jumble) revolver, mezclar 2 (eggs) revolver 3 (message) cifrar, poner en cifra, codificar 4 MIL (plane) hacer que despegue de repente.

scrap¹ [skræp] n. 1 (of paper, cloth, etc.) trozo, trocito, pedazo (of news, conversation) fragmento, migaja 2 (of metal) chatarra 3 (in negatives) pizca, ápice m. ◇ tr. pt. & pp. **scrapped**, ger. **scrapping** 1 (throw away) desechar (cars, etc.) convertir en chatarra, desguazar 2 fig. use (idea) descartar (plan) abandonar ◇ npl. scraps (gen) restos mpl. (of food) sobras fpl.

scrap² [skræp] n. [fam. use] (fight) pelea ◇ intr. pt. & pp. **scrapped**, ger. **scrapping** pelearse.

scrap·book ['skræpbʊk] n. álbum m. de recortes.

scrape [skreɪp] n. 1 (act) raspado (sound) chirrido 2 (on skin) rasguño, arañazo (on object) raspadura, roce m. 3 [fam. use] (fix, jam) lío, apuro, aprieto ◇ tr. 1 (surface, paint, etc.) raspar (**away/off**, -), rascar (**away/off**, -) (vegetables) raspar 2 (graze skin) arañarse, hacerse un rasguño en, rasparse 3 (rub against) rozar, raspar, rascar ◇ intr. 1 (grate) chirriar 2 (rub against) raspar, rozar, pasar rozando 3 (economize) hacer economías, ahorrar.

scrap·yard ['skræpjɑːd] n. desguace m.

scratch [skrætʃ] n. 1 (on skin) arañazo, rasguño (on paintwork, furniture) arañazo, raspadura, marca, señal m. (on record, photo) raya 2 (noise) chirrido 3 SP (start line) línea de salida ◇ adj. comp. **scratchier**, superl. **scratchiest** 1 (improvised) improvisado 2 (without handicap) sin hándicap ◇ tr. 1 (with nail, claw) arañar, rasguñar (paintwork, furniture, record) rayar (with initials, etc.) grabar 2 (part of body) rascar 3 SP (withdraw) (plan) abandonar ◇ intr. 1 (animal) arañar, rascar, rasguñar (pen) raspear (wool, sweater, towel) raspar, picar 2 (itch) rascarse 3 SP retirarse. **to start from scratch** empezar de cero, partir de cero. **to scratch out** tr. sep. (erase) tachar, borrar.

scrawl [skrɔːl] n. (writing) garabato, garabatos mpl. ◇ tr. garabatear, garrapatear ◇ intr. garabatear, hacer garabatos.

scrawn·y ['skrɔːnɪ] adj. comp. **scrawnier**, superl. **scrawniest** pej. flacucho, huesudo, escuálido.

scream [skriːm] n. 1 (of pain, fear) grito, chillido, alarido (of laughter) carcajada 2 fig. use (screech) chirrido 3 [fam. use] (funny person) persona divertida, persona graciosa (funny thing) cosa divertida ◇ tr. 1 gritar, decir a gritos, vocear 2 fig. use (headlines) anunciar ◇ intr. 1 (gen) gritar, berrear, chillar, pegar un grito (wind, siren, etc.) aullar 2 fig. use (need) pedir (a gritos), clamar (a gritos).

screech [skriːtʃ] n. (of person) grito, alarido, chillido (of tyres, brakes, birds, etc.) chirrido (of siren) aullido ◇ tr. gritar, decir a gritos, chillar ◇ intr. (person) chillar (tyres, brakes, bird, etc.) chirriar (siren) aullar (gate) rechinar **screech owl** lechuza.

screen [skri:n] *n.* **1** (*partition - folding*) biombo (*- of wood, glass*) mampara (*fireguard*) pantalla **2** (*for window*) alambrera, mosquitera, mosquitero **3** (*protection, cover*) cortina, pantalla **4** (*of TV, for projection*) pantalla **5** (*cinema in complex*) sala **6** (*sieve*) tamiz *m.*, criba ◇ *tr.* **1** (*protect, shelter*) proteger (*from*, de), abrigar (*hide, conceal*) tapar, ocultar **2** *fig. use* (*protect - gen*) proteger, abrigar, amparar (*- criminal*) encubrir **3** MED (*examine*) someter a una exploración médica **4** (*test*) investigar, someter a una investigación **5** (*film - gen*) proyectar (*- first time*) estrenar (*- on TV*) emitir **6** (*sieve*) cribar, tamizar, pasar por el tamiz ◇ *n.* the screen la pantalla, el cine **screen door** *puerta mosquitera* **screen test** *prueba.*

screen·ing ['skri:nɪŋ] *n.* **1** (*of film*) proyección *f.* (*first time*) estreno (*on TV*) emisión *f.* **2** MED exploración *f.*, revisión *f.* **3** (*of candidates, etc.*) selección *f.*, investigación *f.*

screen·play ['skri:npleɪ] *n.* guión *m.*

screensav·er ['skri:nseɪvə ʳ] *n.* salvapantallas *m.*

screen·writ·er ['skri:nraɪtə ʳ] *n.* guionista *mf.*

screw [skru:] *n.* **1** (*metal pin*) tornillo **2** (*propeller*) hélice *f.* **3** (*turn*) vuelta **4** *sl.* (*prison warder*) carcelero ◇ *tr.* **1** (*fasten with screws*) atornillar (*tighten*) enroscar, apretar **2** (*crumple*) arrugar **3** (*cheat, swindle*) timar (*overcharge*) clavar (*get money out of*) sacar ◇ *intr.* **1** (*turn, tighten*) atornillarse, enroscarse **2** (*have sex*) joder, follar. **to have a screw loose** *faltarle un tornillo a uno.* **screw that!** *sl.* ¡a joderse! **screw you!** *sl.* ¡jódete!, ¡vete a la mierda!* **to be screwed up** (*person*) *tener muchos traumas, estar neurótico.*

to screw up *tr. sep.* **1** (*paper*) arrugar (*face*) torcer (*eyes*) cerrar, entornar **2** *sl.* (*ruin - interview, exam.*) cagarla (*- plans*) fastidiar (*- person*) traumatizar ◇ *intr. sl.* (*make a mess*) meter la pata, cagarla.

screw·ball ['skru:bɔ:l] *n.* [*fam. use*] (*crazy person*) excéntrico, chiflado, loco (*idea, etc.*) chalado, descabellado, disparatado.

screw·driv·er ['skru:draɪvə ʳ] *n.* **1** (*tool*) destornillador *m.* **2** (*cocktail*) destornillador *m.*, vodka *m.* con naranja.

scrib·ble ['skrɪbəl] *n.* garabato, *mpl.* ◇ *tr.* garabatear ◇ *intr.* hacer garabatos.

scrib·bling ['skrɪbəlɪŋ] *n.* garabatos *mpl.*

script [skrɪpt] *n.* **1** (*of film, etc.*) guión *m.* **2** (*writing*) escritura (*text*) texto (*handwriting*) letra ◇ *tr.* (*film*) escribir un guión de (*text*) redactar.

scrip·ture ['skrɪptʃə ʳ] *n.* escritura, escrito.

Scrip·ture ['skrɪptʃə ʳ] *n.* the Scripture REL Sagrada Escritura **Holy Scriptures** *Sagradas Escrituras fpl.*

script·writ·er ['skrɪptraɪtə ʳ] *n.* guionista *mf.*

scroll [skrəʊl] *n.* **1** (*of parchment*) pergamino, rollo de pergamino **2** (*ornamentation*) voluta ◇ *intr.* COMPUT ir, desplazarse.

to scroll down *intr.* COMPUT desplazarse hacia abajo.

to scroll up *intr.* COMPUT desplazarse hacia arriba.

scrooge [skru:dʒ] *n.* [*fam. use*] *pej.* tacaño, avaro, roña *mf.*

scro·tum ['skrəʊtəm] *n. pl.* **scrotums** o **scrota** ANAT escroto.

scrounge [skraʊndʒ] *intr.* [*fam. use*] (*gen*) gorrear (*from/off*, a), gorronear, vivir de gorra (*money*) dar sablazos, sablear, vivir de sablazos ◇ *tr.* (*gen*) gorrear (*from/off*, a), gorronear (*from/off*, a) (*money*) dar sablazos, sablear (*from/off*, a).

scroung·er ['skraʊndʒə ʳ] *n.* [*fam. use*] (*gen*) gorrón, sablista *mf.* (*from State*) parásito.

scrub [skrʌb] *n. pt. & pp.* **scrubbed**, *ger.* **scrubbing 1** (*clean - floor, dishes*) fregar bien, estregar, restregar (*- clothes, wall*) lavar bien, frotar bien **2** [*fam. use*] (*cancel*) cancelar, abandonar ◇ *intr.* fregar bien (*at*, -) ◇ *n.* (*cleaning*) fregado, lavado.

to scrub off *tr. sep.* quitar frotando, quitar tallando.

scruff¹ [skrʌf] *n.* (*neck*) cogote *m.*, pescuezo.

scruff² [skrʌf] *n.* [*fam. use*] (*untidy person*) desaliñado, zarrapastroso, desaseado.

scruff·y ['skrʌfi] *adj. comp.* **scruffier**, *superl.* **scruffiest** desaliñado, zarrapastroso, desaseado.

scrunch [skrʌntʃ] *tr.* **1** (*crumple - paper*) estrujar (**up**, -) **2** (*crunch food*) mascar, ronchar, ronzar **3** (*make noise*) hacer crujir ◇ *intr.* (*make noise*) crujir, ronchar, ronzar ◇ *n.* (*noise*) crujido.

scru·ple ['skru:pəl] *n.* escrúpulo ◇ *intr.* vacilar en. **to be without scruple** *no tener escrúpulos.*

scru·pu·lous ['skru:pjuləs] *adj.* **1** (*meticulous*) escrupuloso, meticuloso, puntilloso **2** (*honest*) escrupuloso, concienzudo, honrado.

scru·ti·nize ['skru:tɪnaɪz] *tr.* (*document*) escudriñar, examinar a fondo, inspeccionar (*face*) escrutar, escudriñar.

scru·ti·ny ['skru:tɪnɪ] *n.* (*examination*) examen *m.* profundo **to be under scrutiny** *ser analizado.*

scu·ba ['skju:bə] *n.* equipo de submarinismo **scuba diving** *submarinismo, buceo con botellas de oxígeno.*

scuf·fle ['skʌfəl] *n.* (*fight*) refriega, escaramuza, riña, pelea ◇ *intr.* reñir (*with*, con), pelearse (*with*, con).

sculpt [skʌlpt] *tr.* esculpir ◇ *intr.* esculpir.

sculp·tor ['skʌlptə ʳ] *n.* escultor.

sculp·ture ['skʌlptʃə ʳ] *n.* escultura ◇ *tr.* esculpir (*in*, en).

scum [skʌm] *n.* **1** (*froth*) espuma (*on pond*) verdín *m.* **2** *pej.* (*people*) escoria (*individual*) canalla *m.* **the scum of the earth** *la escoria de la sociedad.*

SE [saʊə'i:st] *abbr.* (**southeast**) sudeste *m.*, sureste *m.* (*abbreviation*) SE.

sea [si:] *n.* **1** mar *m. & f.* **2** *fig. use* mar *m.*, multitud ◇ *f.* ◇ *adj.* marítimo, de mar. **at sea** *en el mar.* **by the sea** *a orillas del mar.* **out to sea** *mar adentro.* **sea bird** *ave f. marina* **sea breeze** *brisa marina* **sea level** *nivel m. del mar* **sea lion** *león m. marino* **sea mist** *bruma* **sea power** (*country*) *potencia naval* (*power*) *poderío naval.*

sea·bed ['si:bed] *n.* fondo del mar, fondo marino.

sea·board ['si:bɔːd] *n.* costa, litoral *m.*

sea·food ['si:fu:d] *n.* mariscos *mpl.* **seafood restaurant** *marisquería.*

sea·front ['si:frʌnt] *n.* (*area*) puerto (*beach*) playa (*promenade*) paseo marítimo **seafront restaurant** *restaurante m. frente al mar.*

sea·gull ['si:gʌl] *n.* gaviota.

seal¹ [si:l] *n.* ZOOL foca.

seal² [si:l] *n.* **1** (*official stamp*) sello **2** (*on letter*) sello (*on bottle, etc.*) precinto (*airtight*) cierre *m.* hermético (*on window, door*) burlete *m.* ◇ *tr.* **1** (*with official stamp*) sellar (*with wax*) lacrar, sellar con lacre **2** (*close*) cerrar (*bottle, etc.*) precintar (*make airtight*) cerrar herméticamente (*window, door*) sellar, poner burletes a **3** (*coat with sealant*) sellar, impermeabilizar **4** (*settle, make formal*) sellar, concluir. **to seal somebody's fate** *decidir el destino de alguien.*

to seal in *tr. sep.* encerrar.

to seal off *tr. sep.* (*block entry to*) acordonar, cerrar el acceso a.

S

seam [si:m] *n.* **1** SEW costura **2** TECH juntura, junta **3** GEOL *(of mineral)* veta, filón *m.* **to be bursting at the seams** *(with people)* rebosar de gente *(with things)* estar hasta el tope *(with food)* estar a punto de reventar.

sea·man ['si:mən] *n. pl.* **seamen** marinero, marino.

seam·less ['si:mləs] *adj.* SEW sin costura.

sea·quake ['si:kweik] *n.* maremoto.

search [sɜ:tʃ] *n.* **1** *(gen)* búsqueda *(for,* de) *(of building)* registro *(of person)* cacheo *(of records, files, etc.)* inspección *f.,* examen *m.* ◇ *tr. (gen)* buscar *(for, -)* *(records, files)* buscar en, examinar *(building, suitcase, etc.)* registrar *(person)* cachear, registrar ◇ *intr. (gen)* buscar *(through,* entre) *(pockets)* registrar **in search of** en busca de. **search me!** ¡yo qué sé!, ¡ni idea! **search engine** buscador *m.* **search party** equipo de rescate **search warrant** orden f. de registro.

to search out. *tr. sep.* averiguar, descubrir, encontrar.

search·er ['sɜ:tʃə ᵉ] *n.* buscador.

search·ing ['sɜ:tʃɪŋ] *adj. (look)* penetrante *(question)* agudo *(examination)* profundo.

search·light ['sɜ:tʃlaɪt] *n.* reflector *m.,* proyector *m.*

sea·shell ['si:ʃel] *n.* concha (de mar).

sea·shore ['si:ʃɔ:ʳ] *n. (coast)* costa, orilla del mar *(beach)* playa.

sea·sick ['si:sɪk] *adj.* mareado. **to get seasick** marearse.

sea·sick·ness ['si:sɪknəs] *n.* mareo.

sea·side ['si:saɪd] *n.* playa, costa **seaside resort** lugar *m.* de veraneo en la costa **seaside town** ciudad f. costera.

sea·son ['si:zən] *n.* **1** *(of year)* estación f. *(time)* época *(for sport, fashion, social activity)* temporada *(of films)* ciclo ◇ *tr.* **1** *(food)* sazonar *(with,* con), condimentar *(with,* con) **2** *(wood)* secar **3** *fig. use (person)* avezar, acostumbrar ◇ *intr. (wood)* secarse. **to be in season** *(fresh food)* estar en sazón, ser la temporada de *(animal on heat)* estar en celo *(game)* ser temporada de. **Seasons Greetings** Felices Pascuas.

sea·son·al ['si:zənəl] *adj.* estacional, temporal.

sea·son·al·ly ['si:zənəlɪ] *adv.* estacionalmente **seasonally ajusted figures** cifras fpl. que tienen en cuenta las variaciones estacionales.

sea·soned ['si:zənd] *adj.* **1** *(food)* sazonado *(with,* con), condimentado *(with,* con) **2** *(wood)* seco **3** *fig. use (person)* experimentado, curtido, avezado **4** *fig. use (conversation)* salpicado *(with,* de).

sea·son·ing ['si:zənɪŋ] *n.* CULIN condimento, aderezo.

seat [si:t] *n.* **1** *(chair - gen)* asiento *(- in cinema, theater)* butaca **2** *(place) (at theater, opera, stadium)* localidad f. *(ticket)* entrada, localidad f. **3** *(of cycle)* sillín *m. (of toilet)* asiento *(of trousers)* fondillos mpl. *(of chair)* fondo *(bottom, buttocks)* trasero, pompis *m.* **4** *(center)* sede f., centro **5** POL *(in parliament)* escaño *(constituency)* distrito electoral ◇ *tr.* **1** *(sit)* sentar **2** *(accommodate)* tener sitio para *(theater, hall, etc.)* tener cabida para. **please be seated** siéntese/siéntense por favor **to be in the driving/driver's seat** dirigir, controlar. **to remain seated** quedarse sentado **to seat oneself** sentarse **to take a back seat** pasar a segundo plano, mantenerse al margen **to take a seat** sentarse, tomar asiento **seat belt** cinturón *m.* de seguridad.

seat·ing ['si:tɪŋ] *n.* asientos mpl.

sea·ward ['si:wəd] *adj. (facing sea)* que da al mar, hacia el mar *(coming from sea)* del mar.

sea·wa·ter ['si:wɔ:tə ᵉ] *n.* agua *f.* de mar.

sea·weed ['si:wi:d] *n.* alga (marina).

sea·wor·thy ['si:wɜ:ðɪ] *adj. (boat)* en condiciones de navegar.

sec¹ [sek] *n. [fam. use] (second)* segundo, momento.

sec² [sek] *n. [fam. use] (secretary)* secretario.

se·cede [sɪˈsi:d] *intr.* separarse *(from,* de), independizarse *(from,* de).

se·ces·sion [sɪˈseʃən] *n.* secesión f.

se·clude [sɪˈklu:d] *tr.* aislar, apartar, retirar. **to seclude oneself** aislarse, apartarse, retirarse.

se·clud·ed [sɪˈklu:dɪd] *adj.* aislado, apartado.

se·clu·sion [sɪˈklu:ʒən] *n. (act of secluding)* aislamiento, reclusión f. *(privacy)* intimidad f. **in seclusion** aislado.

sec·ond¹ ['sekənd] *n.* **1** *(time)* segundo **2** *[fam. use]* momento, momentito **second hand** *(of watch)* segundero.

sec·ond² ['sekənd] *adj. (gen) (another)* otro ◇ *pron.* segundo ◇ *n.* **1** *(in series)* segundo **2** AUTO *(gear)* segunda **3** SP *(boxing)* segundo, mánager *m.,* cuidador *m.* **4** MUS segunda *adv.* **1** segundo, en segundo lugar ◇ *tr.* **1** *(motion, proposal)* apoyar, secundar **2** *[fam. use] (agree)* estar de acuerdo con ◇ *npl.* **seconds 1** COMM artículos mpl. con tara, artículos mpl. defectuosos **2** *(food)* segunda ración *f.* **on second thoughts** pensándolo bien. **to be second nature to somebody** serle completamente natural a alguien **to be second to none** no tener igual. **to have a second string to one's bow** tener otra alternativa. **to have second thoughts (about something)** dudar *(sobre algo),* cambiar de idea *(sobre algo).* **to play second fiddle** desempeñar un papel secundario **Second World War** Segunda Guerra Mundial. NOTA: Ver también sixth.

sec·ond·ar·y ['sekəndərɪ] *adj.* secundario.

sec·ond-best [sekənd'best] *adj.* segundo mejor **to come off second-best** quedar en segundo lugar. **to settle for second-best** conformarse con una segunda alternativa.

sec·ond-class [sekənd'klɑ:s] *adj.* **1** *(ticket, carriage)* de segunda (clase) *(citizen)* de segunda categoría, de segunda clase *(goods)* de calidad inferior **2** *(mail, postage, stamp, etc.)* ordinario.

sec·ond-de·gree [sekəndɪ'gri:] *adj.* MED de segundo grado **second-degree burns** quemaduras fpl. de segundo grado.

sec·ond·er ['sekəndə ᵉ] *n.* persona que secunda una moción, etc.

sec·ond-guess [sekənd'ges] *tr.* **1** *[fam. use] (criticize, evaluate with hindsight)* cuestionar posteriormente **2** *[fam. use] (anticipate, predict)* intentar adivinar, anticiparse a, adelantarse a.

sec·ond-hand [sekənd'hænd] *adj.* **1** *(used, not new)* de segunda mano, usado, viejo **2** *(news, information)* de segunda mano ◇ *adv.* **1** *(buy)* de segunda mano **2** *(learn, find out)* por terceros **second-hand bookshop** librería de viejo **second-hand dealer** chamarilero.

sec·ond-in-com·mand ['sekəndɪnkə'mɑ:nd] *n.* **1** *(aboard ship)* segundo de a bordo **2** *(in hierarchy)* segundo en jefe, número dos.

sec·ond·ly ['sekəndlɪ] *adv.* en segundo lugar.

se·cre·cy ['si:krəsɪ] *n.* **1** *(gen)* secreto, sigilo **2** *(ability to keep secrets)* discreción f., reserva. **to swear somebody to secrecy** hacer que alguien jure guardar un secreto.

se·cret ['si:krət] *adj. (gen)* secreto ◇ *n.* **1** *(gen)* secreto *(something confided)* secreto, confidencia 2 *(method, key)* secreto, clave f. **in secret** *en secreto* **open secret** *secreto a voces.* **to be in (on) the secret** *estar al tanto, estar en el ajo, estar al corriente.* **to keep a secret** *guardar un secreto* **to keep something secret** *mantener algo en secreto.* **to let somebody in on a secret** *revelar un secreto a alguien, compartir un secreto con alguien.* **to make no secret of something** *no tratar de esconder algo.*

sec·re·tar·i·al [sekrɪˈteərɪəl] *adj.* de secretario **secretarial college** *escuela de secretariado* **secretarial course** *(curso de) secretariado.*

sec·re·tar·y [ˈsekrətərɪ] *n. pl.* **secretaries** 1 secretario 2 *(non-elected official)* ministro *(representative below ambassador)* ministro plenipotenciario **Secretary of State** *ministro de Asuntos m. Exteriores.*

sec·re·tar·y-gen·er·al [sekrətərɪˈdʒenərəl] *n. pl.* **secretaries-general** *secretario general.*

se·crete [sɪˈkriːt] *tr.* 1 *(emit liquid)* secretar, segregar 2 *[fml. use] (hide)* ocultar, esconder.

se·cre·tion [sɪˈkriːʃən] *n.* 1 *(of liquid)* secreción f. 2 *[fml. use] (hiding)* ocultación f.

se·cre·tive [ˈsiːkrətɪv] *adj. (gen)* sigiloso, hermético *(quiet)* reservado, callado.

se·cret·ly [ˈsiːkrətlɪ] *adv.* en secreto, a escondidas.

sect [sekt] *n.* secta.

sec·tar·i·an [sekˈteərɪən] *adj.* sectario.

sec·tar·i·an·ism [sekˈteərɪənɪzəm] *n.* sectarismo.

sec·tion [ˈsekʃən] *n.* 1 *(of newspaper, orchestra, department)* sección f. **(of furniture, book)** parte f. *(of road)* tramo *(of orange)* gajo 2 *(of population, community)* sector m. *(of army)* sección f. 3 *(of document, law)* artículo, apartado 4 *(of drawing)* sección f., corte m. 5 MED sección f. ◇ *tr.* 1 MED *(cut)* cortar, seccionar 2 *(divide)* dividir.

sec·tion·al [ˈsekʃənəl] *adj.* 1 *(furniture, etc.)* desmontable, modular 2 *(interests)* de grupo *(rivalry)* entre facciones 3 *(diagram, plan)* en sección.

sec·tor [ˈsektə] *n. (gen)* sector m.

sec·u·lar [ˈsekjʊlə] *adj.* 1 *(education)* laico *(art, music)* profano 2 *(clergy, priest)* seglar, secular.

sec·u·lar·ism [ˈsekjʊlərɪzəm] *n.* laicismo.

se·cure [sɪˈkjʊə] *adj.* 1 *(job, income, etc.)* seguro *(relationship, etc.)* estable 2 *(ladder, shelf, foothold)* firme *(stronghold)* seguro *(window, door)* bien cerrado *(rope, knot)* seguro, bien sujeto *(base, foundation)* sólido *tr.* 1 *(make safe)* asegurar *(protect)* salvaguardar, proteger *(from, de), (against, contra)* 2 *(fasten - rope, knot)* sujetar, fijar *(- window, door, etc.)* asegurar, cerrar bien 3 *(obtain)* obtener, conseguir 4 FIN *(loan)* garantizar, avalar.

se·cure·ly [sɪˈkjʊəlɪ] *adv.* 1 bien.

se·cu·ri·ty [sɪˈkjʊərətɪ] *n. pl.* **securities** 1 **(safety, confidence)** seguridad f. 2 *(protection)* seguridad f. 3 FIN *(guarantee)* fianza, garantía, aval m. ◇ *npl.* securities COMM valores mpl., títulos mpl. **to lend money on security** *prestar dinero sobre fianza.* **to stand security for somebody** *salir fiador de alguien, garantizar a alguien* **security leak** *fuga (de información), filtración f.* **security measure** *medida de seguridad* **security risk** *riesgo para la seguridad, peligro para la seguridad* **security van** *furgoneta blindada.*

se·date [sɪˈdeɪt] *tr.* MED administrar sedantes a, sedar.

se·da·tion [sɪˈdeɪʃən] *n.* sedación f. **to be under sedation** *estar bajo el efecto de los sedantes.*

sed·a·tive [ˈsedətɪv] *n.* sedante m., calmante m. ◇ *adj.* sedante.

sed·en·tar·y [ˈsedəntərɪ] *adj.* sedentario.

sed·i·ment [ˈsedɪmənt] *n.* 1 *(gen)* sedimento 2 *(of wine)* hez f., poso.

sed·i·men·ta·ry [sedɪˈmentərɪ] *adj.* sedimentario.

sed·i·men·ta·tion [sedɪmenˈteɪʃən] *n.* sedimentación f.

se·duce [sɪˈdjuːs] *tr.* 1 *(sexually)* seducir 2 *[fml. use] (tempt, entice)* tentar, seducir.

se·duc·tion [sɪˈdʌkʃən] *n. (sexual)* seducción f.

se·duc·tive [sɪˈdʌktɪv] *adj. (person, voice, look)* seductor *(clothing)* provocativo *(offer)* tentador.

see [siː] *tr. pp.* **saw** [sɔː], *pp.* **seen** [siːn], *ger.* **seeing** 1 *(gen)* ver 2 *(meet, visit)* ver *(receive)* ver, atender *(go out with)* salir con 3 *(understand)* comprender, entender, ver 4 **(visualize, imagine)** imaginarse, ver *(envisage)* creer 5 **(find out, discover)** ver *(learn)* oír, leer 6 *(ensure, check)* asegurarse de, procurar 7 *(accompany)* acompañar 8 *(in cards)* ver, ir ◇ *intr.* 1 *(gen)* ver 2 **(find out, discover)** ver 3 *(understand)* entender, ver **I'll be seeing you!** *¡hasta luego!* **let me see/let's see** *a ver, vamos a ver* **seeing is believing** *ver para creer* **see you around** *ya nos veremos* **see you later/ soon/Monday!** *¡hasta luego/pronto/el lunes!* **to be seeing things** *ver visiones.* **to have seen better days** *haber conocido tiempos mejores* **to see for oneself** *comprobarlo uno mismo* **to see a lot of somebody** *ver a alguien a menudo* **you see** *(in explanations)* verás *(in questions)* ¿sabes?, ¿ves?

to see about *tr. insep.* 1 *(deal with)* arreglar, organizar 2 *(consider)* ver, pensar.

to see through *tr. insep. (person)* calar a, verle el plumero a *(trick, game, scheme, etc.)* no creerse ◇ *tr. sep.* 1 *(support)* ayudar a salir de un apuro, ayudar a sobrellevar *(last)* alcanzar, llegar 2 *(not abandon until finished)* terminar, llevar a buen término.

to see to *tr. insep. (deal with)* atender a, ocuparse de, encargarse de.

seed [siːd] *n.* 1 BOT *(gen)* semilla *(for planting)* semilla, simiente f. *(of fruit)* pepita 2 SP *(tennis)* cabeza mf. de serie ◇ *tr.* 1 *(plant seeds)* sembrar (**with**, de) 2 *(remove seed)* despepitar 3 SP *(tennis)* asignar un lugar en el cuadro de un torneo ◇ *intr. (produce seed)* granar.

seed·y [ˈsiːdɪ] *adj. comp.* **seedier**, *superl.* **seediest** 1 *(place)* cutre, sórdido, de mala muerte *(person)* desastrado 2 *[fam. use] (unwell)* pachucho.

see·ing [ˈsiːɪŋ] *n. (vision)* visión f. ◇ *conj.* También **seeing as/seeing that** visto que, en vista de que, dado que, ya que **seeing eye dog** *perro lazarillo, perro guía.*

seek [siːk] *tr. & pp.* **sought** [sɔːt] 1 *(look for, try to obtain)* buscar 2 *(ask for)* pedir, solicitar 3 *(attempt, try)* tratar de, intentar ◇ *intr. (look for, try to obtain)* buscar *(after/for, -)*, ir en busca de. **to seek one's fortune** *probar fortuna.*

to seek out *tr. sep.* buscar.

seek·er [ˈsiːkə] *n.* buscador.

seem [siːm] *intr. (appear)* parecer **so it seems** *eso parece.*

seem·ing [ˈsiːmɪŋ] *adj.* aparente.

seem·ing·ly [ˈsiːmɪŋlɪ] *adv.* 1 *(used with adjective)* aparentemente 2 *(used separately)* al parecer, según parece.

seen [siːn] *pp.* VER: see.

seep [siːp] *intr.* filtrarse.

seep·age [ˈsiːpɪdʒ] *n. (of water)* filtración f. *(of gas)* fuga, escape m.

see·saw [ˈsiːsɔː] *n.* 1 *(for children)* balancín m., subibaja m. 2 *(movement)* vaivén m., oscilación f. ◇ *intr. (move)* oscilar, vacilar.

see-through ['siːθruː] adj. transparente.
seg-ment ['segmənt] n. (gen) segmento (of orange) gajo.
seg-men-ta-tion [segmən'teɪʃən] n. segmentación f.
seg-re-gate ['segrɪgeɪt] tr. segregar.
seg-re-ga-tion [segrɪ'geɪʃən] n. segregación f.
seis-mic ['saɪzmɪk] adj. sísmico **seismic wave** onda sísmica.
seis-mo-graph ['saɪzməgrɑːf] n. sismógrafo.
seis-mol-o-gist [saɪz'mɒlədʒɪst] n. sismólogo.
seis-mol-o-gy [saɪz'mɒlədʒɪ] n. sismología.
seize [siːz] tr. 1 (grab) asir, agarrar, coger 2 (opportunity) aprovechar 3 JUR (impound) incautar, embargar (confiscate) confiscar, decomisar 4 (take control of) tomar, apoderarse de 5 (person - arrest) detener (- take hostage) secuestrar 6 fig. use (strong feelings) apoderarse de, acometer **to be seized with something** (pain, fear, panic, etc.) apoderarse algo de uno.
    to seize on/up-on tr. insep. aprovechar, valerse de.
    to seize up intr. (machine, engine) agarrotarse (traffic) paralizarse.
sei-zure ['siːʒəʳ] n. 1 JUR (impoundment) incautación f., embargo (confiscation) confiscación f., decomiso 2 (of power, territory) toma 3 MED ataque m. (de apoplejía).
sel-dom ['seldəm] adv. raramente, rara vez, pocas veces.
se-lect [sɪ'lekt] tr. (thing) escoger, elegir (team, player, candidate) seleccionar ◇ adj. (audience, etc.) selecto, escogido (club, area, etc.) selecto, exclusivo, distinguido (fruit, wine) selecto, de primera calidad.
se-lect-ed [sɪ'lektɪd] adj. (gen) escogido (team, player, candidate) seleccionado **selected works** LIT obras fpl. escogidas.
se-lec-tion [sɪ'lekʃən] n. 1 (people or things chosen) selección f. (choosing) elección f. 2 (range to choose from) surtido, gama.
se-lec-tive [sɪ'lektɪv] adj. 1 (specific) selectivo (not general) parcial 2 (discriminating, choosy) exigente, selective.
se-lec-tive-ly [sɪ'lektɪvlɪ] adv. 1 (chosen) selectivamente (not generally) parcialmente 2 (carefully) de forma selectiva, con criterio selectivo.
self [self] n. pl. **selves** 1 ser m., uno mismo, sí mismo 2 (one's own interest) sí mismo 3 (in psychology) yo.
self-ab-sorbed [selfəb'sɔːbd] adj. absorto en sí mismo.
self-ad-he-sive [selfəd'hiːsɪv] adj. autoadhesivo, autoadherente.
self-a-nal-y-sis [selfə'nælɪsɪs] n. autoanálisis m.
self-ap-point-ed [selfə'pɔɪntɪd] adj. autoproclamado.
self-as-sur-ance [selfə'ʃuərəns] n. seguridad f., confianza en sí mismo.
self-as-sured [selfə'ʃuəd] adj. seguro de sí mismo.
self-cen-tered [self'sentəd] adj. egocéntrico.
self-clean-ing [self'kliːnɪŋ] adj. auto-limpiable.
self-clos-ing [self'kləʊzɪŋ] adj. de cierre automático.
self-com-posed [selfkəm'pəʊzd] adj. sereno, compuesto.
self-con-fessed [selfkən'fest] adj. confeso.
self-con-fi-dence [self'kɒnfɪdəns] n. seguridad f., confianza en sí mismo.
self-con-fi-dent [self'kɒnfɪdənt] adj. seguro de sí mismo.
self-con-scious [self'kɒnʃəs] adj. 1 (nervous) cohibido, tímido 2 (conscious) consciente de la propia identidad. **to be self-conscious about something** estar acomplejado por algo.

self-con-tained [selfkən'teɪnd] adj. 1 (flat, etc.) independiente, con entrada propia 2 (person - independent) independiente (- reserved) reservado.
self-con-trol [selfkən'trəʊl] n. dominio de sí mismo, autocontrol m.
self-crit-i-cism [self'krɪtɪsɪzəm] n. autocrítica.
self-de-cep-tion [selfdɪ'sepʃən] n. autoengaño.
self-de-feat-ing [selfdɪ'fiːtɪŋ] adj. contraproducente.
self-de-fence [selfdɪ'fens] n. defensa personal, autodefensa. **to act in self-defence** actuar en defensa propia.
self-de-ni-al [selfdɪ'naɪəl] n. abnegación f., sacrificio.
self-de-struct [selfdɪ'strʌkt] intr. autodestruirse.
self-de-ter-mi-na-tion [selfdɪtɜːmɪ'neɪʃən] n. autodeterminación f.
self-dis-ci-pline [self'dɪsɪplɪn] n. autodisciplina.
self-ed-u-cat-ed [self'edjʊkeɪtɪd] adj. autodidacta.
self-em-ployed [selfɪm'plɔɪd] adj. autónomo, que trabaja por cuenta propia.
self-es-teem [selfɪ'stiːm] n. amor m. propio.
self-ex-plan-a-to-ry [selfɪk'splænətrɪ] adj. que se explica por sí mismo, muy claro.
self-ful-fill-ing [selfful'fɪlɪŋ] adj. que se cumple únicamente porque se cree que se va a cumplir.
self-gov-ern-ing [self'gʌvənɪŋ] adj. autónomo.
self-gov-ern-ment [self'gʌvənmənt] n. autonomía, autogobierno.
self-help [self'help] n. autoayuda.
self-im-por-tance [selfɪm'pɔːtəns] n. engreimiento, presunción f.
self-im-por-tant [selfɪm'pɔːtənt] adj. engreído, presumido.
self-im-posed [selfɪm'pəʊzd] adj. autoimpuesto, voluntario.
self-in-dul-gence [selfɪn'dʌldʒəns] n. tendencia a permitirse excesos, indulgencia consigo mismo.
self-in-dul-gent [selfɪn'dʌldʒənt] adj. que se permite excesos, indulgente consigo mismo.
self-in-ter-est [self'ɪntrəst] n. interés m. propio.
self-ish ['selfɪʃ] adj. egoísta.
self-ish-ness ['selfɪʃnəs] n. egoísmo.
self-made [self'meɪd] adj. (man, woman) que ha llegado donde está por sus propios esfuerzos, que se ha hecho a sí mismo.
self-pit-y [self'pɪtɪ] n. autocompasión f., lástima de sí mismo.
self-por-trait [self'pɔːtreɪt] n. autorretrato.
self-pos-sessed [selfpə'zest] adj. sereno, dueño de sí mismo.
self-pres-er-va-tion [selfprezə'veɪʃən] n. supervivencia.
self-re-li-ance [selfrɪ'laɪəns] n. independencia, autosuficiencia.
self-re-li-ant [selfrɪ'laɪənt] adj. independiente, autosuficiente.
self-re-spect [selfrɪ'spekt] n. amor m. propio, dignidad f.
self-re-straint [selfrɪ'streɪnt] n. dominio de sí mismo, autocontrol m.
self-right-eous [self'raɪtʃəs] adj. petulante.
self-right-eous-ness [self'raɪtʃəsnəs] n. petulancia.
self-rule [self'ruːl] n. autonomía, autogobierno.
self-sac-ri-fice [self'sækrɪfaɪs] n. sacrificio, abnegación f.
self-sat-is-fied [self'sætɪsfaɪd] adj. satisfecho de sí mismo, ufano, engreído.
self-serv-ice [self'sɜːvɪs] adj. de autoservicio ◇ n. autoservicio.

self·suf·fi·cien·cy [selfsəˈfɪʃənsɪ] n. autosuficiencia.

self·suf·fi·cient [selfsəˈfɪʃənt] adj. autosuficiente.

self·taught [selfˈtɔːt] adj. autodidacta.

sell [sel] tr. pt. & pp. **sold** 1 (gen) vender 2 (fam. use) (convince) convencer de ◇ intr. (product) venderse **to be sold on something** estar entusiasmado por algo **to be sold out** estar agotado **to sell like hot cakes** venderse como rosquillas.

to sell off tr. sep. (gen) vender (cheaply) liquidar.

to sell out intr. 1 (be disloyal) claudicar, venderse 2 COMM (sell all of) agotarse (of, -), acabarse (of, -) 3 (sell business) vender el negocio ◇ tr. sep. COMM (sell all of) agotar, agotar las existencias de.

to sell up intr. vender el negocio, venderlo todo.

sell-by date [ˈselbaɪdeɪt] n. fecha límite de venta, fecha de caducidad.

sel·ler [ˈselə⁎] n. (person) vendedor. **to be a good/ bad seller** (product) venderse bien/mal **seller's market** mercado favorable al vendedor.

sell·ing [ˈselɪŋ] n. ventas fpl. **selling point** atractivo comercial **selling price** precio de venta.

sell-out [ˈselaʊt] n. 1 (performance) éxito de taquilla 2 [fam. use] (betrayal) traición f., engaño.

selves [selvz] npl. VER: self.

se·man·tic [sɪˈmæntɪk] adj. semántico.

se·man·tics [sɪˈmæntɪks] n. semántica.

sem·a·phore [ˈseməfɔː⁎] n. (device) semáforo (system) código de señales ◇ tr. transmitir por semáforo.

sem·blance [ˈsembləns] n. (fml. use) apariencia.

se·men [ˈsiːmən] n. semen m.

se·mes·ter [sɪˈmestə⁎] n. semestre m.

sem·i·au·to·mat·ic [semɪəˈtəˈmætɪk] adj. semiautomático.

sem·i·cir·cle [ˈsemɪsɜːkəl] n. semicírculo.

sem·i·cir·cu·lar [semɪˈsɜːkjʊlə⁎] adj. semicircular.

sem·i·co·lon [semɪˈkəʊlən] n. punto y coma m.

sem·i·con·duc·tor [semɪkənˈdʌktə⁎] n. semiconductor m.

sem·i·con·scious [semɪˈkɒnʃəs] adj. semiconsciente.

sem·i·dark·ness [semɪˈdɑːknəs] n. penumbra. **in semidarkness** en penumbra.

sem·i·fi·nal [semɪˈfaɪnəl] n. semifinal f.

sem·i·fi·nal·ist [semɪˈfaɪnəlɪst] n. semifinalista mf.

sem·i·nal [ˈsemɪnəl] adj. 1 (producing semen) seminal 2 fig. use (influential) fundamental, de gran influencia.

sem·i·nar [ˈsemɪnɑː⁎] n. EDUC seminario.

sem·i·of·fi·cial [semɪəˈfɪʃəl] adj. semioficial.

se·mi·ol·o·gy [semɪˈɒlədʒɪ] n. semiología.

se·mi·ot·ics [semɪˈɒtɪks] n. semiótica.

sem·i·pre·cious [semɪˈpreʃəs] adj. semiprecioso.

semi·skimmed [semɪˈskɪmd] adj. semidesnatado, semidescremado.

sem·i·tone [ˈsemɪtəʊn] n. semitono.

sen·ate [ˈsenət] n. 1 POL senado 2 EDUC claustro.

sen·a·tor [ˈsenətə⁎] n. senador.

send [send] tr. pt. & pp. **sent** [sent] 1 (gen) enviar, mandar (telex, telegram) enviar, poner (radio signal, radio message) transmitir, emitir 2 (order to go) mandar, enviar 3 (drive, cause to move) mandar (rocket, ball) lanzar 4 (cause to become) volver, hacer ◇ intr. (send a message) avisar **to send word** mandar aviso, enviar un mensaje, avisar.

to send a·way tr. sep. despachar.

to send back tr. sep. 1 (goods, etc.) devolver 2 (person) hacer volver.

to send for tr. insep. 1 (person) llamar a, hacer llamar a 2 (thing) pedir, encargar.

to send in tr. sep. 1 (application, request) mandar, enviar 2 (troops, police) enviar (visitor) hacer pasar.

to send on tr. sep. (letter) hacer seguir (luggage, etc.) enviar, mandar (por adelantado).

to send out tr. sep. 1 (leaflets, invitations) enviar, mandar (goods) despachar, mandar 2 (radio signals) emitir, transmitir, dar 3 (light, smoke, heat) emitir 4 (person) echar, hacer salir.

to send out for tr. insep. (food, etc.) mandar traer, mandar por, mandar a comprar.

send·er [ˈsendə⁎] n. remitente mf.

send-off [ˈsendɒf] n. [fam. use] despedida.

Sen·e·gal [senɪˈɡɔːl] n. Senegal.

Sen·e·ga·lese [senɪɡəˈliːz] adj. senegalés ◇ n. senegalés ◇ npl. the Senegalese los senegaleses mpl.

se·nile [ˈsiːnaɪl] adj. senil. **to go senile** chochear **senile dementia** demencia senil.

se·nil·i·ty [sɪˈnɪlətɪ] n. senilidad f.

sen·ior [ˈsiːnɪə⁎] adj. 1 (in age) mayor 2 (in rank) superior (with longer service) más antiguo, de mayor antigüedad ◇ n. 1 (in age) mayor mf. (in rank) superior 2 estudiante mf. del último curso **senior citizen** jubilado, persona de la tercera edad **senior high (school)** instituto donde se estudian los tres últimos cursos de la enseñanza media **senior management** altos cargos mpl. **senior officer** MIL oficial de alta graduación **senior partner** socio mayoritario.

sen·ior·i·ty [siːnɪˈɒrətɪ] n. (in length of service) antigüedad f. (in rank) superioridad f., jerarquía (in age) el hecho de ser mayor.

sen·sa·tion [senˈseɪʃən] n. 1 (feeling) sensación f. (ability to feel) sensibilidad f. 2 (interest, excitement, etc.) sensación f. (success) éxito. **to be a sensation** ser (todo) un éxito. **to cause a sensation** causar sensación.

sen·sa·tion·al [senˈseɪʃənəl] adj. 1 [fam. use] (wonderful) sensacional 2 (exaggerated) sensacionalista (causing interest, excitement, etc.) que causa sensación.

sen·sa·tion·al·ism [senˈseɪʃənəlɪzəm] n. sensacionalismo.

sen·sa·tion·al·ist [senˈseɪʃənəlɪst] adj. sensacionalista ◇ n. sensacionalista mf.

sen·sa·tion·al·ize [senˈseɪʃənəlaɪz] tr. sensacionalizar.

sense [sens] n. 1 (faculty) sentido 2 (feeling - of well-being, loss) sensación f. (awareness, appreciation - of justice, duty) sentido 3 (wisdom, judgement) sentido común, juicio, sensatez f., tino 4 (reason, purpose) sentido 5 (meaning - gen) sentido (- of word) significado, acepción f. ◇ tr. 1 (feel, perceive) sentir, percibir, presentir, intuir (apprehend, detect) percibir, darse cuenta de 2 (machine) detector ◇ npl. **senses** (normal state of mind) juicio m. sing. **in a sense** hasta cierto punto, en cierto sentido **in no sense** de ninguna manera **to be out of one's senses** no estar en sus cabales **to bring somebody to their senses** hacer a alguien entrar en razón **to come to one's senses** recobrar el juicio. **to make sense (have clear meaning)** tener sentido (be sensible) ser razonable, ser sensato **to make sense out of something** entender algo.

sense·less [ˈsensləs] adj. 1 (unconscious) inconsciente, sin conocimiento 2 (foolish, pointless) absurdo, sin sentido, insensato.

sen·si·bil·i·ty [sensɪˈbɪlətɪ] n. sensibilidad f. ◇ npl. **sensibilities** susceptibilidad f. sing., sensibilidad f. sing.

sen·si·ble [ˈsensɪbəl] adj. 1 (person) sensato (behavior, decision) razonable, prudente (choice) acertado 2 (clothes) práctico, cómodo.

sen·si·tive [ˈsensɪtɪv] adj. 1 (person - perceptive) sensible (to, a), consciente (to, de) 2 (person - touchy) susceptible (**to**, a), preocupado (**about**, por) **3** (teeth, paper, instrument, film) sensible (**to**) (skin) sensible, delicado **4** (issue) delicado **5** (document) confidencial.

sen·si·tiv·i·ty [sensɪ'tɪvətɪ] n. **1** (gen) sensibilidad f. (**to**, a/frente a) **2** (touchiness) susceptibilidad f. (**to**, a) **3** (of skin, issue) delicadeza.

sen·si·tize ['sensitaɪz] tr. **1** (to problem) sensibilizar, concienciar **2** TECH sensibilizar.

sen·sor ['sensəʳ] n. TECH sensor m., detector m.

sen·so·ry ['sensərɪ] adj. sensorial.

sen·su·al ['sensjuəl] adj. sensual.

sen·su·al·i·ty [sensjʊ'ælətɪ] n. sensualidad f.

sen·su·ous ['sensjʊəs] adj. sensual.

sen·su·ous·ness ['sensjʊəsnəs] n. sensualidad f.

sent [sent] pt. & pp. VER: send.

sen·tence ['sentəns] n. **1** (gen) frase f. (in grammar) oración f. **2** JUR sentencia, fallo ◇ tr. **1** JUR condenar **2** fig. use condenar, predestinar. **death sentence** pena de muerte.

sen·ti·ment ['sentɪmənt] n. **1** (sentimentality) sentimentalismo, sensiblería **2** [fml. use] (feeling) sentimiento **3** [fml. use] (opinion) opinión f., parecer m.

sen·ti·men·tal [sentɪ'mentəl] adj. **1** sentimental **2** pej. sentimentaloide, sensiblero.

sen·ti·men·tal·i·ty [sentɪmen'tælətɪ] n. sentimentalismo, sensiblería.

sen·try ['sentrɪ] n. pl. **sentries** centinela m.

Sep [sep'tembəʳ] abbr. (**September**) septiembre, setiembre.

sep·a·ra·ble ['sepərəbəl] adj. separable.

sep·a·rate [(vb.) 'separeɪt; (adj.) 'seprət] tr. **1** (gen) separar (**from**, de) (divide) dividir **2** (distinguish) distinguir, separar ◇ intr. **1** (gen) separarse **2** (mayonnaise, etc.) cortarse ◇ adj. **1** (apart) separado **2** (not shared) separado, individual **3** (different, distinct) distinto, diferente ◇ npl. **separates** (clothes) prendas de mujer que combinan con otras, pero que se venden sueltas. **to go one's separate ways** irse cada uno por su lado.

sep·a·rate·ly ['sepərətlɪ] adv. **1** (apart) por separado, aparte **2** (individually) por separado.

sep·a·ra·tion [sepə'reɪʃən] n. separación f.

sep·a·ra·tism ['separatɪzəm] n. separatismo.

sep·a·ra·tist ['sepəratɪst] n. separatista mf.

se·pi·a ['siːpiə] n. sepia m. ◇ adj. sepia.

Sep·tem·ber [səp'tembəʳ] n. septiembre m., setiembre m. **NOTA:** Para ejemplos de uso, ver May.

sep·tet [sep'tet] n. MUS septeto.

sep·tic ['septɪk] adj. séptico. **to go septic** infectarse **septic tank** pozo séptico, pozo negro.

sep·ti·ce·mi·a [septɪ'siːmiə] n. septicemia.

se·quel ['siːkwəl] n. **1** (result, consequence) secuela **2** (book, film, etc.) segunda parte f., continuación f.

se·quence ['siːkwəns] n. **1** (order) secuencia, orden m. **2** (series) secuencia, serie f., sucesión f. (in maths) secuencia (of cards) escalera **3** (of images) secuencia **sequence of tenses** concordancia de los tiempos verbales.

se·quen·tial [sɪ'kwenʃəl] adj. secuencial.

se·ques·ter [sɪ'kwestəʳ] tr. **1** [fml. use] (seclude) aislar **2** JUR (sequestrate) embargar, secuestrar.

se·quin ['siːkwɪn] n. lentejuela.

se·quoi·a [sɪ'kwɔɪə] n. secoya, secuoya.

Serb [sɜːb] n. (person) serbio ◇ adj. serbio.

Ser·bi·a ['sɜːbiə] n. Serbia.

Ser·bi·an ['sɜːbiən] n. **1** (person) serbio **2** (dialect) serbio ◇ adj. serbio.

Ser·bo-Cro·at [sɜːbəʊ'krəʊæt] n. (language) serbocroata m.

Ser·bo-Cro·at·ian [sɜːbəʊkrəʊ'eɪʃən] n. VER: Serbo-Croat.

ser·e·nade [serə'neɪd] n. serenata ◇ tr. dar una serenata a.

se·rene [sə'riːn] adj. sereno, tranquilo.

se·ren·i·ty [sə'renətɪ] n. serenidad f.

serf [sɜːf] n. siervo.

ser·geant ['sɑːdʒənt] n. **1** MIL sargento mf. **2** (of police) cabo mf.

se·ri·al ['sɪərɪəl] adj. **1** consecutivo, en serie **2** (in parts) seriado, en capítulos ◇ n. **1** (gen) serie f., serial m. (soap opera) radionovela, telenovela **2** (book) novela por entregas **serial killer** asesino en serie **serial number** número de serie.

se·ri·al·i·za·tion [sɪərɪəlaɪ'zeɪʃən] n. adaptación f. (para la radio o televisión, en capítulos).

se·ri·al·ize ['sɪərɪəlaɪz] tr. seriar, adaptar (para la radio o televisión, en capítulos).

se·ries ['sɪərɪz] n. pl. **series 1** (gen) serie f., sucesión f. **2** (of films, lectures, concerts, etc.) ciclo (of books) colección f. **3** (of programs) serie f., serial m. **4** SP serie f. **in series** TECH en serie.

se·ri·ous ['sɪərɪəs] adj. **1** (solemn, earnest) serio **2** (causing concern, severe) grave, serio.

se·ri·ous·ly ['sɪərɪəslɪ] adv. **1** (in earnest) en serio **2** (severely) seriamente.

ser·i·ous·ness ['sɪərɪəsnəs] n. **1** (severity) seriedad f., gravedad f. **2** (earnestness, solemnity) seriedad f. **in all seriousness** hablando (muy) en serio, bromas aparte.

ser·pent ['sɜːpənt] n. literal use serpiente f.

se·rum ['sɪərəm] n. pl. **serums** o **sera** MED suero.

serv·ant ['sɜːvənt] n. **1** (domestic) criado, sirviente mf. **2** fig. use servidor.

serve [sɜːv] tr. **1** (work for) servir (**as**, de) **2** (customer) servir, atender (food, drink) servir **3** (be useful to) servir, ser útil **4** (provide with service) prestar servicio a **5** (complete period of time - apprenticeship) hacer (- sentence) cumplir **6** JUR (summons, writ, court order, etc.) entregar, hacer entrega de **7** (tennis) sacar, servir ◇ intr. **1** (work for) servir **2** (in shop) atender (food, drink) servir **3** (be useful to) servir (**as**, de) **4** (tennis) servir, sacar ◇ n. (tennis) saque m. **if my memory serves me right/well** si no me falla la memoria, si mal no recuerdo **to serve time** cumplir una condena.

  to serve out tr. sep. **1** (food) servir **2** (complete period of time) cumplir, hacer.

  to serve up tr. sep. **1** (excuse, etc.) ofrecer **2** (meal, food) servir.

serv·er ['sɜːvəʳ] n. **1** (cutlery) cubierto de servir **2** (tray) bandeja, salvilla **3** REL (at mass) monaguillo **4** SP jugador que tiene el saque **5** (computer) servidor m.

serv·ice ['sɜːvɪs] n. **1** (attention to customer) servicio **2** (organization, system, business) servicio **3** (work, duty) servicio **4** (use) servicio **5** (maintenance of car, machine) revisión f. **6** REL oficio, oficio religioso **7** (of dishes) vajilla (for tea, coffee) juego **8** (tennis) saque m., servicio **9** JUR entrega, citación f., notificación f. ◇ adj. **1** (for use of workers) de servicio **2** (military) de militar ◇ tr. **1** (car, machine) revisar, hacer una revisión de **2** (organization, group) atender, servir **3** (debt, loan) pagar los intereses de npl. **services** ◇ (work, act, help) servicios mpl. ◇ npl. **the services** MIL las fuerzas fpl. armadas **at your service** a su disposición, para servirle **how can I be of (any) service (to you)?** ¿en qué puedo servirle? **service station** estación f. de servicio.

serv·ice·a·ble ['sɜːvɪsəbəl] adj. **1** (in usable condition) útil, utilizable, servible **2** (durable, hard-wearing) práctico, duradero.

serv·ice·man [ˈsɜːvɪsmən] *n. pl.* **servicemen** militar *m.*

serv·ice·wom·an [ˈsɜːvɪswʊmən] *n. pl.* **servicewomen** [ˈsɜːvɪswɪmɪn] militar *f.*

serv·ing [ˈsɜːvɪŋ] *n.* porción *f.*, ración *f.* **serving dish** fuente *f.*

ser·vi·tude [ˈsɜːvɪtjuːd] *n.* servidumbre *f.*

ses·a·me [ˈsesəmɪ] *n.* BOT sésamo, ajonjolí *m.* **sesame oil** aceite *m.* de sésamo.

ses·sion [ˈseʃən] *n.* 1 (*formal meeting*) sesión *f.*, junta, reunión *f.* (*sitting*) sesión *f.* 2 (*period of time, activity*) sesión *f.* 3 EDUC (*year*) año académico, curso académico (*term*) trimestre *m.*

set[1] [set] *n.* 1 (*of golf clubs, brushes, tools, etc.*) juego (*books, poems*) colección *f.* (*of turbines*) equipo, grupo (*of stamps*) serie *f.* 2 ELEC (*apparatus*) aparato 3 MATH conjunto 4 SP (*tennis*) set *m.* 5 MUS (*performance*) actuación *f.* 6 (*of people*) grupo (*clique*) pandilla, camarilla 7 (*of pupils*) grupo.

set[2] [set] *n.* 1 (*in hairdressing*) marcado 2 (*scenery*) decorado (*place of filming*) plató *m.* 3 (*position, posture*) postura, posición *f.* ◇ *adj.* 1 (*placed*) situado 2 (*fixed, arranged*) fijo, determinado, establecido 3 (*rigid, stiff*) rígido, forzado (*opinion*) inflexible (*idea*) fijo 4 EDUC (*book*) prescrito 5 (*ready, prepared*) listo (**for/to**, para), preparado (**for/to**, para) (*likely*) probable ◇ *tr. pt. & pp.* **set** 1 (*put, place*) poner, colocar 2 (*prepare - trap*) tender, preparar (*- table*) poner (*- camera, video*) preparar (*- clock, watch, oven, etc.*) poner 3 (*date, time*) fijar, señalar, acordar (*example*) dar (*rule, record, limit*) establecer (*precedent*) sentar (*fashion*) imponer, dictar 4 (*jewel - value*) poner (*jewel, stone*) montar, engastar 6 (*text for printing*) componer 7 MED (*broken bone*) componer (*joint*) encajar 8 (*exam, test, problem*) poner (*homework*) mandar, poner (*task*) asignar (*text*) prescribir (*target, aim*) fijar, proponer 9 (*story, action*) ambientar 10 (**provoke, start off**) poner, hacer 11 (*provide music for*) arreglar, poner música a 12 (*hair*) marcar 13 (*make firm - jelly*) cuajar (*- cement*) hacer fraguar (*- teeth*) apretar ◇ *intr.* 1 (*sun, moon*) ponerse 2 (*liquid, jelly*) cuajar, cuajarse (*cement*) fraguarse, endurecerse (*glue*) endurecerse (*bone*) soldarse **to be all set** estar listo, estar preparado. **to set fire to something** prender fuego a algo **to set free** poner en libertad, liberar **to set one's heart on something** querer algo más que nada.

to set a·gainst *tr. sep.* 1 (*cause to oppose*) enemistar con, poner en contra de 2 (*balance, compare*) contraponer, sopesar, comparar con (*subtract from*) desgravar.

to set a·part *tr. sep.* (*distinguish*) distinguir (**from**, de), hacer diferente (**from**, de).

to set a·side *tr. sep.* 1 (*save - money*) guardar, ahorrar (*- time*) dejar (*disregard*) reservar 2 (*disregard*) dejar de lado 3 JUR (*quash, overturn*) anular.

to set back *tr. sep.* 1 (*at a distance*) apartar, retirar 2 (*delay*) retrasar, atrasar 3 (*fam. use*) (*cost*) costar.

to set down *tr. sep.* 1 (*write*) poner por escrito, escribir 2 (*establish*) establecer, fijar.

to set forth *intr.* emprender marcha, partir.

to set in *intr.* (*bad weather*) empezar, comenzar (*problems, etc.*) surgir (*infection, disease*) declararse.

to set off *intr.* (*begin journey*) salir, ponerse en camino ◇ *tr. sep.* 1 (*bomb*) hacer estallar, hacer explotar (*alarm*) hacer sonar (*firework*) lanzar, tirar 2 (*cause, start*) hacer empezar, provocar, desencadenar 3 (*enhance*) hacer resaltar, realzar.

to set on *tr. sep.* (*cause to attack*) echar ◇ *tr. insep.* (*attack*) atacar, agredir.

to set out *intr.* 1 (*begin journey*) partir, salir (**for**, para) 2 (*intend*) proponerse (**to**, -), tener la intención de, querer *tr. sep.* 1 (*arrange*) disponer, exponer 2 (*explain*) exponer.

to set to *intr.* ponerse a, empezar a.

to set up *tr. sep.* 1 (*statue*) levantar, erigir (*roadblock*) colocar (*tent, stall*) montar (**machine, equipment**) montar, armar 2 (*fam. use*) (*drinks*) poner, servir 3 (*business*) montar, poner (**school, trust fund**) fundar (*inquiry*) abrir (*committee*) crear 4 (*provide with*) proveer de 5 (*fam. use*) (*make healthier*) ayudar a reponerse 6 (*establish person*) establecerse (**as**, como) 7 (*claim to be*) pretender ser ◇ *intr.* establecerse (**as**, como).

set·back [ˈsetbæk] *n.* revés *m.*, contratiempo.

set·ting [ˈsetɪŋ] *n.* 1 (*of sun*) puesta 2 (*of jewel*) engaste *m.*, montura 3 (*background*) marco, entorno (*of film, novel*) escenario 4 (*of machine, device, etc.*) ajuste *m.*, posición *f.* 5 (*place at table*) cubierto 6 MUS arreglo, versión *f.*

set·ting-up [setɪŋˈʌp] *n.* creación *f.*, fundación *f.*

set·tle [ˈsetəl] *tr.* 1 (*establish*) instalar, colocar (*make comfortable*) poner cómodo, acomodar 2 (*decide on, fix*) acordar, decidir, fijar 3 (*sort out - problem, dispute*) resolver, solucionar (*- differences*) resolver, arreglar (*- score*) arreglar, ajustar 4 (*calm - nerves*) calmar (*- stomach*) asentar (*- weather*) arreglar, asentar 5 (*pay - debt*) pagar (*- account*) saldar, liquidar 6 (*colonize*) colonizar, poblar 7 (*cause to sink - sediment*) depositar (*- dust*) asentar ◇ *intr.* 1 (**make one's home in**) establecerse, afincarse, instalarse 2 (*make oneself comfortable*) ponerse cómodo (**into**, en), acomodarse (**into**, en) 3 (*bird, fly, etc.*) posarse (*dust*) asentarse (*snow*) cuajar (*cloud, fog*) caer 4 (*sediment, dregs*) precipitarse, depositarse (*liquid*) asentarse, clarificarse (*earth, ground*) asentarse 5 (**calm down - person**) calmarse, tranquilizarse (*- weather*) serenarse 6 (*pay*) pagar, saldar la cuenta, saldar la deuda 7 JUR resolver 8 *fig. use* (*silence, stillness, etc.*) caer.

to set·tle down *intr.* 1 (*establish a home*) instalarse, afincarse, establecerse (*lead settled way of life - gen*) empezar a llevar una vida asentada (*- wild person*) sentar (la) cabeza 2 (*calm down*) calmarse, tranquilizarse (**get back to normal**) normalizarse, volver a la normalidad 3 (*get comfortable*) ponerse cómodo, acomodarse, instalarse.

to set·tle down to *tr. insep.* (*get used to*) adaptarse a, acostumbrarse a ◇ *intr.* (*begin seriously, give attention to*) ponerse a.

to set·tle for *tr. insep.* (*accept*) conformarse con, aceptar.

to set·tle in *intr.* 1 (*get used to*) acostumbrarse, adaptarse 2 (*move in*) instalarse.

to set·tle on *tr. insep.* (*decide on*) decidirse por (*choose*) escoger (*agree on*) ponerse de acuerdo sobre *tr. sep.* JUR (*transfer*) ceder a, transferir a.

to set·tle up *intr.* 1 (*pay and receive what is owed*) arreglar (las) cuentas 2 (*pay bill*) pagar, saldar la cuenta (**with**, con).

set·tled [ˈsetəld] *adj.* (*habits, life*) ordenado (*weather*) estable.

set·tle·ment [ˈsetəlmənt] *n.* 1 (*village*) poblado, pueblo, asentamiento (*colony*) colonia 2 (*colonization*) colonización *f.*, población *f.* 3 (*agreement*) acuerdo, convenio (*solution*) solución *f.*, resolución *f.* 4 (*of debt*) pago (*of account*) liquidación *f.* 5 (*formal gift, money, property*) donación *f.* (**on**, a).

set·tler [ˈsetələʳ] *n.* poblador, colono *mf.*, colonizador.

set·up ['setʌp] *n.* **1** *(arrangement, organization)* sistema *m.*, situación *f.* **2** *[fam. use] (trick)* montaje *m.*

sev·en ['sevən] *adj.* siete *n.* siete *m.* **NOTA:** Ver también six.

sev·en·teen [sevən'tiːn] *adj.* diecisiete *n.* diecisiete *m.* **NOTA:** Ver también six.

sev·en·teenth [sevən'tiːnθ] *adj.* decimoséptimo *adv.* en decimoséptimo lugar *n.* **1** *(in series)* decimoséptimo **2** *(fraction)* decimoséptimo *(one part)* decimoséptima parte *f.* **NOTA:** Ver también sixth.

sev·enth ['sevənθ] *adj.* séptimo *adv.* en séptimo lugar *n.* **1** *(in series)* séptimo **2** *(fraction)* séptimo *(one part)* séptima parte *f.* **to be in seventh heaven** estar en la gloria **NOTA:** Ver también sixth.

sev·en·ties ['sevəntɪz] *npl.* the seventies los años *mpl.* setenta. **to be in one's seventies** tener entre setenta y ochenta años, tener setenta y tantos años **NOTA:** Ver también sixties.

sev·en·ti·eth ['sevəntɪəθ] *adj.* septuagésimo *adv.* en septuagésimo lugar *n.* **1** *(in series)* septuagésimo **2** *(fraction)* septuagésimo *(one part)* septuagésima parte *f.* **NOTA:** Ver también sixtieth.

sev·en·ty ['sevəntɪ] *adj.* setenta *n.* setenta *m.* **NOTA:** Ver también sixty.

sev·er·al ['sevərəl] *adj.* **1** *(some)* varios **2** *[fml. use] (different, separate)* distintos, diversos *pron.* *(some)* varios.

sev·er·ance ['sevərəns] *n.* ruptura **severance pay** indemnización *f.* por cese.

se·vere [sɪ'vɪə ʳ] *adj.* **1** *(person, punishment, treatment)* severo **2** *(pain)* agudo *(injury, illness, damage)* grave, serio **3** *(climate, winter)* duro, severo *(shortage)* grave *(setback, blow)* severo, duro *(criticism)* severo **4** *(competition, test)* duro, difícil **5** (ARCH) austero.

se·vere·ly [sɪ'vɪəlɪ] *adv.* **1** *(strictly)* severamente, con severidad **2** *(seriously)* gravemente **3** *(harshly)* duramente **4** *(austerely)* austeramente.

se·ver·i·ty [sɪ'verətɪ] *n.* **1** *(of person, punishment, criticism)* severidad *f.* **2** *(of pain)* agudeza, intensidad *f.* *(of illness, wound)* gravedad *f.* *(of climate)* rigor *m.* **3** *(of style)* austeridad *f.*

sew [səu] *tr. pt.* **sewed**, *pp.* **sewed** o **sewn** coser **(onto,** a) *intr.* coser.

to sew up. *tr. sep.* **1** *(hole, tear, etc.)* coser *(mend)* remendar **2** *(wound)* coser, suturar **3** *[fam. use] (arrange, settle)* arreglar, acordar.

sew·age ['sjuːɪdʒ] *n.* aguas *fpl.* residuales, aguas *fpl.* negras **sewage disposal** tratamiento de aguas residuales **sewage system** alcantarillado.

sew·er ['sjuə ʳ] *n.* alcantarilla, cloaca *npl.* sewers alcantarillado.

sew·ing ['səuɪŋ] *n.* costura **sewing machine** máquina *f.* de coser.

sewn [səun] *pp.* **VER:** sew.

sex [seks] *n.* sexo *tr.* TECH sexar. **to have sex with somebody** tener relaciones sexuales con alguien **sex act** acto sexual **sex appeal** sex-appeal *m.*, atractivo sexual **sex education** educación *f.* sexual **sex life** vida sexual **sex object** objeto sexual **sex organ** órgano sexual.

sex·a·ge·nar·i·an [seksədʒə'neərɪən] *n.* sexagenario.

sex·ism ['seksɪzəm] *n.* sexismo *m.*

sex·ist ['seksɪst] *adj.* sexista *n.* sexista *mf.*

sex·ol·o·gist [sek'sɒlədʒɪst] *n.* sexólogo *m.*

sex·ol·o·gy [sek'sɒlədʒɪ] *n.* sexología *f.*

sex·tant ['sekstənt] *n.* sextante *m.*

sex·tet [seks'tet] *n.* MUS sexteto.

sex·ton ['sekstən] *n.* REL sacristán *m.*

sex·tu·plet [sek'stjuːplət] *n.* sextillizo.

sex·u·al ['seksjuəl] *adj.* sexual **sexual harassment** acoso sexual **sexual intercourse** relaciones *fpl.* sexuales.

sex·u·al·i·ty [seksjuˈælətɪ] *n.* sexualidad *f.*

sex·u·al·ly ['seksjuəlɪ] *adv.* sexualmente **sexually transmitted disease** enfermedad *f.* de transmisión sexual.

sex·y ['seksɪ] *adj. comp.* **sexier**, *superl.* **sexiest** *(sexually attractive)* sexy *(erotic)* erótico.

Sey·chelles [seɪ'ʃelz] *n.* the Seychelles las Seychelles *fpl.*

shab·bi·ness ['ʃæbɪnəs] *n.* *(poor condition)* aspecto lastimoso, mal aspecto *(of people)* pobreza, aspecto lastimoso *(of clothes)* pobreza, vejez *f.*

shab·by ['ʃæbɪ] *adj. comp.* **shabbier**, *superl.* **shabbiest 1** *(clothes)* gastado, raído, desharrapado *(furniture)* de aspecto lastimoso *(place)* desvencijado, destartalado **2** *(person - in old clothes)* mal vestido, pobremente vestido *(unkept)* desaseado **3** *(treatment)* mezquino.

shack [ʃæk] *n.* choza.

shade [ʃeɪd] *n.* **1** *(shadow)* sombra **2** *(for lamp)* pantalla *(for eye)* visera *(blind)* persiana **3** *(of color)* tono, matizm **4** *(small bit)* poquito **5** *fig. use (of meaning)* matiz *m.* *tr.* **1** *(shelter from light)* proteger de la luz, resguardar de la luz **2** *(screen)* tapar **3** ART *(darken)* sombrear **(in,** -) *intr.* *(change gradually)* convertirse **(into,** en) *npl.* shades *[fam. use]* gafas *fpl.* de sol.

shad·ing ['ʃeɪdɪŋ] *n.* sombreado.

shad·ow ['ʃædəu] *n.* **1** *(dark shape)* sombra **2** *(trace)* sombra, vestigio **3** *(follower)* sombra **4** *(under eyes)* ojera *tr.* *(follow)* seguir la pista a **2** *(cast shadow on)* hacer sombra *npl.* shadows *(darkness)* oscuridad *f. sing.* **to cast a shadow** hacer sombra.

shad·ow·y ['ʃædəuɪ] *adj.* **1** *(dark)* oscuro *(dim)* vago, impreciso, borroso **2** *(mysterious)* misterioso.

shad·y ['ʃeɪdɪ] *adj. comp.* **shadier**, *superl.* **shadiest 1** *(place)* a la sombra *(tree)* que da sombra **2** *[fam. use] (person)* sospechoso *(deal, past)* turbio.

shaft [ʃɑːft] *n.* **1** *(of axe, tool, golf club)* mango *(of arrow)* astilm *(of lance, spear)* asta *(of cart)* vara **2** TECH eje *m.* **3** *(of mine)* pozo *(of lift)* hueco **4** *(of light)* rayo.

shake [ʃeɪk] *n.* **1** sacudida **2** *[fam. use] (milkshake)* batido *tr. pt.* **shook** [ʃuk], *pp.* **shaken** ['ʃeɪkən] **1** *(move - carpet, person)* sacudir *(- bottle, dice)* agitar *(- building)* hacer temblar **2** *(upset, shock)* afectar, impresionar, conmocionar **3** *(weaken)* debilitar, minar *intr. (gen)* temblar *npl.* the shakes *(trembling)* temblequera *(feverish)* tiritera **to be no great shakes** no ser nada del otro mundo, no ser nada del otro jueves. **to shake hands with somebody/shake somebody's hand/shake somebody by the hand** darle la mano a alguien, estrecharle la mano a alguien.

to shake up. *tr. sep.* **1** *(liquid)* agitar **2** *(shock, upset)* afectar, impresionar, conmocionar **3** *(rearrange)* reorganizar *(rouse)* espabilar.

shak·en ['ʃeɪkən] *pp.* **VER:** shake *adj.* *(liquid)* agitado **to be shaken up by something** estar muy afectado por algo.

shak·er ['ʃeɪkə ʳ] *n.* *(for cocktails)* coctelera *(for salt)* salero.

shake-up ['ʃeɪkʌp] *n.* COMM reorganización *f.*

shak·y ['ʃeɪkɪ] *adj. comp.* **shakier**, *superl.* **shakiest 1** *(hand, voice)* tembloroso *(writing)* temblón *(step)* inseguro *(health)* débil, delicado **2** *(ladder, table, etc.)* cojo, inestable, poco firme **3** *fig.*

S

use (argument, etc.) sin fundamento *(government, currency)* débil *(theory, start)* flojo.

shall [ʃæl, unstressed ʃəl] auxiliary **1** Se usa con la 1a. persona *sing.* & *pl. (future)* **2** Se usa con la 1a. persona *sing.* & *pl. (questions, offers, suggestions)* **3** *[fml. use] (emphatic, command).*

shal·low [ˈʃæləʊ] *adj.* **1** *(water, pond, etc.)* poco profundo *(dish, bowl)* llano, plano **2** *fig. use* superficial ◇ *npl.* shallows bajío *m. sing.*

shal·low·ness [ˈʃæləʊnəs] *n.* **1** *(of water)* poca profundidad *f.*, falta de profundidad **2** *fig. use* superficialidad *f.*

sham·bles [ˈʃæmbəlz] *n. [fam. use] (mess)* desastre *m.*, caos *m.*

shame [ʃeɪm] *n.* **1** *(disgrace, humiliation)* vergüenza *(dishonor)* deshonra **2** *(pity)* pena, lástima ◇ *tr.* avergonzar, deshonrar. **shame on you!** ¡qué vergüenza! **to bring shame on somebody/something** deshonrar a alguien/algo. **to put somebody to shame** *(be superior to)* dejar a alguien en evidencia, hacer pasar vergüenza a alguien.

shame·ful [ˈʃeɪmfʊl] *adj.* vergonzoso.

shame·less [ˈʃeɪmləs] *adj. (person)* desvergonzado, sinvergüenza *(behavior)* descarado.

sham·poo [ʃæmˈpuː] *n. pl.* **shampoos 1** *(product)* champú *m.* **2** *(act)* lavado ◇ *tr. pt. & pp.* **shampooed**, *ger.* **shampooing** *(hair)* lavar, lavarse (con champú) *(carpet)* limpiar.

shan't [ʃɑːnt] auxiliary **VER:** shall.

shape [ʃeɪp] *n.* **1** *(form, appearance)* forma **2** *(outline, shadow)* figura, bulto **3** *(state - of thing)* estado *(- of person)* forma, condiciones *fpl.* **4** *(framework, character)* conformación *f.*, configuración *f.* ◇ *tr.* **1** *(gen)* dar forma a *(clay)* modelar **2** *(character)* formar *(future, destiny)* decidir, determinar **in all shapes and sizes** de todas las formas. **the shape of things to come** lo que nos espera. **to get (oneself) into shape** ponerse en forma.

shaped [ʃeɪpt] *adj.* en forma de, con forma de.

shape·less [ˈʃeɪpləs] *adj.* informe, sin forma.

shape·ly [ˈʃeɪplɪ] *adj. (body)* curvilíneo *(legs)* torneado.

share [ʃeəʳ] *n.* **1** *(portion)* parte *f.* **2** FIN *(held by shareholder)* acción *f. (held by partner)* participación *f.* ◇ *tr.* **1** *(have or use with others)* compartir *(have in common)* compartir, tener en común **2** *(tell news, feelings, etc.)* compartir **3** *(divide)* repartir, dividir ◇ *intr.* compartir.

share·hold·er [ˈʃeəhəʊldəʳ] *n.* accionista *mf.*

share-out [ˈʃeəraʊt] *n.* reparto.

shark¹ [ʃɑːk] *n.* ZOOL tiburón *m.*

shark² [ʃɑːk] *n. [fam. use] (swindler)* estafador, timador **loan shark** usurero.

sharp [ʃɑːp] *adj.* **1** *(knife, etc.)* afilado *(needle, pencil)* puntiagudo *(features)* anguloso **2** *(angle)* agudo *(bend)* cerrado *(slope)* empinado *(turn, rise, fall)* brusco **3** *(outline)* definido *(photograph, etc.)* nítido *(contrast)* marcado **4** *(mind, wit)* perspicaz *(eyes, ears)* agudo, bueno *(reflexes)* rápido **5** *(person - clever)* listo, vivo *(- quick-witted)* avispado, despabilado, despierto **6** *(pain)* agudo, fuerte *(cry, noise)* agudo, estridente *(frost)* fuerte *(wind)* cortante, penetrante **7** *(taste)* ácido *(smell)* acre **8** *(change, etc.)* brusco, repentino, súbito **9** *(blow)* seco **10** *(criticism)* mordaz *(rebuke)* severo *(retort)* cortante *(temper)* arisco, violento *(tone)* seco **11** *(unscrupulous)* astuto, mañoso **12** MUS *(key)* sostenido *(too high)* desafinado *F.* ◇ *adv.* **1** *(exactly)* en punto **2** *(abruptly)* bruscamente **3** MUS *(too high)* demasiado alto *n.* MUS sostenido. **look sharp!** ¡date

prisa!, ¡espabílate! **to be as sharp as a needle** ser un lince. **to have a sharp tongue** tener una lengua mordaz **sharp practice** mañas *fpl.*, tejemanejes *mpl.*

sharp-edged [ʃɑːpˈedʒd] *adj.* afilado.

sharp·en [ˈʃɑːpən] *tr.* **1** *(knife, claws)* afilar *(pencil)* sacar punta a **2** *fig. use (feeling, intelligence)* aguzar *(desire)* avivar *(appetite)* abrir *(awareness)* sensibilizar ◇ *intr.* **1** *(voice)* agudizarse *(tone)* hacerse más mordaz.

sharp·en·er [ˈʃɑːpənəʳ] *n. (for knife)* afilador *m. (for pencil)* sacapuntas *m.*

sharp·ness [ˈʃɑːpnəs] *n.* **1** *(of knife)* lo afilado *(of point)* lo puntiagudo *(of features)* lo anguloso **2** *(of taste)* acidez *f.* **3** *(abruptness, suddenness)* brusquedad *f.* **4** *(of image, etc.)* nitidez *f.* **5** *(of pain)* agudeza, intensidad *f.* **6** *(harshness)* mordacidad *f.*, severidad *f.*

sharp-tongued [ʃɑːpˈtʌŋd] *adj.* de lengua viperina, de lengua mordaz.

sharp-wit·ted [ʃɑːpˈwɪtɪd] *adj.* avispado, perspicaz.

shat·ter [ˈʃætəʳ] *tr.* **1** *(break into small pieces)* romper, hacer añicos, hacer pedazos **2** *fig. use (health)* destrozar, quebrantar, minar *(nerves)* destrozar *(hopes, confidence)* frustrar, destruir **3** *[fam. use] (shock)* conmocionar, afectar, dejar destrozado **4** *[fam. use] (exhaust)* dejar hecho polvo, reventar ◇ *intr. (break - gen)* romperse, hacerse añicos, hacerse pedazos *(- glass)* astillarse, estallar (en pedazos).

shat·tered [ˈʃætəd] *adj.* **1** *(broken)* hecho añicos, hecho pedazos **2** *fig. use (hopes, confidence)* destruido **3** *(shocked)* destrozado **4** *(exhausted)* agotado, hecho polvo, reventado.

shat·ter·ing [ˈʃætərɪŋ] *adj.* **1** *(experience, news, etc.)* terrible, demoledor *(loss)* terrible, tremendo **2** *(defeat)* aplastante *(blow)* demoledor **3** *(exhausting)* agotador.

shat·ter-proof [ˈʃætəpruːf] *adj.* inastillable.

shave [ʃeɪv] *n.* afeitado ◇ *tr.* **1** *(face, legs, underarms)* afeitar *(head)* rapar **2** *(wood)* cepillar **3** *fig. use (reduce - costs)* recortar **4** *[fam. use] (touch slightly)* rozar ◇ *intr. (person)* afeitarse.

shav·en [ˈʃeɪvən] *adj. (face, chin)* afeitado *(head)* rapado.

shav·er [ˈʃeɪvəʳ] *n.* máquina de afeitar.

shav·ing [ˈʃeɪvɪŋ] *n. (of face)* afeitado ◇ *npl.* shavings *(wood)* virutas *fpl.*

shawl [ʃɔːl] *n.* chal *m.*, mantón *m.*

she [ʃiː] *pron.* ella ◇ *n. (animal)* hembra *(baby)* niña.

she- [ʃiː] *pref.* hembra.

shear [ʃɪəʳ] *tr. pt.* **sheared**, *pp.* **sheared** o **shorn** [ʃɔːn] **1** *(sheep)* esquilar, trasquilar *(off, -)* **2** *literal use (hair)* cortar *(off, -)* **3** TECH *(bolt, shaft)* romper ◇ *intr.* TECH *(break)* romperse *(off, -)* *(cut)* cortar ◇ *npl.* shears *(gen)* tijeras *fpl.* (grandes) *(for hedges)* podadera *f. sing. (for metal)* cizalla *f. sing.*, cizallas *fpl.*

shear·er [ˈʃɪərəʳ] *n.* esquilador, trasquilador.

shear·ing [ˈʃɪərɪŋ] *n.* esquileo, esquila.

sheath [ʃiːθ] *n. pl.* **sheaths** [ʃiːðz] **1** *(for sword)* vaina *(for knife, scissors)* funda *(for cable)* forro, cubierta **2** BOT vaina **3** *(condom)* preservativo, condón *m.* **4** *(dress)* vestido tubo.

sheathe [ˈʃiːð] *tr.* **1** *(sword)* envainar *(knife)* enfundar **2** *(cable, etc.)* revestir *(building)* cubrir.

shed¹ [ʃed] *n. (in garden, for bicycles)* cobertizo *(workman's hut)* cabaña *(for cattle)* establo *(industrial)* nave *f.*

shed² [ʃed] *tr. pt. & pp.* **shed**, *ger.* **shedding 1** *(leaves, horns, skin)* mudar *(clothes)* quitarse, despojarse de *(workers, jobs)* deshacerse de *(load, weight)* perder 2 *fig. use (inhibitions, etc.)* liberarse de 3 *(water)* repeler 4 *(blood, tears, etc.)* derramar 5 *(light, warmth)* emitir.

she'd [ʃiːd] *contr.* 1 she had 2 she would.

sheep [ʃiːp] *n. pl.* **sheep** oveja. **like sheep** *como borregos.*

sheep-dog ['ʃiːpdɒg] *n.* perro pastor **sheepdog trial** concurso de perros pastores.

sheep-skin ['ʃiːpskɪn] *n.* 1 *(skin, leather)* piel *f.* de borrego 2 *(parchment)* pergamino.

sheer [ʃɪəʳ] *adj.* 1 *(total, utter)* total, absoluto, puro 2 *(cliff)* escarpado *(drop)* vertical 3 *(stockings, etc.)* muy fino.

sheet [ʃiːt] *n.* 1 *(on bed)* sábana 2 *(of paper)* hoja *(of metal)* lámina, chapa *(of glass)* lámina, placa *(of tin)* hoja 3 *(of ice)* capa, placa *(of water)* expansión *f.* *(of flames, rain)* cortina 4 *(fam. use) (newspaper)* periódico ◇ *intr. (rain heavily)* diluviar, llover a cántaros **sheet lightning** relámpagos *mpl.* difusos **sheet metal** chapa de metal **sheet music** hojas *pl.* de partitura, papel pautado.

sheikh [ʃeɪk] *n.* jeque *m.*

shelf [ʃelf] *n. pl.* **shelves** 1 *(in bookcase, cupboard)* estante *m.*, balda, anaquel *m.* *(on wall)* estante *m.*, anaquel *m.*, repisa, balda *(in oven)* parrilla, rejilla 2 GEOL *(in rock)* promontorio, saliente *m.* *(underwater)* plataforma. **to be left on the shelf** *(unmarried woman)* quedarse para vestir santos **continental shelf** plataforma continental **(set of) shelves** estantería.

shell [ʃel] *n.* 1 *(of egg, nut)* cáscara *(of pea)* vaina *(of tortoise, lobster, etc.)* caparazón *m.* *(of snail, oyster, etc.)* concha 2 *(of building)* armazón *m.*, esqueleto, estructura *(of vehicle)* armazón *m.* *(of ship)* casco 3 MIL *(for explosives)* proyectil *m.*, obús *m.* *(cartridge)* cartucho ◇ *tr.* 1 *(nuts, egg)* pelar *(peas)* desvainar *(mussels, etc.)* quitar la concha a 2 MIL bombardear. **to shell out** ◇ *tr. sep.* *(fam. use) (money)* soltar, aflojar ◇ *intr.* *(fam. use)* apoquinar.

she'll [ʃiːl] *contr.* she will, she shall.

shell-fish ['ʃelfɪʃ] *n. pl.* **shellfish** *(individual)* marisco *(as food)* marisco, mariscos *mpl.*

shell-ing ['ʃelɪŋ] *n.* MIL bombardeo.

shel-ter ['ʃeltəʳ] *n.* 1 *(protection)* abrigo, protección *f.*, cobijo 2 *(place - gen)* refugio, cobijo *(- for homeless, etc.)* asilo, refugio *(- in mountains)* refugio ◇ *tr.* 1 *(protect - from weather, danger, etc.)* abrigar, proteger, resguardar *(- from persecution, harm)* dar refugio a, dar cobijo a, amparar ◇ *intr.* *(from weather, rain, etc.)* resguardarse, guarecerse *(from danger)* refugiarse **to take shelter** refugiarse *(from, de)*.

shel-tered ['ʃeltəd] *adj.* 1 *(place)* abrigado 2 *(life, childhood, etc.)* protegido.

shelve¹ [ʃelv] *tr.* 1 *(put on shelf)* poner en el estante, poner en la estantería 2 *fig. use (postpone, abandon)* aparcar, archivar, dar carpetazo a.

shelve² [ʃelv] *intr. (slope)* bajar, descender.

shelves [ʃelvz] *npl.* VER: shelf.

shep-herd ['ʃepəd] *n.* pastor *m.* ◇ *tr.* *(guide, direct)* guiar, conducir **shepherd's pie** CULIN pastel *m.* de carne *(hecho de carne picada cubierta de una capa de puré de patatas).*

she's [ʃiːz] *contr.* 1 she is 2 she has.

Shi-a ['ʃiːə] *n.* 1 *(branch of Islam)* los chiíes *mpl.* 2 *(Shiite)* chiíta *mf.*, chií *mf.*

shield [ʃiːld] *n.* 1 MIL escudo 2 *(for protection)* escudo 3 *(trophy, prize)* placa *(en forma de escudo)* 4 TECH pantalla protectora 5 *(of animal)* caparazón *m.* 6 *fig. use* barrera ◇ *tr.* 1 *(protect)* proteger *(from, de).*

shift [ʃɪft] *n.* 1 *(change)* cambio 2 *(of work, workers)* turno 3 *(on keyboard)* tecla de las mayúsculas ◇ *tr.* 1 *(change)* cambiar *(move)* desplazar, mover 2 *(transfer)* traspasar, transferir 3 *(change gear)* cambiar ◇ *intr.* 1 *(change)* cambiar 2 *(move)* moverse, cambiar de sitio, desplazarse *(cargo)* correrse 3 *(change gear)* cambiar de marcha.

shift-work ['ʃɪftwɜːk] *n.* trabajo por turnos.

shin [ʃɪn] *n.* 1 ANAT espinilla, canilla 2 CULIN *(of beef)* jarrete *m.* **shin guard/shin pad** espinillera.

shine [ʃaɪn] *n.* brillo, lustre *m.* ◇ *intr. pt. & pp.* **shone** [ʃɒn] 1 *(sun, light, eyes)* brillar *(metal, glass, shoes)* relucir, brillar *(face)* resplandecer, irradiar 2 *fig. use (excel)* sobresalir *(at,* en*)*, destacar *(at,* en*)*, brillar *(at,* en*)* ◇ *tr.* 1 *(light, lamp)* dirigir 2 *pt. & pp.* **shined** *(polish)* sacar brillo a *(shoes)* limpiar.

shin-ing ['ʃaɪnɪŋ] *adj.* 1 *(metal, glass)* brillante, reluciente *(eyes)* brillante, luminoso *(face, sun)* radiante *(hair, furniture)* lustroso 2 *fig. use (outstanding)* destacado, ilustre, magnífico.

shin-y ['ʃaɪnɪ] *adj. comp.* **shinier,** *superl.* **shiniest** *(coin, leather, glass)* brillante, reluciente *(hair, shoes)* lustroso **(material, trousers)** brillante *(face, nose)* brillante.

ship [ʃɪp] *n.* *(gen)* barco, buque *m.*, navío, embarcación *f.* ◇ *tr. pt. & pp.* **shipped,** *ger.* **shipping** 1 *(send - gen)* enviar, mandar *(- by ship)* enviar por barco, mandar por barco, transportar *(en barco)* *(carry)* transportar 2 *(take on board)* embarcar, traer a bordo. **like ships that pass in the night** *como extraños.* **on board ship** *a bordo.* **to abandon ship/jump ship** *abandonar el barco.*

ship-build-er ['ʃɪpbɪldəʳ] *n.* constructor naval, empresa de construcción naval.

ship-build-ing ['ʃɪpbɪldɪŋ] *n.* construcción *f.* naval.

ship-load ['ʃɪpləʊd] *n.* cargamento, carga.

ship-mate ['ʃɪpmeɪt] *n.* compañero de a bordo.

ship-ment ['ʃɪpmənt] *n.* 1 *(act)* embarque *m.*, envío, transporte *m.* *(marítimo)* 2 *(load)* consignación *f.*, remesa.

ship-ping ['ʃɪpɪŋ] *n.* 1 *(business)* transporte *m.* *(en barco)* *(sending)* envío, embarque *m.* 2 *(ships)* barcos *mpl.*, buques *mpl.*, embarcaciones *fpl.* *(of one country)* flota *(tonnage)* tonelaje *m.* *(de buques)* **shipping agent** consignatario, agente *mf.* marítimo **shipping charge** gastos *mpl.* de envío, gastos *mpl.* de expedición **shipping company** empresa naviera.

ship-wreck ['ʃɪprek] *n.* naufragio. **to be shipwrecked** *naufragar.*

ship-yard ['ʃɪpjɑːd] *n.* astillero.

shirt [ʃɜːt] *n.* *(gen)* camisa *(for sport)* camiseta. **keep your shirt on!** *¡no te sulfures!* **to put one's shirt on something** *jugarse hasta la camisa en algo.*

shirt-less ['ʃɜːtləs] *adj.* sin camisa.

shirt-sleeve ['ʃɜːtsliːv] *n.* manga de camisa. **in shirtsleeves** *en mangas de camisa.*

shirt-y ['ʃɜːtɪ] *adj. comp.* **shirtier,** *superl.* **shirtiest** *(fam. use)* agresivo, grosero, borde. **to get shirty** *sulfurarse, ponerse borde.*

shit [ʃɪt] *n.* 1 *(fam. use) (faeces)* mierda ◇ *interj.* *(fam. use)* ¡mierda! ◇ *n.* 1 *(fam. use) (nonsense)* imbecilidades *fpl.* 2 *(fam. use) (worthless thing)* mierda *(contemptible person)* cabrón, mierda *mf.* ◇ *intr. pt. & pp.* **shitted** o **shit,** *ger.* **shitting** *(fam. use)* cagar ◇ *adj.* *(fam. use)* de mierda ◇ *npl.* **the shits** *(fam. use)* diarrea. **to be in the shit** *estar jodido.*

shiv-er ['ʃɪvəʳ] *n.* *(with cold)* escalofrío, tiritón *m.*, estremecimiento *(with fear)* escalofrío ◇ *intr. (with* *cold)* temblar, tiritar *(with fear)* estremecerse ◇ *npl.* the shivers escalofríos *mpl.* **to send shivers down somebody's spine** darle escalofríos a alguien.

shock [ʃɒk] *n.* **1** *(jolt, blow)* choque *m.*, impacto, golpe *m. (of explosion, etc.)* sacudida *(electric)* descarga **2** *(upset, distress)* conmoción *f.*, golpe *m. (fright, scare)* susto **3** MED shock *m.*, choque *m.* ◇ *tr.* **1** *(upset)* conmocionar, conmover, afectar, sacudir **2** *(startle)* asustar, sorprender, sobresaltar *(scandalize)* escandalizar, horrorizar ◇ *intr.* impresionar, impactar **shock absorber** amortiguador *m.* **shock therapy/shock treatment** electrochoque *m.* **shock troops** tropas *fpl.* de choque, tropas *fpl.* de asalto **shock wave** onda expansiva.

shock·ed [ʃɒkt] *adj.* horrorizado, escandalizado.

shock·er [ˈʃɒkə ʳ] *n.* **1** *(bad thing)* desastre *m.* **2** *(surprise)* bombazo.

shock·ing [ˈʃɒkɪŋ] *adj.* **1** *(horrific)* terrible, horroroso, horrible **2** *(disgraceful, offensive)* chocante, escandaloso, vergonzoso **3** *(fam. use) (very bad)* espantoso, pésimo **4** *(color)* chillón.

shock·proof [ˈʃɒkpru:f] *adj.* a prueba de golpes.

shoe [ʃu:] *n.* **1** zapato **2** *(for horse)* herradura **3** *(of brake)* Zapata ◇ *tr. pt. & pp.* **shod** [ʃɒd] *(horse)* herrar. **to put oneself in somebody else's shoes** ponerse en el lugar de alguien **shoe leather** cuero para zapatos **shoe polish** betún *m.* **shoe shop** zapatería.

shoe·lace [ˈʃu:leɪs] *n.* cordón *m.* (de zapato).

shoe·mak·er [ˈʃu:meɪkə ʳ] *n.* zapatero.

shoe·shine [ˈʃu:ʃaɪn] *n.* **1** limpieza de zapatos **shoeshine boy** limpiabotas *m.*

shoe·string [ˈʃu:strɪŋ] *n.* **1** *(shoelace)* cordón *m.* (de zapatos) **2** *(small amount of money)* poquísimo dinero. **to do something on a shoestring** hacer algo con poquísimo dinero.

shone [ʃɒn, əʊ/ʃəʊn] *pt. & pp.* VER: shine.

shook [ʃʊk] *pt.* VER: shake.

shoot [ʃu:t] *n.* **1** BOT brote *m.*, retoño, renuevo *(of vine)* sarmiento **2** CINEM rodaje *m.*, filmación *f.* ◇ *tr. pt. & pp.* **shot** [ʃɒt] **1** *(person, animal)* pegar un tiro a, pegar un balazo a *(hit, wound)* herir (de bala) *(kill)* matar de un tiro, matar a tiros *(by firing squad)* fusilar *(hunt)* cazar **2** *(fire - missile)* lanzar *(- arrow, bullet, weapon)* disparar *(- glance)* lanzar **3** *(film)* rodar, filmar *(photograph)* fotografiar, sacar una foto de **4** *(rapids)* salvar *(bridge)* pasar por debajo de *(traffic lights)* saltarse **5** *(bolt)* echar, correr **6** *sl. (heroin)* chutarse, picarse, pincharse ◇ *intr.* **1** *(fire weapon)* disparar *(at, a/sobre)* *(hunt with gun)* cazar **2** SP *(aim at goal)* tirar, disparar, chutar **3** *(move quickly)* pasar volando, salir disparado **4** CINEM rodar, filmar **5** BOT brotar. **to shoot for the moon** pedir la luna **to shoot oneself** pegarse un tiro **to shoot oneself in the foot** salirle a alguien el tiro por la culata **to shoot to kill** disparar a matar.

to shoot down *tr. sep.* **1** *(aircraft)* derribar, abatir *(person)* matar a tiros **2** *fig. use (argument, idea, etc.)* rebatir *(person)* poner por los suelos.

to shoot up *intr.* **1** *(prices, costs)* dispararse *(flames, hands)* alzarse *(plant, child)* crecer mucho *(buildings)* aparecer de la noche a la mañana **2** *sl. (heroin)* chutarse, picarse, pincharse.

shoot·ing [ˈʃu:tɪŋ] *n.* **1** *(shots)* disparos *mpl.*, tiros *mpl. (continuous)* tiroteo *(wounding)* incidente *m. (killing)* asesinato *(execution)* fusilamiento **2** *(hunting)* caza **3** CINEM rodaje *m.*, filmación *f.* ◇ *adj. (pain)* punzante. **shooting gallery** *(at targets)* ba-

rraca de tiro al blanco, caseta de tiro al blanco **shooting star** estrella fugaz.

shoot-out [ˈʃu:taʊt] *n.* tiroteo.

shop [ʃɒp] *n.* **1** *(gen)* tienda *(business)* comercio, negocio **2** *(workshop)* taller *m.* ◇ *intr. pt. & pp.* **shopped**, *ger.* **shopping** *(gen)* hacer compras, hacer la compra, comprar **all over the shop** por todas partes **to talk shop** hablar del trabajo **assembly shop** taller *m.* de montaje **paint shop** taller *m.* de pintura **repair shop** taller *m.* de reparaciones **shop floor** *(part of factory)* taller *m. (workers)* obreros *mpl.*, trabajadores *mpl.* **shop window** escaparate *m.*

to shop a·round *intr.* ir de tienda en tienda y comparar precios.

shop·lift [ˈʃɒplɪft] *intr.* hurtar (en las tiendas).

shop·lift·er [ˈʃɒplɪftə ʳ] *n.* mechero.

shop·lift·ing [ˈʃɒplɪftɪŋ] *n.* ratería, hurto (en las tiendas).

shop·per [ˈʃɒpə ʳ] *n.* comprador.

sho·pping [ˈʃɒpɪŋ] *n. (purchases)* compra, compras *fpl. (activity)* compra **to do the shopping** hacer la compra. **to go on a shopping spree** ir a la compra loca **to go shopping** ir de cómpras, ir de tiendas, ir a comprar **shopping bag** bolsa de la compra **shopping basket** cesta de la compra **shopping list** lista de la compra **shopping mall** centro comercial **shopping cart** carrito (de la compra).

shore[1] [ʃɔ: ʳ] *n. (of sea, lake)* orilla *(coast)* costa *(beach)* playa ◇ *npl.* shores tierra *f.*, país *m. sing.*, tierras *fpl.* **on shore** en tierra. **to go on shore** *(sailors)* bajar a tierra *(passengers)* desembarcar.

shore[2] [ʃɔ: ʳ] *n.* puntal *m.* ◇ *tr.* **1** *(building, tunnel)* apuntalar *(up, -)* **2** *fig. use (company, prices)* sostener, apuntalar *(argument, case)* apoyar, reforzar.

shorn [ʃɔ:n] *pp.* VER: shear.

short [ʃɔ:t] *adj.* **1** *(not long)* corto *(not tall)* bajo **2** *(brief - of time)* breve, corto **3** *(deficient)* escaso **4** *(curt)* seco, brusco, cortante **5** CULIN *(pastry)* quebradizo **6** FIN *(bill, exchange)* a corto plazo **7** LING breve ◇ *adv.* **1** *(abruptly)* bruscamente ◇ *n.* **1** *(drink)* copa, copita **2** CINEM cortometraje *m.*, corto **3** ELEC cortocircuito ◇ *tr.* ELEC *(fam. use)* provocar un cortocircuito ◇ *intr.* ELEC *(fam. use)* tener un cortocircuito. **at short notice** con poca antelación. **for short** para abreviar. **in short** en pocas palabras. **in the short term** a corto plazo. **short and sweet** cortito. **short of** a menos que, salvo que **to be caught short/to be taken short** entrarle ganas a alguien de ir al lavabo. **to be in short supply** haber escasez de, escasear. **to be short of something** andar escaso de algo, estar falto de algo **to be short on something** tener poco de algo **to cut somebody short** interrumpir a alguien. **to cut something short** acortar algo, abreviar algo **to fall short of something** no alcanzar algo, estar por debajo de algo **short circuit** cortocircuito **short cut** *(route)* atajo *(method)* método fácil, fórmula mágica **short story** cuento.

short·age [ˈʃɔ:tɪdʒ] *n.* falta, escasez *f.*

short·cir·cuit [ʃɔ:tˈsɜ:kɪt] *tr.* **1** ELEC provocar un cortocircuito en **2** *fig. use (bypass)* pasar por encima de ◇ *intr.* ELEC tener un cortocircuito.

short·com·ings [ˈʃɔ:tkʌmɪŋz] *npl.* defectos *mpl.*, deficiencias *fpl.*, puntos *mpl.* flacos.

short·en [ˈʃɔ:tən] *tr. (gen)* acortar *(text)* abreviar *(prison sentence)* reducir ◇ *intr.* acortarse.

short·fall [ˈʃɔ:tfɔ:l] *n.* déficit *m.* *(of/in,* en).

short-haired ['ʃɔːtheəd] Se escribe **short haired** [ʃɔːt'heəd] cuando no se usa como sustantivo. *adj.* de pelo corto.

shorthand ['ʃɔːthænd] *n.* taquigrafía **shorthand typing** taquimecanografía **shorthand typist** taquimecanógrafo, taquimeca *mf.*

short-hand·ed [ʃɔːt'hændɪd] *adj.* **to be short-handed** no tener personal suficiente.

short-list ['ʃɔːtlɪst] *tr.* incluir en la lista de preseleccionados.

short-lived ['ʃɔːtlɪvd] *adj.* efímero, fugaz, pasajero.

short·ly ['ʃɔːtlɪ] *adv.* **1** *(soon)* dentro de poco, en breve **2** *(impatiently)* bruscamente, de manera brusca.

short·ness ['ʃɔːtnəs] *n.* **1** *(of thing, distance)* lo corto *(of person)* baja estatura *(of period)* brevedad *f.* **2** *(lack)* falta.

short-range ['ʃɔːtreɪndʒ] *adj.* **1** MIL de corto alcance **2** *(forecast, plan, project, etc.)* a corto plazo.

shorts [ʃɔːts] *npl.* **1** pantalones *mpl.* cortos, shorts *mpl.* **2** *(underpants)* calzoncillos *mpl.*

short-sight·ed ['ʃɔːtsaɪtɪd] *adj.* **1** MED miope, corto de vista **2** *(plan, policy, etc.)* corto de miras, estrecho de miras.

short-sleeved ['ʃɔːtsliːvd] *adj.* de manga corta.

short-staffed ['ʃɔːtstɑːft] *adj.* **to be short-staffed** no tener personal suficiente.

short-tem·pered ['ʃɔːttempəd] *adj.* de mal genio.

short-term ['ʃɔːttɜːm] *adj.* a corto plazo.

short-wave ['ʃɔːtweɪv] *adj.* de onda corta.

shot¹ [ʃɒt] *pt.* & *pp.* VER: **shoot** ◇ *adj.* **1** *(textiles)* tornasolado **2** *[fam. use]* *(exhausted)* deshecho. **to get shot of something/somebody** quitarse algo/a alguien de encima, deshacerse de algo/alguien.

shot² [ʃɒt] *n.* **1** *(act, sound)* tiro, disparo, balazo **2** *(projectile)* bala, proyectil *m.* *(pellets)* perdigones *mpl.* *(large iron ball)* peso **3** *(person)* tirador **4** SP *(in football)* tiro *(a gol)*, chut *m.*, chute *m.* *(in tennis, golf, cricket, etc.)* golpe *m.* *(in basketball)* tiro **5** *(attempt, try)* tentativa, intento **6** *[fam. use]* *(injection)* inyección *f.*, pinchazo **7** *(drink)* trago, chupito **8** *(photo)* foto *f.* *(cinema)* toma ◇ *tr.* *pt.* *(profit, loss)* **a cheap shot** *un golpe bajo* **a long shot** *una posibilidad remota* **a shot in the dark** *un intento a ciegas, un palo de ciego* **not by a long shot** *ni mucho menos.*

shot·gun ['ʃɒtɡʌn] *n.* escopeta.

should [ʃʊd] *auxiliary* **1** *(duty, advisability, recommendation)* deber **2** *(probability)* deber de **3** *(subjunctive, conditional)* **4** *(conditional, 1st person)* **5** *(tentative statement...* **6** *(disbelief, surprise)* **I should have thought... I should think so too!** ¡faltaría más!, ¡era lo menos que podía hacer!

shoul·der ['ʃəʊldə'] *n.* **1** ANAT hombro **2** *(of garment)* hombro **3** *(of meat)* paletilla **4** *(of hill, mountain)* ladera *(of road)* arcén *m.*, andén *m.* ◇ *tr.* **1** *(duty, responsibility)* cargar con **2** *(load)* ponerse al hombro, echarse al hombro **3** *(push)* empujar con el hombro ◇ *npl.* **shoulders** ANAT hombros *mpl.*, espalda *f. sing.* **a shoulder to cry on** *un paño de lágrimas.* **shoulder to shoulder** *hombro con hombro.* **to cry on somebody's shoulders** *desahogarse con alguien.* **to look over somebody's shoulder** *vigilar a alguien.* **to rub shoulders with somebody** *codearse con alguien* **shoulder blade** *omóplato* **shoulder pad** *hombrera* **shoulder strap** *(of garment)* tirante *m.* *(of bag)* correa.

shoul·der-high ['ʃəʊldəhaɪ] *adj.* a la altura del hombro *adv.* a hombros, en hombros.

shoul·der-length ['ʃəʊldəleŋθ] *adj.* (que llega) hasta los hombros.

shout [ʃaʊt] *n.* grito ◇ *tr.* gritar **(out, -)** ◇ *intr.* gritar **to shout for help** pedir auxilio a gritos, pedir socorro a gritos. **to shout down** *tr. sep.* abuchear.

shout·ing ['ʃaʊtɪŋ] *n.* gritos *mpl.*, vocerío. **it's all over bar the shouting** esto ya es asunto concluido. **to have a shouting match** pelearse a gritos.

shove [ʃʌv] *n.* empujón *m.* ◇ *tr.* **1** *(push)* empujar **2** *(put casually)* meter ◇ *intr.* *(push)* empujar, dar empujones.

shov·el ['ʃʌvəl] *n.* **1** *(tool)* pala **2** *(machine)* excavadora, pala mecánica ◇ *tr.* *pt.* & *pp.* **shovelled**, *ger.* **shovelling** mover con pala, quitar con pala, echar con pala. **to shovel food into one's mouth** zamparse la comida.

show [ʃəʊ] *n.* **1** THEAT *(entertainment)* espectáculo *(performance)* función *f.* **2** *(on TV, radio)* programa *m.*, show *m.* **3** *(exhibition)* exposición *f.* **4** *(display)* muestra, demostración *f.* **5** *(outward appearance, pretence)* apariencia **6** *(ostentation, pomp)* alarde *m.* **7** *[fam. use]* *(organization)* negocio, tinglado ◇ *tr.* *pt.* **showed**, *pp.* **showed** o **shown 1** *(display - gen)* enseñar *(- things for sale)* mostrar, enseñar **2** *(point out)* indicar, señalar **3** *(reveal - feelings)* demostrar, expresar *(- interest, enthusiasm, etc.)* mostrar **4** *(allow to be seen)* dejar ver **5** *(measurement, etc.)* marcar *(profit, loss)* indicar, registrar, arrojar **6** *(teach)* enseñar *(explain)* explicar **7** *(prove, demonstrate)* demostrar **8** *(depict, present)* representar, mostrar **9** *(guide)* llevar, acompañar **10** *(painting, etc.)* exponer, exhibir *(film)* dar, poner, pasar, proyectar *(slides)* pasar, proyectar *(on TV)* dar, poner ◇ *intr.* **1** *(be perceptible)* verse, notarse **2** CINEM poner, dar, echar, proyectar, exhibir **3** *[fam. use]* *(appear, turn up)* aparecer, presentarse **the show must go on** *el espectáculo debe continuar.* **time will show** *el tiempo lo dirá* **quiz show** *programa m. concurso* **show business** *el mundo del espectáculo.*

to show off *intr.* *(gen)* fardar, fanfarronear, presumir, lucirse *(child)* hacerse el/la gracioso ◇ *tr. sep.* **1** *(set off)* hacer resaltar, realzar **2** *(flaunt, parade)* hacer alarde de, presumir de, fardar con, lucirse con.

to show up *tr. sep.* **1** *(make visible - gen)* hacer resaltar, hacer destacar *(- defect, inadequacy, etc.)* revelar, sacar a la luz, poner de manifiesto **2** *[fam. use]* *(embarrass)* dejar en ridículo, poner en evidencia ◇ *intr.* **1** *(be visible)* notarse, verse **2** *[fam. use]* *(arrive)* acudir, presentarse, aparecer.

show·case ['ʃəʊkeɪs] *n.* **1** *(cabinet)* vitrina **2** *(opportunity, setting)* escaparate *m.* *tr.* **1** exhibir.

show·down ['ʃəʊdaʊn] *n.* enfrentamiento, confrontación *f.*

show·er ['ʃaʊə'] *n.* **1** METEOR chubasco, chaparrón *m.* **2** *(of stones, blows, insults, etc.)* lluvia **3** *(in bathroom)* ducha *fr.* **1** *(sprinkle)* espolvorear *(spray)* rociar **2** *fig. use* *(bestow, heap)* inundar, colmar, llover ◇ *intr.* **1** *(rain)* llover *(objects)* caer, llover **2** *(in bath)* ducharse. **to have a shower/take a shower** *ducharse* **shower cap** *gorro de baño* **shower gel** *gel m. de baño, gel m. de ducha.*

show·er·proof ['ʃaʊəpruːf] *adj.* impermeable.

show·ground ['ʃəʊɡraʊnd] *n.* real *m.*, recinto ferial.

show·ing ['ʃəʊɪŋ] *n.* **1** *(of film)* pase *m.*, sesión *f.*, proyección *f.* *(of paintings)* exhibición *f.* **2** *(performance)* actuación *f.* *(result)* resultado.

show·man ['ʃəʊmən] *n. pl.* **showmen 1** *(manager)* empresario (de espectáculos) **2** *(entertainer)* artista *m.*, showman *m.*

shown [ʃəʊn] *pp.* VER: show.

show-off [ʃəʊɒf] *n. (fam. use)* fanfarrón, fardón.

show-piece [ʃəʊpiːs] *n.* **1** *(in exhibition)* joya, objeto de valor **2** *(fine example)* modelo (de su género).

show-room [ʃəʊruːm] *n.* **1** COMM exposición *f.* **2** ART sala de exposiciones.

show-y [ʃəʊɪ] *adj. comp.* **showier,** *superl.* **showiest** *(thing)* llamativo, vistoso *(person)* ostentoso.

shrank [ʃræŋk] *pt.* VER: shrink.

shrap-nel [ʃræpnəl] *n.* metralla.

shred [ʃred] *n.* **1** *(gen)* triza *(of cloth)* jirón *m.* *(of paper)* tira *(of tobacco)* brizna, hebra **2** *fig. use (bit)* pizca ⬥ *tr. pt. & pp.* **shredded,** *ger.* **shredding** *(paper)* hacer trizas, triturar *(vegetables - cut in strips)* cortar en tiras *(- grate)* rallar. **in shreds** *(clothes)* hecho jirones *(reputation, etc.)* hecho trizas, destrozado. **to tear something/somebody to shreds** hacer trizas algo/a alguien.

shrewd [ʃruːd] *adj.* **1** *(person - gen)* astuto, sagaz *(- clear-sighted)* perspicaz *(- wise)* sabio **2** *(decision)* muy acertado *(move)* hábil, inteligente *(assessment, remark, guess)* perspicaz *(guess)* razonable.

shrewd-ness [ʃruːdnəs] *n.* astucia, sagacidad *f.* *(clear-sightedness)* perspicacia *(wisdom)* juicio.

shriek [ʃriːk] *n.* chillido, grito agudo ⬥ *intr.* chillar, gritar ⬥ *tr.* chillar, gritar. **to shriek with laughter** reírse a carcajadas.

shrimp [ʃrɪmp] *n.* **1** camarón *m.,* gamba **2** *pej.* *(person)* enano, renacuajo ⬥ *intr.* pescar camarones.

shrine [ʃraɪn] *n.* REL *(holy place)* santuario, lugar *m.* sagrado *(chapel)* capilla *(remote)* ermita *(tomb)* sepulcro *(reliquary)* relicario.

shrink [ʃrɪŋk] *tr. pt.* **shrank** [ʃræŋk], *pp.* **shrunk** [ʃrʌŋk] *(clothes, etc.)* encoger ⬥ *intr.* **1** *(clothes)* encoger, encogerse *(meat)* achicarse, reducirse **2** *(savings, numbers, profits, etc.)* disminuir, reducirse **3** *(move back)* retroceder, echarse atrás ⬥ *n.* *(fam. use)* *(psychiatrist)* psiquiatra *mf.,* loquero *m.* **to shrink from doing something** no tener valor para hacer algo, acobardarse ante algo.

shrink-age [ʃrɪŋkɪdʒ] *n.* **1** *(of clothes)* encogimiento *(of metal)* contracción *f.* **2** *(of savings, numbers, etc.)* disminución *f.,* reducción *f.*

shriv-el [ʃrɪvəl] *tr. pt. & pp.* **shriveled** *ger.* **shriveling** *(plant)* secar, marchitar *(skin)* arrugar ⬥ *intr.* *(plant)* secarse, marchitarse *(skin)* arrugarse.

shrub [ʃrʌb] *n.* arbusto, mata.

shrug [ʃrʌg] *tr. pt. & pp.* **shrugged,** *ger.* **shrugging** encoger ⬥ *intr.* encogerse de hombros ⬥ *n.* encogimiento de hombros. **to shrug one's shoulders** encogerse de hombros. **to shrug off** *tr. sep.* quitar importancia a, no hacer caso de.

shrunk [ʃrʌŋk] *pp.* VER: shrink.

shud-der [ʃʌdəʳ] *n.* **1** *(of person)* escalofrío, estremecimiento **2** *(of machine, engine)* vibración *f.,* sacudida ⬥ *intr.* **1** *(person)* estremecerse, temblar *(with,* de) **2** *(machinery, vehicle)* vibrar, dar sacudidas. **to give somebody the shudders** dar un escalofrío a alguien, poner los pelos de punta a alguien. **to shudder to a halt** pararse de una sacudida.

shuf-fle [ʃʌfəl] *n.* **1** *(walk)* arrastre *m.* **2** *(of cards)* baraje *m.,* barajadura ⬥ *tr.* **1** *(feet - drag)* arrastrar *(- move)* mover **2** *(cards)* barajar *(papers)* revolver ⬥ *intr.* *(walk)* andar arrastrando los pies *(in seat)* revolverse.

shunt [ʃʌnt] *tr.* **1** *(train, railway carriage)* cambiar de vía **2** ELEC derivar **3** *(fam. use)* *(person)* apartar, relegar, trasladar *(object)* empujar, mover ⬥ *n.* **1** *(shunting)*

maniobra, empujón *m.* **2** ELEC derivación *f.* **3** MED derivación *f.* **4** *(fam. use)* *(crash)* choque *m.*

shush [ʃʊʃ] *interj.* ¡chis!, ¡chitón! ⬥ *tr.* callar, hacer callar.

shut [ʃʌt] *tr. pt. & pp.* **shut,** *ger.* **shutting** *(gen)* cerrar ⬥ *intr.* *(gen)* cerrar, cerrarse ⬥ *adj.* *(closed)* cerrado. **to shut one's ears to something** hacer oídos sordos a algo. **to shut one's mouth/gob/trap/face** cerrar el pico. **to shut the door in somebody's face** dar a alguien con la puerta en las narices. **to shut the door on something** negarse a pensar en algo, no querer saber nada de algo. **to shut up shop** cerrar (el negocio).

to shut a-way *tr. sep.* *(isolate)* encerrar.

to shut down *tr. sep.* *(factory, business)* cerrar *(machinery)* desconectar, apagar ⬥ *intr.* *(factory, business)* cerrar.

to shut in *tr. sep.* *(enclose, imprison)* encerrar.

to shut off *tr. sep.* **1** *(gas, electricity, water)* cortar, cerrar *(machinery, engine)* desconectar, apagar **2** *(isolate)* aislar *(from,* de) **3** *(view, light, etc.)* tapar ⬥ *intr.* **1** *(gas, electricity, water)* cortarse, cerrarse *(machinery, engine)* desconectarse, apagarse.

to shut out *tr. sep.* **1** *(exclude)* excluir, no dejar participar **2** *(stop entering - person, animal)* dejar fuera *(- light, heat, noise)* no dejar entrar *(lock out)* cerrar la puerta a **3** *fig. use (thought, feeling, etc.)* no pensar en, ahuyentar.

to shut up *tr. sep.* **1** *(close)* cerrar **2** *(confine)* encerrar **3** *(fam. use)* *(quieten)* callar, hacer callar ⬥ *intr.* **1** *(close)* cerrar **2** *(keep quiet)* callarse.

shut-down [ʃʌtdaʊn] *n.* *(of factory, etc.)* cierre *m.* *(of power)* corte *m.* *(of machinery)* parada.

shut-out [ʃʌtaʊt] *n.* **1** *(lockout)* cierre *m.* patronal **2** *(sport)* partido en que sólo marca un equipo.

shut-ter [ʃʌtəʳ] *n.* **1** *(on window)* postigo, contraventana *(of shop)* cierre *m.* **2** *(of camera)* obturador *m.* ⬥ *tr.* *(close shutters)* cerrar los postigos, cerrar las contraventanas. **to put up the shutters** *(for day)* cerrar, echar el cierre *(for ever)* cerrar el negocio. **shutter speed** tiempo de exposición.

shut-tle [ʃʌtəl] *n.* **1** AV puente *m.* aéreo **2** *(spacecraft)* transbordador *m.* espacial **3** *(bus, train)* servicio regular de enlace **4** *(in weaving)* lanzadera **5** *(fam. use)* *(shuttlecock)* volante *m.* ⬥ *tr.* trasladar, transportar ⬥ *intr.* *(plane)* volar regularmente *(bus, train)* viajar, ir regularmente.

shy [ʃaɪ] *adj. comp.* **shyer** o **shier,** *superl.* **shyest** o **shiest** **1** *(person - timid)* tímido *(- bashful)* vergonzoso *(- reserved)* reservado *(- unsociable, nervous)* huraño **2** *(animal)* asustadizo, huraño ⬥ *intr.* *(horse)* espantarse *(at,* de), respingar, asustarse. **to be shy of doing something** *(wary, cautious)* tener miedo de hacer algo, no atreverse a hacer algo. **to be shy of something** *(lacking, short)* andar escaso de algo, faltar algo.

to shy a-way from *tr. insep.* *(avoid)* huir de, rehuir.

shy-ly [ʃaɪlɪ] *adv.* tímidamente, con timidez.

shy-ness [ʃaɪnəs] *n.* timidez *f.*

sib-ling [sɪblɪŋ] *n.* *(fml. use)* *(brother)* hermano *(sister)* hermana.

sick [sɪk] *adj.* **1** *(ill)* enfermo **2** *(nauseated, queasy)* mareado **3** *(fed up)* harto *(worried)* preocupado **4** *(morbid - mind, person)* morboso *(- joke, humor)* de muy mal gusto, negro ⬥ *n.* *(vomit)* vómito ⬥ *n.* the sick los enfermos *mpl.* **to be off sick** estar ausente por enfermedad **to be sick** *(vomit)* vomitar, devolver **to feel sick** estar mareado, tener náuseas **to make somebody sick** *(angry)* reventar a alguien, dar rabia a alguien **sick bag** bolsa para el mareo **sick leave** incapacidad por enfermedad.

sick·bed ['sıkbed] n. lecho de enfermo.

sick·en ['sıkən] tr. (make ill) poner enfermo (revolt, disgust) dar asco, dar rabia ◇ intr. caer enfermo, ponerse enfermo, enfermar.

sick·en·ing ['sıkənıŋ] adj. **1** (disgusting) repugnante, asqueroso (horrifying) escalofriante, horrible (nauseating) nauseabundo **2** (annoying) irritante, exasperante.

sick·ly ['sıklı] adj. comp. **sicklier**, superl. **sickliest 1** (person) enfermizo (pale) pálido, paliducho **2** (smell, taste) empalagoso, dulzón (smile) forzado (color) horrible, asqueroso.

sick·ness ['sıknəs] n. **1** (illness) enfermedad f. **2** (nausea) náuseas fpl., ganas fpl. de vomitar **sickness benefit** subsidio de enfermedad.

sick·room ['sıkruːm] n. enfermería.

side [saıd] n. **1** (gen) lado (of coin, cube, record) cara (of written page) carilla, cara, plana **2** (of hill, mountain) ladera, falda **3** (of body) lado, costado (of animal) ijada, ijar m. **4** (edge - gen) borde m. (- of lake, river, etc.) orilla (- of page) margen m. **5** (aspect) aspecto, faceta, lado (position, opinion, point of view) lado, parte f., punto de vista **6** (participant in war, argument, debate, etc.) lado, parte f., bando (party) partido **7** SP equipo **8** (line of descent) parte f. ◇ adj. **1** lateral **by the side of** junto a **on/from all sides** por los cuatro costados **on/from every side** por los cuatro costados **on the side** (in addition to main job) como trabajo extra **side by side** juntos, uno al lado del/de la otra **this side of...** (place) solo en... (time) antes de... **to come down on somebody's side** (gen) ponerse de parte de alguien (in judgement) fallar a favor de alguien **to get on the wrong side of somebody** ganarse la antipatía de alguien **to have something on one's side** tener ventaja en algo. **to take sides with somebody** ponerse de parte de alguien **side dish** guarnición f., acompañamiento **side effect** efecto secundario **side issue** tema secundario **side street** calle f. lateral **side view** vista de perfil.

to side a·gainst tr. insep. ponerse contra.

to side with tr. insep. ponerse de parte de.

side·boards ['saıdbɔːdz] npl. patillas fpl.

side·kick ['saıdkık] n. (fam. use) compinche m., amigote m., colega mf.

side·line ['saıdlaın] n. **1** SP línea de banda **2** (extra job) empleo suplementario, trabajo extra (extra business) negocio suplementario (product) línea suplementaria. **to sit/stand on the sidelines** fig. use mantenerse al margen **to wait on the sidelines** fig. use esperar en la sombra.

side·long ['saıdlɒŋ] adj. (glance, etc.) de soslayo, de reojo ◇ adv. de lado.

side·real [saı'dıərıəl] adj. sideral, sidéreo.

side·show ['saıdʃəʊ] n. **1** (at fair) puesto de feria, barraca **2** fig. use (less important activity) acción f. secundaria.

side·step ['saıdstep] tr. pt. & pp. **sidestepped**, ger. **sidestepping** (question, issue) eludir, esquivar ◇ intr. SP (boxing) dar un quiebro, hacerse a un lado.

side·track ['saıdtræk] tr. (distract) distraer (divert) hacer desviar del tema. **to get sidetracked** (distracted) distraerse, entretenerse (diverted) desviarse del tema.

side·walk ['saıdwɔːk] n. acera, banqueta.

side·ways ['saıdweız] adj. (movement, step) lateral (look, glance) de soslayo, de reojo ◇ adv. de lado.

siege [siːdʒ] n. **1** MIL sitio, cerco **2** (by criminals, journalists) asedio **to be under siege** estar sitiado. **to lay siege to** (town, etc.) sitiar, cercar, poner sitio a (person) asediar, acosar. **to raise the siege** levantar el sitio.

Si·er·ra Le·one [sıeərɑlı'əʊn] n. Sierra Leona.

Si·er·ra Le·o·ne·an [sıeərɑlı'əʊnıən] adj. sierraleonés ◇ n. sierraleonés.

si·es·ta [sı'esta] n. siesta. **to have a siesta** echar la siesta, dormir la siesta.

sieve [sıv] n. (fine) tamiz m. (coarse) criba (for liquids) colador m. ◇ tr. (fine) tamizar, pasar por el tamiz (coarse) cribar.

sift [sıft] tr. **1** (sieve) tamizar, cribar **2** (sprinkle) espolvorear. **to sift through something** fig. use examinar algo cuidadosamente.

sigh [saı] n. (of person) suspiro ◇ intr. (person) suspirar (for, por) (wind) susurrar, gemir **to breathe/ heave a sigh of relief** dar un suspiro de alivio, respirar aliviado.

sight [saıt] n. **1** (faculty) vista **2** (range of vision) vista **3** (act of seeing, view) vista **4** (thing seen, spectacle) espectáculo **5** (on gun) mira ◇ tr. (bird, animal) observar, ver (person) ver (land) divisar ◇ n. **a sight** [fam. use] (a great deal) mucho ◇ npl. **sights** (of city) monumentos mpl., lugares mpl. de interés **in one's sights** en la mira **in/within sight** a la vista **to catch sight of** ver, divisar **to come into sight** aparecer **to hate/loathe the sight of somebody** no poder ni ver a alguien **to keep out of sight** no dejarse ver, esconderse **to know somebody by sight** conocer a alguien de vista **to lose sight of somebody/something** perder a alguien/algo de vista.

sight·ing ['saıtıŋ] n. observación f.

sight·less ['saıtləs] adj. ciego, invidente.

sight·see·ing ['saıtsiːıŋ] n. visita turística, turismo. **to go sightseeing** visitar los monumentos y lugares de interés **sightseeing tour** excursión f. turística, recorrido turístico.

sight·se·er ['saıtsiːə'] n. turista mf., visitante mf.

sign [saın] n. **1** (symbol) signo, símbolo **2** (gesture) gesto, seña (signal) señal f. **3** (indication) señal f., indicio, muestra (proof) prueba (trace) rastro **4** (board) letrero (notice) anuncio, aviso (for shop) letrero, rótulo ◇ tr. **1** (letter, document, cheque, etc.) firmar **2** (player, group) fichar **3** (gesture) hacer una seña/señal ◇ intr. **1** (write name) firmar **2** (player, group) fichar (for/with, por) **3** (use sign language) comunicarse por señas, hablar por señas. **as a sign of** como muestra de a **sign of the times** un signo de los tiempos que corren **to make the sign of the cross** hacer la señal de la cruz **to sign one's own death warrant** firmar su propia sentencia de muerte **sign language** lenguaje m. por señas **sign of the zodiac** signo del zodiaco.

to sign a·way tr. sep. ceder.

to sign for tr. insep. (goods, parcel, etc.) firmar el recibo de.

to sign in intr. firmar el registro.

to sign off intr. despedirse.

to sign out intr. firmar el registro.

to sign o·ver tr. sep. ceder mediante un escrito.

to sign up tr. sep. (soldier) reclutar (worker) contratar ◇ intr. (soldier) alistarse (student) matricularse, inscribirse.

sig·nal ['sıgnəl] n. **1** (gen) señal f. **2** (telephone) señal f. **3** (radiophonic) señal f. **4** (railway) señal f. ◇ adj. (achievement, triumph, success, etc.) señalado, destacado, notable (failure) rotundo ◇ tr. 1 (indicate) indicar, señalar, marcar (forecast) pronosticar 2 (gesture) hacer señas, hacer una seña 3 AUTO indicar ◇ intr. 1 (gesture) hacer señas, hacer una seña 2 AUTO poner las luces intermitentes **signal box** garita de señales.

sig·na·ture ['sɪgnɪtʃə'] n. (name) firma **signature tune** sintonía.

sig·nif·i·cance [sɪg'nɪfɪkəns] n. 1 (meaning) significado 2 (importance) importancia, trascendencia.

sig·nif·i·cant [sɪg'nɪfɪkənt] adj. 1 (meaningful - gen) significativo (look, etc.) elocuente, expresivo 2 (important) importante, trascendente, considerable.

sig·ni·fy ['sɪgnɪfaɪ] tr. pt. & pp. **signified,** ger. **signifying** 1 [fml. use] (mean) significar (denote) indicar 2 [fml. use] (show, make known) mostrar, expresar.

sign·post ['saɪnpəʊst] n. poste m. indicador ◇ tr. (route) señalizar.

Sikh [siːk] n. sij mf. ◇ adj. sij.

si·lence ['saɪləns] n. (gen) silencio ◇ tr. (person) acallar, hacer callar (protest, opposition, criticism) apagar, silenciar. **to reduce somebody to silence** dejar a alguien sin habla.

si·lent ['saɪlənt] adj. 1 (thing, place, taciturn person) silencioso 2 (not speaking) callado 3 (film, consonant) mudo (prayer) silencioso **the silent majority** la mayoría silenciosa. **to be silent** callarse.

sil·hou·ette [ˌsɪlʊ'et] n. silueta. **to see something in silhouette** ver la silueta de algo. **to be silhouetted against something** recortarse contra algo.

sil·i·ca ['sɪlɪkə] n. sílice f.

sil·i·con ['sɪlɪkən] n. silicio **silicon chip** chip m. (de silicio).

sil·i·cone ['sɪlɪkəʊn] n. silicona **silicone implant** implante de silicona.

silk [sɪlk] n. seda ◇ adj. de seda ◇ npl. **silks** (jockeys' shirts) colores mpl. **you can't make a silk purse out of a sow's ear** no se pueden pedir peras al olmo **silk screen printing** serigrafía.

silk·worm ['sɪlkwɜːm] n. gusano de seda.

silk·y ['sɪlkɪ] adj. comp. **silkier,** superl. **silkiest** (cloth, hair, fur, etc.) sedoso (voice) aterciopelado (skin) suave.

sil·li·ness ['sɪlɪnəs] n. 1 (quality) estupidez f., necedad f. 2 (act) tontería, bobada.

sil·ly ['sɪlɪ] adj. comp. **sillier,** superl. **silliest** 1 (stupid) tonto, estúpido, necio, bobo (ridiculous) ridículo (in letter) 2 (unimportant) trivial 3 [fam. use] (senseless) atontado ◇ n. tonto, bobo. **to do something silly** hacer una tontería. **to make somebody look silly** dejar a alguien en ridículo.

sil·ver ['sɪlvə'] n. 1 (metal) plata f. (coins) monedas fpl. (de plata) 3 (articles, ornaments, etc.) plata (tableware) vajilla de plata ◇ adj. 1 (made of silver) de plata 2 (in color) plateado (hair) canoso, cano ◇ tr. (metal) dar un baño de plata a, platear **silver birch** BOT abedul m. **silver foil/silver paper** papel m. de plata **silver medal** medalla de plata **silver plate** (layer) plateado (objects) artículos mpl. plateados **silver screen** the cine m. **silver wedding** bodas fpl. de plata.

sil·ver·plat·ed [ˌsɪlvə'pleɪtɪd] adj. plateado.

sil·ver·smith ['sɪlvəsmɪθ] n. platero, orfebre mf.

sim·i·lar ['sɪmɪlə'] adj. parecido (to, a), similar (to, a), semejante (to, a) **similar triangle** triángulo semejante.

sim·i·lar·i·ty [ˌsɪmɪ'lærətɪ] n. pl. **similarities** 1 (likeness - between things) semejanza, parecido, similitud f. (- between people) parecido 2 (common feature) característica común.

sim·i·le ['sɪmɪlɪ] n. símil m.

sim·ple ['sɪmpl] adj. 1 (easy, straightforward) sencillo, fácil, simple 2 (plain, not elaborate) sencillo 3 (not compound) simple, sencillo 4 (plain, pure, nothing more than) sencillo, puro, mero 5 (unsophisticated, ordinary) simple, sencillo 6 (genuine, sincere) sencillo (foolish) tonto (naive, easily deceived) ingenuo, inocente (backward, weak-minded) corto de alcances **simple fracture** fractura simple **simple interest** interés m. simple.

sim·ple-mind·ed [sɪmpəl'maɪndɪd] adj. simple, ingenuo.

sim·plic·i·ty [sɪm'plɪsətɪ] n. 1 (easiness, incomplexity) sencillez f., simplicidad f. 2 (lack of sophistication) sencillez f., naturalidad f. 3 (foolishness) simpleza (naivety) ingenuidad f. **to be simplicity itself** ser de lo más sencillo.

sim·pli·fi·ca·tion [ˌsɪmplɪfɪ'keɪʃən] n. simplificación f.

sim·pli·fy ['sɪmplɪfaɪ] tr. pt. & pp. **simplified,** ger. **simplifying** simplificar.

sim·plis·tic [sɪm'plɪstɪk] adj. simplista.

sim·ply ['sɪmplɪ] adv. 1 (easily, plainly, modestly) simplemente, sencillamente 2 (only) simplemente, solamente, solo (just, merely) meramente 3 (really, absolutely) francamente, realmente.

sim·u·late ['sɪmjʊleɪt] tr. (reproduce) simular (imitate) imitar (feign) fingir, simular.

sim·u·lat·ed ['sɪmjʊleɪtɪd] adj. (flight, conditions, attack) simulado (leather, etc.) de imitación, sintético (jewels) de imitación, artificiales.

sim·u·la·tion [ˌsɪmjʊ'leɪʃən] n. (reproduction) simulación f., simulacro.

sim·u·la·tor ['sɪmjʊleɪtə'] n. simulador m.

si·mul·ta·ne·ous [sɪməl'teɪnɪəs] adj. simultáneo **simultaneous equations** MATH sistema m. de ecuaciones.

sin [sɪn] n. pecado ◇ intr. pt. & pp. **sinned,** ger. **sinning** pecar (**against,** contra). **for one's sins** para su castigo **to be as ugly as sin** tan feo como un pecado **to live in sin** vivir en concubinato, vivir amancebado, vivir en pecado.

since [sɪns] adv. desde entonces ◇ prep. desde ◇ conj. 1 (time) desde que 2 (because, seeing that) ya que, puesto que.

sin·cere [sɪn'sɪə'] adj. sincero.

sin·cere·ly [sɪn'sɪəlɪ] adv. sinceramente. **Yours sincerely** (in letter) (le saluda) atentamente.

sin·cer·i·ty [sɪn'serətɪ] n. sinceridad f.

sine [saɪn] n. MATH seno.

sin·ew ['sɪnjuː] n. (tendon) tendón m. (in meat) nervio ◇ npl. **sinews** fig. use fuerza f. sing., vigor m. sing.

sin·ew·y ['sɪnjʊɪ] adj. nervudo.

sin·ful ['sɪnfʊl] adj. 1 (person) pecador 2 (thought, act) pecaminoso 3 [fam. use] (waste) escandaloso.

sing [sɪŋ] tr. pt. **sang** [sæŋ], pp. **sung** [sʌŋ] (gen) cantar ◇ intr. (person, bird) cantar (wind, kettle, bullet) silbar (ears, insect) zumbar. **to sing a baby to sleep** arrullar a un niño (cantando). **to sing a different song/tune** cambiar de opinión.

Sin·ga·pore [ˌsɪŋgə'pɔː'] n. Singapur.

sing·er ['sɪŋə'] n. (gen) cantante mf. (in choir) cantor.

sing·er-song·writ·er ['sɪŋə'sɒŋraɪtə'] n. cantautor.

sing·ing ['sɪŋɪŋ] n. (act) canto, cantar m. (songs) canciones fpl. (of kettle) silbido (in ears) zumbido **singing lesson** clase f. de canto.

sin·gle ['sɪŋgl] adj. 1 (only one) solo, único 2 (composed of one part) simple, sencillo 3 (for one person) individual 4 (separate, individual) cada 5 (unmarried) soltero ◇ n. 1 (record) (disco) sencillo m. 2 SP (in baseball) sencillo 3 (one dollar bill) billete m. de un dólar ◇ npl. **singles** SP (in tennis, badminton) individuales *mpl*. **in single file** en fila india **single parent** *(mother)* madre f. soltera *(father)* padre m. soltero **single room** habitación f. individual.

to sin·gle out. *tr. sep.* **1** *(choose)* escoger, seleccionar **2** *(distinguish)* distinguir, destacar, resaltar.

sin·gle-breast·ed [sɪŋgəl'brestɪd] *adj. (jacket, suit)* recto, sin cruzar.

sin·gle-cell [sɪŋgəl'sel] *adj.* unicelular.

sin·gle-hand·ed [sɪŋgəl'hændɪd] *adj.* sin ayuda, solo ◇ *adv.* sin ayuda, solo.

sin·gle-mind·ed [sɪŋgəl'maɪndɪd] *adj.* resuelto, decidido.

sin·gle-par·ent [sɪŋgəlpeərənt] *adj. (family)* monoparental.

sin·gly [sɪŋglɪ] *adv. (separately)* por separado *(one by one)* uno por uno, individualmente.

sing-song [sɪŋsɒŋ] *adj. (voice, tone)* cantarín ◇ *n.* **1** *(voice, tone)* sonsonete m. **2** *(singing session)* ocasión informal en que la gente se pone a cantar.

sin·gu·lar [sɪŋgjʊləʳ] *adj.* **1** *(in grammar)* singular **2** *[fml. use] (outstanding)* extraordinario, excepcional **3** *[fml. use] (unique, unusual)* único, extraño ◇ *n.* LING singular m. **in the singular** en singular.

sin·gu·lar·i·ty [sɪŋjə'lærətɪ] *n. pl.* **singularities** *[fml. use]* singularidad f.

sin·is·ter [sɪnɪstəʳ] *adj.* siniestro.

sink [sɪŋk] *n. (in kitchen)* fregadero, pila *(in bathroom)* lavabo, lavamanos m. ◇ *tr. pt.* **sank** [sæŋk], *pp.* **sunk** [sʌŋk] **1** *(ship)* hundir, echar a pique **2** *fig. use (hopes, plans)* acabar con **3** *(hole, shaft, tunnel)* cavar, excavar *(well)* abrir *(post, pipe, cable)* enterrar *(knife)* clavar, hundir *(teeth)* hincar **(into,** en**) 4** *(forget)* dejar a un lado **5** *(invest)* invertir **(into,** en**)** ◇ *intr.* **1** *(ship)* hundirse, irse al pique *(stone, wood, etc.)* hundirse **2** *(land, building)* hundirse **3** *(sun, moon)* ponerse **4** *(figures, prices, value)* bajar *(water, level)* descender, bajar **5** *fig. use (hopes)* venirse abajo **6** *(person)* dejarse caer **7** *(decline)* hundirse **(into,** en**)**, caer **(into,** en**) 8** *(deteriorate)* empeorar.

to sink in *intr.* **1** *(liquids)* penetrar **2** *fig. use (words)* causar impresión *(news, idea, fact)* hacer impacto.

sink·a·ble [sɪŋkəbəl] *adj.* hundible.

sink·ing [sɪŋkɪŋ] *n.* MAR hundimiento. **that sinking feeling** esa desazón.

sin·ner [sɪnəʳ] *n.* pecador.

sin·u·ous [sɪnjʊəs] *adj.* sinuoso, serpenteante.

si·nus [saɪnəs] *n.* seno.

sip [sɪp] *n.* sorbo ◇ *tr. pt. & pp.* **sipped,** *ger.* **sipping** sorber, beber a sorbos ◇ *intr.* beber a sorbos **(at,** -**)**.

sir [sɜːʳ] *n.* **1** *[fml. use] (gen)* señor m. **2** MIL *(to captain)* mi capitán *(to general)* mi general *(to lieutenant)* mi teniente **3** *(title)* sir m. **Dear Sir** *(in letter)* muy señor mío, muy señores míos, estimado señor.

si·ren [saɪərɪn] *n. (gen)* sirena.

sis·sy [sɪsɪ] *n. pl.* **sissies** *[fam. use] pej. (effeminate)* afeminado, mariquita *mf. (cowardly)* miedica *mf.*, gallina *mf.*

sis·ter [sɪstəʳ] *n.* **1** *(relative)* hermana **2** *(comrade)* hermana, compañera **3** REL *(nun)* hermana, monja *(before name)* Sor **4** *(company, organization)* hermana.

sis·ter·hood [sɪstəhʊd] *n.* hermandad f.

sis·ter-in-law [sɪstərɪnlɔː] *n. pl.* **sisters-in-law** cuñada, hermana política.

sit [sɪt] *tr. pt. & pp.* **sat,** *ger.* **sitting 1** *(child, etc.)* sentar **(down,** -**) 2** *(room, hall, etc.)* tener cabida para *(table)* ser para ◇ *intr.* **1** *(action)* sentarse **(down,** -**) 2** *(be seated)* estar sentado **3** *(village, building)* ubicarse, hallarse, estar, situarse *(object)* estar *(clothes)* sentar, quedar **4** *(person)* quedarse **5** ART *(model)* posar **(for,** para**) 6** *(bird)* posarse

(on, en*) (hen on eggs)* empollar **(on,** -**) 7** *(be a member)* ser miembro *(on,* de**)**, formar parte **(on,** de**) 8** *(parliament, etc.)* reunirse (en sesión) ◇ *intr. [fam. use] (baby-sit)* hacer de canguro **(for,** a**). to sit on one's hands** cruzarse de brazos, estar mano sobre mano. **to sit on somebody's tail** pisarle los talones a alguien. **to sit on the fence** ver los toros desde la barrera, nadar entre dos aguas.

to sit a·bout/sit a·round *intr. [fam. use] (be lazy)* holgazanear, hacer el vago *(wait)* esperar sentado.

to sit back *intr.* **1** *(lean back)* recostarse *(relax)* ponerse cómodo **2** *(take no active part)* cruzarse de brazos.

to sit by *intr. (do nothing)* quedarse sin hacer nada, estarse quieto.

to sit in for *tr. insep. (take place)* sustituir a.

to sit in on *intr. (attend)* asistir a (sin participar), estar presente en.

to sit on *tr. insep.* **1** *[fam. use] (delay)* retener *(keep secret)* mantener oculto **2** *(silence)* hacer callar *(discipline, control)* poner en su sitio.

to sit out *tr. sep.* **1** *(stay until end)* aguantar hasta el final) *(wait until over)* esperar que acabe **2** *(not dance)* no bailar.

to sit through *tr. insep. (stay until end)* aguantar (hasta el final).

to sit up *intr.* **1** *(in bed)* incorporarse (en la cama) *(straight)* ponerse derecho **2** *(stay up late)* quedarse levantado, no acostarse ◇ *tr. sep.* **1** *(child, etc.)* sentar.

sit-down [sɪtdaʊn] *n.* **1** *(protest)* sentada *(strike)* huelga de brazos cruzados **2** *(rest)* breve descanso **sit-down meal** comida servida en la mesa.

site [saɪt] *n.* **1** *(location)* situación f., emplazamiento, colocación f. **2** *(area, land)* terreno, lugar m., solar m. ◇ *tr.* situar, ubicar, emplazar. **on site** en el recinto **archaeological site** yacimiento arqueológico.

sit-in [sɪtɪn] *n. (protest)* sentada *(strike)* huelga de brazos cruzados.

sit·ter [sɪtəʳ] *n.* **1** ART modelo *mf.* **2** *(baby sitter)* canguro *mf.* **3** *(hen)* gallina clueca **4** *(easy thing to do)* cosa muy fácil.

sit·ting [sɪtɪŋ] *n. (of meal)* turno *(of committee, for portrait)* sesión f. ◇ *adj. (position)* sentado. **in a sitting/at a single sitting** de una sentada, de un tirón.

sit·u·ate [sɪtjʊeɪt] *tr. [fml. use]* situar, ubicar, emplazar.

sit·u·at·ed [sɪtjʊeɪtɪd] *adj. (building, etc.)* situado, ubicado. **to be well/badly situated** *(person)* estar en una buena/mala situación.

sit·u·a·tion [sɪtjʊ'eɪʃən] *n.* **1** *(circumstances)* situación f. **2** *(location)* situación f., ubicación f. **"Situations vacant"** *"Ofertas de trabajo"* **situation comedy** telecomedia.

sit-up [sɪtʌp] *n.* SP abdominal m.

six [sɪks] *adj.* seis **turn to page six,** pasa a la página seis; **six hundred,** seiscientos; **six thousand,** seis mil. ◇ *n.* seis m. **she's six years old,** tiene seis años; **it's six o'clock,** son las seis; **all six of them,** todos seis; **it's six of one and half a dozen of the other** *(not important)* viene a ser lo mismo, da lo mismo, da igual *(both people's fault)* los dos tienen parte de la culpa. **to be at sixes and sevens** estar confuso, estar hecho un lío.

six·teen [sɪks'tiːn] *adj.* dieciséis ◇ *n.* dieciséis m. **NOTA:** Ver también six.

six·teenth [sɪks'tiːnθ] *adj.* decimosexto ◇ *adv.* ◇ en decimosexto lugar ◇ *n.* **1** *(in series)* decimosexto 2 *(fraction)* decimosexto *(one part)* decimosexta parte f. **NOTA:** Ver también sixth.

sixth [sɪksθ] *adj.* sexto *the sixth floor*, la sexta planta, el sexto piso; *the sixth century*, el siglo sexto; *tomorrow's her sixth birthday*, mañana cumple seis años. ◇ *adv.* sexto, en sexto lugar *he came sixth*, llegó en sexto lugar. ◇ *n.* 1 *(in series)* sexto *(day)* el seis, el día seis *Henry the Sixth*, Enrique sexto; *Arencón was sixth*, Arencón quedó sexto; *the sixth of June*, el seis de junio; *January the sixth*, el seis de enero; *I'm arriving on the sixth*, llego el día seis; 2 *(fraction)* sexto *(one part)* sexta parte f. *one sixth of the pupils*, una sexta parte del alumnado, uno de cada seis alumnos; **sixth sense** sexto sentido.

sixties [sɪkstɪz] *npl.* the sixties los años *mpl.* sesenta. **to be in one's sixties** *(person)* tener sesenta y tantos años. **to be in the sixties** *(temperature)* estar comprendido entre sesenta y setenta grados **temperatures will be in the sixties**, habrá temperaturas de entre sesenta y setenta grados Fahrenheit; **sixties music** música de los años sesenta.

sixtieth [sɪkstɪəθ] *adj.* sexagésimo *it's his sixtieth birthday*, es su sexagésimo cumpleaños, es su sesenta cumpleaños. ◇ *adv.* en sexagésimo lugar *he finished sixtieth*, quedó en sexagésimo lugar. ◇ *n.* 1 *(in series)* sexagésimo *he was sixtieth*, fue sexagésimo, quedó en sexagésimo lugar; 2 *(fraction)* sexagésimo *(one part)* sexagésima parte f.

sixty [sɪkstɪ] *adj.* sesenta *he's sixty*, tiene sesenta años; **sixty per cent of the population**, el sesenta por ciento de la población. ◇ *n.* 1 sesenta m.

size [saɪz] *n.* 1 *(gen)* tamaño *(magnitude)* magnitud f. 2 *(of clothes)* talla *(of shoes)* número *(of person)* talla, estatura ◇ *tr.* *(sort according to size)* poner la talla a. **that's about the size of it** es más o menos así. **to cut somebody down to size** bajarle los humos a alguien.
to size up *tr. sep.* *(situation, problem)* evaluar *(person)* juzgar.

skate [skeɪt] *n.* 1 *(gen)* patín m. *(ice skate)* patín m. de hielo *(roller skate)* patín m. de rueda ◇ *intr.* patinar. **to skate on thin ice** pisar un terreno peligroso.
to skate o·ver *tr. insep.* *(problem, delicate issue)* tratar muy por encima.
to skate round *tr. insep.* *(problem, difficulty)* evitar, esquivar.
skate·board [skeɪtbɔːd] *n.* monopatín m.
skat·er [skeɪtəʳ] *n.* patinador m.
skat·ing [skeɪtɪŋ] *n.* patinaje m. **to go skating** ir a patinar **ice skating** patinaje m. sobre hielo **skating rink** pista de patinaje.
skel·e·tal [skelɪtəl] *adj.* 1 ANAT esquelético, óseo 2 *(emaciated)* esquelético, escuálido.
skeleton [skelɪtən] *n.* 1 *(of person, animal)* esqueleto 2 *(of building, ship)* armazón m., estructura f. 3 *(outline, plan)* esquema m., bosquejo m. ◇ *adj.* *(staff)* reducido *(service)* mínimo, básico. **to have a skeleton in the cupboard** tener un secreto vergonzoso que ocultar **skeleton key** llave f. maestra.
skep·tic [skeptɪk] *n.* escéptico.
skep·ti·cal [skeptɪkəl] *adj.* escéptico. **to be skeptical about something** dudar de algo.
skep·ti·cism [skeptɪsɪzəm] *n.* escepticismo.
sketch [sketʃ] *n.* 1 *(drawing)* dibujo *(preliminary drawing)* bosquejo, esbozo 2 *(outline, rough idea)* esquema

m., esbozo *(rough draft)* boceto, borrador m. 3 *(part of show)* sketch m. ◇ *tr.* 1 *(draw)* dibujar *(preliminary drawing)* bosquejar, hacer un bosquejo de 2 *(outline)* esbozar ◇ *intr.* hacer bosquejos, hacer bocetos.
ski [skiː] *n.* *(equipment)* esquí m. ◇ *intr.* esquiar. **ski boots** botas de esquiar **ski instructor** instructor de esquí **ski jump** *(slope)* pista de saltos, trampolín m. *(competition)* saltos mpl. de esquí.
skid [skɪd] *n.* AUTO patinazo, resbalón m., derrapaje m. ◇ *intr. pt. & pp. skidded, ger. skidding* patinar, derrapar. **to be on the skids** ir cuesta abajo. **to go into a skid** patinar, derrapar. **to put the skids under somebody/something** *(cause to fail)* poner zancadillas a alguien/algo.
ski·er [skiːəʳ] *n.* esquiador.
ski·ing [skiːɪŋ] *n.* esquí m. **to go skiing** ir a esquiar.
skill [skɪl] *n.* 1 *(ability)* habilidad f., destreza *(talent)* talento, don m., dotes fpl. 2 *(technique)* técnica, arte m. ◇ *npl.* **skills** *(expertise)* capacidad f. sing., aptitudes fpl.
skilled [skɪld] *adj.* 1 *(specialized - worker)* cualificado, especializado *(- work)* especializado, de especialista 2 *(able)* hábil, diestro *(expert)* experto.
skil·let [skɪlɪt] *n.* sartén f.
skill·ful [skɪlful] *adj.* *(gen)* diestro, hábil *(with hands)* mañoso *(with words)* hábil. **to be skilful at something** ser hábil para algo, tener habilidad para algo.
skim [skɪm] *tr. & pp. skimmed, ger. skimming* 1 *(milk)* desnatar, descremar *(off, a)* *(soup)* espumar *(off, a)* 2 *(move over surface)* pasar *(casi)* rozando 3 *(read quickly)* hojear, leer por encima ◇ *intr.* 1 *(move over surface)* pasar *(casi)* rozando *(across/over, -)* 2 *(read quickly)* hojear *(through/over, -)*, leer por encima *(through/over, -)*. **to skim stones** hacer cabrillas **skim milk** leche f. desnatada, leche f. descremada.
skimmed [skɪmd] *adj.* *(milk)* desnatado, descremado.
skin [skɪn] *n.* 1 *(of person)* piel f. *(of face)* cutis m., piel f. *(complexion)* tez f. 2 *(of animal)* piel f., pellejo *(pelt)* pielf *(hide)* cuero *(curtido)* 3 *(of fruit, vegetable)* piel f. *(hard)* cáscara, corteza *(peeling)* monda, mondadura 4 *(of sausage)* pellejo 5 *(on paint)* telilla, capa fina *(on milk, custard, etc.)* nata 6 TECH *(of plane, etc.)* revestimiento ◇ *tr. pt. & pp. skinning* 1 *(animal, fish)* desollar, despellejar 2 *(fruit, vegetable)* pelar 3 *(elbow, knee)* arañar, rascar, hacerse un rasguño en. **to have a thick skin** ser poco sensible. **to have a thin skin** ser muy susceptible **to save one's own skin** salvar el pellejo **skin care** cuidado de la piel **skin cream** crema para la piel **skin disease** enfermedad f. de la piel, dermatosis f. **skin diving** buceo, submarinismo.
skin-deep [skɪndiːp] *adj.* superficial.
skin·ni·ness [skɪnɪnəs] *n.* flacura.
skin·ny [skɪnɪ] *adj. comp. skinnier, superl. skinniest* *(fam. use)* flaco, flacucho, delgaducho, enjuto.
skin·tight [skɪntaɪt] *adj.* *(clothes)* muy ceñido, muy ajustado.
skip¹ [skɪp] *n.* salto, brinco ◇ *intr. pt. & pp. skipped, ger. skipping* 1 *(move, jump)* saltar, brincar *(with rope)* saltar a la comba 2 *(jump, flit)* saltar 3 *(fam. use)* *(leave)* largarse ◇ *tr.* 1 *(miss, omit)* saltarse 2 *(fam. use)* *(fail to attend)* faltar a **skip it!** ¡déjalo!
skip² [skɪp] *n.* *(container)* contenedor m., contáiner m.
skip·per [skɪpəʳ] *n.* 1 MAR patrón, capitán 2 SP capitán ◇ *tr.* capitanear.
skip·ping [skɪpɪŋ] *n.* 1 comba **skipping rope** comba, cuerda de saltar.
skirt [skɜːt] *n.* 1 *(garment)* falda 2 *(machinery guard)* cubierta ◇ *tr.* 1 *(go round - town, hill)* rodear *(- lake,*

coast) bordear **2** *fig. use (problem)* esquivar, eludir *(round, -)*.

skit [skɪt] *n. (written)* sátira, parodia *(performed)* sketch *m.* satírico.

skulk [skʌlk] *intr. (hide)* esconderse, estar escondido *(prowl)* merodear, rondar *(lurk, lie in wait)* estar al acecho.

skull [skʌl] *n.* **1** ANAT cráneo **2** *(symbol)* calavera **3** *[fam. use] (head)* coco, calavera, tarro. **skull and crossbones** *bandera pirata*.

skunk [skʌŋk] *n.* **1** ZOOL zorilla **2** *[fam. use] (person)* sinvergüenza *mf.*, canalla *mf.*

sky [skaɪ] *n. (gen)* cielo *(firmament)* firmamento. **the sky's the limit** *todo es posible.* **to praise something/somebody to the skies** *poner algo/a alguien por las nubes* **sky blue** *azul m. celeste.*

sky-blue [ˈskaɪbluː] *adj.* azul celeste.

sky-dive [ˈskaɪdaɪv] *intr.* practicar el paracaidismo.

sky-div-er [ˈskaɪˈdaɪvəʳ] *n.* paracaidista *mf.*

sky-div-ing [ˈskaɪdaɪvɪŋ] *n.* paracaidismo *m.*

sky-high [skaɪˈhaɪ] *adv.* por las nubes, por los aires ⬦ *adj.* por las nubes, astronómico. **to blow something sky-high** *hacer volar algo por los aires.*

sky-light [ˈskaɪlaɪt] *n.* tragaluz *m.*, claraboya.

sky-line [ˈskaɪlaɪn] *n.* **1** *(horizon)* horizonte *m.* **2** *(of city)* perfil *m.*

sky-scrap-er [ˈskaɪskreɪpəʳ] *n.* rascacielos *m.*

slab [slæb] *n.* **1** *(of stone)* losa *(of cake)* trozo *(of chocolate)* tableta **2** *(in mortuary)* mesa de autopsias.

slack [slæk] *adj.* **1** *(not taut)* flojo **2** *(careless, lax)* descuidado *(negligent)* negligente *(sloppy)* despreocupado, dejado **3** *(not busy - trade, demand)* flojo ⬦ *n.* *(part of rope, wire, etc.)* parte *f.* floja ⬦ *intr. [fam. use] pej. (be lazy)* gandulear, holgazanear.

to slack off *intr. (activity)* aflojar (el ritmo de trabajo) *(speed)* reducir, disminuir.

slack-en [ˈslækən] *tr.* **1** *(rope, grip)* aflojar *(reins)* soltar **2** *(speed)* reducir, disminuir *(pace)* aflojar, reducir, aminorar ⬦ *intr.* **1** *(rope, grip)* aflojarse *(wind, rain)* amainar **2** *(trade, demand)* aflojar, flaquear, decaer *(speed)* reducirse, disminuir.

slack-er [ˈslækəʳ] *n. [fam. use]* vago, gandul, holgazán.

slack-ness [ˈslæknəs] *n.* **1** *(of rope)* flojedad *f.* **2** *(carelessness, laxness)* descuido *(negligence)* negligencia *(laziness)* pereza, gandulería **3** *(of trade)* inactividad *f.*, estancamiento.

slam [slæm] *n.* **1** *(of lid, book, etc.)* golpe *m.* *(of door)* portazo ⬦ *tr. pt. & pp.* **slammed**, *ger.* **slamming 1** *(shut forcefully)* cerrar de golpe **2** *(throw noisily)* arrojar, lanzar **3** *fig. use (criticize)* criticar duramente, atacar violentamente **4** *(defeat)* dar una paliza a ⬦ *intr.* cerrarse de golpe **to slam on the brakes** AUTO *dar un frenazo.* **to slam the door** *dar un portazo.*

slan-der [ˈslɑːndəʳ] *n.* **1** *(smear)* difamación *f.* **2** JUR calumnia ⬦ *tr.* **1** difamar **2** JUR calumniar. **to sue somebody for slander** *demandar a alguien por difamación.*

slan-der-er [ˈslɑːndərəʳ] *n.* **1** difamador **2** JUR calumniador.

slan-der-ous [ˈslɑːndərəs] *adj.* **1** difamatorio **2** JUR calumnioso.

slang [slæŋ] *n.* argot *m.*, jerga ⬦ *adj.* de jerga, de argot ⬦ *tr. [fam. use]* insultar.

slant [slɑːnt] *n.* **1** *(gen)* inclinación *f.* *(slope)* declive *m.*, pendiente *f.* **2** *(point of view)* enfoque *m.*, punto de vista, perspectiva *(bias)* sesgo *tr.* **1** *(gen)* inclinar **2** *fig. use (news, report, etc.)* enfocar subjetivamente, presentar tendenciosamente ⬦ *intr. (slope)* inclinarse. **on a slant/on the slant** *inclinado.*

slant-ed [ˈslɑːntɪd] *adj. (biased)* tendencioso.

slant-ing [ˈslɑːntɪŋ] *adj. (sloping)* inclinado.

slap [slæp] *n.* **1** *(gen)* palmada *(smack)* cachete *m.* *(in face)* bofetada, bofetón *m.* ⬦ *adv.* **1** *(straight)* de lleno **2** *(right)* justo ⬦ *tr. pt. & pp.* **slapped**, *ger.* **slapping 1** *(gen)* pegar (con la mano) *(in face)* abotetear, dar una bofetada a **2** *(place, put)* tirar, arrojar **to slap somebody on the back** *dar a alguien una palmadita en la espalda.*

to slap a-round *tr. sep. (hit)* pegar.

to slap down *tr. sep. (force into silence)* hacer callar.

to slap on *tr. sep. (add to price)* añadir a, aumentar.

slash [slæʃ] *n.* **1** *(with sword)* tajo *(with knife)* cuchillada *(with razor)* navajazo *(with whip)* latigazo **2** *[fam. use] (oblique)* barra oblicua ⬦ *tr.* **1** *(with sword)* dar un tajo a *(with knife)* acuchillar, rajar *(with whip)* azotar **2** *fig. use (prices, wages)* rebajar, reducir *(budget)* recortar ⬦ *intr. (swipe)* golpear *(at, -)*.

slate [sleɪt] *n.* **1** *(gen)* pizarra **2** *(in politics)* lista de candidatos ⬦ *tr.* **1** *(roof)* empizarrar **2** *(choose)* elegir **3** *(plan, schedule)* programar.

slaugh-ter [ˈslɔːtəʳ] *n.* *(of animals)* matanza *(of people)* carnicería, matanza ⬦ *tr.* **1** *(animals)* matar, sacrificar *(people)* matar brutalmente *(in large numbers)* masacrar, exterminar **2** *[fam. use] (defeat)* dar una paliza a.

slaugh-ter-house [ˈslɔːtəhaʊs] *n.* matadero.

Slav [slɑːv] *n. (person)* eslavo ⬦ *adj.* eslavo.

slave [sleɪv] *n.* esclavo ⬦ *intr.* trabajar como una bestia *(at,* en*)*, trabajar como un negro *(at,* en*)* **slave driver** *negrero, tirano* **slave labor** *(slaves)* los esclavos *(hard work)* trabajo de negros **slave trade** *trata de esclavos.*

slav-er-y [ˈsleɪvərɪ] *n.* esclavitud *f.* **to be sold into slavery** *ser vendido como esclavo.*

Slav-ic [ˈslɑːvɪk] *adj.* VER: Slavonic.

slav-ish [ˈsleɪvɪʃ] *adj.* **1** *(servile)* esclavo, servil **2** *(copy, imitation, remake)* poco original, calcado, imitativo *(obedience, devotion)* ciego.

Sla-von-ic [sləˈvɒnɪk] *adj.* eslavo ⬦ *n. (language)* eslavo.

sled [sled] *n.* trineo ⬦ *intr.* ir en trineo.

sledge-ham-mer [ˈsledʒhæməʳ] *n.* mazo de hierro.

sleek [sliːk] *adj.* **1** *(hair, fur)* liso, lustroso **2** *(appearance)* impecable, elegante *(vehicle)* de líneas elegantes.

sleep [sliːp] *n.* **1** sueño **2** *(in eyes)* legaña ⬦ *intr. pt. & pp.* **slept** [slept] *(gen)* dormir ⬦ *tr. (accommodate)* tener camas para, poder alojar a **sleep tight** *que duermas bien, que descanses* **to cry oneself to sleep** *llorar hasta quedarse dormido* **to get to sleep** *conciliar el sueño* **to go to sleep** *[fall asleep]* dormirse *(become numb)* dormirse, entumecerse **to sleep like a log/sleep like a top** *dormir como un tronco, dormir como un lirón* **to sleep it off** *(hangover)* dormir la mona *(meal)* reponerse **to sleep on it** *consultarlo con la almohada.* **to sleep rough** *dormir al raso.*

to sleep in *intr. (sleep late)* quedarse en la cama, dormir hasta tarde.

to sleep out *intr. (sleep outdoors)* dormir al aire libre, dormir al raso.

to sleep through *tr. insep. (not hear)* no oír *(be asleep)* seguir durmiendo.

to sleep to-geth-er *intr. (sleep in same bed)* dormir juntos *(have sex)* tener relaciones sexuales.

to sleep with *tr. insep.* acostarse con.

sleep-er [ˈsliːpəʳ] *n.* **1** *(person)* durmiente *mf.* **2** *(train)* tren *m.* con coches cama *(sleeping car)* coche-cama *m.* *(berth)* litera **3** *(beam of wood on track)* traviesa

4 (late/unexpected success) éxito inesperado. **to be a light sleeper/be a heavy sleeper** tener el sueño ligero/tener el sueño pesado.

sleep·i·ly ['sli:pɪlɪ] adv. con voz soñolienta, medio dormido.

sleep·ing ['sli:pɪŋ] adj. durmiente, dormido. **let sleeping dogs lie** mejor no remover el asunto **sleeping bag** saco de dormir **Sleeping Beauty** la Bella Durmiente **sleeping pill/tablet** píldora para dormir.

sleep·less ['sli:pləs] adj. insomne. **to have a sleepless night** pasar la noche en blanco.

sleep·walk·er ['sli:pwɔːkəʳ] n. sonámbulo.

sleep·walk·ing ['sli:pwɔːkɪŋ] n. sonambulismo.

sleep·y ['sli:pɪ] adj. comp. **sleepier**, superl. **sleepiest 1** (drowsy) soñoliento, somnoliento, adormecido **2** (quiet, not busy) tranquilo. **to be sleepy/feel sleepy** tener sueño. **to get sleepy** entrarle sueño a uno. **to look sleepy** tener cara de sueño. **to make sleepy** darle sueño a uno.

sleeve [sliːv] n. **1** (of garment) manga **2** (of record) funda **3** TECH manguito. **to have something up one's sleeve** guardarse una carta en la manga.

sleigh [sleɪ] n. trineo **sleigh bell** cascabel m.

sleight [slaɪt] **sleight of hand** prestidigitación f., juego de manos.

slen·der ['slendəʳ] adj. **1** (person) delgado, esbelto (waist, wineglass) delgado, fino **2** fig. use (hope, chance) ligero, remoto (income, majority) escaso.

slept [slept] pt. & pp. **VER: sleep.**

slice [slaɪs] n. **1** (of bread) rebanada (thin - ham, etc.) lonja, loncha (- meat) tajada (- of salami, lemon, etc.) rodaja **2** (portion - of cake, pie) porción f., trozo (- of melon, etc.) raja **3** fig. use (share) parte f. (proportion) proporción f. **4** (kitchen tool) pala, paleta **5** SP (in golf) slice m. (in tennis) golpe m. con efecto ◇ tr. **1** (cut up) cortar a rebanadas, cortar a lonjas, cortar a rodajas **2** (cut off) cortar **3** (cut with knife) cortar **4** SP dar efecto a ◇ intr. SP dar efecto a la pelota **sliced bread** pan m. de caja.

slick [slɪk] adj. **1** (skilful) mañoso, hábil, diestro (smooth) fluido **2** (attractive) ingenioso, logrado (effective) eficaz, impresionante **3** pej. (glib - person) despabilado, con mucha labia (- answer, excuse) fácil, simplista **4** (slippery) resbaladizo ◇ n. marea negra.

slide [slaɪd] n. **1** (act of sliding) deslizamiento, desliz m. (slip) resbalón m. **2** (in playground) tobogán m. **3** FIN (drop, fall) baja, caída, bajón m. **4** (photo) diapositiva **5** (of microscope) platina, portaobjetos m. **6** MUS (on instrument) vara, corredera ◇ tr. pt. & pp. **slid** [slɪd] (gen) deslizar, pasar (furniture) correr ◇ intr. **1** (slip deliberately) deslizar, deslizarse (slip accidentally) resbalar **2** (move quietly) deslizarse **3** FIN (fall) bajar. **slide show** proyección f. de diapositivas.

to slide in·to tr. insep. (gradually pass into) caer en.

to slide o·ver tr. insep. (avoid) esquivar, eludir.

sliding ['slaɪdɪŋ] adj. **1** (door, window) corredero **2** (roof) corredizo **sliding scale** FIN escala móvil.

slight [slaɪt] adj. **1** (small in degree) pequeño, ligero (not serious, unimportant) leve, insignificante **2** (person - small) menudo (- slim) delgado (- frail) delicado ◇ n, (affront) desaire m., desprecio ◇ tr. **1** (scorn) despreciar, menospreciar **2** (snub, insult) desairar, ofender, insultar. **not in the slightest** en absoluto.

slight·ly ['slaɪtlɪ] adv. (a little) ligeramente, un poco, algo **to be slightly built** ser de complexión menuda.

slim [slɪm] adj. comp. **slimmer**, superl. **slimmest 1** (person, build) delgado, esbelto (waist, object) fino

2 (chance, hopes, prospect) remoto (evidence) insuficiente (profit) escaso, exiguo ◇ intr. pt. & pp. **slimmed**, ger. **slimming** adelgazar, hacer régimen.

to slim down. tr. sep. reducir.

slim·line ['slɪmlaɪn] adj. **1** (watch, etc.) extraplano **2** (drink) light, bajo en calorías.

slim·mer ['slɪməʳ] n. persona que está a régimen.

slim·ming ['slɪmɪŋ] adj. (diet, pills) para adelgazar, adelgazante (food) que no engorda, de bajo contenido calorífico n. (process) adelgazamiento.

slim·y ['slaɪmɪ] adj. comp. **slimier**, superl. **slimiest 1** (muddy) limoso (sticky) viscoso, pegajoso (snail) baboso **2** (person) zalamero, cobista.

sling [slɪŋ] n. **1** MED cabestrillo **2** (catapult) honda (child's) tirador m. **3** (device for lifting, carrying) cuerda (for baby) canguro ◇ tr. pt. & pp. **slung** [slʌŋ] **1** (fam. use) (throw) tirar, arrojar, lanzar **2** (lift, support) colgar **to sling one's hook** largarse.

slink·y ['slɪŋkɪ] adj. comp. **slinkier**, superl. **slinkiest** (garment) ceñido, ajustado (movement) sensual, provocativo.

slip¹ [slɪp] n. **1** (of paper) papelito, trocito de papel **2** BOT (cutting) esqueje m. **slip of a girl** chiquilla.

slip² [slɪp] n. **1** (slide) resbalón m. (trip) traspiés m., tropezón m. **2** (mistake) error m., equivocación f. (moral) desliz m. **3** (women's underskirt) combinación f. (petticoat) enaguas fpl. ◇ intr. **1** (slide) resbalar (fall, get away, escape) caer **2** AUTO (clutch, tyre) patinar **3** (move - quickly) ir de prisa (- secretly) escabullirse **4** (decline) decaer, empeorar ◇ tr. **1** (pass, give, put) pasar, deslizar, dar a escondidas **2** (overlook, forget) escaparse **3** (get free from) **a slip of the tongue** un lapsus linguae **to let an opportunity slip through one's fingers** dejar escapar una oportunidad **to let something slip** escapársele algo a uno.

to slip a·way intr. **1** (time) pasar, irse **2** (person) irse.

to slip by intr. (time) pasar, transcurrir.

to slip in·to tr. insep. (clothes) ponerse.

to slip off tr. sep. (clothes) quitarse.

to slip on tr. sep. (clothes) ponerse.

to slip out intr. (secret, comment, etc.) escaparse.

to slip out of tr. insep. (clothes) quitarse.

to slip up intr. (make a mistake) equivocarse, cometer un error (blunder) cometer un desliz, meter la pata.

slip·per ['slɪpəʳ] n. **1** zapatilla **2** TECH zapata, patín m.

slip·per·y ['slɪpərɪ] adj. **1** (surface) resbaladizo, resbaloso (fish, soap) escurridizo **2** (fam. use) (person) astuto, que no es de fiar, to be a **slippery customer** no ser de fiar, ser un granuja. **to be on the slippery slope** andar sobre terreno pantanoso.

slip·py ['slɪpɪ] adj. comp. **slippier**, superl. **slippiest** (fam. use). **VER: slippery.**

slip-up ['slɪpʌp] n. (mistake) error m., descuido (blunder) desliz m., metedura de pata.

slit [slɪt] n. (opening) abertura, hendedura (cut) corte m., raja ◇ tr. pt. & pp. **slit**, ger. **slitting** (cut) cortar, rajar, hender.

slith·er ['slɪðəʳ] intr. (snake) deslizarse (person) resbalar (car) patinar.

slith·er·y ['slɪðərɪ] adj. resbaladizo.

sliv·er ['slɪvəʳ] n. (of wood, glass) astilla (of ham, etc.) loncha fina, tajada fina.

slo·gan ['sləʊgən] n. slogan m., eslogan m., lema m.

slop [slɒp] tr. pt. & pp. **slopped**, ger. **slopping** (spill) derramar, verter ◇ intr. derramarse, verterse *n.* 1 *(liquid food)* gachas *fpl. (swill)* bazofia 2 *(liquid waste from tea, coffee)* posos *mpl.* de té; posos *mpl.* de café *(dirty water)* aguachirle *m.*, lavazas *fpl.*, líquido de desecho 3 *(human waste - solid)* excrementos *mpl.* (- liquid) orina 4 *(slush)* sentimentalismo, sensiblería.

slope [sləʊp] *n.* 1 *(incline)* cuesta, pendiente *t.* (*upward*) subida *(downward)* bajada, declive *m.* 2 *(of mountain)* ladera, falda, vertiente *f. (of roof)* vertiente *f.* 3 *(for skiing)* pista de esquí, pista ◇ *intr.* inclinarse.

slop·ing [ˈsləʊpɪŋ] *adj. (ground)* en pendiente, inclinado *(roof, handwriting)* inclinado *(shoulder)* caído.

slop·py [ˈslɒpɪ] *adj. comp.* **sloppier**, *superl.* **sloppiest** 1 *(garment)* muy ancho 2 *(messy, careless - gen)* descuidado (- *manual work)* chapucero (- *appearance, dress)* desaliñado, dejado 3 *(sentimental)* empalagoso ◇ *n. (kiss)* baboso.

slot [slɒt] *n.* 1 *(for coin)* ranura *(groove)* muesca *(opening)* rendija, abertura 2 *(program)* espacio *(position, place)* puesto, hueco ◇ *tr. & pp.* **slotted**, *ger.* **slotting** *(insert)* insertar, introducir · **slot machine** *(vending machine)* distribuidor *m.* automático *(for gambling)* máquina tragaperras.

to slot in *tr. sep. (fit in)* meter ◇ *intr. (fit together)* encajar.

to slot to·geth·er *intr.* encajar.

slouch [slaʊtʃ] *intr. (walk)* andar con los hombros caídos, andar arrastrando los pies *(sit)* sentarse con los hombros caídos ◇ *n. (posture)* andar *m.* desgarbado. • **to be no slouch** no ser manco.

Slo·vak [ˈsləʊvæk] *adj.* eslovaco ◇ *n.* 1 *(person)* eslovaco 2 *(language)* eslovaco.

Slo·va·ki·a [sləʊˈvækɪə] *n.* Eslovaquia.

Slo·va·ki·an [sləʊˈvækɪən] *adj.* VER: Slovak.

Slo·vene [ˈsləʊviːn] *adj.* esloveno ◇ *n.* 1 *(person)* esloveno 2 *(language)* esloveno.

Slo·ve·ni·a [sləʊˈviːnɪə] *n.* Eslovenia.

slow [sləʊ] *adj.* 1 *(gen)* lento 2 *(clock, watch)* atrasado 3 *(dull, not active)* aburrido, pesado 4 **(not quick to learn)** lento, torpe *(thick)* corto de alcances ◇ *adv.* 1 despacio, lentamente ◇ *tr. (vehicle, machine)* reducir la marcha de *(production, progress)* retrasar, retardar *(person)* hacer ir más lento, retrasar ◇ *intr. (gen)* ir más despacio *(vehicle)* reducir la velocidad *(pace)* aminorar el paso *(person)* tomarse las cosas con calma.

to slow down *tr. sep.* hacer ir más despacio ◇ *intr. (gen)* ir más despacio *(vehicle)* reducir la velocidad *(person)* aminorar el paso.

slow·down [ˈsləʊdaʊn] *n.* (*workers*) huelga de celo.

slow·ly [ˈsləʊlɪ] *adv.* despacio, lentamente.

slow·ness [ˈsləʊnəs] *n.* 1 *(gen)* lentitud *f.* 2 *(dullness)* pesadez *f.* 3 *(of person)* torpeza.

slow-wit·ted [ˈsləʊˈwɪtɪd] *adj.* lento, torpe, corto (de luces).

slug·gish [ˈslʌgɪʃ] *adj.* 1 *(river, engine)* lento *(person)* perezoso, holgazán 2 COMM *(market, trade)* inactivo, flojo.

slum [slʌm] *n.* 1 *(place, house, etc.)* casuca, casucha, tugurio 2 *[fam. use] (tip)* pocilga ◇ *intr. pt. & pp.* **slummed**, *ger.* **slumming** *[fam. use]* visitar los barrios pobres ◇ *npl.* **slums** *(area)* barrios *mpl.* pobres.

slum·ber [ˈslʌmbəʳ] *n. literal use (sleep)* sueño *(deep sleep)* sopor *m.* ◇ *intr.* dormir.

slump [slʌmp] *n.* 1 *(recession)* crisis *f.* económica, recesión *f.* económica *(drop in demand, etc.)* baja repentina, caída repentina 2 *(of player, team)* bajón *m.*, mala racha ◇ *intr.* 1 *(economy)* hundirse **(sales, demand, etc.)** bajar en picado, caer en

picado, caer de repente *(prices)* desplomarse 2 *(fall, flop down)* caer, derrumbarse *(faint)* desmayarse.

slung [slʌŋ] *pt. & pp.* VER: sling.

slunk [slʌŋk] *pt. & pp.* VER: slink.

slur [slɜːʳ] *n.* 1 *(stigma)* mancha *(slanderous remark)* calumnia, difamación *f. (insult)* afrenta 2 *(way of speaking)* dificultad *f.* al hablar 3 MUS ligado ◇ *tr. pt. & pp.* **slurred**, *ger.* **slurring** 1 *(letters, words)* comerse, tragarse, pronunciar mal 2 MUS ligar 3 *(slander - reputation)* manchar, mancillar (- *person)* calumniar, difamar.

sly [slaɪ] *adj. comp.* **slyer** o **slier**, *superl.* **slyest** o **sliest** 1 *(cunning)* astuto, ladino, taimado *(deceitful)* tramposo 2 **(secretive, knowing)** furtivo 3 *(mischievous, playful)* travieso, pícaro *(underhand)* malicioso. • **on the sly** a escondidas, a hurtadillas, por lo bajo.

sly·ly [ˈslaɪlɪ] *adv.* 1 *(cunningly)* con astucia, astutamente 2 *(secretively)* furtivamente 3 *(mischievously)* con picardía *(underhandedly)* con malicia, maliciosamente.

smack [smæk] *n.* 1 *(slap)* bofetada, tortazo, azote *m. (blow)* golpe *m.* 2 *[fam. use] (loud kiss)* besote *m.*, beso sonoro *(loud noise)* ruido sonoro, chasquido ◇ *tr.* 1 *(slap)* dar una bofetada a, abofetear, pegar a 2 *(strike)* golpear ◇ *adv.* 1 *[fam. use] (with force)* de lleno, directamente 2 *[fam. use] (exactly)* justo.

small [smɔːl] *adj.* 1 *(not large)* pequeño, chico 2 *(in height)* bajo, pequeño 3 *(young)* joven, pequeño 4 *(reduced - sum, number)* reducido, módico *(slight, scant)* escaso, poco 5 *(small-scale)* pequeño 6 *(unimportant, trivial)* sin importancia, de poca importancia, insignificante 7 *(not capital)* minúscula 8 *(mean, petty)* mezquino ◇ *adv.* pequeño **(it's) small wonder that...** no me extraña *(nada)* que... **in a small voice** con la boca pequeña. **in the small hours** a altas horas de la madrugada. **it's a small world** el mundo es un pañuelo. **small of the back** región *f.* lumbar **small print** letra menuda, letra pequeña **small screen** pequeña pantalla, TV **small talk** charla, charloteo.

small-mind·ed [smɔːlˈmaɪndɪd] *adj. (narrow-minded)* de miras estrechas *(petty)* mezquino.

small·ness [ˈsmɔːlnəs] *n. (size)* pequeñez *f.* **(lack of importance)** insignificancia.

small-scale [ˈsmɔːlˈskeɪl] *adj.* a pequeña escala, en pequeña escala.

small-town [ˈsmɔːltaʊn] *adj.* provinciano, pueblerino.

smart [smɑːt] *adj.* 1 *(elegant)* elegante, fino *(chic)* fino, de buen tono 2 *(clever)* listo, inteligente *(sharp)* agudo, vivo *(impudent)* fresco, descarado 3 *(quick, brisk)* rápido, ligero *(forceful)* seco, fuerte ◇ *intr.* 1 *(sting)* escocer, picar 2 *(suffer)* sufrir. **smart alec, smart aleck** listillo, sabelotodo **smart card** tarjeta inteligente.

smart·ly [ˈsmɑːtlɪ] *adv.* 1 *(elegantly)* elegante, elegantemente, con elegancia 2 *(cleverly)* inteligentemente *(sharply)* con agudeza 3 *(quickly)* rápidamente *(forcefully)* con fuerza.

smart·ness [ˈsmɑːtnəs] *n.* 1 *(elegance)* elegancia, buena presencia *(chic)* buen tono 2 *(cleverness)* inteligencia *(sharpness)* agudeza.

smash [smæʃ] *n.* 1 *(noise)* estrépito, estruendo 2 *(collision)* choque *m.* violento, colisión *f.* 3 *(blow)* golpe *m.* 4 SP *(tennis)* smash *m.*, mate *m.* 5 *(success, hit)* exitazo, gran éxito ◇ *tr.* 1 *(break)* romper *(shatter)* hacer pedazos, hacer añicos *(destroy - car, room, etc.)* destrozar 2 *(hit forcefully)* romper *(crash,* *throw violently*) estrellar (**into**, contra) **3** *(defeat)* vencer, derrotar, aplastar *(destroy)* destrozar, destruir *(break up)* desarticular, desmantelar *(beat)* batir, superar **4** SP *(in tennis)* hacer un mate, dar un mate ⬦ *intr.* **1** *(break)* romperse *(shatter)* hacerse pedazos, hacerse añicos **2** *(crash)* estrellarse (**into**, contra), chocar (**into**, contra) **to smash somebody's face** partirle la cara a alguien **smash hit** gran éxito, exitazo.

smashed [smæʃt] *adj.* *(fam. use)* *(drunk)* borracho.

smash-up ['smæʃʌp] *n.* *(crash)* choque *m.* violento, colisión *f.* *(accident)* accidente *m.*

smear [smɪəʳ] *n.* **1** *(smudge, stain)* mancha **2** MED frotis *m.* **3** *fig. use* *(defamation)* calumnia ⬦ *tr.* **1** *(spread - butter, ointment)* untar *(- grease, paint)* embadurnar **2** *(make dirty)* manchar *(smudge)* borrar **3** *fig. use* *(defame)* calumniar, difamar ⬦ *intr.* *(smudge)* correrse.

smell [smel] *n.* **1** *(sense)* olfato **2** *(odor)* olor *m.* *(perfume)* perfume *m.*, aroma *m.* ⬦ *tr. pt. & pp.* **smelled** o **smelt 1** oler **2** *fig. use* olfatear ⬦ *intr.* **1** oler **2** *(have particular smell)* oler (a) **to have a smell of something** olerse algo.

to smell out *tr. sep.* **1** *(discover by smelling)* husmear **2** *(stink)* apestar.

smell·y [smeli] *adj. comp.* **smellier,** *superl.* **smelliest** apestoso, maloliente, pestilente, hediondo.

smelt¹ [smelt] *tr.* *(melt)* fundir.

smelt² [smelt] *pp.* VER: smell.

smelt·er [smeltəʳ] *n.* *(furnace)* fundición *f.*, altos hornos *mpl.*

smile [smaɪl] *n.* sonrisa ⬦ *intr.* *(gen)* sonreír ⬦ *tr.* *(say with a smile)* decir sonriendo. **to be all smiles** no parar de sonreír. **to wipe the smile off somebody's face** quitarle las ganas de sonreír a alguien.

to smile on *intr.* sonreír a.

smil·ey [smaɪli] *n.* COMPUT emoticón *m.*; emoticono.

smil·ing [smaɪlɪŋ] *adj.* sonriente, risueño.

smirk [smɜːk] *n.* *(self-satisfied)* sonrisa satisfecha, sonrisa de satisfacción *(foolish)* sonrisa boba ⬦ *intr.* *(with self-satisfaction)* sonreír con satisfacción *(foolishly)* sonreír bobamente.

smith·y [smɪði] *n. pl.* **smithies** herrería.

smit·ten [smɪtən] *pp.* VER: smite ⬦ *adj.* *(besotted)* locamente enamorado. **to be smitten with somebody** *(besotted)* estar locamente enamorado de alguien, estar loco por alguien.

smock [smɒk] *n.* **1** *(blouse)* blusón *m.* **(for pregnant women)** blusón *m.* maternidad, vestido de maternidad **2** *(overall)* bata, guardapolvo.

smog [smɒg] *n.* niebla tóxica, esmog *m.*

smoke [sməʊk] *n.* **1** *(gen)* humo **2** *[fam. use]* *(cigarette)* cigarrillo, cigarro, pitillo ⬦ *tr.* **1** *(person)* fumar **2** *(meat, fish)* ahumar ⬦ *intr.* **1** *(person)* fumar **2** *(fire, chimney, etc.)* echar humo, humear. **there's no smoke without fire** *cuando el río suena, algo trae* **to have a smoke** fumar **smoke screen** *cortina de humo* **smoke signal** señal *f.* de humo.

to smoke out *tr. sep.* *(insects)* ahuyentar con humo *(people)* desalojar con bombas fumígenas.

smoked [sməʊkt] *adj.* CULIN ahumado.

smoke·less [sməʊkləs] *adj.* sin humo **smokeless fuel** combustible *m.* sin humo **smokeless zone** zona libre de humo.

smok·er [sməʊkəʳ] *n.* **1** *(person)* fumador **2** *(on train)* vagón *m.* de fumadores **smoker's cough** tos *f.* de fumador.

smok·ing [sməʊkɪŋ] *adj.* humeante, que echa humo ⬦ *n.* fumar *m.* **"No smoking"** *"Prohibido fumar"*

smok·y [sməʊki] *adj. comp.* **smokier,** *superl.* **smokiest 1** **(chimney, fire, etc.)** humeante, que echa humo *(room)* lleno de humo *(atmosphere)* cargado de humo *(food, color)* ahumado.

smooth [smuːð] *adj.* **1** *(surface, texture, sea)* liso *(skin)* suave *(road)* llano, uniforme *(sea)* tranquilo, en calma **2** *(liquid mixture, sauce)* sin grumos **3** *(wine, beer, etc.)* suave **4** *(style, etc.)* fluido **5** *(journey, flight)* tranquilo *(take-off, landing, stop)* suave *(take-over, transition)* sin problemas, sin obstáculos, sin complicaciones **6** *pej.* *(person)* zalamero, meloso ⬦ *tr.* *(gen)* alisar *(with sandpaper)* lijar *(polish)* pulir **as smooth as a baby's bottom** *suave como pompas de bebé* **to be a smooth operator** *ser un tipo muy hábil* **to be a smooth talker** *tener un pico de oro* **to smooth the path/way** *preparar el terreno, allanar el terreno* **to smooth things over** *limar asperezas.*

to smooth a·way *tr. sep.* **1** *(problems, etc.)* allanar **2** *(wrinkles)* hacer desaparecer.

smooth·ness [smuːðnəs] *n.* **1** *(softness)* suavidad *f.* *(flatness)* llaneza, lisura, uniformidad *f.* **2** *(lack of problems)* tranquilidad *f.* **3** *(gentleness)* suavidad *f.* **4** *(flattery)* zalamería.

smooth-run·ning [smuːðˈrʌnɪŋ] *adj.* que funciona bien.

smooth-talk·ing [smuːðˈtɔːkɪŋ] *adj.* zalamero, con mucha labia.

smoth·er [smʌðəʳ] *tr.* **1** *(asphyxiate)* asfixiar, ahogar **2** *(put out - fire)* sofocar, extinguir, apagar **3** *(stifle - yawn, cough, laughter)* contener, reprimir *(suppress - opposition)* acallar **4** *(cover)* cubrir (**in/with**, de) *(heap)* colmar (**in/with**, de) ⬦ *intr.* *(asphyxiate)* asfixiarse, ahogarse.

SMS ['es'em'es] *abbr.* **(short message service)** servicio de mensajes cortos *(abbreviation)* SMS *m.*

smudge [smʌdʒ] *n.* *(stain - gen)* mancha *(- of ink)* borrón *m.* ⬦ *tr.* *(gen)* manchar *(writing)* emborronar ⬦ *intr.* *(ink, paint, etc.)* correrse.

smudg·y [smʌdʒi] *adj. comp.* **smudgier,** *superl.* **smudgiest** *(dirty)* manchado *(writing)* emborronado *(blurred)* borrado.

smug·gle [smʌgəl] *tr.* **1** *(illegally)* pasar de contrabando **2** *(sneak)* pasar a escondidas. **to smuggle something through customs** *pasar algo de contrabando por la aduana.*

smug·gler [smʌgələʳ] *n.* contrabandista *mf.*

smug·gling [smʌgəlɪŋ] *n.* contrabando.

snack [snæk] *n.* *(light meal)* bocado, piscolabis *m.*, tentempié *m.*, refrigerio *(in afternoon)* merienda ⬦ *intr.* comer, comerse ⬦ *npl.* **snacks** *(gen)* cosas *fpl.* para picar *(in bar)* tapas *fpl.* **to have a snack** *comer algo ligero, una botana* **to snack on something** *comer algo* **snack bar** *cafetería, bar m.*

snail [sneɪl] *n.* caracol *m.* **at a snail's pace** *a paso de tortuga.*

snake [sneɪk] *n.* **1** *(big)* serpiente *f.* *(small)* culebra ⬦ *intr.* *fig. use* *(river, road, etc.)* serpentear **snake charmer** *encantador de serpientes* **snake in the grass** *traidor, judas m.* **snakes and ladders** *(el juego de)* la oca.

snake·bite [sneɪkbaɪt] *n.* mordedura de serpiente.

snake·skin [sneɪkskɪn] *n.* piel *f.* de serpiente.

snak·y [sneɪki] *adj. comp.* **snakier,** *superl.* **snakiest** sinuoso, tortuoso.

snap [snæp] *n.* **1** *(sharp noise)* ruido seco **(of fingers, branch)** chasquido **2** *[fam. use]* *(snapshot)* foto *f.*, instantánea **3** *(card game)* juego de naipes infantil

4 [fam. use] (eagerness, zip) afán m., brío, energía 5 (easy thing to do) cosa tirada **5** (press-stud) broche m. a presión ◇ adj. **1** (decision, etc.) precipitado, repentino ◇ tr. pt. & pp. **snapped**, ger. **snapping 1** (break) partir en dos, romper en dos **2** (close) cerrar de golpe **3** (click) chasquear **4** (say sharply) decir bruscamente **5** [fam. use] (photograph) sacar una foto de ◇ intr. **1** (break) romperse, partirse **2** fig. use (person) perder los nervios, sufrir una crisis nerviosa **3** (speak sharply) regañar (**at**, a), hablar con brusquedad (**at**, a) **4** (bite) morder (**at**, -) **snap to it!** ¡rápido!, ¡muévete!

to go snap romperse **to snap one's fingers at** burlarse de **to snap out of** animarse, reaccionar.

to snap up tr. sep. (bargain) llevarse (offer) agarrar, no dejar escapar.

snap·py ['snæpi] adj. comp. **snappier**, superl. **snappiest 1** (quick) rápido (brisk, lively) enérgico, vivo **2** (stylish) elegante **3** (short-tempered) irritable, irascible. **to be a snappy dresser** vestir con elegancia.

snap·shot ['snæpʃɒt] n. foto f., instantánea.

snare [sneəʳ] n. (trap - for animal) lazo, trampa, cepo (- for person) trampa ◇ tr. (catch - animal) coger con lazo, cazar con trampa (- person) atrapar, cazar (trick) engañar.

snarl [snɑːl] n. (growl) gruñido ◇ intr. (growl) gruñir (**at**, a) ◇ tr. sep. (growl) gruñir.

snatch [snætʃ] n. **1** (grab) arrebatamiento **2** [fam. use] (theft) robo, hurto **3** (of song, conversation) fragmento ◇ tr. **1** (grab) arrebatar, arrancar, coger (steal) robar (kidnap) secuestrar **2** (sleep, food, etc.) coger, pillar (opportunity, etc.) aprovechar ◇ intr. arrebatar, quitar **in snatches** a ratos.

to snatch at tr. insep. (ball, branch, etc.) tratar de coger ◇ tr. sep. (opportunity, etc.) aprovechar.

sneak [sniːk] adj. (attack, visit, etc.) sorpresa (look) furtivo ◇ tr. (take out) sacar (a escondidas) (take in) pasar (a escondidas), colar (de extranjis) ◇ intr. **1** (move) moverse sigilosamente **2** (tell tales) acusar (**on**, a), chivarse (**on**, de) **sneak preview** preestreno.

to sneak up intr. acercarse sigilosamente, acercarse a hurtadillas.

sneak·ers ['sniːkəz] npl. zapatillas fpl. de deporte, bambas fpl., playeras fpl.

sneak·y ['sniːki] adj. comp. **sneakier**, superl. **sneakiest 1** (secretive) sigiloso, furtivo **2** (deceitful) solapado, cuco, artero.

sneer [snɪəʳ] n. **1** (look) cara de desprecio (smile) sonrisa burlona, sonrisa socarrona **2** (remark) comentario desdeñoso, comentario despreciativo ◇ intr. (mock) burlarse (**at**, de), mofarse (**at**, de) (scorn) desdeñar, despreciar.

sneer·ing ['snɪərɪŋ] adj. **1** (mocking) burlón (sarcastic) socarrón, sarcástico **2** (scornful) desdeñoso, despreciativo.

sneeze [sniːz] n. estornudo ◇ intr. estornudar.

sniff [snɪf] n. **1** aspiración **2** (inhalation) aspiración f. (por la nariz), inhalación f. ◇ intr. **1** (with a cold) sorber (por las narices), sorberse los mocos **2** (when crying) resollar ◇ tr. **1** (person - gen) oler (- suspiciously) olfatear, husmear, olisquear (animal) olfatear, husmear, olisquear **2** (say proudly) decir con desdén (complainingly) gimotear **3** (drugs) esnifar (glue) esnifar, inhalar (vapor, snuff, smelling salts) aspirar (por la nariz), inhalar.

to sniff at tr. insep. **1** (person) oler (animal) olfatear, husmear, olisquear **2** (turn nose up at) despreciar, desdeñar.

to sniff out tr. insep. **1** (drugs, etc.) descubrir husmeando, descubrir olfateando **2** (secret, plot, etc.) oler, olerse.

sniff·er dog ['snɪfədɒg] n. perro rastreador.

snip [snɪp] n. **1** (cut with scissors) tijeretazo, tijeretada (action, noise) tijereteo **2** (small piece cut off) recorte m. ◇ tr. pt. & pp. **snipped**, ger. **snipping** tijeretear.

to snip off tr. sep. cortar con tijeras.

snip·er ['snaɪpəʳ] n. MIL francotirador.

snip·pet ['snɪpɪt] n. **1** (small piece cut off) recorte m., trocito **2** (of conversation, etc.) fragmento.

snob [snɒb] n. pej. snob mf., esnob mf. **snob appeal/snob value** toque m. de distinción.

snob·ber·y ['snɒbəri] n. esnobismo.

snob·bish ['snɒbɪʃ] adj. esnob.

snoop [snuːp] intr. **1** (search, investigate) husmear, fisgar, fisgonear, curiosear **2** (pry) entrometerse, meterse (**into**, en) ◇ n. (person) fisgón n. **to have a snoop about/around** husmear, fisgonear, curiosear.

snoot·y ['snuːti] adj. comp. **snootier**, superl. **snootiest** [fam. use] altivo, presumido, altanero, arrogante, engreído.

snooze [snuːz] n. [fam. use] cabezada, siestecilla ◇ intr. [fam. use] dormitar, echar una cabezada. **to have a snooze** echar una cabezada, echar una siestecilla.

snore [snɔːʳ] n. ronquido ◇ intr. roncar.

snor·ing ['snɔːrɪŋ] n. ronquidos mpl.

snor·kel ['snɔːkəl] n. (of swimmer) tubo de respiración (of submarine) esnórkel m. ◇ intr. pt. & pp. **snorkeled**, ger. **snorkeling** bucear con tubo de respiración.

snort [snɔːt] intr. **1** (make noise - person) resoplar, bufar (- animal) resoplar **2** (say angrily, etc.) bramar, gruñir ◇ tr. (drugs) esnifar ◇ n. **1** (person) resoplido, bufido (animal) resoplido **2** [fam. use] (drink) trago **3** (of drugs) esnifada.

snot [snɒt] n. [fam. use] mocos mpl.

snot·ty ['snɒti] adj. comp. **snottier**, superl. **snottiest 1** [fam. use] (child) mocoso (adult) altivo, altanero **2** (nose, hanky) lleno de mocos.

snot·ty-nosed ['snɒtɪnəʊzd] adj. **1** (child) mocoso (adult) altivo, altanero.

snow [snəʊ] n. **1** METEOR (gen) nieve f. (snowfall) nevada **2** TV nieve f. **3** sl. (cocaine) nieve f. ◇ intr. **1** nevar **to be snowed in/up** estar aislado por la nieve, quedar aislado por la nieve **to be snowed under with something** (work) estar agobiado por algo, estar desbordado por algo (applications) haber recibido una lluvia de solicitudes **snow blindness** ceguera de la nieve **Snow White** Blancanieves f.

snow·ball ['snəʊbɔːl] n. bola de nieve ◇ tr. tirar bolas de nieve a ◇ intr. crecer enormemente, hacerse enorme.

snow-blind ['snəʊblaɪnd] adj. cegado por la nieve.

snow·board ['snəʊbɔːd] n. snowboard.

snow·bound ['snəʊbaʊnd] adj. aislado por la nieve, bloqueado por la nieve.

snow-capped ['snəʊkæpt] adj. coronado de nieve, nevado.

snow-covered ['snəʊkʌvəd] adj. cubierto de nieve, nevado.

snow-drift ['snəʊdrɪft] n. ventisquero.

snow·drop ['snəʊdrɒp] n. BOT campanilla de invierno.

snow·fall ['snəʊfɔːl] n. nevada.

snow·flake ['snəʊfleɪk] n. copo de nieve.

snow·man ['snəʊmæn] n. muñeco de nieve.

snow·mo·bile ['snəumabi:l] *n.* moto *f.* para la nieve.

snow·plow ['snəuplau] *n.* quitanieves *m.*

snow·shoe ['snəuʃu:] *n.* raqueta (de nieve).

snow·storm ['snəustɔ:m] *n.* nevasca, ventisca, tormenta de nieve.

snow-white [snəu'waɪt] *adj.* blanco como la nieve.

snow·y ['snəuɪ] *adj. comp.* **snowier**, *superl.* **snowiest 1** *(full of snow - mountain, etc.)* nevado *(- region, climate)* de mucha nieve *(- day)* de nieve *(- season)* de las nieves **2** *(pure white)* blanco como la nieve, níveo.

Snr ['si:nɪə] *abbr.* **(senior)** padre.

snub [snʌb] *n. (of person)* desaire *m. (of offer)* rechazo ◇ *tr. pt. & pp.* **snubbed**, *ger.* **snubbing** *(person)* desairar *(offer)* rechazar ◇ *adj. (nose)* respingón, chato. **to be snubbed** sufrir un desaire.

snuff [snʌf] *tr. (extinguish candle)* apagar **(out, -)** *(cut off wick)* cortar. **to snuff it** estirar la pata, liar el petate, diñarla.

  to snuff out *tr. sep. (rebellion)* sofocar *(hopes)* acabar con.

snug [snʌg] *adj.* **1** *(cosy)* cómodo *(warm)* calentito **2** *(tightfitting)* ajustado, ceñido.

snug·gle ['snʌgəl] *intr.* acurrucarse.

so [səu] *conj.* **1** *(therefore)* así que, por lo tanto, de manera que **2** *(to express purpose)* para, para que ◇ *adv.* **1** *(introductory)* así que, pues, bueno **2** *(very - before adj. or adv.)* tan *(- before noun or with verb)* tanto **3** *(unspecified number or amount, limit)* tanto **4** *(thus, in this way)* así, de esta manera, de este modo **5** *(to avoid repetition)* que sí **6** *(to express agreement, also)* también ◇ *adj. (factual, true)* así **and so on (and so forth)** y así sucesivamente, etcétera **just so/exactly so** perfecto, en orden **so be it** así sea **so long!** ¡hasta luego!, ¡hasta pronto! **so much for something, so there!** ¡ea!, ¡para que sepas! **so what?** ¿y qué?

soak [səuk] *tr. (put in liquid)* poner en remojo, remojar *(saturate)* empapar ◇ *intr.* **1** *(washing, dried pulses)* estar en remojo **2** *(bathe)* bañarse **3** *(penetrate)* empapar, calar ◇ *n.* **1** remojón *m.* **2** *[fam. use] (drunkard)* borracho.

  to soak up. *tr. sep. (liquid)* absorber *(sun, atmosphere)* empaparse de *(information)* embeber.

soaked [səukt] *adj.* empapado, calado. **soaked to the skin** calado hasta los huesos. **to get soaked** empaparse, quedarse empapado.

soak·ing ['səukɪŋ] *n.* remojón *m.* ◇ *adj.* empapado, calado.

so-and-so ['səuənsəu] *n. pl.* **so-and-sos 1** *[fam. use]* fulano **2** *euphemistic use* sinvergüenza *mf.*

soap [səup] *n.* jabón *m.* ◇ *tr.* enjabonar, jabonar **soap dish** jabonera **soap flakes** jabón *m.* en escamas **soap opera** *(on tv)* telenovela, culebrón *m. (on radio)* radionovela **soap powder** jabón *m.* en polvo.

soap·y ['səupɪ] *adj. comp.* **soapier**, *superl.* **soapiest 1** *(water)* jabonoso *(hands, etc.)* enjabonado *(taste, smell)* parecido al jabón *[fam. use] pej. (ingratiating)* falso, zalamero.

soar [sɔ:ʳ] *intr.* **1** *(bird, plane - fly)* volar *(- rise)* remontar el vuelo, remontarse *(- glide)* planear **2** *fig. use* **(prices, costs, etc.)** dispararse **3** *(building)* elevarse, alzarse.

soar·ing ['sɔ:rɪŋ] *adj.* **1** *(bird, plane)* que planea, que vuela **2** *fig. use (prices)* en alza *(temperature)* en aumento **3** *(building)* altísimo.

sob [sɒb] *n.* sollozo ◇ *intr. pt. & pp.* **sobbed**, *ger.* **sobbing** sollozar ◇ *tr.* decir sollozando, decir entre sollozos. **to sob one's heart out** llorar a lágrima viva **sob story** tragedia, dramón *m.*

sob·bing ['sɒbɪŋ] *n.* sollozos *mpl.*

so·ber ['səubəʳ] *adj.* **1** *(not drunk)* sobrio **2** *(person)* serio, formal *(attitude)* sobrio, moderado, sensato **3** *(color)* discreto, sobrio.

  to so·ber up *intr.* pasársele la borrachera a uno, despejarse ◇ *tr. sep.* despejar.

so·ber·ing ['səubərɪŋ] *adj.* moderador.

so·ber·ly ['səubəlɪ] *adv. (moderately)* con moderación, con sobriedad *(seriously)* con seriedad **2** *(dress)* de forma sobria, con sobriedad.

so·bri·e·ty [sə'braɪətɪ] *n. (seriousness)* seriedad *f. (moderation)* moderación *f.,* sobriedad *f. (good sense)* sensatez *f.*

Soc. [sə'saɪətɪ] *abbr.* **(Society)** sociedad.

so-called ['səukɔ:ld] *adj.* llamado, supuesto.

soc·cer ['sɒkəʳ] *n.* futbol soccer *m.* soccer game partido de futbol **soccer player** futbolista *mf.,* jugador de futbol.

so·cia·bil·i·ty [səuʃə'bɪlɪtɪ] *n.* sociabilidad *f.*

so·cia·ble ['səuʃəbəl] *adj. (person)* sociable, tratable, afable, amistoso, simpático *(behavior)* sociable.

so·cial ['səuʃəl] *adj.* **1** *(gen)* social **2** *[fam. use] (sociable)* sociable ◇ *n. (informal meeting)* acto social, reunión *f. (social) (party)* fiesta *(drinking)* baile *m.* **to be a social drinker** beber solo en compañía. **to have a good social life** llevar una buena vida social, tener una buena vida social **social class** clase *f.* social **social climber** arribista *mf.,* trepa *mf.* **social sciences** ciencias *fpl.* sociales **social security** seguridad *f.* social **social security benefit** subsidio de la seguridad social **the social services** los servicios *mpl.* sociales.

so·cial·ism ['səuʃəlɪzəm] *n.* socialismo.

so·cial·ist ['səuʃəlɪst] *adj.* socialista ◇ *n.* socialista *mf.*

so·cial·i·za·tion [səuʃəlaɪ'zeɪʃən] *n.* socialización *f.*

so·cial·ize ['səuʃəlaɪz] *intr. (mix socially)* relacionarse, alternar *(at party)* circular, mezclarse con la gente ◇ *tr.* TECH *(adapt to society)* socializer.

so·cial·ly ['səuʃəlɪ] *adv.* socialmente.

so·ci·e·ty [sə'saɪətɪ] *n. pl.* **societies 1** *(community, people)* sociedad *f.* **2** *(fashionable group, upper class)* (alta) sociedad *f.* **3** **(organization, club)** sociedad *f.,* asociación *f.,* club *m.,* círculo **4** *[fml. use] (company)* compañía. **to be a danger to society** ser un peligro para la sociedad. **to be introduced into society** ser presentado en sociedad **society news** ecos *mpl.* de sociedad **society wedding** boda de sociedad.

so·ci·o·ec·o·nom·ic [səusɪəuekə'nɒmɪk] *adj.* socioeconómico.

so·ci·o·log·i·cal [səusɪə'lɒdʒɪkəl] *adj.* sociológico.

so·ci·ol·o·gist [səusɪ'ɒlədʒɪst] *n.* sociólogo.

so·ci·ol·o·gy [səusɪ'ɒlədʒɪ] *n.* sociología.

so·ci·o·po·lit·i·cal [səusɪəupə'lɪtɪkəl] *adj.* sociopolítico.

sock [sɒk] *n.* calcetín *m.*

sock·et ['sɒkɪt] *n.* **1** ANAT *(of eye)* cuenca, órbita *(of joint)* glena **2** ELEC *(for plug)* enchufe *m.,* toma de corriente *(for light bulb)* portalámparas *m.* **socket wrench** llave *f.* de tubo.

so·da ['səudə] *n.* **1** CHEM sosa, soda **2** *(soda water)* soda, sifón *m.* **3** *(drink)* refresco **4** *(ice-cream soda)* soda con helado y almíbar.

so·di·um ['səudɪəm] *n.* **1** CHEM sodio **sodium bicarbonate** bicarbonato sódico, bicarbonato de sosa **sodium chloride** cloruro sódico, carbonato de sodio.

soft [sɒft] *adj.* **1** *(not hard)* blando *(spongy)* esponjoso *(flabby)* fofo **2** *(skin, hair, fur, etc.)* suave **3** *(light, music,* *color*) suave (*words*) tierno (*breeze, steps, knock*) ligero (*outline*) difuminado **4** (*fam. use*) (*easy*) fácil **5** (*person - lenient*) blando, indulgente (*- weak*) débil **6** (*gentle, kind*) dulce (*- easily upset*) sensiblero **6** (*water*) blando **7** LING (*consonant*) suave. **to be soft in the head** ser tonto, ser estúpido. **to be soft on somebody** (*attracted*) gustarle alguien a uno **to have a soft spot for somebody** tener debilidad por alguien, tenerle cariño a alguien **soft copy** datos *mpl.* contenidos en la memoria de la computadora **soft drink** refresco, bebida no alcohólica **soft drug** droga blanda **soft option** camino fácil **soft palate** velo del paladar.

soft·en ['sɒfən] *tr.* (*leather, heart*) ablandar (*skin*) suavizar (*light, sound, color*) atenuar, suavizar (*voice*) bajar ◊ *intr.* (*leather, heart, butter*) ablandarse (*skin*) suavizarse (*light, sound, color*) atenuarse, suavizarse (*voice*) bajar (*attitude*) volverse menos intransigente, volverse más tolerante. **to soften one's position** adoptar una postura menos intransigente **to soften up one's attitude** adoptar una actitud menos intransigente **to soften the blow** amortiguar el golpe.

soft-head·ed ['sɒft'hedɪd] *adj.* bobo, tonto.

soft-heart·ed ['sɒft'hɑːtɪd] *adj.* tierno, compasivo, bondadoso.

soft·ly ['sɒftlɪ] *adv.* **1** (*gently*) suavemente (*tenderly*) dulcemente **2** (*quietly - speak, play music*) bajito (*- move*) sin hacer ruido **3** (*weakly, leniently*) con indulgencia. **to be softly lit** estar suavemente iluminado.

soft·ness ['sɒftnəs] *n.* **1** (*gen*) blandura, lo blando **2** (*of hair, fabric, skin*) suavidad *f.* **3** (*weakness*) debilidad *f.* (*leniency*) blandura.

soft-spo·ken ['sɒft'spəʊkən] *adj.* de voz dulce, de voz suave.

soft·ware ['sɒftweə'] *n.* COMPUT software *m.*

sog·gy ['sɒgɪ] *adj. comp.* **soggier**, *superl.* **soggiest 1** (*wet*) empapado, saturado **2** (*too soft*) pastoso, gomoso.

soil [sɔɪl] *n.* **1** (*earth*) tierra **2** [*fml. use*] (*country, territory*) tierra ◊ *tr.* **1** (*dirty*) ensuciar (*stain*) manchar **2** *fig. use* (*reputation*) manchar ◊ *intr.* ensuciarse.

soiled [sɔɪld] *adj.* (*dirty*) sucio (*stained*) manchado.

sol·ace ['sɒlɪs] *n.* (*comfort*) consuelo, solaz *m.* (*source of comfort*) Consuelo ◊ *tr. literal use* consolar. **to take solace in something** consolarse con algo.

so·lar ['səʊlə'] *adj.* solar **solar cell** célula solar **solar corona** corona solar **solar energy** energía solar **solar plexus**, plexo solar **the solar system** el sistema *m.* solar **solar year** año solar.

sold [səʊld] *pt. & pp.* VER: sell.

sol·der ['sɒldə'] *n.* soldadura ◊ *tr.* soldar.

sol·der·ing iron ['sɒldərɪŋaɪən] *n.* soldador *m.*

sol·dier ['səʊldʒə'] *n.* (*not officer*) soldado (*military man*) militar *m.* **a soldier of fortune** un mercenario **old soldier** veterano, excombatiente *m.*
to sol·dier on *intr.* seguir adelante (a pesar de todo), seguir al pie del cañón.

sole¹ [səʊl] *adj.* **1** (*only, single*) único **2** (*exclusive*) exclusivo.

sole² [səʊl] *n.* (*of foot*) planta (*of shoe, sock*) suela ◊ *tr.* poner suela a.

sole·ly ['səʊlɪ] *adv.* **1** (*only*) solamente, únicamente **2** (*exclusively*) exclusivamente.

sol·emn ['sɒləm] *adj.* **1** (*ceremony, oath, etc.*) solemne **2** (*expression*) serio.

so·lem·ni·ty [sə'lemnɪtɪ] *n. pl.* **solemnities** solemnidad *f.* ◊ *npl.* solemnities ceremonial *m. sing.*

sol·emn·ly ['sɒləmlɪ] *adv.* solemnemente.

so·lic·i·tous [sə'lɪsɪtəs] *adj.* **1** [*fml. use*] (*eager, kind, helpful*) solícito **2** [*fml. use*] (*concerned, anxious*) preocupado (*about/for*, por), inquieto (*about/for*, por).

sol·id ['sɒlɪd] *adj.* **1** (*not liquid or gas*) sólido **2** (*not hollow*) macizo **3** (*dense, compact*) compacto **4** (*unmixed*) puro, macizo **5** (*strong*) sólido, fuerte **6** (*reliable*) sólido, de confianza, de fiar **7** (*unanimous*) unánime **8** (*continuous*) seguido, entero (*unbroken*) continuo **9** TECH (*three-dimensional*) tridimensional ◊ *n.* (*substance*) sólido ◊ *npl.* solids (*food*) alimentos *mpl.* sólidos, sólidos *mpl.* **as solid as a rock** firme como una roca. **to become solid** solidificarse **solid figure** cuerpo sólido **solid geometry** geometría del espacio.

sol·i·dar·i·ty [sɒlɪ'dærətɪ] *n.* solidaridad *f.*

so·lid·i·fy [sə'lɪdɪfaɪ] *tr. pt. & pp.* **solidified**, *ger.* **solidifying** solidificar ◊ *intr.* solidificarse.

so·lid·i·ty [sə'lɪdɪtɪ] *n.* **1** (*firmness, strength*) solidez *f.*, resistencia **2** (*reliability*) seriedad *f.*, formalidad *f.* **3** (*substance*) solidez *f.*, sustancia, sustancia **4** (*unanimity*) unanimidad *f.*

sol·id·ly ['sɒlɪdlɪ] *adv.* **1** (*firmly, substancialy*) sólidamente **2** (*continuously*) continuamente, sin parar **3** (*unanimously*) unánimemente.

sol·i·tar·y ['sɒlɪtərɪ] *adj.* **1** (*alone*) solitario **2** (*secluded, remote*) apartado, retirado **3** (*only, sole*) solo, único ◊ *n. sl.* (*solitary confinement*) incomunicación *f.* **to be in solitary confinement** estar incomunicado **solitary confinement** incomunicación *f.*

sol·i·tude ['sɒlɪtjuːd] *n.* soledad *f.*

so·lo ['səʊləʊ] *n. pl.* **solos 1** MUS solo **2** AV vuelo en solitario **3** (*card game*) solitario ◊ *adj.* **1** MUS (*performance, album*) en solitario (*instrument*) solo (*piece*) para solista **2** (*attempt, flight*) en solitario ◊ *adv.* **1** MUS (*play, sing*) solo **2** AV (*fly*) en solitario.

so·lo·ist ['səʊləʊɪst] *n.* MUS solista *mf.*

Sol·o·mon ['sɒləmən] *n.* Salomón **Solomon Islands** *Islas Salomón.*

sol·stice ['sɒlstɪs] *n.* solsticio.

sol·u·ble ['sɒljəbəl] *adj.* **1** (*substance*) soluble **2** [*fml. use*] (*problem, etc.*) soluble.

so·lu·tion [sə'luːʃən] *n.* **1** (*to problem*) solución *f.* **2** CHEM solución *f.*

solv·a·ble ['sɒlvəbəl] *adj.* soluble, que tiene solución.

solve [sɒlv] *tr.* (*problem*) resolver, solucionar (*case, equation*) resolver.

sol·ven·cy ['sɒlvənsɪ] *n.* solvencia.

sol·vent ['sɒlvənt] *adj.* **1** (*not in debt*) solvente **2** (*that can dissolve*) soluble ◊ *n.* solvente *m.*, disolvente *m.*

So·ma·li [sə'mɑːlɪ] *adj.* somalí ◊ *n.* somalí *mf.*

So·ma·li·a [sə'mɑːlɪə] *n.* Somalia.

som·ber ['sɒmbə'] *adj.* **1** (*color, place*) sombrío (*day, weather*) gris, triste (*sky*) cubierto **2** (*person*) sombrío, triste, serio (*statement, occasion, thought*) pesimista, grave.

some [sʌm] *adj.* **1** (*with npl.*) unos, algunos (*a few*) unos cuantos, unos pocos **2** (*with singular noun*) algún, alguna (*a little*) algo de, un poco de **3** (*certain*) cierto, alguno **4** (*unknown, unspecified*) algún, alguna **5** (*quite a lot of*) bastante **6** [*fam. use*] *iron.* (*none, not at all*) valiente, menudo **7** [*fam. use*] (*quite a, a fine*) menudo ◊ *pron.* **1** (*unspecified number*) unos, algunos **2** (*unspecified amount*) no se traduce **3** (*certain ones*) ciertos, algunos (*a certain part*) algo, un poco, parte *f.* ◊ *adv.* **1** (*approximately, about*) unos, alrededor de, aproximadamente **2** [*fam. use*] (*rather, a little*) un poco.

some·bod·y ['sʌmbədɪ] *pron.* alguien **somebody else** otro, otra persona. **to be a somebody** ser todo un personaje, ser alguien.

some·how ['sʌmhaʊ] *adv.* 1 *(in some way)* de algún modo, de alguna manera 2 *(for some reason)* por alguna razón.

some·one ['sʌmwʌn] *pron.* VER: somebody.

some·place ['sʌmpleɪs] *adv.* VER: somewhere.

som·er·sault ['sʌməsɔːlt] *n.* 1 *(by acrobat)* salto mortal *(by child)* maroma, voltereta *(by car)* vuelta de campana *intr.* dar un salto mortal *(child)* dar volteretas *(car)* dar una vuelta de campana.

some·thing ['sʌmθɪŋ] *pron.* 1 algo 2 *(a thing of value)* algo 3 *(in vague or ill-defined statements)* algo *adv.* **something else** otra cosa. **to be something else** *(special)* ser algo extraordinario.

some·time ['sʌmtaɪm] *adv.* algún día ◇ *adj. [fml. use]* *(former)* antiguo, ex-.

some·times ['sʌmtaɪmz] *adv.* a veces, de vez en cuando.

some·what ['sʌmwɒt] *adv.* algo, un tanto.

some·where ['sʌmweəʳ] *adv.* 1 *(in some place)* en alguna parte *(to some place)* a alguna parte 2 *(approximately)* más o menos, alrededor de ◇ *pron.* un lugar, un sitio **somewhere else** *(in)* en otra parte, en otro sitio *(to)* a otra parte, a otro sitio. **to get somewhere** empezar a hacer progresos, empezar a marchar la cosa.

som·nam·bu·lism [sɒm'næmbjəlɪzəm] *n.* sonambulismo.

som·nam·bu·list [sɒm'næmbjəlɪst] *n.* sonámbulo.

son [sʌn] *n.* hijo **the son and heir** *n.* el heredero. **son of a bitch** *[taboo]* hijo de puta.

song [sɒŋ] *n.* *(gen)* canción *f.* *(art, of bird)* canto **(going) for a song** regalado **to burst into song** ponerse a cantar. **to make a song and dance about something** armar un revuelo por algo.

song·bird ['sɒŋbɜːd] *n.* pájaro cantor, ave *f.* canora.

song·book ['sɒŋbʊk] *n.* cancionero.

song·writ·er ['sɒŋraɪtəʳ] *n.* compositor (de canciones).

son·ic ['sɒnɪk] *adj.* sónico **sonic boom /sonic bang** estampido sónico.

son-in-law ['sʌnɪnlɔː] *n. pl.* **sons-in-law** yerno, hijo político.

son·net ['sɒnɪt] *n.* soneto.

soon [suːn] *adv.* 1 *(within a short time)* pronto, dentro de poco 2 *(early)* pronto, temprano 3 *(expressing preference, readiness, willingness)* **as soon as** en cuanto, tan pronto como **as soon as possible** cuanto antes, lo más pronto posible **soon afterwards** poco después.

soon·er ['suːnəʳ] *adv.* 1 *(earlier)* más temprano 2 *(rather)* antes ◇ *adv.* **no sooner** *(immediately after)* nada más, apenas **no sooner said than done** dicho y hecho **sooner or later** tarde o temprano **the sooner the better** cuanto antes mejor.

soot [sʊt] *n.* hollín *m.*

soothe [suːð] *tr.* 1 *(calm)* calmar, tranquilizar, aplacar *(quieten)* acallar 2 *(ease pain)* aliviar, calmar.

sooth·ing ['suːðɪŋ] *adj.* *(medicine)* calmante *(ointment)* balsámico *(bath, music)* relajante *(tone, words)* tranquilizador.

soot·y ['sʊtɪ] *adj. comp.* **sootier**, *superl.* **sootiest** 1 *(dirty)* cubierto de hollín, tiznado 2 *(black)* negro como el hollín.

soph·ism ['sɒfɪzəm] *n.* sofisma *m.*

so·phis·ti·cat·ed [sə'fɪstɪkeɪtɪd] *adj.* sofisticado.

so·phis·ti·ca·tion [səfɪstɪ'keɪʃən] *n.* sofisticación *f.*

soph·o·more ['sɒfəmɔːʳ] *n.* estudiante *mf.* de segundo año.

sop·o·rif·ic [sɒpə'rɪfɪk] *adj.* soporífero, soporífico.

so·pran·o [sə'prɑːnəʊ] *n. pl.* **sopranos** soprano *mf.*, tiple *mf.* ◇ *adj.* *(instrument)* soprano *(voice)* de soprano.

sor·cer·er ['sɔːsərəʳ] *n.* hechicero, brujo.

sor·cer·ess ['sɔːsərəs] *n.* hechicera, bruja.

sor·cer·y ['sɔːsərɪ] *n.* hechicería, brujería.

sor·did ['sɔːdɪd] *adj.* 1 *(dishonorable)* sórdido, vergonzoso, bochornoso 2 *(squalid)* sórdido, miserable.

sore [sɔːʳ] *adj.* 1 *(aching)* dolorido *(painful)* doloroso *(inflamed)* inflamado 2 *[fam. use]* *(angry)* enfadado *(about,* por*)*, picado *(about,* por*)* 3 *literal use* *(great)* enorme, gran *(serious)* grave *(urgent)* urgente ◇ *n.* 1 MED llaga, úlcera **sore point** tema delicado, asunto espinoso.

sore·ly ['sɔːlɪ] *adv.* 1 *(very much, greatly)* muy *(deeply)* profundamente *(seriously)* gravemente *(urgently)* urgentemente **to be sorely tempted to do something** estar muy tentado de hacer algo.

sor·row ['sɒrəʊ] *n.* 1 *(grief)* pena, pesar *m.*, dolor *m.* 2 *(cause of sadness)* disgusto ◇ *intr.* llorar, *(at/ over/for,* por*)*.

sor·row·ful ['sɒrəʊfʊl] *adj.* afligido, apenado, triste.

sor·ry ['sɒrɪ] *adj. comp.* **sorrier**, *superl.* **sorriest** *(pitiful, wretched)* triste, lamentable ◇ *interj.* *(apology)* ¡perdón!, ¡disculpe! **to be sorry** *(grieved, feeling sadness)* **to feel sorry for somebody** compadecer **to say sorry** disculparse, pedir perdón.

sort [sɔːt] *n.* 1 *(type, kind)* clase *f.*, tipo, género, suerte *f.* *(make, brand)* marca 2 *[fam. use]* *(person)* tipo, tío ◇ *tr.* 1 *(classify)* clasificar 2 *(repair)* arreglar ◇ *intr.* *(check)* revisar *(through,* -*)*. **a sort of** una especie de **it takes all sorts (to make a world)** de todo hay en la viña del Señor. **of a sort/ of sorts** una especie de **nothing of the sort** nada semejante **out of sorts** *(unwell)* pachucho *(moody)* de mal humor. **sort of** en cierto modo. **to sort out** *tr. sep.* 1 *(classify)* clasificar *(put in order)* ordenar, poner en orden 2 *(separate)* separar *(from,* de*)* 3 *(solve - problem)* arreglar, solucionar *(- misunderstanding)* aclarar 4 *(arrange)* organizar, arreglar *(set - date)* fijar 5 *(deal with - person)* meter en vereda, meter en cintura.

sort·ing ['sɔːtɪŋ] *n.* clasificación *f.* **sorting office** sala de batalla.

so-so ['səʊsəʊ] *adv.* *[fam. use]* así así, regular, de aquella manera.

sought [sɔːt] *pt. & pp.* VER: seek.

sought-af·ter ['sɔːtɑːftəʳ] *adj.* *(person)* solicitado *(object)* codiciado.

soul [səʊl] *n.* 1 REL alma, espíritu *m.* 2 *(spirit)* espíritu *m.* *(feeling, character)* carácter *m.*, personalidad *f.* 3 *(person)* alma, persona 4 MUS soul *m.*, música soul. **to be the life and soul of the party** ser el alma de la fiesta **soul mate** alma gemela **soul music** música soul **soul sister** hermana.

soul-de·stroy·ing ['səʊldɪstrɔɪɪŋ] *adj.* *(boring)* tedioso, monótono *(demoralizing)* desmoralizador, degradante.

soul·ful ['səʊlfʊl] *adj.* conmovedor, emotivo.

soul·less ['səʊlləs] *adj.* *(building, place)* sin carácter, sin personalidad *(person)* desalmado.

soul-search·ing ['səʊlsɜːtʃɪŋ] *n.* introspección *f.*, examen *m.* de conciencia.

sound¹ [saʊnd] *adj.* 1 *(healthy)* sano 2 *(solid)* sólido, firme *(in good condition)* en buen estado 3 *(sensible)* sensato, acertado *(valid)* sólido, lógico, razonable *(responsible)* responsable, formal, de fiar *(reliable, safe)* seguro 4 *(thorough)* completo *(severe)* severo 5 *(of sleep)* profundo **to be as sound as a bell** *(person)* estar sano *(thing)* estar en perfectas condiciones, estar en perfecto estado. **to be sound asleep** estar profundamente dormido.

sound² [saʊnd] *n.* **1** *(gen)* sonido *(musical)* sonido, son *m.* *(noise)* ruido **2** TV *(volume)* volumen *m.* **3** *(impression, idea)* idea ◇ *tr.* **1** *(bell, horn, trumpet)* tocar, hacer sonar *(alarm)* dar (la señal de) *(retreat)* tocar **2** LING pronunciar ◇ *intr.* **1** *(bell, horn, alarm, etc.)* sonar, resonar **2** *(seem)* parecer *(give impression)* sonar **3** LING pronunciarse, sonar **sound barrier** barrera *del* sonido **sound check** prueba de sonido **sound effects** efectos mpl. sonoros **sound engineer** ingeniero de sonido **sound wave** onda sonora.

to sound off *intr.* *(express opinions)* hablar a gritos *(complain)* quejarse (**about**, de), protestar (**about**, por).

sound·less ['saʊndləs] *adj.* silencioso, mudo.

sound·proof ['saʊndpruːf] *adj.* insonorizado, a prueba de sonidos ◇ *tr.* insonorizar.

sound·track ['saʊndtræk] *n.* banda sonora.

soup [suːp] *n.* CULIN *(gen)* sopa *(clear, thin)* caldo, consomé *m.* **in the soup** en un apuro, en un aprieto. **soup kitchen** comedor *m.* popular, olla común **soup spoon** cuchara sopera **soup tureen** sopera.

sour [saʊə'] *adj.* **1** *(fruit)* ácido, agrio *(milk)* cortado, agrio *(wine)* agrio **2** *(person)* amargado, avinagrado *(behavior, expression)* agrio, avinagrado ◇ *tr.* **1** *(milk)* agriar, cortar **2** *(person, relationship)* amargar ◇ *intr.* **1** *(milk)* agriarse, cortarse *(wine)* agriarse **2** *(person, character)* amargar, avinagrarse. **sour grapes!** ¡mala suerte!, ¡te aguantas! **to turn sour/go sour** *(milk)* agriarse, cortarse *(wine)* agriarse *(relationship, etc.)* estropearse, echarse a perder.

source [sɔːs] *n.* **1** *(of river)* fuente *f.*, nacimiento **2** *(origin, cause)* fuente *f.*, origen *m.* **3** *(person, thing supplying information)* fuente *f.* **4** MED *(of infection)* foco.

sour·ness ['saʊənəs] *n.* **1** *(of fruit)* acidez *f.*, agrura *(of milk)* agrura **2** *(of person)* amargura, acritud *f.*

south [saʊθ] *n.* sur *m.* ◇ *adj.* sur, del sur, meridional ◇ *adv.* *(direction)* hacia el sur *(location)* al sur *(direction)* hacia el sur *(location)* al sur *(direction)* hacia el sur **South American** sudamericano **the South Pacific** el Pacífico Sur **the South Pole** el Polo Sur **the South Seas** los mares del Sur **South Wales** Gales del Sur.

south·bound ['saʊðbaʊnd] *adj.* que va hacia el sur, que va en dirección sur, con rumbo al sur.

south·east [saʊθ'iːst] *n.* sudeste *m.* ◇ *adj.* sudeste, del sudeste ◇ *adv.* *(direction)* hacia el sudeste *(location)* al sudeste.

south·east·er·ly [saʊθ'iːstəlɪ] *adj.* del sudeste.

south·east·ern [saʊθ'iːstən] *adj.* sudeste, del sudeste.

south·er·ly ['sʌðəlɪ] *adj.* *(direction)* hacia el sur *(location)* al sur *(wind)* del sur.

south·ern ['sʌðən] *adj.* del sur, meridional, austral **Southern Europe** Europa del Sur **southern hemisphere** hemisferio austral **southern lights** la aurora austral.

south·ern·er ['sʌðənə'] *n.* sureño, meridional *mf.*

south·ern·most ['sʌðənməʊst] *adj.* más meridional, más austral.

south·south·east [saʊθsaʊθ'iːst] *n.* sudsudeste *m.* ◇ *adv.* al sudsudeste, hacia el sudsudeste.

south·south·west [saʊθsaʊθ'west] *n.* sudsudoeste *m.* ◇ *adv.* al sudsudoeste, hacia el sudsudoeste.

south·ward ['saʊθwəd] *adj.* hacia el sur, en dirección sur ◇ *adv.* al sur, hacia el sur.

south·wards ['saʊθwədz] *adv.* *(direction)* hacia el sur *(location)* al sur.

south·west [saʊθ'west] *n.* suroeste *m.* ◇ *adj.* suroeste, del suroeste ◇ *adv.* al suroeste, hacia el suroeste.

south·west·er·ly [saʊθ'westəlɪ] *adj.* del sudoeste.

south·west·ern [saʊθ'westən] *adj.* del sudoeste.

sou·ve·nir [suːvə'nɪə'] *n.* recuerdo (**of**, de).

sov·er·eign ['sɒvrɪn] *n.* soberano ◇ *adj.* soberano.

sov·er·eign·ty ['sɒvrɪntɪ] *n.* soberanía.

so·vi·et ['səʊvɪət] *n.* *(council)* soviet ◇ *m.* Soviet *(person)* soviético ◇ *adj.* soviético **Soviet Union** Unión *f.* Soviética.

sow [saʊ] *tr.* *pt* **sowed**, *pp.* **sowed** o **sown** *(gen)* sembrar (**with**, de).

sow·er ['saʊə'] *n.* *(person)* sembrador *(machine)* sembradora.

sow·ing ['səʊɪn] *n.* siembra.

soy [sɔɪ] *n.* soja **soy sauce** salsa de soja.

spa [spɑː] *n.* **1** *(resort)* balneario *(baths)* baños *mpl.*, termas *fpl.* **2** *(jacuzzi)* jacuzzi *m.* **3** *(gymnasium)* gimnasio **spa resort** estación *f.* balnearia.

space [speɪs] *n.* **1** PHYS espacio **2** *(continuous expanse)* espacio **3** *(room, unoccupied area)* espacio, sitio, lugar *m.* **4** *(gap, empty place)* espacio, hueco **5** *(in time)* espacio, lapso ◇ *tr.* espaciar (**out**, -) **advertising space** espacio publicitario **space age** era espacial **space agency** agencia espacial **space capsule** cápsula espacial **space flight** vuelo espacial **space lab** laboratorio espacial **space probe** sonda espacial **space program** programa *m.* de vuelos espaciales **space shuttle** transbordador *m.* espacial **space station** estación *f.* espacial **space travel** viajes *mpl.* por el espacio, viajes *mpl.* espaciales.

space-bar ['speɪsbɑː'] *n.* espaciador *m.*

space·craft ['speɪskrɑːft] *n.* *pl.* **spacecraft** nave *f.* espacial.

space·man ['speɪsmæn] *n.* astronauta *m.*

space·ship ['speɪsʃɪp] *n.* nave *f.* espacial.

space·suit ['speɪssuːt] *n.* traje *m.* espacial.

space·wom·an ['speɪswʊmən] *n.* *pl.* **spacewomen** ['speɪswɪmɪn] astronauta *m.*

spa·cing ['speɪsɪn] *n.* espacio **in double space** a doble espacio.

spa·cious ['speɪʃəs] *adj.* espacioso, amplio.

spade¹ [speɪd] *n.* *(playing card - international pack)* pica *(- Spanish pack)* espada.

spade² [speɪd] *n.* *(for digging)* pala. **to call a spade a spade** llamar al pan, pan y al vino, vino.

spa·ghet·ti [spə'getɪ] *n.* espagueti *m.* **spaghetti bolognese** espagueti *m.* a la boloñesa.

Spain [speɪn] *n.* España.

spam [spæm] *n.* **1** *(food)* fiambre *m.* **2** COMPUT *(mail)* correo basura.

span¹ [spæn] *pp.* VER: **spin**.

span² [spæn] *n.* **1** *(of wings)* envergadura *(of arch, bridge)* luz *f.*, ojo *(of hand)* palmo **2** *(of time)* espacio, periodo, lapso ◇ *tr.* *pt. & pp.* **spanned**, *ger.* **spanning** **1** *(cross)* atravesar, cruzar **2** *(extend over)* abarcar, extenderse a.

Span·iard ['spænjəd] *n.* *(person)* español.

Span·ish ['spænɪʃ] *adj.* español ◇ *n.* **1** *(person)* español **2** *(language)* español *m.*, castellano ◇ *npl.* **the Spanish** los españoles *mpl.* **the Spanish Embassy** la Embajada de España **Spanish America** Hispanoamérica **Spanish guitar** guitarra clásica.

Span·ish-speak·ing [ˈspænɪʃˈspiːkɪŋ] *adj.* de habla española, hispanohablante.

spank [spæŋk] *tr.* zurrar, pegar, dar azotes a.

span·ner [ˈspænəʳ] *n.* llave *f.* de tuerca. **to put/ throw a spanner in the works** meter un palo en la rueda, sabotearlo todo.

spare [speəʳ] *adj.* 1 *(reserve)* de repuesto *(free)* libre *(extra)* de sobra 2 *(thin, lean)* enjuto ◇ *n.* *(spare part)* recambio, repuesto ◇ *tr.* 1 *(do without)* prescindir de, pasar sin 2 *(begrudge)* escatimar 3 *(save, relieve)* ahorrar, evitar 4 *literal use (not harm, not kill, show mercy)* perdonar **to go spare** *(become angry)* cabrearse, enloquecer *(be leftover)* sobrar **to spare** de sobra **spare part** *(pieza de)* recambio, pieza de repuesta **spare time** tiempo libre **spare tyre** *(wheel)* rueda de recambio *(stomach)* michelín *m.* **spare wheel** rueda de recambio.

spar·ing [ˈspeərɪŋ] *adj.* *(frugal)* frugal *(economical)* económico. **to be sparing with food** economizar comida. **to be sparing with words** ser parco en palabras.

spar·ing·ly [ˈspeərɪŋlɪ] *adv.* *(eat)* frugalmente *(use)* en poca cantidad, con moderación.

spark [spɑːk] *n.* 1 *(from fire, electrical)* chispa 2 *(trace)* chispa, pizca 3 *(cause, trigger)* chispazo ◇ *intr.* echar chispas, chispear. **(the) sparks fly** armarse la gorda **spark plug** bujía.
to spark off *tr. insep.* *(conflict, riot, etc.)* hacer estallar, provocar, desencadenar, desatar *(interest)* despertar, suscitar.

spar·kle [ˈspɑːkəl] *n.* 1 *(of diamond, glass)* centelleo, destello, brillo *(of eyes)* brillo 2 *fig.* use *(liveliness)* viveza *(wit)* brillo ◇ *intr.* 1 *(diamond, glass)* centellear, destellar, brillar *(eyes)* brillar, chispear *(firework)* echar chispas, chispear 2 *fig.* use *(person)* brillar, lucirse *(conversation)* brillar.

spar·kling [ˈspɑːkəlɪŋ] *adj.* 1 *(diamond, glass)* centelleante, brillante *(eyes)* brillante, chispeante 2 *fig.* use *(person, conversation, performance)* brillante, chispeante **sparkling wine** vino espumoso.

sparse [spɑːs] *adj.* *(vegetation)* escaso, poco denso *(population)* disperso, esparcido *(hair)* ralo *(information)* escaso.

sparse·ly [ˈspɑːslɪ] *adv.* escasamente.

spasm [ˈspæzəm] *n.* 1 MED espasmo 2 *(of coughing, laughing, etc.)* acceso *(of anger)* arrebato, acceso. **in spasms** a rachas.

spas·mod·ic [spæzˈmɒdɪk] *adj.* 1 MED espasmódico 2 *(irregular)* irregular, intermitente.

spat [spæt] *pt. & pp.* VER: spit.

spa·tial [ˈspeɪʃəl] *adj.* espacial, del espacio.

spat·u·la [ˈspætjələ] *n.* *(gen)* espátula *(in kitchen)* pala, paleta.

spawn [spɔːn] *n.* 1 ZOOL huevas *fpl.*, freza 2 BOT micelio ◇ *tr.* *fig.* use generar, producir, engendrar *intr.* ZOOL frezar, desovar.

spay [speɪ] *tr.* *(animal)* esterilizar.

speak [spiːk] *intr.* *pt* spoke 1 *(gen)* hablar 2 *(make speech)* pronunciar un discurso 3 *(on phone)* hablar ◇ *tr.* 1 *(utter, say)* decir 2 *(language)* hablar **generally/roughly speaking** en términos generales. **personally speaking** personalmente **so to speak** por así decirlo **speak for yourself!** ¡eso lo diras tú!, ¡eso lo dirás por ti! **speak now or forever hold your peace** hable ahora o guarde silencio para siempre **to be nothing to speak of** no ser nada especial, no ser nada del otro mundo **to speak for itself/themselves** ser evidente, hablar por sí solo. **speaking of...** a propósito de... **to speak ill of somebody/ speak well of somebody** hablar mal de al-

guien/hablar bien de alguien **to speak in public** hablar en público. **to speak in tongues** hablar en lenguas desconocidas.
to speak for *tr. insep.* *(state views, wishes of)* hablar en nombre de.
to speak out *intr.* *(speak openly)* hablar claro.
to speak up *intr.* 1 *(speak more loudly)* hablar más fuerte 2 *(give opinion)* defender.

speak·er [ˈspiːkəʳ] *n.* 1 *(gen)* persona que habla, el que habla, la que habla *(in dialogue)* interlocutor *(in public)* orador *(lecturer)* conferenciante *mf.* 2 *(of language)* hablante *mf.* 3 *(loudspeaker)* altavoz *m.* ◇ *n.* the Speaker el/la presidente de la Cámara de los Representantes.

speak·ing [ˈspiːkɪŋ] *adj.* 1 hablante **to not be on speaking terms** no hablarse, estar peleados **speaking clock** información f. horaria.

spear [spɪəʳ] *n.* 1 *(gen)* lanza *(javelin)* jabalina *(harpoon)* arpón *m.* *tr.* 1 *(with fork)* pinchar *(with harpoon)* arponear *(impale with spear)* atravesar con una lanza.

spear·head [ˈspɪəhed] *n.* *(person, group)* punta de lanza, vanguardia ◇ *tr.* encabezar.

spe·cial [ˈspeʃəl] *adj.* 1 *(not ordinary or usual)* especial *(exceptional)* extraordinario 2 *(specific)* específico, particular ◇ *n.* 1 *(train)* tren *m.* especial 2 *(TV program)* programa *m.* especial 3 *(special offer)* oferta especial. **on special** de oferta. **today's special** plato del día **special agent** agente *mf.* secreto **special delivery** *(letter)* correo urgente *(parcel)* entrega inmediata **special edition** edición f. especial, número especial, número extraordinario **special effects** efectos *mpl.* especiales **special needs** educación de atención f. diferenciada

spe·cial·ist [ˈspeʃəlɪst] *n.* 1 *(expert)* especialista *mf.* *(in, en)* 2 MED especialista *mf.* ◇ *adj.* especializado.

spe·cial·i·za·tion [ˌspeʃəlaɪˈzeɪʃən] *n.* *(of study)* especialidad f. *(act)* especialización f.

spe·cial·ize [ˈspeʃəlaɪz] *intr.* especializarse *(in, en).*

spe·cial·ized [ˈspeʃəlaɪzd] *adj.* especializado.

spe·cial·ly [ˈspeʃəlɪ] *adv.* *(particularly)* especialmente, particularmente *(on purpose)* expresamente.

spe·cial·ty [ˈspeʃəltɪ] *n. pl.* **specialties** especialidad f.

spe·cies [ˈspiːʃiːz] *n. pl.* **species** especie f.

spe·cif·ic [spəˈsɪfɪk] *adj.* 1 *(particular, not general)* específico *(definite)* concreto 2 *(exact, detailed, precise)* preciso *(clear in meaning)* explícito ◇ *n.* MED *(drug)* específico ◇ *npl.* specifics *(particulars, details)* datos *mpl.* (concretos). **to be specific to something** ser específico de algo, ser propio de algo **specific gravity** peso específico.

spe·cif·i·cal·ly [spəˈsɪfɪkəlɪ] *adv.* 1 *(particularly)* específicamente, expresamente 2 *(exactly, clearly)* explícitamente, expresamente 3 *(namely)* en concreto.

spec·i·fi·ca·tion [ˌspesɪfɪˈkeɪʃən] *n.* 1 *(act)* especificación f. 2 *(requirement)* especificación f. *(condition)* requisito ◇ *npl.* specifications *(details)* detalles *mpl.* *(instructions)* instrucciones *fpl.*

spec·i·fy [ˈspesɪfaɪ] *tr. pt. & pp.* **specified,** *ger.* **specifying** especificar, precisar, concretar.

spec·i·men [ˈspesɪmən] *n.* 1 *(sample)* espécimen *m.,* muestra 2 *(example)* ejemplar *m.* 3 *[fam. use]* pej. *(person)* tipo.

spec·ta·cle [ˈspektəkəl] *n.* *(show, display)* espectáculo ◇ *npl.* spectacles gafas *fpl.* **to make a spectacle of oneself** hacer el ridículo, ponerse en ridículo.

spec·tac·u·lar [spek'tækjələ*] *adj.* espectacular, impresionante ◇ *n.* TV gran espectáculo, programa *m.* especial.

spec·tac·u·lar·ly [spek'tækjələlɪ] *adv.* espectacularmente.

spec·ta·tor [spek'teɪtə*] *n.* espectador ◇ *npl.* the spectators el público *m. sing.* **spectator sport** deporte *m.* espectáculo.

spec·ter ['spektə*] *n.* espectro, fantasma *m.*

spec·tro·gram ['spektrəgræm] *n.* espectrograma *m.*

spec·tro·graph ['spektrəgra:f] *n.* espectrógrafo.

spec·tro·scope ['spektrəskəʊp] *n.* espectroscopio.

spec·tros·co·py [spek'trɒskəpɪ] *n.* espectroscopía.

spec·trum ['spektrəm] *n. pl.* **spectra** 1 PHYS espectro 2 *(range)* espectro, gama.

spec·u·late ['spekjəleɪt] *intr.* 1 *(conjecture)* especular, hacer conjeturas (**on/about**, sobre) 2 FIN especular (**in**, en/con). **to speculate on the stock market** jugar a la bolsa, especular en la bolsa.

spec·u·la·tion [spekjə'leɪʃən] *n.* 1 *(conjecture)* especulación *f.*, conjetura, suposición *f.* 2 FIN especulación *f.*

spec·u·la·tive ['spekjələtɪv] *adj.* especulativo.

spec·u·la·tor ['spekjəleɪtə*] *n.* especulador.

sped [sped] *pt. & pp.* VER: speed.

speech [spi:tʃ] *n.* 1 *(faculty, act)* habla 2 *(spoken language, way of speaking)* habla, manera de hablar 3 *(formal talk)* discurso, alocución *f.* 4 *(informal talk)* charla *(lecture)* conferencia *(lines in play)* diálogo **to give/make a speech** pronunciar un discurso **freedom of speech** libertad *f.* de expresión **direct speech** estilo directo **indirect speech** estilo indirecto **part of speech** parte de la oración **speech defect** defecto del habla **speech impediment** impedimento del habla **speech therapist** logopeda *mf.*, foniatra *mf.* **speech therapy** logopedia, foniatría.

speech·less ['spi:tʃləs] *adj. (flabbergasted)* boquiabierto, estupefacto *(dumb)* mudo.

speed [spi:d] *n.* 1 *(rate of movement)* velocidad *f. (quickness)* rapidez *f. (haste)* prisa 2 *(sensitivity of film)* sensibilidad *f.*, velocidad *f. (time of shutter)* tiempo de exposición, abertura 3 *(gear)* marcha, velocidad *f.* 4 *sl. (drug)* speed *m.*, anfetas *fpl.* ◇ *intr. pt. & pp.* **speeded** o **sped** [sped] 1 *(go fast)* ir corriendo, ir a toda prisa, ir a toda velocidad 2 *(break limit)* ir a exceso de velocidad ◇ *tr.* 1 *(hurry · process, matter)* acelerar 2 *(take quickly)* hacer llegar rápidamente. **at speed** a gran velocidad **at top speed/at full speed** a toda velocidad **to pick up speed/gather speed** ganar velocidad, coger velocidad **speed bump** tope *m.* **speed limit** velocidad máxima, límite *m.* de velocidad.

to speed up *tr. sep. (process, matter, production)* acelerar *(person)* apresurar, meter prisa a ◇ *intr. (vehicle)* acelerar *(person, process, production)* acelerarse, apresurarse, darse prisa.

speed·boat ['spi:dbəʊt] *n.* lancha rápida.

speed·ing ['spi:dɪŋ] *n.* AUTO exceso de velocidad.

speed·om·e·ter [spɪ'dɒmɪtə*] *n.* AUTO velocímetro, cuentakilómetros *m.*

speed·y ['spi:dɪ] *adj. comp.* **speedier**, *superl.* **speediest** *(quick)* rápido, veloz *(prompt)* pronto, rápido. **to wish somebody a speedy recovery** desearle una pronta mejoría a alguien.

spell¹ [spel] *n. (magical)* hechizo, encanto. **to cast/put a spell on somebody** hechizar a alguien, embrujar a alguien. **to fall under somebody's spell** estar hechizado por alguien.

spell² [spel] *n.* 1 *(period of time)* temporada, periodo *(short period)* rato 2 METEOR periodo, ola, racha 3

MED *(dizziness)* mareo *(of coughing)* acceso 4 *(turn)* turno, tanda.

spell³ [spel] *tr. pt. & pp.* **spelled** o **spelt** [spelt] 1 *(orally)* deletrear *(written)* escribir correctamente 2 *fig. use (mean)* significar, representar *(bring)* traer, acarrear *(foretell)* anunciar, augurar, presagiar ◇ *intr.* saber escribir correctamente.

to spell out *tr. sep.* 1 *(word)* deletrear 2 *(explain in detail)* explicar con detalle, detallar, pormenorizar.

spell·bound ['spelbaʊnd] *adj.* hechizado, embelesado.

spell·ing ['spelɪŋ] *n.* ortografía **spelling mistake** falta de ortografía.

spelt [spelt] *pt. & pp.* VER: spell.

spend [spend] *tr. pt. & pp.* **spent** [spent] 1 *(money)* gastar (**on**, en) 2 *(pass time)* pasar 3 *(devote time/energy)* dedicar (**on**, a), invertir (**on**, en) 4 *(use up, exhaust)* gastar, agotar ◇ *intr. (money)* gastar.

spend·ing ['spendɪŋ] *n.* gasto, gastos *mpl.* **public spending** gasto público **spending cuts** recortes *mpl.* en el presupuesto **spending money** dinero de bolsillo **spending power** poder *m.* adquisitivo.

spend·thrift ['spendθrɪft] *n.* derrochador, despilfarrador, manirroto.

spent [spent] *pt. & pp.* VER: spend ◇ *adj.* 1 *(used)* usado, gastado 2 *(exhausted)* agotado *(finished)* acabado **a spent force** una fuerza acabada.

sperm [spɜ:m] *n.* esperma *mf.* **sperm bank** banco de esperma **sperm whale** cachalote *m.*

sper·ma·to·zo·on [spɜ:mətə'zəʊən] *n. pl.* **spermatozoa** espermatozoide *m.*

sper·mi·cide ['spɜ:mɪsaɪd] *n.* espermicida.

sphere [sfɪə*] *n.* 1 *(shape)* esfera 2 *(area, range, extent)* esfera, ámbito.

spher·i·cal ['sferɪkəl] *adj.* esférico.

sphinc·ter ['sfɪŋktə*] *n.* esfínter *m.*

sphinx [sfɪŋks] *n.* esfinge *f.*

spice [spaɪs] *n.* 1 especia 2 *fig. use* sazón *m.*, sal *f.*, salsa, sabor *m.* ◇ *tr.* 1 CULIN sazonar, condimentar 2 *(story, etc.)* echar salsa a (**up**, -).

spic·y ['spaɪsɪ] *adj. comp.* **spicier**, *superl.* **spiciest** 1 CULIN *(seasoned)* sazonado, condimentado *(hot)* picante 2 *fig. use (story, etc.)* picante.

spi·der ['spaɪdə*] *n.* araña **spider plant** BOT cinta **spider's web** telaraña.

spig·ot ['spɪgət] *n.* 1 *(tap)* espita *(stopper)* bitoque *m.* 2 *(tap)* grifo.

spike [spaɪk] *n.* 1 *(sharp point)* punta, pincho *(sharp-pointed object)* objeto puntiagudo 2 *(on running shoe)* clavo *tr.* 1 *(with shoes)* clavar 2 *(drink)* echar alcohol a ◇ *npl.* **spikes** *(running shoes)* zapatillas *fpl.* de clavos.

spik·y ['spaɪkɪ] *adj. comp.* **spikier**, *superl.* **spikiest** 1 *(gen)* puntiagudo *(hedgehog)* erizado *(hair)* de punta 2 *(fam. use) (easily offended)* susceptible.

spill [spɪl] *n.* 1 *(act, amount of spilling)* derrame *m.*, derramamiento 2 *(fam. use) (fall)* caída *tr. pt. & pp.* **spilled** o **spilt** [spɪlt] 1 *(liquid)* derramar, verter *(knock over)* volcar ◇ *intr. (liquid)* derramarse, verterse 2 *(people)* salir en tropel **to spill blood** derramar sangre **to spill the beans** descubrir el pastel.

to spill o·ver *intr. (liquid)* salirse, desbordarse *(people)* rebosar *(conflict)* extenderse.

spin [spɪn] *n.* 1 *(turn)* vuelta, giro, revolución *f.* 2 *(of washing machine)* centrifugado 3 SP *(of ball)* efecto 4 *(of plane)* barrena *(of car)* patinazo 5 *(ride, trip)* vuelta, paseo (en coche o en moto) 6 *[fam.*

use) *(panic)* pánico, miedo ◇ *tr. pt.* **spun** [spʌn] o **span** [spæn], *pp.* **spun** [spʌn], *ger.* **spinning** 1 *(make turn)* hacer girar, dar vueltas a 2 *(washing)* centrifugar 3 *(ball)* darle efecto a 4 *(cotton, wool, etc.)* hilar *(spider's web)* tejer ◇ *intr.* 1 *(turn)* girar, dar vueltas 2 *(washing machine)* centrifugar 3 *(cotton, wool, etc.)* hilar 4 *(plane)* caer en barrena *(car)* patinar 5 *(move rapidly)* girar (se), darse la vuelta **to be in a flat spin** estar hecho un lío **to go into a spin** *(plane)* caer en barrena *(car)* patinar **to put spin on a ball** darle efecto a una pelota.
to spin out. *tr. sep. (holiday, speech)* prolongar, alargar *(time, money)* estirar.

spin·ach ['spɪnɪdʒ] *n.* 1 BOT espinaca 2 CULIN espinacas *fpl.*

spi·nal ['spaɪnl] *adj.* espinal, vertebral **spinal column** columna vertebral **spinal cord** médula espinal.

spin-dry [spɪn'draɪ] *tr. pt. & pp.* **spin-dried,** *ger.* **spin-drying** centrifugar.

spin-dry·er [spɪn'draɪəʳ] *n.* secadora *f.* centrífugo, centrifugadora.

spine [spaɪn] *n.* 1 ANAT columna vertebral, espina dorsal, espinazo 2 *(of book)* lomo 3 ZOOL *(of hedgehog, etc.)* púa 4 BOT espina.

spine-chill·ing ['spaɪntʃɪlɪŋ] *adj.* horripilante, escalofriante, espeluznante.

spine·less ['spaɪnləs] *adj.* 1 *(invertebrate)* invertebrado 2 *fig. use (weak)* débil, sin carácter.

spin·ning ['spɪnɪŋ] *n. (action)* hilado *(art)* hilandería **spinning jenny** máquina de hilar **spinning wheel** rueca, torno de hilar.

spin-off ['spɪnɔːf] *n.* 1 *(product)* producto derivado *(result)* resultado indirecto 2 *(TV show)* programa *m.* derivado.

spin·y ['spaɪnɪ] *adj. comp.* **spinier,** *superl.* **spiniest** espinoso.

spi·ral ['spaɪərəl] *n.* espiral *f.* ◇ *adj.* espiral, en espiral ◇ *intr.* 1 *(move in a spiral)* moverse en espiral 2 *(increase rapidly)* dispararse **inflationary spiral** espiral *f.* inflacionista **spiral staircase** escalera de caracol.

spir·it¹ ['spɪrɪt] *n.* CHEM alcohol *m.* ◇ *npl.* spirits *(alcoholic drink)* bebidas *fpl.* alcohólicas, licores *mpl.*

spir·it² ['spɪrɪt] *n.* 1 *(soul)* espíritu *m.,* alma *(ghost)* fantasma *m.* 2 *(person)* ser *m.,* alma 3 *(force, vigor)* vigor *m.,* energía *(personality)* carácter *m.* *(courage)* valor *m.* *(vitality, liveliness)* ánimo, vitalidad *f.* 4 *(mood, attitude)* espíritu *m.,* humor *m.* 5 *(central quality, real or intended meaning)* espíritu *m.,* sentido 1 *(mood, feelings)* moral *f. sing.,* humor *m. sing.* **in spirit** *en espíritu* **that's the spirit!** ¡eso es!, ¡así me gusta! **the spirit is willing but the flesh is weak** el espíritu está presto, pero la carne es débil.
to spir·it a·way/spir·it off. *tr. sep.* llevarse como por arte de magia.

spir·it·ed ['spɪrɪtɪd] *adj.* 1 *(attack, reply)* enérgico, vigoroso *(attempt)* valiente 2 *(person)* animado *(horse)* fogoso.

spir·it·u·al ['spɪrɪtjuəl] *adj.* espiritual ◇ *n. (song)* espiritual *m.* negro.

spir·it·u·al·i·ty [spɪrɪtjuˈæləti] *n.* espiritualidad *f.*

spir·it·u·al·ly ['spɪrɪtjuəli] *adv.* espiritualmente.

spit [spɪt] *n. (saliva)* saliva, esputo ◇ *tr. pt. & pp.* **spat** [spæt] *(gen)* escupir ◇ *intr.* 1 *(gen)* escupir *(at,* a), *(on,* en) 2 *(rain)* chispear 3 *(sputter)* chisporrotear. **to be the spit of somebody/be the spitting image of somebody** ser el vivo retrato de alguien.
to spit out *tr. sep.* 1 *(gen)* escupir 2 *fig. use (say sharply)* soltar.

spite [spaɪt] *n. (ill will)* rencor *m.,* ojeriza ◇ *tr.* fastidiar **in spite of** a pesar de, pese a **in spite of oneself** a pesar suyo. **out of spite** por despecho.

spite·ful ['spaɪtful] *adj. (person)* rencoroso, malévolo *(comment)* malicioso *(tongue)* viperino.

spite·ful·ness ['spaɪtfulnəs] *n.* rencor *m.,* despecho.

splash [splæʃ] *n.* 1 *(noise)* chapoteo, chapaleo 2 *(spray)* salpicadura, rociada 3 *(small amount)* gota, chorrito, poco 4 *fig. use (of light, color, etc.)* mancha ◇ *tr.* 1 *(gen)* salpicar *(with,* de), rociar *(with,* de) 2 *(fam. use) (of news, story, etc.)* sacar, salir ◇ *intr.* 1 *(of liquid)* salpicar, esparcirse 2 *(move noisily)* chapotear *(about/around,* -) ◇ *interj.* ¡plaf! **to make a splash** causar sensación.
to splash down *intr.* amarar, amerizar.
to splash out *intr. pt. & pp.* **splatted,** *ger.* **splatting** *(fam. use)* darse un lujo, gastarse un dineral ◇ *tr. sep. (fam. use) (money)* derrochar, gastarse.

splash·down ['splæʃdaun] *n.* amerizaje *m.,* amaraje *m.*

splat [splæt] *adv.* ¡paf!

splat·ter ['splætəʳ] *tr.* salpicar ◇ *intr.* salpicar.

spleen [spliːn] *n.* 1 ANAT bazo 2 *literal use (anger)* cólera, ira. **to vent one's spleen on somebody/something** descargar su cólera contra alguien/algo.

splen·did ['splendɪd] *adj.* 1 *(excellent)* estupendo, maravilloso 2 *(magnificent)* espléndido, magnífico.

splen·did·ly ['splendɪdli] *adv.* estupendamente, maravillosamente.

splen·dor ['splendəʳ] *n.* esplendor *m.*

splint [splɪnt] *n.* férula.

splin·ter ['splɪntəʳ] *n. (of wood)* astilla *(of metal, bone, stone)* esquirla *(of glass)* fragmento ◇ *tr.* astillar, hacer astillas ◇ *intr.* 1 astillarse, hacerse astillas 2 POL escindirse *(off,* -) **splinter group** grupo disidente, facción *f.*

split [splɪt] *n.* 1 *(crack, cut, break)* grieta, hendidura, raja 2 *(tear - in garment)* desgarrón *m.,* rasgón *m.* *(- in seam)* descosido 3 *(division - gen)* división *f.,* ruptura, cisma *m. (- in politics)* escisión *f.,* cisma *m.,* ruptura 4 *(division, sharing out)* reparto ◇ *adj.* 1 *(cracked)* partido, hendido, rajado *(torn)* desgarrado, rasgado *(divided - gen)* dividido *(- in politics)* dividido, escindido ◇ *tr. pt. & pp.* **split,** *ger.* **splitting** 1 *(crack, break)* agrietar, hender *(cut)* partir 2 *(tear - garment)* rajar, desgarrar *(- seam)* descoser 3 PHYS *(atom)* desintegrar 4 *(divide, separate)* dividir *(up,* -). *(political party, etc.)* dividir, escindir 5 *(share)* repartir, dividir ◇ *intr.* 1 *(crack)* agrietarse, henderse, rajarse *(in two parts)* partirse 2 *(tear - garment)* rajarse, desgarrarse *(- seams)* descoserse 3 *(divide - gen)* dividirse *(up,* -). *(- in politics)* dividirse, escindirse 4 *(fam. use) (tell tales)* acusar, soplar, chivarse *(on,* de) 5 *sl. (leave)* largarse, abrirse, pirárselas **in a split second** en una fracción de segundo, en menos de un segundo. **to do the splits** extensión de piernas **to split hairs** buscarle tres pies al gato. **to split one's head open** romperse la crisma, partirse la crisma. **to split one's sides laughing** partirse de risa, troncharse de risa **to split the difference** partir la diferencia **split decision** decisión *f.* no unánime **split peas** guisantes *mpl.* secos **split personality** desdoblamiento de personalidad **split ring** llavero **split shift** horario partido.
to split a·way/split off *tr. sep. (branch, rock, etc.)* romper, desprender ◇ *intr.* 1 *(branch, rock, etc.)*

romperse, desprenderse 2 *(group)* escindirse, separarse *(from,* de).

to split up *tr. sep. (friends, lovers)* separar ◇ *intr. (crowd, meeting)* dispersarse *(couple)* separarse, romper.

split·lev·el ['splɪt'levəl] *adj. (room, flat)* en dos niveles *(oven)* con el grill en la parte superior.

split·screen ['splɪtskriːn] *adj.* con pantalla dividida.

split·sec·ond [splɪt'sekənd] *adj. (very rapid)* instantáneo *(accurate)* perfecto.

split·ting ['splɪtɪŋ] *adj. (headache)* terrible, muy fuerte.

splurge [splɜːdʒ] *tr. (fam. use)* despilfarrar **(on,** en), derrochar **(on,** en), gastarse **(on,** en) ◇ *intr.* gastarse un dineral **(on,** en) ◇ *n.* derroche *m.*

splu·tter ['splʌtəʳ] *n. (of flame)* chisporroteo *(of engine)* ruido, resoplido *(of person)* barboteo, farfulleo ◇ *tr. (person)* mascullar, farfullar ◇ *intr.* 1 *(person)* farfullar, barbotar 2 *(fire, candle, fat, etc.)* chisporrotear, crepitar 3 *(engine)* resoplar, renquear.

spoil [spɔɪl] *tr. pt. & pp.* **spoiled** o **spoilt** [spɔɪlt] 1 *(ruin)* estropear, echar a perder, arruinar 2 *(invalidate)* anular 3 **(make child selfish)** mimar, consentir *(indulge)* complacer ◇ *intr. (food)* estropearse, echarse a perder ◇ *npl.* spoils botín *m. sing.*

spoil·sport ['spɔɪlspɔːt] *n.* aguafiestas *mf.*

spoilt [spɔɪlt] *pp.* VER: spoil ◇ *adj.* 1 *(food, etc.)* estropeado 2 *(child)* mimado, consentido 3 *(ballot paper)* nulo.

spoke¹ [spəʊk] *n. (of wheel)* radio, rayo. **to put a spoke in somebody's wheel** poner trabas a alguien.

spoke² [spəʊk] *pt.* VER: speak.

spo·ken ['spəʊkən] *pp.* VER: speak ◇ *adj.* hablado, oral.

spokes·man ['spəʊksmən] *n.* portavoz *m.*, AM personero.

spokes·per·son ['spəʊkspɜːsən] *n.* portavoz *mf.*, AM personero.

spokes·wom·an ['spəʊkswumən] *n.* portavoz *f.*, AM personera.

sponge [spʌndʒ] *n. (gen)* esponja ◇ *tr.* 1 *(clean)* lavar con esponja, limpiar con esponja, pasar una esponja por 2 *(fam. use) (scrounge)* gorronear, gorrear, sablear ◇ *intr. (fam. use) (scrounge)* vivir de gorra, gorrear, dar sablazos.

to sponge off/sponge on. *tr. insep. (fam. use) (scrounge)* vivir a costa de.

spon·gy ['spʌndʒɪ] *adj. comp.* **spongier,** *superl.* **spongiest** esponjoso.

spon·sor ['spɒnsəʳ] *n.* 1 *(gen)* patrocinador, sponsor *mf. (for arts)* mecenas *mf.* 2 FIN avalador, garante *mf.* 3 REL *(godfather)* padrino *(godmother)* madrina 4 *(of law, bill, motion)* proponente *mf.* ◇ *tr.* 1 *(gen)* patrocinar *(studies, research)* subvencionar 2 *(support)* apoyar, respaldar 3 FIN avalar, garantizar 4 REL apadrinar.

spon·sor·ship ['spɒnsəʃɪp] *n.* 1 *(gen)* patrocinio 2 FIN aval *m.*, garantía 3 *(support)* apoyo, respaldo.

spon·ta·ne·i·ty [spɒntə'neɪɪtɪ] *n.* espontaneidad *f.*

spon·ta·ne·ous [spɒn'teɪnɪəs] *adj.* espontáneo.

spoof [spuːf] *n.* 1 *(parody)* parodia, burla 2 *(hoax)* engaño, broma ◇ *tr.* 1 *(parody)* parodiar 2 *(trick)* engañar.

spook·y ['spuːkɪ] *adj. comp.* **spookier,** *superl.* **spookiest** *(fam. use)* escalofriante, espeluznante, horripilante.

spoon [spuːn] *n.* 1 *(gen)* cuchara *(small)* cucharilla, cucharita *(large)* cucharón *m.* 2 *(spoonful - gen)* cucharada *(- small)* cucharadita ◇ *tr. (lift and move)*

sacar con cuchara *(serve)* servir con cuchara **to be born with a silver spoon in one's mouth** nacer entre algodones.

spoon·fed ['spuːnfed] *adj.* mimado.

spoon·feed ['spuːnfiːd] *tr. pt. & pp.* **spoon-fed** ['spuːnfed] 1 *(baby)* dar de comer con cuchara 2 *fig. use (pupil)* dar la lección masticada a.

spoon·ful ['spuːnful] *n. pl.* **spoonfuls** o **spoonsful** cucharada.

sport [spɔːt] *n.* 1 *(gen)* deporte *m.* 2 *(person)* buena persona 3 *(fun)* diversión *f.* 4 *(fam. use) (fellow)* amigo ◇ *tr. (wear proudly)* lucir ◇ *intr. (frolic)* retozar, juguetear. **to be good at sport** ser buen deportista.

sport·ing ['spɔːtɪŋ] *adj.* 1 *(of sports)* deportivo *(of country sports)* de caza 2 *(fair, generous)* caballeroso, deportivo **a sporting chance** *(opportunity)* buena oportunidad *f. (possibility)* bastantes posibilidades *fpl.*

sports [spɔːts] *npl.* deportes *mpl.* ◇ *n. (meeting)* competición *f.* deportiva ◇ *adj.* deportivo, de deportes **sports car** *(coche m)* deportivo **sports center/complex** polideportivo **sports day** día dedicado a competiciones deportivas escolares **sports ground** campo de deportes **sports jacket** chaqueta (de) sport.

sports·man ['spɔːtsmən] *n. pl.* **sportsmen** deportista *m.*

sports·man·like ['spɔːtsmənlaɪk] *adj.* deportivo.

sports·man·ship ['spɔːtsmənʃɪp] *n.* deportividad *f.*, espíritu *m.* deportivo.

sports·wear ['spɔːtsweəʳ] *n. (for sport)* ropa de deporte *(casual)* ropa (de) sport.

sports·wom·an ['spɔːtswumən] *n. pl.* **sportswomen** ['spɔːtswɪmɪn] deportista.

sport·y ['spɔːtɪ] *adj. comp.* **sportier,** *superl.* **sportiest** *(fam. use)* deportivo, aficionado a los deportes.

spot [spɒt] *n.* 1 *(dot)* punto *(on fabric)* lunar *m.*, mota *(on animal)* mancha 2 *(mark, stain)* mancha 3 *(blemish, pimple)* grano 4 *(place)* sitio, lugar *m.* 5 *(area of body)* punto *(flaw)* mancha 6 *(fix, trouble)* lío, aprieto, apuro 7 *(place in broadcast)* espacio 8 *(fam. use) (small amount)* poquito, poquitín *m. (drop)* gota 9 *(position)* puesto 10 *(fam. use) (spotlight)* foco ◇ *tr. pt. & pp.* **spotted,** *ger.* **spotting** 1 *(notice)* darse cuenta de, notar *(see)* ver *(recognize)* reconocer *(find)* encontrar, descubrir *(catch out)* atrapar 2 *(mark with spots)* motear *(stain)* manchar, salpicar ◇ *adj. (price, cash)* contante, al contado. **on the spot** *(at once, then and there)* en ese mismo momento, en el acto, allí mismo *(at the place of the action)* en el lugar del los hechos, en el lugar del crimen *(without moving away)* en el lugar **to see spots before one's eyes** ver manchas.

spot·check ['spɒttʃek] *tr.* realizar un control al azar, realizar una inspección al azar.

spot·less ['spɒtləs] *adj.* 1 *(very clean)* limpísimo, impecable 2 *fig. use (reputation)* intachable.

spot·light ['spɒtlaɪt] *n. (lamp)* foco, proyector *m.*, reflector *m. (beam)* luz *f.* de foco ◇ *tr.* 1 iluminar, enfocar 2 *(draw attention to)* poner de relieve, destacar. **to be in the spotlight** ser objeto de la atención pública, ser el blanco de las miradas.

spot·on [spɒt'ɒn] *adj.* perfecto, exacto.

spot·ted ['spɒtɪd] *adj. (with dots)* con puntos *(fabric)* de lunares *(speckled)* moteado *(stained)* manchado *(animal)* con manchas.

spot·ty ['spɒtɪ] *adj. comp.* **spottier,** *superl.* **spottiest** *(person, face, complexion)* con granos, lleno de granos.

spouse [spauz] *n.* cónyuge *mf.*

spout [spaut] *n.* 1 *(of jug)* pico *(of fountain)* surtidor *m.*, caño *(of roof-gutter)* canalón *m.* *(of teapot)* pitorro *m.* *(jet of water)* chorro ◇ *tr.* 1 *(liquid)* echar, arrojar 2 *(fam. use) pej. (poetry)* declamar *(nonsense)* soltar ◇ *intr.* 1 *(liquid)* salir a chorros, chorrear 2 *(for whale)* expulsar chorros de agua 3 *(fam. use) pej. (verse, etc.)* perorar, declamar. **to be up the spout** *(plans, etc.)* fastidiarse, irse a pique *(pregnant)* estar embarazada.

sprain [sprein] *n.* MED torcedura ◇ *tr.* torcer.

sprang [spræŋ] *pt.* VER: spring.

sprawl [sprɔːl] *intr.* 1 *(person)* tumbarse, echarse, repantigarse, repanchigarse 2 *(city, suburbs, etc.)* extenderse ◇ *n.* *(mass)* extensión *f.* **urban sprawl** crecimiento urbano descontrolado.

sprawl·ing [sprɔːlɪŋ] *adj.* 1 *(mass)* extendido *(city, suburbs)* de crecimiento descontrolado 2 *(hand-writing)* garabateado.

spray [sprei] *n.* 1 *(of water)* rociada *(from sea)* espuma *(from aerosol)* pulverización *f.* 2 *(aerosol)* spray *m.* *(atomizer)* atomizador *m.*, vaporizador *m.* *(for plants)* pulverizador *m.* ◇ *tr.* *(water)* rociar *(perfume)* atomizar *(plants)* pulverizar *(crops)* fumigar *(paint)* pintar a pistola, pintar con pistol ◇ *intr.* *(water)* rociar. **to spray with bullets** acribillar a balazos **spray can** aerosol *m.* **spray gun** pistola pulverizadora **spray paint** pintura spray.

spread [spred] *n.* 1 *(gen)* extensión *f.* *(of ideas, news)* difusión *f.*, diseminación *f.*, divulgación *f.* *(of disease, fire)* propagación *f.* **(of nuclear weapons)** proliferación *f.* *(of terrorism, crime)* aumento 2 *(scope)* extensión *f.*, envergadura *(range)* gama, abanico 3 *(of wings, sails)* envergadura 4 CULIN *(paste)* pasta (para untar) 5 *(fam. use) (large meal)* comilona, banquetazo 6 *(in press)* pliego ◇ *tr. pt. & pp.* **spread** 1 *(lay out)* extender, tender *(unfold)* desplegar *(scatter)* esparcir 2 *(butter, etc.)* untar, extender *(paint, glue, etc.)* extender, repartir 3 *(news, ideas, etc.)* difundir, divulgar *(rumor)* hacer correr *(disease, fire)* propagar *(panic, terror)* sembrar 4 **(wealth, work, cost)** distribuir, repartir ◇ *intr.* 1 *(stretch out)* extenderse *(open out, unfold)* desplegarse *(widen)* ensancharse 2 *(butter, etc.)* extenderse 3 *(news, ideas, etc.)* difundirse, diseminarse, divulgarse *(rumor)* correr *(disease, fire)* propagarse *(panic, fear)* cundir 4 *(in time)* extenderse.

spread·sheet [spredʃiːt] *n.* hoja de cálculo.

spree [spriː] *n.* juerga, jarana, parranda **to go on a spree** ir de juerga **to go on a shopping/spending spree** hacer muchas compras.

spring [sprɪŋ] *n.* 1 *(season)* primavera 2 *(of water)* manantial *m.*, fuente *f.* 3 *(of mattress, seat)* muelle *m.* *(of watch, lock, etc.)* resorte *m.* 4 *(of car)* ballesta 4 *(elasticity)* elasticidad *f.* 5 *(active, healthy quality)* energía, brío 5 *(leap, jump)* salto, brinco ◇ *intr. pt.* **sprang** [spræŋ], *pp.* **sprung** [sprʌŋ] 1 *(jump)* saltar 2 *(appear)* aparecer (de repente) ◇ *tr.* 1 *(operate mechanism)* accionar 2 *fig. use (news, surprise)* espetar *(on, a)*, soltar 3 *(fam. use) (help escape, set free)* soltar. **to spring forth** brotar, surgir **to spring to mind** ocurrirse **spring roll** rollito de primavera **spring tide** marea viva.

to spring from *tr. insep. (result from, originate from)* surgir de, provenir de.

to spring up *intr.* *(gen)* aparecer, surgir *(friendship)* nacer *(wind)* levantarse *(plants)* brotar *(buildings, towns, etc.)* elevarse, levantarse.

spring·board [sprɪŋbɔːd] *n.* trampolín *m.*

spring-clean·ing [sprɪŋ kliːnɪŋ] *n.* limpieza general, limpieza a fondo.

spring·time [sprɪŋtaɪm] *n.* primavera.

sprin·kle [sprɪŋkəl] *tr.* 1 *(with water)* rociar *(with, de/con)*, salpicar *(with, de/con)* 2 *(with flour, sugar, etc.)* espolvorear *(with, de/con)* 3 *fig. use* salpicar *(with, de/con)*.

sprin·kler [sprɪŋkələ] *n.* 1 *(on hose)* aspersor *m.* 2 *(for fires)* extintor *m.* 3 *(for sugar, flour, etc.)* espolvoreador *m.*

sprin·kling [sprɪŋkəlɪŋ] *n.* *(small amount)* poco.

sprint [sprɪnt] *n.* 1 SP sprint *m.*, esprint *m.* 2 *(dash)* carrera corta ◇ *intr.* 1 SP esprintar, sprintar 2 *(dash)* correr a toda velocidad **sprint finish** esprint *m.* final.

sprint·er [sprɪntə] *n.* esprínter *mf.*

sprout [spraut] *n.* BOT *(shoot)* brote *m.*, retoño ◇ *intr.* 1 *(bud, leaf)* brotar, salir *(branch)* echar brotes *(plant)* echar retoños, retoñar 2 *fig. use* surgir, aparecer, crecer rápidamente ◇ *tr.* *(leaves, shoots)* echar *(beard, etc.)* salir.

sprung [sprʌŋ] *pp.* VER: spring ◇ *adj.* *(mattress)* de muelles.

spun [spʌn] *pt. & pp.* VER: spin ◇ *adj.* hilado.

spur [spɜː] *n.* 1 *(horse rider's)* espuela 2 ZOOL *(of cock)* espolón *m.* 3 *fig. use (stimulus, incentive)* aguijón *m.*, espuela, acicate *m.* 4 GEOG espolón *m.*, estribación *f.* 5 *(railway track, road)* ramal *m.* ◇ *tr. pt. & pp.* **spurred**, *ger.* **spurring** 1 *(horse)* espolear, picar con las espuelas 2 *fig. use (stimulate)* estimular, incitar, aguijonear, alentar **on the spur of the moment** sin pensarlo.

spurt [spɜːt] *n.* 1 *(of liquid)* chorro 2 *fig. use (of speed, effort, activity, etc.)* racha, ataque *m.*, esfuerzo ◇ *intr.* 1 *(liquid)* chorrear, salir a chorro 2 *fig. use (make an effort)* hacer un último esfuerzo, esforzarse *(accelerate)* acelerar.

spy [spai] *n. pl.* **spies** *(gen)* espía *mf.* ◇ *intr. pt. & pp.* **spied**, *ger.* **spying** espiar *(on, a)* ◇ *tr. literal use* divisar, descubrir, ver. **industrial spy** espía *mf.* industrial **police spy** confidente *mf.*, soplón **spy ring** red *f.* de espionaje **spy story** historia de espías.

to spy out *tr. insep. (activities)* investigar *(person)* espiar.

spy·ing [spaiɪŋ] *n.* espionaje *m.*

sq [skweə] *abbr.* **(square)** cuadrado.

Sq [skweə] *abbr.* **(Square)** Plaza *(abbreviation)* Pza., Plza.

squad [skwɒd] *n.* 1 MIL pelotón *m.* 2 *(of police)* brigada 2 *(team)* equipo *(national)* selección *f.* **drugs squad** brigada de estupefacientes **squad car** coche *m.* patrulla.

squad·ron [skwɒdrən] *n.* *(of soldiers)* escuadrón *m.* *(of planes)* escuadrilla *(of ships)* escuadra **squadron leader** comandante *m.* de *(escuadrilla)*.

squal·id [skwɒlɪd] *adj.* 1 *(dirty, unpleasant)* sucio, mugriento, asqueroso *(poor)* miserable 2 *(sordid)* sórdido.

squal·or [skwɒlə] *n.* 1 *(dirtiness)* suciedad *f.*, mugre *f.* 2 *(poverty)* miseria.

squan·der [skwɒndə] *tr.* *(money)* derrochar, malgastar, despilfarrar, tirar *(fortune)* dilapidar *(opportunity, time)* desperdiciar, desaprovechar.

square [skweə] *n.* 1 *(shape)* cuadrado *(on fabric)* cuadro *(on chessboard, graph paper, crossword)* casilla 2 *(in town)* plaza *(in barracks)* patio *(block of houses)* manzana 3 MATH cuadrado 4 *(tool)* escuadra 5 *(fam. use) (old-fashioned person)* carroza *mf.* *(conservative)* carca *mf.* ◇ *adj.* 1 *(in shape)* cuadrado *(forming right angle)* en ángulo recto, a escuadra 2 MATH cuadrado 3 *(fam. use) (fair)* justo, equitativo *(honest)* honesto, franco 4 *(equal in points)* igual, empatado *(not owing money)* en paz 5 *(tidy)* ordenado, en orden 6 *(old-fashioned)* carroza *(conservative)* carca ◇ *adv.* directamente ◇ *tr.* 1 *(make square)* cuadrar (**with,** con) 2 MATH cuadrar, elevar al cuadrado 3 *(settle - debts, accounts)* saldar, pagar *(- matters)* arreglar 4 *(equalize)* empatar 5 *(agree, reconcile)* conciliar 6 *(fam. use) (bribe)* sobornar ◇ *intr.* *(agree)* cuadrar (**with,** con), concordar (**with,** con) ■ **a square peg in a round hole** *gallina en corral ajeno.* **to get a square deal** *recibir un trato justo.* **to get square with somebody** *ajustar cuentas con alguien* **to go back to square one** *volver al punto de partida, partir de cero.* **to square the circle** *cuadrar el círculo* **square brackets** *corchetes mpl.* **square meter** *metro cuadrado* **square root** *raíz cuadrada.*

to square off *tr. sep. (wood, corner)* cuadrar *(paper)* cuadricular.

to square up *intr.* 1 *[fam. use] (settle debts)* ajustar cuentas, saldar cuentas 2 *(fighters)* ponerse en guardia.

to square up to *tr. insep.* hacer frente a.

squared ['skweəd] *adj. (paper)* cuadriculado.

squash [skwɒʃ] *n.* 1 *(in crowd)* apiñamiento, agolpamiento, apretujón *m.* 2 *(drink)* bebida de frutas, concentrado de frutas SP squash *m.* ◇ *tr.* 1 *(crush, flatten)* aplastar, chafar, espachurrar 2 *(squeeze)* meter apretando, apretar, apiñar 3 *fig. use (crush - person)* apabullar, aplastar, desairar *(- rumor, dissent, rebellion)* hacer callar, acallar, aplastar *(- argument, plan, proposal)* echar por tierra, dar al traste con ◇ *intr.* 1 *(crush, flatten)* aplastarse, chafarse, espachurrarse 2 *(squeeze)* meterse apretando, apretujarse ■ **squash rackets** *(game)* squash *m.*

squat [skwɒt] *adj. comp.* **squatter,** *superl.* **squattest** *(person)* rechoncho y bajo, achaparrado *(building)* achaparrado ◇ *n.* 1 *(crouching position)* en cuclillas 2 *(house occupied by squatters)* vivienda ocupada, edificio ocupado ilegalmente *(action of squatting)* ocupación *f.* ilegal ◇ *intr.* *pt. & pp.* **squatted,** *ger.* **squatting** 1 *(crouch)* agacharse, ponerse en cuclillas 2 *(in building)* ocupar ilegalmente.

squat·ter ['skwɒtəʳ] *n.* ocupante *mf.* ilegal, okupa *mf.*

squawk [skwɔːk] *n.* 1 *(of bird)* graznido, chillido 2 *(complaint)* queja ◇ *intr.* 1 *(bird)* graznar, chillar 2 *(complain loudly)* gruñir, rezongar.

squeak [skwiːk] *n. (of mouse)* chillido *(of wheel, hinge, etc.)* chirrido, rechinamiento *(of shoes)* crujido ◇ *intr.* *(mouse)* chillar *(wheel, hinge, etc.)* chirriar, rechinar *(shoes)* chirriar. ■ **a narrow squeak** *por los pelos.* **not a squeak** *ni pío.*

squeak·y ['skwiːki] *adj. comp.* **squeakier,** *superl.* **squeakiest** *(gen)* chirriante *(voice)* chillón *(shoes)* que crujen.

squeal [skwiːl] *n. (of animal, person)* chillido, grito *(of tyres, brakes)* chirrido ◇ *intr.* 1 *(animal, person)* chillar *(tyres, brakes)* chirriar 2 *[fam. use] (inform on)* cantar, chivarse ◇ *tr. (say)* decir chillando, chillar, gritar.

squeam·ish ['skwiːmɪʃ] *adj.* 1 *(easily made to feel sick)* remilgado, delicado *(easily upset)* muy sensible, impresionable 2 *(easily shocked morally)* escrupuloso.

squeeze [skwiːz] *n.* 1 *(pressure - gen)* estrujón *m.,* presión *f.* *(- of hand)* apretón *m.* *(hug)* abrazo 2 *(small amount)* unas gotas *(of crowd)* apretujón *m.,* apiñamiento 4 *(difficult situation)* restricciones *fpl.* ◇ *tr.* 1 *(gen)* apretar *(lemon, orange)* exprimir *(sponge)* estrujar *(cloth)* retorcer, escurrir 2 *(fit in)*

meter 3 *(force out)* extraer, sacar ◇ *intr.* *(force into, through, etc.)* meterse ■ **to put the squeeze on somebody** *apretar a alguien.* **to squeeze out of business** *obligar a abandonar un negocio.*

to squeeze up *intr.* apretujarse.

squid [skwɪd] *n. pl.* **squid** o **squids** *(gen)* calamar *m. (small)* chipirón *m.* ■ **fried squid** CULIN *calamares mpl. a la romana.*

squig·gle ['skwɪɡəl] *n. (line)* garabato.

squig·gly ['skwɪɡli] *adj. (writing)* garabateado *(line)* serpenteante.

squint [skwɪnt] *n.* 1 MED bizquera, estrabismo 2 *[fam. use] (quick look)* vistazo, ojeada, miradita ◇ *intr.* 1 MED bizquear, ser bizco 2 *(in sunlight)* entrecerrar los ojos.

squirm [skwɜːm] *intr.* 1 *(twist)* retorcerse 2 **(feel embarrassment)** sentirse incómodo.

squir·rel ['skwɪrəl] *n.* ardilla.

squirt [skwɜːt] *n.* 1 *(of liquid)* chorro, chorrito 2 *[fam. use] pej. (person)* mequetrefe *mf.* ◇ *tr.* echar un chorro de ◇ *intr.* salir a chorros.

Sri Lan·ka [sriːˈlæŋkə] *n.* Sri Lanka.

SSE [saʊeaʊˈiːst] *abbr.* **(south-southeast)** sudsudeste *m.* *(abbreviation)* SSE.

ssh [ʃ] *interj.* ¡chis!, ¡chitón!, ¡chist!

SSW [saʊeaʊˈwest] *abbr.* **(south-southwest)** sudsudoeste *m.* *(abbreviation)* SSO.

St[1] [seɪnt] *abbr.* **(Saint)** San, Santo, Santa *(abbreviation)* S., Sto. Sta.

St[2] [strɪt] *abbr.* **(Street)** calle *(abbreviation)* c.

stab [stæb] *n.* 1 *(with knife)* puñalada, navajazo 2 *(of pain)* punzada ◇ *tr. pt. & pp.* **stabbed,** *ger.* **stabbing** *(with knife)* apuñalar, acuchillar ■ **a stab in the back** *una puñalada trapera* **to have a stab at something** *intentar hacer algo* **to stab somebody in the back** *apuñalar a alguien por la espalda* **stab wound** *puñalada.*

to stab at *intr. (jab - with finger)* golpear, dar con el dedo *(- with pointed object)* pinchar, clavar.

stab·bing ['stæbɪŋ] *adj. (pain)* punzante ◇ *n.* apuñalamiento.

sta·bil·i·ty [stəˈbɪlɪti] *n.* estabilidad *f.*

sta·bi·li·za·tion [steɪbəlaɪˈzeɪʃən] *n.* estabilización *f.*

sta·bi·lize ['steɪbəlaɪz] *tr.* estabilizar ◇ *intr.* estabilizarse.

sta·bi·liz·er ['steɪbəlaɪzəʳ] *n.* 1 *(on plane, ship, bicycle)* estabilizador *m.* 2 *(in food)* estabilizante *m.*

sta·ble[1] ['steɪbəl] *adj.* 1 *(unchanging)* estable, constante *(firm)* sólido, estable *(secure)* fijo, estable, seguro *(person - sane)* equilibrado 2 CHEM estable.

sta·ble[2] ['steɪbəl] *n.* 1 *(for horses)* cuadra, caballeriza *(for other animals)* establo 2 *(training establishment for horses)* cuadra *(school, theater, club, etc.)* escuela ◇ *tr.* *(put in stable)* encerrar en una cuadra *(keep in stable)* guardar en una cuadra.

stack [stæk] *n.* 1 *(pile, heap)* montón *m.,* pila 2 *(of grass, grain, etc.)* almiar *m.* 3 *(chimney)* cañón de chimenea ◇ *tr.* 1 *(pile up)* apilar, amontonar *(fill)* llenar 2 *[fam. use] (in cards)* arreglar ■ **stacks** *[fam. use]* montón *m.,* montones *mpl.* ◇ *npl.* **stacks** *(in library)* estanterías *fpl.* ■ **to be stacked with something** *estar lleno de algo.*

to stack up *intr. (compare, match)* comparar, equiparar (**against,** con).

sta·di·um ['steɪdiəm] *n. pl.* **stadiums** o **stadia** estadio.

staff [stɑːf] *n.* 1 *(personnel - gen)* personal *m.,* empleados *mpl.,* plantilla *(- teachers)* profesorado, personal docente 2 MIL estado mayor 3 *(stick)* bastón *m.* *(of shepherd)* cayado *(of bishop)* báculo *(flagpole)* asta 4 MUS pentagrama *m.* ◇ *tr.*

S

proveer de personal **the staff of life** *el pan de cada día* **general staff** MIL *estado mayor* **staff entrance** *entrada f. del personal* **staff meeting** EDUC *reunión f. de profesores, claustro* **staff nurse** *enfermero cualificado.*

staff·room ['stɑːfruːm] *n.* EDUC *sala de profesores.*

stag [stæg] *n.* ZOOL *ciervo, venado* **stag beetle** *ciervo volante* **stag party/stag night** *despedida de soltero.*

stage [steɪdʒ] *n.* **1** *(point, period)* etapa, fase *f.* **2** *(of journey, race)* etapa *(day's journey)* jornada **3** *(in theater)* escenario, escena *(raised platform)* plataforma, tablado, estrado **4** *fig. use (scene of action)* escena **5** *(of rocket)* fase *f.* **6** *[fam. use] (stagecoach)* diligencia ⋄ *tr.* **1** THEAT poner en escena, montar, representar **2** *(hold, carry out)* llevar a cabo, efectuar *(arrange)* organizar, montar ⋄ *n.* **the stage** *(the theater)* el teatro, las tablas *fpl.* **by stages/in stages** *por etapas* **to set the stage for something** *crear el marco para algo* **stage direction** *acotación f.* **stage door** *entrada de artistas* **stage fright** *miedo a salir a escena, miedo escénico* **stage manager** *director de escena* **stage name** *nombre m. artístico.*

stage·hand ['steɪdʒhænd] *n.* tramoyista *mf.*

stage-man·age ['steɪdʒˌmænɪdʒ] *tr.* orquestar, arreglar, montar.

stage-struck ['steɪdʒstrʌk] *adj.* apasionado por el teatro.

stag·ger ['stægəʳ] *intr.* *(walk unsteadily)* tambalearse ⋄ *tr.* **1** *(hours, work)* escalonar **2** *(amaze)* asombrar, pasmar *n.* *(unsteady walk)* tambaleo.

stag·gered ['stægəd] *adj.* **1** *(amazed)* asombrado, pasmado **2** *(hours, holidays)* escalonado **staggered start** *salida escalonada.*

stag·ger·ing ['stægərɪŋ] *adj.* *(amazing)* asombroso, pasmoso.

stag·ing ['steɪdʒɪŋ] *n.* **1** THEAT montaje *m.*, puesta en escena **2** *(scaffolding)* andamiaje *m.* **staging post** *escala.*

stag·nant ['stægnənt] *adj.* **1** *(of water)* estancado **2** *fig. use* paralizado, inactivo, estancado.

stag·nate [stæg'neɪt] *intr.* *(gen)* estancarse *(person)* quedarse estancado, anquilosarse.

stag·na·tion [stæg'neɪʃən] *n.* *(of water)* estancamiento *(person)* anquilosamiento.

stain [steɪn] *n.* **1** *(gen)* mancha **2** *(dye)* tinte *m.*, tintura ⋄ *tr.* **1** *(gen)* manchar **2** *(dye)* teñir ⋄ *intr.* mancharse **stain remover** *quitamanchas m.*

stain·ed [steɪnd] *adj.* manchado *(with, de)* **stained glass** *vidrio de colores* **stained glass window** *vidriera de colores.*

stain·less ['steɪnləs] *adj.* *(spotless)* sin mancha **stainless steel** *acero inoxidable.*

stair [steəʳ] *n.* **1** *(single step)* escalón *m.*, peldaño *f. literal use* escalera ⋄ *npl.* **stairs** *escalera f. sing.*

stair·case ['steəkeɪs] *n.* escalera.

stair·way ['steəweɪ] *n.* escalera.

stake¹ [steɪk] *n.* *(stick)* estaca, palo *(post)* poste *m.* *(for plant, tree)* rodrigón *m.* *(in surveying)* jalón *m.* ⋄ *tr.* *(fasten, support - gen)* sujetar con estacas, apoyar con estacas *(up, -)* *(- plant, tree)* arrodrigar *(in surveying)* jalonar **to be burnt at the stake** *morir en la hoguera* **to stake a claim to something** *reivindicar algo, reclamar el derecho a algo.*

to stake out *tr. sep.* **1** *(mark, enclose)* cercar con estacas, marcar con estacas, delimitar con estacas **2** *[fam. use] (watch secretly)* vigilar secretamente, vigilar a escondidas.

stake² [steɪk] *n.* **1** *(bet)* apuesta **2** *(investment, share)* interés *m.*, participación *f.* ⋄ *tr.* **1** *(bet)* apostar,

jugar (se) *(risk)* arriesgar, jugarse **2** *(give financial support to)* invertir en ⋄ *npl.* **stakes 1** *(prize money)* premio *m. sing.* **2** *(horse race)* carrera *f. sing.* de caballos. **to be at stake** *(at risk)* estar en juego *(in danger)* estar en peligro **popularity stakes** *índice m. de popularidad.*

stake·hold·er ['steɪkhəʊldəʳ] *n.* parte *f.* interesada, partícipe *mf.*

sta·lac·tite ['stæləktaɪt] *n.* estalactita.

sta·lag·mite ['stæləgmaɪt] *n.* estalagmita.

stale [steɪl] *adj.* **1** *(food - gen)* no fresco, pasado *(- bread, cake)* duro *(tobacco)* rancio *(wine, beer)* picado **2** *(air)* viciado *(smell)* a cerrado **3** *(news)* viejo, pasado *(joke)* trillado **4** *(person)* quemado, cansado, harto.

stale·mate ['steɪlmeɪt] *n.* **1** *(chess)* tablas *fpl.* **2** *fig. use* punto muerto, impasse *m.* **to end in stalemate** *(chess)* quedar en tablas *(impasse)* acabar en un punto muerto.

stale·ness ['steɪlnəs] *n.* **1** *(of food)* ranciedad *f.* *(of bread)* dureza **2** *(of air)* lo viciado **3** *(of news, joke)* lo añejo, lo viejo **4** *(of person)* anquilosamiento.

stalk [stɔːk] *tr.* *(hunt - animals)* acechar *(- hunter)* cazar al acecho *(- detective, killer, etc.)* acechar, cazar, perseguir *(menace - danger, famine, disease, etc.)* asolar ⋄ *intr.* *(walk - proudly)* andar con paso majestuoso *(- angrily)* andar indignado.

stall¹ [stɔːl] *intr.* *[fam. use] (delay)* andar con rodeos, contestar con evasivas ⋄ *tr.* *[fam. use] (delay)* entretener *(put off)* aplazar, dar largas a **stalling tactics** *maniobras fpl. dilatorias.*

stall² [stɔːl] *n.* **1** *(in market)* puesto, tenderete *m.* *(at fair)* caseta, barraca **2** *(for animal - stable)* establo *(- stable compartment)* compartimiento (en un establo) **3** *(row of seats)* sillería **4** *(small room, compartment)* compartimiento ⋄ *tr.* **1** AUTO hacer calar **2** *(put animal in stall)* encerrar en establo *(keep in stall)* guardar en establo ⋄ *intr.* AUTO calarse, pararse ⋄ *npl.* **stalls** *(in theater)* platea *f. sing.* **choir stalls** *sillería del coro.*

stam·i·na ['stæmɪnə] *n.* *(endurance)* resistencia, aguante *m.*

stam·mer ['stæməʳ] *n.* tartamudeo ⋄ *intr.* tartamudear ⋄ *tr.* **(say with a stammer)** decir tartamudeando, farfullar. **to have a stammer** *tartamudear.*

stam·mer·er ['stæmərəʳ] *n.* tartamudo.

stamp [stæmp] *n.* **1** *(postage)* timbre *(fiscal)* timbre *m.* *(trading stamp)* cupón *m.*, vale *m.* **2** *(tool - gen)* sello *(- rubber)* sello de goma, tampón *m.* *(- metal)* cuño, troquel *m.* **3** *(seal, mark)* sello **4** *(with foot - act)* patada, pisotón *m.* *(- sound)* paso **5** *[fml. use] (distinguishing mark)* impronta, huella, marca **6** *[fml. use] (kind, sort)* clase *f.*, índole *f.* ⋄ *tr.* **1** *(letter)* franquear **2** **(passport, document)** sellar, marcar con sello *(metal, coin)* acuñar, troquelar **3** *fig. use (impress - event)* grabar, estampar *(- personality, authority, influence)* imprimir, dejar **4** *(characterize - positively)* caracterizar, marcar, demostrar *(- negatively)* tildar **5** *(with foot)* dar una patada en *(in dancing)* zapatear ⋄ *intr.* **1** *(with foot)* dar patadas, patear, patalear *(in dancing)* zapatear **2** *(walk noisily)* pisar fuerte **stamp album** *álbum m. de timbres* **stamp collecting** *filatelia* **stamp collector** *filatelista mf., coleccionista mf. de sellos.*

to stamp on *tr. insep.* **1** *(crush with foot)* pisar, pisotear **2** *(suppress)* sofocar, aplastar.

to stamp out *tr. sep.* **1** *(eliminate - racism, violence, etc.)* acabar con, erradicar *(- rebellion, epidemic, etc.)* sofocar, aplastar **2** *(extinguish, put out)* apagar (con los pies).

S

stam·pede [stæm'piːd] *n.* estampida, desbandada, espantada ◇ *intr. (cattle)* salir en estampida *(people)* salir en desbandada ◇ *tr.* hacer salir en estampida.

stance [stæns] *n.* 1 *(way of standing)* postura 2 *(opinion, attitude)* postura (**on**, respecto a), posición *f.* (**on**, respecto a), actitud *f.* (**on**, respecto a).

stand [stænd] *n.* 1 *(position)* lugar *m.*, sitio *(attitude, opinion)* posición *f.*, postura *(defence, resistance)* resistencia 2 *(of lamp, sculpture, etc.)* pie *m.*, pedestal *m.*, base *f.* 3 *(stall - in market)* puesto, tenderete *m.* *(- at exhibition)* stand *m.* *(- at fair)* caseta, barraca 4 *(for taxis)* parada 5 SP *(in stadium)* tribuna 6 *(witness box)* estrado ◇ *intr. pt. & pp.* **stood** [stud] 1 *(person - be on one's feet)* estar de pie, estar *(- get up)* ponerse de pie, levantarse *(- remain on one's feet)* quedarse de pie *(- take up position)* ponerse 2 *(measure - height)* medir *(- value, level)* marcar, alcanzar 3 *(thing - be situated)* estar, encontrarse, haber 4 *(remain valid)* seguir en pie, seguir vigente 5 *(be in a certain condition)* estar 6 *(be in particular situation)* estar 7 *(take attitude, policy)* adoptar una postura 8 *(be likely to)* poder 9 *(liquid)* estancar *(mixture)* reposar 10 POL *(run)* presentarse ◇ *tr.* 1 *(place)* poner, colocar 2 *(fam. use) (bear, tolerate)* aguantar, soportar *(endure, withstand)* soportar, resistir 3 *(fam. use) (invite)* invitar **to do something standing on one's head** hacer algo con los ojos cerrados. **to know where one stands** saber a qué atenerse **to make a stand against** *(gen)* oponer resistencia a *(mil)* resistir a **not to stand a chance** no tener ni la más remota posibilidad **to stand bail (for somebody)** salir fiador *(por alguien)*. **to stand clear (of something)** apartarse *(de algo)* **to stand fast/stand firm** mantenerse firme **to stand guard over** vigilar **to stand in the way of** impedir, obstaculizar, poner trabas a **to stand on ceremony** ser muy ceremonioso **to stand one's ground** mantenerse firme, seguir en sus trece. **to stand on one's own two feet** apañárselas solo. **to stand out a mile** saltar a la vista **to stand to attention** estar firmes, cuadrarse **to stand to reason** ser lógico **to stand trial** ser procesado **coat stand/hat stand** perchero **newspaper stand** quiosco.

to stand a·side *intr. (move to one side)* apartarse, quitarse de en medio *(take no part)* no tomar parte, mantenerse al margen.

to stand back *intr. (move back)* apartarse, echarse hacia atrás, alejarse *(be objective)* distanciarse *(from*, de).

to stand by *intr.* 1 *(do nothing)* cruzarse de brazos, quedarse sin hacer nada 2 *(be ready for action - gen)* estar preparado, estar listo *(- troops)* estar en estado de alerta ◇ *tr. insep.* 1 *(not desert)* no abandonar, respaldar, apoyar, defender 2 *(keep to - decision)* atenerse a *(- promise)* cumplir.

to stand down *intr.* 1 *(withdraw)* retirarse *(resign)* dimitir 2 JUR *(leave witness box)* retirarse, abandonar el estrado.

to stand for *tr. insep.* 1 *(mean)* significar, querer decir *(represent)* representar 2 *(support, be in favor of)* defender, apoyar, ser partidario de 3 *(tolerate)* tolerar, permitir, consentir.

to stand in for *tr. insep. (substitute, deputize)* sustituir, suplir.

to stand out *intr.* 1 *(building, etc.)* destacar, sobresalir 2 *(person, qualities)* destacarse, sobresalir 3 *(be firm in opposition)* oponerse (**against**, a).

to stand o·ver *tr. insep. (supervise, watch closely)* vigilar a, velar a.

to stand to *intr.* MIL estar en estado de alerta ◇ *tr. sep.* MIL poner en estado de alerta.

to stand up *intr.* 1 *(get up)* ponerse de pie, levantarse *(be standing)* estar de pie 2 *(withstand)* resistir (**to**, -). soportar (**to**, -) ◇ *tr. sep.* 1 *(place upright)* poner en posición vertical 2 *(fam. use) (fail to keep appointment)* dejar plantado a, dar un plantón a.

to stand up for *tr. insep. (defend)* defender *(support)* apoyar.

to stand up to *tr. insep. (resist, defend oneself)* hacer frente a, resistir a.

stand·ard ['stændəd] *n.* 1 *(level, degree)* nivel *m.* *(quality)* cualidad *f.* 2 *(criterion, yardstick)* criterio, valor *m.* 3 *(norm, rule)* norma, regla, estándar *m.* 4 *(flag)* estandarte *m.*, bandera *(of ship)* pabellón *m.* 5 *(official measure)* patrón *m.* 6 MUS tema *m.* clásico, clásico ◇ *adj.* normal, estándar ◇ *npl.* **standards** *(moral principles)* principios *mpl.*, valores *mpl.* **to be up to/be below standard** satisfacer los requisitos/no satisfacer los requisitos **standard lamp** lámpara de pie **standard of living** nivel *m.* de vida **standard time** hora oficial.

stand·ard·i·za·tion [stændədaɪˈzeɪʃən] *n.* normalización *f.*, estandarización *f.*

stand·ard·ize ['stændədaɪz] *tr.* normalizar, estandarizar.

stand·by ['stændbaɪ] *n.* 1 *(person)* suplente *mf.*, sustituto, reserva *mf.* 2 *(thing)* recurso **to be on standby** *(passenger)* estar en la lista de espera *(soldier)* estar de retén **standby generator** grupo electrógeno auxiliar.

stand·in ['stændɪn] *n.* 1 suplente *mf.*, sustituto (**for**, de) 2 CINEM doble *mf.*

stand·ing ['stændɪŋ] *adj.* 1 *(not sitting)* de pie 2 *(upright, vertical)* derecho, recto, vertical 3 *(permanent - committee, body)* permanente *(- rule)* fijo *(- invitation)* abierto ◇ *n.* 1 *(status)* status *m.*, posición *f.* *(prestige, reputation)* prestigio 2 *(duration)* duración *f.* *(in job)* antigüedad *f.* **to be a standing joke** provocar siempre las risas de todo el mundo **standing army** ejército permanente **standing ovation** ovación *f.* calurosa.

stand·point ['stændpɔɪnt] *n.* punto de vista.

stand·still ['stændstɪl] - **at a standstill** parado, paralizado **to bring to a standstill** *(car, traffic, machine)* parar *(industry, activity, production)* paralizar **to come to a standstill** *(car, traffic)* pararse *(industry, productivity, production)* paralizarse.

stand-up ['stændʌp] *adj.* 1 *(meal)* tomado de pie 2 *(collar)* levantado **stand-up fight** pelea **stand-up comedian** humorista *mf.* que explica chistes.

stank [stæŋk] *pt.* VER: **stink**.

sta·ple¹ ['steɪpəl] *adj.* 1 *(food, ingredient)* básico *(product, export)* principal 2 *(usual)* típico, de siempre ◇ *n.* *(main food)* alimento básico *(main product)* producto principal *(main thing)* elemento principal **staple commodity** artículo de primera necesidad.

sta·ple² ['steɪpəl] *n.* *(fastener)* grapa ◇ *tr.* engrapar.

sta·pler ['steɪplə'] *n.* engrapadora.

star [stɑːʳ] *n.* *(gen)* estrella, astro ◇ *intr.* CINEM protagonizar (**in**, -) ◇ *tr.* 1 CINEM tener como protagonista a, presentar como estrella 2 *(mark with star)* marcar con un asterisco ◇ *npl.* **stars** *(horoscope)* horóscopo *m. sing.* **to see stars** ver estrellas **star attraction** atracción *f.* estelar **star pupil** alumno estrella **star role**

papel m.' estelar **star sign** *signo del zodiaco* **star witness** *testigo mf. principal* **the morning star/evening star** *el lucero del alba/el lucero de la tarde* **the star of David** *la estrella de David* **the Stars and Stripes** *la bandera de los Estados Unidos.*

starch [stɑːtʃ] *n. (for laundry, in rice)* almidón *m. (in potatoes)* fécula ◇ *tr. (laundry)* almidonar.

starch·y [ˈstɑːtʃɪ] *adj. comp.* **starchier,** *superl.* **starchiest** *(food)* feculento *(person)* rígido, estirado, almidonado.

star·dom [ˈstɑːdəm] *n.* estrellato. **to rise to stardom** *convertirse en estrella, alcanzar el estrellato.*

stare [steəʳ] *n.* mirada fija ◇ *intr.* mirar fijamente (**at,** -), clavar la vista (**at,** en) **to stare into space** *mirar al vacío.* **to stare somebody in the face** *(be obvious)* estar delante de las narices de alguien, saltar a la vista *(seem certain)* estar muy cerca **to stare somebody out** *mirar fijamente a alguien hasta que aparte la vista.*

star·fish [ˈstɑːfɪʃ] *n.* estrella de mar.

stark [stɑːk] *adj.* **1** *(landscape)* desolado, desierto, inhóspito *(climate)* duro, severo, crudo *(décor, room)* sobrio, austero **2** *fig. use (realism, truth, facts, etc.)* crudo, puro y duro **3** *(complete, utter)* absoluto. **stark raving mad/stark staring mad** *loco de remate* **stark naked** *completamente desnudo, en cueros.*

star·let [ˈstɑːlət] *n.* aspirante *f.* a estrella.

star·light [ˈstɑːlaɪt] *n.* luz *f.* de las estrellas.

star·lit [ˈstɑːlɪt] *adj.* iluminado por las estrellas.

star·ry [ˈstɑːrɪ] *adj. comp.* **starrier,** *superl.* **starriest** estrellado, sembrado de estrellas.

star·ry-eyed [stɑːrɪˈaɪd] *adj. (idealistic)* idealista, ilusionado *(in love)* enamorado, arrobado.

start [stɑːt] *n.* **1** *(gen)* principio, comienzo, inicio **2** SP *(of race)* salida *(advantage)* ventaja **3** *(fright, jump)* susto, sobresalto ◇ *tr.* **1** *(begin - game)* empezar, comenzar, iniciar *(- conversation)* entablar **2** *(cause to begin - fire, epidemic)* provocar *(- argument, fight, war, etc.)* empezar, iniciar **3** *(set up - business)* montar, poner *(- organization)* fundar, establecer, crear **4** *(set in motion - machine)* poner en marcha *(- vehicle)* arrancar, poner en marcha ◇ *intr.* **1** *(begin)* empezar, comenzar **2** *(be set up - business)* ser fundado, fundarse, crearse **3** *(begin to operate)* ponerse en marcha, empezar a funcionar *(car)* arrancar **4** *(begin journey)* salir, partir, ponerse en camino **5** *(jump)* asustarse, sobresaltarse **for a start** *para empezar* **to get off to a bad start** *empezar mal* **to get off to a good start** *empezar bien* **to get started** *empezar* **to make a fresh start** *volver a empezar.* **to make a start on something** *empezar algo* **to start a family** *tener hijos.* **to start with** *(firstly)* para empezar, en primer lugar *(at the beginning)* al principio.

to start back *intr.* emprender el viaje de vuelta.

to start off *intr.* **1** *(begin)* empezar, comenzar **2** *(leave)* salir, ponerse en camino ◇ *tr. sep.* empezar, ayudar a empezar.

to start on *tr. insep.* **1** empezar, ponerse a **2** *(complain)* empezar a quejarse (**about,** de) *(criticize)* meterse con.

to start out *intr.* **1** *(leave)* salir, ponerse en camino **2** *(begin)* empezar, comenzar.

to start o·ver *intr.* volver a empezar.

to start up *tr. sep. (car)* arrancar *(engine)* poner en marcha *(business)* montar, poner en marcha *(conversation)* entablar ◇ *intr. (car)* arrancar *(en-*

gine) ponerse en marcha *(orchestra)* empezar a tocar *(music)* empezar a sonar.

start·er [ˈstɑːtəʳ] *n.* **1** SP *(official)* juez *mf.* de salida **2** SP *(competitor)* competidor, participante *mf.* **3** AUTO motor *m.* de arranque **4** CULIN *[fam. use]* primer plato, entrante *m.* **for starters** *para empezar.* **to be a late starter** *(child)* ser tardío en el desarrollo.

start·ing [ˈstɑːtɪŋ] *adj.* FIN inicial **starting block** *bloque m. de salida* **starting date** *fecha de comienzo* **starting gate** *cajones mpl. de salida* **starting grid** *parrilla de salida* **starting point** *punto de partida* **starting post** *línea de salida* **starting price** *(at auction)* precio de salida *(in betting)* precio de las últimas apuestas antes de empezar una carrera **starting salary** *sueldo inicial.*

star·tle [ˈstɑːtəl] *tr.* asustar, sobresaltar.

star·tling [ˈstɑːtlɪŋ] *adj.* **1** *(frightening)* alarmante, sobrecogedor **2** *(amazing)* sorprendente, asombroso.

start-up [ˈstɑːtʌp] *adj. (costs, etc.)* inicial, de puesta en marcha.

star·va·tion [stɑːˈveɪʃən] *n.* hambre *f.,* inanición *f.* **to die of starvation** *morirse de hambre, morirse de inanición* **starvation wages** *sueldo de hambre.*

starve [stɑːv] *intr. (feel hungry)* pasar hambre *(die)* morirse de hambre ◇ *tr.* **1** *(deprive of food)* privar de comida a, hacer pasar hambre a **2** *fig. use* privar (**of,** de) **to starve somebody to death** *matar de hambre a alguien, hacer morir de hambre a alguien.* **to starve to death** *morirse de hambre.*

starv·ing [ˈstɑːvɪŋ] *adj.* hambriento, famélico, muerto de hambre.

state [steɪt] *n.* **1** *(condition)* estado **2** POL *(government)* estado **3** *(country, division of country)* estado **4** *(ceremony, pomp)* ceremonia, pompa, solemnidad *f.* ◇ *adj.* POL estatal, del estado ◇ *tr.* **1** *(say, declare, express)* exponer, declarar, afirmar **2** *(specify)* fijar. **to be in a state about something** *estar nervioso por algo.* **to be in no fit state to do something** *no estar en condiciones de hacer algo.* **to get (oneself) into a state about something** *ponerse nervioso por algo.* **to lie in state** *estar de cuerpo presente.* **to state the obvious** *estar de más decir (lo)* **state benefit** *subsidio del estado* **State Department** *Ministerio de Asuntos Exteriores* **state education** *enseñanza pública* **state occasion** *ocasión f. de estado* **state of emergency** *estado de emergencia* **state of mind** *estado de ánimo* **state school** *escuela estatal, escuela pública* **state secret** *secreto de Estado* **state visit** *visita de estado* **the States** *los Estados mpl. Unidos.*

stat·ed [ˈsteɪtɪd] *adj. (specified)* indicado, señalado.

state·less [ˈsteɪtləs] *adj.* apátrida.

state·ment [ˈsteɪtmənt] *n.* **1** *(gen)* declaración *f.,* afirmación *f. (official)* comunicado **2** FIN estado de cuentas, extracto de cuenta. **to make a statement** JUR prestar declaración.

state-of-the-art [steɪtəfðiˈɑːt] *adj.* ultimísimo, más avanzado **state-of-the-art technology** *tecnología punta.*

states·man [ˈsteɪtsmən] *n. pl.* **statesmen** estadista *m.,* hombre *m.* de estado.

states·man·like [ˈsteɪtsmənlaɪk] *adj.* propio de un estadista.

states·man·ship [ˈsteɪtsmənʃɪp] *n. (skill)* habilidad *f.* política *(management)* arte *m.* de gobernar.

stat·ic ['stætɪk] *adj.* **1** TECH estático **2** *(not moving, not changing)* estacionario ◇ *n.* *(interference)* interferencias *fpl.*, parásitos *mpl.* ◇ *n.* statics PHYS estática **static electricity** electricidad *f.* estática.

sta·tion ['steɪʃən] *n.* **1** *(railway)* estación *f.* (de ferrocarril) *(underground)* estación *f.* de metro *(bus, coach)* estación *f.*, terminal *f.* **2** *(radio)* emisora, estación *f.*, radio *f.* IV canal *m.* **3** *agriculture* granja **4** *(social rank)* condición *f.* social, posición *f.* social **5** MIL puesto ◇ *tr.* **1** *(put)* colocar, emplazar, instalar **2** MIL estacionar, apostar. **station wagon** coche *m.* familiar, ranchera **weather station** estación *f.* meteorológica.

sta·tion·ary ['steɪʃənəri] *adj.* **1** *(not moving, still)* estacionario, parado, detenido **2** *(unchanging)* estacionario **3** *(cannot be moved)* fijo.

sta·tion·er ['steɪʃənər] *n.* dueño de una papelería **stationer's (shop)** papelería.

sta·tion·ery ['steɪʃənəri] *n.* *(paper)* papel *m.* de escribir *(pen, ink, etc.)* artículos *mpl.* de escritorio.

sta·tis·tic [stə'tɪstɪk] *n.* estadística.

sta·tis·ti·cal [stə'tɪstɪkəl] *adj.* estadístico.

stat·is·ti·cian [stætɪ'stɪʃən] *n.* estadístico.

sta·tis·tics [stə'tɪstɪks] *n.* *(science)* estadística ◇ *npl.* *(data)* estadísticas *fpl.*

stat·ue ['stætju:] *n.* estatua.

stat·u·esque [stætju'esk] *adj.* escultural.

stat·ure ['stætʃər] *n.* **1** *(height)* estatura, talla **2** *fig. use (standing)* talla.

sta·tus ['steɪtəs] *n.* **1** *(official position, condition)* situación *f.*, condición *f.*, posición *f.* **2** *(prestige, social standing)* status *m.*, prestigio *(social)* **marital status** estado civil **status quo** statu quo *m.* **status symbol** símbolo de prestigio.

stat·ute ['stætju:t] *n.* estatuto, decreto, ley *f.* by statute por ley **statute book** código de leyes **statute law** derecho escrito.

stat·u·to·ry ['stætjətəri] *adj.* *(referring to statute)* estatutario *(penalty)* establecido por la ley, reglamentario *(right, obligation)* legal *(holiday)* legalmente establecido **statutory rape** estupro.

stay [steɪ] *n.* *(time)* estancia, permanencia ◇ *intr.* *(remain)* quedarse, permanecer ◇ *tr.* *(continue to be)* seguir ◇ *intr.* *(reside temporarily)* alojarse, hospedarse *tr.* *(fml. use) (stop)* detener *(delay)* aplazar, suspender *(calm)* calmar.

to stay a·way *intr.* alejarse (**from**, de), mantenerse lejos (**from**, de), no acercarse (**from**, a).

to stay be·hind *intr.* quedarse.

to stay down *intr.* *(food)* quedarse en el estómago *(price)* mantenerse bajo.

to stay in *intr.* quedarse en casa, no salir.

to stay on *intr.* *(remain)* quedarse, permanecer *(remain in place)* quedarse en su sitio.

to stay out *intr.* *(gen)* quedarse fuera *(strikers)* seguir en huelga.

to stay out of *tr. insep.* no meterse en.

to stay up *intr.* *(not go to bed)* quedarse levantado, no acostarse (**remain in position**) sostenerse, no caerse.

stay-at-home ['steɪəthəum] *n.* *(fam. use)* persona casera.

stay·ing pow·er ['steɪ**ŋ**pauər] *n.* resistencia, aguante *m.*

stead·i·ly ['stedɪli] *adv.* **1** *(grow, improve, rise)* constantemente, a un ritmo constante *(rain, work)* sin parar **2** *(gaze, stare)* fijamente *(walk)* con paso seguro, decididamente *(speak)* firmemente.

stead·i·ness ['stedɪnəs] *n.* **1** *(of hand, gait)* firmeza **2** *(of prices)* estabilidad *f.* *(of demand)* lo constante **3** *(of character)* formalidad *f.*, seriedad *f.*

stead·y ['stedɪ] *adj. comp.* **steadier**, *superl.* **steadiest 1** *(table, ladder, etc.)* firme, seguro *(gaze)* fijo *(voice)* tranquilo, firme *(heartbeat, pace)* regular *(- demand, speed, improvement, decline, increase)* constante *(- flow, rain)* continuo *(rhythm)* regular, constante *(- prices, currency)* estable **3** *(regular - job)* fijo, estable *(- income)* regular, fijo **4** *(student)* aplicado *(worker, person)* serio, formal ◇ *interj.* ¡cuidado!, ¡ojo! ◇ *n.* *(boyfriend)* novio *(girlfriend)* novia ◇ *tr. pt. & pp.* **steadied**, *ger.* **steadying** *(hold firm - ladder, table, etc.)* sujetar, sostener *(stabilize)* estabilizar **2** *(person, nerves)* calmar tranquilizar ◇ *intr.* *(market, prices)* estabilizarse. **to be as steady as a rock** ser sólido como una roca. **to go steady (with somebody)** ser novio (de alguien).

steak [steɪk] *n.* **1** *(of beef)* bistec *m.*, filete *m.* *(of meat)* filete *m.* *(of salmon)* rodaja **2** *(meat for stewing)* carne *f.* de vaca para estofar **sirloin steak** filete de solomillo **T-bone steak** entrecot *m.*

steal [sti:l] *tr. pt* **stole** robar, hurtar ◇ *intr.* **1** *(rob)* robar, hurtar **2** *(move quietly, creep)* moverse con sigilo **to steal a glance at somebody/something** echar una mirada furtiva a alguien/algo **to steal a march on somebody** ganarle la mano a alguien, adelantarse a alguien **to steal somebody's heart** robarle el corazón a alguien **to steal the scene/steal the show** acaparar la atención de todos.

stealth [stelθ] *n.* *(fml. use)* cautela, sigilo.

stealth·y ['stelθɪ] *adj. comp.* **stealthier**, *superl.* **stealthiest** sigiloso, furtivo.

steam [sti:m] *n.* *(gen)* vapor *m.* ◇ *tr.* CULIN *(vegetables)* cocer al vapor ◇ *intr.* *(boat)* echar vapor *(soup, drink, etc.)* humear. **full steam ahead!** ¡avante toda!, ¡a todo vapor! **to get steamed up** indignarse (**about**, por) **to get up steam** *(person)* acelerarse *(project, etc.)* coger impulso *(engine, etc.)* dar presión, cobrar velocidad **to go full steam ahead** ir viento en popa. **to let off steam** desfogarse, desahogarse **to run out of steam** quedar agotado, quemarse. **steam bath** baño de vapor **steam engine** *(locomotive)* locomotora de vapor, máquina de vapor *(engine)* motor *m.* de vapor **steam iron** plancha de vapor.

to steam up *intr.* *(window, glasses)* empañarse.

to steam off *tr. sep.* quitar con vapor, despegar con vapor.

steam·ing ['sti:mɪŋ] *adj.* *(heat)* húmedo *(liquid)* humeante.

steam·roll·er ['sti:mrəulər] *n.* *(vehicle)* apisonadora ◇ *tr.* *(fam. use) (crush, defeat)* aplastar. **to steamroller somebody into doing something** forzar a alguien a hacer algo, obligar a alguien a hacer algo.

steam·y ['sti:mɪ] *adj. comp.* **steamier**, *superl.* **steamiest 1** *(full of steam)* lleno de vapor *(window, glass)* empañado **2** *(erotic)* erótico *(passionate)* apasionado, tórrido.

steed [sti:d] *n.* corcel *m.*

steel [sti:l] *n.* acero ◇ *adj.* (**knife, girder, etc.**) de acero. **to have nerves of steel** tener nervios de acero. **to steel one's heart** endurecerse. **to steel oneself against something** hacerse fuerte para hacer frente a algo **to steel oneself for something** armarse de valor para algo **steel band** MUS banda de percusión del Caribe **steel industry** industria siderúrgica **steel mill** acerería, acería **steel wool** estropajo de acero.

steel·work·er ['sti:lwɜːkə ʳ] *n.* trabajador de una acerería.

steel·works ['sti:lwɜːks] *npl.* acería, acerería.

steel·y ['sti:lɪ] *adj. comp.* **steelier,** *superl.* **steeliest 1** *(stare, look)* duro *(determination)* férreo *(character)* frío **2** *(color)* acerado, metálico.

steep [sti:p] *adj.* **1** *(hill, slope, stairs)* empinado *(rise, drop)* abrupto, brusco **2** *(fam. use) (price, fee)* excesivo *(demand)* excesivo, poco razonable.

steer [stɪəʳ] *tr. (gen)* dirigir, guiar *(vehicle)* conducir, dirigir *(ship)* gobernar *(conversation)* llevar ◇ *intr. (vehicle)* ir al volante *(ship)* llevar el timón, estar al timón **to steer clear of something** evitar algo.

steer·ing ['stɪərɪŋ] *n.* dirección *f.* **steering column** columna *f.* de (la) dirección **steering committee** comité *m.* directivo, comisión *f.* directiva **steering lock** *(device)* seguro antirrobo *(when turning)* radio de giro **steering wheel** volante *m.*

stem [stem] *n.* **1** BOT *(of plant, flower)* tallo *(of fruit)* pecíolo *(of fruit)* pedúnculo **2** *(of glass)* pie *m. (of tobacco pipe)* boquilla, caña **3** LING raíz *f.,* radical *m.* ◇ *tr. pt. & pp.* **stemmed,** *ger.* **stemming 1** *(stop - gen)* frenar, detener, parar *(- bleeding)* contener, parar. **from stem to stern** MAR de proa a popa. **to stem from** *tr. insep.* provenir de, ser el resultado de.

sten·cil ['stensəl] *n.* **1** *(template)* plantilla *(design, pattern)* estarcido **2** *(for typewriter)* cliché *m.,* matriz *f.* ◇ *tr. pt. & pp.* **stenciled** *ger.* **stenciling 1** *(design, pattern)* dibujar utilizando una plantilla **2** *(duplicate)* multicopiar.

ste·nog·ra·pher [stəˈnɒɡrəfəʳ] *n.* taquígrafo.

ste·nog·ra·phy [stəˈnɒɡrəfɪ] *n.* taquigrafía.

step [step] *n.* **1** *(gen)* paso *(sound)* paso, pisada *f. (distance)* paso **3** *(move, act)* paso **4** *(measure)* medida *(formality)* gestión *f.,* trámite *m.* **5** *(degree on scale, stage in process)* peldaño, escalón *m.,* paso **6** *(stair)* escalón *m.,* peldaño, grada *(of ladder)* escalón *m.,* travesaño *(of vehicle)* estribo ◇ *intr.* **1** *(move, walk)* dar un paso, andar **2** *(tread)* pisar ◇ *npl.* **steps** *(indoor)* escalera *(of ship)* escalerilla **every step of the way** en todo momento, de principio a fin **step by step** paso a paso, poco a poco **step on it!, step on the gas!** ¡date prisa!, ¡pisa a fondo! **to be in step/keep in step** *(walking)* llevar el paso *(dancing)* llevar el compás **to be one step ahead** llevar la ventaja **to be out of step** *(walking)* no llevar el paso *(dancing)* no llevar el compás. **to step into somebody's shoes** pasar a ocupar el puesto de alguien **to watch one's step** *(be careful)* andar con cuidado *(when walking)* mirar por dónde camina **a step up** un ascenso.

to step a·side *intr.* hacerse a un lado, apartarse.

to step back *intr.* retroceder, dar un paso atrás.

to step down *intr.* **(from position, job)** renunciar *(from,* a*),* dimitir *(from,* de*).*

to step for·ward *intr.* **(volunteer)** ofrecerse.

to step in *intr.* **(intervene)** intervenir.

to step out *intr.* **(go outside, go somewhere)** salir.

to step up *tr. sep.* **(increase - gen)** aumentar *(- campaign)* intensificar *(- security)* reforzar.

step·broth·er ['stepbrʌðəʳ] *n.* hermanastro.

step·child ['steptʃaɪld] *n.* hijastro.

step·daugh·ter ['stepdɔːtəʳ] *n.* hijastra.

step·fa·ther ['stepfɑːðəʳ] *n.* padrastro.

step·lad·der ['steplædəʳ] *n.* escalera de tijera.

step·moth·er ['stepmʌðəʳ] *n.* madrastra.

step·ping-stone ['stepɪŋstəʊn] *n.* **1** pasadera **2** *fig. use* trampolín *m.*

step·sis·ter ['stepsɪstəʳ] *n.* hermanastra.

step·son ['stepsʌn] *n.* hijastro.

ster·e·o ['sterɪəʊ] *n. pl.* **stereos** *(system)* equipo estereofónico *(sound)* estéreo ◇ *adj.* estereofónico.

ster·e·o·type ['sterɪətaɪp] *n.* estereotipo ◇ *tr.* estereotipar.

ster·e·o·typed ['sterɪətaɪpt] *adj.* estereotipado.

ster·ile ['steraɪl] *adj.* **1** *(barren)* estéril **2** *(germ-free)* esterilizado.

ster·i·li·za·tion [sterəlaɪˈzeɪʃən] *n.* esterilización *f.*

ster·i·lize ['sterəlaɪz] *tr.* esterilizar.

ster·i·liz·er ['sterəlaɪzəʳ] *n.* esterilizador *m.*

ster·ling ['stɜːlɪŋ] *n.* FIN libra esterlina, libras *fpl.* esterlinas ◇ *adj. (fml. use) (excellent)* excelente **sterling silver** plata de ley **the pound sterling** la libra esterlina.

stern [stɜːn] *adj. (treatment, measures)* austero, severo *(person)* severo *(look, face, etc.)* severo, adusto, ceñudo *(job, task)* duro.

stern·ly ['stɜːnlɪ] *adv.* severamente, duramente.

ste·roid ['steroɪd] *n.* esteroide *m.*

steth·o·scope ['steθəskəʊp] *n.* estetoscopio.

stew [stjuː] *n.* CULIN estofado, guisado, guiso ◇ *tr. (meat)* estofar, guisar *(fruit)* hacer una compota de *intr.* **1** *(meat, fruit)* cocerse lentamente **2** *[fam. use] (swelter)* ahogarse de calor **to be in a stew** estar nervioso **to get into a stew** ponerse nervioso **to let somebody stew** dejar sufrir a alguien. **to stew in one's own juice** sufrir.

stew·ard ['stjuːəd] *n.* **1** *(on ship)* camarero *(on plane)* auxiliar *m.* de vuelo **2** *(manager of estate)* administrador *m.* **3** *(of club, hotel)* mayordomo *m.* **4** *(in athletics)* juez *m. (at demonstration, etc.)* oficial *mf.*

stick[1] [stɪk] *tr. pt. & pp.* **stuck** [stʌk] **1** *(insert pointed object)* clavar, hincar **2** *[fam. use]* poner, meter **3** *(fix)* colocar, fijar *(with glue)* pegar, fijar **4** *[fam. use] (bear)* aguantar, soportar ◇ *intr.* **1** *(penetrate)* clavarse **2** *(fix, become attached)* pegarse **3** *(jam - drawer, key in lock)* atascarse *(- machine part, lock)* atrancarse, encasquillarse *(- vehicle in mud)* atascarse, atollarse **4** *(remain)* quedarse **5** *(in cards)* plantarse. **to get stuck into something** meterse de lleno en algo.

to stick a·bout/stick a·round *intr. [fam. use]* quedarse.

to stick at *tr. insep.* perseverar, perseguir en, seguir con.

to stick by *tr. insep. (friend)* mantenerse fiel a *(promise)* cumplir con.

to stick out *intr.* **1** *(project, protrude)* salir, sobresalir *(be noticeable)* resaltar, destacarse **2** *[fam. use] (be obvious)* ser obvio, ser evidente ◇ *tr. sep.* **1** *(tongue, hand)* sacar **2** *(endure)* aguantar.

to stick to *tr. insep.* **1** *(principles)* atenerse a *(promise)* cumplir con *(plans)* seguir con *(text, rules)* ceñirse a **2** *(limit oneself)* limitarse.

to stick to·geth·er *intr.* mantenerse unido, no separarse.

to stick up *intr. (project, protrude)* salir, sobresalir *(hair)* ponerse de punta, erizarse ◇ *tr. sep.* **1** *(poster, etc.)* fijar, poner, colocar **2** *(hands)* levantar **3** *(bank)* atracar.

to stick up for *tr. insep.* defender.

to stick with *tr. insep.* continuar con.

stick[2] [stɪk] *n.* **1** *(piece of wood)* trozo de madera, palo *(twig)* ramita *(for punishment)* palo, vara **2** *(for walking)* bastón *m.* **3** *(for plants)* rodrigón *m.,* tutor *m.* **4** MUS *(baton)* batuta *(drumstick)* palillo **5** SP *(for hockey)* palo **6** *(of celery)* rama *(of rhubarb)* tallo *(of licorice, rock)* barrita, tira *(of dynamite)* cartucho *(of* _wax, of soap)_ barra 7 _(of furniture)_ mueble ◇ _m._ ◇ _npl._ sticks 1 _(for fire)_ astillas _fpl._, leña _f. sing._ 2 _(remote area)_ lugar _m. sing._ apartado **to get hold of the wrong end of the stick** coger el rábano por las hojas. **to give somebody stick** _(criticize)_ criticar severamente a alguien _(make fun of)_ burlarse de alguien, cachondearse de alguien **stick insect** insecto palo **the big stick** POL mano _f._ dura.

stick·er ['stɪkə'] _n._ 1 _(label)_ etiqueta adhesiva _(with slogan, picture)_ pegatina 2 _(person)_ persona tenaz.

stick·i·ness ['stɪkinəs] _n._ 1 _(gen)_ pegajosidad _f._, lo pegajoso 2 _fig. use (of situation)_ dificultad _f._, lo delicado, lo espinoso.

stick·y ['stɪkɪ] _adj. comp._ **stickier,** _superl._ **stickiest** 1 _(gen)_ pegajoso _(label)_ adhesivo _(weather)_ bochornoso _(hand)_ pringoso 2 _(fam. use) (situation)_ difícil, peliagudo **to be on a sticky wicket** estar en un aprieto **to come to a sticky end** acabar mal **to have sticky fingers** tener los dedos largos.

stiff [stɪf] _adj._ 1 _(hair, fabric)_ rígido, tieso _(card, collar, brush, lock)_ duro 2 _(joint)_ entumecido _(muscle)_ agarrotado 3 _(door, window)_ difícil de abrir, difícil de cerrar 4 _(not liquid)_ espeso, consistente 5 _(person, manner)_ estirado, tieso _(smile)_ forzado 6 _fig. use (climb, test, etc.)_ difícil, duro _(breeze)_ fuerte _(sentence, punishment)_ severo 7 _(fam. use) (price, fee)_ excesivo 8 _(fam. use) (drink)_ fuerte, cargado ◇ _n. sl. (corpse)_ fiambre _m._ **to keep a stiff upper lip** poner a mal tiempo buena cara **to be bored stiff** aburrirse como una ostra. **to be frozen stiff** estar helado hasta los huesos. **to be scared stiff** estar muerto de miedo **to be worried stiff** estar preocupadísimo.

stiff·en ['stɪfən] _tr._ 1 _(card, fabric)_ reforzar _(collar)_ almidonar _(paste)_ endurecer 2 _fig. use_ **(resistance, morale)** fortalecer ◇ _intr._ 1 _(material)_ ponerse tieso _(mixture)_ espesarse 2 _(muscles, joints)_ agarrotarse _(person)_ ponerse tenso _(corpse)_ ponerse rígido 3 _fig. use_ **(resistance, morale)** fortalecerse.

stiff·ly ['stɪflɪ] _adv. (move, turn)_ rígidamente, con rigidez _(smile, greet, etc.)_ fríamente, con frialdad.

stiff·ness ['stɪfnəs] _n._ 1 _(gen)_ rigidez _f._, dureza _(of muscles)_ agarrotamiento _(of joints)_ entumecimiento 2 _(severity)_ severidad _f._, dureza 3 _(formality)_ frialdad _f._

sti·fle ['staɪfəl] _tr._ 1 _(suffocate)_ sofocar 2 _(extinguish)_ sofocar 3 _(repress - rebellion, opposition)_ reprimir, sofocar, ahogar _(- sound, noise)_ amortiguar, sofocar, ahogar _(- tears, cries)_ ahogar _(- yawn, anger)_ reprimir, contener _(- growth)_ frenar ◇ _intr._ ahogarse, sofocarse.

stig·ma ['stɪgmə] _n. (gen)_ estigma _m._

stig·ma·tize ['stɪgmətaɪz] _tr._ estigmatizar. **to stigmatize somebody as something** tildar a alguien de algo.

sti·let·to [stɪ'letəʊ] _n. pl._ **stilettos** _(small dagger)_ estilete _m._ ◇ _npl._ **stilettos** _(shoes)_ zapatos _mpl._ de tacón de aguja **stiletto heel** tacón _m._ de aguja.

still [stɪl] _adj._ 1 _(not moving)_ quieto, inmóvil _(stationary)_ parado _(water)_ manso _(air)_ en calma 2 _(tranquil, calm)_ tranquilo _(peaceful)_ sosegado _(subdued)_ callado, apagado _(silent)_ silencioso 3 _(not fizzy - water)_ sin gas _(soft drink)_ sin burbujas ◇ _adv._ 1 _(so far)_ todavía, aún 2 _(even)_ aún, todavía 3 _(even so, nevertheless)_ a pesar de todo, con todo, no obstante, sin embargo 4 _(fml. use) (besides, yet, in addition)_ aún, todavía 5 _(quiet, without moving)_ quieto ◇ _n._ 1 _literal use (calm, silence)_ silencio, quietud _f._, tranquilidad _f._ 2 CINEM _(photograph)_ fotograma _m._ **still**

waters run deep del agua mansa líbreme Dios **still life** ART naturaleza muerta, bodegón _m._

still-birth ['stɪlbɜːθ] _n._ mortinato.

still-born ['stɪlbɔːn] _adj._ mortinato, nacido muerto.

still·ness ['stɪlnəs] _n._ 1 _(calm)_ calma, quietud _f._, tranquilidad _f._ 2 _(silence)_ silencio.

stilt [stɪlt] _n. (for walking)_ zanco _(for houses)_ pilote _m._

stilt·ed ['stɪltɪd] _adj._ _(manner)_ afectado _(conversation)_ forzado.

stim·u·lant ['stɪmjələnt] _n._ 1 _(drug)_ estimulante _m._ 2 _(stimulus)_ estímulo, incentivo, acicate _m._

stim·u·late ['stɪmjəleɪt] _tr. (activate)_ estimular _(encourage)_ animar, alentar.

stim·u·lat·ing ['stɪmjəleɪtɪŋ] _adj. (gen)_ estimulante _(inspiring)_ inspirador.

stim·u·la·tion [stɪmjə'leɪʃən] _n. (stimulus)_ estímulo _(action)_ estimulación _f._

stim·u·lus ['stɪmjələs] _n. pl._ **stimuli** estímulo.

sting [stɪŋ] _n._ 1 _(organ - of bee, wasp)_ aguijón _m._ _(- of scorpion)_ uña _(- of plant)_ pelo urticante 2 _(action, wound)_ picadura 3 _(pain)_ escozor _m._, picazón _f._ 4 _fig. use (of remorse)_ punzada 5 _(trick)_ timo, golpe _m._ ◇ _tr. pt. & pp._ **stung** [stʌŋ] 1 _(gen)_ picar 2 _fig. use (remark)_ herir en lo más hondo _(conscience)_ remorder 3 _(provoke)_ incitar, provocar _(into/to,_ a) 4 _(overcharge, swindle)_ clavar ◇ _intr._ 1 _(insects, nettles, etc.)_ picar _(substance)_ escocer 2 _(be painful)_ escocer. **to have a sting in the tail** _fig. use_ esconder algo malo.

stin·gi·ness ['stɪndʒɪnəs] _n._ tacañería.

stin·gy ['stɪndʒɪ] _n. (person)_ tacaño, roñoso, agarrado, rácano _(amount)_ escaso, mezquino.

stink [stɪŋk] _n._ 1 _(smell)_ peste _f._, hedor _m._, hediondez _f._, fetidez _f._ 2 _(fam. use) (fuss, trouble)_ escándalo, lío, follón _m._ ◇ _intr. pt._ **stank** [stæŋk] o **stunk** [stʌŋk], _pp._ **stunk** [stʌŋk] 1 apestar _(of,_ a), heder _(of,_ a) 2 _(fam. use) (seem bad or dishonest)_ dar asco. **to stink out** _tr. sep._ 1 _(fill with bad smell)_ apestar, dejar hediondo 2 _(drive away)_ hacer salir.

stink·ing ['stɪŋkɪŋ] _adj._ 1 _(smelly)_ hediondo, fétido, apestoso 2 _(unpleasant, very bad)_ horroroso, asqueroso **to be stinking rich** estar podrido de dinero.

stint [stɪnt] _n. (period of work)_ periodo, temporada _(shift)_ turno, tanda _(fixed amount of work)_ parte _f._ ◇ _tr._ 1 _(food)_ escatimar 2 _(deprive)_ privar ◇ _intr._ escatimar **(on,** -) **without stint** generosamente.

stip·u·late ['stɪpjəleɪt] _tr._ estipular, especificar.

stip·u·la·tion [stɪpjə'leɪʃən] _n._ estipulación _f._, condición _f._

stir [stɜː'] _n._ 1 _(act)_ acción _f._ de agitar 2 _(slight movement)_ movimiento 3 _fig. use (public excitement, commotion)_ revuelo ◇ _tr._ 1 _(liquid, mixture)_ remover, revolver 2 _(move slightly)_ mover, agitar 3 _(curiosity, interest, etc.)_ despertar, excitar _(anger)_ provocar _(imagination)_ avivar, estimular _(emotions)_ conmover ◇ _intr._ 1 _(move)_ moverse, agitarse _(wake up)_ despertarse _(get up)_ levantarse 2 _(feelings)_ despertarse 3 _(fam. use) (cause trouble)_ armar lío, meter cizaña. **to stir somebody's blood** excitar a alguien. **to stir one's stumps** moverse.

to stir up _tr. sep._ 1 _(unrest, revolt, etc.)_ provocar _(hatred)_ fomentar, promover _(trouble)_ provocar, crear _(memories)_ despertar _(passions)_ excitar 2 _(mud, waters, dust)_ remover.

stir·ring ['stɜːrɪŋ] _adj. (moving)_ conmovedor _(rousing, exciting)_ emocionante.

stitch [stɪtʃ] _n._ 1 _(in sewing)_ puntada _(in knitting)_ punto 2 MED punto (de sutura) 3 _(sharp pain)_ punzada

_S_

(when running, etc.) flato ◇ *tr.* SEW coser (**on**, a), (**up**, -) 2 MED suturar (**up**, -) ◇ *intr.* 1 SEW coser **a stitch in time saves nine** *un remiendo a tiempo ahorra ciento* **to be in stitches** *morirse de risa* **to have not got a stitch on** *no tener nada que ponerse* **to have somebody in stitches** *hacer que alguien se ataque de risa, hacer que alguien se parta de risa.*

to stitch up. *tr. sep.* 1 *(complete satisfactorily)* arreglar, acabar 2 *[fam. use] (double-cross)* engañar, traicionar.

stock [stɒk] *n.* 1 *(supply)* reserva 2 COMM *(goods)* existencias *fpl.*, stock *m. (variety)* surtido 3 FIN *(company's capital)* capital *m.* social 4 *agriculture (livestock)* ganado 5 CULIN *(broth)* caldo 6 BOT *(flower)* alhelí *m.* 7 *(trunk, main part of tree)* tronco *(of vine)* cepa 8 *(plant from which cuttings are grown)* planta madre *(stem onto which another plant is grafted)* patrón *m.* 9 *(descent - of person)* linaje *m.*, estirpe *m.* 1 *(- of animal)* raza 10 *[fml. use] (standing, status)* prestigio *(popularity)* popularidad *f.* 11 *(of gun)* culata *(of tool, whip, fishing rod)* mango ◇ *adj.* 1 *(goods, size)* corriente, normal, de serie, estándar 2 *pej. (excuse, argument, response)* de siempre, típico, de costumbre *(greeting, speech)* consabido *(phrase, theme)* trillado, gastado, muy visto ◇ *tr.* 1 COMM *(keep supplies of)* tener en stock *(sell)* vender 2 *(provide with a supply)* abastecer de, surtir de, proveer de *(fill - larder, etc.)* llenar (**with**, de) *(- lake, pond)* poblar ◇ *mpl.* stocks 1 FIN *(shares)* acciones *fpl.*, valores *mpl.* **to be out of stock** *estar agotado.* **to have something in stock** *tener algo en stock, tener algo en existencias.* **to take stock** COMM *hacer el inventario.* **to take stock of something** *fig. use evaluar algo, hacer balance de algo* **government stock** *papel de estado* **stock certificate** *título de acciones* **stock exchange** *bolsa* **stock market** *bolsa, mercado bursátil.*

to stock up *intr.* abastecerse (**on/with**, de/con), aprovisionarse (**on/with**, de/con).

stock-brok-er [ˈstɒkbrəʊkəᵊ] *n.* corredor de bolsa, agente *mf.* de bolsa, bolsista *mf.*

stock-hold-er [ˈstɒkhəʊldəᵊ] *n.* accionista *mf.*

stock-ing [ˈstɒkɪŋ] *n.* media **in one's stocking (ed) feet** *descalzo.*

stock-pile [ˈstɒkpaɪl] *n.* reservas *fpl.* ◇ *tr.* (gen) almacenar *(accumulate)* acumular, hacer acopio de.

stock-room [ˈstɒkruːm] *n.* almacén *m.*, depósito.

stock-tak-ing [ˈstɒkteɪkɪŋ] *n.* 1 COMM inventario 2 *(review)* balance *m.*

sto-ic [ˈstəʊɪk] *n.* estoico.

sto-i-cal [ˈstəʊɪkəl] *adj.* estoico.

sto-i-cism [ˈstəʊɪsɪzəm] *n.* estoicismo.

stoke [stəʊk] *tr.* 1 *(fire - add fuel to)* alimentar, echar carbón a, echar leña a *(- poke)* atizar, avivar 2 *fig. use (feeling)* avivar, alimentar.

to stoke up. *intr.* 1 *(add fuel to fire)* alimentar el fuego *(poke fire)* atizar el fuego, avivar el fuego 2 *[fam. use] (fill up)* llenarse (**on**, de), atiborrarse (**on**, de) ◇ *tr. sep. fig. use (feeling)* avivar, alimentar.

stole [stəʊl] *pt.* VER: steal.

sto-len [ˈstəʊlən] *pp.* VER: steal.

stom-ach [ˈstʌmək] *n.* 1 ANAT estómago 2 *[fam. use] (belly)* barriga *(abdomen)* abdomen *m.*, vientre *m.* ◇ *tr. fig. use (bear, endure)* aguantar, soportar, tragar *(eat, drink)* tolerar. **on a full stomach** *cuando acabas de comer.* **on an empty stomach** *en ayunas, con el estómago vacío.* **to have no stomach for something** *(appetite)* *no tener ganas de comer algo, no apetecerle*

comer algo (liking) *no gustarle algo a uno (afraid)* *tener miedo de algo, no atreverse a hacer algo.* **to lie on one's stomach** *tumbarse boca abajo.* **to turn somebody's stomach** *revolverle el estómago a alguien* **stomach pump** *bomba estomacal* **stomach upset** *trastorno gástrico.*

stom-ach-ache [ˈstʌmakeɪk] *n.* dolor *m.* de estómago.

stomp [stɒmp] *intr.* *[fam. use]* pisar fuerte.

stone [stəʊn] *n.* 1 *(gen)* piedra 2 *(on grave)* lápida 3 *(of fruit)* hueso 4 MED cálculo, piedra ◇ *adj.* 1 de piedra, pétreo ◇ *tr.* 1 *(person)* apedrear, lapidar 2 *(fruit)* deshuesar. **a rolling stone gathers no moss** *a piedra movediza nunca moho la cobija* **at a stone's throw** *a tiro de piedra* **stone the crows!/stone me!** *¡caray!* **to leave no stone unturned** *no dejar piedra por mover* **Stone Age** *Edad f. de Piedra.*

stone-cold [stəʊnˈkəʊld] *adj.* helado. **to be stone-cold sober** *no haber bebido ni una gota.*

stoned [stəʊnd] *adj.* 1 *sl. (on drugs)* ciego, flipado, colocado 2 *sl. (drunk)* trompa, mamado. **to get stoned** *(on drugs)* colocarse *(drunk)* emborracharse.

stone-dead [stəʊnˈded] *adj.* tieso, muerto.

stone-deaf [stəʊnˈdef] *adj.* sordo como una tapia.

stone-ma-son [ˈstəʊnmeɪsən] *n. (stone cutter)* cantero *(builder)* mampostero.

stonewall [ˈstəʊnwɔːl] *intr.* 1 *(gen)* poner obstáculos, utilizar tácticas obstruccionistas 2 POL practicar la obstrucción 3 *(in cricket)* jugar a la defensiva ◇ *tr.* obstaculizar, poner obstáculos a.

stone-work [ˈstəʊnwɜːk] *n.* mampostería.

ston-y [ˈstəʊnɪ] *adj. comp.* stonier, *superl.* stoniest 1 *(ground, beach)* pedregoso 2 *fig. use (look, silence)* frío, glacial. **to fall on/upon stony ground** *caer en oídos sordos.*

stood [stʊd] *pt. & pp.* VER: stand.

stooge [stuːdʒ] *n.* 1 THEAT comparsa *mf.* 2 *pej. (person)* títere *mf.*, pelele *mf.*

stool [stuːl] *n.* 1 *(seat)* taburete *m.*, banqueta 2 MED *(faeces)* deposición *f.*, heces *fpl.* **to fall between two stools** *quedarse entre dos aguas.*

stool-pi-geon [ˈstuːlpɪdʒɪn] *n. sl. (informer)* soplón *(decoy)* señuelo.

stoop¹ [stuːp] *n. (porch)* entrada.

stoop² [stuːp] *n. (of person)* encorvamiento, encorvadura *(of shoulders)* espaldas *fpl.* encorvadas ◇ *intr.* 1 *(bend)* inclinarse (**down**, -), agacharse (**down**, -) 2 *(have a stoop)* andar encorvado, ser cargado de espaldas. **to stoop so low (as to do something)** *llegar tan bajo (como para hacer algo).*

to stoop to *tr. insep. fig. use (lower oneself)* rebajarse a.

stop [stɒp] *n.* 1 *(halt)* parada, alto 2 *(stopping place)* parada 3 *(on journey)* parada *(break, rest)* descanso, pausa 4 *(punctuation mark)* punto *(in telegram)* stop *m.* 5 MUS *(on organ)* registro *(knob)* botón *m.* de registro **(on wind instrument)** llave *f.* 6 *(in camera)* diafragma *m.* ◇ *tr. & pp. stopped,* *ger.* **stopping** 1 *(halt - vehicle, person)* parar, detener *(- machine, ball)* parar 2 *(end, interrupt - production)* parar, paralizar *(- inflation, advance)* parar, contener *(- conversation, play)* interrumpir *(- pain, etc.)* poner fin a, poner término a, acabar con 3 *(pay, match, holidays)* suspender *(cheque)* cancelar *(money from wages)* retener 4 *(cease)* dejar de, parar de 5 *(prevent)* impedir, evitar 6 *(block - hole)* tapar, taponar (**up**, -) *(- gap)* rellenar (**up**, -) *(- tooth)* empastar (**up, -**) **7** MUS *(string, key)* apretar *(hole)* cubrir ◇ *intr.* **1** *(halt)* parar, pararse, detener, detenerse **2** *(cease)* acabarse, terminar, cesar **stop thief!** ¡al ladrón! **to come to a stop** pararse, hacer un alto **to pull out all the stops** tocar todos los registros **to put a stop to something** poner fin a algo **to stop a bullet** recibir un balazo **to stop at nothing (to do something)** no pararse en barras (para hacer algo), no tener miramientos (para hacer algo) **to stop dead in one's tracks** pararse en seco **to stop oneself** contenerse **to stop short** pararse en seco **to stop short of something** no llegar a **to stop the rot** cortar por lo sano **to stop the show** causar sensación **to stop to think** detenerse a pensar **without stopping** sin parar, sin cesar.

to stop be·hind *intr.* quedarse.

to stop by *intr.* *(visit)* pasar.

to stop in *intr.* quedarse en casa, no salir.

to stop off *intr.* *(interrupt journey)* parar.

to stop out *intr.* no volver a casa.

to stop o·ver *intr.* **1** *(interrupt journey)* parar *(overnight)* pasar la noche, hacer noche **2** *(on flight)* hacer escala.

to stop up *intr.* *(go to bed late)* no acostarse ◇ *tr. sep.* taponar.

stop·gap ['stɒpgæp] *n.* *(thing)* recurso provisional, medida provisional *(person)* sustituto.

stop·light ['stɒplaɪt] *n.* semáforo.

stop·o·ver ['stɒpəʊvə*r*] *n.* *(stop)* parada *(on flight)* escala *(stay)* estancia.

stop·page ['stɒpɪdʒ] *n.* **1** *(of work)* paro, suspensión *f.* *(strike)* huelga **2** *(in production, play)* interrupción *f.* **3** *(cancellation, withholding)* suspensión *f.* **4** *(blockage)* obstrucción *f.* ◇ *npl.* stoppages *(money from wages)* retenciones *fpl.*, deducciones *fpl.*

stop·press [stɒp'pres] *adj.* *(news)* de última hora.

stop·watch ['stɒpwɒtʃ] *n.* cronómetro.

stor·age ['stɔːrɪdʒ] *n.* **1** *(act)* almacenaje *m.*, almacenamiento **2** *(place)* almacén *m.*, depósito, guardamuebles *m.* **3** *(cost)* (gastos *mpl.* de) almacenaje *m.* **4** COMPUT almacenamiento. **to be in storage** estar guardado. **to keep something in cold storage** guardar algo en frío. **to put something into storage** guardar algo **storage battery** acumulador *m.* **storage capacity** capacidad *f.* de almacenamiento **storage space** sitio para guardar cosas **storage tank** tanque *m.* de almacenamiento **storage unit** armario.

store [stɔː*r*] *n.* **1** *(supply - gen)* reserva, provisión *f.* *(- of wisdom, knowledge)* reserva *(- of jokes, etc.)* colección *f.* **2** *(warehouse)* almacén *m.*, depósito **3** *(shop)* tienda ◇ *tr.* **1** *(put away)* almacenar (**up, -**) *(keep)* guardar *(amass)* acumular, hacer acopio de **2** COMPUT almacenar **3** *(put in storage)* guardar, almacenar, mandar a un depósito **4** *fig. use (trouble, etc.)* ir acumulando (**up, -**), ir almacenando (**up, -**) **5** *(fill with supplies)* abastecer *(with, de)* ◇ *npl.* stores **1** *(provisions)* provisiones *fpl.*, víveres *mpl.* **2** MIL *(supplies, equipment)* pertrechos *mpl.* *(place)* intendencia *f. sing.* **to be in store** estar en depósito, estar en un guardamuebles **to be something in store (for somebody)** esperarle algo a alguien, aguardarle algo a alguien **to have something in store for somebody** tenerle algo preparado para alguien **to keep something in store** guardar algo de reserva. **to set store by something** valorar algo mucho **general stores** colmado.

store·keep·er ['stɔːkiːpə*r*] *n.* tendero.

store·room ['stɔːruːm] *n.* *(gen)* almacén *m.*, depósito *(for food)* despensa.

sto·rey ['stɔːrɪ] *n.* piso, planta.

storm [stɔːm] *n.* **1** *(thunderstorm)* tormenta *(at sea)* tempestad *f.*, temporal *m.* *(with wind)* borrasca **2** *fig. use (uproar)* revuelo, escándalo *(of missiles, insults)* lluvia, torrente *m.* ◇ *tr.* **1** *(attack)* asaltar, tomar por asalto **2** *(say angrily)* bramar ◇ *intr.* **1** *(go or move angrily)* andar airado **2** *(shout angrily)* echar pestes, vociferar, rabiar, despotricar. **to ride out the storm/weather the storm** capear el temporal **to take by storm** *(troops, forces)* tomar por asalto *(play, film)* cautivar **a storm in a teacup** una tempestad en un vaso de agua **storm cloud** nubarrón *m.* **storm door** contrapuerta **storm petrel** petrel *m.*, ave *f.* de las tempestades **storm trooper** soldado de las tropas de asalto **storm troops** tropas *fpl.* de asalto **storm warning** aviso de tormenta **storm window** contraventana.

storm·y ['stɔːmɪ] *adj. comp.* **stormier,** *superl.* **stormiest 1** *(weather)* tormentoso **2** *fig. use (meeting, discussion)* acalorado *(relationship)* tormentoso, con muchos altibajos.

sto·ry ['stɔːrɪ] *n. pl.* **stories 1** *(gen)* historia *(tale)* cuento, relato *(account)* relato **2** *(anecdote)* anécdota *(joke)* chiste *m.* **3** *(rumor)* rumor *m.* *(lie)* mentira, cuento **4** *(newspaper article)* artículo *(newsworthy item)* artículo de interés periodístico **5** *(story-line, narrative, plot)* argumento, trama. **but that's another story** pero eso es otro cantar **it's a long story** es largo de contar. **so the story goes** según cuenta la historia, según dicen **that's the story of my life!** ¡siempre me pasa lo mismo! **to cut a long story short** en resumidas cuentas, en pocas palabras.

sto·ry·tell·er ['stɔːrɪtelə*r*] *n.* cuentacuentos *mf.*

stove [stəʊv] *n.* **1** *(for heating)* estufa **2** *(cooker)* cocina *(cooking ring)* hornillo *(oven)* horno **oil stove** estufa de petróleo.

stow [stəʊ] *tr.* **1** *(put away, store)* guardar, poner, colocar **2** MAR *(cargo)* estibar, arrumar, cargar.

to stow a·way *intr.* *(on ship, plane)* viajar de polizón.

stow·a·way ['stəʊəweɪ] *n.* polizón *mf.*

strad·dle ['strædəl] *tr.* **1** *(on horse, fence, etc.)* sentarse a horcajadas sobre **2** *(bridge, town)* extenderse sobre *n.* SP *(high-jumping technique)* tijereta.

strag·gle ['strægəl] *intr.* **1** *(spread untidily)* extenderse, desparramarse *(grow)* crecer desordenadamente **2** *(lag behind)* rezagarse, ir rezagado.

strag·gler ['stræglə*r*] *n.* *(person)* rezagado.

straight [streɪt] *adj.* **1** *(not curved - gen)* recto *(- hair)* liso **2** *(level, upright)* derecho, recto **3** *(tidy, neat)* en orden, arreglado **4** *(honest - person)* honrado, de confianza *(sincere)* sincero, franco **5** *(direct - question)* directo *(- refusal, rejection)* categórico, rotundo **6** *(correct, accurate)* correcto **7** *(consecutive)* seguido **8** *(drink)* solo **9** *(play, actor, etc.)* serio, dramático **10** *(person - conventional)* convencional *(- heterosexual)* heterosexual *(non-drug user)* que no toma droga **11** *(fam. use) (not in debt)* solvente ◇ *adv.* **1** *(in a straight line)* recto **2** *(not in a curve)* derecho, recto **3** *(directly)* directamente **4** *(immediately)* en seguida **5** *(frankly)* francamente, con franqueza **6** *(clearly)* claro, con claridad ◇ *n.* **1** SP *(in race)* recta **2** *(in cards)* escalera **3** *(fam. use) (conventional person)* carca *mf.* *(heterosexual)* heterosexual *mf.* *(non-drug user)* persona que no se droga. **as straight as an arrow/die** *(line, direction)* derecho como una vela *(person)* honrado **the straight**

and narrow *el buen camino*. **straight from the shoulder** *sin rodeos* **straight away** *en seguida* **straight off** *sin pensarlo, en el acto*. **straight up** *en serio* **to go straight** *(criminal)* reformarse. **to keep a straight face** *contener la risa* **to play straight (with somebody)** *jugar limpio (con alguien)* **to put/set the record straight** *dejar las cosas claras, aclarar las cosas, poner las cosas en su lugar* **straight choice** *alternativa clara* **straight fight** *mano a mano m.* **straight swap** *cambio directo.*

straight·a·way [streɪtə'weɪ] *adv.* en seguida, inmediatamente.

straight·en ['streɪtən] *tr.* 1 *(wire)* enderezar *(- tie, skirt, picture)* poner bien, poner recto *(- hair)* estirar, alisar 2 *(tidy)* ordenar *(up, -)*, arreglar *(up, -)* ◇ *intr. (road)* hacerse recto.

to straight·en out *tr. sep.* 1 *(problem)* resolver, solucionar *(confusion, misunderstanding)* aclarar *(affair)* arreglar 2 *(person)* resolver los problemas de.

to straight·en up *intr. (person)* ponerse derecho.

straight-faced ['stet'feɪst] *adj.* serio, sin reírse.

straight·for·ward [streɪt'fɔːwəd] *adj.* 1 *(honest)* honrado *(sincere, open)* sincero, franco, abierto 2 *(simple, easy)* sencillo, simple *(clear)* claro.

strain [streɪn] *n.* 1 PHYS *(tension)* tensión *f.* *(pressure)* presión *f.* *(weight)* peso 2 *(stress, pressure)* tensión *f.*, estrés *m.* *(effort)* esfuerzo *(exhaustion)* agotamiento 3 *(tension)* tirantez *f.*, tensión *f.* 4 MED torcedura, esguince *m.* ◇ *tr.* 1 *(stretch)* estirar, tensar 2 *(damage, weaken - muscle)* torcer(se), hacerse un esguince en *(- back)* hacerse daño en *(- voice, eyes)* forzar *(ears)* aguzar *(- heart)* cansar 3 *(stretch - patience, nerves, credulity)* poner a prueba *(- resources)* estirar al máximo *(- relations)* someter a demasiada tensión, crear tirantez en 4 *(filter - liquid)* colar *(- vegetables, rice)* escurrir ◇ *intr. (make great efforts)* esforzarse, hacer un gran esfuerzo ◇ *npl.* strains MUS son *m. sing.*, compás *m. sing.*

strained [streɪnd] *adj.* 1 *(tense, unfriendly)* tenso, tirante *(unnatural, forced, artificial)* forzado 2 *(stressed, anxious)* tenso, estresado *(tires)* cansado *(eyes, voice)* forzado **strained muscle** *esguince m.*

strain·er ['streɪnə'] *n.* colador *m.*

strait [streɪt] *n.* 1 GEOG estrecho ◇ *npl.* straits *(difficulties)* aprietos *mpl.*, apuros *mpl.* **to be in dire straits/be in desperate straits** *estar en un gran aprieto* **to be in financial straits** *pasar apuros económicos.*

strait·ened ['streɪtənd] **to be in straitened circumstances** *[fml. use]* pasar estrecheces, pasar apuros.

strait·jack·et ['streɪtdʒækɪt] *n.* 1 camisa de fuerza 2 *fig. use* control *m.*, limitaciones *fpl.*

strait-laced [streɪt'leɪst] *adj. pej.* puritano, remilgado, mojigato.

strand¹ [strænd] *n.* 1 *(of thread)* hebra, hilo *(of rope, string)* ramal *m.* *(of hair)* pelo *(of pearls)* sarta 2 *fig. use (of story, argument)* hilo, línea.

strand² [strænd] *tr.* 1 MAR *(ship, whale, fish)* varar 2 *fig. use (person)* abandonar. **to be (left) stranded** *(boat, etc.)* quedar varado, quedar encallado *(person)* quedarse varado, quedarse colgado. **to leave somebody stranded** *abandonar a alguien, dejar a alguien en la estacada, dejar a alguien tirado.*

strange [streɪndʒ] *adj.* 1 *(odd, bizarre)* extraño, raro 2 *(unknown)* desconocido *(unfamiliar)* nuevo **strange to say** *aunque parezca mentira.*

strange·ly ['streɪndʒlɪ] *adv.* extrañamente, de forma extraña.

strange·ness ['streɪndʒnəs] *n.* 1 *(oddness)* rareza, extrañeza 2 *(newness)* novedad *f.*

stran·ger ['streɪndʒə'] *n.* *(unknown person)* extraño, desconocido *(outsider)* forastero. **to be no stranger to something** *conocer algo bastante bien, no serle desconocido algo a alguien.*

stran·gle ['stræŋgəl] *tr.* 1 *(kill)* estrangular 2 *fig. use (stifle)* sofocar, ahogar.

stran·gled ['stræŋgəld] *adj. (cry, etc.)* ahogado.

stran·gle·hold ['stræŋgəlhəʊld] *n.* 1 SP *(wrestling)* llave *f.* al cuello 2 *pej. (firm control)* poder *m.*, dominio. **to have a stranglehold on somebody** *tener a alguien dominado.*

stran·gler ['stræŋglə'] *n.* estrangulador.

stran·gu·la·tion [stræŋgjʊ'leɪʃən] *n.* estrangulación *f.*

strap [stræp] *n.* *(on watch, camera)* correa *(on bag)* asa *(on shoe)* tira *(on dress, etc.)* tirante *m.* ◇ *tr. pt. & pp.* **strapped,** *ger.* **strapping** 1 *(fasten)* atar con correa 2 *(bandage)* vendar. **to strap oneself in** *ponerse el cinturón de seguridad.*

strap·less ['stræpləs] *adj.* sin tirantes.

stra·ta ['strɑːtə] *npl.* VER: stratum.

strat·a·gem ['strætədʒəm] *n.* estratagema.

stra·te·gic [strə'tiːdʒɪk] *adj.* estratégico.

strat·e·gist ['strætədʒɪst] *n.* estratega *mf.*

strat·e·gy ['strætədʒɪ] *n. pl.* strategies estrategia.

strat·i·fi·ca·tion [strætɪfɪ'keɪʃən] *n.* estratificación *f.*

strat·i·fy ['strætɪfaɪ] *tr. pt. & pp.* **stratified,** *ger.* **stratifying** estratificar.

strat·o·sphere ['strætəsfɪə'] *n.* estratosfera.

stra·tum ['strɑːtəm] *n. pl.* **strata** 1 GEOL estrato 2 *(level, class)* estrato, nivel *m.*

straw [strɔː] *n.* 1 *(dried stalk (s))* paja 2 *(for drinking)* paja, pajita ◇ *adj.* de paja. **a straw in the wind** *un indicio de cómo pueden ir las cosas* **that's the last straw!** *¡eso ya es el colmo!, ¡lo que faltaba para el duro!* **the straw that broke the camel's back** *la gota que colmó el vaso.* **to clutch/grasp at straws** *agarrarse a un clavo ardiente/aferrarse a una esperanza vana* **to draw/get the short straw** *tocarle a uno bailar con la más fea.* **straw hat** *sombrero de paja* **straw man** *hombre de paja.*

straw·ber·ry ['strɔːbərɪ] *n. pl.* **strawberries** *(gen)* fresa *(large)* fresón *m.* **strawberry jam** *mermelada de fresa* **strawberry tree** *madroño.*

stray [streɪ] *adj.* 1 *(lost)* perdido, extraviado *(animal)* callejero 2 *(isolated, odd)* perdido ◇ *n. (animal)* animal *m.* extraviado ◇ *intr.* 1 *(get lost)* extraviarse, perderse *(wander away)* desviarse, apartarse, alejarse *(from group)* separarse, apartarse, alejarse 2 *fig. use (digress, wander)* divagar, apartarse del tema, desviarse del tema.

streak [striːk] *n.* 1 *(line - gen)* raya, lista *(- in mineral)* veta, filón *m.*, vena *(- in hair)* mecha *(- in meat)* veta, nervio 2 *(element of genius, madness, etc.)* vena 3 *(period)* racha ◇ *tr. (mark with streaks)* rayar, surcar *(with, de)* ◇ *intr.* 1 *(move fast)* pasar como un rayo 2 *(run naked)* correr desnudo por un lugar público **streak of lightning** *rayo, relámpago.*

stream [striːm] *n.* 1 *(brook)* arroyo, riachuelo 2 *(current)* corriente *f.* 3 *(flow of liquid)* flujo, chorro, río *(of blood, air)* chorro *(of lava, tears)* torrente *m.* *(of light)* raudal *m.* 4 *fig. use (of people)* oleada, torrente *m.* *(of vehicles, traffic)* desfile *m.* continuo, caravana *(of abuse, excuses, insults)* torrente *m.*, sarta ◇ *intr.* 1 *(flow, pour out)* manar, correr, chorrear *(gush)* salir a chorros 2 *fig. use (people, vehicles, etc.)* desfilar

3 *(hair, banner, scarf)* ondear ◇ *tr. (liquid)* derramar **stream of consciousness** *monólogo interior.*

stream·er ['stri:mə^r] *n. (decoration)* serpentina *(flag)* banderín *m.*

stream·line ['stri:mlaɪn] *n. (contour)* línea aerodinámica ◇ *tr.* 1 *(car)* aerodinamizar 2 *(system, method, organization)* racionalizar.

stream·lined ['stri:mlaɪnd] *adj.* 1 *(car)* de líneas aerodinámicas 2 *(organization)* racionalizado.

street [stri:t] *n.* calle *f.* **at street level** *a nivel de la calle* **not to be in the same street as somebody** *no llegarle a alguien a la suela del zapato* **to be right up somebody's street** *venirle a alguien de perlas, ser ideal para alguien.* **to walk the streets** *(homeless)* estar sin vivienda, estar sin techo *(prostitute)* hacer la carrera, trabajar la calle **to be streets ahead of somebody** *dar cien vueltas a somebody* **one-way street** *calle de sentido único* **street corner** *esquina* **street credibility/street cred** *imagen f.* **street directory** *guía de calles, callejero* **street lighting** *alumbrado público* **street map** *plano de la ciudad* **street plan** *plano de la ciudad* **street market** *mercadillo* **street theater** *teatro callejero* **street musician** *músico callejero* **street value** *valor m. (en el mercado).*

street·car ['stri:tkɑ:] *n.* tranvía.

street·light ['stri:tlaɪt] *n.* farol *m.*, farola.

strength [streŋθ] *n.* 1 *(of person - physical)* fuerza, fuerzas *fpl.*, fortaleza *(- stamina)* resistencia, aguante *m.* 2 *(intellectual, spiritual)* fortaleza, entereza, firmeza 3 *(of machine, object)* resistencia *(of wind, current)* fuerza *(of light, sound, magnet, lens)* potencia 4 *(of solution)* concentración *f. (of drug)* potencia *(of alcohol)* graduación *f.* 5 *(of currency)* valor *m.*, fortaleza *(of economy)* solidez *f.*, fortaleza 6 *(of argument, evidence, story)* fuerza, validez *f.*, credibilidad *f. (of emotion, conviction, color)* intensidad *f. (of protest)* energía 7 *(strong point)* punto fuerte, virtud *f. (ability, capability)* capacidad *f. (advantage)* ventaja 8 *(power, influence)* poder *m.*, potencia 9 *(force in numbers)* fuerza numérica, número **in great strength** *en gran número* **to be on the strength** *(be a member)* formar parte del personal **to do something on the strength of something** *hacer algo basándose en algo* **to be at full strength** *estar con la plantilla completa* **to be under strength** *estar corto de personal.*

strength·en ['streŋθən] *tr.* 1 *(wall, glass, defence, etc.)* reforzar *(muscle)* fortalecer 2 *(character, faith, love)* fortalecer *(support)* aumentar *(relationship, ties)* consolidar, fortalecer *(resolve, determination)* redoblar, intensificar ◇ *intr.* 1 *(muscle)* fortalecerse 2 *(economy, currency)* reforzarse, fortalecerse *(relationship)* consolidarse, reforzarse, fortalecerse *(support, opposition, feeling)* intensificarse, aumentar.

stren·u·ous ['strenjʊəs] *adj.* 1 *(requiring effort)* extenuante, fatigoso, agotador 2 *(denial)* enérgico, vigoroso *(protest)* vehemente *(opposition)* tenaz *(supporter)* acérrimo.

stren·u·ous·ly ['strenjʊəslɪ] *adv.* enérgicamente, vigorosamente.

stress [stres] *n.* 1 MED tensión *f. (nerviosa)*, estrés *m.* 2 *(pressure)* presión*f.*, tensión *f.* 3 TECH tensión *f.* 4 *(emphasis)* hincapié *m. (on,* en), énfasis *m. (on,* en) 5 LING *(word accent)* acento *(tónico)* ◇ *tr.* 1 *(emphasize)* hacer hincapié en, poner énfasis en, subrayar, enfatizar 2 LING *(word)* acentuar. **to lay great stress on something** *hacer mucho hincapié en algo, poner mucho énfasis en algo* **stress mark** *acento.*

stressed [strest] *adj.* 1 MED *(person)* estresado 2 PHYS *(object)* tensado. **to be stressed out** *sufrir del estrés, estar estresado.*

stress·ful ['stresfʊl] *adj.* estresante, de mucho estrés.

stretch [stretʃ] *n.* 1 *(of land, water)* extensión *f. (of road)* tramo, trecho 2 *(elasticity)* elasticidad *f.* 3 *(act of stretching)* estiramiento 4 *(period of time)* periodo, tiempo, intervalo *(in prison)* condena 5 SP *(of racetrack)* recta ◇ *tr.* 1 *(extend - elastic, clothes, rope)* estirar *(- canvas)* extender *(- shoes)* ensanchar *(- arm, leg)* alargar, estirar, extender *(- wings)* desplegar, extender 2 *(make demands on, made to use all abilities)* exigir a 3 *(strain - money, resources)* estirar, emplear al máximo *(- patience)* abusar *(- meaning)* forzar, distorsionar ◇ *intr.* 1 *(elastic)* estirarse *(fabric)* dar de sí *(shoes)* ensancharse, dar de sí *(person, animal - gen)* estirarse *(person - when tired)* desperezarse 2 *(extend - land, sea, etc.)* extenderse *(out, -)* *(- in time)* alargarse, prolongarse 3 *(reach)* llegar *(to,* para), alcanzar *(to,* para) ◇ *adj. (material, jeans, etc.)* elástico. **to stretch a point** *hacer una excepción* **to stretch one's legs** *(walk)* estirar las piernas a **at a stretch** *de un tirón, sin parar* **at full stretch** *a tope, al máximo* **not by any stretch of the imagination** *de ningún modo.*

to stretch out *intr. (person - gen)* estirarse *(- lie down)* tumbarse ◇ *tr. sep.* 1 *(arm, leg)* alargar, estirar, extender 2 *(money, resources)* estirar.

stretch·er ['stretʃə^r] *n.* camilla.

stretch·er-bear·er ['stretʃəbeərə^r] *n.* camillero.

stretch·marks ['stretʃmɑːks] *n.* estrías *fpl.*

strick·en ['strɪkən] *adj.* 1 *(afflicted with grief)* afligido, acongojado *(- with illness)* aquejado *(- by disaster)* afectado, asolado 2 *(damaged)* destrozado.

strict [strɪkt] *adj.* 1 *(severe - person)* severo, estricto *(- discipline)* riguroso, severo, estricto *(- rule, law, order, etc.)* estricto, riguroso, rígido 2 *(exact, precise)* estricto, riguroso *(complete, total)* absoluto.

strict·ly ['strɪktlɪ] *adv.* 1 *(severely)* severamente, estrictamente, de manera estricta 2 *(rigorously, rigidly)* estrictamente *(categorically)* terminantemente 3 **(exactly, precisely)** estrictamente, exactamente *(completely)* totalmente, del todo, absolutamente 4 *(exclusively)* exclusivamente **strictly speaking** *en rigor, en sentido estricto, en realidad.*

strict·ness ['strɪktnəs] *n. (severity)* severidad *f. (rigorousness)* rigurosidad *f.*, rigidez *f.*

stride [straɪd] *n.* 1 *(long step)* zancada *(gait)* paso, manera de andar 2 *(advance, development)* progresos *mpl. intr. pt* **strode** andar a zancadas ◇ *npl.* **strides** *[fam. use]* (trousers) pantalón *m. sing.*, pantalones *mpl.* **to get into one's stride** *coger el ritmo.* **to take something in one's stride** *tomarse algo con calma, tomarse algo muy bien.*

stri·dent ['straɪdənt] *adj. (voice, sound)* estridente *(protest)* fuerte.

strife [straɪf] *n.* conflictos *mpl.*, luchas *fpl.*

strike [straɪk] *n.* 1 *(by workers, students, etc.)* huelga 2 SP *(blow - gen)* golpe *m. (- in tenpin bowling)* pleno *(- in baseball)* strike *m.* 3 *(find)* hallazgo *(of oil, gold, etc.)* descubrimiento 4 MIL ataque *m. tr. pt. & pp.* **struck** [strʌk] 1 *(hit)* pegar, golpear 2 *(knock against, collide with)* dar contra, chocar contra *(ball, stone)* pegar contra, dar contra *(lightning, bullet, torpedo)* alcanzar 3 *(disaster, earthquake)* golpear, sobrevenir *(disease)* atacar, golpear 4 *(gold, oil)* descubrir, encontrar, dar con *(track, path)* dar con 5 *(coin, medal)* acuñar 6 *(match)* encender 7 *(of clock)* dar, tocar 8 MUS *(note)* dar *(chord)* tocar 9 *(bargain, deal)* cerrar, hacer *(balance)* encontrar, hallar *(agreement)* llegar a 10 *(pose, attitude)* adoptar 11 *(give impression)* parecer, dar la impresión de 12 *(occur to)* ocurrírsele a *(remember)* acordarse de 13 *(render)* dejar 14 *(cause fear, terror, worry)* infundir 15 *(take down - sail, flag)* arriar *(- tent, set)* desmontar 16 *(cutting)* plantar ◇ *intr.* 1 *(attack - troops, animal, etc.)* atacar *(- disaster, misfortune)* sobrevenir, ocurrir *(- disease)* atacar, golpear *(- lightning)* alcanzar, caer 2 *(workers, etc.)* declararse en huelga, hacer huelga 3 *(clock)* dar la hora. **strike a light!** ¡caray! **to be on strike** estar en huelga **to call a strike** convocar una huelga **to go on strike** declararse en huelga. **to strike a chord** sonarle a uno. **to strike a chord with somebody** estar en sintonía con alguien **to strike a note of something** expresar algo **to strike at the heart of something** dar con el meollo de algo **to strike the eye** saltar a la vista **to strike it rich** hacerse rico **to strike while the iron's hot** actuar de inmediato **within striking distance** a un paso **general strike** huelga general **lucky strike** golpe m. de suerte **sit-down strike** sentada **strike fund** caja de resistencia **strike pay** subsidio de huelga.

to strike back *intr.* 1 *(gen)* devolver el golpe 2 MIL contraatacar.

to strike down *tr. sep.* *(by illness, disease)* abatir, fulminar.

to strike off *tr. sep.* 1 *(name from list)* tachar 2 JUR *(doctor, lawyer, etc.)* inhabilitar para ejercer.

to strike on *tr. insep.* *(discover)* dar con, encontrar.

to strike out *tr. sep.* *(remove, cross out)* tachar ◇ *intr.* 1 *(attack, hit out)* arremeter *(at,* contra*)* 2 *(set off)* emprender el camino.

to strike up *tr. insep.* *(friendship)* entablar, trabar *(conversation)* entablar, iniciar ◇ *intr.* *(band)* empezar a tocar.

strike·break·er ['straɪkbreɪkəʳ] *n.* esquirol *mf.*, rompehuelgas *mf.*

strik·er ['straɪkəʳ] *n.* 1 *(worker)* huelguista *mf.* 2 SP *(football)* delantero *(cricket)* bateador.

strik·ing ['straɪkɪŋ] *adj.* 1 *(eye-catching)* llamativo *(stunning)* atractivo 2 *(similarity, resemblance)* sorprendente, asombroso *(feature, etc.)* impresionante, destacado 3 *(on strike)* en huelga.

string [strɪŋ] *n.* 1 *(cord)* cuerda, cordel *m.* *(lace)* cordón *m.* *(of puppet)* hilo 2 *(on instrument, racket)* cuerda 3 *(of garlic, onions)* ristra *(of pearls, beads)* sarta, hilo 4 *(of vehicles)* fila, hilera 5 *(of hotels)* cadena *(of events)* serie f., cadena, sucesión f. *(of lies, complaints)* sarta *(of insults)* retahíla *tr. pt. & pp.* **strung** [strʌŋ] 1 *(beads)* ensartar, enhebrar 2 *(guitar, racket)* encordar 3 *(beans)* quitar la hebra a ◇ *npl.* **the strings** MUS los instrumentos *mpl.* de cuerda. **no strings attached** sin *(ningún)* compromiso **to have somebody on a string** tener a alguien en un puño **string orchestra** orquesta de cuerda **string quartet** cuarteto de cuerda.

to string a·long *intr.* *(accompany)* pegarse, venir ◇ *tr. sep.* *(mislead)* tomar el pelo a.

to string out *tr. sep.* *(spread in a line)* colocar a intervalos.

to string to·geth·er *tr. sep.* *(words, phrases)* ensartar, hilar.

to string up *tr. sep.* *(hang)* colgar.

stringed [strɪŋd] *adj.* *(instrument)* de cuerda.

string-pull·ing ['strɪŋpʊlɪŋ] *n.* *(fam. use)* enchufismo.

string·y ['strɪŋɪ] *adj. comp.* **stringier**, *superl.* **stringiest** 1 *(beans)* fibroso, con hebras *(meat)* nervudo 2 *(hair)* greñudo 3 *(person, arms)* nervudo.

strip¹ [strɪp] *tr. pt. & pp.* **stripped**, *ger.* **stripping** 1 *(person)* desnudar, quitarle la ropa a *(bed)* quitar la ropa de *(room, house)* vaciar *(wallpaper, paint)* quitar *(leaves, bark)* arrancar 2 *(property, rights, titles)* despojar *(of,* de*)* 3 *(engine)* desarmar, desmontar *(down, -)* *(ship)* desaparejar ◇ *intr.* *(undress)* desnudarse *(off, -),* quitarse la ropa *(perform striptease)* hacer un strip-tease ◇ *n.* *(striptease)* strip-tease *m.* **to strip somebody naked** desnudar a alguien **to strip to the buff** desnudarse *(completamente).*

strip² [strɪp] *n.* 1 *(of paper, leather)* tira *(of land)* franja *(of metal)* tira, cinta 2 SP *(colors, kit)* equipo 3 *(airstrip)* pista *(de aterrizaje)* Also **strip** *(cartoon)* historieta, tira cómica **strip lighting** alumbrado fluorescente **strip mining** explotación f. a cielo abierto.

stripe [straɪp] *n.* 1 *(gen)* raya, lista 2 MIL galón *m.* 3 *(kind, type)* tipo, clase f. ◇ *tr.* pintar a rayas, dibujar a rayas.

striped [straɪpt] *adj.* rayado, a rayas.

strive [straɪv] *intr. pt* **strove** esforzarse, procurar. **to strive after/for something** esforzarse por conseguir algo.

strobe [strəʊb] *n.* estroboscopio **strobe lighting** luces *fpl.* estroboscópicas.

stroke [strəʊk] *n.* 1 *(blow)* golpe *m.* 2 *(caress)* caricia 3 SP *(in tennis, cricket, golf)* golpe *m.*, jugada *(in billiards)* tacada *(in rowing)* palada *(in swimming - movement)* brazada *(- style)* estilo 4 SP *(oarsman)* cabo 5 *(of pen)* trazo *(of brush)* pincelada 6 *(of bell)* campanada 7 *(of engine)* tiempo *(of piston)* carrera 8 MED ataque *m.* de apoplejía, derrame *m.* cerebral 9 *(oblique)* barra *(oblicua)* ◇ *tr.* 1 *(caress)* acariciar 2 *(ball)* dar un golpe a. **at a/one stroke** de *(un)* golpe, de un plumazo **to not do a stroke of work** no dar golpe, no pegar golpe **to put somebody off their stroke** distraer a alguien **a stroke of genius** una genialidad f. **stroke of luck** golpe m. de suerte.

stroll [strəʊl] *n.* paseo, vuelta ◇ *intr.* pasear, dar un paseo, dar una vuelta. **to go for a stroll** dar un paseo, dar una vuelta.

stroll·er ['strəʊləʳ] *n.* 1 *(pushchair)* cochecito, sillita de niño 2 *(person)* paseante *mf.*

strong [strɒŋ] *adj.* 1 *(physically - person)* fuerte *(- consitution)* robusto 2 *(material, furniture, shoes, etc.)* fuerte, resistente 3 *(country, army)* poderoso, fuerte 4 *(beliefs, views, principles)* firme *(faith)* firme, sólido *(support)* mucho, firme 5 **(argument, evidence)** contundente, convincente *(influence)* grande *(protest)* enérgico 6 *(color)* fuerte, intenso, vivo **(smell, food, drink)** fuerte *(tea, coffee)* fuerte, cargado *(light)* brillante 7 *(resemblance, accent)* fuerte, marcado 8 *(chance, likelihood, probability)* bueno 9 *(wind, current)* fuerte 10 *(good - team)* fuerte *(- cast)* sólido 11 *(currency, etc.)* fuerte ◇ *adv.* fuerte. **to be as strong as a horse/an ox** ser fuerte como un toro/un roble. **to be going strong** *(business)* ir fuerte *(machine, etc.)* marchar bien *(elderly person)* estar en plena forma. **to be strong on something** ser bueno en algo **to be 20 (etc.) strong** *(of team, etc.)* contar con 20 *(etc.)* miembros **to have a strong stomach** tener buen estómago **strong language** palabras *fpl.* duras, lenguaje *m.* fuerte **strong point** fuerte *m.*, punto fuerte.

strong·hold ['strɒŋhəʊld] *n.* 1 MIL fortaleza 2 *fig. use* baluarte *m.*

strong·ly ['strɒŋlı] *adv.* **1** *(solidly)* sólidamente **2** *(firmly)* firmemente *(completely)* totalmente, profundamente *(fervently)* con fervor, con ardor *(forcefully)* enérgicamente, con insistencia **3** *(intensely)* mucho, muy **to be strongly built** *ser de complexión fuerte.* **to feel strongly about something** *tener opiniones muy contundentes acerca de algo.*

strong·ly-word·ed ['strɒŋlı'wɜːdɪd] *adj. (letter)* duro.

strong-mind·ed ['strɒŋ'maɪndɪd] *adj.* resuelto, decidido.

strong·room ['strɒŋruːm] *n.* cámara acorazada.

strong-willed ['strɒŋ'wɪld] *adj.* tenaz, decidido, obstinado.

strove [strəʊv] *pt.* VER: **strive.**

struck [strʌk] *pt. & pp.* VER: **strike. to be struck on somebody** *estar loco por alguien.*

struc·tur·al ['strʌktʃərəl] *adj. (gen)* estructural **structural engineer** *ingeniero de estructuras* **structural fault** *defecto de construcción.*

struc·ture ['strʌktʃəʳ] *n.* **1** *(organization, composition)* estructura **2** *(thing constructed)* construcción *f.* *(building)* edificio ◇ *tr. (arguemnt, essay, report, etc.)* estructurar *(event)* planificar.

strug·gle ['strʌgəl] *n. (gen)* lucha *(physical fight)* pelea, forcejeo ◇ *intr.* **1** *(fight)* luchar *(physically)* forcejear *(strive)* luchar **(for,** por), esforzarse **(for,** por) *(suffer)* pasar apuros *(have difficulty)* costar, tener problemas **3** *(move with difficulty)* con dificultad **armed struggle** *lucha armada* **class struggle** *lucha de clases.*

strug·gling ['strʌglɪŋ] *adj. (with problems)* en apuros, que tiene problemas.

strung [strʌŋ] *pt. & pp.* VER: **string. to be highly strung** *estar muy nervioso, estar muy tenso.*

strut [strʌt] *n.* **1** ARCH *(rod, bar)* puntal *m.*, riostra **2** *(way of walking)* contoneo, pavoneo ◇ *intr. pt. & pp.* **strutted,** *ger.* **strutting** pavonearse, contonearse.

stub [stʌb] *n. (of cigarette)* colilla *(of pencil, candle)* cabo *(of cheque, etc.)* matriz *f.* ◇ *tr. pt. & pp.* **stubbed,** *ger.* **stubbing** darse un golpe.
to stub out *tr. sep.* apagar.

stub·ble ['stʌbəl] *n.* **1** *(in field)* rastrojo **2** *(on chin)* barba incipiente.

stub·born ['stʌbən] *adj.* **1** *(person, animal)* terco, testarudo, tozudo, obstinado *(refusal, resistance)* obcecado **2** *(stain, cough, etc.)* rebelde.

stub·born·ness ['stʌbənnəs] *n.* testarudez *f.*, terquedad *f.*, tozudez *f.*, obstinación *f.*

stuck [stʌk] *pt. & pp.* VER: **stick** ◇ *adj.* **1** *(unable to move)* atascado **2** *(trapped)* atrapado *(in routine)* estancado **3** *[fam. use] (stumped)* atascado *(in difficulties)* en apuros **to be stuck on somebody** *estar loco por alguien.* **to get stuck with somebody/something** *tener que cargar con alguien/algo* **to get stuck in/into something** *(work, etc.)* meterse de lleno en algo, emprender algo en serio (food) atacar.

stud [stʌd] *n.* **1** *(on shirt)* gemelo *(earring)* pendiente *m.* (in forma de bolita) **2** *(on football boots)* taco *(on clothing, belt)* tachuela, tachón *m.* *(on furniture)* tachuela *(on shield)* tachón *m.* *(in road)* clavo ◇ *tr. pt. & pp.* **studded,** *ger.* **studding 1** *(decorate - with studs)* tachonar **(with,** de) *(- with jewels)* incrustar **(with,** de) **2** *fig. use (dot)* salpicar **(with,** de).

stud·ded ['stʌdɪd] *adj. (sky)* tachonado *(speech, etc.)* salpicado *(crown)* con incrustaciones.

stu·dent ['stjuːdənt] *n.* **1** *(university)* estudiante *mf.*, universitario *(school)* alumno **2** *[fml. use] (scholar)* estudioso ◇ *adj.* estudiantil **students' union** *(association)* federación *f.* de estudiantes *(building)* sede *f.* de la federación de estudiantes **student nurse** *estudiante mf. de enfermería* **student teacher** *profesor en prácticas.*

stud·ied ['stʌdɪd] *adj. (style, etc.)* estudiado, afectado, falso *(insult, indifference, etc.)* calculado.

stu·di·o ['stjuːdɪəʊ] *n. pl.* **studios 1** *(TV, radio)* estudio **2** *(artist's)* estudio, taller *m.* ◇ *npl.* studios CINEM estudios *mpl.* **studio apartment/studio flat** *estudio* **studio audience** *público invitado.*

stu·di·ous ['stjuːdɪəs] *adj.* **1** *(fond of studying)* estudioso, aplicado **2** *[fml. use] (careful)* esmerado *(deliberate)* deliberado.

stud·y ['stʌdɪ] *n. pl.* **studies 1** *(act of studying)* estudio *(investigation, research)* investigación *f.*, estudio **2** *(room)* despacho, studio ◇ *tr. pt. & pp.* **studied,** *ger.* **studying 1** *(gen)* estudiar **(university subject)** estudiar, cursar *(investigate, research)* estudiar, investigar **2** *(scrutinize)* estudiar, examinar ◇ *intr.* estudiar ◇ *npl.* studies *(work)* estudios *mpl.* *(subjects)* estudios *mpl.*, asignaturas *fpl.* **study group** *grupo de trabajo* **study guide** *manual m. de estudio.*

stuff [stʌf] *n.* **1** *[fam. use] (matter, material, substance)* materia, material *m.* **2** *[fam. use]* **(things, possesions)** cosas *fpl.*, trastos *mpl.* **3** *[fam. use] (content)* cuento, rollo, cosas *fpl.* ◇ *tr.* **1** *(fill - container, bag, box)* llenar **(with,** de) *(- cushion, toy, food)* rellenar **(with,** de) *(- hole)* tapar **2** *(dead animal)* disecar **3** *(push carelessly, shove)* meter, poner **4** *[fam. use] (beat, thrash)* dar una paliza a **5** *sl. (sod)* meter **that's the stuff!** *¡así es!, ¡así me gusta!* **to do one's stuff** *hacer lo suyo* **to know one's stuff** *saber de lo que uno está hablando.*

stuff·ed [stʌft] *adj.* **1** *(full)* relleno *(crammed)* atiborrado **2** *(animal)* disecado **stuffed shirt** *estirado* **stuffed toy** *muñeco de peluche.*

stuff·ing ['stʌfɪŋ] *n.* relleno. **to knock the stuffing out of somebody** *dejar hecho polvo a alguien.*

stuff·y ['stʌfɪ] *adj. comp.* **stuffier,** *superl.* **stuffiest 1** *(room)* mal ventilado *(atmosphere)* cargado **2** *(person)* estirado, remilgado *(institution)* tradicional *(ideas, manners)* formal, serio, convencional.

stum·ble ['stʌmbəl] *n.* tropezón *m.*, traspié *m.*, trompicón *m.* ◇ *intr.* **1** *(trip)* tropezar **(on/over,** con), dar un traspié **2** *(walk unsteadily)* tambalearse **3** *(while speaking)* atrancarse, atascarse.
to stum·ble across/stum·ble on *tr. insep.* dar con, tropezar con.

stum·bling block ['stʌmbəlɪŋblɒk] *n.* obstáculo, escollo, tropiezo.

stump [stʌmp] *n.* **1** *(of tree)* tocón *m.*, cepa *(of pencil, candle)* cabo *(of arm, leg)* muñón *m.* **2** SP *(cricket)* estaca, palo ◇ *tr. [fam. use] (baffle)* desconcertar, confundir, dejar perplejo a ◇ *intr. (move heavily)* pisar fuerte.

stun [stʌn] *tr. pt. & pp.* **stunned,** *ger.* **stunning 1** *(make unconscious)* dejar sin sentido *(daze)* aturdir, atontar, pasmar **2** *(surprise)* sorprender, dejar atónito, dejar pasmado *(shock)* atolondrar, aturdir, dejar anonadado.

stung [stʌŋ] *pt. & pp.* VER: **sting.**

stunk [stʌŋk] *pt. & pp.* VER: **stink.**

stunned [stʌnd] *adj.* **1** *(unconscious)* sin sentido *(dazed)* aturdido **2** *(amazed, shocked)* atónito, pasmado, anonadado.

stun·ner ['stʌnəʳ] *n. [fam. use] (woman)* mujer *f.* guapísima.

stun·ning ['stʌnɪŋ] *adj.* **1** *(surprising)* alucinante, apabullante *(shocking)* asombroso **2** *(beautiful, impressive)* impresionante, imponente, fenomenal.

S

stunt¹ [stʌnt] *tr.* (*growth*) atrofiar.

stunt² [stʌnt] *n.* **1** (*dangerous act*) proeza (*in film*) escena peligrosa **2** (*trick*) truco, maniobra **to pull a stunt** cometer una estupidez **stunt man/stunt woman** doble *mf.*, especialista *mf.*

stunt·ed ['stʌntɪd] *adj.* (*tree, body*) raquítico (*growth*) atrofiado.

stu·pen·dous [stjuː'pendəs] *adj.* **1** (*wonderful*) estupendo, fabuloso, formidable **2** (*enormous*) tremendo (*unusual*) extraordinario, increíble.

stu·pid ['stjuːpɪd] *adj.* **1** tonto, bobo, imbécil, estúpido **2** (*senseless*) atontado **3** [*fam. use*] (*annoying*) maldito ⋄ *n.* tonto, imbécil *mf.* **a stupid thing to say/a stupid thing to do** *una estupidez f., una tontería.*

stu·pid·i·ty [stjuː'pɪdɪtɪ] *n.* estupidez *f.*, tontería.

stu·pid·ly ['stjuːpɪdlɪ] *adv.* estúpidamente, tontamente.

stut·ter ['stʌtə'] *n.* tartamudeo ⋄ *intr.* tartamudear ⋄ *tr.* decir tartamudeando, balbucear.

stut·ter·er ['stʌtərə'] *n.* tartamudo.

sty [staɪ] *n.* (*for pigs*) pocilga.

style [staɪl] *n.* **1** (*gen*) estilo **2** (*type, model*) modelo, diseño **3** (*of hair*) peinado **4** (*fashion*) moda **5** [*fml. use*] (*correct title*) título **6** BOT estilo ⋄ *tr.* **1** (*gen*) diseñar (*hair*) peinar **2** [*fml. use*] (*name, title*) llamar. **to do something in style** *hacer algo a lo grande.*

styl·ing ['staɪlɪŋ] *n.* diseño **styling mousse** *espuma moldeadora.*

styl·ish ['staɪlɪʃ] *adj.* **1** (*elegant*) elegante, con mucho estilo **2** (*fashionable*) a la moda, de última moda.

styl·ist ['staɪlɪst] *n.* **1** (*hairdresser*) estilista *mf.*, peluquero **2** (*writer*) estilista *mf.*

sty·lis·tic [star'lɪstɪk] *adj.* estilístico.

sty·lis·tics [star'lɪstɪks] *n.* estilística.

styl·ized ['staɪlaɪzd] *adj.* estilizado.

sty·lus ['staɪləs] *n. pl.* **styluses** o **styli 1** (*of record player*) aguja **2** (*for writing*) estilo.

suave [swaːv] *adj.* (*charming, polite*) afable, cortés (*slick, ingratiating*) zalamero.

sub [sʌb] *n.* **1** (*submarine*) submarino **2** SP (*substitute*) sustituto, suplente *mf.* **3** (*subscription*) cuota, suscripción *f.*, suscripción *f.* **4** (*subeditor*) redactor ⋄ *intr. pt. & pp.* **subbed**, *ger.* **subbing** (*act as substitute*) sustituir (*for*, a) ⋄ *tr.* (*subedit*) corregir, revisar.

sub- [sʌb] *pref.* sub.

sub·a·quat·ic [sʌbə'kwætɪk] *adj.* subacuático.

sub·a·tom·ic [sʌbə'tomɪk] *adj.* subatómico.

sub·class ['sʌbklɑːs] *n.* subclase *f.*

sub·com·mit·tee ['sʌbkəmɪtɪ] *n.* subcomisión *f.*, subcomité *m.*

sub·con·scious [sʌb'konʃəs] *adj.* subconsciente ⋄ *n.* the subconscious el subconsciente *m.*

sub·con·ti·nent [sʌb'kontɪnənt] *n.* subcontinente *m.*

sub·con·tract [(*n.*) sʌb'kontrækt; (*vb.*) sʌbkən'trækt] *n.* subcontrato ⋄ *tr.* subcontratar (*to*, a).

sub·con·trac·tor [sʌbkən'træktə'] *n.* subcontratista *mf.*

sub·cul·ture ['sʌbkʌltʃə'] *n.* subcultura.

sub·cu·ta·ne·ous [sʌbkjuː'teɪnɪəs] *adj.* subcutáneo.

sub·di·vide [sʌbdɪ'vaɪd] *tr.* subdividir (*into*, en).

sub·di·vi·sion ['sʌbdɪvɪʒən] *n.* subdivisión *f.*

sub·due [səb'djuː] *tr.* **1** (*nation, people*) someter, dominar, sojuzgar **2** (*feelings, passions, etc.*) contener, dominar **3** (*sound, color, light*) atenuar, suavizar.

sub·dued [səb'djuːd] *adj.* **1** (*person, emotion*) callado, apagado **2** (*tone, voice*) bajo (*light*) tenue (*color*) apagado.

sub·ed·it [sʌb'edɪt] *tr.* corregir, revisar.

sub·ed·i·tor [sʌb'edɪtə'] *n.* redactor.

su·ber·ose ['suː'bəraʊz] *adj.* suberoso.

sub·group ['sʌbgruːp] *n.* subgrupo.

sub·head·ing [sʌb'hedɪŋ] *n.* subtítulo.

sub·hu·man [sʌb'hjuːmən] *adj.* infrahumano.

sub·in·dex [sʌb'ɪndeks] *n. pl.* **subindices** o **subindexes** subíndice *m.*

sub·ject [(*n.-adj.*) 'sʌbdʒekt; (*vb.*) səb'dʒekt] *n.* **1** (*theme, topic*) tema *m.* **2** EDUC asignatura **3** (*citizen*) súbdito, ciudadano **4** LING sujeto **5** (*cause*) objeto (*of/ for*, de) **6** (*of experiment*) sujeto ⋄ *tr.* (*bring under control*) someter, sojuzgar (*to*, a) ⋄ *adj.* **1** (*subordinate, governed*) sometido **2 subject to** (*bound by*) sujeto a **a subject to** (*prone to – floods, subsidence*) expuesto a (*– change, delay*) susceptible de, sujeto a (*– illness*) propenso a ⋄ *prep.* **subject to** (*conditional on*) previo, supeditado a **to change the subject** *cambiar de tema* **subject matter** (*topic*) *tema m., materia* (*contents*) *contenido.*

to sub·ject to *tr. sep.* someter a.

sub·jec·tive [səb'dʒektɪv] *adj.* subjetivo.

sub·jec·tiv·i·ty [sʌbdʒek'tɪvɪtɪ] *n.* subjetividad *f.*

sub·ju·gate ['sʌbdʒəgeɪt] *tr.* sojuzgar, subyugar.

sub·ju·ga·tion [sʌbdʒə'geɪʃən] *n.* subyugación *f.*

sub·junc·tive [səb'dʒʌŋktɪv] *adj.* LING subjuntivo ⋄ *n.* LING subjuntivo.

sub·li·mate ['sʌblɪmeɪt] *tr.* sublimar.

sub·lime [sə'blaɪm] *adj.* **1** (*beauty, music, compliment, etc.*) sublime **2** [*fam. use*] (*food, performance*) maravilloso, sensacional **3** *pej.* (*indifference, ignorance, etc.*) sumo, supremo, absoluto, total *n.* the sublime lo sublime. **from the sublime to the ridiculous** *de un extremo a otro.*

sub·lim·i·nal [sʌb'lɪmɪnəl] *adj.* subliminal.

sub·ma·chine-gun [sʌbmə'ʃiːngʌn] *n.* ametralladora, metralleta.

sub·ma·rine ['sʌbməriːn] *n.* submarino ⋄ *adj.* submarino.

sub·ma·rin·er [sʌb'mærɪnə'] *n.* submarinista *mf.*

sub·merge [səb'mɜːdʒ] *tr.* sumergir (*in*, en) ⋄ *intr.* sumergirse. **to submerge oneself in something** *sumergirse en algo.*

sub·merged [səb'mɜːdʒd] *adj.* (*wreck, rock, submarine*) sumergido. **to be submerged in work, etc.** *estar agobiado de trabajo, etc.*

sub·merse [sʌb'mɜːs] *tr.* sumergir.

sub·mers·i·ble [sʌb'mɜːsəbəl] *adj.* sumergible.

sub·mer·sion [səb'mɜːʃən] *n.* sumersión *f.*

sub·mis·sion [səb'mɪʃən] *n.* **1** (*subjection*) sumisión *f.* (*to*, a) **2** SP (*in wrestling*) rendición *f.* **3** (*presentation*) presentación *f.* **4** (*report*) informe *m.* (*proposal*) propuesta.

sub·mis·sive [səb'mɪsɪv] *adj.* sumiso, dócil.

sub·mis·sive·ly [səb'mɪsɪvlɪ] *adv.* sumisamente.

sub·mis·sive·ness [səb'mɪsɪvnəs] *n.* sumisión *f.*

sub·mit [səb'mɪt] *tr. pt. & pp.* **submitted**, *ger.* **submitting 1** (*present*) presentar **2** (*subject*) someter (*to*, a) **3** JUR (*suggest*) sostener ⋄ *intr.* (*admit defeat, surrender*) rendirse, ceder (*to demand, wishes*) acceder.

sub·nor·mal [sʌb'nɔːməl] *adj.* **1** (*person*) subnormal, retrasado **2** (*temperatures*) por debajo de lo normal.

sub·or·di·nate [(*adj.-n.*) sə'bɔːdɪnət; (*vb.*) sə'bɔːdɪneɪt] *adj.* **1** (*lower, less important*) subordinado (*to*, a), secundario **2** LING subordinado ⋄ *n.* (*person*) subordinado, subalterno ⋄ *tr.* subordinar (*to*, a), supeditar (*to*, a) **subordinate cause** *oración f. subordinada.*

sub·or·di·na·tion [səbɔː'dɪ'neɪʃən] *n.* subordinación *f.*

sub·poe·na [səb'piːnə] *n.* JUR citación *f.* ⋄ *tr.* JUR citar.

sub·scribe [səb'skraɪb] *intr.* **1** *(to newspaper, etc.)* suscribirse (**to,** a), abonarse (**to,** a) **2** *(to charity)* hacer donaciones, contribuir con donativos (**to,** a) **3** *(to opinion, theory)* suscribir (**to,** -), estar de acuerdo (**to,** con) **4** FIN *(shares)* suscribir (**for,** -) *tr.* **1** *(contribute)* contribuir, donar **2** *[fml. use]* *(sign)* suscribir.

sub·scrib·er [səb'skraɪbəʳ] *n.* *(to newspaper, etc.)* suscriptor, abonado *(to telephone service, cable television)* abonado. **to be a subscriber to a charity** contribuir a una organización benéfica.

sub·scrip·tion [səb'skrɪpʃən] *n.* *(to newspaper, etc.)* suscripción *f.,* abono *(to club)* cuota *(to charity)* donativo, donación *f.* **to take out a subscription to something** suscribirse a algo.

sub·sec·tion [ˈsʌbsekʃən] *n.* JUR *(in document, text)* artículo.

sub·se·quent [ˈsʌbsɪkwənt] *adj.* subsiguiente, posterior. **subsequent to** posterior *a.*

sub·set [ˈsʌbset] *n.* subconjunto.

sub·side [səb'saɪd] *intr.* **1** *(land, building, road)* hundirse **2** *fig. use* *(person)* dejarse caer **3** *(storm, wind)* amainar *(floods)* bajar *(pain, fever)* disminuir *(noise, applause)* irse apagando *(anger, excitement)* calmarse.

sub·sid·ence [səb'saɪdəns] *n.* *(of land, building)* hundimiento.

sub·sid·i·ar·y [səb'sɪdɪərɪ] *adj.* **1** *(role, interest, issue)* secundario **2** *(income)* adicional, extra *(payment, loan)* subsidiario ◆ *n. pl.* **subsidiaries** COMM filial *f.* **subsidiary company** empresa filial **subsidiary subject** EDUC asignatura complementaria.

sub·si·dize [ˈsʌbsɪdaɪz] *tr.* *(gen)* subvencionar, subsidiar *(exports)* primar.

sub·si·dized [ˈsʌbsɪdaɪzd] *adj.* subvencionado, subsidiado.

sub·si·dy [ˈsʌbsɪdɪ] *n. pl.* **subsidies** subvención *f.,* subsidio.

sub·sist [səb'sɪst] *intr.* subsistir. **to subsist on** subsistir a base de.

sub·sist·ence [səb'sɪstəns] *n.* subsistencia. **to live at subsistence level** vivir con lo justo para subsistir **subsistence allowance** dietas *fpl.* **subsistence crop** cultivo de subsistencia **subsistence farming** agricultura de subsistencia **subsistence wage** sueldo miserable, sueldo de hambre.

sub·soil [ˈsʌbsɔɪl] *n.* subsuelo.

sub·son·ic [ˌsʌbˈsɒnɪk] *adj.* subsónico.

sub·spe·cies [ˈsʌbspiːʃiːz] *n.* subespecie *f.*

sub·stance [ˈsʌbstəns] *n.* **1** *(matter)* sustancia **2** *(real matter, solid content)* sustancia, solidez *f.* **3** *(essence, gist)* esencia, sustancia **4** *(wealth)* riqueza.

sub·stand·ard [ˌsʌbˈstændəd] *adj.* de calidad inferior.

sub·stan·tial [səb'stænʃəl] *adj.* **1** *(solid)* sólido, fuerte **2** *(large - sum, increase, loss, damage)* importante, considerable *(- difference, change)* sustancial, notable **3** *(meal - large)* abundante *(nourishing)* sustancioso **4** *(wealthy)* acaudalado **5** *[fml. use]* *(real, tangible)* sustancial.

sub·stan·tial·ly [səb'stænʃəlɪ] *adv.* **1** *(solidly)* sólidamente **2** *(considerably)* de manera considerable *(noticeably)* notablemente, sustancialmente **3** *(essentially)* esencialmente, fundamentalmente *(largely, mainly)* en gran parte.

sub·stan·ti·ate [səb'stænʃɪeɪt] *tr.* *(gen)* confirmar, corroborar *(accusation)* probar.

sub·stan·tive [ˈsʌbstəntɪv] *adj.* *[fml. use]* *(research, information, evidence)* sustantivo *(matter, issue)* fundamental ◆ *n.* LING sustantivo.

sub·sta·tion [ˈsʌbsteɪʃən] *n.* subestación *f.*

sub·sti·tute [ˈsʌbstɪtjuːt] *n.* **1** *(person)* sustituto, suplente *mf.* **2** *(thing)* sucedáneo (**for,** de) ◆ *tr.* sustituir, reemplazar ◆ *intr.* sustituir, suplir (**for,** a).

sub·sti·tu·tion [ˌsʌbstɪ'tjuːʃən] *n.* sustitución *f.*

sub·stra·tum [ˌsʌbˈstrɑːtəm] *n. pl.* **substrata** substrato.

sub·ter·fuge [ˈsʌbtəfjuːdʒ] *n.* subterfugio.

sub·ter·ra·ne·an [ˌsʌbtəˈreɪnɪən] *adj.* subterráneo.

sub·ti·tle [ˈsʌbtaɪtəl] *n.* subtítulo ◆ *tr.* subtitular, poner subtítulos a.

sub·tle [ˈsʌtəl] *adj.* **1** *(person - tactful)* delicado, discreto **2** *(color, difference, hint, joke)* sutil *(taste)* delicado, ligero *(lighting)* tenue, sutil **3** *(remark, mind)* agudo, perspicaz *(plan, argument, analysis)* ingenioso *(irony)* fino.

sub·tle·ty [ˈsʌtəltɪ] *n. pl.* **subtleties** **1** *(delicacy, fine difference)* sutileza **2** *(tact)* delicadeza ◆ *adj.* *(perceptiveness)* agudeza, perspicacia *(ingenuity)* sutileza.

sub·tly [ˈsʌtəlɪ] *adv.* **1** *(delicately)* sutilmente **2** *(tactfully)* con delicadeza **3** *(perceptively)* con agudeza, perspicazmente *(ingeniously)* ingeniosamente.

sub·to·tal [ˈsʌbˈtəʊtəl] *n.* subtotal *m.*

sub·tract [səb'trækt] *tr.* restar (**from,** de).

sub·trac·tion [səb'trækʃən] *n.* resta.

sub·trop·i·cal [ˌsʌbˈtrɒpɪkəl] *adj.* subtropical.

sub·urb [ˈsʌbɜːb] *n.* barrio residencial **the suburbs** las afueras *fpl.*

sub·ur·ban [sə'bɜːbən] *adj.* *(area)* de los barrios residenciales *(attitude)* convencional.

sub·ur·bi·a [sə'bɜːbɪə] *n.* los barrios *mpl.* residenciales.

sub·ver·sion [sʌb'vɜːʃən] *n.* subversión *f.*

sub·ver·sive [sʌb'vɜːsɪv] *adj.* subversivo ◆ *n. (person)* elemento subversivo.

sub·vert [sʌb'vɜːt] *tr.* subvertir.

sub·way [ˈsʌbweɪ] *n.* *(underground)* metro.

sub·ze·ro [ˌsʌbˈzɪːrəʊ] *adj.* bajo cero.

suc·ceed [sək'siːd] *intr.* **1** *(be successful - person)* tener éxito, triunfar *(- plan, marriage)* salir bien *(- strike)* surtir efecto, dar resultado **2** *(manage)* lograr, conseguir **3** *(throne)* subir (**to,** a) *(title)* heredar (**to,** -) ◆ *tr.* **1** *(take place of)* suceder a **2** *[fml. use]* *(follow after)*. **to succeed in life** triunfar en la vida.

suc·ceed·ing [sək'siːdɪŋ] *adj.* subsiguiente.

suc·cess [sək'ses] *n.* **1** *(good result, achievement)* éxito **2** *(successful person, thing)* éxito **to make a success of something** sacar adelante algo con éxito.

suc·cess·ful [sək'sesfʊl] *adj.* *(person, career, film)* de éxito *(plan, performance, attempt)* acertado, logrado *(business)* próspero *(marriage)* feliz *(meeting)* satisfactorio, positivo **to be successful in doing something** conseguir hacer algo **to be successful in life** triunfar en la vida.

suc·ces·sion [sək'seʃən] *n.* **1** *(act of following)* sucesión *f.* **2** *(series)* serie *f.,* sucesión *f.* **3** *(to post, throne)* sucesión *f.*

suc·ces·sive [sək'sesɪv] *adj.* sucesivo, consecutivo.

suc·ces·sor [sək'sesəʳ] *n.* sucesor.

suc·cinct [sək'sɪŋkt] *adj.* sucinto, conciso.

suc·cinct·ness [sək'sɪŋtnəs] *n.* concisión *f.*

suc·cu·lence [ˈsʌkjələns] *n.* suculencia.

suc·cu·lent [ˈsʌkjələnt] *adj.* *(juicy)* suculento **2** BOT carnoso ◆ *n.* BOT planta carnosa, suculenta.

suc·cumb [sə'kʌm] *intr.* sucumbir (**to,** a).

such [sʌtʃ] *adj.* **1** *(of that sort)* tal, semejante **2** *(so much, so great)* tal, tanto ◆ *adv.* *(so very)* tan ◆ *pron.* *(of that specified sort)* tal **as such** *(strictly speaking)* propiamente dicho *(that way)* como tal **at such and such a time** a tal hora **in such a**

way that... de tal manera que... **such as** (like, for example) como **such as?** ¿por ejemplo? **such is life!** ¡así es la vida!

suck [sʌk] tr. 1 (person - liquid) sorber (- lollipop, pencil, thumb, etc.) chupar (insect -blood, nectar) chupar, succionar 2 (vacuum cleaner) aspirar (**in**, -) (pump) succionar, aspirar (**in**, -) (plant) absorber (**up**, -) 3 (draw powerfully) arrastrar ◇ intr. 1 (person) chupar (**at/on**, -) (baby) mamar (**at**, -) (vacuum cleaner) aspirar (**up**, -) (pump) succionar, aspirar 2 sl. (be very bad) ser terrible, ser una mierda ◇ n. chupada **to be sucked into something** verse arrastrado a algo, verse involucrado en algo.

suck·le [ˈsʌkəl] tr. amamantar, dar de mamar a ◇ intr. mamar.

suc·tion [ˈsʌkʃən] n. (sticking together) succión f. (of water, air) aspiración f. **suction cup** ventosa **suction pump** bomba de aspiración.

Su·dan [suːˈdæn] También the Sudan n. Sudán.

Su·da·nese [suːdəˈniːz] adj. sudanés ◇ n. sudanés ◇ npl. the Sudanese los sudaneses mpl.

sud·den [ˈsʌdən] adj. 1 (quick) súbito, repentino 2 (unexpected) inesperado, imprevisto 3 (abrupt) brusco. **all of a sudden** de repente, de pronto, de golpe **sudden death** muerte f. súbita.

sud·den·ly [ˈsʌdənli] adv. 1 (unexpectedly) de repente, de pronto 2 (abruptly) bruscamente.

sud·den·ness [ˈsʌdənnəs] n. 1 (quickness) lo repentino, lo súbito 2 (unexpectedness) lo imprevisto, lo inesperado 3 (abruptness) brusquedad f.

sue [suː] tr. JUR demandar ◇ intr. entablar una demanda (**for**, por). **to sue for damages** demandar por daños y perjuicios. **to sue for divorce** solicitar el divorcio. **to sue for libel** entablar juicio por difamación. **to sue for peace** hacer un llamamiento a la paz.

suede [sweɪd] n. ante m., gamuza ◇ adj. de ante, de gamuza.

suf·fer [ˈsʌfəʳ] tr. 1 (gen) sufrir (pain) padecer, sufrir (hunger) padecer, pasar (losses) sufrir, registrar 2 (bear, tolerate) aguantar, soportar, tolerar ◇ intr. 1 (gen) sufrir 2 (be affected - work, studies, etc.) verse afectado (- health) resentirse **not to suffer fools gladly** no aguantar a los imbéciles. **to suffer for something** sufrir las consecuencias de algo. **to suffer from** (illness) sufrir de, padecer (shock) sufrir los efectos de (effects) resentirse de.

suf·fer·er [ˈsʌfərəʳ] n. enfermo.

suf·fer·ing [ˈsʌfərɪŋ] n. (affliction) sufrimiento, aflicción f. (grief) pena, dolor m. (pain) dolor m.

suf·fice [səˈfaɪs] tr. [fml. use] ser suficiente ◇ intr. bastar, ser suficiente (**for**, para). **suffice it to say (that)...** basta con decir que...

suf·fi·cient [səˈfɪʃənt] adj. suficiente, bastante **to be sufficient** bastar.

suf·fi·cient·ly [səˈfɪʃəntli] adv. (lo) suficientemente, lo suficiente.

suf·fix [ˈsʌfɪks] n. sufijo.

suf·fo·cate [ˈsʌfəkeɪt] tr. asfixiar, ahogar ◇ intr. asfixiarse, ahogarse.

suf·fo·cat·ing [ˈsʌfəkeɪtɪŋ] adj. 1 (heat) sofocante, agobiante (smoke, fumes) asfixiante 2 fig. use asfixiante.

suf·fo·ca·tion [sʌfəˈkeɪʃən] n. asfixia, ahogo.

suf·frage [ˈsʌfrɪdʒ] n. sufragio.

suf·fra·gette [sʌfrəˈdʒet] n. sufragista.

sug·ar [ˈʃʊgəʳ] n. 1 azúcar m. & f. 2 [fam. use] (form of address) cariño, cielo ◇ tr. azucarar. **to sugar the pill** dorar la píldora **brown sugar** azúcar m. moreno **castor sugar** azúcar m. extrafino **sugar beet** remolacha azucarera **sugar bowl**

azucarero, azucarera **sugar cane** caña de azúcar **sugar cube** terrón m. de azúcar.

sug·ar-coat·ed [ʃʊgəˈkəʊtɪd] adj. cubierto de azúcar.

sug·ar·y [ˈʃʊgəri] adj. comp. **sugarier**, superl. **sugariest** 1 (of/like sugar) azucarado (sweet) dulce 2 fig. use (insincere) almibarado, meloso (sentimental) sensiblero, empalagoso.

sug·gest [səˈdʒest] tr. 1 (propose) sugerir, proponer (advise) sugerir, aconsejar 2 (imply) insinuar 3 (indicate) indicar 4 (evoke) evocar, sugerir.

sug·ges·tion [səˈdʒestʃən] n. 1 (proposal) sugerencia, propuesta 2 (insinuation) insinuación f. 3 (indication, hint) indicio (slight trace) sombra, traza, asomo, nota 4 (in psychology) sugestión f.

sug·ges·tive [səˈdʒestɪv] adj. (with sexual connotations) provocativo, insinuante. **to be suggestive of something** (indicative) parecer indicar algo (evocative) evocar algo.

su·i·cid·al [suːɪˈsaɪdəl] adj. suicida.

su·i·cide [ˈsuːɪsaɪd] n. 1 (act) suicidio 2 (person) suicida mf. 3 fig. use suicidio. **to commit suicide** suicidarse.

suit [suːt] n. 1 (man's) traje m. (woman's) traje m. de chaqueta 2 JUR pleito, juicio 3 (in cards) palo ◇ tr. 1 (be convenient, acceptable) convenir a, venir bien a (please) satisfacer, agradar, contentar 2 (be right for) ir bien a, sentar bien a (look good on) quedar bien a, favorecer 3 (adapt) adaptar (**to**, a), ajustar (**to**, a). **suit yourself!** ¡como quieras! **to follow suit** seguir su ejemplo, hacer lo mismo **to suit oneself** hacer lo que a uno le apetece **to suit somebody down to the ground** venirle a alguien de perlas **suit of armor** armadura.

suit·a·bil·i·ty [suːtəˈbɪlɪti] n. 1 (appropriateness) lo apropiado, lo apropiado (for job) idoneidad f. 2 (propriety) lo apropiado, lo apto 3 (convenience) conveniencia.

suit·a·ble [ˈsuːtəbəl] adj. 1 (appropriate) adecuado (**for**, para), apropiado (**for**, para) (for job, post) adecuado, indicado, idóneo 2 (acceptable, proper) apropiado, apto 3 (convenient) conveniente.

suit·a·bly [ˈsuːtəbli] adv. 1 (qualified) adecuadamente (dressed) apropiadamente, de manera adecuada 2 (correctly) como es debido, como corresponde.

suit·case [ˈsuːtkeɪs] n. maleta.

suite [swiːt] n. 1 (of furniture) juego 2 (in hotel) suite f. 3 MUS suite f. 4 (retinue) séquito, comitiva 5 COMPUT juego **dining-room suite** (juego de) comedor m.

suit·ed [ˈsuːtɪd] adj. apropiado (**for**, para), adecuado (**for**, para).

sul·fate [ˈsʌlfeɪt] n. sulfato **copper sulphate** sulfato de cobre.

sul·fide [ˈsʌlfaɪd] n. sulfuro.

sul·fur [ˈsʌlfəʳ] n. azufre m.

sulk [sʌlk] intr. enfurruñarse, estar de mal humor ◇ n. malhumor m. **to be in a sulk** enfurruñarse. **to have the sulks** enfurruñarse, poner morros.

sulk·y [ˈsʌlki] adj. comp. **sulkier**, superl. **sulkiest** (look, mood) malhumorado (person) con tendencia a enfurruñarse.

sul·len [ˈsʌlən] adj. 1 (person, mood) hosco, arisco, huraño (face) adusto 2 literal use (sky, weather) sombrío, triste.

sul·len·ness [ˈsʌlənnəs] n. malhumor m.

sum [sʌm] n. 1 MATH (calculation) cuenta (addition) suma, adición f. 2 (amount of money) suma (de dinero), cantidad f. (de dinero) 3 (total amount) suma, total m. ◇ npl. **sums** aritmética f. sing., cálculos *mpl.* **in sum** en suma, en resumen **to do one's sums** hacer cuentas **the sum total** suma, total *m.*

to sum up. *tr. sep.* **1** *(summarize)* resumir, hacer un resumen de, sintetizar **2** *(size up - situation)* evaluar *(- person)* catalogar ◇ *intr. (summarize)* resumir *(of judge)* recapitular.

sum·mar·i·ly [ˈsʌmərɪlɪ] *adv.* sumariamente.

sum·ma·rize [ˈsʌməraɪz] *tr.* resumir, hacer un resumen de.

sum·ma·ry [ˈsʌmərɪ] *n. pl.* **summaries** *(gen)* resumen *m.* ◇ *adj.* **1** JUR *(justice, punishment)* sumario **2** *(immediate - dismissal)* inmediato **3** *(brief - account)* breve, corto. **in summary** en resumen.

sum·mer [ˈsʌmə*r*] *n.* **1** *(gen)* verano **2** *literal use* abril *m.* ◇ *adj.* **1** *(gen)* de verano *(summery)* veraniego **summer camp** colonia de vacaciones **summer holidays** vacaciones *fpl.* de verano **summer school** curso de verano **summer time** horario de verano.

sum·mer·time [ˈsʌmətaɪm] *n.* verano, estío. **in (the) summertime** en verano.

sum·mit [ˈsʌmɪt] *n.* **1** *(of mountain, career)* cumbre *f.,* cima **2** *(meeting)* cumbre *f.* **summit conference** cumbre *f.*

sum·mon [ˈsʌmən] *tr.* **1** *(person)* llamar *(meeting, parliament)* convocar **2** JUR citar, emplazar.

to sum·mon up. *tr. insep.* **1** *(courage)* armarse de *(strength)* reunir, cobrar *(support)* lograr, obtener *(resources, help)* reunir, conseguir **2** *(memories, thoughts)* evocar.

su·mo [ˈsuːməʊ] *n.* SP sumo **sumo wrestler** luchador *m.* de sumo **sumo wrestling** sumo.

sun [sʌn] *n. (gen)* sol *m.* **everything under the sun** de todo **there's nothing new under the sun** no hay nada nuevo bajo el sol **to call somebody all the names under the sun** decirle a alguien de todo **to sun oneself** tomar el sol **sun blind** persiana *sun block* filtro solar **sun deck** cubierta superior **sun lamp** lámpara solar **sun lounge** solana **sun lounger** tumbona **sun terrace** solana **sun visor** visera.

Sun [sʌn] *abbr.* (Sunday) domingo *(abbreviation)* dom.

sun·baked [ˈsʌnbeɪkt] *adj. (place)* quemado por el sol, calcinado *(brick)* secado por el sol.

sun·bathe [ˈsʌnbeɪð] *intr.* tomar el sol.

sun·bath·er [ˈsʌnbeɪðə*r*] *n.* persona que toma el sol.

sun·bath·ing [ˈsʌnbeɪðɪŋ] *n.* baños *mpl.* de sol.

sun·beam [ˈsʌnbiːm] *n.* rayo de sol.

sun·bed [ˈsʌnbed] *n.* cama solar.

sun·burn [ˈsʌnbɜːn] *n.* quemadura de sol.

sun·burnt [ˈsʌnbɜːnt] *adj. (burnt)* quemado (por el sol) *(tanned)* bronceado, moreno.

sun·dae [ˈsʌndɪ] *n.* CULIN copa de helado con fruta, almendras, jarabe y nata montada.

Sun·day [ˈsʌndɪ] *n.* domingo. **in a month of Sundays** en mucho tiempo **in one's Sunday best** vestido de domingo, endomingado **Sunday newspaper** periódico dominical **Sunday school** catequesis *f.* **NOTA:** Para ejemplos de uso, ver Saturday.

sun·down [ˈsʌndaʊn] *n.* puesta de (l) sol. **at sundown** al atardecer.

sun·dried [ˈsʌndraɪd] *adj.* secado al sol.

sun·dry [ˈsʌndrɪ] *adj.* diversos, varios ◇ *npl.* sundries COMM *(goods)* artículos *mpl.* diversos *(expenses)* gastos *mpl.* diversos. **all and sundry** todo el mundo.

sun·flow·er [ˈsʌnflaʊə*r*] *n.* girasol *m.* **sunflower seed** semilla de girasol.

sung [sʌŋ] *pp.* VER: sing.

sun·glass·es [ˈsʌnglɑːsɪz] *npl.* gafas *fpl.* de sol.

sun·hat [ˈsʌnhæt] *n.* pamela, sombrero de ala ancha.

sunk [sʌŋk] *pp.* VER: sink.

sunk·en [ˈsʌnkən] *adj.* **1** *(ship, treasure)* hundido, sumergido *(eyes, cheeks)* hundido **2** *(terrace, bath)* a un nivel más bajo.

sun·light [ˈsʌnlaɪt] *n.* sol *m.,* luz *f.* del sol.

sun·lit [ˈsʌnlɪt] *adj.* soleado.

sun·ny [ˈsʌnɪ] *adj. comp.* **sunnier,** *superl.* **sunniest** **1** *(room, house, etc.)* soleado *(day)* de sol **2** *fig. use (person)* alegre, risueño *(future)* risueño. **to be sunny** hacer sol.

sun·ray [ˈsʌnreɪ] *n.* rayo de sol.

sun·rise [ˈsʌnraɪz] *n. (sun-up)* salida del sol *(dawn)* amanecer *m.,* alba *m.*

sun·set [ˈsʌnset] *n. (sundown)* puesta de(l) sol, ocaso *(twilight)* crepúsculo, atardecer *m.*

sun·shade [ˈsʌnʃeɪd] *n.* **1** *(parasol)* sombrilla **2** *(awning)* toldo.

sun·shine [ˈsʌnʃaɪn] *n.* **1** sol *m.,* luz *f.* de sol **2** *fig. use* alegría.

sun·spot [ˈsʌnspɒt] *n.* **1** *(on sun)* mancha solar **2** *[fam. use] (sunny place)* lugar de veraneo donde hace mucho sol.

sun·stroke [ˈsʌnstrəʊk] *n.* insolación *f.*

sun·tan [ˈsʌntæn] *n.* bronceado **to get a suntan** broncearse, ponerse moreno **suntan cream/ suntan lotion** crema bronceadora **suntan oil** aceite *m.* bronceador.

sun-tanned [ˈsʌntænd] *adj.* bronceado, moreno.

sun-up [ˈsʌnʌp] *n. (sunrise)* salida de sol *(dawn)* amanecer *m.,* alba *m.*

su·per [ˈsuːpə*r*] *adj. [fam. use]* genial, súper, fenomenal, de primera.

su·per·a·bun·dance [suːpərəˈbʌndəns] *n. [fml. use]* superabundancia.

su·per·a·bun·dant [suːpərəˈbʌndənt] *adj. [fml. use]* superabundante.

su·perb [suːˈpɜːb] *adj.* estupendo, magnífico, espléndido, soberbio.

su·per·con·duc·tiv·i·ty [suːpəkɒndʌkˈtɪvɪtɪ] *n.* superconductividad *f.*

su·per·con·duc·tor [suːpəkənˈdʌktə*r*] *n.* superconductor *m.*

su·per·fi·cial [suːpəˈfɪʃəl] *adj. (gen)* superficial.

su·per·flu·ous [suːˈpɜːfluəs] *adj. (gen)* superfluo *(remark, comment)* de más. **to be superfluous** sobrar, estar de más.

su·per·hu·man [suːpəˈhjuːmən] *adj.* sobrehumano.

su·per·im·pose [suːpərɪmˈpəʊz] *tr.* sobreponer, superponer.

su·per·in·tend·ent [suːpərɪnˈtendənt] *n.* **1** *(person in charge - gen)* director, inspector, supervisor **2** *(in apartment building)* portero, conserje *mf.* **3** *(of park)* encargado.

su·pe·ri·or [suːˈpɪərɪə*r*] *adj.* **1** *(gen)* superior (**to,** a) **2** *pej. (attitude, tone, smile)* de superioridad ◇ *n. (senior)* superior *mf.* **to be superior in number** superar en número **Mother Superior** Madre Superiora **superior officer** (oficial *m*) superior *m.*

su·pe·ri·or·i·ty [suːpɪərɪˈɒrɪtɪ] *n.* superioridad *f.* **superiority complex** complejo de superioridad.

su·per·la·tive [suːˈpɜːlətɪv] *adj.* **1** *(excellent)* superlativo, de primera, excelente, excepcional **2** LING superlativo ◇ *n.* LING superlativo.

su·per·man [ˈsuːpəmæn] *n. pl.* **supermen** superhombre *m.*

su·per·mar·ket [suːpəˈmɑːkɪt] *n.* supermercado, autoservicio.

su·per·nat·u·ral [suːpəˈnætʃərəl] *adj.* sobrenatural ◇ *n.* the supernatural lo sobrenatural *m.*

su·per·no·va [suːpəˈnəʊvə] *n. pl. supernovae* o *supernovas* supernova.

su·per·pow·er [ˈsuːpəpaʊəˠ] *n.* superpotencia.

su·per·sede [suːpəˈsiːd] *tr. (replace)* reemplazar, sustituir, suplantar.

su·per·son·ic [suːpəˈsɒnɪk] *adj.* supersónico.

su·per·star [ˈsuːpəstaːˠ] *n.* superestrella.

su·per·sti·tion [suːpəˈstɪʃən] *n.* superstición f.

su·per·sti·tious [sjuːpəˈstɪʃəs] *adj.* supersticioso.

su·per·store [ˈsuːpəstɔːˠ] *n.* hipermercado.

su·per·struc·ture [ˈsuːpəstrʌktʃəˠ] *n.* superestructura.

su·per·tank·er [ˈsuːpətæŋkəˠ] *n.* superpetrolero.

su·per·tax [ˈsuːpətæks] *n.* impuesto adicional (pagado por los que tienen ingresos muy altos).

su·per·vise [ˈsuːpəvaɪz] *tr.* 1 *(watch over)* vigilar 2 *(keep check on)* supervisar *(run)* dirigir.

su·per·vi·sion [suːpəˈvɪʒən] *n.* supervisión f.

su·per·vi·sor [ˈsuːpəvaɪzəˠ] *n. (gen)* supervisor.

sup·per [ˈsʌpəˠ] *n.* cena. **to have supper** cenar.

sup·plant [səˈplɑːnt] *tr.* suplantar, reemplazar, sustituir.

sup·ple [ˈsʌpəl] *adj. (body, fingers)* flexible, ágil *(material)* flexible *(mind)* ágil *(movement)* natural.

sup·ple·ment [*(n.)* ˈsʌplɪmənt]; *(vb.)* ˈsʌplɪment] *n.* 1 *(charge)* suplemento 2 *(dietary)* complemento 3 LIT suplemento ◇ *tr.* complementar.

sup·ple·men·ta·ry [sʌplɪˈmentəri] *adj.* 1 *(gen)* suplementario, adicional 2 MATH suplementario.

sup·pli·er [səˈplaɪəˠ] *n.* COMM proveedor, abastecedor.

sup·ply [səˈplaɪ] *n. pl. supplies* 1 *(provision)* suministro 2 COMM *(provision - to markets, areas, etc.)* abastecimiento *(- to individuals, houses, shops, etc.)* suministro 3 *(amount availabe)* reserva ◇ *tr. pt. & pp. supplied, ger. supplying* 1 *(goods, materials)* suministrar 2 *(a person, company, city, etc.)* abastecer (*with*, de), proveer (*with*, de) 3 *(give - information, proof, facts)* facilitar, proporcionar 4 MIL *(with provisions)* aprovisionar 5 *[fml. use] (need, requirement)* satisfacer ◇ *npl.* supplies *(food)* provisiones *fpl.*, víveres *mpl. (stock)* existencias *fpl.*, stock ◇ *m.* MIL pertrechos *mpl.* **to be in short supply** escasear **supply and demand** la oferta y la demanda **supply teacher** profesor suplente.

sup·port [səˈpɔːt] *n.* 1 *(physical - gen)* apoyo, sostén *m. (- thing worn on body)* protector *m.* 2 *(of building)* soporte *m.*, puntal *m.* 3 *(moral)* apoyo, respaldo 4 *(financial)* ayuda económica, apoyo económico *(sustenance)* sustento *(person)* sostén *m.* 5 *(supporters)* afición f. 6 *(evidence)* pruebas *fpl.* ◇ *tr.* 1 *(roof, bridge, etc.)* sostener *(weight)* aguantar, resistir *(part of body)* sujetar 2 *(back, encourage)* apoyar, respaldar, ayudar *(cause, motion, proposal)* apoyar, estar de acuerdo con' 3 SP *(follow)* seguir *(encourage)* animar 4 *(keep, sustain)* mantener, sustentar, sostener *(feed)* alimentar 5 *(corroborate, substantiate)* confirmar, respaldar, apoyar, respaldar 6 *[fml. use] (endure)* soportar, tolerar. **in support** *(in reserve)* de apoyo. **in support of somebody/something** en apoyo de alguien/algo, a favor de alguien/algo **to drum up support for somebody/something** conseguir apoyo para alguien/algo. **to support oneself** ganarse la vida **support group** *(offering help)* grupo de apoyo *(musicians)* grupo telonero.

sup·port·er [səˈpɔːtəˠ] *n.* 1 POL partidario 2 SP *(gen)* seguidor *(fan)* hincha *mf.*, forofo *npl.* supporters 1 SP la afición f. *sing.*

sup·port·ing [səˈpɔːtɪŋ] *adj. (part, role)* secundario.

sup·port·ive [səˈpɔːtɪv] *adj.* **to be supportive** apoyar, dar apoyo.

sup·pose [səˈpəʊz] *tr.* 1 *(assume, imagine)* suponer, imaginarse 2 **(in polite requests)** 3 *(believe)* creer 4 *(postulate)* suponer 5 *[fml. use] (presuppose)* suponer ◇ *conj.* 1 *(hypothesis)* ¿y si…?, pongamos por caso, supongamos 2 **(making suggestions)** ¿y si…?, ¿qué tal si…? **I suppose not** supongo que no. **I suppose so** supongo que sí.

sup·posed [səˈpəʊzd] *adj.* supuesto. **to be supposed to** *(supposition, reputation)* se supone que, dicen que *(obligation, responsibility)* deber, tener que *(intention)* se supone que.

sup·pos·ed·ly [səˈpəʊzədli] *adv.* supuestamente.

sup·pos·ing [səˈpəʊzɪŋ] *conj. (hypothesis)* ¿y si…?, suponiendo 2 **(making suggestions)** ¿y si…?, ¿qué tal si…?

sup·po·si·tion [sʌpəˈzɪʃən] *n.* suposición f., supuesto.

sup·press [səˈpres] *tr. (gen)* suprimir *(feelings, laugh, yawn, etc.)* contener, reprimir *(news, truth, evidence)* callar, ocultar *(revolt, rebellion)* sofocar, reprimir.

sup·pres·sion [səˈpreʃən] *n. (gen)* supresión f. *(of feelings)* represión f., inhibición f. *(of truth, evidence, information)* ocultación f. *(of book)* prohibición f. *(of revolt)* represión f.

su·pra·na·tion·al [suːprəˈnæʃənəl] *adj.* supranacional.

su·prem·a·cist [suːˈpreməsɪst] *n.* suprematista *mf.*

su·prem·a·cy [suːˈpreməsi] *n.* supremacía f.

su·preme [suːˈpriːm] *adj. (highest)* supremo, sumo *(greatest)* supremo **to make the supreme sacrifice** hacer el supremo sacrificio **the Supreme Being** el Ser Supremo **Supreme Commander** MIL Comandante *m.* Supremo **the Supreme Court** JUR el Tribunal *m.* Supremo.

su·preme·ly [suːˈpriːmli] *adv.* sumamente.

sur·charge [ˈsɜːtʃɑːdʒ] *n.* recargo, sobretasa ◇ *tr. (person)* aplicar un recargo a.

sure [ʃʊəˠ] *adj.* 1 *(positive, certain)* seguro *(about/of*, de) *(convinced)* convencido 2 *(certain, inevitable)* seguro 3 *(reliable)* seguro ◇ *adv.* 1 *(of course)* claro, por supuesto 2 *(as intensifier)* realmente, de verdad **as sure as eggs is eggs** *(tan seguro)* como que dos y dos son cuatro. **as sure as I'm standing here** palabra de honor **for sure** seguro **sure enough** efectivamente, en efecto **sure thing** claro, por supuesto **to be sure of oneself** estar seguro de sí mismo. **to be sure of somebody** poder confiar en alguien **to be sure to** no olvidarse de, no dejar de **to make sure** asegurarse *(of*, de).

sure·ly [ˈʃʊəli] *adv.* 1 *(doubtless)* seguramente, sin duda 2 *(as intensifier)* (in a sure manner) con seguridad 4 *(certainly)* por supuesto, desde luego, claro *(yes* sí).

sure·ty [ˈʃʊərəti] *n. pl. sureties* 1 *(person)* fiador, garante *mf.* 2 *(money)* fianza, garantía. **to stand surety for somebody** ser fiador de alguien.

surf [sɜːf] *n. (waves)* olas *fpl.*, oleaje *m. (foam)* espuma ◇ *intr.* hacer surf. **to surf the net** navegar en Internet.

sur·face [ˈsɜːfɪs] *n.* 1 *(gen)* superficie f. *(of road)* firme *m.* 2 *fig. use (exterior)* apariencia ◇ *adj. (gen)* superficial ◇ *tr. (cover road)* pavimentar *(with asphalt)* asfaltar ◇ *intr.* 1 *(submarine, etc.)* salir a la superficie *(problems, etc.)* aflorar, aparecer, surgir 2 *(from bed)* asomarse, dejarse ver *(after disappearance)* reaparecer. **on the surface** *en apariencia*, *a primera vista* **to come/rise to the surface** *(problem, need, issue)* aflorar, surgir **surface area** *superficie f., área (de la superficie)* **surface tension** *tensión f. superficial.*

surf·board ['sɜːfbɔːd] *n.* tabla de surf.

surf·er ['sɜːfəʳ] *n.* surfista *mf.*

surf·ing ['sɜːfɪŋ] *n.* surf *m.*

surge [sɜːdʒ] *n.* 1 *(of sea)* oleada, oleaje *m.*, marejada *(of people)* oleada, marea 2 *(increase - in demand, etc.)* aumento *(- of support)* oleada *(- of anger)* arranque *m.* ◇ *intr.* 1 *(sea, wave)* levantarse, hincharse *(people, crowd)* ir en tropel, avanzar a manadas 2 *(increase)* aumentar bruscamente. **to surge up inside somebody** *(anger, etc.)* invadir a alguien, apoderarse de alguien.

sur·geon ['sɜːdʒən] *n.* cirujano **brain surgeon** *neurocirujano* **heart surgeon** *cardiocirujano.*

sur·ger·y ['sɜːdʒərɪ] *n. pl.* **surgeries** *(operating)* cirugía. **to undergo surgery** *ser operado, ser sometido a una intervención quirúrgica.*

sur·gi·cal ['sɜːdʒɪkəl] *adj. (instrument, treatment)* quirúrgico **surgical appliance** *aparato ortopédico* **surgical knife** *bisturí m.* **surgical spirit** *alcohol m. de 90°.*

Su·ri·nam [suərɪˈnæm] *n.* Surinam.

sur·name [sɜːneɪm] *n.* apellido.

sur·pass [sɜːˈpɑːs] *tr. (better)* superar *(exceed)* superar, sobrepasar.

sur·plus [sɜːpləs] *n. (of goods, produce)* excedente *m.*, sobrante *m. (of budget)* superávit *m. adj.* sobrante, excedente **surplus stock** *saldos mpl.* **army surplus** *excedentes mpl. del ejército.*

sur·prise [səˈpraɪz] *n.* sorpresa ◇ *adj. (visit, result)* inesperado *(attack, party)* sorpresa ◇ *tr.* 1 *(cause surprise to)* sorprender 2 *(catch unawares)* sorprender, coger desprevenido. **to come as a surprise** *ser una sorpresa.* **to take somebody by surprise** *coger desprevenido a alguien.*

sur·prised [səˈpraɪzd] *adj. (person)* sorprendido *(look)* de sorpresa. **to be surprised** *sorprenderse, llevarse una sorpresa.*

sur·pris·ing [səˈpraɪzɪŋ] *adj.* sorprendente.

sur·re·al [səˈrɪəl] *adj.* surrealista.

sur·re·al·ism [səˈrɪəlɪzəm] *n.* surrealismo.

sur·re·al·ist [səˈrɪəlɪst] *n.* surrealista *mf.* ◇ *adj.* surrealista.

sur·ren·der [səˈrendəʳ] *n.* 1 *(capitulation)* rendición *f. (submission)* sumisión *f.*, claudicación *f.* 2 *(giving up - of arms)* entrega *(- of rights)* renuncia ◇ *tr.* 1 MIL *(weapons, town)* rendir, entregar 2 *[fml. use] (passport, ticket, etc.)* entregar *(claim, right, privilege)* renunciar a, ceder ◇ *intr.* rendirse, entregarse. **to surrender oneself to something** *dejarse vencer por algo.*

sur·rep·ti·tious [sʌrəpˈtɪʃəs] *adj.* subrepticio, furtivo.

sur·rep·ti·tious·ly [sʌrəpˈtɪʃəslɪ] *adv.* subrepticiamente.

sur·ro·ga·cy [ˈsʌrəgəsɪ] *n.* alquiler *m.* de úteros.

sur·ro·gate [ˈsʌrəgeɪt] *n. [fml. use] (gen)* sustituto **surrogate mother** *madre f. de alquiler.*

sur·round [səˈraʊnd] *tr. (encircle)* rodear **(with,** de) ◇ *n.* marco, borde *m.* **to be surrounded by something** *estar rodeado de algo.*

sur·round·ing [səˈraʊndɪŋ] *adj.* circundante ◇ *npl.* **surroundings (of town, city, etc.)** *alrededores mpl.*, cercanías *fpl. (environment)* entorno, ambiente *m.*

sur·tax ['sɜːtæks] *n.* recargo.

sur·veil·lance [sɜːˈveɪləns] *n.* vigilancia. **to keep somebody under surveillance** *mantener a alguien bajo vigilancia.*

sur·vey [(n.) 'sɜːveɪ; (vb.) səˈveɪ] *n.* 1 *(investigation - of opinion)* sondeo, encuesta *(- of prices, trends, etc.)* estudio *(written report)* informe *m.* 2 *(of land)* inspección *f.*, reconocimiento *(in topography)* medición *f.* 3 *(general view)* visión *f.* general, visión *f.* de conjunto ◇ *tr.* 1 *(contemplate, look at)* contemplar, mirar 2 *(study - gen)* examinar, analizar *(prices, trends, etc.)* estudiar, hacer una encuesta sobre *(investigate - people)* encuestar, hacer un sondeo de 3 *(- land)* hacer un reconocimiento de *(in topography)* medir 4 *(house, building)* inspeccionar, hacer un peritaje de.

sur·vey·ing [sɜːˈveɪɪŋ] *n.* agrimensura, topografía.

sur·vey·or [səˈveɪəʳ] *n. (of land)* agrimensor, topógrafo **(of house, building)** perito.

sur·viv·al [səˈvaɪvəl] *n.* 1 *(gen)* supervivencia 2 *(relic)* reliquia, vestigio **(from,** de) **survival kit** *equipo para emergencias.*

sur·vive [səˈvaɪv] *intr.* 1 *(gen)* sobrevivir *(custom, tradition)* sobrevivir, perdurar *(book, painting)* conservarse 2 *[fam. use] (cope, get by)* ir tirando, arreglárselas ◇ *tr.* 1 *(disaster)* sobrevivir a 2 *(person)* sobrevivir a.

sur·vi·vor [səˈvaɪvəʳ] *n.* superviviente *mf.*, sobreviviente *mf.*

sus·cep·ti·bil·i·ty [səseptəˈbɪlɪtɪ] *n. pl.* **susceptibilities** *(vulnerability - gen)* vulnerabilidad *f. (- to illness)* propensión *f.* **(to,** a) ◇ *npl.* **susceptibilities** *(feelings)* sentimientos *mpl.*, susceptibilidades *fpl.*

sus·cep·ti·ble [səˈseptɪbəl] *adj.* 1 *(easily influenced)* sugestionable *(impressionable)* susceptible, sensible, impresionable **(to,** a) *(prone to illness)* propenso **(to,** a) 2 JUR *[fml. use]* susceptible **(of,** de).

sus·pect [(adj.-n.) 'sʌspekt; (vb.) səˈspekt] *adj. (suspicious)* sospechoso *(dubious, questionable)* dudoso ◇ *n. (person)* sospechoso ◇ *tr.* 1 *(believe guilty)* sospechar de *(mistrust)* recelar de, desconfiar de, dudar de 2 *(think true)* sospechar 3 *(suppose, guess)* imaginarse, creer.

sus·pect·ed [səˈspektɪd] *adj. (criminal, etc.)* presunto *(disease, illness)* posible, no confirmado.

sus·pend [səˈspend] *tr.* 1 *(stop temporarily)* suspender *(postpone)* posponer, aplazar 2 *(remove)* suspender 3 *(hang)* suspender, colgar.

sus·pend·ed [səˈspendɪd] *adj. (gen)* suspendido **suspended animation** *muerte f. aparente* **suspended sentence** JUR *condena condicional.*

sus·pense [səˈspens] *n. (anticipation)* incertidumbre *f. (intrigue)* suspense *m.*, intriga. **to keep somebody in suspense** *tener a alguien en vilo, tener a alguien sobre ascuas.*

sus·pen·sion [səˈspenʃən] *n.* 1 *(halt)* suspensión *f. (postponement)* aplazamiento, postergación *f.* 2 *(of employee, player)* suspensión *f. (of pupil)* expulsión *f.* 3 CHEM suspensión *f.* 4 TECH suspensión *f.* **suspension bridge** *puente m. colgante* **suspension points** *puntos suspensivos.*

sus·pi·cion [səˈspɪʃən] *n.* 1 *(gen)* sospecha *(mistrust)* recelo, desconfianza *(doubt)* duda *(hunch)* presentimiento 2 *(slight trace)* pizca, asomo, atisbo. **to arrest somebody on suspicion** *detener a alguien como sospechoso.* **to be above suspicion** *estar por encima de toda sospecha.* **to be under suspicion** *estar bajo sospecha.*

sus·pi·cious [səˈspɪʃəs] *adj.* 1 *(arousing suspicion)* sospechoso 2 *(distrustful, wary)* receloso, desconfiado, suspicaz **to be suspicious of/ about somebody/something** *desconfiar de alguien/algo.*

sus·tain [səˈsteɪn] *tr.* 1 *(keep alive - gen)* sustentar *(- spirits, hope)* mantener 2 *(maintain - gen)* sostener

(- interest, conversation) mantener *(· work)* continuar 3 MUS *(note)* sostener 4 *[fml. use] (suffer - loss, injury, wound, etc.)* sufrir 5 *[fml. use] (hold up)* sostener 6 JUR admitir. **objection sustained** se admite la protesta.

sus·tain·a·ble [səˈsteɪnəbəl] *adj.* sostenible.

sus·tained [səˈsteɪnd] *adj.* 1 *(effort)* sostenido *(applause, attack)* prolongado *(work, growth)* continuo 2 MUS *(note)* sostenido.

sus·te·nance [ˈsʌstɪnəns] *n.* sustento, alimento.

SW¹ [ˈʃɔːtweɪv] *abbr.* **(short wave)** onda corta *(abbreviation)* OC.

SW² [saʊə] *abbr.* **(southwest)** sudoeste, suroeste *(abbreviation)* S.

swab [swɒb] *n.* 1 MED *(cotton wool)* algodón *m. (gauze)* gasa 2 MED *(specimen)* frotis *m.,* muestra 3 *(cleaning cloth)* paño, bayeta, trapo *(mop)* fregona ◇ *tr. pt. & pp.* **swabbed,** *ger.* **swabbing** 1 MED *(wound)* limpiar 2 MAR *(deck)* limpiar, fregar.

Swa·hi·li [swɑːˈhiːli] *n.* suahili *m.*

swal·low [ˈswɒləʊ] *n.* 1 *(of drink, food)* trago ◇ *tr.* 1 *(food, etc.)* tragar 2 *fig. use (be taken in by)* tragarse *intr.* 1 tragar. **to swallow one's pride** tragarse el orgullo. **to swallow one's words** desdecirse de sus palabras. **to swallow the bait** tragar el anzuelo.

to swal·low up. *tr. sep.* 1 *(engulf)* tragarse, engullir 2 *(use up)* consumir, tragarse, comerse, absorber.

swam [swæm] *pt.* VER: swim.

swamp [swɒmp] *n.* pantano, ciénaga *tr.* 1 *(land)* inundar, anegar *(boat)* hundir 2 *fig. use (inundate)* inundar *(with/by,* de) *(overwhelm)* agobiar, abrumar *(with/by,* de).

swan [swɒn] *n.* *(bird)* cisne *m.* ◇ *intr. pt. & pp.* **swanned,** *ger.* **swanning** pavonearse.

swan-song [ˈswɒnsɒŋ] *n.* canto del cisne, última presentación.

swap [swɒp] *n.* canje *m.,* cambalache *m.* ◇ *tr. pt. & pp.* **swapped,** *ger.* **swapping** *[fam. use]* cambiar, intercambiar *intr.* hacer un intercambio, cambiar.

to swap o·ver/swap round *tr. sep.* cambiar (de sitio).

swarm [swɔːm] *n.* 1 *(of bees)* enjambre *m.* 2 *fig. use (of people)* enjambre *m.,* nube *f.,* multitud *f.* ◇ *intr.* 1 *(bees)* enjambrar 2 *fig. use (people)* aglomerarse, apiñarse, arremolinarse.

swas·ti·ka [ˈswɒstɪkə] *n.* esvástica, cruz *f.* gamada.

swat [swɒt] *tr. pt. & pp.* **swatted,** *ger.* **swatting** *(try to hit)* aplastar *(kill)* matar ◇ *n. (blow)* golpe *m. (with hand)* manotazo.

sway [sweɪ] *n.* 1 *(movement)* balanceo, vaivén *m.,* movimiento 2 *fig. use (influence)* dominio, influencia *(over,* sobre) ◇ *tr.* 1 *(swing)* balancear, bambolear 2 *fig. use (influence)* influir en, influenciar, convencer ◇ *intr.* 1 *(person, tree, ladder)* balancearse, bambolearse *(tower)* bambolearse *(crops)* mecerse *(person - totter)* tambalearse 2 *fig. use (waver)* vacilar *(between,* entre), oscilar *(between,* entre).

Swa·zi·land [ˈswɑːzɪlænd] *n.* Swazilandia.

swear [sweəʳ] *tr. pt.* **swore** [swɔːʳ], *pp.* **sworn** [swɔːn] 1 *(declare formally)* jurar *(vow)* juramentar 2 *[fam. use] (state firmly)* jurar ◇ *intr.* 1 *(declare formally)* jurar, prestar juramento 2 *(curse)* decir palabrotas, soltar tacos *(blaspheme)* jurar, blasfemar **to be sworn in** *(in court)* prestar juramento *(in post)* jurar un cargo. **to swear blind** jurar y perjurar. **to swear like a trooper** jurar como un carretero. **to swear somebody to secrecy** hacer que alguien jure guardar un secreto.

to swear by *tr. insep. [fam. use]* tener una fe absoluta en.

to swear in *tr. sep. (in court)* tomarle juramento a.

to swear to *tr. insep.* jurar.

swear-word [ˈsweəwɜːd] *n.* palabrota.

sweat [swet] *n.* 1 *(perspiration)* sudor *m.* 2 *[fam. use] (hard work)* paliza 3 *[fam. use] (anxious state)* nerviosismo ◇ *intr.* 1 *(perspire)* sudar 2 *(cheese)* exudar humedad 3 *(work hard)* sudar la gota gorda 4 *[fam. use] (worry)* estar preocupado, sufrir. **by the sweat of one's brow** con el sudor de su frente. **to be all of/in a sweat** *(wet)* estar empapado de sudor *(anxious)* estar muy nervioso. **to be in a cold sweat** tener un sudor frío. **no sweat** ningún problema. **to sweat blood** sudar sangre, sudar tinta, sudar la gota gorda. **to sweat it out** *(exercise)* sudar la gota gorda *(suffer until end)* aguantar. **to sweat one's guts out** echar los bofes **sweat gland** glándula sudorípara.

sweated [ˈswetɪd] **sweated labor** *(work)* trabajo mal pagado *(workers)* mano de obra explotada.

sweat·er [ˈswetəʳ] *n.* suéter *m.,* jersey *m.*

sweat-shirt [ˈswetʃɜːt] *n.* sudadera.

sweat·shop [ˈswetʃɒp] *n.* fábrica o taller donde se explota a los trabajadores.

sweat·y [ˈswetɪ] *adj. comp.* **sweatier,** *superl.* **sweatiest** *(person, clothes)* sudoroso, sudado *(day, weather)* bochornoso *(work)* que hace sudar.

Swede [swiːd] *n.* *(person)* sueco.

Sweden [ˈswiːdən] *n.* Suecia.

Swed·ish [ˈswiːdɪʃ] *adj.* sueco ◇ *n. (language)* sueco ◇ *npl.* **the Swedish** los suecos *mpl.*

sweep [swiːp] *n.* 1 *(with broom)* barrido 2 *(of arm)* movimiento amplio, gesto amplio *(with weapon)* golpe *m.* 3 *(curve)* curva *(area, stretch)* extensión *f.* 4 *fig. use (range, extent)* abanico, alcance *m.* 5 *(by police, rescuers)* peinado, rastreo 6 *[fam. use] (chimney cleaner)* deshollinador ◇ *tr. pt. & pp.* **swept** [swept] 1 *(room, floor)* barrer *(chimney)* deshollinar 2 *(with hand)* quitar de un manotazo 3 *(move over)* azotar, barrer 4 *(remove by force)* arrastrar, llevarse 5 *(pass over)* recorrer 6 *fig. use (spread through)* recorrer, extenderse por 7 *(touch lightly)* rozar, pasar por ◇ *intr.* 1 *(with broom)* barrer 2 *(move quickly)* pasar rápidamente 3 *(extend)* recorrer, extenderse **to sweep somebody off his/ her feet** hacerle perder la cabeza a alguien **to sweep something under the carpet** ocultar algo a todos **to make a clean sweep of things** barrer con todo, hacer tabla rasa.

to sweep a·side *tr. sep.* 1 *(objection, etc.)* rechazar *(suggestion)* descartar 2 *(object)* apartar (bruscamente).

to sweep a·way *tr. sep.* 1 *(privilege, etc.)* erradicar 2 *(by flood, storm)* arrastrar, llevarse.

to sweep up *tr. sep.* 1 *(room, etc.)* barrer *(dust, etc.)* (barrer y) recoger 2 *(object, person)* recoger, levantar ◇ *intr.* barrer, limpiar.

sweep·er [ˈswiːpəʳ] *n.* 1 *(person)* barrendero 2 *(machine)* barredora *(carpet sweeper)* cepillo mecánico.

sweep·ing [ˈswiːpɪŋ] *adj.* 1 *(broad)* amplio *(very general)* muy general 2 *(overwhelming)* arrollador, aplastante *(far-reaching)* radical *(huge)* enorme.

sweep·stake [ˈswiːpsteɪk] *n.* *(bet)* apuesta en que el ganador se lleva todo el dinero apostado *(horse race)* carrera de caballos en que se hace este tipo de apuestas.

sweet [swiːt] *adj.* 1 *(taste)* dulce *(sugary)* azucarado 2 *(pleasant)* agradable *(smell)* fragante, bueno *(sound, music, voice)* melodioso, suave, dulce 3 *(air)* limpio *(water)* dulce **4** *(charming)* encantador, simpático *(cute)* rico, mono *(gentle)* dulce. **to be sweet on somebody** gustarle mucho a alguien **to have a sweet tooth** ser goloso **sweet corn** *maíz* m. tierno **sweet potato** *camote* **sweet talk** zalamerías fpl.

sweet-and-sour ['swi:tənsaʊə ᵃ] adj. CULIN agridulce.

sweet-en ['swi:tən] tr. **1** *(drink, etc.)* endulzar, azucarar *(air, breath)* refrescar **2** *fig. use (person)* endulzar (el carácter de) *(temper)* aplacar, calmar **3** *[fam. use] (make more attractive)* hacer más apetecible. **to sweeten the pill** dorar la píldora.

sweet-en-er ['swi:tənə ᵃ] n. **1** *(in food, drink)* edulcorante m., dulcificante m. **2** *[fam. use] (bribe)* soborno.

sweet-heart ['swi:thɑ:t] n. **1** *(dear, love)* cariño, tesoro, amor m. **2** *(loved one)* novio.

sweet-ly ['swi:tlɪ] adv. **1** *(smile)* dulcemente, con dulzura *(offer)* amablemente **2** *(work, run)* perfectamente, a la perfección *(kick, hit)* acertadamente.

sweet-ness ['swi:tnəs] n. *(taste)* dulzor m. *(smell)* fragancia *(sound)* suavidad f. *(character)* dulzura, simpatía.

sweet-smel-ling ['swi:t'smelɪŋ] adj. oloroso, bienoliente.

sweet-talk ['swi:ttɔ:k] tr. engatusar, camelar. **to sweet-talk somebody into doing something** camelar a alguien para que haga algo.

sweet-toothed [swi:t'tu:θt] adj. goloso.

swell [swel] n. **1** *(of sea)* marejada, oleaje m. **2** MUS *(crescendo)* crescendo ◇ adj. **1** *[fam. use] (excellent)* fenomenal, bárbaro, estupendo ◇ intr. pt. **swelled**, pp. **swollen 1** *(gen)* hincharse *(up, -)* *(sea)* levantarse *(river)* crecer, subir **2** *(grow - in number)* crecer, aumentar *(- louder)* hacerse más fuerte ◇ tr. **1** *(river)* hacer crecer **2 (increase in number)** aumentar, engrosar.

swell-ing ['swelɪŋ] n. *(swollen place)* hinchazón f., bulto *(condition)* tumefacción f.

swept [swept] pt. & pp. **VER:** sweep.

swerve [swɜ:v] n. **1** AUTO viraje m. brusco, desvío brusco **2** SP *(by player)* regate m. *(of ball)* efecto ◇ intr. **1** AUTO virar bruscamente, dar un viraje brusco **2** SP *(player)* dar un regate, regatear *(ball)* llevar efecto **3** *fig. use (veer, deviate)* desviarse *(from, de)*.

swift [swɪft] adj. **1** *(runner, horse)* rápido, veloz **2** *(reaction, reply)* pronto, rápido ◇ n. *(bird)* vencejo común.

swift-ly ['swɪftlɪ] adv. *(speedily)* rápidamente, velozmente *(promptly)* pronto, rápidamente.

swift-ness ['swɪftnəs] n. **1** *(speed)* velocidad f., rapidez f. **2** *(promptness)* prontitud f., rapidez f.

swim [swɪm] n. **1** baño ◇ intr. pt. **swam** [swæm], pp. **swum** [swʌm], ger. **swimming 1** *(gen)* nadar **2** *(be covered in liquid)* nadar *(in, en)*, flotar *(in, en)* *(be overflowing)* estar cubierto *(with, de)*, estar inundado **3** *(spin, whirl)* dar vueltas ◇ tr. *(cross river)* cruzar a nado, cruzar nadando *(cover distance)* nadar, hacer *(use particular stroke)* nadar **to go for a swim** ir a nadar **to have a swim** bañarse, nadar **to swim with the tide** seguir la corriente. **to swim against the tide** ir contra la corriente.

swim-mer ['swɪmə ᵃ] n. nadador.

swim-ming ['swɪmɪŋ] n. natación f. **to go swimming** ir a nadar **swimming baths** piscina cubierta **swimming pool** piscina **swimming trunks** bañador m. *(de hombre)*.

swim-suit ['swɪmsu:t] n. bañador m., traje m. de baño.

swim-wear ['swɪmweə ᵃ] n. bañadores mpl., trajes mpl. de baño.

swing [swɪŋ] n. **1** *(movement)* balanceo, vaivén m. *(of pendulum)* oscilación f., vaivén m. *(of hips)* contoneo **2** *(plaything)* columpio **3** *(change, shift)* giro, viraje m., cambio **4** SP *(in golf, boxing)* swing m. **5** MUS *(jazz style)* swing m. *(rhythm)* ritmo ◇ intr. pt. & pp. **swung** [swʌŋ] **1** *(hanging object)* balancearse, bambolearse *(pendulum)* oscilar *(arms, legs)* menearse *(child on swing)* columpiarse *(on a pivot)* mecerse **2** *(drive)* girar, doblar *(walk)* caminar con energía *(jump)* saltar **3** *(shift)* cambiar, oscilar, virar **4** *(music, band)* tener ritmo *(party)* estar muy animado ◇ tr. **1** *(gen)* balancear, bambolear *(arms, legs)* balancear *(child on swing)* columpiar, balancear *(object on rope)* hacer oscilar **2** *(cause to move)* hacer girar **3** *(change)* cambiar **4** *[fam. use] (arrange, achieve)* arreglar **in full swing** en plena marcha, en pleno apogeo **to get into the swing of something** coger el ritmo de algo, cogerle el tranquillo a algo **to go with a swing** ir sobre ruedas **to swing for something** colgarle algo a alguien **to swing into action** ponerse en marcha **to swing open/shut** *(door)* abrirse/cerrarse *(de golpe)* **to take a swing at somebody/something** asestar un golpe a alguien/algo, intentar darle a alguien/algo **swing bridge** puente m. giratorio **swing door** puerta giratoria.

to swing a-round/swing round intr. *(person)* girar (sobre los talones), volverse bruscamente *(vehicle)* dar un viraje, girar, virar (en redondo) ◇ tr. sep. *(vehicle)* hacer girar en redondo.

to swing at tr. insep. intentar pegarle a, intentar darle a.

swipe [swaɪp] n. **1** *(blow)* golpe m. **2** *(verbal attack)* ataque m. ◇ tr. **1** pegarle a, darle a **2** *[fam. use] (pinch)* birlar, mangar, afanar ◇ intr. asestar un golpe *(at, a)*, intentar darle *(at, a)* **swipe card** tarjeta magnética.

swirl [swɜ:l] n. **1** *(gen)* remolino *(of smoke, cream)* voluta *(of skirt)* vuelo **2** *(pattern)* espiral f. ◇ intr. *(whirl)* arremolinarse *(person)* girar, dar vueltas ◇ tr. arremolinar.

swish [swɪʃ] n. *(of water)* susurro, rumor m. *(of whip, cane)* silbido, chasquido *(of skirt, curtain)* frufrú m., crujido, ruido *(of animal's tail)* sacudida ◇ adj. *[fam. use] (smart)* muy elegante, elegantón ◇ tr. *(whip, cane)* chasquear *(skirt)* hacer crujir *(tail)* menear, sacudir ◇ intr. *(water)* susurrar *(whip, cane)* dar un chasquido, producir un silbido *(skirt)* crujir, hacer frufrú.

Swiss [swɪs] adj. suizo ◇ n. suizo ◇ npl. **the Swiss** ◇ los suizos mpl. **the Swiss Guard** la Guardia Suiza **Swiss roll** CULIN brazo de gitano.

switch [swɪtʃ] n. **1** ELEC interruptor m., conmutador m. **2** *(on railway)* agujas fpl. **3** *(change, shift)* cambio *(turnround)* viraje m. **4** *(exchange, swap)* intercambio, trueque m. **5** *(stick)* vara *(riding whip)* fusta ◇ tr. **1** *(change)* cambiar de *(move)* trasladar *(attention)* desviar **2** *(exchange)* intercambiar **3** *(setting)* poner *(channel)* cambiar de **4** *(train)* desviar, cambiar de vía ◇ intr. *(gen)* cambiar *(to, a)*.

to switch off tr. sep. *(light, TV, etc.)* apagar *(current, gas, electricity)* cortar, desconectar *(engine)* parar ◇ intr. *(light, machine, heating)* apagarse *(engine)* parar *(person)* distraerse, desconectar, dejar de prestar atención.

to switch on tr. sep. *(light, machine, engine)* encender *(light, radio, TV)* poner ◇ intr. *(gen)* encenderse.

to switch o-ver intr. *(gen)* cambiar *(to, a)* *(channel)* cambiar de canal.

S

switch·blade ['swɪtʃbleɪd] n. navaja automática.
Switz·er·land ['swɪtsələnd] n. Suiza.
swol·len ['swəʊlən] pp. VER: swell. adj. (ankle, face) hinchado (glands) inflamado (river, lake) crecido. **to have a swollen head** ser engreído, ser creído.
swoon [swuːn] n. literal use desmayo, desvanecimiento ◇ intr. 1 literal use (faint) desmayarse, desvanecerse 2 fig. use (be emotionally affected) derretirse (**over**, por).
swoop [swuːp] intr. 1 (bird) abalanzarse (**down on**, sobre), abatirse (**down on**, sobre) (plane) bajar en picado 2 (fam. use) (police) hacer una redada (**on**, en) ◇ n. 1 (of bird, plane) descenso (en picado) 2 (fam. use) (by police) redada.
sword [sɔːd] n. espada. **those that live by the sword shall die by the sword** quien a hierro mata, a hierro muere. **to cross swords with somebody** pelearse con alguien, habérselas con alguien.
swords·man ['sɔːdzmən] n. espadachín ◇ m., espada.
sword-swal·low·er ['sɔːdswɒləʊə⁴] n. tragasables mf.
swore [swɔː⁴] pt. VER: swear.
sworn [swɔːn] pp. VER: swear.
swum [swʌm] pp. VER: swim.
swung [swʌŋ] pt. & pp. VER: swing.
syc·o·phant ['sɪkəfənt] n. adulador.
syl·lab·ic [sɪ'læbɪk] adj. silábico.
syl·la·ble ['sɪləbəl] n. sílaba.
syl·la·bus ['sɪləbəs] n. pl. **syllabuses** o **syllabi** programa m. de estudios.
sym·bol ['sɪmbəl] n. símbolo (**of**, de).
sym·bol·ic [sɪm'bɒlɪk] adj. simbólico.
sym·bol·ism ['sɪmbəlɪzəm] n. simbolismo.
sym·bol·ize ['sɪmbəlaɪz] tr. simbolizar.
sym·met·ri·cal [sɪ'metrɪkəl] adj. simétrico.
sym·me·try ['sɪmɪtrɪ] n. simetría.
sym·pa·thet·ic [sɪmpə'θetɪk] adj. 1 (showing pity, compassion) compasivo (understanding) comprensivo (**to**, con) (kind) amable 2 (showing agreement, approval) favorable (**to**, a) **to be sympathetic to a cause** simpatizar con una causa.
sym·pa·thet·i·cal·ly [sɪmpə'θetɪklɪ] adv. (showing pity) compasivamente, con compasión (understanding) comprensivamente, con comprensión (kindly) amablemente.
sym·pa·thize ['sɪmpəθaɪz] intr. 1 (show pity, commiserate) compadecer, compadecerse (**with**, de) (understand) comprender (**with**, -) 2 (support - cause) simpatizar (**with**, con) (- request) mostrarse favorable (**with**, a).
sym·pa·thiz·er ['sɪmpəθaɪzə⁴] n. simpatizante mf.
sym·pa·thy ['sɪmpəθɪ] n. pl. **sympathies** 1 (pity, compassion) compasión f., lástima (condolences) condolencia, pésame m. 2 (understanding) comprensión f. (affinity) afinidad f. 3 (agreement, support) acuerdo ◇ npl. sympathies 1 (condolences) con-

dolencia f. sing., pésame m. sing. 2 (loyalties, leanings) simpatías fpl., tendencias fpl. **to come out in sympathy (with somebody)** declararse en huelga por solidaridad (con alguien). **to express one's sympathy** dar el pésame **letter of sympathy** carta de pésame.
sym·phon·ic [sɪm'fɒnɪk] adj. sinfónico.
sym·pho·ny ['sɪmfənɪ] n. pl. **symphonies** sinfonía **symphony orchestra** orquesta sinfónica.
sym·po·si·um [sɪm'pəʊzɪəm] n. pl. **symposiums** o **symposia** simposio.
symp·tom ['sɪmptəm] n. 1 MED síntoma m. 2 (sign) síntoma m., señal f., indicio.
symp·to·mat·ic [sɪmptə'mætɪk] adj. sintomático (**of**, de).
syn·a·gogue ['sɪnəgɒg] n. sinagoga.
sync [sɪŋk] n. (fam. use) sincronización f. **to be in sync** CINEM estar sincronizado (**with**, con) POL sintonizar (**with**, con). **to be out of sync** CINEM no estar sincronizado (**with**, con) POL no sintonizar (**with**, con).
syn·chro·ni·za·tion [sɪŋkrənaɪ'zeɪʃən] n. sincronización f.
syn·chro·nize ['sɪŋkrənaɪz] tr. sincronizar.
syn·di·cate ['sɪndɪkət] n. 1 (gen) corporación f., agrupación f., empresa 2 (news agency) agencia (de prensa) tr. (distribute) distribuir (publish) publicar.
syn·drome ['sɪndrəʊm] n. síndrome m.
syn·er·gy ['sɪnədʒɪ] n. sinergia.
syn·o·nym ['sɪnənɪm] n. sinónimo.
syn·on·y·mous [sɪ'nɒnɪməs] adj. sinónimo (**with**, de).
syn·op·sis [sɪ'nɒpsɪs] n. pl. **synopses** sinopsis f., resumen m.
syn·tac·tic [sɪn'tæktɪk] adj. sintáctico.
syn·tax ['sɪntæks] n. sintaxis f.
syn·the·sis ['sɪnθəsɪs] n. pl. **syntheses** síntesis f.
syn·the·size ['sɪnθəsaɪz] tr. sintetizar.
syn·the·siz·er ['sɪnθəsaɪzə⁴] n. sintetizador m.
syn·thet·ic [sɪn'θetɪk] adj. sintético ◇ n. fibra sintética.
Syr·i·a ['sɪrɪə] n. Siria.
Syr·i·an ['sɪrɪən] adj. sirio ◇ n. sirio.
sy·ringe [sɪ'rɪndʒ] n. MED jeringa, jeringuilla ◇ tr. MED (ear) hacer un lavado de.
syrup ['sɪrəp] n. 1 MED jarabe m. 2 CULIN almíbar m.
system ['sɪstəm] n. 1 (gen) sistema m. 2 (body) cuerpo, organismo **systems analysis** análisis m. de sistemas **systems analyst** analista mf. de sistemas.
systematic [sɪstə'mætɪk] adj. sistemático, metódico.
systematically [sɪstə'mætɪklɪ] adv. sistemáticamente.
systematize ['sɪstɪmətaɪz] tr. sistematizar.
systole ['sɪstəlɪ] n. sístole m.
systolic [sɪs'tɒlɪk] adj. sistólico.

T

T, t [ti:] *n. (the letter)* T, t *f.*

tab [tæb] *n.* 1 *(flap)* lengüeta *(on can)* anilla 2 *(label)* etiqueta 3 *(bill)* cuenta 4 *(on computer)* tabulador *m.*

ta·ble [ˈteɪbəl] *n.* 1 *(gen)* mesa 2 *(chart)* tabla, cuadro 3 SP clasificación *f.* ◇ *npl.* tables tablas *fpl.*, tablas *fpl.* de multiplicar. **at table** *en la mesa* **to be on the table** *(issue)* estar sobre el tapete **to clear the table** *quitar la mesa* **to set the table** *poner la mesa* **to turn the tables on somebody** *volver las tornas a alguien* **under the table** *bajo mano* **table lamp** *lámpara de mesa* **table manners** *modales mpl. en la mesa* **table of contents** *índice m. de materias* **table tennis** *tenis m. de mesa, ping-pong m.* **table wine** *vino de mesa.*

ta·ble·cloth [ˈteɪbəlklɒθ] *n.* mantel *m.*

ta·ble·spoon [ˈteɪbəlspuːn] *n.* 1 cucharón *m.* 2 cucharada grande.

tab·let [ˈtæblɪt] *n.* 1 MED pastilla, comprimido 2 *(of stone)* lápida 3 *(of soap)* barra.

tab·loid [ˈtæblɔɪd] *n.* periódico de formato pequeño **tabloid press** *prensa amarillista.*

ta·boo [təˈbuː] *n. pl.* **taboos** tabú *m.* ◇ *adj.* tabú.

tab·u·lar [ˈtæbjʊləʳ] *adj.* tabular.

tab·u·late [ˈtæbjʊleɪt] *tr.* tabular.

tab·u·la·tion [tæbjʊˈleɪʃən] *n.* tabulación *f.*

tac·it [ˈtæsɪt] *adj.* tácito.

tac·i·turn [ˈtæsɪtɜːn] *adj.* taciturno.

tack [tæk] *n.* 1 *(nail)* tachuela 2 MAR bordada, viraje *m.* 3 *(approach)* táctica 4 SEW hilván *m.* ◇ *tr.* 1 *(secure)* clavar con tachuelas 2 SEW hilvanar ◇ *intr.* MAR dar bordadas, virar **to change tack** *cambiar de táctica.*
to tack on *tr. sep.* añadir.

tack·le [ˈtækəl] *n.* 1 *(equipment)* equipo, avíos *mpl.*, aparejos *mpl.* 2 MAR polea, aparejo 3 SP *(football)* entrada *(rugby)* placaje *m.* ◇ *tr.* 1 *(deal with - problem)* abordar, encarar *(- task)* emprender *(person)* hablar con 2 SP *(football)* entrarle a, taclear *(rugby)* placar. **to tackle somebody about/something** *plantarle a alguien algo.*

tack·y [ˈtæki] *adj. comp.* **tackier,** *superl.* **tackiest** 1 *(sticky)* pegajoso 2 *(in bad taste)* de mal gusto, cutre, hortera.

tact [tækt] *n.* tacto, discreción *f.*, delicadeza.

tact·ful [ˈtæktfʊl] *adj.* diplomático, discreto.

tac·tic [ˈtæktɪk] *n.* táctica.

tac·ti·cal [ˈtæktɪkəl] *adj.* táctico **tactical voting** *votación f. táctica.*

tac·tics [ˈtæktɪks] *npl.* MIL táctica *f. sing.*

tac·tile [ˈtæktaɪl] *adj.* táctil.

tact·less [ˈtæktləs] *adj. (person)* falto de tacto, poco diplomático *(remark, question)* indiscreto.

tag [tæg] *n.* 1 *(label)* etiqueta 2 *(on shoelace)* herrete *m.* 3 *(phrase)* coletilla 4 *(game)* el corre que te pillo ◇ *tr.* 1 *(gen)* etiquetar, poner una etiqueta a 2 *(on animals)* poner una chapa identificativa a.

Ta·hi·ti [təˈhiːti] *n.* Tahití.

Ta·hi·tian [təˈhiːʃən] *adj.* tahitiano ◇ *n.* 1 *(person)* tahitiano 2 *(language)* tahitiano.

tail [teɪl] *n.* 1 *(gen)* cola *(of some four-legged animals)* cola, rabo 2 *(of plane, kite, comet)* cola *(of shirt, coat)* faldón *m.* 3 *(pursuer)* perseguidor ◇ *tr.* 1 seguir

de cerca. **to be on somebody's tail** *pisarle los talones a alguien.* **to have one's tail between one's legs** *tener el rabo entre las piernas.*

tail-end [teɪlˈend] *n.* final *m.*, parte *f.* final.

tail-light [ˈteɪllaɪt] *n.* luz *f.* trasera, piloto.

tai·lor [ˈteɪləʳ] *n.* sastre *tr.* 1 confeccionar 2 *fig.* use adaptar.

tai·lored [ˈteɪləd] *adj. (shirt)* entallado *(suit)* tipo sastre.

tai·lor-made [teɪləˈmeɪd] *adj.* hecho a medida.

taint [teɪnt] *tr. (reputation)* mancillar, manchar, empañar *(food)* contaminar ◇ *n.* mancha, mancilla.

Tai·wan [taɪˈwæn] *n.* Taiwan.

Tai·wan·ese [taɪwæˈniːz] *adj.* taiwanés ◇ *n.* taiwanés.

Ta·jik [tæˈdʒɪk] *adj.* tadjiko ◇ *n. (language)* tadjiko ◇ *n. pl. (person)* tadjiko.

Ta·jik·i·stan [tædʒɪkɪˈstæn] *n.* Tadjikistán.

take [teɪk] *n.* CINEM toma ◇ *tr. pt.* **took** *(carry, bring)* llevar 2 *(drive, escort)* llevar 3 *(remove)* llevarse, quitar, coger 4 *(hold, grasp)* tomar, coger 5 *(accept - money, etc.)* aceptar, coger *(- criticism, advice, responsibility)* aceptar, asumir *(- patients, clients)* aceptar 6 *(win prize, competition)* ganar *(earn)* ganar, hacer 7 *(medicine, drugs)* tomar 8 *(subject)* estudiar *(course of study)* seguir, cursar 9 *(teach)* dar clase a 10 *(bus, train, etc.)* tomar, coger 11 *(capture)* tomar, capturar *(in board games)* comer 12 *(time)* tardar, llevar 13 *(hold, contain)* tener cabida, acoger 14 *(size of clothes)* usar, gastar *(size of shoes)* calzar 15 *(measurement, temperature, etc.)* tomar *(write down)* anotar 16 *(need, require)* requerir, necesitar 17 *(buy)* quedarse con, llevar(se) 18 *(bear)* aguantar, soportar 19 *(react)* tomarse *(interpret)* interpretar 20 *(perform, adopt)* tomar, adoptar *(exercise)* hacer 21 *(have)* tomar(se) 22 *(suppose)* suponer 23 *(consider)* considerar, mirar 24 LING regir 25 *(rent)* alquilar ◇ *intr.* 1 *(work - dye)* coger *(- fire)* prender *(- cutting)* prender *(- seed)* germinar 2 *(fish)* picar 3 *(in draughts, etc.)* comer **not to take no for an answer** *no aceptar una respuesta negativa* **take it from me** *escucha lo que te digo* **take it or leave it** *lo tomas o lo dejas* **take my word for it** *créeme* **to be hard to take** *ser difícil de aceptar* **to be on the take** *dejarse sobornar* **to have what it takes** *tener lo que se necesita* **to take five** *descansar cinco minutos* **to take somebody out of himself** *hacer que alguien se olvide de sus propias penas* **to take something as read** *dar algo por sentado.*

to take af·ter *tr. insep.* parecerse a.

to take a·part *tr. sep.* 1 *(machine, etc.)* desmontar, deshacer 2 *(argument)* echar por tierra.

to take a·side *tr. sep.* llevar a un lado.

to take a·way *tr. sep.* 1 *(remove)* llevarse, quitar 2 *(subtract)* restar.

to take back *tr. sep.* 1 *(accept back)* recibir otra vez, aceptar algo devuelto *(employee)* readmitir 2 *(return)* devolver 3 *(retract)* retirar, retractar 4 *(in time)* hacer recordar.

to take down *tr. sep.* 1 *(remove, lower)* quitar, bajar 2 *(dismantle)* desmontar 3 *(write down)* apuntar ◇ *tr. insep. (humiliate)* humillar.

to take for *tr. sep.* tomar por.

to take in *tr. sep.* 1 *(shelter)* dar cobijo a, alojar, recoger 2 *(deceive)* engañar 3 *(grasp)* asimilar, entender, captar 4 *(include)* incluir, abarcar 5 *(clothes)* meterle a, estrechar.

to take off *tr. sep.* 1 *(clothes)* quitarse 2 *(remove, detach)* quitar, sacar 3 *(force to go)* llevar 4 *(have as holiday)* tomarse 5 *(imitate)* imitar 6 *(deduct, discount)* descontar, rebajar ◇ *intr.* 1 *(plane)* despegar 2 *(leave hurriedly)* irse, marcharse 3 *(become popular)* hacerse popular, tener éxito, ponerse de moda.

to take on *tr. sep.* 1 *(decide to do, undertake)* hacerse cargo de, encargarse de, aceptar *(responsibility)* asumir 2 *(employ)* contratar, coger 3 *(challenge)* desafiar, enfrentarse con ◇ *tr. insep.* *(begin to have, assume)* asumir, tomar, adquirir ◇ *intr. (become upset)* agitarse, ponerse nervioso.

to take out *tr. sep.* 1 *(remove, extract, withdraw)* sacar, quitar 2 *(escort, accompany)* invitar a salir *(child, dog)* llevar de paseo 3 *(insurance)* hacerse, sacar *(licence, patent)* obtener 4 llevar comida a casa 5 *(kill, destroy)* eliminar.

to take o·ver *tr. sep.* 1 *(country, party, etc.)* tomar (posesión de), apoderarse de *(building)* ocupar 2 *(company, business)* absorber, adquirir *(job, post)* hacerse cargo de *(duty, responsibility)* asumir ◇ *intr. (assume control)* tomar el poder, hacerse con el poder *(job)* entrar en funciones, relevar ◇ *tr. insep. (lines, points, argument)* repasar *(show around)* enseñar, mostrar.

to take o·ver from *tr. insep.* relevar, sustituir.

to take up *tr. sep.* 1 *(fill, occupy)* ocupar 2 *(take upstairs)* llevar, subir *(remove, lift - carpet, etc.)* quitar, levantar 3 *(space)* ocupar *(time)* ocupar, llevar 4 *(continue)* continuar, reanudar ◇ *tr. insep. (offer)* aceptar ◇ *tr. sep. (start to do)* dedicarse a 2 *(pursue - point, etc.)* volver a 3 *(sew)* acortar.

taken ['teɪkən] *pp.* VER: **take** ◇ *adj.* 1 *(seat)* ocupado **to be taken ill** ponerse enfermo, caer enfermo **to be taken short** entrarle ganas a alguien de ir al lavabo **to be taken with somebody/ something** gustarle alguien/algo mucho a alguien **to be taken up with something** estar muy ocupado con algo.

takeoff ['teɪkɒf] *n.* 1 *(aviation)* despegue *m.* 2 SP salto 3 *(imitation)* imitación *f.*, parodia.

takeout ['teɪkaʊt] *n. (food)* comida para llevar.

take·o·ver ['teɪkaʊvə] *n.* 1 POL toma del poder, toma de posesión 2 *(of company)* adquisición *f.* **military takeover** golpe *m.* de estado **takeover bid** oferta pública de adquisición.

tak·ings ['teɪkɪŋz] *npl. (gen)* recaudación *f.* sing., caja *(at box office)* taquilla, entrada.

talc [tælk] *n.* talco.

tale [teɪl] *n. (story)* cuento, relato, historia *(lie)* cuento, mentira. **to tell tales** contar cuentos **old wife's tale** cuento de viejas.

tal·ent ['tælənt] *n.* 1 *(special ability)* talento, dotes *mpl.* 2 *(talented people)* gente *f.* de talento, gente *f.* dotada 3 *[fam. use] (attractive people)* gente *f.* guapa **talent scout** cazatalentos *mf.*

tal·ent·ed ['tæləntɪd] *adj.* de talento, dotado.

tal·ent·less ['tæləntləs] *adj.* carente de talento, sin talento.

Tal·i·ban ['tælɪbɑːn] *adj.-n.* talibán.

tal·is·man ['tælɪzmən] *n.* talismán *m.*

talk [tɔːk] *intr.* 1 *(gen)* hablar *(to, con/a)* 2 *(negotiate)* negociar 3 *(gossip)* hablar, chismorrear ◇ *tr.* hablar *(about/of, de)* ◇ *n.* 1 *(conversation)* conversación *f.* 2 *(lecture)* charla, conferencia 3 *(rumor)* rumor *m.*, voz *f.* ◇ *npl.* talks negociaciones *fpl.* **it's just talk** son cosas que se

dicen, son rumores **look who's talking** mira quién habla **not to have a clue what one is talking about** no tener la menor idea de qué habla **now you're talking** eso sí que me interesa **talk about luck!** ¡vaya suerte! **talk of the devil** hablando del rey de Roma **to be all talk (and no action)** no hacer nada más que hablar **to know what one is talking about** hablar con conocimiento de causa **to talk big** fanfarronear, farolear, presumir, exagerar **to talk somebody into something** convencer a alguien para que haga algo **to talk somebody out of something** disuadir a alguien de hacer algo **to talk sense** hablar con sentido común **to talk shop** hablar del trabajo **talk show** programa *m.* de entrevistas.

to talk back *intr.* contestar, contestar de mala manera.

to talk o·ver *tr. sep.* discutir, hablar de.

talk·a·tive ['tɔːkətɪv] *adj.* hablador, parlanchín, charlatán, locuaz.

talk·er ['tɔːkə] *n.* hablador **he's a smooth talker** tiene mucha labia.

talk·ing ['tɔːkɪŋ] *n.* hablar *m.* ◇ *adj.* que habla "No talking" "Silencio" **talking book** libro grabado *(para ciegos)* **talking head** busto parlante **talking point** tema *m.* de conversación **talking shop** tertulia.

tall [tɔːl] *adj.* alto **to be a tall order** ser muy difícil **to walk tall** andar con la cabeza alta **tall story** cuento chino.

tal·on ['tælən] *n.* garra.

tam·bou·rine [tæmbəˈriːn] *n.* pandereta.

tame [teɪm] *adj.* 1 *(by nature)* manso, dócil 2 *(tamed)* domesticado 3 *fig.* use soso, aburrido ◇ *tr.* domar, domesticar.

tame·ly ['teɪmlɪ] *adv.* dócilmente.

tam·er ['teɪmə] *n.* domador.

tam·pon ['tæmpɒn] *n.* tampón *m.*

tan¹ [tæn] *n.* 1 *(color)* color *m.* marrón claro 2 *(suntan)* bronceado, moreno ◇ *adj.* marrón claro ◇ *tr. pt. & pp.* **tanned,** *ger.* **tanning** 1 *(leather)* curtir 2 *(skin)* broncear, poner moreno ◇ *intr.* broncearse, ponerse moreno.

tan² ['tændʒənt] *abbr.* **(tangent)** tangente *(abbreviation)* tang.

tan·dem ['tændəm] *n.* tandem *m.* **in tandem** conjuntamente.

tan·gent ['tændʒənt] *n.* tangente *f.* **to go off at a tangent/fly off at a tangent** salirse por la tangente.

tan·gen·tial [tænˈdʒenʃəl] *adj.* tangencial.

tan·ge·rine [tændʒəˈriːn] *n.* 1 *(fruit)* clementina, mandarina 2 *(color)* naranja ◇ *adj.* naranja.

tan·gi·ble ['tændʒəbəl] *adj.* tangible.

tan·gle ['tæŋgəl] *n.* 1 *(confused mass)* enredo, maraña, embrollo *(confusion)* enredo, lío ◇ *tr.* enredar, enmarañar ◇ *intr.* enredarse.

to tan·gle up *tr. sep.* enredarse.

to tan·gle with *tr. insep.* meterse con.

tan·go ['tæŋgəʊ] *n. pl.* **tangos** tango ◇ *intr. pt. & pp.* **tangoed,** *ger.* **tangoing** bailar el tango. **it takes two to tango** es cosa de dos.

tank [tæŋk] *n.* 1 *(for water)* depósito, tanque *m. (for fuel)* depósito 2 MIL tanque *m.* **fuel tank** tanque de combustible **think tank** grupo de expertos.

tank·er ['tæŋkə] *n.* 1 *(ship)* buque *m.* cisterna 2 *(for oil)* petrolero 3 *(truck)* camión *m.* pipa.

tan·ned [tænd] *adj. (person)* moreno, bronceado *(leather)* curtido.

tan·ta·lize ['tæntəlaɪz] *tr.* atormentar *(tentando)*.

tan·ta·liz·ing ['tæntəlaızıŋ] adj. tentador.
tan·trum ['tæntrəm] n. berrinche m., rabieta.
Tan·za·ni·a [tænzə'nıə] n. Tanzania.
Tan·za·ni·an [tænzə'nıən] adj. tanzano ◇ n. tanzano.
tap [tæp] n. 1 grifo 2 (light blow) golpecito 3 (on phone) micrófono de escucha 4 (on barrel) espita (for gas) llave f. ◇ tr. pt. & pp. **tapped**, ger. **tapping** 1 (strike lightly) golpear suavemente, dar un golpecito a 2 (on keyboard) teclear, pulsar 3 (liquid) sacar 4 (resources) explotar, utilizar 5 (telephone) pinchar, intervenir 6 sl. (borrow) sablear.
   to tap out. tr. sep. 1 teclear, escribir a máquina 2 (in Morse code) enviar.
tape [teıp] n. 1 (audio, visual) cinta 2 (recorded material) grabación f. 3 SP cinta de llegada 4 (sticky) cinta adhesiva ◇ tr. 1 (fasten) pegar con cinta adhesiva 2 (record) grabar **tape recorder** magnetófono.
tap·es·try ['tæpəstrı] n. pl. **tapestries** 1 (art) tapicería 2 (cloth) tapiz m.
tar [ta:ʳ] n. 1 (for roads, in cigarettes) alquitrán m. 2 (in soap, etc.) brea ◇ tr. pt. & pp. **tarred**, ger. **tarring** alquitranar.
ta·ran·tu·la [tə'ræntjələ] n. tarántula.
tar·get ['ta:gıt] n. 1 (of missile, goal, aim) objetivo 2 (in shooting, of criticism) blanco 3 (board) diana ◇ tr. 1 (aim at target) apuntar 2 (cause to have effect on) dirigir a, destinar a ◇ adj. (date, figure) fijado (audience, market) objetivo **to be on target** ir de acuerdo a lo previsto **target language** idioma m. de destino **target practice** prácticas fpl. de tiro **moving target** blanco móvil.
tar·iff ['tærıf] n. 1 (list of fixed charges) tarifa 2 (duty to be paid on imports) arancel m. ◇ adj. arancelario.
tar·nish ['ta:nıʃ] tr. (metal) deslustrar (reputation) empañar, manchar ◇ intr. (metal) deslustrarse (reputation) empañarse, mancharse ◇ n. falta de lustre, falta de brillo.
tar·pau·lin [ta:'pɔ:lın] n. lona.
tart [ta:t] adj. 1 (sour) acre, agrio 2 (reply) mordaz, áspero, acre ◇ n. 1 (pie) tarta, pastel m. 2 sl. pej. fulana.
tar·tan ['ta:tən] n. tela escocesa, tartán m.
tar·tar ['ta:taʳ] n. 1 (on teeth) sarro 2 (in wine) tártaro **tartar sauce** salsa tártara.
task [ta:sk] n. tarea, labor f. **task force** destacamento especial.
task·mas·ter ['ta:skma:staʳ] n. capataz m.
taste [teıst] n. 1 (faculty) gusto 2 (flavor) sabor m. 3 (small sample) muestra, poquito (experience) experiencia 4 (ability to make good judgements) gusto (liking) afición f. (for, a), gusto (for, por) ◇ tr. 1 (try food) probar (wine) catar, degustar 2 (eat, drink) probar 3 (experience) conocer 4 (perceive flavor) notar ◇ intr. saber (of/like, a) **to be in bad/poor taste** ser de mal gusto **to be in good taste** ser de buen gusto **to give somebody a taste of their own medicine** pagar a alguien con la misma moneda, darle a alguien de su medicina **to leave a nasty taste in the mouth** dejar un mal sabor de boca **to taste** al gusto **taste bud** papila gustativa.
taste·ful ['teıstful] adj. de buen gusto, elegante.
taste·less ['teıstləs] adj. 1 de mal gusto (insipid) insípido, soso.
tast·er ['teıstaʳ] n. 1 (person - gen) degustador (- of wine) catador, catavinos mf. 2 (sample) muestra.
tast·y ['teıstı] adj. comp. **tastier**, superl. **tastiest** sabroso, rico.
tat·tered ['tætəd] adj. harapiento, andrajoso.

tat·ters ['tætəz] npl. (clothes) harapos mpl., andrajos mpl.
tat·too [ta'tu:] n. pl. **tattoos** 1 MIL retreta 2 (show) espectáculo militar musical 3 (on skin) tatuaje m. ◇ tr. pt. & pp. **tattooed**, ger. **tattooing** tatuar.
taught [tɔ:t] pt. & pp. VER: teach.
taunt [tɔ:nt] n. mofa, pulla, inculto ◇ tr. (mock) burfarse de, mofarse de (provoke) hostigar, provocar.
taut [tɔ:t] adj. tirante, tenso.
taut·en ['tɔ:tən] tr. tensar ◇ intr. tensarse, ponerse tenso, ponerse tirante.
tau·tol·o·gy [tɔ:'tɒlədʒı] n. tautología.
tav·ern ['tævən] n. taberna, mesón m.
tax [tæks] n. 1 impuesto, contribución f. 2 fig. use (burden, strain) carga (on, sobre), esfuerzo (on, para) ◇ tr. 1 (impose a tax on - goods, profits) gravar (- business, person) imponer contribuciones a 2 fig. use (strain, test) poner a prueba **tax avoidance** evasión f. fiscal **tax cut** reducción f. de impuestos **tax evasion** fraude m. fiscal **tax haven** paraíso fiscal **tax return** declaración f. anual de impuestos **tax year** año fiscal.
tax·a·ble ['tæksəbəl] adj. imponible, gravable **taxable income** renta imponible.
tax·a·tion [tæk'seıʃən] n. (taxes) impuestos mpl. (system) sistema m. tributario.
tax-de·duct·i·ble ['tæksdı'dʌktəbəl] adj. desgravable.
tax-free ['tæks'fri:] adj. libre de impuestos, exento de impuestos.
tax·i ['tæksı] n. taxi m. ◇ intr. (plane) rodar por la pista **taxi driver** taxista mf. **taxi rank** parada de taxis.
tax·i·der·mist ['tæksıdɜ:mıst] n. taxidermista mf.
tax·i·der·my ['tæksıdɜ:mı] n. taxidermia.
tax·i·me·ter ['tæksımi:taʳ] n. taxímetro.
tax·pay·er ['tækspeıaʳ] n. contribuyente mf.
TB ['ti:'bi:] abbr. (tuberculosis) tuberculosis f.
tea [ti:] n. 1 (gen) té m. 2 (infusion) infusión f. 3 (light meal) merienda 4 (main meal) cena **tea bag** bolsita de té **tea party** merienda **tea service/tea set** juego de té.
teach [ti:tʃ] tr. pt. & pp. **taught** [tɔ:t] (gen) enseñar (subject) dar clases ◇ intr. ser profesor, dar clases **that'll teach you** así aprenderás **to teach school** ser profesor **you can't teach an old dog new tricks** loro viejo no aprende a hablar.
teach·er ['ti:tʃaʳ] n. maestro, profesor **teacher training** magisterio, profesorado.
teach·ing ['ti:tʃıŋ] n. enseñanza ◇ adj. docente npl. teachings doctrina, enseñanzas fpl.
tea·cup ['ti:kʌp] n. taza para té.
team [ti:m] n. 1 (gen) equipo 2 (of horses) tiro (of oxen) yunta ◇ adj. de equipo ◇ intr. combinar (with, con) **team effort** esfuerzo de equipo **team game** juego de equipo.
   to team up -tr. sep. asociarse (with, con), unirse (with, con).
team·work ['ti:mwɜ:k] n. trabajo de equipo.
tear¹ [teaʳ] n. (rip) rasgón m., rotura ◇ tr. pt. **tore** [tɔ:ʳ], pp. **torn** [tɔ:n] 1 (rip, make a hole) rasgar, desgarrar (pull apart, into pieces) romper, hacer pedazos 2 (remove by force) arrancar ◇ intr. 1 romperse, rasgarse 2 (rush) ir a toda velocidad, lanzarse, precipitarse **to be torn between...** debatirse entre... **no poder escoger entre... to tear to pieces** (rip up) hacer pedazos (criticize) poner por los suelos.
   to tear a·part tr. sep. 1 (rip up) despedazar, desgarrar (destroy) destrozar 2 fig. use destrozar, desgarrar.

to tear at *tr. sep.* arañar, rasgar.

to tear a·way *tr. sep.* (snatch) arrancar (force to leave) arrancar, sacar.

to tear down *tr. sep.* (building) derribar, tirar abajo.

to tear in·to *tr. insep.* (criticize severely) arremeter contra.

to tear off *tr. sep.* (pull violently) arrancar (clothes) quitarse precipitadamente.

to tear out *tr. sep.* arrancar.

to tear up *tr. sep.* (paper) romper en pedazos, hacer pedazos (plant) arrancar de raíz.

tear² [tɪəʳ] *n.* lágrima **in tears** llorando **to be bored to tears** aburrirse como una ostra. **to burst into tears** romper en lágrimas **to shed tears** derramar lágrimas **crocodile tears** lágrimas fpl. de cocodrilo **tear gas** gas m. lacrimógeno.

tear·drop [ˈtɪədrɒp] *n.* lágrima.

tear·ful [ˈtɪəfʊl] *adj.* lloroso.

tease [tiːz] *tr.* **1** (make fun of - playfully) tomar el pelo a, burlarse de (- annoyingly, unkindly) atormentar, molestar **2** (sexually) provocar, incitar **3** (wool, etc.) cardar ◇ *intr.* tomar el pelo ◇ *n.* **1** (joker) bromista mf. **2** [fam. use] (flirt) coqueta.

teas·ing [ˈtiːzɪŋ] *adj.* burlón, guasón.

tea·spoon [ˈtiːspuːn] *n.* cucharilla.

tech·ni·cal [ˈteknɪkəl] *adj.* técnico.

tech·ni·cal·i·ty [teknɪˈkælɪtɪ] *n. pl.* **technicalities** (detail) detalle m. técnico (technical term) tecnicismo.

tech·ni·cal·ly [ˈteknɪkəlɪ] *adv.* **1** técnicamente **2** (theoretically) en teoría.

tech·ni·cian [tekˈnɪʃən] *n.* técnico.

tech·nique [tekˈniːk] *n.* técnica.

tech·noc·ra·cy [tekˈnɒkrəsɪ] *n.* tecnocracia.

tech·no·crat [ˈteknəkræt] *n.* tecnócrata mf.

tech·no·crat·ic [teknəˈkrætɪk] *adj.* tecnocrático.

tech·no·log·i·cal [teknəˈlɒdʒɪkəl] *adj.* tecnológico.

tech·nol·o·gy [tekˈnɒlədʒɪ] *n. pl.* **technologies** tecnología.

tec·ton·ic [tekˈtɒnɪk] *adj.* tectónico **tectonic plate** placa tectónica.

ted·dy bear [ˈtedɪbeəʳ] También **teddy** *n.* osito de peluche.

te·di·ous [ˈtiːdɪəs] *adj.* tedioso, aburrido.

te·di·um [ˈtiːdɪəm] *n.* tedio, aburrimiento.

teen·age [ˈtiːneɪdʒ] *adj.* adolescente.

teen·ag·er [ˈtiːneɪdʒəʳ] *n.* adolescente mf. de 13 a 19 años, quinceañero.

teens [tiːnz] *npl.* adolescencia, edad f. de 13 a 19 años.

tee-shirt [ˈtiːʃɜːt] *n.* camiseta.

teeth [tiːθ] *npl.* VER: tooth.

teeth·ing [ˈtiːðɪŋ] *n.* dentición f.

tel [tel, ˈtelɪfəʊn] *abbr.* (**telephone**) teléfono (abbreviation) tel.

tel·e·com·mu·ni·ca·tions [telɪkəmjuːnɪˈkeɪʃənz] *npl.* telecomunicaciones fpl.

tel·e·ol·o·gy [telɪˈɒlədʒɪ] *n.* teleología.

tel·e·phone [ˈtelɪfəʊn] *n.* teléfono ◇ *tr.* telefonear, llamar por teléfono ◇ *intr.* hacer una llamada telefónica **to be on the telephone** (have a phone) tener teléfono (be speaking) estar al teléfono, hablar por teléfono **you're wanted on the telephone** te llaman por teléfono **telephone book** guía telefónica **telephone box/telephone booth** cabina telefónica **telephone call** llamada telefónica **telephone directory** guía telefónica **telephone number** número de teléfono **telephone operator** telefonista mf.

tel·e·pho·to lens [telɪfəʊtəʊˈlenz] *n.* teleobjetivo.

tel·e·promp·ter [ˈtelɪprɒmptəʳ] *n.* autocue m., teleprompter m.

tel·e·sales [ˈtelɪseɪlz] *npl.* ventas fpl. por teléfono.

tel·e·scope [ˈtelɪskəʊp] *n.* telescopio ◇ *tr.* plegar ◇ *intr.* plegarse.

tel·e·scop·ic [telɪˈskɒpɪk] *adj.* (aerial) telescópico (umbrella) plegable.

tel·e·thon [ˈtelɪθɒn] *n.* telemaratón m.

tel·e·vise [ˈtelɪvaɪz] *tr.* televisar.

tel·e·vi·sion [ˈtelɪvɪʒən] *n.* **1** (gen) televisión f. **2** (set) televisor m. **television licence** permiso para tener un televisor **television program** programa m. de televisión **television screen** pantalla de televisión.

tell [tel] *tr. pt. & pp.* **told 1** (gen) decir **2** (story, joke) contar (truth, lies, secret) decir **3** (talk about) hablar de **4** [fml. use] comunicar, informar **5** (assure) asegurar, garantizar **6** (order) decir, mandar **7** (show) indicar (in writing) expresar **8** (distinguish) distinguir **9** (know) saber, notarse **10** (count - votes) escrutar (- rosary beads) pasar ◇ *intr.* **1** (reveal secret) hablar, soplar **2** (have effect) notarse, hacerse notar **3** (know) saber **as far as I can tell** que yo sepa, por lo que yo sé **I'll tell you what** escucha lo que digo **I told you so** ya te lo dije **there's no telling** no se sabe **time will tell** el tiempo lo dirá **to keep time** decir la hora **you can never tell** nunca se sabe **you're telling me** a mí me lo dices, ni que lo digas.

to tell a·part *tr. sep.* (saber) distinguir.

tell·er [ˈteləʳ] *n.* (in bank) cajero.

tell·tale [ˈtelteɪl] *n.* chivato, delator mf. ◇ *adj.* revelador.

temp¹ [temp] *abbr.* (**temperature**) temperatura (abbreviation) temp.

temp² [temp] *n.* trabajador temporal *intr.* hacer trabajos eventuales.

tem·per [ˈtempəʳ] *n.* **1** (mood) humor m. (nature) genio, temperamento, disposición f. **2** (of metal) temple m. ◇ *tr.* **1** (metal) templar **2** fig. use atenuar, suavizar **to be in a bad temper** estar de mal humor **to fly into a temper** ponerse furioso **to have a bad temper** tener mal genio **to have a fit of temper** darle a uno un ataque de furia **to have a quick temper** tener el genio vivo **to keep one's temper** controlarse **to lose one's temper** enfadarse, perder los estribos.

tem·per·a·ment [ˈtempərəmənt] *n.* temperamento.

tem·per·a·men·tal [tempərəˈmentl] *adj.* temperamental.

tem·per·ate [ˈtempərɪt] *adj.* (gen) moderado (climate) templado.

tem·per·a·ture [ˈtemprɪtʃəʳ] *n.* temperatura. **to have/run a temperature** tener fiebre. **to take somebody's temperature** tomarle la temperatura a alguien.

tem·pes·tu·ous [temˈpestjʊəs] *adj.* tempestuoso.

tem·plate [ˈtemplɪt] *n.* plantilla.

tem·ple [ˈtempəl] *n.* **1** (building) templo **2** ANAT sien f.

tem·po [ˈtempəʊ] *n. pl.* **tempos** o **tempi 1** MUS tempo **2** fig. use ritmo.

tem·po·ral [ˈtempərəl] *adj.* temporal.

tem·po·rar·y [ˈtempərərɪ] *adj.* temporal, provisional.

tempt [tempt] *tr.* tentar **to be tempted to do something** estar tentado a hacer algo **to tempt fate** tentar a la suerte.

temp·ta·tion [tempˈteɪʃən] *n.* tentación f. **to yield to temptation** caer en la tentación.

tempt·ing [ˈtemptɪŋ] *adj.* tentador.

ten [ten] *n.* 1 diez *m.* ◇ *adj.* 1 diez.

ten·a·ble ['tenəbəl] *adj.* 1 *(theory, etc.)* sostenible, defendible.

te·na·cious [tə'neɪʃəs] *adj.* tenaz.

te·nac·i·ty [tə'næsɪtɪ] *n.* tenacidad *f.*

ten·an·cy ['tenənsɪ] *n. pl.* **tenancies** *(period)* contrato de alquiler *(possession)* arrendamiento.

ten·ant ['tenənt] *n.* inquilino, arrendatario.

tend [tend] *tr. (person)* cuidar de, atender *(other)* ocuparse de ◇ *intr. (have tendency)* tender *(to,* a), tener tendencia *(to,* a).

ten·den·cy ['tendənsɪ] *n. pl.* **tendencies** tendencia.

ten·der[1] ['tendəʳ] *adj.* 1 *(meat, etc.)* tierno 2 *(loving)* tierno, cariñoso 3 *(sore)* dolorido 4 *(delicate)* delicado, sensible. **at a tender age** *a una tierna edad.*

ten·der[2] ['tendəʳ] *n.* COMM *(offer)* oferta, propuesta ◇ *tr.* presentar, ofrecer ◇ *intr.* hacer una oferta *(for,* para).

ten·der-heart·ed ['tendə'hɑːtɪd] *adj.* compasivo, bondadoso.

ten·der·ize ['tendəraɪz] *tr.* ablandar, macerar despatillar.

ten·der·ly ['tendəlɪ] *adv.* con ternura.

ten·der·ness ['tendənəs] *n.* ternura.

ten·don ['tendən] *n.* tendón *m.*

ten·fold ['tenfəʊld] *adv.* diez veces.

ten·nis ['tenɪs] *n.* tenis *m.* **tennis court** *pista de tenis.*

ten·or ['tenəʳ] *adj. (voice) (sense) (instrument)* tenor ◇ *n.* 1 MUS tenor *m.* 2 *(fml. use) (sense)* tenor *m.*

tense [tens] *adj.* 1 *(anxious)* tenso 2 *(taut)* tirante, tenso ◇ *n. (of verb)* tiempo ◇ *tr.* tensar. **to get tensed up** *ponerse nervioso.*

ten·sile ['tensaɪl] *adj.* tensor.

ten·sion ['tenʃən] *n.* tensión *f.*

tent [tent] *n.* tienda de campaña.

ten·ta·cle ['tentəkəl] *n.* tentáculo.

ten·ta·tive ['tentətɪv] *adj.* 1 de prueba, de ensayo, provisional 2 *(person)* indeciso.

tenth [tenθ] *adj.* décimo ◇ *adv.* en décimo lugar ◇ *n. (fraction)* décimo *(one part)* décima parte *f.*

ten·u·ous ['tenjuəs] *adj.* tenue, delicado.

ten·ure ['tenjəʳ] *n.* 1 *(of property)* ocupación *f.* 2 *(of position)* ejercicio 3 EDUC titularidad *f.*

te·pee ['tiːpiː] *n.* tipi *m.*

tep·id ['tepɪd] *adj.* tibio.

ter·a·byte ['terəbaɪt] *n.* terabyte *m.*

term [tɜːm] *n.* 1 EDUC trimestre *m.* 2 *(period of time)* periodo 3 *(expression, word)* término ◇ *tr.* calificar de, llamar, denominar ◇ *npl.* **terms** 1 *(sense)* términos *mpl.* 2 COMM condiciones *fpl. (relations)* relaciones *fpl.* **in the long/short term** *a largo/corto plazo* **in terms of** *en cuanto a.* **on equal terms** *en igualdad de condiciones* **to be a contradiction in terms** *ser un contrasentido* **to be on first name terms** ± *tutearse* **to be on good terms with somebody** *tener buenas relaciones con alguien* **to come to terms with something** *llegar a aceptar algo, adaptarse a algo* **term of office** *mandato.*

ter·mi·nal ['tɜːmɪnəl] *adj.* terminal ◇ *n.* 1 ELEC borne *m.* 2 COMPUT terminal *m.* 3 *(at airport, etc.)* terminal *f.*

ter·mi·nal·ly ['tɜːmɪnəlɪ] *adv.* terminalmente. **terminally ill** *en fase terminal, desahuciado.*

ter·mi·nate ['tɜːmɪneɪt] *tr.* 1 *(gen)* terminar, poner fin a *(contract)* rescindir 2 *(pregnancy)* interrumpir ◇ *intr.* terminarse.

ter·mi·na·tion [tɜːmɪ'neɪʃən] *n.* 1 *(gen)* terminación *f.* *(contract)* rescisión *f.* 2 *(of pregnancy)* interrupción *f.*

ter·mi·nol·o·gy [tɜːmɪ'nɒlədʒɪ] *n.* terminología.

ter·mi·nus ['tɜːmɪnəs] *n. pl.* **terminuses** o **termini** término.

ter·mite ['tɜːmaɪt] *n.* termita.

ter·race ['terəs] *n.* 1 *(of house, café, bar, etc.)* terraza 2 *(on hillside)* terraza, bancal *m.*

ter·ra·cot·ta [terə'kɒtə] *n.* terracota.

ter·rain [tə'reɪn] *n.* terreno.

ter·res·tri·al [tə'restrɪəl] *adj.* terrestre.

ter·ri·ble ['terɪbəl] *adj.* terrible, espantoso, atroz *[fam. use]* *(as intensifier)* mucho.

ter·ri·bly ['terɪblɪ] *adv.* 1 terriblemente 2 *[fam. use]* *(very)* muy.

ter·rif·ic [tə'rɪfɪk] *adj.* 1 *(wonderful)* fabuloso, estupendo 2 *(huge)* tremendo.

ter·ri·fied ['terɪfaɪd] *adj.* aterrorizado. **to be terrified of something** *darle pánico a uno algo.*

ter·ri·fy ['terɪfaɪ] *tr. pt. & pp.* **terrified,** *ger.* **terrifying** aterrar, aterrorizar.

ter·ri·fy·ing ['terɪfaɪɪŋ] *adj.* aterrador, espantoso.

ter·ri·to·ri·al [terɪ'tɔːrɪəl] *adj.* territorial **territorial waters** *aguas fpl. territoriales.*

ter·ri·to·ry ['terɪtərɪ] *n. pl.* **territories** 1 *(gen)* territorio 2 *(zone)* zona, área.

ter·ror ['terəʳ] *n.* 1 *(gen)* terror *m.,* espanto 2 *[fam. use]* *(child)* diablillo.

ter·ror·ism ['terərɪzəm] *n.* terrorismo.

ter·ror·ist ['terərɪst] *n.* terrorista *mf.* ◇ *adj.* terrorista.

ter·ror·ize ['terəraɪz] *tr.* aterrorizar. **to terrorize somebody into doing something** *atemorizar a alguien para que haga algo.*

ter·ti·ar·y ['tɜːʃərɪ] *adj.* terciario **tertiary education** *enseñanza superior.*

test [test] *n.* 1 *(trial)* prueba 2 EDUC *(gen)* examen *m.,* prueba *(multiple choice)* test *m.* 3 MED análisis *m.* ◇ *tr.* 1 *(gen)* probar 2 *(patience, loyalty)* poner a prueba 3 EDUC hacerle una prueba a 4 MED analizar. **to stand the test of time** *resistir el paso del tiempo.*

tes·ta·ment ['testəmənt] *n.* testamento.

test·er ['testəʳ] *n.* 1 *(person)* persona que comprueba o controla algo 2 *(apparatus)* aparato que comprueba algo 3 *(sample bottle)* frasco de muestra.

tes·ti·cle ['testɪkəl] *n.* testículo.

tes·ti·fy ['testɪfaɪ] *tr. pt. & pp.* **testified,** *ger.* **testifying** JUR declarar, atestiguar ◇ *intr.* 1 *(bear witness)* dar fe *(to,* de) 2 JUR prestar declaración, testificar.

tes·ti·mo·ni·al [testɪ'məʊnɪəl] *n.* 1 *(for job, etc.)* recomendación *f.* 2 *(homage)* homenaje *m.*

tes·ti·mo·ny ['testɪmənɪ] *n. pl.* **testimonies** testimonio.

test·ing ['testɪŋ] *adj.* difícil, duro ◇ *n.* pruebas *fpl.*

tes·tos·ter·one [tes'tɒstərəʊn] *n.* testosterona.

tet·a·nus ['tetənəs] *n.* tétanos *m.*

teth·er ['teðəʳ] *n. (rope)* cuerda *(chain)* cadena ◇ *tr.* atar. **to be at the end of one's tether** *estar hasta la coronilla.*

text [tekst] *n.* texto.

text·book ['tekstbʊk] *n.* libro de texto.

tex·tile ['tekstaɪl] *adj.* textil *n.* textil *m.*

tex·ture ['tekstʃəʳ] *n.* textura.

Thai [taɪ] *adj.* tailandés ◇ *n.* 1 *(person)* tailandés *m.* 2 *(language)* tailandés *m.*

Thai·land ['taɪlænd] *n.* Tailandia.

than [ðæn, *unstressed* ðən] *conj.* 1 que 2 *(with numbers)* de 3 *(followed by clause)* de lo que.

thank [θæŋk] *tr.* dar las gracias a, agradecer **no, thank you** *no, gracias* **thank you** *gracias* **to**

have somebody to thank (for something) *iron. tener alguien la culpa de algo.*

thank·ful ['θæŋkful] *adj.* agradecido **to be thankful to somebody for something** *estarle agradecido a alguien por algo.*

thank·ful·ly ['θæŋkfəlɪ] *adv.* afortunadamente.

thank·less ['θæŋkləs] *adj.* ingrato.

thanks [θæŋks] *interj.* gracias *npl. (gratitude)* agradecimiento **no, thanks** *no, gracias.* **that's all the thanks I get?** *¿así es como me lo agradeces?*

thanks·giv·ing [θæŋks'gɪvɪŋ] *n.* acción *f.* de gracias **Thanksgiving Day** *Día m. de Acción de Gracias.*

that [ðæt unstressed ðət] *adj. pl. those* ese, esa *(remote)* aquel, aquella ◇ *pron. pl. those* 1 ése *m.*, ésa *(remote)* aquél *m.*, aquélla 2 *(indefinite)* eso *(remote)* aquello 3 *(relative)* que 4 *(with preposition)* que, el/la que, el/la cual ◇ *conj.* 1 que 2 ¡ojalá! ◇ *adv. (fam. use)* tan, tanto, tantos **and all that** *y todo eso* **like that** *así, de aquella manera* **that is to say** *es decir* **that's it** *(that's all) eso es todo (that's right) eso es (that's enough) se acabó.* **that's life** *así es la vida* **that's more like it** *¡ahora!, ¡así me gusta!* **that's right** *así es* **that's that** *ya está, se acabó* **who's that?** *(on 'phone) ¿quién es?, ¿quién eres?*

the [ðə] *Delante de una vocal se pronuncia* [ðɪ]; *con enfasis* [ðiː]. *def. art.* 1 el, la, *(plural)* los, las 2 *(per)* por 3 *(emphasis)* el, la, los, las ◇ *adv. (with comparatives).*

the·a·ter ['θɪətə⁺] *n.* 1 *(gen)* teatro 2 MED quirófano 3 *(building)* cine *m.* 4 *(scene of action)* scenario ◇ *adj.* teatral, de teatro **theatee company** *compañía teatral.*

the·at·ri·cal [θɪ'ætrɪkəl] *adj.* teatral.

theft [θeft] *n.* robo, hurto.

their [ðeə⁺] *adj.* su *(plural)* sus.

theirs [ðeəz] *pron.* (el) suyo, (la) suya *(plural)* (los) suyos, (las) suyas.

the·ism ['θiːɪzəm] *n.* teísmo.

them [ðem, unstressed ðəm] *pron.* 1 *(direct object)* los, las *(indirect object)* les *(before another pronoun)* se 2 *(with preposition, stressed)* ellos, ellas 3 *(fam. use) (used with singular meaning)* lo, la, le **them and us** *ellos y nosotros.*

the·mat·ic [θɪ'mætɪk] *adj.* temático.

theme [θiːm] *n.* tema *m.* **theme park** *parque m. temático* **theme song** *tema m. musical* **theme tune** *sintonía.*

them·selves [ðəm'selvz] *pron.* 1 *(subject)* ellos mismos, ellas mismas 2 *(object)* se 3 *(after preposition)* sí mismos **by themselves** *solos.*

then [ðen] *adv.* 1 *(at that time)* entonces 2 *(next)* luego, después, entonces 3 *(besides)* además 4 *(so, therefore)* entonces, así que *(in that case)* entonces, pues ◇ *adj.* (de) entonces **but then** *pero claro.* **by then** *para entonces* **from then on** *a partir de entonces, desde entonces* **now and then** *de vez en cuando* **now then** *pues bien, ahora bien* **since then** *desde entonces* **then again** *también* **there and then** *en el acto, en el mismo momento* **until then/till then** *hasta entonces.*

the·oc·ra·cy [θɪ'ɒkrəsɪ] *n.* teocracia.

the·o·lo·gian [θɪə'ləʊdʒɪən] *n.* teólogo.

the·o·log·i·cal [θɪə'lɒdʒɪkəl] *adj.* teológico.

the·ol·o·gy [θɪ'ɒlədʒɪ] *n.* teología.

the·o·rem ['θɪərəm] *n.* teorema *m.*

the·o·ret·i·cal [θɪə'retɪkəl] *adj.* teórico.

the·o·ret·i·cal·ly [θɪə'retɪklɪ] *adv.* en teoría.

the·o·rize ['θɪəraɪz] *intr.* teorizar.

the·o·ry ['θɪərɪ] *n. pl.* **theories** teoría **in theory** *en teoría.*

ther·a·peu·tic [θerə'pjuːtɪk] *adj.* terapéutico.

ther·a·pist ['θerəpɪst] *n.* terapeuta *mf.*

ther·a·py ['θerəpɪ] *n. pl.* **therapies** terapia, terapéutica.

there [ðeə⁺] *adv.* 1 allí, allá, ahí 2 *(in discussion)* acerca de eso **not to be all there** *faltarle a uno un tornillo* **there and then** *en el momento* **there is/are, etc.** *VER: be* **there you are** *aquí tiene* **there you go** *ya está* **there you go again** *ya empiezas otra vez* **there, there** *vamos, venga, ya está.*

there·fore ['ðeəfɔ:⁺] *adv.* por tanto, por lo tanto, por consiguiente.

ther·mal ['θɜːməl] *adj.* 1 *(stream, bath, spring)* termal *(underwear)* térmico 2 PHYS térmico ◇ *n.* corriente *f.* térmica ◇ *npl.* **thermals** ropa *sing.* interior térmica.

ther·mo·dy·nam·ic [θɜːməʊdaɪ'næmɪk] *adj.* termodinámico.

ther·mo·dy·nam·ics [θɜːməʊdaɪ'næmɪks] *n.* termodinámica.

ther·mom·e·ter [θə'mɒmɪtə⁺] *n.* termómetro.

ther·mos® ['θɜːmɒs] *n.* termo.

ther·mo·stat ['θɜːməstæt] *n.* termostato.

the·sau·rus [θɪ'sɔːrəs] *n.* diccionario ideológico.

these [ðiːz] *adj.* estos *pron.* éstos.

the·sis ['θiːsɪs] *n. pl.* **theses** ['θiːsiːz] tesis *f.*

they [ðeɪ] *pron.* 1 *(plural)* ellos 2 *(fam. use) (singular - substitutes he or she)* él, ella **they say that...** *dicen que..., se dice que...*

thick [θɪk] *adj.* 1 *(solid things)* grueso 2 *(liquid, gas, vegetation, etc.)* espeso 3 *(beard, eyebrows)* poblado 4 *(cloud, smoke, fog, forest)* denso, espeso 5 *(fur, hedge)* tupido 6 *(fam. use) (stupid)* corto, corto de alcances, de pocas luces *(unable to think)* espeso 7 *(accent)* marcado, cerrado *(of speech, voice)* poco claro ◇ *adv.* espesamente, gruesamente.

thick·en ['θɪkən] *tr.* espesar ◇ *intr.* espesarse, hacerse más denso.

thick·en·er ['θɪkənə⁺] *n.* espesante *m.*

thick·ly ['θɪklɪ] *adv.* 1 VER TAMBIÉN: thick 2 *(populated)* densamente 3 *(speak)* con voz poco clara.

thick·ness ['θɪknəs] *n.* 1 *(in size)* espesor *m.*, grosor *m.* 2 *(density - of liquid)* espesura *(- of fog)* densidad *f.* 3 *(layer)* capa.

thick·set ['θɪkset] *adj.* de complexión grande, fornido.

thick-skinned ['θɪk'skɪnd] *adj.* insensible.

thief [θiːf] *n.* *(gen)* ladrón *(mugger)* atracador.

thieve [θiːv] *tr.* robar ◇ *intr.* robar.

thigh [θaɪ] *n.* muslo.

thin [θɪn] *adj.* 1 *(person)* delgado, flaco *(thing)* delgado, fino 2 *(liquid - soup, sauce)* poco espeso, claro *(- rain)* fino *n.* *(hair)* escaso, fino *y* poco abundante *(vegetation)* poco tupido ◇ *adj. comp.* thinner, *superl.* thinnest 1 *(audience, crowd)* poco numeroso *(response, attendance)* escaso 2 *(voice)* débil 3 *(excuse, argument)* pobre, poco convincente ◇ *adv.* finamente ◇ *tr. (paint)* diluir *(sauce)* hacer menos espeso ◇ *intr.* 1 *(fog, mist)* disiparse 2 *(audience, crowd, traffic)* hacerse menos denso, reducir, disminuir.

to thin out *tr. insep. (crowd, traffic)* mermar, disminuir ◇ *tr. sep. (crops, plants)* entresacar.

thing [θɪŋ] *n.* 1 *(object)* cosa, objeto 2 *(non-material)* cosa 3 *(affair)* asunto 4 *(person, creature)* 5 *(action)* 6 *(fam. use) (preference)* 7 *(with negative)* nada ◇ *n.* **the thing** *(what)* lo que ◇ *npl.* **things** *(belongings)* cosas *fpl.*, ropa *f. sing.*, equipaje *m. sing.* **as things stand** *tal y como están las cosas* **by the look of things** *según parece* **for one thing** *en primer lugar, para empezar, entre otras cosas* **how's things?** *¿qué tal?* **it's a good thing that...** *menos mal que...* **it's just one of those things** *son cosas que pasan, así es la vida.* **it's not the done thing** *esto no se hace* **it's the done thing** *es lo que se hace, es lo correcto* **it was a close/near thing** *por muy poco, por un pelo* **just the thing** *justo lo que hace falta* **last thing** *(at night) a última hora* **the next thing I knew** *cuando me di cuenta* **there's no such thing** *no hay tal cosa* **the thing is...** *lo que pasa es que..., resulta que...* **to be a thing of the past** *ser historia, haber pasado a la historia* **to be seeing things** *estar alucinando* **to do one's own thing** *hacer lo que a uno le da la gana* **to do the right thing** *hacer bien, hacer lo correcto* **to say the wrong thing** *meter la pata.*

think [ɛɪŋk] *intr. pt. & pp.* **thought** [ɔːt] **1** *(use mind)* pensar **2** *(have in mind, consider)* pensar **3** *(intend, plan)* pensar **4** *(come to mind)* ocurrírsele a uno **5** *(remember)* acordarse *(of, de)*, recordar **6** *(have an opinion)* pensar *(of, de)*, opinar *(of, de)* **7** *(imagine)* imaginarse, pensar ⬦ *tr.* **1** *(reflect, consider)* pensar **2** *(imagine, suppose)* pensar, imaginarse, creer **3** *(expect)* pensar, esperar **4** *(believe)* creer **5** *(remember)* recordar, acordarse de **6** *(have an opinion)* pensar, opinar **think nothing of it!** *¡no tiene importancia!* **to have a think about something** *pensar algo* **to think a lot of somebody** *estimar mucho a alguien, apreciar a alguien* **to think aloud/think out loud** *pensar en voz alta* **to think big** *tener grandes proyectos, ser ambicioso* **to think highly of somebody** *tener un buen concepto de alguien, tener muy buena opinión de alguien* **to think the best/worst of somebody** *pensar bien/mal de alguien* **to think twice about doing something** *pensar algo dos veces antes de hacerlo* **without thinking** *sin pensar.*

to think a·head *intr.* prevenir.
to think back *intr.* hacer memoria.
to think o·ver *tr. sep.* *(reflect upon)* reflexionar, pensar.

think·er ['ɛɪŋkə⁸] *n.* pensador.
think·ing ['ɛɪŋkɪŋ] *n.* **1** *(opinion)* opinión *f.*, parecer *m.* **2** *(thought)* pensamiento, ideas *fpl.* ⬦ *adj.* pensante, inteligente **to do some thinking** *reflexionar, pensar* **to my way of thinking** *a mi parecer, en mi opinión.*

thin·ly ['ɛɪnlɪ] *adv.* **1** VER TAMBIÉN: also thin **2** *(sparsely)* escasamente, en poca cantidad **3** *(scarcely)* apenas.
thin·ner ['ɛɪnə⁸] *n.* *(for diluting)* disolvente *m.*
third [ɛɜːd] *adj.* tercero ⬦ *adv.* *(in series)* tercero, en tercer lugar ⬦ *n.* **1** tercero **2** *(fraction)* tercio *(one part)* tercera parte *f.* **third time lucky** *a la tercera va la vencida* **third degree burn** *quemadura de tercer grado* **third gear** AUTO tercera **third party** *tercero* **third person** *linguistics tercera persona* NOTA: Ver también sixth.
third-class ['ɛɜːrdklɑːs] *adj.* de tercera clase ⬦ *adv.* *(travel)* en tercera.
third-par·ty ['ɛɜːdpɑːtɪ] *adj.* *(insurance)* a terceros.
third-rate ['ɛɜːdreɪt] *adj.* de tercera (categoría).
third-world ['ɛɜːdwɜːld] *adj.* *(in general)* del tercer mundo *(pejorative use)* tercermundista.
thirst [ɛɜːst] *n.* **1** sed *f.* **2** *fig. use* ansias *fpl.*, afán *m.*, sed *f.*

to thirst for *tr. insep.* tener sed de, tener afán de.
thirst·y ['ɛɜːstɪ] *adj. comp.* **thirstier**, *superl.* **thirstiest** **1** sediento **2** *(work, etc.)* que da sed **3** *fig. use* *(eager)* ansioso *(for,* por).
thir·teen [ɛɜːˈtiːn] *n.* trece *m.* ⬦ *adj.* trece NOTA: Ver también six.
thir·teenth [ɛɜːˈtiːnθ] *adj.* decimotercero ⬦ *adv.* en decimotercer lugar ⬦ *n.* *(fraction)* decimotercero *(one part)* decimotercera parte *f.* NOTA: Ver también sixth.
thir·ties ['ɛɜːtɪz] *npl.* the thirties los años *mpl.* treinta. NOTA: Ver también sixties.
thir·ti·eth ['ɛɜːtɪəθ] *adj.* trigésimo ⬦ *adv.* en trigésimo lugar ⬦ *n.* *(fraction)* trigésimo *(one part)* trigésima parte *f.* NOTA: Ver también sixtieth.
thir·ty ['ɛɜːtɪ] *n.* treinta *m.* ⬦ *adj.* treinta NOTA: Ver también sixty.
this [ðɪs] *adj.* este, esta ⬦ *pron.* **1** éste, ésta *(indefinite)* esto **2** *(on 'phone)* éste, ésta ⬦ *adv.* tan, tanto **like this** *así.* **this and that** *nada en particular* **this is** *(introducing)* te presento a.
tho·rax ['ɛɔːræks] *n.* tórax *m.*
thorn [ɛɔːn] *n.* espina, pincho **to be a thorn in one's side** *ser una espina que uno tiene clavada.*
thor·ough ['ɛʌrə] *adj.* **1** *(deep)* profundo, a fondo **2** *(careful)* cuidadoso, minucioso **3** *(person)* concienzudo **4** *(utter, complete)* total, verdadero.
thor·ough·ly ['ɛʌrəlɪ] *adv.* **1** *(carefully)* a fondo, meticulosamente **2** *(completely)* totalmente, absolutamente.
thor·ough·ness ['ɛʌrənəs] *n.* minuciosidad *f.*
those [ðəʊz] *adj.* esos *(remote)* aquellos ⬦ *pron.* ésos *(remote)* aquéllos.
though [ðəʊ] *conj.* aunque, si bien, a pesar de que ⬦ *adv.* sin embargo, a pesar de todo **even though** *aun cuando, a pesar de que.*
thought [ɛɔːt] *pt. & pp.* VER: think ⬦ *n.* **1** pensamiento **2** *(consideration)* consideración *f.* **3** *(idea, opinion)* idea, opinión *f.* **4** *(intention)* intención *f.* **to have second thoughts** *cambiar de opinión.*
thought·ful ['ɛɔːtfʊl] *adj.* **1** *(considerate)* atento, considerado **2** *(pensive)* pensativo, meditabundo **3** *(considered)* serio.
thought·less ['ɛɔːtləs] *adj.* **1** *(unthinking)* irreflexivo, descuidado **2** *(inconsiderate)* desconsiderado, poco considerado.
thou·sand ['ɛaʊzənd] *n.* mil *m.* ⬦ *adj.* mil.
thou·sandth ['ɛaʊzənθ] *adj.* milésimo ⬦ *adv.* en milésimo lugar ⬦ *n.* *(fraction)* milésimo *(one part)* milésima parte *f.*
thrash [ɛræʃ] *tr.* **1** *(beat)* azotar **2** *(defeat)* derrotar, dar una paliza a **3** *(arm, leg, etc.)* sacudir.
to thrash out *tr. sep.* *(problem)* discutir *(agreement)* llegar a un acuerdo sobre.
thread [ɛred] *n.* **1** SEW hilo, hebra *f.* **2** *(of screw, bolt)* rosca **3** *(of story)* hilo ⬦ *tr.* **1** *(needle)* enhebrar **2** *(beads)* ensartar **to hang by a thread** *pender de un hilo.*
threat [ɛret] *n.* amenaza **death threat** *amenaza de muerte* **empty threat** *amenaza vana* **nuclear threat** *amenaza nuclear.*
threat·en ['ɛretən] *tr.* amenazar *(with/to,* con).
threat·en·ing ['ɛretənɪŋ] *adj.* amenazador, intimidatorio.
three [ɛriː] *n.* tres *m.* ⬦ *adj.* tres **three quarters** *tres cuartos.* NOTA: Ver también six.
three-di·men·sion·al [ɛriːdɪˈmenʃənəl] *adj.* tridimensional.
three-leg·ged [ɛriːˈlegɪd] *adj.* de tres patas.

T

three-phase ['θriːfeɪz] *adj.* trifásico.

three-piece ['θriːpiːs] *adj.* de tres piezas **three-piece suit** terno **three-piece suite** tresillo.

thresh-old ['θreʃəʊld] *n.* 1 umbral *m.* 2 *fig. use* umbral *m.*, límite *m.* **to be on the threshold of...** estar en el umbral de..., estar a las puertas de...

threw [θruː] *pt.* VER: throw.

thrift [θrɪft] *n.* economía, frugalidad *f.* **thrift store** tienda que vende cosas de segunda mano.

thrift·y ['θrɪftɪ] *adj. comp.* **thriftier,** *superl.* **thriftiest** económico, frugal.

thrill [θrɪl] *n.* (excitement) emoción *f.*, ilusión *f.* ⬦ *tr.* (excite) entusiasmar, hacer ilusión a, ilusionar *intr.* (de excited) entusiasmarse. **to be thrilled to bits** emocionarse mucho.

thrill·er ['θrɪləʳ] *n.* (novel) película de suspense (film) película de suspense (play) obra de suspense.

thrill·ing ['θrɪlɪŋ] *adj.* emocionante, apasionante.

thrive [θraɪv] *intr. pt.* **throve** o **thrived;** *pp.* **thrived** o **thriven** ['θrɪvən], *ger.* **thriving** (plant) crecer mucho, crecer bien (person) estar estupendamente (business) prosperar.

thriv·ing ['θraɪvɪŋ] *adj.* próspero, floreciente.

throat [θrəʊt] *n.* garganta **sore throat** dolor *m.* de garganta.

throb [θrɒb] *n.* (of heart, pulse) latido, palpitación *f.* (of engine, music) vibración *f.*, zumbido *intr. pt. & pp.* **throbbed,** *ger.* **throbbing** 1 (heart, pulse) latir, palpitar (engine, music) vibrar, zumbar 2 (with pain) dar punzadas.

throm·bo·sis [θrɒm'bəʊsɪs] *n.* trombosis *f.*

throne [θrəʊn] *n.* trono **to come to the throne** subir al trono **throne room** sala del trono.

throt·tle ['θrɒtəl] *n.* 1 válvula reguladora 2 *fam. use* acelerador *m.* ⬦ *tr.* estrangular, ahogar. **at full throttle** a toda pastilla.

through [θruː] *prep.* 1 por, a través de 2 (because of) por, a causa de 3 (from beginning to the end) durante todo, hasta el final de 4 (by means of) por, a través de, mediante ⬦ *adv.* 1 de un lado a otro 2 (to the end) hasta el final 3 terminado, acabado ⬦ *adj.* (train) directo (traffic) de paso.

through·out [θruː'aʊt] *prep.* 1 por todo, en todo 2 (time) durante todo, a lo largo de ⬦ *adv.* 1 (all over) por/en todas partes 2 (completely) completamente (time) desde el principio hasta el fin, todo el tiempo.

throw [θrəʊ] *n.* 1 lanzamiento, tiro 2 (time) tirada, lance *m.* (in game) jugada, turno ⬦ *tr. pt* **threw** 1 (gen) tirar, arrojar, lanzar 2 (to the floor - rider) descorcovar, desmontar (- wrestler) derribar 3 (head) echar (arms) extender, abrir 4 *fig. use* (kiss) echar, tirar (glance, look) lanzar, dirigir 5 *fam. use* (party) organizar, dar, hacer 6 *fam. use* (confuse) desconcertar 7 (light, shadow) proyectar 8 (shape pottery) formar, hacer 9 (extend bridge) tender, construir. **to be a stone's throw away** estar a un costado de **to throw in one's lot with** compartir la suerte con **to throw in the sponge** arrojar la toalla. **to throw into confusion** sumir en la confusión.

to throw a·way *tr. sep.* 1 (get rid of, discard) tirar 2 (waste) desaprovechar, perder (money) malgastar, derrochar 3 (speech) lanzar al aire.

to throw back *tr. sep.* 1 (ball, etc.) devolver 2 (bedclothes) echar atrás.

to throw in *tr. sep.* 1 *fam. use* (include) incluir gratis 2 SP sacar de banda.

to throw out *tr. sep.* 1 (expel) echar, expulsar 2 (reject) rechazar 3 (discard) tirar, tirar a la basura.

to throw together *tr. sep.* 1 (assemble) juntar de prisa (improvise) improvisar 2 (bring into contact) juntar.

to throw up *intr.* (vomit) vomitar, devolver ⬦ *tr. sep.* 1 (give up, resign) abandonar, renunciar a 2 (produce) arrojar, dar, aportar (reveal) revelar, poner en evidencia 3 (vomit) vomitar, devolver.

throw-away ['θrəʊəweɪ] *adj.* (disposable) de usar y tirar, desechable (spoken casually) hecho como de pasada.

threw *pt.* VER: throw.

thrown [θrəʊn] *pp.* VER: throw.

thru [θruː] *prep.-adv.* VER: through.

thrust [θrʌst] *n.* 1 (gen) empuje *m.*, empujón *m.* 2 (attack) ataque *m.*, avance *m.* 3 (hostile remark) ataque *m.*, crítica 4 (with sword) estocada (with dagger) puñalada (with knife) cuchillada 5 (main point) idea central, idea clave ⬦ *tr. pt. & pp.* **thrust** (shove) empujar, empujar con violencia ⬦ *intr.* (jostle) dar empujones ⬦ *tr.* (push in) meter ⬦ *intr.* (pierce - with sword) dar estocadas (- with other instrument) clavar.

thud [θʌd] *n.* ruido sordo ⬦ *intr. pt. & pp.* **thudded,** *ger.* **thudding** caer con un ruido sordo.

thug [θʌg] *n.* 1 (violent man) matón *m.*, gamberro 2 (criminal) gángster *m.*, malhechor *m.*

thumb [θʌm] *n.* pulgar *m.* ⬦ *tr.* hacer autostop. **to be under somebody's thumb** estar dominado por alguien. **to get the thumbs up** ser aprobado, recibir la aprobación. **to get the thumbs down** ser rechazado. **to give something the thumbs up** aprobar algo. **to give something the thumbs down** rechazar algo. **to have somebody under one's thumb** tener a alguien en el bolsillo.

thumb·nail ['θʌmneɪl] *n.* uña del pulgar **thumbnail sketch** pequeña reseña.

thumb-tack ['θʌmtæk] *n.* chinche, tachuela.

thump [θʌmp] *n.* (blow) golpe *m.*, puñetazo (sound) golpazo ⬦ *tr.* golpear, pegar un puñetazo ⬦ *intr.* (gen) golpear (heart) latir con fuerza (feet) caminar con pasos pesados.

thump·ing ['θʌmpɪŋ] *adv.* enorme, tremendo.

thun·der ['θʌndəʳ] *n.* trueno ⬦ *intr.* tronar ⬦ *tr.* (shout) bramar, rugir. **thunder and lightning** truenos mpl. y rayos mpl.

thun·der·bolt ['θʌndəbəʊlt] *n.* rayo.

thun·der·clap ['θʌndəklæp] *n.* trueno.

thun·der·ous ['θʌndərəs] *adj. fig. use* ensordecedor, atronador.

thun·der·storm ['θʌndəstɔːm] *n.* tormenta.

thun·der·struck ['θʌndəstrʌk] *adj.* atónito, pasmado, estupefacto.

Thurs ['θɜːzdɪ] Also **Thur.** *abbr.* (Thursday) jueves *m.* (abbreviation) juev.

Thurs·day ['θɜːzdɪ] *n.* jueves *m.* NOTA: Para ejemplos de uso, ver Saturday.

thus [ðʌs] *adv.* 1 (in this way, like this) así, de este modo 2 (consequently) así que, por lo tanto, por consiguiente 3 (to this extent) hasta.

thy·self [ðaɪ'self] *pron.* ARCH (reflexive) te (emphatic) tú mismo.

Ti·bet [tɪ'bet] *n.* Tíbet.

Ti·bet·an [tɪ'betən] *adj.* tibetano ⬦ *n.* 1 (person) tibetano 2 (language) tibetano.

tic [tɪk] *n.* tic *m.*

tick [tɪk] *n.* (noise) tictac *m.* ⬦ *intr.* (clock) hacer tictac **what makes somebody tick** lo que mueve a alguien.

to tick over *intr.* 1 AUTO marchar al ralentí, estar en marcha 2 (business, etc.) ir tirando.

tick·et ['tɪkɪt] *n.* **1** *(for transport)* billete *m.* **2** *(for concert, cinema, etc.)* entrada **3** *(for library, etc.)* carnet *m.* **4** *(label)* etiqueta **5** *(for item deposited)* resguardo **6** *(fam. use) (fine)* multa **7** POL lista de candidatos.

tick·ing ['tɪkɪŋ] *n.* *(of clock)* tictac *m.*

tick·le ['tɪkəl] *n.* cosquilleo ⋄ *tr.* **1** *(touch lightly)* hacer cosquillas a *(itch)* picar **2** *(amuse)* hacer gracia a, diverter ⋄ *intr.* *(touch lightly)* hacer cosquillas *(itch)* picar.

tick·lish ['tɪklɪʃ] *adj.* **1** cosquilloso **2** *fig. use* delicado, peliagudo.

tick-tock ['tɪktɒk] *n.* tictac *m.*

tid·al ['taɪdəl] *adj.* de la marea **tidal power** *energía de las mareas* **tidal wave** *(gen)* maremoto *fig. use* oleada.

tid·bit ['tɪdbɪt] *n.* **1** *(delicacy)* manjar *m.*, exquisitez *f.* **2** *(gossip)* chisme *m.*

tide [taɪd] *n.* **1** marea **2** *fig. use (trend)* corriente *f.* **to go against the tide** *ir contra (la) corriente* **to go with the tide** *seguir la corriente* **high tide** *pleamar f.* **low tide** *bajamar f.*

ti·di·ness ['taɪdinəs] *n.* orden *m.*

ti·dy ['taɪdɪ] *adj. comp.* **tidier**, *superl.* **tidiest 1** *(place)* ordenado, bien arreglado **2** *(person - appearance)* arreglado *(- habits)* metódico **3** *(considerable)* considerable, bastante ⋄ *n.* organizador *m.* ⋄ *tr. pt. & pp.* **tidied**, *ger.* **tidying** También **tidy up 1** ordenar, poner en orden, arreglar ⋄ *intr.* También **tidy up** poner las cosas en orden. **to tidy oneself up** *arreglarse.*

to ti·dy a·way *tr. sep.* recoger, guardar.

tie [taɪ] *n.* **1** *(of shirt)* corbata *(for fastening)* cierre *m.* **3** *(beam)* tirante *m.* **4** *fig. use (bond)* lazo, vínculo **5** *fig. use (restriction)* estorbo, atadura **6** SP *(draw)* empate *m.* *(match)* encuentro, partido **7** MUS ligadura ⋄ *tr.* **1** *(fasten)* atar *(knot, bow)* hacer **2** *fig. use* ligar, vincular, relacionar **3** *(restrict)* atar **4** MUS ligar ⋄ *intr.* **1** *(fasten)* atarse **2** SP empatar.

to tie down *tr. sep.* **1** atar, sujetar **2** *(restrict)* atar *(commit oneself)* comprometerse.

to tie up *tr. sep.* **1** *(fasten)* atar *(boat)* amarrar **2** *(link)* conectar, ligar, relacionar **3** *(occupy)* liar, ocupar **4** FIN *(capital)* inmovilizar, invertir **5** *(finalize)* finalizar, concluir, cerrar.

tier [tɪəʳ] *n.* **1** *(in stadium)* grada **2** *(of cake)* piso **3** *(in hierarchy)* nivel *m.*

tiered [tɪəd] *adj.* *(stadium)* con gradas.

tie-up ['taɪʌp] *n.* **1** *(link, connection)* enlace *m.*, conexión *f.* **2** *(traffic jam)* embotellamiento, atasco.

ti·ger ['taɪgəʳ] *n.* tigre *m.* **tiger lily** *lirio tigrado* **tiger moth** *mariposa tigre.*

tight [taɪt] *adj.* **1** *(firmly fastened)* apretado, duro **2** *(taut)* tensado, tirante, tenso *(chest)* oprimido **3** *(clothes)* ajustado, ceñido **4** *(not leaky)* hermético, impermeable **5** *(hold)* estrecho, fuerte **6** *(packed together)* apretado **7** *(strict - schedule)* apretado *(- security)* estricto, riguroso **8** *(fam. use) (mean)* agarrado, tacaño **9** *(fam. use) (drunk)* borracho **10** *(not easily obtainable)* escaso **11** *(contest)* reñido **12** *(bend)* cerrado ⋄ *adv.* firmemente, fuerte **tight spot** *aprieto.*

tight·en ['taɪtən] *tr.* **1** *(gen)* apretar, ajustar *(rope)* tensar **2** *(make stricter - security)* hacer más estricto, reforzar *(- credit)* restringir ⋄ *intr.* *(gen)* apretarse *(rope, muscles)* tensarse. **to tighten one's belt** *apretarse el cinturón.*

to tight·en up *tr. sep.* intensificar, hacer más estricto ⋄ *intr.* ponerse más estricto.

tight-fist·ed ['taɪt'fɪstɪd] *adj.* tacaño, agarrado.

tight-fit·ting [taɪt'fɪtɪŋ] *adj.* ceñido, ajustado.

tight-knit ['taɪtnɪt] *adj.* muy unido.

tight-lipped ['taɪt'lɪpt] *adj.* *(silent)* callado *(angry)* con los labios apretados.

tight·ness ['taɪtnəs] *n.* *(of rope, muscles)* tensión *f.* *(in chest)* opresión *f.*

tight·rope ['taɪtrəʊp] *n.* cuerda floja **tightrope walker** *funámbulo.*

tile [taɪl] *n.* *(wall)* azulejo *(floor)* baldosa *(roof)* teja ⋄ *tr.* **1** *(wall)* alicatar, poner azulejos a **2** *(floor)* embaldosar **3** *(roof)* tejar. **(out) on the tiles** *de juerga, de marcha.*

till [tɪl] *prep.* hasta ⋄ *conj.* hasta que ⋄ *n.* *(for cash)* caja ⋄ *tr.* *(cultivate)* labrar, cultivar.

tilt [tɪlt] *n.* **1** inclinación *f.*, ladeo **2** *(with lance)* acometida ⋄ *tr.* inclinar, ladear ⋄ *intr.* **1** *(slope, shift)* inclinarse **2** *(with lance)* acometer.

tim·ber ['tɪmbəʳ] *n.* **1** *(wood)* madera (de construcción) **2** *(beam)* viga **3** *(trees)* árboles *mpl.* maderables ⋄ *interj.* ¡cuidado, que cae!, ¡allá va! **timber mill** *aserradero.*

time [taɪm] *n.* **1** *(period)* tiempo **2** *(short period)* rato **3** *(of day)* hora **4** *(age, period, season)* época **5** *(occasion)* vez *f.* **6** *(suitable moment)* momento **7** MUS compás *m.* **8** *(fam. use) (imprisonment)* condena ⋄ *tr.* **1** *(measure time)* medir la duración de, calcular *(races, etc.)* cronometrar **2** *(schedule)* estar previsto ⋄ *npl.* **times** veces *fpl.* **(and) about time** *ya era hora.* **all the time** *todo el rato, todo el tiempo* **at all times** *siempre* **at any time** *en cualquier momento* **at no time** *nunca* **at one time** *en un tiempo* **at the same time** *al mismo tiempo* **at the time/at that time** *entonces* **at times** *a veces* **behind the times** *anticuado* **behind time** *tarde* **for the time being** *de momento* **from time to time** *de vez en cuando* **in no time (at all)** *en seguida* **in time** *(in the long run)* con el tiempo *(not late)* a tiempo **not to give somebody the time of day** *no darle a alguien ni la hora* **on time** *puntual* **one/two/three at a time** *de uno en uno/de dos en dos/de tres en tres* **time after time** *una y otra vez* **time's up** *se acabó el tiempo* **to beat time** *marcar el compás* **to be ahead of one's time** *adelantarse a su época* **to be badly/well timed** *(remark)* ser inoportuno/oportuno* **to give somebody a hard time** *ponérselo difícil a alguien, hacérselo pasar mal a alguien* **to have a good/bad time** *pasarla bien/mal* **to have a lot of time for somebody** *caerle bien alguien a uno* **to have no time for somebody/something** *no soportar a alguien/algo, no tener tiempo para alguien/algo* **to keep time** *(to music)* seguir el compás *(watch)* ir bien, funcionar bien **to keep up/move with the times** *estar al día* **to take one's time** *(not hurry) hacer algo con calma (be slow)* tardar mucho **time bomb** *bomba de tiempo* **time limit** *límite m. de tiempo, plazo* **limite time off** *tiempo libre* **time out** *descanso.*

time-keep·er ['taɪmkiːpəʳ] *n.* cronometrador.

time·less ['taɪmləs] *adj.* eterno.

time·ly ['taɪmlɪ] *adj.* oportuno.

time-scale ['taɪmskeɪl] *n.* escala de tiempo.

time·ta·ble ['taɪmteɪbəl] *n.* horario.

tim·id ['tɪmɪd] *adj.* tímido.

ti·mid·i·ty [tɪ'mɪdɪtɪ] *n.* timidez *f.*

tim·ing ['taɪmɪŋ] *n.* **1** *(time chosen)* momento escogido *(judgement)* sentido de la oportunidad **2** SP *(measurement of time)* cronometraje *m.* **timing gear** AUTO engranaje *m.* de distribución.

tin [tɪn] *n.* **1** *(metal)* estaño **2** *(can)* lata, bote *m.* **3** *(for baking)* molde *m.* ⋄ *tr. pt. & pp.* **tinned**, *ger.* **tin-**

ning enlatar **tin hat** casco **tin soldier** soldadito de plomo **tin whistle** flautín m.

tin·foil ['tɪnfɔɪl] n. papel m. de estaño.

tin·gle ['tɪŋgl] n. hormigueo ◇ intr. hormiguear.

tin·ker ['tɪŋkə*] n. 1 (tinsmith) hojalatero, calderero 2 (gypsy) gitano 3 (naughty child) pícaro, tunante, diablillo ◇ intr. to tinker with (try to repair) tratar de arreglar (meddle with) manosear, apañar, tocar.

tin·o·pen·er ['tɪnəʊpənə*] n. abrelatas m.

tint [tɪnt] n. tinte m., matiz f. ◇ tr. teñir, matizar.

ti·ny ['taɪnɪ] adj. comp. **tinier**, superl. **tiniest** diminuto.

tip[1] [tɪp] n. (gen) extremo, punta, cabo (of cigarette) boquilla, filtro **from tip to toe** de pies a cabeza **to have something on the tip of one's tongue** tener algo en la punta de la lengua **the tip of the iceberg** la punta del iceberg.

tip[2] [tɪp] n. 1 (gratuity) propina 2 (advice) consejo, truco (confidential information) soplo, confidencia (prediction) pronóstico ◇ tr. 1 (give gratuity to) dar una propina a 2 (predict) pronosticar.
   to tip off tr. sep. avisar, dar el soplo.

tip[3] [tɪp] n. (for garbage) vertedero, basurero (dirty place) porquería, desorden m., revoltijo ◇ tr. pt. & pp. **tipped**, ger. **tipping** 1 (lean, tilt) inclinar, ladear 2 (pour) verter (throw) tirar (empty) vaciar 3 (garbage) verter ◇ intr. inclinarse, ladearse.

tip·off ['tɪpɒf] n. (fam. use) soplo, aviso.

tip·toe ['tɪptəʊ] intr. caminar de puntillas **on tiptoe** de puntillas.

tire[1] [taɪə*] tr. cansar ◇ intr. cansarse (of, de).
   to tire out tr. sep. agotar.

tire[2] [taɪə*] n. llanta, neumático.

tired [taɪəd] adj. 1 (weary) cansado 2 (fed up) harto (of, de). **to get tired** cansarse.

tired·ness ['taɪədnəs] n. cansancio.

tire·less ['taɪələs] adj. incansable.

tire·some ['taɪəsəm] adj. molesto, pesado, tedioso.

tir·ing ['taɪərɪŋ] adj. cansado, agotador.

tis·sue ['tɪʃuː] n. 1 (cloth) tisú m. 2 (handkerchief) pañuelo de papel, kleenex 3 BIOL tejido **tissue paper** papel m. de seda.

tit[1] [tɪt] n. (bird) paro, herrerillo.

tit[2] [tɪt] n. sl. (breast) teta.

ti·ta·ni·um [tɪ'teɪnɪəm] n. titanio.

ti·tle ['taɪtl] n. 1 (gen) título 2 JUR título, derecho 3 SP título, campeonato ◇ tr. titular ◇ npl. **titles** (film credits) créditos mpl. **title deed** escritura de propiedad **title page** portadilla **title role** papel m. principal.

ti·tled ['taɪtld] adj. con título de nobleza.

ti·tle·hold·er ['taɪtlhəʊldə*] n. campeón.

TM ['treɪdmɑːk] abbr. (**trademark**) marca registrada.

TNT ['tiː'en'tiː] abbr. (**trinitrotoluene**) trinitrotolueno (abbreviation) TNT.

to [tuː, unstressed tə] prep. 1 (with place) a 2 (towards) hacia 3 (as far as, until) a, hasta 4 (of time) menos 5 (with indirect object) a 6 (for) de 7 (attitude, behavior) con, para con 8 (in honor of) a 9 (touching) a, contra 10 (accompanied by) acompañado de 11 (causing something) para 12 (as seen by) por lo que respecta 13 (indicating comparison) a 14 (ratio) a 15 (per, equivalent) a, en 16 (according to) según 17 (result) a 18 (in order to) para, a fin de 19 (used as object of many verbs) 20 (substituting infinitive) ◇ adv. (of door) ajustada **to and fro** vaivén, ir y venir **NOTA:** Cuando se usa con la raíz del verbo para formar el infinitivo no se traduce.

toad [təʊd] n. sapo.

toast [təʊst] n. 1 (food) pan m. tostado 2 (drink) brindis m. ◇ tr. 1 (cook) tostar 2 (drink) brindar por, beber a la salud de.

toast·er ['təʊstə*] n. tostadora.

to·bac·co [tə'bækəʊ] n. pl. **tobaccos** o **tobaccoes** tabaco **tobacco pouch** petaca.

To·ba·go [tə'beɪgəʊ] n. Tobago.

to·bog·gan [tə'bɒgən] n. tobogán m. ◇ intr. tirarse por un tobogán.

to·day [tə'deɪ] n. hoy m. ◇ adv. 1 hoy 2 (nowadays) hoy en día.

tod·dler ['tɒdlə*] n. niño (que empieza a andar).

toe [təʊ] n. 1 ANAT dedo del pie 2 (of shoe) puntera (of sock) punta ◇ tr. tocar con la punta del pie. **to be on one's toes** estar alerta. **to keep on one's toes** mantenerse alerta. **to step/tread on somebody's toes** (literally) pisar a alguien (offend) ofender a alguien.

toe·nail ['təʊneɪl] n. uña del dedo del pie.

to·ga ['təʊgə] n. toga.

to·geth·er [tə'geðə*] adv. 1 (gen) juntos 2 (simultaneously) a la vez, al mismo tiempo 3 (nonstop) seguido ◇ adj. (fam. use) (confident, organized, capable) seguro de sí mismo. **to bring together** reunir, juntar **to come together** juntarse **to get it together** organizarse **to go together** ir juntos **together with** junto con.

to·geth·er·ness [tə'geðənəs] n. unión f.

To·go ['təʊgəʊ] n. Togo.

To·go·lese [təʊgə'liːz] adj. togolés ◇ n. togolés.

toi·let ['tɔɪlət] n. 1 (appliance) váter m., inodoro (room) lavabo, baño 2 (public) servicios mpl., aseos mpl. 3 (washing) aseo personal, higiene m. personal **toilet paper** papel m. higiénico.

to·ken ['təʊkən] n. 1 (sign, proof) señal f., prueba 2 (memento, souvenir) detalle m., recuerdo 3 (coupon) vale m. 4 (coin) ficha ◇ adj. simbólico **by the same token** del mismo modo, de la misma manera.

told [təʊld] pt. & pp. VER: tell.

tol·er·a·ble ['tɒlərəbl] adj. 1 (endurable) tolerable, soportable 2 (not bad) regular, pasable.

tol·er·ance ['tɒlərəns] n. tolerancia.

tol·er·ant ['tɒlərənt] adj. tolerante (of/towards, con).

tol·er·ate ['tɒləreɪt] tr. tolerar, aguantar, soportar.

toll[1] [təʊl] n. 1 (payment) peaje m. 2 (loss) mortalidad f., número de víctimas mortales **to take its toll on** afectar negativamente.

toll[2] [təʊl] n. (of bell) tañido ◇ tr. tañer, doblar ◇ intr. doblar.

toll·gate ['təʊlgeɪt] n. peaje m.

to·ma·to [tə'mɑːtəʊ, ʊ] [tə'meɪtəʊ] n. pl. **tomatoes** tomate m. **tomato plant** tomatera.

tomb [tuːm] n. tumba, sepulcro.

tom·boy ['tɒmbɔɪ] n. marimacho f.

tomb·stone ['tuːmstəʊn] n. lápida (sepulcral).

tom·cat ['tɒmkæt] n. gato (macho).

tome [təʊm] n. tomo.

to·mor·row [tə'mɒrəʊ] n. mañana ◇ adv. mañana.

ton [tʌn] n. ◇ npl. **tons** (fam. use) montones mpl. **to come down on somebody like a ton of bricks** arremeter contra alguien **to weigh a ton** pesar muchísimo, pesar una tonelada.

tone [təʊn] n. 1 (sound, manner of speaking) tono (on phone) señal f. 2 (color) tonalidad f., tono 3 (mood, character) tono, carácter m. 4 (quality, respectability) buen tono, clase f., nivel m. 5 MUS tono 6 (of muscle) tono.
   to tone down tr. sep. atenuar, suavizar.

tone-deaf [ˈtəʊnˈdef] *adj.* que no tiene sentido musical, que no tiene oído.

Ton·ga [ˈtɒŋɡə] *n.* Tonga.

Ton·gan [ˈtɒŋɡən] *adj.* tongano ◇ *n.* 1 *(person)* tongano 2 *(language)* tongano.

tongs [tɒŋz] *npl.* tenacillas *fpl.*, pinzas *fpl.*

tongue [tʌŋ] *n.* 1 ᴀɴᴀᴛ lengua 2 *(language)* lengua, idioma *m.* 3 *(of shoe)* lengüeta 4 *(of bell)* badajo 5 *(of land, flame)* lengua **cat got your tongue?/ have you lost your tongue?** ¿se te ha comido la lengua el gato? **to hold one's tongue** callarse **tongue in cheek** en broma, irónicamente **to put one's tongue out/stick one's tongue out** sacar la lengua **tongue twister** trabalenguas *m.*

tongue-tied [ˈtʌŋtaɪd] *adj.* cortado.

tonight [təˈnaɪt] *n.* esta noche *f.* ◇ *adv.* esta noche *f.*

tonnage [ˈtʌnɪdʒ] *n.* tonelaje *m.*

tonne [tʌn] *n.* tonelada.

tonsil [ˈtɒnsəl] *n.* amígdala.

tonsillitis [tɒnsəˈlaɪtəs] *n.* amigdalitis *f.*

too [tuː] *adv.* 1 *(excessively)* demasiado 2 *(also)* también 3 *(besides)* además 4 *(very)* muy. **too many** demasiados **too much** demasiado **all too/only too** demasiado **about time too** ya era hora **to be too much for somebody** ser demasiado para alguien.

took [tʊk] *pt.* VER: take.

tool [tuːl] *n. (gen)* herramienta *(instrument)* instrumento ◇ *tr. (book)* estampar *(leather)* labrar ◇ *npl.* tools *(gardening, etc)* útiles *mpl.* **tool shed** cobertizo para las herramientas.

to tool up *tr. sep.* equipar.

tool·bar [ˈtuːlbɑːʳ] *n.* barra de herramientas.

tool·kit [ˈtuːlkɪt] *n.* juego de herramientas.

tooth [tuːθ] *n. pl.* **tooth 1** *(gen)* diente *m. (molar)* muela *(front tooth)* incisivo 2 *(of comb)* púa 3 *(of saw)* diente *m.* **long in the tooth** viejo **to cut a tooth** echar los dientes, endentecer **to fight tooth and nail** luchar con uñas y dientes **to get one's teeth into something** hincarle el diente a algo **to have a sweet tooth** ser goloso **to set one's teeth on edge** darle dentera a uno **to show one's teeth** enseñar los dientes **tooth fairy** ratoncito Pérez.

tooth·ache [ˈtuːθeɪk] *n.* dolor *m.* de muelas.

tooth·brush [ˈtuːθbrʌʃ] *n.* cepillo de dientes.

tooth·less [ˈtuːθləs] *adj.* desdentado.

tooth·paste [ˈtuːθpeɪst] *n.* pasta de dientes.

top¹ [tɒp] *n.* 1 **(highest/upper part)** parte *f.* superior, parte *f.* de arriba, parte *f.* más alta 2 *(far end - of street)* final *m.* (- *of table)* cabecera 3 *(of mountain)* cumbre *f.* 4 *(of tree)* copa 5 *(surface)* superficie *f.* 6 *(of bottle)* tapón *m.* (*of pen)* capuchón *m.* 7 *(highest position)* 8 *(of list)* cabeza 9 *(of car)* capota 10 *(clothes)* blusa *(corta)*, camiseta, top *m.* (*of bikini)* parte de arriba 11 *(beginning)* principio 12 *(gear)* directa ◇ *adj.* 1 *(highest)* de arriba, superior, más alto 2 *(best, highest, leading)* mejor, principal 3 *(highest, maximum)* principal, máximo ◇ *tr. pt. & pp.* **topped,** *ger.* **topping** 1 *(cover)* cubrir, rematar 2 *(remove top of plant/fruit)* quitar los rabillos 3 *sl. (kill)* cargarse *m.* *(come first, head)* encabezar 5 *(better, surpass, exceed)* superar ◇ *npl.* tops *(of plant)* hojas *fpl.* **at the top of the tree** *fig.* subir en la cumbre **at the top of one's voice** a voz en grito **at top speed** a toda velocidad **from top to bottom** de arriba abajo **from top to toe** de cabeza a pies **on top** encima de **on top of** encima de **to be on top of the world** estar en la gloria, estar contento y feliz.

top² [tɒp] *n. (toy)* trompo **to sleep like a top** dormir como un tronco, dormir como un lirón.

to·paz [ˈtəʊpæz] *n.* topacio.

top-heav·y [ˈtɒpˈhevɪ] *adj.* demasiado pesado en la parte superior, inestable.

top·ic [ˈtɒpɪk] *n.* tema *m.*

top·i·cal [ˈtɒpɪkəl] *adj.* actual, de actualidad.

top·less [ˈtɒpləs] *adj.* desnudo de cintura para arriba.

to·pog·ra·phy [təˈpɒɡrəfɪ] *n.* topografía.

top·o·nym [ˈtɒpənɪm] *n.* topónimo.

top·ping [ˈtɒpɪŋ] *n. (for pizza)* ingrediente *m.* (*for ice-cream)* jarabe.

top·ple [ˈtɒpəl] *tr.* 1 *(overturn)* volcar, hacer caer 2 *fig. use (overthrow)* derribar, derrocar ◇ *intr. (fall)* caerse *(lose balance)* tambalearse, perder el equilibrio.

top-rank·ing [ˈtɒpræŋkɪŋ] *adj.* de alto nivel.

top-se·cret [ˈtɒpˈsiːkrət] *adj.* sumamente secreto, confidencial.

top·soil [ˈtɒpsɔɪl] *n.* capa superficial del suelo.

torch [tɔːtʃ] *n.* 1 *(with naked flame)* antorcha 2 *(electric)* linterna ◇ *tr.* quemar, prender fuego a **to carry a torch for somebody** estar enamorado de alguien sin ser correspondido **torch song** canción *f.* de amor.

torch·light [ˈtɔːtʃlaɪt] **by torchlight** con luz de linterna **torchlight parade** procesión *f.* con antorchas.

tore [tɔːʳ] *pt.* VER: tear.

tor·ment [(*n.)* ˈtɔːmənt; (*vb.)* tɔːˈment] *n. (gen)* tormento, tortura *(suffering)* angustia ◇ *tr.* 1 *(cause to suffer)* atormentar, torturar 2 *(annoy)* molestar, hacer rabiar, martirizar.

tor·men·tor [tɔːˈmentəʳ] *n.* atormentador.

torn [tɔːn] *pp.* VER: tear. *adj.* rasgado, roto.

tor·na·do [tɔːˈneɪdəʊ] *n. pl.* **tornados** o **tornadoes** tornado.

tor·pe·do [tɔːˈpiːdəʊ] *n. pl.* **torpedos** o **torpedoes** torpedo *tr. pt. & pp.* **torpedoed,** *ger.* **torpedoing** 1 torpedear 2 *fig. use* hacer fracasar.

tor·ren·tial [təˈrenʃəl] *adj.* torrencial.

tor·sion [ˈtɔːʃən] *n.* torsión *f.*

tor·so [ˈtɔːsəʊ] *n. pl.* **torsos** torso.

tor·toise [ˈtɔːtəs] *n.* tortuga (de tierra).

tor·tu·ous [ˈtɔːtjʊəs] *adj.* tortuoso.

tor·ture [ˈtɔːtʃəʳ] *n.* tortura, tormento ◇ *tr.* torturar, atormentar.

tor·tur·er [ˈtɔːtʃərəʳ] *n.* torturador.

toss [tɒs] *n.* 1 *(shake)* sacudida, movimiento 2 *(of coin)* sorteo de sol o águila ◇ *tr. pt. & pp.* **totted,** *ger.* **totting** 1 *(move, shake)* mover, agitar, sacudir *(pancake)* dar la vuelta a *(salad)* mezclar 2 *(throw)* arrojar, lanzar, tirar ◇ *intr.* moverse, agitarse, sacudirse.

to·tal [ˈtəʊtəl] *adj. (overall)* total *(complete)* completo, rotundo *n.* total *m.*, suma *f.* ◇ *tr.* sumar ◇ *intr.* sumar, ascender a **in total** en total.

to·tal·i·tar·i·an [təʊtælɪˈteərɪən] *adj.* totalitario.

to·tal·i·ty [təʊˈtælɪtɪ] *n.* totalidad *f.*

to·tal·ly [ˈtəʊtəlɪ] *adv.* totalmente, completamente.

tot·ter [ˈtɒtəʳ] *intr.* tambalearse.

tot·ter·ing [ˈtɒtərɪŋ] *adj. (gen)* tambaleante *(step)* inseguro.

tou·can [ˈtuːkən] *n.* tucán *m.*

touch [tʌtʃ] *n.* 1 *(gen)* toque *m.* *(light touch)* roce *m.* 2 *(detail)* detalle *m.*, toquem 4 *(connection)* contacto, comunicación *f.* 5 *(slight quantity)* poquito, pizca *(trace)* punto, asomo 6 ᴍᴇᴅ amago 7 *(fam. use)* *(skill, ability)* habilidad *f.* 8 *(manner, style)* toque *m.*, sello 9 ꜱᴘ toque *m.* ◇ *tr.* 1 *(gen)* tocar *(lightly)*

rozar 2 *(eat)* probar 3 *(move)* conmover 4 *(equal, rival)* igualar 5 *(affect)* afectar, tocar 6 *(deal with)* tocar, abordar ⬦ *intr.* tocarse **at a touch** *al primer roce* **to be in touch with something** *estar al corriente de algo* **to be out of touch** *estar fuera de onda* **to get in touch** *ponerse en contacto* **(with,** con) **to keep in touch** *mantenerse en contacto* **(with,** con) **to touch bottom** *tocar fondo* **to touch wood** *tocar madera*.
  to touch off *tr. sep.* provocar, causar.
  to touch on/touch up on *intr.* mencionar.
touch·down ['tʌtʃdaun] *n.* 1 *(on land)* aterrizaje *m.* 2 *(on sea)* amerizaje *m.* 3 SP anotación.
touch·ed [tʌtʃt] *adj.* 1 *(moved)* conmovido 2 *(crazy)* tocado.
touch·i·ness ['tʌtʃinəs] *n.* susceptibilidad *f.*
touch·ing ['tʌtʃiŋ] *adj.* conmovedor.
touch·line ['tʌtʃlaɪn] *n.* SP línea de banda.
touch-screen ['tʌtʃskriːn] *n.* pantalla táctil.
touch·stone ['tʌtʃstəʊn] *n.* piedra de toque.
touch·y ['tʌtʃi] *adj. comp.* **touchier,** *superl.* **touchiest** 1 *(person)* susceptible 2 *(subject, etc.)* delicado.
tough [tʌf] *adj.* 1 *(strong)* fuerte, resistente 2 *(difficult)* duro, arduo 3 *(rough, violent)* violento 4 *(severe)* duro, severo 5 *(meat)* duro 6 *[fam. use]* malo, injusto ⬦ *n.* tipo duro **to be a tough nut to crack** *ser un hueso duro de roer* **to be as tough as old boots** *ser muy duro* **to get tough with somebody** *ponerse duro con alguien* **tough customer** *cliente m. difícil.*
tough·en ['tʌfən] *tr. (muscles, laws)* endurecer *(person)* hacer más fuerte ⬦ *intr. (muscles, approach)* endurecerse *(person)* hacerse más fuerte.
tough·ness ['tʌfnəs] *n.* 1 *(strength)* dureza, resistencia 2 *(difficulty)* dificultad *f.* 3 *(severity)* severidad *f.*
tou·pee ['tuːpeɪ] *n.* peluquín *m.*
tour [tʊəʳ] *n.* 1 viaje *m.*, excursión *f.* 2 *(around building)* visita 3 *(by performers)* gira *(cycling)* vuelta ⬦ *tr.* 1 *(gen)* recorrer, viajar por 2 *(building)* visitar ⬦ *intr. (by performers)* hacer una gira. **to be on tour** *estar de gira* **tour operator** *agente m. de viajes.*
tour·ism ['tʊərɪzəm] *n.* turismo.
tour·ist ['tʊərɪst] *n.* turista *mf.* ⬦ *adj.* turístico **tourist class** *clase f. turista* **tourist industry** *turismo* **tourist trap** *sitio que atrae a muchos turistas.*
tour·ist·y ['tʊərɪstɪ] *adj. [fam. use] pej.* demasiado turístico.
tour·na·ment ['tʊənəmənt] *n.* torneo.
tour·ni·quet ['tʊənɪkeɪ] *n.* torniquete *m.*
tout [taʊt] *n.* 1 revendedor ⬦ *tr.* revender ⬦ *intr.* intentar captar clientes **to tout one's wares** *intentar vender sus mercancías* **ticket tout** *revendedor de entradas.*
tow [taʊ] *tr.* remolcar ⬦ *n.* remolque *m.* **on tow** *de remolque.* **with... in tow** *acompañado de..., seguido de...*
to·ward [təˈwɔːd] *prep.* 1 *(in direction of)* hacia 2 *(attitude)* con, para con 3 *(payment)* para 4 *(of time)* hacia, cerca de.
tow·el [taʊəl] *n.* toalla *f.*, pt. & pp. **toweled,** *ger.* **toweling** 1 secar con toalla **to throw in the towel** *arrojar la toalla* **towel rail** *toallero f.*
tow·er [taʊəʳ] *n.* 1 *(gen)* torre *f.* 2 *(of church)* campanario ⬦ *intr.* elevarse. **to be a tower of strength** *ser una ayuda valiosa* **ivory tower** *torre f. de marfil.*
tow·er·ing ['taʊərɪŋ] *adj.* 1 *(tall)* muy alto, elevado, dominante 2 *(rage)* violento, intenso, extremo 3 *(person)* destacado, dominante.

town [taʊn] *n.* 1 *(large)* ciudad *f.* *(small)* población *f.*, municipio, pueblo 2 *(city center)* centro 3 *(people)* ciudadanos *mpl.*, ciudad *f.* ⬦ *adj.* urbano, municipal.
towns·peo·ple ['taʊnzpiːpəl] *npl.* ciudadanos *mpl.*
tow·rope ['taʊrəʊp] *n.* cable *m.* de remolque.
tox·ic ['tɒksɪk] *adj.* tóxico.
tox·ic·i·ty [tɒk'sɪsɪtɪ] *n.* toxicidad *f.*
tox·i·col·o·gy [tɒksɪ'kɒlədʒɪ] *n.* toxicología.
tox·in ['tɒksɪn] *n.* toxina.
toy [tɔɪ] *n.* juguete *m.* ⬦ *adj.* 1 de juguete 2 *(dog)* enano **toy soldier** *soldadito de plomo.*
  to toy with *tr. insep. (object, food)* jugar con *(idea)* acariciar *(affections)* divertirse con.
toy·store ['tɔɪbɒɪ] *n.* juguetería.
trace [treɪs] *n.* 1 *(mark, sign)* indicio, rastro 2 *(small amount - material)* pizca, vestigio *(- non-material)* dejo, asomo, nota ⬦ *tr.* 1 *(sketch)* trazar, esbozar 2 *(copy)* calcar 3 *(find)* encontrar, localizar *(follow)* seguir la pista de 4 *(describe development)* describir 5 *(find origin)* encontrar el origen de 6 *(go back to)* remontarse **a trace element** *oligoelemento.*
trace·a·ble ['treɪsəbəl] *adj.* localizable.
tra·che·a [trə'kɪə] *n.* ANAT tráquea.
trac·ing ['treɪsɪŋ] *n.* calco **tracing paper** *papel m. de calco, papel m. de calcar.*
track [træk] *n.* 1 *(mark)* pista, huellas *fpl.*, rastro *(of wheels)* rodada 2 *(of rocket, bullet, etc.)* trayectoria 3 *(path)* camino, senda, sendero 4 SP pista 5 *(for motor-racing)* circuito 6 *(of railway)* vía *(platform)* andén *m.* 7 *(on record, etc.)* tema *m.*, corte *m.*, canción *f.* 8 *(belt on wheels)* oruga *tr.* 1 *(person, animal)* seguir la pista de 2 TECH seguir la trayectoria de ⬦ *intr.* CINEM hacer una toma larga con la cámara en movimiento.
  to track down *tr. sep.* localizar, encontrar.
track·er ['trækəʳ] *n.* rastreador **tracker dog** *perro rastreador.*
trac·tion ['trækʃən] *n. (gen)* tracción *f.* **traction engine** *vehículo de tracción.*
trac·tor ['træktəʳ] *n.* tractor *m.*
trade [treɪd] *n.* 1 *(commerce)* comercio 2 *(business)* negocio *(industry)* industria 3 *(occupation)* oficio, profesión *f.* 4 *(people who work in particular industry)* comerciantes *mpl.*, gente *f.* del negocio ⬦ *adj.* comercial ⬦ *intr. (do business)* comerciar ⬦ *tr. (exchange)* cambiar **to do a good/brisk/roaring trade in something** *hacer un gran negocio con algo, vender algo como pan caliente* **trade cycle** *ciclo comercial* **trade deficit/trade gap** *déficit m. comercial* **trade discount** *descuento comercial* **trade fair** *feria de muestras* **trade name** *nombre m. comercial* **trade price** *precio al por mayor* **trade secret** *secreto industrial* **trade union** *sindicato, gremio obrero* **trade unionism** *sindicalismo* **trade unionist** *sindicalista mf.* **trade winds** *vientos mpl. alisios.*
trade·mark ['treɪdmɑːk] *n.* marca registrada, marca.
trad·er ['treɪdəʳ] *n.* comerciante *mf.*
trades·man ['treɪdzmən] *n.* 1 *(businessman)* comerciante *m. (shopkeeper)* tendero 2 *(deliveryman)* repartidor *m.* **tradesman's entrance** *puerta de servicio.*
trad·ing ['treɪdɪŋ] *n.* comercio **trading estate** *polígono industrial* **trading post** *establecimiento comercial pequeño en una zona poco habitada.*
tra·di·tion [trə'dɪʃən] *n.* tradición *f.*
tra·di·tion·al [trə'dɪʃənəl] *adj.* tradicional.
traf·fic ['træfɪk] *n.* 1 AUTO tráfico, circulación *f.*, tránsito 2 *(of ships, aircraft)* tráfico 3 *(of peo-*

ple, *goods*) tránsito, movimiento **4** *(trade)* tráfico ◇ *adj.* de la circulación, del tráfico ◇ *intr.* traficar (*in*, con) **traffic circle** glorieta **traffic jam** atasco, embotellamiento **traffic lights** semáforo **traffic sign** señal de tráfico.

traf·fick·er ['træfɪkə'] *n.* traficante *mf.* ·

traq·e·dy ['trædʒədɪ] *n. pl.* **tragedies** tragedia.

trag·ic ['trædʒɪk] *adj.* trágico.

trag·i·cal·ly ['trædʒɪklɪ] *adv.* trágicamente.

trag·i·com·e·dy ['trædʒɪ'kɒmədɪ] *n. pl.* **tragicomedies** tragicomedia.

trail [treɪl] *n.* **1** *(path)* camino, sendero **2** **(track, mark, scent)** rastro, pista, huellas *fpl.* **3** *(of rocket, comet)* cola *(of dust, vapor)* estela *(of blood)* reguero ◇ *tr.* **1** *(follow)* seguir la pista de **2** *(drag)* arrastrar ◇ *intr.* **1** *(lag behind)* ir rezagado, quedarse atrás **2** *(drag)* arrastrarse **3** *(plant)* arrastrarse, trepar **4** *(lose)* perder **to leave a trail of destruction** arrasar todo al pasar **to trail one's coat** incitar, provocar.

trail·er ['treɪlə'] *n.* **1** AUTO remolque *m.* **2** caravana **3** CINEM tráiler *m.*, avance *m.*

train [treɪn] *n.* **1** *(transport)* tren *m.* **2** *(of dress)* cola **3** *(line - of animals)* recua *(- of vehicles)* convoy *m.* **4** *(retinue)* grupo, séquito **5** **(of ideas, thoughts)** serie *f.*, hilo *(of events)* serie *f.*, sucesión *f.* ◇ *tr.* **1** SP entrenar, preparar **2** *(teach)* enseñar, formar, capacitar *(one's eye, ear, voice)* educar **4** MIL adiestrar **5** *(animal)* enseñar *(to perform tricks)* amaestrar, adiestrar **6** *(direct - gun)* apuntar (*on*, a) *(- camera)* enfocar (*on*, a), dirigir (*on*, hacia) *(- plant)* guiar ◇ *intr.* **1** SP entrenarse, prepararse **2** *(teach)* estudiar **3** MIL adiestrarse **in train** en fase de preparación **train driver** maquinista *mf.* **train set** juego de trenes.

trained [treɪnd] *adj.* **1** *(worker - skilled)* calificado, cualificado *(- qualified)* graduado, diplomado **2** *(animal)* amaestrado, adiestrado **3** *(voice, ear)* educado.

train·ee [treɪ'niː] *n.* **1** *(manual work)* aprendiz **2** *(professional work)* persona que está haciendo prácticas.

train·er ['treɪnə'] *n.* **1** SP entrenador **2** *(of dogs)* amaestrador *(of circus animals)* domador *(of race horses)* preparador **3** *(aircraft)* entrenador *m.* **4** *(shoe)* zapatilla de deporte.

train·ing ['treɪnɪŋ] *n.* **1** formación *f.* (profesional), capacitación *f.* **2** SP entrenamiento, preparación *f.* física ◇ *intr.* MIL instrucción *f.* **to be in training (for something)** SP entrenarse (para algo) **training college** instituto de formación profesional **training course** cursillo de capacitación **training shoe** zapatilla de deporte.

trait [treɪt] *n.* rasgo, característico.

trai·tor ['treɪtə'] *n.* traidor **to turn traitor** pasarse al enemigo.

tra·jec·to·ry [trə'dʒektərɪ] *n. pl.* **trajectories** trayectoria.

tramp [træmp] *n.* **1** *(person)* vagabundo **2** caminata, excursión *f.* a pie ◇ *tr.* andar por, recorrer a pie ◇ *intr.* *(walk)* caminar (con pasos pesados), andar penosamente *(hike)* recorrer.

tram·ple ['træmpəl] *tr.* pisotear ◇ *intr.* pisotear (*on/over*, -).

tram·po·line ['træmpəliːn] *n.* cama elástica.

trance [trɑːns] *n.* trance *m.*

tran·quil ['trænkwɪl] *adj.* tranquilo.

tran·quil·i·ty [træŋ'kwɪlətɪ] *n.* tranquilidad *f.*

tran·quil·ize ['træŋkwɪlaɪz] *tr.* tranquilizar.

tran·quil·iz·er ['træŋkwɪlaɪzə'] *n.* tranquilizante *m.*, calmante *m.*

trans¹ [trænz'leɪtɪd] *abbr.* **(translated)** traducido *(abbreviation)* trad.

trans² ['trænsɪtɪv] *abbr.* **(transitive)** transitivo *(abbreviation)* trans.

trans·act [træn'zækt] *tr.* negociar ◇ *intr.* negociar **to transact business with somebody** hacer negocios con alguien.

trans·ac·tion [træn'zækʃən] *n.* **1** *(deal)* operación *f.*, transacción *f.* **2** *(business)* negocio.

tran·scend [træn'send] *tr.* **1** *(go beyond)* trascender **2** *(surpass)* superar.

tran·scend·ent [træns'endənt] *adj.* trascendente.

tran·script ['trænskrɪpt] *n.* transcripción *f.*

tran·scrip·tion [træn'skrɪpʃən] *n.* transcripción *f.*

trans·fer [(n) 'trænsfɜː'; (vb) træns'fɜː'] *n.* **1** FIN transferencia **2** JUR *(of property)* traspaso **3** *(of employee)* traslado **4** SP *(of player)* traspaso *(player)* fichaje *m.* **5** *(drawing)* cromo, calcomanía **6** *(of airline passenger)* transbordo, trasbordo ◇ *tr. pt. & pp.* **transferred,** *ger.* **transferring 1** FIN transferir **2** JUR *(property)* traspasar **3** **(employee, prisoner)** trasladar **4** SP *(player)* traspasar **5** *(data, information, phone call)* pasar ◇ *intr.* **1** *(employee)* trasladarse **2** *(transport)* hacer transbordo, cambiar **3** EDUC cambiar **transfer fee** traspaso **transfer list** lista de traspasos.

trans·fer·a·ble [træns'fɜːrəbəl] *adj.* transferible.

trans·fix [træns'fɪks] *tr.* **1** *(render motionless)* paralizar **2** *(impale)* traspasar, atravesar **to be transfixed** quedarse paralizado.

trans·form [træns'fɔːm] *tr.* transformar ◇ *intr.* transformarse (*into*, en), convertirse (*into*, en).

trans·for·ma·tion [trænsfə'meɪʃən] *n.* transformación *f.*

trans·form·er [træns'fɔːmə'] *n.* ELEC transformador *m.*

trans·fu·sion [træns'fjuːʒən] *n.* transfusión *f.* de sangre.

tran·sient ['trænzɪənt] *adj.* transitorio, pasajero.

tran·sis·tor [træn'zɪstə'] *n.* transistor *m.* **transistor radio** transistor *m.*

tran·sit ['trænsɪt] *n.* tránsito, paso **in transit** en tránsito, en el viaje **transit camp** campamento provisional **transit lounge** sala de tránsito **transit van** furgoneta **transit visa** visado de tránsito.

tran·si·tion [træn'zɪʃən] *n.* transición *f.*

tran·si·tion·al [træn'zɪʃənəl] *adj.* transicional.

tran·si·tive ['trænsɪtɪv] *adj.* transitivo.

trans·late [træns'leɪt] *tr.* **1** *(gen)* traducir (**from**, de) (**into**, a) **2** *(express, explain)* expresar **3** *(transform)* transformar ◇ *intr.* *(person)* traducir *(word, book, etc.)* traducirse.

trans·la·tion [træns'leɪʃən] *n.* traducción *f.* **to read something in translation** leer algo traducido.

trans·la·tor [træns'leɪtə'] *n.* traductor.

trans·lu·cent [trænz'luːsənt] *adj.* translúcido.

trans·mis·sion [trænz'mɪʃən] *n.* transmisión *f.*

trans·mit [trænz'mɪt] *tr. pt. & pp.* **transmitted,** *ger.* **transmitting** transmitir (**to**, a).

trans·mit·ter [trænz'mɪtə'] *n.* transmisor *m.*

trans·par·en·cy [træns'peərənsɪ] *n. pl.* **transparencies 1** *(quality)* transparencia **2** *(slide)* diapositiva *(acetate)* transparencia.

trans·par·ent [træns'peərənt] *adj.* **1** transparente **2** *fig. use* claro, evidente.

tran·spire [træns'paɪə'] *tr.* *(plants)* transpirar ◇ *intr.* **1** *(become known)* resultar **2** *(fam. use) (happen)* pasar, ocurrir.

trans·plant [(n.) 'trænsplɑːnt; (vb.) træns'plɑːnt] *n.* trasplante *m.* ◇ *tr.* trasplantar **hair transplant** implante *m.* de cabello.

trans·port [(n.) ˈtrænspɔːt; (vb.) trænsˈpɔːt] n. transporte m. ◇ tr. 1 transportar 2 HIST deportar.

trans·por·ta·tion [trænspɔːˈteɪʃən] n. transporte m.

trans·port·er [trænsˈpɔːtəʳ] n. transportador m.

trans·pose [trænsˈpəʊz] tr. 1 (words, letters) transponer, trasponer 2 MUS transportar.

trans·sex·u·al [trænsˈsekʃʊəl] n. transexual mf.

trans·ver·sal [trænzˈvɜːsəl] adj. transversal.

trans·verse [trænzˈvɜːs] adj. transversal.

trans·ves·tite [trænzˈvestaɪt] n. travestido, travesti m., travestí m.

trap [træp] n. 1 (gen) trampa 2 (fam. use) (mouth) boca 3 (vehicle) coche m. ligero de dos ruedas 4 (of drain) sifón m. ◇ tr. pt. & pp. **trapped**, ger. **trapping** 1 (catch - gen) atrapar (snare - animal) cazar (imprison) entrampar (part of body) pillar 2 SP (in football) parar con el pie 3 fig. use (trick) engañar, tender una trampa a 4 (heat, light, etc.) retener.

trap·door [ˈtræpdɔːʳ] n. (gen) trampilla (in theater) escotillón m.

tra·peze [trəˈpiːz] n. trapecio **trapeze artist** trapecista mf.

tra·pe·zi·um [trəˈpiːzɪəm] n. trapecio.

trap·e·zoid [ˈtræpɪzɔɪd] n. trapezoide m.

trap·per [ˈtræpəʳ] n. cazador, trampero.

trash [træʃ] n. 1 porquería, basura, bodrio 2 basura 3 (people) gente f. despreciable **trash can** (waste bin) bote de la basura (on computer) papelera de reciclaje.

trash·y [ˈtræʃɪ] adj. comp. **trashier**, superl. **trashiest** malo, que no vale para nada.

trau·ma [ˈtrɔːmə] n. 1 trauma m.

trau·mat·ic [trɔːˈmætɪk] adj. traumático.

trau·ma·tol·o·gy [trɔːməˈtɒlədʒɪ] n. traumatología.

trav·el [ˈtrævəl] n. viajes mpl., viajar m. ◇ tr. pt. & pp. **traveled**, ger. **traveling** viajar por, recorrer ◇ intr. 1 (make a journey) viajar (go) ir 2 (move, go) ir 3 (go fast) ir rápido, ir a toda velocidad 4 (as salesperson) ser viajante, ser representante 5 (wine, food, etc.) poderse transportar ◇ npl. travels (journeys) viajes.

trav·el·er [ˈtrævələʳ] n. 1 (gen) viajero 2 (representative) viajante mf., representante mf. **traveler's cheque** cheque m. de viajero.

traveling [ˈtrævəlɪŋ] adj. 1 (exhibition, etc.) ambulante 2 (bag, clock, etc.) de viaje ◇ n. viajar m., viajes mpl. **traveling expenses** gastos mpl. de viaje **traveling salesman** viajante mf., representante mf.

travel-sick [ˈtrævəlsɪk] adj. mareado.

tray [treɪ] n. 1 (for serving) charola, bandeja 2 (for papers) caja, cesta 3 (in photography) cubeta.

treach·er·ous [ˈtretʃərəs] adj. 1 (person) traidor, traicionero 2 (dangerous) muy peligroso, traicionero.

treach·er·y [ˈtretʃərɪ] n. pl. **treacheries** traición f.

tread [tred] n. 1 (manner or sound of walking) paso, pasos mpl. 2 (on tyre) banda de rodadura, dibujo 3 (on stair) escalón m. ◇ tr. pt. **trod** [trɒd], pp. **trodden** [ˈtrɒdən] o **trod** 1 (gen) pisar, pisotear 2 (walk on) andar por (make) hacer ◇ intr. pisar, poner el pie (on, -).

trea·son [ˈtriːzən] n. traición f.

treas·ure [ˈtreʒəʳ] n. 1 (gen) tesoro, tesoros mpl. 2 (valued person) tesoro, joya ◇ tr. (value, cherish) apreciar mucho, valorar mucho **treasure hunt** caza del tesoro **treasure trove** tesoro encontrado.

treas·ur·er [ˈtreʒərəʳ] n. tesorero.

treas·ur·y [ˈtreʒərɪ] n. pl. **treasuries** tesorería **Treasury Department** Ministerio de Hacienda **Treasury bill** bono del Tesoro.

treat [triːt] n. 1 (meal, drink) convite m. 2 (present) regalo 3 (pleasure) placer m., gusto, deleite m. ◇ tr. 1 (act, behave towards) tratar 2 (subject) tratar 3 (consider, regard) tomar(se) 4 (invite) convidar, invitar (give) regalar (spoil oneself) permitirse el lujo, darse el gusto 5 MED (condition) tratar, curar (person) atender 6 TECH (wood, worm, etc.) tratar (with, con).

treat·ment [ˈtriːtmənt] n. 1 MED tratamiento, cura 2 (manner of treating) trato (behavior) conducta 3 (process) tratamiento **preferential treatment** trato preferente.

trea·ty [ˈtriːtɪ] n. pl. **treaties** tratado.

tre·ble [ˈtrebəl] adj. 1 (threefold) triple 2 MUS de tiple ◇ n. MUS tiple mf. ◇ tr. triplicar ◇ intr. triplicarse **treble clef** clave f. de sol.

tree [triː] n. árbol m. **to be at the top of the tree** estar en la cúspide. **you can't see the wood for the trees** los árboles no dejan ver el bosque **tree trunk** tronco.

tree·less [ˈtriːləs] adj. sin árboles.

tree-lined [ˈtriːlaɪnd] adj. con árboles en las aceras.

trek [trek] n. caminata intr. pt. & pp. **trekked**, ger. **trekking** caminar, andar.

trek·king [ˈtrekɪŋ] n. senderismo.

trem·ble [ˈtrembəl] n. temblor m. ◇ intr. temblar **to be all of a tremble** temblar como un flan.

tre·men·dous [trɪˈmendəs] adj. 1 (huge) tremendo, inmenso 2 (fam. use) (great) fantástico, estupendo.

trem·or [ˈtreməʳ] n. temblor m.

trem·u·lous [ˈtremjələs] adj. trémulo, tembloroso.

trench [trentʃ] n. 1 (ditch) zanja 2 MIL trinchera **trench coat** trinchera **trench warfare** guerra de trincheras.

trend [trend] n. 1 (tendency) tendencia (to/towards, hacia), tónica 2 (fashion) moda. **to set the trend** iniciar una moda, imponer un estilo.

trend·set·ter [ˈtrendsetəʳ] n. iniciador de moda.

trend·y [ˈtrendɪ] adj. comp. **trendier**, superl. **trendiest** (fam. use) moderno, de moda.

trep·i·da·tion [trepɪˈdeɪʃən] n. turbación f., agitación f.

tres·pass [ˈtrespəs] n. 1 entrada ilegal 2 REL pecado ◇ intr. (on land) entrar sin autorización (on patience, etc.) abusar de (in affairs) meterse, entrometerse, interferir 2 REL pecar (against, contra) **"No trespassing"** "Prohibido el paso".

tres·pass·er [ˈtrespəsəʳ] n. intruso **"Trespassers will be prosecuted"** "Prohibido el paso, propiedad privada".

tri·al [traɪəl] n. 1 JUR proceso, juicio 2 (test) prueba 3 (suffering) aflicción f., sufrimiento (trouble) molestia, problema m. ◇ npl. trials SP pruebas fpl. **on trial** a prueba. **to bring somebody to trial** procesar a alguien. **to stand trial** ser procesado **trial and error** ensayo y error, prueba y error **trial offer** oferta especial **trial period** periodo de prueba.

tri·an·gle [ˈtraɪæŋgəl] n. triángulo.

tri·an·gu·lar [traɪˈæŋgjʊləʳ] adj. triangular.

tri·ath·lon [traɪˈæθlɒn] n. triatlón m.

trib·al [ˈtraɪbəl] adj. tribal.

tribe [traɪb] n. 1 tribu f. 2 (fam. use) (family) tribu f., familia.

tri·bu·nal [traɪˈbjuːnəl] n. tribunal m.

trib·u·tar·y [ˈtrɪbjʊtərɪ] n. pl. **tributaries** afluente m. ◇ adj. tributario.

trib·ute [ˈtrɪbjuːt] n. 1 (homage) homenaje m., tributo 2 (payment) tributo. **to pay tribute to somebody** rendir homenaje a alguien.

tri·cen·ten·ar·y [traisen'ti:nəri] *n.* tricentenario.

tri·cen·ten·ni·al [traisen'teniəl] *n. pl. triceps* tricentenario.

tri·ceps ['traiseps] *npl.* tríceps *m.*

trick [trik] *n.* 1 (*skill, knack*) truco 2 (*for entertainment*) truco, juego de manos (*with cards*) juego de naipes (*by animals*) número 3 (*deception, ruse*) ardid *m.*, engaño, trampa, truco 4 (*prank, joke*) broma 5 (*cards won*) baza 6 (*habit*) hábito, costumbre *f.*, manía ⋄ *adj.* de juguete, de mentira ⋄ *tr.* (*deceive*) engañar, burlar **every trick in the book** todos los trucos **to have a trick up one's sleeve** guardarse un as en la manga **to play a dirty trick on somebody** jugar una mala pasada a alguien **to trick somebody into doing something** engañar a alguien para que haga algo **to trick somebody out of something** estafar a alguien, timar a alguien **trick or treat** frase de los niños que en Halloween van por las casas pidiendo un regalo a cambio de no hacer una jugarreta **trick of the trade** truco del oficio **trick question** pregunta capciosa.

trick·er·y ['trikəri] *n.* superchería, engaño.

trick·le ['trikəl] *n.* 1 goteo, hilo 2 *fig. use* pequeña cantidad *f.*, poco ⋄ *intr.* 1 (*liquid*) gotear, salir gota a gota 2 *fig. use* salir (entrar, llegar, etc.) poco a poco.

trick·ster ['trikstə⁺] *n.* estafador, embustero, timador.

trick·y ['triki] *adj. comp.* **trickier**, *superl.* **trickiest** 1 (*person*) taimado, astuto, mañoso 2 (*problem, situation - difficult*) difícil (*- delicate*) delicado.

tri·cy·cle ['traisikəl] *n.* triciclo.

tried [traid] *pp.* VER: **try**. **tried and tested** de calidad probada.

tri·fle ['traifəl] *n.* 1 (*unimportant thing*) fruslería, bagatela, nimiedad *f.*, chuchería 2 (*little money*) poco dinero, insignificancia **a trifle** un poco, algo. **to tri·fle with** *tr.* jugar con.

tri·fling ['traifəliŋ] *adj.* insignificante, sin importancia.

trig·ger ['trigə⁺] *n.* 1 (*of gun*) gatillo 2 (*of camera, machine*) disparador *m.* ⋄ *tr.* También **trigger off** desencadenar, provocar.

trig·o·nom·e·try [trigə'nomətri] *n.* trigonometría.

tri·lat·er·al [trai'lætərəl] *adj.* trilátero.

tri·lin·gual [trai'lingwəl] *adj.* trilingüe.

tril·lion ['triliən] *n.* billón *m.* NOTA: En el uso actual, tanto en EUA como en Gran Bretaña, un trillion equivale al billón español, es decir, un millón de millones.

tril·o·gy ['triladʒi] *n. pl.* **trilogies** trilogía.

trim [trim] *adj. comp.* **trimmer**, *superl.* **trimmest** 1 (*neat, tidy*) (bien) arreglado, ordenado, cuidado 2 (*person, figure*) esbelto, delgado ⋄ *n.* 1 (*cut*) recorte *m.* 2 (*decoration - on clothes*) adornos *mpl.* (*- along edges*) ribete *m.* (*upholstery*) tapicería *f.* ⋄ *pt. & pp.* **trimming** *ger.* **trimming** 1 (*make neat*) arreglar (*cut - hair*) cortar, recortar (*- hedge, etc.*) podar 2 (*reduce by cutting back*) recortar, reducir 3 (*decorate*) adornar (**with**, con) (*upholster*) tapizar 4 MAR (*sails*) orientar (*ship*) equilibrar, asentar **to be in trim/in good trim** estar en forma, estar en buena forma.

Trin·i·dad ['trinidæd] *n.* Trinidad **Trinidad and Tobago** *Trinidad y Tobago.*

Trin·i·ty ['triniti] *n.* **the Trinity**. *pl.* **Trinities** REL la Trinidad *f.* **Trinity Sunday** *fiesta de la Trinidad.*

trin·ket ['triŋkit] *n.* chuchería, baratija.

tri·o ['tri:əu] *n. pl.* **trios** trío.

trip [trip] *n.* 1 (*journey*) viaje *m.* 2 (*excursion*) excursión *f.* 3 (*stumble*) tropezón *m.* 4 *sl.* (*on drugs*) viaje *m.* ⋄ *tr.* 1 hacer tropezar, hacerle una zancadilla a 2 (*set off - switch, alarm, etc.*) activar, hacer que se dispare ⋄ *intr.* 1 (*stumble*) tropezar (**over**, con) 2 (*move lightly*) ir con paso ligero 3 *sl.* (*on drugs*) viajar.

tri·ple ['tripəl] *adj.* triple ⋄ *tr.* triplicar ⋄ *intr.* triplicarse **triple jump** *triple salto.*

trip·let ['triplət] *n.* 1 (*child*) trillizo 2 MUS tresillo.

tri·pod ['traipod] *n.* trípode *m.*

trip·per ['tripə⁺] *n.* excursionista *mf.*

trite [trait] *adj.* 1 (*subject*) trillado, manido 2 (*sentiment*) banal.

tri·umph ['traiəmf] *n.* 1 triunfo, éxito 2 (*joy*) júbilo, alegría ⋄ *intr.* triunfar (**over**, de/sobre), vencer.

tri·um·phant [trai'ʌmfənt] *adj.* (*team, etc.*) triunfador, victorioso, triunfante (**return, entry, etc.**) triunfal.

triv·i·a ['triviə] *npl.* trivialidades *fpl.*

triv·i·al ['triviəl] *adj.* (*unimportant*) trivial, insignificante (*shallow*) superficial.

triv·i·al·ize ['triviəlaiz] *tr.* trivializar.

trod [trod] *pt. & pp.* VER: **tread**.

trod·den ['trodən] *pp.* VER: **tread**.

trom·bone [trom'bəun] *n.* trombón *m.*

troop [tru:p] *n.* 1 (*group*) grupo 2 MIL tropa ⋄ *intr.* ir en tropel ⋄ *npl.* **troops** soldados *mpl.*, tropas *fpl.*

troop·er ['tru:pə⁺] *n.* soldado de caballería.

tro·phy ['trəufi] *n. pl.* **trophies** trofeo.

trop·ic ['tropik] *n.* tropic ⋄ *npl.* **the tropics** los trópicos *mpl.* **Tropic of Cancer** *trópico de Cáncer* **Tropic of Capricorn** *trópico de Capricornio.*

trop·i·cal ['tropikəl] *adj.* tropical.

trop·o·sphere ['tropəsfiə⁺] *n.* troposfera.

trot [trot] *n.* 1 trote *m.* ⋄ *tr.* hacer trotar ⋄ *intr.* 1 (*gen*) trotar, ir al trote (*on horse*) cabalgar al trote 2 *fam. use* (*go*) ir ⋄ *npl.* **the trots** *fam. use* diarrea *f. sing.*

trou·ble ['trʌbəl] *n.* 1 (*problems*) problema *m.*, problemas *mpl.* 2 (*inconvenience, bother*) molestia, esfuerzo 3 MED problema *m.*, enfermedad *f.* 4 (*unrest, disturbance*) conflictos *mpl.*, disturbios *mpl.* ⋄ *tr.* 1 (*cause worry, distress*) preocupar, inquietar 2 (*hurt*) dar problemas a, doler 3 (*bother*) molestar, incomodar ⋄ *intr.* molestarse, preocuparse (**about**, por) **it's more trouble than it's worth** no merece la pena **that's asking for trouble** eso es buscársela **to look for trouble** buscarse problemas, buscar camorra **trouble spot** punto conflictivo.

trou·bled ['trʌbəld] *adj.* 1 (*person, look*) preocupado, inquieto 2 (*period*) turbulento, agitado.

trou·ble-free ['trʌbəlfri:] *adj.* sin problemas, tranquilo (**demonstration, etc.**) sin incidentes.

trou·ble·mak·er ['trʌbəlmeikə⁺] *n.* alborotador.

trou·ble·shoot·er ['trʌbəlʃu:tə⁺] *n.* (*mediator*) conciliador, mediador.

trough [trof] *n.* 1 (*for drinking*) abrevadero (*for eating*) comedero, pesebre *m.* 2 (*channel*) canal *m.* (*gutter*) canalón *m.* 3 METEOR depresión *f.*, zona de bajas presiones 4 (*depression - in land*) depresión *f.*, hoya (*between waves*) seno 5 (*low point in cycle*) parte *f.* baja, punto más bajo.

trou·ser ['trauzə⁺] *adj.* del pantalón **trouser suit** traje *m.* pantalón **trouser press** plancha para pantalones.

trou·sers ['trauzəz] *npl.* pantalón *m. sing.*, pantalones *mpl.*

trout [traut] *n.* trucha.

tru·an·cy ['tru:ənsi] *n.* absentismo escolar.

tru·ant ['truːənt] *n. (from school)* persona que hace novillos. **to play truant** hacer novillos, faltar a clase.

truce [truːs] *n.* tregua **to call a truce** acordar una tregua.

truck [trʌk] *n.* camion de carga *m.* **truck driver** camionero **truck farm** huerta.

truck·er ['trʌkəʳ] *n.* camionero.

truck·load ['trʌkləʊd] *n. (vehicle)* camión *m.* lleno **by the truckload** a montones, en cantidades industriales.

true [truː] *adj.* 1 *(not false)* verdadero, cierto 2 *(genuine, real)* auténtico, genuino, real 3 *(faithful)* fiel, leal 4 *(exact)* exacto 5 *(accurate - aim)* acertado 6 *(straight, level - wall)* a plomo *(- surface, level)* a nivel, nivelado *(- wheel)* centrado ◇ *adv.* 1 *(truthfully)* sinceramente 2 *(accurately)* bien **to be out of true** *(wall)* no estar a plomo *(surface)* no estar a nivel *(wheel)* estar descentrado **to be true to life** ser realista **to come true** realizarse, hacerse realidad, cumplirse **true to form** como siempre, como era de esperar.

true-blue ['truːbluː] *adj.* 1 leal, fiel 2 POL hasta la médula.

true-life ['truːlaɪf] *adj.* real.

tru·ly ['truːlɪ] *adv.* 1 *(really)* verdaderamente, de verdad, realmente 2 *(sincerely)* sinceramente 3 *(faithfully)* fielmente, lealmente. **yours truly** *(in letters)* atentamente *(myself)* servidor, menda.

trump [trʌmp] *n. (cards)* triunfo ◇ *tr. (cards)* ganar con un triunfo ◇ *npl.* trumps triunfo **to turn up trumps/come up trumps** *(be helpful)* ayudar, sacar de un apuro *(save the day)* salvar la situación *(not fail)* no fallar **trump card** *(in cards)* triunfo *fig.* use baza.

to trump up *tr. sep.* inventar, falsificar.

trum·pet ['trʌmpɪt] *n.* MUS trompeta ◇ *intr.* 1 fanfarronear 2 *(elephant)* barritar **to blow one's own trumpet** tirarse flores, darse bombo **trumpet player** trompetista *mf.*

trum·pet·er ['trʌmpɪtəʳ] *n.* trompetero.

trunk [trʌŋk] *n.* 1 *(of tree, body)* tronco 2 *(large case)* baúl *m.* 3 *(elephant's)* trompa 4 *(of car)* maletero **trunk road** carretera principal.

trunks [trʌŋks] *npl.* bañador *m. sing.* (de hombre).

truss [trʌs] *tr.* 1 *(tie)* atar *(up, -)* 2 ARCH apuntalar ◇ *n.* 1 MED braguero 2 ARCH cuchillo de armadura 3 *(of hay)* haz *m.,* lío 4 *(of tomatoes, etc.)* racimo *(of flowers)* ramo.

trust [trʌst] *n.* 1 *(confidence)* confianza 2 *(responsibility)* responsabilidad *f.* 3 FIN *(money, property)* fondo de inversión 4 JUR *(money or property held or invested for somebody)* fideicomiso 5 *(foundation)* patronato, fundación *f.* 6 FIN *(cartel)* trust *m.,* cartel *m.* ◇ *tr.* 1 *(have faith in, rely on)* confiar en, fiarse de 2 *(hope, expect)* esperar 3 *(entrust)* confiar *intr.* 1 confiar *(in, en)*, tener confianza *(in, en)* **in trust** en fideicomiso **on trust** *(without proof)* a ojos cerrados *(on credit)* a crédito **to trust something to luck** dejar algo librado al azar **trust you!** ¡típico! **trust company** compañía de fideicomiso **trust fund** patronato.

trust·ed ['trʌstɪd] *adj.* 1 *(loyal)* leal, fiel, de confianza 2 *(remedy)* probado, comprobado.

trust·ee [trʌs'tiː] *n.* 1 *(of money, property)* fideicomisario 2 *(in bankruptcy)* síndico 3 *(of institution)* miembro del consejo de administración.

trust·ing ['trʌstɪŋ] *adj.* confiado.

trust·wor·thy ['trʌstwɜːðɪ] *adj.* 1 *(person)* digno de confianza, honrado 2 *(news, etc.)* fidedigno.

trust·y ['trʌstɪ] *adj. comp.* **trustier,** *superl.* **trustiest** fiel, leal.

truth [truːθ] *n.* 1 *(quality)* verdad *f.* 2 *(truthfulness)* veracidad *f.* **the truth will out** se pilla antes al mentiroso que al cojo. **to tell somebody a few home truths** decirle a alguien cuatro verdades **to tell the truth** decir la verdad.

truth·ful ['truːθfʊl] *adj.* 1 *(account, etc.)* verídico, veraz 2 *(person)* sincero, veraz.

try [traɪ] *n. pl.* **tries** 1 intento, tentativa 2 SP *(rugby)* ensayo ◇ *tr. pt. & pp.* **tried,** *ger.* **trying** 1 *(attempt)* intentar 2 *(test, use)* probar, poner a prueba, ensayar *(food)* probar 3 JUR juzgar, procesar 4 *(be a strain on - eyes)* cansar *(- patience, person)* poner a prueba ◇ *intr. (make an attempt)* intentar.

to try on *tr. sep. (clothes)* probarse.

to try out *tr. sep.* probar, ensayar.

try·ing ['traɪŋ] *adj.* molesto, difícil, pesado.

tsar [zɑːʳ] *n.* zar *m.*

tsa·ri·na [zɑː'riːnə] *n.* zarina.

tub [tʌb] *n.* 1 *(for washing clothes)* balde *m.* 2 *(bath)* bañera, baño 3 *(food container)* tarrina.

tub·by ['tʌbɪ] *adj. comp.* **tubbier,** *superl.* **tubbiest** rechoncho.

tube [tjuːb] *n.* 1 *(pipe, container)* tubo 2 AUTO cámara de aire.

tu·ber ['tjuːbəʳ] *n.* tubérculo.

tu·ber·cu·lo·sis [tjʊbɜːkjʊ'ləʊsɪs] *n.* tuberculosis *f.*

tub·ing ['tjuːbɪŋ] *n.* tubería.

tu·bu·lar ['tjuːbjʊləʳ] *adj.* tubular.

Tues ['tjuːzdɪ] *abbr.* **(Tuesday)** martes *(abbreviation)* mart.

Tues·day ['tjuːzdɪ] *n.* martes *m.* **NOTA:** Para ejemplos de uso, ver Saturday.

tug [tʌg] *n.* 1 *(pull)* tirón *m.,* estirón *m.* 2 *(boat)* remolcador *m.* ◇ *tr. pt. & pp.* **tugged,** *ger.* **tugging** 1 *(pull)* tirar de, dar un estirón de 2 *(boat)* remolcar ◇ *intr.* tirar *(at,* de).

tug·boat ['tʌgbəʊt] *n.* remolcador *m.*

tu·i·tion [tjʊ'ɪʃən] *n.* enseñanza, instrucción *f.* **private tuition** clases *fpl.* particulares **tuition fees** EDUC matrícula.

tu·lip ['tjuːlɪp] *n.* tulipán *m.*

tum·ble ['tʌmbəl] *n.* caída, tumbo ◇ *intr.* 1 *(fall)* caerse 2 *(in acrobatics)* dar volteretas 3 *(prices, etc.)* caer en picado **tumble drier** secadora.

tum·bler ['tʌmbələʳ] *n.* 1 *(glass)* vaso 2 *(acrobat)* volteador 3 *(toy)* tentetieso, dominguillo.

tum·my ['tʌmɪ] *n. pl.* **tummies** *(fam. use)* barriga, estómago **tummy ache** dolor *m.* de barriga.

tu·mor ['tjuːməʳ] *n.* tumor *m.*

tu·mult ['tjuːmʌlt] *n.* tumulto.

tu·mul·tu·ous [tjʊ'mʌltjʊəs] *adj.* tumultuoso.

tu·na ['tjuːnə] *n. pl.* **tuna** o **tunas** atún *m.,* bonito **tuna fish** atún *m.*

tun·dra ['tʌndrə] *n.* tundra.

tune [tjuːn] *n.* melodía ◇ *tr.* 1 MUS afinar 2 *(radio, etc.)* sintonizar 3 *(engine)* poner a punto. **in tune** afinado. **out of tune** desafinado. **to be in tune with** *fig.* use estar en armonía con. **to be out of tune with** *fig.* use no estar en armonía con. **to call the tune** llevar la batuta, llevar la voz cantante. **to change one's tune** cambiar de opinión. **to sing in tune** afinar, cantar bien. **to sing out of tune** desafinar, cantar mal. **to the tune of** a la melodía de. **to the tune of** *fig.* use por la cantidad de.

to tune in to *tr. insep. (radio, etc.)* sintonizar.

to tune up *tr. sep.* afinar.

tune·ful ['tjuːnfʊl] *adj.* melodioso.

tune·less ['tjuːnləs] *adj.* sin armonía.

tun·er ['tjuːnəʳ] *n.* 1 *(of piano)* afinador 2 *(on radio)* sintonizador *m.*

tung·sten ['tʌŋstən] *n.* tungsteno.

tu·nic ['tjuːnɪk] *n.* 1 *(gen)* túnica 2 MIL guerrera.

tun·ing ['tjuːnɪŋ] *n.* 1 *(of instrument)* afinación *f.* 2 *(of radio)* sintonización *f.* 3 *(of engine)* puesta a punto **tuning fork** diapasón *m.*

Tu·ni·sia [tjuː'nɪsɪə] *n.* Túnez.

Tu·ni·sian [tjuː'nɪsɪən] *adj.* tunecino ◇ *n.* tunecino.

tun·nel ['tʌnəl] *n.* *(gen)* túnel *m.* *(in mine)* galería ◇ *tr. pt. & pp.* **tunneled**, *ger.* **tunneling** abrir un túnel, excavar un túnel ◇ *intr.* construir un túnel **tunnel vision** *(blindness)* ceguera *(narrow-mindedness)* estrechez *f.* de miras.

tur·ban ['tɜːbən] *n.* turbante *m.*

tur·bine ['tɜːbaɪn] *n.* turbina.

tur·bo ['tɜːbəʊ] *n.* turbo.

tur·bo·charg·er ['tɜːbəʊtʃɑːdʒəʳ] *n.* turboalimentador *m.*

tur·bu·lence ['tɜːbjʊləns] *n.* turbulencia.

tur·bu·lent ['tɜːbjʊlənt] *adj.* turbulento.

turf [tɜːf] *n.* césped *m.* ◇ *tr.* cubrir con césped **the turf** *las carreras de caballos, el turf m.*

tur·gid ['tɜːdʒɪd] *adj.* 1 *(swollen)* hinchado 2 *(bombastic)* rimbombante.

Turk [tɜːk] *n.* *(person)* turco.

Tur·key ['tɜːkɪ] *n.* Turquía.

tur·key ['tɜːkɪ] *n.* pavo **to talk turkey** *hablar a las claras* **cold turkey** *sl. el mono* **turkey cock** *pavo* **turkey hen** *pava.*

Turk·ish ['tɜːkɪʃ] *adj.* turco ◇ *n.* *(language)* turco ◇ *npl.* the Turkish los turcos *mpl.* **Turkish bath** *baño turco* **Turkish coffee** *café m. turco* **Turkish delight** *delicias turcas fpl.*

Turk·me·ni·stan [tɜːkmenɪ'stæn] *n.* Turkmenistán *m.*

tur·mer·ic ['tɜːmərɪk] *n.* cúrcuma.

tur·moil ['tɜːmɔɪl] *n.* confusión *f.*, agitación *f.*

turn [tɜːn] *n.* 1 *(act of turning)* vuelta 2 *(change of direction)* giro, vuelta *(bend)* curva, recodo 3 *(chance, go)* turno 4 *(change)* cambio, giro 5 *(short walk)* vuelta, paseo 6 *(attack of illness)* ataque *m.* *(shock)* susto 7 *(act of kindness, favor)* favor *m.* 8 THEAT *(act)* número ◇ *tr.* 1 *(rotate)* girar, hacer girar, dar la vuelta a 2 *(page)* pasar, volver *(soil)* revolver *(ankle)* torcer 3 *(cause to change direction)* girar, dar la vuelta a 4 *(invert)* darle la vuelta a 5 *(change)* convertir, transformar, volver *(milk)* agriar *(stomach)* revolver 6 *(pass)* pasar 7 *(fold)* doblar 8 *(shape)* tornear, labrar en un torno ◇ *intr.* 1 *(revolve)* girar, dar vueltas 2 *(change direction - person)* girarse, dar la vuelta, volverse *(- car)* girar, torcer *(- plane, ship)* virar *(- tide)* repuntar 3 *(become)* hacerse, ponerse, volverse *(milk)* agriarse, cortarse **at every turn** *a cada paso, a cada momento* **by turns/in turns** *por turnos, sucesivamente* **in turn** *a su vez, por su parte* **on the turn** *a punto de cambiar* **one good turn deserves another** *favor con favor se paga* **out of turn** *fuera de lugar* **to take it in turns** *turnarse.* **to turn free** *dejar en libertad, soltar.* **to turn one's hand to something** *dedicarse a algo* **to turn somebody's head** *afectar mucho a alguien* **to turn something inside out** *(back to front) dar la vuelta a (make a mess)* revolver **turn of phrase** *manera de expresarse* **turn of the century** *finales mpl. de siglo.*

to turn a·gainst *tr. insep.* 1 *(cause to dislike)* poner en contra de 2 *(become hostile towards)* ponerse en contra de.

to turn a·round *tr. insep.* volverse, darse la vuelta ◇ *tr. sep.* volver, darle la vuelta a.

to turn a·way *tr. sep.* *(not let in)* no dejar entrar ◇ *intr.* *(look away)* volver la cabeza, volver la espalda.

to turn back *tr. sep.* 1 *(make return)* hacer retroceder, hacer volver 2 *(clock)* retrasar ◇ *intr.* *(return)* volverse atrás.

to turn down *tr. sep.* 1 *(reject)* rechazar, no aceptar *(request)* denegar 2 *(radio, etc.)* bajar 3 *(fold)* doblar.

to turn in *tr. sep.* *(to police)* entregar a la policía ◇ *intr.* *(fam. use)* *(go to bed)* acostarse.

to turn off *tr. sep.* 1 *(electricity)* desconectar *(light, gas, appliance)* apagar *(tap)* cerrar 2 *(dislike)* repugnar, dar asco a *tr. insep.* *(leave)* salir de ◇ *intr.* 1 *(switch off)* apagarse 2 *(off road)* salir.

to turn on *tr. sep.* 1 *(electricity)* conectar *(light, gas, appliance)* encender *(tap)* abrir *(dislike)* poner en marcha, encender 2 *(attack)* atacar, arremeter contra *(aim, point at)* apuntar, dirigir 3 *(fam. use)* *(excite)* excitar, entusiasmar ◇ *tr. insep.* *(hinge on)* depender de, girar en torno a ◇ *intr.* encenderse.

to turn out *tr. sep.* 1 *(light)* apagar 2 *(produce)* producir, fabricar 3 *(empty)* vaciar *(cake, jelly, etc.)* desmoldar 4 *(expel)* expulsar, echar ◇ *intr.* 1 *(prove to be, happen)* salir, resultar 2 *(go out)* salir *(attend)* asistir, acudir *(crowds)* salir a la calle.

to turn o·ver *tr. sep.* 1 *(invert)* dar la vuelta a, volver, poner al revés 2 *(idea)* dar vueltas a 3 *(hand over)* entregar ◇ *tr. insep.* *(page)* volver 2 COMM facturar, hacer ◇ *intr.* 1 *(person)* darse la vuelta *(car)* volcar 2 *(engine)* marchar en vacío, funcionar.

to turn to *tr. insep.* 1 *(person)* acudir a, recurrir a 2 *(page)* buscar, pasar a *(subject)* pasar a 3 *(take up)* dedicarse a, recurrir a, darse a, empezar.

to turn up *intr.* *(arrive)* llegar, presentarse *(appear)* aparecer ◇ *tr. sep.* 1 *(fold upwards)* doblar hacia arriba, levantar *(shorten)* acortar 2 *(radio, gas, heat, etc.)* subir, poner más fuerte 3 *tr. insep.* *(find)* descubrir, encontrar.

turn·a·bout ['tɜːnəbaʊt] *n.* giro, cambio.

turn·a·round ['tɜːnəraʊnd] *n.* 1 *(of passengers)* operación *f.* de desembarque y embarque de pasajeros *(of freight)* operación *f.* de carga y descarga 2 *(reversal of situation)* cambio total.

turn·stile ['tɜːnstaɪl] *n.* torniquete *m.*

turn·ing ['tɜːnɪŋ] *n.* bocacalle *f.*, esquina **turning lathe** *torno* **turning point** *punto decisivo.*

turn·out ['tɜːnaʊt] *n.* 1 *(attendance)* asistencia *(voters)* número de votantes 2 *(clearout)* limpieza general 3 *(appearance)* aspecto.

turn·o·ver ['tɜːnəʊvəʳ] *n.* 1 *(sales, business)* facturación *f.* 2 *(movement of employees)* movimiento *(of stock)* rotación *f.* 3 CULIN pastelito relleno.

turn·pike ['tɜːnpaɪk] *n.* 1 autopista de peaje.

turn·ta·ble ['tɜːnteɪbəl] *n.* 1 *(on record player)* plato giratorio 2 *(for trains)* plataforma giratoria.

tur·quoise ['tɜːkwɔɪz] *n.* 1 *(gem)* turquesa 2 *(color)* azul *m.* turquesa ◇ *adj.* azul turquesa.

tur·tle ['tɜːtəl] *n.* tortuga marina.

tur·tle·dove ['tɜːtəldʌv] *n.* tórtola.

tusk [tʌsk] *n.* colmillo.

tu·tor ['tjuːtəʳ] *n.* 1 *(private teacher)* profesor particular 2 *(at university)* profesor, tutor ◇ *tr.* dar clases particulares a *(in,* de).

tu·to·ri·al [tjuː'tɔːrɪəl] *n.* clase *f.* con grupo reducido.

tut·ti-frut·ti [tuːtɪ'fruːtɪ] *n.* tutti frutti *m.*

tu·tu ['tuːtuː] *n.* tutú *m.*

Tu·va·lu [tuːvə'luː] *n.* Tuvalu.

tux·e·do [tʌk'siːdəʊ] *n. pl.* **tuxedos** esmoquin *m.*

TV ['tiː'viː] *abbr.* (**television**) televisión *(abbreviation)* TV.

twang [twæŋ] *n.* 1 *(of instrument)* sonido vibrante, tañido 2 *(through nose)* gangueo ◇ *tr.* *(strum)* puntear ◇ *intr.* vibrar.

tweak [twiːk] *tr.* pellizcar ◇ *n.* pellizco.
tweet [twiːt] *n.* pío ◇ *intr.* piar.
tweet·er ['twiːtəʳ] *n.* altavoz *f.* para altas frecuencias.
tweez·ers ['twiːzəz] *npl.* pinzas *fpl.*
twelfth [twelfθ] *adj.* duodécimo ◇ *adv.* en duodécimo lugar ◇ *n. (fraction)* duodécimo *(one part)* duodécima parte *f.* **Twelfth Night** *Noche f. de Reyes.* NOTA: Ver también sixth.
twelve [twelv] *n.* doce *m.* ◇ *adj.* doce NOTA: Ver también six.
twen·ties ['twentiz] *npl.* the twenties los años *mpl.* veinte. **to be in one's twenties** *tener entre veinte y treinta años, tener veintitantos años.* NOTA: Ver también sixties.
twen·ti·eth ['twentiəθ] *adj.* vigésimo ◇ *adv.* en vigésimo lugar ◇ *n. (fraction)* vigésimo *(one part)* vigésima parte *f.* NOTA: Ver también sixtieth.
twen·ty ['twenti] *n.* veinte *m.* ◇ *adj.* veinte NOTA: Ver también sixty.
twice [twaɪs] *adv.* dos veces **twice over** *dos veces.*
twid·dle ['twɪdəl] *tr.* dar vueltas a, girar ◇ *intr.* juguetear **(with,** con) ◇ *n.* vuelta. **to twiddle one's thumbs** *fig. use estar mano sobre mano.*
twig [twɪg] *n.* ramita.
twi·light ['twaɪlaɪt] *n.* crepúsculo.
twin [twɪn] *n.* gemelo, mellizo ◇ *adj.* gemelo, mellizo ◇ *tr. et pp.* **twinned,** *ger.* **twinning** hermanar **twin bed** *cama gemela.*
twine [twaɪn] *n.* bramante *m.* ◇ *tr.* enroscar, entrelazar ◇ *intr.* enroscarse, entrelazarse.
twinge [twɪndʒ] *n.* **1** *(pain)* punzada, dolor *m.* agudo **2** *fig. use (remorse)* remordimiento.
twin·kle ['twɪŋkəl] *n.* **1** *(of light, stars)* centelleo **2** *(in eye)* brillo ◇ *intr.* **1** *(lights, stars)* centellear, destellar **2** *(eyes)* brillar.
twin·kling ['twɪŋkəlɪŋ] *n.* centelleo. **in the twinkling of an eye** *en un abrir y cerrar de ojos.*
twirl [twɜːl] *n.* giro, vuelta ◇ *tr.* **1** girar rápidamente, dar vueltas a **2 (twist, fiddle with)** retorcer, juguetear con ◇ *intr.* girar rápidamente, dar vueltas.
twist [twɪst] *n.* **1** *(in road)* recodo, vuelta **2** *(action)* torsión *m.* **3** MED torcedura, esguince *m.* **4** *(dance)* twist *m.* **5** *(development)* giro **6** *(of thread)* torzal *m.* *(of lemon)* rodajita ◇ *tr.* **1** *(sprain)* torcer **2** *(screw, coil)* retorcer **3** *(turn, wind)* girar, dar vueltas a **4** *(interweave)* entrelazar, trenzar **5** *(pervert)* tergiversar, torcer ◇ *intr.* **1** *(turn)* girarse **2** *(wind, coil)* enroscarse, enrollarse **3** *(road)* serpentear **4** *(writhe)* retorcerse **5** *(dance)* bailar el twist.

twist·ed ['twɪstɪd] *adj.* retorcido.
twitch [twɪtʃ] *n.* **1** *(pull)* tirón *m.* **2** *(nervous tic)* tic *m.* nervioso ◇ *tr.* mover ◇ *intr.* moverse nerviosamente, palpitar.
twit·ter ['twɪtəʳ] *n.* gorjeo ◇ *intr.* **(bird)** gorjear *(person)* hablar sin parar **to be all of a twitter** *estar excitado, estar nervioso.*
two [tuː] *n.* dos *m.* ◇ *adj.* dos **in two** *en dos, por la mitad.* **in twos** *de dos en dos* **it takes two** *es cosa de dos* **to put two and two together** *atar cabos* **that makes two of us** *ya somos dos.*
two-edged ['tuːedʒd] *adj.* de doble filo.
two-faced ['tuːfeɪst] *adj.* hipócrita, falso.
two-piece ['tuːpiːs] *adj.* de dos piezas.
two-time ['tuːtaɪm] *tr.* engañar, poner los cuernos a.
two-tone ['tuːtəʊn] *adj.* de dos tonos.
two-way [tuːˈweɪ] *adj. (street)* de doble sentido **two-way radio** *aparato emisor y receptor.*
ty·coon [taɪˈkuːn] *n.* magnate m.
type [taɪp] *n.* **1** *(kind)* tipo, clase *f.* **2** *(letter)* letra, carácter *m.* ◇ *tr.* escribir a máquina, mecanografiar ◇ *intr.* escribir a máquina.
to type up *tr. sep.* pasar a máquina.
type·cast ['taɪpkɑːst] *tr. pt. & pp.* **typecast** encasillar ◇ *adj.* encasillado.
type·face ['taɪpfeɪs] *n.* tipografía.
type·script ['taɪpskrɪpt] *n.* texto escrito a máquina, texto mecanografiado.
type·writ·er ['taɪpraɪtəʳ] *n.* máquina de escribir.
type·writ·ten ['taɪprɪtən] *adj.* escrito a máquina, mecanografiado.
ty·phoid ['taɪfɔɪd] *n.* fiebre *f.* tifoidea.
ty·phoon [taɪˈfuːn] *n.* tifón m.
ty·phus ['taɪfəs] *n.* tifus m.
typ·i·cal ['tɪpɪkəl] *adj.* típico.
typ·i·fy ['tɪpɪfaɪ] *tr. pt. & pp.* **typified,** *ger.* **typifying** tipificar.
typ·ing ['taɪpɪŋ] *n.* mecanografía **typing pool** *servicio de mecanografía.*
typ·ist ['taɪpɪst] *n.* mecanógrafo.
ty·pog·ra·pher [taɪˈpɒɡrəfəʳ] *n.* tipógrafo.
ty·po·graph·ic [taɪpəˈɡræfɪk] *adj.* tipográfico.
ty·po·graph·i·cal [taɪpəˈɡræfɪkəl] *adj.* tipográfico.
ty·pog·ra·phy [taɪˈpɒɡrəfi] *n.* tipografía.
ty·pol·o·gy [taɪˈpɒlədʒɪ] *n.* tipología.
ty·ran·ni·cal [tɪˈrænɪkəl] *adj.* tiránico.
tyr·an·nize ['tɪrənaɪz] *tr.* tiranizar.
tyr·an·ny ['tɪrənɪ] *n. pl.* **tyrannies** tiranía.
ty·rant ['taɪərənt] *n.* tirano.
tzar [zɑːʳ] *n.* zar *m.,* czar *m.*

U, u [ju:] *n. (the letter)* U, u *f.*

UAE ['ju:'ei'i:] *abbr.* **(United Arab Emirates)** Emiratos Árabes Unidos *(abbreviation)* EAU *mpl.*

u·biq·ui·tous [ju:'bɪkwɪtəs] *adj.* ubicuo, omnipresente.

ud·der ['ʌdəʳ] *n.* ubre *f.*

UFO ['ju:'ef'əu] *abbr.* **(unidentified flying object)** objeto volador no identificado *(abbreviation)* OVNI *m.,* ovni *m.*

U·gan·da [ju:'gændə] *n.* Uganda.

U·gan·dan [ju:'gændən] *adj.* ugandés ⬦ *n.* ugandés.

ug·li·ness ['ʌglɪnəs] *n.* fealdad *f.*

ug·ly ['ʌglɪ] *adj. comp.* **uglier,** *superl.* **ugliest** 1 feo 2 *(situation, etc.)* desagradable 3 *(custom, vice)* repugnante, asqueroso 4 *(wound, mood)* peligroso 5 *(rumor)* inquietante, nada grato.

UK ['ju:'keɪ] *abbr.* **(United Kingdom)** Reino Unido *(abbreviation)* R.U. *m.*

U·kraine [ju:'kreɪn] *n.* Ucrania.

U·kran·i·an [ju:'keɪnɪən] *adj.* ucraniano, ucranio ⬦ *n.* 1 *(person)* ucraniano, ucranio 2 *(language)* ucranio.

ul·cer ['ʌlsəʳ] *n.* 1 *(external)* llaga 2 *(in stomach)* úlcera.

ul·ti·mate ['ʌltɪmət] *adj.* 1 *(final)* final 2 *(basic)* esencial, fundamental ⬦ *n.* the ultimate *(good)* el no va más, el último grito *(bad)* el colmo.

ul·ti·mate·ly ['ʌltɪmətlɪ] *adv.* 1 *(finally)* finalmente 2 *(basically)* en el fondo.

ul·ti·ma·tum [ʌltɪ'meɪtəm] *n. pl.* **ultimatums** o **ultimata** último ultimátum *m.*

ul·tra·son·ic [ʌltrə'sɒnɪk] *adj.* ultrasónico.

ul·tra·sound ['ʌltrəsaund] *n.* ultrasonido.

ul·tra·vi·o·let [ʌltrə'vaɪələt] *adj.* ultravioleta.

um·bil·i·cal [ʌm'bɪlɪkəl] *adj.* umbilical **umbilical cord** cordón *m.* umbilical.

um·brel·la [ʌm'brelə] *n.* 1 paraguas *m.* 2 *fig. use (protection)* manto, protección *f. (patronage)* patrocinio **umbrella stand** paragüero **umbrella organization** organismo madre.

um·pire ['ʌmpaɪəʳ] *n.* árbitro ⬦ *tr.* arbitrar.

ump·teenth [ʌmp'ti:nθ] *adj.* enésimo.

UN ['ju:'en] *abbr.* **(United Nations Organization)** Organización de las Naciones Unidas *(abbreviation)* ONU *f.*

un·a·ble [ʌn'eɪbəl] *adj.* incapaz.

un·a·bridged [ʌnə'brɪdʒd] *adj.* íntegro **unabridged text** versión *f.* íntegra

un·ac·cept·a·ble [ʌnək'septəbəl] *adj.* inaceptable, inadmisible.

un·ac·com·pa·nied [ʌnə'kʌmpənɪd] *adj.* 1 *(person)* solo, sin compañía 2 MUS sin acompañamiento.

un·ac·cus·tomed [ʌnə'kʌstəmd] *adj.* desacostumbrado, inacostumbrado, no acostumbrado.

un·ad·vis·a·ble [ʌnəd'vaɪzəbəl] *adj.* poco aconsejable.

un·af·fect·ed [ʌnə'fektɪd] *adj.* 1 *(unchanged)* no afectado 2 *(for person)* afable, campechano, natural, sencillo 3 *(indifferent)* indiferente, inmutable 4 *(style)* llano, sin afectación *f.*

un·a·fraid [ʌnə'freɪd] *adj.* sin miedo, sin temor, impertérrito.

un·aid·ed [ʌn'eɪdɪd] *adv.* sin ayuda, solo.

un·ac·knowl·edged [ʌnək'nɒlɪdʒd] *adj. (not recognized)* no reconocido *(letter)* sin contestar.

un·al·ter·a·ble [ʌn'ɔ:ltərəbəl] *adj.* inalterable, invariable.

un·am·bi·tious [ʌnæm'bɪʃəs] *adj.* poco ambicioso, sin ambición, poco emprendedor.

u·nan·i·mous [ju:'nænɪməs] *adj.* unánime.

un·an·nounced [ʌnə'naunst] *adj.* 1 *(without knocking)* sin avisar, sin llamar 2 *(without announcement)* sin ser anunciado.

un·an·swer·a·ble [ʌn'ɑ:nsərəbəl] *adj.* 1 *(question)* incontestable, sin respuesta 2 *(attack, criticism)* irrebatible, irrefutable.

un·an·swered [ʌn'ɑ:nsəd] *adj.* 1 *(of letter)* sin contestar 2 *(of love)* no correspondido.

un·ap·pre·ci·at·ed [ʌnə'pri:ʃɪeɪtɪd] *adj.* poco apreciado, poco valorado.

un·ap·proach·a·ble [ʌnə'prəutʃəbəl] *adj.* 1 inaccesible 2 *(of person)* inabordable, intratable, inaccesible.

un·armed [ʌn'ɑ:md] *adj.* desarmado, sin armas **unarmed combat** lucha a cuerpo limpio.

un·a·shamed [ʌnə'ʃeɪmd] *adj.* desvergonzado, descarado.

un·at·tached [ʌnə'tætʃt] *adj.* 1 *(loose)* suelto 2 *(not engaged or married)* sin compromiso, soltero 3 *(independent)* libre, independiente 4 JUR *(of property, etc.)* no embargado.

un·at·tain·a·ble [ʌnə'teɪnəbəl] *adj.* inalcanzable, inaccesible.

un·at·tend·ed [ʌnə'tendɪd] *adj.* 1 *(children)* sin vigilar 2 *(not looked after)* desatendido 3 *(alone)* solo.

un·at·trac·tive [ʌnə'træktɪv] *adj.* poco atractivo, feo.

un·au·thor·ized [ʌn'ɔ:θəraɪzd] *adj.* 1 *(person)* no autorizado 2 *(business, etc.)* ilegal, ilícito.

un·a·vail·a·ble [ʌnə'veɪləbəl] *adj.* 1 indisponible, no disponible 2 *(busy)* ocupado 3 *(out of print)* agotado 4 *(not for sale)* que no está en venta.

un·a·void·a·ble [ʌnə'vɔɪdəbəl] *adj.* 1 *(general)* inevitable, ineludible 2 *(accident)* fortuito.

un·a·ware [ʌnə'weəʳ] *adj.* ignorante, inconsciente. **to be unaware of** ignorar, no darse cuenta, ser inconsciente de.

un·bear·a·ble [ʌn'beərəbəl] *adj.* inaguantable, insoportable, intolerable.

un·beat·a·ble [ʌn'bi:təbəl] *adj.* 1 *(competition)* invencible, sin rival, sin igual 2 *(price, quality)* insuperable, inigualable, inmejorable.

un·be·liev·a·ble [ʌnbɪ'li:vəbəl] *adj.* increíble.

un·bend·ing [ʌn'bendɪŋ] *adj.* inflexible.

un·bi·ased [ʌn'baɪəst] *adj.* imparcial.

un·blink·ing [ʌn'blɪŋkɪŋ] *adj.* 1 sin pestañear 2 *fig. use* imperturbable.

un·born [ʌn'bɔ:n] *adj.* 1 aún no nacido, sin nacer, nonato 2 *fig. use* futuro, venidero.

un·break·a·ble [ʌn'breɪkəbəl] *adj.* 1 irrompible 2 *fig. use* inquebrantable 3 *(horse)* indomable.

un·bro·ken [ʌn'brəukən] *adj.* 1 *(whole)* entero, intacto 2 *(uninterrupted)* ininterrumpido, continuo 3 *(record)* imbatido 4 *(untamed)* indómito, sin domar.

un·bur·den [ʌn'bɜ:dən] *tr. (fml. use)* descargar, aliviar.

un·but·ton [ʌn'bʌtən] *tr.* desabrochar ⬦ *intr. (fam. use)* relajarse. **to unbutton oneself** desahogarse.

un·can·ny [ʌn'kænɪ] *adj. comp.* **uncannier,** *superl.* **uncanniest** misterioso, extraño.

un·car·ing [ʌn'keərɪŋ] *adj.* indiferente, despreocupado.

un·cer·tain [ʌn'sɜːtən] *adj.* **1** *(not certain)* incierto, dudoso **2** *(unspecified)* indeterminado **3** *(indecisive)* indeciso **4** *(changeable)* variable.

un·cer·tain·ty [ʌn'sɜːtəntɪ] *n. pl.* **uncertainties** incertidumbre *f.*, duda.

un·chal·lenged [ʌn'tʃælɪndʒd] *adj.* incontestado, sin protestar.

un·changed [ʌn'tʃeɪndʒd] *adj.* igual, sin alterar.

un·chang·ing [ʌn'tʃeɪndʒɪŋ] *adj.* inalterable.

un·char·i·ta·ble [ʌn'tʃærɪtəbəl] *adj.* poco caritativo, duro.

un·checked [ʌn'tʃekt] *adj.* **1** no comprobado **2** *(unrestrained)* libre.

un·civ·i·lized [ʌn'sɪvəlaɪzd] *adj.* **1** *(tribe)* incivilizado, salvaje **2** *(not cultured)* inculto **3** *fig. use* intempestivo, poco ortodoxo.

un·claimed [ʌn'kleɪmd] *adj.* sin reclamar, sin dueño.

un·clas·si·fi·a·ble [ʌnklæsɪ'faɪəbəl] *adj.* inclasificable.

un·cle [ʌnkəl] *n.* tío **Uncle Sam** *el Tío Sam.*

un·clear [ʌn'klɪəʳ] *adj.* poco claro, confuso.

un·com·fort·a·ble [ʌn'kʌmfətəbəl] *adj.* **1** *(physical)* incómodo, poco confortable **2** *(worrying)* inquietante, preocupante **3** *(unpleasant)* desagradable **4** *(awkward)* incómodo, molesto **to feel uncomfortable** *no estar a gusto.*

un·com·mit·ted [ʌnkə'mɪtɪd] *adj. (ideas, beliefs)* no comprometido *(politics)* no alineado.

un·com·mon [ʌn'kɒmən] *adj.* **1** *(rare)* poco común, poco corriente **2** *(strange)* insólito **3** *(unusual)* extraordinario, fuera de lo común **3** *(excessive)* excesivo, desmesurado.

un·com·mon·ly [ʌn'kɒmənlɪ] *adv.* extraordinariamente, particularmente. **not uncommonly** *con cierta frecuencia.*

un·com·pro·mis·ing [ʌn'kɒmprəmaɪzɪŋ] *adj.* inflexible, intransigente.

un·con·di·tion·al [ʌnkən'dɪʃənəl] *adj.* incondicional.

un·con·firmed [ʌnkən'fɜːmd] *adj.* no confirmado, sin confirmar.

un·con·nect·ed [ʌnkə'nektɪd] *adj.* no relacionado, inconexo.

un·con·scious [ʌn'kɒnʃəs] *adj.* **1** MED inconsciente **2** *(unaware)* inconsciente **3** *(not on purpose)* involuntario ◇ *n.* the unconscious *el inconsciente.*

un·con·scious·ness [ʌn'kɒnʃəsnəs] *n.* MED pérdida del conocimiento, inconsciencia.

un·con·sti·tu·tion·al [ʌnkɒnstɪ'tjuːʃənəl] *adj.* anticonstitucional, inconstitucional.

un·con·trol·la·ble [ʌnkən'trəʊləbəl] *adj.* **1** *(general)* incontrolable **2** *(people)* ingobernable **3** *(desire)* irrefrenable, irresistible **4** *(child)* indisciplinable.

un·con·ven·tion·al [ʌnkən'venʃənəl] *adj.* **1** poco convencional **2** *(original)* original.

un·con·vinced [ʌnkən'vɪnst] *adj.* poco convencido, escéptico.

un·co·op·er·a·tive [ʌnkəʊ'ɒpərətɪv] *adj.* poco cooperativo.

un·co·or·di·nat·ed [ʌnkəʊ'ɔːdɪneɪtɪd] *adj.* no coordinado, sin coordinar.

un·count·a·ble [ʌn'kaʊntəbəl] *adj.* incontable.

un·cov·er [ʌn'kʌvəʳ] *tr.* **1** destapar **2** *(secret)* revelar, descubrir.

un·cov·ered [ʌn'kʌvəd] *adj.* **1** destapado, al descubierto.

un·cut [ʌn'kʌt] *adj.* **1** sin cortar **2** *(gem)* en bruto, sin tallar **3** *(film)* íntegro, sin cortes *mpl.* **4** *(printing, books, etc.)* intonso.

un·dam·aged [ʌn'dæmɪdʒd] *adj.* **1** *(goods)* en buen estado, sin desperfectos, intacto **2** *(person)* indemne, ileso **3** *fig. use* intacto.

un·de·ceive [ʌndɪ'siːv] *tr. [fml. use]* desengañar, desilusionar.

un·de·cid·ed [ʌndɪ'saɪdɪd] *adj.* **1** indeciso **2** *(question)* no resuelto **3** *(issue)* pendiente.

un·de·ci·pher·a·ble [ʌndɪ'saɪfərəbəl] *adj.* indescifrable.

un·de·feat·ed [ʌndɪ'fiːtɪd] *adj.* invicto.

un·de·fend·ed [ʌndɪ'fendɪd] *adj.* indefenso.

un·de·fined [ʌndɪ'faɪnd] *adj.* indefinido, indeterminado.

un·de·liv·ered [ʌndɪ'lɪvəd] *adj.* sin entregar.

un·dem·o·crat·ic [ʌndemə'krætɪk] *adj.* antidemocrático.

un·de·ni·a·ble [ʌndɪ'naɪəbəl] *adj.* innegable, indiscutible.

un·der [ʌndəʳ] *prep.* **1** *(below)* bajo, debajo de **2** *(less than)* menos de **3** *(controlled, affected, influenced by)* bajo **4** *(suffering, subject to)* bajo **5** *(according to)* conforme a, según **6** *(known by)* con, bajo ◇ *adv.* **1** *(below)* debajo **2** *(less)* menos **to be under age** *ser menor de edad* **to be under cover** *(protected)* estar a cubierto *(in hiding)* estar en la clandestinidad **to be under lock and key** *estar bajo llave.* **under the circumstances…** *dadas la circunstancias…*

un·der- [ʌndəʳ] *pref. (below)* infra-, sub-*(insufficiently)* insuficientemente.

un·der·car·riage [ʌndəkærɪdʒ] *n.* tren *m.* de aterrizaje.

un·der·clothes [ʌndəkləʊðz] *npl.* ropa *f. sing.* interior.

un·der·cov·er [ʌndə'kʌvəʳ] *adj.* clandestino, secreto ◇ *adv.* en la clandestinidad.

un·der·cur·rent [ʌndəkʌrənt] *n.* **1** *(in sea)* corriente *f.* submarina **2** *fig. use* tendencia oculta.

un·der·de·vel·oped [ʌndədɪ'veləpt] *adj.* **1** subdesarrollado **2** *(of photo)* insuficientemente revelado.

un·der·de·vel·op·ment [ʌndədɪ'veləpmənt] *n.* subdesarrollo.

un·der·dog [ʌndədɒg] *n.* desvalido, perdedor **the underdogs** *los desvalidos, los desamparados.*

un·der·em·ployed [ʌndərem'plɔɪd] *adj.* subempleado.

un·der·es·ti·mate [(n.) ʌndər'estɪmət; (vb.) ʌndər'estɪmeɪt] *n.* infravaloración *f.*, menosprecio ◇ *tr.* infravalorar, subestimar.

un·der·go [ʌndə'gəʊ] *tr. pt.* **underwent 1** *(general)* experimentar **2** *(change)* sufrir **3** *(test)* pasar por, someterse a.

un·der·grad·u·ate [ʌndə'grædjuət] *n.* estudiante *mf.* universitario no licenciado ◇ *adj.* no graduado, no licenciado.

un·der·ground [(adj.-n.) ʌndəgraʊnd; (adv.) ʌndə'graʊnd] *adj.* **1** subterráneo **2** *fig. use* clandestino **3** *fig. use (cinema, music)* underground ◇ *n.* **1** *(railway)* metro **2** *(resistance)* resistencia ◇ *adv.* **1** bajo tierra **2** *fig. use (secretly)* en la clandestinidad, clandestinamente.

un·der·hand [ʌndəhænd] *adj.* **1** *fig. use (method)* ilícito, deshonesto, turbio, poco limpio **2** *(trick)* malo **3** *(attack)* ladino, solapado **4** *(service)* sacar con la mano por debajo del hombro.

un·der·line [ʌndə'laɪn] *tr.* subrayar.

un·der·ly·ing [ʌndə'laɪɪŋ] *adj.* **1** *(hidden)* subyacente **2** *fig. use (basic)* esencial, fundamental.

un·der·mine [ʌndə'maɪn] *tr.* minar, socavar.

un·der·neath [ʌndə'niːθ] *prep.* bajo, debajo de ◇ *adv.* abajo, debajo, por debajo ◇ *adj.* de abajo, inferior ◇ *n.* parte *f.* inferior, fondo.

un·der·nour·ished [ʌndə'nʌrɪʃt] *adj.* desnutrido, subalimentado.

un·der·nour·ish·ment [ʌndə'nʌrɪʃmənt] *n.* desnutrición *f.*, subalimentación *f.*

un·der·paid [ʌndə'peɪd] *adj.* mal pagado.

un·der·pants [ʌndəpænts] *npl.* calzoncillos *mpl.*, eslip *m. sing.*

un·der·priv·i·leged [ʌndə'prɪvɪlɪdʒd] *adj.* desvalido, marginado, desamparado *npl.* the underprivileged los desvalidos.

un·der·rate [ʌndə'reɪt] *tr.* **1** *(danger)* subestimar, juzgar mal **2** *(person)* menospreciar.

un·der·score [ʌndə'skɔː'] *tr.* **1** *(draw line under)* subrayar **2** *(emphasize)* poner de relieve, subrayar ◇ *n.* guion *m.* bajo.

un·der·sized [ʌndə'saɪzd] *adj.* **1** *(thing)* demasiado pequeño, diminuto **2** *(person)* diminuto.

un·der·stand [ʌndə'stænd] *tr. pt. & pp.* **understood 1** entender, comprender **2** *(believe)* tener entendido **3** *(to get on with somebody)* entenderse **4** *(take for granted)* sobreentender **to give to understand** dar a entender.

un·der·stand·a·ble [ʌndə'stændəbəl] *adj.* comprensible.

un·der·stand·ing [ʌndə'stændɪŋ] *n.* **1** *(intelligence)* entendimiento, inteligencia **2** *(grasp)* comprensión *f.* **3** *(agreement)* acuerdo **4** *(condition)* condición *f.* **5** *(interpretation)* interpretación *f.* ◇ *adj.* comprensivo.

un·der·state·ment [ʌndə'steɪtmənt] *n.* atenuación *f.*, eufemismo.

un·der·stood [ʌndə'stud] *pt. & pp.* VER: understand ◇ *adj.* **1** *(assumed)* entendido **2** *(agreed on)* convenido **3** *(implied)* sobreentendido, implícito **to make oneself understood** hacerse entender.

un·der·take [ʌndə'teɪk] *tr. pt.* **undertook** *(take on - job, task)* emprender, encargarse de *(- responsibility)* asumir ◇ *intr. (promise)* comprometerse **(to,** a).

un·der·tak·er [ʌndəteɪkə'] *n.* empresario de pompas fúnebres ◇ *npl. (undertaker's)* funeraria, pompas *fpl.* fúnebres.

un·der·tak·ing [ʌndə'teɪkɪŋ] *n.* **1** *(task)* empresa, tarea **2** *(responsibility)* responsabilidad *f.*, carga **3** *(promise)* garantía, promesa **large-scale undertaking** empresa a gran escala.

un·der-the-coun·ter [ʌndəðə'kaʊntə'] *adj. [fam. use]* **(buying and selling)** bajo mano, en secreto **under-the-counter sales** ventas bajo mano.

un·der·tone [ʌndətəʊn] *n.* **1** *(low voice)* voz *f.* baja, murmullo **2** *(color)* color *m.* de fondo **3** *fig. use (suggestion)* matiz *m. (tendency)* corriente *f.*

un·der·val·ue [ʌndə'væljuː] *tr.* infravalorar, subvalorar.

un·der·wa·ter [ʌndə'wɔːtə'] *adj.* submarino, subacuático *adv.* bajo el agua.

un·der·wear [ʌndəweə'] *n.* ropa interior.

un·der·world ['ʌndəwɜːld] *n.* **1** *(of criminals)* hampa, bajos fondos *mpl.*, inframundo **2** *(Hades)* el Hades, el averno.

un·de·served [ʌndɪ'zɜːvd] *adj.* inmerecido.

un·de·serv·ing [ʌndɪ'zɜːvɪŋ] *adj. (not meritorious)* de poco mérito, que no merece atención. **undeserving of** indigno de.

un·de·sir·a·ble [ʌndɪ'zaɪərəbəl] *adj.* indeseable ◇ *n.* indeseable *mf.*

un·de·tect·ed [ʌndɪ'tektɪd] *adj. (error)* pasado por alto, no detectado. **to pass undetected** pasar desapercibido.

un·de·ter·mined [ʌndɪ'tɜːmɪnd] *adj.* indeterminado, indefinido.

un·de·terred [ʌndɪ'tɜːd] *adj.* sin inmutarse, sin dejarse intimidar por. **undeterred by** sin arredrarse ante, sin dejarse acobardar por.

un·de·vel·oped [ʌndɪ'veləpt] *adj.* **1** sin desarrollar **2** *(land)* sin edificar, sin explotar, sin cultivar **3** *(film)* sin revelar.

un·di·gest·ed [ʌndaɪ'dʒestɪd] *adj.* **1** indigesto **2** *fig. use* mal digerido, mal asimilado.

un·dig·ni·fied [ʌn'dɪgnɪfaɪd] *adj.* **1** *(person)* poco digno **2** *(act)* poco decoroso.

un·di·lut·ed [ʌndaɪ'luːtɪd] *adj.* no diluido, sin diluir, puro **to talk undiluted nonsense** decir solemnes tonterías.

un·dip·lo·mat·ic [ʌndɪplə'mætɪk] *adj.* poco diplomático, indiscreto.

un·dis·cern·ing [ʌndɪ'sɜːnɪŋ] *adj.* sin discernimiento, poco perspicaz.

un·dis·ci·plined [ʌn'dɪsɪplɪnd] *adj.* indisciplinado.

un·dis·cov·ered [ʌndɪs'kʌvəd] *adj.* **1** sin descubrir, no descubierto **2** *(place)* desconocido.

un·dis·crim·i·nat·ing [ʌndɪs'krɪmɪneɪtɪŋ] *adj.* **1** *(not preferential)* indiscriminado, sin discriminación **2** *(without judgment)* sin discernimiento, poco juicioso.

un·dis·guised [ʌndɪs'gaɪzd] *adj.* **1** *(person)* sin disfraz *m.* **2** *fig. use* franco, abierto, sincero.

un·dis·put·ed [ʌndɪs'pjuːtɪd] *adj.* **1** *(unquestionable)* indiscutible, incuestionable **2** *(unchallenged)* incontestable.

un·dis·turbed [ʌndɪs'tɜːbd] *adj.* **1** *(person)* tranquilo **2** *(objects)* intacto, sin tocar.

un·di·vid·ed [ʌndɪ'vaɪdɪd] *adj.* **1** *(whole)* entero, íntegro **2** *(unanimous)* unánime. **to give one's undivided attention to somebody/something** prestar toda la atención a alguien/algo.

un·do [ʌn'duː] *tr. pt.* **undid** [ʌn'dɪd], *pp.* **undone** [ʌn'dʌn] **1** *(knot)* deshacer, desatar **2** *(button)* desabrochar **3** *(arrangement)* anular **4** *(destroy)* deshacer, destruir **5** *(to set right)* enmendar, reparar. **to undo the damage** reparar el daño. **to leave something undone** dejar algo sin hacer, dejar algo por hacer. **what is done cannot be undone** a lo hecho pecho.

un·done [ʌn'dʌn] *adj. (incomplete)* inacabado.

un·doubt·ed·ly [ʌn'daʊtɪdlɪ] *adv.* indudablemente, sin duda.

un·dress [ʌn'dres] *tr.* desnudar ◇ *intr.* desnudarse.

un·dressed [ʌn'drest] *adj. (naked)* desnudo. **to get undressed** desnudarse, quitarse la ropa.

un·due [ʌn'djuː] *adj.* **1** *(exaggerated)* excesivo, no justificado **2** *(not suitable)* indebido.

un·du·ly [ʌn'djuːlɪ] *adv.* indebidamente, excesivamente.

un·dy·ing [ʌn'daɪɪŋ] *adj.* imperecedero.

un·earned [ʌn'ɜːnd] *adj.* **1** *(salary)* no ganado **2** *(undeserved)* inmerecido **unearned income** *ingresos mpl. no salariales* **unearned increment** plusvalía.

un·earth [ʌn'ɜːθ] *tr.* **1** desenterrar **2** *fig. use* desenterrar, sacar a la luz, descubrir.

un·earth·ly [ʌn'ɜːθlɪ] *adj.* **1** *(supernatural)* sobrenatural, de otro mundo **2** *[fam. use]* espantoso, horrible, infernal **3** *(hour)* intempestivo.

un·eas·i·ness [ʌn'iːzɪnəs] *n.* **1** *(of person)* inquietud *f.*, intranquilidad *f.*, desasosiego *m.* **2** *(of situation)* incomodidad *f.*, molestia, malestar *m.*

un·eas·y [ʌn'iːzɪ] *adj. comp.* **uneasier**, *superl.* **uneasiest 1** *(worried)* intranquilo, inquieto, preocupado *(disturbing)* inquietante **2** *(annoying)* incómodo, molesto.

un·eat·a·ble [ʌn'iːtəbəl] *adj.* incomestible, incomible.

un·ec·o·nom·i·cal [ʌniːkə'nɒmɪkəl] *adj.* poco rentable, poco económico.

un·ed·u·cat·ed [ʌn'edjʊkeɪtɪd] *adj.* inculto, ignorante.

un·e·mo·tion·al [ʌnɪˈməʊʃənəl] *adj.* desapasionado, frío.

un·em·ployed [ʌnɪmˈplɔɪd] *adj.* parado, sin trabajo, en paro. **to be unemployed** estar en paro **the unemployed** los parados.

un·em·ploy·ment [ʌnɪmˈplɔɪmənt] *n.* **1** paro, desempleo **2** *(percentage)* número de parados.

un·end·ing [ʌnˈendɪŋ] *adj.* interminable.

un·en·thu·si·as·tic [ʌnɪmˌθjuːzɪˈæstɪk] *adj.* poco entusiasta.

un·e·qual [ʌnˈiːkwəl] *adj.* **1** *(not the same)* desigual, distinto *(pulse)* irregular **2** *(not adequate)* poco apto, inadecuado.

un·e·qualed [ʌnˈiːkwəld] *adj.* sin igual, sin par.

un·e·quiv·o·cal [ʌnɪˈkwɪvəkəl] *adj.* inequívoco, claro.

un·eth·i·cal [ʌnˈeθɪkəl] *adj.* poco ético, inmoral.

un·e·ven [ʌnˈiːvən] *adj.* **1** *(not level)* desigual *(bumpy)* accidentado **2** *(varying)* irregular, variable **3** *(road)* lleno de baches **4** *(unfairly matched)* desigual **5** MATH impar.

un·e·vent·ful [ʌnɪˈventfəl] *adj.* **1** sin acontecimientos, tranquilo **2** *(routine)* monótono, rutinario.

un·ex·pect·ed [ʌnɪkˈspektɪd] *adj.* **1** inesperado **2** *(event)* imprevisto.

un·ex·plained [ʌnɪksˈpleɪnd] *adj.* inexplicado.

un·ex·plored [ʌnɪksˈplɔːd] *adj.* inexplorado.

un·ex·posed [ʌnɪksˈpəʊzd] *adj.* *(film)* sin exponer.

un·fail·ing [ʌnˈfeɪlɪŋ] *adj.* **1** *(general)* indefectible *(incessant)* constante **2** *(patience)* inagotable *(humor)* inalterable **3** *(memory)* infalible.

un·fair [ʌnˈfeəʳ] *adj.* injusto **unfair competition** competición desleal **unfair dismissal** despido improcedente.

un·faith·ful [ʌnˈfeɪθful] *adj.* **1** *(husband, wife)* infiel **2** *(friend)* desleal.

un·faith·ful·ness [ʌnˈfeɪθfulnəs] *n.* **1** *(of husband, wife)* infidelidad *f.* **2** *(of friend)* deslealtad *f.*

un·fa·mil·iar [ʌnfəˈmɪlɪəʳ] *adj.* *(unknown)* desconocido. **to be unfamiliar with** desconocer, no estar familiarizado con.

un·fash·ion·a·ble [ʌnˈfæʃənəbəl] *adj.* *(fashion, trends, etc.)* pasado de moda *(ideas, measures)* poco popular.

un·fas·ten [ʌnˈfɑːsən] *tr.* **1** *(vest, button)* desabrochar **2** *(untie)* desatar **3** *(open)* abrir.

un·fath·om·a·ble [ʌnˈfæðəmabəl] *adj.* *(fml. use)* insondable.

un·fa·vor·a·ble [ʌnˈfeɪvərəbəl] *adj.* **1** *(gen)* desfavorable *(criticism)* adverso **2** *(winds)* contrario.

un·fa·vor·a·bly [ʌnˈfeɪvərəblɪ] *adv.* desfavorablemente.

un·feel·ing [ʌnˈfiːlɪŋ] *adj.* **1** *(insensitive)* insensible **2** *(unsympathetic)* sin compasión *f.*

un·fin·ished [ʌnˈfɪnɪʃt] *adj.* inacabado, incompleto, sin acabar **unfinished business** un asunto pendiente.

un·fit [ʌnˈfɪt] *adj.* **1** *(person)* no apto, incapaz **2** *(physically)* incapacitado, inútil **3** *(injured)* lesionado **4** *(incompetent)* incompetente. **to be unfit** no estar en forma.

un·fold [ʌnˈfəʊld] *tr.* **1** *(paper)* desplegar *(sheet)* desdoblar **2** *(newspaper)* abrir *(map)* extender **3** *(outline)* exponer *(reveal)* revelar **4** *(secret)* descubrir ◇ *intr.* **1** *(open up)* desplegarse, desdoblarse, abrirse *(landscape)* extenderse **2** *(ideas, etc.)* desarrollarse **3** *(secret)* descubrirse, revelarse.

un·fore·see·a·ble [ʌnfɔːˈsiːəbəl] *adj.* imprevisible.

un·fore·seen [ʌnfɔːˈsiːn] *adj.* imprevisto.

un·for·get·ta·ble [ʌnfəˈgetəbəl] *adj.* inolvidable.

un·for·giv·a·ble [ʌnfəˈgɪvəbəl] *adj.* imperdonable.

un·for·giv·ing [ʌnfəˈgɪvɪŋ] *adj.* implacable, que no perdona.

un·for·tu·nate [ʌnˈfɔːtʃənət] *adj.* **1** *(person)* desgraciado, desafortunado *(event)* desgraciado **2** *(remark)* desafortunado.

un·for·tu·nate·ly [ʌnˈfɔːtʃənətlɪ] *adv.* desgraciadamente, desafortunadamente, por desgracia.

un·found·ed [ʌnˈfaʊndɪd] *adj.* *(rumor)* infundado, sin base, sin fundamento *(complaint)* injustificado.

un·friend·ly [ʌnˈfrendlɪ] *adj. comp.* **unfriendlier**, *superl.* **unfriendliest** poco amistoso, antipático, hostil.

un·ful·filled [ʌnfulˈfɪld] *adj.* **1** *(not carried out)* incumplido, frustrado **2** *(not satisfied)* no satisfecho, insatisfecho **3** *(ambition)* frustrado *(dream)* irrealizado.

un·fur·nished [ʌnˈfɜːnɪʃt] *adj.* **1** sin amueblar, desamueblado **2** *(flat to let)* vacío.

un·gain·ly [ʌnˈgeɪnlɪ] *adj. comp.* **ungainlier**, *superl.* **ungainliest 1** *(awkward)* torpe **2** *(gait)* desgarbado.

un·gov·ern·a·ble [ʌnˈgʌvənəbəl] *adj.* **1** *(people, country)* ingobernable **2** *(emotions)* incontrolable, incontenible, irreprimible.

un·gram·mat·i·cal [ʌngrəˈmætɪkəl] *adj.* agramatical.

un·grate·ful [ʌnˈgreɪtful] *adj.* **1** *(unthankful)* desagradecido **2** *(thankless)* ingrato.

un·guard·ed [ʌnˈgɑːdɪd] *adj.* **1** *(unprotected)* indefenso, sin protección *(without guards)* sin vigilancia **2** *(careless)* desprevenido, descuidado, imprudente **3** *(frank)* franco.

un·hap·pi·ly [ʌnˈhæpɪlɪ] *adv.* *(unfortunately)* desgraciadamente *(miserably)* tristemente, infelizmente.

un·hap·pi·ness [ʌnˈhæpɪnəs] *n.* *(wretchedness)* infelicidad *f.*, desdicha *(sadness)* tristeza.

un·hap·py [ʌnˈhæpɪ] *adj. comp.* **unhappier**, *superl.* **unhappiest 1** *(sad)* infeliz, triste **2** *(miserable)* desdichado, desgraciado, infeliz **3** *(unsuitable)* desafortunado, poco afortunado.

un·harmed [ʌnˈhɑːmd] *adj.* ileso, indemne. **to escape unharmed** salir ileso.

un·health·y [ʌnˈhelθɪ] *adj. comp.* **unhealthier**, *superl.* **unhealthiest 1** *(place)* malsano, insalubre **2** *(ill)* enfermizo, enfermo **3** *fig. use* *(unnatural)* morboso, malsano.

un·heard-of [ʌnˈhɜːdɒv] Se escribe **unheard of** cuando no se usa como sustantivo. *adj.* **1** *(preposterous)* inaudito **2** *(without precedent)* sin precedente.

un·hes·i·tat·ing [ʌnˈhezɪteɪtɪŋ] *adj.* **1** *(person)* resuelto, decidido **2** *(answer)* pronto, inmediato.

un·hes·i·tat·ing·ly [ʌnˈhezɪteɪtɪŋlɪ] *adv.* sin dudar, sin vacilar.

un·hinge [ʌnˈhɪndʒ] *tr.* **1** desquiciar, sacar de quicio **2** *(mind)* trastornar *(person)* trastornar el juicio de.

un·hinged [ʌnˈhɪndʒd] *adj.* **1** *(door)* desquiciado **2** *(person, mind)* trastornado, desquiciado.

un·ho·ly [ʌnˈhəʊlɪ] *adj. comp.* **unholier**, *superl.* **unholiest 1** *(place, etc.)* profano *(person)* impío **2** *(fam. use)* infernal, terrible.

un·hook [ʌnˈhʊk] *tr.* **1** desenganchar *(take down)* descolgar **3** *(dress)* desabrochar.

un·hur·ried [ʌnˈhʌrɪd] *adj.* pausado, tranquilo.

un·hur·ried·ly [ʌnˈhʌrɪdlɪ] *adv.* pausadamente, tranquilamente.

un·hurt [ʌnˈhɜːt] *adj.* ileso, indemne.

un·hy·gi·en·ic [ʌnhaɪˈdʒiːnɪk] *adj.* antihigiénico.

u·ni·cel·lu·lar [juːnɪˈseljələʳ] *adj.* unicelular.

u·ni·corn [ˈjuːnɪkɔːn] *n.* unicornio.

un·i·den·ti·fied [ʌnaɪˈdentɪfaɪd] *adj.* no identificado, sin identificar.

u·ni·fi·ca·tion [juːnɪfɪˈkeɪʃən] *n.* unificación *f.*

u·ni·form [ˈjuːnɪfɔːm] *adj.* **1** uniforme **2** *(temperature)* constante ◇ *n.* uniforme *m.* **in uniform** de uniforme, uniformado.

u·ni·formed [ju:nɪfɔːmd] *adj.* uniformado.

u·ni·form·i·ty [ju:nɪfɔːmətɪ] *n.* uniformidad *f.*

u·ni·fy [ˈjuːnɪfaɪ] *tr. pt. & pp.* **unified**, *ger.* **unifying** unificar.

u·ni·lat·er·al [ju:nɪlætərəl] *adj.* unilateral.

un·im·ag·i·na·ble [ʌnɪmædʒɪnəbəl] *adj.* inimaginable

un·im·ag·i·na·tive [ʌnɪmædʒɪnətɪv] *adj.* poco imaginativo, falto de imaginación.

un·im·paired [ʌnɪmpeəd] *adj.* **1** *(strength)* no disminuido **2** *(unharmed)* intacto *(health)* inalterado.

un·im·por·tant [ʌnɪmpɔːtənt] *adj.* insignificante, sin importancia, poco importante.

un·im·pressed [ʌnɪmprest] *adj.* no impresionado.

un·im·pres·sive [ʌnɪmpresɪv] *adj.* **1** poco impresionante, mediocre, poco convincente **2** *(not moving)* poco conmovedor.

un·in·formed [ʌnɪnfɔːmd] *adj.* **1** mal informado, ignorante **2** *(opinion)* sin base, sin fundamento.

un·in·hab·it·a·ble [ʌnɪnhæbɪtəbəl] *adj.* inhabitable.

un·in·hab·it·ed [ʌnɪnhæbɪtɪd] *adj.* **1** deshabitado **2** *(deserted)* despoblado.

un·in·hib·it·ed [ʌnɪnhɪbɪtɪd] *adj.* sin inhibición.

un·in·spired [ʌnɪnspaɪəd] *adj.* **1** *(performance)* aburrido, soso, mediocre, insulso, poco inspirado **2** *(person)* falto de inspiración, sin inspiración.

un·in·tel·li·gi·ble [ʌnɪnteˈlɪdʒəbəl] *adj.* ininteligible, incomprensible.

un·in·ten·tion·al [ʌnɪntenʃənəl] *adj.* involuntario.

un·in·ter·est·ed [ʌnˈɪntrəstɪd] *adj.* no interesado, sin interés, indiferente.

un·in·ter·est·ing [ʌnˈɪntrəstɪŋ] *adj.* sin interés, poco interesante.

un·in·ter·rupt·ed [ʌnɪntəˈrʌptɪd] *adj.* ininterrumpido, continuo.

un·in·vit·ed [ʌnɪnˈvaɪtɪd] *adj.* **1** *(guest)* no invitado **2** *(remark)* gratuito, no solicitado.

un·in·vit·ing [ʌnɪnˈvaɪtɪŋ] *adj.* *(appearance)* poco atractivo *(food)* poco apetitoso, poco apetecible.

un·ion [ˈjuːnɪən] *n.* **1** unión *f.* **2** *fig. use (marriage)* enlace *m.* **3** *(of workers)* sindicato **4** TECH unión *f.* ◇ *adj.* sindical, del sindicato **the Union** los Estados Unidos.

u·nique [juːˈniːk] *adj.* **1** *(singular)* único **2** *(outstanding)* extraordinario.

u·ni·sex [ˈjuːnɪseks] *adj.* unisex.

u·ni·son [ˈjuːnɪsən] *n.* **1** MUS unisonancia **2** *fig. use (harmony)* armonía. **in unison** al unísono.

u·nit [ˈjuːnɪt] *n.* **1** unidad *f.* **2** *(furniture)* módulo, elemento **3** MIL unidad *f.* **4** MATH unidad *f.* **5** TECH grupo **6** *(center)* centro *(department)* servicio **7** *(team)* equipo **unit trust** *(Fin)* fondo de inversión.

u·nite [juːˈnaɪt] *tr. (join)* unir *(assemble)* reunir ◇ *intr.* unirse, reunirse.

u·nit·ed [juːˈnaɪtɪd] *adj.* unido. **united we stand, divided we fall** la unión hace la fuerza **United Kingdom** Reino Unido **United Nations** Naciones fpl. Unidas **United States of America** Estados mpl. Unidos mpl. de América **United Arab Emirates** Emiratos mpl. Árabes Unidos.

u·ni·ty [ˈjuːnɪtɪ] *n.* *(union)* unidad *f.* **1** *(harmony)* armonía.

Univ [juːnɪˈvɜːsɪtɪ] *abbr.* **(University)** Universidad *(abbreviation)* Univ *f.*

u·ni·ver·sal [juːnɪvɜːsəl] *adj.* universal **universal remedy** panacea **universal suffrage** sufragio universal.

u·ni·ver·sal·ly [juːnɪvɜːsəlɪ] *adv.* universalmente.

u·ni·verse [ˈjuːnɪvɜːs] *n.* universo.

u·ni·ver·si·ty [juːnɪvɜːsɪtɪ] *n. pl.* **universities** universidad *f.* ◇ *adj.* universitario.

un·just [ʌnˈdʒʌst] *adj.* *(unfair)* injusto *(unfounded)* sin fundamento, infundado.

un·jus·ti·fi·a·ble [ʌndʒʌstɪˈfaɪəbəl] *adj.* injustificable.

un·jus·ti·fied [ʌnˈdʒʌstɪfaɪd] *adj.* injustificado.

un·just·ly [ʌnˈdʒʌstlɪ] *adv.* injustamente.

un·kind [ʌnˈkaɪnd] *adj.* **1** *(unpleasant)* poco amable, desconsiderado **2** *(cruel)* cruel *(criticism)* despiadado.

un·kind·ly [ʌnˈkaɪndlɪ] *adv.* con poca amabilidad, desconsideradamente **to take something unkindly** tomar algo a mal.

un·know·ing [ʌnˈnəʊɪŋ] *adj.* *(unaware)* inconsciente *(ignorant)* ignorante.

un·know·ing·ly [ʌnˈnəʊɪŋlɪ] *adv.* *(unwittingly)* inconscientemente, sin darse cuenta.

un·known [ʌnˈnəʊn] *adj.* desconocido ◇ *n.* lo desconocido **unknown quantity** incógnita.

un·la·beled [ʌnˈleɪbəld] *adj.* sin etiqueta.

un·law·ful [ʌnˈlɔːfʊl] *adj.* *(illegal)* ilegal *(illegitimate)* ilegítimo.

un·lead·ed [ʌnˈledɪd] *adj.* sin plomo.

un·leash [ʌnˈliːʃ] *tr.* **1** *(dog)* soltar **2** *fig. use (free-gen)* liberar *(- passions)* dar rienda suelta a, desatar **3** *(fury)* provocar.

un·less [ənˈles] *conj.* a menos que, a no ser que ◇ *prep.* salvo, excepto.

un·like [ʌnˈlaɪk] *adj.* *(different)* diferente a, distinto de **(not characteristic)** impropio ◇ *prep.* a diferencia de.

un·like·ly [ʌnˈlaɪklɪ] *adj.* *(improbable)* improbable, poco probable *(unexpected, unusual)* inverosímil.

un·lim·it·ed [ʌnˈlɪmɪtɪd] *adj.* ilimitado.

un·lit [ʌnˈlɪt] *adj.* **1** *(place)* sin luz, no iluminado, oscuro, sin alumbrado **2** *(fire, etc.)* sin encender, no encendido.

un·load [ʌnˈləʊd] *tr.* **1** *(gen)* descargar **2** *(get rid of)* deshacerse de ◇ *intr.* descargar.

un·load·ing [ʌnˈləʊdɪŋ] *n.* descarga.

un·lock [ʌnˈlɒk] *tr.* **1** *(door)* abrir (con llave) **2** *fig. use (secret)* revelar *(enigma)* resolver.

un·luck·i·ly [ʌnˈlʌkɪlɪ] *adv.* desafortunadamente, desgraciadamente, por desgracia.

un·luck·y [ʌnˈlʌkɪ] *adj. comp.* **unluckier**, *superl.* **unluckiest** **1** *(unfortunate)* desafortunado, desgraciado **2** *(fateful)* aciago, nefasto.

un·made [ʌnˈmeɪd] *adj.* **1** *(bed)* sin hacer **2** *(road)* sin asfaltar.

un·man·age·a·ble [ʌnˈmænɪdʒəbəl] *adj.* **1** *(people)* ingobernable *(child, etc.)* indomable **2** *(large object)* inmanejable, poco manejable.

un·manned [ʌnˈmænd] *adj.* *(spacecraft)* no tripulado, sin tripulación *f.*

un·marked [ʌnˈmɑːkt] *adj.* **1** *(as new)* en perfecto estado, como nuevo **2** *(street)* sin letrero **3** *(uninjured)* ileso, indemne **4** SP desmarcado.

un·mar·ried [ʌnˈmærɪd] *adj.* soltero.

un·mask [ʌnˈmɑːsk] *tr.* **1** desenmascarar **2** *fig. use (conspiracy)* descubrir.

un·matched [ʌnˈmætʃt] *adj.* *(unique)* sin par, sin igual, incomparable.

un·men·tion·a·ble [ʌnˈmenʃənəbəl] *adj.* que no se debe mencionar, indecible.

un·mer·ci·ful [ʌnˈmɜːsɪfʊl] *adj.* despiadado, sin piedad.

un·mis·tak·a·ble [ʌnmɪsˈteɪkəbəl] *adj.* inconfundible, inequívoco.

un·mo·ti·vat·ed [ʌnˈməʊtɪveɪtɪd] *adj.* inmotivado.

un·moved [ʌnˈmuːvd] *adj.* **1** *(indifferent)* impasible, indiferente **2** *(in place)* en su sitio, sin mover **3** *(unfeeling)* insensible.

un·named [ʌnˈneɪmd] *adj.* **1** sin nombre **2** *(anonymous)* anónimo.

un·nat·u·ral [ʌnˈnætʃərəl] *adj.* **1** *(affected)* afectado, poco natural **2** *(perverse)* antinatural, contra natura *(abnormal)* anormal.

un·nec·es·sar·y [ʌnˈnesəsərɪ] *adj.* innecesario, inútil. **it's unnecessary to add that...** huelga decir que..., sobra añadir que...

un·nerv·ing [ʌnˈnɜːvɪŋ] *adj.* desconcertante.

un·no·ticed [ʌnˈnəʊtɪst] *adj.* inadvertido, desapercibido. **let something go unnoticed** pasar algo por alto, no reparar en algo.

un·num·bered [ʌnˈnʌmbəd] *adj.* **1** sin numerar **2** *(countless)* innumerable.

UNO [ˈjuːenˈəʊ] *abbr.* **(United Nations Organization)** Organización de las Naciones Unidas *(abbreviation)* ONU *f.*

un·ob·served [ʌnəbˈzɜːvd] *adj.* desapercibido, inadvertido.

un·ob·tain·a·ble [ʌnəbˈteɪnəbəl] *adj.* inalcanzable, inasequible, que no se puede conseguir.

un·oc·cu·pied [ʌnˈɒkjʊpaɪd] *adj.* **1** *(house)* deshabitado **2** *(person)* desocupado **3** *(post)* vacante **4** *(area)* despoblado **5** *(seat)* libre **6** MIL no ocupado.

un·of·fi·cial [ʌnəˈfɪʃəl] *adj.* extraoficial, oficioso.

un·or·tho·dox [ʌnˈɔːθədɒks] *adj.* **1** *(behavior, etc.)* poco ortodoxo, poco convencional **2** REL heterodoxo, no ortodoxo.

un·pack [ʌnˈpæk] *tr.* **1** *(objects)* desempaquetar, desenvolver **2** *(suitcase)* deshacer **3** *(boxes)* desembalar ◊ *intr.* deshacer las maletas.

un·paid [ʌnˈpeɪd] *adj.* **1** *(bill, debt)* sin pagar, impagado, por pagar, pendiente **2** *(work)* no retribuido, sin remuneración.

un·par·al·leled [ʌnˈpærəleld] *adj.* **1** *(of quality)* incomparable, sin par **2** *(unprecedented)* sin precedente.

un·pa·tri·ot·ic [ʌnpætrɪˈɒtɪk] *adj.* **1** *(person)* poco patriótico **2** *(action)* antipatriótico.

un·per·turbed [ʌnpəˈtɜːbd] *adj.* impertérrito, impasible, impávido.

un·planned [ʌnˈplænd] *adj.* imprevisto, inesperado.

un·play·a·ble [ʌnˈpleɪəbəl] *adj.* **1** *(of music)* intocable, que no se puede tocar **2** *(a ball in sport)* imposible de jugar **3** *(sports field)* impracticable, que no está en condiciones.

un·pleas·ant [ʌnˈplezənt] *adj.* **1** **(disagreable, nasty)** desagradable, molesto **2** *(unfriendly)* antipático **3** *(words)* grosero, mal educado.

un·plug [ʌnˈplʌg] *tr. pt. & pp.* **unplugged,** *ger.* **unplugging** **1** desenchufar.

un·pol·ished [ʌnˈpɒlɪʃt] *adj.* **1** *(general)* sin brillo, sin pulir *(shoes)* sin lustrar **2** *(gems)* en bruto *(floors)* no encerado **3** *fig. use* poco pulido, tosco.

un·pol·lut·ed [ʌnpəˈluːtɪd] *adj.* no contaminado.

un·pop·u·lar [ʌnˈpɒpjələ*] *adj.* impopular.

un·prec·e·dent·ed [ʌnˈpresɪdentɪd] *adj.* **1** *(without precedent)* sin precedente **2** *(unheard of)* inaudito.

un·pre·dict·a·ble [ʌnprɪˈdɪktəbəl] *adj.* **1** imprevisible **2** *(of person)* de reacciones imprevisibles **3** *(whimsical)* antojadizo.

un·prej·u·diced [ʌnˈpredʒədɪst] *adj.* imparcial, sin prejuicios.

un·pre·pared [ʌnprɪˈpeəd] *adj.* **1** *(talk, etc.)* improvisado **2** *(not ready)* desprevenido, no preparado.

un·pre·sent·a·ble [ʌnprɪˈzentəbəl] *adj.* impresentable.

un·pre·ten·tious [ʌnprɪˈtenʃəs] *adj.* **1** *(simple)* modesto, sencillo **2** *(humble)* sin pretensiones *fpl.*

un·prin·ci·pled [ʌnˈprɪnsɪpəld] *adj.* sin escrúpulos *mpl.*, sin principios *mpl.*

un·print·a·ble [ʌnˈprɪntəbəl] *adj.* *(book)* impublicable *(remark, etc.)* intranscribible.

un·pro·duc·tive [ʌnprəˈdʌktɪv] *adj.* **1** *(inefficient)* improductivo **2** *fig. use (fruitless)* infructuoso.

un·pro·fes·sion·al [ʌnprəˈfeʃənəl] *adj.* *(conduct)* no ético, contrario a la ética profesional *(person)* poco profesional.

un·prof·it·a·ble [ʌnˈprɒfɪtəbəl] *adj.* **1** *(efficient)* poco rentable **2** *(fruitless)* infructuoso, poco provechoso **3** *(business)* improductivo, no lucrativo.

un·pro·nounce·a·ble [ʌnprəˈnaʊsəbəl] *adj.* impronunciable.

un·pro·tect·ed [ʌnprəˈtektɪd] *adj.* indefenso, sin protección.

un·prov·a·ble [ʌnˈpruːvəbəl] *adj.* indemostrable.

un·pro·voked [ʌnprəˈvəʊkt] *adj.* **1** no provocado **2** *(attack)* gratuito.

un·pub·lished [ʌnˈpʌblɪʃt] *adj.* inédito, no publicado.

un·pun·ished [ʌnˈpʌnɪʃt] *adj.* *(person)* sin castigo *(crime)* impune **to go unpunished** *(person)* no ser castigado *(offence)* quedar impune.

un·qual·i·fied [ʌnˈkwɒlɪfaɪd] *adj.* **1** *(lacking qualification)* sin título *(incompetent)* incompetente **2** *(absolute)* incondicional *(denial)* rotundo **3** *(endorsement)* sin reserva *(success)* total, sin paliativos.

un·ques·tion·a·ble [ʌnˈkwestʃənəbəl] *adj.* incuestionable, indiscutible.

un·ques·tion·ed [ʌnˈkwestʃənd] *adj.* *(right)* indiscutido, incontrovertido *(undoubted)* indudable.

un·ques·tion·ing [ʌnˈkwestʃənɪŋ] *adj.* *(general)* incondicional *(loyalty)* ciego.

un·rav·el [ʌnˈrævəl] *tr. pt. & pp.* **unraveled,** *ger.* **unraveling** **1** *(untangle)* desenmarañar, desenredar **2** *fig. use (mystery, problem)* desenmarañar, desembrollar ◊ *intr.* **1** *(become untangled)* desenredarse, desenmarañarse **2** *(mystery)* desenmarañarse, desembrollarse.

un·reach·a·ble [ʌnˈriːtʃəbəl] *adj.* inalcanzable.

un·read·a·ble [ʌnˈriːdəbəl] *adj.* **1** *(handwriting)* ilegible **2** *(book)* imposible de leer *(understand)* incomprensible.

un·re·al [ʌnˈrɪəl] *adj.* irreal.

un·re·al·is·tic [ʌnrɪəˈlɪstɪk] *adj.* poco realista.

un·rea·son·a·ble [ʌnˈriːzənəbəl] *adj.* **1** poco razonable, irrazonable **2** *(irrational)* irracional **3** *(excessive)* desmesurado, desmedido *(prices)* exorbitante **4** *(hour)* inoportuno.

un·rec·og·niz·a·ble [ʌnrekəgˈnaɪzəbəl] *adj.* irreconocible.

un·rec·og·nized [ʌnˈrekəgnaɪzd] *adj.* *(leader, talent)* no reconocido **to go unrecognized** pasar desapercibido, pasar sin ser reconocido.

un·re·cord·ed [ʌnrɪˈkɔːdɪd] *adj.* **1** *(music, etc.)* no grabado, sin grabar **2** *(remark, etc.)* no mencionado *(event)* sin registrar **3** COMM no registrado, sin registrar.

un·re·fined [ʌnrɪˈfaɪnd] *adj.* **1** *(product)* no refinado, sin refinar **2** *(person)* inculto, rudo, tosco, basto.

un·re·lat·ed [ʌnrɪˈleɪtɪd] *adj.* **1** *(unconnected)* no relacionado, inconexo **2** *(family)* sin parentesco.

un·re·li·a·ble [ʌnrɪˈlaɪəbəl] *adj.* **1** *(person)* de poca confianza, poco formal, que no es de fiar **2** *(information)* que no es de fiar, poco seguro **3** *(machine)* poco fiable, poco seguro **4** *(news)* poco fidedigno.

un·re·pent·ant [ʌnrɪˈpentənt] *adj.* impenitente.

un·rep·re·sent·ed [ʌnreprɪˈzentɪd] *adj.* no representado, sin representación *f.*

un·re·served [ʌnrɪˈzɜːvd] *adj.* **1** *(not booked)* no reservado, libre **2** *(unconditional)* incondicional, sin reserva **3** *(character)* abierto.

un·re·solved [ʌnrɪˈzɒlvd] *adj.* **1** *(problem)* sin resolver, no resuelto **2** *(person)* irresoluto.

un·re·spon·sive [ʌnrɪ'spɒnsɪv] *adj.* insensible.

un·rest [ʌn'rest] *n.* 1 *(uneasiness)* malestar *m.* 2 *(restlessness)* inquietud *f.* *(political disturbance)* agitación *f.*, disturbios *mpl.*

un·re·ward·ed [ʌnrɪ'wɔːdɪd] *adj.* sin recompensa.

un·ripe [ʌn'raɪp] *adj.* verde, inmaduro.

un·ri·valed [ʌn'raɪvəld] *adj.* único, sin par, sin rival.

un·roll [ʌn'rəʊl] *tr.* desenrollar ◇ *intr.* desenrollarse.

un·ru·ly [ʌn'ruːlɪ] *adj. comp.* **unrulier**, *superl.* **unruliest** 1 *(child)* revoltoso, indisciplinado 2 *(hair)* rebelde, despeinado.

un·safe [ʌn'seɪf] *adj.* 1 *(risky)* inseguro, arriesgado 2 *(dangerous)* peligroso.

un·said [ʌn'sed] *adj.* sin decir.

un·sal·a·ried [ʌn'sælərɪd] *adj.* sin sueldo, no remunerado.

un·salt·ed [ʌn'sɔːltɪd] *adj.* sin sal.

un·san·i·tar·y [ʌn'sænɪtərɪ] *adj.* antihigiénico.

un·sat·is·fac·to·ry [ʌnsætɪs'fæktərɪ] *adj.* insatisfactorio, poco satisfactorio.

un·sat·is·fied [ʌn'sætɪsfaɪd] *adj.* insatisfecho.

un·sat·is·fy·ing [ʌn'sætɪsfaɪɪŋ] *adj. (work, etc.)* poco satisfactorio *(meal)* insuficiente.

un·sa·vor·y [ʌn'seɪvərɪ] *adj.* 1 *(taste, etc.)* desagradable *(tasteless)* insípido 2 *(morally not right)* deshonroso, infame, sospechoso *(person)* indeseable.

un·sci·en·tif·ic [ʌnsaɪən'tɪfɪk] *adj.* poco científico.

un·screw [ʌn'skruː] *tr.* destornillar, desatornillar.

un·scru·pu·lous [ʌn'skruːpjələs] *adj.* sin escrúpulos, desaprensivo.

un·seen [ʌn'siːn] *adj. (invisible)* no visto, invisible *(unnoticed)* inadvertido ◇ *n. (translation)* a libro abierto **the unseen** lo invisible *m.*

un·sel·fish [ʌn'selfɪʃ] *adj.* desinteresado, generoso.

un·self·ish·ness [ʌn'selfɪʃnəs] *n.* desinterés *m.*, abnegación *f.*, altruismo.

un·set·tled [ʌn'setəld] *adj.* 1 *(weather)* inestable, variable, incierto 2 *(person)* nervioso, intranquilo *(situation)* inestable 3 *(country, etc.)* agitado 4 *(question, matter)* pendiente *(account, etc.)* pendiente, sin saldar 5 *(land)* sin colonizar, sin poblar.

un·shav·en [ʌn'ʃeɪvən] *adj.* sin afeitar.

un·sight·ly [ʌn'saɪtlɪ] *adj. comp.* **unsightlier**, *superl.* **unsightliest** feo, antiestético, desagradable.

un·signed [ʌn'saɪnd] *adj.* sin firmar, no firmado.

un·skilled [ʌn'skɪld] *adj.* 1 *(worker)* no cualificado 2 *(job)* no especializado 3 *(untalented)* inexperto.

un·skill·ful [ʌn'skɪlfʊl] *adj.* torpe, desmañado, inexperto.

un·so·cia·ble [ʌn'səʊʃəbəl] *adj.* insociable, huraño.

un·sold [ʌn'səʊld] *adj.* no vendido, sin vender.

un·solved [ʌn'sɒlvd] *adj.* no resuelto, sin resolver.

un·speak·a·ble [ʌn'spiːkəbəl] *adj.* 1 *(ineffable)* indecible, inexpresable, inenarrable 2 *(atrocious)* atroz, terrible.

un·spec·i·fied [ʌn'spesɪfaɪd] *adj.* no especificado, indeterminado, sin especificar.

un·spoiled [ʌn'spɔɪld] *adj.* 1 *(undamaged)* intacto, conservado, sin estropear 2 *(child)* no mimado.

un·spoilt [ʌn'spɔɪlt] *adj.* **VER:** unspoiled.

un·spo·ken [ʌn'spəʊkən] *adj.* 1 *(tacit)* tácito, implícito 2 *(unuttered word)* no pronunciado, sobreentendido *(feelings)* no expresado **unspoken agreement** un acuerdo tácito.

un·sport·ing [ʌn'spɔːtɪŋ] *adj.* antideportivo.

un·sta·ble [ʌn'steɪbəl] *adj.* inestable.

un·stead·y [ʌn'stedɪ] *adj.* 1 *(not firm)* inseguro, inestable *(furniture)* cojo, inestable 2 *(voice, hand)* tembloroso, poco firme 3 **(weather conditions)**

variable *(pulse)* irregular. **to be unsteady on one's feet** tambalearse, titubear.

un·stitch [ʌn'stɪtʃ] *tr.* descoser.

un·stop·pa·ble [ʌn'stɒpəbəl] *adj.* imparable.

un·stuck [ʌn'stʌk] *adj.* despegado.

un·sub·stan·ti·at·ed [ʌnsəb'stænʃɪeɪtɪd] *adj. (accusation)* no probado, no demostrado *(rumor)* infundado.

un·suc·cess·ful [ʌnsək'sesfʊl] *adj.* 1 fracasado, sin éxito 2 *(useless)* vano, inútil, infructuoso *(examination)* suspendido 3 *(candidate in elections)* derrotado, vencido. **to be unsuccessful** no tener éxito, fracasar.

un·suit·a·ble [ʌn'suːtəbəl] *adj.* 1 *(gen)* no apto, no indicado 2 *(thing)* inapropiado, impropio, inadecuado *(comment)* inoportuno 3 *(time)* inconveniente.

un·suit·ed [ʌn'suːtɪd] *adj.* 1 *(person)* no apto *(thing)* impropio, inadecuado 2 *(people)* incompatible.

un·sup·port·ed [ʌnsə'pɔːtɪd] *adj. (person)* sin apoyo, no respaldado, no apoyado *(statement)* infundado, sin fundamento.

un·sure [ʌn'ʃʊə*ʳ*] *adj.* inseguro, poco seguro.

un·sus·pect·ed [ʌnsəs'pektɪd] *adj. (not suspected)* insospechado *(unknown)* desconocido, ignorado.

un·sus·pect·ing [ʌnsəs'pektɪŋ] *adj.* confiado **to be unsuspecting of something** no sospechar algo.

un·sweet·ened [ʌn'swiːtənd] *adj.* sin azucarar, no azucarado.

un·sym·pa·thet·ic [ʌnsɪmpə'θetɪk] *adj. (unfeeling)* poco compasivo, sin compasión *f.*, indiferente *(lacking understanding)* poco comprensivo.

un·sys·tem·at·ic [ʌnsɪstə'mætɪk] *adj.* sin sistema, poco metódico.

un·tan·gle [ʌn'tæŋgəl] *tr.* desenmarañar, desenredar.

un·tapped [ʌn'tæpt] *adj. (resources)* sin explotar.

un·test·ed [ʌn'testɪd] *adj.* 1 *(not tried out)* no probado 2 *(not proved)* sin comprobar.

un·think·a·ble [ʌn'θɪŋkəbəl] *adj.* impensable, inconcebible.

un·ti·dy [ʌn'taɪdɪ] *adj. comp.* **untidier**, *superl.* **untidiest** 1 *(room, person)* desordenado 2 *(scruffy)* desaliñado, desaseado *(hair)* despeinado.

un·tie [ʌn'taɪ] *tr.* 1 *(unfasten)* desatar 2 *(liberate)* soltar, desligar.

un·til [ʌn'tɪl] *prep.* hasta ◇ *conj.* hasta que.

un·tir·ing [ʌn'taɪərɪŋ] *adj.* incansable, infatigable.

un·told [ʌn'təʊld] *adj.* 1 *(not told)* no contado 2 *fig. use (uncalculably great)* incalculable, fabuloso, inaudito *(unspeakable)* indecible, inefable.

un·touch·a·ble [ʌn'tʌtʃəbəl] *adj.* intocable ◇ *n.* intocable *mf.*

un·touched [ʌn'tʌtʃt] *adj.* 1 *(not touched)* intocado, sin tocar 2 *(not affected)* no afectado *(unmoved)* insensible 3 *(unhurt)* ileso, indemne 4 *(photos)* sin retocar.

un·trained [ʌn'treɪnd] *adj.* 1 inexperto 2 *(unskilled)* sin formación (profesional), no cualificado *(nurse)* sin título 3 *(animals)* no amaestrado *(sport)* carente de preparación *f.*, sin preparar.

un·trans·fer·a·ble [ʌntræns'fɜːrəbəl] *adj.* intransferible.

un·trans·lat·a·ble [ʌntrɑːnz'leɪtəbəl] *adj.* intraducible.

un·tried [ʌn'traɪd] *adj.* 1 *(not tested)* no probado 2 *(inexperienced)* inexperto, no experimentado 3 JUR no procesado, no juzgado *(case)* no visto.

un·true [ʌn'truː] *adj.* 1 falso 2 *(unfaithful)* infiel, desleal 3 *(inexact)* inexacto, erróneo.

U

un·trust·wor·thy [ʌn'trʌstwз:ðɪ] *adj.* *(person)* poco fiable, informal *(source)* dudoso, no fidedigno.

un·truth·ful [ʌn'tru:θfʊl] *adj.* *(person)* mentiroso *(statement)* falso.

un·us·a·ble [ʌn'ju:zəbəl] *adj.* inservible, inutilizable.

un·used *adj.* 1 [ʌn'ju:zd] *(new)* no usado, nuevo, sin estrenar *(not in use)* que no se utiliza 2 [ʌn'ju:st] *(unaccustomed)* no acostumbrado, desacostumbrado.

un·u·su·al [ʌn'ju:ʒʊəl] *adj.* 1 *(rare, strange)* raro, insólito, extraño, poco común 2 *(different)* original *(exceptional)* excepcional, extraordinario **that's unusual!** ¡qué raro!, ¡qué extraño!

un·var·y·ing [ʌn'veərɪŋ] *adj.* invariable, constante.

un·veil [ʌn'veɪl] *tr.* 1 *(uncover)* descubrir 2 *fig. use (reveal)* descubrir, desvelar *(secret)* revelar.

un·ver·i·fi·a·ble [ʌnverɪ'faɪəbəl] *adj.* incomprobable, que no se puede verificarse.

un·want·ed [ʌn'wɒntɪd] *adj.* 1 *(child)* no deseado 2 *(advice, etc.)* no solicitado, no pedido 3 *(superfluous)* superfluo.

un·washed [ʌn'wɒʃt] *adj.* sin lavar, sucio.

un·wel·come [ʌn'welkəm] *adj.* 1 *(guest)* inoportuno, molesto *(news)* desagradable 2 *(uncomfortable)* incómodo. **to make somebody feel unwelcome** hacer que alguien se sienta incómodo.

un·wield·y [ʌn'wi:ldɪ] *adj. comp.* **unwieldier,** *superl.* **unwieldiest** *(hard to handle)* difícil de manejar, poco manejable *(cumbersome)* abultado, voluminoso 2 *(heavy)* pesado *(clumsy)* torpe, patoso.

un·will·ing [ʌn'wɪlɪŋ] *adj.* reacio, poco dispuesto. **to be unwilling to do something** no estar dispuesto a hacer algo.

un·will·ing·ness [ʌn'wɪlɪŋnəs] *n.* desgana, poca disposición f.

un·wind [ʌn'waɪnd] *tr. pt. & pp.* **unwound** [ʌn'waʊnd] desenrollar ⬦ *intr.* 1 desenrollarse 2 *(fam. use) (relax)* relajarse.

un·wise [ʌn'waɪz] *adj.* 1 *(foolish)* imprudente *(senseless)* insensato 2 *(ill-advised)* desaconsejable, poco aconsejable.

un·wit·ting [ʌn'wɪtɪŋ] *adj.* inconsciente, involuntario.

un·work·a·ble [ʌn'wɜ:kəbəl] *adj.* 1 *(not feasible)* impracticable *(not possible)* irrealizable 2 inexplotable.

un·world·ly [ʌn'wɜ:ldlɪ] *adj. comp.* **unworldlier,** *superl.* **unworldliest** 1 poco mundano, poco realista 2 *(spiritual)* espiritual *(naive)* ingenuo.

un·wor·thy [ʌn'wɜ:ðɪ] *adj. comp.* **unworthier,** *superl.* **unworthiest** indigno, despreciable **unworthy behavior** conducta despreciable.

un·wrap [ʌn'ræp] *tr. pt. & pp.* **unwrapped,** *ger.* **unwrapping** *(present)* desenvolver *(parcel, package)* abrir, deshacer.

un·writ·ten [ʌn'rɪtən] *adj.* 1 *(not written)* no escrito *(agreement)* verbal 2 *(tradition)* oral 3 JUR *(common law)* no escrito **unwritten law** derecho consuetudinario **unwritten tradition** tradición oral.

un·yield·ing [ʌn'ji:ldɪŋ] *adj.* inflexible, rígido.

un·zip [ʌn'zɪp] *tr. pt. & pp.* **unzipped,** *ger.* **unzipping** bajar el cierre de 2 COMPUT descomprimir.

up [ʌp] *adv.* 1 *(upwards)* hacia arriba, arriba 2 *(out of bed)* levantado 3 *(sun, moon)* alto 4 *(roadworks)* levantado, en obras 5 *(towards)* hacia 6 *(northwards)* hacia el norte 7 *(totally finished)* acabado 8 *(into pieces)* a trozos, a porciones, a raciones ⬦ *prep.* 1 *(movement)* 2 *(position)* en lo alto de ⬦ *tr. & pp.* **upped,** *ger.* **upping** subir, aumentar **it's not up to much** *(fam. use)* no vale gran cosa **it's up to you** *(fam. use)* es cosa tuya. **up to** hasta **up to well**

up in something saber mucho de algo **what's up?** *(fam. use)* ¿qué pasa? **ups and downs** altibajos *mpl.*

up·bring·ing ['ʌpbrɪŋɪŋ] *n.* educación f.

up·com·ing ['ʌpkʌmɪŋ] *adj.* próximo.

up·date [*(v.)* ʌp'deɪt; *(n.)* ʌp'deɪt] *n.* actualización f., puesta al día ⬦ *tr.* actualizar, poner al día, modernizar.

up·front [ʌp'frʌnt] *adj.* sincero, franco.

up·grade [*(vb.)* ʌp'greɪd; *(n.)* 'ʌpgreɪd] *tr.* 1 *(promote)* ascender, subir de categoría 2 *(improve)* mejorar ⬦ *n.* mejora. **to be on the upgrade** ir mejorando, ir a más.

up·heav·al [ʌp'hi:vəl] *n. fig. use* trastorno, agitación f.

up·hill [*(adj.)* 'ʌphɪl; *(adv.)* ʌp'hɪl] *adj.* 1 ascendente 2 *fig. use (task, struggle)* arduo, difícil, duro, penoso ⬦ *adv.* cuesta arriba.

up·hold [ʌp'həʊld] *tr. pt. & pp.* **upheld** [ʌp'held] 1 *(opinion)* sostener, mantener *(to support)* apoyar 2 *(defend)* defender 3 *(confirm)* confirmar. **to uphold the laws** hacer respetar las leyes.

up·lift [ʌp'lɪft] *tr. (lift up)* elevar, levantar *(soul, voice)* inspirar, elevar, alzar ⬦ *n. fig. use* edificación f., inspiración f.

up·load [ʌp'ləʊd] *tr. (Internet)* publicar en la red, subir a la red.

up·on [ə'pɒn] *prep. [fml. use]* en, sobre **NOTA:** Ver también on.

up·per ['ʌpə⁴] *adj.* 1 *(position)* superior 2 *(in geography)* alto ⬦ *n. (of shoe)* pala. **to get the upper hand** llevar ventaja, llevar la delantera.

up·per-class [ʌpə'klɑːs] *adj.* de (la) clase alta.

up·right ['ʌpraɪt] *adj.* 1 derecho, vertical 2 *(honest)* recto, honrado ⬦ *adv.* derecho, en posición f. vertical ⬦ *n.* SP poste *m.*, palo **upright piano** piano vertical.

up·ris·ing [ʌp'raɪzɪŋ] *n.* alzamiento, levantamiento, sublevación f.

up·roar ['ʌprɔ:⁴] *n.* alboroto, tumulto.

up·root [ʌp'ru:t] *tr.* 1 *(plant, etc.)* desarraigar, arrancar *(people)* desarraigar 2 *(eliminate)* eliminar, extirpar.

up·set [*(adj.-vb.)* ʌp'set; *(n.)* 'ʌpset] *adj.* 1 *(angry)* disgustado, contrariado, enfadado 2 *(mentally or physically)* trastornado *(worried)* preocupado 3 *(nerves)* desquiciado *(a little unwell)* indispuesto 4 *(stomach)* trastornado 5 *(overturned)* volcado *(spoiled)* desbaratado ⬦ *n.* 1 *(reversal)* revés *m.*, contratiempo, vuelco *(slight ailment)* indisposición f., malestar *m.* 2 *(emotion, stomach, etc.)* trastorno *(plans, etc.)* trastorno, perturbación f. 3 *(trouble, difficulty)* molestia, dificultad f. 4 *(sport)* un resultado inesperado ⬦ *tr. pt. & pp.* **upset** [ʌp'set], *ger.* **upsetting** 1 *(overturn)* volcar *(capsize)* hacer zozobrar 2 *(spill)* derramar 3 *(shock)* trastornar 4 *(person)* contrariar *(worry)* preocupar *(displease)* disgustar 5 *(stomach)* trastornar, sentar mal 6 *(plans)* desbaratar 7 *(to cause disorder)* desordenar, revolver, poner patas arriba **upset price** COMM precio de salida, precio inicial.

up·side down [ʌpsaɪd'daʊn] *adv.* 1 al revés 2 *fig. use (disorder)* patas arriba.

up·stairs [*(adv.)* ʌp'steəz; *(n.)* 'ʌpsteəz] *adv. (direction)* al piso de arriba *(position)* en el piso de arriba ⬦ *adj.* de arriba ⬦ *n.* piso de arriba, piso superior.

up·stand·ing [ʌp'stændɪŋ] *adj.* 1 *[fml. use] fig. use* honrado, recto 2 *(strong)* robusto, fuerte.

up·stream [ʌp'stri:m] *adv.* 1 río arriba, aguas arriba 2 *(against the current)* a contracorriente, contra la corriente.

up·tight [ʌp'taɪt] *adj. sl.* nervioso, agobiado.

up-to-date [ʌptə'deɪt] *adj.* **1** al día **2** *(modern)* moderno, a la moda *(informed)* al tanto, al corriente, al día.

up·turn ['ʌptɜːn] *n. (improvement)* mejora *(increase)* aumento.

up·ward ['ʌpwəd] *adj.* hacia arriba, ascendente ◇ *adv.* hacia arriba ◇ *adj.* COMM *(tendency)* al alza *m.*

up·wards ['ʌpwədz] *adv.* **1** hacia arriba **2** *[fam. use]* algo más de **upwards of** *más de* **face upwards** *boca arriba.*

U·ran·us [ju'reɪnəs] *n.* Urano.

ur·ban ['ɜːbən] *adj.* urbano.

ur·ban·ize ['ɜːbənaɪz] *tr.* urbanizar.

urge [ɜːdʒ] *n.* impulso, deseo ◇ *tr.* **1** encarecer, preconizar, instar, insistir **2** *(incite)* incitar *(plead)* exhortar **3** *(encourage)* animar **to urge somebody on** *darle cuerda a alguien.*

ur·gen·cy ['ɜːdʒənsɪ] *n.* urgencia.

ur·gent ['ɜːdʒənt] *adj.* **1** *(general)* urgente **2** *(tone, need)* apremiante, perentorio.

u·ri·nate ['juərɪneɪt] *intr.* orinar.

u·rine ['juərɪn] *n.* orina.

URL [ju:ʔɑ:'rel] *n.* COMPUT *(uniform resource locator)* dirección *f.*

urn [ɜːn] *n.* **1** urna **2** *(for tea)* tetera grande **burial urn** *urna funeraria.*

u·rol·o·gist [juə'rɒlədʒɪst] *n.* urólogo.

U·ru·guay ['juərəgwaɪ] *n.* Uruguay.

U·ru·guay·an [juərə'gwaɪən] *adj.* uruguayo ◇ *n.* uruguayo.

us [ʌs, ʌz] *pron.* **1** nos *(with preposition)* nosotros **2** *[fam. use]* me.

US ['ju:'es] *abbr.* **(United States)** Estados *mpl.* Unidos *(abbreviation)* EE.UU.

USA ['ju:'es'eɪ] *abbr.* **(United States of America)** Estados Unidos de América *(abbreviation)* EE.UU.

us·a·ble ['ju:zəbəl] *adj.* utilizable, aprovechable.

us·age ['ju:sɪdʒ] *n.* **1** uso, tratamiento, manejo **2** *(custom)* uso, costumbre *f.*, usanza **3** LING uso **4** *(way of speaking)* habla *m.*, lenguaje *m.*

use [*(n.)* ju:s; *(vb.)* ju:z] *n.* **1** uso, empleo, utilización *f.* **2** *(handling)* manejo **3** *(usefulness)* utilidad *f.* **4**
(right to use, power to use) uso ◇ *tr.* **1** usar, utilizar **2** *(consume)* gastar, consumir **3** *(exploit unfairly)* aprovecharse de **4** *[fam. use] (need)* necesitar auxiliary ◇ In this sense, if no habit is involved, translate using the imperfect *(past habits)* soler, acostumbrar **in use** *en uso, que se está utilizando* **it's no use** *no sirve de nada, es inútil* **"Not in use"** *"No funciona"* **out of use** *desusa* **do to be of use** *ser útil, ser de utilidad.* **what's the use of...?** *¿de qué sirve...?* **to use up** *tr. sep.* gastar, acabar.

use·a·ble ['ju:zəbəl] *adj.* VER: usable.

used *adj.* **1** *(second-hand)* usado, de segunda mano **2** *(accustomed)* acostumbrado **to be used to** *estar acostumbrado a* **to get used to** *acostumbrarse a* NOTA: Ver también use.

use·ful ['ju:sful] *adj.* útil **to come in useful** *venir bien, ser útil.* **to make oneself useful** *ser útil, ayudar.*

use·less ['ju:sləs] *adj.* **1** inútil **2** *[fam. use] (person)* inútil, inepto, incompetente.

us·er ['ju:zə*] *n.* usuario.

u·su·al ['ju:ʒəl] *adj.* usual, habitual, normal, corriente ◇ *n.* **1** lo habitual, lo usual **2** *[fam. use] (drink, etc.)* lo de siempre **as usual** *como de costumbre, como siempre.*

u·su·al·ly ['ju:ʒəlɪ] *adv.* normalmente, por lo general.

u·ten·sil [ju:'tensəl] *n.* utensilio **kitchen utensils** *batería f. sing., de cocina, menaje m. sing. de cocina, utensilios mpl. de cocina.*

u·ter·us ['ju:tərəs] *n. pl.* **uteruses** o **uteri** útero.

u·til·i·ty [ju:'tɪlɪtɪ] *n. pl.* **utilities 1** utilidad *f.* **2** *(company)* empresa de servicio público **utility room** *(for storage)* trascocina *(for ironing)* cuarto de planchar.

u·ti·lize ['ju:tɪlaɪz] *tr. [fml. use]* utilizar.

ut·ter·ly ['ʌtəlɪ] *adv.* totalmente, completamente, del todo.

U-turn ['ju:tɜːn] *n.* **1** cambio de sentido **2** *[fam. use] fig. use* marcha atrás.

Uz·bek ['uzbek] *adj.* uzbeco ◇ *n.* **1** *(person)* uzbeco **2** *(language)* uzbeco.

Uz·bek·i·stan [uzbeki'stæn] *n.* Uzbekistán.

U

V, v [viː] *n.* **1** *(the letter)* V, v f. **2** *(shape)* uve f.

v ['vɜːsəs, viː] *abbr.* **(versus)** contra.

V [vɒʊlt] *symb.* **(volt)** voltio *(symbol)* V.

va·can·cy ['veɪkənsɪ] *n. pl.* **vacancies 1** *(job)* vacante f. **2** *(room)* habitación f. libre. **"No vacancies"** "Completo".

va·cant ['veɪkənt] *adj.* **1** *(gen)* vacío **2** *(job)* vacante **3** *(room)* libre **4** *(mind, expression)* vacío **"Situations vacant"** "Ofertas de trabajo".

va·cate [vəˈkeɪt] *tr.* **1** *(job)* dejar (vacante) **2** *[fml. use]* (flat, etc.) desocupar, desalojar.

va·ca·tion [vəˈkeɪʃən] *n.* vacaciones fpl. ◇ *intr.* pasar las vacaciones *(in/at,* en*)*. **to be on vacation** estar de vacaciones. **to go on vacation** irse de vacaciones. **to take a vacation** tomarse unas vacaciones.

vac·ci·nate ['væksɪneɪt] *tr.* vacunar.

vac·ci·na·tion [væksɪˈneɪʃən] *n.* vacunación f.

vac·cine ['væksiːn] *n.* vacuna **smallpox vaccine** vacuna contra la viruela.

vac·u·um ['vækjʊəm] *n.* **1** vacío **2** *[fam. use]* (vacuum cleaner) aspiradora ◇ *tr.* limpiar con aspiradora, pasar la aspiradora por. **to leave a vacuum** dejar un vacío **vacuum cleaner** aspiradora **vacuum flask** termo.

vac·u·um-packed ['vækjʊəmpækt] *adj.* envasado al vacío.

vag·a·bond ['vægəbɒnd] *n. literal use* vagabundo.

va·gi·na [vəˈdʒaɪnə] *n.* vagina.

vag·i·nal [vəˈdʒaɪnəl] *adj.* vaginal.

vague [veɪg] *adj.* **1** *(imprecise)* vago, impreciso **2** *(indistinct)* borroso.

vain [veɪn] *adj.* **1** *(conceited)* vanidoso **2** *(hopeless)* vano, inútil. **in vain** en vano.

va·lence ['veɪləns] *n.* valencia.

val·en·tine ['væləntaɪn] *n.* **1** tarjeta enviada por San Valentín **2** *(person)* novio.

val·iant ['væliənt] *adj. literal use* valiente.

val·id ['vælɪd] *adj.* **1** válido **2** *(ticket)* valedero.

val·i·date ['vælɪdeɪt] *tr. [fml. use]* validar.

val·i·da·tion [vækɪˈdeɪʃən] *n.* validación f.

va·lid·i·ty [vəˈlɪdɪtɪ] *n.* validez f.

val·ley ['vælɪ] *n.* valle m.

val·or ['vælə*] *n.* valor m., valentía.

val·u·a·ble ['væljʊəbəl] *adj.* valioso, de valor ◇ *npl.* objetos mpl. de valor.

val·ue ['væljuː] *n.* valor m. ◇ *tr.* **1** *(estimate value of)* valorar, tasar **2** *(appreciate)* valorar, apreciar. **it's good value for money** bien vale lo que cuesta **of great/little value** de gran/poco valor **of no value** sin valor **to get good value for money** sacarle jugo al dinero.

val·ue·less ['væljuːləs] *adj.* sin valor.

valve [vælv] *n.* **1** *(in general)* válvula **2** RAD lámpara **3** ZOOL valva **4** MUS llave f.

van [væn] *n.* camioneta, furgoneta.

van·dal ['vændəl] *n.* vándalo.

van·dal·ize ['vændəlaɪz] *tr.* destrozar, destruir.

van·guard ['vænɡɑːd] *n.* vanguardia. **to be in the vanguard of** estar en la vanguardia de.

va·nil·la [vəˈnɪlə] *n.* vainilla.

van·ish ['vænɪʃ] *intr.* desaparecer. **to vanish from sight** desaparecer de la vista. **to vanish into thin air** esfumarse, desaparecer sin dejar rastro.

van·ish·ing point ['vænɪʃɪŋpɔɪnt] *n.* punto de fuga.

van·i·ty ['vænɪtɪ] *n. pl.* **vanities** vanidad f. **out of sheer vanity** por pura vanidad.

van·quish ['væŋkwɪʃ] *tr. literal use* vencer.

van·tage point ['vɑːntɪdʒpɔɪnt] *n.* posición f. ventajosa, posición f. estratégica.

Va·nu·a·tu ['vænuːætuː] *n.* Vanuatu.

va·por ['veɪpə*] *n.* **1** vapor m. **2** *(on windowpane)* vaho **vapor trail** estela de humo.

va·por·ize ['veɪpəraɪz] *tr.* vaporizar ◇ *intr.* vaporizarse.

var·i·a·ble ['veərɪəbəl] *adj.* variable ◇ *n.* variable f.

var·i·ant ['veərɪənt] *n.* variante f.

var·i·a·tion [veərɪˈeɪʃən] *n.* variación f.

var·ied ['veərɪd] *adj.* variado, diverso.

va·ri·e·ty [vəˈraɪətɪ] *n. pl.* **varieties 1** *(diversity)* variedad f. **2** *(assortment)* surtido. **a wide variety of** gran diversidad de **for a variety of reasons** por razones diversas.

var·i·ous ['veərɪəs] *adj.* **1** *(different)* diverso, distinto **2** *(several)* varioss. **to be many and various** ser muchos y variados.

var·nish ['vɑːnɪʃ] *n.* **1** *(for wood, metals)* barniz m. **2** *(for nails)* esmalte m. ◇ *tr.* **1** *(wood, metals)* barnizar **2** *(nails)* pintar.

va·ry ['veərɪ] *intr. pt. & pp.* **varied,** *ger.* **varying** variar ◇ *tr.* variar de. **to vary between... and...** oscilar entre... y...

vase [vɑːz, ʊ/veɪz] *n.* jarrón m., florero.

vas·ec·to·my [væˈsektəmɪ] *n. pl.* **vasectomies** vasectomía.

vast [vɑːst] *adj.* *(extensive)* vasto, inmenso *(huge)* inmenso, enorme.

vast·ness ['vɑːstnəs] *n.* inmensidad f.

Vat·i·can ['vætɪkən] *adj.* vaticano ◇ *n.* the Vatican el Vaticano **Vatican City** Ciudad f. del Vaticano **Vatican Council** Concilio Vaticano.

vault¹ [vɔːlt] *n.* **1** *(ceiling)* bóveda **2** *(in bank)* cámara acorazada **3** *(for dead)* panteón m. *(in church)* cripta **4** *(cellar)* sótano *(for wine)* bodega.

vault² [vɔːlt] *tr.* saltar ◇ *intr.* saltar ◇ *n. (gymnastics)* salto **vaulting horse** potro **vaulting pole** pértiga.

veal [viːl] *n.* ternera.

vec·tor ['vektə*] *n.* vector m.

veg·e·ta·ble ['vedʒtəbəl] *n.* **1** *(as food)* verdura, hortaliza **2** *(as plant)* vegetal m. **3** *[fam. use]* (person) vegetal m. **the vegetable kingdom** el reino vegetal.

veg·e·tar·i·an [vedʒɪˈteərɪən] *adj.* vegetariano ◇ *n.* vegetariano.

veg·e·tar·i·an·ism [vedʒɪˈteərɪənɪzəm] *n.* vegetarianismo.

veg·e·ta·tion [vedʒɪˈteɪʃən] *n.* vegetación f.

ve·hi·cle ['viːəkəl] *n.* **1** TECH vehículo **2** *fig. use* medio, vehículo **armored vehicle** vehículo blindado.

ve·hic·u·lar [vəˈhɪkjʊlə*] *adj.* rodado.

veil [veɪl] *n.* velo ◇ *tr.* velar. **to draw a veil over something** correr un tupido velo sobre algo. **to take the veil** tomar el velo.

vein [veɪn] *n.* **1** ANAT vena **2** BOT vena, nervio **3** *(of mineral)* veta, vena, filón m. **4** *(mood)* humor m., vena.

veined [veɪnd] *adj.* **1** *(marble)* veteado **2** *(hand)* venoso.

ve·loc·i·ty [vəˈlɒsɪtɪ] *n. pl.* **velocities** velocidad *f.*

ve·lo·drome [ˈvelədrəʊm] *n.* velódromo.

vel·vet [ˈvelvɪt] *n.* terciopelo.

ven·det·ta [venˈdetə] *n.* vendetta.

vend·ing ma·chine [ˈvendɪŋməʃiːn] *n.* máquina expendedora.

ven·dor [ˈvendə²] *n.* vendedor.

ve·neer [vəˈnɪə²] *n.* **1** chapa *f.* **2** *fig. use* apariencia ◇ *tr.* chapear, chapar.

ven·er·a·ble [ˈvenərəbəl] *adj.* venerable.

ve·ne·re·al [vəˈnɪərɪəl] *adj.* venéreo.

Ven·e·zue·la [venəˈzweɪlə] *n.* Venezuela.

Ven·e·zue·lan [venəˈzweɪlən] *adj.* venezolano ◇ *n.* venezolano.

venge·ance [ˈvendʒəns] *n.* venganza **to take vengeance on somebody** *vengarse de alguien.* **with a vengeance** *[fam. use]* a rabiar.

venge·ful [ˈvendʒful] *adj.* vengativo.

ven·i·son [ˈvenɪsən] *n.* (carne *f.* de) venado.

ven·om [ˈvenəm] *n.* **1** veneno **2** *fig. use* odio.

ven·om·ous [ˈvenəməs] *adj.* venenoso **venomous tongue** *fig. use* lengua viperina.

vent [vent] *n.* **1** *(opening)* abertura **2** *(hole)* orificio, respiradero **3** *(grille)* rejilla de ventilación ◇ *tr.* **1** descargar.

ven·ti·late [ˈventɪleɪt] *tr.* ventilar.

ven·ti·la·tion [ventɪˈleɪʃən] *n.* ventilación *f.* **ventilation shaft** *(mining)* pozo de ventilación.

ven·ti·la·tor [ˈventɪleɪtə²] *n.* ventilador *m.*

ven·tri·cle [ˈventrɪkəl] *n.* ventrículo.

ven·tril·o·quist [venˈtrɪləkwɪst] *n.* ventrílocuo.

ven·ture [ˈventʃə²] *tr.* arriesgar, aventurar ◇ *intr.* arriesgarse ◇ *n.* aventura, empresa arriesgada **to venture an opinion** *aventurar una opinión* **to venture to do something** *atreverse a hacer algo* **business venture** *empresa comercial, proyecto comercial* **joint venture** *empresa conjunta, proyecto conjunto, operación conjunta* **venture capital** *capital m. riesgo.*

ven·ue [ˈvenjuː] *n.* **1** *(place)* sede, local *m.* **2** *(scene)* escenario.

Ve·nus [ˈviːnəs] *n.* Venus *f.* **Venus flytrap** *dionea.*

ve·rac·i·ty [vəˈræsɪtɪ] *n.* veracidad *f.*

verb [vɜːb] *n.* verbo.

ver·bal [ˈvɜːbəl] *adj.* verbal **verbal diarrhoea** *verborrea* **verbal noun** *gerundio.*

ver·bal·ly [ˈvɜːbəlɪ] *adv.* verbalmente, de palabra.

ver·ba·tim [vɜːˈbeɪtɪm] *adj.* textual ◇ *adv.* textualmente.

ver·bose [vɜːˈbəʊs] *adj.* verboso, locuaz.

ver·bos·i·ty [vɜːˈbɒsɪtɪ] *n.* verbosidad *f.*, verborrea.

ver·dict [ˈvɜːdɪkt] *n.* **1** veredicto, fallo **2** *(opinion)* opinión *f.*, juicio.

verge [vɜːdʒ] *n.* **1** borde *m.*, margen *m.* **2** *(of road)* arcén *m.* **on the verge of** *al borde de* **to be on the verge of doing something** *estar a punto de hacer algo.*
    to verge on *tr. insep.* **1** *(condition)* rayar en **2** *(age)* rondar.

ver·i·fi·a·ble [ˈverɪfaɪəbəl] *adj.* verificable.

ver·i·fi·ca·tion [verɪfɪˈkeɪʃən] *n.* verificación *f.*, comprobación *f.*

ver·i·fy [ˈverɪfaɪ] *tr. pt. & pp.* **verified,** *ger.* **verifying** verificar, comprobar.

ver·i·si·mil·i·tude [verɪsɪˈmɪlɪtjuːd] *n.* verosimilitud *f.*

ver·i·ta·ble [ˈverɪtəbəl] *adj.* verdadero.

ver·mi·cel·li [vɜːmɪˈselɪ] *n.* fideos *mpl.*

ver·min [ˈvɜːmɪn] *npl.* **1** *(small animals)* alimañas *fpl.* **2** *(insects)* bichos *mpl.*, sabandijas *fpl.* **3** *(people)* gentuza *f. sing.*, chusma *f. sing.*

ver·nac·u·lar [vəˈnækjʊlə²] *adj.* vernáculo ◇ *n.* lengua vernácula. **to lapse into the vernacular** *ponerse a hablar como la gente del lugar.*

ver·sa·tile [ˈvɜːsətaɪl] *adj.* **1** *(person)* polifacético **2** *(object)* que tiene muchos usos, de múltiples usos **3** ZOOL versátil.

ver·sa·til·i·ty [vɜːsəˈtɪlɪtɪ] *n.* **1** *(of person)* carácter *m.* polifacético **2** *(of object)* múltiples aplicaciones *fpl.* **3** ZOOL versatilidad *f.*

verse [vɜːs] *n.* **1** *(poetry)* versos *mpl.*, poesía **2** *(set of lines)* estrofa **3** **(song, set of lines)** estrofa **4** *(in Bible)* versículo. **in verse** *en verso.*

ver·sion [ˈvɜːʒən] *n.* **1** versión *f.* **2** MUS interpretación *f.* **3** AUTO modelo **stage version** THEAT adaptación *f.* teatral.

ver·sus [ˈvɜːsəs] *prep.* **1** *(against)* contra **2** *(as opposed to)* frente a.

ver·te·bra [ˈvɜːtɪbrə] *n. pl.* **vertebrae** [ˈvɜːtɪbriː] vértebra.

ver·te·bral [ˈvɜːtɪbrəl] *adj.* vertebral.

ver·te·brate [ˈvɜːtɪbrət, ˈvɜːtɪbreɪt] *adj.* vertebrado ◇ *n.* vertebrado.

ver·tex [ˈvɜːteks] *n. pl.* **vertexes** o **vertices** [ˈvɜːtɪsiːz] vértice *m.*

ver·ti·cal [ˈvɜːtɪkəl] *adj.* vertical.

ver·ti·cal·ly [ˈvɜːtɪkəlɪ] *adv.* en vertical, verticalmente.

ver·ti·ces [ˈvɜːtɪsiːz] *npl.* VER: **vertex**.

ver·ti·go [ˈvɜːtɪgəʊ] *n.* vértigo.

ver·y [ˈverɪ] *adv.* **1** *(extremely)* muy **2** *(emphatic)* muy ◇ *adj.* **1** *(extreme)* de todo **2** *(precise)* mismo, exacto **it's the very thing** *[fam. use]* es justo lo que necesitas/hace falta. **the very best** *lo mejor, lo mejor* **not very** *no mucho* **the very thought of it!** *¡sólo con pensarlo!*

ves·sel [ˈvesəl] *n.* **1** *(ship)* nave *f.*, buque *m.* **2** *(container)* recipiente *m.*, vasija **3** ANAT vaso **cargo vessel** *buque m. de carga.*

vest [vest] *n.* chaleco. **bullet-proof vest** *chaleco antibalas.*

ves·ti·bule [ˈvestɪbjuːl] *n.* **1** *(entrance hall)* vestíbulo, entrada **2** ANAT vestíbulo.

ves·tige [ˈvestɪdʒ] *n.* vestigio.

vet¹ [vet] *n.* *[fam. use]* veterinario.

vet² [vet] *n.* *[fam. use]* *(abbr of veteran)* excombatiente *mf.*

vet·er·an [ˈvetərən] *adj.* veterano ◇ *n.* **1** veterano **2** *(soldier, etc.)* excombatiente *mf.* **veteran soldier** *soldado veterano.*

vet·er·i·nar·i·an [vetərɪˈneərɪən] *n.* veterinario.

vet·er·i·nar·y [ˈvetərɪnərɪ] *adj.* veterinario **veterinary medicine** *veterinaria* **veterinary surgeon.**

ve·to [ˈviːtəʊ] *n. pl.* **vetoes** veto ◇ *tr. pt. & pp.* **vetoed,** *ger.* **vetoing** vetar *(forbid)* prohibir, vedar.

vexed [vekst] *adj.* disgustado **vexed question** *tema m. conflictivo, tema m. controvertido.*

vi·a [ˈvaɪə] *prep.* **1** *(through)* vía, por **2** *(by means of)* por medio de, a través de.

vi·a·bil·i·ty [vaɪəˈbɪlɪtɪ] *n.* viabilidad *f.*

vi·a·ble [ˈvaɪəbəl] *adj.* viable, factible.

vi·a·duct [ˈvaɪədʌkt] *n.* viaducto.

vi·brant [ˈvaɪbrənt] *adj.* **1** *(sound)* vibrante **2** *(personality)* vital, fuerte *(city)* animado.

vi·brate [vaɪˈbreɪt, ˈvaɪbreɪt] *intr.* vibrar **(with,** con) ◇ *tr.* hacer vibrar.

vi·bra·tion [vaɪˈbreɪʃən] *n.* vibración *f.*

vi·bra·to·ry [vaɪˈbreɪtərɪ] *adj.* vibratorio.

vice¹ [vaɪs] *n.* vicio **vice squad** *brigada antivicio.*

vice² [vaɪs] *pref.* vice- **vice admiral** MIL vicealmirante *m.* **vice chancellor** EDUC rector **vice president** vicepresidente.

vice-chair·man [vaɪsˈtʃeəmən] *n. pl.* **vice-chairmen** vicepresidente *m.*

vice·roy [ˈvaɪsrɔɪ] *n.* virrey *m.*

vice ver·sa [vaɪsˈvɜːsə] *adv.* viceversa.

vi·cin·i·ty [vəˈsɪnətɪ] *n.* **1** inmediaciones *fpl.* **2** *[fml. use]* proximidad *f.*

vi·cious [ˈvɪʃəs] *adj.* **1** *(cruel)* cruel *(malicious)* malintencionado **2** *(violent)* virulento, violento **3** *(dangerous)* peligroso **vicious circle** círculo vicioso.

vic·tim [ˈvɪktɪm] *n.* víctima *f.* **to be the victim of** ser víctima de. **to fall victim to…** *(an attack, illness, etc.)* caer víctima de… *fig.* use sucumbir ante…

vic·tim·ize [ˈvɪktɪmaɪz] *tr.* victimizar.

vic·tor [ˈvɪktə] *n. [fml. use]* vencedor.

vic·to·ri·ous [vɪkˈtɔːrɪəs] *adj.* victorioso, vencedor **the victorious team** SP el equipo ganador.

vic·to·ry [ˈvɪktərɪ] *n. pl.* **victories** victoria, triunfo **to claim victory** cantar victoria.

vid·e·o [ˈvɪdɪəʊ] *n. pl.* **videos 1** *(in general)* video **2** *(pop video)* videoclip *m.* ◇ *tr.* grabar en video **video camera** videocámara **video card** tarjeta de video **video game** videojuego.

vid·e·o re·cord·er [vɪdɪəʊrɪˈkɔːdə] *n.* videograbadora.

Vi·et·nam [vɪetˈnæm] *n.* Vietnam.

Vi·et·nam·ese [vɪetnəˈmiːz] *adj.* vietnamita ◇ *n.* **1** *(person)* vietnamita *mf.* **2** *(language)* vietnamita *m.* ◇ *npl.* the Vietnamese los vietnamitas *mpl.*

view [vjuː] *n.* **1** vista, panorama *m.* **2** *(opinion)* opinión *f.*, parecer *m.* ◇ *tr.* **1** *(consider)* considerar, ver **2** *(regard, think about)* enfocar **3** *(examine)* ver *(visit)* visitar **4** *(watch)* ver *(critically)* visionar **in full view** a la vista de todo el mundo **in view** en mente, pensado **in view of** en vista de, in **view of the fact that…** dado que…, en vista de que… **with a view to** con vistas a, con miras a. **within view** a la vista. **with this in view…** teniendo esto en cuenta…, con este fin… **world view** perspectiva global.

view·er [ˈvjuːə] *n.* **1** TV telespectador, televidente *mf.* **2** *(photography)* visionadora.

view·point [ˈvjuːpɔɪnt] *n.* punto de vista.

vig·il [ˈvɪdʒɪl] *n.* vela, vigilia *(religious)* vigilia. **to keep vigil** velar **all-night vigil** vela nocturna.

vig·i·lance [ˈvɪdʒɪləns] *n.* vigilancia.

vig·i·lant [ˈvɪdʒɪlənt] *adj.* atento. **to remain vigilant** mantener la vigilancia.

vig·i·lan·te [vɪdʒɪˈlæntɪ] *n.* vigilante *mf.*

vi·gnette [vɪnˈjet] *n.* **1** *(artwork)* viñeta **2** *(description)* estampa.

vig·or [ˈvɪɡə] *n.* igor *m.*, energía.

vig·or·ous [ˈvɪɡərəs] *adj.* vigoroso, enérgico.

vile [vaɪl] *adj.* **1** vil, despreciable **2** *[fam. use] (taste, smell)* asqueroso **3** *[fam. use] (temper)* espantoso.

vil·lage [ˈvɪlɪdʒ] *n. (gen)* pueblo *(small)* pueblecito **village idiot** el tonto del pueblo **village life** la vida de pueblo.

vil·lag·er [ˈvɪlɪdʒə] *n.* habitante *m.* del pueblo, aldeano.

vil·lain [ˈvɪlən] *n.* **1** *(bad character)* malo, malo de la película **2** *[fam. use]* malvado. **the villain of the piece** *[fam. use]* el malo de la película.

vil·lain·ous [ˈvɪlənəs] *adj.* infame, malvado.

vin·ai·grette [vɪnəˈɡret] *n.* vinagreta.

vin·di·cate [ˈvɪndɪkeɪt] *tr.* **1** *(exonerate)* vindicar, exculpar **2** *(justify)* justificar.

vin·di·ca·tion [vɪndɪˈkeɪʃən] *n.* **1** *(exoneration)* vindicación *f.*, exculpación *f.* **2** *(justification)* justificación *f.*

vin·dic·tive [vɪnˈdɪktɪv] *adj.* vengativo, rencoroso.

vine [vaɪn] *n.* **1** vid *f.* **2** *(made to climb)* parra **vine grower** viticultor **vine growing** viticultura **vine leaf** hoja de parra **vine shoot** sarmiento.

vin·e·gar [ˈvɪnɪɡə] *n.* vinagre *m.* **vinegar bottle** vinagrera **wine vinegar** vinagre *m.* de vino.

vine·yard [ˈvɪnjəd] *n.* viña, viñedo.

vin·tage [ˈvɪntɪdʒ] *n.* cosecha ◇ *adj.* **1** *(wine)* de añada **2** *(classic)* clásico *(high-quality)* glorioso, maravilloso **3** *[fam. use]* lo mejor de.

vi·nyl [ˈvaɪnəl] *n.* vinilo.

vi·o·la [vɪˈəʊlə] *n.* MUS viola.

vi·o·late [ˈvaɪəleɪt] *tr.* violar *(law)* infringir, transgredir.

vi·o·la·tion [vaɪəˈleɪʃən] *n.* violación *f.* *(of law)* infracción *f.*, transgresión *f.*

vi·o·lence [ˈvaɪələns] *n.* violencia **to do violence to something** *[fml. use]* ir en contra de algo.

vi·o·lent [ˈvaɪələnt] *adj.* violento **to die a violent death** morir de muerte violenta. **to have a violent temper** ser de carácter violento.

vi·o·lent·ly [ˈvaɪələntlɪ] *adv.* violentamente. **to be violently ill** vomitarlo todo, echarlo todo. **to behave violently** mostrarse violento.

vi·o·let [ˈvaɪələt] *n.* **1** BOT violeta *f.* **2** *(color)* violeta *m.*, violado, violáceo ◇ *adj.* (de color) violeta, violado **shrinking violet** *[fam. use]* mosquita muerta.

vi·o·lin [vaɪəˈlɪn] *n.* violín.

vi·o·lin·ist [vaɪəˈlɪnɪst] *n.* violinista *mf.*, violín *m.*

VIP [ˈviːaɪˈpiː] *abbr.* **(very important person)** personaje *m.* muy importante *(abbreviation)* VIP **VIP lounge** sala de personalidades **VIP treatment** privilegios *mpl.* especiales.

vi·per [ˈvaɪpə] *n.* víbora.

vi·ral [ˈvaɪrəl] *adj.* viral, vírico.

vir·gin [ˈvɜːdʒɪn] *n.* virgen *mf.* ◇ *adj.* virgen **the Virgin Mary** la Virgen María **virgin birth** alumbramiento virginal **virgin territory** tierra virgen.

vir·gin·al [ˈvɜːdʒɪnəl] *adj.* virginal.

vir·gin·i·ty [vɜːˈdʒɪnɪtɪ] *n.* virginidad *f.*

vir·ile [ˈvɪraɪl] *adj.* viril, varonil.

vir·tu·al [ˈvɜːtʃʊəl] *adj.* virtual **virtual reality** realidad *f.* virtual.

vir·tue [ˈvɜːtʃuː] *n.* **1** virtud *f.* **2** *(advantage)* ventaja.

vir·tu·os·i·ty [vɜːtʃʊˈɒsɪtɪ] *n.* virtuosismo.

vir·tu·o·so [vɜːtʃʊˈəʊzəʊ] *n. pl.* **virtuosos** o **virtuosi** virtuoso.

vir·tu·ous [ˈvɜːtʃʊəs] *adj.* **1** virtuoso **2** *pej.* santurrón.

vir·u·lent [ˈvɪrʊlənt] *adj.* virulento.

vi·rus [ˈvaɪərəs] *n.* virus *m.* **virus infection** infección *f.* vírica.

vi·sa [ˈviːzə] *n.* visado, visa *tr. pt.* & *pp.* **visaed**, *ger.* **visaing** estampar un visado en **entry visa** visado de entrada **exit visa** visado de salida.

vis·cer·al [ˈvɪsərəl] *adj.* visceral.

vis·cous [ˈvɪskəs] *adj.* viscoso.

vis·i·bil·i·ty [vɪzɪˈbɪlɪtɪ] *n.* visibilidad *f.*

vis·i·ble [ˈvɪzɪbəl] *adj.* visible.

vi·sion [ˈvɪʒən] *n.* **1** *(gen)* visión *f.* **2** *(eyesight)* vista **a man of vision** un hombre con visión de futuro.

vi·sion·ar·y [ˈvɪʒənərɪ] *adj.* **1** *(showing vision)* con visión de futuro **2** *(unrealistic)* visionario ◇ *n. pl.* **visionaries** visionario.

vis·it [ˈvɪzɪt] *tr.* **1** *(person)* visitar, hacer una visita a **2** *(place)* visitar, ir a ◇ *intr.* estar de visita ◇ *n.* **1** visita **to pay somebody a visit** hacer una visita a alguien. **to visit with somebody** charlar con alguien.

vis·it·ing [ˈvɪzɪtɪŋ] *adj.* **1** *(for visiting)* de visita **2** *(guest)* visitante **visiting card** tarjeta de visita **visiting hours** horas *fpl.* de visita **visiting lecturer** profesor invitado **visiting team** equipo visitante.

vis·i·tor [ˈvɪzɪtə] *n.* **1** *(at home)* invitado, visita **2** *(tourist)* turista *mf.*, visitante *mf.* **visitors' book** libro de visitas.

vis·ta ['vɪstə] n. 1 vista, panorama m. 2 fig. use perspectiva.

vis·u·al ['vɪʒʊəl] adj. visual **visual aid** medio visual **visual arts** artes mpl. visuales **visual display unit** pantalla.

vis·u·al·i·za·tion [vɪʒʊəlaɪˈzeɪʃən] n. visualización f.

vis·u·al·ize ['vɪʒʊəlaɪz] tr. visualizar.

vi·tal ['vaɪtəl] adj. 1 vital 2 (essential) esencial, imprescindible ◈ npl. órganos mpl. vitales. **of vital importance** de suma importancia **vital organ** órgano vital **vital signs** señales fpl. de vida **vital statistics** datos mpl. demográficos [fam. use] medidas fpl.

vi·tal·i·ty [vaɪˈtælɪti] n. vitalidad f.

vi·ta·min ['vɪtəmɪn, 'vaɪtəmɪn] n. vitamina **vitamin C** vitamina C **vitamin content** contenido vitamínico **vitamin deficiency** avitaminosis f.

vi·tro ['viːtrəʊ] in vitro.

vi·va·cious [vɪˈveɪʃəs] adj. vivaz, animado.

vi·vac·i·ty [vɪˈvæsɪti] n. vivacidad f.

viv·id ['vɪvɪd] adj. 1 vivo, intenso 2 (description) gráfico. **to have a vivid imagination** tener mucha imaginación.

viv·i·sec·tion [vɪvɪˈsekʃən] n. vivisección f.

V-neck ['viːnek] n. cuello de pico.

vocab ['vəʊkæb] n. (abbr of vocabulary) vocabulario.

vo·cab·u·lar·y [vəˈkæbjʊlərɪ] n. pl. **vocabularies** vocabulario.

vo·cal ['vəʊkəl] adj. 1 vocal 2 [fam. use] (noisy) escandaloso **vocal cords** cuerdas fpl. vocales.

vo·cal·ist ['vəʊkəlɪst] n. cantante mf., vocalista mf.

vo·ca·tion [vəʊˈkeɪʃən] n. vocación f. **to lose one's vocation** perder la vocación.

vo·ca·tion·al [vəʊˈkeɪʃənəl] adj. profesional **vocational guidance** orientación f. profesional.

vogue [vəʊg] n. boga, moda **to be all the vogue** estar muy de moda **to be in vogue** estar de moda.

voice [vɔɪs] n. voz f. ◈ tr. 1 expresar 2 LING sonorizar. **at the top of one's voice** a voz en grito **in a loud voice** en voz alta **in a low/soft voice** en voz baja, a media voz **the voice of experience** la voz de la experiencia **the voice of reason** la voz de la razón **to be in voice** estar en voz **to give voice to one's feelings** expresar sus sentimientos **to lose one's voice** quedarse afónico, quedarse sin voz **to lower/raise one's voice** bajar/levantar la voz **with one voice** de una voz, a una, a coro **voice box** laringe f. **voice offstage** THEAT voz f. en off."

voice·less ['vɔɪsləs] adj. 1 (hoarse) afónico 2 LING sordo.

voice-o·ver [vɔɪsˈəʊvəʳ] n. voz f. en off.

void [vɔɪd] adj. 1 vacío (of, de) 2 JUR nulo, inválido ◈ n. vacío ◈ tr. 1 (empty) vaciar 2 JUR anular, invalidar. **to make something void** anular algo.

vol·a·tile ['vɒlətaɪl] adj. volátil.

vol·can·ic [vɒlˈkænɪk] adj. volcánico.

vol·ca·no [vɒlˈkeɪnəʊ] n. pl. **volcanos** o **volcanoes** volcán m.

vol·can·ol·o·gist [vɒlkəˈnɒlədʒɪst] n. vulcanólogo.

vol·can·ol·o·gy [vɒlkəˈnɒlədʒɪ] n. vulcanología.

vo·li·tion [vəˈlɪʃən] n. volición f., voluntad f. **of/on one's own volition** por voluntad propia.

vol·ley ['vɒlɪ] n. 1 MIL descarga 2 fig. use (of stones, curses) aluvión m. (of blows) tanda (of applause) salva 3 (tennis) volea ◈ intr. 1 MIL lanzar una descarga 2 (tennis) hacer una volea ◈ tr. SP volear.

vol·ley·ball ['vɒlɪbɔːl] n. balonvolea m., voleibol m.

volt [vəʊlt] n. voltio.

volt·age ['vəʊltɪdʒ] n. voltaje m., tensión f.

volt·me·ter ['vəʊltmiːtəʳ] n. voltímetro.

vol·u·ble ['vɒljəbəl] adj. locuaz, hablador.

vol·ume ['vɒljuːm] n. 1 volumen m. 2 (book) tomo. **to speak volumes** decirlo todo **to turn down/up the volume** bajar/subir el volumen.

vol·un·tar·y ['vɒləntərɪ] adj. voluntario **to take voluntary redundancy** acogerse al despido voluntario **voluntary organization** organización f. benéfica **voluntary society** sociedad f. benéfica **voluntary work** obras fpl. benéficas **voluntary helper/worker** voluntario.

vol·un·teer [vɒlənˈtɪəʳ] n. voluntario ◈ tr. ofrecer ◈ intr. 1 ofrecerse (for, para) 2 MIL alistarse como voluntario (for, en) **volunteer army** ejército de voluntarios.

vo·lup·tu·ous [vəˈlʌptjʊəs] adj. voluptuoso.

vom·it ['vɒmɪt] n. vómito ◈ intr. vomitar, devolver ◈ tr. vomitar, devolver.

voo·doo ['vuːduː] n. vudú m.

vo·ra·cious [vəˈreɪʃəs] adj. voraz.

vor·tex ['vɔːteks] n. pl. **vortexes** o **vortices** ['vɔːtɪsiːz] 1 vórtice m. 2 fig. use vorágine f.

vote [vəʊt] n. 1 voto 2 (voting) voto, votación f. 3 (right to vote) sufragio, (derecho al) voto ◈ intr. votar ◈ tr. 1 votar 2 (elect) elegir 3 [fam. use] considerarse **to be voted into/out of office** ganar/perder las elecciones **to pull in votes** atraer el voto **to vote by a show of hands** votar a mano alzada **to vote on something/take a vote on something** someter algo a votación **vote of censure** voto de censura **vote of confidence** voto de confianza **write-in vote** votación f. por escrito.

to vote down tr. sep. rechazar.

to vote through tr. sep. aprobar.

vot·er ['vəʊtəʳ] n. votante mf.

vot·ing ['vəʊtɪŋ] n. votación f. **voting paper** papeleta **voting pattern** tendencia del voto.

vouch for ['vaʊtʃ fɔːʳ] tr. (a person) responder por (a thing) responder de, dar fe de.

vow [vaʊ] n. 1 promesa solemne 2 REL voto ◈ tr. jurar **to take a vow of chastity/poverty** hacer voto de castidad/pobreza **to take one's vows** pronunciar sus votos **vow of silence** voto de silencio.

vow·el ['vaʊəl] n. vocal f.

voy·age ['vɔɪdʒ] n. viaje m. (by sea) viaje m. en barco (crossing) travesía ◈ intr. [fml. use] viajar. **to go on a (sea) voyage** hacer un viaje en barco.

voy·ag·er ['vɔɪədʒəʳ] n. viajero.

vo·yeur [vwaːˈjɜːʳ] n. mirón.

VP [vaɪsˈprezɪdənt] abbr. **(Vice-President)** Vicepresidente m.

vs. ['vɜːsəs] prep. (abbr of versus) contra.

vul·can·ize ['vʌlkənaɪz] tr. vulcanizar.

vul·can·ol·o·gist [vʌlkəˈnɒlədʒɪst] n. vulcanólogo.

vul·can·ol·o·gy [vʌlkəˈnɒlədʒɪ] n. vulcanología.

vul·gar ['vʌlgəʳ] adj. 1 (in poor taste) de mal gusto 2 (coarse) grosero, ordinario.

vul·gar·i·ty [vʌlˈgærɪtɪ] n. 1 (poor taste) mal gusto 2 (coarseness) vulgaridad f., ordinariez f., grosería.

vul·gar·ly ['vʌlgəlɪ] adv. vulgarmente.

vul·ner·a·ble ['vʌlnərəbəl] adj. vulnerable.

vul·ture ['vʌltʃəʳ] n. buitre m.

vul·va ['vʌlvə] n. pl. **vulvas** o **vulvae** ['vʌlviː] vulva.

V

W

W, w [ˈdʌbəljuː] *n. (the letter)* W, w f.

W¹ [wɒt] *symb. (Watt)* watt, vatio *(symbol)* W.

W² [west] *abbr.* **(west)** oeste *m. (abbreviation)* O.

wack·y [ˈwækɪ] *adj. comp.* **wackier,** *superl.* **wackiest** *[fam. use] (person)* loco, chiflado *(thing)* absurdo, ridículo.

wade [weɪd] *intr.* caminar por el agua ◇ *tr.* vadear.
  to wade in *intr.* **1** *(get involved)* meterse **2** *(start work)* ponerse.

wa·fer [ˈweɪfəᵊ] *n.* **1** *(for ice cream)* barquillo *(biscuit)* galleta de barquillo **2** REL hostia.

wa·fer-thin [ˈweɪfəˈθɪn] Written **wafer thin** when not used to qualify a noun. *adj. (gen)* muy fino, muy delgado *(majority)* muy escaso.

wag [wæg] *n.* meneo ◇ *tr. pt.* & *pp.* **wagged,** *ger.* **wagging** menear ◇ *intr.* menearse. **tongues will wag** *la gente hablará.*

wage [weɪdʒ] *n.* sueldo, salario ◇ *npl.* **wages** sueldo *m. sing.,* salario *m. sing.* **to earn a living wage** *ganar lo suficiente para vivir* **to wage war on** *hacer la guerra a* **day's wage** *jornal m.* **wage claim** *reivindicación f. salarial* **wage earner** *asalariado* **wage freeze** *congelación f. de salarios* **wage incentive** *prima de rendimiento* **wage rise** *aumento de sueldo.*

wage-pack·et [ˈweɪdʒpækɪt] *n. (envelope)* sobre *m.* del sueldo *(money)* sueldo.

wa·ger [ˈweɪdʒəᵊ] *n.* apuesta ◇ *tr.* apostar ◇ *intr.* apostar. **to make a wager** *hacer una apuesta.*

wag·on [ˈwægən] *n.* **1** *(cart)* carro *(covered)* carromato **2** *(trolley)* carrito, mesa camarera.

wail [weɪl] *n. (of pain, grief)* lamento, gemido *(of siren)* aullido ◇ *intr.* **1** *(person · cry)* gemir, llorar *(· complain)* quejarse **(about/over,** de), lamentarse **(about/over,** de) **2** *(siren)* aullar, ulular *(wind)* ulular **3** *(mourn)* plañir. **to wail for somebody** *llorar la muerte de alguien.*

wail·ing [ˈweɪlɪŋ] *n.* llanto, lamento *fpl.,* gemidos *mpl.* **Wailing Wall** *Muro de las Lamentaciones.*

waist [weɪst] *n.* **1** ANAT cintura **2** *(of garment)* talle *m.* **from the waist up** *de (la) cintura para arriba* **waist measurement** *medida de la cintura.*

waist·line [ˈweɪstlaɪn] *n.* **1** ANAT cintura **2** SEW talle *m.* **to watch one's waistline** *cuidar la línea.*

wait [weɪt] *n. (gen)* espera *(delay)* demora ◇ *intr.* esperar **(for,** -**),** aguardar **(for,** -**)** ◇ *tr.* esperar, aguardar **"... while you wait"** *"... en el acto"* **just you wait** *ya verás* **to keep somebody waiting** *hacer esperar a alguien.* **to wait and see** *esperar a ver qué pasa* **to wait at table** *servir la mesa.*
  to wait a·bout/wait a·round *intr.* esperar, perder el tiempo.
  to wait on *tr. insep.* servir.

wait·er [ˈweɪtəᵊ] *n.* mesero **head waiter** *maitre m.*

wait·ing [ˈweɪtɪŋ] *n.* espera **"No waiting"** *"Prohibido estacionar"* **to play a waiting game** *esperar el momento oportuno* **waiting list** *lista de espera* **waiting room** *sala de espera.*

wait·ress [ˈweɪtrəs] *n.* mesera.

wake [weɪk] *n. (for dead)* velatorio ◇ *tr. pt* **woke 1** *(awaken)* despertar **(up,** -**) 2** *(make alert)* despertar **(up,** -**),** espabilar **(up,** -**)** ◇ *intr.* **1** *(stop sleeping)* despertarse **(up,** -**) 2** *(pay attention)* despertarse, espabilarse.
  to wake up to *tr. insep. (become aware)* darse cuenta de.

wake·ful [ˈweɪkful] *adj. (unable to sleep)* desvelado *(alert, vigilant)* alerta, vigilante **to have a wakeful night** *pasar la noche en blanco.*

wak·en [ˈweɪkən] *tr. [fml. use]* literal use despertar ◇ *intr. [fml. use]* literal use despertarse.

Wales [weɪlz] *n.* País *m.* de Gales.

walk [wɔːk] *n.* **1** *(gen)* paseo *(distance)* camino *(long)* caminata, excursión *f. (sport)* marcha **2** *(path, route)* paseo, ruta *(long)* excursión *f.* **3** *(gait)* modo de andar, andares *mpl.* ◇ *intr.* andar, caminar, pasear ◇ *tr.* **1** *(cover on foot)* ir a pie, ir andando, andar **2** *(person)* acompañar *(animal)* pasear **to go for a walk** *dar un paseo* **to walk tall** *ir con la cabeza bien alta* **walk of life** *condición f. social.*
  to walk a·way *intr.* alejarse.
  to walk a·way from *tr. insep. (come out unhurt)* salir ileso.
  to walk a·way with *tr. insep.* **1** *(win easily)* ganar con facilidad, llevarse de calle **2** *[fam. use] (steal)* mangar, birlar.
  to walk in·to *tr. insep.* **1** *(get caught)* caer en **2** *(bump into)* tropezar con.
  to walk out *intr.* **1** *(leave suddenly)* marcharse **2** *(go on strike)* ir a la huelga.
  to walk out on *tr. insep. (abandon)* abandonar a.

walk·er [ˈwɔːkəᵊ] *n.* **1** *(gen)* paseante *mf. (hiker)* excursionista *mf.* **2** *(athlete)* marchador **3** *(for babies)* andador *m.,* tacataca *m.,* tacatá *m. (for disabled)* andador *m.*

walk·ie-talk·ie [wɔːkɪˈtɔːkɪ] *n.* walkie-talkie *m.*

walk·ing [ˈwɔːkɪŋ] *n. (activity)* andar *m.,* caminar *m.,* pasear *m. (hiking)* excursionismo ◇ *adj.* ambulante **to give somebody their walking papers** *poner a alguien de patitas en la calle, echar a alguien* **walking pace** *paso de marcha* **walking shoes** *zapatos mpl. para caminar* **walking stick** *bastón m.* **walking tour** *excursión f. a pie.*

walk-on [ˈwɔːkɒn] *adj. (theater)* de comparsa **walk-on part** *papel m. de comparsa.*

walk·out [ˈwɔːkaʊt] *n. (strike)* huelga.

walk·o·ver [ˈwɔːkəʊvəᵊ] *n. [fam. use] (easy victory)* paseo, triunfo fácil.

walk·through [ˈwɔːkθruː] *n.* **1** *(explanation)* explicación *f.* paso a paso **2** *(rehearsal)* ensayo.

walk·way [ˈwɔːkweɪ] *n.* pasaje *m.* peatonal.

wall [wɔːl] *n.* **1** *(exterior)* muro *(defensive, city)* muralla *(garden)* tapia *(sea)* dique *m.* **2** *(interior)* pared *f. (partition)* tabique *m. (party)* pared *f.* medianera *(main)* pared *f.* maestra **3** ANAT *(of artery, blood vessel)* pared *f. (of abdomen)* pared *f.* abdominal **4** *fig. use (barrier)* barrera, muro **5** SP barrera ◇ *tr.* **(surround with wall)** amurallar. **walls have ears** *las paredes oyen* **to bang one's head against a brick wall** *darse contra las paredes* **1 to have one's back to the wall** *estar en un aprieto, estar en un brete* **to come up against a brick wall** *encontrarse con una barrera in-*

franqueable **to drive somebody up the wall** *volver loco a alguien* **to go to the wall** *arruinarse, quebrar* **to go up the wall** *volverse loco, subirse por las paredes.*

walled [wɔːld] *adj. (city)* amurallado *(garden)* tapiado.

wal·let [ˈwɒlɪt] *n.* cartera.

wall·flow·er [ˈwɔːlflaʊəʳ] *n.* BOT alhelí *m.* **to be a wallflower** *fig. use* hacer de comparsa.

wall·pa·per [ˈwɔːlpeɪpəʳ] *n.* **1** papel *m.* pintado **2** *(for computer screen)* papel *m.* tapiz ◇ *tr.* empapelar.

wall-to-wall [wɔːltəˈwɔːl] *adj.* de pared a pared **wall-to-wall carpeting** moqueta.

wal·nut [ˈwɔːlnʌt] *n. (fruit)* nuez *f. (wood)* nogal *m.* **walnut tree** nogal *m.*

wal·rus [ˈwɔːlrəs] *n.* morsa.

waltz [wɔːls] *n.* vals *m.* ◇ *intr.* **1** *(dance)* valsar, bailar el vals **2** *(fig.) (move casually, confidently)* moverse con desenvoltura, moverse despreocupadamente.

wand [wɒnd] *n.* varita **magic wand** varita mágica.

wan·der [ˈwɒndəʳ] *intr.* **1** *(roam)* deambular, errar, vagar *(stroll)* pasear, caminar **2** *(stray)* apartarse, desviarse, alejarse *(get lost)* extraviarse **3** *(river, road)* serpentear **4** *(mind, thoughts)* desviarse, divagar *(person)* apartarse, desviarse ◇ *tr. (streets, area)* vagar por, recorrer ◇ *n.* vuelta, paseo.

wane [weɪn] *intr. (moon)* menguar ◇ *tr. (strength, influence)* menguar, decrecer *(emotion, interest)* decaer, decrecer, declinar, disminuir **to be on the wane** *(moon)* estar menguando *(power)* estar en decadencia.

want [wɒnt] *n.* **1** *(lack)* falta, carencia **2** *(desire, need)* necesidad **3** *(poverty)* miseria, indigencia ◇ *tr.* **1** *(gen)* querer **2** *(fam. use) (need)* necesitar **3** *(fam. use) (ought to)* deber **4** *(fml. use) (lack)* necesitar, carecer de, faltar **5** *(require to be present)* buscar, requerir la presencia de *(seek, hunt)* buscar **6** *(desire)* desear, querer **in want of something** *necesitar* **to be in want** *estar necesitado* **not to want to know (about something)** *no querer saber nada de algo* **to want some doing** *exigir mucho esfuerzo* **want ad** *anuncio pequeño.*

to want for *tr. insep.* carecer de, necesitar.

wanted [ˈwɒntɪd] *adj.* **1** *(for work)* necesario **2** *(by police)* buscado.

want·ing [ˈwɒntɪŋ] *adj. (deficient)* deficiente *(inadequate)* insuficiente **to be wanting in something** *carecer de algo* **to be found wanting** *no dar la talla.*

war [wɔːʳ] *n.* guerra ◇ *intr. pt. & pp.* **warred**, *ger.* **warring** ARCH guerrear **war of nerves** *guerra de nervios,* guerra psicológica **war of words** *guerra de propaganda* **at war** *en guerra* **to declare war on somebody/something** *declarar la guerra a alguien/algo* **to go to war over something** *emprender la guerra por algo* **to have been in the wars** *estar algo maltrecho.* **to wage war on somebody/something** *hacer la guerra a alguien/algo* **war baby** *niño, nacido durante la guerra* **war correspondent** *corresponsal mf. de guerra* **war crime** *crimen m. de guerra* **war cry** *grito de guerra* **war dance** *danza guerrera* **war game** *(game)* juego de estrategia militar *(military exercise)* ejercicio de simulacro de combate **war hero** *héroe m. de guerra* **war memorial** *monumento a los caídos* **war paint** *(for war)* pintura de guerra *(make-up)* maquillaje *m.* **war zone** *zona de conflicto.*

ward [wɔːd] *n.* **1** *(in hospital)* sala **2** JUR pupilo **4** *(in lock)* guarda **ward of court** *pupilo bajo tutela judicial.*

to ward off *tr. sep.* **1** *(illness)* prevenir *(danger)* evitar **2** *(blow)* parar, desviar *(attack)* rechazar.

war·den [ˈwɔːdən] *n.* **1** *(of hostel, home)* encargado **2** *(of prison)* alcaide *m.,* director **3** *(of university)* rector.

ward·robe [ˈwɔːdrəʊb] *n.* **1** armario (ropero), guardarropa *m.* **2** *(clothes)* vestuario **3** *(theatre)* vestuario **wardrobe master** *encargado del vestuario* **wardrobe mistress** *encargada del vestuario.*

ware·house [ˈweəhaʊs] *n.* almacén *m.,* depósito ◇ *tr.* almacenar, depositar.

war·fare [ˈwɔːfeəʳ] *n.* **1** *(war)* guerra **2** **(conflict, struggle)** lucha, batalla **germ warfare** *guerra bacteriológica* **guerrilla warfare** *guerrilla* **nuclear warfare** *guerra nuclear.*

warm [wɔːm] *adj.* **1** *(climate, wind)* cálido *(day)* caluroso, de calor **2** *(hands, etc.)* caliente *(liquid)* tibio, templado **3** *(clothing)* de abrigo, que abriga **4** *(color)* cálido **5** *(welcome, applause, etc.)* cálido, caluroso **6** *(character)* afectuoso **7** *(scent)* fresco *(in game)* caliente ◇ *tr. (gen)* calentar ◇ *intr.* calentarse ◇ *n.* the warm el calor *m.* **as warm as toast** *calentito.* **to get warm** *calentarse.* **to keep warm** *(person)* abrigarse *(food)* mantener caliente **warm front** *frente m. cálido.*

to warm o·ver *tr. sep.* **1** *(reheat)* calentar, recalentar **2** *(use again)* volver a utilizar.

to warm up *tr. sep.* **1** *(food)* calentar, recalentar *(engine)* calentar **2** *(audience, party)* animar ◇ *intr.* **1** *(food, engine, etc.)* calentarse **2** *(audience, party)* animarse **3** SP hacer ejercicios de calentamiento.

warm-blood·ed [ˈwɔːmˈblʌdɪd] Se escribe **warm blooded** cuando no se usa como sustantivo. ◇ *adj.* de sangre caliente.

warm-heart·ed [ˈwɔːmˈhɑːtɪd] Se escribe **warm hearted** cuando no se usa como sustantivo. ◇ *adj.* afectuoso.

warm·ly [ˈwɔːmlɪ] *adv.* **1** *(with heat)* con ardor **2** *(thank)* con efusión *(recommend)* con entusiasmo *(welcome, greet)* calurosamente **3** *(dress)* con ropa de abrigo.

warmth [wɔːmθ] *n.* **1** *(heat)* calor *m.* **2** *fig. use* afecto, cordialidad *f.*

warm-up [ˈwɔːmʌp] *n.* SP calentamiento, precalentamiento.

warn [wɔːn] *tr.* **1** avisar *(of,* de), advertir *(of,* de), prevenir *(about,* sobre), *(against,* contra) **2** *(instead of punishing)* amonestar. **to warn somebody off** *(tell to go away)* advertir a alguien para que se vaya *(tell to stop)* advertir a alguien para que deje de hacer algo.

warn·ing [ˈwɔːnɪŋ] *n.* **1** *(of danger)* aviso, advertencia **2** *(instead of punishment)* amonestación *f.* **3** *(advance notice)* aviso ◇ *adj.* **1** *(shot, glance)* de aviso, de advertencia *(letter)* admonitorio **to give somebody fair warning** *avisar a alguien debidamente* **warning light** *piloto.*

warp [wɔːp] *tr.* **1** alabear, combar, torcer **2** *fig. use* pervertir, torcer ◇ *intr.* alabearse, combarse ◇ *n.* **1** *(in character)* manía **2** *(in wood)* alabeo **3** *(thread)* urdimbre *f.*

war·rant [ˈwɒrənt] *n.* **1** JUR orden *f.* judicial, mandamiento judicial **2** *(voucher)* cédula, bono, vale *m.* **3** *(fml. use) (justification)* justificación *f.* ◇ *tr.* **1** *(fml. use) (justify)* justificar *(deserve)* merecer, ser digno de **2** *(guarantee)* garantizar. **I'll warrant (you)** *se lo aseguro* **warrant officer** *suboficial m.*

war·ran·ty [ˈwɒrəntɪ] *n. pl.* **warranties 1** COMM *(guarantee)* garantía *f.* **2** *(fml. use) (authority)* autorización *f.*

war·ri·or [ˈwɒrɪəʳ] *n.* guerrero.

W

war·ship ['wɔːʃɪp] n. buque m. de guerra, barco de guerra.

wart [wɔːt] n. verruga **warts and all** con todas sus imperfecciones **wart hog** jabalí m. verrugoso.

war·time ['wɔːtaɪm] n. tiempos mpl. de guerra ◇ adj. de guerra.

war·y ['weərɪ] adj. comp. **warier**, superl. **wariest** (cautious) cauto, cauteloso, prudente (suspicious) desconfiado. **to be wary of somebody** desconfiar de alguien, recelar de alguien, dudar de alguien. **to be wary of something/somebody** recelar de algo/alguien, no fiarse de algo/alguien. **to be wary about doing something** no querer hacer algo, temer hacer algo. **to keep a wary eye on somebody** vigilar a alguien.

was [wɒz, unstressed wəz] pt. VER: be.

wash [wɒʃ] n. **1** (act) lavado **2** (laundry) ropa sucia, colada **3** (of ship) estela (of water) remolinos mpl. (sound) chapoteo **4** MED enjuague m. **5** (thin layer of paint) capa **6** (swill) bazofia ◇ tr. **1** (gen) lavar (dishes) fregar **2** (carry) llevar, arrastrar **3** (flow against, flow past) lamer, besar **4** (form by erosion) erosionar **5** (cover thinly) bañar ◇ intr. **1** (gen) lavarse **2** (flow, lap) batir **3** [fam. use] (be believed) colar **to be in the wash** estar para lavar, estar en la colada **to come out in the wash** (turn out all right) salir bien **to wash one's dirty linen in public** lavar los trapos sucios en público **to wash one's hair** lavarse la cabeza, lavarse el pelo **to wash one's hands of something/somebody** desentenderse de algo/alguien **to wash oneself** lavarse **wash house** lavadero.

to wash a·way tr. sep. **1** (destroy and carry away) llevarse, arrastrar **2** (remove) borrar.

to wash off tr. sep. (remove by washing) quitar (lavando) ◇ intr. quitarse lavando.

to wash out tr. sep. **1** (remove by washing) quitar lavando **2** (rinse) enjuagar ◇ intr. quitarse lavando.

to wash up tr. sep. **1** fregar **2** arrojar a la playa, arrastrar a la playa ◇ intr. **1** lavar los platos **2** lavarse las manos y la cara, lavarse rápidamente.

wash·a·ble ['wɒʃəbəl] adj. lavable.

washed-out ['wɒʃˈaʊt] Se escribe washed out cuando no se usa como sustantivo. adj. **1** (tired) agotado, sin energía (pale) pálido **2** (faded) descolorido, desteñido.

washed-up ['wɒʃˈʌp] Se escribe washed up cuando no se usa como sustantivo. adj. [fam. use] acabado.

wash·er ['wɒʃəʳ] n. **1** TECH (metal) arandela (rubber) empaque **2** [fam. use] (machine) lavadora.

wash·ing ['wɒʃɪŋ] n. **1** (action) lavado, el lavar m. **2** (dirty clothes) colada, ropa sucia, ropa para lavar (clean clothes) colada (clothes hanging out) ropa tendida **to do the washing** lavar la ropa, hacer la colada **washing line** tendedero **washing machine** lavadora **washing powder** detergente m. **washing soda** sosa.

wash·ing-up [wɒʃɪŋˈʌp] n. **1** (action) fregado, el fregar m. **2** (dishes) platos mpl. **to do the washing-up** fregar los platos **washing-up bowl** barreño **washing-up liquid** lavavajillas m.

wash·room ['wɒʃruːm] n. euphemistic use servicios, baños mpl.

wasp [wɒsp] n. avispa **wasp's nest** avispero **wasp waist** cintura de avispa.

waste [weɪst] n. **1** (gen) derroche m., desperdicio (of money, energy) derroche m., despilfarro (of time) pérdida, desperdicio **2** (matter) desechos mpl., desperdicios mpl. (trash) basura ◇ adj. **1** (unwanted) desechado **2** (land) yermo, baldío ◇ tr. **1** (gen) desechar, malgastar (resources) derrochar (money) despilfarrar, derrochar (time, chance) desperdiciar, desaprovechar, perder **2** (because of disease) atrofiar, debilitar ◇ npl. wastes extensiones fpl. desoladas. **to go to waste** echarse a perder, desperdiciarse. **to lay waste to** destrozar, destruir. **to waste no time in doing something** hacer algo sin demora, no perder un minuto en hacer algo. **to waste one's breath** cansarse inútilmente, perder el tiempo, gastar saliva en balde.

to waste a·way intr. consumirse, demacrarse.

wast·ed ['weɪstɪd] adj. (life, youth) desperdiciado (body) atrofiado.

waste·ful ['weɪstfʊl] adj. (person) pródigo, derrochador, despilfarrador (process, habit, use) ruinoso.

waste·land ['weɪstlænd] n. baldío, yermo.

watch [wɒtʃ] n. **1** (small clock) reloj m. **2** (look-out) vigilancia, guardia (person) vigilante mf., guardia mf., centinela mf., guarda mf. **3** MAR (period, body) guardia (individual) vigía **4** HIST ronda ◇ tr. **1** (look at, observe) mirar, observar (television, sport) ver **2** (keep an eye on) vigilar, observar (spy on) espiar, vigilar **3** (be careful about) tener cuidado con, cuidar de ◇ intr. (look) mirar, observar **watch it!** ¡ojo!, ¡cuidado! **watch out!** ¡ojo!, ¡cuidado!, ¡alerta! **watch this space** sigan atentos a este espacio **to be on watch** estar de guardia **to be on the watch for somebody/something** estar al acecho de alguien/algo **to keep watch** vigilar **to watch one's step** ir con pies de plomo **watch oneself** (be careful) ir con cuidado (control one's habits) controlarse **to watch the clock** estar atento al reloj **to watch the world go by** ver pasar el mundo.

to watch for tr. insep. (look and wait for) esperar, aguardar.

to watch out for tr. insep. **1** (look out for, be alert) estar alerta, estarse al tanto de, estar pendiente de **2** (be careful of) tener cuidado con.

to watch o·ver tr. insep. (guard and protect) vigilar.

watch·dog ['wɒtʃdɒg] n. **1** perro guardián **2** fig. use guardián.

watch·ful ['wɒtʃfʊl] adj. vigilante, atento.

watch·mak·er ['wɒtʃmeɪkəʳ] n. relojero.

watch·strap ['wɒtʃstræp] n. correa (de reloj).

wa·ter ['wɔːtəʳ] n. **1** (gen) agua **2** (tide) marea ◇ tr. **1** (plant, river) regar **2** (animals) abrevar ◇ intr. (eyes) llorar, lagrimear (mouth) hacerse la boca agua ◇ npl. waters **1** (sea, etc.) aguas fpl. **2** (of pregnant woman) aguas fpl. **a lot of water has flowed under the bridge since then** ha llovido mucho desde entonces **by water** en barco **to spend money like water** gastar el dinero como si fuera agua **to be in deep water** estar con el agua al cuello **to be water off a duck's back** ser como quien oye llover **to be water under the bridge** ser agua pasada **to get into hot water** meterse en un buen lío **to hold water** estar bien fundado, ser coherente **not to hold water** caer por su propio peso **to keep one's head above water** mantenerse a flote **under water** (flooded) inundado (submerged) sumergido **water bird** ave f. acuática **water biscuit** galleta seca **water bottle** (flask) cantimplora **water buffalo** búfalo acuático **water cannon** tanqueta antidisturbios **water cycle** ciclo del agua **water hole** charca

water level (in reservoir) nivel del agua (of ship) línea de flotación **water lily** nenúfar m. **water line** línea de flotación **water main** conducción f. del agua **water nymph** ondina **water pipe** cañería **water pistol** pistola de agua **water polo** waterpolo **water power** energía hidráulica **water rate** tarifa del agua **water ski** (equipment) esquí acuático **water supply** abastecimiento de agua, suministro de agua **water table** nivel m. freático **water tank** depósito de agua **water tower** depósito de agua **water vapor** vapor m. de agua **water wheel** (for power) rueda hidráulica (for irrigation) noria.

wa·ter·col·or ['wɔːtəkʌlə^ʳ] n. acuarela ◇ npl. watercolors acuarelas fpl.

wa·ter·course ['wɔːtəkɔːs] n. 1 (channel, bed) lecho, cauce m., canal m. 2 (stream) arroyo (river) río.

wa·ter·cress ['wɔːtəkres] n. berro.

wa·ter·fall ['wɔːtəfɔːl] n. cascada, salto de agua, catarata.

wa·ter·front ['wɔːtəfrʌnt] n. (port) puerto, zona del puerto (promenade) paseo marítimo.

wa·ter·ing ['wɔːtərɪŋ] n. riego **watering can** regadera **watering hole** (for animals) charca, abrevadero (pub) bar m. **watering place** (for animals) charca, abrevadero (spa) balneario.

wa·ter·mel·on ['wɔːtəmelən] n. sandía.

wa·ter mill ['wɔːtəmɪl] n. molino de agua.

wa·ter·proof ['wɔːtəpruːf] adj. 1 (material) impermeable 2 (watch) sumergible ◇ n. (coat) impermeable m. ◇ tr. impermeabilizar.

wa·ter-ski ['wɔːtəski] n. esquí m. acuático ◇ intr. hacer esquí acuático.

wa·ter-ski·ing ['wɔːtəskiːɪŋ] n. esquí m. acuático.

wa·ter·spout ['wɔːtəspaʊt] n. tromba.

wa·ter·tight ['wɔːtətaɪt] adj. 1 estanco, hermético 2 fig. use irrefutable, irrebatible.

wa·ter·works ['wɔːtəwɜːks] n. depuradora, planta de tratamiento de aguas npl.

wa·ter·y ['wɔːtərɪ] adj. comp. **waterier**, superl. **wateriest** 1 (like water) acuoso (soup, milk) aguado (coffee) flojo, aguado (eyes) lacrimoso (smile) débil (color, sun) pálido, tenue.

watt [wɒt] n. ELEC watt m., vatio.

watt·age ['wɒtɪdʒ] n. potencia en vatios.

wave [weɪv] n. 1 (in sea) ola 2 (in hair) onda 3 PHYS onda 4 (of hand) ademán m., movimiento (in greeting) saludo con la mano 5 (steady increase) ola, oleada 6 (influx) oleada (sudden increase) oleada, ola ◇ intr. 1 (greet) saludar (con la mano) 2 (flag) ondear (corn) ondular 3 (hair) ondular ◇ tr. 1 (brandish) agitar 2 (direct) indicar con la mano 3 (hair) marcar, ondular. **to wave goodbye to somebody** despedirse de alguien con la mano. **to wave goodbye to something** despedirse de algo.

to wave a·side tr. sep. rechazar, desechar.

to wave down tr. sep. hacer señales para que pare (un coche).

wave·length ['weɪvleŋθ] n. RAD longitud f. de onda **to be on different wavelengths** (fam. use) no estar en la misma onda.

wav·y ['weɪvɪ] adj. comp. **wavier**, superl. **waviest** ondulado.

wax [wæks] n. 1 (gen) cera 2 (in ear) cerumen m. ◇ tr. 1 (polish) encerar **paraffin wax** parafina **sealing wax** lacre m. **wax candle** vela **wax paper** papel m. encerado **wax polish** cera para abrillantar.

wax·work ['wækswɜːks] n. figura de cera ◇ npl. waxworks museo m. sing. de cera.

way [weɪ] n. 1 (right route, road, etc.) camino 2 (direction) dirección f. 3 (distance) distancia 4 (manner, method) manera, modo 5 (behavior, custom) manera, forma, modo 6 (area) zona, área ◇ adv. (fam. use) muy ◇ npl. ways (customs) costumbres fpl. (habits, behavior) manías fpl. **across the way/over the way** enfrente **all the way** (distance) todo el viaje (completely) totalmente **along the way** (on journey) por el camino **by the way** (incidentally) a propósito, por cierto **by way of** (via) vía, por vía de, pasando por (serving as, as a kind of) a modo de **either way** en cualquier caso **every which way** por todas partes, en todas direcciones **in a bad way** (fam. use) mal **in a big way** a lo grande, a gran escala, en plan grande **in a small way** a pequeña escala, en plan modesto **in a way** en cierto modo, en cierta manera **in any way** de alguna manera **in many ways** desde muchos puntos de vista, en muchos aspectos **in more ways than one** en más de un sentido **in no way** de ninguna manera, de ningún modo **in some ways** en algunos aspectos **in this way** (thus) de este modo, de esta manera **no two ways about it** no tiene vuelta de hoja **no way!** ¡ni hablar!, ¡de ninguna manera! **on one's way!** on the way por el camino, de camino, de paso **one way and another** en conjunto **one way or the other** (somehow) de algún modo, de una manera u otra, como sea **out of the way** (remote) apartado, remoto (exceptional) excepcional, particular, original **that way** (direction) por allá (like that) así. **that's the way** siempre es así **that's the way the cookie crumbles** así es la vida. **the other way around** al revés, viceversa **the right way up** cabeza arriba, derecho. **the wrong way up** cabeza abajo **to be born that way** ser así, nacer así. **to be in the way** estorbar, estar por en medio **to be on the way** (coming) estar en camino, estar al llegar, avecinarse **to be on the way down** (fall) estar bajando, ir a la baja. **to be on the way in** (coming into fashion) estar poniéndose de moda **to be on the way out** (going out of fashion) en camino de desaparecer, estar pasando de moda. **to be on the way up** (rise) estar subiendo, ir al alza **to be set in one's ways** tener unas costumbres muy arraigadas, ser reacio al cambio. **to be under way** (work) estar en marcha, estar avanzado (meeting, match) haber empezado. **to cut both ways/cut two ways** ser un arma de doble filo, tener ventajas y desventajas **to get in the way** estorbar, molestar, ponerse en medio **to get into the way of doing something** coger la costumbre de hacer algo **to get one's own way** salirse con la suya **to get out of the way of something** dejarle paso a algo, apartarse del camino de algo **to get out of the way** apartarse del camino, quitarse de en medio **to get out of the way of doing something** perder la costumbre de hacer algo **to get something out of the way** deshacerse de algo, quitar algo de en medio **to get under way** (meeting, match) empezar (travellers, work) ponerse en marcha **to give way** (collapse) ceder, hundirse (yield) ceder (to, a) (when driving) ceder el paso **to go a long way towards something** contribuir en gran medida a algo **to go a long way** (succeed) ir lejos (be productive) cundir mucho, dar mucho de sí **to go one's own way** ir a lo suyo, seguir su propio camino. **to go out of one's way (to do something)** desvivirse (por *hacer algo)* **to have a way with...** *tener un don especial para...* **to keep out of somebody's way** *evitar el contacto con alguien* **to keep out of the way** *(hide)* *mantener un perfil bajo (step aside) apartarse.* **to learn something the hard way** *aprender algo a las malas* **to look the other way** *hacer la vista gorda* **to lose one's way** *perderse, extraviarse* **to make one's own way in life/in the world** *abrirse paso en la vida/el mundo* **to make one's way** *dirigirse (to, a)* **to make way for something** *hacer lugar para algo* **to my way of thinking** *a mi modo de ver* **to put somebody in the way of (doing) something** *dar a alguien la oportunidad de (hacer) algo* **to stand in the way of something** *ser un obstáculo para algo, ser un estorbo para algo* **to talk one's way out of something** *salir de algo a base de labia* **to work one's way through something** *(crowd, etc.) abrirse camino por algo (work, book) hacer algo con dificultad (college, etc.) costearse los estudios trabajando* **to work one's way up** *ascender a fuerza de trabajo, subir a base de trabajar* **way back** *(in time) hace muchísimo* **way in** *entrada* **way out** *(exit) salida (solution) solución f., remedio* **ways and means** *medios mpl.*

way-out [weɪˈaʊt] *adj. (fam. use)* estrafalario, exagerado, supermoderno.

way-side [ˈweɪsaɪd] *n.* borde *m.* del camino. **to fall by the wayside** *quedarse en el camino.*

way-ward [ˈweɪwəd] *adj.* **1** *(person - wilful)* voluntarioso *(- unruly)* revoltoso, indisciplinado, rebelde *(- erratic)* voluble, inconstante *(- capricious)* caprichoso **2** *(behavior)* irregular, imprevisible.

wc [ˈdʌbljuːˈsiː] *n. (abbr of water closet)* baño, excusado *m.*

we [wiː, *unstressed* wɪ] *pron.* nosotros.

weak [wiːk] *adj.* **1** *(gen)* débil *(person)* débil, endeble *(light, voice)* débil, tenue *(team, piece of work)* flojo **2** *(argument, excuse, etc.)* poco convincente, pobre, de poco peso, débil **3** *(tea, coffee, etc.)* aguado, flojo, poco cargado ◇ *npl.* **the weak 1** *los necesitados mpl.*, *los inválidos mpl.* **a weak moment** *un momento débil* **to be weak at/in/on something** *ir flojo en algo* **to be weak in the head** *estar mal de la cabeza* **to go weak at the knees** *flaquearle a alguien las piernas* **weak spot** *punto flaco, punto débil.*

weak·en [ˈwiːkən] *tr.* **1** *(gen)* debilitar **2** *(argument)* quitar fuerza a *(morale)* socavar ◇ *intr.* **1** *(person)* debilitarse, desfallecer **2** *(resolve, influence)* flaquear **3** *(currency)* aflojar, caer **4** *(give in)* ceder.

weak-mind·ed [wiːkˈmaɪndɪd] Se escribe **weak minded** cuando no se usa como sustantivo. *adj.* **1** *(indecisive)* indeciso *(weak-willed)* de poca voluntad **2** *(mentally deficient)* deficiente mental.

weak·ness [ˈwiːknəs] *n.* **1** *(gen)* debilidad *f.*, flaqueza **2** *(lack of conviction)* falta de peso, pobreza **3** *(defect, fault, flaw)* flaqueza, punto flaco. **to have a weakness for somebody/something** *tener una debilidad por alguien/algo.*

wealth [welθ] *n.* **1** *(riches)* riqueza **2** *fig. use* abundancia, profusión *f.*

wealth·y [ˈwelθɪ] *adj. comp.* **wealthier**, *superl.* **wealthiest** *rico,* adinerado, acaudalado ◇ *npl.* **the wealthy** *los ricos mpl.*

weap·on [ˈwepən] *n.* arma.

wear [weər] *n.* **1** *(clothing)* ropa **2** *(use)* uso **3** *(deterioration)* desgaste *m.,* deterioro **4** *(capacity for being used)* durabilidad *f.* ◇ *tr. pt.* **wore** [wɔːr], *pp.* **worn** [wɔːn] **1** *(clothing, jewellery, etc.)* llevar, llevar

puesto, vestir, usar *(shoes)* calzar **2** *(fam. use) (accept, tolerate)* tolerar, aceptar, soportar **3** *(damage by use)* desgastar ◇ *intr.* **1** *(become damaged by use)* desgastarse **2** *(endure)* durar **to be the worse for wear** *(object)* estar deteriorado *(person)* estar desmejorado, estar maltrecho* **to wear one's heart on one's sleeve** *ir con el corazón en la mano* **to wear thin** *(clothing) trasparentarse, desgastarse (patience) acabarse* **to wear smooth** *alisarse* **wear oneself out** *agotarse* **to wear well** *(person) conservarse bien (clothes) durar mucho, dar buen resultado* **wear and tear** *desgaste m. natural, deterioro.*

to wear a·way *tr. sep.* **1** *(grass, rocks, stone, etc.)* erosionar, desgastar **2** *(inscription)* borrar ◇ *intr.* **1** *(stone, etc.)* erosionarse, desgastarse **2** *(inscription)* borrarse.

to wear down *tr. sep.* **1** *(tread, stone, etc.)* desgastar **2** *(person, resistance)* agotar, cansar ◇ *intr. (heels, teeth)* desgastarse.

to wear off *intr. (pain, shock, novelty, etc.)* pasar, desaparecer.

to wear on *intr. (time)* transcurrir, pasar, avanzar.

to wear out *tr. sep.* **1** *(shoes, etc.)* gastar, desgastar, romper con el uso **2** *(person)* agotar, rendir ◇ *intr. (shoes, etc.)* gastarse, desgastarse, romperse con el uso.

wear·y [ˈwɪərɪ] *adj. comp.* **wearier**, *superl.* **weariest 1** *(exhausted)* cansado, agotado, fatigado, exhausto **2** *(fed up)* cansado, harto **3** *(tiring)* cansado, agotador, fatigoso ◇ *tr.* cansar ◇ *intr.* cansarse de.

weath·er [ˈweðər] *n. (gen)* tiempo ◇ *tr.* **1** *(withstand, survive)* aguantar, soportar, resistir **2** *(rocks)* erosionar **3** *(wood)* curar ◇ *intr. (rocks)* desgastarse *(wood)* resistir la intemperie. **in all weathers** *haga el tiempo que haga* **to keep a weather eye open for something** *estar atento por si se ve algo* **to make heavy weather of something** *costar mucho trabajo hacer algo* **to weather the storm** *capear el temporal* **under the weather** *(unwell)* mal *(depressed)* deprimido **weather permitting** *si el tiempo no lo impide* **weather chart** *mapa m. meteorológico* **weather forecast** *parte m. meteorológico* **weather forecaster** *meteorólogo* **weather map** *mapa m. meteorológico* **weather report** *parte m. meteorológico* **weather vane** *veleta.*

weave [wiːv] *n.* tejido ◇ *tr. pt.* **wove** [wəʊv], *pp.* **woven** [ˈwəʊvən], *ger.* **weaving 1** *(cloth)* tejer **2** *(fence, basket, nest, etc.)* trenzar, entretejer, tejer **3** *(one's way)* serpentear, zigzaguear **4** *fig. use (plot, story)* tramar, urdir, tejer ◇ *intr.* **1** *(cloth)* tejer **2** *(zigzag about)* serpentear, zigzaguear. **to weave in and out** *(dance)* trenzar.

weav·ing [ˈwiːvɪŋ] *n. (activity)* tejido.

web [web] *n.* **1** *(spider's)* telaraña **2** *fig. use* red *f.,* sarta, embrollo **3** *(of animals' feet)* membrana interdigital **4** *(Internet)* web *f.* **web page** *página web.*

web-bed [webd] *adj.* palmeado.

web-foot·ed [ˈwebˈfʊtɪd] *adj.* palmípedo.

web-mas·ter [ˈwebmɑːstə ʳ] *n.* administrador de web.

web-site [ˈwebsaɪt] *n.* web *f.,* sitio web.

Wed [ˈwenzdɪ] *abbr.* **(Wednesday)** miércoles *m. (abbreviation)* miérc.

wed [wed] *tr. pt. & pp.* **wedded** o **wed**, *ger.* **wedding** casarse con.

we'd [wiːd] *contr.* **1** we had **2** we would.

wed·ding [ˈwedɪŋ] *n.* boda, casamiento **to have a church wedding** *casarse por la iglesia* **wed-**

ding **anniversary** aniversario de boda **wedding breakfast** banquete m. nupcial **wedding cake** tarta nupcial **wedding day** día m. de la boda **wedding dress** traje m. de novia, vestido de novia **wedding invitation** invitación f. de boda **Wedding March** marcha nupcial **wedding present** regalo de boda **wedding reception** banquete m. de bodas **wedding ring** alianza, anillo de boda.

wedge [wedʒ] n. 1 (gen) cuña, calza, calce m. (for splitting) cuña 2 (of cake, cheese) trozo grande 3 (golf) wedge m. ◇ tr. 1 (force apart) acuñar, calzar 2 (pack tightly) apretar. **the thin edge of the wedge** solo el principio. **to be wedged tight** estar completamente trabado. **to wedge something open** mantener algo abierto mediante una cuña.

Wednes·day ['wenzdi] n. miércoles m. inv. **NOTA:** Para ejemplos de uso, ver Saturday.

weed [wiːd] n. 1 BOT (in garden) mala hierba (in water) algas fpl. 2 [fam. use] pej. (person) debilucho, canijo 3 [fam. use] (tobacco) tabaco, el fumar m. (marijuana) hierba, maría, hachís m. ◇ tr. escardar ◇ intr. escardar.

week [wiːk] n. semana.

week·day ['wiːkdeɪ] n. día m. laborable.

week·end ['wiːkend, wiːk'end] n. fin m. de semana ◇ intr. pasar el fin de semana **long weekend** puente m.

week·ly ['wiːkli] adj. semanal ◇ adv. semanalmente, cada semana ◇ n. (press) semanario.

weep [wiːp] intr. pt. & pp. **wept** [wept] 1 [fml. use] (person) llorar 2 (wound) supurar ◇ tr. (tears) derramar. **to have a good weep** llorar a lágrima viva **to have a little weep** llorar un poco **to weep for somebody** llorar a alguien **to weep for joy** llorar de alegría.

weep·ing ['wiːpɪŋ] adj. lloroso ◇ n. llanto **weeping willow** BOT sauce m. llorón.

weep·y ['wiːpi] adj. comp. **weepier,** superl. **weepiest** (person) llorón, lloroso (film) lacrimógeno.

weigh [weɪ] tr. (gen) pesar 2 fig. use (consider carefully) ponderar, sopesar (up, -) (compare carefully) contraponer (with/against, a) ◇ intr. 1 (gen) pesar 2 (be important to, have influence on) influir en, pesar **to weigh anchor** levar anclas **to weigh the evidence** sopesar las pruebas **to weigh a ton** pesar una tonelada **to weigh one's words** ponderar las palabras.

weight [weɪt] n. 1 (gen) peso 2 (of scales, clock, gym) pesa (heavy object) peso, cosa pesada 3 fig. use (burden, worry) peso, carga 4 fig. use (importance, influence) peso, importancia, influencia ◇ tr. 1 (make heavy) cargar con peso, poner peso en, añadir peso a (fishing net) lastrar 2 fig. use (statistics, etc.) ponderar **to lose weight** perder peso, adelgazar **to pull one's weight** poner de su parte **to put on weight** engordar, ganar peso **to take the weight off one's feet** descansar los pies **to throw one's weight about/around** hacer sentir su autoridad **weight limit** límite m. de peso **weight training** entrenamiento con pesas **weight watcher** persona que se cuida la línea.

weight·less ['weɪtlas] adj. ingrávido.

weight·lift·er ['weɪtlɪftəʳ] n. SP levantador de pesas, halterófilo.

weight·lift·ing ['weɪtlɪftɪŋ] n. levantamiento de pesas, halterofilia.

weir [wɪəʳ] n. presa.

weird [wɪəd] adj. 1 (bizarre) raro, extraño 2 (eerie) siniestro.

weird·o ['wɪədəʊ] n. pl. **weirdos** [fam. use] tipo raro.

wel·come ['welkəm] adj. 1 (gen) bienvenido 2 (news, sight, etc.) grato, agradable (change) oportuno, beneficioso interj. bienvenido (to, a) ◇ n. bienvenida, acogida ◇ tr. 1 (greet) acoger, recibir (officially) dar la bienvenida a 2 (approve of, support) aplaudir, acoger con agrado **to be welcome to…** poder… con toda libertad **to give somebody a warm welcome** acoger a alguien calurosamente **to make somebody welcome** hacer que alguien se sienta en casa **to welcome something/somebody with open arms** acoger algo/a alguien con los brazos abiertos **you're welcome** (not at all) no hay de qué, de nada.

wel·com·ing ['welkəmɪŋ] adj. (smile) acogedor (speech) de bienvenida.

weld [weld] n. soldadura ◇ tr. 1 soldar 2 fig. use soldar, unir ◇ intr. soldarse.

weld·er ['weldəʳ] n. soldador.

weld·ing ['weldɪŋ] n. soldadura.

wel·fare ['welfeəʳ] n. 1 (well-being) bienestar m. (health) salud f. 2 (care, help) protección f. 3 (money) seguridad f. social **to be on welfare** recibir prestaciones de la seguridad social **welfare payments** prestaciones fpl. de la seguridad social **welfare work** trabajos mpl. de asistencia social **welfare worker** asistente mf. social.

well¹ [wel] n. 1 (for water) pozo 2 (of staircase) hueco de la escalera (of lift) hueco del ascensor ◇ intr. (tears, blood) brotar (up, -), manar (up, -).

well² [wel] adj. 1 (in good health) bien 2 (satisfactory, right) bien ◇ adv. 1 (gen) bien (with modals) bien 3 (much, quite) bien ◇ interj. 1 (gen) bueno, bien, pues 2 (surprise) ¡vaya! **all well that ends well** bien está lo que bien acaba **all well and good** muy bien, perfecto **as well** (also, too) también **as well as** además de, aparte de **it's all very well to "+ inf"** resulta muy fácil + inf. **to be (just) as well to "+ inf"** no estar de más + inf., convenir + inf. **to be well in with somebody** ser muy amigo de alguien **to be well off for something** tener algo de sobra **to be well out of something** tener la suerte de haberse librado de algo **to be well up on/in something** estar muy bien informado de algo **to do well** (business, etc.) ir bien, marchar bien, tener éxito (person - success) irle bien las cosas (- health) encontrarse bien, estar bien. **to do well by somebody** tratar bien a alguien **to do well for oneself** prosperar, tener éxito **to do well in something** hacer algo bien, irle algo bien a alguien **to do well out of…** sacar provecho de… **to do well to do something** convenir hacer algo **to speak well of somebody** hablar bien de alguien **to think well of somebody** pensar bien de alguien **very well** muy bien, bueno, bien **well and truly** completamente **well done!** ¡muy bien!, ¡así se hace! **well off** (comfortable, rich) acomodado, rico, pudiente.

we'll [wiːl] contr. we will.

well-bal·anced ['wel'bælənst] Se escribe well balanced cuando no se usa como sustantivo. adj. equilibrado.

well-be·haved ['welbɪ'heɪvd] Se escribe well behaved cuando no se usa como sustantivo. adj. 1 formal, educado.

well-be·ing ['wel'biːɪŋ] n. bienestar m.

well-built ['wel'bɪlt] Se escribe well built cuando no se usa como sustantivo. adj. 1 (building) de construcción sólida 2 (person) fornido.

W

well-cho·sen ['wel'tʃəʊzən] Se escribe **well chosen** cuando no se usa como sustantivo. *adj.* acertado.

well-done ['wel'dʌn] Se escribe **well done** cuando no se usa como sustantivo. *adj.* muy hecho.

well-earned ['wel'ɜːnd] Se escribe **well earned** cuando no se usa como sustantivo. *adj.* merecido, bien merecido.

well-ed·u·cat·ed [wel'edjəkeɪtɪd] Se escribe **well educated** cuando no se usa como sustantivo. *adj.* culto, instruido.

well-found·ed ['wel'faʊndɪd] Se escribe **well founded** cuando no se usa como sustantivo. *adj.* bien fundado.

well-heeled ['wel'hiːld] Se escribe **well heeled** cuando no se usa como sustantivo. *adj.* [fam. use] adinerado.

well-in·formed ['welɪn'fɔːmd] Se escribe **well informed** cuando no se usa como sustantivo. *adj.* bien informado.

well-in·ten·tioned ['welɪn'tenʃənd] Se escribe **well intentioned** cuando no se usa como sustantivo. *adj.* bien intencionado.

well-judged ['wel'dʒʌdʒd] Se escribe **well judged** cuando no se usa como sustantivo. *adj.* bien calculado.

well-known [wel'nəʊn] *adj.* (bien) conocido.

well-liked ['wel'laɪkt] Se escribe **well liked** cuando no se usa como sustantivo. *adj.* popular.

well-lit ['wel'lɪt] Se escribe **well lit** cuando no se usa como sustantivo. *adj.* bien iluminado.

well-mean·ing ['wel'miːnɪŋ] Se escribe **well meaning** cuando no se usa como sustantivo. *adj.* bien intencionado.

well-meant ['wel'ment] Se escribe **well lit** cuando no se usa como sustantivo. *adj.* bienintencionado.

well-off ['wel'ɒf] Se escribe **well off** cuando no se usa como sustantivo. *adj.* rico, acomodado, pudiente.

well-spo·ken ['wel'spəʊkən] Se escribe **well spoken** cuando no se usa como sustantivo. *adj.* con acento culto.

well-timed ['wel'taɪmd] Se escribe **well timed** cuando no se usa como sustantivo. *adj.* oportuno.

well-to-do ['weltə'duː] *adj.* acomodado, pudiente ◇ *npl.* the well-to-do la gente pudiente.

well-wish·er ['welwɪʃəʳ] *n.* persona que llama o escribe a otra deseándole suerte, una pronta recuperación, etc.

well-worn ['wel'wɔːn] Se escribe **well worn** cuando no se usa como sustantivo. *adj.* 1 (clothes) gastado, raído (path) trillado 2 (phrase) gastado, trillado.

Welsh [welʃ] *adj.* galés m. ◇ n. (language) galés m. ◇ npl. the Welsh los galeses mpl.

wel·ter·weight ['weltəweɪt] *n.* SP peso wélter, wélter m.

went [went] *pt.* VER: go.

wept [wept] *pt. & pp.* VER: weep.

were [wɜːʳ] *pt.* VER: be.

we're [wɪəʳ] *contr.* we are.

were·wolf ['wɪəwʊlf] *n. pl.* werewolves hombre m. lobo.

west [west] *n.* oeste m., occidente m. ◇ adj. occidental, del oeste ◇ adv. al oeste, hacia el oeste ◇ n. the West POL Occidente m., los países mpl. occidentales the Far West el Lejano Oeste the West Coast la costa oeste West Indies las Antillas West Indian antillano.

west·bound ['westbaʊnd] *adj.* en dirección al oeste.

west·ern ['westən] *adj.* del oeste, occidental ◇ n. (cinema) western m.

west-north·west [westnɔːθ'west] *n.* oesnoroeste m. ◇ adv. al oesnoroeste, hacia el oesnoroeste.

west-south·west [westsaʊθ'west] *n.* oesudoeste m. ◇ adv. al oesudoeste, hacia el oesudoeste.

west·ward ['westwəd] *adj.* hacia el oeste.

west·wards ['westwədz] *adv.* hacia el oeste.

wet [wet] *adj. comp.* wetter, superl. wettest 1 (gen) mojado (damp) húmedo 2 (weather) lluvioso 3 (paint, ink) fresco 4 [fam. use] (person) apocado, soso ◇ n. 1 (damp) humedad f. 2 (rain) lluvia 3 [fam. use] (person) apocado (politician) moderado ◇ tr. pt. & pp. wet o wetted, ger. wetting mojar, humedecer to get wet mojarse to wet oneself orinarse, mearse encima to wet the bed orinarse en la cama wet suit traje m. isotérmico.

wet·ness ['wetnəs] *n.* humedad f.

we've [wiːv] *contr.* we have.

whack [wæk] *n.* 1 (blow) golpe m., porrazo 2 [fam. use] (share) parte f., porción f. ◇ tr. (hit hard - gen) pegar, zurrar (- ball) golpear fuerte.

whale [weɪl] *n.* ballena to **have a whale of a time** pasarlo pipa, pasarlo en grande.

wharf [wɔːf] *n. pl.* wharfs o wharves muelle m., embarcadero.

what [wɒt] *adj.* 1 (direct questions) qué 2 (indirect questions) qué 3 (exclamations) qué 4 (all the) todo ◇ pron. 1 (direct questions) qué 2 (indirect questions) qué 3 lo que ◇ interj. ¡cómo! and what not y tal, cosas por el estilo guess what? ¿sabes qué? or what? ¿o qué? to give somebody what for darle a alguien su merecido to know what's what saber de qué va la cosa, estar al tanto what about...? ¿qué tal...?, ¿qué te parece...? what for? (why) ¿por qué? (for what purpose) ¿para qué? what have you y tal. what if...? ¿y si...? what is it? (what's wrong?) ¿qué pasa? (definition) ¿qué es? what of it? ¿y qué? what with... and... entre... y..., con lo de... y... what's more y además.

what·ev·er [wɒt'evəʳ] *adj.* 1 (any) cualquiera que 2 (at all) en absoluto ◇ pron. 1 (anything, all that) (todo) lo que 2 (no matter what) 4 [fam. use] (show indifference) lo que sea or whatever o tal, o cosas por el estilo.

wheat [wiːt] *n.* trigo **wheat germ** germen m. de trigo.

wheel [wiːl] *n.* 1 rueda 2 (steering wheel) volante m. ◇ tr. (push) empujar 3 intr. girar 2 (birds) revolotear ◇ npl. wheels coche m. sing. to **be at the wheel** (car) estar al volante (ship) llevar el timón to **wheel and deal** trapichear **wheel clamp** cepo.

to wheel out *tr. sep.* sacar.

wheel·bar·row ['wiːlbærəʊ] *n.* carretilla de mano.

wheel·chair ['wiːltʃeəʳ] *n.* silla de ruedas.

wheeze [wiːz] *n.* (sound) resuello (act) respiración f. sibilante ◇ intr. respirar con dificultad, resollar ◇ tr. decir resollando.

when [wen] *adv.* 1 (direct questions) cuándo 2 (indirect questions) cuándo 3 (at which, on which) cuando, en que 2 (at the time that) cuando 2 (whenever) cuando, siempre que 3 (considering) cuando, si 4 (although) cuando, aunque ◇ pron. cuando.

whence [wens] *adv.* [fml. use] de dónde.

when·ev·er [wen'evəʳ] *conj.* 1 (at any time, when) cuando quiera que 2 (every time that) siempre que ◇ adv. (surprise) cuándo or whenever o cuando sea.

where [weəʳ] *adv.* 1 (direct question - place) dónde (- direction) adónde 2 (indirect question) dónde, adónde 3 (at, in or which) donde, en que (to which) adonde, a donde ◇ conj. 1 donde 2 (when) cuando.

where·a·bouts [(n.) 'weərəbauts; (adv.) weərə'bauts] n. paradero ◇ adv. (por) dónde.

where·as [weər'æz] conj. 1 mientras que 2 JUR considerando que.

wher·ev·er [weər'evə ᴿ] conj. 1 (in any place, where) dondequiera que 2 (everywhere) dondequiera ◇ adv. 1 (in questions) dónde, adónde 2 (unspecified place) en cualquier parte. **or wherever** o donde sea.

wheth·er ['weðə ᴿ] conj. 1 si 2 (no matter if) aunque **whether by accident or design** fuera por accidente o a propósito.

which [wɪtʃ] adj. 1 (direct questions) qué, cuál, cuáles 2 **(indirect questions)** qué ◇ pron. 1 (questions) cuál, cuáles 2 **(indirect questions)** cuál 3 (defining relative) que (with preposition) que, el/la que, el/la cual, los/las que, los/las cuales 4 (non-defining relative) el/la cual, los/las que, los/las cuales 5 (referring to a clause) lo que, lo cual **in which case** en cuyo caso.

which·ev·er [wɪtʃ'evə ᴿ] adj. 1 (any one) cualquier, el/la que 2 (no matter which) cualquiera que, no importa 3 (interrogative) cuál ◇ pron. 1 cualquiera, el/la que 2 (interrogative) cuál.

while [waɪl] n. (time) rato, tiempo conj. ◇ 1 (when) mientras 2 (although) aunque 3 (whereas) mientras que.

whilst [waɪlst] conj. VER: while.

whine [waɪn] n. 1 (of child) gimoteo, quejido (of dog) gemido 2 (of engine) zumbido, sonido (of siren) aullido ◇ intr. 1 (child) gimotear, lloriquear (dog) gemir 2 (complain) quejarse (in pain) gimotear.

whiner ['waɪnə ᴿ] n. (person) quejumbroso mf.

whin·ing ['waɪnɪŋ] adj. (person) quejumbroso ◇ n. (of child) gimoteo (of dog) gemidos mpl.

whip [wɪp] n. 1 (for animals) látigo (for punishment) azote m. (for riding) fusta 2 POL (person) oficial encargado de la disciplina de un partido (instruction) llamada a los miembros de un partido para que asistan a la cámara 3 CULIN (dessert) batido ◇ tr. pt. & pp. **whipped**, ger. **whipping** 1 (person) azotar (horse) fustigar 2 (wind) azotar 3 CULIN (ingredients) batir (cream, egg whites) montar 4 (act quickly) hacer algo deprisa ◇ intr. (move quickly) ir volando **to crack the whip** hacer restallar el látigo. **to get a fair crack of the whip** tener la misma oportunidad. **to have the whip hand** estar en una posición de control, llevar la batuta.

whip·lash ['wɪplæʃ] n. latigazo, trallazo **whiplash injury** MED traumatismo cervical.

whirl [wɜːl] n. 1 (movement) giro, vuelta 2 fig. use torbellino ◇ intr. 1 (move around) girar, dar vueltas (of dust, leaves, etc.) arremolinarse 2 (move quickly) ir como un relámpago 3 fig. use (of brain, senses) dar vueltas tr. (spin) hacer girar, dar vueltas a 2 (move quickly) llevar rápidamente.

whirl·pool ['wɜːlpuːl] n. vorágine m., remolino.

whirl·wind ['wɜːlwɪnd] n. torbellino, remolino ◇ adj. fig. use vertiginoso, relámpago.

whisk [wɪsk] n. 1 (quick movement) movimiento brusco, sacudida 2 CULIN (hand) batidor m. (electric) batidora ◇ tr. 1 (of animal's tail) sacudir (la cola) 2 CULIN batir 3 (take quickly) llevar rápidamente.

whisk·er ['wɪskə ᴿ] n. (single hair) pelo (de la barba) ◇ npl. **whiskers** (man's) patillas ◇ fpl. (of cat, etc.) bigote m., bigotes mpl. **by a whisker** por un pelo, por los pelos **to think one is the cat's whiskers** ser un creído, ser un engreído, creerse el ombligo del mundo.

whis·key ['wɪski] n. pl. **whiskies** whisky m., güisqui m.

whis·per ['wɪspə ᴿ] n. 1 (quiet voice) susurro 2 (rumor) rumor m., voz f. ◇ tr. 1 (gen) susurrar, decir en voz baja 2 (rumor) correr la voz, rumorearse ◇ intr. 1 (gen) susurrar, cuchichear, hablar en voz baja 2 (of wind, leaves) susurrar.

whis·per·ing ['wɪspərɪŋ] n. (gen) cuchicheo (of leaves) murmullo **whispering campaign** campaña de difamación **whispering gallery** galería de los murmullos.

whis·tle ['wɪsl] n. 1 (instrument) silbato, pito 2 (noise) silbido, pitido (of train) pitido (of wind) silbido ◇ tr. (tune) silbar ◇ intr. 1 (person, kettle, wind) silbar (referee, police, train) pitar 2 (call) llamar con un silbido, silbar (protest) silbar, pitar 3 (move swiftly) pasar silbando **to blow the whistle on somebody** delatar a alguien **to wet one's whistle** mojar el gaznate, echarse un trago **to whistle for something** esperar algo vanamente.

white [waɪt] adj. 1 blanco 2 (pale) pálido ◇ n. 1 blanco, color m. blanco 2 (person) blanco 3 (of egg) clara 4 (of eye) blanco ◇ npl. **whites** (linen) ropa f. sing. blanca (for tennis) ropa f. sing. de jugar al tenis. **as white as a sheet** blanco como el papel **as white as snow** más blanco que la nieve. **to go/turn white** (person's face) palidecer, ponerse pálido (hair) ponerse cano, encanecer (person) quedarse canoso **to have a white wedding** casarse de blanco **white (blood) cell** glóbulo blanco **white Christmas** Navidades fpl. blancas **white corpuscle** glóbulo blanco **white elephant** elefante m. blanco **white flag** bandera blanca **white heat** incandescencia **White House** Casa Blanca **white lead** albayalde m., plomo blanco **white lie** mentira piadosa **white meat** carne f. blanca **white noise** ruido blanco **white pepper** pimienta blanca **white sauce** (salsa) bechamel f. **white spirit** aguarrás m. **white stick** bastón m. blanco de los ciegos **white sugar** azúcar f. blanquilla.

white-col·lar [waɪt'kɒlə ᴿ] adj. administrativo **white-collar worker** empleado administrativo, oficinista mf.

white·wash ['waɪtwɒʃ] n. 1 cal f., lechada, jalbegue m. 2 fig. use encubrimiento ◇ tr. 1 encalar, enjalbegar, blanquear 2 fig. use encubrir.

whit·tle ['wɪtl] tr. (sharpen) afilar, sacar punta a (shape) tallar.

to whit·tle a·way tr. sep. mermar, ir reduciendo, ir disminuyendo.

to whit·tle down tr. sep. reducir.

whizz [wɪz] n. (sound) zumbido, silbido ◇ intr. 1 (make sound) zumbar, silbar 2 (car, bullet) pasar zumbando, pasar silbando (time) pasar volando **to be a whizz at something** ser una hacha en algo **whizz kid** joven mf. dinámico y emprendedor.

who [huː] pron. 1 (direct questions) quién, quiénes 2 **(indirect questions)** quién, quiénes 3 (defining relative) que 4 (non-defining relative) que, quien, quienes, el/la cual, los/las cuales.

who·ev·er [huː'evə ᴿ] pron. 1 (the person who) quien, quienquiera que, el que 2 (no matter who) quienquiera que, cualquiera que 3 (questions, exclamations) quién?... **or whoever...** o quien sea.

whole [həʊl] adj. 1 (entire, all (the), the full amount of) entero, íntegro, todo 2 (intact, not broken) intacto, sano (in one piece, complete) entero ◇ n. conjunto, todo **a whole lot** mucho, muchos, un montón de **as a whole** en conjunto, en su totalidad. **on the whole** en general.

W

the whole of *la totalidad de, todo* to make somebody whole *curar a alguien* whole number *número entero*.

whole·food ['həʊlfuːd] *n.* alimento integral.

whole·meal ['həʊlmiːl] *adj.* integral.

whole·sale ['həʊlseɪl] *adj.* 1 COMM al por mayor 2 *(complete, indiscriminate)* total, general, masivo, sistemático, absoluto *adv.* 1 COMM al por mayor 2 *(on a large scale)* de modo general, en su totalidad, en masa, de manera sistemática ◇ *n.* COMM venta al por mayor.

whole·some ['həʊlsəm] *adj.* 1 *(food)* sano *(appearance)* sano, saludable 2 *fig. use (good in effect)* saludable.

whom [huːm] *pron.* 1 *(fml. use) (direct questions)* a quién/quiénes 2 *(fml. use) (relative - defining)* que, quien, quienes *(- after preposition)* quien, quienes, el cual, la cual, los cuales, las cuales 3 *(relative - non-defining)* quien, quienes, el cual, la cual, los cuales, las cuales.

whoop·ing cough ['huːpɪŋkɒf] *n.* MED tos *f.* ferina.

whose [huːz] *pron.* 1 *(direct questions)* de quién/quiénes 2 **(indirect questions)** de quién/quiénes *adj.* 1 *(direct questions)* de quién/quiénes 2 **(indirect questions)** de quién/quiénes 3 *(relative)* cuyo, cuyos.

why [waɪ] *adv.* 1 *(direct questions - for what reason)* por qué **(- for what purpose)** para qué **(- indirect questions - for what reason)** por qué **(- for what purpose)** para qué 3 *(relative)* por qué ◇ *interj.* ¡vaya!, ¡anda!, ¡toma! ◇ *n.* porqué *m.* the whys and (the) wherefores *el cómo y el porqué* why ever? *¿por qué demonios?* why not? *¿por qué no?*

wick [wɪk] *n.* mecha.

wick·ed ['wɪkɪd] *adj.* 1 *(evil - person)* malvado, malo *(- action)* malo, perverso, inicuo 2 *(harmful)* peligroso, dañino, nocivo 3 *(mischievous)* travieso, pícaro 4 *(fam. use) fig. use (very bad - gen)* malísimo *(- weather)* feo, horrible *(- temper, price)* terrible *(- waste)* vergonzoso *(humor)* cruel *npl.* the wicked 1 los malos. there's no rest for the wicked *los malos nunca descansan*.

wick·ed·ness ['wɪkɪdnəs] *n.* maldad *f.*

wide [waɪd] *adj.* 1 *(broad)* ancho *(space, hole, gap)* grande 2 *(having specified width)* de ancho 3 *(large - area)* amplio, extenso *(- knowledge, experience, repercussions)* amplio *(- coverage, range, support)* extenso 4 *(eyes, smile)* abierto 5 *(off target)* desviado ◇ *adv.* 1 *(fully - gen)* completamente 2 *(off target)* desviado. from far and wide *de todas partes* to be/fall wide of the mark *no dar en el blanco, no acertar* to give somebody/something a wide berth *evitar a alguien/algo* to go into something with one's eyes wide open *saber muy bien dónde se está metiendo uno* wide open *(to something) (exposed)* completamente expuesto *(a algo)*.

wide-an·gle ['waɪdæŋgəl] *adj.* amplio wide-angle lens *objetivo gran angular*.

wide-eyed ['waɪd'aɪd] Se escribe wide eyed cuando no se usa como sustantivo. *adj.* 1 *(surprised)* con los ojos muy abiertos 2 *(innocent, naive)* inocente, ingenuo.

wide·ly ['waɪdli] *adv.* 1 *(over wide area or range of things)* extensamente *(generally)* generalmente 2 *(to a large degree)* mucho.

wid·en ['waɪdən] *tr.* 1 *(road, etc.)* ensanchar 2 *fig. use (knowledge, etc.)* ampliar, extender ◇ *intr.* 1 *(road, etc.)* ensancharse *(eyes)* abrirse 2 *(project, etc.)* extenderse *(difference, gap)* aumentar.

wide-rang·ing ['waɪd'reɪndʒɪŋ] Se escribe wide ranging cuando no se usa como sustantivo. *adj.* 1 *(interests, products, subjects)* múltiples, muy diversos, muy variados *(discussion)* amplio 2 *(effects, implications)* de gran alcance *(survey, study, investigation)* a fondo, de gran alcance.

wide·spread ['waɪdspred] *adj.* *(concern, confusion, unrest, use, belief)* generalizado *(damage, disease, news)* extenso, extendido. to become widespread *(gen)* generalizarse *(illness, news)* extenderse, difundirse.

wid·ow ['wɪdəʊ] *n.* viuda.

wid·ow·er ['wɪdəʊə*ʳ*] *n.* viudo.

width [wɪdθ] *n.* 1 *(gen)* anchura 2 *(of material)* ancho 3 *(of swimming pool)* ancho.

wield [wiːld] *tr.* 1 *(weapon, tool, etc.)* empuñar, blandir, manejar 2 *fig. use (power, control, etc.)* ejercer.

wife [waɪf] *n. pl.* wives esposa, mujer *f.* an old wives' tale *cuento de viejas*.

wig [wɪg] *n.* 1 *(gen)* peluca 2 JUR peluquín *m.* to wear a wig *llevar peluca*.

wig·gle ['wɪgəl] *tr. (gen)* menear *(hips)* contonearse ◇ *intr. (gen)* menearse ◇ *n.* meneo.

wild [waɪld] *adj.* 1 *(animal)* salvaje, bravío 2 *(plant, flower)* silvestre *(vegetation)* salvaje 3 **(country, landscape)** agreste, bravo, salvaje 4 *(weather - wind)* furioso, borrascoso *(- sea)* bravo *(- night)* tempestuoso, de tormenta 5 *(tribe)* salvaje 6 *(violent, angry - person)* furioso, colérico, frenético *(- behavior)* incontrolado, desenfrenado *(- blow, attack)* violento, salvaje, brutal 7 *(very excited - person)* loco (**with,** de), alocado *(very exciting - party, etc.)* escandaloso, desmadrado 8 *(showing lack of thought - thoughts, talk)* disparatado *(- guess)* al azar *(- idea, scheme)* descabellado, desorbitado, loco, alocado *(- decision)* precipitado, impetuoso *(- exaggeration, speculation)* enorme 9 *(fam. use) (fantastic, crazy)* bárbaro, salvaje *n.* the wild 1 estado salvaje, estado natural, naturaleza ◇ *npl.* the wilds las regiones *fpl.* salvajes. beyond one's wildest dreams *más de lo que jamás había soñado* to be wild about something *estar loco por algo* to grow wild *ser silvestre* to run wild *(animal)* vivir en su estado natural *(plant, garden)* volver a su estado natural *(person, child)* desmandarse *(hooligan, etc.)* portarse como un salvaje wild card *comodín m.* the Wild West *el Lejano Oeste m.*

wil·der·ness ['wɪldənəs] *n.* 1 *(desert)* yermo, desierto *(wasteland)* páramo 2 *pej. (garden)* selva, jungla. in the (political) wilderness POL *alejado del mundo de la política.*

wild·life ['waɪldlaɪf] *n.* fauna wildlife park *reserva.*

wild·ly ['waɪldli] *adv.* 1 *(run, etc.)* como un loco, frenéticamente *(talk)* exageradamente, sin ton ni son, incoherentemente *(applaud)* fervorosamente *(hit)* violentamente, furiosamente 2 *(guess)* al azar, sin pensar *(shoot)* sin apuntar, a lo loco 3 *(very)* muy, totalmente, absolutamente.

wil·ful ['wɪlfʊl] *adj.* 1 *(headstrong, obstinate)* voluntarioso, terco 2 JUR *(intentional)* premeditado, deliberado.

will¹ [wɪl] *n.* 1 *(control, volition)* voluntad *f. (free will)* albedrío 2 JUR testamento, últimas *fpl.* voluntades ◇ *tr.* 1 *(make or intend to happen by power of mind)* desear, querer 2 *(fml. use) (intend, desire)* querer, ordenar, mandar 3 JUR legar, dejar en testamento. against one's will *contra su voluntad, a pesar suyo* at will *a voluntad* of one's own free will *por voluntad propia* where there's a will there's a way *querer es poder* with a will *con ilusión, con entusiasmo, con ganas* **last will and testament** *última voluntad f.*

will² [wɪl] *auxiliary* **1** *(future)* **2** *(be disposed to, be willing to)* **3** *(requests)* querer **4** *(general truths, custom)* **5** *(orders, commands)* **6** *(insistence, persistence)* insistir en **7** *(can, possibility)* poder **8** *(supposition, must, probability)* deber de **if you will** *si así lo quiere* **I will** *(in wedding) si, quiero* **will do** *muy bien, lo haré.*

will·ing [ˈwɪlɪŋ] *adj.* **1** *(without being forced)* complaciente, de gran voluntad, dispuesto *(eager)* entusiasta **2** *(ready, prepared, disposed)* dispuesto *(to, a)* **3** *(given/done gladly)* voluntario. **to show willing** *dar pruebas de buena voluntad.*

will·ing·ly [ˈwɪlɪŋlɪ] *adv.* de buena gana, de buen grado.

wil·low [ˈwɪləʊ] *n.* sauce *m.* **willow tree** *sauce m.*

will·pow·er [ˈwɪlpaʊə⁻ʳ] *n.* (fuerza de) voluntad *f.*

wilt [wɪlt] *tr.* marchitar, secar ◇ *intr.* **1** *(plant)* marchitarse, secarse **2** *(person - become weak or tired)* debilitarse, decaer, languidecer *(- lose confidence)* desanimarse.

wimp [wɪmp] *n. [fam. use] pej.* debilucho, esmirriado, canijo.

win [wɪn] *n.* victoria ◇ *tr. pt. & pp.* **won**, *ger.* **winning 1** *(gen) (victory)* conseguir, ganar **2** *(prize, cup, etc.)* ganar, llevarse **3** *(gain, obtain, achieve - gen)* conseguir, obtener, ganar *(- friendship, respect)* granjearse *(- sympathy, affection)* ganarse, granjearse *(- support)* atraer, captar *(- heart, love)* conquistar ◇ *intr.* ganar **to win hands down** *ganar fácilmente* **to win the day** *llevarse la palma* **to win the toss** *ganar el sorteo* **win or lose** *tanto si ganamos como si perdemos* **you can't win** *(certain to lose)* no hay caso.
to win back *tr. sep. (money, love, support)* recuperar *(land)* reconquistar.

wince [wɪns] *n.* rictus *m.*, mueca de dolor ◇ *intr. (in pain)* hacer un rictus, hacer una mueca de dolor *(in embarrassment)* hacer una mueca.

winch [wɪntʃ] *n.* torno, cabrestante *m.* ◇ *tr.* levantar con un torno.

wind¹ [wɪnd] *n.* **1** METEOR viento, aire *m.* **2** *(breath)* aliento **3** *(flatulence)* gases *mpl.*, flato *(air)* gases *mpl.* del estómago **4** *pej. (talk)* palabrería ◇ *adj.* MUS de viento ◇ *tr.* **1** dejar sin aliento, cortar la respiración **2** *(baby)* hacer eructar. **like the wind** *como el viento.* **to break wind** *ventosear* **to get one's second wind** *(feel strong again)* recobrar el aliento *(become lively again)* reanimarse **to get wind of something** *olerse algo* **to get/have the wind up (about something)** *arrugarse por algo, encogérsele a uno el ombligo por algo* **to put the wind up somebody** *espantar a alguien, asustar a alguien* **to run/sail before the wind** *navegar viento en popa* **to throw caution to the wind** *liarse la manta a la cabeza* **to the four winds** *a los cuatro vientos* **wind farm** *parque m. eólico* **wind gauge** *anemómetro* **wind instrument** *instrumento de viento* **wind power** *energía eólica* **wind tunnel** *túnel m. aerodinámico* **winds of change** *aires mpl. de cambio.*

wind² [waɪnd] *tr. pt. & pp.* **wound** [waʊnd] **1** *(handle)* dar vueltas a, girar **2** *(on reel)* arrollar, devanar **3** *(tape, film)* bobinar **4** *(clock)* dar cuerda a *(up, -)* **5** *(bandage, scarf)* envolver *(wool)* ovillar ◇ *intr. (road, river)* serpentear, zigzaguear *(staircase)* formar una espiral ◇ *n. (bend)* curva, recodo, vuelta.
to wind down *intr.* **1** *(clock)* quedarse sin cuerda **2** *(person)* relajarse.

to wind up *tr. sep.* **1** *(business, company)* concluir, cerrar *(meeting, speech)* clausurar, terminar, acabar **2** *(annoy)* fastidiar *(kid)* tomar el pelo, quedarse con ◇ *intr. [fam. use]* acabar.

wind·ing [ˈwaɪndɪŋ] *adj. (road, river)* sinuoso, tortuoso *(staircase)* de caracol, espiral **winding sheet** *mortaja, sudario.*

wind·mill [ˈwɪndmɪl] *n.* molino de viento.

win·dow [ˈwɪndəʊ] *n.* **1** *(gen)* ventana **2** *(in vehicle, bank, theatre, etc.)* ventanilla **3** *(of shop)* escaparate *m.* **4** *(glass)* cristal *m.* **5** COMPUT ventana **window box** *jardinera* **window cleaner** *limpiacristales mf. inv* **window envelope** *sobre m. con ventanilla* **window seat** *asiento junto a la ventanilla* **window shade** *persiana.*

win·dow·pane [ˈwɪndəʊpeɪn] *n.* vidrio, cristal *m.*

win·dow-shop [ˈwɪndəʊʃɒp] *intr. pt. & pp.* **window-shopped**, *ger.* **window-shopping** *mirar escaparates.*

win·dow-shop·ping [ˈwɪndəʊʃɒpɪŋ] **to go window-shopping** *ir a mirar escaparates.*

wind·pipe [ˈwɪndpaɪp] *n.* tráquea.

wind·shield [ˈwɪndʃiːld] *n.* parabrisas *m.* **windscreen wiper** *limpiaparabrisas m.*

wind·swept [ˈwɪndswept] *adj. (place)* azotado por el viento *(person, hair)* despeinado (por el viento).

wind-up [ˈwaɪndʌp] *n.* tomadura de pelo, burla.

wind·y [ˈwɪndɪ] *adj. comp.* **windier**, *superl.* **windiest 1** *(day, weather)* ventoso *(place)* expuesto al viento **2** *(speech)* rimbombante.

wine [waɪn] *n.* **1** vino **2** *(color)* (color m) morado, granate *m.* **to wine and dine somebody** *dar agasajo a alguien, agasajar a alguien, tratar a alguien por todo lo alto* **wine bar** *bar m. cuya especialidad es el vino* **wine cellar** *bodega* **wine cooler** *heladera (para el vino)* **wine grower** *viticultor* **wine growing** *viticultura* **wine list** *lista de vinos* **wine merchant** *vinatero* **wine producer** *viticultor* **wine taster** *catavinos mf.* **wine tasting** *cata de vinos.*

wine-glass [ˈwaɪnɡlɑːs] *n.* copa (para vino).

wine-mak·ing [ˈwaɪnmeɪkɪŋ] *n.* vinicultura, elaboración *f.* de vino.

wine-producing [ˈwaɪnprədjuːsɪŋ] *adj.* vinícola, vitícola.

wing [wɪŋ] *n.* **1** *(gen)* ala **2** AUTO aleta **3** SP *(side)* banda *(player)* extremo ◇ *intr.* volar ◇ *npl.* **wings** THEAT bastidores *mpl.* **on the wing** *volando* **to take somebody under one's wings** *tomar a alguien bajo su protección* **to take wing** *alzar el vuelo* **to wait in the wings** *esperar la entrada en escena* **to wing one's way** *ir volando* **wing chair** *sillón m. de orejas, orejero* **wing commander** *teniente m. coronel* **wing mirror** *(espejo) retrovisor m. exterior* **wing nut** *tuerca mariposa* **wing tip** *punta del ala.*

winged [wɪŋd] *adj.* alado, con alas.

wink [wɪŋk] *n.* guiño ◇ *intr.* **1** *(person)* guiñar el ojo **2** *(of light, star)* titilear, parpadear **not to get/have a wink of sleep/not to sleep a wink** *no pegar ojo, pasar la noche en blanco* **to have/take forty winks** *echar una siestecita, echar una cabezada.*
to wink at *tr. insep. (pretend not to notice)* hacer la vista gorda.

win·ner [ˈwɪnə⁻ʳ] *n.* **1** ganador, vencedor **2** *[fam. use] (idea, etc.)* éxito. **to be onto a winner** *tener un éxito seguro.*

win·ning [ˈwɪnɪŋ] *adj.* **1** *(person, team, etc.)* ganador **2** *(ticket, number, etc.)* premiado **3** *(stroke, goal)* decisivo **4** *(smile, ways)* atractivo, encantador ◇ *npl.* **winnings** *ganancias fpl.* **winning post** *meta.*

W

win·ter ['wɪntə⁴] *n.* invierno ◇ *intr. [fml. use]* invernar, pasar el invierno. **in the depths of winter** en pleno invierno **winter solstice** solsticio de invierno **winter sports** deportes mpl. de invierno.

win·ter·time ['wɪntətaɪm] *n.* invierno.

wipe [waɪp] *tr. (clean)* limpiar *(dry)* enjugar ◇ *intr. (dishes)* enjugar ◇ *n.* **1** *(clean)* lavado, fregado **2** *(cloth)* paño, trapo. **to wipe the floor with somebody** darle una paliza a alguien **to wipe something off the face of the earth** borrar algo de la faz de la tierra **to wipe the slate clean** hacer borrón y cuenta nueva **to wipe the smile off somebody's face** quitarle a alguien la sonrisa.

to wipe out *tr. sep.* **1** *(destroy - army)* aniquilar *(- population, species)* exterminar **2** *(clean inside)* limpiar el interior de **3** *(cancel - debts)* saldar, liquidar, cancelar *(- profit)* borrar, anular.

wip·er ['waɪpə⁴] *n.* AUTO limpiaparabrisas *m.*

wire ['waɪə⁴] *n.* **1** *(metal)* alambre *m.* **2** ELEC cable *m.,* hilo **3** *(fence)* alambrada, valla **4** telegrama *m.* ◇ *tr.* **1** *(fasten, join)* atar con alambre **2** *(house)* hacer la instalación eléctrica de *(equipment, appliance)* conectar *(a la toma eléctrica)* **3** *(telegram)* enviar un telegrama *(money)* mandar un giro telegráfico a. **to get one's wires crossed** tener los cables cruzados.

wired ['waɪəd] *adj.* conectado.

wire·less ['waɪələs] *n.* **1** *(set)* radio *f.* **2** *(system)* rádiofonía **wireless operator** radiotelegrafista *mf.*

wire·tap·ping ['waɪətæpɪŋ] *n.* intervención *f.* de teléfonos.

wir·ing ['waɪrɪŋ] *n.* cableado.

wis·dom ['wɪzdəm] *n.* **1** *(knowledge)* sabiduría, saber *m.* **2** *(good sense - of person)* cordura, (buen) juicio, tino *(- of action)* prudencia, sabiduría, sensatez *f.* **wisdom tooth** muela del juicio.

wise [waɪz] *adj.* **1** *(learned, knowledgeable)* sabio **2** *(sensible, prudent - person)* prudente, sensato *(- action, remark)* prudente *(- advice)* sabio *(- decision, choice, move)* atinado, acertado **as wise as an owl** tan sabio como Salomón **to be wise after the event** hablar a toro pasado. **to be/get wise to somebody** calar a alguien **to be none the wiser** *(not understand)* seguir sin entender *(not realize)* no darse cuenta, no enterarse **to put somebody wise to something** poner a alguien al tanto de algo **the Three Wise Men** los Reyes Magos **wise guy** sabelotodo.

wise·crack ['waɪzkræk] *n. [fam. use]* ocurrencia, salida, chiste *m.* ◇ *intr.* chancear, bromear.

wish [wɪʃ] *tr.* **1** *(want)* querer, desear **2** *[fml. use]* (demand, want) desear **3** *(hope)* desear ◇ *intr.* **1** desear *(for, -)* **2** *[fml. use]* (want) querer ◇ *n.* deseo ◇ *npl.* **wishes** *(greeting)* deseos mpl. *(in letter)* saludos mpl., recuerdos mpl. **to make a wish** pedir un deseo **to wish somebody well/wish somebody all the best** desear buena suerte a alguien **wish you were here** ojalá estuvieras aquí **your wish is my command** sus deseos son órdenes para mí.

wish·ful ['wɪʃfʊl] *adj. [fml. use]* de ensueño **wishful thinking** ilusiones fpl.

wist·ful ['wɪstfʊl] *adj.* pensativo, nostálgico, melancólico.

wit [wɪt] *n.* **1** *(clever humor)* agudeza, ingenio, chispa, sal *f.,* gracia **2** *(intelligence)* inteligencia, presencia de ánimo **3** *(person)* persona salada, chistoso **to be at one's wit's end** estar para volverse loco.

witch [wɪtʃ] *n.* bruja **witch doctor** hechicero.

witch·craft ['wɪtʃkrɑːft] *n.* brujería.

witch·hunt ['wɪtʃhʌnt] *n.* caza de brujas.

with [wɪð, wɪθ] *prep.* **1** *(accompanying)* con **2** *(having, possessing)* con, de *(including, and also)* con, incluido **3** *(using, by means of)* con **4** *(cover, fill, contain)* de **5** *(agreeing, in support of)* con **6** *(against)* con **7** *(because of, on account of)* de **8** *(indicating manner)* con **9** *(in same direction as)* con **10** *(at the same time and rate as)* con **11** *(regarding, concerning)* con **12** *(in the case of, as regards)* con respecto a, en cuanto a **13** *(as an employee or client of)* en **14** *(remaining)* **15** *(despite, in spite of)* con **16** *(in comparisons)* con **17** *(illness)* con **18** *(according to)* según, de acuerdo con **on with the show!** ¡que siga el espectáculo! **to be with somebody** *(accompany)* estar con alguien, acompañar a alguien *(understand)* seguir a alguien, entender a alguien **with it** *(fashionable)* de moda *(alert)* al tanto, al día **with that** con lo cual.

with·draw [wɪð'drɔː] *tr. pt.* **withdrew** [wɪð'druː], *pp.* **withdrawn** [wɪð'drɔːn] **1** *(take out)* retirar, sacar **2** *[fml. use]* (retract, take back - statement) retractarse de, retirar *(- offer)* renunciar a *(- charge, support)* retirar ◇ *intr.* *(retire, not take part in)* retirarse **to withdraw into oneself** retraerse.

with·draw·al [wɪð'drɔːəl] *n.* **1** *(gen)* retirada *(of words)* retractación *f.* **3** *(psychology, behavior)* retraimiento **withdrawal symptoms** síndrome *m.* de abstinencia.

with·drawn [wɪð'drɔːn] *pp.* VER: withdraw ◇ *adj.* introvertido, retraído.

with·drew [wɪð'druː] *pt.* VER: withdraw.

with·hold [wɪð'həʊld] *tr. pt. & pp.* withheld [wɪð'held] **1** *(money)* retener *(information)* ocultar *(consent, permission)* negar **2** *(laughter, etc.)* contener.

with·in [wɪð'ɪn] *prep.* **1** *[fml. use]* (inside) dentro de **2** *(inside range or limits of)* al alcance de **3** *(less than - distance)* a menos de **4** *(less than - time)* dentro de ◇ *adv. [fml. use]* dentro, en el interior **"Apply within"** "Informes aquí" **within inches of something** a un paso de algo.

with·out [wɪ'ðaʊt] *prep.* **1** sin **2** ARCH fuera de ◇ *adv.* **1** fuera **2** sin **to do without/go without** *(voluntarily)* prescindir de *(forcibly)* pasarse sin, arreglárselas sin **without doubt** sin duda **without so much as** "+ ger" sin siquiera + *inf.*

wit·ness ['wɪtnəs] *n.* **1** *(person)* testigo *mf.* **2** *[fml. use]* (testimony, evidence) testimonio ◇ *tr.* **1** *(see)* presenciar, ver **2** *(document)* firmar como testigo **3** *(be a sign or proof of)* testimoniar *(look at the example of)* ver, notar, considerer ◇ *intr.* JUR *[fml. use]* (give evidence, testify) atestiguar *(to, -),* declarar *(to, -).* **to be witness to something** ver algo, presenciar algo **to bear witness to something** dar fe de algo, atestiguar algo **to call somebody as a witness** citar a alguien como testigo, poner a alguien por testigo **witness stand** barra de los testigos.

wit·ti·cism ['wɪtɪsɪzəm] *n.* agudeza, ocurrencia, salida.

wit·ting·ly ['wɪtɪŋlɪ] *adv.* a sabiendas.

wit·ty ['wɪtɪ] *adj. comp.* **wittier,** *superl.* **wittiest** *(person)* ingenioso, agudo, salado *(remark)* agudo *(speech)* gracioso.

wives [waɪvz] *npl.* VER: wife.

wiz·ard ['wɪzəd] *n.* **1** *(male witch)* brujo, hechicero **2** *(genius)* lince *mf.,* genio, experto.

wiz·ard·ry ['wɪzədrɪ] *n.* **1** *(magic)* hechicería, magia **2** *(extraordinary ability)* genio.

wk [wiːk] *abbr.* **(week)** semana *(abbreviation)* sem.

wob·ble ['wɒbəl] *n.* *(table, chair, ladder)* tambaleo, bamboleo *(bicycle)* movimiento *(voice, jelly)* temblor *m.* ◇ *intr. (table, chair, ladder)* cojear *(bicycle, tooth)* moverse **(legs, jelly, voice)** temblar *(wheel)* bailar *(person)* tambalearse, bambolearse, vacilar ◇ *tr. (table, ladder)* mover.

woe·ful [ˈwəʊfʊl] *adj.* **1** *[fml. use] (very sad)* afligido, apenado, triste **2** *(deplorable)* lamentable, deplorable, penoso, malísimo.

woke [wəʊk] *pt.* VER: wake.

wok·en [ˈwəʊkən] *pp.* VER: wake.

wolf [wʊlf] *n. pl.* **wolves** lobo ◇ *tr.* **wolf down** tragarse, zamparse, devorar **to cry wolf** gritar *"¡al lobo!",* dar una falsa alarma **to keep the wolf from the door** no pasar hambre **to throw somebody to the wolves** arrojar a alguien a los lobos **a lone wolf** un lobo solitario **a wolf in sheep's clothing** un lobo con piel de cordero **wolf cub** lobato, lobezno.

wom·an [ˈwʊmən] *n. pl.* **women** [ˈwɪmɪn] mujer *f.,* señora *f.* **women's refuge** centro de refugio para mujeres.

wom·an·hood [ˈwʊmənhʊd] *n.* condición *f.* de mujer **to reach womanhood** hacerse mujer.

wom·an·ize [ˈwʊmənaɪz] *intr.* ser un mujeriego.

wom·an·iz·er [ˈwʊmənaɪzəʳ] *n.* mujeriego.

womb [wuːm] *n.* útero, matriz *f.*

won [wʌn] *pt. & pp.* VER: win.

won·der [ˈwʌndəʳ] *n.* **1** *(thing)* maravilla, milagro **2** *(feeling)* admiración *f.,* asombro ◇ *adj.* milagroso ◇ *tr.* **1** *[fml. use] (be surprised)* sorprenderse, extrañarse **2** *(ask oneself)* preguntarse **3** *(polite request)* ◇ *intr.* **1** *(reflect, ponder)* pensar **(about, en)** *(doubt)* tener dudas **2** *[fml. use] (marvel)* asombrarse, maravillarse, admirarse **I shouldn't wonder if "+ indic"** no me extrañaría que + subj. **it's a wonder (that) "+ indic"** es un milagro que + subj. **no/little/small wonder (that) "+ indic"** no es de extrañar que + subj. **to do/work wonders** hacer milagros.

won·der·ful [ˈwʌndəfʊl] *adj.* maravilloso, estupendo **to have a wonderful time** pasarlo de maravilla, pasarlo en grande.

won·der·land [ˈwʌndəlænd] *n.* mundo maravilloso **Alice in Wonderland** Alicia en el País de las Maravillas.

won·ky [ˈwɒŋki] *adj. comp.* **wonkier,** *superl.* **wonkiest** *(wobbly)* poco firme, cojo, tambaleante *(crooked)* torcido.

won't [wəʊnt] *contr.* will not.

wood [wʊd] *n.* **1** *(material)* madera **2** *(for fire)* leña **3** *(forest)* bosque *m.* **4** SP *(golf)* palo de madera ◇ *npl.* woods bosque *m. sing.* **from the wood** de barril. **out of the wood** estar a salvo. **you can't see the wood for the trees** los árboles no dejan ver el bosque. **touch wood!** ¡toca madera!

wood·carv·ing [ˈwʊdkɑːvɪŋ] *n.* **1** *(craft)* tallado en madera **2** *(object)* talla en madera.

wood·ed [ˈwʊdɪd] *adj.* arbolado, cubierto de bosques.

wood·en [ˈwʊdən] *adj.* **1** de madera **2** *fig. use (expression, style)* rígido *(movement)* tieso *(acting)* sin expresión.

wood·land [ˈwʊdlənd] *n.* bosque *m.,* arbolado, monte *m.*

wood·wind [ˈwʊdwɪnd] *n.* instrumentos *mpl.* de viento de madera ◇ *adj.* de viento de madera.

wood·work [ˈwʊdwɜːk] *n.* **1** *(craft)* carpintería **2** *(of building)* maderaje *m.,* maderamen *m.*

wool [wʊl] *n.* lana ◇ *adj.* **1** *(made of wool)* de lana **2** COMM lanero. **to pull the wool over somebody's eyes** engañar a alguien, dar gato por liebre a alguien.

wool·en [ˈwʊlən] *adj.* **1** *(made of wool)* de lana **2** COMM lanero ◇ *npl.* woollens géneros *mpl.* de lana.

wool·y [ˈwʊli] *adj. comp.* **woolier,** *superl.* **wooliest** **1** *(made of wool)* de lana, lanoso, lanudo **2** *(like wool)* lanoso, lanudo **3** *fig. use (idea, argument)* confuso, vago *(outline)* borroso *(sound)* impreciso *(person, mind)* espeso.

word [wɜːd] *n.* **1** *(gen)* palabra **2** *(message, news)* noticia **3** *(promise)* palabra **4** *(command)* orden *f.* **5** LING palabra, vocablo, voz ◇ *f.* **1** the word *(rumor)* voz *f.,* rumor *m.* **2** the Word REL el Verbo ◇ *npl.* words **1** *(lyrics)* letra *f. sing.* **2** *(discussion, talk)* palabras *fpl.* ◇ *tr.* expresar, formular, redactar **from the word go** desde el principio **in a word** en una palabra **in other words** o sea, es decir, en otras palabras **mark my words** fíjate en lo que te digo **not in so many words** no exactamente, no directamente, no con esas palabras **not to have a good word to say for somebody/something** no decir absolutamente nada en favor de alguien/algo **to be as good as one's word** cumplir su palabra **to be the last word in something** ser el último grito en algo **to break/go back on one's word** faltar a la palabra **to have a word with somebody** hablar con alguien **to have somebody's word for it that...** tener la palabra de alguien que... **to have the last word** decir la última palabra **to have words with somebody** discutir con alguien, tener unas palabras con alguien **to keep one's word** cumplir su palabra **to put in/say a good word for somebody** *(intercede)* interceder por alguien *(recommend)* recomendar a alguien **to put something into words** expresar algo con palabras **to put words in somebody's mouth** poner palabras en boca de alguien **to take somebody at their word** cogerle la palabra a alguien/algo **to take somebody's word for it** aceptar lo que alguien le dice, creer a alguien, confiar en la palabra de alguien **to take the words out of somebody's mouth** quitarle la palabra de la boca a alguien **too... for words** de lo más... que hay, indescriptiblemente... **without a word** sin decir palabra, sin chistar **word for word** palabra por palabra **words fail me** no sé qué decir, no tengo palabras **a word of advice** un consejo **a word of warning** una advertencia **word of honor** palabra de honor.

word-perfect [wɜːdˈpɜːfekt] *adj. (correct in every detail)* correcto hasta la última palabra **to be word-perfect** *(actor, speaker)* saber su papel perfectamente *(role, speech)* memorizado a la perfección.

word·play [ˈwɜːdpleɪ] *n.* juegos *mpl.* de palabras.

wore [wɔːʳ] *pt.* VER: wear.

work [wɜːk] *n.* **1** *(gen)* trabajo **2** *(employment)* empleo, trabajo **3** *(building work, roadworks)* obras *fpl.* **4** *(product, results)* trabajo, obra **5** *(literary, etc.)* obra ◇ *tr.* **1** *(person)* hacer trabajar **2** *(machine)* manejar *(mechanism)* accionar **3** *(mine, oil well)* explotar *(land, fields)* trabajar, cultivar **4** *(produce)* hacer **5** *(wood, metal, clay)* trabajar *(dough)* amasar **6** *(make by work or effort)* trabajar **7** *(use) (arrange)* arreglar **8** *(move gradually)* ◇ *intr.* **1** *(gen)* trabajar **2** *(machine, system)* funcionar **3** *(medicine, cleaner)* surtir efecto, tener efecto *(plan)* tener éxito, salir bien, funcionar, resultar **4** *(move)* ◇ *npl.* works **1** *(factory)* fábrica *f. sing.* **2** *(parts)* mecanismo *m. sing.* **3** *[fam. use] (everything)* todo, todo el tinglado **it's all in a/the day's work** todo forma parte del trabajo, es el pan nuestro de cada día **all work and no play**

makes Jack a dull boy *hay que divertirse de vez en cuando* **it works both ways** *es una arma de doble filo* **keep up the good work!** *¡que siga así!* **the forces at work** *los elementos en juego* **to be in work** *tener trabajo, tener un empleo* **to be out of work** *estar en el paro, estar sin trabajo, estar parado* **to get down/set to work** *ponerse a trabajar, poner manos a la obra* **to get worked up** *exaltarse, excitarse, ponerse nervioso* **to give somebody the (full) works** *tratar a alguien a lo grande* **to have one's work cut out to do something** *costarle a uno mucho trabajo hacer algo* **to make light/short work of something** *despachar algo deprisa* **to work loose** *soltarse, aflojarse* **to work one's fingers to the bone** *dejarse los codos trabajando* **to work oneself to death** *matarse trabajando* **to work to rule** *hacer huelga de celo* **public works** *obras fpl. públicas* **work basket** *costurero, cesto de labor* **work camp** *campamento de trabajo* **work experience** *experiencia laboral* **work of art** *obra de arte* **work permit** *permiso de trabajo* **work station** COMPUT *estación f. de trabajo, terminal m. de trabajo.*

to work off *tr. sep. (anger)* desahogarse *(debt, loan)* saldar trabajando *(weight)* rebajar haciendo ejercicio.

to work on *tr. insep.* 1 *(gen)* trabajar en, preparar *(case)* investigar *(car, etc.)* reparar 2 *(principle)* atenerse a, guiarse por *(fact, idea, assumption, etc.)* basarse en, partir de.

to work out *tr. sep.* 1 *(calculation, sum)* calcular, hacer 2 *(plan, scheme)* planear, elaborar, pensar *(itinerary)* planear *(details, idea)* desarrollar 3 *(problem)* solucionar, resolver *(solution)* encontrar ◇ *intr.* 1 *(calculation)* salir *(at, por)*, resultar 2 *(turn out well - things)* salir bien *(- problem)* resolverse 3 SP hacer ejercicio.

to work up *tr. sep. (excite, rouse)* exaltar, acalorar *(make nervous)* poner nervioso, emocionar 2 *(develop)* hacer, desarrollar 3 *(increase)* aumentar, fomentar *(complete, improve)* desarrollar, elaborar.

to work up to *tr. insep. (prepare)* preparar el terreno para.

work·a·ble ['wɜːkəbəl] *adj.* 1 *(plan, scheme)* factible, viable 2 *(mine, land)* explotable.

work·a·hol·ic [wɜːkə'hɒlɪk] *n. [fam. use]* adicto al trabajo.

work·bench ['wɜːkbentʃ] *n.* banco de trabajo.

work·book ['wɜːkbʊk] *n.* cuaderno, libreta de ejercicios.

work·day ['wɜːkdeɪ] *n.* día *m.* laborable.

work·er ['wɜːkəʳ] *n. (gen)* trabajador *(manual)* obrero, operario *(office)* oficinista *mf.*, administrativo **worker bee** *abeja obrera.*

work·force ['wɜːkfɔːs] *n. (of company, factory, etc.)* personal *m.*, plantilla *(of country)* población f. activa.

work·ing ['wɜːkɪŋ] *adj.* 1 *(clothes, conditions, surface)* de trabajo *(week, day, life)* laborable 2 *(population, partner, etc.)* activo *(person, mother)* que trabaja *n.* 1 *(machine, model)* que funciona *(part)* móvil ◇ *adj.* 1 *(majority)* suficiente 2 *(hypothesis, etc.)* de trabajo ◇ *n. (of machine)* funcionamiento *(of pit)* explotación f. ◇ *npl.* workings 1 *(of mine, quarry)* pozos *mpl.* 2 *(mechanics)* funcionamiento. **to be in (full) working order** *funcionar* **working capital** capital *m.* activo **working class** *clase f. obrera, clase f. trabajadora* **working knowledge** *conocimientos mpl. básicos* **working breakfast/lunch** *desayuno/almuerzo/comida de nego-*

cios **working party** *grupo de trabajo* **working relationship** *relación f. laboral.*

work·load ['wɜːkləʊd] *n.* volumen *m.* de trabajo.

work·man ['wɜːkmən] *n. pl.* workmen *(gen)* trabajador *m. (manual)* obrero, operario.

work·man·ship ['wɜːkmənʃɪp] *n.* habilidad f., arte *m.*, destreza, trabajo.

work·mate ['wɜːkmeɪt] *n.* compañero de trabajo.

work·out ['wɜːkaʊt] *n.* SP entrenamiento.

work·place ['wɜːkpleɪs] *n.* lugar *m.* de trabajo.

work·room ['wɜːkruːm] *n.* taller *m.*

work·shop ['wɜːkʃɒp] *n.* taller *m.*

world [wɜːld] *n.* 1 *(earth)* mundo 2 *(sphere)* mundo 3 *(life)* mundo, vida 4 *(people)* mundo 5 *(large amount, large number)* ◇ *adj. (population, peace)* mundial *(politics, trade)* internacional **not to do something for (all) the world** *no hacer algo por nada del mundo* **a man/woman of the world** *un hombre/una mujer de mundo* **it's a small world** *el mundo es un pañuelo* **it's not the end of the world** *no es el fin del mundo* **out of this world** *fenomenal, estupendo, increíble, fantástico* **the outside world** *el mundo exterior* **the world is one's oyster** *el mundo es suyo, tener el mundo a sus pies* **to be/mean all the world to somebody** *serlo todo para alguien* **to be dead/lost to the world** *estar profundamente dormido* **to come down in the world** *venir a menos* **to go up in the world** *prosperar, mejorar* **to have the best of both worlds** *tener todas las ventajas* **to live in a world of one's own** *vivir en su propio mundo* **to see the world** *ver mundo* **to set the world on fire** *comerse el mundo* **to think the world of somebody** *querer mucho a alguien, adorar a alguien* **world champion** *campeón mundial* **World Cup** *el Mundial, los Mundiales* **world music** *música étnica* **World War I** *Primera Guerra Mundial* **World War II** *Segunda Guerra Mundial.*

world-class ['wɜːld'klɑːs] Se escribe world class cuando no se usa como sustantivo. *adj.* de categoría mundial.

world-fa·mous ['wɜːld'feɪməs] Se escribe world famous cuando no se usa como sustantivo. *adj.* de fama mundial.

world-wide ['wɜːldwaɪd] *adj.* mundial, universal ◇ *adv.* mundialmente.

worm [wɜːm] *n.* 1 *(grub, maggot)* gusano *(earthworm)* lombriz f. 2 *pej. (person)* gusano, canalla 3 TECH *(of screw)* tornillo ◇ *tr. (make one's way)* deslizarse *(insinuate)* insinuarse *(into, en)* 2 MED quitar las lombrices a, desparasitar ◇ *npl.* worms MED lombrices *fpl.*

worn [wɔːn] *pp.* VER: wear ◇ *adj.* 1 *(thing)* usado, gastado 2 *(person)* cansado, fatigado.

worn-out ['wɔːn'aʊt] Se escribe worn out cuando no se usa como sustantivo. *adj.* 1 *(thing)* gastado, estropeado 2 *(person)* rendido, agotado.

wor·ried ['wʌrɪd] *adj. (person)* inquieto, preocupado *(about, por)* *(look, voice)* de preocupación **to be worried sick** *estar muy preocupado* **to get worried** *preocuparse.*

wor·ry ['wʌrɪ] *n. pl.* worries 1 *(state, feeling)* preocupación f., inquietud f., intranquilidad f. *(problem)* preocupación f., problema *m. (responsibility)* responsabilidad f. ◇ *tr. pt. & pp.* worried, *ger.* worrying 1 inquietar, preocupar 2 *(annoy, disturb)* molestar 3 *(of dog)* acosar, perseguir ◇ *intr.* inquietarse, preocuparse *(about/over, por)* **not to worry** *es igual, no importa, déjalo* **to worry oneself about somebody/something** *preocu-*

parse por alguien/algo **worry beads** *sarta de cuentas.*

wor·ry·ing ['wʌrɪɪŋ] *adj.* inquietante, preocupante, desconcertante. **to be the worrying sort** *ser de los que se preocupan por cualquier cosa.*

worse [wɜːs] *adj. (comp of bad)* peor ◇ *adv. (comp of badly)* peor *(more intensely)* más ◇ *n.* lo peor. **the worse for wear** *(worn, damaged)* gastado, viejo *(tired)* cansado. **the worse for drink** borracho. **to be worse off** *(financially)* andar peor de dinero *(physically)* estar peor **to get worse** empeorar **to get worse and worse** *ir de mal en peor* **to go from bad to worse** *ir de mal en peor* **to make matters worse** *para colmo de desgracias, por si fuera poco.* **worse luck!** *¡mala suerte!* **worse still** *lo que es peor, peor aún.*

wors·en ['wɜːsən] *tr.* empeorar ◇ *intr.* empeorarse.

wor·ship ['wɜːʃɪp] *n.* 1 REL adoración *f.*, veneración *f.*, culto *(service)* culto, oficio 2 *(devotion, love)* amor *m.*, culto, idolatría ◇ *tr. pt. & pp.* **worshipped**, *ger.* **worshipping** 1 REL adorar, venerar 2 *(idolize)* rendir culto a, idolatrar ◇ *intr. (attend church)* ir a misa, ser feligrés.

worst [wɜːst] *adj.* 1 *(superl)* peor *adv. (superl)* peor ◇ *n. (indefinite)* lo peor *(person)* el/la peor, los/las peores **at (the) worst** *en el peor de los casos* **if the worst comes to the worst** *si pasa lo peor, en el peor de los casos* **to be one's own worst enemy** *ser su peor enemigo* **to come off worst** *salir perdiendo, llevarse la peor parte* **worst case scenario** *el peor de los casos.*

worth [wɜːθ] *n.* 1 *(in money)* valor *m.* 2 *(of person)* valía *(of thing)* valor *m.* ◇ *adj.* 1 *(having certain value)* que vale, que tiene un valor de 2 *(deserving of)* que vale la pena, que merece la pena, digno de, merecedor de *if a job's worth doing, it's worth doing well* *si se hace un trabajo, hay que hacerlo bien* **for all one is worth** *con toda el alma* **for what it's worth** *por si te sirve de algo* **not to be worth a damn** *no valer nada* **to be worth one's/its weight in gold** *valer su peso en oro* **to get one's money's worth** *sacarle jugo al dinero* **to not be worth the paper it's written on** *ser papel mojado* **to be worth the trouble/it** *valer la pena, merecer la pena.* **to be worth one's salt** *merecer el pan que se come* **to be worth somebody's while** *valer la pena, merecer la pena.*

wor·thi·ness ['wɜːðinəs] *n.* mérito.

worth·less ['wɜːθləs] *adj.* 1 *(gen)* sin valor 2 *(useless)* inútil, sin ningún valor 3 *(person)* despreciable.

worth·while [wɜːθ'waɪl] *adj. (gen)* que vale la pena, que merece la pena.

wor·thy ['wɜːðɪ] *adj. comp.* **worthier,** *superl.* **worthiest** 1 *(deserving)* digno *(of,* de), merecedor *(of,* de), que vale la pena *(winner, opponent, successor)* digno 2 *(action, cause)* meritorio, bueno, justo *(effort)* meritorio, encomiable 3 *(citizen)* honorable, admirable, respetable *n. pl.* **worthies** 1 *iron.* prócer *m.*, dignatario.

would [wʊd] *auxiliary* 1 *(conditional)* 2 *(polite requests)* 3 *(offers, invitations)* 4 *(willingness)* 5 *(giving advice)* 6 *(conjecture)* 7 *(past habit, custom)* soler 8 *(insistence, persistence)* **so it would appear** *según parece* **would that I could** *ojalá pudiera.*

would-be ['wʊdbiː] *adj.* 1 *(hopeful)* aspirante a 2 *pej. (so-called)* supuesto 3 *(failed)* frustrado, fracasado.

wound[1] [waʊnd] *pp.* VER: wind.

wound[2] [wuːnd] *n.* herida *tr.* herir **to open old wounds** *reabrir viejas heridas.*

wound·ed ['wuːndɪd] *adj.* herido ◇ *npl.* the wounded los heridos.

wove [wəʊv] *pt.* VER: weave.

wo·ven ['wəʊvən] *pp.* VER: weave.

wow [waʊ] *interj. [fam. use]* ¡vaya!, ¡anda!, ¡caramba!, ¡alucine! ◇ *n. [fam. use]* éxito sensacional, exitazo ◇ *tr. (fam)* encandilar, enloquecer.

wran·gle ['ræŋgəl] *n.* disputa, riña ◇ *intr.* discutir *(about/over,* por), reñir *(about/over,* por).

wrap [ræp] *tr. pt. & pp.* **wrapped,** *ger.* **wrapping** 1 *(cover)* envolver 2 *fig. use (surround, immerse)* envolver *(in,* de), rodear *(in,* de) ◇ *n. (scarf, shawl)* chal *m. (cape)* capa *(robe)* bata. **to wrap up.** *intr.* 1 *(wear warm clothes)* abrigarse 2 *(shut up)* callarse, cerrar el pico ◇ *tr. sep. (complete)* conseguir *(conclude)* concluir, dar fin a.

wrap·ping ['ræpɪŋ] *n.* envoltura, envoltorio **wrapping paper** *(plain)* papel *m.* de envolver *(fancy)* papel *m.* de regalo.

wreath [riːθ] *n. (of flowers)* corona.

wreck [rek] *n.* 1 MAR *(action)* naufragio *(ship)* barco naufragado o hundido 2 *(of car, plane)* restos *mpl. (of building)* ruinas *fpl.*, escombros *mpl.* 3 *fig. use (person)* ruina ◇ *tr.* 1 MAR *(ship)* hacer naufragar 2 *(car, plane)* destrozar *(machine)* desbaratar, estropear 3 *fig. use (health, career)* arruinar *(life, marriage)* destrozar *(hopes)* destruir, echar por tierra *(plans)* estropear, desbaratar *(chances)* echar a perder.

wrecked [rekt] *adj.* 1 MAR *(ship)* naufragado *(sailor)* náufrago 2 *(car, plane)* destrozado *(building)* 3 *fig. use (life, career, hopes)* arruinado, destrozado *(plans)* estropeado 4 *adj. [fam. use] fig. use (stoned)* ciego, colocado, pasado.

wrench [rentʃ] *n.* 1 *(pull)* tirón *m.*, arranque *m.* 2 MED torcedura 3 *fig. use* separación f. dolorosa 4 *(tool)* llave *f.* ◇ *tr.* 1 *(pull)* arrancar (de un tirón), arrebatar 2 MED torcer.

wres·tle ['resəl] *intr.* 1 *(fight)* luchar *(with,* con/contra) 2 *fig. use (problem, conscience)* luchar *(with,* con), lidiar *(with,* con) *tr.* luchar contra ◇ *n.* lucha.

wres·tler ['resələ] *n.* SP luchador.

wres·tling ['resəlɪŋ] *n.* lucha **wrestling match** combate *m.* de lucha.

wretch·ed ['retʃɪd] *adj.* 1 *(condition)* miserable, lamentable 2 *(unhappy)* desdichado, desgraciado 3 *(ill)* muy mal, fatal 4 *[fam. use] (very bad)* horrible, malísimo, espantoso 5 *[fam. use] (damned)* maldito, condenado.

wrig·gle ['rɪgəl] *intr.* retorcerse, menearse, moverse ◇ *tr.* menear, mover ◇ *n.* meneo **to wriggle free** *escapar deslizándose, escabullirse.* **to wrig·gle out of** *tr. insep. (situation, responsibility)* librarse (situación de), ingeniárselas para librarse de, escaquearse de *(physically)* escabullirse, escaparse de.

wrin·kle ['rɪŋkəl] *n.* arruga ◇ *tr.* arrugar ◇ *intr.* arrugarse.

wrin·kled ['rɪŋkəld] *adj.* arrugado.

wrist [rɪst] *n.* 1 ANAT muñeca 2 *(of clothes)* puño.

wrist·watch ['rɪstwɒtʃ] *n.* reloj *m.* de pulsera.

write [raɪt] *tr. pt.* **wrote** [rəʊt], *pp.* **written** ['rɪtən], *ger.* **writing** *(gen)* escribir *(article)* redactar *(cheque)* extender ◇ *intr. (gen)* escribir *(about,* sobre) **to be nothing to write home about** *no ser nada del otro mundo.* **to be written all over somebody's face** *llevar (algo) escrito en la cara, estar impreso en la cara.* **to write back** *intr.* contestar (por carta). **to write down** *tr. sep. (note)* anotar, apuntar.

W

to write off *tr. sep.* **1** *(debt)* anular, saldar **2** *(car)* destrozar **3** *fig. use (accept as useless or failure)* dar por acabado, dar por perdido.

to write out *tr. sep.* **1** *(write in full)* escribir (en su forma completa) **2** *(cheque, receipt, etc.)* extender.

to write up *tr. sep.* *(notes, minutes, etc.)* pasar a limpio *(describe)* redactar, escribir *(diary, etc.)* poner al día.

write-off ['raɪtɒf] *n.* **1** *(car)* ruina, siniestro total **2** FIN *(debt)* cancelación *f.*

writ·er ['raɪtə^r] *n.* **1** *(by profession)* escritor *(of book, letter)* autor **2** *(of handwriting)* **writer's cramp** agarrotamiento de la mano por escribir.

write-up ['raɪtʌp] *n.* *(fam. use)* *(review)* crítica, reseña.

writ·ing ['raɪtɪŋ] *n.* **1** *(script)* escritura *(handwriting)* letra **2** *(written work)* composición *f.*, trabajo **3** *(occupation)* profesión *f.* de escritor, trabajo literario *(activity)* escribir *m.* ◇ *npl.* writings obra, escritos *mpl.* **in writing** por escrito **the writing on the wall** los malos presagios **writing desk** escritorio **writing paper** papel *m.* de escribir.

writ·ten ['rɪtən] *pp.* VER: write ◇ *adj.* escrito. **the written word** la palabra escrita **written consent** consentimiento por escrito **written exam** examen *m.* escrito.

wrong [rɒŋ] *adj.* **1** *(erroneous)* erróneo, equivocado, incorrecto **2** *(mistaken)* equivocado **3** *(evil, immoral)* malo *(unacceptable, unfair)* injusto **4** *(amiss)* mal **5** *(unsuitable)* inadecuado, impropio *(time)* inoportuno ◇ *adv.* mal, incorrectamente, equivocadamente ◇ *n.* **1** *(evil, bad action)* mal *m.* **2** *(injus-* tice*)* injusticia *(offence)* agravio ◇ *tr. (treat unfairly)* ser injusto con *(judge unfairly)* juzgar mal *(offend)* agraviar. **to be from the wrong side of the tracks** ser de los barrios bajos **to be in the wrong** *(mistaken)* estar equivocado *(at fault)* tener la culpa. **to be wrong** *(person)* estar equivocado, no tener razón, equivocarse **to have/get the wrong number** *(tel)* confundirse de número, equivocarse de número **to get (hold of) the wrong end of the stick** coger el rábano por las hojas **to get somebody wrong** malinterpretar a alguien **to get something wrong** equivocarse, no acertar **to go down the wrong hole/way** atragantarse **to go wrong** *(things in general)* salir mal *(make a mistake)* equivocarse **2** *(go wrong way)* equivocarse de camino *(machine, device)* romperse, estropearse *(plan)* fallar, fracasar **to right a wrong** deshacer un entuerto **two wrongs don't make a right** no se subsana un error cometiendo otro **wrong side out** al revés **you can't go wrong** *(giving directions)* no tiene pérdida.

wrong·ful ['rɒŋful] *adj.* *(unfair)* injusto *(illegal)* ilegal.

wrong·ly ['rɒŋlɪ] *adv.* **1** *(incorrectly)* mal, incorrectamente **2** *(mistakenly)* sin razón, equivocadamente, erróneamente **3** *(unjustly)* injustamente.

wrote [raʊt] *pt.* VER: write.

wrought [rɔːt] *adj.* **1** *(iron)* forjado *(silver)* labrado **2 (made and decorated)** hecho, elaborado, decorado *pp.* ARCH. VER: work.

wrung [rʌŋ] *pt. & pp.* VER: wring.

W

X, x [eks] *n. (the letter)* X, x *f.*
xe·non ['zenɒn] *n.* xenón *n.*
xen·o·pho·bi·a [zenə'fəʊbɪə] *n.* xenofobia.
xen·o·pho·bic [zenə'fəʊbɪk] *adj.* xenófobo.
xe·rog·ra·phy [zɪ'rɒgrəfɪ] *n.* xerografía.
Xerox® ['zɪərɒks] *n.* xerocopia, fotocopia ⋄ *tr.* xerocopiar, fotocopiar.
XL ['eks'el] *abbr.* **(extra large)** muy grande.

Xmas ['eksməs, 'krɪsməs] *n.* **VER:** Christmas.
X-ray ['eksreɪ] *n.* **1** rayo X **2** *(photograph)* radiografía
⋄ *tr.* radiografiar.
xy·lene ['zaɪliːn] *n.* xileno.
xy·log·ra·phy [zaɪ'lɒgrəfɪ] *n.* xilografía.
xy·lo·graph ['zaɪləgrɑːf] *n.* xilografía.
xy·lo·phone ['zaɪləfəʊn] *n.* xilófono.
xy·lo·phon·ist [zaɪ'lɒfənɪst] *n.* xilofonista *mf.*

X

Y, y [waɪ] *n. (the letter)* Y, y *f.*

yacht [jɒt] *n.* 1 yate *m.* 2 *(with sails)* velero, yate *m.* **yacht club** *club m.* náutico **yacht race** *regata.*

yacht·ing [ˈjɒtɪŋ] *n.* deporte *m.* de la vela, vela.

yachts·man [ˈjɒtsmən] *n. pl.* **yachtsmen** *(for pleasure)* aficionado a la vela *(as sport)* regatista *m.*

yachts·wom·an [ˈjɒtswʊmən] *n. pl.* **yachtswomen** [ˈjɒtswɪmɪn] *(for pleasure)* aficionada a la vela *(as sport)* regatista.

yack [jæk] *intr. (fam. use)* cotorrear.

yak [jæk] *n.* yac *m.*, yak *m.*

yam [jæm] *n.* ñame *m.*

yank [jæŋk] *n. (fam. use)* tirón *m.* ◇ *tr. (fam. use)* tirar de. **to yank out** *tr. sep.* arrancar, sacar de un tirón.

yap [jæp] *n. (dog)* ladrido, ladrido agudo ◇ *intr. pt. & pp.* **yapped**, *ger.* **yapping** 1 *(dog)* ladrar 2 *(fam. use)* (person) cotorrear.

yard [jɑːd] *n.* 1 *(measure)* yarda 2 *(of house)* patio 3 *(of house)* jardín *m.* 4 *(industrial)* almacén *m.* NOTA: Una yarda equivale a 0.914 metros.

yard·stick [ˈjɑːdstɪk] *n. fig. use* criterio, norma.

yarn [jɑːn] *n.* 1 hilo 2 *(story)* cuento. **to spin a yarn** *(story)* contar un cuento *(lie)* venir con cuentos.

yash·mak [ˈjæʃmæk] *n.* velo de musulmana.

yawn [jɔːn] *intr.* 1 bostezar 2 *(gap, etc.)* abrirse ◇ *n. pl.* **yds** 1 bostezo 2 *(fam. use) (boring event)* rollo.

yd [jɑːd] *abbr.* **(yard)** yarda.

yeah [jeə] *adv. (fam. use)* sí.

year [jiːst] *n.* 1 año 2 EDUC curso **all the year round** *durante todo el año* **since the year dot** *desde el año de la nana* **to put years on somebody** *envejecer a alguien* **year in, year out** *año tras año* **donkey's years** *siglos mpl.*

year·book [ˈjɪəbʊk] *n.* anuario.

year·ly [ˈjɪəlɪ] *adj.* anual ◇ *adv.* anualmente.

yearn [jɜːn] *intr. (desire)* anhelar **(for, -)**, ansiar **(for, -)** *(nostalgically)* añorar **to yearn to do something** *suspirar por hacer algo.*

yearn·ing [ˈjɜːnɪŋ] *n. (desire)* anhelo **(for,** de) *(nostalgia)* añoranza **(for,** de) ◇ *adj.* anhelante.

yeast [jiːst] *n.* levadura.

yell [jel] *n.* grito, alarido ◇ *intr.* gritar, dar alaridos.

yel·low [ˈjeləʊ] *adj.* 1 amarillo 2 *(cowardly)* cobarde ◇ *n.* amarillo ◇ *tr.* ponerse amarillo ◇ *intr.* amarillear **yellow card** SP *tarjeta amarilla* **yellow fever** *fiebre f. amarilla* **yellow jersey** SP *maillot m. amarillo* **yellow line** *raya amarilla* **yellow press** *prensa sensacionalista, prensa amarilla.*

yel·low·ish [ˈjeləʊɪʃ] *adj.* amarillento.

yeip [jelp] *n.* gañido ◇ *intr.* gañir.

Yem·en [ˈjemən] *n.* Yemen.

Yem·e·ni [ˈjemənɪ] *adj.* yemení ◇ *n.* yemení *mf.*

yen [jen] *n.* 1 deseo 2 FIN yen *m.*

yes [jes] *adv.* 1 sí 2 *(answering person)* dime *(answering phone)* ¿sí?, ¿dígame? ◇ *n.* sí *m.* **to say yes** *decir que sí.* **to say yes to something** *consentir algo, decir que sí a algo.*

yes-man [ˈjesmæn] *n. pl.* **yes-men** [ˈjesmɪn] *persona que, con sus superiores, siempre dice sí a todo.*

yes·ter·day [ˈjestədɪ] *adv.* ayer ◇ *n.* ayer *m.* **not to be born yesterday** *no chuparse el dedo, no ser tonto* **the day before yesterday** *anteayer.*

yes·ter·year [ˈjestəjɪəʳ] *adv. literal use* antaño.

yet [jet] *adv.* 1 todavía, aún 2 *(until now)* hasta la fecha, hasta ahora 3 *(even)* aún, todavía 4 *(expressing future possibility, hope, etc.)* aún ◇ *conj.* pero, aunque **yet again** *otra vez.* **yet another…** *otro… más.*

yet·i [ˈjetɪ] *n.* yeti *m.* ◇ *n.* **the Yeti** *el abominable hombre m. de las nieves.*

Yid·dish [ˈjɪdɪʃ] *adj.* yiddish, jiddish ◇ *n. (language)* yiddish *m.*, jiddish *m.*

yield [jiːld] *n.* 1 *(harvest)* cosecha 2 FIN *(return)* rendimiento, rédito ◇ *tr.* 1 *(produce)* producir, dar 2 *(give, hand over)* entregar 3 FIN render ◇ *intr.* 1 *(surrender)* rendirse **(to,** ante), ceder **(to,** a) 2 *(break)* ceder 3 ceder el paso. **to yield up** *tr. sep. (secrets)* revelar.

yield·ing [ˈjiːldɪŋ] *adj.* 1 *(material)* flexible, blando 2 *(person)* dócil, complaciente.

yip·pee [jɪˈpiː] *interj. (fam. use)* ¡yupi!

yo·del [ˈjəʊdəl] *intr. pt. & pp.* **yodeled**, *ger.* **yodeling** cantar a la tirolesa.

yo·ga [ˈjəʊgə] *n.* yoga *m.*

yo·ghurt [ˈjɒgət] *n.* yogur *m.*

yo·gi [ˈjəʊgɪ] *n.* yogui *m.*

yo·gurt [ˈjɒgət] *n.* VER: **yoghurt yogurt maker** *yogurtera.*

yoke [jəʊk] *n.* 1 *(for carrying, pulling)* yugo 2 *(pair of oxen)* yunta 3 SEW canesú *m.* 4 *fig. use* yugo ◇ *tr.* 1 *(oxen)* uncir 2 *fig. use* unir.

yo·kel [ˈjəʊkəl] *n.* paleto.

yolk [jəʊk] *n.* yema.

you [juː] *pron.* 1 *(subject, familiar, singular)* tú 2 *(subject, familiar, plural - men)* vosotros *(- women)* vosotras 3 *(subject, polite, singular)* usted, Vd., Ud. 4 *(subject, polite, plural)* ustedes, Vds., Uds. 5 *(subject, impersonal)* se, uno 6 *(object, familiar, singular)* te *(with prep)* ti *(if prep is con)* contigo 7 *(object, familiar, plural)* os *(with preposition)* vosotros 8 *(direct object, polite, singular - man)* lo, le *(- woman)* la *(with preposition)* usted 9 *(direct object, polite, plural - men)* los *(- women)* las *(with preposition)* ustedes 10 *(indirect object, polite, singular)* le 11 *(indirect object, plural)* les 12 *(object, impersonal)*.

young [jʌŋ] *adj. (gen) (brother, sister)* menor ◇ *n.* **the young** *(humans)* los jóvenes *mpl.*, la juventud *f.*, la gente *f.* joven *(animals)* las crías *fpl.* **you're only young once** *sólo se vive una vez.* **to have an old head on young shoulders** *ser maduro para su edad.* **to be young at heart** *ser joven de espíritu* **young lady** *(woman)* señorita *(girlfriend)* novia **young man** *(man)* joven *m.*, muchacho *(boyfriend)* novio **young woman** *joven f., muchacha.*

young·ish [ˈjʌŋɪʃ] *adj.* bastante joven.

young·ster [ˈjʌŋstəʳ] *n.* joven *mf.*

your [jɔːʳ] *adj.* 1 *(familiar, singular)* tu, tus *(plural)* vuestro, vuestros 2 *(polite)* su, sus 3 *(fml. use) (address)* Su.

yours [jɔːz] *pron.* 1 **(familiar, singular)** (el) tuyo, (la) tuya, (los) tuyos, (las) tuyas *(plural)* (el) vuestro, (la) vuestra, (los) vuestros, (las) vuestras 2 *(polite)* (el) suyo, (la) suya, (los) suyos, (las) suyas 3 *(letters)* le saluda…

your·self [jɔːˈself] *pron.* 1 *(familiar singular)* te *(emphatic)* tú mismo 2 *(polite singular)* se *(emphatic)* usted mismo.

your·selves [jɔː'selvz] *pron.* **1** *(familiar plural)* os *(emphatic)* vosotros mismos **2** *(polite plural)* se *(emphatic)* ustedes mismos.

youth [juːθ] *n.* **1** *(period)* juventud *f.* **2** *(young person)* joven *mf.* **3** *(young people)* juventud *f.*, los jóvenes *mpl.*

youth·ful ['juːθəful] *adj.* joven, juvenil.

youth·ful·ness ['juːθəfulnəs] *n.* juventud *f.*

yo-yo ['iəuiəu] *n.* yoyo, yoyó *m.*

yr [jiəʳ] *abbr. pl.* **yrs** *(year)* año.

yuc·ca ['jʌkə] *n.* yuca.

yuck [jʌk] *interj.* ¡puaj!

yuck·y ['jʌki] *adj. comp.* **yuckier**, *superl.* **yuckiest** *[fam. use]* asqueroso.

Yu·go·slav ['juːgəslɑːv] *n. (person)* yugoslavo.

Yu·go·sla·vi·a [juːgə'slɑːviə] *n.* Yugoslavia.

Yu·go·sla·vi·an [juːgə'slɑːviən] *adj.* yugoslavo ◇ *n.* yugoslavo.

Yule [juːl] *n.* Navidad *f.*

yum·my ['jʌmi] *adj. comp.* **yummier**, *superl.* **yummiest** *[fam. use]* de rechupete.

yup·pie ['jʌpi] *n.* yuppie *mf.*

Y

Z, z [zed] *n. (the letter)* Z, z *f.*
Za·ire [zɑːˈiə] *n.* Zaire.
Za·ir·e·an [zɑːˈiːrɪən] *adj.* zaireño ◇ *n.* zaireño.
Zam·be·si [zæmˈbiːzɪ] *n.* el Zambesi *m.*
Zam·bi·a [ˈzæmbɪə] *n.* Zambia.
Zam·bi·an [ˈzæmbɪən] *adj.* zambiano ◇ *n.* zambiano.
za·ny [ˈzeɪnɪ] *adj. comp.* **zanier,** *superl.* **zaniest 1** *[fam. use]* estrafalario **2** *(mad)* chiflado.
zap [zæp] *tr. pt. & pp.* **zapped,** *ger.* **zapping 1** *[fam. use] (kill)* atacar **2** *(attack)* atacar.
zap·py [ˈzæpɪ] *adj. comp.* **zappier,** *superl.* **zappiest** *[fam. use]* marchoso.
zeal [ziːl] *n.* celo, entusiasmo.
zeal·ot [ˈzelət] *n.* fanático.
zeal·ous [ˈzeləs] *adj. (fanatical)* celoso *(enthusiastic)* entusiasta.
ze·bra [ˈziːbrə, ˈzebrə] *n.* cebra **zebra crossing** *paso de peatones, paso de cebra.*
zee [ziː] *n.* zeta.
Zen [zen] *n.* Zen *m.*
ze·nith [ˈzenɪθ] *n.* **1** cenit *m.* **2** *fig. use* apogeo.
zeph·yr [ˈzefə*ʳ*] *n.* céfiro.
zep·pe·lin [ˈzepəlɪn] *n.* zepelín *m.*
ze·ro [ˈzɪərəʊ] *n. pl.* **zeros** o **zeroes** cero.
zest [zest] *n.* **1** *(eagerness)* brío, entusiasmo **2** *(spice)* emoción *f.* **3** *(of lemon, etc.)* cáscara.
zest·ful [ˈzestfʊl] *adj.* entusiasta.
zig·zag [ˈzɪgzæg] *n.* zigzag *m.* ◇ *intr. pt. & pp.* **zigzagged,** *ger.* **zigzagging** zigzaguear.
zilch [zɪltʃ] *n. sl.* nada, nada de nada.
zil·lion [ˈzɪljən] *n.* *[fam. use]* cantidad *f.,* mogollón *m.*
Zim·bab·we [zɪmˈbɑːbweɪ] *n.* Zimbabwe.
Zim·bab·we·an [zɪmˈbɑːbwɪən] *adj.* zimbabwense, zimbabuo ◇ *n.* zimbabwense *mf.,* zimbabuo.

zinc [zɪŋk] *n.* cinc *m.,* zinc *m.*
zip [zɪp] *n.* **1** cremallera **2** *[fam. use] (energy)* vigor *m.,* energía **3** *[fam. use] (hiss)* zumbido ◇ *tr.* COMPUT comprimir **zip code** *código postal* **zip fastener** *cierre.*
to zip by *tr. insep.* pasar como un rayo ◇ *intr.* pasar como un rayo.
to zip past *tr.-intr.* VER: zip by.
to zip up *tr. sep.* cerrar con cremallera.
zipped [zɪpt] *adj.* COMPUT comprimido.
zip·per [ˈzɪpə*ʳ*] *n.* cierre.
zit [zɪt] *n. sl.* grano.
zo·di·ac [ˈzəʊdɪæk] *n.* zodiaco, zodíaco.
zom·bie [ˈzɒmbɪ] *n.* zombi *mf.,* zombie *mf.*
zon·al [ˈzəʊnəl] *adj.* zonal.
zone [zəʊn] *n.* zona ◇ *tr.* dividir en zonas.
zoning [ˈzəʊnɪŋ] *n.* división *f.* en zonas.
zonked [zɒŋkt] *adj.* **1** *[fam. use] (exhausted)* reventado, molido **2** *(drunk)* ciego, colocado **3** *(drugged)* colocado, flipado.
zoo [zuː] *n. pl.* **zoos** zoo *m.,* parque *m.* zoológico.
zo·o·log·i·cal [ʒʊəˈlɒdʒɪkəl] *adj.* zoológico.
zo·ol·o·gist [zʊˈɒlədʒɪst] *n.* zoólogo.
zo·ol·o·gy [zʊˈɒlədʒɪ] *n.* zoología.
zoom [zuːm] *n.* **1** *(noise)* zumbido **2** *(lens)* objetivo zoom, zoom *m.* ◇ *intr.* **1** zumbar **2** *(plane)* empinarse **zoom lens** *objetivo zoom.*
to zoom by *tr. insep. [fam. use]* pasar volando ◇ *intr. [fam. use]* pasar volando.
to zoom past *tr.-intr.* VER: zip by.
zuc·chi·ni [zʊˈkiːnɪ] *n. pl.* **zucchini** o **zucchinis** calabacín *m.*
zy·gote [ˈzaɪɡəʊt] *n.* cigoto.

Esta obra se terminó de imprimir en el mes de marzo de 2023
en los talleres de Infagon Web, S.A. de C.V. en Alcaicería No. 8,
Zona Norte Central de Abastos, Iztapalapa C.P. 09040